說文解字今釋

增訂本

一

湯可敬　撰　周秉鈞　審訂

圖書在版編目(CIP)數據

説文解字今釋 / 湯可敬撰. —增訂本. —上海：上海古籍出版社，2018. 3(2023.11重印)

ISBN 978 - 7 - 5325 - 7925 - 9

Ⅰ. ①説…　Ⅱ. ①湯…　Ⅲ. ①《説文解字》—注釋　Ⅳ. ①H161

中國版本圖書館 CIP 數據核字(2015)第 299430 號

策劃組稿：童力軍
責任編輯：徐　衍
封面設計：嚴克勤
技術編輯：伍　愷

説文解字今釋(增訂本)
(全四册)
湯可敬　撰
上海古籍出版社出版發行
(上海市閔行區號景路 159 弄 1 - 5 號 A 座 5F　郵政編碼 201101)
(1) 網址：www. guji. com. cn
(2) E-mail：gujil@guji. com. cn
(3) 易文網網址：www. ewen. co
常熟人民印刷廠有限公司印刷
開本 890×1240　1/32　印張 75. 25　插頁 20　字數 2,266,000
2018 年 3 月第 1 版　2023年 11月第 8 次印刷
印數：16,451—18,550
ISBN 978 - 7 - 5325 - 7925 - 9

H・140　定價：298. 00 元
如發生質量問題，讀者可向工廠調换

前　言

清代學者王鳴盛在《説文解字正義序》中説:“《説文》爲天下第一種書。讀遍天下書,不讀《説文》,猶不讀也。但能通《説文》,餘書皆未讀,不可謂非通儒也。”此説推崇《説文》未免太過。但是,如果换一個角度,也許並不過分。文字是記録語言的符號系統,是社會交際的工具,是人類文明的載體,《説文》是漢民族第一部分析字形、説解字義、辨識聲讀的字典,是不朽的詞彙著作,是東漢以前的百科全書,説它是“天下第一種書”,又有什麽奇怪的呢?

一、許慎和《説文》的寫作

《説文》的産生,不是偶然的,是東漢的客觀條件與許慎的主觀條件碰撞的結果。

第一,周秦兩漢的文字、詞彙研究,爲《説文》的出現奠定了學術基礎。西周有《史籀篇》,秦朝有《倉頡篇》、《爰歷篇》、《博學篇》,西漢有《凡將篇》、《急就篇》、《元尚篇》、《訓纂篇》,東漢有《滂熹篇》;還有成書於漢初的《爾雅》,成書於西漢末年的《方言》;還有從地下或牆壁裏挖掘出來的古本,從山川得到的鼎彝上的銘文:諸如此類,都爲《説文》的成書準備了成千上萬的各種體式的單字。周秦兩漢《史籀篇》之類的識字課本和《爾雅》、《方言》諸書,爲《説文》的編排提供了借鑒。許慎以前的經學家和小學家關於漢字形音義諸方面的研究成果,比如“六書説”,就爲《説文》提供了理論指導。

第二,漢代今古文學派的激烈鬥爭,爲《説文》的出現奠定了思想基礎。今文是指隸書,古文是指先秦六國古文。經典因記載的文字不同而分爲今文經典和古文經典,這本來只是字體的不同,但研究的人卻形成了不同的學術派别。今文經學派認爲經書是聖人之言,字字句句寓有"微言大義",大可經世致用,常常斷章取義,任意引申比附。古文經學派認爲應該根據字義客觀地解釋經義,應該重視語言文字之學,樹立它在經學上的崇高地位。許慎是古文經學家,他生活在東漢中葉之後。此時,正值今文經學派逐漸衰落,古文經學派逐漸興盛。他不能容忍爲經世致用而曲解文字的現象,他猛烈抨擊那些"玩其所習,蔽所希聞"的俗儒,那些"競説字解經,喧稱秦之隸書爲倉頡時書"的鄙夫。他認爲文字是"經藝之本,王政之始",曲解文字必然篡改"經藝",不利於"王政"。爲了駁斥今文經學家篡改經義的説法,許慎立志寫作《説文解字》。

第三,許慎淵博的學識和求是的精神使他這種志向變爲現實。《後漢書·儒林傳·許慎傳》説:"少博學經籍,馬融常推敬之,時人爲之語曰:'五經無雙許叔重。'"可見其學識當爲同輩人之出類拔萃者。《許慎傳》又説:"性淳篤。"淳,純實;篤,忠厚。就是説許慎一輩子忠厚老實,實事求是。正因爲這樣,他才能上下求索,博采通人,力求做到小大立論,信而有證。"其於所不知,蓋闕如也。"(見《説文敘》)對於自己不知道的東西,讓它缺着,不自以爲是,强作解人。

許慎把龐雜的漢字分爲依類象形的"文"和形聲相益的"字",花了畢生的精力,寫作了《説文解字》。

二、《説文》的歷史地位

1. 理論的貢獻

《説文敘》是漢字學的綱領。它系統地闡明了漢字的産生、發展、功用、結構方面的問題。漢字的産生跟一切文字的産生一樣,是社會交際的需要。八卦雖是法定的圖像，但不能記録紛繁的事物；結繩雖能留下記憶的綫索，但絶不能適應“庶業其(極)繁，飾僞萌生”(見《説文敘》)的社會發展的需要；只有能够互相區别紋理的漢字，才能察“萬品”，治“百官”。漢字不論是體式還是内部結構，都在隨着社會的發展而發展。許慎辛辣地批駁和嘲笑了漢字凝固不變的觀點。《敘》就是一部東漢以前的漢字發展史。除體式發展之外，《敘》還論及漢字内部結構的發展。“蓋依類象形，故謂之文，其後形聲相益，即謂之字。文者，物象之本；字者，言孳乳而浸多也。”許慎認爲，文是源，字是流。漢字是沿着簡單到複雜、文到字的孳乳浸多的方向發展的。《敘》對文字的功用的論述是明確的。“著於竹帛謂之書，書者如也。”將文字連貫起來寫明在竹帛上叫作書，書就是如描寫對象之情狀。聯繫到《説文》正文大量引用書證，讓詞進入語句中確定意義，就知道許慎是把文字看作記録語言的符號的。“前人所以垂後，後人所以識古。”(以上均見《説文敘》)説明文字是超時空的、超階級的工具，是人類文明的載體。文字雖然沒有階級性，但在有階級的社會裏，文字卻是統治者維護統治的最重要工具之一。“文者，宣教明化於王者朝廷，君子所以施禄及下，居德則忌也。”“蓋文字者，經藝之本，王政之始。”(見《説文敘》)就説得再明白不過了。

“六書”説本來是戰國末年以來流行的文字學理論，見於《周禮·地官·保氏》。直到西漢末年才有六書細目的記載，見於劉歆的《七略》，班固曾轉引在《漢書·藝文志》裏。後來，鄭衆給《周禮》“六書”也作了一個注。班、鄭各有名稱和次第，但沒有闡明六書的内容，更沒有具體分析繁多的漢字。許慎第一次對六書作了界説，並且在逐字的説解中，將六書原則貫徹始終。許慎牢固地建立了漢字結構理論體系。先看看六書分類的標準。在《説文敘》中，他指出：“指事者，視而可識，察而見意。”這是從認字識字的過程説的。“象形者，畫成其物，隨體詰詘。”這是從畫物顯象的角度説的。

"會意者,比類合誼,以見指撝。"這是從組合部件彙合意義的角度説的。"形聲者,以事爲名,取譬相成。"這是從字符與字的關係,即形符、聲符與形聲字的關係的角度説的。"轉注者,建類一首,同意相受。"這是一類特殊的形聲字。"假借者,本無其字,依聲託事,令長是也。"這是從把意義寄託在音同或音近字的角度説的。但就不增加新的形體來説,它是一種用字的方法;就表達與本義毫不相關的意義、傳遞新的信息來説,未嘗不可以説是造字的方法。整體説來,作爲造字的方法,六書的基本層次是清楚的。

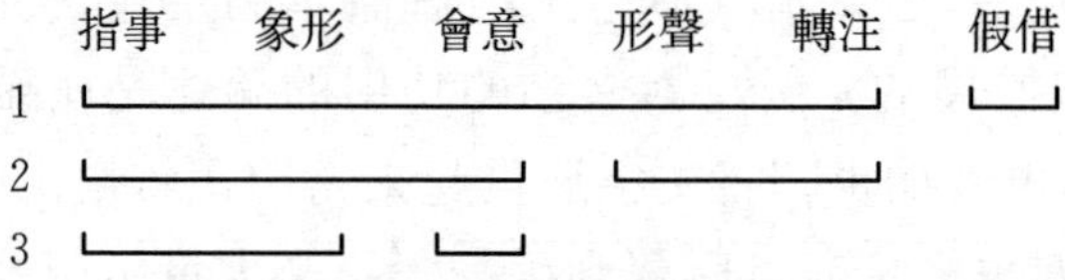

第一個層次是用是否借同音字表義爲標準,第二個層次是以有沒有表音成分爲標準,第三個層次是以獨體顯象還是合體會意爲標準。真正有些模糊的,就是部分指事字和象形字的界限。這是由於它們沒有一個統一的邏輯分類標準。

自許慎以後,近兩千年來,不斷有人對"六書"理論提出批評、修正、補充。就以今人來説,唐蘭在《古文字學導論》、《中國文字學》裏提出了"象形"、"象意"、"形聲"三書説,陳夢家在《殷虚卜辭綜述》裏提出"象形"、"形聲"、"假借"三書説,裘錫圭在《文字學概要》裏提出了"表意"、"形聲"、"假借"三書説,他們在各自的研究中有所發明,有所創造,不同程度地豐富了漢字的構形理論。但是許氏"六書"説,作爲一個完整的理論體系來説,上述諸説誰也沒有從整體上改變它。于省吾通過甲文研究,發現了部分表音的獨體象形字和附劃因聲指事字(部分表音的獨體象形字,見于省吾《甲骨文字釋林·釋具有部分表音的獨體象形字》;附劃因聲指事字,見于省吾《甲骨文字釋林·附録:釋古文字中附劃因聲指事字的一例》)。照于氏的説法,前者補充了象形字向形聲字發展的一個過渡環節。其實就于氏的八個例證看來,所謂表音的部分,全是誇大了的被記録事物的特徵部分。人們依然可以把它看成一般的象形字。後者不過是在義異、形同、音近字上加了一個區别的記號,也依然可看作是一般的指事字。科學的進步離不開愈來愈精細的分析,于先生上述兩類字的發現是極精極細的分析的結果,如果地下發掘的文物上的例證愈來愈多,也許會愈來愈顯示其論證的光輝。但即令是到了那個時候,于先生還是没有脱離許氏六書説的理論系統。可見許氏六書説的偉大。

2. 編排的獨創

《説文解字敘》説:“此十四篇,五百四十部也。”部,就是部首,是字形結構部類之首。按照六書的原則,分析字形結構,把在結構上具有相同部分的字排列在同一部類,用這相同部分作爲統率這一部類所有字的標目,這個標目就叫部首。《説文》中常有“凡某之屬皆从某”的術語,它的意思是,大凡某的部屬都隨從某聚集在一起。這個某,就是部首。將一萬多看來毫無頭緒的漢字,以形爲標準,分爲五百四十部,這是許慎的獨創。

周代的字書,漢代還保存着的是太史籀寫的十五篇,它的體例大約與秦代合編的《倉頡篇》相同。秦代由《倉頡》、《爰歷》、《博學》合編的《倉頡篇》,每章十五句,每句四個字。《訓纂》、《滂憙》與《倉頡篇》相同。《凡將篇》每句七個字,《急就篇》與它相同。這些字書的體例都是雜亂地采取需要的實用的字,按照文理編成有韻的句子,與後代的千字文一類的捷徑雜字没有什麽不同。史游的《急就篇》也自稱“分别部居”,它的分别是:姓名是一部,衣服是一部,飲食是一部,器用是一部。自然比不上《説文》根據形體分門别類加以集中的辦法。

段玉裁評價許慎的部首制説:“凡字必有所屬之首,五百四十字可以統攝天下古今之字,此前古未有之書,許君之所獨創。若網在綱,如裘挈領,討原以納流,執要以説詳,與《史籀篇》、《倉頡篇》、

《凡將篇》雜亂無章之體例不可以道里計。”(見《説文解字注》)

部首制既屬許氏的獨創,當然難免有不完善不精當的地方,比如:無“羣”部首,疊文會意字部首,聲旁部首,異體字部首,古今字部首,等等。另外,許氏以小篆爲解説的對象,“就形以説音義”,實際上是據義歸部,是造字法部首。與後來以楷書爲對象,據形歸部的檢字法部首的要求相距較遠。所以歷代文字學家對許氏部首有或多或少的改併。南朝顧野王《玉篇》定爲542部,遼代行均《龍龕手鏡》定爲242部,明梅膺祚《字彙》定爲214部,《新華字典》1966年版定爲189部,《辭海》1979年版定爲250部,《漢語大字典》和《漢語大詞典》定爲200部。但是不管人們怎麼改併,不管有多大進展,在漫長的一千九百年間,許氏的部首制,作爲一種檢字的系統,誰也没有從根本上改變它。而且可以斷言,它將與漢字同在。

關於部次,許慎的原則大體是:“始一終亥”,“據形系聯”。所謂“始一終亥”,就是根據漢陰陽五行家“萬物生於一,畢終於亥”的説法,以“一”部開始,以“亥”部結束來排列部首。所謂“據形系聯”,就是把形體相近的部首排列在一起。試以《説文》第八篇前六部(本書卷十五)排列爲例(括號内的文字是段玉裁的説明):

(不蒙上)
(倒而次之)
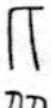(反而次之)
(並而次之)
(反而次之)
(二相背而次之)

“不蒙上”,就是不承繼上面的形體,由“人”部單立“户頭”。把“人”形倒過來,就是“變化”的“七”。把人形反過來,成了“匕匙”的“匕”。兩人相隨,成了“聽從”的“从”。把“从”字反過來,成了“排比”的“比”。兩個人字背靠背,成了乖背的“北”。這些部首次第的排列,全都根據“人”形的變化連類而及。這就是“據形系聯”。《説

文》第八篇共 36 部，大都如此。只有“衣”、“裘”、“毛”、“毳”等部，與“人”形無直接關係。《説文》部首也有以意義相近爲序的。如第十四篇的“甲、乙、丙、丁、戊、己、庚、辛、壬、癸、子、丑、寅、卯、辰、巳、午、未、申、酉、戌、亥”，因爲都是干支字，所以排列在一起。

關於字次，大體上是按字義類别編排。或先實後虚，或先美後惡。本朝皇上的名諱必緊跟部首之後，以示尊崇。部首字的疊文和與部首字相反的形體，排在該部部末。

3. 資料的寶庫

《説文》最大限度地保存了東漢以前漢字的形音義材料、與之相關的詞彙材料，以及東漢以前的百科知識，爲後人的研究提供了極大的方便。

第一，《説文》儘量蒐集了東漢時能够見到的篆文、古文、籀文、或體、俗體、奇字、今文，保存了東漢以前的字體。解説單字 10516 個，幾乎彙集了東漢以前出現的所有單字。全書收字 9353 個，另有重文 1163 個。這是一部無比珍貴的文獻。沒有《説文》，我們很難認識秦時的篆文，更不用説辨認和研究商朝的甲骨文、周朝的金文和戰國時期的古文了。古文字不認識，上古史的研究也就會一籌莫展。

第二，《説文》是東漢以前漢字本形本義的總彙。它是正確訓釋東漢以前的經史子集的有力工具。分析多義字詞，無非是要分析其本義、引申義、比喻義、假借義。而確定本義是確定諸多義項的基礎。什麽是字的本義呢？與字形結構相吻合的意義就是本義。要尋求本義，就必須分析字形。而《説文》就是以分析字形確定本義爲己任的。《段注》説得好：“以字形爲書，俾學者因形以考音與義，實始於許，功莫大焉。”又説：“依形以説音義，而製字之本義，昭然可知；本義既明，則用此字之聲，而不用此字之義者，乃可定爲假借。本義明，而假借亦無不明矣。”至今，訓釋古籍，編輯字典詞典，關於本字本義，大多以《説文》爲本。

第三,《説文》通過形聲系統,通過讀若,以及假借、聲訓、重文、聯緜詞等,提供大量的上古語音資料。清代《説文》學家,憑借它並參照《詩經》、《楚辭》的用韻,研究秦漢語音系統,取得不少成果。段玉裁《六書音韻表》、江沅《説文音韻表》、張惠言《説文諧聲譜》、陳立《説文諧聲孳生述》、江有誥《諧聲表》、姚文田《説文聲譜》、嚴可均《説文聲類》、苗夔《説文聲讀表》,就是這方面的代表作。正如姚孝遂在《許慎與〈説文解字〉》一書所説:"很難設想,如果没有《説文》,我們今天能够對古音有如此深刻的了解。"

第四,漢語的詞彙以單音節詞爲主。書面上的一個字,往往表示口頭上的一個詞。從這個角度而言,字和詞具有同一性。《説文》既然保存了東漢以前大量的漢字形、音、義的資料,勢必能够充分地反映上古漢語詞彙的面貌。王力先生在《中國語言學史》中説得好:"《説文解字》是上古漢語詞彙的寶庫。"

第五,《説文》還爲我們研究東漢以前的古代社會,提供了思想情況、政治情況、經濟情況、文化情況、科學情況和民情風俗方面的寶貴資料。從這個角度説,《説文解字》是東漢以前的百科全書。

4. 規範漢字的工具

漢文字學史上,只有《説文》,能"全面地、系統地整理文字,長遠地對文字的統一和規範産生廣泛影響"(見姚孝遂《許慎與〈説文解字〉》)。一方面,社會愈發展,事物愈繁複,爲了區别,文字也就愈來愈多;另一方面,爲了更好地交際,不能讓文字毫無節制地增加,必須整理,使之規範和統一。規範和統一文字,進行行政干預,如商鞅、秦始皇,也許能起一時的作用,但不可能有長期的效用。只有具有科學性、權威性的《説文》,才是規範統一文字的有力工具。姚孝遂説:"許慎的《説文解字》全面地分析了文字的形體結構,説明了每個字爲什麽必須這麽寫;它應當代表什麽概念,而且爲什麽代表這個概念;它是如何與語言結合起來的等等。《説文》特别强調文字的本形、本音、本義,這對於當時盛行的任意同音通假現象起到了一定的約束作用。事實上,《説文》廣泛流傳以後,戰國以來,直至秦漢的文字形體混雜,以及胡通亂轉的現象就逐漸得到了克服和糾正。”(見姚孝遂《許慎與〈説文解字〉》)

5. 時代的局限

今本《説文》在釋義、析形、收字、分部、檢字諸方面,有明顯的不足。比如:

> 王　天下所歸往也。董仲舒:“古之造文者,三畫而連其中,謂之王。三者,天、地、人也;而參通之者,王也。”孔子曰:“一貫三爲王。”
>
> 一　惟初太始,道立于一,造分天地,化成萬物。
>
> 五　五行也。从二,陰陽在天地間交午也。

上三例釋義、析形均誤。王,象斧鉞之形,是權力的象徵;一,用一横綫表示數目;五,指事字,象交午形,借爲數字五。《説文》還有一些字,或釋義誤,或析形誤,例子從略。

《説文》收字並不完備。如《詩經·小雅·采菽》篇裏的“菽”就沒收。徐鉉將經籍常見的而許氏未收的字編入“新附字”,共得402字。

如前所述,《説文》分部並不十分完善,其分部繁雜,有些部次説不清道理,不少字次無規律可循。連徐鉉也不得不慨嘆道:“偏旁奥秘,不可意知,尋求一字,往往終卷。”(見《説文韻譜序》)

《説文》上述不足是時代的局限。許慎生活在東漢中葉之後,他的思想不得不打上那個時代的烙印。當時,儒學定於一尊,讖緯之學盛行,陰陽五行學説泛濫。許氏撰《説文》,兼收並蓄,有聞必録。“王”字的解説是儒家的“王權神授”、“天人感應”思想的反映,“一”字的解説是道家“一生二,二生三,三生萬物”觀點的反映,“五”字的説解是陰陽五行學説的反映。

儘管許慎《説文敘》説過“亦往往於山川得鼎彝”,但當時出土的古文字畢竟有限,從《説文》無一字明確提到出自鐘鼎來看,許慎能親眼見到的鐘鼎文字也許寥寥無幾。此時甲文還遠沒有發現。許慎熟悉的小篆、古文、籀文等都不是最古的文字,有相當一些早已失去原形原義。憑失去原形原義的文字來解説,自然不免發生錯誤。

此外,今本《説文》是宋代徐鉉、徐鍇兄弟二人的校定本,許氏原本已找不着了。清朝莫友芝在同治初年得到宋朝米友仁審定的唐寫本《説文》木部的一半,存 188 字。寫了《唐寫本〈説文解字〉木部箋異》一卷,證明與許書原本有些不同。又據清人胡秉虔統計,今天通行的大徐本,正文有 9431 字,重文 1279 字,説解 122 699 字。這都説明《説文》在流傳中,已與許慎原本有一定的差距。今本《説文》的不足,又不免夾雜着流傳過程中所發生的錯譌。

三、説解的特點

《説文》釋字,常常是先釋義,次析形,次譬音,末徵引。每個字頭底下,都如《段注》所説,"合三者(形、音、義)以完一篆"。最後,徵引各種材料,來證明字義、字形、字音的可靠性。先看下表:

例字	釋義	析形		譬音	徵引
		主解	補充		
飛	鳥翥也。	象形。			
非	違也。	从飛下翅。	取其相背。		
卂	疾飛也。	从飛而羽不見。			
氓	民也。	从民,亡聲。		讀若盲。	
㓠	缺也。	从刀,占聲。			《詩》曰:白圭之㓠。

《説文》始終堅持“據形釋義”的原則。飛，鳥兒飛舉。小篆“飛”象鳥兒向上高飛、舒展脖子、伸展雙翅的形狀。卂，義爲飛得極快。鳥兒一閃而過，連身上的毛羽都看不清，當然是疾飛。小篆的字形是“飛”字省去雙翅和頭羽之形的結果。𠃬，義爲從别處投奔來的“民”，所以从“民”。非，義爲違背。字形是由“飛”下的兩個翅膀表示，解釋到此，意猶未盡，於是再補充説明“取其相背”，即采取兩個翅膀相互背離的形象來説明違背之義。由此可見，《説文》字形分析是字義説解的依據，字義説解是字形分析的結果，釋義和析形真可謂密合無間。

《説文》也十分重視“義傅於音”的現象。音和義本來沒有必然的聯繫，由於聯想的作用，人們往往用相同或相似的聲音來表示相同或相似的意義，這就出現音義相依的現象。這種現象必然反映到漢字的構形中來。《説文》聲旁部首字、亦聲字是許慎重視“音義相依”現象的最有力的説明。如句部收句、拘、笱、鉤四字。句是彎曲的意思，拘是曲手而拘止，笱是曲竹捕魚器，鉤是彎曲的金屬鉤。由此推廣開來，雊是野鷄曲頸而鳴，痀是脊背彎曲，劬是曲背勞苦，鉤是彎曲的鐮刀。由此可見，許慎時代古侯切或九遇切這類音常常表示彎曲義。同聲旁字，有意義相通的現象；異聲旁字以及其他異形字，只要音同音近，也有意義相通的現象。陸宗達《説文解字通論》曾舉瑗、韗、爰、援、引等爲例，説明許慎非常重視音義的關係。

段玉裁説：“一字必兼三者，三者必互相求；萬字皆兼三者，萬字必以三者彼此交錯互求。”這是許慎解説漢字形音義所遵循的原則。下面分述釋義、析形、標音、徵引的各自特點。

1. 釋義的體例

(1) 一字多義的解釋。《説文》一般只收一個意義，有時也收兩個或兩個以上的意義，常用的述語是“一曰”；也有不用“一曰”而需讀者仔細推敲的，即人們常説的“一句數讀”的現象；還有將另外的

意義寄託在書證之中的現象。例如:

詒　相欺詒也。一曰:遺也。

次　不前不精也。

虛　大丘也。崑崙丘謂之崑崙虛。古者九夫爲井,四井爲邑,四邑爲丘。丘謂之虛。

姘　除也。漢律:齊人予妻婢姦曰姘。

獘　頓仆也。《春秋傳》曰:"與犬,犬獘。"

"次"條,是一句數讀例,即"不前也,不精也",有不在前面和不很精粹兩個義項。"虛"以下三例是别義寄於書證例。虛本義是大丘,别義是人們聚居之地,即井邑之類。别義寄託在"古者"四句書證中,書證引自《周官・小司徒》。姘的本義是除掉,别義是與妻子的奴婢通姦。獘的本義是象叩頭一般向前倒仆,别義是倒地而死。除"詒"的欺詒義和以言語相贈遺義之間看不出明顯的意義聯繫之外,此類例證的多義現象,此義與彼義之間,大都有不可分割的聯繫。

(2) 連篆爲句。《説文》每條説解之前的小篆是訓釋的對象,是字頭。此類現象,其字頭與説解,不論在意念上還是在語法上不存在判斷關係。比如:

琅　琅玕,似珠者。

小篆"琅"是作爲字頭出現的,"琅玕"是作者在"琅"條下蒐集的"琅"與"玕"組成的聯緜詞,這個聯緜詞表示象蚌珠一樣的美石。"似珠者"是訓釋琅玕的,而不是訓釋琅的,不能理解爲"琅是琅玕"或"琅是似珠者"的意思。而應理解爲"琅,(是)琅玕(的琅,琅玕)象蚌珠似的美石"。有時候,爲了簡潔,作者省去字頭底下聯緜詞或疊音詞的第一個音節,或者省去反義複合詞的第一個詞素,或者省去同義複合詞組的第一個詞。省略的條件是,這第一個字是篆文字頭的重複。我們理解時,應該"連篆爲句"。也就是説,應該補充這被省略的與篆文重複的字。比如:

離　黄，倉庚也。

傒　傒，左右兩視。

昧　爽，旦明也。

湫　隘，下也。

曑　商，星也。

險　阻，難也。

陖　陗，高也。

上述例子應分别理解爲："離，離黄，倉庚鳥。""傒，傒傒，左右兩眼同時對視。""昧，昧爽，太陽噴薄而出的頃間。""湫，湫隘的湫，低下的意思。""曑，曑和商，星名。""險，險和阻，都是艱難的意思。""陖，陖和陗，都是高的意思。"連篆爲句，是清人錢大昕在《十駕齋養新録》中的一大發明。但錢氏説的"諸山水名，云山在某郡、水出某郡者，皆當連上篆讀"，甚至還連及部分草、菜，似乎不必。比如：

峱　山，在齊地。

淩　水，在臨淮。

這是正常的訓釋。"峱，山名，在齊地。""淩，水名，在臨淮。"這樣理解，毫無梗塞。不如前面那一類，不連上篆讀，則不能或不好理解，或發生錯誤的理解。

2. 析形的述語

(1) 象形。象形字，常用"象形"、"象某某之形"、"从某，象某某"説明。比如：

气　雲气也。象形。

牙　牡齒也。象上下相錯之形。

果　木實也。从木，象果形在木之上。

(2) 指事。指事字，常用"指事"、"象某某之形"、"从某，从某"説明。比如：

上　高也。指事也。

刃　刀堅也。象刀有刃之形。

寸　十分也。从又,从一。

刃不是象形字,刀上的一點只是標誌刀口鋒利的符號,它並不與刀構成一幅隨體畫物的圖像;寸不是會意字,一是標誌寸口所在部位的符號,不能獨立存在,不是構成會意字的部件。

(3) 會意。會意字,常常用"从某,从某"、"从某某"、"从某,从某省"、"从某,从某,某亦聲"、"从某某,某亦聲"、"从"帶主謂句等來説明。比如:

伏　司也。从人,从犬。

位　列中庭之左右爲之位。从人立。

保　養也。从人,从孚省。

像　象也。从人,从象,象亦聲。

㲼　内頭水中也。从頁叟,叟亦聲。

伐　擊也。从人持戈。

"从某,从某"、"从某某"表示會合幾個形體的意義,成爲這個新造字的意義。"从某省",是説取某字的意義,但不取它的全形,只保留形體的一部分,"省"去形體的另一部分。"某亦聲",是説既取其形以會意,又取其音以象聲,即會意兼形聲。"从"帶主謂句,是由一個主謂句揭示由幾個部件構成的畫面的中心意思。

(4) 形聲。形聲字常用"从某,某聲"、"从某省,某聲","从某,某省聲"等來説明。比如:

俄　行頃也。从人,我聲。

考　老也。从老省,丂聲。

梓　楸也。从木,宰省聲。

"从某,某聲"是説半取形,半取聲。"从某省",是説取某字爲形旁,但不取它的全形,只取形體的一部分,"省"去形體的另一部分。"某省聲"是説取某字爲聲旁,但不取它的全形,只取形體的一部分，“省”去形體的另一部分。

轉注是特殊的形聲字，它的構形與一般形聲字相同。假借沒有産生新的形體，所以沒有專用的析形術語。

(5) 同意。這是説某字與某字構形用意上有相似之處。比如：

工　巧飾也。象人有規榘也。與巫同意。𢒄，古文工从彡。

韭　菜名。象形。在一之上；一，地也。此與耑同意。

“與巫同意”，《段注》：“𢒄有規榘，而彡象其善飾。巫事無形，亦有規榘，而𠄌𠄌象其兩袖，故曰同意。凡言某與某同意者，皆謂字形之意有相似者。”“與耑同意”，耑字上面的屮象生長的形狀，下面的巾象它的根，中間的一象地面；韭字上部象韭菜，在一的上面，一也象地面，所以説韭與耑同意。

3. 標音的方法

陸宗達先生《説文解字通論》曾對此作過精辟而全面的闡述。

(1) 形聲法。用形聲系統説明字的音讀。《説文》9353 個字頭中，據朱駿聲《説文通訓定聲・説文六書爻列》統計，收形聲字 7697 字，佔總數的 82%。聲旁字是形聲字的標音符號，佔總數 18%的無聲旁字沒有標音成分，但它們大多數充當形聲字聲旁，自然也是標音符號，從理論上説，它們的音讀也是確定了的。比如：

丮　跨步也。从反夂。融从此。

融　秦名土釜曰融。从鬲，丮聲。讀若過。

丮是無聲旁字，融是形聲字。融即今天的“鍋”，漢人讀“過”。丮充當融的聲旁，融的音讀確定了，丮的讀音自然分明了。丮屬夂(zhǐ)部，與“人兩脛”有關，又是“跨步”的意思，就是今天“跨過”、“渡過”、“經過”的過字，讀 guō。把形聲字和聲旁字有序地繫聯起來，就可形成《説文》完整的形聲系統。《説文》字頭的讀音很少不在這系統的網絡之中。

(2) 讀若法。許氏還用讀若法或讀同法,説明了他認爲有必要標明讀音的一些字的音讀。全書共 830 條。比如:

辛　辠也。讀若愆。

亼　三合也。讀若集。

敷　閉也。讀若杜。

勢　健也。讀若豪。

𢍏　摶飯也。讀若書卷。

𥜼　數祭也。讀若"舂麥爲𥜼"之𥜼。

唪　大笑也。讀若《詩》曰"瓜瓞菶菶"。

咼　屰惡驚詞也。讀若楚人名多夥。

嫼　好也。讀若蜀郡布名。

餽　飢也。讀若楚人言恚人。

雀　依人小鳥也。讀與爵同。

𤔔　治也。讀若亂,同。

從述語來看,上例可一分爲三:一、"讀若某";二、"讀與某同";三、"讀若某,同",王筠《説文釋例》卷十一説:"當是'讀若某'句絶,'同'字自爲一句,即是一字分隸兩部也。""讀若某"從後面所帶賓語的不同來看,又可一分爲四:一、單音節詞;二、名量結構,如"書卷";三、偏正結構,如"'舂麥爲𥜼'之𥜼";四、主謂結構,如"《詩》曰'瓜瓞菶菶'"。除單音節詞外,其餘都得從被譬音字和上下文意中去確定譬音字。從標音的方式來看,又可分爲五類:一、以單字擬音,如"讀若愆"。二、以俗語擬音,如"讀若'舂麥爲𥜼'之𥜼"。三、以方言擬音,如"讀若楚人名多夥"。四、以成語擬音,如"讀若《詩》曰'瓜瓞菶菶'"。五、用説明事物意義的方式擬音,如"讀若蜀郡布名",蜀郡布名"䙆",唐人音詳歲切,讀 suì 。又如"讀若楚人言恚人"。朱駿聲《説文通訓定聲》説,"恚人"是恚人時的感嘆詞,"有聲無字",至今無考。

不少"讀若",不僅注音,而且還或釋形義,或明通假。《説文》

心部:"愆,過也。"愆的本義是罪過,同辛,古典籍通用愆。《説文》雥部:"集,羣鳥在木上。"集的本義是集合,同亼,古典籍通用"集"。《説文》乙部:"亂,治也。"亂的本義是治理,同𤔔,古典籍通用"亂"。上述三例"讀若",通過音義相同的注釋,説明了古今字形的變化。《説文》木部:"杜,甘棠也。"與敗的本義無關,古典籍卻常用"杜"代"敗"。《説文》㣇部:"豪,豕鬣如筆管者。"豪與勢的本義無關,古典籍卻常借"豪"代"勢"。上兩例"讀若",通過音同義異的注釋,説明了文字通假的現象。

4. 徵引的條例

《説文敘》説:"今敘篆文,合以古籀,博采通人。至于小大,信而有證。""厥誼不昭,爰明以諭。其偁《易》,孟氏;《書》,孔氏;《詩》,毛氏;《禮》,周官;《春秋》,左氏;《論語》;《孝經》:皆古文也。"以上是《説文》徵引的原則和範圍。具體分述於下:

(1) 引用古籀。小篆上通古籀,下啟漢隸,所以許氏以小篆爲正體,以古籀爲徵引附録的對象。這是許書的通例。比如:

"示"下:,古文示。

"差"下:,古文差如此。

"旅"下:,古文旅。古文以爲魯衛之魯。

"旁"下:,籀文。

"蒜"下:左文五十三,重二。大篆从茻。

"奭"下:《史篇》名醜。

"爰"下:籀文以爲車轅字。

古文是春秋戰國時期東方六國的文字,《説文》注明了的有 510 個。"古文某"是説古文的另一種寫法;"古文某如此",是只知其形,而不知其構形的理據;"古文以爲",是説明古文借此字爲彼字,是文字的早期假借現象。籀文是春秋戰國時期的西土文字,《説文》注明了的有 223 字。或稱"籀文",或稱"大篆",或稱《史篇》。《史篇》,徐鍇説:"謂所作《倉頡》十五篇也。""籀文以爲"與"古文以爲"同。

也有先敘古籀,附以小篆的。這是《說文》的變例,是爲了建立某一部首的需要,如二(上)部、吕部。

(2) 引用或俗。或俗就是或體和俗體。古籀、或、俗幾乎全是重文。所謂重文,就是一個字的不同形體。古文、籀文與小篆是不同時期的不同形體,或體和俗體與小篆是同一時期的不同形體。下面是《說文》注明了"或"、"俗"的例子:

"壻"下:婿,壻或从女。

"褎"下:袖,俗褎从由。

這裏附帶説明一下,《説文》在"儿"下説儿是古文奇字人,在"橆"下説"无"是奇字无。所謂奇字,實際上也是一種異體字。

(3) 引用經書。《説文》引用"六藝羣書"40 多種,或以明義,或以證形,或以標音。比如:

祝　祭主贊詞者。从示,从人口。一曰:从兑省。《易》曰:"兑爲口爲巫。"

香　芳也。《春秋傳》曰:"黍稷馨香。"

上例引《易經》證明"祝"字的另一構形説。下例引《春秋傳》證明"芳"義。上文讀若法一節引用的《詩經》"瓜瓞菶菶"句是爲"唪"字標音。

(4) 引用通人。通人,就是學識精通的專家學者。《説文》全書有 110 餘條説解,分别采自 39 家通人的説法。

(5) 引用方言俗語。全書共 170 餘條。比如:

睇　目小視也。南楚謂眄曰睇。

皇　大也。从自。自,始也。始皇者,三皇,大君也。自讀若鼻,今俗以始生子爲鼻子。

(6) 引别説,廣異聞。《説文》常用"一曰"、"或曰"引用正解之外的另一種説法。比如:

昏 日冥也。从日,氐省。氐者,下也。一曰:民聲。

舒 伸也。一曰:舒,緩也。

玖 石之次玉黑色者。讀若芑。或曰:若人句脊之句。

首例是構形的不同認識,次例是義訓的不同見解,末例是擬音的不同説法。

四、《説文》學史略

從東漢到唐代,是《説文》學的起始期。其代表人物是李陽冰。唐代以前,《説文》只有傳寫本,沒有刊印本。生活在唐肅宗、代宗年間的李陽冰把自家收藏和蒐集到的《説文》抄本,加以整理和研究,刊定爲30卷,修正筆法,第一個大膽懷疑許説,雖有不少主觀臆説,但也時有正確的意見。

從宋代到明代是《説文》學的發展期,其代表人物是大小徐。

南唐徐鍇(即小徐),著有《説文解字繫傳》,共40卷,這是現存最早也是最完備的注本。它除有一般注本的共同寫法外,其顯著特徵是,特別注意從聲音上考索字義,從形聲字的聲旁説明字義。這種因聲求義的方法對清代訓詁學家有很大影響。周祖謨先生在《問學集·徐鍇的説文學》一文中説:"徐鍇《繫傳》是清代文字訓詁之學的前驅。"

宋太宗雍熙初年(984),徐鍇的哥哥北宋徐鉉(即大徐),與句中正、葛湍、王維恭受詔同校《説文》,雍熙三年(986)十一月完稿,太宗命國子監雕爲印版,這就是現在通行的大徐本。它整理審定原書,將原書的15篇各分上下,成爲30卷;依據唐代孫愐《唐韻》,逐字反切注音;在許慎的説解内,加上"臣鉉曰"、"臣鉉等曰"的按語,以參校異同,辨别正俗和譌謬;將經籍常見的而許慎未收的字編入"新附字"加以解説,共得402字。

宋代值得一提的還有鄭樵。他對六書理論進行了全面深入的探討,詳細論證了文字形體子母相生的結構特徵。王力在《中國語言學史》中說:"自大小徐以來,《說文》之學中斷了八百年。"從這八百年間沒有什麼可以稱道的《說文》學著作來看,"中斷"二字並不過分。但明代萬曆年間吴中趙宧光有《說文長箋》,雖有"肆意刊改"之過,"然其於六書之指不無管窺"(見顧炎武《日知録》語)。明末清初湖南衡山王夫之有《說文廣義》,於文字、詞彙,甚至語法現象多有探討。

清朝是《說文》學的鼎盛期。據丁福保《說文解字詁林・引用諸書姓氏録》來看,從清初到清末的章炳麟爲止,凡有所著述者,共有 220 人。其中卓有成就的要算段、桂、王、朱四大家。

段玉裁《說文解字注》全面地論述了文字形、音、義的相互關係,特别在古音韻方面多有發明。具體地說,它校訂了《說文》的文字;闡明了《說文》的條例;引證古書闡述《說文》說解;以聲音爲關鍵,說明訓詁,闡述字的本義、引申義、假借義。

與《段注》同時的,還有桂馥《說文解字義證》。《段注》邃於聲,桂著博於義。所謂"義證",即義證字頭小篆,徵引在本義上使用過這個字的有關古籍,又義證許書說解,徵引有關古籍上的解釋。

王筠比段、桂小四十多歲,是朱駿聲的同輩人。他著有《說文釋例》、《說文句讀》、《文字蒙求》等作品。《段注》雖闡釋了《說文》的條例,但那只是隨文釋義;王筠《釋例》真正全面地、系統地、詳盡地闡述了《說文》的條例。《句讀》集段、桂二家之說,分析文字的形義,"兩家未合者,乃自考以說之"者,亦"一千一百餘事"(見王筠《說文句讀》凡例)。《文字蒙求》是爲教孩童識字而編撰的。王筠的特點是,十分重視文字學、《說文》學的普及工作,通俗易懂是其顯著特點,而自己的創見常常寓於通俗平易的說解之中;其另一個特點,如姚孝遂在《許慎與〈說文解字〉》一書中所說,"利用了當時金石銘刻之學的研究成果,用古文字來推求文字的本來面目。在四大家之中,只有王筠能作到這一點。”

朱駿聲《説文通訓定聲》是一部檢索通假的工具書。所謂“説文”,是以《説文》爲本,説明字的本形本義;所謂“通訓”,是通釋訓詁,討論字義的引申和字的通假;所謂“定聲”,是確定某字在古音系統中的聲韻地位。全書按韻部和形聲聲符編次文字,着重通過音義的關係,指出文字的通假正别,便於“因聲以求義”。

最後應該提出的是近人丁福保編著的《説文解字詁林》。丁著是《説文》注解的總彙,蒐集了20世紀30年代以前研究《説文》的著作二百餘種,共82册。胡樸安《詁林評語》概括該書的特點説:“一、檢一字而各學説悉在也;二、購一書而衆本均備也;三、無删改,仍爲各家原面目也;四、原本影印,決無錯誤也。”

五、本書提要

1. 形經音緯,正源求本。清代《説文》四大家,段精於音韻,桂長於義理,朱闡釋引申通假,王側重形體。前三家重點不在形體上,王雖重視形體,雖利用了當時的金石銘刻之學,但他不可能看到甲骨文,更不可能享用今天這麽豐富的甲骨、金文研究成果。20世紀80年代,張舜徽《説文約注》問世,除强調注釋的精約、簡約外,其興趣在“約之以雙聲之理”。90年代初,黄綺《説文三索》出版,致力於“探索許慎對形音義三方面説解的來源”,似乎在平均使力。今天,我認爲很有必要抓住《説文》形書的本質特徵,同時也不排斥音義相依的原則,充分利用近百年來甲骨、金文的研究成果,充分利用學術界認同的文字資料確定字源,訂正本形,尋求本義。

2. 譯注參證,雅俗共賞。上述諸家,除黄綺外,全是文言,讀者難懂;黄雖用白話,但並未對原文作逐字逐句的訓釋,不少讀者依然難讀懂原文。讀不懂原文,就很難與作者的新説比較是非,難免降低作者新説的可信程度。有鑒於此,本書在每條説解下分設【譯文】、【注釋】、【參證】三個細目。將許書嚴格校勘之後,譯文將説解譯成白話,保證忠實於原著,讓中學以上文化程度者能看懂;注釋順着許氏思路,直接徵引《説文》學權威學説,力爭不曲解許説;參證利用舉世公認的古文字學成果,證明、豐富、發展許學,糾正許氏的錯誤,彌補許學的不足。這樣的體例,勢必達到雅俗共賞的結果。雅是典雅,是科學性;俗,是通俗。同時具有科學性、通俗性,才會贏得廣泛的讀者。

3. 徵引衆説,融合古今。《説文詁林》采録的 182 種著述,254 家學説,《詁林》之後的其他《説文》學著作,以及古文字學、現代漢字學;大陸的、臺港澳的、世界各地的漢文字學:凡是能證明、闡發、修正許説的,而且是本書需要的,一律徵引。盡力做到熔古今學説於一爐,集中外成果在一身。

4. 筆畫音序,檢字悉便。依《説文》540 部檢字,沒有《説文》學知識的人,等於翻檢天書;即使是熟悉《説文》的專家,查找一字,也頗不易。1963 年,中華書局影印出版大徐本,後附一個"檢字",查檢依然十分煩難。今製定筆畫檢字表與音序檢字表,查檢極爲方便。

六、本書的寫作與出版

本書的寫作,雖由撰者承擔,卻凝聚了許多前輩和同輩專家學者的心血,甚至可以説,它是集體的結晶。我敬愛的老師周秉鈞先生,一直是我寫作本書精神上、知識上的支柱。1962 年,就讀於湖南師大中文系時,周先生的古代漢語講授,激發起了我學習和研究《説文解字》的極大興趣。1989 年底,先生親自指導的、由我主編的《新編古代漢語》經北京出版社出版後,先生高度評價了我所撰寫的"文字編"。我以此爲基礎,撰寫本書。先生謝世前，逐字審訂了本書前十一卷。在病榻上，先生還惦記着本書的出版。直到今天，每當想起先生，我不得不反復修訂本書。在我有生之年，若不盡力提高它，完善它，我將愧對先生於九泉之下。

先生辭世後，我的老師李維琦教授，審訂完了餘下的十九卷。2008年，蔡夢麒博士指導我，逐字修訂了本書的今音標注。

本書問世後，郭錫良、向熹、李維琦、陳蒲清、崔樞華、陳偉武、蔡棟等專家學者公開發表了許多中肯的意見，爲本書進一步修訂，提供了行家的指導。

本書要深深感謝出版界的朋友。嶽麓版責任編輯梅季坤編審爲本書的編輯，傾注了數年心血，《今釋》之名，就出自於梅先生之手。嶽麓社劉皓宇、夏劍欽、曾德明、丁雙平諸先生都爲本書盡了力。

此次增訂本出版，應上海古籍出版社童力軍先生之約，作了較大的修訂：一、再次細讀《説文詁林》，對本書的【注釋】作了修訂和補充，並儘可能對形聲包會意、會意包形聲的字説明了構形理據；二、嶽麓版因當年排印技術所限，不能較多地引用古文字資料，如今，《古文字詁林》中凡可引用的研究成果，幾乎全部相應地體現於各字條【參證】之中；三、增釋了徐鉉的"新附字"，附列於各部之後。這樣，本書就更臻完善了。其間，馬國英、高惠平夫婦多次幫助掃描手稿，謹致謝忱。

湯可敬

1997年1月10日寫於益陽市迎風橋新塘村

2015年3月30日補訂於益陽市羊舞嶺

凡　例

一、本書試圖全面吸收《説文》學、古文字學的研究成果，並益以己意，使難認、難讀、難釋、難懂的《説文》，成爲文理學子皆宜、雅俗共賞之作。

二、本書每條分字頭、正文、注音、譯文、注釋、参證諸部分。盡力領會許氏的思路，通過句讀、注音、譯文、注釋，訓釋清楚許氏原文字面的意思，然後引用古今文字學家，特别是當代文字學家有關甲骨文、金文方面的研究成果，以供參證。

三、本書正文以同治十二年陳昌治據孫星衍重刊宋刻大徐本爲底本，正文中的小篆及古文、籀文字形參用《實用説文解字》（臧克和、劉本才編）所據汲古閣藏北宋校本"《説文》真本"字形。常例是以小篆爲字頭，爲便於辨認和翻檢，本書在小篆下加注一隸定楷體。正文句讀綜合各家之長。文字校勘，參校衆本，力求嚴謹，可此可彼者一律不校改。凡是衍文和錯字用圓括號（ ）表示，奪文和更定之字用方括號［ ］表示，並在注釋中説明依據和原因。個别文字存疑或有人指爲錯譌但證據尚嫌不足者，也不校改，但必在注釋中交代某家某字作某，提供參考。

四、本書每條正文之後，附録徐鉉切語（即徐鉉等人依據《唐韻》爲《説文》所注之音）。今讀以徐鉉反切爲主要依據，以《廣韻》、《集韻》爲主要標準，以《現代漢語詞典》、《漢語大詞典》、《漢語大字典》等當代權威的字詞工具書爲參照。所有徐鉉切語，以及本書編者所加注的切語，用今音按反切條例拼讀，用漢語拼音字母注音。徐鉉切語與今讀不同者，則加注《廣韻》、《集韻》的反切，以説明今讀的依據。如：蒪(fū),徐鉉作方遇切,《廣韻》無,《集韻》作芳無切,今讀依《集韻》。徐鉉、《廣韻》切語雖同,而《廣韻》將例字收入另一切語下,今讀依另一切語。如：膹(suò),徐鉉作穌果切,《廣韻》有蘇果切,但卻將膹字收在先臥切下,今讀依先臥切。單義異讀字,徐鉉載兩切語者,依序拼讀成兩個音讀。如：荄,徐作古哀切;又,古諧切。依序拼作 gāi;又,jiē。單義異讀字,《廣韻》一字分屬於多切語,而徐載一切語,徐與《廣韻》多切語之某切語同,則依徐。如：䡅,《廣韻》分屬於户昆切、户關切,徐作户昆切,今讀依徐。多音多義字,《説文》只取一義,與《廣韻》某義項同,而徐切語與《廣韻》該義項切語不同者,依《廣韻》。如：敻,《説文》只載營求義,徐鉉作休正切;《廣韻・霰韻》載營求義,作許縣切,《勁韻》載深遠義,作休正切。今讀依《廣韻》許縣切作 xuàn。當代權威字詞工具書,諸如《現代漢語詞典》、《漢語大詞典》、《漢語大字典》等,其字(詞)義與《説文》相當,而注音與上述幾家反切不同者,一般則依當代權威字書,必要時,予以注明。某字若有兩個注音,加斜綫分隔,前者爲徐氏切語,後者爲今讀。

五、本書堅持以直譯爲主。根據信、達、雅原則,爲了做到貫通文意,譯文凡所添加的文字爲許氏原文所無者,用圓括號( )括起,以示嚴謹。書證本不應翻譯,但爲了便於理解,減少注釋的篇幅,只能將可以釋譯的書證全都作了翻譯。

六、本書注釋參考《説文詁林》,以直接引用已有公論的段、桂、王、朱等近兩百位文字學家的古注爲主;不得已者,則下以己意。這樣,可以保證工具書的科學性,也便於讀者作深入的學習和研究。注文中引文出處多沿用《詁林》引書簡稱。如段玉裁《説文解字注》簡稱《段注》,桂馥《説文解字義證》簡稱爲《義證》,王筠《説文釋例》、《説文句讀》,朱駿聲《説文通訓定聲》,以及其他可省《説文》書名的全行省去。又如鈕樹玉《説文新附考》簡稱爲《鈕新附考》,鄭珍《説文新附考》簡稱《鄭新附考》,王筠《説文新附考校正》簡稱

《王校正》等。注文圓括號中的文字，則是本書編者所加的隨文釋義之夾注。

七、本書參證，是以甲骨文、金文研究的成説，來闡發、證明、訂正許説。疑莫能定者，偶爾多説並存，以便讀者選擇。

八、本書沿徐鉉例，卷首加五百四十部標目作爲目録。全書析原書正文十四卷上、下爲二十八卷，第十五上所列許慎敘爲卷二十九，第十五下所列許沖進表爲卷三十。

九、本書正文之後，開列了主要參考書目，以便於《説文》愛好者深造。

十、本書卷末附有筆畫檢字表和音序檢字表，以便於讀者查檢。

目　録

卷五

卷六

卷七

第二册

卷八

卷九

卷十

卷十一

卷十二

卷十三

卷十四

第三册

卷十五

卷十六

卷十七

卷十八

卷十九

卷二十

卷二十一

卷二十二

第四册

卷二十三

卷二十四

卷二十五

卷二十六

卷二十七

卷二十八

卷一

一部

一 一　惟[①]初太始[②]，道立於一[③]。造[④]分天地，化成萬物。凡一之屬皆从一[⑤]。弌，古文[⑥]一。　於悉切[⑦]（yī）。

【譯文】最初，萬物形成之始，道建立了一。後來，才分解爲天和地，演化成爲萬事萬物。大凡一的部屬都从一。弌，古文一字。

【注釋】① 惟：句首語氣詞。　② 太始：萬物形成之始。　③ 道立於一：道，指無形的宇宙本體。一，指天地未分時的有形的混沌狀態。於，猶乎。見《讀書雜志》卷九補。道立於一，語出《老子》四十二章："道生一，一生二，二生三，三生萬物。"無形的宇宙本體產生了宇宙有形的混沌狀態，有形的混沌狀態產生了天和地，（天和地又生出陰氣和陽氣），陰氣和陽氣交合產生和氣，陰氣、陽氣、和氣的運動產生了萬事萬物。　④ 造：始。見《廣雅·釋詁》。　⑤ 凡一句：凡是以"一"爲部首，由"一"統屬的字，都隨从"一"字聚集在一起組成一部。"凡某之屬皆从某"，是《説文》建立部首制，區分部首和部屬的專用術語。某是部首，其他則是部屬。　⑥ 古文：本指春秋戰國的東方文字。這裏是指古文的别字，不是"弌"比"一"字產生的時代更古。　⑦ 本書反切是徐鉉采用孫愐《唐韻》的音。

【參證】一是數名，用一横畫表示數目之始的抽象概念，是指事字。此人所易曉，不須解釋。"惟初太始"四句，不是解釋一字，而是説明本書立一爲首的哲學依據。説得十分堂皇！弌，是晚周字，是"一"的後起字。弋是算籌之類的東西，用以添顯"一"的意義。如法炮製的還有弍、弎。造此類字與今日大寫的壹貳叁等十字同一目的，是爲了防詐僞。

元　始也。从一，从兀[①]。　愚袁切(yuán)。

【譯文】元，開始。由一、由兀會意。

【注釋】① 从一，从兀：徐鍇《繫傳》："元，首也。"故从一。又，"兀，高也。"从一从兀，首在最高處，故曰"始也"。

【參證】元，甲文作、，金文作、。金文的第一個字，誇張人的頭部；甲文因用刀刻，不便刻成圓形，於是刻成一横畫，成。甲文、金文的第二字，從《説文》的構形説而言，是由二(上)、由人會意。人頭是元的本義，如《左傳·襄公九年》："元，體之長(首領)也。"《左傳·僖公三十三年》："狄人歸(送還)其(指先軫)元。"《孟子·滕文公下》："勇士不忘(通"亡"，避)喪其元。"始是元的引申義。

天　顛也。至高無上。从一大[①]。　他前切(tiān)。

【譯文】天，顛頂。最高而無以上加的部位。由一、大會意。

【注釋】① 从一大：會合"一"、"大"的意義，成爲"天"的意義。从某某，是《説文》分析會意字的專門術語之一。王筠《説文繫傳校録》"祏"下注："按會意字相連成文者，則一言'从'，如天'从一大'是也。兩字對峙爲義者則兩言'从'，如吏'从一，从史'，不可言'从一史'也。"

【參證】甲文作，金文作，誇大人的頭部。小篆作。許氏"从一大"，是就小篆而言。顛頂，即頭頂，是天的本義。《易·睽卦》六三爻辭："其人天且劓。"天，是頂額用作動詞。馬融注："黥鑿其頟(額)曰天。"《山海經·海外西經》："形(刑)天與帝至此爭神，帝斷其首，……操干戚以舞。"刑天是斷首。後來，因天空在人們頭頂上"至高無上"的地方，天顛義就引申爲青天義。天字爲青天義所專有，就另造顛字。

丕　大也。从一，不聲[①]。　敷悲切(pī)。

【譯文】丕，大。从一，不聲。

【注釋】① 从一，不聲：丕字以一爲形旁，以不爲聲旁。从某，某聲，是《説文》分析形聲字的專門術語之一。

【參證】甲文作、，金文作，象花柎(萼)之形。郭沫若《甲骨文字研究·釋祖妣》："余謂不者房也。""房熟則盛大。"不就引申爲大。《段注》："丕與不音同。故古多用不爲丕。如'不顯'，即'丕顯'之類。”“丕顯”即大顯。古文字常在竪筆上加點或横畫，就作，隸作。《段注》：“丕，隸書中直引長，故云：‘丕之字不十。’”《三國志·吴志·闞澤傳》説，曹丕即位“不及十年”，是它以爲曹丕的丕字由“不十”會意而成。《説文》小篆作，竪筆未穿過下面的横畫，故作“从一，不聲”。不、丕古音同，一可引申爲大。《尚書·大禹謨》“嘉乃丕績”，嘉奬你們巨大的功績。參“不”條。

吏　治人者也。从一，从史，史亦聲[①]。　力置切(lì)。

【譯文】吏，治理人的人。由一、由史會意，史也表聲。

【注釋】① 从一，从史，史亦聲：从某，从某，某亦聲，是《説文》分析會意兼形聲之字的專門術語。从一：言其執法如一；从史：史借作人字用，表示執法的官員。見王筠《句讀》。

【參證】甲文作。甲骨金文吏、史、使、事本爲一字，後分化，見“史”、“事”條。吏的本義是“治理人的人”，即古代官吏的通稱。《孟子·公孫丑上》：“無敵於天下者，天吏也。”在天下沒有匹敵的人，是奉行天命的官吏。《左傳·成公二年》：“王使委於三吏。”周定王叫他把戰利品交給三公。杜預注：“三吏，三公也。”可見君相皆可稱吏。漢以後特指官府的小官和差役。

文五[①]　重一[②]

【注釋】① 文五：文，概指“文”和“字”。“文五”謂“一、元、天、丕、吏”五個文字。　② 重一：重，指重(chóng)文。凡文字音義全同，而形體不同的，而又附出於《説文》説解之後的，許氏稱爲重文。如本部“弌”即“一”的重文。“重一”謂一個重文。（以下同此體例。）

丄部

丄[①]　高也。此古文上。指事[②]也。凡丄之屬皆从丄。，篆文丄[③]。　時掌切(shàng)。

【譯文】丄，高。這是古文上字。是一個指事字。大凡丄的部屬都从丄。上，篆文丄字。

【注釋】① 丄：《段注》改字頭爲二：“古文上作二。故帝下、旁下、示下皆云从古文上，可以證古文本作二，篆作丄。各本誤以丄爲古文，則不得不改篆文之丄爲上，而且上（即丄字）爲部首，使下文从二之字皆無所統。示次於二之旨亦晦矣。”　② 指事：《段注》：“象形者，實有其物，日月是也。指事者，不泥其物而言其事，丄丅是也。天地爲形，天在上，地在下；地在上，天在下：則皆爲事。”　③ 上，篆文丄：《段注》：“凡《説文》一書，以小篆爲質（主），必先舉小篆，後言古文作某。此獨先舉古文，後言小篆作某，變例也。以其屬皆从古文上，不从小篆上，故出變例而別白言之。”

【參證】甲文上、下作二、二。長綫表示位置的界綫，短綫在上表示上，短綫在下表示下。二、二容易與數詞二（èr）混淆，春秋時代就開始異化爲上、下，比如蔡侯盤寫作丄、丅，到小篆時，才將上、下二字的竪筆屈曲彡飾，寫作上、下。

帝

諦①也。王天下之號也。从丄②，朿聲。帝，古文帝。古文諸丄字皆从一，篆文皆从二。二，古文上字。辛示辰龍童音章皆从古文丄。　都計切（dì）。

【譯文】帝，審諦；又是統治天下的稱號。从二，朿聲。帝，古文帝字。古文各丄字都寫作一，篆文都寫作二。二是古文上字。辛、示、辰、龍、童、音、章等字都从古文二字。

【注釋】① 諦：審諦，詳謹周密。朱駿聲《通訓定聲》引《風俗通》：“帝者任德設刑以則象之，言其能行天道，舉措審諦。”　② 从丄：依段説，應作“从二”。下文“从古文丄”的丄也應作“二”。辛、示、辰、龍、童、音、章，小篆都从二，不从丄。見“辛”諸條。

【參證】帝字甲文作帝。鄭樵以爲象花蒂之形。應是獨體象形字。假借爲帝王字。

旁

溥①也。从二，闕②，方聲。㫄，古文旁。旁，亦古文旁。雱，籀文③。　步光切（páng）。

【譯文】旁，廣大。从二，不知爲什麽从冂，方聲。㫄，古文旁字。旁，也是古文旁字。雱，籀文旁字。

【注釋】① 溥（pǔ）：本書水部：“大也。”　② 闕：不知道小篆的旁字爲什麽从冂，不能强作解人，只好讓他闕着。　③ 籀（zhòu）文：

春秋戰國時的西方文字。

【參證】甲文作𠀀、𠀀，金文作𠀀、𠀀。从凡，方聲。凡是凡，是盤子。本書二部："凡，最(聚)括也。"盤子是積聚和總括物體的器具，故可引申爲大。

丅[①] 丅 底[②]也。指事。丅，篆文下。　胡雅切(xià)。

【譯文】丅，低下。指事。下，篆文下字。

【注釋】① 丅：依段説，當作二，見"丄"條。　② 底：許書無低字，底即低字。

【參證】甲文作二、⌒，金文作二、下。春秋晚期在二的左下加一竪筆，則成"下"。

文四　重七

示部

示 示 天垂象[①]，見[②]吉凶，所以示[③]人也。从二；三垂，日月星也。觀乎天文，以察時變。示，神事也。凡示之屬皆从示。𥘅，古文示。　神至切(shì)。

【譯文】示，上天垂下天文圖象，體現(人事的)吉凶，(這些圖象)是用來顯示給人們看的東西。从二(，代表天上)；三竪筆，分别代表日月星。(人們)觀看天文圖象，用來考察時世的變化。示是神祇(qí)的事。大凡示的部屬都从示。𥘅，古文示字。

【注釋】① 象：指天象，即下文的"天文"。　② 見：現。上古無現字，凡出現義都寫作"見"。　③ 示：顯示給人看。

【參證】示，甲文作𠀀、𠀀、𠀀、丅、丅、示、示，象祖先神主之形。後來泛指一切神祇。

祜 祜 上諱[①]。　侯古切(hù)。

【譯文】祜，已故孝安皇帝之名。

【注釋】① 上諱：上，指皇上。諱，封建社會稱死去了的帝王或尊長的名。徐鉉注："此漢安帝名也。福也。當从示，古聲。"《段注》："祜訓福，則當與禄、褫等爲類，而列於首者，尊君也。"

【參證】金文作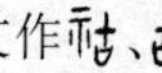。《禮記·曲禮上》:“詩書不諱,臨文不諱。”又《玉藻》:“凡祭不諱,教學臨文不諱。”作爲文字工具書,理當不需避諱。秀、莊、炟、肇,與此同理。

 禮 履[①]也。所以事[②]神致[③]富也。从示,从豊,豊亦聲。,古文禮。 靈啟切(lǐ)。

【譯文】禮,履行,是用來祭神求福的事。由示、由豊會意,豊也表聲。,古文禮字。

【注釋】① 履:履而行之,即施行,實行。 ② 事:奉事。 ③ 致:得到。

【參證】甲文作,金文作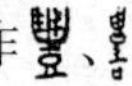。饒炯《部首訂》:“凵者,器也。者,實也。”“夫以器貯物,奚明其爲禮器?故下加豆注之。後乃以器名爲事名,凡升降、拜跪、酬酢、周旋諸儀,亦謂之豊,又旁加示别之。”

 禧 禮吉[①]也。从示,喜聲[②]。 許其切(xī/xǐ)。

【譯文】禧,行禮獲得吉祥。从示,喜聲。

【注釋】① 禮吉:《段注》:“行禮獲吉也。” ② 喜聲:聲中有義。本書“喜”下:“樂也。”吉祥之事是喜樂之事,可慶賀之事。

 禛 以真受福也。从示,真聲[①]。 側鄰切(zhēn)。

【譯文】禛,用真誠的情意(感化神明)而得福。从示,真聲。

【注釋】① 真聲:聲中有義。見下文【參證】。

【參證】《段注》:“此亦當云:‘从示,从真,真亦聲。’不言者省也。聲與義同原,故諧聲之偏旁多與字義相近。此會意、形聲兩兼之字致多也。《説文》或稱其會意,略其形聲,或稱其形聲,略其會意,雖則省文,實欲互見。”

 禄 福也。从示,录聲[①]。 盧谷切(lù)。

【譯文】禄,幸福。从示,录聲。

【注釋】① 录聲:聲中有義。录本爲井鹿盧,見下文【參證】。

【參證】甲文作,金文作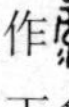。李孝定《甲骨文字集釋》:“疑以爲井鹿盧之初字。上象桔槔,下象汲水器,小點象水滴形。今字作轆。”汲水灌溉,可保豐收,遂有福義。後加示旁。

[1] 福也。从示,虒聲。　息移切(sī)。
褫　【譯文】褫,幸福。从示,虒聲。
【注釋】① 褫:《文選·張衡〈東京賦〉》:"祈褫禳災。"即求福除禍。

 祥也。从示,貞聲[1]。　陟盈切(zhēng/zhēn)。
禎　【譯文】禎,吉祥。从示,貞聲。
【注釋】① 貞聲:聲中有義。貞本義爲卜問,卜問是爲了幸福吉祥。後用爲堅貞、貞潔義,禎祥義則加"示"。

[1] 福也。从示,羊聲。一云善[2]。　似羊切(xiáng)。
祥　【譯文】祥,幸福。从示,羊聲。另一義是善好。
【注釋】① 祥:《段注》:"凡統言則災亦謂之祥。"　② 一云善:善是福的引申義。
【參證】金文作。徐灝《段注箋》:"古無祥字,假羊爲之。鐘鼎款識多有'大吉羊'之文。譱(shàn,即善字)、義等字从羊者,祥也。"

 福也。从示,止聲[1]。　敕里切(chǐ/zhǐ)。
祉　【譯文】祉,幸福。从示,止聲。
【注釋】① 止聲:聲中有義。止,足止,至。示,本書"示"下:"神事也。"从示,从止,神之所止,福之所至。
【參證】甲文作。《爾雅·釋詁》:"祉,福也。"這是許慎所本。《詩·大雅·皇矣》:"既受帝祉,施于孫子。"已經接受了天帝賜予的幸福,就會延及子子孫孫。

 祐也。从示,畐聲。　方六切(fú)。
福　【譯文】福,(神明)降福保佑。从示,畐聲。
【參證】甲文作,金文作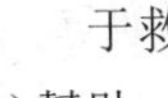。羅振玉《增訂殷虛書契考釋》:"从兩手奉尊導於示前,或省収(gǒng,兩手),或並省示,即後世之福字。在商則爲祭名。"後來由祭名引申爲"上帝降福保佑"。佑是福的引申義。

 助也。从示,右聲[1]。　于救切(yòu)。
祐　【譯文】祐,(神明給予的)幫助。从示,右聲。
【注釋】① 右聲:聲中有義,見下文【參證】。
【參證】甲文作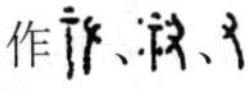。朱駿聲《通訓定聲》:"據許書,凡助爲右,

神助爲祐。其實即右之變體，加示耳。"按：甲文有右手義，再又義，佑助義。文字分化，佑助義加"口"作"右"，許所説"手口相助也"。後"又"爲"再又"義所專，"右"專表"右手"義，"佑助"義加"人"旁，作"佑"。"佑助"又分人助和神助，强調神助則加"示"作"祐"。

祺 吉也。从示，其聲。，籀文从基[①]。 渠之切(qí)。

【譯文】祺，吉祥。从示，其聲。禥，籀文从基聲。

【注釋】① 籀文从基：《段注》："基，聲也。古其基通用。如《尚書》'丕丕基'，伏生作'丕丕其'是也。"

祇 敬也。从示，氏聲。 旨移切(zhī)。

【譯文】祇，恭敬。从示，氏聲。

【參證】金文作、。郭沫若以爲象兩缶(瓦罐)相抵。見郭沫若《文史論集·由壽縣蔡器論到蔡墓的年代》"蔡侯鐘銘考釋"。

禔 安福也[①]。从示，是聲[②]。《易》曰："禔既平[③]。" 市支切(zhī)[④]。

【譯文】禔，安定；幸福。从示，是聲。《易經》説："既安又平。"

【注釋】① 安福也：安也，福也。這是"一句數讀"的現象，是《説文》解釋一字多義現象的一種方式。這種一字多義現象往往有明顯的意義聯繫。 ② 是聲：聲中有義。本書"是"下："直也。从日正。"从示，从是：神賜如太陽一樣正直，所以安定幸福。 ③ 禔既平：見《周易·坎卦》。禔，今本作祇，虞翻説："安也。"禔既平，李道平《周易集解纂疏》："既安且平。" ④ 今讀依《廣韻》章移切。

神 天神，引出萬物者也。从示申[①]。 食鄰切(shén)。

【譯文】神，天神，引發出萬事萬物的神。从示，申聲。

【注釋】① 从示申：段、桂、朱、王，全作"从示，申聲"。申，既表義，又表聲。是會意兼形聲的範例。見下文【參證】。

【參證】金文作、。楊樹達《增訂積微居小學金石論叢·釋神祇》："考神字，宗周鐘作，陳肪簋作，《説文》十三篇上虫部虹字或體作，許君云：'籀文虹从申，申，電也。'又十一篇下雨部云：'電，陰陽激燿(陰氣、陽氣相激而産生光耀)也。从雨，从申。'據此諸證，知古申電同文，文作作作，皆象陰陽激燿之形，……蓋天象之可異者莫神於電，故在古文，申也，電也，神也，實一字也。其加雨於申而爲電，加示於申而爲神，皆後起分别之事矣。《説文》十四篇下申部云：'申，神也。'正謂申爲神之初文矣。"

祇　地祇，提出萬物者也。从示，氏聲[①]。　巨支切(qí)。

【譯文】祇，地神，提引發生萬事萬物的神。从示，氏聲。

【注釋】① 氏聲：聲中有義。見下文【參證】。

【參證】楊樹達《增訂積微居小學金石論叢·釋神祇》："祇者，《説文》十二篇下氏部云：'巴蜀名山岸脅之旁箸欲落墮者曰氏。氏崩，聞數百里。象形，乀聲。'按氏爲山脅(邊)旁(依傍)箸(附著)欲墮(掉落)之形，有落墮之勢而不墮，此初民所視爲神異者一也。崩而聲聞數百里，初民所視爲神異者二也。電爲天上至神之象，氏爲地上至神之象，故天神謂之神，地神謂之祇矣。"祇是氏的後起增偏旁體。

祕　神也。从示，必聲。　兵媚切(mì)[①]。

【譯文】祕，神秘不可宣泄。从示，必聲。

【注釋】① 兵媚切當讀 bì，今讀 mì。

齋　戒[①]，潔也。从示，齊省聲[②]。𩐁，籀文齋，从𩐁[③]省。　側皆切(zhāi)。

【譯文】齋，齋戒，(祭祀之前)整潔身心(以示虔敬)的行爲。从示，齊省聲。𩐁，籀文齋字，从𩐁省去𡘾作形旁。

【注釋】① 戒："戒"字應連篆文讀作"齋戒"。王筠《句讀》："許云'齋戒，潔也'者，謂三日齋，七日戒，其詞雖異，皆内潔其心，外潔其體之謂也。"　② 齊省聲：由齊字省去筆畫作爲聲旁。段注："謂減齊之二畫，使其字不繁重也。"齊也表義。見下文【參證】。　③ 𩐁：音禱(dǎo)。

【參證】徐灝《段注箋》："齊齋古今字，相承增示也。"齋是齊的後起增偏旁體。《段注》引《祭統》曰："齋之爲言齊也。齊不齊以致齊者也。"祭祀之前，使鬆散而不潔齊的身心變得潔齊、精神起來，以表示對神的虔敬。

禋　潔祀也。一曰：精意以享爲禋[①]。从示，垔聲[②]。𡨎，籀文，从宀[③]。　於真切(yīn)。

【譯文】禋,潔敬的祭祀。另一義是:誠心誠意把祭品供奉給神明享用,叫作禋。从示,垔聲。𥛱,籒文禋,从宀。

【注釋】① 一曰句:一曰,是《説文》收兩個義項的術語之一。潔祀是常義;精意以享爲禋,見《國語》,是舊義。 ② 垔聲:聲中有義。見下文【參證】。 ③ 从宀:王筠《句讀》:"當云籒文禋从示从窒。窒者,煙之古文也。"

【參證】金文作、、。首字的表示火从囪(西乃囪之譌)上出,小篆籒文上的表示煙霧繚繞之形。《周禮·春官·大宗伯》:"以禋祀祀昊天上帝。"證明禋的本義是升煙以祭天。

祭 祭祀也。从示,以手持肉①。 子例切(jì)。

【譯文】祭,祭祀鬼神。从示,用手拿着肉(供奉神前)。

【注釋】① 从示,以手持肉:是許氏説解會意字的方式之一。桂馥《義證》:"从又,右手也;从夕,即肉字;从示,用右手持肉以祭也。"

【參證】甲文作、。金文作、、。羅振玉《增訂殷虚書契考釋》:"(甲文)皆象持酒肉於示前之形。象肉,持之,點形不一,皆象酒也。或省示,或並省又。篆文从手持肉而無酒。古金文亦然。"

祀 祭無已①也。从示,巳聲②。禩,祀或③从異。 詳里切(sì)。

【譯文】祀,祭祀不停止。从示,巳聲。禩,祀的或體,从異聲。

【注釋】① 祭無已:徐鍇《繫傳》:"《老子》曰'子孫祭祀不輟'是也。"已:停止。 ② 巳聲:聲中有義。本書"吕"()條引王筠注:"巳,已也。已,止也。" ③ 或:或體,指某個字在同一字體中的不同寫法,相當於異體字。

【參證】祀,甲文作、、,金文作、、。本義是子孫世代祭祀不絶,引申泛指祭祀。祭祀,一年又一年,周而復始,所以又用祀表示年。《尚書·洪範》:"惟十有三祀,王(周武王)訪(謀問)於箕子(殷紂王的叔父)。"用年紀時是商後的事。

祡 燒(祡)[柴]焚燎以祭天神①。从示,此聲②。《虞書》③曰:"至于岱宗④,祡。"𥜅,古文祡,从隋省⑤。 仕皆切(chái)。

【譯文】祡,燒着柴薪,(把供神享用的,已經割裂的牛羊豬等祭品放在柴薪之上)焚燎牲體來祭祀天神。从示,此聲。《虞書》説:

“(舜)到達泰山,舉行了柴祭。”祡,古文祡字,由隋省去阜(與示字組合)。

【注釋】① 燒祡句:燒祡,桂馥《義證》:“祡當作柴。祡柴聲相近。”焚燎,燒的同義語。《尚書·舜典》陸德明《釋文》引馬融注:“祭時積柴,加牲其上而燔之。”　② 此聲:可看作柴省聲。柴既表義,又表聲。祡是柴的分化字。　③《虞書》:此指古文《尚書·舜典》文,經文祡作柴。　④ 岱宗:東嶽泰山之名。　⑤ 从隋省:本書肉部:“隋,裂肉也。”祭天時,積柴裂牲肉,所以从隋而省。

禷[1] 以事類祭天神。从示,類聲[2]。　力遂切(lèi)。

禷 【譯文】禷,根據具體事類的需要去祭祀天神。从示,類聲。

【注釋】① 禷:朱駿聲《通訓定聲》:“非常(不按常規)而祭,以事類告,皆曰禷。”　② 類聲:聲中有義。王筠《句讀》:“説義已見類字。此不言从類,聲義互相備也。”意思是:字頭後訓釋字義的句子“以事類祭天神”已經提到“類”字,表示是“事類”的意思,所以析形的句子裏不説“从示,从類,類亦聲”。這是許書“釋義”和“明聲”互相補充的原則。這是字書語言簡潔的要求所致。

祪 祔、祪,祖[1]也。从示,危聲。　過委切(guǐ)。

祪 【譯文】祪,祔和祪,都是遷移神主的事。从示,危聲。

【注釋】① 祖:《周禮·小宗伯》注:“遷主曰祖。”祔是新死者的神主遷於祖廟,祪是毁廟的神主遷於太廟,都是遷主的事。舊説文意未明。

祔 後死者合食[1]於先祖。从示,付聲[2]。　符遇切(fù)。

祔 【譯文】祔,後死者的神主移在祖廟中與先祖一道供祭。从示,付聲。

【注釋】① 食(sì):供養,這裏指供祭。　② 付聲:聲中有義。王筠《句讀》“祪”下引《爾雅》郭璞注:“祔,付也。付新死者於祖廟。”

祖 始廟也[1]。从示,且聲[2]。　則古切(zǔ)。

祖 【譯文】祖,初始;宗廟。从示,且聲。

【注釋】① 始廟也:始也,廟也。一句數讀。　② 且聲:聲中有義。見下文【參證】。

【參證】甲文作,金文作。徐中舒《甲骨文字典》“祖”下:“本爲斷木,用作切肉之薦(塾),……其後,由切肉之器逐漸演變爲祭神時載肉之禮器(俎)。”又,“且”下:“古置肉於俎上以祭祀先祖,故稱先祖爲且。”後來在“且”旁加“示”,成了“祖”,最初見於𤎩鎛,作。“始也,廟也”,是祖的引申義。

𥛱 門内祭,先祖所以彷徨①。从示,彭聲。《詩》②曰:“祝祭于𥛱。”祊,𥛱或从方。 補盲切(bēng)。

【譯文】𥛱,在門内祭祀先祖,(門内)是先祖生前彷徨來往的地方。从示,彭聲。《詩經》説:“主祭的人在門内祭祀。”祊,𥛱的或體,从方聲。

【注釋】① 彷徨:來往貌。徐灝《段注箋》:“𥛱者,旁皇之合聲。” ②《詩》:指《小雅・楚茨》。

祰 告祭也。从示,从告聲①。 苦浩切(kǎo)。

【譯文】祰,是(天子諸侯將要出行時)稟告祖先的祭禮。从示,从告聲。

【注釋】① 从示,从告聲:朱駿聲《通訓定聲》按:“从示,从告,會意;告亦聲。”

祏 宗廟主①也。周禮②有郊、宗、石室③。一曰:大夫以石爲主。从示,从石,石亦聲。 常隻切(shí)。

【譯文】祏,宗廟裏收藏神主牌位的石室。周朝的禮制有郊外祭祀、宗廟祭祀、石室祭祀。祏的另一義是,大夫用石頭做成的神主。由示、由石會意,石也表聲。

【注釋】① 主:王筠《釋例》:“或此主字爲宔之殘字。”《説文》:“宔,宗廟宔祏。”是宗廟裏石做的藏神主之器。 ② 周禮:周朝的禮制。 ③ 郊、宗、石室:郊,郊外祭祀天地。宗,宗廟裏祭祀先祖。石室,宗廟收藏神主的石匣子。《左傳・莊公十四年》:“命我先人典司(主管)宗祏。”杜預注:“宗祏,宗廟中藏主石室。”正義:“慮有非常火災,於廟之北壁内爲石室以藏木主,有事則出而祭之;既祭,納於石室。祏字从示,神之也。”

【參證】甲文作。

𥘯 以豚祠司命①。从示,比聲。漢律②曰:“祠𥘯③司命。” 卑履切(bǐ)。

【譯文】祉，用小豬祭祀司命神。从示，比聲。漢律説："向司命神祭祀還願。"

【注釋】① 祠：《周禮》鄭注："求福曰禱，得求曰祠。"小民遇病痛凶災，則向司命神許願求福，得求之後，如期還願。祉、祠就是還願。司命：司命神有大司命、少司命。這裏指少司命。《祭法·司命》鄭注："司命，小神，居人間，司察小過，作譴告者。"應劭《風俗通》："今民間獨祀司命耳，刻木長尺二寸爲人像，行者擔篋中，居者作小屋。齊地大尊重之，汝南餘郡亦多有，皆祠以腊(豬)。"　② 漢律：《段注》："高帝時，蕭何攈摭秦法，取其宜於時者，作律九章。至孝武時，律令凡三百五十九章。"　③ 祠祉：同義連用。

祠 春祭曰祠。品物少，多文詞[①]也。从示，司聲。仲春之月，祠，不用犧牲，用圭璧及皮幣[②]。　似兹切(cí)。

【譯文】祠，(周代)春天的祭祀叫做祠。這是由於用來祭祀的物品少，而儀式文詞多的緣故。从示，司聲。(《禮記·月令》)農曆二月，祭祀不用犧牲，而用玉器、毛皮和繒帛。

【注釋】① 多文詞：這是許君用詞字申説祠字受義之原因。詞、祠古音同。　② 仲春諸句：引自《禮記·月令》。仲春，農曆二月。犧牲，供祭祀用的純色全體牲畜。圭璧，祭祀時用作符信的玉器。皮幣，皮毛和繒帛。

【參證】甲文作，金文作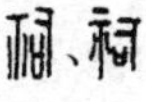。

礿 夏祭[①]也。从示，勺聲。　以灼切(yuè)。

【譯文】礿，(周代)夏天祭祀的名稱。从示，勺聲。

【注釋】① 夏祭：《禮記·王制》："天子諸侯宗廟之祭，春曰礿，夏曰禘，秋曰嘗，冬曰烝。"鄭注："此蓋夏殷之祭名。周則春曰祠，夏曰礿。"

【參證】甲文作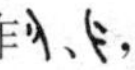，金文作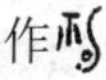。

禘 諦祭[①]也。从示，帝聲。周禮曰：五歲一禘。　特計切(dì)。

【譯文】禘，審諦的祭祀。从示，帝聲。周朝的禮制説：五年奉行一次禘祭。

【注釋】① 諦祭：《段注》："諦祭者，祭之審諦者也。"朱駿聲《通訓定聲》："漢儒説禘有三。"一、郊祭之禘，即祭天，是王者之大祭。二、殷(大)祭之禘，天子諸侯宗廟的大祭。三、時祭之禘，宗廟四時祭之一，見"礿"條"夏祭"注。

【參證】禘祭的禘，甲文一般作𠦃；上帝的帝，一般作𠦃。爲了區別於上帝，加示旁寫作禘。

祫 祫　大合祭[①]先祖親疏遠近[②]也。从示合[③]。周禮曰：三歲一祫。　侯夾切(xiá)。

【譯文】祫，對先祖的親疏遠近者大合祭。由示、合會意。周朝的禮制説：三年舉行一次祫祭。

【注釋】① 大合祭：《春秋·文公二年》："八月丁卯，大事於大廟。"《公羊傳》曰："大事者何？大祫也。大祫者何？合祭也。毀廟之主陳於大祖，未毀廟之主皆升，合食於大祖。"毀廟，是指直系親屬超過高祖的，自移神主到太廟中。　② 先祖親疏遠近：謂先祖之親疏遠近者。　③ 从示合：《段注》："會意。不云合亦聲者，省文。重會意也。"

祼 祼　灌祭[①]也。从示，果聲。　古玩切(guàn)。

【譯文】祼，用酒灌注在地上(使神降下的)祭禮。从示，果聲。

【注釋】① 灌祭：《尚書·洛誥》："王入太室祼。"孔穎達疏："祼者灌也。王以圭瓚(玉製的酒器)酌鬱鬯(祭祀之酒名)之酒以獻尸(祭祀時替死者受祭的人)，尸受祭而灌於地。因奠不飲，謂之祼。"

𥜶 𥜶　數[①]祭也。从示，毳聲。讀若[②]"春麥爲𥜶"[③]之𥜶。　此芮切(cuì)。

【譯文】𥜶，頻繁的祭祀。从示，毳聲。音讀如"春麥叫做𥜶"的"𥜶"。

【注釋】① 數(cù)：《段注》："數讀數罟之數。"《集韻》作趨玉切，細密的意思。　② 讀若：《説文》擬音的專門術語。桂馥《義證》："漢之説經傳也，或言'讀爲'、'讀曰'，或言'讀如'、'讀若'，或言'當爲'。按：'讀如'主於説音，'讀爲'主於更字説義，'當爲'主於糾正誤字。"　③ 春麥爲𥜶：當時的俗語。

祝 祭主贊[①]詞者。从示,从人口。一曰[②]:从兑省。《易》[③]曰:兑[④]爲口爲巫。 之六切(zhù)。

【譯文】祝,祭祀時主管向神靈禱告的人。由示字、人字、口字會意(,表示用人之口與神靈交接)。另一説是,“祝”字的“兄”旁是由“兑”字省去上面的“八”。《易》説:“兑”卦可以代表“口”,代表“巫”。

【注釋】① 主贊:主,主持。贊,告。 ② 一曰:《段注》:“此字形之别説也。凡一曰,有言義者,有言形者,有言聲者。” ③《易》:指《周易大傳·説卦傳》。本作“兑爲澤,爲少女,爲巫,爲口舌”。《段注》:“凡引經傳,有證義者,有證形者,有證聲者。此引《易》證形也。”引《易》證明“祝”字左旁“从兑省”的原因。兑表示巫者之口,巫是與神靈交接的專職者。 ④ 兑,八卦之一,代表沼澤。

【參證】王筠《釋例》:“此字可疑。不可以爲从兄,因分爲人口,人口又不成詞,故又以爲从兑省。然兑字从儿,㕣聲,省㕣之八而留口,既無此省法,且省形聲字以成會意,尤無此法。”又説:“太祝禽鼎作,乃人跪而向神之形。”甲文作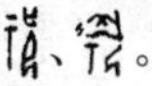。商承祚《殷虚文字類編》:“象跽(jì 長跪)於神前而灌酒也。”

褶 祝褶[①]也。从示,留聲。 力救切(liù)。

【譯文】褶,祝由。从示,留聲。

【注釋】① 祝褶:《段注》引惠棟説:“《素問》黄帝曰:古之治病,可祝由(用禱祝治病,咒説病由)而已(止)。祝由,即祝褶也。”王筠《句讀》:“以其爲恆言,故以本字爲解説。”

祓 除惡祭也。从示,犮聲。 敷勿切(fú)。

【譯文】祓,拂除穢惡不祥的祭禮。从示,犮聲。

【參證】甲文作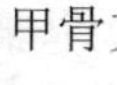。是示,是拔,象雙手,象木,雙手向外拔木。于省吾《甲骨文字釋林·釋𥛱》:“𥛱从示,𣎴聲,𣎴即古拔字,象兩手拔木之形。《古文四聲韻》入黠引《古老子》拔字作,是其證。𥛱即祓之初文,祓與拔並諧犮聲,祓从示,从犮聲與从𣎴聲一也。”“《周禮·女巫》:‘掌歲時祓除釁浴。’……《御覽》八百八十六引《韓詩》:‘鄭國之俗,三月上巳之日,於兩水之上,招魂續魄,拂除不祥。’”

祈 求福也。从示，斤聲。　渠希切（qí）。

【譯文】祈，向神明求福。从示，斤聲。

【注釋】① 祈：《爾雅·釋言》："祈，叫也。"郭璞注："祈祭者叫呼而請事。"

【參證】甲文作、，金文作。孫海波《甲骨文編》："从㫃，从單（單象兵器）。蓋戰時禱於軍旗之下，會意。羅振玉説。"王國維《戩壽堂所藏甲骨文字考釋》："假借爲祈求之祈。"

禱 告事求福也。从示，壽聲。，禱或省。，籀文禱①。都浩切（dǎo）。

【譯文】禱，向神禱告而祈求幸福。从示，壽聲。⿰礻㠯，禱的或體，禱的省略。⿰⿱示真⿱㠯夂，籀文禱字。

【注釋】① ⿰⿱示真⿱㠯夂：《段注》："以真致福意。疑下从夂，非从夊也。夂，陟侈切。"是説籀文是由真（真心誠意）、夂（zhǐ，致，得到）、示（神事，指神明賜下的福）會意組成，由㠯表音。

禜 設緜蕝①爲營②，以禳風雨、雪霜、水旱、癘疫於日月星辰山川也③。从示，(榮)[營]省聲④。一曰：禜，衛⑤，使災不生⑥。《禮記》曰："雩，禜。祭水旱。"⑦　爲命切（yòng）。

【譯文】禜，設置用緜繩纏繞着的，用作位置標誌的茅草之類，成爲環繞一周的營盤，向日月、星辰、山川之神祈求消除風雨、雪霜、水旱、癘疫之災。从示，營省吕爲聲。另一義説：禜，就是保衛的意思，就是爲了使災禍不發生。《禮記》説："雩，就是禜祭，爲了消除水災、旱災而祭。"

【注釋】① 緜蕝（mián jué）：又作"緜蕞"。緜，以繩纏繞。蕝，束茅立於地面，爲位置標誌。　② 營：《段注》："環匝（周遍）爲營，禜營疊韻。"以營釋禜，用的是聲訓。　③ 以禳句：見《左傳·昭公元年》。禳，禳除災害。　④ 榮省聲：桂馥《義證》："榮當爲營。徐鍇本'从營省聲'。"營也表意。从示从營，簡而言之，是用營的方式來祭祀。　⑤ 禜，衛：王筠《句讀》："此因禜、營同音，故以衛釋之也。"《倉頡篇》："營，衛也。"圍地爲營，對營盤之内就有保衛的作用。　⑥ 使災不生：王筠《句讀》："上文所言，災既至而後禜之，此謂先禜則無災也。”　⑦《禮記》句：徐鍇引自《禮記·祭法》，非許君原文。雩(yú)，古求雨之祭。祭水旱，爲水旱而祭。

禳　磔禳祀①，除癘殃②也。古者燧人禜子③所造。从示，襄聲④。　汝羊切(ráng)。

【譯文】禳，割裂牲畜來攘除邪惡的祭祀，是爲了驅除病痛災禍。是古時候燧人氏爲其子女消災除禍而造作的。从示，襄聲。

【注釋】① 磔禳祀：王筠《句讀》：“禳當作攘，二字疊韻。”“云磔禳祀者，謂磔牲以攘之之祀名曰禳也。”磔(zhé)，古時分裂祭祀的牲畜來祭神。　② 癘殃：孫詒讓《籀廎述林·論説文》：“除癘殃猶云除疾殃。”　③ 禜子：《段注》：“爲其子禜災也。”　④ 襄聲：可視爲“攘省聲”。攘既表義，又表聲。禳是攘的分化字。

禬　會福祭①也。从示，从會，會亦聲。《周禮》②曰：“禬之祝號。”　古外切(guì)。

【譯文】禬，聚合幸福的祭禮。由示、由會會意，會也表聲。《周禮》説：“(詛咒這種職務是主管)禬祭(等等)的禱告呼號。”

【注釋】① 會福祭：以“會”釋“禬”，例同以“柴”釋“祡”，以“類”釋“禷”，以“告”釋“祰”。聲中有義。　②《周禮》：指《春官·詛祝》。原文作“詛祝，掌盟詛類造攻説禬禜之祝號”。盟詛，猶盟誓，大事叫盟，小事叫詛。類，後作禷。造，後作祰。攻，祭名，鳴鼓攻逐。説，祭名，以辭責之。

禪　祭天①也。从示，單聲。　時戰切(shàn)。

【譯文】禪，祭天(地)。从示，單聲。

【注釋】① 祭天：徐灝《段注箋》：“封禪對文，云祭天者，渾舉之詞耳。”對舉，禪是祭地，封是祭天。

禦①　祀也。从示，御聲。　魚舉切(yǔ/yù)②。

【譯文】禦，(抵禦災禍的)祭祀。从示，御聲。

【注釋】① 徐灝《段注箋》：“戴氏侗曰：‘祀以禦沴(lì，災害不祥之氣)也。引而申之，凡捍禦皆曰禦。’禦者禦之使不至，禁者禁之使不行。皆始於巫祝之爲，故从示。”　② 今讀依《集韻》牛據切。

【參證】甲文作，金文作。參“御”條。

䄆[①] 祀也。从示，昏聲。　古末切(huó)[②]。

【譯文】䄆，刮除災禍的祭祀。从示，昏聲。

【注釋】① 䄆：今作祜。朱駿聲《通訓定聲》："䄆，刮除災禍之意。"　② 今讀依《廣韻》户括切。

禖[①] 祭也。从示，某聲[②]。　莫桮切(méi)。

【譯文】禖，(求子的)祭祀。从示，某聲。

【注釋】① 禖：《玉篇·示部》："禖，求子祭。"《禮記·月令》："是月(指仲春之月)也，玄鳥(燕子)至。至之日，以太牢(同時用牛羊豬作祭品)祠於高禖(先祖的禖神，高，敬詞；一指郊禖)。"春天燕子飛來，築巢生育，人們就把這個時令當作求子之祭的最佳時令。原本作媒，媒人。爲了把媒人神化，變媒爲禖。就其實體言，是禖神；就其行爲言，是禖祭。　② 某聲：可視爲"媒省聲"。媒既表義，又表聲。禖是媒的分化字。

禑 祭具[①]也。从示，胥聲[②]。　私吕切(xǔ)。

【譯文】禑，祭祀的用品。从示，胥聲。

【注釋】① 祭具：王筠《句讀》："(祭具)猶言祭品也。"《山海經》："糈用稌米。"注："糈，祭祀之米。"徐灝《段注箋》："凡神事多从示。此與柴作祡、脤作祳之類皆同一例。"這裏的祭具，即祭品，是特指用來祭祀的糈米。楊樹達《積微居讀書記·説文求是》："指其物則爲糈，舉其爲事神之具則爲禑。"　② 胥聲：可視爲"糈省聲"。糈既表義，也表聲。禑是糈的分化字。

祳 社[①]肉，盛以蜃[②]，故謂之祳。天子所以親遺同姓[③]。从示，辰聲[④]。《春秋傳》[⑤]曰："石尚來歸祳[⑥]。"　時忍切(shèn)。

【譯文】祳，祭過土地神的肉，用俗名大蚌蛤(gé)的蜃作的祭具裝着，所以叫它"祳"。這是天子用來贈送給他那同出高祖的兄弟們的禮物。从示，辰聲。《左傳》本《春秋經》説："(天王使他的士人)石尚來歸獻祭肉。"

【注釋】① 社：指祭祀土地神。　② 蜃(shèn)：蚌類大蛤蜊。此指蚌類祭器。　③ 親遺(wèi)同姓：鄭知同《商義殘本》："當是

‘遺親同姓’倒文。”郝懿行《爾雅義疏·釋親》:“云‘族舅弟之子相謂爲親同姓’者,是四从兄弟同出高祖者也。” ④ 辰聲:聲中有義。辰是蜃的本字。辰表義,又表聲。用蚌類物裝着祭過土地的肉,天子用以贈送其兄弟,側重其蚌之形狀,本類“虫”屬,作“蜃”;側重其裝的是肉,作“脤”;側重其“神事”,作“祳”。參“辰”條。 ⑤《春秋傳》:王筠《句讀》:“定十四年經文。言傳者,謂據左氏本,不據公羊、穀梁之經也。”“凡引經而言傳者,皆放此。” ⑥ 石尚來歸祳:原文作“天王使石尚來歸脤”。脤,漢作祳,古以肉爲義,漢以祭爲義,脤、祳古今字。

祴 宗廟奏祴樂①。从示,戒聲②。 古哀切(gāi)。

【譯文】祴,宗廟裏演奏的古樂。从示,戒聲。

【注釋】① 祴樂:《周禮·春官·笙師》:“以教祴樂。”鄭注:“祴樂,祴夏之樂。賓醉而出,奏祴夏。祴之言戒也。”按:《祴夏》爲古樂章《九夏》之一。用以節制醉客歸去的行步。 ② 戒聲:聲中有義。見上注:“祴之言戒也。”

禡① 師②行所止③,恐有慢④其神,下而祀之曰禡。从示,馬聲⑤。周禮曰⑥:禡於所征之地。 莫駕切(mà)。

【譯文】禡,軍隊行進到了止息的地方,擔心怠慢了那裏的神,就下馬祭祀它們,叫禡。从示,馬聲。《禮記·王制》説:在征伐的那個地方舉行禡祭。

【注釋】① 禡:祭名,有三説:一、祭羣神。《詩·大雅·皇矣》:“是類是禡。”《傳疏》:“或類禡皆祭天神及日月山川之神。”二、祭軍法創始者。《集傳》:“至所征之地而祭始造軍法者,謂黄帝及蚩尤是也。”三、祭馬神。《漢書·外戚敘傳》應劭注云:“禡者馬也。馬者,兵之首,故祭其先神也。” ② 師:軍隊。 ③ 所止:止息的地方。 ④ 慢:怠慢。 ⑤ 馬聲:聲中有義。從字的構形看,祭馬神是其本義。馬神可引申爲凡神之稱。注①的三説皆可涵括。⑥ 周禮:引文見《禮記·王制》。

禂 禱牲馬祭①也。从示,周聲。《詩》②曰:“既禡既禂。”騆,或从馬,壽省聲③。 都皓切(dǎo)。

【譯文】禂,爲馬壯牲多而祈禱的祭祀。从示,周聲。《詩經》説:"已經舉行了禡祭,又爲馬壯牲多而祈禂。"騆,禂的或體,从馬,壽省老爲聲。

【注釋】① 禱牲馬祭:禱牲禱馬之祭。《周禮·春官·甸祝》:"禂牲禂馬。"杜子春云:"禂,禱也。爲馬禱無疾,爲田禱多獲禽牲。" ②《詩》:指《小雅·吉日》。今本作"既伯既禱",伯是禡的假借字。 ③ 壽省聲:壽本"从老省,𠷎聲"。

社 地主也。从示土[1]。《春秋傳》[2]曰:"共工之子句龍爲社神。"周禮[3]:二十五家爲社,各樹其土所宜之木。𥘶[4],古文社。 常者切(shè)。

【譯文】社,土地的神主。从示,土聲。《春秋左傳》説:"共工的兒子句龍作土地神。"周朝的禮制規定:二十五家立一個社,各種植那裏的土地所適宜生長的樹木。𥘶,古文社字。

【注釋】① 从示土:會意兼形聲的字。"示,神事也。"土是土地。从示土當然是土地之神。土又表聲,所以徐鍇本作"从示,土聲"。"社"屬禪紐,上古讀如透紐。 ②《春秋傳》:指《左傳·昭公二十九年》。原文作"共工氏有子曰句龍,爲后土……后土爲社"。孔疏:"共工氏之霸九州也,其子曰后土,能平九州(指平水土),故祀以爲社。" ③ 周禮:謂周朝的禮制。 ④ 𥘶:社必樹木,故社字古文从木。

【參證】甲文作𝛀,金文作𥘶。郭沫若《甲骨文字研究》:"(甲文)土爲古社字。"

禓 道上祭。从示,昜聲。 與章切(yáng)。

【譯文】禓,路途上的祭祀。从示,昜聲。

祲[1] 精氣感祥[2]。从示,侵省聲[3]。《春秋傳》[4]曰:"見赤黑之祲。" 子林切(jīn/jìn)[5]。

【譯文】祲,陰陽二氣互相感應漸漸形成的表示吉凶徵兆的雲氣。从示,侵省人爲聲。《春秋左傳》説:"看見赤色和黑色的妖氣。"

【注釋】① 祲:今作祲。 ② 精氣感祥:精氣,指陰陽之氣。《周禮·春官·眡祲》鄭注:"祲,陰陽氣相侵漸成祥者。"感,感應。祲與祥皆兼吉和凶。 ③ 侵省聲:聲中有義。侵取"若掃之'漸'進"

義。参"侵"條。又,注②鄭注"陰陽氣相侵漸成祥者"的"侵"、"漸"就是明證。　④《春秋傳》:指《左傳・昭公十五年》。原文作"吾見赤黑之祲,非祭祥也,喪氣(象徵死人的妖氣)也"。按:赤代表火,黑代表水。赤黑之祲,表示水火相遇,勢不兩立。　⑤今讀依《廣韻》子鴆切。

禍　害也,神不福①也。从示,咼聲②。　胡果切(huò)。

【譯文】禍,禍害,神明不給幫助。从示,咼聲。

【注釋】①福:佑助。　②咼聲:聲中有義。本書"咼"下:"口戾不正也。"戴家祥《金文大字典》:"'口戾不正'即禍害所象。从示,乃禍害來自神的懲罰。《論衡・累害》'來不由我,故謂之禍',即此之謂。"

【參證】甲文作,金文作。

祟　神禍也。从示,从出①。,籀文祟,从𩫏省②。　雖遂切(suì)。

【譯文】祟,鬼神給人的災禍。由示、由出會意。𩫏,籀文祟字,由𩫏省去左部(與祟會意)。

【注釋】①从示,从出:徐鍇《繫傳》説:"祟者,神自出之以警人者。"所以从示,从出。　②从𩫏省:徐灝《段注箋》:"籀文从𩫏(禱)省者,因祟而禱也。"

祅①　地反物爲祅②也。从示,芺聲。　於喬切(yāo)。

【譯文】祅,土地違反羣物的常性,就會發生妖怪。从示,芺聲。

【注釋】①祅:《段注》:"祅,省作祆,經傳通作妖。"　②地反物爲祅:出自《左傳・宣公十五年》。杜注:"羣物失性。"爲,意義十分廣泛的動詞,這裏指"發生"。

祘　明視①以筭②之。从二示。《逸周書》③曰:"士分民之祘④。均分以祘之也。"讀若筭。　蘇貫切(suàn)。

【譯文】祘:明白指示人來計祘它。由兩個"示"字會意(强調"明視"的意思)。《逸周書》説:"士人分配百姓的祘(賦税),是説均匀地分配來計祘它。"音讀象筭字。

【注釋】①視:桂馥《義證》:"視當爲示,經典多借視爲示。"

② 筭(suàn)：古計數的工具，算籌，這裏用作動詞。 ③《逸周書》：姚文田、嚴可均《校議》："引《逸周書》者，蓋在亡篇。"

④ 祘：此指賦稅。

【参證】葉德輝《讀若考》："祘即筭之本字。竹部：'筭，長六寸，計歷數者，从竹从弄，言常弄乃不誤也。'"徐灝《段注箋》："祘疑即古筭字，蓋象筭籌縱横排列之形。戴侗引蜀本《説文》作，即祘之異體，緣古文上字或从一，或从二，遂書作祘，而與二示相似耳。"

禁 吉凶之忌也。从示[1]，林聲。 居蔭切(jìn)。

【譯文】禁，有關吉凶之事的避忌。从示，林聲。

【注釋】① 从示：從字源上説，禁是對鬼神爲禍的避忌，所以从示。後來泛指爲不論吉凶，凡是法令習俗予以制止、避忌的事。

禫[1] 除服祭也。从示，覃聲。 徒感切(dàn)。

【譯文】禫，是(服喪二十七月之後)喪家除去喪服的祭祀。从示，覃聲。

【注釋】① 禫：《儀禮・士虞禮》："中月而禫。"注："中猶間也。禫，祭名也。與大祥(父母死去兩周年的祭祀)間一月，自喪至此凡二十七月。禫之言澹澹然平安意也。"鄭玄以爲：二十五月爲大祥，中間間隔一月，二十七月奉行禫祭。

文六十 重十三

禰[1] 親廟[2]也。从示，爾聲[3]。一本[4]云：古文禋[5]也。 泥米切(ní)。

【譯文】禰，父廟。从示，爾聲。另一個版本説：禰是古文禋字。

【注釋】① 禰：《段注》示部末"文六十三 重十三"下："禰字自今文《堯典》早有此字。" ② 親廟：父廟。生稱父，上引《段注》又引何休云："父死稱考，入廟稱禰。" ③ 爾聲：兼表"近"義。《鈕新附考》："少詹錢先生(大昕)云：考(即父廟)於七廟(四親廟，父、祖、曾祖、高祖；二祧，高祖之父、高祖之祖；大祖廟。)爲最近(於己)，故稱爾，後人加示旁。古讀爾如昵，故或爲昵。"李賡芸《炳燭篇》："昵从尼，尼有近義。" ④ 一本：姚文田、嚴可均《校議》"禫"下："'一本’者，大徐言别本《説文》也。” ⑤ 禶：《鈕新附考》：“《繫傳》示部有‘禰’，訓‘秋畋’，則同犬部‘獮’。”按：就秋日田獵爲祭祀而言，从“示”；就“獵必用犬”（徐灝箋）而言，則从“犬”。禶、獮實一字。禶省而爲禰。息淺切，讀 xiǎn，即秋畋之禰，與父廟之禰爲同形字。父禰爲古文，或許即六國古文，非古於秋禶也。

𥙈 祧 遷廟[①]也。从示，兆聲。 他彫切（tiāo）。

【譯文】祧，遞遷（孝子四輩前之先祖牌位）到另廟。从示，兆聲。

【注釋】① 遷廟：此言周制。《周禮・春官・守祧》鄭玄注：“遷主所藏曰祧。”所遷之廟亦曰祧。故祧又爲遠廟之稱。遠廟者，别於四親（父、祖、曾、高）爲近廟。孫詒讓《周禮正義》引許宗彦云：“廟至四世必遞遷。”

𥘵[①] 祆 胡[②]神也。从示，天聲[③]。 火千切（xiān）。

【譯文】祆，番胡之神。从示，天聲。

【注釋】① 祆：拜火教神名。此教爲波斯人瑣羅亞斯特所創立，崇拜火，南北朝傳入中國。段成式《酉陽雜俎前集》卷四：“突厥事祆神，無祠廟，刻氈爲形。” ② 胡：漢族古代對少數民族的稱呼。③ 天聲：《釋名》：“天，豫司兖冀以舌腹言之，天，顯也。青徐以舌頭言之，天，坦也。天訓顯者，正讀火千切。”《鈕新附考》：“錢（大昕）先生云：祆，本番俗所事天神，後人因加示旁。”

𥘸[①] 祚 福也。从示，乍聲。臣鉉等曰[②]：凡祭必受胙。胙即福也。此字後人所加。 徂古切（zuò）。

【譯文】祚，（神賜之）福。从示，乍聲。臣徐鉉等説：大凡祭祀必供祭肉必分授祭肉於下屬。祭肉就代表神賜之福。此字後人所加。

【注釋】① 祚：《段注》“示”部末“文六十三 重十三”下：“祚則胙之俗也。”按：胙，祭福肉也。祭時求福用的肉。祭祀後，神所賜福則附於肉，祭肉則代表福。故徐鉉説，“胙即福”。强調其肉，則从肉；强調其肉爲祭祀之肉有神福附之，則从示。按徐、段説，胙爲正字，祚爲俗體。二字皆可用作動詞，表示賜福。參“胙”條。 ② 徐氏（新附）是仿許之作。其按語權當作字條説解處理。下仿此。

文四 新附

三部

三　天地人[1]之道也。从三數[2]。凡三之屬皆从三[3]。弎,古
三　文三,从弋[4]。　穌甘切(sān)。

【譯文】三,天、地、人的道數。由三畫構成。大凡三的部屬都从三。弎,古文三字,从弋。

【注釋】① 天地人:本書"王"字説解引董仲舒説:"三者,天地人也。"　② 三數:三畫的意思。　③ 凡三之屬皆从三:三有首無羣,此處不應單立部首。　④ 从弋:參"一"條。

【參證】甲文作三,三畫之間,距離相等,長短一致。中畫較短爲"气"。三是數名,純符號指事。不説數名,而説天地人之道,許君意在闡述董仲舒之説。參"王"條。

文一　重一

王部

王　天下所歸往也。董仲舒曰:"古之造文者,三畫而連其中
王　謂之王。三者,天、地、人也,而參通之者王也。"[1]孔子
曰:"一貫三爲王。"[2],古文王。　雨方切(wáng)。

【譯文】王,天下歸趨嚮往的對象。董仲舒説:"古代創造文字,三畫而又用竪綫連接其中,叫王字。三横畫,代表天道、地道、人道,而又能同時通達它的,就是王。"孔子説:"用一貫三就是王。",古文王。

【注釋】① 董説引自《春秋繁露·王道通三篇》。今本原文:"古之造文者,三畫而連其中,謂之王。三畫者,天地與人也。而連其中者,通其道也。取天地與人之中,以爲貫而參通之,非王者孰能當是?"
② 孔説未詳所出。

【參證】甲文作、,金文作。吴其昌《金文名象疏證兵器篇》:"王字之本義斧也。"象無柄斧鉞,其頭刃部朝下放置。斧鉞,乃征戰殺戮之具,用以象徵權力。甲文比較早期的寫法作和,刀刃部作弧形。古文字"王"、"玉"之别是王字上二畫近,玉字三畫

等矩。

閏 閏 餘分之月，五歲再閏①，告朔②之禮，天子居宗廟③，閏月居門中④。从王在門中。《周禮》⑤曰："閏月，王居門中，終月也。" 如順切(rùn)。

【譯文】閏月，由餘剩的未分的時日組成的月份，五年閏兩次。每月初一，行告祭之禮，天子居處在廟堂之中，閏月居處在正室門中。由"王"字在"門"字之中會意。《周禮》說："閏月，周王居處在正室門中，整一個月。"

【注釋】① 五歲再閏：再，兩次。地球繞太陽公轉一周，約三百六十五又四分之一日，俗稱陽曆年。月亮繞地球一周爲一月，大月三十天，小月二十九天，一年約三百五十四天，俗稱陰曆年。後者較前者少十一又四分之一日，五年少五十六天多。於是補設兩個閏月，來彌補陰陽曆之差。桂馥《義證》："古之閏月皆在歲終，故《春秋》書閏不著其爲何月。自太初曆(漢武帝太初元年鄧平等造)行，然後每月皆可置閏矣。" ② 告朔：朔，陰曆每月第一天。每年冬末，天子把來年的曆書頒發給諸侯，確定是否置閏，及每月初一的日子，叫"頒告朔"。諸侯接受曆書，藏入祖廟。每逢初一，便殺一隻活羊祭廟，叫"告朔"。 ③ 宗廟：《段注》："古路寢、明堂、大廟，異名而實一也。"明堂之制見《王國維遺書・觀堂集林・明堂寢廟通考》。明堂分東南西北四室八個(每堂的左右厢房)，共十二個場所。天子每月可居處一個場所。 ④ 閏月句：《段注》引鄭司農說："(天子)惟閏月無所居，居於門。"門，指路寢(天子、諸侯的正室)門。 ⑤《周禮》：指《春官・大史》。今本原文作"閏月，詔王居門終月"。

皇 皇 大也。从自[王]①。自，始也。始(皇)[王]②者，三皇③，大君也。自讀若鼻，今俗以始生子爲鼻子④。 胡光切(huáng)。

【譯文】皇，即大。由自、王會意。自是初始的意思。最初統治天下的人是(燧人、伏羲、神農)三皇，是偉大的君王。"自"的音讀象"鼻"字。當今俗話把最初生下的子女說成是"鼻子"。

【注釋】① 自：《段注》本作"自王"，當補。 ② 始皇：《段注》作

“始王”。　③ 三皇：《段注》引《尚書大傳》：“燧人爲燧皇，伏羲爲羲皇，神農爲農皇。”　④自讀若鼻二句：許君用來證明自有始義。

【參證】金文作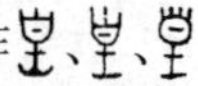。吴大澂《古籀補》：“日出土則光大。日爲君象，故三皇稱皇。”林義光《文源》：“象日光芒出地形。”

文三　重一

玉部

玉　石之美[①]。有五德：潤澤以溫，仁之方也；䚡理[②]自外，可以知中，義之方也；其聲舒揚，尃[③]以遠聞，智之方也；不橈而折，勇之方也；鋭廉而不(技)[忮][④]，絜[⑤]之方也。象三玉之連。丨，其貫[⑥]也。凡玉之屬皆从玉。，古文玉。魚欲切(yù)。

【譯文】玉，美好的石頭。它有五種美德：潤澤而又溫和，是仁人的比方；䚡理，从外可知内，是義士的比方；它的聲音舒展飛揚，傳播而遠聞，是智士的比方；它決不彎曲，寧肯折斷，是勇士的比方；它鋒利而不傷害别人，是廉潔之士的比方。象三塊玉的連接。中間的竪，是那穿玉的繩索。大凡玉的部屬都从玉。玊，古文“玉”字。

【注釋】① 石之美：桂馥《義證》作“石之美者”。　② 䚡(sāi)理：䚡，角中之骨。理，紋理。　③ 尃(fū)：分佈。這裏指傳佈四方。　④ 鋭廉句：鋭，鋒利。廉，棱角，鋭利。鋭廉，同義連用。技，段、桂、朱、王均作“忮”。忮(zhì)，害。　⑤ 絜：潔。　⑥ 貫：穿錢的繩子。這裏指穿玉的繩索。

【參證】甲文作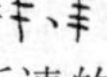，金文作。甲文象玉塊相連之形，上下均露出繫玉的繩頭，所連的玉塊或三，或四，或五，後規範爲三。楷書爲了與“王”區别，在右邊加了一點，寫成“玉”。

璙　玉[①]也。从玉，尞聲。　洛蕭切(liáo)。

【譯文】璙，玉名。从玉，尞聲。

【注釋】① 玉：《段注》：“謂玉名也。”徐鍇《繫傳》：“金美者謂之鐐，然則璙亦美玉也。”

瓘 瓘 玉也。从玉，雚聲。《春秋傳》[①]曰：“瓘斝[②]。” 工玩切(guàn)。

【譯文】瓘，玉名。从玉，雚聲。《春秋左傳》説：“瓘玉制成的酒尊。”

【注釋】①《春秋傳》：指《左傳・昭公十七年》。 ② 斝(jiǎ)：盛酒器，圓口，三足。

璥 璥 玉也。从玉，敬聲。 居領切(jǐng)。

【譯文】璥，玉名。从玉，敬聲。

琠 琠 玉也。从玉，典聲。 多殄切(diǎn/tiǎn)[①]。

【譯文】琠，玉名。从玉，典聲。

【注釋】① 今讀依《廣韻》他典切。

瓔 瓔 玉也。从玉，夒聲。讀若柔。 耳由切(róu/náo)[①]。

【譯文】瓔，王名。从玉，夒聲。音讀象“柔”字。

【注釋】① 今讀依《廣韻》奴刀切。

瓅 瓅 玉也。从玉，毄聲。讀若鬲。 郎擊切(lì)。

【譯文】瓅，玉名。从玉，毄聲。音讀象“鬲”字。

璠 璠 璵璠[①]。魯之寶玉。从玉，番聲。孔子曰[②]：“美哉，璵璠。遠而望之，奐若[③]也；近而視之，瑟若[④]也。一則理勝[⑤]，二則孚勝[⑥]。” 附袁切(fán)。

【譯文】璠，璵璠，魯地出産的寶玉。从玉，番聲。孔子説：“多美好啊，璵璠！遠遠地望着它，煥煥的(光彩奪目)；走近觀察它，璱璱的(紋理縝密)。一是紋理勝，二是光彩勝。”

【注釋】① 璵璠，又稱璠璵，璵又作與(yú)。《左傳・定公五年》：“陽虎將以璵璠斂(liàn，裝殮)。”杜預注：“璵璠，美玉，君所佩。”
② 孔子曰：以下孔語引自《齊論語・問玉篇》。 ③ 奐若：煥然。鮮明光亮貌。《説文》無“煥”字。 ④ 瑟若：瑟然。瑟同璱，紋理細密貌。 ⑤ 一則句：王筠《句讀》：“此承瑟若。”理，徐鍇《繫傳》：“謂文理也。”勝，超過。 ⑥ 二則句：王筠《句讀》：“此承奐若。”徐鍇《繫傳》：“孚音符，謂玉之光采也，今亦言符采也。”

璵 璵璠也。从玉，與聲。 以諸切(yú)。

【譯文】璵，璵璠。从玉，與聲。

【參證】王念孫《王氏讀説文記》："此字及注音皆徐鉉所加。考鉉新修字義云：'左文(下文。古書竪排，下文在左)一十九，説文闕載，注義及序列偏旁有之，今並録於諸部。'"

瑾 瑾瑜，美玉也。从玉，堇聲。 居隱切(jǐn)。

【譯文】瑾，瑾瑜，美玉。从玉，堇聲。

【參證】金文作、。

瑜 瑾瑜，美玉[1]也。从玉，俞聲。 羊朱切(yú)。

【譯文】瑜，瑾瑜，美玉。从玉，俞聲。

【注釋】① 美玉：二字當删。《段注》："凡合二字成文，如'瑾瑜'、'玫瑰'之類，其義既舉於上字，則下字例不複舉。"

【參證】王念孫《廣雅疏證》："瑾瑜亦有分言者，如《九嘆》云：'捐赤瑾於中庭'，《玉藻》云'世子佩瑜玉'是也。"

玒[1] 玉也。从玉，工聲。 户工切(hóng)。

【譯文】玒，玉名。从玉，工聲。

【注釋】① 玒：朱駿聲《通訓定聲》："字亦作珙。《説文新附》：'珙，玉也。'"這是因聲旁不同而產生的異體字。

琜 琜瓄[1]，玉也。从玉，來聲。 落哀切(lái)。

【譯文】琜，琜瓄，玉名。从玉，來聲。

【注釋】① 瓄(dú)：《段注》："説解有瓄而無篆文瓄者，蓋古衹用賣，後人加偏旁。許君書或本説解内作賣，或説解内不妨從俗，而篆文則不録也。"

瓊 赤玉也。从玉，夐聲。璚，瓊或从矞[1]。瓗，瓊或从巂[2]。琁[3]，瓊或从旋省。 渠營切(qióng)。

【譯文】瓊，赤色玉。从玉，夐(xuàn)聲。璚，瓊的或體，从矞(yù)聲。瓗，瓊的或體，从巂(guī)聲。琁，瓊的或體，由旋省去方。

【注釋】① 从矞：《段注》："矞，聲也。" ② 从巂：《段注》："巂，聲也。" ③ 琁：桂馥《義證》："《廣韻》瓊下重文無琁，《玉篇》琁與璇同。"

珦 玉也。从玉，向聲。 許亮切(xiàng)。

【譯文】珦，玉名。从玉，向聲。

瑓 玉也。从玉，剌聲。 盧達切(là)。

【譯文】瑓，玉名。从玉，剌聲。

珣 醫無閭珣玗琪[1]，《周書》[2]所謂夷玉[3]也。从玉，旬聲。一曰：器[4]。讀若宣。 相倫切(xún)。

【譯文】珣，醫無閭山出産的玉石，名叫珣玗琪，這是《周書》説的夷玉。从玉，旬聲。一説，珣是玉器，音讀象“宣”字。

【注釋】① 醫無閭句：醫無閭，在今遼寧省西部大淩河以東，爲東北三大名山之一。珣玗琪，今天的錦州石。《段注》：“珣玗琪合三字爲玉名。”“醫無閭、珣玗琪，皆東夷語。”因此，不能拆開照字面解釋。 ②《周書》：指《尚書·顧命》。 ③ 夷玉：徐鍇《繫傳》：“東夷所貢之玉。”夷，古指東方民族。 ④ 器：桂馥《義證》：“器謂璧。《釋器》：‘璧大六寸謂之宣。’”參“璧”條。

璐 玉也。从玉，路聲。 洛故切(lù)。

【譯文】璐，玉名。从玉，路聲。

瓚[1] 三玉二石也。从玉，贊聲。《禮》[2]：天子用全，純玉也；上公用駹[3]，四玉一石；侯用瓚；伯用埒，玉石半相埒[4]也。 徂贊切(zàn)。

【譯文】瓚，三分是玉，二分是石頭的玉石。从玉，贊聲。《周禮》規定：天子用“全”作裝飾品，(“全”)是純粹的玉；上公用“駹”，(“駹”)四分是玉，一分是石；侯用“瓚”；伯用“埒”，(“埒”)玉、石各一半。

【注釋】① 瓚：瓚有二義。一是質地不純的玉；二是古代的禮器，或用於盛鬯(chàng)酒灌祭，見“祼”條，或用於賓客行爵飲酒。《説文》解釋的是前者。 ② 禮：指《周禮·考工記·玉人》。 ③ 駹(máng)：本指面額白色的馬，後來也指雜色牲口，這裏指雜色的玉。 ④ 埒(liè)：等同。

瑛[1] 玉光也。从玉，英聲。 於京切(yīng)。

【譯文】瑛，玉石的光彩。从玉，英聲。

【注釋】① 王筠《句讀》：“(英)今所謂花也。”“經典多作英，瑛蓋英之分别文。”即後起增偏旁體。

璑 三采玉[1]也。从玉,無聲。 武扶切(wú)。

【譯文】璑,有三色的玉。从玉,無聲。

【注釋】① 三采玉:《周禮·夏官·弁師》:“瑉(mín)玉三采。”鄭玄注:“三采,朱、白、蒼也,故書瑉作璑。”

[1]

琇 朽玉[2]也。从玉,有聲[3]。讀若畜牧之畜。 許救切(xiù)。

【譯文】琇,朽敗之玉。从玉,有聲。音讀象畜牧的“畜”字。

【注釋】① 琇:《段注》改字頭作王。 ② 朽玉:《段注》:“謂玉有瑕玷,故从玉加點以象形。《淮南》書云:‘夏后之璜,不能無考。’考、朽古音同。《史記》:‘藺相如曰:“璧有瑕,請指示王。”’从王加點,謂可指示也。” ③ 从玉,有聲:《段注》作“从王有點”,曰:“蓋後人以朽玉字爲玉石字,以别於帝王字,復高其點爲朽玉、玉姓字,以别於玉石字,又或改《説文》从王加點爲从王有聲,作琇,亦以别於玉石字也。”《段注》以爲“琇”本作“玉”(xiù),王(yù)上加點以象瑕形。後因王(yù)、王(wáng)字形難以區别,就用玉(xiù)字表玉石,把象瑕形的點上移至上二横畫之間,作王(xiù),表朽玉。又因玉(yù)、王(xiù)易混淆,就造形聲字“琇”取代王。此説存參。

璿 美玉也。从玉,睿聲。《春秋傳》[1]曰:“璿弁玉纓。”瑢,古文璿。叡[2],籀文璿。 似沿切(xuán)。

【譯文】璿,美玉。从玉,睿(ruì)聲。《春秋左傳》説:“用璿裝飾的皮製馬冠,用玉裝飾的馬頭上的皮革。”瑢,古文璿字。叡,籀文璿字。

【注釋】①《春秋傳》:指《左傳·僖公二十八年》。原文作“初,楚子玉自爲瓊弁、玉纓”,璿作瓊。弁(biàn),皮製馬冠。纓,皮製馬鞅。 ② 叡:徐鍇《繫傳》作壡。叡是睿(ruì)字。見𣦼部。

球 玉聲[1]也。从玉,求聲。璆,球或从翏。 巨鳩切(qiú)。

【譯文】球,玉石撞擊之聲。从玉,求聲。璆,球的或體,从翏聲。

【注釋】① 玉聲:徐鍇《繫傳》:“孔子見南子,佩玉聲璆然。”故事見《史記·孔子世家》。

琳[1] 美玉也。从玉,林聲。 力尋切(lín)。

【譯文】琳,美玉。从玉,林聲。

【注釋】① 琳：桂馥《義證》："琳，色青碧者也。"

璧 瑞玉圜也①。从玉，辟聲。　比激切(bì)。

【譯文】璧，用作印信憑證的玉，是平圓而正中有孔的玉。从玉，辟聲。

【注釋】① 瑞玉圜也：一句數讀，即"瑞玉也，圜也"。

【參證】金文作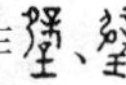。璧的邊寬爲內孔直徑的兩倍。除用作印信外，還可作貴族祭祀、朝聘、喪葬的禮器，也用作裝飾品。

瑗 大孔璧①。人君上除陛②以相引③。从玉，爰聲④。《爾雅》⑤曰："好倍肉謂之瑗，肉倍好⑥謂之璧。"　王眷切(yuàn)。

【譯文】瑗，(可以容手的)大孔的玉璧。人君上臺階，侍者用玉璧來牽引人君。从玉，爰聲。《爾雅》説："內孔直徑爲邊寬的兩倍，叫它作瑗；邊寬爲內孔直徑的兩倍，叫它作璧。"

【注釋】① 大孔璧：桂馥《義證》："孔大能容手。"　② 除陛：同義連用，指臺階。　③ 以相引：桂馥《義證》："本書：'爰，引也。'故從爰。謂引者奉(捧)璧於君，而前引其璧，則君易升(容易登上臺階)。"　④ 爰聲：聲中有義。見上注。　⑤《爾雅》：指《釋器》。《爾雅》原文"肉倍好"句在前。　⑥ 肉倍好：郭璞注："肉，邊也。好，孔也。"倍，用作動詞，超過一倍。

環 璧也。肉好若一謂之環①。从玉，睘聲。　户關切(huán)。

【譯文】環，玉璧類。邊寬與璧孔的直徑相等，叫作環。从玉，睘聲。

【注釋】① 肉好句：引自《爾雅·釋器》。郭璞注："邊、孔適等。"若一，象一個樣，指相等。

【參證】金文作。

璜 半璧也。从玉，黄聲①。　户光切(huáng)。

【譯文】璜，象半邊璧的玉器。从玉，黄聲。

【注釋】① 黄聲：聲中有義。見【參證】。

【參證】甲文作，金文作。郭沫若《金文叢考》："黄實古玉佩之象也。""後假黄爲黄白字，卒至假借義行而本義廢，乃造璜以代之。"可參。

琮　瑞玉。大八寸[1]，似車釭[2]。从玉，宗聲。　藏宗切(cóng)。

【譯文】琮，用作符信的玉器。(它的形狀是，外面八隻角，中間是圓而空的。)圓的直徑是八寸，象車輪轂。从玉，宗聲。

【注釋】① 大八寸：徐灝《段注箋》："其形外八觚而内圜空，徑八寸。"　② 車釭：用以穿軸的車轂。

琥　發兵瑞玉，爲虎文。从玉，从虎，虎亦聲。《春秋傳》[1]曰："賜子家雙琥。"　呼古切(hǔ)。

【譯文】琥，用作發兵憑證的玉器，刻有老虎的花紋。由玉、由虎會意，虎也表聲。《春秋左傳》説："(昭公)賞賜給子家子一對虎紋玉器。"

【注釋】①《春秋傳》：指《左傳·昭公三十二年》。今本"子家"後有"子"字。按：此琥非發兵的虎符，而是一種玉器。許書别義常常寄於書證之中。

瓏　禱旱玉[1]，龍文[2]。从玉，从龍，龍亦聲。　力鍾切(lóng)。

【譯文】瓏，爲驅除旱災向神明祈禱而使用的玉器，上面刻有龍的花紋。由玉、由龍會意，龍也表聲。

【注釋】① 禱旱玉：爲(除)旱而禱之玉。　② 龍文：《山海經》："應龍在地下，故數旱，旱而爲應龍狀，乃得大雨。"所以，禱旱之玉爲龍文。應龍是古代神話裏的一種有翅膀的龍。

琬　圭[1]有琬[2]者。从玉，宛聲。　於阮切(wǎn)。

【譯文】琬，玉圭中上端圓的一種。从玉，宛聲。

【注釋】① 圭：古代帝王、諸侯舉行禮儀時所用的玉器，上尖下方。② 琬：《考工記》："琬圭九寸。"注："琬猶圜也。"

璋　剡[1]上爲圭，半圭爲璋。从玉，章聲。《禮》[2]："六幣[3]：圭以馬[4]，璋以皮，璧以帛，琮以錦，琥以繡，璜以黼[5]。"　諸良切(zhāng)。

【譯文】璋，玉器上端削尖的是圭，圭折爲半就是璋。从玉，章聲。《周禮》説："有六種配套的禮物：圭玉用馬相配，璋玉用虎豹的皮相配，璧玉用帛相配，琮玉用錦相配，虎玉用繡相配，璜玉用黼相配。"

【注釋】① 剡(yǎn)：削。　②《禮》：指《周禮·秋官·小行人》。

③ 幣(bì)：聘享的禮物，如車馬玉帛等。 ④ 圭以馬：圭玉用馬(相配)。以，動詞。 ⑤ 黼(fǔ)：繡有黑白相間如斧形的花紋的禮物。

【參證】金文作……。

琰① 璧上起美色也。从玉，炎聲②。 以冉切(yǎn)。

【譯文】琰，玉璧發出美麗的色彩。从玉，炎聲。

【注釋】① 琰：又叫琬琰，美玉石。徐鍇《繫傳》："琰之言炎也，光炎起也。" ② 炎聲：聲中有義。見上注。

玠 大圭①也。从玉，介聲②。《周書》③曰："稱奉介圭。" 古拜切(jiè)。

【譯文】玠，大圭。从玉，介聲。《周書》説："(儐者)傳呼捧着介圭。"

【注釋】① 大圭：《爾雅·釋器》："圭大尺二寸謂之玠。"又，《釋詁》："介，大也。" ② 介聲：聲中有義。見注①。 ③《周書》：指《周書·顧命》(依伏生今文《尚書》本)。

瑒 圭①。尺二寸，有瓚②，以祠宗廟者也。从玉，昜聲。 丑亮切(chàng)。

【譯文】瑒，瑒圭。長一尺二寸，上端安有勺，是用來祭祀宗廟的禮器。从玉，昜聲。

【注釋】① 圭："圭"應與篆字"瑒"連讀。瑒圭是一種禮器。《周禮·考工記·玉人》叫祼圭，《國語·魯語》叫鬯圭。就其灌地降神而言，可叫祼圭，見"祼"條；就其灌注鬯(chàng)酒而言，可叫鬯圭；就其器皿而言，該叫瑒圭。 ② 瓚：祼祭用來盛灌鬯酒的玉勺。有鼻口，鬯酒可流注。以圭爲柄稱圭瓚，以璋爲柄稱璋瓚。

瓛 桓圭①。公所執。从玉，獻聲。 胡官切(huán)。

【譯文】瓛，桓圭。(國家大臣)上公持執的玉器。从玉，獻聲。

【注釋】① 桓圭：《周禮·春官·大宗伯》："公執桓圭。"鄭注："公，二王之後及王之上公。雙植(兩根竪立的木柱)謂之桓。桓，宫室之象，所以安其上(使它的上面安定)也。桓圭，蓋亦以桓爲瑑(zhuàn，指花紋)飾，圭長九寸。"桓，借字。瓛，本字。

珽① 大圭。長三尺，抒②上，終葵③首。从玉，廷聲④。 他鼎切(tǐng)。

【譯文】珽，大圭。長三尺，上端削薄，安上一個椎形的腦袋。从玉，廷聲。

【注釋】① 珽：《禮記・玉藻》："天子搢（jìn，插）珽。"鄭注："珽之言挺然無所屈也。"是天子所持的玉笏。　② 抒（zhù）：今《周禮》作"杼"，是削薄的意思。　③ 終葵：椎。《説文》"椎"下："齊謂之終葵。"把"椎"音舒長説出來，就成了"終葵"；把"終葵"急連拼合一起就成了"椎"。這就是古人説的"緩言"、"急言"。徐鍇《繫傳》："其上作椎形，象無所屈撓也。"　④ 廷聲：可視爲"从挺省聲"。聲中有義。見注①、③。

瑁　諸侯執圭朝天子，天子執玉以冒①之，似犁冠②。《周禮》③曰："天子執瑁四寸。"从玉冒，冒亦聲。玥，古文省④。莫報切（mào）。

【譯文】瑁，諸侯拿圭玉來朝拜天子，天子拿瑁玉來覆蓋圭玉，就象犁冠頭覆蓋在犁木上一樣。《周禮》説："天子拿着瑁玉，方四寸。"由玉、冒會意，冒也表聲。玥，古文瑁字，是瑁字的省略。

【注釋】① 冒：《小爾雅・廣詁》："覆也。"《尚書・顧命》正義："禮，天子所以執瑁者，諸侯即位，天子賜之以命圭，圭頭邪鋭，其瑁當下邪刻之；其刻闊狹長短如圭頭。諸侯來朝，執圭以授天子，天子以冒之刻處冒彼圭頭。若大小相當，則是本所賜；其或不同，則圭是僞作；知諸侯信與不信。故天子執瑁，所以冒諸侯之圭，以齊瑞信，猶今之合符然。"　② 似犁冠：圭的形狀與犁冠之冒於木相似。③《周禮》：指《考工記・玉人》。今本瑁作冒。　④ 玥：是聲旁"冒"省去"目"的結果。

璬①　玉佩。从玉，敫聲②。　古了切（jiǎo）。

【譯文】璬，（潔白的）佩玉。从玉，敫聲。

【注釋】①《段注》："璬之言皦也，玉石之白曰皦。"　② 敫聲：可視爲"从皦省聲"。皦取潔白義。見注①。

珩　佩上玉①也。所以節行止②也。从玉，行聲③。　户庚切（héng）。

【譯文】珩，一組玉佩中横在最上面的玉器，是用來節制佩玉者行步的。从玉,行聲。

【注釋】① 佩上玉:《段注》:"此乃玉佩最上之玉也。"《國語》韋昭注:"珩形似磬而小。" ② 行止:《玉篇》引作"行步"。 ③ 行聲:聲中有義。"所以節行止也。"

玦① 玉佩也。从玉,夬聲②。 古穴切(jué)。

【譯文】玦,(環形而又有缺口的)佩玉。从玉,夬(guài)聲。

【注釋】① 徐鍇《繫傳》:"玦,玉之不周者。"引申爲決斷,與人斷絶關係的象徵。 ② 夬聲:聲中有義。本書"夬"下:"分決也。"引申爲缺。參"夬"條。

瑞 以玉爲信也。从玉、耑[聲]①。 是僞切(ruì)。

【譯文】瑞,用玉製成的信物。从玉,耑聲。

【注釋】① 耑:當作耑聲。慧琳《一切經音義》三次引用《説文》都作"从玉,耑聲"。瑞、耑,歌元對轉。瑞,王筠《句讀》:"猶今言印信。"

珥 瑱①也。从玉耳,耳亦聲。 仍吏切(èr/ěr)②。

【譯文】珥,玉瑱。由玉、耳會意,耳也表聲。

【注釋】① 瑱(tiàn):參"瑱"條。 ② 今讀依《集韻》忍止切。

瑱① 以玉充耳也。从玉,真聲。《詩》②曰:"玉之瑱兮。"䡅,瑱或从耳③。 他甸切(tiàn)。

【譯文】瑱,用(冠冕兩側絲繩垂繫着的)珠玉來充塞耳朵。从玉,真聲。《詩經》説:"玉作的充耳瑱啊。"䡅,瑱的或體,从耳。

【注釋】① 瑱:王筠《句讀》引《左傳》昭公二十六年正義:"禮,以一條五采横冕上,兩頭下垂,繫黄緜,緜下又縣玉爲瑱以塞耳。" ②《詩》:指《鄘風・君子偕老》。 ③ 䡅,瑱或从耳:《段注》:"耳形,真聲。不入耳部者,爲其同字異處,且難定其正體或體。"按:就瑱之"充耳"功能而言,可从耳;就䡅之質地而言,可从玉。

琫① 佩刀上飾。天子以玉,諸侯以金。从玉,奉聲②。 邊孔切(běng)。

【譯文】琫,佩刀(刀鞘)口上的裝飾品。天子用玉(製作),諸侯用金屬(製作)。

【注釋】① 琫：劉熙《釋名・釋兵》："其本（刀柄）曰環。形似環也。其室（刀鞘、刀套）曰削（鞘）。削，陗也。其形陗殺，裹刀體也。室口之飾曰琫。琫，捧也，捧束口也。下末之飾曰琕。琕，卑也，在下之言也。" ② 奉聲：聲中有義。本書"奉"下："承也。"雙手奉承，即"捧"義。琫是刀鞘捧着束口的玉飾。參"奉"條。

珌 佩刀下飾。天子以玉。从玉，必聲。 卑吉切（bì）。

【譯文】珌，佩刀（刀鞘）末端的裝飾品。天子用玉（製作）。从玉，必聲。

瓃 劍鼻玉①也。从玉，彘聲。 直例切（zhì）。

【譯文】瓃，用作劍鼻的玉。从玉，彘聲。

【注釋】① 劍鼻玉：徐鍇《繫傳》："劍鼻則鐔（tán）也，謂劍匣之旁穿韋革（皮帶）之處也。"鼻，俗語"針鼻"的"鼻"即"孔"。按：劍鼻玉即用來制作劍鞘旁穿繫皮帶的孔的玉石。

璪 車蓋玉璪①。从玉，蚤聲②。 側絞切（zhǎo）。

【譯文】璪，車蓋上的玉璪。从玉，蚤聲。

【注釋】① 玉璪：《段注》："璪、蚤、爪三字一也。皆謂蓋橑末。《説文》指爪字作叉，當云車蓋玉叉也。"即車蓋弓端伸出的玉飾的爪形部分。 ② 蚤聲：聲中有義。蚤是叉的假借。高田忠周《古籀篇》卷七："蓋其飾用玉爲之，故字从玉；其形似爪故字从爪，爪亦聲。爪或借蚤爲之，故或从蚤聲。"

瑑 圭璧上起兆瑑①也。从玉，篆省聲②。《周禮》③曰："瑑圭璧。" 直戀切（zhuàn）。

【譯文】瑑，在圭璧上起着兆文的凸形雕刻。从玉，篆省竹爲聲。《周禮》説："雕刻圭璧。"

【注釋】① 兆瑑：兆，本指龜甲上因燒灼而形成的裂紋。這裏指圭璧上的花紋。瑑，雕刻成文。 ② 篆省聲：聲中有義。徐鍇《繫傳》："瑑，謂起爲壠，若篆文之形。" ③《周禮》：指《春官・典瑞》。今本原文作"瑑圭、璋、璧、琮"。

珇 琮玉之瑑。从玉，且聲。 則古切（zǔ）。

【譯文】珇，琮玉上的浮雕。从玉，且聲。

璂（篆文）璂 弁①飾，往往②冒③玉也。从玉，綦聲。琪，璂或从基。 渠之切（qí）。

【譯文】璂，皮帽上的裝飾品，歷歷地蒙綴着采玉。从玉，綦聲。琪，璂的或體，从基聲。

【注釋】① 弁（biàn）：一種禮帽。分皮弁、爵弁。皮弁用皮革製成，爲武冠，用於田獵或征戰；爵弁用布製成，爲文冠，用於祭祀。《周禮·夏官·弁師》："王之皮弁，會五采玉璂。"鄭注："會，縫中也。璂讀如綦。綦，結也。皮弁之縫中，每貫結五采玉十二，以爲飾，謂之綦。" ② 往往：《段注》："歷歷也。"指分明可數之貌。
③ 冒：張舜徽《約注》："冒之爲言蒙也，謂蒙綴其上也。"徐鍇《繫傳》："謂綴玉於武冠，若棋子之列布也。"

璪（篆文）璪 玉飾。如水藻之文。从玉，喿聲①。《虞書》②曰："璪火黺米③。" 子皓切（zǎo）。

【譯文】璪，一種玉製的裝飾品，上面雕刻着象水藻一樣的花紋。从玉，喿聲。《虞書》說："（將）水藻、火、白米（等等之類的圖像繡在天子祭服的下裳上）。"

【注釋】① 喿聲：可視爲"从藻省聲"。从玉从藻，即刻着水藻紋的玉飾。 ②《虞書》：指《古文尚書·咎繇謨》。 ③ 璪火黺米：今本作"藻火粉米"。璪是藻的假借字。《段注》："衣文、玉文皆如水藻，聲義皆同，故相假借。"

瑬（篆文）①瑬 垂玉也。冕飾。从玉，流聲②。 力求切（liú）。

【譯文】瑬，（帝王禮帽前後）垂下的玉串，是冠冕的裝飾品。从玉，流聲。

【注釋】① 瑬：古代天子冠冕前後懸下玉串共二十四串，前後各用五采絲帶十二根，每根上連綴二十顆五采珠玉。因這些玉串，如徐鍇《繫傳》所說，"自上而下，動則逶迤，若水流也"，所以叫做瑬。《段注》："《弁師》作斿，《玉藻》从俗字作旒，皆瑬之假借字。" ② 流聲：聲中有義。見上注徐鍇《繫傳》所云。

璹（篆文）①璹 玉器也。从玉，𠷎聲。讀若淑。 殊六切（shú）。

【譯文】璹，玉器。从玉，𠷎聲。音讀象"淑"字。

【注釋】① 瑪：今作“璹”。徐鍇《繫傳》：“《爾雅》：‘璋大八寸謂之琡。’《説文》有‘瑪’無‘琡’，謂宜同也。”

瓃①　玉器也。从玉，畾聲②。　魯回切(léi)。

【譯文】瓃，玉器。从玉，畾聲。

【注釋】① 瓃：桂馥《義證》：“錢君大昭曰：‘《韓詩》説罍，天子以玉。是瓃爲天子酒尊。’”　② 畾聲：聲中有義。畾，古雷字。此與櫑互爲異體，从玉者，側重其質爲玉也。參“櫑”條。

瑳　玉色鮮白①。从玉，差聲。　七何切(cuō)。

【譯文】瑳，玉色鮮艷潔白。从玉，差聲。

【注釋】① 玉色鮮白：引申泛指一切色澤潔白。《詩·鄘風·君子偕老》：“瑳兮瑳兮，其之展(她們那絲綢做的單層的禮服)也。”

玼　玉色鮮也。从玉，此聲。《詩》①曰：“新臺有玼②。”　千禮切(cǐ)。

【譯文】玼，玉色鮮艷。从玉，此聲。《詩經》説：“新臺多麽鮮明啊！”

【注釋】①《詩》：指《邶風·新臺》。　② 新臺有玼：有，助詞。玼，今本作“泚”。《説文》：“泚，清也。”泚是玼的假借字。玼，這裏由玉色鮮明引申泛指鮮明。

瑟　玉英華①相帶②如瑟弦③。从玉，瑟聲④。《詩》⑤曰：“(瑟)[瑟]彼玉瓚。”　所櫛切(sè)。

【譯文】瑟，玉上的花紋相互縈繞連結，象琴瑟上的弦。从玉，瑟聲。《詩經》説：“多鮮明啊，那玉柄的杓子。”

【注釋】① 英華：同義連用，指玉上的花紋。　② 帶：衣帶，這裏指縈繞。　③ 如瑟弦：徐灝《段注箋》：“謂玉之横理多而密也。”④ 瑟聲：聲中有義。从玉从瑟，謂玉紋如瑟弦。見注③。⑤《詩》：此指《大雅·旱麓》。今本瑟作瑟，鄭箋：“瑟，絜(潔)明貌。”是瑟紋的引申義。玉上如瑟弦之紋歷歷可見，其貌自然鮮明潔淨。

瑮　玉英華羅列①秩秩②。从玉，栗聲。《逸論語》③曰：“玉粲④之⑤瑟⑥也，其瑮猛⑦也。”　力質切(lì)。

【譯文】瑮，玉石的花紋排列有序。从玉，栗聲。《逸論語》説：“玉粲美而光潔，它的英華勃發啊！”

【注釋】① 羅列：排列。 ② 秩秩：井然有序貌。 ③《逸論語》：蓋指《齊論·問玉篇》。 ④ 粲：美。 ⑤ 之：而。 ⑥ 瑟：鮮潔貌。是玉石紋理縝密清晰貌的引申義。 ⑦ 猛：（英華）勃發。

瑩① 玉色。从玉，熒省聲②。一曰：石之次玉者。《逸論語》曰：“如玉之瑩。” 烏定切（yìng/yíng）③。

【譯文】瑩，玉色（光明）。从玉，熒省火爲聲。另一義是：比玉次一等的石頭。《逸論語》説：“象玉的光明。”

【注釋】① 瑩：《段注》：“謂玉光明之皃。” ② 熒省聲：聲中有義。本書“熒”下：“屋下燈燭之光。” ③ 今讀依《廣韻》永兵切。

璊 玉䞓①色也。从玉，㒼聲。禾之赤苗謂之虋②，言璊玉色如之。玧，璊或从允③。 莫奔切（mén）。

【譯文】璊，玉的赤色。从玉，㒼聲。禾的赤色的苗叫做虋，是説玉璊的色象禾苗的紅色。玧，璊的或體，从允聲。

【注釋】① 䞓（chēng）：赤色。又作赬，俗作赬。 ② 虋（mén）：穀的一種，即赤粱粟。又作蘴、穈、穖。 ③ 从允：即从允聲。見宋保《諧聲補逸》。

【參證】禾苗的赤色叫 mén，玉石的赤色也叫 mén，口頭上音義完全相同，是一個語詞。書面上，一作虋，一作璊。可見，（禾）虋與（玉）璊是同源詞。

瑕① 玉小赤也。从玉，叚聲。 乎加切（xiá）。

【譯文】瑕，玉石上有小赤色。从玉，叚聲。

【注釋】① 瑕：王念孫《廣雅疏證》：“瑕者，赤色之石。赤雲氣謂之霞，赤玉謂之瑕，馬赤白雜毛謂之騢，其義一也。”可見，瑕、霞、騢是同源詞。桂馥《義證》：“玉尚潔白，故謂小赤爲病。”《禮記·聘義》：“瑕不掩瑜。”鄭注：“瑕，玉之病也。”

琢 治玉也。从玉，豖聲①。 竹角切（zhuó）。

【譯文】琢，治理玉石。从玉，豖聲。

【注釋】① 豖聲：可視爲“从啄省聲”。《段注》：“雕人蓋琢之，如鳥之啄物。"琢，是動詞，是如鳥啄物似的雕琢玉石的動作。

琱[1] 治玉也。一曰：石似玉。从玉，周聲。 都寮切(diāo)。

琱 【譯文】琱，治理玉石。另一義説：石象玉叫做琱。从玉，周聲。

【注釋】① 琱：張舜徽《約注》："琱乃刻爲文飾之謂。本書彡部：'彫，琢文也。'是其義已。琱、彫古本爲一字。"今經典作"雕"。

理[1] 治玉也。从玉，里聲。 良止切(lǐ)。

理 【譯文】理，治理玉石。从玉，里聲。

【注釋】① 理：朱駿聲《通訓定聲》："順玉之文而剖析之。"

珍 寶也。从玉，㐱聲。 陟鄰切(zhēn)。

珍 【譯文】珍，(玉石之類的)寶物。从玉，㐱聲。

玩[1] 弄也。从玉，元聲。貦，玩或从貝。 五換切(wàn/wán)。

玩 【譯文】玩，捧玉玩弄。从玉，元聲。貦，玩的或體，从貝。

【注釋】① 玩：从弄玉到弄貝，所以又可寫作"貦"。後泛指一切玩弄、戲耍。《尚書·旅獒》："玩人喪德，玩物喪志。"

玲 玉聲。从玉，令聲。 郎丁切(líng)。

玲 【譯文】玲，玉(相撞擊)聲。从玉，令聲。

瑲[1] 玉聲也。从玉，倉聲。《詩》[2]曰："鞗革有瑲[3]。" 七羊切(qiāng)。

瑲 【譯文】瑲，玉(相撞擊)聲。从玉，倉聲。《詩經》説："馬轡首上的金玉瑲瑲有聲。"

【注釋】① 瑲：經典中將將、鏘鏘、鶬鶬，都是瑲瑲這一象聲詞的不同書寫形式。 ②《詩》：指《周頌·載見》。 ③ 鞗(tiáo)革有瑲：鞗革，用金玉裝飾着的皮製馬轡首。《小雅·蓼蕭》篇王先謙《集疏》引陳喬樅云："革爲轡首，以皮爲之；鋚爲轡首飾，以金爲之。"鋚就是鞗。有，助詞。瑲，今本作"鶬"。

玎 玉聲也。从玉，丁聲。齊太公[1]子伋[2]謚[3]曰玎公。 當經切(dīng)。

玎 【譯文】玎，玉(相撞擊)聲。从玉，丁聲。齊太公的兒子名叫伋的，死後追稱爲"玎公"。

【注釋】① 齊太公：指吕望。周武王封太師吕望於齊。 ② 伋

(jí)：姜太公兒子的名字。　③ 謚(shì)：古代王侯及其他有地位的人死後被追加的帶有褒貶意義的稱號。

琤　玉聲也。从玉，爭聲。　楚耕切(chēng)。

琤　【譯文】琤，玉(相撞擊)聲。从玉，爭聲。

瑣①　玉聲也。从玉，𧴪聲①。　蘇果切(suǒ)。

瑣　【譯文】瑣，玉(相撞擊)聲。从玉，𧴪聲。

【注釋】① 𧴪聲：聲中有義。本書貝部："𧴪，貝聲也。从小貝。"《段注》説："(瑣)謂玉之小聲也。"

瑝①　玉聲也。从玉，皇聲①。　乎光切(huáng)。

瑝　【譯文】瑝，玉(相撞擊)聲。从玉，皇聲。

【注釋】① 皇聲：聲中有義。本書王部："皇，大也。"瑝，《段注》："謂玉之大聲也。"

瑀　石之似玉者。从玉，禹聲。　王矩切(yǔ)。

瑀　【譯文】瑀，象玉的美石。从玉，禹聲。

玤　石之次玉者。以爲系璧①。从玉，丰聲②。讀若《詩》③曰"瓜瓞菶菶④"。一曰：若盒蚌⑤。　補蠓切(běng/bàng)⑥。

玤　【譯文】玤，次於玉的美石。可以用來製作繫帶上的小璧。从玉，丰聲。它的音讀象《詩經》"瓜瓞菶菶"的"菶"字。一説：音讀象蛤蚌的"蚌"字。

【注釋】① 系璧：《段注》："蓋爲小璧系帶間，縣(懸)左右佩物也。"　② 丰聲：丰與玤蚌，上古同屬東部、並紐。　③《詩》：指《大雅·生民》。　④ 瓜瓞菶菶：瓞(dié)，小瓜。菶，今本《詩》作"唪"，與"菶"同音。菶菶，茂盛貌。這裏指果實纍纍貌。　⑤ 盒(gé)蚌：盒，今作蛤。蚌，孫愐作步項切。蛤、蚌都是有介殼的軟體動物。⑥ 今讀依《廣韻》步項切。

玪　玪塾，石之次玉者。从玉，今聲。　古函切(jiān)。

玪　【譯文】玪，玪塾(的玪，玪塾)，是僅次於玉的石頭。从玉，今聲。

塾　玪塾也。从玉，勒聲。　盧則切(lè)。

塾　【譯文】塾，玪塾。从玉，勒聲。

琚[①] 瓊琚。从玉，居聲。《詩》[②]曰：“報之以瓊琚。” 九魚切(jū)。

【譯文】琚，瓊琚。从玉，居聲。《詩經》說：“用瓊和琚報答他。”

【注釋】① 琚：佩玉，繫在珩(一組玉佩上端的横玉)和璜(一組玉佩左右末端的玉)之間。 ②《詩》：指《衛風·木瓜》。

琇 石之次玉者。从玉，莠聲。《詩》[①]曰：“充耳琇瑩[②]。” 息救切(xiù)。

【譯文】琇，次於玉的美石。从玉，莠聲。《詩經》說：“耳瑱是琇石和瑩石。”

【注釋】①《詩》：指《衛風·淇奥》。 ② 充耳琇瑩：充耳就是瑱(tiàn，用來塞耳的玉石之類的器物)。琇，今本作琇。

玖 石之次玉黑色者。从玉，久聲。《詩》[①]曰：“貽我佩玖。”讀若芑[②]。或曰：若人句脊之句[③]。 舉友切(jiǔ)。

【譯文】玖，次於玉的黑色的美石。从玉，久聲。《詩經》說：“送給我佩帶的玖石。”音讀象“芑”字。一說：音讀好象人們彎痀着脊背的“痀”字。

【注釋】①《詩》：指《王風·丘中有麻》。 ② 芑(qǐ)：本書艸部：“芑，白苗嘉穀。” ③ 句(jū)：應作痀。曲脊。王筠《句讀》：“句乃省形存聲字也。”

㺿 石之似玉者。从玉，𦣞聲。讀若貽。 與之切(yí)。

【譯文】㺿，象玉的石頭。从玉，𦣞聲。音讀象“貽”字。

琅 石之似玉者。从玉，艮聲。 語巾切(yín)。

【譯文】琅，象玉的石頭。从玉，艮(gèn)聲。

瑰 石之似玉者。从玉，曳聲。 余制切(yì)。

【譯文】瑰，象玉的石頭。从玉，曳聲。

璅 石之似玉者。从玉，巢聲。 子浩切(zǎo)。

【譯文】璅，象玉的石頭。从玉，巢聲。

璡 石之似玉者。从玉，進聲。讀若津。 將鄰切(jīn)。

【譯文】璡，象玉的石頭。从玉，進聲。音讀象“津”字。

瑨 石之似玉者。从玉，朁聲。 側岑切(zēn)。

【譯文】瑨，象玉的石頭。从玉，朁(cǎn)聲。

璁 石之似玉者。从玉，悤聲。讀若蔥[①]。　倉紅切(cōng)。

【譯文】璁，象玉的石頭。从玉，悤(cōng)聲。音讀象"蔥"字。

【注釋】① 蔥：草青叫蔥，玉青叫璁，帛青叫繱。三字同源。

琥 石之似玉者。从玉，號聲。讀若鎬。　乎到切(hào)。

【譯文】琥，象玉的石頭。从玉，號聲。音讀象"鎬"字。

瑎 石之似玉者。从玉，皆聲。讀若曷。　胡捌切(xiá)。

【譯文】瑎，象玉的石頭。从玉，皆聲。音讀象"曷"字。

瑿 石之似玉者。从玉，㲋聲。　烏貫切(wàn)。

【譯文】瑿，象玉的石頭。从玉，㲋(wò)聲。

瓇 石之次玉者。从玉，燮聲。　穌叶切(xiè)。

【譯文】瓇，次於玉的石頭。从玉，燮(xiè)聲。

珣 石之次玉者。从玉，句聲。讀若苟。　古厚切(gǒu)。

【譯文】珣，次於玉的石頭。从玉，句聲。音讀象"苟"字。

琂 石之似玉者。从玉，言聲。　語軒切(yán)。

【譯文】琂，象玉的石頭。从玉，言聲。

璶 石之似玉者。从玉，盡聲。　徐刃切(jìn)。

【譯文】璶，象玉的石頭。从玉，盡聲。

琟 石之似玉者。从玉，隹聲。讀若維。　以追切(wéi)。

【譯文】琟，象玉的石頭。从玉，隹聲。音讀象"維"字。

瑦 石之似玉者。从玉，烏聲。　安古切(wǔ)。

【譯文】瑦，象玉的石頭。从玉，烏聲。

瑂 石之似玉者。从玉，眉聲。讀若眉[①]。　武悲切(méi)。

【譯文】瑂，象玉的石頭。从玉，眉聲。音讀象"眉"字。

【注釋】① 讀若眉：葉德輝《説文讀若考》："瑂从眉得聲，本同聲字。因眉古通麋(mí)，又通微，明此讀眉目之眉字之本音，與麋、微有別也。凡他讀本字所从得之聲，皆此例。"可見，眉古有méi、mí、wéi三音，瑂字音讀象眉目的眉，所以在"从玉，眉聲"之後再補充"讀若眉"來確定其準確的讀音。

璒 石之似玉者。从玉，登聲。　都騰切(dēng)。

【譯文】璒，象玉的石頭。从玉，登聲。

玒 石之似玉者。从玉，厶聲。讀與私同①。　息夷切(sī)。

【譯文】玒。象玉的石頭。从玉，厶(sī)聲。音讀與"私"字相同。

【注釋】① 讀與私同：《段注》："凡言'讀與某同'者，亦即'讀若某'也。"是《説文》比況讀音的專門術語之一。

玗 石之似玉者。从玉，于聲。　羽俱切(yú)。

【譯文】玗，象玉的石頭。从玉，于聲。

瑂① 玉屬②。从玉，叟聲。讀若沒。　莫悖切(mò)。

【譯文】瑂，玉一類。从玉，叟(mò)聲。音讀象"沒"字。

【注釋】① 瑂：今作玫。　② 玉屬：《段注》："凡言某屬者，謂某之類。"

瑎 黑石，似玉者。从玉，皆聲。讀若諧。　户皆切(xié)。

【譯文】瑎，黑色的石頭，象玉。从玉，皆聲。音讀象"諧"字。

碧 石之青美者。从玉石，白聲①。　兵尺切(bì)。

【譯文】碧，青色又美麗的石頭。由玉、石會意，白聲。

【注釋】① 从玉石，白聲：《段注》："从玉石者，似玉之石也。""碧色青白，故从白。云白聲者，以形聲苞會意。"

琨 石之美者。从玉，昆聲。《虞書》①曰："楊州②貢瑤琨。"瑻，琨或从貫③。　古渾切(kūn)。

【譯文】琨，美麗的石頭。从玉，昆聲。《虞書》説："揚州地方進貢瑤玉和琨石。"瑻，琨的或體，从貫聲。

【注釋】①《虞書》：指《尚書·禹貢》。《説文》引《禹貢》，多稱《夏書》，這裏稱《虞書》，桂馥《義證》説："本稱《虞夏書》，後人亂之也。"② 楊州：今作揚州。　③ 从貫：朱駿聲《通訓定聲》："昆貫，一聲之轉。"

珉 石之美者。从玉，民聲。　武巾切(mín)。

【譯文】珉，美麗的石頭。从玉，民聲。

瑤 玉之美者①。从玉，䍃聲。《詩》②曰："報之以瓊瑤。"　余招切(yáo)。

【譯文】瑤，美玉。从玉，䍃聲。《詩》説："用瓊瑤美玉回報他。"

【注釋】① 玉之美者：段、桂、朱、王都以爲當作“石之美者”。　②《詩》：指《衛風・木瓜》。

珠[1]　蚌之陰精[2]。从玉，朱聲。《春秋國語》[3]曰“珠以禦火災”，是也。　章俱切(zhū)。

【譯文】珠，蚌殼裏頭的水精。从玉，朱聲。《春秋國語》説“珠足以用來抵禦火災”，就是這個意思。

【注釋】① 珠：蚌殼體内所生的珍珠。　② 蚌之陰精：之，《段注》作“中”，説：“今依《初學記》。”陰精，《國語》韋昭注：“珠，水精。”水屬陰。　③《春秋國語》：指《國語・楚語》。

玓　玓瓅[1]，明珠色。从玉，勺聲。　都歷切(dì)。

【譯文】玓，玓瓅(的玓，玓瓅)，是明珠的光色。从玉，勺聲。

【注釋】① 玓瓅：朱駿聲《通訓定聲》：“疊韻連語。或以‘的皪’爲之。”

瓅[1]　玓瓅。从玉，樂聲。　郎擊切(lì)。

【譯文】瓅，玓瓅。从玉，樂聲。

玭　珠也。从玉，比聲。宋弘[1]云：淮水中出産玭珠[2]。玭，珠之有聲[者][3]。蠙，《夏書》[4]玭从虫、賓[5]。　步因切(pín)。

【譯文】玭，一種珠子。从玉，比聲。宋弘説：“淮水中出産玭珠。”玭，珠子中最有身價的東西。蠙，《夏書》玭字，从虫，賓聲。

【注釋】① 宋弘：《後漢書》卷五十六：“宋弘字仲子，京兆長安人。”　② 玭珠：《尚書・禹貢》孔疏：“蠙是蚌之别名，此蚌出珠，遂以蠙屬珠名。”陸德明《經典釋文》：“蠙又作蚍。”　③ 此句《段注》本作“玭珠，珠之有聲者”。據此增“者”字。朱駿聲《通訓定聲》：“明楊慎云：‘有聲謂有名價。唐文有珠聲玉價之語。’”　④《夏書》：指《尚書・禹貢》。　⑤ 賓：表聲。賓、比，雙聲。

珕　蜃[1]屬。从玉，劦聲。禮[2]：佩刀，士珕琫[3]而珧珌[4]。　郎計切(lì)。

【譯文】珕，蚌一類的東西。从玉，劦(xié)聲。禮的規定是：佩刀，士人用珕蚌的甲殼作刀鞘口上的裝飾物，用珧蚌的甲殼作刀鞘末端的裝飾品。

【注釋】① 蜃(shèn):大蛤蜊,蚌類。《段注》:"其甲亦可飾物也。" ② 禮:不見禮經,泛指禮制。 ③ 琫琫:以琫爲琫。琫是刀鞘口上的裝飾品。 ④ 珧珌:以珧爲珌。珧是蚌甲,珌是刀鞘末端的裝飾品。

珧 蜃甲也。所以飾物①也。从玉,兆聲。禮云:天子玉琫而珧珌②。 余昭切(yáo)。

【譯文】珧,蚌類的甲殼。是用來裝飾器物的東西。从玉,兆聲。禮制說:(佩刀,)天子用美玉作刀鞘品上的裝飾物,用珧蚌的甲殼作刀鞘末端的裝飾品。

【注釋】① 飾物:朱駿聲《通訓定聲》曰:"可飾佩刀弓弭。" ② 玉琫而珧珌:參"琫"條。

玟 火齊①,玫瑰②也。一曰:石之美者。从玉,文聲。 莫桮切(méi)。

【譯文】玟,用火煉成的珠子,就是玫瑰。另一義說:一種美石的名稱。从玉,文聲。

【注釋】① 火齊(jì):徐灝《段注箋》:"火齊者,以藥物、火,治之而成。"張舜徽《約注》:"火齊之法,非中土所固有,乃自域外傳入者,即今之所謂燒料也。燒料珠謂之玫瑰,此後出義也。玫瑰本義當仍屬玉石。" ② 玫瑰:朱駿聲《通訓定聲》:"疊韻連語。"

瑰① 玫瑰。从玉,鬼聲。一曰:圜好①。 公回切(guī)。

【譯文】瑰,玫瑰。从玉,鬼聲。一說:珠子圓好叫做瑰。

【注釋】① 圜(yuán)好:《玉篇》引作"珠圜好",玄應引作"圜好曰瑰"。

璣① 珠不圜也。从玉,幾聲。 居衣切(jī)。

【譯文】璣,珠玉不圓。从玉,幾聲。

【注釋】① 璣:《楚辭・七諫》王逸注:"圜澤(圓而有光澤)爲珠,廉隅(同義連用,指有棱角)爲璣。"

琅 琅玕①,似珠②者。从玉,良聲。 魯當切(láng)。

【譯文】琅,琅玕(的琅,琅玕),象圓珠的玉石。从玉,良聲。

【注釋】① 琅玕：聯緜字。 ② 似珠：《段注》："出於蚌者爲珠，則出於地中者爲似珠。"

玕 琅玕也。从玉，干聲。《禹貢》[①]："雝州球琳琅玕。"𤥚，古文玕。 古寒切(gān)。

【譯文】玕，琅玕。从玉，干聲。《禹貢》説："雝(yōng)州之地(的貢品是)球玉、琳石、琅玕珠。"𤥚，古文玕字。

【注釋】①《禹貢》：《尚書》篇名。

珊 珊瑚[①]，色赤，生於海，或生於山。从玉，删省聲。 穌干切(shān)。

【譯文】珊，珊瑚(的珊，珊瑚)，紅色，有的生在海中，有的生在山中。从玉，删省刀爲聲。

【注釋】① 珊瑚：由許多珊瑚蟲分泌的石灰質骨骼聚集而成的東西。形狀象樹枝，多紅色，也有白色或黑色。可供玩賞，也可作裝飾品。

瑚[①] 珊瑚也。从玉，胡聲。 户吴切(hú)。

【譯文】瑚，珊瑚。从玉，胡聲。

珋 石之有光[者][①]，璧珋[②]也。出西胡[③]中。从玉，丣[④]聲。 力求切(liú)。

【譯文】珋，有光的石頭，就是璧珋。出産在西域之中。从玉，丣聲(yǒu)。

【注釋】① 石之有光：《段注》作"石之有光者"。 ② 璧珋：《段注》："璧珋，即璧流離也。""璧流離三字爲名，胡語也，猶珣玗琪之爲夷語。""今人省言之曰流離，改其字爲瑠璃。古人省言之曰璧珋。"今流離又作琉璃。 ③ 西胡：西域。 ④ 丣：古文酉字。《段注》："許君卯、丣畫分。而从丣之字，俗多改爲从卯，自漢已然。卯金刀爲劉之説，緯書荒繆。"許書無劉字，有鎦字。鎦疑劉之譌。劉不从卯，而是从丣。參"鎦"條。

琀[①] 送死[②]口中玉也。从玉，从含，含亦聲。 胡紺切(hàn/hán)。

【譯文】琀，送終時(含在)死者口中的珠玉。由玉、由含會意，含也表聲。

【注釋】① 琀:《説苑》:"口實曰唅。天子唅實以珠,諸侯以玉,大夫以璧,士以貝,庶人以穀實。"《春秋説題辭》:"唅之爲言口含也。"經典本作含。琀是後起增偏旁體。又作唅。　② 死:王筠《句讀》:"一作終。"

𤪌　遺玉①也。从玉,歔②聲。　以周切(yóu)。

【譯文】𤪌,(喪事中)送給死者的玉。从玉,歔聲。

【注釋】① 遺玉:《段注》:"謂贈遺之玉也。"《周禮·天官·大宰》:"大喪,贊贈玉含玉。"贈玉,葬時穿土下棺,用玉加在絲帛上,用以殉葬。就是這種贈玉。　② 歔(yǒu):與久切。

璗　金①之美者。與玉同色②。从玉,湯聲。禮:佩刀,諸侯璗琫而璆珌③。　徒朗切(dàng)。

【譯文】璗,最美的銅,與玉石的光色相同。从玉,湯聲。禮規定:佩刀,諸侯用銅作刀鞘口沿上的裝飾物,用璆作刀鞘末端的裝飾物。

【注釋】① 金:《爾雅·釋器》:"黄金謂之璗。"黄金即今銅。

② 與玉同色:《段注》:"謂光色如玉之符采,故其字从玉。"

③ 璗琫而璆珌:參"珕"條。

靈　靈巫①。以玉事神。从玉,霝聲。靈,靈或从巫。　郎丁切(líng)。

【譯文】靈,靈巫。(他們的職責是)用玉奉事神明。从玉,霝(líng)聲。靈,靈的或體,从巫。

【注釋】① 靈巫:《楚辭·九歌》王逸注:"靈,巫也,楚人名巫爲靈。"連言之則爲靈巫。

【參證】金文作霝、霝,篆文作靈、靈。重其虔誠,則从心;重其對象爲神明,則从示;重其隆重純潔,則从玉;重其奉事神明者,則从巫。

文一百二十六　重十七

珈　婦人首飾。从玉,加聲①。《詩》②曰:"副笄六珈③。"　古牙切(jiā)。

【譯文】珈,婦女頭髮簪子上所加的裝飾物。从玉,加聲。《詩經》説:"編了髮髻,插上簪子,又綴滿許多裝飾物。"

【注釋】① 加聲：聲中有義。見注③。　② 《詩》：指《鄘風・君子偕老》篇。　③ 副笄六珈：副，王后及貴族婦女戴的用假髮編成的髻。笄，簪子。六，言其多。鄭箋："珈之言加也。副既笄，而加飾，如今步摇（取其行步則摇晃義）上飾。"

【參證】金文作，見曾侯乙鐘。戴家祥《金文大字典》："曾侯乙鐘樂律體系的'珈歸'作爲傳統階名的後綴，指某宫調主音上方三大度音。'大族之珈歸'，指'太簇'律音的上方大三度音。"後綴，即裝飾音。此義爲"婦人首飾"之引申。

璩 環屬[1]。从玉，豦聲。見《山海經》[2]。　彊魚切（qú）。

【譯文】璩，耳環之類。从玉，豦聲。見《山海經》。

【注釋】① 環屬：徐灝《段注箋》："（鼎臣）則亦以爲穿耳之飾。"② 《山海經》：《鈕新附考》："《山海・東山經》：'穿耳以鐻。'郭注：'鐻，金銀器之名。音渠。'""（《一切經音義》）又云：'西國王等多用金銀作之，著耳匡中，用以莊飾。'"《鄭新附考》："字本从金。《衆經音義》引字書：'璩，玉名，耳璩也。'知漢後字别从玉。大徐云'見《山海經》'，其實出字書也。作鐻亦係假借。鐻在《説文》，本鐘虡（jù）字别體。"參"虞"條。

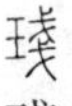
琖 玉爵也。夏曰琖，殷曰斝，周曰爵[1]。从玉[2]，戔聲[3]。或从皿[4]。　阻限切（zhǎn）。

【譯文】琖，玉製的小酒栝。夏代叫琖，殷代叫斝，周代叫爵。从玉，戔聲。或體从皿作盞。

【注釋】① 夏曰三句：來自《周禮・明堂位》。本書斗部"斝"注亦引。　② 从玉：《周禮》鄭玄注："以玉飾之。"　③ 戔聲：聲中有義。見沈括《夢溪筆談》卷十四王聖美右文説："戔，小也。"《鄭新附考》："琖之言淺也。《方言》郭注云盞，最小栝，是也。"　④ 或从皿：《方言》卷五："盞，桮也。自關而東，趙魏之間曰械，或曰盞。"

【參證】丁佛言《説文古籀補補》卷十四："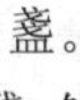，王子申盞。盞亦作琖，本作醆。許氏説爵也。"還有後起字"醆"。琖、盞、醆、觿，字同。以玉製或玉飾，則从玉；以形狀象皿或象角，則从皿或从角；以其用爲盛酒，則从酉。

琛① 寶也。从玉，深省聲。　丑林切(chēn)。

琛　【譯文】琛，珍寶。从玉，由深省水爲聲。

【注釋】① 琛：《鄭新附考》："琛係古字，《説文》未收。"見《詩・魯頌・泮水》："憬彼淮夷，來獻其琛。"《爾雅・釋言》："琛，寶也。"

璫① 華飾②也。从玉，當聲。　都郎切(dāng)。

璫　【譯文】璫，華美的裝飾物。从玉，當聲。

【注釋】① 璫：《鄭新附考》："《史記・司馬相如傳》：'華榱璧璫。'《索隱》引韋昭云：'裁玉爲璧，以當榱頭。'司馬彪云：'以璧爲瓦之當也。'(瓦當與《韓子・外儲説》玉巵無當、瓦巵有當，同作底解。)知古止作當字，俗因以璧爲之，增从玉。""華榱璧璫"，其意爲：華美的椽皮底端，用圓形的玉璧作裝飾物。又，《鄭新附考》云："他書有耳璫，《釋名》云：穿耳施珠。本出於蠻夷所爲，今中國人傚之。又其後義。"穿耳施珠，常施於耳端，又爲飾物，故亦名璫。　② 華飾：是上述瓦璫、耳璫的概括義。

琲① 珠五百枚也。从玉，非聲。　普乃切(bèi)。

琲　【譯文】琲，珠五百個。从玉，非聲。

【注釋】① 琲：量詞。專用於珠。《鄭新附考》："《廣韻》蜚注引《埤蒼》云：'珠百枚曰蜚。'又云：'珠五百枚也。'大徐采後一義。"《文選・吴都賦》有"珠琲闌干"句，劉逵注："琲，貫也。珠十貫爲一琲。"不計枚數。單位詞，隨時隨地而略有差異，不足爲怪。

珂① 玉也。从玉，可聲。　苦何切(kē)。

珂　【譯文】珂，玉。从玉，可聲。

【注釋】① 珂：《鈕新附考》引《玉篇》："珂，丘何切。石次玉也。亦碼碯絜白如雪者。一云：螺屬也，生海中。"《爾雅翼・釋魚貝》："(貝)大者爲珂，黄黑色，其骨白，可以飾馬。"《鄭新附考》："珂者以蜃蛤類爲馬勒飾之名。""漢已後乃見此名，後更以珂爲佩玉。"按：珂本義應爲似玉之白石，因而絜白如雪之碼碯，亦名珂；螺貝"其骨白"者，亦名珂；以"蜃蛤類爲馬勒飾"，閃亮絜白，亦名珂；又移以言透亮閃白之玉。《鈕新附考》引《集韻》："珂，或作砢。"次于玉者，似玉也，故从玉；其本爲石，故又从石。

玉也。从玉,己聲。　去里切(qǐ)。

玘　【譯文】玘,玉。从玉,己聲。

玉也。从玉,羽聲。　況主切(xǔ)。

珝　【譯文】珝,玉。从玉,羽聲。

璀璨[①]。玉光[②]也。从玉,崔聲。　七罪切(cuǐ)。

璀　【譯文】璀,璀璨(之璀,璀璨)是玉的光色。从玉,崔聲。

【注釋】① 璀璨:雙聲聯緜字。此類字正如《王校正》所説"專以耳治",是重在音節的聯緜而表義,不能拆開。　② 玉光:引申爲色彩鮮明。《文選·孫綽〈遊天台山賦〉》:"建木滅景於千尋,琪樹璀璨而垂珠。"

玉光也。从玉,粲聲。　倉案切(càn)。

璨　【譯文】璨,玉的光色。从玉,粲聲。

[①] 玉也。从玉,叔聲。　昌六切(chù)。

琡　【譯文】琡,玉。从玉,叔聲。

【注釋】① 琡:《爾雅·釋器》:"璋大八寸謂之琡。"徐鍇《繫傳》:"《説文》有'璹'無'琡',宜同也。"參"璹"條。

[①] 璧六寸[②]也。从玉,宣聲。　須緣切(xuān)。

瑄　【譯文】瑄,璧大六寸。从玉,宣聲。

【注釋】① 瑄:《惠記》:"瑄玉之瑄,本作宣。見《爾雅》及詛楚文。《漢書·郊祀志》始加玉。"　② 璧六寸:《爾雅·釋器》"璧大六寸謂之宣",郝懿行義疏:"宣如字。本或作瑄。音同。郭(璞)引《漢書·郊祀志》云:'有司奉瑄玉。'孟康注:'璧大六寸謂之瑄。'"

【參證】《石刻篆文編》:",詛楚文'敢用吉玉,宣璧'。古瑄不从玉。"

[①] 玉也。从玉,共聲。　拘竦切(gǒng)。

珙　【譯文】珙,玉。从玉,共聲。

【注釋】① 珙:《鈕新附考》引《玉篇》:"珙,大璧也。"

文十四　新附

玨部

玨 玨 二玉相合爲一玨。凡玨之屬皆从玨。瑴,玨或从㱿①。古岳切(jué)。

【譯文】玨,兩串玉並合起來就是一玨。大凡玨的部屬都从玨。瑴,玨的或體,从㱿聲。

【注釋】① 从㱿:《段注》:"㱿,聲也。"

【參證】甲文作、。《王國維遺書・觀堂集林・説玨朋》:"余意古制貝、玉皆五枚爲一系,合二系爲一玨若(或)一朋。"按:甲文正象玉二系相並之形。金文作、。首字左邊上下爲玉,从二玉,㱿省爲聲,是篆文或體所本。次字的,是璧、環的初文。

班 班 分瑞玉①也。从玨,从刀。 布還切(bān)。

【譯文】班,將瑞玉中分爲二。由玨、由刀會意。

【注釋】① 瑞玉:古代用作憑證的東西,中分爲二,各執其一。

【參證】金文作、。朱駿聲《通訓定聲》:"按:从分省會意,分亦聲。"分賜瑞玉,無取於刀。上古,分、班聲紐相同,韻部相鄰。朱説當是。

𤥎 𤥎 車笭①間皮篋②。古者使奉玉以藏之。从車玨。讀與服同。 房六切(fú)。

【譯文】𤥎,車欄間的皮箱夾。古時候,使者捧玉出使,把玉藏在這皮箱夾裏頭。由車、玨會意。音讀與"服"字相同。

【注釋】① 車笭(líng):車前橫木下縱橫交錯的竹木條。今稱車欄,橫在車前,就象竹簾;放在車底,承放器物,就象竹牀。 ② 篋(qiè):箱。這裏指皮夾。

文三 重一

气部

气 气 雲气也。象形。凡气之屬皆从气。 去既切(qì)。

【譯文】气,雲氣。象形。大凡气的部屬都从气。

【参證】甲文作三，金文作气、气。于省吾《甲骨文字釋林·釋气》："甲骨文之三即今气字。""以其與三字易混，故一變作气；取其左右對稱，故再變作气。"但構形不明。雲气的气，後來泛指一切气，如蒸气、霧气。从米的氣是向别人饋贈柴米，自用作"雲氣"後，因柴米與食物有關，又造从食的"餼"。气因音同而借爲"气討"、"气借"，爲了與"雲气"字有所區别，又省爲"乞"。气又借爲"气至"、"气終"，後新造"迄至"、"訖終"字，今作"迄"、"訖"。

氛[①] 祥气也。从气，分聲。雰，氛或从雨。 符分切(fén/fēn)[②]。

【譯文】氛，體現吉凶的雲氣。从气，分聲。雰，氛的或體，从雨。

【注釋】① 氛：《段注》："統言則祥氛二字皆兼吉凶，析言則祥吉氛凶耳。許意是統言。""統言"、"析言"是訓詁術語。"統言"指語言運用中不計同義詞之間的差别而籠統稱説的一種方式。"析言"相反，指着眼於同義詞之間的差别而分析説明。 ② 今讀依《廣韻》撫文切。

文二 重一

士部

士 事[①]也。數始於一，終於十[②]。从一，从十。孔子曰："推十合一爲士[③]。"凡士之屬皆从士。 鉏里切(shì)。

【譯文】士，會辦事(的人)。數目從一開始，到十結束。由一、由十會意。孔子説："能够从衆多的事物中推演歸納出一個簡要的道理來的人就是士。"大凡士的部屬都从士。

【注釋】① 事：《白虎通·爵》："士者，事也。任事之稱也。"
② 終於十：是就進位而言，到十可進位加一。 ③ 推十合一爲士：《段注》："由博返約。"按：十表示博，一表示約。孔子的話純係假託，出自漢人緯書。

【参證】金文作士、士。構形待考。

壻 夫也。从士，胥聲[①]。《詩》[②]曰："女也不爽[③]，士貳[④]其行[⑤]。"士者，夫也。讀與細同。婿，壻或从女。 穌計切

(xì/xù)。

【譯文】壻,丈夫。从士,胥聲。《詩》説:“我作婦人的呀,沒有丁點兒錯,而你作士的喲,行爲不專一。”士就是丈夫。音讀與“細”字相同。婿,壻的或體,从女。

【注釋】① 从士,胥聲:胥,《周禮注》:“有才知(智)之稱。”聲中兼義。會合的意思是:有才智的(男子漢);或女子的有才智的(配偶)。因此《段注》説:“壻爲男子之美稱,因以爲女夫(女子的丈夫)之稱。” ②《詩》:指《衛風·氓》。 ③ 爽:差錯。 ④ 貳:不專一,有二心。 ⑤ 行(xíng):行爲。

壯 大也。从士,爿聲[①]。 側亮切(zhuàng)。

【譯文】壯,大。从士,爿聲。

【注釋】① 爿聲:徐鍇《繫傳》:“爿則牀字之省。”徐灝《段注箋》:“《説文》無爿字,而壯、牀、戕、牆字等皆用爲聲,蓋偶佚之。”

【參證】金文作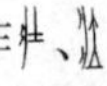。上“壻”字説解:“士者,夫也。”又,《詩·鄭風·溱洧》:“維士與女,伊其相謔。”士,均指男性。男性高大健壯,故壯从士;从(立)與从士同。

墫 舞也。从士,尊聲。《詩》[①]曰:“墫墫舞我[②]。” 慈損切(zùn/cūn)[③]。

【譯文】墫,跳舞。从士,尊聲。《詩》説:“我們腳步蹲蹲地跳着舞。”

【注釋】①《詩》:指《小雅·伐木》。 ② 墫墫舞我:即“我舞墫墫”。墫墫,今本作“蹲蹲”。毛傳:“墫墫,舞貌。” ③ 今讀依《廣韻》七倫切。

文四 重一

丨部

丨 丨 上下通也。引而上行讀若囟,引而下行讀若退。凡丨之屬皆从丨。 古本切(gǔn)。

【譯文】丨,上下通徹。引長筆畫向上行,音讀如“囟”(xìn)字;引長筆畫向下行,音讀象“退”字。大凡丨的部屬都从丨。

【參證】丨只是一條竪綫，一個筆畫符號。在不同的字裏，可表達不同的意思。張舜徽《約注》："王廷鼎説：'丨爲今棍棒字。'"可備一説。

 中 内①也。从口；丨，上下通。，古文中。，籀文中。 陟弓切(zhōng)。

【譯文】中，納入。从口(wéi)；中間的丨(gǔn)，表示上下通徹的意思。，古文中字。，籀文中字。

【注釋】① 内：大徐本作而，小徐本作和，段玉裁依宋本校訂爲内。内，入。是指"丨"納入"口"中的意思。

【參證】甲文作、。本義是中旗，是氏族社會的徽幟。从，表示有斿㫃的旗；从口，表示範圍。建旗在口之中，所以引申爲左中右的中。甲文和有别，爲後世伯仲之仲。唐蘭《殷墟文字記》："《周禮·大司馬》教大閲，建旗以致民，民至，仆之，誅後至者，亦古之遺制也。蓋古有大事，聚衆於曠地，先建中焉，羣衆望見中而趨附，羣衆來自四方，則建地爲中央矣。"甲文常言"立中"，"中"有旗斿、延㫃，故又可測風向，測日影。

 㫃 旌旗杠皃。从丨，从㫃，㫃亦聲。 丑善切(chǎn)。

【譯文】㫃，旌旗的旗杆的樣子。由丨、由㫃會意，㫃也表聲。

【參證】徐鍇《繫傳》："㫃音偃(yǎn)，象旌旗偃蹇(jiǎn)飛揚之貌。丨，橦(chuáng，木竿)榦(gàn，樹榦)也。杠即橦也。"可見，丨雖可象棍棒之形，但無法確定旗杆義，於是再加表示旗幟俯仰飄蕩之形的"㫃"來顯示其意義，也表示"㫃"字的音讀。

文三 重二

卷二

屮部

屮　艸木初生也。象丨出①形，有枝莖也。古文或以爲艸字②。讀若徹③。凡屮之屬皆从屮。尹彤説④。　丑列切(chè)。

【譯文】屮，草木初生。象草木長出地面的形狀，而且有了枝莖。古文有時把它當作艸字。音讀象"徹"字。大凡屮的部屬都从屮。這是尹彤的説法。

【注釋】① 丨出：《段注》："丨，讀若囟，引而上行也。"丨出，即開出、長出。　② 古文句：或，有的，有時。《段注》："'或'之言有也，不盡爾也。"古文以爲某字，是《説文》説明假借的專門術語。《段注》："此明六書之叚借以用也。本非某字，古文用之爲某字也。"其法有二：一、音近而借。《段注》："如古文以'洒'爲'灑埽'字，以'疋'爲《詩》'大雅'字，以'丂'爲'巧'字，以'臤'爲'賢'字，以'㫃'爲'魯衛'之魯，以'哥'爲'歌'字，以'詖'爲'頗'字，以'𡆧'爲'靦'字，籒文以'爰'爲車'轅'字，皆因古時字少，依聲託事。"二、形近或形義相近而借。《段注》："至於古文以'屮'爲'艸'字，以'疋'爲'足'字，以'丂'爲'亏'字，以'俟'爲'訓'字，以'臭'爲'澤'字，此則非屬依聲，或因形近相借，無容後人效尤者也。"　③ 讀若徹：《段注》："徹，通也。義存乎音。"　④ 尹彤説：徐鍇《繫傳》："尹彤，當時説文字者。所謂'博采通人'也。"《段注》："三字當在'凡屮'上。轉寫者倒之。"

【參證】甲文作，金文作。象一棵初生的小草。商承祚《〈説文〉中之古文考》："石經《春秋經》：'隕(從天降下的)霜不殺(凍殺)屮'，艸之古文作屮。案：屮、艸本一字。初生爲屮，蔓延爲艸。"

屯　難也。象艸木之初生，屯然①而難。从屮貫一。一，地也；尾曲②。《易》③曰："屯，剛柔④始交而難生。"　陟倫切

(zhūn)。

【譯文】屯，艱難。象草木初生，曲折而又艱難的形狀。其形由屮貫穿一構成。一，代表地面。屯字的尾部彎曲。《周易》説："屯卦，是陰柔陽剛二氣開始交合而出現艱難的形象。"

【注釋】① 屯然：曲折之貌。然：助詞。　② 尾曲：徐灝《段注箋》："此篆从屮曲之，以象難生之意。"　③《易》：指《周易·屯卦》。　④ 剛柔：剛，指陽；柔，指陰。

【參證】甲文作，金文作、。構形不明。張舜徽《約注》："皆象艸木萌芽出土之形。"存參。

每　艸盛上出也。从屮，母聲。　武罪切(měi)。

【譯文】每，艸木茂盛上長的樣子。从屮，母聲。

【參證】甲文作、，金文作、。李孝定《甲骨文字集釋》説："葉氏(葉玉森)以爲象笄形，是也。蓋髮盛則加笄，引申爲凡盛之稱。"婦人髮盛加笄形，甲文作、，金文作、，《説文》誤以爲从屮。母、每，上古屬明紐之部，母可表每聲。

毒　厚也。害人之艸，往往[1]而生。从屮，从毒[2]。()[⿱艹副]，古文毒，从刀(葍)[⿱竹畐][3]。　徒沃切(dú)。

【譯文】毒，厚。害人的草，歷歷而生。从屮，毐(ǎi)聲。⿱竹副，古文毒，从刀⿱竹畐。

【注釋】① 往往：《段注》："猶歷歷也。"　② 从毒：徐鍇《繫傳》作"毐聲"。《繫傳·袪妄》："毐，烏代反。"《漢書·地理志》："多犀象毒冒珠璣。"顔師古注："毒音代。"可見，毒有代音，與毐聲相近。③《段注》⿱艹副作⿱竹副，"葍"作"⿱竹畐"，並曰："从刀者，刀所以害人也。从⿱竹畐爲聲。⿱竹畐，厚也。讀若篤。"可見⿱竹副是形聲兼會意之字。⿱竹畐字聲中有義。參"⿱竹畐"、"篤"條。

芬　艸初生，其香分布。从屮，从分，分亦聲。，芬或从艸[1]。撫文切(fēn)。

【譯文】芬，草葉新生，它的香氣四處分布。由屮、由分會意，分也表聲。芬，芬的或體从艸。

【注釋】① 芬或从艸：可見屮、艸因形義俱近而相通。

 𡴀

菌𡴀,地蕈①。叢生田中。从屮,六聲。,籀文𡴀从三𡴀。　力竹切(lù)。

【譯文】𡴀,名叫𡴀的菌類植物,又叫地蕈。在田野中叢生。从屮,六聲。,籀文𡴀字,由三個𡴀字構成(,表示地草叢生的意思)。

【注釋】① 地蕈(xùn):《爾雅·釋草》:"中馗(kuí),菌。"郭璞注:"地蕈也,似蓋。今江東名爲土菌。亦曰馗厨。"即今之菌子。

【參證】甲文作、,均象蜥蜴之類的爬蟲。見唐蘭《天壤閣甲骨文存考釋》。

 熏

火煙上出也。从屮,从黑①。屮黑,熏黑也。　許云切(xūn)。

【譯文】熏,火煙向上冒出(熏黑物體)的意思。由屮、由黑會意。屮黑,火煙上升把物體熏黑。

【注釋】① 从屮,从黑:按朱駿聲《通訓定聲》的説法,熏由屮、囪、炎構成。囪是古窗字。"炎上出囪爲煙,其色黑,屮亦象煙上出形。"本書"屮"字下:"(屮)象丨出形。"故有上出義。

【參證】金文作、、。象香囊盛有香草、香物之形。與薰爲一字,屮是古文草字。後借爲煙熏火燎的熏字,參"薰"條。一説,象捆束草木,點燃悶燒,其中之點畫,乃煙熏之象,後因强調煙熏義,則加"火"。

文七　重三

艸部

 艸

百芔也。从二屮。凡艸之屬皆从艸。　倉老切(cǎo)。

【譯文】艸,百艸。由兩個屮字構成。大凡艸的部屬都从艸。

【參證】甲文作、。首字是草木初生枝莖柔弱之形,枝莖葉根俱全,次字省其根須,爲屮所本。由屮而衍生出艸,以示百艸之意,故古匋文作,小篆爲求圓轉匀整,變作艸。許慎據此定爲會意字。經傳多作草。草的本義是橡實,因草借爲艸木字,又另造皁(zào)字。參"草"條。

莊 上諱①。⿰爿真②，古文莊。 側羊切(zhuāng)。

【譯文】莊，已故的漢明帝的名字。⿰爿真，古文莊字。

【注釋】① 上諱：徐鉉："此漢明帝名也。"《段注》："其説解當曰：'艸大也。从艸，壯聲。'……此形聲兼會意字，壯訓大，故莊訓艸大。" ② ⿰爿真：《段注》："其形本非莊字，當是奘字之譌。古文士或作□，譌爲□也。"

蓏 在木曰果，在地曰蓏①。从艸，从㼌②。 郎果切(luǒ)。

【譯文】結在樹上面的叫果，結在地面的叫蓏。由艸、由㼌會意。

【注釋】① 在木二句：《段注》、《句讀》改"地"爲"艸"。王筠《句讀》："《易·艮》'爲果蓏'，宋衷注曰：'木實謂之果，艸實謂之蓏。'而許君云'在'者，指字形'田'在木上，二'瓜'在艸下言之。"按，艸總是覆地而生，言在艸下，必在地上；移升空而立，言在木，多不在地。故不必如段、王改"地"爲"艸"。 ②从㼌：徐鍇《繫傳》作"㼌聲"。㼌(yǔ)，微弱之意。

芝 神艸①也。从艸，从之②。 止而切(zhī)。

【譯文】芝，神草。从艸，之聲。

【注釋】① 神艸：徐灝《段注箋》："古人以芝爲祥瑞，《本艸》云：服之輕身延年，故謂之神艸，亦曰靈芝，其實蕈菌之屬耳。"參"芺"條。 ② 从之：徐鍇《繫傳》作"之聲"。

萐 萐莆①，瑞艸也。堯時生于庖厨，扇暑而涼。从艸，疌聲。士洽切(shà)。

【譯文】萐，萐莆，是一種瑞草。唐堯時代，生長在厨房裏，(它自行搖動，)扇走暑氣，使食物寒涼。从艸，疌聲。

【注釋】① 萐莆：即今天蒲葵之類的大葉草。

莆① 萐莆也。从艸，甫聲。 方矩切(fǔ)。

【譯文】莆，萐莆。从艸，甫聲。

虋 赤苗①嘉穀也。从艸，釁聲②。 莫奔切(mén)。

【譯文】虋，赤色禾苗的優良穀子。从艸，釁聲。

【注釋】① 赤苗：本書"璊"下："禾之赤苗謂之虋。"《段注》："赤苗白苗，謂禾莖有赤白之分，非謂粟。" ② 釁聲：聲中有義。本書

"釁"下："血祭也。"故有赤色義。參"釁"條。

荅 小尗也。从艸，合聲。　都合切(dá)。

【譯文】荅，小豆。从艸，合聲。

萁 豆莖也。从艸，其聲。　渠之切(qí)。

【譯文】萁，豆秆。从艸，其聲。

藿[①] 尗之少[②]也。从艸，靃聲。　虚郭切(huò)。

【譯文】藿，豆的鮮嫩的葉子。从艸，靃聲。

【注釋】① 藿：今經傳多作藿。　② 尗之少(shào)：徐灝《段注箋》："謂豆之嫩葉可食耳。"少，與老大相對，表示細嫩。《廣雅》："豆角謂之莢(jiá)，其葉謂之藿。"

莥 鹿藿[①]之實名也。从艸，狃聲。　敕久切(chǒu/niǔ)[②]。

【譯文】莥，鹿豆的籽實的名稱。从艸，狃聲。

【注釋】① 鹿藿：《爾雅・釋草》："蔨(juàn)，鹿藿，其實莥。"郭璞注："今鹿豆也，葉似大豆，根黄而香，蔓延生。"朱駿聲《通訓定聲》："亦名野緑豆。"　② 今讀依《廣韻》女九切。

蓈 禾粟之采[①]，生而不成[②]者，謂之蕫蓈[③]。从艸，郎聲。稂，蓈或从禾。　魯當切(láng)。

【譯文】蓈，禾粟的穗，生長而不成熟的，叫它蕫蓈。从艸，郎聲。稂，蓈的或體从禾(郎省聲)。

【注釋】① 采：古穗字。　② 不成：不結成穀實。　③ 蕫(tóng)蓈：有稃(fū，穀殼)無米的穀子，見徐灝《段注箋》。

莠 禾粟下[陽]生[者曰]莠[①]。从艸，秀聲。讀若酉。　與久切(yǒu)。

【譯文】莠，禾粟之間長的似禾非禾的東西叫莠。从艸，秀聲。音讀象"酉"字。

【注釋】① 禾粟下生莠：語義不明。《慧琳音義》卷三十二頁十一、卷五十一頁六莠注皆引《説文》："禾粟下陽生者曰莠。"當據補。禾粟下，《段注》："猶言禾粟間。"陽，僞。《段注》："莠，今之狗尾草。莖葉采(穗)皆似禾。"

萉　枲實[①]也。从艸，肥聲。黂，萉或从麻賁[②]。　房未切(fèi)。

【譯文】萉，麻子。从艸，肥聲。黂，萉的或體，从麻，賁聲。

【注釋】① 枲(xǐ)實：《段注》："枲，麻也。枲實，麻子也。"　② 賁：《段注》："賁，聲。"

芓　麻母[①]也。从艸，子聲。一曰：芓即枲[②]也。　疾吏切(zì)。

【譯文】芓，麻子之母。从艸，子聲。另一義説，芓就是枲麻。

【注釋】① 麻母：大麻的雌株。《段注》："《儀禮》傳云：牡麻者，枲麻也。然則枲無實，芓乃有實，統言則皆稱枲，析言則有實者稱芓，無實者稱枲。麻母言麻子之母。"　② 芓即枲：芓和枲渾言不分。

蘡　芓[①]也。从艸，異聲。　羊吏切(yì)。

【譯文】蘡，就是芓。从艸，異聲。

【注釋】① 芓：參"芓"條。

蘇　桂荏[①]也。从艸，穌聲。　素孤切(sū)。

【譯文】蘇，味辛如桂的荏類植物。从艸，穌聲。

【注釋】① 桂荏：《段注》："今之紫蘇。"桂馥《義證》："《本草綱目》：蘇从穌，舒暢也。蘇性舒暢，行氣和血，故謂之蘇。蘇乃荏類，而味辛如桂，故《爾雅》謂之桂荏。"

荏　桂荏，蘇[①]。从艸，任聲。　如甚切(rěn)。

【譯文】荏，味辛如桂的荏類植物，即白蘇。从艸，任聲。

【注釋】① 蘇：徐鍇《繫傳》："荏，白蘇也。桂荏，紫蘇也。"可見，蘇這裏指白蘇。

芺　菜也。从艸，矢聲。　失匕切(shǐ)。

【譯文】芺，芺菜。从艸，矢聲。

蘴　菜之美者。雲夢之蘴[①]。从艸，豈聲。　驅喜切(qǐ)。

【譯文】蘴，菜中的美味。是雲夢澤畔的水芹。从艸，豈聲。

【注釋】① 雲夢之蘴：《段注》："《吕氏春秋》伊尹對湯曰：'菜之美者，……雲夢之芹。'高注：'雲夢，楚澤。芹生水涯。'許作蘴，蓋殷微二韻轉移最近。許君采自伊尹書，與《吕覽》字異，音義則同。"

葵　菜[①]也。从艸，癸聲。　彊惟切(kuí)。

【譯文】葵，葵菜。从艸，癸聲。

【注釋】① 菜：又名“冬葵”、“冬寒菜”。詳見王楨《農書》。

蘠[1] 禦溼之菜也。从艸，彊聲。 居良切(jiāng)。

【譯文】蘠，可抵禦溼氣的菜。从艸，彊聲。

【注釋】① 蘠：徐鍇《繫傳》：“蘠可以止腹病，治腳下溼。”經傳寫作薑。

蓼 辛菜，薔虞[1]也。从艸，翏聲。 盧鳥切(liǎo)。

【譯文】蓼，味道辛辣的菜，又叫薔虞。从艸，翏聲。

【注釋】① 薔(sè)虞：《爾雅・釋草》：“薔虞，蓼。”參“薔”條。

葙[1] 菜也。从艸，祖聲。 則古切(zǔ)。

【譯文】葙，葙菜。从艸，祖聲。

【注釋】① 葙：徐鍇《繫傳》引崔豹《古今注》：“葙一名蕺(jí)。”俗名魚腥草。

蘧[1] 菜也，似蘇者。从艸，豦聲。 彊魚切(qú)。

【譯文】蘧，蘧菜，象紫蘇似的。从艸，豦聲。

【注釋】① 蘧：《玉篇・艸部》：“蘧，今之苦蘧，江東呼爲苦蕒(mǎi)。”

薇 菜也，似藿[1]。从艸，微聲。⿱艹𢼸，籀文薇省。 無非切(wēi)。

【譯文】薇，薇菜，(莖葉和味)象豆。从艸，微聲。⿱艹𢼸是籀文，是薇的省略。

【注釋】① 似藿：《本草綱目・菜部・薇》：“時珍曰：薇生麥田中，原澤亦有。即今野豌豆，蜀人謂之巢菜。蔓生，莖葉氣味皆似豌豆。”藿，指豆的整體。

蓶[1] 菜也。从艸，唯聲。 以水切(wěi/wéi)[2]。

【譯文】蓶，蓶菜。从艸，唯聲。

【注釋】① 蓶：《玉篇・艸部》：“蓶，菜名，似韭而黄。” ② 今讀依《廣韻》以追切。

菦 菜，類蒿[1]。从艸，近聲。《周禮》[2]有“菦菹[3]”。 巨巾切(qín)。

【譯文】菦，菦菜，象蒿。从艸，近聲。《周禮》有“菦菹(兔醢)”的名稱。

【注釋】① 類蒿：《玉篇》：“菦，蔞蒿也。” ②《周禮》：指《天官・

醢(hǎi)人》。③ 莛菹(zū):今本作"芹菹",芹是莛之借字。《段注》以爲莛、芹是一字重文。然芹不象蒿,段説蓋誤。

蘸[①] 菜也。从艸,釀聲。女亮切(niàng)。

【譯文】蘸,蘸菜。从艸,釀聲。

【注釋】① 蘸:桂馥《義證》:"即《本草》之香薷(rú)。"

莧 莧菜[①]也。从艸,見聲。侯澗切(xiàn)。

【譯文】莧,莧菜。从艸,見聲。

【注釋】① 莧菜:即常食之莧菜,莖葉皆赤。

芋[①] 大葉實根,駭人,故謂之芋也。从艸,于聲[②]。王遇切(yù)。

【譯文】芋,大大的葉子,飽滿充實的根,令人驚駭,所以叫它芋。从艸,于聲。

【注釋】① 芋:徐鍇《繫傳》:"芋猶言吁也。吁,驚詞,故曰駭人謂之芋。" ② 于聲:《段注》:"凡于聲字多訓大。"聲中有義。

莒 齊謂芋爲莒。从艸,吕聲。居許切(jǔ)。

【譯文】莒,齊地叫芋作莒。从艸,吕聲。

【參證】今益陽方言也叫芋頭作莒頭。

蘧 蘧麥[①]也。从艸,遽聲。彊魚切(qú)。

【譯文】蘧,蘧麥。从艸,遽聲。

【注釋】① 蘧麥:即瞿麥。徐鍇《繫傳》:"今謂之瞿麥。其小而華(花)色深者,俗謂石竹。"《本草》:"瞿麥,一名巨句麥,一名大菊,一名大蘭。"

菊 大菊,蘧麥。从艸,匊聲。居六切(jú)。

【譯文】菊,大菊,又名蘧麥。从艸,匊聲。

葷 臭菜[①]也。从艸,軍聲。許云切(hūn)。

【譯文】葷,有氣味的菜。从艸,軍聲。

【注釋】① 臭菜:臭,氣味。徐鍇《繫傳》:"通謂芸薹(俗稱油菜)、椿(香椿)、韭、蒜、蔥、阿魏(藥名)之屬,方術家所禁,謂氣不潔也。"隨着菜之蔬菜義擴大引申爲主食外食品,葷也就擴大引申指鷄鴨魚肉等氣味濃烈的肉食品。

蘘

蘘荷[1]也。一名蒚蒩[2]。从艸，襄聲。　汝羊切(ráng)。

【譯文】蘘，蘘荷，又叫蒚蒩。从艸，襄聲。

【注釋】① 蘘荷：又名陽藿，薑科。　② 蒚蒩(fú zū)：又作猼且、巴且、蓴菹、蓴苴、覆葅，皆字異而音近。

菁

韭華也。从艸，青聲。　子盈切(jīng)。

【譯文】菁，韭菜的花。从艸，青聲。

蘆

蘆服[1]也。一曰[2]薺(jì)根。从艸，盧聲。　落乎切(lú)。

【譯文】蘆，蘆服。另一義説，薺菜的根。从艸，盧聲。

【注釋】① 蘆服：朱駿聲《通訓定聲》："今又謂之蘿蔔、萊菔，皆語之轉。"　② 一曰：《段注》："此字義别説。"

菔

蘆菔，似蕪菁[1]，實如小尗者[2]。从艸，服聲。　蒲北切(bó/fú)[3]。

【譯文】菔，蘆菔，樣子象蕪菁，它的籽實象小豆似的。从艸，服聲。

【注釋】① 蕪(wú)菁：又叫蔓(mán)菁，俗稱大頭菜。　② 實如小尗者：桂馥《義證》："《本草》有萊菔子是也。"萊菔子，即蘿蔔子。③ 今讀依《廣韻》房六切。

苹

蓱[1]也，無根，浮水而生者。从艸，平聲。　符兵切(píng)。

【譯文】苹，浮蓱(萍)，沒有根，浮在水面而生。从艸，平聲。

【注釋】① 蓱：浮萍。《爾雅·釋草》："苹，蓱。其大者蘋。"郭注："水中浮蓱，江東謂之薸(piáo)。"徐灝《段注箋》："與'苹，藾蕭(艾蒿)'，異物同名，因以苹爲藾蕭之專名，又增水旁作萍以爲浮萍。"參"蓱"條。

茝

艸也。从艸，臣聲。　稹鄰切(zhēn/chén)。

【譯文】茝，茝草。从艸，臣聲。

蘋

大蓱[1]也。从艸，賓聲。　符真切(pín)。

【譯文】蘋，大浮萍。从艸，賓聲。

【注釋】① 大蓱：《爾雅·釋草》："苹，蓱。其大者蘋。"《詩·召南·采蘋》毛傳："蘋，大蓱也。"《段注》："蘋、蘋，古今字。"徐灝箋："蘇恭云：大者曰蘋，中者荇菜，小者水上浮萍。"

藍　染青艸[1]也。从艸，監聲。　魯甘切(lán)。

【譯文】藍，染青色的草。从艸，監聲。

【注釋】① 染青艸：王筠《句讀》："有蓼藍、大藍、槐藍、菘藍、馬藍、吴藍、木藍。"

藼　令人忘憂艸也。从艸，憲聲。《詩》曰："安得藼艸[1]？"蕿，或从煖。萱，或从宣[2]。　况袁切(xuān)。

【譯文】藼，叫人忘記憂愁的草。从艸，憲聲。《詩經》説："怎么能得到藼草？"蕿，藼的或體，从煖聲。萱，藼的另一或體，从宣聲。

【注釋】① 安得藼艸：見《衛風・伯兮》。藼艸，又作萱草、諼草。《本草綱目》："今江東人采其花跗(fū，花萼)，乾而食之，名爲黄花菜。"陳奂《詩毛氏傳疏》："今俗謂金針菜。"　② 藼的或體作蕿、萱，因聲旁字憲、煖、宣，上古同屬元部、曉紐。

营　营藭[1]，香艸也。从艸，宫聲。芎，司馬相如[2]説，营或从弓[3]。　去弓切(qiōng/xiōng)。

【譯文】营，营藭，一種香草。从艸，宫聲。芎，司馬相如説，是营的或體，从弓聲。

【注釋】① 营藭：朱駿聲《通訓定聲》"藭"字下："营藭，疊韻連語，今謂之川芎。"參"蘺"條。　② 司馬相如：徐鍇《繫傳》："司馬相如續李斯《蒼頡篇》作《凡將》一篇，解説文字，許慎所采，故云司馬相如説也。"　③ 从弓：朱駿聲《通訓定聲》作"从弓聲"。

藭[1]　营藭也。从艸，窮聲。　渠弓切(qióng)。

【譯文】藭，营藭。从艸，窮聲。

【注釋】① 藭：今作藭。

蘭　香艸[1]也。从艸，闌聲。　落干切(lán)。

【譯文】蘭，香草。从艸，闌聲。

【注釋】① 香艸：指澤蘭。徐灝《段注箋》曰："經傳所謂蘭，大抵皆澤蘭之類，世人以今蘭蕙當之，殊誤。"

葌　艸，出吴林山[1]。从艸，姦聲。　古顔切(jiān)。

【譯文】葌，葌草，出自吴林山。从艸，姦聲。

【注釋】① 吴林山：《山海經·中山經》："吴林之山，其中多葌草。"郭璞注："亦菅字。"參"菅"條。

葰 薑屬[①]，可以香口。从艸，俊聲。 息遺切(suī)。

【譯文】葰，薑類植物，可以使口香馥。从艸，俊聲。

【注釋】① 薑屬：王筠《句讀》："葰一名廉薑，生沙石中，薑類也。其味大辛而香。"

芄 芄蘭[①]，莞也。从艸，凡聲。《詩》[②]曰："芄蘭之枝。" 胡官切(huán/wán)。

【譯文】芄，芄蘭，又叫莞。从艸，凡聲。《詩經》說："芄蘭之枝。"

【注釋】① 芄蘭：草名，也叫蘿藦，蔓生，葉有長柄，結莢實，兩兩對出成叉形。王筠《句讀》："芄蘭莞三字疊韻，長言則芄蘭，短言則莞(guān)。而莞本作席之艸之專名，此則以爲芄蘭之異名。今《爾雅》作雚。" ②《詩》：指《衛風·芄蘭》。枝，今本作"支"。

藃[①] 楚謂之蘺，晉謂之藃，齊謂之茝。从艸，嚻聲。 許嬌切(xiāo)。

【譯文】藃，楚地叫它蘺，晉地叫它藃，齊地叫它茝。从艸，嚻聲。

【注釋】① 藃：白芷，一種香草。蘺、藃、茝(zhǐ)，一物而方俗異名。茝，《本草經》謂之白芷，茝、芷同字，又音 chǎi。見"茝"條。

蘺 江蘺[①]，蘼蕪。从艸，離聲。 吕之切(lí)。

【譯文】蘺，江蘺，蘼蕪的别名。从艸，離聲。

【注釋】① 江蘺：一種香草。《本草綱目·草部·蘼蕪》："時珍曰：《别録》言：蘼蕪一名江蘺，芎藭苗也。而司馬相如《子虛賦》稱'芎藭、菖蒲、江蘺、蘼蕪'，《上林賦》云'被以江蘺，揉以蘼蕪'，似非一物，何耶？蓋嫩苗未結根時，則爲蘼蕪，既結根後，乃爲芎藭。大葉似芹者爲江蘺，細葉似蛇牀(植物名，又名蛇粟、蛇米)者爲蘼蕪。如此分别，自明白矣。"

茝[①] 藃也。从艸，𦣞聲。 昌改切(chǎi/zhǐ)[②]。

【譯文】茝，藃。从艸，𦣞聲。

【注釋】① 茝：白芷，根爲芳香通竅藥。 ②《廣韻》又音諸市切，今讀 zhǐ。故曰茝、芷同字。

虋 虋蕪[1]也。从艸，麋聲。 靡爲切（méi）。

【譯文】虋，虋蕪。从艸，麋聲。

【注釋】① 虋蕪：也作“蘼蕪”。見“蘺”條。

薰[1] 香艸也。从艸，熏聲[2]。 許云切（xūn）。

【譯文】薰，香草。从艸，熏聲。

【注釋】① 薰：香草名，又叫蕙草，又叫零陵香。《廣雅·釋草》：“薰草，惠草也。” ② 熏聲：馬敘倫《六書疏證》卷二：“（薰，）熏的後起字。”從金文來看，薰是熏的後起加旁分化字。參“熏”條。

薄 水萹茿[1]。从艸，从水，毒聲。讀若督。 徒沃切（dú）。

【譯文】薄，生長在水中的萹竹。由艸、由水會意，毒聲。音讀象“督”字。

【注釋】① 水萹茿：《段注》：“謂萹茿之生於水者謂之薄也。統言則曰萹茿，析言則有水、陸之異。”

萹 萹茿[1]也。从艸，扁聲。 方沔切（biǎn）[2]。

【譯文】萹，萹茿。从艸，扁聲。

【注釋】① 萹茿：一名萹竹、萹蓄。蓼科。《爾雅·釋草》：“竹，萹蓄。”郭璞注：“似小藜，赤莖節，好生道旁，可食，又殺蟲。”生在水中的叫薄。薄、茿、竹、蓄，上古全屬覺部、舌頭音，音讀極相近。② 方沔切：古無輕脣音，方屬幫母。

茿 萹茿也。从艸，筑省聲[1]。 陟玉切（zhú）。

【譯文】茿，萹茿。从艸，筑省竹爲聲。

【注釋】① 筑省聲：《段注》：“不云巩聲，而云筑省聲者，以巩字工聲，筑字竹亦聲也。”

藒[1] 芞輿[2]也。从艸，楬聲。 去謁切（qiè）[3]。

【譯文】藒，芞輿。从艸，楬聲。

【注釋】① 藒：徐灝《段注箋》：“此篆大小徐各本偏旁或从木，或从禾，錯出不一。” ② 芞輿：香草。《爾雅·釋草》：“藒車，芞輿。”郭璞注：“藒車，香艸，見《離騷》。”《太平御覽》引《廣志》：“藒車，香草，味辛，生彭城，高數尺，黄葉白華。” ③ 拼音依《廣韻》丘竭切。《廣韻》“藒”作“藒”。

①芞輿也。从艸，气聲。　去訖切(qì)。

芞【譯文】芞，芞輿。从艸，气聲。

馬莓①也。从艸，母聲。　武罪切(mèi)。

莓【譯文】莓，大莓。从艸，母聲。

【注釋】① 馬莓：王筠《句讀》："凡以馬名者皆謂大也。蓋謂大於葥(jiàn)、山莓也。"字亦作"苺"。參"葥"條。

①艸也。从艸，各聲。　古額切(gé)。

茖【譯文】茖，茖草。从艸，各聲。

【注釋】① 茖：《爾雅·釋草》："茖，山蔥。"郭璞注："茖蔥，細莖大葉。"

甘艸①也。从艸，甘聲。　古三切(gān)。

苷【譯文】苷，甘草。从艸，甘聲。

【注釋】① 甘艸：《正字通·艸部》："甘艸枝葉如槐，高五六尺，葉端微尖，有白毛，實作角。""味甘，故名甘草，俗加艸。"

①艸也。从艸，予聲。可以爲繩。　直吕切(zhù)。

芧【譯文】芧，芧草。从艸，予聲。可以用來搓成繩索。

【注釋】① 芧：叫三棱草。《圖經》："荊湘江淮水澤之間皆有，葉似莎草，極長，莖三棱如削，大如人指，高五六尺，莖端開花。……好生水際及淺水中。"

①艸也。从艸，盡聲。　徐刃切(jìn)。

藎【譯文】藎，藎草。从艸，盡聲。

【注釋】① 藎：《本草》曰："藎草可以染流黄，作金色，生蜀中。"《急就篇》曰："雷矢藋菌藎兔盧。"顏師古注："蓋藎草治久咳，殺皮膚小蟲。又可以染黄而作金色。"參"莀"條。

①艸也。从艸，述聲。　食聿切(shù)。

莍【譯文】莍，莍草。从艸，述聲。

【注釋】① 莍：徐鍇《繫傳》："藥有蓬莪莍。"味苦色青。就是莍草。

①荵冬艸。从艸，忍聲。　而軫切(rěn)。

荵【譯文】荵，荵冬草。从艸，忍聲②。

【注釋】① 荵：《段注》："今之金銀藤也，其花曰金銀花。"　② 忍聲：王筠《句讀》："金銀花，經冬不凋，故名忍冬。"聲中有義。

萇 萇楚①，跳弋②。一名羊桃③。从艸，長聲。　直良切(cháng)。

【譯文】萇，萇楚，或叫銚芅。又叫羊桃。从艸，長聲。

【注釋】① 萇楚：《爾雅·釋草》作“長楚”。　② 跳弋：《爾雅·釋草》作“銚芅”。　③ 羊桃：《爾雅》“長楚、銚芅(yán yì)”郭注：“今羊桃也。或曰鬼桃。葉似桃，華白，子如小麥，亦似桃。”

薊 芺①也。从艸，魝聲。　古詣切(jì)。

【譯文】薊，與芺同類的草。从艸，魝聲。

【注釋】① 芺(ǎo)：即鉤草。《爾雅·釋草》：“鉤，芺。”郭璞注：“大如拇指，中空，莖頭有臺(草或菜長花時抽出的嫩莖)。似薊，初生可食。”芺和薊相似，是同類植物。薊有大薊、小薊、山薊(白术)、枹薊(赤术，又叫蒼术)多種。

堇① 艸也。从艸，里聲。讀若釐②。　里之切(lí)。

【譯文】堇，堇草。从艸，里聲。音讀象“釐”字。

【注釋】① 堇：羊蹄菜。《段注》：“《本艸經》曰：‘羊蹄。’”徐灝箋：“堇者，羊蹄之合聲。”　② 讀若釐：葉德輝《讀若考》：“按堇、釐均从里得聲。”

藋 釐艸①也。一曰拜商藋。从艸，翟聲。　徒弔切(diào)。

【譯文】藋，釐草。一名拜商藋。从艸，翟聲。

【注釋】① 釐艸：藜類植物。朱駿聲《通訓定聲》：“《爾雅》：‘釐，蔓華。’即萊也。釐萊同聲之借。亦即藜也。藜萊雙聲之轉。所謂灰藋也。”參“藜”條。

芨① 堇艸也。从艸，及聲。讀若急②。　居立切(jí)。

【譯文】芨，堇草。从艸，及聲。音讀象“急”字。

【注釋】① 芨：《爾雅·釋草》：“芨，堇草。”又叫陸英，俗稱接骨草。全草治跌打損傷。參“堇”條。　② 讀若急：葉德輝《讀若考》：“芨、急均从及得聲。急本作㤂。”

荐 山苺①也。从艸，歬聲②。　子賤切(jiàn)。

【譯文】荐，山苺。从艸，歬聲。

【注釋】① 山苺：又叫懸鉤子。因莖上有刺如懸鉤而得名。亦名爲野楊梅。參“苺”條。　②歬聲：歬爲前後之前的本字，典籍作前，乃葥字的隸變，葥爲俗字剪的本字。葥，今作“前”。

①毒艸也。从艸，婺聲。　莫候切(mào)。

蓩　【譯文】蓩，毒草。从艸，婺聲。

【注釋】① 蓩：桂馥《義證》：“《集韻》：‘蓩，毒艸名，葶藶也。’《中山經》：‘熊耳之山有蓩草焉，其狀如蘇而赤花，名曰葶藶，可以毒魚。’”

卷耳①也。从艸，務聲。　亡考切(mǎo)。

葯　【譯文】葯，卷耳草。从艸，務聲。

【注釋】① 卷耳：桂馥《義證》：“此與《詩》之卷耳，名同物異。”古書未有訓葯爲卷耳的，待考。

人蔆①，藥艸，出上黨②。从艸，浸聲。　山林切(shēn)。

蔆　【譯文】蔆，人參，一種藥草，出自上黨。从艸，浸聲。

【注釋】① 蔆：字亦作葠，作參，作蓡，作蘐。王筠《句讀》：“人參出上黨，狀類人者善。”　② 上黨：漢有上黨郡，在今山西的東南部。

鳧葵①也。从艸，攣聲。　洛官切(luán)。

𦼝　【譯文】𦼝，鳧葵菜。从艸，攣聲。

【注釋】① 鳧葵：又叫𦼝菜、茆(liǔ)菜、蓴(tuán)菜、蒓(chún)菜。多年生水草，嫩葉可以爲羹。《廣韻》：“𦼝，一曰茆也。”《廣雅》：“𦼝茆，鳧葵也。”徐灝《段注箋》：“鳧葵，葉圓大，故謂之𦼝，亦謂之蓴，猶言團圞(tuán luán)也。蓴之音轉讀常倫切，故又作蒓。《説文》無純字。”參“茆”條。

①艸也。可以染留黄②。从艸，戾聲。　郎計切(lì)。

莨　【譯文】莨，莨草。可以用它來染成黄緑色。从艸，戾聲。

【注釋】① 莨：這是一種可染黄緑色和紫色的草。染黄緑的叫緑莨，即藎草；染紫色的叫紫莨，即茈莨，又叫紫草，叫藐。參“藎”條。② 留黄：《廣雅》：“留黄，緑也。亦作流黄。”

蚍虾①也。从艸，收聲。　渠遙切(qiáo)。

莍　【譯文】莍，蚍虾草。从艸，收聲。

【注釋】① 蚍虾(pí fú)：植物名。又作“芘芣”，又叫荊葵或錦葵。陸璣《詩義疏》：“似蕪菁，華紫緑色，可食，微苦。”

蚍[1] 蒿也。从艸，毗聲。 房脂切(pí)。

蚍 【譯文】蚍，蒿類。从艸，毗聲。

【注釋】① 蚍：《玉篇》："蚍，蒿。似蓍(shī)。"參"蓍"條。

萭 艸也。从艸，禹聲。 王矩切(yǔ)。

萭 【譯文】萭，萭草。从艸，禹聲。

荑[1] 艸也。从艸，夷聲。 杜兮切(tí)。

荑 【譯文】荑，荑草。从艸，夷聲。

【注釋】① 荑：《詩·邶風·靜女》毛傳："荑，茅之始生也。"

薛[1] 艸也。从艸，辥聲。 私列切(xuē)。

薛 【譯文】薛：藾蕭草。从艸，辥聲。

【注釋】① 薛：即藾蒿，又叫藾蕭。見《段注》。

【參證】金文作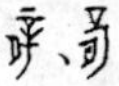，構形不明。

苦 大苦[1]，苓也。从艸，古聲。 康杜切(kǔ)。

苦 【譯文】苦，大苦，又叫藍草。从艸，古聲。

【注釋】① 大苦：甘草。一說，黃藥。桂馥《義證》："苓當爲蘦。本書：'蘦，大苦也。'《釋草》同。馥案：即黃藥也。"徐灝《段注箋》："此作苓，爲假借字。令聲古音在真部，周秦以後轉入庚部，故與蘦相通耳。"參"蘦"條。

菩[1] 艸也。从艸，音聲。 步乃切(bèi)。

菩 【譯文】菩，黃菩草。从艸，音聲。

【注釋】① 菩：黃菩草，可以作席。錢坫《斠詮》："《易》'豐其蔀'，鄭本作'菩'，云：'小席。'是以艸作席。"

蓄[1] 薏苢[2]。从艸，啻聲。一曰：蓄英[3]。 於力切(yì)。

蓄 【譯文】蓄，薏苢。从艸，啻聲。一說：蓄是薏花。

【注釋】① 蓄：今通作薏。 ② 薏苢：即苡米，禾本科植物。徐鍇《繫傳》："今謂之薏米。" ③ 英：桂馥《義證》："蓄英即似菊之華。《楚辭》：'夕餐秋菊之落英。'"王筠《句讀》："英者，花也。"

茅 菅[1]也。从艸，矛聲。 莫交切(máo)。

茅 【譯文】茅，菅草一類。从艸，矛聲。

【注釋】① 菅：《段注》："統言則茅菅是一，析言則菅與茅殊。許菅茅互訓。此從統言也。"《本草綱目·草部·白茅》："茅有白茅、菅茅、黄茅、香茅、芭茅數種……菅茅只生山上，似白茅而長。"陸璣《詩義疏》："菅似茅而滑澤，無毛。根下五寸中有白粉者，柔韌宜爲索，漚乃尤善矣。"

菅　茅也。从艸，官聲。　古顔切(jiān)。

【譯文】菅，茅草一類。从艸，官聲。

蘄[①]　艸也。从艸，靳[②]聲。江夏有蘄春亭[③]。　渠支切(qí)。

【譯文】蘄，香草。从艸，靳聲。江夏郡有蘄春縣。

【注釋】① 蘄：謂香草。朱駿聲《通訓定聲》："《爾雅》：'薜，山蘄。'《廣雅》：'山蘄，當歸也。'又：'茇，牛蘄。'注：'今馬蘄，葉細鋭，似芹。'《本草注》：'一名野茴香。'又：'薜，白蘄。'按：即蠶頭當歸，細葉者。山蘄爲馬尾當歸，葉粗大。又：'蘄茝，蘪蕪。'按即今川芎。此字本訓當爲香草。山、白、馬皆冒蘄名也。"　② 靳：《説文》未收此字，待考。　③ 蘄春亭：《段注》亭作縣。《漢書·地理志》江夏郡有蘄春縣，故城在今湖北蘄春縣西北。

莞[①]　艸也。可以作席。从艸，完聲。　胡官切(huán/guān)[②]。

【譯文】莞，莞草，可用來編織席子。从艸，完聲。

【注釋】① 莞：《段注》："莞，蓋即今席子艸。"　② 今讀依《廣韻》古丸切。

藺　莞屬[①]。从艸，閵聲。　良刃切(lìn)。

【譯文】藺，莞草一類。从艸，閵聲。

【注釋】① 莞屬：《玉篇·艸部》："藺似莞而細，可爲席。"

蒢　黄蒢，職[①]也。从艸，除聲。　直魚切(chú)。

【譯文】蒢，黄蒢草，又叫職草。从艸，除聲。

【注釋】① 職：一作蘵。《爾雅·釋草》："蘵，黄蒢。"郭璞注："蘵草，葉似酸漿，華小而白，中心黄，江東以作葅食。"

蒲[①]　水艸也。可以作席。从艸，浦聲。　薄胡切(pú)。

【譯文】蒲，水草，可用來編織席子。从艸，浦聲。

【注釋】① 蒲：又叫香蒲。水生植物。莖和葉可編蒲席、蒲包和扇子。嫩苗叫蒲菜，可吃。花粉稱蒲黄，可作止血藥。

蒻　蒲子①。可以爲平席②。从艸，弱聲③。　而灼切（ruò）。

【譯文】蒻，嫩蒲草，可用來編織苹席。从艸，弱聲。

【注釋】① 蒲子：嫩蒲草。《段注》："蒲之少者也。凡物之少小者謂之子，或謂之女。"　② 平席：即苹席。《段注》："苹者，席安穩之稱。此用蒲之少者爲之，較蒲席爲細。"　③ 弱聲：《段注》："《攷工記》注曰：'今人謂蒲本在水中者爲弱。'弱即蒻。蒻必媆，故蒲子謂之蒻。"聲中有義。

蔉　蒲①，蒻之類也。从艸，深聲②。　式箴切（shēn）。

【譯文】蔉，蔉蒲，是蒻蒲一類的嫩蒲草。从艸，深聲。

【注釋】① 蒲：應連篆爲讀。《周禮·天官·醢人》："深蒲醓醢。"鄭司農注："蒲蒻入水深，故曰深蒲。"　② 深聲：聲中有義。見上注。

蓷　萑①也。从艸，推聲。《詩》②曰："中谷③有蓷。"　他回切（tuī）。

【譯文】蓷，萑草。从艸，推聲。《詩經》説："山谷中有蓷草。"

【注釋】① 萑（zhuī）：益母草。《爾雅·釋草》："萑，蓷。"郭璞注："今茺蔚也。葉似荏，方莖，白華，華生節間。又名益母。"朱駿聲《通訓定聲》："茺蔚者，蓷之合音。"　②《詩》：指《王風·中谷有蓷》。③ 中谷：谷中。

萑　艸多皃①。从艸，隹聲。　職追切（zhuī）。

【譯文】萑，草多的樣子。从艸，隹聲。

【注釋】① 艸多皃：徐灝《段注箋》："依全書通例，當云：'蓷也。一曰：艸多皃。'"參"蓷"條。

【參證】甲文作、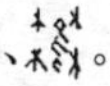。用作地名，不詳其義。

茥　缺盆①也。从艸，圭聲。　苦圭切（kuī）。

【譯文】茥，缺盆草。从艸，圭聲。

【注釋】① 缺盆：覆盆子。《爾雅·釋草》："茥，葐盆。"郭注："覆盆也。實似莓而小，亦可食。"《太平御覽》卷九九八引孫炎《爾雅注》："青州曰茥。"桂馥《義證》："覆盆子長條，四五月紅熟。""其味酸，其外如荔枝，櫻桃許大，軟紅可愛。”

莙　(井)[牛]藻①也。从艸，君聲。讀若威②。　渠殞切(jùn)。

【譯文】莙，牛藻草。从艸，君聲。音讀象“威”字。

【注釋】① 井藻：是牛藻之誤。井、牛二字形近。《爾雅·釋草》：“莙，牛薻。”薻是藻的異體字。郭注：“似藻，葉大，江東呼爲馬藻。”《段注》：“按藻之大者曰牛藻。凡艸類之大者多曰牛曰馬。”　② 讀若威：威上古屬微部，莙屬文部，微文對轉。

蒝　夫蘺①也。从艸，睆聲。　胡官切(huán/guān)②。

【譯文】蒝，夫蘺。从艸，睆(hàn)聲。

【注釋】① 夫蘺：也寫作苻蘺，蒲類植物。《本草》云：“白蒲一名苻蘺，楚謂之莞蒲。”見《詩·小雅·斯干》正義。《集韻·桓韻》：“蒝，蒲類。”參“莞”條。　② 今讀依《集韻》古丸切。

蔏　夫蘺上①也。从艸，鬲聲。　力的切(lì)。

【譯文】蔏，夫蘺草的莖薹。从艸，鬲(lì)聲。

【注釋】① 夫蘺上：上指莖薹，是蔬菜和草開花的莖部。徐鍇《繫傳》：“草木將生華，先抽莖臺，今謂菜臺是也。”參“蒝”條。

苢　芣苢①，一名馬舄。其實如李，令人宜子。从艸，㠯聲。《周書》所說②。　羊止切(yǐ)。

【譯文】苢，芣苢草，又叫馬舄。(一說，)它的果實象李子，(食用它)叫人宜於生育子女。从艸，㠯(yǐ)聲。這是《周書》上說的。

【注釋】① 芣(fú)苢：車前草。《爾雅·釋草》：“芣苢，馬舄(xì)；馬舄，車前。”郭注：“今車前草，大葉，長穗，好生道邊。”“苢”也寫作“苡”。　②《周書》所說：《汲冢周書·王會解》：“康人以桴苡，其實如李，食之宜子。”孔晁注：“康，西戎别名也。”《山海經》：“芣苡，木也。”《周書》所說的桴苡爲木，此别一義，許君兼載之，以廣異聞。

蕁　芜藩①也。从艸，尋聲。[illegible]，蕁或从爻。　徒含切(tán)。

【譯文】蕁，芜藩草。从艸，尋聲。[illegible]，蕁的或體，从爻。

【注釋】① 芜(chén)藩：即知母。徐鍇《繫傳》：“《本艸》即知母藥也。形似昌蒲而柔潤。葉至難死，掘出隨生，須枯燥乃止，味苦寒。一名蝭母。”

蔎 艸也。从艸，毄聲。 古歷切(jī)。

【譯文】蔎，蔎草。从艸，毄聲。

蓲[1] 艸也。从艸，區聲。 去鳩切(qiū)。

【譯文】蓲，烏蓲草。从艸，區聲。

【注釋】① 蓲：《玉篇》："蓲，烏蓲也。"《廣韻》："烏蓲，草名。"或以爲是初生的蘆葦，似非許君之意。

菌 艸也。从艸，固聲。 古慕切(gù)。

【譯文】菌，菌草。从艸，固聲。

蘇 艸也。从艸，榦聲。 古案切(gàn)。

【譯文】蘇，蘇草。从艸，榦聲。

藷 藷蔗[1]也。从艸，諸聲。 章魚切(zhū)。

【譯文】藷，藷蔗。从艸，諸聲。

【注釋】① 藷蔗：疊韻聯緜字，即甘蔗。《段注》："或作諸蔗，或都蔗。藷蔗二字疊韻也。或作竿蔗或干蔗，象其形也。或作甘蔗，謂其味也。"藷、蔗上古屬魚部。

蔗 藷蔗也。从艸，庶聲。 之夜切(zhè)。

【譯文】蔗，藷蔗。从艸，庶聲。

薴 牂薴[1]，可以作縻綆[2]。从艸，毄聲。 女庚切(níng)。

【譯文】薴，牂薴草，可用來作牛繮繩和汲水桶的繩索。从艸，毄(níng)聲。

【注釋】① 牂薴(zāng níng)：《段注》："疊韻。"實爲聯緜字，一般不拆開解釋。 ② 縻綆：縻(mí)，牛轡。綆(gěng)，汲井綆。

藼 艸也。从艸，賜聲。 斯義切(sì)。

【譯文】藼，藼草。从艸，賜聲。

苗 艸也。从艸，中聲。 陟宮切(zhōng)。

【譯文】苗，苗草。从艸，中聲。

【參證】金文作。

萯 王萯[1]也。从艸，負聲。 房九切(fù)。

【譯文】萯，王萯草。从艸，負聲。

【注釋】① 王萯：或以爲王瓜，或以爲黄菩草，待考。

芺① 艸也。味苦，江南食以下气。从艸，夭聲。 烏皓切（ǎo）。

【譯文】芺，苦芺草。味道苦，江南一帶食用它，用以使氣暢通。从艸，夭聲。

【注釋】① 芺：徐鍇《繫傳》："今苦芺也。"《爾雅·釋草》："鉤，芺。"郭注："大如拇指，中空，莖頭有臺似薊，初生可食。"《名醫别録》："苦芺主桼瘡。"

茲 艸也。从艸，弦聲。 胡田切（xián）。

【譯文】茲，茲草。从艸，弦聲。

蘭① 艸也。从艸，圝聲。圝，籀文囿②。 于救切（yòu）。

【譯文】蘭，蘭草。从艸，圝聲。圝，籀文囿字。

【注釋】① 蘭：《玉篇》作菌，説是草名。 ② 籀文囿：《集韻·宥韻》："或作菌。"

莩① 艸也。从艸，孚聲。 芳無切（fū/fú）。

【譯文】莩，莩草。从艸，孚聲。

【注釋】① 莩：朱駿聲《通訓定聲》："字亦作苻，《爾雅·釋草》：'苻，鬼目。'"

萴 兔苽①也。从艸，寅聲。 翼真切（yín）。

【譯文】萴，兔苽。从艸，寅聲。

【注釋】① 兔苽：《爾雅·釋草》："萴，菟瓜。"郭璞注："菟瓜似土瓜。"邢昺疏："土瓜者，即王瓜也。"

荓 馬帚①也。从艸，并聲。 薄經切（píng）。

【譯文】荓，馬掃帚草。从艸，并聲。

【注釋】① 馬帚：《爾雅·釋草》："荓，馬帚。"郭注："似蓍（shī），可以爲埽篲（huì）。"《本草綱目·草部·蠡實》："蠡實……馬藺子、馬帚、鐵掃帚。時珍曰：……此即荔草，謂其可爲馬刷，故名。今河南北人呼爲鐵掃帚是矣。"

蕕① 水邊艸也。从艸，猶聲。 以周切（yóu）。

【譯文】蕕，水邊的草。从艸，猶聲。

【注釋】① 蕕：徐鍇《繫傳》："似細蘆，蔓生水上，隨水高下，泛泛然也。故曰蕕,游也。”

荌 艸也。从艸,安聲。 烏旰切(àn)。

【譯文】荌,荌草。从艸,安聲。

藄 (綦)①月爾②也。从艸,綦聲。 渠之切(qí)。

【譯文】藄,月爾草。从艸,綦聲。

【注釋】① 綦:徐灝《段注箋》:“篆下綦字亦當删。” ② 月爾:《爾雅·釋草》:“綦,月爾。”郭注:“即紫綦也,似蕨,可食。”

莃 兔葵①也。从艸,稀省聲②。 香衣切(xī)。

【譯文】莃,兔葵草。从艸,稀省禾爲聲。

【注釋】① 兔葵:即野葵。吴其濬《植物名實圖考·蔬類·菟葵》:“菟葵即野葵,比家葵瘦小耳,武昌謂之棋盤菜。” ② 稀省聲:當依徐鍇《繫傳》作希聲。王念孫《讀説文記》:“今考《説文》莃、唏、睎、脪、郗、晞、稀、俙、欷、豨、絺十一字,並从希聲。又,昕字注云讀若希,則本書原有希字明甚,今本無希,乃傳寫脱誤。”

蕄 灌渝①。从艸,夢聲。讀若萌②。 莫中切(méng)。

【譯文】蕄,艸萌芽。从艸,夢聲。音讀象“萌”字。

【注釋】① 灌渝:《爾雅·釋草》:“其萌蘿蕍。”許棫《讀説文記》:“灌渝即蘿蕍,亦即權輿。《爾雅·釋詁》:‘權輿,始也。’《大戴禮》:‘孟春,百艸權輿。’是艸之始萌曰權輿。引申爲凡爲始之稱。”

② 讀若萌:既擬音,又釋義。

葍 盜庚①也。从艸,復聲。 房六切(fú)。

【譯文】葍,盜庚草。从艸,復聲。

【注釋】① 盜庚:即旋覆花。《爾雅·釋草》:“葍,盜庚。”郭注:“旋葍,似菊。”

苓 卷耳①也。从艸,令聲。 郎丁切(líng)。

【譯文】苓,卷耳草。从艸,令聲。

【注釋】① 卷耳:野菜名。又叫苓耳。形似鼠耳,叢生如盤。

蘏 艸也。从艸,贛聲。一曰薏苢①。 古送切(gòng)。又古禫切(gàn)。

【譯文】蘏,蘏草。从艸,贛(gàn)聲。又叫薏苢。

【注釋】① 一曰蓋苣：桂馥《義證》："《本草》：'蓋苡仁一名藾。'"《廣雅·釋草》："藾，蓋苡也。"

藑 茅①，葍也。一名蕣②。从艸，瞏聲。 渠營切(qióng)。

【譯文】藑，藑茅，是葍草。又叫蕣。从艸，瞏(xuàn)聲。

【注釋】① 茅：應連篆爲讀。《爾雅·釋草》："葍，藑茅。"郭注："葍華(花)有赤者爲藑。藑葍一種耳。"參"葍"條。 ② 一名蕣：桂馥《義證》："蕣當爲舜。本書：'舜，艸也。楚謂之葍，秦謂之藑。'"

蕌 葍①也。从艸，富聲。 方布切(fù)。

【譯文】蕌，葍草。从艸，富聲。

【注釋】① 葍：《詩·小雅·我行其野》："言采其葍。"陸璣疏曰："葍一名蕌。"朱駿聲《通訓定聲》："蕌即葍之或體。"參"葍"條。

葍① 蕌也。从艸，畐聲。 方六切(fú)。

【譯文】葍，蕌草。从艸，畐(fú)聲。

【注釋】① 葍：《爾雅·釋草》："葍，蕌。"郭注："大葉白華，根如指，正白，可啖。"陸璣《詩義疏》：葍有兩種，"一種莖葉細而香，一種莖赤有臭氣"。

蓨 苗①也。从艸，脩聲。 徒聊切(tiáo)。又湯彫切(tiāo)。

【譯文】蓨，苗菜。从艸，脩聲。

【注釋】① 苗(dí)：又名蓨草、羊蹄草。《爾雅·釋草》："苗，蓨。"《齊民要術》卷十引陸璣《詩義疏》："今羊蹄，似蘆服，莖赤。煮爲茹，滑而不美，多啖令人下痢。幽陽謂之遂(zhú)，一名蓨，亦食之。"

苗 蓨①也。从艸，由聲。 徒歷切(dí)。又他六切(chù)。

【譯文】苗，蓨菜。从艸，由聲。

【注釋】① 蓨：羊蹄草。苗與从艸、田聲的苗聲義迥別。

募① 艸。枝枝相值，葉葉相當。从艸，昜聲。 楮羊切(chāng)。

【譯文】募，募草。枝枝相互照應，葉葉彼此相對。从艸，昜聲。

【注釋】① 募：即馬尾草。《段注》："《玉篇》募下引《説文》謂即遂募、馬尾、蔏陸也。薚同募。考《本艸經》曰：'商陸一名募，根一名夜呼。'陶隱居曰：'其花名募。'是則絫呼曰遂募，單呼曰募。或謂其花募，或謂其莖葉募也。"

薁 嬰薁①也。从艸，奥聲。　於六切(yù)。

【譯文】薁，嬰薁。从艸，奥聲。

【注釋】① 嬰薁：野葡萄。《本草綱目・果部・蘡薁》："時珍曰：蘡薁野生林墅間，亦可插植。蔓、葉、花、實，與葡萄無異。其實小而圓，色不甚紫也。《詩》云：'六月食薁。'即此。"

葴 馬藍①也。从艸，咸聲。　職深切(zhēn)。

【譯文】葴，馬藍。从艸，咸聲。

【注釋】① 馬藍：多年生草本。葉對生，花淡紫色。葉可製藍靛，葉和根供藥用。

蓾 艸也。可以束①。从艸，魯聲。𦵔，蓾或从鹵②。　郎古切(lǔ)。

【譯文】蓾，蓾草，可用來纏束。从艸，魯聲。𦵔，蓾的或體，从鹵聲。

【注釋】① 可以束：《爾雅・釋草》："𦵔，蘆。"郭璞云："作履苴草。"以草襯履底曰苴。許云可用束，郭云可苴履，一物多用。　② 蓾或从鹵：蓾，重文作𦵔，鹵聲。魯、鹵同部。

蔽① 艸也。从艸，㕟聲②。　苦怪切(kuǎi)。

【譯文】蔽，蒯草。从艸，㕟聲。

【注釋】① 蔽：今作蒯。《玉篇・艸部》："蔽，草，中爲索。"《集韻・怪韻》："蔽，或作蒯。"《段注》："《史記》，馮驩有一劍蒯緱。裴駰云：'蒯，茅之類，可爲繩。其劍把無物可飾，以小繩纏之也。'"　② 㕟聲：《説文》無㕟篆。《爾雅・釋詁》："㕟，息也。"《釋文》："㕟，苦怪反。"

蔞① 艸也。可以亨②魚。从艸，婁聲。　力朱切(lǘ/lóu)③。

【譯文】蔞，蔞蒿香草。可用來烹煮鮮魚(，以除腥氣)。从艸，婁聲。

【注釋】① 蔞：即蔞蒿。《爾雅・釋草》："購，商蔞。"郭注："蔏蔞，蔞蒿也。生下田，初出可啖。江東用羹魚(烹魚作羹)。"　② 亨：古烹字。　③ 今讀依《廣韻》落侯切。

藟① 艸也。从艸，畾聲②。《詩》③曰："莫莫④葛藟。"一曰：秬鬯⑤也。　力軌切(lěi)。

【譯文】藟，藟草。从艸，畾聲。《詩經》説："十分茂密啊葛草和藟草。”另一義説：藟是秬鬯酒。

【注釋】① 藟：葛類植物。王筠《句讀》：“《廣雅》：‘藟，藤也。似葛而麤大。’” ② 畾聲：聲中有義。畾，古雷字。畾象雷回旋轉動之狀，中間還有聲波、電光的糾結。粗大的藟藤象其狀。參“靁”條。③《詩》：指《大雅・旱麓》。 ④ 莫莫：茂盛的樣子。 ⑤ 秬鬯(jù chàng)：秬是黑黍，鬯是鬱金草。秬鬯，是古代祭祀、宴飲用的香酒。按：藟無秬鬯的意思。秬鬯是巨荒之誤。桂氏曰：“劉向《九歎》王逸注：葛藟，巨荒也。《齊民要術》引《詩義疏》：藟，巨荒也。《易・困卦》釋文引《詩疏》：藟，一名巨荒。《詩・樛木》正義引《詩疏》譌爲巨苽。”王筠、朱士瑞皆主此説。

蒬 棘蒬①也。从艸，冤聲。 於元切(yuān)。

【譯文】蒬，棘蒬草。从艸，冤聲。

【注釋】① 棘蒬：《爾雅・釋草》：“葽繞，蕀蒬。”郭璞注：“今遠志也。似麻黄，赤華，葉鋭而黄，其上謂之小草。”按：“其上”指葉。

茈 茈艸①也。从艸，此聲。 將此切(zǐ)。

【譯文】茈，茈莀草。从艸，此聲。

【注釋】① 茈艸：《爾雅・釋草》：“藐，茈草。”郭注：“可以染紫。一名茈莀。”

藐① 茈艸也。从艸，貇聲。 莫覺切(mò)。

【譯文】藐，茈草。从艸，貇聲。

【注釋】① 藐：《爾雅・釋草》作藐。鈕樹玉《説文校録》：“貌即貇之古文。”參“茈”條。

萴 烏喙①也。从艸，則聲。 阻力切(cè)。

【譯文】萴，烏喙草。从艸，則聲。

【注釋】① 烏喙：即藥中附子。《廣雅・釋草》云：“一歲爲萴子，二歲爲烏喙，三歲爲附子，四歲爲烏頭，五歲爲天雄。”諸名對文則異，散文則通。

蒐 茅蒐，茹藘①。人血所生②，可以染絳。从艸，从鬼。 所鳩切(sōu)。

【譯文】蒐，茅蒐草，又叫茹藘草。是人血染地而生，可用它來染成深紅色。由艸、由鬼會意。

【注釋】① 茹(rú)藘：《爾雅·釋草》："茹藘，茅蒐。"郭璞注："今之蒨(qiàn)也，可以染絳。"《釋文》："蒨，本或作茜。"　② 人血所生：嚴章福《校議議》："謂人血染地而生。"按：這是古人的看法，借以解釋"蒐"字从鬼的用意。

[1] 茅蒐也。从艸，西聲。　倉見切(qiàn)。

茜 【譯文】茜，茅蒐草。从艸，西聲。

【注釋】① 茜：參"蒐"條。

[1] 赤蕼也。从艸，隶[聲][2]。　息利切(sì)。

蕼 【譯文】蕼，赤蕼草。从艸，隶(sì)聲。

【注釋】① 蕼：草名。《玉篇》："蕼，堇也。"未詳。　② 从艸，隶：徐鍇、段、桂、朱、王以及各種版本均作"从艸，隶聲"。

薜 牡贊[1]也。从艸，辟聲。　蒲計切(bì)。

薜 【譯文】薜，牡贊草。从艸，辟聲。

【注釋】① 牡贊：未詳。

[1] 杜榮也。从艸，忘聲。　武方切(wáng)。

莣 【譯文】莣，杜榮草。从艸，忘聲。

【注釋】① 莣：《爾雅·釋草》："莣，杜榮。"郭璞注："今莣草，似茅，皮可以爲繩索履屩(lǘ jué，鞋)也。"

[1] 艸也。南陽以爲麤履[2]。从艸，包聲。　布交切(bāo)。

苞 【譯文】苞，藨(biāo)草。南陽一帶用來編織草鞋。从艸，包聲。

【注釋】① 苞：即藨草。見《子虛賦》張揖注。藨草多叢生水邊，全株可造紙和編席。參"藨"條。　② 麤(cū)履：草鞋。本書："麤，艸履也。"

[1] 冰臺[2]也。从艸，乂聲。　五蓋切(ài)。

艾 【譯文】艾，冰臺草。从艸，乂(yì)聲。

【注釋】① 艾：《爾雅·釋草》郭璞注："今艾蒿。"《本草圖經》："艾，初春布地，生苗，莖類蒿而葉背白。以苗短者爲佳。采葉暴乾，經陳久方可用。"　② 冰臺：朱駿聲《通訓定聲》："《博物志》云：'削冰令圓，舉以向日，乾艾于後，承其景，則得火。'故曰冰臺。"

蔁 艸也。从艸，章聲。 諸良切(zhāng)。

蔁 【譯文】蔁，蔁草。从艸，章聲。

芹① 楚葵也。从艸，斤聲。 巨巾切(qín)。

芹 【譯文】芹，楚葵菜。从艸，斤聲。

【注釋】① 芹：即今之水芹。《爾雅·釋草》郭注："今水中芹菜。"

蘾① 豕首也。从艸，甄聲。 側鄰切(zhēn)。

蘾 【譯文】蘾，豕首草。从艸，甄聲。

【注釋】① 蘾：又名天名精、蝦蟆藍等，生平原川澤間，花紫白色，香氣如蘭。可入藥，也可製染料。

蔦 寄生①也。从艸，鳥聲②。《詩》③曰："蔦與女蘿。"樢，蔦或从木④。 都了切(diǎo/niǎo)⑤。

蔦 【譯文】蔦，寄生草。从艸，鳥聲。《詩經》說："蔦與女蘿。"樢，蔦的或體，从木。

【注釋】① 寄生：《爾雅·釋木》郭璞注："寄生樹，一名蔦。" ② 鳥聲：聲中有義。艸之寄生纏繞於樹木，猶鳥之依附寄寓於樹木。 ③《詩》：指《小雅·頍弁》。 ④ 从木：《段注》："艸屬，故从艸；寓木，故从木。""寓木"，寄生在樹木上。 ⑤ 今讀依《字彙》尼了切。

芸① 艸也，似目宿②。从艸，云聲。《淮南子》說：芸艸可以死復生③。 王分切(yún)。

芸 【譯文】芸，芸香草。象目宿草。从艸，云聲。《淮南子》說：芸草可以死而再生。

【注釋】① 芸：又名芸香，花葉莖有强烈刺激氣味，古人用來驅除蟲蠹(dù，蛀蟲)。沈括《夢溪筆談》卷三："芸，香草也，今人謂之七里香者是也。葉類豌豆，作小叢生。其葉極芬香，秋後葉間微白如粉汙，辟蠹殊驗。南人采置席下，能去蚤蝨。" ② 目宿：又作苜蓿、牧宿。豆科植物，可作牧草和緑肥。 ③ 可以死復生：王紹蘭《段注訂補》："《通藝録·釋芸》：余乃蒔一本於盆盎中，霜降後枝葉枯爛。越兩月，日短至矣，宿根果茁其芽，叢生三五枝。"可見芸草可以"死而復生"。

⿱艹𣪠 艸也。从艸，𣪠聲。 麤最切(cuì/cè)[1]。

【譯文】⿱艹𣪠，⿱艹𣪠草。从艸，𣪠(zhuì)聲。

【注釋】① 今讀依《廣韻》初力切。

葎[1] 艸也。从艸，律聲。 吕戌切(lǜ)。

【譯文】葎，葎草。从艸，律聲。

【注釋】① 葎：《本草綱目·草部·葎草》："此草莖有細刺，善勒人膚，故名勒草。譌爲葎草，又譌爲來莓，皆方音也。"

茦[1] 莿也。从艸，朿聲[2]。 楚革切(cè/cì)[3]。

【譯文】茦，草的芒莿。从艸，朿聲。

【注釋】① 茦：草的芒刺。《爾雅·釋草》郭璞注："草刺針也。關西謂之刺，燕北、朝鮮之間曰茦。見《方言》。"《段注》："木芒曰刺，草芒曰茦。因木芒之字爲義與聲也。"爲語言中具有概括意義的詞 cì 造字，取象於木 cì，遂作"朿"；後思維縝密，遂有草朿、木朿之分，於是作"棘"(或朿)、"茦"；强調朿如刀之鋒利的特點，遂作"刺"；若概括木朿(棘)、草朿(茦)之鋒利如刀(刂)，將三個構件結合起來，就成了"莿"。參"莿"條。 ② 朿聲。聲中有義。見注①。 ③ 今讀依《集韻》七賜切。

萿[1] 萿蔞[2]，果蓏也。从艸，昏聲。 古活切(kuò/guā)。

【譯文】萿，萿蔞草，又叫果蓏。从艸，昏(guā)聲。

【注釋】① 萿：今作苦。 ②萿蔞：又作瓜蔞、栝樓、果贏，一音之轉。蔓生植物，塊根肥厚，呈圓形，可供藥用。

葑[1] 須從也。从艸，封聲。 府容切(fēng)。

【譯文】葑，須從菜。从艸，封聲。

【注釋】① 葑：即菘。朱駿聲《通訓定聲》："葑字亦作蘴，作菘。須從之合音爲菘。"葑即蕪菁，又聲轉爲蔓菁。大頭菜一類蔬菜。直根肥大，質較蘿蔔緻密，有甜味。

薺 蒺梨[1]也。从艸，齊聲。《詩》曰："牆有薺。" 疾咨切(cí)。又，徂礼切(jì)。

【譯文】薺，蒺梨。从艸，齊聲。《詩經》説："牆上生有蒺梨藤。"

【注釋】① 蒺梨：《爾雅·釋草》："茨，蒺藜。"郭璞注："布地，蔓生，細葉,子有三角,刺人。"茨即薺字。徐灝《段注箋》:"薺者,蒺藜之合聲。"

莿[1] 莿也。从艸,刺聲[2]。 七賜切(cì)。

【譯文】莿,草木的針芒。从艸,刺聲。

【注釋】① 莿:《玉篇·艸部》:"莿,芒也,草木針也。" ② 刺聲:聲中有義。參"莿"條。

董 鼎董[1]也。从艸,童聲[2]。杜林[3]曰:藕根[4]。 多動切(dǒng)。

【譯文】董,鼎董草。从艸,童聲。杜林說:(董的別義指)藕根。

【注釋】① 鼎董:又名長苞香蒲。徐鍇《繫傳》:"《爾雅》:'蘱,薡董也。'似蒲而細,今人以織履。"字又作董。朱駿聲《通訓定聲》:"鼎董,雙聲連語。單評曰董,絫評曰鼎董也。" ② 童聲:後又作重聲。王筠《句讀》:"至董卓時童謠云:'千里艸,何青青。'知董之爲董,自東漢始矣。" ③ 杜林:文字學家。《段注》:"《漢志》有杜林《倉頡訓纂》一篇,杜林《倉頡故》一篇,此蓋二篇中語。" ④ 藕根:王筠《句讀》:"謂其細而長無節者也。"

藄 狗毒[1]也。从艸,繫聲。 古詣切(jì)。

【譯文】藄,狗毒草。从艸,繫聲。

【注釋】① 狗毒:徐灝《段注箋》:"《繫傳》曰:'今藥有狼毒。'按《本艸圖經》云:'狼毒,苗葉似商陸及大黃。'"

薞[1] 艸也。从艸,嫂聲。 蘇老切(sǎo)。

【譯文】薞,鵝腸草。从艸,嫂聲。

【注釋】① 薞:今作蔜。即繁縷,又名鵝腸草。《爾雅·釋草》:"蔜,薞蘹。"郭璞注:"今蘩蘹也,或曰雞腸草。"按:鵝腸草、雞腸草二物相似,薞是鵝腸草,不是雞腸草。見《本草綱目·菜部·繁縷》。

苄 地黃[1]也。从艸,下聲。《禮記》[2]:"鈃毛:牛、藿;羊、苄;豕、薇。"是。 侯古切(hù)。

【譯文】苄,地黃。从艸,下聲。《禮記》說:"鈃器,盛着用菜雜和着肉的羹汁:牛肉和着豆葉;羊肉和着苄;豬肉和着薇菜。"中間的"羊苄"的"苄"就是地黃。

【注釋】① 地黄：中藥。新鮮根莖叫“鮮地黄”或“鮮生地”，乾燥後叫“生地”，加工後叫“熟地”。《爾雅·釋草》：“苄，地黄。”郭璞注：“一名地髓，江東呼苄。”　②《禮記》：指《儀禮·公食大夫禮》。今本作“鉶(xíng)芼：牛，藿；羊，苦；豕，薇”。鉶，本書金部：“似鐘而頸長。”毛，以菜和羹。

蘞　白蘞①也。从艸，僉聲。蘝，蘞或从斂②。　良冉切(liǎn)。

【譯文】蘞，白蘞草。从艸，僉聲。蘝，蘞的或體，从斂聲。

【注釋】① 白蘞：徐鍇《繫傳》：“《本草》：‘白蘞，藥也。一名兔荄。’”　② 从斂：朱駿聲《通訓定聲》：“从斂聲。”

菳　黄菳①也。从艸，金聲。　具今切(qín)。

【譯文】菳，黄菳草。从艸，金聲。

【注釋】① 黄菳：《段注》：“《本艸經》、《廣雅》皆作黄芩，今藥中黄芩也。”《玉篇·艸部》：“菳，同芩。”馬敘倫《六書疏證》卷二：“疑芩是菳之重文。猶菑、葘，茦、莿也。”

芩①　艸也。从艸，今聲。《詩》②曰：“食野之芩。”　巨今切(qín)。

【譯文】芩，芩草。从艸，今聲。《詩經》説：“吃着野外的芩草。”

【注釋】① 芩：俗稱蔓葦。陸璣《詩義疏》：“莖如釵股，葉如竹，蔓生澤中下地鹹處，爲草真實，牛馬亦喜食之。”　②《詩》：指《小雅·鹿鳴》。

藨　鹿藿①也。从艸，麃聲。讀若剽。一曰：蔽屬②。　平表切(biào)。

【譯文】藨，鹿豆。从艸，麃(páo)聲。音讀若剽字。一説，藨是蒯茅之類。

【注釋】① 鹿藿：《爾雅·釋草》郭璞注：“今鹿豆也。”參“蔃”條。　② 蔽(kuǎi)屬：指藨草。多叢生水邊，全株可造紙和編席。《玉篇·艸部》：“藨，蔽屬，可爲席。”

蘛　綬①也。从艸，鶪聲。《詩》②曰：“邛有旨蘛。”是。　五狄切(yì)。

【譯文】蘛，綬草。从艸，鶪(jú)聲。《詩經》説：“小土丘上有甜美的蘛草。”這裏的“蘛”就是綬草。

【注釋】① 綬：小草，有雜色，似綬。見《爾雅》郭璞注。 ②《詩》：指《陳風・防有鵲巢》。

蔆 芰[①]也。从艸，淩聲。楚謂之芰，秦謂之薢茩[②]。蘧，司馬相如[③]説，蔆从遴[④]。 力膺切(líng)。

【譯文】蔆，芰菱。从艸，淩聲。楚地叫它芰，秦地叫它薢茩。蘧，司馬相如説是蔆的或體，从遴聲。

【注釋】① 芰：《爾雅・釋草》郭璞注："蔆，今水中芰。"蔆，字又作蔆、菱。俗稱菱角。 ② 薢茩(xiè hòu)：菱的别名。 ③ 司馬相如：漢文字學家，作《凡將篇》。 ④ 从遴：朱駿聲《通訓定聲》："从遴聲。"

芰 蔆[①]也。从艸，支聲。茤，杜林説，芰从多[②]。 奇記切(jì)。

【譯文】芰，蔆角。从艸，支聲。茤，杜林説，芰的或體，从多聲。

【注釋】① 蔆：朱駿聲《通訓定聲》："《廣雅・釋草》：'蔆、芰，薢茩也。'言其葉之岐起曰芰，言其實有棱角曰蔆。楚謂之芰，秦謂之薢茩。" ② 从多：桂馥《義證》："芰从多者，多聲也。"多，上古屬歌部；支，屬支部。宋保《諧聲補逸》："古音支佳與歌戈麻相近。"

薢 薢茩[①]也。从艸，解聲。 胡買切(xiè)。

【譯文】薢，薢茩。从艸，解聲。

【注釋】① 薢茩：雙聲聯綿字。有二義：一、菱的别名，見"蔆"條。二、草決明。《爾雅・釋草》："薢茩，芵光。"郭注："芵明也。葉黄鋭，赤華，實如山茱萸。"

茩[①] 薢茩也。从艸，后聲。 胡口切(hòu)。

【譯文】茩，薢茩。从艸，后聲。

芡 雞頭[①]也。从艸，欠聲。 巨險切(jiàn/qiàn)。

【譯文】芡，雞頭。从艸，欠聲。

【注釋】① 雞頭：芡的别名。《方言》卷三："蔲、芡，雞頭也。北燕謂之蔲，青、徐、淮、泗之間謂之芡，南楚、江、湘之間謂之雞頭，或謂之雁頭，或謂之烏頭。"桂馥《義證》："莖上花似雞冠，故曰雞頭。"

蘜 日精[①]也。以秋華。从艸，𥳑省聲。𦱡，蘜或省。 居六切(jú)。

【譯文】蘜,日精,在秋天開花。从艸,𥳓省竹爲聲。蓻,蘜的或體,蘜的省略。

【注釋】① 日精:菊花。蘜後作菊。《段注》:"《本艸經》:'菊花,一名節花。'又曰:'一名日精。'按:一名節花,即許所謂'以秋華'也。一名日精,與許合。……字或作菊(jú。大菊蘧麥。參"菊"條),或作鞠(jū。古用革製成的皮球),以《説文》繩之,皆叚借也。"

蘥　爵麥[1]也。从艸,龠聲。　以勺切(yuè)。

【譯文】蘥,爵麥。从艸,龠聲。

【注釋】① 爵麥:也作雀麥,即燕麥。《爾雅·釋草》:"蘥,雀麥。"郭注:"即燕麥也。"徐鍇《繫傳》:"漢魏以前,雀字多作爵,假借也。"

藗　牡茅[1]也。从艸,遬聲。遬,籒文速。　桑谷切(sù)。

【譯文】藗,雄茅。从艸,遬聲。遬,籒文速字。

【注釋】① 牡茅:《爾雅·釋草》:"藗,牡茅。"郭璞注:"白茅屬。"邢昺疏:"茅之不實(結實)者也。"

𦯶　茅秀[1]也。从艸,私聲。　息夷切(sī)。

【譯文】𦯶,茅穗。从艸,私聲。

【注釋】① 茅秀:茅穗。徐鍇《繫傳》:"此即今茅華(花)未放者也。今人食之,謂之茅櫏(原注:音乾)。"

蒹[1]　雚[2]之未秀者。从艸,兼聲。　古恬切(jiān)。

【譯文】蒹,沒有抽穗的荻。从艸,兼聲。

【注釋】① 蒹:徐鍇《繫傳》:"《爾雅》'蒹也'注云:'似萑而細,高數尺。'臣今見江之西岸多有之,高如此。今人以爲簾薄,疑因此名蒹也。未秀謂其小耳。"　② 雚(guàn):當作萑(huán),今叫荻。《段注》:"蒹、菼、萑一也,今人所謂荻也。葭、葦一也,今人所謂蘆也。"朱駿聲《通訓定聲》:"初生爲蒹薕,未秀爲菼薍,至秋堅成謂之萑。"

薍　䓉[1]也。从艸,亂聲。八月薍爲葦也。　五患切(wàn)。

【譯文】薍,荻。从艸,亂聲。八月薍長成大蘆葦。

【注釋】① 䓉(tǎn):也寫作菼,即荻。參下條。

䓉　雚[1]之初生。一曰薍,一曰騅[2]。从艸,剡聲。菼,䓉或从炎[3]。　土敢切(tǎn)。

【譯文】蒚，初生的荻。一名薍，一名鵻（zhuī）。从艸，剡（yǎn）聲。菼，蒚的或體，从炎聲。

【注釋】① 萑：當作“萑”，荻類。　② 一曰二句：《段注》：“兩‘一曰’謂蒚之一名也。”　③ 从炎：朱駿聲《通訓定聲》：“从炎聲。”

蒹也。从艸，廉聲①。　力鹽切（lián）。

薕　【譯文】薕，蒹。从艸，廉聲。

【注釋】① 廉聲：廉是从广，兼聲。蒹、薕都以兼爲聲符，讀音相同；而字義相同。薕應是蒹的異體。參“蒹”條。

青薠①，似莎②者。从艸，煩聲。　附袁切（fán）。

薠　【譯文】薠，青薠，象莎草一類的植物。从艸，煩聲。

【注釋】① 青薠：《漢書·司馬相如傳·子虛賦》：“薛莎青薠。”顏師古注引張揖説：“青薠似莎而大，生江湖，雁所食。”　② 莎（suō）：莎草，即香附子。

昌蒲也。从艸，印聲。益州云①。　五剛切（áng）。

茚　【譯文】茚，菖蒲。从艸，印聲。益州一帶這麼稱呼。

【注釋】① 益州云：王筠《句讀》：“謂益州呼昌蒲爲茚也。”

茚茮①也。从艸，邪聲。　以遮切（yé）。

茮　【譯文】茮，菖蒲的花。从艸，邪聲。

【注釋】① 茚茮：按《集韻》：“蕱亦作茮，古作荼。”《爾雅·釋草》荼字注云：“即芀。”本書：“芀，葦華也。”郝懿行曰：“荼者，秀也。”可證荼有花穗的意思。茚茮，當是菖蒲花。

葦華①也。从艸，刀聲。　徒聊切（tiáo）。

芀　【譯文】芀，蘆葦的花穗。从艸，刀聲。

【注釋】① 葦華：即葦花。《爾雅·釋草》：“葦醜，芀。”郭璞注：“其類皆有芀秀。”醜即類，可見葦類植物的花叫芀。

芀①也。从艸，列聲。　良辥切（liè）。

茢　【譯文】茢，葦芀。从艸，列聲。

【注釋】① 芀：《段注》：“一名茢。”參“芀”條。

菡蕳①也。从艸，圅聲。　胡感切（hàn）。

菡　【譯文】菡，菡蕳的菡。从艸，圅聲。

【注釋】① 菡萏：疊韻聯緜詞。荷花骨朵，泛指荷花。也寫作菡萏。

萏 菡萏。芙蓉華。未發爲菡萏，已發爲芙蓉。从艸，閻聲。徒感切（dàn）。

【譯文】萏，菡萏的萏，菡萏就是芙蓉花。含苞未放叫菡萏，已經開發叫芙蓉。从艸，閻聲。

蓮 芙蕖[①]之實也。从艸，連聲。 洛賢切（lián）。

【譯文】蓮，芙蕖的籽實。从艸，連聲。

【注釋】① 芙蕖：《爾雅·釋草》："荷，芙渠。其莖，茄；其葉，蕸；其本，蔤；其華，菡萏；其實，蓮；其根，藕；其中，的；的中，薏。"按：芙蕖爲總名。

茄 芙蕖莖也。从艸，加聲。 古牙切（jiā）。

【譯文】茄，芙蕖的莖。从艸，加聲。

荷 芙蕖葉[①]。从艸，何聲。 胡哥切（hé）。

【譯文】荷，芙蕖的葉。从艸，何聲。

【注釋】① 芙蕖葉：荷的本義。引申指莖葉花實根全體。《爾雅·釋草》："荷，芙蕖。"郭注："别名芙蓉，江東呼荷。"

蔤 芙蕖本[①]。从艸，密聲。 美必切（mì）。

【譯文】蔤，芙蕖没入泥中的莖。从艸，密聲。

【注釋】① 芙蕖本：《爾雅·釋草》："荷，……其本蔤。"郭璞注："莖下白蒻（ruò，蒲荷等水生植物的莖没入泥中的白嫩部分）在泥中者。"

蕅 芙蕖根[①]。从艸水，禺聲。 五厚切（ǒu）。

【譯文】蕅，芙蕖的根。由艸、水會意，禺聲。

【注釋】① 芙蕖根：指根狀莖，即今之藕。

蘢 天蘥[①]也。从艸，龍聲。 盧紅切（lóng）。

【譯文】蘢，天蘥。从艸，龍聲。

【注釋】① 天蘥（yuè）：見《爾雅·釋草》，郭璞注："未詳。"王筠《句讀》："《詩·鄭風》'隰有游龍'，傳：'龍，紅草也。'案《詩》省形存聲也。"桂馥《義證》引陸疏："一名馬蓼，葉大而赤白色，生水澤中，高丈餘。"言其高聳雲霄，故曰天蘥。

蓍 蒿屬①。生十歲,百莖②。《易》以爲數③。天子蓍九尺,諸侯七尺,大夫五尺,士三尺。从艸,耆聲。 式脂切(shī)。

【譯文】蓍,蒿類植物。生長十年,(一株)發出百莖。占《易》的人用它來計算(suàn)。天子用的蓍草長九尺,諸侯七尺,大夫五尺,士三尺。从艸,耆聲。

【注釋】① 蒿屬:《段注》:"陸璣曰:似賴蕭,青色。" ② 生十歲,百莖:十和百,均非實數。 ③《易》以爲數:《段注》:"數,筭也。謂占《易》者必以是計筭也。"

菣 香蒿①也。从艸,臤聲。⿱艹堅,菣或从堅②。 去刃切(qìn)。

【譯文】菣,香蒿。从艸,臤聲。⿱艹堅,菣的或體,从堅聲。

【注釋】① 香蒿:又叫青蒿。《爾雅·釋草》:"蒿,菣。"郭璞注:"今人呼蒿,香中炙啖者爲菣。" ② 从堅:朱駿聲《通訓定聲》:"从堅聲。"

莪 蘿莪①,蒿屬。从艸,我聲。 五何切(é)。

【譯文】莪,蘿莪,蒿類植物。从艸,我聲。

【注釋】① 蘿莪:複合詞,也作莪蘿。徐灝《段注箋》:"莪蘿,疊韻連名。單呼或曰莪,或曰蘿,舍人云'莪亦名蘿'是也。"

蘿 莪①也。从艸,羅聲。 魯何切(luó)。

【譯文】蘿,莪蒿。从艸,羅聲。

【注釋】① 莪:《爾雅·釋草》郭璞注:"今莪蒿也。"參"莪"條。

菻① 蒿屬。从艸,林聲。 力稔切(lǐn)。

【譯文】菻,蒿類植物。从艸,林聲。

【注釋】① 菻:桂馥《義證》:"《集韻》:'菻或从廩。'郭注《爾雅》:'莪蒿一曰廩蒿。'《廣雅》:'莪蒿,廩蒿也。'"按《集韻》,菻的或體作藁。郭注《爾雅》、《廣雅》廩蒿即藁。

蔚① 牡蒿也。从艸,尉聲。 於胃切(wèi)。

【譯文】蔚,雄蒿。从艸,尉聲。

【注釋】① 蔚:《爾雅·釋草》:"蔚,牡菣。"郭注:"無子者。"菣是香蒿,牡菣即是牡蒿。

蕭 艾蒿①也。从艸，肅聲。 蘇彫切(xiāo)。

【譯文】蕭，艾蒿。从艸，肅聲。

【注釋】① 艾蒿：蕭之别名。《段注》："此物蒿類而似艾，一名艾蒿。許非謂艾爲蕭也。"

萩 蕭①也。从艸，秋聲。 七由切(qiū)。

【譯文】萩，蕭蒿。从艸，秋聲。

【注釋】① 蕭：《爾雅·釋草》："蕭，萩。"郭注："即蒿。"郝懿行《義疏》："今萩蒿，葉白，似艾而多歧，莖尤高大如蔞蒿，可丈餘。"

芍 鳧茈①也。从艸，勺聲。 胡了切(xiào)。

【譯文】芍，鳧茈草。从艸，勺聲。

【注釋】① 鳧茈：荸薺(bí qì)。《段注》："今人謂之葧臍(bó jì)，即鳧茈(fú cí)之轉語。"《爾雅·釋草》："芍，鳧茈。"郭注："生下田，苗似龍須而細，根如指頭，黑色，可食。"

蕭 王彗①也。从艸，湔聲。 昨先切(qián/jiǎn)②。

【譯文】蕭，王彗草。从艸，湔聲。

【注釋】① 王彗：即地膚，又名"掃帚菜"。徐鍇《繫傳》："今落帚草也。"《爾雅·釋草》作葥，曰："葥，王蔧。"郭璞注："王帚也。似藜。其樹可以爲埽蔧。江東呼之曰落帚。"《段注》："凡物呼王者皆謂大。" ② 今讀依《廣韻》即淺切。

蔿 艸也。从艸，爲聲。 于鬼切(wěi)。

【譯文】蔿，蔿草。从艸，爲聲。

芜 艸也。从艸，冘聲。 直深切(chén)。

【譯文】芜，芜草。从艸，冘聲。

蘜 治牆①也。从艸，鞠聲。 居六切(jú)。

【譯文】蘜，治牆草。从艸，鞠聲。

【注釋】① 治牆：即牡蘜，王紹蘭説。《爾雅·釋草》："蘜，治蘠。"郭璞注："今之秋華菊。"誤。王紹蘭《段注訂補》："此牡蘜也。《周官·蟈氏職》曰：'掌(掌理)去(清除)鼃(青蛙)黽(měng，蝦蟆)，焚牡蘜，以灰洒之，則死。'鄭注：'牡蘜，蘜不華者。'然則《説文》'从艸，匊聲'之菊謂'大菊、蘧麥'，《爾雅》同，即《本艸》之瞿麥，一名巨句麥也。

'从艸，籟省聲'之蘜謂'日精，以秋華'，即《夏小正》九月榮鞠，《月令》季秋鞠有黄華也。'从艸、鞠聲'之蘜謂治蘠，《爾雅》同，即《周官》牡蘜也。三艸各爲一物，許氏分别犂然，經傳確有明證。郭璞乃以秋華者爲治蘠，是以不華之牡蘜爲有華之日精，誤亦甚矣。"

薔 蘠靡，虋冬①也。从艸，牆聲。 賤羊切(qiáng)。

【譯文】蘠，蘠靡，又叫虋冬。从艸，牆聲。

【注釋】① 蘠靡(mí)：即薔薇，又名虋(mén)冬、門冬。《爾雅·釋草》："蘠靡，虋冬。"郭注："門冬，一名滿冬。"

芪 芪母①也。从艸，氏聲。 常之切(shí/qí)②。

【譯文】芪，知母草。从艸，氏聲。

【注釋】① 芪母：徐鍇《繫傳》："即知母之一名也。" ② 今讀依《廣韻》巨支切。

菀 茈菀①，出漢中房陵。从艸，宛聲。 於阮切(wǎn)。

【譯文】菀，紫菀，出自漢中地方房陵(山谷)。从艸，宛聲。

【注釋】① 茈菀：藥名。一作紫菀。《神農本草經·中品》："紫菀，味苦，溫。主欬逆上氣。"

莔 貝母①也。从艸，(明)[朙]省聲②。 武庚切(méng)。

【譯文】莔，貝母草。从艸，朙省月爲聲。

【注釋】① 貝母：藥草名。《爾雅·釋草》郭璞注："根如小貝，圓而白華，葉似韭。" ② 明省聲：當從徐鍇《繫傳》作"朙省聲"。

茱 山薊①也。从艸，术聲。 直律切(zhú)。

【譯文】茱，山薊。从艸，术聲。

【注釋】① 山薊：《爾雅·釋草》郭璞注："《本草》云：'术一名山薊。'"《本草》陶隱居注："术乃有兩種：白术葉大有毛而作椏，根甜而少膏，可作丸散用；赤术葉細無椏，根小苦而多膏，可作煎用。"

蓂 析蓂①，大薺也。从艸，冥聲。 莫歷切(mì)。

【譯文】蓂，析蓂，是大薺菜。从艸，冥聲。

【注釋】① 析蓂：又作菥蓂。薺菜的一種。莖梗上有毛，種子和全草可入藥，嫩葉可吃。《爾雅·釋草》："菥蓂，大薺。"郭注："似薺菜細，俗呼之曰老薺。"《本草綱目·菜部·菥蓂》："時珍曰：薺與菥蒖，一物也，但分大小二種耳。小者爲薺，大者爲菥蒖。”

菋 荎藸①也。从艸，味聲。 无沸切(wèi)。

【譯文】菋，荎藸草。从艸，味聲。

【注釋】① 荎藸：五味子。《爾雅·釋草》郭璞注：“五味也。蔓生。子叢在莖頭。”

荎 荎藸①，艸也。从艸，至聲。 直尼切(chí)。

【譯文】荎，荎藸草。从艸，至聲。

【注釋】① 荎藸：朱駿聲《通訓定聲》：“荎藸，雙聲連語。”單呼曰藸，絫呼曰荎藸耳。参“菋”條。

藸① 荎藸也。从艸，豬聲。 直魚切(chú)。

【譯文】藸，荎藸草。从艸，豬聲。

葛 絺綌艸①也。从艸，曷聲。 古達切(gé)。

【譯文】葛，編織細葛布和粗葛布的草。从艸，曷聲。

【注釋】① 絺綌艸：桂馥《義證》：“本書：‘絺(chī)，細葛也。’‘綌(xì)，粗葛也。’《詩》：‘披采葛兮。’傳云：‘葛，所以爲絺綌也。’”

蔓 葛屬①。从艸，曼聲②。 無販切(wàn/màn)。

【譯文】蔓，象葛草一類的藤生植物。从艸，曼聲。

【注釋】① 葛屬：朱駿聲《通訓定聲》：“許云葛屬者，謂如葛之類引藤曼長者，凡皆謂之蔓也。” ② 曼聲：聲中有義。本書“曼”下：“引也。”故注①朱駿聲説“引藤曼長”云云。

䕹 葛屬，白華。从艸，皋聲。 古勞切(gāo)。

【譯文】䕹，葛草一類的藤生植物，開放白花。从艸，皋聲。

莕 菨餘①也。从艸，杏聲。荇，莕或从行②，同。 何梗切(xìng)。

【譯文】莕，菨餘。从艸，杏聲。荇，莕的或體，从行聲，與莕字同。

【注釋】① 菨餘：也作接餘。《爾雅·釋草》：“莕，接余。”陸璣《詩義疏》：“接余，白莖，葉紫赤色，正圓，徑寸餘，浮在水上，根在水底，與水深淺等，大如釵股，上青下白，鬻(zhǔ)其白莖，以苦酒浸之，肥美可案酒。” ② 从行：宋保《諧聲補逸》：“行聲。”

篆[①] 萎餘也。从艸，妾聲。 子葉切(jiē)。

萎 【譯文】萎，萎餘草。从艸，妾聲。

篆[①] 艸也。从艸，𦋺聲。 古渾切(kūn)。

藭 【譯文】藭，菎草。从艸，𦋺(kūn)聲。

【注釋】① 藭：王紹蘭《段注訂補》："即菎也。《玉篇》：'藭，香艸。菎，同上。'"

篆 魚毒[①]也。从艸，元聲。 愚袁切(yuán)。

芫 【譯文】芫，毒殺魚的草。从艸，元聲。

【注釋】① 魚毒：顔師古注《急就篇》"芫華"説："一名魚毒。漁者煮之，以投水中，魚則死而浮出，故以爲名。其根曰蜀桑，其華可以爲藥。"

篆 大苦[①]也。从艸，霝聲。 郎丁切(líng)。

蘦 【譯文】霝，大苦草。从艸，霝聲。

【注釋】① 大苦：甘草。《爾雅・釋草》："蘦，大苦。"郭注："今甘草也。蔓延生，葉似荷，青黄，莖赤有節，節有枝相當。"一説，蘦是黄藥。沈括《夢溪筆談・藥議》："此(蘦)乃黄藥也，其味極苦，謂之大苦，非甘草也。"

篆 蕛英[①]也。从艸，稊聲。 大兮切(tí)。

蕛 【譯文】蕛，蕛荑草(的蕛)。从艸，稊聲。

【注釋】① 蕛荑(dié)：一種象稗子的草。《爾雅・釋草》郭注："蕛似稗，布地生，穢草。"蕛荑，雙聲聯緜字。

篆 蕛荑也。从艸，失聲。 徒結切(dié)。

荑 【譯文】荑，蕛荑草(的荑)。从艸，失聲。

篆 艼熒[①]，朐[②]也。从艸，丁聲。 天經切(tīng)。

艼 【譯文】艼，艼熒(的艼，艼熒)，又叫蒟草。从艸，丁聲。

【注釋】① 艼熒：桂馥《義證》："《山海經・中山經》：'熊百之山，有草焉，曰葶薴，似蘇，可以毒魚。'艼熒、葶薴聲相近。"艼熒，疊韻聯緜詞。 ② 朐(qú)：《爾雅・釋草》作"蒟"。

篆 菰蔣[①]也。从艸，將聲。 子良切(jiāng)。又，即兩切(jiǎng)。

蔣 【譯文】蔣，茭芛。从艸，將聲。

【注釋】[1] 苽蔣：苽，茭笋。也作菰。一名蔣。《廣雅·釋草》："菰，蔣；其米謂之彫胡。"苽蔣，複合詞。《莊子·則陽》司馬注："謂逆旅舍以菰蔣草覆之也。"徐鍇《繫傳》："青謂之苽蔣。"皆其例。

苽 雕苽[1]。一名蔣。从艸，瓜聲。 古胡切(gū)。

【譯文】苽，雕苽。又叫蔣。从艸，瓜聲。

【注釋】[1] 雕苽：也作雕胡，即今所食茭苗米。參"蔣"條。

蓿 艸也。从艸，育聲。 余六切(yù)。

【譯文】蓿，蓿草。从艸，育聲。

蘢[1] 艸也。从艸，罷聲。 符羈切(pí/bēi)[2]。

【譯文】蘢，香草。从艸，罷聲。

【注釋】[1] 蘢：香草，形狀象牛毛。《爾雅·釋器》："旄謂之蘢。"王紹蘭《段注訂補》："《楚辭》：'傳芭兮代舞。'蘢即芭之正字。……芭，巫所持香草名也。……其狀如旄。" [2] 今讀依《廣韻》彼爲切。

蘿 艸也。从艸，難聲。 如延切(rán)。

【譯文】蘿，蘿草。从艸，難聲。

莨[1] 艸也。从艸，良聲。 魯當切(láng)。

【譯文】莨，狼尾草。从艸，良聲。

【注釋】[1] 莨：狼尾草。《爾雅·釋草》郭璞注："似茅，今人亦以覆屋。"

葽[1] 艸也。从艸，要聲。《詩》[2]曰："四月秀葽。"劉向說，此味苦，苦葽也。 於消切(yāo)。

【譯文】葽，葽草。从艸，要聲。《詩經》說："四月葽草開花吐穗。"劉向說，這種草味道苦，又叫苦葽。

【注釋】[1] 葽：劉向說是苦葽，即苦芙。參"芙"條。徐鍇說葽是狗尾草。按狗尾四月未秀，非是。 [2]《詩》：指《豳風·七月》。

薖[1] 艸也。从艸，過聲。 苦禾切(kē)。

【譯文】薖，薖草。从艸，過聲。

【注釋】[1] 薖：桂馥《義證》："字或作萵，杜甫有種萵苣詩。"

菌 地蕈[1]也。从艸，囷聲。 渠殞切(jùn)。

【譯文】菌，地蕈。从艸，囷聲。

【注釋】① 地蕈(xùn)：傘狀植物。《爾雅・釋草》郭注："地蕈也，似蓋。今江東名爲土菌。"王筠《句讀》："言地者，對蕈生于木而言。"參"尖"條。

蕈　桑萮[1]。从艸，覃聲。　慈衽切(xùn)。

【譯文】蕈，桑樹上的木耳。从艸，覃聲。

【注釋】① 桑萮(ruǎn)：《段注》："萮之生於桑者曰蕈，蕈之生於田中者曰菌。"萮，木耳。

萮　木耳[1]也。从艸，耎聲。一曰萮茈[2]。　而兖切(ruǎn)。

【譯文】萮，木耳。从艸，耎聲。又叫萮茈。

【注釋】① 木耳：《玉篇》："木耳，生枯木也。"　② 萮茈：木耳的别名。本書無萮字，《集韻》："萮，勇主切。萮茈，木耳也。"

葚　桑實也。从艸，甚聲。　常衽切(shèn)。

【譯文】葚，桑樹的果實。从艸，甚聲。

蒟[1]　果也。从艸，竘聲。　俱羽切(jǔ)。

【譯文】蒟，蒟醬之果。从艸，竘聲。

【注釋】① 蒟：苗叫留藤，果實象桑葚，叫蒟子，可作醬。徐鍇《繫傳》："按《本草》，似王瓜蔓生，子長大，辛香，苗爲留藤。實似桑椹，皮黑肉白，食之辛香。"

芘　艸也。一曰芘(茮)[芣](木)[1]。从艸，比聲。　房脂切(pí)。

【譯文】芘，芘草。又叫芘芣草。从艸，比聲。

【注釋】① 芘芣木：當作芘芣，即莜。王念孫《讀説文記》："'一曰芘芣木'五字乃是'一曰芘芣'之譌。《詩・東門之枌》三章'視爾如莜'傳：'莜，芘芣。'是也。"今本及《繫傳》於"芣"字下既譌"芣"作"茮"，又衍一"木"字，誤。參"莜"條。

蕣　木堇[1]，朝華暮落者。从艸，䑞聲。《詩》[2]曰："顏如蕣華。"　舒閏切(shùn)。

【譯文】蕣，木堇，早晨開花，黄昏謝落。从艸，䑞聲。《詩經》説："顏容象盛開的木堇花。"

【注釋】① 木堇：又寫作木槿。夏秋開大型五瓣花，有紅、白、淡紫等色。《爾雅·釋草》郭璞注："似李樹，華朝生夕隕，可食。或呼曰及，亦曰王蒸。" ②《詩》：指《鄭風·有女同車》。蕣，今《詩》作舜。

萸 茱萸[1]也。从艸，臾聲。 羊朱切(yú)。

【譯文】萸，茱萸(的萸)。从艸，臾聲。

【注釋】① 茱萸：椒類植物。有吴茱萸、食茱萸、山茱萸。《本草圖經》："吴茱萸，木高丈餘，皮青緑色，葉似椿而闊厚，紫色。三月開花，紅紫色。七月八月結實。"食茱萸、山茱萸，功用與吴茱萸同。《風土記》："俗尚九月九日謂爲上九，茱萸到此日氣烈熟，色赤，可折其房以插頭，云辟惡氣，禦初寒。"朱駿聲《通訓定聲》："茱萸亦疊韻連語，後人加艸耳。"

茱[1] 茱萸，茮屬[1]。从艸，朱聲。 市朱切(shū/zhū)。

【譯文】茱，茱萸(的茱，茱萸)，花椒一類植物。从艸，朱聲。

【注釋】① 茮(jiāo)屬：桂馥《義證》引《嘉祐圖經》云："茱萸結實似椒子，嫩時微黄，至成熟則深紫。"參"茮"條。

茮 茮菉[1]。从艸，尗聲。 子寮切(jiāo)。

【譯文】茮，花椒。从艸，尗聲。

【注釋】① 茮菉：茮即椒字。《段注》："茮菉蓋古語，猶《詩》之椒聊也。單呼曰茮，絫呼曰茮菉、茮聊。"茮菉、椒聊，即花椒。果實紅色，大如緑豆，子黑色，有香味，可作調料或入藥。

菉 茮、樧[1]實，(裏)[裹]如(表)[裘][2]者。从艸，求聲[3]。 巨鳩切(qiú)。

【譯文】菉，花椒、茱萸一類的果實，(表面芒刺鋒攢，)好像皮裘自裹似的。从艸，求聲。

【注釋】① 樧(shā)：食茱萸。 ② 裏如表：當作"裹如裘"，傳寫之誤。《爾雅·釋木》釋文引作"裹如裘也"可證。郝懿行《義疏》："菉之言裘也，芒刺鋒攢如裘自裹，故謂之菉也。"今楓之實，叫楓菉，栗之實叫栗菉，猶存古語。 ③ 求聲：聲中有義。木書求是裘的古文，裘是皮衣。古人衣裘，毛在外，皮在裏。故注②郝懿行有"(茮樧實)芒刺鋒攢如裘自裹"云云。

荊　楚①。木②也。从艸，刑聲。□，古文荊。　舉卿切(jīng)。

【譯文】荊又叫楚。是一種灌木。从艸，刑聲。□，古文荊字。

【注釋】① 荊楚：王筠《句讀》："謂荊一名楚也。"　② 木：王筠《句讀》："以字从艸，故云木。蓋此物不大，故从艸。好叢生，故楚从木。"

【參證】金文作□、□、□。□是荊棘草榛之形，□是人。字象人手足因荊棘而受創傷之形。唐蘭説，見"刅"條。按：側重荊棘義，可讀jīng。當荊棘形□與□形脱離，就成了□；荊棘乃草榛之類，□形義類不顯，則加艸作□。又因古音"井"屬精紐耕部，"荊"屬見紐耕部，聲音極近，爲了添顯字音，以井作聲符，遂作"荊"。篆文譌作□，楷書作"荊"。

菭　水衣①也。从艸，治聲。　徒哀切(tái)。

【譯文】菭，水邊所生的水苔。从艸，治聲。

【注釋】① 水衣：徐鍇《繫傳》："《周禮》注：'苔字作菭。'生水傍，水土之潤氣所生，故曰水衣也。生牆曰垣衣。"

芽①　萌芽②也。从艸，牙聲。　五加切(yá)。

【譯文】芽，草木的芽兒。从艸，牙聲。

【注釋】① 芽：草木新生的芽。《廣雅·釋草》："芽，孽也。"《段注》："古多以牙爲芽。"芽，是後起增偏旁體。　② 萌芽：同義複合。萌，即芽。參"萌"條。

萌　艸芽①也。从艸，明聲。　武庚切(méng)。

【譯文】萌，草木的芽。从艸，明聲。

【注釋】① 艸芽：《段注》作"艸木芽"。《禮記·月令》："句者畢出，萌芽盡達。"鄭玄注："句，屈生者。芒而直曰萌。"可見，萌是指直出的芽。

茁　艸初生出地皃。从艸，出聲①。《詩》②曰："彼茁者葭。"　鄒滑切(zhuó)。

【譯文】茁，草木初生長出地面的樣子。从艸，出聲。《詩經》説："那剛剛長出地面的東西是蘆葦。"

【注釋】① 从艸，出聲：王筠《句讀》："茁从出聲，聲意互相備也。"　②《詩》：指《召南·騶虞》。

莖　枝柱①也。从艸，巠聲。　户耕切(jīng)②。

【譯文】莖，(草木)衆枝之主。从艸，巠聲。

【注釋】① 枝柱：即枝主，衆枝之主榦。《慧琳音義》卷五頁九、卷八頁七、卷十一頁六"莖"注，引《説文》作"枝主也"。　② 户耕切當讀 xíng，今讀 jīng。

莛①　莖也。从艸，廷聲。　特丁切(tíng)。

【譯文】莛，莖。从艸，廷聲。

【注釋】① 莛：王筠《句讀》："俗謂麥秫連穗之莖曰莛，蓋古語。"

葉　艸木之葉也。从艸，枼聲①。　與涉切(yè)。

【譯文】葉，草木的葉子。从艸，枼聲。

【注釋】① 枼聲：枼，从木，世聲。從甲金文看，本爲樹木之葉。參"枼"條。

【參證】金文作，象木上多葉。

蔛　艸之小者①。从艸，㓹聲。㓹，(古)[籀]文鋭字②。讀若芮。　居例切(jì)。

【譯文】蔛，小草。从艸，㓹聲。㓹，籀文鋭字，音讀象"芮"字。

【注釋】① 艸之小者：桂馥《義證》："蔛或作蒧。《方言》：'蒧，小也。凡草生而初達謂之蒧。'注云：'鋒萌始出。蒧音鋭。'"　② 古文鋭字：《段注》："金部、网部皆云：'㓹，籀文鋭。'則此古字誤也，當改籀。"

芣　華盛①。从艸，不聲。一曰：芣苢②。　縛牟切(fú)。

【譯文】芣，花開得旺盛的樣子。从艸，不聲。另一義説，是芣苢草。

【注釋】① 華盛：徐鍇《繫傳》曰："慎意以此爲'棠棣之華，萼芣韡韡'之芣也。"芣，今本作不。鄭玄謂不當作柎，訓爲鄂足，許君訓爲華盛，更爲明白允當。　② 芣苢：即車前草，此别一義。

葩　華①也。从艸，皅聲。　普巴切(pā)。

【譯文】葩，草木的花。从艸，皅聲。

【注釋】① 華：《段注》："葩之訓華者，艸木花也。"

芛　艸之葟榮①也。从艸，尹聲。　羊捶切(wěi)。

【譯文】芛，草木開花的樣子。从艸，尹聲。

【注釋】① 蘴榮：即花，同義複合。《爾雅·釋草》：“芛蘴華榮。”郭注：“《釋言》云：‘華，皇也。’今俗呼草木華初生者爲芛。”按：“芛、蘴、華、榮”是一組同義詞，都是花的意思。

蘳 黄華①。从艸，黊聲。讀若[墮]壞②。 乎瓦切(huà)。

【譯文】蘳，（草木的）黄花。从艸，黊聲。音讀象墮（huī）壞的“墮”字。

【注釋】① 黄華：徐鍇《繫傳》：“謂草木之黄華者也。” ② 讀若壞：當依徐鍇《繫傳》作“讀若墮壞”。王念孫《讀説文記》：“讀若墮壞者，言讀若墮壞之墮也。墮音呼規反。《説文》黊字从圭聲。故蘳从其聲讀若墮。”段氏説同。

蔈 苕①之黄華也。从艸，票聲。一曰：末②也。 方小切(biǎo/biāo)③。

【譯文】蔈，陵苕的黄花。从艸，票聲。另一義説，蔈是草的末梢。

【注釋】① 苕(tiáo)：《爾雅·釋草》：“苕，陵苕黄華，蔈；白華，茇。”郭注：“苕，華色異，名亦不同。”按：蔈，即凌霄花，又叫紫葳。一種蔓生植物。 ② 末：《段注》：“金部之鏢、木部之標，皆訓末。蔈當訓艸末。禾部曰：‘秒，禾芒也。’秋分而秒定。按《淮南·天文訓》作‘秋分蔈定’，此蔈爲末之證也。” ③ 今讀依《廣韻》甫遙切。

英 艸榮而不實者①。一曰：黄英②。从艸，央聲。 於京切(yīng)。

【譯文】英，草只開花卻不結實叫作英。另一義説，英是指黄英木。从艸，央聲。

【注釋】① 榮而不實者：《爾雅·釋草》：“木謂之華，草謂之榮。不榮而實者謂之秀，榮而不實者謂之英。” ② 黄英：《爾雅·釋木》：“權，黄英。”本書木部：“權，黄華木也。”

薾 華盛。从艸，爾聲。《詩》①曰：“彼薾②惟何？” 兒氏切(ěr)。

【譯文】薾，花兒茂盛。从艸，爾聲。《詩經》説：“那開得十分旺盛的是什麼花啊？”

【注釋】①《詩》：指《小雅·采薇》。 ② 今本作“爾”。《段注》：“薾與爾音義同。”

萋　艸盛。从艸，妻聲。《詩》[①]曰："菶菶萋萋。"　七稽切(qī)。

【譯文】萋，草茂盛。从艸，妻聲。《詩經》説："(梧桐樹生出來了，在那東邊向陽的地方，)菶菶萋萋(，十分茂盛)。"

【注釋】①《詩》：指《大雅·卷阿》。今本原文作"梧桐生矣，于彼朝陽，菶菶萋萋"。按：許謂"萋，艸盛"是其本義，引申之，泛指茂盛。

菶　艸盛。从艸，奉聲。　補蠓切(běng)。

【譯文】菶，草茂盛。从艸，奉聲。

薿　茂也。从艸，疑聲。《詩》[①]曰："黍稷薿薿。"　魚己切(nǐ)。

【譯文】薿，茂盛。从艸，疑聲。《詩經》説："那黍米和稷米，多麽茂盛。"

【注釋】①《詩》：指《小雅·甫田》。

蕤　艸木華垂皃[①]。从艸，甤聲。　儒隹切(ruí)。

【譯文】蕤，草木的花下垂的樣子。从艸，甤聲。

【注釋】① 艸木華垂皃：一説，應作"草木花盛皃。"丁福保《詁林》："《慧琳音義》卷六十四頁十五'蕤'注引《説文》'草木花盛貌也'。考《文選》江淹《雜詩》、陸璣《園葵詩》李善注引《説文》皆作'草木盛皃也'。據此知二徐本'盛'，誤作'垂'。"

葼　青齊沇冀謂木細枝曰葼[①]。从艸，㚇聲。　子紅切(zōng)。

【譯文】青、齊、沇(yǎn)、冀各地稱樹木的細小枝條爲葼。从艸，㚇聲。

【注釋】① 葼：《方言》卷二："木細枝謂之杪(miǎo)，江淮陳楚之内謂之篾，青齊兖(即沇)冀之間謂之葼。……故《傳》曰：'慈母之怒子，雖折葼笞之，其惠存焉。'"

荔　艸萎荔[①]。从艸，移聲。　弋支切(yí)。

【譯文】荔，草木因風搖動的樣子。从艸，移聲。

【注釋】① 萎荔：因風起伏的樣子。朱駿聲《通訓定聲》："疊韻連語。猶禾之倚移、木之檹施、華之猗儺也。"

蒝　艸木形[①]。从艸，原聲。　愚袁切(yuán)。

【譯文】蒝，草木(莖葉散佈)的樣子。从艸，原聲。

【注釋】① 艸木形：《玉篇》、《廣韻》作"莖葉布也"。

艸實①。从艸，夾聲。　古叶切(jiá)。

莢　【譯文】莢，草木(有皮甲)的籽實。从艸，夾聲。

【注釋】① 艸實：徐灝《段注箋》："艸木實之有皮甲者曰莢，如豆角之類是也。"

艸耑①。从艸，亡聲。　武方切(wáng/máng)②。

芒　【譯文】芒，草末端(的芒刺)。从艸，亡聲。

【注釋】① 艸耑(duān)：即草端，指草端之刺。麥子和稻穀種子殼上都有細刺，所以叫芒種。　② 今讀依《廣韻》。

藍蓼秀。从艸，隨省聲①。　羊捶切(wěi)。

蓨　【譯文】蓨，藍、蓼類植物開花抽穗。从艸，隨省辵爲聲。

【注釋】① 隨省聲：當依徐鍇《繫傳》作"隋聲"。王念孫《讀説文記》："隋音他果反，蓨音悦吹反。徐鉉以爲蓨不當从隋聲，故改爲隨省聲也。不知隨字亦作隋聲。凡支韻中字从隋聲者，古皆與歌戈通。若隨字古音徒禾反，《老子》云'音聲相和，前後相隨'之類是也。此蓨字古亦徒禾反，與隋聲相近，故从隋聲。今改爲隨省聲，非是。"

瓜當①也。从艸，帶聲。　都計切(dì)。

蔕　【譯文】蔕，瓜蒂。从艸，帶聲。

【注釋】① 瓜當：瓜蒂。瓜果與枝莖相連的部分。桂馥《義證》："蔕，瓜之繫蔓處也。"徐鍇《繫傳》："當，底也。"瓜果先出者爲首，爲頭，後出者爲末，爲底。葉爲繫蔓處，故曰瓜當。又有形容瓜果之蔕有如巴鼻者，曰果鼻。《段注》："瓜當、果鼻正同類。"

①　艸根也。从艸，亥聲②。　古哀切(gāi)。又，古諧切(jiē)。

荄　【譯文】荄，草根。从艸，亥聲。

【注釋】① 荄：《爾雅·釋草》："荄，根。"郭注："别二名。俗呼韭根爲荄。"　② 亥聲：聲中有義。亥是地支的末位，根是植物的末梢。

茇①也。茅根②也。从艸，均聲。　于敏切(yǔn)。

蒟　【譯文】蒟，草根。又專指茅艸的根。从艸，均聲。

【注釋】① 茇：本書艸部："茇，艸根也。"　② 茅根：《段注》："此别一義，以蒟專屬茅根也。"

茇 艸根也。从艸，犮聲。春艸根枯，引之而發土爲撥，故謂之茇①。一曰：艸之白華②爲茇。 北末切(bá)。

【譯文】茇，草根。从艸，犮聲。開春之初，宿草根枯，把它們拔引而去，然後開發土地，叫撥，所以叫草根爲茇。另一義説，陵苕草的白色花叫茇。

【注釋】①“春艸根枯”云云：《段注》：“此申明艸根爲茇之義也。”王筠《句讀》：“許君以茇、發、撥音近，用以爲説。” ② 艸之白華：《爾雅·釋草》舍人注：“苕，陵苕也。黄華名蔈，白華名茇。”

芃 艸盛①也。从艸，凡聲。《詩》②曰：“芃芃黍苗。” 房戎切(féng/péng)。

【譯文】芃，草繁盛。从艸，凡聲。《詩經》説：“黍苗多麼茂盛啊。”

【注釋】① 艸盛：《詩·鄘風·載馳》：“芃芃其麥。”毛傳：“芃芃然方盛長。” ②《詩》：指《曹風·下泉》。

蒪 華葉布①。从艸，傅聲②。讀若傅③。 方遇切(fù/fū)④。

【譯文】蒪，花葉展布。从艸，傅聲。音讀象“傅”字。

【注釋】① 華葉布：《段注》：“與專敷字義通。从艸，故訓華葉布。” ② 傅聲：王筠《句讀》：“《釋草》：‘傅，横目。’疏：‘草蔓延生。’與華葉布正相合。”“傅字亦有敷布義。” ③ 讀若傅：傅是多音多義字。一、師傅、附着，讀 fù；二、敷布、展布，讀 fū。此謂讀若敷布之敷。④ 今讀依《集韻》芳無切。

蓻 艸木不生①也。一曰：茅芽②。从艸，執聲。 姊入切(jí)。

【譯文】蓻，草木才生。另一義説，是茅草的芽。从艸，執聲。

【注釋】① 艸木不生：桂馥《義證》：“不當爲才。《玉篇》：‘蓻，子習切。茅牙也。又草木生皃。’” ② 茅芽：《段注》：“此别一義也。”按：此草木才生之引申義。

菦 艸多皃①。从艸，斦聲。江夏平春②有菦亭。 語斤切(yín)。

【譯文】菦，草多的樣子。从艸，斦聲。江夏郡平春侯國有菦亭。

【注釋】① 艸多皃：《玉篇》：“菦，艸也。” ② 江夏平春：徐灝《段注箋》：“《(續漢書)郡國志》：‘江夏郡鄂縣平春侯國。’按今湖北武昌大冶等縣皆其地。”

茂 艸豐盛。从艸，戊聲。　莫候切(mào)。

【譯文】茂，草豐盛。从艸，戊聲。

蕩 艸茂也。从艸，暘①聲。　丑亮切(chàng)。

【譯文】蕩，艸茂盛。从艸，暘聲。

【注釋】① 暘：《段注》："俗又作暢。"李富孫《辨字正俗》："田部曰：'暘，不生也。'……《月令》'暢月'注：'暢，充也。'義之相反而相生者也。"暢由不生義反向引申爲充茂義，即反訓。故暢聲在此也表茂盛義。

蔭 艸陰地。从艸，陰聲①。　於禁切(yìn)。

【譯文】蔭，草木覆蔭土地。从艸，陰聲。

【注釋】① 陰聲：聲中有義。陰，本書作"霒"："雲覆日也。"石鼓文作"陰"。从艸从陰，意謂草木象雲蔽覆日頭一樣蔭蓋土地。《段注》作"从艸陰"，説："此以會意包形聲。"會意包形聲，形聲包會意，二而一也。

蓸 艸皃①。从艸，造聲。　初救切(chòu)。

【譯文】蓸，草(叢生雜聚)的樣子。从艸，造聲。

【注釋】① 艸皃：《玉篇》："草根雜也。"朱駿聲《通訓定聲》："按：叢雜皃。誼與萃(cuì，草聚生皃)略同。萃蓸一聲之轉。俗字作簉，从竹。"

茲 艸木多益①。从艸，茲省聲②。　子之切(zī)。

【譯文】茲，草木滋盛。从艸，茲省聲。

【注釋】① 艸木多益：徐鍇《繫傳》："此草木之茲盛也。"　② 茲省聲：徐鍇《繫傳》作"絲省聲"。

【參證】甲文作88，金文作88。象兩束並列的絲，當爲絲的本字。卜辭大多借用爲表近指的指示代詞或指示詞，也有用爲地名的。

蔋 艸旱盡也。从艸，俶聲。《詩》①曰："蔋蔋②山川。"　徒歷切(dí)。

【譯文】蔋，草因乾旱而無餘。从艸，俶聲。《詩經》説："(乾旱已是太厲害了啊，)山也禿來河也乾。"

【注釋】①《詩》：指《大雅・云漢》。今本原文作"旱既太甚，滌滌山川"。　② 蔋蔋：草枯水盡的樣子。《段注》："今《詩》作滌滌。毛云：'滌滌，旱氣也。山無木，川無水。'"

蕭　艸皃[1]。从艸，歊聲。《周禮》[2]曰："轂獘不蕭。"　許嬌切(xiāo)。

【譯文】蕭，草(萎縮損耗)的樣子。从艸，歊聲。《周禮》説："車轂雖然用壞了，也不會槁縮暴起。"

【注釋】① 艸皃：桂馥《義證》："《廣韻》：'蕭，禾傷肥。'《玉篇》：'蕭，耗也，縮也。'馥謂：傷肥縮耗也。"　②《周禮》：指《考工記・輪人》。今作"轂雖敝不蕭"。承培元《引經證例》："康成云：蕭，蕭暴也。是即《荀子・勸學篇》所云'雖有槁暴'也。槁暴，枯而墳起也。"此謂蕭爲槁之假借。

蔇　艸多皃[1]。从艸，既聲。　居味切(jì)。

【譯文】蔇，草多的樣子。从艸，既聲。

【注釋】① 艸多皃：《段注》："禾部：'穊，稠也。'音義同。"

薋　艸多皃[1]。从艸，資聲。　疾兹切(cí)。

【譯文】薋，草多的樣子。从艸，資聲。

【注釋】① 艸多皃：徐鍇《繫傳》："薋猶積也。"《段注》："禾部曰：'穦，積禾也。'音義同。"

蓁　艸盛皃[1]。从艸，秦聲。　側詵切(zhēn)。

【譯文】蓁，草豐盛的樣子。从艸，秦聲。

【注釋】① 艸盛皃：《詩・周南・桃夭》："其葉蓁蓁。"毛傳："蓁蓁，至盛貌。"

萷　惡艸皃[1]。从艸，肖聲。　所交切(shāo)。

【譯文】萷，草十分雜亂的樣子。从艸，肖聲。

【注釋】① 惡艸皃：《龍龕手鑑》作"惡艸也"。桂馥《義證》："《淮南・修務訓》：'野彘有艽(qiú)萷槎(chá)櫛(zhì)，窟虛連比，以像宮室。'高誘謂艽萷爲蓐。馥案：野彘所寢之草，如狼藉也。"

芮　芮芮[1]，艸生皃。从艸，内聲。讀若汭。　而鋭切(ruì)。

【譯文】芮，芮芮，草初生時的樣子。从艸，内聲。音讀象"汭"字。

【注釋】① 芮芮：《段注》："(芮芮)柔細之狀。"桂馥《義證》："謂艸初生芮芮然小也。"本書"蒳，艸之小者，讀若芮"，可證桂説。

茬 艸皃①。从艸，在聲。濟北有茬平縣②。 仕甾切(chí)。

【譯文】茬，草(茂盛)的樣子。从艸，在聲。濟北有茬平縣。

【注釋】① 艸皃：《字林》："茬，草亦盛也。" ② 茬平縣：即今山東省茬平縣。

薈 艸多皃。从艸，會聲。《詩》①曰："薈兮蔚兮。" 烏外切(wèi/huì)。

【譯文】薈，草多的樣子。从艸，會聲。《詩經》説："像草木一般繁茂啊(，南山之上早晨雲氣升騰的情景)。"

【注釋】①《詩》：指《曹風・候人》。今本原文作"薈兮蔚兮，南山朝隮(zhāo jī，早晨雲氣上升)"。朱熹注："薈、蔚，草木盛多之貌。"

菽① 細草叢生也。从艸，敄聲。 莫候切(mào)。

【譯文】菽，細草叢生。从艸，敄(wù)聲。

【注釋】① 菽：《段注》："菽與茂音義同。"

芼 艸覆蔓。从艸，毛聲。《詩》①曰："左右芼之。" 莫抱切(mào)。

【譯文】芼，草覆地蔓延。从艸，毛聲。《詩經》説："(長短不齊的荇菜啊，)從左邊右邊去擇取它。"

【注釋】①《詩》：指《周南・關雎》。今本原文作"參差荇菜，左右芼之"。毛傳："芼，擇也。"擇義與覆蔓義不相承襲。這是引《詩》解説"芼"的假借義。

蒼 艸色①也。从艸，倉聲。 七岡切(cāng)。

【譯文】蒼，草的顏色。从艸，倉聲。

【注釋】① 艸色：《段注》："引申爲凡青黑色之偁。"

颪 艸得風皃。从艸風。讀若婪。 盧含切(lán)。

【譯文】颪是風吹草動的樣子。由艸、風會意。音讀象"婪"字。

萃 艸[聚]皃①。从艸，卒聲。讀若瘁。 秦醉切(cuì)。

【譯文】萃，草(聚集)的樣子。从艸，卒聲。音讀象"瘁"字。

【注釋】① 艸皃：當依朱駿聲《通訓定聲》："訓爲艸聚皃。"

蒔① 更別種②。从艸，時聲。 時吏切(shì)。

【譯文】蒔，移栽。从艸，時聲。

【注釋】① 蒔：移栽。《段注》："今江蘇人移秧插田中曰蒔秧。" ② 更別穜：更改而分秧匀插之。更(gēng)，改。别，分。

苗 艸生於田者①。从艸，从田。 武鑣切(miáo)。

【譯文】苗，生長在田裏的禾。由艸、由田會意。

【注釋】① 艸生於田者：謂嘉穀，與雜草生於山野者有别。《詩・魏風・碩鼠》："無食我苗。"毛傳云："苗，嘉穀也。"程瑤田《九穀考》："始生曰苗，成熟曰禾，禾實曰粟。"《段注》："苗本禾未秀(開花吐穗)之名，因以爲凡艸木初生之名。"

苛 小艸①也。从艸，可聲。 乎哥切(hē/kē)②。

【譯文】苛，小草。从艸，可聲。

【注釋】① 小艸：徐灝《段注箋》："苛者，小艸叢雜之義，引申爲細碎之偁。弊政謂之苛，言其瑣屑煩擾也。" ② 小草義、苛政義今讀kē，怒訶義讀hē。

蕪 薉①也。从艸，無聲。 武扶切(wú)。

【譯文】蕪，荒穢。从艸，無聲。

【注釋】① 薉：《楚辭・招魂》王逸注："不治曰蕪，多草曰薉。"薉，今作穢。

薉① 蕪也。从艸，歲聲。 於廢切(wèi/huì)。

【譯文】薉，蕪穢。从艸，歲聲。

荒 蕪也。从艸，巟聲。一曰：艸淹地①也。 呼光切(huāng)。

【譯文】荒，荒蕪。从艸，巟(huāng)聲。一説：雜草掩覆田地叫荒。

【注釋】① 艸淹地：《段注》本淹作"掩"，掩覆的意思。艸掩地與荒蕪，一義之引申。

薴 艸亂也。从艸，寍聲。杜林説①：艸葶薴②皃。 女庚切(níng)。

【譯文】薴，草亂的樣子。从艸，寍聲。杜林説：是草葶薴的樣子。

【注釋】① 杜林説：言杜林説者，用以證明草亂之義。 ② 葶薴，疊韻聯緜字。

葶 葶薴皃。从艸，爭聲。 側莖切(zhēng)。

【譯文】葶，草葶薴的樣子。从艸，爭聲。

落 凡艸曰零,木曰落[1]。从艸,洛聲。 盧各切(luò)。

【譯文】大凡草葉凋衰叫零,樹葉脱落叫落。从艸,洛聲。

【注釋】① 凡艸二句:零、落雙聲,對文有分,散文無別。

蔽[1] 蔽蔽,小艸也[2]。从艸,敝聲。 必袂切(bì)。

【譯文】蔽,蔽蔽(的蔽,蔽蔽),小草的樣子。从艸,敝聲。

【注釋】① 蔽:朱駿聲《通訓定聲》:"此字本訓蓋覆也。"朱引書證頗多。 ② 也:《段注》:"也當作皃。《召南》'蔽芾(fèi)甘棠',毛云:'蔽芾,小皃。'此小艸皃之引申也。"由蔽構成的疊音字"蔽蔽",狀小草之皃;由蔽、芾構成的雙聲、疊韻連緜字,狀小皃,都不足以説明蔽的單字義,應以朱説爲準。

蘀 艸木凡皮葉落,陊[1]地爲蘀。从艸,擇聲。《詩》[2]曰:"十月隕[3]蘀。" 它各切(tuò)。

【譯文】草和樹木凡是皮葉凋落,墮落在地上,叫蘀。从艸,擇聲。《詩經》説:"十月枯萎的枝葉就脱落在地上了。"

【注釋】① 陊(duò):《段注》:"落也。鍇本作墮。" ②《詩》:指《豳風·十月》。 ③ 隕(yùn):從高處掉下。

蘊 積也。从艸,溫聲。《春秋傳》[1]曰:"蘊利生孽。" 於粉切(yǔn/yùn)[2]。

【譯文】蘊,積蓄。从艸,溫聲。《春秋左傳》説:"積蓄利,(忘記義,)就會産生妖害。"

【注釋】①《春秋傳》:指《左傳·昭公十年》。蘊,今本作"蘊"。② 今讀依《廣韻》於問切。

蔫[1] 菸[2]也。从艸,焉聲。 於乾切(yān)。

【譯文】蔫,不新鮮。从艸,焉聲。

【注釋】① 蔫:《段注》:"不鮮也。" ② 菸:參下條。

菸 鬱[1]也。从艸,於聲。一曰:殘[2]也。 央居切(yū)。

【譯文】菸,幽暗不鮮。从艸,於聲。又叫做"殘"。

【注釋】① 鬱:《廣雅》:"鬱,幽也。"謂幽暗不鮮。 ② 殘(wēi):枯萎。《集韻》:"今關西言菸,山東言蔫,江南亦言殘,又作萎。"

藥　艸旋皃也。从艸，榮聲。《詩》①曰："葛藟藥②之。"　於營切(yíng)③。

【譯文】藥，草纏繞的樣子。从艸，榮聲。《詩經》説："(南山有向下彎曲的樛(jiū)木，)葛草和藟草纏繞着它。"

【注釋】①《詩》：指《周南・樛木》。今本原文作"南有樛木，葛藟縈之"。　② 藥：王筠《句讀》："藥(即縈)，謂糾繚之也。"　③ 於營切當讀 yīng，今讀 yíng。

蔡　艸①也。从艸，祭聲。　蒼大切(cài)。

【譯文】蔡，蔡草。从艸，祭聲。

【注釋】① 艸：本書"丯，艸蔡也"，蔡艸連文。《玉篇》云"蔡，艸芥也"，以草芥訓蔡。均可證。

【參證】甲文作，金文作、、。

茷　艸葉多。从艸，伐聲。《春秋傳》①曰："晉糴茷。"　符發切(fá)。

【譯文】茷，草葉繁多。从艸，伐聲。《春秋左傳》説："晉(侯派遣)糴(dí)茷(到楚國去)。"

【注釋】①《春秋傳》：指《左傳・成公十年》。今本原文作"十年春，晉侯使糴茷如楚"。杜預注："糴茷，晉大夫。"

菜　艸之可食者。从艸，采聲①。　蒼代切(cài)。

【譯文】菜，可供食用的草。从艸，采聲。

【注釋】① 采聲：徐鍇《繫傳》："采亦聲。"《段注》："此舉形聲包會意，古多以采爲菜。"按：采(今寫作採)來可食之草以供食用，則謂之菜。采表採義。"

荋　艸多葉皃。从艸，而聲。沛城父有楊荋亭①。　如之切(ér)。

【譯文】荋，草葉繁多的樣子。从艸，而聲。沛郡城父縣有楊荋亭。

【注釋】① 楊荋亭：見《漢書・地理志》。在今安徽省亳(bó)縣東南。

芝　艸浮水中皃。从艸，乏聲。　匹凡切(fān/fàn)。

【譯文】芝，草飄浮在水中的樣子。从艸，乏聲。

薄 林薄[①]也。一曰：蠶薄[②]。从艸，溥聲。 旁各切(bó)。

【譯文】薄，草木密集叢生。另一義説：薄是蠶帘。从艸，溥(pǔ)聲。

【注釋】① 林薄：《段注》："林木相迫不可入曰薄。引申凡相迫皆曰薄。" ② 蠶薄：蠶帘，養蠶用具，用葦、竹編成。後作"箔"。《方言》卷五："薄，宋魏陳楚江淮之間謂之苗(qū)，或謂之麴，自關而西謂之薄。"

苑 所以養禽獸[①]也。从艸，夗聲。 於阮切(wǎn/yuàn)。

【譯文】苑，用來養禽獸的地方。从艸，夗(yuǎn)聲。

【注釋】① 所以養禽獸：《段注》："《周禮・地官・囿人》注：'囿，今之苑。'是古謂之囿，漢謂之苑。"

藪 大澤[①]也。从艸，數聲。九州之藪，楊州具區，荊州雲夢，豫州甫田，青州孟諸，兖州大野，雍州弦圃，幽州奚養，冀州楊紆，并州昭餘祁[②]，是也。 蘇后切(sǒu)。

【譯文】藪是大的湖澤。从艸，數聲。九州的大湖澤：楊州的具區，荊州的雲夢，豫州的甫田，青州的孟諸，兖(yǎn)州的大野，雍州的弦圃，幽州的奚養，冀州的楊紆，并州的昭餘祁，就是這樣的藪澤。

【注釋】① 大澤：《周禮・夏官・職方氏》注曰："大澤曰藪。"與《説文》合。 ② 九州之藪云云：張舜徽《約注》："許君分舉九州數名，悉本《周禮・職方氏》，與《爾雅・釋地》不同。古之楊州，有今江蘇、安徽、江西、浙江、福建諸省地。具區，即今之太湖也。古之荊州，有今湖北、湖南二省及四川東南部、貴州東北部與兩廣北部地。雲夢，在今湖北省境。……古之豫州，有今河南省地。甫田遺蹟，即今河南省中牟縣西南諸陂湖也。古之青州，有今山東省大部分，及遼寧省遼河以東、河南省東北部地。孟諸故址，在今河南省商丘縣東北接虞城縣界。古之兖州，有今湖北省西南部與山東省西北部地。大野故址，在今山東省鉅野縣北。古之雍州，有今陝西省北部及甘肅省西北大半部，與青海額濟納之地。弦圃故址，在今陝西省隴縣西。古之幽州，有今河北省一部分及遼寧省一部分地。周時則兼有今山東省登萊半島地。奚養故址，在今山東萊陽縣東五十里。……古之冀州，有今河北、山西二省及遼寧省遼河以西、河南省黄河以北地。楊紆故址，在今陝西省涇陽縣。……古之并州，有今河北省中部、清苑、正定諸縣迤西，以至山西省北半部地。昭餘祁跨今山西省祁縣、平遙、介休諸縣。”

菑　不耕田①也。从艸甾。《易》②曰：“不菑畬。”甾，菑或省艸。側詞切（zī）。

【譯文】菑，（只殺除雜草而）不耕種田地。由艸、甾會意。《易經》說：“不在除草而尚未耕治的時候就希望有可獲豐收的熟田。”甾，菑的或體，由菑省去艸字頭。

【注釋】① 不耕田：未耕治的田地。黄以周《釋菑》：“凡治田之法，先殺草而後耕，既耕而後耘。”“此治田一定之敘。”“菑字从艸巛田會意。巛者災也。以燒薙（tì，除草）殺艸爲本義。”“以耕田反艸（讓芟除的野草埋在新翻的泥土下面）爲後義（引申義）。”“不耕田者，明一歲田只殺艸尚未耕治也。”黄説“从艸巛田會意”，是説野草叢生，禍害農田，是字面取象。其本義則爲“（務必）殺艸”。　② 《易》：指《無妄》六二爻辭。今本原文作“不耕穫，不菑畬”。王弼注：“不耕而穫，不菑而畬。”畬（yú），已墾種三年的熟田。

蘨　艸盛皃①。从艸，（繇）[䌛]聲②。《夏書》③曰：“厥艸惟（蘨）[蘨]。”　余招切（yáo）。

【譯文】蘨，草茂盛的樣子。从艸，䌛（yáo）聲。《夏書》説：“那裏的草多麼茂盛。”

【注釋】① 艸盛皃：徐鍇《繫傳》：“草高大也。”　② 䌛聲：徐灝《段注箋》：“古文言與缶相似，故䌛誤从缶。”聲旁字“䌛”卻寫成了“繇”，是因爲古文言（言）缶（缶）相似，誤把“言”寫成了“缶”。

③《夏書》：指《尚書・禹貢》。蘨，今本作繇。

薙　除艸也。《明堂月令》①曰：“季夏燒薙。”从艸，雉聲。　他計切（tì）。

【譯文】薙，除草。《明堂月令》説：“在夏末的六月，燒掉、割下雜草。”从艸，雉（zhì）聲。

【注釋】①《明堂月令》：即今《禮記・月令》。在《别録》中屬《明堂陰陽記》，故謂之《明堂月令》。今本原文是作“（季夏之月）大雨時行，燒薙、行水（用水浸漬），利以殺草，如以熱湯”。孔穎達疏：“五月夏至，芟殺暴（pù，曬）之，至六月，合燒之，故云燒薙也。”

茥 耕多艸。从艸耒[1]，耒亦聲。 盧對切（lèi）。

【譯文】茥，耕除繁多的雜草。由艸、耒會意，耒也表聲。

【注釋】① 从艸耒：《段注》：“耒所以耕也。从耒艸，會意。”

蓺[1] 艸大也。从艸，致聲。 陟利切（zhì）。

【譯文】蓺，草大的樣子。从艸，致聲。

【注釋】① 蓺：姚文田、嚴可均《校議》：“蓺篆體當作菿，説解當作到聲。經典菿誤从竹。”錢坫《斠詮》：“此字應爲菿。寫者於到字刀旁加一筆，遂成蓺字。鉉等不知，因而不改故也。既誤菿爲蓺，又别沾菿於部末，妄加‘艸木到’之文。”又因隸書艸竹不分，後又誤書作箌。參“菿”條。

蔪 艸相蔪苞[1]也。从艸，斬聲。《書》[2]曰：“艸木蔪苞。”虀，蔪或从槧[3]。 慈冉切（jiàn）。

【譯文】蔪，草一同滋長叢生。从艸，斬聲。《書經》説：“草木滋長叢生。”虀，蔪的或體，从槧聲。

【注釋】① 蔪苞：徐灝《段注箋》曰：“蔪之言漸也，長也。”苞，叢生。②《書》：指《尚書·禹貢》。蔪苞，今作漸包。 ③ 从槧：朱駿聲《通訓定聲》：“从槧聲。”

茀 道多艸，不可行[1]。从艸，弗聲。 分勿切（fú）。

【譯文】茀，路上多草，不可通行。从艸，弗聲。

【注釋】① 道多艸，不可行：《國語·周語中》：“道茀不可行也。”韋昭注：“草穢塞路爲茀。”

苾 馨香也。从艸，必聲。 毗必切（bì）。

【譯文】苾，芳香。从艸，必聲。

蔎 香艸[1]也。从艸，設聲。 識列切（shè）。

【譯文】蔎，草的芳香。从艸，設聲。

【注釋】① 香艸：當作“艸香”。見《段注》。

芳 香艸[1]也。从艸，方聲。 敷方切（fāng）。

【譯文】芳，草的香氣。从艸，方聲。

【注釋】① 香艸：《段注》："當作艸香。"

蕡　雜香艸[1]。从艸，賁聲。　浮分切(fén)。

【譯文】蕡，雜草的香氣。从艸，賁聲。

【注釋】① 雜香艸：《段注》："當作雜艸香。"徐灝《段注箋》："今俗語猶言蕡香。讀扶問切之重脣音。"湖湘間稱香氣濃烈作"香蕡蕡"或"蕡香"，均讀 pèn。

藥　治病艸。从艸，樂聲。　以勺切(yào)。

【譯文】藥，治病的草。从艸，樂聲。

䕻　艸木相附䕻[1]土而生。从艸，麗聲[2]。《易》[3]曰："百穀艸木䕻於地。"　呂支切(lí)。

【譯文】䕻，草木附着在土地上而生長。从艸，麗聲。《易經》説："百穀和草木附着在地上。"

【注釋】① 附䕻：同義連用。䕻，字通作麗，亦作離，附着的意思。　② 麗聲：聲中有義。本書"麗"下："旅行也。"結伴而行，引申有附麗義。　③《易》：指《離卦・彖傳》。䕻，今本作麗。

蓆　廣多也。从艸，席聲。　祥易切(xí)。

【譯文】蓆，(草)又廣又多。从艸，席聲。

芟　刈艸[1]也。从艸，从殳[2]。　所銜切(shān)。

【譯文】芟，割草。由艸、由殳會意。

【注釋】① 刈艸：《詩・周頌・載芟》毛傳："除草曰芟。"　② 从艸，从殳(shū)：《段注》："此會意。殳取殺意也。"

荐　薦蓆[1]也。从艸，存聲。　在甸切(jiàn)。

【譯文】荐，草席。从艸，存聲。

【注釋】① 薦(jiàn)蓆：《段注》："薦見廌部，艸也。不云艸席，云薦席者，取音近也。"

藉　祭藉[1]也。一曰，艸不編，狼藉。从艸，耤聲。　慈夜切(jiè)。又，秦昔切(jí)。

【譯文】藉，祭祀時墊在地上的東西。另一義説：草沒有編結好，(又雜亂又繁多，)叫狼藉(jí)。从艸，耤聲。

【注釋】① 祭藉：朱駿聲《通訓定聲》："藉之爲言席也。"禾部"稭"

下："禾稾去其皮，祭天以爲席。"席，一作藉。

菹　茅藉也。从艸，租聲。禮①曰："封諸侯以土，菹以白茅②。"　子余切(jū/zū)③。

【譯文】菹，茅草做的席子。从艸，租聲。禮制規定：(天子)把(五色)土封給諸侯，用白茅做的席子包墊着。

【注釋】① 禮：指當時的禮制。今三禮無此文。　② 菹以白茅：《段注》："《白虎通》、《獨斷》皆云：'天子大社，以五色土爲壇，封諸侯，受天子社土以所封之方色。東方受青，南方受赤，他如其方色。皆苴以白茅授之，歸國立社。'班、蔡作苴，假借字；許作菹，正字也。"　③ 今讀依《廣韻》。

蕝　朝會①束茅表位曰蕝。从艸，絶聲。《春秋國語》②曰："致茅蕝，表坐。"　子説切(jué)。

【譯文】蕝，(君臣)聚會的時候置束茅草來標明位次叫蕝。从艸，絶聲。《春秋國語》説："置設茅草做的標誌，標明坐次。"

【注釋】① 朝會：同義複合。《禮記・王制》："耆老皆朝于庠。"注："朝，猶會也。"　②《春秋國語》：指《國語・晉語八》。今本原文作"置茅蕝，設望表"。望表，韋昭注："謂望祭山川立木以爲表，表其位也。"

茨　以茅葦蓋屋。从艸，次聲①。　疾兹切(cí)。

【譯文】茨，用茅葦蓋屋。从艸，次聲。

【注釋】① 从艸，次聲：《釋名・釋宫室》："屋以草蓋曰茨。茨，次也；次比(依次排比)草爲之也。"聲中兼義。

葺　茨也。从艸，咠聲。　七入切(qì)。

【譯文】葺，用茅葦蓋屋。从艸，咠聲。

蓋①　苫②也。从艸，盍聲。　古太切(gài)。

【譯文】蓋，茅苫。从艸，盍聲。

【注釋】① 蓋：俗又作盖。　② 苫：《爾雅・釋器》："白蓋謂之苫。"郭注："白茅苫也，今江東呼爲蓋。"

苫　蓋也。从艸，占聲。　失廉切(shān)。

【譯文】苫，白茅覆蓋物。从艸，占聲。

藹

藹[①] 蓋也。从艸，渴聲。 於蓋切(ài)。

【譯文】藹，覆蓋。从艸，渴聲。

【注釋】① 藹：《廣韻》："藹，覆也。"

茁

茁[①] 刷也。从艸，屈[②]聲。 區勿切(qū)。

【譯文】茁，刷子。从艸，屈聲。

【注釋】① 茁：刷子，縛艸或竹而成。《廣雅》："篇謂之㕞，其字从竹。" ② 屈：依篆文，楷書當作"屜"，但由篆而隸變時，早已省去中間的"毛"而作"屈"。

藩

屏[①]也。从艸，潘聲。 甫煩切(fān)。

【譯文】藩，屏蔽。从艸，潘聲。

【注釋】① 屏：《段注》："屏，蔽也。"

菹

酢菜[①]也。从艸，沮聲。⿱艹⿰氵⿱且皿，或从皿[②]。⿱艹⿰氵⿱且缶，或从缶[③]。 側魚切(zū)。

【譯文】菹，用鹽腌漬的酸菜。从艸，沮聲。⿱艹⿰氵⿱且皿，菹的或體，从皿。⿱艹⿰氵⿱且缶，菹的或體，从缶。

【注釋】① 酢(zuò)菜：酸菜。王筠《句讀》："酢，今作醋，古呼酸爲醋，酢菜猶今之酸菜。" ② 或从皿：馬叙倫《六書疏證》卷二："《釋名》曰：'菹，阻也。生釀之，遂使阻於寒溫之間，不得爛也。'此今北方所謂酸菜。""菹置器中，故或从皿作⿱艹⿰氵⿱且皿。" ③ 或从缶：同注②理，或又加"缶"。

荃

芥脃[①]也。从艸，全聲。 此緣切(quán)。

【譯文】荃，芥菜蓀(sūn)。从艸，全聲。

【注釋】① 芥脃(cuì)：芥菜的鮮脆部分，今叫芥菜蓀。

菇

韭鬱[①]也。从艸，酤聲。 苦步切(kù)。

【譯文】菇，腌韭菜。从艸，酤(gū)聲。

【注釋】① 韭鬱：王筠《句讀》："鬱幽其韭而成之，故名韭鬱。《吕覽·達鬱篇》：'鬱者不陽也。'《蒼頡解詁》：'菇，酢菹也。'"

藍

瓜菹也。从艸，(監)[濫]聲[①]。 魯甘切(lán)。

【譯文】藍，腌瓜。从艸，濫聲。

【注釋】① 監聲：當作濫聲。姚文田、嚴可均《校議》："藍，篆體當作藍,説解當作‘濫聲’。前已有‘藍,染青艸’,此必轉寫誤。《廣韻·五十四闞》、《集韻·廿三談》、《類篇》引作‘藍,瓜菹也’。”

菧① 菹也。从艸,泜聲。盬,菧或从皿②;皿,器也。 直宜切(chí/zhī)③。

【譯文】菧,腌菜。从艸,泜聲。盬,菧的或體,从皿;皿是器皿。

【注釋】① 菧:腌菜。朱駿聲《通訓定聲》:“此酢菜之名。細切者曰齏,全物若牒(zhé,切肉爲片)者曰菹,亦曰菧。” ② 菧或从皿:應爲菧或从菧省从皿。腌菜必置器中,故从皿。參“菹”條。③ 今讀依《廣韻》旨夷切。

蘀 乾梅之屬①。从艸②,橑聲。《周禮》③曰:“饋食之籩④,其實乾蘀。”後漢長沙王始煮艸爲蘀⑤。蕂,蘀或从潦⑥。 盧皓切(lǎo)。

【譯文】蘀,乾梅之類的果實。从艸,橑聲。《周禮》説:“祭祀時進獻熟食的籩豆,那裏面的果實有乾梅。”後來,漢朝長沙王(吴芮)才開始(合梅桃)煮香草爲蘀。蕂,蘀的或體,从潦聲。

【注釋】① 乾梅之屬:《段注》:“鄭注《周禮》云:乾蘀,乾梅也。” ② 从艸:《段注》:“梅桃當从木而从艸者,艸亦木也。” ③《周禮》:指《天官·籩人》。今本原文是作“饋食之籩,其實棗、㮚(栗)、桃、乾蘀、榛(zhēn)實”。 ④ 籩:竹器。 ⑤ 煮艸爲蘀:徐灝《段注箋》:“蓋以香艸合梅桃煮之。” ⑥ 从潦:朱駿聲《通訓定聲》:“从潦聲。”

蘋 煎茱萸①。从艸,顡聲。漢律②:會稽獻蘋一斗③。 魚既切(yì)。

【譯文】蘋,煎炙了的吴茱萸。从艸,顡聲。漢朝律令規定:會稽郡每年貢獻蘋子一斗。

【注釋】① 煎茱萸:朱駿聲《通訓定聲》:“蘋即《本草》之吴茱萸。其實本名蘋,煎之亦即稱蘋耳。”又作藙,異體字。 ② 漢律:參“祉”注。 ③ 會稽句:桂馥《義證》:“漢令會稽郡歲貢蘋子一斗。”

荸 羹菜①也。从艸,宰聲。 阻史切(zǐ)。

【譯文】荸,用蔬菜(和肉)作成羹汁。从艸,宰聲。

【注釋】① 羹菜：以菜爲羹。《段注》説："謂取菜羹之也。"錢坫《斠詮》："今吴俗以蔬菜和肉爲羹，命之曰莘頭。"

若 擇菜①也。从艸右；右，手也。一曰：杜若，香艸②。 而灼切(ruò)。

【譯文】若，擇菜。由艸、右會意，右表示手。另一義説：若是杜若，一種香草。

【注釋】① 擇菜：擇菜之義，經傳未見。《段注》："《晉語》：'秦穆公曰："夫晉國之亂，吾誰使先若夫二公子而立之，以爲朝夕之急。"'此謂使誰先擇二公子而立之，若正訓擇，擇菜引申之義也。"段引經典説明"若"的引申義，也許因爲"若"字从艸，許才訓爲"擇菜"。② 杜若，香艸：《段注》："此别一義。"徐鍇《繫傳》引《本草》："杜若，苗似薑，根似旋覆也。"

【參證】甲文作。平心《艾、又、宥、賄等字義訓考釋》(《中華文史論叢》第二輯)："字卜辭習見，彝銘也偶見。""唐蘭先生釋爲若之本字。"其義爲"擇菜之若"。表示菜，表示手。至於《説文》小篆之"若"，甲文作，金文作、。葉玉森《説契》："契文若字，並象一人跽而理髮，使順形。"後加口作，應諾更顯巽順之義。《詩·小雅·大田》"曾孫是若"、《魯頌·閟宫》"萬民是若"的"若"是"順"義例。字雙手譌變爲，頭及髮譌變爲，就成了睡虎地秦簡的，是許篆所由。隸定爲"若"。

蓴 蒲叢①也。从艸，專聲。 常倫切(chún)。

【譯文】蓴，蒲草叢生。从艸，專聲。

【注釋】① 蒲叢：蒲草叢生。《類篇》："蓴，艸叢生。"《廣雅·釋草》王念孫《疏證》："蒲草叢生於水則謂之蓴。"

茜 以艸補缺①。从艸，丙聲。讀若陸②。或以爲綴。一曰：約空也。 直例切(zhì)。

【譯文】茜，用草填補空缺處。从艸，丙(tiàn)聲。音讀象陸字。有人認爲茜是聯空補綴的意思。另一義説，茜是纏束其空缺處。

【注釋】① 以艸補缺：沈濤《讀若考》："以艸補缺謂以艸補其缺處。綴亦補綴之綴。約空者謂纏束其空處，與補缺同一義。系部：'約，纏束也。'"　② 讀若陸：姚文田、嚴可均《校議》："谷(jué)部丙讀若導。古者陸導聲近。"

蕁　叢艸也。从艸，尊聲。　慈① 損切(zǔn)。

【譯文】蕁，叢生的草。从艸，尊聲。

【注釋】① 慈：《廣韻》作"兹"。

莜　艸田器①。从艸，條省聲②。《論語》③曰："以杖荷莜④。"徒弔切(diào)。

【譯文】莜，草編田間用器。从艸，條省木爲聲。《論語》説："用手杖挑着莜這種草編的田間用器。"

【注釋】① 艸田器：王筠《句讀》："田間之器，率以檾(qíng，麻類)稭爲之，故曰艸。"　② 條省聲：桂馥《義證》："當爲攸聲。"《段注》同。　③《論語》：指《微子篇》。　④ 莜：今本作蓧。《論語》包注："蓧，竹器。"皇侃疏："蘿篚(lù)之屬。"

萆　雨衣。一曰衰衣①。从艸，卑聲。一曰萆藨②，似烏韭。扶歷切(pì)。

【譯文】萆，雨衣，又叫蓑衣。从艸，卑聲。另一義説，萆是萆藨(pāo)，象烏韭。

【注釋】① 衰衣：即蓑衣。本書衣部："衰，艸雨衣。秦謂之萆。从衣，象形。"　② 萆藨：又叫萆荔、薜荔。《山海經・西山經》："(小華之山)其草有萆荔，狀如烏韭，而生於石上，亦緣木而生，食之已心痛。"

莒①　艸也。从艸，是聲。　是支切(chí)。

【譯文】莒，(知母)草。从艸，是聲。

【注釋】① 莒：徐鍇《繫傳》："即今之知母。"

苴　履中艸。从艸，且聲①。　子余切(jū)。

【譯文】苴，鞋中草墊。从艸，且聲。

【注釋】① 从艸，且聲：《段注》："且，薦(墊)也。此形聲包會意。"

麤　艸履也。从艸，麤聲。　倉胡切(cū)。

【譯文】麤，草鞋。从艸，麤聲。

蕢　艸器也。从艸，貴聲。臾①，古文蕢，象形。《論語》②曰："有荷臾而過孔氏之門。"　求位切(kuì)。

【譯文】蕢，草編的器具。从艸，貴聲。臾，是古文蕢字，象形。《論語》説："有人挑着草筐子走過孔子的門口。"

【注釋】① 臾：章太炎《文始》："此初文也。"孔廣居《疑疑》："原象形之始，本作[illegible]，人象臾所繫以儋何者，若今筐莒之提梁也。"

② 《論語》：指《憲問篇》。臾，今本作蕢。

蓡[1] 覆也。从艸，侵省聲。 七朕切(qǐn)。

【譯文】蓡，覆蓋。从艸，侵省人爲聲。

【注釋】① 蓡：今作葠。

茵 車重[1]席。从艸，因聲。鞇，司馬相如説，茵从革。 於真切(yīn)。

【譯文】茵，車中加墊的褥席。从艸，因聲。鞇，司馬相如説，茵从革。

【注釋】① 重(zhòng)：加上，增益。

芻 刈艸[1]也。象包束艸之形[2]。 叉愚切(chú)。

【譯文】芻，割下的草。像包着捆着草的樣子。

【注釋】① 刈艸：朱駿聲《通訓定聲》："象斷艸包束以飤馬牛者也。"俗作蒭。 ② 象包束艸之形：這是解釋芻的構形。芻字从兩勹(bāo)字。

茭 乾芻[1]。从艸，交聲。一曰牛蘄[2]艸。 古肴切(jiāo)。

【譯文】茭，乾飼料。从艸，交聲。另一義説，茭是牛蘄草。

【注釋】① 乾芻：乾草料。 ② 牛蘄(qí)：《爾雅・釋草》郭璞注："今馬蘄，葉細鋭，似芹。"

荹 亂艸[1]。从艸，步聲。 薄故切(bù)。

【譯文】荹，(喂牛馬的)亂草。从艸，步聲。

【注釋】① 亂艸：《玉篇・艸部》："荹，牛馬草，亂藁也。"

茹 飤馬[1]也。从艸，如聲。 人庶切(rù/rú)。

【譯文】茹，餵馬。从艸，如聲。

【注釋】① 飤(sì)馬：飤即食，使動詞，使……食。飤馬，使馬吃，即餵馬。

莝 斬芻[1]。从艸，坐聲。 麤臥切(cuò)。

【譯文】莝，鍘碎了的草。从艸，坐聲。

【注釋】① 斬芻：斬斷之芻。

萎 食牛也。从艸，委聲。 於僞切(wèi)。

【譯文】萎，餵牛。从艸，委聲。

【注釋】① 萎：徐灝《段注箋》："餧牛馬以乾芻，因之艸木枯謂之萎。"

蔌 以穀萎馬，置莝中①。从艸，敕聲。 楚革切(cè)。

【譯文】用穀餵馬，穀放在鍘碎了的草料中。从艸，敕聲。

【注釋】① 以穀萎馬，置莝中：《段注》："以穀曰餘，穀褋莝中曰蔌。"

茵 蠶薄①也。从艸，曲聲。 丘玉切(qū)。

【譯文】茵，養蠶用的箔子。从艸，曲聲。

【注釋】① 蠶薄：參"薄"條。

蔟 行蠶蓐①。从艸，族聲。 千木切(cù)。

【譯文】蔟，供蠶蠕行作繭的席蓐。从艸，族聲。

【注釋】① 行蠶蓐：《古文苑・揚雄〈元后誄〉》："帥導羣妾，咸循蠶蔟。"章樵注："蔟，竹器，以茅藉之，承老蠶作繭。"

苣 束葦燒①。从艸，巨聲。 其呂切(jù)。

【譯文】苣，捆束葦秆燒着。从艸，巨聲。

【注釋】① 束葦燒：束葦燒着，即是火苣。今作火炬。

【參證】甲文作、、、，都像捆束葦秆之類，後二字下面的，象雙手捧舉着火炬，末字上部的點畫象火光。

蕘 薪①也。从艸，堯聲。 如昭切(ráo)。

【譯文】蕘，柴草。从艸，堯聲。

【注釋】① 薪：沈濤《古本考》："《詩・板》釋文、《文選・長楊賦》注、《龍龕手鑑》皆引云：'蕘，草薪也。'是古本薪上有草字。"桂馥《義證》："謂草薪，別於木薪也。"

薪 蕘也。从艸，新聲。 息鄰切(xīn)。

【譯文】薪，柴草。从艸，新聲。

蒸 (折)[析]麻中榦也①。从艸，烝聲。蒸，蒸或省火。 煑仍切(zhēng)。

【譯文】蒸，析去麻皮後的中榦。从艸，烝聲。莯，蒸的或體，由蒸省去火旁。

【注釋】① 析麻中榦：折，當依《廣韻》十六蒸引作“析”。剥取麻皮後的中榦，古代叫做蒸，後來叫做麻稈。

蕉 生枲①也。从艸，焦聲。 即消切(jiāo)。

【譯文】蕉，未經漚治的生麻。从艸，焦聲。

【注釋】① 生枲：《段注》：“枲，麻也。生枲謂未漚治者。今俗以此爲芭蕉字。”

菡① 糞也。从艸②，胃省③。 式視切(shǐ)。

【譯文】菡，糞。由艸、由胃省去肉會意。

【注釋】① 菡：《玉篇·艸部》：“菡，糞。亦作矢，俗爲屎。” ② 从艸：草可作肥料。表示人和動物的屎是肥料。 ③ 胃省：胃，金文作，是古胃字，胃臟的象形。、，是糧食穀物之類。參“胃”條。又，本書“糞”下：“官溥説：似米而非米者，矢(屎)字。”是指的字。由此可見的※則是似米而非米者。體外則爲屎，體内則爲正在消化之食物。从艸从胃會意，表示屎是食物經過腸胃消化而排出的穢物，可作肥料。

【參證】甲文作、。李孝定《甲骨文字集釋》第八：“字正象人遺屎形。契文育亦作，象育子之形，正與屎之構造法同。从若乃象所遺屎形，非少若小也。契文尿字作，象人遺溺形，與此同意。”

薶① 瘞②也。从艸，貍聲。 莫皆切(mái)。

【譯文】薶，埋葬。从艸，貍聲。

【注釋】① 薶：《段注》：“《周禮》假借貍字爲之。今俗作埋。”
② 瘞(yì)：埋葬。

【參證】甲文作、、、。商承祚《殷虚文字類編》：“此字象掘地及泉，實牛於中。當爲貍(mái)之本字，貍爲借字。”

葠① 喪藉也。从艸，侵聲。 失廉切(shān)。

【譯文】葠，居喪時供人睡寢的草墊。从艸，侵聲。

【注釋】① 葠：今作葠。

薪① 斷也。从斤斷艸，譚長説。①，籀文折从艸在仌中，仌寒，故折。①，篆文折从手。 食列切(shé)。

【譯文】薪，斷。(字形結構是)用斧斤斷草，這是譚長的説法。薪，籀文折(的左旁𠀐)由草在仌(冰)中構成,仌(冰)寒冷,所以草被凍斷了。折,篆文折,从手。

【注釋】①《段注》:“斤斷艸,小篆文也;艸在仌中,籀文也;从手从斤,隸字也。”是説字形之不同乃字體不同所致。由篆文隸定時,折的左旁由兩中上下相連,誤以爲从手。

【參證】甲文作,金文作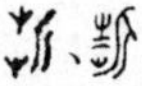。以斤斷草,會意。一説,折、析古本一字。見李孝定《金文詁林讀後記》卷六,戴家祥《金文大字典》。參“析”條。

卉　艸之總名也。从艸屮①。　許偉切(huǐ/huì)②。

【譯文】卉,草的總稱。由艸、屮會意。

【注釋】① 从艸屮:章太炎《文始》説:“此字但从三屮。”　② 今讀依《廣韻》許貴切。

艽　遠荒①也。从艸,九聲。《詩》②曰:“至于艽野。”　巨鳩切(qiú)。

【譯文】艽,荒遠。从艸,九聲。《詩經》説:“到達荒遠的野地。”

【注釋】① 遠荒:《詩·小雅·小明》傳:“艽野,遠荒之地。”　②《詩》:指《小雅·小明》。今本原文作“我征徂(cú,往)西,至于艽野”。

蒜　葷菜①。从艸,祘聲。　蘇貫切(suàn)。

【譯文】蒜,辛葷的菜。从艸,祘聲。

【注釋】① 葷菜:辛葷的菜。《急就篇》第九章“芸蒜薺芥茱萸香”,顔師古注:“蒜,大小蒜也,皆辛而葷。”

左文五十三①。重二②。大篆从茻③。

【譯文】左邊(即下文)五十三字,其中兩個字有重文。大篆(五十三字)全部从茻。

【注釋】① 左文五十三:桂馥《義證》:“謂下文自‘芥’以下至‘葤’五十三字也。”　② 重二:桂馥《義證》:“謂藻蓍兩字也。”　③ 大篆从茻:桂馥《義證》:“謂此五十三字在大篆皆从茻也,今茻部莫、莽、葬三字,小篆之从茻者也,五十三字則小篆从艸、大篆从茻也。”王國維《史籀篇疏證》:“案許敘云:‘周宣王太史籀,著大篆十五篇。’

是許君固以籀文爲大篆。然説解中皆云籀文，不云大篆。惟艸部末獨言大篆。蓋此五十三字不出《史籀篇》，……故不謂之籀文；以其體係秦之大篆，故謂之大篆；以《史篇》中字有與之異者，故重以籀文。”

①　菜也。从艸，介聲。　古拜切(jiè)。

芥　【譯文】芥，芥菜。从艸，介聲。

【注釋】① 芥：芥本菜名，又借爲草芥、纖芥字。

①　菜也。从艸，悤聲。　倉紅切(cōng)。

蔥　【譯文】蔥，菜名。从艸，悤聲。

【注釋】① 蔥：有山蔥、冬蔥。《段注》：“《爾雅》：‘茖，山蔥。’《管子》：‘冬蔥。’皆蔥之屬。”

①　艸也。从艸，隺聲。《詩》②曰：“食鬱及藿。”　余六切(yù)。

藿　【譯文】藿，山韭菜。从艸，隺聲。《詩經》説：“(六月)吃鬱菜和山韭菜。”

【注釋】① 藿：《爾雅·釋草》：“藿，山韭。”邢昺疏：“韭生山中者名藿。《詩》云：六月食鬱及藿。”《毛詩》“藿”作“薁”。　②《詩》：指《韓詩·豳風·七月》。

亭歷①也。从艸，單聲。　多殄切(diǎn)。

蕈　【譯文】蕈，葶藶草。从艸，單聲。

【注釋】① 亭歷：《爾雅·釋草》郭注：“實葉皆似芥，一名狗薺。”

①　艸也。从艸，句聲。　古厚切(gǒu)。

苟　【譯文】苟，苟草。从艸，句聲。

【注釋】① 苟：苟是草名，不同於茍。《説文》：“茍，自急敕也。从羊省，从包省，从口。口猶慎言也。从羊，羊與善美同意。”參“茍”(jì)條。

鼈①也。从艸，厥聲。　居月切(jué)。

蕨　【譯文】蕨，初生如鼈腳的山菜。从艸，厥聲。

【注釋】① 鼈：蕨的別名。《段注》：“陸璣云：‘周秦曰蕨，齊魯曰鼈。鼈俗从艸。’”《爾雅》釋文：“俗云，其初生似鼈腳，故名焉。”

鎬侯①也。从艸，沙聲。　蘇禾切(suō)。

莎　【譯文】莎，鎬侯草。从艸，沙聲。

【注釋】① 鎬侯：雙聲連語，莎的别名，即香附子。《爾雅・釋草》："薃侯，莎。其實媞。"薃、鎬同字。

蓱 苹①也。从艸，洴聲。 薄經切(píng)。

【譯文】蓱，浮萍。从艸，洴聲。

【注釋】① 苹：浮萍。蓱、萍通用。

菫① 艸也。根如薺，葉如細柳，蒸食之，甘。从艸，堇聲。 居隱切(jǐn)。

【譯文】菫，菫葵。根像蒺藜，葉像細柳，蒸煮着吃它，味道甘甜。从艸，堇聲。

【注釋】① 菫：一種野菜，味苦，又名苦菫，蒸之可食，通作堇。《爾雅・釋草》："齧，苦菫。"郭注："今菫葵也。葉似柳，子如米，汋食之，滑。"

菲① 芴也。从艸，非聲。 芳尾切(fěi)。

【譯文】菲，又名芴。从艸，非聲。

【注釋】① 菲：菜名。徐灝《段注箋》："陸璣云：'菲似葍，莖麤，葉厚而長，有毛。幽州人謂之芴，《爾雅》謂之葸菜，今河内人謂之宿菜。'"

芴① 菲也。从艸，勿聲。 文弗切(wù)。

【譯文】芴，又名菲。从艸，勿聲。

蘻① 艸也。从艸，鷬聲。 呼旰切(hàn)。

【譯文】蘻，蘻草。从艸，鷬聲。

【注釋】① 蘻：桂馥《義證》："本書：'蘿，艸也。'難、鷬一字，當有重出。"

萑 薍①也。从艸，萑聲。 胡官切(huán)。

【譯文】萑，初生的荻。从艸，萑聲。

【注釋】① 薍(wàn)：即荻。朱駿聲《通訓定聲》："萑即菼也，薕也，薍也。今所謂荻。其未秀曰蒹。此細小而實中者，與葭葦之中空高大今謂之蘆者别。經傳皆以雈(huán，从隹从 丫)鵻字爲之，又誤作从艸之萑(zhuī)。"

葦 大葭①也。从艸，韋聲。 于鬼切(wěi)。

【譯文】葦，長大了的葭。从艸，韋聲。

【注釋】① 大葭：長大了的葭。《段注》："猶言葭之已秀者。"沈括《夢溪補筆談》："予今詳諸家所釋，葭、蘆、葦，皆蘆也；則菼、薍、萑，自當是荻耳。"《詩・豳風・七月》"八月萑葦"，孔穎達疏："初生爲葭，長大爲蘆，成則名爲葦。"

葭　葦之未秀者。从艸，叚聲。　古牙切（jiā）。

【譯文】葭，沒有抽穗的（初生的）蘆葦。从艸，叚聲。

萊　蔓華①也。从艸，來聲。　洛哀切（lái）。

【譯文】萊，又名蔓華。从艸，來聲。

【注釋】① 蔓華：萊的别名。《爾雅・釋草》："釐，蔓華。"釐是萊的假借字。郭璞注："一名蒙華。"蒙蔓一聲之轉。《詩・小雅・南山有臺》疏引陸璣云："萊，草名。其葉可食。今兗州人烝以爲茹，謂之萊烝。"

荔①　艸也。似蒲而小，根可作㕞。从艸，劦聲。　郎計切（lì）。

【譯文】荔，荔草。象蒲草卻比蒲草小，根可以作刷子。从艸，劦聲。

【注釋】① 荔：即馬蘭。桂馥《義證》："程瑤田曰：'余居豐潤，二三月間，見草似幽蘭，叢生，長者二尺許，開花，藕褐色，亦略似蘭，土人呼爲馬蓮，亦呼爲馬蘭，其爲《月令》之荔也。形與韰（xiè）相類，又有馬韰（xiè）之名。'"又曰："荔根可作㕞，今北方束其根以㕞鍋。"

蒙　王女①也。从艸，冢聲。　莫紅切（méng）。

【譯文】蒙，大的女蘿草。从艸，冢聲。

【注釋】① 王女：大女蘿。朱駿聲《通訓定聲》："錢辛楣師曰：'女蘿之大者名王女，猶王彗、王芻也。'按凡物之大者或稱王，或稱馬牛。"

【參證】甲文作□。

藻　水艸①也。从艸，从水，巢聲。《詩》②曰："于以采藻？"□，藻或从澡。　子皓切（zǎo）。

【譯文】藻，水藻草。由艸、由水會意，巢聲。《詩經》説："到什麽地方去采水藻草？"藻，藻的或體，从澡聲。

【注釋】① 水艸：陸璣《詩義疏》："藻，水草也。有二種：其一種葉如鶏蘇（草名，水蘇），莖大如箸，長四五尺；其一種莖大如釵股，葉如蓬蒿，謂之聚藻。"　②《詩》：指《召南・采蘋》。

菉 王芻[1]也。从艸，录聲。《詩》[2]曰："菉竹猗猗。" 力玉切(lù)。

【譯文】菉，王芻草。从艸，录聲。《詩經》説："淡竹葉草和萹竹草那麽柔弱而茂盛。"

【注釋】① 王芻：草名。《爾雅·釋草》："菉，王芻。"即今淡竹葉，又名藎艸，可作黄緑色染料。 ②《詩》：指《衛風·淇奥》。菉，王芻。竹，萹竹。猗猗(yī)，柔弱而茂盛貌。

蓸 艸也。从艸，曹聲。 昨牢切(cáo)。

【譯文】蓸，蓸草。从艸，曹聲。

蓾[1] 艸也。从艸，卤聲[2]。 以周切(yóu)。

【譯文】蓾，蕕草。从艸，卤(yóu)聲。

【注釋】① 蓾：桂馥《義證》："《僖四年左傳》：'一薰一蕕，十年尚猶有臭。'當作此蓾。卤，气行皃，故从卤。" ② 卤聲：聲中有義。見上注。卤，氣行皃，即氣味濃烈。蓾草，氣味濃烈的草。

萷 艸也。从艸，沼聲。 昨焦切(qiáo)。

【譯文】萷，萷草。从艸，沼聲。

菩[1] 艸也。从艸，吾聲。《楚詞》有菩蕭艸[2]。 吾乎切(wú)。

【譯文】菩，菩蕭草。从艸，吾聲。《楚詞》有菩蕭草。

【注釋】① 菩：《玉篇·艸部》："菩，草似艾。" ②《楚詞》句：《段注》："按今《楚詞》無菩蕭，惟宋玉《九辨》云：'白露既下百艸兮，奄離披此梧楸。'梧楸蓋許所見作菩蕭，正百艸之二也。"

范 艸也。从艸，氾聲。 房芝切(fàn)。

【譯文】范，范草。从艸，氾聲。

艿[1] 艸也。从艸，乃聲。 如乘切(réng)。

【譯文】艿，艿草。从艸，乃聲。

【注釋】① 艿：草名。《段注》："按許謂艿爲艸名也。《廣韻》云：'陳根艸不芟，新艸又生，相因仍，所謂燒火艿。'此别一義。"

【參證】甲文作，金文作。

葐[1] 艸也。从艸，血聲。 呼決切(xuè)。

【譯文】葐，地血草。从艸，血聲。

【注釋】① 茧：桂馥《義證》："《類篇》：'茧，地血，蒨也。'馥案：《本草》：'茜，一名地血。'"

萄① 艸也。从艸，匋聲。 徒刀切(táo)。

【譯文】萄，葡萄草。从艸，匋聲。

【注釋】① 萄：草名。《玉篇・艸部》："萄，蒲萄也。"《通俗文》："西域出蒲萄。"

芑 白苗①嘉穀也。从艸，己聲。 驅里切(qǐ)。

【譯文】芑，生長白色莖的良種穀子。从艸，己聲。

【注釋】① 白苗：白色莖。《詩・大雅・生民》陳奂疏曰："赤苗白苗，謂禾莖有赤白兩種，本爲苗之名，因爲禾之名。"

藚 水舄①也。从艸，賣聲。《詩》②曰："言采其藚。" 似足切(xù)。

【譯文】藚，水舄草。从艸，賣聲。《詩經》説："采摘那水舄草。"

【注釋】① 水舄：即澤瀉。《本草》："澤瀉一名水瀉。"陸璣《詩義疏》："今澤瀉也。其葉如車前草大，其味亦相似。" ②《詩》：指《魏風・汾沮洳》。

苳 艸也。从艸，冬聲。 都宗切(dōng)。

【譯文】苳，苳草。从艸，冬聲。

蔷 蔷虞①，蓼。从艸，嗇聲。 所力切(sè)。

【譯文】蔷，蔷虞，即辣蓼。从艸，嗇聲。

【注釋】① 蔷虞：即蓼。《段注》："蓼下云，蔷虞也。故此云蔷虞，蓼也。"後世用爲蔷(qiáng)薇字。

苕① 艸也。从艸，召聲。 徒聊切(tiáo)。

【譯文】苕，陵苕草。从艸，召聲。

【注釋】① 苕：即凌霄。《爾雅・釋草》："苕，陵苕。"徐灝《段注箋》："《本艸》：'紫葳，一名陵苕。'唐本注：'即凌霄也。'"

䓰 艸也。从艸，楙聲。 莫厚切(mǔ/mào)①。

【譯文】䓰，䓰草。从艸，楙聲。

【注釋】① 今讀依《廣韻》莫候切。

萺 艸也。从艸，冒聲。 莫報切(mào)。

【譯文】萺，萺草。从艸，冒聲。

⿱艹丣

鳧葵①也。从艸，丣聲。《詩》②曰："言采其⿱艹丣。"　力久切（liǔ）。

【譯文】⿱艹丣，鳧葵菜。从艸，丣聲。《詩經》説："采取那鳧葵菜。"

【注釋】① 鳧葵：即蓴（tuán）菜、莼菜，詳見陸璣《詩義疏》。
② 《詩》：指《魯頌・泮水》。⿱艹丣字或作"茆"。王筠曰："今《詩》作茆。《釋文》音卯，徐音柳，韋昭萌藻反，蓋所據本有茆（mǎo）、⿱艹丣之異。"

荼

苦荼①也。从艸，余聲。　同都切（tú）。

【譯文】荼，苦荼。从艸，余聲。

【注釋】① 苦荼：即茶。徐灝《段注箋》："《爾雅》荼有三物。其一，《釋艸》：'荼，苦菜。'即《詩》之'誰謂荼苦'，'堇荼如飴'也。其一，'藨（biāo，白茅的花穗）、荂（fū），荼。'茅秀也。《詩》'有女如荼'，《吴語》'吴王白常白旗白羽之矰，望之如荼'是也。其一，《釋木》：'檟，苦荼。'即今之茗荈（chuǎn，粗茶，泛指茶）也。俗作茶。"徐鉉注："此即今之茶字。"顧炎武《唐韻正》卷四："荼，宅加切（chá），古音塗。……按：荼荈之荼與荼苦之荼，本是一字。古時未分麻韻，荼荈字亦只讀爲徒。漢魏以下，乃音宅加反，而加字音居何反，猶在歌、戈韻。梁以下始有今音，又妄減一畫爲茶字。……則此字變於中唐以下也。"

蘩

白蒿①也。从艸，緐聲②。　附袁切（fán）。

【譯文】蘩，白色的艾蒿。从艸，緐聲。

【注釋】① 白蒿：《爾雅・釋草》："蘩，皤蒿。"郭注："白蒿。"陸璣《詩義疏》："凡艾白色爲皤蒿。今白蒿春始生，及秋，香美，可生食，又可烝。"　② 緐聲：當依徐鍇《繫傳》作緐聲。

【參證】金文作。

蒿

菣①也。从艸，高聲。　呼毛切（hāo）。

【譯文】蒿，青蒿。从艸，高聲。

【注釋】① 菣（qìn）：青蒿。又叫香蒿。《爾雅・釋草》郭注："今人呼青蒿香中炙啖者爲菣。"王筠《句讀》："汝南呼青蒿爲菣。見陸璣《詩義疏》。此亦許君之鄉語也。"

【參證】甲文作、，金文作、。

蒿也。从艸，逢聲。莑，籀文蓬省。 薄紅切(péng)。

蓬 【譯文】蓬，蓬蒿草。从艸，逢聲。莑，籀文蓬，是蓬字的省略。

①　艸也。从艸，黎聲。 郎奚切(lí)。

藜 【譯文】藜，藜蒿。从艸，黎聲。

【注釋】① 藜：藜蒿。王筠《句讀》："藜即萊也。"

薺實①也。从艸，歸聲。 驅歸切(kuī)。

蘬 【譯文】蘬，水紅草。从艸，歸聲。

【注釋】① 薺實：此二字是蒫字的説解，傳寫者誤置於此。《爾雅·釋草》："紅，蘢古，其大者蘬。蒫(cuō)，薺實。"張文虎《舒藝室隨筆》："《釋草》此二文相連，許書蘬、蒫二篆亦相連，而傳本蘬下失説解，又失蒫篆，遂以蒫下説解繫之蘬篆。自二徐時已誤，楚金固疑之矣。"徐灝説同。按蘬之説解，依據《爾雅》當爲"紅"或"蘢古"。紅，又稱水紅。

艸盛皃①。从艸，保聲。 博褎切(bǎo)。

葆 【譯文】葆，草茂盛的樣子。从艸，保聲。

【注釋】① 艸盛皃：《段注》："《漢書·武五子傳》：'當此之時，頭如蓬葆。'師古曰：'草叢生曰葆。'引申爲羽葆幢之葆，《史記》以爲寶字。"

艸茂也。从艸，番聲。 甫煩切(fān/fán)。

蕃 【譯文】蕃，草繁茂。从艸，番聲。

艸茸茸皃①。从艸，聰省聲②。 而容切(róng)。

茸 【譯文】茸，草初生的樣子。从艸，聰省悤爲聲。

【注釋】① 艸茸茸皃：王筠《句讀》："《玉篇》：'艸生也。'《廣韻》：'艸生皃。'蓋艸初生之狀謂之茸。" ② 聰省聲：《段注》改爲耳聲。

艸皃①。从艸，津聲。 子僊切(jiān)。

葏 【譯文】葏，草(茂盛)的樣子。从艸，津聲。

【注釋】① 艸皃：朱駿聲《通訓定聲》："《字林》：'葏，草茂貌。'"

艸叢生皃。从艸，叢聲①。 徂紅切(cóng)。

叢 【譯文】叢，艸叢生的樣子。从艸，叢聲。

【注釋】① 叢聲：聲中有義。《段注》："此形聲包會意。"

草

草斗，櫟實[①]也。一曰：象斗子[②]。从艸，早聲[③]。 自保切(zào)[④]。

【譯文】草，黑色的殼斗包裹着的子實，柞櫟的子實。又叫樣斗子。从艸，早聲。

【注釋】① 櫟實：櫟樹子，即草斗，又叫象斗。《段注》引陸璣説："栩，今柞櫟也。徐州人謂櫟爲杼，或謂之栩，其子爲皁，或言皁斗。其殼爲汁，可以染皁，今京洛及河内多言杼汁，或云橡斗。"皁或作皂，是草的俗字，橡斗即象斗，這裏説明了櫟實叫草斗，又叫橡斗。與許君所説正同。 ② 象斗子：即橡斗子。《玉篇》以橡爲樣之重文，所以《説文》曰："樣，栩實也。" ③ 从艸，早聲：徐鉉注："今俗以此爲艸木之艸，别作皁字爲黑色之皁。案：櫟實可以染帛爲黑色，故曰草。通用爲草棧字。" ④ 今百卉義的"草"，《廣韻》作采老切，讀 cǎo。

菆

麻蒸[①]也。从艸，取聲。一曰：蓐[②]也。 側鳩切(zōu)。

【譯文】菆，麻秆。从艸，取聲。另一義説，菆是草席。

【注釋】① 麻蒸：即麻秆。 ② 蓐：指草席。《爾雅·釋器》："蓐謂之兹。"郭璞注："兹者，蓐席也。"

蓄

積也。从艸[①]，畜聲。 丑六切(chù/xù)[②]。

【譯文】蓄，積聚。从艸，畜聲。

【注釋】① 从艸：徐鍇《繫傳》："蓄穀、米、芻、茭、蔬、菜以爲備也。"所以其字从艸。 ② 今讀依《廣韻》許竹切。

[①]
萅

推[②]也。从艸，从日，艸春時生也；屯聲[③]。 昌純切(chūn)。

【譯文】萅，推出（萬物）。由艸、由日會意，表示春日和暖，草木發生；屯聲。

【注釋】① 萅：今作春。 ② 推：推出。《尚書大傳》："春，出也，萬物之出也。"《釋名·釋言語》："出，推也。" ③ 屯聲：聲中有義，屯象草木萌芽出土之形。參"屯"條。

【參證】甲文作、、，金文作。甲文、金文或从木，或从艸，艸、木義類近。金文是篆形所由。後艸、屯結爲一體，依舊，隸定作春。

菰[①]　艸多皃。从艸，狐聲。江夏平春有菰亭。　古狐切（gū）。

【譯文】菰，草多的樣子。从艸，狐聲。江夏郡平春侯國有菰亭。

【注釋】① 菰：姚文田、嚴可均《校議》："菰前有菥篆，與此說解全同。菥菰形近，因重出耳。《廣韻》十七真、廿一欣，菥字兩見，云：'亭名，在江夏。'而無菰字，亦其證。議刪。"按此說甚確。

菿[①]　艸木倒。从艸，到聲。　都盜切（dào）。

【譯文】菿，草木倒生。从艸，到聲。

【注釋】① 菿：姚文田、嚴可均《校議》："菿前有'菽，艸大也'。當作此菿字。"

文四百四十五　重三十一

芙　芙蓉[①]也。从艸，夫聲。　方無切（fú）。

【譯文】芙，芙蓉的芙。从艸，夫聲。

【注釋】① 芙蓉：《漢書・司馬相如列傳》作"夫容"；又《楊雄傳》："被夫容之朱裳。"《鈕新附考》："《漢書・司馬相如》及《楊雄傳》中'夫容'並不加'艸'，《博雅》、《玉篇》已作'芙蓉'。"夫容，聯緜字，其義爲蓮花；以其似艸類，故加艸。

蓉　芙蓉也。从艸，容聲。　余封切（róng）。

【譯文】蓉，芙蓉。从艸，容聲。

蘧　艸[①]也。《左氏傳》[②]："楚大夫蘧子馮。"从艸，遠聲。　韋委切（wěi）。

【譯文】蘧，草名。《左傳》有楚國大夫叫作蘧子馮。从艸，遠聲。

【注釋】① 艸：朱駿聲《通訓定聲・隨部》："蔿，艸也。从艸，爲聲。字亦作蘧。蔿、蘧，一聲之轉。"　②《左氏傳》：《鈕新附考》："《左襄十八年傳》'蔿子馮'《釋文》作'蘧'，注云：本又作'蔿'。《二十五年傳》'楚蔿掩爲司馬'杜注'蔿子馮之子'。知'蔿'、'蘧'實一字也。"《鄭新附考》引《五經文字敘注》云："蘧、蔿同姓，春秋錯出。"蘧（蔿）姓，借草名爲之。參"蔿"條。

荀　艸[①]也。从艸，旬聲。臣鉉等案，今人姓，荀氏[②]，本郇侯之後，宜用郇字。　相倫切(xún)。

【譯文】荀，草名。从艸，旬聲。臣徐鉉等以爲：今人的姓，荀姓，本是郇侯的後裔，宜用郇字。

【注釋】① 艸：《山海經・中山經》："(青要之山)有草焉，其狀如葌，而方莖，黄華，赤實，其本如藁茇，名曰荀艸，服之美人色。"

② 荀氏：《拈字》引《通志・氏族略》："荀氏有二，本侯國也。晉荀林父以邑爲氏，後去邑加艸作旬。"郇本邑名，故地在今山西新絳縣。

莋[①]　越嶲縣名，見《史記》[②]。从艸，作聲。　在各切(zuó)。

【譯文】莋，越嶲(xī)縣名，見《史記》。从艸，作聲。

【注釋】① 莋：本作筰。《鄭新附考》："《説文》：'筰，筊也。''筊，竹索也。'《廣韻》：'筰，竹索也。西南夷尋之以渡水。'此西南夷越嶲筰縣，所以得名。其土俗今尚然。嘗經其地見之。"其地在今四川漢源縣東北。今作越西。　② 見《史記》：《鄭新附考》："實出漢書。"《漢書・司馬相如傳》："且夫邛(qióng)、莋、西僰(bó)之與中國並也，歷年茲多，不可記已。"筰之爲莋，《鄭新附考》又説："莋者，筰之隸體。凡隸法，竹多作⺿，非别一字。"

蓀[①]　香艸也。从艸，孫聲。　思渾切(sūn)。

【譯文】蓀，香草。从艸，孫聲。

【注釋】① 蓀：又作荃。《鄭新附考》："《莊子・外物篇》'得魚而忘荃'，《釋文》：'荃，崔音孫，香艸也，可以餌魚。'荃即古蓀字。《説文》荃訓'芥脃'，'香艸'别義。"照此説，荃蓀同字，"芥脃"，即芥菜的鮮香清脆部分，爲本義，引申泛指"香草"。《楚辭・屈原〈九歌・湘君〉》"蓀橈兮蘭旌"作蓀。

蔬　菜[①]也。从艸，疏聲[②]。　所菹切(shū)。

【譯文】蔬，菜(的通稱)。从艸，疏聲。

【注釋】① 菜：《爾雅・釋天》："蔬不熟爲饉。"郭注："凡草菜可食者，通名爲蔬。"蔬是可以作菜吃的草本植物。　② 疏聲：疏有蔬菜義。《鈕新附考》："按《詩・召旻》'彼疏斯粺'，傳云：'彼宜食疏，今反食精粺。'箋云：'疏，麤也。'據此則疏乃不精之偁。"《論語》"飯疏食飲水”、“雖疏食菜羹”，“疏”均指粗疏的菜食。疏本指疏通。與細窄相比，粗闊易通，故引申爲疏闊、粗疏，因可食之草大多粗糲，故加艸爲蔬，後專指凡菜之稱。

芊[1]　艸盛也。从艸，千聲。　倉先切(qiān)。

【譯文】芊，草茂盛。从艸，千聲。

【注釋】① 芊：典籍不見單用“芊”字。或作疊音字“芊芊”。《文選》宋玉《高唐賦》：“仰視山巔，肅何芊芊。”芊芊，草木茂盛之皃。或與“眠”構成疊韻聯緜字“芊眠”。或又作“千眠”。《楚辭・九思》：“藿葦兮千眠。”千眠，繁茂皃。按：千，十百也。泛指多數，引申爲繁茂，形容草木繁茂，則加艸。

茗[1]　荼[2]芽也。从艸，名聲。　莫迥切(míng)。

【譯文】茗，茶的芽櫱。从艸，名聲。

【注釋】① 茗：《鈕新附考》：“古無茗飲。郭注《釋木》云：‘今呼早采者爲荼，晚取者爲茗。’則義當是萌芽之萌。古名與明通。《釋名》云：‘名，明也。’《隸釋》載《郭君碑》：‘卜商唏𠷍，喪子失名。’今《檀弓》作‘喪明’，是其證。”從上述郭璞注《釋木》看，荼、茗有早晚之別。可見，茗本指晚采的茶櫱。　② 荼：音 tú。後作茶。見“荼”條。

薌[1]　穀气也。从艸，鄉聲。　許良切(xiāng)。

【譯文】薌，穀的(馨香之)氣。从艸，鄉聲。

【注釋】① 薌：《鈕新附考》：“《曲禮》：‘黍曰薌合，粱曰薌萁。’鄭康成注《周禮・大祝》引此文，薌並作香。又《説文》皀訓穀之馨香，讀若香，亦與薌義合。”《鄭新附考》：“此漢人別出香字，專用爲穀氣之馨香。”譯文依此。參“香”、“皀”條。

藏　匿[1]也。臣鉉等按：《漢書》通用臧[2]字。从艸[3]，後人[4]所加。　昨郎切(cáng)。

【譯文】藏，隱匿。臣徐鉉等以爲，《漢書》通用臧字。藏从艸，是後人所加。

【注釋】① 匿：《易・繫辭上》：“顯諸仁，藏諸用，鼓萬物而不與聖人同憂。”孔穎達疏：“藏諸用者，潛藏功用，不使物知。”潛藏，隱匿之意。　② 臧：徐灝《段注箋》：“古收藏(cáng)、庫藏(zàng)、臟

(zàng)腑、贜(zāng)賄並作臧。”臧,本義爲善。徐氏新説四義,均爲假借。　③ 从艸:《古籀補補》:“藏匿字从艸,較臧爲有意義。”按:草木茂密,可覆蓋,可遮蔽,可藏匿。　④ 後人:《鄭新附考》:“漢《孔耽》、《孫叔敖碑》、《祝睦後碑》已有藏字,从艸,漢人所加。”又,王筠《釋例》:“《説文》(藏)凡卅見。”可見,“後人”謂“漢人”也。

蒇 《左氏傳》①:“以蒇陳事。”杜預注云:“蒇,敕②也。”从艸,未詳。　丑善切(chǎn)。

【譯文】蒇,左傳説:用以治理解決陳地的事。杜預注説:蒇是治理解決的意思。从艸,不知是甚麼意思。

【注釋】①《左氏傳》:指《左傳·文公十七年》。原文爲:“十四年七月,寡君又朝,以蒇陳事。”　② 敕:本書攴部:“誡也。臿地曰敕。”在地中栽插叫敕。栽插則爲治地之一端,桂馥《義證》:“《廣雅》:‘敕,理也。’本書當有治義,今闕。”其實,告誡也是治理的一種方式。故敕可引申爲治理、解決。

蘸① 以物沒水也。此蓋俗語。从艸②,未詳。　斬陷切(zhàn)。

【譯文】蘸,把東西浸沒在水中。這是俗語。从艸,未知其意。

【注釋】① 蘸:《楚辭·大招》:“湯谷宋只。”王逸注:“宋,水蘸之貌。”洪興祖補注:“蘸,沒也。”　② 从艸:《鈕新附考》:“蘸當是醮,後人妄加艸。其音仄陷切者,蓋方言之轉。”《鄭新附考》:“今考蘸蓋别从蕉聲,非加艸。”未知孰是。

文十三 新附

蓐部

蓐 陳艸復生①也。从艸,辱聲。一曰:蔟也②。凡蓐之屬皆从蓐。蕣,籀文蓐从茻。　而蜀切(rù)。

【譯文】蓐,(隔年的)陳根草再發生。从艸,辱聲。另一義説,蓐是讓蠶蟲爬行作繭的蓐席。大凡蓐的部屬都从蓐。蕣,籀文蓐字,从茻(mǎng)。

【注釋】① 陳艸復生:徐灝《段注箋》:“陳艸復生曰蓐,因之除艸曰薅(hāo),除艸之器謂之耨,義相因聲相轉也。古祇作蓐。”按:“陳艸復生”義,經典未見。　② 一曰句:《段注》:“此別一義。艸部曰:‘蔟,行蠶蓐也。’蓐訓‘陳艸復生’,引申爲薦席之蓐,故蠶蔟亦呼蓐。”

【參證】甲文作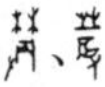。郭沫若《甲骨文字研究》:“辱、蓐、農,古爲一字。許釋蓐爲‘陳艸復生’者,非其朔矣。”

薅　拔去田艸也。从蓐,好省聲。𦹏,籀文,薅省。茠,薅或从休[①]。《詩》[②]曰:“既茠荼蓼。”　呼毛切(hāo)。

【譯文】薅,拔去田間的草。从蓐,好省子爲聲。𦹏是籀文,是薅字的省略。茠,薅的或體,从休聲。《詩經》説:“用來拔去陸地的穢草和水中的穢草。”

【注釋】① 从休:朱駿聲《通訓定聲》:“休聲。”宋保《諧聲補逸》:“好、休,古同聲通用。”按:二字,上古同在曉紐、幽部。

②《詩》:指《周頌·良耜》。今本原文作“其鎛斯趙,以薅荼蓼”。王肅注:“荼,陸穢;蓼,水草。”

文二　重三

茻部

茻[①]　衆艸也。从四中[②]。凡茻之屬皆从茻。讀與冈[③]同。　模朗切(mǎng)。

【譯文】茻,衆多的草。从四中。大凡茻的部屬都从茻。音讀與冈字相同。

【注釋】① 茻:朱駿聲《通訓定聲》:“經傳草茻字皆以莽爲之。”　② 从四中:表示衆草的意思。　③ 冈(wǎng):葉德輝《讀若考》:“网部首……無此冈字,蓋网隸省字也。”“网隸省字”是篆隸定爲网之後,由网省變而成“冈”字。

莫　日且冥[①]也。从日在茻中。　莫故切(mù)。又,慕各切(mò)。

【譯文】莫,太陽將要沒落。由“日”在“茻”中會意。

【注釋】① 且冥:且,將。冥,指落下。

【參證】甲文作、，从、从同。金文作、。今寫作暮。

莽 南昌謂犬善逐菟艸中爲莽[1]。从犬，从茻，茻亦聲。 謀朗切(mǎng)。

【譯文】莽，南昌説狗善於在草茻之中追逐兔獸叫莽。由犬、由茻會意，茻也表聲。

【注釋】① 南昌句：《段注》："此字犬在茻中，故偁南昌方言説其會意之恉也。引申爲鹵莽。"菟，當依徐鍇《繫傳》作"兔"。

葬 藏也。从死[1]在茻中；一其中，所以薦之。《易》[2]曰："古之葬者，厚衣之以薪。" 則浪切(zàng)。

【譯文】葬，(將屍體掩埋)收藏。由"死"(即"屍")字在"茻"字之中構成，那個中間還有一横，表示用來墊着屍體的草席。《易經》説："古時掩埋屍體，用草木厚厚地裹着死人。"

【注釋】① 死：指死字。　② 《易》：指《繫辭》。

【參證】甲文作、、、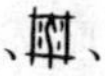、、、、、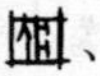、、。前九字，外框象坑位或棺槨之形；其中前四字外框裏面，象人屍體側臥之形，第五、六字的，象仰面形；第七字的，是殘骨，借代屍體；第八字的是的省略，是死屍停置在牀板之上，第九字是不省之形。以上均爲已葬或待葬之形。後二字，李孝定《甲骨文字集釋》："象殘骨置牀上會意也。"即停柩待葬之意。後四字加，兼表讀音。

文四

卷三

小部

小　物之微也。从八①，丨見②而分之。凡小之屬皆从小。私兆切(xiǎo)。

【譯文】小，物體微小。从八，（表示分別；）小物出現，就分解它。大凡小的部屬都从小。

【注釋】① 从八：本書"八"部："八，别也。"　② 丨見：本書"丨"部："丨，上下通也。"這裏只是用一根竪綫表示小物。見，出現。

【參證】甲文作、，金文作、。商承祚《殷虚文字類篇》："卜辭作三點，示微小之意，與古金文同。"按：甲文小與少本爲一字，到春秋時代的銅器銘文才分化爲兩個字。

少　不多①也。从小，丿聲②。　書沼切(shǎo)。

【譯文】少，不多。从小，丿聲。

【注釋】① 不多：《段注》："不多則小，故古少、小互訓通用。"
② 从小，丿(piě)聲：徐鍇《繫傳》："丿音夭。"李孝定《甲骨文字集釋》第二："丿讀房密、匹蔑二切，與少聲不諧。蓋緣此字本非形聲，許君誤據篆文立説，故致扞格耳。"

【參證】甲文作，金文作、。參"小"條。

尐　少也。从小，乀聲。讀若輟①。　子結切(jié)。

【譯文】尐，少。从小，乀(fú)聲。音讀象"輟"字。

【注釋】① 讀若輟(chuò)：章炳麟《新方言·釋言》："今惠、潮、嘉應之客籍謂少爲尐，讀若屑。"

【參證】林義光《文源》卷三："按：（尐）即少之反文。少宵韻，尐泰韻，亦雙聲旁轉。當與少同字。"

文三

八部

八　別也。象分别相背之形[①]。凡八之屬皆从八。　博拔切(bā)。

【譯文】八,分别。象分别相背離的形狀。大凡八的部屬都从八。

【注釋】① 象分别句:王筠《釋例》:"此象人意中之形,非象人目中之形也。凡非物而説解云象形者皆然。"

【參證】甲文作)(,金文作)(。高鴻縉《中國字例》:"八之本意爲分,取假象分背之形。……後世借用爲數目八九之八,久而不返,乃加刀爲意符作分。"《段注》:"今江浙俗語以物與人謂之八,與人則分别矣。"馬敘倫《六書疏證》卷三:"今上海杭縣謂分開曰八開,音轉如拍耳。"

分　别也。从八;从刀,刀以分别物也。　甫文切(fēn)。

【譯文】分,分别。从八(,表示分别);从刀,刀是用來分别物體的。

【參證】甲文作分,金文作分。參"八"條。

佘　詞[①]之必然也。从入丨八[②],八象气之分散。　兒氏切(ěr)。

【譯文】佘,虚詞中表示"一定這樣"這類肯定語氣的助詞。从入丨八,八象語氣分散的樣子。

【注釋】① 詞:指虚詞。《段注》:"尔之言如此也,後世多以爾字爲之。"徐灝箋:"尔即如此之合聲。"　② 从入丨八:姚文田、嚴可均《校議》:"《韻會》四紙引作'从丨,八象气之分散,入聲'。"

【參證】金文作佘,構形待考。

曾　詞之舒也。从八[①],从曰,𡆹聲[②]。　昨稜切[③](céng)。

【譯文】曾,虚詞中表示舒緩語氣的助詞。由八、由曰會意,𡆹聲。

【注釋】① 从八:《段注》:"亦象氣之分散。"　② 𡆹聲:𡆹,古文囱字。朱駿聲《通訓定聲》:"按窗曾一聲之轉。此以雙聲得聲。"　③《廣韻·登韻》作"昨棱切",義爲"經也",曾經的意思。同韻另一音義爲作滕切(zēng),"則也",竟、乃的意思。

【參證】甲文作曾,金文作曾、曾。于省吾《釋㽅》:"㽅即曾之初文。"

曾即甑字。朱芳圃《釋叢》:"其器下體承水,上體盛飯,中設一箅(bì),金文曾字从田,即象其形。"甑甗區别於鼎釜者,唯箅也,造字時誇大其甑箅之特徵;)(則象其熱氣蒸騰貌。金文又加其底座。

尚

曾[①]也;庶幾[②]也。从八,向聲[③]。 時亮切(shàng)。

【譯文】尚,增加;希冀。从八,向聲。

【注釋】① 曾:徐灝《段注箋》:"尚之言上也,加也。曾猶重也,亦加也。故訓爲曾。" ② 庶幾:徐灝《段注箋》:"冀及之詞。"

③ 向聲:聲中有義。楊樹達《增訂積微居小學金石論叢》卷一:"七篇下宀部云:'向,北出牖也。'尚从八从向,氣散越達於牖外也。"漢族位居北半球,遇冬則寒向墐户,雖能禦寒,但室内空氣、光綫都不好,只盼望天氣轉暖,打開北邊的窗户,室内空氣直達窗外,又能采光,故尚有希冀義;因希望氣溫增加,故又有增加義。

【參證】金文作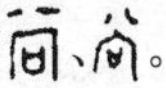。

㒸

从意[①]也。从八[②],豕聲。 徐醉切(suì)。

【譯文】㒸,隨從的意思。从八,豕聲。

【注釋】① 从意:徐灝《段注箋》:"㒸者有所因而行之之詞,今皆作遂。"用以表示時間或事理的順承關係。 ② 从八:《段注》:"有所从則有所背,故从八。"

【參證】甲文作,金文作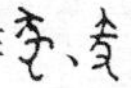,象豕中矢之形。郭沫若《金文叢考》周公簋釋文以爲彘、㒸本一字。彘甲文作,箭矢象全形;省作一,則爲。後分化爲二字。張亞初《甲骨文金文零拾》:甲文彘爲祭禮名,表示以箭射豕之禮;㒸爲犧牲名,指特定的豬。張日昇《金文詁林》"㒸"字案語:"㒸"是豕中矢,則必然倒地,於是"㒸"有"墜"義。後的頭部譌作"八"形,豕就成了"㒸";爲了表示從高處墜落到底下,加自作"隊","自"是山陵,泛指高處。參"隊"條。

詹

多言也。从言,从八[①],从厃[②]。 職廉切(zhān)。

【譯文】詹,話多。由言、由八、由厃會意。

【注釋】① 从八:徐鉉:"八,分也。多故可分也。" ② 从厃(yán):《段注》:"此當作厃聲。……厃與檐同字同音。"存參。

【參證】楊樹達《增訂積微居小學金石論叢》卷一:"从厃者,厃从人在厂上,本危險之危初字。在此字蓋假爲楝上義之危。《禮記·喪大記》云:'中屋履危。'鄭注云:'危,楝上也。'""今謂从八亦象口气之散越,詹从言从八从产,謂言多口气散越,上達於楝上,猶詩人之云'發言盈庭'(《小雅·小旻篇》)、《管子》之云'言於室,滿於室'也。"

介 畫也。从八①,从人;人各有介②。 古拜切(jiè)。

【譯文】介,界畫。由八、由人會意,表示人各守自己的分界。

【注釋】① 从八:八表示分別相間。 ② 介:即界。古今字。

【參證】甲文作、,金文作、。羅振玉《增訂殷虚書契考釋》:"象人著介(甲)形。介聯革爲之。或从者,象聯革形。"

仌 分也。从重八;八,別也,亦聲。《孝經説》①曰:"故上下有別②。" 兵列切(bié)。

【譯文】仌,分別。由重疊着的兩個八字構成;八是分別的意思,也表示讀音。《孝經説》説:"所以上下尊卑應有分別。"

【注釋】①《孝經説》:桂馥《義證》:"《許沖表》云:'慎又學《孝經》孔氏古文説。古文《孝經》者,孝昭帝時魯國三老所獻,建武時給事中議郎衛宏所校,皆口傳,官無其説。'" ② 故上下有別:別當作仌,這裏借別(分解)爲之。上下者,指尊卑等級。

【參證】甲文作。

公 平分也。从八,从厶①;八猶背也。韓非曰②:"背厶爲公。" 古紅切(gōng)。

【譯文】公,公平分配。由八、由厶會意;八猶如背離的意思。韓非説:"背離私就是公。"

【注釋】① 厶(sī):徐鍇《繫傳》:"厶音私,不公也。" ② 韓非曰:見《韓非子·五蠹》。

【參證】甲文作、,金文作、。高鴻縉《中國字例》第三篇:"八爲八,乃分之初文,○爲物之通象,物平分則公矣。此字甲文金文俱不从厶,而《韓非子》竟有自環爲厶(私)背厶爲公之語,則此字形體之省變,必在戰國末期。其後小篆沿之矣。"八象分背,○象物,皆象意中之形,非象目中之形。參"八"條。

 必 分極[①]也。从八弋，弋亦聲。 卑吉切(bì)。

【譯文】必，分别的標準。由八、弋會意，弋也表讀音。

【注釋】① 分極：《段注》："極猶準也。……立表(標誌)爲分判之準，故云分極。"徐灝箋："疑此乃弓柲本字，借爲語詞之必然耳。……弓柲以兩竹夾持之，从八指事兼聲耳。"

【參證】金文作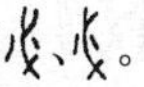。于省吾《雙劍誃殷契駢枝三編・釋必》"即必。""按从弋乃形之譌。弋與必聲韻皆不相近。段玉裁注改爲'从八弋、八亦聲'，不知古文本不从八。""字本義疑爲柲之初文。《廣雅・釋器》：'柲，柄也。'柲無以爲象，須假器物以明之。从，象某種量器，米點散落，下象斜柄，从／，所以示其柄之所在。""柲字从木，乃後起字。"演變爲的脈絡：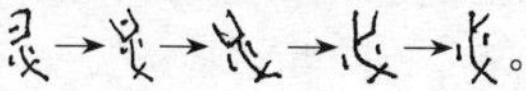。

 余 語之舒[①]也。从八[②]，舍省聲[③]。，二余也[④]。讀與余同。以諸切(yú)。

【譯文】余，虛詞中表示舒緩語氣的助詞。从八，舍省聲。，(是余的異體，)由兩個余字構成，音讀與余相同。

【注釋】① 語之舒：《段注》："語，《匡謬正俗》引作詞。《左氏傳》：'小白余敢貪天子之命，無下拜。'此正詞之舒。亏部曰：'亏，於也。象气之舒亏。'然則余亏異字而同音義。" ② 从八：《段注》："象气之分散。" ③ 舍省聲：余，上古喻紐，魚部；舍，書紐，魚部。二字同是舌音，又同部。 ④ 二余也：沈濤《古本考》："古本余字下當有'重文余'，注云'或从二余'。"

【參證】甲文作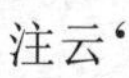，金文作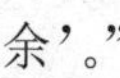。高鴻縉《中國字例》第五篇："按八……乃象气越于之形，故得語舒之意。聲。徐灝曰：'舍，古音讀若庶，故余以爲聲。'舒，緩也。語舒曰余，行舒曰徐。"姑備一説。

文十二 重一

釆部

 釆 辨[①]，别也。象獸指爪分别也。凡釆之屬皆从釆。讀若辨。，古文釆。 蒲莧切(biàn)。

【譯文】釆，釆是辨字，辨别的意思。象獸指爪分别的形狀。大凡釆的部屬都从釆。音讀象辨字。乎，古文釆字。

【注釋】① 辨：王筠《句讀》："句絶。謂其通用也。收部注曰：'釆，古文辨字。'"

【參證】甲文作[illegible]，金文作[illegible]、[illegible]。王筠《釋例》："釆字當以獸爪爲正義，辨别爲引申義，以其象形知之。"徐灝《段注箋》："[illegible]，象獸指爪；中四點[illegible]，其體；[illegible]，其分理也。"

番 獸足謂之番。从釆；田，象其掌①。蹞，番或从足从煩②。[illegible]③，古文番。　附袁切(fán)。

【譯文】獸足叫作番。从釆；田，象獸的足掌。蹞，番的或體，从足、煩聲。[illegible]，古文番字。

【注釋】① 田象其掌：徐灝《段注箋》："釆、番古今字，番、蹯亦古今字。……[illegible]象獸掌，其形與土田字相溷，故又从釆建類。……又釆與番本一字，音轉歧而二之。番古音重脣讀若潘，與釆聲近；輕脣讀若翻，故又作蹞。[illegible]與釆同體。"　② 从煩：宋保《諧聲補逸》："煩聲。番、煩同部，聲相近。"　③ [illegible]：徐鍇《繫傳》："象獸掌形也。"高田忠周《古籀篇》卷十九："[illegible]爲播古文。將播種粒在于手也。[illegible]與丑同，[illegible]象形也。"按足番字與播種字也許是同形字。

【參證】金文作[illegible]、[illegible]。上象獸指爪，下象其掌。

宷 悉也；知宷諦也。从宀，从釆①。審，篆文宷从番②。　式荏切(shěn)。

【譯文】宷，詳盡；了解得詳盡周密。由宀、由釆會意。審，篆文宷字，从番。

【注釋】① 从宀(mián)从釆：徐鍇《繫傳》："宀，覆也；釆，别也。能包覆而深别之。"能一一辨别房子裏的東西，可謂詳盡的了。

② 宷从番：番爲獸掌，憑獸掌之迹可辨别獸類，故亦有辨别義。

悉 詳、盡也①。从心，从釆。恖②，古文悉。　息七切(xī)。

【譯文】悉，詳細；窮盡。由心、由釆會意。恖，古文悉字。

【注釋】① 詳盡也：桂馥《義證》："當是'詳也，盡也'。"　② 恖：《段注》："此亦會意，从心囧(jiǒng，明亮)。囧者，窻牖麗廔闓明也。"

參“囧”條。

釋

解也。从釆；釆，取其分别物也；从睪聲[①]。 賞職切(shì)。

【譯文】釋，解釋。从釆，釆是取其分辨區别事物的意思；从睪，(表示通過眼睛的觀察來區别事物，)睪也表示讀音。

【注釋】① 从睪(yì)聲：苗夔《繫傳校勘記》：“睪聲當作亦聲。幸部：‘睪，目視也。’目視所以分别物也。”

文五　重五

半部

半

物中分也。从八；从牛[①]，牛爲物大，可以分也。凡半之屬皆从半。 博幔切(bàn)。

【譯文】半，物體从中對分(各爲一半)。从八(，表示分)；从牛，牛是大的物體，可以分割。大凡半的部屬都从半。

【注釋】① 从牛：張舜徽《約注》：“半字从牛，不止於牛而已，特舉牛以概萬物耳。本書牛部：‘物，萬物也。牛爲大物，故从牛。’是其義已。”

【參證】金文作。又作，从八从斗，與構形相類。八，分。八斗，將一斗平分則爲半。所以《廣韻・二十九換》：“半斗，五升。”張光裕《先秦泉幣文字辨疑》：“布幣以‘料’爲‘半’，是否顯示當日人們的交易曾以半斗量物的價值單位作爲標準，以表現在布幣上的‘半’字，便仍然沿用‘料’而不用‘半’。”半、𠔁、料實爲一字，後通用半字。

胖

半體肉也。一曰：廣肉。从半，从肉，半亦聲。 普半切(pàn)。

【譯文】胖，(祭祀用的)半體牲。一説：胖是大肉。由半、由肉會意，半也表聲。

【參證】張舜徽《約注》：“《廣雅・釋詁》：‘胖，半也。’此二字古蓋一義，胖實半之後增體。物中分者，謂殺牲自其脊處平分之也。平分之，得全物之半，故訓曰半體肉也。半體之肉甚大，故又訓爲廣肉，三義實相因耳。古無以胖爲肥胖(pàng)字者……肥胖字本當作肪，本書肉部：‘肪，肥也。’古無輕脣音，讀肪爲滂，即胖音也。後人失其義，乃借胖爲之。”

叛　半①也。从半，反聲。　薄半切(bàn/pàn)。

【譯文】叛，分離。从半，反聲。

【注釋】① 半：徐灝《段注箋》：“叛之言半也，分也，離去之謂也。”

文三

牛部

牛　大牲也。牛，件也；件，事理也①。象角頭三、封、尾之形②。凡牛之屬皆从牛。　語求切(niú)。

【譯文】牛，大的牲畜。象兩角和頭三樣東西、象肩甲隆起的地方和尾巴的形狀。大凡牛的部屬都从牛。

【注釋】① 牛，件也；件，事理也：王筠《句讀》：“二句支離，蓋後增也。”故不譯。　② 象角頭三、封、尾之形：《段注》：“角頭三者謂上三歧者(即凵)，象兩角與頭爲三也。……封者謂中畫象封也，封者肩甲墳起之處……尾者謂直畫下垂象尾也。”

【參證】甲文作，金文作。象牛頭角之形。金文首字是商代牛鼎的牛字，其他字是此字的綫條化。

牡　畜父也。从牛，土聲①。　莫厚切(mǔ)。

【譯文】牡，雄性的獸類。从牛，土聲。

【注釋】① 土聲：《段注》：“或曰：土當作士。士者，夫也。之韻、尤韻合音最近。”

【參證】甲文作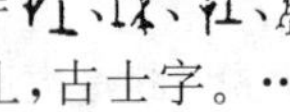。王國維《觀堂集林・釋牡》：“卜辭牡字皆从⊥，⊥，古士字。……牡从士聲，形聲兼會意也。士者，男子之稱。”甲文首字从牛，次字从馬，三字从羊，四字从鹿，五字从豕。後統一以“牛”爲代表。徐中舒《甲骨文字典》卷二：“⊥用以表示雄性家畜或獸類，結合不同獸類的形符，分別爲雄性之牛、羊、豕、馬等之專名，楊樹達謂當爲麀、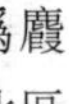爲騭、爲羒……各有專名，區分明確，後於農業社會中如此區別已無必要，漸爲死字，乃以从牛之牡爲

雄畜之通稱。”

㹔 特①牛也。从牛，岡聲②。 古郎切(gāng)。

【譯文】㹔，公牛。从牛，岡聲。

【注釋】① 特：本部：“牛父也。” ② 岡聲：《段注》：“亦可云，从剛省，會意。”桂馥《義證》：“《明堂位》：‘周騂剛。’正義：‘剛，牡也。’”本書“剛”下：“彊斷也。”强力折斷，引申爲剛强，强大。从牛从剛省，會合爲力量强大的牛，則是公牛。

【參證】甲文作、。金文作、。

特 朴特①，牛父也。从牛，寺聲。 徒得切(tè)。

【譯文】特，沒有閹割的牛，就是牛父。从牛，寺聲。

【注釋】① 朴特：張舜徽《約注》引張行孚說：“朴謂質朴未離，牛之未犗(jiè，閹割)者。《廣韻》云：‘㹀，牛未劇。’《玉篇》云：‘劇同犍(jiān，閹割)，犗也。’《論衡・量知篇》：‘無刀斧之斷者，謂之朴。’此其證也。”又，《楚辭・天問》：“焉得夫朴牛？”王逸注：“朴，大也。”又注《九章》：“壯大爲朴。”公牛已成熟而尚未去勢，則威猛偉岸，湖湘間稱此時的公牛曰“騷牯子”。未去勢是其因，壯大是其形。

牝 畜母也。从牛，匕聲。《易》①曰：“畜牝牛，吉。” 毗忍切(pìn)。

【譯文】牝，雌性的獸類。从牛，匕聲。《易經》説：“畜養母牛，吉利。”

【注釋】①《易》：指《離卦》文。

【參證】甲文作、、、、。徐中舒《甲骨文字典》卷二：“用以表示雌性家畜或獸類，結合不同獸畜之形符，表示雌性之牛、羊、豕、犬、馬、虎、鹿等之專名，《爾雅》有麀、豝、牂、騇等爲雌獸之專名，後世乃以牝爲雌獸之通稱。”參“牡”條。

犢 牛子也。从牛，瀆省聲①。 徒谷切(dú)。

【譯文】犢，牛子。从牛，瀆省水爲聲。

【注釋】① 瀆省聲：當作賣(yù)聲。見王煦《五翼》。賣是从貝，𡍬聲，不是賣(mài)字，賣由出、買會意。楷書二字混一。

怖 二歲牛①。从牛，宋聲。 博蓋切(bèi)。

【譯文】怖，兩歲牛。从牛，宋(pò)聲。

【注釋】① 二歲牛：《段注》：“㸬字，見《爾雅·釋畜》：‘牛體長也。’許君則曰‘二歲牛’。按：犙字从參，故爲三歲牛，牭字从四，故爲四歲牛，則⿰牜貳字从貳，當爲二歲牛矣。而謂⿰牜貳爲籒文牭字，二四既不同數，且四之籒文作亖，則牭之籒文當作⿰牜亖。……宜易之曰：‘㸬，牛體長也。’‘⿰牜貳，二歲牛。’‘犙，三歲牛。’‘牭，四歲牛。⿰牜亖，籒文牭。’”參“牭”條。

【參證】李孝定《甲骨文字集釋》第二：“牛齡之字雖不慮人之變易爲姦，而篆文不从二三亖作⿰牜二、⿰牜三、⿰牜亖者，蓋一則以大寫數字沿用既久(自秦漢已開其端——湯注)，一則以二三亖筆畫過簡，用爲偏旁則兩側不易匀稱完美耳(四字已爲假借，且筆畫已多，故不須更用大寫肆字)。”

犙 三歲牛。从牛，參聲①。 穌含切(sān)。

【譯文】犙，三歲牛。从牛，參聲。

【注釋】① 參聲：聲中有義。參本星名，借爲數名，表基數三。

牭 四歲牛。从牛，从四，四亦聲。⿰牜貳，籒文牭从貳①。 息利切(sì)。

【譯文】牭，四歲牛。由牛、由四會意，四也表聲。⿰牜貳，籒文牭，从貳。

【注釋】① 籒文牭从貳：《段注》：“鍇本此下有‘仁至反’三字，與十三篇‘二’字反語同。是朱翺不謂⿰牜貳即牭字，而謂⿰牜貳乃二歲牛之正字也。疑鍇本本不誤。”參“㸬”條。

犗 騬牛①也。从牛，害聲。 古拜切(jiè)。

【譯文】犗，閹割牛。从牛，害聲。

【注釋】① 騬(chéng)牛：王筠《句讀》引元應説：“以刀去其陰也。”

牻 白黑雜毛牛。从牛，尨聲①。 莫江切(máng)。

【譯文】牻，白黑雜毛的牛。从牛，尨聲。

【注釋】① 从牛尨聲：《段注》：“此以形聲包會意。”雷浚《引經例辨》：“本書犬部：‘尨，犬之多毛者。’引申之爲雜，再引申之爲雜色。”徐灝《段注箋》：“因牛馬之雜色而别製牻駹字耳。”

㹁 牻牛也。从牛，京聲。《春秋傳》①曰：“牻㹁。” 吕張切(liáng)。

【譯文】㹁，牻牛。从牛，京聲。《春秋左傳》説：“牻㹁。”

【注釋】①《春秋傳》：指《左傳・閔公二年》。今本原文作“尨涼”。楊伯峻《春秋左傳注》：“涼，《説文》引作犉，亦雜色之義。此以涼訓尨。”牻犉，意思是牻是犉類的雜色牛。

犡 牛白脊也。从牛，厲聲。 洛帶切(lài/lì)[①]。

【譯文】犡，白脊牛。从牛，厲聲。

【注釋】① 今讀依《廣韻》力制切。

犻 黄牛虎文[①]。从牛，余聲。讀若塗。 同都切(tú)。

【譯文】犻，有虎紋的黄牛。从牛，余聲。音讀象“塗”字。

【注釋】① 黄牛虎文：徐灝《段注箋》：“蓋黄而有黑駁文者。”

犖 駁[①]牛也。从牛，勞省聲[②]。 吕角切(luò)。

【譯文】犖，毛色不純的牛。从牛，勞省力爲聲。

【注釋】① 駁：本書馬部：“馬色不純。” ② 勞省聲：勞上古屬宵部，犖屬藥部，宵藥對轉。

将 牛白脊也。从牛，寽聲。 力輟切(liè)。

【譯文】将，白脊牛。从牛，寽聲。

【參證】王筠《句讀》：“厲、寽同部，恐(犡、将)本係一字。”按：犡、将上古同屬月部來紐入聲，音同，而義又同爲“白脊牛”，所以疑爲一字異體。

抨 牛駁如星。从牛，平聲。 普耕切(pēng)。

【譯文】抨，牛的毛色斑駁如星。从牛，平聲。

犥 牛黄白色。从牛，麃聲。 補嬌切(biāo/piāo)。

【譯文】犥，黄白色的牛。从牛，麃(biāo)聲。

犉 黄牛黑脣也。从牛，臺聲。《詩》[①]曰：“九十其犉。” 如均切(rún/chún)[②]。

【譯文】犉，黑嘴脣的黄牛。从牛，臺(chún)聲。《詩經》説：“那麽多啊，那黑嘴脣的黄牛。”

【注釋】①《詩》：指《小雅・無羊》。今本原文作“誰謂爾無牛，九十其犉”。九十，言其多。 ② 今讀據《字彙》辰倫切。

犫 白牛也。从牛，隺聲。 五角切(yuè)。

【譯文】犫，白色牛。从牛，隺(hú)聲。

犟 牛長脊也。从牛，畺聲。 居良切(jiāng)。

【譯文】犟，長脊背的牛。从牛，畺聲。

牧 牛徐行也。从牛，攴聲。讀若滔。 土刀切(tāo)。

【譯文】牧，牛慢慢地行走。从牛，攴(tāo)聲。音讀象“滔”字。

犨 牛息[①]聲。从牛，雔聲。一曰：牛名。 赤周切(chōu)。

【譯文】犨，牛喘息的聲音。从牛，雔(chóu)聲。一説，犨是牛名。

【注釋】① 息：本書心部：“喘也。”

牟 牛鳴也。从牛，象其聲气从口出[①]。 莫浮切(móu)。

【譯文】牟，牛叫的聲音。从牛，(厶)象那聲氣从口裏出來的樣子。

【注釋】① 从牛句：徐灝《段注箋》：“牛鳴聲無可象，故作象其氣，而从牛建類，使人知其爲牛鳴耳。”

㹌 畜牷[①]也。从牛，産聲。 所簡切(chǎn)。

【譯文】㹌，畜牲。从牛，産聲。

【注釋】① 畜牷(quán)：小徐及段、桂、王、朱均作“畜牲”。鈕樹玉《校録》：“宋本牲作牷，譌。”參“牲”條。

牲 牛完全[①]。从牛，生聲。 所庚切(shēng)。

【譯文】牲，指(供祭祀用的)完整的牛。从牛，生聲。

【注釋】① 牛完全：《段注》：“(牲)引申爲凡畜之稱。”朱駿聲《通訓定聲》：“《周禮・庖人》注：‘始養之曰畜，將用之曰牲。’是牲者祭祀之牛也。而羊豕亦以類稱之。”

【參證】甲文作，金文作。徐中舒《甲骨文字典》卷一：“此字(指甲文)从(羊)从(生)，應即生字，甲骨文从牛从羊每無別。”

牷 牛純色[①]。从牛，全聲[②]。 疾緣切(quán)。

【譯文】牷，(供祭祀用的)毛色純一的牛。从牛，全聲。

【注釋】① 牛純色：《段注》：“《周禮・牧人》注：‘鄭司農云：“牷，純也。”’按：凡時事之牲用牷物，凡外祭毁事用尨。以尨與牷對舉，則牷爲純色可知也。大鄭注釋牷爲純，爲許所本。” ② 全聲：聲中有義。桂馥《義證》：“本書：‘全，完也。’篆文从玉作全，純玉曰全，亦具完、純二義。”

牽　引前[1]也。从牛，象引牛之縻[2]也；玄聲。　苦堅切(qiān)。

【譯文】牽，牽引向前。从牛，(冂)象牽引牛的繩索；玄聲。

【注釋】① 引前：徐灝《段注箋》："牽从牛，當以輓牛爲本義，引申爲凡聯貫之稱。"　② 縻(mí)：牛鼻繩。

牿　牛馬牢也。从牛，告聲。《周書》[1]曰："今惟牿牛馬。"　古屋切(gù)。

【譯文】牿，關牛馬的圈欄。从牛，告聲。《周書》説："現在要(大放)圈中的牛馬。"

【注釋】①《周書》：指《尚書・費誓》。今本原文作"今惟淫(大)舍(放)牿牛馬"。

牢　閑[1]。養牛馬圈也。从牛，冬省，取其四周帀也。　魯刀切(láo)。

【譯文】牢，牢闌。畜養牛馬的欄圈(juàn)。由牛、由冬字省去下面的(即冰字)會意，(冬字省成的，)取那四周包圍的意思。

【注釋】① 閑：本書門部："闌也。"《段注》："防禽獸觸齧。"

【參證】甲文作、、，金文作。羅振玉《增訂殷虚書契考釋》："牢爲獸闌，不限牛，故其字或从羊。"按：牢與冬無涉。李孝定《甲骨文字集釋》按："所謂从冬者，實象牢形，即許言'取其四周帀'者是也。"徐中舒《甲骨文字典》卷二："古代放牧牛馬羊羣於山野中，平時並不驅趕回家，僅在需用時於住地旁樹立木樁，繞以繩索，驅趕牛羊於繩欄内收養。解放前四川阿壩地區大金縣一帶豢養之牛羊，仍以樹立木樁繞繩索作形爲牢，與甲骨文字形完全相同。"後詞義轉移，引申爲指供祭祀用的牛羊。甲文中，養在欄裏，到祭祀時用作祭品的牛，叫牢；養在圈裏，專門用作祭品的羊，叫宰。姚孝遂《牢、宰考辨》(《古文字研究》第九輯)："凡是用於祭祀之犧牲，必繫之於牢，經過特殊之飼養……一般是十天到三個月。"甲文中，牢、宰、寓，析言有别，渾言爲牢。

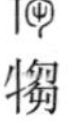
犓　以芻(莝)[莝][1]養牛也。从牛芻[2]，芻亦聲。《春秋國語》[3]曰："犓豢[4]幾何。"　測愚切(chú)。

【譯文】犓，用草料喂養牛羊。由牛、芻會意，芻也表聲。《春秋國語》説："用草料和穀物喂養的牛馬犬豕有多少啊？"

【注釋】① 莝：桂馥《義證》："莝當爲莝(cuò)。"本書艸部："莝，斬芻也。" ② 芻：本書"芻"下："刈艸也。"引申爲草。从牛芻，意謂用草料餵牛。 ③《春秋國語》：指《國語・楚語》。 ④ 犓豢：《國語》韋昭注："艸食曰芻，穀食曰豢。"

犪 牛柔謹[①]也。从牛，夒聲。 而沼切(rǎo)。

【譯文】犪，牛柔馴的樣子。从牛，夒(náo)聲。

【注釋】① 柔謹：同義連用。桂馥《義證》："謹俗作犫。《玉篇》：'犫，柔也。'"

犕 《易》[①]曰："犕[②]牛乘馬。"从牛，葡聲。 平秘切(bèi)。

【譯文】《易經》説："用牛馬套車。"从牛，葡聲。

【注釋】①《易》：指《繫辭》。今作"服車乘馬"。 ② 犕：《段注》引《玉篇》説："犕，服也。以鞍裝馬也。"

【參證】金文作，。

犂 耕也。从牛，黎聲[①]。 郎奚切(lí)。

【譯文】犂，耕。从牛，黎聲。

【注釋】① 从牛，黎聲：《段注》："俗省作犁。"徐灝箋："耕謂之犂，因名其器曰犂。"

【參證】李孝定《讀契識小録》(《史語所集刊》第35本)："字象歧頭田器刺地啟土之形，犂則後起之形聲字。"按：類似於今日之二齒耙，不是今日之犁。郭沫若《殷契粹編考釋》："、本犂之初文。""以耕具而言故从刀从牛，以種植而言故从禾从黍，勿、物、犁、犂、黎、犂、犂一字也。犂之轉化爲鋭利及吉利字也，均由勿之引申，以勿乃利器，具有食貨之源也。庶衆稱黎民，其初當猶農夫，言操勿耕種之人，以耕者多被日晒而黑，故黎多有黑義。"郭特製一表説明"勿"系字的變化：

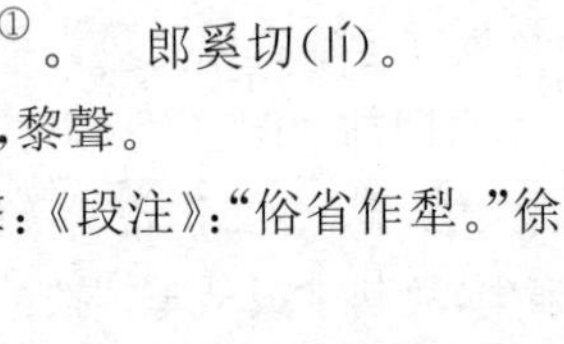

犤 兩壁耕[①]也。从牛，非聲。一曰：覆耕種[②]也。讀若匪。非尾切(fěi/fèi)[③]。

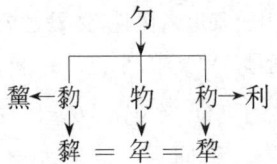

【譯文】犕，兩牛相向而耕。从牛，非聲。另一義是：復耕之後再種植。音讀象“匪”字。

【注釋】① 兩壁耕：《段注》：“壁當作辟。辟是旁側之語。……兩辟耕謂一田中兩牛耕，一從東往，一從西來也。” ② 覆耕種：王筠《句讀》：“蓋謂再耕之而後種植也。” ③ 今讀依《廣韻》方味切。

𤛓① 牛羊無子也。从牛，𠷎聲②。讀若糗糧之糗。 徒刀切(táo/tāo)③。

【譯文】𤛓，牛羊不生子。从牛，𠷎聲。音讀象糗(qiǔ)糧的“糗”字。

【注釋】① 𤛓：今作⿰牜壽。 ② 𠷎(chóu)聲：徐灝《段注箋》：“《玉篇》、《廣韻》並作⿰牜壽，从壽。” ③ 今讀依《廣韻》土刀切。

【參證】承培元《廣答問疏證》：“蓋謂犗牛也。羊之羠者曰羯。羯、𤛓雙聲疊韻字。”按：牛羊去勢後必然無子。

牴 觸①也。从牛，氐聲。 都禮切(dǐ)。

【譯文】牴，用角撞觸。从牛，氐聲。

【注釋】① 觸：《段注》：“角部曰：‘觸，牴也。’(牴)亦作抵、觝。”

⿰牜衛① 牛踶⿰牜衛②也。从牛，衛聲③。 于歲切(wèi)。

【譯文】⿰牜衛，牛踐踏。从牛，衛聲。

【注釋】① ⿰牜衛：王筠《句讀》：“⿰牜衛、躗一字，反足踶人也。”用牛蹄踢人自衛，故从牛从衛。踩地則爲蹋。参“躗”條。 ② 踶(dì)⿰牜衛：《段注》：“足部曰：‘踶者躗也。’⿰牜衛與躗互訓。踶⿰牜衛猶踐蹋也。” ③ 衛聲：聲中有義。

⿱臤牛 牛很①，不從引也。从牛，从臤②，臤亦聲。一曰：大皃。讀若賢。 喫善切(qiǎn)。

【譯文】⿱臤牛，牛不聽從使喚，不服從牽引。由牛、由臤會意，臤也表聲。另一義是，大的樣子。音讀象“賢”字。

【注釋】① 很：本書彳部：“很，不聽從也。” ② 从臤(qiān)：《段注》：“臤者，堅也。故从牛臤會意。”

牼 牛厀下骨①也。从牛，坙聲。《春秋傳》曰：“宋司馬牼字牛。”② 口莖切(kēng)。

【譯文】牼，牛膝下的直骨。从牛，坙聲。《春秋左傳》説：“宋國司馬牼的字叫牛。”

【注釋】① 牛𦞚下骨：即牛脛骨。朱駿聲《通訓定聲》：“人曰脛，牛曰牼。”　②《春秋傳》句：《左傳・哀公十四年》兩書司馬牛，不稱其名。

【參證】金文作牼。

牸 牛舌病①也。从牛，今聲。　巨禁切(jìn)。

【譯文】牸，牛舌病。从牛，今聲。

【注釋】① 牛舌病：《段注》：“《廣韻》作‘牛舌下病’。舌病則噤閉不成聲。亦作𤘙。”

犀 南徼①外牛。一角在鼻，一角在頂，似豕②。从牛，尾聲。先稽切(xī)。

【譯文】犀，南方邊境外出產的牛。一隻角在鼻上，一隻角在額頂上，(頭)象豬。从牛，尾聲。

【注釋】① 徼(jiào)：邊境，邊界。王筠《句讀》：“徼猶塞也。東北謂之塞，西南謂之徼。”　② 一角諸句：《漢書・平帝紀》“黄友國獻犀牛”顔師古注：“犀狀如水牛，頭似豬而四足類象。黑色，一角當額前，鼻上又有小角。”

【參證】金文作犀。

牣 牣①滿也。从牛②，刃聲。《詩》曰③：“於！牣魚躍。”　而震切(rèn)。

【譯文】牣，充滿。从牛，刃聲。《詩經》說：“嗚乎！滿池的魚在跳躍。”

【注釋】① 牣：衍字。　② 从牛：徐鍇《繫傳》：“牛，大物也。故爲滿。”徐灝《段注箋》：“許未言从牛之義，戴氏侗曰：‘牛充腯(tú，肥)也。’是也。引申爲牣滿之稱。”　③《詩》：指《大雅・靈臺》。

物 萬物也。牛爲大物；天地之數，起於牽牛①：故从牛。勿聲。　文弗切(wù)。

【譯文】物，萬物。牛是萬物中的大物；天地間的事數，興起於牽牛而耕：所以物从牛。勿表示讀音。

【注釋】① 天地句：張舜徽《約注》：“數猶事也，民以食爲重，牛資農耕，事之大者，故引牛而耕，乃天地間萬事萬物根本。”

【參證】物的本義是雜色牛，即今人所說的花色牛。見王國維《觀堂集林・釋物》。李孝定《讀契識小録》(《史語所集刊》第 35 本)："(勿)其本義爲雜色旗，引申爲凡雜色之稱，物字从牛从勿，勿亦相，其本義爲雜色牛。……引申之'以名萬有不齊之庶物，斯文字引申之通例矣'(王國維《釋物》)。"

犧 宗廟之牲①也。从牛，羲聲。賈侍中説②，此非古字。 許羈切(xī)。

【譯文】犧，供宗廟祭祀用的牲畜。从牛，羲聲。賈侍中説：這不是古字。

【注釋】① 牲：《尚書・微子》孔傳："色純曰犧，體完曰牷，牛羊豕曰牲。" ② 賈侍中：桂馥《義證》："賈逵字景伯，扶風人，官侍中。許公受學於逵，故稱官而不名。"

【參證】秦詛楚文作，所以賈逵説犧不是古字。

文四十五 重一

犍① 犗②牛也。从牛，建聲。亦郡名③。 居言切(jiān)。

【譯文】犍，閹割牛。从牛，建聲。也是郡名。

【注釋】① 犍：《鈕新附考》引《廣韻》："劇訓以刀去牛勢。或作犍。"按：虔，羣紐；建，見紐。羣見旁紐。虔、建，元部。故劇、犍，同字異體。 ② 犗：本書有犗字，其義爲"騬(chéng)牛"。參"犗"條。③ 郡名：犍爲，地名。《鄭新附考》："漢武帝置犍爲郡。漢碑皆从木，作楗。六朝人書乃作犍。"

犝① 無角牛也。从牛，童聲②。古通用僮③。 徒紅切(tóng)。

【譯文】犝，無角的幼牛。从牛，童聲。古通用僮。

【注釋】① 犝：《鈕新附考》："《易・大畜》'童牛之牿'，《釋文》：'童，《廣》、《蒼》作犝。'劉云：'童，妾也。'是古通作童。" ② 童聲：童(童僕)、僮(僮幼)，古通用。見高亨《周易古經今注》。故童聲有幼義。 ③ 古通用僮：《鈕新附考》："蓋據'告'下引《易》'僮牛之告'。然經典中無作僮者，恐所用《易》爲後人改。"參"告"條。

文二 新附

犛部

犛　西南夷①長髦②牛也。从牛,𠩺聲。凡犛之屬皆从犛。莫交切③(máo/lí)。

【譯文】犛,西南少數民族地區的長毛牛。从牛,𠩺(lí)聲。大凡犛的部屬都从犛。

【注釋】① 夷:泛指少數民族。　② 長髦:髦本義爲頭髮。《段注》"髦"字下:"古亦假髦爲毛。"《段注》:"謂背厀胡(頸下的垂肉)尾皆有長毛。下文氂字乃專謂尾也。"　③ 莫交切:《段注》:"按:犛切里之,氂切莫交。徐用《唐韻》,不誤。而俗本誤易之。"照《段注》,犛當讀 lí,氂當讀 máo。參"氂"條。

氂　犛牛尾也。从犛省,从毛①。　里之切②(lí/máo)。

【譯文】氂,氂牛尾。由犛省牛、由毛會意。

【注釋】① 从犛省从毛:朱駿聲《通訓定聲》:"从犛省,从毛,會意,毛亦聲。"　② 里之切:當作莫交切,音 máo。參"犛"條。

斄　彊曲①毛,可以箸②起衣。从犛省,來聲。庲,古文斄省。洛哀切(lái)。

【譯文】斄,倔强的毛,可以用來充裝衣。由犛省去牛,來聲。庲,古文,是斄字省去"攵"。

【注釋】① 彊曲:王筠《釋例》:"彊曲似當作强屈,即倔强也。"

② 箸:王筠《句讀》:"充之以絮。"這裏指用彊曲毛填充到衣的表裏兩層中間。

文三　重一

告部

告　牛觸人,角箸横木,所以告人也。从口,从牛。《易》①曰:"僮牛之告。"凡告之屬皆从告。　古奥切(gào)。

【譯文】牛喜歡抵觸人,角上施加横木,是用以告訴人們的標誌。由口、由牛會意。《易經》説:"幼牛角上附箸横木。"大凡告的部屬都从告。

【注釋】①《易》：指《大畜》爻辭。今作"童牛之牿"。高亨《周易古經今注》："童（童僕）、僮（僮幼），告、牿，古並通用。"

【參證】甲文作、，金文作。《段注》："牛口爲文，未見告義；且字形中無木，則告意未顯。"徐灝《段注箋》："童牛籠口，至今農家猶然。""借爲告語之口，後爲借義所專，又加木作梏，或作牿，實一字也。告語之告，古亦讀與梏同。"張日昇《金文詁林》案語以爲祭神以牛並加祝告，故从口从牛。二説並可參。

嚳　急，告之甚也[①]。从告，學省聲。　苦沃切(kù)。

【譯文】嚳，急迫，告得很急。从告，學省子爲聲。

【注釋】① 急，告之甚也：一句數讀。當作"急也，告之甚也"。沈濤《古本考》："今本急下奪一也字。"告之甚，動補結構。之，助詞。甚，形容詞，很急。

文二

口部

口　人所以言食也。象形。凡口之屬皆从口。　苦后切(kǒu)。

【譯文】口，人用來説話飲食的器官。象形。大凡口的部屬都从口。

【參證】甲文作，金文作。

噭　吼[①]也。从口，敫聲。一曰：噭，呼[②]也。　古弔切(jiào)。

【譯文】噭，口，孔。从口，敫聲。另一義説：噭是呼號的意思。

【注釋】① 吼：顧廣圻《辨疑》："吼者，口孔二字併成一字之誤也。"朱駿聲《通訓定聲》："當作口也，孔也。許書無吼。"　② 呼：《禮記·典禮》"毋噭應"鄭注："噭，號呼之聲也。"按：噭同"叫"。

【參證】口、孔是本義，呼叫是引申義。當寒風呼嘯時，湖湘形容面北的門窗，"針鼻小的眼，海碗大的風"。口子、孔穴愈小，氣流愈急，震動的頻率愈高，發出的聲響愈尖愈高愈大。故口、孔引申爲呼叫。

噣　喙[①]也。从口，蜀聲。　陟救切(zhòu)。

【譯文】噣，鳥嘴。从口，蜀聲。

【注釋】① 喙：《段注》："《曹風》：'不濡（rú，浸濕）其咮（zhòu）。'毛曰：'咮，喙也。'《玉篇》引'不濡其噣'。咮、噣二同，朱聲、蜀聲同部也。"參"咮"條。

喙

口①也。从口，彖聲。　許穢切（huì）。

【譯文】喙，獸嘴。从口，彖（chǐ）聲。

【注釋】① 口：王筠《句讀》："《通俗文》：'獸口曰喙。'《左傳》：'深目而豭（jiā，公豬）喙。'"《廣雅·釋親》："噣，喙，口也。"按統言無別，析言之，噣爲鳥嘴，喙爲獸嘴。

【參證】甲文作、。唐蘭《天壤閣甲骨文存考釋》："豖（不是豖字）當爲喙之本字。""豕喙異於常畜，故从豕，而卜辭此字，又特示其喙狀也。《説文》喙从彖聲，朱駿聲謂當从彖聲，又以彖爲豕之或體。""喙爲豕喙，引申之則鉅喙之畜或獸，皆得稱喙。"

吻

口邊①也。从口，勿聲②。，吻或从肉从昏③。　武粉切（wěn）。

【譯文】吻，嘴唇。从口，勿聲。䏙，吻的或體，从肉，从昏聲。

【注釋】① 口邊：王筠《句讀》："《蒼頡篇》：'吻，脣兩邊也。'"

② 勿聲：勿上古屬物部明紐，吻屬文部明紐。吻、勿，文物對轉。

③ 从昏：《段注》："昏，聲也。"按許書無昏字，參"昏"條。

嚨

喉①也。从口，龍聲。　盧紅切（lóng）。

【譯文】嚨，喉嚨。从口，龍聲。

【注釋】① 喉：《爾雅·釋鳥》："亢，鳥嚨。"郭注："嚨，謂喉嚨。"

【參證】甲文作、。《甲骨文字詁林》姚孝遂按："（甲文）爲人名或國族名。"

喉

咽也①。从口，侯聲。　乎鉤切（hóu）。

【譯文】喉，咽喉。从口，侯聲。

【注釋】① 咽（yān）：喉與咽連稱咽喉，口語作喉嚨。

噲

咽①也。从口，會聲。讀若快。一曰：嚵②，噲也。　苦夬切（kuài）。

【譯文】噲，下咽。从口，會聲。音讀象"快"字。另一義説，噲是獸嘴。

【注釋】① 咽(yàn)：王筠《句讀》："此下咽之咽。"動詞。　② 嚵(chán)：喙。見本部"嚵"下。嚵噲，《段注》本作"噲嚵"。譯文依段本。

吞　咽[1]也。从口，天聲。　土根切(tūn)。

【譯文】吞，咽下。从口，天聲。

【注釋】① 咽(yàn)：徐灝《段注箋》："喉謂之咽(今音 yān)。因之食下曰咽(yàn)，故吞訓爲咽，亦作嚥，讀去聲。食下氣塞曰咽(yè)，讀入聲。皆一字而分虛實義耳。"

咽　嗌也。从口，因聲[1]。　烏前切(yān)。

【譯文】咽，咽喉。从口，因聲。

【注釋】① 因聲：聲中有義。《段注》："咽者，因也。言食因於是以上下也。"因，有依憑義。

嗌　咽也。从口，益聲。，籒文嗌，上象口，下象頸脈理也。伊昔切(yì)。

【譯文】嗌，咽喉。从口，益聲。，是籒文嗌字，上面的象口，下面的象頸上血管的紋理。

【參證】金文作，《先秦貨幣文編》作。戴家祥《金文大字典》："爲咽之初文，从口从冄(rǎn)，殆指人之咽喉當頰須之口。""𦍒本象形，變而爲咽、爲嗌、爲噎則爲形聲，而又聲符更旁，後又假借爲益。"

嘽　大口[1]也。从口，軍聲。　牛殞切(yǔn)[2]。

【譯文】嘽，口大的樣子。从口，軍聲。

【注釋】① 大口：《集韻》："口大齒醜皃。"　② 拼音依《廣韻》魚吻切。

哆　張口也。从口，多聲[1]。　丁可切(duǒ/chǐ)[2]。

【譯文】哆，張口的樣子。从口，多聲。

【注釋】① 多聲：聲中有義。馬敘倫《六書疏證》："从多得聲之字有大義。"張口則口大也。　② 今讀依《廣韻》尺氏切。

呱　小兒啼[1]聲。从口，瓜聲。《詩》[2]曰："后稷呱矣。"　古乎切(gū)。

【譯文】呱，小兒啼哭聲。从口，瓜聲。《詩經》説："后稷呱呱地哭泣了。"

【注釋】① 唬：今作啼。　② 《詩》：指《大雅・生民》。

啾

小兒聲①也。从口，秋聲。　即由切(jiū)。

【譯文】啾，小兒聲。从口，秋聲。

【注釋】① 小兒聲：引申爲小聲。《廣韻・尤韻》："啾，啾唧，小聲。"

喤

小兒聲①。从口，皇聲②。《詩》③曰："其泣喤喤。"　乎光切(huáng)。

【譯文】喤，小兒聲。从口，皇聲。《詩經》説："他的哭聲呀喤喤地十分響亮。"

【注釋】① 小兒聲：《段注》："啾謂小兒小聲，喤謂小兒大聲。"
② 皇聲：聲中有義。承培元《引經證例》："从皇之字皆有大意。"
③ 《詩》：指《小雅・斯干》。

咺

朝鮮謂兒泣不止曰咺①。从口，宣省聲②。　况晚切(xuǎn)。

【譯文】咺，朝鮮稱小兒哭泣不止叫咺。从口，宣省宀爲聲。

【注釋】① 朝鮮句：《方言》卷一："咺，怛痛也；凡哀泣而不止曰咺。燕之外鄙，朝鮮、洌水之間少兒泣而不止曰咺。"　② 宣省聲：王煦《五翼》："當云'从口，亘聲'。"

咣

秦晉謂兒泣不止曰咣①。从口，羌聲。　丘尚切(qiàng)。

【譯文】咣，秦晉之間稱小兒哭泣不止叫咣。从口，羌聲。

【注釋】① 秦晉句：《方言》卷一："自關而西秦晉之間，凡大人、少兒泣而不止，謂之咣。哭極音絶亦謂之咣。"

咷

楚謂兒泣不止曰噭咷①。从口，兆聲。　徒刀切(táo)。

【譯文】咷，楚地稱小兒哭泣不止爲噭咷。从口，兆聲。

【注釋】① 噭咷：也作"嚎啕"、"號咷"。

喑

宋齊謂兒泣不止曰喑①。从口，音聲。　於今切(yīn)。

【譯文】喑，宋齊之間稱小兒哭泣不止叫喑。从口，音聲。

【注釋】① 喑：《段注》："喑之言瘖也，謂啼極無聲。"《方言》卷一："平原謂啼極無聲謂之咣哴，楚謂之噭咷，齊宋之間謂之喑。"

嶷 小兒有知也。从口，疑聲。《詩》[①]曰："克岐克嶷。" 魚力切(nì)。

【譯文】嶷，小兒懂事的樣子。从口，疑聲。《詩經》説："能够懂事了，能够識别事物了。"

【注釋】①《詩》：指《大雅・生民》。嶷，今作嶷。嶷音 nì，峻茂之狀。《段注》："《大雅》：'克岐克嶷。'毛傳：'岐，知意也；嶷，識也。'按此由俗人不識嶷字，蒙上岐字改从山旁耳。"

咳 小兒笑[①]也，从口，亥聲。孩，古文咳从子。 户來切(hái)。

【譯文】咳，小兒笑的樣子。从口，亥聲。孩是古文咳字，从子。

【注釋】① 小兒笑：張舜徽《約注》："小兒笑曰咳，因之小兒亦稱孩，用引申義也。後世謂兒爲孩，借咳爲欬(ké 咳嗽)，分爲二字矣。"

嗛[①] 口有所銜也。从口，兼聲。 户監切(xián)。

【譯文】嗛，口裏有含着的東西。从口，兼聲。

【注釋】① 嗛：朱駿聲《通訓定聲》："誼與含略同。"

咀 含、味[①]也。从口，且聲。 慈吕切(jù/jǔ)。

【譯文】咀，口裏含着東西，而品玩其味。从口，且聲。

【注釋】① 含、味：《段注》："含而味之。"

啜 嘗也。从口，叕聲。一曰：喙也。 昌説切(chuò)。

【譯文】啜，品嘗。从口，叕聲。另一義説：啜是鳥獸的嘴。

噍 噍[①]也。从口，集聲。讀若集。 子入切(jí)。

【譯文】噍，咀嚼。从口，集聲。音讀象"集"字。

【注釋】① 噍(jiào)：同嚼。

嚌 嘗也。从口，齊聲。《周書》[①]曰："大保[②]受同[③]，祭，嚌。"[④] 在詣切(jì)。

【譯文】嚌，嘗(酒)。从口，齊聲。《周書》説："太保接過酒栝，祭酒，嘗酒。"

【注釋】①《周書》：指《尚書・顧命》。 ② 大保：古代三公之一，位次於太傅。 ③ 同：酒栝。 ④ 嚌：桂馥《義證》引正義："嚌，至於齒，示飲而實不飲也。"故曰嘗。

噍 齧也。从口,焦聲。嚼,噍或从爵①。 才肖切(jiào)。又,才爵切(jué)。

【譯文】噍,咀嚼。从口,焦聲。嚼,是噍的或體,从爵聲。

【注釋】① 从爵:《段注》:“古焦、爵同部同音。”

吮① 欶也。从口,允聲。 徂沇切(juàn/shǔn)②。

【譯文】吮,用口含吸。从口,允聲。

【注釋】① 吮:《釋名》:“吮,循也。不絶口,稍引滋汋,循咽而下也。”故釋爲“含吸”。 ② 今讀依《廣韻》食尹切。

啐 小歓①也。从口,率聲。讀若啾②。 所劣切(shuā/shuì)③。

【譯文】啐,稍微飲一點。从口,率聲。音讀象“刷”字。

【注釋】① 歓:今作飲。 ② 啾:今作刷。 ③ 今讀依《廣韻》山芮切。

嚵 小啐也。从口,毚聲。一曰:喙①也。 士咸切(chán)。

【譯文】嚵,稍微飲一點。从口,毚聲。另一義説,嚵是鳥獸的嘴。

【注釋】① 喙:徐灝《段注箋》:“上文‘噲,咽也。一曰嚵也’。此嚵‘一曰喙也’。是喙、噲字異而義同。”

噬 啗①也,喙②也。从口,筮聲。 時制切(shì)。

【譯文】噬,咬吃,喘息。从口,筮聲。

【注釋】① 啗:本書齒部:“齧,噬也。”可見噬、齧義同。而啗本義是食,這裏用啗訓噬,統言無别。 ② 喙:《廣雅·釋詁》:“喙,息也。”王念孫《疏證》:“喙爲喘息之息。”

啗① 食也。从口,臽聲。讀與含同。 徒濫切(dàn)。

【譯文】啗,咬吃。从口,臽聲。音讀與“含”相同。

【注釋】① 食:見“噬”條。

嘰 小食①也。从口,幾聲。 居衣切(jī)。

【譯文】嘰,稍微吃一點。从口,幾聲。

【注釋】① 小食:《正字通·口部》:“即少食。古小少字通。”

噂 噍皃。从口,尃聲。 補各切(bó)。

【譯文】噂,咀嚼的樣子。从口,尃聲。

含[1]　嗛[2]也。从口，今聲。　胡男切（hán）。

【譯文】含，銜。从口，今聲。

【注釋】① 含：《釋名》："含，合也。合口而停之也。"朱駿聲《通訓定聲》："與左形右聲之吟别。"　② 嗛：口裏銜着。參"嗛"條。

哺　哺咀[1]也。从口，甫聲。　薄故切（bǔ）。

【譯文】哺，口中咀嚼食物。从口，甫聲。

【注釋】① 哺咀：《爾雅・釋鳥》"鶌"條下《釋文》引作"口中嚼食也"。

味　滋味[1]也。从口，未聲[2]。　無沸切（wèi）。

【譯文】味，滋味。从口，未聲。

【注釋】① 滋味：王筠《句讀》："《檀弓》：'必有艸木之滋焉。'注：'增以香味。'是滋即味也。"滋味，同義複合。　② 未聲：聲中有義。未本象木重枝葉之形，表示艸木老成而有滋味。見"未"條。後因滋味與口嘗有關，則加口作味。

嗍　食辛嗍[1]也。从口，樂聲。　火沃切（hù）。

【譯文】嗍，食物味道辛辣。从口，樂聲。

【注釋】① 嗍：《段注》："嗍謂辛螫（shì，有毒腺的蟲子刺人，這裏指刺激）。"朱駿聲《通訓定聲》："今俗謂辛螫曰辣。"

嚽　口滿食。从口，竅聲。　丁滑切（zhuó）。

【譯文】嚽，口裏塞滿食物。从口，竅聲。

噫　飽食息[1]也。从口，意聲。　於介切（ài）。

【譯文】噫，吃飽了東西从胃裏發出的聲息。从口，意聲。

【注釋】① 飽食息：王筠《句讀》："大飽气室，喉中閣閣有聲。"徐灝《段注箋》："謂飽食而氣行，非謂鼻息也。……又於其切（yī），嗟嘆聲。又爲語詞。或謂與抑同。"按：噫（ài），後作"噯"。

嘽　喘息也。一曰：喜[1]也。从口，單聲[2]。《詩》[3]曰："嘽嘽駱馬[4]。"　他干切（tān）。

【譯文】嘽，喘息。另一義説：嘽是喜悦。从口，單聲。《詩經》説："（直跑得）嘽嘽地喘息不停啊，那長滿黑鬃的白馬。"

【注釋】① 喜：朱駿聲《通訓定聲》："喜而甚亦喘息。" ② 單聲：聲中有義。徐灝《段注箋》："單本訓大也。"喘息是急促的呼吸，必然大口大口地作深呼吸。 ③《詩》：指《小雅·四牡》。 ④ 嘽嘽駱馬：毛傳："嘽嘽，喘息之貌。馬勞則喘息。""白馬黑鬣曰駱。"

唾 口液也。从口，垂聲。涶[①]，唾或从水。 湯臥切(tuò)。

【譯文】唾，口中唾液。从口，垂聲。涶，唾的或體，从水。

【注釋】① 涶：王筠《句讀》："水部已見，此重出。"水部："涶，河津也。"

咦 南陽謂大呼[①]曰咦。从口，夷聲。 以之切(yí)。

【譯文】咦，南陽地方叫出大氣爲咦。从口，夷聲。

【注釋】① 大呼：《段注》："呼，外息也；大呼，大息也。"

呬 東夷[①]謂息爲呬。从口，四聲。《詩》[②]曰："犬夷呬矣。" 虚器切(xì)。

【譯文】呬，東齊地方叫呼吸作呬。从口，四聲。《詩經》說："犬夷族只得疲憊而喘氣了。"

【注釋】① 東夷：《段注》："當作東齊。" ②《詩》：指《大雅·緜》。今本《毛詩》原文作"混夷(kūn yī)駾(tuì，馬行疾皃，這裏指逃竄)矣，維其(推原之詞)喙(困極而息)矣"。許引《詩》合此兩句爲一句，混夷作犬夷，喙作呬。這是引的三家《詩》，所以與《毛詩》不同。

【參證】甲文作、，金文作、。上象鼻子正面形，鼻梁、鼻翼、側俯的鼻孔；下面象鼻端出入的氣息。丁山《數名古誼》以爲"四"是"呬"的本字。按：春秋以後金文四作，是鼻孔形，一是表示氣息。後因呼吸也與口有關，故又从口，作"呬"。參"四"條。

喘[①] 疾息[②]也。从口，耑聲。 昌沇切(chuǎn)。

【譯文】喘，急促地呼吸。从口，耑聲。

【注釋】① 喘：《釋名》："喘，湍也。湍，疾也。氣出入湍疾也。"即呼吸象急流的水十分迅疾。 ② 疾息：《段注》："此分別言之。息下曰：'喘也。'渾言之也。"參"息"條。

呼 外息[①]也。从口，乎聲。 荒烏切(hū)。

【譯文】呼，向外吐氣。从口，乎聲。

【注釋】① 外息:《段注》:"出其息也。"

【參證】甲文作,金文作。構形不明。

吸 内息①也。从口,及聲。 許及切(xī)。

【譯文】吸,向内吸氣。从口,及聲。

【注釋】① 内息:《段注》:"納其息也。"

噓 吹①也。从口,虛聲。 朽居切(xū)。

【譯文】噓,有意識地慢慢地呼氣。从口,虛聲。

【注釋】① 吹:王筠《句讀》:"《聲類》:'出气急曰吹,緩曰噓。'按:吹噓亦外息,與呼同。呼出自然,吹噓出於有意,則異。"按:吹、噓析言有别,渾言不分。

吹 噓①也。从口,从欠②。 昌垂切(chuī)。

【譯文】吹,撮起嘴脣急促地吐氣。由口,由欠會意。

【注釋】① 噓:本書欠部重出"吹"字,許釋爲"出气也"。 ② 从口,从欠:《段注》:"口欠(呵欠)則气出會意。"參"噓"條。

【參證】甲文作、,金文作。象人張口吹氣之形。因强調其嘴脣的動作,故又从口。

喟 大息①也。从口,胃聲。嘳,喟或从貴②。 丘貴切(kuì)。

【譯文】喟,深深地嘆息。从口,胃聲。嘳,喟的或體,从貴聲。

【注釋】① 大息:《漢書·高帝紀》:"喟然大息。"顔師古注:"喟,嘆息皃。大息,言其嘆息之大。" ② 从貴:《段注》:"胃、貴聲同部。"

啍 口气也。从口,臺聲。《詩》①曰:"大車啍啍。" 他昆切(tūn)。

【譯文】啍,口氣。从口,臺聲。《詩經》説:"大車行走又沉重又遲緩。"

【注釋】①《詩》:指《王風·大車》。《段注》:"啍言口气之緩,故引申以爲重遲之皃。"張舜徽《約注》:"今俗猶稱行動重遲者爲慢啍啍,蓋古遺語也。"今常作"慢吞吞",又作"慢騰騰"。見《現代漢語詞典》。

嚏 悟解气①也。从口,疐②聲。《詩》③曰:"願言則嚏。" 都計切(tì)。

【譯文】嚏,因阻塞牾逆而噴散的氣。从口,疐聲。《詩經》説:“思念起來就打噴嚏。”

【注釋】① 悟解气:王筠《句讀》:“悟當作牾。”《段注》:“‘嚏’解當改云‘歕鼻也’爲安。口與鼻同時气出。”徐灝箋:“解當爲解散之解。解氣即謂歕鼻也。”按:此謂因牾逆而口鼻同時噴出之氣。 ② 疐(zhì):本書叀部:“礙不行也。”聲中兼義。 ③《詩》:指《邶風·終風》。今本原文作“寤言(連詞)不寐,願言(連詞)則嚏”。朱熹《集注》:“願,思也。嚏,鼽(qiú)嚏也。”

嚌 野人言之①。从口,質聲②。 之日切(zhì)。

【譯文】嚌,鄉野之人的話。从口,質聲。

【注釋】① 野人言之:當依徐鍇《繫傳》作“野人之言”。 ② 質聲:《段注》:“《論語》曰:‘質勝文則野。’此字會意兼形聲。”徐灝箋:“質,嚌,相承增口旁,蓋漢時之俗字耳。”按:就質、嚌先後均可表野人之言而言,嚌是質的後起增偏旁體;就“嚌”字内部的“口”與“質”的關係而言,是會意兼形聲。質表粗野、鄙野、鄉野之意,口表言之所由出。从口从質會意,故謂“野人之言”。同時,質也表聲。

唫 口急①也。从口,金聲。 巨錦切(jìn)。又,牛音切(yín)。

【譯文】唫,口急(不能暢言)。从口,金聲。

【注釋】① 口急:桂馥《義證》:“口急也者,俗言牙關緊也。”“謂口緊語吃(舊讀 jí)”。

噤 口閉也。从口,禁聲①。 巨禁切(jìn)。

【譯文】噤,閉口不言。从口,禁聲。

【注釋】① 禁聲:聲中有義,禁是避忌。因有避忌,故“口閉”。

名 自命①也。从口,从夕。夕者,冥也。冥不相見,故以口自名。 武并切(míng)。

【譯文】名,自己稱呼自己的名字。由口、由夕會意。夕是夜晚的意思。夜晚彼此不看見,所以自己稱呼自己的名字。

【注釋】① 自命:自己稱呼自己的名字。命:命名。這裏指稱呼。

【參證】甲文作,金文作。會意字,表示在黑夜裏以口自名。張舜徽《約注》:“許君云自命者,謂自呼其名也。古者嚴男女之防,《禮記·内則》所云:'夜行以燭,無燭則止。'蓋所以閑内外者爲至密,故禁冥行。冥行則必自呼其名,使人知之,所以厚别遠嫌也。此篆説解,足補古代禮制之遺,最爲可據。"

吾 我,自稱也。从口,五聲。　五乎切(wú)。

【譯文】吾,我,是自己對自己的稱呼。从口,五聲。

【參證】金文作[古文字形]、[古文字形]。高田忠周《古籀篇》卷四十八:"吾實語字古文。""字原作[古文字形](按:《汗簡》作[古文字形]),从口[古文字形],[古文字形]亦聲。""[古文字形][古文字形]古今字,故[古文字形]吾古今字。而借吾爲我,又作从言語字,以爲言語專字。"存參。

哲 知①也。从口,折聲。[古文字形],哲或从心②。[古文字形],古文哲,从三吉。　陟列切(zhé)。

【譯文】哲,明智。从口,折聲。悊,哲的或體,从心。嚞,古文哲,由三個吉字會意。

【注釋】① 知:《段注》:"《釋言》曰:'哲,智也。'《方言》曰:'哲,知也。'古智知通用。"　② 哲或从心:《段注》:"按心部云:'悊,敬也。'疑敬是本義,以爲哲是假借。"

【參證】金文作[古文字形]、[古文字形]、[古文字形]、[古文字形]、[古文字形]。首字从心,从目,从彳,折聲。古人以爲,心主思。智者必然思惟縝密,眼光明亮,行爲合宜,故从心,从目,从彳(表行爲)。次字省彳,三字、四字省目。又因明智者的一切皆由言語表達,而言語皆出自於口,故哲又从口。又,商承祚《説文中之古文考》:"《詩·抑》:'靡喆不愚。'从二吉,與三吉同義。古文複體之字,从二者或从三,从三者或从四,如甲骨文豩、豩,犇、䨇,其例也。"按:吉者善也;明智者必吉利,必有善遇。

君 尊①也。从尹②;發號,故从口。[古文字形],古文象君坐形。　舉云切(jūn)。

【譯文】君,尊貴。从尹(,表示治理的意思);發號司令,所以从口。[古文字形],是古文,象君主坐着的樣子。

【注釋】① 尊:此是聲訓。《段注》:"此'羊,祥也'、'門,聞也'、'户,護也'、'髪,拔也'之例。"　② 从尹:本書"伊"下:"尹,治天下者。"

【參證】甲文作[古文字形],金文作[古文字形]、[古文字形]。甲文从又(手)持筆,从[古文字形]。甲文偏旁从口(ㅂ)與否常常無别。君本作尹。章太炎《文始》:“春秋君氏亦作尹氏。《荀子》‘君疇’,《新序》作‘尹疇’。則尹君一字也。”尹是治民的通稱,引申爲尊稱。李孝定《金文詁林讀後記》:“(金文)遂爲許書古文所自昉。”“卜辭稱多君,與多尹多臣多公同意,爲人臣之稱。”

命　使也。从口,从令。　眉病切(mìng)。

【譯文】命,使令。由口、由令會意。

【參證】甲文作,金文作、。令命同字。戴家祥《金文大字典》:“命爲令之加旁字,从口从令,令亦聲。”令,古音耕部;命,陽部。陽耕韻近,古多通諧。又,令,來紐;命,明紐。來、明常通。戴説存參。

咨　謀事曰咨。从口,次聲。　即夷切(zī)。

【譯文】咨,謀劃事情叫咨。从口,次聲。

召　評[①]也。从口,刀聲。　直少切(zhào)。

【譯文】召,呼唤。从口,刀聲。

【注釋】① 評:朱駿聲《通訓定聲》:“以言曰召,以手曰招。”

【參證】甲文作,金文作、、、。金文首字録自於召卣。徐中舒《甲骨文字典》卷二:“爲匕柶之匕,匕下从口或从酉,酉象酒尊之形,,所以薦尊,後譌爲,从,象雙手,以手持匕挹取酒醴,表示主賓相見,相互紹介,侑於尊俎之間,當爲紹介之紹初文。金文形同,作(召卣),後簡化爲(克鍾),是即小篆所本。”存參。

問　訊也。从口,門聲。　亡運切(wèn)。

【譯文】問,詢問。从口,門聲。

【參證】甲文作、。

唯　諾[①]也。从口,隹聲。　以水切(wěi)。

【譯文】唯,應答聲。从口,隹聲。

【注釋】① 諾:《段注》:“此渾言之。《玉藻》曰:‘父命呼,唯而不諾。’析言之也。”

【參證】甲文作、,金文作、。甲文隹象禽類有羽毛之形,借爲助詞,晚期分化出唯。李孝定《金文詁林讀後記》卷二:“卜辭中語辭之唯多作隹,不从口,金文始多从口,以爲唯諾本字。”

[①] 導也。从口，昌聲。 尺亮切(chàng)。

唱 【譯文】唱，唱導。从口，昌聲。

【注釋】① 唱：《段注》："古多以倡(倡優)爲之。"徐灝《段注箋》："歌唱者，唱和之引申也。"

【參證】裘錫圭《説字小記》(《北京師範學院學報》一九八八年第二期)引俞樾《兒笘録》："今按：昌者，'唱'之古文也……夫'昌'之籀文本从口……从日从口會意。"又引王獻唐《周昌鉌考》："歌唱以口，故'昌'字从'口'，其上作'日'者，原始人羣，衣褐難結，多取暖於日，黑夜伏處，苦乏燈燭，曉起見日初升，陽和被體，出幽暗之中，頓啟光明，不覺鼓舞歡呼，引其呼聲，而歌唱生焉。""原人曉起見日而喜，喜而發唱，同類聞聲知曉，相率興作，習久成俗，遂以人司之，當曉日初出，即唱而報曉，呼醒衆人。其制沿爲周代雞人，《周禮・壽官・鷄人》'夜呼旦以嘂百官'，是也。……故引申字有導意。"裘文説："'唱'最初很可能指日方出時呼喚大家起身幹事的叫聲，這種叫聲大概多數有一定的調子，是歌唱的一個源頭。"

相譍[①]也。从口，禾聲。 户戈切(hé/hè)[②]。

和 【譯文】和，相譍和(hè)。从口，禾聲。

【注釋】① 相譍：徐鍇《繫傳》作應，許書無譍字。 ② 今讀依《廣韻》胡臥切。

【參證】金文作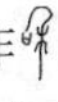。就構形从"口"而言，就"唱"、"和"二字緊接爲文而言，許意以爲，和的本義是人聲之歌唱應和。《詩・鄭風・蘀兮》："叔兮伯兮，倡予和女。"倡即唱。叔啊伯啊，你們領唱，起個頭，我來和(hè)你們。"龢"的本義是器樂彈奏之和諧，參"龢"條。一爲人聲，一爲器樂，雖有不同，其爲應合和諧則一也。故"和"可用爲"龢"。《詩・小雅・鹿鳴》："鼓瑟鼓琴，和樂且湛。"和，爲"龢龤"。

大笑[①]也。从口，至聲。《詩》[②]曰："咥其笑矣。" 許既切(xì)，又，直結切(dié)。

咥 【譯文】咥，大笑。从口，至聲。《詩經》説："嘻嘻地譏笑我呢。"

【注釋】① 大笑：朱駿聲《通訓定聲》："當爲笑聲，與唏略同。" ②《詩》：指《衛風・氓》。今本原文作"兄弟不知，咥其笑矣"。

啞　笑也。从口，亞聲。《易》①曰："笑言啞啞②。"　於革切(è)。

【譯文】啞，笑聲。从口，亞聲。《易經》說："笑聲啞啞。"

【注釋】①《易》：指《震卦》文。　② 啞啞：朱駿聲《通訓定聲》："笑聲也。"

噱　大笑也。从口，豦聲。　其虐切(jué)。

【譯文】噱，大笑。从口，豦聲。

唏　笑也①。从口，稀省聲。一曰：哀痛不泣曰唏②。　虛豈切(xǐ/xī)③。

【譯文】唏，笑。从口，稀省禾爲聲。另一義說：哀痛而不哭泣叫唏。

【注釋】① 笑也：湖湘間狀笑聲爲唏唏，今作嘻嘻。　② 哀痛句：《方言》卷一："唏，痛也，哀而不泣曰唏。於方則楚言哀曰唏。"　③ 今讀依《集韻》香衣切。

听　笑皃。从口，斤聲①。　宜引切(yǐn)。

【譯文】听，笑的樣子。从口，斤聲。

【注釋】① 斤聲：从"斤"聲之字多有"開"義。楊樹達《增訂積微居小學金石論叢》卷一："猒之吠必開口，故犬吠聲謂之犷，虎聲謂之虒。""忻爲心開，听文从口，當爲口開，笑者口必開，故听爲笑皃矣。"《莊子·盜跖篇》有"其中開口而笑者"之語，此古人謂笑爲"開口"之證。

呭　多言也。从口，世聲。《詩》①曰："無然呭呭。"　余制切(yì)。

【譯文】呭，話多。从口，世聲。《詩經》說："不要這樣喋喋不休。"

【注釋】①《詩》：指《大雅·板》。"呭呭"今作"泄泄"。泄，水名，假借爲呭。

噭　聲噭噭①也。从口，梟聲。　古堯切(jiāo)。

【譯文】噭，噭噭之聲。从口，梟聲。

【注釋】① 噭噭：象聲詞。

咄①　相謂②也。从口，出聲。　當沒切(duō)。

【譯文】咄，相告(而先作驚嘆)的詞。从口，出聲。

【注釋】① 咄：《段注》："謂欲相語而先驚之之詞。凡言'咄嗟'、'咄唶'、'咄咄怪事'者皆取猝乍相驚之意。"　② 謂：告訴。

唉　麐也。从口，矣聲。讀若埃。　烏開切(āi)。

【譯文】唉，表示應答的嘆詞。从口，矣聲。音讀象塵埃的"埃"字。

哉　言之閒[①]也。从口，𢦏聲。　祖才切(zāi)。

【譯文】哉，表詞語間歇的虚詞。从口，𢦏聲。

【注釋】① 言之閒：《段注》："凡兩者之際曰閒，一者之竟(末尾)亦曰閒。一之竟即兩之際也。言之閒歇多用哉字。"

【參證】金文作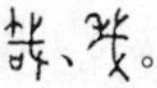。𢦏，从戈，才聲。才，古文多省作十，故𢦏又省作𢦓。

噂　聚語也。从口，尊聲。《詩》[①]曰："噂沓[②]背憎。"　子損切(zǔn)。

【譯文】噂，相聚而談論。从口，尊聲。《詩經》說："聚談就多言相悦，背地裏就互相憎恨。"

【注釋】①《詩》：指《小雅·十月之交》。　② 噂沓：毛傳："噂猶噂噂，沓猶沓沓。"鄭箋："噂噂沓沓。相對談語。"朱熹《集傳》："噂噂沓沓，多言以相説(悦)，而背則相憎。"這是斥責愛説讒言的人。噂，本書人部作僔。因"噂"从"口"，故許釋"聚語"；"僔"从"人"，故《段注》："謂聚人，非聚語。"其實，噂、僔應爲一字，只是版本不同的異文。參"僔"條。

咠　聶語[①]也。从口，从耳[②]。《詩》[③]曰："咠咠幡幡。"　七入切(qì)。

【譯文】咠，帖近耳朵説悄悄話，由口、由耳會意。《詩經》説："時而切切私語，時而反覆動搖。"

【注釋】① 聶語：《段注》："《耳部》曰：'聶，附耳私小語也。'按：聶取兩耳附一耳，咠取口附耳也。"　② 从口，从耳：口爲發言，耳爲聽受。口、耳相承會意。　③《詩》：指《小雅·巷伯》。"緝緝翩翩"在三章，"捷捷幡幡"在四章。《段注》："而云'咠咠幡幡'者，誤合二章爲一耳。"今"緝緝"是"咠咠"的假借。

呷　吸呷[①]也。从口，甲聲。　呼甲切(xiā)。

【譯文】呷，吸呷之呷。从口，甲聲。

【注釋】① 吸呷：形容衆聲雜沓。桂馥曰："吸呷也者，謂聲也。"沈濤《古本考》:“《子虛賦》:‘翕呷萃蔡。’張揖以爲衣裳張起之聲。翕、吸古通。吸呷、呷吸皆擬其聲。”

嘒 小聲也。从口，彗聲。《詩》[①]曰:“嘒彼小星。”嚖，或从慧[②]。 呼惠切(huì)。

【譯文】嘒，小聲。从口，彗聲。《詩經》説:“光芒微小而晶瑩啊，那小小的星星。”嚖是嘒的或體，从慧聲。

【注釋】①《詩》:指《召南·小星》。引《詩》申説嘒的引申義。《毛傳》:“嘒，微皃。” ② 从慧:朱駿聲《通訓定聲》:“从慧聲。”

嘫 語聲也。从口，然聲[①]。 如延切(rán)。

【譯文】嘫，(表示肯定應答)語氣的聲音。从口，然聲。

【注釋】① 从口，然聲:王筠《釋例》:“火部:‘然，燒也。’借爲應詞，又加口爲別耳。”邵瑛《羣經正字》:“今經典廢嘫字不用，衹用然字。”後又加火作燃燒字，以示與“然諾”字區別。

唪 大笑[①]也。从口，奉聲。讀若《詩》[②]曰:“瓜瓞[③]菶菶[④]。” 方蠓切(běng)。

【譯文】唪，大笑。从口，奉聲。音讀象《詩經》説的“瓜瓞菶菶”的“菶”字。

【注釋】① 大笑:錢坫《斠詮》:“此今俗唪腹大笑字。” ②《詩》:指《大雅·生民》。 ③ 瓞(dié):小瓜。 ④ 菶菶:茂盛貌。今本作唪唪，毛傳:“唪唪然多實也。”

嗔 盛气也。从口，真聲。《詩》[①]曰:“振旅嗔嗔[②]。” 待年切(tián)。

【譯文】嗔，盛氣。从口，真聲。《詩經》説:“軍隊凱旋，士氣旺盛。”

【注釋】①《詩》:指《小雅·采芑》。 ② 振旅嗔嗔:毛傳:“入曰振旅。”《尚書·大禹謨》“班師振旅”，正義:“兵入曰振旅，言整衆。”嗔嗔，今作“闐闐”。嗔與闐字異而音義俱通。

嘌 疾也。从口，票聲。《詩》[①]曰:“匪[②]車嘌兮。” 撫招切(piāo)。

【譯文】嘌，疾速。从口，票聲。《詩經》説:“那車兒跑得很快啊。”

【注釋】①《詩》:指《檜風·匪風》。 ② 匪:借爲彼，那個。

噱[①] 唬[②]也。从口,虖聲。 荒烏切(hū)。

嘑 【譯文】嘑,呼號。从口,虖聲。

【注釋】① 嘑:呼吸、嘑喚、召謼,用法不同,今皆用作“呼”。 ② 唬:本義爲嗁(啼),見“唬”條。當依徐鍇《繫傳》作“號”(háo)。《段注》:“号部曰:‘號,嘑也。’是爲轉注。《雞人》:‘夜嘑旦以嘂百官。’此嘑字之僅存者也。若《銜枚氏》‘嘂呼歎鳴’,《大雅》‘式號式呼’,以及諸書云叫呼者,其字皆當作嘑,不當用外息之字。”段氏是就嘑的本義本用而言。

音聲喅喅[①]然。从口,昱聲。 余六切(yù)。

喅 【譯文】喅,聲音衆多的樣子。从口,昱聲。

【注釋】① 喅喅:《集韻》:“喅喅,衆聲。”

吹聲[①]也。从口,肅聲。歗[②],籀文嘯从欠[③]。 穌弔切(xiào)。

嘯 【譯文】嘯,撮口出聲。从口,肅聲。歗,籀文嘯字,从欠。

【注釋】① 吹聲:《詩·召南·江有汜》箋:“嘯,蹙(cù,聚攏)口而出聲也。” ② 歗:本書欠部有歗字。此重出。 ③ 从欠:欠本象打呵欠貌,誇大其昂首張口之形,嘯撮口,欠張口,其爲口,一也。故“嘯”又可从“欠”作“歗”。參“欠”條。

説[①]也。从口,㠯聲。 與之切(yí)。

台 【譯文】台,喜悦。从口,㠯(yí)聲。

【注釋】① 説(yuè):通悦。徐鍇《繫傳》:“《史記序傳》曰‘諸吕不台’,作此字。言不爲人所怡悦也。”《段注》:“台説者,今之怡悦字。《説文》怡訓和,無悦字。”

【參證】金文作[金文]、[金文]、[金文]。陳夢家《金文論文選·禺邗王壺考釋》:“‘台’即‘以’字。金文‘台’字去‘口’即‘以’字,‘台’者‘以’之孳乳字也。東周金文始增‘口’爲‘台’。”按:以,金文作[金文],篆文作[篆文],隸定作㠯。

喜也。从口,䍃聲。 余招切(yáo)。

嗂 【譯文】嗂,喜。从口,䍃聲。

開[①]也。从户,从口。 康禮切(qǐ)。

启 【譯文】启,開。由户、由口會意。

【注釋】① 開：徐鍇《繫傳》："《爾雅》明星爲启明，言晨見東方爲開明之始也。"

【參證】甲文作[甲文]。象用手開門的樣子。商承祚《殷契佚存》："𢼄爲開𢼄之本字。以手启户爲初意，或增口作[甲文]，或省又作[甲文]，羅師叔言謂'自名以評門者往，以又启之'是也。其後借以爲雨而晝姓(晴)之霽，觀其上从日作[甲文]、[甲文]，象晝姓(晴)启户見日，从月作[甲文]，象夜姓启户見月。亦可以知其遭變之迹矣。"李孝定《甲骨文字集釋》第二："今吾鄉(湘省)謂晴猶曰'開天'，蓋古語之遺也。"

嗿

聲也。从口，貪聲。《詩》[①] 曰："有嗿[②] 其饁[③] 。"　他感切(tǎn)。

【譯文】嗿，(衆人飲食的)聲音。从口，貪聲。《詩經》説："那些送來的飯，衆人吃得嗒嗒的響。"

【注釋】①《詩》：指《周頌・戴芟》。　② 有：助詞。　③ 饁(yè)：送給田間勞動者吃的飯食。毛傳："嗿，衆貌。"朱熹《集注》："衆飲食聲也。"

咸

皆也；悉也。从口，从戌。戌，悉也[①]。　胡監切(xián)。

【譯文】咸，全、都；詳、盡。由口、由戌會意。戌，詳盡。

【注釋】① 戌，悉也：《段注》："此从戌之故。戌爲悉者，同音假借之理。"戌和悉都屬心紐。

【參證】甲文作[甲文]、[甲文]，金文作[金文]、[金文]。吴其昌《名器篇・金文名象疏證》(《武漢大學文哲季刊》第五卷第三期)："咸之本義，乃爲一戉一碪相連之形，其後碪形之 口，衍變成ㅂ。""一戉一碪相連，是可以殺也。故'咸'之本義爲殺。"按："殺"修飾謂語中心詞，用作副詞，就有完成之義。甲文用作副詞，表示完成，有盡、皆、已經之義。

呈

平[①]也。从口，壬聲。　直貞切(chéng)。

【譯文】呈，平。从口，壬(tǐng)聲。

【注釋】① 平：徐灝《段注箋》："呈即古程字。《冀州从事郭君碑》：'先民有呈。'是其證。《荀子・致仕篇》曰：'程者，物之準也。'準即平也。"

右

助[①]也。从口，从又。　于救切(yòu)。

【譯文】右，幫助。由口、由又會意。

【注釋】① 助：《段注》："者，手也。手不足，以口助之，故曰助也。今人以左右爲𠂇又字，則又製佐佑爲左右字。"

【参證】甲文作，金文作、。甲文象右手形，引申有福佑、佑助義，或借作有無字，無从口作"右"者。金文从口作"右"，有人佑、神祐，左右的用法。參"又"條。

啻

語(時)[詞]②，不啻也③。从口，帝聲。一曰：啻，諟也④。讀若鞮。　施智切(chì)。

【譯文】啻，(表示"僅、只"義的)語詞，是"不啻"的啻字。从口，帝聲。另一義説：啻是諟理的意思。音讀象"鞮"(dī)字。

【注釋】① 啻：作爲偏旁，楷書寫作啇，如敵、適、蹢、謫、鷊、滴、麡、樀、麡、禘、嫡、摘、鏑等字，皆是。　② 語時：徐灝《段注箋》："時當作詞，字之誤也。"　③ 不啻也：徐灝《段注箋》："啻有二音，讀若弟者與但義同，讀若翅者與止義同。皆聲相近也。"按：前者即今之"不但"，後者即今之"不止"。故《段注》："不啻，多之詞也。"即表示多的虛詞。　④ 諟也：應是啻的本義。帝本義爲花蒂，假借爲帝王字。古人認爲，帝者"任德設刑"，是正天下，加"口"表示以言語"是正"。王筠《句讀》："啻與諦字通。一从口，一从言，而皆以帝爲聲。《方言》：'諦，諟也。'"參"帝"條。

【参證】金文作、。

吉

善也。从士口①。　居質切(jí)。

【譯文】吉，美好吉祥。由士字、口字會意。

【注釋】① 从士口：徐灝《段注箋》："从士口，所以異於野人之言也。"

【参證】甲文作、、，金文作、。甲文上部，"象勾兵形"，即戈一類；甲文下部的，是指事符號，表示該兵器最爲堅牢，使用便宜，故有善美之義。

周

密也。从用口①。，古文周字，从古文及②。　職留切(zhōu)。

【譯文】周，周密。由用、口兩字會意。，古文周字，从古文及。

【注釋】① 从用口：《段注》："善用其口則密。"　② 从古文及：

《段注》:"及之者,周至之意。"商承祚《説文中之古文考》:"石經古文作。此从,乃形之寫闕。……(段)説可笑。"

【參證】甲文作、,金文作、、。朱芳圃《殷周文字釋叢》卷下:"象方格縱横,刻畫文采之形,當爲彫之初文。……或从口,附加之形符也。"按:刻畫彫飾必然密緻周帀。西周晚期無叀鼎作,後又多作,故《説文》以爲"从用口"。

唐 大言[①]也。从口,庚聲[②]。啺,古文唐,从口昜。 徒郎切(táng)。

【譯文】唐,大話。从口,庚聲。啺,古文唐字,从口,昜聲。

【注釋】① 大言:《莊子・天下》:"荒唐之言。"即是大言。 ② 庚聲:庚古音讀如岡,屬陽部。與昜聲同部相近。

【參證】甲文作、,金文作。戰國齊璽彙作,是許古文所本。王國維《戩壽堂所藏甲骨文字考釋》:"夫夏桀之時有湯無唐,則唐必湯之本字。後轉作啺,復轉作湯。"按:此説"唐"借爲"成湯"之名。

𠷎[①] 誰也。从口𢀛,又聲[②]。𢀛,古文疇。 直由切(chóu)。

【譯文】𠷎,誰。由口𢀛會意,又聲。𢀛是古文疇字。

【注釋】① 姚文田、嚴可均《校議》:"《廣韻・十八尤》引《説文》:'𠷎,誰也。又作𠷎。'則𠷎爲正體,𠷎爲重文。鼎彝器銘𠷎字甚多,許書璹、騶、犨、𢿘、檮、幬、𦔳、擣、𡏂、醻等字,皆从𠷎聲,則口部不得脱𠷎字。議依《廣韻》。" ② 又聲:《段注》:"(白部"𠷎")與此音義大同。但其字从口𢀛聲足矣。不當兼从又聲。""(又)非聲也。"參"𠷎"條。

嘾 含深也。从口,覃聲。 徒感切(dàn)。

【譯文】嘾,含得很深。从口,覃聲。

噎 飯窒[①]也。从口,壹聲。 烏結切(yē)。

【譯文】噎,飯食堵塞喉嚨。从口,壹聲。

【注釋】① 飯窒:《通俗文》:"塞喉曰噎。"

嗢 咽也。从口,𥁑聲。 烏沒切[①](wò/wà)。

【譯文】嗢,吞咽。从口,𥁑聲。

【注釋】① 今讀依《廣韻》烏八切。

哯 不歐而吐①也。从口，見聲。 胡典切(xiàn)。

【譯文】哯，不作嘔而吐。从口，見聲。

【注釋】① 不歐而吐：謂喉間不作惡而已吐出者。王筠《句讀》引玄應説："今謂小兒吐乳爲哯也。"歐，《一切經音義》卷十四引歐作嘔。

吐 寫①也。从口，土聲。 他魯切(tǔ)。

【譯文】吐，从嘴裏吐出來。从口，土聲。

【注釋】① 寫：《釋名・釋疾病》："揚、豫以東，謂瀉爲吐也。"寫即瀉字。

噦 气牾①也。从口，歲聲。 於月切(yuē)。

【譯文】噦，氣逆上衝作聲。从口，歲聲。

【注釋】① 牾：本書午部："逆也。"抵觸，違逆，不順。

咈 違①也。从口，弗聲。《周書》②曰："咈其耇長③。" 符弗切(fú)。

【譯文】咈，違背。从口，弗聲。《周書》説："違背那些年長的人的意志。"

【注釋】① 違：《段注》："違與韋同，相背也。" ②《周書》：當是《商書・微子》。 ③ 耇(gōu)長(zhǎng)：同義複合。耇，老壽。

嚘 語未定皃。从口，憂聲。 於求切(yōu)。

【譯文】嚘，語言斷續未安的樣子。从口，憂聲。

吃① 言蹇難②也。从口，气聲。 居乙切(chī)③。

【譯文】吃，説話困難。从口，气聲。

【注釋】① 吃：今作吃。 ② 蹇難：同義連用。蹇(jiǎn)，難。《漢書・周昌傳》："昌爲人口吃，又盛怒，曰：'臣口不能言，然臣期期知其不可，陛下欲廢太子，臣期期不奉詔。'"顔注云："吃，言之難也。以口吃，故每重言期期。"俗稱"結巴"。 ③ 居乙切：舊讀jí。

嗜 嗜欲，喜之也。从口，耆聲①。 常利切(shì)。

【譯文】嗜，嗜欲，喜愛它。从口，耆聲。

【注釋】① 耆(qí)聲：《段注》："經傳多假耆爲嗜。"

啖 噍啖也。从口，炎聲。一曰噉①。 徒敢切(dàn)。

【譯文】啖，咀嚼。从口，炎聲。一説是"噉"字。

【注釋】① 噉：《説文》無此字。朱駿聲《通訓定聲》："按：噉當爲此字之或體。从口，敢聲。"

哽 語爲舌所介也①。从口，更聲。讀若井級綆②。 古杏切(gěng)。

【譯文】哽，話語被舌梗塞。从口，更聲。音讀象井裏的汲綆之綆。

【注釋】① 語爲句：丁福保《詁林》引慧琳音義十八卷十三頁哽注引《説文》："語塞爲舌所介礙也。"即俗稱大舌頭説話的情形。

② 級綆(gěng)：當依《繫傳》作汲綆。

嘐 誇語①也。从口，翏聲。 古肴切(jiāo/xiāo)②。

【譯文】嘐，誇大驕矜的話。从口，翏聲。

【注釋】① 誇語：錢坫《斠詮》："此驕矜字。又驕泰、驕敖皆應作此。" ② 今讀依《廣韻》許交切。

啁 啁嘐①也。从口，周聲。 陟交切(zhāo)。

【譯文】啁，啁嘐。从口，周聲。

【注釋】① 啁嘐：徐灝《段注箋》："啁嘐連名，非複舉篆文也。"按：《類篇》説："啁嘐，語多。"參"嘐"條。

哇 諂聲①也。从口，圭聲。讀若醫。 於佳切(wā)。

【譯文】哇，放蕩的樂聲。从口，圭聲。音讀象"醫"字。

【注釋】① 諂聲：徐鍇曰："古人言淫哇之聲也。"淫哇，同義連用。

吿 語相訶歫也。从口歫辛。辛，惡聲也。讀若櫱。 五葛切(è)。

【譯文】吿，用話語大聲相拒。由"口"拒"辛"(qiān)會意。辛字表示惡聲。音讀象"櫱(niè)"字。

【注釋】① 訶(hē)歫：《段注》："歫，今之拒字。訶歫者，訶而拒之。"言部："訶，大言而怒也。"

【參證】甲文作𢆉、𠮷。王國維《觀堂集林》卷六："篆文的辛亦或作𢆉，蓋辛、丂一字。"故楷書"吿"或作"咢"。參"辛"條。

㖨 讘㖨，多言也。从口，投省聲。 當侯切(dōu)。

【譯文】㖨，讘(zhé)㖨，多言。从口，投省手爲聲。

呧 苛①也。从口，氐聲。 都禮切(dǐ)。

【譯文】呧，大聲斥責。从口，氐聲。

【注釋】① 苛：通訶，大言而怒。

呰 苛[1]也。从口，此聲。 將此切(zǐ)。

【譯文】呰，詆毀。从口，此聲。

【注釋】① 苛：通訶。桂馥《義證》：“苛也者，謂詆毀也。經典或借訾字。”

嗻 遮[1]也。从口，庶聲[2]。 之夜切(zhè)。

【譯文】嗻，(滔滔不絶)遮阻(人言)。从口，庶聲。

【注釋】① 遮：《段注》：“《廣韻》：‘嗻，多語之皃。’然則遮者謂多言遏(è,阻止)遮人言也。”即用滔滔的言語阻止别人説話。 ② 庶聲：聲中有義。本書“庶”下：“屋下衆也。”引申爲凡一切衆多之稱。口猶言也。嗻是多言。

唊 妄語也。从口，夾聲。讀若莢。 古葉切(jiá)。

【譯文】唊，胡言亂語。从口，夾聲。音讀象“莢”字。

嗑 多言也。从口，盍聲。讀若甲。 候榼切(hé/gé)[1]。

【譯文】嗑，話多。从言，盍聲。音讀象“甲”字。

【注釋】① 今讀依《廣韻》古盍切。

嗙 (謌)[訶]聲[1]。《嗙喻》[2]也。从口，旁聲。司馬相如説：淮南、宋、蔡舞《嗙喻》也[3]。 補盲切(bēng)。

【譯文】嗙，訶叱之聲。又指《嗙喻》。从口，旁聲。司馬相如説：淮南、宋、蔡地方跳《嗙喻》舞。

【注釋】① 謌聲：當依《玉篇》作訶聲。王筠《句讀》：“謌當作訶。自呧至叱十一篆，皆訶叱類。” ② 嗙喻：古舞曲名，是另一義。 ③ 淮南句：《段注》：“蓋《凡將》之一句也。……《凡將》七字爲句。”

嘩 高气[1]多言也。从口，蠆省聲。《春秋傳》曰：“嘩言[2]。”訶介切(xiè)。

【譯文】嘩，高傲多言。从口，蠆(chài)省虫爲聲。《春秋左傳》説：“荒謬的話。”

【注釋】① 高气：見下“㕣”字。 ② 嘩言：《春秋傳》未見。王筠《句讀》：“嚴氏曰：即《哀二十四年傳》‘躗(wèi)言’。《釋文》：‘謂過謬之言。’”是另一義。

叴　高气[1]也。从口，九聲。臨淮[2]有叴猶縣。　巨鳩切(qiú)。

【譯文】叴，高傲的氣態。从口，九聲。臨淮地方有叴猶縣。

【注釋】① 高气：桂馥《義證》："高气有傲意。"　② 臨淮句：見《漢書·地理志》。叴猶縣即今江蘇省宿遷縣。

嘮　嘮呶[1]，讙也。从口，勞聲。　敕交切(chāo)。

【譯文】嘮，嘮呶，喧嘩之聲。从口，勞聲。

【注釋】① 嘮呶：雙聲疊韻聯緜詞。

呶[1]　讙聲也。从口，奴聲。《詩》[2]曰："載[3]號載呶。"　女交切(náo)。

【譯文】呶，喧嘩之聲。从口，奴聲。《詩經》說："有的呼號，有的喧鬧。"

【注釋】① 呶：參上"嘮"條。呶，可單字成義。　②《詩》：指《小雅·賓之初筵》。　③ 載：助詞。

叱　訶[1]也。从口，七聲。　昌栗切(chì)。

【譯文】叱，大聲呵斥。从口，七聲。

【注釋】① 訶：《倉頡篇》："大訶曰叱。"

噴　吒[1]。从口，賁聲。一曰：鼓鼻。　普魂切(pēn)。

【譯文】噴，呵斥。从口，賁聲。另一義說：噴是噴嚏。

【注釋】① 吒：見下"吒"條。又，徐灝《段注箋》："今俗語猶謂吒人曰噴。又，鼓鼻謂之噴嚏。"按：噴嚏時鼻翼鼓動出氣，所以叫鼓鼻。《莊子·秋水篇》形容噴嚏鼓鼻："噴則大者如珠，小者如霧。"

吒[1]　噴也；叱怒也。从口，乇聲。　陟駕切(zhà)。

【譯文】吒，呵斥；叱責發怒。从口，乇聲。

【注釋】① 吒：《段注》："亦作咤。"

噊　危[1]也。从口，矞聲。　余律切(yù)。

【譯文】噊，詭詐。从口，矞聲。

【注釋】① 危：詭。《爾雅·釋詁》："噊幾烖殆，危也。"王引之《述聞》："危有二義，一爲危險之危，'幾、烖、殆'是也；一爲詭詐之詭，'噊'是也。噊蓋譎之別體。"

啐 驚①也。从口,卒聲。　七外切(cuì)。

【譯文】啐,吃驚。从口,卒聲。

【注釋】① 驚:徐灝《段注箋》:"啐通作猝。猝然驚也。"

唇① 驚也。从口,辰聲。　側鄰切(zhēn)。

【譯文】唇,震驚。从口,辰聲。

【注釋】① 唇:《段注》:"後人以震字爲之。"徐灝箋:"俗用爲脣(chún)舌字。"

【參證】就造字而言,每遇震驚,情不自禁,猝然嘆息,無不用口,故唇(zhēn)字从口;脣乃口之邊沿最敏感之肌肉,故字从肉。就用字者而言,脣即口之端,把"唇"(zhēn)當作"脣"(chún),既直捷,又理所當然。後唇(zhēn)驚之"唇",用"震"字代替,其義更顯豁。"震",俗謂之"炸雷",一聲炸雷,萬物震動,人豈不驚乎?又,唇、震、脣都是形聲字,聲符相同,音讀相同,"唇"(zhēn)借爲"脣"(chún),"震"(zhèn)引申爲唇(zhēn),並無音理的滯礙。

吁① 驚②也。从口,于聲③。　況于切(xū)。

【譯文】吁,(表示)驚嘆(的虛詞)。从口,于聲。

【注釋】① 吁:本書"亏"部重出。　② 驚:徐灝《段注箋》:"吁,驚歎之詞。"　③ 于聲:聲中有義。《段注》:"于有大義,故从于之字多訓大者。芋下云:大葉實根駭人。""于者驚意。"

【參證】金文作。

嘵 懼[聲]①也。从口,堯聲。《詩》②曰:"唯予音之嘵嘵。"　許么切(xiāo)。

【譯文】嘵,恐懼的叫聲。从口,堯聲。《詩經》說:"我只有發出嘵嘵的恐懼聲。"

【注釋】① 懼:當依《韻會》引作"懼聲也"。　②《詩》:指《豳風·鴟鴞》。今本原文作"予維音嘵嘵"。

嘖 大呼也。从口,責聲。,嘖或从言。　士革切(zé)。

【譯文】嘖,大呼。从口,責聲。謮,嘖的或體,从言。

嗷 衆口愁①也。从口,敖聲。《詩》②曰:"哀鳴嗷嗷。"　五牢切(áo)。

【譯文】嗷，衆口愁怨之聲。从口，敖聲。《詩經》說："(鴻雁飛來飛去啊，)發出嗷嗷的哀叫聲。"

【注釋】① 衆口愁：《段注》："《董仲舒傳》：'躢躢苦不足。'《食貨志》：'天下謷謷。'《陳湯傳》：'熬熬苦之。'皆同音假借字也。" ②《詩》：指《小雅・鴻雁》。今本原文作"鴻雁于(助詞)飛，哀鳴嗸嗸"。

唸 吚①也。从口，念聲。《詩》②曰："民之方唸吚。" 都見切(diàn)。

【譯文】唸，呻吟。从口，念聲。《詩經》說："老百姓正在呻吟。"

【注釋】① 吚：參下條。 ②《詩》：指《大雅・板》。唸吚，今作"殿屎"，毛傳："呻吟也。"

吚 唸吚，呻也。从口，尸聲。 馨伊切(xī)。

【譯文】吚，唸吚，就是呻吟。从口，尸聲。

囐 呻也。从口，嚴聲①。 五銜切(yán)。

【譯文】囐，呻吟。从口，嚴聲。

【注釋】① 嚴聲：聲中有義，桂馥《義證》："《釋名》：'吟，嚴也，其聲本出於憂愁，故聲嚴肅，使人聽之悽歎也。'"

呻 吟①也。从口，申聲。 失人切(shēn)。

【譯文】呻，吟誦。从口，申聲。

【注釋】① 吟：《禮記・學記》"呻其佔畢"注："呻，吟也。"《莊子・列禦寇》："呻吟裘氏之地。"崔注："誦也。"《段注》："呻者，吟之舒；吟者，呻之急。渾言則不別也。"

吟 呻也①。从口，今聲。訡，吟或从音。訡，或从言。 魚音切(yín)。

【譯文】吟，詠歎。从口，今聲。韻，吟的或體，从音。訡，吟的或體，从言。

【注釋】① 呻也：《藝文類聚》、《御覽》引作"歎也"。參"呻"條。

【參證】揣許慎之意，詠歎之聲出自口，故从口；詠歎者，高低長短緩急之音也，故从音；詠歎常夾乎言語之間，故从言。其實甲文的音、言爲一字，後分化。

嗞[①] 嗟也。从口，兹聲。 子之切(zī)。

【譯文】嗞，嗟嘆。从口，兹聲。

【注釋】① 嗞：朱駿聲《通訓定聲》："經傳皆以咨爲之。咨嗞雙聲。"

咙 咙異之言[①]。从口，龙聲。一曰：雜語[②]。讀若龙。 莫江切(máng)。

【譯文】咙，四方雜亂不同的言語。从口，龙聲。另一義説，咙是相聚而語。音讀象"龙"(máng)字。

【注釋】① 咙異之言：《段注》："《齊語》曰：'四民者勿使雜處，雜處則其言咙。其事易。'韋注：咙，亂也。" ② 雜語：《段注》："漢人多用雜字爲集字。集語猶聚語也。"聚語是咙異之言的引申義。四方之民雜處則言語難通，交際困難，常引第三者譯介，於是往往發生二三成羣、相聚而語的現象。

叫 嘑[①]也。从口，丩聲。 古吊切(jiào)。

【譯文】叫，呼喊。从口，丩聲。

【注釋】① 嘑：參"噭"條。

嘅 嘆也。从口，既聲。《詩》[①]曰："嘅其嘆矣。" 苦蓋切(kài)。

【譯文】嘅，嘆息。从口，既聲。《詩經》説："嘅然而嘆啊。"

【注釋】①《詩》：指《王風・中谷有蓷》。今本原文作"有女仳(别)離，嘅其嘆矣"。

㖡 語㖡嘆[①]也。从口，延聲。 夕連切(xián)。

【譯文】㖡，言語中夾雜嘆息聲。从口，延聲。

【注釋】① 語㖡嘆：王筠《句讀》："《玉篇》㖡在後收字中，云'似延切，又徒坦切，歎也'。……㖡嘆疊韻，仍即是嘆。語㖡嘆者，蓋謂言語中雜嘆息聲也。"

嘆 吞歎[①]也。从口，歎省聲[②]。一曰：太息也。 他案切(tàn)。

【譯文】嘆，飲恨吞聲而嘆息。从口，歎省欠爲聲。另一義説：嘆泛指深深的嘆息。

【注釋】① 吞歎：徐鍇《繫傳》："欲言不能，吞恨而太息也。"《段注》："嘆歎二字，今人通用。《毛詩》中兩體錯出。依《説文》則義異。歎近於喜，嘆近於哀。故嘆訓吞歎，吞其歎而不能發。”　② 歎省聲：徐灝《段注箋》：“《説文》嘆从歎省聲，歎从鸛省聲，乃後人不知古音而展轉增竄。據鸛从堇聲，則嘆、歎亦皆堇聲無疑矣。”

喝　潵[1]也。从口，曷聲[2]。　於介切(ài)。

【譯文】喝，氣竭聲嘶。从口，曷聲。

【注釋】① 潵(kè)：當依《繫傳》作“渴”。水部：“渴，盡也。”王筠《句讀》：“《子虛賦》：‘榜人歌聲流喝。’郭注：‘言悲嘶也。’蓋即俗語氣竭聲嘶也。”　② 曷聲：聲中有義。馬敘倫《六書疏證》：“古凡畢盡之意，字皆从曷得聲。故微止曰遏，臣盡力之美曰藹，水盡曰渴，腹中水盡欲飲曰歇。曷爲語原也。”

哨　不容[1]也。从口，肖聲。　才肖切(jiào)。

【譯文】哨，(口小而)不能容納。从口，肖聲。

【注釋】① 不容：《韻會》引作“口不容也”。《段注》：“《記・投壺》曰：‘某有枉知哨壺。’”徐灝箋：“枉謂矢不直，哨言壺小不足容。”

吪　動也。从口，化聲。《詩》[1]曰：“尚寐無吪。”　五禾切(é)。

【譯文】吪，行動。从口，化聲。《詩經》説：“希望睡着不要動。”

【注釋】①《詩》：指《王風・兔爰》。

噆　嗛也[1]。从口，朁聲。　子荅切(zā/cǎn)[2]。

【譯文】噆，銜。从口，朁聲。

【注釋】① 嗛也：《段注》：“玄應引作‘銜也’。嗛銜音義同。”
② 今讀依《廣韻》七感切。

吝　恨、惜也[1]。从口，文聲。《易》[2]曰：“以往吝。”[口彣]，古文吝，从彣[3]。　良刃切(lìn)。

【譯文】吝，悔恨；吝惜。从口，文聲。《易經》説：“如果逕直走過去(而不舍棄)，會有悔恨。”[口彣]，古文吝字，从彣聲。

【注釋】① 恨、惜也：丁福保《詁林》：“據《音義》則知古本有二義，即‘恨也惜也’。”　②《易》：指《周易・蒙卦》文。《周易本義》説：“若遂往而不舍，則致羞吝矣。”　③ 从彣：朱駿聲《通訓定聲》：“彣聲。”彣，無分切，wén。參“彣”條。

【參證】甲文作。

各　異辭[①]，从口夊[②]。夊者，有行而止之[③]，不相聽也。　古洛切(gè)。

【譯文】各，表示不同個體的詞。由口字夊字會意。夊的意思是表示有人使之行走而又有人使之停止，彼此不相聽從。

【注釋】① 異辭：《廣韻》引作“詞”。　② 夊(zhǐ)：本書夊部：“从後至也。象人兩脛後有致之者。”　③ 行而止之：王筠《句讀》：“各則此行而彼止之，是不相聽從之意也。”

【參證】甲文作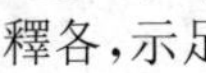，金文作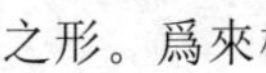。楊樹達《卜辭求義》：“从夊从凵，當釋各，示足有所至之形。爲來格之格本字，徦、洛皆後起加義旁字。”，倒止(趾)字，象人足向下。凵象坑穴。人足走下坎穴，表示到達、進入。上古穴居，，以足之向背，表示入、出。參“出”條。

否　不[①]也。从口，从不[②]。　方九切(fǒu)。

【譯文】否，不。由口、由不會意。

【注釋】① 不：《段注》：“不者，事之不然也。否者，説事之不然也。故音義皆同。”　② 从口，从不：徐鍇《繫傳》：“心有不可，口必言之，故於文口、不爲否。”王念孫《讀説文記》：“《繫傳》作‘从口不聲’。否與不古皆讀鄙。《説文》不部亦有否字，注云‘从口不，不亦聲’。是其證。今削去聲字，非是。”按：否應是會意兼形聲之字。

【參證】金文作。高鴻縉《中國字例》五篇：“《孟子》有孟子曰：‘否，不然也。’知否者緩詞，不然者決詞，否輕於不然，不然重於否。後世亦或用否同音通假以代不。”

唁　弔生[①]也。从口，言聲。《詩》[②]曰：“歸唁[③]衛侯。”　魚變切(yàn)。

【譯文】唁，慰問(遭遇喪事的)生者。从口，言聲。《詩經》説：“回去慰問(亡國的)衛侯。”

【注釋】① 弔生：《段注》：“此言弔生者以弔生爲唁，别於弔死爲弔也。”徐灝箋：“弔唁對文則異，散文則通。”　②《詩》：指《鄘風·載馳》。　③ 唁：毛傳：“弔失國曰唁。”

哀　閔[①]也。从口，衣聲[②]。　烏開切(āi)。

【譯文】哀，哀憐悲憫。从口，衣聲。

【注釋】① 閔：《段注》："閔，弔者在門也。引申之，凡哀皆曰閔。" ② 衣聲：衣與哀上古同屬微部影紐。聲中有義。徐鍇《繫傳》："閔痛之形於聲也，故於文口衣爲哀。衣，哀聲也，狀其聲也。人有所痛，聲自然而出，無復思慮，此天性也。故取法焉。"按衣可讀 i，也可讀 ai。當人們哀憐悲憫時，口裏發出"衣衣哇哇"的聲音，或發出"嗚嗚哀哀"的聲音。故"衣"既表聲，又表義。

【參證】金文作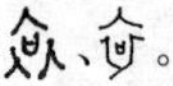。

嗁 號①也。从口，虒聲。 杜兮切(tí)。

【譯文】嗁，悲痛的聲音。从口，虒聲。

【注釋】① 號：《段注》作号，說："号，各本作號，今正。号下曰：'痛聲也。'此可證嗁号與呼號不同字也。号，痛聲；哭，哀聲。痛在內，哀形於外，此嗁與哭之别也。""嗁俗作啼。"

嗀 歐皃。从口，殸聲。《春秋傳》①曰："君將嗀之。" 許角切(xuè)。

【譯文】嗀，嘔吐的樣子。从口，殸(què)聲。《春秋左傳》說："君將爲此而嘔吐。"

【注釋】①《春秋傳》：指《左傳・哀公二十五年》。今本"嗀"作"㱿"。

【參證】金文作。

咼 口戾①不正也。从口，冎聲。 苦媧切(kuā)②。

【譯文】咼，口歪斜。从口，冎聲。

【注釋】① 口戾：《段注》引《通俗文》："斜戾曰咼。" ② 今音 wāi。

啾① 嗼也②。从口，叔聲。 前歷切(jì)。

【譯文】啾，寂寞無聲。从口，叔聲。

【注釋】① 啾：《字通》："今寂寞字。按《說文》宀部宗字亦同寂。"《辨字正俗》："啾嗼謂口默無聲。""宗謂屋中無人聲。"口、言無别故又从言作諔，叔、尗同字，故又作寂。 ② 嗼也：桂馥《義證》引《玉篇》："啾嗼而無聲，言安靖也。"

嗼 啾嗼①也。从口，莫聲②。 莫各切(mò)。

【譯文】嗼，寂寞無聲。从口，莫聲。

【注釋】① 嗷嗼：猶寂寞。參"嗷"條。　② 莫聲：聲中有義。徐灝《段注箋》："莫，日且冥也。从日在茻中。因有冥莫、寂寞之稱。""莫、嗼、寞，古今字。"按徐説，莫是野寂無聲，嗼是口默無聲，寞是室寂無聲。無聲無息多爲夜深人定之時，故《爾雅・釋詁》曰："嗼，定也。"

昏　塞口①也。从口，氒②省聲。㕎，古文从甘③。　古活切(guā)。

【譯文】昏，填塞其口。从口，氒省聲。㕎，古文昏，从甘。

【注釋】① 塞口：《段注》："《易・坤卦》六二'括(填塞，結束)囊(指袋口)無咎'，括即昏字也。"　② 氒(jué)：王筠《句讀》："氒當是古文厥字。"　③ 从甘：朱駿聲《通訓定聲》："口含一，亦塞意。"

【參證】金文作。薛傳均《答問疏證》："昏，塞口也。是正字。……隸書作舌，與舌(shé，舌頭)形混。……凡从昏从舌之字今多不分。"如括、刮，今作括、刮。

嗾　使犬聲。从口，族聲。《春秋傳》①曰："公嗾夫獒。"　穌奏切(sòu/sǒu)②。

【譯文】嗾，使唤狗的聲音。从口，族聲。《春秋左傳》説："晉侯嗾使那大狗(去咬提彌明)。"

【注釋】①《春秋傳》：指《左傳・宣公二年》。　② 今讀依《廣韻》蘇后切。

吠　犬鳴也。从犬口。　符廢切(fèi)。

【譯文】吠，狗叫。由犬、口會意。

【參證】甲文作。李孝定《甲骨文字集釋》第二："契文犬豕二文每不易辨。""大抵細腹拳尾或着爪形者爲犬，碩腹短尾者爲豕。"

咆　嗥①也。从口，包聲。　薄交切(páo)。

【譯文】咆，嗥叫。从口，包聲。

【注釋】① 嗥：沈濤《古本考》："咆嗥爲熊虎之聲。而人之大怒亦謂之咆。今人猶言大怒曰咆嗥。"

嗥　咆也。从口，皋聲①。獋，譚長説：嗥从犬②。　乎刀切(háo)。

【譯文】嘷，吼叫。从口，皋聲。獔，譚長説：嘷字或从犬。

【注釋】① 皋聲："皋"可象吼叫聲。王筠《句讀》："《士喪禮》：'皋某復。'注：'皋，長聲也。'《春官大祝》：'束簪令皋舞。'注：'皋讀爲卒嘷呼之嘷。'"故从口从皋會意，表從口裏發出的吼叫之聲。　② 从犬：从犬从皋會意，由狗發出的吼叫聲。

喈　鳥鳴聲。从口，皆聲。一曰：鳳皇鳴聲喈喈①。　古諧切(jiē)。

【譯文】喈，鳥叫聲。从口，皆聲。一説，喈是鳳凰鳥叫聲喈喈的意思。

【注釋】① 喈喈：徐鍇《繫傳》："聲衆且和也。"

哮　豕驚聲也。从口，孝聲。　許交切(xiāo)。

【譯文】哮，豬驚叫的聲音。从口，孝聲。

喔　鷄聲也。从口，屋聲。　於角切(wō)。

【譯文】喔，鷄叫聲。从口，屋聲。

啎　喔①也。从口，戹聲。　烏格切(è)。

【譯文】啎，鷄叫聲。从口，戹聲。

【注釋】① 喔：《段注》："啎喔雙聲。"啎又作呃。參"喔"條。

咮　鳥口①也。从口，朱聲。　章俱切(zhū/zhòu)②。

【譯文】咮，鳥嘴。从口，朱聲。

【注釋】① 鳥口：《段注》："今人噣咮啄三字同音通用。許分别甚明，人口不曰咮。"　② 今讀依《廣韻》陟救切。

嚶　鳥鳴也。从口，嬰聲。　烏莖切(yīng)。

【譯文】嚶，鳥叫聲。从口，嬰聲。

啄　鳥食①也。从口，豖聲②。　竹角切(zhuó)。

【譯文】啄，鳥(用嘴)取食。从口，豖聲。

【注釋】① 鳥食：《段注》："鳥咮鋭，食物似琢。"　② 豖聲：依《段注》，豖是"琢"之省，也表義。又，《釋名》："鳥曰啄，如琢物上復下也。"

唬　嗁聲①也。一曰：虎聲②。从口，从虎。讀若暠③。　呼訏切④(xià/xiāo)⑤。

【譯文】唬，（禽獸）啼號聲。另一義説：唬象老虎（發怒）之聲。由口、由虎會意。音讀象“暠”（hào）字。

【注釋】① 嗁聲：即啼聲。　② 虎聲：王筠《句讀》：“《玉篇》、《廣韻》皆曰：‘虎聲也。’元應引作‘虎怒聲也’。”　③ 讀若暠：馬敘倫《六書疏證》：“王廷鼎曰：本書無暠，即皓之俗字。”　④《廣韻》“訏”作“訝”。　⑤《段注》：“鉉用《唐韻》‘呼訝切’。《玉篇》‘呼交切’，與此讀合。”《集韻》作虚交切。

【參證】金文作[金文]、[金文]。楊樹達《積微居金文説·伯㦰𣪘跋》：“此字實从口，从口之字甲文往往作[甲文]……非日字，亦非甘字也。”

呦　鹿鳴聲也。从口，幼聲。[篆文]①，呦或从欠。　伊虯切（yōu）。

【譯文】呦，鹿鳴叫之聲。从口，幼聲。㓜欠，呦的或體，从欠。

【注釋】① 𣢾：本書欠部重出。訓爲“愁皃”。本部：“口，人所以言食也。”欠部：“欠，張口气悟也。”从口，从欠，渾然無别。

嘆　麋鹿羣口①相聚皃。从口，虞聲。《詩》②曰：“麀鹿嘆嘆。”　魚矩切（yǔ）。

【譯文】嘆，麋（mí）鹿成羣地聚集在一起的樣子。从口，虞聲。《詩經》説：“母鹿成羣地聚集在一起。”

【注釋】① 羣口：成羣。口，一鹿即一口。　②《詩》：指《大雅·韓奕》。《小雅·吉日》“嘆嘆”作“麌麌”。

喁　魚口上見①。从口，禺聲。　魚容切（yóng）。

【譯文】喁，魚口向上露出水面的樣子。从口，禺聲。

【注釋】① 魚口上見（xiàn）：《段注》：“喁本狀魚。引申他用。”鈕樹玉《校録》：“此有兩義：一是魚口上見，爲喁字本義，所謂‘水濁則魚喁’也；一是衆口向上，爲喁字推廣之義，所謂‘喁喁然’也。蓋言人衆口向上如魚之口上見耳。許氏當説本義。”

局　促也。从口在（尺）[尸]下，復（局）[勹]之①。一曰：博②，所以行棋。象形。　渠緑切（jú）。

【譯文】局，局促。由“口”在“尸”下、又“勹”着口表示。另一義是：局是棋盤，是用來走棋的器具。象形。

【注釋】① 从口句：丁福保《詁林》：“‘尸’誤作‘尺’，復勹（bāo）之

'勹'誤作局。""口"、"尸"均表示人。从"口"在"尸"下,復"勹"之。説明一個人被另一個控制着,又被包裹着。是十分局促的情勢。依此,則爲會意字。 ② 博:《段注》:"當作簙。簙,局戲也。""局之字,象其形。"朱駿聲《通訓定聲》:"畫界以分疆者。"依段、朱之説,博局字與局促字只是同形同音字。按:博是賭輸贏的與棋相仿的游戲。

谷 山間陷[①]泥地。从口[②],从水敗皃[③]。讀若沇州[④]之沇,九州之渥[⑤]地也,故以沇名焉[⑥]。[⑦],古文谷。 以轉切(yǎn)。

【譯文】谷,山間泥沼地。由口字,由八表示水毀敗土的形貌構成。音讀象沇州的沇字。(沇州)是九州肥潤的地方,所以用沇來爲它命名。容,古文谷字。

【注釋】① 陷:低下。 ② 从口:《段注》:"謂山間。" ③ 水敗皃:水毀敗了土的形貌,即是丿乀。《段注》:"谷字、酉字皆从水半見(xiàn),谷亦从水半見,出於口也。水敗土而淊泥多,是曰谷。"
④ 沇(yàn)州:州名。在今河北、山東境地。朱駿聲《通訓定聲・屯部》:"蓋谷、沇、兗(兖)本一字。" ⑤ 渥(wò):徐鍇《繫傳》:"澤潤也。" ⑥ 故以沇名焉:《段注》:"此釋州名之意。沇爲九州之渥地,如谷爲山間之渥地。其義同,其音亦同也。" ⑦ 容:《段注》:"下蓋从谷,上从列骨之殘歺(è,死人殘骨形)字。歺象水敗也。"

【參證】甲文作。徐中舒《甲骨文字典》卷二:"丿乀象溪水流出山澗之貌,爲谷(谷)所从之八省,口與凵同,即坎陷低下之地。"

文一百八十 重二十一

哦 吟也。从口,我聲。 五何切(é)。

【譯文】哦,吟歎。从口,我聲。

【注釋】① 哦:《鈕新附考》:"《玉篇》誐亦訓吟,是哦、誐同。《説文》言、口二部多通。"按:言从口出,从口猶从言也。誐、哦一字,其始爲象聲字,象驚嘆領悟之聲,驚嘆領悟之甚,舒聲曼長,則爲吟詠;其對象多爲美善優良者,故又爲"嘉善"之言。參"誐"條。

【參證】金文作。戴家祥《金文大字典》:“从从口,疑即哦字。”

嗃[①] 嗃嗃,嚴酷皃。从口,高聲。 呼各切(hè)。

【譯文】嗃,嗃嗃(的嗃,嗃嗃)是嚴酷的樣子。从口,高聲。

【注釋】① 嗃:《鄭新附考》:“《易》:‘家人嗃嗃。’《釋文》云:‘荀作確確,劉作熇熇。’鄭云:‘嗃嗃,苦熱之意。’依鄭君義,則熇是本字。《説文》:‘熇,火熱也。’疑鄭《易》亦本是熇字。《毛詩》:‘多將熇熇。’箋云:‘多行熇熇慘毒之惡。’此熱義之引伸,與《易》熇熇訓嚴酷者同。《文選·長笛賦》注引《埤蒼》云:‘嗃,大聲也。’乃别一字。”按:嗃本義應爲大聲,高也表義,言其從口而出之聲之高也,高猶大也。同理,熇爲火之熱。單字成義,其本義應有不同。疊音形容嚴酷慘毒之皃,嗃嗃、熇熇,一也。置身於嚴酷慘毒之境,無人不嗃嗃而厲聲;嚴酷慘毒之境,又有如熇熇酷熱逼人。

售 賣去手[①]也。从口[②],雔省聲[③]。《詩》[④]曰:“賈用[⑤]不售。” 承臭切(shòu)。

【譯文】售,出賣物貨,賣得出手。从口,雔省住爲聲。《詩經》説:“存賣貨物,賣不出去。”

【注釋】① 賣去手:賣,出賣物貨。參“賣”條。去,離開。去手,離開賣主。故譯成賣得出手。 ② 从口:買賣雙方交往,言語是最便捷的方式。 ③ 雔省聲:聲中有義。雔是成對的鳥。引申爲匹對,對當。《鄭新附考》:“凡賣物必其賈(價)與物相當相應,而後能售。” ④《詩》:指《詩經·谷風》。 ⑤ 賈用:賈,坐賣售也。參“賈”條。用,器用,引申爲貨物。

【參證】甲文作。朱歧祥《殷墟甲骨文字通釋稿》:“从住口”,“隸作售”。

噞 噞喁[①],魚口上見也。从口,僉聲。 魚檢切(yǎn)。

【譯文】噞,噞喁(yóng)(之噞,噞喁是)魚口在水面上出現的樣子。从口,僉聲。

【注釋】① 噞喁:雙聲聯緜字。《文選·左思〈吴都賦〉》:“泝洄順流,噞喁沉浮。”劉逵注:“魚在水中羣出動口皃。”喁見本書“喁”條。噞也單字成義。《淮南子·主術訓》:“水濁則魚噞,政苛則民亂。”高誘注：“魚短氣出口喘息之諭也。”

①鶴鳴②也。从口，戾聲③。 郎計切(lì)。

唳 【譯文】唳，鶴鳴叫。从口，戾聲。

【注釋】① 唳：《鈕新附考》：“《文選》謝惠連《秋懷詩》‘寥戾度雲漢’……(潘安仁)《笙賦》……‘悽戾酸辛’，是通作戾……唯鮑明遠《舞鶴賦》‘唳清響於塀’有口旁，蓋俗所加。”按：戾，形容聲音悽清，尖鋭刺耳。此聲爲口所發出，故後又加口。 ② 鶴鳴：《鄭新附考》：“鶴鳴曰唳，不見秦漢人書。”“是漢魏後語。”“謂之唳者，蓋象鶴戾頸傲睨作聲，與寥戾等義别。”鄭意，唳專指鶴鳴，因其“作聲”曲頸傲視；寥戾則泛指聲音淒清高遠。其實，二義相通，鶴鳴其頸曲戾，其聲淒戾，無非戾也。 ③ 戾聲：依鄭珍説，聲中有義。

①食也。从口，契聲。 苦擊切(chī)。

喫 【譯文】喫，食和飲。从口，契聲。

【注釋】① 喫：《世説新語·任誕》：“友聞白羊肉美，一生未曾得喫。”是説食美食。杜甫《送李校書二十六韻》：“對酒不能喫。”是説飲酒。喫，包括今天所説的食和飲。吃本義爲“口吃(jí)”，見“吃”條。孟元老《東京夢華録》：“士女往往夜遊，吃茶于彼。”吃即喫，指飲。今天用“吃”代“喫”。

①呼②也。从口，奐聲。古通用奐③。 呼貫切(huàn)。

喚 【譯文】喚，呼。从口，奐聲，古通用奐。

【注釋】① 喚：《段注》“囂，呼也”下：“《玉篇》云：囂，荒貫切。與喚同。《廣韻》同。按：《説文》無喚字。然則囂、喚，古今字也。”
② 呼：《世説新語·方正》：“于是先呼周侯丞相入。”此呼即喚義。
③ 古通用奐：《鈕新附考》：“未詳所出。”

①蚩②笑也。从口，从台③。 呼來切(hāi)。

咍 【譯文】咍，嘻戲地笑。由口由台會意。

【注釋】① 咍：《楚辭·九章》：“又衆兆之所咍。”注：“咍，笑也。楚人謂相啁笑曰咍。” ② 蚩：本蟲名。此表笑皃。《段注》“蚩”下：“笑也。此謂叚蚩爲欰(xī)也。”《段注》“欰”下曰：“此今之嗤笑字也。"蚩即嗤。　③ 从口,从台:本書:"台,説(悦)也。"咍是内心喜悦,因而口裏發出嘻樂之聲,故从口从台會意。

[1] 謔[2]也。从口,朝聲。《漢書》通用啁[3]。　陟交切(cháo)。

嘲 【譯文】嘲,調笑。从口,朝聲。《漢書》通用啁(zhāo)字。

【注釋】① 嘲:《三國志・吴書・韋曜傳》:"以嘲弄侵克,發摘私短以爲歡。"以嘲與弄組合,嘲則爲戲謔、取笑之義。　② 謔:本書:"戲也。"開玩笑。　③ 啁:本書:"啁嘐也。"啁嘐,疊韻聯緜字,其義爲語多。其單字應爲戲謔。《段注》引《倉頡篇》:"啁,調也,謂相戲調也。今人啁作嘲。"相戲調,自然"語多",可見單字"啁"義與聯緜字"啁嘐",也一義相因。啁與嘲,音同義同,自然相通。《漢書・東方朔傳》:"與枚皋、郭舍人俱在左右,詼啁而已。"

 張口皃[1]。从口,牙聲[2]。　許加切(xiā)。

呀 【譯文】呀,張開口的樣子。从口,牙聲。

【注釋】① 張口皃:柳宗元《永州崔中丞萬石亭記》:"抉其穴,則鼻口相呀。"此呀即張口義。張口則口中大而空,故《玉篇》曰:"大空皃。"《後漢書・班固傳・兩都賦》:"建金城其萬雉,呀周池而成淵。"② 牙聲:聲中有義。見牙需張口,張口則見牙。《通俗文》所謂"脣不覆齒"也。

文十 新附

凵部

 張口也。象形。凡凵之屬皆从凵。　口犯切(kǎn)。

凵 【譯文】凵,象張開着口。象形。大凡凵的部屬都从凵。

【參證】朱駿聲《通訓定聲》:"一説坎也,塹(qiàn)也。象地穿。凶字从此。"楊樹達《積微居小學述林》:"凵,象坎陷之形,乃坎之初文。"即甲文、所从、。坎穴,象地面張開着口。參"出"、"各"條。

文一

吅部

吅 驚呼也。从二口。凡吅之屬皆从吅。讀若讙[①]。 況袁切(xuān)。

【譯文】吅,驚呼喧嘩。由兩"口"字會意。大凡吅的部屬都从吅。音讀象"讙"字。

【注釋】① 讀若讙:徐灝《段注箋》:"《集韻》:'吅與喧同。'㗊部:'嚻讀若讙。'是吅、嚻、讙(huān)、喧四字音義皆相近也。"

𢿾 亂[①]也。从㸚工交吅[②]。一曰:窒𢿾[③]。讀若禳。,籀文𢿾。 女庚切(níng)。

【譯文】𢿾,治理。由㸚、工、交(指己,象交構形)、吅四字會意。另一義説:𢿾是充塞的意思。音讀象"禳"字。𤕦,籀文𢿾字。

【注釋】① 亂:朱駿聲《通訓定聲》:"亂者,治也,理也。" ② 从㸚工交吅:朱駿聲《通訓定聲》:"从㸚(錯雜)从吅,皆亂意;从工从己,分理之。合四字會意。"篆文作,許訓爲"交"。朱駿聲説:"己即紀之本字,古文象别絲之形,三横兩縱,絲相别也。"三横兩縱,字面上有交構形;字義上則表分别,表治理。 ③ 窒𢿾:《段注》:"蓋充塞之意,周漢人語也。"

【參證】金文作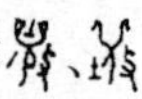。構形待考。

嚴 教命急也。从吅,𠪚聲[①]。[②],古文。 語杴切(yán)。

【譯文】嚴,督教的命令緊急。从吅,𠪚(yín)聲。𠪱,古文嚴字。

【注釋】① 从吅:《段注》:"敦促之意。" ② 𠪱:宋保《諧聲補逸》:"𠭖,古文敢字。嚴、𠭖同部,聲相近。"

【參證】金文作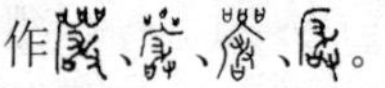。嚴初作,从喦(niè),表多言;从人。後加敢作聲符。人譌作厂,喦省作吅,就成嚴。本是"譀"的異體。本義是大言、妄言。《史記·日者列傳》:"世皆言曰:夫卜者多言誇嚴以得人情。"見裘錫圭《説喦嚴》。誇、嚴,同義連用。嚴即誇飾矯情之言。反訓之,向相反方向引申,則是少言、緊言、實言之義,就有嚴緊、嚴肅、威嚴義。後世,"譀"、"嚴"就分化爲兩個不同的字。參"譀"條。

[1] 譁訟也[2]。从吅，屰聲[3]。　五各切(è)。

咢　【譯文】咢：驚懼喧嘩，衆口爭辯。从吅，屰聲。

【注釋】① 咢：今作咢。　② 譁訟也：一句數讀。譁也，訟也。③ 屰(nì)聲：逆與咢上古同屬鐸部疑紐。徐灝《段注箋》："王氏引之曰：噩即㖾字，俗作咢。""凡字之从吅从㗊者皆同意。"

【參證】甲文作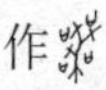，金文作、。甲金文噩、喪同字。參"喪"條。《聞一多全集》第十卷《釋噩》："此與卜辭桑爲同字。""以聲言之，《説文》咢从屰聲，讀五各切，疑母。然朔从屰聲，又讀所角切，心母。心母則與桑(息郎切)爲雙聲，以韻言之，噩在魚部，桑在陽部，魚陽爲對轉。"又，"《説文》桑从叒聲，'叒，日初出東方暘谷所登榑桑，叒木也。'書傳皆作若，而灼切，泥母。桑變爲噩，蓋由桑轉爲叒，又由叒變爲噩也。"噩與桑同字，桑又借爲喪。桑、喪也同字。後世，噩，重在驚懼；喪，重在逃逸走失，引申爲死亡。究其始，或因驚懼而逃逸，或因逃逸而驚懼，二者因果相承，故可同字，而喪噩之際，不免長吁短歎，故从口。季旭昇《説文新證》："楚文字仍从四'口'，'噩'字所承即此一寫法；秦文字則省从二'口'，'咢'字所承則爲此一寫法。"

　大也。从吅甲[1]，吅亦聲。闕。　都寒切(dān)。

單　【譯文】單，大。由吅字、甲字會意，吅也表聲。(不知"甲"是什麽意思，)只能讓它缺着。

【注釋】① 吅甲：吅，徐鍇《繫傳》："言大則吅，吅即喧也。"甲，鈕樹玉《校録》："《説文》無甲，故云闕也。"

【參證】甲文作、、，金文作、。羅振玉《增訂殷虚書契考釋》："卜辭中獸字从此。獸即狩(shòu，打獵)之本字。征戰之戰从單，與獸同意。"單可能是狩獵和征戰的工具。上端也許用於攻擊，柄中之也許用於防身，如後世之盾。丁山《説文闕義箋》："盾、單本一聲之轉，而單、干則韻部不殊。""單、干本爲古今字也。"其義爲盾。

　呼雞重言之[1]。从吅，州聲[2]。讀若祝[3]。　之六切(zhù)。

喌　【譯文】喌，呼喚雞時重疊地説"喌喌"之聲。从吅，州聲。音讀象"祝"字。

【注釋】① 呼雞句：王筠《句讀》："之字指喌而言，謂呼雞者言喌喌也。"《段注》:"雞聲喌喌,故人效其聲呼之。" ② 从吅,州聲:《段注》:"二口爲讙;州,其聲也。" ③ 祝:徐灝《段注箋》:"喌喌、朱朱、祝祝一聲之轉。"

文六 重二

哭部

哭 哀聲[①]也。从吅[②],獄省聲[③]。凡哭之屬皆从哭。 苦屋切(kū)。

【譯文】哭,悲哀的聲音。从吅,獄省聲。大凡哭的部屬都从哭。

【注釋】① 哀聲:饒炯《部首訂》:"聲泣相加曰哭。"本書水部:"泣,無聲出涕曰泣。"哭、泣,析言有别。 ② 从吅:徐鍇《繫傳》:"哭聲繁亂,故从二口。" ③ 獄省聲:徐承慶《段注匡謬》:"取獄省聲者,繫於圜土,情主於哀。"此本許説,獄字聲中兼義。

【參證】許意是:關在牢裏,悲聲繁雜。故从獄从吅,獄也表聲。犬是獄字的省略。《段注》不从,曰:"按許書言省聲,多有可疑者。取一偏旁,不載全字,指爲某字之省,若家之爲猳省,哭之从獄省,皆不可信。獄固从犾(yín),非从犬,而取犾之半。然則何不取穀、獨、倏、狢之省乎?"段以爲"哭"、"从犬吅"是"會意而移以言人"。杜忠誥《説文篆文譌形研究》發揮段意:"凡動物之哀號,未有如犬嗥之淒厲者,故从'犬'以構形。又,'犬'之嗥,其聲淒絶喧鬧,故从'二口'會意。其後,遂移以專指'人'情之哭。"

喪 亡[①]也。从哭、从亡會意,亡亦聲。 息郎切(sāng/sàng)[②]。

【譯文】喪,喪失。由哭字、亡字會意,亡也表聲。

【注釋】① 亡:《段注》:"亡部曰:'亡,逃也。'亡非死之謂。""凡喪失字本皆平聲,俗讀去聲以别於死喪平聲,非古也。"朱駿聲《通訓定聲》:"《白虎通》:'人死謂之喪何,言其喪亡不可復得見也。不直言死、稱喪者何,爲孝子之心不忍言也。'" ② 今讀依《廣韻》蘇浪切。

【參證】甲文作,金文作。甲文喪、噩同字。參

“噩”條。最初假借桑字；不論何種原因的喪亡，終歸是逃逸亡失，不免驚懼憂傷，常爲嘆息，故从口，或一口，或衆口；後爲添顯“亡”義，金文首字又从“走”；後“桑”、“口”糾結在一起，表音成分不明，金文二、三字，下部又从亡，亡又表義。《詩·邶風·擊鼓》：“爰居爰處，爰喪其馬，于以求之，于林之下。”喪是用的逃亡、走失的本義。

文二

走部

走　趨[1]也。从夭止[2]。夭止者屈也。凡走之屬皆从走。　子苟切(zǒu)。

【譯文】走，跑。由夭、止二字會意。夭止的意思是(因爲跑得快)，腿脚彎曲。大凡走的部屬都从走。

【注釋】① 趨：《段注》：“《釋名》曰：‘徐行曰步，疾行曰趨，疾趨曰走。’此析言之，渾言不别也。”　② 从夭止：饒炯《部首訂》：“古文以止爲足。夭下説‘屈也’。凡人舉步則足屈。走者行之疾，其足愈屈，故从夭止會意。”

【參證】金文作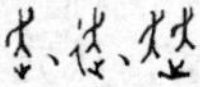。林義光《文源》：“象人走搖兩手形。从止，止象其足。”《甲骨文字詁林》姚孝遂按語：“契文即‘走’之初形。”“增‘止’或‘彳’爲文字演化中習見。”今之“競走”，用其本義。見楊樹達《積微居小學述林》卷三。

趨　走也。从走，芻聲。　七逾切(qū)。

【譯文】趨，跑。从走，芻聲。

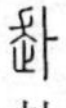
赴　趨[1]也。从走[2]，仆省聲[3]。　芳遇切(fù)。

【譯文】赴，奔跑。从走，仆省人爲聲。

【注釋】① 趨：徐鍇《繫傳》：“一心趨向之也。”　② 从走：《段注》：“古文‘訃’告字衹作‘赴’者，取急疾之意。”　③ 仆省聲：孔廣居《疑疑》：“仆諧卜聲，赴亦卜聲可也。”

趣　疾[1]也。从走，取聲。　七句切(qù)。

【譯文】趣，疾(跑)。从走，取聲。

【注釋】① 疾：承培元《廣答問疏證》："趣，疾走也。""凡言走之疾速者皆以趣爲正字。"

【參證】金文作。

超 跳也①。从走，召聲。 敕宵切(chāo)。

【譯文】超，跳躍。从走，召聲。

【注釋】① 跳也：徐灝《段注箋》："超自訓跳躍耳。"

趫 善緣木走之才①。从走，喬聲②。讀若王子蹻③。 去嚻切(qiāo)。

【譯文】趫，有善於緣木(登高)走動的本領。从走，喬聲。音讀象王子蹻的"蹻"字。

【注釋】① 善緣木句：疑衍走字。王筠《句讀》："(才)當依《玉篇》作'工'。古謂善一技者爲工。"葉德輝《讀若考》："趫爲高足之戲，以足束於木竿上，踹之而行。"俗名踩高腳。 ② 喬聲：聲中有義。本書"喬"下："高而曲也。"从走从喬，會合登高走動之意。 ③ 王子蹻(qiāo)：《段注》："蓋即王子喬，周靈王太子晉也。"葉德輝《讀若考》："蹻爲舉足高行，故趫讀若蹻，取其聲義相同也。"參"蹻"條。

赳 輕勁有才力也。从走，丩聲。讀若鐈①。 居黝切(jiū)。

【譯文】赳，輕捷剛勁有才能有力量。从走，丩聲。音讀象"鐈(qiāo)"字。

【注釋】① 讀若鐈：葉德輝《讀若考》："赳鐈，一聲之轉。"丩聲、喬聲同在見紐。

跂 緣①大木也。一曰：行皃②。从走，支聲。 巨之切(qí)。

【譯文】跂，攀援大樹。另一義說：跂是(蟲獸)行走的樣子。从走，支聲。

【注釋】① 緣：攀援。 ② 行皃：徐鍇《繫傳》："蟲行曰蚑行，謂四足隨高下逶迤，其背豸豸然。人之緣木有似於此。"《漢書・東方朔傳》："跂跂脈脈善緣壁。"也是狀虫行。又，《詩・小雅》："鹿斯之奔，維足伎伎。"《玉篇》作跂跂。狀鹿行。蟲行从虫，人行从彳、从足、从走。渾言之，既可狀蟲獸行，也亦狀人行。蚑蚑、伎伎、跂跂、跂跂，疊音詞，其形不同，其音一也。

趮[1] 疾也。从走，喿聲。　則到切(zào)。

【譯文】趮，疾速(而旁出)。从走，喿聲。

【注釋】① 趮：《段注》：“《考工記》：‘羽豐(大)則遲(緩慢)，羽殺(指小)則趮。’鄭云：‘趮，旁掉也。’”趮是指箭羽如果太小，箭就會疾速飛行而旁出。此字經傳多作“躁”字。王筠《釋例》：“走、足義近，故通用。”

趯[1] 踴也[2]。从走，翟聲。　以灼切(yuè)。

【譯文】趯，踴躍。从走，翟聲。

【注釋】① 趯：錢坫《斠詮》：“此即踴躍字。”　② 踴也：王筠《句讀》作“躍也”，曰：“此以重文之在兩部者爲訓釋也。”

蹶　蹠[1]也。从走，厥聲。　居月切(jué)。

【譯文】蹶，跳躍。从走，厥聲。

【注釋】① 蹠(zhí)：《段注》：“蹶，跳起也。足部曰：‘楚人謂跳躍曰蹠。’”

越[1] 度也。从走，戉聲。　王伐切(yuè)。

【譯文】越，度過。从走，戉聲。

【注釋】① 越：《段注》：“與辵部戉(踰也)字音義同。”

【參證】金文作、。

趁[1] 趲[2]也。从走，㐱聲。讀若塵。　丑刃切(chèn/zhēn)[3]。

【譯文】趁，趁趲。从走，㐱聲。音讀象“塵”字。

【注釋】① 趁：《段注》：“今人趁逐字作此。反語爲丑刃切(chèn)。”② 趲：當連篆爲讀。王筠《釋例》：“趁趲雙聲，乃形容之詞，不當割裂。”桂馥《義證》引《集韻》：“趁趲，行不進貌。”錢大昕説是屯邅之異文。又，薛傳均《答問疏證》：“馬部有駗驙字，云：‘駗驙，馬載重難(行)也。’在人爲趁趲，在馬爲駗驙，其義一也。”　③ 今讀依《集韻》知鄰切。

趲　趁也[1]。从走，亶聲。　張連切(zhān)。

【譯文】趲，趁趲(的趲)。从走，亶聲。

【注釋】① 趁也：王筠《句讀》：“以馬部駗驙例推之，此當作‘趁趲也。’”參“趁”條。按：趁趲，雙聲疊韻聯綿字，不可分開解釋。趲可單用，桂馥《義證》："《廣韻》䞟與邅同，行難也。《楚辭・九諫》：'蹇邅回而不能行。'"邅是回轉的意思。《説文》無邅字。今經典䞟作邅。

趞　(趞)[趬]趞①也。一曰：行皃。从走，昔聲。　七雀切(què)。

【譯文】趞，趬趞(的趞)。另一義説：趞是行走的樣子。从走，昔聲。

【注釋】① 趞趞：當依徐鍇《繫傳》作"趬趞"。王筠《釋例》："蓋'趬趞'雙聲，形容之詞。而'趬'下之'行輕皃'即'趬趞'之訓。"

【參證】金文作。

趬　行輕皃①。一曰：趬，舉足②也。从走，堯聲。　牽遙切(qiāo)。

【譯文】趬，(趬趞的趬，趬趞是)行走輕捷的樣子。另一義説：趬是(高)舉其腳的意思。从走，堯聲。

【注釋】① 行輕皃：《段注》、王筠《釋例》均以爲當作"趬，趬趞，行輕皃"。趬趞，雙聲字。趬也單字成義。《段注》："今俗語，輕趬當用此字。"　② 舉足：《段注》："今俗語謂舉足正如此。"張舜徽《約注》："湖湘間謂人安坐而高舉其足者爲趬。"俗曰"趬起二郎腿"。

䞁　急走也。从走，弦聲①。　胡田切(xián)。

【譯文】䞁，急走。从走，弦聲。

【注釋】① 弦聲：《段注》："形聲包會意。从弦有急意也。"張舜徽《約注》："弦爲弓弦，張之則急。古人性緩者，佩之以自促。"

越　蒼卒①也。从走，朿聲。讀若資。　取私切(cī)。

【譯文】越，倉猝急遽。从走，朿聲。音讀象"資"字。

【注釋】① 蒼卒：即倉卒。《段注》引錢大昕説：《論語》"造次必於是"的次是"越"的假借。造次也是倉卒急遽之義。

䞟①　輕行也。从走，票聲②。　撫招切(piāo)。

【譯文】䞟，輕䞟而行。从走，票聲。

【注釋】① 䞟：張舜徽《約注》："今湖湘間稱人行步不穩重者爲輕䞟。"　② 票聲：聲中有義。本書："票，火飛也。"火飛有輕、捷義。

赾　行皃。从走，臤聲。讀若菣。　弃忍切(qǐn)。

【譯文】赾，行走(緩慢)的樣子。从走，臤聲。音讀象"菣"(qìn)字。

【注釋】① 行皃：《集韻·稕韻》："趣，行緩皃。"

行皃①。从走，酋聲。 千牛切（qiū）。

趥 【譯文】趥，（徒步）行走的樣子。从走，酋聲。

【注釋】① 行皃：《集韻·尤韻》："趥，徒行。"

行皃①。从走，蜀聲。讀若燭。 之欲切（zhú）。

趨 【譯文】趨，（小兒）行走的樣子。从走，蜀聲。音讀象"燭"字。

【注釋】① 行皃：《廣韻》："趨，小兒行皃。"徐鍇《繫傳》："每步舉足之意也。"

行皃。从走，匠聲。讀若匠①。 疾亮切（jiàng）。

趞 【譯文】趞，（輕巧而快捷）行走的樣子。从走，匠聲。音讀象"匠"字。

【注釋】① 讀若匠：錢坫《斠詮》："讀爲匠者，如今俗讀蹌同也。"蹌，音 qiāng，巧趨貌。

①走皃②。从走，叡聲。讀若紃③。 祥遵切（xún）。

趣 【譯文】趣（趪），（回旋）行走的樣子。从走，叡（叡，xuán）聲。音讀象"紃"字。

【注釋】①《段注》："此字今篆作趣，説云：'叡聲。'溝叡字，讀若郝。部分絶遠。依《廣韻·十八諄》作趪。" ② 走皃：張舜徽《約注》："趪訓走皃，乃狀其回旋耳。" ③ 紃（xún）：《荀子·非十二子篇》："終日言成文典，反紃察之。"楊注："紃與循同。"紃有循環回旋義。

走意。从走，薊聲。讀若髽結①之結。 古屑切（jié）。

趪 【譯文】趪，行走的意思。从走，薊聲。音讀象髽結的"結"字。

【注釋】① 髽結：髽（zhuā），泛指髮髻。結，今之髻字。

走意。从走，困聲。 丘忿切（qǔn）①。

趫 【譯文】趫，行走的意思。从走，困聲。

【注釋】① 拼音據《廣韻》魚吻切。

走意①。从走，坐聲。 蘇和切（suō）。

趖 【譯文】趖，（疾）走的意思。从走，坐聲。

【注釋】① 走意：《廣韻》："趖，走疾。"《段注》："今京師人謂日跌爲眴午趚。”張舜徽《約注》：“俗語所云日月如梭之梭，當以趚爲本字。”

䞁 走意。从走，憲聲。 許建切(xiàn)。

【譯文】䞁，行走之意。从走，憲聲。

䞉 走意①。从走，奏聲。 布賢切(biān)。

【譯文】䞉，行走的意思。从走，奏聲。

【注釋】① 走意：《類篇》：“䞉，走頓也。”

䞌 走也。从走，戴聲。讀若《詩》①“威儀秩秩”。 直質切(zhì)。

【譯文】䞌，走。从走，戴聲。音讀象《詩經》的“威儀秩秩”的“秩”字。

【注釋】①《詩》：指《大雅・假樂》。今本原文作“威儀（莊嚴的儀容舉止）抑抑（美好貌），德音（道德品行）秩秩（清明貌）”。許君誤合二句爲一。

䞔 走也。从走，有聲。讀若又①。 子救切②(yòu)。

【譯文】䞔，走。从走，有聲。音讀象“又”字。

【注釋】① 讀若又：有从又得聲，見“有”條。 ② 子救切：當从各本作“于救切”。

䞕 走輕①也。从走，烏聲。讀若鄔。 安古切(wǔ)。

【譯文】䞕，行步輕輕的樣子。从走，烏聲。音讀象“鄔”(wū)字。

【注釋】① 走輕：《廣韻》：“䞕，足輕。”

䞖 走顧皃。从走，瞿聲①。讀若劬。 其俱切(qú)。

【譯文】䞖，邊行走邊四處觀望的樣子。从走，瞿聲。音讀象“劬”(qú)字。

【注釋】① 瞿聲：《段注》：“此形聲包會意。瞿，鷹隼之視也。”

【參證】金文作。戴家祥《金文大字典》隸定作“䟢”：“字从走从彳从瞿，瞿象鳥張目注視之形，即瞿之省。”“字从走與从彳，表示路上行走之義。”本書衢、躣、䞖、䠻，都是“䟢”的派生字。

䞚 走皃。从走，蹇省聲①。 九輦切(jiǎn/qiān)②。

【譯文】䞚，行走（艱難）的樣子。从走，蹇省足爲聲。

【注釋】① 蹇(jiǎn)省聲：徐灝《段注箋》：“足部蹇音義略同，皆謂行蹇難也。"聲中有義。 ② 今讀依《廣韻》丘言切。

 赼 疑[①]之，等赼[②]而去也。从走，才聲。 倉才切(cāi)。

【譯文】赼，因猜疑某事，(所以)停留、遲滯而離去。从走，才聲。

【注釋】① 疑：錢坫《斠詮》："此(指赼)猜疑字。猜則猜恨字也。"按：猜，嫉恨。今通用猜。參"猜"條。 ② 等赼：《段注》："等讀臺(tái)。等赼，疊韻字，濡(rú)滯(停留、遲滯)之皃。"

[①] 䞴 淺渡也。从走，此聲。 雌氏切(cǐ)。

【譯文】䞴，從淺水中渡過。从走，此聲。

【注釋】① 䞴：徐灝《段注箋》："今俗謂蹈爲跐，其字别爲踹。"

 赹 獨行也[①]。从走，匀聲。讀若煢[②]。 渠營切(qióng)。

【譯文】赹，孤獨行走的樣子。从走，匀聲。音讀象"煢"(qióng)字。

【注釋】① 也：《玉篇》作皃。徐鍇《繫傳》："《詩》云'獨行煢煢'，本作此赹字。" ② 讀若煢：既譬音，又釋義。《段注》"煢"下："(煢，)回轉之疾飛也。引申爲煢獨，取裵回無所依之意。"參"煢"條。

 ⿺走與 安行也。从走，與聲。 余吕切(yǔ/yú)[①]。

【譯文】⿺走與，安穩地行走。从走，與聲。

【注釋】① 今讀依《廣韻》以諸切。

【參證】金文作。《金文編》："(字)从辵。走、辵二部相通。"

 起 能立[①]也。从走，巳聲[②]。，古文起，从辵[③]。 墟里切(qǐ)。

【譯文】起，能(舉足)起立。从走，巳聲。迟，古文起字，从辵。

【注釋】① 能立：《段注》："起本發步之稱，引申之，訓爲立，又引申之凡始事、凡興作之稱。"張舜徽《約注》："古人席地跪坐，舉足而立。"按：舉足起立乃是《段注》所説的"發步"之始。 ② 巳(sì)聲：《玉篇》："巳，起也。"聲中有義。 ③ 从辵：商承祚《説文中之古文考》："案《説文》，彳：'小步也。'辵：'乍行乍止也。'走：'趨也。'皆行動意。故能通用。"

 ⿺走里 留意[①]也。从走，里聲。讀若小兒孩[②]。 户來切(hái)。

【譯文】⿺走里，(將走)欲留的意思。从走，里聲。音讀象小兒"孩孩"而笑的"孩"字。

【注釋】① 留意:《類篇》:"趕,將走有意留。" ② 孩:古文咳,从子,亥聲。馬敘倫《六書疏證》卷三:"里聲、亥聲並在咍部,故趕从里聲得讀若孩。"

趬[①] 行也。从走,臭聲[②]。 香仲切(xiòng)。

【譯文】趬,(低頭)行走。从走,臭聲。

【注釋】① 趬:王仁昫《刊謬補缺切韻·送韻》:"趬,低(低)頭行。" ② 臭聲:徐灝《段注箋》:"臭聲本在幽部,今音轉入東部。"

趛 低頭疾行[①]也。从走,金聲[②]。 牛錦切(yǐn)。

【譯文】趛,低頭快走。从走,金聲。

【注釋】① 低頭疾行:本書頁部:"顉(qīn),低頭也。从頁,金聲。"朱駿聲《通訓定聲》:"許意从顉省,故訓低頭。" ② 金聲:視爲"顉省頁爲聲",顉也表意。

【參證】金文作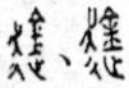。

趌 趌趨[①],怒走[②]也。从走,吉聲。 去吉切(qì/jí)[③]。

【譯文】趌,趌趨(的趌,趌趨是)憤怒離去。从走,吉聲。

【注釋】① 趌趨(jié):上古同屬見紐,是雙聲聯緜詞。 ② 怒走:徐鍇《繫傳》:"直去不低視也。" ③ 今讀依《廣韻》居質切。

趨 趌趨也。从走,曷聲。 居謁切(jié)。

【譯文】趨,趌趨(的趨)。从走,曷聲。

趯[①] 疾也。从走,瞏聲。讀若讙[②]。 況袁切(xuān)。

【譯文】趯,(行走)疾速。从走,瞏聲。音讀象"讙"字。

【注釋】① 趯:《玉篇·走部》:"趯,疾行也。" ② 讙:葉德輝《讀若考》:"趯、讙一聲之轉。"

赹[①] 直行[②]也。从走,气聲。 魚訖切(yì/jí)[③]。

【譯文】赹,逕直前進。从走,气聲。

【注釋】① 赹:同"迄"。 ② 直行:徐鍇《繫傳》:"去無回慮也。" ③ 今讀依《廣韻》其訖切。

趩 趨進,趩如也[①]。从走,翼聲[②]。 與職切(yì)。

【譯文】趩,快步前進,儀容端正。从走,翼聲。

【注釋】① 趨進句:徐鍇《繫傳》:"趨進便駛,復有儀容如鳥之翼也。

今《論語》(趩)作翼字。”引自《鄉黨篇》。皇疏:“翼如,謂端正也。”
② 翼聲:聲中有義。見上注。

 赽 踶[1]也。从走,決省聲[2]。 古穴切(jué)。

【譯文】赽,踢蹋。从走,決省水爲聲。

【注釋】① 踶(dì):徐鍇《繫傳》:“踶猶蹋也。” ② 決省聲:徐灝《段注箋》:“《説文》玦、抉、契、鈌等篆皆从夬聲。”故《段注》作“夬聲”。夬也表義。夬者,分決也。踶者,馬以足擊人也。以足擊人,其足必分開。

 趩 行聲也。一曰:不行皃[1]。从走,異聲。讀若敕。 丑亦切(chì)。

【譯文】趩,行走的聲音。另一義説:趩是(踟躕)不前的樣子。从走,異聲。音讀象“敕”字。

【注釋】① 不行皃:張舜徽《約注》:“趩之言彳也。”按:彳即彳亍(chì chù)的彳。彳亍,即踟躕。

【參證】金文作、。

 趆 趨也。从走,氐聲。 都禮切(dǐ/dī)[1]。

【譯文】趆,快走。从走,氐聲。

【注釋】① 今讀依《廣韻》都奚切。

 趍 (趨)[趍]趙[1],(久)[夊][2]也。从走,多聲。 直离切(chí)。

【譯文】趍,趍趙(的趍,趍趙)是行走遲緩的樣子。从走,多聲。

【注釋】① 趨趙:段、桂、朱、王均作“趍趙”。《段注》:“趍趙雙聲字,與峙躇、篙箸、蹢躅字,皆爲雙聲轉語。” ② 久:《段注》作“夊”:“夊(suī),行遲曳夊夊也。楚危切。各本皆譌‘久’,《玉篇》、《廣韻》不誤。”參“夊”條。

 趙 (趨)[趍]趙[1]也。从走,肖聲。 治小切(zhào)。

【譯文】趙,趍趙(的趙)。从走,肖聲。

【注釋】① 趨趙,趨當是趍字之誤。見“趍”條。“趍趙”即“踟躕”。

【參證】金文作、。

 赾 行難[1]也。从走,斤聲。讀若菫[2]。 丘菫切(qǐn)。

【譯文】赾,行走困難。从走,斤聲。音讀象“菫”(jǐn)字。

【注釋】① 行難：《廣韻·隱韻》："趣，跛行皃。"因是跛行，所以行走困難，二義實相因。 ② 讀若堇：馬敘倫《六書疏證》："劉秀生曰：斤聲、堇聲同在痕部。"

趨 走意也。从走，敻聲。讀若繘①。 居聿切（jú）。

【譯文】趨，行走的意思。从走，敻（xiòng）聲。音讀象"繘"（yù）字。

【注釋】① 讀若繘：本書瓊或體作璚，籲重文作鐍。《讀若考》："敻、矞本字同也。"

趠 遠①也。从走，卓聲②。 敕角切（chuò）。

【譯文】趠，遠（走）。从走，卓聲。

【注釋】① 遠：《段注》："辵部曰：'逴，遠也。'音義同。"徐鍇《繫傳》："跨步遠也。"按：走、辵，義類相近。 ② 卓聲：聲中有義。本書："卓，高也。"高是竪着的"長"，遠是横着的"長"。

【參證】金文作。

趯 趠趯①也。从走，龠聲。 以灼切（yuè）。

【譯文】趯，趠趯（的趯）。从走，龠聲。

【注釋】① 趠趯：《段注》："趠趯，疊韻字。《廣韻》：'趠趯，行皃。'"參"趠"條。

趧 大步也。从走，矍聲。 丘縛切（jué）。

【譯文】趧，大步行走。从走，矍聲。

趩 超特①也。从走，契聲。 丑例切（chì）。

【譯文】趩，（行步）超遠特異。从走，契聲。

【注釋】① 超特：桂馥《義證》："超遠特異也。"

趮 走也。从走，幾聲。 居衣切（jī）。

【譯文】趮，走。从走，幾聲。

趡 走也。从走，弗聲。 敷勿切（fú）。

【譯文】趡，走。从走，弗聲。

趫 狂走也。从走，矞聲。 余律切（yù/jú）①。

【譯文】趫，狂走。从走，矞聲。

【注釋】① 今讀依《廣韻》居聿切。

趧①　行遲也。从走，曼聲。　莫還切(mán)。

【譯文】趧，行走遲緩。从走，曼聲。

【注釋】① 趧：《段注》："今人通用慢字。"按：慢是借字，本義是"惰也"，是心理、思想的怠惰。

趉①　走也。从走，出聲。讀若"無尾"之屈②。　瞿勿切(jué)。

【譯文】趉，(突然起身)行走。从走，出聲。音讀象"無尾"的屈字。

【注釋】① 趉：《段注》："《玉篇》：'卒起走也。'"　② "無尾"之屈：本書"尾"部："屈，無尾也。从尾，出聲。"無尾，短尾也。参"屈"條。徐灝《段注箋》："讀若無尾之屈者，所以異於屈伸之屈也。今粵人言無尾之屈正讀瞿勿切。"

趜　窮①也。从走，匊聲。　居六切(jú)。

【譯文】趜，窮盡。从走，匊聲。

【注釋】① 窮：徐鍇《繫傳》："步所窮也。"行步力竭。

趑　趑趄①，行不進也。从走，次聲。　取私切(cī/zī)。

【譯文】趑，趑趄(的趑，趑趄是)行走不得前進。从走，次聲。

【注釋】① 趑趄：朱駿聲《通訓定聲》："此二字後出。趑趄者雙聲連語。《易·夬》：'其行次且。'只作次且字。"次且，趑趄，趦跙，書寫形式不同，音義則一也。這是由聯緜詞的特性決定的。

趄　趑趄也。从走，且聲。　七余切(qū/jū)。

【譯文】趄，趑趄(的趄)。从走，且聲。

趚　蹇①行趚趚②也。从走，虔聲。讀若愆③。　去虔切(qiān)。

【譯文】趚，跛腳行走歪斜遲緩。从走，虔聲。音讀象"愆"(qiān)字。

【注釋】① 蹇：本書足部："跛也。"　② 趚趚：錢坫《斠詮》："吳人語行走邪遲云趚趚。"　③ 讀若愆：葉德輝《讀若考》："虔、衍音同，蹇、虔亦音同。"

趯　行趯趢①也。一曰：行曲脊皃②。从走，雚聲。　巨員切(quán)。

【譯文】趯，行走趯趢(lù)(的趯)。另一義説：趯是行走時彎曲着脊背的樣子。从走，雚聲。

【注釋】① 趯趢：與踡跼意義相近，都是聯緜詞。　② 行曲脊皃：

王筠《句讀》："《廣韻》：'趯，曲走皃。'《衆經音義》卷二十三'踡跼'，云：'踡，《説文》作趯。'又引《埤蒼》：'踡局，不伸也。'然則，行曲脊皃即趯逯之義。後人分爲二義也。"

【參證】金文作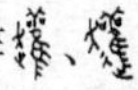。

逯 趯逯也。从走，录聲。 力玉切(lù)。

【譯文】逯，趯逯(的逯)。从走，录聲。

趍 行趚趍[①]也。从走，夋聲。 七倫切(qūn)。

【譯文】趍，行走疾速趍趍而去(的趍)。从走，夋聲。

【注釋】① 行趚趍：徐鍇《繫傳》作"行速逡逡"。《段注》："趍趍者，行速皃。"

趚[①] 側行[②]也。从走，朿聲。《詩》[③]曰："謂地蓋厚，不敢不趚。" 資昔切(jí)[④]。

【譯文】趚，(唯恐墜落深淵而踮腳側身)小步行走。从走，朿聲。《詩經》説："説什麼地是寬廣的，(我們卻)不敢小步行走。"

【注釋】① 趚：《玉篇》："趚，小行皃。" ② 側行：徐鍇《繫傳》："若行險，恐陷墜也。" ③《詩》：指《小雅・正月》。今本"趚"作"蹐"。毛曰："蹐，累足也。"足部"蹐"下説："小步也。" ④《廣韻》七迹切。

趌 半步[①]也。从走，圭聲。讀若跬，同。 丘弭切(kuǐ)。

【譯文】趌，半步。从走，圭聲。音讀象"跬"字，義同。

【注釋】① 半步：《段注》："今字作跬(kuǐ)。《司馬法》曰：'一舉足曰跬，跬三尺；兩舉足曰步，步六尺。'"按：走、足義類相近，从走，从足，渾然無别。

趍 趍鷺[①]，輕薄也。从走，虒聲。讀若池。 直离切(chí)。

【譯文】趍，趍鷺，輕薄。从走，虒聲。音讀象"池"字。

【注釋】① 趍鷺：《段注》："周漢人語。"上古，趍屬澄紐，鷺屬章紐，都是舌音，二字雙聲。

趦 僵[①]也。从走，音聲。讀若匐。 朋北切(bó)。

【譯文】趦，倒仆。从走，音聲。音讀象"匐"字。

【注釋】① 僵：《段注》："僵，僨(fèn)也。此與足部之踣音義並同，未審孰爲本字，孰爲後增。"踣、趨異體，與跬、趌異體同。

趚①　距②也。从走，㡿(省)聲③。《漢令》④曰："趚張百人。"　車者切(chě)。

【譯文】趚，抵拒。从走，㡿聲。《漢律》説："能用脚蹋强弩使之張開的有百人。"

【注釋】① 趚：今作赿。　② 距：《段注》："距當作歫。歫，止也。"　③ 㡿省聲：當依徐鍇《繫傳》作"㡿聲"，小篆字頭當作。本書广部下："㡿，卻屋也。从广，屰聲。"㡿，今作斥。　④《漢令》：王鳴盛《蛾術篇》："即《漢律》。"趚張：徐鍇《繫傳》："蓋謂以足蹋張弩也。"

趯①　動也。从走，樂聲。讀若②《春秋傳》③曰"輔趯"。　郎擊切(lì)。

【譯文】趯，跳動。从走，樂聲。音讀象《春秋左傳》説的晉臣"輔趯"的"趯"字。

【注釋】① 趯：《段注》："《篇》、《韻》皆云躒同。《大戴禮》曰：'騏驥一躒，不能千步。'"徐灝箋："《荀子·勸學篇》：'騏驥一躍，不能十步。'趯與躍同義。"　② 讀若：陳瑑《引經考證》："錢詹事説，許氏讀若之字，往往即取本字而以方俗語曉之，此亦讀若不破字，而以人人所習經之古人名曉之也。"　③《春秋傳》：指《左傳·襄公二十四年》。

趡　動也①。从走，隹聲。《春秋傳》②曰："盟于趡。"趡，地名。　千水切(cuǐ)。

【譯文】趡，(跑)動。从走，隹聲。《春秋左傳》説："在趡地結盟。"趡是地名。

【注釋】① 動也：《史記·司馬相如傳》："蔑蒙踊躍，騰而狂趡。"集解："《漢書》音義曰：'……趡，走。'"《廣雅·釋室》："趡，犇也。"可見，趡應是"跑動"的意思。　②《春秋傳》：指《左傳·桓公十七年》。

【參證】金文作。

趄　趄田，易居①也。从走，亘聲。　羽元切(yuán)。

【譯文】趄，換田(而耕)，換盧(而住)。从走，亘聲。

【注釋】① 趄田：《左傳》作"爰田"，《國語》作"轅田"。爰、轅，換的意思。古代有換田的制度。徐鍇《繫傳》:“謂以田相換易也。”易居,換其居處。

【參證】甲文作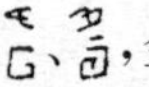,金文作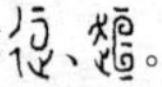。丁山《甲骨文所見氏族及其制度》:“(甲文)从止,亘聲,當是趄字。初文甲文正是回字,象回互之文。”楊樹達《積微居小學述林·釋亘》:“尋地之盤曲旋回者,行人不易前進,故盤桓有不進之義,義涉行止,故其字从走也。”按从止、从辵、从走,其義一也。羅振玉《增訂殷虛書契考釋》:“此(指趄)當是盤桓之本字,後世作桓者,借字也。”張舜徽《約注》:“因引申爲凡循復之稱,故古代輪流休耕之制謂之趄田。”

趙　走頓①也。从走,真聲。讀若顛。　都年切(diān)。

【譯文】趙,奔跑時向前仆倒。从走,真聲。音讀象“顛”字。

【注釋】① 頓:徐鍇《繫傳》:“倒也。”王筠《句讀》引《通鑑》注:“踣而首先至地爲頓。”郭慶藩《經字正誼》:“趙訓走頓,引申凡隕墜不恭者亦爲趙。今作顛,同聲假借字。”

踊　喪辟踊①。从走,甬聲。　余隴切(yǒng)。

【譯文】踊,遇喪事而捶胸頓足。从走,甬聲。

【注釋】① 喪辟踊:王筠《句讀》:“踊,經典皆作踊。《檀弓》:‘辟踊,哀之至也。’正義:‘拊(拍)心爲辟,跳躍爲踊。’”王筠《釋例》:“喪之踊,亦是跳,但足不離地耳。”踊、踊一字,走、足義類相近。

①

趕　止行②也。一曰:竈上祭名③。从走,畢聲。　卑吉切(bì)。

【譯文】趕,(帝王出行時清道,)禁止行人通行。另一義説,趕是竈上祭祀的名稱。从走,畢聲。

【注釋】① 趕:《段注》:“今禮經皆作蹕,惟《大司寇》釋文作趕,云:‘本亦作蹕。’是。”趕、蹕一字,與踣、趦,跓、跬,踊、踊各是一字同。　② 止行:《周禮·閽人》“蹕宫門廟門”鄭衆注:“國有事,王當出。則宫正主禁絶行者,若今時衛士填街蹕也。”馬敘倫《六書疏證》卷三:“清代儀制,官吏出行,有二牌前導,一曰肅靜,一曰迴避,即史言警蹕也。”警者,戒肅也,肅靜之牌所示意也;趕,止行人也,迴避之牌所示意也。　③ 竈上祭名:《玉篇》:“禪,竈上祭也。”

趣　進也。从走,斬聲。　藏監切(zàn/jiàn)①。

【譯文】趣,前進。从走,斬聲。

【注釋】① 今讀依《廣韻》慈染切。

趧　趧婁[①]，四夷之舞，各自有曲。从走[②]，是聲。　都兮切（dī/tí）[③]。

【譯文】趧，趧婁（的趧，趧婁是）四方少數民族歌舞的名稱，各民族有自己的曲調。从走，是聲。

【注釋】① 趧婁：《段注》："今《周禮》作鞮鞻氏。"　② 从走：徐灝《段注箋》："鞮婁爲四夷舞曲，故其字从走。《周禮》作鞮乃假借字，鞻則因鞮而增革旁耳。"　③ 今讀依《廣韻》杜奚切。

越　雀行[①]也。从走，兆聲。　徒遼切（tiáo）。

【譯文】越，象雀兒跳躍而行。从走，兆聲。

【注釋】① 雀行：雀行爲躍。王筠《句讀》："雀不能步，故曰雀躍。"徐灝《段注箋》："此謂人之躍行如雀也。與足部跳音義同。"今作跳。或从走，或从足，義類相近。

赶　舉尾走[①]也。从走，干聲。　巨言切（qián）。

【譯文】赶，（獸畜）翹着尾巴奔跑。从走，干聲。

【注釋】① 舉尾走：朱駿聲《通訓定聲》："謂獸畜急走。字亦作趕。"

文八十五　重一

止部

止　下基也。象艸木出有址[①]，故以止爲足[②]。凡止之屬皆从止。　諸市切（zhǐ）。

【譯文】止，底下的基礎。象草木長出來有根幹基址，所以用止表示足。大凡止的部屬都从止。

【注釋】① 象艸木句：徐鍇《繫傳》："艸木初生根幹也。"　② 故以止句：王筠《句讀》："又言此者，部中字皆人之足，故以此統之。"

【參證】甲文作、，金文作。徐灝《段注箋》："凡从止之字，其義皆爲足趾，許以爲象艸木出有址，殆非也。考阮氏《鐘鼎款識》父丁卣有足迹，文作，正象足趾之形。惟止爲足趾而非艸木，故反止爲，相並爲，相承爲步，而足字从之，無可疑也。三趾者與手

之列多略不過三同例。戴氏侗曰：進止由足，故不行因謂之止，止居一身之下，故引申之又爲基址。”按：从甲金文的形象看，應爲腳板和腳趾。

 歱 跟[①]也。从止，重聲。　之隴切（zhǒng）。

【譯文】歱，腳後跟。从止，重聲。

【注釋】① 跟：《釋名·釋形體》：“足後曰跟。”

【參證】金文作。吴大澂《古籀補》：“古歱字从止从童。今經典通作踵。”徐灝《段注箋》“偅”下：“偅、踵皆歱之異文。”从止，或从足，或从彳，形相近而互用。就字義而言，“偅，相迹也”即“後迹與前迹相繼”，“踵，追也”即緊跟着，都是名詞“歱”的動化，實則一義相因，字音也完全相同，故徐灝把它們看作“異文”。

[①] 堂 歫也。从止，尚聲。　丑庚切（chēng）。

【譯文】堂，支撑抵拒。从止，尚聲。

【注釋】① 堂：朱駿聲《通訓定聲》：“（堂）字亦作牚，作撑。”今作撑。馬敘倫《六書疏證》卷十一“槍”下：“杭縣謂壁欲圮以木斜支之亦曰打撑。”按湖湘間此義也叫“打撑”。

 峙 躇[①]也。从止，寺聲。　直离切（chí）。

【譯文】峙，峙躇（的峙）。从止，寺聲。

【注釋】① 躇（chú）：當連篆讀作“峙躇”，雙聲字，不前的意思。《段注》：“心部曰‘篙箸’，足部曰‘蹢躅’，《毛詩》曰‘踟躕’，《廣雅》曰‘蹢躅’、‘跢跦’，皆雙聲疊韻而同義。”

 歫 止[①]也。从止，巨聲。一曰：（搶）[槍][②]也。一曰：超歫[③]。　其吕切（jù）。

【譯文】歫，（相抵拒而）止。从止，巨聲。另一義説，歫是支撑。另一義説，歫是跳躍。

【注釋】① 止：《段注》：“許無拒字。歫即拒也。此與彼相抵爲拒，相抵則止矣。”　② 搶：當校改爲“槍”。本書木部曰：“槍，歫也。”槍即堂（chēng），即今之撑字。參“堂”條。　③ 超歫：歫通作距。桂馥《義證》：“《史記·王翦傳》曰：‘投石超距。’《索隱》：‘超距猶跳躍也。’”

歬 不行而進謂之歬。从止在舟上①。 昨先切(qián)。

【譯文】不行而進叫做歬。由"止"字在"舟"字之上會意。

【注釋】① 从止句：徐灝《段注箋》："人不行而能進者，唯居於舟爲然。故从舟。止者，人所止也。"

【參證】甲文作、，金文作、。甲文的，是凡字，把它旋轉90°，成，象盤子，是槃的初文。于省吾《甲骨文字釋林·釋歬》："凡與盤同屬脣音，又爲疊韻，二字初本同文，後來分化爲二。"李孝定《殷契識小録》："()从止在槃中，即洗足之會意字。"洗足是爲了更好地行走前進，故引申爲向前義，前進與有關，加之則成。李孝定又説："後世从凡从舟之字每多相混，更進而凡亦或作舟矣。"西周金文則是。湖湘間，茶盤又叫茶船，因茶盤多爲長方形，又可以承載茶壺和許多茶栝，其形狀和功能與舟相似。故从凡从舟之字多相混，金文則徑直把从凡之字寫作从舟。秦漢文字、，是从歬从刀，歬亦聲，即今"剪"字。

歷① 過也。从止，厤聲。 郎擊切(lì)。

【譯文】歷，經過。从止，厤聲。

【注釋】① 王筠《句讀》："此經歷、閱歷之義。"

【參證】甲文作、，金文作、。李孝定《甲骨文字集釋》："竊謂此字只是形聲非會意也。許説不誤。《説文》厤从秝聲，秝下云：'稀疏適秝也。从二禾，讀若歷。'足證歷、秝音同。卜辭正从秝聲。其作林者則秝字之譌。"

埱 至也。从止，叔聲。 昌六切(chù)。

【譯文】埱，到。从止，叔聲。

壁 人不能行①也。从止，辟聲。 必益切(bì)。

【譯文】壁，人(有足)不能行走。从止，辟聲。

【注釋】① 不能行：《段注》："躃，《説文》作壁，有足而不能行者。"

歸 女嫁①也。从止②，从婦省，自聲。𡚖，籀文省。 舉韋切(guī)。

【譯文】歸，女子出嫁。由止、由婦省去女會意，自聲。𡚖是籀文，是歸字的省文。

【注釋】① 女嫁：桂馥《義證》："《公羊傳·隱公二年》：'婦人謂嫁曰歸。'何云：'婦人生以父母爲家，嫁以夫爲家，故謂嫁曰歸。'"《詩·周南·桃夭》："之子于歸，宜其室家。"歸是出嫁。引申爲凡歸還之義。　② 从止：徐鍇《繫傳》："止者，止於此也。"

【參證】甲文作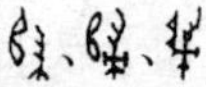，金文作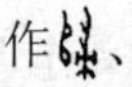。李孝定《甲骨文字集釋》："契文婦作，則是从婦不省，以𠂤爲聲。……（金文）大抵从婦，自聲，與契文同……或从辵、从彳，無單从止者，辵、彳、止，本通用無別。"

疌　疾[1]也。从止，从又。又，手也。屮聲。　疾葉切(jié)。

【譯文】疌，迅速。由止、由又會意。又，表示手。屮(chè)聲。

【注釋】① 疾：徐鍇《繫傳》："止，足也。又，手也。手足共爲之，故疾也。捷、寁从此。"

[1]
⿱入⿺止⺕　機下足所履者。从止，从又，入聲。　尼輒切(niè)。

【譯文】⿱入⿺止⺕，織布機底下腳所踩的踏板。由止、由又會意，入聲。

【注釋】① ⿱入⿺止⺕：王紹蘭《段注訂補》："⿱入⿺止⺕之言躡也。機下繩，懸兩版，用足躡之，使牽引相上下，以織布帛者，謂之牽⿱入⿺止⺕。"

【參證】徐灝《段注箋》引戴侗説："疌、⿱入⿺止⺕實一字，織者足躡於下，手應於上，務於敏疌。旁趨取疾，因謂之疌，戰勝因謂之疌，今作捷。屮於聲不諧，乃入之譌。"

[1]
少　蹈也。从反止。讀若撻。　他達切(tà)。

【譯文】少，踏行。由止字反過來表示。音讀象"撻"字。

【注釋】① 少：徐灝《段注箋》："止之引申爲不行，反而爲少，則爲蹈而行也。少，古蹋字。"

歰　不滑也。从四止[1]。　色立切(sè)。

【譯文】歰，不滑。由四個止字會意。

【注釋】① 从四止：王筠《繫傳校録》："歰者兩人之足也，故倒上兩足以見意。四足相迕，豈能行哉？故歰即濇也。"

【參證】甲文作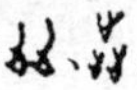。

文十四　重一

癶部

癶

足剌癶[①]也。从止、𣥠[②]。凡癶之屬皆从癶。讀若撥。北末切(bō)。

【譯文】癶，兩腳剌癶不順。由止、𣥠相背會意。大凡癶的部屬都从癶。音讀象撥字。

【注釋】① 剌(là)癶：疊韻聯緜詞。徐鍇《繫傳》："兩足相背不順，故剌癶也。"　② 从止、𣥠：从篆文看，由左右位置相錯的兩隻腳組成，即左腳在右邊，右腳在左邊。自然相背不順，無法行走。兩足交互相錯，是字的構形。本部從屬之字，只取兩足義，不取錯互義。

登

上車也。从癶豆[①]，象登車形。，籀文登，从𠬞[②]。　都滕切(dēng)。

【譯文】登，登上車。由"癶"字在"豆"字之上會意，(表示兩腳立在用來墊腳乘車的石頭之上，)象登車之形。𤼷，籀文登字，从𠬞。

【注釋】① 豆：登車的乘石。　② 从𠬞(gǒng)：徐鍇《繫傳》："兩手捧登車之物也。登車之物，王謂之乘石。"

【參證】甲文作、，金文作、。李孝定《甲骨文字集釋》："許解云'癶豆，象登車之形'者，謂癶立豆上乃象登車之一動作。豆者象乘石之形。今吾湘甲第大門兩側常見兩圓形石鼓分置作八字形。石鼓横置，下有座，側視之，正作形。俗謂之圓鼓登，或謂上馬石，即此物也。"

癹

以足蹋夷[①]艸。从癶，从殳[②]。《春秋傳》[③]曰："癹夷蘊崇[④]之。"　普活切(pō/bá)[⑤]。

【譯文】癹，用腳蹋除草。由癶、由殳會意。《春秋左傳》說："用腳踏除草，把它們堆積起來。"

【注釋】① 夷：《周禮・稻人》杜注："夷，殺也。"　② 从癶，从殳：承培元《引經證例》："癶，足蹋也；殳，殺之也。會意字。"　③《春秋傳》：指《左傳・隱公六年》。　④ 癹夷蘊崇：癹，今作"芟"。蘊，今作"薀"。癹夷，同義連用。蘊崇，積聚。　⑤ 今讀依《廣韻》蒲撥切。

【參證】甲文作、、。从手(又)持棍於兩止(趾,即足)之間。張舜徽《約注》:“古者木杖皆謂之殳……今南人種稻,分秧以後月許,即有人下水田,以足蹋芟雜草,而手倚杖助力,即癹篆从癶从殳之意。”

文三　重一

步部

步[1]　行也。从止少相背[2]。凡步之屬皆从步。　薄故切(bù)。

【譯文】步,行走。由止、少兩字相背會合左右兩足相隨之意。大凡步的部屬都从步。

【注釋】① 步:《釋名》:“徐行曰步。”　② 从止少相背:《段注》:“相背猶相隨也。”徐灝箋:“人之行也,前足止,則後足起,故止出爲步。《祭義》釋文云:‘一舉足爲跬,再舉足爲步。王制古者以周尺,八尺爲步,今以周尺,六尺四寸爲步,皆再舉足之度也。’”

【參證】甲文作、,金文作。羅振玉《增訂殷虚書契考釋》:“‘步’象前進時左右足一前一後形……步或又增行。”

歲　木星也。越歷二十八宿[1],宣遍陰陽[2],十二月一次[3]。从步,戌聲。律歷書[4]名五星[5]爲五步。　相鋭切(suì)。

【譯文】歲,木星。經過二十八星宿,走遍陰陽十二辰,十二個月行走一個躔次。从步,戌聲。《漢書·律曆志》叫(金木水火土)五星作五步。

【注釋】① 越歷句:越歷,同義複合,經過。二十八宿,古代把日月經過的天區(黄道)的恆星分爲二十八個星座,叫二十八宿。《淮南子·天文》注:“東方:角、亢、氐、房、心、尾、箕;北方:斗、牛、女、虛、危、室、壁;西方:奎、婁、胃、昴、畢、觜、参;南方:井、鬼、柳、星、張、翼、軫。”　② 宣遍陰陽:宣遍,同義複合。陰陽,徐鍇《繫傳》:“自子至巳爲陽,午至亥爲陰。”郭沫若《甲骨文字研究》:“歲星之運行約十有二歲而周天,古人即於黄道附近設十二標準點以觀察之,由子至亥之十二辰是也。歲徙一辰而成歲,故歲星之歲孳乳爲年歲之歲。” ③ 一次：王筠《句讀》：“次者，日之躔次也。”躔(chán)次，日月五星運行時經過天空的某一區域。王筠《釋例》：“起建子月，畢建亥月，歲星乃移一宫，十二年一周天矣。” ④ 律歷書：指《漢書·律曆志》。 ⑤ 五星。《段注》：“水曰辰星，金曰太白，火曰熒惑，木曰歲星，土曰填星。”

【參證】甲文作、、，金文作、。郭沫若《甲骨文字研究》：“子禾子釜歲字作”，“余以爲此乃戉之别構也”。于省吾藏有周斧，作形，文字綫條化，甲文則作，省作。林義光《文源》卷六：“从二止，戉聲。”“(古)歲越同音。即越之古文。二止(足跡)象踰越形。”

文二

此部

此 止也①。从止，从匕。匕，相比次②也。凡此之屬皆从此。 雌氏切(cǐ)。

【譯文】此，所止之處。由止、由匕會意。匕是相並列。大凡此的部屬都从此。

【注釋】① 止也：《段注》：“《釋詁》曰：‘已(即止義)，此也。’正互相發明，於物爲止之處，於文爲止之詞。” ② 相比次：次，列。相比次，相並列。足相並列，故有停止的意思。按“匕”也表聲。徐灝《段注箋》：“匕當爲聲。”

【參證】甲文作、，金文作、。林義光《文源》：“即人之反文。从人止，此者近處之稱。即其人所止之處也。”

啙① 窳也。闕②。 將此切(zǐ)。

【譯文】啙，劣弱。(从吅的意思不詳，)只能讓它闕着。

【注釋】① 啙：《方言》卷十：“啙，短也。江湘之會謂之啙，凡物生而不長大亦謂之啙。”《廣韻·薺韻》：“啙，弱也。” ② 闕：《段注》：“其形則从此从吅，此亦聲。”桂馥《義證》：“闕者，不詳从吅之意。”

策 識①也。从此，朿聲。一曰：藏②也。 遵誄切(zuǐ)。

【譯文】策，記。从此，朿聲。另一義説：策是收藏。

【注釋】① 識：記。通作“刺”，相當於今之名片。《釋名》：“刺，書以識爵里名姓也。” ② 藏：《段注》：“（《廣雅》）‘柴，𢍰也。’與‘藏’訓相近，𢍰同舒卷之卷。”

文三

𭃂 些 語辭[①]也。見《楚辭》[②]。从此，从二[③]。 其義未詳。蘇箇切（suò）。

【譯文】些，表示語餘聲的虛詞。見《楚辭》。由此、由二會意。其義未詳。

【注釋】① 語辭：《爾雅·釋詁》：“呰，此也。”《釋文》：“呰，郭音些。案，《廣雅》：‘些，辭也。’……謂語餘聲也。”楚地詩歌吟詠，語末句中，拉長聲音以示抑揚，語餘聲之謂也。今所謂句末語氣詞。 ② 見《楚辭》：《楚辭·宋玉〈招魂〉》：“魂兮歸來，南方不可以止些。” ③ 从二：孔廣居《疑疑》：“从二，取慢聲緜長之意。”从此从二，从此語之末而慢聲緜長，即表“語餘聲”意。孔又説：“此聲。”些則是會意兼聲之字。

文一 新附

卷四

正部

正

是也①。从止,一以止。凡正之屬皆从正。𤴓②,古文正。从二;二,古上字。𤴔,古文正。从一、足;足者亦止也。之盛切(zhèng)。

【譯文】正,正直無偏斜。从止,(“一”是古文上字,表示在上位的人,)用“一”放在“止”上(,會合上位者止於正道之意)。大凡正的部屬都从正。𤴓是古文正字。从二;二是古文上字。𤴔是古文正字。由一、足會意;足也是表示止的意思。

【注釋】① 饒炯《部首訂》:“正下云‘是也’,是下説‘直也’,義即相當無偏之謂。” ② 𤴓:孔廣居《疑疑》:“古文正注云:从上止。蓋言爲人上者宜止於正也。案帝字注曰:‘古文諸上字皆从一,篆文皆从二。’……觀此則正之从一,亦是从上。當以正爲古文,𤴓爲篆文。”

【參證】甲文作,金文作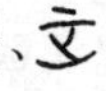。楊樹達《積微居小學述林·釋正章》:“字从囗者,《説文》五篇下冂部同下云:‘从囗,象國邑。’字从囗而足趾向之,謂人向國邑而行,故其義爲行也。”引申爲征伐的征,後因止形不顯,爲强調行走義,加辵或彳,作“延”、“征”。參“延”條。正又借爲正直的正。

乏

《春秋傳》①曰:“反正爲乏。” 房法切(fá)。

【譯文】《春秋左傳》説:“把正字反過來就成了乏字。”

【注釋】①《春秋傳》:指《左傳·宣公十五年》。《段注》:“此説字形而義在其中矣。不正則爲匱乏,二字相鄉背也。”徐灝箋:“乏蓋本爲凡不正之稱,後乃專以貧乏爲義。”

【參證】金文作。“反正爲乏”的“反”,取與原狀不同之義,如“反常”,即與常態不同。反正爲乏,即與“正”字不同,即上一横筆斜

放着。《金文編》:"金文反正仍爲正。以正字傾首爲乏。"

文二　重二

是部

是　直也。从日正[1]。凡是之屬皆从是。，籀文是从古文正。　承旨切(shì)。

【譯文】是,正直。由"日"字"正"字會意。大凡日的部屬都从日。是是籀文是字,从古文正字。

【注釋】① 从日正:《段注》:"以日爲正(標準)則曰是。从日正會意。天下之物莫正於日也。"

【參證】金文作、。郭沫若《金文叢考·金文餘釋之餘·釋氏》:"是亦即匙,象匙形,从或以示其柄,手所執之處也。从止,止乃趾之初文,言匙柄之端掛於鼎脣者乃匙之趾。故是與匙實古今字,是叚爲是非若彼是字,而本義廢矣。"李孝定《金文詁林讀後記》:"是爲匙正面象形,氏作爲匙之側面象形,栕與匙則爲後起形聲字也。"參"氏"、"匙"、"栕"條。

韙　是也。从是,韋聲。《春秋傳》[1]曰:"犯五不韙[2]。"[3],籀文韙从心。　于鬼切(wěi)。

【譯文】韙,是。从是,韋聲。《春秋左傳》説:"犯了五種不是。"愇,籀文韙字,从心。

【注釋】①《春秋傳》:指《左傳·隱公十一年》。　② 不韙:不是,不對。　③ 愇:王筠《釋例》:"(愇)《玉篇》在心部,注曰:'怨恨也。'《廣雅》:'怨、愇、很,恨也。'皆不以爲韙之籀文,第音不異耳。《集韻·七尾》韙下繼收愇字,兩字各義,然則宋時《説文》尚無此重文也。"

尟　是少[1]也。尟俱存[2]也。从是少。賈侍中説。　酥典切(xiǎn)。

【譯文】尟,正直者很少。"是少"的義訓並存於"尟"的字形之中。是少二字會意。這是賈侍中的説法。

【注釋】① 是少：徐鍇《繫傳》："是亦正也。正者少則尟也。"王筠《句讀》："正直者少而後謂之尟也。"尟，今借魚名之鮮，又作尠。　② 尟俱存：《段注》作"是少，俱存也"。張舜徽《約注》："意謂是少之訓，俱存於尟篆字形之中。"

文三　重二

辵部

辵　乍行乍止①也。从彳，从止。凡辵之屬皆从辵。讀若《春秋公羊傳》曰"辵階而走"②。　丑略切(chuò)。

【譯文】辵，忽行忽止。由彳、由止會意。大凡辵的部屬都从辵。音讀象《春秋公羊傳》説的"辵階而走"的辵。

【注釋】① 乍行乍止：忽行忽止。彳與行同意，所以解爲乍行乍止。此依形爲訓。　② 讀若句：《春秋公羊傳》指《公羊傳·宣公二年》。辵，今作"躇"。何休注："猶超遽，不暇以次。""辵階而走"是説超越階級而奔走。《段注》："《公食大夫禮》注曰：'不拾級而下曰辵。'鄭意不拾級而上曰栗階，亦曰歷階，不拾級下曰辵階。《廣雅》：'辵，奔也。'""辵階"是"不依次逐級，奔跑在階梯上"。"辵"是"乍行乍止"義的引申。《説文》引用書證，或證其本義，或證其引申義。此是後者之例。"歷階"的"歷"，也是用其引申義。

【參證】甲文作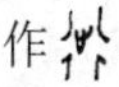、。从行，从止。正合許君"乍行乍止"之意。李孝定《甲骨文字集釋》第二："古文从行从彳每無别，辵與在卜辭當是一字。"

迹　步處也。从辵，亦聲。蹟，或从足責①。速，籀文迹从朿②。資昔切(jī)。

【譯文】迹，行步之處。从辵，亦聲。蹟，迹的或體，从足，責聲。速，籀文迹字，从朿聲。

【注釋】① 責：《段注》："責亦朿聲也。"　② 从朿：朿表聲。王筠《釋例》："印林曰：迹，亦聲，屬魚部。蹟，責聲，速，朿聲，則屬支部。二部音不近。"《段注》解釋説："迹本亦作速，朿聲。小篆改爲迹聲。

李陽冰云：李丞相持束作亦，謂此字也。”存考。

【參證】金文作。與籀文同。朱駿聲《通訓定聲》：“今隸于此字，亦作踈作跡。”

逹 無違也。从辵，羍聲[①]。讀若害。　胡蓋切(hài/huì)[②]。

【譯文】逹，不違礙。从辵，羍聲。音讀象“害”字。

【注釋】① 羍聲：《校録》：“羍訓兩穿相背，與違義合。”《段注》：“逹从羍而曰無違，犹祀从巳而曰祭無巳也。”聲中有義。參“羍”、“祀”條。　② 今讀依《廣韻》黄外切。

逵[①] 先道[②]也。从辵，率聲。　疏密切(shuài)。

【譯文】逵，先導。从辵，率聲。

【注釋】① 逵：毛際盛《述誼》：“案：率、帥、逵三字古通，義皆可假。然帥，佩巾也；率，捕鳥畢也：非先道義。故知逵爲正字。”　② 先道：《段注》：“道，今之導字。”

【參證】金文作、。

邁 遠行也。从辵，蠆省聲[①]。邁[②]，邁或不省。　莫話切(mài)。

【譯文】邁，遠行。从辵，蠆省虫爲聲。邁，邁的或體，蠆不省。

【注釋】① 蠆省聲：徐鍇《繫傳》作“萬聲”。全書無作蠆聲者，當依小徐本。王念孫《讀説文記》：“(鉉)不知萬邁乃聲之轉，《説文》勱字从萬聲音邁是其證。”　② 邁：徐鍇作“邁或从蠆”。蠆(chài)上古屬月部，與邁同部，萬屬元部，月、元陰陽對轉，所以徐灝《段注箋》：“蠆、萬疑本一字。”

【參證】金文作。用爲萬字。

巡 延行皃[①]。从辵，川聲。　詳遵切(xún)。

【譯文】巡，長行的樣子。从辵，川聲。

【注釋】① 延行皃：延行，長行。段注本依據《玉篇》、《廣韻》訂作“視行也”。視行謂省(xǐng)視而行。存參。

遚 恭謹行[①]也。从辵，𣪘聲[②]。讀若九。　居又切(jiù)。

【譯文】遚，恭謹地行走。从辵，𣪘聲。音讀象“九”字。

【注釋】① 恭謹行：桂馥《義證》：“謂曲脊行。”恭謹行，言其神；曲脊行，狀其形。　② 𣪘(jiù)聲：聲中有義。本書𣪘下：“揉屈也。”

辻 步行①也。从辵，土聲②。 同都切(tú)。

【譯文】辻，步行。从辵，土聲。

【注釋】① 步行：桂馥《義證》引《易·賁卦》："舍車而徒。"即無車而行。 ② 从辵，土聲：今變作"徒"。

【參證】甲文作，金文作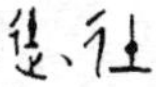。甲金文从止，从彳、从辵往往無别。

邎 行邎徑①也。从辵，䌛聲。 以周切(yóu)。

【譯文】邎，走路經過捷徑。从辵，䌛聲。

【注釋】① 行邎徑：承培元《引經證例》："此用《論語》説字不著書名、亦不立訓者也。徑，步道也。(言小道僅可容步者。)《雝也篇》曰：'行不由徑。'"《玉篇》訓爲"疾行也"。"行邎徑"與"疾行"二義相成。徐灝《段注箋》："邎與由同。《説文》無由字，偶佚之也。"

延 正、行也①。从辵，正聲。，延②或从彳。 諸盈切(zhēng)。

【譯文】延，端正；行走。从辵，正聲。征，延的或體，从彳。

【注釋】① 正、行：丁福保《詁林》："核各説證之，古本當作'延，正也；行也'。" ② 延：當是"延"字之譌。

【參證】甲文作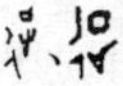，金文作。參"正"、"延"條。

遀① 从也。从辵，墮省聲②。 旬爲切(suí)。

【譯文】遀，隨从。从辵，墮省土爲聲。

【注釋】① 遀：今作"隨"。 ② 墮省聲：徐鍇《繫傳》作"隋聲"。王念孫《讀説文記》："隋音他果反。""隨字古音徒禾反，與隋音相近。"

迊 行皃。从辵，米聲①。 蒲撥切(bó)。

【譯文】迊，(急急忙忙)行走的樣子。从辵，米聲。

【注釋】① 米聲：吴夌雲《小學説》："米有盛意，凡沛然、孛然之孛皆从米得聲，皆有不可禁禦之意。"故《玉篇》説："迊，博末切。急走。"米，普活切，隸變爲市。下文的迹，从辵，朿聲。朿，即里切。兩字截然不同。參"迹"條。

迋 往①也。从辵，王聲。《春秋傳》②曰："子無我迋③。" 于放切(wàng)。

【譯文】迋,歸往。从辵,王聲。《春秋左傳》説:"您不要恐嚇我。"

【注釋】① 往：王念孫《廣雅疏證》:"迋即往字也。顔師古注《漢書·楊雄傳》云:'迋,古往字。'"从辵、从彳,形近義通。　②《春秋傳》:指《左傳·昭公二十一年》。　③ 迋：朱駿聲《通訓定聲》:"迋,假借爲'恇'(kuāng)。"恇,恐懼。

逝　往[1]也。从辵,折聲。讀若誓。　時制切(shì)。

【譯文】逝,過往。从辵,折聲。音讀象"誓"字。

【注釋】① 往：《方言》:"逝、徂、適,往也。逝,秦晉語也。徂,齊語也。適,宋魯語也。"

退　往也。从辵,且聲。退,齊語。徂,退或从彳[1]。䢐,籒文从虘。　全徒切(cú)。

【譯文】退,往。从辵,且聲。退,是齊地的方言。徂,退的或體,从彳。䢐,籒文退,从虘。

【注釋】① 从彳：从彳、从辵,形近義通。

述　循[1]也。从辵,术聲。[illegible],籒文从秫。　食聿切(shù)。

【譯文】述,遵循。从辵,术聲。[illegible],籒文述,从秫。

【注釋】① 循：徐灝《段注箋》:"戴氏侗曰:'循已行之迹也。'"朱駿聲《通訓定聲》:"由故道爲述,故凡循其舊而申明之亦曰述,經傳多以遹爲之。"

【参證】金文作。

遵　循也。从辵,尊聲。　將倫切(zūn)。

【譯文】遵,遵循。从辵,尊聲。

適　之[1]也。从辵,啻聲。適,宋魯語。　施隻切(shì)。

【譯文】適,往。从辵,商聲。適是宋地魯地的方言。

【注釋】① 之：《段注》:"此不曰往而曰之,許意蓋以之與往稍别。逝、徂、往自發動言之,適自所到言之。"徐灝箋:"戴氏侗曰:'適,行有所之也。因之爲適然之適,謂行而適相偶也,得其所如,因謂之適。'又,丁歷切。意向所主也。孔子曰：無適也,無莫也。傳曰：一國三公,吾誰適从。引之則元配謂之適妻,適妻之所生謂之適子,適子之妻謂之適婦。别作嫡。又借爲遷適之適,别作讁。陟革切。又借爲仇敵之敵。亭歷切。”適然、適從、嫡系、貶謫、仇敵諸義全由適往義引申而來。

【參證】金文作。

過　度[①]也。从辵，咼聲。　古禾切(guō/guò)[②]。

【譯文】過，經過。从辵，咼聲。

【注釋】① 度：吴善述《廣義校訂》：“過，本經過之過，故从辵，許訓度也。度者過去之謂，故過水曰渡，字亦作度。經典言‘過我門’、‘過其門’者，乃過之本義。”　② 今讀依《廣韻》古臥切。

【參證】金文作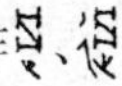。

遦　習[①]也。从辵，貫聲。　工患切(guàn)。

【譯文】遦，習慣。从辵，貫聲。

【注釋】① 習：《段注》：“此與手部摜音義同。”“亦假貫，或假串。”按：其从心作慣者，乃後出字。

遺　媟遺[①]也。从辵，賣聲。　徒谷切(dú)。

【譯文】遺，褻瀆。从辵，賣聲。

【注釋】① 媟遺：《段注》：“女部作媟嬻，黑部作黷，今經典作瀆。”徐鍇《繫傳》：“不以禮自近也。”即對人輕慢，不尊敬。

進　登也。从辵，閵省聲[①]。　即刃切(jìn)。

【譯文】進，前進登升。从辵，閵省門爲聲。

【注釋】① 閵省聲：林義光《文源》卷十一：“當从隹聲，隹(微韻)進(臻韻)雙聲對轉。”

【參證】甲文作，金文作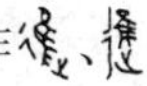。

造　就[①]也。从辵，告聲。譚長説，造，上士也[②]。，古文造从舟。　七到切(cào/zào)[③]。

【譯文】造，至、到。从辵，告聲。譚長説，造是上士。艁，古文造字，从舟。

【注釋】① 就：朱駿聲《通訓定聲》：“《小爾雅・廣詁》：‘造，適也。’‘造，進也。’《廣雅・釋言》：‘造，詣也。’此字从辵，本訓當爲至。”本書：“就，就高也。”桂馥《義證》：“此言人就高以居也。”就的本義也是至、到義。參“就”條。　② 造，上士也：造，造至義引申爲成就、造就義。《禮記·王制》"造士"注："造，成也。能習禮則爲成士。"引譚長説證明成就之義。上士，桂馥《義證》："八歲入小學，學六甲、五方、書計之事，以知室家長幼之節；十五入大學，學先聖禮樂，知君臣之禮；有秀異者，移國學，因諸侯，貢小學之賢於大學，命曰造士。"馬敘倫《六書疏證》卷四："造士猶清代之進士也。"　③"造"字《廣韻》有七到切（"造至"義）、昨早切（"造作"義），今讀依後切。

【參證】金文申鼎作，與篆文同；羊子戈作，與古文同。頌鼎作。戴家祥《金文大字典》以爲，造是造至的造，艁是比舟爲浮梁（橋）之艁，窖是造房屋的窖，等等。"各有形義，本非一字"。按：造本義是至，是到，至、到是逐步接近，達到施動者確定的目標。成就、造就，艁舟爲梁，窖房室以及其他造作、製作均不離此義。

逾　越①進也。从辵，俞聲。《周書》②曰："無敢昬逾。"　羊朱切（yú）。

【譯文】逾，超越前進。从辵，俞聲。《周書》説："不敢昏亂地越過。"

【注釋】①越：小徐作越。越、越一字。　②《周書》：指《尚書·顧命》。昬，今本作昏。

遝　迨①也。从辵，眔聲②。　徒合切（tà）。

【譯文】遝，行走相及。从辵，眔聲。

【注釋】①迨，下文："迨，遝也。"《方言》："遝，及也。"謂行走相及。　②眔聲：本書目部："眔，目相及也。"聲中有義。

【參證】甲文作，金文作。甲文从止从眔，止、辵義同。金文省辵。馬敘倫《六書疏證》卷四："蓋遝爲逮之雙聲轉注字。古謂相連及曰及，聲轉爲隸，爲眔，爲沓。故行相及爲逮，目相及爲眔，言語相及爲沓，爲誻，爲諮。語原然也。"

迨　遝也。从辵，合聲①。　侯閤切（hé）。

【譯文】迨，行走相及。从辵，合聲。

【注釋】①合聲：聲中有義。合有吻合義，自然"相及"。

【參證】甲文作、，金文作。

①
迮　迮迮，起也。从辵，作省聲②。　阻革切（zé）。

【譯文】迮，迮迮，（倉卒而）起。从辵，作省人爲聲。

【注釋】① 迮：《段注》："此與人部'作'音義同。《公羊傳》：'今若是迮而與季子國。'何云：'迮，起也，倉卒意。'" ② 作省聲：王筠《句讀》："當云乍聲。……鍾鼎文皆以乍爲作也。"

【參證】金文作、，首字與篆文同，以乍爲聲。

逪 (迹)[这]逪[1]也。从辵，昔聲。 倉各切(cuò)。

【譯文】逪，交錯。从辵，昔聲。

【注釋】① 迹逪：當依《玉篇》作"这逪"。这逪即交錯。《段注》引毛亨說："東西爲交，邪行爲錯。"是形容交錯的網絡。

【參證】金文作，與篆文同。

遄 往來數[1]也。从辵，耑聲。《易》[2]曰："巳事遄往。" 市緣切(chuán)。

【譯文】遄，往來疾速。从辵，耑聲。《易經》說："祭祀的事應疾速前去。"

【注釋】① 數：所角切，今讀 shuò，表疾速。 ②《易》：指《損卦》文。今本"巳"作"已"。《釋文》："已，虞(翻)作祀。"

【參證】金文作、，與篆文同。

速 疾也[1]。从辵，束聲。遬[2]，籀文从欶。警[3]，古文从欶，从言。 桑谷切(sù)。

【譯文】速，迅速。从辵，束聲。遬，籀文，从欶。警，古文，从欶，从言。

【注釋】① 疾：《方言》："速，疾也。東齊海岱之間曰速。"速有徵召意，凡徵召者必爲急需，故必疾速也。 ② 遬：《段注》："籀、古皆欶聲。"欶又从束聲。 ③ 警：因从言，故《玉篇》列在言部，云："言疾，古文速。"按《玉篇》的說法，則"速"爲行疾。言疾、行疾，其爲疾速，一也，故二字爲異體。

迅 疾也。从辵，卂聲[1]。 息進切(xùn)。

【譯文】迅，疾速。从辵，卂聲。

【注釋】① 卂聲：本書卂部："卂，疾飛也。从飛而羽不見。"王筠《句讀》："(卂)本謂鳥，迅从辵，則謂人也。"聲中有義。

适[1] 疾也。从辵，𠯑聲。讀與括同。 古活切(kuò)。

【譯文】适，疾速。从辵，𠯑聲。音讀與"括"字同。

【注釋】① 適：今作适。

逆 迎也[①]。从辵，屰聲。關東曰逆，關西曰迎[②]。 宜戟切(nì)。

【譯文】逆，迎接。从辵，屰聲。關東方言叫逆，關西方言叫迎。

【注釋】① 迎：逆、迎，古讀疑母；逆屬魚部，迎屬陽部，魚陽對轉。故《段注》："二字通用。""今人假以爲順屰之屰，逆行而屰廢矣。" ② 關東二句：《方言》："逢、逆，迎也。自關而西或曰迎，或曰逢，自關而東曰逆。"

【參證】甲文作、、、，金文作、。羅振玉《增訂殷虚書契考釋》："(甲文)象(倒)人自外入，而辵以迎之，或省彳，或省止。"按：漢族地處北溫帶，其房多朝南，有人自外入，自内視之，其影必倒。此倒人象之所由生歟？

迎 逢也。从辵，卬聲[①]。 語京切(yíng)。

【譯文】迎，逢迎。从辵，卬聲。

【注釋】① 卬聲：聲中有義。本書匕部："卬，望，欲有所庶及也。从匕，从卪。"取其仰望義。言行故意迎合，則必假以仰望之貌。

䢒 會[①]也。从辵，交聲[②]。 古肴切(jiāo)。

【譯文】䢒，䢒會。从辵，交聲。

【注釋】① 會：徐鍇《繫傳》："往來交會也。"徐灝《段注箋》："交脛之交引申即爲交錯，此相承增偏旁耳。" ② 交聲：聲中有義。交象兩腿相交。見"交"條。

遇[①] 逢也。从辵，禺聲[②]。 牛具切(yù)。

【譯文】遇，不期而逢。从辵，禺聲。

【注釋】① 遇：《穀梁傳》："不期而會曰遇。" ② 禺聲：可謂偶省聲。徐灝《段注箋》"偶"下："《釋名》云：'偶，遇也。二人相對遇也。'引申爲凡對偶之稱。""古者刻木爲人以殉葬，與死者相偶，故謂之偶人，亦謂之俑。"按：所謂"桐人"之偶，與死者共葬，也有二者相偶之意。

【參證】金文作。金文从辵，从寓，寓亦聲。寓，寄也，有寄者、被寄者，二者相偶之意。

遭　遇也①。从辵，曹聲②。一曰：邐行③。　作曹切（zāo）。

【譯文】遭，逢遇。从辵，曹聲。另一義說：遭是迆邐繞周行而相遇。

【注釋】① 遇也：徐鍇《繫傳》作“直（當作值）也”。　② 曹聲：聲中有義。楊樹達《積微居小學金石論叢·釋遇》引《說文》：“曹，獄兩曹也。”楊說：“曹有兩義。引申爲羣輩。”“行而得其曹謂之遭。舉其名爲曹偶，言其行爲遭遇。”　③ 邐（lǐ）行：徐鍇《繫傳》：“遭猶匝也。若物匝相值也。”匝相值，周行而相遇。

遘　遇①也。从辵，冓聲②。　古候切（gòu）。

【譯文】遘，遭遇。从辵，冓聲。

【注釋】① 遇：《爾雅·釋詁》郭璞注：“謂相遭遇。”　② 冓聲：聲中有義，冓表“交”、“遇”義。楊樹達《積微居小學金石論叢·釋遇》：“冓象對交，相遇者必相對，故遇又爲遘，而冓亦有二字之義。”參“冓”條。

【參證】甲文作、，金文作、。甲文象二魚相遇之形，金文與篆文同。

逢　遇也。从辵，夆省聲①。　符容切（féng）。

【譯文】逢，遭遇。从辵，夆省山爲聲。

【注釋】① 夆省聲：《段注》：“夆，啎也。啎，逆也。此形聲包會意。各本改爲夆省聲，誤。《說文》本無夆。”

遻　相遇驚也。从辵，从屰①，屰亦聲。　五各切（è）。

【譯文】遻，相遇而驚愕。由辵、由屰會意，屰也表聲。

【注釋】① 从辵，从屰：徐灝《段注箋》：“屰爲驚，辵爲遇也。”參“屰”條。

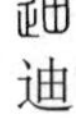
迪　道①也。从辵，由聲②。　徒歷切（dí）。

【譯文】迪，引導。从辵，由聲。

【注釋】① 道：《段注》：“道兼道路、引導二訓。”按此謂引導。　② 由聲：由聲紐在喻四，上古屬定紐。轉爲徒歷切。

遞　更易①也。从辵，虒聲。　特計切（dì）。

【譯文】遞，更易迭代。从辵，虒聲。

【注釋】① 更易：朱駿聲《通訓定聲》：“此字本訓當爲遰也，如今言驛遞，故从辵。遞必按程更替，故轉注爲迭代之誼。”

通　達也①。从辵，甬聲。　他紅切(tōng)。

【譯文】通，通達，到達。从辵，甬聲。

【注釋】① 達也：《釋名》：“通，同也。無所不貫通也。”即通達，毫無阻礙，可以穿過，因而可以直達目的地。

【參證】甲文作▢、▢，金文作▢、▢。甲文或从用。李孝定《甲骨文字集釋》第二：“(《説文》：)‘甬，从马，用聲。’是甬用聲同之證。”“(金文)又从▢非从日也。乃鐘柄旋蟲之象。”“是甬用非特同音，抑亦同義矣。”参“甬”條。按：甬鐘中空而通，故又表義。

辿①　迻也。从辵，止聲。征，徙或从彳。屎②，古文徙。　斯氏切(xǐ)。

【譯文】辿，遷移。从辵，止聲。征，徙的或體，从彳。屎，古文徙字。

【注釋】① 辿：今作徙。　② 屎：桂馥《義證》：“《詩·板》：‘民之方殿屎(diàn xī，痛苦呻吟，《説文》引作“唸吚”)。’屎即屎之省文。借徙字也。”“屎”字甲文作▢、▢，金文作▢、▢、▢。甲骨文从尸、从少，胡厚宣釋屎(胡厚宣《再論殷代農作施肥問題》)，以爲同於《説文》“徙”字的古文“屎”。《説文》的“屎”應即“㞙”字之譌；“屎”(屎)則爲陳侯因資敦(即▢)的譌變。其義爲：公社爲了更换土地，平衡肥磽而遷徙，後引申爲一般的遷徙。按：屎的“尸”是从“尾”省，故“屎”中从“火”者，乃“尾”篆从倒毛與之形譌。

【參證】金文作▢、▢、▢。从彳，从步，會意。

迻①　遷徙也。从辵，多聲。　弋支切(yí)。

【譯文】迻，遷徙。从辵，多聲。

【注釋】① 迻：徐鍇《繫傳》：“止(當作“辿”)土移居之移當用此。”“徙土移居”，即轉到新的地方，舉家搬遷。《段注》：“今人假禾相倚移之移爲遷迻字。”李富孫《辨字正俗》：“戴氏侗曰：移秧也。凡種稻，先苗之，後移之。”

遷　登也。从辵，䙴聲①。▢②，古文遷从手西③。　七然切(qiān)。

【譯文】遷，向上登移。从辵，䙴聲。拪，古文遷字，从手，西聲。

【注釋】① 罨聲：本書舁部："䙴(qiān)，升高也。或作䙴。"聲中有義。　② 拪：徐鍇本作，是西字古文。　③ 从手西：朱駿聲《通訓定聲》："从手，西聲。"

運 迻徙也。从辵，軍聲。　王問切(yùn)。

【譯文】運，移動、轉徙。从辵，軍聲。

遁 遷也。一曰：逃也。从辵，盾聲。　徒困切(dùn)。

【譯文】遁，遷移。另一義説：遁是逃遁的意思。从辵，盾聲。

遜 遁也。从辵，孫聲。　蘇困切(xùn)。

【譯文】遜，逃遁。从辵，孫聲。

返 還也。从辵，从反①，反亦聲。《商書》②曰："祖甲返。"彶③，《春秋傳》返从彳。　扶版切(bàn/fǎn)④。

【譯文】返，還。由辵、由反會意，反也表聲。《商書》説："祖甲返。"彶是《春秋左傳》中的返字，从彳。

【注釋】① 从反：《段注》："反，覆也。覆復同。"　②《商書》：指《西伯戡黎》。本作"祖伊返"。　③ 彶：又見中山王嚳壺。④ 今讀依《廣韻》府遠切。

【參證】金文作、，兩體並見。辵、彳形近義通。

還① 復也。从辵，睘聲。　户關切(huán)。

【譯文】還，返。从辵，睘聲。

【注釋】① 還：《小雅・何人斯》："還而不入。"箋："行反也。"即，走在回復的路上。

【參證】金文作、、。

選 遣也。从辵巽，巽遣之①；巽亦聲。一曰：選，擇也。　思沇切(xuǎn)。

【譯文】選，遣送。由辵、巽二字會意，表示恭順地遣送的意思；巽也表聲。另一義説：選是選擇的意思。

【注釋】① 巽遣之：朱駿聲曰："按以愻訓巽也。"愻，順也。謂巽順遣送之也。

送 遣也。从辵，㑄①省。遜，籀文不省。　蘇弄切(sòng)。

【譯文】送，遣送。由辵字、㑄字省人會意。遜是籀文"送"字，㑄不省。

【注釋】① 倂(yìng)：人部："送也。"

【參證】金文作。參"倂"條。

遣 縱①也。从辵，𦥑聲。 去衍切(qiǎn)。

【譯文】遣，釋放。从辵，𦥑聲。

【注釋】① 縱：本書糸部："縱，緩也。一曰：舍也。"此處用"舍"義。李孝定《甲骨文字集釋》第二："𦥑既訓小塊，則如甲文金文之从臼持自於義已足，實無取於从臾。小篆从臾者，殆又从臼之譌也。"參"䢋"條。

【參證】甲文作、、，金文作、。

邐 行邐邐①也。从辵，麗聲。 力紙切(lǐ)。

【譯文】邐，行走縈紆曲折的樣子。从辵，麗聲。

【注釋】① 邐邐：《段注》："縈紆皃。"

【參證】金文作、。

逮 唐逮①，及也。从辵，隶聲②。 徒耐切(dài)。

【譯文】逮，唐逮，是及的意思。从辵，隶聲。

【注釋】① 唐逮：《段注》："唐逮雙聲，蓋古語也。" ② 隶聲：章太炎《小學答問》："隶逮亦本一字，古文當衹作隶。""隶，及也。从又、从尾省，又持尾者從後及之也。"隶義字形不爽，則加辵，表示行走"及之"。

遲 徐行也。从辵，犀聲。《詩》①曰："行道遲遲。"𨑒，遲或从𡰥②。𨘂，籀文遲从屖③。 直尼切(chí)。

【譯文】遲，徐徐而行。从辵，犀聲。《詩經》說："行路緩慢。"𨑒，遲的或體，从𡰥。遟，籀文遲，从屖。

【注釋】①《詩》：指《邶風·谷風》。 ② 或从𡰥：當作从"尼"。漢《三公山碑》："愍俗陵迡。"《李翊碑》："棲迡不就。"可證。朱駿聲《通訓定聲》："从尼聲。(𡰥)，尼之壞字也。"《玉篇》𨑒作迡。

③ 从屖(xī)：本書尸部："屖，屖遲也。"先稽切。滯留不進。《段注》："(遟)兼會意形聲也。"

【參證】甲文作，金文作、。甲文偏旁作，林義光《文源》卷六謂"象二人相昵形"，既相親昵，怎能疾行？尼作聲旁，聲中有義。金文同《說文》籀文。

邌[1] 徐也。从辵,黎聲。 郎奚切(lí)。

邌 【譯文】邌,徐緩。从辵,黎聲。

【注釋】① 邌:朱駿聲《通訓定聲》:"史書皆以黎以犁爲之。"

遰 去也。从辵,帶聲。 特計切(dì)。

遰 【譯文】遰,去。从辵,帶聲。

遖 行皃。从辵,肙聲。 烏玄切(yuān)。

遖 【譯文】遖,行走的樣子。从辵,肙聲。

䢓 不行也。从辵,䣊聲。讀若住[1]。 中句切(zhù)。

䢓 【譯文】䢓,站住不行走,从辵,䣊(zhù)聲。音讀象"住"字。

【注釋】① 讀若住:《段注》:"三字當在'从辵豆聲'('逗')之下,豆主同部。"參下條。

逗[1] 止[2]也。从辵,豆聲。 田候切(dòu)。

逗 【譯文】逗,留止。从辵,豆聲。

【注釋】① 逗:錢坫《斠詮》:"《史記》:'逗橈當斬。'如淳曰:'軍法:行逗留畏愞者要斬。'蘇林音豆。"又音住,王筠《句讀》"䢓"下注:"《漢光武紀》注曰:'逗,古住字。'"按:《說文》無住字。 ② 止:留止,滯留。

迟 曲行也。从辵,只聲。 綺戟切(qì)[1]。

迟 【譯文】迟,曲折行走。从辵,只聲。

【注釋】① 拼音依《集韻》苦席切。

逶 逶迆[1],衺去之皃。从辵,委聲。蟡,或从虫爲[2]。 於爲切(wēi)。

逶 【譯文】逶,逶迆,是斜行的樣子。从辵,委聲。蟡,逶的或體,从虫,爲聲。

【注釋】① 逶迆:疊韻聯緜詞,上古同屬微部。 ② 从虫爲:朱駿聲《通訓定聲》:"从虫,爲聲。"

迆 衺行也。从辵,也聲。《夏書》[1]曰:"(江)東迆北,會于

迆 匯。" 移爾切(yǐ)。

【譯文】 池，斜行。从辵，也聲。《夏書》説："（長江）向東斜曲延伸到北，與淮河會合。"

【注釋】①《夏書》：指《禹貢》。匯：《尚書正讀》："匯爲淮之假借字。兩大水相合曰會，江、淮勢均力敵，故云會。古江淮本通。"

① 回避②也。从辵，矞聲。 余律切（yù）。

遹 【譯文】 遹，邪行回避。从辵，矞聲。

【注釋】① 遹：朱駿聲《通訓定聲》："遹，猶衺行也。與僻略同。" ② 回避：桂馥《義證》："回避也者，衺避也。"

【參證】 金文作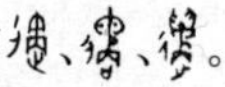。

 回①也。从辵，辟聲。 毗義切（bì）。

避 【譯文】 避，回避。从辵，辟聲。

【注釋】① 回：《段注》："此回字依本義訓轉，俗作迴，是也。"

【參證】 甲文作。李孝定《甲骨文字集釋》第二："卜辭作上出諸形，不从口。古文衍變，往往增口也。""釋避似無可疑。"商承祚《甲骨文字研究》下篇："辛，罪也。人有罪，思避法也。"或从彳，或从辵，强調其行動。

 離也。从辵，韋聲。 羽非切（wéi）。

違 【譯文】 違，離别。从辵，韋聲。

【參證】 金文作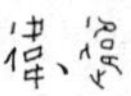。楊樹達《積微居金文説·韋父丁鼎跋》："蓋韋爲違離之違初字，方圍象城邑之形，即城字也。足趾皆象由城他去之形，故爲違離之義。"按李孝定以爲，"韋象圍城，相背爲其引申義"。背即背離。違是後起加旁字。

 行難也。从辵，粦聲。《易》①曰："以往遴②。"，或从人。

遴 良刃切（lìn）。

【譯文】 遴，行步艱難。从辵，粦聲。《易經》説："若往而不舍，將遇到艱難。"僯是遴的或體，从人。

【注釋】①《易》：指《蒙卦》文。 ② 以往遴：見本書口部"吝"下。

 復①也。从辵，夋聲。 七倫切（qūn）。

逡 【譯文】 逡，往來。从辵，夋聲。

【注釋】① 復：徐灝《段注箋》："復訓往來，往來即夋巡意。夋、逡古今字，又作䞭。"

迡　怒不進也。从辵，氐聲。　都禮切(dǐ)。

【譯文】迡，怒而不前進。从辵，氐聲。

達　行不相遇[1]也。从辵，羍聲。《詩》[2]曰："挑兮達兮[3]。"达，達或从大[4]。或曰迭[5]。　徒葛切(dá)。

【譯文】達，行路不相遇。从辵，羍(tà)聲。《詩經》説："往來相見啊(，在那城樓上面)。"达，達的或體，从大聲。有人説，达又是迭字。

【注釋】① 行不相遇：朱駿聲《通訓定聲》："愚謂許君云'行不相遇'者，如《爾雅・釋宫》之九達，旁歧这道，行路者不相遇，大通之道也。"馬敘倫《六書疏證》卷四："張行孚曰：此訓行不相遇也者，謂兩人行而相遇，則党岠而不通。達則不相遇也。"按：此言雖相見而不至於因身軀抵觸而使路途不通，極言道路之寬闊而通達。所以下文《詩》的"挑達"是"往來相見皃"，而不是不相遇見。　②《詩》：指《鄭風・子衿》。　③ 挑兮達兮：毛傳："挑達，往來相見貌。"
④ 从大：朱駿聲《通訓定聲》："从大聲。"　⑤ 或曰迭：《段注》："此(迭)〔达〕字之異體也。"桂馥《義證》："與'迭'下'一曰达'相應。"

【參證】甲文作，金文作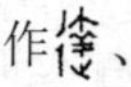。甲文與或體同，金文與小篆同。

[1]

逯　行謹逯逯也[2]。从辵，录聲。　盧谷切(lù)。

【譯文】逯，行步謹慎，逯逯無爲。从辵，录聲。

【注釋】① 桂馥《義證》："《淮南・精神訓》：'渾然而往，逯然而來。'高注：'逯謂無所爲，忽然而來也。'"　② 行謹句：承培元《廣答問疏證》："爲謹守無能之皃。"

迵　迵迭[1]也。从辵，同聲。　徒弄切(dòng)。

【譯文】迵，洞徹通達。从辵，同聲。

【注釋】① 迵迭：《段注》："迵，複舉字之未删者，迭當作达。"徐灝箋："迵达猶言洞達。"下文迭注："一曰达。"达即達的異體，參"達"條。

迭　更迭也。从辵，失聲。一曰达[1]。　徒結切(dié)。

【譯文】迭，更易替代。从辵，失聲。另一義説：迭是通达的达字。

【注釋】① 參“達”條。

迷　或[1]也。从辵[2]，米聲。　莫兮切(mí)。

【譯文】迷，迷惑失途。从辵，米聲。

【注釋】① 或：通“惑”。段、桂、王、朱均作惑。本書心部：“惑，亂也。”　② 从辵：與行走、途道有關。從桂馥《義證》所引諸書證看，全釋爲“失途”、“失道”義，後引申爲《韓非子・解老》所說“凡失其所欲之路而妄行者之謂迷”，即凡一切迷惑之稱。

連　員連[1]也。从辵，从車。　力延切(lián)。

【譯文】連，員連。由辵、由車會意。

【注釋】① 員連：朱駿聲曰：“員連，疊韻連語。”“陳編散落，古義無徵，宜从蓋闕。”《段注》作“負車”，曰：“連即古文輦也。”“負車者人輓車而行，車在後如負也。字从辵車會意也。人與車相屬不絶，故引申爲連屬字耳。”存參。

【參證】金文作。

逑　斂聚也。从辵，求聲。《虞書》[1]曰：“旁逑孱功[2]。”又曰[3]：“怨匹曰逑[4]。”　巨鳩切(qiú)。

【譯文】逑，收斂聚合。从辵，求聲。《虞書》說：“(共工)廣泛地聚集，已具有成效。”又說：“怨戀配偶叫做逑。”

【注釋】①《虞書》：當作《唐書》。　② 旁逑孱功：今本作“方鳩僝(zhuàn，具備)功”，《史記》作“旁聚布功”。可證逑有聚義。　③ 又曰：《段注》：“與‘一曰’同，别一義也。”　④ 怨匹曰逑：《段注》：“《桓二年左傳》曰：‘嘉耦曰妃，怨耦曰仇。’……逑、仇古多通用……逑爲怨匹，而《詩》多以爲美詞者，取匹不取怨也。渾言則不别……析言則别。”按：逑通仇，有匹偶義。怨匹，如王筠《釋例》說：“俗云‘冤對’是也。”今夫妻昵稱“冤家”，是褒義貶稱，常見的一種修飾手法。

退　數[1]也。从辵[2]，貝聲。《周書》[3]曰：“我興受其退。”　薄邁切(bài)。

【譯文】退，敗壞。从辵，貝聲。《周書》說：“(殷商如果現在有災難，)我們起而受其禍敗。”

【注釋】① 敗：壞的異體字，見“壞”條。　② 从辵：其義與行止有關。桂馥《義證》引《玉篇》：“退，壞也。散走也。”又説：“經典借敗字。”散走，就是潰不成軍氣急敗壞地跑。桂又説：“自敗當作退，敗人當作敗。”析言有别，渾言不分。　③《周書》：當是《商書》，引自《微子》篇，今本“退”作“敗”。

逭　逃也。从辵，官聲。⿰兆雚，逭或从雚从兆①。　胡玩切(huàn)。

【譯文】逭，逃避。从辵，官聲。⿰兆雚，逭的或體，从雚，从兆。

【注釋】① 从雚从兆：《段注》：“从兆者，从逃省也。从雚者，雚聲也。”

遯　逃也。从辵，从豚①。　徒困切(dùn)。

【譯文】遯，逃遁。由辵、由豚會意。

【注釋】① 从辵，从豚：田吴炤《二徐箋異》：“《孟子》：‘如追放豚(已走失的豬)。’遯既从豚，可从會意。”豚字又表聲。王念孫《讀説文記》：“遯字古音豚，故从豚得聲。”

【參證】楊樹達《積微居小學述林·釋遯》：“豚爲小豕，性善逃。”故《孟子》有“追放豚”之説。楊又説：“遯與遁聲義並同，遁字从盾者，盾與豚古音同也。四篇下肉部云：‘腯，牛羊曰肥，豕曰腯，从肉，盾聲。’按字从盾而義屬於豕，亦假盾爲豚也。豕與豚細言則有别，總言則不分矣。”照楊説，逃是遁的本義，遷是引申義。參“遁”條。

逋　亡也。从辵，甫聲。⿺辶捕①，籀文逋从捕。　博孤切(bū)。

【譯文】逋，逃亡。从辵，甫聲。⿺辶捕，籀文逋，从捕聲。

【注釋】① ⿺辶捕：朱駿聲《通訓定聲》：“从捕聲。”

【參證】金文作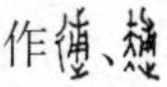。

遺　亡①也。从辵，貴聲。　以追切(yí)。

【譯文】遺，遺亡走失。从辵，貴聲。

【注釋】① 亡：謂走失。徐灝《段注箋》引戴侗曰：“遺，行有所亡失也。”《廣韻》：“遺，失也。贈也，加也。”此有所失，則彼有所增，有所加，故《段注》説：“皆遺亡引申之義也。”

【參證】金文作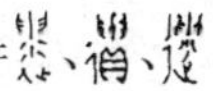。

遂　亡也。从辵，㒸聲①。遀，古文遂。　徐醉切(suì)。

【譯文】遂，逃亡。从辵，㒸聲。遀，古文遂。

【注釋】① 冢聲：徐灝《段注箋》："八部曰：'冢，从意也。'冢、遂古今字，遂有從義，故從行謂之遂，因而行之謂之遂，出亡亦謂之遂也。"參"冢"條。

【參證】金文作、、。

逃　亡也[①]。从辵，兆聲。　徒刀切(táo)。

【譯文】逃，逃亡。从辵，兆聲。

【注釋】① 亡也：桂馥《義證》引《春秋通例》："凡言逃者，皆謂義當留而竊去者也。"

【參證】金文作。

追　逐也。从辵，自聲。　陟隹切(zhuī)。

【譯文】追，追趕。从辵，自(duī)聲。

【參證】甲文作，金文作、。楊樹達《積微居甲文説・釋追逐》："蓋追必用於人，逐必用於獸也。""追字从自，《説文》自訓小自，與追逐義無關。甲文自字恆見，羅振玉謂即師字，其説良是。""甲文追字作，象師在前而人追逐之，蓋追字用於戰陣，見追者必爲人也。"

逐　追也。从辵，从豚省。　直六切(zhú)。

【譯文】逐，追逐。由辵、由豚省肉會意。

【參證】甲文作、，金文作、。羅振玉《增訂殷虚書契考釋》："此或从豕，或从犬，或从兔；从止。象獸走壙(kuàng，野外)而人追之，故不限何獸。許云'从豚省'，失之矣。"楊樹達《積微居甲文説・釋追逐》："追必用於人，逐必用於獸也。"參"追"條。

迺　迫也。从辵，酉聲。，迺或从酋[①]。　字秋切(qiú)。

【譯文】迺，急迫。从辵，酉聲。逎，迺的或體，从酋聲。

【注釋】① 从酋：朱駿聲《通訓定聲》："从酋聲。"

近　附也。从辵，斤聲。[①]，古文近。　渠遴切(jìn)[②]。

【譯文】近，附近。从辵，斤聲。岓，古文近字。

【注釋】① 岓：其構形應是从止，斤聲。商承祚《説文中之古文考》："止、彳、辵、走古通用。"　②《廣韻》巨靳切。

邋　擠[①]也。从辵[②]，巤聲。　良涉切(liè)。

【譯文】邋，折斷。从辵，巤聲。

【注釋】① 㨹：桂馥《義證》："本書無㨹字，當爲拹。"《集韻·業韻》："拹，《説文》：'摺也。一曰拉也。'或从脅。"　② 从辵：朱駿聲《通訓定聲》："字从辵，當別有本義。疑即躐字。"按躐、獵一義相承。

【參證】甲文作，石鼓文作。商承祚《殷虛文字類篇》："（石鼓文）以爲田獵字，衆止所踐，殆獵也。訓拹意，後説。"

近也。从辵，白聲。　博陌切（pò）①。

迫　【譯文】迫，靠近。从辵，白聲。

【注釋】① 博陌切當音 bó，今讀 pò。

近也。从辵，臸聲①。　人質切（rì/zhì）②。

遷　【譯文】遷，走近。从辵，臸聲。

【注釋】① 臸（zhì）聲：《段注》："至部'臸（zhì），到也'，重至與並至一也。"聲中有義。　② 今讀依《廣韻》陟栗切。

【參證】甲文作、、。从止、从辵，常通用無別。

近也。从辵，爾聲。迩①，古文邇。　兒氏切（ěr）。

邇　【譯文】邇，近。从辵，爾聲。迩，古文邇字。

【注釋】① 迩：商承祚《説文中之古文考》："爾从尔得聲。一繁一省。"《段注》："以尔形聲。"即从辵，尔聲。

微止①也。从辵，曷聲。讀若桑蟲之蝎。　烏割切（è）。

遏　【譯文】遏，障蔽遮止。从辵，曷聲。音讀象桑中之蟲的"蝎"字。

【注釋】① 微止：《國語·晉語》韋昭注："微，蔽也。"微止，謂遮而止之。

遏也。从辵，庶聲①。　止車切（zhē）。

遮　【譯文】遮，攔止。从辵，庶聲。

【注釋】① 庶（shù）聲：庶、遮上古同屬魚部；庶屬書紐，遮屬章紐，同是舌音。

遮遂①也。从辵，羨聲。　于線切（yàn）。

遂　【譯文】遂，遮攔。从辵，羨聲。

【注釋】① 遮遂：同義複詞，遮遏的意思。徐灝《段注箋》："遮遂，蓋古語。"

迣　迾也。晉趙曰迣。从辵，世聲。讀若寘。　征例切(zhì)。

【譯文】迣，遮攔。晉地、趙地叫迣。从辵，世聲。音讀象“寘”字。

迾①　遮也。从辵，列聲。　良辥切(liè)。

【譯文】迾，遮攔。从辵，列聲。

【注釋】① 迾：特指車駕出行列隊以警戒。服虔《通俗文》：“天子出，虎賁伺非常，謂之遮迾。”又特指王宫之内列隊以警戒。《漢書・武五子傳》：“迾宫（巡迾宫垣）清中（清除中禁）備盗賊。”王筠《句讀》：“經典借‘厲’字、‘列’字爲之。《地官・山虞》：‘物爲之厲。’鄭司農云：‘遮列禁人，不得令入。’”

迀　進①也。从辵，干聲②。讀若干。　古寒切(gān)。

【譯文】迀，進取。从辵，干聲。音讀象“干”字。

【注釋】① 進：《段注》：“干求字當作迀，干犯字當作奸。”古書皆用干字。《楚辭・離騷》：“既干進而務入。”是也。　② 干聲：聲中有義。干本義是竹竿、木杆。引申爲干犯，又引申爲干求。按段説，加辵爲干求，加女爲干犯。迀、奸是干的加旁分化字。

【參證】金文作。左是干，右是，即辵，即之。

遃　過①也。从辵，侃聲。　去虔切(qiān)。

【譯文】遃，經過。从辵，侃聲。

【注釋】① 過：《段注》：“本義此爲經過之過。”

遱　連遱①也。从辵，婁聲。　洛侯切(lóu)。

【譯文】遱，行步連緜不絶的樣子。从辵，婁聲。

【注釋】① 連遱：朱駿聲《通訓定聲》：“行步不絶之皃，猶絲曰聯縷，辭曰謰謱，亦雙聲連語。”王筠《句讀》：“隨所施而異其偏旁耳。”

迗①　前(頡)[頓]②也。从辵，米[宋]聲③。賈侍中説：一讀若拾[拾]④，又若郅。　北末切(bō/zhì)⑤。

【譯文】迗，向前倒下。从辵，宋聲。賈侍中説：一説音讀象“拾”字，又音象“郅”字。

【注釋】① 迗：小篆原作，今依徐鍇《繫傳》改作，楷化作迗。② 前頡：當依徐鍇《繫傳》作“前頓”。　③ 从辵，米聲：米聲當作宋聲。姚文田、嚴可均《校議》：“米，草木盛米米然。宋，止也。故迷爲行皃，迣爲前頓也。”　④ 一讀若柗：徐鍇《繫傳》作“一曰讀若拾”。　⑤ 北末切：徐音北末切者，蓋以篆文譌爲从米也。參“迹”條。今正讀依《集韻》陟利切。

[illegible] 迦　迦(互)［牙］①，令不得行也。从辵，枷聲。　古牙切(jiā)。

【譯文】迦，迦牙，叫人不能通行。从辵，枷聲。

【注釋】① 迦互：桂馥《義證》：“互當爲牙。劉貢父云：‘唐人書互作[illegible]，故[illegible]、[illegible]易誤。’《玉篇》、徐鍇《韻譜》並作牙，迦牙疊韻也。鍇《繫傳》云‘猶犬牙左右相制’是也。”朱駿聲《通訓定聲》：“即梐枑，行馬也。”梐枑是用木交叉，用來攔阻人馬通行的東西。

[illegible]① 迣　踰也。从辵，戉聲。《易》②曰：“雜而不迣。”　王伐切(yuè)。

【譯文】迣，逾越。从辵，戉聲。《易經》説：“雖然繁雜，但不超越(義限)。”

【注釋】① 迣：徐灝《段注箋》：“迣與越、跋音義並同。”从辵、从走、从足，義通形近也。　②《易》：指《繫辭》文。今本原文作“其稱名也，雜而不越”。

[illegible] 逞　通也①。从辵，呈聲。楚謂疾行爲逞②。《春秋傳》③曰：“何所不逞欲④。”　丑郢切(chěng)。

【譯文】逞，通達。从辵，呈聲。楚地叫快走作逞。《春秋左傳》説：“什麽地方不能儘快滿足(您的)欲望呢？”

【注釋】① 通：承培元《引經證例》：“通之義爲達，通達爲順，即快義也。”快義，即疾行義，是通達義的引申。　② 楚謂句：《方言》卷三：“逞，疾也。楚曰逞。”　③《春秋傳》：指《左傳・昭公十四年》。　④ 逞欲：杜預注：“逞，快也。”《方言》卷三：“逞，快也。江淮陳楚之間曰逞。”逞欲之逞，是傅雲龍所説的“疾行”、“快走”義的引申，是指對“欲”的“疾速(縱容、滿足)”。

【參證】金文作[illegible]。

[illegible]① 遼　遠也。从辵，尞聲。　洛蕭切(liáo)。

【譯文】遼，遙遠。从辵，尞聲。

【注釋】① 遼：徐灝《段注箋》：“遼之言繚也。山川繚繞迂遠之義。”按徐説，尞聲即繚省聲。

遠

遼也。从辵,袁聲。䢕①,古文遠。 雲阮切(yuǎn)。

【譯文】遠,遙遠。从辵,袁聲。䢕,古文遠字。

【注釋】① 䢕:姚文田、嚴可均《校議》:"按䢕,从辵从步,會意。㞟,古陟字。知㞟即步也。"徐鍇《繫傳》:"(䢕,)日日步之,故曰遠也。"天天走下去,所以説離出發地愈來愈遠了。

【參證】金文作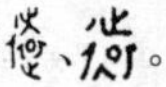。後者形符作彳,與辵同意。

逖

遠也。从辵,狄聲。逷①,古文逖。 他歷切(tì)。

【譯文】逖,遠。从辵,狄聲。逷,古文逖字。

【注釋】① 逷:《段注》:"易、狄同部。"又,易,聲紐喻四,上古歸定,與狄聲近。本書惕的或體又作悐,與此同例。

迥

遠也。从辵,冋聲①。 户穎切(jiǒng)。

【譯文】迥,遠。从辵,冋聲。

【注釋】① 冋聲:本書冂部:"邑外謂之郊,郊外謂之野,野外謂之林,林外謂之冂,象遠介也。古文作冋,或作坰。"可見迥字聲中有義。

逴

遠也。从辵,卓聲。一曰:蹇也①。讀若棹苕②之棹。 敕角切(chuò)。

【譯文】逴,遠。从辵,卓聲。另一義説:逴是跛的意思。音讀象棹苕的"棹"字。

【注釋】① 蹇:《方言》卷二:"自關而西,秦晉之間,凡蹇者或謂之逴。體而偏長短亦謂之逴。" ② 棹苕:棹苕之語,今不可曉。王煦謂爲掉磬(急躁厭煩)之誤。存參。

迂

避①也。从辵,于聲。 憶俱切(yū)。

【譯文】迂,迂曲回避。从辵,于聲。

【注釋】① 避:江沅曰:"避則盤旋繞道,故曰迂。引申之爲迂闊、迂遠。"

【參證】甲文作,《甲骨文編》:"篆文从辵之字,卜辭常从止。"金文作,从走與从辵同意。

逮

(目)[自]進極①也。从辵,聿聲②。 子僊切(jiān)。

【譯文】逮,自登而至。从辵,聿聲。

【注釋】① 目進極：目當依徐鍇《繫傳》作“自”；進，登；極，至。自進極，謂自登而至。引申爲至，《埤倉》云：“逮，至也。” ② 𦘒聲：朱德熙、裘錫圭《平山中山王墓銅器銘文的初步研究》(《文物》一九七九年第一期)：“‘𦘒’與‘進’古音相近。”“銘文‘逮’當讀爲‘進’”。《段注》：“逮、進疊韻。”

 邍

高平①之野，人所登。从辵备录②，闕。 愚袁切(yuán)。

【譯文】邍，高平的原野，是人們攀登上去(種植穀物)的地方。从辵、备、录的意義不曉，只能讓它闕着。

【注釋】① 高平：《段注》：“凡陵自陵阿皆高地，其可種穀給食之處皆曰原，是之謂高平曰原也。”“邍字，後人以水泉本之原代之。”

② 从辵备录：孔廣居《疑疑》：“石鼓文作，从辵，从夂，从田……彖聲。”徐鍇《繫傳》：“人所登，故从辵。登而上，故从夂；夂，止也。《春秋左傳》曰：‘原田每每。’……故从田。”按：彖(tuàn)、邍上古同屬元部。後人通用原字。

【參證】甲文作、，金文作、。林義光《文源》分析金文第二字：“从行省，从止从夂，謂可登降也。从田从，象畜形，謂可佃牧也。”按：即甲文的、、金文的、。佃牧是農耕放牧的意思。若林説合乎實際，孔廣居的“彖聲”的彖同時也表畜義。後世以“原”代“邍”後，“邍”字只保存在《説文》和《周禮》中。

 道

所行道①也。从辵，从𩠐②。一達謂之道③。④，古文道从𩠐寸。 徒皓切(dào)。

【譯文】道，人們行走的道路。由辵、由首會意。完全通達無歧叫做道。衜是古文道字，由首、寸會意。

【注釋】① 所行道：劉熙《釋名》：“道，蹈也。”“言人所踐蹈。”照劉説，行、道均是動詞，同義複合，與“所”組成“所”字詞組。《段注》：“引申爲道理，亦爲引導。” ② 从𩠐：徐灝《段注箋》：“首下脱聲字。” ③ 一達句：承培元《引經證例》：“一達謂長道無旁出也。” ④ 衜：《段注》：“从寸者，如九軌、七軌、五軌。”按上古各地道路寬窄不同。依段説，衜的本義還是道路。

【參證】金文作、、。从行、从彳，與从辵同義。

遽

傳也。一曰：窘[1]也。从辵，豦聲。 其倨切(jù)。

【譯文】遽，驛車驛馬。另一義説：遽是窘迫急疾的意思。从辵，豦聲。

【注釋】① 窘：徐鍇《繫傳》："傳車尚速，故又爲窘迫。"驛車驛馬是傳遞消息或傳送公文的工具。消息或公文的遞送，當然十分緊急，而且務必快捷。所以窘急是遽傳的引申義。

【參證】金文作、。

迒

獸迹[1]也。从辵，亢聲。蹞，迒或从足，从更［聲］[2]。 胡郎切(háng)。

【譯文】迒，禽獸的踪迹。从辵，亢聲。踁，迒的或體，从足，更聲。

【注釋】① 獸迹：《爾雅・釋獸》："兔迹，迒。"《段注》："凡獸迹皆稱迒，不專謂兔也。"王筠《句讀》："又泛指道路而言。" ② 从足，从更：《段注》："亦形聲。"宋保《諧聲補逸》："更古音在陽唐部内，故與迒聲同部相近，杭从亢聲，重文作梗，更聲，是其例也。"

[1]

逗

至也[2]。从辵，弔聲。 都歷切(dì)。

【譯文】逗，到。从辵，弔聲。

【注釋】① 邵瑛《羣經正字》："弔字，《説文》人部：問終也。从人持弓作吊，多嘯切。作至義者，並當音的。正字从辵吊聲作逗。後人不識逗字，無復用之，於是經典多以吊代逗，俗又省爲弔。"

② 至也：《段注》："至者，弔中引申之義。"

邊

行垂崖也[1]。从辵，臱聲。 布賢切(biān)。

【譯文】邊，走到了垂崖上。从辵，臱聲。

【注釋】① 行垂崖：土部："垂，遠邊也。"厂部："厓，山邊也。"《段注》："行於垂崖曰邊，因而垂崖謂之邊。"後作邊，與金文同，從古體也。

【參證】金文作、。高鴻縉《散氏盤集釋》："字作乃旁邊字，从(古旁字)，自(古鼻字)聲，作者，乃邊遠字。从辵，臱聲。盂鼎作者，復增丙爲聲符也。今篆譌爲，隸楷變作邊。"按：邊屬邦母元部，丙屬邦母陽部，聲同韻部近。

文一百一十八 重三十一

邂 邂逅①。不期而遇②也。从辵，解聲。 胡懈切(xiè)。

邂 【譯文】邂，邂逅的邂。(邂逅)是不相約而意外遇到。从辵，解聲。

【注釋】① 邂逅：雙聲聯緜字。聯緜字重在聲音連綴而表義。《鈕新附考》："邂逅通作解覯，亦作解構。" ② 不期而遇：《詩·鄭風·野有蔓草》："邂逅相遇，適我願兮。"本指不期而遇、偶然相遇的情狀；又轉爲名詞，指邂逅相遇之人；又轉爲動詞，指偶然遇見。

逅① 邂逅②也。从辵，后聲。 胡遘切(hòu)。

逅 【譯文】逅，邂逅的逅。从辵，后聲。

【注釋】① 逅：可單字成義。皇甫謐《高士傳·披裘公》："吴有一翁……季札相逅，遺拾不從。"逅，指季札不期而遇吴翁。 ② 邂逅：見"邂"條。

遑① 急②也。从辵，皇聲。或从彳③。 胡光切(huáng)。

遑 【譯文】遑，緊急。从辵，皇聲。或體从彳。

【注釋】① 遑：《玉篇》："遑，急也。又暇也。"這是詞義的反訓現象。古人所謂美惡不嫌同辭。猶亂訓治，徂訓存。 ② 急：《鄭新附考》："經典遑訓暇，'急'義見《玉篇》，與暇相反，而書傳罕見。"下面是遑訓暇的例子。《書·無逸》："自朝至于日中昃，不遑暇食，用咸和萬民。"孔穎達疏："遑，亦暇也。重言之者，古人自有複語。"重言，是指"遑暇"都是暇義，重複其義。 ③ 或从彳：从彳猶从辵。《鄭新附考》："《爾雅》：'遑，暇也。'《釋文》作遑，邢疏本作偟，皆皇之俗。他書或作徨。"

逼① 近②也。从辵，畐聲③。 彼力切(bī)。

逼 【譯文】逼，逼近。从辵，畐聲。

【注釋】① 逼：《鈕新附考》："漢碑有逼，經典多作偪。""《方言》卷六作'腹滿曰偪'。"腹滿則逼近腹腔的邊沿。从人猶从辵。《方言》所釋"腹滿"，只其一端也。 ② 近：陳子昂《渡峽口山》："遠望多衆容，逼之無異色。"逼，逼近，接近。引申爲近似，如"逼真"。

③ 畐聲：聲中有義。本書："畐，滿也。"《鄭新附考》："充滿、逼迫止是一義。"就邊際而言，滿即近，从辵从畐，即走近。

【參證】黄錫全《汗簡注釋》卷三："甲骨文偪作(摭續 149)，詛楚文

‘以偪吾邊競’之偪即逼。鄭珍云：‘秦詛楚文見“偪”篆，知先秦已有，非漢代字，《說文》偶未及耳。’”

邈 遠①也。从辵，貇②聲。　莫各切(miǎo)。

【譯文】邈，遠。从辵，貇(mào)聲。

【注釋】① 遠：字从辵，言其空間距離之遙遠。蔡琰《胡笳十八拍》：“雁高飛兮邈難尋。”此其本義。引申指時間之久遠。《楚辭·屈原〈九章·懷沙〉》：“湯禹久遠兮，邈而不可慕。”　② 貇：是皃的或體，貌是皃的籀文。故《玉篇》“邈”“重文作邈”。邈、邈，異體字。

遐 遠①也。从辵，叚聲。臣鉉等曰：或通用假字②。　胡加切(xiá)。

【譯文】遐，遙遠。从辵，叚聲。臣徐鉉等說，或體通用假字。

【注釋】① 遠：从辵，指空間距離的遙遠。《書·太甲下》：“若升高，必自下；若陟遠，必自邇。”引申指時間久遠。《詩·小雅·鴛鴦》：“君子萬年，宜其遐福。”　② 通用假字：李賡芸《炳燭編》：“辵、彳誼通。辵部之征、返，亦从彳旁；彳部之往、復，可加辵字。遐、假亦此例。”

迄① 至②也。从辵，气聲。　許訖切(qì)。

【譯文】迄，到。从辵，气聲。

【注釋】① 迄：今作迄。《鄭新附考》：“《爾雅》迄訓至，《說文》訖訓止。止亦至也。經典訖、迄二文互出，止、至二義錯見。古止作訖。宋祁校《漢書·楊雄傳》引《字林》‘迄，至也’，是漢世别增。”照鄭説“迄”是“訖”更換形符的分化字。本書：“訖，止也。”本義是言辭終止，引申爲過程的盡頭，時空的終止。後專爲表示行程的盡頭造字，由从言改爲从辵。　② 至：《文選·張衡〈東京賦〉》：“迄上林，結徒營。”迄，行程的盡頭，到。引申爲時間的盡頭。如：《詩·大雅·生民》：“庶無罪悔，以迄于今。”

迸① 散走②也。从辵，并聲。　北諍切(bèng)。

【譯文】迸，四散奔逃。从辵，并聲。

【注釋】① 迸：《鄭新附考》：“經傳迸去字，並作屏，唯《大學》作‘迸諸四夷’，《釋文》引皇侃疏云：‘迸猶屏也。’知本是屏字，俗改从辵，又轉爲‘散走’。”本書：“屏，屏蔽也。”本是遮蔽屋室的照壁、屏風。引申有遮蔽義，有屏棄義，有除滅不見義，流放、放逐乃除滅不見之一途，故又引申放逐。“迸諸四夷”，即流放他們到四方邊遠少數民族區域。流放必使其分散，讓其奔走，又引申爲“散走”義。因“散走”，必“乍行乍止”，故字的形旁由表示房屋的“尸”更換成“辵”，專司“散走”義。　② 散走：《三國志・蜀書・譙周傳》：“及聞艾已入陰平，百姓擾擾，皆迸山野，不可禁制。”

透　跳①也；過②也。从辵，秀聲。　他候切（tòu）。

【譯文】透，跳動，經過。从辵，秀聲。

【注釋】① 跳：《隋書・音樂志下》：“并二人戴竿，其上有舞，忽然騰透而换易之。”騰透，即騰空而跳。　② 過：跳必有一個起迄過程，引申爲經過。《鄭新附考》：“趙嶙《因話録》云：軍中有透劍門伎，庭中設幄若廊宇，編劍刃爲榱棟之狀。人乘小馬至門下，鞭而進。既過，而人馬無傷。”“透劍門伎”是能經過刀劍封門的雜耍演員。透是經過的意思。經過刃劍編成的門，縫隙狹小，過身如穿，則引申爲穿過；穿過去，其主體就全顯露出來，又引申爲透露、顯露；因經過必穿過起迄全過程，故有通徹義，又引申爲透徹。透露、透徹爲今之常用義。

邏①　巡也。从辵，羅聲②。　郎左切（luó）③。

【譯文】邏，巡邏。从辵，羅聲。

【注釋】① 邏：《鄭新附考》：“《漢・楊雄傳》‘杖鏌邪而羅者以萬計’，《吴志・孫堅傳》‘分部人兵，以羅遮賊狀’，羅皆即邏字。巡羅者，網羅、羅列義之引伸。”羅本網羅義，巡察嚴密如羅網羅列，引申爲巡邏；人兵乍行乍止巡邏，故加辵作邏。邏即羅之加旁分化字。故《鄭新附考》説：“从辵，蓋晚出。”《三國志・吴書・陸遜傳》有“鈔邏得扁”之語。　② 羅聲：聲中有義。　③ 今讀依《集韻》良何切。

迢①　迢遰②也。从辵，召聲。　徒聊切（tiáo）。

【譯文】迢，迢遰的迢。（迢遰，高遠皃。）从辵，召聲。

【注釋】① 迢：單字不成義，只用在疊音字或雙聲疊韻字中，如“迢迢”、“迢遰”、“迢遞”、“迢遥”。　② 迢遰：雙聲聯緜字。形容高遠。酈道元《水經注・洛水》：“迢遰層峻，流煙半垂。”

逍　逍遙①，猶翱翔②也。从辵，肖聲。臣鉉等案：《詩》只用消搖③。此二字《字林》所加。　相邀切(xiāo)。

【譯文】逍，逍遙(的逍，逍遙是無拘無束自由自在的樣子)，好比飛鳥的翱翔。从辵，肖聲。臣徐鉉等以爲：《詩經》只用"消搖"。逍遙二字是《字林》所加。

【注釋】① 逍遙：疊韻聯緜字。《詩・小雅・白駒》："所謂伊人，於焉逍遙。"朱熹："逍遙，游息也。"　② 翱翔：近義複詞。回旋地飛。狀其自由無拘之皃。單字也成義。《段注》引高注《淮南》曰："翼上下曰翱，直刺不動曰翔。"段按："統言不別，析言則殊。"　③ 消搖：《鈕新附考》："漢碑已有逍遙。而《禮記・檀弓》、《史記・司馬相如傳》中並作消搖，不獨《詩》也。"按：聯緜字重在音節之連綴以表義，不專注形體，消搖即逍遙。

遙　逍遙①也。又，遠②也。从辵，䍃聲。　余招切(yáo)。

【譯文】遙是逍遙的遙。又，(遙是)遠的意思。从辵，䍃聲。

【注釋】① 逍遙：見上條。　② 遠：《方言》卷六："遙，遠也。梁楚曰遙。"《禮記・王制》："自南河至于江，千里而近；自江至於衡山，千里而遙。"遙从辵，與行止有關，其本義應指距離遙遠。又可引申爲時間的久遠，如：《莊子・秋水》："證曏今故，故遙而不悶，掇而不跂，知時無止。"郭象注："遙，長也。"又可構成疊音字"遙遙"，遙遠皃。

文十三　新附

彳部

彳　小步也。象人脛①三屬相連也。凡彳之屬皆从彳。　丑亦切(chì)。

【譯文】彳，微小的步伐。象人的下肢大腿、小腿、腳三者相連之形。大凡彳的部屬都从彳。

【注釋】① 人脛：《段注》："三屬者，上爲股，中爲脛，下爲足也。單舉脛者舉中以該上下也，脛動而股與足隨之。"

【參證】彳是"行"的左半。羅振玉《增訂殷虛書契考釋》："古从'行'

之字,或省其右作,或省其左作。許君誤認爲二字者,蓋由字形傳寫失其初狀使然矣。”彳,其義與“行”同。參“行”條。

德 升①也。从彳②,悳聲。 多則切(dé)。

【譯文】德,登升。从彳,悳聲。

【注釋】① 升:桂馥《義證》:“古升、登、陟、得、德五字義皆同。”古道德字,只作“悳”,不與此同。 ② 从彳:王筠《句讀》:“行道而有得也。”

【參證】甲文作、,金文作、、。徐中舒《甲骨文字典》卷二:“,从彳从。即直字,象目視縣(懸錘)以取直之形;从彳有行義。故自字形觀之,此字當會循行察視之義,可隸定爲徝。徝字《説文》所無,見於《玉篇》:‘徝,施也。’甲骨文徝字又應爲德之初文。金文德作(辛鼎),與甲骨文徝同,後增心作(毛公鼎),即爲《説文》德字篆文所本。《説文》:‘德,升也。’爲後起義。”

徑 步道①也。从彳,巠聲。 居正切(jìng)。

【譯文】徑,步行的小路。从彳,巠聲。

【注釋】① 步道:《段注》:“步道謂人及牛馬可步行而不容車也。”徐灝箋:“戴氏侗曰:小道徑達,故因爲徑直之義。”

復 往來①也。从彳,复聲②。 房六切(fù)。

【譯文】復,往而復來。从彳,复聲。

【注釋】① 往來:往而復來,是返回的意思。桂馥《義證》引《一切經音義》卷六:“《説文》:‘復,往來也。’謂往來復重也。” ② 复聲:本書夊部:“夏,行故道也。”

【參證】甲文作,金文作、、。甲文由、由會意,也表聲。是覆的初文;是止,表示人的出入。本義爲從覆室出入,引申爲往來。參“覆”、“夏(复)”條。後加彳或辵,强調行止義。

徖① 復也。从彳,从柔②,柔亦聲。 人九切(rǒu)。

【譯文】徖,往來返復蹂踐。由彳、由柔會意,柔也表讀音。

【注釋】① 徖:徐鍇《繫傳》:“猶蹂也。往來蹂踐之也。” ② 从柔:“柔”下曰:“木曲直也。”《段注》:“凡木曲者可直,直者可曲。”言木性柔軟,故可返復。柔在此表返復義。

徎[1] 徑行也。从彳，呈聲。 丑郢切(chěng)。

徎 【譯文】徎，从小路疾行。从彳，呈聲。

【注釋】① 徎：辵部“逞”下曰：“楚謂疾行爲逞。”與“徑行”義同。从彳、从辵，形近義通。

往 之也。从彳，㞷聲。，古文从辵。 于兩切(wǎng)。

往 【譯文】往，出發。从彳，㞷聲。𨖼，古文，从辵。

【參證】甲文作，金文作。甲骨文从“之”在“土”上。參“㞷”條。金文加彳，古文加辵。从彳、从辵，形近義通。

忂 行皃[1]。从彳，瞿聲。 其俱切(qú)。

忂 【譯文】忂，行走的樣子。从彳，瞿聲。

【注釋】① 行皃：《段注》：“此與足部躣音義同。”彳義爲步行，乃足之功能，足乃步行之實體，二者互爲表裏，故忂又可从足作躣。同理，又與趯同。參“趯”、“躣”條。

彼 往、有所加[1]也。从彳，皮聲。 補委切(bǐ)。

彼 【譯文】彼，往；有所增益。从彳，皮聲。

【注釋】① 往、有所加：一句數讀。當依王筠讀爲“往”字一句，“有所加”一句。江沅曰：“此言往者，从彳也。”按言加者，《靈臺碑》“德彼四表”，即德加益四表也。王筠《句讀》：“彼與此對文。此部說曰：‘止也。’與‘彼，往也’亦對文。”桂馥《義證》：“《釋名》：‘往，暀也。歸暀於彼也。’故其言之卬頭以指遠也。”所以，徐鍇《繫傳》說，“彼者，據此而言，故曰‘有所加也’。”就“此”而言，說到“彼”，必昂首以指遠處；就時、空而言，此到彼有差距，彼等於“此”加“差”，故許說，彼是“有所加也”。

【參證】石鼓文作，金文作。金文、石鼓文均假皮爲彼。

徼 循[1]也。从彳，敫聲。 古堯切(jiāo/jiào)[2]。

徼 【譯文】徼，巡察。从彳，敫聲。

【注釋】① 循：通作巡。《後漢書·董卓傳》注引循作巡。作循者，假借字。 ② 今讀依《廣韻》古弔切。

循 行順[1]也。从彳，盾聲。 詳遵切(xún)。

循 【譯文】循，順着次序行走。从彳，盾聲。

【注釋】① 行順：沈濤《古本考》：“以下文‘急行’、‘隱行’之例，‘行順'當作'順行'。"《玉篇》："循，次序也。"

彶　急行也。从彳，及聲[①]。　居立切(jí)。

【譯文】彶，緊急行走。从彳，及聲。

【注釋】① 及聲：聲中有義。甲文，象人前行而又及之，而又追上他，追必急。

【參證】甲文作、。

𢓜　行皃[①]。从彳，𨂝聲。一曰：此與馺同[②]。　穌合切(sà)。

【譯文】𢓜，(衆人)行走的樣子。从彳，𨂝聲。另一義説：這與馺(sà)字相同。

【注釋】① 行皃：《廣韻·合韻》："𢓜，衆行皃。"　② 此與馺同：《玉篇·彳部》："𢓜，與馺同。"本書馬部："馺，馬行相及也。"

微[①]　隱行也。从彳，𢼸聲。《春秋傳》[②]曰："白公其徒微之。"　無非切(wēi)。

【譯文】微，隱蔽出行。从彳，𢼸聲。《春秋左傳》説："白公的徒衆把他的屍體隱匿在山上。"

【注釋】① 微：承培元《引經證例》："微細、微賤皆當作𢼸。""今通用微而𢼸不復見矣。"參"𢼸"條。　②《春秋傳》：指《左傳·哀公十六年》。原文作"白公奔山而縊。其徒微之"。杜預注："微，匿也。"許氏約引傳文，説明微的引申義。

【參證】金文作。石鼓文作，與篆文同。

徥　徥徥，行皃。从彳，是聲。《爾雅》[①]曰："徥，則也。"　是支切(chí/shì)[②]。

【譯文】徥，徥徥(的徥，徥徥是)行走的樣子。从彳，是聲。《爾雅》説："徥，規則。"

【注釋】①《爾雅》：指《釋言》。今本"徥"作"是"。陳瑑《引經考證》："單言之則爲徥，訓則；重言之則爲徥徥，訓行皃。"又，柳榮宗《引經考異》："許書是部'是'下曰：'直也。从日正。'引申爲規則之義。"按：徥在規則義上，是"是"加旁分化字。从徥的内部結構而言，應是从彳，从是，是亦聲。其本義應爲行走的規則，引申为凡規則之稱。參"是"條。　② 今讀依《廣韻》承紙切。

徐　安行[①]也。从彳，余聲。　似魚切(xú)。

【譯文】徐，安舒地行走。从彳，余聲。

【注釋】① 安行：徐鍇《繫傳》："徐者，舒緩之名也。"行走舒緩，必然保證安全。故釋爲"安行"。

徚　行平易也[①]。从彳，夷聲[②]。　以脂切(yí)。

【譯文】徚，行走平易。从彳，夷聲。

【注釋】① 行平易：《段注》："凡平訓皆當作徚，今則夷行徚廢矣。"② 夷聲：本書大部："夷，平也。"聲中有義。

德　使也。从彳，訔聲[①]。　普丁切(pīng)。

【譯文】德，使。从彳，訔聲。

【注釋】① 从彳，訔聲：《段注》："言部無訔字。當作从彳，从言，甹聲。"出使他地，故从彳；郭慶藩《經字正誼》"凡出使者必以言也"，故从言；桂馥《義證》"本書：'甹，俠也。'三輔謂輕財者謂甹"，凡出使者必輕財俠義，故从甹。甹也表聲。

夆[①]　使也。从彳，夆聲。讀若(螽)[𧓍][②]。　敷容切(fēng)。

【譯文】夆，使。从彳，夆聲。音讀象"蠭"字。

【注釋】① 夆：德與夆同爲脣音，蓋一語之轉，故同訓爲使。② 讀若螽：嚴章福《校議議》："當作𧓍。……𧓍者乃古文蠭也。形近而誤。"今爲"蜂"字。

【參證】甲文作𢓜、𢓜。

後　迹[①]也。从彳[②]，戔聲。　慈衍切(jiàn)。

【譯文】後，踐履。从彳，戔聲。

【注釋】① 迹：王筠《句讀》："謂迹之也。"按此是動詞，踐履之意。② 从彳：參"衜"、"踐"條。

彷　附行[①]也。从彳，旁聲[②]。　蒲浪切(bàng)。

【譯文】彷，附在車旁行走。从彳，旁聲。

【注釋】① 附行：《周禮·牛人》鄭注："牽彷，在轅外輓牛也。人御之居其前曰牽，居其旁曰彷。"　② 旁聲：聲中有義。

【參證】甲文作𢓊。

徯 待也。从彳，奚聲。蹊，徯或从足①。 胡計切（xì/xī）②。

【譯文】徯，等待。从彳，奚聲。蹊，徯的或體，从足。

【注釋】① 或从足：猶从彳也，見"躍"注。 ② 今讀依《廣韻》胡雞切。

待 竢①也。从彳，寺聲②。 徒在切（dài）。

【譯文】待，等候。从彳，寺聲。

【注釋】① 竢（sì）：本書立部："竢，待也。"《段注》："今人易其語曰'等'。" ② 寺聲：徐灝《段注箋》："待从寺聲，古音蓋讀如弟。"待、等，一聲之轉。

【參證】金文作待，與篆文同。

袖 行袖袖①也。从彳，由聲。 徒歷切（dí）。

【譯文】袖，行走（從容）袖袖。从彳，由聲。

【注釋】① 袖袖：《段注》："袖袖蓋與《小弁》'踧踧'（dí）同，行平易也。"徐灝箋："《孟子·公孫丑篇》'故由由然與之偕而不自失焉'。由由，蓋從容平易之貌。與此義同。"

徧① 帀也。从彳，扁聲。 比薦切（biàn）。

【譯文】徧，周帀普遍而行。从彳，扁聲。

【注釋】① 徧：謂周帀而行，引申爲周帀。字亦寫作"遍"。从彳、从辵，形近義通。

徦 至也①。从彳，叚聲。 古雅切（jiǎ）。

【譯文】徦，至。从彳，叚聲。

【注釋】① 至也：《方言》卷一："徦、狢，至也。邠、唐、冀、兗之間曰徦，或曰狢。"通作格、假。

【參證】李孝定《甲骨文字集釋》："（甲文）狢从彳从各。""許書彳部無狢有徦……當於徦篆下出重文狢，以爲徦之古文。"

復 卻也。一曰：行遲也。从彳、从日、从夊①。衲，復或从内。退，古文从辵。 他内切（tuì）。

【譯文】復，退卻。另一義説：是行步遲遲的意思。由彳、由日、由夊（suī）會意。衲，復的或體，从内。退，古文復，从辵。

【注釋】① 从彳句：《段注》："彳，行也。行而日日遲曳，是退也。

夂，行遲曳夂夂也。”宋保《諧聲補逸》：“（復）从夂，夂亦聲。”“夂、退、内、衲並同部，聲近。”《集韻·隊韻》：“復，隸作退。”从古文之體。

【參證】甲文作、、，金文作、。甲文下部全从；上部首字作皀（guǐ），次字作酉（酒壺），第三字从皿，全是禮器，表示祭品。兩部分會合表示撤除祭品，引申爲退卻。見劉釗《古文字構形研究》。金文承皀形，小篆皀形譌成“日”形。又，甲文作，是復的或體“衲”所本。于省吾《雙劍誃殷契駢枝三編·釋㞢》：“契文丙，作，内作二字有别。字从内从止，乃㞢之初文。”按㞢、迺、衲一字，从止，从辵，从彳，其義相通。

後 遲也。从彳幺[①]夂者，後也。，古文後从辵[②]。 胡口切（hòu）。

【譯文】後，行動遲緩。由彳、幺、夂會意，是爲了表現“後”的意思。逡是古文後字，从辵。

【注釋】① 幺：徐鍇《繫傳》：“幺猶䍚（juān，網）躓（zhì，絆倒）之也。” ② 从辵：與从彳義同。

【參證】甲文作，金文作、。林義光《文源》：“，古玄字，繫也。从行省。夂象足形，足有所繫，故後不得前。”

徲 久也。从彳，犀聲。讀若遲[①]。 杜兮切（tí）。

【譯文】徲，久。从彳，犀聲。音讀象“遲”字。

【注釋】① 讀若遲：葉德輝《讀若考》：“徲、遲均从犀得聲，義亦同。辵部：‘遲，徐行也。’……徐行有遲久之義。……則與徲訓久同。徲遲古通。”从彳、从辵，形近義通。參“遲”條。

【參證】甲文作、，金文作、。劉心源《奇觚室吉金文述》：“以籀文遲作遟推之，知徲即徲。”

很 不聽从[①]也。一曰：行難也。一曰：盭[②]也。从彳，皀聲[③]。 胡懇切（hěn）。

【譯文】很，不聽從。另一義説：是行走艱難的意思。又另一義説：是違逆乖戾的意思。从彳，皀（gèn）聲。

【注釋】① 不聽从：徐鍇《繫傳》：“宋義曰：‘很如羊。’羊之性愈牽愈不進。” ② 盭（lì）：徐鍇《繫傳》：“戾也。” ③ 皀聲：聲中有義。艮,不聽從。參"艮"條。

歱　相迹①也。从彳,重聲。　之隴切(zhǒng)。

【譯文】歱,前後足迹相繼。从彳,重聲。

【注釋】① 相迹:《段注》:"後迹與前迹相繼也。"徐灝《段注箋》:"歱、踵皆歱之異文耳。"參"歱"、"踵"條。

得　行有所得也。从彳,㝵聲。㝵,古文省彳。　多則切(dé)。

【譯文】得,行走而有所得。从彳,㝵聲。㝵,古文得,省彳。

【參證】甲文作、,金文作、、。羅振玉《增訂殷虛書契考釋》:"許書又有㝵字,注:'取也,从見,从寸。'複出,當删。""此(指甲文)从又持貝(按:古者貨貝而寶龜,以貝爲商品等價物),得之意也,或增彳。許書古文从見,殆从貝之譌。"邵瑛《羣經正字》:"(得)今經典變見爲旦,作得。"參"㝵"條。

徛　舉脛有渡①也。从彳,奇聲②。　去奇切(qī/jì)③。

【譯文】徛,舉腳渡河。从彳,奇聲。

【注釋】① 舉脛有渡:謂舉腳而渡,動詞。引申爲渡水之物,名詞,指山間溪流中用以渡人的踏腳石或獨木橋。張舜徽《約注》:"徛之言踦也,謂以一足前後相續而過也。凡聚石水中或横一木以爲渡者,止容一足相越以進,不能兩足分張並行其上,故名之曰徛。"
② 奇聲:聲中有義。本書:"奇,不耦。"與耦數相對,指一隻腳,此即張舜徽所説"止容一足相越以進"。參"踦"條。　③ 今讀依《廣韻》居義切。

彴　行示也①。从彳,匀聲。《司馬法》②:"斬以彴③。"　詞閏切(xùn)。

【譯文】彴,巡行示衆。从彳,匀聲。《司馬法》説:"斬首而巡行示衆。"

【注釋】① 行示也:王筠《句讀》引元應曰:"行走宣令也。"又引《釋言》:"徇(許書無徇,即彴),徧(遍)也。"　②《司馬法》:古兵書。《漢書·藝文志》:"《司馬法》百五十五篇。"今不存。　③ 斬以彴:徐鍇《繫傳》:"且斬且行,以令於衆也。今人作徇。"

律　均布①也。从彳,聿聲②。　吕戌切(lǜ)。

【譯文】律,普徧施行的規律。从彳,聿聲。

【注釋】① 均布：均，徧也；布，施行。均布，謂普徧施行。《段注》："律者，所以範（規範）天下之不一（一致）而歸於一，故曰均布也。"

② 聿聲：聲中有義。律是法律，律令，必須强制實行的行爲規則，有文明以來，必然形之於文字，故从聿，聿就是筆，引申爲文字。

【參證】甲文作。是手，是筆；律令必實行，故又从彳。

御　使馬也。从彳，从卸[①]。，古文御从又从馬。　牛據切（yù）。

【譯文】御，驅使（車）馬。由彳、由卸會意。馭，古文御字，由又、由馬會意。

【注釋】① 从彳，从卸：徐鍇《繫傳》："卸，解車馬也。彳，行也。或行或卸，皆御者之職也。"

【參證】甲文作、、，金文作、、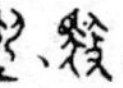。羅振玉《增訂殷虛書契考釋》："此（指甲文御字）从从。與午字同形，殆象馬策。人持策於道中，是御也。""或又从又馬，與許書同。"李孝定《甲骨文字集釋》以爲御、馭各是一字。甲文首字、次字，金文首字、次字，是御字。从彳（象道）、从止（象道行者）、从卩，午聲，如金文次字，本義爲"迓也"，即"卩"，表示跪坐一旁，歡迎賓客。甲文第三字、金文第三字，是手持馬鞭駕馬，會"使馬"之義。李説存參。

亍　步止也。从反彳。讀若畜。　丑玉切（chù）。

【譯文】亍，行步停止。由彳字反過來表意。音讀象"畜"字。

【參證】彳、亍是行的省寫，表示行道，後分化爲二字。見羅振玉《增訂殷虛書契考釋》。參"彳"條。又，彳亍連言，爲聯緜字，即今"躑躅"、"踟躕"，許氏作"蹢躅"。

文三十七　重七

廴部

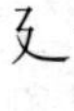廴　長行[①]也。从彳引之。凡廴之屬皆从廴。　余忍切（yǐn）。

【譯文】廴，長遠地行走。由彳字引長末筆構成。大凡廴的部屬都从廴。

【注釋】① 長行：《段注》："《玉篇》曰：今作引。是引弓字行而廴廢也。"徐灝《段注箋》："長行者，連步行也。……以意爲形也。"

廷 朝中也[①]。从廴[②]，壬聲。　特丁切(tíng)。

【譯文】廷，朝廷。从廴，壬聲。

【注釋】① 朝中：《段注》："朝中者，中於朝也。古外朝、治朝、燕朝皆不屋(不在屋内)，在廷。"　② 从廴：徐鍇《繫傳》："朝中其道長遠也，故从廴。"

【參證】金文作、、。即乚(yǐn)匿的乚，象曲折逃跑隱匿之迹，參"乚"條。曲折則長，與表示"朝中其道長遠"的"廴"同義；朝廷爲宫門屏障所隱蔽，又取隱蔽義。，表示人；彡表示灑掃庭除之義。或又从"土"，表示因灑掃而起的塵土。後與土糾合一起，衍化爲壬，又省彡。則成廷字，因乚義同廴，則成廷。許説"从廴，壬聲"。

延[①] 行也。从廴，正聲。　諸盈切(zhēng)。

【譯文】延，行走。从廴，正聲。

【注釋】① 延：《段注》："此與辵部延、征字音義同。"參"延"條。从彳，从辵，从廴，形近義通。《古陶文彙編》、一字。上从彳，下从，即"从彳引之"的"廴"。

建 立朝律也。从聿，从廴[①]。　居萬切(jiàn)。

【譯文】建，建立朝廷法律。由聿、由廴會意。

【注釋】① 从聿，从廴：徐鉉曰："聿，律省也。"廴，《段注》"廷省也"。

【參證】金文作、，首字从辵，次字从廴。建立法令，是建立朝廷的根本。从聿，表示律令，參"律"條。从廴，意欲法令實行久遠，朝廷鞏固萬世。

文四

㢟部

㢟 安步㢟㢟[①]也。从廴，从止[②]。凡㢟之屬皆从㢟。　丑連切(chān)。

【譯文】㢟，緩步㢟㢟之貌。由廴、由止會意。大凡㢟的部屬都从㢟。

【注釋】① 安步㢟㢟：饒炯《部首訂》："安步者，緩步也。㢟㢟者，狀其安步皃。"　② 从廴，从止：《段注》："引而復止，是安步也。"

【參證】甲文作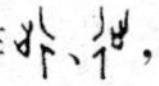，金文作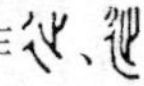。金文从，與篆文近。李孝定《甲骨文字集釋》第二："竊疑辵、㢟（徙）、㢟、延古本一字。……契文之㢟釋爲㢟釋爲㢟，讀爲延，於卜辭辭例均可通讀。""㢟"字在卜辭中主要用爲"延"與"誕"。"延"讀"以然切"，上古音在喻紐（喻四，古歸定）元部；"誕"讀"徒旱切"，上古音在定紐元部。㢟、延、誕韻同聲近，應該是同一個字。"㢟"字本來寫作"㢟"，和作爲偏旁用的"辵"完全同形，後來左旁的"彳"向右下拉長（漢以後獨立成"廴"旁），右旁的"止"形上加斜筆，成了"延"。按：正因爲"㢟"是安步，是徐行緩步，所以纔可引申爲"長行"，字作"延"；長有引抴誇大之義，長舌婦人的"長舌"，舌借代言語，長是誇大，不真實，不合情，荒誕，㢟又可由"長（行）"引申爲"荒延（dàn）"，因與言語有關，故加言作"誕"。參"延"、"誕"條。

延　長行①也。从㢟，厂聲②。　以然切（yán）。

【譯文】延，長遠地出行。从㢟，厂聲。

【注釋】① 長行：《段注》："本義訓長行，引申則專訓長。"　② 厂聲：《段注》："厂部曰：'象抴引之形。'余制切。"

【參證】參"㢟"條。

文二

行部

行　人之步趨①也。从彳，从亍②。凡行之屬皆从行。　户庚切（xíng）。

【譯文】行，人的各式行走。由彳、由亍會意。大凡行的部屬都从行。

【注釋】① 步趨：《段注》："步，行也。趨，走也。二者一徐一疾，皆謂之行，統言之也。"　② 从彳句：徐鍇《繫傳》："兩足相待爲行也。"安舒徐緩地移步，故曰相待。由彳（小步）、由亍（步止）會意，狀其似小移，似稍止之態。

【參證】甲文作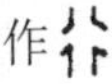、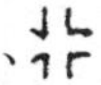，金文作、。羅振玉《增訂殷虚書契考釋》："象四達之衢，人所行也。"彳、亍是行省變的結果。

術　邑中道①也。从行，朮聲。　食聿切（shù）。

【譯文】術，都邑中的道路。从行，朮聲。

【注釋】① 邑中道：引申爲街道、道路、道藝。

街　四通道也。从行，圭聲。　古膎切（jiē）。

【譯文】街，四通八達的路。从行，圭聲。

衢　四達謂之衢。从行，瞿聲①。　其俱切（qú）。

【譯文】四出通達的路叫做衢。从行，瞿聲。

【注釋】① 瞿聲：楊樹達《積微居小學述林·釋衢》："瞿聲字有分張旁出之義，故衢以此受名。"

衝　通道①也。从行，童聲。《春秋傳》②曰："及衝以戈擊之。"昌容切（chōng）。

【譯文】衝，四通八達的路。从行，童聲。《春秋左傳》說："到了十字路口，（子南）就用戈猛擊他（指子皙）。"

【注釋】① 通道：徐鍇《繫傳》："謂南北東西各有道相衝。"《段注》："衝通疊韻。"　②《春秋傳》：指《左傳·昭公元年》。衝，今作衝。今本原文作"及衝，擊之以戈"。杜預注："衝，交道。"即交叉的路口。

衕　通街①也。从行，同聲。　徒弄切（tóng）②。

【譯文】衕，（巷道之類的）通街。从行，同聲。

【注釋】① 通街：《段注》："今京師衚衕字如此作。"徐灝箋："衚衕即衖之合聲，聲轉爲巷，音變爲弄。"桂馥《義證》："南方曰弄，北曰衙衕。"　② 拼音依《廣韻》徒紅切。

𧗳　迹也①。从行②，戔聲。　才綫切（jiàn）。

【譯文】𧗳，踐蹈。从行，戔聲。

【注釋】① 迹也：參"彳戔"條。小徐本作"踐也"，《玉篇》作"蹈也"。可證此迹字是動詞。　② 从行：彳戔、𧗳、踐，三體一字，因其取象不同而不同，或重其踐蹈的行動，从彳；或重其對象是"四達之衢"，从行;或重其踐蹈的主體,从足。

衙 [衙衙]行皃①。从行,吾聲。 魚舉切(yǔ/yú)②。又音牙(yá)③。

【譯文】衙,衙衙,(列隊)行進的樣子。从行,吾聲。

【注釋】① 行皃:當依《廣韻》九魚引作"衙衙行皃"。《段注》:"衙衙是行列之意。" ② 今讀依《廣韻》魚居切。 ③ 又音牙:後人稱官府爲衙門,正讀牙。王筠《句讀》:"公衙即古之公朝,字本作牙。軍前大旗,謂之牙旗,出師而有建牙禡(祭)牙之事。軍中聽令,必至牙旗之下,與府朝無異。近俗尚武,通呼公府門爲牙門。字之爲變轉爲衙門。"

衎 行喜皃①。从行,干聲。 空旱切(kǎn/kàn)②。

【譯文】衎,行走喜悦的樣子。从行,干聲。

【注釋】① 行喜皃:《爾雅·釋詁》:"衎,樂也。" ② 今讀依《廣韻》苦旰切。

衒 行且賣也。从行,从言。,衙或从玄①。 黄絢切(xuàn)。

【譯文】衒,邊走邊叫賣。由行、由言會意。衒,衙的或體,玄聲。

【注釋】① 从玄:朱駿聲《通訓定聲》:"玄聲。"

衛 將衛①也。从行,率聲。 所律切(shuài)。

【譯文】衛,將帥。从行,率聲。

【注釋】① 將衛:"衛"當作"衛"。《段注》作"將衛",説:"'將',如鳥將雛之'將',古不分平去也。衛,導也,循也。今之率字,率行而衛廢矣。……將帥字古衹作將衛,帥行而衛又廢矣。帥者,佩巾也。衛與辵部達(導)音義同。"依段説,將、衛是同義複合,引導帶領之義。

衞 宿衞也。从韋帀①;从行②,行,列衞也。 于歲切(wèi)。

【譯文】衞,在宫中值宿、擔任警衞的人。由韋、帀、由行會意。行是表示排成行列來衞護的意思。

【注釋】① 从韋帀:《段注》:"韋者,圍之省。圍,守也。帀,匊(周)也。韋亦聲。"韋帀即圍周,即圍住周邊,是説衞護的路綫。

② 从行:是説"韋帀"的方式,是列隊護衞。

【參證】甲文作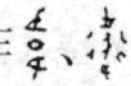,金文作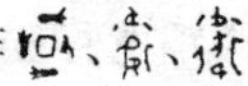。李孝定《金文詁林讀後

記》:“衛字當以形爲最古文,其从‘方’者,‘囗’(wéi)之今字;从帀者,又‘方’之譌變;从‘行’則累增之偏旁。”“衛、圍古亦當爲同字,自城中者言之謂之衛,自其外者言之謂之圍,其後始孳乳爲二字耳。”

文十二　重一

齒部

齒 口齗骨[①]也。象口齒之形[②],止聲。凡齒之屬皆从齒。,古文齒字。　昌里切(chǐ)。

【譯文】齒,口中的牙齒。(𠚕,)象口中牙齒的形狀,止聲。大凡齒的部屬都从齒。𦥒,古文齒字。

【注釋】① 口齗(yín)骨:桂馥《義證》:“言齗所生骨也。”指牙“齒”。齗:參下條。　② 象口齒句:王筠《釋例》:“此字當从口犯切之凵(kǎn),口張齒乃見也。中一乃上下齒中間之虛縫耳。”

【參證】甲文作、、,金文作。于省吾《甲骨文字釋林·釋齒》:“口内齒牙形。晚周鉩文齒字作,加止爲音符,遂變成形聲字。”《詩·鄘風·相鼠》:“相鼠有齒,人而無止。”

齗 齒本[①]也。从齒,斤聲。　語斤切(yín)。

【譯文】齗,牙齒的根本。从齒,斤聲。

【注釋】① 齒本:指牙根肉。徐灝《段注箋》:“言齒本則肉在其中。”

【參證】楊樹達《積微居小學述林·釋齗》:“齗之爲言根也。古艮、斤二字同音,故往往通作。”“本、根同義,説文齗訓齒本肉,而《倉頡篇》訓齒根,則已明著其語源於訓義中矣。”

齔 毁齒[①]也。男八月生齒,八歲而齔。女七月生齒,七歲而齔。从齒,从(七)[匕][②]。　初堇切(chěn/chèn)[③]。

【譯文】齔,缺齒。男孩八月生乳齒,八歲就缺落乳齒。女孩七月生乳齒,七歲就缺落乳齒。从齒,从匕。

【注釋】① 毁齒:本書:“毁,缺也。”是指缺落乳齒,换長恆齒。

② 从七:《段注》本作“从匕”。段氏曰:“各本殆傳會七(qī)聲爲之。

今按其字从齒七(huà)。七,變也。今音呼跨切。古音如貨。”當從段說。齜是人一生中牙齒的變化、變換。 ③ 今讀依《廣韻》初覲切。

齰 齒相值[①]也。一曰：齧也。从齒,責聲。《春秋傳》[②]曰：“皙齰[③]。” 士革切(zé)。

【譯文】齰,(上下)齒(整齊)相對。另一義説：齧(niè)咬。从齒,責聲。《春秋左傳》説:“膚色白皙而牙齒又上下整齊相對。”

【注釋】① 齒相值:《段注》:“謂上下齒整齊相對。” ②《春秋傳》:指《左傳·定公九年》。 ③ 皙齰:《段注》:“皙,謂人色白,與齰二事。”今本“齰”作“幘”。

齜 齒相(齗)[齘][①]也。一曰：開口見齒之皃[②]。从齒,柴省聲[③]。讀若柴。 仕街切(chái)。

【譯文】齜,牙齒互相摩切。另一義説：開口現齒的樣子。从齒,柴省木爲聲。音讀象“柴”字。

【注釋】① 齗：當依《廣韻》作“齘”(xiè)。齘是牙齒相摩切的意思。即咬牙“切齒”,發怒貌。與天生的齜牙裂嘴之“齞”不同,參“齞”條。 ② 開口見齒之皃：此義今讀 zī。 ③ 柴省聲：桂馥《義證》:“當爲‘此聲’。”

齘 齒相切[①]也。从齒,介聲。 胡介切(xiè)。

【譯文】齘,上下齒互相摩切。从齒,介聲。

【注釋】① 齒相切:《段注》:“謂上下齒緊相摩切也。”引申爲發怒。《玉篇》:“齘,切齒,怒也。”

齞 口張齒見[①]。从齒,只聲[②]。 研繭切(yǎn)。

【譯文】齞,口開齒現的樣子。从齒,只聲。

【注釋】① 口張齒見：王筠《句讀》:“與齜(zī)下説異者,彼謂故(特意)使之然,此則生而脣不掩齒。《登徒子好色賦》:‘齞脣歷齒。’”
② 只聲：孔廣居《疑疑》:“只非聲。愚意从齒,从口,从八。八有分義,八口,即張口意也。”存參。

齹 齒差[①]也。从齒,兼聲。 五銜切(yán)[②]。

【譯文】齹,牙齒(左右長短)不齊。从齒,兼聲。

【注釋】① 齒差：徐鍇《繫傳》："齒左右出也。"嚴章福《校議議》："齒差也，謂參差。"參"䶢"條。　② 拼音依《廣韻》魚欠切。

齺　齒搚[①]也。一曰：齰也[②]。一曰：馬口中糜[③]也。从齒，芻聲。　側鳩切(zōu)。

【譯文】齺，牙齒折斷。另一義說：是咬的意思。又另一義說：是馬口中的橜。从齒，芻聲。

【注釋】① 齒搚：《段注》："拹(xié)今本作搚，手部曰：'拹，一曰拉也。'齒拉者謂齒折也。"　② 齰(zé)也：本書下文："齰，齧(niè)也。"　③ 馬口中糜："糜"當依《玉篇》作"橜"。馬口中橜，俗稱馬嚼子。

齵　齒不正[①]也。从齒，禺聲。　五婁切(óu)。

【譯文】齵，牙齒(左右)參差不齊。从齒，禺聲。

【注釋】① 齒不正：王筠《句讀》："齱(zōu)齵二字，以左右言之；齟齬(jǔ yǔ)二字，以上下言之，齹(cī)字以內外言之。"按：析言有別，渾言無別。

齇　齬[①]齒也。从齒，虘聲。　側加切(zhā)。

【譯文】齇，(上下)齒不整齊相對。从齒，虘聲。

【注釋】① 齬(yǔ)：本部下文："齬，齒不相值也。"參"齵"條注①。

齱　齵[①]也。从齒，取聲。　側鳩切(zōu)。

【譯文】齱，牙齒左右參差不齊。从齒，取聲。

【注釋】① 齵：牙齒不正。參"齵"條。

齹[①]　齒參差。从齒，差聲[②]。　楚宜切(cī)。

【譯文】齹，牙齒(內外)參差不齊的樣子。从齒，差聲。

【注釋】① 齹：王筠《句讀》："齹字以內外言之。"　② 差聲：聲中有義。差，參差，牙齒內外不相對，或凸出外面，或凹進裏面。

𪘂　齒差跌皃[①]。从齒，佐聲。《春秋傳》[②]曰："鄭有子𪘂[③]。"　昨何切(cuó)。

【譯文】𪘂，牙齒參差踢跌不平正的樣子。从齒，佐聲。《春秋左傳》說："鄭國有個臣子叫子𪘂。"

【注釋】① 差跌皃：《段注》："差者，不值(當，對)也；跌者，踢(差誤)

也。齒差跌，謂參差踼跌不平正也。” ②《春秋傳》：指《左傳·昭公十六年》。 ③ 齹：今作“齹”，《段注》：“實一字也。”參“齹”條。

齤 缺齒也。一曰：曲齒①。从齒，𢍏聲②。讀若權③。 巨員切（quán）。

【譯文】齤，缺脱牙齒。另一義説：齤是曲齒病。从齒，𢍏聲。音讀象“權”字。

【注釋】① 曲齒：《段注》：“今俗云齒䶗也。” ② 𢍏聲：𢍏，偏旁寫作“龹”。張舜徽《約注》：“曲齒謂之齤，曲角謂之觠，猶之牛鼻環謂之桊，卷其手謂之拳，髮好謂之鬈，厀曲謂之卷。可知凡从龹聲之字，多有曲義，義固存乎聲也。” ③ 讀若權：余岩《古代疾病名候疏義》：“權亦具曲屈義，若曲脊曰𧾩，曲弓曰弮。”

齳 無齒也①。从齒，軍聲。 魚吻切（yǔn）。

【譯文】齳，（老人）沒有牙齒的樣子。从齒，軍聲。

【注釋】① 無齒也：桂馥《義證》：“《六書故》引作‘老無齒也’。”

齾 缺齒①也。从齒，獻聲。 五鎋切（yà）。

【譯文】齾，缺齒。从齒，獻聲。

【注釋】① 缺齒：《段注》：“引申凡缺皆曰齾。”

齟 齗腫也。从齒，巨聲①。 區主切（qǔ/jù）②。

【譯文】齟，牙齦腫大。从齒，巨聲。

【注釋】① 巨聲：聲中有義。巨本矩，借爲巨大。因牙齦紅腫，則脹大，巨有大義。 ② 今讀依《廣韻》其吕切。

齯 老人齒。从齒，兒聲①。 五雞切（ní）。

【譯文】齯，（高壽）老人的牙齒。从齒，兒聲。

【注釋】① 兒聲：聲中有義。《釋名·釋長幼》曰：“九十或曰齯齒。大齒落盡，更生細者，如小兒齒也。”

齮 齧①也。从齒，奇聲。 魚綺切（yǐ）。

【譯文】齮，側齒咬嚼。从齒，奇聲。

【注釋】① 齧：指側齧。《段注》：“凡从奇之字多訓偏，如掎訓偏引，齮訓側齧。《索隱》注《高紀》云：‘許慎以爲側齧。’”

齜　齚齒①也。从齒，出聲②。　仕乙切(zhí)。

【譯文】齜，咬嚼。从齒，出聲。

【注釋】① 齚齒：桂馥《義證》："當爲齚齧。"齚與齧同義。　② 出聲：《段注》："謂齚物而外露之齒也。故从齒出。"依段説，"出"，聲中有義。

䶗　齧也。从齒，昔聲。齚，䶗或从乍①。　側革切(zé)。

【譯文】䶗，咬嚼。从齒，昔聲。齚，䶗的或體，从乍聲。

【注釋】① 从乍：昔、乍上古同屬鐸部，齒音。宋保《諧聲補逸》："昔、乍古同部通用。"

鹹　齧也。从齒，咸聲。　工咸切(jiān)。

【譯文】鹹，咬嚙。从齒，咸聲。

齦①　齧也。从齒，艮聲。　康很切(kěn)。

【譯文】齦，啃嚙。从齒，艮聲。

【注釋】① 齦：《六書故・人四》："齦，齧食骨間肉也。"今作"啃"。《段注》："今人又用爲齗字矣。"參"齗"條。

齗　齒見皃。从齒，干聲。　五版切(yǎn)。

【譯文】齗，牙齒外現的樣子。从齒，干聲。

醉　醉①齚也。从齒，卒聲。　昨沒切(zú)。

【譯文】醉，咬嚼。从齒，卒聲。

【注釋】① 醉：《段注》："此複舉字之未删者。"《玉篇》、《廣韻》都作"醉，齚也"。徐灝《段注箋》："醉之言碎也。"即咬碎食物的意思。

齧①　齒分骨聲。从齒，列聲②。讀若剌。　盧達切(là)。

【譯文】齧，用牙齒分開骨頭的聲音。从齒，列聲。音讀象"剌"字。

【注釋】① 齧：徐灝《段注箋》："齧猶裂也。"　② 列聲：本書刀部："㓟，分解也。"齧从列聲，聲中有義。

齩①　齧骨也。从齒，交聲②。　五巧切(yǎo)。

【譯文】齩，咬嚼骨頭。从齒，交聲。

【注釋】① 齩：《段注》："俗以鳥鳴之咬爲齩齧。"　② 交聲：聲中有義。交有交接、交叉、穿插義。

齰 齒差①也。从齒，屑聲。讀若切②。 千結切(qiè)。

【譯文】齰，上下齒相摩切。从齒，屑聲。音讀象“切”字。

【注釋】① 齒差：《段注》：“此與𪘒訓‘齒差’義異。謂齒相摩切也。齒與齒相切，必參差上下之。差即今磋(cuō)磨字也。引申之義摩物曰齵。”“𪘒”與“齰”同訓“齒差”，嚴章福《校議議》解釋說：“異義不嫌同名。”其實，“參差”的差(cī)與“磋磨”的磋(cuō)只是書寫形式相同。 ② 讀若切：經典通作切，許君以假借證同音。

䶢 (齒)[齧]①堅聲。从齒，吉聲。 赫鍇切(xiá)。

【譯文】䶢，用牙齒咬啃堅硬食物的聲音。从齒，吉聲。

【注釋】① 齒：當依《玉篇》作“齧”。

齸 齰牙①也。从齒，豈聲。 五來切(ái)。

【譯文】齸，摩牙。从齒，豈聲。

【注釋】① 齰牙：《段注》：“齰牙猶差(cuō)齒也。引伸爲摩器之名。刀部曰：‘剴，一曰：摩也。’皆於豈聲知之。”

齝 吐而噍①也。从齒，台聲。《爾雅》②曰：“牛曰齝③。” 丑之切(chī)。

【譯文】齝，吐出來再咀嚼。从齒，台聲。《爾雅》說：“牛(的反芻)叫作齝。”

【注釋】① 吐而噍：《段注》：“噍即嚼字也。”吐而嚼，謂反芻。 ②《爾雅》：指《釋獸》。 ③ 牛曰齝：郭璞注：“食之已久，復出嚼之。”

齕① 齧也。从齒，气聲。 户骨切(hú/hé)②。

【譯文】齕，用牙齒咬東西。从齒，气聲。

【注釋】① 齕：同齕。《段注》：“如淳注《漢書》曰：‘齕，齩(咬)也。’” ② 今讀依《廣韻》下沒切。

䶫 齒見皃。从齒，聯聲①。 力延切(lián)。

【譯文】䶫，牙齒外現的樣子。从齒，聯聲。

【注釋】① 聯聲：聲中有義。牙齒外現時，只見牙齒與牙齒，緊相聯接。

齧 噬①也。从齒，㓞聲②。　五結切(niè)。

【譯文】齧，咬。从齒，㓞聲。

【注釋】① 噬：本書口部曰："噬，啗也。"　② 㓞聲：聲中有義。㓞是用刀刻。齧是表示牙齒象用刀契刻食物，就是今天的咬嚼。

齭 齒傷酢①也。从齒，所聲。讀若楚②。　創舉切(chǔ)。

【譯文】齭，牙齒爲酸醋所傷。从齒，所聲。音讀象"楚"字。

【注釋】① 酢：《段注》："今之醋字，酸濇也。"　② 讀若楚：齭通作楚，酸楚。許君以假借證同音。

齨 老人齒如臼①也。一曰：馬八歲齒臼②也。从齒，从臼，臼亦聲。　其久切(jiù)。

【譯文】齨，老人齒形如臼。另一義説：八歲馬齒形如臼。由齒，由臼會意，臼也表聲。

【注釋】① 如臼：《段注》："如臼者，齒坳。"　② 齒臼：《段注》："齒亦如臼。"

齬① 齒不相值也。从齒，吾聲。　魚舉切(yǔ)。

【譯文】齬，牙齒(上下)不整齊相對。从齒，吾聲。

【注釋】① 齬：《集韻・魚韻》："齬，齒一前一卻。"參"齵"條注①。

齥① 羊粻②也。从齒，世聲。　私列切(xiè)。

【譯文】齥，羊反芻嚼食。从齒，世聲。

【注釋】① 齥：《玉篇》："齥，羊噍草。"陸德明《釋文》引張揖説："齥，羊食已，吐而更嚼之。"　② 粻(zhāng)：《爾雅・釋言》："粻，糧也。"此粻字用作動詞，嚼食之意。

齸① 鹿麋②粻③。从齒，益聲。　伊昔切(yì)。

【譯文】齸，麋鹿反芻嚼食。从齒，益聲。

【注釋】① 齸：《段注》："言其自喉出復嚼。"　② 鹿麋：《爾雅・釋獸》："麋鹿曰齸。"鹿麋即麋鹿。　③ 粻：見"齥"條。

齷 (齒)[齧]堅①也。从齒，至聲。　陟栗切(zhì)。

【譯文】齷，咬嚼堅硬的東西。从齒，至聲。

【注釋】① 齒堅：桂馥《義證》："當爲'齧堅'。"徐灝《段注箋》："今粵俗猶謂齧堅爲齸。”

䶕 齧骨聲。从齒，从骨，骨亦聲。 户八切(huá)。

【譯文】䶕，咬骨頭的聲音。由齒、由骨會意，骨也表聲。

䶜[①] 噍聲。从齒，昏聲。 古活切(kuò)。

【譯文】䶜，咀嚼聲。从齒，昏聲。

【注釋】① 䶜：今作䶜。

䶈 噍堅也。从齒，博省聲[①]。 補莫切(bó)。

【譯文】䶈，咀嚼堅硬的食物。从齒，博省十爲聲。

【注釋】① 博省聲：桂馥《義證》：“當如‘嚩’下作尃聲。”

文四十四 重二

齡[①] 年[②]也。从齒，令聲。臣鉉等按：《禮記》：“夢帝與我九齡。”疑通用靈。武王初聞九齡之語，不達其義，乃云西方有九國。若當時有此齡字，則武王豈不達也。蓋後人所加。 郎丁切(líng)。

【譯文】齡，年齡。从齒，令聲。臣徐鉉等人以爲，《禮記》説：“夢帝與我九齡。”疑通用靈字。武王當初聽到九齡的字眼，不明白它的意義，竟説西方有九個諸侯國。如果當時有這個齡字，武王難道不明白嗎？齡字大概後人加的。

【注釋】① 齡：《鄭新附考》：“徐氏謂古無齡字，是也；疑通用靈，則非。禮九齡字，古當止作令。文云：古者謂年令，齒亦令者，蓋就夢中語令字解之，言年歲之年，古音謂之令，而人之齒壽偁年，則謂年齒亦偁爲令也。帝與九令，以語音求之，是與爾以九十之年也。”“漢傳《禮記》正本止作令也。”“从齒字”，“漢人所加”（“齡”字見熹平二年魯峻碑）。年本義爲“穀熟”，引申有年歲義，九齡，九十年歲。依鄭珍説，古“年”音同“令”，而當時未造“齡”字，假借原本表“命令”義的令字；後因齒是年齡的表徵，於是加齒旁作齡，以別於命令字。② 年：《論衡·感類》：“古者謂年爲齡，已得九齡，猶人夢得爵也。”引申爲“年數”。

文一 新附

牙部

牙 （牡）[壯]齒[①]也。象上下相錯之形[②]。凡牙之屬皆从牙。𤘗[③]，古文牙。 五加切（yá）。

【譯文】牙，大齒。象上下齒相互交錯的樣子。大凡牙的部屬都从牙。𤘗是古文牙字。

【注釋】① 牡齒：《段注》："壯各本譌作牡。""惟石刻《九經字樣》不誤。""士部曰：'壯，大也。'壯齒者，齒之大者也。統言之，皆稱齒、偁牙；析言之，則前當脣者稱齒，後在輔（頰骨）車（牙牀）者稱牙。牙較大於齒，非有牝牡也。"丁福保《詁林》進而論證："牡即壯之别體。" ② 象上下句：徐灝《段注箋》："蓋本作、，象形，相錯則成，横視乃見。必相錯者，不如是則不成字也。" ③ 𤘗：《段注》："从齒而象其形也。，古文齒。"鈕樹玉《校録》："𠚕爲古文齒。後人齖（yá）字當本此。《玉篇》作𤘗。"

【參證】金文作、、。戴家祥《金文大字典》："牙象局部形，象全體形，古文牙字加旁，與十二篇𦣝或作頤，籀作䪼，九篇勿作旇例同，都是在表示局部意義的字上添加表示此局部所屬整體的偏旁。"

犄 武牙[①]也。从牙，从奇[②]，奇亦聲。 去奇切（qī）。

【譯文】犄，虎牙。由牙、由奇會意，奇也表聲。

【注釋】① 武牙：即虎牙。鈕樹玉《校録》："宋本及《繫傳》虎作武，蓋沿唐人諱。《玉篇》訓'虎牙也'。"王筠《句讀》："當口四齒之外，其兩齒謂之虎牙，其形介牙齒之間。" ② 从奇：張舜徽《約注》："犄之言奇也，謂異於衆齒最爲奇特也。"

𤘘 齒蠹[①]也。从牙，禹聲[②]。齲，𤘘或从齒[③]。 區禹切（qǔ）。

【譯文】𤘘，牙齒被蛀蟲蛀壞。从牙，禹聲。齲，𤘘的或體，从齒。

【注釋】① 齒蠹：俗稱蟲牙。《釋名·釋疾病》："齲，齒朽也。蟲齧之，齒缺朽也。" ② 禹聲：桂馥《義證》："禹，蟲也。故文從禹。"聲中有義。 ③ 𤘘或从齒：王筠《句讀》："齒牙本通稱。"

【參證】甲文作。楊樹達《積微居甲文説·釋蠱》："从齒中有蟲虫形”，“此蓋𤔲字也”。

文三　重三

足部

足　人之足①也。在下②。从止口③。凡足之屬皆从足。　即玉切(zú)。

【譯文】足，人體下肢的總稱。在人體的下部。由止口會意。大凡足的部屬都从足。

【注釋】① 人之足：徐灝《段注箋》：“戴氏侗曰：自股脛而下，通謂之足。”　② 在下：《段注》作“在體下”。　③ 从止口：朱駿聲《通訓定聲》：“从止，即趾字；从口，象厀形，非口齒字。舉厀與止以晐(gāi，包括)脛。”按：就篆文形體而言，从口，應是舉厀止以晐股和脛。

【參證】甲文作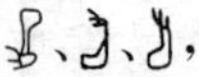，金文作。楊樹達《積微居小學述林》：“股、脛、蹠、跟全部爲足，足从口者，象股脛周圍之形。人體股脛在上，跟蹠在下，依人所視，象股脛之口當在上層，象蹠跟之止當在下層。然文字之象形，但有平面，無立體，故止能以‘口’上‘止’下表之也。”

蹏①　足也。从足，虒聲。　杜兮切(tí)。

【譯文】蹏，獸畜的腳蹄。从足，虒聲。

【注釋】① 蹏，俗作蹄。桂馥《桂證》引《釋名》：“蹏，底也。足底也。”

跟　足踵①也。从足，艮聲。峎，跟或从止②。　古痕切(gēn)。

【譯文】跟，腳後跟。从足，艮聲。峎，跟的或體，从止。

【注釋】① 踵：《釋名·釋形體》：“足後曰跟，在下方著地，一體任之，象木根也。又謂之踵。”　② 从止：形近義通。

踝　足踝①也。从足，果聲②。　胡瓦切(huà/huái)。

【譯文】踝，腳的踝骨。从足，果聲。

【注釋】① 足踝：《段注》：“人足左右骨隆然圜者也。在外者謂之外踝，在內者謂之內踝。”即小腿和腳交接處，左右兩旁凸起的部分。

俗稱螺絲骨。　② 果聲：聲中有義。踝骨象半邊果子。

跖① 足下②也。从足，石聲。　之石切（zhí）。

【譯文】跖，腳掌。从足，石聲。

【注釋】① 跖：《段注》："或借蹠爲之，又作跢。"　② 足下：《段注》："今所謂腳掌也。"

踦 一足①也。从足，奇聲②。　去奇切（qī）。

【譯文】踦，一隻腳。从足，奇聲。

【注釋】① 一足：《段注》："引申之，凡物單曰踦。"又引申爲"肢體不全"。《方言》："倚、踦，奇也。自關而西，秦晉之間，凡全物而體不具謂之倚，梁楚之間謂之踦。雍梁之西郊，凡獸支體不具者謂之踦。"② 奇聲：王筠《句讀》："一爲奇數也。"聲中有義。

跪 拜①也。从足，危聲②。　去委切（kuǐ/guì）③。

【譯文】跪，（兩膝著地、準備）拜倒的一種姿勢。从足，危聲。

【注釋】① 拜：《段注》："跪與拜二事，不當一之。疑當云所以拜也。"朱駿聲《通訓定聲》："兩膝拄地，所以拜也，不拜曰跽。"《正字通・足部》："朱子……著《跪坐拜説》：兩膝著地，以尻著蹱而稍安者爲坐；伸腰及股而勢危者爲跪；因跪而益致其恭以頭著地爲拜。"② 危聲：《釋名・釋姿容》："跪，危也。兩膝隱地，體危阢也。"

③ 今讀依《廣韻》渠委切。

跽① 長跪也。从足，忌聲。　渠几切（jì）。

【譯文】跽，上身伸直，雙膝著地。从足，忌聲。

【注釋】① 跽：《段注》："係（繼）於拜曰跪，不係於拜曰跽。"朱駿聲《通訓定聲》："長跽則兩膝搘地而聳體。"

【參證】甲文作　、　。楊樹達《文字形義學》："己象人跽形。"己，即人之側身跽形的綫條化。商承祚《殷虛文字類篇》："从止，从己，殆即許書之跽字，後世增'心'耳。"按：从止與从足同意。

踧 行平易也。从足，叔聲。《詩》①曰："踧踧周道②。"　子六切（cù/dí）③。

【譯文】踧，行走平易。从足，叔聲。《詩經》説："平坦的大道。"

【注釋】①《詩》：指《小雅・小弁》。　② 踧踧周道：毛傳："踧踧，平易也。”周道，大道。　③ 今讀依《廣韻》徒歷切。

躍[①]　行皃。从足，瞿聲。　其俱切(qú)。

【譯文】躍，行走的樣子。从足，瞿聲。

【注釋】① 躍：徐灝《段注箋》：“走部趯同。”又，从彳作衢。

踖　長脛行[①]也。从足，昔聲。一曰：踧踖[②]。　資昔切(jí)。

【譯文】踖，長脛踰越等次而行走。从足，昔聲。另一義說：是踧踖的意思。

【注釋】① 長脛行：王筠《句讀》：“《曲禮》：‘毋踖席。’注：‘踖，躐(踰越)也。’案：脛長，故能登席不由前也。”　② 踧踖：《論語·鄉黨》：“君在，踧踖如也。”鄭注：“踧踖，恭敬皃。”徐鍇《繫傳》：“若不自容也。”

踽　疏行皃[①]。从足，禹聲。《詩》[②]曰：“獨行踽踽[③]。”　區主切(qǔ/jǔ)[④]。

【譯文】踽，獨行無親的樣子。从足，禹聲。《詩經》說：“獨自行走，踽踽無親。”

【注釋】① 疏行皃：徐灝《繫傳》：“疏，稀疏也。”王筠《句讀》：“獨行則無相比(並)者，故云疏也。”　②《詩》：指《唐風·杕杜》。③ 踽踽：毛傳：“無所親也。”　④ 今讀依《廣韻》俱雨切。

蹌　行皃。从足，將聲。《詩》[①]曰：“管磬蹌蹌。”　七羊切(qiāng)。

【譯文】蹌，行走的樣子。从足，將聲。《詩經》說：“管樂和石磬，蹌蹌和諧。”

【注釋】①《詩》：指《周頌·執競》。吴玉搢《引經考》：“《詩》之用鏘鏘、鎗鎗、瑲瑲、鶬鶬者不一，皆以同聲借用，蹌雖从足訓行，《詩》但借音不借義。”蹌，又作蹡。

蹬　踐處[①]也。从足，斷省聲[②]。　徒管切(duàn)。

【譯文】蹬，踐踏之處。从足，斷省斤爲聲。

【注釋】① 踐處：即足迹。《段注》：“此與畽同義。田部曰：‘畽，禽獸所踐處也。’……按(此)衹云‘踐處’，别於畽字專屬禽獸。”王筠《句讀》：“蹬蓋泛言。”　② 斷省聲：《段注》：“不云㡭聲者，㡭，古文絶也。”

趴 趣越①皃。从足，卜聲。　芳遇切(fù)。

【譯文】趴，急速越過的樣子。从足，卜聲。

【注釋】① 趣越：趣，疾。小徐本作趨。本書走部："越，度也。"趣越，急速越過。王筠《句讀》："與赴同。"參"赴"條。

踰 越①也。从足，俞聲。　羊朱切(yú)。

【譯文】踰，越過。从足，俞聲。

【注釋】① 越：《段注》："越，度也。踰與逾音義略同。"

戉 輕也①。从足，戉聲。　王伐切(yuè)。

【譯文】戉，腳步輕輕。从足，戉聲。

【注釋】① 輕也：徐鍇《繫傳》作"輕足也"。謂舉足輕也。

蹻 舉足行高①也。从足，喬聲②。《詩》③曰："小子蹻蹻④。"居勺切(jué/qiāo)⑤。

【譯文】蹻，舉足行走在高空之中。从足，喬聲。《詩經》説："小伙子們多麼驕傲。"

【注釋】① 舉足行高：即踩高蹻。參"趫"條。又可引申爲舉足，《漢書·高帝紀》："亡可蹻足而待也。"蹻即趬義。參"趬"條。
② 喬聲：聲中有義。喬有高義。　③《詩》：指《大雅·板》。
④ 蹻蹻：《段注》："毛曰：'蹻蹻，驕皃。'此引申之義。"音變爲 jiǎo。
⑤ 今讀依《廣韻》去遙切。

儵 疾也，長也①。从足，攸聲。　式竹切(shū)。

【譯文】儵，急速，長遠。从足，攸聲。

【注釋】① 疾也，長也：《段注》："二義相反而相成。"儵从足，自然與行走有關，走得疾速，就可能走得長遠。用作倏字，如徐鍇《繫傳》所説："此亦倏忽字。"

蹌① 動也。从足，倉聲。　七羊切(qiāng)。

【譯文】蹌，動。从足，倉聲。

【注釋】① 蹌：重言也有動義。《爾雅·釋訓》："蹌蹌，動也。"

踊① 跳②也。从足，甬聲。　余隴切(yǒng)。

【譯文】踊，跳躍。从足，甬聲。

【注釋】① 踊：又作踴。　② 跳：桂馥《義證》引邵寶説："躍踊者，皆絶地而起。”

躋　登也。从足，齊聲。《商書》①曰：“予顛躋。”　祖鷄切(jī)。

【譯文】躋，登升。从足，齊聲。《商書》説：“我們商朝將會顛覆、墜落。”

【注釋】①《商書》：指《微子》。承培元《引經證例》：“此引《書》證登、降同詞也。今作隮，俗字。許書所無，今多用之。顛躋：顛，隕；躋，隊(墜)也。……《左傳》‘隮于溝壑’，則與此同爲下隊(墜)也。古人美惡不嫌同詞。”所謂“相反相生”之意。

【參證】金文作、。从辵同从足。

①
躍　迅也②。从足，翟聲。　以灼切(yuè)。

【譯文】躍，迅疾。从足，翟聲。

【注釋】① 躍：徐灝《段注箋》：“走部趯同。”从足同从走，足是體，走是用。參“趯”條。　② 迅也：躍，今常用義爲跳躍，即邵寶所説“絶地而起”(見“踊”條)。絶地而起，非迅疾莫能爲也。

跧　蹴①也。一曰：卑也，絭②也。从足，全聲。　莊緣切(zhuān/quán)。

【譯文】跧，踹踏。另一義説：低伏，蜷曲。从足，全聲。

【注釋】① 蹴(cù)：參下條。　② 絭：《段注》：“絭當爲拳曲之拳。”

①
蹴　躡也。从足，就聲。　七宿切(cù)。

【譯文】蹴，踐踏。从足，就聲。

【注釋】① 蹴：王筠《句讀》：“元應引此而説之曰：‘以足逆蹋之曰蹴。’”

①
躡　蹈也。从足，聶聲。　尼輒切(niè)。

【譯文】躡，踩踏。从足，聶聲。

【注釋】① 躡：王筠《句讀》：“張良躡漢王足。”《釋名》：“躡，攝也。登其上使攝服也。”即腳踩在上面使懾服。

①
跨　渡也。从足，夸聲②。　苦化切(kuà)。

【譯文】跨，越過。从足，夸聲。

【注釋】① 跨：《段注》：“謂大(拉大)其兩股間(兩腿的距離)，以有所越也。” ② 夸聲：聲中有義。本書大部：“夸，奢也。”即張開兩大腿。參“牛”、“跨”條。

①踐也。从足，䍐聲。 徒盍切(tà)。

蹋 【譯文】蹋，踐踏。从足，䍐聲。

【注釋】① 蹋：《段注》：“俗作踏。”

①蹈也。从足，步聲。 旁各切(bó)。又音步(bù)。

踄 【譯文】踄，步行。从足，步聲。

【注釋】① 踄：徐灝《段注箋》：“步、踄，古今字。”

①踐也。从足，舀聲。 徒到切(dǎo)②。

蹈 【譯文】蹈，踐踏。从足，舀聲。

【注釋】① 蹈：桂馥《義證》：“《詩序》‘不知手之舞之足之蹈之也’《釋文》：‘蹈，動足履地也。’” ② 據反切當讀 dào，今讀 dǎo。

①踐也。从足，廛聲。 直連切(chán)。

躔 【譯文】躔，踐履。从足，廛聲。

【注釋】① 躔：桂馥《義證》引《釋獸》“麋其迹躔”郭云：“腳所踐處。”

履①也。从足，戔聲。 慈衍切(jiàn)。

踐 【譯文】踐，踩踏。从足，戔聲。

【注釋】① 履：踐履。用作動詞。

①追也。从足，重聲。一曰：往來皃。 之隴切(zhǒng)。

踵 【譯文】踵，追逐。从足，重聲。另一義說：踵是來往的樣子。

【注釋】① 踵：馬敘倫《六書疏證》卷四：“踵爲歱之異文。”“彳部：‘種，相迹也。’追者，由後及前，是追與相迹實一義也。一曰‘往來皃’者，張楚謂追逐之際來往無常，即追字之引申義。”參“種”、“歱”條。

踶①也。从足，卓聲。 知教切(zhào/chuò)②。

踔 【譯文】踔，踐踏。从足，卓聲。

【注釋】① 踶(dì)：徐鍇《繫傳》：“踶亦當踏意也。”《段注》：“許意踔與蹈義同。” ② 今讀依《廣韻》敕角切。

蹛 踶也。从足，帶聲。 當蓋切(dài)。

【譯文】蹛，踏踢。从足，帶聲。

蹩 踶也。从足，敝聲。一曰：跛①也。 蒲結切(bié)。

【譯文】蹩，踢。从足，敝聲。另一義説：行步偏跛不正。

【注釋】① 跛：本部下文："跛，行不正也。"

踶① 躗②也。从足，是聲。 特計切(dì)。

【譯文】踶，踢。从足，是聲。

【注釋】① 踶：馬敘倫《六書疏證》卷四："《莊子・馬蹄》：'怒則分背相踶。'……蓋踶是以足反蹋。故《玉篇》亦訓蹋也。此今人謂跌(踢)球之跌(踢)本字。" ② 躗：見下條。

躗 衛也①。从足，衛聲②。 于歲切(wèi)。

【譯文】躗，牛用蹄自衛。从足，衛聲。

【注釋】① 衛也：自衛。一説：當作"𤛎也"。牛部"𤛎"下説："牛踶𤛎也。"王筠《釋例》："以𤛎説躗，即以其重文爲訓釋也。""牛之踶也與馬異，不能高舉其足，故别爲立名。吾鄉謂之窩踶，窩躗雙聲語轉也。"按：馬踢叫踶，牛踢叫𤛎，對文則異，散文則通。 ② 衛聲：聲中有義。衛者，自衛也。

蟄 (蟄)［縶］足①也。从足，執聲②。 徒叶切(dié)。

【譯文】蟄，絆住腳。从足，執聲。

【注釋】① 蟄足：桂馥《義證》："蟄當爲縶。"承培元《廣答問疏證》："縶足者如馬絆足而不能行也。" ② 執聲：執本義用梏(手銬)銬手形，引申爲用繩索之類縶絆手足。

【參證】甲文作。于省吾《甲骨文字釋林・釋㚔、䞇》："(甲文)㚔字本象施於手腕的械形。"葉玉森《殷虛書契前編集釋》："余釋蟄，象械其趾。"

跃① 尌②也。从足，氏聲。 承旨切(shì)。

【譯文】跃，樹立。从足，氏聲。

【注釋】① 跃：朱駿聲《通訓定聲》："峙立之意。" ② 尌(shù)：立也，與樹通。

蹢 住足也①。从足，適省聲。或曰：蹢躅②。賈侍中説：足垢③也。 直隻切(zhí)。

【譯文】蹢，停住腳。从足，適省辵爲聲。另一義説：蹢與躅組合成蹢躅一詞。賈侍中説：蹢是腳的污垢。

【注釋】① 住足也：王筠《句讀》："此蹢一字之義也。"　② 蹢躅：《段注》："蹢躅之雙聲疊韻，曰踟蹰，曰跢跦，曰峙䠧，曰篙箸。俗用躊躇。"是猶豫遲疑回還不進的樣子。　③ 足垢："垢"字當從王紹蘭説作"跔"，天寒足跔也。跔是足句曲不伸的意思。存參。

躅　蹢躅[①]也。从足，蜀聲。　直録切(zhú)。

【譯文】躅，蹢躅。从足，蜀聲。

【注釋】① 蹢躅：王筠《句讀》："單承蹢下第二義言之者。""《漢書・班嗣與桓生書》：'伏孔氏之軌躅。'《音義》曰：'三輔説，牛蹄處爲躅。'是躅一字亦成義。"參"蹢"條。

踤　觸也。从足，卒聲。一曰：駭也。一曰：蒼踤[①]。　昨沒切(zú)。

【譯文】踤，觸撞。从足，卒聲。另一義説：驚駭。又另一義説：蒼踤。

【注釋】① 蒼踤：《段注》："今人多用蒼猝，古書多用倉卒。"雙聲聯緜詞。觸、駭、蒼踤義，一脈相承。觸，本義爲用牛角牴觸觸撞，均含猛然之間、短暫之時義；在心理、精神上，必然因緊張害怕，有驚駭之義；在處事態度上，必然因突然、短暫，而急急忙忙，故有蒼踤(倉卒)之義。

蹶　僵也。从足，厥聲。一曰：跳也[①]。亦讀若橜[②]。蹷，蹶或从闕。　居月切(jué)。

【譯文】蹶，僵仆跌倒。从足，厥聲。另一義説：蹶是跳的意思。音讀又象"橜"字。蹷，蹶的或體，从闕。

【注釋】① 跳也：徐灝《段注箋》："《吕氏春秋》云：'蹷痿之機。'此仆也。又曰：'狐猿聞而蹶往過之。'則跳也。按蹶又爲興起之義，與僵仆義相反而相成。蓋蹶者必起也。"　② 亦讀若橜：《段注》作"讀亦若橜"，曰："'亦'者謂讀若厥矣，又讀若橜也。"

跳　蹶也[①]。从足，兆聲。一曰：躍也。　徒遼切(tiào)。

【譯文】跳，跳起。从足，兆聲。另一義説：躍過。

【注釋】① 蹶也：王筠《句讀》："與躍非異義。"朱駿聲《通訓定聲》："《尚書大傳》：'禹其跳。其跳者踦也。'《帝王世紀》：'世傳禹病偏枯，足不相過。'至今巫稱禹步是也。"因偏枯，只有一隻腳能動，故曰"踦"，另一隻腳不能邁步，故曰"不相過"。於是只能象雀兒行走似地跳。譯文照許文。參"越"、"踦"條。

𨀳[1] 動也。从足，辰聲。 側鄰切(zhēn/zhèn)[2]。

【譯文】𨀳，震動。从足，辰聲。

【注釋】① 𨀳：《段注》："與口部唇、雨部震、手部振音義略同。"唇，驚也；震，劈歷振物者；振，舉救之也。又，娠，女妊身動也。全从辰聲，都有動義。 ② 今讀依《廣韻》章刃切。

【參證】甲文作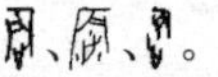。葉玉森《殷虛書契前編集釋》卷二："从止从辰，或古𨀳字。""外之小點象塵上形，足動則塵揚也。"戴家祥《金文大字典》："古字偏旁从止表義者，亦或更旁从足。""𨀳、娠皆辰之表義加旁字。""人類在生產勞動與生活活動有時用手，有時用足，有時手足並用，有時手足交替使用，故文字的創造以足表義者，亦或更旁从手。""知𨀳、振本一語也，作振者，表義更旁字也。"戴還把震看成是振、娠看成是震的表義更旁字，說："明乎聲同義同之至理，與夫加旁更旁之義例，庶幾卜辭金文之不能强合於説文者，未始不可以得其確詁也。"這是對《段注》之最好詮釋。

𨇨[1] 峙𨇨[2]，不前也。从足，屠聲。 直魚切(chú)。

【譯文】𨇨，峙𨇨(的𨇨，峙𨇨是)行走不前的樣子。从足，屠聲。

【注釋】① 𨇨：王筠《句讀》："《廣雅》：'𨇨，止也。'是𨇨單字即成義。" ② 峙𨇨：朱駿聲《通訓定聲》："按：峙𨇨，雙聲連語。猶豫、從容、徘徊、躑躅之皃。亦作踟躕、躊躇、躇峙、踟躇、踟蹰、踟跦、踟跦、踶蹰、踟蹰。"

𨁀 跳[1]也。从足，弗聲。 敷勿切(fú)。

【譯文】𨁀，跳。从足，弗聲。

【注釋】① 跳：《方言》卷一："踏(tà)、䠔(yáo)、𨁀，跳也。陳鄭之間曰䠔，楚曰蹠，自關而西，秦晉之間曰跳，或曰踏。"

蹠 楚人謂跳躍曰蹠[①]。从足，庶聲。　之石切(zhí)。

【譯文】楚地人叫跳躍作蹠。从足，庶聲。

【注釋】① 楚人句：參“䟷”條。

踏 (䶬)[跳][①]也。从足，荅聲。　他合切(tà)。

【譯文】踏，跳。从足，荅聲。

【注釋】① 䶬(tā)：《段注》：“䶬當作跳。”參“䟷”條。

䠛 跳[①]也。从足，䍃聲。　余招切(yáo)。

【譯文】䠛，跳。从足，䍃聲。

【注釋】① 跳：參“䟷”條。

䶬 進足有所擷取[①]也。从足，及聲。《爾雅》[②]曰：“䶬謂之擷。”　穌合切(sà)。

【譯文】䶬，進腳而鞋後幫有所摘取。从足，及聲。《爾雅》說：“䶬叫做擷摘。”

【注釋】① 擷取：䶬是把鞋後跟踩在腳後跟下。所以説“有所擷取”。徐鍇《繫傳》：“擷，摘也。”今湖湘間俗云“䶬着沒屁股鞋子”，是疲沓懶散之貌。“沒屁股”是説鞋後跟踩在腳後跟下，看不見鞋後跟。把鞋後跟喻爲屁股。　②《爾雅》：指《釋器》。今本作“扱衽謂之襭”。此引《爾雅》證字義。

䟺 步行獵跋[①]也。从足，貝聲。　博蓋切(bèi)。

【譯文】䟺，步行獵䟺。从足，貝聲。

【注釋】① 獵跋：即剌癶、剌犮、賴䟺。《廣韻·泰韻》：賴䟺，行不正也。王筠《釋例》：“吾鄉謂兩足箕張(象簸箕張開)爲剌癶，婦孺則言獵䟺。”

躓 跲[①]也。从足，質聲。《詩》[②]曰：“載躓其尾[③]。”　陟利切(zhì)。

【譯文】躓，跌倒。从足，質聲。《詩經》説：“礙着老狼的尾巴。”

【注釋】① 跲：跌倒。《六書故·人九》：“躓，行有罥(juàn，綱繩)戾(lì，違逆)失足也。”　②《詩》：指《豳風·狼跋》。　③ 載躓其尾：載，語詞。徐鍇《繫傳》：“謂退則摺、礙其尾也。”意即退而摺其尾，而爲其尾所止礙(，以至跌倒)。摺是指踩着摺疊婉曲的尾巴。

所以“躓”今本作“疐”，礙不行也。

跲　躓也。从足，合聲。　居怯切(jié)。

【譯文】跲，跌倒。从足，合聲。

跇　(述)[逑]①也。从足，世聲。　丑例切(chì)。

【譯文】跇，超越。从足，世聲。

【注釋】① 述：《段注》：“述當作逑，字之誤也。”《玉篇・足部》：“跇，超踰也。”

蹎　跋①也。从足，真聲。　都年切(diān)。

【譯文】蹎，蹎跋。从足，真聲。

【注釋】① 跋：應連篆爲讀。王筠《句讀》：“《玉篇》作‘蹎跋也’。蹎跋即顛沛，雙聲連語。”跌倒的意思。王又説：“然亦獨字成義。”徐灝《段注箋》“顛”下：“顛倒字作蹎。”“蹎、跌一聲之轉。”“作顛者假借字耳。”

跋　蹎跋①也。从足，犮聲。　北末切(bō/bá)②。

【譯文】跋，蹎跋。从足，犮聲。

【注釋】① 蹎跋：《段注》：“跋，經傳多叚借沛字爲之。《大雅》、《論語》‘顛沛’皆即‘蹎跋’也。”參“蹎”條。跋也獨字成義。徐灝《段注箋》：“跋从犮聲。犬部曰：‘犮，走犬皃，从犬而丿之。曳其足則剌犮也。’然則犮、跋同義相承增偏旁。曳其足蓋自後曳之，故書後謂之跋矣。”又，《段注》：“《邶風傳》：‘艸行曰跋。’别一義。”　② 今讀依《廣韻》蒲撥切。

蹐　小步也。从足，脊聲。《詩》①曰：“不敢不蹐②。”　資昔切(jí)。

【譯文】蹐，小步行走。从足，脊聲。《詩經》説：“不敢不小步行走。”

【注釋】①《詩》：指《小雅・正月》。　② 不敢不蹐：承培元《引經證例》引《詩》“不敢不趚”，説：“趚，側行也。”“(趚、蹐)三家《詩》之異文也。毛傳：‘蹐，絫足也。’絫足則步之至小者也。側行，亦謹之至，與絫足義亦通。”參“趚”條。

跌　踢①也。从足，失聲。一曰：越②也。　徒結切(diē)。

【譯文】跌，跌踢。从足，失聲。另一義説：跌是過度。

【注釋】① 踼：應連篆爲讀。徐鍇《繫傳》："跌踼，邁越不拘也。"引申爲放蕩不羈。按：跌踼，雙聲聯緜詞，又作佚蕩、佚宕。跌單字成義時，常指"失足摔倒"。《方言》卷十三："跌，蹶也。"《玉篇·足部》："跌，仆也。"跌倒義，"失聲"表義，"失足"則"蹶仆"。 ② 越：王筠《句讀》："越者，過也。"

踼 跌踼[①]也。从足，昜聲。一曰：(搶)[槍][②]也。 徒郎切(táng)。

【譯文】踼，跌。从足，昜聲。另一義説：踼是抵拒。

【注釋】① 跌踼：參"跌"條。踼單字成義時常指跌，謂跌倒。 ② 搶：《段注》作"槍"："木部曰：'槍，歫也。'止部曰：'歫，槍也。'按：踼與堂(chēng，支撑)音義同。堂，歫也。"

蹲 踞[①]也。从足，尊聲。 徂尊切(dūn)[②]。

【譯文】蹲，坐。从足，尊聲。

【注釋】① 踞：王筠《句讀》："元應引《字林》：'踞謂垂足實坐也。蹲猶虚坐也。'"所謂虚坐是以足底著地，下其臀而聳其膝，臀不着地。按，踞、蹲，對文有别，散文則通。《字林》之説爲後起義。古人席地而坐。"蹲"是臀部着地而坐。"踞"是兩腿岔開而坐。"坐"是兩膝着地，臀部壓在腳跟上。 ② 據反切應讀cún，今讀dūn。

踞 蹲[①]也。从足，居聲。 居御切(jù)。

【譯文】踞，坐。从足，居聲。

【注釋】① 蹲：本書"居"下："蹲也。踞，俗居从足。"徐灝《段注箋》："居字借爲居處之義，因增足旁爲蹲踞字。此蓋漢時已然。許於'居'下著其本義，而此仍用當時通行之字。全書此類甚多。"

跨[①] 踞[②]也。从足，夸聲。 苦化切(kuà)。

【譯文】跨，坐。从足，夸聲。

【注釋】① 跨：《段注》："此恐又跨字之異體。" ② 踞：桂馥《義證》："江南謂開膝坐爲跘跨……吴人謂大坐曰跨。"此類坐踞均以拉開大腿爲其特徵，與跨越、跨渡同類。參"𡕒"、"跨"條。

躩[①] 足躩如[②]也。从足，矍聲。 丘縛切(què/jué)[③]。

【譯文】躩，腳步迅疾。从足，矍聲。

【注釋】① 躩：朱駿聲曰："本訓當爲疾行。" ② 足躩如：見《論語・鄉黨》。承培元《引經證例》："此用《論語》説字。與趪同例。苞注：'盤辟皃。'（謂盤旋退攘也）江熙曰：'速皃。'矍爲鳥疾視欲逸之皃，許意當與江説同。蓋疾行皃也。"按許意與苞意亦同。躩是因驚而疾步盤旋退避，故徐鍇《繫傳》説："足驚將退也。" ③ 今讀依《廣韻》居縛切。

踣[1] 僵[2]也。从足，音聲。《春秋傳》[3]曰："晉人踣之。" 蒲北切（bó）。

【譯文】踣，向前仆倒。从足，音聲。《春秋左傳》説："晉人使之仆倒。"

【注釋】① 踣：《段注》："踣與仆音義皆同。孫炎曰：'前覆曰仆。'《左傳正義》曰：'前覆謂之踣。'" ② 僵：謂仆倒。《段注》："對文則偃（仰僵）與仆别，散文則通也。"走部趞同。參"趞"條。 ③《春秋傳》：指《左傳・襄公十四年》。今本作"與晉踣之"。

跛[1] 行不正也。从足，皮聲。一曰：足排之[2]。讀若彼。 布火切（bǒ）。

【譯文】跛，行步偏跛不正。从足，皮聲。另一義説：跛是"足排之"。音讀象"彼"字。

【注釋】① 跛：與九部"尳"同。王筠《釋例》："（跛、尳）音義並同。" ② 足排之：未詳。

蹇 跛[1]也。从足，寒省聲。 九輦切（jiǎn）。

【譯文】蹇，跛。从足，寒省仌爲聲。

【注釋】① 跛：《段注》作尳（尳），説："尢（九）部曰：'尳，蹇也。'……尳，曲脛也。《易》曰：'蹇，難也。'行難謂之蹇，言難亦謂之蹇。俗作謇。"

蹁 足不正也。从足，扁聲。一曰：拖後足馬[1]。讀若（苹）[釆][2]。或曰徧[3]。 部田切（pián）。

【譯文】蹁，腳不正。从足，扁聲。另一義説：蹁是拖着後腳的馬。音讀象"釆（biàn）"字。或説：音讀象"徧"字。

【注釋】① 一曰句：馬敘倫《六書疏證》卷四引張楚説："拖後足亦即足不正也。" ② 苹：桂馥《義證》："苹當作釆。"可信。 ③ 或曰徧：《段注》："讀如徧也。"

蹞 脛肉也。一曰：曲脛[1]也。从足，𢍏聲。讀若逵。　渠追切(kuí)。

【譯文】蹞，小腿肉。另一義説：蹞是小腿(與腳掌)曲着。从足，𢍏(kuí)聲。音讀象"逵"字。

【注釋】① 曲脛：桂馥《義證》："蹞盭謂足脛相反戾(背逆)，不便行動。"

踒 足跌[1]也。从足，委聲。　烏過切(wō)。

【譯文】踒，足骨跌傷。从足，委聲。

【注釋】① 足跌：《通俗文》："足跌傷曰踒。"《倉頡篇》："挫(摧折)足爲踒。"

跣[1] 足親地也。从足，先聲。　穌典切(xiǎn)。

【譯文】跣，赤腳貼着地。从足，行聲。

【注釋】① 跣：《段注》："古者坐必脱屨，燕坐必褫韈，皆謂之跣。"

跔 天寒足跔[1]也。从足，句聲[2]。　其俱切(qú/jū)[3]。

【譯文】跔，天寒腳筋捲曲不伸。从足，句聲。

【注釋】① 天寒足跔：徐鍇《繫傳》："筋遇寒不舒也。"《段注》："跔者，句曲不伸之意。"　② 句聲：句有曲義。　③ 今讀依《廣韻》舉朱切。

踂 瘃足[1]也。从足，困聲。　苦本切(kǔn)。

【譯文】踂，腳因受寒而皸(jūn)裂。从足，困聲。

【注釋】① 瘃(zhú)足：徐鍇《繫傳》："足遇寒裂曰瘃。"《段注》："手足皆有皸瘃之患。此字从足，故訓爲瘃足。"

距 雞距[1]也。从足，巨聲。　其吕切(jù)。

【譯文】距，雞腿後面突出象腳趾的部分。从足，巨聲。

【注釋】① 雞距：《漢書・五行志》："不鳴不將無距。"顔注云："距，雞附足骨，鬥時所用刺之。"《段注》："鳥距如人與獸之叉。此距與止部歫異義。他家多以距爲歫。"參"歫"條。

【參證】金文作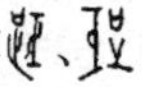。

躧 舞履也。从足，麗聲。𩌦，或从革[①]。 所綺切(xǐ)。

【譯文】躧，舞鞋。从足，麗聲。𩌦是躧的或體，从革。

【注釋】① 或从革：舞鞋穿在腳上，故从足；或用革製成，或从革。乃構形取象不同之故。

跟 足所履[①]也。从足，叚聲。 乎加切(xiá)。

【譯文】跟，腳所穿的鞋。从足，叚聲。

【注釋】① 足所履：徐灝《段注箋》引戴侗說："跟即鞋字。"

踖 跀[①]也。从足，非聲。讀若匪。 扶味切(fèi)。

【譯文】踖，斷足。从足，非聲。音讀象"匪"字。

【注釋】① 跀：王筠《句讀》："《釋言》：'踖，刖也。'注：'斷足。'《吕刑》作'剕'，《大傳》謂之髕。"朱駿聲《通訓定聲》："古髕刑去膝骨，周改爲刖斷足。"參下條。

跀 斷足[①]也。从足[②]，月聲。𧿒，跀或从兀[③]。 魚厥切(yuè)。

【譯文】跀，斬斷腳趾。从足，月聲。𧿒是跀的或體，从兀聲。

【注釋】① 斷足：《段注》："《莊子》：'魯有兀者叔山無趾，踵見仲尼。'崔譔云：'無趾故踵行。'然則跀刑即漢之斬趾。無足指，故以足跟行也。無足指不能行，故別爲刖足者之屨，以助其行。左氏云'踊貴屨賤'是也。髕則足廢不能行，跀則用踊尚可行。故跀輕於髕也。" ② 从足：徐鍇《繫傳》："足見(被)斷爲跀，其刑名則刖也。"从字的構形説，因腳趾被斬斷，故从足；用刀作刑具絶斷肢體，故从刀作刖。經傳多以刖爲跀。 ③ 从兀：朱駿聲《通訓定聲》："从兀聲。"宋保《諧聲補逸》："月、兀同部，聲相近。"

趽[①] 曲脛馬也。从足，方聲。讀與彭同[②]。 薄庚切(péng/fàng)[③]。

【譯文】趽，曲脛馬。从足，方聲。音讀與"彭"字同。

【注釋】① 趽：徐灝《段注箋》："趽踦皆曲戾。"參"踦"條。 ② 讀與彭同：葉德輝《讀若考附》："方、彭古音同。"本書示部"鬃"的或體作"祊"，彭、方表聲，古音同。 ③ 今讀依《廣韻》甫妄切。

趹[①] 馬行皃[②]。从足，決省聲[③]。 古穴切(jué)。

【譯文】趹，馬疾奔的樣子。从足，決省水爲聲。

【注釋】① 趹：《廣雅》："趹，奔也。"　② 馬行皃：桂馥《義證》："《史記·張儀傳》：'探前趹後，蹄閒三尋。'《索隱》云：'謂馬前足探向前，後足趹於後；謂後足抉地，言馬之走勢疾也。七尺曰尋，言馬走之疾，前後蹄間一擲而過三尋也。'"　③ 決省聲：《段注》作"夬聲"。夬有分決義。疾奔，其足必疾速而遞分。

趼 獸足企也[①]。从足，幵聲。　五甸切(yàn)。

【譯文】趼，獸腳前面着地。从足，幵聲。

【注釋】① 獸足企：王筠《句讀》："獸足率前後皆著地。企則前面著地而已。"本書人部："企，舉踵也。"足跟舉而離地。

路 道也。从足，从各[①]。　洛故切(lù)。

【譯文】路，道路。从足，从各聲。

【注釋】① 从各：徐鍇《繫傳》作"各聲"。段、桂、王、朱同。各、路上古同屬鐸部。

【參證】金文作。

蹸 轢[①]也。从足，粦聲。　良忍切(lìn)。

【譯文】蹸，用足踐踏。从足，粦聲。

【注釋】① 轢(lì)：本書車部："轢，車所踐也。"錢坫《斠詮》："蹸，此蹂躪字。"

跂[①] 足多指[②]也。从足，支聲[③]。　巨支切(qí)。

【譯文】跂，多出的腳趾。从足，支聲。

【注釋】① 邵瑛《羣經正字》："此即俗兩岐之岐之正字。今經典亦作岐。……俗以跂爲跂望，故别以岐爲兩岐……俗又以岐爲岐山字，故又别作歧。"　② 足多指：徐鍇《繫傳》："《莊子》所謂枝指也。"枝與跂通。　③ 支聲：支有分支、支派義。

文八十五　重四

蹮[①] 蹁蹮[②]，旋行[③]。从足，䙴聲。　穌前切(xiān)。

【譯文】蹮，蹁蹮(的蹮，蹁蹮是)盤旋而行走的樣子。从足，䙴聲。

【注釋】① 蹮：《廣韻》"躚"注："蹁躚，旋行皃。"重文作"蹮"。② 蹁蹮：疊韻聯緜字。徐灝《段注箋》"蹩"下曰："蹩躠聲轉爲跰蹮，亦作蹁躚，又轉爲蹣跚。”聯緜字重在綴音以表義，如鄭珍《新附考》所説，始則常“無專字”。　③ 旋行：多用作形容翩翩起舞之姿。《文選・張衡〈南都賦〉》：“翹遙遷延，蹴躃蹁躚。”還可引申爲“足不正”，吃力行走之皃。

蹭　蹭蹬①，失道②也。从足，曾聲。　七鄧切(cèng)。

【譯文】蹭，蹭蹬的蹭，(蹭蹬是)錯失正道的意思。从足，曾聲。

【注釋】① 蹭蹬：疊韻聯緜字。《文選・木華〈海賦〉》：“或乃蹭蹬窮波，陸死鹽田。”李善注：“蹭蹬，失勢之皃。”《鄭新附考》：“原止作曾登，然且是後世形容疊字。魏晉已上無此語也。”　② 失道：《鄭新附考》：“失道、失勢，皆迍邅不進之意。”

蹬①　蹭蹬②也。从足，登聲。　徒亘切(dèng)。

【譯文】蹬，蹭蹬的蹬。从足，登聲。

【注釋】① 蹬：單字也成義。指踏腳的用具、攀登的臺階。② 蹭蹬：見“蹭”條。

蹉①　蹉跎②，失時③也。从足，差聲④。臣鉉等按：經史通用差池。此亦後人所加。　七何切(cuō)。

【譯文】蹉，蹉跎(的蹉，蹉跎是)錯失時機。从足，差聲。臣徐鉉等人以爲：蹉跎，經史通用差池。這蹉字也是後人所加。

【注釋】① 蹉：徐灝《段注箋》：“差、蹉，古今字。左部云：‘差，不相值也。’故引申爲差失，爲差池。差池，即蹉跎也。不相值，故曰失時。”按：差不相值，即不相當。從空間説，即錯失位置，即失道、失足；從時間説，即錯失時機，即失時、背時。差，慢聲延長，則爲疊韻聯緜字差失、差池。强調其失道與用足行走有關，則加足示意而爲蹉、爲蹉跎。故差、蹉爲古今字。蹉字單字也成義。焦贛《易林・解之師》：“推車上山，力不能任。顛蹶蹉跌，傷我中心。”　② 蹉跎：疊韻聯緜字。失足皃。《楚辭・九懷》：“驥垂兩耳，中坂蹉跎。”《文選・西京賦》注引《廣雅》：“蹉跎，失足。”　③ 失時：《鄭新附考》：“(失足，)此本義也。故字从足，因用爲失時。推原其始，行道蹉跌，不得所與，命數差舛，不值時，皆差池之意。”按差義本爲失道失時的概括，或曰上位概念。時通轉爲空，空通轉爲時，是詞義引申的常態。二者很難説何爲本義何爲引申義。徐鉉“失時”説，是就其經典常見“差失”、“差池”爲釋。鄭珍“失足”説，是就其後世所見之“蹉跎”爲釋。　④ 差聲：聲中有義。見上注。

跎 蹉跎[①]也。从足，它聲。　徒何切(tuó)。

【譯文】跎，蹉跎的跎。从足，它聲。

【注釋】① 跎：參“蹉”條。跎也單字成義，如“跎背”。

蹵[①] 迫[②]也。从足，戚聲[③]。臣鉉等按：李善《文選》注通“蹴”字。　子六切(cù)。

【譯文】蹵，迫近。从足，戚聲。臣徐鉉等人檢閲到，李善《文選》注通“蹴”字。

【注釋】① 蹵：《禮記・曲禮》上：“以足蹵路馬芻，有誅。”《釋文》：“蹵，本又作蹴。”蹴，義爲踐踏。此因同音而借用蹵。　② 迫：迫近，言其距離短小。　③ 戚聲：聲中有義。戚本爲鉞類。王紹蘭《段注訂補》“戚”下：“戚刃蹵縮，異於戉刃開張，故戉大而戚小。”蹵縮言其刀刃長度短小，引申爲迫近、迫促、緊縮。又引申爲親戚、憂戚。《段注》“戚”下：“親戚亦取切近爲言。”“戚訓促迫，故又引申訓憂。”强調迫近、迫促、緊縮之與距離短小有關，則加足以顯其義。

踸 踸踔[①]，行無常皃。从足，甚聲。　五[②]甚切(chěn)。

【譯文】踸，踸踔(的踸，踸踔是)行走不正常的樣子。从足，甚聲。

【注釋】① 踸踔：雙聲聯緜字。又作“踔踔”、“踦卓”。《莊子・秋水》：“夔謂蚿曰：吾以一足踸踔而行。”《鄭新附考》：“夔以一足踴地、跛倚、跳躍而行。”言其行走困難、遲滯、勉力爲之之皃。② 五：《玉篇》作“丑”。因形近而譌。

文七　新附

疋部

疋 足也。上象腓腸[①]，下从止。《弟子職》[②]曰：“問疋何止[③]。”古文以爲《詩・大疋[④]》字。亦以爲足字[⑤]。或曰：胥字[⑥]。一曰：疋，記[⑦]也。凡疋之屬皆从疋。　所葅切

(shū)。

【譯文】疋，足。上部象小腿肚，下面从止。《弟子職》説："問足放在何處。"古文把它用作《詩·大雅》的"疋"字。也用它作"足"字。另一義説：疋是胥吏的胥字。又另一義説：疋是疏記。大凡疋的部屬都从疋。

【注釋】① 腓(féi)腸：高亨《文字形義學概論》："今語謂之腿肚。"　② 《弟子職》：《段注》："《管子》書篇名。"　③ 問疋何止：《段注》："謂問尊長之臥，足當在何方也。"疋何止，疋止何。止，止息。王筠《句讀》："今本作'問所何趾'，疋有所音，以音讀易本文也。"

④ 大疋(yǎ)：雅、疋上古同屬魚部。古文《大雅》、《小雅》、《爾雅》字假借疋，而今文皆作雅。另外，在漢字"變古文爲隸古，又變隸古爲今文"時，桂馥《義證》説："疋字但音匹矣。"孔廣居《疑疑》："由漢隸而譌也。匹，隸作，故與疋溷。"單位名詞。音 pǐ。　⑤ 亦以句：《段注》："此則以形相似而叚借變例也。"徐灝《段注箋》："疋乃足之別體。所菹切，亦足之轉聲。"　⑥ 胥(xū)字：《段注》："此亦謂同音叚借，如府史、胥徒之胥徑作疋，可也。"　⑦ 記：《段注》："記下云：'疋也。'是爲轉注。後代改疋爲疏耳。疋、疏，古今字。"

【參證】甲文作。正象腓腸和腳趾之形。一説，足、疋是一字的分化。王國維《劉盼遂記説文練習筆記》(《國學論叢》第二卷第二號)："疋與足恐本一字，古文楚亦从足可證。"

𤴔　門户疏窻也①。从疋②，疋亦聲。囪象𤴔形。讀若疏。所菹切(shū)。

【譯文】𤴔，門户上刻鏤的窗牖。从疋，疋也表聲。囪象門上窗牖之形。音讀象"疏"字。

【注釋】① 門户句：《段注》："於門户刻鏤爲窻牖之形。""薛注《西京賦》曰：'疏，刻穿之也。'"　② 从疋：王筠《句讀》引玄應説："門户窗牖，皆所以引通諸物，故从疋，疋取通行意也。"疋者，足也。參"疋"條。通行是足之功能，故从疋，取通行意。

㽰　通也。从爻①，从疋②，疋亦聲。　所菹切(shū)。

【譯文】㽰，通達。由爻、由疋會意，疋也表聲。

【注釋】① 从爻：《段注》："刻文相交也。"象窗格交横。　② 从疋：足也，引申爲通行，窗格交横，流光透氣，故會通達之意。

【參證】楊樹達《積微居小學述林・釋囪、疋、爻、疋》："𤕟者，䟽之或字。䟽窗有通孔，故引申有通義，許君别以𤕟爲一字，而以䟽引申義之通爲訓。""疑𤕟與穿壁以木爲交文之牖相類，故無匡當也。𤕟字爻象形，疋爲其聲。"

文三

品部

品　衆庶①也。从三口②。凡品之屬皆从品。　丕飲切(pǐn)。

【譯文】品，衆多。由三個口字會意。大凡品的部屬都从品。

【注釋】① 衆庶：同義複合。　② 从三口：《段注》："人三爲衆，故从三口會意。"

【參證】甲文作、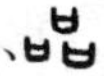，金文作、。口形，或以爲人口，或以爲象物，或以爲指事符號。待考。

㗊　多言也。从品相連①。《春秋傳》②曰："次于㗊北③。"讀與聶同。　尼輒切(niè)。

【譯文】㗊，多言。从三口相連。《春秋左傳》説："駐軍在㗊北。"音讀與"聶"字同。

【注釋】① 从品相連：徐灝《段注箋》："㗊从三口，而以連之，即絮聒(xù guō，嘮嘮叨叨，喧擾嘈雜)之義。"王筠《句讀》："與廴从彳引之同法，乃會意之别種。""衆口交吅(喧)，發言盈庭，紛挐糾牽，故以三口相連見意。"《段注》："此與言部'讘'音義皆同。"　②《春秋傳》：指《左傳・僖公元年》。　③ 㗊北：今本作"聶北"。

【參證】甲文作、、。甲文首字、次字正象三口相連，第三字加形，强調"多言"乃人事。裘錫圭《説"㗊"、"嚴"》(《中華文史論叢》增刊語言文字研究專輯)："這個字象徵一個人有幾張嘴，'多言'的意思表現得極爲明白，無疑就是'㗊'字的異體。"與山部"嵒"(yán)不同。

喿[1] 鳥羣鳴也。从品在木上[2]。 穌到切(zào)[3]。

【譯文】喿,鳥羣鳴叫。由三個口字在木字上會意。

【注釋】① 喿:俗作"噪"。 ② 从品:"品"表示衆多的鳥嘴。 ③ 據反切當讀 sào,今讀 zào。

【參證】金文作。高田忠周《古籀篇》卷三十:"(喿)蓋作字之意,與雧字同。彼主鳥羣而製,故从雥。此主羣鳴而製,故从品。三隹、三口,即多略不過三之例也。"

文三

龠部

龠 樂之竹管,三孔,以和衆聲也。从品侖[1];侖,理也。凡龠之屬皆从龠。 以灼切(yuè)。

【譯文】龠,樂器中編竹而成的管樂,多孔,是用來調諧衆樂之聲的主樂器。由品字、侖字會意。侖是(樂曲)有條理的意思。大凡龠的部屬都从龠。

【注釋】① 从品侖:朱駿聲《通訓定聲》:"从亼(jí)册。亼,合也。册,象編竹形。从三口,三孔也。"

【參證】甲文作、、,金文作。郭沫若《甲骨文字研究・釋龢言》:"(龠字)象形。象形者,象編管之形也。金文之作若(或)者,實示管頭之空,示此爲編管而非編簡,蓋正與从亼册之侖字有别。"戴家祥《金文大字典》:"亼象人口向下張開之形……龠字象張口吹奏樂管之形。"郭沫若《甲骨文字研究・釋龢言》:"龠本比竹","大者自當爲笙。"龠是排比竹管而製成的專供吹奏的笙類樂器。

龡 龡音律、管壎之樂也[1]。从龠,炊聲。 昌垂切(chuī)。

【譯文】龡,吹出五音六律的樂曲,吹響管樂器,壎樂器。从龠,炊聲。

【注釋】① 龡音律句:即吹音律之樂,吹管壎之樂。音律,王筠《句讀》:"五音六律也。"管壎(xūn),《段注》:"竽、笙、龠、簫、篪、篴、管,皆竹屬,獨言管者,舉一以該六也。土屬惟壎可吹。"《爾雅・釋樂》郭注:"塤(壎)燒土爲之,大如鵝子,鋭上平底,形如稱錘,六孔。"徐灝《段注箋》：“籥省作歈，古通作吹。”

龥 管樂[1]也。从龠，虒聲。篪，龥或从竹。 直离切(chí)。

【譯文】龥，(横吹的)管樂器。从龠，虒聲。篪，龥的或體，从竹。

【注釋】① 管樂：《吕氏春秋·仲夏紀》“調竽笙壎篪”注云：“篪以竹，大二寸，長尺二寸，七孔，一孔上伏，横吹之。”

龢 調也[1]。从龠[2]，禾聲。讀與和同[3]。 户戈切(hé)。

【譯文】龢，(音樂)和諧。从龠，禾聲。音讀與“和”字同。

【注釋】① 調也：沈濤《古本考》：“《一切經音義》卷六引作‘音樂和調也’。” ② 从龠：徐灝《段注箋》：“龠以和衆聲也，故龢、龤字皆从龠也。”“和衆聲”是指“和”衆器樂之“聲”。“龠”部字全是有關樂器和器樂合奏的字。 ③ 讀與和同：《段注》：“經典多假和爲龢。”

【參證】甲文作[illegible]、[illegible]，金文作[illegible]、[illegible]、[illegible]。郭沫若《甲骨文字研究·釋龢言》：“許以唱和爲和，以調和爲龢。然古經傳中二者實通用無别，今則龢廢而和行。蓋龢、和本古今字。”“龢之本義必當爲樂器，由樂聲之諧和始能引出‘調’義，由樂聲之共鳴始能引申出‘相譍’(即唱和義)義。……《爾雅》云‘大笙謂之巢，小者謂之和’，此即龢之本義矣。當以龢爲正字，和乃後起字。”

龤 樂和龤也。从龠，皆聲。《虞書》[1]曰：“八音克龤[2]。” 户皆切(xié)。

【譯文】龤，樂聲和諧。从龠，皆聲。《唐書》説：“八種樂器的聲音能够和諧。”

【注釋】①《虞書》：指《唐書·堯典》。 ② 八音克龤：八音，指金、石、絲、竹、匏、土、革、木八種樂器。龤，今本作“諧”。《辨字正俗》：“龤專謂樂龢。各書多用諧(言之和合)爲龤。”

文五 重一

册部

册 符命[1]也。諸侯進受于王也。象其札[2]一長一短[3]；中有二編之形。凡册之屬皆从册。䇡[4]，古文册从竹。 楚革切(cè)。

【譯文】册,符信教命。諸侯進朝接受於王者的簡策。(,)象那簡札一長一短的樣子,中間的表示有兩道穿連竹簡的繩子。大凡册的部屬都从册。笧是古文册字,从竹。

【注釋】① 符命:符信教命,寫在簡册之上。徐灝《段注箋》:"凡簡書皆謂之册,不獨諸侯進受於王也。此舉其大者而言。符、册亦二事也。"參"符"條。　② 札:編進"册"中的簡。王筠《句讀》:"《聘禮記》疏:'簡者,未編之稱。策(册)是衆簡相連之名。'《釋名》:'札,櫛也。編之如櫛,齒相比也。'"一札就是一簡。參"簡"條。簡册,對文有别,散文則通。《段注》:"一簡容字無多,故必比次編之,乃容多字。《聘禮記》云'百名以上書於策'是也。"　③ 一長一短:王筠《句讀》:"其長短或齊或不齊,亦似用筆之變,非果有參差也。"　④ 笧:册之加形旁字。按:册,經典多借策,又作俗體筴。

【參證】甲文作、、,金文作、。皆象編簡之形。戰國簡牘出土很多,同一書的長度都是一樣的,沒有一長一短的現象。

嗣　諸侯嗣國也。从册,从口[1],司聲。,古文嗣从子[2]。祥吏切(sì)。

【譯文】嗣,諸侯繼承國君之位。由册、由口會意,司表聲。孠是古文嗣字,从子。

【注釋】① 从册,从口:徐鍇《繫傳》:"《尚書》祝册,謂册必於廟,史讀其册也,故从口,此會意。"　② 从子:朱駿聲《通訓定聲》:"古文(孠)从子,司聲。"从子,説明造此字時已實行嫡長子繼承制。

【參證】金文作、、。

扁　署也。从户册。户册者,署門户之文也。　方沔切(biǎn)。

【譯文】扁,題署。由户、册會意。户册會意的意思是,表示題署門户的文字。

文三　重二

卷五

㗊部

㗊　衆口也。从四口。凡㗊之屬皆从㗊。讀若戢。又讀若呶[①]。　阻立切(jí)。

【譯文】㗊,衆多的口。由四個口字會意。大凡㗊的部屬都从㗊。音讀象“戢”字。又,音讀象“呶”字。

【注釋】① 讀若呶(náo):當从徐鍇《繫傳》作“一曰呶”。桂馥《義證》:“呶乃字義。”口部:“呶,讙聲也。”口多則讙嘩,故㗊有呶義。

【參證】甲文作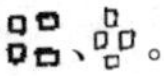。商承祚《殷虛文字類編》第三:“卜辭中从之字間亦作口。”

嚚　語聲[①]也。从㗊,臣聲。,古文嚚。　語巾切(yín)。

【譯文】嚚,衆語之聲。从㗊,臣聲。𡈼是古文嚚字。

【注釋】① 語聲:朱駿聲《通訓定聲》:“疑本義亦廢疾之一,有聲而不能成語者。經傳皆借爲佞字。”存參。

【參證】甲文作。商承祚《殷虛文字類編》:“象衆口之曉曉,疑即嚚字。”

囂　聲[①]也。气出頭上。从㗊,从頁[②]。頁,首[③]也。,囂或省。　許嬌切(xiāo)。

【譯文】囂,(衆口喧譁)之聲。語氣从頭上冒出。由㗊、由頁會意。頁,表示頭。嚣是囂的或體,是囂字的省略。

【注釋】① 聲:王筠《釋例》:“自嚚以下,大氐是衆口喧嘩意。”
② 从㗊,从頁:《段注》:“聲出而气隨之,故从㗊頁會意。”
③ 首:頁部:“頁,頭也。”

【參證】金文作。

嘂 高聲也。一曰：大呼也。从㗊，丩聲。《春秋公羊傳》曰："魯昭公叫然[①]而哭。" 古弔切(jiào)。

【譯文】嘂，高聲。另一義説：嘂是大聲呼喊的意思。从㗊，丩聲。《春秋公羊傳》説："魯昭公高聲大叫地哭起來。"

【注釋】① 叫然：段、桂、王、朱均作"嘂然"。嘂、叫是古今字。叫然，今本《公羊傳·昭公二十五年》作"噭然"，何休注："哭聲皃。"

䆙[①] 呼也。从㗊，莧聲。讀若讙。 呼官切(huān/huàn)[②]。

【譯文】䆙，呼喚。从㗊，莧(huán)聲。音讀象"讙"字。

【注釋】① 䆙：《玉篇》云："䆙，荒貫切，與喚同。"《廣韻》同。䆙、喚，古今字。 ② 今讀依《廣韻》火貫切。

器 皿[①]也。象器之口，犬所以守之。 去冀切(qì)。

【譯文】器，器皿。(㗊)象器皿的口，犬是用來守衛器皿的。

【注釋】① 皿：本謂食器，此謂器具。見"皿"條。

【參證】金文作、。林義光《文源》："犬守器，非守器之口。四口象物形，以犬守之。"

文六 重二

舌部

舌 在口，所以言也、別味也[①]。从干[②]，从口，干亦聲[③]。凡舌之屬皆从舌。 食列切(shé)。

【譯文】舌，在口中，是用來説話的器官，是用來辨別滋味的器官。由干、由口會意，干也表聲。大凡舌的部屬都从舌。

【注釋】① 所以句：即"所以言也，所以別味也"。 ② 从干：《段注》："干，犯也。言犯口而出之，食犯口而入之。" ③ 干亦聲：舌上古屬月部，干屬元部，月元對轉。

【參證】甲文作、，金文作。甲文象舌頭从口中向外伸出的樣子，幾個小點表示口液。甲文(參"飲"條)字作倒舌形可證，見于省吾《雙劍誃殷契駢枝續編·釋舌》。後戰國文字作、，舌頭譌成(干)。

䑙 歠[1]也。从舌,沓聲。 他合切(tà)。

【譯文】䑙,喝飲。从舌,沓聲。

【注釋】① 歠(chuò):飲啜。

舓 以舌取食也。从舌,易聲。䑛,舓或从也[1]。 神旨切(shì)。

【譯文】舓,用舌頭舔取食物。从舌,易聲。䑛是舓的或體,从也聲。

【注釋】① 从也:《段注》:"也聲。"宋保《諧聲補逸》:"舓重文作䑛,也聲,猶鬄字易聲,重文作髢也。"按:易、也聲紐上古同屬喻四。

文三 重一

干部

干 犯也。从反入,从一[1]。凡干之屬皆从干。 古寒切(gān)。

【譯文】干,侵犯。由倒入字、由一字會意。大凡干的部屬都从干。

【注釋】① 从反入,从一:王筠《釋例》:"然从入而到(倒)之者,言其入之也不順。""而所从之一,則非一字也,但言有是物焉而不順理以入之耳。"

【參證】甲文作,金文作、。徐灝《段注箋》:"疑干即古竿字,亦即古杆字。""干之用爲扞,與支拒同義。引申爲干犯之偁。相犯必相近,故凡事之相涉曰相干,而干求之義生焉。"楊樹達《積微居小學述林·釋干》:"(金文)象器分枝可以刺人及有柄之形。"按:尋其造字之初,徐説較合乎實際。初民爭鬥之際,隨手伐其竹木爲兵,進可攻犯,退可防守。甲金文象有椏杈的竹竿木棒形。楊説乃爲原始竿、杆之演進。

羊 撴[1]也。从干。入一爲干,入二爲羊[2]。讀若(能)[䭢][3]。言稍甚也。 如審切(rěn)。

【譯文】羊,刺。从干。由入字、一字會意構成"干"字,由入字、二字會意構成羊字。音讀象"䭢"字。這是説"入二"比"入一"稍微深入一些。

【注釋】① 撴(zhì):本書手部:"撴,刺也。" ② 入二句:徐灝《段注箋》:"入二無義。此在干部,當从干从一,一爲指事。干以入之,故言甚。”　③ 讀若能：當从徐鍇《繫傳》作“讀若餁”。“餁”上古侵部、日紐，與“羊”同音。

屰[1] 不順也。从干[2]，下屮。屰之也。　魚戟切(nì)。

【譯文】屰，不順。从干，下面是草屮的屮字。(草木初生，上有干犯，)使草木生長不順。

【注釋】① 屰：《段注》：“後人多用逆。”　② 从干：嚴章福《校議議》：“屮，草木初生也。屰與屯同意。草木初生時有犯之者，其萌横出，是不順也。”

【參證】甲文作、，金文作。羅振玉《增訂殷虚書契考釋》：“(甲文)爲倒人形。”人倒當然不順。楊樹達《積微居小學述林・釋屰》：“到(倒)大爲屰，到(倒)子爲𠫓(tū)，皆訓不順。”参“𠫓”條。銅器族號有字，一戰士右手持斧鉞，左手執俘虜，俘虜倒置，境遇不順。

文三

𧮫部

𧮫 口上阿也[1]。从口，上象其理。凡𧮫之屬皆从𧮫。[2]，𧮫或如此。[3]，或从肉，从豦。　其虐切(jué)。

【譯文】𧮫，口内上腭卷曲的地方。从口，上面的仌象那卷曲的紋理。大凡𧮫的部屬都从𧮫。啣，𧮫的或體就是這個樣子。𦢊也是𧮫的或體，从肉，从豦聲。

【注釋】① 口上阿：徐灝《段注箋》：“口内上曲處。”張文虎《舒藝室隨筆》：“上阿謂穹然而在上，猶屋棟之下謂之阿也。今謂上阿爲上腭。”徐鍇《繫傳》：“阿猶曲也，文理曲也。”文理指仌。　②③ 啣、𦢊：《段注》：“二皆形聲。”即啣从口卻聲，𦢊从肉豦聲。

【參證】金文作。上从“※”形，象𧮫之紋理。

西 舌皃[1]。从𧮫省[2]，象形。，古文西。讀若三年導服[3]之導。一曰：竹上皮[4]。讀若沾[5]。一曰：讀若誓。弼字从此[6]。　他念切(tiàn)。

【譯文】西，舌頭舔舐之貌。从𧮫省，象形。是古文西字。音讀象

“三年導服”的“導”字。另一義説：丙是竹上的青皮。音讀象“沾”字。一説：音讀象“誓”字。弼字从丙。

【注釋】① 舌皃：《集韻》：“丙，以舌鉤取也。”　② 从谷省：章太炎《文始》：“㐭、丙二形皆象舌文，不必从谷省也。”　③ 三年導服：指死者死去二十七個月後，喪家除去喪服。《段注》：“導服者，導凶之吉也。”即由悼念死者之凶服引導過渡到吉服。又，《段注》：“三年導服之導，古語蓋讀如澹，故今文變爲禫(dàn)字，是其音不與凡導同也。”按：禫之爲言澹澹然也，言思念死者之情如此。
④ 竹上皮：《段注》：“此别一義，竹上青皮。”　⑤ 讀若沾：《段注》：“沾，古之添字。他兼切。”丙、禫、沾，上古同屬談部、舌頭音。
⑥ 弼(bì)：弜部：“从弜，丙聲。”錢桂森按：“弼字从此，單承讀若誓言之言(疑誓之誤)。弼字之丙聲，乃从其讀誓之聲，與導、沾兩讀無涉也。”

【參證】甲文作、。唐蘭《古文字學導論》：“字象簟形，即丙字。”王國維《觀堂集林·釋弜丙》：“《説文》，席之古文作㡚，豐姞敦宿字作，从人在宀下因上。人在席上，其義爲宿。是因即席也。《廣雅·釋器》：‘丙，席也。’意謂因席古今字。《説文》：‘㐭，一曰竹上皮。’蓋席以竹皮爲之，因爲竹上皮爲㐭。亦其引申之一義矣。因象席形，自是席字。由因而譌爲㐭，又省爲丙。”張舜徽《約注》：“丙象舌出之皃……其音爲忝。……㐭則簟之初文，亦省作丙，象竹席之文理，與舌出之丙，形音俱近，許君遂誤合爲一。”按：弼所从的丙也是簟席形。參“弼”條。

文二　重三

只部

只　語已詞也。从口，象气下引之形。凡只之屬皆从只。諸氏切(zhǐ)。

【譯文】只，表示語氣停頓的虚詞。从口，(八)象氣下行的形狀。大凡只的部屬都从只。

𠷎　聲[①]也。从只，甹聲。讀若聲[②]。　呼形切(xīng)。

【譯文】𠷎，助語之聲。从只，甹聲。音讀象“聲”字。

【注釋】① 聲：《段注》：“謂語聲也。晉宋人多用馨字。……馨行而𠷎廢矣。”按：𠷎，助詞，相當於“然”。　② 讀若聲：小徐本作讀若馨。

文二

㕯部

㕯　言之訥也[①]。从口，从内[②]。凡㕯之屬皆从㕯。　女滑切(nà/nè)[③]。

【譯文】㕯，言語遲鈍。由口、由内會意。大凡㕯的部屬都从㕯。

【注釋】① 訥：《玉篇・口部》：“訥，遲鈍也。”按：㕯也作吶、訥。② 从口，从内：朱駿聲《通訓定聲》作“从口从内會意，内亦聲”。饒炯《部首訂》：“㕯之本字即内。内下説入也。凡人吃(口吃)於言者，亦入而不出，故稱入曰内。因篆與内外義無别，則加口以明之。”“且从口亦猶从言。”　③ 今讀依《廣韻》内骨切。

【參證】甲文作。

矞　以錐有所穿也。从矛，从㕯[①]。一曰：滿有所出[②]也。余律切(yù)。

【譯文】矞，用錐子鑿穿物體。由矛、由㕯會意。另一義説：矞，盈滿而有溢出的東西。

【注釋】① 从矛，从㕯：《段注》：“㕯者，入意。小徐作㕯聲，會意兼形聲也。”朱駿聲《通訓定聲補遺》：“矛，刺兵也。取末鋭刺入之意。”② 滿有所出：徐鍇《繫傳》：“若汲井之綆爲繘。”《莊子・至樂》：“綆短者不可以汲深。”必於桔槔搖桿上纏滿繩索而又有所餘出。王筠《句讀》：“本作‘一曰滿也，出也’。‘有所’二字，緣上‘有所穿’而衍。”照王説，滿也、出也，都是引申義。

商　从外知内[①]也。从㕯，章省聲[②]。，古文商。，亦古文商。，籀文商。　式陽切(shāng)。

【譯文】商，从外面估測裏面的情況。从㕯，章省聲。，古文商字。，也是古文商字。，籀文商字。

【注釋】① 从外知内：王筠《句讀》："謂由外以測其内也。" ② 章省聲：是説小篆商的上部是小篆章的省略，由章表聲。其實章也表義。王筠《釋例》："商之爲言章也。物成就，可章度也。"章有度義。徐灝《段注箋》："商，度也，量也。从㕯者，商榷所宜，而後言之，訥之意也。"

【參證】甲文作、，金文作、、、。朱駿聲《通訓定聲》："疑从言省从内會意，與訥同體不同義。"羅振玉説，卜辭作、，从。言字从口辛聲，辛口二字不必相連，故口在冂下。姑備一説。

文三　重三

句部

句　曲也①。从口，丩聲②。凡句之屬皆从句。　古侯切(gōu)，又，九遇切③(jù)。

【譯文】句，彎曲。从口，丩聲。大凡句的部屬都从句。

【注釋】① 曲：《段注》："凡曲折之物侈爲倨，斂爲句。……凡章句之句亦取稽留可鉤乙之意。"王筠《句讀》："凡曲皆曰句，蓋上古無拘、笱、鉤三字，但用句。"王意是拘、笱、鉤是句的後起加旁分化字。參"拘"、"笱"、"鉤"條。 ② 从口，丩聲：朱駿聲《通訓定聲》作"从丩口聲"。按：丩象糾繚之形，與曲意正合。 ③ 九遇切：《段注》："古音總如鉤。後人句曲音鉤(gōu)，章句音屨(jù)。又改句曲字爲勾。"

【參證】甲文作、、，金文作、。注②朱説可取。從甲文看，應是"丩"字的分化。參"丩"條。

拘　止也。从句，从手①，句亦聲。　舉朱切(jū)。

【譯文】拘，用手留止。由句、由手會意，句也表聲。

【注釋】① 从句，从手：《段注》："手句者，以手止之也。"按：句由彎曲義引申爲鉤留、鉤止之義。錢坫《㪺詮》："此拘留字。"

笱 曲竹捕魚笱[①]也。从竹，从句，句亦聲。 古厚切(gǒu)。

【譯文】笱，使竹篾彎曲而編成的捕魚籠子。由竹、由句會意，句也表聲。

【注釋】① 捕魚笱：以笱捕魚法，《段注》："《周禮·𩵋人》'掌以時𩵋爲梁'，大鄭注：'梁，水偃。偃水而爲關空，以笱承其空。'偃堰，空孔，皆古今字。魚梁皆石，絶水。笱，曲竹爲之，以承孔，使魚入其中不得去者。"笱：捕魚器具。用篾編織，大口小頸，頸部有倒鬚，腹大而長，魚入而不能出。

鉤 曲[鉤]也[①]。从金，从句，句亦聲。 古侯切(gōu)。

【譯文】鉤，金屬曲鉤。由金、由句會意，句也表聲。

【注釋】① 曲也：《段注》本作"曲鉤也"。

【參證】金文作，不从金。

文四

丩部

丩 相糾繚[①]也。一曰：瓜瓠結丩起[②]。象形。凡丩之屬皆从丩。 居虯切(jiū)。

【譯文】丩，相互糾纏。另一義説：丩是瓜瓠的縢，緣物纏結而升起。象糾合之形。大凡丩的部屬都从丩。

【注釋】① 繚：纏繞。 ② 瓜瓠句：《段注》："謂瓜瓠之縢緣物纏結而上。"桂馥《義證》引《六書古文》："瓜瓠之類，蔓間有丩，遇物則纏繞之，其蔓乃得上引。"

【參證】甲文作、，金文作。象(縢蔓)交結之形。徐灝《段注箋》："丩、糾，古今字；丩、茻，亦古今字。"參"茻"、"糾"條。

茻 草之相丩者。从茻[①]，从丩，丩亦聲。 居虯切(jiū)。

【譯文】茻，叢草相互糾纏。由茻、由丩會意，丩也表聲。

【注釋】① 茻，衆多的草。

糾 繩三合[①]也。从糸丩。 居黝切(jiǔ/jiū)[②]。

【譯文】糾，繩多股絞合在一起。由糸、丩會意。

【注釋】① 繩三合：朱駿聲《通訓定聲》："單股曰紉，兩股曰纆，三股曰糾，亦曰徽。"一股、兩股之説，各書不一。此"三合"者，謂多股也。　② 今讀依《廣韻》居求切。

文三

古部

古　故[①]也。从十口[②]，識前言者[③]也。凡古之屬皆从古。，古文古[④]。　公户切(gǔ)。

【譯文】古，久遠的年代。由十、口會意，表示衆口相傳，記識前代的言語和故事。大凡古的部屬都从古。𠁥是古文古字。

【注釋】① 故：《詩經·大雅·緜》毛傳："故，言久也。"此謂久遠的年代。　② 从十口：徐鍇《繫傳》："古者無文字，口相傳也。"《段注》："至於十，則展轉因襲。"　③ 識(zhì)前言者：識，記識。《段注》："識前言者，口也。"从口，表示記識前言的意思。

【參證】甲文作，金文作、、。丁山《殷商氏族方國志》説，古本義爲堅固。甲金文上部的、，即"毌"字。裘錫圭《説字小記·説古》："'古'所从的'毌'象盾牌，盾牌具有堅强的特點，所以古人在'毌'上加區别性意符'口'(跟吠、鳴等字所从的有具體意義的'口'旁不同)造成'古'字來表示堅固之固這個詞。"後假借爲"古代"的古。　④ 古文古：馬敘倫《六書疏證》卷五引汪榮寶説："虢叔鐘皇字作。則此字从冂，从皇，从十，从口。蓋三皇無文，取其事之十口所傳者而記之，所以爲古。"姑備一説。

大、遠也[①]。从古，叚聲。　古雅切(jiǎ)。

嘏　【譯文】嘏，大；遠。从古，叚聲。

【注釋】① 大、遠也：桂馥《義證》："當是大也，遠也。《釋詁》：'嘏，大。''遐，遠也。'遐即嘏之俗體。""嘏"，本爲時間的久遠；"遐"，本爲空間的長遠。在抽象的"遠"義上，二字互爲異體。

【參證】金文作。

文二　重一

十部

 數之具①也。一爲東西，丨爲南北，則四方中央備矣。凡十之屬皆从十。 是執切(shí)。

十

【譯文】十，(十進位)數字完備的標誌。一表示東西，丨表示南北，(一丨相交爲十，)那麼，東西南北和中央全都完備了。大凡十的部屬都从十。

【注釋】① 具：完備。徐灝《段注箋》："上古結繩而治，未有文字，先契以紀數。一二三亖，各如其數，自五以上，不可勝畫，故變而爲×，以爲小成之識，變而爲十，以爲大成之識。數始於一，成於十。自是以往，十十爲百，十百爲千，十千爲萬。"故曰十爲"數之具"。

【參證】甲文作丨，金文作、、。于省吾《甲骨文字釋林》："'十'字初形本爲直畫，繼而中間加肥，後則加點爲飾，又由點孳化爲小横。數至十復反爲一，但既已進位，恐其與'一'混，故直書之。是十與一之初形，只是縱横之別。"徐中舒《甲骨文字典》卷三："丨爲古代之算籌，竪置一籌表示數量十，以與横置之算籌一區別。"與于説無異。

 十尺也。从又持十。 直兩切(zhàng)。

丈 【譯文】丈，十尺。由手拿着"十"來表示。

【參證】徐灝《段注箋》引戴侗説："老者疾者之所扶，象之，故亦曰丈。别作杖。"林義光《文源》："十古作丨，象杖形，手持之。"

 十百也。从十，从人①。 此先切(qiān)。

千 【譯文】千，十個百。由十、由人會意。

【注釋】① 从十，从人：徐灝《段注箋》："人壽以百歲爲率，故十人爲千。"

【參證】甲文作、，金文作。孔廣居《疑疑》："从一，人聲。十百千皆數之成，故皆从一。"按：千、人上古同屬真部。戴家祥《釋千》(《國學論叢》第一卷第四號)進而説："千之本文當爲，从一人，猶百之从一白也。以一加于人爲千，猶以一加于白爲百也。……始則假人爲千，嗣乃以一爲千係數，作。"

 肸 蠁[1]，布也。从十，从肎[2]。 羲乙切(xì)。

【譯文】肸，肸蠁，是散布傳播的意思。由十、由肎會意。

【注釋】① 肸蠁：沈濤《古本考》：“肸蠁二字，篆文連注讀。”朱駿聲《通訓定聲》：“肸蠁者，雙聲連語。” ② 从十，从肎(qì)：徐灝《段注箋》：“肸蠁者，振起布散之義。肉部：‘肎，振也。’……《繫傳》曰：‘十者散於四方也。’”

 卙 卙卙，盛也。从十，从甚[1]。汝南名蠶盛曰卙。 子入切(jí)。

【譯文】卙，卙卙，茂盛之貌。由十、由甚會意。汝南地方叫蠶兒茂盛作卙。

【注釋】① 从十，从甚：十，數之完備。甚：異常安樂也。均可引申爲盛。

 博 大、通也[1]。从十，从尃[2]。尃，布也。 補各切(bó)。

【譯文】博，廣大；精通。由十、由尃會意。尃是分布的意思。

【注釋】① 大、通也：桂馥《義證》：“當是大也，通也。《玉篇》：‘博，廣也，通也。’” ② 从十，从尃：王筠《句讀》：“四方中央無不尃(分布)也。”

【參證】金文作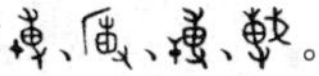。唐蘭《伯𢦚三器銘文的譯文和考釋》認爲：首字从“毌”，“尃”聲。不是十字，是盾牌，即毌。甲金文“古”、“𢦔”所从的“十”都是盾牌的象形。二、三、四字所从的(干)、(干)、(戈)都是用以搏鬥的工具。因此“博”本義是搏鬥。後來，首字的盾牌形演變爲“十”字，才有王筠“四方中央無不尃”的解釋。其實“博”用爲“大通”義，是假借。“博”也不是會意字。

 协 材十人[1]也。从十，力聲[2]。 盧則切(lè)。

【譯文】协，材力十倍於人。从十，力聲。

【注釋】① 材十人：《段注》：“十倍於人也。”朱駿聲《通訓定聲》：“百人爲英，千人爲俊，萬人爲傑。” ② 力聲：王筠《句讀》：“力即材也。兼意。”

[1] 廿 二十并也。古文[2]，省[3]。 人汁切(niàn)。

【譯文】廿，兩個十字合併而成。是孔壁中的古文，是一種省略形式。

【注釋】① 廿：徐灝《段注箋》："戴氏侗曰：'廿，二十切；卅，三十切。'蓋二十、三十急言之，合爲一音耳。俗呼若'念'，蓋二有尼至切之音，又轉爲念也。"桂馥《義證》引《容齋隨筆》："今人書二十字爲廿，三十字爲卅，四十字爲卌，……廿音入，二十并也；卅音先合反(sà)，三十之省便，古文也；卌音先立反(xī)，數名，今直以爲四十字。"　② 古文：邵瑛《羣經正字》："叔重所謂古文，原屬孔壁古文。"　③ 省：兩個十字合作一字，故言省。

【參證】甲文作、，金文作、。字形由兩個十字合成，讀音是"二"、"十"的合音。席世昌《讀説文記》載：宋人題開業寺碑有"念五日"，顧亭林説："以廿爲念，始見於此。"

卙　詞之卙矣[①]。从十[②]，咠聲。　秦入切(jí)。

【譯文】揖，"詞之卙矣"的卙。从十，咠聲。

【注釋】① 詞之卙矣：辭令那麽和諧啊。《詩·大雅·板》文。今本"卙"作"輯。"毛傳："輯，和。"謂和諧。　② 从十：十乃"數之具"，個位基數之完備，完備則有序，有序則和諧，故和卙字从十。

文九

卅部

卅　三十并也。古文，省[①]。凡卅之屬皆从卅。　蘇沓切(sà)。

【譯文】卅，由三個十字合併而成。是孔壁古文，是三十的省略形式。大凡卅的部屬都从卅。

【注釋】① 省：三個十字合作一字，故言省。

【參證】甲文作、，金文作、。字音是"三"、"十"的合音。參"廿"條。

世　三十年爲一世[①]。从卅而曳長之[②]。亦取其聲也[③]。　舒制切(shì)。

【譯文】世，三十年叫一世。由卅字延長它的末筆而成。(卅字延長末筆成乀[yí]字。)世也取乀表聲。

【注釋】① 三十年句：三十，徐灝《段注箋》："禮，三十，壯，有室，始有子，子以著代；又三十而有孫。大抵一世三十年。故三十年爲一世，世者父子相繼之偁，故从卅而引長之，會意。”　② 曳長：《段注》：“謂末筆也。”篆文之左旁，許以爲是的末筆的拉長。③ 亦取其聲：《段注》：“世合𠀍、乀會意，亦取乀聲爲聲，讀如曳也。”

【參證】金文作、、。林義光《文源》：“當爲葉之古文。象莖及葉之形。草木之葉重絫百疊，故引申爲世代之世。”

文二

言部

言　直言①曰言，論難②曰語。从口，辛聲。凡言之屬皆从言。語軒切(yán)。

【譯文】言，直接講説叫言，議論辯駁叫語。从口，辛聲。大凡言的部屬都从言。

【注釋】① 直言：徐鍇《繫傳》：“凡言者謂直言，無所指引借譬也。”　② 難：辯駁。

【參證】甲文作、，金文作、。鄭樵《六書略》：“，从二，从舌。二，古文上字。自舌上而出者言也。”按：甲文象(舌)前加一横，表示聲音是通過舌尖發出的。卜辭音、言同字。

譻　聲①也。从言，賏聲。　烏莖切(yīng)。

【譯文】譻，聲音。从言，賏聲。

【注釋】① 聲：張衡《思玄賦》：“鳴玉鑾之譻譻。”

謦　欬也。从言，殸聲①。殸，籒文磬字。　去挺切(qǐng)。

【譯文】謦，咳嗽。从言，殸聲。殸，籒文磬字。

【注釋】① 殸聲：聲中有義。桂馥《義證》：“程君瑤田曰：人欬必伸首稍昂焉，其喉頸間折處，上如殸之股，下如其鼓，因象殸形，而乃以諧其聲也。”

語　論①也。从言，吾聲。　魚舉切(yǔ)。

【譯文】語，辯論。从言，吾聲。

【注釋】① 論：本部“言”下：“直言曰言，論難曰語。”

【參證】金文作、。高田忠周《古籒篇》卷五十二："語字明有交午牾逆之意。而五，古牾字，此从言从五，形聲兼會意。"按：言語析言有異，渾言不别。

談[1] 語也。从言，炎聲。 徒甘切(tán)。

【譯文】談，對話談論。从言，炎聲。

【注釋】① 談：《段注》："談者淡也。平淡之語。"字亦作"譚"。談、譚是聲旁不同的異體字。

謂 報[1]也。从言，胃聲。 于貴切(wèi)。

【譯文】謂，評論。从言，胃聲。

【注釋】① 報：《段注》："凡論人論事得其實謂之報。謂者，論人論事得其實也。……亦有借爲曰者。"《論語·八佾》："孔子謂季氏。"皇侃《義疏》："謂，評論之辭也。"

【參證】金文作。

諒[1] 信也。从言，京聲。 力讓切(liàng)。

【譯文】諒，誠信。从言，京聲。

【注釋】① 諒：《方言》卷一："諒，信也。衆信曰諒，《周南》、《召南》、《衛》之語也。"

詵 致言[1]也。从言，从先，先亦聲。《詩》[2]曰："螽斯羽詵詵兮。" 所臻切(shēn)。

【譯文】詵，以言相問。由言、由先會意，先也表聲。《詩經》說："蚱蜢的翅膀，那麽多啊。"

【注釋】① 致言：徐鍇《繫傳》："先致其言也。"以言相問。《廣雅》："詵，問也。" ②《詩》：指《周南·螽斯》。螽(zhōng)。蝗類昆蟲，即蚱蜢、螞蚱。斯，語詞。詵詵，衆多的樣子。單言爲致言，重言爲衆多，所以引《詩》證衆多義。

請 謁也。从言，青聲。 七井切(qǐng)。

【譯文】請，謁見。从言，青聲。

【參證】金文作。

謁 白[1]也。从言，曷聲。 於歇切(yè)。

【譯文】謁，告訴。从言，曷聲。

【注釋】① 白：《廣韻》："白，告也。"《段注》："謁者若後人書刺，自言爵里、姓名，並列所白事。"書刺，類似今日之名片。段説"若"，只是比況而已。

 聽[1]也。从言，午聲。　虚吕切(xǔ)。

許 【譯文】聽，聽從其言。从言，午聲。

【注釋】① 聽：《段注》："聽從之言也。引申爲凡順從曰聽。許或假爲所。"

【參證】金文作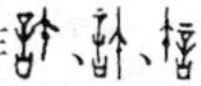。楊樹達《積微居小學述林·釋許》："許君以聽釋許，非朔義也。今謂：許从午聲，午即杵之象形字。字从言从午，謂舂者送杵之聲也。""舂者手持物而口有聲，故許字从言从午。口有言而身應之，故許之引申義爲聽。"又，"所與許古音同，故《毛詩》作'伐木許許'。運斤伐木有聲謂之所，持杵擣粟人有聲謂之許，字音同，故義亦相近矣。"參"舂"、"杵"條。

 譍[1]也。从言，若聲。　奴各切(nuò)。

諾 【譯文】諾，應答之聲。从言，若聲。

【注釋】① 譍：古應字。桂馥《義證》引《禮·玉藻》"父命呼唯而不諾"陳注："唯，速而恭；諾，緩而慢。"《段注》："統言之，則皆應也。"引申則爲"相然許之詞也"。

【參證】金文作。吴大澂《古籀補》："若，語辭。从口，芉聲。小篆作諾，从言，後人所加。"

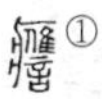[1] 以言對也。从言，雁聲。　於證切(yìng)。

譍 【譯文】譍，用言語對答。从言，雁聲。

【注釋】① 譍：姚文田、嚴可均《校議》："譍，大徐新修十九文也。"

[1] 猶[2]譍也。从言，雔聲[3]。　市流切(chóu)。

讎 【譯文】讎，對答。从言，雔聲。

【注釋】① 讎：《段注》："讎者，以言對之。""引申之，爲物價之讎。""引申之爲讎怨。……仇讎本皆兼善慈言之，後乃專謂怨爲讎矣。"物價之讎後作售，从口，雔省聲。　② 猶：《段注》："凡漢人作注云'猶'者，皆義隔而通之。""此以應釋讎甚明，不當曰'猶應'。蓋淺人但知雠爲怨詞，以爲不切，故加之耳。” ③ 雠聲：聲中有義。《繫傳通論》：“雠者，鳥之雙也。”表示相當、相對的意思。

諸 辯[詞][1]也。从言，者聲。 章魚切(zhū)。

【譯文】諸，表示區别的虚詞。从言，者聲。

【注釋】① 辯：《段注》：“辯當作辨，判也。按辨下奪‘詞’字。諸不訓辨，辨之詞也。”“諸與‘者’音義皆同。”參“者”條。

【參證】金文作[金文字形]。不从言。高田忠周《古籀篇》卷五十二：“秦權量詔版始有諸字。”

詩 志[1]也。从言，寺聲。𧥢，古文詩省[2]。 書之切(shī)。

【譯文】詩，用言語表達心志的一種文學體裁。从言，寺聲。訨是古文，是小篆詩字的省略。

【注釋】① 志：《毛詩序》：“詩者，志之所之也。在心爲志，發言爲詩。”按此同聲爲訓。 ② 古文詩省：王筠《句讀》：“當云从㞢(之)聲。(古文)安能豫知小篆而省之乎？”

【參證】楊樹達《增訂積微居小學金石論叢・釋詩》於許氏説解“志也”後加“志發於言”四字：“志字(今本《説文》無，由徐、段補)从心㞢聲，寺字亦从㞢聲，㞢志寺古音無二。古文从言㞢，言㞢即言志也。篆文从言寺，言寺亦言志也。”“詩與志雖無二，究有内外之分，故許復以志發於言爲説。”

讖 驗[1]也。从言，韱聲。 楚蔭切(chèn)。

【譯文】讖，有應驗的言語。从言，韱聲。

【注釋】① 驗：徐鍇《繫傳》：“凡讖緯，皆言將來之驗也。”王筠《句讀》“驗也”後增“謂占後有效驗也。有徵驗之書，河洛所出曰讖。”

諷[1] 誦也。从言，風聲。 芳奉切(fěng)。

【譯文】諷，背誦。从言，風聲。

【注釋】① 諷：《周禮・大司樂》鄭注：“倍文曰諷，以聲節之曰誦。倍同背，謂不開讀也。”“不開讀”，不打開書本而讀，猶言背對着書本而讀。諷誦析言有别，統言不分。

誦[1] 諷也。从言，甬聲。 似用切(sòng)。

【譯文】誦，朗誦。从言，甬聲。

【注釋】① 誦：徐鍇《繫傳》："臨文爲誦。誦，從也。以口從其文也。"即看着文字而吟詠。桂馥《義證》引閻若璩説："誦之者，抑揚高下其聲，而後可以得其人之性情與其貞淫、邪正、憂樂之不同。"參"諷"條。

[1] 誦書[2]也。从言，𧶠聲[3]。　徒谷切(dú)。

讀 【譯文】讀，朗誦而又思索。从言，𧶠聲。

【注釋】① 讀：竹部："籒，讀書也。"《段注》："蓋籒、抽古通用。""抽繹其義薀至於無窮，是之謂讀。""漢儒注經斷其章句爲讀。""擬其音曰讀。""易其字以釋其義曰讀。""人所誦習曰讀。""諷誦亦爲讀。""諷誦亦可云讀，而讀之義不止於諷誦。諷誦止得其文辭，讀乃得其義薀。"　② 誦書：張舜徽《約注》："蓋抽繹必以誦書爲始基。"③ 𧶠聲：音 yù，上古聲紐屬喻四，喻四歸定，故讀音 dú，𧶠不是賣(賣 mài)。

 快也。从言，从中[1]。　於力切(yì)。

䛂 【譯文】䛂，快意、高興。由言、由中會意。

【注釋】① 从言，从中：孔廣居《疑疑》："會言必有中(zhòng)意。"《段注》："中之言得也。言而得故快。"

【參證】金文作。从甘與从口同。林義光《文源》："从言，○以示言中之意。"

 説教[1]也。从言，川聲。　許運切(xùn)。

訓 【譯文】訓，解説式的教導。从言，川聲。

【注釋】① 説教：《段注》："説教者説釋而教之，必順其理。引申之，凡順皆曰訓。"

 曉教[1]也。从言，每聲[2]。　荒内切(huì)。

誨 【譯文】誨，明白地教導。从言，每聲。

【注釋】① 曉教：《段注》："明曉而教之也。""曉之以破其晦，是曰誨。"　② 从言，每聲：依《段注》，其構形爲"从言，晦省聲"。晦也表義。

【參證】金文作。容庚《金文編》："與謀爲一字。《説文》謀古文作[illegible]，从母从口，又作[illegible]，从母从言。‘誨猷’即‘謀猷’。吴大澂曰《説命》‘朝夕納誨’，當讀‘納謀’。”

譔　專教①也。从言，巽聲。　此緣切(quán/zhuàn)②。

【譯文】譔，專心教導。从言，巽聲。

【注釋】① 專教：《段注》：“專壹而教之也。”　② 今讀依《廣韻》士免切。

譬　諭①也。从言，辟聲。　匹至切(pì)。

【譯文】譬，(以比方)告諭。从言，辟聲。

【注釋】① 諭：告。以諭訓譬，統言之；析言之，則用别的事物來比方叫做譬。《墨子・小取》：“辟(譬)也者，舉他物而以明之也。”

謜　徐語也。从言，原聲①。《孟子》②曰：“故謜謜而來。”　魚怨切(yuàn/yuán)③。

【譯文】謜，徐徐地説話。从言，原聲。《孟子》説：“所以徐徐而來。”

【注釋】① 原聲：《孟子》趙岐注：“如流水之與源通。”原是源字。可見聲中有義。　②《孟子》：指《萬章篇》。謜，今作“源”。

③ 今讀依《廣韻》愚袁切。

訣①　早知也。从言，央聲。　於亮切(yàng)。

【譯文】訣，預先知道。从言，央聲。

【注釋】① 訣：《廣韻》：“訣，智也。”

諭　告①也。从言，俞聲。　羊戍切(yù)。

【譯文】諭，告知。从言，俞聲。

【注釋】① 告：告之使曉。《段注》：“曉之曰諭，其人因言而曉亦曰諭。或作喻。”

詖　辯論①也。古文以爲頗字②。从言，皮聲。　彼義切(bì)。

【譯文】詖，辯論。古文把它作爲偏頗的頗字。从言，皮聲。

【注釋】① 辯論：《段注》：“此詖字正義。皮，剥取獸革也。柀，析也。凡从皮之字皆有分析之意。故詖爲辯論也。”　② 古文句：《段注》：“此古文同音假借也。頗，偏也。”徐灝《段注箋》：“好辯論者必有所偏，其義未嘗不相通耳。”照徐説偏頗則是詖辯的引申義。

告曉之孰[1]也。从言，𦎫聲[2]。讀若庉。　章倫切(zhūn)。
諄
【譯文】諄，仔細周詳地告明。从言，𦎫聲。音讀象"庉"(dùn)字。
【注釋】① 告曉之孰：即孰告曉。孰，仔細、周詳。《段注》："其中(心中)懇誠，其外乃告曉之孰，義相足也。"　② 𦎫聲：聲中有義。王筠《句讀》："亯部：𦎫，孰(熟)也。"

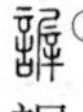[1]
語諄誀[2]也。从言，屖聲。　直离切(chí)。
誀
【譯文】誀，語言遲鈍。从言，屖聲。
【注釋】① 誀：錢坫《斠詮》："此語言遲鈍字。"　② 諄誀：《段注》："蓋猶鈍遲也。"

論訟[1]也。《傳》曰："詻詻孔子容。"[2]从言，各聲。　五陌切(è)。
詻
【譯文】詻，論爭。《傳》説："嚴正啊，孔子的言容。"从言，各聲。
【注釋】① 訟：本部："訟，爭也。"　②《傳》曰句：《段注》："未聞。"王筠《句讀》："似即《玉藻》'言容詻詻'。注：'教令嚴也。'或《禮記》古注有以爲孔子者。"
【參證】金文作。

和説而諍[1]也。从言，門聲。　語巾切(yín)。
誾
【譯文】誾，和悦而正直地爭辯。从言，門聲。
【注釋】① 和説(yuè)而諍：説，通悦。諍，通爭。張文虎《舒藝室隨筆》："《論語·鄉黨篇》孔注：'誾誾，中正完也。'和説而諍，即無犯無隱之意，故曰中正。从門會意，从言省亦聲。非从門聲也。"《段注》："言居門中，亦有中正之意。"

慮難曰謀[1]。从言，某聲。[2]，古文謀。[3]，亦古文。莫浮切(móu)。
謀
【譯文】考慮事情的難易叫謀。从言，某聲。𠰓是古文謀字，𧦝也是古文謀字。
【注釋】① 慮難曰謀：難，指事之難易。《詩》"周爰咨謀"傳："咨事之難易爲謀。"　② 𠰓：王筠《句讀》："从母非从毋也。"下从口。③ 𧦝：《段注》："上从母，下古文言。"

【參證】金文作□。《金文編》:"古文□,从母从言,此从母从心。"商承祚《説文中之古文考》:"徐鍇本第一文(指□)作□,而偏旁易位。从母聲是也。《玉篇》作呣。言、口古通用。""又案謀、誨一字,某、每同聲,此从母,每省也,故亦爲誨。"參"誨"條。

謨 議謀①也。从言,莫聲。《虞書》(曰)[有]②《咎繇謨》③。□,古文謨从口。 莫胡切(mó)。

【譯文】謨,泛議以定其謀。从言,莫聲。《虞書》有《皋陶謨》篇。暮是古文謨,从口。

【注釋】① 議謀:徐鍇《繫傳》:"慮一事,畫一計爲謀。泛議將定其謀曰謨。《大禹》、《皋陶》,皆泛謨也。" ②《虞書》曰:《段注》:"'曰'作'有'。" ③《咎繇謨》:今《書》作《皋陶謨》。

訪 泛謀①曰訪。从言,方聲②。 敷亮切(fǎng)③。

【譯文】廣泛地徵求意見叫訪。从言,方聲。

【注釋】① 泛謀:徐鍇《繫傳》:"謂廣問於人也。" ② 方聲:聲中有義。《段注》:"泛與訪雙聲。方與旁古通用,溥也。""許於方聲别之曰泛謀。" ③ 據反切當讀 fàng,今讀 fǎng。

諏 聚謀①也。从言,取聲②。 子于切(jū/zōu)③。

【譯文】諏,聚集起來徵求意見。从言,取聲。

【注釋】① 聚謀:王筠《句讀》:"許君説訪以泛,説諏以聚者,於方聲、取聲得之。方、旁同字,旁求之意。諏、聚皆从取聲。" ② 取聲:如上注王筠説,"取"取"聚"義。《段注》:"許於取聲别之曰聚謀。" ③ 今讀依《集韻》將侯切。

論 議也。从言,侖聲①。 盧昆切(lún/lùn)。

【譯文】論,分析議論。从言,侖聲。

【注釋】① 侖聲:聲中有義。本書亼部:"侖,理也。"《段注》:"凡言語,循其理得其宜謂之論。"

【參證】金文作□,不从言。

議 語①也。从言,義聲②。 宜寄切(yì)。

【譯文】議,論事之宜。从言,義聲。

【注釋】① 語:《段注》:"上文云'論難曰語',又云'語,論也',是論、議、語三字爲與人言之稱。許説未盡。議者誼也。誼者,人所宜也,言得其宜之謂議。"朱駿聲《通訓定聲》:"按謂論事之宜。" ② 義聲:《中庸》:"義者宜也。"聲中有義。

訂 平議①也。从言,丁聲。 他頂切(tǐng/dìng)②。

【譯文】訂,評議。从言,丁聲。

【注釋】① 平議:即評議。《説文》無"評"字。 ② 今讀依《廣韻》徒鼎切。

詳 審議①也。从言,羊聲。 似羊切(xiáng)。

【譯文】詳,詳細審議。从言,羊聲。

【注釋】① 審議:審,詳密;議,審議。王筠《句讀》"許君以字从言,故曰議"。

諟 理①也。从言,是聲②。 承旨切(shì)。

【譯文】諟,料理之使之正確。从言,是聲。

【注釋】① 理:王筠《句讀》:"謂料理之也。"《段注》:"理猶今人言是正也。" ② 是聲:本書"是"下:"直也。从日正。"是有正直,正確義。

諦 審也。从言,帝聲。 都計切(dì)。

【譯文】諦,審察。从言,帝聲。

識 常①也。一曰:知也②。从言,戠聲。 賞職切(shí)③。

【譯文】識(zhì),旗幟。另一義説:識是知道。从言,戠聲。

【注釋】① 常:旗常。王筠《釋例》:"常雖訓下帬,而亦用爲旗常之常。"劉心源《奇觚室吉金文述》:"常者,旗常畫日月者。"《雙桂軒答問》:"旂常爲表識之物,故識訓常。" ② 知也:旗幟是標誌。《雙桂軒答問》:"旂幟一望可知,故引申爲知。"幟、知,一義相因。

③ 旗幟義讀 zhì,知識義讀 shí。

【參證】金文作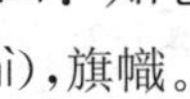。吴大澂《古籀補》:"戠,古識字。《詩》:'織(旗幟)文(花紋)鳥(鷹隼)章(花紋)。'織,徽織(zhì)也。旗之有識者曰旗幟。从系、从巾、从言,皆後人所加。"

訊 問也。从言，卂聲。[1]，古文訊，从卤。 思晉切(xùn)。

【譯文】訊，詢問。从言，卂聲。𧦝是古文訊字，从卤聲。

【注釋】① 𧦝：《段注》："卤(xī)，古文西。"西、訊上古同屬心紐。西，脂部；訊，真部。脂真對轉。

【參證】甲文作，金文作、。吴大澂《古籀補》："古訊字从系从口，執敵而訊之也。"甲文象有人雙手反綁在背後，前有口問訊。《詩・小雅・采芑》："執訊獲醜。""訊"由動詞轉化爲名詞。又，甲文又有、。李孝定《讀契識小録之二》(《歷史語言研究所集刊》第三十六本上册)："字特省去形，……所从非女字也……蓋兩手反剪在後，非生理之自然現象，故雖省幺，而拘縶之誼，猶視而可識也。从者一誤爲，再誤爲卂，遂誤以爲从卂聲矣。从口从言，例得相通。"

詧 言微[1]親詧也。从言，(察)[祭][2]省聲。 楚八切(chá)。

【譯文】詧，用隱微之言來親自觀察别人。从言，祭省示爲聲。

【注釋】① 言微：桂馥《義證》："言微當爲微言。"徐鍇《繫傳》："黄帝每問事，先問馬，次及牛，以微言詧其情也。" ② 察：當依徐鍇《繫傳》作"祭。"

謹 慎也。从言，堇聲[1]。 居隱切(jǐn)。

【譯文】謹，慎重。从言，堇聲。

【注釋】① 堇聲：聲中有義。楊樹達《增訂積微居小學金石論叢・釋謹》："堇有少義，故堇聲之字多含寡少之義。謹从言堇聲者，蓋謂寡言也。蓋多言多敗，慎者必自寡言始。"

訒 厚[1]也。从言，乃聲。 如乘切(réng)。

【譯文】訒，厚。从言，乃聲。

【注釋】① 厚：《段注》："因仍(同義複合)則加厚，訒與仍音義略同。"

諶 誠、諦也[1]。从言，甚聲。《詩》[2]曰："天難諶斯。" 是吟切(chén)。

【譯文】諶，誠信，審察。从言，甚聲。《詩經》説："天難叫人相信啊。”

【注釋】① 誠、諦也：錢坫《斠詮》：“應云‘誠也，諦也’。”　②《詩》：指《大雅・大明》。諶，今作“忱”。斯，句末語助詞。

【參證】金文作。戴家祥《金文大字典》：“諶从甚聲，甚讀‘常枕切’，禪母侵部。訦从冘聲，冘讀‘余箴切’，喻母侵部。同部諧聲，故諶亦作訦。表義更旁訦亦作忱。諶、訦俱讀‘是今切’，忱讀‘氏任切’，不但同部而且同母。同聲必然同義。”

信　誠[1]也。从人，从言，會意。[2]，古文从言省。[3]古文信。　息晉切(xìn)。

【譯文】信，誠實。由人、由言會意。㐰是古文信，从言省。䚱是古文信。

【注釋】① 誠：實。　② 㐰：桂馥《義證》：“以昚、莫例之，是从口。”　③ 䚱：王筠《句讀》：“言者，心之聲也。”故《段注》說：“言必由衷之意。”

【參證】金文作、、。首字从口，人聲；次字从言，千聲；第三字从言，身聲。聲符雖不同，聲音卻較近。見戴家祥《金文大字典》。

訦　燕、代、東齊謂信訦[1]。从言，冘聲。　是吟切(chén)。

【譯文】燕、代、東齊叫信實不欺作訦。从言，冘聲。

【注釋】① 燕代句：《方言》卷一：“訦，信也。燕、代、東齊曰訦。”徐灝《段注箋》：“訦疑即諶之或體。”參“諶”條。

誠[1]　信也。从言，成聲。　氏征切(chéng)。

【譯文】誠，信實不欺。从言，成聲。

【注釋】① 徐灝《段注箋》：“誠與僞相對。古言誠，今言真。”

誡　敕[1]也。从言，戒聲[2]。　古拜切(jiè)。

【譯文】誡，告誡。从言，戒聲。

【注釋】① 敕：告誡。　② 戒聲：本書収部：“戒，警也。”戒本義是警惕，防備。“誡”是勸告其有所警惕、防備。聲中有義。參“戒”條。

諅　誡也。从言，忌聲[1]。　渠記切(jì)。

【譯文】諅，告誡。从言，忌聲。

【注釋】① 忌聲：本書心部："忌，憎惡也。""誋"是因避人憎惡而警告、勸戒。聲中有義。徐灝《段注箋》引錢大昕説：此即《周禮・地官》誦訓"以論辟忌之忌"。

【參證】金文作。

 誋①也。从言，韋聲。　許貴切(huì)。

諱 【譯文】諱，避忌。从言，韋聲。

【注釋】① 誋：王筠《句讀》："誋當作忌。"本書心部："忌，憎惡也。"參上條。

【參證】金文作、。

 告也。从言，告聲。①，古文誥。　古到切(gào)。

誥 【譯文】誥，告訴。从言，告聲。𠨚是古文誥字。

【注釋】① 𠨚：張舜徽《約注》："誥則告神之專字也，其古文从又持肉，即古代用牲告神之事。""誥爲禮神之稱，故《爾雅・釋言》云：'誥，謹也。'後世用字之際，誥爲告下之稱，故《廣雅・釋詁》云：'誥，教也。'一字而具正反二義，此乃相反相成之理，不足怪也。"

【參證】金文作。唐蘭《史䀇簋銘考釋》(《考古》一九六六年第五期)："用雙手來捧言，以示尊崇之義。収也表聲。"拱手而言，以示尊崇，更可證誥本爲禮神之稱。

① 告也。从言，从召②，召亦聲。　之紹切(zhào)。

詔 【譯文】詔，告訴。由言、由召會意，召也表聲。

【注釋】① 詔：朱駿聲《通訓定聲》："此字(指詔字)《説文》不録。徐鉉補入，爲十九文之一。从言，召聲。誥也。按上告下之義，古用誥，秦復造'詔'字當之。"鈕《新附考》："《史記・始皇本紀》廿六年：'丞相綰等與博士議上尊號：王爲泰皇，命爲制，令爲詔(詔字亦見秦刻石)，天子自稱曰朕。'則詔字當始於此。""先秦古書本無詔字矣。"　② 从召：本書"召"下："評也。"呼喚，召喚。把臣民召喚起來，君王頒發律令旨諭，故从言从召。後引申爲告訴，告誡。

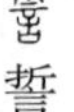 約束①也。从言，折聲。　時制切(shì)。

誓 【譯文】誓，約束的言詞。从言，折聲。

【注釋】① 約束：《段注》："《周禮》五戒，一曰誓，用之於軍旅。按：凡自表不食言之辭皆曰誓。"

【參證】金文作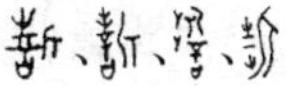。

譣 問①也。从言，僉聲。《周書》②曰："勿以譣人。" 息廉切(xiān)。

【譯文】譣，按問(驗證)。从言，僉聲。《周書》説："不要用貪利、奸佞的小人。"

【注釋】① 問：《段注》："譣訓問，謂按問，與試驗、應驗義近。"邵瑛《羣經正字》："(譣)訓問，即俗考驗之驗本字，故《廣雅・釋詁》云：'證，譣也。'曹憲音云：'譣，魚殮反；又，魚劍反。今人以馬旁驗字爲證驗。'"按徵譣、證譣、效譣之譣，按曹憲音應讀 yàn。驗，本書爲馬名。　② 《周書》：指《立政》篇。《段注》："此引《周書》説假借也。《立政》：'勿用譣人，其惟吉士。'此譣，正憸之假借。心部曰：'憸，詖也。憸利於上，佞人也。'"王筠《句讀》："息廉切，此切乃'譣人'之音。"徐鍇《繫傳》："譣猶險也。"貪利奸佞者當然是危險的人物。

詁 訓故言①也。从言，古聲②。《詩》曰詁訓③。　公户切(gū)。

【譯文】詁，解釋古代的語言。从言，古聲。毛《詩》説解叫詁訓(傳)。

【注釋】① 訓故言：《段注》："故言者，舊言也。十口所識，前言也。訓者，説教也。訓故言者，説釋故言以教人，是之謂詁。"　② 古聲：如上注《段注》"十口所識"云云，"古"也表義。古即"十口"。參"古"條。　③ 《詩》曰詁訓：謂毛公解《詩》名曰詁訓。按：漢儒解經，其體裁大别有二：有但疏通其文義者，叫"故"，字又作"詁"，或謂之"訓"。朱駿聲《通訓定聲》："《爾雅》釋詁者，釋古言也；釋言者，釋方言也；釋訓者，釋雙聲疊韻連語及單辭重辭與發聲助語之辭。"《段注》："《爾雅》析故、訓、言爲三，三而實一也。"詁(故)、言、訓都是疏通文義。有徵引史實以發明經義者，叫"傳"。毛公説《詩》，二者兼用，故名曰詁訓傳，而以詁訓爲重。

藹 臣盡力之美①。从言，葛聲。《詩》②曰："藹藹③王多吉士。" 於害切(ǎi)。

【譯文】藹，形容臣子竭忠盡力的美好。从言，葛聲。《詩經》説：“盡力得好啊，周王的衆多賢士！”

【注釋】① 臣盡力句：《爾雅·釋訓》：“藹藹、萋萋，臣盡力也。”徐灝《段注箋》：“《爾雅·釋訓》一篇多渾舉詩詞而釋之。”“盡力非藹之本義。”又，“藹藹”爲疊音詞，不是單字。朱駿聲《通訓定聲》：“（藹）从言，葛聲，當訓言之美也。故曰仁義之人其言藹如。”按：葛是一種可編織葛布的草，可引申爲茂美，葛表聲也表義。今有和藹可親之説。　② 《詩》：指《大雅·卷阿》。　③ 《毛傳》：“藹藹，猶濟濟也。濟濟，多威儀也。”許君采用《釋訓》的解釋。

誎　餔旋促[①]也。从言，束聲。　桑谷切（sù/cù）[②]。

【譯文】誎，將食之時速促人來食。从言，束聲。

【注釋】① 餔旋促：餔，泛言飲食。旋，疾速之意。促，催督也。《廣答問疏證》：“言邀食而客晚至，以言速（促）之也。”故朱駿聲《通訓定聲》釋作“言之促也”。　② 今讀依《廣韻》七玉切。

【參證】金文作𧧒、𧧒。

諝　知[①]也。从言，胥聲。　私吕切（xǔ）。

【譯文】諝，才智。从言，胥聲。

【注釋】① 知：音智，才智。《段注》：“《周禮》、《詩》皆假胥爲之。”

【參證】楊樹達《積微居小學述林·釋諝》：“諝从胥聲而訓爲知（智）者，胥之爲言䟽也。《説文》二篇下疋部云：‘䟽，門户疏窻也。从疋，疋亦聲。囪象䟽形。讀若疏。’按門户䟽窗有通孔……凡物通者智而塞者愚，故諝、情从胥聲而訓爲知（智）矣。”

証　諫[①]也。从言，正聲[②]。　之盛切（zhèng）。

【譯文】証，直言勸諫。从言，正聲。

【注釋】① 諫：徐鍇《繫傳》：“証爲直諫也。”《段注》：“今俗以証爲證驗字。”　② 正聲：徐灝《段注箋》：“証者正也。”聲中有義。楊樹達《積微居小學述林·釋証》：“諫諍之言謂之正言，此証字从言从正訓爲諫之義也。”

諫　証也[①]。从言，柬聲。　古晏切（jiàn）。

【譯文】諫，直言勸諫。从言，柬聲。

【注釋】① 証也：丁福保《詁林》："《慧琳音義》六卷十六頁諫注引《説文》'正也'……考《周禮·司諫》鄭注：'諫，正也。以道正人行。'……是諫訓正，古義甚明。"

【參證】金文作。吴大澂《古籀補》："諫从柬从門，闢門以納諫。"按：柬从八从束，八表示分别的意思。所以吴説"闢門"。又，金文次字从門从諫，正會合"闢門""納諫"之意。

諗　深諫①也。从言，念聲。《春秋傳》②曰："辛伯諗周桓公。"式荏切(shěn)。

【譯文】諗，深刻勸諫。从言，念聲。《春秋左傳》説："辛伯深刻勸諫周桓公。"

【注釋】① 深諫：《段注》："諗深疊韻。深諫者，言人之所不能言也。"　②《春秋傳》：指《左傳·閔公二年》。

課　試①也。从言，果聲。　苦臥切(kè)。

【譯文】課，考試。从言，果聲。

【注釋】① 試：徐鍇《繫傳》引《漢書》云："考，課也。"《漢書·京房傳》："房奏考功，課吏法。"

試　用也。从言，式聲。《虞書》①曰："明試以功。"　式吏切(shì)。

【譯文】試，使用。从言，式聲。《虞書》説："明確地用辦事來試用他們。"

【注釋】①《虞書》：指《唐書·堯典》。

諴　和也。从言，咸聲。《周書》①曰："不能諴于小民。"　胡毚切(xián)。

【譯文】諴，和協。从言，咸聲。《周書》説："很能和諧老百姓。"

【注釋】①《周書》：指《召誥》。不：今本作"丕"。《孔傳》丕訓大。

【參證】金文作。《金文編》："从言从鹹省。"

䍃①　徒歌②。从言、肉③。　余招切(yáo)。

【譯文】䍃，不伴絲竹之樂的清唱。由言、肉會意。

【注釋】① 䍃：今作"謠"。《段注》："䍃、謠，古今字也。謠行而䍃廢矣。”　② 徒歌：《段注》：“《釋樂》曰：‘徒歌曰謠。’《魏風》毛傳曰：‘曲合樂曰歌，徒歌曰謠。’”朱駿聲《通訓定聲》：“謂無絲竹之類獨歌之。”　③ 从言、肉：段、桂、朱、王均作从言肉聲，强調“肉”能表“䍃”聲。肉當然表義。清唱，是喉頭的聲帶發出的單一的歌聲。

詮　具①也。从言，全聲②。　此緣切(quán)。

【譯文】詮，周詳地解説。从言，全聲。

【注釋】① 具：桂馥《義證》：“謂具説事理。”　② 全聲：聲中有義。“具”就是“全”的意思。

訢①　喜也。从言②，斤聲。　許斤切(xīn)。

【譯文】訢，喜悦。从言，斤聲。

【注釋】① 訢：《段注》：“此與欠部欣音義皆同。”按：聲旁相同，言、欠義通。　② 从言：徐鍇《繫傳》：“喜形於言也。”

【參證】金文作。

説　説釋①也。从言兑②。一曰：談説。　失爇切(shuō)。又，弋雪切(yuè)。

【譯文】説(yuè)，喜悦。由言、兑會意。另一義説：説(shuō)是談説的意思。

【注釋】① 説釋：《段注》：“説釋即悦懌(yì)。説、悦，釋、懌，皆古今字。許書無悦、懌二字。”　② 从言、兑：《段注》：“儿部曰：‘兑，説也。’……此从言兑會意，兑亦聲。”

【參證】楊樹達《增訂積微居小學金石論叢・釋説》：“談説乃造文之始義，……蓋兑者鋭也……言之鋭利者謂之説，古人所謂利口，今語所謂言辭犀利者也。……由談説引申爲説釋之説，又引申爲悦懌之悦。”按：言字古文與(心)字形近，故説譌爲“悦”。談、説和悦、懌本應從字形上分開來。徐鍇就説：“於文心兑爲悦”“悦在心”。

計　會①也，筭②也。从言，从十③。　古詣切(jì)。

【譯文】計，總計；計算。由言、由十會意。

【注釋】① 會(kuài)：《段注》：“會，合也。”　② 筭：通“算”，數也。　③ 从十：徐鍇《繫傳》：“十者，總成數。”十，表示多數，將許多數目匯合起來，是總計；逐一由已知求得未知，是計算。

諧

詥①也。从言，皆聲②。　户皆切(xié)。

【譯文】諧，和諧。从言，皆聲。

【注釋】① 詥(hé)：諧。張舜徽《約注》引江沅説："此蓋謂言語之合。"　② 皆聲：張舜徽《約注》："凡从皆聲字，多有和同義。"

【參證】金文作，从言虘聲，當讀爲諧。

詥①

諧也。从言，合聲②。　候閤切(hé)。

【譯文】詥，和諧。从言，合聲。

【注釋】① 詥：《段注》："詥之言合也。"朱駿聲《通訓定聲》："凡和協字，經傳皆以合、以洽爲之。"　② 合聲：聲中有"和合"義。

調

和①也。从言②，周聲③。　徒遼切(tiáo)。

【譯文】調，和合。从言，周聲。

【注釋】① 和：桂馥《義證》："和當爲龢。本書龠部：'龢，調也。'"通作"和"。　② 从言：謂以言辭和解之。　③ 周聲：周有密緻周匝義。以言辭和解不周密則不能調和。

語①

合會②善言也③。从言，𠯑聲④。《傳》⑤曰："告之話言。"譮⑥，籀文語从會。　胡快切(huà)。

【譯文】語，會合善言。从言，𠯑聲。《春秋左傳》説："將善言寫在竹帛上。"譮是籀文語字，从會聲。

【注釋】① 語：今作話。　② 合會：即會合。　③ 善言：美好的言辭。　④ 𠯑：今寫作舌，𠯑聲字隸變皆爲舌。　⑤《傳》：指《左傳・文公六年》。今作"著之話言"，孔疏："爲作善言遺戒，著於竹帛，故言'著之'也。"譯文從孔説。　⑥ 譮：楊樹達《積微居小學述林》："語字義爲會合善言，故籀文字从會作譮，字受義於會也。字又作語，从𠯑者，𠯑、會音近，古音同在月部，借𠯑爲會也。"

諈

諈諉①，纍也。从言，垂聲。　竹寘切(zhuì)②。

【譯文】諈，諈諉，以事相囑託。从言，垂聲。

【注釋】① 諈諉：《爾雅・釋言》："諈諉，累也。"纍通累。孫炎曰："楚人曰諈，秦人曰諉。"是説兩字各單字成義。郭璞注曰："以事相屬累(囑託)曰諈諉。”把“諈諉”作爲同義複合詞。　②《廣韻·寘韻》“寘”作“恚”。

諉① 纍也。从言,委聲。　女恚切(nèi/wěi)。

【譯文】諉,煩累。从言,委聲。

【注釋】① 諉:單用諉字,也是“煩累”之義。參“諈”條。

警 戒也①。从言,从敬②,敬亦聲。　居影切(jǐng)。

【譯文】警,告誡。由言、由敬會意,敬也表聲。

【注釋】① 戒也:王筠《句讀補正》:“戒有戒慎、戒備二義,(警)與人部儆同。”　② 从敬:敬是警之初文,參“敬”條。

謐 靜語①也。从言,盜聲。一曰:無聲也。　彌必切(mì)。

【譯文】謐,平靜之語。从言,盜聲。另一義説:謐是沒有聲音。

【注釋】① 靜語:平靜之言,與諍言相對。

謙 敬①也。从言,兼聲②。　苦兼切(qiān)。

【譯文】謙,恭敬別人。从言,兼聲。

【注釋】① 敬:張舜徽《約注》:“謙必以敬爲本,始不流於虛僞,故許君直以敬訓謙也。”　② 兼聲:聲中有義。楊樹達《積微居小學述林·釋謙》:“愚以兼聲聲類求之,謙蓋謂言之不自足者也。知者,兼聲之字多含薄小不足之義。”“兼訓併,無薄少不足之義,而兼聲字多具少薄之義者”,“受聲義於欠也”。本書欠部:“欠,張口气悟也。”人倦氣不足則打呵欠,故欠字引申爲“欠缺”。欠缺則所有者少薄也。

誼 人所宜①也。从言,从宜,宜亦聲。　儀寄切(yì)。

【譯文】誼,人們認爲合宜的事物。由言、由宜會意,宜也表聲。

【注釋】① 人所宜:《段注》:“此則誼、義古今字。周時作誼,漢時作義,皆今之仁義字也。”“《中庸》云:‘仁者人也,義者宜也。’是古訓也。”《白虎通》:“義者,宜也。斷決得中也。”又,《段注》:“(誼)今俗分別爲恩誼字。”

詡 大言也。从言,羽聲。　況羽切(xǔ)。

【譯文】詡,大話。从言,羽聲。

諓① 善言②也。从言,戔聲。一曰:謔也。　慈衍切(jiàn)。

【譯文】諓,巧辯之言。从言,戔聲。另一義説:諓是戲謔的意思。

【注釋】① 諓：《玉篇》："巧言也。"　② 善言：《段注》："謂善爲言辭者，不同'䛆'下'善言'也。"

誐

嘉善[①]也。从言，我聲。《詩》[②]曰："誐以溢我。"　五何切(é)。

【譯文】誐，嘉美的言辭。从言，我聲。《詩經》說："用嘉美的言辭告誡我，使我謹慎。"

【注釋】① 嘉善：嘉美的言辭。　②《詩》：指《周頌・維天之命》。今本作"假以溢我"，毛傳："'假'、'嘉'；'溢'、'慎'。"孔穎達疏："假以溢我，言以嘉美之道戒慎于我也。"

詷

共[①]也。一曰：譀[②]也。从言，同聲。《周書》[③]曰："在夏后之詷[④]。"　徒紅切(tóng)。

【譯文】詷，共同。另一義說：詷是說大話。从言，同聲。《周書》說："(成王)是中國君長所共同尊奉的天子。"

【注釋】① 共：《禮記・祭統》："鋪筵設同几(共同享用的桌)。"孔穎達疏："若單作同字是齊同之同，非詷共之詷，若詷共之詷，則言旁作同。漢魏之時，字義如此，今則總爲一字云。"田吴炤《二徐箋異》："語次宜从小徐。"即"《周書》曰在夏后之詷"一句應在"共也"之後，用以證明"詷"有"共同"義。　② 譀(hàn)：下文："誕也。"即誇大之辭。　③《周書》：指《顧命》。　④ 在夏句：陳瑑《引經考證》："謂中國爲夏。《爾疋・釋詁》：'后，君也。'夏后之詷，蓋謂中國君長之所共尊奉者。"

設

施陳[①]也。从言，从殳[②]。殳，使人也。　識列切(shè)。

【譯文】設，布列陳設。由言、由殳會意。殳是用來指使人的東西。

【注釋】① 施陳：《段注》："㫃部曰：'施，旗旖施也。'有布列之義。自部曰：'敶，列也。'然則凡言陳設者，敶之假借字。"　② 从言，从殳：朱駿聲《通訓定聲》："言以口使，殳以手使。"徐鍇《繫傳》："殳，所以驅遣指使人也。"本書"般"下："殳，所以旋也。"

【參證】甲骨文作、。于省吾《甲骨文字釋林・釋設》："()係言字的初文，後來演化爲爲。""爲設之初文。""有兩種含義：一種指自然界的設施兆象言之。……此類兆象是上帝有意爲之，故以設

施爲言。另一種指祭祀時的陳設祭物言之。”

護　救、視也①。从言，蒦聲②。　胡故切(hù)。

【譯文】護，救護；監視。从言，蒦聲。

【注釋】① 救、視也：即救也，視也。一句數讀。　② 蒦聲：桂馥《義證》：“本書：‘蒦，視遽皃。’馥謂急視而振救之。”聲中有義。

譞　譞慧①也。从言，圜省聲②。　許緣切(xuān)。

【譯文】譞，聰慧。从言，圜省囗爲聲。

【注釋】① 譞慧：《玉篇》：“譞，慧也。”二字同義。此以同義複合詞釋單詞。　② 圜省聲：桂馥《義證》：“徐鍇本作睘聲。按本書儇、嬛並从睘聲，此譞應同。”

誧　大①也。一曰：人相助②也。从言，甫聲③。讀若逋。　博孤切(bū)。

【譯文】誧，大話。另一義說：誧是人們相互幫助。从言，甫聲。音讀象“逋”字。

【注釋】① 大：朱駿聲《通訓定聲》：“(誧)言之大也。與吴、誇略同。”　② 人相助：桂馥《義證》引《文字音義》：“誧，助也。”今作輔。　③ 甫聲：聲中有義。《爾雅・釋詁》：“甫，大也。”

諰　思之意①。从言，从思②。　胥里切(xǐ)。

【譯文】諰，邊説邊想。由言、由思會意。

【注釋】① 思之意：《段注》：“《廣韻》曰：‘言且思之。’疑古本作‘言且思之意也’。”譯文从段説。朱駿聲《通訓定聲》：“心有所懼也。”

② 从言，从思：《段注》：“方言而又思之，故其字从言思。”

託①　寄②也。从言，乇聲③。　他各切(tuō)。

【譯文】託，寄託。从言，乇聲。

【注釋】① 託：與人部“侂”同。　② 寄：《方言》卷二：“託，寄也。凡寄爲託。”　③ 乇聲：聲中有義。乇表示草葉寄託在根莖之上。參“乇”條。託是將意思寄託在言語之中。引申爲凡一切寄託之稱。

記　疏①也。从言，己聲。　居吏切(jì)。

【譯文】記，記載。从言，己聲。

【注釋】① 疏：徐鍇《繫傳》："疏謂一一分別記之也。"《段注》："疋部曰：'一曰：疋，記也。'此疋、記二字轉注也。疋，今字作疏，謂分疏而識之也。"

譽　稱也[1]。从言，與聲。　羊茹切(yù)。

【譯文】譽，稱贊。从言，與聲。

【注釋】① 稱也：《段注》："稱當作偁。"本書人部："偁，揚也。"故《段注》說："偁，舉也。譽，偁美也。"

譒[1]　敷[2]也。从言，番聲[3]。《商書》[4]曰："王譒告之。"　補過切(bò)。

【譯文】譒，布告。从言，番聲。《商書》說："先王布告政令。"

【注釋】① 譒：徐鍇《繫傳》："布言之也。"　② 敷：布也，謂布告。③ 番聲：聲中有義。番、釆本一字。本書"釆"下："辨別，象獸指爪分別也。"象禽獸的指爪分布區別之狀，故番有分布義。參"釆"條。　④《商書》：指《盤庚》。譒，今本作"播"。柳榮宗《引經考異》："播，種也。一曰布也。……播字後一義與譒義合。"參"播"條。

謝[1]　辤、去也。从言，䠶聲[2]。　辤夜切(xiè)。

【譯文】謝，辭去，離開。从言，䠶聲。

【注釋】① 謝：《玉篇》云："謝，辤也，去也。"《段注》："辤不受也。……引申爲凡去之稱。又爲衰退之稱。"　② 䠶聲：聲中有義。箭射出去，有辭去、離開義；《段注》"又爲衰退之稱"云云，箭愈到遠處，其力愈衰。

【參證】甲文作[甲骨文字形]。羅振玉《增訂殷虛書契考釋》卷中："卜辭諸謝字从言、从兩手持席。或省言，或省兩手。""知兩手持席爲謝者，《祭義》：'七十杖于朝，君問則席。'注：'爲之布席堂上，而與之言。'正義：'布席，令坐也。'此从兩手持席者，蓋臣於君前，不敢當坐禮，故持席以謝也。"即老臣雙手持席，婉辭君王賜坐之禮。故謝爲辭。篆文由會意字變爲形聲字，从言，射聲，是後起字。

謳　齊歌[1]也。从言，區聲[2]。　烏侯切(ōu)。

【譯文】謳，齊聲歌唱。从言，區聲。

【注釋】① 齊歌：徐鍇《繫傳》："齊，衆也。"《漢書·高帝紀上》顏師古注："謳，齊歌也，謂齊聲而歌。" ② 區聲：聲中有義。區是把衆多的物品藏匿在一個區間。區有衆義，謳因而有齊歌義。參"區"條。

[1] 歌也。从言，永聲[2]。咏，詠或从口。 爲命切(yǒng)。

詠 【譯文】詠，長聲歌吟。从言，永聲。咏是詠的或體，从口。

【注釋】① 詠：徐灝《段注箋》："詠之言永也。長聲而歌之。" ② 永聲：聲中有義。本書永部："永，長也。"

【參證】金文作咏。口在下、在側無別。

止[1]也。从言，爭聲[2]。 側迸切(zhèng)。

諍 【譯文】諍，以爭辯止其過失。从言，爭聲。

【注釋】① 止：徐鍇《繫傳》："謂能止其失也。" ② 爭聲：聲中有義。

召[1]也。从言，乎聲。 荒烏切(hū)。

評 【譯文】評，呼喚。从言，乎聲。

【注釋】① 召：呼喚。本書口部曰："召，評也。"後人作呼。

【參證】甲文作乎，金文作乎。楊樹達《積微居小學述林》："呼召必高聲用力，故字形象聲上越物，猶'曰'字表人發言，字形象氣上去也。"

評謼[1]也。从言，虖聲。 荒故切(hù/hū)[2]。

謼 【譯文】謼，大聲叫號。从言，虖聲。

【注釋】① 評謼：《玉篇·言部》："謼，大叫也。"今經典通用"呼"。徐灝《段注箋》："口部呼嘑、言部評謼皆本一字，其義相因也。" ② 今讀依《廣韻》荒烏切。

[1] 止[2]也。从言，气聲[3]。 居迄切(qì)[4]。

訖 【譯文】訖，言辭終止。从言，气聲。

【注釋】① 訖：同訖。 ② 止：徐鍇《繫傳》："言所止也。"引申爲凡停止、終止義。 ③ 气聲：聲中有義。气本雲气義，此處借爲"气至"、"气終"的气，省爲"乞"。"訖"故有止義。 ④ 居迄切當音 jī，今音 qì。

諺 傳言[1]也。从言，彦聲。 魚變切(yàn)。
諺 【譯文】諺，世俗流傳的古語。从言，彦聲。

【注釋】① 傳言：《段注》："傳言者，古語也。凡經傳所稱之諺，無非前代故訓。"王筠《句讀》於"傳言"後補"謂傳世常言也"。又，《書·無逸》"乃逸乃諺"傳："俚語曰諺。"《左傳·隱公十一年》"周諺有之"，《釋文》："諺，俗言也。"

訝 相迎[1]也。从言，牙聲。《周禮》[2]曰："諸侯有卿訝發。"
訝 迓[3]，訝或从辵。 吾駕切(yà)。

【譯文】訝，用言辭歡迎賓客。从言，牙聲。《周禮》説："(賓客)是諸侯，就有卿來迎接。"迓，訝的或體，从辵。

【注釋】① 相迎：徐鍇《繫傳》："謂以言辭迎而勞之也。" ②《周禮》：指《秋官·掌訝》文。今本無"發"字。 ③ 迓：《段注》："鉉增迓字。""爲十九文之一。"訝、迓，互爲異體，因造字時取象不同，或側重以言語迎接賓客，或側重接待賓客時迎面走上去。王筠《句讀》："《周禮·聘禮》皆作訝，《詩》作御，《尚書》作迓。""御"乃"訝"一聲之轉。

詣 候[1]至也。从言，旨聲。 五計切(yì)。
詣 【譯文】詣，因問候而至。从言，旨聲。

【注釋】① 候：問候。候至，爲問候而至。

講 和解[1]也。从言，冓聲[2]。 古項切(jiǎng)。
講 【譯文】講，和解。从言，冓聲。

【注釋】① 和解：徐鍇《繫傳》："古人言講解猶和解也。"和解涵蓋"講學"、"解兵"二義。王筠《句讀》補："學之不講，則紛紜糾結，講貫則融釋脱落相説以解矣；兵連不解，則兩國不和，有講之者，則難排紛解矣。" ② 冓：聲中有義。冓有交遇義，見"冓"條。和解須用言語交流。

謄 迻書[1]也。从言，朕聲。 徒登切(téng)。
謄 【譯文】謄，輾轉寫録。从言，朕聲。

【注釋】① 迻書：徐鍇《繫傳》："謂移寫之也。"《段注》："今人猶謂臆寫。”

訒 頓①也。从言，刃聲。《論語》②曰：“其言也訒。” 而振切(rèn)。

【譯文】訒，言語遲鈍。从言，刃聲。《論語》說：“他的言語遲鈍。”

【注釋】① 頓：古與“鈍”通。承培元《引經證例》：“訒蓋出言遲鈍之皃也。” ②《論語》：指《顏淵篇》。今本原文作“仁者其言也訒”。

訥① 言難也。从言，从内②。 内骨切(nè)。

【譯文】訥，言語困難。从言，从内。

【注釋】① 訥：謂言辭遲鈍。《論語》：“君子欲訥於言而敏於行。”苞曰：“訥，遲鈍也。”《段注》：“與訒義同，與㕯音義皆同。” ② 从内：俗話説，茶壺裏的餃子，有話倒不出。故从言从内，内也表聲。

謯 謯娽①也。从言，虘聲。 側加切(zhā/jiē)②。

【譯文】謯，謯娽。从言，虘聲。

【注釋】① 謯娽：《段注》：“謯娽當是古語。”一説，“謯娽”兩讀。唐寫本《玉篇》引《説文》：“謯，娽也。”其義未詳。俞樾《兒笘録》謂謯者詛之籀文。凡籀文从虘者，小篆或省作且。參“詛”條。 ② 今讀依《廣韻》子邪切。

㑤① 待也②。从言，伿聲③。讀若𦣞④。 胡禮切(xì)。

【譯文】㑤，等待。从言，伿(yì)聲。音讀象“𦣞”(nè)字。

【注釋】① 㑤：徐鍇《繫傳》：“此亦與徯(xī，等待)字義相通也。” ② 待也：桂馥《義證》：“俗言嬾待也。”照桂説應是因怠惰而等待。從以聲表義和譬況讀音來看，桂説是也，怠惰與等待，一義相因。 ③ 伿聲：本書人部：“伿，惰也。”聲中有義。 ④ 𦣞：本書臥部：“楚謂小兒嬾𦣞。”

警 痛呼也。从言，敫聲①。 古弔切(jiào)。

【譯文】警，痛苦呼叫。从言，敫聲。

【注釋】① 敫聲：“敫”應作“歊”，音 jiào。本書“歊”下：“从欠，噭省聲。”大徐本篆文作歊。本義是激烈酸楚的歌曲。“痛呼”，必然激烈酸楚。敫音 yuè，“从白，从放”，是光綫流散的意思。又，放，“从方，支聲”。支、欠形音義完全不同。參“敫”、“歒”條。

譊 恚呼也。从言，堯聲。 女交切(náo)。

【譯文】譊，憤怒地呼叫。从言，堯聲。

謍 小聲也。从言，熒省聲。《詩》①曰：“謍謍青蠅。” 余傾切(yíng)。

【譯文】謍，細小的聲音。从言，熒省火爲聲。《詩經》説：“飛來飛去的蒼蠅。”

【注釋】①《詩》：指《小雅・青蠅》。今本“謍”作“營”，毛傳：“營營，往來皃。”重言詞與單詞意義不同。

諎 大聲也。从言，昔聲。讀若笮①。唶，諎或从口。 壯革切(zé)。

【譯文】諎，大聲。从言，昔聲。音讀象“笮”(zuó)字。唶，諎的或體，从口。

【注釋】① 讀若笮：葉德輝《讀若考》：“昔、乍音同。”

諛 諂①也。从言，臾聲。 羊朱切(yú)。

【譯文】諛，諂媚。从言，臾聲。

【注釋】① 諂(chǎn)：諂媚，用甜言蜜語奉承人。徐鍇《繫傳通論》：“諛者，言如物之腴也。腴，鳥獸腹之甘美者也。諛者，必以甘言入於君而已。”楊樹達説，“臾有下義”(見《增訂積微居小學金石論叢・字義同緣於語源同例證》)。人性卑下者，言品低下者，出言必諛。

讇 諛①也。从言，閻聲。諂②，讇或省。 丑琰切(chǎn)。

【譯文】讇，諂媚。从言，閻聲。諂是讇的或體，是讇字的省略。

【注釋】① 諛：用甜蜜的話奉承人。 ② 諂：徐鍇《繫傳通論》：“言臽爲諂。臽，陷也。”陷，使人落入陷井，故楊樹達説：“臽有低下之義。”人品言品低下者出言必諂。見“諛”條。

諼 詐也。从言，爰聲。 況袁切(xuān)。

【譯文】諼，欺詐。从言，爰聲。

謷 不(肖)[省]人[言]①也。从言，敖聲②。一曰：哭不止，悲聲謷謷③。 五牢切(áo)。

【譯文】謷,不聽從别人的好話(而狂傲放言)。从言,敖聲。另一義説:哭不停止,衆口悲愁之聲謷謷不絶。

【注釋】① 不肖人:當依《段注》本作“不省人言”。謷常疊音而成“謷謷”一詞,《楚辭》“令尹兮謷謷”,王逸注:“不聽話言而妄語也。” ② 敖聲:聲中有義。敖是傲的意思。《爾雅·釋訓》:“敖敖,傲也。”《釋文》:“敖,本又作謷。”並引舍人注曰:“謷謷,衆口毁人之皃。” ③ 謷謷:《漢書·食貨志》:“天下謷謷然陷刑者衆。”顔注:“謷謷,衆口愁聲。”這是顔注隨文釋義。

①誘也。从言,术聲。　思律切(xù)。

訹　【譯文】訹,引誘。从言,术聲。

【注釋】① 訹:《廣雅》:“訹,誘也。”張舜徽《約注》:“今湖湘間猶稱以言辭騙誘人从而有所取者,謂之訹。音讀如術。”

沇州①謂欺曰詑。从言,它聲。　託何切(tuō)。

詑　【譯文】詑,沇州叫欺爲詑。从言,它聲。

【注釋】① 沇(yǎn)州:今河北、山東境地。

①欺也。从言,曼聲。　母官切(mán)。

謾　【譯文】謾,欺騙。从言,曼聲。

【注釋】① 謾:《方言》卷一:“虔儇,慧也。秦謂之謾。”王筠《句讀》引《賈誼書》:“反信爲謾。”

譇拏①,羞窮②也。从言,奢聲。　陟加切(zhā)。

譇　【譯文】譇,譇拏,即羞澀詞窮、支離牽引。从言,奢聲。

【注釋】① 譇拏(ná):疊韻聯緜字。　② 羞窮:《段注》:“羞窮者,謂羞澀詞窮而支離牽引,是曰譇拏。”故徐鍇《繫傳》曰:“繁詞自蓋蔽也。”因羞澀詞窮,故須“自蓋蔽”;因出言支離牽引,故爲“繁詞”。

慙語①也。从言,作聲。　鉏駕切(zhà)。

詐　【譯文】詐,慚愧的言語。从言,作聲。

【注釋】① 慙語:徐鍇《繫傳》:“在心曰怍,在言曰詐。”李富孫《辨字正俗》:“詐爲語之慙,怍爲心之慙。”

謺 謺讘[①]也。从言，執聲。 之涉切（zhé）。

【譯文】謺，謺讘。从言，執聲。

【注釋】① 謺讘（niè）：《段注》："當是疊韻雙字。"徐鍇《繫傳》："《史記》灌夫曰：'生平毁程不識不直一錢，今日長者行酒，乃效兒女子呫囁耳語。'當作此謺讘字也。"呫囁，《集解》："附耳小語。"

謰 謰謱[①]也。从言，連聲。 力延切（lián）。

【譯文】謰，謰謱。从言，連聲。

【注釋】① 謰謱：雙聲聯緜字。《方言》卷十："嘱哰、謰謱，拏（牽引）也。東齊、周、晉之鄙曰嘱哰。南楚曰謰謱。"《廣韻》："嗹嘍，言語繁絮皃。"繁絮，繁瑣、絮叨。

謱 謰謱[①]也。从言，婁聲。 陟侯切（zhōu/lóu）[②]。

【譯文】謱，謰謱。从言，婁聲。

【注釋】① 謰謱：雙聲連語。朱駿聲《通訓定聲》："辭支離牽引也。"一作"嘱哰"。參"謰"條。 ② 今讀依《廣韻》落侯切。

詒 相欺詒[①]也。一曰：遺也。从言，台聲。 與之切（yí/dài）。

【譯文】詒（dài），相欺騙。另一義説：詒（yí）是遺贈的意思。从言，台聲。

【注釋】① 欺詒（dài）：徐鍇《繫傳》："今《史記》'欺紿'作'紿'，音待。'一曰遺'乃與'貽（yí）'同音。無貽字。"

【參證】金文作。

謲 相怒使也。从言，參聲。 倉南切（cān/càn）。

【譯文】謲，相怒而使。从言，參聲。

誑 欺也。从言，狂聲。 居況切（guàng/kuáng）。

【譯文】誑，欺騙。从言，狂聲。

譺 騃[①]也。从言，疑聲。 五介切（ài）。

【譯文】譺，相調笑。从言，疑聲。

【注釋】① 騃（ài）：桂馥曰：當爲誒。《楚辭·大招》"誒笑狂只"，王注："誒猶嗤也。"按桂説是也。《一切經音義》卷十六引作"欺調也"。《廣雅》："譺，調也。"可證。朱駿聲《通訓定聲》"此字當爲調戲之意。"《通俗文》:"大調曰譺。"徐鍇《繫傳》:"(譺,)言多礙也。"《段注》:"大相嘲調者,如癡騃(誒)然也。"意思是:彼此大相調戲,如癡如騃(誒),以致言語不暢似有滯礙。於是又可引申爲《方言》所謂"癡騃(誒)"意。

諣 相誤也。从言,狊聲[1]。 古罵切(guà)。

諣 【譯文】諣,用言語誤人。从言,狊聲。

【注釋】① 狊(jù)聲:姚文田、嚴可均《校議》謂當作界(jù)聲。《段注》謂"'諣誤'蓋同'詿誤'"。按《類篇》"詿"作"諣",可證也。徐灝箋:"今俗猶謂以言誤之曰諣。"

訕[1] 謗[2]也。从言,山聲。 所晏切(shàn)。

訕 【譯文】訕,誹謗。从言,山聲。

【注釋】① 訕:《荀子·大略》楊注:"謗上曰訕。"《段注》:"與女部'姍,誹也'音義同。" ② 謗:賈逵曰"對人道其惡曰謗"(見《國語》注)。按訕、謗,統言無分,析言有別。

譏 誹[1]也。从言,幾聲[2]。 居衣切(jī)。

譏 【譯文】譏,用隱含的語言從旁指責過失。从言,幾聲。

【注釋】① 誹:謗。《段注》:"譏誹疊韻。譏之言微也。以微言相摩切也。" ② 幾聲:本書丝部:"幾,微也。"聲中有義。微言即微辭,隱晦的批評。

誣 加[1]也。从言,巫聲。 武扶切(wū)。

誣 【譯文】誣,虛加不實。从言,巫聲。

【注釋】① 加:本書力部:"加,語相增加也。"《段注》:"加與誣皆兼毁譽言之。毁譽不以實皆曰誣也。"故徐鍇《繫傳》曰:"以無爲有也。"

【參證】楊樹達《積微居小學述林·釋誣》:"蓋巫之爲術,假託鬼神,妄言禍福,故誣字从巫从言,訓爲加言,引申其義則爲欺,爲誣罔不信也。"

誹 謗也。从言,非聲[1]。 敷尾切(fěi)。

誹 【譯文】誹,毁謗。从言,非聲。

【注釋】① 非聲：《段注》："誹之言非也，言非其實。"

謗 毁也。从言，旁聲①。 補浪切(bàng)。

【譯文】謗，毁謗。从言，旁聲。

【注釋】① 旁聲：《段注》："謗之言旁也。旁，溥也。大言之過其實。《論語》：'子貢方人。'假方爲謗。"《釋文》："鄭本作謗。謂言人之過惡。"可見，謗是過其實之大言，以言人之過惡，故釋爲毁。

譸 詶①也。从言，壽聲。讀若醻。《周書》②曰："無或譸張爲幻③。" 張流切(zhōu)。

【譯文】譸，詛咒。从言，壽聲。音讀象"醻"字。《周書》説："沒有互相欺誑、詐惑的。"

【注釋】① 詶(zhòu)：詛。見《玉篇》。今作"咒"。 ②《周書》：指《無逸》。 ③ 無或句：今本作"民無或(語氣詞)胥(互相)譸張爲(與，連詞)幻(詐惑)"。譸張，即侜張。雙聲聯緜字。《爾雅・釋訓》曰："侜張，誑也。"此與單詞訓詶者不同。

詶 (譸)[詛]也①。从言，州聲。 市流切(chóu)。

【譯文】詶，詛咒。从言，州聲。

【注釋】① 譸：當作"詛"。朱駿聲《通訓定聲》曰："《玉篇》引《説文》詛也，按即譸之或體。"

詛 詶①也。从言，且聲。 莊助切(zǔ)。

【譯文】詛，詛咒。从言，且聲。

【注釋】① 詶：《書・無逸》："否則厥口詛祝。"孔疏："以言告神謂之祝，請神加殃謂之詛。"朱駿聲《通訓定聲》："祝兼吉凶，詛則專言凶。"

訕 詶①也。从言，由聲。 直又切(zhòu)。

【譯文】訕，詛咒。从言，由聲。

【注釋】① 詶：錢坫《斠詮》："《釋典》'咒'字即此。"

誃 離別①也。从言，多聲。讀若《論語》"跢予之足"②。周景王作洛陽誃臺③。 尺氏切(chǐ)。

【譯文】誃，離開。从言，多聲。音讀象《論語》"跢予之足"的跢字。周景王建築了洛陽的離宮别館，名叫誃臺。

【注釋】① 離别：同義連用，别也指分離。《爾雅·釋言》："誃，離也。"《戰國策》"出誃臺門"注："别也。" ② 跢(chí)予之足：《論語·泰伯篇》云："啟(同"瞀"，看)予足，啟予手。""跢"當是"啟"之誤。 ③ 誃臺：王筠《釋例》："誃臺猶云離宫，謂此臺不在王宫内也。"

 誖 亂也。从言，孛聲。，誖或从心[①]。[②]，籀文誖从二或。蒲沒切(bó/bèi)[③]。

【譯文】誖，言語乖背。从言，孛聲。悖是誖的或體，从心。⿳或或言是籀文誖，由兩個或字會意。

【注釋】① 从心：言爲心之聲。从心，从言，一也。 ② ⿳或或言：《段注》："兩國相違，舉戈相向，亂之意也。"按：或、國，古今字。 ③ 今讀依《廣韻》蒲昧切。

【參證】甲文作，、，金文作，與籀文同。李孝定《甲骨文字集釋》第三："篆文作誖、作悖，均後起形聲字。"

 䜌 亂也。一曰：治[①]也。一曰：不絶也。从言絲[②]。[③]，古文䜌。 吕員切(luán)。

【譯文】䜌，言語紊亂。另一義説：是治理的意思。又另一義説：是連續不斷的意思。由言、絲會意。𤔔是古文䜌字。

【注釋】① 治：張舜徽《約注》："䜌訓爲治，又訓爲亂，相反而實相成，所謂美惡不嫌同名者，此類是也。" ② 从言絲：《段注》："治絲易棼(fén亂)，絲亦不絶，故从絲會意。" ③ 𤔔：徐鍇《繫傳》："象絲亂而爪治之。爪，手反也。"按：象左、右手，888象絲。李孝定《金文詁林讀後記》卷三："()象兩手治絲形，故訓治，絲亂待手治之，故亦得有亂義，譌變作'𤔔'，又作'亂'耳。……當移入四卷𠬪部，以爲'𤔔'之古文。"

【參證】金文作、、。林義光《文源》："不治之亂，古以䜌爲之。从言絲，謂言如絲之棼。"言語紊亂，必須理順，故引申爲"治也"；言語紊亂，有如一窠亂麻，纏緜不斷，故引申爲"不絶也"。

 誤 謬也。从言，吴聲[①]。 五故切(wù)。

【譯文】誤，謬誤。从言，吴聲。

【注釋】① 吴聲：本書“吴”下：“大言也。”大聲喧嘩。引申爲大，誇大。誇大之言，實爲謬誤。參“吴”條。

註① 誤也。从言，圭聲②。　古賣切(guà)。

【譯文】註，因牽挂而錯誤。从言，圭聲。

【注釋】① 註：《段注》：“註，謂有所牽挂而然也。”　② 圭聲：即絓省聲，絓也表義。本書“絓”下：“繭滓絓頭也。”引申爲牽挂。參“絓”條。

誒 可惡之辭①。从言，矣聲。一曰：誒，然②。《春秋傳》③曰：“誒誒出出。”　許其切(xī)。

【譯文】誒，表示可惡的言詞。从言，矣聲。另一義説：誒是表示應對之詞。《春秋左傳》説：“(有鬼呼叫説：)誒誒，出出。”

【注釋】① 可惡之辭：王筠曰：“此義與欸同。欠部：‘欸，訾也。’”又引《項羽本紀》：“范增曰：‘唉，豎子不足與謀。’”《索隱》曰：“唉，歎恨發聲之詞。”按：唉即誒。　② 誒，然：王筠《句讀》：“此義與唉同。口部：‘唉，應也。’《方言》：‘欸，然也。南楚凡言然者曰欸。’則字又作欸。”誒、唉、欸，在表示應對義上，是一個字。言是口裏發出的表達意義的聲音，欠是鬱結之氣從口裏舒散，打哈欠。口、言、欠，形近義通。　③《春秋傳》：指《左傳·襄公三十年》。誒誒出出，今本作“譆譆出出”。吴玉搢《引經考》：“《通雅》曰：‘譆譆出出，當作嘻嘻咄咄，皆狀鬼神之聲。’”

譆 痛①也。从言，喜聲。　火衣切(xī)。

【譯文】譆，表悲痛的嘆詞。从言，喜聲。

【注釋】① 痛：《玉篇·言部》：“譆，懼聲也；悲恨之聲也。”也作“嘻”。

詯 膽气滿聲①。在人上。从言，自聲②。讀若反目相睞③。荒内切(huì)。

【譯文】詯，充滿膽量和勇氣(而自然發出某種氣息)的聲音。在常人之上。从言，自聲。音讀象“反目相睞”的“睞”字。

【注釋】① 膽气滿聲：即膽氣滿之聲。徐鍇《繫傳》：“膽气滿，自然气息聲也。”　② 自聲：《方言》卷十二：“自，盈也。”　③ 反目相睞（lài）：本書目部："睞，目童子不正也。"王筠《釋例》："人之反目似之。"

謧　謧詍①，多言也。从言，离聲。　吕之切（lí）。

【譯文】謧，謧詍，多言。从言，离聲。

【注釋】① 謧詍（yì）：朱駿聲《通訓定聲》："雙聲連語。"王筠《釋例》："合謧於詍，乃爲多言。……而詍之一字，即爲多言，故詍下不云謧詍也。詍、呭同字，呭亦訓多言，則詍之一字即爲多言明矣。"

詍　多言①也。从言，世聲。《詩》②曰："無然詍詍③。"　余制切（yì）。

【譯文】詍，多言。从言，世聲。《詩經》説："不要這麼喋喋不休。"

【注釋】① 多言：《集韻》："詍，語多也。"　②《詩》：指《大雅·板》。　③ 詍詍：今本作"泄泄"。錢坫《斠詮》："《孟子》：'詍詍猶沓沓也。'沓即誻，是多言。口部亦引此。"故譯爲"喋喋不休"。

呰　不思稱意也。从言，此聲。《詩》①曰："翕翕訿訿②。"　將此切（zǐ）。

【譯文】呰，不想使上級滿意。从言，此聲。《詩經》説："翕翕地（害他的上級），訿訿地（不想使他的上級滿意）。"

【注釋】①《詩》：指《小雅·小旻》。　② 翕翕（xì）訿訿：今本作"潝潝訿訿"。《段注》："《釋訓》云：'翕翕訿訿，莫供職（供奉職事）也。'毛傳云：'潝潝然患其上，訿訿然不思稱其上。'不思稱其上者，謂不思報稱其上之恩也。"

詾　往來言①也。一曰：小兒未能正言②也。一曰：祝也。从言，匋聲。䛌，詾或从包③。　大牢切（táo）。

【譯文】詾，往來傳話。另一義説：詾是小孩不能正言。另一義説：詾是祝的意思。从言，匋聲。䛌是詾的或體，从包。

【注釋】① 往來言：鄭知同《商義》："往來言者，以此人之言往言於彼，復以彼人之言來言於此，而搆兩人之怨。"　② 未能正言：馬敘倫《六書疏證》卷五："（小兒）每語還復也。非異義。"即，小兒呀呀學語時，每個字詞往來反覆地説。　③ 从包：包是聲符。匋、包古音同部(幽部)。

詽 詽詽,多語也。从言,冄聲。樂浪有詽邯縣①。 汝閻切(rán/nán)②。

【譯文】詽,詽詽,多語。从言,冄聲。樂浪郡有詽邯縣。

【注釋】① 詽邯縣:見《漢書·地理志》,在今朝鮮境内。詽,孟康音男。蓋"喃"之正字,又作"諵"。 ② 今讀依《集韻》那含切。

譅 語相(反)[及]譅也①。从言,遝聲②。 他合切(tà)。

【譯文】譅,言語相及爲譅。从言,遝聲。

【注釋】① 語相句:《六書故》第十一引唐本作"語相及也"。按:"反"者,"及"之誤。語相及,謂連續不絕。 ② 遝聲:聲中有義。目相及謂之眔,行相及謂之遝。

誻 譅誻①也。从言,沓聲。 徒合切(tà)。

【譯文】誻,譅誻。从言,沓聲。

【注釋】① 譅誻:《玉篇·言部》:"譅誻,妄語也。"《荀子·正名》:"誻誻然而沸。"楊注云:"誻誻,多言也。"

訮① 諍語訮訮②也。从言,幵聲。 呼堅切(xiān/yán)③。

【譯文】訮,怒聲爭論。从言,幵(jiān)聲。

【注釋】① 訮:《玉篇》:"訶(hē,大聲怒斥)也,訟(爭)也。"徐灝《段注箋》:"今俗謂人善怒健與人爭訟曰訮。" ② 訮訮:《廣韻》:"訮訮,訶皃。" ③ 今讀依《廣韻》五閑切。

譪 言壯皃①。一曰:數相怒也。从言,巂聲。讀若畫。 呼麥切(huà/xié)②。

【譯文】譪,語聲壯大。另一義説:譪是屢屢發怒。从言,巂聲。音讀象"畫"字。

【注釋】① 言壯皃:《廣韻》引《説文》:"自是(自以爲是)也。"《集韻》:"譪,自伐(自我誇耀)也。""自是"、"自伐"者,其聲壯大。故徐灝《段注箋》説:"自是、自伐,即'言壯皃'之意也。" ② 今讀依《廣韻》户圭切。

訇 騃言聲①。从言,勻省聲。漢中西城有訇鄉②。又讀若玄③。,籒文不省。 虎横切(hōng)。

【譯文】訇，痴呆之言的聲音。从言，匀省聲。漢中郡西城縣有訇鄉。又，訇鄉的訇，音讀象玄字。訇是籀文訇，聲旁字匀不省。

【注釋】① 騃(ái)言聲：騃言之聲。《方言》："癡，騃也。"參"騃"條。　② 漢中句：見《漢書・地理志》。　③ 又讀若玄：《段注》："謂讀若匀矣，其訇鄉則又讀若玄也。"王筠《句讀》："訇初謁爲圁，再謁爲圜，乃讀元也。"

【參證】甲文作，金文作。甲文从口，金文从言，均从匀省聲。丁佛言《説文古籀補補》卷三："古从匀之字多省作。"

諞 便巧[1]言也。从言，扁聲。《周書》曰："戩戩善諞言。"[2]《論語》[3]曰："友諞佞[4]。"　部田切(pián)。

【譯文】諞，雄辯而巧詐的話。《周書》説："淺薄而善于辯説。"《論語》説："與辯言巧媚的人交朋友。"

【注釋】① 便巧：便，辯也。見《論語》鄭注。便巧者，辯而巧也。　②《周書》：指《秦誓》。戩戩(jié)：今作"截截"。《公羊傳》引作"諓諓"，何休注："諓諓，淺薄之貌。"　③《論語》：指《季氏篇》。　④ 便佞：辯言巧媚。

䛨 (匹)[比][1]也。从言，頻聲[2]。　符真切(pín)。

【譯文】䛨，多言。从言，頻聲。

【注釋】① 匹：當从唐寫本《玉篇》作"比"。比，頻也，引申爲多。今本《玉篇》："䛨，多言。"　② 頻聲：本書"瀕"下："水厓。从頁，从涉。"省爲"頻"，又借爲頻繁義。頻用假借義。

訃 扣也[1]。如求婦先訃(叕)[發]之[2]。从言，从口[3]，口亦聲。　苦后切(kòu)。

【譯文】訃，叩問。象求婦人先須叩問而發端一樣。由言、由口會意，口也表聲。

【注釋】① 扣：《段注》："扣、叩古今字。"　② 訃叕：唐寫本《玉篇》訃注引《説文》"如求婦先訃發之"，"叕"乃"發"之誤，"訃發"是古語。《段注》引《論語》："我叩其兩端而竭焉。"孔注："我則發事之始，終以語之。"即發語之端而不斷叩問，故徐鍇《繫傳》曰："頻繁哀求之意也。” ③ 从口：《段注》：“口者，叩也。”

詉 言相詉司①也。从言，奴聲。 女家切（ná/nì）②。

【譯文】詉，用言語刺探别人的意旨。从言，奴聲。

【注釋】① 言相詉司：徐鍇《繫傳》：“司，伺也。謂以言伺人之意旨也。”《段注》：“詉司猶刺探。詉之言惹也，司之言伺也。” ② 今讀依《集韻》研計切。

誂 相呼誘①也。从言，兆聲。 徒了切（tiǎo）。

【譯文】誂，招引誘逗别人。从言，兆聲。

【注釋】① 相呼誘：《戰國策·秦策》：“楚人有兩妻者，人誂其長者，長者詈之；誂其少者，少者許之。”即此義。後人多用“挑”字。或用行動誘逗，故从手。《段注》“挑”下：“挑者謂撥動之。《左傳》云‘挑戰’是也。”

譄① 加也。从言，从曾聲②。 作滕切（zēng）。

【譯文】譄，增加誇大的話。从言，从曾，曾聲。

【注釋】① 譄：《廣韻》：“譄，加言也。”謂誣加不實之言。 ② 从曾聲：“从曾，曾聲”的緊縮。曾本爲“甑”，甑是層層加上去，故許釋“譄”爲“加（言）也。”

詄 忘也。从言，失聲①。 徒結切（dié）。

【譯文】詄，遺忘。从言，失聲。

【注釋】① 失聲：聲中有義。本書“失”下：“縱也。”在手逸去爲失，引申爲一切失掉。言語，記而復失，即名忘。

諅① 忌②也。从言，其聲。《周書》③曰：“上不諅于凶德。” 渠記切（jì）。

【譯文】諅，忌畏。从言，其聲。《周書》説：“尚且不要忌凶惡的壞人。”

【注釋】① 諅：朱駿聲《通訓定聲》：“與左形右聲之諆别。”諆，欺也。 ② 忌：畏忌。 ③《周書》：指《多方》。今本作“爾尚不忌于凶德”。

【參證】金文作[illegible]、[illegible]。从口猶从言也。

譀 誕①也。从言，敢聲。[illegible]②，俗譀从忘。 下闞切（hàn）。

【譯文】譀，説大話。从言，敢聲。[illegible]是俗譀字，从忘。

【注釋】① 誕：大言。 ② 謕：朱駿聲《通訓定聲》："俗从言从忘。按：忘者，妄也。會意。"

誇 譀也。从言，夸聲[1]。 苦瓜切(kuā)。

【譯文】誇，誇大。从言，夸聲。

【注釋】① 夸聲：聲中有義。本書"夸"下："奢也。"張開兩腿，引申爲張大之義。

誕 詞誕[1]也。从言，延聲[2]。這，籀文誕省正[3]。 徒旱切(dàn)。

【譯文】誕，詞語荒誕。从言，延聲。這是籀文誕字。

【注釋】① 詞誕：徐鍇《繫傳》："妄爲大言也。" ② 延聲：聲中有義。延本義爲長行，引申爲延長，又引申爲誇大、不真實、不合情、虛妄、荒誕。參"延"條。 ③ 省正：大徐别本無"省正"二字，唐寫本《玉篇》"誕"注引《説文》"䛂，籀文誕"，也無此二字，當删。又，這从言从廴(yǐn)，廴是長行、延長、誇大之義。

【參證】金文作。不从言。

讟[1] 譀也。从言，萬聲[2]。 莫話切(mài)。

【譯文】讟，誇誕的話。从言，萬聲。

【注釋】① 讟：徐鍇《繫傳》："言過也。"即言過其實。王筠《句讀》："《釋文》以爲'過謬之言'。"所以朱駿聲《通訓定聲》説："誇誕之意。" ② 萬聲：聲中有義。本書"萬"下："蟲也。"後爲數名所專。萬，數之極也。有極端、絶對之義。極端的言語，絶對的言語，當然是誇誕的話。

謔 戲也。从言，虐聲。《詩》[1]曰："善戲謔兮。" 虚約切(xuè)。

【譯文】謔，開玩笑。从言，虐聲。《詩經》説："最善於開玩笑啊。"

【注釋】①《詩》：指《衛風・淇奥》。

詪 詪 (眼)[很]戾也[1]。从言，皀聲[2]。 乎懇切(hěn)。

【譯文】詪，不聽從。从言，皀聲。

【注釋】① 眼戾：當作"很戾"，唐寫本《玉篇》"詪"注引《説文》："很也。"可證。杜注《左傳》："很，戾也。"很、戾二字義近。本書彳部：

“很，不聽从也”。詪字罕用，均以很字代之。很、詪二字構形取象不同，或側重行動，或側重言語，其實都是不聽從的意思，所以“很”可代替“詪”。　② 艮聲：聲中有義。艮是不聽從的意思。參“艮”條。

訌 讃[1]也。从言，工聲。《詩》[2]曰：“蟊賊[3]内訌[4]。”　户工切(hóng/hòng)。

【譯文】訌，因胡亂爭訟而導致潰亂。从言，工聲。《詩經》説：“那些害人蟲在内部爭吵坑陷别人。”

【注釋】① 讃：即潰亂。與“潰”同。《段注》：“《釋言》：‘虹，潰也。亦作訌。’郭注：‘謂潰敗。’”　②《詩》：指《大雅・召旻》。③ 蟊賊：吃禾苗的害蟲，比喻害人蟲。　④ 内訌：毛傳：“訌，潰也。”箋：“訌，爭訟相陷人之言。”

讃[1] 中止[2]也。从言，貴聲。《司馬法》曰：“師多則人讃[3]。”讃，止也。　胡對切(huì)。

【譯文】讃，從内部讃亂而使事業中止。从言，貴聲。《司馬法》説：“軍隊多那麼民事就會停止。”讃是止的意思。

【注釋】① 讃：承培元《廣答問疏證》：“其讃亂、昏讃，當作讃。”② 中止：《段注》：“中止者，自中而止。猶云‘内亂’。”　③ 人讃：桂馥《義證》：“《增韻》引作‘民讃’。唐諱‘民’改‘人’也。”

譿 聲也。从言，歲聲。《詩》曰：“有譿其聲[1]。”　呼會切(huì)。

【譯文】譿，象聲之詞。从言，歲聲。《詩經》説：“那聲音譿譿地響啊。”

【注釋】① 有譿句：今本《詩經》無此文，未詳。

諣 疾言也。从言，咼聲。　呼卦切(huà)。

【譯文】諣，快速的言語。从言，咼聲。

讙 譟也。从言，魋聲。　杜回切(tuí)。

【譯文】讙，喧嘩鼓譟。从言，魋(tuí)聲。

譟 擾也。从言，喿聲[1]。　蘇到切(sào/zào)。

【譯文】譟，擾嚷。从言，喿聲。

【注釋】① 喿聲：聲中有義。本書“喿”下：“鳥羣鳴也。”參“喿”條。側重人言擾嚷則加“言”旁。故朱駿聲《通訓定聲》說：“此字實即喿之轉注。”

訆① 大呼也。从言，丩聲。《春秋傳》② 曰：“或訆于宋大廟。”古弔切(jiào)。

【譯文】訆，大聲呼叫。从言，丩聲。《春秋左傳》說：“有鬼在宋國始祖廟裏大聲呼叫。”

【注釋】① 訆：《段注》：“與㗊部嚻、口部叫音義皆同。”　②《春秋傳》：指《左傳・襄公三十年》。訆，今作“叫”。

諕① 號也。从言，从虎②。　乎刀切(háo)。

【譯文】諕，呼號。由言、由虎會意。

【注釋】① 諕：《段注》：“此與号部號音義皆同。口部虓(xiāo)从口虎，亦讀若罨。”徐鍇《繫傳》：“今人通作號，遂無作此字者也。”② 从虎：《段注》：“凡呼號之聲，虎爲最猛，故皆从虎會意。”虎也表聲，宋保《諧聲補逸》：“諕，虎聲，猶號从虎聲，唬从虎聲。”

讙① 譁也。从言，雚聲。　呼官切(huān)。

【譯文】讙，喧嘩。从言，雚聲。

【注釋】① 讙：徐鍇《繫傳》：“今人多作喧。”

譁① 讙也。从言，華聲。　呼瓜切(huā/huá)②。

【譯文】譁，喧譁。从言，華聲。

【注釋】① 譁：丁福保《詁林》：“唐寫本《玉篇》‘䜤’注引《說文》‘亦譁字也’。《廣韻》九麻‘譁 ’下‘䜤，同上’。足證‘䜤’爲‘譁’之重文。今本傳寫誤作下文‘謣’之重文。”　② 今讀依《集韻》胡瓜切。

謣 妄言①也。从言，雩聲。䜤②，謣或从荂。　羽俱切(yú)。

【譯文】謣，虛誇荒誕之言。从言，雩聲。䜤，謣的或體，从荂聲。

【注釋】① 妄言：徐鍇《繫傳》：“猶虛誇也。”　② 䜤：謣之或體䜤，《玉篇》以爲譁之重文。

譌 譌言①也。从言，爲聲。《詩》②曰：“民之譌言。”　五禾切(é)。

【譯文】譌，虛假之言。从言，爲聲。《詩經》説："百姓的虛假的話。（難道沒有人去制止它？）"

【注釋】① 譌言：即僞言。《慧琳音義》七十七卷十一頁"譌"注引《説文》"僞言也"。　②《詩》：指《小雅・沔水》。今本原文作"民之訛言，寧莫之懲"，譌作訛。

【參證】金文作。

詿① 誤也。从言，佳省聲。　古賣切(guà)。

詿 【譯文】詿，謬誤。从言，佳省人爲聲。

【注釋】① 詿：見前。二詿字形音義完全相同，在構形上一説"圭聲"，一説"佳省聲"，不知何故。

誤① 謬也。从言，吳聲。　五故切(wù)。

誤 【譯文】誤，謬誤。从言，吳聲。

【注釋】① 誤：見前。此重出。

謬 狂者之妄言也。从言，翏聲。　靡幼切(miù)。

謬 【譯文】謬，狂妄的人的荒誕的話。从言，翏聲。

詤 夢言①也。从言，巟聲。　呼光切(huāng/huǎng)②。

詤 【譯文】詤，夢囈之言。从言，巟聲。

【注釋】① 夢言：夢話。夢話無實，故引申爲謊言。許書無謊字。② 今讀依《廣韻》呼晃切。

謈 大呼自(勉)[冤]也①。从言，暴省聲②。　蒲角切(bó)。

謈 【譯文】謈，大聲呼叫，自稱冤枉。从言，暴省米爲聲。

【注釋】① 大呼句：《段注》作"大呼自冤也"，説："冤各本作勉。今依《廣韻》正。""自冤者，自稱己冤枉也。"桂馥《義證》："(謈)痛切而叫呼也。"是説受刑罰遭榜杖而痛切。　② 暴省聲：可見暴也聲中有義。

訬 訬擾①也。一曰：訬，獪②。从言，少聲。讀若毚③。　楚交切(chāo)。

訬 【譯文】訬，吵鬧煩擾。另一義説：訬是狡獪的意思。从言，少聲。音讀象"毚"字。

【注釋】① 訬擾：朱駿聲《通訓定聲》："今蘇俗謂讙呶曰炒鬧，即此訬擾字。" ② 訬，獪（kuài）：《廣雅》："訬，獪也。"此别一義。 ③ 讀若毚（chán）：《廣雅》："毚，獪也。"據此則訬獪之訬與毚同義，訬讀若毚，當是同義換讀之故。

[1] 欺也。从言，其聲。 去其切（qī）。

諆 【譯文】諆，欺騙。从言，其聲。

【注釋】① 諆：徐鍇《繫傳》："諆書（當作言）也。"與下形上聲之諅有别。參"諅"條。

【參證】金文作。

 權詐[1]也。益、梁曰謬欺，天下曰譎[2]。从言，矞聲。 古穴切（jué）。

譎 【譯文】譎，權變欺詐。益、梁之地叫謬叫欺，天下叫譎。从言，矞聲。

【注釋】① 權詐：《方言》卷三："膠、譎，詐也。凉州西南之間曰膠。自關而東西或曰譎，或曰膠。詐，通語也。"按：膠爲謬之譌。 ② 益梁二句：益指益州，梁指梁州，古地名。益州梁州謂之謬與欺，天下謂之譎。此義與《方言》不同，廣異義也。

[1] 欺也。从言，乍聲。 側駕切（zhà）。

詐 【譯文】詐，欺詐。从言，乍聲。

【注釋】① 詐：參"譎"條。

【參證】金文作。

 詭（譌）[僞]也[1]。从言，于聲[2]。一曰：訏，謩[3]。齊楚謂信曰訏[4]。 況于切（xū）。

訏 【譯文】訏，詭詐虚僞。从言，于聲。另一義説：訏是嗟嘆之詞。齊楚地方説誠實爲訏。

【注釋】① 詭譌：當作詭僞。唐寫本《玉篇》引《説文》："一曰：詭僞也。" ② 于聲：于有大義。从言从于，其言誇大。詭詐虚僞，其言不實，或夸大，或縮小，縮小乃夸大之反也。吁嗟者，嗚呼也，有所嘆美，有所傷痛，隨事有義，不離長吁短嘆，無論長短，總是大吐其氣也。

③ 訏,謇(jiē):《段注》:"今字作吁嗟,此别一義。"　④ 齊楚句:信,誠也。楚謂信曰訏,是反訓。《段注》:"信當作大。《釋詁》:'訏,大也。'《方言》:'訏,大也。中齊西楚之間曰訏。'"存參。

謎[①] 咨也[②]。一曰:痛惜也。从言,差聲。　子邪切(jiē)。

【譯文】謎,表示嗟嘆的詞。另一義説:謎是表示悲痛哀傷的嘆詞。从言,差聲。

【注釋】① 謎:徐鍇《繫傳》:"今俗从口作嗟。"　② 咨:嗟。

讋 失气(言)。一曰:[言]不止也[①]。从言,龖省聲。傅毅讀若慴。𧮰,籀文讋不省。　之涉切(zhé)。

【譯文】讋,喪失膽氣。另一義説:讋是言語不停止的意思。从言,龖(dá)省聲。傅毅説讋字音讀象慴(zhé)字。𧮰是籀文讋字,沒有省略。

【注釋】① 失气言兩句:當作"失气也。一曰:言不止也"。鈕樹玉《校録》:"《一切經音義》卷十九引作'失氣也。一曰:言不止也'。李注《文選·東都賦》引作'失氣也'。《玉篇》訓'言不止也'。與所引並合,後人妄以'言'字移在上,遂不可通。"鈕説可信。

謵 言謵讋[①]也。从言,習聲。　秦入切(jí/xí)[②]。

【譯文】謵,因恐懼而言語謵讋不止。从言,習聲。

【注釋】① 謵讋:《玉篇》云:"謵讋,言不正也。"《段注》:"疊韻字也。"徐鍇《繫傳》:"言辭懼也。"王筠《句讀》:"正蓋止之譌。"
② 今讀依《集韻》席入切。

誣[①] 相毁也。从言,亞聲[②]。一曰:畏亞[③]。　宛古切(wù)。

【譯文】誣,毁謗别人。从言,亞聲。另一義説:誣是畏懼厭惡的意思。

【注釋】① 誣:徐鍇《繫傳》:"猶惡(音污),相毁惡也。"　② 亞聲:楊樹達《積微居小學述林》:"尋(探求)亞,即今醜惡之惡字。誣从言从亞者,謂言人之醜惡,故其義爲相毁也。"　③ 畏亞:錢坫《斠詮》:"此畏惡(wù)字。秦詛楚文有之。今通用惡。"

讉 相毁[①]也。从言,隨省聲。　雖遂切(suì/huī)[②]。

【譯文】讉,毁謗别人。从言,隨省辵爲聲。

【注釋】① 毁：錢坫《斠詮》："此即毁譽之毁。"　② 今讀依《廣韻》許規切。

讕　嗑[1]也。从言，闒聲。　徒盍切(tà)。

【譯文】讕，話多。从言，闒聲。

【注釋】① 嗑(kē)：本書口部："嗑，多言也。"

詾　(說)[訟]也[1]。从言，匈聲。訩，或省。説，詾或从兇[2]。　許容切(xiōng)。

【譯文】詾，爭辯。从言，匈聲。訩是詾的或體，是詾的省略。説也是詾的或體，从兇聲。

【注釋】① 説也：詾字古無説義，説當作訟。《六書故》引唐本《説文》作"訟也"，《玉篇》、《廣韻》亦云"詾，訟也"，今本作"説"，顯爲傳寫之誤。　② 从兇：朱駿聲《通訓定聲》："从兇聲。"

訟　爭也。从言，公聲[1]。曰：謌訟[2]。䛦[3]，古文訟。　似用切(sòng)。

【譯文】訟，爭辯。从言，公聲。另一義説：訟是歌頌的意思。䛦是古文訟字。

【注釋】① 从言，公聲：《段注》："此形聲包會意。""公言之也。"按：一人爲私，背私爲公。爭辯必兩人以上，故从公从言。　② 曰：當作"一曰"，唐寫本《玉篇》"訟"下引作"一曰：歌訟"。歌訟即歌頌。訟、頌，古今字。《段注》："古作訟。後人假頌(容)皃字爲之。"　③ 䛦：公、谷，古不同聲，朱駿聲氏謂疑容省聲，存參。

【參證】金文作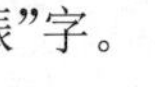。

謓[1]　恚[2]也。从言，真聲。賈侍中[3]説：謓，笑[4]。一曰：讀若振[5]。　昌真切(chēn)。

【譯文】謓，怨恚憤怒。从言，真聲。賈侍中説：謓是冷笑的意思。或説音讀象"振"字。

【注釋】① 謓：今人作嗔。　② 恚：怨也。　③ 賈侍中：賈逵。許慎的老師，故稱官名。　④ 謓，笑：朱駿聲《通訓定聲》："猶蘇俗所謂冷笑也。内怒而外笑。"　⑤ 一曰句：《集韻》："謓，之刃切。笑也。"此謂讂、笑一義，又讀若振。

讘 多言也。从言，聶聲[①]。河東有狐讘縣[②]。　之涉切(zhé/niè)[③]。

【譯文】讘，多話。从言，聶聲。河東有狐讘縣。

【注釋】① 聶聲：聲中有義。本書"聶"下："附耳私小語也。"切切私語，往往話多。　② 河東句：見《漢書・地理志》。狐讘縣：張舜徽《約注》："故城在今山西永和縣西南。"　③ 今讀依《廣韻》而涉切。

訶 大言而怒也[①]。从言，可聲[②]。　虎何切(hē)。

【譯文】訶，大聲怒責。从言，可聲。

【注釋】① 大言句：《廣韻・歌韻》："訶，責也。"　② 可聲：可，肯我切，溪母；訶，曉母。二字同爲歌部。戴家祥《金文大字典》："在古代諧聲字中，牙音見溪兩紐，每與喉音曉匣混淆。"故，"可"可表"訶"聲。又，可也表義。龔自珍《段注札記》："凡从可聲之字，亦往往訓大。荷亦大葉駭人也。"

【參證】金文作訶。《金文編》："與歌爲一字。"

詎 訐(jié)也[①]。从言，臣聲[②]。讀若指[③]。　職雉切(zhǐ)。

【譯文】詎，揭發指責別人的陰私過失。从言，臣聲。音讀象"指"字。

【注釋】① 訐：《廣韻・旨韻》："詎，訐發人之惡。"　② 臣聲：馬敘倫《六書疏證》卷五："劉秀生曰：臣聲古在定紐，指从旨聲，古在端紐，端定皆舌音，故詎从臣聲得讀若指。""臣聲真類，指聲脂類，脂真對轉，故詎讀若指。"　③ 讀若指：葉德輝《讀若考》："此蓋指斥之指本字，故讀指。"

訐 面相斥，罪相告：訐也[①]。从言，干聲[②]。　居謁切(jié)。

【譯文】訐，當面指責別人(的過失)，向上級告發別人的罪惡：這就是訐的意思。从言，干聲。

【注釋】① 面相句：王筠《釋例》："面相斥罪，謂面訐也。相告訐者，謂訐之於上也。乃兩義。"按：王句讀有誤，但釋兩義可取。告，告發。　② 干聲：聲中有義。本書"干"下："犯也。"用一有椏杈的木棒侵犯別人。參"干"條。引申爲指責，告發。

訴 告也。从言,(厈)[㡿](省)聲①。《論語》②曰:"訴子路於季孫。"𧦝,訴或从言朔③。愬,訴或从朔心④。 桑故切(sù)。

【譯文】訴,告不實之狀。从言,㡿省聲。《論語》説:"(公伯寮)向季孫誣告子路。"𧦝是訴的或體,从言,朔聲。愬是訴的或體,从心,朔聲。

【注釋】① 厈省聲:當依徐鍇《繫傳》作"㡿聲",小篆字頭當作訴。《段注》:"凡从㡿之字,隸變爲厈,俗又譌斥。" ②《論語》:指《憲問篇》。訴,今作"愬"。馬注:"愬,譖也。"徐鍇《繫傳通論》"譖"下:"(愬)誣告之也。" ③ 从言朔:此从朔聲。 ④ 从朔心:此亦从朔聲。朔亦从屰聲。

譖 愬也①。从言,朁聲②。 莊蔭切(zèn)。

【譯文】譖,用讒言毁壞别人。从言,朁聲。

【注釋】① 愬也:《三蒼》:"愬,讒也。"《廣雅》:"愬,毁也。" ② 朁聲:徐鍇《繫傳通論》:"譖者,簪也,若簪之簪物切至也。"用讒言傷人,如鋭簪穿刺,令人痛徹心脾。又見楊樹達《增訂積微居小學金石論叢》卷一。

讒① 譖也。从言,毚聲。 士咸切(chán)。

【譯文】讒,説别人的壞話。从言,毚聲。

【注釋】① 讒:徐灝《段注箋》:"譖、讒一聲之轉。"故楊樹達意謂"以言傷人",如以鋭刺人。義同譖,見"譖"條。《莊子·漁父》:"好言人之惡,謂之讒。"《荀子·修身篇》:"傷良曰讒。"

譴 謫①問也。从言,遣聲。 去戰切(qiǎn)。

【譯文】譴,責問。从言,遣聲。

【注釋】① 謫:《廣雅·釋詁一》:"謫,責也。"

謫 罰①也。从言,啻聲②。 陟革切(zhé)。

【譯文】謫,罰罪。从言,啻聲。

【注釋】① 罰:本書"罰"下:"罪之小者。"唯小罪方以言語處罰。後引申爲凡一切罰罪、貶謫、指謫之稱。 ② 啻聲:聲中有義。本書"啻"下:"諟也。"謂料理之使之正確。此處的"料理"其初始指用言語處罰。

諯 數[①]也。一曰:相讓[②]也。从言,耑聲[③]。讀若專。 尺絹切(chuàn/zhuān)[④]。

【譯文】諯,數説。另一義説:諯是責備別人的意思。从言,耑聲。音讀象"專"字。

【注釋】① 數(shǔ):相數責。今音讀上聲。 ② 相讓:相責讓。 ③ 耑聲:聲中有義。本書"耑"下:"物初生之題也。"引申爲發端。數説是一一從頭説起,列舉敘述。故諯可説是从言从耑,耑亦聲。 ④ 今讀依《廣韻》職緣切。

讓[①] 相責讓[②]。从言,襄聲。 人漾切(ràng)。

【譯文】讓,責備別人。从言,襄聲。

【注釋】① 讓:《段注》:"經傳多以爲謙攘字。"參"攘"條。 ② 相責讓:《廣雅》:"讓,責也。"《小爾雅》:"詰責以辭謂之讓。"

譙 嬈譊[①]也。从言,焦聲。讀若嚼。,古文譙从肖[②]。《周書》[③]曰:"亦未敢誚公。" 才肖切(qiào)。

【譯文】譙,擾弄和呵責。从言,焦聲。音讀象"嚼"字。誚是古文譙,从肖聲。《周書》説:"(成王)也不敢責備周公。"

【注釋】① 嬈譊:《倉頡篇》:"譙,呵也,亦嬈也。"嬈與譊爲二義。《字林》云:"嬈,援也。"《段注》:"嬈,擾,戲弄也。"本書言部:"譊,恚嘑也。"恚呼即呵。引申爲責讓。《方言》卷七:"譙,讓也。"
② 从肖:宋保《諧聲補逸》:"焦、爵、肖並同部,聲相近。" ③《周書》:指《金縢》。《段注》:"漢人作譙,壁中作誚,實一字也。"

誎 數誎[①]也。从言,朿聲[②]。 七賜切(cì)。

【譯文】誎,數落其過失而勸諫之。从言,朿聲。

【注釋】① 數(shǔ)誎:《段注》:"謂數其失而諫之。凡譏刺字當用此。" ② 朿聲:聲中有義。本書"朿"下:"木芒也。"樹木的刺。"數誎"則言語象刺一樣刺激着人家。與譖、讒構形原理相同。

【參證】金文作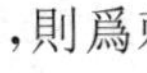。戴家祥《金文大字典》:"朿爲木芒,字木象形。加旁从刀(,則爲刺)。同聲通假義亦爲責。……責人以言,故又更旁从言。"

誶　讓[1]也。从言，卒聲。《國語》[2]曰："誶[3]申胥[4]。"　雖遂切(suì)。

【譯文】誶，責讓。从言，卒聲。《國語》説："責罵伍子胥。"

【注釋】① 讓：責讓。　②《國語》：指《吴語》。　③ 誶：今本作"訊"，傳寫之誤。朱駿聲《通訓定聲》："訊、誶形近，亦雙聲字。"馬敘倫《六書疏證》卷五："六朝書卒字作卆，傳寫成卂。"　④ 申胥：伍子胥。戰國楚人，奔吴，吴與之申地，故稱申胥。

詰[1]　問也。从言，吉聲。　去吉切(jié)。

【譯文】詰，(窮盡地)責問。从言，吉聲。

【注釋】① 詰：徐灝《段注箋》："詰者，責問也。"桂馥《義證》引《書·周官》"詰姦慝"馬云："詰猶窮也。"

謹　責望[1]也。从言，望聲[2]。　巫放切(wàng)。

【譯文】謹，因埋怨而責備别人。从言，望聲。

【注釋】① 責望：責之以望。望，怨望，埋怨。桂馥《義證》："(謹)史傳借望字。"　② 望聲：聲中有義。望本有跂望義，望而不還，遂生怨恨。望者，怨望也。徐鍇《繫傳》篆文作。

【參證】金文作、。首字不从言，次字从言，𦣠聲。𦣠即望的古文，甲文作。

詭[1]　責[2]也。从言，危聲。　過委切(guǐ)。

【譯文】詭，責求。从言，危聲。

【注釋】① 詭：今以爲詭詐字，是借爲"恑"。本書心部："恑，變也。"② 責：王筠《句讀》："《後漢書·陳重傳》：'有同署郎負息錢數十萬，責主日至，詭求無已。'按：此則責索之義。"

證[1]　告也。从言，登聲。　諸應切(zhèng)。

【譯文】證，告發。从言，登聲。

【注釋】① 證：《論語·子路》："其父攘羊，而子證之。"證即告發。今以爲證驗字。

詘　詰詘[1]也。一曰：屈襞[2]。从言，出聲。䛛，詘或从屈[3]。區勿切(qū)。

【譯文】詘,言詞屈曲。另一義説：詘是屈曲地摺疊衣裙的意思。从言,出聲。誳是詘的或體,从屈聲。

【注釋】① 詰詘：《段注》："二字雙聲,屈曲之意。"朱駿聲《通訓定聲》："(詘)字从言,當與吃同意。凡單言詘者,皆曲之轉聲也,亦以屈爲之。""與吃同意"者,是説出言蹇難,言詞屈曲。　② 襞(bì)：摺疊衣裙。　③ 从屈：朱駿聲《通訓定聲》："从屈聲。"

䛄　尉①也。从言,夗聲。　於願切(yuàn/yuǎn)②。

【譯文】䛄,安慰。从言,夗聲。

【注釋】① 尉：安慰。《段注》："尉各本作慰。……火部曰,尉者從上案(摁壓)下也。……䛄者,以善言案其心,如火申(伸直)繒(絲織品)然。䛄、尉雙聲。"　② 今讀依《廣韻》於阮切。

詷　知處告言之①。从言,冋聲。　朽正切(xiòng)。

【譯文】詷,把探知的處所、情況密告給有關方面。从言,冋聲。

【注釋】① 知處句：《急就篇》第四章："乏興猥逮詷讂(juàn)求。"顔師古注："詷,謂知處密告之也。"告言,同義複合。

讂　流言也。从言,敻聲。　火縣切(xuàn/juàn)①。

【譯文】讂,沒有根據的話。从言,敻聲。

【注釋】① 今讀依《廣韻》古縣切。

詆　苛①也。一曰：訶②也。从言,氐聲。　都禮切(dǐ)。

【譯文】詆,瑣細責問。另一義説：詆是大聲發怒斥駡的意思。从言,氐聲。

【注釋】① 苛：細。詆謂細詰問之。見苗夔《繫傳校勘記》。
② 訶：參"訶"條。

【參證】金文作[金文字形],从言,底聲。

誰①　何②也。从言,隹聲。　示隹切(shuí)。

【譯文】誰,訶問。从言,隹聲。

【注釋】① 誰：徐灝《段注箋》："錢云：'今京師訶止人猶曰誰。'灝按：誰、何皆責問之詞。屬文者連言之,則曰誰何耳。"　② 何：唐寫本《玉篇》"誰"字下引《説文》："誰,訶也。"又引《聲類》："所以訶問其名。”可證何當作訶。本書“訶”下：“大言而怒也。”

【參證】金文作、。

諽 飾①也。一曰：更②也。从言，革聲③。讀若戒④。 古覈切(gé)。

【譯文】諽，整治。另一義説：諽是改變的意思。从言，革聲。音讀象“戒”字。

【注釋】① 飾：桂馥《義證》：“飾當作飭(chì，整治)。” ② 更：王筠《句讀》：“經典皆借革。革部云：革，更之。” ③ 革聲：聲中有義。革取改變義。語言是思維的表徵，在思想上、語言上改變它才能付諸於行動，故又从言。改變是因，整治是果。 ④ 讀若戒：戒、諽上古同屬職部見紐。

讕 怟讕①也。从言，闌聲②。譋，讕或从閒③。 洛干切(lán)。

【譯文】讕，抵賴。从言，闌聲。譋是讕的或體，从閒聲。

【注釋】① 怟讕：《説文》無“怟”字，《段注》作抵讕，説：“抵讕猶今俗語云抵賴也。”徐鍇《繫傳》：“以語防闌之也。” ② 闌聲：聲中有義。本書“闌”下：“門遮也。”門的栅欄，闌外也。 ③ 从閒：从閒聲。闌、閒上古同屬元部。

【參證】金文作。李孝定《金文詁林讀後記》卷三：“盂鼎讕字，其義爲諫。”

診① 視也。从言②，㐱聲。 直刃切(zhèn)。又，之忍切(zhěn)。

【譯文】診，驗視(脈象)。从言，㐱聲。

【注釋】① 診：徐鍇《繫傳》：“診脈言視脈也。”桂馥《義證》引《聲類》：“診，驗也。”“謂看脈候也。”後引申爲凡驗視之稱。《急就篇》：“亭長游徼共雜診。”顔注：“診，驗視也。” ② 从言：《段注》：“从言者，醫家先問而後切也。”

訢① 悲聲也。从言，斯省聲。 先稽切(xī)。

【譯文】訢，悲鳴之聲。从言，斯省聲。

【注釋】① 訢：徐鍇《繫傳》：“今謂馬悲鳴爲嘶也。”徐灝《段注箋》：“口部無嘶字，此即是也。”

訧① 罪也。从言，尤聲。《周書》②曰："報③以庶訧。" 羽求切(yóu)。

【譯文】訧，罪過。从言，尤聲。《周書》説："將按庶人的罪過來判決。"

【注釋】① 訧：《段注》："《邶風》毛傳：'訧，過也。'亦作郵。""亦作尤。"　②《周書》：指《吕刑》。　③ 報：判決。

誅 討①也。从言②，朱聲。 陟輸切(zhū)。

【譯文】誅，聲討。从言，朱聲。

【注釋】① 討：引申爲凡殺戮糾責。　② 从言：《周禮·大宰》："誅以馭其過。"正義："人有過失，非故爲之者，則以言語責讓之。"按：此隨文釋義。不過也可説明，造字之始，誅何以"从言"。

【参證】金文作𢦏。从戈，朱聲。戴家祥《金文大字典》："从言爲口誅，从戈爲刑誅。"表示用武力討伐，文獻都作"誅"。

討① 治也。从言，从寸②。 他皓切(tǎo)。

【譯文】討，整治。由言、由寸會意。

【注釋】① 討：《段注》："發其紛糾而治之曰討。""討者，亂也。治討曰討，猶治亂曰亂也。"　② 从言，从寸：楊樹達《文字形義學》："寸謂手，治事者不以言則以手。"

諳① 悉也。从言，音聲。 烏含切(ān)。

【譯文】諳，知悉。从言，音聲。

【注釋】① 諳：《玉篇》："記也，知也，誦也，大聲也。"悉即知悉，一一了解，盡數了解。《一切經音義》卷二十云："喑，《説文》作諳，於禁反，大聲也。"此别一義。

讄 禱也。累功德以求福。《論語》①云："讄云②：'禱尔于上下神祇。'"从言，纍省聲③。讄，或不省。 力軌切(lěi)。

【譯文】讄，祈禱。積累功德來求神降福。《論語》説："禱詞説：'爲您向天神地祇祈禱啊。'"从言，纍省糸爲聲。讄是讄的或體，纍不省。

【注釋】①《論語》：指《述而》。　② 讄云：今本作"誄曰"。《段注》："讄，施於生者以求福；誄，施於死者以作謚。"馬叙倫《六書疏證》卷五："（讄）生則累功德以求福，（誄）死則累功德以立謚。"讄、誄同屬來紐。二字析言有别，渾言不分。《經典異字》："二字漢儒已相混。" ③ 从言，纍省聲：徐鍇《繫傳》作："从言，畾聲。讄或从纍。"纍也表義，有疊加、積累義。本書"纍"下："綴得理也。"《段注》："綴者，合箸也。"就是幾股絲繩疊加、糾合在一起。參"纍"條。

謚 行之迹[1]也。从言兮皿，闕[2]。 神至切（shì）。

【譯文】謚，人生言行的踪迹。由言、兮、皿會意，讀音闕。

【注釋】① 行之迹：王筠《句讀》引《周書·謚法解》："大行受大名，細行受細名。行出于己，名生于人。"徐灝《段注箋》："謚之引申，爲凡號之通偁。" ② 从言兮皿，闕：《段注》作"从言益聲"。姚文田、嚴可均《校議》："余謂謚即謚之行草，校者以行草爲篆體，因改説解之益聲作'兮皿闕'。"按《段注》作"益聲"，聲中有義。本書"益"下："饒也。"富饒有餘，對無餘則有好處，因可增益於他，故益有好處、增益諸義。謚是謚號。古代君王大臣死後，依其行迹，增益於他的言語稱號，叫謚。此謚之褒貶又可教益後人。參"謚"條。

誄 謚[1]也。从言，耒聲。 力軌切（lěi）。

【譯文】誄，累列行迹以作謚號。从言，耒聲。

【注釋】① 謚：《段注》："當云'所以爲謚也'。《曾子問》注曰：'誄，絫也。絫列生時行迹，讀之以作謚。'"馬敘倫《六書疏證》卷五："誄者，稱其行以備作謚者也；謚者，綜其行以立其號者也。"

謑 [謑詬，]耻也[1]。从言，奚聲。謨，謑或从奊[2]。 胡禮切（xì/xǐ）。

【譯文】謑，謑詬，耻辱。从言，奚聲。謨是謑的或體，从奊（xié）聲。

【注釋】① 耻也：當從《段注》作"謑詬，耻也"。 ② 从奊：《段注》："奚聲、圭聲同部，是以或作奊，或作謨也。"按：奚、圭上古同屬支部。

詬 謑詬[1]，耻也。从言，后聲。詢，詬或从句[2]。 呼寇切（hòu/gòu）[3]。

【譯文】詬，謑詬，耻辱。从言，后聲。詢是詬的或體，从句聲。

【注釋】① 謑詬：王筠《句讀》："或雙或單皆以耻訓。""經典之單言詬者，尤難枚舉。”　② 从句：宋保《諧聲補逸》：“后、句同部，聲相近。”　③ 今讀依《廣韻》古厚切。

諜　軍中反閒①也。从言，枼聲。　徒叶切(dié)。

【譯文】諜，潛藏敵方軍中、將敵方間隙反告己方的人。从言，枼聲。

【注釋】① 軍中反閒：《左傳・成公十六年》：“諜輅(yà，迎擊)之。”正義：“兵書有反間之法。謂詐爲敵國之人，入其軍中伺候間隙，以反告己軍，今謂之細作人也。”

該　軍中約①也。从言，亥聲。讀若心中滿該②。　古哀切(gāi)。

【譯文】該，軍中警戒的條約。从言，亥聲。音讀象“心中滿該”的“該”字。

【注釋】① 軍中約：錢坫《斠詮》：“言軍中戒約也。”“戒約即該約。古从亥之字往往與戒通。”軍中戒約，在所必行，故引申爲應該。

② 滿該：《段注》：“該同餩(ài)，飽息也。”餩，吃飽了打嗝。

譯　傳譯四夷之言者①。从言，睪聲。　羊昔切(yì)。

【譯文】譯，解釋、翻譯四方少數民族的言語。从言，睪聲。

【注釋】① 傳譯句：王筠《句讀》：“《王制》：‘東方曰寄，南方曰象，西方曰狄鞮，北方曰譯。’《國語》謂之舌人。”舌人是指譯者。譯者、翻譯，體用、表裏，一也。

訄①　迫也。从言，九聲。讀若求。　巨鳩切(qiú)。

【譯文】訄，用言語相逼迫。从言，九聲。音讀象“求”字。

【注釋】① 訄：承培元《廣答問疏證》：“訄，以言相迫也。”

謚①　笑皃②。从言，益聲。　伊昔切(yì)。又，呼狄切(xì)。

【譯文】謚，笑的樣子。从言，益聲。

【注釋】① 謚：姚文田、嚴可均《校議》：“上文‘謚，行之迹也’，舊作此‘謚’體。校者既改彼爲謚，遂取《字林》所云‘謚，笑聲’者竄入，而改‘笑聲’爲‘笑皃’。”按：《校議》認爲，謚是謚的行草。參“謚”條。　② 笑皃：徐鍇《繫傳》：“猶笑言呃呃也。”

譶　疾言也。从三言①。讀若沓②。　徒合切(tà)。

【譯文】譶，語言迅疾。由三個言字會意。音讀象“沓”字。

【注釋】① 三，表示多。三言，有許多的話，此其本義；有許多的話要説，不免説得很快，故"疾言也"；又不免説個不停，故《蒼頡篇》説"言不止也"；又難免翻來覆去，又引申爲重複。 ② 讀若沓：王筠《釋例》："譶讀若沓，辛讀若愆。案：其義並同。此直以'讀若'表其爲一字，並非假借矣。獨爲一類。"本書曰部："沓，語多沓沓也。从水，从曰。"今經典多用沓字。譶、沓，就多、疾、不止和重複義而言，只是取象不同，或直指其言語，或喻其爲水。參"沓"條。

文二百四十五　重三十三

 謀①也。从言，旬聲。　相倫切(xún)。

詢 【譯文】詢，謀計。从言，旬聲。

【注釋】① 謀：《書・舜典》"詢于四岳"，《史記・五帝紀》作"謀于四嶽"。《玉篇》謀，"計也"。《易・訟卦》"君子以作事謀始"，疏："凡欲興作其事，必先謀慮其始。"由謀計、謀劃義引申爲凡咨詢、詢問之義。《詩・大雅・板》："先民有言，詢于芻蕘。"

【參證】甲文有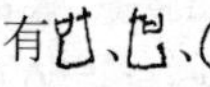。黄錫全《甲骨文字釋叢》(《考古與文物》一九九二年第六期)："即旬之初文"，"古文字中形旁口與言因義近每可互作"，定此甲文爲"詢"。

① 直言也。从言，黨聲。　多朗切(dǎng)。

讜 【譯文】讜，正直的言語。从言，黨聲。

【注釋】① 讜：《漢書・敘傳下》："讜言訪對，爲世純儒。"顔師古注："讜，善言也。"善言即直言。引申爲凡正直之稱。

① 籍録②也。从言，普聲③。《史記》从竝④。　博古切(pǔ)。

譜 【譯文】譜，簿籍名録。从言，普聲。《史記》(从言)从竝。

【注釋】① 譜：《漢書・劉歆傳》："考定曆律，作《三統曆譜》。"《釋名》："譜，布也。布列見其事也。"韋昭《辨釋名》："簿，普也。闢普諸事也。"譜、簿，从布列、闢普義上可謂一物，是系統的，分門别類的記載事物的文本。譜系及其表格就是這樣的文本。此爲譜的本義，又特指曲譜、歌譜，還可用爲動詞，義爲譜寫、編寫。 ② 籍録：籍本義爲簿。《兒笘録》"録"下："古人文字箸在方策故謂之録。"引申爲名録。　③ 普聲：聲中有義。普有普遍義，凡在系統之内者，皆普遍收録。　④ 从竝：《鈕新附考》："《隸釋》載孫叔敖碑陰有'譜'，而杜預《春秋左傳序》譜字《釋文》云：本又作譜，是漢時已有譜字。"从竝與从普同義，參"普"、"竝"條。

詎　詎猶豈[①]也。从言，巨聲。　其吕切(jù)。

【譯文】詎，詎如同豈。从言，巨聲。

【注釋】① 詎猶豈：《段注》"豈"下："後人文字言豈者，其意若今俚語之難道。"詎同豈，表反問語氣。其始借巨。《鄭新附考》："《前漢·高帝紀》：'公巨能入乎？'小顔注：'巨讀若詎，猶豈也。'《莊子·齊物論》'庸詎知'，《釋文》：'詎，徐本作巨。'李云：'何也。'知古借巨爲之。""漢後别加言。"語氣詞通常表句子的氣態，很難坐實其義，極少爲其義造專字，多爲他字之遠引申義，或他字之借音。表反問，其始借巨，後因義爲表言語作品即句子之氣態，則加言作詎。鄭氏所引"庸詎知"原文爲"庸詎知君所謂知之非不知邪？"按：庸、詎同義。

譲[①]　小也。誘[②]也。从言，叜聲[③]。《禮記》[④]曰："足以譲聞。"先鳥切(xiǎo)。

【譯文】譲，微小；誘導。从言，叜聲。《禮記》説："只能够得到微小的聲譽。"

【注釋】① 譲：今作謏。　② 誘：《鄭新附考》："其訓誘者，(譲)即誘之别字。依《説文》，羗爲正篆，誘、䛻皆别體，譲則俗字。"③ 叜聲：聲中有義。《釋名》："叜，縮也。人及物，老皆縮小。"④《禮記》：指《禮記·學記》。原文爲："發慮憲，求善良，足以小聞，不足以動衆。"注："(小聞)小致聲譽也。"

謎　隱語[①]也。从言迷[②]，迷亦聲。　莫計切(mí)。

【譯文】謎，謎語，由言、迷會意，迷也表聲。

【注釋】① 隱語：謎語的古稱，用暗射或隱藏的言語，始則使人對其所指産生迷惑，直到揭示其謎底，而後才恍然大悟。　② 从言迷：本書："迷，或也。"迷从辵，如馬敘倫《六書疏證》卷四所説："迷訓惑者，道亂，不知所從也。""迷當訓失道也。"引申爲凡迷惑之稱。用隱語使人迷惑，故又加言作謎。《鄭新附考》："《文心雕龍》云：自魏代以來，頗作俳優，而君子隱化爲謎。謎也者，迴互其辭，使昏迷也。”“義當作迷，俗作謎。”“是六朝人俗書。”按：謎即迷的後起加旁分化字。

誌　記誌①也。从言，志聲②。　職吏切(zhì)。

【譯文】誌，記載。从言，志聲。

【注釋】① 記誌：《説文》：“記，疏也。”王筠《釋例》：“條其事而書之，亦曰疏記。”記、誌，同義複合。　② 志聲：聲中有義。《説文》：“志，意也。从心，之聲。”意向、志向。《段注》“志”下：“今人分志向一字，識記一字，知識一字，古衹有一字一音。”心之所之，則爲志向；發而爲言，或口頭，或書面，有所記憶、記載，則爲誌；諸多記憶、記載之積累，則爲知識。因記憶、記載無不以言語爲對象，故加言作誌。誌則志的後起加旁分化字。《列子·楊朱》：“太古之事滅矣，孰誌之哉？”後引申爲標誌、墓誌、日誌之誌。

訣　訣別①也。一曰：法②也。从言，决省聲③。　古穴切(jué)。

【譯文】訣，告別。另一義説，是刑法。从言，决省水爲聲。

【注釋】① 訣別：同義複合。《史記·孫子吴起列傳》：“東出衛郭門，與其母訣。”　② 法：告别的引申義。依法則與私情别。　③ 决省聲：《鄭新附考》：“古止作决。蓋决别，即斷决義之小别。俗改从言。”依鄭説，决聲也表義。按：决省聲實則爲“夬聲”。除與他字組成聯緜字之外，夬系字全爲形聲兼會意字。夬，古邁切，上古屬見紐月部，與訣音近，可爲訣聲。又，夬義爲“分决”，分裂決斷，引申有分别、告别、辭别義。别情無法離開言語，故从言、从夬，夬亦聲。

文八　新附

誩部

誩　競言①也。从二言②。凡誩之屬皆从誩。讀若競。　渠慶切(jìng)。

【譯文】誩，用言語競爭。由兩個言字會意。大凡誩的部屬都从誩。音讀象“競”字。

【注釋】① 競言：王筠《句讀》：“下又云讀若競，則誩直是競之古文。” ② 从二言：饒炯《部首訂》：“言之通義爲直言，誩猶二人直持其説，各不相讓，蓋爭言也。”按詞義往往相反相成，美惡不嫌同詞。二言相爭則爲競，二言相和則爲善，爲美。故徐鍇《繫傳通論》引《易》曰：“其言善，千里之外應之，故善从二言。”參下條。

譱 吉也。从誩[1]，从羊。此與義美同意[2]。善，篆文譱从言[3]。 常衍切(shàn)。

【譯文】譱，吉祥的言辭。由誩、羊會意。這與義字、美字从羊的意思相同。善是篆文譱，从言。

【注釋】① 从誩：《類篇》：“誩，言也。”吉言爲善，故从誩。 ② 此與句：義與美均从羊，羊，祥也。故此三字同一意義。 ③ 篆文善从言：《段注》：“據此則譱爲古文可知矣。此亦‘上’部之例，先古後篆也。‘譱’字今惟見於《周禮》，他皆作善。”

【參證】金文作、，與古文同。如“誩”條所説，二言相和則爲善，其善若何？楊樹達《文字形義學》：“譱从羊者，羊性柔馴，而言似之，故曰譱也。”

競 彊語[1]也。一曰：逐也[2]。从誩，从二人[3]。 渠慶切(jìng)。

【譯文】競，强烈的爭辯。另一義説：競是角逐的意思。由誩、由兩個人字會意。

【注釋】① 彊語：《段注》：“競、彊疊韻。彊語謂相爭。” ② 逐：角逐、比賽。 ③ 从誩，从二人：謂二人言語相競。

【參證】甲文作、、、，金文作、、。張日昇《金文詁林》卷三：“競篹字作，乃最近初文，象二人相比，口向上，以語相爭勝；頂上一横，示齊而後競之意。許訓彊語，得其朔義。復引申爲比並。”

讟[1] 痛怨也。从誩[2]，賣聲[3]。《春秋傳》[4]曰：“民無怨讟[5]。” 徒谷切(dú)。

【譯文】讟，痛恨。从誩，賣聲。《春秋左傳》説：“老百姓沒有怨恨的情緒。”

【注釋】① 讟：《段注》：“《方言》：‘讟，謗也；讟，痛也。’二義相足。”

以不實的誇大的話，説人的過失，勢必産生怨恨之情，故説“二義相足”。 ② 从誩：徐鍇《繫傳》：“象衆怨也。故从二言。” ③ 賣聲：賣不是賣(mài)。參“讀”條。 ④《春秋傳》：《左傳・昭公八年》：“怨讟動于民。”《漢書・五行志上》顔師古注：“讟，痛怨之言也。音讀。” ⑤ 民無句：《段注》：“《左傳》昭元年曰‘民無謗讟’，八年曰‘怨讟動於民’，疑相涉而誤。”

文四　重一

音部

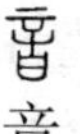

音 聲①也。生於心，有節於外，謂之音②。宫商角徵羽③，聲④；絲竹金石匏土革木，音也⑤。从言含一⑥。凡音之屬皆从音。　於今切(yīn)。

【譯文】音，聲音。從心底産生，放聲於外，有高低起伏節奏旋律的，叫(清唱之)音。宫、商、角、徵、羽，(單獨發出的，)是樂階之聲；用絲、竹、金、石、匏(páo)、土、革、木等樂器演奏出的，是(器樂之)音。由“言”含“一”表示。大凡音的部屬都从音。

【注釋】① 聲：泛指聲音。 ② 生於心句：桂馥《義證》引《樂記》：“凡音之起，由人心生也。人心之動，物使之然。感於物而動，故形於聲。聲相應，故生變。變成方，謂之音。”鄭注：“方猶文章也。”音指音樂，此處指清唱之音。節，節奏旋律，包括高低起伏。
③ 宫商角徵羽：是我國五聲音階中的五個音階。此指樂音。
④ 聲：潘任《粹言疏證》：“乃指五聲之單出而言。”“五聲之内唯單出無餘聲相應雜(配合)曰聲也。” ⑤ 絲竹句：《漢書・律曆志》：“八音：土曰塤(xūn)，匏曰笙，皮(革)曰鼓，竹曰管，絲曰弦，石曰磬，金曰鐘，木曰柷(zhù)。” ⑥ 从言含一：林義光《文源》：“一以示音在言中。”

【參證】金文作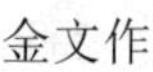。于省吾《甲骨文字釋林・釋言》：“言與音初本同名，後世以用各有當，遂分化爲二。”所謂“从言含一”的“一”只是區別言、音二字的指事符號。所謂“用各有當”是，言是指話語、説

話,音是指聲音。

響[①] 聲也。从音,鄉聲[②]。 許兩切(xiǎng)。

【譯文】響,回聲。从音,鄉聲。

【注釋】① 響:《玉篇·音部》:"響,應聲也。"徐鍇《繫傳》:"聲之外曰響。""響之附聲,如影之箸形,故於文,音鄉爲響。鄉猶向也。"參"鄉"條。 ② 鄉聲:聲中有義。

韽 下徹聲[①]。从音,酓聲。 恩甘切(ān)。

【譯文】韽,微小低沉之聲。从音,酓聲。

【注釋】① 下徹聲:朱駿聲《通訓定聲》:"謂其聲下達。"徐鍇《繫傳》:"謂聲不能越揚也。"《周禮·春官·典同》"微聲韽"鄭注:"韽,聲小不成也。"馬敘倫《六書疏證》卷五:"聲不上出口而下徹也。即諳字義。"即聲音沒清晰地説出口而愈來愈小以致不聽見。

韶 虞舜樂[①]也。《書》[②]曰:"《簫韶》[③]九成[④],鳳皇來儀[⑤]。"从音,召聲。 市招切(sháo)。

【譯文】韶,虞舜時代的樂曲名。《尚書》説:"《簫韶》之曲演奏九段之後,扮演鳳凰的舞隊成雙成對地出來跳舞了。"从音,召聲。

【注釋】① 虞舜樂:徐鍇《繫傳》:"《漢書·禮樂志》:'韶,紹(繼)也。'言能紹堯之道也。"虞舜:古帝名。姚姓,有虞氏,名重華。繼堯位。 ②《書》:指《虞夏書·皋陶謨》。 ③《簫韶》:舜時樂曲名。 ④ 九成:鄭玄:"成,猶終也。每曲一終,必變更奏。若樂九變,人鬼可得而禮。" ⑤ 儀:成雙成對叫儀。

章 樂竟[①]爲一章。从音,从十。十,數之終也。 諸良切(zhāng)。

【譯文】章,音樂一曲完了叫一章。由音、由十會意。十是十進位數的末尾數。

【注釋】① 竟:下文"樂曲盡爲竟"。

【參證】金文作章、章。从辛,不从音从十。其義待考。

竟 樂曲盡爲竟[①]。从音,从人[②]。 居慶切(jìng)。

【譯文】竟,樂曲終止叫竟。由音、由人會意。

【注釋】① 樂曲句：《段注》："曲之所止也。引申之，凡事之所止，土地之所止，皆曰竟。毛傳曰：'疆，竟也。'俗别製境字。"　② 从人：人當作"儿"。《段注》："此猶章從音十會意，儿在人下，猶十爲數終也。"按："人下"猶言止也。人之下端末端之謂也。故會合音、止之義而爲竟。參"儿"條。

【參證】甲文作。于省吾《雙劍誃古文雜釋·釋竟》："象人之戴辛，其異徵既爲頭飾，故引申義爲終、爲窮、爲極、爲邊竟。"

文六

韻[1]
韻　和[2]也。从音，員聲。裴光遠云："古與均同[3]。"未知其審。　王問切(yùn)。

【譯文】韻，和諧的聲音。从音，員聲。裴光遠説："古與均同。"不知其原由。

【注釋】① 韻：《鈕新附考》："按：《文選·成公子安〈嘯賦〉》'音均不恆，曲無定制'李注：'均，古韻字。'引《鶡冠子》曰：'五聲不同均，然其可喜一也。'裴説蓋本此。然古但言聲音，而不言韻，李登尚名《聲類》，吕靜始名《韻集》耳。"　② 和：應爲龢。其義爲"調"，即"音樂和調"，引申爲和諧。蔡邕《琴賦》："繁絃即抑，雅韻復揚。"　③ 古與均同：《周語》："律，所以立均出度也。"注："均者，均鐘木，長七尺，有弦繫之，以均鐘者，度鐘大小清濁也。漢大予樂官有之。"均本義爲"平均"、"普遍"，所有樂鐘必與此均鐘木相平，必以之爲標準，均鐘木命名爲均之由來。徐鼒《讀書雜釋》："(均鐘木)其爲調和五音之用無可疑也。魏晉以後始亡其器，然其義猶存，故借爲調和聲音之訓。"

文一　新附

辛部

辛
辛　辠[1]也。从干二[2]。二，古文上字。凡辛之屬皆从辛。讀若愆[3]。張林説。　去虔切(qiān)。

【譯文】辛,罪過。由干、二會意。二是古文上字。大凡辛的部屬都从辛。音讀象"愆"字。這是張林的説法。

【注釋】① 辠:今作罪字。《段注》:"犯法也。"　② 从干二:干,犯。桂馥《義證》:"从干二者,犯上有辠。"　③ 讀若愆(qiān):《廣韻》以辛爲愆的古文。

【参證】甲文作、。李孝定《甲骨文字集釋》:"辛、辛二字形近義同,其始當爲一字。"按:辛爲刑具,形狀類似於鐮刀,象其側面形。

童　男有辠曰奴①,奴曰童②,女曰妾。从辛,重省聲。,籀文童,中與竊中同从廿,廿以爲古文疾字③。　徒紅切(tóng)。

【譯文】童,男人有罪稱爲奴,奴叫做童,女人有罪稱爲妾。从辛,重省聲。,籀文童字。"童"中的與"竊"中的都从"廿";廿,古文把它當作"疾"字。

【注釋】① 曰:謂。　② 奴曰童:《段注》:"今人童僕字作僮,以此爲僮子(幼童)字,蓋經典皆漢以後所改。"　③ 廿以爲句:《段注》:"當作'廿,古文以爲疾字'。"朱駿聲《通訓定聲》:"今按:从廿,未詳其義。"

【参證】金文作、、、。甲文首字象人頭上戴刑具"辛",誇大了頭上的眼睛,象一個男性罪犯。次字加"東"表聲。第三字又加"土",是甲文演變的常例。第四字,《金文編》:"从立重聲。"按:或爲之倒置?籀文的疾字即字,也許是目字的譌變。《漢書·刑法志》:"墨罪五百。"顏注:"墨,黥也。鑿其面以墨涅之。"童、妾上从,是墨刑的標誌,表示罪奴之身份。

妾　有辠女子,給事①之得接於君者。从辛,从女②。《春秋》③云:"女爲人妾。"妾,不娉也④。　七接切(qiè)。

【譯文】妾:有罪的女人,是能够被君主接觸並爲君主供職的女人。由辛、由女會意。《春秋左傳》説:"如果是女的,將成爲别人的侍妾。"妾是不必行問名之禮的。

【注釋】① 給事:供職。　② 从辛,从女:《段注》:"辛女者,有罪之女也。"　③《春秋》:《段注》作《春秋傳》。指《左傳·僖公十七年》。原文是:"卜招父與其子卜之。其子'將生一男一女。'招曰:'然。男爲人臣,女爲人妾。'"　④ 娉(pìn):問名。古代婚禮"六禮"之一,即男方請媒人問女方名字和出生年月日。

【參證】甲文作𡚸、𡚸,金文作𡚸、𡚸。象有罪女子頭戴刑具之形。李孝定《甲骨文字集釋》:"蓋妻字从女,上象髮加笄形。妾則从女,上加頭飾。其意相同。初無地位上之差别。許君之訓蓋後起之義,不足以語殷制也。"李説存參。參"辛"、"童"條。

文三　重一

丵部

丵 叢生艸也。象丵嶽相竝出也①。凡丵之屬皆从丵。讀若浞。　士角切(zhuó)。

【譯文】丵,叢生的草。象爭高競長兩相並出的樣子。大凡丵的部屬都从丵。音讀象"浞"(zhuó)字。

【注釋】① 丵嶽:王筠《句讀》:"丵嶽,疊韻。蓋爭高競長之狀。"

業 大版也。所以飾[栒]①縣鐘鼓。捷業②如鋸齒,以白畫之。象其鉏鋙相承③也。从丵④,从巾,巾象版。《詩》曰:"巨業維樅。"⑤𦅧,古文業。　魚怯切(yè)。

【譯文】業,(樂器架子横木上的)大版。是用來裝飾横木、懸挂鐘鼓的東西。參差排比象鋸齒,用白顔料塗畫它。象兩層版參差不齊而又互相承接的樣子。由丵、由巾會意,巾象版形。《詩經》説:"木柱子和大版上面裝有崇牙。"𦅧,古文業字。

【注釋】① 飾:桂馥《義證》:"飾下有闕文,當爲'飾栒'。"栒(sǔn),樂器架上的横木。　② 捷業:王筠《句讀》:"捷業,疊韻。《漢書·楊雄傳》作'緁獵'。顔注:'相差次也。'"　③ 鉏鋙(jū yǔ)相承:徐鍇《繫傳》:"鎛鐘,凡一層齒縫挂八鐘,兩層故云相承。"鉏鋙,又作"齟齬",上下齒牙對不上。朱駿聲《通訓定聲》:"其版如鋸齒,令其相銜不脱,工緻堅實也。"　④ 从丵:高鴻縉《中國字例》第二篇:"浞(指"丵"下"讀若浞"之"浞")聲之諧業聲者,浞之聲母消失,ㄨ(u)韻變ㄧ(i)韻,而ㄧ(i)復爲ㄧㄝ(ie)。""業上有鋸齒,略象簇嶽(語出"丵"下)並出。"故丵既表義又表聲。　⑤《詩》:指《大雅·靈臺》。巨:今作"虡",懸鐘鼓的木架,業是設在虡上的大版。樅(cōng),毛傳:"崇牙也。"孔穎達疏:"其懸鐘磬之處,又以彩色爲大牙,其狀隆然,謂之崇牙,言崇牙之狀樅樅然。"

【參證】金文作、、。首字象虡足上有版飾之形,下不从巾,林義光《文源》卷二:"以爲簴足。"次字,戴家祥《金文大字典》:"當爲業之别構,金文往往加口……而字義不變。"末字與《説文》古文形近,是"𦘺"字的繁文。

叢　聚也。从丵[①],取聲。　徂紅切(cóng)。

【譯文】叢,(草木)聚集。从丵,取聲。

【注釋】① 从丵:丵,叢生艸。叢的本義當是草木叢生。

對　膺無方[①]也。从丵,从口,从寸[②]。對,對或从士[③]。漢文帝以爲責對而爲言多非誠對,故去其口,以从士也[④]。都隊切(duì)。

【譯文】對,回答不拘泥方法。由丵、由口、由寸會意。對是對的或體,从士。漢文帝認爲:見責問而回答,説起話來多半不是誠實的回答,所以去掉對的"口"字,來改从"士"字。

【注釋】① 膺無方:《段注》:"對答古通用。云膺無方者,所謂善待問者,如撞鐘,叩以大者則大鳴,叩以小者則小鳴。無方故从丵口。"故徐鍇《繫傳》:"有問則對,非一方也。"　② 从丵,从口,从寸:丵表衆多,口表回答,寸,《段注》:"法度也。丵口而一歸於法度也。"　③ 或从士:徐鍇《繫傳》:"《易》曰:'尚口乃窮。'故去口。士,事也,取事實也。"徐鍇的意思,回答問題儘管有不同的方式,但所有的回答,必須有一個原則,必須以事實爲基礎。正因爲徐氏兄弟對"對"的異體"對"的産生有如此認識,所以才把"漢文帝"云云的一類校語當作許氏的原文。　④ 漢文帝諸句:趙明誠《金石録》:"周以後諸器款識,對字最多,無从口者。疑李斯變古法作小篆,始从口,至文帝復改之耳。"姚文田、嚴可均《校議》:"漢文下廿二字當是校語。

'漢文帝'者,異代人偁謂。"

【參證】甲文作、,金文作、、、。李孝定《甲骨文字集釋》:"與'封'之構造法同。""象以手持丵(zhuó,叢生的草)樹之之形,其下亦从土。""對之與封,其異衹在丵、丰之别,其意當同。標識之物,旨在明顯示人。""應對之義蓋假借字。"先秦確立地界,多以植樹爲之,故謂"標識之物"。參"封"條。

文四　重二

菐部

 菐　瀆菐[①]也。从丵,从𠬞[②],𠬞亦聲[③]。凡菐之屬皆从菐。蒲沃切(pú)。

【譯文】菐:煩瑣。由丵、由𠬞會意,𠬞也表聲。大凡菐的部屬都从菐。

【注釋】① 瀆(dú)菐:朱駿聲《通訓定聲》:"瀆菐,疊韻連語,煩猥之皃。"　② 从丵,从𠬞:徐鉉注:"丵,衆多也,兩手奉之,是煩瀆也。"　③ 𠬞亦聲:𠬞,東部;菐,屋部。陽入對轉。

【參證】金文作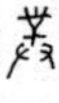。取雙手捧植叢生草之象,來表達煩瑣低下之義。

[①] 僕　給事者,从人,从菐[②],菐亦聲。,古文从臣[③]。　蒲沃切(pú)。

【譯文】僕,供役使的人。由人、由菐會意,菐也表聲。𤕤是古文僕,从臣。

【注釋】① 僕:《廣雅》:"僕,使也。"《廣韻》:"僕,侍从人也。"

② 从人,从菐:《段注》:"人之供煩辱者也。"參"菐"條。　③ 从臣:《段注》:"《左傳》人有十等,僕第九,臺第十。"所謂"僚臣僕,僕臣臺"是也。臣,用如意動,以……爲臣。戴家祥《金文大字典》:"古人每以臣僕連稱,作書者偶或聯想及之,於是更旁作𤕤,然亦不經見也。"

【參證】甲文作,金文作、、、。商承祚《説文中之古文考》:"(甲文)象人冠首而兩手奉箕,爲僕之初字。"按:不是"冠首",而是

“”，刑刀，表示受過刑罰（墨刑）；臀後有尾，視同禽獸。全都是地位低下的標識。雙手捧箕，或爲灑掃庭除，或爲舂穀簸糠，全是煩瑣低下的勞作。故爲僕人之象。金文是甲文的譌變。金文中的第三字與篆文同。

𦦖　賦[①]事也。从菐，从八[②]。八，分之也。八亦聲[③]。讀若頒[④]。一曰：讀若非。　布還切（bān）。

【譯文】𦦖，分配工作。由菐、由八會意。八，表示“分”的意思。八也表聲。音讀象“頒”字。一說：音讀象“非”字。

【注釋】① 賦：《段注》：“布也。”即分布，分配。　② 从菐，从八：《段注》：“以煩辱之事，分責之人也。”菐，瀆菐，指煩瑣賤辱之事。　③ 八亦聲：八聲而讀頒、非，一聲之轉也。　④ 讀若頒：錢坫《斠詮》：“即班布字。”

文三　重一

廾部

[①]
廾　竦手[②]也。从𠂇，从又[③]。凡廾之屬皆从廾。𢪔[④]，楊雄說：廾从兩手。　居竦切（gǒng）。

【譯文】廾恭敬地向上拱着手。由𠂇、又會意。大凡廾的部屬都从廾。𢪔，楊雄說：廾由兩個手字會意。

【注釋】① 廾：《段注》：“此字謂竦其兩手以有所奉也。”徐灝箋：“廾、共，古今字；共、拱，亦古今字。”　② 竦手：《段注》“竦”下：“謂手容之恭，上其手也。”　③ 从𠂇（zuǒ）从又：即兩手拱合之意。　④ 𢪔：王筠《句讀》以爲應作，說：“仍是兩手相向，拱揖之狀。”或體與正體只分“繁省”罷了。

【參證】甲文作，金文作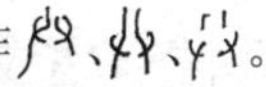。象兩手拱抱之形。

奉　承也。从手，从廾[①]，丰[②]聲。　扶隴切（fèng）。

【譯文】奉，承受。由手、由廾會意，丰聲。

【注釋】① 从手，从廾：潘亦雋《通正》：“《曲禮》則兩手奉長者之手是捧,古作奉。"上"手",謂長者之手;下"収",謂捧者之左右手。

② 丰:音封。

【參證】金文作、,从収丰聲。《汗簡》在収部,其義爲恭敬地兩手捧着。高鴻縉《散盤集釋》:"()秦時又加手旁作,隸定爲奉,後以奉借爲上奉之奉,乃又加手旁作捧。"

丞 翊[①]。从収,从卪,从山[②]。山高,奉承之義[③]。 署陵切(chéng)。

【譯文】丞,輔佐。由収、由卪、由山會意。山高,有向上奉承的意思。

【注釋】① 翊(yì):《段注》:"翊當作翼。俗書以翊爲翼。翼猶輔也。" ② 从収,从卪,从山:林義光《文源》:"按,卪即人字。从人在山上,从収,象人登山須扶翼也。" ③ 山高句:山高人上須扶,所以有奉承之義。

【參證】甲文作。羅振玉《增訂殷虚書契考釋》:"象人臽阱中有抍(拯)之者。臽者在下,抍者在上,故从,象抍之者之手也。此即許書之丞字,而誼則爲抍救之抍。"李孝定《甲骨文字集釋》第三:"今知丞爲拯之古文,'上舉''出休(nì,人泥水中)'爲其本義,'翼也'則其引申義,及後引申之義專行,乃更增之手以爲拯字,至字後作'抍'作'撜'者,則爲更後起之形聲字。"

奐 取奐[①]也。一曰:大也[②]。从収夐省[③]。 呼貫切(huàn)。

【譯文】奐,換取。另一義説:奐是大的意思。由収字和夐字省去夏而構成。

【注釋】① 取奐:錢坫《斠詮》:"(奐)與換字同。"取奐猶今言"換取"。 ② 大也:《檀弓》:"美哉,奐焉。"注:"奐言衆多。"徐鍇《繫傳》:"奐,大也。"大猶衆多也。 ③ 从収夐(xuàn)省:徐鉉:"夐,營求也。取之義也。"

弇[①] 蓋也。从収,从合[②]。[③],古文弇。 古南切(gān)。又,一儉切(yǎn)。

【譯文】弇,覆蓋。由収、由合會意。䢭,古文弇字。

【注釋】① 弇:《段注》:"此與'奄,覆也'音義同。" ② 从収,从合：表示由兩手把東西覆合在一起。　③ 寢：也許是承甲文而來的訛變。覆巾變爲穴，口變爲日，収承。見【參證】。

【參證】甲文作。丁山《商周史料考證》："陳邦懷先生釋弇，甚碻。弇即掩之本字。象雙手持巾掩羃器口形。"

羼

引給[①]也。从収，睪聲。　羊益切(yì)。

【譯文】羼，引繹不絕。从収，睪聲。

【注釋】① 引給：鄭知同《商義》："給者相足也。引給者，謂引之緜延無盡而有餘也。前引而後竭，則無俟羼矣。益引益長，無不給足。是之謂羼。此即經典'尋繹'字，亦'絡繹不絶'字。繹訓抽絲，亦有引義，故得通用。"

【參證】金文作。容庚《金文編》："與擇爲一字。从収與从手同意。"金文用爲選擇義。

弆

舉也。从収，由聲[①]。《春秋傳》[②]曰："晉人或以廣墜，楚人弆之。"黄顥[③]說，廣車陷，楚人爲舉之。杜林以爲騏麟字。　渠記切(jì/qí)[④]。

【譯文】弆，舉。从収，由聲。《春秋左傳》說："晉國人有的因爲兵車墜入坑内，楚地人替他們舉起來。"黄顥說，兵車陷入坑内，楚人替晉人舉起來。杜林認爲弆是騏麟的騏字。

【注釋】① 由(fú)聲：《段注》："各本作由聲，誤。或从鬼頭之由(fú)，亦非也。此从'東楚名缶'之甾(zī)。"按：弆、甾上古同屬之部。　②《春秋傳》：指《左傳・宣公十二年》。今本"墜"作"隊"(古墜字)，"弆"作"惎"。廣，楊伯峻《春秋左傳注》："兵車。"

③ 黄顥：桂馥《義證》："說《左氏》之人。"　④ 今讀依《廣韻》渠之切。

【參證】甲文作，金文作。林義光《文源》："象兩手奉(捧)甾(zī)。甾，缶(盛酒漿的陶器)也。"

异

舉也。从収，㠯聲[①]。《虞書》[②]曰："岳曰：异哉！"　羊吏切(yì)。

【譯文】异，舉用。从収，㠯聲。《唐書》說："四方諸侯之長說：'舉用他吧！'"

【注釋】① 㠯(yǐ)聲：㠯，用。聲中有義。參"㠯"條。　② 《虞書》：《段注》："當作《唐書》。"指《堯典》。原文："岳曰：'异哉！試可乃已。'"謂舉而用之，試可乃用。

弄　玩也。从廾持玉。　盧貢切(lòng/nòng)。

【譯文】弄，玩弄。由"廾"(雙手)捧"玉"會意。

【參證】甲文作，金文作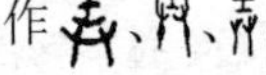。林義光《文源》："象兩手持玉形。"

𠔏　兩手盛[①]也。从廾，𡗜[②]聲。　余六切(yù)。

【譯文】𠔏，兩手盛物。从廾，𡗜聲。

【注釋】① 兩手盛：桂馥《義證》："𠔏，或通作掬。"《廣韻·屋韻》："𠔏，兩手捧物。《説文》音匊。"　② 𡗜：古同肉。見"𢍏"條。

弮　摶飯[①]也。从廾，釆聲。釆，古文(辧)[辨]字[②]。讀若書卷。　居券切(juàn)。

【譯文】弮，把飯捏聚成團。从廾，釆聲。釆是古文辨字。音讀象書卷的"卷"字。

【注釋】① 摶(tuán)飯：摶，圜也。取飯而以手搓成團叫摶飯。

② 古文辨字：《段注》作"辨"，説："釆下云'辨，别也'，此云'釆，古文辨'，互相足。"

𢍏　持弩拊[①]。从廾，肉[聲][②]。讀若逵。　渠追切(kuí)。

【譯文】𢍏，手持弓弩把握的部位。从廾，肉聲。音讀象"逵"字。

【注釋】① 拊(fǔ)：撫摸。《段注》："凡弓刀把處皆曰拊。今《考工記·弓人》作'柎'(fū，器足)，从木。"　② 从廾肉：小徐本作"肉聲"。段氏曰："肉聲故讀如逵。"葉德輝《讀若考》："逵从辵坴，坴从土先聲，先古同肉。《吴越春秋》引古歌：'斷竹續竹，飛土逐宍。'以宍爲肉。宍即之變體也。"

【參證】甲文作。李孝定《甲骨文字集釋》第三："𢍏疑是祭名，持肉以祭也。祭字結構與此相近，但多一示字偏旁耳。"參"祭"條。

戒　警也。从廾持戈，以戒不虞[①]。　居拜切(jiě)。

【譯文】戒，警戒。由雙手握持着戈，來表示警戒不能預料之事。

【注釋】① 虞：預料。

【參證】甲文作、，金文作、。

兵　械[①]也。从𠬞持斤，并力之皃。𠈔，古文兵，从人𠬞干。𢍮[②]，籀文。　補明切(bīng)。

【譯文】兵，兵器。由“𠬞”(雙手)持握着“斤”(斧子)會意，表示齊心合力的樣子。𠈔是古文兵字，由人、𠬞(雙手)、干(武器)三字會意。𢍮是籀文。

【注釋】① 械：《段注》：“械者器之總名，器曰兵，用器之人亦曰兵。”　② 𢍮：王筠《句讀》：“一衹是界畫。”《釋例》：“取飾觀耳。”

【參證】甲文作、、，金文作、。楊樹達《積微居小學述林》：“兵字从𠬞持斤；斤，兵也。或體作𠈔，从人，从𠬞持干，𠬞持干猶𠬞持斤也。”“干當爲古兵器之一。”張舜徽《約注》：“造文之初，兵字从𠬞持斤，此非指人而何？況兵字古文已从人𠬞干，意更明顯。徵之先秦古書，謂執兵之人爲兵者，所在皆是，不能悉數。”李孝定《甲骨文字集釋》第三：“(卜辭)佚存一辭‘出兵’連文蓋與近伐(疑是“代”之譌)語法相同。已引申爲執兵者之稱矣。”可見桂馥、王筠“秦漢以下，始謂執兵之人爲兵”之說不確。

龏　慤[①]也。从𠬞，龍聲[②]。　紀庸切(gōng)。

【譯文】龏，恭謹。从𠬞，龍聲。

【注釋】① 慤(què)：謹。　② 龍聲：聲中有義。參“龍”條。

【參證】甲文作、，金文作、、。高鴻縉《頌器考釋》：“恭字初原作龏，从𠬞，龍聲。後𠬞變爲共，故有龔字，音義不別。秦以後有恭字，从心，共聲，音義仍同。”按：龍是古代漢民族傳說的神奇動物，或拱手祭拜，或如後世民俗之舞龍，均須恭而敬之。心恭體拜之不足，又給之以酒食果蔬。恭謹、供給，一義相生。參“龔”條。

弈　圍棋[①]也。从𠬞[②]，亦聲。《論語》[③]曰：“不有博[④]弈者乎！”　羊益切(yì)。

【譯文】弈，圍棋。从𠬞，亦聲。《論語》說：“不是有擲采、下圍棋的活動嗎？”

【注釋】① 圍棋：桂馥《義證》引《方言》："圍棋謂之奕。自關而東、齊魯之間，皆謂之弈。"《左傳・襄公二十五年》："弈者舉棋不定。"正義："棋爲子，以子圍而相殺，故謂之圍棋。"　② 从𠬞：桂馥《義證》："言竦兩手而執之。"　③《論語》：指《陽貨篇》。　④ 博：焦循《孟子正義》："蓋弈但行棋，博以擲采（骰子）而後行棋。""後人不行棋而專擲采，遂稱擲采爲博（賭博），博與弈益遠矣。"

具　共置①也。从𠬞，从貝省。古以貝爲貨②。　其遇切（jù）。

【譯文】具，供給設置。由𠬞、由貝省會意。古時候用貝作錢財。

【注釋】① 共置：《段注》："共、供，古今字。當从人部作'供'。"《廣韻》："置，設也。"　② 以貝爲貨：本書"貝"下："古者貨貝而寶龜。"

【參證】甲文作、，金文作、、。甲文具字从鼎，象兩手操作於鼎旁之形。金文或省从貝。徐灝《段注箋》引戴侗說："具，張中醫文作。膳餐之饌（zhuàn）具（同義複合，備辦酒食）也。从鼎省，从𠬞。凡饗食之禮，羹定則實諸鼎，乃告具。故凡饌具皆曰具。引申之，凡備具皆曰具。"依此說，从𠬞从鼎，則是雙手持握菜羹以"實諸鼎"。

文十七　重四

𠬜部

𠬜　引也。从反𠬞①。凡𠬜之屬皆从𠬜。，𠬜或从手从樊②。　普班切（pān）。

【譯文】𠬜，攀引。由𠬞字雙手反向表意。大凡𠬜的部屬都从𠬜。攀是𠬜的或體，从手，从樊聲。

【注釋】① 从反𠬞：徐鍇《繫傳》："反手向外引之。"即示𠂇又兩手反手向外攀引之意。　② 从樊：《段注》："樊，聲也。"徐灝《段注箋》："𠬜、樊，古今字；樊、攀，亦古今字。隸變爲攀。"

樊　（鷙）[縶]不行也①。从𠬜，从棥②，棥亦聲。　附袁切（fán）。

【譯文】樊，被縶絆不得外行。由𠬜、由棥會意，棥也表聲。

【注釋】① 鷙不行："鷙"當作"縶"。《類篇》引作"縶"。縶不行，謂絆住不得外出。　② 从𠬜，从棥：章太炎《文始》曰：“有所牽引，故騺不行。”爻部：“棥，藩也。”謂藩籬。又牽引又設藩籬，故从𠬜从棥。

【參證】金文作。上半即棥（fán）（籬笆），下半即𠬜，取攀援籬笆之象。造字之始，攀、籬名、動合一。後𠬜譌變爲“大”，手形不顯，再加“手”，作攀，承接動詞義；樊，承接名詞義，籬笆是限止之物，故又引申爲“縶不行也”。

孌

樊[①]也。从𠬜[②]，䜌聲[③]。　呂員切（luán）。

【譯文】孌，縶絆。从𠬜，䜌聲。

【注釋】① 樊：縶絆。《段注》：“此與手部‘攣’音義皆同。”手部曰：“攣，係也。”　② 从𠬜：𠬜，牽引之意。　③ 䜌聲：聲中有義。䜌古文作，象絲紊亂，可引申爲繩索絲綫。參“䜌”條。从𠬜，从䜌，徐灝《段注箋》：“反手維縶之。”

文三　重一

共部

共

同也。从廿𠬞[①]。凡共之屬皆从共。[②]，古文共。　渠用切（gòng）。

【譯文】共，共同。由廿、𠬞會意。大凡共的部屬都从共。是古文共字。

【注釋】① 从廿：廿，當是“口”形之譌變。　② ：王筠《釋例》：“具兩手，是一人也；具四手，是兩人也。兩人之手而相連，是共爲一事之狀。”

【參證】甲文作，金文作、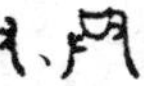，可證廿爲之變，均象物形，从廿𠬞者，謂兩人共持一物。張舜徽《約注》：“今湖湘間謂兩人共持物而向上舉，曰拱上去，當以此爲本字。”

龔

給[①]也。从共，龍聲。　俱容切（gōng）。

【譯文】龔，供給。从共，龍聲。

【注釋】① 給：《段注》：“系部曰：給，相足也。此與人部‘供’音義同。今‘供’行而‘龔’廢矣。”

【參證】金文作。《金文編》:“龏字重見。”馬敘倫《六書疏證》卷五:“龔蓋龏之後起字。”參“龏”條。

文二　重一

異部

異　分也。从収,从畀[①]。畀,予也。凡異之屬皆从異。　羊吏切(yì)。

【譯文】異,分開。由収、由畀會意。畀是給予的意思。大凡異的部屬都从異。

【注釋】① 从収,从畀:李孝定《甲骨文字集釋》第三:“置収於畀字之間實有乖文字結構之常例。”可見小篆中部的是収,上下結合起來的是畀。《段注》:“竦手而予人則離異矣。”

【參證】甲文作、,金文作、。楊樹達《積微居金文説》:“甲文異字作人頭上戴物,兩手奉(捧)之之形。異蓋戴之初也,戴从𢦏(zāi)聲,加聲旁耳。”李孝定《甲骨文字集釋》第三:“上从即許書東楚名缶曰甾之甾,或省作,仍是甾字。”又釋“異”爲“分”之義:“然‘分’亦由‘戴’義所引申。蓋首所戴者,乃身外之物。作則戴之於首,息則分置一旁。故引申得有分義。”參“戴”條。

戴　分物得增益曰戴[①]。从異,𢦏聲。[②],籀文戴。　都代切(dài)。

【譯文】戴,分物得到增益叫戴。从異,𢦏(zāi)聲。戴是籀文戴。

【注釋】① 分物句:《段注》:“《釋訓》曰:‘蓁蓁、孽孽,戴也。’毛傳云:‘蓁蓁,至盛皃;孽孽,盛飾。’是皆謂加多也。引伸之凡加於上皆曰戴。”　② 戴:此字當从弋。段氏謂弋、才(指𢦏上的才)同部。

【參證】楊樹達《積微居金文説》:“異蓋戴之初字,戴从𢦏聲,加聲旁耳。”異爲分異、歧異所專,則加𢦏作戴,專用手頂戴義。《孟子·梁惠王上》:“謹庠序之教,申之以孝悌之義,頒白者不負戴於道路矣。”負,背負;戴,頂戴。

文二　重一

舁部

舁 共舉也。从臼，从廾①。凡舁之屬皆从舁。讀若余②。　以諸切(yú)。

【譯文】舁，共同抬舉起來。由臼(jū)、由廾(gǒng)會意。大凡舁的部屬都从舁。音讀象"余"字。

【注釋】① 从臼，从廾：臼象兩手，廾亦兩手，會四手共舉之意。王筠《句讀》："舁則兩人共舉一物也。四手相向而不交。"　② 讀若余：馬敘倫《六書疏證》卷五："劉秀生曰：(舁)古在影紐，余聲古亦在影紐模部。故舁得讀若余。"

䙴 升高也。从舁，囟聲。⿱䙴卩①，或从卩。⿴䙴手②，古文䙴。　七然切(qiān)。

【譯文】䙴，升高。从舁，囟(xìn)聲。⿱䙴卩是䙴的或體，从卩。⿴䙴手是古文䙴字。

【注釋】① ⿱䙴卩：王筠《釋例》："䙴加卩爲巻，再加辵爲遷耳。"如徐灝《段注箋》所説："凡取高義多从卩。"强調登高義，加卩；强調遷移、遷徙義，則加辵。⿱䙴卩和遷都是加旁字。參"遷"條。　② ⿴䙴手：商承祚《説文中之古文考》："此爲古文增文，與劓字同例。"

【參證】金文作□。劉桓《金文五則》(《文博》一九九二年第三期)："本銘(何尊銘)从舁(䙴之譌)从邑之字……實爲⿱䙴卩字"，"乃由𨞃字省變而來"。

與 黨與也①。从舁，从与②。𢍱，古文與。　余吕切(yǔ)。

【譯文】與，黨與。由舁、由与會意。𢍱是古文與字。

【注釋】① 黨與：朋羣。　② 从舁，从与：《段注》："會意，共舉而与之也。"朱駿聲曰："与聲。"按：与也兼表聲。舁爲共舉，引申有衆意，故訓黨與。

【參證】金文作□、□、□，从舁，牙聲。□，象齒牙交錯形，後譌爲□。

興 起也。从舁，从同①，同力也。　虚陵切(xīng)。

【譯文】興，興起。由舁、由同會意，同是表同心合力的意思。

【注釋】① 从舁，从同：《九經字樣》："臼象兩手，廾亦是兩手。謂衆手同力能興起也。”

【參證】甲文作、、，金文作。商承祚《殷契佚存》：“（甲文）象四手各執盤之一角而興起之。”“又或增口”，“則舉重物‘邪許’之聲也。”衆人舉物，需統一用力，口出“邪許”之聲，故又加“口”。即盤之象形，與口會合，則誤爲“同”字。

文四　重三

臼部

臼　叉手也①。从𠂇彐②。凡臼之屬皆从臼。　居玉切（jū）。

【譯文】臼，兩手手指相向交叉。由𠂇（zuǒ）、彐（yòu）會意。大凡臼的部屬都从臼。

【注釋】① 叉手：《段注》：“叉部曰：‘叉，手指相錯也。’此云‘叉手’者，謂手指正相向也。”　② 从𠂇彐：《段注》：“此亦从𠂇、又而變之也。”

①要　身中也。象人要（yāo）自臼之形。从臼，交省聲。，古文要。　於消切（yāo）。又，於笑切（yào）。

【譯文】要（腰），身軀的中部。象人用兩手叉着腰的樣子。从臼，交省聲。㜮是古文腰字。

【注釋】① 要：古腰字，故訓“身中”。

【參證】甲文作，金文作、。金文與古文要同。甲骨文从臼从女，金文又誇大女字的頭部。林義光《文源》卷三說：“象女自約兩手於腰之形。”李孝定《甲骨文字集釋》第三：“女子尚細腰，蓋自古已然，故製字象之。篆文譌爲。”釋義當爲女腰。女腰需約束，引申爲要約。

文二　重一

晨部

①晨　早、昧爽也②。从臼，从辰③。辰，時也。辰亦聲。丮夕爲㓞④，臼辰爲晨：皆同意⑤。凡晨之屬皆从晨。　食鄰切

(chén)。

【譯文】晨，早晨，天將明之時。由臼、由辰會意。辰表示時間。辰也表聲。丮(jí)、夕會意表示夙，臼、辰會意表示晨：都是同一表意形式。大凡晨的部屬都从晨。

【注釋】① 晨：今作晨。　② 早、昧爽也：一句數讀。即"早也，昧爽也"。日部："早，晨也。""昧爽，旦明也。"　③ 从臼，从辰：臼表雙手操作，辰謂日出之時。臼、辰會意，即日出而作之意。④ 丮夕爲夙：夕表月，丮表人執事。人在月亮還未落時做事，比晨更早。　⑤ 同意：夙、晨二字表意結構相同。

【參證】甲文作，金文作、、。《淮南子·氾論篇》："古者剡耜而耕，摩蜃而耨。"高注："蜃，大蛤，摩令利，用之耨。耨，除苗穢也。"楊樹達《積微居小學述林·釋辱》："尋辰字龜甲金文皆作蜃蛤之形，實蜃之初字。""(晨，)農民兩手持蜃往田，爲時甚早，故以兩手持辰表昧爽之義。"甲文農字取象方式與此相類。參下條。朱駿聲《通訓定聲》："晨，經傳皆以晨爲之。"

①
農　**耕也。从晨②，囟聲③。，籀文農从林。④，古文農。，亦古文農。**　奴冬切(nóng)。

【譯文】農，耕種。从晨，囟聲。是籀文農字，从林。是古文農字。也是古文農字。

【注釋】① 農：今作農。　② 从晨：王筠《句讀》："日出而作。"參"晨"條。　③ 囟(xìn)聲：楊樹達《積微居小學述林·釋辱》："囟、惱義同，囟讀如惱，故得農音。"　④ ：無解，待考。

【參證】甲文作、、、，金文作、、。甲文象手持工具(蜃器，參"晨"條)耕作於山林草地。金文从田辰會意。字或从茻，或从林。今楷化作"農"。楊樹達《積微居甲文説·釋農》："蓋甲文所示爲將營耕作豫爲準備時之情事，彝銘所示爲已耕種後之情事，文字之構造與社會事狀之後先兩相吻合也。甲文彝銘皆會意字，篆文从囟聲，則由會意變爲形聲矣。"楊氏之意，初民之世，森林遍布，營耕者於播種之先，斬伐其樹木，故从林；嗣後，開辟爲田野，故从田；又一變爲形聲，故由田變爲囟聲。徐灝《段注箋》："農者厚用其力之義，故凡農聲之字，皆有厚義，如：濃，露多也；醲，厚酒也；襛，衣厚皃。是也。”

文二　重三

爨部

爨　齊謂之炊爨[①]。𦥑象持甑[②]，冂爲竈口，廾推林内火[③]。凡爨之屬皆从爨。，籒文爨省。　七亂切(cuàn)。

【譯文】爨，齊叫燒火煮飯爲爨。𦥑象雙手持握着甑，冂表示竈門的口，(𤇾)表示雙手將木柴推進竈口，將火引進竈内。大凡爨的部屬都从爨。𤍽是籒文，是爨的省略。

【注釋】① 齊謂之炊爨：《段注》：“各本‘謂’下衍‘之’字。”“齊謂炊爨者，齊人謂炊曰爨。古言‘謂’則不言‘曰’，如《毛傳》‘婦人謂嫁歸’(叫嫁作歸)是也。”徐鍇《繫傳》：“取其進火謂之爨，取其气上謂之炊。”　② 𦥑象持甑(zèng)：《段注》：“(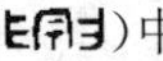)中似甑，𦥑持之。”王筠《釋例》：“不出者，非字也。”　③ 推林内(nà)火：《段注》：“林，柴也。内同納。”

䢅　所以枝[①]鬲者。从爨省、鬲省。　渠容切(qióng)。

【譯文】䢅，用來支鬲(lì)的足架。由“爨”字的省略和“鬲”字的省略會意。

【注釋】① 枝：桂馥《義證》：“《類篇》引作‘支’，《玉篇》同。本書‘融’从支，謂有三足支之也。”

【参證】徐灝《段注箋》引戴侗說：“似鬲而有耳者也。𦥑，象其耳。”按：鬲是鼎類，三足中空。

釁　血祭[①]也。象祭竈也。从爨省[②]；从酉[③]，酉所以祭也；从分[④]，分亦聲。　虛振切(xìn)。

【譯文】釁，血祭。象用血祭竈。由“爨”字省去𤇾，和“酉”字、“分”字構成。酉是用來祭奠的酒。分，表示拿血布散塗抹的意思。分也表示讀音。

【注釋】① 血祭：《段注》："以血塗之，因薦而祭之也。凡坼罅(xià，裂縫)謂之釁，《方言》作璺，音問；以血血其坼罅亦曰釁。《樂記》作衅。" ② 从爨省：《段注》："祭竈亦血塗之，故从爨省。爨者竈也。" ③ 从酉：《段注》："酉者，酒之省。" ④ 从分：《段注》："取血布散之意。"

【參證】李孝定《釋釁與沬》(《歷史語言研究所集刊》外編第四種)："(金文)其習見者作、等形，或繁而爲，或於其下更增皿形而爲。……上象兩手持倒皿，中象人形，旁有水點，或則直爲水字，下承以皿。字象奉匜沃而沬面之形。蓋即左氏奉匜沃盥之比。其用法則絶大多數均與壽字連文，爲嘏辭之一種。"

文三　重一

卷六

革部

革（革）獸皮治去其毛，革更之[①]。象古文革之形[②]。凡革之屬皆从革。𠦶，古文革。从三十[③]。三十年爲一世，而道更也。臼聲。　古覈切(gé)。

【譯文】革，獸皮除去它的毛，改變它的樣子。象古文革的樣子。大凡革的部屬都从革。𠦶是古文革字。由“三”、“十”會意。三十年是一世，而世道就改變了。臼表示讀音。

【注釋】① 獸皮句：《段注》：“皮與革二字對文則分別”，“散文則通用”。革更，同義複合。　② 象古文句：依倣古文製爲小篆。見下面“古文革”。　③ 从三十：《段注》：“上‘廿’下‘十’，是三十也。”

【參證】金文作、。林義光《文源》：“从卅，非革之義；廿、十亦不爲卅。”“象獸頭角足尾之形。”“(臼)象手治之。”

鞹[①]（鞹）去毛皮也。《論語》[②]曰：“虎豹之鞹。”从革，郭聲。　苦郭切(kuò)。

【譯文】鞹，去毛的皮。《論語》説：“虎豹的鞹。”从革，郭聲。

【注釋】① 鞹：徐鍇《繫傳》：“皮去其毛，染而瑩之，曰革鞹，空廓之意。”桂馥《義證》：“鞹是革之别名。”　②《論語》：指《顔淵篇》。今本原文作“虎豹之鞟，猶犬羊之鞟”。王筠《句讀》：“今作鞟者，以享代䩡，變享爲享。”

靬（靬）靬[①]，乾革也。武威有麗靬縣[②]。从革，干聲。　苦旰切(kàn/jiān)[③]。

【譯文】靬，乾皮革。武威地方有麗靬縣。从革，干聲。

【注釋】① 靬：《段注》：“此複舉字删之未盡者。”　② 武威句：驪軒本西域國,《張騫傳》作“犛靬”,《西域傳》作“犂靬”。故址在今甘肅省永昌縣南。　③ 今讀依《廣韻》居言切。

鞈[1] 生革可以爲縷束[2]也。从革,各聲。　盧各切(luò)。

【譯文】鞈,生皮革可以用來捆綁東西。从革,各聲。

【注釋】① 鞈:徐鍇《繫傳》:“絡也。”　② 縷束:同義複合。縷,麻綫、絲綫,這裏用作動詞,指捆綁。

鞄 柔革[1]工也。从革,包聲。讀若朴[2]。《周禮》[3]曰:“柔[4]皮之工鮑氏。”鞄即鮑[5]也。　蒲角切(bó/páo)[6]。

【譯文】鞄,治理皮革的工人。从革,包聲。音讀象“朴”字。《周禮》説:“治理皮革的工人是鮑氏。”“鞄”就是《周禮》説的“鮑”。

【注釋】① 柔革:治理皮革。柔是動詞,使……柔軟。見注④。桂馥《義證》引《説苑》:“革剛則裂,故有工以柔之。”　② 讀若朴:馬敘倫《六書疏證》卷六引劉秀生説:“包聲邦紐,卜聲亦在邦紐,故鞄从包聲得讀若朴。”　③《周禮》:指《考工記》。　④ 柔:《考工記》作“攻”,治理。　⑤ 鞄即鮑:《段注》:“鞄,正字;鮑,假借。”　⑥ 今讀依《廣韻》薄交切。

【參證】金文作、。楊樹達《積微居金文説》:“銘文鞫字乃鞄之或作。《説文》鞄从包聲,銘文之鞫乃从陶聲,與《説文》異者,陶與包古音無異也。”“陶从匋聲,匋實从勹聲,而勹、包古音無異。”

韗 攻皮治鼓工也。从革,軍聲。讀若運。韗,韗或从韋。王問切(yùn)。

【譯文】韗,治皮製鼓的工匠。从革,軍聲。音讀象“運”字。韗是韗的或體,从韋。

鞣 耎[1]也。从革,从柔,柔亦聲。　耳由切(róu)。

【譯文】鞣,使皮革柔軟。由革、由柔會意,柔也表聲。

【注釋】① 耎(ruǎn):即軟字,此謂使皮革柔軟。王筠《句讀》:“耎乃甓之借字。”本書尸部:“甓,柔皮也。”錢坫《斠詮》:“今人治皮,俗猶曰鞣。”治好的皮,也叫鞣。《廣韻》:“鞣,熟皮。”

靼 柔革[1]也。从革,从旦聲。𩐈,古文靼从亶[2]。　旨熱切(zhé/dá)[3]。

【譯文】靼，柔軟的皮革。从革，旦聲。鞧是古文靼字，从亶聲。

【注釋】① 柔革：《段注》："革之柔耎者也。"　② 从亶：朱駿聲《通訓定聲》："从亶聲。"馬敘倫《六書疏證》："亶亦旦聲。"　③ 今讀依《廣韻》當割切。

鞼　韋繡①也。从革，貴聲。　求位切(guì)。

【譯文】鞼，有文彩的皮革。从革，貴聲。

【注釋】① 韋繡：當依《廣韻》作"繡韋"。《後漢書・烏桓傳》："婦人能刺韋作文繡。"韋，皮革。

鞶　大帶①也。《易》②曰："或錫③之鞶帶。"男子帶鞶，婦人帶絲④。从革，般聲。　薄官切(pán)。

【譯文】鞶，大皮帶。《易經》説："有時賜給臣子大皮帶。"男子用皮革作帶，婦人用絲作帶。从革，般聲。

【注釋】① 大帶：徐鍇《繫傳》："以革爲之也。"　②《易》：指《訟卦》。　③ 錫：通"賜"。　④ 男子二句：男子之帶，以革爲之；婦女之帶，以絲爲之。帶，用作意動。

【參證】馬敘倫《六書疏證》卷六："承培元曰：……鞶爲囊，帶爲束。"馬又説："據鄭玄説，鞶，小囊盛帨巾者，蓋如清代禮服上所佩荷包。"此鞶之又一説。

鞏　以韋①束也。《易》②曰："鞏用黄牛之革。"从革，巩聲。居竦切(gǒng)。

【譯文】鞏，用皮革捆綁物體。《易説》説："如想鞏固，要用黄牛的皮革。"从革，巩聲。

【注釋】① 韋：皮革。見"韋"條。　②《易》：指《革卦》。此别義寄於書證例。鞏的本義是"以韋束"，其引申義爲"固"，故曰"鞏固"。引《易》爲書證，證其引申義，而不用"一曰"等字樣。

【參證】金文作、，不从革。

鞔　履空①也。从革，免聲。　母官切(mán)。

【譯文】鞔，鞋幫。从革，免聲。

【注釋】① 履空：《段注》："空、腔，古今字。履腔如今人言鞵(鞋)

鞪也。”

小兒履[1]也。从革，及聲。讀若沓[2]。　穌合切（sǎ）。

靸　【譯文】靸，小兒的鞋子。从革，及聲。音讀象“沓”字。

【注釋】① 小兒履：桂馥《義證》：“履之無跟（後跟）者也。”馬敘倫《六書疏證》卷六：“如今日本舊俗所履之木屐。”　② 讀若沓：及、沓同爲合部。

鞥角[1]，鞮屬。从革，印聲[2]。　五岡切（áng）。

鞥　【譯文】鞥，鞥角，皮鞋一類。从革，印聲。

【注釋】① 鞥角：《方言》卷四：“東北朝鮮洌水之間謂之鞥角。”桂馥《義證》：“形若今之木屐，而下有齒焉。欲其下不蹶，當印其角，舉足乃行，因爲名也。”舊時江南木屐前頭呈尖角形，且稍微向上昂起。　② 印聲：聲中有義，取上昂義，屐頭上昂也。

革履也。从革，是聲。　都兮切（dī）。

鞮　【譯文】鞮，皮革製的鞋。从革，是聲。

鞮鞅沙[1]也。从革，从夾，夾亦聲。　古洽切（jiá）。

鞅　【譯文】鞅，皮鞋中名叫鞅沙的靴子。由革、由夾會意，夾也表聲。

【注釋】① 鞮鞅沙：《段注》：“謂鞮之名鞅沙者也。鞥角（木屐）、鞅沙皆漢人語。”“胡中所名”“鞢韃”，即“韡之缺前壅者”。是漢時少數民族的一種鞋頭不加護套的靴子。

[1] 鞮屬。从革，徙聲。　所綺切（xǐ）。

韃　【譯文】韃，皮鞋子一類。从革，徙聲。

【注釋】① 韃：徐灝《段注箋》：“足部云：‘躧，舞履也。或作韃。’與此音義同。又作蹝、屣。”

[1] 革生鞮[2]也。从革，奚聲。　户佳切（xié）。

鞵　【譯文】鞵，生皮革製的鞋子。从革，奚聲。

【注釋】① 鞵：徐鍇《繫傳》：“今俗作鞋。”《釋名》：“鞵，解也。著時，縮其上，如履；然解其上，則舒解也。”　② 革生鞮：姚文田、嚴可均《校議》：“‘革生’當作‘生革’。按：鞜下亦云生革。”

補履下[1]也。从革，丁聲[2]。　當經切（dīng）。

靪　【譯文】靪，補鞋底。从革，丁聲。

【注釋】① 補履下：徐鍇《繫傳》："今履底下以綫爲結，謂之釘底，是也。"《段注》："今俗謂補綴曰打補靪。" ② 丁聲：聲中有義。丁本是釘子，補納的疤就象打進去的釘子的扁平而又或圓或方的頭。

鞠 蹋鞠[①]也。从革，匊聲。⿰革𥬔，鞠或从𥬔。 居六切(jū)。

【譯文】鞠，蹋鞠。从革，匊聲。⿰革𥬔是鞠的或體，从𥬔(jū)聲。

【注釋】① 蹋鞠：打皮球。徐鍇《繫傳》："蹋鞠，以革爲圜囊，實以毛，蹵(cù，踏踢)蹋爲戲。"鞠，即今之毬。徐灝《段注箋》："鞠、毬一聲之轉。"

鞀 鞀遼[①]也。从革，召聲。鞉，鞀或从兆[②]。鼗，鞀或从鼓，从兆。⿱殸召，籀文鞀从殸召[③]。 徒刀切(táo)。

【譯文】鞀，又叫鞀遼。从革，召聲。鞉是鞀的或體，从兆聲。鼗是鞀的或體，从鼓，从兆聲。⿱殸召是籀文鞀，从殸，召聲。

【注釋】① 鞀遼：鞀，又名鞀遼。王筠《句讀》："《衆經音義》：'鞉，山東謂之鞉牢。《白帖》引《樂録》：鼗，《爾雅》曰：'小者曰料，今人併而言之矣。'案併而言之，是鼗料也。遼、牢疊韻，遼、料同音，許亦併而言之，蓋漢時口語固然。"《周禮》注曰："鼗如鼓而小，持其柄搖之，旁耳還自擊。"按：今爲長柄的搖鼓，俗稱撥浪鼓或貨郎鼓。

② 从兆：《段注》作"从兆聲"。 ③ 从殸召：朱駿聲《通訓定聲》："从殸召聲。"

韏 量物之韏[①]。一曰：抒井韏[②]。古以革。从革，冤聲[③]。⿰革宛，韏或从宛[④]。 於袁切(yuān)。

【譯文】韏，量物的器具。另一義説：是淘井取泥的器具。古代用皮革製成。从革，冤聲。⿰革宛是韏的或體，从宛聲。

【注釋】① 量物之韏：徐鍇《繫傳》："(韏)猶宛也。量物之圜(yuán)也。"張舜徽《約注》："以革爲之，猶今之皮尺。" ② 抒井韏：徐鍇《繫傳》："抒井，今言淘井也。韏，取泥之器。"張舜徽《約注》："如今日取土之箕，俗稱韏箕。" ③ 冤聲：聲中有義。本書"冤"下："屈也。"參"冤"條。 ④ 从宛：朱駿聲《通訓定聲》："从宛聲。"即从宛，宛亦聲。本書"宛"下："屈草自覆也。"也有"屈"義。皮尺常蜷曲一團，鞔箕是由竹篾或皮革屈曲編織而成。

鞞　刀室[①]也。从革，卑聲。　并頂切(bǐng)。

【譯文】鞞，刀鞘。从革，卑聲。

【注釋】① 刀室：刀鞘，即刀劍套。

【參證】金文作𩌏、𩌏。戴家祥《金文大字典》："《方言》九：'劍削，自河而北，燕趙之間謂之室，自關而東謂之削，自關而西謂之鞞。'是鞞也、削也、室也，實一物而異名。容刀曰室，猶今人云'劍廓也'。表義更旁，鞞或作𩌏，从古文堇。削或作鞘、作鞘，鞞亦作鞞，聲義不變。"

鞎　車革前曰鞎[①]。从革，艮聲。　户恩切(hén)。

【譯文】鞎，車箱前面的革製裝飾物，叫鞎。从革，艮聲。

【注釋】① 車革句：車革，即輿革。《爾雅·釋器》："輿革前謂之鞎。"李巡説："謂輿前以革爲車飾曰鞎。"

鞃　車軾[中靶][①]也。从革，弘聲。《詩》[②]曰："鞹鞃淺幭[③]。"讀若穹[④]。　丘弘切(kōng/hóng)[⑤]。

【譯文】鞃，車軾中段裹紮着的皮革。从革，弘聲。《詩經》説："用皮革裹紮車軾中部，用虎皮淺毛覆蓋着車軾。"音讀象"穹"字。

【注釋】① 車軾：王筠《句讀》作"車軾中靶"。靶，謂鞔(wǎn)，即裹紮。此車軾中段是人所憑軾而以手把持之處，故裹紮以皮革。

②《詩》：指《大雅·韓奕》。　③ 鞹鞃淺幭(miè)：毛傳："鞹，革也；淺，虎皮淺毛也；幭，覆式也。"正義："言鞹鞃者，言以去毛之皮，施於軾之中央，持車使牢固也。"　④ 讀若穹：鞃、穹上古同屬蒸部。馬敘倫《六書疏證》卷六："劉秀生曰：弘从厶聲，厶爲厷、肱之古文，在見紐；穹从弓聲，亦在見紐。故鞃从弘聲得讀若穹。"

⑤ 今讀依《廣韻》胡肱切。

鞪[①]　車軸束[②]也。从革，敄聲。　莫卜切(mù)。

【譯文】鞪，用皮革綁紮車軸。从革，敄聲。

【注釋】① 鞪：桂馥《義證》："此與木部楘音同義近。楘謂輈束，鞪謂軸束。"王筠《釋例》進而説："鞪、楘一字。束之者革，所束者木也，故兩从。”參“桀”條。　② 車軸束：徐鍇《繫傳》：“以革束車軸，製其裂也。”製當作制，謂制止。

鞑　車束①也。从革，必聲。　毗必切(bì)。

【譯文】鞑，車上用皮革綁紮的地方。从革，必聲。

【注釋】① 車束：徐鍇《繫傳》：“車上凡束之處。”

韉　車衡三束①也。曲轅鞼縛，直轅(䡢)[暴]縛②。从革，爨聲。讀若《論語》③“鑽燧”之“鑽”。鞼，韉或从革贊④。借官切(zuān)。

【譯文】韉，車轅横木上三個用皮革束縛的地方。小車的横木鑽孔用皮帶束縛，大車的横木全部用皮帶束縛。从革，爨聲。音讀象《論語》“鑽燧”的“鑽”字。鞼是韉的或體，从革，贊聲。

【注釋】① 車衡三束：衡，車轅頭上的横木。三束，王筠《句讀》：“轅與衡相著(附著)，必有鑿枘(ruì，榫頭)，恐其脱也，以革縛之。”“小車之衡，以中央著輈(zhōu，小車的曲轅)端，故必三束，空其兩軥(qū，車軛兩邊叉馬頸者)也。”　② 曲轅二句：王筠《句讀》：“曲轅謂小車，直轅謂大車。非謂縛其轅也。”䡢，當從徐鍇《繫傳》作“暴(jú)”。王筠《句讀》：“大車之鬲，以兩端著兩轅，蓋全革幬之，不必三也，故異其名。”　③《論語》：指《陽貨篇》。　④ 从革贊：朱駿聲《通訓定聲》作“从革，贊聲”。

鞐　蓋杠絲①也。从革，旨聲。　脂利切(zhì)。

【譯文】鞐，車蓋杠柄上圍束的皮繩。从革，旨聲。

【注釋】① 蓋杠絲：徐鍇《繫傳》：“蓋，車蓋也。杠，柄也。絲，其繫系也。”王筠《句讀》：“鞐，殆即俾倪也。《急就篇》注：‘俾倪，持蓋之杠，在軾中央，環爲之，所以止蓋弓之前卻也。’”

鞍　車駕具①也。从革，皮聲②。　平祕切(bèi)。

【譯文】鞍，駕車被馬的器具。从革，皮聲。

【注釋】① 車駕具：即鞍轡等馬具的總稱。　② 皮聲：聲中有義。本書“皮”下：“剥取獸革者謂之皮。”引申爲剥下的獸革，又引申爲包在、圍在、披在外面的東西。

鞥 鞥 轡鞥[①]。从革,弇聲[②]。讀若膺。一曰:龍頭繞者[③]。 烏合切(è/ēng)[④]。

【譯文】鞥,馬繮繩。从革,弇聲。音讀象“膺(yìng)”字。另一義說:鞥是馬籠頭。

【注釋】① 轡(pèi)鞥:《段注》:“轡鞥蓋古語。轡,亦名鞥也。” ② 弇(yǎn)聲:聲中有義。本書“弇”下:“蓋也。”是覆蓋、覆合義。馬繮繩是由幾股繩覆合在一起,馬籠頭更是覆罩在馬頭上。王筠《句讀》:“(弇)亦未始不兼意也。” ③ 龍頭繞者:即馬籠頭。龍,《段注》:“《玉篇》作籠。”繞,繚繞,此指覆罩。 ④ 今讀依《集韻》一憎切。

靶 靶 轡革[①]也。从革,巴聲[②]。 必駕切(bà)。

【譯文】靶,繮繩上御人所把之革。从革,巴聲。

【注釋】① 轡革:徐鍇《繫傳》:“御人所把處。”即指駕馬的人把握的部位。 ② 巴聲:聲中有義。本書“巴”下:“蟲也。或曰:食象蛇。”將身子緊貼在黏着對象上是蛇類動物的特性,引申爲緊貼。繮繩上御人所把之革總是緊貼在御人手掌之中。

韅 韅 著(掖)[腋]鞥[①]也。从革,㬎聲。 呼典切(xiǎn)。

【譯文】韅,附着在馬的兩腋的皮革腹帶。从革,㬎聲。

【注釋】① 著掖鞥:“掖”當依徐鍇《繫傳》作“腋”。王筠《句讀》:“鞥,《左傳》釋文引作‘皮’。謂之鞥者,繞其腹猶繞其頭也。《蒼頡解詁》:‘韅,馬腹帶也。’”

靳 靳 當膺[①]也。从革,斤聲。 居近切(jìn)。

【譯文】靳,(服馬)當胸的皮革。从革,斤聲。

【注釋】① 當膺(yīng):《左傳·定公九年》孔穎達疏:“古人車駕四馬,夾轅二馬謂之服。”“靳是當胸之皮也。”

鞎 鞎 驂具[①]也。从革,蚩聲。讀若騁、蜃[②]。 丑郢切(chěng)。

【譯文】鞎,驂馬馬具的統稱。从革,蚩聲。音讀象“騁”字,又象“蜃”字。

【注釋】① 驂(cān)具:驂馬(轅馬邊上的馬)之鞎具。 ② 讀若騁、屢：《段注》："虫部蚩'讀若騁'，則此'蚩聲'讀'騁'宜矣。""疑當爲'又讀若屢'也。"又，葉德輝《讀若考》："騁、屢亦合聲，猶之不律爲筆，登得爲來，茅蒐爲韎，即後世反切之濫觴。"存上二説以備考。

【參證】孫機《始皇陵二號銅車馬對車制研究的新啓示》(《文物》一九八三年第七期)："套在驂馬頸部而繫於服馬軛上，用以防止驂馬外逸的繮索，或即是鞧。鞧之爲用正是將驂馬夾持於服馬之側。"存參。

靷　引軸①也。从革，引聲②。鞻③，籀文靷。　余忍切(yǐn)。

【譯文】靷，繫於車軸用來引車前行的皮帶。从革，引聲。鞻是籀文靷字。

【注釋】① 引軸：引軸的皮帶。指驂馬的外轡，穿過服馬背上的游環繫在車軸上，以引車前進。　② 引聲：聲中有義。本書"引"下："開弓也。"拉開弓，引申爲凡牽引之稱。　③ 鞻：王筠《句讀》："當从𤔔，籀文婚字。"婚以昏爲聲。吴大澂《字説·靷字説》："(昏)讀若閔，閔、靷聲相近。"

輨①　車鞁具也。从革，官聲。　古滿切(guǎn)。

【譯文】輨，駕車被馬的器具。从革，官聲。

【注釋】① 輨：徐灝《段注箋》："《繫傳》曰：'猶今鐍頭包也。'"

靼　車鞁具①也。从革，豆聲。　田候切(dòu)。

【譯文】靼，駕車被馬的器具。从革，豆聲。

【注釋】① 車鞁具：徐鍇《繫傳》："鐍(jué)中舌也。"小徐是説，靼特指馬腹帶繫轡環中的舌。

靬　輨内環靼①也。从革，于聲。　羽俱切(yú)。

【譯文】靬，輨内所環繞的柔軟皮革。从革，于聲。

【注釋】① 輨(guǎn)内環靼：朱駿聲《通訓定聲》："輨者，車駕具；其内有柔革以環之曰靬。"

鞾　車下索①也。从革，尃聲。　補各切(bó)。

【譯文】鞾，車下索。从革，尃聲。

【注釋】① 車下索：徐鍇《繫傳》："以革爲索，終縛輿底也。""終"當作“絡”。王筠《句讀》:“《釋名》、《急就篇》皆作縛。顔注:‘縛在車下,縛軸令輿相連,即今所謂鉤心也。’”

【參證】金文作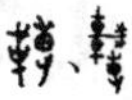,後一字从車。師克盨作“畫轉”。《説文》又有鞹,云:“靶裹也。”畫轉,即以革裹靶而畫之。縛、轉、鞹、轉,統言之,則是裹絡的繩索。以絲麻爲之,是縛;以革皮爲之,是轉;以熟皮爲之,是鞹;縛於車,是轉。今統用縛。

鞥 車具[①]也。从革,奄聲[②]。 烏合切(è)。

【譯文】鞥,車具。从革,奄聲。

【注釋】① 車具:徐鍇《繫傳》:“有所掩覆處也。”《玉篇》:“鞥,車上具也。”謂車上掩覆的器具。王筠《句讀》:“疑即鞥之異文。”

② 奄聲:聲中有義。本書“奄”下:“覆也。”

鞻 車具也。从革,叕聲。 陟劣切(zhuó)。

【譯文】鞻,車具。从革,叕聲。

鞌 馬鞁具[①]也。从革,从安。 烏寒切(ān)。

【譯文】鞌,被馬的器具。由革、由安會意。

【注釋】① 馬鞁具:《急就篇》顔注:“鞍所以被馬,取其安也。”即“鞍”字。

鞋 鞌毳[①]飾也。从革,茸聲[②]。 而隴切(róng)。

【譯文】鞋,馬鞍上的細毛裝飾品。从革,茸聲。

【注釋】① 毳(cuì):本書毳部:“獸細毛也。” ② 茸聲:聲中有義。本書“茸”下:“草茸茸皃。”草初生細軟的樣子。

鞊 鞌飾。从革,占聲。 他叶切(tié)。

【譯文】鞊,馬鞍的裝飾。从革,占聲。

鞈 防(汗)[扞][①]也。从革,合聲[②]。 古洽切(jiá/gé)[③]。

【譯文】鞈,防箭捍身的器具。从革,合聲。

【注釋】① 防汗:當爲防扞,即防捍,謂防捍的器具。徐鍇《繫傳》:“猶今胡人打腰也。”《管子·小匡》尹知章注:“鞈革,重革。當胸著之,可以禦矢。”一説,“防汗”不誤。馬叙倫《六書疏證》卷六:“今譣駕具中鞍下有革薦之,所以防馬汗者即鞈也。”即《廣雅》之“防汗”,

《初學記》之“障汗”、“弇汗”，王筠之“障泥”也。譯文照前説。

② 合聲：聲中有義。合本器蓋相合，引申爲凡覆合之稱。鞈革，重革，多屬覆合之革；若爲“防扞”，則當胸著之，與胸覆合，若爲“防汗”，則置於鞍下，與馬背腹合。“防扞”，當與今防彈背心相類。

③ 今讀依《廣韻》古沓切。

馬頭絡銜①也。从革，力聲。 盧則切(lè)。

勒 【譯文】勒，馬頭上用以繫著馬嚼子的皮革。从革，力聲。

【注釋】① 銜：馬嚼子。朱駿聲《通訓定聲》：“勒爲銜之所繫，故曰絡銜。”

【參證】金文作。

大車縛軛靼①。从革，肙聲②。 狂沇切(juàn/xuàn)③。

鞙 【譯文】鞙，牛車上懸縛車軛的柔軟的皮帶。从革，肙(yuàn)聲。

【注釋】① 大車句：大車，牛車。軛，車軛。靼，柔軟的皮革。

② 肙聲：聲中有義。本書“肙”下：“小蟲也。”朱駿聲以爲“孑孓”小蟲，其軀體柔軟。 ③ 今讀依《廣韻》胡畎切。

勒靼①也。从革，面聲。 弥沇切(miǎn)。

䩛 【譯文】䩛，馬勒上的柔軟的皮革。从革，面聲。

【注釋】① 勒靼：《段注》：“謂馬勒之靼也。勒在馬面，故从面。”

鞮[系]也①。从革，今聲。 巨今切(qín)。

靲 【譯文】靲，皮革製的鞋帶。从革，今聲。

【注釋】① 鞮也：錢桂森曰：“當作‘鞮系也’。《廣雅》：‘鞮，履也。其紟謂之綦。’”“《士喪禮》：‘組綦繫于踵。’注云：‘綦，屨系也，所以拘止屨也。’今革履之系，或亦柔革爲之，故字从革也。”

所以戢弓矢①。从革，建聲②。 居言切(jiān)。

鞬 【譯文】鞬，(馬上)用來藏弓箭的器具。从革，建聲。

【注釋】① 所以句：本書戈部：“戢，臧(藏)兵也。”《廣韻・元韻》：“鞬，馬上盛弓矢器。” ② 建聲：聲中有義。《釋名・釋兵》：“鞬，建也。弓矢並建立於其中也。”

弓矢韇①也。从革，賣聲。 徒谷切(dú)。

韇 【譯文】韇，藏弓箭之器。从革，賣(yù)聲。

【注釋】① 弓矢韇:《儀禮・士冠禮》:"筮人執策,抽上韇。"注云:"韇,藏策之器也。今時藏弓矢者謂之韇丸。"《段注》:"絫呼之曰韇丸,單呼之曰韇。"韇丸又作"皾𣪠"。

綏[①]也。从革,巂聲。 山垂切(shuī/suī)[②]。

鞼 【譯文】鞼,馬鞍的縧(tāo,用絲綫編成的帶子)飾。从革,巂(guī)聲。

【注釋】① 綏(suí):《段注》:"系部:'綏,系冠纓也。'引申凡垂者謂之綏。"此謂馬鞍上下垂的裝飾。 ② 今讀依《廣韻》素回切。

急[①]也。从革,亟聲[②]。 紀力切(jí)。

鞕 【譯文】鞕,皮革緊牢。从革,亟聲。

【注釋】① 急:徐鍇《繫傳》説:"束物之急,莫若革也。"張舜徽《約注》:"古言急,今言緊。革以緊爲用。" ② 亟聲:聲中有義。本書"亟"下:"敏疾也。"疾有急速義。亦可引申爲緊。

[①]
驅也。从革,便聲。夋[②],古文鞭。 卑連切(biān)。

鞭 【譯文】鞭,用鞭驅趕馬。从革,便聲。夋是古文鞭字。

【注釋】① 鞭:王筠《句讀》:"鞭以抶罪人,……鞭亦以擊馬。許弟主馬言者,本部自鞎以下,皆言車馬也。其末用革,故字从革;其本用竹,故策、箠从竹。" ② 夋:王筠《句讀》:"从亼支者,亼者集也,集衆革以支之也。"

【參證】金文作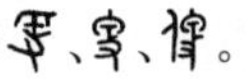。按王筠説,應是手執鞭形,既可驅馬,又可鞭人。

[①]
頸靼也。从革,央聲。 於兩切(yǎng)。

鞅 【譯文】鞅,套在牛馬頸上的柔軟皮革。从革,央聲。

【注釋】① 鞅:《釋名》:"鞅,嬰也。"喉下稱嬰,言嬰(朱駿聲《通訓定聲》作"纓")絡之也。"《周禮・春官・巾車》疏云:"纓是夾馬頸。"

佩刀絲[①]也。从革,蒦聲。 乙白切(wò/hù)[②]。

韄 【譯文】韄,佩刀把上的皮繩。从革,蒦(huò)聲。

【注釋】① 佩刀絲:《莊子音義》引《三蒼》説:"韄,佩刀靶韋也。"絲,徐鍇《繫傳》"鞜"下注:"絲,其繫系也。" ② 今讀依《廣韻》胡誤切。

鞁 馬尾(駝)①[鞁]也。从革,它聲②。今之般緧③。 徒何切(tuó)。

【譯文】鞁,拴在馬尾上的皮帶。从革,它聲。類似今天的盤鞦。

【注釋】① 駝:段、桂、王、朱均作"鞁",當從之。 ② 它聲:聲中有義。本書"它"下:"虫也。"即蛇。拴在馬尾上的皮帶象蛇一樣盤曲。 ③ 般緧:又叫"後鞧",套車時拴在駕轅牲口屁股周圍的皮帶等。徐鍇《繫傳》:"謂今馬後鞦,連絡馬尾後者也。般者,槃,謂屈槃繞之也。緧,今鞦字。"

鞔 繫牛脛①也。从革,見聲。 己彳切(jì/xié)②。

【譯文】鞔,用皮革絆繫牛的小腿(使之止步不前)。从革,見聲。

【注釋】① 繫牛脛:王筠《句讀》:"欲牛行則施繩於角而牽之,欲牛止則施繩於脛而絆之。" ② 今讀依《廣韻》虎結切。

文五十(七)[九] 重十一

鞘① 刀室也。从革,肖聲。 私妙切(qiào)。

【譯文】鞘,刀套。从革,肖聲。

【注釋】① 鞘:《西京雜記》卷一:"開匣拔鞘,輒有風氣,光彩射人。"《段注》"鞞"下注:"削、鞘,古今字。"《方言》:"劍削,自河而北,燕趙之間,謂之室;自關而東,謂之廓,或謂之削。"《釋名》:"刀其室曰削。削,峭也,其形削殺,裹刀體也。"刀室之形如山之峭,逐漸削減,成鋒刃之形,然後用以裹其刀體,故从刀作削;其後因此套以皮革爲之,故从革作鞘;或特指以熟皮爲之,又从韋作韒。

韉 馬鞁①具也。从革,薦聲②。 則前切(jiān)。

【譯文】韉,駕車披覆在馬身上的器用。从革,薦聲。

【注釋】① 鞁:《段注》"鞁"下:"被即鞁字也。"韉又特指馬鞍的墊子。《樂府詩集·木蘭詩》:"東市買駿馬,西市買鞍韉。" ② 薦聲:聲中有義。薦,本書:"獸之所食艸。"艸既可引申爲披覆,又可引申爲墊籍。《鄭新附考》:"《釋名》:'薦,所以自薦籍也。韉所以藉馬鞍，故謂之韉。本止作薦，俗因施以薦鞍，別加从革。”可見，韉是薦的後起加旁分化字。

韈[①]　鞮屬[②]。从革，華聲。　許騰切(xuē)。

【譯文】韈，皮製鞋一類。从革，華聲。

【注釋】① 韈：《鈕新附考》：“《廣韻》下平八戈‘韈’訓韈鞋。引《釋名》曰：韈本胡服，趙武靈王所服。”“重文作靴。”《鄭新附考》：“戰國時期胡語。”　② 鞮屬：韈即靴子，長筒鞋。《釋名》：“韈，跨也。兩足各以一跨騎也。”各用一腿脛穿進去，兩腿如騎之勢。少數民族多以皮革製之，故釋爲“鞮屬”。

靮[①]　馬羈[②]也。从革，勺聲。　都歷切(dí)。

【譯文】靮，馬繮繩。从革，勺聲。

【注釋】① 靮：《禮記・少儀》：“牛則執紖，馬則執靮。”　② 馬羈：拴繫馬的繮繩。《説文》：“羈，馬絡頭也。”用爲動詞，即束縛、牽制，又可引申爲拴繫的繩子。或謂用“羈”借代“繮”。

文四　新附

鬲部

鬲　鼎屬[①]。實五觳[②]。斗二升曰觳。象腹交文[③]，三足。凡鬲之屬皆从鬲。䰛，鬲或从瓦。㽁，漢令[④]鬲，从瓦，厤聲。郎激切(lì)。

【譯文】鬲，鼎類的空足炊具。容積有五斛大。一斗二升叫作一斛。(中間的X)象腹部交錯的紋飾，(下面的八)象三隻腳。大凡鬲的部屬都从鬲。䰛是鬲的或體，从瓦。㽁是漢朝法令上的鬲字，从瓦，厤聲。

【注釋】① 鼎屬：王筠《句讀》：“《釋器》：‘鼎款足者謂之鬲。’《封禪書》：‘其空足曰鬲。’《索隱》云：‘款者，空也。言其足中空也。’”徐鍇《繫傳》：“上頸也，腹交文，謂其刻飾也。”　② 觳：桂馥《義證》：“觳讀爲斛。”　③ 象腹交文：饒炯《部首訂》：“(一象器覆，口象器口。)象腹之交文與三足。”　④ 漢令:《段注》:“謂載於《令甲》(法令首編)、《令乙》(法令次篇)之鬲字也。”

【參證】甲文作、,金文作、。楊樹達《積微居小學述林·釋鬲》:“鬲爲純象形文,䰛爲加義旁字,䥶則純形聲字也。”關於“䰛”字,戴家祥《金文大字典》:“古文字中的一些名詞,常常以類屬相同的字作爲偏旁,加添以後構成繁體。如《説文》矛或作𢦓,《玉篇》缶或作瓬,离或作螭,鬲字在《説文》或體中也加同類的瓦字爲偏旁寫作䰛。”

鬾　三足鍑[①]也。一曰:滫米器[②]也。从鬲,支聲[③]。　魚綺切(yǐ)。

【譯文】鬾,三隻脚的大口釜(fǔ,鍋)。另一義説:是淘米的器具。从鬲,支聲。

【注釋】① 三足鍑(fù):徐鍇《繫傳》:“釜大口曰鍑。”　② 滫(xiǔ)米器:《段注》:“滫米猶淅(淘)米。淅之以得其泔(gān,淘米汁)也。”　③ 支聲:聲中有義。桂馥《義證》:“三足所以支之。”徐灝《段注箋》:“凡从支之字皆有隅角義。”意即三隻脚的三個支點構成三角形。

鬹　三足釜也。有柄喙[①]。讀若嫣。从鬲,規聲。　居隨切(guī)。

【譯文】鬹,有三隻脚的鍋。有柄,有嘴。音讀象“嫣(guī)”字。从鬲,規聲。

【注釋】① 有柄喙:《段注》:“有柄可持,有喙可寫(xiè,傾瀉)物。此其別於鬾者也。”徐鍇《繫傳》:“今見有古銅器如此。觜爲鳥喙。”

【參證】徐中舒《甲骨文字典》卷三:“象有喙可以瀉流之鬲,疑即鬹字。”按,字上部左邊的⊂象柄。

鬷　釜屬。从鬲,㚇聲。　子紅切(zōng)。

【譯文】鬷,是鍋一類。从鬲,㚇聲。

鬴　秦名土釜曰鬴[①]。从鬲,(中)[干][②]聲。讀若過。　古禾切(guō)。

【譯文】鬴,秦地叫陶土做的釜作鬴。从鬲,干聲。音讀象“過”字。

【注釋】① 秦名句：徐鍇《繫傳》："土釜，瓦(陶器的總名)爲之。又交阯之南，或用土爲鍋。"《段注》："(䰛)今俗作鍋。土釜者，出於匋(陶)也。"　② 干：當依徐鍇《繫傳》作"干"(guō)。本書夂部："干，跨步也。"

鬵　大釜也。一曰：鼎大上小下若甑曰鬵。从鬲，兓聲。讀若岑。①，籀文鬵。　才林切(qín)。

【譯文】鬵，大鍋。另一義説：鼎上部大下部小樣子象甑(zèng)的叫鬵。从鬲，兓(jīn)聲。音讀象"岑(cén)"字。[illegible]是籀文鬵字。

【注釋】① [illegible]：从䰜，兓聲。䰜即鬲字，弜象水蒸氣。

䰝　鬵屬①。从鬲，曾聲②。　子孕切(zèng)。

【譯文】䰝，甑一類。从鬲，曾聲。

【注釋】① 鬵屬：《爾雅・釋器》："䰝謂之鬵。"陸德明《釋文》："䰝，本或作甑。"郝懿行義疏："鬵與甑異，甑有七穿(孔)(見《陶人》)。釜鬵烹魚，必非有穿，毛以爲釜屬是矣。"參"鬵"、"甑"條。　② 曾聲：聲中有義。曾即甑，參"曾"條。䰝應是鼎鬲之屬，其形狀或功能象甑者。

鬴　鍑屬①。从鬲，甫聲。②，鬴或从金，父聲。　扶雨切(fǔ)。

【譯文】鬴，鍑鍋一類。从鬲，甫聲。釜是鬴的或體，从金，父聲。

【注釋】① 鍑(fù)屬：本書金部："鍑，釜大口者。"《方言》卷五："釜，自關而西，或謂之釜，或謂之鍑。"　② 釜：今省作"釜"。本書用部："甫，从用父，父亦聲。"从金父聲猶从鬲甫聲。

【參證】金文作，从缶，父聲。第二字从又，是父字的譌變。上古用陶器，故从缶。

鬳　鬲屬①。从鬲，虍聲②。　牛建切(yàn)。

【譯文】鬳，鬲鼎類的炊具。从鬲，虍聲。

【注釋】① 鬲屬：桂馥《義證》："鬲屬者，疑作䰝屬。本書瓦部：'甗，甑也。'"按：甗是鬳的後起增偏旁字。　② 虍(hū)聲：《六書故》云："唐本'虔省聲'。"虔與鬳同部。

【參證】甲文作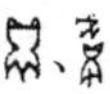，金文作。高鴻縉《中國字例》："(鬳)字

象器形，器分上下兩截，或分或聯，中隔以有穿（孔）之板，上盛米，下盛水，可以蒸也，故即後世之甑字。初變作鬳，从鬲，虍省聲，後又加瓦爲意符作甗。”金文第三字，《金文編》：“从犬，子邦父甗，甗字重見。”羅振玉《增訂殷虚書契考釋》卷中：“古金文加犬於旁已失其形。”

融　炊气上出也。从鬲，蟲省聲。䗀，籀文融不省。　以戎切（róng）。

【譯文】融，煮食物的水蒸氣向上冒出。从鬲，蟲省聲。䗀是籀文融字，（蟲）不省。

䵷　炊气皃[1]。从鬲，䫜聲[2]。　許嬌切（xiāo）。

【譯文】䵷，炊氣冒出的樣子。从鬲，䫜聲。

【注釋】① 炊气皃：徐鍇《繫傳》：“气盛也。”　② 䫜聲：《段注》：“㗊部曰：‘䫜，聲也。气出頭上，从㗊頁。’炊气亦上出，故从䫜。”形容炊氣之盛，䫜䫜作響。

䰞　煮也。从鬲，羊聲。　式羊切（shāng）。

【譯文】䰞，烹煮。从鬲，羊聲。

【參證】甲文作、、、。羅振玉《增訂殷虚書契考釋》：“此从皿與从鬲同。从凵者，亦皿字。卜辭中从皿之字，或从凵。”李孝定《甲骨文字集釋》第三：“契文从羊从皿，羊在皿中，自有煮義，从鬲則其義尤顯。此會意兼形聲之字，非純以羊爲聲也。”

䰟　涫[1]也。从鬲，沸聲[2]。　芳未切（fèi）。

【譯文】䰟，沸滾。从鬲，沸聲。

【注釋】① 涫（guàn）：《段注》：“涫，䰟也。今俗字涫作滚。”按：䰟同沸。　② 沸聲：聲中有義。本書“沸”字義爲水翻涌而出。鼎鬲盛水，炊煮至沸，故从鬲。

文十三　重五

䰜部

䰜　歷[1]也。古文，亦鬲字。象孰飪[2]五味气上出[3]也。凡䰜之屬皆从䰜[4]。　郎激切（lì）。

【譯文】䰜,歷。是古文,也是鬲字的又一寫法。象煮熟了的五味香氣向上冒出。大凡䰜的部屬都从䰜。

【注釋】① 歷:是鬲的異體,見漢朝律令。參"鬲"條。王筠《句讀》:"《説文》同字而分兩部者,此及自、白,林、麻,人、儿,大、亣是也,分三部者,頁、首、百是也。……儿下云'仁人也',與此'歷也',皆直以本字異文爲説解。" ② 孰飪(rèn):同義複合。孰,今熟字。飪,煮熟。 ③ 气上出:徐鍇《繫傳》:"{}},气之狀也。"王筠《釋例》:"{}}不當在旁。" ④ 凡䰜句:《段注》:"鬲、䰜本一字,鬲專象器形,故其屬多謂器。䰜兼象孰飪之气,故其屬皆謂孰飪。"正因爲此,《説文》才由一字異體而分爲兩部或三部。

鬻 鬻①也。从䰜,侃聲。餰,鬻或从食,衍聲。飦,或从干聲。鍵,或从建聲。 諸延切(zhān/jiān)②。

【譯文】鬻,糜。从䰜,侃聲。餰是它的或體,从食,衍聲。飦也是它的或體,从干聲。鍵是它的或體,从建聲。

【注釋】① 鬻:今"糜"字。參"鬻"條。 ② 今讀依《廣韻》居言切。

鬻 健①也。从䰜,米聲②。 之六切(méi/zhōu)③。

【譯文】鬻,糜。从䰜,米聲。

【注釋】① 健:參"鬻"條。鬻、糜,析言有别,統言不分。桂馥《義正》:"糜者,豆糜,肉糜,爛而乾者也。鬻則如䰜矣。"鬻是將米放在鍋裏煮成的稀稠物。 ② 米聲:米也表意。从䰜从米,表示將米放在鍋裏煮沸使稀稠。 ③ 之六切:"鬻",依大徐本應讀武悲切。徐鉉曰:"今俗鬻作粥,音之六切。"

【參證】錢坫《斠詮》:"此字以米爲聲,讀即同米。""又鬻字……一以爲薰鬻(殷對匈奴之稱),則有……育字當之;再以爲衒鬻,則有貝部賣字當之;三以爲本訓之饘(zhān)鬻,則有本部鬻字當之。惟鬻於書難寫,故以鬻代鬻,又省爲粥。"按:鬻,余六切,音轉爲之六切。讀粥(zhōu)。

鬻 健①也。从䰜,古聲。 户吴切(hú)。

【譯文】鬻,糜糊。从䰜,古聲。

【注釋】① 饘：糜。《段注》："今江蘇俗粉米麥爲粥曰餬。粉米麥是將米麥磨成粉。"馬敘倫《六書疏證》卷六："今杭縣謂煮米糜爛而猶有粒性者爲粥，其爛極不可分別者爲鬻。"《玉篇·䰜部》："鬻，或作糊。"今通用"糊"字。

鬻 五味盉①羹也。从䰜，从羔②。《詩》③曰："亦有和鬻。"羹，鬻或省。鬻，或从美鬻省。羹④，小篆从羔，从美。 古行切(gēng)。

【譯文】鬻，五味調和的濃湯。由䰜、由羔會意。《詩經》説："也有五味調和的濃湯。"羹是鬻的或體，是鬻的省略。鬻是鬻的或體，由美、由鬻省會意。羹是小篆鬻字，由羔、由美會意。

【注釋】① 盉：本書皿部："盉，調味也。" ② 从䰜，从羔：《段注》："會意。凡从羔者，羔猶美也。" ③《詩》：指《商頌·烈祖》。④ 羹：《段注》："此是小篆，則知上三字古文、籀文也。不先小篆者，亦丄(shàng，上)部之例也。"參"丄"部。

鬻 鼎實。惟葦及蒲①。陳留謂饘爲鬻②。从䰜，速聲。餗，鬻或从食，束聲。 桑谷切(sù)。

【譯文】鬻，鼎中的食物。包括葦筍和蒲草一類的蔬菜。陳留地方叫饘糜作鬻。从䰜，速聲。餗是鬻的或體，从食，束聲。

【注釋】① 惟葦及蒲：徐鍇《繫傳》："謂菜爲蔌，義同此。葦初生，其筍可食。" ② 陳留句：《段注》："鼎中有肉、有菜、有米。以米和羹曰糜，糜者饘之類。故古訓，或舉菜爲言，或舉米爲言。"

【參證】甲文作𩰲、𩰲、𩰲。《甲骨文編》："(首二字)與《説文》鬻字或體相同。又，(末字)與説文篆文同。"

鬻 鬻也。从䰜，毓聲。鬻，鬻或省从米。 余六切(yù)。

【譯文】鬻，粥。从䰜，毓聲。鬻是鬻的或體，鬻字省去"每"、"弜"而从"米"。

鬻 涼州謂鬻①爲鬻。从䰜，櫗聲。粖，鬻或省从末②。 莫結切(miè)。

【譯文】鬻，涼州叫粥作鬻。从䰜，櫗聲。粖是鬻的或體，鬻字省去

"鬻"、"蔑",从末聲。

【注釋】① 鬻:徐鍇《繫傳》作"糜"。朱駿聲《通訓定聲》:"糜、鬻,一聲之轉。"鬻、糜渾言無別。 ② 从末:桂馥《義證》:"蔑、末聲近。"

鬻 粉餅[①]也。从䰜,耳聲。餌,鬻或从食,耳聲。 仍吏切(èr/ěr)。

【譯文】鬻,粉餅。从䰜,耳聲。餌是鬻的或體,从食,耳聲。

【注釋】① 粉餅:《段注》:"餌者,稻米粉之爲餅。"徐鍇《繫傳》:"先屑米爲粉,然後溲之。"湖湘間逢年過節,以糯米爲粉,摻以少許粘粉,作成粑粑,以水浸泡。其狀光潔。故徐鍇又説:"餌之言珥也,欲其堅潔而淨若玉珥然也。"

鬻[①] 熬[②]也。从䰜,芻聲。 尺沼切(chǎo)。

【譯文】鬻,炒乾。从䰜,芻聲。

【注釋】① 鬻:徐鉉:"今俗作𤎻,別作炒。" ② 熬:今有汁而乾之,叫熬;無汁而乾之,叫炒。析言有別,渾言不分。

鬻[①] 内肉及菜湯中,薄出之[②]。从䰜,翟聲。 以勺切(yuè)。

【譯文】鬻,將肉和菜納入沸湯之中,急促取出。从䰜,翟聲。

【注釋】① 鬻:《段注》:"今字作瀹,亦作汋。" ② 内肉句:《段注》:"内,今之納字。薄音博,迫也。"王筠《句讀》:"薄,迫也,速也。速出之煮,使不熟也。"

鬻 (孚)[亨][①]也。从䰜,者聲。煮,鬻或从火。鬻,鬻或从水在其中。 章與切(zhǔ)。

【譯文】鬻,烹煮。从䰜,者聲。煮是鬻的或體,从火。鬻是鬻的或體,由"水"在"鬻"字中間會意。

【注釋】① 孚:當依徐鍇《繫傳》作"亨"。

鬻 (吹聲沸)[炊釜溢][①]也。从䰜,孛聲。 蒲沒切(bó)。

【譯文】鬻,燒火煮飯食,鍋中沸水溢出。从䰜,孛聲。

【注釋】① 吹聲沸:當依《類篇》作"炊釜溢"。《段注》:"今江蘇俗謂火盛水沸溢出爲'鋪'出,鬻之轉語也。"

文十三 重十二

爪部

爪　丮①也。覆手曰爪②。象形。凡爪之屬皆从爪。　側狡切(zhǎo)。

【譯文】爪,用爪抓持。另一義説:覆着手叫爪。象形,大凡爪的部屬都从爪。

【注釋】① 丮(jī):《段注》:"丮,持也。"　② 覆手曰爪:《段注》:"仰手曰掌,覆手曰爪。"

【參證】甲文作,金文作、。徐灝《段注箋》引戴侗説:"爪,鳥爪也。象形。人之指叉或亦通作爪。"

孚　卵孚①也。从爪,从子②。一曰:信③也。采,古文孚,从禾。禾,古文保。　芳無切(fú)。

【譯文】孚,卵孵化。由爪、由子會意。另一義説:孚是誠信。采是古文孚字,从禾(bǎo)。禾是古文保字。

【注釋】① 卵孚:《段注》:"卵化曰孚。""《廣雅》:'孚,生也。'謂子出於卵也。""卵因伏而孚,學者因即呼伏爲孚。凡伏卵曰抱。"徐灝《段注箋》:"孚、伏、抱一聲之轉。"《字通》:"从包之字與从孚同。如脬爲胞、桴爲枹、捊爲抱之類可證。"湖湘間稱伏雞子之母雞爲抱雞婆。　② 从爪,从子:徐鍇《繫傳》:"鳥抱恒以爪反覆其卵也。"　③ 信:徐鍇《繫傳》:"鳥之乳卵,皆如其期,不失信也。"

【參證】甲文作,金文作、、。王國維《鬼方昆夷玁狁考》:"孚即俘之本字。"林義光《文源》:"象爪持子。"即象有所俘虜。于省吾《甲骨文字釋林・釋孚》引摩爾根《古代社會》:"在戰爭中所捕獲的俘虜,不是殺死即是收養於氏族之内(以爲子女)。"于説:"孚或孯、㝈均从子,仍俘的古文。收養戰爭中俘虜的男女以爲子,這就是孚的造字由來。"

爲　母猴①也。其爲禽②好爪,爪,母猴象也。下腹③爲母猴形。王育曰:"爪,象形也④。",古文爲,象兩母猴相對形。　薳支切(wéi)。

【譯文】爲，獼猴。獼猴作爲走獸，喜歡用爪子。爪子，是獼猴的象徵。字的下腹部是獼猴（頭目身足）的形體。王育説：“爪子，象獼猴之形。”是古文爲字，象兩隻獼猴相對的樣子。

【注釋】① 母猴：徐灝《段注箋》：“母猴猶言獼猴。” ② 禽：本書内部：“禽者，走獸總名也。” ③ 腹：王筠《句讀》：“言腹者，謂字之腹也。” ④ 爪，象形也：徐灝《段注箋》：“小篆上體作，爲二爪。其一爪，左筆引長中畫，與下體相連，遂不可復識耳。”爲上半是兩爪，下半是，上半下爪字的，與下頭目之相連。

【參證】甲文作、，金文作、、、。羅振玉《增訂殷虛書契考釋》：“卜辭作手牽象形。”“意古者役象以助勞，其事或尚在服牛乘馬以前。”李孝定《甲骨文字集釋》第三：“以手役象有作爲之義，故引申爲作爲。”《廣雅・釋詁》：“爲，施也。”又，曾憲通《長沙楚帛書文字編》：“戰國文字略有省變，如楚簡作，楚王酓忎鼎作……其構形从象从爪會意，不過象之形簡化作或。、蓋表示象之巨首修鼻，其下二横代表其肢體，……三體石經古文變作，形稍變而意未失。《説文》古文譌作……”

爪① 亦②爪也。从反爪③。闕④。 諸兩切（zhǎng）。

【譯文】爪，也是用手抓持。由爪字反過來表示。讀音闕。

【注釋】① 爪：錢坫《斠詮》：“此古文掌字。” ② 亦：王筠《句讀》：“承部首，故曰亦。”見“爪”字。 ③ 从反爪：説其字形之由來，是由轉過來，則成；就其意義而言，如《段注》：“對覆手而言。”“蓋以覆手反（翻）之，即是掌也。”參“爪”條。 ④ 闕：《段注》：“謂闕其音也。”

文四 重二

丮部

丮 持①也。象手有所丮據②也。凡丮之屬皆从丮。讀若戟。几劇切（jǐ）。

【譯文】丮，握持。象手有所握持。大凡丮的部屬都从丮。音讀象

"戟"字。

【注釋】① 持：《段注》："持，握也。" ② 據：杖持。

【參證】甲文作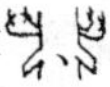，金文作。林義光《文源》："象人伸兩手持物形。"

埶 種也。从坴①丮。持亟種之。《書》②曰："我埶黍稷。" 魚祭切(yì)。

【譯文】埶，種植。由坴、丮會意。持握着(苗木之類)趕快把它種下。《詩經》說："我種植黍和稷。"

【注釋】① 坴(lù)：本書土部："坴，土塊坴坴(大土塊貌)也。" ②《書》：當依徐鍇《繫傳》作"《詩》"，指《小雅·楚茨》。埶，今本作"藝"。

【參證】甲文作，金文作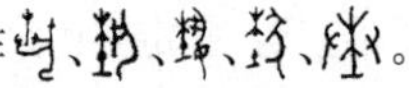。容庚《金文編》："，从丮持木植土上。"典籍作埶、蓺或藝。

孰 食飪①也。从丮，𦎫聲②。《易》③曰："孰飪。" 殊六切(shú)。

【譯文】孰，食物煮熟。从丮，𦎫聲。《易經》說："煮熟食物。"

【注釋】① 飪(rèn)：《段注》："飪，大孰也。""孰與誰雙聲，故一曰誰也。後人乃分別熟爲生熟，孰爲誰孰矣。曹憲曰：'顧野王《玉篇》始有熟字。'" ② 从丮，𦎫(chún)聲：當依《段注》本作"从丮𦎫"。段氏說："𦎫，孰也。""可食之物大孰則丮持食之。" ③《易》：指《鼎卦·彖》文。今本作"亨飪"。孰飪，同義連用。

【參證】甲文作，金文作。林義光《文源》："象兩手持亯(xiǎng)。亯，薦熟物器也。"金文之字，戴家祥《金文大字典》隸定作"孁"，說："孁爲孰之繁文，加女旁與丮或作㚔，同例。"參"丮"條。

䬨 設飪①也。从丮，从食，才聲。讀若載②。 作代切(zài)。

【譯文】䬨，擺設酒食。由丮、由食會意，才聲。音讀象"載"字。

【注釋】① 設飪：飪，煮熟的食物，這裏泛指酒食。章炳麟《新方言·釋言》："石鼓以䬨當載。今人留賓爲設酒食謂之待。雖相承作待，其字當作䬨矣。載本音戴。" ② 讀若載：《字通》："古文《尚書》凡載皆作䬨。"孔廣居《疑疑》："載乃乘物之載，䬨乃秊(年)歲之䬨。䬨之从食，猶秊之从禾，無食無禾，何以卒歲？此古人重農之意。後因假借遂至無別。"

【參證】甲文作、，金文作、、、。甲文第一字、金文第一字，林義光《文源》："象兩手持食，才聲。"甲、金文第二字，林説："从食，𢦏聲。"于省吾《雙劍誃殷契駢枝·釋𩰫》："𩰫、𩰭、䣛、𩰬、𩰳、𩰲、𩰪爲同字。从丮、从又、从與否無别也，从皀與从食一也，从甾聲與从才聲一也。𩰫（疑爲𠀠）象食器，左右有點者，象飯粒下墜之形，从丮从又者，象奉食器之形。"

巩　褱[1]也。从丮，工聲。𢍰[2]，巩或加手。　居悚切（gǒng）。

【譯文】巩，抱持。从丮，工聲。𢍰是巩的或體，加"手"。

【注釋】① 褱（bào）：徐鍇《繫傳》作"抱"。　② 𢍰：本書手部有"𢍰"字，釋文爲："攤也。从手，巩聲。"徐鉉："丮部有𢍰，與巩同，此重出。"

【參證】金文作、、。强運開《説文古籀三補》卷三："是巩實有擁護抱持之意。"

谻　相踦之[1]也。从丮，谷聲。　其虐切（jué）。

【譯文】谻，足相倚。从丮，谷（jué）聲。

【注釋】① 相踦之：《集韻·藥韻》："谻，足相踦皃。"桂馥《義證》："足倦相倚也。"

𢦔　擊踝也。从丮，从戈。讀若踝。　胡瓦切（huà）。

【譯文】𢦔，敲擊踝骨。由丮、由戈會意。音讀象"踝（huái）"字。

【參證】甲文作、，金文作、。林義光《文源》卷六："當即伐之或體。象兩手持戈。"姑備一説。

𠬪　拖持也。从反丮。闕[1]。　居玉切（jú）。

【譯文】𠬪，拖持。由丮字反過來表示。讀音闕。

【注釋】① 闕：《段注》："亦謂音讀不傳也。"

文八　重一

鬥部

鬥　兩士相對[1]，兵杖[2]在後，象鬥之形。凡鬥之屬皆从鬥。都豆切（dòu）。

【譯文】鬥，兩個士卒的手相對，兵器在後，象爭鬥的樣子。大凡鬥的部屬都从鬥。

【注釋】① 兩士相對：謂兩士之手相對。《段注》："當云：'爭也。兩丮相對，象形。'謂兩人手持相對也。"饒炯《部首訂》："鬥者，二人各持一物敵之。"　② 杖：兵器總名。

【參證】甲文作、。羅振玉《增訂殷虚書契考釋》："卜辭諸字皆象二人相搏，無兵杖也。許君殆誤人形之爲兵杖與？自字形觀之，徒手相搏謂之鬥矣。"

鬭　遇①也。从鬥，斲聲②。　都豆切(dòu)。

【譯文】鬭，接合。从鬥，斲(zhuó)聲。

【注釋】① 遇：《段注》："凡今人云鬭接者，是遇之理也。"徐灝箋："今粵俗尚謂接合爲鬭。"朱駿聲《通訓定聲》："今木工所謂'鬭筍'是也。"《段注》："凡鬭接用鬭字，鬥爭用鬥字。俗皆用鬭爲爭競，而鬥廢矣。"　② 斲聲：斲音知紐，古讀歸定；鬭、斲古同侯部。聲中有義，斲字左取墨斗，右取斧斤之象，會砍斫以合繩墨之意，砍斫必相接合。參"斲"條。

鬨　鬭①也。从鬥，共聲。《孟子》②曰："鄒與魯鬨。"　下降切(xiàng/hòng)③。

【譯文】鬨，爭鬥。从鬥，共聲。《孟子》説："鄒國與魯國爭鬥。"

【注釋】① 鬭：通鬥。　②《孟子》：指《梁惠王》。　③ 今讀依《廣韻》胡貢切。

䦘　經繆①殺也。从鬥，翏聲。　力求切(liú)。

【譯文】䦘，以繩絞殺。从鬥，翏聲。

【注釋】① 經繆：經，織物的縱綫，這裏指繩索。繆(jiū)，絞。《段注》："手部曰：'摎，縛殺也。'按：縛殺若今以一繩勒死。經繆殺若今絞罪，以二繩絞死，故从鬥。"从手，从鬥，其義可通。

鬮　鬭取①也。从鬥，龜聲②。讀若三合繩糾。　古侯切(gōu/jiū)③。

【譯文】鬮，遇而拈取。从鬥，龜聲。音讀象"三合繩糾"的"糾"字。

【注釋】① 鬮取：王筠《句讀》："即今之拈鬮。遇某則取某，不能豫必(預先斷定)之也。"鬭，遇。 ② 龜聲：王筠《釋例》"龜"下："龜下云舊也，則兩字皆古音也。龜音藴，舊音休。""後漢猶讀龜爲邱。" ③ 今讀依《廣韻》居求切。

⿵鬥爾 智少力劣也。从鬥，爾聲。 奴禮切(nǐ)。

【譯文】⿵鬥爾，智慧少力量弱。从鬥，爾聲。

⿵鬥燹[1] 鬭[2]連結⿵鬥賓紛[3]，相牽也。从鬥，燹聲。 撫文切(fēn)。

【譯文】⿵鬥燹，遇合連結叫繽紛，相互牽引的意思。从鬥，燹(xiǎn)聲。

【注釋】① ⿵鬥燹：徐鍇《繫傳》："今俗書紛字。" ② 鬭：遇合。 ③ ⿵鬥賓紛：繽紛。

⿵鬥賓[1] 鬭[2]也。从鬥，賓省聲。讀若賓。 匹賓切(pīn)。

【譯文】⿵鬥賓，遇合。从鬥，賓省聲。音讀象"賓"字。

【注釋】① ⿵鬥賓：徐鍇《繫傳》："今俗作繽字。" ② 鬭：王筠《句讀》："本部説解中，鬭字凡四見。皆鬭遇之鬭，即構結之，謂如繽紛。"參"⿵鬥燹"條。

鬩 恆訟[1]也。《詩》[2]云："兄弟鬩于牆。"从鬥；从兒，兒，善訟者也[3]。 許激切(xì)。

【譯文】鬩，常常相爭。《詩經》説："兄弟在牆内爭吵。"由鬥、由兒會意。小兒是喜歡爭吵的人。

【注釋】① 恆訟：恆，常。訟，爭。 ②《詩》：指《小雅・常棣》。 ③ 从兒句：善訟，好爭。承培元《引經證例》："毛傳：'鬩，很也。'孫叔然《爾雅注》：'相很戾也。'説異而義實相成。兒善訟者言兄弟相爭直如小兒之聚訟耳。"孔廣居《疑疑》："兄弟爭鬥如小兒之過後即忘。"《段注》："兒亦聲。"

⿵鬥戈 試力士錘[1]也。从鬥，从戈[2]。或从戰省[3]。讀若縣[4]。 胡畎切(xuàn)。

【譯文】⿵鬥戈，比試力士强弱的鐵錘。由鬥、由戈會意。或説，从戰省而表聲。音讀象"懸"字。

【注釋】① 試力士錘：徐鍇《繫傳》："謂爲錘以試力士，舉之較其彊弱，故从鬥。”　② 从戈：朱駿聲《通訓定聲》：“當如今武場，弓馬之外，舉大刀，開四門，盤背面花，以試力之類。石亦是也。民俗亦有鑿石爲鎖形，舉以比力者。”宋保《諧聲補逸》：“戈在戈部（歌部），環、縣在元部。”歌元對轉，戈表鬩聲。　③ 或从戰省：《段注》：“當作‘或曰从戰省聲’。”戰也表意。本書“戰”下：“鬭也。”即鬥爭。④ 縣：音懸。

文十

鬧　不靜[①]也。从市鬥[②]。　奴教切（nào）。

【譯文】鬧，不安靜。由市、鬥會意。

【注釋】① 不靜：即喧鬧、嘈雜。韓愈《潭州泊船呈諸公》：“夜寒眠半覺，鼓笛鬧嘈嘈。”　② 从市鬥：儒家重農輕商，以爲商市交易，或估價鬥心，或議價鬥嘴，無非鬥也，喧嚷嘈雜之聲，甚囂塵上，故由市、鬥會意。《玉篇》、《廣韻》均録“丙”，以爲鬧之異體，“市”上有“人”，爲鬧之徵也。

文一　新附

又部

又　手也。象形。三指者[①]，手之𠛬[②]多略[③]不過三[④]也。凡又之屬皆从又。　于救切（yòu）。

【譯文】又，手。象形。字形只見三個指頭的原因是，表示手的一類字多是簡略不過三個。大凡又的部屬皆从又。

【注釋】① 三指者：《段注》：“三岐象三指。”　② 𠛬：類。③ 略：簡略。　④ 不過三：徐灝《段注箋》：“古人凡言物多者以三爲率（標準）。”

【參證】甲文作，金文作、。高鴻縉《中國字例》：“字原象右手形，手本五指，只作三者，古人皆以三表多。後借爲又再之又，乃通假右助之右以代之。久而成習，乃加人旁作佑，以還右助之原。”楊

樹達《積微居小學述林·釋ナ》:"又象右手,ナ象左手,故二手内向相對則爲𠬞(gǒng),外向相對則爲𠬜(pān)也。……又字孳乳爲右,助也。……又字又孳乳爲友,友下云:'同志爲友,从二又相交。'按:二又猶言二人,此人之相助者也。復孳乳爲祐,示部云:'祐,助也。'此謂神之助人也。"

 手口相助[①]也。从又,从口。　于救切(yòu)。

右 【譯文】右,手和口相互佐助。由口、由又會意。

【注釋】① 手口相助:姚文田、嚴可均《校議》:"口部已有'右,助也'。此重出。"從"右"是"又"的分化而言,應從此删彼。

【參證】甲文作,金文作。甲文未見"右"。周代分化出"佑助"義的"右"字。後來因"又"借爲副詞,又以"右"爲"左右(手)"的"右","佑助"則加人旁作"佑"。

 臂上[①]也。从又,从古文[∠][②]。,古文厷,象形[③]。,厷或从肉。　古薨切(gōng)。

厷 【譯文】厷,臂的上部。由又、由古文∠會意。∠是古文厷字,象曲臂之形。肱是厷的或體,从肉。

【注釋】① 臂上:王筠《句讀》:"臂,手上也。手之上曰臂,臂之上曰厷。"　② 此處依徐鍇《繫傳》校補。　③ 象形:徐鍇《繫傳》:"()宜學人曲肱而寫之,乃得其實。不爾,即多相亂也。"《段注》:"小篆以厶()太古,故加又。"

【參證】于省吾《甲骨文字釋林·釋厷》説:甲文作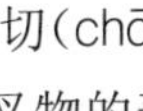象整條臂形,指示手臂上端彎曲的部位。按:即胳膊上從肩到肘的部分,也泛指胳膊。《論語·述而》:"飯疏食,飲水,曲肱而枕之,樂亦在其中矣。""肱"用的就是本義。

 手指相錯[①]也。从又,象叉之形[②]。　初牙切(chā)。

叉 【譯文】叉,手指與物相交錯。从又,(一)象手指叉物的形狀。

【注釋】① 相錯:《段注》:"謂手指與物相錯也。凡布指錯物間而取之曰叉。因之凡岐頭皆曰叉。"按以叉作聲旁的字多有岐頭分叉義,如釵、靫、靫、衩、舣、杈、汊。　② 象叉之形:朱駿聲《通定訓聲》:

“一者，指事。”

【参證】甲文作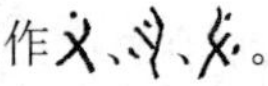。

 叉

手足甲①也。从又，象叉形②。 側狡切(zhǎo)。

【譯文】叉，手腳指甲。从又，(=)象指甲之形。

【注釋】① 手足甲：徐灝《段注箋》：“此字本象手甲，故从又，引申而兼足甲也。” ② 象叉形：朱駿聲《通訓定聲》：“=者，指事。”

【参證】甲文作，與篆文同。

 父

矩①也，家長，率②教者。从又舉杖③。 扶雨切(fù)。

【譯文】父，堅持規矩，是一家之長，是引導教育子女的人。由手舉杖表意。

【注釋】① 矩：《段注》：“以疊韻釋之。”桂馥《義證》引《白虎通》：“父者，矩也。以法度教子。” ② 率：《段注》：“率同逹，先導也。” ③ 从又舉杖：徐鍇《繫傳通論》：“又者，手也；丨，杖也。舉而威之也。”

【参證】甲文作，金文作。郭沫若《甲骨文字研究》：“父乃斧之初字。石器時代，男子持石斧(丨即石斧之象形)以事操作，故孳乳爲父母之父。”戴家祥《金文大字典》：“世界各民族，孩提牙牙學語，都从脣音開始。父母兩字，古讀開口呼，爲爸爲媽，迨口語與書面語分離，遂有合口呼之甫字，訓男子之美稱也。”

① 叜

老也。从又，从灾。闕②。，籀文从寸。③，叜或从人。 穌后切(sǒu)。

【譯文】叜，年老的男人。由又、由灾會意。寽是籀文叟，从寸。傁是叜的或體，从人。

【注釋】① 叜：今作叟。 ② 闕：《段注》：“闕者，謂从又灾之意不傳也。元應曰：‘又音手，手灾者，衰惡也，言脈之大候在於寸口，老人寸口脈衰，故从又从灾也。’此說蓋有所受之，《韻會》引《説文》‘从又从灾，灾者衰惡也’，蓋古有此五字，而學者釋之。”段説古本也許無“闕”字。朱駿聲《通訓定聲》：“(叜)即捜之古文。从又持火，屋下索物也。會意。”朱説以爲叜是从宀从又持火會意，是“搜”的初文。借爲尊老之稱。 ③ 傁：“尊老之稱”的本字。《方言》：“傁、艾，長老也。東齊魯衛之間，凡尊老謂之傁或謂之艾。”

【參證】甲文作、、。構形如朱說，或省宀形。借爲長老之稱。《孟子·梁惠王上》："孟子見梁惠王，王曰：'叟，不遠千里而來，亦將有以利吾國乎？'"

燮 和也。从言，从又炎。籒文(燮)[𤏶][1]从羊。讀若濕。　穌叶切(xiè)。

【譯文】燮，調和。由言、由又、炎會意。籒文𤏶字从羊。音讀象"濕"字。

【注釋】① 燮：當作𤏶，屰即羊(rèn)之譌變。羊，徐鉉注："羊音飪。"謂表示熟飪之意。

【參證】甲文作，金文作、。甲文象手持撥火工具，調和三火之象。撥火工具譌變爲羊，或辛，或言。許氏把羊當作聲符。徐灝《段注箋》："戴氏侗曰：'𤏶、燮、燮，實一字。羊之譌爲辛，辛之譌爲言也。'灝案：戴説是也。蓋𤏶爲烹飪熟物之稱，从又持二火，會意，羊聲。引申爲調和之義。"調和火候，以烹飪熟物，徐説近是。

曼 引[1]也。从又，冒聲。　無販切(wàn/màn)。

【譯文】曼，引長。从又，冒聲。

【注釋】① 引：王筠《句讀》："許君以字从又，遂説以引，謂引之使長也。"

【參證】甲文作，金文作、。甲文从𠬪(biào)从目，會兩手張目意。見郭沫若《卜辭通纂》。金文加冕形，亦爲聲。後譌成(帽)，省下之，與目結合，成冒。許釋爲"从又，冒聲"。義爲引長。《楚辭·哀郢》："曼余目以流觀。"曼的本義，是用兩手引拉眼睛，盡力睜開眼睛，後引申爲凡引長之辭。金文又有𡜊字，王國維説从曰从女。按：曰亦爲聲。由女取代，女人善引長美化眉目也。

𠭖[1] 引也。从又，𦣞聲。𦣞，古文申[2]。　失人切(shēn)。

【譯文】𠭖，引長。从又，𦣞聲。𦣞是古文申字。

【注釋】① 𠭖：徐鍇《繫傳》："引而申之也。"　② 古文申：本書"申"下古文申作，籒文申作。"電"下古文電作。其下部與籒文申相同。可見許書"古文"、"籒文"區分不嚴。此申字不僅表聲，也表意義。申是古電字，象電光閃爍引縮之形。𠭖表示用手拉長，可象電閃一樣。参“電”、“申”條。

分決也。从又，屮象決形①。 古賣切(guài)。

夬 【譯文】夬，分裂決斷。从又，屮象決裂的形狀。

【注釋】① 屮象決形：徐鍇《繫傳》：“ㄩ，物也。丨，所以決之之器也。”

治也。从又丿①，握事者也。𠕌，古文尹。 余準切(yǐn)。

尹 【譯文】尹，治理。由又、丿會意，表示用手掌握事物的意思。𠕌是古文尹字。

【注釋】① 从又丿：《段注》：“又爲握，丿爲事。”

【參證】甲文作、，金文作。王國維《觀堂集林·釋史》：“从又持丨，象筆形。《説文》所載尹之古文作𠕌，……其下猶爲聿(即筆)形。”李孝定《甲骨文字集釋》第三：“尹之初誼當爲官尹字，殆象以手執筆之形，蓋官尹治事必秉簿書，故引申得訓治也。筆字作，以其意主於筆，故特象其形作；尹之意主於治事，故於筆形略而作丨也。”

(又)[叉]卑①也。从又，虘聲。 側加切(zhā)。

𠭥 【譯文】𠭥，用手叉取下面之物。从又，虘聲。

【注釋】① 又卑：又，徐鍇《繫傳》作“叉”。《段注》：“叉卑者，用手自高取下也。”卑，位置低下。《方言》：“担、摣，取也。南楚之間，凡取物溝泥中，謂之担，或謂之摣。”是𠭥的引申義。从手猶从又，从且聲猶从虘聲。

【參證】甲文作、、，金文作、。

引也。从又，𠩺聲。 里之切(lí)。

𠭯 【譯文】𠭯，引。从又，𠩺聲。

【參證】甲文作，金文作。商承祚《殷虚文字類篇》：“从、，乃來字之省。許書从未，殆來之誤也。”李孝定《甲骨文字集釋》第三引“𠭯”及攴部“𠩺”許氏説解後説：“契文象一手持麥攴擊而取之之形，乃穫麥之象形字(象事也)。𠩺下小徐曰：‘攴，擊取也。’是也。攴擊所以脱粒，故引申訓‘坼’(指𠩺義)，手引而攴擊之，故亦訓‘引’，二者原爲一字，許書歧爲二耳。至卜辭言延𠭯者，當讀爲釐。釐，許訓家福，引申爲凡福之稱。穫麥，所以足食，引申自得有‘福’義，訓福之‘釐’古殆衹是作嫠，後始製爲从里𢾭聲之專字耳。”按：釐本義爲治理，引申爲福。見“釐”條。

㕞　拭也。从又持巾在尸下[①]。　所劣切（shuā）。

【譯文】㕞，拂拭。由“又”（手）持握着“巾”在“尸”（屋）字之下來表示。

【注釋】① 从又句：桂馥《義證》：“在尸下者，在屋下也。本書屋字云尸象屋形。灑埽潔清之事，亦應於屋下執之。”

及　逮也。从又，从人[①]。，古文及。秦刻石及如此。，亦古文及。[②]，亦古文及。　巨立切（jí）。

【譯文】及，追上。由又、由人會意。是古文“及”字。秦刻石“及”象這個樣子。也是古文“及”字。也是古文“及”字。

【注釋】① 从又，从人：徐鍇《繫傳》：“及前人也。”　② ：朱駿聲《通訓定聲》：“疑逮字之異體。”

【參證】甲文作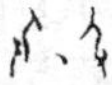，金文作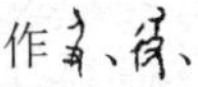。羅振玉《增訂殷虚書契考釋》：“（甲文）象人前行而又及之。”商承祚《殷虚文字類編》：“不期敦蓋及作，許書之，其辵與彳誼同。又之變也。”又，《甲骨文字研究》下篇：“金文从彳，示行意也。”

秉　禾束也。从又持禾。　兵永切（bǐng）。

【譯文】秉，禾一把。由“又”（手）持握着“禾”表意。

【參證】甲文作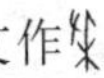，金文作。取手持握禾束之象，表示：一、名詞，“禾束”；二、量詞，禾一“束”；三、動詞，把着，握着，拿着。造字之始，名、動常合一。

反　覆也。从又，厂反形[①]。，古文。　府遠切（fǎn）。

【譯文】反，翻覆。从又，厂（hǎn）象物體翻覆的樣子。反是古文反字。

【注釋】① 厂反形：徐鍇《繫傳》：“厂，象物之反覆。”

【參證】甲文作，金文作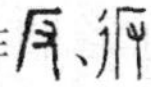。楊樹達《積微居小學述林》：“反字从又从厂者，厂爲山石厓岩，謂人以手攀厓也。”“扳（bān）實反之後

起加旁字。""𠬜(攀之初文)反同字,𠬜象反手外向之形,人以手攀厓,亦必反其手,故反之引申義爲正之對,爲反覆。許君以引申義爲初義,故其説與形不合也。"

𠬝 治也。从又,从卪。卪,事之節也。 房六切(fú)。

【譯文】𠬝,治理。由又、由卪會意。卪是辨事之節。

【參證】甲文作、,金文作。商承祚《福氏所藏甲骨文字考釋》:"𠬝即服之本字。""𠬝爲順从,故从手而撫其背,所謂中心悦而誠服也。"

㕜 滑也。《詩》[1]云:"㕜兮達兮。"从又中[2]。一曰:取也。土刀切(tāo)。

【譯文】㕜,滑泰。《詩經》説:"㕜啊達啊。"由又、中會意。另一義説:㕜是取的意思。

【注釋】①《詩》:指《鄭風·子衿》。㕜,今《詩》作"挑",毛傳訓挑達爲"往來相見"。徐灝《段注箋》:"挑達,蓋輕脱義,故爲滑泰也。"按:㕜達、挑達,還有作佻達者,是雙聲聯緜字,取聲不取義,無所謂本字、假字,㕜應以取爲本義。 ② 从又中:徐灝《段注箋》:"从又持中,取之意也。"朱駿聲《通訓定聲》:"按手飾也。从又,中其飾也。"戴家祥《金文大字典》引"𢼊"字説解證明:"㕜的本義當爲以手摘取垂飾之形。"參"𢼊"條。

𠭴 楚人謂卜問吉凶曰𠭴。从又持祟[1],祟亦聲。讀若贅。之芮切(zhuì)。

【譯文】𠭴,楚地人稱卜問吉凶叫𠭴。由"又"持"祟"會意,"祟"也表聲。音讀象"贅"字。

【注釋】① 从又持祟:又,持也,捉也。祟,徐鍇《繫傳》:"神禍也。"神禍,人格化,則俗言之鬼,故持祟,猶言捉鬼。

【參證】甲文作、、、、,金文作。羅振玉《增訂殷虚書契考釋》:"古者卜用蕉火,其木以荊。""祟非可持之物,出殆木之譌。"甲文前二字如羅説,第三字从朿猶从木也。王國維《戩壽堂所藏殷虛文字》:"从又持木於示前,亦祭之名。"甲文四、五字以及金文如王説。

叔 拾也。从又,尗聲。汝南名收芌爲叔。紨,叔或从寸[1]。式竹切(shū)。

【譯文】叔，收拾。从又，尗聲。汝南地方叫收芋頭作叔。紂是叔的或體，从寸。

【注釋】① 从寸：又(手)、寸形近義通。

【參證】甲文作、，金文作、。《甲骨文編》："卜辭用弔爲伯叔之叔。"羅振玉《增訂殷虛書契考釋》卷中："此字从象弓形，象矢，象隿射之繳。其本誼全爲隿射之隿，或即隿之本字而借爲伯叔與。"郭沫若《兩周金文辭大系考釋》："叔字""以金文字形而言，實乃从又持弋(木杙)以掘芋也。"，象木橛形。或，象芋形。

𠬛[①] 入水有所取也。从又在回下；回，古文回。回，淵水也。讀若沫。　莫勃切(mò)。

【譯文】𠬛，沒入水中有所覓取。由"又"字在"回"字下會意；回是古文回字。回象回旋的水。音讀象"沫"字。

【注釋】① 𠬛：徐灝《段注箋》："𠬛、溲古今字。"今或作沒。

取 捕取也。从又，从耳。《周禮》[①]："獲者取左耳。"《司馬法》曰："載獻聝[②]。"聝者耳也。　七庾切(qǔ)。

【譯文】取，捕獲。由又、由耳會意。《周禮》說："被捕獲的野獸割取左耳。"《司馬法》曰："獻上聝。"聝(guó)是(割下的)耳朵。

【注釋】①《周禮》：指《夏官・大司馬》。今本原文作"(狩)大獸公之，小禽私之。獲者取左耳"。鄭玄注："得禽獸者取左耳，當以計功。"　② 載獻聝：王筠《句讀》："此謂捕取人也。"載，助詞。聝，本書"聝"下："軍戰斷耳也。"參"聝"條。

【參證】甲文作、、，金文作。商承祚《甲骨文字研究》下篇："此字正象以手執割耳之形。誼與聝同。"

彗 掃竹也。从又持甡[①]。，彗或从竹。，古文彗，从竹，从習[②]。　祥歲切(huì)。

【譯文】彗，掃帚。由"又"持握"甡"會意。篲是彗的或體，从竹。䎚是古文彗，由竹、由習會意。

【注釋】① 从又持甡：徐灝《段注箋》："甡蓋象竹篲之形，非甡字，猶鳥足从匕而非匕，魚尾似火而非火也。"　② 从竹，从習：从竹，

《段注》："凡帚，柔者用茢施於淨處，剛者用竹施於薉處。"从習，徐鍇《繫傳》："當習之也。"

【參證】甲文作、、，唐蘭《殷虛文字記》："固彗之本字也。"羅振玉《增訂殷虛書契考釋》卷中："此（指甲文第三字）从兩手持二帚，象掃除之形。"其古文變作篲，黄錫全《汗簡注釋》卷二："這種演變類似友字，甲骨文作，增从、作、、，《説文》古文譌變作䎇，但友字古文所从之爲譌，彗字古文所从之爲譌，彗字从竹乃複增之義符。"

叚　借也。闕[①]。，古文叚。，譚長説，叚如此。　古雅切（jiǎ）。

【譯文】叚，借。構形之意闕。叚是古文叚字。叚，譚長説，"叚"字象這樣。

【注釋】① 闕：《段注》："謂闕其形也。其从又可知，其餘則未解。"

【參證】金文作、。象在厂下取物、兩手相付之形。林義光《文源》卷六："从 ，象二手相付形。从石省，石或作。即古藉字。叚者藉人所有爲己之用，故謂之借。"是山厓，是石頭，是手。

友　同志爲友。从二又，相交友也。，古文友。䎇，亦古文友。　云久切（yǒu）。

【譯文】友，志趣相同是友。由兩個"又"（手）字會意，表示相交爲友的意思。是古文友字。䎇也是古文友字。

【參證】甲文作、，金文作、。林義光《文源》卷六："古作，象攜手形。或作，象攜手相交形。"商承祚《説文中之古文考》："䎇，甲骨文同篆。又作，象兩手相連助，與幷象二人相并，義一也。此乃之誤析。金文亦與篆文同。又作，與、同意，其作、，乃由整齊之而變，亦即此第二文所本而寫失。"

度　法制[①]也。从又[②]，庶省聲。　徒故切（dù）。

【譯文】度，法度。从又，庶省聲。

【注釋】① 法制：王筠《句讀》："許君統言之，不專指分、寸、尺、丈、引之五度。"　② 从又：徐鍇《繫傳》："布指知尺，舒肱知尋，故从手。"《段注》："周制：寸、尺、咫、尋、常、仞，皆以人之體爲法。寸法人手之寸口，咫法中婦人手長八寸，仞法伸臂一尋，皆於手取法，故从又。”按：从又，其義，爲以手爲標尺，如王筠所説，又引申爲凡法度之稱。

文二十八　重十六

𠂇部

𠂇　𠂇手也。象形。凡𠂇之屬皆从𠂇。　臧可切(zuǒ)。

【譯文】𠂇，左手。象形。大凡𠂇的部屬都从𠂇。

【參證】甲文作，金文作。《段注》：“俗以左右爲𠂇又字，乃以佐佑爲左右字。”徐灝箋：“左以相助言則爲佐，從相反取義，則爲左戾(lì，違背)。一字而兼二義。”李孝定《甲骨文字集釋》第三：“王國維曰：‘古文反正不拘，或左或右，可任意書之。惟、、、諸字例外。’……契文作亦象𠂇手之形。”

卑　賤也；執事[①]也。从𠂇甲[②]。　補移切(bēi)。

【譯文】卑，卑賤；辦事的人。由“𠂇”、“甲”會意。

【注釋】① 執事：徐鍇《繫傳》及段、桂、王、朱均作“執事者”。本書：“宰，罪人在屋下執事者。”　② 从𠂇甲：古者尊又(yòu)而卑𠂇(zuǒ)，故徐灝《段注箋》釋字的構形説：“甲乙之次，甲爲尊，故𠂇在甲下也。”

【參證】甲文作，金文作，。朱駿聲《通訓定聲》：“此字即椑(pí)之古文，圓榼(kē)也。酒器。象形。𠂇(zuǒ)持之，如今偏提，一手可携者，其器橢圜，有柄。”“爲尊卑，凡酌酒必資乎。尊，禮器，故爲貴；椑者，……便於提攜，常用之器，故爲賤。”

文二

史部

史　記事[①]者也。从又持中[②]；中，正也。凡史之屬皆从史。　疏士切(shǐ)。

【譯文】史，記事的人。由“又”(手)持握着“中”字會意。中，是正的意思。大凡史的部屬都从史。

【注釋】① 事：《左傳·成公十三年》：“國之大事，在祀與戎。” ② 从又持中：饒炯《部首訂》：“蓋史之所記，如其事而實書之，不參己見，亦無偏倚，故从又持中。”

【參證】甲文作，金文作、。陳夢家《史字新釋》(《考古學社社刊》第五期)：“史、事爲取獸之具，其所从之(與“”相通)象一田網之形。……即干字幹字，乃以枝幹爲武器之原始工具，……即網形。”“古者祭祀用牲，故掌祭祀之史亦即搏獸之吏，而獵獸之事與戰爭無異……司祭事者爲史，司敵國相戰媾和傳達之事者爲使，卜辭使亦事爲之，然後知古人以祭事、獵事、戰事爲大事也。”

事 職[①]也。从史，之省聲。，古文事。 鉏史切(shì)。

【譯文】事，記事。从史，小篆聲旁是字的省略。㕜是古文事字。

【注釋】① 職：王筠《句讀》：“耳部：‘職，記微也。’知職爲記識(zhì)之識之本字。”

【參證】甲文作，金文作。商承祚《説文中之古文考》：“古史、吏、事一字。石經古文作。”

文二 重一

支部

支 去[①]竹之枝也。从手持半竹[②]。凡支之屬皆从支。[③]，古文支。 章移切(zhī)。

【譯文】支，離開竹莖的竹枝。由“又”(手)字持握半個“竹”字。大凡支的部屬都从支。㫊是古文支字。

【注釋】① 去：王筠《句讀》：“去者離也。既手持之，是離於竹之枝也。” ② 从手持半竹：王筠《釋例》：“省竹之半，作可矣，爲其與巾字疑似也，加又以定之。”“支字从又，不从手也。” ③ 㫊：王筠《釋例》：“手握一支，上下皆見耳。”

【參證】商承祚《説文中之古文考》：“古文从竹不省，象上下分其支，故手在其中。"其意爲，古文上部、下部合則爲或，則是竹的象形字；欲將其支上下分離開來，故將(手)放在之中則成，隸定爲支。

敧　持去[①]也。从支[②]，奇聲。　去奇切(qī/jī)[③]。

【譯文】敧，持去。从支，奇聲。

【注釋】① 持去：徐灝《段注箋》："《通俗文》云：'以箸（筷子）取物曰敧。'即持去義。"王筠《釋例》："吾鄉以箸取食品謂之攲。"周秉鈞《釋攲》(《湖南師院學報》一九八一年第一期)："持去當是箸的合音。'去'和'箸'同在《廣韻》御韻；持，《廣韻》直之切，箸，《廣韻》遲倨切，持和箸同屬澄紐。""持去爲箸之反語，與終葵爲椎之反語正同。"　② 从支：《段注》："支有持義，故'持去'之敧从支。"　③ 今讀依《廣韻》居宜切。

文二　重一

聿部

聿　手之疌巧也。从又持巾[①]。凡聿之屬皆从聿。　尼輒切(niè)。

【譯文】聿，形容手的敏捷靈巧。由"又"(手)字持握着"巾"字會意。大凡聿的部屬都从聿。

【注釋】① 巾：徐灝《段注箋》："聿即聿之省，而非从巾。"

【參證】金文作。象手持筆形。饒炯《部首訂》："聿篆不从巾。當云'从又，象形'。即聿、筆之最初古文。古者篆書用漆，以竹椠爲筆，即象其所製竹椠上勁直、下柔歧之形，而加'又'以著其所以書也。其義當如聿下云'所以書也'。此言手之疌巧，乃申从'又'之意。聿則从聿加聲，筆更从聿加意。"于鬯《職墨》："持筆作書，即有疌巧之義。"

𦘔　習也。从聿[①]，希聲。，籀文𦘔。，篆文𦘔。　羊至切(yì)。

【譯文】𦘔，學習。从聿，希聲。是籀文𦘔字。肄是篆文𦘔字。

【注釋】① 从𦘒：𦘒當爲筆之古文。故徐灝《段注箋》："肄，蓋習書也。《邶風·谷風篇》：'既詒我肄。'毛傳：'肄，勞力。'按：勞與習，義相成。引申之義也。"

【參證】甲文作、，金文作。于省吾《雙劍誃殷契駢枝·釋𣪊𣪘》："𣪊字象以手刷洗，𣎳當豪毛之形，或从數點者象水滴之形。……繼則用巾，此乃人事自然之演進也。又𨽾通肄，經傳作肆。"

肅　持事振敬①也。从𦘒在㴱上②，戰戰兢兢③也。，古文肅从心从卪④。　息逐切(sù)。

【譯文】肅，辦事奮勉恭敬。由"𦘒"字在"㴱"字上會意，表示"戰戰兢兢"的意思。𢻃是古文肅字，由心、由卪(、由𦘒)會意。

【注釋】① 持事振敬：潘任《粹言疏證》："非危坐正立定目厲容之謂，乃行事不敢怠忽輕易。"振，奮勉。　② 从𦘒在㴱上：徐鍇《繫傳通論》："𦘒，執事也。㴱，深水也，回流也。"　③ 戰戰兢兢：《詩·小雅·小旻》："戰戰兢兢，如臨深淵，如履薄冰。"戰戰，恐懼；兢兢，戒慎。　④ 从心从卪(jié)：徐鍇《繫傳通論》："卪，節也。節其心也。"桂馥《義證》："持事有節制也。"

【參證】金文作、。或从竹从㴱，或从𦘒从㴱。从竹，也許表示簡册，亦引申爲"執事"。

文三　重三

聿部

聿　所以書也。楚謂之聿，吴謂之不律①，燕謂之弗。从𦘒，一聲。凡聿之屬皆从聿。　余律切(yù)。

【譯文】聿，用來書寫的筆。楚地叫它作聿，吴地叫它作不律，燕地叫它作弗。从𦘒，一聲。大凡聿的部屬都从聿。

【注釋】① 不律："不律"爲"筆"之合音。徐灝《段注箋》："不律者筆之自反也，弗古音近筆。"桂馥《義證》："不律猶令丁爲鈴、終葵爲椎，俾倪爲陴，不疑爲丕是也。"按急言爲筆，緩言爲不律。

【參證】甲文作、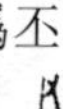，金文作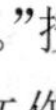、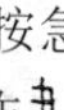。羅振玉《增訂殷虚書契考釋》：

“此(指甲文)象手持筆形,乃象形,非形聲也。”筆形或作|,隸定作“尹”;或作⺅,下象筆頭,隸定作“聿”。“尹”、“聿”上古爲一字。聲皆喻母四等,韻則尹是文部,聿是物部,文物對轉。因造字時代,文字是官長之專習,故尹爲官長之稱,聿仍爲筆。參“尹”條。朱駿聲《通訓定聲》:“秦以後皆作筆字。”

筆 秦謂之筆[①]。从聿,从竹。　鄙密切(bǐ)。

【譯文】筆,秦地叫它作筆。由聿、由竹會意。

【注釋】① 秦謂之筆:朱駿聲《通訓定聲》:“此秦製字,秦以竹爲之,加竹。”

【參證】桂馥《義證》引《古今注》:“自古有書契以來,便應有筆。”王筠《釋例》:“理藩院所行西藏文移皆用竹筆書之。其竹以油漬年久者爲佳,削爲三棱,以其尖作字。……因此知筆字从竹之故。”也許竹簽之後,方有毛筆。桂馥《義證》:“古以枯木爲管,鹿毛爲柱,羊毛爲被,所謂蒼毫。”又其後有兔毛筆。王筠《釋例》:“兔毛筆始於蒙恬。”其制如蔡邕《筆賦》所説:“唯其翰之所生,於季冬之狡兔,……削文竹以爲管,加添繫之纏束。”

𦘔 聿飾也。从聿,从彡[①]。俗語以書好爲𦘔[②]。讀若津[③]。將鄰切(jīn)。

【譯文】𦘔,用筆刷飾。由聿、由彡會意。俗話以書寫美好爲𦘔。音讀象“津”字。

【注釋】① 从聿,从彡:此謂用筆刷飾。聿即古筆字。徐鍇《繫傳》説:“凡飾物通用彡(shān,須毛及飾畫的花紋)字也。”　② 俗語句:《段注》:“此別一義。今人所謂津津𣶒𣶒者蓋出此,歎羡其好則口流盡液,音義皆與盡通。”今天則説津津有味,津津樂道。
③ 津:即古“津”字。

書 箸[①]也。从聿[②],者聲[③]。　商魚切(shū)。

【譯文】書,寫箸在竹帛上。从聿,者聲。

【注釋】① 箸:《説文敘》:“箸於竹帛謂之書,書者如也。”　② 从聿:徐灝《段注箋》:“書从聿,當以作字爲本義,因以爲簡册之稱。”
③ 者聲:聲中有義。本書“者”下:“別事詞也。”用聿、者會合用筆寫

成文字區别事物。就是“書”。

【參證】金文作、、。高田忠周《古籀篇》卷五十九：“者爲别事詞也……書即以聿（筆）記事，而辯治分别也。”

文四

畫部

畫 界也。象田四界。聿，所以畫之。凡畫之屬皆从畫。[①]，古文畫省。[②]，亦古文畫。 胡麥切（huà）。

【譯文】畫，畫分界限。（画，）象田和四周的界畫。聿，是用來畫分界限的器具。大凡畫的部屬都从畫。𤱪是古文畫，是畫字的省略。劃也是古文畫字。

【注釋】① 、② ：古文兩體當依小徐本作、作。本書刀部有劃字，从刀从畫。

【參證】甲文作，金文作、、、、。林義光《文源》：“从聿，古筆字。，象所畫之形。”金文或从周或从田，田在此爲古周字。吴大澂《説文古籀補》卷三：“象手執筆畫於四周，文相交錯。”又或从玉。林義光説：“此爲刻畫之畫，與琱从玉同意。”刻玉則用刀，故《説文》古文又从刀。又或从口，是古文字演變的常態。故徐灝《段注箋》曰：“畫，區分之也。……引申爲凡計畫之偁，又爲圖寫物象之名。”

晝 日之出入[①]，與夜爲界。从畫省，从日。，籀文晝。 陟救切（zhòu）。

【譯文】晝，从日出到日入的一段時間，與夜晚爲界限。由畫省田、由日會意。𣅊，籀文晝字。

【注釋】① 日之出入：徐灝《段注箋》：“自日出至日入，通謂之晝，故云‘日之出入，與夜爲界’也。”

【參證】甲文作、，金文作。从聿从日，會合畫分日、夜的界限，義指“白天”這一時段。宋鎮豪《釋督晝》（《甲骨文與殷商史》第三輯）：“从又持从日，……或即《史記・司馬穰苴列傳》索隱‘立木爲表以視日影’之意。”表示樹立標杆，以觀日影，以定白晝。宋説存參。

文二　重三

隶部

隶[1] 隶　及也。从又，从尾省。又持尾[2]者，从後及之也。凡隶之屬皆从隶。　徒耐切(dài)。

【譯文】隶，追上去捕獲。由又、由尾字省去尸構成。"又"(手)持握着"尾"的意思，表示從後面追上去捕獲。大凡隶的部屬都从隶。

【注釋】① 隶：章炳麟《新方言・釋言》："從後持尾，謂追及禽獲之。""漢時言捕得曰逮"，"今謂捕得爲隶住"。徐灝《段注箋》："隶、逮古今字。又作隸同。"　② 尾：王筠《釋例》："尾者，譬況之義，尾隨之也。""祇作後字用耳，非真尾也。"

【參證】金文作，从又持尾，從後禽獲。

隸 隸　及也。从隶，枲聲[1]。《詩》[2]曰："隸天之未陰雨。"　徒耐切(dài)。

【譯文】隸，趕上。从隶，枲(xǐ)聲。《詩經》説："趕上天還沒有變陰下雨。"

【注釋】① 枲聲：枲从台聲。台音喻四，古讀歸定。　②《詩》：指《豳風・鴟鴞》。《段注》："(隸)今《詩》作'迨'，俗字也。"毛傳："迨，及也。"

隸 隸　附箸[1]也。从隶，柰聲。隸，篆文隸[2]，从古文之體[3]。　郎計切(lì)。

【譯文】隸，附箸。从隶，柰(nài)聲。隸，篆文隸字，由古文隸的形體稍加變化而成。

【注釋】① 附箸：《段注》："隸與僕義同，皆訓附箸，故从隶。"《左傳・昭公七年》："人有十等，王臣公，公臣大夫，大夫臣士，士臣皁，皁臣輿，輿臣隸，隸臣僚，僚臣僕，僕臣臺。"僕，給事者，即供役使的人，隸與僕同，都是"附着"於人的人，故稱奴僕、奴隸。　② 篆文隸：《段注》："此云篆文，則上古文也。先古後篆，亦丄(上)部之例。”隸，从隶，祟聲。宋保《諧聲補逸》：“柰、祟同部，聲相近。”

③ 从古文之體：商承祚《説文中之古文考》：“既云隸‘从古文之體’，則小篆右旁不當从隶。漢《魯峻碑》及《石門頌》等作‘隸’，《周禮》同。則隸當是篆文之本體矣。”《九經字樣》：“隸，女子入于舂槀，男子入于罪隸，从又持米柰聲，又象人手也。”若如商説，篆文右旁之隶乃之譌。

文三　重一

臤部

臤　堅也。从又①，臣聲。凡臤之屬皆从臤。讀若鏗鏘之鏗②。古文以爲賢字③。　苦閑切(qiān)。

【譯文】臤，堅固。从又，臣聲。大凡臤的部屬都从臤。音讀象“鏗鏘”的“鏗”字。古文借作“賢”字。

【注釋】① 从又：《段注》：“謂握之固也。故从又。”　② 鏗：上古臤、臣、鏗都屬真部。　③ 古文句：《段注》：“凡言古文以爲者，皆言古文之假借也。例見中部。”

【參證】甲文作，金文作。甲文从臣，从又；金文有一隻手指刺入眼睛，所示何意，待考。

緊　纏絲急也。从臤，从絲省①。　糾忍切(jǐn)。

【譯文】緊，纏絲緊急的狀態。由臤字，由絲字省去一半會意。

【注釋】① 从臤，从絲省：朱駿聲《通訓定聲》：“从系，从臤，會意；臤亦聲。字亦作紾。”

堅　剛也①。从臤，从土。　古賢切(jiān)。

【譯文】堅，剛硬的土。由臤、由土會意。

【注釋】① 剛也：徐鍇《繫傳》：“剛土也。”

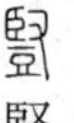
豎　豎立①也。从臤，豆聲②。，籀文豎从殳。　臣庾切(shù)。

【譯文】豎，豎立。从臤，豆聲。豎，籀文豎，从殳。

【注釋】① 豎立：《廣雅・釋詁》：“豎，立也。”豎和立同義。

② 从臤,豆聲:徐鍇《繫傳》:“豆,器也,故爲豎立。”徐灝《段注箋》:“从臤而有立義。臤,勞也。立,侍也。”“《周官》内豎即侍人,給奔走使立者。”

【参證】王國維《史籀篇疏證》(《王國維遺書》第六册):“豎殆内豎之豎之本字。當作从臣,𣪊省聲。”𣪊即尌,省作“豆”。

文四 重一

臣部

臣 牽①也。事君②也。象屈服之形。凡臣之屬皆从臣。 植鄰切(chén)。

【譯文】臣,受牽制者,奉事君王者。象屈服的樣子。大凡臣的部屬都从臣。

【注釋】① 牽:徐鍇《繫傳通論》:“心常牽於君也。” ② 事君:孔廣居《疑疑》:“臣本作,象人側立頫首拱手形,侍于君之象也。”或如王筠《句讀》所説:“是人跪拜之形。”總之是《説文》學家理解的屈服之形。

【参證】楊樹達《積微居小學金石論叢·臣牽解》:“臣之所以受義於牽者,蓋臣本俘虜之稱。”“囚俘人數不一,引之者必以繩索牽之,名其事則曰牽,名其所牽之人則曰臣矣。”“臣古音當與臤、牽、堅、掔音同矣。”郭沫若進而對臣之爲“豎目”形作了解釋。臣,甲文作、、,金文作、、。郭沫若《甲骨文字研究》:“臣民均古之奴隸也。”“(甲文臣)象一豎目之形。人首俯則目豎,所以‘象屈服之形’者,殆以此也。”甲文目一般作,象人處於正常位置時的横目。當俯身視察時,眼睛似乎豎起來,如西周早期應監甗“監”作,俯身察看,即成豎目形。此郭氏“首俯”、“目豎”之意。

臦 乖也。从二臣相違①。讀若誑。 居況切(guàng)。

【譯文】臦,違背。由兩個“臣”字相背會意。音讀象“誑”字。

【注釋】① 从二臣相違:猶“北”字的“从二人相背”。表示“臣不叶力,爭於事,乖也”(見徐鍇《繫傳》)。

【參證】朱芳圃《殷周文字釋叢》卷下："霍世休曰：'䀠爲䀠之形譌，金文作。'《説文》䀠部：'䀠，左右視也。……'䀠訓乖，即左右視引申之義，古讀見紐雙聲，魚陽對轉，形音義三者皆合，其爲一字，明矣。"

臧 善也。从臣[①]，戕聲。[②]，籀文。 則郎切(zāng)。

【譯文】臧，善良。从臣，戕(qiāng)聲。壓，籀文臧。

【注釋】① 从臣：徐灝《段注箋》："臧，本收藏之義。从臣，與僕同義，守臧者也。凡藏匿、贓私、臟腑，皆其引申。臧有善守義，故又訓爲善也。"　② 壓：桂馥《義證》："从土者即今藏字，隸體變土爲艸，猶薶變爲埋也。"

【參證】甲文作，金文作、。楊樹達《積微居小學述林·釋臧》："臧本从臣从戈會意，後乃加爿(chuáng)聲。""甲文臧字皆象以戈刺臣之形(按：指以戈盲其一目作奴隸之標誌)，臧當以臧獲(敗敵所被虜獲爲奴隸者)爲本義也。""戰敗者被獲爲奴，不敢横恣，故臧引申有善義。"

文三　重一

殳部

殳 以杸殊[①]人也。《禮》[②]：殳以積竹[③]，八觚，長丈二尺，建於兵車，車旅賁以先驅。从又，几聲。凡殳之屬皆从殳。市朱切(shū)。

【譯文】殳，用杸隔離人。《周禮》説：殳用積竹製成，八條棱，長一丈二尺，樹立在兵車上，車上的先鋒隊拿着它在前面馳驅。从又，几(shū)聲。大凡殳的部屬都从殳。

【注釋】① 殊：徐鍇《繫傳》："斷絶分析爲殊。"《釋名·釋兵》："殳，殊也。長丈二尺而無刃，有所撞挃於車上，使殊離也。"
②《禮》：《段注》作"《周禮》"，説："下文所説皆出於《周禮》也。"
③ 積竹：合竹爲之，取其有力。

【參證】甲文作、，金文作。林義光《文源》："象手持殳形。"《詩·衛風·伯兮》："伯也執殳，爲王前驅。"林又説："亦象手有所持以治物，故从殳之字與又、攴同意。”

祋 殳也。从殳，示聲①。或説，城郭市里，高縣羊皮，有不當入而欲入者，暫下以驚牛馬，曰祋②，故从示殳。《詩》③曰：“何戈與祋。” 丁外切(duì)。

【譯文】祋，殳。从殳，示聲。另一義説，城郭集市(門口)，(用祋竿)高高懸挂羊皮，有不應當進入而想進入的，突然降下羊皮來驚嚇牛馬，叫祋，所以由“示”、“殳”會意。《詩經》説：“荷着戈和祋。”

【注釋】① 示聲：示也表義。桂馥《義證》：“《司馬兵法》：‘有司皆執殳、戈，示諸鞭撲之辱。’”示有給人看之意，有表示之意。 ② 或説句：承培元《引經證例》：“《周禮·司市》：‘凡市，入則胥執鞭度守門。’……度謂殳也。……鞭度所以禁止人衆，羊皮所以禁止牛馬。牛馬者，所以駕車，以羊皮驚止之，恐其車闌入市中也。”朱駿聲《通訓定聲》：“謂懸羊皮之竿爲祋。” ③《詩》：指《曹風·候人》。

杸① 軍中士所持殳也。从木②，从殳。《司馬法》曰：“執羽从杸。”③ 市朱切(shū)。

【譯文】杸，軍中士卒所持握的殳。由木、由殳會意。《司馬法》説：“拿着箭羽的跟隨着拿着杸竿的。”

【注釋】① 杸：王筠《句讀》：“‘杸’當是‘殳’之重文。” ② 从木：《段注》：“軍中士所持殳不必皆用積竹，故字从木。” ③《司馬法》句：無考。

毄 相擊中也。如車相擊，故从殳从軎①。 古歷切(jī)。

【譯文】毄，(車馬往來雜沓，)車轂相擊而中(zhòng)。象車相互摩擊，所以由殳、由軎會意。

【注釋】① 从殳从軎(wèi)：《段注》：“軎，車軸耑(duān，端)也；殳，可用擊之物。”故謂車轄相擊。王筠《句讀》：“《説苑》：‘齊人甚好轂擊相以爲樂。’”

㱿 从上擊下也①。一曰：素也②。从殳，声聲③。 苦角切(què)。声，苦江切(qiāng)。

【譯文】㱿，從上面向下面打擊。另一義説：是堅硬的空㱿。从殳，青聲。

【注釋】① 从上句：《段注》："從上擊下，正中其物，確然有聲。"楊樹達《積微居小學金石論叢》卷四："長沙今謂曲指擊人頭曰'㱿力㱿'，上㱿讀上聲，下㱿讀入聲。"　② 素也：《段注》："素謂物之質如土坯（pī，未燒過的陶器）也。今人用腔字，《説文》多作'空'。空與㱿義同。俗作殼。"　③ 青聲：徐鍇《繫傳》："青音口江反。"徐灝《段注箋》："空、青，一聲之轉。"

【參證】甲文作、，金文作、。甲文是手持捶擊物敲打樂器之形。李孝定《甲骨文字集釋》第三："爲樂器，爲鼓樂之象。"金文樂器上的裝飾物譌成干或土形，再加一個小人兒，表示棰擊的主體。

[1] 下擊上也。从殳，冘聲。　知朕切（zhěn）。

𣪊 【譯文】𣪊，從下向上面打擊。从殳，冘聲。

【注釋】① 𣪊：錢坫《㪷詮》："今俗謂上治下人曰𣪊。"徐灝《段注箋》："凡从冘之字，其義多爲下垂。此云下擊上，疑有誤。"

 繇擊[1]也，从殳，豆聲。古文（祋）［投］[2]如此。　度侯切（tóu）。

𣪘

【譯文】𣪘，遠擊。从殳，豆聲。古文"投"字象這個樣子。

【注釋】① 繇擊：繇通"遙"。《玉篇》："𣪘，遙擊也。古爲投。"

② 祋：依《玉篇》當作"投"。《段注》："投，殳聲，𣪘，豆聲，殳、豆同在古音四部也。"殳爲禪紐，古讀歸定，與豆同。

【參證】甲文作、。𣪘，遙擊，引申爲擊、擊殺。郭沫若《安陽新出土的牛胛骨及其刻辭》（《考古》一九七七年第二期）："（卜辭）'𣪘丁妣豖'，謂祀妣丁之豖乃椎殺之。卜辭有'𣪘一人'、'𣪘二人'之例，亦謂以人爲牲，椎擊而死。"

 懸物𣪔擊[1]。从殳，𠷎聲。　市流切（chóu）。

𣪔 【譯文】𣪔，高懸衣物，抽𣪔打擊。从殳，𠷎（chóu）聲。

【注釋】① 懸物句：王筠《句讀》："暴衣物者，以條振去其塵謂之𣪔。"朱駿聲《通訓定聲》："今字作㪅。"

 椎毄物[1]也。从殳，豖聲。　冬毒切（dú）。

豛 【譯文】豛，用椎棒打擊物體。从殳，豖（chù）聲。

【注釋】① 椎(chuí)毄物:《段注》:“謂用椎擊中物。”

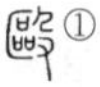① 捶毄物②也。从殳,區聲。　烏后切(ǒu/ōu)。

毆　【譯文】毆,用捶杖擊打物體。从殳,區聲。

【注釋】① 毆:《段注》:“即今經典之歐字。”按从殳、从攴無異。
② 捶毄物:《段注》:“謂用杖擊中人物也。”

【參證】金文作、。《金文編》:“从攴,義與驅同。”

① 擊頭也。从殳,高聲。　口卓切(què/qiāo)②。

敲　【譯文】敲,敲擊頭。从殳,高聲。

【注釋】① 敲:桂馥《義證》:“(敲)或借敲字。”王筠《句讀》:“敲、敲同从高聲,殳、攴義又近。”　② 今讀依《玉篇》口交切。

　擊聲①也。从殳,屍聲②。　堂練切(diàn)。

殿　【譯文】殿,打擊聲。从殳,屍(tún)聲。

【注釋】① 擊聲:《段注》:“此(殿)字本義,未見;假借爲宮殿字。”“又假借爲軍後曰殿。”　② 屍聲:聲中有義。屍即臀,俗言屁股。陳獨秀《文字新詮》釋“殿”爲“以竹殳擊臀”,並引《急就篇》“盜賊繫囚榜笞臀”爲證。即把盜賊綑起來關起來,用木板竹條鞭打他的屁股。殿是打屁股的聲音。白川靜亦釋爲“擊臀”。

　擊中聲①也。从殳,医聲。　於計切(yì)。

殹　【譯文】殹,被外物擊中的聲音。从殳,医聲。

【注釋】① 擊中聲:《段注》:“此(殹)字本義,亦未見。”“秦人借爲語詞。”按:相當於“也”、“兮”。

【參證】金文作、。杜虎符:“雖無會符,行殹。”“行殹”就是“行也”。

　椎物①也。从殳,耑省聲。　徒玩切(duàn)。

段　【譯文】段,用槌棰擊物體。从殳,耑(duān)省聲。

【注釋】① 椎物:徐灝《段注箋》:“段、鍛,古今字。段、碫,亦古今字。引申之則爲分段。”

【參證】金文作。朱芳圃《殷周文字釋叢》:“金文‘段’象手持椎於厂(hǎn,山崖)中捶石之形。許君訓‘椎物’,引申之義也。云‘耑省

聲',誤象形爲形聲矣。""孳乳爲碬"、"爲鍛"、"爲腶"。

殻　擊空聲①也。从殳,宫聲。　徒冬切(tóng)。又,火宫切(hōng)。

【譯文】殻,敲擊空的器物的聲音。从殳,宫聲。

【注釋】① 擊空聲:徐灝《繫傳》:"謂器外無隙,内空,擊之,其聲殻然。"

殽　相雜錯①也。从殳②,肴聲。　胡茅切(xiáo)。

【譯文】殽,彼此混雜殽亂。从殳,肴聲。

【注釋】① 雜錯:同義連用。　② 从殳:《段注》:"取攪之之意。"按:殳表示用以攪擾的梃杖之類。

毅　妄怒①也。一曰:有决②也。从殳③,豙聲④。　魚既切(yì)。

【譯文】毅,盛怒。另一義説:有果决能力。从殳,豙(yì)聲。

【注釋】① 妄怒:《段注》:"凡氣盛曰妄。"　② 有决:《一切經音義》卷二十二引:"毅,果决也。"　③ 从殳:《段注》:"取用武之意。"　④ 豙聲:聲中有義。本書豕部:"豙,豕怒毛豎也。"

【參證】金文作、。

殷　揉屈①也。从殳,从皀②。皀,古文叀字。廏字从此。　居又切(jiù)。

【譯文】殷,使竹木柔曲。由殳、由皀會意。皀,古文叀字。馬廏字从殷字。

【注釋】① 揉屈:《段注》:"謂柔而曲之。"　② 从殳,从皀:殳者揉物之具。皀即叀(zhuān),有旋轉揉曲之義。

【參證】甲文作、、,金文作、。戴家祥《金文大字典》:"金文多从,《説文》作殷,从皀,而被誤釋爲叀,頌殷、師虘父殷、追殷作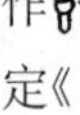,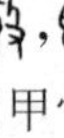作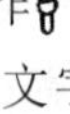,與《説文》同。知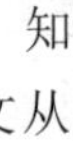之爲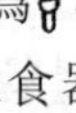,亦古文繁簡之通例也。"李孝定《甲骨文字集釋》:"契文从,象食器之形。从,象持匕柶(bǐ sì,勺匙),所以扱(引取)之者也。皀即許書訓'穀之馨香也。象嘉穀在裹中之形'之皀。……皀爲殷之初文。殷則合體象形,簋則爲增體象形,字蓋从竹言其質,从皿舉其類。"參"皀"、"簋"條。

役　戍邊也。从殳,从彳①。②,古文役从人。　營隻切(yì)。

【譯文】役,戍守邊疆。由殳、由彳會意。伇,古文役字,从人。

【注釋】① 从殳,从彳:《段注》:"彳取巡行之意。"朱駿聲《通訓定聲》:"从殳从彳會意,執殳巡行也。" ② 伇:《段注》:"與戍从人持戈同意。"

【參證】甲文作、。古文承它而來,是或的譌變。从人,从殳,會役使之義。《廣雅·釋詁》訓"役"爲"使",从人,从彳,也許形近混用。

刻 刻改,大剛卯①也,以逐精鬼。从殳②,亥聲。 古哀切(gāi)。

【譯文】刻,刻改,大剛卯,用來驅逐精怪鬼魅。从殳,亥聲。

【注釋】① 刻改,大剛卯:陶宗儀《輟耕録》卷二十四:"刻改者,佩印也,以正月卯日作,故謂剛卯,又謂之大堅,以辟邪也。"剛,堅牢。 ② 从殳:《段注》:"刻从殳者,謂其可擊鬼也。"

文二十 重一

殺部

殺 戮也。从殳,杀聲①。凡殺之屬皆从殺。,古文殺。,古文殺。,古文殺。 所八切(shā)。

【譯文】殺,殺戮。从殳,杀聲。大凡殺的部屬都从殺。[illegible],古文殺字。[illegible],古文殺字。希,古文殺字。

【注釋】① 杀聲:《段注》引張參説:"杀,古殺字。"

【參證】甲文作、,金文作、。殺的古文"希",與此同。

弒 臣殺君①也。《易》②曰:"臣弒其君。"从殺省,式聲。 式吏切(shì)。

【譯文】弒,臣殺君。《易經》説:"臣子弒殺他的君主。"从殺省,式聲。

【注釋】① 臣殺君:《段注》:"述其實則曰殺君,正其名則曰弒君。" ②《易》:指《坤卦》文言。

文二 重三

九部

九　鳥之短羽飛九九①也。象形。凡九之屬皆从九。讀若殊。　市朱切(shū)。

【譯文】九,鳥中的短羽鳥飛翔時九九的樣子。象形。大凡九的部屬都从九。音讀象“殊”字。

【注釋】① 九九：形容飛翔之詞。

𠘧　新生羽而飛也。从九,从彡①。　之忍切(zhěn)。

【譯文】𠘧,小鳥新生羽而學飛的樣子。由九、由彡會意。

【注釋】① 从九,从彡(shān)：徐鍇《繫傳》:“九,短羽,故云新生羽。又,彡部㐱字从彡、人,人物之人字。與此相似。但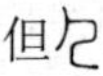(shū)字左畫上出,(rén)字右畫上出也。”

鳧　舒鳧①,鶩也。从鳥,九聲②。　房無切(fú)。

【譯文】鳧,舒鳧,即鶩。从鳥,九聲。

【注釋】① 舒鳧：朱駿聲《通訓定聲》:“(鳧),今野鴨也。家鴨曰舒鳧、曰鶩、曰𩿧,俗作鴨,以其行步較鳧爲舒遲,故曰舒鳧。”《段注》:“《說文》於‘鳧’下舉‘舒鳧’,蓋謂統言可不別,但云‘舒鳧’,則固析言之矣。”　② 九聲：慧琳《音義》卷七十七頁二“鳧”注引《說文》:“其飛九九,从鳥,从九,九亦聲。”九,示其爲短羽。

【參證】甲文作,金文作、。于省吾《甲骨文字釋林·釋勹、鳧、匍》:“鳧字上从隹,古文从隹从鳥每無別。下从,即伏之本字。鳧字後世典籍中作鳧。”按：鳧又作梟。

文三

寸部

寸　十分也。人手卻一寸,動𧖴,謂之寸口。从又,从一①。凡寸之屬皆从寸。　倉困切(cùn)。

【譯文】寸,十分。人手後退一寸,即動脈之處,叫作寸口。由又,由一會意。大凡寸的部屬都从寸。

【注釋】① 从一：徐鍇《繫傳》："一者，記手腕下一寸。此指事也。"

 廷①也。有法度者也。从寸②，之聲③。 祥吏切（sì）。

寺 【譯文】寺，宫府、朝廷。有法制的地方。从寸，之聲。

【注釋】① 廷：朱駿聲《通訓定聲》："朝中官曹所止、理事之處。" ② 从寸：《段注》："言法度字多从寸。" ③ 之聲：聲中有義。之者，出也，往也。見"之"條。如朱説，"官曹所止"，即"官曹所往"。

【參證】金文作、。林義光《文源》："从又，从之。本義爲持。象手形，手之所之（活動的地方）爲持也。之亦聲。"李孝定《金文詁林讀後記》卷三："廷爲治事之所，治事與持意近，古稱寺人者，言治事之人，或侍人，意並近。"後由持侍引申爲奉侍、奉承，一度而爲奄人之專稱。

 帥①也。从寸②，𤖅省聲。 即諒切（jiàng）。

將 【譯文】將，將帥。从寸，𤖅省酉爲聲。

【注釋】① 帥：《段注》："帥者佩巾，漢人假爲率字，率亦衛之假也，許造《説文》，當是本作將衛也。" ② 从寸：《段注》："必有法度而後可以主之、先之。故从寸。"

【參證】金文作、。小篆作，若不省聲，則應作。出戰必祭，禱以求勝。將爲出師之祭祀。于省吾《甲骨文字釋林·釋》："甲骨文偏旁中的字，象牀形，故疒（疾）字从之。但字也象祭祀時用以陳列肉類的几案形。"是肉，是酒，即寸，是手。會合用手把酒肉放在几案上，求神賜勝。爿也表聲。或省手肉，作𤖅；或省酉，作將；或省肉酉，作耐，寸即手，故作㸑。主持祭祀、誓師的人，當然是將帥；祭祀時，肉不正、席不正，神不享，勢必用手扶正，故引申爲扶義。後世分化，各司專義，將即將帥，㸑即扶持。

① 繹理②也。从工，从口，从又，从寸。工、口，亂也。又、

㝷 寸，分理之。彡聲。此與㲋同意③。度④，人之兩臂爲尋，八尺也。 徐林切（xún）。

【譯文】㝷,抽出絲的頭緒而治理它。由工、由口、由又、由寸會意。工、口,表示紊亂的意思。又、寸,表示分別治理的意思。彡(shān)表聲。這個字的構形。與㲋(níng)同意。(另一義說:)尋是度名,人伸開兩臂的長度叫尋,長八尺。

【注釋】① 㝷,今作尋。　② 繹理:本書系部:"繹,抽絲也。"《段注》:"(繹理)謂抽繹而治之。凡治亂必得其緒而後設法治之。"
③ 此與句:徐灝《段注箋》:"《繫傳》曰:'工爲器。'灝謂'口'亦器也。'彡'象絲形。上下从'又'理之,故曰與'㲋'同意。"參"㲋"條。
④ 度:《段注》:"此别一義。"

【參證】甲文作、,《古幣文編》作。首字从西,象簟席正面形;左旁是一個人伸長左右手臂,度量簟席的長度。人的兩臂伸直約等於其身高,量度之長度,尋覓適合自己身高的睡簟。次字,象簟席側面形,只看見一條綫。第三字省簟席形。篆文用左右兩字化其左右手形。,彡是聲;是右字,字上下换位則成,即,即。左右手向左右方位盡力伸展,常人爲八尺,其義爲尋;引申爲量度尋覓簟席,於是引申爲"繹理"。繹理是抽出絲的頭緒而治理它,要"抽出",首先必須"尋覓"。

專 六寸簿[①]也。从寸,叀聲。一曰:專,紡專[②]。　職緣切(zhuān)。

【譯文】專,六寸簿。从寸,叀(zhuān)聲。另一義說:專,紡專。

【注釋】① 六寸簿:張舜徽《約注》:"《始皇本紀》明云:'數以六爲紀,符、法、冠皆六寸。'然則所謂六寸薄者,乃秦法之所在,猶云法經耳。小徐以文簿釋簿,是矣。"　② 紡專:徐灝《段注箋》:"此疑當以紡專爲本義。收絲之器,謂之專,其錘謂之𨫼。引申爲圜轉之稱,又爲專壹專謹之義。""謂之專者亦以其圜轉收絲也。叀與專,相承加又,取手持之義。寸與又同也。即專之古文,象形。"

【參證】甲文作、。象用手轉動紡專之形。就其實體而言,是名詞,故許説"專,紡專"。就其動作而言,是動詞,是"轉動"。可見"从寸,叀聲"的"叀"是聲中有義。此"叀"與本書疐下的"叀"是同形字。意義迥然不同。參"疐"條。

尃　布也。从寸，甫聲。　芳無切(fū)。

【譯文】尃，布施。从寸，甫聲。

【參證】甲文作、、，金文作、。甲金文聲符都作，小篆所从的是的譌變。是圃的初文。參“圃”條。从、从又，會用手在菜園裏撒種澆灌之意，故有“布施”義。

導　導引也。从寸，道聲[①]。　徒皓切[②]（dǎo）。

【譯文】導，引導。从寸，道聲。

【注釋】① 道聲：導是道的後起加旁分化字。徐鍇《繫傳》：“(从寸，)以寸引之也。”寸即手，即用手引導。道的道路義及引申之引導義就由道、導分擔。　② 據反切應讀 dào，今讀 dǎo。

文七

皮部

皮　剥取獸革[①]者謂之皮。从又，爲省聲[②]。凡皮之屬皆从皮。，古文皮。，籒文皮。　符羈切(pí)。

【譯文】皮，剥取獸皮叫作皮。从又，爲省聲。大凡皮的部屬都从皮。笯，古文皮字。昃，籒文皮字。

【注釋】① 革：徐鍇《繫傳》：“生曰皮，理之曰革，柔之曰韋。”此析言之。渾言之，三者可通。　② 爲省聲：曾伯陭壺“爲”字作，省其和象字之首足與尾，則成了。又之變。王筠《釋例》：“蓋皮猶之革，同係象形。特革已去毛，則平張矣，故象其正面而作革。皮未去毛，其性柔，故象其側面而作皮。即觀古文有角形，亦可知爲象形。”

【參證】金文作、。林義光《文源》：“从，象獸頭角尾之形。，象其皮。，象手剥取之。”皮本爲剥取義、分裂義，故又孳乳爲柀、詖、破；皮又有包裹在外義，故孳乳爲被、帔、髲；皮又有加覆義，故又孳乳爲彼。

皰　面生气[①]也。从皮，包聲[②]。　旁教切(pào)。

【譯文】皰，臉上生的皰。从皮，包聲。

【注釋】① 面生气：丁福保《詁林》："（慧琳《音義》）二卷三十頁引作'面生熱瘡也'。"　② 包聲：聲中有義。包有疙瘩義。"生熱瘡"，必然有些疙瘩或水泡。

面黑气①也。从皮，干聲。　古旱切（gǎn）。

皯　【譯文】皯，皮面黧黑乾枯。从皮，干聲。

【注釋】① 面黑气：桂馥《義證》引《通俗文》："面黧黑曰皯。"

文三　重二

①　足坼②也。从皮，軍聲。　矩云切（jūn）。

皸　【譯文】皸，（手）足開裂。从皮，軍聲。

【注釋】① 皸：《漢書·趙充國傳》："手足皸瘃（zhú）。"顏師古注引文穎曰："皸，坼裂也。"　② 足坼：《玉篇》："皹，足坼裂也。"《鈕新附考》："《一切經音義》卷十一引《通俗文》'手足坼裂曰皸'。此疑脱手字。"譯文照此增"手"字。

①　皮細起②也。从皮，夋聲。　七倫切（cūn）。

皴　【譯文】皴，皮膚歙起細皺粗褶。从皮，夋聲。

【注釋】① 皴：《韓昌黎集·答柳柳州食蝦蟆詩》："雖然兩股長，其奈脊皴皰。"　② 皮細起：《鄭新附考》："《玉篇》訓皴義爲皮膚鰓甓龘皵（qì），與皸爲磔裂皮革異。"皺褶之陽紋凸起，看似坼裂，故引申爲皸裂。杜甫《乾元中寓居同谷縣作》："手腳凍皴皮肉死。"湖湘言手足凍裂亦謂皴。

文二　新附

𤿭部

柔韋①也。从北②，从皮省③，从夐省④。凡𤿭之屬皆从

𤿭　𤿭。讀若耎。一曰：若儁。⑤，古文𤿭。⑥，籀文𤿭，从夐省。　而兗切（ruǎn）。

【譯文】𤿭，鞣製皮革。由北、由皮省會意，由夐省表聲。大凡𤿭的部屬都从瓷。音讀象“耎(ruǎn)”字。一説,音讀象“儁(juàn)”字。𠬢,古文瓷字。𦥒,籀文瓷字,从夐省聲。

【注釋】① 柔韋:《段注》:“柔者,治之使鞣也。韋,可用之皮也。” ② 从北:北者,二人相背也。二人共治之。孔廣居《疑疑》:“从二人相背以治皮。” ③ 从皮省:小篆當從《段注》本作,段氏説:“(从皮省)謂也。”“非瓦。” ④ 从夐(xuàn)省:當從《段注》作“夐省聲”,段氏説:“此(夐)省其上下,取爲聲也。” ⑤ 𠬢:《段注》:“从皮省,从人治之。” ⑥ 𦥒:當從《段注》作,段氏説:“下从皮省,上从夐省。”

䪁 羽[①]獵韋絝[②]。从瓷[③],灷聲[④]。𧜠,或从衣[⑤],从朕[⑥]。《虞書》[⑦]曰:“鳥獸𧜠[⑧]毛。” 而隴切(róng/jùn)[⑨]。

【譯文】䪁,打獵時所穿的皮褲。从瓷,灷聲。𧜠,䪁的或體,由衣、由朕會意。《虞書》説:“鳥獸換生細軟的𧜠毛。”

【注釋】① 羽:箭上的羽毛,引申爲箭。 ② 韋絝:桂馥《義證》:“今俗謂之攏褲,雲南人以麂皮作之。”王筠《釋例》:“即今之套袴,有衩無腰者也。” ③ 从瓷:《段注》:“柔韋爲絝。” ④ 灷(zhuàn)聲:《説文》未收灷字。 ⑤ 从衣:徐鍇《繫傳》:“鳥以柔毳爲衣。” ⑥ 从朕:朕本義爲縫。从衣从朕會合其意爲:柔軟的皮韋製的套褲象鳥獸細軟的毛一樣覆蓋着所有縫隙。朕也表聲,鄭知同《商義》:“朕者聲也。舟灷(即朕)亦从灷聲,與䪁从灷聲同。”參“朕”條。 ⑦《虞書》:指《唐書·堯典》。 ⑧ 𧜠:今本《尚書》作“氄”(rǒng),柔軟細毛。 ⑨ 今讀依《廣韻》子峻切。

文三 重二

攴部

攴[①] 小擊也。从又,卜聲。凡攴之屬皆从攴。 普木切(pū)。

【譯文】攴,小擊。从又,卜聲。大凡攴的部屬都从攴。

【注釋】① 攴:徐灝《段注箋》:“疑本象手有所執持之形。故凡舉手作事之義皆从之,因用爲扑擊字耳。”邵瑛《羣經正字》:“撲,《説文》

即鞭撲之撲，攴與撲，蓋古今字，扑即攴之俗變。”

【參證】甲文作。《甲骨文編》：“此似从又从丂（kǎo）。”戴家祥《金文大字典》：“卜亦形符，表示敲擊的工具，如杖杸之類。”

啟 教也。从攴，启聲。《論語》[①]曰：“不憤不啟。” 康礼切（qǐ）。

【譯文】啟，教導。从攴，启聲。《論語》説：“不到他求通而未得的時候，不去開導他。”

【注釋】①《論語》：指《述而篇》。憤，内心求通而未得之意。見朱熹注。

【參證】甲文作、，金文作、。商承祚《殷契佚存》：“户攴爲開户之本字。以手啟户爲初意。或增口作啟，或省又作启。”户，一扇門。从手、从攴，形近義通。

徹 通也。从彳，从攴，从育。徹，古文徹。 丑列切（chè）。

【譯文】徹，穿通。由彳、由攴、由育會意。徹，古文徹字。

【參證】甲文作、，金文作、。徐灝《段注箋》引戴侗説：“敲疑自爲字。从攴，从鬲。屏去釜鬲，徹饌（撤去飯食）之義也。徹从彳、敲聲。鬲譌爲育耳。徹从彳，本言道路之通徹。故凡通徹者皆曰徹。”或曰：育非鬲之譌，育即肉。楊樹達《積微居小學述林·釋徹》：“从育者，育从肉聲，假育爲肉也。从攴从育从彳，謂手持肉而他去也。”羅振玉《增訂殷虚書契考釋》：“許書之徹从攴，殆从又之譌矣。”

肇 擊也。从攴，肇省聲[①]。 治小切（zhào）。

【譯文】肇，打擊。从攴，肈（zhào）省戈爲聲。

【注釋】① 肈省聲：聲中有義。肈是用戈打擊的意思。參“肈”條。

【參證】金文作、。户攴、肇通用。《段注》以爲肇是肈的俗體。

敏 疾也。从攴，每聲。 眉殞切（mǐn）。

【譯文】敏，快速。从攴，每聲。

【參證】甲文作，金文作、，不从攴，而从又。又、攴義近。

敃 彊也。从攴，民聲。 眉殞切（mǐn）。

【譯文】敃，强悍。从攴，民聲。

【參證】金文作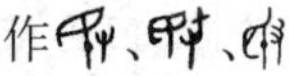。

[1] 敄 彊也。从攴，矛聲。 亡遇切(wù)。

【譯文】敄，强(qiǎng)勉。从攴，矛聲。

【注釋】① 敄：桂馥《義證》引《復古編》："北燕之外，相勉努力謂之敄。"

【參證】金文作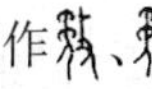。容庚《金文編》引孫詒讓説："此左从，即古文矛字。矛爲刺兵(刺殺的武器)，故作是形。"

 敀 迮[1]也。从攴，白聲。《周書》[2]曰："常敀，常任。" 博陌切(pò)。

【譯文】敀，迫。从攴，白聲。《周書》説："常敀官、常任官。"

【注釋】① 迮：當依《説文韻譜》作"笮"。本書竹部："笮，迫也。"故徐鍇《繫傳》説："迮猶切近也。" ②《周書》：指《立政》。今本原文作"王左右常伯、常任、準人、綴衣、虎賁"。常伯，牧民之官。常任，治事之官。以敀爲伯，是壁中古文借字。見《段注》。

 整 齊也。从攴，从束，从正[1]，正亦聲。 之郢切(zhěng)。

【譯文】整，整齊。由攴、由束、由正會意。正也表聲。

【注釋】① 从攴，从束，从正：徐鍇《繫傳》："(束，)束之；(攴，)又小擊之；(正，)使正。會意。"即湖湘插秧之象。从攴猶从手。左手分秧，右手持秧，一束束插入泥中，插時需持直持正，横行竪行也須對正。參"敕"條。

[1] 效 象[2]也。从攴，交聲。 胡教切(xiào)。

【譯文】效，效法。从攴，交聲。

【注釋】① 效：《玉篇・攴部》："效，法效也。"《段注》："彼行之而此效之，故俗云報效、云效力、云效驗。" ② 象：法也。見《士冠禮》注。

【參證】甲文作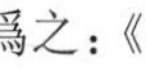，金文作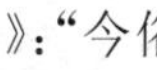。

 故 使爲之[1]也。从攴，古聲。 古慕切(gù)。

【譯文】故，使它成爲這樣。从攴，古聲。

【注釋】① 使爲之：《段注》："今俗云原故是也。凡'爲之'必有'使之’者，‘使之而爲之’，則成故事矣。”徐灝《段注箋》進而説：“使爲之也者，猶曰故爲之也，今人言故意即其義。”

【參證】金文作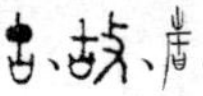。首字不从攴，末字从㫃。

政　正也①。从攴，从正，正亦聲。　之盛切(zhèng)。

【譯文】政，使不正爲正。由攴、由正會意，正也表聲。

【注釋】① 正也：猶“正之也”。之，泛指不正；正，用作使動。“正之”，使不正爲正。桂馥《義證》：“《周禮》：‘司馬使帥其屬而掌邦政。’注云：‘政者，正也。政，所以正不正者也。’”桂馥《義證》：“正者，所以止過而逮不及也。過與不及皆非正也。”

【參證】甲文作，金文作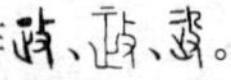。戴家祥《金文大字典》：“甲骨文正作，从口(表示城邑)从止，會意爲征行戡伐。”“征伐的目的是懲不善，使之歸順，故正引申義爲是正之是。爲了保持本義，加彳旁作征，强調征行；加攴旁作政，强調征伐。”“後世政又引申爲治理之義。”

攱　敷也。从攴，也聲。讀與施同①。　式支切(shī)。

【譯文】攱，布施。从攴，也聲。音讀與“施”字同。

【注釋】① 讀與施同：《段注》：“今字作施。施行而攱廢矣。施，‘旗旖施也。’經傳多假借。”

【參證】甲文作。于省吾《雙劍誃殷契駢枝·釋攱》：“从沱、从它一也，从攴、从殳一也，攴、殳或倒或正一也。攱字象以朴擊蛇之形。它即古文蛇字。蛇从虫乃後起字。它形左右有點者，象血滴淋漓之狀。……引申爲割殺之義。”

敷　攱①也。从攴，尃聲②。《周書》③曰：“用敷遺後人。”　芳無切(fū)。

【譯文】敷，施給。从攴，尃聲。《周書》説：“因此施給後人(幸福)。”

【注釋】① 攱：施。　② 尃聲：聲中有義。本書“尃”下：“布也。”參“尃”條。尃字隸變後寫作専。徐灝《段注箋》：“寸與方，隸體之變。”　③《周書》：指《顧命》。原文作“用敷遺(wèi)後人休(美好)”。

【參證】金文作。

敟 主也。从攴[1]，典聲[2]。 多殄切(diǎn)。

【譯文】敟，主持。从攴，典聲。

【注釋】① 从攴：李富孫《辨字正俗》引戴侗説："典(主持)之以治人，故从攴。今相承通用典册字。" ② 典聲：聲中有義。本書"典"下："五帝之書也。"乃文獻之主。作動詞，引申爲主持主管。徐灝《段注箋》："主典即典册之引申。"

斀 數也。从攴，麗聲[1]。 力米切(lǐ)。

【譯文】斀，計數。从攴，麗聲。

【注釋】① 麗聲：聲中有義。徐灝《段注箋》："麗即儷皮，古者以納聘，因之訓爲數。麗、斀古今字。"徐又在"麗"下説："麗之爲數，亦猶衡之稱兩，帛之稱匹矣。"《段注》："麗，兩也。兩兩而數之也。"

數 計[1]也。从攴，婁聲。 所矩切(shǔ)。

【譯文】數，計數。从攴，婁聲。

【注釋】① 計：徐灝《段注箋》："計數爲本義，因謂所計爲數(shù)。計數頻煩，故爲頻數(shuò)，又爲數(cù)密也。"

𣀔 辟𣀔鐵[1]也。从攴，从湅[2]。 郎電切(liàn)。

【譯文】𣀔，多次摺疊鍛煉精良的金屬。由攴、由湅會意。

【注釋】① 辟𣀔鐵：《段注》："辟者，襞(摺疊衣服)之假借也。𣀔者，段(鍛)也。簡(選)取精鐵，不計數摺疊段之，因名爲辟𣀔鐵也。" ② 从攴，从湅(liàn)：徐鍇《繫傳》："湅，鍊字也。攴，椎(chuí)鍛之也。"

孜 汲汲[1]也。从攴，子聲。《周書》[2]曰："孜孜無怠。" 子之切(zī)。

【譯文】孜，勤勉不怠。从攴，子聲。《周書》説："孜孜不怠。"

【注釋】① 汲汲：《段注》："汲汲與彶彶同，急行也。" ②《周書》：指《泰誓》。今本原文作"爾其孜孜，奉予一人"。孔傳："孜孜，勤勉不怠。"

攽 分也。从攴，分聲[1]。《周書》[2]曰："乃惟孺子攽。"亦讀與彬同[3]。 布還切(bān)。

【譯文】攽，分。从支，分聲。《周書》説："我想讓年輕人分擔政事。"音讀與"彬"字同。

【注釋】① 分聲：聲中有義。朱駿聲《通訓定聲》作"从支从分會意，分亦聲。"參"分"條。　② 《周書》：指《洛誥》。今作"乃惟孺子頒，朕不暇（閑暇）聽（聽政）"。"頒"爲"攽"之借字。柳榮宗《引經考異》："古借頒爲攽，以同分聲，故可通假。"　③ 亦讀句：徐鍇《繫傳》無"亦"字。葉德輝《讀若考附》："彬古音同分。"《論語》"文質份份"，又作"文質彬彬"，份音同彬，份从人分聲，故彬音同分。

𢼛　止也。从支，旱聲。《周書》① 曰："𢼛我于艱。"　侯旰切(hàn)。

【譯文】𢼛，救止。从支，旱聲。《周書》説："在我艱難的時候捍衛我。"

【注釋】①《周書》：指《文侯之命》。"𢼛"今本作"扞"。徐灝《段注箋》："凡扞格、扞止之類，皆干之引申。干、扞實古今字，而𢼛其別體耳。"

【參證】金文作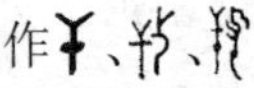。，象有椏杈的木棒之類。从干从支，會合以木棒爲武器，捍衛救止之意。高田忠周《古籀篇》卷六十："从旱者，爲籀文增繁，从干爲古正字矣。"

敳　有所治也。从支，豈聲。讀若豤①。　五來切(ái)。

【譯文】敳，有所治理。从支，豈聲。音讀象"豤"字。

【注釋】① 豤(kěn)：當從徐鍇《繫傳》作"墾"。錢坫《斠詮》："《廣雅》：'墾亦治也。'"

敞　平治高土，可以遠望也。从支①，尚聲②。　昌兩切(chǎng)。

【譯文】敞，平整高土，可以登高望遠。从支，尚聲。

【注釋】① 从支：《段注》："惟平治，故字从支。"　② 尚聲：聲中有義。徐灝《段注箋》"尚"下曰："尚之言上也。"尚有上義，如尚方寶劍又作上方寶劍。上猶高也。

敒　理也。从支，伸聲①。　直刃切(zhèn/shēn)②。

【譯文】敒，治理。从支，伸聲。

【注釋】① 伸聲：本書"伸"是伸展的伸。屈曲糾結的事物，經過治理，使之伸展，有條不紊，故“敒”从支从伸。　② 今讀依《集韻》升人切。

【參證】金文作。

 更也。从支己[①]。　古亥切(gǎi)。

改 【譯文】改，變更。由支、己會意。

【注釋】① 从支己：朱駿聲《通訓定聲》“己”下：“己即紀本字。”王獻唐《黄縣曩器·曩非杞亦非紀》：“《方言》：‘紀，緒也。’(卜辭、金文)都象一根彎曲的絲緒。”从支从己，是用手整理絲緒，故有變更之意。己也表聲。

【參證】羅振玉《增訂殷虚書契考釋》卷中：“疑許書之改即攺字。”參“攺”條。

 更也。从支，䜌聲[①]。　祕戀切(biàn)。

變 【譯文】變，改變。从支，䜌聲。

【注釋】① 䜌聲：聲中有義。本書“䜌”下：“亂也。”本義是言語紊亂，有如一團亂絲。引申爲凡亂之稱。从支，用手整理，使之改變。

【參證】金文作。

 改也。从支，丙聲。　古孟切(gèng)。又，古行切(gēng)。

更 【譯文】更，改變。从支，丙聲。

【參證】甲文作，金文作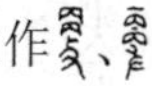。金文聲符从二丙。于省吾《甲骨文字釋林·釋㪅》：“㪅即古文鞭字。……就古音言之，鞭从便聲，便从㪅聲，㪅从丙聲，丙鞭雙聲。㪅字隸變作更，丙更疊韻。《周禮·考工記·輪人》的‘眡其綆’，鄭司農謂‘綆讀爲關東言餅之餅’。按綆从更聲，更本作㪅，从丙聲。是丙、更古通之證。”白玉崢《契文舉例校讀·典禮篇》(《中國文字》第五十二册)：“更，實乃鞭之本字；初義爲鞭策。……引申之，乃有更改，更代之義也。”參“鞭”條。

[①] 誡也。臿[②]地曰敕。从支，束聲[③]。　恥力切(chì)。

敕 【譯文】敕，告誡。在地中栽插叫敕。从支，束聲。

【注釋】① 敕：許槤《讀説文記》：“(敕)今作勑。張參《五經文字》云：敕，古勑字。今相承皆作勑。案：力部：‘勑，勞也。从力，來聲。洛代切。’與此音義俱别。蓋此字一誤从力作‘勅’，再誤从來作‘勑’

也。”徐灝《段注箋》：“勅字朿旁與來字草書相似，因譌爲勑。”② 臿：《段注》：“今云插字，漢人祇作臿。”　③ 从攴，朿聲：《段注》删聲字。徐灝箋：“朿有丑六切之音，正與恥力切爲雙聲。”《段注》：“攴而收朿之，二義（誡、臿）皆於此會意。”按：攴而收朿之，難有誡臿意。攴、朿乃湖湘插秧之象。從秧田結束一支支秧，又用手分成一朿朿秧，移插到水田中。插田時，右手拇指、食指、中指須直持秧朿，插入泥中，老農告誡，不能插“煙壺腦殻”，否則不易存活，故有告誡義。又如徐説，朿也表聲。

【參證】金文作。吴大澂《古籀補》：“古‘敕’字从朿。”

敃　使也。从攴，耴省聲。　而涉切（niè/xiè）[①]。

【譯文】敃，使。从攴，耴（zhé）省乚爲聲。

【注釋】① 今讀依《廣韻》穌協切。

【參證】金文作。

斂　收也。从攴，僉聲[①]。　良冉切（liǎn）。

【譯文】斂，收聚。从攴，僉（qiān）聲。

【注釋】① 从攴，僉聲：聲中有義。僉是多人多口相合爲一，攴是表示支使。从攴，从僉，使多人多口相合爲一，即爲收聚、收攏、收斂。參“僉”條。

【參證】金文作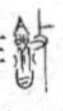。戴家祥《金文大字典》：“《爾雅・釋詁》：‘斂，聚也。’銘義爲賦斂，从曰象器皿之形，……表示收藏之義。”

敹　擇也。从攴，寀聲[①]。《周書》[②]曰：“敹乃甲胄。”　洛簫切（liáo）。

【譯文】敹，揀擇。从攴，寀聲。《周書》説：“選擇你們的軍服和頭盔。”

【注釋】① 寀（mí）聲：从寀聲而讀洛簫切，蓋音有轉變。或曰：寀爲寀之譌。桂馥《義證》：“本書：‘寀，悉也，知寀諦也。’馥謂知寀諦，故能擇也。當云：‘从寀，衍聲字。’”　②《周書》：指《費誓》。

【參證】金文作。

敿　繫連也。从攴，喬聲。《周書》[①]曰：“敿乃干[②]。”讀若矯。居夭切（jiǎo）。

【譯文】敿,繫連。从攴,喬聲。《周書》説:"繫連你們的盾牌。"音讀象"矯"字。

【注釋】①《周書》:指《費誓》。　②干:盾。

敆　合會[①]也。从攴,从合,合亦聲。　古沓切(gé/hé)[②]。

【譯文】敆,合會。由攴、由合會意,合也表聲。

【注釋】①合會:徐灝《段注箋》:"合、敆,古今字。"《段注》:"今俗云敆縫。"　②今讀依《廣韻》侯閤切。

敶[①]　列也。从攴,陳聲[②]。　直刃切(zhèn/chén)[③]。

【譯文】敶,陳列。从攴,陳聲。

【注釋】①敶:《段注》:"此(敶)本敶列字。後人假借陳爲之。陳行而敶廢矣。亦本軍陳(zhèn)字。……後人别製無理之陣字。陣行而敶又廢矣。"陣字見漢隸司農劉夫人碑。　②陳聲:聲中有義。徐灝《段注箋》"陳"下:"陳的本義爲陳列,故从𠂤从木申聲,蓋於平陸中布列之義。"𠂤(fǔ),表示大面積的高平之地,即"平陸";木,表示樹木布列。取𠂤、木之象,表陳列之義。本讀chén。士兵、軍車在山野平陸中如樹木布列,叫軍陳(zhèn),是陳列的引申義。徐灝又説:"因爲國名所專而後人昧其義耳。"實則,陳借爲陳國之名,申木合爲一體變而爲"東"字,布列之義不顯,則加攴,成"敶";陳又也許因快速書寫,將東下面的八,寫成⺊ ⺈,以至譌變成車,就成了"陣"。專司"陣營"之陣。　③今讀依《廣韻》直珍切。"軍陣"義依直刃切。

【參證】金文作。

敵　仇[①]也。从攴,啻聲。　徒歷切(dí)。

【譯文】敵,仇敵。从攴,啻聲。

【注釋】①仇:《段注》:"仇者,兼好惡之詞。相等爲敵,因之相角爲敵。"

【參證】金文作。

救　止也。从攴,求聲。　居又切(jiù)。

【譯文】救,禁止。从攴,求聲。

【參證】金文作、。第二字从戈，求聲，爲救之異體。見張政烺《中山王譽器及鼎銘考釋》(《古文字研究》第一輯)："戰國秦漢間文字，从攴常改从戈，蓋形近致誤。"

敓① 彊取也。《周書》②曰："敓攘矯虔③。"从攴，兑聲。　徒活切(duó)。

【譯文】敓，强迫奪取。《周書》説："强奪竊取欺詐搶劫。"从攴，兑(duì)聲。

【注釋】① 敓：《段注》："此是'爭敓'正字。後人假奪(奪)爲敓，奪行而敓廢矣。"　②《周書》：指《吕刑》。《段注》："(敓)今《尚書》作奪。此唐天寶衛包所改。"　③ 敓攘矯虔：承培元《引經證例》："彊敓字當以敓爲正也。攘許書本爲揖攘字，然木部槍下'一曰，槍攘'，是亦盗攘義也。矯訓詐，虔訓殺。"

【參證】金文作、。

斁 解①也。从攴，睪聲。《詩》②云："服之無斁。"斁，猒也③。一曰：終也。　羊益切(yì)。

【譯文】斁，解除。从攴，睪聲。《詩經》説："穿了它們不斁棄。"斁，厭惡。另一義説：斁是終止的意思。

【注釋】① 解：《段注》："此(斁)與釋音義同。"故"解"釋爲"解除"。　②《詩》：指《周南·葛覃》。今本原文作"爲絺爲綌，服之無斁"。　③ 斁，猒也：《段注》："此三字釋所引《詩》之'斁'，以別於上文'解'訓。"

【參證】甲文作，金文作、、、。

赦 置①也。从攴，赤聲。䞧，赦或从亦②。　始夜切(shè)。

【譯文】赦，捨棄，放置。从攴，赤聲。䞧，赦的或體，从亦聲。

【注釋】① 置：《段注》："网部曰：'置，赦也。'二字互訓。赦與捨音義同，非專謂赦罪也。後捨行而赦廢，赦專爲赦罪矣。"　② 从亦：亦、赤上古同屬鐸部。

【參證】金文作，同《説文》或體。

攸 行水①也。从攴，从人②，水省。，秦刻石繹山文攸字如此。　以周切(yōu)。

【譯文】攸，使水平穩地流行。由攴、由人、由水字的省略會意。汥，秦刻石繹山文中的攸字象這個樣子。

【注釋】① 行水：《段注》："戴侗曰：唐本作'水行攸攸也'，其中从。按當作'行水攸攸也'。行水順其性則安流攸攸而入於海。" ② 从攴，从人：《段注》："攴，取引導之意。人，謂引導者。"按：从攴从人从水，會合"人引導水平安流過"之意。

【參證】甲文作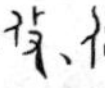，金文作、。林義光《文源》卷六："(《説文》)以丨爲水省，不顯。古作、作，从攴从人，即修之古文，飾也。象手持物形，人，所飾者也。或作、作、作、作，从彡，彡飾也。或作，省从丨。《説文》云：'修，飾也。从彡，攸聲。'按，攸字古或从彡，不得復加彡作修，修蓋攸字之譌。"姑備一説。參"修"條。

① 撫②也。从攴，亡聲③。讀與撫同。 芳武切(fǔ)。

攼 【譯文】攼，撫摩。从攴，亡聲。音讀與"撫"字同。

【注釋】① 攼：徐鍇《繫傳》："《尚書》古文撫，或如此。" ② 撫：王筠《釋例》："是以重文作注，兼作音也。" ③ 亡聲：亡、無上古同屬明母，魚陽對轉。

 撫也。从攴，米聲①。《周書》②曰："亦未克敉公功③。"讀

敉 若弭。侎，敉或从人。 緜婢切(mǐ)。

【譯文】敉，安撫。从攴，米聲。《周書》説："也未能撫慰您周公的大功。"音讀象"弭"字。侎，敉的或體，从人。

【注釋】① 米聲：聲中有義。米取糧食義。手中有糧，心裏不慌；民以食爲天。从攴从米，會合持握儲存糧食，心裏得到撫慰之意。 ②《周書》：指《洛誥》。 ③ 亦未句：孔安國傳："亦未能撫順公之大功。"克，能。

【參證】金文作。从尸，米聲。古尸、人通用，與《説文》或體"侎"形近。容庚《善齋彝器圖録·陳侯因資錞》："敉義當如繼。"

① 侮也。从攴，从易，易亦聲。 以豉切(yì)。

敡 【譯文】敡，輕侮。由攴、由易會意，易也表聲。

【注釋】① 敡：徐鍇《繫傳》："輕易(輕視)之也。"朱駿聲《通訓定聲》："經傳皆以易爲之。"

[①]　戾也。从攴，韋聲[②]。　羽非切(wéi)。

韍　【譯文】韍，乖戾違背。从攴，韋聲。

【注釋】① 韍：朱駿聲《通訓定聲》："當爲韋之或體。因韋爲皮革義所專，復製此字。"　② 韋聲：聲中有義。本書"韋"下："相背也。"

　怒也；詆也。一曰：誰何也。[①]从攴，𦎫聲。　都昆切(dūn)。又，丁回切(duī)。

敦　【譯文】敦，惱怒；詆毀。另一義説：敦是呵責的意思。从攴，𦎫(chún)聲。

【注釋】① 怒也三句：《段注》："皆責問之意。""此字本義訓責問，故从攴。"誰何，猶譙呵。《史記・衛綰傳》"不譙呵綰"，《索隱》曰："譙呵者，責讓也。"

【參證】甲文作，金文作、。𦎫，隸作享，與亯之隸無别。孰、諄、鶉、惇都从𦎫，不从亯。

　朋侵[①]也。从攴，从羣[②]，羣亦聲。　渠云切(qún)。

䞃　【譯文】䞃，羣行攻侵。由攴、由羣會意，羣也表聲。

【注釋】① 朋侵：徐鍇《繫傳》："史云'羣盜'，此意也。"　② 从攴，从羣：《段注》："羣，朋也。攴，侵也。"

　毁也。从攴貝。敗、賊[①]皆从貝會意。[②]，籀文敗从賏。薄邁切(bài)。

敗　【譯文】敗，毁壞。由攴、貝會意。敗、賊都从貝會意。𣀘，籀文敗，从賏。

【注釋】① 賊：《段注》："戈部云：'賊，从戈，則聲。'與此不合。"

② 𣀘：桂馥《義證》："从'賏'者非'頸飾'之賏，當爲員。"籀文多重文，故貝又作員。

【參證】甲文作、，金文作、。甲文或从鼎从攴，或从貝从攴，取象不同，其義一也。馬叙倫《六書疏證》卷六："毁，缺也；壞，敗也；缺，器破也。是敗爲擊破之義，古今从攴而訓毁也。"

　煩[①]也。从攴，从𤔔，𤔔亦聲。　郎段切(luàn)。

敿　【譯文】敿，煩亂。由攴、由𤔔(luàn)會意，𤔔也表聲。

【注釋】① 煩：《段注》："煩，熱頭痛也。引申爲煩亂。按𢿢與𠬪部𤔔、乙部亂、言部䜌音義皆同。煩曰𢿢，治其煩亦曰亂也。"此相反相成、美惡不嫌同辭之例。朱駿聲《通訓定聲》："經傳皆以亂爲之。"

寇[①] 暴也。从攴，从完[②]。　苦候切(kòu)。

【譯文】寇，暴亂。由攴、由完會意。

【注釋】① 寇：《左傳·文公七年》："兵作於内爲亂，於外爲寇。"　② 从攴，从完：攴，攴打，摧殘；完，完固。《子華子》："古之製字者，能固其元，爲完具之完；殘其所固，爲寇賊之寇。"

【參證】金文作𡨥、𡨥。林義光《文源》："象人在宀下，或(有人)攴擊之之形。"宀下之人是室中主人，是被寇者；背後手持兇器者乃外來强行闖入之寇手。

𢻃 刺[①]也。从攴，蚩聲。　豬几切(zhǐ)。

【譯文】𢻃，刺。从攴，蚩(chī)聲。

【注釋】① 刺：《段注》："刺，各本作'刺'。今按𢻃與㩼(zhì)雙聲。定作刺。"

敷[①] 閉也。从攴，度聲。讀若杜。𠝤[②]，敷或从刀。　徒古切(dù)。

【譯文】敷，閉塞。从攴，度聲。音讀象"杜"字。𠝤，敷的或體，从刀。

【注釋】① 敷：徐鍇《繫傳》："今借杜字。"　② 𠝤：《段注》："刀部'𠝤，判也'，則此當删。"

敜 塞也。从攴，念聲。《周書》[①]曰："敜乃穽[②]。"　奴叶切(niè)。

【譯文】敜，閉塞。从攴，念聲。《周書》説："填塞你們捕獸的陷阱。"

【注釋】①《周書》：指《費誓》。　② 穽：孔安國傳："穽，穿地陷獸，當以土窒敜(同義複合，填塞)之。"

斁 斁盡[①]也。从攴，畢聲[②]。　毕吉切(bì)。

【譯文】斁：終盡。从攴，畢聲。

【注釋】① 斁盡：同義複詞。《段注》："事畢之字當作此。畢行而斁廢矣。畢，田網也。" ② 畢聲：聲中有義。田網所罩，捕捉無餘。有全、完、盡、終諸義。參"畢"條。

【參證】甲文作，金文作。戴家祥《金文大字典》："斁的本字爲畢，象田網之形。由網羅引申出盡義，爲了從字形上表示引申義，添加表示網羅這一動作的偏旁攴。"

 捕[①]也。从攴，丩聲[②]。 式州切(shōu)。

收 【譯文】收，逮捕。从攴，丩(jiū)聲。

【注釋】① 捕：捕取罪人。引申爲收取、收斂。 ② 丩聲：聲中有義。象藤蔓交結之形，引申爲凡纏繞之稱。舊時捕取罪人常用繩索捆綁，似纏繞糾繚之象。

[①] 擊鼓也。从攴[②]，从壴[③]，壴亦聲。 公户切(gǔ)。

鼓 【譯文】鼓，擊鼓。由攴、由壴(zhù)會意，壴也表聲。

【注釋】① 鼓：徐灝《段注箋》："擊鼓謂之鼓，因之，凡有所考擊，亦皆謂之鼓。此實字虚用之例。不必以从攴、从壴者爲擊鼓，从支、从壴者爲鐘鼓也。"參"鼓"條。 ② 从攴：《段注》："攴者，擊。"

③ 从壴：徐鍇《繫傳》："壴，陳樂也。"即鼓之象形初文。

【參證】甲文作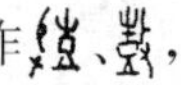，金文作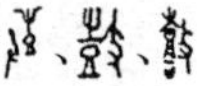。唐蘭《殷虚文字記》："金文'鼓'字，或从支，或从攴，殊無别。卜辭則有从'攴'从'殳'二體。蓋古文字凡象以手執物擊之者，从'攴'、'殳'或'支'，固可任意也。壴爲鼓之正字，爲名詞；鼓、鼓、嗀爲擊鼓之正字，爲動詞。《説文》既以鼓爲名詞之鼓，遂以鼓專動詞。"

 敂[①]也。从攴，丂聲。 苦浩切(kǎo)。

攷 【譯文】攷，叩擊。从攴，丂(kǎo)聲。

【注釋】① 敂(kòu)：擊。

 擊也。从攴，句聲。讀若扣[①]。 苦候切(kòu)。

敂 【譯文】敂，敲擊。从攴，句聲。音讀象"扣"字。

【注釋】① 讀若扣：《段注》："自扣、叩行而敂廢矣。手部：'扣，牽馬也。'無叩字。"

攻 擊也①。从攴，工聲。 古洪切(gōng)。

【譯文】攻，攻擊。从攴，工聲。

【注釋】① 擊也：王筠《句讀》："無論攻城攻敵，攻金攻玉，未有不擊之者，故許君以擊統之。"

【參證】金文作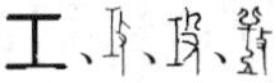。余永梁《殷虛文字考》(《國學論叢》第一卷第一期)引《周禮》："工能攻玉者也。"並説："工、玉二字，古多不分。"孫海波《甲骨金文研究》："攻，治也。从攴，所以錯玉，工亦聲。引申以爲攻擊字。"存參。

敲 橫擿①也。从攴，高聲②。 口交切(qiāo)。

【譯文】敲，橫擊。从攴，高聲。

【注釋】① 橫擿(zhì)：徐鍇《繫傳》："从旁橫擊也。" ② 从攴，高聲：从攴猶从殳。敲、毃是異部重文。橫擊是擊，擊頭也是擊，其義相同。

斀① 擊也。从攴，豕聲。 竹角切(zhuó)。

【譯文】斀，敲擊。从攴，豕聲。

【注釋】① 斀：王筠《句讀》："與椓、豛同字。"

敳 放也。从攴，㞷聲①。 迂往切(wǎng)。

【譯文】敳，放逐。从攴，㞷(huáng)聲。

【注釋】① 㞷聲：聲中有義。義爲由此地到別的地方去。从攴从㞷，是把罪人驅逐到邊遠地方去。參"㞷"、"往"條。

嫠 坼也。从攴①，从厂②。厂之性坼，果孰有味亦坼，故謂之嫠。从未聲③。 許其切(xī)。

【譯文】嫠，裂坼。由攴、由厂會意。山石的厓巖多坼裂，果子成熟很有滋味也坼裂，所以叫作嫠。从未表示讀音。

【注釋】① 从攴：徐鍇《繫傳》："攴，擊取也。" ② 从厂：《段注》："山石之厓巖多坼裂，故从厂。" ③ 从未聲：王筠《句讀》："聲蓋衍文。"《段注》："果孰有味亦坼，故从未。""此合三字(指攴、厂、未)會意。"

【參證】甲文作，金文作。甲文左上是麥，今作"來"；左下是

人。二者表示人負麥，人持麥。李孝定《甲骨文字集釋》："契文象一手持麥、攴擊而取之之形，乃穫麥之象形字。𢽊下小徐曰'攴擊取也'，是也。攴擊所以脱粒，故引申訓'坼'。"來也表聲。參"來"、"𢽊"條。

斀　去陰之刑也。从攴，蜀聲。《周書》[1]曰："刖劓斀黥。"　竹角切(zhuó)。

【譯文】斀，去掉生殖器的刑法。从攴，蜀聲。《周書》説："刖刑、劓刑、宫刑、黥刑。"

【注釋】①《周書》：指《吕刑》。今本"斀"作"椓"。刖(yuè)刑，砍腳；劓(yì)刑，割鼻；黥(qíng)刑，用刀刺刻面額，塗以黑色。

敃　冒[1]也。从攴，昏聲。《周書》[2]曰："敃不畏死。"　眉殞切(mǐn)。

【譯文】敃，冒昧。从攴，昏聲。《周書》説："强横不怕死。"

【注釋】① 冒：王筠《句讀》："蓋冒昧之義。"　②《周書》：指《康誥》。孔傳："敃，强也。"

敔[1]　禁也。一曰：樂器椌楬[2]也，形如木虎[3]。从攴，吾聲。魚舉切(yǔ)。

【譯文】敔，禁禦。另一義説：敔是樂器，是"椌楬"的楬，形狀象木作的伏虎。从攴，吾聲。

【注釋】① 敔：《段注》："敔爲禁禦本字，禦行而敔廢矣。"　② 椌楬(qiāng qià)：敔又名楬，連類而及"椌"。椌，即柷(zhù)，形如漆桶的打擊樂器。徐灝《段注箋》："許云'樂器椌楬'者，謂敔即'樂器椌楬'之'楬'，故下文以'形如木虎'四字分析之。"　③ 形如木虎：《爾雅·釋樂》郭璞注："敔如伏虎，背上有二十七鉏鋙(jū yǔ，櫛齒狀物)，刻以木。"《段注》："敔者所以止樂。"

【參證】金文作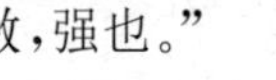。戴家祥《金文大字典》："敔爲禦本字。攻敵曰攻，自防曰敔，毛公鼎'以乃族干吾王身'，干吾即扞敔，敔字作吾，與故作古、政作正、攻作工、敬作茍用例相同。"

敤　研治也。从攴，果聲。舜女弟名敤首[1]。　苦果切(kě)。

【譯文】敤，研治。从攴，果聲。舜的妹妹名叫敤首。

【注釋】① 𢾔首：《漢書・古今人表》："𢾔手，舜妹。"《段注》："首、手古同音通用。"

敜

持[①]也。从攴，金聲。讀若琴。　巨今切(qín)。

【譯文】敜，持。从攴，金聲。音讀象"琴"字。

【注釋】① 持：錢坫《斠詮》："今吴人語以手持物爲敜。"王筠《句讀》："俗作擒。"

㪍

棄也。从攴，𠷎聲。《周書》以爲討[①]。《詩》[②]云："無我㪍兮。"　市流切(chóu)。

【譯文】㪍，拋棄。从攴，𠷎聲。《周書》借用"討"字。《詩經》説："不要拋棄我啊。"

【注釋】①《周書》句：《段注》："此言假借也。今《尚書・周書》中無'討'字。惟《虞書・咎繇謨》云'天討有罪'。疑'周'當作'虞'。"　②《詩》：指《鄭風・遵大路》。㪍，今本作"魗"。

畋

平田也。从攴田[①]。《周書》[②]曰："畋尔田。"　待年切(tián)。

【譯文】畋，平治田地。由攴、田會意。《周書》説："平整好你們的田地。"

【注釋】① 从攴田：王筠《句讀》："田有塊，故攴之。"《段注》："田亦聲。"　②《周書》：指《多方》。

【參證】甲文作、。朱駿聲《通訓定聲》："此(平田)當爲佃字之訓。畋當訓獵也。从攴，田聲。"參"佃"、"甸"條。

改

毅改[①]，大剛卯，以逐鬼魅也。从攴，巳聲。讀若巳。　古亥切(gǎi)。

【譯文】改，毅改，大剛卯，用來驅逐鬼魅。从攴，巳聲。音讀象"巳"字。

【注釋】① 毅(gāi)改：又叫大剛印，是正月卯日製作用以驅邪的佩帶物，故稱"卯"；又因此物常製之以金玉，故稱"剛"。朱駿聲《通訓定聲》："'毅改'亦疊韻連語，以正月卯日作，故曰'剛卯'，或以玉，或以金，佩之辟邪。其度大者長三寸，廣一寸，小者長一寸，廣五分，皆四方，於中央從穿作孔，采絲繫之。文曰：‘正月剛卯既央，靈殳四方，赤青白黄，四色是當，帝令祝融，以教夔龍，庶疫剛癉，莫我敢當。’予家藏小者一枚，文正如此。”參“毅”條。

【參證】甲文作，金文作，均从巳。羅振玉《增訂殷虚契考釋》：“卜辭有从巳之改，無己之改。疑許書之改即攺字，初非有二形也。”李孝定《甲骨文字集釋》第三：“其義則訓更之改。許書改下説解乃漢儀，自非造字本義。”卜辭有字，郭沫若説，是扑作教刑之意，與此字構形同意。、，一字。俗話説：“板子青山竹，不打書不熟。”扑作教刑，令其改變、改進。

[1] 次弟也。从攴，余聲。　徐吕切（xù）。

敘　【譯文】敘，次第。从攴，余聲。

【注釋】① 敘：《段注》：“或假‘序’爲之。”

【參證】甲文作。羅振玉《增訂殷虚書契考釋》：“篆文从攴之字”“古文多从又”。

毀也。从攴，卑聲。　辟米切（bǐ）。

敕　【譯文】敕，搗毀。从攴，卑聲。

敕①也。从攴，兒聲。　五計切（yì/ní）②。

敗　【譯文】敗，搗毀。从攴，兒聲。

【注釋】① 敕：毀。　② 今讀依《廣韻》五稽切。

養牛人也。从攴，从牛①。《詩》②曰：“牧人乃夢。”　莫卜切（mù）。

牧　【譯文】牧，養牛的人。由攴、由牛會意。《詩經》説：“牧人於是做起夢來。”

【注釋】① 从牛：桂馥《義證》：“其爲文也从牛，則牛爲正訓，通於羊豕馬也。”　②《詩》：指《小雅·無羊》。

【參證】甲文作、、、、，金文作、、。羅振玉《增訂殷虚書契考釋》卷中：“或从牛，或从羊，牧人以養牲爲職，不限以牛羊也。諸文或以手執鞭，或更增止以象行牧，或从帚與水以象滌牛。”

敇① 擊馬也。从攴，朿聲。 楚革切(cè)。

【譯文】敇，擊馬。从攴，朿聲。

【注釋】① 敇：《段注》："所以擊馬者曰箠(chuí，鞭子)，亦曰策。以策擊馬曰敇。策專行而敇廢矣。"朱駿聲《通訓定聲》："與从朿之戒敕字、从欠从朿之欶欶字皆迥别。"

⿰算攵① 小舂②也。从攴，算聲。 初絭切(chuàn)③。

【譯文】⿰算攵，稍稍舂擊。从攴，算聲。

【注釋】① ⿰算攵：徐鍇《繫傳》："去小麥皮也。" ② 小舂：《段注》："謂稍舂之。" ③ 今讀依《廣韻》叉萬切。

敼① 觡②田也。从攴③，堯聲。 牽遙切(qiāo)。

【譯文】敼，敲擊田中硬土。从攴，堯聲。

【注釋】① 敼：朱駿聲《通訓定聲》："字从攴，當訓擊(qiào，旁擊也)，與敲略同。" ② 觡(xí)：本書角部："觡，杖耑首也。"即手杖頭。這裏用作動詞。 ③ 从攴：張舜徽《約注》："古代堅地耕後，猶必敲擊其土，使之細碎，以利播種，斯謂之敼，故其字从攴。"

文七十七 重六

教部

教 上所施，下所效也。从攴①，从𡥈②。凡教之屬皆从教。⿰𡥈言③，古文教。⿰爻攵④，亦古文教。 古孝切(jiào)。

【譯文】教，在上位的施教的東西，是在下位的仿效的内容。由攴、由𡥈會意。大凡教的部屬都从教。⿰𡥈言，古文"教"字。⿰爻攵，也是古文"教"字。

【注釋】① 从攴：徐灝《段注箋》："撲作教刑，故从攴。" ② 从𡥈：《段注》："下效，故从𡥈。"王筠《句讀》："𡥈亦聲。"王鳴盛《蛾術編》："𡥈，仿(大徐本作放，即倣)也。學者仿而象之。从子，爻聲。音古肴切。……與孝(xiào)音義俱異。" ③ ⿰𡥈言：《段注》："右从古文言。"徐鍇《繫傳》："以言教之。" ④ ⿰爻攵：《段注》："从攴从爻。"

【參證】甲文作、，金文作、。孫海波《甲骨金文研究》："效也。从子奉爻。長者持攴、督令效習者也。爻聲。……，散盤省子。"按：爻也表交流之意，子指學子。參下"斆"條。

斆 覺悟[①]也。从教[②]，从冖。冖[③]，尚矇也。臼聲。[④]，篆文，斆省。 胡覺切（xué/xiào）[⑤]。

【譯文】斆，覺悟。由教、由冖會意。冖表示還處於矇昧狀態。臼表聲。學是篆文，是斆字的省略。

【注釋】① 覺悟：《白虎通·辟雍》："學之爲言覺也，以覺悟所不知也。" ② 从教：《兑命》教學統名爲學，《段注》："教人謂之學者，學所以自覺，下之效也；教人所以覺人，上之施也。古統謂之學也。"段又説："从教主於覺人。秦以來，去攴作學，主於自覺。" ③ 冖（mì）：《段注》："冖下曰'覆也'。尚童矇，故教而覺之。" ④ 學：《段注》："此爲篆文；則斆，古文也。" ⑤ 今讀依《廣韻》胡教切。

【參證】甲文作、、、，金文作、。古教、學一字。楊樹達《積微居金文説·静設跋》："古人言語施受不分，如買與賣，受與授，糴與糶，本皆一辭，後乃分化耳。教與學文亦然。"其形當作爻。徐中舒《甲骨文字典》卷三："《説文》：'爻，交也。'教與學乃思想之交流，故教从季，季从爻，爻亦效也，放（仿）也。"後爲了强調模仿、學習，又加雙手，作。李孝定《金文詁林讀後記》卷三："（）當爲最早形聲字，从臼，以示學習，爻聲，或衍而爲。……从冖，實爲字增多兩直畫，文字繁變如此者多有，如'六'字初作'∧'，後變爲'介'之類，从冖實無義可説。"後爲了强調督責孩子，又加子加攴。朱芳圃《殷周文字釋叢》卷中："从子即長老傳授、稚子承受之意。或增攴，即《尚書·堯典》所謂'扑作教刑'也。"

文二　重二

卜部

卜 灼剥龜[①]也，象灸龜之形[②]。一曰：象龜兆之從横也。凡卜之屬皆从卜。，古文卜。 博木切（bǔ）。

【譯文】卜，火灼裂龜甲，象火灼龜甲的樣子。一説：象龜甲裂紋縱横之形。大凡卜的部屬都从卜。ㄏ，古文卜字。

【注釋】① 灼剥龜：《段注》："火部：'灼，灸也。'刀部：'剥，裂也。'灼剥者，謂灸而裂之。"　② 象灸龜之形：一豎，象龜，一横象灼火。

【參證】甲文作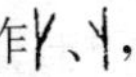，金文作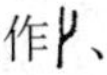。羅振玉《增訂殷虚書契考釋》："象卜之兆。卜兆皆先有直坼而後出歧理，歧理多斜出，或向上，或向下。"

[1] 卦

筮也。从卜[2]，圭聲。　古壞切(guà)。

【譯文】卦，用蓍(shī)草占卦。从卜，圭聲。

【注釋】① 卦：《易緯》："卦者，掛也，言懸掛物象以示於人。"

② 从卜：王筠《句讀》："卦不用龜，然筮短龜長，故以卜統之。"

 叶

卜以問疑也。从口卜[1]。讀與稽同。《書》[2]云"叶疑"。古兮切(jī)。

【譯文】叶，用占卜來問疑難。由口、卜會意。音讀與"稽"字同。《尚書》説："用占卜來決疑。"

【注釋】① 从口卜：《段注》："問疑，故从口。俗作乩。"　②《書》：指《尚書·洪範》。今本作"稽疑"。

【參證】金文作。朱歧祥《殷墟甲骨文字通釋稿》："象卜骨，中刻卜兆，隸作叶。……由卜兆推測事情吉凶。"

 貞

卜問也。从卜，貝以爲贄[1]。一曰：鼎省聲。京房[2]所説。　陟盈切(zhēn)。

【譯文】貞，卜問。从卜，用貝作爲占卜的禮品。一説：(貞，从卜，)鼎省聲。是京房氏的説法。

【注釋】① 贄(zhì)：初次拜見尊長時的禮物。這裏泛指禮物。王筠《句讀》："《小宛》：'握粟出卜。'貧乏無貝也。"是乃"貝以爲贄"之變通。　② 京房：西漢今文《易》學京氏學的創始人，本姓李。京氏學宣揚"天人感應。"

【參證】甲文作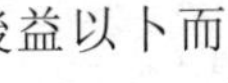，金文作。郭沫若《卜辭通纂考釋》："古乃假鼎爲貞，後益以卜而成鼎字，以鼎爲聲。金文復多假鼎爲鼎。""鼎貝形近，故鼎乃譌變爲貞也。"

𠧪 《易》卦之上體也①。《商書》②："曰貞曰𠧪。"从卜，每聲。荒内切(huì)。

【譯文】𠧪，《易》卦的上體。《商書》説："有下卦，有上卦。"从卜，每聲。

【注釋】①《易》卦句：易卦分上下兩體。下卦爲貞。貞，正也。言下體是其正。上體爲悔，鄭元云："悔之言晦，晦猶終也，言上體是其終也。"悔是𠧪的借字。　②《商書》：指《周書·洪範》。《段注》："疑商係周誤。"曰，語首助詞。𠧪，今本作"悔"。

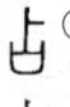

占 ① 視兆②問也。从卜，从口。　職廉切(zhān)。

【譯文】占，察兆問疑。由卜、由口會意。

【注釋】① 占：王筠《句讀》："《春官·占人》注：'占蓍龜之卦兆吉凶。'通言之也。《禮記》：'占兆審卦，吉凶是察。'則別言之。"
② 視兆：王筠《句讀》："此云'視兆'，亦主卜而言。"

【參證】甲文作、、。林義光《文源》："(甲文首字)卜象兆文，从口臨其上。"朱歧祥《殷虛甲骨文字通釋稿》："(甲文二、三字)象卜骨，卜見兆裂紋以問疑也。"孫海波《卜辭文字小記》(《考古學社社刊》第三期)："蓋既卜得兆之後，發問而稽其吉凶也。"唐蘭《殷虛卜辭考釋》："(叶)是先卜而問。""(占)則既卜之問。"

卲 ① 卜問也。从卜，召聲。　市沼切(shào)。

【譯文】卲，卜問。从卜，召聲。

【注釋】① 卲：楊樹達《積微居小學述林·釋卲》："此字經傳未見有用者。"

𠧞 灼龜坼也。从卜，①，象形。，古文兆②省。　治小切(zhào)。

【譯文】𠧞，灼龜甲的裂紋。从卜；，象裂紋形。，古文兆字，是𠧞的省略。

【注釋】① ：《段注》作""。　② 兆：《段注》作"𠧞"，説："古文衹爲象形之字，小篆加卜，非古文減卜也。"今經傳通用"兆"而"𠧞"廢。

【參證】商承祚《説文中之古文考》："卜而後得兆，故篆文从卜，爲會意字。古文象形也。今用古文而𠦪廢矣。”

文八　重二

用部

用　可施行也。从卜，从中[①]。衛宏説。凡用之屬皆从用。，古文用。　余訟切(yòng)。

【譯文】用，可以施行。由卜、由中會意。是衛宏的説法。大凡用的部屬都从用。用，古文用字。

【注釋】① 从卜，从中：饒炯《部首訂》："凡事物可施行者，以無過、無不及爲善，猶俗言合式也。"意謂卜得合式之事則施用之。故从卜从中會意。

【參證】甲文作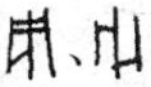，金文作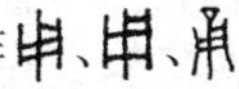。楊樹達《積微居小學述林·釋用》："用者，桶之初文也。""凡可以受物之器皆可名桶。""觀甲文用字之形，皆以三直畫爲幹"，"横畫第示爲飾之横欄。"又《文字初義不屬初形屬後起字考》釋"用、桶"曰："桶可以受一切之物，故引申爲器用之用，又由質而玄，引用爲施用行用之用。""用爲初文，桶爲後起形聲字，用之初義失，由桶字承受而據有之，而用字只爲行用之用矣。"

甫　男子美稱[①]也。从用父[②]，父亦聲。　方矩切(fǔ)。

【譯文】甫，男子的美稱。由用、父會意，父也表聲。

【注釋】① 男子美稱：《段注》："以男子始冠之稱，引申爲始也，又引申爲大也。"　② 从用父：《段注》："可爲人父也。"

【參證】甲文作，金文作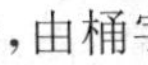。羅振玉《增訂殷虚書契考釋》："()象田中有蔬，乃圃之最初字。後又加口，形已複矣。"

庸　用也。从用，从庚[①]。庚，更事[②]也。《易》[③]曰："先庚三日[④]。"　余封切(yōng)。

【譯文】庸，施行。由用、由庚會意。庚，表示變更其法。《易經》説："先幹三天而後希望變更。"

【注釋】① 从用，从庚：用，行。庚，變更。謂行事能變爲庸。　② 更事：更，變更。變更方法。　③《易》：指《巽卦》九五爻辭。　④ 先庚三日：《段注》："先事而圖更也。"

【參證】甲文作、、，金文作、。裘錫圭《甲骨文中的幾種樂器名稱——釋"庸""豐""鞀"》："庸是鏞的初文"，"从庚用聲"，"甲骨文中'庚'字所从的'’，在古文字裏可以讀爲'同'"，"大概是筒、桶一類東西的象形字"。"'同'、'用'二字古音極近，'同'和'用'的韻母都屬東部，'同'的聲母屬定母，'用'屬喻母四等。這兩類聲母在上古非常接近"。其實，"用"也表義。庚，是有耳可搖之樂器，類似後世的撥浪鼓，此處指打擊的樂器。从庚从用，會意爲桶狀的打擊樂器。鏞是奏樂時表示節拍的大鐘。

葡　具①也。从用，苟省②。　平祕切(bèi)。

【譯文】葡，齊備。由用、由苟省去口會意。

【注釋】① 具：全、備。　② 苟(jí)省：徐鍇《繫傳》："苟音亟，急則備也，會意。"

【參證】甲文作、，金文作、、、、。羅振玉《增訂殷虚書契考釋》："其字本象箙形，中或盛一矢、二矢、三矢。""乃由轉寫而爲，由又轉譌而爲葡、爲犕，又由犕而通假作服，又加竹而爲箙。"箙是盛矢器。或木製，或竹製，或革製；或方狀，或囊狀。

甯　所願①也。从用，寧省聲。　乃定切(nìng)。

【譯文】甯，甯願。从用，寧省去"罒"爲聲。

【注釋】① 所願：《段注》："此與丂部'寧'音義皆同。許意寧爲願詞，甯爲所願，略區别耳。"《段注》的意思是，寧是虚詞，甯是動詞。後世合而爲一。

文五　重一

爻部

爻　交也。象《易》六爻頭交也①。凡爻之屬皆从爻。　胡茅切(yáo)。

【譯文】爻，交錯。象《易》卦六爻相交。大凡爻的部屬都从爻。

【注釋】① 象《易》句：徐灝《段注箋》："交者交錯之義。六爻爲重體，故作重乂象之。"

【參證】甲文作，金文作。

[1] 棥　藩也。从爻[2]，从林。《詩》[3]曰："營營青蠅，止于棥。"　附袁切(fán)。

【譯文】棥，藩籬。由爻、由林會意。《詩經》説："營營叫着的蒼蠅，止息在籬笆上。"

【注釋】① 棥：今俗所謂籬笆。實即藩字的古文。今作"樊"。

② 从爻：朱駿聲《通訓定聲》："爻象交午之形。"　③《詩》：指《小雅·青蠅》。

【參證】金文作。王筠《釋例》就篆文字形説："从爻在林中者，本非林也。……棥从爻，爻非卦爻，木與木相連，其間必有罅隙，故爻在二木中。"西人宅院四周，種植女貞樹，芟剪成矮垣，葉葉相覆蓋，枝枝相交通，豈非棥之一象乎？

文二

㸚部

 㸚　二爻[1]也。凡㸚之屬皆从㸚。　力几切(lǐ)。

【譯文】㸚，二爻交錯。大凡㸚的部屬都从㸚。

【注釋】① 二爻：《段注》："二爻者，交之廣也。以形爲義。故下不云从二爻。"

【參證】徐灝《段注箋》："疑象門户疏窗之形。非卦爻字義。"楊樹達《積微居小學述林·釋㸚》："㸚字象窗牖交文之形。"

 爾　麗爾，猶靡麗[1]也。从冂[2]，从㸚，其孔㸚，尒聲。此與爽同意[3]。　兒氏切(ěr)。

【譯文】爾，麗爾，猶如説空明。由冂、由㸚會意，㸚表示孔格疏朗，尒聲。爾與爽都从㸚，構形之意相同。

【注釋】① 麗爾，猶靡麗：《段注》："麗爾，古語；靡麗，漢人語。以今語釋古語，故云'猶'。"姚文田、嚴可均《校議》："'靡麗'當作'麗廔'。"麗廔蓋空明疏朗之意。　② 从冂：楊樹達《積微居小學述林·釋㸚》："爾从冂者，窗牖之外匡，㸚其交文，交文之間則孔也。"　③ 此與句：謂皆从㸚而同訓明。

【參證】甲文作，金文作、、。林義光《文源》："實檷之古文，絡絲架也。象形。下象絲之糾繞。"存參。

爽　明也。从㸚，从大[①]。[②]，篆文爽。　疏兩切(shuǎng)。

【譯文】爽，明亮。由㸚、由大會意。𤕤，篆文爽字。

【注釋】① 从㸚，从大：㸚象窗牖之交文，交文寬大，故爽明。
② 𤕤：朱駿聲《通訓定聲》："从夰从㸚。"王筠《句讀》："夰，放也。於爽意亦自有合。"夰，放大，張大，與明亮義相因。

【參證】甲文作、、，金文作。于省吾《雙劍誃殷契駢枝·釋爽》："象人左右腋下有火，取光顯之義，故古籍爽之通詁多訓明；明之至而差生焉，故亦訓爲差次。""其从、、、、者，與變而从，迹尤相銜。"湖湘間每逢元宵龍燈花鼓之際，常有人玩流星之戲。以一繩之兩端繫燃燒之炭火，兩手持繩，當未舞動之時，恰是爽字腋下有火之象。

文三　重一

卷七

旻部

旻 舉目使人也。从攴,从目[①]。凡旻之屬皆从旻。讀若颭。火劣切(xuè)。

【譯文】旻,抬起眼睛支使别人。由攴、由目會意。大凡旻的部屬都从旻。音讀象“颭”(xuè)字。

【注釋】① 从攴,从目:義爲舉目,故从目。又爲使人,故从攴。《段注》作“从攴目”,釋爲“動其目”,攴是動,是支使。

【參證】甲文作,金文作。羅振玉《增訂殷虚書契考釋》:“卜辭旻从,即攴字。”

夐 營求也。从旻,从人在穴上[①]。《商書》[②]曰:“高宗夢得説,使百工夐求,得之傅巖。”巖,穴也。 朽正切(xiòng/xuàn)[③]。

【譯文】夐,營求。由旻、由“人”在“穴”上會意。《商書》説:“高宗在夢中發現了傅説,使百官去設法尋找,在傅巖那兒找到了他。”巖,就是穴。

【注釋】① 从旻,从人在穴上:孔廣居《疑疑》:“夐訓營求,有尋隙覓閒意,故从人在穴上。目以審察之,攴以指使之,皆營求意也。”

②《商書》:指《説命上》書序文。今本原文作“高宗夢得説,使百工營求諸野,得諸傅巖”。傅巖,傅説所隱之處。 ③ 今讀依《廣韻》許縣切。

闅 低目視也。从旻,門聲。弘農湖縣有闅鄉[①],汝南西平有闅亭[②]。 無分切(wén)。

【譯文】闅,低着眼睛看。从旻,門聲。弘農湖縣有闅鄉,汝南郡西平縣有闅亭。

【注釋】① 闅鄉：漢代鄉名，今屬河南省靈寶縣。今作閿。　② 闅亭：王筠《句讀》："許君同郡之亭，故及之。"按：《漢書·地理志》有汝南郡西平縣。

 夐　大視也。从大旻。讀若繘。　況晚切(xuǎn/quán)[①]。

【譯文】夐，睜大眼睛看。由大、旻會意。音讀象"繘"(quán)字。

【注釋】① 今讀依《廣韻》巨員切。

文四

目部

[①] 目　人眼。象形。重[②]，童子[③]也。凡目之屬皆从目。[④]，古文目。　莫六切(mù)。

【譯文】目，人的眼睛。象形。(眶内的)重畫 =，表示瞳仁。大凡目的部屬都从目。圄，古文"目"字。

【注釋】① 目：徐灝《段注箋》："考阮氏鐘鼎款識目父癸爵作，象形，絶肖。小篆从古文變耳。目篆本横體，因合於偏旁而易横爲直。如睘罘等字則不改也。"　② 重(chóng)：《段注》："嫌人不解 =，故釋之曰：'重，其童子也。'"　③ 童子：童猶瞳。子，《段注》："子，小稱也。主謂其精明者也。"故童子譯爲"瞳仁"。　④ 圄：《段注》引江沅："外象匡，内象䞓目。"

【參證】甲文作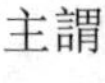、，金文作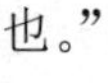。甲文次字與古文相類。

 眼　目[①]也。从目，皀聲。　五限切(yǎn)。

【譯文】眼，眼睛。从目，皀聲。

【注釋】① 目：徐灝《段注箋》："戴氏侗曰：眼，目中黑白也。……合黑白與匡謂之目。"《釋名》："眼，限也。瞳子限限而出也。"眼是眼眶裏面的部分，目包括眼瞼睫毛即眼眶。故眼可引申爲孔洞、窟窿。泛指時目、眼同義。

 矈　兒初生瞥者[①]。从目，睘聲。　邦免切(biǎn)。

【譯文】矈，小兒剛生時眼瞼遮蔽眼睛。从目，睘聲。

【注釋】① 兒初生句：王筠《句讀》："瞥，目翳也。案：翳非病翳，乃瞼蔽其睛也。故老云：兒生三日後乃張目。”

目無常主也[①]。从目，玄聲[②]。　黄絢切(xuàn)。

眩　【譯文】眩，眼睛(昏花)，(視物搖晃)不定。从目，玄聲。

【注釋】① 目無句：《釋名・釋疾病》：“眩，縣(xuán)也，目視動亂，如縣物搖搖然不定也。”常主，猶言固定的目標。　② 玄聲：聲中有義。林義光《文源》：“(金文玄)象絲形，本義當爲懸。”參“玄”條。

目匡也。从目，此聲。　在詣切(zì)。

眥　【譯文】眥，眼眶。从目，此聲。

目旁毛也。从目，夾聲[①]。　子葉切(jié)。

睞　【譯文】睞，眼睛旁邊的睫毛。从目，夾聲。

【注釋】① 夾聲：聲中有義。“夾”表示處在上下之間的意思。參“夾”條。从目从夾，即眼睛上下的睫毛。許説“旁”，“旁”猶上下也。馬敘倫《六書疏證》卷七：“杭州謂眼匡上毛爲眼睞毛”，“語原與夾同”。

盧童子[①]也。从目，縣聲[②]。　胡畎切(xuàn)。

矎　【譯文】矎，黑色的瞳仁。从目，縣聲。

【注釋】① 盧童子：徐鍇《繫傳》：“盧，黑也。眼中黑子也。”
② 縣聲：聲中有義。楊樹達《增訂積微居小學金石論叢・釋矎瞦》：“縣(懸)之爲言玄也。……玄者，黑也。盧童子色黑，故既名曰盧，又名曰矎矣。”按：玄、懸古音同，二字古通。

目童子精[①]也。从目，喜聲。讀若禧。　許其切(xī)。

瞦　【譯文】瞦，眼睛瞳仁中的精神。从目，喜聲。音讀象“禧”字。

【注釋】① 童子精：王筠《句讀》：“‘童子精’者，謂童子中之精神也。”《靈樞經・大惑論》：“五藏六府之精氣皆上注於目爲之精。”精神即精光。《段注》：“精謂精光。俗作睛。”

目旁薄緻宀宀也[①]。从目，㝠聲。　武延切(mián)。

矈　【譯文】矈，眼睛上邊，眼瞼摺疊，密緻緜緜。从目，㝠聲。

【注釋】① 目旁句：洪頤煊《讀書叢録》：“矈，即俗所謂眼檐。”馬敘倫《六書疏證》卷七：“今誸謂之眼皮。”薄緻，同義連用。薄，草木叢生之地,引申爲密。緻也是密。宀宀(mián),《段注》:"微密之皃。"

䀙 大目也。从目,非聲。 芳微切(fēi)。

【譯文】䀙,大眼睛。从目,非聲。

睍 大目也。从目,臤聲。 侯簡切(xiàn)。

【譯文】睍,大眼睛。从目,臤聲。

睅 大目也。从目,旱聲。睆[1],睅或从完[2]。 户版切(huǎn/hàn)[3]。

【譯文】睅,大眼睛。从目,旱聲。睆,睅的或體,从完聲。

【注釋】① 睆:鈕樹玉《校録》:"大徐新修十九文也,偏旁有之。" ② 从完:朱駿聲《通訓定聲》:"完聲。" ③ 今讀依《集韻》下罕切。

暖 大目也。从目,爰聲。 況晚切(xuǎn/xuān)[1]。

【譯文】暖,大眼睛。从目,爰聲。

【注釋】① 今讀依《廣韻》況袁切。

𥈈[1] 平目[2]也。从目,㒼聲。 母官切(mán)。

【譯文】𥈈,使眼瞼低平。从目,㒼聲。

【注釋】① 𥈈:《段注》:"今俗借爲欺謾字。" ② 平目:徐鍇《繫傳》:"目瞼低也。"

睴 大目出[1]也。从目,軍聲。 古鈍切(gùn)。

【譯文】睴,大眼突出。从目,軍聲。

【注釋】① 大目出:《段注》:"目本大而又出其目也。"

䁅 目䁅䁅[1]也。从目,䜌聲。 武版切(mǎn)。

【譯文】䁅,眼睛䁅䁅而視的樣子。从目,䜌聲。

【注釋】① 目䁅䁅:《廣韻·潸韻》:"䁅,視貌。"

睔 目大[1]也。从目侖[2]。《春秋傳》[3]有鄭伯睔[4]。 古本切(gǔn/gùn)[5]。

【譯文】睔,眼睛圓大。由目、侖會意。《春秋左傳》上有人名"鄭睔"。

【注釋】① 目大:《六書故·人三》:"睔,目圜大也。" ② 从目侖:

《詩·魏風·伐檀》:"河水清且淪猗。"傳曰:"小風水成文,轉如輪也。"輪、淪有圓義,侖也有圓義。侖也表聲,段、桂、王、朱均作"侖聲"。　③《春秋傳》:指《左傳·襄公二年》。　④ 鄭伯睔:即鄭成公。　⑤ 今讀依《廣韻》古困切。

盼　《詩》[1]曰:"美目盼[2]兮。"从目,分聲[3]。　匹莧切(pàn)。

【譯文】盼,《詩經》説:"美目(流轉),眼珠兒黑白分明啊。"从目,分聲。

【注釋】①《詩》:指《衛風·碩人》。　② 盼:毛傳:"白黑分。"　③ 分聲:聲中有義。分取分明義。參"分"條。

盱　目多白也。一曰:張目[1]也。从目,干聲。　古旱切(gǎn/gàn)[2]。

【譯文】盱,眼睛露出許多眼白。另一義説:張開眼睛。从目,干聲。

【注釋】① 張目:張目則多白。二義相成。　② 今讀依《廣韻》古案切。

眅　多白眼也。从目,反聲。《春秋傳》[1]曰:"鄭游眅,字子明[2]。"　普班切(pān)。

【譯文】眅,多露白眼。从目,反聲。《春秋左傳》説:"鄭國游眅,字子明。"

【注釋】①《春秋傳》:指《左傳·襄公二十二年》。　② 字子明:承培元《引經證例》:"多白眼則欠明,以明爲字。古人名字多反應也。"

晛　出目[1]也。从目,見聲[2]。　胡典切(xiàn)。

【譯文】晛,眼睛突出的樣子。从目,見聲。

【注釋】① 出目:《段注》作"目出皃也",注:"依玄應訂。"　② 見(xiàn)聲:聲中有義。見,顯現。从目从見,即眼珠子顯現出來。

矔　目多精[1]也。从目,雚聲。益州謂瞋目曰矔[2]。　古玩切(guàn)。

【譯文】矔,眼睛大放精光。从目,雚聲。益州之地怒睜其目叫矔。

【注釋】① 目多精:《段注》:"矔之言灌注也。"按:全神灌注,故目多精。　② 益州句:《方言》卷六:"梁益之間瞋目曰矔。"《段注》:

“此别一義。”

瞵 目精也。从目，粦聲。　力珍切(lín)。

【譯文】瞵，眼睛放精光。从目，粦聲。

窅 深目也。从穴中目。　烏皎切(yǎo)。

【譯文】窅，深陷的眼睛。由“穴”中“目”會意。

【參證】林義光《文源》卷六：“深陷也。象穴中窮目所及形。俗字作凹。”

眊 目少精[①]也。从目，毛聲。《虞書》耄字(从)［如］此[②]。　亡報切(mào)。

【譯文】眊，眼睛缺少精光。从目，毛聲。《虞書》“耄”字寫作這個樣子。

【注釋】① 目少精：《孟子・離婁上》“眸子眊焉”，趙岐注：“眊者，蒙蒙目不明之貌。”　②《虞書》句：《虞書》當作《周書》，見《吕刑》。王筠《釋例》：“从當作如。”《句讀》引《戰國策》鮑注：“旄、眊、耄，字通，竝昏也。”

矘 目無精直視也。从目，黨聲。　他朗切(tǎng)。

【譯文】矘，眼睛沒有精神而茫然直視。从目，黨聲。

睒 暫視皃。从目，炎聲。讀若白蓋謂之苫相似[①]。　失冉切(shǎn)。

【譯文】睒，突然張開眼睛看看的樣子。从目，炎聲。音讀與“白蓋謂之苫”的“苫(shān)”相似。

【注釋】① 白蓋句：《爾雅・釋器》文。郭璞注：“白茅苫也，今江東呼爲蓋。”葉德輝《讀若考》：“占、炎古音同。如淡作澹，澹傍之詹又作占，故睒讀若苫。”

眮 吴楚謂瞋目、顧視曰眮[①]。从目，同聲。　徒弄切(dòng)。

【譯文】眮，吴楚之地叫睜目、顧視作眮。从目，同聲。

【注釋】① 吴楚句：《段注》：“瞋目、顧視是二事。”

眡 直視也。从目，必聲。讀若《詩》[①]云：“泌彼泉水。”　兵媚切(bì)。

【譯文】眡，目不轉睛地看。从目，必聲。音讀象《詩經》説的“泌彼泉水”的“泌”字。

【注釋】①《詩》：指《邶風・泉水》。今本作“毖”。泌，泉水始出貌。

瞴 瞴婁①，微②視也。从目，無聲。 莫浮切(móu)。

【譯文】瞴，瞴婁，悄悄看一下。从目，無聲。

【注釋】① 瞴婁：疊韻聯緜字。 ② 微：隱匿，引申爲暗暗、悄悄。故徐鍇《繫傳》説：“瞴，微視，媚也。”

【參證】馬敘倫《六書疏證》卷七：“此即媚視之本字。”

䀘 蔽人視①也。从目，幵聲。讀若攜手。一曰：直視也。⿱幵目，䀘目或在下。 [户圭切(xié)。]又，苦兮切(qī)②。

【譯文】䀘，遮蔽别人而視。从目，幵(jiān)聲。音讀象“攜手”的“攜”字。另一義説，䀘是目不轉睛地看。⿱幵目，䀘的“目”旁有時寫在字的下部。

【注釋】① 蔽人視：徐鍇《繫傳》：“映(遮蔽)人而視也。”承培元《廣答問疏證》：“蔽人視，不令人見其視也。” ② 此云“又”，則上脱一音。《玉篇》有“去倪”、“胡圭”二切。胡圭切，今《廣韻》作户圭切。讀音當依此。

睌 睌睯①，目視②皃。从目，免聲。 武限切(mǎn)。

【譯文】睌，睌睯，直視的樣子。从目，免聲。

【注釋】① 睌睯(xiàn)：聯緜字。 ② 目視：桂馥《義證》：“‘目視’當爲‘直視’。《廣韻》：‘睌睯，無畏視也。’”

眂 眂皃①。从目，氏聲。 承旨切(shì)。

【譯文】眂，看的樣子。从目，氏聲。

【注釋】① 眂皃：徐鍇《繫傳》作“視皃也”，注云：“此又古文視字。”參“視”條。

【參證】甲文作，金文作、、、、。隸定作眂，又作昏。楊樹達《積微居金文説・鼒鼎跋》：“昏字上从氏，下从目。”馬融《長笛賦》：“特麚昏髟。”

睨① 衺視也。从目，兒聲。 研計切(nì)。

【譯文】睨，斜着眼睛看。从目，兒聲。

【注釋】① 睨：徐灝《段注箋》：“見部覞音義同。”

䁋　低目視①也。从目，冒聲②。《周書》③曰："武王惟䁋。"亡保切(mǎo/mào)④。

【譯文】䁋，低着眼睛看。从目，冒聲。《周書》說："武王只是低着眼睛看。"

【注釋】① 低目視：《集韻·号韻》："俯目細視謂之䁋。"　② 冒聲：聲中有義，見下注。　③《周書》：指《君奭篇》。今本《尚書》"䁋"作"冒"。徐灝《段注箋》："䁋即冒字相承增偏旁。"柳榮宗《引經考異》："冒下曰：'冡而前也。从冃(mào)从目，冡覆也。'故冒引申之義爲覆。䁋爲低目視，亦覆意也。"　④ 今讀依《廣韻》莫報切。

眓　視高皃。从目，戉聲。讀若《詩》①曰"施罛②濊濊③"。呼哲切(huò)④。

【譯文】眓，高視的樣子。从目，戉(yuè)聲。音讀象《詩經》說的"施罛濊濊"的"濊"字。

【注釋】①《詩》：指《衛風·碩人》。　② 施罛(gū)：撒網。　③ 濊濊(huò)：撒網聲。　④ 今讀依《廣韻》呼括切。

眈　視近而志遠①。从目，冘聲。《易》②曰："虎視眈眈。"丁含切(dān)。

【譯文】眈，視綫近而意志深遠。从目，冘聲。《易經》說："虎視眈眈。"

【注釋】① 視近句：《段注》："謂其意深沉也。"　②《易》：指《頤卦》文。眈眈，今本作"耽耽"。

䀽　相顧視而行也。从目，从延①，延亦聲。于線切(yàn/yán)②。

【譯文】䀽，一邊看，一邊行走。由目、由延會意，延也表聲。

【注釋】① 从目，从延(chān)：延，緩步而行。从目从延，會邊行邊顧之意。　② 今讀依《廣韻》以然切。

盱　張目①也。从目，于聲②。一曰：朝鮮謂盧童子曰盱③。况于切(xū)。

【譯文】盱，張大眼睛。从目，于聲。另一義說：朝鮮叫黑色的瞳仁作盱。

【注釋】① 張目：《段注》："《釋詁》：'盱，憂也。'此引申之義。凡憂者亦有張目直視者也。""(《詩》)鄭箋盱爲病，又憂之引申之義。" ② 于聲：聲中有義。"于"取大義。《段注》"芋"下："凡于聲字多訓大。"从目从于，謂大其目，即張大眼睛。參"芋"條。　③ 朝鮮句：見《方言》卷二。

【參證】金文作。

瞏 目驚視也。从目，袁聲。《詩》[1]曰："獨行瞏瞏[2]。"　渠營切(qióng)。

【譯文】瞏，眼睛驚訝地看。从目，袁聲。《詩經》説："獨自行走，無所依託。"

【注釋】①《詩》：指《唐風·杕杜》。　② 瞏瞏：桂馥《義證》："《傳》云：'瞏瞏，無所依也。'陳啟源曰：'無依之人多徬徨驚顧。'"今本《詩經》作"睘"。

【參證】金文作、、、。郭沫若《金文叢考·釋䒞》："睘(金文首字)即玉環之初文，象衣之當胸處有環也。从目，示人首所在之處。小篆誤作。"戴家祥《金文大字典》："《唐韻》環、還俱讀'户關切'，匣母元部，瞏讀'渠營切'，羣母耕部，聲韻俱遠，與非一字也。"疑莫能定，備以待考。

䁪 視而止也。从目，亶聲。　旨善切(zhǎn)。

【譯文】䁪，看一下就停止。从目，亶聲。

䀛 目冥遠視也[1]。从目，勿聲。一曰：久也[2]。一曰：旦明[3]也。　莫佩切(mèi)。

【譯文】䀛，眼睛瞑眯着向遠處看。从目，勿聲。另一義説：䀛，久久地看。又另一義説：䀛，黎明。

【注釋】① 目冥句：《段注》："'冥'當作'瞑'，目雖合而能遠視也。" ② 久也：《段注》依《廣韻》作"久視也"。　③ 旦明：䀛假借爲"昒"，故有"旦明"義。

眕[1] 目有所恨而止也。从目，㐱聲。　之忍切(zhěn)。

【譯文】眕，眼有所怨恨遺憾卻能抑止自己。从目，㐱聲。

【注釋】① 眕：王筠《句讀》："《釋言》：'眕，重也。'案：重者，不敢輕舉妄動也。與止義合。”

瞟[1]　瞭也。从目，票聲。　敷沼切(piǎo)。

【譯文】瞟，察視。从目，票聲。

【注釋】① 瞟：《段注》：“今江蘇俗謂以目伺察曰瞟。音如飄，上聲。”

【參證】馬敘倫《六書疏證》卷七：“朱駿聲曰：今常州人俗語有所省視曰瞟瞟。……倫按：……今杭縣有瞟一眼之語，乃謂略視一過。”

瞭　察也。从目，祭聲。　戚細切(qì)。

【譯文】瞭，察看。从目，祭聲。

睹　見也。从目，者聲[1]。覩，古文从見。　當古切(dǔ)。

【譯文】睹，看見。从目，者聲。覩，古文睹，从見。

【注釋】① 者聲：聲中有義。本書“者”下：“別事詞也。”者，取區別義。从目从者，謂看而能區別清楚，故譯爲“看見”。參“者”條。

眔　目相及也。从目，从隶省[1]。　徒合切(dà)。

【譯文】眔，眼光觸及到某事物。由目、由隶省會意。

【注釋】① 从目，从隶省：朱駿聲《通訓定聲》：“以目尾其後，猶《孟子》之施从而瞯也。”隶，从又从尾省，及也。

【參證】甲文作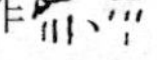，金文作。徐中舒《甲骨文字典》卷四：“象目垂涕之形，郭沫若謂當係涕之古字(《金文叢考》)，其說可從。卜辭借爲與及之義，至《說文》乃分爲眔臮(jì)二字。眔字篆文與甲骨文略同，……‘目相及’亦借義，……臮字篆文作，乃字形之譌。”

睽　目不相聽[1]也。从目，癸聲。　苦圭切(kuí)。

【譯文】睽，眼不相順從。从目，癸聲。

【注釋】① 聽：《段注》：“聽猶順也。”“人部傒即睽。”

【參證】金文作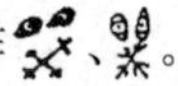。高田忠周《古籀篇》卷三十二：“傒、睽皆一義之轉，實當同字，其義主於目，作睽爲正字無疑。”金文隸作𥈻，从䀠，癸聲。金文兩目，酷象對子眼，因而目不相順從。後簡化爲一目，後又以人代之。

眜　目不明也。从目，末聲[1]。　莫撥切(mò)。

【譯文】眜，眼睛不明亮。从目，末聲。

【注釋】① 末聲：馬敘倫《六書疏證》卷七："古書未、末二字每通用。""眛、昧亦一字也。"參"昧"條。

瞥 轉目視[1]也。从目，般聲[2]。 薄官切(pán)。

瞥 【譯文】瞥，轉目察看。从目，般聲。

【注釋】① 轉目視：王筠《句讀》："吾鄉之恆言也，有所伺察而恐其人覺之，故佯爲不見而轉目以注之也。" ② 般聲：聲中有義。本書"般"下："辟也。"般取盤旋義。參"般"條。

辯 小兒白眼[1]也。从目，辡聲。 蒲莧切(bàn/pàn)[2]。

辯 【譯文】辯，小兒白眼。从目，辡(biàn)聲。

【注釋】① 小兒白眼：馬敘倫《六書疏證》卷七："非多白眼，乃如阮籍之白眼，小兒每作是態也。""瞥、辯雙聲轉注"，"阮籍白眼，固轉目視也"。 ② 今讀依《廣韻》匹莧切。

脈 目財[1]視也。从目，𠂢聲[2]。 莫獲切(mò)。

脈 【譯文】脈，眼睛斜着看。从目，𠂢聲。

【注釋】① 財：《段注》："財當依《廣韻》作'邪'，邪當作'衺'。此與𠂢部'覛'音義皆同。" ② 𠂢聲：聲中有義。本書"𠂢"下："水之衺流。"𠂢取斜義。參"𠂢"條。

䀮 失意視也。从目，脩聲[1]。 他歷切(tì)。

䀮 【譯文】䀮，失意的視綫。从目，脩聲。

【注釋】① 脩聲：《段注》作"條聲"，曰："䀮音他狄反，猶滌之切亭歷，皆於條取聲。脩聲不得切他狄也。"《席記》："脩、條二字皆从攸得聲，古音同。"按席説，脩也可切他狄反。存以備考。

䁆 謹鈍目也。从目，𦎧聲。 之閏切(zhùn)。

䁆 【譯文】䁆，謹笨遲鈍的目光。从目，𦎧聲。

【參證】馬敘倫《六書疏證》卷七："𦎧讀若純，是䁆鈍以雙聲疊韻爲訓。䁆爲視不敏病者。……今杭縣人謂目不敏病曰眼鈍。"視不敏病即目光不敏鋭之病，象鈍器一樣，不鋒利，不靈活，即滯澀、呆笨，故譯爲謹笨、遲鈍。

瞤 目動[1]也。从目，閏聲。 如匀切(rún)。

瞤 【譯文】瞤，眼(皮)跳動。从目，閏聲。

【注釋】① 目動：桂馥《義證》引《一切經音義》卷十八："今謂眼瞼掣動爲瞤。""北俗謂之眼跳，占小吉凶。"

瞚

恨張目也。从目，賓聲。《詩》① 曰："國步斯瞚②。"　符真切(pín)。

【譯文】瞚，恨而張目。从目，賓聲。《詩經》説："面對如此國運，恨而怒張其目。"

【注釋】①《詩》：《大雅・桑柔》。　② 瞚：《段注》："《毛詩》作頻，云：'頻，急也。'"承培元《引經證例》："此作'瞚'言視國步不振，恨而張目也。"

智

目無明①也。从目，夗聲。　一丸切(wān/yuān)②。

【譯文】智，眼睛無光。从目，夗聲。

【注釋】① 目無明：《六書故・人三》："智，眸子枯臽(陷)也。"徐鍇《繫傳》："《春秋左傳》曰：'目於智井。'蓋爲隱語也。言井無水，若目無精，爲智。"　② 今讀依《廣韻》於袁切。

【參證】甲文作、。于省吾《雙劍誃殷契駢技續編・釋智》："从夗从目，即智字。"

睢

仰目①也。从目，隹聲。　許惟切(huī)。

【譯文】睢，仰看。从目，隹聲。

【注釋】① 仰目：徐灝《段注箋》："睢之本義，但爲仰視。"《漢書・五行志》："萬衆睢睢。"顏注："睢睢，仰目視貌也。"

旬

目搖也①。从目，勻省聲。眴，旬或从旬②。　黄絢切(xuàn)。

【譯文】旬，眼珠搖動。从目，勻省聲。眴，旬的或體，从旬聲。

【注釋】① 目搖：徐鍇《繫傳》："《史記》項梁眴籍曰：'可行矣。'謂動目私視之也。"　② 从旬：《段注》："旬聲。"

【參證】金文作。林義光《文源》卷七："爲眩轉之象。《劇秦美新》'臣嘗有顛眴病'，是旬即眩也。"存參。

矆

大視①也。从目，蒦聲②。　許縛切(huò)。

【譯文】矆，瞪大眼睛看。从目，蒦(huò)聲。

【注釋】① 大視：徐鍇《繫傳》："驚視也。"　② 蒦聲：聲中有義。

本書“隻”下：“从又持萑。”萑是猫頭鷹，其特徵爲瞪着大眼。參“隻”條。

睦　目順也。从目，坴聲。一曰：敬和[①]也。[②]，古文睦。莫卜切(mù)。

【譯文】睦，目順。从目，坴聲。另一義説：恭敬和順。𡙇，古文睦字。

【注釋】① 敬和：徐灝《段注箋》：“睦之本義謂目順，引申爲凡和順之偁。”《段注》：“古書睦、穆通用。……穆多訓敬，故於睦曰敬和。” ② 𡙇：从共从囧，《段注》改从，由囧改成古文目，是正確的。

瞻　臨視[①]也。从目，詹聲。　職廉切(zhān)。

【譯文】瞻，向下看。从目，詹聲。

【注釋】① 臨視：《段注》：“《釋詁》、毛傳皆曰：‘瞻，視也。’許别之云‘臨視’，今人謂‘仰視’曰‘瞻’。此古今義不同也。”

瞀　氐目謹視也。从目，敄聲。　莫候切(mào)。

【譯文】瞀，低着眼睛謹慎地看。从目，敄(wù)聲。

睸　小視[①]也。从目，買聲。　莫佳切(mái)。

【譯文】睸，仔細看。从目，買聲。

【注釋】① 小視：馬敘倫《六書疏證》卷七説：“疑小視謂仔細看，如短視者然。”

[①]
瞷　視也。从目，監聲[②]。　古銜切(jiān)。

【譯文】瞷，看。从目，監聲。

【注釋】① 瞷：《爾雅·釋詁》：“監，視也。”經傳“瞷”通用“監”。② 監聲：聲中有義。本書“監”下：“臨下也。”即居上視下。瞷是監的加形旁字。參“監”條。

䁈　省[①]視也。从目，啓省聲[②]。　苦系切(qì)。

【譯文】䁈，察看。从目，啓省去口爲聲。

【注釋】① 省(xǐng)：《爾雅·釋詁下》：“省，察也。”　② 啓省聲：聲中有義。啓取開啓義。察看須開啓事物的表層。參“啓”、“启”條。

相　省視[①]也。从目，从木。《易》[②]曰：“地可觀者莫可觀于木[③]。”《詩》[④]曰：“相鼠有皮。”　息良切(xiāng)。

【譯文】相,察看。由目、由木會意。《易經》説:“地上可觀的東西,沒有什麼比樹木更可觀了。”《詩經》説:“察看那老鼠,一定有皮。”

【注釋】① 省視:《段注》:“《釋詁》、毛傳皆云:‘相,視也。’此别之云‘省視’,謂‘察視’也。”“目接物曰相,故凡彼此交接皆曰相,其交接而扶助者則爲相瞽之相。” ②《易》:徐鍇《繫傳》:“今《易》無此文,疑《易傳》及《易緯》有之也。” ③ 地可觀者句:朱駿聲《通訓定聲》:“此《觀卦》説:觀,坤下巽上。坤爲地,巽爲木也。”錢大昕《養新録》:“巽上坤下,木在地上之象,其卦爲觀。於文‘木’旁‘目’爲‘相’,相亦觀也。”這是引易卦解説字形。 ④《詩》:指《鄘風·相鼠》。

【参證】甲文作,金文作。徐灝《段注箋》:“戴氏侗曰:相(察看)度(估量)才也。工師用木,必相視其長短、曲直、陰陽、剛柔之所宜也。相之取義始於此會意。”林義光《文源》卷六:“从木非取其可觀。凡木爲材,須相度而後可用。”

 瞋 張目也。从目,真聲。䀼,祕書[①]瞋从戌[②]。 昌真切(chēn)。

【譯文】瞋,睜大眼睛。从目,真聲。䀼,祕書瞋字,从戌。

【注釋】① 祕書:《段注》:“祕書謂緯書。”緯書對經書而言,漢人假託爲孔子所作。 ② 从戌:从戌聲。宋保《諧聲補逸》:“戌聲猶迣讀若寘,从世聲。”馬叙倫《六書疏證》卷七:“瞋聲真類,䀼聲脂類,脂真對轉。”

 瞗 目孰[①]視也。从目,鳥聲[②]。讀若雕[③]。 都僚切(diāo)。

【譯文】瞗,眼睛仔細看。从目,鳥聲。音讀象“雕”字。

【注釋】① 孰:古熟字。 ② 鳥聲:馬叙倫《六書疏證》卷七:“劉秀生:鳥聲在端紐蕭部,雕从周聲,亦在端紐蕭部。”湖湘間鳥讀diǎo。 ③ 讀若雕:葉德輝《讀若考》:“雕,視物如鷹隼,故孰視之瞗讀雕鳥之雕。”

 睗 目疾視[①]也。从目,易聲。 施隻切(shì)。

【譯文】睗,眼睛急速地看。从目,易聲。

【注釋】① 目疾視:《段注》:“《韻會》引鍇本作‘目急視’。毛晃《增韻》、《龍龕手鑑》皆作急。”

【参證】金文作。

 睊 視皃①。从目，肙聲。　於絢切(yuàn/juàn)②。

【譯文】睊，(側目)相視的樣子。从目，肙聲。

【注釋】① 視皃：《孟子·梁惠王下》引晏子："睊睊胥讒(相互讒短)。"趙注："睊睊，側目相視。"　② 今讀依《廣韻》古縣切。

 䁾① 目深皃。从目窅。讀若《易》②曰"勿䘏"之"䘏"。　於悦切(yuē)。

【譯文】䁾，眼睛深陷的樣子。由目窅(yǎo)會意。音讀象《易經》説的"不要憂䘏"的"䘏"字。

【注釋】① 䁾：王筠《釋例》"窅"下："窅䁾皆會意，其訓又同，惟《唐韻》音切不同耳。"朱駿聲《通訓定聲》："實即窅之後出字。"

② 《易》：指《夬卦》。"勿䘏"，今作"勿恤"。

 睼 迎視①也。从目，是聲。讀若珥瑱之瑱②。　他計切(tì/tiàn)③。

【譯文】睼，迎着看。从目，是聲。音讀象珥瑱的"瑱"(tiàn)字。

【注釋】① 迎視：徐灝《段注箋》："今粵人視謂之睼。"　② 讀若句：馬敘倫《六書疏證》卷七："劉秀生曰：是聲古在定紐，瑱从真聲，真聲之字如嗔、寘、闐、填皆在定紐，故睼从是聲，得讀若瑱。"

③ 今讀依《廣韻》他甸切。

 䁙 目相戲①也。从目，晏聲。《詩》②曰："䁙婉之求。"　於殄切(yǎn)。

【譯文】䁙，用眼睛相戲弄。从目，晏聲。《詩經》説："䁙婉之求。"

【注釋】① 目相戲：《方言》卷六："䁙，視也。東齊曰䁙，凡以目相戲曰䁙。"　②《詩》：指《邶風·新臺》。䁙，今本作"燕"。毛傳："燕，安；婉，順也。"承培元《引經證例》："許義不同。"䁙婉，取歡好之義。

 䁱 短深目皃①。从目，叡聲②。　烏括切(wò)。

【譯文】䁱，眼眶短而眼珠深陷的樣子。从目，叡(wò)聲。

【注釋】① 短深目皃：《段注》："目匡短而目深窐圓，䁱然如掐目也。"　② 叡聲：聲中有義。本書"叡"下："掐目也。"从目从叡，意謂“短深目皃”就象常人挖出眼珠一樣。參“眍”條。

眷　顧①也。从目，𢍏聲。《詩》②曰：“乃眷西顧。”　居倦切(juàn)。

【譯文】眷，回顧。从目，𢍏聲。《詩經》説：“於是就回顧着西土。”

【注釋】① 顧：《段注》：“凡顧、眷並言者，顧者還視也，眷者顧之深也。顧止於側而已，眷則至於反。”“許渾言之，故云‘顧也’。”　②《詩》：指《大雅・皇矣》。

督　察也①。一曰：目痛也。从目，叔聲。　冬毒切(dū)。

【譯文】督，察看。另一義説：眼睛痛。从目，叔聲。

【注釋】① 察也：徐灝《段注箋》：“察視者，督之本義。因之有督理、督正之偁。……督訓爲正，故又爲中。人身任脈，循背而行，謂之督脈，居中之義也。因之衣之中縫，亦謂之督縫矣。”

【參證】甲文作。季旭昇《説文新證》：“甲骨文从又持木樁，插於土上，下有日影，會立桿測影之意。西漢馬王堆《老子》乙下‘日’形譌爲‘目’形。”“樹木樁以察看日影，引申爲察視。”

睎①　望也。从目，稀省聲。海岱之閒謂眄曰睎②。　香衣切(xī)。

【譯文】睎，望。从目，稀省禾爲聲。海、岱之間叫眄(miǎn)作睎。

【注釋】① 睎：《段注》：“古多假希爲睎。”　② 海岱句：《方言》卷二：“睎，眄也。東齊、青、徐之間曰睎。”下文：“眄，衺(斜)視也。”

看　睎也。从手下目①。𥈎，看或从倝②。　苦寒切(kān)。

【譯文】看，望。由“手”下加“目”字會意。𥈎，看的或體，从倝聲。

【注釋】① 从手下目：桂馥《義證》：“凡物見不審，則手遮目看之，故看从手下目。”　② 从倝(gàn)：徐鍇《繫傳》：“倝，聲也。”倝亦表義。蕭道管《重文管見》：“倝，旦始出，光倝倝也。視思明，故从之。”

瞫　深視①也。一曰：下視也。又，竊見也。从目，覃聲②。　式荏切(shěn)。

【譯文】瞫，深深地看。另一義説：低下眼睛看。又一義説：偷偷地看。从目，覃聲。

【注釋】① 深視：《段注》："見其底裏曰深視。"　② 覃聲：聲中有義。本書"𣆪(覃)"下："長味也。""覃"取深長義。參"𣆪"條。

睡　坐寐①也。从目垂②。　是僞切(shuì)。

【譯文】睡，坐着睡。由目、垂二字會意。

【注釋】① 坐寐：徐灝《段注箋》："古謂坐寐爲睡，《廣韻》訓爲眠睡，今義也。"　② 从目垂：《段注》："此以會意包形聲也。目垂者，目瞼(眼皮)垂而下。坐則爾(如此)。"垂，是爲切，可表睡聲。

瞑　翕目①也。从目冥②，冥亦聲。　武延切(mián)。

【譯文】瞑，閉上眼睛。由目、冥會意，冥也表聲。

【注釋】① 翕(xì)目：翕，合。人睡則目合。字或作眠。　② 从目冥：本書"冥"下："幽也。"幽暗，無所見。謂眼無所見。

眚　目病①，生翳②也。从目，生聲③。　所景切(shěng)。

【譯文】眚，眼睛有病，生了翳。从目，生聲。

【注釋】① 目病：徐灝《段注箋》："目病謂之眚，引申爲凡病之偁。"　② 翳(yì)：眼上長的膜。　③ 生聲：聲中有義。本書"生"下："象屮木生出土上。"意謂眼上長的膜象土上生出的一層覆蓋的草木。

【參證】甲文作。商承祚《殷虚文字類編》第四："乃眚字，與金文同。即生之省也。"

瞥　過目①也。又，目翳②也。从目，敝聲③。一曰：財見④也。　普滅切(piē)。

【譯文】瞥，眼光掠過。又一義説：眼上的障蔽。从目，敝聲。另一義説：才看見。

【注釋】① 過目：《段注》："倏忽之意。"　② 目翳：《段注》："障蔽之意。"　③ 敝聲：聲中有義。本書"敝"下："帗也。"即一幅布巾。从目从敝，意謂目光象一幅布巾一樣一閃而拂過。目翳也象布巾一樣遮蔽目光。　④ 財見：《段注》："財，今之纔字。此似前義足以包之。"

眵　目傷眥也。从目，多聲。一曰：瞢兜①。　叱支切(chī)。

【譯文】眵，眼眶傷了。从目，多聲。另一義説：眼屎。

【注釋】① 瞢(méng)兜：徐鍇《繫傳》："瞢兜，目汁凝也。"《段注》："此與上義别。二病常相因而有不相兼者。"眼眶受傷紅腫發炎，常多眼垢，故二病相因；而二病各有特徵，故不相兼容。

䁾　目眵①也。从目，蔑省聲②。　莫結切(miè)。

【譯文】䁾，眼眶傷赤。从目，蔑省聲。

【注釋】① 目眵：《釋名・釋疾病》："目眥傷赤曰䁾。䁾，末也。創在目兩末也。"人用目過度，傷於疲勞，紅赤則從兩眼角開始。眼之兩眼角傷赤爲䁾，引申爲凡眼眶傷赤者。䁾，即䁾字。　② 蔑省聲：蔑也表義。苜部："蔑，目勞無精也。"無精加劇則目眥傷赤，則生眼垢。

眏　涓目①也。从目，夬聲②。　古穴切(jué)。

【譯文】眏，眼病常流淚。从目，夬聲。

【注釋】① 涓目：王筠《句讀》："似謂目病常流淚也。"本書水部："涓，小流也。"　② 夬聲：聲中有義。本書"夬"下："分決。"从目从夬，意謂眼睛象決裂了小口，眼水"小流"。參"夬"條。

眼　目病①也。从目，良聲。　力讓切(liàng)。

【譯文】眼，眼病。从目，良聲。

【注釋】① 目病：《段注》："《急就篇》：'眵、䁾、眼。'顔曰：'眼，目視不正也。'"

眛①　目不明也。从目，未聲。　莫佩切(mèi)。

【譯文】眛，眼光不明亮。从目，未聲。

【注釋】① 眛：眛、昧一字。參"昧"條。

瞯　戴目①也。从目，閒聲。江淮之間謂眄曰瞯②。　户閒切(xián)。

【譯文】瞯，眼睛向上看。从目，閒聲。江、淮之間叫眄作瞯。

【注釋】① 戴目：《段注》："戴目者上視如戴然。""目上視則多白，故《廣韻》云：'瞯，人目多白也。'""引申爲闚伺之義，如《孟子》'王使人瞯夫子'是。"一説，戴目即側目。見楊樹達《增訂積微居小學金石論叢·瞯戴目釋義》。　② 江淮句：《方言》卷二："瞯，眄也。""吴、揚、江、淮之間或曰瞯。"

眯 艸入目中[①]也。从目，米聲[②]。　莫禮切(mǐ)。

【譯文】眯，草入眼中(模糊視綫)。从目，米聲。

【注釋】① 艸入目中：《段注》："《字林》云：眯，物入眼爲病，然則非獨艸也。"　② 米聲：聲中有義，比喻象米粒一樣細小的糠粃、灰塵、葉屑及其他穢物。

眺 目不正[①]也。从目，兆聲。　他弔切(tiào)。

【譯文】眺，目不正。从目，兆聲。

【注釋】① 目不正：王筠《句讀》："各書未有以眺爲'目不正'者，闕之可也。"

睞[①] 目童子不正也。从目，來聲。　洛代切(lài)。

【譯文】睞，眼睛的瞳仁不正。从目，來聲。

【注釋】① 睞：即今對子眼之類。桂馥《義證》："今俗云顡眼是也。"

睩 目睞謹[①]也。从目，录聲[②]。讀若鹿[③]。　盧谷切(lù)。

【譯文】睩，目光注視拘謹。从目，录聲。音讀象"鹿"字。

【注釋】① 目睞謹：《段注》："睩爲目睞之謹，言注視而又謹畏也。"王筠《句讀》："(睞)即覝字之譌。若不正之睞，不能與謹爲連語也。"覝，凝神内顧。參"覝"條。　② 录聲：聲中有義。王筠《句讀》："《集韻》曰：'(睩)謹視皃。'辵部：'逯，行謹逯逯也。'是从录聲之字有謹義也。"　③ 讀若鹿：葉德輝《讀若考》："鹿、录古同字。"漉或从录作淥，簏或从录作箓，麓或从录作禁。

眘 眣[①]也。从目，攸聲。⿰目丩，眘或从丩[②]。　敕鳩切(chōu)。

【譯文】眘，目光不正。从目，攸聲。⿰目丩，眘的或體，从丩聲。

【注釋】① 眣：目不正。　② 从丩：徐鍇《繫傳》："丩聲。"宋保《諧聲補逸》："攸、丩同部，聲相近。"

眣 目不正也。从目，失聲[①]。　丑栗切(chì/dié)[②]。

【譯文】眣，目光不正。从目，失聲。

【注釋】① 失聲：凡从失之字多含不正義。昳，日不正；泆，水不正；跌，行不正。　② 今讀據《廣韻》徒結切。

矇　童矇①也。一曰：不明也。从目，蒙聲②。　莫中切(méng)。

【譯文】矇，瞳仁象被蒙。另一義説：幽闇不明。从目，蒙聲。

【注釋】① 童矇：當依小徐本作“童蒙”。童蒙者，目之童子被物所蒙。《六書故》：“今人所謂内障，又謂之青盲。”湖湘間叫青光眼。

② 蒙聲：聲中有義。蒙取蒙蔽義。《段注》“蒙”下曰：“今人冡冒皆用蒙字爲之。”

眇　一目小①也。从目，从少②，少亦聲。　亡沼切(miǎo)。

【譯文】眇，一隻眼睛小。由目、由少會意，少也表聲。

【注釋】① 一目小：馬敘倫《六書疏證》卷七引《魏略》：“太祖辟丁儀爲掾，嘉其才，乃曰：‘即使兩盲，當與女，何況眇乎？’”馬説：“然則眇去盲甚近，非尋常目之小者。”故桂馥《義證》：“唐李克用一目微眇，時謂之獨眼龍。”《段注》：“引申爲凡小之偁。又引申爲微妙之義。《説文》無妙字。眇即妙也。”　② 从少：《段注》：“物少則小。”

眄　目偏合①也。一曰：衺視也。秦語②。从目，丏聲③。　莫甸切(miàn/miǎn)④。

【譯文】眄，眼睛的一隻閉着。另一義説：斜着看。是秦地方言。从目，丏聲。

【注釋】① 目偏合：朱駿聲《通訓定聲》：“目一閉一開，審諦而視也。”　② 秦語：《方言》卷二：“瞯、睇、睎、略，眄也。自關而西，秦、晉之間曰眄。”　③ 丏聲：聲中有義。本書“丏”下：“不見也，象壅蔽之形。”一隻眼睛閉着(看)，即由這隻眼睛上下眼皮緊蔽着，另一隻眼睛審視。射擊、木匠彈墨綫，即作如此狀。　④ 今讀依《廣韻》彌殄切。

略　眄①也。从目，各聲。　盧各切(luò)。

【譯文】略，斜着眼睛看。从目，各聲。

【注釋】① 眄：《方言》卷二：“略，眄也。吴、揚、江、淮之間或曰略，自關而西，秦、晉之間曰眄。”參“眄”條。

盲　目無牟子①。从目，亡聲②。　武庚切(máng)。

【譯文】盲，眼睛裏黑白不分。从目，亡聲。

【注釋】① 目無牟子：牟，俗作眸，眼中瞳仁。段氏曰："無牟子者，白黑不分也。" ② 亡聲：聲中有義。本書"亡"下："逃也。"有走失義，引申爲沒有。似乎沒有瞳仁，故看上去，瞳仁和眼白不分明。參"亡"條。

瞯[①] 目陷[②]也。从目，咸聲。 苦夾切(qià)。

瞯 【譯文】瞯，眼眸枯陷。从目，咸聲。

【注釋】① 瞯：錢坫《斠詮》："今俗瞎眼字。" ② 目陷：《六書故・人三》："瞯，眸子枯陷也。"

瞽 目但有眹也[①]。从目，鼓聲[②]。 公户切(gǔ)。

瞽 【譯文】瞽，眼睛只有縫(而無見物的功能)。从目，鼓聲。

【注釋】① 目但句：眹(zhèn)，當作朕，縫也。《段注》曰："但有朕者，才有縫而已。" ② 鼓聲：聲中有義。《釋名》："瞽，鼓也。瞑瞑然目平合如鼓皮也。"只有縫，則說明上下眼皮平合如鼓皮。

瞍[①] 無目[②]也。从目，叜聲[③]。 穌后切(sǒu)。

瞍 【譯文】瞍，無眼珠。从目，叜聲。

【注釋】① 瞍：今作瞍。 ②無目：《段注》："'無目'與'無牟子'別。'無牟子'者黑白不分(瞳仁與眼白看不分明)，'無目'者，其中空洞無物。"按矇、盲、瞽、瞍之類，《段注》："凡若此等，皆對文則別，散文則通也。" ③ 叜聲：聲中有義。本書"叜"下："老也。"舊時老人的眼睛多乾涸凹陷，似乎空洞無物。參"叜"條。

營 惑也。从目[①]，(榮)[熒]省聲[②]。 户扃切(yíng)。

營 【譯文】營，迷惑。从目，熒省去下面的"火"爲聲。

【注釋】① 从目：《莊子・人間世》："而目將熒之。"注："使人眼眩也。" ② 榮省聲：榮當作熒，《段注》："凡營、塋、謍、鎣、褮、滎、榮字皆曰熒省聲，而此字尤當从熒會意。熒者，火光不定之皃。"聲中有義，因其不定，故疑惑。

睉 目小也。从目，坐聲。 昨禾切(cuó)。

睉 【譯文】睉，眼睛小。从目，坐聲。

㕡 捾[①]目也。从目叉[②]。 烏括切(wò)。

㕡 【譯文】㕡，挖眼。由目、叉會意。

【注釋】① 掮(wò)：掏。　② 从目叉：《段注》："目爲叉掮也。"

睇 目小視[1]也。从目，弟聲。南楚謂眄曰睇[2]。　特計切(dì)。

【譯文】睇，瞇目而斜視。从目，弟聲。南楚叫眄作睇。

【注釋】① 目小視：王筠《句讀》："謂小其目而衺視之也。"　② 南楚句：《段注》："眄爲衺視，睇爲小衺視者，析言之。此渾言之。《方言》：'睇，眄也。陳、楚之間，南楚之外曰睇。'"

瞚[1] 開闔目數搖也。从目，寅聲。　舒問切(shùn)。

【譯文】瞚，一開一閉，眼睛迅疾轉動。从目，寅聲。

【注釋】① 瞚：徐鉉注："今俗别作瞬。"

【參證】甲文作[illegible]。黄錫全《汗簡注釋》卷二引鄭珍説："此旬、瞚爲一字者，……兩文音義皆相似。瞚俗作瞬、眣，《公羊傳》'眣晉大夫與公盟'，何休注以目通曰眣，徐彦疏謂若今時瞬眼，是也。而《史記・項羽紀》'梁眴籍曰：可行矣'。《説文》旬、眴同字，眴亦是瞬眼。俗謂之眨眼。今人有所私授，輒眨眼以見意，古蓋如此。然則瞚、旬、眴字古通，故《廣韻》以瞚、瞬、眴、眣爲一字。"此處所謂"眨眼"，就是目光流轉暗使眼色的代稱，旬，目搖，是目光轉動；瞚亦目搖，也是目光轉動。目光轉動則有不正之義，故眣與旬、瞚一義。

眙 直視[1]也。从目，台聲。　丑吏切(chì)。

【譯文】眙，目不轉睛地看。从目，台聲。

【注釋】① 直視：徐鍇《繫傳》："視不移也。"

眝 長眙也。一曰：張目也。从目，宁聲。　陟吕切(zhù)。

【譯文】眝，久久地看。另一義説：睜大眼睛。从目，宁(zhù)聲。

盻 恨視[1]也。从目，兮聲。　胡計切(xì)。

【譯文】盻，忿怒地看。从目，兮聲。

【注釋】① 恨視：《戰國策・韓策》："韓挾齊魏以盻楚。"注："盻，怒視也。"

昲 目不明也。从目，弗聲。　普未切(fèi)。

【譯文】昲，眼睛不明亮。从目，弗聲。

文百十三　重八

瞼① 目上下瞼②也。从目，僉聲。 居奄切(jiǎn)。

【譯文】瞼，眼睛的上下眼皮。从目，僉聲。

【注釋】① 瞼：《北史・姚僧垣傳》："(帝)至河陰遇疾，口不能言，瞼垂覆目，不得視。" ② 目上下瞼：《一切經音義》卷五引《字略》云："(瞼，)眼外皮也。"

眨 動目①也。从目，乏聲。 側洽切(zhǎ)。

【譯文】眨，眼睛(迅速地一開一合地)動。从目，乏聲。

【注釋】① 動目：《一切經音義》卷十一眨注："目數(shuò，疾速)開閉也。"

眭 深目①也。亦人姓②。从目，圭聲。 許規切(huī)。

【譯文】眭，使眼睛深入地看，也是人的姓氏。从目，圭聲。

【注釋】① 深目：深，形容詞用如使動，"使……深視"。《淮南子・厚道》："眭然能視，瞽然能聽。""眭然能視"，"眭"用在狀語位置，又加助詞"然"，形容深入地看的樣子。故"眭"可釋爲"深視皃"。② 人姓：漢代有眭弘。姓讀 suī。

眹① 目精②也。从目③，灷聲。案："勝(字)賸[字]皆从朕聲。疑古以朕爲眹。" 直引切(zhèn)。

【譯文】眹，目縫。从目，灷聲。徐鉉説，(《説文》)勝字、賸字都从朕聲，或許古以朕爲眹。

【注釋】① 眹：眹的俗字。《段注》"瞽"下："眹俗作眹。" ② 目精：《段注》瞽下："眹从舟，舟之縫理也。引申之，凡縫皆曰眹。但有眹者，才有縫而已。《釋名》曰：瞽，鼓也。瞑瞑然目平合如鼓皮也。"言上下眼皮黏合無間，非真無縫也。譯文照段説。《説文》"瞵"訓"目精"。 ③ 从目：眹本引申爲凡縫之稱，特指目縫，爲目之屬，故又从目作眹。眹乃眹之更換形旁的分化字。

眸① 目童子②也。从目，牟聲③。《説文》直作牟④。 莫浮切(móu)。

【譯文】眸，眼睛的瞳人。从目，牟聲。《説文》徑直作牟。

【注釋】① 眸：俗稱眼珠子。《孟子・離婁上》："胸中正，則眸子瞭焉。胸中不正，則眸子眊焉。" ② 童子：今作瞳子。瞳孔中有人象，故作瞳人，瞳子。　③ 从目，牟聲：徐灝箋："眸字見於《孟子》、《釋名》、《毛傳》、《鄭注》、《廣雅》諸書。而牟之本義謂牛鳴，則作眸者乃正字也。蓋目珠謂之眸子，實周秦間語而古無是名，故其始假牟爲之，後乃增目旁。"　④ 直作牟：《説文》"盲"下注："目無牟子。"

睚　睚　目際①也。从目厓②。　五隘切（yá）。

【譯文】睚，眼睛的邊際。由目、厓會意。

【注釋】① 目際：孔廣居《疑疑》："《辨通》云：睚眥，當作厓眥。厓，山邊也。厓眥者，目之邊際也。"按：睚、眥，同義複合，見"眥"條。② 目厓：厓由山邊引申爲凡邊際之稱。因眥本義爲"目匡"，與睚同義，故常複合連用。《史記·范雎蔡澤列傳》："一飯之德必償，睚眥之怨必報。"徐灝《説文·睚》箋："目際謂之睚眦，人怒張目，故曰目眦盡裂。又，遭人怒目，謂之睚眦之怒。"

文六　新附

䀠部

䀠　䀠　左右視①也。从二目。凡䀠之屬皆从䀠。讀若拘，又若良士瞿瞿②。　九遇切（jù）。

【譯文】䀠，左右瞪視着。由兩個"目"字會意。大凡䀠的部屬都从䀠。音讀象"拘"字，又象"良士瞿瞿"的"瞿"字。

【注釋】① 左右視：徐灝《段注箋》："驚顧之狀。"　② 良士瞿瞿：《詩·唐風·蟋蟀》文。

【參證】甲文作，金文作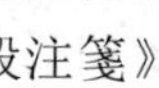。郭沫若《殷契粹編考釋》："此當是䀠若瞿之古文，象鷹瞵鶚視之形。"從甲文看，應是誇大兩隻圓瞪的眼睛，以示人之驚顧之狀，又移以言禽鳥。故高田忠周《古籀篇》卷四十七説："鳥曰瞿，人曰䀠。"

𥄎　𥄎　目圍①也。从䀠𠂆②。讀若書卷之卷。古文以爲醜字③。居倦切（juàn）。

【譯文】𥄎，眼圈。由"䀠"和表示眼圈形的"𠂆"會意。音讀象書卷的“卷”字。古文用作醜字。

【注釋】① 目圍：桂馥《義證》：“俗言眼圈。” ② 从䀠𠂆：𠂆象眼圈形。此合體象形字。 ③ 醜：徐鍇《繫傳》作“䫜”。

瞿 目衺也。从䀠，从大。大[1]，人也。 舉朱切(jū)。

【譯文】瞿，眼睛斜着。由䀠、由大會意。大，就是人。

【注釋】① 大：象人的正面之形。

【參證】甲文作。朱芳圃《殷周文字釋叢》卷下：“(𡘋)从䀠从人，當即篆文瞿之異形。”“从䀠與从䀠同，从大(象人正立之形)與从(象人席地而坐之形)同。”

文三

眉部

眉 目上毛也。从目，象眉之形，上象頟理也。凡眉之屬皆从眉。 武悲切(méi)。

【譯文】眉，眼上的眉毛。从目，𠂆象眉毛的形狀，上面的象額上的紋理。大凡眉的部屬都从眉。

【參證】甲文作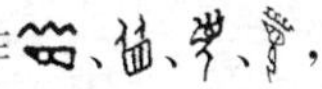，金文作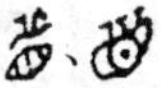。孔廣居《疑疑》：“(古文)下象目，上象毛。小篆即古文之小變，非象頟理也。”睡虎地秦簡作“睂”，从目上須會意。目上須，即目上毛、眉毛。

省 視也。从眉省，从屮[1]。𡮐，古文从少，从囧[2]。 所景切(shěng/xǐng)[3]。

【譯文】省，察視。由眉省去，再加上屮會意。𡮐，古文省字，由少、由囧會意。

【注釋】① 从屮(chè)：屮，艸木初生也，種植之事，作物初生，必數數視之，故从屮。張舜徽説。 ② 从少，从囧(jiǒng)：囧，當作囸，古目字。參“目”條。少，小也。《段注》“眇”下：“物少則小。”从少从目，謂小其目而視也。此與“睇，目小視也”同意。 ③ 今讀依《廣韻》息井切。

【參證】甲文作，金文作。甲金文上爲屮，即草，下爲目，如

張舜徽所説，是視察初生草木作物之意。甲文、金文與眚爲同形字。商承祚《説文中之古文考》：“小篆之乃由引長其横筆而變。”

文二　重一

盾部

盾　瞂[①]也，所以扞身蔽目。象形[②]。凡盾之屬皆从盾。　食問切（shùn/dùn）[③]。

【譯文】盾，盾牌。用來扞衛身體、蔽護頭目的東西。象形。大凡盾的部屬都从盾。

【注釋】① 瞂（fá）：盾的别名。《方言》卷九：“盾自關而東或謂之瞂，或謂之干，關西謂之盾。”《釋名》：“盾，遯也。跪其後避以隱遯也。”　② 象形：象盾之側見形。象盾之握。蔽目，故从目。此合體象形字。見徐灝《段注箋》。　③ 今讀依《廣韻》徒損切。

【參證】甲文作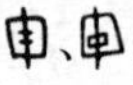，金文作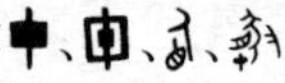。除末二字外，甲金文全象盾牌形。金文第三字，左下以目代人，即許説“扞身蔽目”的“身目”，右上的，象側立的盾牌形。篆文字頭即承此形。金文末字，《金文編》：“从，豚聲，象盾形。”

[①]

瞂　盾也。从盾，犮聲。　扶發切（fá）。

【譯文】瞂，盾牌。从盾，犮聲。

【注釋】① 瞂：《段注》：“《秦風》‘蒙伐有苑’，毛曰：‘伐，中干也。’”“《方言》曰：‘盾，自關而東謂之瞂，或謂之干，關西謂之盾。’作瞂者，或體也；作伐者，假借字，《蘇秦傳》作吠。”

【參證】甲文作。李孝定《甲骨文字集釋》第四：“卜辭當以瞂爲正字，瞂爲後起形聲字。”“契文象一人左持干而右執戈，篆文省去人形耳。”

䲿　盾握[①]也。从盾，圭聲。　苦圭切（kuī）。

【譯文】䲿，盾牌上手握的地方。从盾，圭聲。

【注釋】① 盾握：盾上握手處。位於盾牌背脊隆起處，其形外隆内窪，就其外隆而言曰盾鼻，就其内窪而言則曰瓦。又，徐灝《段注箋》

説《廣韻》又言乖買切,“即瓦之轉聲”。

文三

自部

[1] 鼻也。象鼻形。凡自之屬皆从自。,古文自。　疾二切(zì)。

自

【譯文】自,鼻子。象鼻形。大凡自的部屬都从自。直,古文自字。

【注釋】① 自:徐灝《段注箋》:“自即古鼻字,象鼻形,中畫其分理也。人之自謂,或指其鼻,故有自己之偁,又引申之,訓由,訓從。因爲語詞所專,復从畀聲爲鼻。今自與鼻不同音者,聲變之異也。”

【參證】甲文作、,金文作、、。上古音,自在從紐質部,鼻在並紐質部,韻部相同,聲紐迥異,而“自”確是“鼻”之初文,不知何故?

 (宮)[宀宀][1]不見也。闕[2]。　武延切(mián)。

臱 【譯文】臱,細密不見。形和音都闕。

【注釋】① 宮:當從《段注》本作“宀宀”,《段注》:“宀宀,密緻皃。”

② 闕:謂形和音均不知。

文二　重一

白部

 此亦自字也。省自者,詞言之气,从鼻出,與口相助也[1]。

白 凡白之屬皆从白。　疾二切(zì)。

【譯文】白,這也是自字。省成的緣故,詞言之氣從鼻中出來,與口(篆文作)相助。大凡白的部屬都从白。

【注釋】① 省自句:《段注》:“詞者,意内而言外也。言從口出,而气從鼻出,與口相助。故其字上从自省,下从口。而讀同自。”

【參證】羅振玉《增訂殷虚書契考釋》:“許既以自、白爲一字而分爲二部者,以各部皆有所隸之字故也。卜辭中自字作,或作,可爲

許書之證。”李孝定《金文詁林讀後記》卷四：“(、)字皆獨體象形，同爲一字，書法小異。”

皆 俱詞[①]也。从比，从白[②]。 古諧切(jiē)。

【譯文】皆，表示統括的虚詞。由比、由白(zì)會意。

【注釋】① 俱詞：《段注》：“司部曰：‘詞者，意内而言外也。’其意爲俱，其言爲皆。以言表意，是謂意内言外。” ② 从比，从白：王筠《句讀》：“比有皆義，白則詞也。”意謂皆是表示比並齊同的虚詞。

【參證】金文作。楊樹達《積微居小學述林·字義同緣於語源同續證》：“析言之，匕謂女人，渾言之，匕亦爲人。比从二匕，猶二人也。白即自字，自者，鼻也。皆字从比从白，謂二人共自，即今語言兩人同一鼻孔出氣也。二人二口相合爲僉，二人共一自爲皆，字義同由於字形之構造同也。”

魯 鈍詞[①]也。从白，鮺省聲。《論語》[②]曰：“參也魯。” 郎古切(lǔ)。

【譯文】魯，表示遲鈍的虚詞。从白，鮺(zhǎ)省羊爲聲。《論語》說：“曾參呀爲人拙樸。”

【注釋】① 鈍詞：王筠《句讀》：“此加詞者，爲其从白也。”因从部首白，而白，許所謂“詞”，故加詞訓爲鈍詞。其實鈍不是虚詞，所以林義光《文源》說：“魯非詞。” ②《論語》：指《先進篇》。

【參證】甲文作、，金文作、、。古魯字从口，不从白，林義光《文源》引阮元說：“魯本義蓋爲嘉，从魚入口，嘉美也。魯(模韻)嘉(歌韻)雙聲旁轉。”存參。

者 别事詞[①]也。从白，米聲。米，古文旅字[②]。 之也切(zhě)。

【譯文】者，區别事物的虚詞。从白，米聲。米，古文旅字。

【注釋】① 别事詞：徐鍇《繫傳》：“凡文有‘者’字者，所以爲分别隔異也。”《段注》：“凡俗語云‘者箇’、‘者般’、‘者回’，皆取别事之意。” ② 古文旅字：《段注》：“㫃部曰：‘㳁，古文旅。’者之偏旁，乃全不類，轉寫之過也。”

【參證】金文作、、。構形待考。

𤾚

詞也[1]。从白，𠷎聲。𠷎與疇同。《虞書》[2]："帝曰：𤾚咨[3]。"　直由切(chóu)。

【譯文】𤾚，表示發端語氣的虛詞。从白，𠷎聲。𠷎(chóu)字與疇字同。《虞書》説："帝堯説：唉！"

【注釋】① 詞也：徐灝《段注箋》："此爲語詞之發聲，故但云'詞也'。𤾚、𠷎蓋本一字，王氏引之《釋詞》曰：'疇、誰一聲之轉，故疇昔又爲誰昔。'《爾雅》曰：'誰昔，昔也。'郭云：'誰，發語聲。'是也。"按徐意，口部"𠷎，誰也"，也是發語詞。　② 《虞書》：指《堯典》。
③ 𤾚咨：𤾚，今本作"疇"。此字眼《堯典》出現兩次："疇咨，若時登庸。""疇咨，若予采。"疇咨就是𤾚咨。𤾚，現代漢語無對應的發語助詞，故不譯。咨，語氣詞。𤾚咨，譯成"唉"。

【參證】金文作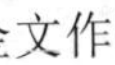。本从口，𢀛聲。或又从又。𠷎、𤾚皆是𠷎的異體。林義光《文源》卷十一："从白之字古多从口。"參"𠷎"條。

𥏼

識詞也。从白，从亏，从知[1]。[2]，古文𥏼。　知義切(zhì)。

【譯文】𥏼，表示聰慧的虛詞。由白、由亏、由知會意。𣉻，古文𥏼字。

【注釋】① 从白，从亏，从知：徐鍇《繫傳》："亏亦气也。"徐鍇《繫傳通論》："智者知也，知者必有言。故於文白(zì，自)知爲智。白者，詞言之气也。知不究，气亦不窮也。"故又从亏。　② 𣉻：丘是白(zì)之譌。

【參證】甲文作，金文作。甲文从知从于，金文或增从甘，小篆甘譌成白(zì)。《唐韻》：智，知義切；知，陟离切。同爲知紐歌部，讀音完全相同。故徐灝《段注箋》："知、𥏼本一字。"又，"𥏼隸省作智。"《白虎通·情性篇》："智者，知也。獨見前聞，不惑於事，見微知著也。"

百

十十也。从一白[1]。數：十百爲一貫[2]。相章也。，古文百从自[3]。　博陌切(bǎi)。

【譯文】百，十個十。由一白會意。數目：十個百是一貫。這樣，就章明不亂。百，古文百字，从自。

【注釋】① 从一白：許意以爲“白”是自(zì)，故百置於白部。其實，古代或以白(bái，黑白的白)爲百，故从一白。《段注》：“(白)曰告白也。”“數長於百，可以詞言白人也。” ② 貫：量詞。古代行用有孔銅錢時，每千錢爲一貫，貫即串。 ③ 从自：白、自同字。

【參證】甲文作，金文作。于省吾《甲骨文字釋林·釋古文字中附劃因聲指事字的一例》：“百字的造字本義，係於字中部附加一個折角形的曲畫，作爲指事字的標誌，以別於白(bái)，而仍因白字以爲聲。”，本義爲日始出之光。見“白”條。《説文》古文承金文末字。

文七 重二

鼻部

鼻 引气自畀①也。从自②畀。凡鼻之屬皆从鼻。 父二切(bì/bí)。

【譯文】鼻，引氣以自助。由自、畀會意。大凡鼻的部屬都从鼻。

【注釋】① 自畀：自，《段注》：“讀如今人言自家之自。”畀(bì)，助。② 自：鼻。

【參證】甲文作。徐灝《段注箋》：“本象鼻形，因爲語詞所專，故又从畀聲。”參“自”條。甲文作，从自，畀聲。裘錫圭《畀字補釋》：“‘畀’應該是古書中叫‘匕’的那種矢鏃的象形字。”

齅① 以鼻就②臭也。从鼻，从臭③，臭亦聲。讀若畜牲之畜④。許救切(xiù)。

【譯文】齅，用鼻子辨别氣味。由鼻、由臭會意，臭也表聲。音讀象畜牲的“畜”字。

【注釋】① 齅：今作“嗅”。 ② 就：接近。這裏指“靠近”、“辨别”。 ③ 臭：氣味。 ④ 畜牲之畜：應讀 chù。《惠記》：“畜牲之畜本作嘼，音許又切(xiù)。”

鼾 臥息①也。从鼻，干聲。讀若汗。 矦幹切(hàn/hān)②。

【譯文】鼾，睡臥時的鼻息聲。从鼻，干聲。音讀象“汗”字。

【注釋】① 息：鼻息。《段注》引《广韻》曰："臥气激聲。"鼾聲應是熟睡時呼吸所激起的鼻息聲，非一般"臥息"也。　② 今讀依《廣韻》許干切。

鼽[1]　病寒鼻窒也。从鼻，九聲[2]。　巨鳩切(qiú)。

【譯文】鼽，患了寒涼而鼻塞不通。从鼻，九聲。

【注釋】① 鼽：《釋名・釋疾病》："鼻塞曰鼽。"　② 九聲：聲中有義。九，數之極也，言鼻通之程度，又狀鼽嚏之聲。

【參證】王筠《句讀》："《釋名》：'久也，涕久不通，遂至窒塞也。'《月令》：'民多鼽嚏。'"按：鼻塞不通，不通之極，發爲噴嚏，其聲"唉——啾"。鼽狀其聲也。

鼾　臥息也。从鼻，隶聲。讀若虺。　許介切(xiè)。

【譯文】鼾，睡臥時的鼻息。从鼻，隶(dài)聲。音讀象"虺"(huǐ)字。

文五

皕部

皕　二百[1]也。凡皕之屬皆从皕。讀若祕。　彼力切(bì)。

【譯文】皕，二百。大凡皕的部屬都从皕。音讀象"祕"字。

【注釋】① 二百：《段注》："即形爲義。不言从二百。"

奭　盛也。从大，从皕[1]，皕亦聲。此燕召公名。讀若郝[2]。《史篇》名醜[3]。奭[4]，古文奭。　詩亦切(shì)。

【譯文】奭，盛大的樣子。由大、由皕會意，皕也表聲。這是燕國召公的名。音讀象"郝"字。《史籀篇》説他的名叫作醜。奭，古文奭字。

【注釋】① 从大，从皕：《段注》："皕與大皆盛意。"　② 讀若郝：叶德輝《讀若考》："郝通作赫，赫通作奭。……是郝、奭古音相同。"③《史篇》名醜：《史篇》，徐鍇《繫傳》："《史篇》謂史籀所作《蒼頡》十五篇也。"引《史篇》之説，所以廣異聞。名醜，鄒漢勛《讀書偶識》："奭，蓋召康公字，醜則其名也。……是名醜而字奭者，相反之義。"古人名、字相應，或同義，或反義。奭，盛大美好；醜，可惡。此可惡者，形貶實褒。　　④ 奭：《段注》："古文百作，則知皕作。"

文二　重一

習部

習　數飛也。从羽，从白[①]。凡習之屬皆从習。　似入切(xí)。

【譯文】習，鳥兒頻頻試飛。由羽、由白(zì)會意。大凡習的部屬都从習。

【注釋】① 从羽，从白：小徐作白(zì)聲，段注從之，均以爲形聲字。

【參證】甲文作、、。郭沫若《卜辭通纂考釋》："此字(甲文)分明从羽，从日，蓋謂禽鳥於晴日學飛。許之誤在譌日爲白(zì)。"

翫　習猒[①]也。从習，元聲。《春秋傳》[②]曰："翫歲而愒[③]日。"　五換切(wàn)。

【譯文】翫，習以爲滿足。从習，元聲。《春秋左傳》説："歲月的流逝，習以爲常，卻又急於時日的短暫。"

【注釋】① 習猒(yān)：王筠《句讀》："猒，飽也。謂習之而至於猒足也。"　② 《春秋傳》：指《左傳・昭公元年》。　③ 愒(gài)：急。

文二

羽部

羽　鳥長毛[①]也。象形。凡羽之屬皆从羽。　王矩切(yǔ)。

【譯文】羽，鳥翅上的長毛。象形。大凡羽的部屬都从羽。

【注釋】① 鳥長毛：王筠《句讀》："異於背上之毛，腹下之毳也。《廣韻》：'羽，鳥翅也。'"

【參證】甲文作、，與"彗"同形。甲文又作單片長羽之形，如。金文作，《金文編》："从羽，于聲。翌，《説文》以爲雩之或體。"

翨　鳥之强羽猛者[①]。从羽，是聲[②]。　俱豉切(jì/chì)[③]。

【譯文】翨，猛鳥强勁的羽毛。从羽，是聲。

【注釋】① 鳥之强羽猛者：王筠《句讀》："蓋謂猛鳥之羽曰翨。" ② 是聲：《段注》："大鄭'翨讀爲翅翼之翅'，以是聲、支聲皆在十六部。翨當即是翅之奇字。" ③ 今讀依《廣韻》施智切。

翰 天雞赤羽也。从羽，倝聲。《逸周書》[1]曰："(大)［文］翰[2]，若翬雉[3]，一名鷐風。周成王時蜀人獻之。" 侯幹切(hàn)。

【譯文】翰，天雞的赤色羽毛。从羽，倝聲。《逸周書》説："長着五彩羽毛，象錦雞，又叫鷐(chén)風。周成王時蜀地人獻來的。"

【注釋】①《逸周書》：周史記。爲了别於《尚書》之《周書》，故謂之《逸周書》。 ② 大翰：《逸周書・王會》："蜀人以文翰。文翰者，若皋雞。"孔晁注："翰，鳥有文彩者。" ③ 翬(huī)雉：五彩皆備的山雉，又叫錦雞。

翟 山雉尾長者。从羽，从隹[1]。 徒歷切(dí)。

【譯文】翟，長尾野雞。由羽、由隹會意。

【注釋】① 从隹：本書"隹"下："鳥之短尾總名也。"泛指鳥。从羽从隹，意謂鳥之以長尾羽爲特徵者。

【參證】金文作[金文字形]。

翡 赤羽雀也。出鬱林[1]。从羽，非聲。 房味切(fěi)。

【譯文】翡，赤色羽毛的小雀。出在鬱林。从羽，非聲。

【注釋】① 鬱林：漢代郡名，在今廣西省境。參"翠"條。

翠 青羽雀[1]也。出鬱林。从羽，卒聲。 七醉切(cuì)。

【譯文】翠，青色羽毛的小雀。出在鬱林。从羽，卒聲。

【注釋】① 青羽雀：徐灝《段注箋》引張揖注《上林賦》曰："翡翠大小亦如雀，雄赤曰翡，雌青曰翠。"

翦[1] 羽生[2]也。一曰：矢羽[3]。从羽，歬聲。 即淺切(jiǎn)。

【譯文】翦，新羽初生。另一義説：箭羽。从羽，歬聲。

【注釋】① 翦：今作翦。徐灝《段注箋》："翦本鳥羽之名，因隸用前爲前後字，故以翦爲翦斷字。" ② 羽生：《段注》："羽初生如前(剪)齊也。"王筠《句讀》："謂新生之羽，整齊之狀。"徐灝《段注箋》："鳥羽曰翦，謂其齊如戩者也，羽之用唯施於箭者，必戩之使齊，故矢羽亦謂之翦。” ③ 矢(shǐ)羽：鈕樹玉《校録》：“‘矢’當作‘矢’。”即矢的隸書。徐灝《段注箋》：“惟揚雄《太元》有之。”

翁 頸毛[①]也。从羽，公聲。 烏紅切(wēng)。

翁 【譯文】翁，鳥頸上的毛。从羽，公聲。

【注釋】① 頸毛：徐鍇《繫傳》：“《爾雅》多謂草華莖細葉叢出爲翁臺，取名於此也。又謂老人爲老翁，言其頸毛白而彊短，若此鳥頸也。”

翄[①] 翼也。从羽，支聲。翅，翄或从氏[②]。 施智切(chì)。

翄 【譯文】翄，鳥翼。从羽，支聲。翅，翄的或體，从氏聲。

【注釋】① 翄：今作“翅”。 ② 从氏：朱駿聲《通訓定聲》：“从氏聲。”上古聲紐，支音照三，氏音禪紐，發音部位同，支氏又同部。

䩭 翅也。从羽，革聲。 古翮切(gé)。

䩭 【譯文】䩭，翅膀。从羽，革聲。

翹 尾長毛[①]也。从羽，堯聲[②]。 渠遙切(qiáo)。

翹 【譯文】翹，鳥尾上的長毛。从羽，堯聲。

【注釋】① 尾長毛：《段注》：“尾長毛必高舉，故凡高舉曰翹。”
② 堯聲：聲中有義。本書“堯”下：“高也。”

翭 羽本[①]也。一曰：羽初生皃。从羽，侯聲。 乎溝切(hóu)。

翭 【譯文】翭，羽毛的根。另一義説：羽毛初生的樣子。从羽，侯聲。

【注釋】① 羽本：《段注》：“謂入於皮肉者也。”

翮 羽莖[①]也。从羽，鬲聲。 下革切(hé)。

翮 【譯文】翮，羽毛的莖。从羽，鬲聲。

【注釋】① 羽莖：《段注》：“莖，枝柱也。”王筠《句讀》：“《釋器》：‘羽本謂之翮。’則與翭同義。許君蓋謂羽本無毛而空中者爲翭，衆毛所附者爲翮也。”

翑 羽曲也。从羽，句聲[①]。 其俱切(qú)。

翑 【譯文】翑，羽毛的彎曲部分。从羽，句聲。

【注釋】① 句聲：聲中有義。《段注》：“凡从句者皆訓曲。”徐灝箋：“凡羽必鉤曲而其末翹起謂之翑。”朱駿聲《通訓定聲》作“从羽句會意，句亦聲”。

羿　羽之（羿）［幵］風①。亦古諸侯②也。一曰：射師③。从羽，幵聲④。　五計切（yì）。

【譯文】羿，鳥張羽旋風而上。也是古代諸侯的名稱。另一義説：羿是射師。从羽，幵聲。

【注釋】① 羽之羿風：《段注》："羿疑當爲幵（jiān）。幵，平也。羽之幵風，謂摶（tuán，環繞）扶搖（盤旋而上的暴風）而上之狀。"
② 古諸侯：夏后時諸侯夷羿國。　③ 射師：謂堯時之羿。
④ 幵聲：聲中有義。幵取平義，見注①。

翥　飛舉①也。从羽，者聲。　章庶切（zhù）。

【譯文】翥，飛起。从羽，者聲。

【注釋】① 飛舉：王筠《句讀》："謂自地初起之時也。"

翕　起也。从羽，合聲①。　許及切（xī）。

【譯文】翕，起飛。从羽，合聲。

【注釋】① 合聲：《段注》云："翕从合者，鳥將起必斂翼也。"聲中有義。

①
翾　小飛也。从羽，睘聲。　許緣切（xuān）。

【譯文】翾，輕輕飛起。从羽，睘聲。

【注釋】① 翾：徐灝《段注箋》："翾者，輕舉之皃。"

翬　大飛①也。从羽，軍聲。一曰：伊、雒而南，雉五采皆備，曰翬。②《詩》③曰："如翬斯④飛。"　許歸切（huī）。

【譯文】翬，奮飛。从羽，軍聲。另一義説：伊水雒水以南，野雞五彩都具備的，叫翬。《詩經》説："象野雞在飛。"

【注釋】① 大飛：奮飛。本書奞部："奮，翬也。"故《釋鳥》曰："鷹隼醜其飛也。"　② 一曰句：見《爾雅・釋鳥》。　③《詩》：指《小雅・斯干》。　④ 斯：語詞。

翏　高飛也。从羽，从㐱①。　力救切（liù）。

【譯文】翏，高飛。由羽、由㐱會意。

【注釋】① 从羽，从㐱（zhěn）：徐鍇《繫傳》曰："㐱，新生羽而飛也。長羽、短羽相副，然後能高飛也。"

【參證】金文作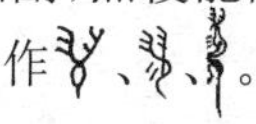。戴家祥《金文大字典》："㐱本有羽義，加羽

旁爲形符偏旁的並重字。”“参有飛意，故三参並重，會意，爲高飛。”

翩 疾飛也。从羽，扁聲。　芳連切（piān）。

【譯文】翩，快速地飛。从羽，扁聲。

翜 捷[①]也。飛之疾也。从羽，夾聲。讀若澀[②]。一曰：俠[③]也。　山洽切（shà）。

【譯文】翜，敏捷。飛得快。从羽，夾聲。音讀象“澀”字。另一義說：翜是挾持。

【注釋】① 捷：《段注》：“翜、捷皆謂敏疾。”　② 讀若澀（sè）：《段注》：“澀，不滑也。與澀同義而雙聲。讀若澀即讀若澀。”　③ 俠：《段注》：“漢人多用俠爲夾，此俠當爲夾，或當爲挾。”

翊[①] 飛皃。从羽，立聲。　與職切（yì）。

【譯文】翊，飛的樣子。从羽，立聲。

【注釋】① 翊：《段注》：“經史多假爲昱（yù）字，以同立聲也。”

【參證】甲文作、。最初借羽爲翊，後加聲符“立”。《段注》引漢《郊祀歌》：“神之來，泛翊翊，甘露降，慶雲集。”翊翊，疊詞，形容神從天而降、飄逸而飛之狀。顏師古注：“翊，音弋入切。又音立。”故由“羽”加“立”作“翊”。

翕 飛盛皃。从羽，从冃[①]。　土盍切（tà）。

【譯文】翕，飛翔盛多的樣子。由羽、由冃會意。

【注釋】① 从冃（mào）：覆蔽之義，謂羣飛蔽天之狀。

翡 （飛）［羽］盛皃[①]。从羽，之聲。　侍之切（shí/chī）[②]。

【譯文】翡，羽翼盛多的樣子。从羽，之聲。

【注釋】① 飛盛皃：徐鍇《繫傳》“飛”作“羽”。《玉篇》、《集韻》、《廣韻》、《類篇》同。　② 今讀依《廣韻》赤之切。

翱 翱翔[①]也。从羽，皋聲。　五牢切（áo）。

【譯文】翱，是翱和翔的翱。从羽，皋聲。

【注釋】① 翱翔：《釋名・釋言語》：“翱，敖也，言敖游也。”高誘注《淮南》曰：“翼上下曰翱。”見下條。

翔[①] 回飛也。从羽，羊聲。　似羊切（xiáng）。

【譯文】翔，回旋地飛。从羽，羊聲。

【注釋】① 翔：錢坫《斠詮》："高誘説，大飛不動曰翔。又曰：翼一上一下曰翱，不搖曰翔。"《段注》："統言不别，析言則殊。"

翽 飛聲也。从羽，歲聲。《詩》① 曰："鳳皇于飛，翽翽其羽。" 呼會切(huì)。

【譯文】翽，飛翔之聲。从羽，歲聲。《詩經》説："鳳凰飛翔，羽翼翽翽地響。"

【注釋】①《詩》：指《大雅・卷阿》。

翯 鳥白肥澤皃。从羽，高聲。《詩》① 云："白鳥翯翯。" 胡角切(xué/hè) ②。

【譯文】翯，鳥兒色白、肥壯而又有光澤的樣子。从羽，高聲。《詩經》説："白色的鳥兒肥壯而又有光澤。"

【注釋】①《詩》：指《大雅・靈臺》。 ② 今讀依《廣韻》胡沃切。

翌 樂舞。以羽翿自翳其首①，以祀星辰也。从羽，王聲。讀若皇。 胡光切(huáng)。

【譯文】翌，樂舞。用羽蓋蒙覆頭部而跳舞，用來祭祀星辰之神。从羽，王聲。音讀象"皇"字。

【注釋】① 以羽句：《周禮・地官・舞師》鄭玄注引鄭司農説："皇舞，蒙羽舞，書或爲翌。"《段注》："翿(dào)同翳(dào)，翳猶覆也。" 翳，參下文"翿"字。

翇 樂舞。執全羽以祀社稷也。从羽，犮聲。讀若紱。 分勿切(fú)。

【譯文】翇，樂舞。手拿着完整的羽毛來祭祀社稷之神。从羽，犮聲。音讀象"紱"字。

翿 翳① 也。所以舞也。从羽，𣪠聲。《詩》② 曰："左執翿。" 徒到切(dào)。

【譯文】翿，即翳。用來跳舞的舞具。从羽，𣪠(chóu)聲。《詩經》説："左手拿着翿旗。"

【注釋】① 翳：今作翿。華蓋，以羽毛覆蔽如車蓋形。 ②《詩》：指《王風・君子陽陽》。承培元《引經證例》："此引《詩》證字也。毛傳曰：翿，纛也，翳也。許書無纛字也。《爾雅》：'纛，翳也。'正與許合。𦆢本从每(盛也)會意,或作纛从毒聲,今《詩》作翿。篆隸之異,如𣆪爲疇、𣏌爲檮皆是。”

【參證】馬敘倫《六書疏證》卷七:“《吕氏春秋·仲秋紀》:‘執干戚戈羽。’高注:‘羽以爲翿,舞者執之以指麾也。’”“倫謂古謂凡所以指麾者爲翳。其物皆以羽毛爲之。”

翳　華蓋①也。从羽,殹聲。　於計切(yì)。

【譯文】翳,即華蓋。从羽,殹聲。

【注釋】① 華蓋:用華麗的羽毛製成,形如車蓋。桂馥《義證》引戴侗説:“翳,羽蓋也。漢人謂之華蓋。”《段注》:“薛綜云:‘羽蓋以翠羽覆車蓋也。’按:以羽,故其字从羽。翳之言蔽也,引申爲凡蔽之偁。在上在旁皆曰翳。”

翣　棺羽飾也。天子八,諸侯六,大夫四,士二。下垂①。从羽,妾聲。　山洽切(shà)。

【譯文】翣,棺材上象羽翼般的裝飾物。天子棺材上八個,諸侯六個,大夫四個,士人兩個。飾物下垂。从羽,妾聲。

【注釋】① 下垂:《段注》:“翣者下垂於棺兩旁,如羽翼然,故字从羽,非真羽也。”

【參證】徐灝《段注箋》:“翣之本義爲羽扇之名。”李孝定《甲骨文字集釋》第四:“大扇曰翣,乘車者用之以蔽風塵,不必棺飾。棺飾亦謂之翣耳。”

文三十四　重一

翻①　飛也。从羽,番聲。或从飛②。　孚袁切(fān)。

【譯文】翻,上下飛動。从羽,番聲。或體从飛。

【注釋】① 翻:曹丕《臨高臺》:“下有水,清且寒,中有黄鵠往且翻。”引申爲翻覆。今有翻天覆地之説。　② 或从飛:異體作“飜”。翻義爲飛,故从飛。依許説,飛字篆文作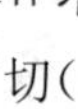,下即雙羽。从飛猶从羽。

翎　羽①也。从羽②,令聲。　郎丁切(líng)。

【譯文】翎,鳥羽。从羽,令聲。

【注釋】① 羽:韓愈《薦士》:“鶴翎不天生,變化在啄菢。”鶴翎,鶴的羽毛。《廣韻・青韻》:“翎,鳥羽。”　② 从羽:《鄭新附考》:“泠本爲獸毛結,漢已後作毜,亦通爲鳥羽之偁,翎尤晚出。”即獸毛結之義無專字,借用泠水之泠;因獸毛結本毛屬,故从毛作毜;又因獸毛結乃羽毛一類,可引申指鳥羽,於是又从羽作翎。後來翎則爲鳥羽之專字。

[①] 翃 飛聲。从羽,工聲。　户公切(hóng)。

【譯文】翃,飛聲。从羽,工聲。

【注釋】① 翃:亦作𤣥工。《漢書・揚雄傳》:“登椽欒而𤣥工天門。”蘇林曰:“𤣥工,至也。”按:此處𤣥工是象聲詞用如動詞,句意爲登上椽欒,𤣥工的一聲飛上了天門。

文三　新附

隹部

 隹 鳥之短尾總名也[①]。象形。凡隹之屬皆从隹。　職追切(zhuī)。

【譯文】隹,短尾鳥的總名。象形。大凡隹的部屬都从隹。

【注釋】① 鳥之短尾句:《段注》:“短尾名隹,别於長尾名鳥。云‘總名’者,取數多也。”桂馥《義證》:“析言之,則隹、鳥異類,合言之,則隹、鳥通偁。”

【參證】甲文作,金文作。羅振玉《增訂殷虚書契考釋》:“隹、鳥古本一字,筆畫有繁簡耳。”高鴻縉《中國字例》:“隹字全象鳥側立形,上古之時隹與鳥非二字,東周時乃漸分化。”“隹古音讀若堆,則與都了切爲一聲之轉,其爲一字之變無疑。”

[①] 雅 楚烏[②]也。一名鸒[③],一名卑居。秦謂之雅。从隹,牙聲。　五下切(yǎ)。又,烏加切(yā)。

【譯文】雅,即楚烏。又叫鸒(yù),又叫卑居。秦地叫它雅。从隹,牙聲。

【注釋】① 雅:徐鉉:“今俗别作鴉。”桂馥《義證》:“雅鳴啞啞,故謂之雅。《淮南・原道訓》:‘烏之啞啞,鵲之唶唶。’《世説》:‘見一羣白頸鳥,但聞喚啞啞聲。'” ② 楚烏:《段注》:“楚烏,烏屬,其名楚烏,非荊楚之楚也。”《小爾雅》:“純黑反哺,謂之慈烏;小而腹下白,不反哺者,謂之雅烏;白脰而羣飛者,謂之燕烏;大而白脰者,謂之蒼烏。”雅爲烏之一種。 ③ 一名鷽:本書“鷽”下:“卑居也。从鳥,與聲。”

 隻 鳥一枚也。从又持隹。持一隹[①]曰隻,二隹曰雙。 之石切(zhī)。

【譯文】隻,鳥一隻。由“又”(手)持握着“隹”會意。手裏拿着一隻鳥叫隻,兩隻鳥叫雙。

【注釋】① 持一隹:王筠《句讀》:“猶兼下云:秉持一禾,兼持二禾也。”

【參證】甲文作、,金文作、、。楊樹達《積微居小學述林·文字初義不屬初形屬後起字考》:“隻爲後世之獲字。”李孝定《甲骨文字集釋》:“卜辭隻字”,“捕鳥在手,獲之義也”;“小篆作獲者,後起形聲字也。'鳥一枚者',隻之別義也”。

 雒 鵋鵙[①]也。从隹,各聲。 盧各切(luò)。

【譯文】雒,鵋鵙鳥。从隹,各聲。

【注釋】① 鵋鵙:《爾雅·釋鳥》:“鵅,鵋鵙。”郭璞注:“今江東呼鵂鶹爲鵋鵙,亦謂之鴝鵅,音格。”桂馥《義證》引陳藏器《本草》:“鉤鵅入城,城空;入宅,宅空:怪鳥也。若聞其聲,如笑者,宜速去之。鳥似鴟,有角,夜飛晝伏。”

【參證】金文作。

 閵 今閵[①],似雊鵒[②]而黃。从隹,𢆶省聲。,籀文不省。 良刃切(lìn)。

【譯文】閵,含閵鳥,象八哥而色黃。从隹,𢆶(zhèn)省去〓(下)爲聲。𨷺,籀文閵字,不省。

【注釋】① 今閵:《段注》:“今閵,鳥名。《玉篇·隹部》作'含閵'。” ② 鴝鵒(qú yù):八哥,羽毛色黑。

 巂 周燕[①]也。从隹,中象其冠也,㕯聲。一曰[②]:蜀王望帝[③],淫其相妻,慚亡去,爲子巂鳥。故蜀人聞子巂鳴,皆起云“望帝”。 户圭切(xié/guī)[④]。

【譯文】巂,周燕鳥。从隹,中象它的頭冠,㕯聲。另一義説:蜀國國

王望帝，與他丞相的妻子淫亂，自感慚愧，逃離朝廷，化成子嶲鳥。所以蜀地人聽見子嶲鳥叫，都起而說"望帝"。

【注釋】① 周燕：王筠《句讀》："《御覽》引孫炎云：'嶲，周燕別名。'" ② 一曰：王筠《句讀》："許君列此義於'一曰'，則周燕蓋非子嶲。" ③ 望帝：王筠《句讀》引《十三州志》："當七國稱王，獨杜宇稱帝于蜀。時有荊人死者名鼈泠，其尸亡至汶山，卻更生，見望帝，帝以爲蜀相。時巫山蜀地壅江洪水，望帝使鼈泠鑿巫山，治水有功，望帝自以爲德薄，乃委國於鼈泠，號曰開明。遂自亡去，化爲子規，故蜀人聞鳴，曰我望帝也。"又云："望帝使鼈泠治水，而淫其妻，泠還，帝慙，遂化爲子規。杜宇死時，適二月，而子規鳴，故蜀人聞之皆起。" ④ 今讀依《廣韻》均窺切。

旊[1] 鳥也[2]。从隹，方聲。讀若方。　府良切(fāng)。

旊　【譯文】旊，鳥名。从隹，方聲。音讀象"方"字。

【注釋】① 旊：朱駿聲《通訓定聲》："疑與魴同字。" ② 鳥也：徐灝《段注箋》："錢氏坫云：'《山海經》有畢方。'灝按：《類篇》云：'鴋鴋，鳥名，青色，白面，一曰水澤神。'"

雀　依人[1]小鳥也。从小[2]隹。讀與爵同[3]。　即略切(què)。

雀　【譯文】雀，依人而宿的小鳥。由小、隹會意。音讀與"爵"字同。

【注釋】① 依人：桂馥《義證》引《古今注》："雀一名嘉賓，言栖宿人家如賓客也。" ② 从小：《段注》："小亦聲也。" ③ 讀與爵同：《段注》："今俗云麻雀者是也。其色褐，其鳴節節足足。禮器象之曰爵。爵與雀同音，後人因書小鳥之字爲爵矣。"馬敘倫《六書疏證》卷七："小、爵並舌尖前音，又聲同宵類。"

【參證】甲文作。

雃　鳥也。从隹，犬聲。睢陽[1]有雃水。　五加切(yá)。

雃　【譯文】雃，鳥名。从隹，犬聲。睢陽地方有雃水。

【注釋】① 睢(jū)陽：大小徐作"睢陽"，段、桂、王，作"睢(suī)陽"。待考。

雗　雗鷽[1]也。从隹，倝聲。　侯幹切(hàn)。

雗　【譯文】雗，乾鵲。从隹，倝聲。

【注釋】① 鵫鷽(xué)：錢坫《斠詮》："《淮南子》以鷽爲乾鵲，乾即鵫字也。"桂馥《札樸·滇游續筆·山喜鵲》："鵫，小鳥，大於雀，形似鵲，滇人謂之山喜鵲。"

雉 有十四種：盧諸雉②，喬雉③，鳪雉④，鷩雉⑤，秩秩海雉⑥，翟山雉⑦，翰雉⑧，卓雉⑨，伊洛而南曰翬⑩，江淮而南曰搖⑪，南方曰㞼，東方曰甾，北方曰稀，西方曰蹲⑫。从隹，矢聲。，古文雉从弟。　直几切(zhì)。

【譯文】雉，有十四種：盧諸雉、喬雉、鳪雉，鷩雉，秩秩海雉，翟山雉，翰雉，卓雉，(還有)伊、洛以南叫翬雉的，江淮以南叫搖雉的，南方叫㞼雉的，東方叫甾雉的，北方叫稀雉的，西方叫蹲雉的。从隹，矢聲。鴺，古文雉字，从弟聲。

【注釋】① 雉：俗稱"野雞"、"山雞"。　② 盧諸雉：《爾雅·釋鳥》郭璞注："或云即今雉。"按：盧指黑色。　③ 喬雉：《爾雅》郭注："即鷮雞也。長尾，走且鳴。"　④ 鳪(bú)雉：《爾雅》郭注："黄色，鳴自呼。"　⑤ 鷩雉：《爾雅》郭注："似山雞而小冠，背毛黄，腹下赤，項緑，色鮮明。"　⑥ 秩秩海雉：《爾雅》郭注："如雉而黑，在海中山上。"　⑦ 翟山雉：《爾雅》郭注："長尾者。"　⑧ 翰雉：王筠《句讀》："翰似翬之五采而卓。"　⑨ 卓雉：《爾雅》郭注："今白鵫也。""亦名白雉。"　⑩ 翬：《爾雅·釋鳥》："伊洛而南，素質，五采皆備，成章，曰翬。"　⑪ 搖：《爾雅·釋鳥》："江淮而南，青質，五采皆備，成章，曰鷂。"郭注："即鷂雉也。"　⑫ 㞼、甾、稀、蹲，《爾雅·釋鳥》作鶅、鶅、鵗、鷷。

【參證】甲文作、、、、。羅振玉《殷虚書契考釋》卷中："《説文解字》雉，古文作，从弟。今以卜辭考之，古文乃从，蓋象以繩繫矢而射，所謂矰繳者也。雉不可生得，必射而後可致之。"陳邦懷《殷墟書契考釋小箋》："()所从之夷省作，而與矢形相近，是小篆雉字从矢所由出與？"

雊 雄(雌)[雉]鳴①也。雷始動②，雉鳴而雊其頸③。从隹，从句④，句亦聲。　古侯切(gòu)。

【譯文】雊，雄性野雞叫。(正月)雷才震動，雄野雞鳴叫，勾着它的頸脖。由隹、由句會意，句也表聲。

【注釋】① 雄雌鳴：當依《段注》作"雄雉鳴"。 ② 雷始動：《大戴禮記·夏小正》："雷則雉震呴。"傳曰："呴也者鳴也，震也者，鼓其翼也。" ③ 雊其頸：《段注》："狀其鳴也。" ④ 从句（gōu）：《段注》："句音鉤，曲也。句其頸，故字从句。"

雞

知時畜[①]也。从隹，奚聲。雞，籀文雞从鳥。 古兮切（jī）。

【譯文】雞，知道時辰的家畜。从隹，奚聲。鷄，籀文雞字，从鳥。

【注釋】① 知時畜：《漢書·五行志》："雞者，小畜，主司時起居人。"雞是小家畜，擔任定時呼叫，使人起居。

【參證】甲文作、、、、、。羅振玉《增訂殷虚書契考釋》："象雞形，高冠修尾。""或增奚聲。"

雛

雞子[①]也。从隹，芻聲。雛，籀文雛从鳥。 士于切（chú）。

【譯文】雛，小雞。从隹，芻聲。鶵，籀文雛字，从鳥。

【注釋】① 雞子：《段注》："雞之小者也。""引申爲凡鳥子、細小之偁。"

【參證】甲文作、。

雡

鳥大雛也。从隹，翏聲。一曰：雉之莫子[①]爲雡。 力救切（liù）。

【譯文】雡，鳥的大雛。从隹，翏聲。另一義説：野雞晚生的子叫雡。

【注釋】① 莫子：《爾雅·釋鳥》作"暮子"。郭注："晚生者，今呼少雞爲雡。"

離

黄[①]，倉庚也。鳴則蠶生[②]。从隹，离聲。 吕支切（lí）。

【譯文】離，離黄，倉庚鳥。倉庚鳥叫，春蠶就出生。从隹，离聲。

【注釋】① 黄：當連篆讀成離黄。《爾雅·釋鳥》："倉庚，黧黄也。"郭璞注："其色黧黑而黄，因以名云。"按：即黄鸝，又叫黄鶯。

② 鳴則句：王筠《句讀》："倉庚鳴，可蠶之候也。"

【參證】甲文作、。羅振玉《殷虚書契考釋》卷中："（離）从隹离聲。古金文禽作（王伐鄦侯鼎），下从，知即，而移中之隹於旁。又於上加，許君遂以爲离聲。"實則是以捕鳥之有柄網捕捉到鳥的意思。

雕 鷻[①]也。从隹,周聲。鵰,籀文雕从鳥。 都僚切(diāo)。

【譯文】雕,鷻鳥。从隹,周聲。鵰,籀文雕字,从鳥。

【注釋】① 鷻(tuán):《急就篇》顏注:“雕亦大鷙鳥也。一名鷻。其尾猶盛。”嘴呈鉤狀,視力很强,腿部有羽毛,雌雄均黑褐色。又叫鷲。《段注》:“(雕)假借爲琱琢、凋零字。”

雁[①] 鳥也。从隹,瘖省聲。或从人,人亦聲[②]。鷹[③],籀文雁从鳥。 於凌切(yīng)。

【譯文】雁,鳥名。从隹,瘖省去音爲聲。一説:从人,人也表聲。鷹,籀文雁字,从鳥。

【注釋】① 雁:老鷹,兇猛的鳥。上嘴鉤曲,爪尖鋭而有力,視力强,飛行速疾,常翱翔於高空或停立大樹上以窺伺食物。 ② 从隹諸句:錢坫《斠詮》:“此(雁)《廣韻》蒸登部中字。从瘖从人皆非聲。”按:瘖在侵覃部,人在真先部。王筠《釋例》:“當是从隹、从疒、从人,會意字也。疒蓋疾病之正字,而借爲疾速之意。鳥莫速於鷹,故从之也。”徐鍇《繫傳》:“雁隨人所指蹤,故从人。”是也。

③ 鷹:雁之加旁體,經典省作鷹。

【參證】金文作雁、雁。王國維《史籀篇疏證》:“考古腋字作亦,象兩腋之形。亻从人从丨,當象一腋之形。雁从隹在腋下,殆會意字,非形聲字也。雁常在人臂,字如此作。並知臂雁之俗,上古已有之。”

雌[①] 錘也。从隹,氐聲。鴟,籀文雌从鳥。 處脂切(chī)。

【譯文】雌,鷂子。从隹,氐聲。鴟,籀文雌字,从鳥。

【注釋】① 雌:《段注》:“今江蘇俗呼鷂鷹,盤旋空中,攫雞子食之。”

錘[①] 雌也。从隹,垂聲。 是僞切(shuì)。

【譯文】錘,鷂子。从隹,垂聲。

【注釋】① 錘:朱駿聲《通訓定聲》:“俗謂之鷂鷹。”

雃 石鳥。一名雝鶏[①],一曰精列[②]。从隹,幵聲。《春秋傳》[③]秦有士雃。 苦堅切(qiān)。

【譯文】雃,石鳥。又名雝鶏,或叫精列。从隹,幵(jiān)聲。《春秋左傳》秦(景公)有臣子叫士雃。

【注釋】① 雝鶏(yōng qú):毛傳:“脊令,雝渠也。飛則鳴,行則搖,不能自舍(自己作巢)。”　② 精列:《段注》:“脊令之轉語。”　③《春秋傳》:指《左傳·襄公九年》。

雝

雝䳄[1]也。从隹,邕聲。　於容切(yōng)。

【譯文】雝,雝䳄鳥。从隹,邕聲。

【注釋】① 雝䳄:王筠《句讀》引陸璣《詩疏》:“大如鷃雀,長脚,長尾,尖喙,背上青灰色,腹下白,頸下黑如連錢,故杜陽人謂之連錢。”“雝”隸作“雍”。

【參證】甲文作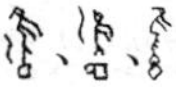,金文作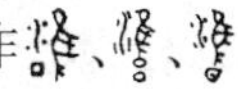。羅振玉《殷虚書契考釋》卷中:“从巛(即水字),从口从隹。古辟雝字如此。辟雍有環流,故从巛,或从〈,乃巛省也。象圜土形,外爲環流,中斯爲圜土也。或从,與誼同。古辟雍有囿,鳥之所止,故从隹。”《小戴禮·王制篇》:“天子曰辟雍,諸侯曰泮宫。”辟雍是天子所轄政府的學校,即“國立大學”。甲金文也有从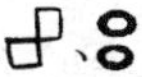的,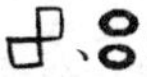是宫字,取象或重在高大的學宫;學宫四周有花木苑囿,爲鳥之所止,从隹亦屬必然。

[1]
雂

鳥也。从隹,今聲。《春秋傳》[2]有公子苦雂。　巨淹切(qián)。

【譯文】雂,鳥名。从隹,今聲。《春秋左傳》中(吴國)有(主帥叫)公子苦雂。

【注釋】① 雂:《廣韻·鹽韻》云:“句喙鳥。”朱駿聲《通訓定聲》:“蘇俗曰水老雅是也。色黑。雂者黔也。”　②《春秋傳》:指《左傳·昭公二十一年》。

[1]
雁

鳥也。从隹,从人[2],厂聲。讀若鴈[3]。　五晏切(yàn)。

【譯文】雁,鳥名。由隹、由人會意,厂聲。音讀象“鴈”字。

【注釋】① 雁:即鴻雁,候鳥。每年春分後飛往北方,秋分後飛回南方。　② 从人:《大徐本》:“臣鉉等曰:雁,知時鳥,大夫以爲摯,昏(婚)禮用之,故从人。”存參。　③ 讀若鴈:《段注》:“鴈从鳥爲鵝,雁从隹爲鴻雁。”“經典鴻雁字多作鴈。”

雞

雞黄[1]也。从隹,黎聲[2]。一曰楚雀也。其色黎黑而黄。郎兮切(lí)。

【譯文】雞,離黄鳥。从隹。黎聲。又叫楚雀,它的顔色黎黑帶黄。

【注釋】① 黐黄：《段注》："黐，《字林》省作鵹，又作鸝。鵹黄即離黄。"朱駿聲《通訓定聲》："俗曰黄鶯。按：此字（黐）實即離之異體，古音相同。"參"離"條。　② 黎聲：聲中有義。《段注》："黎，黑皃。"又，"黎"下注："古亦以爲黧黑字。"

雐

鳥也。从隹，虍聲。　荒烏切（hū）。

【譯文】雐，鳥名。从隹，虍（hǔ）聲。

雓

牟母①也。从隹，奴聲。鴽②，雓或从鳥。　人諸切（rú）。

【譯文】雓，牟母鳥。从隹，奴聲。鴽，雓的或體，从鳥。

【注釋】① 牟母：一作鴾母。《爾雅·釋鳥》郭璞注："鵪（ān，鶉）也，青州呼鴾母。"即鵪鶉之類的小鳥。　② 鴽：變作鴐。

雇

九雇。農桑候鳥，扈民不婬①者也。从隹，户聲②。春雇③，鳻盾；夏雇，竊玄④；秋雇，竊藍；冬雇，竊黄；棘雇，竊丹；行雇，唶唶；宵雇，嘖嘖；桑雇，竊脂⑤；老雇，鷃⑥也。鶚，雇或从雩⑦。鳸，籀文雇从鳥。　侯古切（hù）。

【譯文】雇，有九種雇鳥。農耕桑織的候鳥，防止農民誤過農時。从隹，户聲。春雇鳥，又叫鳻鶞鳥；夏雇鳥，淺黑色；秋雇鳥，淺藍色；冬雇鳥，淺黄色；棘雇鳥，淺赤色；行雇鳥，唶唶（jiè）地叫；宵雇鳥，嘖嘖（zé）地叫；桑雇鳥，淺白色；老雇鳥，又叫鷃雀。鶚，雇的或體，从雩聲。鳸，籀文雇字，从鳥。

【注釋】① 扈民不婬：以扈釋雇，是聲訓。扈，止。婬，過時。《左傳·昭公十七年》："九扈爲九農正，扈民無淫者也。"賈逵云："春扈，分循，相五土之宜，趣民耕種者也；夏扈，竊玄，趣民耘苗者也；秋扈，竊藍，趣民收斂者也；冬扈，竊黄，趣民蓋藏者也；棘扈，竊丹，爲果驅鳥者也；行扈，唶唶，晝爲民驅鳥者也；宵扈，嘖嘖，夜爲農驅獸者也；桑扈，竊脂，爲蠶驅雀者也；老扈，鷃鷃，趣民收麥會不得晏起者也。"　② 户聲：聲中有義。本書户部："户，護也。"户有止義。　③ 春雇：此下至"鷃也"皆《爾雅·釋鳥》文。郭璞注："諸雇皆因其毛色、音聲以爲名。"鳻盾（fén chūn），《爾雅》作"鳻鶞"。　④ 竊玄：徐鍇《繫傳》："竊猶淺也。"下四竊字，同。　⑤ 竊脂：淺白色。　⑥ 鷃：《爾雅》作"鴳"。郭注："今鴳雀。"　⑦ 从雩：宋保《諧聲補逸》："雽户同部。"

【參證】甲文作、。羅振玉《殷虚書契考契》卷中："从鳥户聲，與籀文合。"

雗 䧳屬①。从隹，𦎫聲。 常倫切(chún)。

【譯文】雗，鶴鳥之屬。从隹，𦎫(chún)聲。

【注釋】① 䧳屬：䧳雗，又作鶴鶉。《本草綱目·禽部·鷃》："鶴與鶉兩物也，形狀相似，俱黑色，但無斑者爲鶴也。今人總以鶴鶉名之。"

【參證】金文作。

䧳 雗屬。从隹，酓聲。①，籀文䧳从鳥。 恩含切(ān)。

【譯文】䧳，鶉鳥之屬。从隹，酓聲。鵪，籀文䧳字，从鳥。

【注釋】① 鵪：朱駿聲《通訓定聲》："字亦作鶴。奄、酓雙聲。""鶉黄黑雜文，善鬥。鵪黄色無文，較大。"參"雗"條。

雉 鳥也。从隹，支聲。一曰：雉度①。 章移切(zhī)。

【譯文】雉，鳥名。从隹，支聲。另一義說：雉是計劃。

【注釋】① 雉度：徐鍇《繫傳》："猶今言度支也。"度支，規劃、計算。

雊 鳥肥大雊雊①也。从隹，工聲。，雊或从鳥。 户工切(hóng)。

【譯文】雊，鳥兒肥壯鴻大的樣子。从隹，工聲。鳿，雊的或體，从鳥。

【注釋】① 雊雊：形容鴻大的樣子。

【參證】甲文作、，金文作。羅振玉《增訂殷虚書契考釋》："疑此字與鴻雁之鴻古爲一字。"李孝定《甲骨文字集釋》："鳥部：'鴻，鴻鵠也。从鳥，江聲。'从鳥、从隹無别，江聲(江从工聲)、工聲亦同。明是一字也。"

䳪 繳䳪①也。从隹，椒聲②。一曰：飛䳪也。 穌旰切(sàn)。

【譯文】䳪，把繫箭的生絲繩放射出去。从隹，椒聲。另一義說：羣鳥飛散。

【注釋】① 繳(zhuó)䳪：《段注》："謂縷繫矰矢放散之，加於飛鳥也。" ② 椒(sàn)聲：聲中有義。本書林部："椒，分離也。"

【參證】徐中舒《甲骨文字典》卷四："(一期，京一九七〇)从隹从(攴)，疑爲《説文》隿字。"李孝定《甲骨文字集釋》第四："當爲隿之初文，字實从攴隹會意。鳥遇攴則飛隿。""'一曰：飛隿也'，當是初誼。'繳隿也'之誼當是其引申義。""此字本爲會意，……後乃演變爲小篆之从隹㪅聲耳。"

[1] 繳[2]射飛鳥也。从隹，弋聲。 與職切(yì)。

隿 【譯文】隿，用繫上生絲繩的箭射飛鳥。从隹，弋聲。

【注釋】① 隿：《段注》："經傳多假弋爲之。" ② 繳：拴在箭上的生絲繩。

鳥父也。从隹，厷聲[1]。 羽弓切(xióng)。

雄 【譯文】雄，公鳥。从隹，厷(gōng)聲。

【注釋】① 厷聲：聲中有義。楊樹達《積微居小學金石論叢・字義同源於語源同例證》："厷聲字多含大義。""雄之受名蓋以其大也。"按：厷本肱字，是胳膊由肘到肩的部位，此大臂，比前臂爲大，故有大義。

鳥母也。从隹，此聲[1]。 此移切(cī/cí)。

雌 【譯文】雌，母鳥。从隹，此聲。

【注釋】① 此聲：聲中有義。楊樹達《積微居小學金石論叢・字義同源於語源同例證》："此聲字多含小義。""雌之受名，蓋以其小也。"

【參證】甲文有。朱芳圃《甲骨學文字編》卷四引余永梁説："此字从隹从匕，疑雌字。"

覆鳥令不飛走也。从网隹[1]。讀若到。 都校切(zhào)。

罩 【譯文】罩，覆罩住鳥，使不飛跑。由网、隹會意。音讀象"到"字。

【注釋】① 从网隹：《段注》："网部有罩，捕魚器。此與罩不獨魚鳥異用，亦且翟非网罟之類，謂家禽及生獲之禽，慮其飛走而籠罩之，故其字不入网部。今則罩行而翟廢矣。"

【參證】甲文有。李孝定《甲骨文字集釋》第四："當是以罕畢之屬网鳥之義，今吾湘以罩取魚即謂之罩魚。"

[1] 肥肉也。从弓，所以射隹。長沙有下雋縣[2]。 徂沇切(juàn)。

雋

【譯文】雋，肥美的鳥肉。从弓，用來射鳥的工具。長沙地方有下雋縣。

【注釋】① 雋：横放着的"弓"形，與隸書楷書的"乃"混同，故又常寫作"隽"。雋从弓隹會意。朱駿聲《通訓定聲》："野鳥之味雋永而美。"　② 下雋縣：西漢置縣，屬長沙國。故城在今湖南沅陵縣東北，一説在湖北通城縣境。

䧳　飛也[①]。从隹，隓聲。　山垂切(shuī/wéi)[②]。

【譯文】䧳，鳥飛。从隹，隓(huī)聲。

【注釋】① 飛也：桂馥《義證》："《篇海》引作鳥飛也。"　② 今讀依《廣韻》悦吹切。

文三十九　重十二

奞部

奞　鳥張毛羽自奮[①]也。从大[②]，从隹[③]。凡奞之屬皆从奞。讀若睢。　息遺切(suī)。

【譯文】奞，鳥張毛羽奮起而飛。由大、由隹會意。凡奞的部屬都从奞。音讀象"睢"(suī)字。

【注釋】① 奮：奮起。　② 从大：徐鍇《繫傳》："大，張大皃。"徐灝《段注箋》："奞从大，象毛羽奮張"，"似大而非大字"。　③ 从隹：葉德輝《讀若考》："隹實兼聲，隹、睢同部字也。"

【參證】金文作。

奪　手持隹失之也[①]。从又[②]，从奞[③]。　徒活切(duó)。

【譯文】奪，手裏持握的鳥失去了。由又、由奞會意。

【注釋】① 手持句：《段注》："引申爲凡失去物之偁。凡手中遺落物當作此字。今乃用脱爲之，而用奪爲爭敓(duó)字，相承久矣。"

② 从又：王筠《句讀》："手持之也。"　③ 从奞：王筠《句讀》："奮奞而去，是失之也。"按：奮奞而去是奮起迅疾而飛去。

【參證】金文作。从雀，从衣，从又。表示"雀"在"衣"中，用"又"奪取它。見柯昌濟《韡華閣集古録跋尾·奪敦》。古人寬袍大袖，可以

藏雀鳥。史載唐太宗有一次正在把玩小鳥，遠遠看到魏徵走進來，於是趕緊把小鳥藏在衣袖中，可證衣中可以藏雀。

奮　翬[1]也。从奞在田上[2]。《詩》曰："不能奮飛。"　方問切(fèn)。

【譯文】奮，大飛。由"奞"(suī)在"田"上會意。《詩經》說："不能奮飛。"

【注釋】① 翬(huī)：大飛。　② 从奞在田上：鳥大飛，故从奞。參"奞"條。徐灝《段注箋》："田野空曠，故从田。"。

【參證】金文作。从衣，从隹，从田。高鴻縉《中國字例》："鳥由田起飛，如人振衣曰奮。"存參。

文三

雈部

[1]
雈　鴟屬。从隹，从𦫳[2]，有毛角。所鳴，其民有旤[3]。凡雈之屬皆从雈。讀若和[4]。　胡官切(huán)。

【譯文】雈，鴟鴞之類。由隹、由𦫳會意，𦫳，表示頭上有簇毛如角。它鳴叫的那地方，人們將有禍害。大凡雈的部屬都从雈。音讀象"和"字。

【注釋】① 雈：即猫頭鷹。　② 从𦫳(guǎi)：饒炯《部首訂》："以其頭上有毛如角，則从𦫳。𦫳，羊角也。"　③ 旤(huò)：古禍字。徐鍇《繫傳》引張華《博物志》："夜至人家，取人所棄爪甲，分別視之，則知吉凶，凶者輒鳴，鳴則其家有禍，所以人棄爪甲於門内也。"

④ 讀若和：《段注》："當若桓，云若和者，合韻也。"徐灝箋："桓、和一聲之轉。故桓門亦曰和門。"

【參證】甲文作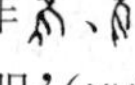。楊樹達《卜辭求義》："余疑雈、萑一字。萑於雈加注聲符'吅'(xuān)。"

蒦　規蒦[1]，商也。从又持雈。一曰：視遽皃[2]。一曰：蒦，度[3]也。彠，蒦或从尋[4]。尋亦度也。《楚詞》[5]曰："求矩彠[6]之所同。"　乙虢切(wò/huò)[7]。

【譯文】蒦，規蒦，商量。由“又”持握着“萑”會意。另一義説：看得匆忙的様子。又另一義説：蒦是規度。䨼，蒦的或體，从尋。尋也是表示規度。《楚辭》説：“尋求法度的共同準則。”

【注釋】① 規蒦：《段注》：“規、蒦二字蓋古語，釋之曰‘商也’。蓋手持萑，則恐其奪去，圖所以處之，是曰規蒦。”　② 視遽皃：《段注》：“矍下云：‘一曰視遽皃。’蒦與矍形聲皆相似，故此義同。”參“矍”條。　③ 度：規度。　④ 尋：本書寸部：“度人之兩臂爲尋，八尺也。”　⑤《楚詞》：指《離騷》。　⑥ 矩䨼：《離騷》作“榘矱”，王逸注：“榘，法也。䨼，度也。”　⑦ 今讀依《集韻》胡陌切。

【參證】金文作、。或从又从雀，或从又持萑。這是“穫”(huò)、“隻”(zhī)共同的取象。不論是“收穫”義還是“鳥一隻”義，字象上取“雀”還是取“萑”，都是等值的。取義側重在表存在，則爲有、擁有、占有、穫得，就是穫義。取義側重在“鳥一隻”，就是“隻”義。爲了與“隻”(zhī)區别，又加禾作“穫”。“鳥一隻”義，表示數量，度是數量的單位化，隻引申爲度。用如動詞，引申爲規度、量度、商度。

雚

小爵[①]也。从雈，吅聲。《詩》[②]曰：“雚鳴于垤[③]。”　工奂切(guàn)。

【譯文】雚，水雀鳥。从雈，吅(xuān)聲。《詩經》説：“雚鳥在螞蟻冢上叫着。”

【注釋】① 小爵：桂馥《義證》：“小當爲水。”《玉篇》：“雚，水鳥也。”《段注》：“爵當作雀。雚今字作鸛。鸛雀乃大鳥。”王筠《句讀》引陸璣疏：“似鴻而大，長頸赤喙，白身，黑尾翅。”桂馥《義證》：“雚亦知雨，俗以其鳴占雨。諺云：單鳴晴，雙鳴陰，逐羣鳴，雨淋淋。又云：早鳴陰，晚鳴晴，夜半叫雨來不等明。”　②《詩》：指《豳風・東山》。　③ 垤(dié)：蟻冢(zhǒng)。

【參證】甲文作，金文作。楊樹達疑雈、雚一字，見“雈”條。

舊

雖舊[①]，舊留也。从雈，臼聲。，舊或从鳥，休聲。　巨救切(jiù/xiū)[②]。

【譯文】舊，雖舊，即舊留鳥。从萑，臼聲。鵂，舊的或體，从鳥，休聲。

【注釋】① 雖舊：鵂鶹。頭似猫而夜飛，蓋即猫頭鳥。今借爲新舊字。　② 今讀依《廣韻》許尤切。

【參證】甲文作，金文作。羅振玉《增訂殷虚書契考釋》釋“舊”，並說：“此从凵，古文臼字多如此作。”朱歧祥《甲骨學論叢》：“从隹止棲於臼巢上。”李孝定《甲骨文字集釋》第四：“（舊）卜辭均用爲新舊字，或亦以爲地名，許書字或作鵂者，蓋以舊之叚借義行而初義轉晦，於是别製鵂爲鳥名專字，而聲亦稍異矣。”

文四　重二

𦫳部

① 羊角也。象形。凡𦫳之屬皆从𦫳。讀若乖。　工瓦切（guǎ/guǎi）。

𦫳

【譯文】𦫳，羊角。象形。大凡𦫳的部屬都从𦫳。音讀象“乖”字。

【注釋】① 𦫳：徐灝《段注箋》：“戴氏侗曰：𦫳，反戾也。羊角相反，故取義焉。”“按𦫳乖蓋本一字，工瓦、古懷二切，亦一聲之轉也。”

【參證】甲文羊作、，金文作。𦫳即羊角的象形。參“羊”條。

① 戾也。从𦫳而𠔁②；𠔁，古文别。　古懷切（guāi）。

𠁥　【譯文】𠁥，違背。由𦫳和𠔁會意；𠔁是古文分“别”字。

【注釋】① 𠁥：今作“乖”。　② 从𦫳而𠔁：王筠《句讀》：“𦫳者乖之象，𠔁者乖之意。从𦫳而𠔁者，合兩意爲一，以見於象得意也。”朱駿聲《通訓定聲》作“从仌𦫳聲”。參“𦫳”條。

　相當也。闕①。讀若宀。　母官切（mán/mián）②。

𦫵　【譯文】𦫵，相當。構形闕。音讀象“宀”（mián）字。

【注釋】① 闕：《段注》：“此謂闕其形也。从𦫳則知之矣，𦫳取兩角相當。从冂，則不可知也。”《廣韻》：“今人賭物相折謂之𦫵。”徐灝《段注箋》：“以此推之，則字當从巾，蓋指巾帛類也。”按，如徐說，則从卝从巾，即以巾帛抵折賭值，與之相當。姑備一說。　② 今讀依《廣韻》武延切。

文三

苜部

苜 目不正也。从丫[①],从目。凡苜之屬皆从苜。莧从此[②]。讀若末。 模結切(miè/mò)[③]。

【譯文】苜,眼睛不正。由丫、由目會意。大凡苜的部屬都从苜。莧字从苜。音讀象末字。

【注釋】① 从丫(guǎi):羊角相反。饒炯《部首訂》:"从丫,以譬況之。" ② 莧(huán)从此:王筠《釋例》:"莧字當依大徐説,以爲通體象形。" ③ 今讀依《廣韻》莫撥切。

【參證】甲文有、、。楊樹達《文字義形學》:"丫訓羊角,乖字从丫而訓爲戾,是丫實有戾義……苜字以角之戾喻目之不正。目爲本名,丫爲喻名。"

[①]
瞢 目不明也。从苜,从旬[②];旬,目數摇也。 木空切(méng)。

【譯文】瞢,眼睛不明亮。由苜、由旬會意。旬,表示眼珠兒迅疾轉動。

【注釋】① 瞢:邵瑛《羣經正字》:"今經典作矇。" ② 从苜,从旬(xuàn):《段注》:"皆不明之意。"

【參證】朱芳圃《殷周文字釋叢》卷中:"甲文作苪,从苜,从人,謂目不正、視不明之人也。篆文增目,乃附加之義符。"

莫 火不明也。从苜[①],从火[②],苜亦聲[③]。《周書》[④]曰:"布重莫席。"織蒻席[⑤]也。讀與蔑同。 莫結切(miè)。

【譯文】莫,火不明亮。由苜、由火會意,苜也表示讀音。《周書》説:"鋪設雙層的細蒲席。"(莫席)就是用細嫩的蒲草編織的席子。音讀與"蔑"字同。

【注釋】① 从苜:義爲"目不正",故不明。 ② 从火:《段注》:"火易眩。" ③ 苜亦聲:馬叙倫《六書疏證》卷七:"古謂不明者音皆為脣音。"苜爲脣音。 ④《周書》:指《顧命》。今作"敷重蔑席"。莧爲蔑的假借字。蔑，今作"篾"。徐灝《段注箋》："蔑席本謂細蒲爲席，或以竹青皮爲之，後因製篾字。"　⑤ 織蒻（ruò）席：編織的蒻席。《段注》："（蒻，蒲子。）蒲子，蒲之幼稚者，細於蒲。"

蔑　勞[1]，目無精也。从苜，人勞則蔑然；从戍[2]。　莫結切（miè）。

【譯文】蔑，是蔑勞，眼睛沒有精神。从苜，表示人疲勞就兩目無神的樣子，从戍。

【注釋】① 勞：應連篆爲讀，蔑勞，長沙方言，就是十分疲勞，無精打彩的意思。人之疲勞必然集中表現在眼神裏。　② 从戍：王筠《句讀》："戍守乃勞事也。"

【參證】甲文作、，金文作、。朱駿聲《通訓定聲》："按許說此字誤也。當云从苜，伐聲，結（構結）字似戍耳。"按：甲金文象用戈擊人頭。見伍仕謙《甲骨文考釋六例》（《四川大學學報叢刊》第十輯）。

文四

羊部

羊　祥[1]也。从𦍌，象頭角足尾之形[2]。孔子曰：牛羊之字以形舉也。凡羊之屬皆从羊。　與章切（yáng）。

【譯文】羊，吉祥。从𦍌，（羊字）象頭、角、足、尾的形狀。孔子說：牛字、羊字根據形體描繪出來。大凡羊的部屬都从羊。

【注釋】① 祥：徐灝《段注箋》："古無祥字，假羊爲之。鐘鼎款識多有'大吉羊'之文。"饒炯《部首訂》："其曰祥者，蓋以聲爲訓，猶天顛、門聞之類。羊性羣而不鬥，祥適合其音與義，故吉祥字，借羊而加示形爲轉注。"　② 象頭句：徐灝《段注箋》："此篆上象頭角，中二畫象四足左右分列，下象其尾。"

【參證】甲文作、，金文作、。明義士《柏根氏舊藏甲骨文字考釋》："象羊頭部正視形。"

羋　羊鳴也。从羊，象聲气上出。與牟同意[1]。　緜婢切（mǐ）。

【譯文】羋，羊叫聲。从羊，（羊上的丨）象聲音和氣向上冒出的樣子。與牟字構形同意。

【注釋】① 與牟同意：《段注》："凡言某與某同意者，皆謂其製字之意同也。"本書牛部："牟，牛鳴也。从牛，象其聲气从口出。"小篆牟上的厶也象其聲氣從口出。

【參證】甲文作、。楊樹達《文字形義學》："芈以羊爲基字，丨表羊出氣之事。"至於字，董作賓《新獲卜辭寫本》後記："(V)象鳴時氣從口出之形。"

羔 羊子也①。从羊，照省聲。 古牢切(gāo)。

【譯文】羔，小羊。从羊，照省昭爲聲。

【注釋】① 羊子也：徐灝《段注箋》："疑羔之本義爲羊炙(zhì，烤肉)，故从火。小羊味美，爲炙尤宜，因之羊子謂之羔。"

【參證】甲文作、、，金文作。林義光《文源》卷六："羔小可炰。象羊在火上形。"

羜 五月生羔也①。从羊，宁聲。讀若煮。 直吕切(zhù)。

【譯文】羜，出生五個月了的羊羔。从羊，宁(zhù)聲。音讀象"煮"字。

【注釋】① 五月句：《段注》："謂羔生五月者也。"《爾雅·釋畜》："未成羊，羜。"郭注："俗呼五月羔爲羜。"

𦍩 六月生羔也①。从羊，敄聲。讀若霧。 已遇切(yù)。又，亡遇切(wù)。

【譯文】𦍩，出生六個月了的羊羔。从羊，敄聲。音讀象"霧"字。

【注釋】① 六月句：《本草綱目·獸部·羊》："羔五月曰羜，六月曰𦍩。"參"羜"條。

羍 小羊①也。从羊，大聲。讀若達。𦍒，羍或省。 他末切(dá)。

【譯文】羍，小羊羔。从羊，大聲。音讀象"達"字。𦍒，羍的或體，羍的省略。

【注釋】① 小羊：《段注》引薛綜答韋昭說："羊子初生名達(羍的假借字)，小名羔，未成羊曰羜，大曰羊，長幼之異名也。"

挑 羊未卒歲也。从羊，兆聲。或曰：夷①羊百斤左右爲挑。讀若《春秋》②"盟于洮"。 治小切(zhào)。

【譯文】羠，羊沒滿周歲。从羊，兆聲。另一義説：閹割過的羊百斤左右叫羠。音讀象《春秋左傳》説的“在洮會盟”的“洮”字。

【注釋】① 夷：《段注》作“羠”：“劇羊易肥，故有重百斤左右者。”劇，閹割的意思。　② 《春秋》：指《左傳·僖公八年》。

羝[①]　牡羊也。从羊，氐聲。　都兮切(dī)。

【譯文】羝，公羊。从羊，氐聲。

【注釋】① 羝：《漢書·蘇武傳》：“使牧羝，羝乳乃得歸。”顔注：“羝，牡羊也。羝不當産乳，故設此言示絶。”

【參證】金文作。馬敘倫《六書疏證》卷七：“羝从氐得聲，氐从氏得聲，氏聲歌類，而氏音端紐。今俗呼父爲爹，从多得聲，多聲音亦端紐，而聲亦歌類。然則羝自爲牡羊。”

羒　(牂)[牡]羊[①]也。从羊，分聲[②]。　符分切(fén)。

【譯文】羒，白色公羊。从羊，分聲。

【注釋】① 牂(zāng)羊：當從《段注》作“牡羊”。《爾雅·釋畜》：“羊，牡羒。”郭璞注：“謂吴羊白羝。”郝懿行《義疏》：“羝，牡羊也；吴羊，白色羊也。”“羒，蓋同墳，言高大也。”　② 分聲：楊樹達《積微居小學金石論叢·字義同緣於語源同例證》：“分聲字多含大義。”“羒之受名亦得義於大矣。”

牂　(牡)[牝]羊[①]也。从羊，爿聲。　則郎切(zāng)。

【譯文】牂，母羊。从羊，爿(qiáng)聲。

【注釋】① 牡羊：當從《段注》作“牝羊”。《爾雅·釋畜》：“羊牡羒，牝牂。”《廣雅·釋獸》：“吴羊(白色羊)牡一歲曰牡羠，三歲曰羝；其牝一歲曰牸羠，三歲曰牂。”

羭　夏羊[①](牡)[牝][②]曰羭。从羊，俞聲。　羊朱切(yú)。

【譯文】羭，黑色母羊叫羭。从羊，俞聲。

【注釋】① 夏羊：《段注》：“謂黑羊。”　② 牡：當從《段注》作“牝”。《爾雅·釋畜》：“夏羊牡羭牝羖。”程瑶田《通藝録》：“《釋畜》本是牝羭牡羖。”

羖　夏羊[①]牡曰羖。从羊，殳聲。　公户切(gǔ)。

【譯文】羖，黑色公羊叫羖。从羊，殳聲。

【注釋】① 夏羊：黑羊。見《段注》。

【參證】楊樹達《積微居小學金石論叢・字義同緣於語源同例證》："羖與股爲同音字，人膝以上爲股，膝以下爲脛，股大於脛，知羖亦當受義於大，義當爲牡，不得爲牝，一也。羖古音與假同，羖爲牡羊，與麚爲牡鹿、豭爲牡豕一律。若麚、豭爲牡而羖爲牝，理不可通，二也。"

羯 羊羖犗[①]也。从羊，曷聲。 居竭切(jié)。

【譯文】羯，公羊被閹割。从羊，曷聲。

【注釋】① 犗(jiè)：閹割。馬敘倫《六書疏證》卷七："檢牛曰犗，羊曰羯，是語原同也。害、曷聲同脂類。《書・湯誓》'時日曷喪'，《孟子・梁惠王》作'害喪'，此曷、害聲通之證矣。"徐灝《段注箋》："《廣雅》又曰：'犗，犗也。'犗與羯字異而義同，皆謂去勢也。"

羠 騬羊[①]也。从羊，夷聲。 徐姊切(sì/yí)[②]。

【譯文】羠，閹割羊。从羊，夷聲。

【注釋】① 騬(chéng)羊：朱駿聲《通訓定聲》："馬曰騬，牛曰犗(jiè)、曰犍(jiān)，豕曰豶(fén)，犬曰猗，羊曰羠、曰羯。蘇俗語通謂之扇。" ② 今讀依《廣韻》以脂切。

羳 黄腹羊[①]。从羊，番聲。 附袁切(fán)。

【譯文】羳，有黄色肚子的羊。从羊，番聲。

【注釋】① 黄腹羊：郝懿行《爾雅義疏》引李時珍説："即黄羊也。狀與羊同，但低小細肋，腹下帶黄色，其耳甚小，西人謂之䵸(jiǎn，同繭)耳羊。"

羥 羊名。从羊，巠聲。 口莖切(kēng/qiān)[①]。

【譯文】羥，羊名。从羊，巠聲。

【注釋】① 今讀依《廣韻》苦閑切。

摯 羊名。从羊，執聲。汝南平輿有摯亭[①]。讀若晉[②]。 即刃切(jìn)。

【譯文】摯，羊名。从羊，執聲。汝南縣平輿地方有摯亭。音讀象"晉"字。

【注釋】① 摯亭：即沈亭。在今河南省汝南縣。 ② 讀若晉：

待考。

羸

瘦[1]也。从羊，羸聲。　力爲切(léi)。

【譯文】羸，羊瘦弱。从羊，羸(luó)聲。

【注釋】① 瘦：朱駿聲《通訓定聲》："本訓當爲瘦羊，轉而言人耳。"

羜

羊相羵[1]也。从羊，委聲。　於僞切(wèi)。

【譯文】羜，羊相互擠壓在一起。从羊，委聲。

【注釋】① 相羵(zì)：《段注》作"相羜羵"，猶委積。桂馥《義證》引《集韻》："羜羵，羊疫。""馥案：羊病相染，羣死殆盡。北方謂之倒圈。"而王筠《釋例》説："羊性寒則散，熱則聚。時當酷暑，則必互相登陟，如積薪然，磊磊落落，白石山也。故夏夜牧人必數起，歐而使之散，恐其相覆壓以致疾。"譯文從王説。

羵

羜羵[1]也。从羊，責聲。　子賜切(zì)。

【譯文】羵，羊相互擠壓在一起。从羊，責聲。

【注釋】① 羜(wéi)羵：朱駿聲《通訓定聲》："羜羵猶委積，羊相覆壓也。羊性寒則散，熱則聚。"參"羜"條。

羣

輩[1]也。从羊[2]，君聲。　渠云切(qún)。

【譯文】羣，朋輩。从羊，君聲。

【注釋】① 輩：《段注》："若軍發車百兩爲輩，此就字之从車言也。朋也，類也，此輩之通訓也。"　② 从羊：徐鉉注："羊性好羣，故从羊。"

【參證】金文作。《段注》："犬部曰：'羊爲羣，犬爲獨。'引申爲類聚之偁。"

羥

羣羊相羵也。一曰：黑羊[1]。从羊，垔聲。　烏閑切(yān)。

【譯文】羥，成羣的羊相互擠壓在一起。另一義説：羥是黑羊。从羊，垔聲。

【注釋】① 黑羊：《廣雅·釋器》："羥，黑也。"

甉

羊名。蹏皮可以割桼[1]。从羊，此聲。　此思切(cī)。

【譯文】甉，羊名。羊足蹄之殼可用來剥割漆樹。从羊，此聲。

【注釋】① 蹏皮句：徐鍇《繫傳》："言皮利也。"實爲蹄殼。

美　甘①也。从羊，从大②。羊在六畜③主給膳④也。美與善同意。　無鄙切(měi)。

【譯文】美，味道甜美。由羊、由大會意。羊在六畜之中，爲供給牲肉之主。美字與善字構形同意。

【注釋】① 甘：美味。王筠《句讀》："甘爲上味，故五味之至美者皆甘。"　② 从羊，从大：《段注》："羊大則肥美。"　③ 六畜：馬、牛、羊、豕、犬、雞。　④ 膳：牲肉。王筠《可讀》："羊爲膳主。"

【參證】甲文作、，金文作、。于省吾《釋羌、茍、敬、美》(《吉林大學社會科學學報》一九六三年第一期)："早期美字象'大'上戴四個羊角形，'大'象人之正立形。""美字的起源係取象於當時視爲美觀的外族戴角形。"

羌　西戎①牧羊人也。从人，从羊②，羊亦聲。南方蠻閩从虫③，北方狄从犬④，東方貉从豸⑤，西方羌从羊：此六種⑥也。西南僰人⑦、僬僥⑧，从人；蓋在坤地⑨，頗有順理之性。唯東夷⑩从大；大，人也。夷俗仁，仁者壽，有君子不死之國⑪。孔子曰⑫："道不行，欲之九夷，乘桴浮于海。"有以也。⑬，古文羌如此。　去羊切(qiāng)。

【譯文】羌，西方戎族的牧羊人。由人、由羊會意，羊也表聲。南方"蠻"族、"閩"族，其字从虫；北方"狄"族，其字从犬；東北方"貉"(mò)族，其字从豸；西方"羌"族，其字从羊：這以上，總共四種部族。西南方的"僰"人、"僬僥"，其字都从人；大概是因爲他們都生活在西南之地，很有順從道理的人性。只有東方"夷"族，其字从大；大就是人。夷俗仁愛，仁愛的人長壽，那兒有君子不死的國度。孔子說："仁義之道不能實行，我要到東方的九夷族去，乘着竹木編成的排筏飄浮在大海上。"這話是有原因的。，古文羌字象這個樣子。

【注釋】① 戎：古代對西部民族的統稱。《疑義》："蓋東亞文明，我族實先進於農業，比於其他種人文化，已顯然不同，故偁他種人每以其習俗物産爲名，示別於我也。"按：爲之所造字亦然。此文又說："觀其所言，具徵種族之見，實深惟其訓釋，準諸事理，未免無稽。"　② 从羊：此地牧羊爲俗，故从羊。　③ 南方蠻閩从虫：《段注》：

"南方蠻，東南閩越，此云南方者概言之。"从虫，南方卑濕而氣暖，蟲類蕃殖，故从虫。　④ 北方狄从犬：北方有使犬之俗，故从犬。⑤ 東方貉从豸：《段注》："豸部云北方，此云東者，謂東北方也。"从豸(zhì)，東北方多産貉，故从豸。　⑥ 六種：王紹蘭《段注訂補》："六種當爲四種。蠻閩皆从虫，爲一種，狄爲一種，貉爲一種，羌爲一種，故云此四種也。古文四作，篆文六作，形近致譌。"⑦ 僰(bó)人：春秋前後居住在以僰道爲中心的今川南以及滇東一帶的少數民族。參"僰"條。　⑧ 僬僥(jiāo yáo)：《國語·魯語下》："僬僥氏長三尺，短之至也。"西南人較矮小，故名。　⑨ 坤地：王紹蘭《段注訂補》："坤有順義，其位又在西南，正當僰、焦僥之地耳。"　⑩ 夷：本書大部："夷，東方之人也。从大，从弓。"東方人善弓矢，故名夷。　⑪ 不死之國：見《山海經》。　⑫ 孔子曰：出自《論語·公冶長》"道不行，乘桴浮于海"，《子罕》"子欲居九夷"。　⑬ 𦍌：《段注》："不得其説。"

【參證】甲文作、、，金文作、、。于省吾《釋羌、苟、敬美》(《吉林大學社會科學學報》一九六三年第一期)："因爲羌族有戴羊角的習俗，造字者遂取以爲象。在(人)字上部加以羊角形便構成字。……晚期卜辭和金文中的羌字上部所从的羊角形譌變爲从羊，小篆因襲未變。"李孝定《甲骨文字集釋》："羌爲殷之敵國。""又作，象身加縲絏之形。""古文作𦍌，蓋即之形譌。"

羑　進善①也。从羊②，久聲。文王拘羑里③在湯陰。　與久切(yǒu)。

【譯文】羑，引導向善美前進。从羊，久聲。周文王被關在羑里監獄，羑里在湯陰。

【注釋】① 進善：徐鍇《繫傳》："言誘善也。"本書厶部："䛻，相訹呼也。或作誘，古文作羑。"　② 从羊：《段注》："羊善也，故从羊。"③ 羑里：《段注》："《漢》二《志》皆云：河内郡蕩陰有羑里城，西伯所拘。"徐鍇《繫傳》："《博物志》曰：殷名獄曰羑里。"在今河南省湯陰縣北。

文二十六　重二

羴部

羴　羊臭也。从三羊[1]。凡羴之屬皆从羴。羶[2],羴或从亶。式連切(shān)。

【譯文】羴,羊的氣味。由三個羊字會意。大凡羴的部屬都从羴。羶,羴的或體,从亶聲。

【注釋】① 从三羊:《段注》:“羊多則气羴,故从三羊。”　② 羶:《段注》:“亶(dàn),聲也。今經傳多从或字。”宋保《諧聲補逸》:“羴聲、亶聲同部相近。”

【參證】甲文作、、,金文作、。商承祚《甲骨文字研究》下篇:“此或从四羊,誼與三羊同。如豩,甲骨文从三豕作豩;麤,从二鹿作麤。祇求達意,不拘一形也。”

羼　羊相厠[1]也。从羴在尸下;尸[2],屋也。一曰:相出前[3]也。　初限切(chàn)。

【譯文】羼,羊互相聚居在一起。由“羴”在“尸”下會意;尸表示屋子一類的棚户。另一義説:羊相爭突出在前面。

【注釋】① 相厠:《段注》:“襍厠而居。”　② 尸:徐灝《段注箋》:“从尸之字,如屢、屋、屏、層之類,或象帷幄,或象舍宇,皆非屋省。”③ 相出前:《段注》:“突出居前也。”徐灝箋:“戴氏侗曰:羊性躁,三羊羣處,屋下爭出也。”

文二　重一

瞿部

瞿　鷹隼之視[1]也。从隹,从䀠[2],䀠亦聲。凡瞿之屬皆从瞿。讀若章句之句[3]。　九遇切(jù),又音衢(qú)。

【譯文】瞿,鷹鷂驚視的樣子。由隹、由䀠會意,䀠也表聲。音讀象章句的“句”字。

【注釋】① 鷹隼(sǔn)之視:徐鍇《繫傳》:“驚視也。”　② 从隹,从䀠(jù):《段注》:“知爲鷹隼之視者,以从隹䀠知之也。”䀠,誇大兩隻瞪着的眼睛，作驚顧之狀。饒炯《部首訂》："䀠恐者，目每左右搖動，鷹隼視亦如之。"參"䀠"條。　③ 讀若句：《段注》："古音句讀如鉤，别之曰章句之句，知許時章句已不讀鉤矣。"

矍　隹欲逸走也，从又持之，矍矍也[①]。讀若《詩》云"穬彼淮夷"之穬[②]。一曰：視遽皃。　九縛切（jué）。

【譯文】矍，隹鳥想逃跑，用"又"（手）持握着它，它瞿瞿然左右驚顧。音讀象《詩經》説的"穬彼淮夷"的"穬"字。另一義説：是看得十分急切的樣子。

【注釋】① 隹欲三句：三句相連，説解字形，義在其中。首句説从隹，次句説从又，末句説从䀠。矍矍，䀠䀠的借字。字當入䀠部。

② 讀若句：《詩》，指《魯頌·泮水》。《毛詩》作"憬（jǐng，遠行皃）彼淮夷"，《韓詩》作"穬"（kuàng）。宋保《諧聲補逸》："矍、瞿、穬，皆一聲之轉。""以藥鐸配陽唐也。"陽、入對轉。

文二

雔部

雔　雙鳥[①]也。从二隹[②]。凡雔之屬皆从雔。讀若醻。　市流切（chóu）。

【譯文】雔，成對的鳥。由兩個"隹"字會意。大凡雔的部屬都从雔。音讀象"醻（chóu）"字。

【注釋】① 雙鳥：徐灝《段注箋》："雙鳥爲雔，即逑、匹本義。引申爲凡相當之偁。讎敵、讎荅、讎校皆此義也。貿易，物與價相當，故亦謂之讎，俗作售。"　② 从二隹：由兩個隹字會合，表示成對，相當之意，不是表示數量的"兩個"。

【參證】金文作、。柯昌濟《韡華閣集古録跋尾·雔父辛觶》："（金文）作兩鳥對形，有儔匹之義，殆匹儔之最初字。"

靃　飛聲也。雨[①]而雙[②]飛者，其聲靃然。　呼郭切（huò）。

【譯文】靃，飛的聲音。雨中成雙成對的鳥疾飛，那聲音靃靃地響。

【注釋】① 雨：宋保《諧聲補逸》："靃从雨聲，猶矍从瞿聲也。"

② 雙：王筠《句讀》："言雙者，字从雔也。實是羣鳥飛聲。"

【參證】甲文作、、，金文作、。李孝定《甲骨文字集釋》第四："今隸作霍，从隹。""以古文偏旁多寡隨意例之，與从三隹者當是一字。"

雙 隹二枚也。从雔，又持之①。 所江切(shuāng)。

【譯文】雙，鳥兩隻。从"雔"，"又"(手)持握着它。

【注釋】① 又持之：徐灝《段注箋》："从又持二隹會意，引申爲凡物兩兩相對之偁。"

文三

雥部

雥 羣鳥①也。从三隹。凡雥之屬皆从雥。 徂合切(zá)。

【譯文】雥，羣鳥。由三個"隹"字相疊會意。

【注釋】① 羣鳥：饒炯《部首訂》："此以疊文會衆多之意，與驫爲衆馬、㗊爲衆也同例。"

【參證】甲文作。李孝定《甲骨文字集釋》第四："字从三隹會意，與𢍰同例。音義與雜並相近。"《國語》："民神不雜。"注："雜，會也。"《吕氏春秋》："四方來雜。"《廣雅》："雜，集也。"雜之會義、集義，均可由羣鳥會集之雥表示。

䨼 鳥羣①也。从雥，㴊聲②。 烏玄切(yuān)。

【譯文】䨼，鳥羣。从雥，㴊聲。

【注釋】① 鳥羣：《段注》："如㴊，爲水聚。" ② 从雥，㴊聲：徐灝《段注箋》："由雧字推之，則䨼當爲羣鳥在水上之義。"

【參證】甲文作、、。李孝定《甲骨文字集釋》第四："羅(振玉)釋爲是，古㴊、泉同。"

雧 羣鳥在木上也①。从雥，从木。，雧或省。 秦入切(jí)。

【譯文】雧，羣鳥聚集在樹木上。由雥、由木會意。集，雧的或體，雧的省略。

【注釋】① 羣鳥句：《段注》："引申爲凡聚之偁，漢人多假雜爲集。"

参“雥”條。

【参證】甲文作,金文作。孫海波《甲骨文字研究》:“甲骨金文皆象鳥止木上之形,集之意也。”

文三　重一

鳥部

鳥　長尾[①]禽總名也。象形[②]。鳥之足似匕,从匕。凡鳥之屬都从鳥。　都了切(niǎo)[③]。

【譯文】鳥,長尾飛禽的總名。象形。鳥的腳象匕字之形,从匕。大凡鳥的部屬都从鳥。

【注釋】① 長尾:饒炯《部首訂》:“隹乃古文,鳥乃後起。故从隹之字多从鳥,从鳥之字多从隹也。”“後乃有長尾短尾之别。”故《段注》説:“析言則然,渾言則不别也。”参“隹”條。　② 象形:徐灝《段注箋》:“鳥象形,絶肖。鳥二足側視,故見其一也。鳥足似匕,魚尾似火,皆似其字之形。”　③ 當音 diǎo,今讀 niǎo。

【参證】甲文作,金文作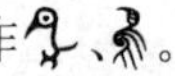。

鳳　神鳥也。天老曰:鳳之象也,鴻前麐後,蛇頸魚尾,鸛顙鴛思[①],龍文虎背,燕頷雞喙,五色備舉。出于東方君子之國,翱翔四海之外,過崐崘,飲砥柱,濯羽弱水[②],莫宿風穴[③]。見則天下大安寧。从鳥,凡聲[④]。,古文鳳[⑤]。象形。鳳飛,羣鳥从以萬數,故以爲朋黨字[⑥]。,亦古文鳳[⑦]。　馮貢切(fèng)。

【譯文】鳳,神鳥。黄帝的臣子天老説:鳳鳥的樣子啊,前面象鴻雁,後面象麒麟,象蛇一樣的頸項,象魚一樣的尾巴,象鸛鵲一樣的額頭,象鴛鴦一樣的鰓幫,象龍一樣的花紋,象虎一樣的背,象燕一樣的下巴頦,象雞一樣的嘴,五色全都具備。出産在東方君子的國度,翱翔在四海之外,飛過崐崘山,到黄河的砥柱飲水,在弱水洗濯毛羽,黄昏時宿止在風的洞口。一出現,天下就大安寧。从鳥,凡聲。𠕁,古文鳳字。象形。鳳鳥飛翔,其他的鳥成羣地跟着飛,常以萬來

計算，所以把它假借爲朋黨的朋字。鵬，也是古文鳳字。

【注釋】① 思：王筠《句讀》："思同鰓。"　② 弱水：《段注》："弱，水部作溺。"　③ 風穴：《段注》："二語見《淮南》書。《文選》注引許慎曰：'風穴，風所从出也。'"　④ 凡聲：上古凡、鳳同屬侵部並紐。　⑤ 古文鳳：甲文，僅繪其身，省其華冠，則成，與古文鳳形合。與金文从人从朋之，及甲文朋貝之朋作，字形字音相混，遂誤會而會朋黨之説。　⑥ 鳳飛句：《段注》："此説假借也。"朋黨，徐灝《段注箋》："朋黨之名，起於漢世，因非造字時所有。且經傳朋字與鳳了不相涉，亦絶無通用者。"　⑦ 亦古文鳳：右旁的是古文於（烏的古文）字，左旁的，與漢隸的朋相似，於是隸定作鵬。

【參證】甲文作、、。前字象鳳鳥高冠、花翎、長尾之形。次字加聲旁"凡"。末字加，象光芒四射。朱芳圃《殷周文字釋叢》卷上："余謂鳳，神化之雉也。……雉爲習見之鳥，羽毛華麗，古代東夷部族用以爲圖騰……因轉化爲神鳥。……頭上戴義與龍同，或增，象其光芒四射也。"

鸞①　亦神靈之精也。赤色，五采，雞形。鳴中五音，頌聲作②則至。从鳥，䜌聲。周成王時氐羌獻鸞鳥③。　洛官切（luán）。

【譯文】鸞，也是神靈的精物。赤色，五彩花紋，象雞的樣子。叫聲符合五音，（太平盛世）頌歌起，它就飛來了。从鳥，䜌聲。周成王的時候，氐族、羌族獻來鸞鳥。

【注釋】① 鸞：《廣雅·釋鳥》："鸞鳥，鳳皇屬也。"　② 頌聲作：徐鍇《繫傳》："太平然後頌聲作。"　③ 周成王句：見《逸周書·王會篇》。

鷟　鸑鷟，鳳屬，神鳥也。从鳥，獄聲。《春秋國語》①曰："周之興也，鸑鷟鳴於岐山②。"江中有鸑鷟，似鳧而大，赤目③。　五角切（yuè）。

【譯文】鸑，鸑鷟，鳳凰鳥一類，神鳥。从鳥，獄聲。《春秋國語》説："周王朝在興起的時候，鸑鷟在岐山之上鳴叫。"長江之中還有另一類鸑鷟，象野鴨而比野鴨大，紅眼睛。

【注釋】①《春秋國語》：指《周語上》"内史過論神"。　②岐山：在今陝西岐山縣。　③江中句：《段注》："此言江中鸑鷟，别是一物，非神鳥。"即鸀鳿。

鷟　鸑鷟[①]也。从鳥，族聲。　士角切(zhuó)。

【譯文】鷟，鸑鷟。从鳥，族聲。

【注釋】①鸑鷟：朱駿聲《通訓定聲》："疊韻連語。"又可單字成義。王筠《句讀》："張説《握乾符頌》：'鳴鸑改號。'單呼爲鸑。《禽經》：'紫鳳曰鷟。'又單呼爲鷟。"參上條。

鷫　鷫鷞也。五方神鳥[①]也。東方發明，南方焦明，西方鷫鷞，北方幽昌，中央鳳皇。从鳥，肅聲。⿰叟鳥，司馬相如説，从叜聲[②]。　息逐切(sù)。

【譯文】鷫，鷫鷞鳥。五方神鳥之一。東方叫發明鳥，南方叫焦明鳥，西方叫鷫鷞鳥，北方叫幽昌鳥，中央叫鳳凰鳥。从鳥，肅聲。⿰叟鳥，司馬相如説，鷫又从叜聲。

【注釋】①五方神鳥：桂馥《義證》引《續漢書・五行志・樂叶圖徵説》："五鳳皆五色。爲瑞者一，爲孽者四。"注："叶圖徵曰：似鳳有四，並爲妖：一曰鷫鸘，至則疫之感也；二曰發明，至則喪之感也；三曰焦明，至則水之感也；四曰幽昌，至則旱之感也。"既爲神鳥，自當無稽，姑備一説。　②从叜聲：肅、叜古音近。

鷞[①]　鷫鷞也。从鳥，爽聲。　所莊切(shuāng)。

【譯文】鷞，鷫鷞。从鳥，爽聲。

【注釋】①鷞：參上條。

鳩　鶻鵃[①]也。从鳥，九聲。　居求切(jiū)。

【譯文】鳩，鶻鵃鳥。从鳥，九聲。

【注釋】①鶻鵃(gǔ zhōu)：一種小鳩。《爾雅・釋鳥》："鶌(jué)鳩。"郭璞注："似山鵲而小，短尾，青黑色，多聲。今江東亦呼爲鶻鵃。"苗夔《聲訂》："鶻、鵃二字即切鳩字。"

鶌　鶌鳩[①]也。从鳥，屈聲。　九勿切(jué)。

【譯文】鶌，鶌鳩鳥。从鳥，屈聲。

【注釋】①鶌鳩：又名鶻鵃。一種小鳩。參"鳩"條。

雖　祝鳩①也。从鳥，隹聲。隼②，雖或从隹一③。一曰：鶉字④。［職追切（zhuī）。又，］思允切（sǔn）⑤。

【譯文】雖，祝鳩鳥。从鳥，隹聲。隼，雖的或體，由隹、一會意。一説：隼就是鶉字。

【注釋】① 祝鳩：又叫鵓鴣、鳺鴀。鳺鴀又寫作“夫不”。　② 隼：徐灝《段注箋》：“雖爲祝鳩，職追切；隼爲鷙鳥，思允切。二字音義懸絶。”“其誤顯然。”“蓋《説文》本有鵻篆，音思允切，其古文作隼，因雖與鵻形極相似，傳寫去鵻篆，遂誤合雖隼爲一。删職追切之音，乃以思允切綴於雖字之下，致此乖戾。”　③ 从隹一：徐灝《段注箋》：“戴侗云：一象鷹隼在臂韝（gōu，用皮製成的臂套，架鷹時套在左臂）上。”　④ 一曰句：徐灝《段注箋》：“（鶉）《繫傳》作鷻（tuán），鶉即鷻之省。此亦錯簡也。《爾雅》：‘鴡鳩，王鴡。’郭云：‘雕類。’下文云：‘鷻，雕也。’然則鶉爲王鴡之别名，而非隼之别名可知。”　⑤ 今讀依《廣韻》職追切。

鶻　鶻鵃①也。从鳥，骨聲。古忽切（gǔ）。

【譯文】鶻，鶻鵃鳥。从鳥，骨聲。

【注釋】① 鶻鵃：又名鶌鳩。參“鳩”條。《爾雅・釋鳥》：“鶌鳩，鶻鵃。”舍人注：“今之斑鳩。”馬敘倫《六書疏證》卷七：“鶻爲鶌之轉注字。音皆見紐，聲同脂類。”王筠《句讀》引陸璣《詩疏》：“桂陽人謂之斑隹，似鵓鳩而大，項有繡文斑然，陰則屏逐其匹，晴則呼之，語曰：‘天將雨，鳩逐婦。’”

鵃　鶻鵃①也。从鳥，舟聲。張流切（zhōu）。

【譯文】鵃，鶻鵃鳥。从鳥，舟聲。

【注釋】① 鶻鵃：《段注》：“凡鳥名，多取其聲爲之。”以此，凡兩字爲名者，則多爲聯緜字。

鵴　秸鵴①，尸鳩。从鳥，䎗聲。居六切（jú）。

【譯文】鵴，秸鵴鳥，又叫尸鳩。从鳥，䎗（jú）聲。

【注釋】① 秸鵴：《爾雅・釋鳥》：“鳲鳩，鴶鵴。”郭璞注：“今之布穀也。江東呼爲穫穀。”《荊楚歲時記》：“四月有鳥名穫穀，其名自呼，農人候此鳥則犂杷上岸。”秸鵴，雙聲聯緜字。

鴿 鳩屬[①]。从鳥，合聲。 古沓切(gē)。

【譯文】鴿，鳩之屬。从鳥，合聲。

【注釋】① 鳩屬：王筠《句讀》引顔注《急就篇》："鴿似鶉鳩，而色青白，其鳴聲鴿鴿，因以名云。"此鳥飛行力極强，經訓練可用來通信。

鴠 渴鴠[①]也。从鳥，旦聲。 得案切(dàn)。

【譯文】鴠，渴鴠鳥。从鳥，旦聲。

【注釋】① 渴鴠：寒號鳥。又作"曷旦"、"盇旦"、"鶡鴠"、"鴨鴠"、"侃旦"，皆一聲之轉。《段注》："曷旦、可旦，鳥語如此，故云求旦之鳥。"所謂"求旦"是聽其鳥語而附會之。

鶪 伯勞[①]也。从鳥，狊聲。[illegible]，鶪或从隹。 古闃切(jú)。

【譯文】鶪，伯勞鳥。从鳥，狊聲。[illegible]，鶪的或體，从隹。

【注釋】① 伯勞：又叫鵙鳩。嘴尖尾長，翼尾黑色，背棕紅色。五月鳴鶪，其聲鶪鶪然。

鷚 天龠[①]也。从鳥，翏聲。 力救切(liù)。

【譯文】鷚，天龠鳥。从鳥，翏聲。

【注釋】① 天龠(yuè)：《爾雅·釋鳥》："鷚，天鸙。"郭璞注："大如鷃雀，色似鶉，好高飛作聲。今江東名之天鷚。"朱駿聲《通訓定聲》："今俗謂之叫天子。"

鸒 卑居[①]也。从鳥，與聲。 羊茹切(yù)。

【譯文】鸒，鵯鶋鳥。从鳥，與聲。

【注釋】① 卑居：《爾雅·釋鳥》："鸒斯，鵯鶋。"郭璞注："雅烏也，小而多羣，腹下白，江東亦呼爲鵯烏。"《釋文》："'斯'是詩人協句之言。"

鷽 雗鷽[①]，山鵲[②]，知來事鳥也。从鳥，學省聲。雤，鷽或从隹。 胡角切(xué)。

【譯文】鷽，雗鷽鳥，又叫山鵲，是知道未來的事情的鳥兒。从鳥，學省去"子"爲聲。雤，鷽的或體，从隹。

【注釋】① 雗(hàn)鷽：《段注》："避太歲，知來歲風，知人憂喜，知行人將至，此正今之喜鵲。其性好晴，故曰'乾鵲'。雗、乾、雃同。"

② 山鵲：即長尾藍鵲。《爾雅・釋鳥》："鷽，山鵲。"郭璞注："似鵲而有文彩，長尾，嘴腳赤。"

鷲　鳥[1]，黑色，多子[2]。師曠曰[3]："南方有鳥，名曰羌鷲[4]，黄頭，赤目，五色皆備。"从鳥，就聲。　疾僦切(jiù)。

【譯文】鷲，鷲鳥，黑色，多力。師曠説："南方有一種鳥，名叫羌鷲，黄頭，紅眼，五色齊備。"从鳥，就聲。

【注釋】① 鳥：應連篆爲讀。《廣雅・釋鳥》："鷲，雕也。"　② 黑色，多子：子字當作"力"，山海經云："景山多鷲，黑色多力。"
③ 師曠曰：王筠《句讀》："《藝文志》小説家有師曠六篇，此文或出其中。"　④ 羌鷲：《段注》："此别一鳥名。羌鷲非鷲也。"

鴞　鴟鴞[1]，寧鴂也。从鳥，号聲。　于嬌切(xiāo)。

【譯文】鴞，鴟鴞鳥，又名寧鴂鳥。从鳥，号聲。

【注釋】① 鴟(chī)鴞：《豳風・鴟鴞》毛傳："鴟鴞，鸋鴂。"正義引陸璣《詩義疏》："鴟鴞，似黄雀而小，其喙尖如錐，取茅莠爲窠，以麻紩之，如刺襪然，懸著樹枝，或一房，或二房。幽州人謂之鸋鴂，或曰巧婦，或曰女匠。"

鴂　寧鴂[1]也。从鳥，夬聲。　古穴切(jué)。

【譯文】鴂，鸋鴂鳥。从鳥，夬聲。

【注釋】① 寧鴂：又作鸋鴂，即鷦鷯。參"鴞"條。

鷸[1]　鳥也。从鳥，崇聲。　辛聿切(xù)。

【譯文】鷸，鳥名。从鳥，崇聲。

【注釋】① 鷸：《廣韻・術韻》："鷸，小鳥名。"

鴋　澤虞[1]也。从鳥，方聲。　分兩切(fǎng)。

【譯文】鴋，澤虞鳥。从鳥，方聲。

【注釋】① 澤虞：《爾雅・釋鳥》郭璞注："今婟(hù，戀惜)澤鳥，似水鴞，蒼黑色，常在澤中，見人輒鳴喚不去，有象主守之官，因名云。俗呼爲護田鳥。"按：《周禮》澤虞官，管理沼澤地區。

鷭　鳥也。从鳥，截聲。　子結切(jié)。

【譯文】鷭，鳥名。从鳥，截聲。

鳥也。从鳥，桼聲。　親吉切(qī)。

鶔　【譯文】鶔，鳥名。从鳥，桼聲。

鋪豉①也。从鳥，失聲。　徒結切(dié)。

鴩　【譯文】鴩，鋪豉鳥。从鳥，失聲。

【注釋】① 鋪豉(chǐ)：《段注》："此必鳥聲如云'鋪豉'。"

鶤雞①也。从鳥，軍聲。讀若運②。　古渾切(kūn)。

鶤　【譯文】鶤，鶤雞鳥。从鳥，軍聲。音讀象"運"字。

【注釋】① 鶤雞：或作昆雞。《段注》："張揖注《上林賦》曰：'昆雞似鶴，黄白色。'"　② 讀若運：鶤、運均从軍得聲。

①鳥也。从鳥，芺聲。　烏浩切(ǎo)。

䳒　【譯文】䳒，鳥名。从鳥，芺聲。

【注釋】① 䳒：徐灝《段注箋》："《爾雅》：'鴢頭，䳒。'郭注：'似鳧，腳近尾，略不能行，江東謂之魚䳒。'灝按：鴢頭，言其頭頸曲戾如拗也。凡物相交紐必曲戾，故謂之䳒。芺从夭，亦曲義也。"

鳥也。从鳥，𦥑聲①。　居玉切(jú)。

⿱𦥑鳥　【譯文】⿱𦥑鳥，鳥名。从鳥，𦥑聲。

【注釋】① 𦥑聲：𦥑非杵臼之臼也。

鷦䳮①，桃蟲也。从鳥，焦聲②。　即消切(jiāo)。

鷦　【譯文】鷦，鷦䳮鳥，又叫桃蟲。从鳥，焦聲。

【注釋】① 鷦䳮：體長約三寸，善作精巧的巢。一名巧婦。《段注》："單呼曰鷦，絫呼曰鷦䳮。鷦䳮，謂其小也。取義於焦眇也。桃蟲之桃亦取兆聲，謂其小。"　② 焦聲：楊樹達《積微居小學金石論叢·字義同緣於語源同例證》："焦聲及同音之字多含小義。"

鷦䳮①也。从鳥，眇聲②。　亡沼切(miǎo)。

䳮　【譯文】䳮，鷦䳮鳥。从鳥，眇(miǎo)聲。

【注釋】① 鷦䳮：朱駿聲《通訓定聲》："亦曰鷦鷯。"　② 眇聲：楊樹達《積微居小學金石論叢·字義同緣於語源同例證》："眇聲之字亦多含小義。"

鳥少美長醜，爲鶹離①。从鳥，留聲。　力求切(liú)。

鶹　【譯文】鶹，鳥兒少小時美好，長大了醜惡，叫鶹離鳥。从鳥，留聲。

【注釋】① 鶹離：又作“留離”、“流離”、“鶹鷅”，即梟。陸璣《毛詩草木鳥獸蟲魚疏》：“流離，梟也。自關而西，謂梟爲流離。其子適長大，還食其母。”

 鷬 鳥[1]也。从鳥，堇聲[2]。，鷬或从隹。，古文鷬。[3]，古文鷬。，古文鷬。　那干切(nán)。

【譯文】鷬，鳥名。从鳥，堇聲。難，鷬的或體，从隹。䕼，古文鷬字。䕼，古文鷬字。䧮，古文鷬字。

【注釋】① 鳥：《段注》：“今爲‘難易’字，而本義隱矣。”王紹蘭《段注訂補》：“難，金翅鳥也。……晏嬰云：有鳥曰金翅，民謂爲羽豪。其爲鳥也，非龍肺不食，非鳳血不飲。其食也，常飢而不飽；其飲也，常渴而不充。生未幾何，夭其天年而死。觀晏子之言，足知金翅鳥之所以名難也。”此乃後人附會之説，引此爲廣異聞也。　② 堇聲：王紹蘭《訂補》：“堇部：‘堇，黏土也。’凡从堇得聲之字如艱、勤等皆有難義。”堇作難之聲符，由文痕部旁轉入元部。　③ 䕼，商承祚《説文中之古文考》：“《汗簡》引作。”王筠《句讀》：“此鳥蓋如萑，有毛角，乃角形。”

【參證】金文作、。

 鶨 欺老[1]也。从鳥，彖聲[2]。　丑絹切(chuàn)。

【譯文】鶨，欺老鳥。从鳥，彖聲。

【注釋】① 欺老：《爾雅・釋鳥》：“鶨，鵋老。”郭注：“鳹(qín)鶨也。俗呼爲癡鳥。”王筠《句讀》：“疏引《字林》曰：‘句喙鳥。’《通志》：‘鶨，蓋鴟類，能捕雀，句喙，目圓黄可畏，如拳大小者尤俊。’”　② 彖聲：《易・彖辭》之“彖”。

 ⿰兑鳥 鳥[1]也。从鳥，説省聲[2]。　弋雪切(yuè)。

【譯文】⿰兑鳥，鳥名。从鳥，“説”省言爲聲。

【注釋】① 鳥：《玉篇・鳥部》：“⿰兑鳥，水鳥。”　② 説省聲：《五翼》：“古兑、説音義並通。……不煩从説省也。”

 鴸 鳥[1]也。从鳥，主聲。　天口切(tǒu)。

【譯文】鴸，鳥名。从鳥，主聲。

【注釋】① 鳥：《廣韻・厚韻》：“鴸，水鳥，黑色。”《集韻・厚韻》：

“鳿,似鳧。”

鴖 鳥也。从鳥,昏聲。 武巾切(mín)。

【譯文】鴖,鳥名。从鳥,昏聲。

【注釋】① 鴖:一作“鴖”。王筠《句讀》引《山海經》:“符禺之山,其鳥多鴖,其狀如翠而赤喙。”

鷯 刀鷯①。剖葦,食其中蟲。从鳥,尞聲。 洛簫切(liáo)。

【譯文】鷯,刀鷯鳥。喜愛剖開蘆葦皮,吃那中間的蟲子。从鳥,尞聲。

【注釋】① 刀鷯:《爾雅·釋鳥》:“鴩鷯,剖葦。”郭注:“好剖葦皮,食其中蟲,因名云。江東呼蘆虎,似雀,青斑,長尾。”

鶠 鳥①也。其雌皇②。从鳥,匽聲。(一曰:鳳皇也。)③ 於幰切(yǎn)。

【譯文】鶠,鳥。它的雌鳥叫皇。从鳥,匽聲。

【注釋】① 鳥:《爾雅·釋鳥》:“鶠,鳳。其雌皇。”陸璣《詩疏》:“一名鶠。”王筠《句讀》:“《説文韻譜》(鳥)作‘鳳也’。《廣韻》同。”“鳥爲(鳳的)壞字。” ② 其雌皇:王筠《釋例》:“遂連鳳言皇也。”所謂連類而及。 ③ 一曰句:王筠《釋例》:“此校者詞也。”“校者見一本不譌,而未敢直改,乃記於下。”故此句不譯。

鴲 瞑鴲①也。从鳥,旨聲。 旨夷切(zhī)。

【譯文】鴲,瞑鴲鳥。从鳥,旨聲。

【注釋】① 瞑鴲:朱駿聲《通訓定聲》引《廣韻》:“小青雀也。”

鴼 烏鸔①也。从鳥,各聲。 盧各切(luò)。

【譯文】鴼,烏鸔鳥。从鳥,各聲。

【注釋】① 烏鸔(bǔ):《爾雅·釋鳥》郭注:“水鳥也。似鶂(yì,水鳥)而短頸,腹翅紫白,背上緑色。江東呼烏鸔。”

鸔 烏鸔①也。从鳥,暴聲。 蒲木切(pù/bǔ)②。

【譯文】鸔,烏鸔鳥。从鳥,暴聲。

【注釋】① 烏鸔:又叫鴼,又叫青鶂。參“鴼”條。 ② 今讀依《廣韻》博木切。

鶴 鳴九皋,聲聞于天①。从鳥,隺聲。 下各切(hè)。

【譯文】鶴,鶴在九曲之沼澤鳴叫,聲音上達云霄。从鳥,隺聲。

【注釋】① 鳴九皋句：連篆爲讀。見《詩·小雅·鶴鳴》。鶴，白鶴。《本草綱目·禽部·鶴》："嘗以夜半鳴，聲唳云霄。"陸璣《詩疏》："鶴形狀大如鵝，長腳青翼，高三尺，喙長四寸餘，多純白，或有蒼色者，今人謂之赤頰，常夜半鳴。"九皋，《韓詩章句》："九折之澤。"徐鍇《繫傳》："皋，澤也。自外數之有九，言幽遠也。"《詩》引此喻"身隱而名著也"(《段注》)。

鷺　白鷺①也。从鳥，路聲。　洛故切(lù)。

【譯文】鷺，白鷺。从鳥，路聲。

【注釋】① 白鷺：陸璣《詩疏》："鷺，水鳥也。好而潔白，故謂之白鳥。魯之間，謂之舂鉏；遼東樂浪吴揚人，皆謂之白鷺。青腳，高尺七八寸，尾如鷹尾，喙長三寸，頭上有毛十數枚，長尺餘，毿毿然，與衆毛異。好欲取魚，時則弭之。"所謂"舂鉏"者，《段注》："謂其狀俯仰，如舂如鋤。"

鵠　鴻鵠①也。从鳥，告聲。　胡沃切(hú)。

【譯文】鵠，鴻鵠鳥。从鳥，告聲。

【注釋】① 鴻鵠：《段注》、王筠《句讀》皆作"黄鵠"。《段注》："凡經史言鴻鵠者，皆謂黄鵠也。或單言鵠，或單言鴻。"桂馥《義證》引《急就篇》顔注："鴻鵠，分釋云鵠，黄鵠也。一舉千里，其鳴聲鵠鵠云。"朱駿聲《通訓定聲》："形似鶴，色蒼黄，亦有白者，其翔極高，一名天鵝。"參"鴻"條。

鴻　鴻鵠①也。从鳥，江聲。　户工切(hóng)。

【譯文】鴻，鴻鵠鳥。从鳥，江聲。

【注釋】① 鴻鵠：王筠《句讀》："鴻鵠二字爲名，與黄鵠别。此鳥色白，異於黄鵠之蒼黄也。陸璣《詩疏》：'鴻鵠羽毛澤，純白，似鶴而大，長頸，肉美如雁，又有小鴻，大小如鳧，色亦白。今人直謂鴻也。'直謂鴻者，言不連言鴻鵠。且亦單稱爲鵠。"

鵚　秃鵚①也。从鳥，赤聲②。鶖，鵚或从秋。　七由切(qiū)。

【譯文】鵚，秃鵚鳥。从鳥，赤(shú)聲。鶖，鵚的或體，从秋聲。

【注釋】① 秃鵚：桂馥《義證》引《古今注》："狀如鶴而大，大者頸高八尺，善與人鬬，好啖蛇。"《段注》引李時珍説："頭項皆無毛。"

② 卡聲：孔廣居《疑疑》："卡轉平，則爲式招切，正與鳺諧。"

鴛 鴛鴦[1]也。从鳥，夗聲。 於袁切(yuān)。

鴛 【譯文】鴛，鴛鴦鳥。从鳥，夗聲。

【注釋】① 鴛鴦：崔豹《古今注・鳥獸》："鴛鴦，水鳥，鳧類也。雌雄未嘗相離，人得其一，則一思而至死，故曰匹(配偶)鳥。"

鴦 鴛鴦也。从鳥，央聲。 於良切(yāng)。

鴦 【譯文】鴦，鴛鴦鳥。从鳥，央聲。

鵽 鵽鳩[1]也。从鳥，叕聲。 丁刮切(duò)。

鵽 【譯文】鵽，鵽鳩鳥。从鳥，叕聲。

【注釋】① 鵽鳩：又名寇雉，突厥雀，即毛腿沙雞。《爾雅・釋鳥》："鵽鳩，寇雉。"郭注："鵽大如鴿，似雌雉，鼠腳，無後指，歧尾。爲鳥憨急羣飛，出北方沙漠地。"

鵱 蔞[1]，鵝也。从鳥，坴聲。 力竹切(lù)。

鵱 【譯文】鵱，鵱蔞鳥，(野)鵝。从鳥，坴聲。

【注釋】① 蔞：應連篆爲讀。《爾雅・釋鳥》："鵱鷜，鵝。"郭注："今之野鵝。"

鴚 鴚鵝[1]也。从鳥，可聲。 古俄切(gē)。

鴚 【譯文】鴚，鴚鵝。从鳥，可聲。

【注釋】① 鴚鵝：即野鵝，今名鴻雁。《方言》卷八："鴈，自關而東謂之鴚鵝，南楚之外謂之鵝。"鴚鵝，又名駕鵝。《段注》："古加聲與可聲同音。"

鵝 鴚鵝[1]也。从鳥，我聲。 五何切(é)。

鵝 【譯文】鵝，鴚鵝。从鳥，我聲。

【注釋】① 鴚鵝：即野鵝。《爾雅》："舒雁，鵝。"李注："野曰雁，家曰鵝。"朱駿聲《通訓定聲》："飛行舒遲故曰舒雁。"按：鵝、雁本一物，只有家野之分；又因如王筠《句讀》説，鵝處於野鵝(鵱、鴚)、家鵝過渡位置，仍訓"鴚鵝"。

鴈 鵝[1]也。从鳥人，厂聲。 五晏切(yàn)。

鴈 【譯文】鴈，(家)鵝。由鳥、人會意，厂聲。

【注釋】① 鵝：徐灝《段注箋》："凡遠舉高飛者，爲鴻鴈，爲鴚鵝；養馴者，爲鵝，爲舒雁。古多通用。《禮經》單言鴈者，即人所畜之鵝。"

【參證】林義光《文源》卷六："从人者，人所畜。"

鶩 舒鳧[1]也。从鳥，敄聲。 莫卜切(mù/wù)[2]。

【譯文】鶩，舒鳧。从鳥，敄聲。

【注釋】① 舒鳧：家鴨。朱駿聲《通訓定聲》："飛行舒遲，馴擾，不畏人，今之家鴨也。野鴨曰鳧。" ② 今讀依《廣韻》亡遇切。

鷖[1] 鳧[2]屬。从鳥，殹聲。《詩》[3]曰："鳧鷖在梁。" 烏雞切(yī)。

【譯文】鷖，鳧一類的鳥。从鳥，殹聲。《詩經》説："鳧鷖在梁。"

【注釋】① 鷖：鷗的别名。《正字通・鳥部》："鷖，鷗也。蒼黑色，羣飛鳴，隨潮往來，曰信鳧，知風起，輒飛至岸，渡海者以爲候。"
② 鳧：野鴨。陸璣《詩疏》："大小如鴨，青色，卑脚，短喙。"
③《詩》：指《大雅・鳧鷖》。今本"梁"作"涇"。

鷞 鷞鷈[1]，鳧屬。从鳥，契聲。 古節切(jié)。

【譯文】鷞，鷞鷈(jiá)鳥，鳧鳥之類。从鳥，契聲。

【注釋】① 鷞鷈：鳧鳥之類。疊韻聯緜字。

鷈 鷞鷈也。从鳥，辥聲。 魚列切(niè/jiá)[1]。

【譯文】鷈，鷞鷈鳥。从鳥，辥聲。

【注釋】① 今讀依《廣韻》古鎋切。

鸏[1] 水鳥也。从鳥，蒙聲。 莫紅切(méng)。

【譯文】鸏，水鳥。从鳥，蒙聲。

【注釋】① 鸏：徐灝《段注箋》："錢氏坫云：即《荀子》蒙鳩子。"

鷸[1] 知天將雨鳥也。从鳥，矞聲。《禮記》曰："知天文者冠鷸。"[2]鷸，鷸或从遹[3]。 余律切(yù)。

【譯文】鷸，知道天將下雨的鳥。从鳥，矞聲。《禮記》説："懂得天象的人戴着鷸鳥形的帽子。"鷸，鷸的或體，从遹聲。

【注釋】① 鷸：《本草綱目・禽部・鷸》："鷸如鶉，色蒼，嘴長，在泥塗間作鷸鷸聲。""蘇秦所謂鷸蚌相持者即此。" ②《禮記》語：《禮》無此文，見《逸周書》。《匡謬正俗》云："鷸，水鳥，天將雨即鳴，古人以其知天時，乃爲冠，象此鳥之形，使掌天文者冠之。"

③ 从遹：朱駿聲《通訓定聲》："从遹聲。"

【參證】甲文作［］。楊樹達《卜辭求義》："从隹从朮，乃鷸字也。……《玉篇·鳥部》云：'鷸，餘律、時律二切。'餘律切者，聿字之音；時律切，則述字之音也。蓋鷸有述音，故古書字或作鶐，假借字或作鉥，或作述，或作術，而甲文从朮作𨾴也。"

鷿

鷿鷉[①]也。从鳥，辟聲。　普擊切(pì)。

【譯文】鷿，鷿鷉鳥。从鳥，辟聲。

【注釋】① 鷿鷉(tī)：即野鳧。《方言》卷八："野鳧，其小而好沒水中者，南楚之外謂之鷿鷉，大者謂之鶻蹏。"

鷉

鷿鷉也。从鳥，虒聲。　土雞切(tī)。

【譯文】鷉，鷿鷉鳥。从鳥，虒聲。

鸕

鸕鷀[①]也。从鳥，盧聲[②]。　洛乎切(lú)。

【譯文】鸕，鸕鷀鳥。从鳥，盧聲。

【注釋】① 鸕鷀：《段注》："今江蘇人謂之水老鴉，畜以捕魚。"桂馥《義證》引《異物志》云："能沒於深水取魚而食之，不生卵而孕雛於池澤間，既胎而又吐生，多者生八九，少者生五六，相連而出，若絲緒焉。"沈括《夢溪筆談·藝文三》："蜀人臨水者，皆養鸕鷀，繩繫其頸，使之捕魚，得魚則倒提出之，至今如此。"　② 盧聲：聲中有義。王筠《句讀》"鷀"下："盧亦黑也。"

鷀

鸕鷀也。从鳥，兹聲[①]。　疾之切(cí)。

【譯文】鷀，鸕鷀鳥。从鳥，兹聲。

【注釋】① 兹聲：聲中有義。王筠《句讀》："兹者黑也，盧鷀色黑。"兹不从艸。

【參證】金文作［］。楊樹達《積微居金文説·叔噩父𣪘跋》："甲文金文皆用［］爲兹，［］即絲字，古文絲兹二字無别，［］孳乳爲兹，故从絲之鷥，亦變而从兹作鷀。"

鷧

鷀也。从鳥，壹聲。　乙冀切(yì)。

【譯文】鷧，鸕鷀鳥。从鳥，壹聲。

鴔

鴔鵖[①]也。从鳥，乏聲。　平立切(bī/fú)[②]。

【譯文】鴔，鴔鵖鳥。从鳥，乏聲。

【注釋】① 鴔鵖(bī)：又名戴勝。《爾雅・釋鳥》："鵖鴔，戴鵀。"郭注："鵀即頭上勝，今亦呼爲戴勝。"勝是滕的叚借。滕是織布機持經綫的工具。戴勝鳥是説此鳥頭上的花紋，象戴在頭上的滕紋。《月令》："戴勝降于桑。"鄭注："戴勝，織紝之鳥。"謂其來時正當桑蠶時耳。錢坫《斠詮》："鴔鵖、鵖鴔，一聲之轉，故亦倒用。"　② 今讀依《集韻》房六切。

鵖　鴔鵖也。从鳥，皀聲。　彼及切(bí)。

【譯文】鵖，鴔鵖鳥。从鳥，皀聲。

鴇①　鳥也。肉出尺胾②。从鳥，𠤕聲。䳈，鴇或从包③。　博好切(bǎo)。

【譯文】鴇，鴇鳥。它的肉適合作烤肉。从鳥，𠤕聲。䳈，鴇的或體，从包聲。

【注釋】① 鴇：徐鍇《繫傳》："鴇，虎文，無後趾，大如鴈。"　② 肉出句：孫詒讓《籀高述林》："當作'肉中炙胾'。"徐鍇《繫傳》："胾(zì)，臠也。言大也。"譯文據此。　③ 从包：宋保《諧聲補逸》："𠤕、包同部，聲相近。"

鸈　雝鸈①也。从鳥，渠聲。　强魚切(qú)。

【譯文】鸈，雝鸈鳥。从頭，渠聲。

【注釋】① 雝(yōng)鸈：《爾雅・釋鳥》："䳭鴒，雝渠。"郭注："雀屬也。飛則鳴，行則搖。"

鷗①　水鴞也。从鳥，區聲。　烏侯切(ōu)。

【譯文】鷗，水鴞(xiāo)鳥。从鳥，區聲。

【注釋】① 鷗：桂馥《義證》引《蒼頡解詁》："鷖，鷗也。生藕葉上。一名水鴞。"又引《南越志》："江鷗，一名海鷗，在漲海中，隨潮上下，常以三月風至乃還洲嶼生卵，似雞卵，色青，頗知風雲，若羣飛至岸，必風，漁人及渡海者皆以此爲候。"

鴔①　鳥也。从鳥，犮聲。讀若撥②。　蒲達切(bá)。

【譯文】鴔，(水)鳥名。从鳥，犮聲。音讀象"撥"字。

【注釋】① 鴔：《廣韻・末韻》："鴔，鳥名，似鳧。"　② 讀若撥：馬敘倫《六書疏證》卷七："劉秀生曰：犮聲在並紐，曷部；撥从發聲，在幫紐曷部。幫並皆脣音，故犮从友聲得讀若撥。”

鷛① 鳥也。从鳥，庸聲。　余封切(yóng)。

鷛 【譯文】鷛，(水)鳥名。从鳥，庸聲。

【注釋】① 鷛：又名“鸍鷞”、“庸渠”。《段注》引《上林賦》説：“水鳥有庸渠。”徐鍇《繫傳》：“似鳧，一名水雞。”

鶂① 鳥也。从鳥，兒聲。《春秋傳》②曰：“六鶂退飛。”鷊，鶂或从鬲③。鶃，司馬相如説鶂从赤④。　五歷切(yì)。

鶂 【譯文】鶂，(水)鳥名。从鳥，兒聲。《春秋左傳》説：“六隻鶂鳥倒飛。”鷊，鶂的或體，从鬲聲。鶃，司馬相如説，鶂又从赤聲。

【注釋】① 鶂：水鳥，能高飛。《博物志》作鷁，云：“雄雌相視則孕。或曰：雄鳴上風，雌承下風，亦孕。”　②《春秋傳》：指《左傳・僖公十六年》。鶂，《左傳》作“鷁”，《穀梁傳》作“鵙”。　③ 从鬲：朱駿聲《通訓定聲》：“从鬲聲。”《段注》説，兒聲、鬲聲、益聲同部。④ 从赤：朱駿聲作“从赤聲”。徐灝《段注箋》：“赤聲與兒聲相遠，凡若此類皆秦漢以後人所增，不必以古音絶之而求其合也。”

鴺 鴺胡①，污澤也。从鳥，夷聲。鵜，鴺或从弟。　杜兮切(tí)。

鴺 【譯文】鴺，鴺胡鳥，又名污澤。从鳥，夷聲。鵜，鴺的或體，从弟聲。

【注釋】① 鴺胡：即鵜鶘。《爾雅・釋鳥》郭注：“今之鵜鶘也。好羣飛，沉水食魚，故名洿澤。俗呼之爲淘河。”《段注》引陸璣《詩疏》：“鵜胡頷下胡大如數升囊，若小澤中有魚，便羣共抒水，滿其胡而棄之，令水竭盡，乃共食之，故曰淘河。”

鴗 天狗①也。从鳥，立聲。　力入切(lì)。

鴗 【譯文】鴗，天狗鳥。从鳥，立聲。

【注釋】① 天狗：《爾雅・釋鳥》：“鴗，天狗。”郭注：“小鳥也。青似翠，食魚，江東呼爲水狗。”朱駿聲《通訓定聲》：“今驗，此鳥喙極長而尾短，喙足皆赤色，其翠可以爲飾。”

鶬 麋鴰①也。从鳥，倉聲。鸧，鶬或从隹。　七岡切(cāng)。

鶬 【譯文】鶬，麋鴰鳥。从鳥，倉聲。雃，鶬的或體，从隹。

【注釋】① 麋鴰(mí guā)：即鶬鴰。《爾雅・釋鳥》：“鶬，麋鴰。”郭注：“今呼鶬鴰。”《段注》引司馬彪云：“鶬似雁而黑。”

𩾮[1] 麋鴰也。从鳥，昏聲。 古活切(kuò/guā)[2]。
鴰 【譯文】鴰，麋鴰鳥。从鳥，昏聲。

【注釋】① 鴰：今作鴰。 ② 今讀依《廣韻》古頒切。

鵁 鵁鶄[1]也。从鳥，交聲。一曰：鵁鸕[2]也。 古肴切(jiāo)。
鵁 【譯文】鵁，鵁鶄鳥。从鳥，交聲。又叫鵁鸕鳥。

【注釋】① 鵁鶄(jīng)：即池鷺，一種水鳥。王筠《句讀》引元應説，"羣飛，尾如雅，雞鳴呼，食之治風也。""似鳧而項短，畜之可以壓火。" ② 鵁鸕：《段注》："此謂鵁鶄一名鵁鸕。"王筠《釋例》："《漢書·上林賦》作'交精'，然則亦當作交盧。目部説中，盧字一見，精字四見，皆謂眸子，即睛矑之正字也。謂之精者，人之精神注於眸子；謂之盧者，盧，黑也。"王筠《句讀》引《禽經》："鵁鶄，睛交而孕。"

鶄 鵁鶄也。从鳥，青聲。 子盈切(jīng)。
鶄 【譯文】鶄，鵁鶄鳥。从鳥，青聲。

鳽[1] 鵁鶄也。从鳥，幵聲。 古賢切(jiān)。
鳽 【譯文】鳽，鵁鶄鳥。从鳥，幵聲。

【注釋】① 鳽：《段注》："鳽者古名，鵁鶄者今名。"參"鵁"、"鶄"條。

鸃 鸃鴜[1]也。从鳥，箴聲。 職深切(zhēn)。
鸃 【譯文】鸃，鸃鴜鳥。从鳥，箴聲。

【注釋】① 鸃鴜：一作"箴疵"。《段注》引張揖説："箴疵，似魚虎(水鳥名)而蒼黑色。"段按："鴜之言觜也，觜，口也。鸃鴜，蓋其味似鍼之鋭。"

鴜 鸃鴜也。从鳥，此聲。 即夷切(zī/cí)[1]。
鴜 【譯文】鴜，鸃鴜鳥。从鳥，此聲。

【注釋】① 今讀依《廣韻》疾移切。

鷻 雕也。从鳥，敦聲。《詩》[1]曰："匪鷻匪鳶。" 度官切(tuán)。
鷻

【譯文】鷻，雕鳥。从鳥，敦聲。《詩經》説："不是雕鳥，也不是鷙鳥。"

【注釋】①《詩》：指《小雅·四月》。今本作"匪鶉匪鳶(yuān)"，《毛傳》："鶉，雕也；雕、鳶，貪殘之鳥也。"《釋文》："鶉，字或作鷻。"或曰：鶉是鷻或鷻之省，音讀 tuán。與鵪鶉(chún)字形同音義不同。

① 鷙鳥②也。从鳥，屰聲③。 與專切④（yuān/è）。

鳶 【譯文】鳶，兇猛的鳥。从鳥，屰聲。

【注釋】① 鳶：《段注》："此今之鶚字也。" ② 鷙鳥：猛鳥。王筠《句讀》："此當云'鷳也'。下文當出鳶篆而説之曰'鷙鳥也'。今本乃鳶挩説解，鳶挩篆文，合兩爲一耳。" ③ 屰聲：宋保《諧聲補逸》："《廣雅疏證》云：《説文》咢、蝷、鳶三字以屰爲聲，則鳶字當與咢、蝷二字同音五各反。"鳶音 è。桂、王、朱、錢同。 ④ 與專切：鳶的切音。

【參證】金文有、。于省吾《雙劍誃古文雜釋・釋鳶》："鳥之頭上爲戈形。从鳥，戈聲。當即鳶字。"又引王念孫説："鳶字古音在元部。古从戈聲之字多有讀入此部者，故《説文》閔从戈聲，而讀若縣；戊从戈聲，而讀若環；鳶之从戈聲，而音與專切，亦猶是也。"于又説："古文偏旁中戈、弋每互作，如契文武字作，金文肇字作，或字作。"因此鳶可从弋作鳶。

 鴟①也。从鳥，閒聲。 户閒切（xián）。

鷳 【譯文】鷳，鷂鷹。从鳥，閒聲。

【注釋】① 鴟：《段注》："今之鷂鷹也。"

① 鷙鳥也。从鳥，䍃聲。 弋笑切（yào）。

鷂 【譯文】鷂，兇猛的鳥。从鳥，䍃聲。

【注釋】① 鷂：鷂子，善捉雀。《易林》："雀行求食，出門見鷂，顛蹶上下，幾無所處。"

① 白鷢，王鴡②。从鳥，厥聲。 居月切（jué）。

鷢 【譯文】鷢，白鷢鳥，又叫王鴡鳥。从鳥，厥聲。

【注釋】① 鷢：《爾雅・釋鳥》郭注："似鷹，尾上白。" ② 王鴡：沈濤《古本考》説："《御覽》引王鴡作玉雎。"當從之。玉雎，謂其尾潔白如玉。

① 王鴡也。从鳥，且聲。 七余切（jū）。

鴡 【譯文】鴡，王鴡鳥。从鳥，且聲。

【注釋】① 鴡：《爾雅・釋鳥》："鴡鳩，王鴡。"郭注："鵰類，今江東呼之爲鶚，好在江渚山邊食魚。"

鸛 鸛專，畐蹂[①]。如誰，短尾。射之，銜矢射人[②]。从鳥，雚聲。　呼官切(huān)。

【譯文】鸛，鸛專鳥，又叫畐蹂(fú róu)鳥。象喜鵲，短尾巴。人射它，它銜取箭反射人。从鳥，雚聲。

【注釋】① 此條說解見《爾雅・釋鳥》。　② 射之句：郝懿行《爾雅義疏》："善避矰繳，人以物擲之，從空中銜取，還以擲人。""順天人呼寒鴉。"

鸇 鷐風[①]也。从鳥，亶聲。鸕，籀文鸇从廛[②]。　諸延切(zhān)。

【譯文】鸇，鷐風鳥。从鳥，亶(dàn)聲。鸕，籀文鸇字，从廛聲。

【注釋】① 鷐風：一作晨風。鷂鷹一類的猛禽。《爾雅・釋鳥》："晨風，鸇。"郭注："鷂屬。"陸璣《詩疏》："鸇鷂，青黄色，燕頷句喙，嚮風搖翅，乃因風飛急，疾擊鳩鴿燕雀，食之。"　② 从廛：宋保《諧聲補逸》："亶廛同部，聲相近。"

鷐 鷐風也。从鳥，晨聲。　植鄰切(chén)。

【譯文】鷐，鷐風鳥。从鳥，晨聲。

鷙 擊殺鳥[①]也。从鳥，執聲[②]。　脂利切(zhì)。

【譯文】鷙，善於擊殺的鳥。从鳥，執聲。

【注釋】① 擊殺鳥：《段注》："謂能擊殺之鳥。"　② 執聲：聲中有義。王筠《句讀》引《廣雅》："鷙，執也。謂能執服衆鳥也。鳥之勇鋭者曰鷙，鸇之類也。"《段注》説得更具體："殺鳥必先攫搏之，故从執。"

鴥 鸇飛皃[①]。从鳥，穴聲。《詩》[②]曰："鴥彼晨風。"　余律切(yù)。

【譯文】鴥，鸇飛快速的樣子。从鳥，穴聲。《詩經》説："迅疾地飛翔啊，那晨風鳥。"

【注釋】① 鸇飛皃：鸇飛快速的樣子。《六書故・動物三》："鴥，鳥飛卂(xùn)疾也。"　②《詩》：指《秦風・晨風》。

鶯[①] 鳥也。从鳥，榮省聲。《詩》[②]曰："有鶯[③]其羽。"　烏莖切(yīng)。

【譯文】鶯，鳥名。从鳥，榮省木爲聲。《詩經》説："文彩煥然啊，那鳥的羽毛。"

【注釋】① 鶯：又名倉庚、黄鶯、黄鸝、黄鳥。 ②《詩》：指《小雅・桑扈》。 ③ 有鶯：有，語詞。鶯，毛傳："鶯然有文章皃。"徐承慶《段注匡謬》："蓋鶯，鳥名；又爲鳥羽文。"

鴝 鴝鵒[①]也。从鳥，句聲。 其俱切(qú)。

【譯文】鴝，鴝鵒鳥。从鳥，句聲。

【注釋】① 鴝鵒(yù)：今之八哥鳥。羽黑，有光澤。嘴、腳鮮黄，鼻羽成冠狀。嗜食昆蟲，善仿人言。桂馥《義證》引《荊楚歲時記》："五月，鴝鵒子毛羽新成，俗好登巢取養之，以教其語也。"又引《異苑》："五月五日，剪鴝鵒舌，令學人語。"

鵒 鴝鵒也。从鳥，谷聲。古者鴝鵒不踰泲[①]。䳑，鵒或从隹从臾[②]。 余蜀切(yù)。

【譯文】鵒，鴝鵒鳥。从鳥，谷聲。古時候，鴝鵒鳥不飛過泲(jǐ)水。䳑，鵒的或體，从隹，从臾聲。

【注釋】① 古者句：此句《周禮・考工記》作"鸜鵒不踰濟"。 ② 从臾：宋保《諧聲補逸》："谷、臾同部，聲相近。"

鷩 赤雉[①]也。从鳥，敝聲。《周禮》[②]曰："孤服鷩冕[③]。" 并列切(biē)。

【譯文】鷩，紅色野雞。从鳥，敝聲。《周禮》說："天子穿戴綉有鷩形圖案的禮服和禮帽。"

【注釋】① 赤雉：即錦雞。《爾雅・釋鳥》："鷩雉。"郭注："似山雞而小冠，背毛黄，腹下赤，項緑，色鮮。" ②《周禮》：指《春官・司服》。 ③ 鷩冕：一種綉有鷩形圖案的禮服。《釋名・釋首飾》："鷩，憋也。性急憋不可生服，必自殺。故畫其形於衣，以象人執耿介之節。"

鵔 鵔鸃[①]，鷩也。从鳥，夋聲。 私閏切(jùn)。

【譯文】鵔，鵔鸃，即鷩鳥。从鳥，夋聲。

【注釋】① 鵔鸃：桂馥《義證》引《南越志》："增城縣多鵔鵝。鵔鵝，山雞也。光采鮮明，五色炫耀，利距善鬬。世以家雞鬬之，則可擒也。"

鸃 鵔鸃也。从鳥，義聲。秦漢之初，侍中冠鵔鸃冠[①]。 魚羈切(yí)。

【譯文】鸃，鵔鸃鳥。从鳥，義聲。秦漢之初，侍中官都戴鵔鸃冠。

【注釋】① 秦漢句：《漢書·佞幸傳》："故孝惠時，郎、侍中皆冠鵔鸃，貝帶。"顔師古注："以鵔鸃毛羽飾冠，海貝飾帶。"

𪀗 雉屬，戇[1]鳥也。从鳥，適省聲[2]。 都歷切(dí)。

鷸 【譯文】鷸，野雞之屬，愚直的鳥。从鳥，適省去辵爲聲。

【注釋】① 戇(zhuàng)：王筠《句讀》："《釋名》：'戇，憋也。性急憋，不可生服，必自殺。'此所謂戇，蓋急憋之意。" ② 適省聲：徐鍇《繫傳》作"啻聲"。

𪃺[1] 似雉，出上黨[2]。从鳥，曷聲。 胡割切(hé)。

鶡 【譯文】鶡，象野雞，出産在上黨。从鳥，曷聲。

【注釋】① 鶡：《本草綱目·禽部·鶡雞》："鶡狀類雉而大，黄黑色，首有毛角如冠；性愛儕黨，有被侵者，直往赴鬬，雖死猶不置。"《段注》引《後書·輿服志》："虎賁、羽林皆鶡冠。鶡者，勇雉也。其鬬對，一死乃止。故趙武靈王以表武士，加雙鶡尾竪左右爲鶡冠。" ② 上黨：今山西長治市一帶。

𪄴 鳥[1]，似鶡而青，出羌中。从鳥，介聲。 古拜切(jiè)。

鴧 【譯文】鴧，鴧鳥，象鶡鳥而色青，出産在羌中。从鳥，介聲。

【注釋】① 鳥：應連篆爲讀。

𪆰 鸚鴟[1]，能言鳥也。从鳥，嬰聲。 烏莖切(yīng)。

鸚 【譯文】鸚，鸚鴟，能説話的鳥。从鳥，嬰聲。

【注釋】① 鸚鴟：《段注》引《曲禮》："嬰母能言，不離飛鳥。"後嬰母加鳥旁作鸚鴟。參下條。

𪀊 鸚鴟[1]也。从鳥，母聲。 文甫切(wǔ)。

鴟 【譯文】鴟，鸚鴟鳥。从鳥，母聲。

【注釋】① 鸚鴟：又作鸚鵡。《山海經·西山經》："(黄山)有鳥焉，其狀如鴞，青羽赤喙，人舌能言，名曰鸚鴟。"

𪇀[1] 走鳴，長尾雉也。乘輿以爲防釳[2]，著馬頭上。从鳥，喬聲。 巨嬌切(qiáo/jiāo)[3]。

鷮 【譯文】鷮，邊跑邊叫，長尾巴野雞。乘車用它的長尾毛來作裝飾物，把它戴在馬頭上。从鳥，喬聲。

【注釋】① 鷮：《爾雅·釋鳥》："鷮雉。"郭注："即鷮雞也，長尾，走且鳴。" ② 防釳（xì）：即方釳。馬頭上的金屬飾物，用以割除網羅。該物上有方孔，用以插戴鷮雞之類的長尾毛。 ③ 今讀依《廣韻》舉喬切。

鷕 雌雉鳴也。从鳥，唯聲。《詩》[①]曰："有鷕雉鳴。" 以沼切[②]（yǎo）。

【譯文】鷕，母野雞鳴叫。从鳥，唯聲。《詩經》説："鷕鷕的聲音啊，那野雞鳴叫。"

【注釋】①《詩》：指《邶風·匏有苦葉》。鷕，毛傳："雌雉聲也。" ② 以沼切：桂馥《義證》引顧炎武説："按：《説文》鷕从鳥唯聲，正當如'曾子曰唯'之唯（wěi）。後以舊音'以水反'譌爲'以小'，而徐鉉以《唐韻》切音改爲'以沼'，失之遠矣。"

鸓[①] 鼠形。飛走且乳[②]之鳥也。从鳥，畾聲。䴎，籒文鸓[③]。力軌切（lěi）。

【譯文】鸓，老鼠的樣子。邊飛邊跑、邊能産子的鳥。从鳥，畾聲。䴎，籒文鸓字。

【注釋】① 鸓：《段注》："亦名飛鸓，亦名鼺鼠。""賦家或作蠝，或作猵。以其似鳥，似獸，似蟲，似鼠也。" ② 飛走且乳：桂馥《義證》引《南越志》："高要縣有飛鸓，肉翼，如蝙蝠，狸頭鼠目，一曰鼯鼠，且飛且産，子便隨其母而飛，其鳴如人叫。嘗食火煙，至聚落則爲災也。"以其飛且生，一曰飛生也。 ③ 籒文鸓：《段注》："畾省聲也。畾，古文靁。"

鶾 雉肥鶾音[①]者也。从鳥，倝聲。魯郊以丹雞祝曰："以斯鶾音赤羽，去魯侯之咎。"[②] 侯幹切（hàn）。

【譯文】鶾，體肥而長音的野雞。从鳥，倝聲。魯國郊禮用紅色的雞禱告説："用這（肥美）長音、赤羽的雞（向神明祭祀），但願去掉魯侯的災禍。"

【注釋】① 鶾音：鳴聲長。 ② 魯郊句：《段注》："此引《魯郊禮》文，證翰音之爲肥雞也。"王筠《句讀》："雉雞一類，故其肥而高聲者，皆謂之鶾音。”

【參證】甲文作。徐中舒《甲骨文字典》卷四：“从(㫃)从(隹)从(匕)，古㫃、𩿧一字。”

鴳 雇[①]也。从鳥，安聲。 烏諫切(yàn)。

【譯文】鴳，鴳雀鳥。从鳥，安聲。

【注釋】① 雇(hù)：《爾雅》作“鳸”。《爾雅·釋鳥》：“鳸，鴳。”郭注：“今鴳雀。”鴳又作鷃。賈逵注《左傳》九扈：“老扈鷃鷃，趣民收麥不得晏起者也。”服虔云：“鷃鷃，聲音爲名也。”

鴆[①] 毒鳥也。从鳥，冘聲。一名運日[②]。 直禁切(zhèn)。

【譯文】鴆，毒鳥。从鳥，冘聲。又叫運日。

【注釋】① 鴆：《玉篇》：“鴆，毒鳥。食蛇。其羽畫酒，飲之即死。”

② 運日：朱駿聲《通訓定聲》：“《廣雅·釋鳥》：‘其雄謂之運日，其雌謂之陰諧。’《淮南·謬稱》：‘暉日知晏，陰諧知雨。’注：天將晏姓(晴)，暉日先鳴。天將陰雨，陰諧則鳴。”

鷇 鳥子生哺者[①]。从鳥，㱿聲。 口豆切(kòu)。

【譯文】鷇，生下來就待母哺食的鳥崽子。从鳥，㱿聲。

【注釋】① 鳥子句：朱駿聲《通訓定聲》：“生而須母哺者曰鷇，生而能自啄者曰雛。”見《爾雅·釋鳥》郭注。

鳴 鳥聲[①]也。从鳥，从口。 武兵切(míng)。

【譯文】鳴，鳥的叫聲。由鳥、由口會意。

【注釋】① 鳥聲：《段注》：“引申之凡出聲皆曰鳴。”

【參證】甲文作、、，金文作。商承祚《甲骨文字研究》下篇：“甲骨文多作雞形，雞司晨者也，應時而鳴。引申爲凡鳥之鳴。”李孝定以爲應是从鳥，而非从雞。

鶱 飛皃。从鳥，寒省聲。 虛言切(xiān)。

【譯文】鶱，(鳥)飛的樣子。从鳥，寒省𡨄爲聲。

鳻 鳥聚皃。一曰：飛皃。从鳥，分聲。 府文切(fēn)。

【譯文】鳻，鳥兒聚集的樣子。另一義説，鳥兒飛翔的樣子。从鳥，分聲。

文百十六 重十九

鷓 鷓鴣[①]。鳥名。从鳥,庶聲[②]。 之夜切(zhè)。

【譯文】鷓,鷓鴣的鷓。(鷓鴣)鳥名。从鳥,庶聲。

【注釋】① 鷓鴣:聯緜字。鳥名。王玉樹《拈字》引《埤雅》:"臆前有白圓點文,多對啼,常向日飛,畏霜露,早晚稀出,有時夜飛,則以木葉自覆其背。"又作"遮姑"。 ② 庶聲:參"遮"條。

鴣 鷓鴣也。从鳥,古聲。 古乎切(gū)。

【譯文】鴣,鷓鴣的鴣。从鳥,古聲。

鴨 鶩[①]也。俗謂之鴨。从鳥,甲聲。 烏狎切(yā)。

【譯文】鴨,又名鶩,俗叫作鴨。从鳥,甲聲。

【注釋】① 鶩:《釋鳥》:"舒鳧,鶩。"邢疏引李巡説:"在野曰鳧,在家曰鶩。並鴨也。"考"鶩"條。

鷄 谿鷄。水鳥。从鳥,式聲。 恥力切(shì)。

【譯文】鷄,谿鷄的鷄。(谿鷄)水鳥名。从鳥,式聲。

文四 新附

烏部

烏 孝鳥[①]也。象形[②]。孔子曰:"烏,盱呼[③]也。"取其助气,故以爲烏呼[④]。凡烏之屬皆从烏。,古文烏,象形。於[⑤],象古文烏省。 哀都切(wū)。

【譯文】烏,孝順的鳥。象烏鳥形。孔子説:"烏,舒氣自呼的意思。"取烏的聲音用來幫助語氣,所以借它來作"烏呼"的烏字。大凡烏的部屬都从烏。,古文烏字,象(俯視其背的)樣子。於,象古文烏字的省略。

【注釋】① 孝烏:即烏鴉。《段注》:"謂其反哺(烏雛長大,反哺其母)也。《小爾雅》曰:'純黑而反哺者謂之烏。'" ② 象形:《段注》:"烏字點睛,烏則不。以純黑故,不見其睛也。" ③ 盱呼:《段注》作"亏呼",説:"亏,于也。象气之舒亏。呼者,謂此烏善舒气自叫。故謂之烏。" ④ 取其句:《段注》:"此許語也。取其字之聲可以助气,故以爲烏呼字。" ⑤ 於:篆文,象側立之形。古文，象飛翔之形，或俯視，或仰視，均如此形。象首，象雙翅，象雙足及尾羽。即省其右側翅上之羽，又省雙足之毛羽。隸變作於。於本義是烏鴉。陳獨秀《小學識字教本》："烏色純黑，故淤瘀从於，淤泥黑色，血瘀亦黑也。"後借爲語助詞。《段注》："此字蓋古文之後出者也。此字既出，則又于、於爲古今字。"

【參證】金文作、、、、。湯餘惠《略論戰國文字形體研究中的幾個問題》(《古文字研究》第十五輯)："金文烏字身、首均和烏字相似，惟張大其口，以突出烏鴉喙鉅聲宏的特點。"上列第三字似未見"喙鉅聲宏"，馬敘倫《六書疏證》卷七："實从鳥，亡聲。"按亡、烏，一聲之轉。

舃 䧿[1]也。象形。，篆文舃从隹昔[2]。 七雀切(què)。

【譯文】舃，喜䧿。象形，䧿，篆文舃字，从隹、昔聲。

【注釋】① 䧿：舃、䧿古今字。《段注》："(舃)自經典借爲履舃字，而本義廢矣。" ② 昔：《段注》："昔，聲也。"舃古音清紐，昔屬心紐，發音部位相同，二字同在鐸部。舃、䧿隸變作鵲。

【參證】金文作、、、、。林義光《文源》："象張兩翼形。"按：首二字象兩翅陡然急轉、頭朝下向下俯衝之形。後其右翼譌變成，如末二字所示。

焉 焉鳥[1]，黄色，出于江淮。象形。凡字：朋[2]者，羽蟲[3]之屬；烏[4]者，日中之禽；舃[5]者，知太歲之所在；燕[6]者，請子之候，作巢避戊己[7]。所貴者，故皆象形。焉亦是也。有乾切(yān)。

【譯文】焉，焉鳥，黄色，出産在長江、淮水一帶。象形。大凡是字：朋，是羽蟲之類；烏，是太陽中間的飛禽；舃，是知道太歲星所在位置的鳥；燕，是表示即將得子的徵兆的鳥，取土作巢，回避戊己這一天。這些都是人們看重的鳥，所以都象形。焉鳥也是這一類。

【注釋】① 焉鳥：《段注》："今未審何鳥也。自借爲詞助而本義廢矣。古多用焉爲發聲，訓爲於，亦訓爲於是。" ② 朋：即鳳鳥的象形字。 ③ 羽蟲：鳥類。 ④ 烏：古代神話，太陽内有烏鳥。　⑤ 舄：《段注》："鵲巢開户，向天一（星名）而背歲（太歲星）。"　⑥ 燕：古人以爲請子之候鳥。　⑦ 作巢句：陸佃《埤雅》："戊己其日皆土，故燕之往來避社（土地神），而嗛土不以戊己。"按五行説，燕爲水鳥，戊己屬土，怕土克水，不吉利，故燕作巢避戊己。

【參證】金文作。

文三　重三

說文解字今釋

增訂本

二

湯可敬 撰 周秉鈞 審訂

卷八

華部

華[①] 箕屬，所以推棄之器也。象形[②]。凡華之屬皆从華。官溥説[③]。　北潘切(bān)。

【譯文】華，(有長柄的)箕畚一類的器具，用來推走拋棄的穢物。象形。大凡華的部屬都从華。這是官溥所説的。

【注釋】① 華：《段注》："此物有柄，中直象柄，上象其有所盛，持柄迫地，推而前，可去穢納於其中。箕則無柄，而受穢一也。故曰箕屬。"　② 象形：徐灝箋："象編竹連柄之形。"　③ 官溥：《段注》："博采通人之一也。"

【參證】甲文作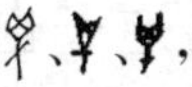，孫詒讓《名原》卷上："依許説，'華'蓋與箕相似，而有柄。故箕古文作(《説文》箕部)，金文作(邵鐘)，龜甲文作，而華則以象其柄，故文特異。畢則本非箕、華同類物，因其形微象箕，而亦有柄，故象華而以'田'象網箸其上，此許書説解之恉也。"參下條。

畢 田罔[①]也。从華，象畢形[②]，微[③]也。或曰：由聲[④]。　卑吉切(bì)。

【譯文】畢，田獵用的長柄網。从華，華象畢網的形狀，畢比華微小。有人説，(上面的田是由的譌變，)由(fú)表聲。

【注釋】① 田罔：田獵之網。《段注》"《月令》注：'罔小而柄長謂之畢。'"　② 象畢形：《段注》："謂以華象畢形也。柄長而中可受，畢與華同，故取華象形。"　③ 微：畢形小。　④ 或曰句：或説以爲形聲。

【參證】甲文作，金文作、。孫詒讓《契文舉例》卷下："古箕、華蓋交午竹木爲之，本有耳。"金文次字出自郳公華鐘，有左右兩耳，

下有兩手形。參上條。

[1]
糞　棄除也。从収推𠦒棄釆也。官溥説：似米而非米者，矢字[2]。　方問切(fèn)。

【譯文】糞，抛棄、掃除。由“収(gǒng)”(雙手)推着“𠦒”去棄除糞“釆(biàn)”。官溥説：(字上部)象“米”字而不是“米”字的那個字，是“矢”(屎)字。

【注釋】① 糞：今作糞。《段注》：“古謂除穢曰糞，今人直謂穢曰糞。此古義今義之别也。”　② 官溥説：“似米而非米者”，徐灝《段注箋》説：“釆即菡之省。”矢，屎。《説文》屎作“菡”。《史記·廉頗藺相如列傳》：“頃之，三遺矢。”矢是菡的假借字。

【參證】甲文作。羅振玉《增訂殷虚書契考釋》還收了字，並説：“从，象糞蔵形，即官溥所謂似米非米者；从，即許書所从之𠦒；収以推棄之。”“(甲文前二字)从小，且旁加帚者，殆亦糞字。”甲文第三字省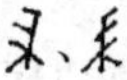。第四字，馬敘倫《六書疏證》卷八：“从土在其中，明箕中之土乃所棄也。會意。”

棄　捐也。从収推𠦒棄之；从𠫓，𠫓，逆子也[1]。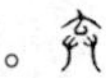[2]，古文棄。，籀文棄。　詰利切(qì)。

【譯文】棄，抛掉。由“収(gǒng)”(雙手)推着“𠦒”去抛棄；又，从𠫓(tū)，𠫓是连逆之子。弃，古文棄字。䶢，籀文棄字。

【注釋】① 从収二句：《段注》：“既以収、𠦒會意，又加㐬(tū)以箸之。㐬者，不孝子，人所棄也。”按：㐬，即大徐本的“𠫓”。既然小篆作，許氏説解應從段注作“㐬”。古文弃、籀文䶢的“𠫓”，應是“㐬”的省略。　② 弃：《段注》：“古文以竦手去𠬤子會意。”

【參證】甲文作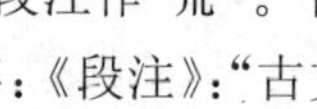，金文作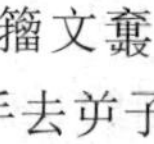。朱駿聲《通訓定聲》：“子生，首先出，惟倒爲順，故育字、流字皆从之會意。”《皃笘録》：“𠫓象子初生之形，非逆子也。”李孝定《甲骨文集釋》：“字象納子中棄之之形。古代傳説中常有棄嬰之記載。”馬敘倫《六書疏證》卷八：“蓋上古雜婚，生子屬母。及制爲嫁娶，乃重父系，而亂交之俗，未盡去也。疑首子非己生，故棄首子。”此棄嬰之俗見諸文獻。《左傳·襄廿六年》：“宋芮司徒生女子，赤而毛，棄諸堤下，其姬之妾取以入，

名之曰棄。”《詩・生民》敘：周祖后稷初生即遭遺棄，故亦名棄。按：古文棄承金文末字之形。

文四　重二

冓部

 冓　交積[①]材也。象對交[②]之形。凡冓之屬皆从冓。　古候切(gòu)。

【譯文】冓，交架材料。象相對相交的樣子。大凡冓的部屬都从冓。

【注釋】① 交積：王筠《句讀》：“交者，屋材結構，必相交也；積者，架屋必積衆材而成也。”　② 對交：徐灝《段注箋》：“冓象材木縱橫相交之形。”

【參證】甲文作、，金文作、。李孝定《甲骨文字集釋》：“疑象二魚相遇之形。爲遘遇之本字，从辵作遘者，其繁文也。”

 再　一舉而二也[①]。从[一]冓省[②]。　作代切(zài)。

【譯文】再，一舉而重複。由一、由省略的冓字會意。

【注釋】① 一舉句：二猶兩也。兩部曰“再也”。《段注》：“凡言二者，對偶之詞；凡言再者，重複之詞。一而又有加也。”一舉而對應兩次，在“一”上又有“加”，故引申爲重複。　② 从冓省：當依段注本作从一冓省。王筠《句讀》：“以一字(譬如棍杖之類——湯注)舉冓字之中央，則摺疊而成冉，則背面自別有一冉也，故得再(兩)之意，既摺疊，則一在其上矣，故得再之形。”

【參證】甲文作，金文作、。形義待考。

 爯　并舉[①]也。从爪，冓省。　處陵切(chēng)。

【譯文】爯，一手舉起兩樣東西。由爪、由省略的冓字會意。

【注釋】① 并舉：《段注》：“冓爲二，爪者手也。一手舉二，故曰并舉。”“凡手舉字當作爯，凡偁揚字當作偁，凡銓衡當作稱。今字通用稱。”

【參證】甲文作、，金文作、。李孝定《甲骨文字集釋》：“象以手挈物之形，自有舉義，但不能確言所挈何物耳。”

文三

幺部

幺　小[①]也。象子初生之形[②]。凡幺之屬皆从幺。　於堯切(yāo)。

【譯文】幺，小。象嬰兒剛剛出生的樣子。大凡幺的部屬都从幺。

【注釋】① 小：《段注》："子初生甚小也。俗謂一爲幺，亦謂晚生子爲幺，皆謂其小也。"《宋史・岳飛傳》："楊幺本名楊太，太年幼，楚人謂小爲幺，故曰楊幺。"幺，俗作么。　② 象子句：王筠《句讀》依《集韻》改"初生"爲"初成"。饒炯《部首訂》："謂胚胎初成，未肖人形之時，猶渾淪太極，篆正象之。而微小少隱諸義，即已包括於中。"

【參證】甲文作，金文作、。朱駿聲《通訓定聲》："此字當从半糸(mì)。糸者，絲之半；幺者糸之半，細小幽隱之誼。"李孝定《甲骨文字集釋》：甲文"糸之初文"，"許書之幺乃由糸之古文(許作)所孳衍。"

幼　少也。从幺，从力[①]。　伊謬切(yòu)。

【譯文】幼，年少。由幺、由力會意。

【注釋】① 从幺，从力：徐灝《段注箋》："幼从力从幺，言其力微也。"

【參證】甲文作、，金文作、。戴家祥《金文大字典》："禹鼎幼字(指金文首字)从幺从，即力之省。毛公鼎有此例，勒字作。"金文次字从子，幽聲。

文二

麽[①]　細[②]也。从幺，麻聲[③]。　亡果切(mǒ)。

【譯文】麽，細小。从幺，麻聲。

【注釋】① 麽：班彪《王命論》："又況幺麽不及數子，而又欲闇干天位者也。"幺、麽，同義連用。　② 細：《一切經音義》卷八引《通俗文》："細小曰麽。"　③ 麻聲：聲中有義。《鄭新附考》引《太平御覽》卷九百九十五所引《春秋説題辭》云："麻之爲言，微也。"麻本有細小義。幺本訓小。幺、麻會合，小而又小。

文一　新附

丝部

丝 微也。从二幺①。凡丝之屬皆从丝。 於虯切(yōu)。

【譯文】丝,細微。由兩個幺字會意。大凡丝的部屬都从丝。

【注釋】① 从二幺:徐灝《段注箋》:“丝,疑从絲省。”“丝訓微,義由絲起。引申爲凡物之微細也。”

【參證】甲文作,金文作。李孝定《甲骨文字集釋》:“(甲文)以許書糸之古文作例之,丝實絲之古文(實即之或體)。字或作。”“象絲二束之形。卜辭金文皆假此爲訓‘此’之‘茲’。茲、絲音韻並同,故得通假。至許書之丝訓微,乃絲義之引申,讀於虯切,音義並後起。如古即讀於虯切,則無由假爲茲字矣。糸之爲幺,亦猶絲之爲丝;幺之讀於堯切,亦猶丝之讀於虯切也。”

幽 隱也。从山中丝①,丝亦聲。 於虯切(yōu)。

【譯文】幽,隱蔽。由“山”中有“丝”(幽暗)會意,丝也表聲。

【注釋】① 从山中丝:徐鍇《繫傳》:“山中隱處。”《段注》:“幽从山,猶隱从𠂤,取遮蔽之意。从丝者,微則隱也。”

【參證】甲文作、,金文作、。甲文从火从丝,《甲骨文編》:“古文火、山二字形近,故《説文》誤以爲从山。”羅振玉《殷虛書契考釋》卷中:“古金文幽字皆从火从丝,與此同。隱不可見者,得火而顯。”

幾 微也①;殆也。从丝,从戍。戍,兵守也。丝而兵守者危②也。 居衣切(jī)。

【譯文】幾,細微;危機。由丝、由戍會意。戍,用兵把守。發現細微的迹象,而用兵把守,是有危機之感。

【注釋】① 微也:《周易·繫辭下》傳曰:“幾者,動之微,吉凶之先見也。”按:微指事情的苗頭或預兆。 ② 危:王筠《句讀》:“歺部:‘殆,危也。’然本文之危,亦將然之詞。戍守乃豫備之事,不必定有戰鬥也。”

【參證】金文作、。林義光《文源》:“丝者,幽省。幽處多危,人持

戈以備之，危象也。”

文三

叀部

叀 專小謹[①]也。从幺省；屮，財見也；屮亦聲。凡叀之屬皆从叀。[②]，古文叀。，亦古文叀。 職緣切(zhuān)。

【譯文】叀，專一而又小心謹慎。幺字省去一部分；屮(chè)，草木初生才現出枝葉；屮也表聲。大凡叀的部屬都从叀，岦，古文叀字。皀，也是古文叀字。

【注釋】① 專小謹：孔廣居《疑疑》："謂心謹慎而專一也。"

② 岦：孔廣居《疑疑》："从屮，从幺。屮，植物之初生也。幺，幼子之初生也。赤子句萌，最易夭折，撫育栽培皆當心謹慎而專一者也。小篆从屮，从幺省，田聲。"

【參證】甲文作、、，金文作、。按疐下曰："叀者如叀牛之鼻。"許君以爲象牛桊之形。王筠《釋例》："今之牽牛及橐佗鼻者，穿鼻爲孔，以大頭木貫之而繫之以繩，以象木之大頭也，臼乃牛鼻，則繩也，其曲而上者，猶牽疐之冂，曲而下也。第横叀字而觀之，得其狀矣。叀从古文而增一畫者，所貫乃鼻中央分隔兩孔之肉，不貫鼻之兩旁也。""夫叀之者，恐其風逸也，故小謹之義因之，專壹之義亦因之。"李孝定《甲骨文字集釋》第四"疐"下："許君云叀，就篆形爲説也。"朱歧祥《殷墟甲骨文字通釋稿》："、象紡車下垂之形。爲絲繫，屬線穗，是線錘。爲專字古文。""前期卜辭作，後期者多作，隸作叀。卜辭用爲助詞、發語詞唯。"以上二說，疑莫能定。

惠 仁也。从心，从叀[①]。，古文惠从芔[②]。 胡桂切(huì)。

【譯文】惠，仁愛。由心、由叀會意。蕙，古文惠字，从芔。

【注釋】① 从心，从叀：徐鍇《繫傳》："爲惠者心專也。" ② 从芔：《段注》："从芔聲。"

【參證】甲文作，金文作、、。陳夢家《讀〈天壤閣甲骨文存〉》

(《圖書季刊》新一卷第三期):“甲文……从惠而省心,實是惠的初文。唐(蘭)氏爲讀若惟,語詞。”

疐　礙不行也。从叀[①],引而止之也。叀者,如叀(馬)[牛][②]之鼻。从[冂],此與牽同意[③]。　陟利切(zhì)。

【譯文】疐,滯礙,不能行進。从叀,表示牽引而使之停止。叀,象叀牛鼻子的叀。从冂,這與牽字所从的冂爲“引牛之縻”同意。

【注釋】① 从叀:叀是穿牛鼻子的東西,今作“桊”。參“叀”條。② 叀馬:《段注》:“馬當作牛。牛鼻有桊,所以叀牛也。”　③ 从此句:《段注》作“从冂”,“此”屬下讀。

【參證】甲文作□、□、□,金文作□、□、□。造字本義待考。

文三　重三

玄部

玄　幽遠也。黑而有赤色者爲玄。象幽而入覆之也[①]。凡玄之屬皆从玄。□,古文玄。　胡涓切(xuán)。

【譯文】玄,隱蔽而深遠。黑而帶有赤色,叫玄。象幽暗而有物覆蓋着。大凡玄的部屬都从玄。□,古文玄字。

【注釋】① 象幽句:《段注》:“謂幺也。小則隱。”隱則暗,故幽指幽暗。入象覆蓋之物,非出入字。

【參證】金文作□、□。林義光《文源》:“(金文)象絲形。本義當爲懸。《釋名》:‘玄,縣(懸,下同)也。縣物在上也。’縣之義爲虛,故引申爲玄妙。空虛之處,色黯然而幽,故引申爲黝黑。”

兹　黑也。从二玄。《春秋傳》[①]曰:“何故使吾水兹?”　子之切(zī)。

【譯文】兹,黑色。由兩個玄字會意。《春秋左傳》説:“爲什麽使我的水變成了黑色?”

【注釋】①《春秋傳》:指《左傳·哀公八年》。“兹”,今本作“滋”。

【參證】金文作□。《金文編》:“與兹爲一字。”沈兼士《石鼓文研究三事質疑》(《故宫博物院七十年論文選》):“兹、兹於古實爲一文之小變。""(玄)蓋象束絲之形,茲爲其疊文,故均有絲義。"參艸部"茲"條。

文二　重一

① 黑色②也。从玄,旅省聲。義當用驢③。　洛乎切(lú)。

玈　【譯文】玈,黑色。从玄,旅省方爲聲。其義當爲驢黑之驢。

【注釋】① 玈:,衣字篆文,象兩袖和對襟之形,與甲文金文同,許氏誤解爲"象覆二人之形"。玈从旅省聲。旅篆文作,从㫃,从从。爲旗杆、旗幟之象形。玈字把旗杆、旗幟割裂開來,留下旗幟,加上二人相從之,故玈字篆文應作。《古文字詁林》已如此訂正。② 黑色:《左傳·僖公二十八年》:"彤矢百,玈弓矢千。"孔穎達正義:"玈,黑。"　③ 驢:盧爲飯器,徐灝《段注箋》:"盧爲火所熏,色黑,因謂黑爲盧。"盧聲之字多有黑義。玈、驢同爲來母魚部字,係同源字。

文一　新附

予部

推予①也。象相予之形②。凡予之屬皆从予。　余吕切(yǔ)。

予　【譯文】予,舉物給别人。象用手舉物付給别人的樣子。大凡予的部屬都从予。

【注釋】① 推予:章太炎《文始》説:"推,猶舉也。"《段注》:"予、與古今字。"　② 象相句:《段注》:"象以手推物付之。"象手,象物。

【參證】甲文作。待考。

伸也。从舍,从予,予亦聲①。一曰:舒,緩也②。　傷魚切(shū)。

舒　【譯文】舒,伸展。由舍、由予會意,予也表聲。另一義説:舒是舒緩。

【注釋】① 从舍句：小徐作“从舍予聲”，《段注》本作“从予舍聲”。《史記・律書》：“舍者，舒氣也。”从予，《段注》：“物予人，得伸其意。”以物予人必伸手，予有伸展義。　② 舒，緩也：王筠《句讀》：“《釋言》文。然伸展之則未有不緩者，亦一義是引申也。”

幻 相詐惑也。从反予[①]。《周書》[②]曰：“無或譸張爲幻。”　胡辦切(huàn)。

【譯文】幻，相與欺詐惑亂。由予字反倒過來表示。《周書》說：“不相互欺騙，相互詐惑。”

【注釋】① 从反予：是从倒予，即把予倒寫成幻，其意爲似相予而反不予，故訓詐惑。故徐鍇《繫傳》說：“反道相與爲幻惑也。”

②《周書》：指《無逸》。今本原文：“民無或胥(相互)譸(zhōu)張(欺誑)爲(與，連詞)幻。”

【參證】金文作、。待考。

文三

放部

放 逐也。从攴，方聲[①]。凡放之屬皆从放。　甫妄切(fàng)。

【譯文】放，放逐。从攴，方聲。大凡放的部屬都从放。

【注釋】① 方聲：方也表義。即國家邊遠之地。故徐鍇《繫傳》說：“古者臣有罪，宥之於遠也。當言‘方亦聲’。”

【參證】金文作、。楊樹達《積微居小學金石論叢・釋放》：“放从方聲者，《説文》旁亦从方聲，實假方爲旁耳。蓋古方旁音同，故二字多通用。”

敖[①] 出游也。从出，从放[②]。　五牢切(áo)。

【譯文】敖，出外遨遊。由出、由放會意。

【注釋】① 敖：朱駿聲《通訓定聲》：“俗字作遨。”徐灝《段注箋》出部敖下：“又讀爲傲。《爾雅・釋言》：‘敖，傲也。’蓋出遊放縱，有兀傲自肆之意，故兩義兼之。”兩義指出遊、倨傲。《段注》：“出部又收此，後人妄增也。”　② 从放：《段注》：“从放，取放浪之意。”

【參證】金文作、、。待考。

敫 光景流[1]也。从白，从放[2]。讀若龠。　以灼切(yuè)。

【譯文】敫，光綫流散。由白、由放會意。音讀象“龠(yuè)”字。

【注釋】① 光景流：光景，同義複合。本書日部：“景，光也。”光景即日光。流，散。　② 从白，从放：朱駿聲《通訓定聲》：“凡光多白，故从白。”又，《堯典》：“流共工于幽州，放驩兜于崇山。”流、放對文義近，从放即从流也。

文三

𠬪部

𠬪 物落；上下相付也[1]。从爪，从又[2]。凡𠬪之屬皆从𠬪。讀若《詩》[3]“摽有梅”。　平小切(biào)。

【譯文】𠬪，物體下落；上手交付下手。由“爪”、由“又”會意。大凡𠬪的部屬都从𠬪。音讀像《詩經》“摽有梅”的“摽”字。

【注釋】① 物落句：依王筠《句讀》標點。　② 从爪，从又：爪，覆手。又，手。《段注》：“以覆手與之，以手受之，象上下相付。”　③《詩》：指《召南・摽有梅》。摽，𠬪的假借字。有，詞頭。

【參證】楊樹達《文字形義學》：“在上者以物與下，必覆手，故从爪。在下受上者，必竪其手，故从又。”林義光《文源》卷六：“本義爲付(𠬪付雙聲旁轉)。引申爲落，落猶從上付於下也。”

爰 引也。从𠬪，从于[1]。籀文以爲車轅字[2]。　羽元切(yuán)。

【譯文】爰，援引。由𠬪、由于會意。籀文借爲車轅的轅字。

【注釋】① 从𠬪，从于：《段注》：“𠬪者相付，取相引之意。于亦引詞(即引起其語的虚詞)，與爰雙聲。”于也表聲。　② 籀文句：《段注》：“此説假借也。”

【參證】甲文作、，金文作、、。李孝定《甲骨文字集釋》：“(爰)字祇象二人相引之形。自爰假爲語詞，乃復製从手之援以代爰字。”甲文上下兩手間之、，羅振玉説是臣引君上臺階的大孔壁,唐蘭説是交易時兩人交接的類似於貨幣的銅餅,高鴻縉以爲是牽引的繩索。衆説紛紜,莫衷一是。其實,∖、/,就是表示兩人相引之物,不一定要作更具體的比附。

𤔔　治也。幺子相亂,𠬪治之也①。讀若亂,同。一曰:理②也。,古文𤔔。　郎段切(luàn)。

【譯文】𤔔,治理。小兒相爭鬥,用兩手分别治理他們。音讀象“亂”字,義同。一説“理也”。𤕆,古文𤔔字。

【注釋】① 幺子句:《段注》:“幺子謂𢆶,‘亂’當作‘爭’,謂冂也。冂音扃,介也。彼此分介則爭。𠬪治之,如‘寽’下‘又寸,分理之’。”王筠《句讀》:“𠬪,衹取手義,非相付本義也。”　② 理:王筠《句讀》:“謂‘治也’,一本作‘理也’。唐人諱治(唐高宗名)而作理。”

【參證】金文作、、。楊樹達《積微居小學述林·釋𤔔》:“𤔔、𢇍同字。”“𢇍从絲,知重文𢇍字之从𢆶爲象絲也;𢆶象絲,知𤔔之从幺亦象絲也。”“糸古文作,𤔔字所从之幺,乃古文糸之省作。”“冂位幺字之中,蓋象用器收絲之形。”“𤔔从爪从又者,人以一手持絲,又一手持互(收絲之器)以收之,絲易亂,以互收之,則有條不紊,故字訓治訓理也。”徐灝《段注箋》:“絲亂而以手治之,有亂義,亦有治義。就其體言,則亂也;言其用,則治也。”此處金文第三字,郭沫若《金文叢考·金文餘釋·釋𤔔》説:“治絲時其聲囂騷,故字復从㗊。”“下从止,金文又字每與止形相紊,此不足異。”

受　相付①也。从𠬪,舟省聲。　殖酉切(shòu)。

【譯文】受,一方交付,一方接受。从𠬪,舟省聲。

【注釋】① 相付:謂相授受。徐灝《段注箋》:“此付而彼受之也。”字兼授、受二義。

【參證】甲文作、,金文作、。《周禮》司尊彝:“皆有舟。”鄭司農注:“舟,尊下臺,若今時承槃。”李孝定《甲骨文字集釋》:“若,即槃之古文。卜辭槃作(即凡字),與此正同。後形稍變作,遂與舟車字相掍耳。”按:湖湘間叫茶盤作茶船,茶盤象舟船一樣承受茶尊,舟既可説是之譌變,也可説是盤的譬況。明義士《柏根氏舊藏甲骨文字考釋》“(甲文受)象一人以手付盤盂,一人以手承授之形”厥後受授意不明，乃加一手旁作授，而以承受字作受，付予字作授。其始，受、授固一字也。

𤔲　撮也。从𠬪，从己[①]。　力輟切(liè)。

【譯文】𤔲，撮取。由𠬪、由己會意。

【注釋】① 从𠬪，从己：徐鉉注：“己者物也，又爪撮取之。”徐灝《段注箋》：“己象所撮物，與戊己字同形。”

爭　引[①]也。从𠬪丿[②]。　側莖切(zhēng)。

【譯文】爭，爭奪。从𠬪丿會意。

【注釋】① 引：《段注》：“凡言爭者皆謂引之使歸於己。”　② 从𠬪丿：徐灝《段注箋》：“爭之本義爲兩手爭一物。”黄以周《釋𤔲爭》：“爭之丿，以象所引之形，丿亦非乁(yè)字也。”

【參證】甲文作，金文偏旁作、、。胡光煒《説文古文考》：“字，从。實爭之最古之形。”楊樹達《文字形義學》：“𠬪爲基字，丿爲假設之物。”上所引金文偏旁見于省吾《雙劍誃殷契駢枝三編・釋爭》，篆文出自金文偏旁第三字。

𤕌　所依據也。从𠬪工[①]。讀與隱同。　於謹切(yǐn)。

【譯文】𤕌，依據的對象。由𠬪、工會意。音讀與“隱”相同。

【注釋】① 从𠬪工：徐灝《段注箋》：“从爪、从又，兩手執據之也。从工，所據之物也。引申爲凡依據之偁。”“又引申爲安隱，即安穩也。”

【參證】楊樹達《文字形義學》：“工象矩形，今之曲尺也。兩手持矩，依據之也。”

寽　五指持[①]也。从𠬪，一聲[②]。讀若律。　吕戌切(lǜ)。

【譯文】寽，五指持握。从𠬪，一聲。音讀象“律”字。

【注釋】① 五指持：《段注》：“凡今俗用五指持物引取之曰寽。《廣韻》曰‘今寽禾是’是也。”　② 一聲：《段注》：“聲疑衍。一，謂所寽也。”

【參證】金文作、。郭沫若《兩周金文辭大系考釋》：“金文均作一手盛一物，别以一手抓之，乃象意字。説爲五指捋(luō，取)甚是。”戴家祥《金文大字典》：“寽借爲金量單位詞之後，爲了表示聲假意義，加金旁或貝旁作鋝、脟。爲了保留‘取’的本義，重複添加手旁作

捋。”按：寽、捋乃古今字。

𠭥　進取也。从𠬪[①]，古聲[②]。𢽈[③]，籀文𠭥。𣪊，古文𠭥。　古覽切(gǎn)。

【譯文】𠭥，進取。从𠬪，古聲。𢽈，籀文𠭥字。𣪊，古文𠭥字。

【注釋】① 从𠬪：《段注》：“猶从手也。”　② 古聲：古、敢，雙聲。③ 𢽈：《段注》：“彐蓋亦爪也。冃音冒。用爪用殳，冒而前也。今字作敢，𢽈之隸變。”

【參證】金文作、。林義光《文源》卷六：“古非聲。”“象手相持形，與爭同意。甘聲。”“或省甘爲口。”

文九　重三

𣦼部

𣦼　殘穿也。从又，从歺[①]。凡𣦼之屬皆从𣦼。讀若殘。　昨干切(cán)。

【譯文】𣦼，殘裂穿通。由又、由歺會意。大凡𣦼的部屬都从𣦼。音讀象“殘”字。

【注釋】① 从又，从歺(è)：徐灝《段注箋》：“歺者，列骨之殘也。又，所以分列之。”即用手(持工具)來殘裂穿通器物。歺也表聲。馬敘倫《六書疏證》卷八引劉秀生説：“歺讀若櫱，在曷部；殘从戔聲，在寒部。曷寒對轉，故𣦼从歺聲得讀若殘。”

【參證】甲文作、。

㕡　溝[①]也。从𣦼，从谷[②]。讀若郝。壑，㕡或从土[③]。　呼各切(hè)。

【譯文】㕡，溝壑。由𣦼、由谷會意。音讀象“郝”字。壑，㕡的或體，从土。

【注釋】① 溝：《段注》：“凡穿地爲水瀆，皆稱溝稱壑。”　② 从𣦼，从谷：《段注》：“穿地而通谷也。”　③ 或从土：《段注》：“謂穿土。”

𣦽　𣦼探堅[①]意也。从𣦼，从貝[②]。貝，堅(寶)[實][③]也。讀若概。　古代切(gài)。

【譯文】⿰⿱歺貝又,穿而探其堅之意。由𣦼、由貝會意。貝,表示堅實。音讀象"概"字。

【注釋】① 𣦼探堅:𣦼,穿也。謂穿而探其堅。王筠《句讀》:"猶浚井者以臿浚出下壚土也。故下文申説从貝字,衹取譬況之義。" ② 从𣦼,从貝:王筠《句讀》:"言所𣦼者之堅實如貝也。" ③ 寶:當從徐鍇《繫傳》作"實"。

【參證】金文作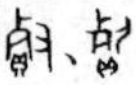。待考。

⿰⿱歺井又 坑也。从𣦼,从井[①],井亦聲。 疾正切(jìng)。

【譯文】⿰⿱歺井又,坑阱。由𣦼、由井會意,井也表聲。

【注釋】① 从𣦼,从井:𣦼,穿。井,古阱字。謂穿地而成之阱。《段注》:"⿰⿱歺井又謂穿地使空也。"

叡 深明也;通也。从𣦼,从目,从谷省[①]。,古文叡。,籀文叡从土。 以芮切(ruì)。

【譯文】叡,深明;通達。由𣦼、由目、由"谷"字省去"口"會意。睿,古文叡字。壡,籀文叡字,从土。

【注釋】① 从𣦼,从目,从谷省:从𣦼,𣦼穿,穿則言其深;从目,言其明。《段注》:"故曰深明。""谷以皃其深也。叡實从壑省。从壑者,皃其能容也。能容而後能明。"按叡同壑。从壑省,从目者,謂目光如壑之深明通達。

【參證】金文作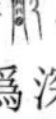。林義光《文源》卷八釋"叡":"从壑省,从目。壑中極目所及,故爲深明,爲通。與窅同意。"戴家祥《金文大字典》釋"覩":"睿有明義,故从目,覩字再加見旁,爲形義偏旁重複之例。""從銘義上看,覩爲叡的異體。"

文五 重三

歺部

歺 列[①]骨之殘也。从半冎[②]。凡歺之屬皆从歺。讀若櫱岸[③]之櫱。[④],古文歺。 五割切(è)。

【譯文】歺,分解骨肉後的殘骨。由冎字的一部分組成。大凡歺的部屬都从歺。音讀象櫱岸的"櫱"字。,古文歺字。

【注釋】① 㓟(liè):即"列"字,分解。　② 从半冎(guǎ):本書:"冎,剔肉置骨也。"冎字去掉上面的冂,就成了,後變作,故曰"从半冎"。　③ 櫱岸:《段注》:"未聞。"　④ :《段注》:"古文殂、古文殪、古文死、古文伊皆从此。"

【參證】甲文作、、。李孝定《甲骨文字集釋》第四:"契文冎作,而此作,正从半冎,與許説合。"

[1] 病[2]也。从歺,委聲。　於爲切(wēi)。

殘

【譯文】殘,殘病。从歺,委聲。

【注釋】① 殘:《衆經音義》:"今關西言菸,山東言蔫,江南言殘。"按:皆一聲之轉。　② 病:《玉篇·歹部》:"殘,病也。亦作痿。"

 瞀[1]也。从歺,昏聲。　呼昆切(hūn)。

殙

【譯文】殙,昏眊。从歺,昏聲。

【注釋】① 瞀(mào):王筠《句讀》:"瞀,低目謹視也。此不用其本義。子部:'敄,一曰瞀也。'亦謂人之愚蒙者。則殙瞀蓋即昏眊,謂病人無知也。"

 胎敗[1]也。从歺,賣聲。　徒谷切(dú)。

殰

【譯文】殰,胎兒死在腹中。从歺,賣聲。

【注釋】① 胎敗:《樂記》:"胎生者不殰。"注曰:"内敗曰殰。"内敗,(胎兒)在腹内敗潰。

 終[1]也。从歺,勿聲。[2],歾或从𠬛[3]。　莫勃切(mò)。

歾

【譯文】歾,終其一生。从歺,勿聲。殁,歾的或體,从𠬛聲。

【注釋】① 終:《檀弓》:"君子曰終,小人曰死。"此處,終同死義。　② 殁:《段注》:"殁死字當作此。入水有所取曰𠬛,湛於水曰没,内頭水中曰頞。"　③ 从𠬛:朱駿聲《通訓定聲》:"从𠬛聲。"按:𠬛也表義。

 大夫死曰殚[1]。从歺,卒聲。　子聿切(zú)。

殚

【譯文】殚,大夫死叫作殚。从歺,卒聲。

【注釋】① 大夫死曰殚:《曲禮》:"天子死曰崩,諸侯曰薨,大夫曰卒,士曰不禄,庶人曰死。"假卒爲殚。參"卒"條。

殊 死[①]也。从歺，朱聲。漢令曰："蠻夷長有罪，當殊之。" 市朱切(shū)。

【譯文】殊，斬殺而死。从歺，朱聲。漢朝的法令説："蠻夷戎狄之長有罪，判決斬殺他們。"

【注釋】① 死：沈濤《古本攷》："古以斬刑爲殊死，亦謂斷頭。"《段注》："凡漢詔云殊死者，皆謂死罪也。死罪者首身分離，故曰殊死。引申爲殊異。"按：今用殊爲殊異專字而借誅（以言責人）爲斬殺字。

殟 胎敗[①]也。从歺，昷聲。 烏沒切(wò/wēn)[②]。

【譯文】殟，胎兒死在腹中。从歺，昷聲。

【注釋】① 胎敗：《段注》引玄應書卷八、卷十三、十四皆引《説文》："殟，暴（卒然）無知也。"王筠《句讀》："蓋謂中痰、中惡，卒然昏不知人也。今本作'胎敗也'，誤用殰字解者，蓋古本殟、殙兩字本相連而及……二字蓋本以連語類聚，後人離析之也。" ② 今讀依《廣韻》烏渾切。

殤 不成人[①]也。人年十九至十六死，爲長殤；十五至十二死爲中殤；十一至八歲死，爲下殤[②]。从歺，傷省聲[③]。 式陽切(shāng)。

【譯文】殤，沒有成爲成年人（而死去）。人們的年齡在十九至十六歲死去，叫長殤；十五歲到十二歲死去，叫中殤；十一歲到八歲死去，叫下殤。从歺，傷省去人旁作聲。

【注釋】① 不成人：《儀禮》作"未成人"。此處謂未成人而死也，探下文而省。 ② 人年至下殤：王筠《句讀》："《喪服》傳文。又曰：'不滿八歲以下，爲無服之殤。'" ③ 傷省聲：聲中有義。《釋名》："殤，傷也。可哀傷也。"《儀禮》鄭注："殤，男女未冠笄而死，可傷者也。"

殂 往[①]、死[②]也。从歺，且聲。《(虞)[唐]書》[③]曰："勛乃殂。" 𣦸，古文殂从歺从作[④]。 昨胡切(cú)。

【譯文】殂，走了，死了。从歺，且聲。《唐書》説："放勛死了。"𣦸，古文殂字。从歺，从作聲。

【注釋】① 往：不忍言其死，諱言之叫往。今湖湘間稱人死爲"回老家去了"。 ② 死：直言之叫死。 ③《虞書》：《段注》："當作

《唐書》。”今本《尚書・堯典》作“帝乃殂落”。　④ 从歺从作：桂馥、王筠、朱駿聲都認爲古文殂是从死乍聲。本書：“乍，亡也。”宋保《諧聲補逸》：“乍、且同部，聲相近。”商承祚《說文中之古文考》：“[illegible]，古文死字，當云从死，又[illegible]乃亡之古文。”“死亡，殂意也。”

殛　殊也。从歺，亟聲。《(虞)[唐]書》[1]曰：“殛鯀[2]于羽山。”己力切(jí)。

【譯文】殛，殊殺。从歺，亟聲。《唐書》說：“流放鯀到遙遠的羽山。”

【注釋】①《虞書》：當作“《唐書》”，指《堯典》。　② 殛鯀：《段注》：“此引經言假借也。殛本殊殺之名，故其字厠於殤、殂、殪、募之間。《堯典》‘殛鯀’則爲極之假借，非殊殺也。”徐灝箋：“極者，放流絶遠之義。”

殪　死也。从歺，壹聲[1]。[illegible]，古文殪，从死[2]。　於計切(yì)。

【譯文】殪，死。从歺，壹聲。𡚁，古文殪字，从死。

【注釋】① 从歺，壹聲：《段注》：“形聲包會意。”“《小雅》毛傳、文穎注《上林賦》皆曰‘壹發而死爲殪’是也。”　② 从死：王筠《句讀》：“當增‘壹省聲’。壹从壺吉聲，此則以死代吉也。”

募　死宋募[1]也。从歺，莫聲[2]。　莫各切(mò)。

【譯文】募，死而寂寞無聲。从歺，莫聲。

【注釋】① 宋募：今通用“寂寞”。　② 莫聲：聲中有義。本書：“莫，日冥也。从日在茻中。”日冥則虛無杳冥。

殯　死[1]在棺，將遷葬，柩[2]。賓遇之。从歺，从賓[3]，賓亦聲。夏后殯于阼階，殷人殯于兩楹之閒，周人殯于賓階[4]。必刃切(bìn)。

【譯文】殯，尸體在棺材中，將要遷去埋葬，叫作柩。用賓禮對待它。由歺、由賓會意，賓也表聲。夏后氏時代停棺待葬在東階之上，殷人停棺待葬在殿堂前的兩根直柱之間，周人停棺待葬在西階之上。

【注釋】① 死：古與尸通用。　② 柩：張舜徽《約注》：“其意若云：尸在棺而將遷葬者，謂之柩也。”　③ 从歺，从賓：《段注》：“尸在棺，故从歺；西階賓之，故从賓。”　④ 夏后三句：言殯制之演變。

殔　瘞[①]也。从歺，隶聲。　羊至切(yì)。

【譯文】殔，埋柩。从歺，隶聲。

【注釋】① 瘞(yì)：本書土部："瘞，幽薶(mái，埋)也。"《小爾雅·廣名》："埋柩謂之殔。"又，《士喪禮》："掘肂見衽。"注："肂，埋棺之坎也。"按：就其體而言，是坎；就是用而言，是埋。

殣　道中死人，人所覆[①]也。从歺，堇聲。《詩》[②]曰："行有死人，尚或殣之。"　渠吝切(jìn)。

【譯文】殣，路上死人，人們將其覆蓋後所形成的路塚。从歺，堇聲。《詩經》説："路上有死人，尚有掩覆他的路塚。"

【注釋】① 覆：掩埋。　② 《詩》：見《小雅·小弁》。今本"殣"作"墐"，傳曰："墐，路冢也。"鄭箋："道中有死人，尚有掩覆之成其墐者。"墐借爲殣。參"墐"條。

殠[①]　腐气也。从歺，臭聲[②]。　尺救切(chòu)。

【譯文】殠，尸體腐敗的氣味。从歺，臭聲。

【注釋】① 殠：王筠《句讀》："臭者气之總名，殠者朽腐之專名。今通用臭，又作臰。"　② 臭聲：聲中有義。從構字之義而言，應是死屍(腐爛)之氣味，引申爲凡朽敗味之稱。臰从死从臭省。

殨[①]　爛也。从歺，貴聲。　胡對切(kuì)。

【譯文】殨，尸體潰爛。从歺，貴聲。

【注釋】① 殨：《段注》："今殨字作潰，而殨廢矣。"本書水部："潰，屚也。"

歹[①]　腐[②]也。从歺，丂聲。朽，歹或从木。　許久切(xiǔ)。

【譯文】歹，腐爛。从歺，丂聲。朽，歹的或體，从木。

【注釋】① 歹：《段注》："今字用朽而歹廢矣。"　② 腐：本書肉部："腐，爛也。"《月令》："其臭朽。"注："氣若有若無爲朽。"

【參證】金文作。高田忠周《古籀篇》卷四十二："蓋人謂腐歹，木謂腐朽，其字元當分別，許以草木兼於人也。"按：金文與休息之休近似，但構形、意義迥然有别。參"休"條。

殆　危也[①]。从歺，台聲。　徒亥切(dài)。

【譯文】殆，危險。从歺，台聲。

【注釋】① 危也：徐灝《段注箋》："殆，病危也。引申爲凡危殆之偁。借爲語詞，及也，近也，庶幾也。"按：殆从歺，凡从歺之字，多有死亡、瀕死之病義。故殆爲病危義。

殃　咎①也。从歺，央聲。　於良切（yāng）。

【譯文】殃，災禍。从歺，央聲。

【注釋】① 咎：《易》釋文，咎作凶。沈濤《古本考》："凶謂凶禍，更重於咎。"故譯作災禍。

【參證】金文作□，从心不从歺。

殘　賊①也。从歺，戔聲②。　昨干切（cán）。

【譯文】殘，傷害。从歺，戔聲。

【注釋】① 賊：傷害。朱駿聲《通訓定聲》引《蒼頡篇》："殘，傷也。""即戔字之或體。"　② 戔聲：聲中有義。《段注》"戔"下："殘用以會意。"按：殘字，從歺與戔的關係而言，是會意，表示兵刃相見，多有傷亡，故爲殘殺、殘害；從戔與殘的關係而言，音、義全同，故朱説殘是戔的或體，即異體。參"戔"條。

殄　盡也。从歺，㐱聲。𠤎①，古文殄如此。　徒典切（tiǎn）。

【譯文】殄，盡。从歺，㐱聲。𠤎，古文殄字象這個樣子。

【注釋】① 𠤎：唐蘭《唐蘭先生金文論集·釋真》："倒人爲𠤎，與倒大爲屰同。"按，㑥逆者應予除盡。

殲　微盡①也。从歺，韱聲。《春秋傳》②曰："齊人殲于遂。"　子廉切（jiān）。

【譯文】殲，纖微都盡。从歺，韱（xiān）聲。《春秋左傳》説："齊人在遂地被殲滅盡。"

【注釋】① 微盡：《段注》："殲之言纖也。"朱駿聲《通訓定聲》："纖微悉盡。"桂馥《義證》："無微不盡也。"　②《春秋傳》：指《春秋經·莊公十七年》文。

殫　（殛）[極]盡①也。从歺，單聲。　都寒切（dān）。

【譯文】殫，窮極而盡。从歺，單聲。

【注釋】① 殛盡：當依徐鍇《繫傳》作"極盡"。《段注》："窮極而盡之也。"

殬 敗也。从歺，睪聲。《商書》[1]曰："彝倫攸殬。" 當故切(dù)。

【譯文】殬，敗壞。从歺，睪(yì)聲。《商書》説："治國的常理由此敗壞。"

【注釋】①《商書》：指《周書・洪範》。今本"殬"作"斁"。

殰 畜産疫病也[1]。从歺，从羸。 郎果切(luǒ/luò)[2]。

【譯文】殰，禽獸瘟疫之病。由歺、由羸(léi)會意。

【注釋】① 畜産句：畜産，《段注》："當作嘼犍。"指禽獸。朱駿聲《通訓定聲》："(殰)相聚傳染之病。" ② 今讀依《廣韻》魯過切。

殪 殺羊出其胎也[1]。从歺，豈聲。 五來切(ái)。

【譯文】殪，殺羊取出它的胎。从歺，豈聲。

【注釋】① 殺羊句：王筠《句讀》："古以胎爲美食。"

𣧠[1] 禽獸所食餘也。从歺，从肉[2]。 昨干切(cán)。

【譯文】𣧠，禽獸吃剩的骨肉。由歺、由肉會意。

【注釋】① 𣧠：《段注》："許意殘訓賊，𣧠訓餘。今則殘專行而𣧠廢矣。"參"殘"條。 ② 从歺，从肉：徐灝《段注箋》："殘骨帶肉也。"

【參證】馬敘倫《六書疏證》卷八："疑𣧠是死者殄滅未盡之肉，故有殘餘之義。而字从歺肉也，死者之肉。"

殖 脂膏久殖[1]也。从歺[2]，直聲。 常職切(zhí)。

【譯文】殖，膏油放久而腐壞。从歺，直聲。

【注釋】① 脂膏久殖：王筠《句讀》："蓋謂脂膏久而殖敗也。字或作膱。" ② 从歺：馬敘倫《六書疏證》卷八："殖亦謂死者脂肪腐敗者也。故从歺。"

殆[1] 枯也。从歺，古聲。 苦孤切(kū)。

【譯文】殆，骨肉乾枯。从歺，古聲。

【注釋】① 殆：《説文》"辜"字古文作𣦸，从死，古聲。朱駿聲《通訓定聲》"辜"下："當爲殆之古文。"而《説文》桀部磔訓"辜"，"辜之言枯也"(《周禮・掌戮》鄭注)。《段注》："凡言磔者，開也，張也，刳其胸腹而張之，令其乾枯不收。"《段注》"辜"下："本非常重罪。"故殆應是支裂示衆而使骨肉乾枯之重刑。

　棄[①]也。从歺，奇聲。俗語謂死曰大殑。　去其切(qī)。

殑　【譯文】殑，棄世。从歺，奇聲。俗話稱死爲大殑。

【注釋】① 棄：王筠《釋例》："猶之言棄世矣。"

文三十二　重六

死部

[①]　澌[②]也，人所離[③]也。从歺，从人。凡死之屬皆从死。

死　㱙[④]，古文死如此。　息姊切(sǐ)。

【譯文】死，精氣窮盡，是人們形體與魂魄相離的名稱。由歺、由人會意。大凡死的部屬都从死。㱙，古文死字象這個樣子。

【注釋】① 死：饒炯《部首訂》："死即尸之或體。人气滅則身僵臥，故尸从人横之，指事；人離气則骨肉朽腐，故死从人从歺，會意。"按：上古名動合一，死以表尸體義爲主，又可表死亡義。饒又説："自以尸專名已死之軀，又因其身沒不覺，如器物之設列，而又訓爲陳也，則死亡之死，遂與尸身之尸，同字分義。"遂分化爲名詞尸，動詞死。又因尸多用於陳列義，於是又加死作屍表示尸體義。　② 澌：《段注》："澌爲凡盡之偁。人盡曰死。"　③ 人所離：《段注》："形體與魂魄相離，故其字从歺人。"　④ 㱙：《段注》："从古文歺(è)、古文人。"

【參證】甲文作、、、，金文作、。羅振玉《增訂殷虚書契考釋》："此()从，象人跽形，生人拜於朽骨之旁，死之誼昭然矣。"李孝定《金文詁林讀後記》卷四："殷人㱙、二字並行，㱙似爲王者之專用字，猶後世之言崩言薨，則爲凡死之偁。"

　公侯殚[①]也。从死，瞢省聲。　呼肱切(hōng)。

薨　【譯文】薨，公侯死亡。从死，瞢(méng)省"目"爲聲。

【注釋】① 公侯殚(zú)：《禮記・曲禮下》："天子死曰崩，諸侯曰薨。"歺部："大夫死曰殚。"薨、殚，渾言不别。

【參證】徐中舒、伍仕謙《中山三器釋文及宫堂圖説明》(《中國史研究》一九七九年第四期)："人死曰薨。《禮記・曲禮》'公侯曰薨'，以此爲公侯死之專稱，乃經師强爲分别之詞。”

薨 死人里[①]也。从死，蒿省聲[②]。 呼毛切(hāo)。

【譯文】薨，埋死人的地方。从死，蒿省“口”爲聲。

【注釋】① 死人里：《玉篇》：“薨里，黄泉也，死人里也。”《段注》：“《樂府相和曲》有《薤露蒿里之歌》，……蒿里辭曰：‘蒿里誰家地，聚斂魂魄無賢愚。’然則蒿里者，謂虚墓之間也。” ② 蒿省聲：聲中有義。王筠《釋例》：“蒿里者，蒿萊所生也。”即蒿萊所生之地。

【參證】金文。从土，蒿亦聲。蒿萊所生之地，正好埋葬死人。

殔 戰見血曰傷[①]，亂或爲惛[②]，死而復生爲殔[③]。从死，次聲[④]。 咨四切(zì)。

【譯文】殔，戰鬥中看見血叫作受傷；亂惑叫作惛；昏死過去而又復活叫作殔。从死，次聲。

【注釋】① 見血句：《段注》：“謂戰者見血受傷也。” ② 亂或句：《段注》：“或、惑，古今字。心部曰：‘惛(hūn)，不憭也。’此謂戰傷殙瞀者，重於見血也。” ③ 死而句：《段注》：“此謂戰傷又重於惛也。謂之殔者，次於死也。三言皆謂戰，蓋出《司馬法》等書。”錢坫《斠詮》：“凡經言蘇皆此字。蘇、殔，聲之轉。”承培元《廣答問疏證》：“蘇，艸名，借字。”俗作甦。 ④ 从死，次聲：《段注》：“形聲包會意也。”

文四 重一

冎部

冎[①] 剮人肉置其骨也[②]。象形。頭隆骨[③]也。凡冎之屬皆从冎。 古瓦切(guǎ)。

【譯文】冎，分解人肉，存置其骨頭。象形。象頭上隆起的骨頭。大凡冎的部屬都从冎。

【注釋】① 冎：饒炯《部首訂》：“冎即骨之象形本字。因形不顯義而骨乃加肉以箸之也。人身惟頭多骨，故篆象人頭隆骨，以爲凡肉覈之稱。” ② 剮人肉句：《列子·湯問篇》：“楚之南，有炎(啖)人之國,其親戚死,殇其肉而棄之,然後埋其骨。”殷敬順《釋文》:“殇本作冎,音寡,剔肉也。”剔,分解。　③ 頭隆骨:《段注》:“隆,豐大也。説此字爲象形者,謂上大下小,象骨之隆起也。”

【參證】甲文作、。李孝定《甲骨文字集釋》第四:“實象卜用牛肩胛骨之形,其與原物最肖者作。……字上从象骨臼,象骨臼下經整治後所具之坎陷,其右側或左側作、形者,卜用牛胛均於骨臼下之一側鋸去直角形一小塊,故作以象之也。其下作,均下侈上斂,亦胛骨之自然形狀。”徐中舒《甲骨文字典》卷四:“冎或又作,乃由形簡化爲,進而簡化爲、形。”

 分解[①]也。从冎,从刀[②]。　憑列切(bié)。

剮 【譯文】剮,用刀切割分解。由冎、由刀會意。

【注釋】① 分解:謂分裂肢體。　② 从冎,从刀:《段注》:“冎者,分解之皃;刀者,所以分解也。”

【參證】甲文作,从冎从刀,篆文與此同。

[①] 別也。从冎,卑聲。讀若罷。　府移切(bēi)。

髀 【譯文】髀,分裂。从冎,卑聲。音讀象“罷”字。

【注釋】① 髀:《廣雅·釋詁》:“髀,裂也。”

文三

骨部

 肉之覈[①]也。从冎有肉。凡骨之屬皆从骨。　古忽切(gǔ)。

骨 【譯文】骨,附肉的核。由“冎”上附有“肉”會意。大凡骨的部屬都从骨。

【注釋】① 覈(hé):徐鍇《繫傳》:“覈,核也。”饒炯《部首訂》:“骨之於體,外肉内覈,如果之有核。”

【參證】李孝定《甲骨文字集釋》第四:“契文不从肉,象牛胛骨之形,即許書冎字,亦即骨之古文。”參“冎”條。

 髑髏[①],頂[②]也。从骨,蜀聲。　徒谷切(dú)。

髑 【譯文】髑,髑髏,人頂骨。从骨,蜀聲。

【注釋】① 髑髏：朱駿聲《通訓定聲》："疊韻連語。髑髏之合音爲頭字。" ② 頂：頭頂。

髏 髑髏也。从骨，婁聲。 洛侯切(lóu)。

【譯文】髏，髑髏。从骨，婁聲。

髆 肩甲①也。从骨，尃聲。 補各切(bó)。

【譯文】髆，肩髆。从骨，尃聲。

【注釋】① 肩甲：《段注》："甲之言蓋也。肩蓋乎衆體也。今俗云肩甲者，古語也。"

髃 肩前①也。从骨，禺聲。 午口切(ǒu)。

【譯文】髃，肩頭。从骨，禺聲。

【注釋】① 肩前：桂馥《義證》："今人曰肩頭。"

骿 并脅①也。从骨，并聲②。晉文公骿脅③。 部田切(pián)。

【譯文】骿，肋骨併合。从骨，并聲。晉文公有骿脅。

【注釋】① 并脅：徐鍇《繫傳》："謂肋骨連合爲一也。" ② 并聲：聲中有義。并之言比也，兩者排比連合。故段、朱皆以爲會意兼形聲字。 ③ 晉文公句：見《左傳·僖公二十三年》，"骿"作"駢"。

髀 股也。从骨，卑聲。[seal form]①，古文髀。 并弭切(bǐ)。

【譯文】髀，大腿。从骨，卑聲。⿰足卑，古文髀字。

【注釋】① ⿰足卑：《段注》："从足者，足所恃以能行也。"

髁 髀骨①也。从骨，果聲。 苦臥切(kè/kē)②。

【譯文】髁，大腿骨。从骨，果聲。

【注釋】① 髀骨：《段注》："猶言股骨也。" ② 今讀依《廣韻》苦禾切。

橜 臀①骨也。从骨，厥聲。 居月切(jué)。

【譯文】橜，尾脊骨。从骨，厥聲。

【注釋】① 臀(tún)：同"臀"。

髖 髀上①也。从骨，寬聲。 苦官切(kuān)。

【譯文】髖，大腿之上。从骨，寬聲。

【注釋】① 髀上：股上，指臀部。

髕 厀耑①也。从骨，賓聲。 毗忍切(bìn)。

【譯文】髕，膝蓋骨。从骨，賓聲。

【注釋】① 厀耑：即膝端。

髺① 骨耑也。从骨，𠯑聲。 古活切(guā)。

【譯文】髺，骨端。从骨，昏聲。

【注釋】① 髺：今作骺。

髖① 厀脛間骨也。从骨，貴聲。 丘媿切(kuì)。

【譯文】髖，膝頭和小腿之間的膝蓋骨。从骨，貴聲。

【注釋】① 髖：《荀子・勸學》："蟹，六跪而二螯。"借跪爲髖。

骹 脛①也。从骨，交聲。 口交切(qiāo)。

【譯文】骹，小腿。从骨，交聲。

【注釋】① 脛：《段注》："脛，厀下也。凡物之脛皆曰骹。"《攷工記》注："人脛近足者細於股謂之骹。"故《段注》曰"厀下"。

骭① 骹也。从骨，干聲。 古案切(gàn)。

【譯文】骭，小腿骨。从骨，干聲。

【注釋】① 骭：《淮南子・俶真訓》"雖以天下之大易骭之一毛"，高注："骭，自膝以下、脛以上也。"

骸 脛骨①也。从骨，亥聲②。 户皆切(hái)。

【譯文】骸，小腿骨。从骨，亥聲。

【注釋】① 脛骨：脛骨爲骸，引申爲凡人骨之稱。 ② 亥聲：聲中有義。《段注》："亥，荄也；荄，根也。"小腿骨就象人之根。

髓① 骨中脂也。从骨，隓聲。 息委切(suǐ)。

【譯文】髓，骨中的脂膏。从骨，隓聲。

【注釋】① 髓：《段注》："隸作'髓'。"

𩨦 骨間黄汁也。从骨，易聲。讀若《易》①曰"夕惕若厲"。 他歷切(tì)。

【譯文】𩨦，骨頭裏面的黄骨髓。从骨，易聲。音讀象《易經》説的"夕惕若厲"的"惕"字。

【注釋】①《易》：指《周易・乾卦》。今本原文："君子終日乾乾(孜孜不倦)，夕惕(警惕)若(助詞，然)。厲(處境艱危)，無咎(害)。”

體　總十二屬①也。从骨，豊聲。　他禮切(tǐ)。

【譯文】體，總括全身十二分屬之稱。从骨，豊聲。

【注釋】① 總十二屬：《段注》：“十二屬，許未詳言。今以人體及許書覈之：首之屬有三，曰頂、曰面、曰頤；身之屬三，曰肩、曰脊、曰尻(tún，臀)；手之屬三，曰厷、曰臂、曰手；足之屬三，曰股、曰脛、曰足。”

【參證】金文作[illegible]，从身。可見體本是全身的總稱。

髍　㾫病①也。从骨，麻聲。　莫鄱切(mó)。

【譯文】髍，偏癱病。从骨，麻聲。

【注釋】① 㾫病：半身不遂。《集韻・戈韻》：“髍，《說文》：‘㾫病也。’謂身支半枯，或書作磨。”

骾　食骨留咽中也①。从骨，更聲。　古杏切(gěng)。

【譯文】骾，食時骨頭留塞在咽喉之中。从骨，更聲。

【注釋】① 食骨句：《段注》：“忠言逆耳如食骨在喉，故云骨骾之臣。《漢書》已下皆作骨鯁字。”

骼　禽獸之骨①曰骼。从骨，各聲。　古覈切(gé)。

【譯文】骼，禽獸的骨頭叫作骼。从骨，各聲。

【注釋】① 禽獸之骨：徐灝《段注箋》：“引申之則人以爲偁。”

骴　鳥獸殘①骨曰骴；骴，可惡②也。从骨，此聲③。《明堂月令》④曰：“掩骼薶骴。”骴或从肉⑤。　資四切(zì/cī)。

【譯文】骴，鳥獸的殘骨叫骴。骴，表示可惡的意思。从骨，此聲。《明堂月令》說：“掩蓋骼，埋葬骴。”(胔，)骴的或體，从肉。

【注釋】① 殘：殘餘。　② 骴，可惡：《段注》：“以其殘蔑可惡，人所不欲見。”　③ 此聲：聲中有義。王筠《句讀》：“蓋从此聲者，多有可惡之意。呰，窳也；佌佌彼有屋，小皃也；訿訿然不思稱乎上之意。皆是。”　④《明堂月令》：古代說禮的書，詳見《段注》。《月令》是《明堂陰陽》的一篇，許稱《明堂月令》。　⑤ 骴或句：徐灝《段注箋》：“(“骴或”之前，)疑本省胔篆。”王筠《釋例》：“骴下補或體[illegible]。”

骫 骨耑骫奊①也。从骨，丸聲②。 於詭切(wěi)。

【譯文】骫，骨頭彎曲。从骨，丸聲。

【注釋】① 骫奊(xié)：《段注》："謂屈曲之狀。" ② 丸聲：聲中有義。徐鍇《繫傳》："丸，屈也。"

髓 骨擿之可會髮者①。从骨，會聲②。《詩》③曰："髓弁如星。" 古外切(kuài)。

【譯文】髓，可束髮的骨搔頭。从骨，會聲。《詩經》說："先用骨搔頭把頭髮束起來，再戴上皮帽子，那光耀象星星。"

【注釋】① 骨擿(zhì)之可會髮者：即可會髮之骨擿。骨擿，骨搔頭，一種首飾。會，束。王筠《句讀》："骨擿猶云象揥也。手部：'擿，搔也。'故此謂搔頭爲擿也。《君子偕老》傳：'揥，所以摘髮。'《釋文》：摘本又作擿。會髮，猶云括髮也。" ② 會聲：聲中有義。徐灝《段注箋》："摘髮而束之謂之會，因名會髮之器曰髓而增骨旁。" ③《詩》：指《衛風・淇奧》。今"髓"作"會"。髓，所以會髮。弁，皮弁。《段注》："謂先束髮而後戴弁，其光耀如星也。"

文二十五 重一

肉部

肉 胾①肉。象形。凡肉之屬皆从肉。 如六切(ròu)。

【譯文】肉，大塊肉。象形。大凡肉的部屬都从肉。

【注釋】① 胾(zì)：切成大塊的肉。饒炯《部首訂》："篆象截臠平面之形，中乃肉之紋理。"

【參證】甲文作𠃌、⺼。李孝定《甲骨文字集釋》第四："契文與小篆相近。"

腜 婦始孕腜兆①也。从肉，某聲。 莫桮切(méi)。

【譯文】腜，婦女開始懷胎的徵兆。从肉，某聲。

【注釋】① 腜兆：腜，王筠《句讀》："謂婦始孕曰腜；腜者，朕兆之意也。"腜兆，同義連用。

胚 婦孕一月也。从肉，不聲。 匹桮切(pēi)。

【譯文】胚，婦女懷孕一個月。从肉，不聲。

胎 婦孕三月也。从肉，台聲。 土來切(tāi)。

【譯文】胎，婦女懷孕三個月。从肉，台聲。

肌 肉[1]也。从肉，几聲。 居夷切(jī)。

【譯文】肌，肌肉。从肉，几聲。

【注釋】① 肉：《段注》"肉"下："人曰肌，鳥獸曰肉。"肌、肉析言有別，渾言無別。此渾言之。

臚 皮[1]也。从肉，盧聲。膚[2]，籀文臚。 力居切(lú)。

【譯文】臚，皮膚。从肉，盧聲。膚，籀文臚字。

【注釋】① 皮：《段注》："今字皮膚从籀文作膚，膚行而臚廢矣。" ② 膚：邵瑛《羣經正字》："膚即臚之省變。但移肉於下，省其中間皿字耳。俗變甾爲田，竟似虍下从胃。"今分臚、膚爲二字。臚，陵如切(lú)，臚陳之義。膚，風無切(fū)，皮膚之義。此漢字之分流現象。

【參證】甲文作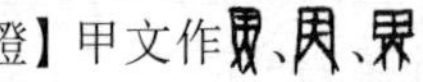，金文作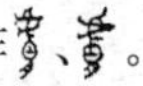。待考。

肫 面頯[1]也。从肉，屯聲。 章倫切(zhūn)。

【譯文】肫，面上的顴骨。从肉，屯聲。

【注釋】① 頯(kuí)：本書頁部："頯，權也。"徐灝《段注箋》："兩頰謂之權，言如權衡，兩高相平也。"權俗作"顴"。

臞 頰肉也。从肉，幾聲。讀若畿。 居衣切(jī)。

【譯文】臞，面頰肉。从肉，幾聲。音讀象"畿(jī)"字。

脣[1] 口耑[2]也。从肉，辰聲。⿰辰頁，古文脣，从頁[3]。 食倫切(chún)。

【譯文】脣，口的邊緣。从肉，辰聲。⿰辰頁，古文脣字，从頁。

【注釋】① 脣：《釋名・釋形體》："脣，緣也。口之緣也。"今作"唇"。參"唇"條。 ② 耑：端。 ③ 从頁：商承祚《説文中之古文考》："頁，頭也，頁从百儿，百，亦頭也，面字从之。是从頁猶从面也。惟面上不止脣，猶脣之从肉，其義皆不相切也。今改从口，是矣。"

脰[1] 項[2]也。从肉，豆聲。 徒候切(dòu)。

【譯文】脰，頸。从肉，豆聲。

【注釋】① 脰：《釋名》："咽，青徐謂之脰。物投其中受而下之也。"咽指頸。　② 項：本書："項，頭後也。"頭後即頸後。引申爲頭頸。徐灝《段注箋》："項者，頭莖之大名。"

【參證】金文作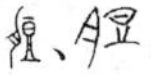。馬敘倫《六書疏證》卷八："今杭縣謂頸猶曰脰頸。"

肓　心(上)[下]鬲(下)[上][①]也。从肉，亡聲。《春秋傳》[②]曰："病在肓之(下)[上]。"　呼光切(huāng)。

【譯文】肓，心臟的下面，膈膜的上面。从肉，亡聲。《春秋左傳》說："病在肓的上面。"

【注釋】① 心上鬲下：《段注》："'下'、'上'各本互譌。""今依《左傳》音義正。""鬲上肓，肓上膏(心尖脂肪)，膏上心。"　②《春秋傳》：指《左傳・成公十年》。原文："疾不可爲也，在肓之上，膏之下。攻之不可，達之不及，藥不至焉。不可爲也。"

腎　水藏[①]也。从肉，臤聲。　時忍切(shèn)。

【譯文】腎，屬水的臟器。从肉，臤聲。

【注釋】① 水藏：腎爲人的泌尿器官。按今文說五行命名，腎屬水，又名水藏。藏，今作"臟"。

肺　金藏[①]也。从肉，朩聲。　芳吠切(fèi)。

【譯文】肺，屬金的臟器。从肉，朩聲。

【注釋】① 金藏：肺爲人的呼吸器官。按今文說五行命名，肺屬金，又名金藏。《段注》引《五經異義》："今《尚書》歐陽說：肝，木也；心，火也；脾，土也；肺，金也；腎，水也。古《尚書》說：脾，木也；肺，火也；心，土也；肝，金也；腎，水也。"錢大昕《十駕齋養新録》："五藏配五行，古文說與博士說(即今文說)各異。唯腎爲水藏則同。《五經異義》言之詳矣。其撰《說文解字》云：'心，土藏也。博士說以爲火藏。'而'脾，土藏'、'肝，木藏'、'肺，金藏'，則但用博士說，不言古文同異，亦舉一反三之例。"

脾　土藏[①]也。从肉，卑聲。　符支切(pí)。

【譯文】脾，屬土的臟器。从肉，卑聲。

【注釋】① 土藏：按今文說五行命名，脾屬土，又名土臟。

肝 木藏[①]也。从肉，干聲。 古寒切(gān)。

【譯文】肝，屬木的臟器。从肉，干聲。

【注釋】① 木藏：肝是人的消化器官之一。按今文説五行命名，肝屬木，又名木臟。

膽[①] 連肝之府[②]。从肉，詹聲。 都敢切(dǎn)。

【譯文】膽，連着肝的臟腑。从肉，詹聲。

【注釋】① 膽：膽囊。 ② 府：今作“腑”。

胃 穀府也。从肉；图，象形[①]。 云貴切(wèi)。

【譯文】胃，消化穀物的臟腑。从肉，图象胃的形狀。

【注釋】① 图，象形：朱駿聲《通訓定聲》：“中即米字，斜書之。”高田忠周《古籀篇》卷四十一：“蓋謂即最古胃字，爲象形，中有粒穀而潰化之意，从米小變也。”後世强調胃是肉身的一部分，加肉(月)作胷，又省作“胃”。依此，胃是图(wèi)的後起增偏旁字。

【參證】金文作，如高説，象穀在胃中之形，又从肉以會意。

脬 膀光[①]也。从肉，孚聲。 匹交切(pāo)。

【譯文】脬，膀胱。从肉，孚聲。

【注釋】① 膀光：今作膀胱，俗稱尿脬。錢坫《斠詮》説“卵脬”。

腸[①] 大小腸也。从肉，昜聲。 直良切(cháng)。

【譯文】腸，大小腸。从肉，昜(yáng)聲。

【注釋】① 腸：《釋名》：“腸，暢也。通暢胃氣去滓穢也。”

膏 肥[①]也。从肉，高聲。 古勞切(gāo)。

【譯文】膏，肥。从肉，高聲。

【注釋】① 肥：朱駿聲《通訓定聲》：“凝者曰脂，釋(消溶)者曰膏。凡物脂多則肥。”

【參證】甲文作、。李孝定《甲骨文字集釋》第四：“契文从高省聲，或又从口字。”

肪 肥[①]也。从肉，方聲。 甫良切(fāng/fáng)[②]。

【譯文】肪，脂肪。从肉，方聲。

【注釋】① 肥：《通俗文》：“脂在腰曰肪。” ② 今讀依《廣韻》符方切。

膺 匃也①。从肉，䧹聲。 於陵切(yīng)。

【譯文】膺，胸。从肉，䧹(yīng)聲。

【注釋】① 匃也：王筠《句讀》其下有"謂乳上骨也"，並注曰："韋昭注《漢書》：'匃四面高、中央下曰膺。'"《段注》："《魯頌》：'戎狄是膺。'《釋詁》、毛傳曰：'膺，當也。'此引申之義也。凡當事以膺，任事以肩。"

【參證】金文作。王國維《王國維遺書・毛公鼎銘考釋》："从下隹，从人从，(亦)之側視形也。……从亦下隹。古人養䧹常在臂亦(腋)間，故从此會意。……鼎文假爲應字。"姑備一説。

肊 匃骨也。从肉，乙聲。，肊或从意①。 於力切(yì)。

【譯文】肊，胸骨。从肉，乙聲。臆，肊的或體，从意聲。

【注釋】① 从意：朱駿聲《通訓定聲》作"或从意聲。"宋保《諧聲補逸》："乙在質櫛屑，意在志代，古音兩部相關合。"

背 脊①也。从肉，北聲②。 補妹切(bèi)。

【譯文】背，脊背。从肉，北聲。

【注釋】① 脊：《段注》："𠦬部曰：'脊，背吕也。'然則脊者，背之一端，背不止於脊。"徐灝《段注箋》："背者自外兼骨肉而言，脊則但名其内骨也。""北从二人相背會意，即古背字，假借爲南北字，復增肉作背。因二字分用已久，各專其義，今背在肉部，故曰北聲。"

② 北聲：聲中有義。北，古背字。

脅① 兩膀也。从肉，劦聲。 虚業切(xié)。

【譯文】脅，兩腋下(至沒有肋骨)的地方。从肉，劦聲。

【注釋】① 脅：《玉篇・肉部》："脅，身左右腋下也。"

膀 脅①也。从肉，旁聲②。，膀或从骨。 步光切(páng/bǎng)。

【譯文】膀，兩腋下。从肉，旁聲。髈，膀的或體，从骨。

【注釋】① 脅：《釋名》："脇，挾也。在兩旁，臂所挾也。" ② 旁聲：聲中有義。

脟 脅肉①也。从肉，寽聲。一曰：脟，腸間肥②也；一曰③：膫也。 力輟切(liè)。

【譯文】脟，肋骨部分的肉。从肉，寽聲。另一義説：脟，腸子之間的脂肪；又叫膫。

【注釋】① 脅肉：《段注》："脅者，統言之；脟，其肉也；肋，其骨也。" ② 腸間肥：王筠《釋例》："脂膏肪肥，皆同物也。" ③ 一曰：謂一名也。

① 脅骨也。从肉，力聲。 盧則切(lè/lèi)②。

肋 【譯文】肋，兩腋下的肋骨。从肉，力聲。

【注釋】① 肋：《段注》："亦謂之榦。榦者，翰也，如羽翰然也。" ② 舊讀 lè。

① 夾脊肉也。从肉，申聲。 矢人切(shēn)。

胂 【譯文】胂，夾在脊骨兩旁的肉。从肉，申聲。

【注釋】① 胂：徐鍇《繫傳》："《易》云：'艮其限，裂其夤。'即當此胂字。"按：夤乃胂之異體膑的訛變。《羣經正字》："蓋即膑之變體加肉(⺼)於上耳，而今本又誤⺼爲夕作夤。"於是與夤敬字同形。《説文》無膑字。參"夤"條。

 背肉①也。从肉，每聲。《易》②曰："咸其脢。" 莫桮切(méi)。

脢 【譯文】脢，背上的肉。从肉，每聲。《易經》説："傷了他背上的肉。"

【注釋】① 背肉：《段注》："胂爲迫(近)吕(脊)之肉，脢爲全背之肉也。"王筠《句讀》："胂狹而脢廣也。" ②《易》：指《易·咸卦》。

 髆①也。从肉，象形②。，俗肩从户③。 古賢切(jiān)。

肩 【譯文】肩，肩髆。从肉，(戶)象肩甲連臂之形。肩，俗肩字，从户。

【注釋】① 髆：本書骨部："髆，肩甲也。" ② 象形：徐灝《段注箋》："戶象肩甲連臂之形。从コ，中有點，象其低窪處，醫家謂之肩井。" ③ 肩从户：肩所从之户，徐灝《段注箋》："戶之省，與門户字相似。"按：並非門户字，故爲俗字。

 亦下①也。从肉，各聲。 古洛切(gē)。

胳 【譯文】胳，腋下。从肉，各聲。

【注釋】① 亦下：亦、腋，古今字。《段注》："兩厷(gōng，肱)迫(近)

於身者謂之亦，亦下謂之胳。”

胠　亦下[①]也。从肉，去聲。　去劫切(qiè/qū)[②]。

【譯文】胠，腋下(近臂部分)。从肉，去聲。

【注釋】① 亦下：《段注》：“胳謂迫於厷(肱)者，胠謂迫(近)於臂者。”　② 今讀依《廣韻》去魚切。

臂　手上也。从肉，辟聲。　卑義切(bì)。

【譯文】臂，手腕上部(一直到肩的部分)。从肉，辟聲。

臑　臂羊矢[①]也。从肉，需聲。讀若襦。　那到切(nào)。

【譯文】臑，臂上近羊矢穴的地方。从肉，需聲。音讀象“襦”字。

【注釋】① 羊矢：穴位名。錢坫《斠詮》：“考《素問》，羊矢，脈穴之名，近臂臑。”章太炎《小學答問》：“股內廉近陰處曰羊矢，爲漢晉人常語。遂以言臂內廉，則曰‘臂羊矢’矣。”《玉篇》臑作腝，云：“臂節也。”馬敘倫《六書疏證》卷八：“(臑)臂節向內處。”

肘　臂節[①]也。从肉，从寸[②]。寸，手寸口也。　陟柳切(zhǒu)。

【譯文】肘，上肱與下臂之節。由肉、由寸會意。寸，手的寸口。

【注釋】① 臂節：《段注》：“厷與臂之節曰肘。”　② 从寸：寸是寸口，手腕動脈處，从寸者，《段注》：“謂从寸口至此爲一節也。”按：謂寸口所在之節，即下臂。徐灝《段注箋》：“戴仲達(戴侗)謂肘、守、酎皆以又爲聲。”與許説異。

【參證】甲文作[甲文]、[甲文]。李孝定《甲骨文字集釋》：“[甲文]字本爲肘之古象形字。徒以假爲數字之九，假借之義專行而本義湮，故更於本字加[符號]以示肘之所在。”“小篆更加肉字。”

膂　肶膂[①]也。从肉，齊聲[②]。　徂兮切(qí)。

【譯文】膂，肚臍。从肉，齊聲。

【注釋】① 肶(pí)膂：當從《段注》本作“毗膂”，即肚臍。囟部曰：“毗臍，人臍也。”　② 齊聲：聲中有義。齊有中義。《釋地》：“中州曰齊州。”《列子》：“中國曰齊國。”《段注》：“凡居中曰臍。”

【參證】金文作[金文]，从次，从肉。戴家祥《金文大字典》：“疑爲臍之別構。次、齊古同讀。”“如《説文》禾部‘秶’，或體作‘齋’，《説文》食部‘餈’，別體作饝。”

 厚①也。从肉，复聲。　方六切（fù）。

腹　【譯文】腹，厚。从肉，复聲。

【注釋】① 厚：桂馥《義證》："腹厚聲相近。"《段注》："謂腹之取名以其厚大也。"

【參證】甲文作、，金文作。李孝定《甲骨文字集釋》："（甲文）並是腹之本字。从身、从人義同。"

 腹下肥①也。从肉，臾聲。　羊朱切（yú）。

腴　【譯文】腴，肚腹下的肥肉。从肉，臾聲。

【注釋】① 腹下肥：《論衡·語增篇》："堯若腊，舜若腒，桀紂之君垂腴尺餘。"

 屍①也。从肉，隹聲。　示隹切（shuí）。

脽　【譯文】脽，臀部。从肉，隹聲。

【注釋】① 屍（tún）：臀即屍的或體。

【參證】金文作、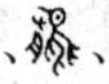、。戴家祥《金文大字典》："鵻，字書不見，疑即脽之異文。"按：末字即篆文所本。

 孔①也。从肉，決省聲②。讀若決水③之決。　古穴切（jué）。

肤　【譯文】肤，臀孔。从肉，決省去水爲聲。音讀象決水的"決"字。

【注釋】① 孔：《段注》："蒙脽（shuí）言，則謂屍（臀）孔也。"　② 決省聲：《段注》作"夬聲"。聲中有義。孔則必穿，穿則必開。夬有分決之義。　③ 決水：決水在盧江，見水部。

 股①也。从肉，夸聲。　苦故切（kù/kuà）②。

胯　【譯文】胯，兩大腿之間。从肉，夸聲。

【注釋】① 股：《段注》引《廣韻》説："胯，兩股之間也。"　② 今讀依《廣韻》苦化切。

 髀①也。从肉，殳聲。　公户切（gǔ）。

股　【譯文】股，大腿。从肉，殳聲。

【注釋】① 髀（bì）：《段注》："骨部曰：'髀，股外也。'言股則統髀，故曰髀也。"

腳 脛[1]也。从肉，卻聲[2]。 居勺切(jiǎo)。

【譯文】腳，腳脛。从肉，卻聲。

【注釋】① 脛：小腿。古稱脛爲腳，《段注》："股與腳，以厀爲中。"股是大腿，腳是小腿。今俗稱足爲腳。 ② 卻聲：聲中有義。《釋名》"腳，卻也。以其坐時卻在後也。"

脛[1] 胻也。从肉，巠聲[2]。 胡定切(jìng)。

【譯文】脛，小腿部分。从肉，巠聲。

【注釋】① 脛：《段注》："厀(膝)下踝上曰脛。脛之言莖也，如莖之載物。" ② 巠聲：可看作"莖省聲"。《釋名》："脛，莖也。直而長似物莖也。"

胻 脛耑[1]也。从肉，行聲。 户更切(héng)。

【譯文】胻，脛骨上端部分。从肉，行聲。

【注釋】① 脛耑：《段注》："耑猶頭也。脛近膝者曰胻，如股之外曰髀也。言脛則統胻，言胻不統脛。"

腓 脛腨[1]也。从肉，非聲。 符飛切(féi)。

【譯文】腓，小腿肚子。从肉，非聲。

【注釋】① 脛腨(shuàn)：《段注》："謂脛骨後之肉也。腓之言肥，似中有腸者然，故曰腓腸。"

腨[1] 腓腸也。从肉，耑聲。 市沇切(shuàn)。

【譯文】腨，小腿肚子。从肉，耑聲。

【注釋】① 腨：徐鍇《繫傳》："腳脛後腸也。"

胑 體四胑也。从肉，只聲。肢[1]，胑或从支[2]。 章移切(zhī)。

【譯文】胑，人體四肢。从肉，只聲。肢，胑的或體，从支聲。

【注釋】① 肢：《釋名・釋形體》："胑，枝也。似木之枝格也。"
② 从支：《段注》："只、支同部。"按：肢是形聲兼會意字。支，即古枝字。

胲 足大指毛[肉]也[1]。从肉，亥聲。 古哀切(gāi)。

【譯文】胲，腳大指上長毛處(的肉)。从肉，亥聲。

【注釋】① 足大句：當從《段注》本依《玉篇》、《廣韻》於句末加"肉"字，段氏曰："足母指上多生毛，謂之毛肉，故字从肉。"

肖　骨肉相似[①]也。从肉，小聲。不似其先，故曰“不肖”也。私妙切(xiào)。

【譯文】肖，形體容貌相似。从肉，小聲。兒女不象他的父母，所以叫“不肖”。

【注釋】① 骨肉相似：《段注》：“謂此人骨肉與彼人骨肉狀皃略同也。”引申爲相像。《方言》卷七：“肖、類，法也。”

【參證】金文作[金文]。

胤　子孫相承續也。从肉[①]；从八[②]，象其長也；从幺[③]，象重累也。[古文][④]，古文胤。　羊晉切(yìn)。

【譯文】胤，子子孫孫遞相繼承延續。从肉；从八，象世系支分派别的緜長；从幺，象絲的重累繼續無窮。𦙍，古文胤字。

【注釋】① 从肉：骨肉相似。　② 从八：《段注》：“八，分也。骨肉所傳，支分𠂢(派)别，傳之無窮。”　③ 从幺：朱駿聲《通訓定聲》：“如絲之繼續也。”　④ 𦙍：《段注》：“兩旁蓋亦从八之意。”朱駿聲《通訓定聲》説古文之兩旁[古文]是“从臼”，即从左右兩手，猶从八也。八是分的意思，从兩手也含分意。

【參證】金文作[金文]、[金文]、[金文]。金文第二字與篆文同。

胄　胤也。从肉[①]，由聲。　直又切(zhòu)。

【譯文】胄，後代子孫。从肉，由聲。

【注釋】① 从肉：甲胄字从冃(mào)由聲，與此裔胄字不同。今混而無别。見李富孫《辨字正俗》。

肸　振肸也。从肉，八聲[①]。　許訖切(xì)。

【譯文】肸，振動。从肉，八聲。

【注釋】① 从肉，八聲：徐灝《段注箋》：“肸蓋即古肙字。讀如《禮經》‘醓醢肙’之‘肙’，謂細切肉也。故从肉从八，八，分析之意。”用作動詞，則爲切碎、剁碎，剁、切皆有振動之義。按肸、八不同音，八聲費解。

膻　肉膻[①]也。从肉，亶聲。《詩》[②]曰：“膻裼暴虎。”　徒旱切(dàn)。

【譯文】膻，脱衣露出上身。从肉，亶聲。《詩經》説：“袒(tǎn)露身體,空手打老虎。"

【注釋】① 肉膻:《爾雅·釋訓》李巡注:"脱衣見體曰肉膻。" ②《詩》:指《鄭風·大叔于田》。今本作"袒裼"。衣部:"裼(xī),袒(zhàn,綻)也。"

篆① 臁 益州鄙,言人盛,諱其肥,謂之臁。从肉,襄聲。 如兩切(rǎng)。

【譯文】臁,益州邊遠地方,説别人肥盛,忌諱那個肥字,叫它作臁。从肉,襄聲。

【注釋】① 臁:豐腴。《方言》卷二:"臁,盛也。梁、益之間,凡人言盛,及其所愛,(偉)[諱]其肥䑋(shèng,肥),謂之臁。"

篆① 腊 臞也。从肉,皆聲。 古諧切(jiē)。

【譯文】腊,瘦。从肉,皆聲。

【注釋】① 腊:《廣韻·蟹韻》:"腊,瘦皃。"腊本讀 gāi,徐鍇《繫傳》"臞"下:"腊者,若草枯見根荄(gāi)也。"

篆 臞 少肉也。从肉,瞿聲①。 其俱切(qú)。

【譯文】臞,消瘦少肉。从肉,瞿聲。

【注釋】① 瞿聲:聲中有義。徐鍇《繫傳》:"見之可驚瞿也。"

篆 脱 消肉臞①也。从肉,兑聲。 徒活切(tuō)。

【譯文】脱,消盡其肉而變瘦。从肉,兑聲。

【注釋】① 消肉臞:其肉消盡,而變臞瘦。《段注》:"消肉之臞,臞之甚者也。今俗語謂瘦太甚者曰脱形,言其形象如解蜕也。"《釋器》曰:"肉曰脱之。"郭注:"剥其皮也。"言其形象就象蟬蜕、蛇蜕一樣,剥脱了一層皮。

篆 脙 齊人謂臞脙①也。从肉,求聲。讀若休止②。 巨鳩切(qiú)。

【譯文】脙,齊地人叫消瘦少肉爲脙。从肉,求聲。音讀象"休止"的"休"字。

【注釋】① 臞脙:《段注》:"臞,齊人曰脙。雙聲之轉也。" ② 讀若休止:《廣韻》脙俗作"脉",又作許尤切,音 xiū。

篆 臠 臞也。从肉,䜌聲。一曰:切肉①,臠也。《詩》②曰:"棘人臠臠兮。" 力沇切(luán)。

【譯文】臠，消瘦。从肉，䜌聲。另一義説：切肉叫作臠。《詩經》説："棘人消瘦。"

【注釋】① 切肉：是臠臞的比况義。廷烈《引詩辨證》："肉切片則薄，遭喪毀瘠而肉消故曰臠臠。" ②《詩》：指《檜風・素冠》。今本"臠臠"作"欒欒"。《段注》："此證前一義也。"棘人，棘有瘠義。謂形容枯槁。《吕覽・任地》："棘者欲肥，肥者欲棘。"高誘注："棘，羸瘠也。"《段注》："朿，木芒也。木芒是老瘠之狀。"棘从並朿，是瘠而又瘠。

膌 瘦[①]也。从肉，脊聲[②]。㾊，古文膌从疒，从朿[③]，朿亦聲。資昔切（jí）。

【譯文】膌，瘦。从肉，脊聲。㾊，古文膌字，由疒、由朿會意，朿也表聲。

【注釋】① 瘦：《段注》："疒部：'瘦，臞也。'……膌亦作瘠，瘦亦作膄。" ② 从肉，脊聲：聲中有義。徐鍇《繫傳》："脊，骨皃也。"《段注》："凡人少肉則脊吕歷歷然。" ③ 从朿：《段注》："朿，木芒也。木芒是老瘠之狀，故从朿。"

脀 騃[①]也。从肉，丞聲。讀若丞。署陵切（chéng）。

【譯文】脀，痴呆。从肉，丞聲。音讀象"丞"字。

【注釋】① 騃（ái）：痴。朱駿聲《通訓定聲》："騃讀爲佁，人痴肥之謂。"

胗 脣瘍[①]也。从肉，㐱聲。疹，籀文胗从疒。之忍切（zhěn）。

【譯文】胗，嘴脣潰瘍。从肉，㐱聲。疹，籀文"胗"字，从疒。

【注釋】① 脣瘍：徐鍇《繫傳》："脣瘡則緊急也。"

腄[①] 瘢胝也。从肉，垂聲。竹垂切（zhuī）。

【譯文】腄，繭疤。从肉，垂聲。

【注釋】① 腄：朱駿聲《通訓定聲》："俗謂之老繭。"徐鍇《繫傳》作"跟胝"，"謂腳跟行多生胝皮也"。存參。

胝[①] 腄也。从肉，氐聲。竹尼切（zhī）。

【譯文】胝，繭疤。从肉，氐聲。

【注釋】① 胝：王筠《句讀》引《集韻》："胝，繭也。"《荀子》注："胝，皮厚也。”

肬 贅①也。从肉，尤聲②。黕，籀文肬从黑③。 羽求切(yóu)。

【譯文】肬，附着在身體上的小瘤子。从肉，尤聲。黕，籀文肬字，从黑。

【注釋】① 贅：謂贅瘤。《釋名·釋疾病》："贅，屬也。横生一肉屬著體也。肬，丘也。出皮上聚高如地之有邱也。" ② 尤聲：聲中有義。尤，贅肬。参"尤"條。 ③ 从黑：皮上之瘤多色素沉著，以至於黑，故从黑。

肒① 搔生創②也。从肉，丸聲。 胡岸切(hàn/huàn)③。

【譯文】肒，因搔而成的瘡。从肉，丸聲。

【注釋】① 肒：徐鍇《繫傳》："若言體癢頑也。" ② 搔生創(chuāng)：《段注》："手搔皮肉成瘡。" ③ 今讀依《廣韻》胡玩切。

腫① 癰也。从肉，重聲。 之隴切(zhǒng)。

【譯文】腫，癰(yōng)腫。从肉，重聲。

【注釋】① 腫：《段注》："凡膨脹粗大者謂之雍腫。"《釋名》："腫，鍾也。寒熱氣所鍾也。"按：不潰者爲腫，潰者爲癰。許君渾言不别。

肤 骨差①也。从肉，失聲。讀與跌同。 徒結切(dié)。

【譯文】肤，骨肉差錯突出。从肉，失聲。音讀與"跌"字同。

【注釋】① 骨差：《段注》："謂骨節差忒(tè，差錯)不相值(遇)，故肤出也。"朱駿聲《通訓定聲》："謂骨差突出也。"意即脱臼。

脪 創肉反出也①。从肉，希聲。 香近切(xìn)。

【譯文】脪，創口的新肉向外翻出。从肉，希聲。

【注釋】① 創肉句：創，創傷，傷口。反，翻。余岩《古代疾病名候疏義》卷四："脪，肉芽組織之過剩再生。"馬敘倫《六書疏證》卷八："凡創平後其肉皆鼓起，必踰時而平，其實與瘢痕無殊。"

肕 瘢①也。从肉，引聲。一曰②：遽也。 羊晉切(yìn/zhèn)③。

【譯文】肕，傷痕。从肉，引聲。另一義説：(肕)是急遽。

【注釋】① 瘢(bān)：《段注》："瘢，痍也。痍，傷也。"故《廣韻》釋爲"杖痕腫處"，《纂文》釋"瘖疹，捶痕也"。 ② 一曰：《段注》："别一義。"朱駿聲《通訓定聲》："'遽也'疑'膢也'之誤。" ③ 今讀依

《廣韻》直引切。

臘[①] 冬至[②]後三戌[③]，臘，祭百神[④]。从肉，巤聲。　盧盍切(là)。

【譯文】臘，冬至後第三個戌日，就是臘祭之日，祭祀百神。从肉，巤聲。

【注釋】① 臘：《段注》："臘本祭名，因呼臘月臘日耳。"　② 冬至：二十四節氣中的冬至之日，古以冬至爲節氣的起點。　③ 三戌：古以六十甲子紀日。六十甲子中有甲戌、丙戌、戊戌、庚戌、壬戌等五個戌日。三戌指冬至這天後的第三個戌日。　④ 祭百神：王筠《句讀》："臘者，獵也。言田獵取獸以祭祀其先祖也。或曰：臘者，接也。新故交接，故大祭以報功也。"臘祭必在新年、舊年交替之際，農閑之際，大獵禽獸以祭。馬敘倫《六書疏證》卷八："今南北之俗，於歲終大祀神示(qí)先祖，會親戚飲食，皆示一歲之事已畢，樂成功也。"

膢[①] 楚俗以二月祭飲食也。从肉，婁聲。一曰：祈穀食新曰離膢[②]。　力俱切(lǘ)。

【譯文】膢，楚地習俗，在二月祭祀而飲食。从肉，婁聲。另一義說：舉行祭祀祈求豐收嘗食新穀叫離膢。

【注釋】① 膢：《玉篇·肉部》："膢，飲食祭也。冀州八月，楚地二月。"　② 離膢：雙聲連語。

朓 祭[①]也。从肉，兆聲。　土了切(tiǎo)。

【譯文】朓，祭肉。从肉，兆聲。

【注釋】① 祭：《集韻·嘯韻》："朓，祭肉。"朓从肉，本義當是祭肉。引申爲祭名。

胙 祭福肉[①]也。从肉，乍聲。　昨誤切(zuò)。

【譯文】胙，祭時(爲神)賜福的肉。从肉，乍聲。

【注釋】① 福肉：神所享用的肉。徐鍇《繫傳》："爲神所饗、爲福所被也。"胙引申爲凡福之稱，後又作"祚"。

隋 裂肉[①]也。从肉，从隓省[②]。　徒果切(duò)。

【譯文】隋，祭餘的肉。从肉，从隓(huī)省。

【注釋】① 裂肉：《段注》："裂訓繒餘，引申之，凡餘皆曰裂。裂肉謂尸(代表死者受祭的人)所祭之餘也。""已祭則爲殂(cán,今作殘)餘無用之物,故云裂肉。"　② 从陸省:从陸,陸省聲。本書:"陸,敗城自𠂤陸。"敗有裂義。又,宋保《諧聲補逸》:"隋从肉,陸省聲。"

【參證】隋又讀 suí,朝代名。王玉樹《拈字》:"隋本音'妥'。楊堅受封於隨,及有天下,以隨从辵,周齊奔走不寧,故去辵作隋。後人因概讀隋爲隨,無復妥音矣。"

膳　具食[①]也。从肉,善聲[②]。　常衍切(shàn)。

【譯文】膳,備置食物。从肉,善聲。

【注釋】① 具食:徐鍇《繫傳》:"言具備此食也。"引申之,膳又指美好的食物。　② 善聲:聲中有義。《周禮·膳夫》鄭注曰:"膳之言善也。"《集韻》:"庖人和味必嘉善。"

【參證】金文作、。首字不从肉,次字从肉,在善下。

脜　嘉[①],善肉也。从肉,柔聲[②]。　耳由切(róu)。

【譯文】脜,脜嘉,肥美的肉。从肉,柔聲。

【注釋】① 嘉:應連篆爲讀。脜嘉,王筠《句讀》:"古之恆(常)言。"② 柔聲:聲中有義。馬敘倫《六書疏證》卷八:"脜是肉之柔者。"

肴　啖[①]也。从肉,爻聲。　胡茅切(xiáo/yáo)。

【譯文】肴,可吃的熟肉。从肉,爻聲。

【注釋】① 啖:《段注》:"當云'啖肉'也。謂熟饋可啖之肉。"

腆　設膳腆腆[①]多也。从肉,典聲。𦜐[②],古文腆。　他典切(tiǎn)。

【譯文】腆,設置飯菜美且多。从肉,典聲。𦜐,古文腆字。

【注釋】① 腆腆:王筠《句讀》:"經典無言腆腆者。""小徐本腆字不重。"腆,經典訓爲"善厚"。　② 𦜐:商承祚《説文中之古文考》:"从日,猶金文期之作也。《玉篇》作𦞒,移肉於下。"按:也許因"肉"形似月,而又"日"、"月"義類相近,故由𦞒變爲𦜐。

腯　牛羊曰肥,豕曰腯[①]。从肉,盾聲。　他骨切(tū)。

【譯文】腯,牛羊肥碩叫肥,豬肥碩叫腯。从肉,盾聲。

【注釋】① 腯:肥。肥、腯,對文有別,散文則通。

䏟 肥肉也。从肉，必聲。　蒲結切(bié)。

【譯文】䏟，肥肉。从肉，必聲。

胡 牛顄垂[①]也。从肉，古聲。　户孤切(hú)。

【譯文】胡，牛顄下垂的肉。从肉，古聲。

【注釋】① 牛顄垂：《段注》："顄，頤(yí，面頰)也。牛自頤至頸下垂肥者也。引申之，凡物皆曰胡。如'老狼有胡'、'鶘胡'(頷下胡大如數升囊)、'龍垂胡顫'是也。"

胘 牛百葉[①]也。从肉，弦省聲。　胡田切(xián)。

【譯文】胘，牛的重瓣胃。从肉，弦省弓爲聲。

【注釋】① 牛百葉：牛之重瓣胃。王筠《釋例》"膍"下："牛羊食艸，入胃復吐而嚼之，再咽則由胃而入百葉，百葉生胃之後，短腸連之，其外光滑，其內遍生肉刺，纖如鍼，比如櫛，其狀摺疊如梵夾，故以百葉名。"許以百葉爲牛胃的基本特徵。《廣雅》："胃謂之胘。人曰胃，鳥獸曰百葉。"按：許以牛爲鳥獸之代表。

膍 牛百葉[①]也。从肉，囟聲[②]。一曰：鳥膍胵[③]。，膍或从比[④]。　房脂切(pí)。

【譯文】膍，牛肚百葉。从肉，囟聲。另一義説：(膍，)鳥胃。肶，膍的或體，从比聲。

【注釋】① 百葉：牛之重瓣胃。　② 囟(pí)聲：囟即䚮字。

③ 膍胵(chī)：徐鍇《繫傳》："鳥之腸胃也。"　④ 从比：朱駿聲《通訓定聲》："从比聲。"比也表義，是"胘"條，注①王筠《釋例》："比如櫛。"

胵 鳥胃也。从肉，至聲。一曰：胵，五藏[①]總名也。　處脂切(chī)。

【譯文】胵，鳥胃。从肉，至聲。另一義説：胵，(鳥獸)五臟總名。

【注釋】① 藏：今作"臟"。《段注》："五藏亦謂禽獸。"

膘[①] 牛脅後髀前合革肉[②]也。从肉，票聲。讀若繇。　敷紹切(piāo)。

【譯文】膘，牛肋後、大腿前皮肉相合的地方。从肉，票聲。音讀象"繇"字。

【注釋】① 膘：《段注》引《三倉》："膘，小腹兩邊肉也。" ② 合革肉：徐鍇《繫傳》："言皮肉相合也。"

膟 血祭（肉）① 也。从肉，帥聲。膟，膟或从率②。 吕戌切（lǜ）。

【譯文】膟，用牲血祭祀。从肉，帥聲。膟，膟的或體，从率聲。

【注釋】① 血祭肉：《段注》："肉是衍字，血祭不容有肉。" ② 从率：朱駿聲《通訓定聲》："或从率聲。"宋保《諧聲補逸》："帥、率，古同聲而通用。"

膫 牛腸脂也。从肉，尞聲。《詩》① 曰："取其血膫。"膋，膫或从勞省聲。 洛蕭切（liáo）。

【譯文】膫，牛腸的脂肪。从肉，尞聲。《詩經》説："取來它的血和脂膏。"膋，膫的或體，由勞省力爲聲。

【注釋】①《詩》：指《小雅・信南山》。膫，今本作"膋"。鄭箋："膋，脂膏也。"

脯 乾肉① 也。从肉，甫聲。 方武切（fǔ）。

【譯文】脯，乾肉。从肉，甫聲。

【注釋】① 乾肉：《周禮・腊人》注："大物解肆乾之，謂之乾肉；薄析曰脯；捶之而施薑桂曰段脩。"此析言之。許則統言之。

脩① 脯也。从肉，攸聲。 息流切（xiū）。

【譯文】脩，乾肉。从肉，攸聲。

【注釋】① 脩：《段注》："《膳夫》大鄭注曰：'脩，脯也。'按，此統言之。析言之，則薄析曰脯，捶而施薑桂曰段脩。""脩訓治，治之乃成修。治之謂捶而施薑桂。""經傳多假脩爲修治字。"

【參證】金文作，从食，攸聲。戴家祥《金文大字典》："古文字从食从肉可通，如《説文》五篇'飪'古文作'肚'等等。"

膎① 脯也。从肉，奚聲。 户皆切（xié）。

【譯文】膎，乾肉。从肉，奚聲。

【注釋】① 膎：徐鍇《繫傳》："古謂脯之屬爲膎，因通謂儲蓄食味爲膎。"

脼 膎肉① 也。从肉，兩聲。 良獎切（liǎng）。

【譯文】脼，乾肉。从肉，兩聲。

【注釋】① 腒肉：朱駿聲《通訓定聲》："謂脯肉。"

膊 薄脯，膊之屋上①。从肉，尃聲。 匹各切(pò)。

【譯文】膊，薄薄的肉片，把它貼近在屋上，（讓它曝曬乾燥。）从肉，尃聲。

【注釋】① 薄脯二句：王先謙《釋名疏證補·釋飲食》："謂切薄肉，暴之屋上也。"《方言》卷七："膊，暴（曝曬）也。"按：暴肉曰膊，因此《方言》説，"燕之外郊、朝鮮洌水之間，凡暴肉、發人之私、披牛羊之五藏"，亦"謂之膊"。錢坫《斠詮》説："故磔人亦謂之膊。"暴必裸露，故徐灝《段注箋》説："今人謂去衣爲赤膊，因之謂肩臂爲膊。"

脘 胃府①也。从肉，完聲。讀若患②。舊云脯③。 古卵切(guǎn/wǎn)。

【譯文】脘，胃腑。从肉，完聲。音讀象"患"字。舊説，是乾肉。

【注釋】① 胃府：胃的内腔。 ② 讀若患：葉德輝《讀若考》："完、患古音同部。" ③ 舊云脯：《廣雅·釋器》："脘，脯也。"始則以胃爲脯。《漢書·貨殖傳》："濁氏以胃脯而連騎。"脯即脯。晉灼曰："今太官常以十月作沸湯，燖羊胃，以末椒薑坋之，暴使燥是也。"胃脯，即以胃作乾肉，引申爲凡乾肉之稱。

朐 脯挺①也。从肉，句聲②。 其俱切(qú)。

【譯文】朐，條狀乾肉（屈曲的一端）。从肉，句聲。

【注釋】① 脯挺：即脯脡(tǐng)。朱駿聲《通訓定聲》："全挺曰脯脡，其耑（端）屈處曰朐。" ② 句聲：聲中有義。《段注》："凡从句之字皆曲物。"

膴 無骨腊①也。楊雄説，鳥腊②也。从肉，無聲。《周禮》③有膴判。讀若謨④。 荒烏切(hū)。

【譯文】膴，無骨的乾肉。楊雄説：（膴，）鳥的乾肉。从肉，無聲。《周禮》有"膴判"的説法。音讀象"謨"字。

【注釋】① 無骨腊(xī)：去骨之乾肉。《段注》："無骨之腊，故其字从肉；無骨則肥美，故引申爲凡美之偁。" ② 鳥腊：鳥的乾肉。③《周禮》：指《天官·腊人》。今本"判"作"胖"。半部"胖"爲

“半體”，故胖之言片也，析肉之意。膴判，即乾肉片。　④ 讀若謨：馬敘倫《六書疏證》卷八引劉秀生説：“無聲、莫聲並在明紐模部。”

胥　蟹醢①也。从肉，疋聲。　相居切(xū)。

【譯文】胥，蟹醬。从肉，疋聲。

【注釋】① 蟹醢(hǎi)：蟹醬。《周禮・天官・庖人》釋文引《字林》：“胥，蟹醬也。”《釋名》：“蟹胥，取蟹藏之，使骨肉解，胥胥然也。”《齊民要術・藏蟹法》：“九月，取母蟹，先煮薄糖，著活蟹於冷糖甕中一宿。蓼湯和白鹽，甕盛半汁，取糖中蟹，内著鹽蓼汁中，便死。泥封二十日出之。舉臍，著薑末，還復臍如初，著坩甕中，百箇各一器，以前鹽蓼汁澆之，令沒，密封，便成矣。”

腒　北方謂鳥腊曰腒。从肉，居聲①。傳②曰：堯如腊，舜如腒③。　九魚切(jū)。

【譯文】腒，北方叫乾鳥肉作腒。从肉，居聲。書傳説：堯瘦得象乾肉，舜象乾鳥肉。

【注釋】① 居聲：聲中有義。楊樹達《積微居小學述林・釋腒》：“居聲字多含直義。”“凡物乾則直，故乾腊之物皆受義於直。”“鳥之乾腊謂之腒。”　② 傳：書傳。　③ 堯如二句：見王充《論衡・語增篇》：“傳語曰：聖人憂世，深思勤事，愁擾精神，感動形體，故稱堯若腊，舜若腒，桀紂之君垂腴尺餘。然則稱堯如腊舜如腒者，言堯舜憂勤，故體瘠若乾腊耳，桀紂逸樂，故垂腴尺餘，言其肥也。”

肍　孰①肉醬也。从肉，九聲。讀若舊②。　巨鳩切(qiú)。

【譯文】肍，熟肉醬。从肉，九聲。音讀象“舊”字。

【注釋】① 孰：徐鍇《繫傳》作“熟”。　② 讀若舊：葉德輝《讀若考》：“古音九與舊同。”

膌　乾魚尾膌膌①也。从肉，肅聲。《周禮》②有“腒膌”。　所鳩切(sōu)。

【譯文】膌，乾魚尾乾肅肅的。从肉，肅聲。《周禮》有“腒膌”一詞。

【注釋】① 膌膌：《段注》作“肅肅”，段氏説：“肅肅，乾皃。今俗尚有‘乾肅肅’之語。”　②《周禮》：指《天官・庖人》。原文：“夏行腒膴。”鄭玄注：“腒，乾雉；膴，乾魚。”

腝 有骨醢[①]也。从肉，耎聲。臡，腝或从難[②]。　人移切(ní)[③]。

【譯文】腝，有骨的肉醬。从肉，耎(ruǎn)聲。臡，腝的或體，从難聲。

【注釋】① 有骨醢(hǎi)：《爾雅·釋器》：“肉謂之醢，有骨者謂之臡。”《釋名》：“臡，昵也。骨肉相搏昵無汁也。”王筠《句讀》引醢人注：“作醢及臡者，必先膊乾其肉，乃後莝之，雜以粱麴及鹽，漬以善酒，塗置甀中，百日則成矣。”　② 从難：朱駿聲《通訓定聲》：“从難聲。”宋保《諧聲補逸》：“難、耎同部，聲相近。”　③ 今讀依《廣韻》奴低切。

脠[①] 生肉醬也。从肉，延聲[②]。　丑連切(chān/shān)[③]。

【譯文】脠，生肉醬。从肉，延聲。

【注釋】① 脠：《齊民要術》作生脠法：“羊肉一斤，豬肉白四肉，豆醬清漬之，縷切生薑、雞子，春秋用蘇蓼著之。”　② 延聲：《段注》：“此字从延(chān)，非从延(yán)也。”　③ 今讀依《廣韻》式連切。

䐶 豕肉醬也。从肉，(否)[音][①]聲。　薄口切(bù)。

【譯文】䐶，豬肉醬。从肉，音聲。

【注釋】① 否：當作音。

胹 爛[①]也。从肉，而聲。　如之切(ér)。

【譯文】胹，爛熟。从肉，而聲。

【注釋】① 爛：熟。見本書火部。《方言》卷七：“胹，熟也。自關而西秦晉之郊曰胹。”

䐣 切孰肉，内于血中，和也。从肉，員聲。讀若遜[①]。　穌本切(sǔn)。

【譯文】䐣，切好的熟肉，放在血中，拌和成肉羹。从肉，員聲。音讀象“遜”字。

【注釋】① 讀若遜：葉德輝《讀若考》：“員、孫古音同部。”

胜[①] 犬膏臭也。从肉，生聲。一曰：不孰也。　桑經切(xīng)。

【譯文】胜，狗油的氣味。从肉，生聲。另一義說：胜，不熟。

【注釋】① 胜：《段注》：“今經典膏胜、胜肉字通用腥爲之，而胜廢矣，而腥之本義廢矣。”参“腥”條。

膆 豕膏臭也。从肉，喿聲。 穌遭切(sāo)。

【譯文】膆，豬脂膏的氣味。从肉，喿聲。

【參證】馬叙倫《六書疏證》卷八：“胜、膆雙聲轉注，不必別犬豕。”“今俗言胜、膆亦多不別。”非別不可，其義亦有轉移。馬説：“杭縣於魚鼈言胜，羊豕言膆。”湖湘間亦然。

膮[①] 豕肉羹也。从肉，堯聲。 許幺切(xiāo)。

【譯文】膮，豬肉作的羹。从肉，堯聲。

【注釋】① 膮：《段注》引《公食大夫禮》注：“香美之名也。”

腥 星見食豕，令肉中生小息肉也[①]。从肉，从星[②]，星亦聲。 穌佞切(xìng/xīng)[③]。

【譯文】腥，星現之時餵豬，會令豬肉中生長小息肉。由肉、由星會意，星也表聲。

【注釋】① 星見二句：《段注》：“息當作瘜。疒部曰：‘瘜，寄肉也。’星見時飼豕，每致此疾。”見，現。食，音 sì，餵。 ② 从星：朱駿聲《通訓定聲》：“按：瘜點，亦似星也。” ③ 今讀依《廣韻》桑經切。

脂 戴角者脂，無角者膏[①]。从肉，旨聲。 旨夷切(zhī)。

【譯文】脂，有角動物的脂肪叫脂，無角動物的脂肪叫膏。从肉，旨聲。

【注釋】① 戴角二句：《周禮・考工記・梓人》：“天下之大獸五：脂者、膏者、臝者、羽者、鱗者。”鄭玄注：“脂，牛羊屬。膏，豕屬。”朱駿聲《通訓定聲》：“(脂、膏)對文則別，散文亦通名耳。”

膸 鷽[①]也。从肉，貟聲。 穌果切(suǒ/suò)[②]。

【譯文】膸，解剖豬羊頭。从肉，貟聲。

【注釋】① 鷽(xué)：本書角部：“治角也。”許棫《讀説文雜識》：“解豬羊頭最堅，如治角也。今俗猶呼解豬羊頭爲膸。” ② 今讀依《廣韻》先臥切。

膩 上肥[①]也。从肉，貳聲。 女利切(nì)。

【譯文】膩，身體表面的油膩。从肉，貳聲。

【注釋】① 上肥：上猶外也。王筠《句讀》："人身之生垢也，以其有膩也。故將死之人無垢。蓋肥之發於外者曰膩。"

膜 肉閒胲[1]膜也。从肉，莫聲。　慕各切(mó)。

【譯文】膜，肉裹包裹着的薄皮。从肉，莫聲。

【注釋】① 胲(gāi)：《段注》："胲膜者，紊呼之。胲之言該也。"

腸 肉表革裏也。从肉，弱聲。　而勺切(ruò)。

【譯文】腸，肉的表面、皮的裏面的一層薄膜。从肉，弱聲。

脽 肉羹[1]也。从肉，隺聲。　呼各切(hè)。

【譯文】脽，用肉調和的羹汁。从肉，隺聲。

【注釋】① 肉羹：《楚辭》王逸注："有菜曰羹，無菜曰脽。"徐鍇《繫傳》："脽以肉爲主，羹以菜爲主、肉爲汁也。"按：析言有别，渾言不分。

膹[1] 脽也。从肉，賁聲。　房吻切(fèn)。

【譯文】膹，(多汁的)肉羹。从肉，賁聲。

【注釋】① 膹：朱駿聲《通訓定聲》："肉羹之多汁者也。稍乾者曰脽，又乾於脽者曰臇。"

臇[1] 脽也。从肉，雋聲。讀若纂。熼，臇或从火巽[2]。　子沇切(juǎn)。

【譯文】臇，肉羹。从肉，雋(juàn)聲。音讀象"纂"字。熼，臇的或體，从火，巽聲。

【注釋】① 臇：《蒼頡解詁》："少汁脽也。"故朱駿聲説："乾於脽者曰臇。"見"膹"條。　② 从火巽：朱駿聲《通訓定聲》："从火，巽聲。"宋保《諧聲補逸》："雋、巽、纂同部相近。"

胾 大臠[1]也。从肉，𢦏聲。　側吏切(zì)。

【譯文】胾，大塊的切肉。从肉，𢦏(zāi)聲。

【注釋】① 大臠(luán)：玄應《一切經音義》卷十二："切肉大者爲胾，胾小者曰臠。"

【參證】甲文作、。商承祚説，字从肉从戈，即胾字。李孝定《甲骨文字集釋》第四進而説："契文从戈，疑當以會意解之。大臠者切肉之大者也，以戈加肉，割切之事也。"楊樹達《積微居金文説・盜△子鼎跋》："()从肉从才……與胾異者，胾从𢦏聲，此省从才聲

耳。𢦏本从才聲，才𢦏二者無異也。”按：照篆文隸定，本應作“𢦏”，故楊説本从才聲。

　薄切肉[1]也。从肉，枼聲[2]。　直葉切(zhé)。

牒　【譯文】牒，薄薄的切肉。从肉，枼聲。

【注釋】① 薄切肉：徐灝《段注箋》："肉，薄切成片，謂之牒。"　② 枼聲：聲中有義。《段注》："云薄者，取从枼之意。"參"枼"條。

[1]　細切肉也。从肉，會聲[2]。　古外切(kuài)。

膾　【譯文】膾，細細切成的肉。从肉，會聲。

【注釋】① 膾：徐灝《段注箋》："凡爲膾，既薄切成片，乃從一端條分之，謂之藿葉切；繼又從一端橫斷之，謂之報；然後細切之。《廣雅》曰：'報，復也。'復猶反也。自上而下，復自左而右，反復相對，故謂之報。"　② 會聲：聲中有義。《釋名》："膾，會也。細切肉，令散，分其赤白，異切之。已，乃會合和之也。"

　漬肉[1]也。从肉，奄聲。　於業切(yè/yān)[2]。

腌　【譯文】腌，用鹽浸漬肉。从肉，奄聲。

【注釋】① 漬肉：《廣韻・嚴韻》："腌，鹽漬魚也。"此指鹽漬肉。　② 今讀依《廣韻》於嚴切。

[1]　小耎易斷也。从肉，从絶省[2]。　此芮切(cuì)。

脃　【譯文】脃，肉中小軟而易折斷之物。由肉字、由絶字省去糸而會意。

【注釋】① 脃：王筠《釋例》："脃即膬之俗字也。"如王筠《句讀》所説："似骨似肉而無血。"湖湘間叫脆骨子。俗誤作"脆"。　② 从絶省：《段注》："形聲包會意也。易斷，故从絶省。"

[1]　耎而易破也。从肉，毳聲。　七絶切(què/cuì)[2]。

膬　【譯文】膬，肉軟而容易破碎。从肉，毳聲。

【注釋】① 膬：《段注》："脃、膬蓋本一字異體。《篇》、《韻》皆云膬同脃。"　② 今讀依《廣韻》此芮切。

[1]　雜肉也。从肉，𢼸聲[2]。　穌旰切(sàn)。

散　【譯文】散，雜碎的肉。从肉，𢼸(sàn)聲。

【注釋】① 散：今作散。徐鍇《繫傳》："今俗言散肉。"散字从肉，故言散肉。散有碎義，碎有雜義，故散肉言雜肉。 ② 㭊聲：《段注》："从㭊者會意也。㭊，分離也。"参"㭊"條。

【参證】甲文作、，金文作、、、。待考。

膞[①] 切肉也。从肉，專聲。 市沇切（zhuàn/zhuān）[②]。

【譯文】膞，切成塊的肉。从肉，專聲。

【注釋】① 膞：《廣雅·釋器》："膞，臠也。" ② 今讀依《廣韻》旨兖切。

腏 挑取骨閒肉也。从肉，叕聲。讀若《詩》[①]曰"啜其泣矣"。 陟劣切（chuò）。

【譯文】腏，挑取骨頭之間的肉。从肉，叕（zhuó）聲。音讀象《詩經》說的"啜其泣矣"的"啜"字。

【注釋】①《詩》：指《王風·中谷有蓷》。啜（chuò）其泣矣，啜啜地抽泣起來。啜，抽咽貌。葉德輝《讀若考》："腏、啜均从叕得聲。"

䏣 食所遺[①]也。从肉，仕聲。《易》[②]曰："噬乾䏣。"，楊雄說，䏣从𠂔[③]。 阻史切（zǐ）。

【譯文】䏣，吃肉時扔下的骨頭。从肉，仕聲。《易經》說："啃噬帶骨的乾肉。"胏，楊雄說，䏣（从肉）从𠂔聲。

【注釋】① 食所遺：桂馥《義證》："食脯吐其骨也。" ②《易》：指《噬嗑（shì hé）》。《段注》："馬融、陸績皆曰：'肉有骨謂之胏。'" ③ 从𠂔：朱駿聲《通訓定聲》："从肉，𠂔聲。"

脂 食肉不厭[①]也。从肉，臽聲。讀若陷[②]。 户猪切（xiàn）。

【譯文】脂，吃肉不滿足。从肉，臽聲。音讀象"陷"字。

【注釋】① 厭：《段注》："厭，飽也。" ② 讀若陷：葉德輝《讀若考》："脂、陷均从臽得聲。"

肰 犬肉也。从犬肉。讀若然。[①]，古文肰。[②]，亦古文肰。 如延切（rán）。

【譯文】肰，狗肉。由犬、肉會意。音讀象"然"字。𦜐，古文肰字。䏸，也是古文肰字。

【注釋】①：《段注》："古文从二犬。" ②：王筠《釋例》："恐即是火部然，誤迻於此。从犬从火故同，其从日也，則亦如朁之肉誤爲日耳。”參“然”、“朁”條。

起①也。从肉，真聲。　昌真切(chēn)。

䐜　【譯文】䐜，脹起。从肉，真聲。

【注釋】① 起：《廣韻·真韻》：“䐜，肉脹起也。”《素問》：“濁氣在上，則生䐜脹。”王筠《句讀》：“此字當與腫類列。”可見肉脹起，是肉腫脹，是一種病態。

①肉汁滓②也。从肉，冘聲。　他感切(tǎn)。

肬　【譯文】肬，多汁的肉醬。从肉，冘聲。

【注釋】① 肬：又作“監”、“醓”。王筠《句讀》：“此醓之古字也。血部監，累增字也。經典作醓，則以作醢用酒，遂以酉易肉也。”《釋名·釋飲食》：“醢(hǎi，肉醬)多汁者曰監。”　② 滓(zǐ)：沉澱物。王筠《句讀》：“許兼言滓者，以其用脯及粱麴也。”

昵①也。作之以皮②。从肉③，翏聲。　古肴切(jiāo)。

膠　【譯文】膠，能黏(的物質)。用皮煮成。从肉，翏聲。

【注釋】① 昵：徐鍇《繫傳》：“近也，黏(nián)也。”　② 作之以皮：謂用其皮或角熬成膠。　③ 从肉：《段注》：“皮近肉，故字从肉。”

或曰①：嘼名②，象形③。闕。　郎果切(luǒ/luó)④。

羸　【譯文】羸，有人説，是家畜名，象形。闕其音讀。

【注釋】① 或曰：《段注》：“不定之詞。”　② 嘼名：嘼音 chù，今作畜。《段注》：“云嘼名者，蓋羸爲羸(騾)之古字，與驢羸(騾)皆可畜於家，則謂之畜，宜也。”　③ 象形：“象形”二字也是“或曰”的内容。　④ 今讀依《廣韻》落戈切。

【參證】馬敘倫《六書疏證》卷八引丁山説：“周豫才先生謂羸即能之别體。”于省吾《釋“能”和“羸”以及“从羸”的字》(《古文字研究》第八輯)：“羸爲能的孳乳字。”存參。

①蠅乳②肉中也。从肉，且聲。　七余切(qū)。

胆　【譯文】胆，蒼蠅生卵在肉中。从肉，且聲。

【注釋】① 胆：今作“蛆”。桂馥《義證》引《本草》：“蛆，蠅之子也。

凡物敗臭則生之。”　②乳：生子。

肙[①] 小蟲也。从肉，口聲[②]。一曰：空[③]也。　烏玄切（yuān/yuàn）[④]。

【譯文】肙，孑孓（jié jué）小蟲。从肉，口聲。另一義説：肙是孔。

【注釋】①肙：朱駿聲《通訓定聲》：“即蜎之古文。《爾雅·釋魚》：‘蜎，蠉。’注：‘井中小蛣蟩，赤蟲。一名孑孓。’按：今蘇俗謂之打拳蟲，揚州謂之翻跟兜蟲。生水中久，則化爲蚊。”“以其轉掉而行，首尾相接如環，故曰蠉。”桂馥《義證》：“其身既短，好聳腰而上，羣浮水際，遇人暫下，其行一曲一直，獨以腰爲力，若人無臂然。”　②口聲：王筠《句讀》：“此口當讀如圓。”　③空：孔。指甑下孔。　④今讀依《廣韻》烏縣切。

【參證】錢桂森《段注校》：“口象蟲首，肙字全體則象小蟲蜎蜎蠕動形也。”林義光《文源》卷一：“即蜎之古文。”

腐 爛也。从肉，府聲。　扶雨切（fǔ）。

【譯文】腐，肉腐爛。从肉，府聲。

肎 骨閒肉，肎肎[①]箸也。从肉，从冎省[②]。一曰：骨無肉也。肎[③]，古文肎。　苦等切（kěn）。

【譯文】肎，骨頭之間的肉，緊緊地附着在骨頭上。由肉字、由冎字省去冂會意。另一義説，（肯，）骨頭沒有肉。肎，古文肯字。

【注釋】①肎肎：《段注》：“肎肎，附箸難解之皃。”“隸作肯。”王筠《句讀》“肯肯然”謂其“附箸堅韌”。徐灝《段注箋》：“肎爲骨間肉，故得其窾郤曰中肯，因之肎訓爲可也。”　②从冎省：《段注》：“冎者，剔肉置其骨也。肎肎相箸，有待於剔，故从冎。”　③肎：商承祚《説文中之古文攷》：“鉩文作肎。”

【參證】金文作肎。

肥 多肉也。从肉，从卪[①]。　符非切（féi）。

【譯文】肥，肥胖多肉。由肉、由卪會意。

【注釋】①从肉，从卪（jié）：徐鉉注：“肉不可過多，故从卪。”

文一百四十　重二十

腎

肥腸①也。从肉，啓省聲。　康禮切(qǐ)。

【譯文】腎，小腿後厚實的、内中象盤腸的腿肚。从肉，啓省口爲聲。

【注釋】① 肥腸：本書："疋，足也。上象腓腸，下从止。"王玉樹《拈字》："肥，當作腓。"《段注》"腓"下："腓之言肥，似中有腸者然，故曰腓腸。"肥，言其肉質厚實豐滿。《山海經·海外北經》："無腎之國，在長股東。爲人無腎。"此處人無小腿肚。

朘①

赤子②陰也。从肉，夋聲。或从血③。　子回切(zuī)。

【譯文】朘，男孩子的生殖器。从肉，夋聲。或體从血。

【注釋】① 朘：《老子》五十五章："未知牝牡之合而朘作，精之至也。"不知男女交媾而陰莖振作起來，是因爲精氣來到了。

② 赤子：本指嬰兒，因其剛剛生下，身體赤露，毛髮未生。此處指將成年的男孩。　③ 或从血：血肉相連，从血猶从肉也。

腔①

内空也。从肉，从空，空亦聲。　苦江切(qiāng)。

【譯文】腔，肉體内中之空廓部分。由肉由空會意，空也表聲。

【注釋】① 腔：《鈕新附考》："《莊子·養生篇》'導大窾'，《釋文》引司馬云：'窾，空也。'是於'肉（應作内）空'義有合；吴才老《韻補》十陽有空音'枯江切'，引徐幹室《思賦》空與傷爲韻，是空音亦合腔。"徐詩原文爲："良會無有期，中心摧且傷。不聊憂飧食，嗛嗛常餓空。"按：空有腔音，其本義爲孔穴，引申爲肉體的空穴，即肉體内中之空廓部分，其義爲動物體内之腔穴。因爲骨肉之内中，故又加肉作腔。腔則爲空之後起加旁分化字。

朐

朐䏰①，蟲名。漢中有朐䏰縣②，地下多此蟲，因以爲名。从肉，旬聲。考其義，當作潤蠢③。　如順切(rùn)④。

【譯文】朐，朐䏰的朐。（朐䏰是）蟲名。漢中有朐䏰縣，地下多此蟲，就用蟲名作縣名。从肉，旬聲。考察其字義，當作"潤蠢"。

【注釋】① 朐䏰：疊韻聯緜字。一作朐忍。俗稱蚯蚓。徐灝《段注箋》："（朐）因誤書作朐，遂音劬耳。""朐䏰者，蠢蝡之轉語。《莊子·胠篋篇》'喘耎之蟲'崔譔注：'動蟲也。一曰無足蟲。'高誘注《淮南·時則訓》曰：'蚯蟥，蠢蝡也。'喘耎、蠢蝡，皆一聲之轉。"方回《治圃雜書》詩之十一："樹絡蜘蛛縷，泥鏤朐䏰紋。"自注："朐音蠢,䏰音忍,蚯蚓也。”　② 朐䏰縣:在今四川省雲陽縣西。　③ 潤蠢:《鄭新附考》:“不知何據。”　④《廣韻》:“朐,尺尹切。”“䏰,如順切。”依注①徐灝説,亦當作尺尹切。今仍照大徐反切注音。

䏰　朐䏰也。从肉,忍聲。　尺尹切(chǔn)。

【譯文】䏰,朐䏰的䏰。从肉,忍聲。

文五　新附

筋部

筋　肉之力[①]也。从力,从肉[②],从竹[③]。竹,物之多筋者。凡筋之屬皆从筋。　居銀切(jīn)。

【譯文】筋,肉中的筋。由力、由肉、由竹會意。竹,多筋的物體。大凡筋的部屬都从筋。

【注釋】① 肉之力:《段注》:“力下曰:筋也。筋、力同物。”　② 从肉:筋在肉中,故从肉。　③ 从竹:王筠《句讀》:“竹乃譬況之義。”

笏　筋之本[①]也。从筋[②],从夗省聲。腱,笏或从肉建[③]。　渠建切(jiàn)。

【譯文】笏,筋的根部。由筋省去肉(月)爲形,由夗省去㔾爲聲。腱,笏的或體,从肉,建聲。

【注釋】① 筋之本:徐鍇《繫傳》:“筋之根結也。”《段注》:“王逸注《招魂》曰:‘腱,筋頭也。’”　② 从筋:王筠《句讀》“當云‘从筋省’。”“笏”的形符是由筋省去肉。　③ 从肉建:《段注》:“建,聲也。今字多作此(腱)。”宋保《諧聲補逸》:“建、夗同部,聲相近。”

箹　手足指節鳴也[①]。从筋省,勺聲。肑,箹或省竹。　北角切(bó)。

【譯文】箹,手指腳趾關節鳴響。由筋省去力作形旁,勺聲。肑,箹的或體,箹省去竹。

【注釋】① 手足句:徐鍇《繫傳》:“手指節連綴之筋可屈伸者也,曳之則鳴也。”《段注》：“其聲膊膊然。”

文三　重(三)[二]

刀部

刀 兵也。象形[①]。凡刀之屬皆从刀。　都牢切(dāo)。

【譯文】刀,兵器。象形。大凡刀的部屬都从刀。

【注釋】① 象形：饒炯《部首訂》：“古刀柄有環,篆文上正象之。左象刀口,右象刀背,下象兩尖。”按：今篆作兩歧者,乃刀形之譌。

【參證】甲文作,金文偏旁作。吴其昌《金文名象疏證》：“從原始刀形之,遞漸演化而至小篆刀形之。”

𠚣[①] 刀握[②]也。从刀,缶聲。　方九切(fǒu)。

【譯文】𠚣,刀把。从刀,缶聲。

【注釋】① 𠚣：《羣經正字》：“《廣韻・九麌》：‘弣,弓弝中也。’𠚣同。……是𠚣與弣同字。弓弝與刀握義固相通；缶聲與付聲,古音亦相通。故《説文》弓部無弣字,而刀部之𠚣即今之弣字也。今經典並作弣。”　② 刀握：徐鍇《繫傳》：“刀把。”

剽[①] 刀劍刃也。从刀,咢聲。,籀文剽从韧从各[②]。　五各切(è)。

【譯文】剽,刀劍的刃。从刀,咢聲。⿱韧各,籀文剽字,从韧,从各聲。

【注釋】① 剽：今作“鍔”。　② 从各：《段注》：“各聲與咢聲同部。”

削[①] 鞞也。一曰：析[②]也。从刀,肖聲。　息約切(xuē)。

【譯文】削,裝刀劍的套子。另一義説：(削,)分割。从刀,肖聲。

【注釋】① 削：徐鍇《繫傳》：“刀之匣也。”《方言》：“劒削,自河而北,燕趙之間,謂之室；自關而東,或謂之廓,或謂之削；自關而西謂之鞞。”今字作“鞘”,又作“鞘”。此義今音 qiào。　② 析：謂用刀削之,此義今音 xiāo。剥削義,讀 xuē。

㓡[①] 鎌[②]也。从刀,句聲。　古侯切(gōu)。

【譯文】㓡,鎌刀。从刀,句聲。

【注釋】① 鉤：《段注》："鉤亦作鉤。"　② 鐮：《方言》卷五："自關而西，或謂之鉤，或謂之鐮。"

剴 大鐮也。一曰：摩①也。从刀，豈聲。　五來切(ái)②。

【譯文】剴，大鐮。另一義説：是磨刀。从刀，豈聲。

【注釋】① 摩：徐鍇《繫傳》："摩謂摩刀也。"《廣雅》："剴，磨也。"通作"磨"。　② 今讀依《廣韻》古哀切。

剞 剞剧①，曲刀也。从刀，奇聲。　居綺切(jī)。

【譯文】剞，剞剧，彎刀。从刀，奇聲。

【注釋】① 剞剧(jué)：或作剞劂。《哀時命》王逸注："剞劂，刻鏤刀也。"

【參證】剞剧，聲同見紐，爲雙聲聯緜字，許不分釋。馬敘倫《六書疏證》卷八："《漢書・揚雄傳》注：'應劭曰："剞，曲刀也；劂，曲鑿也。"'則剞、剧非一物。"徐灝《段注箋》："此亦對文則異，散文則通耳。"

剧① 剞剧也。从刀，屈聲。　九勿切(jué)。

【譯文】剧，剞剧。从刀，屈聲。

【注釋】① 剧：也作"劂"。

利 銛①也，从刀。和然後利，从和省。《易》②曰："利者，義之和也。"[illegible]，古文利。　力至切(lì)。

【譯文】利，鋒利，从刀。和順協調然後有利，所以从和省。《易經》説："利益，是由於義的和協。"㓯，古文利字。

【注釋】① 銛(xiān)：《段注》："銛者臿屬。引申爲銛利字。"
②《易》：指《乾・文言》。

【參證】甲文作[illegible]、[illegible]、[illegible]，金文作[illegible]、[illegible]。徐中舒《耒耜考》(《歷史語言研究所集刊》第二本第一分)："利所从之[illegible]、[illegible]諸形即力形之變，象用耒端刺田起土形，銅器將力旁土移於禾旁，故小篆利或从刀。""利來母字，自是从力得聲；刺地藝禾故得利義。"李孝定《金文詁林讀後記》卷四："許書利古文从勿，[illegible](犁之初文)之譌也。"

剡 鋭利也。从刀，炎聲。　以冉切(yǎn)。

【譯文】剡，鋭利。从刀，炎聲。

初　始也。从刀，从衣。裁衣之始也。　楚居切(chū)。

【譯文】初，開始。由刀、由衣會意。裁割衣服的開始。

【參證】甲文作、，金文作、。吴其昌《金文名象疏證》："初民之衣，大氐皆獸皮以刀割裁而成。衣之新出於刀，是初義也。"高田忠周《古籀篇》卷廿八："初與裁，造字之意相似。裁者，製衣也。从衣，𢦏聲。𢦏者，傷也，𢦏亦才也，才者艸木之始也。蓋製衣必先前(剪)斷布帛，初字从刀，猶从前(剪)也，前即剪本子，前斷之者，所以𢦏傷也。裁亦製衣之始也。裁、初義相近矣。"

前　齊斷[①]也。从刀，歬聲。　子善切(jiǎn)。

【譯文】前，整齊地剪斷。从刀，歬(qián)聲。

【注釋】① 齊斷：《段注》："其始，前爲刀名，因爲斷物之名；斷物必齊，因爲凡齊等之偁。"今以前爲歬(qián)進字，故又加刀旁作剪。

則　等畫物[①]也。从刀，从貝[②]。貝，古之物貨也。，古文則。，亦古文則。，籀文則从鼎。　子德切(zé)。

【譯文】則，按等級區别的物體。由刀、由貝會意。貝是古代的貨幣。𠟭，古文則字。𠞩，也是古文則字。鼎，籀文則字，从鼎。

【注釋】① 等畫物：等，等級；畫，分别。等級有别之物。　② 从刀，从貝：徐灝《段注箋》引戴侗説："刀具，古之貨幣也。輕重有則，故取義焉。"

【參證】金文作、、。郭沫若《兩周金文辭大系考釋・宗周鐘》："古文則字均从鼎作，其从貝者乃後起之譌變。从重貝者亦从重鼎之譌變也。"李旦丘《金文研究・釋則》："此蓋以刀畫分鼎中之物而分之於食者之意。當其畫分之時，尊者長者與卑者幼者之間，必有等級。""因畫分常有一定的差等，故則又得引申爲法則之義。"

剛　彊斷[①]也。从刀，岡聲。[②]，古文剛如此。　古郎切(gāng)。

【譯文】剛，强力折斷。从刀，岡聲。㓻，古文剛字象這個樣子。

【注釋】① 彊斷：《段注》："彊者，弓有力也。有力而斷之也。"
② 㓻：《段注》："𠆲，古文信，信者必剛也。从二者，仁从二之意，仁者必有勇也。侃，剛直也，亦从𠆲。"按：此為仁、𠆲(信)二字的合

書，重迭"亻"旁。既仁且信，則有勇有剛。

【參證】甲文作，金文作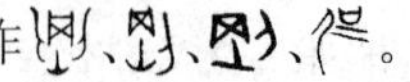。林義光《文源》："从刀斷網。"李孝定《甲骨文字集釋》第四："（金文）或从土，或从火，爲小篆从山所自僞。"末字爲六國古文，李説："許書古文所自昉也。"劉節《古史考存·壽縣所出楚器考釋》："信即侃字。""剛之古文借侃爲之。"

斷齊也。从刀，耑聲。　旨兖切（zhuǎn/duān）①。

剬　【譯文】剬，切斷齊整。从刀，耑聲。

【注釋】① 今讀依《廣韻》多官切。

斷①也。从切，會聲。　古外切（guì）。

劊　【譯文】劊，砍斷。从刀，會聲。

【注釋】① 斷：《段注》："刖、絶、劊、斷，義正相同。今俗云劊子手。"

刌①也。从刀，七聲。　千結切（qiē）。

切　【譯文】切，切斷。从刀，七聲。

【注釋】① 刌（cǔn）：切。《段注》："引申爲迫切。又爲一切。""師古曰：一切者，權時之事，如以刀切物，苟取整齊，不顧長短縱横，故言一切。"

【參證】丁山《數名古誼》："七之見於卜辭、金文者，通作十。本象當中切斷形，自借爲七數專名，不得不加刀於七，以爲切斷專字。"

切也。从刀，寸聲①。　倉本切（cūn）。

刌　【譯文】刌，切斷。从刀，寸聲。

【注釋】① 寸聲：聲中有義。《段注》："凡斷物必合法度。……云寸聲，包會意。《詩》：'他人有心，予寸度之。'俗作忖。其實作寸作忖，皆得如切物之度其長短也。"

①
斷也。从刀，辟聲。　私列切（xiè）。

劈　【譯文】劈，割斷。从刀，辟聲。

【注釋】① 劈：《廣雅·釋詁二》："劈，割也。"

劃傷也。从刀，气聲。一曰：斷也。又讀若殪①。一曰：

刉　刀不利，于瓦石上刉②之。　古外切（guì/jī）③。

【譯文】刉，劃傷。从刀，气聲。另一義説：切斷。又，音讀象"殪"（ái）字。另一義説：刀不鋒利，在瓦石上磨礪它。

【注釋】① 又讀若殪：《段注》："又者，蒙上文乞聲言之，云乞聲則得其音矣。而斷之義，讀如殺羊出其胎之殪。音稍不同也。今音五來切。"　② 刏：徐鍇《繫傳》："猶摩扢也。"《廣雅》："扢，磨也。"　③ 今讀依《廣韻》居依切。

劌① 利傷②也。从刀，歲聲。　居衛切(guì)。

劌 【譯文】劌，刺傷。从刀，歲聲。

【注釋】① 劌：《方言》卷三："凡草木刺人，自關而東，或謂之劌。"　② 利傷：《段注》："以芒刃傷物。"

刻 鏤①也。从刀，亥聲。　苦得切(kè)。

刻 【譯文】刻，雕刻。从刀，亥聲。

【注釋】① 鏤：《段注》："《釋器》曰：'金謂之鏤，木謂之刻。'此析言之。統言則刻亦鏤也。"

副① 判②也。从刀，畐聲。《周禮》③曰："副辜祭。"疈，籀文副④。　芳逼切(pì)。

副 【譯文】副，剖劈一物爲二。从刀，畐聲。《周禮》説："剖開分裂牲的肢體，來祭祀。"疈，籀文副字。

【注釋】① 副：錢大昕《養新録》："古讀副如劈。"　② 判：引申爲副貳之義。《段注》："副之則一物成二，因仍謂之副；因之凡分而合者，皆謂之副。……周之言貳，漢人言副，古今語也。"　③《周禮》：指《春官・大宗伯》。今本原文："以疈辜(肢解)祭四方百物。"　④ 籀文副：《段注》説解作"籀文副从畐畐"，並説："當云'重畐'，重畐者，狀分析之聲。"按：畐音劈，重畐則音劈劈。劈劈象剖劈竹木聲。故段曰"狀分析之聲"。籀文疈，由刀由畐畐會意，以刀劈物，發出劈劈啪啪的聲音。情趣盎然。

剖① 判也。从刀，咅聲。　浦后切(pōu)②。

剖 【譯文】剖，從中間分開。从刀，咅聲。

【注釋】① 剖：《玉篇》："中分爲剖。"　② 據反切當读 pǒu，今读 pōu。

辦 判①也。从刀，辡聲。　蒲莧切(bàn)。

辦 【譯文】辦，判別。从刀，辡(biàn)聲。

【注釋】① 判:《段注》:"古辨、判、别三字義同也。辨从刀,俗作辨,爲辨别字,符蹇切;别作从力之辦,爲幹辦字,蒲莧切。古辨别、幹辦無二義,亦無二形二音也。"

【參證】金文作、。高田忠周《古籀篇》卷二十八:"(《説文》)辡訓'辠人相與訟也',从二辛會意。然則斷訟獄曰辨。辨从辡聲,形聲而包會意也。其引申之義,爲凡分别之義。"

判 分也。从刀,半聲①。 普半切(pàn)。

【譯文】判,分開。从刀,半聲。

【注釋】① 半聲:聲中有義。《段注》:"形聲包會意。"

劇 判①也。从刀,度聲②。 徒洛切(duó)。

【譯文】劇,裁割。从刀,度聲。

【注釋】① 判:《爾雅·釋器》:"木謂之劇。"照《爾雅》説,劇是裁割木材。 ② 度聲:聲中有義。度,法度。由刀、由度會合按法度裁割木材之義。參"度"條。

刳① 判也。从刀,夸聲。 苦孤切(kū)。

【譯文】刳,剖開。从刀,夸聲。

【注釋】① 刳:《段注》:"《内則》云:'封之刳之。'按:封謂刺殺之,刳謂空其腹。"參"封"條。

列① 分解②也。从刀,𡿪聲。 良薛切(liè)。

【譯文】列,分解。从刀,𡿪(liè)聲。

【注釋】① 列:今作"列"。邵瑛《羣經正字》:"今經典凡从歺(è)之字多作歹,而从𡿪之字,亦作歹。""亦由隸變,漢碑凡列字多作列,見《景君》、《史晨》、《劉熊》等碑;又往往作刿,見《尹宙》等碑。此𡿪、歺不分,統省變爲歹所由始。" ② 分解:分解是其本義,引申爲行列之義。

刊① 剟也。从刀,干聲。 苦寒切(kān)。

【譯文】刊,削。从刀,干聲。

【注釋】① 刊:《段注》:"凡有所削去謂之刊。"

剟 刊也。从刀,叕聲。 陟劣切(zhuō/duō)①。

【譯文】剟,删削。从刀,叕(zhuó)聲。

【注釋】① 今讀依《廣韻》丁括切。

删 剟[1]也。从刀册。册，書[2]也。 所姦切(shān)。

【譯文】删，删削。由刀、册會意。册，表示簡牘。

【注釋】① 剟：《段注》："凡言删剟者，有所去，即有所取。""删取猶節取也。" ② 書：徐鍇《繫傳》："古以簡牘。"

劈 破也。从刀，辟聲。 普擊切(pì)。

【譯文】劈，破開。从刀，辟聲。

剥 裂也。从刀，从录；录，刻割[1]也，录亦聲。⿰卜刂，剥或从卜[2]。 北角切(bō)。

【譯文】剥，割裂。由刀、由录會意；录，表示刻、割，录也兼表聲。⿰卜刂，剥的或體，从卜聲。

【注釋】① 刻割：《段注》："説从录之意。录下云：'刻木录录也。'破裂之意。" ② 从卜：《段注》："卜聲也。"宋保《諧聲補逸》："录、卜同部，聲相近。"

【參證】甲文作。《甲骨文編》："《説文》剥之或體从卜作⿰卜刂，此與之同。"

割[1] 剥也。从刀，害聲[2]。 古達切(gē)。

【譯文】割，割裂。从刀，害聲。

【注釋】① 割：《爾雅·釋言》："割，割裂也。" ② 害聲：《段注》："《尚書》多假借割爲害，古二字音同也。"

【參證】金文作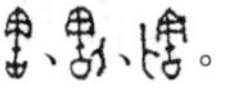。高田忠周《古籀篇》卷二十八："《周禮·内饔》：'割亨煎和之事。'注：'肆解肉也。'此割字本義也。"

剺 剥也，劃也。从刀，𠩺聲[1]。 里之切(lí)。

【譯文】剺，割裂；劃開。从刀，𠩺(lí)聲。

【注釋】① 𠩺聲：聲中有義。本書支部："𠩺，坼也。"

劃 錐刀[1]曰劃。从刀，从畫，畫亦聲。 呼麥切(huá)。

【譯文】劃，錐刀之尖畫破物體叫劃。由刀、由畫會意，畫也表聲。

【注釋】① 錐刀：《段注》作"錐刀畫"，注曰："謂錐刀之末所畫謂之劃也。"

剈 挑取[1]也。从刀，肙聲。一曰：窐[2]。 烏玄切(yuān)。

【譯文】剈，剜取。从刀，肙(yuān)聲。另一義説：剈是孔。

【注釋】① 挑取：《段注》："抉而取之也。挑，抉也。今俗云'剜'。"《字林》："剜，削也。"《埤蒼》："謂抉取肉也。"　② 窐（guī）：甑或盆瓫下面的孔。本書穴部："窐，甑空也。"《玉篇·瓦部》："甂，瓫底孔，下取酒也。"

劀　刮去惡創肉也。从刀，矞聲。《周禮》[1]曰："劀殺之齊。"　古鎋切（jiá/guā）[2]。

【譯文】劀，刮去惡瘡上的肉。从刀，矞聲。《周禮》說："劀殺之齊。"

【注釋】①《周禮》：指《天官·瘍（yáng，瘡）醫》。鄭注："劀，刮去膿血；殺，謂以藥食其惡肉。"按：劀，刮去惡瘡膿血；殺，消蝕腐肉；齊，藥劑。原意爲刮膿消腐調以藥劑。似與許説不同。王筠《句讀》："許君單解劀字，故云爾。"　② 今讀依《廣韻》古滑切。

劑　齊[1]也。从刀，从齊，齊亦聲。　在詣切（jì）。

【譯文】劑，剪齊。由刀、由齊會意，齊也表聲。

【注釋】① 齊：謂剪齊。《爾雅·釋言》郭璞注："南方人呼翦刀爲劑刀。"引申爲凡齊物之義。徐灝《段注箋》："今人謂劑字即齊物之義，藥劑之劑亦其引申。"

刷　刮[1]也。从刀，㕞省聲。禮（布）[有][2]刷巾。　所劣切（shuā）。

【譯文】刷，刮削。从刀，㕞省"又"爲聲。禮家有"刷巾"之説。

【注釋】① 刮：《廣雅》："刮，削也。"見《爾雅》釋文。　② 布：當從《段注》作"有"。刷通㕞，㕞巾即拭物之巾。承培元《引經證例》："拭手之巾也。"

刮[1]　掊把[2]也。从刀，𠯑聲。　古八切（guā）[3]。

【譯文】刮，刮摩。从刀，𠯑聲。

【注釋】① 刮：今作刮。　② 掊把：掊，徐鍇音"庖"。《通俗文》曰："手把曰掊。"《段注》以爲"把"當作"杷"，説："凡掊地如杷麥然，故絫言之，曰掊杷。"蓋刮摩之義，與掊杷相類，故《玉篇》作"刮摩也"。　③ 今讀依《廣韻》古頒切。

剽　砭刺[1]也。从刀，票聲。一曰：剽，劫人[2]也。　匹妙切（piào）。

【譯文】剽，用石針刺病。从刀，票聲。另一義説：剽，劫掠人財。

【注釋】① 砭刺：《段注》："砭者，以石刺病也；刺者，直傷也。" ② 劫人：邵瑛《羣經正字》："《説文》'勡'爲勡劫本字，剽是或體。今經典祇作剽。"

刲　刺也。从刀，圭聲①。《易》②曰："士刲羊。"　苦圭切(kuī)。

【譯文】刲，刺殺。从刀，圭聲。《易經》説："男人刺殺羊。"

【注釋】① 圭聲：聲中有義。《段注》："圭，剡上。"謂刀象"剡上"之圭。故可刺。　② 《易》：指《歸妹》。王筠《釋例》："殺羊，刺其耳下，異於他牲，故謂之刲；刳則破腹出其藏府也。"參"刳"條。

剉①　折傷也。从刀，坐聲。　麤臥切(cuò)。

【譯文】剉，挫傷。从刀，坐聲。

【注釋】① 剉：《段注》："與手部挫音同義近。""經史剉折字多作挫。"

剿　絶也。从刀，喿聲。《周書》①曰："天用剿絶其命。"　子小切(jiǎo)。

【譯文】剿，滅絶。从刀，喿聲。《周書》説："上天因此斷絶他們的國運。"

【注釋】①《周書》：指《夏書・甘誓》。剿、絶，同義複合。《引經證例》："今作勦。……馬融作剿，从巢从刀。今譌刀爲力，力部：'勦，勞也。'畫然異義。"按《引經互異説》："巢、喿字通。"剿之異體爲剿，但勦、剿不同義。當依許作剿，或作剿。

刖①　絶也。从刀，月聲。　魚厥切(yuè)。

【譯文】刖，斷絶。从刀，月聲。

【注釋】① 刖：王筠《句讀》："䠍爲斷足之專名，刖則斷絶之通名。"

【參證】甲文作𠕒。余永梁《殷虚文字續考》："刖从刀肉，與刵从刀耳、劓从刀鼻正同例。肉、月二字，形極相似，篆幾無别。故許君誤作月聲，後乃更通作䠍、跀二字矣。"

刜①　擊也。从刀，弗聲。　分勿切(fú)。

【譯文】刜，砍斫。从刀，弗聲。

【注釋】① 刜：《左傳・昭公廿六年》："刜林雍，斷其足。"孔穎達疏：

"㓟,字从刀,謂以刀擊也。"

【參證】甲文作、、,金文作、。桂馥《義證》引《左傳正義》:"今江南猶謂刀擊爲㓟。"

㓞 傷[①]也。从刀,桼聲。 親結切(qiè/chì)[②]。

【譯文】㓞,割傷。从刀,桼聲。

【注釋】① 傷:《廣雅·釋詁二》:"㓞,割也。"《玉篇·刀部》:"㓞,傷割也。" ② 今讀依《廣韻》初栗切。

【參證】甲文作。

劖 斷[①]也。从刀,毚聲。一曰:剽[②]也,釗[③]也。 鉏銜切(chán)。

【譯文】劖,鑿斷。从刀,毚(chán)聲。另一義説:(劖)是用針刺病;又是剜割。

【注釋】① 斷:徐鍇《繫傳》:"劖,鑿也。" ② 剽:《段注》:"砭刺也。" ③ 釗:《段注》:"刓(wán,剜)也。"

刓[①] 剸[②]也。从刀,元聲。一曰:齊也。 五丸切(wán)。

【譯文】刓,削方成圓。从刀,元聲。另一義説:刓是齊整。

【注釋】① 刓:《廣韻·桓韻》:"刓,圓削。" ② 剸:《段注》:"剸當作團,團,圜也。"

釗 刓[①]也。从刀[②],从金。周康王名[③]。 止遥切(zhāo)。

【譯文】釗,削摩棱角。由刀、由金會意。釗是周康王名。

【注釋】① 刓:《廣韻·桓韻》:"刓,圓削。"謂摩去棱角。 ② 从刀:刀亦聲。宋保《諧聲補逸》:"王先生云:此與召字从口刀聲同一例也。" ③ 周康王名:《周書·顧命》傳:"釗,康王名。"

制 裁也。从刀,从未。未[①],物成,有滋味,可裁斷。一曰:止[②]也。,古文制如此。 征例切(zhì)。

【譯文】制,裁斷。由刀、由未會意。未,樹木老成,即有滋味,可以裁斷。另一義説:制是禁止。㓹,古文制字象這個樣子。

【注釋】① 未:本書"未"下:"味也,六月滋味也。五行,木老于未,象木重枝葉也。" ② 止:《廣雅·釋詁四》:"制,禁也。"

【參證】金文作。朱駿聲《通訓定聲》:"按:以刀斷木。从未猶从木也。木老而堅，中材用，故从未。古文从彡，象斫木紋。”劉釗《〈金文編〉附録存疑字考釋》（《人文雜誌》一九九五年第二期）：“裘錫圭先生認爲古文字‘折’字象以斤斫斷樹木，制字應是象以刀截割木材”，“制字與折字音義皆通，折字訓‘斷’，與制字訓‘裁’義可相因，秦簡製字从折作‘’，制、折皆照母脂部字，聲音全同，二字應是一組同源字”。

刮

缺也。从刀①，占聲。《詩》②曰：“白圭之刮③。” 丁念切(diàn)。

【譯文】刮，缺損。从刀，占聲。《詩經》説：“白色圭玉上的缺損。”

【注釋】① 从刀：《引詩辨證》：“刀者，傷人之物。缺則傷，故从刀。” ②《詩》：指《大雅·抑》。 ③ 刮：今《詩》作“玷”。毛傳：“玷，缺也。”《説文》缶部有“缻”字，缺也。承培元《引經證例》：“今玷乃缻之譌。”

罰

罪之小者①。从刀，从詈。未以刀有所賊，但持刀罵詈，則應罰②。 房越切(fá)。

【譯文】罰，輕微的犯法行爲。由刀、由詈(lì)會意。沒有用刀對人有所傷害，只拿着刀罵人，就應該處罰。

【注釋】① 罪之小者：《段注》：“罪，犯法也。罰爲犯法之小者。” ② 未以句：《段注》：“説从刀詈之意。罰者，但持刀而詈。”

【參證】金文作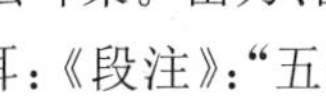。林義光《文源》：“从言剛。剛，古剛字。”按：言謂法令，剛謂剛性，會合爲具有剛性的法令。刑罰是依法實行强制性處罰。

刵

斷耳①也。从刀，从耳②。 仍吏切(èr)。

【譯文】刵，割去耳朵。由刀、由耳會意。

【注釋】① 斷耳：《段注》：“五刑之外有刵。” ② 从耳：宋保《諧聲補逸》：“耳亦聲。”

劓

刑鼻也。从刀，臬聲①。《易》②曰：“天且劓。”劓，臬③或从鼻④。 魚器切(yì)。

【譯文】劓，割掉鼻子。从刀，臬聲。《易經》説：“在額頭上刻刺塗墨，再割掉鼻子。”劓，劓的或體，从鼻。

【注釋】① 臬聲：《段注》："臬，法也。"从刀从臬，會合依法割鼻義。 ②《易》：指《睽卦》。原文："其人天且劓。"虞翻注："黥額爲天，割鼻爲劓。" ③ 臬(niè)：王筠《句讀》："臬當作劓。" ④ 从鼻：《段注》："刀鼻，會意。"又，鼻也表聲。宋保《諧聲補逸》："臬聲、鼻聲，同部相近。"

【參證】甲文作、，金文作。羅振玉《增訂殷虛書契考釋》："此(指甲文)作劓，與《説文》或作(或體)合。自即鼻之初字也。"

① 剄也。从刀，幵聲。 户經切(xíng)。

刑 【譯文】刑，用刀割頸。从刀，幵(jiān)聲。

【注釋】① 刑：《段注》："刑者，剄頸也，横絶之也。"徐灝《段注箋》："凡刑法字當作井刂，刑傷字當作刑。"邵瑛《羣經正字》："一爲大共之名，一爲一偏之目。"

【參證】金文作、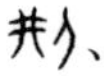、。刑、荆本一字。東漢以前，此字全从"井"，不从"幵"。參"荊"、"荆"條。

① 刑也。从刀，巠聲。 古零切(jīng/jǐng)②。

剄 【譯文】剄，用刀割頸。从刀，巠聲。

【注釋】① 剄：《段注》："剄謂斷頸也。" ② 今讀依《廣韻》古挺切。

【參證】戴家祥《金文大字典》"刑"下："剄讀'古零切'，見母耕部，古牙音見溪兩紐與喉音曉匣互諧，刑與剄，爲同義互訓。"

① 減也。从刀，尊聲。 兹損切(zǔn)。

𠞃 【譯文】𠞃，減損。从刀，尊聲。

【注釋】① 𠞃：《段注》："𠞃、撙，古今字。"

 楚人謂治魚①也。从刀，从魚。讀若鍥。 古屑切(jié)。

魝 【譯文】魝，楚地人叫剖魚。由刀、由魚會意。音讀象"鍥"字。

【注釋】① 治魚：桂馥《義證》："治魚即剖魚。"

 契也。从刀，𢍏聲。券别①之書。以刀判契其旁，故曰契券②。 去願切(quàn)。

券 【譯文】券，契據。从刀，𢍏聲。契券的文書。用刀分刻契券的旁邊，所以叫契券。

【注釋】① 券别：同義連用。券，又名别。《段注》："别，别爲兩，兩家各得一也。"　② 以刀句：《段注》契字作梨，曰："判，分也；梨，刻也。兩家各一之書牘，分刻其旁，使可兩合以爲信。"

刺　君殺大夫曰刺。刺，直傷也。[①]从刀，从朿[②]，朿亦聲。　七賜切(cì)。

【譯文】刺，君主殺死大夫叫刺。刺，直傷。由刀、由朿會意，朿也表聲。

【注釋】① 君殺兩句：《段注》："'刺，直傷也。'當爲正義。'君殺大夫曰刺。'當爲别一義。""官稱刺史，鍼黹曰刺繡，用檣曰刺船，盜取國家密事爲刺探尚書事，皆其引申之義也。"　② 从朿(cì)：本書朿部："朿，木芒(針狀物)也。"

剔[①]　解骨也。从刀，易聲。　他歷切(tī)。

【譯文】剔，分解骨肉。从刀，易聲。

【注釋】① 剔：朱駿聲《通訓定聲》："此字大徐增入《説文》，爲十九文之一。按：即鬄字之或體。"

文六十二　重九

刎[①]　剄[②]也。从刀，勿聲。　武粉切(wěn)。

【譯文】刎，用刀割頸。从刀，勿聲。

【注釋】① 刎：《漢書·陳餘傳》："相與爲刎頸交。"刎頸交，俗稱"砍腦殼朋友"。　② 剄：《段注》"剄"下："剄謂斷頸。"

剜　削[①]也。从刀，宛聲[②]。　一丸切(wān)。

【譯文】剜，用刀刻鏤挖掏。从刀，宛聲。

【注釋】① 削：《説文》："析也。"其義爲分割、割剥。刻鏤必割剥，故又引申爲刻鏤。又，《鈕新附考》引《博雅》："剾、劊、削，剜也。"《説文》刀部只收"剈"，其義爲"挑取"，《段注》："挑，抉也。今俗云'剜'。"抉，即挖掏，《尚書大傳·西伯戡耆》："望釣得玉璜，剜曰：'……'"剜爲刻鏤義。聶夷中《傷田家》："醫得眼前瘡，剜卻心頭肉。"剜爲挖掏義。　② 宛聲：聲中有義。本書："宛，屈草自覆也。"引申爲圜轉曲折之義。从刀，从宛，用刀圜轉曲折，方可刻鏤挖掏。

劇[①] 尤、甚也。从刀,未詳[②];豦聲。　渠力切(jí)。

【譯文】劇,特别突出的、異常的意思。从刀,不知何以从刀;豦聲。

【注釋】① 劇:《荀子・非十二子》:"猶然而材劇志大,聞見雜博。"陸機《苦寒行》:"劇哉行役人,慊慊恆苦寒。"　② 未詳:《鈕新附考》:"《釋名》:'劇,巨也。事功巨也。'是古讀劇若巨。""劇即勮之俗體。"《段注》"勮,務也"下:"務者趣也。用力尤甚者也。""其據切(jù)。音轉爲渠力切。字譌从刀,作劇。"

刹[①] 柱也。从刀,未詳[②];殺省聲。　初轄切(chà)。

【譯文】刹,(佛塔上的)柱子。从刀,不知何以从刀;殺省殳爲聲。

【注釋】① 刹:桂馥《義證》"剎"下:"考刹字古亦有之。《玉篇》'刹,柱也'。《王巾頭陀寺碑》'列刹相望'五臣注云:'列刹謂佛塔也。'"徐灝《段注箋》:"《通鑑・梁武帝紀四》曰:'北魏胡太后作永甯寺,爲九層浮圖,高九十丈,上刹復高十丈。'胡三省注云:'刹,柱也。浮圖上柱,今謂之相輪。'"　② 未詳:佛塔之柱,金碧輝煌,常須刻鏤,故从刀。《一切經音義》"(刹)即剎字略"乃或然之説,不予采信。

文四　新附

刃部

刃 刀堅也。象刀有刃之形[①]。凡刃之屬皆从刃。　而振切(rèn)。

【譯文】刃,刀的堅利部分。象刀有鋒刃的形狀。大凡刃的部屬都从刃。

【注釋】① 象刀句:王筠《釋例》:"刀以刃爲用,刃不能離刀而成體也。顧刀之爲字,有柄有脊有刃矣,欲别作刃字,不能不从刀而以、指其處,謂刃在是而已。"

【參證】甲文作。

刅 傷也。从刃,从一[①]。創,或从刀,倉聲。　楚良切(chuāng)。

【譯文】刅,創傷。由刃、由一會意。創,刅的或體,从刀,倉聲。

【注釋】① 从一:徐鍇《繫傳》:"一,刃所傷,指事也。"

【參證】金文作、、、。唐蘭《論周昭王時代的青銅器銘刻》認爲：象人的手足因荊棘而被創傷。

①劒　人所帶兵也。从刃，僉聲。，籀文劒从刀。　居欠切(jiàn)。

【譯文】劒，人們佩帶的兵器。从刃，僉聲。劍，籀文劒字，从刀。

【注釋】① 劒：《段注》："此今之匕首也。人各以其形皃大小帶之。"

【參證】金文作、。就其功用而言，或从刃，或从刀；金屬工具始，就其質地而言，又可从金。

文三　重二

㓞部

㓞　巧㓞①也。从刀，丯聲②。凡㓞之屬皆从㓞。　恪八切(qià)。

【譯文】㓞，巧妙刻畫。从刀，丯(jiè)聲。大凡㓞的部屬都从㓞。

【注釋】① 巧㓞：《段注》："蓋漢人語。"徐灝《段注箋》："巧㓞，言其刻畫之工也。"　② 丯聲：聲中有義。朱駿聲《通訓定聲》："从刀从丯會意，丯亦聲。"參"丯"條。

【參證】甲文作。李孝定《甲骨文字集釋》："丯當即象㓞刻之齒，从刀，所以栔之也。"

契　齘契①，刮也。从㓞，夬聲。一曰：契，畫堅②也。　古黠切(jiá)。

【譯文】契，齘契，刷刮。从夬，㓞聲。另一義説：契，(用刀)劃堅硬之物。

【注釋】① 齘(xiè)契：《段注》："疊韻。"徐灝箋："亦漢人語。"《玉篇》："刷，刮也。"　② 畫堅：桂馥《義證》"畫當爲劃。""契謂以堅劃堅也。"

①栔　刻也。从㓞②，从木③。　苦計切(qì)。

【譯文】栔，契刻。由㓞、由木會意。

【注釋】① 栔：王筠《句讀》："經典皆用契，而不用栔，亦借鍥、挈爲之。"　② 从㓞：王筠《句讀》："此當云㓞亦聲。"　③ 从木：《段注》:"刻之用於木多,故从木。"

文三

丯部

丯　艸蔡[1]也。象艸生之散亂也[2]。凡丯之屬皆从丯。讀若介。　古拜切(jiè)。

【譯文】丯,草芥。象草生長散亂的樣子。大凡丯的部屬都从丯。音讀象"介"字。

【注釋】① 艸蔡:艸部曰:"蔡,艸丯也。"艸丯即艸芥。《方言》:"蘇,芥草也。江淮南楚之間曰蘇,自關而西或曰草,或曰芥,南楚江湘之間謂之莽。"　② 象艸句:《段注》:"中直象道,彡象茀(fú,草多貌)。"

【參證】金文作。徐灝《段注箋》引戴侗說:"丯即契也。又作㓞,加刀,刀所以契也。又作契,大聲(按:契字本从㓞聲)。古未有書,先有契,契刻竹木以爲識,丯象所刻之齒。""丯音古拜,㓞音格八,契音苦計,一聲之轉也。"于省吾《甲骨文字釋林·釋丯》:"甲骨文的字,就其構形來説,中畫直,三邪畫作彎環之勢,象以木刻齒形。""刻木爲契之事,典籍習見(詳桂氏《説文義證》"契"字下)。在未有文字的時代,初民往往刻木爲齒以記事,這當在商代以前。但就甲骨文之刻木爲齒以及《墨子》和《列子》有數齒的記載來看,則商周時代仍保存着刻契的遺風。近代有些少數民族還用木片或木條刻齒記事。""《説文》以㓞爲巧㓞之㓞,契爲契約之契,栔爲栔刻之栔,由於後世用各有當,因而分化。"

挌　枝挌[1]也。从丯[2],各聲。　古百切(gé)。

【譯文】挌,枝柯。从丯,各聲。

【注釋】① 枝挌:今作"枝格",樹的枝柯。　② 从丯:王筠《句讀》:"枝柯(kē,樹枝)多横生,故从丯。"丯,表比喻。枝柯横生,如木之刻齒。

文二

耒部

 耒

手耕曲木也[①]。从木推丯[②]。古者垂[③]作耒梠[④]以振[⑤]民也。凡耒之屬皆从耒。　盧對切(lèi/lěi)[⑥]。

【譯文】耒,手耕時期的曲木。由"木"推着表示草芥的"丯(jiè)"會意。古時候垂發明了耒和梠,用來舉救老百姓。大凡耒的部屬都从耒。

【注釋】① 手耕句:張舜徽《約注》引王元稺説:"手耕者,對乎牛耕而言也。三代以上皆手耕,至戰國牛耕行。"曲木,謂耒也。《易・繫辭》"揉木爲耒",故耒爲曲木。　② 从木推丯:許謂以木推艸丯。而徐灝《段注箋》説:"耒之初制蓋其末爲岐頭,後人易以鐵齒。""戴仲達以爲丯聲是也。古音丯、耒皆在齊部。"按徐説,丯象耒之岐頭,即耒齒,丯又表耒聲。　③ 垂:神農之臣。　④ 梠(sì):今"耜"字。　⑤ 振:《段注》:"振,舉救也。"　⑥ 今讀依《廣韻》力軌切。

【參證】金文作、。首字左上之即手,主體是耒。戴家祥《金文大字典》:"當爲耒之初字,象手握耕具形。""與結合,漸漸變作耒上三筆。"

 耕

犂[①]也。从耒,井聲。一曰[②]:古者井田。　古莖切(gēng)。

【譯文】耕,犂田。从耒,井聲。另一種説法是:上古爲井田(,从井會意)。

【注釋】① 犂:朱駿聲《通訓定聲》引《齊民要术》:"人耕曰耕,牛耕曰犂。"按:對文有别,散文則通。　② 一曰:一説謂耕爲會意字。

【參證】溫少峰、袁庭棟《殷虚卜辭研究・科學技術篇》引清人阮福有《耒耕考》:"今黔中斧頭苗,……耕田全用人力,不用牛。其法:一人在後推耒首,一人以繩繫磬折之上肩,負其繩向前曳之,共爲力。此即耦耕之遺歟?"

 耦

(耒)[耜]廣五寸爲伐,二伐爲耦[①]。从耒,禺聲。　五口切(ǒu)。

【譯文】耦，耜寬五寸叫伐，二伐叫耦。从耒，禺聲。

【注釋】① 耒廣二句：王筠《句讀》："耒當作耜。"《考工記·匠人》："耜廣五寸，二耜爲耦。"耜，耒下端起土的部分，類似後世的鏟或鍬。

耤[1] 帝耤[2]千畝也。古者使民如借，故謂之耤。从耒，昔聲。秦昔切(jí)。

【譯文】耤，天子親率百姓耕種的土地千畝。古時候驅使百姓耕種，好像借用民力，所以叫它耤。从耒，昔聲。

【注釋】① 耤：耕種。席世昌《讀〈説文〉記》引盧植説："耤，耕也。"② 帝耤：徐鍇《繫傳》："謂天子親耕耤田以供祭祀。"按：所謂"親耕"不過如後世之作秀。下文之"借"字可證。《禮記·月令》："天子藉田千畝，以供上帝之粢盛。借人力以成其功，故曰帝藉。"此後起義。

【參證】甲文作，金文作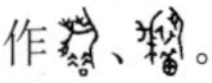。郭沫若《甲骨文字研究》："(甲文)象人持耒耜而操作之形。""卜辭與金文之異，僅在一爲象形文，一爲形聲字耳。"徐中舒《耒耜考》(《歷史語言研究所集刊》)對郭"操作"二字作了更具體的説明："就是象人側立推耒，舉足刺地之形。故耤之本義應釋爲蹈、爲履。"就以耒刺地而言，是耕種；就舉足刺地而言，是蹈履。這是漢字的多元本義現象。"兵"也是一例。

桂 (册)[卌](叉)[叉][1]，可以劃[2]麥，河内用之。从耒，圭聲。古攜切(guī)。

【譯文】桂，多齒耙，可用來將麥子扒劃均匀，河内地方使用它。从耒，圭聲。

【注釋】① 册叉：當從《段注》作"卌(xì)叉"，注："卌叉者，言其多爪可掊杷(，扒摟而聚)也。""即今俗用麥耙也。"朱駿聲《通訓定聲》："四齒五齒杷也。" ② 劃：曬稻麥時，以叉劃之使匀。

䞈 除苗閒穢[1]也。从耒，員聲[2]。耘，䞈或从芸[3]。羽文切(yún)。

【譯文】䞈，除掉苗間雜草。从耒，員聲。耘，䞈的或體，从芸聲。

【注釋】① 穢：謂雜草。《段注》："穢當作薉。艸部：'薉，蕪也。'"② 員聲：聲中有義。《段注》："員，物數也。謂艸之多也。"

③ 从芸：《段注》："當云或从耒艸，云聲。今字省艸作耘。"宋保《諧聲補逸》："云、員同聲而通用。"

耡　商人七十而耡[①]。耡，耤[②]，税也。从耒，助聲[③]。《周禮》[④]曰："以興耡利萌。"　牀倨切(zhù/chú)[⑤]。

【譯文】耡，商朝人種田七十畝而行"耡"法。耡，就是耤，都是田税。从耒，助聲。《周禮》説："發起人民互相佐助，以便利於百姓。"

【注釋】① 商人句：《孟子·滕文公上》："殷人七十而助。"助，即耡。② 耡，耤：判斷句。《孟子》："助者，藉也。"王筠《句讀》："耡，耤爲古義，税爲今義也。"　③ 助聲：聲中有義。王筠《句讀》："謂相佐助也。"　④《周禮》：指《地官·遂人》。興耡，鄭玄注引杜子春説："謂起民人令相佐助。"萌，民。承培元《引經證例》："許書：'民，衆萌也。'民之衆如萌生也。"　⑤ 今讀依《廣韻》士魚切。

文七　重一

角部

角　獸角也。象形，角與刀魚相似[①]。凡角之屬皆从角。　古岳切(jiǎo)[②]。

【譯文】角，禽獸的角。象形。小篆角字與刀、魚二字有相似的地方。大凡角的部屬都从角。

【注釋】① 相似句：許書據篆文立訓。、、，確有相似之處。② 古岳切：徐灝《段注箋》："角，古音鹿。漢角里先生即此字。""(後)改作甪，音鹿，以别於角(jiǎo)。"

【參證】甲文作、、，金文作。羅振玉《增訂殷虚書契考釋》："(甲文)皆象角形，象角上横理。横理本直文，作曲形者，角爲圓體，觀其環形則直者似曲矣。"

觼　揮角皃。从角，雚聲。梁隅[①]縣有觼亭，又讀若繕[②]。　況袁切(xuān)。

【譯文】觼，揮動角的樣子。从角，雚聲。梁國隅縣有觼亭。又一音讀象"繕(suì)"字。

【注釋】① 隝：漢代梁國有隝縣。《漢書·地理志》作"傿"，故治在今河南柘城縣北。應劭曰："鄭伯克段于鄢是也。" ② 𦄼：本書糸部："𦄼，蜀細布也。"

觻 角①也。从角，樂聲。張掖有觻得縣②。 盧谷切(lù)。

【譯文】觻，角鋒。从角，樂聲。張掖郡有觻得縣。

【注釋】① 角：《段注》："《廣韻》、《集韻》錫韻皆曰：'觻，角鋒也。'" ② 張掖句：漢代張掖郡觻得縣，在今甘肅省張掖縣西北。

觰 角中骨①也。从角，思聲②。 穌來切(sāi)。

【譯文】觰，角中脆骨。从角，思聲。

【注釋】① 角中骨：徐灝《段注箋》："此謂角中胞(脆)骨也。"王筠《句讀》："牛羊之角，外骨冒内骨。嘗見牛鬥而隕其角者，内觰故存，如小角也。"按，獸角皆有文理，因引申爲文理之稱。 ② 思聲：聲中有義。《段注》："亼部曰：'侖，思也。'龠部曰：'侖，理也。'是思即理也。"

觠 曲角也。从角，季聲①。 巨員切(quán)。

【譯文】觠，卷曲的角。从角，季聲。

【注釋】① 季聲：聲中有義。本書𠬞部："季，摶飯也。"摶，圜也。有曲義。

觬 角觬曲①也。从角，兒聲②。西河有觬氏③縣。 研啟切(nǐ/ní)④。

【譯文】觬，角不正。从角，兒聲。漢代西河郡有觬氏縣。

【注釋】① 觬曲：徐鍇《繫傳》："觬猶邪倪也。"《段注》："《篇》、《韻》皆云'角不正'。" ② 兒聲：聲中有義。馬敘倫《六書疏證》卷八："古謂不正爲兒。" ③ 觬氏：《漢書·地理志》作"觬是"，在今陝西境内。 ④ 今讀依《廣韻》五稽切。

觢 (一)[二]①角仰也。从角，㓞聲。《易》②曰："其牛觢。" 尺制切(chì/shì)③。

【譯文】觢，兩角聳仰。从角，㓞聲。《易經》說："那牛兩角聳仰。"

【注釋】① 一：《段注》："一當作二。" ②《易》：指《睽卦》。今本"觢"作"掣"。《段注》："觢者，如有掣曳然，角本當邪展而乃聳直也。" ③ 今讀依《廣韻》時制切。

䚢 觽 角傾也。从角，虒聲。 敕豕切(chǐ/zhì)[1]。

【譯文】觽，角傾斜。从角，虒聲。

【注釋】① 今讀依《廣韻》池爾切。

䚢 觭 角一俛一仰也。从角，奇聲[1]。 去奇切(qī)。

【譯文】觭，牛角一隻俯着，一隻仰着。从角，奇聲。

【注釋】① 奇聲：聲中有義。《段注》："觭者奇也，奇者異也。一曰：不耦也。"

觓 角皃[1]。从角，丩聲[2]。《詩》[3]曰："兕觵其觓。" 渠幽切(qiú)。

【譯文】觓，角彎曲的樣子。从角，丩聲。《詩經》説："兕牛角做的大酒桮，那麽彎曲。"

【注釋】① 角皃：《集韻・幽韻》："觓，角曲皃。" ② 丩聲：聲中有義。丩部："丩，相糾繚也。"有曲義。馬敘倫《六書疏證》卷八："(觓)以音求之，蓋角曲也。" ③《詩》：指《小雅・桑扈》。今本作"兕觥其觩"。觥，盛酒器。鄭箋："兕觥，罰爵也。古之王者與羣臣燕飲，上下無失禮者，其罰爵徒觩然陳設而已。"則以觩爲觥皃，觥以角爲之。觩即觓。

觺 角曲中也。从角，畏聲。 烏賄切(wěi/wēi)[1]。

【譯文】觺，角的彎曲的中部。从角，畏聲。

【注釋】① 今讀依《廣韻》烏恢切。

【參證】馬敘倫《六書疏證》卷八："水曲曰隈，角曲曰觺。……是古謂曲爲畏也。"

觵 角長皃。从角，爿聲[1]。 士角切(zhuó)。

【譯文】觵，獸角長的樣子。从角，爿(chuáng)聲。

【注釋】① 爿聲：聲中有義。張文虎《舒藝室隨筆》："凡从爿之字，多有長大義。如壯、將、牂諸字是也。"

【參證】馬敘倫《六書疏證》卷八："行草書爿字同牛，猶將字作牪也。"

觼 角有所觸發也。从角，厥聲[1]。 居月切(jué)。

【譯文】觼，用角觸發別的物體。从角，厥聲。

【注釋】① 厥聲：聲中有義。《段注》："厂部曰：'厥，發石也。'此字从角厥，謂獸以角有所觸發。"按：牛常喜舉角挽觸他物。

觸 抵[①]也。从角，蜀聲。 尺玉切(chù)。

【譯文】觸，用角抵觸。从角，蜀聲。

【注釋】① 抵：徐鍇本作"牴"。桂馥《義證》："本書'牴，觸也'，或作觝。"

【參證】金文作。

觲 用[①]角低仰便也。从羊、牛、角。《詩》[②]曰："觲觲角弓。" 息營切(xīng)。

【譯文】觲，獸用角上下低仰便利。由羊、牛、角會意。《詩經》說："觲觲角弓。"

【注釋】① 用：承培元《引經證例》"用"字改作"牛羊"。 ②《詩》：指《小雅・角弓》。今本"觲觲"作"騂騂"。騂騂，疊音詞，弓調和的樣子。角弓，用牛角裝飾的弓。牛羊之角低仰便利，如《引經例辨》所說："引申爲凡用物便利之稱。""觲觲角弓"，形容其調和便捷之貌。

觵 舉角也。从角，公聲。 古雙切(gāng)。

【譯文】觵，舉角。从角，公聲。

【參證】朱芳圃《殷周文字釋叢》卷中："兩手舉角謂之觵，因之凡舉一切之物亦謂之觵。""一作扛，作舡，又作掆。""扛、舡皆觵之異文，掆，後起之俗字也。"

䚗[①] 治角也。从角，學省聲。 胡角切(xué)。

【譯文】䚗，治理獸角。从角，學省子爲聲。

【注釋】① 䚗：鈕樹玉《校録》："大徐新修十九文也。"

衡 牛觸[①]，横大木其角。从角，从大，行聲。《詩》曰[②]："設其楅衡。"[③]，古文衡如此。 户庚切(héng)。

【譯文】衡，牛好舉角抵觸，横綁大木在牛的角上(，以防抵觸)。由角、由大會意，行聲。《詩經》說："設置那綁在牛角上的横木。"奧，古文衡字象這個樣子。

【注釋】① 牛觸：徐鍇《繫傳》："牛好抵觸，以木闌制之也。"

②《詩》曰：《段注》："'《詩》曰'當作'《周禮》曰'。"見《周禮・地官・

封人》。按：楅、衡同義。　③ 奧：王筠《句讀》："《玉篇》作奧，則篆當作[illegible]，从角从大，古文不論反正，衡又加行爲聲耳。"商承祚《說文中之古文考》："[illegible]乃[illegible]之寫譌。"

【参證】金文作[illegible]。周秉鈞《釋[illegible]》(《湖南師範大學學報》一九八〇年第三期)："古代'大'有'人'的意思。""角就是額角。""从大，从角，正是指的人頭上的額角部分。""眉的上部也就是額角部分，古人叫做衡。"

觽 角觽[1]，獸也。狀似豕，角善爲弓，出胡休多國[2]。从角，耑聲。　多官切(duān)。

【譯文】觽，角觽，野獸名。樣子象豬，角便於作良弓，出產在匈奴的休屠國。从角，耑聲。

【注釋】① 角觽：《史記·司馬相如傳》："獸則麒麟角觽。"裴駰《集解》："郭璞曰：角觽，似豬，角在鼻上，堪作弓。李陵嘗以此弓十張遺蘇武也。"　② 休多國：鈕樹玉《校録》："休多當即休屠。《地理志》屬武威郡。"

觰 觰拏[1]，獸也。从角，者聲。一曰：下大[2]者也。　陟加切(zhā)。

【譯文】觰，觰拏，野獸名。从角，者聲。另一義說：角的根部大。

【注釋】① 觰拏：疊韻連語。　② 下大：桂馥《義證》引《六書故》："觰，角本大也。"

觤[1] 羊角不齊也。从角，危聲。　過委切(guǐ)。

【譯文】觤，羊角一長一短。从角，危聲。

【注釋】① 觤：《爾雅·釋畜》邢昺疏："羊角不齊，一長一短者，名觤。"

觟 牝牂羊生角者也[1]。从角，圭聲。　下瓦切(huà)。

【譯文】觟，生角的牝吴羊。从角，圭聲。

【注釋】① 牝牂(zāng)句：牝牂羊，謂吴羊之牝者。郝懿行《爾雅義疏·釋畜》："吴羊牝者無角，其有角者别名觟也。"牝、牂，都指雌性，同義複合。

觡 骨角[1]之名也。从角，各聲。　古百切(gé)。

【譯文】觡，象骨頭一般的角，名叫觡。从角，各聲。

【注釋】① 骨角：《段注》："骨角，角之如骨者。"又引《樂記》注："無䚡曰觡。"段説："其中無肉，其外無理。"又引《玉篇》："無枝曰角，有枝曰觡。"由此可見，觡是專指麋鹿角而言。

觜 鴟舊頭上角觜①也。一曰：觜觿②也。从角，此聲。 遵爲切(zuī/zī)③。

【譯文】觜，猫頭鷹頭上的毛角。另一義説：觜是指經星觜觿。从角，此聲。

【注釋】① 角觜：《段注》："角觜，'萑'下云'毛角'是也。毛角，頭上毛有似角者也。""毛角鋭，凡羽族之味鋭，故鳥味曰觜。"朱駿聲《通訓定聲》："移以稱人，俗字作嘴。" ② 觜觿(xī)：經星名，見《史記·天官書》。 ③ 今讀依《廣韻》即移切。

①
解 判也。从刀判牛角。一曰：解廌②，獸也。 佳買切(jiě)。又，户賣切(xiè)③。

【譯文】解，分解。由"刀"分解"牛""角"會意。另一義説，解即解廌，獸名。

【注釋】① 解：徐灝《段注箋》："引申爲凡解散之偁。懈隋，又解散之引申。古皆作解。" ② 解廌(zhì)：本書"廌"下："似山羊，一角。" ③ 分解義，佳買切，jiě；解廌義，户賣切，xiè。

【參證】甲文作，金文作、。甲文、金文首字象兩手解牛角，與篆文稍異。見商承祚《殷虛文字類編》卷四。

觿 佩角，鋭耑可以解結。从角，巂聲。《詩》①曰："童子佩觿。" 户圭切(xī)②。

【譯文】觿，佩在身上的角製用具，它的尖鋭的末端可用來分解繩結。从角，巂聲。《詩經》説："小孩子佩帶着解結的角製工具。"

【注釋】①《詩》：指《衛風·芄蘭》。觿如錐，以象骨爲之。
② 當讀 xié，今音 xī。

觵 兕牛角可以飲者也。从角，黄聲①。其狀觵觵②，故謂之觵。，俗觵从光③。 古横切(gōng)。

【譯文】觵，可以用來喝酒的兕牛角。从角，黄聲。它的樣子那麼豐滿壯大，所以叫它觵。觥，觵字俗體，从光聲。

【注釋】① 黄聲：聲中有義。王筠《句讀》："凡从黄聲、光聲之字，皆有大意。"　② 觵觵：王筠《句讀》："觵觵者，充滿壯大之皃也。"　③ 从光：表聲兼表義。宋保《諧聲補逸》："光、黄聲相近。"

觶　鄉飲酒角也。《禮》[①]曰："一人洗，舉觶。"觶受四升。从角，單聲。⿰角辰，觶或从辰。觝，禮經觶。　之義切(zhì)。

【譯文】觶，鄉飲酒用的酒器。《儀禮》説："一人洗，舉觶。"觶容受四升。从角，單聲。⿰角辰，觶的或體，从辰聲。觝，古文禮經上的觶字。

【注釋】①《禮》：《儀禮·鄉射禮》。今作"一人洗，舉觶于賓"。《鄉飲酒禮》作"一人洗升，舉觶于賓"，注："一人，主人之吏。發酒端曰舉。"意即主人的陪客師洗盡酒盅，向賓客舉桮發起新的一輪喝酒。

【參證】馬敘倫《六書疏證》卷八："觶音照紐三等，與禪同爲舌面前音，故又轉注爲⿰角辰、爲觝。單聲元類，氏聲歌類，歌元對轉。"觶作觝、作⿰角辰，馬引鄭玄説："汝潁之間師讀所作，謂《説文》諧聲用方言也。"

觛　小觶也。从角，旦聲。　徒旱切(dàn)。

【譯文】觛，小酒器。从角，旦聲。

觴　觶實曰觴[①]，虚曰觶。从角，煬省聲。⿱爵昜，籀文觴从爵省[②]。　式陽切(shāng)。

【譯文】觴，就是觶。盛滿酒叫觴，不盛酒叫觶。从角，煬省聲。⿱爵昜，籀文觴字，从爵省。

【注釋】① 實曰觴：《穆天子傳》："觴天子于磐石之上。"郭注："觴者所以進酒。"按：酒角曰觴，滿斟曰觴，飲人以酒亦曰觴。一義相因也。　② 从爵省：本書鬯部："爵，禮器也。象爵之形。"

【參證】金文作□、□。王國維《王國維遺書·史籀篇疏證》："从古文爵。"

觚　鄉飲酒之爵也。一曰：觴受三升[①]者謂之觚。从角，瓜聲。　古乎切(gū)。

【譯文】觚，鄉飲酒的酒器。另一義説：觴器能容受三升的就叫作觚。从角，瓜聲。

【注釋】① 三升：《周禮·考工記》："梓人爲飲器，勺一升，爵二升，觚三升。”

觛 角匕①也。从角，亘聲②。讀若讙。　况袁切(xuān)。

【譯文】觛，獸角作的勺子。从角，亘聲。音讀象“讙”字。

【注釋】① 角匕：以角爲之。匕，一名柶。　② 亘聲：徐鉉注：“亘音宣。”

觽 杖耑①角也。从角，敫聲。　胡狄切(xí)。

【譯文】觽，裝飾在手杖頭上的角製品。从角，敫聲。

【注釋】① 杖耑(duān)：杖首。朱駿聲《通訓定聲》：“後世或飾以玉，其耑刺爲鳩形。”

觼 環之有舌者①。从角，夐聲。鐍，觼或从金矞②。　古穴切(jué)。

【譯文】觼，有舌的環。从角，夐聲。鐍，觼的或體，从金，矞聲。

【注釋】① 環之有舌者：桂馥《義證》：“今馬腹帶，其環有舌穿革者，是也。”　② 矞：《段注》：“矞，聲也。”矞也表義。本書矛部：“矞，以錐有所穿也。”

觻 調弓也。从角，弱省聲。　於角切(wò/nuò)①。

【譯文】觻，調試弓。从角，弱省聲。

【注釋】① 今讀依《廣韻》女角切。

觿 惟射收繁具也①。从角，發聲。　方肺切(fèi)。

【譯文】觿，打獵射鳥時收回箭上繫繩的角製器具。从角，發聲。

【注釋】① 惟(yì)射句：徐鍇《繫傳》：“惟，獵也。繁，生絲綫，以繫矢而射。”

觾① 惟射收繳具。从角，酋聲。讀若鰌。　字秋切(qiú)。

【譯文】觾，打獵射鳥時收回箭上繫繩的角製器具。从角，酋聲。音讀象“鰌”字。

【注釋】① 觾：朱駿聲《通訓定聲》：“以角爲之，一名觿。”

觳 盛觵卮①也。一曰：射具②。从角，㱿聲。讀若斛。　胡谷切(hú)。

【譯文】觳，盛觵的圓形大器具。另一義説：用來盛箭的器具。从角，㱿聲。音讀象“斛(hú)”字。

【注釋】① 盛觵卮(zhī)：王筠《句讀》:“卮，圓器也，蓋是盛物之器之通名。而盛觵之卮則名觳也。” ② 射具：桂馥《義證》引《集韻》説:“觳，射具。所以盛雉。”

觱 羌人所吹角屠觱，以驚馬也[①]。从角，𧆨聲。𧆨，古文誖字[②]。 卑吉切(bì)。

【譯文】觱，羌人所吹的獸角，名叫屠觱，用來使馬驚駭狂奔。从角，𧆨聲。𧆨，籒文誖(bèi)字。

【注釋】① 羌人句：《段注》:“羌人，西戎也。屠觱，羌人所吹器名，以角爲之，以驚中國馬。後乃以竹爲管，以蘆爲首，謂之觱篥(bì lì)，亦曰篳篥。” ② 古文：《段注》:“古當爲籒，言部云籒文。”

文三十九 重六

卷九

竹部

竹　冬生艸[①]也。象形[②]。下垂者，箁箬[③]也。凡竹之屬皆从竹。　陟玉切(zhú)。

【譯文】竹，經冬不死的草。象形。兩邊下垂的筆畫，表示笋殼。大凡竹的部屬都从竹。

【注釋】① 冬生艸：朱駿聲《通訓定聲》補遺："冬生謂經冬不死。"　② 象形：《段注》："象兩兩竝生。"徐灝箋："象竹竿有葉之形。"　③ 箁箬(póu ruò)：苞筍之皮。王筠《釋例》："今人畫竹口訣曰：个个个，个个破。蓋竹葉異於他物，其形左右紛披，故以个字寫之。篆文象在上之葉，非象苞筍之箁箬也。初生時，箬抱筍，無所謂下垂。稍長，箬墮於地，更不能長垂於節間也。"

【參證】金文作。林義光《文源》卷一："象莖葉形。"

箭　矢[①]也。从竹，前聲。　子賤切(jiàn)。

【譯文】箭，可用來作矢的箭竹。从竹，前聲。

【注釋】① 矢：《段注》作"矢竹"，注："可以爲矢之竹也。"戴凱之《竹譜》："會稽之箭，東南之美。"自注："箭竹，高者不過一丈，節間三尺，堅勁中(zhòng，符合)矢，江南諸山皆有之，會稽所生最精好。"桂馥《義證》："箭竹主爲矢，因謂矢爲箭。"

【參證】金文作。戴家祥《金文大字典》："字从竹歬聲，即箭字。"

箘　箘簬[①]也。从竹，囷聲。一曰：博棊[②]也。　渠隕切(jùn)。

【譯文】箘，箘簬竹。从竹，囷聲。另一義説：箘是棋子。

【注釋】① 箘簬：《段注》："箘簬二字一竹名。《吴都賦》之射筒也。劉逵曰：射筒，竹細小，通長(疑爲"中")，長丈餘，無節，可以爲矢笴……古者絫呼曰箘簬，單呼曰箘。"　② 博棊：博，棋戲。棊，棋，弈具。博棊又名箘。

簬　箘簬[①]也。从竹，路聲。《夏書》[②]曰："惟箘簬楛[③]。"，古文簬从輅。　洛故切(lù)。

【譯文】簬，箘簬竹。从竹，路聲。《夏書》説："箘簬美竹和楛木。"簵，古文簬字，从輅聲。

【注釋】① 箘簬：參"箘"條。　②《夏書》：指《禹貢》。　③ 箘簬楛：《漢書・地理志》顔注："箘簬，竹名；楛，木名。皆可爲矢。"

筱　箭屬。小竹也。从竹，攸聲。　先杳切(xiǎo)。

【譯文】筱，箭竹之類，小竹。从竹，攸聲。

簜　大竹[①]也。从竹，湯聲。《夏書》[②]曰："瑶琨筱簜。"簜可爲(幹)[榦][③]，筱可爲矢。　徒朗切(dàng)。

【譯文】簜，大竹。从竹，湯聲。《夏書》説："美玉、美石、小竹、大竹。"簜可作弓幹，筱可用箭桿。

【注釋】① 大竹：《爾雅・釋草》："簜，竹。"郝懿行《義疏》引李巡説："竹節相去一丈曰簜。"　②《夏書》：指《禹貢》。　③ 幹：《段注》作"榦"，曰："弓榦也。"

䈧[①]　竹也。从竹，微聲。，籒文从微省[②]。　無非切(wéi)。

【譯文】䈧，竹名。从竹，微聲。𥳓，籒文䈧，从微省聲。

【注釋】① 䈧：即篃竹。《段注》："䈧、篃，古今字也。"《玉篇・竹部》："䉋，竹。長節，深根，筍冬生。"　② 从微省：《段注》："當云'从散'，'省'字衍。"

筍　竹胎[①]也。从竹，旬聲。　思允切(sǔn)。

【譯文】筍，竹筍新生土中。从竹，旬聲。

【注釋】① 竹胎：王筠《句讀》："胎孕地中爲筍(冬筍)，出地上者爲箈(tái，春筍)。"

【參證】金文作、、、。高田忠周《古籒篇》卷八十："按此篆形與下文匋字勹形相合。而勹内从目，此从竹从旬也。然《説文》無筍，旬與旬古音同部，知筍即笋。"

箈　竹萌也。从竹，怠聲[①]。　徒哀切(tái)。

【譯文】箈，竹子破土萌生。从竹，怠聲。

【注釋】① 怠聲：《段注》："箈，从怠，與始同音，取始生之意。筍謂掘諸地中者，如今之冬筍；箈謂已抽出者，如今之春筍。"

[1] 竹箬也。从竹，咅聲。 薄侯切(póu)。

箁 【譯文】箁，竹筍殼。从竹，咅聲。

【注釋】① 箁：朱駿聲《通訓定聲》："蘇俗謂之筍殼。"徐灝《段注箋》："箁之言剖也，言其籜解也。"

楚謂竹皮曰箬。从竹，若聲。 而勺切(ruò)。

箬 【譯文】箬，楚地叫竹皮作箬。从竹，若聲。

竹約[1]也。从竹，即聲。 子結切(jié)。

節 【譯文】節，竹節。从竹，即聲。

【注釋】① 竹約：竹節。《段注》："約，纏束也。竹節如纏束之狀。""引申爲節省、節制、節義字。又假借爲符卪字。"

【參證】金文作、、。

(折)[析][1]竹筤[2]也。从竹，余聲。讀若絮。 同都切(tú)。

筡 【譯文】筡，剖析竹篾。从竹，余聲。音讀象"絮"字。

【注釋】① 折：當依《段注》作"析"。《方言》卷十三："筡，析也。析竹謂之筡。" ② 筤(mǐn)：竹子表皮，可劈成篾條。

[1] 筡也。从竹，𥨊聲。 武移切(mí)。

簢 【譯文】簢，竹篾。从竹，𥨊聲。

【注釋】① 簢：王筠《句讀》："元應引《聲類》：'簢，篾也。'今中國蜀土人謂竹篾爲簢。"

[1] 竹膚也。从竹，民聲。 武盡切(mǐn)。

筤 【譯文】筤，竹子的表皮。从竹，民聲。

【注釋】① 筤：王筠《句讀》："本部不收筠，蓋筤即是也。《禮器》：'如竹箭之有筠也。'注：'筠，竹之青皮也。'與竹膚之訓合。又，均、民疊韻，筠、筤雙聲。"

竹裏[1]也。从竹，本聲。 布忖切(běn/bèn)[2]。

笨 【譯文】笨，竹子的裏層。从竹，本聲。

【注釋】① 竹裏：朱駿聲《通訓定聲》："謂中之白質者也。其白如紙,可手揭者,謂之竹孚俞。" ② 今讀依《廣韻》蒲本切。

簃① 竹皃。从竹,翁聲。 烏紅切(wēng)。

【譯文】簃,竹子(茂盛)的樣子。从竹,翁聲。

【注釋】① 簃:《廣韻·東韻》:"竹盛皃。"

篸 差①也。从竹,參聲②。 所今切(sēn/cēn)③。

【譯文】篸,篸差。从竹,參聲。

【注釋】① 差:應連篆爲讀。篸差,今作"參差",謂參差不齊。按:篸又作"槮"。《段注》:"物有長有短,則參差不齊,竹木皆然。"篸、槮是參的後起加旁字。 ② 參聲:聲中有義。朱駿聲《通訓定聲》:"參有不齊意。" ③ 今讀依《集韻》楚簪切。

篆 引書①也。从竹,彖聲。 持兗切(zhuàn)。

【譯文】篆,運筆書寫。从竹,彖聲。

【注釋】① 引書:《段注》:"引筆而箸於竹帛也。"王筠《句讀》:"運筆謂之引。""篆本引而書之之名,因謂所書之體曰篆。"

籀① 讀書也。从竹,擂聲②。《春秋傳》曰"卜籀"③云。 直又切(zhòu)。

【譯文】籀,讀書。从竹,擂聲。《春秋左傳》説"卜讀卦爻辭"云云。

【注釋】① 籀:《段注》:"(《敘目》)諷籀連文,謂諷誦而抽繹之。""此籀字之本義。""周宣王時太史以爲名,因以名所箸大篆曰籀文。" ② 擂聲:聲中有義。桂馥《義證》:擂即古抽字。竹,竹簡,古代文獻;抽,抽引其美惡吉凶之頭緒。會合讀書之義。 ③ 卜籀:徐鍇《繫傳》説:"謂讀卦爻詞也。"承培元《引經證例》:"(卜籀)許君約舉之詞。《僖四年》'卜人占之'、'且其繇(zhòu)曰',是也。"按:卜,占卦。繇,籀的假借字。卜籀,占卦並認讀。

篇 書①。一曰:關西謂榜②曰篇。从竹,扁聲。 芳連切(piān)。

【譯文】篇,書册。另一義説:關西一帶叫榜額作篇。从竹,扁聲。

【注釋】① 書:《段注》:"箸也。箸於簡牘者也。" ② 榜:桂馥《義證》:"榜謂標榜。篇通作扁。本書:'扁,署也,署門户之文也。'"

[1] 簿書[2]也。从竹，耤聲。　秦昔切(jí)。

籍　【譯文】籍，户口册。从竹，耤聲。

【注釋】① 籍：《釋名·釋書契》："籍，籍也，所以籍疏人名户口也。"《段注》："引申凡箸於竹帛皆謂之籍。"　② 簿書：王筠《句讀》："古名籍，周末名簿，而無簿字，借薄爲之。嫌其疑於厚薄也，再以書也申之。""簿書及簿籍、書籍皆恆言，皆複語。"

竹田[1]也。从竹，皇聲。　户光切(huáng)。

篁　【譯文】篁，竹田。从竹，皇聲。

【注釋】① 竹田：引申之，田中所種之竹曰篁；又引申之，凡竹曰篁。故《段注》説："今人訓篁爲竹。"

[1] 剖竹未去節謂之簎[2]。从竹，將聲。　即兩切(jiǎng)。

簎　【譯文】簎，剖開竹子，不除去它的節疤，叫它作簎。从竹，將聲。

【注釋】① 簎：《段注》："後乃以木爲之，改其字作䉶、作槳。"
② 剖竹句：徐灝《段注箋》："留節間小横枝以隱櫂也。"即船邊穩定槳的槳樁。《段注》："後人又不以名橛(即槳樁)而以名櫂矣。"

籥[1]也。从竹，枼聲[2]。　與接切(yè)。

𥳑　【譯文】𥳑，編成的竹簡。从竹，枼聲。

【注釋】① 籥：孩童習字的竹簡。《段注》："小兒所書寫每一笘謂之一𥳑，今書一紙謂之一頁，或作葉。"　② 枼聲：聲中有義。凡从枼者多有扁薄義。參"枼"條。

[1] 書僮竹笘[2]也。从竹，龠聲。　以灼切(yuè)。

籥　【譯文】籥，習字兒童所用而編成的竹簡。从竹，龠聲。

【注釋】① 籥：徐鍇《繫傳》："謂編竹以習書。"　② 笘：本書"笘"下："潁川人名小兒所書寫爲笘。"

竹聲[1]也。从竹，劉聲。　力求切(liú)。

䈏　【譯文】䈏，竹聲。从竹，劉聲。

【注釋】① 竹聲：徐鍇《繫傳》："猶言瀏然聲清也。"

牒[1]也。从竹，閒聲。　古限切(jiǎn)。

簡　【譯文】簡，用於書寫的狹長竹片。从竹，閒聲。

【注釋】① 牒：朱駿聲《通訓定聲》："竹謂之簡；木謂之牒，亦謂之牘，亦謂之札。聯之爲編，編之爲册。"

【參證】金文作〔金文〕。《金文編》："从竹从閒省。閒爲古文閒。中山王譽壺：載之笄(簡)箣(策)。"

笐[①] 竹列也。从竹，亢聲。　古郎切(gāng)。

【譯文】笐，竹子的行列。从竹，亢聲。

【注釋】① 笐：《段注》："笐之言行，行列也。"

篰[①] 萷爰[②]也。从竹，部聲。　薄口切(bù)。

【譯文】篰，簡册。从竹，部聲。

【注釋】① 篰：《段注》："許書無簿字。篰，蓋即今之簿字也。"

② 萷爰：朱駿聲《通訓定聲》："萷爰，疊韻連語，秦漢謂簡册曰萷爰也。"

【參證】馬叙倫《六書疏證》卷九："萷爰者，版之緩言。七篇：'牘，書版也。'篰即今之簿字。萷爰，俗名。"

等 齊簡[①]也。从竹，从寺[②]。寺[③]，官曹之等平也。　多肯切(děng)。

【譯文】等，整齊的竹簡。由竹、由寺會意。寺，是官署的竹簡整齊的意思。

【注釋】① 齊簡：《段注》："引申爲凡齊之偁。凡物齊之則高下歷歷可見，故曰等級。"　② 从寺：寺也表聲。寺，之韻；等，蒸韻。之蒸對轉。　③ 寺：寸部曰："寺，廷也，有法度者。"官曹所居。官曹之簡整齊而有法度，所以从寺會意。

笵 法也。从竹，竹，簡書[①]也；氾聲。古法有竹刑[②]。　防妥切(fàn)。

【譯文】笵，法則。从竹，竹表示簡册；氾表聲。古代法律有竹刑。

【注釋】① 簡書：《段注》："説从竹之意，法具于簡書，故笵从竹也。"

② 竹刑：《段注》："竹荆者，荆罰科條載于竹簡也。"由竹刑引申爲凡行爲之規範，故曰法也；又由行爲之規範，引申制物之規範。《通俗文》："規模曰笵。""以土曰型，以金曰鎔，以木曰模，以竹曰笵。四者，一物，材别也。"

箋[1] 表識書也。从竹，戔聲。　則前切(jiān)。

【譯文】箋，表明、識别的文字。从竹，戔聲。

【注釋】① 箋：又寫作牋。

符 信也。漢制[1]以竹，長六寸，分而相合[2]。从竹，付聲。　防無切(fú)。

【譯文】符，取信之物。漢朝規定用竹，長六寸，分而相合以取信。从竹，付聲。

【注釋】① 漢制：王筠《句讀》："《周禮》有符，而舉漢制者，竹易腐，許君不得見古符之狀，故以漢制明之。漢文帝爲銅虎符，竹使符，此不及銅者，字从竹也。"　② 分而相合：桂馥《義證》："周禮門關用符節，蓋以全竹爲之，剖之爲兩，各執其一，合之以爲驗也。"

筮 《易》卦用蓍也。从竹，从𢀖[1]。𢀖[2]，古文巫字。　時制切(shì)。

【譯文】筮，《易經》占卦用的蓍(shī)草。由竹、由𢀖會意，𢀖是古文巫字。

【注釋】① 从竹从𢀖：謂巫者所用之草。竹亦草類，本書："竹，冬生艸也。"　② 𢀖：見"巫"條。

【參證】金文作[金文]。林義光《文源》卷八："从巫持竹。段氏玉裁云：'从竹者，蓍如筭也。从巫者，事近於巫也。'"

笄 簪[1]也。从竹，幵聲。　古兮切(jī)。

【譯文】笄，簪子。从竹，幵聲。

【注釋】① 簪(zān)：用以别住挽起的頭髮或固着弁、冕的用具。簪本作[古文]。徐鍇《繫傳》："女子十五而笄，許嫁而笄也。其端刻雞形。"

【參證】董作賓《説笄》(《中國文字》第十八册)："古者男女成年，皆有笄，男子冠而用笄，女子十五許嫁而笄。於文字則夫爲首上帶笄之男，而母爲首上帶笄之女。其笄，看似一支，實則兩端皆露於外，爲左右各一笄也。若止有一笄，則不能於左右皆露其刻首矣。"

箕 取蟣比[1]也。从竹，叵聲。　居之切(jī)。

【譯文】箕，篦取蝨子的篦子。从竹，叵聲。

【注釋】① 取蟣比：篦取髮蝨的齒密的篦子。王筠《句讀》："笸者，古名；比者，漢名；比者，漢字，篦者，六朝字也。比，言其密。"蟣，蝨子。

籆① 收絲者也。从竹，蒦聲。䈂②，籆或从角从閒。　王縛切(yuè)。

【譯文】籆，絡絲的工具。从竹，蒦聲。䈂，籆的或體，从角，从閒。

【注釋】① 籆：《方言》卷五："籆，榬也。"郭璞注："所以絡絲也。"朱駿聲《通訓定聲》："今蘇俗謂之籆頭，有車曳者，有手轉者。"

② 䈂：王筠《句讀》作"从角，閒聲"。宋保《諧聲補逸》"爰"下："古音元寒桓删山仙，與魚虞模每相關合。"故"籆重文作䈂，閒聲。"馬敘倫《六書疏證》卷九："或曰，古皆以角爲器，籆蓋初以角，後易用竹木。故形猶與角同。"

筳 繀絲筦①也。从竹，廷聲。　特丁切(tíng)。

【譯文】筳，絡絲的竹管。从竹，廷聲。

【注釋】① 繀絲筦(guǎn)：繀，以絲端箸於筳。筦，竹管。

筦 筟①也。从竹，完聲。　古滿切(guǎn)。

【譯文】筦，絡絲的竹管。从竹，完聲。

【注釋】① 筟(fū)：即筳。絲端箸於筳，䌨長之絲不至於亂。筦引申爲主筦字，今作主管。桂馥《義證》："主管字當作筦。"

筟① 筳也。从竹，孚聲。讀若《春秋》魯公子彄②。　芳無切(fū)。

【譯文】筟，(絡絲紡紗的)筳子。从竹，孚聲。音讀象《春秋經》魯國公子彄的"彄"字。

【注釋】① 筟：《段注》："筳、筦、筟，三名一物也。"　② 公子彄(kōu)：《段注》："見《春秋經・隱公五年》。臧僖伯也。"徐灝《段注箋》："孚，古音重脣，布矦切，故聲轉爲彄。"

笮 迫①也。大瓦之下，棼②上。从竹，乍聲。　阻厄切(zé)。

【譯文】笮，簾狀構件。在瓦的下面，櫄的上面。从竹，乍聲。

【注釋】① 迫：迫之言薄也。《釋宫》："屋上薄謂之筄。"徐灝《段注箋》："屋上薄，以竹爲之，略如簾薄，故謂之薄，亦謂之笮。"

② 棼（fén）：今叫檁。王筠《句讀》："笮在瓦棼之間，爲所迫窄，故名笮。"這也是許氏説笮爲"迫也"的原因。

簾 堂簾[①]也。从竹，廉聲。　力鹽切（lián）。

【譯文】簾，堂上挂的竹簾。从竹，廉聲。

【注釋】① 堂簾：朱駿聲《通訓定聲》："縷竹爲之，施于堂户，所以隔風日而通明者也。亦曰薄，今作箔，其布者曰幨。"

簀 牀棧[①]也。从竹，責聲。　阻厄切（zé）。

【譯文】簀，牀上的竹編鋪板。从竹，責聲。

【注釋】① 牀棧（zhàn）：《爾雅·釋器》郝懿行義疏："謂分析竹片施于牀榦之上。"

笫 牀簀也。从竹，㐃聲。　阻史切（zǐ）。

【譯文】笫，竹編的牀墊子。从竹，㐃聲。

筵[①] 竹席也。从竹，延聲[②]。《周禮》[③]曰："度堂以筵。"筵一丈。　以然切（yán）。

【譯文】筵，鋪在地面的竹席。从竹，延聲。《周禮》説："用筵爲標準量度明堂。"筵長一丈。

【注釋】① 筵：也是席。鋪在地上的叫筵，墊在它的上面的叫席。《段注》引《周禮·司幾筵》注："筵亦席也。鋪陳曰筵，藉之曰席。然其言之筵席通矣。"　② 延聲：聲中有義。延，延展也，引長也。③《周禮》：指《考工記·匠人》。今本原文："堂上度以筵。"

簟[①] 竹席也。从竹，覃聲。　徒念切（diàn）。

【譯文】簟，竹席。从竹，覃聲。

【注釋】① 簟：《釋名·釋牀帳》："簟，覃也。布之覃覃然平正也。"《内則》注："簟，席之親身也。"簟，本義應是睡簟，牀簟，引申凡鋪墊之竹席。

【參證】金文作、。待考。

籧 籧篨[①]，粗竹席[②]也。从竹，遽聲。　彊魚切（qú）。

【譯文】籧，籧篨，粗篾編成的席。从竹，遽聲。

【注釋】① 籧篨(chú)：疊韻連語。　② 粗竹席：《段注》："此云粗者，與上筵簟別言之。筵簟，其精者也。"

篨 籧篨也。从竹，除聲。　直魚切(chú)。

【譯文】篨，籧篨。从竹，除聲。

簏① 竹器也。可以取粗去細。从竹，麗聲。　所宜切(shī/shāi)②。

【譯文】簏，竹編器具。可用來篩取粗的，漉去細的。从竹，麗聲。

【注釋】① 簏：《段注》："簏、簁古今字也。《漢・賈山傳》作篩。"　② 今讀依《廣韻》山佳切。

籓 大箕也。从竹，潘聲。一曰：蔽①也。　甫煩切(fān)。

【譯文】籓，大簸箕。从竹，潘聲。另一義説，籓是用以障蔽(的籬笆)。

【注釋】① 蔽：《段注》："艸部曰：'藩，屏也。'尸部曰：'屏，蔽也。'是籓與藩音義同。"

籅 漉米籔①也。从竹，奥聲。　于六切(yù)。

【譯文】籅，淘米的竹器。从竹，奥聲。

【注釋】① 漉米籔(sǒu)：《段注》："今江蘇人呼淘米具曰溲箕。"又寫作筲箕、箱箕。

籔① 炊籅②也。从竹，數聲。　蘇后切(sǒu)。

【譯文】籔，做飯時的筲箕。从竹，數聲。

【注釋】① 籔：《方言》："炊籅謂之縮，或謂之筻。"《段注》："筻同籔，縮即籔之入聲也。""即今之溲箕也。"今作筲箕。　② 炊籅：王筠《句讀》："炊飯將熟，以籅撈其米，頓置於梢(木條支架)，以漉其水。"然後蒸飯。

箅 蔽①也，所以蔽甑底。从竹，畀聲。　必至切(bì)。

【譯文】箅，障蔽的工具，用來障隔飯甑(zèng)的底。从竹，畀聲。

【注釋】① 蔽：《段注》："甑者，蒸飯之器。底有七穿(孔)，必以竹席蔽之，米乃不漏。"

箱 飯筥也。受五升。从竹，稍聲。秦謂筥曰箱①。　山樞切(shū/shāo)②。

【譯文】䈾，作飯的筲箕。容受五升。从竹，稍聲。秦地叫筥(jǔ)作䈾箕。

【注釋】① 秦謂句：朱駿聲《通訓定聲》："今蘇俗亦謂飯筥曰䈾箕。箕者，筥之音轉。字亦作筲。"　② 今讀依《篇海類編》所交切。

𥳓　陳留謂飯帚①曰𥳓。从竹，捎聲。一曰：飯器②，容五升。一曰：宋魏謂箸筩③爲𥳓。　所交切(shāo)。

【譯文】𥳓，陳留地方叫刷鍋帚作𥳓。从竹，捎聲。另一義説，𥳓是作飯的筲箕，容受五升。又另一義説，宋魏地方叫筷籠作𥳓。

【注釋】① 飯帚：《段注》："所以掃𣨼餘之飯。"即今之刷鍋帚。② 飯器：此謂𥳓同䈾。　③ 箸筩(zhù tǒng)：今天的筷籠。箸，筷子。筩，筒。

筥　䈾①也。从竹，吕聲。　居許切(jǔ)。

【譯文】筥，筲箕。从竹，吕聲。

【注釋】① 䈾：《段注》："䈾當作籍。《方言》：'籧，南楚謂之筲，趙魏之郊謂之筡籧。'"徐灝箋："筥者，筡籧之合聲。"

【參證】金文作、、。待考。

笥①　飯及衣之器也。从竹，司聲。　相吏切(sì)。

【譯文】笥，盛飯食和盛衣物的竹器。从竹，司聲。

【注釋】① 笥：朱駿聲《通訓定聲》："竹器之方而有蓋者皆曰笥。"

簞　笥①也。从竹，單聲。漢律令②：簞，小筐③也。《傳》④曰："簞食壺漿。"　都寒切(dān)。

【譯文】簞，圓形的盛飯和盛衣的竹器。从竹，單聲。漢朝律令説，簞是小竹筐。古代文獻説："用簞盛着飯食，用壺盛着酒漿。"

【注釋】① 笥：《禮記・曲禮上》："苞苴簞笥。"鄭玄注："簞笥，盛飯食者，圜曰簞，方曰笥。"　② 漢律令：承培元《引經證例》："漢律者，高帝時蕭何取秦法宜于時者。""令，箸于甲令乙令者也。"

③ 小筐：《段注》："筐簞皆可盛飯，而筐筥無蓋，簞笥有蓋，如今之箱盒。"　④《傳》：泛指古代典籍。

簁①　簁箄②，竹器也。从竹，徙聲。　所綺切(xǐ/shāi)③。

【譯文】簁，簁箄，竹器。从竹，徙聲。

【注釋】① 簁：朱駿聲《通訓定聲》："簁，與籭略同。字亦作簛。今俗謂之篩，可以取粗去細。"　② 簁箄：《急就篇》顏注："大者曰簁，小者曰箄。"　③ 今讀依《集韻》山皆切。

簁箄[①]也。从竹，卑聲。　并弭切(bǐ)。

箄 【譯文】箄，簁箄。从竹，卑聲。

【注釋】① 簁箄：大篩曰簁，小篩曰箄。見《急就篇》顏注。又，朱駿聲《通訓定聲》："《方言》十三：'篆，小者謂之箄。'注：'今江東亦名篆籠爲箄。'按：筐筥之類，與籭(篩)不同。"

圜[①]竹器也。从竹，專聲[②]。　度官切(tuán)。

篿 【譯文】篿，圓形竹器。从竹，專聲。

【注釋】① 圜：《段注》："篿與圜音同也。"　② 專聲：聲中有義。專有圜轉義。

[①]
飯攲[②]也。从竹，者聲[③]。　陟慮切。又，遲倨切(zhù)[④]。

箸 【譯文】箸，飯時取物的筷子。从竹，者聲。

【注釋】① 箸：王國瑞《釋箸》："今字惟訓飯攲之箸，从竹作箸，而於箸書、箸明、附箸、衣箸諸義，悉改从艸作著，蓋由漢人隸法，竹艸不分。"　② 飯攲(qī)：飯時取物的工具，即筷子。《通俗文》："以箸取物曰攲。"　③ 者聲：聲中有義。王國瑞《釋箸》："者之本義爲別事詞也，故凡从者諧聲之字皆有分別之意。如箸本訓飯攲，蓋用箸以分撥飯黍。又，古人借箸前籌，亦取分別指畫之意。假借爲箸書，謂文辭有條理，判然不紊也。又假借爲箸明，謂事理之別白昭灼也。……然別於彼即必聚於此，有剖析分離之意，亦有黏連附麗之意。故又假借爲附箸爲衣箸也。"按：王說的假借是指意義的引申。　④ 兩切語今均讀 zhù。

[①]
竹籠也。从竹，婁聲。　洛侯切(lóu/lǒu)[②]。

簍 【譯文】簍，竹編的籠子。从竹，婁聲。

【注釋】① 簍：《方言》："篆小者，南楚謂之簍，自關而西，秦晉之間謂之箄。"注："今江南亦名小籠爲箄。"顏注《急就篇》："簍者，疏目之籠，亦言其孔樓樓然也。"　② 今讀依《廣韻》郎斗切。

筤① 籃也。从竹，良聲。 盧黨切(lǎng/láng)②。

【譯文】筤，竹籠。从竹，良聲。

【注釋】① 筤：錢坫《斠詮》："筥、籠、簍、籃、筤，皆一聲之轉。" ② 今讀依《廣韻》魯當切。

籃 大篝①也。从竹，監聲。㔶②，古文籃如此。 魯甘切(lán)。

【譯文】籃，大烘籠。从竹，監聲。㔶，古文籃字象這個樣子。

【注釋】① 大篝：《段注》："今俗謂熏篝曰'烘籃'是也。" ② 㔶：商承祚《説文中之古文考》："《汗簡》有字，注藍。則此乃藍之古文，而誤入竹部者也。"

篝 笿①也，可熏衣。从竹，冓聲。宋楚謂竹篝牆以居②也。 古侯切(gōu)。

【譯文】篝，竹籠，可用來熏乾衣服。从竹，冓聲。宋楚地方叫熏籠作牆居。

【注釋】① 笿(luò)：徐鍇《繫傳》："笿亦籠也。" ② 牆以居："以"，衍文。《方言》卷五："篝，陳楚宋魏之間謂之牆居。"郭璞注："今薰籠也。"王筠《句讀》："筠在安徽時，見貧民以竹籃盛小兒，掛之於壁，殆'牆居'之謂乎？"

笿 桮笿①也。从竹，各聲。 盧各切(luò)。

【譯文】笿，盛桮盤的竹籠。从竹，各聲。

【注釋】① 桮笿：《方言》郭注："盛桮器籠也。"徐鍇《繫傳》："笿亦籠；笿，絡也。猶今人言籮。"《段注》："引申爲籠絡字。"

箬 桮笿也。从竹，夅聲。或曰：盛箸籠。 古送切(gòng)。

【譯文】箬，盛桮盤的竹籠。从竹，夅聲。另一義説，盛筷子的竹籠。

籢① 鏡籢也。从竹，斂聲②。 力鹽切(lián)。

【譯文】籢，盛鏡的竹匣。从竹，斂聲。

【注釋】① 籢：《段注》："别作匳，俗作奩。" ② 斂聲：聲中有義。徐鍇《繫傳》："籢，斂也，所以收斂也。"

籫 竹器①也。从竹，贊聲。讀若纂。一曰叢②。 作管切(zuǎn)。

【譯文】籫，竹器。从竹，贊聲。音讀象"纂"字。另一義説，籫是叢聚。

【注釋】① 竹器:《段注》:"《廣韻》、《方言》注皆曰:'篝,箸筩(tǒng,筒)。'"即筷籠子。　② 叢:《段注》:"木部欑下曰:'一曰叢木。'篝音同義近。"

籯[①] 笭[②]也。从竹,贏聲。　以成切(yíng)。

【譯文】籯,竹籠。从竹,贏聲。

【注釋】① 籯:《段注》:"《漢書》:'遺子黄金滿籯,不如教子一經。'竹籠也。"　② 笭(líng):《廣雅》:"笭,籠也。"

箳 竹器[①]也。从竹,删聲。　蘇旰切(sàn/sān)[②]。

【譯文】箳,竹箱。从竹,删聲。

【注釋】① 竹器:《玉篇・竹部》:"箳,竹器也。似箱而粗。"
② 今讀依《廣韻》蘇干切。

簋 黍稷方器也。从竹,从皿,从皀[①]。⿷匚飢[②],古文簋从匚飢。匭,古文簋或从軌。杋[③],亦古文簋。　居洧切(guǐ)。

【譯文】簋,盛黍稷的方形器皿。由竹、由皿、由皀會意。⿷匚飢,古文簋字,从匚飢。匭,古文簋的或體,从軌聲。杋,也是古文簋字。

【注釋】① 从竹句:本書:"皀,穀之馨香,謂黍稷也。"此謂用"竹"編的器"皿"盛着"皀"。　② ⿷匚飢:《段注》作"匭",注:"从方(即匚)、从食,九聲(九古讀爲軌)。"　③ 杋:《段注》:"簋以木爲之,故字从木也。"

【參證】甲文作,金文作、。高鴻縉《中國字例》二篇:"()字原象器形,後又加,象手持勺於簋中取食之形……小篆始於原字()加竹、加皿爲意符。"容庚《金文編》:"《周禮・舍人》鄭注:'圓曰簋。'今證之古器,其形正圓,與鄭説合。"

簠 黍稷圜器也。从竹,从皿,甫聲。医,古文簠从匚从夫[①]。方矩切(fǔ)。

【譯文】簠,盛黍稷的圓形竹器。由竹,由皿會意,甫聲。医,古文簠字,从匚,从夫聲。

【注釋】① 从夫:《段注》:"夫,聲也。"

【參證】甲文作，金文作、、。《周禮·舍人》鄭注："方曰簠，圓曰簋，盛黍稷稻粱也。"容庚説："今證之古器，侈口而長方。又銘辭云：'用盛稻粱。'鄭説是也。"

籩 竹豆[1]也。从竹，邊聲。，籒文籩。 布玄切(biān)。

【譯文】籩，竹編的豆器。从竹，邊聲。匾，籒文籩字。

【注釋】① 竹豆：《段注》："豆，古食肉器也。木豆謂之梪，竹豆謂之籩。"朱駿聲《通訓定聲》："豆盛濕物，籩盛乾物。豆重而籩輕。"

笹[1] 篅也。从竹，屯聲。 徒損切(dùn)。

【譯文】笹，儲存穀物的竹編之器。从竹，屯聲。

【注釋】① 笹：又作囤。《急就篇》顔師古注："笹篅皆所以盛米穀也。以竹木簟席若泥塗之，則爲笹；笹之言屯也，物所屯聚也。"

篅[1] 以判竹圜以盛穀也。从竹，耑聲。 市緣切(chuán)。

【譯文】篅，用剖析的竹篾圍成圓形，以盛穀物。从竹，耑聲。

【注釋】① 篅：《段注》："用竹篾圜其外，殺其上，高至於屋，蓋以盛穀，近底之處爲小户，常閉之，可出穀。今江蘇謂之土籧是也。"

【參證】楊樹達《積微居小學述林·釋篅》："耑聲字多含圜義。"故《釋名》説："圌，屯也；屯，聚之也。以艸作之，團團然也。"就貯聚而言，謂之笹；就圓圜之狀而言，謂之篅。或以竹爲之，或以艸爲之。竹也是艸，冬生艸也。

簏 竹高篋也。从竹，鹿聲。箓，簏或从录[1]。 盧谷切(lù)。

【譯文】簏，竹編的高箱籠。从竹，鹿聲。箓，簏的或體，从录聲。

【注釋】① 从录：宋保《諧聲補逸》："鹿、录，古同聲而通用。"

簜 大竹筩[1]也。从竹，昜聲。 徒朗切(dàng)。

【譯文】簜，大竹筒。从竹，昜聲。

【注釋】① 大竹筩：管樂器，笙簫之屬。筩，竹筒。

筩[1] 斷竹也。从竹，甬聲。 徒紅切(tóng)。

【譯文】筩，斷竹之管。从竹，甬聲。

【注釋】① 筩：今作筒。《一切經音義》卷二引《三蒼》："筩，竹管也。"

箯[①] 竹輿也。从竹，便聲。 旁連切(pián/biān)[②]。

【譯文】箯，竹製的轎。从竹，便聲。

【注釋】① 箯：王筠《句讀》："此即今人轎也。" ② 今讀依《廣韻》卑連切。

笯 鳥籠[①]也。从竹，奴聲。 乃故切(nù/nú)[②]。

【譯文】笯，鳥籠。从竹，奴聲。

【注釋】① 鳥籠：《方言》："籠，南楚江沔之間謂之篣，或謂之笯。" ② 今讀依《廣韻》乃都切。

竿 竹梃[①]也。从竹，干聲。 古寒切(gān)。

【譯文】竿，挺直的竹管。从竹，干聲。

【注釋】① 竹梃：《段注》："梃之言挺也，謂直也。"

籗[①] 罩魚者也。从竹，靃聲。篧，籗或省。 竹角切(zhuó)。

【譯文】籗，罩魚的器具。从竹，靃聲。篧，籗的或體，籗的省略。

【注釋】① 籗：《段注》引李巡説："篧，編細竹以爲罩，捕魚也。"

箇 竹枚[①]也。从竹，固聲[②]。 古賀切(gè)。

【譯文】箇，竹一枚。从竹，固聲。

【注釋】① 竹枚：《段注》："竹梃自其徑直言之，竹枚自其圜圍言之。一枚謂之一箇也。" ② 固聲：《段注》於"固聲"後加"个箇或作个，半竹也"，注曰："按：竝則爲竹，單則爲个。竹字象林立之形，一莖則一个也。""今俗或名枚曰個，音相近。""經傳个多與介通用。"

筊 竹索[①]也。从竹，交聲[②]。 胡茅切(xiáo/jiǎo)[③]。

【譯文】筊，竹索子。从竹，交聲。

【注釋】① 竹索：《段注》："謂用析竹皮爲繩索也，今之簭(篾)纜也。" ② 交聲：聲中有義。朱駿聲《通訓定聲》："交亦意。" ③ 今讀依《廣韻》古巧切。

筰[①] 筊也。从竹，作聲[②]。 在各切(zuó)。

【譯文】筰，竹索子。从竹，作聲。

【注釋】① 筰：朱駿聲《通訓定聲》："竹索也。今之簭(篾)纜。" ② 作聲：聲中有義。《釋名》："引舟者曰筰。筰，作也。作，起也。

起舟使動行也。”

箈 蔽絮簀①也。从竹，沾聲。讀若錢②。 昨鹽切(qián)。

【譯文】箈，承接紙漿的竹簾。从竹，沾聲。音讀象錢字。

【注釋】① 蔽絮簀：王筠《句讀》：“漚絮既成，作紙乃用箈。蔽者，障也，斷也。絮在水中，以箈自下承之，是障之義；一箈之絮成一紙，不復與餘絮相連，是斷之義。故許君以簀(竹編的簾子)譬況之。簀者棧也，在下承上之物也。” ② 讀若錢：葉德輝《讀若考》：“箈、錢，古音同部。”

箑① 扇也。从竹，疌聲。篓，箑或从妾②。 山洽切(shà)。

【譯文】箑，扇子。从竹，疌聲。篓，箑的或體，从妾聲。

【注釋】① 箑：《方言》卷五：“扇，自關而東謂之箑，自關而西謂之扇。” ② 从妾：宋保《諧聲補逸》：“疌、妾同部，古通用。”

籠 舉土器①也。一曰：笭②也。从竹，龍聲。 盧紅切(lóng)。

【譯文】籠，運土的竹器。又叫笭。从竹，龍聲。

【注釋】① 舉土器：朱駿聲《通訓定聲》：“籠如蕢(kuì，草編的筐子)與匴(diào，畚)，以盛土，一人可何(荷，背扛)，竹爲之。” ② 笭：笭、籠，一聲之轉。

籩 袌①也。从竹，襄聲。 如兩切(rǎng/ráng)②。

【譯文】籩，藏物的竹器。从竹，襄聲。

【注釋】① 袌(bào)：《段注》：“衣部曰：‘袌，褱也。’此謂竹器可以中藏一切者。” ② 今讀依《廣韻》汝陽切。

笠① 可以收繩也。从竹，象形，中象人手所推握也。互，笠或省。 胡誤切(hù)。

【譯文】笠，可用來收絞絲繩。从竹，(互)象形，中間的ㄐ象人手推握的部分。互，笠的或體，笠的省略。

【注釋】① 笠：王筠《釋例》：“此器即吾鄉之絡絲𣝂子也。其形正似工字，惟象人手推握之狀，斯成互耳。其絲往來相交，而交互、回互之義起焉。”

簝 宗廟盛肉竹器也。从竹，尞聲。《周禮》①：“供盆簝以待事。” 洛蕭切(liáo)。

【譯文】簝，宗廟盛肉的竹器。从竹，尞聲。《周禮》説："供給瓦盆和竹籠以備辦事。"

【注釋】①《周禮》：指《地官・牛人》。今本原文："凡祭祀，共其牛牲之互(懸肉的木架)，與其盆簝，以待事。"鄭玄注引鄭司農説："盆，所以盛血；簝，受肉籠也。"

簾　(飲)[飤][①]牛筐也。从竹，豦聲。方曰筐，圜曰簾。　居許切(jǔ)。

【譯文】簾，餵牛的圓筐。从竹，豦聲。方的叫筐，圓的叫簾。

【注釋】① 飲：當作飤。沈濤《古本考》："筐非飲器。""《御覽》七百六十器物部引作'飼牛筐也'。蓋古本作飤。""飼即飤之俗。"

篼　(飲)[飤]馬器[①]也。从竹，兜聲。　當侯切(dōu)。

【譯文】篼，餵馬用的竹器。从竹，兜聲。

【注釋】① 飲馬器：王筠《句讀》："飲，亦當作飤。《玉篇》作飼。"桂馥《義證》："今雲南人編竹筐挂樹木上以飼馬，即馬兜也。"

籚　積竹[①]矛戟矜[②]也。从竹，盧聲。《春秋國語》[③]曰："朱儒扶籚。"　洛乎切(lú)。

【譯文】籚，用積竹作成的矛和戟的柄。从竹，盧聲。《春秋國語》説："矮人緣着矛和戟的柄(，玩着把戲)。"

【注釋】① 積竹：積合竹青，取其有力。　② 矜：本書矛部："矜，矛柄也。"　③《春秋國語》：指《晉語》。今本原文作"侏儒扶盧"，韋昭注："扶，緣也。盧，矛戟之柲(柄)。緣之以爲戲。"侏儒，特矮之人。

箝[①]　籋也。从竹，拑聲[②]。　巨淹切(qián)。

【譯文】箝，夾持。从竹，拑聲。

【注釋】① 箝：《段注》："拑，脅(收斂)持也。以竹脅持之曰箝，以鐵有所劫束曰鉗。書史多通用。"　② 拑聲：聲中有義。朱駿聲《通訓定聲》："从拑會意。"拑是用力夾緊把持之意。

籋[①]　箝也。从竹，爾聲[②]。　尼輒切(niè)。

【譯文】籋，鑷子。从竹，爾聲。

【注釋】① 籋：《段注》："夾取之器曰籋，今人以銅鐵作之，謂之鑷子。"　② 爾聲：聲中有義。劉熙《釋名》："《爾雅》：爾，昵也；昵，近也。"爾有近昵義。从竹从爾，以竹箝夾使之迫近。

簦 笠蓋[1]也。从竹，登聲。　都滕切（dēng）。

【譯文】簦，大竿笠有把如傘蓋。从竹，登聲。

【注釋】① 笠蓋：《段注》："笠而有柄如蓋也，即今之雨繖（sǎn）。"朱駿聲《通訓定聲》："俗謂之傘。"顔注《急就篇》曰："大而有把，手執以行謂之簦（傘）；小而無把，首戴以行謂之笠。"

笠 簦無柄也。从竹，立聲。　力入切（lì）。

【譯文】笠，如簦而沒有把。从竹，立聲。

箱 大車牝服[1]也。从竹，相聲。　息良切（xiāng）。

【譯文】箱，大車的車箱。从竹，相聲。

【注釋】① 牝服：鄭玄《周禮・考工記》注引鄭司農説："牝服謂車箱，服讀爲負。"車箱所以藏物，且須負所藏物之重；而朱駿聲《通訓定聲》"牝"下引《大戴・易本命》"谿谷爲牝"，狀車箱之深闊。故車箱叫牝服。

篚 車笭[1]也。从竹，匪聲。　敷尾切（fěi）。

【譯文】篚，車前後左右蔽禦風塵的竹欄。从竹，匪聲。

【注釋】① 車笭：王筠《句讀》："經典筐篚字，許君作匪，而以篚專爲車笭之名。"《段注》："笭之言櫺也，言其昤矓也。"朱駿聲《通訓定聲》："車前後蔽也。"

【參證】金文作。俞樾《兒笘録》："筐篚同類。""經傳篚字無訓車笭者。"

笭 車笭[1]也。从竹，令聲。一曰：笭，籯[2]也。　郎丁切（líng）。

【譯文】笭，竹編車欄。从竹，令聲。另一義説，笭是竹籠。

【注釋】① 車笭：《釋名・釋車》："笭，横在車前，織竹作之，孔笭笭也。"朱駿聲《通訓定聲》："車前後兩旁禦風塵者，即《詩》之第，《周禮》之蔽，《説文》之篚也。"　② 籯（yíng）：《段注》："竹籠。"

【參證】金文作、。

簎 搔馬[①]也。从竹，剡聲。 丑廉切(chān/tán)[②]。

【譯文】簎，洗刷馬的污垢。从竹，剡聲。

【注釋】① 搔馬：徐鍇《繫傳》："竹有齒，以搔馬垢污。"《廣韻》："簎，刮馬篦也。" ② 今讀依《廣韻》徒甘切。

策 馬箠[①]也。从竹，朿聲[②]。 楚革切(cè)。

【譯文】策，馬鞭。从竹，朿聲。

【注釋】① 箠：即馬鞭。桂馥《義證》引《雲南記》："雲南出藤，小者以爲馬策。"《方言》："木細枝謂之杪，燕之北鄙、朝鮮洌水之間，謂之策。"可見馬鞭原於就地取材，竹木一類也。 ② 朿聲：聲中有義。鞭策之功用如竹木之朿，可使馬馳驅。

【參證】金文作[金文]。于豪亮《于豪亮學術文存·中山三器銘文考釋》："筞、笄是策字，則箣也是策字。因爲片是半木，斨或析都是表示以斤劈木的會意字，故都是析字。因此筞字就是箣字，笄字則爲箣字之省。由此知筞、笄、箣都是策字。"

箠[①] 擊馬也。从竹，垂聲。 之壘切(zhuǐ/chuí)。

【譯文】箠，擊馬。从竹，垂聲。

【注釋】① 箠：就其體言，是馬鞭；就其用言，是擊馬。

筡[①] 箠也。从竹，朵聲。 陟瓜切(zhuā)。

【譯文】筡，竹鞭。从竹，朵聲。

【注釋】① 筡：《段注》："筡、檛，古今字。亦作簻。""檛本从木，後人又改从手。"

笍 羊車[①]騶箠[②]也。箸箴[③]其耑，長半分。从竹，内聲。 陟衛切(zhuì)。

【譯文】笍，羊車御車的馬鞭。它的頂端安着鐵針，長半分。从竹，内聲。

【注釋】① 羊車：《段注》："善飾之車。" ② 騶(zōu)箠：《段注》："騶即御。騶箠，御車之馬箠也。" ③ 箴(zhēn)：同針。《段注》："善飾之車，駕之以犢，馳騾不揮鞭策，惟用箴而促之。"

籣[①] 所以盛弩矢，人所負也。从竹，闌聲。 洛干切(lán)。

【譯文】籣，用來盛弩箭的器具，是人們背在身上的東西。从竹，闌聲。

【注釋】① 䉶：《漢書・韓延壽傳》"抱弩負䉶"顔師古注："䉶，盛弩矢者也，其形如木桶。"

箙 弩矢[1]箙也。从竹，服聲。《周禮》[2]："仲秋獻矢箙。" 房六切（fú）。

【譯文】箙，盛箭的器具。从竹，服聲。《周禮》説："中秋時節獻上盛箭的器具。"

【注釋】① 弩矢：由矢連類而及弩。　② 《周禮》：指《夏官・司弓矢》。"仲"今本作"中"。箙，鄭注："盛矢器也。"《通俗文》："箭箙謂之步叉。"《釋名》："步叉人所帶，以箭叉其中也。"朱駿聲《通訓定聲》："用竹若木，亦用皮（爲之）。"

【參證】甲文作，金文作、。羅振玉《增訂殷虚書契考釋》："其字本義象箙形，中或盛一矢、二矢、三矢，乃由从一矢之變而爲。""由又轉譌而爲葡、爲犕，又由犕而通叚作服，又加竹而爲箙。"

茱 棒雙[1]也。从竹，朱聲。　陟輸切（zhū）。

【譯文】茱，棒雙。从竹，朱聲。

【注釋】① 棒（xiáng）雙：朱駿聲《通訓定聲》："疊韻連語。"用篾席做的船帆。見《段注》。

笘 折竹箠[1]也。从竹，占聲。潁川人名小兒所書寫爲笘[2]。失廉切（shān）。

【譯文】笘，折斷竹子作成的鞭子。从竹，占聲。潁川人叫孩童書寫的竹觚作笘。

【注釋】① 折竹箠：《段注》："折竹爲箠，箠之便易者也。"　② 笘：《廣雅・釋器》："笘，籥也。"通作觚。《急就篇》顔師古注："觚者，學書之牘，或以記事，削木爲之，蓋簡屬也。其形或六面，或八面，皆可書。"

笪[1] 笞也。从竹，旦聲。　當割切（dá）。

【譯文】笪，鞭撻。从竹，旦聲。

【注釋】① 笪：錢坫《斠詮》："聲義與撻同。"朱駿聲《通訓定聲》："謂所以撻人之竹。”

笞 擊也。从竹，台聲。 丑之切(chī)。

【譯文】笞，鞭打。从竹，台聲。

【注釋】① 笞：王筠《句讀》：“以箠擊之謂之笞也。”徐承慶《段注匡謬》：“擊人之物曰笞，擊人亦曰笞。”按：上古名動合一，就其體而言，是擊人之物；就其用而言，是擊人。

籤 驗[①]也。一曰：鋭也，貫也[②]。从竹，韱聲。 七廉切(qiān)。

【譯文】籤，標識(zhì)。另一義説，是尖鋭，是刺入。从竹，韱聲。

【注釋】① 驗：玄應《一切經音義》卷十四引《通俗文》：“記識曰籤。”後世以竹籤爲神籤。桂馥《義證》：“《玉篇》：‘竹籤，用以卜者。’今人於神前求籤，卜問吉凶是也。”神籤對求籤者行事有所標識、記識，故能“占譣然不”(《段注》)。籤由標識引申爲占驗。 ② 一曰句：王筠《句讀》：“今人削竹，令尖，謂之籤；貫，即以此穿之也。”“尖”而能“貫”之竹籤，應爲本義。竹籤，體也；貫，用也；尖，狀也。名動形合一也。標識，謂其概括之功能也。神籤，乃標識之一途也。

籏 榜[①]也。从竹，殿聲。 徒魂切(tún)。

【譯文】籏，揉製弓弩使之成形的器具。从竹，殿聲。

【注釋】① 榜：朱駿聲《通訓定聲》：“所以檢柙(jiǎn xiá，約束)弓弩者，以木爲之，曰柲，曰檠，曰榜；以竹爲之，曰籏，曰閉。”《段注》：“檢柙弓弩必攴擊之，故《廣雅》曰：‘榜，擊也。’引申之義也。《史》、《漢》多言榜笞、榜箠。”又，籏是檢柙弓弩的標誌，故又引申爲標榜之榜，參“篇”條。

【參證】楊樹達《積微居小學金石論叢・釋籏》以“笞臀”爲籏的本義：“籏訓榜，字从殿聲者，殿即屍也。从竹，榜所用之具也；从殿，所榜之體也。榜爲以竹加屍，故制文者以竹表其施，以殿表其受，義確而明。”

箴 綴衣箴[①]也。从竹，咸聲。 職深切(zhēn)。

【譯文】箴，聯綴成衣的鍼(針)。从竹，咸聲。

【注釋】① 綴衣箴：《段注》："綴衣，聯綴之也。謂籤之使不散。若用以縫，則从金之鍼也。"即先用竹箴聯綴固定，再縫之以針。上世紀湖湘農村縫製棉衣即用此法。段説是就箴、鍼並存時的分工而言，若就其發生而言，是先有从竹之箴，後有从金之鍼，且其音義爲一，故箴、鍼爲古今字。今作針。

箾　以竿擊人也[1]。从竹，削聲。虞舜樂曰箾韶[2]。　所角切(shuò)。又音簫(xiāo)。

【譯文】箾(shuò)，用竹竿打人。从竹，削聲。虞舜的樂曲叫箾(xiāo)韶。

【注釋】① 以竿句：王筠《句讀》："箾，或今之槊字乎？"　② 箾韶：《尚書》作"簫韶"。此謂假借爲簫。

竽　管[1]三十六簧[2]也。从竹，于聲。　羽俱切(yú)。

【譯文】竽，管樂，三十六簧。从竹，于聲。

【注釋】① 管：《段注》："管下當有樂字。""據《廣韻》竽三十六管，然則管皆有簧也。"桂馥《義證》引鄭注《易》："形参差，象鳥翼。"

② 簧：樂器裏用以振動發聲的薄片。

笙　十三簧[1]。象鳳之身也。笙，正月之音[2]。物生，故謂之笙。大者謂之巢，小者謂之和[3]。从竹，生聲[4]。古者隨[5]作笙。　所庚切(shēng)。

【譯文】笙，十三簧。形狀象鳳鳥的身軀。笙，是正月之音。這時萬物生長，所以叫它笙。大的叫作巢，小的叫作和。从竹，生聲。古時候，一個名叫隨的人製作了笙。

【注釋】① 十三簧：《段注》："《廣雅》云：'笙十三管。'亦每管有簧也。"　② 正月之音：桂馥《義證》引陳氏《樂書》："笙，律中太簇(六律之一)立春之音也。"　③ 大者兩句：見《爾雅・釋樂》。

④ 从竹，生聲：《段注》："列管，故从竹；正月之音，故从生。"聲中有義。　⑤ 隨：桂馥《義證》引《宋書・樂志》："笙，隨所造，不知何代人。"

簧　笙中簧[1]也。从竹，黄聲。古者女媧作簧[2]。　户光切(huáng)。

【譯文】簧，笙管中用以振動發聲的薄葉片。从竹，黄聲。古時候女媧造簧。

【注釋】① 簧：王筠《句讀》："《王風》正義：'簧者，笙管之中金薄鍱(yè，金片之薄者)也。'"　② 古者句：《段注》："蓋出《世本·作篇》。"

【參證】金文作。戴家祥《金文大字典》："簧初義僅指吹奏樂器中的發聲部位，遠古當以竹片爲之。現在也有少數民族用竹片含在口中吹奏優美的曲調，即所謂口笛，其發聲原理同笙竽，以簧鼓動出音，故簧从竹，其意明矣。"

箟① 簧屬。从竹，是聲。　是支切(chí)。

【譯文】箟，笙簧之類。从竹，是聲。

【注釋】① 箟：錢坫《斠詮》："今吹手所用，俗稱'叫箟'。"一說，箟是鎖匙。朱駿聲《通訓定聲》："今之鎖匙字，當以瑣箟爲之。凡鎖者，簧張則閉，箟以斂之則啓。"

簫 參差管樂①。象鳳之翼。从竹，肅聲②。　穌彫切(xiāo)。

【譯文】簫，長短不等的竹管樂器。象鳳鳥的翅膀。从竹，肅聲。

【注釋】① 管樂：朱駿聲《通訓定聲》："大者二十三管，小者十六管，有底。其無底者謂之洞簫。"　② 肅聲：聲中有義。《釋名》："簫，肅也，其聲肅肅而清也。"戴家祥《金文大字典》："唐韻肅讀'息逐切'，心母幽部。蕭讀'蘇彫切'，不但同部而且同母，同聲必然同義。"

筒 通簫①也。从竹，同聲。　徒弄切(dòng)。

【譯文】筒，無底的洞簫。从竹，同聲。

【注釋】① 通簫：即洞簫。《漢書·章帝紀》："吹洞簫。"如淳曰："簫之無底者。"

籟① 三孔龠②也。大者謂之笙，其中謂之籟，小者謂之箹。从竹，賴聲。　洛帶切(lài)。

【譯文】籟，三孔的管樂。大的叫作笙，中等的叫作籟，小的叫作箹。从竹，賴聲。

【注釋】① 籟：《段注》："《莊子》'人籟'、'地籟'、'天籟'，引申義也。"徐鍇《繫傳》:"(天籟)言風吹萬竅,有聲象簫管也。"　② 龠(yuè):樂器。

箹　小籟[①]也。从竹,約聲[②]。　於角切(wò/yuē)[③]。

【譯文】箹,小管樂器。从竹,約聲。

【注釋】① 小籟:《爾雅》舍人注:"小者,聲音細小,曰箹也。"　② 約聲:朱駿聲《通訓定聲》:"以約爲訓。"聲中有義。　③ 今讀依《集韻》乙卻切。

管　如篪[①],六孔。十二月之音[②]。物開地牙[③],故謂之管。从竹,官聲。琯,古者玉琯以玉。舜之時,西王母來,獻其白琯[④]。前[⑤]零陵文學[⑥]姓奚[⑦],于伶道[⑧]舜祠下,得笙玉琯。夫以玉作音,故神人以和,鳳皇來儀[⑨]也。从玉,官聲。　古滿切(guǎn)。

【譯文】管,象篪,六孔。是十二月之音。其物貫地發芽,所以叫它管。从竹,官聲。琯,古時候玉管用玉製成。舜的時代,西王母來,奉獻她的白玉管。前任零陵文學史官姓奚,在伶道縣祭祀舜的祠廟底下,得到了笙白玉管。用玉管吹奏音樂,所以神和人都來唱和,鳳皇也來相見。从玉,官聲。

【注釋】① 篪(chí):古竹管樂器。　② 十二月之音:王筠《句讀》:"十二月律(音律)中大吕(六吕之一)。"　③ 物開地牙:《段注》:"當作'物貫地而牙'。貫、管同音,牙、芽古今字。古書多云:十一月物萌,十二月物牙,正月物見也。"　④ 舜之時三句:見《大戴禮》、《尚書大傳》。　⑤ 前:指漢章帝時。見《風俗通》。　⑥ 文學:文學史。見《漢志》。　⑦ 姓奚:姓奚名景。見《風俗通》。　⑧ 伶道:即泠道縣,屬零陵郡。見《風俗通》。　⑨ 儀:《廣雅・釋詁》:"見也。"

篎　小管謂之篎。从竹,眇聲[①]。　亡沼切(miǎo)。

【譯文】篎,小的管樂器叫作篎。从竹,眇聲。

【注釋】① 眇聲:聲中有義。眇,一目小也。眇有小義。

笛　七孔筩[①]也。从竹,由聲[②]。羌笛三孔。　徒歷切(dí)。

【譯文】笛,七孔竹管樂器。从竹,由聲。羌地的笛管三孔。

【注釋】① 筩(tóng):竹管。 ② 由聲:由,其聲紐爲喻四,喻四歸定。

筑 以竹[擊之成]① 曲。五弦之樂也。从竹,从巩。巩,持② 之也。竹亦聲。 張六切(zhú)。

【譯文】筑,用竹尺敲擊出各種樂曲。是五弦的樂器。由竹、由巩會意。巩,持握的意思。竹也表聲。

【注釋】① 以竹:慧林《音義》引《説文》作"以竹擊之成曲,五弦之樂。"此有脱文。 ② 持:持竹。《段注》引《樂書》説:"項細肩圓。鼓法:以左手扼項,右手以竹尺擊之。"

箏 鼓弦(竹)[筑]身樂也①。从竹,爭聲。 側莖切(zhēng)。

【譯文】箏,撥弦的、象筑身的樂器。从竹,爭聲。

【注釋】① 鼓弦句:"竹"當作"筑",《御覽》引《説文》作"五弦筑身樂也"。

箛 吹鞭① 也。从竹,孤聲。 古乎切(gū)。

【譯文】箛,可供吹奏的鞭狀樂器。从竹,孤聲。

【注釋】① 吹鞭:桂馥《義證》引陳陽《樂書》:"漢有吹鞭之號,笳(jiā,胡笳,似笛)之類也。其狀大類馬鞭。今牧童多卷蘆葉吹之。"《六書故》:"笳箛一物,今人亦謂之角,或吹鞭,或卷木皮蘆葉而吹之。笳箛角,一聲之轉。凡吹笳者,皆爲角聲,且以其卷皮葉如角,故謂之角。"

篍 吹筩也。从竹,秋聲。 七肖切(qiào/qiū)① 。

【譯文】篍,供吹奏的竹管。从竹,秋聲。

【注釋】① 七肖切:王筠《句讀》:"案此音,則篍似即今之竹哨。"引申爲哨所。桂馥《義證》:"今雲南屯戍之所防盜之處,名曰哨,合用此篍字,蓋吹篍以警守也。"此處"吹筩"義依《廣韻》七由切。

籌 壺矢① 也。从竹,壽聲。 直由切(chóu)。

【譯文】籌,投壺用的箭。从竹,壽聲。

【注釋】① 壺矢:徐鍇《繫傳》:"投壺之矢也,其制似箸(zhù,筷子)。"投壺,古代宴會時的游戲。投矢壺中,中多者勝,負者飲。《段注》:"引申爲泛稱,又謂計筭爲籌度。"又爲籌謀、籌劃。

簺① 行棊相塞謂之簺。从竹，从塞，塞亦聲。 先代切(sài)。

【譯文】簺，運行棋子，以相阻塞，叫作簺。由竹、由塞會意，塞也表聲。

【注釋】① 簺：又叫格五戲。《段注》："《塞法》曰：簺，自乘(運行)五，至五格不得行，故云格五。"

簙 局戲①也。六箸②十二棊也。从竹，博聲。古者烏胄作簙。 補各切(bó)。

【譯文】簙，棋戲。六根箭、十二顆棋子。从竹，博聲。古時候一個叫烏胄的人製作了簙。

【注釋】① 局戲：一種棋戲。《列子·説符篇》注引古博經之博法："二人相對坐，向局。局分爲十二道，兩頭當中名爲水。用棊十二枚，六白六黑。又用魚二枚，置於水中。其擲采，以瓊爲之。……二人互擲采，行棊。棊行到處，即豎之，名爲驍。棊即入水食魚，亦名牽魚。每牽一魚，獲二籌。翻一魚，獲三籌。若已牽兩魚而不勝者，名曰被翻雙魚，彼家獲六籌爲大勝也。" ② 箸：箭。《廣雅》："簙箸謂之箭。"

箄 藩落①也。从竹，畢聲。《春秋傳》②曰："箄門圭窬。" 卑吉切(bì)。

【譯文】箄，籬笆。从竹，畢聲。《春秋左傳》説："用荊條編織的門，象圭一樣的小户穴。"

【注釋】① 藩落：《段注》："藩落猶俗云籬落也。箄之言蔽也。"王筠《句讀》："屏蔽之以爲院落也。" ②《春秋傳》：指《左傳·襄公十年》。今本作"篳門閨竇"。《家語·儒行》注："篳門，荊竹織門也。"圭窬，《春秋傳》杜注："小户穿壁爲之，上鋭下方，狀如圭。"窬爲穿木户。

篴① 蔽不見也。从竹②，愛聲。 烏代切(ài)。

【譯文】篴，隱蔽不見。从竹，愛聲。

【注釋】① 篴：《爾雅》作薆。徐灝《段注箋》："凡从竹之字或从艸。" ② 从竹：《段注》："竹善蔽。"

篇 惟射所蔽者也①。从竹，嚴聲。 語杴切(yán)。

【譯文】篇，惟射飛鳥時，人們所隱蔽的物體。从竹，嚴聲。

【注釋】① 惟射句：本書隹部："惟，繳射飛鳥也。"徐鍇《繫傳》："射雉之翳，所以自鄣也。”

篽　禁苑[①]也。从竹，御聲。《春秋傳》[②]曰：“澤之(目)［舟］篽。”，篽或从又[③]魚聲。　魚舉切(yǔ)。

【譯文】篽，禁止通行的苑囿。从竹，御聲。《春秋左傳》說：“湖澤的(蘆葦)，用船連緜守護着它。”魰，篽的或體，从又，魚聲。

【注釋】① 苑：種樹木養禽獸的地方。禁苑：《段注》引蘇林說：“折竹以繩緜連禁禦，使人不得往來，律名爲籞。”　② 《春秋傳》：指《左傳·昭公二十年》。今本原文作“澤之萑蒲，舟鮫守之”，“鮫”當是“魰”之誤，見《段注》。“澤之目篽”，許君約舉傳文，目當爲“舟”(嚴可均說)。　③ 从又：《段注》：“取扞衛之意。”

[①]
箅　長六寸。計歷數[②]者。从竹，从弄。言常弄乃不誤也。　蘇貫切(suàn)。

【譯文】箅，長六寸，計數目的籌碼。由竹、由弄會意，是說常用就不誤事。

【注釋】① 箅：朱駿聲《通訓定聲》：“此字實即祘之小篆。祘，象形。箅，會意也。”李富孫《辨字正俗》：“箅爲箅籌，算爲算數。”“今俗多溷淆無别。”參“算”條。　② 歷數：同義複合。《爾雅·釋詁》：“歷，數也。”

算　數也。从竹，从具[①]。讀若箅[②]。　蘇管切(suǎn/suàn)。

【譯文】算，計數。由竹、由具會意。音讀象“箅”字。

【注釋】① 从竹，从具：《段注》：“从竹者，謂必用箅以計也。从具者，具，數也。”桂馥《義證》：“从具者，本書：‘十，數之具也。’”　② 讀若箅：《段注》：“箅爲算之器，算爲箅之用。二字音同而義别。”

[①]
笑　此字本闕。臣鉉等案：孫愐《唐韻》引《說文》云：“喜也。从竹，从犬。”而不述其義。今俗皆从犬。又案：李陽冰刊定《說文》：“从竹，从夭。”[②]義云：“竹得風，其體夭屈，如人之笑。”未知其審。　私妙切(xiào)。

【譯文】笑，此字本闕。臣徐鉉等人考究到：孫愐《唐韻》引《說文》說：“(笑，)喜悅。由竹由犬會意。”但不解說“从竹从犬”的義理。今天俗寫都从犬。又,考究到:李陽冰修訂《説文》"由竹由夭會意",其義理説:"竹被風吹,它的枝葉軀幹彎曲俯仰,如人的歡笑。"臣徐鉉等不知笑的準確構形和義理。

【注釋】① 笑:《段注》作:"笑,喜也。从竹,从犬。"朱駿聲《通訓定聲》:"此字古皆从犬。本義:犬狎人聲也。从犬,箾省聲。""(笑)爲人喜聲。如狀爲犬形而言人皃,臭爲犬齅而言人聞,類爲犬種而言人屬,獘爲犬仆而言人斃,皆引申之義。習用既久,本訓遂亡耳。今附於此。字亦作嘆,作咲,作关。"　② 李陽冰句:《段注》:"唐[元]度《九經字様》始先笑後笑,引楊承慶《字統》異説云:'从竹从夭。竹爲樂器,君子樂然後笑。'"按:李説承楊説而來。

【參證】曾憲通《長沙楚帛書文字編》:"笑在先秦至兩漢有芺、笑兩種寫法,楚帛書作,秦簡、馬王堆帛書《老子》作,《縱横家書》作,臨沂漢墓竹書《孫子》佚文作,皆从艸从犬。戰國至秦漢从艸从竹往往易混……秦漢隸書更加竹艸不分。據《唐韻》所引,《説文》當有从竹从犬的笑字,《玉篇》同,唐以前字書皆如是作,至《九經字様》才據楊承慶《字統》將笑、笑二體並列。唐以後則爲从竹从夭之笑字所專。"按:笑本作芺,因艸、竹不分;又或因犬、夭形近,犬譌成夭,於是芺則譌成"笑"。徐灝《段注箋》引錢大昕説:"隸書艸在上者,或變爲兩點一畫(湯按:犬易譌成大),故或作关。"因是笑聲,又加口作咲。

文百四十四　重十五

[1] 簃 閣[2]邊小屋也。从竹,移聲[3]。《説文》通用誃[4]。　弋支切(yí)。

【譯文】簃,堂樓閣邊的小屋。从竹,移聲。《説文》通用誃字。

【注釋】① 簃:《爾雅·釋宫》:"連謂之簃。"郭璞注:"堂樓閣邊小屋,今呼之簃厨連觀。"　② 閣:本義爲大門打開時用來固定門扇之物,此處引申爲屋室樓堂。　③ 移聲:聲中有義。《鄭新附考》:"《説文》:'移,禾相倚移也。'樓閣邊小屋,倚于大屋,所以名移。从竹,後加。"　④ 通用誃:《説文》"誃"下有"周景王作洛陽誃臺"

字樣。徐鉉意謂："誃臺"本應作"簃臺"，此處通用"誃"字。簃臺，臺名。《太平御覽》卷一七七引《帝王世紀》："周赧王""貰于民"，"無以歸之，乃上臺以别之，故周人因名其臺曰逃債臺。故洛陽南宫簃臺是也。"按：簃臺、誃臺只是命名角度不同而已。與王室宫殿比較而言，此臺必小，故言簃小；離别於王宫，在王宫之外所築之臺故言誃臺。又因簃、誃音近，故徐言通用。

筠 竹皮[1]也。从竹，均聲。　王春切(yún)。

【譯文】筠，竹皮。从竹，均聲。

【注釋】① 竹皮：《禮記・禮器》："其在人也，如竹箭之有筠也。"鄭玄注："筠，竹之青皮也。"

笏[1] 公及士所搢也[2]。从竹，勿聲。案：籀文作冟[3]，象形。義云佩也。古笏佩之[4]。此字後人所加。　呼骨切(hù)。

【譯文】笏，公卿及士大夫插在衣帶上的(用於記事的)手板。从竹，勿聲。徐鉉研究的結論是：籀文作冟，象手板之形。其義爲佩繫之物。古時笏板常佩繫。此字後人所加。

【注釋】① 笏：《釋名・釋書契》："笏，忽也。君有教命及所啟白，則書其上。備忽忘也。"　② 公及士句：桂馥《義證》引《廣韻》："笏，一名手板。品官所執。天子以玉；諸侯以象；大夫，魚須文竹；士，木可(柯)也。"搢，音 jìn，插。　③ 冟：《説文》曶下籀文作冟。④ 古笏佩之：桂馥《義證》："古者貴賤皆執圭，書君上之政令，有事則搢之于要帶中。"古圭即笏。

篦[1] 導[2]也。今俗謂之篦。从竹，毘聲[3]。　邊兮切。(bì)[4]。

【譯文】篦，梳導鬢髮。今俗稱篦。从竹，毘聲。

【注釋】① 篦：杜甫《水宿遣興奉呈羣公》："耳聾須畫字，髮短不勝篦。"篦，篦子，名詞。下文説解照原文直譯爲動詞。古漢語多體用同字，名動合一。　② 導：《鄭新附考》："《釋名》：'導，所以導鬢髮，使入巾幘之裹也。或曰：櫟鬢。以事名之也。'是古止名導。"

③ 毘聲：聲中有義。《急就篇》卷三："鏡籢疏比各異工。"顔師古注："櫛之大而麤，所以理鬢者謂疏，言其齒稀疏也；小而細，所以去蟣虱者謂之比，言其齒比密也。"《炳燭篇》："《釋名》：'比，言細相比也。'

按：比者，密也。”篦本作比，後因多爲竹製，故从竹作笓。𣬶之囟本爲腦蓋，引申爲頭。二人並立爲比，又以腦蓋明其爲人。𣬶或爲比之異體。笓、篦乃比之後起加旁分化字。　④ 據反切應讀 bī，今音 bì。

篙[①] 所以進船也。从竹，高聲[②]。　古牢切（gāo）。

篙

【譯文】篙，用來使船前進的竹竿。从竹，高聲。

【注釋】① 篙：《淮南子·説林》：“以篙測江，篙終而以爲測，惑矣。”許慎注：“刺船竹，長二丈，以鐵爲鏃者也。”今湖湘間稱晾衣之竹竿爲竹篙。不止義爲船篙也。　② 高聲：聲中有義。高，崇也。由下到上距離較遠的，通轉爲長義。船篙、晾衣篙，言其竹竿之較長者也。

文五　新附

箕部

箕 簸[①]也。从竹；𠀠，象形；下其丌[②]也。凡箕之屬皆从箕。𠀠，古文箕省[③]。𠈓[④]，亦古文箕。𠔱[⑤]，亦古文箕。𠀠，籀文箕。𠥽[⑥]，籀文箕。　居之切（jī）。

箕

【譯文】箕：簸箕。从竹；𠀠，象簸箕之形；下面的丌是它的墊座。大凡箕的部屬都从箕。𠀠，古文箕字。𠈓，也是古文箕字。𠔱，也是古文箕字。𠀠，籀文箕字。𠥽，籀文箕字。

【注釋】① 簸：湖南叫簸箕。　② 丌（jī）：古文基，墊物之具。　③ 省：宜删。𠀠既象形，不當言省。　④ 𠈓：《段注》：“下象竦手。”　⑤ 𠔱：《段注》：“此象箕之哆口。”　⑥ 𠥽：《段注》：“从匚會意，匚部曰：‘匚，籀文匚。’”

【參證】甲文作𠀠、𠀠、𠀠，金文作𠀠、𠀠、𠀠、𠀠。𠀠形最古。商承祚《説文中之古文考》：“上爲舌，下及左右爲郭，其交叉者，以郭含舌，舌乃固也，亦象其編織之文理。甲骨文又作𠀠（王孫鐘同）、𠀠。一者地，乚者室隅也。所以示地及隅者，箕用以糞穢，明其設置之處也。又作𠀠，从廾，象以手簸也。金文整齊之作𠀠（殳季良父壺）𠀠（沇兒鐘），以爲从丌，遂有下基之訓。𠔱乃𠀠之寫析。……蓋未借其爲語詞之先，其爲箕字。既借之後，箕始加竹。甲骨文已借其爲語詞,則由來遠矣。”金文末字,象人立以雙手持箕而簸之形。

簸 揚米去糠[①]也。从箕,皮聲。 布火切(bǒ)。

【譯文】簸,簸揚穀米,去掉糠粃。从箕,皮聲。

【注釋】① 揚米去糠:徐灝《段注箋》:“揚米去糠謂之簸,因名其器爲簸。”

文二 重五

丌部

丌 下基也,薦物之丌。象形[①]。凡丌之屬皆从丌。讀若箕,同[②]。 居之切(jī)。

【譯文】丌,物體的下基,安放物體的器具。象形。音讀象“箕”字,義同。

【注釋】① 象形:《段注》:“平而有足,可以薦物。” ② 讀若箕,同:王筠《繫傳校録》:“凡言讀若某同者,蓋謂其義又同,不止讀同也。《墨子》書,凡其字皆作亓,《説文》無亓字,蓋即丌字,所謂古文从一,篆文从二也。箕其一字,是丌與箕同也。”

【參證】金文作。徐灝《段注箋》:“丌與几形聲義皆相近,疑本一字,因筆迹小變而岐而二之。”李孝定《金文詁林讀後記》卷五:“亓當即几之古文。”“許訓下基,其引申義也。”

近 古之遒人[①],以木鐸[②]記詩言。从辵,从丌[③],丌亦聲。讀與記同。 居吏切(jì)。

【譯文】近,古代宣教之官,搖着木鐸,沿途采記詩歌和方言。由辵、由丌會意,丌也表聲。音讀與“記”字相同。

【注釋】① 遒人:桂馥《義證》:“遒人即輶(yóu)軒(輕便小車)使者。”言采風之使有乘輶軒者。 ② 木鐸:桂馥《義證》引杜預説:“木鐸,木舌金鈴。” ③ 从辵,从丌:行而記之,故从辵;辵,行也。丌,記也。音同義通。

典 五帝[①]之書也。从册在丌上,尊閣之也。莊都説,典,大册也[②]。[③],古文典从竹。 多殄切(diǎn)。

【譯文】典，五帝的書册。由"册"在"丌"上會意，把典册高高地擱架在丌上。莊都説：典是大册。篓，古文典字，从竹。

【注釋】① 五帝：徐鍇《繫傳》："據《孔子家語》，黄帝、顓頊、堯、舜、禹爲五帝。"　② 莊都句：《段注》："此字義之别説也。莊都者，博訪通人之一也。謂典字上从册，下从大，以大册會意。"　③ 篓：《段注》："古文册作笧，此从古文册也。"

【參證】甲文从、、，金文作、、。甲文从册，从収。象捧册形。後來収譌變爲丌。商承祚《説文中之古文考》："《説文》'尊閣'之説，乃依後形立説也。"

顨[①]　巺[②]也。从丌，从頭[③]。此《易》[④]顨卦"爲長女，爲風"者。蘇困切(xùn)。

【譯文】顨，同巺。由丌、由頭會意。這是《易經》的顨卦"象長女，象風"的顨字。

【注釋】① 顨：朱駿聲《通訓定聲》："此字實即'巽'之異體。"　② 巺(xùn)：《段注》："具也。"供給設置。　③ 从頭(zhuàn)：《段注》："頁部曰：'頭，選具也。'按：選具者，選而供置之也。"　④《易》：指《説卦》：今本原文："巽是木，是風，是長女。"許所見古本《周易》"巽"卦作"顨"，證明顨、巽實爲一字。

畀　相付與之。約[①]在閣上也。从丌[②]；甶[③]聲。　必至切(bì)。

【譯文】畀，把東西交付給别人。東西捆綁好放在閣板上，所以从丌；甶聲。

【注釋】① 約：徐灝《段注箋》："約，猶束也。"　② 从丌：《段注》："古者物相與必有藉，藉即閣也。故其字从丌。"　③ 甶(fú)：敷勿切。古音重脣讀若弼，故畀用爲聲。徐灝説。

【參證】金文作、，唐蘭《永盂銘文解釋》(《文物》一九七二年第一期)："銘文中'錫畀'的畀字，象一支箭，但是比一般的箭頭大，是弩上用的。"徐中舒《甲骨文字典》卷五："象矢上有扁平之鏃形。"

巽[①]　具[②]也。从丌，㔾[③]聲。[④]，古文巽。[⑤]，篆文巽。　蘇困切(xùn)。

【譯文】巽，具備。从丌，㔾聲。巺，古文巽字。巽，篆文巽字。

【注釋】① 巺：桂馥《義證》："此本籒文，小篆因而不改。"　② 具：徐灝《段注箋》："巽訓爲具，故引申之有順義。《祭統》曰：'備者，百順之名也。'備猶具也。"　③ 卲(zhuàn)：士戀切。《段注》："卪部曰：'卲，二卪也。巽从此。'按：二卪者，具意也。"聲中有義。徐鉉説：(丌卲會合)"庶物皆具，丌以薦之"之義。　④ 巺：《段注》："古文下从幵，幵亦具意也。"　⑤ 巽：桂馥《義證》："此則小篆之改籒文者。"

【參證】羅振玉《殷虚書契考釋》卷中："(卲)从二人跽而相从之狀，疑即古文巽字也。"參"卲"條。

奠　置祭①也。从酋；酋，酒也。下其丌也。《禮》②有奠祭者。堂練切(diàn)。

【譯文】奠，置酒食祭奠。从酋；酋，就是酒。下面是墊放酒食的几席之類。《禮》經上有以奠爲祭的。

【注釋】① 置祭：《段注》："置祭者，置酒食而祭也。故从酋、丌。丌者，所置物之質也。""引申爲凡置之偁，又引申爲奠高山大川之奠，定也。"　②《禮》：《段注》："謂《禮》經也。《士喪禮》、《既夕禮》祭皆謂之奠。"

【參證】甲文作、，金文作、，都象酒樽在薦(墊物)上。見羅振玉《殷虚書契考釋》卷中。

文七　重三

左部

①
左　手相左助也。从𠂇工②。凡左之屬皆从左。　則箇切(zuò/zuǒ)③。

【譯文】左，用手相輔佐、幫助。由"𠂇"和"工"會意。大凡左的部屬都从左。

【注釋】① 左：《段注》："左者，今之佐字。《説文》無佐也。𠂇者，今之左字。"　② 从𠂇(zuǒ)工：𠂇，左手。工，有規矩的意思。手持規矩，故能相助。參"工"條。　③ 今讀左右的"左"依《廣韻》臧可切，輔佐的"佐"依《集韻》子我切，均音 zuǒ。

【參證】金文作、、。楊樹達《積微居小學述林・釋又𠂇》："𠂇象左手……左字孳乳爲左，𠂇手相左(佐助)也。……然𠂇與右相反戾，人之用𠂇手遠不如又手之便，故左之孳乳字多乖剌不正之義。"按：如差、尥、𥳑、𪙊、縒、槎、傞、鎈、暛、㥯、䐯、隓、隋、髮、𤝊。高田忠周《古籀篇》卷五十六："周人已借左右字爲𠂇又字，兩義稍混。漢人專以左右字爲𠂇又字，又别製佐佑字爲左右義專字，而後𠂇又二字形義殆亡矣。"

差　貣[①]也，(差)不相值[②]也。从左[③]，从𠂹[④]。，籀文差从二。　初牙切(chā)。又，楚佳切(chāi)。

【譯文】差，差貣失當，不相當的意思。由左、由𠂹會意。，籀文差字，从二。

【注釋】① 貣：《段注》作"貣"，説："貣者，忒之假借字。心部：'忒，失當也。'失當即所謂不相值也。"王筠《句讀》："差貣爲古之恆言。"　② 差不相值：桂馥《義證》："差字衍文。"值，對也。　③ 从左：朱駿聲《通訓定聲》："又(右手)便而𠂇(左手)不便，故爲不相值之義。"　④ 从𠂹(chuí)：本書𠂹下："艸木華(花)葉𠂹，象形。"此指花高下不齊。

【參證】金文作、、。商承祚《十二家吉金圖録・楚王酓忎鼎》："(後二字)下皆从右，羅師云，即左字。古左右本作，或作，今存而廢。"籀文，右下角的二，也許是重文符號。字上之𠂹是垂字，字下之，即，左而又左，强調不相值之義，也符合籀文字形繁複的特點。

文二　重一

工部

工　巧飾[①]也。象人有規榘[②]也。與巫同意[③]。凡工之屬皆从工。[④]，古文工从彡。　古紅切(gōng)。

【譯文】工，巧于文飾。象人手中有規榘形。與巫字構形从工同意。大凡工的部屬都从工。，古文工字，从彡。

【注釋】① 巧飾：依據古字，故解爲巧飾。　② 規榘：依據小篆，故解爲象規矩之矩。饒炯《部首訂》:"下横爲勾,中直爲股,上横者,即指其用之斜綫。言象人有規榘。以凡工事,皆統於勾股。蓋圓出於方,方出於榘。規榘之制,一勾股盡之。"　③ 與巫同意:《段注》:"工有規榘,而彡象其善飾。巫事無形,亦有規榘,而𠃨象其兩袖,故曰同意。"　④ 彡:王筠《句讀》:"彡部曰:'毛、飾、畫文也。'工善爲飾,故从之。"

【參證】金文作工、工。楊樹達《積微居小學述林》:"工象曲尺之形,蓋工即曲尺也。"

式　法也。从工,弋聲。　賞職切(shì)。

【譯文】式,法式。从工,弋聲。

巧　技也。从工,丂聲。　苦絞切(qiǎo)。

【譯文】巧,技能。从工,丂(qiǎo)聲。

巨　規巨[①]也。从工,象手持之。榘,巨或从木矢;矢者,其中正也。𢀓[②]古文巨。　其吕切(jù/jǔ)[③]。

【譯文】巨,規矩的矩。从工,コ象用手握着矩。榘,巨的或體,又从木、矢;矢,表示中正。𢀓,古文巨字。

【注釋】① 規巨:巨同矩,木工用的方尺。　② 𢀓:小篆略變此形。　③ 今讀依《廣韻》俱雨切。

【參證】金文作𢀓、𢀓、𢀓、𢀓。高鴻縉《中國字例》:"工象榘形,爲最初文,自借爲職工、百工之工,加畫人形以持之。""後所加之人形變爲夫,變爲矢,流而爲矩,省而爲巨。後巨又借爲巨細之巨,矩復加木旁作榘。而工與巨後因形歧而變其音,於是人莫知其朔矣。"

文四　重三

㠭部

㠭[①]　極巧視之也[②]。从四工。凡㠭之屬皆从㠭。　知衍切(zhǎn)。

【譯文】㠭,極巧地視察着。由四個"工"字會意。大凡㠭的部屬都从㠭。

【注釋】① 㠭：《玉篇・㠭部》："㠭，今作展。"　② 極巧句：《段注》："工爲巧，故四工爲極巧。極巧視之，謂如離婁之明，公輸子之巧。既竭目力也。"

【參證】丁山《殷商氏族方國志・眗氏、雩氏、㗊氏》："或省爲，上所从之，當是㠭字的初文。"李孝定《甲骨文字集釋》第五："卜辭此字正从二，當與㠭字同意。从口，即許書訓爲飯器之凵盧（唐蘭説），象以器貯二玉之形。""古文从工从玉同意。丁（山）讀爲展，可從。"按：器貯二玉，用以展視、展示、展布。

𡨄[①] 窒也。从㠭，从廾；窒宀中。㠭猶齊也。　穌則切(sè/sāi)。

【譯文】𡨄，填塞。由㠭、由廾會意，表示捧着整齊之物填在屋中。㠭，猶如説整齊。

【注釋】① 𡨄：《段注》："凡填塞字皆當作𡨄。"徐灝箋："土部：'塞，隔也。'心部：'䆅，實也。'皆𡨄之引申義。𡨄塞本一字，相承增土，又以其屬之人事，而别从心耳。"

【參證】金文作。林義光《文源》卷六："即之變（猶古作），象物形。""（𡨄）古作（𡨄匜），象手推物窒穴中形。"

文二

巫部

巫 祝[①]也。女能事無形，以舞降神者也。象人兩褎舞形。與工同意[②]。古者巫咸[③]初作巫。凡巫之屬皆从巫。𢒄[④]，古文巫。　武扶切(wū)。

【譯文】巫，巫祝。女人之能奉事神祇，並能憑藉歌舞使神祇降臨的人。（）象人兩袖起舞的樣子。與"工"字構形同意。古時候，巫咸初作巫術。大凡巫的部屬都从巫。𢒄，古文巫字。

【注釋】① 祝：王筠《句讀》："（巫、祝）二職相連，蓋巫爲祝之屬，故以爲説。"王筠《句讀》："巫之職，有歌哭而請，不但旱暵則舞雩也。"示部："祝，祭主贊詞者。"　② 與工同意：徐鍇《繫傳》："與工同有規榘也。"　③ 巫咸：《離騷》"巫咸將夕降兮"注："巫咸，古神巫也，當殷中宗之世。”　④ 㢴：徐鍇《繫傳》：“口以歌，収以舞也。”

【參證】甲文作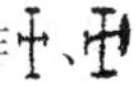，象兩玉交錯形。古代巫師以玉爲靈物。又作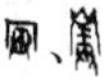。羅振玉《殷虛書契考釋》卷中：“此从，象巫在神幄中而兩手奉玉以事神。”古文㢴字，商承祚《説文中之古文考》：“从玉不从工，作者，乃玉之省，而形與工同。”“古文猶从収。”“从，象口有所祝。”“《汗簡》引作㢴，（指内的）當是寫失。”

覡　能齋肅事神明也。在男曰覡，在女曰巫①。从巫，从見②。胡狄切（xí）。

【譯文】覡，能齋戒、恭敬而奉事神明的人。男的叫覡，女的叫巫。由巫、由見會意。

【注釋】① 在男二句：《段注》：“此析言之耳。統言則《周禮》男亦曰巫，女非不可曰覡也。”　② 从見：徐鍇《繫傳》：“能見神也。”

文二　重一

甘部

甘　美①也。从口含一；一，道②也。凡甘之屬皆从甘。　古三切（gān）。

【譯文】甘，美味。由“口”含“一”會意；一，表示味道。大凡甘的部屬都从甘。

【注釋】① 美：《段注》：“羊部曰：‘美，甘也。’甘爲五味之一，而五味之可口皆曰甘。”　② 道：味道。《段注》：“食物不一，而道則一，所謂味道之腴也。”

【參證】甲文作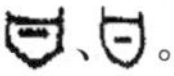。，口字。楊樹達《文字形義學》：“味無形可象，以一表之。”

①
甛　美也。从甘②，从舌③。舌，知甘者。　徒兼切（tián）。

【譯文】甜，甜美。由甘、由舌會意。舌，是能識别甘甜的器官。

【注釋】① 甛：今作甜。　② 从甘：徐灝《段注箋》：“甘之至爲甛。”“古無所謂甛，蓋以甘統之。後世以稴穛之類爲甘，飴餳之類爲甛。”　③ 从舌：宋保《諧聲補逸》：“舌亦聲。”按：舌之聲紐爲牀紐三等，古讀歸定。

𤯍 和也。从甘①，从（麻）［厤］②；（麻）［厤］，調也；甘亦聲。讀若函。　古三切（gān）。

【譯文】𤯍，調和味道。由甘、由厤會意；厤，表示調勻；甘也表聲。音讀象“函”字。

【注釋】① 从甘：甘能調和衆味。　② 麻：當作厤（lì）。徐鍇《繫傳》：“厤音歷，稀疏勻調也。”

【參證】金文作、、、。按：金文首字从厤；次字从口是从甘之變；第三字从林是从秝之變；末字从秝是从厤之省。

猒 飽①也。从甘，从肰②。，猒或从㠯③。　於鹽切（yān/yàn）④。

【譯文】猒，飽足。由甘、由肰會意。猒，猒的或體，从㠯（以）。

【注釋】① 飽：《段注》：“飽足，則人意倦矣，故引申爲猒倦、猒憎。”② 从肰（rán）：徐鍇《繫傳》：“肰音然，犬肉也。”　③ 从㠯（yǐ）：《段注》：“㠯，用也。用之猶甘之也。”　④ 今讀依《廣韻》於豔切。

【參證】金文作、，从犬口含肉，會意。小篆由“口”變爲“甘”。高鴻縉《毛公鼎集釋》：“猒爲饜足之本字。从犬含（甘）肉會意。後加厂（岸）爲音符作厭，及厭借爲厭惡之厭則乃又加食爲意符作饜。故猒、厭、饜爲古今字。”

甚 尤安樂也。从甘，从匹。耦①也。②，古文甚。　常枕切（shèn）。

【譯文】甚，異常安樂。由甘、由匹會意。匹，是匹耦的意思。𠯁，古文甚字。

【注釋】① 耦：上説“从甘从匹”會意，此承前省“匹”。其意爲“以匹偶爲甘”，故徐灝《段注箋》釋爲“暱其匹耦也”。或以甘、匹並列。朱駿聲《通訓定聲》：“甘者，飲食；匹者，男女。人之大欲存焉。”
② 𠯁：《段》注：“从口，猶从甘也。”

【參證】金文作。商承祚《説文中之古文考》以爲，古文來自此金文。

文五　重二

曰部

曰　詞[①]也。从口，乙聲，亦象口气出也。凡曰之屬皆从曰。王伐切(yuè)。

【譯文】曰，語助詞。从口，乙聲，也象口上有氣冒出。大凡曰的部屬都从曰。

【注釋】① 詞：徐鍇《繫傳》："凡稱詞者，虛也，語气之助也。"

【參證】甲文作、、，金文作、。王筠《釋例》："蓋乃指事字，非乙聲也。""其从口與牟芈从牛羊同意，亦與同例。"高鴻縉《中國字例》三篇："聲不可象，氣之形不必爲一，而以一表之者，假想之象也。假象非實象，故爲指事而非象形。動詞。曰與後起之説應是同音同義之古今字。"陳夢家《殷虛卜辭綜述》："'王曰'、'王占曰'之'曰'則義爲'説'。"篆文作，蓋後來之變體。隸楷曰、日二字易淆混，"今人以闊扁爲曰(yuè)狹長爲日(rì)也"(見王玉樹《拈字》)。

曹[①]　告也。从曰，从册，册亦聲。　楚革切(cè)。

【譯文】曹，用簡册告誡。由曰、由册會意，册也表聲。

【注釋】① 曹：徐灝《段注箋》："册、曹蓋本一字，簡牘謂之册，因之以簡告誡曰册，其後相承增曰也。"後册行而曹廢。

【參證】甲文作、。李孝定《甲骨文字集釋》第五："契文曹从册从。當爲笑，意謂以笑盧盛册以告神也。"商承祚《殷虛文字類編》第五："(䄉)从示，以示曹于神也。"

曷　何[①]也。从曰，匃聲。　胡葛切(hé)。

【譯文】曷，何。从曰，匃(gài)聲。

【注釋】① 何：徐灝《段注箋》："曷即何之轉聲。凡言何者，重言之，則爲曷；凡言何不者，急言之，亦爲曷。"

曶　出气詞[①]也。从曰，象气出形。《春秋傳》[②]曰：鄭太子曶。[③]，籀文曶。一曰：佩[④]也。象形。　呼骨切(hū)。

【譯文】曶，出氣的詞。从曰，()象氣脱口而出的樣子。《春秋左傳》説："鄭國的太子曶。"曶，籀文曶字。另一義説，大臣朝見君王時所執的手版。象手版之形。

【注釋】① 出气詞：義同欻，本書"欠"部："欻，有所吹起，讀若忽。"桂氏説。　②《春秋傳》：見《左傳・隱公三年》。今本原文："鄭公子忽爲質於周。"　③ 曶：从口。　④ 佩：臣見君時所執。今作笏。桂馥《義證》引仲長子曰："笏，以書君教令，記喜刺過，今之持板以象焉。"類似於今日記事本之功用。

【參證】金文作、。容庚《金文編》："《説文》从匸曶之，曾侯乙墓出土漆器作，是知即曶。"高田忠周《古籀篇》卷五十一："出气詞義字，實从曰。""(字)从曰从爪。爪，丮也，覆手曰爪，作亦同意。半也。爪爲執持義。佩曶即所執持者也。《禮記・玉藻》：'凡有指畫於君前，用笏造，受命于君前，則書于笏。'君有命，臣有對，故从曰，笏所執持爲用，故从曰又从爪。會意之恉顯然矣。與相反而形自似，故以隸釋古者誤从勿作曶。又曶之用，主於記事，猶竹策也，故後世字亦變作笏，俗體也。"

朁　曾①也。从曰，兓聲。《詩》②曰："朁不畏明。"　七感切(cǎn)。

【譯文】朁，曾竟。从曰，兓(jīn)聲。《詩經》説："竟然不害怕神明。"

【注釋】① 曾：《段注》："曾之言乃也。"　②《詩》：指《大雅・民勞》。今本"朁"作"憯"。

【參證】金文作。高田忠周《古籀篇》卷五十一："朁實古文譖字，从曰與从言同意。从兓者意兼聲。兓解曰：兓兓，鋭意也。从二兂。兂是簪字，亦可刺之物也。""(朁)讒譖中傷之義顯然可見矣。""曾也者，叚借爲語詞，唯取其音耳。"

沓　語多沓沓①也。从水，从曰②。遼東有沓縣③。　徒合切(tà)。

【譯文】沓，話多沓沓如流水。由水、由曰會意。遼東郡有沓氏縣。

【注釋】① 沓沓：語多貌。　② 从水，从曰：徐鉉説："語多沓沓，若水之流，故从水會意。"　③ 沓縣：漢屬遼東郡。約在今遼東省金縣東南。

【參證】甲文作。《甲骨文編》作未識字附在口部之末。于省吾《甲骨文字釋林·釋沓、䂔》："沓即沓字的初文。""《説文》在偏旁中往往譌从口爲从曰。"

曹　獄之兩曹[①]也。在廷東[②]。从𣗥[③]，治事者；从曰[④]。　昨牢切(cáo)。

【譯文】曹，打官司的原告和被告。都在法庭的東邊。从𣗥，(𣗥)是管理打官司的人；从曰。

【注釋】① 兩曹：即兩遭、兩造。謂原告和被告。　② 廷東：王筠《句讀》："或此左右兩曹皆在廷東。"《段注》："故从二東之曹。其制未聞也。"　③ 𣗥(cáo)：音曹。錢坫《斠詮》："許君治事字作𣗥，後人皆作曹；兩造字作曹，後人皆作造。"　④ 从曰：朱駿聲《通訓定聲》："判事以言也。"

【參證】甲文作，金文作。林義光《文源》卷六："東即束字(見東條)。兩束相比，象偶形。"李孝定《金文詁林讀後記》："曹之本義爲偶、爲羣、爲輩。"王獻唐《那羅延稽古文字·周曹這鉨考》："其从曰作曹者，乃嘈之本字。"羅振玉《增訂殷虚書契考釋》："(甲文)从口與从曰同意。"

文七　重一

乃部

[①]
乃　曳詞之難[②]也。象气之出難[③]。凡乃之屬皆从乃。，古文乃[④]。，籀文乃。　奴亥切(nǎi)。

【譯文】乃，出詞很難。象語氣出口困難的樣子。大凡乃的部屬都从乃。𠄎，古文乃。𠧪，籀文乃。

【注釋】① 乃：徐灝《段注箋》："此篆或書作，左筆下垂，取其相配，故隸變作乃。"　② 曳詞之難：曳當作申。唐寫本《玉篇》引作"申辭之難也"。申詞，出詞。　③ 象气句：《段注》："气出不能直遂，象形。"　④ 古文句：朱駿聲《通訓定聲》："古文又加曲折，籀文重三見意。"

【參證】甲文作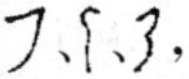，金文作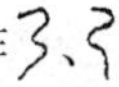。陳獨秀《小學識字課本》："皆象乳形。"郭沫若《金文叢考·器銘考釋·壴卣釋文》："象人側立，胸部有乳房突出，是則乃蓋奶之初文矣。"

𠧧　驚聲也。从乃省[①]，西聲。籀文𠧧不省。或曰：𠧧，往也。讀若仍[②]。，古文𠧧。　如乘切(réng)。

【譯文】𠧧，驚訝之聲。从乃省，西聲。籀文𠧧字，不省。另一義説，𠧧，往。音讀象"仍"字。，古文𠧧字。

【注釋】① 从乃省：《段注》："从乃而未盡其曲折也。"　② 往也。讀若仍：朱駿聲《通訓定聲》："按此謂从㮃省，乃省聲。㮃，古文遷字。"宋保《諧聲補逸》："𠧧，讀若仍，在蒸登部内；乃聲，在之咍部内。古音蒸登、之咍二部最相近。"即所謂之蒸對轉。此"往"説與前"驚聲"説音義均異。

【參證】甲文作，金文作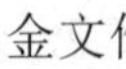。李孝定《金文詁林讀後記》第五卷："''金文借爲'西'字，其本義當象器形，契文'西'作''，乃借'甾'爲之，然則''當亦爲'甾'之形變，唯''象侈口，''象斂口斜流爲異耳，'廼'字何以从'甾'，聲義俱無可説。"後隸變作迺或廼。徐灝《段注箋》："迺即乃之異文。"朱氏曰："叚借爲乃，《爾雅·釋詁》：迺，乃也。"按朱説是。

[①]
𠧪　氣行皃。从乃[②]，卤聲[③]。讀若攸。　以周切(yóu)。

【譯文】𠧪，氣運行的樣子。从乃，卤聲。音讀象"攸"字。

【注釋】① 𠧪：《段注》："隸作逌。""逌之言于也。""與爰粵義同。"
② 从乃：謂篆文的，即之省變。徐灝《段注箋》："隸變从辵。"
③ 卤(tiáo)聲：徐鍇《繫傳》："卤音條。"條上古屬定紐，幽部；攸屬喻四，幽部。

【參證】甲文作，金文作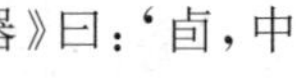。高鴻縉《毛公鼎集釋》："逌字乃卣之附承舟者。仍是卣字。卣，盛酒之器也。小於罍壺之屬，而大於爵觶之屬，故《釋器》曰：'卣，中尊也。'有提梁，提梁爲卣之特徵。"

文三　重三

丂部

丂 气欲舒出，ㄣ[①]上礙於一也。丂，古文以爲亏[②]字，又以爲巧[③]字。凡丂之屬皆从丂。 苦浩切(kǎo)。

【譯文】丂，氣想舒展出來，ㄣ象欲舒出之氣上面爲"一"所阻礙。丂，古文借爲于字，又借爲巧字。大凡丂的部屬都从丂。

【注釋】① ㄣ：《段注》："ㄣ者，气欲舒出之象。一，其一不能徑達。" ② 亏：徐灝《段注箋》："古文以形近相借，乃假借之又一例。如此中爲艸，以丂爲亏之類是也。" ③ 巧：《段注》："此則同音假借。"

【參證】甲文作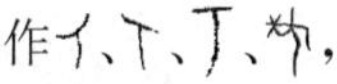，金文作。李孝定《金文詁林讀後記》第五卷："(金文、契文)與契文'何'字作所从之''形近，疑即'柯'之象形古文，'何'字象人肩'何'(荷)枝柯之形，聲借爲考妣、壽考之考，肯可之可耳。"

甹 亟詞也。从丂，从由[①]。或曰[②]：甹，俠也。三輔[③]謂輕財[④]者爲甹。 普丁切(pīng)。

【譯文】甹，表示疾、急義的詞。由丂、由由會意。另一義説，甹是豪俠。長安一帶叫輕財的人作甹。

【注釋】① 从丂：依許説，丂之本義爲氣之難出也，引申爲氣。从由：徐鉉："由，用也。任俠用气也。"由丂、由由會意，則爲用氣。 ② 或曰：《段注》："與'一曰'同。"亟義、俠義，一義相因。凡用氣用俠者多氣疾情急。 ③ 三輔：西漢長安京畿一帶。 ④ 輕財：《段注》："所謂俠也。今人謂輕生曰甹命。"連劭名《甲骨文字考釋》(《考古與文物》一九八八年第四期)："與現代漢語'拼'有相近之處。"

【參證】甲文，金文作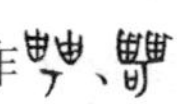。待考。

寧 願詞[①]也。从丂，寍聲[②]。 奴丁切(níng/nìng)[③]。

【譯文】寧，表示寧願的虛詞。从丂，寍(níng)聲。

【注釋】① 願詞：徐鍇《繫傳》："今人言寧可如此，是願如此也。古人云：'甯飲建業水。'是也。" ② 寍聲：聲中有義。有吃有住，人之所願。參"寍"條。 ③ 今讀依《集韻》乃定切。

【參證】甲文作，金文作、、。徐中舒《甲骨文字典》卷五："（甲文）从（丂）从（皿）从（宀），與《説文》寧字篆文略同，唯不从心，或省作。""卜辭中皆爲安義，與《説文》寍字義同，實爲寍字初文。从皿在宀下，故會室象之安。而《説文》以寧爲願詞專字，與寍遂分爲二字。"

 反丂[①]也。讀若呵。 虎何切（hē）。

亏 【譯文】亏，氣行舒暢。音讀象"呵"字。

【注釋】① 反丂：徐灝《段注箋》："丂者，气有所礙，不得達也，反之則達矣。"桂馥《義證》："反丂者，气舒也。"

文四

可部

[①] 肯也。从口亏[②]，亏亦聲。凡可之屬皆从可。 肯我切（kě）。

可

【譯文】可，肯許。由口、亏（hē）會意，亏也表聲。大凡可的部屬都从可。

【注釋】① 可：朱駿聲《通訓定聲》："許詞也。" ② 从口亏：徐鍇《繫傳》："丂气蹞閡，可則不復疑閡，故反丂。反丂，不閡也。"反丂，氣舒無滯隔，故爲肯許。

【參證】甲文作、，金文作、、、。林義光《文源》卷十："从口丂，與号同意。當爲訶之古文，大言而怒也。"高田忠周《古籀篇》卷六："大言而怒者，可字本義之一轉。"

 異也。一曰：不耦[①]。从大，从可[②]。 渠羈切（qí）。

奇 【譯文】奇，殊異。另一義説，不成雙數。由大、由可會意。

【注釋】① 不耦：《段注》："（異、不耦）二義相因。""前義渠羈切（qí），後義居宜切（jī）。" ② 从大，从可：偉大而舒許無礙則卓立不羣，故訓爲異、爲不耦。《段注》："可亦聲。"

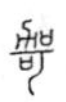 可[①]也。从可，加聲[②]。《詩》[③]曰："哿矣富人。" 古我切（gě）。

哿

【譯文】哿，歡樂。从可，加聲。《詩經》説："歡樂啊，富人們。"

【注釋】① 可：謂歡樂，快意愜心之稱（王念孫説）。　② 加聲：聲中有義。舒許無礙而有加，則爲快意愜心。　③《詩》：指《小雅·正月》。

哥　聲也。从二可①。古文以爲謌②字。　古俄切（gē）。

【譯文】哥，歌聲。由兩個可字會意。古文把它作爲謌（歌）唱字。

【注釋】① 从二可：可从丂，丂讀若呵，用口舒氣則成歌聲。兩口對唱故从二可。　② 謌：《段注》："《漢書》多用哥爲歌（謌）。""今呼兄爲哥。"

文四

叵　不可①也。从反可。　普大切（pǒ）。

【譯文】叵，不可。由可字反過來表意。

【注釋】① 不可：本書敘："雖叵復見遠流，其詳可得略説也。"徐灝《段注箋》："叵者，不可之合聲。"又有語詞"遂"的用法。《後漢書·隗囂傳》："帝知其終不爲用，叵欲討之。"

文一　新附

兮部

兮　語所稽①也。从丂，八②象气越亏③也。凡兮之屬皆从兮。胡雞切（xī）。

【譯文】兮，語氣停留。从丂，八象氣分散而舒揚。大凡兮的部屬都从兮。

【注釋】① 稽：本書"禾"部："稽，留止也。"語於此少停。　② 八：《段注》："象气分而揚也。"　③ 越亏（yú）：越，揚；亏，舒。

【參證】甲文作𠔃、𠔃、𠔃，金文作𠔃、兮。待考。

𢍁　驚辭①也。从兮②，旬聲。𢜩，𢍁或从心。　思允切（sǔn）。

【譯文】𢍁，表示驚懼的虛詞。从兮，旬聲。𢜩，𢍁的或體，从心。

【注釋】① 驚辭：辭，《玉篇》作詞。《段注》引《莊子》："衆狙見之，恂然棄而走，亦是驚意。” ② 从兮：兮，語所稽也。此兮表語氣。

【參證】甲文作、。于省吾《雙劍誃殷契駢枝·釋兮》：“兮字隸定應作㚕。今作㚕。”“重文作㥪，今譌作㥪。經傳㥪獨之㥪，亦以煢爲之。”

羲 氣也。从兮，義聲。 許羈切（xī）。

【譯文】羲，氣。从兮，義聲。

乎 語之餘①也。从兮，象聲上越揚之形也②。 户吴切（hú/hū）③。

【譯文】乎，語句的餘聲。从兮，（丿）象聲氣上升越揚的形狀。

【注釋】① 語之餘：徐鍇《繫傳》：“凡言乎，皆上句之餘聲也。”因“意有未盡”（徐灝語）。 ② 象聲句：《段注》：“謂首筆也。象聲气上升越揚之狀。” ③ 當讀 hú，今音 hū。

【參證】甲文作、，金文作、、。楊樹達《積微居小學述林·釋乎》：“乎本評之初文。因後人久借用爲語末之詞，乃有後起加言旁之字。”“呼召必高聲用力，故字形象聲上越揚，猶曰字表人發言，字形象气上出也。許君以後起語餘之義爲訓。”高鴻縉《中國字例》五篇：“（乎）後世借爲語餘聲，乃加口爲意符作呼，或加言旁爲意符作評，或加虍（虎省）爲聲符作虖。”

文四 重一

号部

号① 痛聲也。从口，在丂上②。凡号之屬皆从号。 胡到切（hào/háo）③。

【譯文】号，號啕痛哭聲。由“口”在“丂”上會意。大凡号的部屬都从号。

【注釋】① 号：今作號。 ② 从口，在丂上：饒炯《部首訂》：“凡人怒則气上，憂則气下，哀痛者，气鬱不舒，而欲舒之，又礙於气不得舒，是以号聲从之，與丂同意，借丂爲号，而加口以明其爲痛聲，則專義矣。”如此説來，丂也表聲。 ③ 今讀依《集韻》乎刀切。

號 呼①也。从号,从虎②。　乎刀切(háo)。

【譯文】號,高叫。由号、由虎會意。

【注釋】① 呼:《段注》作嘑,曰:"號嘑者,如今云高叫也。引申爲名號,爲號令。"　② 从号,从虎:《段注》:"嗁号聲高,故从号;虎哮聲厲,故从虎。号亦聲。"

文二

亏部

亏 於①也。象气之舒亏。从丂,从一。一者②,其气平之也。凡亏之屬皆从亏。　羽俱切(yú)。

【譯文】亏,於。象口氣的舒展平直。由丂、由一會意。一,表示那口氣的平直。大凡亏的部屬都从亏。

【注釋】① 於:《段注》:"以於釋亏,亦取其助气。""蓋于、於二字,在周時爲古今字。"　② 一者:桂馥《義證》:"乎从丿,故聲越揚。亏从一,故氣平。"

【參證】甲文作于、干、亐,金文作亐。今隸變作于。林義光《文源》:"二象徑直,丿象紆曲。以二之直見丿之曲。ㄎ亦象紆曲。今字多以紆以迂爲之。"借爲虛詞"于"。

虧 气損也。从亏①,雐聲②。𧇖,虧或从兮③。　去爲切(kuī)。

【譯文】虧,氣虧損。从亏,雐(hū)聲。𧇖,虧的或體,从兮。

【注釋】①③ 亏、兮:《段注》:"亏、兮皆謂气。"　② 雐聲:宋保《諧聲補逸》:"雐,荒烏切,在魚虞部内;虧,古音在歌戈麻部内。兩部相關通。"

粵 亏也。審慎之詞者①。从亏②,从宷。《周書》③曰:"粵三日丁亥。"　王伐切(yuè)。

【譯文】粵,(發語助詞)于。是審度慎重的詞。由亏、由宷(shěn)會意。《周書》説:"三日丁亥。"

【注釋】① 審慎句:徐鍇《繫傳》:"凡言粵,皆在事端句首,未便言之，駐其言以審思之也。”《段注》：“此説从寀之意。” ② 从亏：徐鍇《繫傳》：“其聲气舒久，故从亏。” ③《周書》：指《召誥》。“亥”當作“巳”。粤三日，徐鍇《繫傳》：“心中暗數其日數，然後言之。”可見其審慎之至。

【參證】金文作雩、雩、雩。林義光《文源》：“粤音本如于……字作雩（毛公鼎）。因音轉如越，故小篆别爲一字。”按：宷即雨的譌變。劉心源《奇觚室吉金文述·盂鼎》：“小篆仿雨變从宷，遂分爲二。”二指粤、雩二字。

吁[①] 驚語也。从口，从亏[②]，亏亦聲。 況于切(xū)。

【譯文】吁，驚嘆之詞。由口、由亏會意，亏也表聲。

【注釋】① 吁：口部重見。今作吁。 ② 从亏：《段注》：“亏有大義。”“亏者驚意。”

平 語平舒也。从亏[①]，从八。八，分[②]也。爰禮[③]説。𠀔，古文平如此。 符兵切(píng)。

【譯文】平，語氣平直舒展。由亏、由八會意。八，表示分匀。是爰禮的説法。𠀔，古文平字象這個樣子。

【注釋】① 从亏：王筠《句讀》：“專言語者，爲其从亏也。”亏言其語氣之平舒，平乃語氣平舒之屬。 ② 分：《段注》：“説从八之意，分之而匀適，則平舒矣。”徐灝箋：“引申爲凡平和、平正、平易、平均之偁。” ③ 爰禮：本書敘曰孝宣皇帝時有沛人爰禮。

【參證】金文作平、平、平、平。楊樹達《積微居小學述林·釋平》：“平之構造當與乎字相似，字蓋从兮，上一平畫，象氣之平舒，此猶乎之上畫象聲上越揚也。”

文五 重二

旨部

旨 美也。从甘，匕聲。凡旨之屬皆从旨。𣅀[①]，古文旨。職雉切(zhǐ)。

【譯文】旨，味美。从甘，匕聲。大凡旨的部屬都从旨。舌，古文旨。

【注釋】① 舌：《説文粹》："千从十从人，十人味之，所以爲甘旨也。"

【參證】甲文作、，金文作、。林義光《文源》："旨、匕不同音。""(字)象以匕入口形。"羅振玉《增訂殷虚書契考釋》"所謂嘗其旨否矣。"

嘗　口味之[①]也。从旨，尚聲。　市羊切(cháng)。

【譯文】嘗，口試其味。从旨，尚聲。

【注釋】① 口味之：徐鍇《繫傳》："口試其味也。"味用如動詞。《段注》："引申凡經過者爲嘗，未經過爲未嘗。"

【參證】金文作、、。《金文編》："()从旨从尚省。"

文二　重一

喜部

喜　樂也。从壴，从口[①]。凡喜之屬皆从喜。，古文喜从欠，與歡同[②]。　虚里切(xǐ)。

【譯文】喜，快樂。由壴、由口會意。大凡喜的部屬都从喜。歖，古文喜字，从欠，與"歡"字構形同意。

【注釋】① 从壴(zhù)，从口：朱駿聲《通訓定聲》："聞樂則樂，故从壴；樂形于談笑，故从口。"饒炯《部首訂》："壴即鼓之古文，意取鼓鞞之聲讙也。"　② 與歡同：《段注》："同下當有'意'，謂皆从欠也。"

【參證】甲文作、，金文作、、。楊樹達《文字形義學》："喜訓樂，樂謂音樂。""字从豈者，豈即今鼓字。""字又从口者，樂歌以口，吹笙亦以口也。"喜樂(lè)義乃"後起之引申義也"。一説，ㅂ爲凵盧之凵，盛物之器。喜象以ㅂ盛壴(鼓)，壴又表聲(所謂"象意字聲化")。"喜今音虚里切，在曉母，古音當在溪母，溪曉二母，古多通流，猶虚之爲墟矣。壴字古讀如鼓，在見母，音轉入溪母，又轉爲曉母，因爲今音。"見唐蘭《殷虚文字記》。又，唐釋古文"歖"字："後人既不知喜从壴聲"，"遂改爲喜聲耳。""(歖)亦即歖字，所謂'異部重文'也。"

憙　說①也。从心，从喜②，喜亦聲。　許記切(xì/xǐ)③。

【譯文】憙，喜悦。由心、由喜會意，喜也表聲。

【注釋】① 說(yuè)：即悦字。　② 从心，从喜：《段注》引顔師古曰："喜下施'心'，是好憙之意也。"　③ 今讀依《廣韻》虚里切。

嚭　大也。从喜，否聲①。《春秋傳》②：吴有太宰嚭。　匹鄙切(pǐ)。

【譯文】嚭，大。从喜，否聲。《春秋左傳》：吴國有太宰叫嚭。

【注釋】① 从喜，否聲：《段注》："訓大則當从丕。"朱駿聲《通訓定聲》："《集韻》作𠵠，从丕，喜聲。與大義方合。"　②《春秋傳》：指《左傳・哀公元年》。太宰，官名。

文三　重一

壴部

壴　陳樂①，立而上見②也。从屮，从豆③。凡壴之屬皆从壴。中句切(zhù)④。

【譯文】壴，陳設鼓樂，把它竪立起來，上面的裝飾品就能看見。由屮、由豆會意。大凡壴的部屬都从壴。

【注釋】① 陳樂：陳列樂器。　② 立而上見：鼓器上有飾物而下有足，故立之則其上之飾可見。　③ 从屮(chè)，从豆：徐鍇《繫傳》："豆，樹鼓之象。屮，其上羽葆(bǎo)也。"　④ 中句切：高鴻縉《中國字例》二篇："小徐本作陟具反。""然段注《説文》：'居，从尸，古聲。'知古聲之可諧居聲(居，九魚切)。則知壴聲之變爲中句切、陟具反矣。"

【參證】甲文作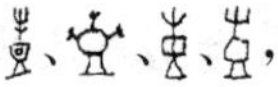，金文作。郭沫若《卜辭通纂・世系》："壴，乃鼓之初文，象形。"上象羽帶飾物，中象鼓面，下象鼓架。李孝定《甲骨文字集釋》第五："此爲鐘鼓本字，名詞；鼓爲擊鼓本字，動詞。又後以鼓爲鐘鼓字而别製从攴之鼔爲擊鼓字。……實則古文从攴从支从殳每得通。鼓、鼔本爲一字也。"參"鼓"、"鼔"條。

[①] 立也。从壴[②]；从寸[③]，持之也。讀若駐。　常句切(shù)。

尌 【譯文】尌，樹立。由壴、由寸會意，寸表示用手持握着鼓。音讀象“駐”字。

【注釋】① 尌：今通作樹。　② 从壴：宋保《諧聲補逸》：“壴亦聲。”　③ 从寸：與从又同。

【參證】金文作，从又。高田忠周《古籀篇》卷二十五：“抑陳樂立而上見者，尌字義也。立之不得不用手，故字从又。而借壴爲凡樂器總象耳。本義如此，轉爲凡尌立義也。”按：尌是用手立鼓，樹是用手立草木，駐是馬立。三字本義當如此。

 夜戒守鼓也。从壴，蚤聲。《禮》[①]：昏鼓四通[②]爲大(鼓)[鼜][③]，夜半三通爲戒晨，旦明五通爲發明。讀若戚[④]。倉歷切(qì)。

鼜 【譯文】鼜，夜間警戒守備而擂鼓。从壴，蚤聲。《禮》上說：黄昏時擂鼓四通，叫大鼜；夜半時擂鼓三通，叫戒晨；天明時擂鼓五通，叫發明。音讀象“戚”字。

【注釋】①《禮》：王筠《句讀》：“鄭注《周禮・鼓人》，引此爲《司馬法》。許引爲禮者，《藝文志》列《司馬法》于禮家也。”　② 通：《段注》引唐李靖說：“鼓三百三十三槌爲一通。”　③ 據鄭注引文校改。　④ 讀若戚：《段注》：“戚古音如促。”“杜子春讀鼜爲憂戚之戚，擊鼓聲疾數，故曰戚。”憂戚就其心情而已，疾數(cù)就其鼓點的速度頻率而言。二而一也。

 鼓聲也。从壴，彡聲[①]。　薄庚切(péng)。

彭 【譯文】彭，鼓聲。从壴，彡(róng)聲。

【注釋】① 彡聲：《段注》作“从彡”。朱駿聲《通訓定聲》：“彡即三也，擊鼓以三通爲率。”

【參證】甲文作、、，金文作、。李孝定《甲骨文字集釋》第五：“鼓之音讀即象伐鼓之聲。从壴，即鼓之初字。彡，卜辭或作，爲鼓聲之標幟。”“引申之則車馬行人之聲亦得云‘彭彭’也。”

 美也。从壴[①]，加聲。　古牙切(jiā)。

嘉 【譯文】嘉，美善。从壴，加聲。

【注釋】① 从壴：《段注》："壴，陳樂也。故嘉从壴。"

【參證】金文作、、、。李孝定《甲骨文字集釋》第五："蓋嘉美之義，古無正字，作娶，作加，作假，作賀（賀从加聲），均取其音近。至金文作嘉，始以爲嘉美本字。鐘鼓所以祀鬼神，所以樂賓客，故从壴（鼓）取義。以加爲聲也。"

文五

鼓部

鼓 郭①也。春分之音，萬物郭皮甲而出，故謂之鼓②。从壴，支③象其手擊之也。《周禮》④六鼓：靁鼓八面，靈鼓六面，路鼓四面，鼖鼓、皋鼓、晉鼓皆兩面。凡鼓之屬皆从鼓。，籀文鼓，从古聲。　工户切（gǔ）。

【譯文】鼓，用皮包廓蒙覆的樂器。是春分時節的音樂，萬物包廓着皮殼長出來，所以叫作鼓。从壴；支，象手持槌擊鼓。《周禮》的六鼓是：雷鼓有八面，靈鼓有六面，路鼓有四面，鼖（fén）鼓、皋鼓、晉鼓都是兩面。大凡鼓的部屬都从鼓。𡔷，籀文鼓字，从古聲。

【注釋】① 郭：徐鍇《繫傳》："郭者覆蓋之意。"王筠《釋例》："鼓以木爲腔，上下冒以皮，其中空洞無物，故謂之郭。"《段注》："郭、廓正俗字。"　② 春分句：徐灝《段注箋》："仲春之月，雷乃發聲，鼓取象焉，故曰春分之音。"　③ 支：錢桂森《段注鈔案》："支，从手持半竹，此當以枹槌之類當之。"　④《周禮》：指《地官・鼓人》。其文爲："鼓人掌教六鼓：以雷鼓鼓神祀，以靈鼓鼓社祭，以路鼓鼓鬼享，以鼖鼓鼓軍事，以鼛（皋）鼓鼓役事。"

【參證】甲文作、，金文作、、。徐灝《段注箋》："鼓从壴，从又持半竹擊之，其始蓋專爲考擊之偁，後爲鼓鼛之名，故又改支从攴，爲鼓擊之鼓，實一字耳。由此觀之，戴氏謂壴即鼓之本字，信矣。"參"鼓""壴"條。唐蘭《殷虚文字記》："蓋古文字凡象以手執物擊之者，从攴、殳或支，固可任意也。壴爲鼓之正字，爲名詞；鼓、鼓、嗀爲擊鼓之正字，爲動詞。"

鼛 大鼓也。从鼓，咎聲。《詩》[①]曰："鼛鼓不勝。" 古勞切(gāo)。

【譯文】鼛，大鼓。从鼓，咎聲。《詩經》説："鼛鼓之聲不能勝過。"

【注釋】①《詩》：指《大雅・緜》。今"不"作"弗"。

鼖 大鼓謂之鼖。鼖八尺而兩面，以鼓軍事。从鼓，賁省聲[①]。韇，鼖或从革[②]，賁不省。 符分切(fén)。

【譯文】鼖，大鼓叫作鼖。鼖長八尺而有兩個鼓面，用以擊鼓指揮軍事。从鼓，賁省貝爲聲。韇，鼖的或體，从革，賁不省。

【注釋】① 賁省聲：《段注》："凡賁聲字多訓大。""卉聲與賁聲一也。" ② 从革：因鼓的主要構件鼓面爲皮革，故从革。

【參證】唐蘭《殷虛文字記》："當是鼖之本字也。""多其賁飾，以顯大鼓也。"

鼙 騎鼓[①]也。从鼓，卑聲。 部迷切(pí)。

【譯文】鼙，騎鼓。从鼓，卑聲。

【注釋】① 騎鼓：騎上之鼓。見《漢書・史丹傳》顔師古注。

鼜 鼓聲也。从鼓，隆聲。 徒冬切(tóng/lóng)[①]。

【譯文】鼜，鼓聲。从鼓，隆聲。

【注釋】① 徐灝《段注箋》："《大雅・雲漢》傳：'隆隆而雷。'按：隆隆，狀聲之辭，假借字也。其後相承增偏旁，又轉爲徒冬切。"今讀依《廣韻》力中切。

鼘 鼓聲也。从鼓，淵聲。《詩》[①]曰："鼗鼓鼘鼘。" 烏玄切(yuān)。

【譯文】鼘，鼓聲。从鼓，淵聲。《詩經》説："貨郎鼓鼘鼘地響。"

【注釋】①《詩》：指《商頌・那》。今本"鼗(táo)"作"鞉"，"鼘"作"淵"。

鼞 鼓聲也。从鼓，堂聲[①]。《詩》[②]曰："擊鼓其鼞。" 土郎切(tāng)。

【譯文】鼞，鼓聲。从鼓，堂聲。《詩經》説："敲鼓響鼞鼞。"

【注釋】① 堂聲：聲中有義。承培元《引經證例》："从堂之字皆有盛意。" ②《詩》：指《邶風・擊鼓》。今本"鼞"作"鏜"。

鼛 鼓聲也。从鼓，合聲。鞈[1]，古文鼛从革。 徒合切(tà)。

【譯文】鼛，鼓聲。从鼓，合聲。鞈，古文鼛字，从革。

【注釋】① 鞈：又見革部。王筠《釋例》："或此古文係後人增。"

鼙 鼓無聲也。从鼓，咠聲。 他叶切(tiè/qì)[1]。

【譯文】鼙，鼓鼙鼙無聲。从鼓，咠聲。

【注釋】① 今讀依《廣韻》七入切。

鼞 鼓鼙聲。从鼓，缶聲。 土盍切(tà)[1]。

【譯文】鼞，敲擊鼙鼓的聲音。从鼓，缶聲。

【注釋】① 土盍切：鈕樹玉《校録》："缶聲與土盍切不近。""疑是""从鼓缶"，"乃會意"，"非諧聲"。徐灝《段注箋》："缶，瓦器。秦人鼓之以節謌。"聲字乃後人所加耳。"

文十 重三

豈部

豈 還師振旅樂也[1]。一曰：欲[2]也，登也。从豆[3]，微省聲。凡豈之屬皆从豈。 墟喜切(qǐ)。

【譯文】豈，得勝歸來使軍隊振奮的樂曲。另一義説，是希望之意，是升登之意。从豆，微省去敊爲聲。大凡豈的部屬都从豈。

【注釋】① 還師句：還，王筠《句讀》："還音旋。"旋，凱旋。旅，軍衆。振旅，使旅振。饒炯《部首訂》："謂揚旆而返，鼓噪而還，歌以樂之。"豈即今之凱歌。 ② 欲：希冀。朱駿聲《通訓定聲》："豈，段借爲覬(jì)。"《段注》："後人文字言豈者，其意若今俚語之難道。"

③ 从豆：《段注》："豆當作'壴省'二字，豈爲獻功之樂，壴者陳樂也。"從部序和部屬看，段説有理。

愷[1] 康也。从心豈，豈亦聲。 苦亥切(kǎi)。

【譯文】愷，康樂。由心、豈會意，豈也表聲。

【注釋】① 愷：朱駿聲《通訓定聲》："按：豈愷實同字，後人加心耳。亦作凱，从豈，几聲。"愷字心部重出。

饑　㲺[1]也,訖事之樂也。从豈,幾聲。　渠稀切(qí)。

【譯文】饑,訖止,辦完事情之後的歡樂。从豈,幾聲。

【注釋】① 㲺(jí):徐鉉:"《説文》無㲺字。""當是訖字之誤爾。"

文三

豆部

豆　古食肉器也。从口[1],象形[2]。凡豆之屬皆从豆。𣅀,古文豆。　徒候切(dòu)。

【譯文】豆,古代吃肉盛用的器皿。从口,象形。大凡豆的部屬都从豆。𣅀,古文豆。

【注釋】① 从口:口象器體,上象蓋,下象腳。　② 象形:徐灝《段注箋》:"此字全體象形。小篆从古文變耳。从口者,就小篆之體析言之。"

【參證】甲文作、,金文作、。高田忠周《古籀篇》卷二十二:"其體也,故或作,所盛之肉意,指事也。又上一横即象蓋也。又下作或作,以象骹。骹,豆脛也。或以校爲之。""豆字下一横即下柎(即跗)也。"

梪　木豆謂之梪。从木豆[1]。　徒候切(dòu)。

【譯文】梪,木製的豆器叫作梪。由木、豆會意。

【注釋】① 从木豆:徐灝《段注箋》:"梪即豆之重文。因豆假爲尗豆,故增偏旁耳。"

䒼[1]　蠡[2]也。从豆[3],蒸省聲[4]。　居隱切(jǐn)。

【譯文】䒼,瓠瓢。从豆,蒸省火爲聲。

【注釋】① 䒼:同"卺"。《廣韻·隱韻》:"卺,以瓢爲酒器,婚禮用之也。"李富孫《辨字正俗》引《禮記》正義:"卺謂以一瓠分爲兩瓢,謂之卺。壻婦各執一片以酳。"　② 蠡:《段注》:"蠡之言離也。《方言》曰:'劙,解也。'一瓠離爲二,故曰蠡。"　③ 从豆:《段注》:"此非豆而从豆者,謂瓠可盛飲食,略同豆。"　④ 蒸省聲:王筠《句讀》:"當作丞聲。"《釋例》:"蒸有重文丞。"

桊[1] 豆屬。从豆，𢍏聲。 居倦切（juàn）。

【譯文】桊，豆一類的食器。从豆，𢍏聲。

【注釋】① 桊：桂馥《義證》："桊或作棬。《玉篇》：'棬，屈木盂也。'"

【參證】甲文作，金文作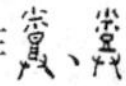。容庚《金文編》："粪，从米，从豆，象載米于豆，从収進之，義當訓爲登，爲進。""經典以烝爲之。《説文》譌米爲釆。"

豋 豆飴[1]也。从豆，夗聲。 一丸切（wān）。

【譯文】豋，芽豆煎成的糖。从豆，夗聲。

【注釋】① 豆飴（yí）：《段注》："芽豆煎爲飴也。"

【參證】馬敘倫《六書疏證》卷九："豋爲盌之異文。"

䒢[1] 禮器[2]也。从収持肉在豆上。讀若鐙同。 都滕切（dēng）。

【譯文】䒢，禮器。由"収"（雙手）持握着"肉"放在"豆"器上。音讀與"鐙"字相同。

【注釋】① 䒢：李孝定《甲骨文字集釋》第五："隸定作登則誤。登爲之隸體。當隸定作䀭，依篆體當寫作䒢。今隸當作豋。""豋䀭於卜辭爲薦新之禮。" ② 禮器：䒢是古代盛肉食的禮皿。

【參證】甲文作。《甲骨文編》："卜辭不从肉。用爲蒸進之蒸。"李孝定《甲骨文字集釋》第二："或作，象豆中食物豐盈之形。""經典以烝爲之。"《春秋繁露·四祭》："冬曰烝。烝者，以十月進初稻也。"朱歧祥《甲骨學論叢》："卜辭多用爲動詞，示用䀭載禾黍稻米以獻祭。"參"烝"條。

文六 重一

豊部

豊 行禮之器也。从豆，象形[1]。凡豊之屬皆从豊。讀與禮同。 盧啟切（lǐ）。

【譯文】豊，祭祀行禮的器皿。从豆，（）象器中有祀物之形。大凡豊的部屬都从豊。音讀與"禮"字相同。

【注釋】① 象形：徐灝《段注箋》："象器中有物形。"

【參證】甲文作、,金文作、。王國維《觀堂集林》:"象二玉在器之形。古者行禮以玉。"李孝定《金文詁林讀後記》卷五:"古豊、豐同字。""(契文)審其辭例,除部分可知當釋豊、讀爲醴外,未見有當釋爲豐者,金文則二義俱有,其字象以器盛玉(閒亦盛他祭物)事神,以言事神之事則爲禮,以言事神之器則爲豊,以言犧牲玉帛之腆美則爲豐,其始蓋只一字,及後始異字異讀耳。"如《字通》所說:"禮重于祭,故加示以別之。"

豒 爵[①]之次弟也。从豊,从弟[②]。《虞書》[③]曰:"平豒東作。"直質切(zhì)。

【譯文】豒,爵的次序。由豊、由弟會意。《虞書》說:"辨別並依次測定太陽東升的時刻。"

【注釋】① 爵:《段注》:"凡酒器皆曰爵。"古時爵有次弟。《祭統》:"玉爵獻卿,瑤爵獻大夫,散爵獻士及羣有司。" ② 从豊,从弟:《段注》:"爵者,行禮之器,故从豊;有次弟,故从弟。"王筠《句讀》:"當是弟亦聲。" ③《虞書》:指《堯典》。今本"豒"作"秩"。平,辨。豒,次序。作,始。

文二

豐部

豐 豆之豐滿者也[①]。从豆,象形[②]。一曰[③]:《鄉飲酒》有豐侯者。凡豐之屬皆从豐。,古文豐。 敷戎切(fēng)。

【譯文】豐,豆器盛物豐滿的樣子。从豆,()象豆實豐滿之形。另一義說,《鄉飲酒禮》上有叫豐的侯國。大凡豐的部屬都从豐。豊,古文豐字。

【注釋】① 豆之句:徐灝《段注箋》:"豐謂豆所盛實豐滿。" ② 象形:王筠《句讀》:"但象豐滿之形。" ③ 一曰句:《段注》:"此別一義。"胡培翬《與家墨莊論豐字書》:"《儀禮·鄉飲酒禮》無豐。此句亦疑有脱誤。聶氏《三禮圖》云:'豐,罰爵,象人形。豐,國名也。坐(由於)酒亡國,戴盂戒酒。'"

【参證】甲文作，金文作、、。容庚《金文編》："豐與豊爲一字。"李孝定《甲骨文字集釋》："豆實豐美，所以事神。"豆中所盛，或又爲玉，又爲别物。見"豊"條。

①豔　好而長也。从豐；豐，大②也。盍聲。《春秋傳》曰："美而豔③。"　以贍切(yàn)。

【譯文】豔，容色美好而又頎長。从豐；豐，表示長大。盍聲。《春秋左傳》說："美好而又容色豐滿。"

【注釋】① 豔：徐鍇《繫傳》："容色豐滿也。"俗體又作艷，从色。② 大：大乃豐之引申義。又，《段注》："大與長義通。"　③ 美而豔：《左傳》桓公元年、十六年兩見。

文二　重一

䖒部

䖒　古陶器也。从豆①，虍聲②。凡䖒之屬皆从䖒。　許羈切(xī)。

【譯文】䖒，古陶器。从豆，虍(hū)聲。大凡䖒的部屬都从䖒。

【注釋】① 从豆：徐灝《段注箋》："䖒，蓋陶器之似豆者，故从豆。"② 虍聲：聲中有義。饒炯《部首訂》："蓋古陶器飾畫虎文，因呼之曰虍。"

號　土鍪①也。从䖒，号聲。讀若鎬②。　胡到切(hào)。

【譯文】號，敞口陶鍋。从䖒，号聲。音讀象"鎬(hào)"字。

【注釋】① 土鍪(móu)：朱駿聲《通訓定聲》："大口土釜。"錢坫《斠詮》："今俗有熬盆，此字也。"　② 讀若鎬：馬敘倫《六書疏證》卷九引劉秀生說："号聲匣紐豪部，鎬从高聲，亦在匣紐豪部，故號从号聲得讀若鎬。"

①䖒　器也。从䖒宔，宔亦聲。闕②。　直吕切(zhù)。

【譯文】䖒，貯物的陶器。由䖒、宔(zhù)會意，宔也表聲。

【注釋】① 䖒：徐灝《段注箋》引《玉篇》說："䖒或作宔。"徐"疑本一字”。　② 闕：《段注》：“此疑衍。其義、其形、其聲皆具，則無缺矣。”

文三

虍部

虍　虎文①也。象形②。凡虍之屬皆从虍。　荒烏切(hū)。

【譯文】虍，老虎的斑文。象形。大凡虍的部屬都从虍。

【注釋】① 虎文：饒炯《部首訂》：“虍又从虎省足而但存皮，則知其義爲虎文矣。”　② 象形：徐鍇《繫傳》：“象其文章屈曲也。”

【參證】甲文作。徐中舒《怎樣研究中國古代文字》：“此字原形作，非虎文，乃虎皮或獸皮。古人在屋頂上端蒙以虎皮或獸皮以避風雨。”

虞　騶虞①也。白虎黑文，尾長於身。仁獸②，食自死之肉。从虍，吴聲。《詩》③曰：“于嗟乎，騶虞。”　五俱切(yú)。

【譯文】虞，騶(zōu)虞。白色的老虎，黑色的花紋，尾巴比身體長。是仁愛的野獸，吃自死之獸的肉。从虍，吴聲。《詩經》說：“唉喲！真是騶虞啊。”

【注釋】① 騶虞：有二義。作爲聯緜字，指仁獸白虎；作爲詞組或複合詞，“騶者，天子之囿也；虞者，囿之司獸者也”(見桂馥《義證》引)。② 仁獸：《段注》：“以其不食生物，食自死之肉也。”　③《詩》：指《召南・騶虞》。

【參證】甲文作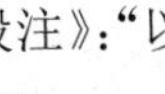，金文作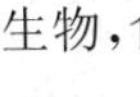。强運開《石鼓釋文》：“虞人掌山澤之官，亦主苑囿田獵。”甲文左象刑具，右象虎，泛指獸。控制禽獸是虞人之職守。對於金文二字，叶玉森《説契》(《學衡》三十一期)説：“(虞人)獵時或被虎首以懾羣獸，故其字从虍从大，大乃人形。”大謂；口，夸大其口。

虙　虎皃。从虍，必聲。　房六切(fú)。

【譯文】虙，老虎的樣子。从虍，必聲。

虔　虎行皃①。从虍，文聲②。讀若矜。　渠焉切(qián)。

【譯文】虔，老虎行步堅定的樣子。从虍，文聲。音讀象“矜”字。

【注釋】① 虎行皃：《段注》：“《釋詁》、《大雅·商頌》傳皆曰：‘虔，固也。’堅固者，虎行之皃也。”徐鍇《繫傳》：“虎之行兢兢然有威，故謂敬爲虔。”徐灝箋：“按：敬則持重，故有堅固義。”　② 从虍，文聲：徐灝《段注箋》：“虔古音蓋讀若勤，與文同部。”文也表義。《段注》：“虎行而箸(附着)其文，此會意。”

【參證】金文作。

虘　虎不柔不信也①。从虍，且聲。讀若鄌縣②。　昨何切(cuó)。

【譯文】虘，老虎不柔弱不信實。从虍，且聲。音讀象鄌縣的“鄌”字。

【注釋】① 虎不句：《段注》：“剛暴、矯詐。”　② 鄌(cuó)縣：今河南永城縣西。

【參證】甲文作，金文作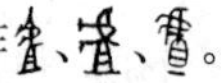。

虖　哮虖①也。从虍，乎聲。　荒烏切(hū)。

【譯文】虖，老虎吼叫聲。从虍，乎聲。

【注釋】① 哮虖：《段注》：“《通俗文》曰：‘虎聲謂之哮唬。’疑此哮虖當作哮唬。”

【參證】金文作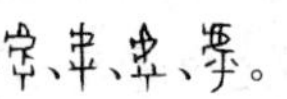。高田忠周《古籀篇》卷九十一：“假借爲乎，《史記》、《漢書》多以爲語餘之詞。”

虐　殘也。从虍，虎足反爪人也①。②，古文虐如此。　魚約切(nüè)。

【譯文】虐，殘害。从虍，以象虎爪翻過來抓人。𧆯，古文虐字象這個樣子。

【注釋】① 虎足句：《段注》：“覆手曰爪。虎反爪鄉(向)外攫人。”段說的“覆手”，是指篆文的，“人”是指。故段將分析爲“从虍爪人”。　② 𧆯：王筠《句讀》：“蓋从虎口。”

【參證】商承祚《說文中之古文考》：“()殆象人在虎口。”表示虎口，⋂指人。

虨　虎文，彪[1]也。从虍，彬聲。　布還切(bān/bīn)[2]。

【譯文】虨，老虎的花紋，又叫彪。从虍，彬聲。

【注釋】① 彪：王筠《句讀》："故先訓以虎文，而後以彪通其名也。"　② 今讀依《廣韻》府巾切。

虡　鐘鼓之柎[1]也。飾爲猛獸，从虍、(異)[𠀠]象[形]，其下足[2]。鐻，虡或从金，豦聲。虞，篆文虡省。　其吕切(jù)。

【譯文】虡，懸挂鐘鼓的柱子。裝飾成爲猛獸，所以由虍、𠀠象形，它下面的丌就是虡柱的足部。鐻，虡的或體，从金，豦聲。虞，篆文虡字，虡的省略。

【注釋】① 柎(fū)：指懸持樂器的柱子。　② 从虍句：當從《段注》本作："从虍、𠀠象形，其下足。"宋保《諧聲補逸》："虍亦聲。篆文作虞，聲同。重文作鐻，豦聲。虍聲即豦聲之省。"

【參證】金文作□、□、□。孫詒讓《名原》："此文从□，象猛獸四足形。""拘曲之則成□，故今篆文變爲田。""又涉異字而誤。""下無丌者，文之省也。"字義爲裝飾着虎類猛獸的樂架的柱子。

文九　重三

虎部

虎　山獸之君。从虍，虎足象人足[1]。象形[2]。凡虎之屬皆从虎。䖈[3]，古文虎。𧆞[4]，亦古文虎。　呼古切(hǔ)。

【譯文】虎，山中野獸的君長。从虍，虎字的足，象人字的足。象虎蹲踞之形。大凡虎的部屬都从虎。䖈，古文虎字。𧆞，也是古文虎字。

【注釋】① 虎足句：饒炯《部首訂》："謂虎字之足似人字之足。"

② 象形：王筠《釋例》："謂其通體皆象虎蹲踞之形也。"

③④ 䖈、𧆞：張舜徽《約注》引孫詒讓説："《説文》兩古文皆从鹿从爪，乃因古文从□，與□相近而誤。"

【參證】甲文作□、□，金文作□、□。羅振玉《增訂殷虛書契考釋》：

"此象巨口脩尾身有文理；亦有作圓斑如豹狀者，由其文辭觀之仍爲虎字也。"李孝定《金文詁林讀後記》卷五："虎字契文有省作者，其下身足尾簡作，與人字全同，爲篆文从''所自昉。"

虩 虎聲也。从虎，毄聲[①]。讀若隔。　古覈切(gé)。

【譯文】虩，虎聲。从虎，毄聲。音讀象"隔"字。

【注釋】① 毄聲：葉德輝《讀若考》："毄音同隔。"

䖑 白虎也。从虎，(昔)[冥][①]省聲。讀若鼏。　莫狄切(mì)。

【譯文】䖑，白虎。从虎，冥省聲。音讀象"鼏(mì)"字。

【注釋】① 昔：《段注》："昔當作冥字之誤也。水部曰：'汨，从水，冥省聲。'《玉篇》曰：'䖇，俗䖑字。'可證也。"

䖍 䖑屬。从虎，去聲[①]。　呼濫切(hàn/kǎn)[②]。

【譯文】䖍，白虎的一種。从虎，去聲。

【注釋】① 去聲：徐鉉："去非聲，未詳。"　② 今讀依《廣韻》口敢切。

虪 黑虎也。从虎，儵聲[①]。　式竹切(shù)。

【譯文】虪，黑虎。从虎，儵(shū)聲。

【注釋】① 儵聲：《段注》："舉形聲包會意也。"

虥 虎竊毛，謂之虥苗[①]。从虎，戔聲。竊，淺也。　昨閑切(cán/zhàn)[②]。

【譯文】虥，老虎身上的淺毛，因稱淺毛虎爲虥猫。从虎，戔聲。竊是淺的意思。

【注釋】① 苗：《段注》："今之猫字。"　② 今讀依《廣韻》士限切。

彪 虎文也。从虎，彡[①]象其文也。　甫州切(biāo)[②]。

【譯文】彪，老虎的花紋。从虎，彡象虎身上的花紋。

【注釋】① 彡：《段注》："彡，毛、飾、畫、文也。故虎文之字从之。"
② 今讀依《廣韻》甫烋切。

【參證】金文作、。與許說同。

虓 虎皃。从虎，乂聲。　魚廢切(yì)。

【譯文】虓，老虎的樣子。从虎，乂(yì)聲。

[1] 虎皃。从虎，气聲。　魚迄切(yì)。

䖇　【譯文】䖇，老虎的樣子。从虎，气聲。

【注釋】① 䖇，今作䖇。

 虎鳴也。一曰：師子[大怒聲也][1]。从虎，九聲。　許交切(xiāo)。

虓　【譯文】虓，老虎吼叫。另一義説，獅子怒叫聲。从虎，九聲。

【注釋】① 一曰句：桂馥《義證》："《一切經音義》二十二引作一曰'師子大怒聲也'。馥按《復古編》：'虓，師子鳴。'"

 虎聲也。从虎，斤聲。　語斤切(yín)。

䖒　【譯文】䖒，老虎的叫聲。从虎，斤聲。

 《易》[1]："履虎尾，虩虩。"恐懼。一曰：蠅虎[2]也。从虎，貨聲。　許隙切(xì)。

虩　【譯文】虩，《易經》："踩着老虎尾巴，虩虩而懼。"(虩虩，)恐懼之貌。另一義説，虩是蠅虎。从虎，貨聲。

【注釋】①《易》：《段注》："《履》九四爻辭。今《易》'虩虩'作'愬愬'。《釋文》曰：'愬愬，子夏傳云：恐懼貌。'馬本作'虩虩'，云：'恐懼也。'"　② 蠅虎：《段注》："崔豹曰：蠅虎，蠅狐也。形似蜘蛛，而色灰白，善捕蠅。一名蠅蝗，一名蠅豹。"

【參證】金文作、。林義光《文源》卷一："从虎，所懼者也。"

 虎所攫畫明文[1]也。从虎，寽聲[2]。　古伯切(guó)。

虢　【譯文】虢，老虎爪子攫畫的清楚的痕迹。从虎，寽聲。

【注釋】① 所攫畫明文：所攫所畫之明文。《段注》："攫者，叉所抓也；畫者，叉所劃。故有明文也。"　② 寽聲：《段注》："各本衍聲字。""受部曰：'寽，五指寽也。'虎所攫畫，故从虎、寽會意。"

【參證】金文作、、。林義光《文源》卷六："當爲鞹之古文，去毛皮也。""从虎，象手有所持以去其毛。"

 委虒，虎之有角者也[1]。从虎，厂聲。　息移切(sī)。

虒　【譯文】虒，委虒，虎中有角的一種。从虎，厂(yì)聲。

【注釋】① 虎之句：《廣韻·支韻》曰："虒似虎，有角，能行水中。"

虪 黑虎也。从虎,騰聲。 徒登切(téng)。

【譯文】虪,黑虎。从虎,騰聲。

文十五 重二

虣[①] 虐也。急也。从虎,从武[②]。見《周禮》[③]。 薄報切(bào)。

【譯文】虣:暴虐,急迫。由虎、由武會意。虣字見《周禮》。

【注釋】① 虣:又作虝、虤,見《鄭新附考》。 ② 从虎,从武:武指武力,武力像老虎一樣兇殘暴虐,急速。 ③《周禮》:指《地官·大司徒》:"七曰以刑教中,則民不虣。"虣是暴虐。

【參證】裘錫圭《説玄衣朱襮裣——兼釋甲骨文虣字》(《文物》一九七六年第十二期)引郭沫若《天地玄黄》説:"虣即暴虎憑河之暴,字不从戒,實象兩手持戈以搏虎。《周禮》古文作虣,从武,殆係譌誤。"必是譌誤。裘文説:"從古文字字形看,暴虎可以使用兵仗。"郭、裘以爲虣非戒、虎的組合,而是収、戈、虎的組合。

䖘 楚人謂虎爲烏䖘[①]。从虎,兔聲。 同都切(tú)。

【譯文】䖘,楚人叫虎作烏䖘。从虎,兔聲。

【注釋】① 楚人句:《鈕新附考》引《方言》:"虎,江淮南楚之間,或謂之於䖘。"又引《左傳·宣公四年》:"楚人謂虎於菟。"於,古文烏字。羅振玉《上尊號表跋》:"《左傳》作於菟乃於兔之俗作,《新附》作䖘,蓋本之《方言》,尤俗字之後起者也。"按:於兔,聯緜字,重音之連綴,習用久之,於(wū)音脱落又因其爲虎,故加虎爲䖘。

文二 新附

虤部

虤 虎怒也。从二虎[①]。凡虤之屬皆从虤。 五閑切(yán)。

【譯文】虤,老虎發怒。由兩個虎字會意。大凡虤的部屬都从虤。

【注釋】① 从二虎:朱駿聲《通訓定聲》:"兩虎鬥也。"徐灝《段注箋》:"虎之自怒爲虓,相怒爲虤。"

【參證】甲文作、,金文作。羅振玉《增訂殷虚書契考釋》:"此从虎顛倒怒而將相鬥之狀。"李孝定《甲骨文字集釋》第五:"象隸作虤者取便書寫耳。"

𧈅　兩虎爭聲。从虤,从曰[①]。讀若憖。　語巾切(yín)。

【譯文】𧈅,兩虎相爭發出的聲音。由虤、由曰會意。音讀象"憖(yín)"字。

【注釋】① 从曰:徐鉉:"曰,口气出也。"

【參證】甲文作、。羅振玉《增訂殷虚書契考釋》:"从虤,从曰。此从口,與曰同意。"

贙　分别也。从虤對爭貝[①]。讀若回。　胡畎切(xuàn)。

【譯文】贙,分别。由兩"虎"相對爭分"貝"會意。音讀象"回"字。

【注釋】① 从虤句:兩虎爭貝,是古代養虎者的把戲,與鬥雞鬥蟋蟀同一玩意。

【參證】金文作。林義光《文源》卷八:"謂二人分貝對爭如兩虎。""(金文)从鼎即貝之譌。"

文三

皿部

皿　飯食之用器也。象形[①]。與豆同意。凡皿之屬皆从皿。讀若猛[②]。　武永切(mǐn)。

【譯文】皿,盛飯食的用器。象形。與豆字構形同意。大凡皿的部屬都从皿。音讀象"猛"字。

【注釋】① 象形:王筠《釋例》:"上口圓,下底平,中以象腹。"

② 讀若猛:王筠《句讀》:"猛从孟聲,孟从皿聲。"

【參證】甲文作、,金文作、、。羅振玉《增訂殷虚書契考釋》:"卜辭中皿字或作,若豆之有骹(qiāo,腳),故許云'與豆同意'。",皿加金旁,表示皿是由金屬所製。

盂[①]　飯器也。从皿,于聲。　羽俱切(yú)。

【譯文】盂,盛飯的器皿。从皿,于聲。

【注釋】① 盂：《方言》卷五："盌謂之盂。"

【參證】甲文作、、、，金文作、、、。羅振玉《增訂殷虚書契考釋》："古金文从于，與此同。卜辭或从。亦于字，即皿省。"楊樹達《增訂積微居小學金石論叢》："于聲字多含汙下之義。""盂之爲器，中低而四傍高，故字从于聲。"

盌　小盂①也。从皿，夗聲②。　烏管切(wǎn)。

【譯文】盌，小盂。从皿，夗聲。

【注釋】① 盂：《方言》卷五："盂，宋、楚、魏之間或謂之盌，盌謂之盂。"盌，今作碗。　② 夗聲：《段注》："于、夗皆坳曲意。"

【參證】金文作。高田忠周《古籀篇》卷二十九："盌、㼝同，俗作椀。""从皿者，義取于器之用也；从瓦者，義主于器之體；……後世貴美，故多用金，字亦改成金；其亦略者用木，字又變从木。"楊樹達《增訂積微居小學金石論叢》認爲字从夗聲是因爲"盌形四方高而中央下，與宛丘形同。"

盛　黍稷在器中以祀者也①。从皿，成聲。　氏征切(chéng)。

【譯文】盛，放在器皿裏用以祭祀的黍稷。从皿，成聲。

【注釋】① 黍稷句：《穀梁傳·桓公十四年》："天子親耕以共粢盛。"注："黍稷曰粢，在器曰盛。"《段注》："盛者，實於器中之名也，故亦評器爲盛。""引申之爲凡豐滿之偁。今人分平去。"按：今裝納讀chéng；豐盛讀shèng。

【參證】甲文作，金文作、。孫海波《卜辭文字小記》(《考古社刊》第三期)："(甲文)當是盛字。""(金文)並从皿从成省，與此同。(甲文)外加四點作者，示盛黍稷以祀、豐滿外溢之意。""盛亦祭名，殆盛黍稷以祀之禮歟？"

齍　黍稷在器以祀者①。从皿，齊聲②。　即夷切(zī)。

【譯文】齍，黍稷在器皿中用以祭祀。从皿，齊聲。

【注釋】① 黍稷句：《玉篇》注："黍稷在器也。"　② 齊聲：聲中有義。徐灝《段注箋》："許云：'齊，禾麥吐穗上平也。'齊即古粢字。此最先之義。黍稷謂之齊，因其盛于器而名其器曰齍耳。"

【參證】金文作、、、、。高田忠周《古籀篇》卷二十二：

“（器）無常形也，故器似鼎者字亦从鼎。”第四字从皿，妻聲。第五字从皿㼱聲。

盍　小甌①也。从皿，有聲。讀若灰，一曰若賄。，盍或从右②。　于救切（yòu）。

【譯文】盍，小盆。从皿，有聲。音讀象“灰”字，一説音讀象“賄”字。盍，盍的或體，从右聲。

【注釋】① 甌：《段注》：“小盆也。”　② 从右：宋保《諧聲補逸》：“有、右、賄、灰同部，音相近。”

盧①　飯器也。从皿，𠧪聲②。，籀文盧。　洛乎切（lú）。

【譯文】盧，盛飯的器用。从皿，𠧪聲。盧，籀文盧字。

【注釋】① 盧：又名𠙴盧；又名簇、去簇；又名笤箬籚。見王筠《句讀》。徐灝《段注箋》：“𠙴盧，疾言之，則曰盧；去簇，疾言之，則曰簇。”　② 𠧪（lú）聲：本書𠧪讀若盧，同鑪。盧和鑪都是加旁字。

【參證】甲文作、，金文作、、。對甲文首字，于省吾《雙劍誃殷契駢枝續編·釋盧》：“此乃鑪之初文，下象鑪形，上从虍聲。”“契文有字，作、、、等形，上象鑪之身，下象款足，即盧之象形初文。”“（金文之𠧪）或从卣，或从田，或从白，或从甾，並爲形所譌變。”“𠧪、盧同字，𠧪不从皿。”對甲文次字，孫華《先秦貨幣雜考》（《考古與文物》一九九〇年第二期）：“盧字的異體字所从之（皿），也是當時用於冶煉青銅的坩鍋的象形。”或用於燒炊，則作𠧪；或用於冶煉則作盙；二者相併，則成盧。强調用於火，則又作爐；强調用金屬所製，則作鑪。

盬　器也。从皿，从缶，古聲。　公户切（gǔ）。

【譯文】盬，器皿。由皿、由缶會意，古聲。

【參證】高明《盬、簠考辨》（《文物》一九八二年第六期）：“（盬）即銅銘中的匿。”“此種禮器一般皆作長方形如斗狀，侈口兩耳，器與蓋同形，可互相扣合。唯蓋口四周各有小獸紐下垂，加於器上，可保穩定。時代稍晚的，器腹以上作直頸。”張舜徽《約注》：“湖湘間有陶器圓而深者，可用蒸煮食物，俗稱古子，當即此字。”高説“方”，張説“圓”，乃時代、地域、禮俗之差也，其字或从缶，或从皿，或从匚，皆爲盛物之器皿。

盄 器[①]也。从皿，弔聲。 止遙切(zhāo)。

【譯文】盄，器皿。从皿，弔聲。

【注釋】① 器：朱駿聲《通訓定聲》："今蘇俗煎茶器曰吊子，即此盄字。"徐灝《段注箋》："今北人謂酒器曰盄子。"

【參證】金文作。馬敘倫《六書疏證》卷九："今南北所謂弔子，皆溫器也。"

盎 盆[①]也。从皿，央聲。瓫，盎或从瓦[②]。 烏浪切(àng)。

【譯文】盎，盆類器皿。从皿，央聲。瓫，盎的或體，从瓦。

【注釋】① 盆：《急就篇》顔師古注："缶、盆、盎一類耳。缶即盎也，大腹而斂口；盆則斂底而寬上。"盆、盎微別。 ② 从瓦：就其盛物而言，从皿；就其陶製而言，从瓦。

盆 盎也。从皿，分聲。 步奔切(pén)。

【譯文】盆，盎類器皿。从皿，分聲。

【參證】金文作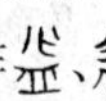。馬敘倫《六書疏證》卷九盎下："(盆)音轉爲鉢。今南方通用之鉢頭。"

宔[①] 器也。从皿，宁聲。 直吕切(zhù)。

【譯文】宔，盛物的器皿。从皿，宁(zhù)聲。

【注釋】① 宔：同"䵹"。見《玉篇・虗部》。

盨 橋盨[①]，負戴器也。从皿，須聲。 相庾切(xǔ)。

【譯文】盨，橋盨，用以背負、頂戴的器皿。从皿，須聲。

【注釋】① 橋(jù)盨：即寠數。《段注》："《東方朔傳》朔曰：'是寠(jù)數也。'師古曰：寠數，戴器也。以盆盛物戴於頭者，則以寠數薦(墊)之。今賣白團餅人所用者也。"

【參證】金文作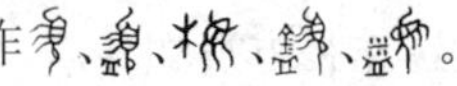。馬敘倫《六書疏證》卷九："倫幼時見賣白團餅及油條等者，以木盤或方戴之於首，而盤下以稻稈束而屈之爲規形，外裹以青或黑之布，置於盤、首間，使盤得安而首不傷，此正《漢書》所謂'寠數'。"《金文編》："(須)不从皿，器名，斂口而橢圓。"李孝定《釋釁與沬》(《歷史語言研究所集刊》外編第四種)：

“按：字在金文爲食器之名，在漢爲負戴器。即當時俗語所謂寠數。”

⿱漻皿　器也。从皿，漻聲。　古巧切①（jiǎo）。

【譯文】⿱漻皿，溫器。从皿，漻聲。

【注釋】① 古巧切：《廣韻·巧韻》：“古巧切，濁也。”又，“苦絞切，溫器。”按今都讀 jiǎo。

盚　(㭒)[拭]①器也。从皿，必聲。　彌畢切（mì）。

【譯文】盚，盛水以洗刷頭髮的器皿。从皿，必聲。

【注釋】① 㭒：當依《廣韻》作“拭”。朱駿聲《通訓定聲》：“受水以㕞髮之器。”

醯　酸①也。作醯以鬻②以酒。从鬻、酒並省③，从皿。皿，器也。　呼雞切（xī）。

【譯文】醯，醋。用粥、用酒作成醋。由鬻、酒一並省成“酼”，再與“皿”組合會意。皿，是器皿。

【注釋】① 酸：本書酉部：“酸，酢（醋）也。”　② 鬻（yù）：粥。③ 从鬻、酒並省：鬻省去米、鬲，酒省去水，由㐬與酉合成酼。

盉　調味①也。从皿②，禾聲。　户戈切（hé）。

【譯文】盉，調味。从皿，禾聲。

【注釋】① 調味：《段注》：“調聲曰龢，調味曰盉。今則和（唱和）行而龢盉皆廢矣。”　② 从皿：《段注》：“調味必於器中，故从皿。古器有名盉者，因其可以盉羹而名之盉也。”

【參證】金文作。按調味必於器中，在皿則从皿，在鼎則从鼎，在酒罎則从酉。之木乃禾之譌。

益　饒①也。从水皿②，皿益③之意也。　伊昔切（yì）。

【譯文】益，富饒有餘。由“水”在“皿”上會意，表示“皿”中滿溢出水來的意思。

【注釋】① 饒：《段注》：“食部曰：‘饒，飽也。’凡有餘曰饒。”② 从水皿：王筠《釋例》：“當作‘从水在皿上’五字觀之。”　③ 皿益：謂皿水溢出。王筠《釋例》：“益从水，而溢又加水，然水祇可在皿中，而益之水在皿上，則增益之意；即兼有氾溢之意，滿招損也。溢似後來分别文。”

【參證】甲文作，金文作。方濬益《綴遺齋彝器款識考釋・益公鐘》：“古只以益爲溢，後世始有溢字耳。故其誼又爲增、爲多、爲富、爲長、爲過、爲大、爲裕。”孫詒讓《名原下》：“（金文）益字，蓋从水半見，與㕣、谷、酉三字略同。凡水在皿中，平視不可見，至斞挹極滿乃散見於上，正是饒益之意。”

盈 滿器[①]也。从皿夃[②]。 以成切（yíng）。

【譯文】盈，貯滿器皿。由皿、夃會意。

【注釋】① 滿器：《段注》：“人滿宁（貯）之。” ② 夃（gǔ）：《段注》：“秦以市買多得爲夃。”朱駿聲《通訓定聲》：“夃猶多也。”

盡 器中空也。从皿，㶳聲。 慈刃切（jìn）。

【譯文】盡，器物中空。从皿，㶳聲。

【參證】甲文作、、。羅振玉《增訂殷虚書契考釋》：“从又持，从皿，象滌器形。食盡，器斯滌矣。故有終盡之意。”馬敘倫《六書疏證》卷九：“蓋今所謂洗帚之象形文。”

盅 器虚也。从皿，中聲。《老子》[①]曰：“道盅而用之。” 直弓切（chóng/chōng）[②]。

【譯文】盅，器皿空虚。从皿，中聲。《老子》說：“道虚而使用它。”

【注釋】①《老子》：見《老子》第四章。“盅”今作“沖”。王弼注：“沖而用之，用乃不能窮；滿以造實，實來則溢，故沖而用之，又復不盈。其爲無窮，亦已極矣。” ② 今讀依《廣韻》敕中切。

【參證】金文作、、。

盦[①] 覆蓋也。从皿，酓聲。 烏合[②]切（ān）。

【譯文】盦，覆蓋。从皿，酓聲。

【注釋】① 盦：《段注》：“此謂器之蓋也。”覆蓋乃引申義。
② 合：《段注》：“合當作含。”

【參證】甲文作，金文作。待考。

𥁕 仁[①]也。从皿，以食囚也。官溥[②]説。 烏渾切（wēn）。

【譯文】𥁕，溫仁。从皿，用“皿”器讓“囚”犯吃飲。是官溥的説法。

【注釋】① 仁：《段注》："凡云温和、温柔、温暖者，皆當作此字。温行而𥁕廢矣。"　② 官溥：《段注》："官溥者，博訪通人之一也。"

 盥　澡①手也。从臼水臨皿②。《春秋傳》③曰："奉匜沃盥。"　古玩切(guàn)。

【譯文】盥，洗手。由表示兩手的"臼(jú)"承"水"臨於盤"皿"之上會意。《春秋左傳》説："(懷嬴)捧着灌水的匜(yí)澆水，(重耳)洗手。"

【注釋】① 澡：《段注》："凡洗手曰澡，曰盥。"　② 从臼水臨皿：《段注》："沃者自上澆之，盥者手受之，而下流於盤。故曰：臼水臨皿。"　③《春秋傳》：指《僖公二十三年》。《段注》："匜者，柄中有道可以注水。""沃者，自上澆之。"

【參證】甲文作、，金文作、。羅振玉《增訂殷虚書契考釋》："(甲文)象仰掌就皿以受沃。"

① 盪　滌器也。从皿，湯聲②。　徒朗切(dàng)。

【譯文】盪，洗滌器皿。从皿，湯聲。

【注釋】① 盪：《段注》："盪者，滌之甚者也。"後作"蕩"。《釋名》："蕩，盪也。排盪去穢垢也。"　② 湯聲：朱駿聲《通訓定聲》："熱水去垢，故从湯。"聲中有義。

【參證】甲文作、、。叶玉森《殷虚書契前編集釋》卷六："上二字象舟人手持物，象篙楫形。疑均古文盪字。《論語》'奡盪舟'，古誼當訓推盪，宜从舟。乃引申爲盪滌，故變从皿，古文舟形與皿形近也。下一字尤近湯……疑象張口歌形，則表其歌聲自口出。盪舟之人且盪且歌。"

文二十五　重三

① 盋　盋器，盂屬。从皿，犮聲。或从金，从本②。　北末切(bō)。

【譯文】盋，盋器，盛飯的盂器一類。从皿，犮聲。或體由金由本會意。

【注釋】① 盋：《漢書・東方朔傳》顔師古注："盂，食器也。若盋而大，今之所謂盋盂也。"又作鉢、缽。　② 从金，从本：人以飯食爲本，後世用金屬器皿盛載，故从金从本。本與犮音近，本又表音。其始象器之形，故从皿；後爲明器之質料，或从金，或从陶器之缶。

文一　新附

凵部

[1]
凵　凵盧[2]，飯器，以柳爲之。象形。凡凵之屬皆从凵。，凵或从竹，去聲。　去魚切（qū）。

【譯文】凵，凵盧，盛飯的器皿，用柳條編織成。象形。大凡凵的部屬都从凵。笶，凵的或體，从竹，去聲。

【注釋】① 凵：徐灝《段注箋》："篆體上斂下侈者，以別於口犯切之凵（kǎn）耳。"　② 凵盧：即笶籚（lǔ），筲箕。《方言》卷十三："籚，南楚謂之筲，趙魏之郊謂之笶籚。"參"盧"條。

文一　重一

去部

去　人相違[1]也。从大，凵聲。凡去之屬皆从去。　丘據切（qù）。

【譯文】去，人離開某地。从大，凵聲。大凡去的部屬都从去。

【注釋】① 相違：《段注》："違，離也。人離故从大，大者人也。"

【參證】甲文作，金文作、。朱駿聲《通訓定聲》："一説，去亦古凵字；大，其蓋也。象形。"胡吉宣《釋簠》（《中山大學研究院文科研究所輯刊》第二册）："凵覆以蓋，則有隱藏之義，故收藏曰藏去（今字作弆）。藏去則相違不見，故叚爲來去字。"戴家祥《金文大字典》："（）象有蓋的容器，後借爲來去之去，爲保持本義，添加表示容器的材質偏旁竹作笶，爲表示聲借義，加表示行走之義的止旁或辵旁。"即是一例。

朅　去也。从去，曷聲。　丘竭切（qiè）。

【譯文】朅，離開。从去，曷聲。

䘖① 去也。从去，夌聲。讀若陵。 力膺切(líng)。

【譯文】䘖，離開。从去，夌聲。音讀象“陵”字。

【注釋】① 䘖：徐灝《段注箋》：“夌、䘖古今字。夂部：‘夌，越也。’越者，去也。今通作陵，又作淩。”

文三

血部

血 祭所薦牲血也。从皿，一象血形。凡血之屬皆从血。 呼決切(xuè)。

【譯文】血，祭祀時獻給神明的牲畜的血。从皿，一象血形。大凡血的部屬都从血。

【參證】甲文作、。血在皿中之形。羅振玉《增訂殷虛書契考釋》：“(皿中之血)，側視之則爲一，俯視之則成矣。”

衁 血也。从血，亡聲。《春秋傳》①曰：“士刲羊，亦無衁也。” 呼光切(huāng)。

【譯文】衁，血。从血，亡聲。《春秋左傳》説：“士人刺殺了羊，卻沒有血。”

【注釋】①《春秋傳》：指《左傳・僖公十五年》。

衃① 凝血也。从血，不聲。 芳栝切(pēi)。

【譯文】衃，淤血。从血，不聲。

【注釋】① 衃：《素問・五藏生成論》：“赤如衃血者死。”王冰注：“衃血，謂敗惡凝聚之血，色赤黑也。”

衋① 气液也。从血，聿聲②。 將鄰切(jīn)。

【譯文】衋，氣血的津液。从血，聿聲。

【注釋】① 衋：《段注》：“此字各書皆假‘津’(水渡)爲之。”王筠《句讀》：“气血之精。” ② 聿聲：參“聿”條。不是津渡之津。

甹 定息①也。从血，甹省聲。讀若亭②。 特丁切(tíng)。

【譯文】甹，安定、停息。从血，甹(pīng)省聲。音讀象“亭”字。

【注釋】① 定息：王筠《句讀》："人勞則息不循其常，小瑒以安定之也。"　② 讀若亭：王筠《句讀》："亭者長亭短亭之名，乃'高部'亭，民所安定也。則亦休息之所，故云：讀若亭，言其可借也。"

【參證】甲文作、、、、。趙平安《允甹形義考》(《古漢語研究》一九九六年第二期)："从血从示。""象置血在示上，表示血祭。"祈求病痛灾害有所寧止，引申爲凡安定、停息之稱。

衄　鼻出血也。从血，丑聲。　女六切(nǜ)。

【譯文】衄，鼻出血。从血，丑聲。

𧖱　腫血①也。从血，農省聲②。膿，俗𧖱从肉，農聲。　奴冬切(nóng)。

【譯文】𧖱，腫塊的膿血。从血，農省聲。膿，俗𧖱字，从肉，農聲。

【注釋】① 腫血：《段注》："腫，癰(yōng，毒瘡)也。停滯之血則爲𧖱。"　② 農省聲：聲中有義。王筠《句讀》："凡从農者，如濃醲之類，皆有厚意。"

䀋　血醢①也。从血，肬聲②。《禮記》③有䀋醢，以牛乾脯、粱、𥻨、鹽、酒也。　他感切(tǎn)。

【譯文】䀋，和血的肉醬。从血，肬聲。《禮經》有䀋和醢，用乾牛肉片、穀子、發酵的麴母、鹽和酒釀製而成。

【注釋】① 血醢(hǎi)：《段注》："以血爲醢，故字从血。"桂馥《義證》引《醢人》注："作醢及臡者，必先膊乾其肉，乃後莝之，雜以粱麴及鹽，漬以美酒，塗置瓶中，百日則成矣。"桂又説："今雲南人取豬血，雜以肉骨同鹽豉作之，名曰豆豉䀋。"豆豉䀋以血和肉；《醢人》之醢，有肉無血。王筠《釋例》説："血、肉，相連之物，故古人製字不拘。"② 肬(tǎn)聲：徐鉉："肬，肉汁滓也。故从肬，肬亦聲。"　③《禮記》：當依《段注》刪"記"字，段氏説"《禮經》、《周禮》皆云醓醢，非出於《記》也。"

𧗿　醢也。从血①，菹聲。䔅，𧗿或从缶②。　側余切(zú)。

【譯文】𧗿，肉醬。从血，菹聲。䔅，𧗿的或體，从缶。

【注釋】① 从血：《段注》："猶从肉也。"　② 从缶：《段注》："菹醢必𧇂諸器中而成也。”

𧗁 以血[①]有所刏涂[②]，祭[③]也。从血，幾聲。 渠稀切(qí/jī)[④]。

【譯文】𧗁，用血在劃破的地方塗抹，是祭祀的一種儀式。从血，幾聲。

【注釋】① 以血：桂馥《義證》引趙宧光説：“釁鐘、釁廟，皆以血塗其隙爲用，而通謂之血祭。” ② 刏(jī)涂：王筠《句讀》：“刏，劃傷也。涂，如塗丹雘之塗。刏涂者，謂刏而塗之也。” ③ 祭：王筠《句讀》：“祭也者，謂𧗁爲祭禮中之一名也。” ④ 今讀依《廣韻》居依切。

【參證】甲文作、、。于省吾《雙劍誃殷契駢枝續編》：“宂𧗁，古今字。”“宂字象薦血於几上。从冂从几，几亦聲。从冂象血形，猶𧗁之从血也。从几聲，猶𧗁之从幾聲也。宂爲宂牲或人獻血之祭。”

[①]
卹 憂也。从血[②]，卩聲。一曰：鮮少[③]也。 辛聿切(xù)。

【譯文】卹，憂慮。从血，卩聲。另一義説，卹是少。

【注釋】① 卹：《段注》：“與心部恤音義皆同。” ② 从血：王筠《句讀》：“《詩·雨無正》：‘鼠思泣血。’箋：‘鼠，憂也。’”王筠的意思是，人憂思到心裏泣血的地步，故从血。按：此意又可从心或从血來表達，故卹與恤同。 ③ 鮮少：同義複合。王筠《句讀》：“借鮮爲尟。段氏謂卹惜雙聲，義尚近之。桂氏以俗語些卹當之，則但當作些須耳。”按今作“些許”。

【參證】甲文作，金文作、、。孫海波《卜辭文字小記》：“(字)訓憂，从人旁血，象意。”

衋 傷痛也。从血聿[①]，皕聲。《周書》[②]曰：“民(罔)[罔]不衋傷心。” 許力切(xì)。

【譯文】衋，悲傷痛苦。由血、聿會意，皕(bì)聲。《周書》説：“老百姓沒有人不悲痛傷心。”

【注釋】① 从血聿：聿，从又持巾。此謂用手持巾洗刷流血的傷口。 ②《周書》：指《酒誥》。

【參證】金文作，或从皕，與小篆稍異。林義光《文源》卷八：“聿，筆也。筆下有血，傷痛之意。奭省聲。”

 羊凝血[①]也。从血，臽聲。，衉或从贛[②]。　苦紺切(kàn)。

衉 【譯文】衉，羊的凝結了的血。从血，臽聲。𧗴，衉的或體，从贛聲。

【注釋】① 羊凝血：即牲畜的血凝合後切片所作的羹汁。徐鍇《繫傳》："衉，血羹也。"王筠《句讀》引《證俗音》説："南方謂凝牛羊鹿血爲衉。"　② 从贛：應从篆文作贑。宋保《諧聲補逸》："臽贑同部，聲相近。"

 覆也。从血大[①]。　胡臘切(hé)。

盇 【譯文】盇，覆蓋。由血、大會意。

【注釋】① 从血大：徐灝《段注箋》："盇，古榼字。""从皿，一指所盛酒漿。""象其蓋。""變作盇者，以太、去形相似也。"朱駿聲《通訓定聲》："疑篆本从去、皿。""俗字作盒。"按：盇本爲有蓋的盛物之器，覆蓋是其引申義，假借爲曷。

【參證】金文作。商承祚《楚泰器集考釋》(《文物》一九九一年第十一期)："凡从合、盇、去之字音互通，且本爲一字。""若就其字形言，皆似合子之狀，已似合，增皿作盒。"

 污血也。从血，蔑聲。　莫結切(miè)。

衊 【譯文】衊，污濁的血。从血，蔑聲。

文十五　重三

丶部

 有所絶止，丶而識之[①]。凡丶之屬皆从丶。　知庾切(zhǔ)。

丶 【譯文】丶，有斷絶、停止的地方，打丶號標誌它。大凡丶的部屬都从丶。

【注釋】① 丶而識之：朱駿聲《通訓定聲》："今誦書，點其句讀，亦其一端也。"

【參證】高鴻縉《中國字例》二篇："孔廣居曰：正譌謂，即古主字，象火炷形。小篆作，上从，下象燒鐙器。""孔説是也。"

[①] 鐙中火主也。从𡈼，象形；从丶[②]；丶亦聲。　之庾切(zhǔ)。

主 【譯文】主，燈中的火炷。从𡈼，象燈盞、燈架之形；从丶；丶也表聲。

【注釋】① 主：《段注》："其形如豆，今之鐙盞是也。上爲盌，盛膏而難火，是爲主。"王筠《句讀》："通體象形。丶象火炷，凵象鐙盞，土象鐙檠（qíng，燈架）。"20 世紀中葉湖湘間有鐙柱的豆油燈即象此形。② 从丶：《段注》："謂火主（炷）。""丶、主古今字，主、炷亦古今字。"朱駿聲《通訓定聲》："丶象火炎上，其形同丶（表絶止的丶），實非丶字。"

【參證】甲文作。商承祚《殷虛文字類編》第五："此从木，象燔木爲火。殆即主字。"

音　相與語，唾而不受也。从丶，从否[1]，否[2]亦聲。，音或从豆，从欠[3]。　天口切[4]（tǒu/pǒu）。

【譯文】音，一起説話，（一方對另一方）唾棄而不聽受。由丶、由否會意，丶也表聲。𣢾，音的或體，从欠，豆聲。

【注釋】① 从丶，从否：《段注》："不部曰：'否，不也。'从丶否者，主於不然也。"　② 否：當從《段注》作"丶"，段氏説"或字从豆聲，豆與丶同部。"　③ 或从豆，从欠：桂馥《義證》："當云'或从欠豆聲'。"《段注》："欠者，口气也。"　④ 天口切：當音 tǒu。今依《集韻》普后切音 pǒu。後 tǒu 音變爲 dōu，今作"哣"；pǒu 音變爲 pēi，今作"呸"。

文三　重一

卷十

丹部

丹[①] 巴越之赤石也[②]。象采丹井，一象丹形。凡丹之屬皆从丹。，古文丹。[③]，亦古文丹。　都寒切(dān)。

【譯文】丹，巴郡、南越出産的朱砂。()象采掘朱砂的井，一象朱砂形。大凡丹的部屬都从丹。，古文丹字。，也是古文丹字。

【注釋】① 丹：王筠《句讀》："與古文一正一倒。"徐灝《段注箋》："丹有五色，赤者爲貴，遂獨擅其名。如金有五色，黄者爲貴，亦獨擅其名也。引申之，凡色近赤者皆曰丹。"　② 巴越句：《段注》："巴郡、南越皆出丹砂。"巴郡，今四川東部地區。南越，今廣東廣西一帶。　③ ：《段注》："似是古文彤。"

【參證】甲文作、，金文作，與篆文合。

臒 善丹也。从丹，蒦聲。《周書》[①]曰："惟其斁丹臒。"讀若(隺)[靃][②]　烏郭切(wò/huò)。

【譯文】臒，美好的朱砂。从丹，蒦聲。《周書》説："應該塗抹好美好的顔料。"音讀象"靃"字。

【注釋】①《周書》：指《梓材》。今本"斁"作"塗"。徐灝《段注箋》："今俗猶謂塗金爲斁金。"今更作"鍍金"。丹臒，同義複合。

② 讀若隺：《書》釋文引作"讀與靃同"。按：隺上古屬藥部，靃、蒦同屬鐸部，當從《釋文》所引。

彤 丹飾也。从丹，从彡[①]。彡，其畫也。　徒冬切(tóng)。

【譯文】彤，用紅色塗飾器物。由丹、由彡會意。彡表示塗飾。

【注釋】① 从丹，从彡(shān)：《段注》："以丹拂拭而塗之。故从丹彡。彡者，毛、飾、畫、文也。"

【參證】金文作、。

文三　重二

青部

青　東方色[①]也。木生火[②]，从生丹。丹青[③]之信，言(象)[必][④]然。凡青之屬皆从青。[⑤]，古文青。　倉經切(qīng)。

【譯文】青，代表東方的顔色。木生火，(丹、火都是赤色，)所以由生、丹會意。“丹青之信”這句話，是説一定這樣。大凡青的部屬都从青。，古文青字。

【注釋】① 東方色：桂馥《義證》引楊慎説：“木色青，故青者，東方也；木生火，其色赤，故赤者，南方也；火生土，其色黄，故黄者，中央也；土生金，其色白，故白者，西方也；金生水，其色黑，故黑者，北方也。此五行之正色也。”　② 木生火：青爲木色，木能生火，而火色丹，又以丹代火，遂謂生、丹爲青。　③ 丹青：桂馥《義證》引《東觀漢記》：“光武詔曰：‘明設丹青之信。’”信即堅貞、信實。阮籍《詠懷詩》：“丹青著明誓。”指丹青不渝。即“石可破而不可奪堅，丹可磨而不可奪赤”。　④ 象：段、桂、王、朱、錢均作“必”。

⑤ ：商承祚《説文中之古文考》：“此當是寫失。”

【參證】金文作、。章太炎《小學答問》説：“丹爲巴越之赤石，青从丹，生聲，宜本赤色之名。”

靜　審也[①]。从青[②]，爭聲。　疾郢切(jìng)。

【譯文】靜，明審。从青，爭聲。

【注釋】① 審也：《段注》：“彩色詳宲得其宜謂之靜。”即“分布五色疏密有章”之謂也。安靜本字當从立部之竫。　② 从青：徐鍇《繫傳》：“丹青明審也。”

【參證】金文作、、、，與篆文合。

文二　重一

井部

井　八家一井[①]，象構(韓)[韓][②]形，·罋[③]之象也。古者伯益[④]初作井。凡井之屬皆从井。　子郢切(jǐng)。

【譯文】井，八家共汲一井，(井)象四周構架的木欄形，·是汲缾的樣子。古時候叫伯益的最初作井。大凡井的部屬都从井。

【注釋】① 八家句：八家共汲一井，此據井田之制。《段注》："《孟子》曰：'方里而井，井九百畝，其中爲公田。'此古井田之制。"王筠《句讀》："井田之制，中田有盧，井竈蔥韭皆取焉。"　② 韓：當作韓。《段注》："井上木闌也。其形四角或八角。"　③ 罋：本書缶部："汲缾也。"　④ 伯益：堯的大臣。

【參證】甲文作、，金文作、。高鴻縉《中國字例》："井當以水井爲本意。韓(韓)，井欄也。罋，井口也。至《孟子》述井田之制，八家爲井，井九百畝云，爲井字之借意。"

荓　深池也。从井，瑩省聲。　烏迥切(yǐng)。

【譯文】荓，深水也。从井，瑩省玉爲聲。

阱　陷[①]也。从𨸏[②]，从井，井亦聲。穽，阱或从穴。汬，古文阱从水。　疾正切(jìng/jǐng)[③]。

【譯文】阱，陷阱。由𨸏、由井會意，井也表聲。穽，阱的或體，从穴。汬，古文阱字，从水。

【注釋】① 陷：《段注》："穿地陷獸。"　② 从𨸏：徐鍇《繫傳》："𨸏，其岸。"　③ 今讀依《廣韻》疾郢切。

【參證】甲文作、。羅振玉《增訂殷虚書契考釋》："卜辭象獸在井上，正是阱字。"白玉峥。《契文舉例校讀》(《中國文字》第四十二册)："當冬春之際阱獸時，當於坎底實以鋒利之木橛，夏秋之際則常灌之以水，使坎底呈泥糊狀，坎口再敷以僞裝，導使野獸誤陷入阱。""(字从鹿者，)殆鹿者，禄也。蓋在漁獵時代先民之觀念中，所獵之的，必以獲鹿爲上。"

荆[①]　罰辠也。从井，从刀。《易》[②]曰："井，法也。"井亦聲。　户經切(xíng)。

【譯文】荆，依法懲罰罪過。由井、由刀會意。《易經》説："井水之平，是法律的象徵。"井也表聲。

【注釋】① 荆：王筠《釋例》："訓井爲法，以説荆从井之意，則與刀部刑字大異。荆即所謂律例也，刑法字當用此。"《段注》："（罸、荆）同一从刀，而一系諸受法者，一系諸執法者。"參"罸"條。
②《易》：《繫辭傳》："井居其所而遷。"鄭注："井，法也。"李尤《井銘》："法律取象，不概自平。"

【參證】金文作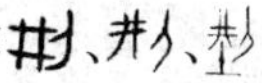。

刱　造法刱業也①。从井，刅聲。讀若創②。　初亮切(chuàng)。

【譯文】刱，創造法則，創造事物。从井，刅(chuāng)聲。音讀象"創傷"的"創"字。

【注釋】① 造法句：王筠《句讀》："'造'即'刱'也。互文見意。"《段注》："蒙上文(指荆字)'井者，法也'而言，故云'造法刱業。'"
② 讀若創：王筠《句讀》："言此以區别之，正以見其通借也。"創本義爲創傷，經典刱造字常用創，是刱借創，所謂因音"通"而"借"。

文五　重二

皀部

皀　穀之馨香①也。象嘉穀在裹②中之形；匕③，所以扱④之。或説，皀，一粒⑤也。凡皀之屬皆从皀。又讀若香⑥。　皮及切(bī，又 xiāng)。

【譯文】皀，穀的芬芳的香氣。(白)象美好的穀子在穀皮之中的樣子；匕，是用來取飯的工具。另一義説，皀是一粒。大凡皀的部屬都从皀。又，音讀象"香"字。

【注釋】① 馨香：馨，香氣遠聞。《段注》："馨者，香之遠聞者也；香者，芳也。"馨、香，同義連用。　② 裹：穀皮。《段注》："裹者，禾部所謂稃也，稽也，糠也。穀皮是也。"　③ 匕：取飯的工具，一名柶。　④ 扱：收。　⑤ 一粒：《段注》引《顔氏家訓》説，"蜀土呼豆爲逼"，"《通俗文》音方力反"。今浙東方言仍稱豆粒爲豆皀。

⑥ 讀若香：《段注》："許書中卿、鄉字从皀聲，讀若香之證也。"馨香義讀許良切，音香。

【參證】甲文作、。李孝定《甲骨文字集釋》："象嘉穀在簋中形。""穀之馨香乃其引申誼。"姚孝遂："'皀'實即'𣪘(簋 guǐ)'之初文。"(《甲骨文字詁林》第三册)

即　即食①也。从皀，卪聲②。　子力切(jí)。

【譯文】即，人就食。从皀，卪聲。

【注釋】① 即食：《段注》："即當作節。《周易》所謂'節飲食'也。節食者，檢制之，使不過。故凡止於是之詞謂之即。"按："止於是"，其義爲到，爲就。　② 卪聲：《段注》："此當云从卪皀，卪亦聲。其訓節食，故从卪皀。卪、節古通也。"

【參證】甲文作、，金文作、。林義光《文源》："卪即人字；即，就也；，薦熟物器。象人就食之形。"

既　小食①也。从皀，旡聲。《論語》②曰："不使勝食既③。"居未切(jì)。

【譯文】既，小的食物。从皀，旡(jì)聲。《論語》説："不使肉食勝過米食。"

【注釋】① 小食：徐灝《段注箋》："小食易盡，故引申爲盡也，已也。"　②《論語》：指《鄉黨篇》。　③ 不使句：《段注》："謂不使肉勝於食。"食既，指米食。今本作食氣。氣，本書米部："氣，饋客芻米也。"食、氣，同義連用。王筠《釋例》："食、氣祇是一義，古人正多複語。"

【參證】甲文作、、。金文作、。羅振玉《增訂殷虚書契考釋》："既象人食既。許君訓既爲小食，誼(義)與形爲不協矣。"李孝定《甲骨文字集釋》："契文象人食已，顧左右而將去之也。引申之義爲盡。"

皀①　飯剛柔不調相著。从皀，冖聲②。讀若適。　施隻切(shì)。

【譯文】皀，飯硬的和爛軟的不相調和、不相黏著。从皀，冖(mì)聲。音讀象"適"字。

【注釋】① 皀：朱駿聲《通訓定聲》："蘇俗謂之隔生飯。"　② 冖聲：聲中有義。夾生飯再蒸，必以覆巾密封。徐灝《段注箋》："冖聲，亦因聲載義。冖，覆巾也。凡炊將熟，冪之以巾，使其氣不外洩，則易熟也。"

【參證】甲文作、，金文作、、。李孝定《金文詁林讀後記》卷五："字之本義蓋爲簋上覆之以巾，與冪同意。"

文四

鬯部

 鬯　以秬釀鬱艸[①]，芬芳(攸服)[條暢][②]，以降神也。从凵[③]，凵，器也；中象米[④]；匕，所以扱之。《易》[⑤]曰："不喪匕鬯。"凡鬯之屬皆从鬯。　丑諒切(chàng)。

【譯文】鬯，用黑黍酒和鬱金香草釀在一起，使它芬芳條暢，用以降神。从凵，凵，是盛飯食的器具；中間的※象米；匕，是取食的勺子。《易經》説："不喪失勺子裹的鬯酒。"大凡鬯的部屬都从鬯。

【注釋】① 以秬釀鬱艸：秬，黑黍。鬱，鬱金香草。徐灝《段注箋》："築鬱金之艸而煮之，以和秬黍之酒，使之芬芳條鬯，故謂之鬱鬯。"　② 攸服：《段注》："當作條暢。"條暢，條直通暢。　③ 凵：音袪。凵部："凵盧，飯器。"　④ 中象米：《段注》："謂※也。※即米字斜書之。"　⑤《易》：指《震卦》。

【參證】甲文作、、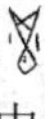，金文作、。甲文金文下象器之足。卜辭鬯亦稱卣。高鴻縉《中國字例》二篇："卣中尊也，有提梁，是以鬯字古原象形，象器中鬱築香艸於酒中之形。"

 鬱　芳艸[①]也。十葉爲貫，百廿貫築[②]以煮之爲鬱[③]。从臼、冖、缶、鬯[④]；彡[⑤]，其飾也。一曰：鬱鬯，百艸之華，遠方鬱人所貢芳艸，合釀之以降神[⑥]。鬱，今鬱林郡[⑦]也。　迂勿切(yù)。

【譯文】鬱，香草。十片草葉是一貫，以一百二十貫草葉舂擣它，烹煮它，叫作鬱。由臼、冖、缶、鬯會意，彡表示盛鬱器物的裝飾品。另一義説，鬱是鬱鬯。由中原百草的花和遠方的鬱地人貢獻的芳草，混合醞釀在一起，用以降神。鬱地，即今天的鬱林郡。

【注釋】① 芳艸：王筠《句讀》引《魏略》："鬱金香生大秦國，二月三月有花，狀如紅蘭。四月五月采花，即香也。"廿：《説文》十部作"廿"，"廿，二十并也。"　② 築：徐鍇《繫傳》："築，舂也。"　③ 爲鬱：申説芳草名鬱的理由。　④ 从臼句：《段注》："臼，叉手也。缶，瓦器。冖(mì)，覆也。鬯之言暢也。叉手築之令糜(mí，碎爛)，乃盛之於缶而覆之，封固以幽之，則其香气暢達。此會意之恉也。"　⑤ 彡：器之飾。　⑥ 鬱鬯句：《段注》："謂凡言鬱鬯者，用中國百艸之華及遠方鬱人所貢芳艸，二者合而釀之，芬芳條暢，可用降神，是曰鬱鬯。此别一義也。"　⑦ 鬱林郡：今廣西桂平之西。今作玉林。

【參證】楊樹達《文字形義學》："鬱从臼缶冖鬯者，謂人兩手和鬯，盛之於缶，以冖覆之也。"金文作、、。待考。

爵　禮器也。象爵之形[①]，中有鬯酒，又持之也[②]。所以飲。器象爵者，取其鳴節節足足[③]也。，古文爵[④]，象形。即略切(jué)。

【譯文】爵，行禮用的酒器。()象雀之形，中間有鬯酒，"又"表示用手持握着。是用來飲酒的器皿。飲器象雀的緣故，是取其注酒聲象雀鳴聲節節足足。，古文爵字，象形。

【注釋】① 象爵之形：《段注》作"象雀之形"。徐灝《段注箋》："象側視之形，右爲流，左爲尾，中爲盛酒之量，上爲柱，側視，故見一柱也，左垂爲足，因合於下體而省其二足也。"　② 中有句：朱駿聲《通訓定聲》："酒以鬯爲貴，故从鬯，又持之，會意。"　③ 節節足足：《段注》："雀音如是。"徐灝《段注箋》："爵之制爲雀形者，飲酒貴有節而止足。"　④ 古文爵：俞樾《兒笘録》："即爵禄之爵也，其字从册。""古人受爵，必有册，以書所受之王命。""上作巾者，从爵省聲，巾即爵上之也。"

【參證】甲文作、，金文作、。李孝定《甲骨文字集釋》："契文爵字即象傳世酒器爵斝之爵，兩柱。側視之，但見一柱，故字衹象一柱、有流(倒酒的口)、腹空、三足、有耳之形。”羅振玉《增訂殷虚書契考釋》:“許書所从之，殆由轉寫之譌。其从鬯與又,則後人所益也。”商承祚《説文中之古文考》(《金陵大學學報》第五卷第二期):“(古文)作，乃篆文形之譌變。疑非古文也。”

䵻 黑黍[①]也。一稃二米,以釀也。从鬯,矩聲。秬[②],䵻或从禾。 其吕切(jù)。

【譯文】䵻,黑黍。一個穀殼包着兩粒米,黑黍可以釀酒。从鬯,矩聲。秬,䵻的或體,从禾。

【注釋】① 黑黍:《爾雅·釋草》:“秬,黑黍。秠(pī),一稃(fū)二米。”郭璞注:“秠亦黑黍,但中米異耳。” ② 秬:朱駿聲《通訓定聲》:“秬當爲正篆,以爲鬯酒,復製䵻字。”

【參證】金文作、、、。郭沫若《兩周金文辭大系考釋》:“从鬯矩聲。矩,金文矩。”“从矢乃後來之譌變。”

䣻 列[①]也。从鬯,吏聲。讀若迅[②]。 疏吏切(shì/shǐ)[③]。

【譯文】䣻,酒氣酷烈。从鬯,吏聲。音讀象“迅”字。

【注釋】① 列:《段注》:“當從《玉篇》作烈,字之誤也。烈,火猛也,引申爲凡猛之偁。䣻謂酒氣酷烈。”古列、烈通。 ② 讀若迅:《段注》:“吏聲即史聲,史與迅雙聲。” ③ 今讀依《廣韻》踈士切。

文五 重二

食部

食 一米[①]也。从皀,亼聲。或説:亼皀[②]也。凡食之屬皆从食。 乘力切(shí)。

【譯文】食,聚集的米。从皀(xiāng),亼(jí)聲。另一義説,(食)由亼、皀會意。大凡食的部屬都从食。

【注釋】① 一米:錢桂森《段注鈔案》:“一字疑當作壹。”“《禮·玉藻》:‘壹食之人。’注云:‘壹猶聚也。’此處蓋謂聚米爲食。”《段注》:“引申之,人用供口腹亦謂之食。” ② 亼皀:集合馨香之米。亼,亼合，讀若集。即集合義。皀，穀之馨香也。

【參證】甲文作、、，金文作、。戴家祥《金文大字典》：“皀爲簋之初文。”“亼象器蓋。”

饙 滫飯[①]也。从食，奔聲[②]。，饙或从賁。，饙或从奔。府文切(fēn)。

【譯文】饙，蒸飯半熟，用筲箕漉出，再以甑蒸熟。从食，奔聲。饋，饙的或體，从賁聲。餴，饙的或體，从奔聲。

【注釋】① 滫(xiǔ)飯：朱駿聲《通訓定聲》：“如今北方蒸飯，先以米下水一涫(guàn，沸滚)，漉(lù，撈取)出，再蒸匀熟之。下水涫之曰饋，再蒸之曰餾。” ② 奔(hū)聲：奔、賁、奔都从卉聲。見宋保《諧聲補逸》。

【參證】金文作、、、。李孝定《金文詁林讀後記》卷五：“固當以滫飯義解之。”馬敘倫《六書疏證》卷十：“今北平煮飯，下米，俟水涫後，去其汁烝之，即滫飯也。”

餾[①] 飯气蒸也。从食，留聲。 力救切(liù)。

【譯文】餾，飯氣蒸騰。从食，留聲。

【注釋】① 餾：徐灝《段注箋》：“饋者半熟，餾者全熟。”參“饋”條。

飪 大孰也。从食，壬聲。[①]，古文飪。[②]，亦古文飪。如甚切(rěn/rèn)。

【譯文】飪，煮得爛熟。从食，壬聲。肚，古文飪字。恁，也是古文飪字。

【注釋】① 肚：《段注》：“从肉。”徐灝《段注箋》：“今粵俗謂肉爛熟曰脸。”按：脸即肚。桂馥《義證》：“變壬从念。” ② 恁：朱駿聲《通訓定聲》：“心部有恁字，古書或借恁爲飪。許因又誤系飪下。”

饔[①] 孰食[②]也。从食，雝聲。 於容切(yōng)。

【譯文】饔，熟食。从食，雝聲。

【注釋】① 饔：邵瑛《羣經正字》：“今經典作饔。”“雍即雝之隸變。” ② 孰食：《段注》：“已孰可食者也。”

【參證】甲文作、，金文作、。唐蘭《天壤閣甲骨文存考釋》：“(甲文)象兩手奉皀(guǐ)，皀作若，即字，進食物之形也。

以卜辭或用収字推之，當从収聲。”“餥从収聲，亦正與饔聲相近。”“餥即饔之本字。”李孝定《甲骨文字集釋》第五：“（金文）或亦从食雍聲作□，與《説文》篆體同。”

□ 飴　米糱煎①也。从食，台聲。□，籀文飴从異省②。　與之切（yí）。

【譯文】飴，米芽煎熬而成的糖漿。从食，台（yì）聲。□，籀文飴字，从異省聲。

【注釋】① 米糱（niè）煎：《段注》：“米部曰：‘糱，芽米也。’火部曰：‘煎，熬也。’以芽米熬之爲飴，今俗用大麥。”　② 从異省：《段注》：“異省聲。”宋保《諧聲補逸》：“台聲、異聲，一聲之轉。同部相近。”

【參證】金文作□、□。容庚《善齋彝器圖録・𦲷簋》：“《説文》飴，籀文作□，从異省，與此正同。”

□① 餳　飴和饊②者也。从食，(昜)[易]聲。　徐盈切（xíng）。

【譯文】餳，飴糖和糯米粉熬成的糖。从食，昜（yáng）聲。

【注釋】① 餳：今作糖，古作餳。餳字當从昜聲，今誤作易。《段注》：“餳，古音如洋，語之轉如唐。故《方言》謂餳謂之餹，郭云：江東皆言餹音唐。”　② 和饊：《段注》：“不和饊謂之飴，和饊謂之餳。”

□① 饊　熬稻粻程也②。从食，散聲③。　穌旱切（sǎn）。

【譯文】饊，指先煮糯米，使之擴張、肥美，然後再乾熬。从食，散聲。

【注釋】① 饊：朱駿聲《通訓定聲》：“黏米煮熟爲餦餭（即粻程），又乾煎之曰饊，和之以飴曰餳。”　② 熬稻句：熬，乾煎。稻，糯米。粻程（zhāng huáng）：米煮後脹開肥大貌。顔注《急就篇》：“古謂之張皇，亦目其開張而大也。”熬稻粻程，即熬粻程之稻。　③ 散聲：聲中有義。散，从肉，㪔聲。㪔，分離也。引申爲分散，散布，脹開。

□ 餅　麪餈①也。从食，并聲②。　必郢切（bǐng）。

【譯文】餅，用麪粉製成的扁圓形的食品。从食，并聲。

【注釋】① 麪餈：麪之餈。《段注》：“麪，麥末也。”　② 并聲：聲中有義。《釋名》：“餅，并也。溲麪使合并也。”

餈 稻餅[①]也。从食，次聲。⿰食齊，餈或从齊[②]。粢，餈或从米。疾資切(cí)。

【譯文】餈，用糯米作成的糍粑。从食，次聲。⿰食齊，餈的或體，从齊聲。粢，餈的或體，从米。

【注釋】① 稻餅：《段注》："以稬（糯米）蒸孰（熟），餅（做餅）之如麪餅曰餈。"稻，糯米。王筠《釋例》："安徽所謂糍粑，即餈也。"

② 从齊：《段注》："齊聲。"宋保《諧聲補逸》："齊、次同部，聲相近。"

饘[①] 糜也。从食，亶聲。周謂之饘，宋謂之餬。諸延切(zhān)。

【譯文】饘，稠粥。从食，亶聲。周地叫作饘，宋地叫作餬。

【注釋】① 饘：《廣韻·先韻》："饘，厚粥也。"

餱 乾食也。从食，侯聲。《周書》[①]曰："峙乃餱粻。"乎溝切(hóu)。

【譯文】餱，乾糧。从食，侯聲。《周書》説："準備好你們的乾糧。"

【注釋】①《周書》：指《費誓》。今本作"糗糧"。峙，具備、準備。粻(zhāng)，《爾雅·釋言》："粻，糧也。""糗糧"與"餱粻"同義。王筠《句讀》："糗，熬米麥也。所以證乾食。糧字連糗爲複語。"

餥 餱也。从食，非聲。陳楚之間相謁食麥飯曰餥[①]。非尾切(fěi)。

【譯文】餥，乾糧。从食，非聲。陳地楚地之間相見後請吃麥飯叫作餥。

【注釋】① 陳楚句：此説餥的另一義。語見《方言》卷一。"飯"作"饘"，桂馥《義證》引《急就篇》顔注："麥飯，磨麥而炊之。"謁，桂馥引《方言》注："謁，請也。"

饎 酒食[①]也。从食，喜聲[②]。《詩》[③]曰："可以饙饎。"⿰食配，饎或从配[④]。糦，饎或从米[⑤]。昌志切(chì)。

【譯文】饎，酒食。从食，喜聲。《詩經》説："可以蒸飯熬酒。"⿰食配，饎的或體，从配聲。糦，饎的或體，从米。

【注釋】① 酒食：《段注》："因之名炊曰饎，因之名黍稷曰饎。"引申之義也。 ② 喜聲：聲中有義。《段注》："酒食者，可喜之物也，故其字从食、喜。” ③《詩》：指《大雅·洞酌》。 ④ 从䣌：《段注》：“䣌，聲也。” ⑤ 从米：《特牲禮》注：“炊黍稷曰饎。”黍稷，米屬，可爲酒爲食，故饎又可从米。

【參證】甲文作，金文作。

饌

具食①也。从食，算聲。，饌或从巽②。 士戀切(zhuàn)。

【譯文】饌，準備或陳列飲食。从食，算聲。饌，饌的或體，从巽聲。

【注釋】① 具食：《一切經音義》卷一引作“備具飲食也”。 ② 从巽：《段注》：“巽聲。”宋保《諧聲補逸》：“算、巽同部。猶媵讀若纂，重文作䉵，巽聲，是其例矣。”又，算、巽同爲心紐。

養

供養也。从食，羊聲①。②，古文養。 余兩切(yǎng)。

【譯文】養，供給養護。从食，羊聲。羧，古文養字。

【注釋】① 羊聲：楊樹達《積微居小學述林》卷一：“養从羊聲者，吾先民之食物，以羊爲主要之品。”“蓋用羊供養，故依羊字之音造養字。” ② 羧：蕭道管《重文管見》：“从羊，从食省，又，取以供養也。”以爲古文由羊、亼(即謂食省)、又三部兮構成。

【參證】甲文作，金文作。商承祚《說文中之古文考》：“讀作牧，象以手持鞭而牧羊，牧牛則字从牛，羧羊則字从羊也，後以从牛之字爲牧，而以羧爲養矣。”李孝定《金文詁林讀後記》卷五進而說：“昔之牧、羧分用者，亦牧字專行，而羧則爲引申義所專而本義反晦。”按：牧羊爲放羧，牧牛爲放牧，皆可引申爲牧養，後牧牛之牧專放牧之義，羧羊之羧專養牧之義。後如楊樹達所說，羊爲牧民之主要食品，用羊供養，故依羊字之音造養字。

飯

食①也。从食，反聲②。 符萬切(fàn)。

【譯文】飯，煮熟的穀類食物。从食，反聲。

【注釋】① 食：王筠《句讀》：“飯食皆當動靜二義。”所飯，名詞，即王說之“靜”；食之，動詞。 ② 反聲：王筠《句讀》：“六朝諱言反，故改爲飰。”

【參證】金文作。戴家祥《金文大字典》：“(金文)結構與小篆同。”

①
鈕

雜飯也。从食，丑聲。 女久切(niǔ/niù)②。

【譯文】鈕，糅雜的飯食。从食，丑聲。

【注釋】① 鈕：米部粈同，又作糅。　② 今讀依《廣韻》女救切。

飤　糧[1]也。从人食[2]。　祥吏切(sì)。

【譯文】飤，給人吃。由人、食會意。

【注釋】① 糧：《玉篇》作食。糧即食，謂使之食。　② 从人食：《一切經音義》卷二："从人仰食也。謂以食供設與人也。"今飤作飼。

【參證】金文作□、□、□。與篆同。

饡　以羹澆飯也。从食，贊聲。　則榦切(zàn)。

【譯文】饡，用肉湯汁或菜湯汁澆飯。从食，贊聲。

【參證】金文作□，从尸从食，或説尸爲尾之省。《金文編》："《玉篇》：'餍，饡之古文。'"俞樾《兒笘録・餐重文飡》："饡、飡二字並有澆飯之義，故或叚飡爲饡。飡字篆文作飧，其上夕字引而長之則與尸相似，因誤爲餍矣。""其字又作屧，从尸，从氺。尸者，夕之變也。氺者，水之變也。"姑備一説。

餯　晝食[1]也。从食，象聲。餳，餯或从傷省聲。　書兩切(shǎng)。

【譯文】餯，午飯。从食，象聲。餳，餯的或體，从傷省聲。

【注釋】① 晝食：王筠《句讀》："吾鄉謂午飯曰餯飯。"《段注》："今俗謂日西爲晌午，頃刻爲半晌，猶餯之遺語也。"

【參證】金文作□、□。唐蘭《論周昭王時代的青銅器銘刻》(《古文字研究》第二輯："鍚、餳本一字，後人强生分别，以餳爲糖字，而以餳爲晝食。鍚字从昜，昜就是太陽。""所以訓爲晝食。這裏應該讀如餉或饟。""餯、餳兩字的音和饟字正同。""由於農夫們午飯後總得歇一下，後代送到田裏中午這一頓飯總比較遲，所以《廣韻》在餯字下注'日西食'，這就是現在所説的晌午飯。'晌午'這個詞就由於中午餉後農夫而引申出來的。"

飧[1]　餔[2]也。从夕食。　思魂切(sūn)。

【譯文】飧，晚飯。由夕、食會意。

【注釋】① 飧：今作飡。　② 餔：《三蒼》："餔，夕食也。"下"餔"爲"日加申時食也"，申時，即下午三時至五時，或日爲兩餐者，或日爲三餐者，晚餐均在此一時段。故以“夕”“食”會意。徐灝《段注箋》引戴侗説，“古者夕則餕朝膳之餘”，而又不宜過飽，吃的較簡少，故常以“水澆飯”(見《伐檀》正義引《説文》)，因而《釋名》説：“飧，散也，投水於中解散也。”此俗至今猶存。

餔 日加申時食也①。从食，甫聲。𥂝，籀文餔，从皿②，浦聲。博狐切(bū)。

【譯文】餔，日頭在申時吃晚飯。从食，甫聲。𥂝，籀文餔字，从皿，浦聲。

【注釋】① 日加句：日加申，謂日在申時。王筠《句讀》：“日加某者，古語也。”申時食即夕食。《三蒼》：“餔，夕食也。” ② 从皿：《段注》：“皿，飲食器也。”

餐 吞①也。从食，𣦼聲。湌①，餐或从水②。七安切(cān)。

【譯文】餐，吞吃。从食，𣦼聲。湌，餐的或體，从水。

【注釋】① 吞：《段注》：“餐訓吞，引申之爲人食之；又引申之，爲人所食，故曰‘授餐’。” ② 从水：俞樾《兒笘録・餐重文湌》：“湌者，飧篆之重文也。”俞以爲《説文》“飧”下説解當爲：“飧，餔也。一曰：水澆飯也。从夕食。湌，飧或从水。”參“飧”條。

䭑 嘰①也。从食，兼聲。讀若風溓溓。一曰：廉潔也。力鹽切(lián)。

【譯文】䭑，小吃。从食，兼聲。音讀象“風溓溓”的“溓(lián)”字。另一義説：䭑是廉潔。

【注釋】① 嘰(jī)：本書口部：“嘰，小食也。”明趙宧光《説文長箋・食部》：“正飯之後有小飯，如茶點之類。”

饁 餉田①也。从食，盍聲。《詩》曰：“饁彼南畝②。”筠輒切(yè)。

【譯文】饁，送飯食到田地。从食，盍聲。《詩經》説：“把飯食送到南邊的田地裏去。”

【注釋】① 餉田：承培元《引經證例》：“饋食曰餉，餉田曰饁。”
② 饁彼句：《豳風・七月》、《小雅・甫田》均有此句。

[1] 周人謂餉曰饟。从食，襄聲。　人漾切（ràng/xiǎng）[2]。

饟【譯文】饟，周地人叫餉作饟。从食，襄聲。

【注釋】① 饟：《爾雅·釋詁》："饁、饟，饋也。"按：饋，進食物給别人。　② 今讀據《廣韻》書兩切。

 饟也。从食，向聲。　式亮切（shàng/xiǎng）[1]。

餉【譯文】餉，進食給别人。从食，向聲。

【注釋】① 今讀據《集韻》始兩切。

 餉也。从食，貴聲。　求位切（kuì）。

饋【譯文】饋，進食給别人。从食，貴聲。

【參證】馬薇廎《彝銘中所加於器上的形容字》（《中國文字》第四十三册）："爲貴字，古鉨與此相同。爲甾字，瓦器也。从甾从貝，貝貯甾中，寶貴之物也，故有貴義。从食貴聲，饋字也，饋之本義爲進食於神明，與薦義同。引申之爲以物與人，與餽通。"

 鄉人飲酒也。从食，从鄉，鄉亦聲。　許兩切（xiǎng）。

饗【譯文】饗，鄉人（相對）喝酒。由食、由鄉會意，鄉也表聲。

【參證】① 甲文作，金文作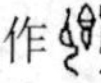、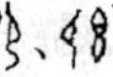。羅振玉《增訂殷虚書契考釋》："皆象饗食時賓主相嚮之狀，即饗字也。古公卿之卿（qīng）、鄉黨之鄉（xiāng）、饗食之饗（xiǎng），皆爲一字，後世析而爲三。"

 盛器滿皃。从食，蒙聲。《詩》[1]曰："有饛簋飧。"　莫紅切（méng）。

饛

【譯文】饛，食物盛在器皿中豐滿的様子。从食，蒙聲。《詩經》説："豐滿啊，簋器中的食物。"

【注釋】①《詩》：指《小雅·大東》。有，詞頭。簋（guǐ），器皿。飧，晚餐，引申爲食物。

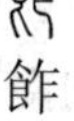 楚人相謁食麥曰飵[1]。从食，乍聲。　在各切（zuò）。

飵【譯文】飵，楚地人相拜見後請吃麥粥叫飵。从食，乍聲。

【注釋】① 楚人句：徐鍇《繫傳》："飵，人相謁相見後，設麥飯以爲常禮，如今人之相見飲茶也。"《方言》卷一："餥（fēi）、飵，食也。陳、楚之内相謁而食麥饘，謂之餥，楚曰飵。凡陳楚之郊、南楚之外相謁而餐,或曰酢,或曰飴。秦晉之際、河陰之間曰饂饐,此秦語也。”

飴[①] 相謁食麥也。从食,占聲。 奴兼切(nián)。

飴 【譯文】飴,相拜見後請吃麥粥。从食,占聲。

【注釋】① 飴:參“飵”條。

饂[①] 秦人謂相謁而食麥曰饂饐。从食,㬈聲。 烏困切(wèn)。

饂 【譯文】饂,秦地人叫相拜見後請吃麥粥作饂饐(èn)。从食,㬈聲。

【注釋】① 饂:參“飵”條。

饐 饂饐[①]也。从食,豈聲。 五困切(wèn/èn)[②]。

饐 【譯文】饐,饂饐。从食,豈聲。

【注釋】① 饂饐:朱駿聲《通訓定聲》:“饂饐,雙聲連語。”見“饂”條。

② 今讀依《廣韻》五恨切。

餬 寄食[①]也。从食,胡聲。 户吴切(hú)。

餬 【譯文】餬,寄食於别人。从食,胡聲。

【注釋】① 寄食:桂馥《義證》:“據正考父鼎銘,則餬者食饘鬻之類。”《昭七年左傳》注:“饘鬻,餬屬。”正義:“將糜向口,故曰以餬余口,猶今人以粥向帛,黏使相著,謂之餬帛。”故引申爲寄食。王筠《句讀》:“説雖未的,已得其似矣。”今字作“糊”。

飶 食之香也。从食,必聲。《詩》[①]曰:“有飶其香。” 毗必切(bì)。

飶 【譯文】飶,食物的香氣。从食,必聲。《詩經》説:“食物的香氣多麽芬芳。”

【注釋】①《詩》:指《周頌·載芟》。有,詞頭。毛傳:“飶,芬香皃。”

餯 燕食[①]也。从食,芺聲。《詩》[②]曰:“飲酒之餯。” 依據切(yù)。

餯 【譯文】餯,安逸無事地私下宴飲。从食,芺(ǎo)聲。《詩經》説:“喝酒喝得那麽安閑。”

【注釋】① 燕食:《段注》:“燕同宴,安也。安食者,無事之食也。”

②《詩》:指《小雅·常棣》。毛傳:“飫,私也。不脱屨升堂謂之飫。”正義引孫炎説:“飫,非公朝,私飲酒也。”

飽　猒也。从食，包聲。，古文飽，从采①。，亦古文飽，从卯聲②。　博巧切(bǎo)。

【譯文】飽，吃飽。从食，包聲。餥，古文飽字，从采聲。餥，也是古文飽字，从卯聲。

【注釋】① 从采：徐鍇《繫傳》作"从采聲"，説："采音保。"王筠《句讀》："采，古文孚。古包孚同聲。"　② 从卯聲：宋保《諧聲補逸》："包采卯並同部相近。"

【參證】商承祚《説文中之古文考》(《金陵大學學報》第五卷第二期)："《汗簡》引作，从保，保乃保之古文。采，孚之古文，此从孚，《汗簡》从保，未知何爲本體。"

餇　猒①也。从食，肙聲。　烏玄切(yuān/yuàn)②。

【譯文】餇，饜棄。从食，肙聲。

【注釋】① 猒：《段注》："猒，飽也。餇則有厭棄之意。"　② 今讀依《廣韻》烏縣切。

饒①　飽也。从食，堯聲。　如昭切(ráo)。

【譯文】饒，(很)飽。从食，堯聲。

【注釋】① 饒：《段注》："饒者，甚飽之詞也。引以爲凡甚之偁。""近人索饒、討饒之語，皆謂已甚而求已也。"

餘　饒①也。从食，余聲。　以諸切(yú)。

【譯文】餘，豐足。从食，余聲。

【注釋】① 饒：徐灝《段注箋》："食之饒曰餘，引申爲凡有餘之偁。有餘則可久，故《廣雅》曰'餘久'也。凡以此概彼則曰其餘。又爲衆辭，故《廣雅》又曰'餘皆'也。"

餀　食臭也。从食，艾聲。《爾雅》①曰："餀謂之喙。"　呼艾切(hài)。

【譯文】餀，食物腐敗發臭。从食，艾聲。《爾雅》説："餀叫作喙。"

【注釋】①《爾雅》：指《釋器》。今本"喙(huì)"作"餯"。郭璞注："説物臭也。"王筠《句讀》："喙者，古文假借字，餯者，後作之專字也。""蓋喙者口也。口能息，故《釋詁》謂之息；困極則促息，故韋氏謂之短氣；然則餀謂之喙，即由氣之義引申之，而得氣臭之義，即得惡臭之義矣。喙、穢又是疊韻，可以通借。”

餞　送去①也。从食，戔聲。《詩》②曰：“顯父餞之。”　才綫切(jiàn)。

【譯文】餞，用酒食送行。从食，戔聲。《詩經》説：“顯父擺酒送行。”

【注釋】① 送去：徐鍇《繫傳》：“以酒食送也。”承培元《引經證例》：“許不言食者，以字从食也。”　②《詩》：指《大雅·韓奕》。顯父，周朝的大臣。

餫①　野饋曰餫。从食，軍聲②。　王問切(yùn)。

【譯文】餫，在外運糧以饋送人叫餫。从食，軍聲。

【注釋】① 餫：《段注》：“餫之言運也，遠詞也。”“餫爲運糧。”王筠《句讀》：“凡轉運以輸之，皆謂之餫。”　② 軍聲：可視爲“運省聲”。

館①　客舍也。从食②，官聲③。《周禮》④：五十里有市，市有館，館有積，以待朝聘之客。　古玩切(guàn/guǎn)⑤。

【譯文】館，接待賓客的房屋。从食，官聲。《周禮》説：每五十里有集市，集市上有館舍，館舍裏有聚積的糧草，用以接待朝拜、問候的賓客。

【注釋】① 館：《段注》：“古假觀爲之。”“自唐以前，六朝時，凡今道觀皆謂之某館。至唐始定謂之觀。”館因是舍，故又从舍作舘。

② 从食：徐灝《段注箋》：“使者所至，假館授餐，故館从食也。”

③ 官聲：聲中有義。官本古館字。參“官”條。　④《周禮》：指《地官·遺人》。　⑤ 今讀依《集韻》古緩切。

饕　貪也。从食，號聲。①，饕或从口，刀聲。，籒文饕从號省②。　土刀切(tāo)。

【譯文】饕，貪食。从食，號聲。叨，饕的或體，从口，刀聲。䬩，籒文饕字，从號省聲。

【注釋】① 叨：邵瑛《羣經正字》：“自《廣韻》以饕訓貪財、叨訓濫，分爲二字，於是後代字書，遂無不遵之矣。”　② 从號省：宋保《諧聲補逸》：“从號省聲。”王筠《句讀》以爲是：“唬聲自諧。”

【參證】金文作。

飻（篆）飻　貪也。从食，殄省聲[①]。《春秋傳》[②]曰："謂之饕飻。"　他結切（tiè）。

【譯文】飻，貪食。从食，殄省聲。《春秋左傳》説："叫它作饕餮。"

【注釋】① 殄省聲：徐鍇《繫傳》作"㐱聲"。　②《春秋傳》：指《左傳·文公十八年》。"飻"今本作"餮"。

【參證】饕餮：馬敘倫《六書疏證》卷十："雙聲轉注字或聯緜詞。"周世榮《淺談古文字與商周圖形定形》（《古文字論集[一]》，考古與文物叢刊第二號）："'饕餮'係指犧首而言，其取象以牛、羊爲主，故'饕餮'以總稱'牲首'爲妥"，是"酒器的造型與圖案裝飾"。其形怪異，後世遂以倫理説教附會爲："周鼎著饕餮，有首無身，食人未咽，害及其身，以言報更也。"（《吕氏春秋·先識篇》）進而又分訓爲：貪財爲饕，貪食爲餮。

饖（篆）饖　飯傷熱[①]也。从食，歲聲。　於廢切（wèi）。

【譯文】饖，飯因暑熱而臭敗。从食，歲聲。

【注釋】① 飯傷熱：謂因熱而變壞，今叫餿。王筠《句讀》："蓋古人一炊而數日食之，如今瀋陽土風，故有傷熱傷溼之事。"

饐（篆）饐　飯傷溼[①]也。从食，壹聲[②]。　乙冀切（yì）。

【譯文】饐，飯因溼鬱而腐臭。从食，壹聲。

【注釋】① 飯傷溼：徐灝《段注箋》："許以上文饖訓傷熱，故於此獨言傷溼，其實義皆通耳。"　② 壹聲：徐灝《段注箋》："壹有鬱蒸閉塞之義，凡食經久因蓋藏而致變味，故用壹爲聲。"

餲（篆）餲　飯餲也。从食，曷聲。《論語》[①]曰："食饐而餲。"　乙例切（yì）。又，烏介切（ài）。

【譯文】餲，飯經久變味。从食，曷聲。《論語》説："飯食腐臭而變味。"

【注釋】①《論語》：指《鄉黨》。皇侃疏："饐，食經久腐臭也；餲，經久味惡也。"

饑（篆）饑　穀不孰[①]爲饑。从食，幾聲。　居衣切（jī）。

【譯文】饑，五穀不熟叫饑。从食，幾聲。

【注釋】① 孰：成熟。

饉　蔬不孰[1]爲饉。从食，堇聲。　渠吝切(jǐn)。

【譯文】饉，蔬菜不熟叫饉。从食，堇聲。

【注釋】① 孰：成熟。

【參證】金文作[金文字形]。林潔明："銘文云：昔饉歲。蓋用爲歲荒之意也。"(《金文詁林》卷五)按：此饉之引申。

䬴　飢也。从食，戹聲。讀若楚人言恚人[1]。　於革切(è)。

【譯文】䬴，飢餓。从食，戹(è)聲。音讀象楚地人對人忿恚的聲音。

【注釋】① 讀若句：朱駿聲《通訓定聲》："恚人之詞，有聲無字，許時則常語，人共知也。今蘇俗如'亥'，短言之。"

餧[1]　飢也。从食，委聲。一曰：魚敗曰餧。　奴罪切(něi)。

【譯文】餧，飢餓。从食，委聲。另一義説：魚腐敗叫餧。

【注釋】① 餧：當作餒，从食，妥聲。詳見《段注》。又徐灝《段注箋》："餧訓飤(sì飼)，餒乃訓飢。今《篇》、《韻》並云：'餧，飢也。'疑飢本作飤，形近之譌。《廣雅》：'萎飤也。'是也。蓋餧誤訓爲飢，淺人因改《説文》'餒，飢也'作'餧，飢也'。"

飢[1]　餓也。从食，几聲。　居夷切(jī)。

【譯文】飢，飢餓。从食，几聲。

【注釋】① 飢：《段注》："與饑分別，蓋本古訓。諸書通用者，多有；轉寫錯亂者，亦有之。"

餓[1]　飢也。从食，我聲。　五箇切(è)。

【譯文】餓，飢餓。从食，我聲。

【注釋】① 餓：《淮南・説山訓》高注："飢，食不足；餓，困乏也。"

餽　吴人謂祭曰餽。从食，从鬼，鬼亦聲。　俱位切(guì)。又音饋(kuì)。

【譯文】餽，吴地人叫祭祀鬼神作餽。由食、由鬼會意，鬼也表聲。

餟　祭酹[1]也。从食，叕聲。　陟衛切(zhuì)。

【譯文】餟，灑酒在地而祭。从食，叕聲。

【注釋】① 酹(lèi)：以酒沃地而祭謂之酹。參"酹"條。

餯[1]　小餟也。从食，兑聲。　輸芮切(shuì)。

【譯文】餯，小祭。从食，兑聲。

【注釋】① 餟：《集韻·寘韻》："餟，小祭也。"

餕 馬食穀多，气流四下①也。从食②，夌聲。 里甑切(lìng/líng)③。

【譯文】餕，馬吃穀過多，汗液四面流下。从食，夌聲。

【注釋】① 气流四下：《段注》："謂汗液前後左右四面流下也。"餕與淋雙聲義近。 ② 从食：《段注》："由於食穀多也，故从食。" ③ 今讀依《廣韻》力膺切。

餘 食馬穀①也。从食，末聲。 莫撥切(mò)。

【譯文】餘，用穀飼養馬。从食，末聲。

【注釋】① 食馬穀：即食馬以穀，故《段注》曰"以穀飤(飼)馬也"。今作秣。

文六十二　重十八

餕 食之餘①也。从食，夋聲。 子陖切(jùn)。

【譯文】餕，吃得剩餘的食物。从食，夋聲。

【注釋】① 食之餘：其義爲名詞。又可用如動詞。《禮記·祭統》："臣餕君之餘也。""賤餕貴之餘也。""下餕上之餘也。"

餻① 餌屬。从食，羔聲。 古牢切(gāo)。

【譯文】餻，米麥粉所做的餅乾之類。从食，羔聲。

【注釋】① 餻：《方言》卷一三："餌謂之餻。"參"餌"條。《北史·綦連猛傳》："七月刈禾太早，九月噉餻未好。"

文二 新附

亼部

亼 三合也。从入一①，象三合之形。凡亼之屬皆从亼。讀若集②。 秦入切(jí)。

【譯文】亼，三畫合在一起。由象"入"的"𠆢"形和"一"會合，象三畫集合的形狀。大凡亼的部屬都从亼。音讀象集合的"集"字。

【注釋】① 从入一：徐灝《段注箋》："《説文》通例，凡象形文多析其字畫言之。""皆就小篆之體，指以示人，非謂當从所析之字義也。"按："入"只形容亼的上兩畫象入字之形，而不是説亼由"入一"會意。　② 讀若集：徐灝《段注箋》："亼，古集字，今通用集而本字廢矣。"

【參證】馬敘倫《六書疏證》卷十："此極之初文。六篇：'極，棟也。'……亼象棟形。"俗謂屋頂。姑備一説。

合　合口①也。从亼②，从口。　候閤切(hé)。

【譯文】合，兩口相合。由亼、由口會意。

【注釋】① 合口：桂馥《義證》："言兩口對合也。"　② 从亼：桂馥把"亼"看成是倒口字。

【參證】甲文作、，金文作、。余永梁《殷虚文字考》："合象器蓋相合之形。"李孝定《甲骨文字集釋》："器蓋脗(吻)合無閒，故引申爲凡會合之偁。字當爲盒之古文，字又从皿者，累增之偏旁也。許以合口説之，乃其引申義。"

僉　皆也。从亼，从吅，从从①。《虞書》②曰："僉曰伯夷。"　七廉切(qiān)。

【譯文】僉，都。由亼、由吅、由从會意。《虞書》説："都説：'伯夷。'"

【注釋】① 从亼句：王筠《句讀》："謂亼衆口而皆聽从之。"楊樹達《積微居小學述林·釋僉》認爲："亼"訓"三合"，"从"从二人，"吅"从二口，"人各一口，二人二口，二口相合，故爲僉也。二口猶言多口，不必限於二也"。　②《虞書》：指《舜典》。

【參證】金文作。其形待考。

侖①　思②也。从亼，从冊③。𠕋④，籒文侖。　力屯切(lún)。

【譯文】侖，思理。由亼、由冊會意。𠕋，籒文侖字。

【注釋】① 侖：《段注》："倫、論字皆以侖會意。"　② 思：徐鍇《繫傳》："思，思理也。"　③ 从亼，从冊：《段注》："聚集簡冊，必依其次第，求其文理。"　④ 𠕋：《段注》："古文冊作𠕋。"

【參證】金文作。《金文編》："孳乳爲論。"

今　是時①也。从亼，从乛。乛，古文及。　居音切(jīn)。

【譯文】今，(目前)這個時候。由亼、由乛會意。乛，古文及字。

【注釋】① 是時：《段注》："云是時者，如言目前，則目前爲今，目前已上皆古。"

【參證】甲文作、、、，金文作、、、。林義光《文源》："亼7，義不可曉。""（金文）即含之古文，爲口之倒文，亦口字。象口含物形。含从今得聲，音本如今。""含不吐不茹，有稽留不進之象。""今爲是時，亦從稽留不進之義引申。"按中山王䁑鼎今字即作含，林説有徵。

舍　市居① 曰舍。从亼中②，象屋也；口象築③ 也。　始夜切（shè）。

【譯文】舍，賓客居住的房子叫舍。从亼、屮，象屋；囗（wéi）象築的垣牆。

【注釋】① 市居：客舍。《段注》："居曰舍也。此市字非買賣所之，謂賓客所之也。""舍可止，引申之，爲凡止之偁。……凡止於是曰舍，止而不爲亦謂舍……《論語》'不舍晝夜'，謂不放過晝夜也，不放過晝夜，即是不停止於某一晝一夜。……古音不分上（shě 捨）去（shè 舍）。舍、捨二字義相同。"　② 从亼中：小篆組合象屋的側視形。　③ 築：王筠《句讀》："凡經言築者皆謂牆。"下部口象牆。

【參證】金文作、、。高鴻縉《中國字例》五篇："舍今有二義：一爲茅舍，名詞。一爲施捨，動詞。茅舍之舍原作，从，从（屋極之象形文）。會意。或作，从木，从亼。會意。皆謂草木房舍也。施舍之舍作，从口，口以命之也，聲。"依高説，、爲房舍的初文，後加王筠所説表示垣牆的囗，則爲、，定型於。房字遂與施舍字成爲同形字。其實篆文的房舍字，酷似未裝修的竹木房舍的側面形，下面的口象房舍的高臺子地基。

文六　重一

會部

會　合① 也。从亼，从曾省②。曾③，益也。凡會之屬皆从會。，古文會如此。　黄外切（huì）。

【譯文】會，會合。由亼、由曾省會意。曾，表示增益。大凡會的部屬都从會。㣛，古文會象這個樣子。

【注釋】① 合：《段注》："見《釋詁》。《禮經》：器之蓋曰會，爲其上下相合也。"　② 从亼(jí)句：《段注》："三合而增之。"　③ 曾：通增，增益。

【參證】甲文作，金文作、、、。李孝定《金文詁林讀後記》卷五："會象器蓋吻合，中象所貯物，與豐字所从、、諸形同意，非从曾省。"其作者，後出加旁字，會遇之義。古文㣛的乃的譌變。甲文迨作，可證。从金之鐘者，說明器之材質也。

朇[1]　益也。从會，卑聲[2]。　符支切(pí)。

【譯文】朇，增益。从會，卑聲。

【注釋】① 朇：《段注》："朇、裨，古今字。今字作裨益，古字作朇益。裨行而朇廢矣。"　② 卑聲：聲中有義。李富强《辨字正俗》："凡从卑之字皆取自卑加高之意。"

㬆　日月合宿(爲辰)[爲㬆][1]。从會，从辰[2]，辰亦聲。　植鄰切(chén)。

【譯文】㬆，日、月會合在二十八宿的位置叫㬆。由會、由辰會意，辰也表聲。

【注釋】① 日月句：爲辰，當從《段注》作"爲㬆"。日和月在天上運行，每年相會十二次。日月相會叫㬆。宿，二十八宿。　② 从會，从辰：《段注》："辰，時也。日月以時而會，故从辰、會會意。"

文三　重一

倉部

倉　穀藏[1]也。倉黄[2]取而藏之，故謂之倉。从食省，口象倉形。凡倉之屬皆从倉。仺，奇字[3]倉。　七岡切(cāng)。

【譯文】倉，穀米收藏的地方。趁穀成熟顏色蒼黄之時，收藏它，所以叫作倉。(亼)象食字的省略，口象倉的形狀。大凡倉的部屬都从倉。仺，奇字倉。

【注釋】① 穀藏：穀所藏之處。 ② 倉黄：徐鍇《繫傳》："穀熟，色倉黄也。"朱駿聲《通訓定聲》："疊韻連語，許以聲訓也。"
③ 奇字：本書敘："甄豐改定古文，時有六書。""二曰奇字，即古文而異者也。"

【參證】甲文作，金文作、。孔廣居《疑疑》："倉象倉形。亼象苫蓋，丨象牆壁，口象倉底，彐象倉門横版層疊形。"張舜徽説同。是宜陽右倉簋的倉字，《説文》奇字也許是此倉字之譌變。

牄 鳥獸來食聲也。从倉[①]，爿聲。《虞書》[②]曰："鳥獸牄牄。"七羊切(qiāng)。

【譯文】牄，鳥獸來吃食的聲音。从倉，爿聲。《虞書》説："飛鳥走獸，牄牄而舞。"

【注釋】① 从倉：倉爲穀倉，有食義。《段注》："鳥獸來食，故从倉。"
②《虞書》：指《益稷》。"牄牄"今本作"蹌蹌"，鄭注："飛鳥走獸蹌蹌然而舞。"許此引當爲説引申。

文二 重一

入部

入 内[①]也。象从上俱下[②]也。凡入之屬皆从入。 人汁切(rù)。

【譯文】入，進入。象从上面都下來。大凡入的部屬都从入。

【注釋】① 内：《段注》："自外而中也。"徐灝箋："内皆讀如納。"
② 从上俱下：《段注》："上下者，中外之象。"

【參證】甲文作、，金文作、。林義光《文源》："象鋭端之形，形鋭乃可入物也。"戴家祥《金文大字典》以六個例證，證明是"芒刃"。其實"芒刃"也是鋭端。

内 入也。从冂[①]，自外而入也。 奴對切(nèi)。

【譯文】内，進入。从冂(jiōng)，(入)象從外面進入。

【注釋】① 冂：徐鍇《繫傳》："冂音坰。"《説文》："林外曰坰，遠界也。"

【參證】甲文作、，金文作、。林義光《文源》："象屋形，入其中，爲内象。"

⿱山入　入山之深也。从山，从入。闕[①]。　鉏箴切(cén)。

【譯文】⿱山入，進入山谷的深處。由山、由入會意。闕其音讀。

【注釋】① 闕：《段注》："謂闕其音讀也。大徐鉏箴切。《篇》、《韻》同。乃後人强爲之音。以其字似岑，因謂音岑耳。"

【參證】甲文作、。唐蘭《殷虚文字記》："本象高山之形，衆峯矗峙其上。""⿱山入與屵當是一字也。"存參。

糴[①]　市穀也。从入，从糶[②]。　徒歷切(dí)。

【譯文】糴，買進穀米。由入、由糶會意。

【注釋】① 糴：《廣雅》："糴，買也。"　② 糶(dí)：《段注》："米部曰：'糶，穀也。'故市穀从入糶，糶亦聲。"

仝[①]　完也。从入，从工[②]。全，篆文仝从玉，純玉曰全。𠓞[③]，古文仝。　疾緣切(quán)。

【譯文】仝，完好。由入、由工會意。全，篆文仝字，从玉，純粹的玉叫全。𠓞，古文仝字。

【注釋】① 仝：邵瑛《羣經正字》："今經典多作全，从篆文而又變入爲人。按：从人之仝，蓋即道書同字。《廣韻》云：'仝，同之古文，出道書，與仝字異。'則字斷从入，不从人也。其誤亦始漢隸。《曹全碑》'君諱全'，如此作，後遂因之。"　② 从入，从工：譚焯《〈説文〉仝从入从工、重文全从玉説》："入，内也；工即玉也。""取玉在石内而本質獨全之意。"　③ 𠓞：蕭道管《重文管見》："，其飾也。"

【參證】林義光《文源》卷十："全，完也。玉，易損之物，入之乃得完也。入，藏入之也。"商承祚《説文中之古文考》(《金陵大學學報》第五卷第二期)："《汗簡》作，上寫失，而下从則是。"雙手把握着純玉。即之譌。

从　二入也。兩从此[①]。闕[②]。　良奬切(liǎng)。

【譯文】从，兩個入字。兩字从从。闕其音義。

【注釋】① 兩从此：徐灝《段注箋》："从二入者，兩之意也。从即古网字，又作网。”　② 闕：徐灝《段注箋》：“其音義則未聞。”

文六　重二

缶部

① 瓦器。所以盛酒漿。秦人鼓之以節歌。象形②。凡缶之
缶 屬皆从缶。　方九切（fǒu）。

【譯文】缶，陶器。用來盛酒漿的器皿。秦地人敲擊着它來爲唱歌打拍子。象形。大凡缶的部屬都从缶。

【注釋】① 缶：大腹，小口，有蓋。　② 象形：徐灝《段注箋》：“下器體，上其蓋也。”

【參證】甲文作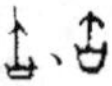，金文作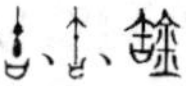。朱芳圃《殷周文字釋叢》卷中：“凡瓦器未燒謂之坏，成器謂之缶。缶者，瓦器之共名也。”“缶由共名變爲專名，傳世之缶，歛口巨腹而有蓋。”可盛酒漿，可作汲瓶，可節之以歌，可弄之以舞。後又添金旁表其材質。

 未燒瓦器也。从缶。㱿聲。讀若筩莩①。　又苦候切②
㲄 （kòu）。

【譯文】㲄，未經燒製的陶器。从缶，㱿（què）聲。音讀象竹筒中莩皮的莩字。

【注釋】① 筩莩（tǒng fú）：王筠《句讀》：“謂讀若筩中之莩也。”《漢書·中山靖王傳》注：“葭，蘆也。莩者，其筩中白皮至薄者也。”

② 又苦候切：王玉樹《拈字》：“又者，徐鉉語也。謂許讀若莩，則爲芳無切（fú）矣，又可讀爲苦候切。”

① 瓦器也。从缶，包省聲。古者昆吾②作匋。案：《史篇》③
匋 讀與缶同。　徒刀切（táo）。

【譯文】匋，用陶土燒製的器皿。从缶，包省聲。古時候名叫昆吾的製作陶器。按：《史籀篇》陶的音讀與“缶”字同。

【注釋】① 匋：《段注》：“今字作陶，陶行而匋廢矣。”　② 昆吾：徐鍇《繫傳》：“昆吾，夏桀諸侯。”　③《史篇》：徐鍇《繫傳》：“史籀

所作《蒼頡篇》也。”

【參證】金文作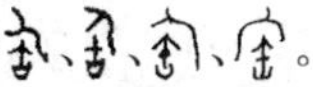。林義光《文源》：“从人持缶。”楊樹達説：“匋讀徒刀切，非古音也。”“匋字實从勹聲，而讀與缶同，勹缶皆屬脣音字，非舌音字也。”見《積微居金石説・筍白大父盨跋》。

① 缶也。从缶，賏聲。　烏莖切(yīng)。

罌 【譯文】罌，缶器。从缶，賏(yīng)聲。

【注釋】① 罌：《段注》：“罌，缶器之大者。”又名罌缶。《漢書・韓信傳》：“以木罌缶度軍。”韋昭云：“以木爲器，如罌缻，以渡軍。無船且尚密也。”

① 小口罌也。从缶，𠂹聲②。　池僞切(zhuì/chuí)③。

䍋 【譯文】䍋，小口甕。从缶，𠂹(chuí)聲。

【注釋】① 䍋：通作甀。《周禮・天官・凌人》疏説：“漢時名爲甀，即今之甕是也。”　② 𠂹聲：聲中有義。《段注》：“小口則宁物必垂下，故曰䍋。”　③ 今讀依《廣韻》是爲切。

【參證】石志廉《談談尖底陶器——甀(䍋)》(《文物》一九六一年第三期)：“小口、大腹、尖底的陶器”，“應稱爲甀(即垂或錘)，是古代的汲水用器”，“所以尖底作錐形的原因，按力學原理來講，汲水時下垂入水，容易注滿。同時從字音考察，垂即會有下墜之意，又因爲陶製，故其字从垂从瓦，或从垂从缶”。

 小缶也。从缶，音聲。　蒲候切(bù)。

𦈲 【譯文】𦈲，小甕。从缶，音聲。

① 䍃②也。从缶，并聲。，缾或从瓦。　薄經切(píng)。

缾 【譯文】缾，甕器。从缶，并聲。瓶，缾的或體，从瓦。

【注釋】① 缾：比缶小的容器。《方言》卷五：“缶，其小者謂之瓶。”② 䍃(wèng)：同“甕”、“瓮”。即汲水瓶。《漢書・陳遵傳》：“觀瓶之居，居井之眉，處高臨深，動常近危。”

【參證】金文作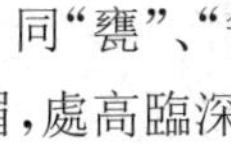。周法高《金文詁林》卷五：“从‘从’乃从‘并’之省。”“《廣雅・釋器》：‘甇，瓶也。’甇亦从鈚。”戴家祥《金文大字典》：“金文瓶或作㼝、鉼、𥁕等形，从金爲表示器物材質的形符，从皿从卣爲表示盛器類别的形符。”

罋　汲缾也。从缶，雝聲。　烏貢切(wèng)。

【譯文】罋，汲水瓶。从缶，雝聲。

䍍　下平缶①也。从缶，乏聲。讀若㺸。　土盍切(tà)。

【譯文】䍍，底平的缶。从缶，乏聲。音讀象“㺸”字。

【注釋】① 下平缶：徐灝《段注箋》：“今俗常用之器，其形平底，正所謂下平缶也。”

罃　備火①，長頸缾也。从缶，熒省聲。　烏莖切(yīng)。

【譯文】罃，又叫備火，即長頸瓶。从缶，熒省火爲聲。

【注釋】① 備火：徐鍇《繫傳》：“貯水備火，長頸利執，持以趣火所也。”王筠《句讀》説：“備火，蓋罃之别名。長頸缾始是訓釋。”按：就其形狀而言，則謂長頸瓶；就其功用而言，是謂“汲水貯水以備火也”。

【參證】馬敘倫《六書疏證》卷十：“長頸所以使水出而遠射，正以爲救火之用者也。”

缸　(瓦)[㼚]①也。从缶，工聲。　下江切(xiáng/gāng)②。

【譯文】缸，陶器。从缶，工聲。

【注釋】① 瓦：各本均作“㼚”。此作瓦，誤。朱駿聲《通訓定聲》説：“缸即㼚之異體。”　② 今讀依《廣韻》古郎切。

䍂　瓦器也。从缶，或聲。　于逼切(yù)。

【譯文】䍂，陶器。从缶，或聲。

䥽①　瓦器②也。从缶，薦聲。　作甸切(jiàn/cùn)③。

【譯文】䥽，紡錘。从缶，薦聲。

【注釋】① 䥽：《廣韻・霰韻》：“䥽，紡錘。”　② 瓦器：《詩・斯干》：“乃生女子，載弄之瓦。”傳曰：“瓦，紡專也。”紡專，即指紡錘，紡績時撚綫的工具。《段注》：“許言瓦器，渾言之，未及詳説耳。紡錘下垂，如戈鐏之在底，故其字亦七鈍切。”　③ 今讀依《廣韻》倉困切。

䍃　瓦器①也。从缶，肉聲。　以周切(yóu)。

【譯文】䍃，陶器的通名。从缶，肉聲。

【注釋】① 瓦器：徐灝《段注箋》：“䍃爲瓦器之通名。因謂燒瓦竈爲䍃，後又增穴爲窰也。䍃、匋語之轉。肉聲、䍃聲古音並在幽部。”

䍅 瓦器①也。从缶，霝聲。 郎丁切(líng)。

䍅 【譯文】䍅，陶器。从缶，霝聲。

【注釋】① 瓦器：《玉篇·缶部》：“䍅，瓦器，似瓶有耳。”朱駿聲《通訓定聲》：“疑與瓴同字。”

【參證】金文作。褚德彝《夢坡室獲古叢編》：“蓋霝、䍅、瓴本一字。最初爲霝，言瓶之注水如霝雨之下降，展轉孳乳，先變爲䍅，又變爲瓴耳。此器長頸大腹，制正如瓶。”高田忠周《古籀篇》卷二十二：“古文霝、令通用恆例，霝、令二聲固通，又缶、瓦兩部多通用。”

𦈡 缺①也。从缶，占聲。 都念切(diàn/diǎn)②。

𦈡 【譯文】𦈡，陶器缺損。从缶，占聲。

【注釋】① 缺：《段注》：“刀缺謂之刮，瓦器缺謂之𦈡。” ② 今讀依《廣韻》多忝切。

缺 器破也。从缶，决省聲。 傾雪切(quē)。

缺 【譯文】缺，陶器破缺。从缶，决省聲。

罅 裂也。从缶，虖聲。缶燒善①裂也。 呼迓切(xià)。

罅 【譯文】罅，陶器裂開。从缶，虖聲。陶器燒製，多破裂。

【注釋】① 善：桂馥《義證》：“善猶多也。”

罄 器中空①也。从缶，殸聲。殸，古文磬字。《詩》②云：“缾之罄矣。” 苦定切(qìng)。

罄 【譯文】罄，器皿中空。从缶，殸聲。殸，古文磬字。《詩經》說：“瓶甕已是空空的了。”

【注釋】① 器中空：徐灝《段注箋》：“器中空則物盡，故罄有盡義，引申爲凡空之偁。” ②《詩》：指《小雅·蓼莪》。

罊① 器中盡也。从缶，毄聲。 苦計切(qì)。

罊 【譯文】罊，器中盡。从缶，毄聲。

【注釋】① 罊：徐灝《段注箋》：“罄、罊，一聲之轉。”

缿 受錢器也。从缶，后聲。古以瓦①，今以竹。 大口切(dòu)。又，胡講切(xiàng)。

缿

【譯文】缿，儲存錢的器皿。从缶，后聲。古代用陶製成，今天用竹製成。

【注釋】① 古以瓦：朱駿聲《通訓定聲》："瓦者，如今之撲滿（錢滿則撲破其器而取之），蘇俗謂之積受罐；竹者，如蘇俗市中錢筩（tǒng，竹筒），皆爲小孔，錢入而不可出。"

文二十一　重一

罐① 器也。从缶，雚聲。　古玩切（guàn）。

罐 【譯文】罐，（汲水用的陶）器。从缶，雚聲。

【注釋】① 罐：《一切經音義》卷八："瓶罐。"注："又作灌、欟二形，同。古亂切，汲器。"本爲汲水之器，故可借用灌水之灌；或其器以木爲之，故从木觀聲作欟。《世説新語・尤悔》："（任城王曹彰）既中毒，太后索水救之。帝（曹丕）預敕左右毁缾罐，太后徒跣趨井無以汲，須臾遂卒。"罐爲汲水器。因汲水以納，又爲容器之稱。

文一 新附

矢部

矢 弓弩矢①也。从入，象鏑（栝）[桰]羽之形②。古者夷牟③初作矢。凡矢之屬皆从矢。　式視切（shǐ）。

【譯文】矢，弓弩用的箭。从入，（矢）象箭頭、箭末扣弦處、箭羽的樣子。古時候，名叫夷牟的人最早製作箭。大凡矢的部屬都从矢。

【注釋】① 弓弩矢：《段注》："弓弩所用躲（射）之矢也。"　② 从入句：饒炯《部首訂》："上象鏑，中直象幹，下象桰，旁出象羽。"説解云"从入"者，謂其上部似入字。鏑（dí），箭頭。桰（kuò），本書木部："桰，矢桰築弦處。"岐其耑（端）以居弦也。　③ 夷牟：《世本》宋注："黄帝臣。"

【參證】甲文作［甲骨文字形］、［甲骨文字形］、［甲骨文字形］，金文作［金文字形］、［金文字形］、［金文字形］，全體象形。羅振玉《增訂殷虚書契考釋》："象鏑幹桰之形。《説文解字》云'从入'，乃誤以鏑形爲入字矣。"吴其昌《金文名象疏證》（《武大文史季刊》第六卷一號）：

"第一引申義爲直。……此蓋因矢之激射乃一往直進之故。""第二引申義爲陳。……即軍陣之陣。强弩利矢，正所以固其軍陣；玄鉞彤矢，亦可以陳其尊榮。""第三引申之義爲誓。……此殆原始初民之特種習俗，詛咒誓祝時之一種儀式。……(其狀爲以矢)倒植於地，……虔恭跪於其前，……祝質詛咒。"

躲　弓弩發於身而中於遠也①。从矢，从身②。③，篆文躲从寸；寸，法度也，亦手也。　食夜切(shè)。

【譯文】躲，弓弩从射手身上發射，而射中在遠處。由矢、由身會意。射，篆文躲字，从寸；寸表示射箭有規矩法度，也表示射箭的手。

【注釋】① 弓弩句：《段注》："謂用弓弩發矢於身而中於遠也。"　② 从身：徐鍇《繫傳》："躲者，身平體正，然後能中也。"　③ 射：《段注》："射者小篆，則躲者古文。"

【參證】甲文作…、…、…，金文作…、…。孔廣居《疑疑》："石鼓文…，从又，手也。…象弓矢形。小篆从…，疑即…之譌。…即…之變也。"羅振玉《增訂殷虚書契考釋》："卜辭中諸字皆爲張弓注矢形。"其説與孔同。

矯　揉箭箝①也。从矢，喬聲。　居夭切(jiǎo)。

【譯文】矯，把箭揉直的箝子。从矢，喬聲。

【注釋】① 揉箭箝(qián)：揉通煣，用火使箭榦挺直之箝叫矯。《段注》："箭者矢竹，所爲矢也。不言矢、言箭者，矯施於笴(矢榦)、不施鏑羽也。箝，籋(niè，鑷)也。柔箭之箝曰矯，引申之爲凡矯枉之偁。"徐灝《段注箋》："而矯誣之義生焉。又因爲以無爲有亦謂之矯。"故有"矯詔"之義，《段注》所謂"本不然而云然也"。

矰①　隿②躲矢也。从矢，曾聲。　作滕切(zēng)。

【譯文】矰，射鳥時繫着生絲繩的箭。从矢，曾聲。

【注釋】① 矰：《玉篇·矢部》："矰，結繳於矢也。"桂馥《義證》："隿，所以取生鳥，故用繁。繳若罥，故名矢曰矰。"　② 隿(yì)：本書隹部："隿，繳(zhuó，生絲縷)射飛鳥也。"

矦①　春饗所躲矦也②。从人；从厂，象張布；矢在其下。天子躲熊虎豹，服猛也；諸矦躲熊豕虎；大夫射麋，麋，惑也；士射鹿豕，爲田除害也[3]。其祝曰："毋若不寧矦，不朝于王所，故伉而射汝也。"[4] ，古文矦。　乎溝切（hóu）。

【譯文】矦，春天舉行鄉飲酒禮時所用的射布。从人；从厂，象張設的射布；矢，在射布的底下。天子射用熊皮、虎皮、豹皮裝飾的射布，表示能制服兇猛的意思；諸侯射用熊皮、豬皮、虎皮裝飾的射布；大夫射用麋皮裝飾的射布，射麋是表示討伐巧言惑人者的意思；士人射用畫著鹿、豬裝飾的射布，表示爲農田除害的意思。他們射箭時的祝詞説："不要像不安定的諸侯，不來天子的居所朝拜，所以舉起箭來射殺你們。"厌，古文侯字。

【注釋】① 矦：今作侯。　② 春饗句：徐灝《段注箋》："古者凡射必先行鄉飲酒禮。""矦制以布爲之。其中設鵠（gǔ，箭把子），以革爲之，所射之的也。大射，則張皮於矦以爲之飾，如下文熊虎豹麋是也。"　③ 天子句：《周禮・天官・司裘》："王大射，則共虎侯、熊侯、豹侯，設其鵠；諸侯則共熊侯、豹侯；卿大夫則共麋侯，皆設其鵠。"鄭玄注："用虎、熊、豹、麋之皮，示服猛、討迷惑者。"《鄉射禮記》云："士布侯，畫以鹿豕。"　④ 祝曰句：祝辭《周禮・考工記・梓人》今作："毋或（有）若女不寧侯，不屬于王所，故抗而射女。"徐鍇《繫傳》："若，汝也；寧，安也；或，有也；屬，朝會也；抗，舉也。"

【參證】甲文作，金文作、、。楊樹達《積微居金文説・矢令彝三跋》："尋龜甲作，與古文同。蓋象射侯張布著矢之形。蓋草昧之世禽獸逼人，又他族之人來相侵犯，其時以弓矢爲武器，一羣之中，如有强力善射之士能保衛其羣者，則衆必欣戴之以爲雄長。古人質樸，能其事者即以其事或物名之。其人能發矢中侯，故謂之侯也。""然諸侯之稱源於射侯。"馬敘倫《六書疏證》卷十："矦者，候之初文。从人在厌後，候其中否，聲即得於厌。目諗清代武試，矦後有人持紅旗伺其中（zhòng）否以告。"按：厌爲射矦，矦爲伺候。

[1] 傷也。从矢，昜聲。　式陽切（shāng）。

𥏻 【譯文】𥏻，箭傷。从矢，昜聲。

【注釋】① 𥏻：《段注》："謂矢之所傷也。引申爲凡傷之偁。"

【參證】甲文作、。李孝定《甲骨文字集釋》第五："契文作，孫

(海波)收作鍚,可從。""从□爲□之省。"

短 有所長短[①],以矢爲正[②]。从矢,豆聲[③]。 都管切(duǎn)。

【譯文】短,有所測量,用箭作標準。从矢,豆聲。

【注釋】① 有所句:《段注》:"此上當補'不長也'三字。"長短,猶言測量。 ② 以矢句:徐灝《段注箋》:"古者弓長六尺,箭幹長三尺,故度長以弓,……度短以矢。" ③ 豆聲:短與豆雙聲。

矤 況也,詞也。从矢,引省聲[①]。从矢,取詞之所之,如矢也[②]。 式忍切(shěn)。

【譯文】矤,況且,虛詞。从矢,引省聲。从矢,取其詞意疾直,一往而不可止,象離弦的箭。

【注釋】① 引省聲:今經典作矧,不省。 ② 从矢句:《段注》:"說从矢之意。今言矧,則其詞有往不可止者。"按:矧,常用於反問句中,表示更進一層的意思。語意疾直,一往不可止。

知 詞[①]也。从口,从矢[②]。 陟离切(zhī)。

【譯文】知,識的意思。由口、由矢會意。

【注釋】① 詞:當依《玉篇》作"識"。《段注》:"知䊢義同。" ② 从口,从矢:矢,陳述。謂用口陳述。用口陳述,則心意可識。

【參證】金文作□。

矣 語已詞[①]也。从矢[②],以聲[③]。 于已切(yǐ)。

【譯文】矣,表示語意已止的虛詞。从矢,以聲。

【注釋】① 語已詞:《段注》:"已,止也。其意止,其言曰矣。" ② 从矢:矢,陳也。謂陳言,即皋陶矢厥謨之矢。 ③ 以聲:各本作吕聲,"以"爲吕的隸變。

【參證】金文作□。構形待考。

文十 重二

矮[①] 短人也。从矢[②],委聲。 烏蟹切(ǎi)。

【譯文】矮,身材短小的人。从矢,委聲。

【注釋】① 矮:《舊唐書·陽城傳》:"道州地産民多矮,每年常配鄉户，竟以其男號爲矮奴。”　② 从矢：徐灝《段注箋》：“短與矮皆从矢。”又，“短”下：“古者弓長六尺，箭幹長三尺，故度長以弓，度短以矢。”

文一　新附

高部

高 崇[①]也。象臺觀高之形。从冂[②]，口[③]與倉舍同意。凡高之屬皆从高。　古牢切(gāo)。

【譯文】高，崇高。(象形)象臺觀高聳的樣子。从冂；口，與倉字舍字下部从口，構形同意。大凡高的部屬都从高。

【注釋】① 崇：崇高。朱駿聲《通訓定聲》：“象臺觀高之形。”王筠《釋例》：“高者事也。天之高，山之高，高者多矣。”“借臺觀高之形以指之。”　② 从冂(jiǒng)：王筠《釋例》：“乃坰界之冂，高者必大，象其界也。”　③ 口(wéi)：徐鍇《繫傳》：“口音韋，與倉舍同意，皆室屋垣牆周匝(圍繞)之意。”

【參證】甲文作…、…、…，金文作…、…、…。孔廣居《疑疑》：“象樓臺層疊形。亼象上屋，冂象下屋，口象上下層之户牖(門窗)也。”

高 小堂也。从高省，冋聲。廎[①]，高或从广，頃聲[②]。　去潁切(qǐng)。

【譯文】高，小廳堂。从高省，冋(jiǒng)聲。廎，高的或體，从广，頃聲。

【注釋】① 廎：《段注》：“可讀如今之廳。”　② 頃聲：宋保《諧聲補逸》：“冋、頃同部，聲相近。”

亭[①] 民所安定也。亭有樓，从高省，丁聲。　特丁切(tíng)。

【譯文】亭，人們安定的處所。亭上有樓，从高省，丁聲。

【注釋】① 亭：徐灝《段注箋》：“亭有館以止宿行旅。其上有樓，以覘望盜賊，故曰民所安定也。”“古制本無亭名，後因亭留止宿之義而名之。亭即古停字也。”

亳　京兆①杜陵亭也。从高省,乇聲。　旁各切(bó)。

【譯文】亳,京兆地方杜陵亭。从高省,乇(zhé)聲。

【注釋】① 京兆：漢代京畿的行政區劃名,爲三輔之一,即今陝西西安市以東至華縣之地。

【參證】甲文作、、、,金文作、,林義光《文源》卷十:“亳與乇不同音。亳字當爲殷湯所居邑名而製。”“从京、宅省,京宅互體而省。猶罷熊合爲羆、𤇾宫合爲營也。”按林意,取,取合併而成。

文四　重一

冂部

冂　邑①外謂之郊,郊外謂之野,野外謂之林,林外謂之冂。象遠界也。凡冂之屬皆从冂。冋②,古文冂从口,象國邑。坰,冋或从土。　古熒切(jiōng)。

【譯文】冂,國都之外叫作郊,郊外叫作野,野外叫作林,林外叫作冂。冂,象遠方的界畫。大凡冂的部屬都从冂。冋,古文冂字,从口(wéi),象國都。坰,冋的或體,从土。

【注釋】① 邑:《段注》:“國也。”　② 冋:《段注》:“象國邑在介内也。”

【參證】金文作、。楊樹達《積微居小學述林・釋冂》:“乃扃(jiǒng,從外面關門的門栓)之初文。”“左右二畫象門左右柱,横畫象門扃之形。”楊又説:“愚謂冋从口,坰从土,與郊坰之義相會,是也。”按:楊以爲郊冋(坰)字與門冋(扃)字只是形似而已。

市　買賣所之①也。市有垣②,从冂;从乛,乛,古文及,象物相及也;之省聲③。　時止切(shì)。

【譯文】市,買賣時去的處所。集市有垣牆,所以从冂;又从乛,乛是古文及字,表示物與物相連及的意思;之省聲。

【注釋】① 買賣所之:之,往。徐灝《段注箋》:“古之爲市,聚散有常，交易而退，故曰：'買賣所之。'非如今世俗之店鋪也。今之墟集猶存古意。"　② 市有垣：《段注》："垣所以介也，故从冂。"
③ 之省聲：之，篆作，故曰省聲。《段注》："形聲包會意。"
【參證】金文作。孫詒讓《名原》："當即市字。上从與之聲同部，中从即冂之變，下从即之變也。"

冘　淫淫①，行皃。从人出冂②。　余箴切(yín)。
【譯文】冘，淫淫，行走的樣子。由"人"走出遠界的"冂"會意。
【注釋】① 淫淫：《文選・羽獵賦》："淫淫與與。"李善注："淫淫，與與，皆行皃也。"　② 从人出冂：王筠《句讀》："人出遠界，是行意也。"

央　中央也。从大在冂之内，大，人也。央旁同意①。一曰：久②也。　於良切(yāng)。
【譯文】央，中央。"大"字在"冂"字的内中，大就是正立的人。央、旁二字構形同意。另一義説：央是久。
【注釋】① 央旁同意：央字所从之冂，與旁字之冂，都表示旁邊，所以説央旁同意。《段注》："央取大之中居，旁取兩旁外廓，故曰同意。"
② 久：就時段和路段而言，居中則離終點久遠，故央由中央引申爲久。
【參證】甲文作，金文作。與《説文》同。

隺　高至①也。从隹上欲出冂②。《易》③曰："夫乾隺然。"　胡沃切(hú)。
【譯文】隺，高到了極點。由"隹(鳥)"向上飛翔想飛出遠界的"冂"會意。《易經》説："天高高的。"
【注釋】① 高至：高之至。至，極也。王筠《句讀》："此謂天之高，至乎其極也。"　② 从隹句：《段注》："上翔欲遠行也。"
③《易》：指《繫辭》。"隺"今作"確"。乾，代表天。

文五　重二

𩫏部

𩫏　度①也，民所度居也。从回，象城𩫏之重，兩亭相對也。或但从口②。凡𩫏之屬皆从𩫏。　古博切(guō)。

【譯文】𩫏，居住，人們居住的地方。从回，象內城外𩫏一層又一層的樣子，𩫏象兩亭相對。有的寫法只从口，不从回。大凡𩫏的部屬都从𩫏。

【注釋】① 度：《詩·皇矣》"爰究爰度"，傳："度，居也。"　② 或但从口(wéi)：桂馥《義證》："當別有篆文作。"

【參證】甲文作、、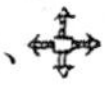，金文作，與或體同。又作，小篆所本。《段注》："城𩫏字今作郭，郭行而𩫏廢矣。"徐灝箋："𩫏，古郭字，又作廓。《說文》所無。郭之義，引申爲廓大、廓充之偁。……又因之凡物在外者皆曰郭。"王國維說：𩫏，一爲城郭字之篆文，一爲墉之古文。徐中舒以爲先有垣墉義而後有城郭義，其《黄河流域穴居遺俗考》(《中國文化研究彙刊》第九卷)："蓋古代營穴居於黄河下游廣大平原之間，穴上四周，例有垣墉以避外水侵入。……築土如堤，即穴上四周的垣墉。"其《甲骨文字典》卷五："象穴居有臺階突出，臺階上並有覆蓋之形。爲穴居之室，其旁之爲有覆蓋之臺階。"李孝定《金文詁林讀後記》卷五："蓋城郭、墉垣，義屬分衍，𩫏字原讀余封切，已爲後起形聲字之墉所取代，城郭一義，未遑另製新字，遂取原有之𩫏字當之耳。"《段注》墉下注："蓋古讀如庸，秦以後讀如郭。"周法高《金文詁林》卷五："郭爲陽部入聲鐸部字，見紐。墉爲東部字，喻紐四等。""周秦古韻文中，有陽部與東部通押之例。""喻紐四等字古有與舌根音相通者。"

𩫖　缺也。古者城闕其南方，謂之𩫖①。从𩫏，缺省②。讀若拔物爲決引也③。　傾雪切(quē)。

【譯文】𩫖，城缺。古時候宮城讓其南方闕着，叫作𩫖。从𩫏，缺省聲。音讀象拔出物體、爲之決疏引導的"決"字。

【注釋】① 古者句：汪容甫《述學·釋闕》："天子、諸侯宮城皆四周，闕其南爲門，城至此而闕，故謂之闕。"《段注》："闕之義同缺。"
② 缺省：宋保《諧聲補逸》："从缺省聲。""爲聲中載義。"　③ 拔物句：《段注》："以物塞其口，拔其物使內出。"

文二

京部

京 人所爲絶高丘也[①]。从高省，丨象高形。凡京之屬皆从京。 舉卿切(jīng)。

【譯文】京，人工築起的臺觀在最高的丘上。从高字省，丨象高的樣子。大凡京的部屬都从京。

【注釋】① 人所爲句：朱駿聲《通訓定聲》："對文則人力所作者爲京，地體自然者爲邱；散文則亦通稱也。"

【參證】甲文作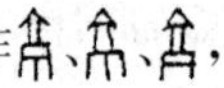，金文作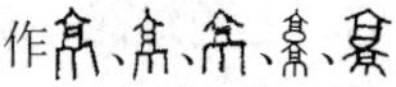。郭沫若《兩周金文辭大系考釋》："象宫觀厜㕒(zuī wēi，嵯峨)之形。在古素樸之世非王者所居莫屬。王者所居高大，故京有大義，有高義。更引申之，則丘之高者曰京。""世有以高丘為京之本義者，未免本末顛倒。"金文後二字，王國維隸定作亰，其《克鼎銘考釋》(《王國維遺書》第六册)："籀文就字从此作……疑亰亦京字。"

就 就高[①]也。从京，从尤[②]。尤異於凡也。，籀文就。 疾僦切(jiù)。

【譯文】就，趨向高地而居住。由京、由尤會意。尤，表示比一般不同的意思。就，籀文就字。

【注釋】① 就高：桂馥《義證》："此言人就高以居也。" ② 从京，从尤：孔廣居《疑疑》："京，高丘也。古時洪水横流，故高丘之異于凡者，人就之。"本書乙部："尤，異也。"

【參證】甲文作。《甲骨文編》："从亯从京。"後又加"尤"。亯，宗廟；京，高臺宫觀；尤，異。人往高處走，水往低處流，乃人性之所趨。有高臺宫觀，又可祭祀神祇祖考，求其庇佑，委實異於尋常，必然成爲人之所趨就。王國維《史籀篇疏證》(《王國維遺書》第六册)："籀文就字當从亰省。"

文二 重一

亯部

 亯 獻也。从高省,曰[①]象進孰物形。《孝經》[②]曰:“祭則鬼亯之。”凡亯之屬皆从亯。,篆文亯。 許兩切(xiǎng)。又普庚切(pēng),又許庚切(hēng)。

【譯文】亯,獻。高字省去冋,曰象進獻的熟食之形。《孝經》説:“祭祀,鬼神就來享用食物。”大凡亯的部屬都从亯。亭,篆文亯字。

【注釋】① 曰:王筠《句讀》:“豆之古文,上半作,是器中有物形也。” ②《孝經》:指《孝治章》。

【參證】甲文作、、,金文作、。吴大澂《古籀補》説:“象宗廟之形。”按:宗廟爲祭享之所,故用爲祭享字。後由或體字亭分化爲享(xiǎng,獻享)、亨(pēng,亨飪)、亨(hēng,亨通)三字。《段注》:“禮經言饋食者薦熟也,許兩切(xiǎng)”;“亯象薦孰,因以爲飪物之偁,故又讀普庚切(pēng);亯之義訓薦神,誠意可通於神,故又讀許庚切(hēng)。”又,“亯者籒文也。小篆作,故隸書作亨,作享,小篆之變也。”

 𦎫 孰[①]也。从亯,从羊[②]。讀若純。一曰:(鬻)[鬻][③]也。,篆文𦎫。 常倫切(chún)。

【譯文】𦎫,純熟。由亯、由羊會意。音讀象“純”字。另一義説,𦎫是鬻。𦎫,篆文𦎫字。

【注釋】① 孰:通熟。 ② 从亯,从羊:亯有亨義。字从亨羊,故訓熟。 ③ 鬻:孫詒讓《籒高述林》:“𦎫不得訓鬻,疑鬻字當作鬻(煮)。”

【參證】甲文作、,金文作、、。與篆文同。楊樹達《積微居小學述林·釋𦎫》:“𦎫字所从之亯,當是讀普庚反之亨字,即亨字也。字从亨羊,故義爲孰也。”又,“孰、鬻二訓雖異,義實相成,物以鬻而孰也。𦎫訓鬻,以聲音求之,殆即今口語之炖字也。今人亨肉曰炖肉,亨雞曰炖雞,炖讀若頓首之頓。”《段注》:“凡从𦎫者,今隸皆作享,與亯之隸無别。”徐鍇《繫傳》:“孰、諄、鶉、惇、敦从此。”

管[①]　厚也。从亯[②],竹聲。讀若篤。　冬毒切(dǔ)。

【譯文】管,厚。从亯,竹聲。音讀象"篤"字。

【注釋】① 管:《段注》:"管與二部竺音義皆同,今字篤行而管竺廢矣。"　② 从亯:亯獻熟物,故有厚義。

亯　用也。从亯,从自。自知臭香所食也[①]。讀若庸。　余封切(yōng)。

【譯文】亯,享用。由亯、由自會意。鼻子知道辨別氣味,是否可享食。音讀象"庸"字。

【注釋】① 自知句:徐鍇《繫傳》:"以鼻齅之,知臭香可用食否也。"自:鼻字。臭香,氣味。所,猶可也。見《經傳釋詞》。朱駿聲《通訓定聲》:"今蘇俗謂謁客喫飯曰'用飯',即此亯字。"

文四　重二

㫗部

㫗　厚[①]也。从反亯[②]。凡㫗之屬皆从㫗。　胡口切(hòu)。

【譯文】㫗,厚。把"亯"字倒過來表示。大凡㫗的部屬都从㫗。

【注釋】① 厚:㫗、厚,古今字,此以今釋古。　② 从反亯:亯,烹。反覆烹煮,故味厚。

【參證】《説文》據小篆立訓。甲文作。唐蘭《殷虛文字記·釋臣厚覃䨻䵝》:"象巨口狹頸之容器。"朱芳圃《殷周文字釋叢》:"象短頭長頸鼓腹之器,當爲瓨之初文。""㫗與瓨,古讀匣紐雙聲,侯東對轉。"

覃[①]　長味也。从㫗,鹹省聲[②]。《詩》[③]曰:"實覃實吁。"㽘[④],古文覃。𠪚[⑤],篆文覃省。　徒含切(tán)。

【譯文】覃,深長的滋味。从㫗,鹹省聲。《詩經》説:"這樣長啊這樣大。"㽘,古文覃字。𠪚,篆文覃字,是覃字省略。

【注釋】① 覃徐灝《段注箋》:"今隸變作覃。蓋籀文西作卤,與鹵相似,故从西也。"　② 从㫗句:徐灝《段注箋》:"此字从㫗鹵,即長味之義。"　③《詩》:指《大雅·生民》。今本"吁"作"訏"。實,即寔，是。　④ 𩫖、𩫘：是字頭籀文的省變。

【參證】金文作、。郭沫若《金文叢考・金文餘釋之餘・釋䜭》："許此所揭古文䜭，蓋形之誤也。案此乃象形文，象皿中盛果實之形。……此䀂下从皿，則知其它、、等形亦必爲器皿之象形，小篆譌變爲，……此字古音讀在侯部，以聲類求之，蓋豆字之異。古當有尖腳之豆以蹲於有穴之座，如宋甀之尖底碗然者。""於皿若豆中盛果實以供食，自可得'長味'之義。"

厚　山陵之厚[①]也。从𣆪[②]，从厂。，古文厚，从后土[③]。　胡口切(hòu)。

【譯文】厚，山陵的高厚。由𣆪、由厂會意。垕，古文厚字，从土，后聲。

【注釋】① 山陵之厚：王筠《句讀》："𣆪是飲食之𣆪，厚則山陵之厚。各有專義也。"本書厂部："厂，山石之厓巖，人可居。"今厚、𣆪通用。　② 从𣆪：朱駿聲《通訓定聲》："𣆪亦聲。"　③ 从后土：王筠《句讀》："當作从土，后聲。"商承祚《説文中之古文考》："《玉篇》有垕，云，古文厚。其字从土上石，厚意也。古文石作，省之則爲，遂與后形同矣。"

【參證】甲文作，金文作、、。唐蘭《殷虚文字記》："从厂𣆪聲。，之省。者石也。"唐説𣆪聲，其實𣆪也表義。𣆪猶高也。山石之高厚也。

文三　重三

畗部

畗[①]　滿也。从高省，象高厚之形[②]。凡畗之屬皆从畗。讀若伏。　芳逼切(pì/fú)[③]。

【譯文】畗，滿。()是高的省略，()象高厚的形狀。大凡畗的部屬都从畗。音讀象"伏"字。

【注釋】① 畗：畗篆《玉篇》、《廣韻》均作"畐"。　② 象高厚之形：王筠《句讀》："承亯𣆪二部言之，爲其形相似也。"　③ 今讀依《廣韻》房六切。

【參證】甲文作、、、，金文作、、。朱芳圃《殷周文字釋叢》："字象長頸、鼓腹、圜底之器。當爲瓿之初文。""凡从畐从音得聲之字，音同用通。""畐爲盛器，充盈於中，因以象徵豐滿。變易爲富，……爲福。""充盈於中，豐滿無間，故引申有逼迫之義。""逼即畐之俗字。"

良　善也。从富省[①]，亡聲。，古文良。[②]，亦古文良。[③]，亦古文良。　吕張切(liáng)。

【譯文】良，善良。从富省，亡聲。目，古文良字。㠪，也是古文良字。筤，也是古文良字。

【注釋】① 从富省：章太炎《文始》："富，滿也，象高厚之形，古文目字，亦象高厚。"　② 㠪：無考。　③ 筤：朱駿聲《通訓定聲》："从筥省，亡聲。"筥，厚也，厚重者，善良之謂也。

【參證】徐灝《段注箋》："良从富省，富疑亯之譌。亯，古鐘鼎文多作，此篆上體作，即之省。其本義蓋亦謂烹飪之善，引申而爲凡善之偁也。"甲文作、、、，金文作、、、、。甲金文待考。

文二　重三

亩部

亩　穀所振[①]入。宗廟粢盛[②]，倉黄[③]亩[④]而取之，故謂之亩。从入，回象屋形，中有户牖[⑤]。凡亩之屬皆从亩。，亩或从广从禾[⑥]。　力甚切(lǐn)。

【譯文】亩，百穀收藏的地方。宗廟祭祀的穀物，顔色蒼黄之際，小心謹慎地取來，所以叫作亩。从入，回象收藏的屋的樣子，内中的口表示有窗户。大凡亩的部屬都从亩。廩，亩的或體，由广、由禾會意。

【注釋】① 振：《中庸》注："振猶收也。"　② 粢盛：供祭祀的穀物。　③ 倉黄：穀色蒼黄。　④ 亩：饒炯《部首訂》："亩者，有謹慎愛惜之意。”　⑤ 户牖：徐鍇《繫傳》：“倉廩有户牖，以防蒸熱也。”　⑥ 从广从禾：《段注》作“从广稟”，注：“會意也。稟亦聲。”

【參證】甲文作、，陳夢家《殷虚卜辭綜述》謂，亩象露天的穀堆之形。徐灝《段注箋》：“蓋象圍繞之形。今俗所謂穀圍即其義。”馬敘倫《六書疏證》卷十：“今農家積米，多以木倉。積穀則以竹圈。”“穀多則絫而上之，在下者大，漸絫而漸小，上有覆。”“今省作，上爲覆，下爲竹圈。”湖湘間下盛以枌桶，中用粗篾簟或叫擋折者圍起來，内盛曬乾之穀，上加以覆。甲文爲其側視圖，篆文之爲其俯視平面圖，上以以示覆。

稟　賜穀[①]也。从亩，从禾[②]。　筆錦切(bǐng)。

【譯文】稟，賜給的穀物。由亩、由禾會意。

【注釋】① 賜穀：《段注》：“凡賜穀曰稟，受賜亦曰稟。引申之，凡上所賦、下所受，皆曰稟。”　② 从禾：《段注》：“禾猶穀也。”

【參證】金文作、、。與亩、稟爲一字，本義爲倉稟。後引申爲“賜穀”，音變爲 bǐng。金文首字之，即《説文》之，即上之覆；中从，正象户牖。二者合爲通體象形，《説文》析爲二，只是爲了析字的方便。金文第三字上部之，上爲覆，下之則象編艸爲圖之形。林義光《文源》卷六對稟系字解析説：“(廩帑器)，从米出亩。或作(兮仲鐘鐮字偏旁)，从禾。亦作(師寰敦牆字偏旁)，从二禾。或作(叔氏鐘)，譌从林，林亦聲。或作(冘㓟彝)，作(陳猷釜)，从攴(轉注)。或作(楚公鐘)，从攴从泉(皆轉注)，謂廩米如源泉不絶也。”

亶　多穀[①]也。从亩，旦聲[②]。　多旱切(dǎn)。

【譯文】亶，穀物多。从亩，旦聲。

【注釋】① 多穀：《段注》：“亶之本義爲多穀，故其字从亩。引申之義爲厚也，信也，誠也。”　② 旦聲：聲中有義。邵笠農《一圓闇字説・説亶帑》(《文風學報》創刊號)：“亩，古廩字；旦，日方出時函有昌盛之意，故可稱厚大。故可説藏穀多。”

【參證】金文作。《金文編》引郭沫若云：“亶，殆亶之别構，从虫，亶省聲。”

啚　嗇也。从口㐭[①]；㐭，受也。，古文啚如此。　方美切(bǐ)。

【譯文】啚，愛嗇。由口、㐭會意；㐭，表示受，啚，古文啚字象這個樣子。

【注釋】① 从口(wéi)㐭：《段注》：“口音韋，口猶聚也。聚而受之，愛嗇之意也。”

【參證】甲文作、，金文作、、。楊樹達《積微居小學述林·釋啚》：“啚者，鄙之初文也……鄙亦野也。字从口者，象區畫之形。……《説文》五篇下冂部同下云‘从口，象國邑’，是其義也。从㐭者，㐭廩同字，野鄙爲田疇之所在，亦即倉廩之所在，蓋穀穫于田而藏之于廩，農夫省轉輸之勞，田野與倉廩理不當遠距也。”

文四　重二

嗇部

嗇[①]　愛濇也。从來，从㐭[②]。來者，㐭而藏之。故田夫謂之嗇夫[③]。凡嗇之屬皆从嗇。，古文嗇从田。　所力切(sè)。

【譯文】嗇，愛惜。由來、由㐭會意。麥子之類的穀物，用倉廩把它收藏起來。所以農夫叫作嗇夫。大凡嗇的部屬都从嗇。嗇，古文嗇字，从田。

【注釋】① 嗇：朱駿聲《通訓定聲》：“此字本訓當爲收穀，即穡之古文也。”徐灝《段注箋》：“收穫即斂而藏之，故引申爲愛嗇之偁，因之又謂吝惜爲嗇。”　② 从來，从㐭：來，麥。㐭，倉廩。楊樹達《積微居小學述林》卷五：“納麥于㐭，故來㐭會意爲斂穀之嗇。”
③ 嗇夫：徐灝《段注箋》：“農事以收成爲重，故田夫謂之嗇夫。”

【參證】甲文作、、，金文作、。羅振玉《增訂殷虚書契考釋》：“卜辭从田與許書嗇之古文合，从二禾與許書穡字从禾形合。穡訓收斂，从秝(禾的繁文)从田，禾在田可斂也。”“其本義爲斂穀，引申而爲愛濇。初非有二字(指嗇、穡)。”今“收斂”之義尚存口語之中。馬敘倫《六書疏證》卷十:“今杭縣北平謂藏物不見,曰嗇到那裏去了,即收到那裏去了。”

 牆　垣蔽[①]也。从嗇[②],爿聲。,籀文从二禾。,籀文亦从二來[③]。　才良切(qiáng)。

【譯文】牆,牆垣蔽障。从嗇,爿聲。𤖨,籀文牆字。从二禾。𤗃,籀文牆字,从二來。

【注釋】① 垣蔽:《段注》:“土部曰:‘垣,牆也。’《左傳》曰:‘人之有牆以蔽惡也。’故曰垣蔽。”　② 从嗇:徐鍇《繫傳》:“取愛嗇自護也。”　③ 从二來:來,麥也。从二來猶从二禾也。

【參證】金文作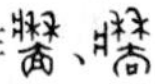,與籀文第一字同。

文二　重三

來部

[①] 來　周所受瑞麥來麰[②]。一來二縫[③],象芒朿之形。天所來也,故爲行來之來[④]。《詩》[⑤]曰:“詒我來麰。”凡來之屬皆从來。　洛哀切(lái)。

【譯文】來,周地所接受的優良麥子——來麰。一根麥秆兩顆麥穗,象麥芒麥刺的形狀。(來是)上天賜來的,所以用作往來的來字。《詩經》説:“送給我們小麥和大麥。”大凡來的部屬都从來。

【注釋】① 來:來本爲麥名,假借爲行來之來,後又加旁作勑。見徐灝《段注箋》。　② 來麰:《段注》:“來麰者以二字爲名。”“古無謂來小麥、麰大麥者。至《廣雅》乃云麳小麥,麰(麰)大麥。”可見來麰是同義複合的複音詞。又,徐灝《段注箋》:“來字虞夏商書屢見,非周初所造之字。”　③ 縫:通鋒。一來二縫,謂一莖二穗。李錦《釋來》:“大抵禾穀皆一莖一穗。”“古禾麥多以兩穗爲瑞。”

④ 天所來句:張舜徽《約注》:“古人就周土而言”,“麥種得自外來”。按:中國小麥來自西域的幼發拉底河流域。行來,往來。《後漢書·陸康傳》:“不得行來。”章懷注:“行來猶往來也。”王筠《句讀》:

"行來者，漢人常語也。"　⑤《詩》：指《周頌・思文》。今本"詒"作"貽"，"麰"作"牟"。

【參證】甲文作，金文作。羅振玉《增訂殷虛書契考釋》："卜辭中諸來字皆象形。其穗或垂或否者，麥之莖强，與禾不同。"商承祚《甲骨文字研究》下篇："其左右折者爲葉，下其根也。此字在商時已借爲往來字。"

⿰來矣　《詩》曰"不⿰來矣"，不來[1]。从來，矣聲。，⿰來矣或从彳。　牀史切（sì）。

【譯文】⿰來矣，《詩經》說的"不⿰來矣"，就是不來的意思。从來，矣聲。⿰彳矣，⿰來矣的或體，从彳。

【注釋】①《詩》曰句：意謂"《詩》曰'不⿰來矣'，不來也"。《爾雅・釋訓》："不俟，不來也。"郭注："不可待，是不復來。"《小雅・采薇》云："我行不來。"馬瑞辰云："疑《詩》古本作'我行不⿰來矣'。⿰來矣與俟同。故《爾雅》作'不俟'，而以'不來'釋之。今《詩》作'我行不來'者，⿰來矣字脱其半耳。"

文二　重一

麥部

麥　芒穀[1]，秋種厚薶，故謂之麥[2]。麥，金也。金王而生，火王而死[3]。从來[4]，有穗者；从夊[5]。凡麥之屬皆从麥。莫獲切（mài）。

【譯文】麥，有芒刺的穀。秋天種下，厚厚地埋着，所以叫它作麥。麥，屬金。金旺就生長，火旺就死亡。从來，因麥是有穗的穀物；从夊。大凡麥的部屬都从麥。

【注釋】① 芒穀：《段注》："有芒刺之穀也。"　② 秋種句：《淮南・地形訓》："麥秋生夏死。"薶、麥，疊韻爲訓。　③ 金王句：王，通旺。金旺，指秋天。火旺，指夏天。五行説，秋屬金，夏屬火。④ 从來：《段注》："有穗猶有芒也，有芒故从來。來象芒束也。"⑤ 从夊（suī）：夊，訓行。从夊者，表示自天降下之意。朱駿聲《通訓定聲》"來"下："往來之來，正字是麥；菽麥之麥，正字是來。三代以還，承用互易。"

【參證】甲文作、、，金文作、。李孝定《甲骨文字集釋》："來、麥當是一字。夂本象到（倒）止形，於此但象麥根。以來叚爲行來字，故更製緐（繁）體之麥以爲來麰之本字。"來，象一株地面麰麥之形；麥，象一株連根麰麥之形。中原種麥經冬，根須盡力向地下發展，吸收營養，故形態奇長。見張哲《釋來麥釐》（《中國文字》第七册）。

麰 來麰[1]，麥也。从麥，牟聲。，麰或从艸。 莫浮切（móu）。

【譯文】麰，"來麰"的麰，麥子。从麥，牟聲。䍒，麰的或體，从艸。

【注釋】① 來麰：朱駿聲：《通訓定聲》："來牟者雙聲連語。後人乃云：大麥，麰；小麥，麳。"

麧[1] 堅麥[2]也。从麥，气聲。 乎沒切（hé）。

【譯文】麧，堅硬的麥粒。从麥，气聲。

【注釋】① 麧：同麧。 ② 堅麥：徐鍇《繫傳》："麥之磨不碎者，舂磨之久而堅老也。"朱駿聲《通訓定聲》："謂麥糠中不破者，即《漢書·陳平傳》所謂糠覈（hé，核）也。"

麱 小麥屑之覈[1]。从麥，肙聲。 穌果切（suǒ）。

【譯文】麱，小麥粗屑的核。从麥，肙聲。

【注釋】① 小麥句：《段注》："此謂屑之而仍有核。覈同果中核之核。"

䴾 䃺麥[1]也。从麥，差聲。一曰：擣也。 昨何切（cuó）。

【譯文】䴾，磨麥。从麥，差聲。另一義説，䴾是舂擣。

【注釋】① 䃺麥：《段注》："謂以石磨磨之。"䃺即磨字。

麩 小麥屑皮[1]也。从麥，夫聲。，麩或从甫[2]。 甫無切（fū）。

【譯文】麩，小麥的碎屑和麥皮。从麥，夫聲。麱，麩的或體，从甫聲。

【注釋】① 屑皮：《段注》："麩之言膚也。屑，小麥則其皮可飤獸，大麥之皮不可食用，故無名。”《徐灝箋》：“今俗凡麻子、茶子之類皆以其皮屑爲餅，謂之麩，用以糞田，此麩之引申也。” ② 从甫：宋保《諧聲補逸》：“猶簠字古文医，夫聲也。”

麥末[1]也。从麥，丏聲。 弥箭切(miàn)。

麪 【譯文】麪，麥子的粉末。从麥，丏聲。

【注釋】① 麥末：《段注》：“末者，屑之尤細者。”

麥覈屑[1]也。十斤爲三斗。从麥，啻聲。 直隻切(zhí)。

麷 【譯文】麷，帶有麥核的麥屑。十斤麥子可磨成三斗麥麷。从麥，啻聲。

【注釋】① 麥覈屑：《段注》：“此云帶覈之屑。”此謂麥粉之未篩者。

煮麥[1]也。从麥，豐聲。讀若馮。 敷戎切(fēng)。

麷 【譯文】麷，炒麥。从麥，豐聲。音讀象“馮”字。

【注釋】① 煮麥：炒麥。《段注》引程氏瑶田説：“熬煮，蓋通稱；熬，乾煎也。”今通稱乾煎爲炒。段還比方：“今南方蒸糯米爲飯，曝乾，煼之，呼爲米蓬。”蓬即麷之遺語。

麥甘鬻[1]也。从麥，去聲。 丘據切(qù)。

麮 【譯文】麮，用麥煮成甘甜的鬻。从麥，去聲。

【注釋】① 麥甘鬻：《段注》：“以麥爲粥，其味甜也。”“其法當用大麥爲之，或去皮，或粉之，皆可爲粥，其性清虚，於夏日宜。”

[1] 餅籟[2]也。从麥，㱿聲。讀若庫。 空谷切(kū)。

麮 【譯文】麮，餅狀酒母。从麥，㱿聲。音讀象“庫”字。

【注釋】① 麮：《方言》卷十三：“自關而西，秦豳之間曰麮，晉之舊都曰麯，齊右河沛曰麲。或曰麰，北鄙曰麳。麴其通語。” ② 餅籟：餅狀的酒藥子。本書米部：“籟，酒母也。”今作麴。俗稱酒藥子。王筠《句讀》：“吾鄉作籟者，和麥屑，置圓模中，踐踏麲之而成形如餅。”

餅籟[1]也。从麥，穴聲。 户八切(huá)。

麲 【譯文】麲，餅狀酒母。从麥，穴聲。

【注釋】① 籟：今作麴，俗稱酒藥子。參“麮”條。

䴭　餅籟也。从麥，才聲。　昨哉切（cái）。

【譯文】䴭，餅狀的酒母。从麥，才聲。

文十三　重二

夊部

夊　行遲曳夊夊[1]，象人兩脛有所躧也[2]。凡夊之屬皆从夊。　楚危切（cuī/suī）[3]。

【譯文】夊，行路遲緩、搖曳，綏綏（不能舉步），象人的兩腿上有所拖曳的樣子。大凡夊的部屬都从夊。

【注釋】① 行遲句：徐灝《段注箋》："謂緩步而行夊夊然，若有所曳也。古通作綏。"　② 象人句：王筠《句讀》："丿，象兩脛，乀象所躧。"按：《段注》："《通俗文》：'履不箸跟曰屣。'屣同躧。躧、屣，古今字。"有所躧，意爲象趿着鞋一樣有所拖曳。　③ 今讀依《廣韻》息遺切。

【參證】李孝定《甲骨文字集釋》："古文从夊之字皆作□若□，象倒止形，意與止同。"

夋　行夋夋[1]也。一曰：倨[2]也。从夊，允聲。　七倫切（qūn）。

【譯文】夋，行走夋夋舒緩的樣子。另一義說，夋是蹲踞。从夊，允聲。

【注釋】① 夋夋：徐鍇《繫傳》："舒遲也。"　② 倨：通踞。

复　行故道也。从夊，畐省聲。　房六切（fú）。

【譯文】复，行走在已經走過的路上。从夊，畐省聲。

【參證】甲文作□，金文作□。复是復的本字。陳永正《釋□》以爲，□是上古居住的寝室。參"寝"、"復"條。复是從寝室出入，出入則必往來反覆，反覆則必"行故道也"。

夌　越[1]也。从夊，从兂[2]；兂，高也。一曰：夌徲[3]也。　力膺切（líng）。

【譯文】夌，超越。由夊、由兂會意；兂是高大的陸地。另一義說，夌是陵遲。

【注釋】① 越：徐鍇《繫傳》："越，超越也。" ② 从夊，从𡴆(lù)：王筠《句讀》："夊而乘高，是陵躐之意也。"朱駿聲《通訓定聲》："从𡴆猶从陸也。" ③ 夌遲(chí)：小徐本作夌遅，通作陵遲。朱駿聲《通訓定聲》："自高漸下之意。"王筠《句讀》："夌遅乃連語，非以遅釋夌也。"

【參證】林義光《文源》："古(小臣夌尊彝)作。，之變；从人，下象其足。或(陳猷釜陵字偏旁)作。"

致 送詣①也。从夊②，从至。 陟利切(zhì)。

【譯文】致，送到。由夊、由至會意。

【注釋】① 送詣：《段注》："言部曰：'詣，候至也。'送詣者，送而必至其處也。引申爲召致之致。又爲精致之致。"又引申爲至極之稱。 ② 从夊：邵瑛《羣經正字》："今經典从攵作致。""攵，支之隸變。从攵作致，此俗譌也。"

【參證】甲文作，郭沫若《殷契粹編》："从夊、从人、从丮，均同意。"

憂 和之行①也。从夊②，𢚧聲。《詩》③曰："布政憂憂。" 於求切(yōu)。

【譯文】憂，從容不迫地行走。从夊，𢚧(yōu)聲。《詩經》説："發布政令十分寬和。"

【注釋】① 和之行：柳榮宗《引經考異》："行和者從容不迫。" ② 从夊：夊有行義。 ③《詩》：指《商頌・長發》。今本作"敷政優優"。

【參證】金文作、，首字象以手掩面形，次字从心不从夊。柳榮宗《引經考異》："蓋𢚧从心見於頭面，故其字从心从頁；𢚧者之行必和，故𢚧加夊爲和；行和者從容不迫，故憂加人爲饒裕。"後以憂作𢚧，優作憂。

愛① 行皃②。从夊，㤅聲。 烏代切(ài)。

【譯文】愛，行走的樣子。从夊，㤅(ài)聲。

【注釋】① 愛：徐鍇《繫傳》："古以㤅爲慈愛，故以此爲行皃。" ② 行皃：徐灝《段注箋》："《爾雅・釋言》曰：'愛，隱也。'然則，愛者，隱之行也。"行皃，則是隱蔽地行走。

①
厺　行夎夎也。从夊，闕②。讀若僕。　又卜切(pú)③。

【譯文】夎，行走夎夎促迫的樣子。从夊，夂的音義缺。音讀象"僕"字。

【注釋】① 夎：桂馥《義證》："《集韻》：'夎，行促迫也。'讀若僕者，所謂僕僕道途也。"　② 闕：徐鍇《繫傳》："不知夂之義也。"錢大昕《潛研堂集》："夂當爲屑省。屑屑與夎夎義相近，《孟子》'僕僕爾亟釋'，即'夎夎'之異文也。"今所謂風塵僕僕，應作此。　③"又"疑譌字，依《廣韻》蒲木切。

夔　繇也舞①也。樂有章②。从章，从夅，从夊。《詩》③曰："夔夔舞我。"　苦感切(kǎn)。

【譯文】夔，邊歌邊舞。音樂有曲章。由章、由夅(jiàng)、由夊會意。《詩經》説："我夔夔地歌舞起來。"

【注釋】① 繇(yáo)：《段注》："繇當作䚻(謠)。䚻，徒歌(不用樂器伴奏)也。上'也'字衍。謠舞者，謠且舞也。"　② 章：音樂的一曲。本書音部："章，樂竟爲一章。"　③《詩》：指《小雅·伐木》。今本作"坎坎鼓我"。

【參證】林義光《文源》："三夊(夅即左右兩夊構成，再加上夊)，象舞時多足迹。"張舜徽謂非一人起舞，故象三夊的正反相傾。其説形義相合，較舊説爲優。

夓　(瑙)[𡿺]蓋①也。象皮包覆(瑙)[𡿺]，下有兩臂，而夊在下。讀若范。　亡范切(wǎn)。

【譯文】夓，腦蓋。(𠆢)象皮包裹覆蓋着腦，下面的(人)象有兩隻臂膀，而夊在最下部。音讀象"范"字。

【注釋】① 瑙蓋：當依《段注》本作"𡿺蓋"，段氏説："𡿺蓋者，人囟也。"

【參證】楊樹達《文字形義學》："象皮包𡿺蓋爲本形，象手足，示𡿺蓋在此上耳，故爲示所在之地形。"

①
夏　中國之人也。从夊，从頁，从𦥑。𦥑，兩手；夊，兩足也。，古文夏。　胡雅切(xià)。

【譯文】夏，中原地區的人。由夊、由頁、由臼會意。臼，表示兩隻手；夊，表示兩隻腳。𠇷，是古文夏字。

【注釋】① 夏：《段注》："以別於北方狄、東北貉、南方蠻閩、西方羌、西南焦僥、東方夷也。"徐灝箋："夏時夷狄始入中國，因謂中國人爲夏人，沿舊稱也。"

【參證】徐灝《段注箋》引戴侗説："夏，舞也。臼，象舞者手容；夊，象舞者足容。"甲文作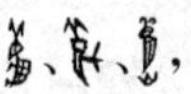，金文作。葉玉森《殷虛書契前編集釋》卷二："(甲文)與蟬逼肖。疑卜辭叚蟬爲夏。蟬乃最著之夏蟲，聞其聲即知爲夏矣。"戴君仁《釋夏釋桀釋己》(《中國文字》第十三册)："(夏)則象舞，蓋爲盛大之歌舞；疑與雩是一字。祈雨之祭，古之所重，祭時所用歌舞，聲容盛大，故名之爲夏。""("中國之人")借用既久，乃别造專字，从雨于聲而爲雩矣。"夏義言大，見《爾雅·釋詁》和《方言》卷一。于也有大義，參"竽"條。戴文又説："于爲喻紐三等字；夏，胡雅切，屬匣紐，古喻三歸匣。雩、夏又同在魚部。是二字古音相同，實一語也。"金文第三字，郭沫若《關於鄂君啟節的研究》(《文史論叢》)："此从女者殆是从夊之譌變。"

畟

治稼畟畟進也。从田人，从夊①。《詩》②曰："畟畟良耜。" 初力切(cè)。

【譯文】畟，治理莊稼，測測前進。由田人、由夊會意。《詩經》説："測測而進，鋒利的耜刃。"

【注釋】① 从田人句：田人，農夫。夊，言舉足前進。王筠《句讀》："治田之人進也。" ②《詩》：指《周頌·良耜》。毛傳："畟畟，猶測測也。"《段注》："畟、測皆進意。"

夎

斂足①也。鵲鵙醜②，其飛也夎。从夊，兇聲。 子紅切(zōng)。

【譯文】夎，(人聳身躍起時)收斂其足。鵲鳥、伯勞鳥之類，飛翔時收斂其足。从夊，兇聲。

【注釋】① 斂足：徐灝《段注箋》："今俗謂人斂足聳身躍起曰夎。"
② 鵲鵙醜：鵙(jú)，伯勞，即杜鵑。醜，類。

【參證】林義光《文源》："石鼓作(椶字偏旁)。""象人進趨形。从人，⊗象首，戈象足，禽獸皆以⊗爲頭，此象人頭。”

夒　貪獸也。一曰：母猴[①]。似人[②]。从頁，巳、止、夊[③]，其手足。　奴刀切（náo）。

【譯文】夒，貪婪的野獸。另一義説，夒是獼猴。篆文夒字的字形象人的頭面和手腳。从頁，巳、止、夊，表示它的手和腿腳。

【注釋】① 母猴：陳立《説文母猴説》："母非猴名。母，其呼猴者之語詞也。長言之曰母猴，短言之則曰猴。猶越之名'於越'，吴之名'句吴'也。"《段注》："單呼猴，絫呼母猴，其實一也。母猴與沐猴、獼猴，一語之轉。母非父母字。《詩·小雅》作猱。毛曰：'猱，猨屬。'"　② 似人：《段注》："似人面手足。"王筠《句讀》："爲説字形張本。此字以會意爲象形。"　③ 巳、止、夊：《段注》："巳、止，象其似人手；夊，象其足。"

【參證】甲文作，金文作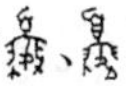。當是長臂猿的一種。

夔　神魖[①]也。如龍，一足，从夊[②]；象有角、手、人面之形[③]。　渠追切（kuí）。

【譯文】夔，神奇的怪物。樣子象龍，一隻腳，所以从夊；象有頭角、手、人面的樣子。

【注釋】① 神魖（xū）：《段注》："謂鬼之神者也。"魖，本書鬼部："耗鬼也。"今稱靈魈。　② 从夊：《段注》："象其一足。"　③ 象有句：《段注》："云如龍，則有角可知，故¬⌐象有角；又，止巳象其似人手；頁象其似人面。"

【參證】甲文作，金文作。傳説中的山怪名。

文十五　重一

夎[①]　拜失容也。从夊，坐聲。　則臥切（cuò）。

【譯文】夎，（身著鎧甲）雙手至地而禮拜，有失正常的形容儀節。从夊，坐聲。

【注釋】① 夎：《禮記·曲禮》："介者不拜，爲其拜而蓌拜。"鄭注："蓌則失容節。"蓌即夎。正義云："蓌，挫也。著甲而屬拜，則挫損其戎威之容也。"因鎧甲裹身，以致肢體不便屈曲，如《公羊傳》注所説：

“介胄不拜,爲其拜如蹲。”故曰有損“其戎威之容”。

文一 新附

舛部

舛 對臥[①]也。从夊㐄[②]相背。凡舛之屬皆从舛。,楊雄説,舛从足春[③]。 昌兖切(chuǎn)。

【譯文】舛,相對而臥,由夊、㐄相背會意。大凡舛的部屬都从舛。踳,楊雄説,舛从足,春聲。

【注釋】① 對臥:對猶背也。《段注》“从夊㐄相背”注:“相背猶相對也。” ② 从夊㐄:取兩夊相背的意思。㐄,《廣韻》:“口瓦切。” ③ 春:《段注》:“聲也。”

舞 樂[①]也。用足相背,从舛[②];無聲。,古文舞从羽亡[③]。 文撫切(wǔ)。

【譯文】舞,樂的一種形式。用兩足相背(表示起舞踩踏),所以从舛;無聲。⿱羽亡,古文舞字,从羽,亡聲。

【注釋】① 樂(yuè):蔡邕《月令章句》卷上:“舞者,樂之容也;歌者,樂之聲也。” ② 从舛:象兩足左右舞蹈。徐鍇《繫傳通論》:“舛,兩足左右也。兩足左右蹈厲之也。” ③ 从羽亡:羽,舞者所持。參“雩”、“⿱羽王”條。亡,徐鍇《繫傳》作“亡聲”。

【參證】甲文作,金文作。李孝定《甲骨文字集釋》:“(甲文)象人執物而舞之形,篆增‘舛’,象二足。”“象足之蹈也。”“金文不从舛而从辵,偏旁中辵、止、彳得通之常例也。”

舝 車軸耑鍵也[①]。兩穿相背,从舛[②];萬[③]省聲。萬,古文偰字。 胡戛切(xiá)。

【譯文】舝,貫穿於車軸兩端的金屬鍵(閂)。車軸兩端的穿孔各相背對,所以从舛;萬省聲。萬,古文偰字。

【注釋】① 車軸句:王筠《句讀》:“軸貫於輪,恐轂出也。以銕直鍵其軸,謂之舝。” ② 从舛:王筠《釋例》:“軸之兩耑,各有一穿,皆以鍵轄之，使輪不外出。故舝字分舛於上下，象鍵在軸之兩耑也。”
③ 萬：《段注》作“禼”。

文三　重二

舜部

舜[①]　艸也。楚謂之葍[②]，秦謂之藑[③]。蔓地連華[④]。象形[⑤]。从舛[⑥]，舛亦聲[⑦]。凡舜之屬皆从舜。𩰞[⑧]，古文舜。　舒閏切（shùn）。

【譯文】舜，草名。楚地叫它葍（fú），秦地叫它藑（qióng）。蔓延布地，連花而生。象形。从舛，舛也表聲。大凡舜的部屬都从舜。𩰞，古文舜字。

【注釋】① 舜：《段注》：“艸部曰：‘藑，茅葍也。一名舜。’是一物三名也。”按：𦱶，隸省作“䑞”，因變爲“舜”。　② 楚謂之葍：饒炯《部首訂》：“義以華連促迫名之，即从畐（逼迫義）聲而加艸爲專字。”　③ 秦謂之藑：饒炯《部首訂》：“義以其蔓延縈繞名之，即从夐聲而加艸爲專字。”　④ 蔓地句：《段注》作“蔓地生而連華”。　⑤ 象形：匚象曲蔓，炎象連花。　⑥ 从舛：《段注》：“亦狀蔓連相鄉背之皃。”王筠《句讀》：“爲其蔓延，以舛譬況之。”　⑦ 舛亦聲：舜舛上古同屬文部。　⑧ 𩰞：待考。

䑞[①]　華榮也。从舜，生聲[②]。讀若皇。《爾雅》[③]曰：“䑞，華也。”葟，䑞或从艸皇[④]。　户光切（huáng）。

【譯文】䑞，花兒開得旺盛。从舜，生聲。音讀象“皇”字。《爾雅》說：“䑞是花。”葟，䑞的或體，从艸，皇聲。

【注釋】① 䑞：當從小徐本作“䑞”。下同。　② 生聲：生當作㞷（huáng），本書之部：“㞷，艸木妄生也，从之在土上。讀若皇。”聲中有義。　③《爾雅》：指《釋言》。今本作：“華，皇也。”又，《釋草》：“葟，華榮。”　④ 从艸皇：當爲从艸皇聲。

文二　重二

韋部

韋 相背也。从舛,囗聲。獸皮之韋①,可以束枉戾相韋背②,故借以爲皮韋③。凡韋之屬皆从韋。④,古文韋。 字非切(wéi)。

【譯文】韋,相違背。从舛,囗(wéi)聲。獸皮的熟皮,可用來纏束矯正彎曲相違之物,所以借用爲"皮韋"的韋字。大凡韋的部屬都从韋。𩏑,古文韋字。

【注釋】① 韋:熟皮。《字林》:"韋,柔皮也。" ② 可以句:可以束枉戾的物體,束相違背的物體。束枉戾相韋背,即束枉戾、相韋背之物。 ③ 故借以爲韓:徐灝《段注箋》:"革縷束物謂之韋,因其所用,以名其物,故柔皮曰韋。" ④ 𩏑:徐灝《段注箋》:"上下皆象革縷束物之形,中从者,圍繞之意。"

【參證】甲文作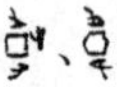,金文作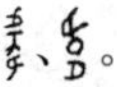。李孝定《甲骨文字集釋》:"(甲文)二止則象二人,或象多人。""韋實即古圍字也。"又,《金文詁林讀後記》卷五:"囗帀同意。"按:甲金文中的囗,象城圍;帀,即周帀。"韋象圍城,相背爲其引申義,獸皮之韋,純屬假借,無義可求。""竊疑'圍'、'衛'古本同字,自城守者言之則爲'衛',自攻戰者言之,則爲'圍',後始演爲二字耳。"

韠 韍也。所以蔽前①,以韋。下廣二尺,上廣一尺,其頸五寸。一命縕韠,再命赤韠②。从韋,畢聲。 卑吉切(bì)。

【譯文】韠,即韍(fú)。用來遮蔽前面的東西,用熟牛皮做成。下面寬兩尺,上面寬一尺,它的頸部五寸。國君一命,用赤黄色的韍;二命,用赤色的韍。从韋,畢聲。

【注釋】① 蔽前:《段注》:"鄭注《禮》曰:'古者佃漁而食之,衣其皮,先知蔽前,後知蔽後。後王易之以布帛,而獨存其蔽前者,不忘本也。'韠之言蔽也,韍之言亦蔽也。" ② 一命句:《禮記・玉藻》:"一命縕(赤黄色)韍幽(黑色)衡(佩玉之衡),再命赤韍幽衡,三命赤韍蔥(青色)衡。"

韎 茅蒐①染韋也，一入曰韎②。从韋，末聲。　莫佩切(mèi)。

【譯文】韎，有茅蒐草染熟牛皮，初次染入叫韎。从韋，末聲。

【注釋】① 茅蒐(sōu)：染草。本書艸部："蒐，茅蒐，茹藘，人血所生，可以染絳。"　② 韎：今之紅色。

【參證】金文作。《金文編》："《説文》所無，師奎父鼎：'載市同黄。'"又有、等。吴式芬《攈古録金文》卷三之一："載市(fú)連文，疑當是韎。韋即舛字，實韋省。不，古櫱字，孼末古音同部，从不，猶从末也。从𢦏者與戈同意。戴，籀文作戴，是其例。韎韐，戎服。""惟戎服，故从𢦏。"馬敘倫《六書疏證》卷十："鄭玄《駁異義》曰：齊魯之間，言韎聲如茅蒐。韋昭《國語》注曰：'茅蒐，今絳草也。急疾呼茅蒐成韎。'""此(指許氏的解説)遂以二義並爲一事。或本作'茅蒐也，染韋也'。傳寫捝一'也'字。"按：茅蒐叫韎，引申爲以茅蒐染物，又引申指被茅蒐所染之物。

韢 橐紐①也。从韋，惠聲。一曰：盛虜頭橐也②。　胡計切(xì/suì)③。

【譯文】韢，捆口袋的帶子。从韋，惠聲。另一義説，盛敵人首級的口袋。

【注釋】① 橐(gāo)紐：橐，大橐(tuó)。紐，帶子。　② 一曰句：徐鍇《繫傳》："盛虜頭，謂戰伐以盛首級。"　③ 今讀依《廣韻》徐醉切。

韜 劍衣①也。从韋，舀聲。　土刀切(tāo)。

【譯文】韜，劍套。从韋，舀聲。

【注釋】① 劍衣：《段注》："引申爲凡包藏之偁。"

韝 射臂(決)[揩]①也。从韋，冓聲。　古矦切(gōu)。

【譯文】韝，射箭用的臂套。从韋，冓聲。

【注釋】① 決：當從《御覽》卷三百五十引作"揩"。王筠《句讀》説："揩者，韜也。射時所以韜藏其臂也。"朱駿聲《通訓定聲》："箸左臂，以朱韋爲之。"

韘① 射決也。所以拘弦，以象骨，韋系，著右巨指。从韋②，枼聲。《詩》曰："童子佩韘。"弽，韘或从弓③。　失涉切

(shè)。

【譯文】韘，射箭用的決。用來鈎弦的器具，用象骨製成，用熟牛皮作紐帶，附著在右手大拇指上。从韋，枼聲。《詩經》説："童子佩帶着射箭用的決。"弽，韘的或體，从弓。

【注釋】① 韘：俗稱"扳指"。 ② 从韋：《段注》："用韋爲系，著在巨指，故字从韋。" ③ 从弓：用它開弓，故从弓。

韣 弓衣也。从韋，蜀聲。 之欲切(zhú)。

【譯文】韣，弓袋。从韋，蜀聲。

韔 弓衣也。从韋，長聲。《詩》[1]曰："交韔二弓。" 丑亮切(chàng)。

【譯文】韔，弓袋。从韋，長聲。《詩經》説："把兩張弓交叉插入弓袋裏。"

【注釋】①《詩》：指《秦風・小戎》。

韐[1] 履也。从韋，叚聲。 乎加切(xiá)。

【譯文】韐，鞋。从韋，叚聲。

【注釋】① 韐：本書："蹈，足所履也。"桂馥《義證》："足部字多與韋、革通。"足，言其功用；韋，言其材質。徐灝《段注箋》引戴仲達謂"即鞋字"。

鞁 履後帖[1]也。从韋，段聲。緞[2]，鞁或从糸。 徒玩切(duàn)。

【譯文】鞁，鞋後跟的幫貼。从韋，段聲。緞，鞁的或體，从糸。

【注釋】① 履後帖：《段注》："帖，帛書署也。引申爲今俗語'幫貼'之字。凡履跟必幫貼之，令堅厚，不則易敝。" ② 緞：《段注》："今俗以爲錦繡段之段。"

韤[1] 足衣也。从韋，蔑聲。 望發切(wà)。

【譯文】韤，脚上穿的襪子。从韋，蔑聲。

【注釋】① 韤：王筠《句讀》引顧亭林曰："古人之韤，大抵以皮爲之。"又作"襪"、"袜"。楊樹達《積微居小學述林・釋韤》："古人謂四肢爲末。""末蔑古音同，足謂之末，故衣足之韤謂之韤。""韤受義於末。”从韋,言其材質;从衣,言其功用。

⿰韋尃 軛裹[①]也。从韋,尃聲。 匹各切(pò)。

【譯文】⿰韋尃,車軛上裹着的皮套。从韋,尃聲。

【注釋】① 軛(è)裹:《段注》:“軛,轅前也。以皮裹之。”

韏 革中辨[①]謂之韏。从韋,𢍏聲。 九萬切(juàn/quàn)[②]。

【譯文】韏,皮革中間相交合的皮條叫作韏。从韋,𢍏聲。

【注釋】① 辨:朱駿聲《通訓定聲》説,“辨”爲“辮”字之誤。按:朱説是。辮,交也。革中辮,謂革中相交合的皮條。相交則捲曲,所以叫韏。 ② 今讀依《廣韻》去願切。

[①]
䪒 收束也。从韋[②],樵聲[③]。讀若酋。,䪒或从要[④]。,䪒或从秋手[⑤]。 即由切(jiū)。

【譯文】䪒,收束。从韋,樵聲。音讀象“酋”字。⿰韋要,䪒的或體,从要。揫,䪒的或體,从手,秋聲。

【注釋】① 䪒:《方言》卷二:“揫(䪒),細也。斂物而細,秦晉謂之揫。” ② 从韋:《段注》:“取圍束之義。” ③ 樵(zhuō)聲:樵从焦聲。吴人讀如焦。 ④ 从要:桂馥《義證》:“要亦收束。《廣雅》:‘要,約也。’”按:約,約束。 ⑤ 从秋手:朱駿聲《通訓定聲》作“从手,秋聲”,曰:“揫字手部重出,此宜删。”

【參證】䪒字義素有三:斂、圍、緊。馬敘倫《六書疏證》卷十舉了四個例證:“孔昭孔曰:吾鄉偁髻爲䪒。”“杭縣舊俗,女兒十歲左右,於額上左右角結髮作兩環形,名曰糾兒。”“紹興謂以髮作辮盤結於首曰打秋。”“木盆懷,以篾作辮圍而圈之,亦曰打秋。”

韓 井垣[①]也。从韋,取其帀也;倝聲。 胡安切(hán)。

【譯文】韓,井欄。从韋,取其周圍的意思;倝(gàn)聲。

【注釋】① 井垣:王筠《釋例》:“司馬彪謂之井闌是也。今猶呼爲井闌木,以木爲匡,週帀於井,防人之陷也。其用與垣同,其質則木,而非土。許説‘垣’字,乃譬況之詞。”徐灝《段注箋》:“即崔譔所云,猶築之有楨榦也。”

【參證】金文作。郭沫若《金文叢考·屭芀鐘銘考釋》:“此乃倝字,叚爲韓魏之韓。”

文十六　重五

[1] 柔而固也。从韋[2]，刃聲[3]。　而進切(rén)。

韌　【譯文】韌，柔軟而堅固。从柔，刃聲。

【注釋】① 韌：《鄭新附考》：“古無堅韌專字。”　② 从韋：韋有熟皮義，熟皮與生革相對，熟皮有柔軟而堅固的特點。參“韋”條。③ 刃聲：聲中有義。《鄭新附考》：“《説文》刃訓刀堅，刃亦本有堅義，(韌)則最初止一刃字。”可見，韌是刃的後起加旁分化字，專司“柔而固”義。又作“靭”。从革猶从韋也。

文一　新附

弟部

　韋束之次弟也[1]。从古字[2]之象。凡弟之屬皆从弟。𢎨，古文弟。从古文韋省，丿聲[3]。　特計切(dì)。

弟　【譯文】弟，用牛皮束物的次序。小篆采用古文的樣子。大凡弟的部屬都从弟。𢎨，古文弟字，从古文韋省，丿聲。

【注釋】① 韋束句：徐灝《段注箋》：“革縷束物謂之韋，展轉圍繞，勢如螺旋，而次弟之義生焉。”　② 古字：即“古文”，《段注》：“《説文》小篆有‘从古文之象似者’凡三，曰弟、曰革、曰民，皆各象其古文爲之。”　③ 丿(yè)聲：徐鍇《繫傳》：“丿音曳。”

【參證】甲文作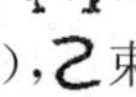，金文作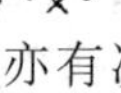。林義光《文源》：“从弋(yì，竪木橜於地上之形)，乙束之。束杙亦有次第也。”王筠《釋例》：“本上下牽連，楷乃斷其上，爲ㄚ，今變爲竹。”於是楷書寫作弟，今爲兄弟之弟；又作第，今爲次第之第。

[1] 周人謂兄曰罤。从弟，从罒[2]。　古魂切(kūn)。

罤　【譯文】罤，周地人叫兄作罤。由弟、由罒會意。

【注釋】① 罤：《段注》：“昆弟字當作此，昆行而罤廢矣。”　② 从眔：眔，及也。謂兄弟相及。

文二　重一

夂部

夂　从後至[①]也。象人兩脛後有致[②]之者。凡夂之屬皆从夂。讀若黹。　陟侈切(zhǐ)。

【譯文】夂，從後面送到。象人的兩腿後面有送它的力量。大凡夂的部屬都从夂。音讀象“黹”字。

【注釋】① 至：《段注》：“至當作致。”　② 致：本書夂部：“致，送詣也。”

【參證】徐灝《段注箋》：“戴氏侗曰：夂、夊特一字。灝按：戴説是也。其斜畫或出或否，乃用筆之小異。”“从夂之字多在下面，从夊者多在上，故斜畫或出或否，各取美觀耳。”

夆　相遮要害[①]也。从夂，丯聲。南陽新野有夆亭。　乎蓋切(hài)。

【譯文】夆，阻攔於要害之處。从夂，丯(jiè)聲。南陽郡新野縣有夆亭。

【注釋】① 要害：《段注》：“猶險隘也。”

夆　啎[①]也。从夂，丰聲。讀若縫。　敷容切(fēng)。

【譯文】夆，相逢。从夂，丰聲。音讀象“縫”字。

【注釋】① 啎：《段注》：“午部曰：‘啎，逆也。’夆訓啎，猶逢、迎、逆、遇、遻互相爲訓。”王筠《句讀》：“逢者，夆之絫增字。”

【參證】金文作[金文字形]、[金文字形]、[金文字形]。高田忠周《古籀篇》卷六十三：“丰下曰：‘艸盛丰丰也。’……其上耑即鋭也。故木之鋭杪(桻)，山之鋭頭(峯)，兵刃之鋭耑(鋒)，皆可偁之丰。而夆字，从丰聲，當兼會意。夆有前進之意，前進突出，故又自夆啎也。夆啎亦所以逢遇也。後世別製从辵夆聲逢字。”

夅　服也。从夂㐄[①]相承，不敢竝也。　下江切(xiáng)。

【譯文】夅，降服。由夂、㐄二字相承會意，表示不敢相並的意思。

【注釋】① 从夊㐄：《段注》："上从夊，下从反夊，相承，不敢竝，夅服之意也。凡降服字當作此。降行而夅廢矣。"邵瑛《羣經正字》："夅爲夅服之夅(xiáng)，降爲降下之降(jiàng)。""今經典統作降。"

夃　秦以市買①多得爲夃。从乁，从夊，益至也②。(从乃)③。《詩》④曰："我夃酌彼金罍。"　古乎切(gǔ)⑤。

【譯文】夃，秦地人把到集市出賣、多得利叫作夃。由乁、由夊會意，表示屢屢到來的意思。《詩經》説："我姑且斟滿那金酒梧。"

【注釋】① 買：桂馥《義證》："買當爲賣。"　② 从乁句：徐灝《段注箋》引戴侗説："乁，古文及字。"及夊者，相及而至，故曰益至。③ 从乃：徐鍇《繫傳》無此二字。宜删。　④《詩》：指《周南·卷耳》。今本"夃"作"姑"。王筠《句讀》："此借義也。抑或句首本有'讀若'二字。而夃作姑。"　⑤ 拼音依《廣韻》公户切。

㐄　跨步①也。从反夊②。䰛从此③。　苦瓦切(kuǎ)。

【譯文】㐄，跨大步。把夊字反過來表示。䰛(guō)字从㐄聲。

【注釋】① 跨步：《段注》："謂大張其兩股也。"　② 反夊：徐鍇《繫傳》："反夊是不致閡，故反夊爲跨。"按：今經典統作跨。③ 从此：《段注》："以㐄爲聲。"

【參證】楊樹達《文字形義學》："二文(指㐄、跨二字)實一字也。""㐄按：此變文字之形。夊爲有所止不能進，反夊則爲跨步大進，以形反則義隨之反者也。"

文六

久部

久　(以)[从]①後灸②之，象人兩脛後有距也。《周禮》③曰："久諸牆以觀其橈。"凡久之屬皆从久。　舉友切(jiǔ)。

【譯文】久，從後面支拒着，象人的兩腿後面有抵拒的東西。《周禮》説："(把矛戟的柄)支拒在兩牆之間，看它是否彎曲。"大凡久的部屬都从久。

【注釋】① 以：當作从，其他版本均作“從(从)”。　② 灸：支拒。《周禮・考工記・廬人》鄭注：“灸猶柱也。”　③《周禮》：指《考工記・廬人》。今本久作灸。“灸諸牆”鄭注：“以柱兩牆之間。”

【參證】楊樹達《積微居小學述林》：“古人治病，燃艾灼體謂之灸，久即灸之初字也。字形从臥人，人病則臥牀也。末畫象以物灼體之形。”按：久借爲長久義，另加火作灸。

文一

桀部

桀　磔①也。从舛在木上也②。凡桀之屬皆从桀。　渠列切(jié)。

【譯文】桀，分張肢體。由“舛”在“木”上會意。大凡桀的部屬都从桀。

【注釋】① 磔(zhé)：張其屍，見《漢書・景帝紀》顔注。　② 从舛句：象人兩足張於木上。

【參證】朱駿聲《通訓定聲》：“桀，此字當訓雞棲弋(木橜)也，舛象雞足。”

磔　辜①也。从桀，石聲。　陟格切(zhé)。

【譯文】磔，分裂肢體令其乾枯而不收。从桀，石聲。

【注釋】① 辜：辜之言枯也。《段注》：“凡言磔者，開也，張也，刳其胸腹而張之，令其乾枯不收。”

椉①　覆②也。从入桀③；桀，黠也。軍法曰椉④。兖⑤，古文乘从几。　食陵切(chéng)。

【譯文】椉，壓覆。由“入”、“桀”會意；桀是强的意思。軍法書上叫作椉。兖，古文椉字，从几。

【注釋】① 椉：今作乘。　② 覆：王筠《句讀》：“覆者，壓覆之謂也。”　③ 从入桀：桀訓黠。黠，强也。《段注》：“凡黠者必强。”入桀者，謂入之者强，也就是强入，故訓壓覆。　④ 軍法曰乘：壓覆在軍法書上叫乘。　　⑤ 兖：下之几，象乘石。

【參證】甲文作、、，金文作、。王國維《戩壽堂所藏甲骨文字考釋》："(甲文)象人乘木之形。"李孝定《甲骨文字集釋》："乘之本義爲升爲登，引申之爲加其上。許訓覆也，與加其上同意。"甲文下半的，象木無頭形，從金文來看，是木的省略。或説是"古櫱字"，《説文》："櫱，伐木餘也。"見陳邦懷《殷虚書契考釋小箋》。其實，櫱，也是木。古文，與乘父簋的乘字作者略同。許學仁《楚文字考釋》(《中國文字》新第七期)："乘字从几或可溯源於古人登車履'几'之制"，"古人登車，以石以几"。几猶石也。

文三　重一

卷十一

木部

木 冒①也。冒地而生。東方之行②。从中③,下象其根。凡木之屬皆从木。 莫卜切(mù)。

【譯文】木,冒覆。冒覆土地而生長着。是代表東方的物質。上从中,下面象它的根。大凡木的部屬都从木。

【注釋】① 冒:覆。徐灝《段注箋》:"華葉自覆冒也。" ② 東方句:古五行説,東方屬木。五行,古人用金木水火土五種物質來説明世界萬物的起源。所謂木源於東方,故曰東方之行。《白虎通》:"木在東方。東方者,陽氣始動,萬物始生。木之爲言觸也,陽氣動躍。" ③ 从中:徐鍇《繫傳祛妄》:"《周易》云:'百果草木皆甲坼。'是草木同言甲坼。中,甲坼之象,合抱之木,生於豪末,木象於中,何足非乎?"

【參證】甲文作,金文作、。希麟《續音義》八卷十三頁木注引《説文》作"屮下象其根,上象枝也"。今本脱下句。徐灝《段注箋》:"戴氏侗曰:上出者,中爲幹,旁爲枝,下達者,中爲柢,旁爲根也。"

橘 果。出江南。从木,矞聲。 居聿切(jú)。

【譯文】橘,果木名。出産在江南。从木,矞聲。

橙 橘屬①。从木,登聲。 丈庚切(chéng)。

【譯文】橙,橘樹一類。从木,登聲。

【注釋】① 橘屬:王筠《句讀》引《淮南子》:"江南樹橘,之江北,而化爲橙。"

柚 條①也。似橙而酢②。从木,由聲。《夏書》③曰:"厥包橘柚。" 余救切(yòu)。

【譯文】柚,又叫條。象橙子而味酸。从木,由聲。《夏書》説:"他們包裹着橘、柚(作爲貢品)。"

【注釋】① 條:《埤雅·釋木》:"柚似橙而大於橘","一名條"。徐灝《段注箋》:"柚謂之條者,古音相近也。古通作櫾。《繫傳》曰:'此亦用爲杼柚字。'"《列子·湯問》:"吴楚有大木,其名曰櫾,碧樹冬生,實丹味酸。食之已憤厥之疾。"　② 酢(cù):酸味。　③《夏書》:指《禹貢》。包,包裹。

樝[1]　果似棃而酢[2]。从木,虘聲。　側加切(zhā)。

樝　【譯文】樝,果實象棃而味酸。从木,虘聲。

【注釋】① 樝:桂馥《義證》:"字又作楂。"即山楂。　② 酢:酸味。

棃　果名。从木,𥝢聲。𥝢,古文利。　力脂切(lí)。

棃　【譯文】棃,果木名。从木,𥝢聲。𥝢,古文"利"字。

梬[1]　棗也,似柹。从木,甹聲。　以整切(yǐng)。

梬　【譯文】梬,梬棗,象柹子。从木,甹聲。

【注釋】① 梬:即梬棗。《玉篇》注:"梬棗似柿而小。"

𣐈[1]　赤實果[2]。从木,𠂔聲。　鉏里切(shì)。

𣐈　【譯文】𣐈,赤心果。从木,𠂔聲。

【注釋】① 𣐈:今作柿。　② 赤實果:《段注》:"言果又言實者,實謂其中也。赤中,與外同色。"

【參證】邵瑛《羣經正字》:"今經典作柿。"遂與義爲鉋木花的柹字形近。參"柹(fèi)"條。楷書"巿"、"市"各有來源。市來自於𠂔()和市(shì,),巿來自於宋(pò,)和蔽巿(fú,)的巿,今多混而不別,靠上下文意來區别。

枏[1]　梅[2]也。从木,冄聲[3]。　汝閻切(rán/nán)[4]。

枏　【譯文】枏,梅樹。从木,冄聲。

【注釋】① 枏:桂馥《義證》:"字或作楠。"指楠木。　② 梅:楠木的别名,與酸梅不是一類。桂馥《義證》引陸璣疏:"梅樹,皮葉似豫章。豫章葉大如牛耳,一頭尖,赤心,葉赤黄,子青,不可食。枏葉大,可三四葉一藂,木理細緻於豫章,子赤者材堅,子白者材脆。江南及新城、上庸、蜀皆多樟枏。"　③ 冄聲:本書:"冄,毛冄冄也。"

，隸定作冄。邵瑛《郡經正字》："凡衰、那、耼、苒、頿、蚦之類从此。偏旁作冉者，乃从冓省之字，如再、稱、偁字。"　④ 今讀依《廣韻》那含切。

[1] **梅**　枏也。可食。从木，每聲。[2]，或从某。　莫桮切(méi)。

【譯文】梅，楠木。又是可吃的酸果。从木，每聲。楳，梅的或體，从某聲。

【注釋】① 梅：梅有二義。《段注》："《召南》之梅，今之酸果也；《秦風》、《陳風》之'梅'，今之楠樹也。"按："可食"，即説明梅爲酸果。

② 楳：本部"某"下："酸果也。从木从甘。"楳，爲某加旁體。某也表聲。

【參證】金文作。商承祚《戰國楚竹簡彙編·信陽長臺關一號楚墓竹簡第二組遺策考釋》："某，金文或作，从甘。"徐灝《段注箋》："某字假爲誰某而爲借義所專，故以梅枏之梅爲酸果，又从某增木旁作楳爲某之或體。"參"某"條。

杏　果也。从木，可省聲[1]。　何梗切(xìng)。

【譯文】杏，果木名。从木，可省聲。

【注釋】① 可省聲：費解。徐灝《段注箋》："梅之本篆作某，古文作，省爲，故反呆爲杏。梅酸杏甘，此反體之意也。"依徐説，杏則是反體象形字。

【參證】甲文作、。

[1] **柰**　果也。从木，示聲。　奴帶切(nài)。

【譯文】柰，果木名。从木，示聲。

【注釋】① 柰：《廣雅》："楉榴，奈也。"王念孫疏證："楉榴，石榴。"徐鍇《繫傳》："假借爲奈何也。"

【參證】王貴元《漢墓帛書字形辨析三則》(《中國語文》一九九六年第四期)："(奈)到明人梅膺祚所編《字彙》才見收録。""'奈'所从'大'是由'木'變來的。'奈'後來之所以成爲單獨字形，就因爲它正好可以分擔'柰'的'奈何'義。"

李　果也。从木，子聲。[1]，古文。　良止切(lǐ)。

【譯文】李，果木名。从木，子聲。杍，古文李。

【注釋】① 杍：桂馥《義證》："此爲梓之古文，誤在李下。"

【參證】金文作。

 桃 果也。从木，兆聲。 徒刀切(táo)。

【譯文】桃，果木名。从木，兆聲。

 楙[1] 冬桃。从木，敄聲。讀若髦。 莫侯切(mào/máo)[2]。

【譯文】楙，冬桃。从木，敄聲。音讀象"髦"字。

【注釋】① 楙：《爾雅・釋木》："旄，冬桃。"郭璞注："子冬熟。"《段注》："按：作'旄'者，字之假借。"朱駿聲《通訓定聲》："其實冬熟，狀如棗，軟爛甘酸。" ② 今讀依《廣韻》莫袍切。

 亲 果，實如小栗。从木，辛聲。《春秋傳》[1]曰："女摯不過亲栗。" 側詵切(zhēn)。

【譯文】亲，果木名。果實象小的栗子。从木，辛聲。《春秋左傳》說："女人(相見)的禮物不過亲果、栗子之類。"

【注釋】①《春秋傳》：指《左傳・莊公二十四年》。今本作"女贄(見面禮)不過榛、栗、棗、脩"。亲作榛。

【參證】金文作、。戴家祥《金文大字典》："字从辛从木，辛爲金質刃屬兵器(吴其昌釋)，與木會意，爲砍斫之柴薪。後復加斤旁表明辛義，寫作新。後又重復加艸旁表明木義，寫作薪。亲、新、薪爲古今字。柴薪一般都是灌木，即所謂荊榛。"故亲可寫作榛。木部："榛，木也。一曰叢也。"叢即荊榛叢林。

 楷[1] 木也。孔子冢蓋樹之者[2]。从木，皆聲。 苦駭切(kǎi/jiē)[3]。

【譯文】楷，樹木。孔子墓上覆蓋的樹。从木，皆聲。

【注釋】① 楷：黄連木。 ② 孔子句：當從《玉篇》作"孔子冢蓋之樹"。蓋，覆蓋。徐鍇《繫傳》："《史記》注：'孔子卒，弟子各持其鄉土之樹來種，魯人世世無能名其樹者。'"王筠《句讀》引《水東日記》："昔模樹生周公冢上，其葉春青夏赤秋白冬黑，以色得其正也。楷木生孔子冢上，其餘枝疏而不屈，以質得其直也。若正與直，可爲法則，況在周公、孔子冢乎？"此說楷模義之由來。恐難置信。

③ 今讀依《廣韻》古諧切。

梫[1] 桂也。从木，侵省聲。 七荏切(qǐn)。

【譯文】梫，肉桂。从木，侵省聲。

【注釋】① 梫：今作梫。《蜀都賦》劉逵注："梫桂，木桂也。《本草》謂之牡桂。一名肉桂。"

桂[1] 江南木[2]，百藥之長[3]。从木，圭聲。 古惠切(guì)。

【譯文】桂，江南出産的樹木，是百藥之長。从木，圭聲。

【注釋】① 桂：肉桂。樹皮可作香料，通稱"桂皮"。張舜徽《約注》："流俗所稱桂花，木名木犀。唐以來始有桂花之名，其皮薄而不辣，不堪入藥。與唐以前書所稱之桂，絶然二物。" ② 江南木：《本草》："桂生桂陽，牡桂生南海，菌桂生交趾。"《寰宇記》："臨桂縣有桂江，其江源多桂，不生雜木，故秦時立爲桂林郡。" ③ 百藥之長：《本草》："桂心主通血脈，利肺肝，氣能宣導，百藥無畏，菌桂爲諸藥先聘通使。是爲百藥之長也。"

棠 牡[1]曰棠，牝曰杜。从木，尚聲。 徒郎切(táng)。

【譯文】棠，公的叫棠，母的叫杜。从木，尚聲。

【注釋】① 牡：徐鍇《繫傳》："木之性有牝牡。牡者華而不實。"顔注《急就篇》："牡者曰棠，無子者也；牝者曰杜，有子者也。"析言有別，渾言不分。

杜 甘棠[1]也。从木，土聲。 徒古切(dù)。

【譯文】杜，甘棠。从木，土聲。

【注釋】① 甘棠：即杜梨。《段注》："棠不實，杜實而可食則謂之甘棠。""牡棠、牝杜，析言之也；杜得偁甘棠，互言之也。"

【參證】甲文作，金文作、、。戴家祥《金文大字典》："字亦通土，土爲社之本字，卜辭金文象社主形。""杜即土之表義加旁字。""杜伯盨杜作，象社主豎立在木旁。"《地官・大司徒》："設其社稷之壝，而樹之田主，各以其野之所宜木，遂以名其社與其野。"今俗之土地廟，必置於大樹茂林之下，乃古之遺制也。

槢[1] 木也。从木，習聲。 似入切(xí)。

【譯文】槢，樹木名。从木，習聲。

【注釋】① 槢：徐鍇《繫傳》引《字書》："槢，堅木也。"

樿① 木也。可以爲櫛。从木,單聲。 旨善切(zhǎn)。

樿 【譯文】樿,樹木名。可用來作梳篦。从木,單聲。

【注釋】① 樿:《禮記·玉藻》:"櫛(zhì)用樿櫛。"正義云:"樿,白理木也。櫛,梳也。沐髮爲除垢膩,故用白理澀木以爲梳。"

椲 木也。可屈爲杅①者。从木,韋聲②。 于鬼切(wěi)。

椲 【譯文】椲,樹木名。可以把它彎曲起來作成桮盤。从木,韋聲。

【注釋】① 杅(yú):徐鍇《繫傳》:"杅即《孟子》所謂桮棬(桮盤)也,若今屈柳器然。" ② 韋聲:聲中有義。《玉篇》:"椲木,皮如韋,可屈以爲盂。"

楢 柔木①也。工官以爲耎輪②。从木,酋聲。讀若糗。 以周切(yóu)。

楢 【譯文】楢,柔韌的樹木。工匠用它作成柔軟堅韌的車輪。从木,酋聲。音讀象"糗(qiǔ)"字。

【注釋】① 柔木:又稱剛木。《段注》:"剛木即柔木,蓋此木堅韌,故柔剛異偁而同實耳。" ② 工官句,《段注》:"工官若周之輪人,漢之考工室也。""(耎輪,)安車之輪也。"耎(ruǎn),《玉篇》引作"輭"。輭是柔韌的意思。

邛 檷①椐木也。从木,邛聲。 渠容切(qióng)。

邛 【譯文】邛,檷椐樹。从木,邛聲。

【注釋】① 檷:《段注》:"檷字無考。"

掄① 毋杶②也。从木,侖聲。讀若《易》卦屯。 陟倫切(zhūn/lún)③。

掄 【譯文】掄,毋杶樹。从木,侖聲。音讀象《易經》屯卦的"屯"字。

【注釋】① 掄:即大葉釣樟。《爾雅·釋木》:"掄,無疵。"郭璞注:"掄,楩屬,似豫章。" ② 毋杶:徐灝《段注箋》:"掄即毋杶之合聲。"馬敘倫《六書疏證》卷十一:"毋杶者,掄之俗名也。" ③ 今讀依《廣韻》力迍切。

楈① 木也。从木,胥聲。讀若芟刈之芟②。 私閭切(xū)。

楈 【譯文】楈,樹木名。从木,胥聲。音讀象芟刈(shān yì)的芟字。

【注釋】① 楈：即椰子樹。　② 讀若句：葉德輝《讀若考》："本書艸部：'芟，刈草也。从艸，殳聲。'殳音同胥。楈芟古音同。"

柍　梅[1]也。从木，央聲。一曰：江南橦[2]材，其實謂之柍。　於京切(yīng/yǎng)[3]。

【譯文】柍，柍梅樹。从木，央聲。另一義説：是江南的橦樹，它的果子叫作柍。

【注釋】① 梅：應連篆爲讀。《段注》："柍梅，合二字成木名。"　② 橦(tóng)：徐灝《段注箋》："《蜀都賦》：'布有橦華。'劉逵云：'橦華者，樹名。橦，其花柔毳(cuì)，可績爲布也。'此云'其實謂之柍'，蓋指橦華之實歟？"　③ 今讀依《廣韻》於兩切。

楑　木[1]也。从木，癸聲。又，度[2]也。　求癸切(kuí)。

【譯文】楑，樹木名。从木，癸聲。又，楑是度量。

【注釋】① 木：《段注》："未詳。"　② 度：《段注》："徒落切。此與手部揆音義皆同，揆專行而楑廢矣。"徐鍇《繫傳》："尺度用木。"

楷[1]　木也。从木，咎聲。讀若皓[2]。　古老切(gǎo)。

【譯文】楷，樹木名。从木，咎聲。音讀象"皓"字。

【注釋】① 楷：即桕，烏臼樹。戴侗《六書故・植物一》："楷，膏物也。葉如鳧蹼，遇霜則丹。其實外膏可爲燭，其覈中油可然鐙，亦名烏臼，單作臼。"　② 讀若皓：葉德輝《讀若考》："咎古音同臯。""臯古音同告。""楷之讀皓，音亦同也。"

椆[1]　木也。从木，周聲。讀若丩[2]。　職留切(zhōu/chóu)[3]。

【譯文】椆，樹木名。从木，周聲。音讀象"丩(jiū)"字。

【注釋】① 椆：桂馥《義證》引《類篇》："椆，木名，寒而不凋。"　② 讀若丩：葉德輝《讀若考》："椆、丩古音同。"　③ 今讀依《廣韻》直由切。

樕[1]　樸樕，木。从木，欶聲。　桑谷切(sù)。

【譯文】樕，樸樕，樹木名。从木，欶聲。

【注釋】① 樕：徐鍇《繫傳》："即今小槲(hú)樹，栗之類也。"

櫱　木也。从木，彝聲。　羊皮切(yí)。

【譯文】櫱，樹木名。从木，彝聲。

梣[1] 青皮也。从木，岑聲。梫，或从㝲省[2]，㝲，籀文寑。 子林切(jīn/cén)[3]。

【譯文】梣，青皮樹。从木，岑聲。梫是梣的或體，㝲省聲。㝲是籀文寑字。

【注釋】① 梣：白蠟樹。徐鍇《繫傳》："《淮南子》曰：'梣，木色青，治翳目之藥也。'高誘注曰：'梣木，苦歷木也。生於山，剥取其皮，以水浸之，正青。用洗眼，愈人目中膚翳也。'《本草》所謂秦皮也。" ② 从㝲省：宋保《諧聲補逸》："岑、㝲同部，聲相近。" ③ 今讀依《廣韻》鋤針切。

棳 木[1]也。从木，叕聲。益州有[毋]棳縣[2]。 職説切(zhuō)。

【譯文】棳，樹木名。从木，叕聲。益州有毋棳縣。

【注釋】① 木：《段注》："未詳。俗以爲梁上楹之字。"朱駿聲《通訓定聲》："《釋名》：'棳儒，梁上短柱也。'棳儒猶侏儒，短，故以名之也。" ② 棳縣：《段注》："棳上當有毋。"毋棳縣，今雲南省黎縣。

椃 木也。从木，號省聲。 乎刀切(háo)。

【譯文】椃，樹木名。从木，號省聲。

棪 遬其[1]也。从木，炎聲。讀若三年導服[2]之導。 以冉切(yǎn)。

【譯文】棪，遬其樹。从木，炎聲。音讀象"三年導服"的"導"字。

【注釋】① 遬其：即梀其。《爾雅·釋木》："棪，梀其。"郭璞注："棪實似柰，赤，可食。" ② 三年導(dàn)服：參卷五谷部丙下注③。馬敘倫《六書疏證》卷十一引劉秀生説："炎聲之字，如啖談郯倓惔錟皆在定紐，導从道聲亦在定紐，故棪从炎聲得讀若導。"

槫 木也。从木，遄聲。 市緣切(chuán)。

【譯文】槫，樹木名。从木，遄聲。

椋 即來[1]也。从木，京聲。 吕張切(liáng)。

【譯文】椋，即來樹。从木，京聲。

【注釋】① 即來：《段注》："絫評曰即來，單評曰來。唐《本艸》謂之椋子木。"

檍[①] (杶)[杻][②]也。从木,意聲。 於力切(yì)。

【譯文】檍,杻樹。从木,意聲。

【注釋】① 檍:俗稱萬年木。《字通》:“《説文》另出檶字,……从啻,即古文意也。似重。《繫傳》有檶無檍。兩字或一本體,一或字也。” ② 杶:錢坫《斠詮》:“此杶當爲‘杻’,與下‘杶’字古文不同。”《段注》“檶”下:“本云:檍,杻也。後又譌杻爲杶。”

櫕 木也。从木,費聲。 房未切(fèi)。

【譯文】櫕,樹木名。从木,費聲。

槫[①] 木也。从木,虖聲。 丑居切(chū)。

【譯文】槫,樹木名。从木,虖聲。

【注釋】① 槫:《玉篇》云:“惡木。《詩》或作樗。”

楀 木也。从木,禹聲。 王矩切(yǔ)。

【譯文】楀,樹木名。从木,禹聲。

櫐[①] 木也。从木,畾聲[②]。𣡾[③],籀文。 力軌切(lěi)。

【譯文】櫐,樹木名。从木,畾聲。𣡾,籀文櫐。

【注釋】① 櫐:徐鍇《繫傳》:“《爾雅》有山櫐,有虎櫐。注云:‘江東呼櫐爲藤,似葛而大。’……大者如盎,及冬不雕,故从木;其形蔓似草,故从艸:在草木之閒也。” ② 畾聲:聲中有義。本書“畾”下:“艸也。”畾中粗壯如樹木者“从木”叫“櫐”。 ③ 𣡾:徐鍇《繫傳》:“从木;回,象其屈盤;畾聲。”按:應是从木,从𤴐省聲。此藤象雷鳴電閃的盤旋曲屈。參“雷”條。

桋[①] 赤楝也。从木,夷聲。《詩》[②]曰:“隰有杞桋。” 以脂切(yí)。

【譯文】桋,赤楝(sè)樹。从木,夷聲。《詩經》説:“低濕的地方有杞樹和桋樹。”

【注釋】① 桋:苦櫧栲。種子俗稱苦儲子,可磨作苦櫧豆腐。 ②《詩》:指《小雅·四月》。

栟 栟櫚[①]也。从木,并聲。 府盈切(bīng)。

【譯文】栟,栟櫚樹。从木,并聲。

【注釋】① 栟櫚：今作棕櫚。朱駿聲《通訓定聲》："以其無枝條，故謂之并；其皮相裹上行，一皮者爲一節，故謂之吕。亦名蒲葵，可以爲索；亦以爲扇。"

椶① 栟櫚也。可作萆②。从木，嵕聲。　子紅切(zōng)。

椶 【譯文】椶，栟櫚樹。可以製作蓑衣。从木，嵕聲。

【注釋】① 椶：朱駿聲《通訓定聲》："字亦作棕。其樹有葉無枝。椶，其皮也，可爲蓑御雨，又可爲索。"《段注》："椶本皮名，因以爲樹名。"　② 萆(pì)：雨衣；一名蓑衣。

【參證】栟櫚、椶(棕)、蒲葵，一物數名，各言其特徵也。就其無枝條而言，曰并；就其木節分明向上而言，曰吕；又合而爲并吕，加木旁作栟櫚；就其御雨之皮而言，曰椶；就其葉柔薄似蒲葵而言，曰蒲葵。

檟① 楸也。从木，賈聲。《春秋傳》②曰："樹六檟於蒲圃。"　古雅切(jiǎ)。

檟 【譯文】檟，楸樹(一類)。从木，賈聲。《春秋左傳》説："在蒲圃，種植六棵楸樹。"

【注釋】① 檟：即楸。大的叫楸，小的叫檟。席世昌《席記》："古檟夏同音，故《禮記》借作夏，疏又加木作榎。"　②《春秋傳》：指《左傳・襄公四年》。今本作"季孫爲己樹六檟於蒲圃東門之外"。蒲圃，場圃名。

椅① 梓也。从木，奇聲。　於離切(yī)。

椅 【譯文】椅，梓樹(一類)。从木，奇聲。

【注釋】① 椅：即山桐子。《本草綱目・木部・梓》："(梓)有三種：木理(紋理)白者爲梓；赤者爲楸；梓之美文者爲椅。"

梓① 楸也。从木，宰省聲。榟，或不省。　即里切(zǐ)。

梓 【譯文】梓，楸樹(一類)。从木，宰省聲。榟是梓的或體，宰不省。

【注釋】① 梓：參"椅"條。《埤雅・釋木》："梓爲木王，蓋木莫良於梓。"

【參證】桂馥《義證》："古文作杍。説見李字。"楊樹達《積微居小學述林》卷一："《詩・鄘風》'定之方中'云：'椅桐梓漆。'陸璣《詩疏》云：'楸之疏理白色而生子者爲梓。'據此知梓之受名以其生子也。"

楸① 梓也。从木，秋聲。　七由切(qiū)。

【譯文】楸，梓樹(一類)。从木，秋聲。

【注釋】① 楸：參“椅”條。《本草綱目·木部·楸》：“楸有行列，莖幹直聳可愛，至上垂條如線，其木濕時脆，燥則堅，故謂之良材，宜作棋枰，即梓之赤者也。”

檍① 梓屬。大者可爲棺椁，小者可爲弓材。从木，啻聲。　於力切(yì)。

【譯文】檍，梓樹一類。大的可用來作棺椁，小的可用來作製弓的材料。从木，啻聲。

【注釋】① 檍：《段注》：“檍、檍，古今字。”參“檍”條。徐鍇《繫傳》：“陸璣作《毛詩草木疏》云：此木枝葉可愛，二月華，華正白，子似杏。今官園種之。取億萬之義，改名萬歲。”又名杻子。

柀① 樧也。从木，皮聲。一曰：折②也。　甫委切(bǐ)。

【譯文】柀，杉樹。从木，皮聲。另一義説：柀是折斷。

【注釋】① 柀：《爾雅·釋木》：“柀，煔(樧)。”郭璞注：“煔似松，生江南，可以爲船及棺材，作柱，埋之不腐。”朱駿聲《通訓定聲》：“蓋即杉木之肌理細膩者，古謂之文木，有實，可食。《本草》曰‘彼子’。”參下條。　② 折：張舜徽《約注》：“今俗猶稱以斧斤伐除木之繁枝曰柀，蓋古語矣。亦通作披。”

樧① 木也。从木，煔聲。　所銜切(shān)。

【譯文】樧，樹木名。从木，煔聲。

【注釋】① 樧：同“杉”。俗稱“沙木”。徐鍇《繫傳》：“(樧)即今書杉字。”

榛① 木也。从木，秦聲。一曰：菆②也。　側詵切(zhēn)。

【譯文】榛，樹木名。从木，秦聲。另一義説，榛是叢聚。

【注釋】① 榛：陸璣《草木疏》：“榛有兩種：一種大小枝葉皆如栗，而子小，形如橡子，味亦如栗；一種高丈餘，枝葉如水蓼，了作胡桃味。”② 菆(cóng)：羅振玉《讀碑小箋》謂即叢之別體，與訓“麻蒸”之“菆”不是一字。

椃　山樗[1]也。从木，尻聲。　苦浩切(kǎo)。

【譯文】椃，山樗樹。从木，尻聲。

【注釋】① 山樗(chū)：徐鍇《繫傳》："《爾雅》：'栲，山樗(樗)。'注：'栲似樗，色小白，生山中，因名云。'椃即栲也。"王筠《句讀》："椃、栲，古今字。"

杶[1]　木也。从木，屯聲。《夏書》[2]曰："杶榦栝柏。"櫄，或从熏[3]。杽[4]，古文杶。　敕倫切(chūn)。

【譯文】杶，樹木名。从木，屯聲。《夏書》説："杶樹、榦樹、栝樹、柏樹。"櫄，杶的或體，从熏聲。杽，古文杶字。

【注釋】① 杶：即香椿。《本草綱目・木部・椿樗》："香者名椿。《集韻》作櫄，《夏書》作杶，《左傳》作橁。"　②《夏書》：指《禹貢》。③ 从熏：宋保《諧聲補逸》："屯、熏同部，聲相近。"　④ 杽：與杻不同。《段注》："(丑)即屯字側書之耳。"

【參證】商承祚《説文中之古文考》："屯，金文作屯，與篆文近。此作丑，當是屯之横寫而誤。小徐以爲从丑，《集韻》亦作杻，皆非也。"據此，《段注》"屯字側書"説可從。

橁[1]　杶也。从木，筍聲。　相倫切(xún/chūn)[2]。

【譯文】橁，杶樹。从木，筍聲。

【注釋】① 橁：杶的異體字。徐灝《段注箋》："橁既訓爲杶，其音亦相近，或因聲轉而異其文，亦未可知。"　② 今讀依《集韻》敕倫切。

桵[1]　白桵，棫。从木，妥聲。　儒隹切(ruí)。

【譯文】桵，白桵(一類)，即棫樹(之屬)。从木，妥聲。

【注釋】① 桵：赤心桵。陸璣《詩疏》："《三倉》説，棫即柞也。其材理全白，無赤心者爲白桵。直理易破，可爲犢車軸，又可爲矛戟矜。"《爾雅・釋木》郭璞注："桵，小木，叢生有刺，實如耳璫，紫赤可啖。"

棫　白桵[1]也。从木，或聲。　于逼切(yù)。

【譯文】棫，白桵樹。从木，或聲。

【注釋】① 白桵：參上"桵"條。

【參證】金文作棫。强運開《石鼓釋文》："(棫)易木於下耳。"

棿 木也。从木,息聲。 相即切(xī)。

【譯文】棿,樹木名。从木,息聲。

椐① 樻也。从木,居聲。 九魚切(jū)。

【譯文】椐,樻樹。从木,居聲。

【注釋】① 椐:靈壽樹。《爾雅·釋木》:"椐,樻。"郭注:"腫節(節巴腫大),可以爲杖(手杖)。"《漢書·孔光傳》:"賜太師靈壽杖。"顔注云:"木似竹,有枝節。長過八九尺,圍三四寸。自然有合杖制,不須削治也。"《段注》:"杖以木者曰靈壽,亦曰扶老。"靈壽者,言其可延年益壽。扶老乃攙扶老人之謂。

樻① 椐也。从木,貴聲。 求位切(kuì)。

【譯文】樻,椐樹。从木,貴聲。

【注釋】① 樻:參"椐"條。

栩 (柔)[柔]① 也。从木,羽聲。其皁②,一曰樣。 況羽切(xǔ)。

【譯文】栩,柔樹。从木,羽聲。它的皁斗之實,一説叫樣斗。

【注釋】① 柔:當依宋本作"柔(shù)"。《段注》:"陸璣曰:'栩,今柞櫟也。徐州人謂櫟爲杼,或謂之栩。'" ② 其皁(zǎo):栩木的果實,它一名樣。下文説"樣,栩實",可證。桂馥《義證》:"皁當作草。"見艸部"草"字。陸璣《詩疏》:"其字爲皁,或言皁斗,其殼爲汁,可以染皁。今京洛及河内多言杼斗或云橡斗。"

柔① 栩也。从木,予聲②。讀若杼。 直呂切(zhù/shù)③。

【譯文】柔,栩樹。从木,予聲。音讀象"杼"字。

【注釋】① 柔:《段注》:"柔本樹名,因用爲實名也。"其實,湖湘稱苦珠子。可以熟食。《本草拾遺》作"櫧子","小如橡"。 ② 从木,予聲:此字下形上聲,與左形右聲的"杼(zhù,機杼)"不同。 ③ 今讀依《廣韻》神與切。

樣① 栩實。从木,羕聲。 徐兩切(xiàng)。

【譯文】樣,栩樹的果實。从木,羕聲。

【注釋】① 樣:後作"橡"。《段注》:"樣、橡,正俗字。《爾雅》舊注曰：'柔實爲橡子，以橡殼爲柔斗者，以剜剜似斗故也，橡子，儉歲可食以爲飯；豐年牧豬飫之，可以致肥也，見《齊民要術》。'"《段注》："今人用樣爲式樣字，像之假借也。唐人式樣字从手作㨾。"

杙[1] 劉，劉杙[2]。从木，弋聲。 與職切(yì)。

【譯文】杙，劉樹，(又叫)劉杙樹。从木，弋聲。

【注釋】① 杙：《爾雅·釋木》："劉，劉杙。"郭注："劉子(樹名)生山中，實如梨，酢甜，核堅，出交趾。" ② 劉，劉杙：徐灝《段注箋》："蓋單呼'劉'，絫呼'劉杙'。"一説，以"劉劉"爲句，見《段注》。王筠《句讀》："吾鄉謂微酸者曰酸劉劉，或猶古之遺語。"

【參證】金文作。高田忠周《古籀篇》卷八十四："杙即弋異文。……元是象形字也。後人依析木義，亦加木作杙，又叚借爲木名。"

枇 枇杷[1]，木也。从木，比聲。 房脂切(pí)。

【譯文】枇：枇杷，樹木名。从木，比聲。

【注釋】① 枇杷：雙聲聯緜詞。《廣韻·脂韻》："枇杷，果木，冬花夏熟。"

桔 桔梗[1]，藥名。从木[2]，吉聲。一曰：直木[3]。 古屑切(jié)。

【譯文】桔，桔梗，藥名。从木，吉聲。另一義説：桔是直木。

【注釋】① 桔梗：《本草經》卷三："桔梗，味辛，微溫。主胸脅痛如刀刺、腹滿，腸鳴幽幽、驚恐悸氣。生山谷。" ② 从木：《段注》："桔梗，艸類。《本艸經》在艸部，而字从木者，艸亦木也。" ③ 直木：徐鍇《繫傳》："一莖直上，三四葉相對，似人參，故曰直木。"

柞[1] 木也。从木，乍聲。 在各切(zuò)。

【譯文】柞，樹木名。从木，乍聲。

【注釋】① 柞：《本草綱目·木部·柞木》："此木堅韌，可爲鑿枘，故俗名鑿子木。"

【參證】金文作。裘錫圭《全國商史學術討論會論文集·甲骨文中所見的商代農業》："古代稱除木爲柞(《詩·周頌·載芟》毛傳：

“除木曰柞”)。《周禮・秋官》有柞氏之官,其主要任務是伐除樹木開闢田地。”

杍① 木。出橐山。从木,乎聲。　他乎切(tū/lú)②。

杍 【譯文】杍,樹木名。出産在橐山。从木,乎聲。

【注釋】① 杍:黄櫨木。《廣韻・模韻》:“杍,黄杍木,可染也。”　② 今讀依《廣韻》落胡切。

楢 木也。从木,晉聲。書①曰:竹箭如楢②。　子善切(jiǎn/jiàn)③。

楢 【譯文】楢,樹木名。从木,晉聲。古書上說:竹箭的箭音讀象“楢”字。

【注釋】① 書:指古文獻。　② 竹箭如楢:《段注》:“疑當作《周禮》曰竹楢讀如晉。”　③ 今讀依《廣韻》子賤切。

樣① 羅也。从木,家聲。《詩》②曰:“隰有樹樣。”　徐醉切(suì)。

樣 【譯文】樣,羅樹。从木,家聲。《詩經》説:“低濕的地方有樣樹。”

【注釋】① 樣:《爾雅・釋木》:“檖,羅。”注曰:“今楊檖,實似梨而小,酢可食。”“樣”作“檖”。王筠《句讀》:“《齊民要術》有山梨、鹿梨、鼠梨諸名,《格物要論》有倭羅、草欏諸名。”　②《詩》:指《秦風・晨風》。樹樣,樣樹。“樣”後置,是爲了押韻。

椵 木。可作牀几。从木,叚聲。讀若賈。　古雅切(jiǎ)。

椵 【譯文】椵,樹木名。可製作牀几之類的家具。从木,叚聲。音讀象“賈”字。

槵 木也。从木,惠聲。　胡計切(xì/huì)①。

槵 【譯文】槵,樹木名。从木,惠聲。

【注釋】① 今讀依《廣韻》胡桂切。

楛① 木也。从木,苦聲。《詩》②曰:“榛楛濟濟。”　侯古切(hù)。

楛 【譯文】楛,樹木名。从木,苦聲。《詩經》説:“榛樹和楛樹,濟濟而生。”

【注釋】① 楛:徐鍇《繫傳》引《周禮》:“楛可爲矢。”　②《詩》:指《大雅・旱麓》。濟濟,衆多貌。

櫅 木也。可以爲大車軸。从木,齊聲。　祖雞切(jī)。

櫅 【譯文】櫅,樹木名,可用來製成大的車軸。从木,齊聲。

【參證】金文作[金文字形]。瘋鐘有"瘋其萬年櫅角龑光"之語。唐蘭《唐蘭先生金文論集》:"櫅通齊。""古人對牛羊角不齊,稱爲觭或觤,是畸邪、危害的意思。齊角代表整齊,所以是吉語。"

木也。从木,乃聲。讀若仍[①]。　如乘切(réng)。

杒　【譯文】杒,樹木名。从木,乃聲。音讀象"仍"字。

【注釋】① 讀若仍:葉德輝《讀若考》:"杒、仍均从乃得聲。"

[①]木也。从木,頻聲。　符真切(pín)。

櫇　【譯文】櫇,樹木名。从木,頻聲。

【注釋】① 櫇:朱駿聲《通訓定聲》:"字亦作檳,今檳榔樹也。"

酸棗[①]也。从木,貳聲[②]。　而至切(èr)。

樲　【譯文】樲,酸棗樹。从木,貳聲。

【注釋】① 酸棗:桂馥《義證》:"其樹高數丈,徑圍一二尺,木理極細,堅而且重,其樹皮亦細文,似蛇鱗,其棗圓小而味酸,其核微圓,其仁稍長,色赤如丹。此醫之所重。"《段注》:"《本艸經》曰:'酸棗味酸平,主心腹寒熱,邪結氣聚,四肢酸疼,溼痺煩心,不得眠。'諸家皆云:似棗而味酸。"　② 貳聲:聲中有義。《段注》:"樲之言副貳也。爲棗之副貳,故曰樲棗。"

[①]棗也。从木,僕聲。　博木切(pú)。

樸　【譯文】樸,棗樹。从木,僕聲。

【注釋】① 樸:朱駿聲《通訓定聲》:"樸,樸棗也。""今蘇俗稱御棗曰白蒲棗,白蒲即枹樸之轉語也。"

[①]酸小棗。从木,然聲。一曰:染也。　人善切(rǎn)。

橪　【譯文】橪,酸小棗樹。从木,然聲。另一義説,橪是染。

【注釋】① 橪:《正字通・木部》:"橪,或曰雀梅。實小黑而圓。皮可染緑。"

[①]木也。實如棃。从木,尼聲。　女履切(nǐ)。

柅　【譯文】柅,樹木名。果實象棃子。从木,尼聲。

【注釋】① 柅:王筠《釋例》:"柅字木部兩見。其爲柅之或體者,《玉篇》作杘。此與柔(shù)、杼(zhù)之爲兩字者同,不爲重出。"

梢[1] 木也[2]。从木，肖聲。 所交切（shāo）。

梢 【譯文】梢，樹木名。从木，肖聲。

【注釋】① 梢：《段注》："《廣韻》曰：'梢，船舵尾也。又，枝梢也。'此今義也。" ② 木也：嚴章福《校議議》："上下文皆木名。"譯文照嚴説。

欐[1] 木也。从木，隸聲。 郎計切（lì）。

欐 【譯文】欐，樹木名。从木，隸聲。

【注釋】① 欐：《字彙·木部》："欐，木名。皮可爲紙。"

梠[1] 木也。从木，寽聲。 力輟切（liè）。

梠 【譯文】梠，樹木名。从木，寽聲。

【注釋】① 梠：《字彙·木部》："梠，木名。可染繒。"

梭[1] 木也。从木，夋聲。 私閏切（xùn）。

梭 【譯文】梭，樹木名。从木，夋聲。

【注釋】① 梭：徐鉉："今人别音穌禾切（suō），以爲機杼之屬。"

樨 木也。从木，畢聲。 卑吉切（bì）。

樨 【譯文】樨，樹木名。从木，畢聲。

梅[1] 木也。从木，刺聲。 盧達切（là）。

梅 【譯文】梅，樹木名。从木，刺聲。

【注釋】① 梅：王筠《説文釋例》説："此木吾鄉多有，用亦甚廣。葉似槐而微尖，似槐者名槐梅，又有似柳者名柳梅。叢生，作長條。冬斷其條置窖中，以土埋之，至春栽之則茂。當春斷而栽之，不及也。一二年者，中（zhòng，符合，下同）爲筐籠之屬；大一扼而短者，中爲田器之柄，長者爲槍柄。其質堅而性柔。攢竹者不如也。"朱駿聲《通訓定聲》："即吾蘇所云白蠟杆子也。"

枸[1] 木也。可爲醬。出蜀。从木，句聲。 俱羽切（jǔ）。

枸 【譯文】枸，樹木名。（它的果實）可以製成醬。出産在蜀地。从木，句聲。

【注釋】① 枸：即蔞葉，又名蒟醬、扶留藤。王筠《句讀》引《漢書音義》："枸木似穀樹，其葉如桑葉，用其實作醬，酢美，蜀人以爲珍味。"

樜① 木。出發鳩山②。从木，庶聲。　之夜切(zhè)。

樜　【譯文】樜，樹木名。出産在發鳩山。从木，庶聲。

【注釋】① 樜：《段注》："《北山經》云：'發鳩之山，其上多柘木。'許所據，柘作樜也。"　② 發鳩山：今山西省長子縣西五十里。

枋 木①。可作車。从木，方聲。　府良切(fāng)。

枋　【譯文】枋，樹木名。可用來造車。从木，方聲。

【注釋】① 木：徐鍇《繫傳》："字書：枋，檀木也。"

橿 枋也。从木，畺聲。一曰：鉏柄①名。　居良切(jiāng)。

橿　【譯文】橿，枋樹。从木，畺聲。另一義説，橿是鋤頭把的名稱。

【注釋】① 鉏柄：《釋名・釋用器》："鋤，齊人謂其柄曰橿，橿然正直也。"

檴① 木也。以其皮裹松脂。从木，雩聲。讀若華②。檴③，或从蒦④。　乎化切(huà)。

檴　【譯文】檴，樹木名。用它的皮包裹着松脂油(，點燃它當作燭火)。从木，雩聲。音讀象"華"字。檴，檴的或體，从蒦聲。

【注釋】① 檴：徐鍇《繫傳》："此即今人書樺字。今人以其皮卷之，燃以爲燭。裹松脂亦所以爲燭也。"　② 讀若華：雩、華同从亏得聲。　③ 檴：王紹蘭《段注訂補》："檴、檴一木。皮裹松脂可爲燭，亦可爲薪，又可爲冠，爲索，爲梧棬，爲甑帶，並可貼弓，是爲有用之木。"　④ 从蒦：从蒦聲。馬敘倫《六書疏證》卷十一："蒦，从又，雈聲。雈音亦在匣紐。"

檗 黄木①也。从木，辟聲。　博戹切(bò)。

檗　【譯文】檗，黄木。从木，辟聲。

【注釋】① 黄木：徐鍇《繫傳》："即今藥家用黄檗也。"俗稱"黄柏"。王筠《句讀》引《蜀本草》："黄檗樹高數丈，葉似吴茱萸，亦如紫椿，皮黄，根如茯苓。"

梤① 香木也。从木，岁聲②。　撫文切(fēn)。

梤　【譯文】梤，香樹。从木，岁聲。

【注釋】① 梤：朱駿聲《通訓定聲》："與棻别。字亦作棻，作橥。"

② 芬聲：《段注》："芬爲草香，故棻爲香木。"聲中有義。

[1] 似茱萸。出淮南。从木，殺聲。　所八切(shā)。

樧　【譯文】樧，象茱萸，出産在淮南。从木，殺聲。

【注釋】① 樧：《爾雅·釋木》郭璞注："樧似茱萸而小，赤色。"

 木。可作大車[1]輮[2]。从木，戚聲。　子六切(zú/qī)[3]。

槭　【譯文】槭，樹木名。可以製作牛車車輪的外周。从木，戚聲。

【注釋】① 大車：《段注》："牛車也。"　② 輮：車輞。《段注》："《考工記》之牙也。"　③ 今讀依戚聲。

[1] 木也。从木，昜聲。　与章切(yáng)。

楊　【譯文】楊，樹木名。从木，昜聲。

【注釋】① 楊：《爾雅·釋木》："楊，蒲柳。"郭璞注："可以爲箭。"按：蒲柳即水楊。朱駿聲《通訓定聲》："楊與柳别。楊，枝勁脆而短，葉圓闊而尖；柳，葉長而狹，枝軟而韌。""散文則楊柳亦通稱耳。"

【參證】金文作。見多友鼎。

 河柳[1]也。从木，聖聲。　敕貞切(chēng)。

檉　【譯文】檉，河柳樹。从木，聖聲。

【注釋】① 河柳：《爾雅·釋木》："檉，河柳。"郭璞注："今河旁赤莖小楊。"葉細如絲，婀娜可愛。又名雨師(天將雨，檉先華)、三春柳(一歲三華)、垂絲柳、人柳、觀音柳。

[1] 小楊也。从木，丣聲[2]。丣，古文酉。　力九切(liǔ)。

桺　【譯文】桺，小楊。从木，丣聲。丣，古文"酉"字。

【注釋】① 桺：今作柳。《段注》："楊之細莖小葉者曰桺。"《本草綱目·木部·柳》："楊枝硬而揚起，故謂之楊；柳枝弱而垂流，故謂之柳。"按：楊、柳，析言有分，統言無别。今或並稱楊柳。　② 丣聲：桂馥《義證》："《御覽》、《初學記》並引作卯聲。"故王筠《句讀》删去"丣，古文酉。"按：劉、留、聊、柳所从之"丣"(yǒu)，與日辰"卯"(mǎo)字有别。參"珋"條。

【參證】甲文作，金文作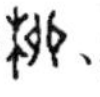、。陳邦懷《一得集》上卷："字皆从卯聲。从卯聲者，《説文》云：'卯，冒也。二月萬物冒地而出。'柳木先

於羣木,值二月其枝條皆緑,二月爲卯月。此柳从卯之義也。《説文》柳譌作桺。”

樳　大木。可爲鉏柄[①]。从木,㢴聲。　詳遵切(xún)。

【譯文】樳,大樹。可以作鋤頭把。从木,㢴聲。

【注釋】① 可爲鉏柄:王筠《句讀》:“此以其質性言之。如櫸可爲櫛,椲可爲盂。櫛盂皆小物也。”鉏柄,亦爲小物。大木則無不可爲者,既可爲大物,亦可爲小物。

欒[①]　木。似欄[②]。从木,䜌聲。《禮》[③],天子樹松,諸侯柏,大夫欒,士楊。　洛官切(luán)。

【譯文】欒,樹木名。象木蘭樹。从木,䜌聲。《周禮》規定:天子墳上種植松樹,諸侯種植柏樹,大夫種植欒樹,士人種植楊樹。

【注釋】① 欒:桂馥《義證》:“《本草》:‘欒生漢中川谷。’唐本注云:‘此樹葉似木槿而薄細,花黄似槐而長大,子殼似酸漿,其中有實如熟豌豆,圓黑堅硬,堪爲數珠。’”　② 欄:徐鍇《繫傳》:“欄,木蘭也。樹皆謂冢樹也。”　③《禮》:指《周禮·冢人》。

【參證】金文作。不从木。見宋公欒戈。䜌字重見。

柂　棠棣[①]也。从木,多聲。　弋支切(yí)。

【譯文】柂,棠棣。从木,多聲。

【注釋】① 棠棣:《爾雅·釋木》:“唐棣,栘。”郭璞注:“似白楊,江東呼夫栘。”按:棠棣即唐棣。

棣[①]　白棣也。从木,隶聲。　特計切(dì)。

【譯文】棣,白棣。从木,隶聲。

【注釋】① 棣:《爾雅·釋木》:“常棣,棣。”郭璞注:“今山中有棣樹,子如櫻桃,可食。”按:棠棣、白棣之别在於花色。《段注》“栘”字下:“以棠對白,則棠爲赤可知。”

枳[①]　木。似橘。从木,只聲。　諸氏切(zhǐ)。

【譯文】枳。樹木名。象橘樹。从木,只聲。

【注釋】① 枳:枸橘,又稱臭橘。有粗刺,果小,味酸,不能食,可入藥。未成熟者,中藥稱爲“枳實”,達氣下積,成熟而又乾製者爲“枳殼”。桂馥《義證》引晏子曰：“江南爲橘，江北爲枳。枳之爲木，芳而多刺，可以爲籬。”

楓[①] 木也。厚葉，弱枝，善搖。一名欇[②]。从木，風聲。　方戎切（fēng）。

【譯文】楓，樹木名。厚葉，弱枝，善於搖動。一名欇樹。从木，風聲。

【注釋】① 楓：秋葉艷紅，故有“紅楓”、“丹楓”之稱。桂馥《義證》引《圖經》：“今南方及關陝多有之。似白楊，甚高大，葉圓而作岐，有三角而香，三月有花，白色，乃連著，實大如鴨卵，八月九月熟，漢宫殿中多植之，至霜後，葉丹可愛，故騷人多稱之。”　② 欇（shè）：木葉搖白也。厚葉弱枝，故善搖。善搖，大風則鳴，其聲欇欇，故名爲欇。

欋 黄華木[①]。从木，雚聲。一曰：反常[②]。　巨員切（quán）。

【譯文】欋，黄華木。从木，雚聲。另一義説，欋是權變反常。

【注釋】① 黄華木：又叫“黄英木。”《段注》：“英、華，一也。”

② 反常：徐灝《段注箋》引《公羊傳》説：“權者，反於經（至當不變的道理）。”徐又説：“戴氏侗曰：‘借爲權衡之權，今所謂稱鎚也。衡常主平，稱物之輕重，而前卻以就平者，權也。’”所稱物體與稱鎚保持平衡，是權的常態；爲了平衡，使稱鎚在稱杆上移動，或前進，或後退，找到平衡點，謂之權變反常。

柜[①] 木也。从木，巨聲。　其吕切（jù/jǔ）[②]。

【譯文】柜，樹木名。从木，巨聲。

【注釋】① 柜：《段注》：“今俗作櫸，又音譌爲鬼柳樹。”　② 今讀依《廣韻》居許切。

槐[①] 木也。从木，鬼聲。　户恢切（huái）。

【譯文】槐，樹木名。从木，鬼聲。

【注釋】① 槐：桂馥《義證》引《廣志》：“槐材有青黄白黑數種。”又引《增韻》：“槐，木似櫰，葉細而不黑，花黄可染。”

穀[①] 楮也。从木，㱿聲。　古禄切（gǔ）。

【譯文】穀，楮樹。从木，㱿聲。

【注釋】① 穀：徐灝《段注箋》引陸璣疏："幽州人謂之穀桑，荊揚人謂之穀，中州人謂之楮。……今江南人績其皮以爲布，又擣以爲帋，謂之穀布帋，絜白光澤，其裏甚好。其葉初生，可以爲茹。"又名構。《段注》："(穀、構)此一語之輕重也。"湖湘間叫穀皮樹，葉可餵豬。

楮 穀①也。从木，者聲。柠，楮或从宁②。 丑吕切(chǔ)。

【譯文】楮，穀樹。从木，者聲。柠，楮的或體，从宁聲。

【注釋】① 穀：徐灝《段注箋》引戴侗說："楮、穀兩種。一種高大，皮駁，實如楓，實孰則紅。《書》所謂桑穀竝生者也。一種皮白葉長，實小如覆盆子，其木不能高大，俗稱扁穀，所謂楮也。楮皮漚之，宜爲紙。穀皮粗，宜爲茵帳，又有藤，皮亦可爲紙。" ② 从宁(zhù)：《段注》："宁聲。"宋保《諧聲補逸》："者、宁同部聲相近。"

檵① 枸杞也。从木，繼省聲②。一曰：(監)[堅]木③也。 古詣切(jì)。

【譯文】檵，枸杞。从木，繼省聲。另一義說，檵是堅木。

【注釋】① 檵：桂馥《義證》引《圖經》："春生苗葉如石榴葉而軟薄，堪食，俗呼爲甜菜。其莖榦高三五尺，作叢。六月七月生小紅紫花，隨便結紅實，形微長，如棗核。"參下條。 ② 繼省聲：《段注》："繼下云：'一曰反㡭爲𢇍。'然則此云𢇍聲足矣。" ③ 監：當依徐鍇《繫傳》作"堅"。

杞① 枸杞也。从木，己聲。 墟里切(qǐ)。

【譯文】杞，枸杞。从木，己聲。

【注釋】① 杞：《廣韻·止韻》："杞，木名，苟杞。春名天精子，夏名苟杞葉，秋名卻老枝，冬名地骨根。"朱駿聲《通訓定聲》："其苗葉微苦，可茹，其子秋熟，正赤，服之明目益氣。亦作苟杞、句杞、枸忌、拘己、狗杞。按皆雙聲連語。"

【參證】甲文作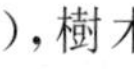，金文作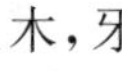。羅振玉《增訂殷虛書契考釋》："《說文》文从木旁己。杞伯敨作，从己在木下，與此同。"

枒① 木也。从木，牙聲。一曰：車輞會②也。 五加切(yá)。

【譯文】枒(yē)，樹木名。从木，牙聲。另一義說，枒(yá)是車輪外輞。

【注釋】① 枒：同“椰”。《異物志》：“枒樹似檳榔，無枝條，高十餘丈，葉在其末，如束蒲，實大如瓠，繫在樹顛，若掛物也。實外有皮，中有核，如胡桃，核裏有膚，膚白如雪，厚半寸，如豬膏，味美如胡桃，膚裏有汁，升餘，清如水，味美於蜜，飲之可以愈渴。核作飲器也。”　② 車輞會：車輞，車輪的外周。會，交會處。徐鍇《繫傳》：“謂之牙，以其穹隆相接，若牙齒之相入也。”徐灝《段注箋》引程瑤田云：“牙之名生於衆幅排建，有似牙牀之建牙。”所以《段注》説：“牙、枒，蓋古今字。”

[1] 木也。从木，亶聲。　徒乾切(tán)。

檀 【譯文】檀，樹木名。从木，亶聲。

【注釋】① 檀：《本草綱目・木部・檀》：“檀有黄白二種，葉皆如槐，皮青而澤，肌細而膩，體重而堅，狀與梓榆筴蒾相似。”“檀木宜杵楤錘器之用。”《鄭風》毛傳：“檀，彊韌之木。”

[1] 木也。从木，樂聲。　郎擊切(lì)。

櫟 【譯文】櫟，樹木名。从木，樂聲。

【注釋】① 櫟：《本草綱目・果部・橡實》：“秦人謂之櫟，徐人謂之杼，或謂之栩……蓋五方通語，皆一物也。”“櫟，柞木也。實名橡斗，皁斗。”朱駿聲《通訓定聲》：“惟木衺理(斜紋)，故匠石以爲不材之木。”

【參證】甲文作，金文作。《甲骨文字詁林》第四册姚孝遂按：“字當釋‘櫟’。”

 櫟實[1]。一曰：鑿首[2]。从木，求聲。　巨鳩切(qiú)。

梂 【譯文】梂，櫟樹的果實。另一義説，是鑿子的把。从木，求聲。

【注釋】① 櫟實：《爾雅・釋木》：“櫟，其實梂。”郝懿行《義疏》：“櫟實外有裹橐，形如彙(猬)毛，狀類毬子。”　② 鑿首：《段注》：“鑿，所以穿木也。鑿首，謂鑿柄。鑿柄必以木爲之，今木工尚然矣，故字从木。”

[1] 木也。从木，柬聲。　郎電切(liàn)。

楝 【譯文】楝，樹木名。从木，柬聲。

【注釋】① 楝：又名苦楝。桂馥《義證》引《圖經》：“木高丈餘，葉密如槐而長，三四月開花，紅紫色，芬香滿庭間。實如彈丸，生青熟黃。"《玉篇》："子可以浣衣。"

檿[1] 山桑也。从木，厭聲。《詩》[2]曰："其檿其柘。" 於琰切(yǎn)。

檿

【譯文】檿，山桑樹。从木，厭聲。《詩經》説："那山桑樹和那柘樹。"

【注釋】① 檿：朱駿聲《通訓定聲》："葉小於桑而多缺刻，性勁，出今山東登萊間。"因其材堅韌，故徐鍇《繫傳》説："中作弓及車轅。"

②《詩》：指《大雅・皇矣》。

柘[1] 桑也。从木，石聲。 之夜切(zhè)。

柘 【譯文】柘，柘桑。从木，石聲。

【注釋】① 柘：王筠《釋例》："檿，山桑也；柘，柘桑也(依小徐)。以其皆可飼蠶也。"《句讀》："(二者)木理枝葉，皆不相似。以蠶生而桑未生，先濟之柘，故被以桑名。"

桼[1] 木。可爲杖。从木，厀聲。 親吉切(qī)。

桼 【譯文】桼，樹木名。可作手杖。从木，厀聲。

【注釋】① 桼：徐楷《繫傳》："即楖栗之屬。"

檈 檈味[1]，稔棗。从木，還聲。 似沿切(xuán)。

檈 【譯文】檈，檈味，稔(rěn)棗樹。从木，還聲。

【注釋】① 檈味：《爾雅・釋木》："還味，棯棗。"郭璞注："還味，短味。"短味，味道不好。

梧 梧桐[1]木。从木，吾聲。一名櫬[2]。 五胡切(wú)。

梧 【譯文】梧，梧桐樹。从木，吾聲。又叫櫬樹。

【注釋】① 梧桐：桂馥《義證》引賈思勰説："桐，華而不實者曰白桐，實而皮青者曰梧桐。"今叫青桐。《段注》："其華五出，子如珠，綴於瓢邊，瓢如羹匙。" ② 櫬(chèn)：《本草綱目・木部・梧桐》："《爾雅》謂之櫬，因其可爲棺。"本書："櫬，棺也。"

榮[1] 桐木也。从木，熒省聲。一曰：屋梠[2]之兩頭起者爲榮。

榮 永兵切(róng)。

【譯文】榮，(白)桐樹。从木，熒省聲。另一義説，屋檐兩頭翹起的地方叫榮。

【注釋】① 榮：朱駿聲《通訓定聲》："皮白不實，材中琴瑟，與青桐異。"參"梧"條。徐灝《段注箋》："凡艸之華皆謂之榮。而桐專其名者以其華而不實也。俗稱華桐即榮桐也。引申爲凡華美之偁，因之凡貴重者皆曰榮，而榮辱之義生焉。"　② 梠：《段注》："梠，楣也。楣，齊謂之檐，楚謂之梠。"

【參證】金文作。方濬益《綴遺齋彝器考釋》卷二十七："乃象木枝柯相交之形，其端从炏，木之華也。炏爲焱之省。《説文》：'焱，火華也。'木之華與火同，故从炏以象形。而華之義爲榮。""桐一名榮。《月令》：季春桐始華，桐華尤緐茂，故獨擅榮名矣。"或説象火炬交叉之形。

① 榮也。从木，同聲。　徒紅切(tóng)。

桐 【譯文】桐，榮樹。从木，同聲。

【注釋】① 桐：顔師古注《急就篇》："桐即今之白桐木也。一名榮。"參"榮"條。

【參證】金文作。戴家祥《金文大字典》："字从木从同，疑即桐之偏旁移位字。"

① 木也。从木，番聲。讀若樊。　附轅切(fán)。

橎 【譯文】橎，樹木名。从木，番聲。音讀象"樊"字。

【注釋】① 橎：《集韻・元韻》："橎，木也。一曰剛木，不華而實。"

① 榆，白枌②。从木，俞聲。　羊朱切(yú)。

榆 【譯文】榆，榆樹，白枌樹。从木，俞聲。

【注釋】① 榆：《本草綱目・木部・榆》："邢昺《爾雅疏》云：'榆有數十種，今人不能盡别，唯知莢榆、白榆、刺榆、榔榆數者而已。'莢榆、白榆皆大榆也，有赤白二種，白者名枌。"朱駿聲《通訓定聲》："莢可食，亦可爲醬，謂之醬醢。"　② 白枌：謂白枌爲榆。朱駿聲《通訓定聲》："赤榆先箸莢，後生葉。白枌先生葉，後箸莢。"

　榆①也。从木，分聲。　扶分切(fén)。

枌 【譯文】枌，(白)榆樹。从木，分聲。

【注釋】① 楡：《詩·東門之枌》毛傳："枌，白楡也。"許以楡釋枌，渾言之。

梗

山枌楡①。有朿，莢可爲蕪夷②者。从木，更聲。　古杏切(gěng)。

【譯文】梗，山枌楡樹。有刺，莢果可作蕪夷醬。从木，更聲。

【注釋】① 山枌楡：枌楡之一種。《段注》："有朿，故名梗楡，即《齊民要術》所謂刺楡者也。《方言》'凡草木刺人，自關而東或謂之梗'。郭注'今云梗楡'是也。""引申爲凡柯莖骾刺之偁。"　② 蕪夷：無姑樹之實，可以爲醬。顔注《急就篇》："蕪荑，無姑之實也。無姑一名橭楡，生於山中，其莢圓厚，剝取樹皮，合漬而乾之，成其辛味也。"

樵①

散[木]②也。从木，焦聲。　昨焦切(qiáo)。

【譯文】樵，不中用的木。从木，焦聲。

【注釋】① 樵：徐鍇《繫傳》："樵，散木也。散木不入于用也。"桂馥《義證》："既不入用，惟堪作薪焚燒耳。"　② 散：當依徐鍇《繫傳》作"散木"。

松

木也。从木，公聲。𣏞，松或从容①。　祥容切(sōng)。

【譯文】松，樹木名。从木，公聲。𣏞，松的或體，从容聲。

【注釋】① 从容：《段注》："容聲也。"连鶴壽《蛾術編注》："今人以容移於右，作榕，謂閩粵間別有榕樹。"

【參證】金文作松，見鄂君啟舟節。

樠

松心木①。从木，㒼聲。　莫奔切(mén/mán)②。

【譯文】樠，松心樹。从木，㒼聲。

【注釋】① 松心木：王紹蘭《段注訂補》："謂樠木之心微赤，故偁松心木。"《段注》："蓋松心微赤。"　② 今讀依《廣韻》母官切。

檜①

柏葉松身。从木，會聲。　古外切(guì)。

【譯文】檜，柏樹的葉，松樹的幹。从木，會聲。

【注釋】① 檜：圓柏，一名"栝"。

樅①

松葉柏身。从木，從聲。　七恭切(cōng)。

【譯文】樅，松樹的葉，柏樹的身。从木，從聲。

【注釋】① 樅：湖湘稱松樹爲樅樹。《爾雅》注："今大廟梁材用此。"

柏 鞠①也。从木，白聲。　博陌切(bǎi)。

【譯文】柏，椈樹。从木，白聲。

【注釋】① 鞠：《爾雅》作"椈"。柏有側柏、圓柏、刺柏多種。其性耐寒，木質堅硬，紋理致密，是良材。

【參證】甲文作。李孝定《甲骨文字集釋》第六："契文作梟，古文偏旁位置無定，當即柏字。"

机① 木也。从木，几聲。　居履切(jī/jǐ)。

【譯文】机，樹木名。从木，几聲。

【注釋】① 机：徐鍇《繫傳》："《山海經》：'單狐山多机木。'(郭璞)注曰：'似榆，可燒以糞稻田，出蜀中。'"《段注》："(机)蓋即榿木也。今成都榿木樹。讀若豈，平聲。"

枯① 木也。从木，占聲。　息廉切(xiān)。

【譯文】枯，樹木名。从木，占聲。

【注釋】① 枯：朱駿聲《通訓定聲》："今之杉木也。"桂馥《義證》引戴侗說："杉木直，榦似松，葉芒鋭，實似松，蓬而細。可爲棟梁棺椁器用，材美，爲諸木之最。多生江南，亦謂之沙木。沙，杉之譌也。"又引《本草》："葉附枝生，若刺針人。"湖湘亦稱之爲沙樹。

梇 木也。从木，弄聲。益州有梇棟①縣。　盧貢切(lòng)。

【譯文】梇，樹木名。从木，弄聲。益州地方有梇棟縣。

【注釋】① 梇棟：在今雲南省姚安縣北。

楰 鼠梓①木。从木，臾聲。《詩》②曰："北山有楰。"　羊朱切(yú)。

【譯文】楰，鼠梓樹。从木，臾聲。《詩經》説："北山有鼠梓樹。"

【注釋】① 鼠梓：陸璣疏："楰，楸屬。其樹葉、木理如楸，山楸之異者，今人謂之苦楸。濕時脆，燥時堅。今永昌又謂鼠梓，漢人謂之楰。"　②《詩》：指《小雅・南山有臺》。

桅① 黄木。可染者。从木，(危)[巵]聲。　(過委切)[章移切]②(zhī)。

【譯文】梔，黄木。是果實可作染料的樹。从木，卮聲。

【注釋】① 桅：當從《玉篇》作“梔”。王玉樹《拈字》：“疑《説文》本是梔字，後譌誤作桅，大徐未察，於桅字譜爲過委切，而收梔字於《新附》耳。”《廣韻・灰韻》有桅字：“小船上檣竿也。”又，《紙韻》：“桅，短矛。或作䩴。”梔，今之梔子樹。桂馥《義證》引《爾雅翼》：“卮可染黄，其華實皆可觀。花白而甚香，五月間極繁茂。凡草木之花大抵不過五出，惟卮六出，大者至七出。其實黄赤，亦以七棱者爲良，即七出花所成就也。”參“梔”條。　② 過委切：當作章移切。

杒[①] 桎杒也。从木，刃聲。　而震切（rèn）。

【譯文】杒，桎杒樹。从木，刃聲。

【注釋】① 杒：桂馥《義證》：“《本草别録》：‘丹桎木，皮主瘺瘍風。’馥案：桎杒，制車木。本書：‘軔，礙車也。’《玉篇》：‘軔或作杒。’”姑備一説。

樑 榙樑，木也。从木，遝聲。　徒合切（tà）。

【譯文】樑，榙樑，樹木名。从木，遝聲。

榙 榙樑[①]。果似李。从木，荅聲。讀若嚃[②]。　土合切（tā）。

【譯文】榙，榙遝。果實象李子。从木，荅聲。音讀象“嚃（tà）”字。

【注釋】① 榙樑：雙聲疊韻聯緜詞。　② 讀若嚃：《段注》：“口部無。即舌部䑙之異文。”

某[①] 酸果也。从木，从甘[②]。闕[③]。槑，古文某从口[④]。　莫厚切（mǒu/méi）[⑤]。

【譯文】某，酸果。由木、由甘會意。闕其會意之由。槑，古文“某”字，从口。

【注釋】① 某：徐灝《段注箋》：“‘某’即今酸果‘梅’字。因假借爲‘誰某’，而爲借義所專，遂假‘梅’字爲之。”《齊民要術》引《詩義疏》：“梅，杏類也。樹木葉皆如杏而黑耳，實赤於杏而酸，亦生噉也。煮而曝乾爲蘇，置羹腌齏中，又可含以香口，亦蜜藏而食。”　② 从甘：朱駿聲《通訓定聲》：“五味之美皆曰甘。”　③ 闕：《段注》：“此闕謂義訓酸而形从甘，不得其解也。”　④ 槑：朱駿聲《通訓定聲》：“此籀文也。籀多繁重。”从口：《段注》：“从口者，甘之省也。”

⑤ 今讀依《集韻》謨杯切。

【參證】金文作。丁山《説文闕義》："某上从與从同。蓋果尚未熟之象。""果未熟，其味必酸，然則某訓酸果，乃一切果實未熟之共名也。梅枏果實，雖熟猶酸，此别名也。"丁山、商承祚都認爲：果字所从之表示有坼裂文之熟果，與表示未熟之象的有别。商説見《説文中之古文考》。參"梅"條。

櫾　崐崘河隅之長木也。从木，繇聲。　以周切(yóu)。

【譯文】櫾，崐崘山下黄河之邊的高大的樹。从木，繇聲。

樹[1]　生植之總名。从木，尌聲。[2]，籀文。　常句切(shù)。

【譯文】樹，生物中直立的東西的總稱。从木，尌聲。尌，籀文樹字。

【注釋】① 樹：張舜徽《約注》："生物之直立者，皆謂之樹。"《段注》："植，立也。"　② 尌：从木，从寸，豆聲。《段注》："寸，則謂手植之也。"

【參證】甲文作、、、。羅振玉《增訂殷虚書契考釋》："樹與尌當是一字。樹之本誼爲樹立，蓋植木爲樹，引申之，則凡樹他物使植立皆謂之樹。""古文从木之字或省从，於是壴乃變而爲壴。""遂於壴旁增木，而又譌又爲寸。"於是成了樹。

本　木下曰本。从木，一[1]在其下。[2]，古文。　布忖切(běn)。

【譯文】本，樹木下部叫本。从木，記號"一"標誌在樹木的下部。㮺，古文本。

【注釋】① 一：徐鉉："徐鍇曰：'一，記其處也。'本、末、朱皆同義。"
② 㮺：蕭道管《重文管見》："古文作，象其根。"

【參證】金文作。古文即金文的演變。李孝定《金文詁林讀後記》卷六："金文下有三點，與篆文下从'一'同爲指事符號，非根際多竅或隆起如節也。""'木'下三畫皆示根也。"

柢[1]　木根也。从木，氐聲。　都禮切(dǐ)。

【譯文】柢，樹根。从木，氐聲。

【注釋】① 柢：桂馥《義證》引戴侗説："凡木命根(指主根，直根)爲氐，旁根爲根，通曰本。"許以根訓柢，是渾言不别。

 赤心木[1]。松柏屬[2]。从木，一在其中。　章俱切(zhū)。

朱　【譯文】朱，赤心樹木。松柏一類。从木，一，標誌着樹木的中心。

【注釋】① 赤心木：徐鍇《繫傳》："赤心木之總也。"王筠《句讀》："或誤認許語，以爲自有赤心之木，以朱爲名，非也。"　② 松柏屬：王筠《句讀》："所以證上句也。謂松柏之類，皆赤心之木也。"

【參證】甲文作、，金文作、、。徐灝《段注箋》："戴氏侗曰：朱，榦也。木中曰朱。木心紅赤，故因以爲朱赤之朱。條以枚數，榦以朱數，別作株。"郭沫若《金文叢考·釋朱》："株之言柱也，言木之幹。""(金文)窠者，亦正表明朱之爲柱，蓋示柱以楮穴也。"

 木株[1]也。从木，艮聲。　古痕切(gēn)。

根　【譯文】根，樹兜。从木，艮聲。

【注釋】① 株：即兜。張舜徽曰："株字古讀兜，湖湘間稱株爲兜。伐木之餘稱爲樹兜。"徐灝《段注箋》引戴侗說："凡木命根爲柢，旁根爲根，通曰本。"本即俗名兜。

[1] 木根也。从木，朱聲。　陟輸切(zhū)。

株　【譯文】株，樹根。从木，朱聲。

【注釋】① 株：徐鍇《繫傳》："入土曰根，在土上者曰株。"許訓株爲根，是其本義。

[1] 木上曰末。从木，一在其上。　莫撥切(mò)。

末　【譯文】末，樹梢叫末。从木；一，標誌在樹木頂上。

【注釋】① 末：徐灝《段注箋》："引申爲凡顛之偁，又爲終己之辭。""戴氏侗曰：'末，本之窮也。故因之爲末殺、末減，末略。末、蔑、莫聲相通，故又與蔑、莫同義。'"

【參證】金文作、。高田忠周《古籀篇》卷八十四："()或作，一、·同意也。"

[1] 細理木也。从木，畟聲。　子力切(jì)。

㮨　【譯文】㮨，細紋樹木。从木，畟聲。

【注釋】① 㮨：李調元《南越筆記》卷十三："水松者，㮨也。喜生水旁。其幹也得杉十之六，其枝葉得松十之四，故一名水杉。言其幹則曰水杉，言其枝葉則曰水松也。”

果　木實也。从木，象果形[①]在木之上。　古火切(guǒ)。

【譯文】果，樹木的果實。从木，(⊕)象果形在“木”字的上面。

【注釋】① 象果形，徐灝《段注箋》：“⊕象果實形。木實謂之果，故謂事之實然者曰果然，因之果敢、果斷之義生焉。俗作菓。”

【參證】甲文作、，金文作。楊樹達《文字形義學》：“(甲文)象果生於木之形，較篆文爲近真。木爲本形，⊕、皆特形。”

樏　木實也。从木，絫聲[①]。　力追切(léi)。

【譯文】樏，樹木的果實。从木，絫聲。

【注釋】① 絫聲：《段注》：“絫者，今之累積字。从絫，言其多也。”朱駿聲《通訓定聲》：“(樏)木果絫絫也。”皆謂聲中有義。

杈[①]　枝也。从木，叉聲[②]。　初牙切(chā)。

【譯文】杈，樹枝。从木，叉聲。

【注釋】① 杈：《廣韻・麻韻》引《方言》：“江東言樹枝爲椏杈也。”徐鍇《繫傳》：“歧枝木，亦可以㑥船，亦以刺魚。”　② 叉聲：聲中有義。本書又部：“叉，手指相錯也。从又，象叉之形。”

枝　木别生[①]條也。从木，支聲。　章移切(zhī)。

【譯文】枝，樹木(主榦)分生的枝條。从木，支聲。

【注釋】① 别生：徐鍇《繫傳》：“自本而分也，故曰别生。”王筠《句讀》：“許以大榦爲本，自本而别出者爲枝，自枝而分者爲條。”

朴[①]　木皮也。从木，卜聲。　匹角切(pò)。

【譯文】朴，樹皮。从木，卜聲。

【注釋】① 朴：徐鍇《繫傳》：“今藥有厚朴，一名厚皮，是木之皮也。古質朴字多作樸。”

條[①]　小枝也。从木，攸聲。　徒遼切(tiáo)。

【譯文】條，小的樹枝。从木，攸聲。

【注釋】① 條：《段注》：“毛傳曰：‘枝曰條。’渾言之也。條爲枝之小者，析言之也。”徐鍇《繫傳》：“自枝而出也。”湖湘間嚇唬小孩，隨手抉一小樹枝或小竹枝，逶迤其後，曰："用條子趕。"

枚 榦[①]也。可爲杖。从木，从攴[②]。《詩》[③]曰："施[④]于條枚。" 莫桮切(méi)。

【譯文】枚，樹榦。可作手杖。由木、由攴會意。《詩經》説："蜿蜒在樹枝和樹榦上。"

【注釋】① 榦：徐灝《段注箋》："枚之本義爲榦，引申之則凡物一個謂之一枚。" ② 从攴：《段注》："攴，小擊也。因爲鞭撲字。杖可以擊人者也，故取木、攴會意。" ③《詩》：指《大雅·旱麓》。④ 施：《引經證例》："毛云：'移也。'移者禾相倚移也。言艸之埘木如相倚箸也。"故譯爲"蜿蜒"。

【參證】甲文作[glyph]，金文作[glyph]、[glyph]。高田忠周《古籀篇》卷八十四："[glyph]即攴，古文卜字。左右不拘也。"

栞 槎識[①]也。从木、㚘。闕[②]。《夏書》[③]曰："隨山栞木。"讀若刊。[glyph]，篆文从幵[④]。 苦寒切(kān)。

【譯文】栞，斜削樹木用以作爲標誌。由木、㚘會意。㚘義闕。《夏書》説："隨行山林，栞伐其樹。"音讀象"刊"字。栞，篆文栞字，从幵聲。

【注釋】① 槎(chá)識：徐鍇《繫傳》："隨所行林木，衺斫其枝，爲道表識也。"本書："槎，衺斫也。" ② 闕：徐鍇《繫傳》："㚘，蓋其斫木伭折狀。許慎言闕，無聞於師也。"王筠《句讀》作"㚘聲"，注："幵下少古文㚘耳。大徐不識，改聲爲闕。"存參。 ③《夏書》：指《禹貢》。 ④ 从幵(jiān)：徐灝《段注》："栞从幵聲。"

【參證】馬敘論《六書疏證》卷十一："㚘字僅見於此，實幵之異文。栞是槎木，今南方斫木識界曰打千子，千栞聲近，即此字。从木，幵聲。幵音見紐，刊从干得聲，干音亦見紐。故栞得讀刊。"

槷 木葉榣白[①]也。从木，聶聲。 之涉切(zhé)。

【譯文】槷，樹葉榣動，只見葉背的白色。从木，聶聲。

【注釋】① 榣白：徐鍇《繫傳》："木遇風而翻見葉背，背多白，故曰搖白也。"一説，"白也"二字乃皃字之譌，見王念孫《經義述聞》。

栠 弱皃。从木，任聲。 如甚切(rěn)。

【譯文】栠，柔弱的樣子。从木，任聲。

枖 木少盛皃。从木，夭聲。《詩》[1]曰："桃之枖枖"。 於喬切(yāo)。

【譯文】枖，樹木少(shào)好而壯盛的樣子。从木，夭聲。《詩經》說："桃樹是那麽少好而壯盛。"

【注釋】①《詩》：指《周南・桃夭》。今作"夭"。毛傳："夭夭，其少壯也。"

槙[1] 木頂也。从木，真聲。一曰：仆木[2]也。 都年切(diān)。

【譯文】槙。樹梢。从木，真聲。另一義說，槙是樹木倒仆在地。

【注釋】① 槙：《段注》："人頂曰顛，木頂曰槙，今顛行而槙廢矣。"徐灝《段注箋》："人頂謂之顛，引申爲凡顛之偁。此木頂別製槙字，相承增之也。" ② 仆木：木仆倒。徐灝《段注箋》："人仆則顛頂在地，木仆亦然，故謂之顛仆。省而言之，但曰顛。"

梃[1] 一枚也。从木，廷聲。 徒頂切(tǐng)。

【譯文】梃，一枚。从木，廷聲。

【注釋】① 梃：王筠《句讀》："謂一枚曰一梃也。下文：'材，木梃也。'竹部：'竿，竹梃也。'但指其榦，不兼枝葉而言，今猶有此語。"朱駿聲《通訓定聲》："竹曰竿，艸曰莛，木曰梃。"

櫐 衆盛也。从木，驫聲。《逸周書》[1]曰："疑沮事[2]。"闕[3]。 所臻切(shēn)。

【譯文】櫐，衆多而茂盛。从木，驫(biāo)聲。《逸周書》說："多疑阻礙辦事。"

【注釋】①《逸周書》：指《文酌》。 ② 疑沮事：《玉篇》引作"櫐疑沮事"。此脫"櫐"字。朱右曾注："櫐，衆盛也。沮，阻也。多疑寡斷，事必不成。" ③ 闕：《玉篇》引無闕字，當是後人所加。

標 木杪末[1]也。从木，票聲。 敷沼切(piǎo/biāo)[2]。

【譯文】標，樹梢。从木，票聲。

【注釋】① 杪末：同義複合。王筠《句讀》："末、標、杪皆木之末，爲一事而三名。” ② 今讀依《廣韻》甫遙切。

 木標末[1]也。从木，少聲。 亡沼切(miǎo)。

杪 【譯文】杪，樹梢。从木，少聲。

【注釋】① 標末：同義複合。參“標”條。

 樹木垂朵朵[1]也。从木，象形[2]。此與采[3]同意。 丁果切(duǒ)。

朵 【譯文】朵，樹木下垂朵朵的樣子。从木，象形。它的構形與“采”字同意。

【注釋】① 朵朵：《段注》：“凡枝葉華實之垂者皆曰朵朵，今人但謂一華爲一朵。” ② 象形：徐鍇《繫傳》：“其上‘’但象其垂形。” ③ 采：會意字。本書：“采，禾成秀也，人所以收。从爪、禾。”禾成熟抽穗，其禾穗必垂，篆文禾作，均象穗之垂形。此説“與采同意”，是與采之下部禾穗下垂之象同意。

 高木[1]也。从木，良聲。 魯當切(láng)。

桹 【譯文】桹，高長的樹木。从木，良聲。

【注釋】① 高木：《段注》：“此泛言高木謂之桹。”

【參證】金文作。丁佛言《古籀補補》卷六：“是桹字。右爲良之反文。”

 大木皃。从木，閒聲。 古限切(jiǎn/xiàn)[1]。

橌 【譯文】橌，大樹的樣子。从木，閒聲。

【注釋】① 今讀依《廣韻》下赧切。

 木根[1]也。从木，号聲。《春秋傳》[2]曰：“歲在玄枵。”玄枵，虚也。 許嬌切(xiāo)。

枵 【譯文】枵，樹根。从木，号聲。《春秋傳》説：“歲星在玄枵星次之上。”玄枵，是虚宿。

【注釋】① 木根：徐灝《段注箋》：“木根多空竅。” ②《春秋傳》：指《左傳・襄公二十八年》。歲在玄枵，意謂歲星應走到了玄枵的位置。玄枵爲星次。古以歲星公轉(繞太陽一周)一次爲十二年，因分周天爲十二次。每次都有二十八宿中的某些星宿作爲標誌。玄枵有女、虛、危三宿。玄枵，徐鍇《繫傳》："枵，虛耗之名也。北方主冬，木皆虛盡，故曰枵，故从木。色黑，故曰玄。"依陰陽五行之説，北方代表冬，代表黑色。

樹搖皃。从木，召聲。　止搖切(zhāo/sháo)①。

柖　【譯文】柖，樹搖動的樣子。从木，召聲。

【注釋】① 今讀依《廣韻》市昭切。

①樹動也。从木，䍃聲。　余昭切(yáo)。

榣　【譯文】榣，樹木搖動。从木，䍃聲。

【注釋】① 榣：《段注》："榣之言搖也。"

下句曰樛①。从木，翏聲②。　吉虯切(jiū)。

樛　【譯文】樛，(樹木)向下彎曲叫樛。从木，翏聲。

【注釋】① 下句句：桂馥《義證》："'下句(gōu)曰樛'者，與下文'朻'字訓互誤。此當云：'高木也。'本書'丩，相糾繚也'，與'下句'意合。'翏，高飛也。'與木高意合。"存參。　② 翏聲：若依桂説，此聲有義。

【參證】金文作。

高木①也。从木，丩聲②。　吉虯切(jiū)。

朻　【譯文】朻，高高的樹木。从木，丩聲。

【注釋】① 高木：《段注》删去"樛"條，朻的説解作："高木下曲也。从木丩，丩亦聲。"段説："'南有樛木'毛傳曰：'木下曲曰樛。'下曲即下句也，樛即朻也。一字而形聲不同。"存參。　② 丩聲：《段注》："丩者，相糾繚也。凡高木下句，垂枝必相糾繚。"

衺曲①也。从木，𡉚聲。　迂往切(wǎng)。

枉　【譯文】枉，(樹木)斜曲。从木，𡉚聲。

【注釋】① 衺(xié)曲：即斜曲。

曲木。从木，堯聲。　女教切(nào/náo)①。

橈　【譯文】橈，彎曲的樹木。从木，堯聲。

【注釋】① 今讀依《集韻》尼交切。

扶疏①，四布也。从木，夫聲。　防無切(fú)。

扶　【譯文】扶，扶疏，(大樹枝葉)四布。从木，夫聲。

【注釋】① 枎疏：枎疏蓋尃之長言。《段注》："古書多作扶疏，同音假借也。……扶疏謂大木枝柯四布。"

檹　木檹施①。从木，旖聲②。賈侍中說，檹即椅木③，可作琴。於離切(yī)。

【譯文】檹，樹木枝葉因風倚移。从木，旖聲。賈侍中說，檹就是椅樹，可作琴瑟。

【注釋】① 檹施：即檹之長言，樹木枝葉倚移之貌。　② 旖聲：聲中有義。《段注》："旖下曰：旗旖施也。旗旖施，故字从㫃(yǎn)。木如旗之旖施，故字从木旖。"　③ 椅木：參"椅"條。

杪　(相)[榴]①高也。从木，小聲。　私兆切(xiǎo/jiǎo)②。

【譯文】杪，(樹梢)高。从木，小聲。

【注釋】① 相：嚴可均《校議》："相當作榴。下文榴，高皃。語相足。"王筠《釋例》："榴之篆文作榴，曶下所引鄭太子曶，今《左傳》作忽，是以《說文》譌榴爲相。"　② 今讀依《廣韻》子了切。

榴　高皃。从木，曶聲。　呼骨切(hū)。

【譯文】榴，(樹木)高的樣子。从木，曶聲。

槮　木長貌。从木，參聲。《詩》①曰："槮差荇菜。"　所今切(shēn)。

【譯文】槮，樹木高長的樣子。从木，參聲。《詩經》說："長短不齊啊那荇菜。"

【注釋】①《詩》：指《周南・關雎》。"槮"今本作"參"。徐鍇《繫傳》："'參差荇菜'，不齊之皃，非此槮字之義，當言'讀若詩曰'。"

梴　長木也。从木，延聲①。《詩》②曰："松桷有梴。"　丑連切(chān)。

【譯文】梴，長長的樹木。从木，延聲。《詩經》說："松木作的橫椽那麼長。"

【注釋】① 延聲：聲中有義。延，長行也。延有長義。　②《詩》：指《商頌・殷武》。桷(jué)，椽。有，語詞。梴，朱駿聲《通訓定聲》："《白帖》引作'延'，《御覽》引作'延'。按：梴字後出，即'延'也。"

橚　長木皃。从木，肅聲。　山巧切（shǎo/sù）[①]。

【譯文】橚，高聳的樹木的樣子。从木，肅聲。

【注釋】① 今讀依《廣韻》息逐切。

杕　樹皃[①]。从木，大聲。《詩》[②]曰："有杕[③]之杜。"　特計切（dì）。

【譯文】杕，樹木的樣子。从木，大聲。《詩經》説："有一株獨生的甘棠樹。"

【注釋】① 樹皃：《玉篇》云："杕，木盛皃。"疑此脱盛字。　②《詩》：指《唐風・杕杜》。　③ 杕：徐鍇《繫傳》引《詩》傳："樹特生皃。"是木盛皃的引申。

【參證】金文作[金文]、[金文]。郭沫若《兩周金文辭大系考釋・杕氏壺》："炑即《詩・杕杜》'有杕之杜'之杕，序《釋文》'本或作夷狄字'。《顔氏家訓・書證》：'《詩》"有杕之杜"江南本竝木旁施大，而河北本皆爲夷狄之狄，讀亦如字。'疑此大木氏蓋自狄人，諱其字而改書爲炑也。"

桌[①]　木葉陊也。从木，㲋聲。讀若薄[②]。　他各切（tuò）。

【譯文】桌，樹葉墮落。从木，㲋（chuò）聲。音讀象"薄"字。

【注釋】① 桌：《玉篇》："桌，落也。與蘀同。"本書蘀下："艸木凡皮葉落陊地爲蘀。"　② 薄：桌薄上古同屬鐸部。

格　木長皃[①]。从木，各聲。　古百切（gé）。

【譯文】格，樹木（枝條）長的樣子。从木，各聲。

【注釋】① 木長皃：王筠《句讀》："蓋謂枝條長也。"

【參證】甲文作[甲文]，各下重見。金文作[金文]、[金文]、[金文]、[金文]、[金文]。

槸[①]　木相摩也。从木，埶聲。[篆文]，槸或从艸。　魚祭切（yì）。

【譯文】槸，樹木互相切摩。从木，埶聲。蓺，槸的或體，从艸。

【注釋】① 槸：《爾雅・釋木》："木相磨，槸。"郭注："樹枝相切磨。"

枯　槀也。从木，古聲。《夏書》[①]曰："唯箘輅枯。"木名也。苦孤切（kū）。

【譯文】枯，枯槁。从木，古聲。《夏書》説："箘竹、簬竹和枯木。"

(枯),樹木名。

【注釋】①《夏書》:指《禹貢》。今本作"唯箘、簵、楛。"枯假爲楛。

槀　木枯也。从木,高聲。　苦浩切(kǎo/gǎo)。

【譯文】槀,樹木乾枯。从木,高聲。

【參證】甲文作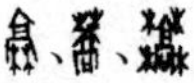。李孝定《甲骨文字集釋》第六:"此从高省,从林與从木得通。"

樸　木素[①]也。从木,菐聲。　匹角切(pǔ)。

【譯文】樸,未經加工的木材。从木,菐聲。

【注釋】① 木素:《段注》:"素猶質也。以木爲質,未彫飾,如瓦器之坯然。""引伸爲凡物之偁。""又引伸爲不奢之偁。"

楨　剛木[①]也。从木,貞聲。上郡有楨林縣[②]。　陟盈切(zhēng/zhēn)。

【譯文】楨,剛硬的樹木。从木,貞聲。上郡地方有楨林縣。

【注釋】① 剛木:《段注》:"此謂木之剛者曰楨,非謂木名也。"徐鍇《繫傳》:"亦築牆兩頭横木也。"此横木非剛硬不可爲也。　② 上郡句:張舜徽《約注》:"漢時上郡,有今陝西鄜縣、宜川以北,吴旗以東,及内蒙古烏審旗南部地。楨林縣在今陝西省境内。"

柔[①]　木曲直也。从木,矛聲。　耳由切(róu)。

【譯文】柔,樹木可曲可直。从木,矛聲。

【注釋】① 柔:《段注》:"凡木曲者可直,直者可曲,曰柔。"側重以手"屈申木",則作"揉";側重以火"屈申木",則作"煣"。"引伸爲凡耎(軟)弱之偁。"革軟作"鞣",鐵軟作"鍒",肉軟作"脜"。用溫軟的辦法撫慰招安,則引申爲"凡撫安之偁"。

榡　判[①]也。从木,㡿聲[②]。《易》[③]曰:"重門擊榡[④]"。　他各切(tuò)。

【譯文】榡,分判開來。从木,㡿(chì)聲。《易經》説:"設置重門,擊榡巡夜。"

【注釋】① 判:《段注》:"土裂曰墲,木判曰榡。"　② 㡿聲:柳榮宗《引經考異》:"斥古音讀如託。《莊子·田子方篇》'揮斥,入極'

《釋文》云：'斥，郭音尺，李音託。'是斥有託音。故柝讀如託。擊欜者正字，擊柝者古文假借字也。"　③《易》：指《繫辭傳》。《段注》："（㯉，）欜之借字也。"參"欜"條。　④ 㯉：王筠《釋例》："㯉祇是解木之稱，假借爲器名，夜所擊㯉，乃㓟木所爲，㓟亦判也，故得借之。"

【參證】金文作𣏟、𣏟。隸變作柝。柳榮宗《引經考異》："隸變㡿爲厈，又爲斥。"

朸 木之理也。从木，力聲①。平原有朸縣②。　盧則切（lè）。

【譯文】朸，樹木的紋理。从木，力聲。平原郡有朸縣。

【注釋】① 力聲：《段注》："以形聲包會意也。'防'下曰'地理'，'朸'下曰'木理'，泐下云'水理'，皆从力。力者，筋也，人身之理也。"　② 朸縣：約在今山東省商河縣東北。

材 木梃①也。从木，才聲。　昨哉切（cái）。

【譯文】材，樹榦。从木，才聲。

【注釋】① 木梃：王筠《句讀》："謂榦。榦爲棟梁，乃是大材；若其枝柯，小材，不足道也。"徐鍇《繫傳》："木之勁直堪入於用者。""人之有材義出於此。"

柴① 小木散材。从木，此聲。　士佳切（chái）。

【譯文】柴，小的木頭，不中用的木材。从木，此聲。

【注釋】① 柴：《禮記・月令》鄭玄注："大者可析謂之薪，小者合束謂之柴。薪施炊爨，柴以給燎。"

榑 榑桑①，神木，日所出也。从木，尃聲。　防無切（fú）。

【譯文】榑，榑桑，神樹，太陽出來的地方。从木，尃聲。

【注釋】① 榑桑：即扶桑。《十洲記》："扶桑，葉似桑，樹長數千丈，大二千圍，兩兩同根，更相依倚，是以名之扶桑。"此乃傳説之詞。又名"蟠木"。榑、扶、蟠，一聲之轉。

杲 明也。从日在木上①。　古老切（gǎo）。

【譯文】杲，（日出）明亮。由"日"字在"木"字上會意。

【注釋】① 从日句：日照木上，故訓明。

【參證】甲文作、。商承祚《殷契佚存》:"疑爲杲。金文皇多从，象日光芒四射之形。"

杳① 冥也。从日在木下。 烏皎切(yǎo)。

【譯文】杳,幽暗。由"日"在"木"下會意。

【注釋】① 杳:《段注》:"莫爲日且冥,杳爲全冥矣。"此杳與莫(暮)之别。

【參證】甲文作、。

椈 角械①也。从木,郤聲。一曰:木下白②也。 其逆切(jī/hé)③。

【譯文】椈,角鬥的器械。从木,郤聲。另一義説,椈是木下白。

【注釋】① 角:《段注》:"蓋角鬥之角。" ② 木下白:此别一義。③ 今讀依《廣韻》下革切。

栽① 築牆長版也。从木,𢦏聲。《春秋傳》②曰:"楚圍蔡,里而栽。" 昨代切(zài)。

【譯文】栽,(豎立)築牆的長版。从木,𢦏聲。《春秋左傳》説,"楚國包圍蔡國,離蔡都一里設立版築堡壘。"

【注釋】① 栽:《段注》:"古築牆,先引繩營其廣輪方制之正。""繩直則豎楨榦。題(端)曰楨,植於兩頭之長杙也;旁曰榦,植於兩邊之長杙也。植之謂之栽,栽之言立也,而後橫施版兩邊榦内,以繩束榦,實土,用築築之。一版竣,則層絫而上。""然則栽者,合楨榦與版而言,許云築牆長版爲栽者,以版該(包括)楨榦也。"徐灝《段注箋》:"築牆約版之弋謂之栽,引申爲凡栽植之偁。" ②《春秋傳》:指《左傳·哀公元年》。其注云:"栽,設版築爲圍壘周帀,去蔡城一里。"

【參證】金文作,與篆文同。

築 擣①也。从木,筑聲。篁②,古文。 陟玉切(zhù)。

【譯文】築,搗土(使堅實)。从木,筑聲。篁,古文築字。

【注釋】① 擣:擣之叫築,擣土之器,也叫築。《段注》:"築者,直舂之器。"《廣雅》"築(器)謂之杵。"《三蒼解詁》:"築杵頭鐵沓也。"
② 篁:徐鍇《繫傳》作"从土,管(dǔ)聲"。管聲也表義。桂馥《義

證》："本書：'管，厚也。'言築之宜厚。"

【參證】金文作。與篆文同。

榦　築牆耑①木也。从木，倝聲。　古案切(gàn)。

【譯文】榦，築牆時兩端竪起的木柱。从木，倝聲。

【注釋】① 耑：《段注》："耑謂兩頭也。""舊説皆謂楨爲兩耑(端)木，榦爲夾版兩邊木。許不尒者，舊説析言之……(許)渾言之也。"參"築"條。

【參證】金文作。

檥①　榦也。从木，義聲。　魚羈切(yí)②。

【譯文】檥，榦木。从木，義聲。

【注釋】① 檥：徐灝《段注箋》："《史記・項羽本紀》'烏江亭長檥船待。'蓋繫船近岸也。繫船必置一杙，杙即榦也，故謂之檥。"朱駿聲《通訓定聲》："若今浙江、烏篷船頭尾俱植篙爲系。俗字作艤。"

② 拼音依《廣韻》魚倚切。

構　蓋①也。从木，冓聲②。杜林③以爲椽桷④字。　古后切(gòu)。

【譯文】構，架屋。从木，冓聲。杜林用它作爲"椽桷"的"桷"字。

【注釋】① 蓋：《玉篇》："構，架屋也。"今稱構屋爲蓋屋。　② 冓聲：《段注》："以形聲包會意。""冓，交積材也。凡覆蓋必交積材。"③ 杜林：徐鍇《繫傳》："杜林，説文字者，杜業之子也。"　④ 椽桷：椽(chuán)，俗稱椽皮，安在屋檩上承接屋面和瓦的木條。桷(jué)，方形椽子。構訓桷，假借義。王筠《句讀》："冓、角古同韻。"馬敘倫《六書疏證》卷十一："冓、桷雙聲。"

模①　法也。从木，莫聲。讀若嫫母②之嫫。　莫胡切(mú)。

【譯文】模，法式。从木，莫聲。音讀象"嫫母"的"嫫"字。

【注釋】① 模：徐鍇《繫傳》："以木爲規模也。"朱駿聲《通訓定聲》："水曰法，木曰模，土曰型，金曰鎔，竹曰笵。"《段注》："《漢書》亦作橅。"　② 嫫母：古代的醜女人。

桴　棟名①。从木，孚聲。　附柔切(fú)②。

【譯文】桴，房棟名。从木，孚聲。

【注釋】① 棟名：王筠《句讀》："今人謂之檐檩。"即屋前後檐的横棟，即房屋的二梁。又借爲筏名，編竹木爲之，大者曰筏，小者曰桴。又借爲鼓槌名。　② 拼音依《廣韻》縛謀切。

【參證】金文作、，與篆文同。

[①] 棟 極也。从木，東聲。　多貢切(dòng)。

【譯文】棟，屋子的最中最高的地方。从木，東聲。

【注釋】① 棟：王筠《句讀》："棟爲正中一木之名，今謂之脊檩者是。"朱駿聲《通訓定聲》："屋内至中至高之處，亦曰阿，俗謂之正梁。"

 極 棟[①]也。从木，亟聲。　渠力切(jí)。

【譯文】極，屋子的中棟。从木，亟聲。

【注釋】① 棟：徐鍇《繫傳》："屋脊之棟也。"居中至高。《段注》："引申之義，凡至高至遠皆謂之極。"

[①] 柱 楹也。从木，主聲。　直主切(zhù)。

【譯文】柱，屋柱。从木，主聲。

【注釋】① 柱：《段注》："柱之言主也。屋之主也。引伸爲支柱、柱塞，不計縱横也。""俗乃别造从手拄字。音株主切。"

[①] 楹 柱也。从木，盈聲。《春秋傳》[②]曰："丹桓宫楹。"　以成切(yíng)。

【譯文】楹，屋柱。从木，盈聲。《春秋左傳》說："把桓公廟的屋柱漆成紅色。"

【注釋】① 楹：《釋名》："楹，亭也。亭亭然孤立，旁無所依也。"《段注》："非孤立也，自其'一'言之耳。"所謂"孤"，乃就其獨立特枝而言也。"孤立"者，一個一個地直立着。　②《春秋傳》：指《左傳·莊公二十三年》。桓宫，魯桓公之廟。丹，名詞用如動詞，以丹漆。

[①] 樘 衺柱也。从木，堂聲。　丑庚切(chēng)。

【譯文】樘，用斜柱支撑。从木，堂聲。

【注釋】① 樘：徐鍇《繫傳》："樘之言堂也。"《段注》："或作牚，或作撑，皆俗字耳。"今作撑。

【參證】斜柱支撐叫樘，因之斜撐之柱也叫樘。傅熹年《陜西扶風召、陜西周建築遺址初探》（《文物》一九八一年第三期）："樘（或棠）指楣梁（即古代的闌額）上的斜撐或叉手，就是現在習慣稱爲'人字栱'或託腳的前身。"

楮[1] 柱砥。古用木，今以石。从木，耆聲。《易》[2]："楮恆凶。" 章移切（zhī）。

【譯文】楮，柱下砥石。古用木，今用石。从木，耆聲。《易經》說："雷雨經久，凶。"

【注釋】① 楮：朱駿聲《通訓定聲》："蘇俗謂之柱磉石。" ②《易》：指《恒卦》上六。"楮恆"今作"振恆"，即"震恆"。楮假借爲震。邵瑛《羣經正字》："楮與振古音相同通用。"

【參證】馬敘倫《六書疏證》卷十一："今杭縣柱下有石鼓以安柱，石鼓下復以方石承之，方石與地平，石鼓則出地上。"湖湘間所謂磉礅屋柱之磉礅。

榕[1] 欂櫨[2]也。从木，咨聲。　子結切（jié）。

【譯文】榕，欂櫨。从木，咨聲。

【注釋】① 榕：斗拱，柱上支承大梁的方木。　② 欂櫨：《漢書·王莽傳》："爲銅薄櫨。"顏注："柱上枅（斗拱）也。"

欂 壁柱[1]。从木，薄省聲。　弼戟切（bó）。

【譯文】欂，壁柱。从木，薄省聲。

【注釋】① 壁柱：《段注》："謂附壁之柱，柱之小者。"

櫨[1] 柱上柎[2]也。从木，盧聲。伊尹曰[3]："果之美者，箕山之東，青鳧之所，有櫨橘焉。夏孰也。"一曰：宅[4]櫨，木，出弘農山也。　落胡切（lú）。

【譯文】櫨，屋柱頭上的斗拱。从木，盧聲。伊尹說："果子中甜美之實，數箕山的東邊，青鳧之所在，有櫨橘呢。夏天成熟。"另一義說，櫨是宅櫨，樹木名，出產在弘農山。

【注釋】① 櫨：朱駿聲《通訓定聲》："單言曰櫨，絫言曰欂櫨。"

② 柱上柎：徐鍇《繫傳》："今謂草木枝耑（端）華房之蒂爲柎，此櫨象

之，即今之斗拱也。”　③ 伊尹曰：語見《吕氏春秋·本味篇》。　④ 宅：或作杔。《集韻》：“杔櫨，木名。”

枅①　屋櫨也。从木，幵聲②。　古兮切(jī)。

【譯文】枅，房屋的斗拱。从木，幵聲。

【注釋】① 枅：《蒼頡篇》：“柱上方木也。”徐鍇《繫傳》：“斗上横木承棟者横之似笄也。”　② 幵聲：聲中有義。朱駿聲《通訓定聲》：“幵，平也。”

栵①　栭也。从木，列聲。《詩》②曰：“其灌其栵。”　良辥切(liè)。

【譯文】栵，栭栗樹。从木，列聲。《詩經》説：“那些灌木林，那些栭栗樹。”

【注釋】① 栵：茅栗。《爾雅·釋木》：“栵，栭(ér)。”郭璞注：“樹似槲樕而庳小，子如細栗可食，今江東亦呼爲栭栗。”　②《詩》：指《大雅·皇矣》。

栭①　屋枅上標②。从木，而聲。《爾雅》③曰：“栭謂之格。”　如之切(ér)。

【譯文】栭，房屋斗拱向上高聳。从木，而聲。《爾雅》説：“栭叫作格。”

【注釋】① 栭：斗拱，柱上支承大梁的方木。朱駿聲《通訓定聲》：“以方木爲之，如斗而拱，所以抗梁。”　② 標：《段注》：“標者，表也，高也。”　③《爾雅》：指《釋宫》。

檼①　棼也。从木，㥯聲。　於靳切(yìn)。

【譯文】檼，欜木。从木，㥯聲。

【注釋】① 檼：《釋名》：“檼，隱(今穩字，下同)也，所以隱桷也。或謂之望，言高可望也。或謂之棟；棟，中也，居屋之中也。”徐灝《段注箋》：“屋之中極謂之棟，其次謂之檼，渾而名之皆曰棟。”所以本書林部：“棼，複屋棟也。”按：湖湘間稱檼爲欜。

橑　椽也。从木，尞聲。　盧浩切(lǎo)。

【譯文】橑，屋椽。从木，尞聲。

桷　榱①也。椽方曰桷②。从木，角聲③。《春秋傳》④曰：“刻桓宫之桷。”　古岳切(jué)。

【譯文】桷，屋椽。椽作方形叫桷。从木，角聲。《春秋左傳》説："雕刻魯桓公廟上的方形椽皮。"

【注釋】① 榱（cuī）：《段注》："榱也者，渾言之。""下文椽方曰桷者，析言之。"　② 椽方句：《段注》："桷之言棱角也。椽方曰桷，則知桷圓曰椽矣。"　③ 角聲：聲中有義。　④《春秋傳》：指《左傳・莊公二十四年》中的《春秋經》文。

椽[①] 榱也。从木，彖聲。　直專切（chuán）。

【譯文】椽，椽皮。从木，彖（tuàn）聲。

【注釋】① 椽：安在檩子上承接屋面和瓦片的木條。湖湘間稱爲椽皮，言其木板之薄。李誡《營造法式・大木作制度二・椽》："椽，其名有四：一曰桷，二曰椽，三曰榱，四曰橑。"《釋名》："椽，傳也，相傳次而布列也。"遞傳依次，分佈排列。

榱[①] 秦名爲屋椽，周謂之榱，齊魯謂之桷。从木，衰聲[②]。　所追切（cuī）。

【譯文】榱，秦地叫作屋椽，周叫作榱，齊魯叫作桷。从木，衰聲。

【注釋】① 榱：《段注》："榱之言差次也。自高而下，層次排列，如有等衰也。"　② 衰聲：聲中有義。衰是差次等衰義。

楣[①] 秦名屋櫋聯也[②]。齊謂之檐，楚謂之梠。从木，眉聲[③]。　武悲切（méi）。

【譯文】楣，秦地叫屋上的櫋聯（作楣）。齊地叫作檐，楚地叫作梠。从木，眉聲。

【注釋】① 楣：屋檐口椽木底端的横板。　② 秦名句：《段注》："秦人名屋櫋聯曰楣也。"邊聯？疊韻詞。參"櫋"條。　③ 眉聲：聲中有義。《釋名》："楣，眉也。近前，若面之有眉也。"

梠[①] 楣也。从木，吕聲[②]。　力舉切（lǚ）。

【譯文】梠，屋檐。从木，吕聲。

【注釋】① 梠，《方言》卷十三："屋梠謂之欞。"郭璞注："雀梠，即屋檐也。"　② 吕聲：表連侶義。聲中有義。

【參證】金文作。楊樹達《增訂積微居小學金石論叢》卷第一："《釋名・釋宮室》云：'梠，旅也，連旅之也。'按吕聲多含連侶之義。"

① 梠也。从木，𣪠聲②。讀若枇杷之枇。　房脂切(pí)。

棍　【譯文】棍，屋檐前板。从木，𣪠聲。音讀象“枇杷”的“枇”字。

【注釋】① 棍：徐鍇《繫傳》：“棍即連檐木也。在椽之耑(端)際。”《景福殿賦》：“棍梠緣邊，周流四極。”李注：“以棍梠緣屋邊隅，周帀流移，至於四極。”　② 𣪠聲：楊樹達《增訂積微居小學金石論叢》卷一：“囟比从比聲，比聲孳乳字多含次比之義。”

① 屋櫋聯②也。从木，邊省聲③。　武延切(mián)。

櫋　【譯文】櫋，屋檐前緜連的木板。从木，邊省聲。

【注釋】① 櫋：朱駿聲《通訓定聲》：“亦曰梠，曰棍，曰楣，曰檐。”② 櫋聯：《釋名・釋宮室》：“梠或謂之櫋，櫋，緜也。緜連榱(椽皮)頭使齊平也。”王筠《句讀》：“疊韻字也。故小徐《韻譜》作屋聯邊，《釋名》作緜連，郭景純倒之爲連緜也，《淮南子》縣聯房植，高注：縣聯，聯受雀頭者。《釋名》：‘上入曰爵頭，形如爵頭也。’”　③ 邊省聲：王筠《釋例》：“櫋在屋之邊，故曰邊省聲，聲兼意也。”

① 棍也。从木，詹聲。　余廉切(yán)。

檐　【譯文】檐，屋檐。从木，詹聲。

【注釋】① 檐：屋頂向旁伸出的邊沿部分。《段注》：“檐之言隒也，在屋邊也。”“俗作簷，古書多用檐爲儋何之儋。”朱駿聲《通訓定聲》：“《爾雅・釋宮》：‘檐謂之樀。’按今蘇俗檐瓦謂之滴水。”湖湘間亦有滴水之稱。

【參證】金文作。待考。

① 屋梠前也。从木，覃聲。一曰：蠶槌②。　徒含切(tán)③。

橝　【譯文】橝(diàn)，屋檐。从木，覃聲。另一義説，橝(tán)是養蠶用的木槌。

【注釋】① 橝：李誡《營造法式・大木作制度二・檐》：“檐，其名有十四：……三曰樀，四曰楣，……六曰梠，七曰櫺，八曰聯櫋，九曰橝，……十三曰棍……”　② 蠶槌：養蠶之器。　③ 徒含切，《廣韻・覃韻》：“木名，灰可染。”此木用爲蠶槌。又，《廣韻・忝韻》：“徒玷切。”“屋梠名。”音 diàn。

樀　户樀[1]也。从木，啇聲。《爾雅》[2]曰："檐謂之樀。"讀若滴[3]。　都歷切(dí)。

【譯文】樀，屋檐。从木，啇聲。《爾雅》説，"屋檐叫作樀。"音讀象"滴"字。

【注釋】① 户樀：《段注》："謂門檐也。郭注《爾雅》及《篇》、《韻》皆云'屋梠'，則不專謂門。"一説，户樀即類似於今日門、窻上的雨搭子。王筠《句讀》："今武定人，於户上作塼檐"，爲"門户掩陽也"。②《爾雅》：指《釋宫》。邢昺疏："屋檐一名樀，一名屋梠，又名宇，皆屋之四垂也。"《引經證例》："許書檐下曰槐也；槐，梠也；梠，楣也；楣，屋櫋聯也。在户前象眉形，故曰楣；象脊骨形，故曰梠；在邊而比聯，故又曰槐、曰櫋聯也；近霤、滴水之間，則又曰樀。"朱駿聲《通訓定聲》："凡滴皆即檐，雨水所滴處，故曰樀。"　③ 讀若滴：葉德輝《讀若考》："樀、滴均从啇得聲。"商乃啇字篆文作啇之變文。

植　户植[1]也。从木，直聲[2]。⿰木置，或从置[3]。　常職切(zhí)。

【譯文】植，門(外閉時)用以落鎖的中立直木。从木，直聲。⿰木置，植的或體，从置聲。

【注釋】① 户植：朱駿聲《通訓定聲》："古門外閉，中竪直木，以鐵了鳥(門窗搭扣)關之，可加鎖者。"　② 直聲：聲中有義。《段注》："植當爲直立之木。"　③ 从置：《段注》："置亦直聲也。"

樞　户樞[1]也。从木，區聲。　昌朱切(shū)。

【譯文】樞，門的轉軸或承軸臼。从木，區聲。

【注釋】① 户樞：《段注》："户所以轉動開閉之樞機也。"《易・繫辭》"樞機之發"《釋文》："門臼也。"

槏　户[1]也。从木，兼聲。　苦減切(qiǎn)。

【譯文】槏，門槏。从木，兼聲。

【注釋】① 户：桂馥《義證》："疑有闕文。《廣韻》：'槏，牖旁柱也。'"

樓[1]　重屋也。从木，婁聲[2]。　洛侯切(lóu)。

【譯文】樓，兩層(以上)的房屋。从木，婁聲。

【注釋】① 樓：《段注》引《釋名》曰："樓，謂牖户之間，諸射孔樓樓然也。"《段注》:"樓樓當作婁婁,女部曰:'婁,空也。'囧下曰:'窻牖麗廔開明。'"《段注》從語源上説明,樓除重屋外,尚須户牖空明。

② 婁聲:依《段注》,聲中有義。

龔 房室之疏[①]也。从木,龍聲。 盧紅切(lóng)。

【譯文】龔,房室的窗户。从木,龍聲。

【注釋】① 疏:《段注》:"疏當作䟽。疏者,通也;䟽者,門櫳疏窗也。房屋之窗牖曰龔,謂刻畫玲瓏也。"

楯 闌楯[①]也。从木,盾聲。 食允切(shǔn)。

【譯文】楯,欄杆。从木,盾聲。

【注釋】① 闌楯:玄應《一切經音義》卷一:"欄楯,殿上臨邊之飾也,亦所以防人墜墮也,今言鉤闌是也。"按:今稱欄杆。徐鍇、段、桂、王、朱全作"闌檻"。《段注》:"闌,門遮也。檻,櫳也。此云闌檻者,凡遮闌之檻,今之闌干也。王逸《楚辭》注曰:'檻,楯也。從曰檻,横曰楯。古亦用爲盾字。'"

櫺[①] 楯閒子[②]也。从木,霝聲。 郎丁切(líng)。

【譯文】櫺,欄杆之間的(雕花)格子。从木,霝聲。

【注釋】① 櫺:《段注》:"闌楯爲方格,又於其横直交處爲圜子,如綺文玲瓏,故曰櫺。" ② 楯閒子:朱駿聲《通訓定聲》:"當作'楯閒孔',字之誤也。"

宊 棟[①]也。从木,亡聲。《爾雅》[②]曰:"宊廇謂之梁。" 武方切(wáng/máng)[③]。

【譯文】宊,大梁。从木,亡聲。《爾雅》説:"宊廇叫作梁。"

【注釋】① 棟:《釋名·釋宫室》説:"檼或謂之望,言高可望也。或謂之棟。"望宊同从亡聲,望謂之棟,即宊謂之棟也。 ②《爾雅》:指《釋宫》。郭璞注:"屋大梁也。"此謂宊廇二字訓梁,與宊單字訓棟者有别。 ③ 今讀依《廣韻》莫郎切。

【參證】甲文作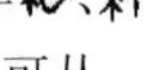。李孝定《甲骨文字集釋》第六:"此从木从亡。商(承祚)釋宊可从。古文偏旁上下左右每無定格。"

楝[①] 短椽也。从木,束聲。 丑録切(chù/sù)[②]。

【譯文】楝,短的椽皮。从木,束聲。

【注釋】① 椓：徐鍇《繫傳》："今大屋重橑下四隅多爲短椽，即此也。" ② 今讀依《廣韻》桑谷切。

杇[1] 所以涂[2]也。秦謂之杇，關東謂之槾。从木，亏聲。 哀都切(wū)。

【譯文】杇，用來涂牆壁的工具。秦地叫作杇，關東叫作槾。从木，亏聲。

【注釋】① 杇：泥鏝，俗稱瓦刀。傅雲龍《古語考補正》："今順天人謂涂具曰抹子，四川人謂之泥掌子。" ② 涂：《段注》："涂、塗古今字。涂者，飾牆也。"

槾[1] 杇也。从木，曼聲。 母官切(mán/màn)[2]。

【譯文】槾，泥掌子。从木，曼聲。

【注釋】① 槾：王筠《句讀》："槾之器用金，而以木爲柄，故此从木，而金部又有'鏝'；所涂者泥也，泥用土及水，故《孟子》'毀瓦畫墁'，从土；《莊子》'以辱行污漫我'，从水；攖之用手，《荀子》'抗折其貌，以象攖茨蕃閼也'，注：攖茨猶塈也，从手，手者人之手也；《荀子》'污僈突盜'，从人。"槾、鏝、墁、漫、攖、僈，隨義賦形，語原一也，其義一也。 ② 今讀依《廣韻》莫半切。

椳 門樞[1]謂之椳。从木，畏聲。 烏恢切(wēi)。

【譯文】椳，門臼叫作椳。从木，畏聲。

【注釋】① 門樞：徐灝《段注箋》："蓋削木爲半弧形，宛中以居門軸也。"朱駿聲《通訓定聲》作"門樞臼也"，注曰："蘇俗謂之門印子。"湖湘間叫門斗子。

楣[1] 門樞之橫梁。从木，冒聲。 莫報切(mào)。

【譯文】楣，門框上的橫木。从木，冒聲。

【注釋】① 楣：朱駿聲《通訓定聲》："門上爲橫木，鑿孔以貫樞者，在門下者即門限，梱也；上下之臼皆曰椳。"

梱[1] 門橛也。从木，困聲。 苦木切(kǔn)。

【譯文】梱，門中直立的短木樁。从木，困聲。

【注釋】① 梱：同閫，門限。朱駿聲《通訓定聲》："橫界于門下者爲閾,亦曰切;直竪于門中者爲梱,亦曰闑。”“凡横者直者皆所以爲限。”

楣 限[1]也。从木,屑聲。 先結切(xiè)。

【譯文】楣,門限。从木,屑聲。

【注釋】① 限:朱駿聲《通訓定聲》:“今蘇俗謂之門檻,蓋限之聲轉。”按:湖湘叫門坎。

柤[1] 木閑。从木,且聲。 側加切(zhā)。

【譯文】柤,木欄。从木,且聲。

【注釋】① 柤:徐鍇《繫傳》:“閑,闌也。柤之言阻也。”

槍[1] 岠也。从木,倉聲。一曰:槍,(欀)[攘][2]也。 七羊切(qiāng)。

【譯文】槍,抵拒(的槍械)。从木,倉聲。另一義説,槍是推攘。

【注釋】① 槍:朱駿聲《通訓定聲》:“岠人之械也。《蒼頡篇》:‘槍謂木兩頭鋭者也。’”按:指長柄有尖頭刺擊兵器。或削木而成,或裝置金屬槍頭。 ② 欀:當依《段注》作“攘”。此以攘訓槍。攘,推也。唐寫本作“槍,推攘”,可證。

楗 限門[1]也。从木,建聲。 其獻切(jiàn)。

【譯文】楗,關門的木閂。从木,建聲。

【注釋】① 限門:徐鍇《繫傳》:“門關也,所以限門之開也。”朱駿聲《通訓定聲》:“今蘇俗謂之木鎖。其牝爲管爲閉,其牡爲楗。”

櫼[1] 楔也。从木,韱聲。 子廉切(jiān)。

【譯文】櫼,木楔。从木,韱聲。

【注釋】① 櫼:徐鍇《繫傳》:“此即今俗以小上大下(謂尖字)爲櫼字。”《段注》:“木工於鑿枘相入處,有不固,則斫木札楔入固之,謂之櫼。”今湖湘猶謂加尖。

楔[1] 櫼也。从木,契聲。 先結切(xiē)。

【譯文】楔,楔子。从木,契聲。

【注釋】① 楔:上厚下薄的木塊,用以填塞榫眼空隙,使之固定。

栅[1] 編樹[2]木也。从木,从册[3],册亦聲。 楚革切(zhà)。

【譯文】栅,編成的竪立的竹木。由木、由册會意,册也表聲。

【注釋】① 栅：栅欄。　② 樹：王筠《句讀》："樹一作竪。《方言》：'樹，植立也。'謂立木而編緒之以爲栅也。"　③ 从册：王筠《釋例》："此乃象其形而从之也。冊便是栅形。"

【參證】甲文作卌。葉玉森《殷契鉤沈》："从三直木，一横木，疑栅之象形文。"李孝定《甲骨文字集釋》第六："此正象編樹（竪）木之形。字形近册，故篆文變作从册也。"馬敘倫《六書疏證》卷十一："篆變爲冊則與書册字不殊，故加木以異之。"

杝[①] 落也。从木，也聲。讀若（他）[阤][②]。　池尒切（zhì/lí）[③]。

杝 【譯文】杝，籬落。从木，也聲。音讀象"阤"字。

【注釋】① 杝：即籬字。見《集韻》。　② 讀若他：莫友芝《木部箋異》認爲：讀若他，與池尒切不相應。當依趙凡夫本作阤（zhì）。③ 今讀依唐寫本木部殘卷力支切。

檬[①] 夜行[②]所擊者。从木，橐聲[③]。《易》曰："重門擊檬[④]。"

檬 他各切（tuò）。

【譯文】檬，夜裏巡行所敲擊的木梆。从木，橐（tuó）聲。《易經》説："設置重門，擊檬巡夜。"

【注釋】① 檬：同㯤。參"㯤"條。　② 行：《段注》："行，去聲，巡也。"　③ 橐聲：《段注》："从橐者，蓋虛其中則易響，今之敲梆是也。"　④ 擊檬："㯤"下引作"擊㯤"。就類似"梆"義而言，㯤、檬是異體字。《九家易》曰："㯤者，兩木相擊以行夜也。"㯤本義是一木分判爲二，二木可相擊。檬是虛空易響之竹木器，可供夜巡敲擊以警示。其形制稍異，其性能一也。

桓 亭郵表[①]也。从木，亘聲。　胡官切（huán）。

桓 【譯文】桓，郵亭旁的表識。从木，亘聲。

【注釋】① 亭郵表：徐鍇《繫傳》："亭郵立木爲表（標識），交木于其耑，則謂之華表。言若華也。古者十里一長亭，五里一短亭，郵，過也，所以止過客也。表雙立爲桓。"朱駿聲《通訓定聲》："（桓表）聲之轉曰和表，亦曰華表。"《六書故》："桓、和、華，一聲也。"

楃[①] 木帳也。从木，屋聲[②]。　於角切（wò）。

楃 【譯文】楃，木帳。从木，屋聲。

【注釋】① 楃：徐鍇《繫傳》："木爲帳匡也。"王筠《句讀》："《釋名》：'幄，屋也。以帛衣板施之，形如屋也。'此木帳之證也。"　② 屋聲：張文虎《舒藝室隨筆》引《天官·幕人》注："四合象宮室曰幄。"張說："从屋，乃義兼聲。"

橦　帳極①也。从木，童聲。　宅江切(chuáng)。

【譯文】橦，帳屋高處的横梁。从木，童聲。

【注釋】① 帳極：《段注》："極，棟也。帳屋高處也。"

杠①　牀前横木②也。从木，工聲。　古雙切(gāng)。

【譯文】杠，牀前横木。从木，工聲。

【注釋】① 杠：徐鍇《繫傳》："即今人謂之牀桯也。"謂牀前高出牀席的横木。　② 牀前横木：莫友芝《木部箋異》："横，闌杝。闌，門遮也。言牀前横，知是木爲遮闌。"

【參證】金文作，即杠字。古文字偏旁上下左右位置時有不拘。

桯①　牀前几②。从木，呈聲③。　他丁切(tīng)。

【譯文】桯，牀前矮而小的桌子。从木，呈聲。

【注釋】① 桯：《方言》卷五："榻前几，江沔之間曰桯。"　②《段注》："古者坐於牀而隱於几。"徐鍇《繫傳》："几，人所凴也。"
③ 呈聲：《段注》："謂之桯者，言其平也。"本書："呈，平也。"聲中有義。

桱　桱桯①也，東方謂之蕩。从木，巠聲。　古零切(jīng/jìng)②。

【譯文】桱，强勁挺直的横木。東方叫作蕩。从木，巠聲。

【注釋】① 桱桯：徐鍇《繫傳》："桯即横木也。桱，勁挺之皃也。"
② 今讀依《廣韻》古定切。

牀①　安身之坐者。从木，爿聲②。　仕莊切(chuáng)。

【譯文】牀，安身的坐具。从木，爿聲。

【注釋】① 牀：《釋名·釋牀帳》："人所坐臥曰牀。"黄廷鑑《攷牀》："古之牀主于坐而兼臥。""大約如今之榻而小。或與今凳之闊者相類。"　② 爿聲：林義光《文源》："考爿並有牀象，實即牀之古文。"徐灝《段注箋》引吴元滿《六書總要》曰："爫，横視，象平榻四足之形。”孔廣居《疑疑》:“(Ⅲ)以爲偏旁之用,不便横書,故作爿,……或省作丬,通,加木作牀。”參“疒(nè)”條。

枕 臥所薦首者。从木,冘聲。　章衽切(zhěn)。

【譯文】枕,睡臥時用來墊着腦袋的用具。从木,冘聲。

楲 楲窬[1],褻器也。从木,威聲。　於非切(wēi)。

【譯文】楲,楲、窬的楲,污穢的器具。从木,威聲。

【注釋】① 楲窬(yú):小便器和大便器。《段注》:“賈逵解《周官》:‘楲,虎子;窬,行清也。’”“虎子,所以小便也;行清,所以大便。”“楲窬二物,許類舉之。”《西京雜記》:“李廣與兄射獵冥山之北,見伏虎,一矢中之,以其頭爲溲器。今人鑄銅象之,爲溲器,示服猛也。”也許因夜壺鑄象虎頭,因謂虎子,又附會出如此故事。《釋名》:“行清即糞槽,謂之清者,言其穢汙當常清除之也。”

櫝 匱[1]也。从木,賣聲。一曰:木名[2]。又曰:大梡[3]也。徒谷切(dú)。

【譯文】櫝,匣櫃。从木,賣聲。另一義説,樹木名。又一義説,盛飯菜的食盒。

【注釋】① 匱:《段注》:“匱,匣也。”　② 木名:《玉篇》櫝與檫同。③ 大梡(kuǎn):朱駿聲《通訓定聲》:“舉食之案也。”

櫛 梳比[1]之總名[2]也。从木,節聲。　阻瑟切(zhì)。

【譯文】櫛,(周秦)對梳篦的總稱。从木,節聲。

【注釋】① 梳比:王筠《句讀》:“《釋名》:‘梳,言其齒疏也。’梳之數(密)者曰比,言細相比也。”“今人借篦。”　② 總名:王筠《句讀》:“與他部言總名不同,此謂漢時曰梳曰比者,周秦統謂之櫛也。”

【參證】甲文作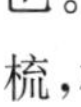、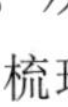。待考。

梳 理髮[1]也。从木,疏省聲[2]。　所菹切(shū)。

【譯文】梳,梳理頭髮。从木,疏省聲。

【注釋】① 理髮:體、用同訓。既指梳理頭髮,也指理髮之器。② 疏省聲:《段注》:“疏,通也,形聲包會意。”

柗[1] 劒柙[2]也。从木,合聲。　胡甲切(xiá/gé)[3]。

【譯文】柗,劍鞘。从木,合聲。

【注釋】① 柗：《廣雅·釋器》："柗，劍削也。"王念孫疏證："凡刀劍室通謂之削，字或作鞘。"　② 柙：徐鍇《繫傳》："柙，匣字也。亦謂之鋏。"　③ 今讀依《廣韻》古沓切。

槈　薅[1]器也。从木，辱聲。鎒[2]，或从金。　奴豆切(nòu)。

【譯文】槈，除草器。从木，辱聲。鎒，槈的或體，从金。

【注釋】① 薅(hāo)：耘田。　② 鎒：《段注》："从木者主柄，从金者主刃。"今經典作耨。

𣐇　茉[1]，臿也。从木[2]；入，象形；䀠聲[3]　舉朱切(xū)[4]。

【譯文】𣐇，鏵、鍬一類。从木；入，象兩刃之形；䀠聲。

【注釋】① 茉(huá)：即"鏵"。　② 从木：《段注》："从木，謂柄；从入者，象兩刃也。"　③ 䀠聲：徐鍇《繫傳》："䀠音瞿也。"　④ 今讀依《廣韻》況于切。

【參證】金文作[illegible]。林義光《文源》："《釋名》云：'齊魯間四齒杷爲欋。'[illegible]象四齒杷之形，中象其竿柄，下亦象柎(器物的足)，䀠聲。"

茉　兩刃臿[1]也。从木[2]；𦍌，象形。宋魏[3]曰茉也。鋘，或从金，从于[4]。　互瓜切(huá)。

【譯文】茉，兩面有刃的鍬。从木；丫，象兩面有刃之形。宋魏一帶叫茉。鋘，茉的或體。从金，从于聲。

【注釋】① 兩刃臿：《段注》："謂臿之兩邊有刃者也。臿者，刺土之器。"徐鍇《繫傳》："臿即鍬鍤字也。"　② 从木：《段注》："从木，謂柄；从丫者，謂兩刃，如羊兩角之狀。"　③ 宋魏：《方言》卷五："宋魏之間謂之鏵。"按：鏵即今茉字。　④ 从于：《段注》："亏，聲也。荂，雩聲；雩，亏聲。鏵即鋘字也。"

【參證】甲文作[illegible]、[illegible]、[illegible]、[illegible]、[illegible]，與篆文同。

梠[1]　臿也。从木，㠯聲[2]。一曰：徙土輂，齊人語也[3]。梩，或从里[4]。　詳里切(sì)。

【譯文】梠，鍬鍤。从木，㠯聲。另一義説，運送土石的器具，是齊地人的話。梩，梠的或體，从里聲。

【注釋】① 梠：徐灝《段注箋》："耜爲伐地起土之器。""梠即今之耜字。”《段注》引《周禮》疏：“梩，或解爲臿，或解爲鍬。鍬臿亦不殊。” ② 目聲：徐鍇《繫傳》：“目即以字也。” ③ 齊人語也：《方言》：“臿，東齊謂之梩。”所以徐灝《段注箋》：“‘齊人語也’句當在梩篆下。‘一曰徙土輂’又在其下也。” ④ 从里：从里聲，目、里同屬咍部。見宋保《諧聲補逸》。

【參證】唐蘭《唐蘭先生金文論集》：“（耒）是手裏拿着一個耒，耒的樣子是……耒的下面原來是兩個頭的。……把天生的樹木用火烤彎曲了就可以利用。”“梠是要斲和剡的，可以看見梠的頭是削尖了的，這樣就容易刺入土內了。”“梠的下面只有一個頭，那就跟耒完全不同的東西了。”“耒是最原始的農器，在商周時也已經是歷史上的東西。”

枱[1] 耒耑[2]也。从木，台聲。鈶，或从金[3]。辝[4]，籀文从辝。弋之切（yí/sì）[5]。

【譯文】枱，耒下端的木。从木，台聲。鈶，枱的或體，从金。辝，籀文枱，从辝聲。

【注釋】① 枱：《段注》：“許意上曰耒，下曰枱。” ② 耒耑：唐寫本木部殘卷作“耒耑木”。語意較明。 ③ 从金：《段注》：“以其木也，故从木；以其屬於金也，故亦从金。”沈濤《古本考》：“古人制器之始，田器皆用木，後乃易之以金。故槈爲鉏屬而字从木，梠訓爲臿而字从木，茉爲兩刃臿而字从木，欘訓爲斫而字从木。”“其从金之鎒，从金从于之釪，从金之鈶，皆後起之字，故許書稱或體以別之。” ④ 辝：《段注》：“从木，辝聲也。辝者，籀文辭。”宋保《諧聲補逸》：“辝台同部，聲相近。” ⑤ 今讀依《集韻》象齒切。

楎 六叉犁[1]。一曰：犁上曲木，犁轅[2]。从木，軍聲。讀若渾天之渾。 户昆切（hún）。

【譯文】楎，有六隻歧刃的犁。另一義説，是犁上端彎曲的木柄，又叫犁轅。从木，軍聲。音讀象渾天的“渾”字。

【注釋】① 六叉犁：徐鍇《繫傳》：“今開荒之犁，又有歧刃也。”
② 轅：徐鍇《繫傳》：“犁柄也。”

櫌 摩田器[①]。从木，憂聲。《論語》[②]曰："櫌而不輟。" 於求切(yōu)。

【譯文】櫌，摩整田土的器具。从木，憂聲。《論語》說："覆蓋種子而不停。"《引經證例》："櫌之用，未種之前，用以杷和其土；既種之後，用以摩平田土而覆其種。"

【注釋】① 摩田器：類似鋤頭之類的器具。　② 《論語》：指《微子》。何晏集解引鄭玄曰："櫌，覆種也。"《段注》："許以物言，鄭以人用物言。"按：許訓爲名詞，鄭用如動詞。古漢語體用合一，名動無分，乃是常例。

欘 斫也，齊謂之鎡錤[①]。一曰：斤柄，性自曲者[②]。从木，屬聲。 陟玉切(zhú)。

【譯文】欘，即斫，齊地叫作鎡錤。另一義說，斧鋤的把柄，生性自曲。从木，屬聲。

【注釋】① 鎡錤：《爾雅·釋器》："鎡錤，鉏也。"鉏即鋤字。

② 斤柄句：《段注》："謂斫木之斤及斫田之器，其木首接金者，生而內句，不假煣治，是之謂欘。"

楮[①] 斫謂之楮。从木，箸聲。 張略切(zhuó)。

【譯文】楮，砍斫(之器)叫作楮。从木，箸聲。

【注釋】① 楮：《段注》："凡斫木之斤(斧)，斫地之欘(鋤)，皆謂之楮。"

杷[①] 收麥器。从木，巴聲。 蒲巴切(pá)。

【譯文】杷，收取穀麥的器具。从木，巴聲。

【注釋】① 杷：長柄而有齒的農具，用以耙梳、收聚穀麥。《急就篇》十二章顏師古注："無齒爲捌，有齒爲杷，皆所以推、引、聚禾穀也。"

柀 穜樓[①]也。一曰：燒麥[②]柃柀。从木，役聲。 與辟切(yì/xí)[③]。

【譯文】柀，下種的農具。另一義說，指熬麥的(名叫)柃柀的器皿。从木，役聲。

【注釋】① 穜樓：《段注》："穜者，今之種字；樓者，今之耬字。《廣韻》曰：'穫，種具也。'"　② 燒麥：《段注》："燒猶熬也。柃椴者，熬麥器名。"　③ 今讀依《集韻》刑狄切。

柃① 木也。从木，令聲。　郎丁切（líng）。

柃 【譯文】柃，樹木名。从木，令聲。

【注釋】① 柃：張揖注《上林賦》曰："檔似柃。"《玉篇》："柃，木名，可染。"

柫① 擊禾連枷也。从木，弗聲。　敷弗切（fú）。

柫 【譯文】柫，打穀的連枷。从木，弗聲。

【注釋】① 柫：《方言》卷五郭璞注："今連伽，所以打穀者。"參"枷"條。

枷① 柫也。从木，加聲。淮南謂之柍②。　古牙切（jiā）。

枷 【譯文】枷，連枷。从木，加聲。淮南叫作柍（yàng）。

【注釋】① 枷：《釋名·釋用器》："枷，加也。加杖于柄頭，以撾穗而出其穀也。"　② 淮南句：《方言》卷五："僉（即連枷），自關而西謂之棓（bàng），或謂之柫；齊楚江淮之間謂之柍。"

杵 舂杵也。从木，午聲①。　昌與切（chǔ）。

杵 【譯文】杵，搗粟用的棒槌。从木，午聲。

【注釋】① 午聲：徐鍇《繫傳》："舂字注：'午，杵也。'臣以爲午者直舂之意。此當言'从午，午亦聲。'"參"舂"條。

【參證】楊樹達《文字形義學》："午象杵形，即杵之初文。"按：午借爲啎逆之啎，則加木作杵，表棒槌義。參"午"條。

槩 杚①斗斛。从木，既聲。　工代切（gài）。

槩 【譯文】槩，（量穀物時）刮平斗斛（的器具）。从木，既聲。

【注釋】① 杚（gài）：平。《段注》："槩本器名，用之平斗斛，亦曰槩。""引伸之義，爲節槩、感槩、梗槩。"今經典多作"概"。桂馥《義證》引夏侯陽《筭經》："以今時用斗量米，一斛置諸穴中，槩令平滿。"湖湘間以二斗五升穀爲一斛，斛桶或爲方形，或爲壺盧形，穀納桶內，用一T形木刮，以刮斛口，令穀平滿。此木刮即概。

杚① 平也。从木，气聲。　古沒切（gǔ/gài）②。

杚 【譯文】杚，刮平。从木，气聲。

【注釋】① 杚：今作杚。徐鍇《繫傳》："杚即槩也，摩之使平也。"徐灝《段注箋》："槩與杚實一字，因聲轉岐而爲二，亦猶乞之轉爲匃也。"古體用合一，名動無分，槩有動静二義，如王筠《句讀》所説，"杚亦動静兩義也。" ② 今讀依《玉篇》柯愛切。

梢 木參交以枝炊籅者也[①]。从木，省聲。讀若驪駕[②]。 所綆切（shěng）。

【譯文】梢，木頭三根相交，用以支撑炊煮時的筲箕。从木，省聲。音讀象驪駕的"驪"字。

【注釋】① 木參句：《段注》"枝"作"支"，注："謂米既淅將炊，而漉之令乾，又以三交之木支此籅，則瀝乾尤易也。三交之木是爲梢。"籅（yù），淘米的竹器，今稱筲箕。馬敘倫《六書疏證》卷十一："段玉裁謂今江蘇人呼淘米具曰溲箕，即籅也。倫謂溲箕即杭縣所謂淘羅。" ② 讀若驪駕：錢大昕説："古灑、釃、纚字俱有蓰音。省、徙聲相近，故梢取省聲而讀若驪駕之驪也。"

柶 《禮》[①]有柶。柶，匕也[②]。从木，四聲。 息利切（sì）。

【譯文】柶，《禮經》有"柶"字。柶，匕匙。从木，四聲。

【注釋】①《禮》：《段注》："凡言《禮》者，謂《禮經》（《儀禮》）十七篇也。" ② 柶，匕也：《儀禮・士冠禮》鄭玄注："柶，狀如匕，以角爲之者，欲滑也。"《段注》："蓋常用器曰匕，禮器曰柶。"

桮[①] 䙺也。从木，否聲。㔽[②]，籀文桮。 布回切（bēi）。

【譯文】桮，杯。从木，否聲。㔽，籀文桮字。

【注釋】① 桮：《段注》："匚部曰：'䙺（gòng），小桮也。'析言之。此云：'桮，䙺也。'渾言之。"按：後作"杯"。 ② 㔽："不"是聲符。宋保《諧聲補逸》："否、不古同聲而通用。"

槃 承槃[①]也。从木，般聲。鎜，古文从金。盤，籀文从皿。薄官切（pán）。

【譯文】槃，承受物體的盤子。从木，般聲。鎜，古文槃，从金。盤，籀文槃，从皿。

【注釋】① 承槃：王筠《句讀》："承槃者，舟臺之屬也。《周禮》'彝皆有舟'鄭司農曰：'尊下臺。'若今時承盤是也。其用有三：《周禮》掌舍之珠槃，此會盟之槃也；《左傳》乃饋盤飧，此飲食之槃也；《内則》少者奉槃，此洒濯之槃也。”

【參證】甲文作、、、，金文作、。羅振玉《增訂殷虚書契考釋》：“此作，象形，旁有耳以便手持，或省耳。古者槃與舟相類，故般庚之般从，或徑作，殆與字同。”商承祚《〈説文〉中之古文考》：“甲骨文又或作，則段般桓字爲之。”“槃以木爲之，則从木；以金爲之，則从金；示其器，則从皿。其意一也。”

①　槃也。从木，虒聲。　息移切(sī)。

榹　【譯文】榹，木盤。从木，虒聲。

【注釋】① 榹：《方言》：“承槃曰榹。”通作㔸。

①　几屬。从木，安聲。　烏旰切(àn)。

案　【譯文】案，几一類。从木，安聲。

【注釋】① 案：進食用的短足木盤。徐灝《段注箋》：“《急就篇》顔注：‘無足曰槃，有足曰案。所以陳舉食也。’蓋古人席地而坐，置食於器，而以案承之，故曰陳舉食也。”

【參證】商承祚《楚漆器集考釋》(《文物》一九九一年第十一期)：“案有短足，以古人席地而坐，有足便於置取。”“不但有足，並當有闌，以防食器滑突，否則不可舉矣。”“几高足體狹，爲憑依之器。”後世謂所憑之几爲案，乃古今變也。馬敘倫《六書疏證》卷十一：“(案)今日本舊俗承食器之器，方而上有四垣，局足，高三五寸者是也。”

　圜案①也。从木，睘聲。　似沿切(xuán)。

檈　【譯文】檈，圓形的几案。从木，睘聲。

【注釋】① 圜案：徐灝《段注箋》：“檈蓋如槃而有足，故曰圜案。”

①　(篋)[篋]②也。从木，咸聲。　古咸切(jiān)。

椷　【譯文】椷，箱匣。从木，咸聲。

【注釋】① 椷：徐鍇《繫傳》：“函屬。”湖湘間稱小棺爲椷，音正如函。

② 篋：各本作篋。

①　勺也。从木，从斗。　之庾切(zhǔ)。

枓　【譯文】枓，勺子。由木、由斗會意。

【注釋】① 枓:《玉篇·斗部》:“枓,有柄,形如北斗星,用以斟酌也。”

杓 枓柄[①]也。从木,从勺。　甫搖切(biāo)。

【譯文】杓,勺子把。由木、由勺會意。

【注釋】① 枓柄:《段注》:“枓柄者,勺柄也。勺謂之枓,勺柄謂之杓。”

櫑 龜目酒尊,刻木作雲雷象,象施不窮也[①]。从木,畾[②]聲。罍,櫑或从缶。𥂴,櫑或从皿。䨓,籀文櫑。　魯回切(léi)。

【譯文】櫑,飾有龜眼的盛酒容器。刻成爲雲和雷的樣子,象徵廣施恩澤沒有窮盡。从木,畾聲。罍,櫑的或體,从缶。𥂴,櫑的或體,从皿。䨓,籀文櫑。

【注釋】① 刻木句:《段注》:“刻爲龜目,又通體刻爲雲靁。所以刻爲雲靁者,以雲靁施澤不窮。”雲雷象,《夢溪筆談》所謂一(雲)一(雷)相間之形,即雲雷紋。　② 畾:古雷字。雷也表義。徐鍇、段玉裁、王筠都作“雷亦聲”。

【參證】金文作。王國維《史籀篇疏證》(《王國維遺書》第六册):“(櫑字函皇父敦)从金,籀文从缶,蓋金以質言、缶以器言也。”于省吾《釋櫑》(《甲骨文字釋林》下卷):“(櫑字)从,乃申作的變化。”“近年來所發現的商周時代的銅罍和陶罍,都是大型的盛酒器。”《韻會》引爲下有“似壺,容一斛”五字。參“雷”條。

椑[①] 圜榼也。从木,卑聲。　部迷切(pí)。

【譯文】椑,(扁)圓形的盛酒器。从木,卑聲。

【注釋】① 椑:《漢書》顏注云:“椑榼,即今之扁榼,所以盛酒者也。”朱駿聲《通訓定聲》:“當爲卑之或體。”參“卑”條。

【參證】金文作,从艸。

榼[①] 酒器也。从木,盍聲。　枯蹋切(kē)。

【譯文】榼,盛酒器。从木,盍聲。

【注釋】① 朱駿聲《通訓定聲》:“此字疑即盇(hé,同盍)之或體。盍爲‘何不’之詞所專,因加木旁耳。”參“盇”條。

檐 車笭[①]中檐檐[②]器也。从木，隋聲[③]。 徒果切(duò/tuǒ)[④]。

檐 【譯文】檐，車箱木格欄内橢圓而狹長的容器。从木，隋聲。

【注釋】① 笭：同"軨"。 ② 檐檐：王筠《句讀》："謂車笭中器，其形檐檐然。即以其形爲之名也。《衆經音義》：'檐，狹長器也。'" ③ 隋聲：徐鍇《繫傳》："隋者，器長狹中廣而末殺也。此器似之。"王筠《句讀》："古多借隋爲之，天文家謂隋圓形的鴨蛋形。" ④ 今讀依《廣韻》他果切。

槌[①] 關東謂之槌，關西謂之持。从木，追聲。 直類切(zhuì)。

槌 【譯文】槌，關東叫做槌，關西叫做持。从木，追聲。

【注釋】① 槌：擱架蠶箔的木柱。徐鍇《繫傳》："今江淮謂之槌。此則架蠶薄之木也。"《方言》卷五："槌，宋魏陳楚江淮之間謂之植，自關而西謂之槌，齊謂之样(yáng)；其横，關西曰㯢，齊部謂之持。"

持[①] 槌也。从木，特省聲[②]。 陟革切(zhé)。

持 【譯文】持，蠶槌。从木，特省聲。

【注釋】① 持：《玉篇・木部》："持，槌，横木也。"按：持是蠶箔擱架上的横木，槌是竪木。以"槌"釋"持"，渾言之。參"槌"條。

② 特省聲：唐寫本木部殘卷也作特省聲，未詳。

栚 槌之横者也。關西謂之㯳[①]。从木，灷聲[②]。 直衽切(zhèn)。

栚 【譯文】栚，蠶槌中的横木。關西叫作㯳。从木，灷聲。

【注釋】① 㯳(zhèn)：㯢之誤，莫友芝《木部箋異》作㯢。 ② 灷聲：《段注》："許倂、滕字皆灷聲。是本有灷篆而佚之也。"參"槌"條。

槤[①] 瑚槤[②]也。从木，連聲。 里典切(liǎn)。

槤 【譯文】槤，瑚槤(的槤字)。从木，連聲。

【注釋】① 槤：祭祀供盛黍稷的器具。 ② 瑚槤：又作瑚璉。《論語》苞注："瑚璉者，黍稷器也。夏曰瑚，商曰璉，周曰簠簋。"《羣經正字》："瑚璉，木器，故从木。"後人們以爲是宗廟重器，爲顯其珍貴，故从玉。

櫎　所以几器[①]。从木，廣聲。一曰：帷屏風之屬[②]。　胡廣切(huǎng)。

【譯文】櫎，用來支擱器物的用具。从木，廣聲。另一義説，帷幔、屏風之類。

【注釋】① 所以句：《段注》："謂所以庋(guǐ)閣物之器也。几可庋(閣置)物，故凡庋曰几。"　② 一曰句：帷，帷幔。《段注》："櫎，一變爲榥，再變爲幌。"《雪賦》注引《文字集略》："幌，以帛明牕也。"屏風，《釋名》："以屏障風也。"

梮[①]　舉食者。从木，具聲。　俱燭切(jú)。

【譯文】梮，抬舉食物的用具。从木，具聲。

【注釋】① 梮：《段注》："梮，四圍有周，無足，置食物其中，人舁以進。別於案者，案一人扛之，梮二人對舉之也。"

槃　繘耑木[①]也。从木，毄聲。　古詣切(jì)。

【譯文】槃，汲水的井索上端的横木。从木，毄聲。

【注釋】① 繘(yù)耑木：桔槔的横木。一端繫重物，一端繫水桶，可以上下，也可以轉動。《段注》："繘，汲井綆也。綆耑木者，下耑有罋，上耑有木以爲硾(zhuì，同"縋"，繫以重物使下墜)。槃之言繫也。"

檷[①]　絡絲檷。从木，爾聲。讀若柅[②]。　奴禮切(nǐ)。

【譯文】檷，絡絲架子。从木，爾聲。音讀象"柅(nǐ)"字。

【注釋】① 檷：徐灝《段注箋》："絡絲之架。"《通雅・器用》："檷，似小攬車，中有柄，聽絲旋其外，而中軸自轉，總曰絡子。"　② 讀若柅：《述誼》："古爾尼、檷柅皆同聲可通。"二字聲同爲泥紐。

機[①]　主發謂之機。从木，幾聲。　居衣切(jī)。

【譯文】機，主持發動的部分叫機。从木，幾聲。

【注釋】① 機：本義爲織布機。《段注》："下文云：'機持經者'，'機持緯者'，則機謂織具也。機之用主於發，凡主發者皆謂之機。"徐灝《箋》："《釋名》云：'弩，怒也。'其柄曰臂，鉤弦者曰牙，牙外曰郭，下曰縣刀，合名之曰機。言如機之巧也。是則弩牙名機，蓋假借偁之。

渾天儀之機衡亦然。似當以機杼爲本義。引申爲機巧、機要、機密、機會、機械、機變之偁。”

[篆]① 機②持經者。从木，朕聲。　詩證切(shèng)。

縢 【譯文】縢，織布機上用來夾持經紗的構件。从木，朕聲。

【注釋】① 縢：王筠《句讀》：“此器以竹爲之，其比如櫛，經貫其中，以木爲筐。”“周櫛之外，以手進退之。”“吾鄉呼爲甑(zèng)。”
② 機：徐鍇《繫傳》：“機杼之機也。”

[篆]① 機之持緯者。从木，予聲。　直吕切(zhù)。

杼 【譯文】杼，織布機上夾持緯紗的構件。从木，予聲。

【注釋】① 杼：織布的梭子。徐灝《段注箋》：“杼俗作梭，聲轉而異其文也。《廣韻》又作梭。杼之形，中廣，兩頭鋭。”《段注》：“此與木名之‘柔’，以左形右聲、下形上聲爲别。”

[篆]① 機持繒者。从木，复聲。　扶富切(fù)。

椱 【譯文】椱，織布機上捲持繒帛的構件。从木，复聲。

【注釋】① 椱：王筠《釋例》：“織既成繒，則縢去身遠，不便於織矣，故有椱以卷之。小徐曰椱即軸者，今人亦呼持繒之木爲軸。”“椱以圓木爲之，兩端多爲通孔，卷繒之後，以直木轄孔中，使之不動。”

[篆]① 履法也。从木，爰聲。讀若指撝②。　吁券切(xuàn)。

楥 【譯文】楥，鞋履的模子。从木，爰聲。音讀象指撝的“撝”字。

【注釋】① 楥：朱駿聲《通訓定聲》：“蘇俗謂之楦頭，削木如履，置履中，使履成如式，平直不皺。”　② 撝：上古屬歌部，楥屬元部，歌元可對轉。

[篆]① 蠻夷以木皮爲篋，狀如籢②尊③。从木，亥聲。　古哀切(gāi)。

核 【譯文】核，蠻夷等少數民族用核樹的皮作成箱篋，樣子象鏡匣、冠箱之類。从木，亥聲。

【注釋】① 核：本義爲樹木之名。《段注》：“今字果實中曰核，本義廢矣。”　② 籢：徐鍇《繫傳》：“籢即鏡匣也。今俗成奩。”

③ 尊：孫詒讓《籀高述林》謂爲簨之誤。簨是冠箱，與鏡匣正是同類之物，孫説是。

棚① 棧也。从木，朋聲。　薄衡切(péng)。

【譯文】棚，即棧。从木，朋聲。

【注釋】① 棚：在上者爲棚，在下者爲棧。《段注》："許云：'棚，棧也。'渾言之也。今人謂架上以蔽下者，皆曰棚。"

棧① 棚也。竹木之車曰棧②。从木，戔聲。　士限切(zhàn)。

【譯文】棧，即棚。用竹木編成的車也叫棧。从木，戔聲。

【注釋】① 棧：朱駿聲《通訓定聲》棚下："編木横竪爲之皆曰棧，曰棚。今謂架於上以蔽下者曰棚。"參"棚"條。　② 竹木句：《段注》："謂以竹若(或)木散材，編之爲箱，如柵(竪編之木)然。"

栫 以柴木壅也。从木，存聲。　徂悶切(zùn/jiàn)①。

【譯文】栫，用柴木壅塞。从木，存聲。

【注釋】① 今讀依《廣韻》在甸切。

椢 筐當①也。从木，國聲。　古悔切(guì)。

【譯文】椢，器物的内腔。从木，國聲。

【注釋】① 筐當：朱駿聲："今蘇俗謂物之腔子曰匡當。"

【參證】馬敘倫《六書疏證》卷十一："倫見清時女子出門適壻時，戴鳳冠，其冠内先以一物覆髮也。物以紅綢裹棉花作籠形，無當(底)，俗名淘羅圈。蓋冠以金屬品爲之。先以此物覆首，然後加冠，則首不傷。且冠率非自製，大小不宜，得此則合度也，殆即椢也。"此淘羅圈，則椢之一端也。

梯 木階。从木，弟聲①。　土雞切(tī)。

【譯文】梯，木製階梯。从木，弟聲。

【注釋】① 弟聲：聲中有義。階梯皆依次而上下，弟有次弟義。參"弟"條。

棖 杖①也。从木，長聲。一曰：法②也。　宅耕切(chéng)。

【譯文】棖，斜柱。从木，長聲。另一義説，(挽救傾斜使平正的)方法。

【注釋】① 杖：持，謂用柱撑持。黄侃《蘄春語》："今吾鄉謂門後衺(斜)柱一端當門中、一端鐏地者，曰門棖。" ② 法：《方言》卷三："棖，法也。"郭璞注："救傾之法。"

桊[①] 牛鼻中環也。从木，𢍏聲[②]。 居倦切(juàn)。

【譯文】桊，(貫穿)牛鼻之中的環。从木，𢍏聲。

【注釋】① 桊：王筠《句讀》："以柔木貫牛鼻，而後曲之如環也。亦有用大頭直木者。" ② 𢍏聲：聲中有義。𢍏，摶飯如環，有曲義。參"𢍏"條。

楇 箠[①]也。从木，耑聲。一曰：楇度[②]也。一曰：剟[③]也。 兜果切(duǒ)。

【譯文】楇，馬鞭。从木，耑聲。另一義説，揣度。另一義説，刊削。

【注釋】① 箠：《段注》："箠、策、楇，一物也。竹部曰：'策，馬箠也。'" ② 楇度：《段注》："楇與揣音義略同，如楑與揆皆訓度也。" ③ 剟(duó)：徐鍇《繫傳》："刊削也。"

橜[①] 弋也。从木，厥聲。一曰：門梱[②]也。 瞿月切(jué)。

【譯文】橜，短木樁。从木，厥聲。另一義説，門中竪立作爲限隔的短木。

【注釋】① 橜：朱駿聲《通訓定聲》："凡竪木而短者皆得曰橜。"徐鍇《繫傳》："《爾雅》：'樴謂之杙。'注：'橜也。'蓋直一段之木也。其初謂之橜、弋、樴，及其入用，各隨所在爲名。" ② 梱：本書："梱，門橜也。"

【參證】馬敘倫《六書疏證》卷十一："直者以限左右爲橜，横者以限内外爲梱，以木爲之則从木爲橜，以爲限則从門作闑。"

樴 弋[①]也。从木，戠聲。 之弋切(zhí)。

【譯文】樴，小木樁。从木，戠聲。

【注釋】① 弋：《段注》："弋、杙，古今字。""樴謂之杙，可以繫牛。"又引《釋宫》曰："樴謂之杙。在牆者謂之楎，在地者謂之臬，大者謂之栱，長者謂之閣。"如徐鍇《繫傳》所説，"各隨所在爲名"。其實，乃一段木棒而已。

杖 持[①]也。从木，丈聲。 直兩切(zhàng)。

【譯文】杖，持握的木棍。从木，丈聲。

【注釋】① 持：體用同訓。《段注》："凡可持及人持之皆曰杖。"指手杖。

柭　棓[①]也。从木，犮聲。　北末切(bō/bā)[②]。

柭　【譯文】柭，木杖。从木，犮聲。

【注釋】① 棓(bàng)：後作"棒"。　② 今讀依《集韻》布拔切。

棓[①]　棁[②]也。从木，咅聲。　步項切(bàng)。

棓　【譯文】棓，棍杖。从木，咅聲。

【注釋】① 棓：《段注》："棓、棒，正俗字。"　② 棁(tuō)：木杖。

椎　擊[①]也。齊謂之終葵[②]。从木，隹聲。　直追切(chuí)。

椎　【譯文】椎，捶擊之器。齊地叫作"終葵"。从木，隹聲。

【注釋】① 擊：體、用同訓。　② 終葵：徐鍇《繫傳》："終葵，椎之別名也。"朱駿聲《通訓定聲》："終葵之合音爲椎。"《六書故》："椎，木拳，所用以椎擊者也。"拳，形容其椎首如拳。

柯　斧柄也。从木，可聲。　古俄切(kē)。

柯　【譯文】柯，斧頭的把。从木，可聲。

棁　木杖也。从木，兑聲。　他活切(tuō)[①]。又之説切(zhuō)[②]。

棁　【譯文】棁(tuō)，木棒。从木，兑聲。

【注釋】① 他活切：王筠《句讀》："一作大杖。""顔注《急就篇》：'棁，小杖也。'今俗呼爲袖棁，言可藏於懷袖之中也。《漢書・禰衡傳》：'手持三尺棁杖。'經典用棁爲梁上短柱之棳。"大杖、小杖，均是杖。因杖之短小，故可作梁上短柱。梁上短柱，與杖義别，故變其音讀。杖義音 tuō，柱義音 zhuō。　② 之説切：其義爲梁上的短柱。《論語・公冶長》邢昺疏："棁，梁上短柱也。"

柄[①]　柯也。从木，丙聲。棅，或从秉[②]。　陂病切(bìng/bǐng)[③]。

柄　【譯文】柄，斧頭的把。从木，丙聲。棅，柄的或體，从秉聲。

【注釋】① 柄：《段注》："柄之本義專謂斧柯，引伸爲凡柄之偁。"　② 从秉：朱駿聲《通訓定聲》："从秉聲。"宋保《諧聲補逸》："秉丙古音皆在養蕩部内，同聲而通用。"　③ 今讀依《集韻》補永切。

柲　欑[①]也。从木，必聲。　兵媚切(bì)。

柲　【譯文】柲，戈矛的把。从木，必聲。

【注釋】① 欑（cuán）：《段注》："此即下文'積竹杖也'。""戈戟矛柄皆用積竹杖，不比他柄用木而已。殳則用積竹杖而無刃。柲之引伸爲凡柄之偁。"

【參證】徐灝《段注箋》："許訓柲爲欑""乃渾言之耳""《既夕記》'弓有柲'鄭注：'柲，弓檠也。'弛則縛之弓裏，備損傷，以竹爲之。""弓柲蓋以兩竹夾持之。"必是柲的初文，柲是必的後起加旁字。參"必"條。

欑 積竹杖①也。从木，贊聲。一曰：穿②也。一曰：叢木③。在丸切（cuán）。

【譯文】欑，積合竹青作成的杖。从木，贊聲。另一義說，鑽穿。又另一義說，聚集的材木。

【注釋】① 積竹杖：積合竹青的杖，取其有力。　② 穿：《段注》："此（指欑）與金部鑽音義皆同。"　③ 叢木：王筠《句讀》："林木、木材之聚，皆言欑、言叢。"

柅 籆柄①也。从木，尸聲。柅，柅或从木，尼聲②。　女履切（nǐ/chì）③。

【譯文】柅，絡絲車的搖把。从木，尸聲。柅，柅的或體，从木，尼聲。

【注釋】① 籆（yuè）柄：《段注》："籆即絡車也。所以轉絡車者，即柅也。"　② 尼聲：尼、尸上古同屬脂部。　③ 今讀依《廣韻》丑利切。

榜① 所以輔弓弩②。从木，旁聲。　補盲切（bēng）。

【譯文】榜，用來輔正弓弩的器具。从木，旁聲。

【注釋】① 榜：徐灝《段注箋》："榜即柲也。聲之轉耳。榜之引申爲凡竹木片之偁。榜笞、榜箠，即指竹木片而言。"參必、柲條。

② 輔弓弩：王紹蘭《段注訂補》："弓弩或有枉戾，縛木輔其旁，矯之令直，謂之榜。故从木从旁，形聲兼會意。"

檠① 榜也。从木，敬聲。　巨京切（qíng）。

【譯文】檠，校正弓弩的器具。从木，敬聲。

【注釋】① 檠：錢坫《斠詮》引《淮南子》注："檠，矯弓之材。"朱駿聲《通訓定聲》："弛弓，防損傷，以竹若（或）木輔于裏，繩約之。"

檃① (栝)[桰]也。从木，隱省聲。 於謹切(yǐn)。

【譯文】檃，矯正竹木的器具。从木，隱省心爲聲。

【注釋】① 檃：徐鍇《繫傳》："此即正邪曲之器也。"檃又名桰。

桰 檃也。从木，昏聲①。一曰：矢(栝)[桰]築弦處②。 古活切(kuò)。

【譯文】桰，矯正竹木的器具。从木，昏聲。另一義説，箭末扣弦的地方。

【注釋】① 昏聲：《辨字正俗》："凡字从昏聲，隸變皆从舌。《廣韻》栝，火杖也。俗作栝(他念切)。今檃桰、矢桰、桰柏皆作栝，遂混淆莫辨矣。"參"栝(tiǎn)"條。 ② 矢栝句：《釋名・釋兵》："其(指矢)末曰栝。栝，會也。與弦會也。"築，猶言着。莫友芝《木部箋異》："築，杵也，實也。以弦會栝，猶杵實之。"

棊 博①棊。从木，其聲。 渠之切(qí)。

【譯文】棊，比輸贏的棋具。从木，其聲。

【注釋】① 博：即簙。

【參證】甲文作，唐蘭釋棊，見《古文字學導論》。

椄 續木①也。从木，妾聲。 子葉切(jié)。

【譯文】椄，嫁接花木。从木，妾聲。

【注釋】① 續木：《段注》："今栽華植果者，以彼枝移椄此樹。而華果同彼樹矣。椄之言接也。後接行而椄廢。"

栙 栙雙①也。从木，夅聲。讀若鴻②。 下江切(xiáng)。

【譯文】栙，栙雙。从木，夅聲。音讀象"鴻"字。

【注釋】① 栙雙：用篾席做的船帆。朱駿聲《通訓定聲》："栙雙，疊韻連語，即笨也。如今糧艘以篛席爲帆也。" ② 讀若鴻：栙、鴻同屬匣紐，栙屬冬部，鴻屬東部，冬、東近旁轉。

【參證】馬敘倫《六書疏證》卷十一："笨即帆㠶，以木爲之，則曰栙雙；以竹爲之，則曰笨。"

栝① 炊竈木。从木，舌聲②。 他念切(tiàn/tiǎn)③。

【譯文】栝，在竈裏燒火煮飯用的木棍。从木，舌聲。

【注釋】① 栝：撥火棍。《六書故》："栝，進火木。"《段注》："今俗語云竈栝是也。"　② 舌聲：《段注》："(栝)从丙(tiǎn)聲，轉寫譌爲舌耳。"本書："丙，舌皃。"即舌頭舔舐之皃。舌(丙)聲，聲中有義。撥火棍象舌頭舔舐一樣在竈裏進出自如。丙，如張舜徽《約注》所説，一爲舌出義，一爲簟席義。　③ 今讀依《廣韻》他玷切。

【參證】馬敘倫《六書疏證》卷十一："炊竈所用之火杖，今以鐵爲之。鐵可以入火，以木則與柴俱然矣。"

槽　畜獸[1]之食器。从木，曹聲。　昨牢切(cáo)。

【譯文】槽，牲畜食用的器具。从木，曹聲。

【注釋】① 畜獸：《段注》改爲"嘼"(chù)。唐寫本木部殘卷也無畜字。莫友芝《木部箋異》："獸乃嘼譌。本書：'嘼，六嘼也。'……不必言'畜獸'也……獸則寫者不識嘼，以爲省，俗妄加犬旁。"

臬　射準的[1]也。从木，从自[2]。　五結切(niè)。

【譯文】臬，射箭的靶子。由木、由自會意。

【注釋】① 準的：同義複合。準、的皆爲靶子。《漢書・鼂錯傳》："矢道同的。"顏注："的，謂所射之準臬也。"《段注》："臬之引申，凡標準法度之稱。"　② 从木，从自：朱駿聲《通訓定聲》："从自者，鼻于面居中特出之形，凡臬似之。"唐寫本木部殘卷、小徐本、《韻會》均引作"从木自聲"。

【參證】甲文作□。溫少峰、袁庭棟《殷墟卜辭研究——科學技術篇》："古人樹八尺之木爲箭靶，其高略與人之鼻等(即"以身爲度"之意)，其的(靶心)又有如人面部中心之鼻，故臬字从木从自而出'射準的'義。"

桶　木方[器]，受[十]六升[1]。从木，甬聲。　他奉切(tǒng)。

【譯文】桶，木製方形(斛)。容受十六升。从木，甬聲。

【注釋】① 木方句：當從唐寫本木部殘卷作："木方器也。受十六升。"

櫓　大盾也。从木，魯聲。樐，或从鹵[1]。　郎古切(lǔ)。

【譯文】櫓，大的盾牌。从木，魯聲。樐，櫓的或體，从鹵聲。

【注釋】① 从鹵：徐鍇《繫傳》："鹵聲。"按：魯、鹵上古聲紐韻部同。

【參證】金文作、。待考。

　五聲[①]八音[②]總名。象鼓鞞[③]。木，虡[④]也。　玉角切(yuè)。

樂　【譯文】樂，五聲、八音總稱。(㕘，)象鼓鞞的樣子；木，是鼓鞞的足架。

【注釋】① 五聲：宮、商、角、徵、羽。相當於今天的1、2、3、5、6。　② 八音：絲(弦樂)、竹(簫笛類)、金(金屬樂器)、石(磬)、匏(笙竽)、土(塤)、革(鼓)、木(柷 zhù)。　③ 象鼓鞞：《段注》："象鼓鼙，謂㕘也。鼓大鼙小。中象鼓，兩旁象鼙也。"　④ 虡(jù)：懸掛鐘鼓架子兩旁的柱子。這裏泛指鼓的足架。

【參證】甲文作、，金文作、。羅振玉《增訂殷虛書契考釋》："从絲坿木上，琴瑟之象也。或增以象調弦之器。猶今彈琵琶阮咸者之有撥矣。"戴家祥《金文大字典》："後世分樂爲'五角切'，音岳，'五聲八音之總名也'。亦讀'盧各切'，音洛，即'仁者樂山，智者樂水'(《論語·雍也》)之樂。又讀'弋灼切'音龠，讀如'洵訏且樂'(《鄭風·溱洧》)之樂。"

[①]　闌足[②]也。从木，付聲。　甫無切(fū)。

柎　【譯文】柎，鐘鼓架下裝飾的足。从木，付聲。

【注釋】① 柎：《段注》："柎、跗，正俗字也。凡器之足皆曰柎。"　② 闌足：王筠《句讀》："闌者，以横木限之之名也。虡下曰：'鐘鼓之柎也。'……虡衹是直木，别刻木爲鳥獸之形，以承之。其形必大於植，而後植之立者不摇，是之謂遮闌其足矣。足者，植之本也。今日壇廟中樂虡爲白鵝以承之，知古者亦然。"可見闌指遮攔，指外表爲裝飾，實則爲穩定限止。

[①]　擊鼓杖也。从木，包聲。　甫無切(fū/fú)[②]。

枹　【譯文】枹，擊鼓的槌子。从木，包聲。

【注釋】① 枹：經多作桴。　② 今讀依《廣韻》縛謀切。

　柷[①]，樂[②]也。从木，空聲[③]。　苦江切(qiāng)。

椌　【譯文】椌，柷。(打擊)樂器。从木，空聲。

【注釋】① 柷(zhù)：王筠《句讀》："句絶。謂其一器兩名也。" ② 樂：王筠《句讀》："許君於樂器，皆命之爲樂。" ③ 空聲：王筠《句讀》："兼意。以木合成而中空也。"

柷① 柷　樂，木空②也。所以止音爲節③。从木，祝省聲。　昌六切(zhù)。

【譯文】柷，(打擊)樂器，木製而中空。可用柷止(椎)之音，以爲節奏。从木，祝省聲。

【注釋】① 柷：《爾雅·釋樂》："所以鼓柷謂之止。"郭注："柷如漆桶，方二尺四寸，深一尺八寸，中有椎，柄連底，挏(dòng，來回搖動)之，令左右擊。止者，其椎名。" ② 木空：參"椌"條。 ③ 所以句：所，猶可也。見《經傳釋詞》。止，椎名。意謂可以用柷止之音以爲節奏。莫友芝《木部箋異》："(此句)言樂作，以柷領衆音，使各得所止，使音得所止，即是爲之節。此以'柷'之用，釋名'止'義，非謂止音爲終樂也。"意謂：用柷椎敲擊聲引領諸種樂音，使各得其起止。《爾雅》所以"鼓柷謂之止"，就形成鮮明的節奏，許説"爲節"。張文虎《舒藝室隨筆》："今俗樂音，小頓，起板，有頭板，底板，中又有要板。古用柷亦如此。《皋陶謨》曰：'合止柷敔。'合人聲與樂聲也。止者其節也。一篇有一篇之節，一章有一章之節，一句有一句之節，乃主曼聲則一字有一字之節。節者合終始而言之也。"按：柷乃引領衆樂之起止，來體現鮮明的節奏。引領者，衆樂之始也。故《白虎通》曰："柷，始也。"

槧 槧　牘樸①也。从木，斬聲。　自琰切(jiàn/qiàn)②。

【譯文】槧，書版的坯子。从木，斬聲。

【注釋】① 牘(dú)樸：《段注》："樸，素也，猶坏(pī，同"坯")也；牘，書版(寫字用的狹長的木板)也。槧謂書版之素未書者也。" ② 今讀依《廣韻》七豔切。

札① 札　牒也。从木，乙聲。　側八切(zhá)。

【譯文】札，書寫用的小木片。从木，乙聲。

【注釋】① 札：《段注》："長大者曰槧，薄小者曰札。"《釋名》："札，櫛也。編之如櫛齒相比也。"

檢① 書署也。从木，僉聲。 居奄切(jiǎn)。

【譯文】檢，封書題簽。从木，僉聲。

【注釋】① 檢：木函叫檢，題寫木函也叫檢。王筠《句讀》："以木爲函，復題署函上禁閉之也。"《釋名》："檢，禁也。禁閉諸物，使不得開露也。"

檄① 二尺書。从木，敫聲。 胡狄切(xí)。

【譯文】檄，長二尺的文書。从木，敫聲。

【注釋】① 檄：徐鍇《繫傳》："徵兵之書也。漢高祖曰：'吾以羽檄徵天下兵。'有急，則插以羽也。"《急就篇》顔注："檄者以木爲書，長二尺。"桂馥《義證》引五臣注《文選序》："檄者，皦也。喻彼令皦然明白。"

【參證】馬敘倫《六書疏證》卷十一："檄者，曉百姓之書，猶今官府告示。體特長大，則是二尺爲長。"

棨 傳①，信也。从木，啟省聲。 康礼切(qǐ)。

【譯文】棨，又叫傳，用作憑證。从木，啟省聲。

【注釋】① 傳(zhuàn)信：王筠《句讀》："謂棨一名傳，所以爲信也。《古今注》：'凡傳皆以木爲之，長五寸，書符信於上，又以一板封之，皆封以御史印章，所以爲信也，如今之過所。'"

楘 車歷録束文也①。从木，敄聲。《詩》②曰："五楘梁輈。" 莫卜切(mù)。

【譯文】楘，車轅上明顯的束紋。从木，敄聲。《詩經》說："有五束明顯的花紋在那彎曲的車轅上。"

【注釋】① 車歷録句：王筠《句讀》："謂車轅以革束之，其文歷録然也。"《段注》："歷録者，歷歷録録然，坳胅分明貌。歷録，古語也。"

②《詩》：指《秦風・小戎》。毛傳："五，五束也。楘，歷録也。"疏："五楘是轅上之飾，言以皮革五處束之，所束之處，以爲文章歷録然。歷録，蓋文章之妙也。"輈(zhōu)，大車左右兩木直而平者謂之轅，小車居中一木曲而上者謂之輈。車轅穹隆如屋之梁，謂之梁輈。

枑① 行馬②也。从木，互聲。《周禮》③曰："設梐枑再重。" 胡誤切(hù)。

【譯文】枑,行馬。从木,互聲。《周禮》説,"設置行馬兩層。"

【注釋】① 枑:王筠《句讀》:"交互其木,以爲遮闌也。" ② 行馬:官府門前阻擋通行的障礙物,用木頭交叉製成。 ③《周禮》:指《天官·掌舍》。梐(bì)枑,行馬。

梐 梐枑①也。从木,陛省聲②。 邊兮切(bī/bì)③。

【譯文】梐,即梐枑。从木,陛省聲。

【注釋】① 梐枑:王筠《句讀》:"單言'互',便是行馬;連言'梐枑',仍是行馬。" ② 陛省聲:《段注》:"當作坒(bì)聲。" ③ 今讀依《廣韻》傍禮切。

极 驢上負①也。从木,及聲。或②讀若急。 其輒切(jié/jí)。

【譯文】极,驢背上負載物(的木架)。从木,及聲。音讀象"急"字。

【注釋】① 驢上負:體、用同訓。徐鍇《繫傳》:"今人爲木牀以跨驢背,以負載物,即古之极也。"《段注》:"若今馱鞍。" ② 或:唐寫本無"或"字。葉德輝《讀若考》:"极、急均从及得聲字。"

祛① 极也。从木,去聲。 去魚切(qū)。

【譯文】祛,馱鞍。从木,去聲。

【注釋】① 祛:朱駿聲《通訓定聲》:"如今馱鞍。"

槅① 大車枙②也。从木,鬲聲。 古覈切(gé)。

【譯文】槅,大車的車軛。从木,鬲聲。

【注釋】① 槅:《釋名·釋車》:"槅,扼也,所以扼牛頸也。"馬曰"烏啄,下向叉馬頸,似烏開口向下啄物時也。" ② 枙:《段注》:"枙當作軶,隸省作軛。車部曰:'軶,轅前也。'"

橾① 車轂中空也。从木,喿聲。讀若藪②。 山樞切(shū)。

【譯文】橾,車轂(gǔ)中貫軸的空腔。从木,喿聲。音讀象"藪(sǒu)"字。

【注釋】① 橾:徐鍇《繫傳》:"車轂中貫軸處也。《周禮》作'藪',假借也。" ② 讀若藪:馬敘倫《六書疏證》卷十一引劉秀生説:"喿聲、藪聲並在心紐,故橾从喿聲得讀若藪。"

楇① 盛膏器。从木,咼聲。讀若過②。 乎臥切(huò)。

【譯文】楇,盛油膏的容器。从木,咼聲。音讀象"過"字。

【注釋】① 楇：徐鍇《繫傳》："古者車行，其軸當常滑易，故常載脂膏以涂軸也。此即其器也。"朱駿聲《通訓定聲》："今御者系小瓶于車旁，盛油以脂轂，此其具也。古宜以木爲之，故从木。"　② 讀若過：葉德輝《讀若考》："楇、過均从咼得聲。"

柳 馬柱[①]。从木，卬聲。一曰：堅[②]也。　吾浪切(àng)。

【譯文】柳，繫馬的樁。从木，卬聲。另一義説，堅固。

【注釋】① 馬柱：《段注》："謂系馬之柱也。"徐鍇《繫傳》："今京師有馬柳洲也。謂之柳者，旁有一杙卬起也。"　② 堅：唐寫本木部殘卷作"豎"。張文虎《舒藝室隨筆》："豎，立也。豎、柱音義並近。"

棝 棝斗[①]，可射鼠。从木，固聲。　古慕切(gù)。

【譯文】棝，棝斗，可用來捕射老鼠。从木，固聲。

【注釋】① 棝斗：射鼠器。徐鍇《繫傳》："此即今人鑿木爲斗，上施柄，安弓爲機以射鼠，是也。"

欙[①] 山行所乘者。从木，纍聲[②]。《虞書》[③]曰："予乘四載。"水行乘舟，陸行乘車，山行乘欙，澤行乘輴[④]。　力追切(léi)。

【譯文】欙，山中行走用以乘坐的器具。从木，纍聲。《虞書》説："我乘坐四種運載工具。"水中行走乘坐船，陸上行走乘坐車，山中行走乘坐欙，澤中行走乘坐輴。

【注釋】① 欙：登山的轎，即梮(jū)。《段注》："韋昭曰：'梮，木器也，如今轝牀，人轝以行也。'""欙與梮，一物異名。梮，自其盛載而言；欙，自其輓引而言。"毛詩傳："捄(梮的假借字)，虆也。亦謂土籠，舁之曰梮；人引之而行則曰欙也。虆，欙之假借字，或省作欙。"

② 纍聲：纍取繩索迴旋綴合義。《段注》："纍，大索也。欙从纍，此聲義之皆相倚者也。"　③《虞書》：指《皋陶謨》。　④ 輴(chūn)：王筠《句讀》："《史記・夏本紀》作'橇'，《河渠書》作'毳'，《漢書》同。服虔曰：木毳，形如木箕，擿行泥上。"

榷[①] 水上横木，所以渡者也。从木，隺聲。　江岳切(què)。

【譯文】榷，水上横架木頭，是用來引渡的工具。从木，隺聲。

【注釋】① 榷：《初學記》卷七引《廣志》曰："獨木之橋曰榷。"桂馥

《義證》引徐鍇曰："即溪澗夏有水、冬無水處，橫木爲之，至冬則去，今曰水彴（zhuó，獨木橋）橋，《爾雅》謂之石杠，亦曰略彴。"

橋 水梁①也。从木，喬聲。　巨驕切（qiáo）。

【譯文】橋，水中橋梁。从木，喬聲。

【注釋】① 水梁：《段注》："水中之梁也。""凡獨木者曰杠，駢木者曰橋，大而爲陂陀者曰橋。"

梁 水橋①也。从木，从水，刅聲。渿②，古文。　吕張切（liáng）。

【譯文】梁，跨水的橋梁。由木、由水會合用木跨水之意。刅（chuāng）聲。渿，古文梁字。

【注釋】① 水橋：《段注》："梁之字，用木跨水，則今之橋也。"

② 渿：《段注》："水闊者，必木與木相接。一，其際也。"

【參證】金文作、。朱芳圃《殷周文字釋叢》："（）从水，刅聲，當爲梁之本字。……梁爲沵之後起字，橋以木爲之，故增木爲形符，當云从木，沵聲。"高鴻縉《字例五篇》："大梁鼎作，地名之專字，後造，从邑，梁聲。"

校① 船總名。从木，叜聲。　穌遭切（sāo/sōu）。

【譯文】校，船的總稱。从木，叜聲。

【注釋】① 校：今作"艘"。後爲量詞。《漢書・溝洫志》注："一船爲一艘。"

橃① 海中大船。从木，發聲。　房越切（fá）。

【譯文】橃，海中象大船一樣的竹木筏。从木，發聲。

【注釋】① 橃：王注楚詞曰："楚人曰泭，秦人曰橃。"《方言》："箄謂之筏。"馬注《論語》："大者曰栰，小者曰桴。"王筠《句讀》説："（此）三文同義，皆編竹木之筏，非舟也。"

【參證】馬敘倫《六書疏證》卷十一："（橃）爲今所謂木排竹排之排本字。亦古所謂筏。"

楫① 舟櫂也。从木，咠聲。　子葉切（jié/jí）②。

【譯文】楫，船槳。从木，咠聲。

【注釋】① 楫：桂馥《義證》："或作'檝'。《字書》：楫，舟旁撥水者。

短曰檝，長曰櫂(zhào)。”　② 今讀依《廣韻》秦入切。

欚　江中大船名。从木，蠡聲。　盧啟切(lǐ)。

【譯文】欚，江中大船的名稱。从木，蠡聲。

校　木囚[①]也。从木，交聲。　古孝切(jiào)。

【譯文】校，木製的囚繫(人的桎梏)。从木，交聲。

【注釋】① 木囚：《段注》：“囚，繫也。木囚者，以木羈之也。”王筠《句讀》：“囚从囗(wéi)，高其墻以闌罪人也。木囚者，以木作囚如墻也。桎梏皆圍其手足，情事相似，故得校名。”朱駿聲《通訓定聲》：“《易·噬嗑》：‘屨校滅趾。’注：‘以梜足止行也。若今軍流人犯新到配所著木韡。’又：‘何校滅身。’注：‘若今枷項也。’”

樔　澤中守艸樓[①]。从木，巢聲[②]。　鉏交切(cháo)。

【譯文】樔，澤中守望的草樓。从木，巢聲。

【注釋】① 澤中句：《段注》：“謂澤中守望之艸樓也。艸樓，蓋以艸覆之。”　② 巢聲：《段注》：“形聲包會意也。从巢者，謂高如巢。”徐鍇《繫傳》：“謂其高若鳥巢也。今田中守稻屋然。”

采[①]　捋取也。从木，从爪[②]。　倉宰切(cǎi)。

【譯文】采，摘取。由木、由爪會意。

【注釋】① 采：《段注》：“《周南·芣苢》傳曰：‘采，取也。’又曰：‘捋，取也。’是采、捋同訓也。”　② 从木，从爪：徐灝《段注箋》：“木成華實，人所采取。故从木、从爪。”“華實衆色咸備，因有采色之偁。”

【參證】甲文作、、、，金文作、。羅振玉《增訂殷虛書契考釋》：“象取果於木之形。故从爪果。或省果从木。引申爲樵采及凡采擇字。”

柿　削木札(樸)[朴]也[①]。从木，宋聲。陳楚謂(櫝)[牘][②]爲柿。　芳吠切(fèi)。

【譯文】柿，削木皮或削小木片的皮。从木，宋(pò)聲。陳楚地方叫簡牘作柿。

【注釋】① 削木句：樸當依徐鍇《繫傳》作“朴”。徐灝《段注箋》：“削木札朴也，謂削木與札之朴，皆謂柿也。而恐讀者有未明，故下文又云：東楚謂削牘爲柿耳。”札，用於書寫的小木片。朴，木皮。
② 櫝：桂馥《義證》：“櫝當作牘。”牘，寫字用的狹長木板。

【參證】王筠《句讀》：“《晉書》：王濬造船，木柿蔽江而下，知柿即今鉋花耳。”馬敘倫《六書疏證》卷十一：“今杭縣謂之劀花。”鉋花即劀花。徐灝《段注箋》：“柿，隸變作柿，與柿果字相亂。柿果字本作柿，故隸加斜畫作柹以別之。而世俗習見柿果，罕聞木柿，故柹字遂廢。”參“柹”條。

橫 闌木①也。从木，黄聲。　户盲切(héng)。

【譯文】橫，攔門的木。从木，黄聲。

【注釋】① 闌木：《段注》：“闌，門遮也。引伸爲凡遮之偁。凡以木闌之，皆謂之橫也。”古多以衡爲橫。

㭘 檢柙①也。从木，夾聲。　古洽切(jiā)。

【譯文】㭘，收藏物品的器具。从木，夾聲。

【注釋】① 檢柙：《段注》：“檢柙皆函物之偁，然則㭘亦謂函物之器也。《曲禮》：‘羹之有菜者，用㭘。’謂箸爲㭘，此引伸之義也。”又，函物之器，則可保護，引申爲柙護。徐鍇《繫傳》：“謂書封函之上恐磨滅文字，更以一版於上柙護之。”

桄 充也①。从木，光聲。　古曠切(guàng)。

【譯文】桄，充滿。从木，光聲。

【注釋】① 充也：朱駿聲《通訓定聲》：“桄字本訓當爲横木，與横略同。凡牀桄梯桄皆是。”徐灝《段注箋》：“桄之聲轉爲廓，故引申之訓爲‘充’耳。”

櫵 以木有所擣也。从木，雋聲①。《春秋傳》②曰：“越敗吴於櫵李。”　遵爲切(zuī/zuì)③。

【譯文】櫵，用木捶擣物體。从木，雋聲。《春秋左傳》説：“越國在櫵李城打敗吴國。”

【注釋】① 雋聲：錢坫《斠詮》：“《玉篇》作檇。按从雋聲不近。當从巂。”桂馥亦然。存參。　② 《春秋傳》：指《春秋經・定公十四年》。今本“越”上有“於”字。“於”爲發聲詞。櫵李，《公羊傳》作“醉李”。故地在今浙江省嘉興縣一帶。　③ 今讀依《廣韻》將遂切。

椓① 擊也。从木,豖聲。　竹角切(zhuó)。

【譯文】椓,敲擊。从木,豖聲。

【注釋】① 椓:《段注》:“此與攴部豛音義皆同。”

朾 (橦)[撞]①也。从木,丁聲。　宅耕切(chéng)。

【譯文】朾,撞擊。从木,丁聲。

【注釋】① 橦:當從唐寫本木部殘卷作“撞”。王筠《句讀》:“《通俗文》:‘撞出曰朾。’《衆經音義》引《說文》:‘朾,以杖擊之也。’打即朾之俗字。《廣韻》:‘打,擊也。’檝,既是棓,即當从木。”

柧 棱①也。从木,瓜聲。又,柧棱②,殿堂上最高處也。　古胡切(gū)。

【譯文】柧,棱角。从木,瓜聲。又,柧棱,殿堂上最高的地方。

【注釋】① 棱:《段注》:“《通俗文》曰:‘木四方爲棱,八棱爲柧。’按:《通俗文》析言之。若渾言之,則《急就》‘奇觚’(即柧)謂四方版也。”
② 柧棱:徐鍇《繫傳》:“(殿堂)最高轉角處也。”桂馥《義證》:“王觀國曰:‘屋角瓦脊,成方角棱瓣之形,故謂之觚棱。’”

棱 柧①也。从木,夌聲②。　魯登切(léng)。

【譯文】棱,四方木。从木,夌聲。

【注釋】① 柧:棱角。　② 从木,夌聲:“四方木”爲棱,因造會意字爲“楞”,《段注》:“俗作楞。”

櫱 伐木餘①也。从木,獻聲。《商書》②曰:“若顛木之有甹櫱。”櫱,櫱或从木,辥聲。𣎵,古文櫱,从木,無頭③。栓④,亦古文櫱。　五葛切(è/niè)⑤。

【譯文】櫱,被砍伐的樹木剩下的株幹和新枝。从木,獻聲。《商書》說:“象倒伏的樹木又長出新枝新芽。”櫱,櫱的或體。从木,辥聲。𣎵,古文櫱字,从木,(呆)表示“木”字缺頭。栓,也是古文櫱字。

【注釋】① 伐木餘:徐灝《段注箋》:“伐木所餘,復生枝條。”《淮南·俶真訓》高誘注:“栓讀作蘖,旁生萌芽也。”　②《商書》:指《盤庚上》。顛,倒仆。甹,原作𢎘,據段注本改。甹,木生(枝)條。

粤巘,今《盤庚》作“由枿”。　③ 無頭:《段注》:“謂木秃其上,而僅餘根株也。”　④ 㰁:《段注》:“羍(dá)者,羍之或字。見羊部。”　⑤ 今讀依《廣韻》魚列切。

【參證】甲文作[甲文]、[甲文]、[甲文]。商承祚《説文中之古文考》:“枿,或即㰁之别構。不、㰁、櫱、枿、巘,皆古文,而互其用也。”楊樹達《文字形義學》:“不爲象形,巘、櫱皆形聲字。”“獻、辥聲相近。”見王筠《句讀》。

枰 平①也。从木,从平,平亦聲。　蒲兵切(píng)。

【譯文】枰,棋盤。由木、由平會意,平也表聲。

【注釋】① 平:《段注》:“謂木器之平。偁枰,如今言棊枰是也。”

柆 折木①也。从木,立聲。　盧合切(lā)。

【譯文】柆,折斷樹木。从木,立聲。

【注釋】① 折木:桂馥《義證》:“本書:拉,摧也。摧,折也。《廣韻》:拉,折也。”王筠《句讀》:“柆與拉同。”

槎 衺斫也。从木,差聲①。《春秋傳》②曰:“山不槎。”　側下切(zhǎ/zhà)③。

【譯文】槎,斜砍。从木,差聲。《春秋國語》説:“山林不砍不伐。”

【注釋】① 差聲:李善注《西京賦》引賈逵解詁:“槎,邪斫也。”《段注》:“賈(逵)云‘衺斫者,於字从差得之’。”差也表義,參“差”條。　②《春秋傳》:即指《國語》。唐寫本木部殘卷作:“《春秋國語》曰:‘山不槎㰁(即蘖)。’”《漢書・貨殖傳》槎作“茬”。　③ 今讀依《廣韻》士下切。

柮① 斷也。从木,出聲。讀若《爾雅》②“貀無前足”之貀。　女滑切(nà/duò)③。

【譯文】柮,斷。从木,出聲。音讀象《爾雅》“貀無前足”的“貀”字。

【注釋】① 柮:徐鍇《繫傳》:“柮之言兀也。”《段注》:“今人謂木頭爲榾柮。”朱駿聲《通訓定聲》:“蓋斷下之榾頭不中於用者。”　②《爾雅》:指《釋獸》。貀(duò),郭璞注:“似狗,豹文,有角,兩腳。”或説:“似虎而黑,無前兩足。”　③ 今讀依《廣韻》當沒切。

檮 斷木也。从木,𠷎聲①。《春秋傳》②曰:“檮柮。”　徒刀切(táo)。

【譯文】檮，斷了的木頭。从木，𠷎聲。《春秋左傳》説：“檮柮。”

【注釋】① 𠷎聲：𠷎，隸變作壽，故檮今作檮。　② 《春秋傳》：指《左傳・文公十六年》。“檮柮”今本作“檮杌”。出聲、兀聲古音同部。其文爲：“顓頊氏有不才子，不可教訓，……天下之民謂之檮杌。”注云：“兇頑無儔匹之皃。”服虔注：“檮杌，狀似虎，豪長二尺，人面，虎足，豬牙，尾長丈八尺，能鬥不退。”此是因爲檮是斷木，其面目可憎，因稱惡木，徐鍇《繫傳》：“檮杌，惡木也。主于記惡以爲戒也。”故以惡木形容人之兇頑皃，又衍化某種醜陋可怕的怪物。

析　破木也。一曰：折①也。从木，从斤②。　先激切（xī）。

【譯文】析，劈開木頭。另一義説，斷折。由木、由斤會意。

【注釋】① 折：直破叫析，横破叫折。《段注》：“以斤破木，以斤斷艸，其義一也。”參“折”條。　② 从木，从斤：桂馥《義證》：“謂以斤（斧頭）分木爲析也。”

【參證】甲文作、，金文作、。李孝定《甲骨文字集釋》第六：“（契文）象以斤伐木形。破木與析，均其義也。”張日昇《金文詁林》卷八：“（金文）析或从禾。”

棷　木薪也。从木，取聲。　側鳩切（zōu）。

【譯文】棷，木柴。从木，取聲。

梡　棞①，木薪也。从木，完聲②。　胡本切（hùn/hún）③。

【譯文】梡，又名棞，木柴。从木，完聲。

【注釋】① 棞（hún）：徐鍇《繫傳》：“棞，混也，不破之木也。”② 完聲：聲中有義。《段注》：“對析言之，梡之言完也。”　③ 今讀依《集韻》胡昆切。

棞　梡①，木未析也。从木，圂聲。　胡昆切（hún）。

【譯文】棞，又名梡，木頭沒有劈開。从木，圂聲。

【注釋】① 梡：王筠《句讀》：“‘梡棞’之音，與‘渾沌’近，故以‘未析’通釋之。薪必析而後燎，而梡棞則根節盤錯，不能順其理而析之也，故説‘頑’曰‘棞頭’也。”

楄　楄部，方木也。从木，扁聲。《春秋傳》①曰：“楄部薦榦。”部田切（pián）。

【譯文】楄，又叫楄部，一種方木。从木，扁聲。《春秋左傳》説："方木墊着骸骨。"

【注釋】①《春秋傳》：指《左傳·昭公二十五年》。《段注》："今作'楄柎藉幹'。杜云：'楄柎，棺中笭牀也；幹，骸骨也。'"王筠《句讀》："楄柎，本方木之名，用爲笭牀，仍襲以名耳，非楄部即笭牀之别名也。"

楅 以木有所逼束也[①]。从木，畐聲。《詩》[②]曰："夏而楅衡。"彼即切(bī)。

【譯文】楅，用木頭對某物有所逼迫和約束。从木，畐聲。《詩經》説："夏天，用木横繫在牛角上。"

【注釋】① 以木句：《段注》："泛云'以木有所畐束'，則不專謂施於牛者，引《詩》，特其一證耳。"　②《詩》：指《魯頌·閟宫》。楅衡，徐鍇《繫傳》："楅衡以防牛觸人，故以一木横於角耑也。衡，横也。"

桊 (楄)[牑][①]也。桊，薄[②]也。从木，世聲[③]。　与涉切(yè)。

【譯文】桊，牀板。桊，又有薄木片義。从木，世聲。

【注釋】① 楄：當從唐寫本木部殘卷作牑，牀板，故《類篇》説桊，簀也。　② 薄：此又一義。　③ 世聲：徐鉉："當从卅乃得聲。"

【參證】甲文作，金文作、。金文上半部、、，林義光《文源》卷二："當爲葉之古文。象莖及葉之形。草木之葉重累百疊，故引申爲世代之世，字亦作葉。"戴家祥《金文大字典》"甲骨文、金文無葉有桊。""从木从世，世象葉形，亦爲桊之聲符。世，舒制切，審母三等，諧聲爲桊，穌合切，心母，同爲齒音。世、桊、葉古音同讀無疑。"世是葉的初文，强調其樹木之葉，則作桊；又强調其爲草木之葉的通稱，又加艸作葉。凡葉多爲扁而薄，故从桊的諧聲字牒、鍱、箂、偞多有扁薄之義。

槱 積(火)[木][①]燎之也。从木，从火，酉聲。《詩》[②]曰："薪之槱之。"《周禮》[③]："以槱燎祠司中、司命。"禉，柴祭天神，或从示。　余救切(yòu/yǒu)[④]。

【譯文】槱，聚集木柴燃燒。由木、由火會意，酉表聲。《詩經》説：

"(棫樹叢多麼茂盛),砍伐它,堆起它燒。"《周禮》説:"用積薪焚燒來祭祀司中神、司命神。"禉,用焚柴祭祀天神,所以槱的或體禉从示。

【注釋】① 積火:當從唐寫本木部殘卷作"積木"。　② 《詩》:指《大雅·棫樸》。　③ 《周禮》:指《春官·大宗伯》。槱燎,徐鍇《繫傳》:"祭名也。"　④ 今讀依《廣韻》與久切。

休　息止①也。从人依木②。庥③,休或从广。　許尤切(xiū)。

【譯文】休,休息。由"人"依傍着"木"會意。庥,休的或體,从广。

【注釋】① 息止:同義複合。　② 人依木:《五經文字》:"休象人息木陰。"　③ 庥:休的加旁字。意謂:人在樹陰下休息,就象在屋子裏休息一樣。引申爲樹陰。桂馥《義證》:"今俗語呼樹蔭爲庥。"

【參證】甲文作,金文作。李孝定《甲骨文字集釋》第六:"皆象人倚樹而息之形。"郭沫若《兩周金文辭大系攷釋·令毁》:"休字金文作𥝤,从禾从人,言人於稻草上休息也。"

㮓　竟也。从木,恆聲。亙①,古文㮓。　古鄧切(gèng/gèn)。

【譯文】㮓,終盡。从木,恆聲。亙,古文"㮓"字。

【注釋】① 亙:徐鍇《繫傳》:"舟竟兩岸也。"朱駿聲《通訓定聲》:"二者,上下压岸也。"《顔氏家訓·書證》:"今之隸書轉舟爲日。"《段注》:"今字多用亙,不用㮓。"

【參證】楊樹達《積微居小學述林》卷二:"(亙)从舟,在二之間,此二亦謂兩岸。亘之从二,猶亙之从二也。二但是二横畫,非一、二之二。"參"亘"條。回、亙二字,隸變均作亘。

械　桎梏也。从木,戒聲。一曰:器之總名。一曰:(持)[治]①也。一曰:有盛爲械,無盛爲器②。　胡戒切(xiè)。

【譯文】械,木製的束縛手腳的刑具。木,戒聲。另一義説,器物的總稱。另一義説,治理。另一義説,有盛物的構件叫械,沒有盛物的構件叫器。

【注釋】① 持:《文選·長笛賦》注引作治。《段注》:"各本治作持,恐是唐人諱改。"　② 有盛(chéng)句:王筠《句讀》:"《六書故》引唐本或説:内盛爲器,外盛爲械。"與此不同。朱駿聲《通訓定聲》:

“謂盤杅之屬爲械,牀几之屬爲器。”盤杅,可容納,故曰有盛、内盛。牀几,枕被均露在外面,故曰無盛、外盛。

[1] 械也。从木,从手,手亦聲。　敕九切(chǒu)。

杽　【譯文】杽,木製刑具。由木、由手會意,手也表聲。

【注釋】① 杽:木製手銬。徐鍇《繫傳》:“義取木在乎手,會意。”《段注》:“杽、杻,古今字。”朱駿聲《通訓定聲》:“械在手曰梏。按:(杽)即丑之或體,因丑爲借義所專,乃製此字。”

[1] 足械也。从木,至聲。　之日切(zhì)。

桎　【譯文】桎,束縛腳的刑具。从木,至聲。

【注釋】① 桎:徐鍇《繫傳》:“桎之言躓也,躓礙之也。”

【參證】楊樹達《積微居小學述林》卷一《釋桎杒梏》:“夫以木械加於人之足,使之礙止不行,故謂之桎也。”

手械也。从木,告聲。　古沃切(gù)。

梏　【譯文】梏,束縛手的刑具。从木,告聲。

【參證】甲文作,側身象,突出其手被銬。朱芳圃《殷周文字釋叢》卷下引甲文,並分析殷虚出土陶俑說:“象人械其兩手,爲正面形,其側面當作,中有二孔,以容兩手,上下用繩束之,上繩繫於頸,下繩繫於腰,字形與實物,恰如形影相應。”楊樹達《增訂積微居小學金石論叢》卷一分析梏的語源:“人加械於手,猶牛之加木於角,故梏字从告。”參“告”條。

櫪橵,(椑)[柙]指[1]也。从木,歷聲。　郎擊切(lì)。

櫪　【譯文】櫪,櫪橵,用木套壓手指。从木,歷聲。

【注釋】① 椑指:當作“柙指”。《字林》云:“櫪橵,柙其指也。”徐鍇《繫傳》:“以木椑(“柙”之譌)十指而縛之也。”《段注》:“如今之拶指。”《尉繚子》:“束人之指而訊囚之情。”

櫪橵[1]也。从木,斯聲。　先稽切(xī)。

橵　【譯文】橵,櫪橵。从木,斯聲。

【注釋】① 櫪橵:徐灝《段注箋》:“櫪橵之言猶ㄌㄧˊ椵,稀疏勻適之皃也。”

【參證】楊樹達《積微居小學述林》卷一《釋櫪撕》："歷訓離，二字音近；斯訓析，二字音亦近。以木離析罪人之手指而束之，故謂之櫪撕，櫪撕之爲言猶離析也。《論語・季氏篇》曰：'邦分崩離析而莫之知也。'彼以離析爲連文，猶此以櫪撕爲一物矣。"

檻　櫳①也。从木，監聲。一曰圈②。　胡黯切(jiàn)。

【譯文】檻，關養禽獸的栅欄。从木，監聲。又叫圈。

【注釋】① 櫳：王筠《句讀》引《三蒼》："櫳，所以養禽獸闌檻也。"按：也可用來囚禁罪人。故囚車叫檻車，檻牢今作監牢、監獄。

② 一曰圈(juàn)：一名爲圈。

櫳①　檻也。从木，龍聲。　盧紅切(lóng)。

【譯文】櫳，關養禽獸的栅欄。从木，龍聲。

【注釋】① 櫳：朱駿聲《通訓定聲》："與下形上聲之櫱(窗上格木)別。""今囚櫳字當作此。"沈濤《古本考》："牢籠本雙聲字，籠即櫳字之別。"參"檻"條。

柙　檻也①。以藏②虎兕。从木，甲聲。 ③，古文柙。　烏匣切(yā/xiá)④。

【譯文】柙，關養禽獸的木籠。可以用來藏養老虎和犀牛。从木，甲聲。凷，古文柙字。

【注釋】① 檻也：《段注》："引伸爲凡檢柙之偁，如上文云'柙指'是也。"參"櫪"條。　② 以藏：唐寫本木部殘卷作"可以盛藏"。③ ：徐鍇《繫傳》作 ："从 。"" ，匣之象也。 ，其物也。"朱駿聲《通訓定聲》：" 者，牛角也。"　④ 今讀依《廣韻》胡甲切。

棺　關①也。所以掩尸。从木，官聲。　古丸切(guān)。

【譯文】棺，有關閉的意思，是用來掩埋尸體的器具。从木，官聲。

【注釋】① 關：《段注》："以疊韻爲訓，門聞、户護之例也。"《釋名》："棺，關也。關，閉也。"

【參證】金文作〇。朱德熙、裘錫圭《平山中山王墓銅器銘文的初步研究》(《文物》一九七九年一期)："戰國時期'官'字可以省作'自'。"

櫬　棺①也。从木，親聲②。《春秋傳》③曰："士輿櫬。"　初僅切(chèn)。

【譯文】櫬,棺材。从木,親聲。《春秋左傳》説:“士人抬舉着櫬棺。”

【注釋】① 棺:《玉篇》:“櫬,親身棺也。”王筠《句讀》:“天子之棺四重,諸公三重,諸侯再重,大夫一重,士不重。其親身一重謂櫬。”以“棺”釋“櫬”,渾言之。　② 親聲:沈濤《古本考》:“親身亦附身之義。”此聲兼義之例。附身即挨身。　③《春秋傳》:指《左傳·僖公六年》。

槥

棺櫝①也。从木,彗聲。　祥歲切(huì)。

【譯文】槥,小棺。从木,彗聲。

【注釋】① 棺櫝:《段注》:“櫝,匱也。棺之小者,故謂之棺櫝。”

椁①

葬有木𩫏②也。从木,𩫏聲③。　古博切(guǒ)。

【譯文】椁,葬有木製的外棺。从木,𩫏聲。

【注釋】① 椁:城𩫏字、獻亯字,隸變均作享字,故槨之楷書今作椁。　② 木𩫏:即木槨。《段注》:“木𩫏者,以木爲之,周於棺,如城之有𩫏(郭)也。”　③ 𩫏聲:王筠《句讀》:“義聲互相備。”“以𩫏(城郭)説椁,譬況之詞。”

楬

楬(桀)[櫫]①也。从木,曷聲。《春秋傳》②曰:“楬而書之。”　其謁切(jié)。

【譯文】楬,用小木樁標明。从木,曷聲。《春秋左傳》説:“把它標誌並寫明。”

【注釋】① 楬桀:當從唐寫本木部殘卷作“楬櫫”,是以小木有所標誌的意思。《段注》:“楬櫫,漢人語。”“著、櫫同字。”“師古注《漢書》曰:‘楬,杙也。椓杙於瘞處而書死者名也。’”此謂把小木樁釘插在埋人坑並寫明死者的姓名。楬是小木樁、小木片;櫫即著,是寫明,標明。　②《春秋傳》:唐寫本木部殘卷作“《周禮》”,見《周禮·地官·泉府》。

梟①

不孝鳥也。日至②,捕梟磔③之。从鳥頭在木上④。　古堯切(jiāo/xiao)。

【譯文】梟,不孝順的鳥。夏至之日,捕捉梟鳥,裂解肢體。由鳥頭在“木”上會意。

【注釋】① 梟：猫頭鷹。食母。桂馥《義證》引劉氏《新論·貪愛篇》："炎州有鳥，其名曰梟，傴伏其子，百日而長，羽翼既淺，食母而飛。" ② 日至：指夏至。徐鍇《繫傳》："夏至，微陰始起，育萬物，梟害其母，故以此日殺之。" ③ 磔：肢解。《段注》引如淳說："漢使東郡送梟。五月五日作梟羹，以賜百官，以其惡鳥，故食之也。" ④ 从鳥句：王筠《釋例》："磔之而縣（懸）頭於木上。"

【參證】曾憲通《長沙楚帛書文字編》："楚人忌梟，以爲不祥，故在日至捕而磔之。"

①棐 輔也。从木，非聲。 敷尾切(fěi)。

【譯文】棐，輔。从木，非聲。

【注釋】① 徐鍇《繫傳》："即弓檠也。故棐从木。"《廣韻·庚韻》："檠，所以正弓。"

【參證】孫詒讓《釋棐》(《國粹學報第五十六期》)："(棐)匡矯弓弩使不弧剌者。"

文四百二十一 重三十九

①梔 木，實可染②。从木，巵聲。 章移切(zhī)。

【譯文】梔，木名，其果實可染(黄)。从木，巵聲。

【注釋】① 梔：《鈕新附考》："大徐不審桅即梔之譌，更附梔字。"參"桅"條。按：桅已據段、桂、王諸家說更正爲梔。梔，其花今俗稱梔子花，端陽前後盛開，香氣噴人，江南所在皆是。柳宗元《鞭賈》："嚮之黄者，梔也。""今之梔其皃，蠟其言，以求賈技於朝。"上句"梔"名詞，下句"梔"又可用如動詞。 ② 可染："桅"許注："黄木，可染者。"其實可染黄，故譯文加"黄"字。參"桅"條。

①榭 臺有屋②也。从木，䠶聲③。 詞夜切(xiè)。

【譯文】榭，臺上有屋子。从木，射聲。

【注釋】① 榭：錢大昭《新補新附考證》："古作射。《郙敦銘》云：'王格于宣射。'即春秋成周'宣榭'是也。"後作榭。《國語·楚語上》："故先王之有臺榭也，榭不過講軍實，臺不過望氛祥。" ② 臺有屋：《鄭新附考》："蓋榭在天子諸侯，爲講武所居；在六鄉，爲州學講習武事：以射爲先。州長春秋會民，射以觀德。故即名其屋曰射。"射則有射程，不便有内室，又爲演習，令衆可觀，故置臺上。臺上支木撑其屋蓋，可供射用，則可爲榭。故《爾雅》説："無室曰榭。""臺有木者謂之榭。"後因臺高，又有屋蓋，因用爲遊觀之所。《左傳・襄公卅一年》："宫室卑庳，無觀臺榭。"　③ 躲聲：射是躲的重文，參"躲"條。射本義爲射箭，引申爲射箭之所，又因以木支屋，故又从木作榭。可見射又表義。《鄭新附考》："榭从木是漢已後字。"

①　矛也。从木，朔聲。　所角切（shuò）。

槊　【譯文】槊，矛。从木，朔聲。

【注釋】① 槊：蘇軾《前赤壁賦》："釃酒臨江，横槊賦詩。"

①　衣架也。从木，施聲。　以支切（yí）。

椸　【譯文】椸，衣架。从木，施聲。

【注釋】① 椸：《禮記・曲禮》："男女不雜坐，不同椸枷。"《釋文》："椸，衣架也。"

①　牀也。从木，搨聲。　土盍切（tà）。

榻　【譯文】榻，長狹而低矮的坐臥之具。从木，搨聲。

【注釋】① 榻：《鄭新附考》："古人牀製前設一木榻，形狹而長，如今坐橙，但足卑，去地近耳。""坐臥皆蹋此而上，故即名木所作曰蹋。""俗别改木蹋字从木。"故《釋名》云："長狹而卑曰榻，言其榻然近地也。"《古詩爲焦仲卿妻作》："移我琉璃榻，出置前窗下。"

柎①也。从木，質聲②。　之日切（zhì）。

櫍　【譯文】櫍，器物的足。从木，質聲。

【注釋】① 柎：《段注》"柎"下："柎、跗，正俗字也。凡器之足皆曰柎。"《説文》柎的本義爲鐘鼓之足，此處引申爲器物之足之偁。② 質聲：聲中有義。桂馥《義證》"質"下："謂其物與所求正相當直也。"凡器物之足必與器物之軀恰相當直，不然器物無法立身，故引申爲器足之稱，因此足多以木製，故又从木作櫍。

①　所以進船也②。从木，翟聲。或从卓③。《史記》④通用濯。

櫂　直教切（zhào）。

【譯文】櫂,用來使船前進的槳。从木,翟聲。或體从卓聲。《史記》通假借用“濯”字。

【注釋】① 櫂:屈原《九歌·湘君》:“桂櫂兮蘭枻,斲冰兮積雪。” ② 所以句:《釋名》:“櫂,濯也。濯於水中也。且言使舟櫂進也。” ③ 从卓:上古卓,知紐;櫂,澄紐。發音部位相同。韻部同爲藥部。音極近似。徐灝《段注箋》:《文選·江文通〈雜體詩〉》:“倚棹汎涇渭。”李注:“棹與櫂同,乃俗字。” ④《史記》:指《司馬相如傳》“濯鷁牛首”、《佞倖傳》“鄧通以濯船爲黄頭郎”的“濯”字。濯爲櫂義。“濯鷁”,搖着槳使船頭上飾畫鷁鳥的船疾駛,“濯船”是搖槳撑船(的船工)。均用如動詞。

[1] 桔橰,汲水器也。从木,皋聲。 古牢切(gāo)。

橰 【譯文】橰,桔橰的橰,(桔橰是)汲水的器具。从木,皋聲。

【注釋】① 橰:《莊子·天地篇》:“鑿木爲機,後重前輕,挈水若抽,數如泆湯,其名爲橰。”橰又作臯。《淮南·氾論訓》:“桔臯而汲。”

【參證】張頷《張頷學術文集·成皋丞印跋》:“(皋)上从‘白’下从‘夲’。而‘夲’字則是上部从‘大’,下部从‘十’。”“戰國文字中往往把‘大’字書作‘亣’。”“(漢印中)把‘夲’字所从的‘大’字沿襲了戰國時古文混亂的‘亣’的寫法,又把‘白’字衍筆爲‘自’,故産生了另一種‘臯’便作爲‘皋’字的别構而出現了。”按:又或白字依舊,寫作臯。

 橛杙[1]也。从木,舂聲。 啄江切(zhuāng)。

樁 【譯文】樁,短小木棍。从木,舂聲。

【注釋】① 橛杙:同義複合。《説文》:“橜,弋也。”“杙,劉,劉杙。”杙,酸棗類樹名,木質堅,可爲耐用之木棍、木樁。又,“弋,橜也。”“樴,弋也。”《段注》:“弋、杙,古今字。”可見,弋、杙、橜、樴同義,皆爲短小木棍之稱。《段注》“樴”下:“樴謂之杙,可以繫牛。”此樴可釋爲“小木樁”。又如:李白《大獵賦》:“下整高頽,深平險谷,擺樁栝,開林叢。”此樁亦可釋爲小木樁。此二木樁必一頭置於地下。此類義項,不過是隨其用而釋其義而已。

[1] 果也。从木,嬰聲[2]。 烏莖切(yīng)。

櫻 【譯文】櫻,果名。从木,嬰聲。

【注釋】① 櫻：《文選・司馬相如〈上林賦〉》："櫻桃蒲陶。"此爲果名，亦指櫻桃樹。　② 嬰聲：聲中有義。《鄭新附考》："王氏念孫別爲説云：嬰者，小之偁，如小兒名嬰兒。櫻桃，桃之小者也。"

[1] 楝

梜也。从木，策省聲。　所厄切(sè)。

【譯文】楝，木理白色的梜類樹。从木，策省竹爲聲。

【注釋】① 楝：《爾雅・釋木》："梜，赤楝。白者楝。"郭璞注："赤楝，樹葉細而岐鋭，皮理錯戾，好叢生山中。中爲車輞。白楝，葉圓而岐，爲大木。"桂馥《義證》"梜"下引陸璣疏："楝葉如柞，皮薄而白，其文理赤者，爲赤楝，一名梜。白者爲楝，其木皆堅韌，今人以爲車轂。"

文十二(當作文十一)　新附

東部

 東

動[1]也。从木[2]。官溥説，从日在木中[3]。凡東之屬皆从東。　得紅切(dōng)。

【譯文】東，動。从木。官溥説，由"日"在"木"中會意。大凡東的部屬都从東。

【注釋】① 動：這是聲訓，東動音近。王筠《句讀》引《白虎通》："東方者動方也。萬物始動生也。"　② 从木：徐灝《段注箋》："東方於五行屬木，日之所自出也。"　③ 从日句：《段注》："木，榑木也。日在木中曰東，在木上曰杲，在木下曰杳。"按：榑，即榑桑，傳説爲日出之處。

【參證】甲文作、、，金文作、、，均不从日。丁山《説文闕義箋》引徐中舒説："東，古橐字。""實物囊中，括其兩端。東形象之。""囊中無物，束其兩耑，故亦謂之束。既實以物，則形拓大，者，囊之拓大者也，故名曰囊。"按：橐與東雙聲，借爲東方之東。

 棘

二東，曹从此。闕[1]。　(cáo)[2]。

【譯文】棘，由兩個東字組成。曹字从棘。(音義都)缺。

【注釋】① 闕：音義均缺。"許君以㬝字从此而録之，因特立東部。

然曰部：'𣋡，獄之兩𣋡也，在廷東，从棘；治事者，从曰。'是𣋡字从東从曰會意。棘即東也。籀文多緟複之體。"見俞樾《兒笘録》。徐鍇《繫傳》："《説文》舊本無音。" ②《段注》："鍇曰：按《説文》舊本無音，鉉亦不箸反語（反切）。"《玉篇》音昨遭切。今從之。

【參證】甲文作，金文作。丁山《説文闕義》："東本槖字，重之爲棘，曰二槖。""徐灝曰：《楚辭·招魂》：'分曹竝進。'王逸注：'曹，偶也。'……曹之本義爲嘈，曹偶之義正合棘字。"李孝定《甲骨文字集釋》第六："許書𣋡下説解，乃舉漢制以説字。已非其朔。"

文二

林部

林 平土有叢木曰林。从二木①。凡林之屬皆从林。 力尋切（lín）。

【譯文】林，平地上有叢聚的樹木叫林。由兩個木字會意。大凡林的部屬都从林。

【注釋】① 从二木：王筠《釋例》："林从二木，非云止有二木也，取木與木連屬不絶之意也。"饒炯《部首訂》："《廣雅·釋詁》云：'林，衆也。'即从叢義而引申之。《爾雅·釋詁》云：'林，君也。'君即羣，羣亦衆也。"

【參證】甲文作，金文作，與篆文同。

橆 豐也。从林𡘜。或説規模字①。从大②；卌，數之積也；林者，木之多也。卌與庶③同意。《商書》④曰："庶草繁無。" 文甫切（wǔ/wú）⑤。

【譯文】橆，豐茂。由林、𡘜會意。有人説是規模的模字。从大；卌（xì），表示數目的累積；林，表示樹木的多。卌（表多盛）與庶（从炗表盛大）同意。《商書》説："百草繁茂。"

【注釋】① 或説規模字：或以爲形聲字。𡘜是聲符。 ② 从大：从此以下至"與庶同意"，又説明𡘜有衆多之義。申述會意之旨。卌：《段注》："漢石經《論語》：'年卌見惡焉。'是卌爲四十并，猶廿爲二十并，卅爲三十并也。其音則《廣韻》'先立切'，四十之合聲，猶廿讀如入，卅讀如趿也。"　③ 庶：本書广部："庶，屋下衆也。从广炗。炗，古文光字。"徐鉉："光亦衆盛也。"　④《商書》：指《周書・洪範》。今本作"庶草蕃廡"。　⑤《廣韻・麌韻》文甫切。"無"字與《説文》義同。"今借爲有無字"，屬虞韻，武夫切。

【參證】甲文作、、，金文作、。應爲舞的本字，象舞蹈之形。高鴻縉《中國字例》二篇："字倚大畫其兩手執羽旄而舞之形。由文大生意，故託以寄舞蹈之意。動詞。周時通叚以代亡，久而成習乃加辵爲意符，作，秦人又加舛爲意符作，變爲舞。至則晚周齊魯之形聲字，从羽，亡聲。"

鬱　木叢生者。从林，(鬰)［鬱］[①]省聲。　迂弗切(yù)。

【譯文】鬱，樹木叢生的樣子。从林，鬱省聲。

【注釋】① 鬰：當作鬱。

【參證】金文作、、，與篆文不同。于省吾《甲骨文字釋林・釋棼》："(字)从林从夰，夰字作，上从大下从，即伏之本字。由此可見，下象一人俯伏於地，上象人正立踐踏其脊背。其从林，當是在野外林中。……被蹂躪者肢體的折磨，心情的抑鬱，是不言而喻的。棼乃鬱的本字。古代典籍訓鬱爲塞爲怨爲困鬱爲鬱結爲鬱鬱不樂，習見迭出，都是鬱字的引申義。"

楚[①]　叢木。一名[②]荊也。从林，疋聲。　創舉切(chǔ)。

【譯文】楚，叢生的樹木。另一名稱是荊樹。从林，疋聲。

【注釋】① 楚：徐灝《段注箋》："《六書故》曰：'楚，荊也。楚地多産此，故以名國。荊、楚一物，故楚國亦謂之荊。以荊爲支，所謂夏楚也。因夏楚而生痛楚之義。楚之爲物，叢生彌望，脩短齊輯，故因之而生楚楚之義。'"　② 一名：《段注》作"一曰"。段氏曰："艸部'荊'下曰'楚木也'，此云'荊也'，則異名同實。"

【參證】甲文作、、、，金文作、。甲文、金文从足。李孝定《甲骨文字集釋》："古文足、疋同字。或从茻。古文中、艸、茻、茻、木、林、森、楙諸字偏旁中每得通也。"

梣　木枝條梣儷[①]皃。从林，今聲。　丑林切(chēn)。

【譯文】梣，樹木枝條茂密的樣子。从林，今聲。

【注釋】① 梣儷：《段注》："枝條茂密之皃。"王筠《句讀》："木之長枝四出，亭亭如車蓋，故凡有所庇蔭者皆得用之。而梣麗、林離、摻攦，字體不一，以其爲形容之故也。"

楙[①]　木盛也。从林，矛聲。　莫候切(mào)。

【譯文】楙，樹木茂盛。从林，矛聲。

【注釋】① 楙：《段注》："此與艸部'茂'音義皆同。分艸木耳。《釋木》'楙，木瓜'，則專爲一物之名。"

【參證】金文作。王襄《簠室殷契類纂正編》卷六："古楙字，……从林，矛聲。"金文中間的，象矛形，上象其鋒，下象其柄。

麓　守山林吏也。从林，鹿聲[①]。一曰：林屬[②]於山爲麓。《春秋傳》[③]曰："沙麓崩。"[④]，古文从录。　盧谷切(lù)。

【譯文】麓，守山林的小官。从林，鹿聲。另一義說，樹林連屬于山叫麓。《春秋左傳》說："沙山山腳崩塌。"禁，古文麓字，从录聲。

【注釋】① 鹿聲：《段注》："守山林之吏，如鹿之在山也。"聲中有義。　② 屬(zhǔ)：連接。　③《春秋傳》：指《春秋經·僖公十四年》。沙麓：沙山之麓。《段注》："蓋凡山足皆得稱麓。"地在今河北省大名縣東。　④ 禁：徐鍇《繫傳》："录聲。"

【參證】甲文作、、，金文作。古文从录从林，商承祚說："象器形，以器具治山林，吏之職司也。此爲初字。"見《說文中之古文考》。吏司爲守山林而奔跑，如鹿之在山，則字又从林、从鹿，鹿亦聲。後引申爲"林屬於山"之義。

棼　複屋棟也。从林[①]，分聲。　符分切(fén)。

【譯文】棼，閣樓的棟梁。从林，分聲。

【注釋】① 从林：朱駿聲《通訓定聲》："从林者，从二木也。複屋，故从二木爲意。複屋者，如蘇俗所云閣，不可居；重屋，如樓，可居。"

【參證】傅熹年《陝西扶風召陳西周建築遺址初探》(《文物一九八一年第三期》)："'複屋棟'指上下兩層重複的'屋棟'。即'縱架'。"

[1] 木多皃。从林，从木。讀若曾參之參。　所今切(sēn)。

森　【譯文】森，樹木衆多的樣子。由林、由木會意。音讀象曾參的“參”字。

【注釋】① 森：《玉篇》：“森，長木皃。”《六書故》：“林木高聳茂密也。”

【參證】甲文作，與篆文同。

文九　重一

[1] 出自西域釋書[2]。未詳意義[3]。　扶泛切(fàn)。

梵　【譯文】梵，來自西域佛教的書。未詳意義。

【注釋】① 梵：《段注》“芃”下：“《鄘風》‘芃芃其麥’毛曰：‘芃芃然方盛長。’”又，“《衛彈碑》：‘梵梵黍稷。’隸變从林。而葛洪《字苑》始有梵字，潔也。凡泛切。”疊音詞芃芃即梵梵，植物生長茂盛皃。芃本讀房戎切，故梵梵也讀 péng péng。　② 釋書：釋，釋迦牟尼的簡稱，泛稱佛教。佛教傳入，借用梵字，音轉爲扶泛切。與印度、佛教有關，沈約《均聖論》：“雖葉書橫字，華梵不同。”佛教講潔故又表示潔義，《法華經・序品》：“常修梵行。”　③ 未詳意義：綜上所述，(一) 潔義可依釋書表述爲：梵，潔也，淨行也。从林，凡聲。(二) 疊音表茂盛義可附於“芃”後，作“或作梵”。

文一　新附

才部

 艸木之初[1]也。从丨上貫一[2]，將生枝葉；一，地也。凡才之屬皆从才。　昨哉切(cái)。

才　【譯文】才，草木初生的樣子。由“丨(gǔn)”向上面貫穿“一”，表示(草木發芽抽苗)將生枝葉；“一”，表示地面。大凡才的部屬都从才。

【注釋】① 艸木之初：《段注》：“引伸爲凡始之偁。”“艸木之初，而枝葉畢寓焉；生人之初，而萬善畢具焉。故人之能曰才，言人之所蘊也。”　② 一：指地。地下之一象根荄之狀。

【參證】甲文作、，金文作、。林義光《文源》："从一；一，地也。，艸木初生形。◆，象種。"高鴻縉《頌器考釋》："（才）後借用爲介詞在此在彼之在。周初乃加土（即地也）爲意符作，以還剛才之才之原。在，漢以後專用爲介詞，但金文用在者甚少也。"

文一

卷十二

叒部

叒　日初出東方湯谷[1],所登榑桑[2],叒木[3]也。象形[4]。凡叒之屬皆从叒。[5],籀文。　而灼切(ruò)。

【譯文】叒,太陽从東方的湯谷剛剛升起時登上的榑(扶)桑樹,又叫若木。象(扶桑婀娜之)形。大凡叒的部屬都从叒。□,籀文叒。

【注釋】① 湯谷:古人疑東方海上爲日之所出,名叫暘谷。或作湯谷。言其熱如湯。　② 榑桑:本書木部:"榑,榑桑,神木,日所出也。"榑桑即扶桑。　③ 叒木:徐鍇《繫傳》:"叒木即榑桑。"　④ 象形:徐鍇《繫傳》引《十洲記》説:"榑桑,兩兩相扶,故从三又,象桑之婀娜也。"　⑤ □:王筠《句讀》:"即卩字,从之非義。"

【參證】甲文作、,金文作、。李孝定《甲骨文字集釋》引葉玉森説:"契文若字,並象一人跽而理髮使順形。""或作,篆變當作,側書之則作矣。"李又説:"此篆文之叒即古字之譌變,籀文之叕(李不作□),又古字之譌變。"

桑　蠶所食葉木。从叒木[1]。　息郎切(sāng)。

【譯文】桑,蠶兒所吃的桑葉樹。由叒、木會意。

【注釋】① 叒木:張文虎《舒藝室隨筆》:"叒本象葉重沓之貌。桑以葉重,故从叒,象形。"

【參證】甲文作。羅振玉《增訂殷虚書契考釋》:"象桑形。許書作,从叒殆由而譌。"

文二　重一

之部

[1] 出也。象艸過中[2]，枝莖益大，有所之。一者，地也[3]。凡
之 之之屬皆从之。 止而切(zhī)。

【譯文】之，長出。象草經過了中的階段，枝和莖漸漸長大了，有滋長而出的樣子。一，表示地。大凡之的部屬都从之。

【注釋】① 之：徐灝《段注箋》："之之言滋也。艸木滋長也。" ② 過中(chè)：《段注》："過於中也。"本書中部："中，草木初生也。象丨出形，有枝莖也。" ③ 地也：朱駿聲《通訓定聲》："與生屯乇韭同意。"按生下之一，屯上之一，乇中之一，韭下之一，皆表示地，故曰同意。

【參證】甲文作，金文作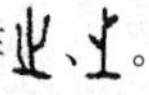。高鴻縉《中國字例》："从止从一，一爲出發綫通象，止爲足，有行走意，自出發綫而行走，故其意爲往也。"

 艸木妄生[1]也。从之在土上。讀若皇。 户光切(huáng)。
㞷 【譯文】㞷，草木旺盛地生長。由"之"在"土"上會意。音讀象"皇"字。

【注釋】① 妄生：《段注》："妄生猶怒生也。"

【參證】甲文作，金文作。羅振玉《增訂殷虚書契考釋》釋爲从止从土(會足履地之義)，即往來本字。

文二 重一

帀部

 周[1]也。从反之[2]而帀也。凡帀之屬皆从帀。周盛[3]説。
帀 子荅切(zā)。

【譯文】帀，環繞周遍。把"之"字倒過來就成了"帀"。大凡帀的部屬都从帀。這是周盛的説法。

【注釋】① 周：王筠《句讀》："借周爲匊也。"本書勹部："匊，帀徧(biàn)也。" ② 反之：《段注》："謂倒之也。凡物順屰(nì)往復則周徧矣。" ③ 周盛：徐鍇《繫傳》："當時之説文字者。"

【參證】甲文作、，金文作、、。孫海波《殷虚文字小記》(《考古學社社刊》第四期)："往而反之，意爲回帀，𠂤四帀，衆意也，故師从帀从𠂤。"

師

二千五百人爲師[①]**。从帀，从𠂤**[②]**。𠂤，四帀，衆意也。𡫞**[③]**，古文師。**　踈夷切(shī)。

【譯文】師，二千五百人成爲一師。由帀、由𠂤會意。𠂤，四帀，都表示衆多的意思。𡫞，古文師字。

【注釋】① 師：徐鍇《繫傳》："周制也。"　② 从帀，从𠂤(duī)：孔廣居《疑疑》："𠂤，俗作堆，積聚也。聚則衆，散則寡，故𠂤有衆意。帀，俗作匝，周徧也。衆則周，寡則不周，故匝亦有衆意。"　③ 𡫞：商承祚《説文中之古文考》："(師)甲骨文作，金文同。金文又作，篆文同。石經之古文作，乃將字移上横寫。"𡫞乃之譌。

【參證】甲文作、，金文作、、、。李學勤《論多友鼎的時代及意義》(《人文雜志》一九八六年第六期)："殷墟甲骨'阜'字作，另有字，可釋爲'𠂤(堆)'，而與'師'字有關的'𠂤'則作，並不是一個字。……後一種'𠂤'應是'師'的本字，而'師'是在'𠂤'旁加上'帀'作爲聲符。"

文二　重一

出部

出

進也。象艸木益滋[①]**，上出達**[②]**也。凡出之屬皆从出。**尺律切(chū)。

【譯文】出，長進。象草木漸漸滋生，向上長出來。大凡出的部屬都从出。

【注釋】① 滋：《段注》作茲，曰："茲，艸木多益也，艸木由才而屮，而㞢，而出，日益大矣。"　② 出達：同義連用。《禮記·月令》："句者畢出，萌者盡達。"

【參證】甲文作、、，金文作、。李孝定《甲骨文字集釋》："古人有穴居者，故从止从凵，而以止之向背别出入也。"按：凵，坎陷之象。饒宗頤《殷代貞卜人物通考》:"㞶即出字繁形,益彳旁……與'出'同用。"

敖① 游也。从出,从放。　五牢切(áo)。

【譯文】敖,出游。由出、由放會意。

【注釋】① 敖:《段注》:"此篆當删。説見四篇放部。"

賣 出物貨也。从出,从買①。　莫邂切(mài)。

【譯文】賣,出賣物貨。由出、由買會意。

【注釋】① 从出,从買:《段注》:"出而與人買之也。《韻會》作'買聲',則以形聲包會意也。"徐灝箋:"'出物貨'曰賣,購取曰買。衹一聲之輕重。""買、賣本是一字,後以其聲異而'从出'以别之。"

【參證】楊樹達《積微居金文説·舀鼎再跋》:"賣字中从目,乃《説文》訓衒之賣字,其形與今隸買賣之賣相近。然買賣之賣从出从買,買字从网从貝,今隸於从网之字皆書作罒,於是買作買,𧶠作賣。"於是二字混用。參"賣"條。

糶 出穀也。从出,从糴①,糴亦聲。　他弔切(tiào)。

【譯文】糶,賣出穀物。由出、由糴會意,糴也表聲。

【注釋】① 糴(dí):本書米部:"穀也。"

䊨 槷䊨①,不安也。从出,臬聲。《易》②曰:"槷䊨。"　五結切(niè)。

【譯文】䊨,槷䊨,不安。从出,臬(niè)聲。《易經》説:"槷䊨不安。"

【注釋】① 槷(niè),今多作㮆。槷䊨:上古同屬月部,疊韻聯緜詞。②《易》:指《困卦》。按:王弼本作"劓刖"。《釋文》:"劓刖,荀(爽)、王肅本作臲卼(niè wù),云:'不安貌。'陸同。鄭云:'劓刖當爲倪仉。'"按:槷䊨、劓刖、臲卼、倪仉,都是同一聯緜詞的不同書寫形式。

文五

朩部

朩 屮木盛朩朩①然。象形②,八聲③。凡朩之屬皆从朩。讀若輩。　普活切(pò)。

【譯文】𣎵，草木茂盛，蓬蓬勃勃的樣子。（屮）象草木之形，八表聲。大凡𣎵的部屬都从𣎵。音讀象"輩"字。

【注釋】① 𣎵𣎵：《段注》："𣎵𣎵者，枝葉茂盛、因風舒散之貌。"錢坫《斠詮》："（𣎵）今同勃。"　② 象形：《段注》："謂屮也。"　③ 八聲：朱駿聲《通訓定聲》："从八，枝葉分佈也。八亦聲。"

【參證】隸定作市。以市爲聲旁的有犻、迊、肺、邾、旆、怖、沛、軷。徐灝《段注箋》："柹（柿）果之柹（柿）、乾胏之胏、姊妹之姊，則用即里切之𠂔爲聲，隸作𠂔，加斜畫以識別。柹（shì）果之字與木柿（fèi）相亂，因木柿罕用，故柹果字不作𠂔耳。"𣎵的隸定，邵瑛《羣經正字》"中間通作一直"，作市。𠂔的隸定，邵說"上从一點"，作市。參"柹"、"柿"條。

𣎵　艸木𣎵孛之皃[①]。从𣎵，畀聲。　于貴切（wèi）。

【譯文】𣎵，草木盛美的樣子。从𣎵，畀聲。

【注釋】① 𣎵孛（bèi）句：《段注》："當作'𣎵孛，艸木之貌'。"𣎵孛，疊韻聯緜詞。形容"草木四舒"之皃。

索　艸有莖葉，可作繩索。从𣎵糸[①]。杜林說：𣎵亦朱（木）[市][②]字。　蘇各切（suǒ）。

【譯文】索，草有莖和葉，可用來作繩索。由𣎵、糸會意。杜林說：𣎵也是朱市的市字。

【注釋】① 从𣎵糸：《段注》："以艸有莖葉，可作繩索，發明从𣎵之意。"王筠《句讀》："字从糸者，糸篆本象糾結之形，糾艸爲索，故从糸，比象之義。"　② 朱木：當依徐鍇《繫傳》"木"作"市"（fú）。市即韍。朱市，熟牛皮作的朱紅色的蔽膝，用於祭祀。王筠《句讀》："此說乃據市、𣎵二字隸皆作市，即謂二字通用。"許以篆文爲字頭解說，不以隸書爲的，故王說"不可从也"。

【參證】林義光《文源》："古作，象兩手縒（qiū）索形，不从𣎵。"戴家祥《金文大字典》："同聲通假讀爲搜索、摸索、思索及索取。"爲有所區別，又加旁作𡩋、榡。

孛　𣎵[①]也，从𣎵[②]；人色也，从子[③]，《論語》[④]曰："色孛如也。"　蒲妹切（bèi）。

【譯文】孛，草木盛美，故从𣎵；人容色（勃然壯盛），故从子，《論語》說："面色勃然莊重。"

【注釋】① 𠦒（wèi）：王筠《句讀》："𠦒下云'𠦒孛'，明其爲疊韻連語也。此云'𠦒'者，又明其獨字便成義也。" ② 从𣎵：王筠《句讀》："以上二句爲一義。字在𣎵部，故先此義也。"𣎵也表聲。見宋保《諧聲補逸》。 ③ 从子：王筠《句讀》："此又一義也。𣎵、子二字，不可合爲一義，故分兩體說之。"徐鍇《繫傳》："言人色勃然壯盛，似草木之茂也。子，人也。" ④《論語》：指《鄉黨篇》。今"孛"作"勃"。

【參證】林義光《文源》："孛疑悖之本字。亂也，又違也，逆也，皆子之常態，故从子。"

𣎶

止也。从"𣎵"盛而"一"橫止之也①。 即里切（zǐ）。

【譯文】𣎶，制止。由"𣎵"表示草木生長茂盛，而"一"表示用東西橫覆在上面制止它。

【注釋】① 从𣎵句：徐灝《段注箋》："其義爲艸木盛而極，其文則从一止之以象意也。"

南

艸木至南方①，有枝任②也。从𣎵，𢆉聲③。𡴆，古文。 那含切（nán）。

【譯文】南，草木到南方（其葉暢茂），有枝枒可勝任。从𣎵，𢆉聲。𡴆，古文南。

【注釋】① 南方：徐鍇《繫傳》："南方主化育。"按陰陽五行說，金木水火土，配東南西北中。《白虎通》："火在南方，陽在上，萬物垂枝。" ② 枝任：王筠《句讀》："其葉蕃滋，枝能任之也。" ③ 𢆉（rěn）聲：徐鍇《繫傳》："𢆉音荏。"

【參證】甲文作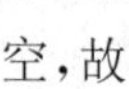，金文作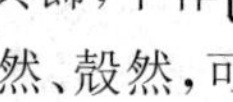。唐蘭《殷虛文字記》："瓦製之樂器也。""字上从，象其飾，下作形，殆象瓦器而倒置之，口在下也。其中空，故擊之碚然、殼然，可以爲樂也。"南聲鏗然，可以振奮人心，鼓舞人心，溫暖人心。故田倩君《釋南》（《中國文字》第八期）："太陽在南方而暖，暖、南音聲均同，是南轉爲南方之緣因也。"

文六 重一

生部

生　進[1]也。象屮木生出土上。凡生之屬皆从生。　所庚切(shēng)。

【譯文】生，長進。象草木從土上生出。大凡生的部屬都从生。

【注釋】① 進：徐灝《段注箋》："《廣雅》曰：'生，出也。'生與出同義，故皆訓爲進。"

【參證】甲文作、，金文作、、。李孝定《甲骨文字集釋》："契文作。从屮从一，一，地也。象屮木生出地上。小篆从土者乃由所衍化。"高鴻縉《中國字例》三篇："周人於下復加一點，旋又變爲一横，於是下一横變爲土字，仍是出土上。"

丰　屮盛丰丰也。从生，上下達[1]也。　敷容切(fēng)。

【譯文】丰，草木豐盛。从生，(生的中竪向下延伸)表示上下通達。

【注釋】① 上下達：徐鍇《繫傳》："察草之生，上其盛者，其下必深根也。"

【參證】甲文作、，金文作。李孝定《金文詁林讀後記》卷六："字象屮木生土上枝葉繁茂之形。封字从此。""'封'實象以手植屮木之形，古者爵諸侯以土田，必爲之正疆界，國之大者以山河爲疆域，小者或植樹立石以别之，故謂之封疆，許訓(封)'爵諸侯之土'者以此也。"

產　生也[1]。从生，彦省聲。　所簡切(chǎn)。

【譯文】產，生長。从生，彦省聲。

【注釋】① 生也：徐灝《段注箋》："鄭注《周禮・大宗伯》曰：'天產者動物，謂六牲之屬；地產者植物，謂九穀之屬。'引申之，凡物皆曰產；又凡生皆曰產也。"

【參證】金文作。戴家祥《金文大字典》："產从生，象植物生長形，當指地方出產。"

隆　豐、大也[1]。从生[2]，降聲。　力中切(lóng)。

【譯文】隆，豐盛，高大。从生，降聲。

【注釋】① 豐、大也：一句數讀。錢坫《斠詮》："此云：'豐也，大也。'"徐灝《段注箋》："引申爲高、爲盛。"　② 从生：徐鍇《繫傳》：

"生而不已，必豐大也。"

【參證】丕隆矛作[illegible]。丁佛言《古籀補補》卷六："从降从土。土有豐大義。"

甤 草木實甤甤[1]也。从生，豨省聲[2]。讀若(綏)[3][緌]。儒隹切(ruí)。

【譯文】甤，草木花實甤甤下垂。从生，豨省聲。音讀象"緌"字。

【注釋】① 甤：《段注》："甤與蕤音義皆同，甤之言垂也。" ② 豨省聲：《段注》："鍇作豕聲，最善；鉉作'豨省聲'，非也。" ③ 綏：《段注》："當作緌(ruí)。"

甡 衆生並立[1]之皃。从二生。《詩》[2]曰："甡甡其鹿。" 所臻切(shēn)。

【譯文】甡，衆多草木並立的樣子。由兩個"生"字會意。《詩經》説："何其多啊，那些野鹿。"

【注釋】① 衆生並立：王筠《句讀》："據字形爲義也。二'生'，故曰衆；分左右，故曰並。""許君以字从'生'也，故主艸木言。"朱駿聲《通訓定聲》："生亦聲。" ②《詩》：指《大雅·桑柔》。毛傳："甡甡，衆多也。"

文六

乇部

乇 艸葉也。从垂穗[1]，上貫一，下有根[2]。象形。凡乇之屬皆从乇。 陟格切(zhé)。

【譯文】乇，草葉。(丿)象下垂的穗，(丨)向上穿"一"(表示草莖長出地面)，(ㄣ)表示地下有根。象形。大凡乇的部屬都从乇。

【注釋】① 垂穗：《段注》："直者，莖也。斜垂者，華之采(穗)也。" ② 下有根：《段注》："在一之下者根也。一者，地也。"饒炯《部首訂》："蓋物生之初，上甲坼而葉出，下歧發而根長，其音寄於坼，而義又爲艸葉者，借乇爲葉。"

【參證】甲文作[illegible]、[illegible]。于省吾《甲骨文字釋林·釋乇、舌、𠯑》："(甲文)爲乇字的初文。""乇字的造字本義,只有存以待考。"金文作…。象斜垂的葉穗寄託在根莖之上。

文一

𠂹部

𠂹　艸木華葉𠂹。象形[①]。凡𠂹之屬皆从𠂹。…[②],古文。是爲切(chuí)。

【譯文】𠂹,草木的花和葉下垂。象形。大凡𠂹的部屬都从𠂹。⿰毛勿,古文𠂹字。

【注釋】① 象形:王筠《句讀》:"中,其莖也。""左右四曲,其華葉也。"　② ⿰毛勿:朱駿聲《通訓定聲》:"古文从乇。按:如旗勿之𠂹,从勿會意。"存參。

【參證】甲文作…、…。李孝定《甲骨文字集釋》:"字从𠂹从土,於小篆當於土部之垄,象華木生土上而華葉下𠂹之形。去土存𠂹,亦足以見意。𠂹、垄,古只是一字。"

文一　重一

𠌶部

𠌶[①]　艸木華也。从𠂹[②],亏聲。凡𠌶之屬皆从𠌶。…,𠌶或从艸,从夸[③]。況于切(xū/huā)[④]。

【譯文】𠌶,草木的花朵。从𠂹,亏聲。大凡𠌶的部屬都从𠌶。荂,𠌶的或體,从艸,从夸聲。

【注釋】① 𠌶:《段注》:"此與下文蕐音義皆同。""今字花行而𠌶廢矣。"徐灝箋:"𠌶、蕐亦一字,而《説文》别之者,以所屬之字相從各異也。"　② 从𠂹:饒炯《部首訂》:"木艸英發,朵朵下垂,因从垂意。"　③ 从夸:《段注》:"夸聲亦亏聲也。"饒炯《部首訂》:"亏者,詞之舒也。英胎破放,亦舒之意,故音取於于。"　④ 今讀依《廣韻》呼瓜切。

【參證】金文作。林義光《文源》卷一："象一蒂五瓣之形，于聲。"

韡 盛①也。从雩，韋聲。《詩》②曰："萼不韡韡。" 于鬼切(wěi)。

【譯文】韡，(花葉)明盛。从雩，韋聲。《詩經》説："花萼和花萼的柄都光彩鮮明。"

【注釋】① 盛：徐鍇《繫傳》："華葉之盛也。" ②《詩》：指《小雅・常棣》。"萼"今作"鄂"。鄭箋："承華者曰鄂。不當作柎；柎，鄂足也。"徐灝《段注箋》："古無萼字，假鄂爲之。"韡韡，毛傳："光明也。"

文二 重一

華部

①
華 榮也②。从艸，从雩③。凡華之屬皆从華。 户瓜切(huā)。

【譯文】華，花朵。由艸、由雩會意。大凡華的部屬都从華。

【注釋】① 華：徐灝《段注箋》："雩、蕚本一字，因各有部屬之字，故分而爲二。"參"雩"條。 ② 榮也：徐灝《段注箋》："《爾雅・釋艸》曰：'木之謂華，艸之謂榮。'析言則異，渾言無別。"許慎之所以釋華(花)爲榮者，邵瑛《羣經正字》解釋説："《釋名・釋言語》：'榮，猶熒也。熒熒然照明皃也。'……宛然鮮花之象。" ③ 从雩：《段注》："雩亦聲。會意包形聲也。"

【參證】高鴻縉《中國字例》："按字原象形，甲文用爲祭名。秦人或加艸爲意符，遂有華(huā)字。及後華借用爲光華(huá)意，秦漢人乃另造蕚，蕚見《方言》。六朝人又另造花字。日久而'華'字爲借意所專，'蕚'字少用，'花'字遂獨行。"

曄 艸木白華也。从華①，从白。 筠輒切(yè)。

【譯文】曄，草木的白花。由華(花)、由白會意。

【注釋】① 从華：《段注》："不入白部者，重華也。皅下曰：'艸華之白也。'重白，故入白部也。"

文二

禾部

禾 木之曲頭①。止不能上也。凡禾之屬皆从禾。 古兮切(jī)。

【譯文】禾,象樹木彎曲的梢頭。受物礙止不能上長。大凡禾的部屬都从禾。

【注釋】① 木之曲頭:徐鍇《繫傳》:"木方長(zhǎng),上礙於物而曲也。"

稘 多小意而止①也。从禾,从支,只聲。一曰:木②也。 職雉切(zhǐ)。

【譯文】稘,(樹木)多凹凸不平而又枝葉屈曲,停止生長。由禾、由支會意,只聲。另一義説,是樹木名。

【注釋】① 多小意而止:王筠《句讀》:"艸木受病,枝葉詰屈,故曰小;逐處凹凸,故曰多;而止者,自此歸於枯槁,不復能暢茂也。" ② 木:稘即枳椇樹,俗稱"拐棗"、"金鈎子"、"鷄距子"。

椢 稘椢①也。从禾,从又,句聲②。又者③,从丑省。一曰木名④。 俱羽切(jǔ)。

【譯文】椢,稘椢。由禾、由又會意,句聲。又是丑的省略。另一義是樹木名。

【注釋】① 稘椢:徐鍇《繫傳》:"詘曲不伸之意也。"王筠《釋例》:"(二字)可以顛倒用,亦可分用合用。" ② 句聲:句也有曲義。③ 又者:《段注》:"説从又之意。丑,紐也。紐者不伸之意。" ④ 木名:參上"稘"條。

文三

稽部

稽 留止①也。从禾,从尤,旨聲②。凡稽之屬皆从稽。 古兮切(jī)。

【譯文】稽,停留。由禾、由尤會意,旨聲。大凡稽的部屬都从稽。

【注釋】① 留止：同義複合。《段注》："凡稽留，則有審慎求詳之意，故爲稽考，禹會諸侯於會稽，稽，計也；稽攷則求其同異，故説《尚書》稽古爲同。" ② 从禾，从尤，旨聲：孔廣居《疑疑》："禾，木之曲頭止不能上者也；尤，色之美者也；旨，食之美者也。美食、美色皆足以留滯人。此三體會意也。"

稕 特止[①]也。从稽[②]省，卓聲[③]。 竹角切（zhuó）。

【譯文】稕，獨立。稽省旨爲形旁，卓聲。

【注釋】① 特止：徐鍇《繫傳》："卓立也。" ② 稽：徐鍇《繫傳》："止也。" ③ 卓聲：《段注》："此説形聲包會意。卓者，高也。"

𥡴 𥡴椒而止也[①]。从稽省，咎聲。讀若皓。賈侍中説：稽、稕、𥡴三字皆木名[②]。 古老切（gǎo）。

【譯文】𥡴，屈曲而止。稽省旨爲形旁，咎聲。音讀象"皓"字。賈侍中説：稽、稕、𥡴三字都是樹木之名。

【注釋】① 𥡴椒句：徐鍇《繫傳》："詘曲而後止也。"《段注》："𥡴椒，謂之疊韻。" ② 皆木名：王筠《句讀》："桂氏謂檜即稽，棹爲稕之省，榕與𥡴通也。雖未可必，亦或有然。"

文三

巢部

巢 鳥在木上曰巢[①]，在穴曰窠[②]。从木，象形[③]。凡巢之屬皆从巢。 鉏交切（cháo）。

【譯文】巢，鳥在樹上的窩叫巢，在洞中的窩叫窠。从木，象鳥在巢中之形。大凡巢的部屬都从巢。

【注釋】①② 巢、窠：析言有分，渾言無別。 ③ 象形：徐鍇《繫傳》："臼，巢形也。巛，三鳥也。"

【參證】金文作[金文字形]，[金文字形]象鳥巢形，小篆即其譌變。

甹 傾覆也。从寸，臼覆之[①]。寸[②]，人手也。从巢省[③]。杜林説：以爲貶損之貶[④]。 方斂切（biǎn）。

【譯文】甹，傾塌、翻覆。从寸，臼覆蓋在寸上。寸，表示人手。（臼）

是巢字的省略。杜林説，借以爲“貶損”的“貶”字。

【注釋】① 从寸句：《段注》：“以手施於巢，傾覆之意也。”　② 寸：《段注》：“古寸與又通用。”　③ 从巢省：徐鍇《繫傳》：“臼與丨，即巢之省也。”　④ 以爲句：《段注》：“巢在上，覆之而下，則與貶損義相通。”

【參證】徐灝《段注箋》：“臼象巢形。从又（手）持丨（棍棒類）覆之。”

文二

桼部

①
桼　木汁。可以髤②物。象形③。桼如水滴而下④。凡桼之屬皆从桼。　親吉切(qī)。

【譯文】桼，樹汁。可用來漆飾物體。()象樹木形。(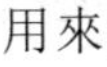)表示桼象水滴而下。大凡桼的部屬都从桼。

【注釋】① 桼：《段注》：“木汁名桼，因名其木曰桼。今字作漆（本水名）而桼廢矣。”徐灝《段注箋》：“七古通作桼。《廣韻》有柒字，蓋漆之俗體。今又譌作柒。”後借柒爲大寫七。　② 髤(xiū)：抹漆。③ 象形：徐鍇《繫傳》作“象木形”。　④ 桼如句：王筠《句讀》引《古今注》：“桼樹，以剛斧斫其皮開，以竹管承之，汁滴管中，即成桼也。”《段注》：“補説象形之意也。左右各三，象水滴下。”

髤　桼①也。从桼，髟聲②。　許由切(xiū)。

【譯文】髤，刷漆。从桼，髟聲。

【注釋】① 桼：朱駿聲《通訓定聲》：“刷桼也。字亦作髹，或作髤者。”《段注》：“（髤）不限何色也。”“或赤，或黑，或赤黑兼，或赤多黑少，皆得云髤。”　② 髟(biāo)聲：髟、髤上古同屬幽部。

【參證】馬敘倫《六書疏證》卷十二：“此今俗言油漆之油，亦甆器釉澤之釉本字也。”

匏　桼垸已，復桼之①。从桼，包聲②。　匹皃切(pào)。

【譯文】匏，用漆摻合骨灰涂抹器物完畢，（乾後磨平）再漆。从桼，包聲。

【注釋】① 桼垸(huán)句：王筠《句讀》："作桼器者，以木片爲骨，灰桼塗之，暴之曠日，故曰'桼垸已'也。石磨令平，乃復以桼，發其光也。"垸，本書土部："以桼如灰而𩮀也。"桼垸，同義連用。　② 包聲：《段注》："舉形聲包會意也。"包言其用骨灰和桼包覆其物也。

文三

束部

束　縛也。从口木①。凡束之屬皆从束。　書玉切(shù)。

【譯文】束，捆縛。由口、木會意。大凡束的部屬都从束。

【注釋】① 从口(wéi)木：徐鍇《繫傳》："束薪也。口音圍，象纏。"

【參證】甲文作，金文作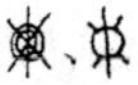。李孝定《甲骨文字集釋》："(甲文)象囊橐括其兩端之形。""引申爲凡束縛之稱。"

柬　分別簡之也①。从束，从八②。八，分别也。　古限切(jiǎn)。

【譯文】柬，分開捆縛的東西來選擇。由束、由八會意。八，表示分開。

【注釋】① 分別句：徐鍇《繫傳》："開其束而柬之也。"簡：揀選。王筠《句讀》："以簡説柬，發明假借也。"　② 从束，从八：見【參證】。

【參證】金文作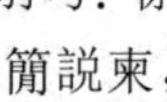。从束从八，分解所束囊橐，則是解囊也。解囊相助，須視被助者所需，則囊中之物必有所擇也。

①
㯻　小束也。从束，幵②聲。讀若"繭"。　古典切(jiǎn)。

【譯文】㯻，小捆。从束，幵聲。音讀象"繭"字。

【注釋】① 㯻：徐鍇《繫傳》："今俗以鐙炷(燈芯)爲一㯻。"　② 幵：讀 jiān。

【參證】馬敘倫《六書疏證》卷十二："束爲橐之初文，象中可貯物，而頭有系以束之。故即借爲束縛之束。"

剌　戾①。从束，从刀②。刀者，剌之也。　盧達切(là)。

【譯文】剌，違背。由束、由刀會意。刀，表示乖戾不容。

【注釋】① 戾：《段注》："違背之意。"　② 从束，从刀：王筠《句讀》:"刀性堅强,雖束之,不能互相附屬如薪也。"故徐鍇曰:"刺,乖違也。束而乖違者,莫若刀也。"

【參證】甲文作,金文作、、。于省吾《殷契駢枝》:"刺,係形聲字。應从刀,柬(là)省(聲)。"

文四

㯻部

㯻[①] 橐[②]也。从束,圂聲[③]。凡㯻之屬皆从㯻。　胡本切(hùn/gǔn)[④]。

【譯文】㯻,捆縛囊橐。从束,圂(hùn)聲。大凡㯻的部屬都从㯻。

【注釋】① 㯻:徐鍇《繫傳》:"束縛囊橐之名。"　② 橐(tuó):宋育仁《部首箋正》:"㯻从束,束縛也,即今語之捆。捆物者,韜其中身,露其兩端;橐爲無底之囊,用以韜物,形正與捆物類,故説橐爲㯻。"按:囊、橐以有底、無底爲别,諸家説法各異,宋説只是其中之一。　③ 从束,圂聲:王筠《釋例》:"此形聲兼象形會意之法也。囊橐貯物,則腹必果然,故分束字於上下,以見其中之張大也。且束其口以妨漏洩,無底者兩頭束之,其分束字爲兩。""部中字皆从㯻省","惟其皆象張大之形。"王所謂象形,就是指篆文"束"字加上圂之"口"形,即篆文。正如饒炯《部首訂》所説:"借圂外之口象束橐形。"　④ 今讀依《廣韻》古本切。

橐[①] 囊也。从㯻省,石聲。　他各切(tuó)。

【譯文】橐,袋子。㯻省豕爲形旁,石聲。

【注釋】① 橐:朱駿聲《通訓定聲》:"小而有底曰橐,大而無底曰囊。"按:析言有分,渾言無别。

囊[①] 橐也。从㯻省,襄省聲[②]。　奴當切(náng)。

【譯文】囊,袋子。㯻省豕爲形旁,㐮聲。

【注釋】① 囊:黄以周《囊橐考》:"囊之兩端無底","中實其物,括其兩耑内物不出。""橐之兩耑皆有底,其口在旁,既實其物,中舉之,物在兩耑,可以擔之于肩。""(囊、橐)對文有異","渾言無别"。

② 襄省聲：《段注》作"㲋(níng)聲"。

櫜　車上大橐①。从橐省，咎聲。《詩》②曰："載櫜弓矢。"　古勞切(gāo)。

【譯文】櫜，車上盛物的大袋子。橐省豕爲形旁，咎聲。《詩經》説："用袋子收藏弓和箭。"

【注釋】① 車上句：《段注》："謂可藏任器載之於車也。"　②《詩》：指《周頌・時邁》。載：助詞。

橐　囊張①大皃。从橐省，匋省聲②。　符宵切(piáo/pāo)③。

【譯文】橐，袋子脹大的樣子。橐省豕爲形旁，缶聲。

【注釋】① 張：脹，徐灝《段注箋》："張讀去聲。"　② 匋省聲：《段注》作"缶聲"。　③ 今讀依《廣韻》普袍切。

【参證】金文作、。林義光《文源》："从束、缶聲。"象中腹脹大、兩端用繩綑扎的袋子。是聲符缶。《文源》又説："(囊橐字)以櫜例之，疑皆从束。"

文五

囗部

囗　①回也。象回帀②之形。凡囗之屬皆从囗。　羽非切(wéi)。

【譯文】囗，回繞。象回轉一周的樣子。大凡囗的部屬都从囗。

【注釋】① 囗：《段注》："圍繞、週圍字當用此。圍行而囗廢矣。"　② 帀：《段注》："周也。"

圜　①天體也。从囗，睘聲。　王權切(yuán)。

【譯文】圜，天體圓環。从囗，睘(huán)聲。

【注釋】① 圜：《段注》："許書圓、圜、圓三字不同。""言天當作圜，言平圓當作圓，言渾圓當作圓。"

團　①圜也。从囗，專聲。　度官切(tuán)。

【譯文】團，圓。从囗，專聲。

【注釋】① 團：徐灝《段注箋》："戴氏侗曰：古單作'專'，亦通作'摶'。""今之謂之'突欒'，'突欒'之合爲團。"即團是突欒的合音。

圓　規也。从口，肙聲。　似沿切(xuán)。

【譯文】圓，圓規。从口，肙聲。

囩　回也。从口，云聲[1]。　羽巾切(yún)。

【譯文】囩，回旋。从口，云聲。

【注釋】① 云聲：《段注》："形聲包會意也。""凡从云之字，皆有回轉之義。"本書"雲"字下："象雲回轉形。"

圓　圜全[1]也。从口，員聲。讀若員。　王問切(yùn/yuán)[2]。

【譯文】圓，渾圓無缺。从口，員聲。音讀象"員"字。

【注釋】① 圜全：《段注》："圜而全，則上下四旁如一，是爲渾圜之物。"　② 今讀依《廣韻》王權切。

【參證】員爲圓之本字，參"員"條。

回　轉也。从口，中象回轉形[1]。囘[2]，古文。　户恢切(huí)。

【譯文】回，繞圈運轉。从口，中間的口象回旋運轉的樣子，囘，古文回。

【注釋】① 从口句：《段注》："外爲大口，内爲小口，皆回轉之形也。"錢桂森："此就古文爲説，而於篆文亦合。"　② 囘：徐灝《段注箋》："古文囘，蓋象水旋轉之形，故顔囘字淵。水部曰：'淵，囘水也。'""回之引申爲回旋，爲迂回；迂有曲義，故回亦訓爲衺曲，因之有姦回之偁。"

【參證】金文作。本書又部叟下："入水有所取也。从又在囘下；囘，古文回。回，淵水也。"楊樹達《文字形義學》："《荀子》云：'水深則回'，回即今言漩渦是也。"

圖　畫計難[1]也。从口[2]，从啚[3]。啚，難意也。　同都切(tú)。

【譯文】圖，謀畫而苦其難。由口、由啚會意。啚表示困難的意思。

【注釋】① 畫計難：《段注》："謀之而苦其難也。"王筠《句讀》："畫計乃漢之恒言。"乃同義連用。　② 从口：徐鍇《繫傳》："口，其規畫也。"徐灝《段注箋》："啚即都鄙之鄙，版圖故畫都啚也。从口啚者，環其都啚而圖之也。"　③ 从啚：《段注》："啚者，嗇也。嗇者，愛濇也。慎難之意。"

【參證】金文作、。林義光《文源》："都鄙之鄙，古但作。圖，地圖也。从口啚。"楊樹達《積微居小學述林》："物具國邑（今言城市），又有邊鄙，非圖而何哉？""圖謀畫計，圖之引申義也。"

圛　回行①也。从口，睪聲。《尚書》②："曰圛"。圛，升雲半有半無③。讀若驛。　羊益切(yì)。

【譯文】圛，回曲而行。从口，睪聲。《尚書》説："（有的）叫做圛。"圛，雲氣升騰，半有半無。音讀象"驛"字。

【注釋】① 回行：《段注》："謂回曲而行。"　②《尚書》：指《周書·洪範》。今本"圛"作"驛"。　③ 升雲句：徐灝《段注箋》："以其似雲氣爲言，氣落驛不連屬，正是升雲半有半無之義。""圛之本義，謂回行、曲行也，假爲雲氣之稱。"

國　邦①也。从口，从或②。　古惑切(guó)。

【譯文】國，封地。由口、由或會意。

【注釋】① 邦：《段注》："邦、國互訓，渾言之也。《周禮》注曰：'大曰邦，小曰國。''邦之所居亦曰國。'析言之也。"　② 从或：《段注》："戈部曰：'或，邦也。'古或、國同用，邦、封同用。"

【參證】甲文作，金文作、、、。陳夢家《釋"國""文"》（《國文學刊》一卷十一期）："'國'字最早是'或'字。""'或'或作'域'，域是或的重文，或的本義是疆域。""'或'字最早从亘从戈，亘象城邑之外有兩疆界，戈是聲符。所以'或'字最初是形聲字。金文國字的寫法有四個形式：一或，二國，三國，四域。第一式以'或'作'國'，第二式於'或'之外更加匚象三面疆界，第三式象四圍有界，第四式是《説文》或的重文。""國最初只是疆域之義，後來才變爲邦國之義。"或謂"（）以戈守口，象國有衛也"。見商承祚《殷虛文字類編》卷六。

①
壼　宮中道。从口，象宮垣、道、上之形。《詩》②曰："室家之壼。"　苦本切(kǔn)。

【譯文】壼，宮中的道路。从口，象宮中的矮牆、道路、屋頂的樣子。《詩經》説："房屋是那麼廣大。"

【注釋】① 壼：邵瑛《羣經正字》："壼本象形字。"《段注》："从口，象宮垣也。”徐灝箋：“蓋象屋上之形。”承培元《引經證例》：“像道之形。”王筠《句讀》釋㽞：“道雖四通，而其形周遮者，有宮闕爲之限隔也。”　②《詩》：指《大雅・既醉》。毛傳：“壼，廣也。”

【參證】楊樹達《文字形義學》：“象宮中道，本形。口象宮垣，示宮中道所在之他形。象臺觀上見，亦他形，但非示所在者耳。”所謂本形，是指字義所示之本體；他形是指襯託本體之別體。

[1]
囷　廩之圜者。从禾在囗中。圜謂之囷，方謂之京。　去倫切(qūn)。

【譯文】囷，圓形的倉廩。由“禾”在“囗”中會意。圓形的叫做囷，方形的叫做京。

【注釋】① 囷：王禎《農書・農器圖譜十》：“今貯穀笆，泥塗其内，草苫於上，謂之露笆者，即囷。”

圈　養畜之閑[1]也。从囗，卷聲。　渠篆切(juàn)。

【譯文】圈，養牲畜的栅欄。从囗，卷聲。

【注釋】① 閑：《段注》：“閑，闌也。牛部曰：‘牢，閑，養牛馬圈也。’是牢與圈得通偁也。”

囿　苑[1]有垣也。从囗，有聲。一曰：禽獸曰囿[2]。[3]，籀文囿。　于救切(yòu)。

【譯文】囿，園苑有矮牆護衛。从囗，有聲。另一義説，養禽獸的地方叫囿。，籀文囿字。

【注釋】① 苑：王筠《句讀》：“古名囿，漢名苑也。”　② 禽獸句：《段注》作“所以養禽獸曰囿”。　③ ：王筠《釋例》引《印林》説：“此作周垣而界畫之，實之以四木，以象木之多。”

【參證】甲文作、、，與籀文形近。商承祚：“或从茻，囿之所在有艸木也。其誼同。”小篆改爲从囗、有聲的形聲字。

園　所以樹果也。从囗，袁聲。　羽元切(yuán)。

【譯文】園，用來種植果木的地方。从囗，袁聲。

【參證】馬敘倫《六書疏證》卷十二：“園囿音同喻紐三等，蓋音皆受於囗(wéi)而初無樹果與養禽獸之别，但有囗而無室，以異於人羣而已。則園囿亦或轉注字也。後世乃分别之。”存參。

 種菜曰圃①。从囗，甫聲。　博古切(pǔ)。

圃 【譯文】圃，種菜的地方叫圃。从囗，甫聲。

【注釋】① 種菜曰圃：王筠《句讀》："承上園字説，區别之。"桂馥《義證》："園圃種植，對文則異，散文則通。"

【參證】甲文作，金文作。容庚《金文編》："从屮，从田，从囗。"吴大澂《古籀補》："象圃種菜形。"羅振玉《增訂殷虚書契考釋》卷中："此作，象田中有蔬，乃圃之最初字，後又加囗，形已複矣。"

 就也。从囗大①。　於真切(yīn)。

因 【譯文】因，依憑。由囗、大會意。

【注釋】① 从囗大：《段注》："爲高必因丘陵，爲大必就基阯，故因从囗大，就其區域而擴充之也。"朱駿聲《通訓定聲》不以爲然，引江永説："象茵褥之形，中象縫綫文理。"

【參證】甲文作、，金文作、。楊樹達《因茵鞇》："(《説文》)席字古文作，簟字古作丙或㐭，(見前丙字下。)字皆象簟席之形。因字作，字與席簟之古文相類，亦象形字，蓋茵之初文也。……或作鞇。""因訓就，乃後起之義也。"高鴻縉《中國字例》二篇説明了因衍化爲席的源流："即之初文。""()加石省聲作，後復變爲，从巾，石聲，又變作。""俗並於席上加艸以象艸製作蓆，加竹以示竹製作篰。"參"席"條。

 下取①物縮藏之。从囗，从又②。讀若聶。　女洽切(nà)。

囡 【譯文】囡，向下攝取物體，緊縮而收藏起來。由囗、由又會意。音讀象"聶"字。

【注釋】① 下取：《段注》："謂攝取也。今農人罱(lán，撈)泥，罱即囡之俗字。"　② 从囗，从又：《段注》："縮藏之，故从囗；下取，故从又。"

【參證】甲文作。林義光《文源》："象手取物藏囗中形。"

① 獄也。从囗，令聲。　郎丁切(líng)。

囹 【譯文】囹，牢獄。从囗，令聲。

【注釋】① 囹：王筠《句讀》："㚔部曰：'囹圉，所以拘罪人。'蓋許作'囹圉'，與他書'囹圄'不同。此並不言囹圉者，蓋囹之一字，即爲名也。"

[1] 守之也。从囗,吾聲。　魚舉切(yǔ)。

圉 【譯文】圉,守禦。从囗,吾聲。

【注釋】① 圉:王筠《句讀》:"即俗所謂看守也。"徐灝《段注箋》:"《説文》以圉爲拘罪人,故圉訓爲守。"

 繫也。从人在囗中[1]。　似由切(qiú)。

囚 【譯文】囚,拘繫。由"人"在"囗"中會意。

【注釋】① 从人句:桂馥《義證》:"《風俗通》:'禮,罪人寘諸圜土(牢獄)。'故囚字爲'囗'守'人'。"

【參證】甲文作、。商承祚《殷虚文字考》(《國學叢刊》二卷四期):"卜辭之井象囚闌形,而納人其中。"

 四塞[1]也。从囗,古聲。　古慕切(gù)。

固 【譯文】固,四周阻塞。从囗,古聲。

【注釋】① 四塞:《段注》:"無罅(xiá)漏之謂。""凡堅牢曰固,又事之已然者曰固。"

【參證】金文作。戴家祥《金文大字典》:"固字象四面壁壘森嚴。"

 守[1]也。从囗,韋聲。　羽非切(wéi)。

圍 【譯文】圍,防守。从囗,韋聲。

【注釋】① 守:承培元《廣答問疏證》"囗"下:"囗,回也。象回帀之形。圍,守也(此攻圍正字)。義本相别。今有圍無囗,圍兼二義。"

【參證】甲文作、,金文作、。象人圍攻或圍守城形。戴家祥《金文大字典》:"字从㽞,囗聲。《説文》二篇止部:'㽞,不滑也,从四止。'四止羅列囗外,似即包圍之圍本字。"其它从二止、三止,也許是其省變。

 故廬[1]也。从木在囗中。,古文困。　苦悶切(kùn)。

困 【譯文】困,因衰敗而倒塌的房屋。由"木"在"囗"中會意。朱,古文困字。

【注釋】① 故廬:王筠《句讀》:"廢(衰敗)頓(倒)之廬也。其字當平看,囗者四壁,木在其中者,棟折榱崩,廢頓于其中也。"

【參證】甲文作、、。俞樾《兒笘録》:"困者,梱(門橜,門檻)之古文也。""从囗者,象門之四旁,上爲楣,下爲閾,左右爲棖也。其中

之木即所謂橜(指門檻)也。""梱有限止義,故古文从木从止會意。""凡困極困窮之義皆从限止一義而引申之。其後引申義行而本義反爲所敓,乃更製从木之梱,又或从門作閫。"楊樹達《積微居小學述林·困梱》从之。

① 圂 厠②也。从囗,象豕在囗中也。會意。　胡困切(hùn)。

【譯文】圂,豬圈。从囗,象豬在圈圍之中。會意。

【注釋】① 圂:王筠《句讀》引《蒼頡篇》:"圂,豕所居也。"　② 厠:《段注》:"豕厠爲圂,因謂豕犬爲圂耳。引伸之義,人厠或曰圂,俗作溷;或曰清,俗作圊;或曰軒。"

【參證】甲文作、,金文作。羅振玉《增訂殷虚書契考釋》:"今人養豕,或僅圍以短垣,囗象之;或有庇覆,象之。一象其闌,所以防豕逸出者。"楊樹達《積微居小學金石論叢·釋圂》:"《晉語》云:'少溲於豕牢而得文王',知古人豕牢本兼厠清之用,故韋昭云'豕牢,厠也',是也。今長沙農家厠清即在豕圈,猶古代之遺制矣。許云會意,今按囗亦聲,蓋微痕二部爲對轉。圂从囗聲,猶之員从囗聲矣。"

 囮 譯①也。从囗化②。率③鳥者繫生鳥以來之,名曰囮。讀若譌④。　五禾切。(é)　,囮或从繇⑤。　又音由⑥。

【譯文】囮,翻譯。由囗、化會意。捕鳥的人繫着活鳥用以誘來同類鳥,名叫囮。音讀象"譌"字。圝,囮的或體,从繇。

【注釋】① 譯:徐鍇《繫傳》:"譯謂傳四夷及鳥獸之語也。"《周禮》:"貉隸,掌與獸言;夷隸,掌與鳥言。"王筠《句讀》:"此蓋字之本義,今失傳耳。用爲鳥媒字,則借用也。"　② 化:徐鍇《繫傳》:"化者,誘禽鳥也,即今之鳥媒也。"《段注》引徐爰説:"媒者,少養雉子,至長狎人,能招引野雉,因名曰媒。"化也表聲,見徐鍇《繫傳》。

③ 率:王筠《句讀》:"捕鳥畢(捕獵的長柄網)也。以靜字爲動字。"

④ 譌:《段注》:"囮者,誤之也,故讀若譌。"葉德輝《讀若考》:"《爾雅·釋言》作'訛,化也'。《方言》三作'訛,化也'。知化、爲古音同。"古音同屬歌部。　⑤ 或从繇:宋保《諧聲補逸》:"囮與圝義同而音異。"按:應是同義字而不是異體字,故對"或"字存疑。照宋

説，訛（譌）今音 é，圝今音 yóu。　⑥ 又音由：田吴炤《二徐箋異》："小徐亡（無）三字。自是校語。"

【參證】聞一多《釋圝》（《中國文字》第四十九期）："媒翳之事，後也施諸捕鳥者，尤爲普遍，故許君遂謂'率鳥者繫生鳥以來之名曰囮'也。其又訓譯者，圝譯一聲之轉。又圝一曰媒，譯之爲用亦猶媒也，故圝亦可訓譯。"

文二十六　重四

員部

 員　物數[①]也。从貝[②]，口聲[③]。凡員之屬皆从員。，籀文从鼎。　王權切（yuán）。

【譯文】員，物的數量。从貝，口聲。大凡員的部屬都从員。鼎，籀文員，从鼎。

【注釋】① 物數：《段注》："數木曰枚，曰梃；數竹曰箇；數絲曰紽，曰緫；數物曰員。""本爲物數，引申爲人數。"　② 从貝：徐鍇《繫傳》："古以貝爲貨，故員數之字从貝，若言一錢二錢也。"　③ 口聲：王筠《句讀》："口當是古圍字。"上古屬微部。員，文部。微、文對轉。

【參證】甲文作，金文作、。林義光《文源》："从口从鼎，實圓之本字。○，鼎口也。鼎口，圓象。"按：古文字鼎、貝形近，故小篆譌从貝。高鴻縉《中國字例》三篇："方員之員又借用爲物數，名詞，於是後人又於員外加口爲意符作圓，以還其原。"

[①] 貟　物數紛貟亂[②]也。从員，云聲。讀若《春秋傳》[③]曰："宋皇鄖。"　羽文切（yún）。

【譯文】貟，物的數量紛紜雜亂。从員，云聲。音讀象《春秋左傳》説的"宋國皇鄖"的"鄖"字。

【注釋】① 貟：徐鍇《繫傳》："今紛紜字。"　② 紛貟亂：《段注》："紛貟謂多，多則亂也。"　③《春秋傳》：指《左傳・襄公九年》。皇鄖（yún）：人名。爲宋司馬，字椒。

文二　重一

貝部

貝　海介蟲①也。居陸名猋，在水名蜬②。象形③。古者貨貝而寶龜④，周而有泉⑤，至秦廢貝行錢⑥。凡貝之屬皆从貝。　博蓋切(bèi)。

【譯文】貝，海中有甲殼的軟體動物。在陸上叫猋(biāo)，在水中叫蜬(hán)。象貝殼之形。古時候，以貝殼爲財富，以龜甲爲珍寶。周朝(幣制)有泉(而不廢貝)，到了秦時朝，廢除貝而通行錢。大凡貝的部屬都从貝。

【注釋】① 海介蟲：《段注》："介蟲之生於海者。"　② 猋、蜬：《段注》："(猋)，見《釋魚》，猋作贆，俗字也。蜬亦當作函，淺人加之偏傍耳。虫部曰：'蜬，毛蠹也。'則非貝名。"　③ 象形：《段注》："象其背穹隆而腹下歧。"　④ 古者句：《段注》："謂以介爲貨也。""《周易》亦言十朋之龜，故許以貝與龜類言之。"其意爲古時以貝殼(即介)作錢；因龜價值昂貴，故許君連類而及之，並非是龜亦作流通的錢币。　⑤ 周而句：《段注》："周始有泉而不廢貝也。"《周禮·外府》"掌邦之入出"注云："布，泉也。讀爲宣布之布。其藏曰泉，其行曰布。取名於水泉，其流行無不徧。"　⑥ 錢：《段注》："周曰泉，秦曰錢，在周秦爲古今字也。"本書金部："錢，銚也，古田器。"徐鍇本有一曰：貨也。

【参證】甲文作、，金文作、、。馬昂《貨布文字考》卷首："其形上狹下廣，背隆如龜，腹開相向，如魚齒，多白質黃文，(小者)長不過寸。""古文貝字是爲金貨之本義矣。"

貨　貝聲也。从小貝①。　酥果切(suǒ)。

【譯文】貨，貝殼相碰撞之聲。由小、貝會意。

【注釋】① 从小貝：徐鍇《繫傳》："象連貫小貝相叩之聲也。"《段注》："聚小貝則多聲。""引伸爲細碎之偁。"小也表聲，宋保《諧聲補逸》："小、貨一聲之轉。"

賄　財①也。从貝，有聲②。　呼罪切(huǐ/huì)。

【譯文】賄，財物。从貝，有聲。

【注釋】① 財：《段注》："《周禮注》曰：'金玉曰貨，布帛曰賄。'析言之也。許渾言之，貨賄皆釋曰財。"桂馥《義證》："以財贈人亦爲賄。" ② 有聲：有、賄上古同屬之部。

[1] 財

人所寶也。从貝，才聲[2]。　昨哉切(cái)。

【譯文】財，人們所寶貴的東西。从貝，才聲。

【注釋】① 財：物資和貨幣的總稱。《玉篇·貝部》："財，謂食穀也、貨也、賂也。"　② 才聲：聲中有義。徐灝《段注箋》："《六書故》曰：'財之爲言才也。凡粟米絲麻材木可用者曰才。'"

 貨

財[1]也。从貝，化聲[2]。　呼臥切(huò)。

【譯文】貨，財物。从貝，化聲。

【注釋】① 財：《漢書·食貨志》："貨謂布帛可衣，及金刀龜貝，所以分財布利、通有無者也。"按：貨本指金玉，參"賄"條。　② 化聲：聲中有義。《段注》："《廣韻》引蔡氏《化清經》曰：'貨者化也。變化反易之物。故字从化。'"

【參證】吴大澂《古籀補》載：齊刀異文，作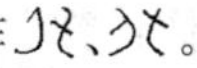。郭沫若《金文叢考·毛公鼎之年代》："貨字金文所未見，晚周刀币多叚匕或化字爲之，殆取簡略急就，且易通識之故。叚之既久，轉益之以貝而成貨字也。"

 賜

資也。从貝，爲聲。或曰：此古貨字[1]。讀若貴[2]。　詭僞切(guì)。

【譯文】賜，資財。从貝，爲聲。有人説：這是古貨字。音讀象"貴"字。

【注釋】① 古貨字：《段注》："爲、化二聲同在十七部。貨，古作賜，猶訛、譌通用耳。"按：爲、化上古同屬歌部。徐灝《段注箋》："賜即貨之或體，後人分而爲二。"　② 讀若貴：馬敘倫《六書疏證》卷十二引劉秀生曰："爲聲古在影紐；貴讀若遺，則古亦在影紐。故賜从爲聲得讀若貴。"

 資

貨也。从貝，次聲[1]。　即夷切(zī)。

【譯文】資，財物。从貝，次聲。

【注釋】① 次聲：聲中有義。次有居止之義。貝之所在，財富之所

在，貨之所在。故《段注》曰："貨者化也，資者積也。"

貨也。从貝，萬聲。　無販切(wàn)。

購　【譯文】購，財貨。从貝，萬聲。

[1] 富也。从貝，辰聲。　之忍切(zhěn/zhèn)[2]。

賑　【譯文】賑，富裕。从貝，辰聲。

【注釋】① 賑：《匡謬正俗》："振給、振貸，字皆作振。振，舉救也。俗作賑。"用貨幣、財物"振起之"(徐鍇語)，故作賑。既"起"，則"富"。　② 今讀依《廣韻》章刃切。

多才也。从貝，臤聲[1]。　胡田切(xián)。

賢　【譯文】賢，多才能。从貝，臤聲。

【注釋】① 从貝，臤聲：本書臤部："堅也。古文以爲賢字。"後加貝作"賢"。

【參證】金文作、。錢坫森説："字从貝，蓋从堅貝取譬爲義。亦形聲兼會意之字。"許釋賢爲"多才"應作如此理解。《段注》改"多才"爲"多財"："賢本多財之偁。引伸之凡多皆曰賢。偁賢能因習其引伸之義而廢其本義矣。"從追求其本義而言，段説是也。戴家祥《金文大字典》："臤从臣从又，臣訓'牽也'，象牽縛的奴隸之形，臤加又旁突出牽意。奴隸社會以奴隸爲私有財産，故臤含財富之義。後人爲了明確這種意思，再加貝旁，寫作賢。"

飾也。从貝，卉聲[1]。　彼義切(bì)。

賁　【譯文】賁，文飾。从貝，卉聲。

【注釋】① 卉聲：徐鍇《繫傳》："《尚書》卉若草木，芔，草也。"艸木乃土地之飾也。比況貝之文飾。

以禮[1]相奉慶也。从貝，加聲[2]。　胡箇切(hè)。

賀　【譯文】賀，把禮物奉獻給人，向人慶祝。从貝，加聲。

【注釋】① 以禮：《段注》作"以禮物"。　② 加聲：聲中有義。《段注》："賀之言加也，猶贈之言增也。"

【參證】金文作。

獻、功也[1]。从貝，工聲。　古送切(gòng)。

貢　【譯文】貢，進獻；努力作所從事的工作。从貝，工聲。

【注釋】① 獻、功也：桂馥《義證》："當爲'獻也，功也'。"王筠《句讀》："貢、獻同義，貢、功同聲。"徐灝《段注箋》："功謂力作所有事，如穀麥爲農功，絲枲爲婦功也。"

贊[①] 見也。从貝[②]，从兟[③]。　則旰切(zàn)。

贊 【譯文】贊，進見。由貝、由兟會意。

【注釋】① 贊：徐鉉："執贄(zhì，禮物)而進，有司(有關的官員)贊相(佐助)之。"　② 从貝：徐鍇《繫傳》："以貝爲禮也。"　③ 从兟(shēn)：徐鉉："兟音詵，進也。"

賮[①] 會禮也。从貝，𦘒聲。　徐刃切(jìn)。

賮 【譯文】賮，會面的禮物。从貝，𦘒聲。

【注釋】① 賮：《段注》："以財貨爲會合之禮也。""或假進爲之。"

齎 持遺[①]也。从貝，齊聲。　祖雞切(jī)。

齎 【譯文】齎，携帶禮物送給别人。从貝，齊聲。

【注釋】① 持遺(wèi)：徐鍇《繫傳》："持以遺人也。"遺：贈送。

貸[①] 施也。从貝，代聲。　他代切(tài/dài)。

貸 【譯文】貸，施給。从貝，代聲。

【注釋】① 貸：《段注》："謂我施人曰貸。"朱駿聲《通訓定聲》："謂以貝敁人。"

貣 从人求物也[①]。从貝，弋聲。　他得切(tè)。

貣 【譯文】貣，從别人那兒乞求物品。从貝，弋聲。

【注釋】① 从人句：《段注》："从人猶向人也。謂向人求物曰貣也。按：代弋同聲，古無去入之别。求人施人，古無貣貸之分。由貣字或作貸，因分其義又分其聲。"参"貸"條。

【参證】甲文作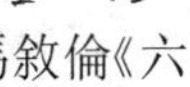，金文作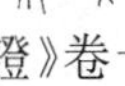。商承祚《殷虚文字類編》卷六："(字)从戈。"馬敘倫《六書疏證》卷十二："今貸貣有施求之殊者，犹買賣然。買賣初无出物進物之異，盖相易則彼此皆为買，亦皆为賣也。貣貸雖從人求物而人予之。然貣爲賖之轉注字。賖音審紐，古讀歸透，貣音透紐。賖从余得聲，貣从弋得聲，余弋音同喻紐四等也。賖者暫假而必還，是猶買賣矣。以此證段説之善，貣蓋貸之初文。""(甲金文)貣从戈者，金甲文戈弋二字每相亂。"

賂　遺也。从貝，各聲①。　洛故切(lù)。

【譯文】賂，贈送財物。从貝，各聲。

【注釋】① 各聲：徐鉉曰："从路省乃得聲。"各即路省，也表義。《段注》："以此遺彼曰賂，如道路之可往來也。"引申爲賄賂。桂馥《義證》："賄賂者，遺人貨賂以干之也。"

賸　物相增加①也。从貝，朕聲。一曰：送也，副也②。　以證切(yìng/shèng)③。

【譯文】賸，用物轉相增加。从貝，朕(zhēn)聲。另一義説，賸是贈送，是副貳。

【注釋】① 物相增加：徐鍇《繫傳》："今鄙俗謂物餘爲賸。"今作"剩"。　② 送也，副也：徐又説："古者一國嫁女，二國往媵之，媵之言送也，副貳也。"《段注》："訓送，訓副，皆與增加義近。"
③ 今讀依《廣韻》實證切。

【參證】金文作[illegible]、[illegible]、[illegible]、[illegible]，與媵、朕、塍同一字。

贈　玩好相送也①。从貝，曾聲②。　昨鄧切(zèng)。

【譯文】贈，用玩好之物相送。从貝，曾聲。

【注釋】① 玩好句：李錦《釋贈》："相送之物不皆玩好，而玩好之義則由从貝而得。"《段注》："以玩好送死者，亦贈之一端也。今人以物贈人曰送，送亦古語也。"　② 曾聲：李錦《釋贈》："曾當即增之省文。"

【參證】楊樹達《積微居小學金石論叢・釋贈》："《説文》會下云：'曾，益也。'贈从曾聲，故有增益之義。""蓋以物贈人，實以物增加於人也。"

貱　迻予①也。从貝，皮聲。　彼義切(bì)。

【譯文】貱，輾轉給予。从貝，皮聲。

【注釋】① 迻(yí)予：《段注》："迻，遷徙也。""展轉予人曰迻予。"

【參證】楊樹達《積微居小學金石論叢・字義同源於語源同例證》："《説文》从皮聲之字，彼訓往有所加，髲訓益髮，則皮字固有加義。"貱者，輾轉給予其人，其人財物則有所加也。

贛　賜①也。从貝，竷省聲②。[illegible]③，籀文贛。　古送切(gòng)。

【譯文】贛，賜予。从貝，竷(kǎn)省聲。贑，籀文贛字。

【注釋】① 賜：《段注》："端木賜，字子贛。凡作子貢者，亦皆後人所改。"端木賜，孔子學生。古人名字相應，故曰贛，賜也。　② 竷省聲：王國維《史籀篇疏證》："竷讀苦感反，乃後人以《説文》引《詩》'竷竷鼓我'，今詩作'坎坎'，故以'坎'音讀之。實則竷字當从夅聲。(與坎字相通假，乃由雙聲字故。)贛从竷聲，且竷既从夅，又从夊，繁複殊甚。必後起之字。古竷字只當作䂿。"　③ 贑：王國維《史籀篇疏證》："(籀文)變夊㐄相承爲入㐅相承，意與夅同。又當出贛字後矣。"

賚 賜也。从貝，來聲[①]。《周書》[②]曰："賚爾秬鬯。" 洛帶切(lài)。

【譯文】賚，賜予。从貝，來聲。《周書》説，"賜給你黑黍和鬱草合釀的香酒。"

【注釋】① 來聲：聲中有義。丁佛言《古籀補補》卷六："來，天所來也。天來有天賜之意。"　②《周禮》：指《文侯之命》。

【參證】金文作𧶠。强運開《古籀三補》卷六："來之古音讀如𠧗。""來𠧗一也。是𧶠即賚之古文也。"

賞 賜有功也。从貝，尚聲[①]。 書兩切(shǎng)。

【譯文】賞，獎賜有功的人。从貝，尚聲。

【注釋】① 尚聲：聲中有義。徐鍇《繫傳》："賞之言尚也。尚(崇尚)其功也。賞以償(回報)之也。"

【參證】金文作賞、賞、賞。首字與篆文同；次字下部从貝省；末字，楊樹達《積微居金文説・喪叏賞鈚跋》："小篆从尚聲，而古文从向者，尚字本从向聲也。"

賜 予也。从貝，易聲[①]。 斯義切(cì)。

【譯文】賜，給予。从貝，易聲。

【注釋】① 易聲：聲中有義。楊樹達《字義同源於語源同例證》："此易實假爲益，古音易益同在錫部也。"鬄訓髲，髲訓益髮；謚爲易名：益、易互通。

【參證】金文作賜、賜、易。王國維《毛公鼎銘考釋》(《王國維遺書》第六册)："睗，目疾視也，古文以爲賜字。古錫賜一字，本但作易。""曾伯𩡧簠：金道行。字又从金从睗，後世因其繁而徑改爲从金从易，或从貝从易。於是有鍚賜二字矣。”

 重次弟①物也。从貝，也聲。 以豉切(yì)。

貤 【譯文】貤，重疊的有次第的物體。从貝，也聲。

【注釋】① 重(chóng)次弟：《段注》：“既次弟之，又因而重之也。”王筠《句讀》：“今俗猶謂凡物一重爲一貤也。”

 有餘、賈利也①。从貝，𦝤聲②。 以成切(yíng)。

贏 【譯文】贏，有餘；作買賣獲利。从貝，𦝤聲。

【注釋】① 有餘、賈利也：一句數讀。鈕樹玉《校録》：“當云‘有餘也，賈利也。’”《段注》：“俗語謂贏者，輸之對。” ② 从貝𦝤(luó)聲：《段注》：“當是‘从貝𦝤’。𦝤者，多肉之獸也。故以會意。”

【參證】金文作。待考。

 贏①也。从貝，剌聲。 洛帶切(lài)。

賴 【譯文】賴，贏利。从貝，剌聲。

【注釋】① 贏：晉灼注《史記》“無賴”曰：“江湖間謂小兒無利入於家曰無賴。利即贏也。”

① 恃也。从人守貝②，有所恃也。一曰：受貸不償。 房九切(fù)。

負 【譯文】負，憑恃。由“人”守“貝”會意，表示有所憑仗。另一義説，受人施予卻不回報。

【注釋】① 負：徐灝《段注箋》：“負之古音古義皆爲背。《釋名》曰：‘負，背也。置項背也。’”“因之爲自負，故訓爲恃。又爲背人(背德忘恩)之稱，即受貸不償之謂也。凡戰敗必背走，故又爲勝負之稱。” ② 貝：徐灝《段注箋》：“从人从貝會意，兼用爲聲。”

 積也。从貝，宁聲①。 直吕切(zhù)。

貯 【譯文】貯，積藏。从貝，宁聲。

【注釋】① 宁(zhù)聲：徐鍇《繫傳》：“當言‘宁亦聲’。”

【參證】甲文作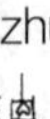，金文作、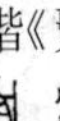、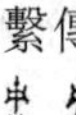。羅振玉《增訂殷虚書契考釋》：“象内(納)貝于宁中形，或貝在宁下，與許書作貯貝在宁旁意同。又宁、貯古爲一字。”按宁象貯物之器。劉宗漢《金文貯字研究中的三個問題》(《古文字研究》第十五輯)：“宁本是指長方形木匣，引申之

可表一般貯存器。”參“宁”條。

 副、益也①。从貝，弍聲②。弍，古文二。 而至切(èr)。

貳 【譯文】貳，居於次要地位者；增益。从貝，弍聲。弍，古文二字。

【注釋】① 副、益也：一句數讀。《段注》：“當云‘副也，益也’。”徐灝《段注箋》：“貳之者，所以廣儲藏、備匱乏。”朱駿聲《通訓定聲》：“猶副本也。” ② 弍聲：聲中有義。《段注》：“形聲包會意。”

【參證】金文作、，从、从與从弋同。參“二”條。金文次字从夕即从肉，从肉猶从貝也。

 所敬也。从貝①，丏聲。，古文。 必鄰切(bīn)。

賓 【譯文】賓，所敬重的賓客。从貝，丏(miàn)聲。賨，古文賓字。

【注釋】① 从貝：朱駿聲《通訓定聲》：“从貝者，賓禮必有贄(zhì，禮物)。”

【參證】甲文作、、，金文作、。王國維《觀堂集林》：“(卜辭)上从屋，下从人、从止，象人至屋下，其義爲賓。”“金文及小篆易从止爲从貝者，乃後起之字。古者賓客至，必有物以贈之。其贈之之事謂之賓，故其字从貝，其義即禮經之儐字也。”“後世以賓爲賓客字，而別造儐字以代賓字。實則(宔)乃賓之本字，賓則儐之本字也。”古文賓字，商承祚《説文中之古文考》：“王孫鐘作，姑□句鑃作，則與此同。此从，即形之微誤也。”

 貰買①也。从貝，余聲②。 式車切(shē)。

賒 【譯文】賒，用虧欠的方式買物。从貝，余聲。

【注釋】① 貰買：《段注》：“在彼爲貰(借貸)，在我則爲賒也。” ② 余聲：賒、余上古同屬魚部。

 貸①也。从貝，世聲。 神夜切(shè/shì)②。

貰 【譯文】貰，賒借。从貝，世聲。

【注釋】① 貸：《段注》：“《泉府》以凡賒者與凡民之貸者並言，然則賒與貸有別。賒，貰也，若今人云賒是也；貸，借也，若今人云借是也。其事相類，故許渾言之曰貸也。”徐灝《段注箋》：“賒、貰實一字，因聲轉歧而爲二。與買賣、糴糶、貸貣之類皆同例。” ② 今讀依《廣韻》舒制切。

【參證】馬叙倫《六書疏證》卷十二："貰音牀紐三等，賒音審紐三等，同爲舌面前音，轉注字也。"

贅① 以物質錢。从敖貝。敖者，猶放②；貝，當復取③之也。之芮切(zhuì)。

【譯文】贅，用物抵押錢。由敖、貝會意。从"敖"，好比説"發放(諸物)"；从貝，是説應當用錢貝再贖取它回來。

【注釋】① 贅：《段注》："若今人之抵押也。"桂馥《義證》引如淳説："淮南俗，賣子與人作奴婢，名爲贅子，三年不能贖，遂爲奴婢。"王筠《句讀》釋"贅壻"："贅，質也。家貧無有聘財，以身爲質也。"以上兩例，以人身爲抵押品也。　② 猶放：《段注》："敖，出遊也，放逐也。敖與放義不同而可通，故曰猶。"按：敖字从出放。故朱駿聲《通訓定聲》説："敖貝猶出放貝當復取之也。"　③ 復取：《段注》："放者當復還，贅者當復贖。其義一也。"

質① 以物相贅。从貝，从所②。闕③。　之日切(zhì)。

【譯文】質，用物相抵押。由貝、由所會意。闕其从所的意思。

【注釋】① 質：徐鍇《繫傳》："質，實也。事疑虛，以人物實之也。"有所求，未必有所償，故"疑"其"虛"。桂馥《義證》説："其物與所求，正相當直也。"或以人，或以物正與其價值相當，即小徐所説"實之也"。徐灝《段注箋》："故爲質實之義。……故爲文質之義，又因之爲椹質之質，别作鑕。"　② 从所(zhì)：徐鍇《繫傳》作"所聲"，無"闕"字。　③ 闕：《段注》："闕从所之説也。"

貿 易財也。从貝，卯聲。　莫候切(mào)。

【譯文】貿，交换財物。从貝，卯聲。

【參證】金文作。

贖① 貿也。从貝，賣聲。　殊六切(shú)。

【譯文】贖，(用財物)交换回(抵押品)。从貝，賣(yù)聲。

【注釋】① 贖：徐鍇《繫傳》："以財贖罪。"今隸變作贖。

【參證】金文作。

費 散財用①也。从貝，弗聲。　房未切(fèi)。

【譯文】費，散去錢財。从貝，弗聲。

【注釋】① 財用：同義複合。用，資財。

【參證】金文作、。

責　求①也。从貝，朿聲。　側革切(zé)。

【譯文】責，索求。从貝，朿聲。

【注釋】① 求：桂馥《義證》："求負家償物也。"《段注》："《周禮・小宰》：'聽稱責以傅別。'稱責即今之舉債。古無債字，俗作債。"徐灝箋："責、債聲相轉，實一字耳。"因責有求義，故《段注》曰："引申爲誅責、責任。"

【參證】甲文作、，金文作、、。戴家祥《金文大字典》："東周已還，民之有借債來往者，必先書之於券，券分左右兩造，各執其半，至期債權人操右卷以責其還，債務人無力償還者鬻子孫以償債。""古止有責字。"

賈　賈市①也。从貝，襾聲。一曰：坐賣售②也。　公户切(gǔ)。

【譯文】賈，作買賣。从貝，襾(yà)聲。另一義説，(儲貨)坐賣。

【注釋】① 賈市：同義連用。《段注》："市，買賣所之也。因之凡買凡賣皆曰市。賈者，凡買賣之偁也。""引申之，凡賣者之所得，買者之所出，皆曰賈。俗又别其字作價，别其音入禡韻。"　② 坐賣售：王筠《句讀》："言坐者，與下文(參"賨"條)'行賈'對文。"賣售，同義連用。

【參證】李學勤《魯方彝與西周商賈》(《史學月刊》一九八五年第一期)："魯方彝銘文最清楚地證明這個字應讀爲'賈'(商賈 gǔ)。"

賨　行賈①也。从貝，商省聲。　式陽切(shāng)。

【譯文】賨，通行(四方貨物)作買賣。从貝，商省聲。

【注釋】① 行賈：《段注》："通四方之珍異以資(供給)之。"

【參證】甲文作，金文作、、。商承祚《殷契佚存》："(甲文)即商之繁體，于此讀賞。商、賞本是一字，故卜辭及金文賞皆作商，後别以从貝之賨爲賞。"戴家祥《金文大字典》："商爲賞賜之義最初的借字。古代賞賜以貝爲主，……故後人以貝爲商字的表義偏旁，……後又更換聲符，寫作賞。"

販　買賤賣貴者。从貝，反聲①。　方願切(fàn)。

【譯文】販，用低價買進來，用高價賣出去的商人。从貝，反聲。

【注釋】① 反聲：聲中有義。見【參證】。

【參證】楊樹達《積微居小學金石論叢·釋販》:"蓋反之言翻,(《漢書·張安世傳》注云:反讀曰翻。)翻覆變易之謂也。""今商人言翻出翻進,雖通俗恒言,正可取證販字得聲之故矣。又今人恒斥商賈人爲盤剥,或單言盤。販古音如盤,盤即販也。"

買　市[①]也。从网貝。《孟子》[②]曰:"登壟斷而网市利。"　莫蟹切(mǎi)。

【譯文】買,購進。由网、貝會意。《孟子》説:"登上獨立的高地(窺視),(企圖)綱羅買賣的好處。"

【注釋】① 市:《段注》:"市者,買物之所。因之買物亦言市。"

②《孟子》:指《公孫丑下》。今作:"有賤丈夫焉,必求龍斷(岡壟之斷而高者)而登之,以左右望,而罔市利。"《段注》:"此引以證'从网貝'之意也。"

【參證】甲文作、,金文作、。商承祚《殷契佚存攷釋》:"象以网取貝之形。"孫海波《卜辭文字小記》:"从网从貝,有獲得之義,與㝵(得)之从手持貝意同。古者交易以貝,网貝有市利之義,引申之訓市,故許君引孟子网市利以訓。"戴家祥《金文大字典》:"网買明母雙聲,爲會意兼諧聲字。"

賤　賈[①]少也。从貝,戔聲。　才綫切(jiàn)。

【譯文】賤,價格低少。从貝,戔聲。

【注釋】① 賈:《段注》:"今之價字。"

賦[①]　斂也。从貝,武聲。　方遇切(fù)。

【譯文】賦,征斂。从貝,武聲。

【注釋】① 賦:《段注》:"斂之曰賦,班(分佈)之亦曰賦。經傳中凡言以物班布與人曰賦。"徐灝箋:"因之敷陳其事謂之賦,故詩有賦比興。"

【參證】金文作。戴家祥《金文大字典》:"賦斂之始,旨在滿足軍需。""武、賦古韻同部,爲會意兼疊韻諧聲字。"李平心《李平心史論集·甲骨文及金石文考釋(初稿)》引《漢書·食貨志》説周法:"賦共車馬甲兵士徒之役。"又引《刑法志》:"有税有賦,税以足食,賦以足兵。"李説:"賦與税,對文則異,散文則通。"又引申爲"歲入之總名也”，“凡徵斂財賄租稅，統謂之賦”。

貪 欲物也。从貝，今聲。　他含切(tān)。

【譯文】貪，想要得到(非分的)財物。从貝，今聲。

【注釋】① 貪：《釋名》：“貪，探也。探入他分也。”暗暗地深入到別的分額中攫取財物。

貶 損也。从貝，从乏①。　方斂切(biǎn)。

【譯文】貶，減損。由貝、由乏會意。

【注釋】① 从乏：徐鍇《繫傳》：“當言‘从乏，乏亦聲’。”《段注》：“形聲包會意也。”朱駿聲《通訓定聲》：“字从貝匱乏之義。”

宋保《諧聲補逸》：“(乏、貶)古音皆在浸鹽添部內。”

貧 財分少①也。从貝，从分，分亦聲。穷，古文从宀分②。

符巾切(pín)。

【譯文】貧，財物因分散而少。由貝、由分會意，分也表聲。穷，古文貧字，由宀、分會意。

【注釋】① 財分少：《段注》：“謂財分而少也。合則見多，分則見少。富，備也，厚也，則貧者不備不厚之謂。”　② 从宀(mián)分：徐鍇《繫傳》：“从宀，分聲。”“家貧也。”

【參證】商承祚《説文中之古文考》：“穷，古文从宀分，去貝則貧。此存分之義，而取無貝之實也。”

賃 庸①也。从貝，任聲②。　尼禁切(lìn)。

【譯文】賃，受僱傭。从貝，任聲。

【注釋】① 庸：今傭字。　② 任聲：聲中有義。徐鍇《繫傳》：“任者，負荷也。”从貝从任，用挑肩賣膊賺錢。

【參證】金文作…。戴家祥《金文大字典》：“任的本義爲擔當，从事，後加貝旁作賃，表示工作之值。”“庸賃義同。”“分言之，或曰賃，或曰庸，連言之則曰庸賃。”

賕 以財物枉法相謝也②。从貝，求聲。一曰：戴質③也。

巨留切(qiú)。

【譯文】賕，用財物違法謝罪。从貝，求聲。另一義説，裝載着抵押品(而去求人借貸)。

【注釋】① 賕：錢坫《斠詮》："凡經傳求取、求索之字，皆應作此。假借。用求者，省也。" ② 以財句：《段注》："枉法者，違法也。法當有罪而以財求免，是曰賕；受之者亦曰賕。" ③ 戴質：《段注》作"載质"，"謂載質而往求人倆(舉，指借)貣也。質謂以物相贅"。

【参證】馬敘倫《六書疏證》卷十二："古之行賕，今謂之買通關節。"

購 以財有所求也[1]。从貝，冓聲。 古候切(gòu)。

購 【譯文】購，用錢財有所徵求。从貝，冓聲。

【注釋】① 以財句：《段注》："縣(懸)重價以求得其物也。"《漢書·項籍傳》："吾聞漢購我頭千金。"

貾[1] 齎財卜問爲貾。从貝，疋聲。讀若所[2]。 疏舉切(shǔ)。

貾 【譯文】貾，送財禮占卜問神叫作貾。从貝，疋聲。音讀象"所"字。

【注釋】① 貾：桂馥《義證》："字或作糈。"徐灝《段注箋》："問卜者以米祭神，因貽(送)卜者。""或貽之以貝，故又别作貾。" ② 讀若所：貾、所上古同屬魚部、生紐。

貲 小罰以財自贖也。从貝，此聲。漢律：民不繇[1]，貲錢二

貲 十二。 即夷切(zī)。

【譯文】貲，輕微地罰其用錢財自我贖補罪過。从貝，此聲。漢律規定：百姓不供傜役，罰繳人頭錢二十二。

【注釋】① 繇(yáo)：《段注》："繇、傜，古今字。"朱駿聲《通訓定聲》："七歲至十四歲不任傜役，出貲錢二十二，所謂頭錢是也。"

賨 南蠻賦[1]也。从貝，宗聲。 徂紅切(cóng)。

賨 【譯文】賨，南蠻對賦税的稱謂。从貝，宗聲。

【注釋】① 南蠻賦：南蠻，古代謂四川、湖南等地的少數民族。賦，《通典》："巴人呼賦爲賨。"《後漢書·南蠻西南夷傳》："槃瓠之後蠻夷，秦置黔中郡，漢改爲武陵。歲令大人輸布一匹，小口二丈，是謂賨布。"因即謂之賨人。

賣[1] 衒[2]也。从貝，𡍬聲[3]。𡍬，古文睦。讀若育。 餘六切

賣 (yù)。

【譯文】賣，邊走邊叫賣。从貝，𡍬聲。𡍬，古文睦字。音讀象"育"字。

【注釋】① 賣：《段注》："《玉篇》云：'賣或作粥、鬻。'是賣、鬻爲古今

字矣。按，𧶠隸變作賣，易與賣(mài)相混。”　② 衒(xuàn)：衙的或體。本書行部：“衙，行且賣也。”猶後世之遊市叫賣之小販也。③ 𡕥聲：聲中有義。𡕥爲和順。交易中和氣生財。

【參證】金文作。楊樹達《積微居金文説・𦉢鼎再跋》：“疑即贖字初文也。”按贖的本義是交易，贖回乃後起義。見晁福林《〈匹馬束絲〉新釋——讀曶鼎銘文札記》(《中華文史論叢》一九八二年第三輯)，譚戒甫《西周𦉢器銘文綜合研究》(《中華文史論叢》第三輯)：“入物爲買，出物爲賣。而𧶠實兼言買賣。故訓爲衙，字或作衒，義亦同眩，謂眩惑人。”參“賣”條。

貴　物不賤也。从貝，臾聲。臾[①]，古文蕢。　居胃切(guì)。

【譯文】貴，物價不低賤。从貝，臾聲。臾，古文蕢字。

【注釋】① 臾：桂馥《義證》：“本書妻古文作。肖，古文貴字。《汗簡》引作。”

賏　頸飾[①]也。从二貝。　烏莖切(yīng)。

【譯文】賏，頸上的裝飾品。由兩個貝字並立會意。

【注釋】① 頸飾：徐鍇《繫傳》：“蠻夷連貝爲纓絡是也。”王筠《釋例》：“賏爲頸飾，蓋亦兩貝並垂，故其字竝而不疊。”孔廣居《疑疑》：“賏與嬰皆訓‘頸飾’，愚意賏即嬰之古文。”

【參證】林義光《文源》：“(賏)即嬰之偏旁。賏字經傳未見。”

文五十九　重三

貺[①]　賜也。从貝，兄聲。　許訪切(kuàng)。

【譯文】貺，賜予。从貝，兄聲。

【注釋】① 貺：《詩・小雅・彤弓》：“我有嘉賓，中心貺之。”毛傳：“貺，賜也。”

【參證】楊樹達《積微居小學金石論叢・字義同緣於語源同例證》：“《詩・大雅・召旻篇》云：‘職兄斯引。’毛傳云：‘兄，茲也。’又《大雅・桑柔篇》云：‘倉兄填兮。’毛傳云：‘兄，滋也。’《説文》艸部茲訓艸木多益，水部滋訓益，兄有茲益之義，貺从兄聲，亦受義於茲益矣。”用錢貝或錢貝類的等價物茲益受事，則爲貺賜。

賵[①] 贈死者。从貝，从冒[②]。冒者，衣衾覆冒之意。 撫鳳切(fèng)。

【譯文】賵，贈送給死者的財物。由貝由冒會意。从冒的意思是用贈送的衣被覆蓋在死者的身上。

【注釋】① 賵：《新補新附考證》引《公羊傳》：“車馬曰賵，貨財曰賻，衣被曰襚。”此析言之也，渾言之，均可言賵，此説解“衣衾覆冒”即是明證。 ② 从冒：冒也表聲。江慎中《釋賵字音》：“(瑁、䀤、㡌、萺)皆从冒得聲，則賵字不應有異作。”“賵从冒聲，覆从復聲，古音同在蕭尤部也。”且冒復同爲脣音。故《鄭新附考》説：“疑古止作冒。讀撫鳳切者，漢已後别字别音爾。”按：冒本古帽字；帽，蒙覆在頭上，引申爲蒙而前；蒙覆而不取，則有贈送義；以財物贈送死者，爲贈送之一端，爲區别字形，加貝；又爲區别字音，改讀其韻，爲撫鳳切。

賭 博簺[①]也。从貝，者聲。 當古切(dǔ)。

【譯文】賭，象簙、簺棋戲類的賭博。从貝，者聲。

【注釋】① 博簺：博，《説文》作“簙”。參“簙”“簺”條。象簙簺棋戲的賭博，引申泛指凡以財物作注的賭博之偁。又引申爲凡比輸贏之偁。

貼[①] 以物相質[②]也。从貝，占聲。 他葉切(tiē)。

【譯文】貼，用物品抵押錢。从貝，占聲。

【注釋】① 貼：《玉篇》：“以物質錢。”即典當，抵押。《宋書·何承天傳》：“時有尹嘉者家貧，母熊自以身貼錢，爲嘉償責。” ② 質：桂馥《義證》“質”下：“其物與所求正相當直也。”相當直者吻合也，“貼”又引申爲黏附，爲服帖、順從。

貽 贈、遺也[①]。从貝，台聲。經典通用詒[②]。 與之切(yí)。

【譯文】貽，贈送；遺留。从貝，台聲。經典通用詒字。

【注釋】① 贈、遺也：一句數讀，即：贈也；遺也。《詩·邶風·靜女》：“靜女其孌，貽我彤管。”貽是贈送。《書·五子之歌》：“有典有則，貽厥子孫。”貽是遺留。二義相因。施予，强調情感則爲贈送，只側重傳承而爲中性，則爲遺留。 ② 經典通用詒：《説文》來字注引《詩》曰："詒我來辨。"今本"詒"作"貽"。即是一例。

①　重買②也，錯③也。从貝，廉聲。　佇陷切(zhuàn)。

賺　【譯文】賺，(緊俏商品先於他人)多倍地買進。从貝，廉聲。

【注釋】① 賺：《類篇》："或省作賺。"今作賺。　② 重買：《鄭新附考》："買當作賣。""重賣者，賣物得價倍于常值。重讀如字。猶買物出多資，謂之重資、重價。今人猶謂市利多得爲賺錢。""俗間通用賺爲之驗，謂市買先入物，謂善居積者，買物常早於人，此聚斂之巧術，故謂之驗。文義相去遠矣。"鄭謂重當讀柱用切，厚重之意，此處引申爲多、倍；買當作賣。"重賣"即多於常值、倍於常值或多倍於常值地賣出去。湯按：从賺義爲獲得利潤的角度而言，"市買先入物"也是一途。買無須改字。　③ 錯：未詳其義。

報①也。从貝，塞省聲②。　先代切(sài)。

賽　【譯文】賽，(實現許諾)回報祭祀神靈。从貝，塞省土爲聲。

【注釋】① 報：《説文》："當罪人也。"判決罪人，罪與罰應相當。祭神，還願與許願也應相當，故釋爲：實現許諾而回報。　② 从貝，塞省聲：字本作塞。《韓非子・外儲説右》："殺牛塞禱。"《漢書・郊祀志上》："冬塞禱祠。"顏師古注："塞，謂報其所祈也。"徐灝《段注箋》："塞，實也。戴氏侗曰：'引申之，則諾許而實其言曰塞，是也。'蓋有所祈禱，許以牲禮爲報，自實其言，故謂之塞也。聲轉爲先代切。"按後世爲字面上有所區别，則加貝，貝即錢，禮品的等價物。可見賽則爲从貝、从塞，塞省聲。

①　助也。从貝，尃聲②。　符遇切(fù)。

賻　【譯文】賻，(用財物)補助(喪家)。从貝，尃聲。

【注釋】① 賻：《玉篇》："賻，以財助喪也。"《周禮・秋官・小行人》："若國札喪，則令賻補之。"鄭玄注引鄭衆："賻補之，謂賻喪家補助其不足也。"《穀梁傳・隱公三年》："歸(饋)死者曰賵，歸生者曰賻。"參"賵"條。　② 尃聲：聲中有義。尃有布施義。布施，施予，施助。

【參證】丁佛言《古籀補補》卷六："[illegible]叔氏鼎。疑是古賻字。"按：賻，尃聲；尃，甫聲；甫，父聲。故丁疑貣爲賻字。

[①] 給也。从貝，詹聲[②]。　時豔切(shàn)。

贍　【譯文】贍，自足。从貝，詹聲。

【注釋】① 贍：《鄭新附考》："《荀子》：'物不能澹，則必予。'……知自漢已上，例止借澹字。至晉右將軍鄭烈碑，始見从貝之贍。殆製于魏晉間。"　② 詹聲：聲中有義。《説文》："詹，多言也。"有多義。凡从詹之字多有多義。檐（或簷），屋頂向旁伸出的邊沿部分，言其多也；澹，水搖蕩，少水則不蕩；憺，心安，心不寬則不安；瞻，或臨視，或仰視，均言其目光遠大。故《鄭新附考》説漢以前，贍又作詹、又借瞻。鄭或説借，其實均有意義的聯繫。

文九　新附

邑部

　國[①]也。从口[②]；先王之制尊卑有大小，从卪[③]。凡邑之屬皆从邑。　於汲切(yì)。

邑　【譯文】邑，國。从口；先王的制度，（公侯伯子男）尊卑（不同），有（不同）大小的（疆域），所以从卪。大凡邑的部屬都从邑。

【注釋】① 國：《段注》："凡稱人曰大國，凡自稱曰敝邑。古國、邑通稱。"以大稱人，以小稱己，謙敬而已。饒炯《部首訂》："若以對文而言，諸侯曰國，大夫曰邑，國大而邑小；散文則國邑皆謂封地。"

② 从口：《段注》："封域也。"　③ 从卪：《段注》："尊卑大小出於王命，故从卪。"卪，符節，憑證。

【參證】甲文作，金文作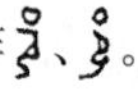。羅振玉《增訂殷虛書契考釋》："象人跽形，邑爲人所居，故从口从人。"

　國也。从邑，丰聲[①]。[②]，古文。　博江切(bāng)。

邦　【譯文】邦，諸侯封國之稱。从邑，丰聲。𡉚，古文邦。

【注釋】① 丰聲：邵瑛《郡經正字》："丰，《説文》作丯，敷容切，與丯字不同。丯，古拜切，讀若介。"　② 𡉚：王筠《釋例》："𡉚字蓋亦从丯省聲。丯聲與邦同，但易邑爲田耳。"

【參證】甲文作，金文作。《海寧王靜安先生遺書》：

“字从丯田，即邦字。”“（㞷）㞢蓋丯之譌。”“（封之籒文）𡉚字从土丰聲，與㞷之从田，邦之从邑同意。本係一字。毛公鼎邦作，从土又从邑。”戴家祥《金文大字典》：“封字所从之與邦字義同，封字从寸，寸通手，表示動詞封建之義，邦字从邑，表示封建的結果。”

郡　周制：天子地方千里，分爲百縣，縣有四郡。故《春秋傳》[①]曰：“上大夫受郡。”是也。至秦初置三十六郡，以監其縣。从邑，君聲[②]。　渠運切（jùn）。

【譯文】郡，周朝的制度：天子土地縱橫千里，分成百縣，每縣有四個郡。所以《春秋左傳》説：“（能戰勝敵人的人，）上大夫受封郡。”就是這個意思。到秦朝初年全國設置三十六個郡，用來監督它下屬的縣。从邑，君聲。

【注釋】①《春秋傳》：指《左傳·哀公二年》。原文：“克敵者，上大夫受縣，下大夫受郡。”　② 君聲：聲中有義。桂馥《義證》：“今之郡字，君在其左，邑在其右，君爲元首，邑以載民，故取名於君，而謂之郡也。”

都　有先君之舊宗廟曰都[①]。从邑，者聲。周禮[②]：距國五百里爲都。　當孤切（dū）。

【譯文】都，有已故君王的舊宗廟的城邑叫都。从邑，者聲。周朝的禮制：離王城五百里之地叫都。

【注釋】① 有先句：《左傳·莊公二十八年》：“凡邑有宗廟先君之主（神主牌位）曰都，無曰邑。”徐灝《段注箋》：“都本都鄙之稱。”“凡聚會之地皆曰都。其後乃爲大都小邑之稱，又爲凡都總之稱。”
② 周禮：王筠《句讀》：“周禮者，謂周制也，非謂語出《周官》。《周禮·載師》注引《司馬法》曰：‘王國百里爲郊……五百里爲都。’”

【參證】金文作、、。馬敘倫《六書疏證》卷十二認同徐灝説：“唯是人所聚處，即統治者所在。而人所聚最多處，即財貨重器之所在，亦即最高統治者之所在，猶今縣長之居城内矣。故書傳謂先君宗廟曰都也。”

鄰　五家爲鄰[①]。从邑，粦聲。　力珍切（lín）。

【譯文】鄰，五家（比連）叫作鄰。从邑，粦聲。

【注釋】① 五家句：《段注》："見《周禮・遂人職》。按引申爲凡親密之稱。"桂馥《義證》引鄭司農云："田野之居，其比伍之名。"又引《釋名》："五家爲伍，以五爲名也。"又，《釋名・釋州國》："鄰，連也，相接連也。"故曰五家比連爲鄰。

鄼　百家爲鄼①。鄼，聚也。从邑，贊聲②。南陽③有鄼縣。作管切(zuǎn)。又，作旦切(zàn)。

【譯文】鄼，百家叫作鄼。鄼，聚居。从邑，贊聲。南陽地方有鄼縣。

【注釋】① 百家句：《周禮・地官・遂人》："五家爲鄰，五鄰爲里，四里爲鄼，五鄼爲鄙。"　② 贊聲：聲中有義。王筠《句讀》："儹，聚也。籫、欑二字下，皆有叢義。叢亦聚也。是从贊聲者，多有聚義。蓋兟與甡同音，甡，衆生並立之貌。《玉篇》：'兟兟，衆多貌。'"

③ 南陽：張舜徽《約注》："漢南陽郡，有今河南熊耳山以南、葉縣内鄉閒及湖北大洪山以北應山、鄖縣地。鄼縣在今湖北省光化縣西北。"

鄙　五鄼①爲鄙。从邑，啚聲。兵美切(bǐ)。

【譯文】鄙，五百家叫鄙。从邑，啚聲。

【注釋】① 五鄼：參"鄼"條。《段注》："《春秋》經傳鄙字多訓爲邊者，蓋周禮都鄙距國五百里，在王畿之邊，故鄙可釋爲邊。又引申爲輕薄之稱。"

【參證】甲文作、、，金文作、。徐灝《段注箋》："今官文書都鄙字作啚，正是古習相傳之正字。"商承祚《甲骨文字研究》下篇："啚即鄙之初字也。从邑乃後增。"

郊　距國百里爲郊。从邑，交聲。古肴切(jiāo)。

【譯文】郊，離都城百里叫作郊。从邑，交聲。

邸①　屬國舍。从邑，氐聲。都禮切(dǐ)。

【譯文】邸，天子所隸屬的諸侯國(爲朝見而設置在京城的)館舍。从邑，氐聲。

【注釋】① 邸：《段注》引顔師古《漢書》注："郡國朝宿之舍在京師者，率名邸。邸，至也。言所歸至也。"

郛①　郭也。从邑，孚聲②。甫無切(fú)。

【譯文】郛，外城。从邑，孚聲。

【注釋】① 郛：徐鍇《繫傳》："郛猶柎也。草木華房爲柎，在外苞裹之也。"　② 孚聲：聲中有義。見【参證】。

【参證】楊樹達《積微居小學金石論叢・字義同緣於語源同例證》："孚古音與勹包同。""凡勹聲字皆有包裹在外之義（包、胞、袍）。""勹包聲類之字有然，孚聲類之字亦有然（浮、桴、稃、莩）。""（郛）謂包於郭之外也。"

①境上行書舍。从邑垂。垂，邊也。　羽求切（yóu）。

郵　【譯文】郵，國境上傳遞文書的客舍。由邑、垂會意。垂是邊境的意思。

【注釋】① 郵：王筠《句讀》引《漢書・黃霸傳》注："郵亭書舍，謂傳送文書所止處，亦如今之驛館矣。"

①國甸，大夫稍②。稍，所食邑。从邑，肖聲。《周禮》③曰："任䣁地。"在天子三百里之内。　所教切（shào）。

䣁　【譯文】䣁，京城的效外，是大夫的稍地。稍，是大夫（受封後收賦税而）享食的土地。从邑，肖聲。《周禮》說："任用䣁地（作爲大夫食邑的田地）。"（䣁地）指距天子京畿三百里之内的地面。

【注釋】① 䣁：朱駿聲《通訓定聲》："距王城三百里之地曰家䣁，大夫食采于此。"　② 國甸句：依錢桂森《段注鈔案》句讀。甸，郊外叫甸，距王城百里外、二百里内的地面。　③《周禮》：指《地官・載師》。今作"以家邑之田任稍地"。

鄯善①，西胡②國也。从邑，从善，善亦聲。　時戰切（shàn）。

鄯　【譯文】鄯，鄯善，西域國名。由邑、由善會意，善也表聲。

【注釋】① 鄯善：本名樓蘭。漢昭帝元鳳四年，更名其國爲鄯善，故城在今新疆維吾爾自治區鄯善縣東南。　② 西胡：西域。言西胡以别於匈奴爲北胡。

①夏后②時諸侯夷羿③國也。从邑，窮省聲。　渠弓切（qióng）。

竆　【譯文】竆，夏后時代諸侯夷羿所封的國名。从邑，窮省聲。

【注釋】① 竆：故址在今山東省德州市南。後作"窮"。　② 夏后：又稱夏后氏、夏氏。古史稱禹受舜禪，建夏王朝。　③ 夷羿：夏代部落首領。

⿰契阝①　周封黄帝之後於⿰契阝也②。从邑，契聲。讀若薊。上谷有⿰契阝③縣。　古詣切(jì)。

【譯文】⿰契阝，周(武王)分封黄帝的後裔在⿰契阝地。从邑，契聲。音讀象“薊”字。上谷地方有⿰契阝縣。

【注釋】① ⿰契阝：舊治在今河北省北京市西南。　② 周封句：《段注》：“《樂記》曰：‘武王克殷，及商，未及下車，而封黄帝之後於薊。’按：⿰契阝、薊，古今字也。薊行而⿰契阝廢矣。”　③ ⿰契阝：當作薊。見錢桂森《段注鈔案》。

邰①　炎帝之後，姜姓②所封，周棄③外家國。从邑，台聲。右扶風④斄縣⑤是也。《詩》⑥曰：“[即]有邰家室。”　土來切(tāi/tái)。

【譯文】邰，炎帝的後裔，姜嫄氏的封國，周始祖后稷外祖家的領地。从邑，台聲。右扶風郡的斄縣就是這裏。《詩經》說：“(封后稷)到邰地安家立業。”

【注釋】① 邰：今陝西省武功縣西南。　② 姜姓：《大雅・生民》毛傳：“姜，姓也。后稷之母，配高辛氏帝焉。”鄭箋：“姜姓者，炎帝之後，有女名嫄。”　③ 棄：周始祖后稷名。其母姜嫄踩大人脚印而懷孕，以爲不祥，曾丢棄他，故名。長大爲堯農官。　④ 右扶風：漢郡名。今陝西省長安縣以西。　⑤ 斄縣：《段注》：“周人作邰，漢人作斄，古今語小異，故古今字不同。”　⑥《詩》：指《大雅・生民》。“有”作“即有”。朱熹《詩經集注》：“堯以其有功於民，封於邰，使即其母家而居之，以主姜嫄之祀。”有，語助詞。

郂①　周文王所封②。在右扶風美陽中水鄉。从邑，支聲。岐③，郂或从山，支聲。因岐山以名之也。⿰枝山④，古文郂从枝，从山。　巨支切(qí)。

【譯文】郂，周文王的邦國。在右扶風郡美陽縣中水鄉。从邑，支聲。岐，郂的或體，从山，支聲。因岐山有兩岐而爲它命名。⿰枝山，古文郂字，由枝、由山會意。

【注釋】① 郂：今陝西省岐山縣東北。　② 所封：王筠《句讀》：“太王自邠遷岐，非由天子封之。”于鬯《職墨》：“封讀爲邦。”

③ 岐：《段注》："郊邑因岐山以名郊邑，可作岐，岐山不可作郊。""薛综注《西京賦》引《説文》：'岐山在長安西美陽縣界，山有兩岐，因以名焉。'"《段注》："山有兩岐，當作山有兩枝。山有兩枝，故名岐山。"顔注《郊祀志》："俗呼箭栝嶺。"因山嶺兩岐，形似箭栝。　④ 嶅：王筠《句讀》："郊當作岐。《莊子》：'枝指。'崔云：'音岐，謂指岐也。'然則省嶅爲枝也。"

【參證】商承祚《説文中之古文考》："郊从邑，爲邑名。岐从山，乃山名。後岐行而郊廢。然郊邑可用岐，而岐山不可用郊。古人分之，而今不講矣。"

[1]
邠

周太王[2]國。在右扶風美陽。从邑，分聲。豳，美陽亭，即豳也。民俗[3]以夜市有豳山。从山，从豩。闕[4]。　補巾切(bīn)。

【譯文】邠，周太王的諸侯國。在右扶風郡美陽縣。从邑，分聲。豳，美陽亭，就是豳亭。百姓的習俗是在夜晚作買賣，地點在豳山。豳由山、由豩會意。不知爲何从豩，只好讓它闕着。

【注釋】① 邠：今陝西省彬縣。　② 太王：古公亶父。后稷二十代孫，文王的祖父。原居豳，後避戎、狄族侵擾，遷於岐山。
③ 民俗：桂馥《義證》引桓譚《新論》："扶風邠亭，本太王所部。其民有會日，以相與夜中市，如不爲期，則有重災咎。"　④ 闕：錢桂森《段注鈔案》："謂豩之聲義未審也。"

【參證】徐中舒《古文字研究論文集·周原甲骨初論》："豳，从二豕从山，山乃火形之譌。金文豳作(趞鼎)，正象持杖焚林驅捕野豬之形。豳是原始的會意字，邠从邑分聲則是後起的形聲字。邠从分聲，亦有焚義，馬王堆《戰國縱横家書》焚即从分作棼。"

[1]
郿

古扶風縣。从邑，眉聲。　武悲切(méi)。

【譯文】郿，右扶風郡的縣名。从邑，眉聲。

【注釋】① 郿：今陝西省郿縣東北。

郁

右扶風郁夷[1]也。从邑，有聲。　於六切(yù)。

【譯文】郁，右扶風郡郁夷縣。从邑，有聲。

【注釋】① 郁夷：今陝西省隴縣西。

鄠

鄠[1] 右扶風縣名。从邑，雩聲。　胡古切(hù)。

【譯文】鄠，右扶風郡的縣名。从邑，雩聲。

【注釋】① 鄠：本夏之扈國，秦置鄠邑，漢改鄠縣。在今陝西省户縣北。參"扈"條。

扈

扈[1] 夏后同姓所封，戰於甘[2]者。在鄠[3]，有扈谷、甘亭。从邑，户聲。⿰山马，古文扈从山马[4]。　胡古切(hù)。

【譯文】扈，夏后氏同姓諸侯(有扈氏)的封地，是(與夏啓)戰於甘地之野的部落。(夏朝的有扈)在(漢朝的)鄠縣，這裏有扈谷、甘亭。从邑，户聲。⿰山马，古文扈字，由山、马會意。

【注釋】① 扈：今陝西省户縣。王筠《釋例》："段氏引姚察云：'户、扈、鄠三字同。'是也。案：《尚書》作扈，漢别作鄠，户又扈之省也。"　② 戰於甘：《段注》引《尚書序》："啓與有扈戰於甘之野，作《甘誓》。"　③ 在鄠：《段注》："謂夏之有扈在漢之鄠縣也。"　④ 从山马：朱駿聲《通訓定聲》作"从山马聲"。並説："马户一聲之轉。"马即马嘾之马，音在匣紐，與扈雙聲。

𨝮

𨝮 右扶風鄠鄉[1]。从邑，崩聲。沛城父有𨝮鄉[2]。讀若陪。　薄回切(péi)。

【譯文】𨝮，右扶風郡鄠縣的鄉名。从邑，崩聲。沛郡城父縣有𨝮鄉。音讀象"陪"字。

【注釋】① 鄠鄉：《段注》："謂右扶風鄠縣有𨝮鄉也。"在今陝西省户縣。　② 沛城父句：《段注》："沛郡城父……《史記索隱》引《三蒼》云：𨝮鄉在城父縣。"在今安徽省亳縣東南。

【參證】馬敘倫《六書疏證》卷十二："劉秀生曰：崩从朋聲，在幫紐，陪从音聲，在並紐：幫並皆脣音。""𨝮聲蒸類，陪聲之類，之蒸對轉。"故𨝮讀若陪。

郿

郿[1] 右扶風鄠鄉。从邑，且聲。　子余切(jū)。

【譯文】郿，右扶風郡鄠縣的鄉名。从邑，且聲。

【注釋】① 郿：在今陝西省户縣。

郝

郝[1] 右扶風鄠、盩厔鄉[2]。从邑，赤聲。　呼各切(hè/hǎo)[3]。

【譯文】郝，右扶風郡鄠縣、盩厔縣的鄉名。从邑，赤聲。

【注釋】① 郝：在今陝西省周至縣。　② 右扶風句：《段注》："謂右扶風之鄠縣、盩厔（zhōu zhì）縣皆有郝鄉也。"　③ 當讀 hè，地名、姓氏義讀 hǎo。

[①] 酆 周文王所都。在京兆[②]杜陵[③]西南。从邑，豐聲。　敷戎切（fēng）。

【譯文】酆，周文王的國都。在京兆尹郡杜陵縣的西南。从邑，豐聲。

【注釋】① 酆：在今陝西省户縣東。　② 京兆：漢代京畿的行政區劃名。爲三輔（三個職官。武帝時爲京兆尹、左馮翊、右扶風。也稱三輔所轄地區）之一，即今陝西西安市以東至華縣之地。③ 杜陵：在今陝西西安市東南。

【參證】甲文作，金文作。吴大澂《古籀補》卷六："，古酆字，不从邑。"

[①] 鄭 京兆縣[②]。周厲王子友[③]所封。从邑，奠聲。宗周[④]之滅，鄭徙潧洧之上，今新鄭是也[⑤]。　直正切（zhèng）。

【譯文】鄭，京兆尹郡的縣名。周厲王的兒子友的封地。从邑，奠聲。西周滅亡的時候，鄭（武公）遷徙到溱水、洧水一帶，今天的新鄭縣就是這個地方。

【注釋】① 鄭：有舊鄭、新鄭之分。舊鄭：在今陝西省華縣西北。新鄭：今河南省新鄭縣。　② 京兆縣：《史記・鄭世家》索隱："鄭，縣名，屬京兆。"　③ 友：《史記・鄭世家》："鄭桓公友者，周厲王少子而宣王庶弟也。宣王立二十二年，友初封於鄭。"　④ 宗周：周爲諸侯所宗仰，故王都所在稱宗周。這裏指西周。　⑤ 鄭徙句：王筠《句讀》："桓公友之子武公，與平王東遷"，"食溱洧焉，從其故名曰鄭。"所謂"從其故名"，是"施舊號於新國"，叫新鄭。潧，水名，亦名溱水。

【參證】甲文作，金文作、。吴大澂《愙齋集古録》第一册："古鄭字。"戴家祥《金文大字典》："鄭字从章从奠，金文城隅垣等字均从章，章訓'度也，民所度居也。'與邑字意義相同，故从章與从邑可通，鄭即鄭字異體。"

郃[1] 左馮翊[2]郃陽縣。从邑，合聲。《詩》[3]曰：“在郃之陽。”候閤切(hé)。

【譯文】郃，左馮翊郡郃陽縣。从邑，合聲。《詩經》説：“在郃水的北面。”

【注釋】① 郃：舊縣名，在陝西省中部。 ② 左馮翊(輔佐)：漢郡名。爲拱衛首都長安三輔(京兆尹、左馮翊、右扶風)之一。 ③《詩》：指《大雅・大明》。“郃”今本作“洽”。

吅[1] 京兆藍田鄉。从邑，口聲。 苦后切(kǒu)。

【譯文】吅，京兆尹郡藍田縣的鄉名。从邑，口聲。

【注釋】① 吅：古鄉名。在陝西省藍田縣。王筠《句讀》：“小叩，大叩，蓋當用敂，叩其兩端，蓋當用詗。”《釋例》：“《説文》無叩字，僅見狗字下。《百石卒史碑》吅頭字屢見，蓋借用。叩則後人作耳。”《段注》：“今人叩擊字从卩(jié)，不當作吅。”參“狗”條。

鄻[1] 京兆杜陵鄉。从邑，樊聲。 附袁切(fán)。

【譯文】鄻，京兆尹郡杜陵縣的鄉名。从邑，樊聲。

【注釋】① 鄻：在今陝西省西安市南。朱駿聲《通訓定聲》：“今陝西西安府南三十里之樊川，即秦嶺之子午谷也。漢樊噲封地。”

鄜[1] 左馮翊[2]縣。从邑，鹿聲。 甫無切(fū)。

【譯文】鄜，左馮翊郡的縣名。从邑，鹿聲。

【注釋】① 鄜：今陝西省延安地區富縣。《段注》：“隸省作鄜。”② 左馮翊：參“郃”條。

鄏 左馮翊(鄏)[郃]陽亭[1]。从邑，屠聲。 同都切(tú)。

【譯文】鄏，左馮翊郡郃陽縣的亭名。从邑，屠聲。

【注釋】① 左馮翊句：《段注》“鄏”作“郃”，説：“謂左馮翊郃陽有鄏亭也。”鄏亭，古地名。在今陝西省合陽縣。

邮[1] 左馮翊高陵[2](亭)。从邑，由聲。 徒歷切[3](yóu)。

【譯文】邮，左馮翊郡高陵縣(的亭名)。从邑，由聲。

【注釋】① 邮：在今陝西省高陵縣境。 ② 高陵：《段注》作“高陵亭”。桂馥《義證》引《玉篇》：“左馮翊高陵縣有邮亭。” ③ 邮有以周(yóu)、徒歷(dí)二切。亭名用前切，鄉名用後切。

邾① 左馮翊谷口鄉。从邑，年聲。讀若寧②。 奴顛切(nián)。

【譯文】邾，左馮翊郡谷口縣鄉名。从邑，年聲。音讀象"寧"字。

【注釋】① 邾：在今陝西省禮泉縣東北谷口城境。 ② 讀若寧：葉德輝《讀若考》："古音先、庚兩部通，邾寧聲轉音同，故邾寧一音。"

邽 隴西上邽①也。从邑，圭聲。 古畦切(guī)。

【譯文】邽，隴西郡上邽縣。从邑，圭聲。

【注釋】① 上邽：在今甘肅省天水市。

部① 天水狄部。从邑，音聲。 蒲口切(bù)。

【譯文】部，天水郡狄部。从邑，音聲。

【注釋】① 部：漢地名，約在今甘肅省天水、清水、秦安、兩當、禮縣、徽縣一帶。《段注》："《地理志》天水無狄部，未詳。"徐鍇《繫傳》："部，屬也。部之言簿也，分簿之也。""分部諸縣，或爲四，或爲二。"可見狄部是天水郡之部屬。引申爲凡部屬、部署之偁，故《説文序》才説"分別部居，不相雜厠。"

郖① 弘農縣(庾)[渡]②地。从邑，豆聲。 當侯切(dōu/dòu)③。

【譯文】郖，弘農郡弘農縣渡口。从邑，豆聲。

【注釋】① 郖：渡口名。在今河南省靈寶縣西北。 ② 弘農縣：弘農郡、縣同名。庾：《段注》："庾當作渡，字之誤也。" ③ 今讀依《廣韻》徒候切。

鄏 河南縣直城門官陌地也①。从邑，辱聲。《春秋傳》②曰："成王定鼎于郟鄏③。" 而蜀切(rǔ)。

【譯文】鄏，(河南郡)河南縣城(西門)直城門官路之地。从邑，辱聲。《春秋左傳》説："周成王安置九鼎在郟鄏城。"

【注釋】① 河南句：《段注》："河南郡、縣同名，故但云河南縣，以別於凡縣不云縣也。"直城門，《段注》："河南故城西有郟鄏陌。"官陌，《段注》："即今云官路也。" ②《春秋傳》：指《左傳・宣公三年》。③ 郟(jiá)鄏：《段注》："《地理志》曰：'河南郡河南，故郟鄏地。周武王遷九鼎，周公致太平，營以爲都，是爲王城。'是則漢之河南縣，《左傳》之郟鄏也。周時郟鄏爲大名，漢時專呼城外官陌爲郟鄏陌，舊名之僅存者。"郟鄏：舊址在今河南省洛陽市境内。

周邑也。从邑，輦聲。 力展切(liǎn)。

鄻 【譯文】鄻，周代城邑名。从邑，輦聲。

①周邑也。从邑，祭聲。 側介切(zhài)。

祭 【譯文】祭，周代城邑名。从邑，祭聲。

【注釋】① 祭：在今河南省鄭州市東北。

①河南洛陽北亡山上邑。从邑，亡聲。 莫郎切(máng)。

邙 【譯文】邙，河南郡洛陽縣北面亡山之上的城邑。从邑，亡聲。

【注釋】① 邙：在今河南省洛陽市北。王筠《句讀》："山名亡山，故加邑爲邙，以名其邑矣。"

①周邑也。从邑，尋聲。 徐林切(xún)。

鄩 【譯文】鄩，周代城邑名。从邑，尋聲。

【注釋】① 鄩：在今河南省鞏縣西南。

①周邑也，在河内。从邑，希聲。 丑脂切(chī/xī)②。

郗 【譯文】郗，周代城邑名，在河内郡。从邑，希聲。

【注釋】① 郗：在今河南省沁陽縣。 ② 今讀依《集韻》香衣切。

①河内沁水鄉。从邑，軍聲。魯有鄆地②。 王問切(yùn)。

鄆 【譯文】鄆，河内郡沁水縣的鄉名。从邑，軍聲。(春秋時)魯國有鄆城之地。

【注釋】① 鄆：鄉名。《段注》："沁水縣有鄆鄉。"故址在今河南省濟源縣境。 ② 鄆地：春秋戰國有兩個鄆城：一在今山東省沂水縣北，公元前616年，季孫行父所築，稱東鄆；一在今山東省鄆城縣東，公元前588年，魯成公所築，稱西鄆。按：此條説解先舉漢制(鄆鄉)，後及魯邑(鄆地)，是爲了説明同名異實。

①故商邑②。自河内朝歌③以北是也。从邑，北聲④。 補妹切(bèi)。

邶 【譯文】邶，舊時商朝的城邑。河内郡朝歌城以北的地方就是這個城邑。从邑，北聲。

【注釋】① 邶：古國名。周武王封殷紂王之子武庚在這裏，大致相當於今河南省淇縣以北、湯陰縣東南一帶地方。 ② 故商邑：王筠《句讀》："商邑者，謂邦畿(京城管轄之地)也。云故者，謂周分朝歌以北建邶國，而求其故則本是商邑也。”　③ 朝歌：紂的都城。　④ 北聲：聲中有義。此城邑位於朝歌以北。北表方位義。王筠《句讀》：“義聲互相備也。”

[1]
邘　周武王子[2]所封。在河内[3]。野王[4]是也。从邑，于聲。又讀若區[5]。　況于切(xū/yú)[6]。

【譯文】邘，周武王之子的封地。在河内郡。野王縣就是這個地方。从邑，于聲。又，音讀象“區”字。

【注釋】① 邘：古國名。也作于。故址在今河南省沁陽縣西北邘臺鎮。　② 周武王子：指于叔。　③ 在河内：標點依王筠《句讀》。　④ 野王：《左傳·僖公二十四年》杜注：“河内野王縣西北有邘城。”　⑤ 讀若區：葉德輝《讀若考》：“于區音近同部。”　⑥ 今讀依《廣韻》羽俱切。

[1]
郘　殷[2]諸侯國。在上黨[3]東北。从邑，㸚聲。㸚，古文利。《商書》[4]：“西伯戡郘。”　郎奚切(lí)。

【譯文】郘，殷代諸侯國。在上黨郡東北。从邑，㸚聲。㸚，古文利字。《商書》：“西伯周文王戰勝了郘國。”

【注釋】① 郘：在今山西省黎城。　② 殷：公元前十四世紀中葉，商王盤庚遷都于殷(今河南安陽市西北)，這時的商朝也稱殷。　③ 上黨：郡名。　④《商書》：指《西伯戡黎》篇。西伯：文王居岐山，封爲雍州伯，雍州在西，因稱西伯。郘：今本作黎。戡：刺殺。這裏引申爲戰勝。

[1]
邵　晉邑也。从邑，召聲。　寔照切(shào)。

【譯文】邵，(春秋)晉國城邑。从邑，召聲。

【注釋】① 邵：在今河南省濟源縣西、山西省垣曲縣東。

【參證】金文作。徐中舒·伍仕謙《中山三器釋文及宫室圖説明》(《中國史研究》一九七九年四期)：“邵，同召，邵乃後起的形聲字。”

[1]
鄍　晉邑也。从邑，冥聲。《春秋傳》[2]曰：“伐鄍三門。”　莫經切(míng)。

【譯文】鄍，晉國城邑。从邑，冥聲。《春秋左傳》説：“攻打鄍城的三大城門。”

【注釋】① 鄍：春秋虞國之地，後屬晉國。在今山西省平陸縣東北。②《春秋傳》：指《左傳・僖公二年》。

鄐① 晉(邢侯)[雍子]②邑。从邑，畜聲。 丑六切(chù)。

【譯文】鄐，晉國雍子的城邑。从邑，畜聲。

【注釋】① 鄐：當在今河北省邢臺縣附近。 ② 邢侯：《段注》："當云'晉雍子邑'，許筆誤也。"《左傳・襄公二十六年》："雍子奔晉，晉人與之鄐，以爲謀主。"

郈① 晉之溫地。从邑，侯聲。《春秋傳》②曰："爭郈田。" 胡遘切(hòu/hóu)③。

【譯文】郈，(春秋)晉國溫地。从邑，侯聲。《春秋左傳》説："(晉國郤至與周王朝)爭郈城的田地。"

【注釋】① 郈：本作"鄇"。春秋溫別邑，原屬周，後入晉。舊址在今河南省武陟縣西南。 ②《春秋傳》：指《左傳・成公十一年》。原文："晉郤至(晉國臣子)與周爭郈田。" ③ 今讀依《廣韻》户鉤切。

邲① 晉邑也。从邑，必聲。《春秋傳》②曰："晉楚戰于邲。" 毗必切(bì)。

【譯文】邲，晉國的城邑。从邑，必聲。《春秋左傳》説："晉國和楚國在邲地作戰。"

【注釋】① 邲：春秋屬鄭。在今河南省滎陽縣北。 ②《春秋傳》：指《左傳・宣公十二年》。原文："晉荀林父(晉臣)帥師及楚子戰于邲。"

郤① 晉大夫叔虎邑也。从邑，𧮫聲②。 綺戟切(xì)。

【譯文】郤，晉國大夫叔虎的城邑。从邑，𧮫聲。

【注釋】① 郤：當在今山西省沁水下游一帶。 ② 𧮫聲：邵瑛《羣經正字》："𧮫，説文部首，口上阿也，上象其理。其虐切。與山谷(gǔ)字不同。"

蜚① 河東聞喜(縣)[鄉]②。从邑，非聲。 薄回切(péi)。

【譯文】蜚，河東郡聞喜縣的鄉名。从邑，非聲。

【注釋】① 蜚：古鄉名。在今山西省聞喜縣東。 ② 縣：《段注》作"鄉"。張舜徽《約注》："謂河東郡聞喜縣有蜚鄉也。"

鄜① 河東聞喜聚②。从邑，虔聲。　渠焉切(qián)。

【譯文】鄜，河東郡聞喜縣的聚落名。从邑，虔聲。

【注釋】① 鄜：聚落名。在今山西省聞喜縣。　② 聚：《段注》："舜所居一年成聚，二年成邑，三年成都，聚小於邑也。"

郟① 河東聞喜鄉。从邑，匡聲。　去王切(kuāng)。

【譯文】郟，河東郡聞喜縣的鄉名。从邑，匡聲。

【注釋】① 郟：在今山西省聞喜縣境。

郯① 河東臨汾地，即漢之所祭后土②處。从邑，癸聲。　揆唯切(kuí)。

【譯文】郯，河東郡臨汾之地，就是漢朝用以祭土地神的地方。从邑，癸聲。

【注釋】① 郯：在今山西省臨汾縣境。　② 后土：土神或地神。

邢① 周公子所封，地近河内懷②。从邑，幵聲。　户經切(xíng)。

【譯文】邢，周公之子的封國。地方挨近河内郡懷縣。从邑，幵聲。

【注釋】① 邢：在今河北省邢臺市境。　② 河内懷：王筠《句讀》："河内郡懷縣。"在今河南省内。

鄔① 太原縣②。从邑，烏聲。　安古切(wǔ/wū)③。

【譯文】鄔，太原郡的縣名。从邑，烏聲。

【注釋】① 鄔：春秋晉地，在今山西省介休縣東北。　② 太原縣：王筠《句讀》引《漢書・地理志》："太原郡烏縣。"　③ 今讀依《廣韻》哀都切。

祁① 太原縣。从邑，示聲②。　巨支切(qí)。

【譯文】祁，太原郡的縣名。从邑，示聲。

【注釋】① 祁：今山西省祁縣。　② 示聲：示，巨支切，地神"祇"的本字，不是示(shì)字。

鄴① 魏郡縣②。从邑，業聲。　魚怯切(yè)。

【譯文】鄴，魏郡的縣名。从邑，業聲。

【注釋】① 鄴：故址在今河北省臨漳縣西、河南省安陽市北。　② 魏郡縣：《段注》："漢魏郡治(王都或地方官署所在地)鄴縣。"

邢[①] 鄭地邢亭。从邑，井聲。　户經切(xíng/jǐng)[②]。

【譯文】邢，鄭國之地邢亭。从邑，井聲。

【注釋】① 邢：在今河北省井陘縣。　② 今讀依《廣韻》子郢切。

【參證】甲文作井，金文作井。《金文編》："不从邑。《説文》周公子所封，字當作井，鄭地刑亭字當作刑。今本説解互易。"

邯 趙邯鄲[①]縣。从邑，甘聲。　胡安切(hán)。

【譯文】邯，趙國邯鄲縣。从邑，甘聲。

【注釋】① 邯鄲：縣名。桂馥《義證》引《羊頭山記》："邯鄲城，邯，山名；鄲，盡也。邯山至此而尽也。"一説是迭韻聯緜詞。故城在今河北省邯鄲市西南。

鄲 邯鄲縣。从邑，單聲。　都寒切(dān)。

【譯文】鄲，邯鄲縣。从邑，單聲。

【參證】金文作。

郇[①] 周(武)[文][②]王子所封國，在晉地。从邑，旬聲。讀若泓[③]。　相倫切(xún)。

【譯文】郇，周文王之子所封的諸侯國，在晉國的土地上。从邑，旬聲。音讀象"泓"字。

【注釋】① 郇：春秋時晉地。在今山西省臨猗縣南。　② 武：鈕樹玉《校録》："'武'當是'文'。"　③ 讀若泓：張文虎《舒藝室隨筆》："泓乃泫字之譌。""蓋旬聲、玄聲古音相近。""玄字隸變或作弓。""泫之誤泓，蓋非無徵矣。"

鄃[①] 清河[②]縣。从邑，俞聲。　式朱切(shū)。

【譯文】鄃，清河郡的縣名。从邑，俞聲。

【注釋】① 鄃：故城在今山東省平原縣西南，夏津縣東北。

② 清河：王筠《句讀》："清河在前漢爲郡，後漢爲國，皆領鄃縣。"

鄗[①] 常山[②]縣。世祖所即位，今爲高邑[③]。从邑，高聲。　呼各切(hè/hào)[④]。

【譯文】鄗，常山郡的縣名。漢世祖光武帝即位的地方，今天叫高邑。从邑，高聲。

【注釋】① 鄗：故城在今河北省柏鄉縣北。　② 常山：王筠《句讀》：

“常山於前漢爲郡，後漢爲國。”　③ 世祖句：桂馥《義證》：“《漢（書・地理）志》：‘常山郡鄗縣，世祖即位，更名高邑。’”世祖：帝王死後的廟號之一。此指東漢光武帝劉秀。　④ 今讀依《廣韻》胡老切。

鄡[①] 鉅鹿縣。从邑，梟聲。　牽遙切（qiāo）。

【譯文】鄡，鉅鹿郡的縣名。从邑，梟聲。

【注釋】① 鄡：西漢，鄡指鄡陽縣，在豫章郡；鄵指鄵縣，在鉅鹿郡。因県與梟同字異體，東漢改鄵（qiāo）縣爲鄡縣。治所在今河北省東鹿縣東南。《舊唐書・地理志》：“鄡，漢縣，屬鉅鹿郡。”

鄚[①] 涿郡縣。从邑，莫聲。　慕各切（mò/mào）。

【譯文】鄚，涿郡的縣名。从邑，莫聲。

【注釋】① 鄚：故城在今河北省任丘縣北。

郅 北地郁郅[①]縣。从邑，至聲。　之日切（zhì）。

【譯文】郅，北地郡郁郅縣。从邑，至聲。

【注釋】① 郁郅：在今甘肅省慶陽縣境。

郯[①] 北方長狄國也。在夏爲防風氏[②]，在殷爲汪茫氏[③]。从邑，叜聲。《春秋傳》[④]曰：“郯瞞[⑤]侵齊。”　所鳩切（sōu）。

【譯文】郯，北方長狄族的小國。在夏朝就是防風氏，在殷朝就是汪茫氏。从邑，叜聲。《春秋左傳》説：“郯國國君瞞（領兵）進攻齊國。”

【注釋】① 郯：今作鄋，春秋時北方少數民族的一個小國。在今山東省中部濟南市北。一説在今山東省博興西南。　② 防風氏：少數民族部落。《國語・魯語下》：“昔禹致羣神於會稽之山，防風氏後至，禹殺而戮之。”　③ 汪茫氏：《國語・魯語下》：“在虞、夏、商爲汪芒氏，於周爲長狄。”　④《春秋傳》：指《左傳・文公十一年》。　⑤ 郯瞞：王筠《句讀》：“郯者國名，瞞者郯國君之名。”

鄦[①] 炎帝太嶽之胤[②]，甫侯[③]所封，在潁川[④]。从邑，無聲。讀若許[⑤]。　虚吕切（xǔ）。

【譯文】鄦：炎帝後裔太嶽的子孫許侯的封地，在潁川郡。从邑，無聲。音讀象“許”字。

【注釋】① 鄦：後作“許”。故地在今河南省許昌縣東。　② 太嶽之胤：太嶽，《段注》：“炎帝神農氏之裔子爲大嶽。”桂馥《義證》：“四岳,官名。大岳也,主四岳之祭焉。”胤,後代。　③ 甫侯:錢坫《斠詮》:“亦即許侯也。”　④ 在潁川:王筠《句讀》:“潁川郡許縣。”　⑤ 讀若許:《段注》:“漢,字作‘許’;周時,字作鄦。”薛傳均《答問疏證》:“無午同部,故鄦亦讀若許。”

【參證】金文作、、、。商承祚《戰國楚竹簡匯編·長沙仰天湖二五號楚墓竹簡遺策考釋》:“鄦、許兩字意義不同。鄦本地名,因邑爲姓。有的封地因强大,又用作國名。”“金文中有多種寫法,如鄦子簠作鄦,蔡大師鼎作鄦,無叀鼎、無曩簋省邑作無,鄦姬鬲、鄦仲尊作鄦,儘管偏旁有變化,但从無聲則不變。”許字參“許”、“杵”、“午”條。

①　邟　潁川縣。从邑,亢聲。　苦浪切(kàng)。

【譯文】邟,潁川郡的縣名。从邑,亢聲。

【注釋】① 邟:又叫邟鄉。在今河南省臨汝縣東。

①　郾　潁川縣。从邑,匽聲。　於建切(yàn/yǎn)②。

【譯文】郾,潁川郡的縣名。从邑,匽聲。

【注釋】① 郾:邵瑛《羣經正字》:“今經典作鄢。《左隱元年》:‘鄭伯克段於鄢。’”故城在今河南省郾城縣南。　② 今讀依《廣韻》於幰切。

【參證】金文作、、。吴大澂《古籀補》卷六:“,古郾字。郾王戈。”

①　郟　潁川縣。从邑,夾聲。　工洽切(jiá)。

【譯文】郟,潁川郡的縣名。从邑,夾聲。

【注釋】① 郟:在今河南省三門峽市西北郟縣。

①　郪　新郪,汝南縣。从邑,妻聲。　七稽切(qī)。

【譯文】郪,新郪,汝南郡的縣名。从邑,妻聲。

【注釋】① 郪:在今安徽省界首縣東北茨河南岸。

①　鄎　姬姓之國,在淮北②。从邑,息聲。今汝南新鄎③。　相即切(xī)。

【譯文】鄎,(西周分封的)姬姓的諸侯國,在淮水之北。从邑,息聲。即當朝汝南郡新息縣。

【注釋】① 郎：故址在今河南省息縣西南。　② 淮北：《段注》："淮水在縣南五里。"　③ 新郎：《段注》"郎"作"息"。王筠《句讀》引孟康説："故息國，其後徙東，故加新云。"

【參證】金文作□、□。《金文編》："春秋國名，姬姓。經典又作息。"

①
郋　汝南邵陵里。从邑，自聲。讀若奚②。　胡雞切(xí)。

【譯文】郋，汝南郡召陵縣的里名。从邑，自聲。音讀象"奚"字。

【注釋】① 郋：朱駿聲《通訓定聲》："今河南許州郾城縣東四十五里有召陵城，召陵有郋里，又有萬歲里。許叔重，萬歲里人也。"
② 讀若奚：《段注》："許蓋用其方言如是。"

①
郣　汝南鮦陽亭②。从邑，旁聲。　步光切(páng)。

【譯文】郣，汝南郡鮦陽縣的亭名。从邑，旁聲。

【注釋】① 郣：在今河南省新蔡縣境。　② 汝南句：王筠《句讀》："《漢志》：汝南郡鮦陽(鮦水之北)縣。"《段注》："郣，鮦陽亭名。"亭：秦漢時小於鄉的基層行政單位。

①
郹　蔡邑也。从邑，狊聲。《春秋傳》②曰："郹陽封人之女奔之。"　古闃切(jú)。

【譯文】郹，(春秋時)蔡國的城邑。从邑，狊聲。《春秋左傳》説："郹陽城守邊關的人的女兒私奔楚子。"

【注釋】① 郹：在今河南新蔡縣境。　②《春秋傳》：指《左傳・昭公十九年》。原文："楚子之在蔡也，郹陽封人之女奔之，生大子建。"楚子，即楚平王。

①
鄧　曼姓之國。今屬南陽。从邑，登聲。　徒亘切(dèng)。

【譯文】鄧，(春秋時)曼姓的諸侯國。當朝屬南陽郡。从邑，登聲。

【注釋】① 鄧：在今河南省鄧縣。

【參證】甲文作□，金文作□、□。甲文□象乘石之形，下从収，即雙手，二者合而爲手捧乘車之石，表示將要登車，故爲登字；金文首字上从□，表示兩足登車：上述字用爲國名地名，則爲假借。金文末字又加□以示地名，□聲。

①
鄾　鄧國地也。从邑，憂聲。《春秋傳》②曰："鄧南鄙鄾人攻之。"　於求切(yōu)。

【譯文】鄾,(春秋時)鄧國的土地。从邑,憂聲。《春秋左傳》説:"鄧國南疆的鄾人攻擊他們。"

【注釋】① 鄾:古鄾子國,在今湖北省襄樊市北。　②《春秋傳》:指《左傳·桓公九年》。

【參證】熊傳新、何光嶽《〈鄂君啓節〉舟節中江湘地名新考》(《湖南師大學報》一九八二年第三期):"鄾位於今襄樊市東北十二里的張家灣附近,當地人叫謬子。"

[1] 南陽淯陽鄉[2]。从邑,号聲。　乎刀切(háo)。

邪　【譯文】邪,南陽郡淯陽縣的鄉名。从邑,号聲。

【注釋】① 邪:在今河南省南陽縣境。　② 南陽句:張舜徽《約注》:"謂南陽郡淯陽縣有鄉名邪也。"

南陽(棗)[棘]陽[1]鄉。从邑,巢聲。　鉏交切(cháo)。

鄛　【譯文】鄛,南陽郡棘陽縣的鄉名。从邑,巢聲。

【注釋】① 棗陽:當依《漢書·地理志》作"棘陽"。故縣城在今河南省新野縣南。

【參證】金文作𨞾。《金文編》:"从喿,今作巢。"

[1] 今南陽穰縣是。从邑,襄聲。　汝羊切(ráng)。

鄹　【譯文】鄹,當朝南陽郡穰縣就是這個地方。从邑,襄聲。

【注釋】① 鄹:在今河南省鄧縣東南。《段注》:"鄹者,古字;穰,漢(朝)字。蓋許所見古籍作鄹,漢時縣名字从禾也。"

[1] 南陽穰鄉。从邑,婁聲。　力朱切(lű/lóu)[2]。

鄋　【譯文】鄋,南陽郡穰縣的鄉名。从邑,婁聲。

【注釋】① 鄋:在今河南省鄧縣東南。　② 今讀依《廣韻》落侯切。

南陽西鄂[1]亭。从邑,里聲。　良止切(lǐ)。

郢　【譯文】郢,南陽郡西鄂縣的亭名。从邑,里聲。

【注釋】① 西鄂:在今河南省南陽縣南。

[1] 南陽舞陰亭。从邑,羽聲。　王榘切(yǔ)。

郘　【譯文】郘,南陽郡舞陰縣的亭名。从邑,羽聲。

【注釋】① 郘:在今河南省泌陽縣。

郢① 故楚都。在南郡江陵北十里。从邑，呈聲。②，郢或省。以整切(yǐng)。

【譯文】郢，(春秋戰國)舊時楚國的都城。在南郡江陵縣北十里。从邑，呈聲。郢，郢的或體，郢的省略。

【注釋】① 郢：今湖北省江陵縣紀南城。 ② 郢：宋保《諧聲補逸》："郢重文作郢，壬聲。"

【參證】甲文作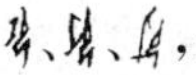，金文作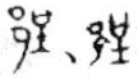。余永梁《殷虚文字考》(《國學論叢》第一卷第一期)："，疑郢字。《説文》郢字或體作郢，與此同。从邑之字或从卩，如鄉卿同字。"

鄢① 南郡縣。孝惠三年改名宜城。从邑，焉聲。 於乾切(yān)。

【譯文】鄢，南郡的縣名。漢孝惠帝三年改名宜城。从邑，焉聲。

【注釋】① 鄢：在今湖北宜城縣。

鄳① 江夏縣。从邑，黽聲。 莫杏切(měng/méng)②。

【譯文】鄳，江夏郡的縣名。从邑，黽聲。

【注釋】① 鄳：舊時縣城所在地在今河南省羅山縣西南九里。 ② 今讀依《廣韻》武庚切。

鄡① 南陽陰鄉②。从邑，葛聲。 古達切(gé)。

【譯文】鄡，南陽郡陰縣的鄉名。从邑，葛聲。

【注釋】① 鄡：在今湖北省光化縣西。 ② 南陽句：王筠《句讀》："南陽郡陰縣之鄉名也。"

鄂① 江夏縣。从邑，咢聲。 五各切(è)。

【譯文】鄂，江夏郡的縣名。从邑，咢聲。

【注釋】① 鄂：舊時縣城所在地在今湖北省鄂州市。

【參證】金文作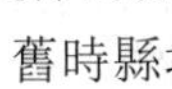，首字不从邑。

邔① 南(陽)[郡]②縣。从邑，己聲。 居擬切(jǐ/qǐ)③。

【譯文】邔，南郡的縣名。从邑，己聲。

【注釋】① 邔：在湖北省宜城縣東北。 ② 陽：當作"郡"。《漢書·地理志》邔縣屬南郡。 ③ 今讀依《廣韻》墟里切。

邾① 江夏縣。从邑，朱聲。 陟輸切(zhū)。

【譯文】邾，江夏郡的縣名。从邑，朱聲。

【注釋】① 邾：在今湖北省黄岡縣境。

【參證】金文作、、。春秋時有兩個邾國：一爲魯之附庸，在今山東鄒縣，金文作“鼄”；一爲楚之與國，在今湖北黄岡，金文作“邾”。二字并非古今字。見陳直《金文拾遺》。

[1] 漢南[2]之國。从邑，員聲。漢中[3]有鄖關。　羽文切(yún)。

鄖　【譯文】鄖，(春秋時)地處漢南的諸侯國。从邑，員聲。漢中郡有鄖關。

【注釋】① 鄖：也作“䢵”。在今湖北省安陸縣。　② 漢南：《段注》：“今湖北德安府府城即故鄖都也。漢水自西北而東南，德安在漢水北而云漢南者，漢之下游地勢處南也。”　③ 漢中：今陝西省南鄭縣。

[1] 南夷國。从邑，庸聲。　余封切(yōng)。

鄘　【譯文】鄘，南方少數民族的諸侯國。从邑，庸聲。

【注釋】① 鄘：在今湖北省竹山縣東。

【參證】金文作，不从邑。

[1] 蜀縣也。从邑，卑聲。　符支切(pí)。

郫　【譯文】郫，蜀郡的縣名。从邑，卑聲。

【注釋】① 郫：在今四川省成都市西。

[1] 蜀江原地。从邑，壽聲。　市流切(chóu)。

鄯　【譯文】鄯，蜀郡江原縣的地名。从邑，壽聲。

【注釋】① 鄯：當在今四川省灌縣境。

[1] 蜀地也。从邑，耤聲。　秦昔切(jí)。

耤　【譯文】耤，蜀郡的地名。从邑，耤聲。

【注釋】① 耤：鄉名。在今四川省邛崍縣。

[1] (蜀)[2]廣漢鄉也。从邑，蔓聲。讀若蔓。　無販切(wàn)。

鄤　【譯文】鄤，廣漢縣的鄉名。从邑，蔓聲。音讀象“蔓”字。

【注釋】① 鄤：朱駿聲《通訓定聲》：“在今四川，無考。”　② 蜀：據姚文田等《校議》，當删。《漢書・地理志》：廣漢縣屬廣漢郡，非蜀郡所領。

什邡[1]，廣漢縣。从邑，方聲。　府良切(fāng)。

邡　【譯文】邡，什邡，廣漢郡的縣名。从邑，方聲。

【注釋】① 什邡：在今四川省什邡縣南。

【參證】金文作䢵。

䣕 存䣕①，犍爲縣。从邑，馬聲。 莫駕切(mà)。

䣕 【譯文】䣕，存䣕，犍爲郡的縣名。从邑，馬聲。

【注釋】① 存䣕：在今四川省樂山地區。《漢書・地理志》“存”作“郁”。

鄨① 牂牁縣。从邑，敝聲。讀若鷩雉②之鷩。 必袂切(bì)。

鄨 【譯文】鄨，牂牁(zāng kē)郡的縣名。从邑，敝聲。音讀象鷩雉的“鷩”字。

【注釋】① 鄨：在今貴州省遵義市西。 ② 鷩(bì)雉：錦雞，似山雞而小。

𨛌① 地名。从邑，包聲。 布交切(bāo)。

𨛌 【譯文】𨛌，地名。从邑，包聲。

【注釋】① 𨛌：《段注》：“當是西南夷之地。”

那① 西夷國。从邑，冄聲。安定朝那縣②。 諾何切(nuó)。

那 【譯文】那，西方少數民族的諸侯國。从邑，冄聲。安定郡有朝那縣。

【注釋】① 那：《段注》：“其地當在四川之西。” ② 安定句：《段注》：“安定郡朝那。”“蓋謂‘那’與‘朝那’異處。”朝那，今甘肅省平凉縣西北。

鄱 鄱陽①，豫章縣。从邑，番聲。 薄波切(pó)。

鄱 【譯文】鄱，鄱陽，豫章郡的縣名。从邑，番聲。

【注釋】① 鄱陽：縣城在今江西省波陽東。

酃① 長沙縣。从邑，霝聲。 郎丁切(líng)。

酃 【譯文】酃，長沙郡的縣名。从邑，霝聲。

【注釋】① 酃：舊城在今湖南省衡陽縣東。《荊州記》：“地有酃湖，周回三里，取湖水爲酒，極甘美，因以得名焉。”叫酃渌酒。

郴① 桂陽縣。从邑，林聲。 丑林切(chēn)。

郴 【譯文】郴，桂陽郡的縣名。从邑，林聲。

【注釋】① 郴：今湖南省郴縣。《段注》：“古郴縣，漢桂陽郡治也。”

今桂陽耒阝陽[1]縣。从邑,耒聲。 盧對切(lèi)。

耒阝 【譯文】耒阝,當朝桂陽郡耒陽縣。从邑,耒聲。

【注釋】① 耒阝陽:《段注》"耒阝"作"耒",注:"許謂耒阝即今之耒陽縣。""耒陽以耒水得名。"在耒水之陽。即今湖南省耒陽縣。

[1] 會稽縣。从邑,貿聲。 莫候切(mào)。

鄮 【譯文】鄮,會稽郡的縣名。从邑,貿聲。

【注釋】① 鄮:在今浙江省鄞縣東。《輿地志》:"邑人以其海中物產,於山下貿易,因名鄮縣。"

[1] 會稽縣。从邑,堇聲。 語斤切(yín)。

鄞 【譯文】鄞,會稽郡的縣名。从邑,堇聲。

【注釋】① 鄞:今浙江省鄞縣。《段注》:"説者謂以赤堇山得名。《越絶書》所謂'赤堇之山,破而出錫'是也。蓋其字初作堇,後乃加邑。"

[1] 沛[2]郡。从邑,宋聲。 博蓋切(bèi/pèi)[3]。

邶 【譯文】邶,沛郡。从邑,宋聲。

【注釋】① 邶:在今安徽省濉溪縣西北。 ② 沛:邶、沛,古今字。 ③ 今讀依《廣韻》普蓋切。

[1] (宋)[鄭]下邑[2]。从邑,丙聲。 兵永切(bǐng)。

邴 【譯文】邴,鄭國的小城邑。从邑,丙聲。

【注釋】① 邴:故地在今山東省費縣東約三十七里處。桂馥《義證》:"(邴)《左傳》作'祊',杜注:'祊,鄭祀泰山之邑。'" ② 宋下句:桂馥《義證》:"'宋'當爲'鄭'。"下邑,《段注》:"'下邑'猶言'小邑'。"

[1] 沛國[2]縣。从邑,䣜聲。 昨何切(cuó)。

鄌 【譯文】鄌,沛國的縣名。从邑,䣜聲。

【注釋】① 鄌:在今河南省永城縣西南。朱駿聲《通訓定聲》:"此縣漢後改爲酇。"徐灝《段注箋》引錢大昕説:"今永城縣東有酇陽集,土人讀如嵯。" ② 沛國:《段注》:"後漢之沛國,前漢之沛郡。"

[1] 地名。从邑,少聲。 書沼切(shǎo)。

邩 【譯文】邩,地名。从邑,少聲。

【注釋】① 邺：在今山東省。

邸 地名。从邑，臣聲。 植鄰切(chén)。

【譯文】邸，地名。从邑，臣聲。

鄒 宋地[①]也。从邑，毚聲。讀若讒。 士咸切(chán)。

【譯文】鄒，(春秋)宋國地名。从邑，毚聲。音讀象“讒”字。

【注釋】① 宋地：《段注》：“不詳其地在漢之何郡縣，故但曰宋地。”

郚[①] 宋魯閒地。从邑，晉聲。 即移切(zī)。

【譯文】郚，(春秋)宋國、魯國之閒的地名。从邑，晉聲。

【注釋】① 郚：約在今山東省汶上縣以南一帶。

郜[①] 周文王子所封國。从邑，告聲。 古到切(gào)。

【譯文】郜，周文王之子所封的諸侯國。从邑，告聲。

【注釋】① 郜：在今山東省成武縣東南。

【參證】金文作。

鄄[①] 衛地。今濟陰鄄城。从邑，垔聲。 吉掾切(juàn)。

【譯文】鄄，(春秋)衛國地名。當朝濟陰郡鄄城縣。从邑，垔(yīn)聲。

【注釋】① 鄄：在今山東省鄄城北舊城。

邛 邛(地)[成][①]。(在)[②]濟陰縣。从邑，工聲。 渠容切(qióng)。

【譯文】邛，邛成。濟陰郡縣名。从邑，工聲。

【注釋】① 邛地：當依《段注》作“邛成”。王紹蘭訂補：“邛與成皆山名。堯葬邛山之陰，成山之陽。後於兩山之間置縣，因名邛成。”成，或作城。在今山東省成武縣東南。 ② 在：衍文。見《段注》。

【參證】金文作、、。邛地有三：一、近楚的邛國；二、濟陰的邛成縣；三、西南的邛方。一、方濬益《綴遺齋彝器款識考釋》卷十三：“邛國不見於經傳，其字从工者，當即春秋之江國。籀文於國邑名類皆从邑，經傳以同聲通假作江也。”二、許所指的邛城。三、唐蘭《天壤閣甲骨文存考釋》：“象工在口中，以象意聲化例推之，當爲从工聲，……卜辭用爲國名，則當是邛之本名。……其地略當四川之邛縣，在殷時當甚强盛，故爲西方之鉅患也。”

鄶① 祝融之後，妘姓所封。潧洧之間。鄭滅之②。从邑，會聲。 古外切(kuài)。

【譯文】鄶，祝融氏的後裔，妘姓分封的諸侯國。在潧水、洧水之間。鄭(武公)滅亡了它。从邑，會聲。

【注釋】① 鄶：在今河南省密縣東南。 ② 祝融四句：《段注》引《鄭詩譜》曰："檜者，古高辛氏(帝嚳)火正(掌火官)祝融之墟。檜國……居溱(zhēn，亦作潧，水名)洧(wéi，水名)之閒。祝融氏名黎，其後八姓，惟妘姓檜者處其地焉。後爲鄭桓公之子武公所滅。"

【參證】金文作。

邧① (鄭)[秦]②邑也。从邑，元聲。 虞遠切(yuǎn/yuán)③。

【譯文】邧，(春秋)秦國城邑。从邑，元聲。

【注釋】① 邧：在今陝西省澄城縣境。 ② 鄭：當依徐鍇《繫傳》作"秦"。 ③ 今讀依《廣韻》愚袁切。

郔① 鄭地。从邑，延聲。 以然切(yán)。

【譯文】郔，(春秋)鄭國地名。从邑，延聲。

【注釋】① 郔：在今河南省鄭州市南。

郠① 琅邪莒邑②。从邑，更聲。《春秋傳》③曰："取郠。" 古杏切(gěng)。

【譯文】郠，琅邪郡莒縣的城邑名。从邑，更聲。《春秋左傳》說："攻取郠城。"

【注釋】① 郠：在今山東沂水縣境。 ② 琅邪句：王筠《句讀》："後漢琅邪之莒縣，與春秋之莒國正相當。" ③《春秋傳》：指《左傳·昭公十年》。

鄅① 妘姓之國。从邑，禹聲。《春秋傳》②曰："鄅人籍稻。"讀若規榘之榘。 王榘切(yǔ)。

【譯文】鄅，(春秋)妘姓的諸侯國。从邑，禹聲。《春秋左傳》說："鄅國君主在籍田上耕種稻穀。"音讀象規榘的"榘"字。

【注釋】① 鄅：在今山東省臨沂縣北。 ②《春秋傳》：指《左傳·昭公十八年》。今"籍"作"藉"。《段注》："服虔曰：藉，耕種於藉田也。"藉田：古時帝王於春耕前親耕農田，以奉祀宗廟，且寓勉勵農事之意。此次鄅君藉田在六月。

【參證】馬敘倫《六書疏證》卷十二引劉秀生説:"《春秋·昭十八年》:'邾人入鄅。'《釋文》:'鄅音禹。許慎、郭璞皆音矩。'矩爲榘省,榘即巨俗。禹聲在模部,巨聲亦在模部。故鄅从禹聲得讀若榘。"

① **鄒** 魯縣②,古邾國③,帝顓頊之後所封④。从邑,芻聲。　側鳩切(zōu)。

【譯文】鄒,魯國的縣名,古代的邾國,帝顓頊氏的後裔的封地。从邑,芻聲。

【注釋】① 鄒:古國名。有今山東省費、鄒、滕、濟寧、金鄉等地。　② 魯縣:張舜徽《約注》:"謂漢時魯國有縣名鄒也。"　③ 邾國:《段注》作"古邾婁國",説:"周時或云鄒,或云邾婁者,語言緩急之殊也。"《六書故》:"春秋時,邾莒用夷,故邾謂邾婁。婁亦兩音:力俱切者,合邾婁之音爲邾;力溝切者,合邾婁之音爲鄒也。"徐灝《段注箋》:"邾、鄒,聲轉之異。"　④ 顓頊句:王筠《句讀》:"顓頊帝元孫陸終氏第五子晏安,賜姓曹,封于邾,子孫以邾爲姓;周武王封晏安之裔邾挾爲附庸。"

① **郳** (邾)[鄒]下邑(地)[也]②。从邑,余聲。魯東有郳城。讀若塗③。　同都切(tú)。

【譯文】郳,鄒國的小城邑。从邑,余聲。魯國東部有郳城。音讀象"塗"字。

【注釋】① 郳:在山東省舊薛縣,今棗莊市西南。　② 此句據《段注》校改。下邑,猶小邑。　③ 讀若塗:葉德輝《讀若考》:"塗本涂聲,涂又余聲,塗亦余聲。故音讀相同。"

【參證】金文作□。容庚《寶蘊樓彝器圖録·郳王鼎》:"經典通作徐。《周禮·司寇·雍氏》注:'伯禽以出師征徐戎。'《釋文》:劉本作郳。"馬敘倫《六書疏證》卷十二:"《後漢書·郡國志》:'魯國,薛,六國時曰徐州,蓋即此郳。'"

① **邿** 附庸②國。在東平亢父邿亭③。从邑,寺聲。《春秋傳》④曰:"取邿。"　書之切(shī)。

【譯文】邿,附屬於諸侯的小國。在東平國亢父縣詩亭。从邑,寺聲。《春秋左傳》説:“(魯國)攻取了邿國。”

【注釋】① 邿:在今山東省濟寧市東南。 ② 附庸:《段注》引《王制》曰:“不能五十里者不合(朝會)於天子。附於諸侯曰附庸。” ③ 東平句:東平國亢父縣有詩亭。見《漢書·地理志》。邿、詩,古今字。 ④《春秋傳》:指《春秋經·襄公十三年》。

【參證】金文作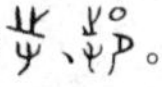。

① 魯下邑。孔子之鄉。从邑,取聲。 側鳩切(zōu)。

鄹 【譯文】鄹,(春秋)魯國的小城邑。孔子的家鄉。从邑,取聲。

【注釋】① 鄹:在今山東省曲阜縣東南。王筠《句讀》:“《檀弓》、《左傳》皆作郰,《論語》作鄹,《史記·孔子世家》作陬,移邑於左邊。字又借鄒。”

【參證】金文作。

① 魯孟氏邑。从邑,成聲。 氏征切(chéng)。

郕 【譯文】郕,(春秋)魯國孟氏的城邑。从邑,成聲。

【注釋】① 郕:在今山東省寧陽縣東北,泗水縣西北。《段注》:“今《春秋》三經三傳皆作成。”

① 周公所誅郼國②。在魯③。从邑,奄聲。 依檢切(yǎn)。

郼 【譯文】郼,周公誅滅的郼國。在魯國(附近)。从邑,奄聲。

【注釋】① 郼:也作奄。在今山東省曲阜縣舊城東。 ② 周公句:《尚書·多方》“王來自奄”鄭注:“奄國在淮夷之旁,周公居攝之時亦叛。王與周公征之。三年滅之。” ③ 在魯:《段注》:“奄在淮北,近魯,故許云‘在魯’。”

① 魯下邑。从邑,雚聲。《春秋傳》②曰:“齊人來歸酄。” 呼官切(huān)。

酄

【譯文】酄,(春秋)魯國小城邑。从邑,雚聲。《春秋左傳》説:“齊人把酄地歸還給魯國。”

【注釋】① 酄:故地在今山東省肥城縣西。 ②《春秋傳》:指《春秋經·定公十年》。酄,今作“讙”。柳榮宗《引經考異》:“鄿之爲譚,許之代鄦,酄之作讙,古文从邑之字多以从言之字爲之。變易之由，不能究詰有如此者。”

①　魯亭也。从邑，良聲。　魯當切(láng)。

郎　【譯文】郎，(春秋)魯國的亭名。从邑，良聲。

【注釋】① 郎：魯有二郎：一在今山東省魚臺縣東北；一在今山東省曲阜縣附近。許氏“魯亭”當爲後者。亭：小於鄉的行政組織。《段注》：“以郎爲男子之偁及官名者，皆良之假借字也。”

①　奚仲之後，湯左相仲虺所封國②。在魯薛縣③。从邑，丕聲。　敷悲切(pī)。

邳　【譯文】邳，奚仲的後裔，商湯左相仲虺分封的諸侯國。在(漢代)魯國的薛縣。从邑，丕聲。

【注釋】① 邳：在今山東省滕縣西南，微山縣西北。　② 奚仲二句：桂馥《義證》引顔注《急就篇》：“有奚仲者，爲夏車正(掌車馬)，受封於薛，後遷于邳，而仲虺(huǐ)居薛，爲湯左相(官名，與右相相對)。”　③ 在魯句：《段注》：“商之邳國，在今漢之魯國。魯國薛縣是其地也。”

【參證】金文作，不从邑。

①　紀邑也。从邑，章聲。　諸良切(zhāng)。

鄣　【譯文】鄣，(春秋)紀國的城邑名。从邑，章聲。

【注釋】① 鄣：《段注》：“《公羊》《穀梁》皆曰：‘鄣，紀之遺邑也。’”張舜徽《約注》：“古之紀國在今山東省壽光縣南。鄣當去之不遠。”

①　國也，今屬臨淮②。从邑，干聲。一曰：邗本屬吴③。　胡安切(hán)。

邗　【譯文】邗，國名，當朝屬臨淮郡。从邑，干聲。或説，邗地本屬吴國。

【注釋】① 邗：也作“干”。在今江蘇省揚州市東北。　② 國也兩句：《段注》：“本是邗國，其地漢屬臨淮郡。”　③ 本屬吴：張舜徽《約注》引陳衍曰：“(干)故城在今江蘇江都縣。後地入吴，故干又爲吴稱。”

【參證】金文作、。陳夢家《禺邗王壺考釋》(《燕京學報》第二十一期)：“吴、干本係兩國。”“(干國)其疆域北至大江之北淮揚一帶。

吴併干而復以干名吴。”“吴既自稱爲干,故先秦典籍中之干越即吴越也。”楊樹達《積微居金文説·趙孟庎壺跋》:“邗爲國邑之名,字从邑,爲本字,經傳假干爲邗,省形存聲耳。”

鄬① 臨淮徐地②。从邑,義聲。《春秋傳》③曰:“徐鄬楚。” 魚羈切(yí)。

【譯文】鄬,臨淮郡徐縣地名。从邑,義聲。《春秋左傳》説:“徐大夫鄬楚。”

【注釋】① 鄬:在今安徽省泗縣北。 ② 徐地:《段注》:“徐縣地名也。” ③《春秋傳》:指《左傳·昭公六年》。鄬楚:桂馥《義證》:“楚是大夫之名,鄬是所食之邑。”以邑爲氏。

郈① 東平無鹽鄉②。从邑,后聲。 胡口切(hòu)。

【譯文】郈,東平國無鹽縣的鄉名。从邑,后聲。

【注釋】① 郈:在今山東省東平縣東南,汶上縣北。 ② 東平句:東平國無鹽縣有郈鄉。見《漢書·地理志》。

郯① 東海縣。帝少昊②之後所封。从邑,炎聲。 徒甘切(tán)。

【譯文】郯,東海郡的縣名。帝少昊的後裔的封地。从邑:炎聲。

【注釋】① 郯:在今山東省臨沂地區郯城北。 ② 少昊:也作少皞。傳説古部落首領名。名摯,字青陽,黄帝子,己姓。

【參證】金文作。郭沫若《兩周金文辭大系考釋·令毁》:“炎當即春秋時郯國之故稱。”劉彬徽《包山楚簡》:“(郯)戰國初被越國所滅,越被楚滅後,地入楚。”

郚① 東海縣。故紀侯之邑也。从邑,吾聲。 五乎切(wú)。

【譯文】郚,東海郡縣名。(春秋)舊時紀侯的城邑。从邑,吾聲。

【注釋】① 郚:春秋名郚,漢名郚鄉。故城在今山東省安丘縣西南。

酅① (東)[北]海②之邑。从邑,巂聲。 户圭切(xī)。

【譯文】酅,北海郡的城邑名。从邑,巂聲。

【注釋】① 酅:春秋紀國城邑。在今山東省益都西北。 ② 東海:王筠《句讀》:“東當作北。”《史記·田敬仲完世家》張守節《正義》引《括地志》:“安平城在青州臨淄縣東十九里,古紀國之酅邑。”王筠《句讀》:“青州即北海郡也。”

鄫[①] 姒姓國。在東海。从邑，曾聲。 疾陵切(zēng)。

【譯文】鄫，姒姓諸侯國。在東海郡。从邑，曾聲。

【注釋】① 鄫：周國名。在今山東棗莊市東，蒼山縣稍北。

【參證】金文作、。劉心源《奇觚室吉金文述》卷五："曾即鄫。《世本·氏姓篇》：曾氏：夏少康封其少子曲烈於鄫，襄公六年，莒滅之，鄫太子仕魯，去邑爲曾氏。"

邪[①] 琅邪郡[②]。从邑，牙聲[③]。 以遮切(yé)。

【譯文】邪，琅邪郡。从邑，牙聲。

【注釋】① 邪：《段注》："古書用爲衺正字，又用爲辭助。""今人文字邪爲疑辭也，爲決辭也。" ② 琅邪：也作"琅玡"、"瑯琊"。《段注》："許从前漢之制，故曰郡。"前漢琅邪郡治東武，即今山東省諸城縣治。 ③ 牙聲：《段注》："近人隸書从耳作耶，由牙、耳相似。"

邞[①] 琅邪縣。一名純德[②]。从邑，夫聲。 甫無切(fū)。

【譯文】邞，琅邪郡的縣名。又叫純德。从邑，夫聲。

【注釋】① 邞：在今山東膠縣西南，諸城之東。 ② 純德：桂馥《義證》："(王)莽曰純德。本書不引莽地名，蓋後人加之。"

郪 齊地也。从邑，桼聲。 親吉切(qī)。

【譯文】郪，齊國的地名。从邑，桼聲。

【參證】金文作。

郭[①] 齊之郭氏虛[②]。善善，不能進；惡惡，不能退：是以亡國也[③]。从邑，𩫏聲。 古博切(guō)。

【譯文】郭，在齊國境内的、已滅亡的郭國的邱墟。喜愛善良，卻不能舉進；厭惡醜惡，卻不貶退：因此亡了國。从邑，𩫏聲。

【注釋】① 郭：春秋國名。在今山東省北部。《段注》："郭，今以爲城𩫏字，又以爲恢郭字。"參"𩫏"條。 ② 郭氏虛：《段注》："郭本國名。虛、墟，古今字。郭國既亡，謂之郭氏虛。" ③ 善善句：桂馥《義證》引《風俗通》："郭氏，古之諸侯，善善不能用，惡惡不能去，故善人怨焉，惡人存焉，是以敗爲邱墟也。"

郳 齊地。从邑，兒聲。《春秋傳》[①]曰："齊高厚定郳田。" 五雞切(ní)。

【譯文】郳，齊國的地名。从邑，兒聲。《春秋左傳》説："齊名臣高厚劃定了郳國的田地。"

【注釋】①《春秋傳》：指《左傳・襄公六年》。

【參證】金文作□、□。《春秋・莊公五年》："秋，郳犁來來朝。"《疏》："郳之上世出於邾，邾俠之後也。夷父顔有功於周，其子友别封爲附庸，居郳。曾孫犁來附從齊桓以尊周室，命爲小邾子。"張振林《郳右㞞戟跋》(《古文字研究》一九九二年第十九期)："春秋時，邾爲魯之附庸小國。""小邾又爲邾國别封的附庸國。""郳國故城在滕縣東六里。"

郣　郣海(地)[郡]①。从邑，孛聲。一曰：地之起者曰郣。　蒲沒切(bó)。

【譯文】郣，郣海郡名。从邑，孛聲。另一義説，土地的隆起處叫郣。

【注釋】① 郣海地：徐灝《段注箋》："地字即郡之譌。"朱駿聲《通訓定聲》："郣海郡，在今直隸河閒、天津二府北。"郣，也作勃、渤。《段注》："其謂之勃海者，師古曰：在勃海之濱，因以爲名也。"

鄿①　國也。齊桓公之所滅。从邑，覃聲。　徒含切(tán)。

【譯文】鄿，(春秋)國名。爲齊桓公所滅。从邑，覃聲。

【注釋】① 鄿：也作"譚"。在今山東省章丘縣西。

郇　地名。从邑，句聲。　其俱切(qú)。

【譯文】郇，地名。从邑，句聲。

郂　陳留鄉①。从邑，亥聲。　古哀切(gāi)。

【譯文】郂，陳留縣的鄉名。从邑，亥聲。

【注釋】① 陳留鄉：張舜徽《約注》："此謂陳留郡陳留縣有鄉名郂也。漢之陳留縣，即今河南陳留。"

𨛫①　故國。在陳留。从邑，𢦏聲。　作代切(zài)。

【譯文】𨛫，古國名。在陳留郡。从邑，𢦏聲。

【注釋】① 𨛫：也作"戴"、"載"。三字俱从𢦏聲。春秋時爲宋所滅。在今河南省民權縣東。

【參證】金文作□、□。

[1] 地名。从邑，燕聲。 烏前切(yān)。

鄿 【譯文】鄿，地名。从邑，燕聲。

【注釋】① 鄿：《段注》："齊有高鄿，即高偃。"

地名。从邑，丘聲。 去鳩切(qiū)。

邱 【譯文】邱，地名。从邑，丘聲。

地名。从邑，如聲。 人諸切(rú)。

𨛘 【譯文】𨛘，地名。从邑，如聲。

地名。从邑，丑聲。 女九切(niǔ)。

䢺 【譯文】䢺，地名。从邑，丑聲。

地名。从邑，几聲。 居履切(jǐ)。

邔 【譯文】邔，地名。从邑，几聲。

[1] 地名。从邑，翕聲。 希立切(xī)。

郋 【譯文】郋，地名。从邑，翕聲。

【注釋】① 郋：在今安徽省東南部歙縣。徐鍇《繫傳》："郋，今作歙縣也。"

[1] 地名。从邑，求聲。 巨鳩切(qiú)。

𨛣 【譯文】𨛣，地名。从邑，求聲。

【注釋】① 𨛣：《玉篇》："𨛣鄉在陳留。"

地名。从邑，嬰聲。 於郢切(yǐng/yīng)[1]。

鄸 【譯文】鄸，地名。从邑，嬰聲。

【注釋】① 今讀依《廣韻》於盈切。

[1] 地名。从邑，尚聲。 多朗切(dǎng)。

鄭 【譯文】鄭，地名。从邑，尚聲。

【注釋】① 鄭：《玉篇・邑部》："五百家爲鄭。今作黨。"邵瑛《羣經正字》："鄭本古鄉黨字。"

[1] 地名。从邑，并聲。 薄經切(píng)。

𨚑 【譯文】𨚑，地名。从邑，并聲。

【注釋】① 𨚑：春秋紀國地名，後入齊。在今山東省臨朐縣東南。

地名。从邑，虖聲。 呼古切(hǔ)。

䣊 【譯文】䣊，地名。从邑，虖聲。

𩰫 地名。从邑。火聲。　呼果切(huǒ)。

邩 【譯文】邩,地名。从邑,火聲。

𨞍[①] 地名。从邑,翏聲。　盧鳥切(liǎo)。

鄝 【譯文】鄝,地名。从邑,翏聲。

【注釋】① 鄝:在今河南省固始縣。

𨞊[①] 地名。从邑,爲聲。　居爲切(guī)。

鄬 【譯文】鄬,地名。从邑,爲聲。

【注釋】① 鄬:春秋鄭國地名。在今河南省魯山縣境。

𨛮[①] 地名。从邑,屯聲。　此尊切(cūn)。

邨 【譯文】邨,地名。从邑,屯聲。

【注釋】① 邨:《段注》:"本音豚,屯聚之意也。俗讀此尊切。又變字爲村。"朱駿聲《通訓定聲》:"後也用爲村落、鄉村。"

𨜏[①] 地名。从邑,舍聲。　式車切(shē/shū)[②]。

郐 【譯文】郐,地名。从邑,舍聲。

【注釋】① 郐:也作"舒"。春秋時舒國在今安徽省廬江縣西。

② 今讀依《廣韻》傷魚切。

𨛶[①] 地名。从邑,盇聲。　胡蠟切(hé)。

郃 【譯文】郃,地名。从邑,盇聲。

【注釋】① 郃:張舜徽《約注》:"漢之蓋(即郃)縣,在今山東省沂水縣西北。"

𨞑[①] 地名。从邑,乾聲。　古寒切(gān)。

鄿 【譯文】鄿,地名。从邑,乾聲。

【注釋】① 鄿:《正字通・邑部》:"鄿,地名。《春秋》石經乾侯。"按:乾侯爲晉國地名,在今河北省成安縣東南。

𨟙 地名。从邑,㐭聲。讀若淫[①]。　力荏切(lǐn/yín)[②]。

鄰 【譯文】鄰,地名。从邑,㐭聲。音讀象淫字。

【注釋】① 讀若淫:馬敘倫《六書疏證》卷十二引劉秀生説:"㐭从㐭聲,在覃部;淫从𡈼聲,亦在覃部:故鄰从㐭聲得讀若淫。"　② 今讀依《廣韻》餘針切。

地名。从邑，山聲。　所閒切(shān)。

峬　【譯文】峬，地名。从邑，山聲。

①　地名。从邑，臺聲。臺，古堂字。　徒郎切(táng)。

鄌　【譯文】鄌，地名。从邑，臺聲。臺，古堂字。

【注釋】① 鄌：舊時治所在今江蘇省南京市北部。

①　姬姓之國。从邑，馮聲。　房戎切(féng)。

鄬　【譯文】鄬。姬姓的諸侯國。从邑，馮聲。

【注釋】① 鄬：李富孫《辨字正俗》："《廣韻》：'馮，姓也。畢公高之後，食采於馮，因而命氏。'據許書，當作鄬。後人省借作馮，以爲氏。經傳又借爲馮(憑)依字。馮依，本當作憑，因讀若馮，故多假借通用。今《顧命》作憑，俗字也。"

①　汝南安陽鄉。从邑，(蔽)[㕡]②省聲。　苦怪切(kuài)。

郂　【譯文】郂，汝南郡安陽縣的鄉名。从邑，㕡省聲。

【注釋】① 郂：又作"蒯"。在今河南省洛陽縣西南。　② 蔽：當依徐鍇《繫傳》作"㕡"。

汝南上蔡亭。从邑，甫聲。　方矩切(fǔ)。

郙　【譯文】郙，汝南郡上蔡縣的亭名。从邑，甫聲。

【參證】金文作。

①　南陽縣。从邑，麗聲。　郎擊切(lì)。

酈　【譯文】酈，南陽郡的縣名。从邑，麗聲。

【注釋】① 酈：在今河南省南陽西北。

地名。从邑，䙴聲。　七然切(qiān)。

鄱　【譯文】鄱，地名。从邑，䙴聲。

【參證】金文作。楊寬《釋何尊銘文兼論周開國年代》(《文物》一九八三年第六期)："'鄱'字在《説文》爲地名。何尊銘文當作'䙴'字用，也可以讀作'遷'，其原義爲升登。'䙴'在《説文》是'䢅'的異文。""'䢅'、'䙴'、'遷'三字，原來確實音義全同。"

①　从反邑。郒字从此。闕。

邑　【譯文】邑，由邑字反過來構成。郒字从邑，闕其音義。

【注釋】① 邑：王筠《釋例》："邑下竝無説解而遽云'从反邑'，是此字無義也；又云‘闕’，是此字無音也。……第爲䣈(xiàng)從此一句設耳。”張舜徽《約注》引丁山說：“知𨛜、邑古本一字，反形之義，與正無殊矣。”一說同“苑”。《字彙補・邑部》：“𨛜，即花苑之苑。”

文一百八十四　重六

䣈部

䣈 鄰道[1]也。从邑，从𨛜[2]。凡䣈之屬皆从䣈。闕[3]。　胡絳切(xiàng)。

【譯文】䣈，巷道。由邑、由𨛜會意。大凡䣈的部屬都从䣈。闕其音。

【注釋】① 鄰道：王筠《釋例》：“䣈下云：‘鄰道也。’䢽下云：‘里中道也。’鄰、里一義。而《唐韻》皆胡絳切，則其音又同，當爲一字。”

② 从邑，从𨛜：王筠《句讀》：“从二邑相向。”“兩鄰望衡對宇，中央闕然爲道，故曰鄰道。居南者北向，居北者南向，故反一邑以見意。”

③ 闕：《段注》：“謂其音未聞也。大徐云：胡絳切。依䢽(xiàng)字之音，非有所本。”

【參證】甲文作。《甲骨文編》：“䣈，象二人相向之形。”按：後隸變作卯。

䣉[1] 國離邑[2]，民所封鄉[3]也。嗇夫別治[4]。封圻之内六鄉[5]，六鄉[6]治之。从䣈，皀聲[7]。　許良切(xiāng)。

【譯文】鄉，與都城相距稍遠的邑地，是百姓聚集、歸向的地方。(漢朝禮制規定：)(鄉官)嗇夫分別管理它們。(周朝禮制規定：)國都四周分六個鄉，由六卿分別管理它們。从䣈，皀聲。

【注釋】① 䣉：同鄉。　② 國離邑：張舜徽《約注》：“國者，都也。謂離都邑稍遠之地。”　③ 封鄉：承培元《引經證例》：“封猶聚也；鄉，歸鄉(xiàng)也。”　④ 嗇夫句：承培元《引經證例》：“漢制也。《百官表》：‘十亭一鄉。’鄉大者有三老、嗇夫、游徼；鄉小者則止置嗇夫。嗇夫職聽訟、收賦稅之事者也。”王筠《句讀》：“(鄉)又有嗇夫分別治之也。”　⑤ 封圻句：《段注》：“謂周禮也。封圻即邦畿。”

⑥ 六鄉：徐鍇、段、桂、朱、王均作六卿。王筠《句讀》："《鄉大夫職》曰：'每鄉卿一人。'"　⑦ 皀(xiāng)聲：徐鍇《繫傳》："當許慎之時，皀音香。"

【參證】甲文作，金文作、。林義光《文源》："象薦熟物器，象二人相向就食形。亦即饗之古文。"楊寬《古史新探》："鄉邑的稱'鄉'……實是取義於共食。""是用來指自己那些共同飲食的氏族聚落的。""'卿'原是共同飲食的氏族聚落中'鄉老'的稱謂，因代表一鄉而得名。進入階級社會後，'卿'便成爲'鄉'的長官的名稱。"羅振玉《增訂殷虛書契考釋》："古公卿之卿、鄉黨之鄉、饗食之饗，皆爲一字。後世析而爲三。許君遂以鄉入䢼(xiàng)部，卿入卯(qīng)部，饗入食部，而初形初誼不可見矣。"

𨞠 里[①]中道。从䢼，从共[②]。(皆)[言]在邑中所共也[③]。巷[④]，篆文从䢼省。　胡絳切(xiàng)。

【譯文】𨞠，街里中的道路。由䢼、由共會意。是説在城邑之中、人們共同經過的地方。巷，篆文𨞠字，邑是䢼的省略。

【注釋】① 里：《段注》："言里可該邑也。"　② 从共：《段注》："共亦聲也。"共、巷上古同屬東部。徐灝箋："巷古音讀如閧，共當爲聲。今京師謂之衚衕，即衖之切音，轉爲平聲。"　③ 皆在句：當依《段注》"皆"作"言"，注："説會意之恉。道在邑之中，人所共由。""引申之，凡夾而長者皆曰巷。""今江蘇俗尚云弄。"弄即里弄。
④ 巷：《段注》："巷爲小篆，則知𨞠爲古文籒文也。""巷，今作巷。"

文三　重一

卷十三

日部

日　實[①]也。太陽之精不虧[②]。从口一[③]。象形。凡日之屬皆从日。日，古文。象形。　人質切(rì)。

【譯文】日，(光明)盛實。太陽的精華不虧損。由口、一會意。象形。大凡日的部屬都从日。日，古文日。象形。

【注釋】① 實：《釋名・釋天》："日，實也。光明盛實也。"　② 精：王筠《句讀》"晶"下："物之精者必有光，天精爲日。"不虧：王筠《句讀》："對'月闕也'而言。"　③ 从口一：朱駿聲《通訓定聲》："以遠鏡測之，其體如雞卵，面有浮游黑點，大小不均……莫能解其何物何故，造字以中一象之。古文并象其移動微曲之形。"徐灝《段注箋》："相傳日中有烏者。以(日中)黑點如羣烏飛耳。古文或作日，蓋後人以乙象烏也。此字全體象形，小篆由古文變爲方體，析而言之，則日从口一。"

【參證】甲文作⊖、日，金文作○、⊖、⊙。羅振玉《增訂殷虚書契考釋》："日體正圓。卜辭中諸形，或爲多角形，或正方者，非日象如此，由刀筆能爲方、不能爲圓故也。"李孝定《甲骨文字集釋》："中有點畫，所以別於口也。"

旻　秋天也。从日，文聲。《虞書》曰[①]："仁閔覆下，則稱旻天[②]。"　武巾切(mín)。

【譯文】旻，秋天。从日，文聲。《虞書》的(解説)説："(上天)仁慈憐憫，覆佑天下，就稱爲旻天。"

【注釋】①《虞書》曰：徐鍇《繫傳》："當言'《虞書》説'也。"汪憲《繫傳考異》："是鍇所謂虞書説者，歐陽説也。歐陽本説《書》而其語又見於《詩傳》也。"　② 仁閔二句：見《詩經・王風・黍離》毛傳。

“閔覆”作“覆閔”。

時　四時①也。从日，寺聲。旹，古文時，从之(日)[聲]②。市之切(shí)。

【譯文】時，四時。从日，寺聲。旹，古文“時”字，从之聲。

【注釋】① 四時：《段注》：“本春、夏、秋、冬之稱。引申之爲凡歲、月、日、刻之用。”　② 之日：王筠《句讀》：“从之聲也。‘日’與小篆同，不當複舉。”宋保《諧聲補逸》：“時古文作旹，之聲，猶詩从寺聲，古文作訨，从㞢聲也。”

【參證】甲文作旹，金文作旹，从日，之聲。商承祚《殷虚文字》：“此與許書之古文合。”

早　晨也。从日在甲上①。　子浩切(zǎo)。

【譯文】早，早晨。由“日”在“甲”上會意。

【注釋】① 从日句：朱駿聲《通訓定聲》：“甲者，首鎧。从甲猶从首也。舉首見日爲早。”

【參證】金文作曩。戴家祥《金文大字典》：“張政烺曰：‘曩，从日棗聲，讀爲早。’”

昒①　尚冥②也。从日，勿聲。　呼骨切(hū)。

【譯文】昒，還在昏暗之際。从日，勿聲。

【注釋】① 昒：又作曶。《字通》：“與曰部曶字異。曶从曰，與忽同。此从日。”　② 尚冥：《段注》：“冥者，窈也，幽也。自日入至於此，尚未出也。”即指天將明而未明之時。

昧　爽①，(旦)[且]②明也。从日，未聲。一曰：闇③也。　莫佩切(mèi)。

【譯文】昧，昧爽，將明之際。从日，未聲。另一義說：昧是昏暗。

【注釋】① 爽：應連篆爲讀。《段注》：“昧者，未明也；爽者，明也。合爲將旦之偁。”　② 旦：當依《段注》作“且”。　③ 闇：王筠《句讀》：“連言‘昧爽’，則爲‘且明’；第言‘昧’，則爲‘闇’。”又，《釋例》：“昧爽之時，較日出言之，則爲闇；較鷄鳴時言之，則爲明：本是一義。”

【參證】金文作昧。孫詒讓《古籀拾遺》卷下：“昧字特迻左形右聲爲上聲下形耳。”

睹[1]　旦明[2]也。从日，者聲。　當古切(dǔ/shǔ)[3]。

【譯文】睹，天亮。从日，者聲。

【注釋】① 睹：《段注》：“本作睹，後乃變爲曙。署亦者聲也。”朱駿聲《通訓定聲》：“與上形下聲之暑别。”　② 旦明：同義連用。本書“旦”部：“旦，明也。”　③ 今讀依《集韻》常恕切。

晢　昭晣[1]，明也。从日，折聲。《禮》[2]曰：“晣明行事。”　旨熱切(zhé)。

【譯文】晢，昭晣，明亮。从日，折聲。《儀禮》説：“天已大明才辦加冠禮之事。”

【注釋】① 昭晣：同義連用。《段注》：“晢字日在下，或日在旁作晣同耳。”“昭晢皆从日，本謂日之光。引申之，爲人之明哲。口部曰：‘哲，知也。’”朱駿聲《通訓定聲》：“與晢白字聲義皆别。”　②《禮》：指《儀禮·士冠禮》。今“晣”作“質”。鄭玄注：“旦日正明行冠事。”承培元《引經證例》：“(質明)，日已大明時也。作晢爲正字，質爲借字。”

昭　日明[1]也。从日，召聲。　止遙切(zhāo)。

【譯文】昭，太陽明亮。从日，召聲。

【注釋】① 日明：《段注》：“引申爲凡明之偁。”

晤　明[1]也。从日，吾聲。《詩》[2]曰：“晤辟有摽。”　五故切(wù)。

【譯文】晤，(因受啓發而)明白。从日，吾聲。《詩經》説：“(審慎地想起這件事，)翻然醒悟，用手拍打胸口，以至于重重地拍擊起來。”

【注釋】① 明：《段注》：“晤者，啓之明也。”　②《詩》：指《邶風·柏舟》。“晤”上有“靜言思之”一句。晤，《段注》：“今《詩》作寤。”“訓覺悟，其假借之字也。”辟，同擗。有，助詞，强調“摽(biāo)”的程度。摽，拊心皃。

旳[1]　明也。从日，勺聲。《易》[2]曰：“爲旳顙。”　都歷切(dì)。

【譯文】旳，明顯。从日，勺聲。《易經》説：“(震)是白額。”

【注釋】① 旳：《段注》：“旳者，白之明也。故俗字作‘的’。”“引申爲躲旳。”　②《易》：指《説卦》。

① 明也。从日，光聲②。　胡廣切(huàng/huǎng)。

晄

【譯文】晄，明晃。从日，光聲。

【注釋】① 晄：《段注》作“晃”，注：“晃者，動之明也。”　② 光聲：聲中有義。《釋名》：“光，晃也，晃晃然也。”《段注》：“凡光必動。會意兼形聲字也。”王筠、朱駿聲均作从日光，光亦聲。

① 明也。从日，廣聲②。　苦謗切(kuàng)。

曠

【譯文】曠，明朗。从日，廣聲。

【注釋】① 曠：《段注》：“廣大之明也。會意兼形聲字也。引申爲虚空之偁。”　② 廣聲：聲中有義。廣有廣大、空廓之義。

 日旦出皃。从日，九聲①。[讀]若勖②。一曰：明也③。許玉切(xù)。

旭

【譯文】旭，太陽在天明時出來的樣子。从日，九聲。音讀象“勖”字。另一義説：旭是陽光明亮。

【注釋】① 九聲：上古屬幽部，見紐。旭屬覺部、曉紐。幽覺對轉，見曉發音部位相同。　② 若勖(xù)：“若”上當依《續古逸叢書》影印之北宋本增“讀”字。　③ 明也：王筠《釋例》：“夫既云日旦出皃矣，日出則明，一意引申。”

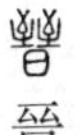 進也。日出萬物進①。从日，从臸②。《易》③曰：“明出地上，晉。”　即(刀)[刃]④切(jìn)。

晉

【譯文】晉，長進。太陽出來，萬物前進滋長。由日、由臸會意。《易經》説：“明亮的太陽从地上出來，(萬物)長進。”

【注釋】① 日出句：桂馥《義證》引《文子・上德篇》：“日出於地，萬物蕃息。”　② 从臸(zhī)：《段注》：“臸者，到也。以日出而作，會意。”　③《易》：指《晉卦・大象》文。明，指太陽。　④ 刀：當依《續古逸叢書》影印之北宋本作“刃”字。

【參證】甲文作，金文作、、。楊樹達《增訂積微居小學金石論叢》：“晉者，箭之古文也。”“上象二矢，下爲插矢之器。”“小篆變二矢之形爲臸，變器形爲日。”

① 日出也。从日，昜聲。《虞書》②曰：“暘谷。”　與章切(yáng)。

暘

【譯文】暘，太陽出來。从日，昜聲。《虞書》説：“太陽出來的山谷。”

【注釋】① 暘：朱駿聲《通訓定聲》："此實易字之别體。"《字通》："與暘字異。"參"暘"條。 ②《虞書》：指《堯典》。暘谷，孔穎達疏："日所出處，名曰暘明之谷。"

啓[①] 雨而晝姓也。从日，啓省聲。 康禮切(qǐ)。

【譯文】啓，下雨而白天放晴。从日，啓省聲。

【注釋】① 啓：《段注》："姓(qíng，今作"晴")者，雨而夜除(指"止")星見也。雨而晝除(指"止")見日，則謂之啓。"王筠《句讀》引何承天纂文同："啓與姓對。啓从日，故曰晝；姓从夕，故曰夜。要之皆霽也。"

【參證】甲文作、。葉玉森《説契》："象推户(門)見日。"

暘 日覆雲，暫見也[①]。从日，易聲。 羊益切(yì)。

【譯文】暘，太陽被雲彩覆蓋着，迅速出沒。从日，易聲。

【注釋】① 日覆句：《段注》："覆雲者，揜(yǎn，遮蔽)於雲；暫見者，倏(shū，迅速)見也。"王筠《句讀》："謂日在雲中倏出倏沒也。"

昫[①] 日出[②]溫也。从日，句聲。北地有昫衍縣[③]。 火于切(xū)。又，火句切(xù)。

【譯文】昫，太陽出來的溫暖。从日，句聲。(秦朝)北地郡有昫衍縣。

【注釋】① 昫：今作煦。 ② 日出：《司馬法》："旦明鼓五通爲發昫。"《段注》："是知主初日出言也。" ③ 昫衍：昫衍縣屬秦置北地郡。見《漢書·地理志》。

晛 日見也。从日，从見，見亦聲。《詩》[①]曰："見晛曰消。" 胡甸切(xiàn)。

【譯文】晛，太陽顯現出來。由日、由見會意，見也表聲。《詩經》説："(下雪瀌瀌盛大，)見到太陽熱氣就消融了。"

【注釋】①《詩》：指《小雅·角弓》。原文："雨雪瀌瀌(biāo，盛大貌)，見晛曰(語詞)消。"毛傳："晛，日氣也。"按：日氣義是日見義的引申。

【參證】甲文作、。李孝定《甲骨文字集釋》："象人舉首見日之形。""契文从乃頁字，而篆文从見。""其意相同。""許云'日見。'見當讀爲現。""舉首見日亦得有'日見'之義也。"

晏 天清①也。从日,安聲。 烏諫切(yàn)。

【譯文】晏,天空清朗。从日,安聲。

【注釋】① 天清:揚雄《羽獵賦》曰:“天清曰晏。”李引許《淮南子》注曰:“晏,無雲之處也。”

䜩 星①無雲也。从日,燕聲。 於甸切(yàn)。

【譯文】䜩,星光燦爛,沒有雲彩。从日,燕聲。

【注釋】① 星:《段注》:“姚氏鼐曰:‘星即姓(qíng,即晴)字。’按:日間雨除(止)亦曰姓。無雲,謂晴而無雲也。”“一說,是無雲謂星而無雲也。”此說不破字爲訓,應爲本義。“晴而無雲”應爲引申義。

景① 光也。从日,京聲。 居影切(jǐng)。

【譯文】景,日光。从日,京聲。

【注釋】① 景:引申爲陰影。《顔氏家訓・書證》:“凡陰景(yǐng)者,因光而生,故即謂爲景(yǐng)。”“至晉世葛洪《字苑》,傍始加‘彡’,音於景反。”

晧 日出皃①。从日,告聲。 胡老切(hào)。

【譯文】晧,太陽出來的樣子。从日,告聲。

【注釋】① 日出皃:《段注》:“謂光明之皃也。天下惟絜(潔)白者冣(最)光明,故引申爲凡白之偁。又改其字从白作皓矣。”

暤 晧旰①也。从日,皋聲。 胡老切(hào)。

【譯文】暤,晧旰。从日,皋聲。

【注釋】① 晧旰:王筠《句讀》:“雙聲。形容之詞。”《段注》:“潔白光明之貌。”

曄① 光(也)[皃]②。从日,从𠌶③。 筠輒切(yè)。

【譯文】曄,光明的樣子。由日、由𠌶會意。

【注釋】① 曄:今作曄。 ② 也:當依《段注》作“皃”。 ③ 从日,从𠌶:王筠《句讀》引《古詩》:“日月光華。”徐鍇《繫傳》:“(𠌶)草木葉也。(日光)曄然,象草木之盛也。”

暉① 光也②。从日,軍聲③。 許歸切(huī)。

【譯文】暉,日光。从日,軍聲。

【注釋】① 暉：同“輝”。《集韻·微韻》：“暉，日之光。” ② 光也：《段注》以爲當作“日光氣也”。段曰：“謂日光捲結之氣。”《釋名》曰：“日月皆然。”王筠《句讀》：“此義則今字作暈，音運。”“氣圍遶日周帀，有似軍營相圍守，故曰暈。”《段注》又説：“此篆（暈）遂改爲暉，改其訓曰光，與火部之煇不别。”桂馥、朱駿聲亦同此説。 ③ 軍聲：《段注》：“軍者，圜圍也，此以形聲包會意。”此就暈者，“日光氣”義而言。段作王問切。

旰 晚也。从日，干聲。《春秋傳》① 曰：“日旰君勞。” 古案切（gàn）。

【譯文】旰，天晚。从日，干聲。《春秋左傳》説：“天色晚了，國君勤勞了。”

【注釋】①《春秋傳》：指《左傳·昭公十二年》。今“勞”作“勤”。

暆 日行暆暆① 也。从日，施聲。樂浪有東暆② 縣。讀若酏③。弋支切（yí）。

【譯文】暆，太陽迆邐徐行。从日，施聲。（漢朝）樂浪郡有東暆縣。音讀象“酏（yí）”字。

【注釋】① 暆暆：《段注》：“迆邐徐行之意。” ② 東暆：故城在今朝鮮京畿道西南。 ③ 讀若酏：葉德輝《讀若考》：“施酏均从也得聲。”

晷 日景① 也。从日，咎聲。 居洧切（guǐ）。

【譯文】晷，日影。从日，咎聲。

【注釋】① 景：《段注》：“即今之影字也。”徐灝箋：“日影謂之晷，因名測影之儀器曰晷也。”

昃① 日在西方時②。側③ 也。从日，仄聲④。《易》⑤ 曰：“日厢之離。” 阻力切（zè）。

【譯文】昃，太陽在西方的時候。偏側在一邊了。从日，仄聲。《易經》説：“太陽偏西時的山神獸。”

【注釋】① 厢：邵瑛《羣經正字》：“今經典惟《周禮》作厢，餘多作昃，又有作昗者。”“蓋籀文仄作厌，因从籀文省去上厂，故有此字（昗）。” ② 日在句：王筠《句讀》：“謂是時謂之昃也。” ③ 側：王筠《句讀》:“再以同音可借字申之曰:既過中,則傾側于一偏也。”

④ 仄聲:仄者側也,跌也。《段注》:“此舉形聲包會意。”

⑤《易》:指《離卦·九三爻》。離:山神獸,現於日昃之時。

【参證】甲文作、,金文作。董作賓《殷曆譜》:“或則象人影之側斜,日昃則人影側也。《説文》作,易會意爲形聲矣。卜辭昃爲紀時專字,約當今下午二三時頃也。”羅振玉《增訂殷虚書契考釋》:“今以卜辭證之,作昗者,正是厢之古文矣。”

晚　莫也①。从日,免聲②。　無遠切(wǎn)。

【譯文】晚,日暮。从日,免聲。

【注釋】① 莫也:《段注》:“引申爲凡後之偁。”　② 免聲:聲中有義,見【参證】。

【参證】楊樹達《積微居小學金石論叢·釋晚》:“免聲之字多含低下之義。”“晚从免聲,正謂日之低下,故訓爲莫也。”

昏　日冥也。从日,氐省。氐①者,下也。一曰:民聲②。　呼昆切(hūn)。

【白話】昏,太陽落土的時候。由日、由氐省會意。氐是降下的意思。另一説,(昏)从民聲。

【注釋】① 氐:《段注》:“氐部曰:‘氐者至也。’其引申之義則爲下。”② 民聲:《段注》:“从民者,譌也。”按:昏从民聲之“昬”字,乃隸變之譌。

【参證】甲文作、。郭沫若《殷契粹編考釋》:“知殷人昏字實不从民,足證段氏之卓識,而解決千載下之疑案矣。”

𣊻①　日(旦)[且]②昏時。从日,䜌聲。讀若新城(䜌)[䜌]中③。　洛官切(luán)。

【譯文】𣊻,太陽將落土的時候。从日,䜌聲。音讀象新城縣䜌中的“䜌”字。

【注釋】① 𣊻:徐灝《段注箋》:“𣊻即晚之異文。其音輕重之殊耳。”② 旦:當依《段注》作“且”。　③ 讀若句:䜌,當爲“䜌”字之誤。新城,《漢書·地理志》:新成縣屬河南郡,“惠帝四年置。䜌中,故戎䜌子國”。

晻 不明①也。从日,奄聲。 烏感切(ǎn/àn)②。

【譯文】晻,不明亮。从日,奄聲。

【注釋】① 不明:朱駿聲《通訓定聲》:"與暗音義略同。" ② 今讀依《集韻》烏紺切。

暗① 日無光②也。从日,音聲。 烏紺切(àn)。

【譯文】暗,太陽沒有光亮。从日,音聲。

【注釋】① 暗:徐灝《段注箋》:"晻、暗實一字,其音亦輕重之殊。" ② 日無光:《段注》:"引申爲凡深沉不明之偁。"

晦① 月盡也。从日,每聲。 荒内切(huì)。

【譯文】晦,月終的一天。从日,每聲。

【注釋】① 晦:桂馥《義證》引楊慎說:"晦,月之三十日也。"《續漢書·律曆志》:"日月相推,日舒月速。當其同所,謂之合朔。舒先速後,近一遠三,謂之弦。相與爲衡,分天之中,謂之望。以速及舒,光盡體伏,謂之晦。"徐灝《段注箋》:"晦之本義,當爲晝晦,故从日。假爲月盡之偁。"

曀 埃曀①,日無光也。从日,能聲②。 奴代切(nài)。

【譯文】曀,靉靆,太陽沒有光亮。从日,能聲。

【注釋】① 埃曀:《段注》:"猶靉靆(ài dài,昏暗)也。《通俗文》:'雲覆日謂之靉靆。'" ② 能聲:桂馥《義證》:"古讀能如耐。"

曀① 陰而風也。从日,壹聲②。《詩》③曰:"終風且曀。" 於計切(yì)。

【譯文】曀,天陰而有風。从日,壹聲。《詩經》說:"既刮着風,而又陰沉着天。"

【注釋】① 曀:《釋名》:"曀,翳也。言掩翳日光使不明也。" ② 壹聲:聲中有義。壹有抑鬱義。 ③《詩》:指《邶風·終風》。

【參證】楊樹達《積微居小學述林·釋壹》:"此謂大地之氣鬱塞晦霾,或發風,或揚塵也。"

旱 不雨也。从日,干聲。 乎旰切(hàn)。

【譯文】旱,(久晴)不雨。从日,干聲。

【參證】楊樹達《積微居小學述林》:"字从干聲,古讀當與干同。今音乎旰切，蓋後來之變音也。旱从干者，干與乾古音同，天久暘不雨，則氣枯燥而不潤，故爲乾而字从干也。”“天旱則氣乾，今語謂旱爲天乾，蓋古之遺語矣。”

昆　望遠合也[①]。从日匕[②]；匕，合也。讀若窈窕之窈。　烏皎切(yǎo)。

【譯文】昆，望着遠處，(天地萬物)渾然合一。由日、匕會意；匕，表示會合的意思。音讀象窈窕的“窈”字。

【注釋】① 望遠句：《段注》：“望遠則其形不分，其色不分，其小大高下不分，是也。”《論衡・説日篇》：“人望不過十里，天地合矣。遠也，非合也。”　② 匕：徐鍇《繫傳》：“匕，相比近也。”《段注》：“(匕)‘比’之省也。”

【參證】林義光《文源》：“ㄟ即人字反文。日與人相去之遠，遠望之若人在日旁，故昆爲望遠合也。”

昴[①]　白虎宿星。从日，卯聲。　莫飽切(mǎo)。

【譯文】昴，白虎七宿的中星。从日，卯聲。

【注釋】① 昴：西方白虎七宿，昴居正中。朱駿聲《通訓定聲》：“其形促聚，吾蘇農人謂之七簇星。”

曏　不久[①]也。从日，鄉聲。《春秋傳》[②]曰：“曏役之三月。”　許兩切(xiǎng)。

【譯文】曏，不久以前。从日，鄉聲。《春秋左傳》説：“在城濮戰役不久之前的三月份。”

【注釋】① 不久：徐鍇《繫傳》：“不久猶言未久也，若今人言適來也，若今人言已過之言也。”《段注》：“今人語曰‘向年’、‘向時’，向者，即曏字也。又曰‘一晌’、曰‘半晌’，皆是曏字之俗。”　②《春秋傳》：指《左傳・僖公廿八年》。《段注》：“曏猶前也。城濮之役在四月，前乎此役之三月，正與不久之義合。”

曩　曏[①]也。从日，襄聲。　奴朗切(nǎng)。

【譯文】曩，從前，从日，襄聲。

【注釋】① 曏：張舜徽《約注》：“曏曩二字，渾言無分，析言有別。蓋曩之爲時，視曏爲久，猶今語稱从前、稱過去耳。”

昨　(壘)[絫][①]日也。从日，乍聲。　在各切(zuó)。

【譯文】昨，重絫其日。从日，乍聲。

【注釋】① 壘：當依《段注》作“絫”，注：“絫日謂重絫其日也。《廣韻》云：‘昨日，隔一宵也。’”王筠《句讀》：“曩曩泛言之，昨則的指之。”

暇　閑也。从日，叚聲。　胡嫁切(xià/xiá)。

【譯文】暇，空閑。从日，叚聲。

暫[①]　不久也。从日，斬聲。　藏濫切(zàn)。

【譯文】暫，短時間。从日，斬聲。

【注釋】① 暫：《段注》：“俗語云‘霎時間’，即此字也。”王筠《句讀》：“曩之‘不久’，乃由後溯前之詞；暫之‘不久’，乃即時即事之詞。”

昪　喜樂皃。从日[①]，弁聲。　皮變切(biàn)。

【譯文】昪，喜樂的樣子。从日，弁聲。

【注釋】① 从日：《段注》：“熙熙如春登臺之意。”一說，日爲晏之省，晏者，安也。見朱駿聲《通訓定聲》。

昌　美言也。从日，从曰[①]。一曰：日光也。《詩》[②]曰：“東方昌矣。”[③]，籀文昌。　尺良切(chāng)。

【譯文】昌，美善的言辭。由日、由曰會意。另一義說，昌是太陽的光明。《詩經》說：“東方明亮了。”昌，籀文昌字。

【注釋】① 从日，从曰：王筠《釋例》：“字从日者，乃譬況之義，猶今言日光玉潔矣。”按：曰，詞也。从日从曰，喻言詞歌唱之光明如日。　②《詩》：指《齊風・鷄鳴》。原文：“東方明矣，朝(指上朝的臣子)既昌(多)矣。”詩原意不爲“日光”義，只是“昌”的引申義。許氏合兩句爲一句，是爲了説明昌从日而有“日光”義。故徐鍇《繫傳》：“昌即明也。”　③ 昌：王筠《句讀》：“从口與从曰同義。”

【參證】金文作，乃昌之譌變。俞樾《兒笘録》：“从日从口，會日出而人聲作意。”裘錫圭、王獻唐同俞説。昌乃唱之古文。見“唱”條。

暀[①]　光美也。从日，往聲[②]。　于放切(wàng)。

【譯文】暀，光明旺盛。从日，往聲。

【注釋】① 暀：也作“旺”。　② 往聲：《段注》：“此舉形聲包會意。謂往者衆也。"光明旺盛之處，必是衆人向往之處。故《段注》又引皇氏云："心所繫往。"

大也。从日，反聲。　補綰切(bǎn)。

昄　【譯文】昄，大。从日，反聲。

[1]　明日也。从日[2]，立聲。　余六切(yù)。

昱　【譯文】昱，明天。从日，立聲。

【注釋】① 昱：《段注》："昱之字，古多叚借翌字爲之。""翌與昱同立聲，故相叚借。""俗人以翌與翼形相似，謂翌即翼。"　② 从日：《段注》："日，無日不明，故自今日言下一日，謂之明日。"故明日義之昱从日。

【參證】甲文作，金文作、、。王國維《釋昱》(《觀堂集林》卷六)："與《説文》訓明日之昱正同。""惟卜辭诸昱字雖什九指斥明日，亦有指第三日第四日者，視《説文》明日之訓稍廣耳。""卜辭或作者，殆其最初之假借字。""即巤之初字。""古音巤立同聲。""後乃加日作爲形聲字。或更如小盂鼎作。"

溫溼也。从日[1]，赧省聲[2]。讀與赧同。　女版切(nǎn)。

㬮　【譯文】㬮，溫溼。从日，赧省聲。音讀與"赧"同。

【注釋】① 从日：《段注》："溫而生溼，故其字从日。"　② 赧省聲：《段注》："溫溼生黴(méi，霉)，亦有色赤者，未必不从赤會意也。"

[1]　傷暑也。从日，曷聲。　於歇切(yē)。

暍　【譯文】暍，中暑。从日，曷聲。

【注釋】① 暍：《傷寒論・中暑有三證》："太陽中熱者，暍是也，其人汗出，惡寒身熱而渴也。"

【參證】楊樹達《積微居小學金石論叢・釋暍》："从日者，此《左氏傳》所謂夏日之日，杜注説夏日之日可畏者也。从曷聲者，曷之爲言害也。……曷害音亦同，害訓傷，暍訓傷暑，聲同則義同也。"

熱[1]也。从日，者聲。　舒吕切(shǔ)。

暑　【譯文】暑，炎熱。从日，者聲。

【注釋】① 熱：《段注》："暑與熱，渾言則一。故許以熱訓暑。析言則二……暑之義主謂溼，熱之義主謂燥。"《釋名》："暑，煮也。如水煮物也。熱，爇也。如火所燒爇也。”

曩 安曩[1]，溫也。从日，難聲。 奴案切(nàn)。

【譯文】曩，安曩，溫存。从日，難聲。

【注釋】① 安曩：聯緜詞。《段注》：“安曩猶溫存也。”

㬎[1] 衆微杪也。从日中視絲[2]。古文以爲顯字[3]。或曰[4]衆口皃。讀若唫唫[5]。或以爲繭[6]；繭[7]者，絮中往往有小繭也。 五合切(è/xiǎn)[8]。

【譯文】㬎，衆物微小。由“日”中看“絲”會合(明察衆物之意)。古文借用它作“顯著”的“顯”字。有人説是衆多的口的樣子，音讀象(口急)唫唫的“唫”字。有人把它當作繭字；這裏的繭，是指絲棉中有歷歷在目的小絲結。

【注釋】① 㬎：王筠《釋例》：“許君於所聞三義(明顯；口急；絲結)，不能決，故並録之。” ② 从日句：王筠《句讀》：“絲最微杪，而日中視之則必見。” ③ 古文句：《段注》：“顯爲頭明飾。”“經傳顯字皆當作㬎。㬎者本義，顯者叚借。載籍既皆作顯，乃謂古文作㬎爲叚借矣。故曰古文以爲顯字。”“呼典切(xiǎn)。” ④ 或曰：王筠《句讀》：“此義直謂字作㬎(从曰；曰，詞也)矣。絲者，衆之義。” ⑤ 唫：《段注》：“巨錦切(jìn)。” ⑥ 或以句：王筠《句讀》：“此義謂⊖非日字，乃象繭形也。” ⑦ 繭：《段注》：“此繭不同糸部訓‘蠶衣’之繭也，亦蠶衣之義之引申也。”“此蓋繅絲之餘滓，亦可裝衣而中有纇結。故云絮中歷歷有小繭。繭之言結也。”“古典切(jiǎn)。” ⑧ 今讀依《廣韻》呼典切。

㬥[1] 晞也。从日，从出，从収，从米[2]。[illegible]，古文㬥，从日，麃聲。薄報切(bào/pù)[3]。

【譯文】㬥，曬。由日、由出、由収、由米會意。[illegible]，古文暴字，从日，麃聲。

【注釋】① 㬥：《段注》：“引申爲表㬥、㬥露之義。與夲(tāo)部暴義別。凡暴疾、暴虐、暴虎皆夲部字也。而今隸一之。經典皆作暴。” ② 从日句：《段注》：“日出而竦(拱)手舉米曬之，含四字會意。” ③ 今讀依《廣韻》蒲木切。

【参證】甲文作□。葉玉森《殷墟書契前編集釋》卷一："(古文𪊨)初文或从日从鹿首。日曝鹿首，以顯暴意。又許書曬字从日从麗，因猶協古誼焉。(《殷契鉤沈》)。"

曬[①] 㬥也。从日，麗聲。　所智切(shì/shài)[②]。

【譯文】曬，曬乾。从日，麗聲。

【注釋】① 曬：《方言》卷十："乾物也。"《方言》卷七："㬥五穀之類，秦晉之間謂之曬。"　② 今讀依《廣韻》所賣切。

暵 乾也。耕㬥田曰暵。从日，堇聲[①]。《易》[②]曰："燥萬物者莫暵于離。"　呼旰切(hàn)。

【譯文】暵，乾燥。翻耕後再曝曬田地叫暵。从日，堇聲。《易經》説："使萬物乾燥的東西沒有什麼比火更易乾枯。"

【注釋】① 堇(jǐn)聲：徐灝《段注箋》："隸書謹勤等字作堇，暵難等字作莫，在古篆本是一字，因聲轉而變其體耳。"堇，上古文部、見紐；暵，元部、曉紐。文元旁轉。　②《易》：指《説卦》文。今"暵"作"熯"，"離"作"火"。王筠《釋例》："火部：'熯，乾皃。'然則暵、熯蓋亦一字。"吴玉搢《引經考》："離爲南方卦，與火同體，故火一本作離。"

晞[①] 乾也。从日，希聲[②]。　香衣切(xī)。

【譯文】晞，乾燥。从日，希聲。

【注釋】① 晞：《方言》："膊、曬、晞，㬥也。㬥，五穀之類。秦晉之間謂之曬，東齊北燕海岱之郊謂之晞。又曰：晞，燥也。"　② 希聲：徐鍇《繫傳》："希亦少也。物乾則少也。"

昔[①] 乾肉[②]也。从殘肉，日以晞之。與俎同意[③]。□[④]，籀文从肉。　思積切(xī)。

【譯文】昔，乾肉。(仌表示)殘餘、零星的肉，(日表示)用太陽來曬乾它。與"俎"字从"仌"的構形同意。腊，籀文昔字，从肉。

【注釋】① 昔：《段注》："昔肉必經一夕，故古假昔爲夕。""引申之則叚昔爲昨，又引申之則以今昔爲今古矣。"　② 乾肉：《周禮・腊人》鄭注："大物解肆乾之，謂之乾肉。"《段注》："鄭(玄)意，大曰乾肉，小曰腊。""許渾言之。"　③ 與俎句：《段注》："俎，从半肉(指仌)，且(進獻禮品的器具)薦(墊)之；昔，从殘肉，日晞之。其作字之恉同也，故曰同意。”　④ 腊：徐鍇《繫傳》：“下更象肉㦰也。今人作腊，即此也。”《段注》：“今隸作‘腊’，專用諸‘腒腊’。”

【參證】甲文作、，金文作、。葉玉森《説契》（《學衡》第三十一期）：“（《説文》）籀文乃腊字，古必先有昔，乃孳乳腊。”“从、，乃象洪水，即古巛字。从日，古人殆不忘洪水之巛，故制昔字取義於洪水之日。”昔，往昔，有陳久義；昔肉是久不變味的肉。後加肉作腊，以區別於往昔之昔。

暱　日近①也。从日，匿聲②。《春秋傳》③曰：“私降暱燕。”，暱或从尼④。　尼質切（nì）。

【譯文】暱，一天天親近。从日，匿聲。《春秋左傳》説：“私下裏減少與親近者宴飲之樂。”昵，暱的或體，从尼聲。

【注釋】① 日近：王筠《句讀》：“日日相近也。”　② 匿聲：聲中有義。《段注》：“舉形聲包會意。”因暱的或體从尼聲。尼，近也。③《春秋傳》：指《左傳・昭公二十五年》。今“暱燕”作“昵宴”。杜預注：“降昵宴，謂損親近聲樂飲食之事。”　④ 从尼：朱駿聲《通訓定聲》：“从尼聲。”宋保《諧聲補逸》：“尼、匿，一聲之轉。”

【參證】楊樹達《積微居甲文説・尚書典祀無豐於昵甲文證》：“（《説文》）‘尼，从後近之。’（暱）或體从尼作昵。尼訓近，所以从尼的昵字也有近的意思。”

暬①　日狎習相（慢）［嫚］②也。从日，（執）［埶］聲③。　私列切（xiè）。

【譯文】暬，因一天天與之不莊重地親近，而養成輕侮的習性。从日，埶聲。

【注釋】① 暬：當依《段注》作“暬”。段注：“暬與褻音同義異。今則褻行而暬廢矣。”　② 慢：當依《段注》作“嫚”。段注：“嫚者，侮易（輕視）也。”王筠《句讀》：“惟其近也，日日與之狎習，狎習自生嫚矣。”　③ 執聲：當依《段注》作“埶聲”。

𣅀①　不見也。从日，否省聲。　美畢切（mì）。

【譯文】𣅀，不見。从日，否省聲。

【注釋】① 𣅀：《段注》：“即形即義，許書有此例，如：止戈爲武，日見爲晛，是也。”王紹蘭《段注訂補》：“許以𣅀爲不見者，謂不見日也。

故其字以不日會意，否省諧聲。”

【參證】邵笠農《一圓開字説》卷二：“覓乃否之俗字。否音密，《説文》云：不見也。不見即須尋求，義乃相因。故或作覔，即从不見會意。”“其變作覓者，行書覔字上之不、中直略短，即成覓矣。”

昆 同也。从日，从比①。 古渾切（kūn）。

【譯文】昆，同。由日、由比會意。

【注釋】① 从日，从比：徐鉉引徐鍇説：“日日比之，是同也。”

【參證】金文作。唐桂馨《説文識小録》（《古學叢刊》第四期）：“日當作時日之日解。”“从日从比者，時日相比敘，有連接不斷義。故後昆云者，謂後人連接也。昆弟云者，謂自兄及弟、諸兄先連接也。”

晐① 兼晐②也。从日③，亥聲。 古哀切（gāi）。

【譯文】晐，（日光）全面覆照。从日，亥聲。

【注釋】① 晐：徐鍇《繫傳》：“日之光兼覆也。”《段注》：“此晐備正字，今字則該、賅行而晐廢矣。” ② 兼晐：同義複合。 ③ 从日：《段注》：“日者，天下所大同也，故从之。”

普① 日無色也。从日，从竝②。 滂古切（pū）。

【譯文】普，太陽沒有光色。由日、由竝會意。

【注釋】① 普：徐灝《段注箋》：“普遍之義本作溥，因與普同聲通用，久而昧其本義，遂爲借義所專。” ② 从竝：徐鍇《繫傳》：“日無光，則近遠皆同。故从竝。”竝也表聲。宋保《諧聲補逸》：“普竝一聲之轉。”古音，竝屬陽部，普屬魚部。魚陽對轉。聲紐都是脣音。竝普古音極近似。

曉 明①也。从日，堯聲。 呼鳥切（xiǎo）。

【譯文】曉，天明，从日，堯聲。

【注釋】① 明：《段注》：“此亦謂旦也。俗云天曉是也。引申爲凡明之偁。”

昕 旦明①，日將出也。从日，斤聲。讀若希②。 許斤切（xīn）。

【譯文】昕，天明，太陽將要出來了。从日，斤聲。音讀象“希”字。

【注釋】① 旦明：同義連用。徐灝《段注箋》：“旦明者，渾言之耳。下云‘日將出’，則固未大明也。” ② 希：上古微部、曉紐。昕，文部、曉紐。希、昕，微文對轉。

【參證】甲文作、。唐蘭《古文字學導論》下編："昍或作明，可證此即昕字。"

文七十　重六

曈　曈曨①。日欲明也。从日，童聲。　徒紅切(tóng)。

曈　【譯文】曈，曈曨的曈。曈曨是日月初出將漸次明亮的樣子。从日，童聲。

【注釋】① 曈曨：叠韻聯緜字。《王校正》："謰語(即聯緜詞)之義在聲中，不在形中。"故又作朣朧。《鄭新附考》："主日言者加从日，主月言者加从月。"

曨①　曈曨也。从日，龍聲。　盧紅切(lóng)。

曨　【譯文】曨，曈曨的曨。从日，龍聲。

【注釋】① 曨：參上條。

昈①　明也。从日，户聲②。　矦古切(hù)。

昈　【譯文】昈，文彩光明皃。从日，户聲。

【注釋】① 昈：《玉篇》："文彩也。"《方言》："效、昈，文也。"文彩焕發，則有光明義。引申爲明白清楚。《漢書・揚雄傳・羽獵賦》："羽騎營營，昈分殊事，繽紛往來，轠轤不絶。"　② 户聲：聲中有義。《鄭新附考》："古止作户。户本有文采光明義。"按：開户一則以爲出入，二則以採光通風，故鄭説本有文采光明義。

昉①　明也。从日，方聲。　分兩切(fǎng)。

昉　【譯文】昉，光明。从日，方聲。

【注釋】① 昉：《鄭新附考》："昉係漢時字，義本訓適，明義罕見書傳。"

晙①　明也。从日，夋聲。　子峻切(jùn)。

晙　【譯文】晙，(晨)明。从日，夋聲。

【注釋】① 晙：《釋詁》："朝、旦、夙、晨、晙，早也。"郭注："晙，亦明也。"按：早晨，由黑夜復見光明，故郭注"亦明也"。

晟①　明也。从日，成聲②。　承正切(shèng)。

晟　【譯文】晟，光明。从日，成聲。

【注釋】① 晟：《鈕新附考》："郭注《釋詁》云：穆穆以上皆美盛之皃。《釋文》盛或作晠，同晠，即晟之異體。"《新補新附考證》："《楚詞》：'内厚質正兮，大人所晟。'當作盛。"　② 成聲：聲中有義。《段注》"盛"下："形聲包會意。"《説文》："成，就也。"盛是供祭祀之黍稷已在器中；晟是日頭不陰晹，出正了：均有成義。

日長①也。从日永會意。　丑兩切(chǎng)。

昶　【譯文】昶，白晝長。由日永(長)會意。

【注釋】① 日長：《鄭新附考》："日長之義罕見。"白晝時間長，利於辦事，故引申爲通暢。《文選·嵇康〈琴賦〉》："雅昶唐堯，終詠微子。"李善曰："《七略》曰：'堯則兼善，天下無不通暢。'"昶即通暢，音轉爲 chàng。

【參證】金文作。高田忠周《古籀篇》卷二十三："古文口字，斷不作圜圓○形，而日字往往作○。""从日从永，古有此字也。其从日以爲義。"

①
日月气也。从日，軍聲②。　王問切(yùn)。

暈　【譯文】暈，日月周圍有似光圈的雲氣。从日，軍聲。

【注釋】① 暈：《拈字》："《吕覽》：'日有暈珥。'高誘注：'氣圍繞日周匝，有似軍營相圍守，故曰暈也。'"古人以爲，日月有暈，是"將有軍事相圍守"(高誘語)之徵兆。　② 軍聲：聲中有義。《鄭新附考》："(暈)其名出于軍，故字从軍，形聲兼會意。"

【參證】甲文作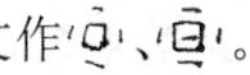。葉玉森《殷虚書契前編集釋》卷四："暈之古文。日光炁(同氣)也。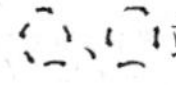竝象日旁雲氣四面旋卷，若軍營圍守者然。"

①
周年也。从日卒②，卒亦聲。　子内切(zuì)。

晬　【譯文】晬，滿一周年。由日卒會意，卒也表聲。

【注釋】① 晬：韓愈《中大夫陜府左司馬李公墓誌銘》："岌爲蜀州晉原尉，生公，未晬以卒。"　② 从日卒：《爾雅·釋詁》："卒，盡。"疏："終盡也。"《詩·豳風·七月》："無衣無褐，何以卒歲？"卒有終、盡義。日表示時段。《鄭新附考》："四時周則歲盡，故《詩》曰'何以卒歲'，俗加日爲周年之偁。"據此，晬是卒的後起加旁分化字。引申爲凡滿一周期之偁。

映 明①也。隱②也。从日，央聲。 於敬切(yìng)。

【譯文】映，日月照耀；隱蔽。从日，央聲。

【注釋】① 明：參"明"條。日月照耀引申爲凡照耀之偁。《文選·張衡〈思玄賦〉》："冠咢咢其映蓋兮，佩綝纚以煇煌。" ② 隱：明的反訓。照耀則顯露；反其義則隱蔽。古人所謂"美惡不嫌同辭"。《文選·顔延年〈應詔觀北湖田收〉》詩："樓觀眺豐潁，金駕映松山。"

曙① 曉②也。从日，署聲。 常恕切(shǔ)。

【譯文】曙，天亮。从日，署聲。

【注釋】① 曙：《段注》"睹"下："許本作睹，後乃變爲曙，署亦者聲也。" ② 曉：王筠《句讀》"曉"下：("明也")"《藝文類聚》引作'日白也'。"《段注》"曉"下："俗云天曉是也。"《楚辭·屈原〈九章·悲回風〉》："涕泣交而淒淒兮，思不眠以至曙。"

昳① 日昃②也。从日，失聲。 徒結切(dié)。

【譯文】昳，(午後)太陽偏西。从日，失聲。

【注釋】① 昳：《漢書·游俠傳》："諸客奔走市買，至日昳皆會。"日昳，太陽偏西。 ② 昃：參"昃"條。

曇① 雲布也。从日雲會意。 徒含切(tán)。

【譯文】曇，雲氣密布。由日、雲會意。

【注釋】① 曇：《鈕新附考》："《後漢書·徐稺傳》有李曇，字雲。《荀淑傳》淑兄子曇，字元智。而《隸釋》載，咸陽靈臺碑陰亦有曇字。"

曆 厤象①也。从日，厤聲②。《史記》通用"歷"③。 郎擊切(lì)。

【譯文】曆，歷法。从日，厤聲。《史記》通用"歷"字。

【注釋】① 厤象：《説文》："厤，治也。"治必有過程，引申爲經歷。《鄭新附考》："(曆)蓋日月之所歷。"象，法也。《管子·君臣上》："是故能象其道于國家，加之于百姓，而足以飾官化下者，明君也。"尹知章注："象，法也。"厤象，即日月經歷的法則。 ② 厤聲：聲中有義。見上注。 ③ 通用"歷"：《鄭新附考》："歷乃曆象本字，非通用也。"《段注》"歷"下："引申爲治曆，明時之曆。"後加日以區別於經歷之歷，專司曆象之義。

昂 舉[②]也。从日，卬聲[③]。　五岡切(áng)。

【譯文】昂，抬頭仰望。从日，卬聲。

【注釋】① 昂：《鈕新附考》引臧在東説："《漢平都相蔣君碑》及《衡方碑》已有昂字。"　② 舉：本書："對舉也。"有抬義，故譯成抬頭仰望。引申爲凡抬頭之偁，如昂首挺胸。《楚辭・屈原〈遠遊〉》："服偃蹇以低昂兮，驂連蜷以驕鶩。"　③ 从日，卬聲：聲中有義。參"卬"條。从日，添顯字義之"高"、之"貴"。

昇 日上也。从日，升聲。古只用升[①]。　識蒸切(shēng)。

【譯文】昇，太陽上升。从日，升聲。古只用"升"字。

【注釋】① 古只用升：《鄭新附考》："《詩》'如日之升'，止作升。後加日爲專字。"按：升本量器之名。張舜徽《約注》："太古以此挹水，亦以此量物，挹水量物，皆自下而上，故引申之上登爲升。"參"升"條。

文十六 新附

旦部

旦 明也。从日見一上[①]。一，地也。凡旦之屬皆从旦。　得案切(dàn)。

【譯文】旦，天明。由"日"出現在"一"之上。一，表示地。大凡旦的部屬都从旦。

【注釋】① 从日句：徐灝《段注箋》："日初出地平時也。"

【參證】甲文作，金文作。王筠《釋例》："吾聞之海人云：日之初出，爲海氣所吞吐，如火如花，承日之下。余居土國，日出亦近似所言，但土氣不如水氣之大耳。"吴大澂《古籀補》卷七："象日初出未離於土也。"

暨 日頗見[①]也。从旦，既聲。　其異切(jì)。

【譯文】暨，旭日略微呈現(在地平綫上)。从旦，既聲。

【注釋】① 頗見(xiàn)：略現。《釋名》："頗，少也。"朱駿聲《通訓定聲》："暨者，乍出微見(現)也。"

文二

倝部

[1] 日始出，光倝倝也。从旦，㫃聲。凡倝之屬皆从倝。[2]，
倝　闕。　古案切(gàn)。

【譯文】倝，太陽剛剛出來，光輝閃耀。从旦，㫃聲。大凡倝的部屬都从倝。𠦝，闕其構形。

【注釋】① 倝：饒炯《部首訂》："倝倝，日光皃。謂其烱灼，如旌旗游(liú，同"斿"，旌旗的下垂飾物)之㫃蹇(飄揚貌)，因以㫃名之。而後注旦爲專字，其意蓋取旦明日出，光常倝倝也。"　② 𠦝：《段注》："此蓋倝籒文也。"徐鍇《繫傳》："从三日，在㫃中。"

【參證】金文作。

[1] 旦[2]也。从倝，舟聲。　陟遙切(zhāo)。
𠦝　【譯文】𠦝，早晨。从倝，舟聲。

【注釋】① 𠦝：今作朝。　② 旦：《爾雅·釋詁》："朝、旦，早也。"徐灝《段注箋》："因之晨見曰朝。臣於君，子於父母，婦於舅姑，屬吏於上官，皆是。""又因之偁朝廷曰朝。"

【參證】甲文作、、，金文作、。羅振玉《增訂殷虛書契考釋》："此(指甲文)朝暮之朝字。日已出茻(mǎng)中，而月猶未沒，是朝也。""古金文作，从㸓，从、，象百川之接於海，乃潮汐之專字。引申爲朝廟字。"

文三[1]

【注釋】① 文三：當作"文二　重一"。姚文田、嚴可均《校議》："校者不識'𠦝'字，牽連數之耳。"

㫃部

　旌旗之游，㫃蹇之皃[1]。从屮，曲而下；垂㫃，相出入也[2]。
㫃　讀若偃。古人名㫃、字子游[3]。凡㫃之屬皆从㫃。[4]，古文㫃字，象形。及[5]象旌旗之游。　於幰切(yǎn)。

【譯文】㫃，旌旗的飄帶，隨風飄舞的樣子。从屮，彎曲而下伸(表示

旗竿)；(右邊)下垂的飄帶，(象隨風)一出一入。音讀象“偃”字。古人名叫㫃，字就叫子游。大凡㫃的部屬都从㫃。，古文㫃字，象(旌旗飛揚之)形。及(乃之譌)，象旌旗的飄帶。

【注釋】① 旌旗二句：饒炯《部首訂》：“形容旌旗之游(liú)其形飄颺翩翻無定皃也。左从屮(chè)，借其形爲旌旗；右象其游，而曲之歧之，以明其事爲㫃蹇。”㫃蹇：飄舞飛揚的樣子。 ② 从屮句：《段注》：“从屮者，與岦肯屵同意，謂杠首之上見者。”即旗杆頂端的飾物。朱駿聲《通訓定聲》：“旁𠂹(垂)者象游，从入，飄揚如一出一入然。” ③ 名㫃句：《段注》：“晉有籍偃、荀偃，鄭有公子偃、駟偃，孔子弟子有言偃，皆字游。今之經傳皆變作偃，偃行而㫃廢矣。” ④ 㫃：鈕樹玉《校録》：“宋本及初印本作，與正文(指字頭)不異……不應重出。”段桂王朱錢皆。《段注》：“惟小徐本牽連其上端，略異。” ⑤ 及：徐灝《段注箋》：“及疑之譌，謂㫃之右旁象游也。古文及作，與形近，故誤爲及矣。”

【參證】甲文作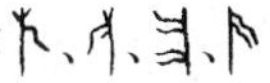，金文作。羅振玉《增訂殷虛書契考釋》：“象杠(竿)與首之飾，象游形。”商承祚《説文中之古文考》：“古、篆文之别，在首之連、不連，實無大差異。”

[①] 旐 龜蛇四游，以象營室[②]，(游游)[悠悠][③]而長。从㫃，兆聲。《周禮》[④]曰：“縣鄙建旐。” 治小切(zhào)。

【譯文】旐，畫有龜和蛇的旗幟有四根飄帶，用來象徵營室二星(和東壁二星)，(旗幟和飄帶)悠悠而長。从㫃，兆聲。《周禮》説：“縣和鄙一類行政單位竪立旐旗。”

【注釋】① 旐：朱駿聲《通訓定聲》：“旗畫龜蛇者，四游，象室壁四星。……旐用緇(黑色)，長八尺；又有旆(pèi，狀如燕尾下垂的飄帶，用帛製成，鑲在旐旗直幅的末尾)，旆帛用絳，亦長八尺，故旐獨長也。” ② 營室：星名，屬玄武宿，營室二星與東壁二星連爲四方。這裏指其連體而言，所以用四斿象徵四星。 ③ 游游：當依徐鍇《繫傳》作“悠悠”。 ④《周禮》：指《春官・司常》。縣、鄙，行政單位。《地官・遂人》：“五家爲鄰，五鄰爲里，四里爲酇，五酇爲鄙，五鄙爲縣，五縣爲遂。”

【參證】楊樹達《積微居小學金石論叢·釋旐》:"旐之爲言召也,謂所以召士衆也。""召兆相通。""繼旐乃後來之事。"參"旆"條。

旗　熊旗(五)[六]游①,以象罰星②,士卒以爲期③。从㫃,其聲。《周禮》④曰:"率都建旗。"　渠之切(qí)。

【譯文】旗,畫有熊的旗幟有六根飄帶,用來象徵罰星。士卒把熊旗的竪立當作聚集的時間。从㫃,其聲。《周禮》説:"將帥和都主竪立熊旗。"

【注釋】① 熊旗句:熊,徐鍇《繫傳》:"勇士之象。"五,當依《考工記·輈人》作"六"。　② 罰星:《考工記·輈人》"罰"作"伐"。伐,星名。白虎宿參,中三星,外四星,三星之中央有三小星名伐,伐並三星連體數之,故有六星。　③ 以爲期:《段注》:"期旗迭韻。《釋名》曰:'熊虎爲旗,軍將所建,象其猛如虎,與衆期之於下也。'"按:段意謂,旗受聲義於期。　④《周禮》:指《考工記·輈人》。今本"率"作"師"。"師"當是"帥"字之譌。帥、率古字通。都,行政單位。四縣爲都。

【參證】楊樹達《積微居小學金石論叢·字義同緣於語源同例證》:"按旗期同从其聲。"楊認同段説。

旆①　繼旐之旗也,沛然而垂。从㫃,宋聲②。　蒲蓋切(pèi)。

【譯文】旆,接連鑲在旐旗邊幅上的旗飾,沛然而下垂。从㫃,宋(pò)聲。

【注釋】① 旆:朱駿聲《通訓定聲》:"繼旐末如燕尾,旐用緇帛,旆仍用絳帛,旐長八尺,旆亦長八尺。"旆、旆字同。　② 宋聲:王筠《釋例》:"从六篇普活切之宋。"

旌　游車載旌①,析羽注旄首②,所以精進士卒。从㫃,生聲。子盈切(jīng)。

【譯文】旌,木輅車上竪建着旌旗,剪下鳥羽附箸在飾有旄牛尾的旗竿上端,是用以激勵士卒精鋭前進的一種旗幟。从㫃,生聲。

【注釋】① 游車句:見《周禮·春官·司常》,今"游"作"斿"。鄭玄注:"游車,木路也,王以田以鄙。"按:王出外遊行乘木路。木路即木輅。　② 析羽句:《段注》引孫炎説:"析五采羽注旄上也。"旄首,《段注》引李巡注《爾雅》説:“以犛牛尾著旌首。”

旟　錯革畫鳥其上[①],所以進士衆。旟旟,衆也。从㫃,與聲[②]。《周禮》[③]曰:“州里建旟。”　以諸切(yú)。

【譯文】旟,把鳥的皮毛放置在旗竿上,或者畫鳥的圖象在旗幟上,是用來激勵衆多的士卒前進的旗幟。旟旟,衆多的意思。从㫃,與聲。《周禮》説:“州、里的長官竪建旟旗。”

【注釋】① 錯革句:即“錯革(於)其上”“(或)錯畫鳥(於)其上”之緊縮。王筠《句讀》:“有是鳥之皮則錯置其革于杠上,或無其皮則畫其形于縿(附在旗竿上的直幅)上。”徐鍇《繫傳》:“鳥隼,猛健之象也。”　② 與聲:聲中有義。本書:“與,黨與也。”桂馥《義證》:“黨與亦衆意。”　③《周禮》:指《春官·司常》。州里,行政單位。古代二千五百家爲州,二十五家爲里。這裏指六卿之吏。

旂[①]　旗有衆鈴,以令衆也。从㫃,斤聲。　渠希切(qí)。

【譯文】旂,旗上有許多鈴鐺,用以命令士衆。从㫃,斤聲。

【注釋】① 旂:朱駿聲《通訓定聲》:“帛上畫龍,斿(liú,飄帶)端著鈴也。”

【參證】甲文作□,金文作□、□、□、□。楊樹達《卜辭求義·旜》:“旜爲旂之或作。”頌鼎作□。羅振玉説,从旂从□,□像戰字的省略。表示戰時祈禱於軍旂之下。

旞　導車[①]所以載。全羽[②]以爲允允進[③]也。从㫃,遂聲。旝,旞或从遺[④]。　徐醉切(suì)。

【譯文】旞,象路車用以載竪的那種旗幟。用完整的五色鳥羽(裝飾在旗竿的旄頭之上),用以作爲士衆緩緩前進的信號。从㫃,遂聲。旝,旞的或體,从遺聲。

【注釋】① 導車:見《周禮·春官·司常》。鄭玄注:“象路也。王以朝夕燕出入。”路即輅。　② 全羽:朱駿聲《通訓定聲》:“竿首飾有犛牛毛曰旄,復以五采全羽注于上者曰旞。”　③ 允允進:沈濤《古本考》:“允允而進猶言緩緩而進。”　④ 或从遺:宋保《諧聲補逸》:“旝,遺聲。遂遺聲相近,古通用。”

【參證】金文作□,不从㫃。

[1] 旝 建大木，置石其上，發以機，以追[2]敵也。从㫃，會聲。《春秋傳》[3]曰："旝動而鼓。"《詩》[4]曰："其旝如林。" 古外切(kuài)。

【譯文】旝，竪建大木，把石頭放在它的上面，用機關發射，用以打擊敵人。从㫃，會聲。《春秋左傳》説："旝旗一揮動，就擊鼓進軍。"《詩經》説："他們的旝旗象樹林一樣竪立。"

【注釋】① 旝：説解有二義："从㫃"之上説"發石器械"之義，即《校議》所説，即"後世之礮歷車，與飛礮相似"，以下説"旝旗"之義。前者爲别義，后者爲本義。 ② 追：《段注》作"槌"。譯文據此。 ③《春秋傳》：指《左傳・昭公五年》。杜預注："旝，旃也。通帛爲之，蓋今大將之麾(huī，大旗)，執以爲號令。" ④《詩》：指《大雅・大明》。今本"旝"作"會"。

【參證】金文作。楊樹達《積微居小學金石論叢・字義同緣於語源同例證》："旝从會聲，謂會合士衆，許説(指"建大木"云云)，非制字始義。"

[1] 旃 旗曲柄也。所以(旃)[展]表[2]士衆。从㫃，丹聲[3]。《周禮》[4]曰："通帛爲旃。"，旃或从亶[5]。 諸延切(zhān)。

【譯文】旃，彎曲着旗柄的旗幟。是用來展動、並向士衆標誌其身分的旗幟。从㫃，丹聲。《周禮》説："用整塊(赤色)的帛作成旃旗。"旜，旃的或體，从亶聲。

【注釋】① 旃：王筠《釋例》："(旃)分兩義。""旃表者，於音得意。""直以實字作虚字用也。"按，王謂旃之言展也。另一義是"於字形得意也。古旗以赤帛爲之，旃字从丹而通帛無飾"。按：旃字説解，連"曲柄"言，義而爲三。一説柄形，一説幅狀，一説功用，實爲一義。後叚借爲語助辭，相當於焉。 ② 旃表：《段注》："'旃'當爲展。""《聘禮》曰：'使者載(指竪建)旜。'注云：'載之者，所以表識(標誌)其事也。'" ③ 丹聲：王筠《句讀》："兼義。" ④《周禮》：指《春官・司常》。鄭玄注："通帛，謂大赤，從周正色，無飾。" ⑤ 从亶：徐鍇《繫傳》："亶聲。"宋保《諧聲補逸》："丹亶同部，聲相近。"

【參證】甲文作，金文作、。商承祚《殷虚文字考》(《國學叢刊》

二卷四期）："（甲文）从㫃，从冉（冉字从此）。疑即旃字。冉丹形近，易傳寫失。"郭沫若《金文餘釋·釋朱旃旜金莽二鈴》："（金文）旜字所从之亩即古亩字。""虫乃蟲字。""故原字當書作旜，蓋从㫃，亶聲或蟺省聲也。"强運開《古籀三補》卷七："蟺訓宛蟺，兼取祈旜招展之意。"楊樹達《積微居小學金石論叢·釋旃》："（篆文）旃从丹聲，蓋即以聲爲義也。《説文》五篇下丹部云：'丹，巴越之赤石也。……'旃之制以大赤，故字从丹聲，名曰旃矣。"

旒[①] 旌旗之流[②]也。从㫃，攸聲[③]。　以周切（yóu）。

【譯文】旒，旌旗的飄帶之類的下垂裝飾物。从㫃，攸聲。

【注釋】① 旒：或作斿。　② 流：俗作旒。　③ 攸聲：聲中有義。承培元《廣答問疏證》："攸，行水也。引申爲長義。"

㫍[①] 旗屬。从㫃，要聲。　烏皎切（yǎo）。

【譯文】㫍，旗幟一類。从㫃，要聲。

【注釋】① 㫍：徐灝《段注箋》："下文有旚篆，云：'旌旗旚繇。'當作旚㫍。然此後造之字。"

施[①] 旗皃[②]。从㫃，也聲。齊欒施[③]字子旗，知施者旗也。　式支切（shī）。

【譯文】施，旗幟（飄動）的様子。从㫃，也聲。齊國欒施字子旗，知道施就是旗。

【注釋】①《段注》："經傳叚此爲敷㢮字。㢮之形、施之本義俱廢矣。毛傳曰：'施，移也。'此謂施即延之叚借。"　② 旗皃：桂馥《義證》："旗皃者，旗旖施也。"旖施，柔順搖曳之貌。　③ 欒施：見《左傳·昭公八年》。

旖 旗旖施[①]也。从㫃，奇聲。　於離切（yī/yǐ）[②]。

【譯文】旖，旗幟隨風旖旎。从㫃，奇聲。

【注釋】① 旖施：疊韻聯緜詞。旌旗隨風飄揚的様子。王筠《句讀》："旖施即旖旎（nǐ），與阿那爲一聲之轉。"　② 今讀依《廣韻》於綺切。

旚 旌旗旚繇[①]也。从㫃，票聲。　匹招切（piāo）。

【譯文】旚，旌旗飄搖。从㫃，票聲。

【注釋】① 旚繇：疊韻聯緜詞。《段注》："繇，今之搖字，……旚，今字作飄。飄搖行而旚繇廢矣。"

[1]　旌旗飛揚皃。从㫃，猋聲。　甫遙切(biāo)。

旚　【譯文】旚，旌旗飛揚的樣子。从㫃，猋(biāo)聲。

【注釋】① 旚：徐灝《段注箋》："即旚字。"

[1]　旌旗之流[2]也。从㫃，汓[3]聲。[4]，古文游。　以周切(yóu)。

游　【譯文】游，旌旗的飄帶。从㫃，汓聲。逕，古文游字。

【注釋】① 游：徐鍇《繫傳》："旌旗邊所綴也。"　② 流：《段注》："旗之游如水之流，故得偁流也。"　③ 汓(qiú)：古文泅。
④ 逕：徐鍇《繫傳》："㜽，古文子字，蓋從古文汓省。此正敖游字。"

【參證】甲文作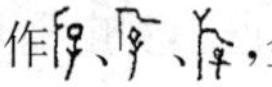，金文作。徐灝《段注箋》："斿當爲本字。""从子執㫃，子即人也。"商承祚《説文中之古文考》："斿遊游當分訓。旌旗之游應作斿，俗作旒；遊爲遨遊之專字，游則水流皃。"

　旌旗披靡[1]也。从㫃，皮聲。　敷羈切(pī)。

旇　【譯文】旇，旌旗披靡。从㫃，皮聲。

【注釋】① 披靡：雙聲聯緜詞。四散的樣子。王紹蘭《段注訂補》："旇披迭韻，披靡又旇之合聲。"

　周旋，旌旗之指麾也[1]。从㫃[2]，从疋；疋，足也。　似沿切(xuán)。

旋

【譯文】旋，回圜轉動，隨着旌旗的指揮。由㫃、由疋會意；疋是足的意思。

【注釋】① 旌旗句：徐灝《段注箋》："旌旗，所以齊衆，執以指麾，令士卒望而前卻(退)。"　② 从㫃，从疋：徐鍇《繫傳》："人足隨旌旗也。"

【參證】甲文作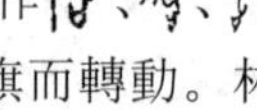，金文作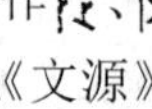，上从㫃，下从足，或从止，表示人足隨旌旗而轉動。林義光《文源》卷六："上象旗形，足从之。"高田忠周《古籀篇》卷二十七："轉義爲凡回還之偁。"

[1]　幢[2]也。从㫃，从毛，毛亦聲。　莫袍切(máo)。

旄　【譯文】旄，竿頭戴着象幢翿一類飾物的旗幟。由㫃、由毛會意，毛也表聲。

【注釋】① 旄：用牦牛尾在旗竿頭上做裝飾的旗幟。《爾雅·釋天》："注旄首曰旌。"郭璞注："載旄於竿頭，如今之幢，亦有旒。"
② 幢（chuáng）：《段注》引《廣雅》："幢謂之翿。"即纛（dào），用旄牛尾或野鷄尾做成的舞具。

【參證】金文作、。孫詒讓《古籀餘論》卷三："从㫃，从毛，當即旄字。"

旛　幅胡[①]也。从㫃，番聲。　孚袁切（fān）。

【譯文】旛，長幅下垂的旗幟。从㫃，番聲。

【注釋】① 幅胡：幅，布帛的寬度。這裏指旗幅。胡，牛頷垂。牛下巴頦下垂下的肥肉。這裏比喻"旗幅之下垂者"。徐鉉："胡，幅之下垂者也。"

【參證】馬敘倫《六書疏證》卷十三："人死有靈旛，佛家作道場有旛，其下皆爲U形，正似牛胡。"

旅　軍[①]之五百人爲旅。从㫃，从从；从，俱也。[②]，古文旅。古文以爲魯衛之魯[③]。　力舉切（lǚ）。

【譯文】旅，軍隊的五百人的單位叫作旅。由㫃、由从會意；从，（許多人）在一起的意思。 㠩，古文旅字。古文借㠩作魯、衛的魯字。

【注釋】① 軍：王筠《句讀》："軍字泛言，猶營伍也。"　② 㠩：王筠《句讀》作，注："止即㫃，見金刻。即。"徐灝《段注箋》引戴侗説："並人在㫃下，以旗致民之義也。"　③ 魯：魯旅上古同屬魚部、來紐。

【參證】甲文作、，金文作、、、。羅振玉《增訂殷虚書契考釋》："象人執旂，古者有事以旂致民，故作執旂形。亦得知旅（軍旅）誼矣。"郭沫若《殷周青銅器銘文研究・戊辰彝考釋》："（）象三二人奉車，而車上載旌，當即旅之初字。許書：'旅，古文以爲魯衛之魯。'魯本殷時古國，疑其初民以此圖形文字爲其族徽也。"唐蘭《論周昭王時代的青銅器銘刻》（《古文字研究》第一輯）："𩓃（指此處所引金文第四字之類）就是旅字。旅象人持㫃，招致很多的人，此又表示拿旗的人在車上。"

族　矢鋒也。束[①]之族族[②]也。从㫃，从矢。　昨木切（zú）。

【譯文】族，箭頭。一捆箭聚在一起。由㫃、由矢會意。

【注釋】① 朿：《段注》："毛傳云：五十矢爲朿。" ② 族族：《段注》："聚皃。"

【參證】甲文作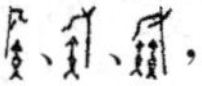，金文作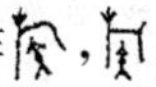。丁山《甲骨文所見氏族及其制度》："字从㫃从矢。矢所以殺敵，㫃所以標衆。其本義應是軍旅的組織。"邵瑛《羣經正字》："今以族爲宗族，類族、閭族，而(《説文》)矢鋒之族专作鏃。"《説文》："鏃，利也，从金，族聲。"

文二十三　重五

冥部

[1] 冥

幽也。从日，从六，冖聲。日數十[2]。十六日而月始虧幽也。凡冥之屬皆从冥。　莫經切(míng)。

【譯文】冥，幽暗。由日、由六會意，冖(mì)表聲。計算日期的規律以十天干爲一輪。每月十六日，月亮開始虧損而幽暗。大凡冥的部屬都从冥。

【注釋】① 徐灝《段注箋》："篆當作，从昊，冖聲。日昊而冥也。昊之下體與形近。"唐蘭《天讓閣甲骨文存考釋》認爲甲文是冥字，"冥之本義當如幎，象兩手以巾覆物之形。"待考。　② 日數十：《段注》："謂甲至癸也。"

 鼆

冥也。从冥，黽聲。讀若黽蛙之黽。　武庚切(méng)。

【譯文】鼆，幽暗。从冥，黽聲。音讀象黽蛙的"黽"字。

文二

晶部

 晶

精光[1]也。从三日[2]。凡晶之屬皆从晶。　子盈切(jīng)。

【譯文】晶，精華的光亮。由三個"日"字會意。大凡晶的部屬都从晶。

【注釋】① 精光：王筠《句讀》："物之精者必有光。"　② 从三日：王筠《句讀》："光莫盛于日，故从日。"《段注》："凡言物之盛皆三其文。"

【參證】甲文作。徐灝《段注箋》:“晶即星之象形文。”“古文作、二形,因其形略,故又从生聲(按:即曐字)。小篆變體有似於三日而非从日也。古書傳於晶字别無他義。精光之訓即星之引申,因聲轉爲子盈切,遂歧而二之耳。”孫海波《卜辭文字小記》(《考古學社社刊》第四期)、楊樹達《積微居小學述林·釋晶》認同徐説。

曐 萬物之精,上爲列星。从晶,生聲。一曰:象形。从口,古口復注中,故與日同[①]。,古文星。,曐或省。 桑經切(xīng)。

【譯文】曐,萬物的精華,在天上就成了衆多的星。从晶,生聲。另一説:(晶)象(衆星之)形。从口,古時候再加注一點在它的中間,所以與“日”字混同。曐,古文星字。星,曐的或體,曐的省略。

【注釋】① 从口句:王筠《句讀》:“即音圍之口,古文圓者,小篆方之也。此謂字體作。”與日同,王筠《句讀》:“上古作,中古又加·于中而作,遂與日同也。”

【參證】甲文作、、。王筠《釋例》:“晶、品皆當爲古文星字,追加生爲曐,而晶改爲子盈切,訓爲精光,遂各爲音義。”

曑 商,星[①]也。从晶,㐱聲。,曑或省。 所今切(shēn)。

【譯文】曑,曑和商,都是星名。从晶,㐱聲。曑,曑的或體,曑的省略。

【注釋】① 商星:錢大昕《潛研堂集》:“參、商二字連文,以證參之从晶,本爲星名,非商訓參。”

【參證】金文作、。象參宿三星在人頭上,金文或增聲符彡(sān),品變作晶,……小篆則人、彡合而爲㐱。戴家祥《金文大字典》:“參之古讀,必然同三。”“參字本从晶,从人,彡聲如杉,音所銜切,審母談部,聲母同參,韻部同三。”“參星爲白虎七宿末一宿,有星七顆,其中三顆星居中,爲朝夕所常見,因而取名爲參,參者,三也。”《段注》:“(曑)今隸變爲參。”

曟 房星;爲民田時者[①]。从晶[②],辰聲[③]。,曟或省。 植鄰切(chén)。

【譯文】曟,房星;又是農民下田耕種之時。从晶,辰聲。晨,曟的或體，晨的省略。

【注釋】① 房星二句：訓晨二義。張舜徽《約注》引馬敘倫説："晨當如晨下訓早也"，"借以爲房星之稱。"　② 从晶：張舜徽《約注》："晨爲晨旦正字，當昧爽（天明）之時，猶可見星，故从晶。"　③ 辰聲：聲中有義。含有持農具下地耕種之意。參"辰"條。

【參證】甲文作，亦辰之重文。

疊　楊雄①説，以爲古理官②决罪，三日③得其宜乃行之。从晶④，从宜。亡新⑤以爲疊从三日，太盛，改爲三田。　徒叶切（dié）。

【譯文】疊，楊雄之説，認爲古代法官判罪，經過多日的審訊，得到與實際相宜的判決，就實行它。由三日、由宜會意。已經滅亡了的新朝認爲疊从三個日字，太强盛，改爲从三個田字。

【注釋】① 楊雄：漢文字學家、文學家，又作揚雄。　② 理官：刑獄之官。　③ 三日：三表多。　④ 从晶：王筠《句讀》："言从三日也。"　⑤ 亡新：王筠《句讀》："新者，王莽國號也。"桂馥《義證》："本書敘云：'及亡新居攝，使大司空甄豐等校文書之部，自以爲應製作，頗改定古文。'馥謂三田當即此時所改。"

【參證】高翔麟《字通》："畾、厽、晶，皆象纍形，後加土、糸作壘纍。""（疊）从晶者，畾之省文，厽之增文，或篆作耳。"徐灝《段注箋》："疊从三田，蓋纍之省。亦積纍義也。"朱駿聲《通訓定聲》："《説文》多部云：'重夕爲多。重日爲疊。'从宜猶从多也。"宜爲"多省聲"。參"宜"條。林義光《文源》卷六："古作（穌甫人匜嫿字偏旁）。即俎字。象纍物在俎上形。"

文五　重四

月部

月　闕①也。大陰之精。象形。凡月之屬皆从月。　魚厥切（yuè）。

【譯文】月，虧闕。太陰的精華。象（不滿之）形。大凡月的部屬都从月。

【注釋】① 闕：徐鍇《繫傳通論》："虧闕也。"《釋名·釋天》："月，闕也。滿則闕也。"

【參證】甲文作、，金文作、。徐灝《段注箋》："象上下弦（陰曆初七初八，月亮缺上半叫做上弦；二十二、二十三，月亮缺下半，叫下弦）之形。日象圜形，故月象其闕也。小篆相承取字形茂美耳。"于省吾《甲骨文字釋林·釋古文字中附畫因聲指事字的一例》："甲骨文第一期到第四期，月字作或。""至於西周金文的月字均作，夕字均作。""爲什麽甲骨文前四期的夕字在月字中間加一竪畫？……月本有形可象，夕則無形可象，故夕字的造字本義，乃於月字的中間附加一個竪畫，作爲指事字的標誌，以別於月，而仍因月字以爲聲。"于説，甲文前四期月作，夕作。

朔[①] 月一日始蘇也。从月，屰聲。　所角切（shuò）。

【譯文】朔，月亮在初一開始復生。从月，屰聲。

【注釋】① 朔：《釋名·釋天》："朔，月初之名也。朔，蘇也。月死復蘇生也。"按：朔，月相名。這是指：夏曆每月初一，月亮運行到太陽和地球之間，跟太陽同時出沒，地球上看不到月光。《段注》："引申爲凡始之偁。"

【參證】金文作。馬敘倫《六書疏證》卷十三："朔从屰得聲。上海言月音有如屰者，朔乃月之雙聲轉注字。以每月初一日始生月，故以爲月一日始蘇也。"

朏[①] 月未盛之明。从月出。《周書》[②]曰："丙午朏。"　普乃切（pěi）。又，芳尾切（fěi）。

【譯文】朏，月光未盛之明。由月、出會意。《周書》説："丙午那天月光初現光明。"

【注釋】① 朏：徐灝《段注箋》："月朔（初一）初生明，至初三乃可見。故三日曰朏。从月、出會意，出亦聲。"　②《周書》：指《召誥》。

【參證】金文作、、。

霸 月始生，霸然也[①]。承大月，二日；承小月，三日[②]。从月，䨣聲。《周書》[③]曰："哉生霸。"[④]，古文霸。　普伯切

(pò)。

【譯文】霸，月亮開始呈現，旁有微光似的。上承大月，初二(生霸)；上承小月，初三(生霸)。从月；䨣聲。《周書》説：“開始出現月光。”䨥，古文霸字。

【注釋】① 月始句：陳瑑《引經考證》：“‘月始生’爲句，‘霸然也’爲句。”李富孫《辨字正俗》引《鄉飲酒義》疏：“魄(霸)謂月輪生、旁有微光也。”　② 承大月二句：《段注》引《鄉飲酒義》正義：“前月大，則月二日生魄(霸)；前月小，則三日始生魄(霸)。”　③《周書》：指《康誥》。今“霸”作“魄”。《拈字》：“五伯之伯讀曰霸。伯者，取牧伯、長諸侯之義。後人恐與侯伯字相溷，故借用霸字以别之，今俗以爲王霸字，而月霸字乃用魄。”按：伯本長義，魄本陰神義。　④ 䨥：《重文管見》：“冂象天，同古文雨，釆，辨别也，讀音辨，月始生霸，可辨識也。”

【參證】金文作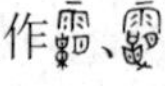。高田忠周《古籀篇》卷五：“霸字从月爲意，从䨣者，唯取聲耳。”

① 明②也。从月，良聲。　盧黨切(lǎng)。

朖　【譯文】朗，明亮。从月，良聲。

【注釋】① 朖：今作朗。　② 明：徐鍇《繫傳》：“月之明爲朗。”

【參證】馬敘倫《六書疏證》卷十三：“江浙人呼月每曰月亮，亮即良之譌字，月良即月朗也。”

① 晦而月見西方謂之朓②。从月，兆聲。　土了切(tiǎo)。

朓　【譯文】朓，夏曆月底，月亮在西方出現，叫作朓。从月，兆聲。

【注釋】① 朓：楷書與从肉、兆聲的“朓”(tiào，遷徙宗廟的祭祀)無異。　③ 晦而句：孔廣居《疑疑》：“晦、朔之交，乃月與日會之時。未至此時，月在日前；既過此時，月在日後。故晦或有日將出而東方見月之時，朔或有日初入而西方見月之時。晦而月現西方謂之朓者，未朔而先見朔之象也。故曰跳也。”“朓之爲言跳也。”“朓从跳省爲意。”

① 朔而月見東方謂之縮肭②。从月，内聲。　女六切(nǜ)。

肭　【譯文】肭，夏曆月初，月亮出現在東方，叫作縮肭。从月，内聲。

【注釋】① 朒：孔廣居《疑疑》："已朔而猶見晦之象也。故曰縮也。""朒从衲省爲意。衲即退字。" ② 縮朒：同義連用。徐灝《段注箋》："朒(指朒字)之言縮也。""言其行遲也。"

期 會①也。从月②，其聲。𣅀，古文期，从日丌③。 渠之切(qí/qī)。

【譯文】期，約會。从月，其聲。𣅀，古文期字，从日，丌(聲)。

【注釋】① 會：《段注》："會者，合也。期者，要約之意，所以爲會合也。" ② 从月：《段注》："月猶時也。要約必言其時。" ③ 从日丌(jī)：《段注》："日猶時也。丌聲。"宋保《諧聲補逸》："丌讀與箕同。箕古文作其，是丌其同聲通用也。"

【參證】金文作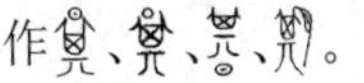。郭沫若《齊侯壺釋文》(《殷周青銅器銘文研究》卷二)："(寡兒鼎)碁即朞(期)字，下體所从者非口字，乃日省。"

文八 重二

朦 月朦朧①也。从月，蒙聲。 莫工切(méng)。

【譯文】朦，月光朦朧不明的朦字。从月，蒙聲。

【注釋】① 朦朧：疊韻聯緜字。月光似明不明皃。主音不主形。《鄭新附考》："蒙蘢，本無專字，其言月色者，詞賦家加月作之。與曈曨、朣朧加偏旁一例。"

朧① 朦朧也。从月，龍聲。 盧紅切(lóng)。

【譯文】朧，朦朧的朧。从月，龍聲。

【注釋】① 朧：見上條。

文二 新附

有部

有 不宜有也①。《春秋傳》②曰："日月有食之。"从月，又聲。凡有之屬皆从有。 云九切(yǒu)。

【譯文】有，不應當有。《春秋左傳》説："日月有日蝕、月蝕現象。"从月，又聲。大凡有的部屬都从有。

【注釋】① 不宜句：《段注》："謂本是不當有而有之偁，引申遂爲凡有之偁。" ②《春秋傳》：指《春秋經・隱公三年》。今本無"月"字。《段注》："此引經釋'不宜有'之恉。"按：古以日蝕月蝕爲不祥之兆，故曰"不宜有"。

【參證】甲文作、，金文作、。徐灝《段注箋》："（篆文）从又持肉爲有也。"林義光《文源》卷六："有非不宜有之義，有，持有也。""（金文）从又持肉，不从月。"《甲文編》："（）卜辭用又爲有。""（）此字不知偏旁所从，以文義覈之，確與有無之有同義。"

① 有文章也。从有，𢧢聲。 於六切（yù）。

戫 【譯文】戫，有文彩。从有，𢧢聲。

【注釋】① 戫：《段注》："古多叚或字爲之。"徐鍇《繫傳》："《論語》'郁郁乎文哉'本作此。此戫假借郁字。"

① 兼有②也。从有，龍聲。讀若聾③。 盧紅切（lóng）。

龓 【譯文】龓，籠統。从有，龍聲。音讀象"聾"字。

【注釋】① 龓：《段注》："今牢籠字當作此。籠行而龓廢矣。"
② 兼有：桂馥《義證》："謂今言籠統是也。"王筠《句讀》："今言籠絡，即兼有之義。"又，《釋例》："籠絡又恒言也。" ③ 讀若聾：葉德輝《讀若考》："龓、聾均从龍得聲。《繫傳》作讀若籠。"

【參證】甲文作。陳邦懷《殷虛書契考釋小箋》："卜辭从龍，从又，象人手牽龍頭形，牢籠之誼昭然。小篆从有，殆以又、有通用而然歟？"

文三

朙部

 照也。从月，从囧①。凡朙之屬皆从朙。②，古文朙从日。

朙 武兵切（míng）。

【譯文】朙，照耀。由月、由囧會意。大凡朙的部屬都从朙。明，古文朙字，从日。

【注釋】① 从囧(jiǒng)：《段注》："取窗牖麗廔（窗櫺交錯格格相連之貌）闓明（猶今語敞亮）之意也。囧亦聲（囧又音明）。不言者，舉會意包形聲也。"　② 明：徐鍇《繫傳》："君子曰：在天者莫明於日月，故於文日月爲明。"

【參證】甲文作、、，金文作、。林義光《文源》："（金文）象月照窗牖形。"

朚　翌[①]也。从朙，亡聲。　呼光切(huāng)。

【譯文】朚，明日。从朙，亡聲。

【注釋】① 翌：《段注》："當作昱。昱，明也。"

【參證】林義光《文源》卷十二："朚訓爲昱，無所考。《廣雅》：'朚，遽也。'實忙之本字。"

文二　重一

囧部

囧　窻牖麗廔闓明[①]。象形[②]。凡囧之屬皆从囧。讀若獷[③]。賈侍中說，讀與明同[④]。　俱永切(jiǒng)。

【譯文】囧，窗牖格格交錯而敞亮。象形。大凡囧的部屬都从囧。音讀象"獷"字。賈侍中說，音讀與"明"同。

【注釋】① 麗廔句：高亨《文字形義學概論》："麗廔雙聲連語，窗櫺交錯格格相連之貌。《説文》：'闓，開也。'闓明猶今語敞亮。"
② 象形：《段注》："謂象窗牖玲瓏形。"　③ 讀若獷：《段注》："獷，古音如廣。囧音同也。朙，讀若誑。朙聲之㽘，爲故文囧字，可以證矣。"　④ 讀與明同：王筠《釋例》："盟之篆文從朙，古文從明也。""是賈侍中直謂囧、明一字矣。""既以闓明說其義，而復言此。"參"盟"條。

【參證】甲文作、，金文作。林義光《文源》："象窗牖中有交文之形。"李孝定《甲骨文字集釋》第七："囧固窻牖之象形字也。窗篆作，與囧形近，囧讀若獷，與囪之音韻亦不相遠，疑獷乃窗牖一義之音讀。賈侍中讀明則以窗義引申之得有麗廔闓明一義，謂其音

義皆與明同也。”

盈

《周禮》[①]曰：“國有疑則盟[②]。”諸侯再相與會，十二歲一盈[③]。北面詔天之司慎司命[④]。盈，殺牲歃血，朱盤玉敦，以立牛耳[⑤]。从囧[⑥]，从血[⑦]。，篆文从朙[⑧]。，古文从明。　武兵切(méng)。

【譯文】盈，(其義有二。一，不定期而盟。)《周禮》説：“諸侯邦國之間有猜疑就舉行盟會。”(二，定期而盟。)諸侯兩次朝會之期就互相聚會一次，十二年就舉行一次盟會。(盟會時，都要)面向北邊把盟約詔告蒼天的司慎、司命諸神。盟，殺了用于祭神的牛、羊、豬，喝它們的血，朱紅的盤子，玉製的敦器，用以盛立着牛的耳朵。由囧、由血會意。盟，从朙聲。盟，古文盟，从明聲。

【注釋】①《周禮》：指《秋官・司盟》。桂馥《義證》介紹了盟誓的全過程。“魯襄公傳曰：敢告天之司慎、司盟、名山大川、先王先公、七姓十二國之祖，有違此盟，明神殛之，俾墜其師，無克祚國，是其辭也。謂之載書。既詛而割牲，以玉敦承其流血，諸侯共歃其血，主盟者執其牛耳，立於槃中。然後掘坎埋其牲，加載書而埋之也。”王筠《句讀》：“有故而盟，故無定期，此盟之一説也。”　② 國有句：隱括《秋官・司盟》文：“司盟，掌(主管)盟載(記載盟辭)之法。凡邦國有疑會同，則掌其盟約之載，及其禮義。”　③ 諸侯句：王筠《句讀》：“約舉《昭十三年傳》文。無故而盟，故有定期。此盟之又一説也。《傳》曰：‘明王之制，使諸侯歲聘(探問)以志(識，標明)業(本職)，間朝(三年而一朝)以講禮，再(兩次)朝而會以示威，再會而盟以顯昭明。’”再指兩次朝會。　④ 北面句：《秋官・司盟》有“北面詔(告)明神(神明)”句。司慎司命，《段注》：“謂司慎、司命爲明神之首。”　⑤ 殺牲三句：《段注》引鄭玄：“合諸侯者必割牛耳，取其血，歃之以盟。朱盤以盛牛耳，尸(主)盟者執之。玉敦，歃血玉器。”　⑥ 从囧：王筠《句讀》：“惟囧讀如明，故得明神之義。”“囧亦聲。”　⑦ 从血：王筠《句讀》：“承歃血言之。”　⑧ 从朙：朱駿聲《通訓定聲》：“从朙聲。”

【參證】甲文作、、，金文作、。《段注》：“朱盤、玉敦，器也。故从皿。”商承祚《殷虛文字類篇》：“此象以皿盛血，歃之意也。

囧作者,刀筆之便也。”

文二　重二

夕部

夕　莫也。从月半見①。凡夕之屬皆从夕。　祥易切(xī)。

【譯文】夕,傍晚。由月字現出一半來表意。大凡夕的部屬都从夕。

【注釋】① 从月句;徐鍇《繫傳》:“(夕)月字之半也。月初生則暮見西方,故半月爲夕。”

【參證】甲文作、、,金文作、。于省吾説,甲文夕作,月作。夕作,月作。參“月”條。林義光《文源》:“夕、月初本同字。暮時見月,因謂暮爲月。”“後分爲二音。始於中加一畫爲别,而加畫者乃用爲本義之月,象月形者反用爲引申義之夕,古作(毛公鼎),象月形。”

夜①　舍②也。天下休舍③也。从夕,亦省聲④。　羊謝切(yè)。

【譯文】夜,止息。是天下休息之時。从夕,亦省聲。

【注釋】① 夜:从天黑到天亮,《左傳·莊七年》疏:“夜者,日昏至旦之總名。”與“日”、“晝”相對。　② 舍:夜、舍,疊韻爲訓,上古同屬魚部。本書亼部:“市居曰舍。”引申有止息之義。　③ 休舍:《段注》:“休舍猶休息也。舍,止也。”　④ 亦省聲:徐灝《段注箋》:“夜與亦,一聲之轉。”

【參證】金文作、、,从夕,省去一點爲聲。李孝定《金文詁林讀後記》卷七:“夜爲夕之孳乳轉注字,亦猶永羕、走趨之比。”

夢　不明也。从夕①,瞢省聲②。　莫忠切(méng)。又,亡貢切(mèng)③。

【譯文】夢,不明。从夕,瞢省聲。

【注釋】① 从夕:《段注》:“以其字从夕,故釋爲不明也。”　② 瞢省聲:聲中有義。本書苜部:“瞢,目不明也。”　③ 今昏夢讀méng,夢寐讀mèng。

【參證】戴家祥《金文大字典》:“凡與夢(méng)同聲者,往往含有不明的意思。《説文》四篇云：‘瞢，目不明也。’‘懵懂’形容頭腦糊塗不清，‘朦朧’形容月色不明，‘迷蒙’形容天色不明。”夢寐是眠寐不明而有意識活動。後者音轉爲去聲。甲文作、、。孫海波《甲骨文編》：“象人依牀而睡，㝱之初文。”

夗　轉臥①也。从夕②，从卩③。臥有卩也。　於阮切（yuàn）。

【譯文】夗，轉身側臥。由夕、由卩會意。側臥就曲膝。

【注釋】① 轉臥：《段注》：“謂轉身臥也。”“凡夗聲、宛聲字，皆取委曲意。”　② 从夕：徐灝《段注箋》：“許訓爲臥者，殆以其从夕而云。”　③ 从卩（jié）：張舜徽《約注》承張文虎《舒藝室隨筆》之説，云：“猶厀（膝）从卩。側臥時必曲其厀，而全身皆屈，所謂寢不尸也。”

【參證】甲文作。

夤　敬惕①也。从夕②，寅聲。《易》③曰：“夕惕若（夤）[厲]。”，籀文夤。　翼真切（yín）。

【譯文】夤，莊敬。从夕，寅聲。《易經》説：“（君子終日振作，）晚上警惕着，遇着危險（也沒有禍害）。”𡗝，籀文夤字。

【注釋】① 敬惕：同義連用。本書心部：“惕，敬也。”　② 从夕：張舜徽《約注》：“凡人日所言行，夜則思之，而敬惕之意出焉。此夤字从夕之義也。”　③《易》：指《周易・乾卦九三爻辭》。原文：“君子終日乾乾（前進不倦），夕惕若（然），厲（危）無咎（災禍）。”徐灝《段注箋》：“‘夕惕若夤’之夤當作厲。”

【參證】金文作。徐灝《段注箋》：“夕者夕（肉）之譌。《易・艮九三》‘裂其夤’，虞注：‘夤，脊肉也。’乃其本義。”林義光《文源》卷十一：“夤當即胂之或體，从肉，寅聲。夕以形近譌爲也。”

姓①　雨而夜除星見也②。从夕，生聲。　疾盈切（qíng）。

【譯文】姓，雨在夜晚停止而星星出現。从夕，生聲。

【注釋】① 姓：《漢書》作暒，乃姓之俗體。今作晴。徐灝《段注箋》：“晝晴曰啓，夜晴曰姓。今通謂之晴。”　② 雨而句：《段注》：“雨夜止星見謂之姓。”“引申爲晝晴之偁。”

外　遠也。卜尚平旦，今夕卜，於事外矣①。，古文外。　五會切（wài）。

【譯文】外,疏遠。占卜崇尚平明日出之時,今在夜晚占卜,就卜筮之事而言是例外了。外,古文外字。

【注釋】① 於事句:《段注》:"此説从夕卜之意。"徐鍇《繫傳》:"古者君子重卜者,決疑於神明,當尚早。今外,是於事疏外也。"故張舜徽《約注》進而解釋説:"卜尚平旦,乃常例也。若遇急難,則不暇擇時,即以夕卜之,此乃稀有之事。許云'於事外矣',猶今人言例外也。"

【參證】金文作、、。戴家祥《金文大字典》:"外从夕从卜,或屬會意字。丨指屋壁,一短横表示壁之内向,另一向有'月',當爲屋外。外的意思豁然而出。"

①
𡖊 早敬也。从丮,持事;雖夕②不休:早敬者也。③,古文夙,从人㐁。,亦古文夙,从人西。宿从此。　息逐切(sù)。

【譯文】𡖊,早晨肅敬於事。从丮,表示雙手操持事物;即使在晨月之下也不休息。這是早晨肅敬於事的意思。𠈐,古文夙字,由人、㐁會意。㐁,也是古文夙字,由人、西會意。宿字从㐁。

【注釋】① 𡖊:徐灝《段注箋》:"夙者,晨起操作之義。故从夕从丮。"隸變作夙。孔廣居《疑疑》:"𡖊隸省作𡖊,或變作夙,蓋以丮之省文加于夕上也。"　② 夕:徐灝《段注箋》:"按夕象月初生之形。""月初生時昏莫及晨早往往見之。初昏爲夕,將晨亦爲夕也。"③ 𠈐(tiǎn):商承祚《説文中之古文考》:"此作𠈐、㐁,實宿之初字。宿,甲骨文作、,象人在席旁,又作,象人在席上。金文作,从宀;宀,室屋下意也。則㐁西乃形之寫譌。宿、𡖊同聲,故可以相通假。"

【參證】甲文作、,金文作、、、。胡小石《説文古文考》:"象人執事于月下,侵月而起,故其誼爲早。"

①
募 宗也。从夕,莫聲。　莫白切(mò)。

【譯文】募,寂寞。从夕,莫聲。

【注釋】① 募:徐鍇《繫傳》:"此即寂寞之寞。"《段注》:"宗夢者,夕之静也;嗼嘆者,口之静也;宗募者,死之静也。"今統用寂寞。

文九　重四

多部

多　重①也。从重夕。夕者，相繹②也，故爲多。重夕爲多，重日爲疊。凡多之屬皆从多。㚇，古文多③。　得何切(duō)。

【譯文】多，重複。由重疊的夕字構成。夕的意思是，是相抽引而無窮盡，所以叫多。重疊夕字叫多，重疊日字叫疊。大凡多的部屬都从多。㚇，古文多字。

【注釋】① 重：王筠《句讀》："重複則多也。"　② 相繹：段注："相繹者，相引於無窮也。抽絲曰繹。"張舜徽《約注》引宋育仁説："夕而又朝，朝而又夕，相引無窮。"　③ 古文多：《段注》："有並與重别者，如棘棗是也；有並與重不别者，㚇多是也。"

【參證】甲文作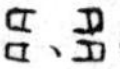，金文作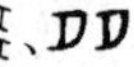。李孝定《甲骨文字集釋》引王國維説："多从二肉會意。"多象兩塊肉形，古時祭祀分胙肉，分兩塊則有多義自見。

錁　齊謂多爲錁①。从多②，果聲。　乎果切(huò/huǒ)。

【譯文】錁，齊地叫多作錁。从多，果聲。

【注釋】① 齊謂句：《方言》："凡物盛多，齊宋之郊、楚魏之際曰夥。"　② 从多：徐灝《段注箋》："錁之詞，由詫其多而起，因謂多爲錁，而造字从多也。"錁，又作夥。

㚇①　大也。从多，圣聲②。　苦回切(kuī/guài)③。

【譯文】㚇，大。从多，圣聲。

【注釋】① 㚇：《段注》："與恢音義皆同。"　② 圣(kū)聲：上古屬物部。㚇屬微部。微物對轉。承培元《廣答問疏證》："从多，固有大意；圣，致力於地，亦有開闢義。"可見，圣也表義。　③ 今讀依《廣韻》古壞切。

【參證】今音怪。馬敘倫《六書疏證》卷十三："今北平謂太好曰怪好亦曰多好。然則怪好即多好。"其本字當作㚇。

㸁　厚脣皃。从多①，从尚。　陟加切(zhā)。

【譯文】㸁，厚嘴脣的樣子。由多、由尚會意。

【注釋】① 从多：徐鍇《繫傳》："多即厚也。"

【參證】金文作。林義光《文源》："从多、尚省。尚，加也。"

文四　重一

毌部

毌　穿物持之也。从一横貫[1]，象寶貨之形[2]。凡毌之屬皆从毌。讀若冠。　古丸切(guān/guàn)[3]。

【譯文】毌，貫穿物體、持握着它。由"一"横着貫穿，(田)象錢貝之形。大凡毌的部屬都从毌。音讀象"冠"字。

【注釋】① 从一：《段注》："一者，所以穿而持之也。"　② 象寶句：《段注》："田者，寶貨之形。"寶貨，王筠《句讀》："此寶貨衹是錢。"　③ 今讀依《廣韻》古玩切。

【參證】甲文作、、，金文、。饒炯《部首訂》："外象寶貨之體，中象罅隙，一象貫以穿之。"孫詒讓《名原》卷上："甲文有字，當即毌之原始象形文，又有作申者，則之省變也。"

貫　錢貝之貫。从毌[1]貝。　古玩切(guàn)。

【譯文】貫，(貫穿)錢貝的繩索。由毌、貝會意。

【注釋】① 从毌：王筠《句讀》："毌亦聲。"徐灝《段注箋》："毌、貫，古今字。毌象横貫寶貨；貫訓錢貝之貫：其義一也。古丸、古玩二切，亦一聲，輕重之殊。""引申爲凡貫穿之偁"，"又爲貫習之義"。"凡事物之貫穿，而習之義生焉。習則有所事，故又訓爲事也。爲學者事其事而習焉，然後能貫穿通達矣。貫、慣亦古今字。"

虜　獲也。从毌，从力[1]，虍聲。　郎古切(lǔ)。

【譯文】虜，俘獲。由毌、由力會意，虍聲。

【注釋】① 从毌从力：憑藉武"力"用繩索"毌"拘俘虜。徐鍇《繫傳》："《春秋左傳》原軫曰：'武夫力而拘諸原。'故从力毌穿之也，獲者以索構之。"《段注》："凡虜囚亦曰纍臣，謂拘之以索也。"

文三

马部

马 嘾①也。艸木之華未發，圅然②。象形③。凡马之屬皆从马。讀若含。 乎感切(hàn)。

【譯文】马，深含。草木的花尚未吐發，象含着東西似的。象形。大凡马的部屬都从马。音讀象“含”字。

【注釋】① 嘾(dàn)：口部：“嘾，含深也。” ② 圅然：《段注》：“圅之言含也，深含未放。”徐鍇《繫傳》：“草木華未吐，若人之含物也。” ③ 象形：《段注》：“下象承華之莖，上象未放之蓓蕾(花苞)。”

【參證】馬敘倫《六書疏證》卷十三：“()象華含苞未發形。”“今杭縣謂之花乳頭，以若人體之乳房然也。”

圅 舌也。象形①。舌體马马②。从马，马亦聲。俗圅从肉今③。 胡男切(hán)。

【譯文】圅，舌頭。(㘝)象舌形。舌頭在口內，象花马马未發。从马，马也表聲。肣，俗圅字，从肉，今聲。

【注釋】① 象形：《段注》：“謂㘝象舌輪郭及文理也。” ② 马马：深含貌。 ③ 从肉今：《段注》：“(舌)口裏肉也”，“釋从肉之意也。”“从今者，今聲也。”宋保《諧聲補逸》：“圅、马、肣、今四字並同部音近。”

【參證】甲文作、、，金文作。王國維《海寧王靜安先生遺書》：“即古文函字”，象“盛矢之器”。“象倒矢在函中”，“象函形，其緘處，且所以持也。”

①
甹 木生條②也。从马③，由聲。《商書》④曰：“若顛木之有甹、枿。”古文⑤言由枿。 以州切(yóu)。

【譯文】甹，樹木生新枝。从马，由聲。《商書》說：“象倒伏的樹木有新生的枝條，有砍伐後再長出的新芽。”古文《尚書》說成“由枿”。

【注釋】① 甹：徐鍇《繫傳》：“謂是已倒之木更生孫枝也。” ② 條：《段注》：“小枝也。” ③ 从马：王筠《句讀》：“甹雖非花，而萌蘖初生，其狀拳曲，故从之也。” ④《商書》：指《盤庚》上。今本“枿(niè)”作“蘖”。本書木部：“櫱，伐木餘也。”古文作“梓”，或體作“蘖”。徐灝《段注箋》:“枿者,梓之譌體。”　⑤ 古文:《段注》:“謂孔氏壁中書也。”,朱駿聲《通訓定聲》補古文由。朱說:“古粤字从果省。木萌芽於果實中人也。上出者,芽櫱初抽之象。”

[1] 甬 艸木華甬甬然。从𢎘,用聲。　余隴切(yǒng)。

【譯文】甬,草木之花含苞欲放的樣子。从𢎘,用聲。

【注釋】① 甬:徐鍇《繫傳》:“甬之言涌也。若水涌出也。”王筠《句讀》引《廣雅》:“甬,草木花欲發皃。”

【參證】金文作、、。楊樹達《積微居小學述林》:“甬象鐘形,乃鐘字之初文也。知者:甬字形上象鐘懸,下象鐘體,中横畫象鐘帶。”徐灝《段注箋》:“小篆从𢎘者,形近之譌耳。用本古鏞字,象形,甬即用之異體。因甬篆上有小圜,與用微異。遂專以爲鐘甬字耳。凡器之圜者如筩桶之類皆从甬。又爲斗甬蠶甬之稱。花之蓓蕾橢圜,因亦謂之甬。”

 𢎟 艸木𢎘盛也。从二𢎘[1]。　胡先切(xián)。

【譯文】𢎟,草木花蕾茂盛。由兩個𢎘字會意。

【注釋】① 从二𢎘:徐灝《段注箋》:“六書之例,凡物之盛多者,往往有重文,其音義或同或異。”

文五　重一

𣐺部

[1] 𣐺 木垂華實。从木𢎘[2],𢎘亦聲。凡𣐺之屬皆从𣐺。　胡感切(hàn)。

【譯文】𣐺,樹木懸掛花和果實。由木、𢎘會意,𢎘也表聲。大凡𣐺的部屬都从𣐺。

【注釋】① 𣐺:姚文田、嚴可均《校議》:“𢎘象華𢎘形,重𢎘爲𢎟,此作者,華𢎘得左向,亦得右向,故正反隨作。”　② 从木𢎘(hàn):王筠《釋例》:“𢎘爲未發,𢎟从二𢎘,則盛矣,𣐺从𢎟者,盛則華實垂也。”

【參證】金文作。徐中舒《甲骨文字典》卷七引一期甲文作,說:

“从(木)从,象艸木垂實之形。”

韢　束[①]也。从東[②],韋聲[③]。　于非切(wéi)。

【譯文】韢,綑束。从東,韋聲。

【注釋】① 束:張舜徽《約注》:“韢之言囗也。謂華實之盛,回帀團聚若束也。”　② 从東:表示華實之盛。　③ 韋聲:聲中有義。《段注》:“束之訓,於从韋得之。”

【參證】甲文作、。王國維《觀堂書札》(《中國歷史文獻研究集刊》第一集)、楊樹達《積微居甲文説·釋韢鳳》均釋爲“韢”。王説象束縛之形,楊未作結構分析。按:,應是甲文之譌變。參“東”條。

文二

㐬部

㐬　艸木實垂㐬㐬[①]然。象形[②]。凡㐬之屬皆从㐬。讀若調。[③],籀文三㐬爲㐬。　徒遼切(tiáo)。

【譯文】㐬,草木之實,下垂㐬㐬的樣子。象果實下垂之形。大凡㐬的部屬都从㐬。音讀象“調”字。𠧪,籀文㐬字,三㐬組合爲㐬。

【注釋】① 㐬㐬:《段注》:“垂皃。”“(㐬)隸變爲卣。”“卣爲中尊(中檔酒尊)。”　② 象形:王筠《句讀》:“上象蒂形,下象實形。”《釋例》:“下則外爲實之輪郭,内爲實之文理也。”　③ 𠧪:徐鍇《繫傳》:“籀文繁者,小篆省之也。”

【參證】甲文作、、、、,金文作、。羅振玉《釋卣》:“甴即説文㐬字。”“中从土,象果實坼文。傳繕譌作仌(如角作角),古从土之字,或又譌作コ(如囯作囙),於是卣字遂有㐬卣二形,其實並甴之譌變也。”于省吾《甲骨文字釋林·釋盅雨》:“甲骨盅字習見……典籍作卣,《説文》作㐬。”“㐬之讀若調,猶《説文》莜从攸聲而《唐韻》音‘徒弔切。’”

桌[①]　木也。从木,其實下垂,故从㐬。[②],古文桌从西,从二㐬。徐巡説,木至西方戰桌[③]。　力質切(lì)。

【譯文】㮚，樹木名。从木，它的果實下垂，所以从卤。⿱西⿰卤卤木，古文栗字由西字和兩個卤字會意。徐巡説，樹木到了西方就戰慄。

【注釋】① 㮚：今作栗。　② ⿱西⿰卤卤木：《段注》："籀文卤从三卤，則籀文㮚亦當从三卤。《玉篇》曰'⿱⿰卤卤⿰卤木籀文'是也。疑許書本一古一籀並載，轉寫佚亂之。"張文虎《舒藝室隨筆》："卤與𠧪之古文卥形近，因卤譌爲卥，再譌爲𠧪（西）。"按：後省作"栗"。　③ 徐巡説：王筠《句讀》："此乃曲説。"

【參證】甲文作、，金文作。李孝定《甲骨文字集釋》："契文象木實有芒之形，以其形與卤近，故篆誤從卤。"

①
⿱卤米

嘉穀②實也。从卤③，从米④。孔子曰："⿱卤米之爲言續也⑤。"，籀文⿱卤米。　相玉切（sù）。

【譯文】⿱卤米，美好的百穀的籽實。由卤、由米會意。孔子説："⿱卤米可借表連續不斷的意思。"⿱⿰卤卤⿰卤米，籀文⿱卤米字。

【注釋】① ⿱卤米：今作粟。誤以卤爲𠧪，因變作西。　② 嘉穀：《段注》："穀者，百穀之總名；嘉者，美也。"　③ 从卤：《段注》："自其采（穗）言之。"　④ 从米：《段注》："自其藴言之。嘉穀之實曰粟，粟之皮曰穅，中曰米。"　⑤ ⿱卤米之句：見《春秋説題辭》。之爲言，聲訓述語。續，相續不已。

【參證】甲文作、。林義光《文源》卷十：禾穗下垂如果實，故从卤米。

文三　重三

齊部

①
齊

禾麥吐穗上平也。象形。凡亝之屬皆从亝。　徂兮切（qí）。

【譯文】齊，禾麥吐穗，其上平整。象形。大凡齊的部屬都从齊。

【注釋】① 齊：《段注》："从二者，象地有高下也。禾麥隨地之高下爲高下，似不齊而實齊。參差其上者，蓋明其不齊而齊也。"亝即齊。朱駿聲《通訓定聲》："其中，高地之禾；左右，下地之禾也。"徐灝《段注箋》："引申之義爲齊等，爲齊備，爲齊整；整猶正也，故又訓齊爲中；……聲轉爲齊衰之齊；又爲齊戒之齊，别作齋。"

【參證】甲文作、，金文作、。李孝定《金文詁林讀後記》卷七："《説文》以禾吐穗上平訓齊，雖未能必信，然亦别無佳解。"

[1]
䶒 等也。从亝，妻聲[2]。　徂兮切(qí)。

【譯文】䶒，相等。从齊，妻聲。

【注釋】① 䶒：《段注》："齊等字當作此。齊行而䶒廢矣。"　② 妻聲：《段注》："妻者齊也。此舉形聲包會意。"徐灝《段注箋》："此字(與齊)音同而義無别，蓋或體異文耳。"

【參證】楊樹達《文字形義學》："齊䶒義同，實一字也。"

文二

朿部

[1]
朿 木芒[2]也。象形[3]。凡朿之屬皆从朿。讀若刺。　七賜切(cì)。

【譯文】朿，樹木的刺。象形。大凡朿的部屬都从朿。音讀象"刺"字。

【注釋】① 朿：今作刺。《方言》："凡草木刺人，北燕朝鮮之間，謂之茦，或謂之壯；自關而東，或謂之梗，或謂之劌；自關而西謂之刺；江湘之間謂之棘。"　② 芒：《段注》："艸耑(草端)也。引申爲凡鐵鋭之偁。"　③ 象形：徐鍇《繫傳》："从木形，左右象刺生之形。"

【參證】甲文作、、，金文作、。于省吾《雙劍誃殷栔駢枝·釋朿》："卜辭有字，……當即朿的初文。""字象木枝有芒刺形。"戴家祥《金文大字典》："朿能刺人刺物，古人將它用作原始的武器，後又模仿刺的形狀製造出横啄的刺兵器戟和戛。"

棗 羊棗[1]也。从重朿[2]。　子皓切(zǎo)。

【譯文】棗，羊矢棗。由重疊兩個朿字會意。

【注釋】① 羊棗：《爾雅·釋木》郭璞注："實小而員，紫黑色，今俗呼之爲羊矢棗。"　② 重朿：王筠《句讀》："棗高，故重之。"

【參證】金文作。林義光《文源》卷六："棗木多刺，棘短棗高，故从重朿。"馬敘倫《六書疏證》卷十三引沈括說："棗與棘類，俱有朿。棗獨生，高而少横枝；棘列生，卑而成林。其文皆从朿。朿而相戴立生者棗，朿而相比横生者棘。"

① 小棗叢生者。从並朿②。 己力切(jí)。

棘 【譯文】棘，叢生的低小的酸棗樹。由兩個朿字並列會意。

【注釋】① 棘：《急就篇》第三章："棘，酸棗之樹也。"桂馥《義證》引《詩詁》："棘如棗，而多刺，木堅，色赤叢生，人多以興藩。" ② 並朿：《段注》："棘庳於棗，而朿尤多，故从並朿會意。"

【參證】金文作。馬敘倫《六書疏證》卷十三："今野生有朿而叢者謂之棘，有實如小棗，以此謂棘爲小棗叢生者。"參"朿"、"棗"條。

文三

片部

 判木①也。从半木②。凡片之屬皆从片。 匹見切(piàn)。

片 【譯文】片，已分剖的木。由小篆木字的右半構成。大凡片的部屬都从片。

【注釋】① 判木：《段注》："謂一分爲二之木。" ② 半木：徐鍇《繫傳》："木字之半也。"王筠《釋例》："古人製此字，不於物情中得其意，而於字形中得其意。"

【參證】甲文作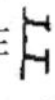、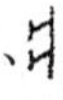。孫海波《甲骨文編》："古文一字可以反正互寫，片、爿(pán)當是一字。"

① 判②也。从片，反聲。 布綰切(bǎn)。

版 【譯文】版，分剖(的木板)。从片，反聲。

【注釋】① 版：《段注》："凡施於宫室器用者皆曰版，今字作板。"
② 判：邵瑛《羣經正字》："《說文》以版爲判，是即版片之版。"王筠《句讀》："謂判之而爲版也。"

【參證】甲文作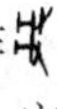、。楊樹達《文字形義學》："反片同寒部脣音字，版片義同，實一字也。特版加聲旁反耳。"郭沫若《卜辭通纂》："从爿

[illegible]聲，此謂版築也。”按：爿即片，[illegible]即反，木板用於築墻，則爲版築。楊郭二説，一也。

牑　判①也。从片，畐聲。　芳逼切(pì/bì)。

【譯文】牑，分剖(的木板)。从片，畐聲。

【注釋】① 判：王筠《句讀》：“與版同訓，即與版同物。”“吾鄉於版之薄削者，謂之牑片。”

牘　書版①也。从片，賣聲。　徒谷切(dú)。

【譯文】牘，寫字的木板。从片，賣聲。

【注釋】① 版：即板。《左傳集解序》：“大事書之於策，小事簡牘而已。”正義曰：“簡之所容，一行字耳；牘乃方版，可以並容數行。凡爲書，一行可盡者，書之於簡；數行可盡者，書之於方；方所不容者，乃書於策。”

牒　札①也。从片，枼聲。　徒叶切(dié)。

【譯文】牒，書寫用的木片。从片，枼聲。

【注釋】① 札：《段注》：“木部云：‘札，牒也。’厚者爲牘，薄者爲牒。牒之言枼也，葉也。”

牖　牀版①也。从片，扁聲。讀若邊②。　方田切(biān)。

【譯文】牖，床板。从片，扁聲。音讀象“邊”字。

【注釋】① 牀版：《方言》卷五：“(牀)其上版，衛之北郊、趙魏之間謂之牒，或曰牖。”　② 讀若邊：馬敘倫《六書疏證》卷十三引劉秀生曰：“扁聲古在邦紐先部，邊从臱得聲，亦在邦紐先部。故牖从扁聲得讀若邊。”

牗　穿壁以木爲交窻也①。从片户②甫③。譚長以爲甫上日也④，非户⑤也。牗，所以見日。　與久切(yǒu)。

【譯文】牗，鑿穿牆壁，用木板作成横直相交的窗櫺。由片、户、甫會意。譚長認爲：“甫”字之上是“日”字，不是“户”字；窗牗是用來照見陽光的地方。

【注釋】① 穿壁句：《段注》：“交窗者，以横直爲之，即今之窗也。在牆曰牗，在屋曰窗。此則互明之。必言以木者，字从片也。”

② 户：王筠《釋例》：“推牗所以从户之故，蓋亦借賓定主之法。”“牗

近户，以户定之。”　③ 甫：孔廣居《疑疑》：“甫者，男子尊顯之偁也。牖有高明之象，故从甫會意。”徐鍇《繫傳》作“甫聲”。二説存參。　④ 譚長句：徐鍇《繫傳》：“譚長亦當時説文字者，記其言廣異聞也。”　⑤ 非户：王筠《句讀》：“户，金刻作ᖘ，與日相似也。”

【參證】楊樹達《積微居小學金石論叢・釋牖》：“字又从户甫者，甫之爲言旁也。古音甫在模部，旁在唐部，二部對轉。”“牖在户之兩旁，故字从户甫。義爲旁而字从甫，猶面旁之爲酺，水頻之爲浦矣。”“片字即爿字也。”“牖在牆，牆从爿聲，故牖字从爿也。”

牏[1] 築牆短版也。从片，俞聲。讀若俞。一曰若紐[2]。　度侯切(tóu)。

【譯文】牏，築牆(用於兩端的)短木板。从片，俞聲。音讀象“俞”字。一説象“紐”字。

【注釋】① 牏：徐鍇《繫傳》：“牆兩頭版也。”　② 讀若俞二句：葉德輝《讀若考》：“牏本从俞得聲。紐、牏同部，故音讀相同。”

文八

鼎部

鼎 三足兩耳，和五味[1]之寶器也。昔禹收九牧之金，鑄鼎荊山之下，入山林川澤，螭魅蝄蜽，莫能逢之，以協承天休[2]。《易》卦：巽木於[火]下者爲鼎[3]，象析木[4]以炊也。籀文以鼎爲貞[5]字。凡鼎之屬皆从鼎。　都挺切(dǐng)。

【譯文】鼎，三隻腳，兩隻耳朵，是調和各種味料的珍貴的器物。過去夏禹收集九州長貢獻的金屬，在荊山底下鑄鼎。進入山林、江河、湖澤，螭魅蝄蜽，沒有什麼山怪能遇見他，他憑藉鑄鼎十分和諧地接受蒼天的恩賜。《易經》的卦象，用“木”進入火下，是鼎卦。象剖開木頭用以燒火煮飯。籀文假借鼎作貞字。大凡鼎的部屬都从鼎。

【注釋】① 五味：醯、酒、飴蜜、薑、鹽之屬。醯，酸；酒，苦；飴蜜，甘；薑，辛；鹽，鹹也。　② 昔禹六句：王筠《句讀》：“以下檃括宣三年《左傳》文，又自爲説以增成之。”九牧，《禮記・曲禮下》：“九州之長入天子之國曰牧。”荊山，在今陝西富平縣西南。螭魅蛧蜽，古人幻想中的怪物。　③《易》卦句：王筠《句讀》：“解《易》象者，爲下文説字形緣起也。”鼎，《易經》鼎卦作䷱，巽下離上，巽代表木，離代表火，《彖傳》説：“《鼎》象也以木巽（入）火，亨（烹）飪（煮熟）也。”王筠《句讀》：“巽者，入也。”“巽木于火下，猶云：入木于火下。”據此補“火”字。　④ 析木：王筠《句讀》：“（此）句説字形。謂（鼎）下半是析爲兩而作。上半之目則鼎形也。”　⑤ 以鼎爲貞：饒炯《部首訂》：“蓋貞从鼎省聲，籀文借鼎爲貞，本屬同聲假借也。”按：上古鼎貞同屬耕部、端紐。

【参證】甲文作、，金文作、、。馬衡《中國金石學概要》：“鼎本象形字，象三足兩耳碩腹之形。其後漸趨整齊，最後乃成小篆之鼎。”

 鼒　鼎之圜掩[①]上者。从鼎，才聲[②]。《詩》[③]曰：“鼐鼎及鼒。”鎡，俗鼒从金，从茲[④]。　子之切（zī）。

【譯文】鼒，圓圓的向上收斂的鼎。从鼎，才聲。《詩經》説：“大鼎和小鼎。”鎡，俗鼒字，从金，从茲聲。

【注釋】① 掩：本書手部：“掩，斂也。小上曰掩。”　② 才聲：聲中有義。才者，艸木之初也，有小義。　③《詩》：指《周頌・絲衣》。毛傳：“大鼎謂之鼐，小鼎謂之鼒。”　④ 从茲：《段注》作“茲聲”。宋保《諧聲補逸》：“茲才一聲之轉。”

【参證】金文作、。周萼生《略談音娉鼒》（《考古》一九六二年第一期）：“此鼎器形爲口小，腹深，底圜，鼎壁逐漸向上收斂。”

 鼐　鼎之絶大者。从鼎，乃聲[①]。《魯詩》[②]説：“鼐，小鼎。”　奴代切（nài）。

【譯文】鼐，鼎中最大的。从鼎，乃聲。《魯詩》説：“鼐，小鼎。”

【注釋】① 乃聲：聲中有義。《段注》：“乃者，詞之難也。故从乃爲大。”　②《魯詩》：徐鍇《繫傳》：“自孔子删《詩》，爲三百篇，以授子夏，自後分散傳授，其説不同，故有《魯詩》、《齊詩》、《燕詩》、《毛詩》也。”陳瑑《引經考證》：“魯人申公受《詩》於浮邱伯，號《魯詩》。許君所偁皆毛氏，故特箸《魯詩》以别之。”按：此引《魯詩》，爲廣異聞也。

鼏[1] 以木橫貫鼎耳而舉之。从鼎，(冖)[冂]聲[2]。《周禮》[3]：
鼏 “廟門容大(鼏)[鼏]七箇。”即《易》[4]“玉鉉大吉”也。
(莫狄切)[古熒切][5](mì/jiōng)。

【譯文】鼏，用木頭橫着貫穿鼎耳而把它抬舉起來。从鼎，冂聲。《周禮》説：“廟門能容納大鼏七個。”即《易經》説的“(鼎)用鑲玉的鉉杠，大吉大利”的“鉉”。

【注釋】① 鼏：《段注》作“鼏”(鼏)。徐灝《段注箋》：“杠鼎之鼏从鼎，冂聲，古熒切，通作扃，別作鉉。覆鼎之鼏从鼎，冖聲，莫狄切，通作冪，亦作密。二字隸楷極相似，原書當有鼏篆與此相連，傳寫脱去，因以莫狄切之音綴於鼏下，後又改篆作鼏。”於是變成王筠《句讀》所説：“鼏字有篆而闕説解，鼏字有説解而闕篆。” ② 冖聲：當依《段注》作“冂(jiǒng)。” ③《周禮》：指《考工記·匠人》。今本“鼏”作“扃”。大扃，鄭玄注：牛鼎(最大的鼎)之扃，長三尺。 ④《易》：指《鼎卦》上九爻辭。鉉、鼏，上古同屬匣紐。《段注》：“扃者，假借字；鼏者，正字；鉉者，音近義同字也。”《段注》於“大吉也”之後又補充説解云：“鼏，鼎覆也。从鼎冖，冖亦聲。” ⑤ 莫狄切：當依《段注》作“古熒切”。

【參證】金文作鼏、鼏。楊樹達《積微居金文説》：“鼏字从冂(jiǒng)，不从冖(mì)。”《段注》：“大小徐篆皆作鼏，解作冖(mì)聲，莫狄切，以鼎蓋字(段作鼏)之音，加諸橫貫鼎耳之義，誤矣。”

文四 重一

克部

克 肩[1]也；象屋下刻木之形[2]。凡克之屬皆从克。𠅏，古文
克 克。𠦫[3]，亦古文克。 苦得切(kè)。

【譯文】克，肩任；(又，)象屋下刻割木頭的樣子。大凡克的部屬都从克。𠅏，古文克字。𠦫，也是古文克字。

【注釋】① 肩：俞樾《兒笘録》：“克字从高省，从尸，尸與人同意。舉

物高人上,故其義爲肩。小徐曰:肩者任也。正得其恉,因而引申之爲能、爲成、爲勝。又从勝之義引申之,則爲殺。” ② 象屋句:商承祚《説文中之古文考》:“乃下录部彔字之錯簡。”張文虎《舒藝室隨筆》:“乃别一義,當在古文下。” ③ 桌:朱駿聲《通訓定聲》:“古文疑當爲彔之古文,許所云‘刻木彔彔’也。”

【參證】甲文作、、、、,金文作、、。羅振玉《增訂殷虛書契考釋》:“象人戴胄形。”“克本訓勝,許訓肩,殆引申之誼矣。”商承祚《甲骨文字研究》下篇:“(甲文末二字)象人戴胄而持干戈。”又《説文中之古文考》:“(古文)第二文下从,象介甲形。介,甲骨文作,戴胄服甲,戰欲其克也。故克之訓爲勝,引申爲能,爲肩。”

文一 重二

录部

录 刻木录录[①]也。象形。凡录之屬皆从录。 盧谷切(lù)。

【譯文】录,刻鏤木頭歷歷可數。象形,大凡录的部屬都从录。

【注釋】① 录录:徐鍇《繫傳》:“录录猶歷歷也。一一可數之皃。”

【參證】甲文作,金文作、。李孝定《甲骨文字集釋》:“此爲井鹿盧之初字。上象桔槔,下象汲水器,小點象水滴形。”

文一

禾部

禾 嘉穀也。二月始生,八月而孰,得時之中[①],故謂之禾。禾,木也[②]。木王而生,金王而死。从木,从𠂹省。𠂹象其穗[③]。凡禾之屬皆从禾。 户戈切(hé)。

【譯文】禾,美好的穀子。二月開始發芽生長,到八月成熟,得四時中和之氣,所以叫它禾。禾是木屬。春天木旺就生長,秋天金旺就死去。由木、由𠂹省構成。下垂的象它的穀穗。大凡禾的部屬都从禾。

【注釋】① 得時之中：朱駿聲《通訓定聲》："猶曰得時之和。古'中'、'和'通訓。"　② 禾，木也：《淮南子·墬形篇》："木勝土，土勝水，水勝火，火勝金，金勝木，故禾春生秋死。"高誘注："禾者木，春木王而生，秋金王而死。"按：此以五行生、克之理釋禾的榮枯。五行中木代表春，金代表秋，禾是春天發芽生長，所以説"木也"。此"木"本非樹木，而是五行之"木"。但從字的構形而言，又"爲从木張本"（王筠《句讀》）。　③ 𠂹象其穗：徐灝《段注箋》引王念孫説："莠與禾絶相似，雖老農不辨。及其吐穗，則禾穗必曲而倒垂，莠穗不垂，可以識别。"又，王筠《句讀》以爲"𠂹象其穗"不只爲了區别禾莠，還是禾（jī）、禾區别的標志："蓋禾爲木曲頭，故其曲上向；禾穗必下垂，故其曲下向，故曰从𠂹省，又申之曰：'𠂹象其穗'。"

【參證】甲文作，金文作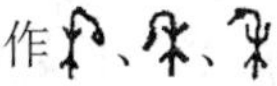。羅振玉《增訂殷虚書契考釋》："上象穗與葉，下象莖與根。"

① 上諱②。　息救切（xiù）。

秀　【譯文】秀，已故漢光武帝之名。

【注釋】① 秀：徐鍇《繫傳》："禾實也。有實之象，下垂也。"

② 諱：封建社會稱死去了的帝王或尊長的名。徐鍇《繫傳》："漢光武帝諱，故許慎闕而不書也。"《段注》以爲應補説解："不榮而實曰秀。从禾人。"并詮釋爲："榮、華，散文則一耳。榮而實，謂之實，桃李是也；不榮而實，謂之秀，禾黍是也；榮而不實，謂之英，牡丹、勺藥是也。""凡禾黍之實，皆有華，華瓣收，即爲稃而成實，不比華落而成實者，故謂之榮可，……謂之不榮亦可。"《段注》又詮釋"从禾人"："人者，米也。出於稃謂之米，結於稃内謂之人。凡果實中有人，《本艸》皆作人，明刻皆改作仁。……《玉篇》、《集韻》、《類篇》皆有禿字。……而鄰切，本秀字也。隸書秀从乃而禿别讀矣。"

【參證】郭沫若《卜辭通纂》："知秀古本从禾人。"

① 禾之秀實爲稼，莖節爲禾。从禾，家聲。一曰：稼，家事②也。一曰：在野曰稼。　古訝切（jià）。

稼

【譯文】稼，禾的穗實叫稼，稭稈叫禾。从禾，家聲。另一義説：（種植五穀）叫稼，就象嫁女之事。另一義説：在田野中（的作物）叫稼。

【注釋】① 稼：桂馥《義證》：“刈穗斷去稾（稈）即稼也，去穎（禾末，指穗）惟稾秸即禾也。”按：渾言整體爲禾，析言禾、稼有別。

② 家事：徐灝《段注箋》：“禾苗既長，移而種之，故謂之嫁。如嫁女然也。故曰：稼，家也。”家之言嫁也。故王筠《句讀》：“上文以爲形聲，此以爲會意也。”

穡　穀可收曰穡。从禾，嗇聲①。　所力切（sè）。

【譯文】穡，五穀（成熟）可以收斂叫穡。从禾，嗇聲。

【注釋】① 嗇聲：徐鍇《繫傳》：“嗇，收也。”“當言嗇亦聲。”《段注》：“此舉形聲包會意。”徐灝箋：“嗇、穡實一字，相承增偏旁耳。”

【參證】金文作。屈萬里《殷墟文字甲編考釋》：“與師寰毀字之偏旁相似，當是穡之本字。師寰毀从爿者，乃繁文。”

穜　埶①也。从禾，童聲。　之用切（zhòng）。

【譯文】穜，播種。从禾，童聲。

【注釋】① 埶：丮部：“埶，穜也。”徐鍇《繫傳》：“（穜）布之也。”今穜作種。參“種”條。

稙　早穜也。从禾，直聲。《詩》①曰：“稙稚尗麥。”　常職切（zhí）。

【譯文】稙，早種。从禾，直聲。《詩經》説：“先種的稙，後種的稚，以及菽豆和麥麰。”

【注釋】①《詩》：指《魯頌・閟宫》。今“稚尗”作“穉菽”。

種①　先穜後孰也。从禾，重聲。　直容切（chóng）。

【譯文】種，早種晚熟（的穀物）。从禾，重聲。

【注釋】① 種：王筠《句讀》引《七月》釋文：“《説文》云：禾邊作重，是重（chóng）穋（lù）之字。禾邊作童，是穜（zhòng）蓺之字。今人亂之已久。”

稑①　疾②孰也。从禾，坴聲。《詩》③曰：“黍稷種稑。”穋，稑或从翏④。　力竹切（lù）。

【譯文】稑，迅速成熟（的穀物）。从禾，坴聲。《詩經》説：“黍米、稷米、早種晚熟的穀物和晚種早熟的穀物。”穋，稑的或體，从翏聲。

【注釋】① 稑：《廣韻・屋韻》：“後種先熟曰稑。”　② 疾：王筠

《句讀》:“疾者,速也。” ③《詩》:指《豳風·七月》。今本“種(chóng)稑”作“重穋”。 ④ 从翏:徐鍇《繫傳》:“或从翏聲。”宋保《諧聲補逸》:“坴、翏,同聲通用。”

 幼禾[1]也。从禾,屖聲。 直利切(zhì)。

稺 【譯文】稺,幼小的禾。从禾,屖聲。

【注釋】① 幼禾:徐灝《段注箋》:“謂禾之幼弱者耳。”《段注》:“引申爲凡幼之偁。(稺)今字作‘稚’。”

 穜概[1]也。从禾,真聲。《周禮》[2]曰:“稹理而堅。” 之忍切(zhěn)。

稹 【譯文】稹,種植稠密。从禾,真聲。《周禮》説:“稠密的文理,堅固(的木質)。”

【注釋】① 穜概(jì):王筠《句讀》:“謂種蓺稠密也。”徐鍇《繫傳》:“概,密也。” ②《周禮》:指《考工記·輪人》。

 多[1]也。从禾,周聲。 直由切(chóu)。

稠 【譯文】稠,多密。从禾,周聲。

【注釋】① 多:《段注》:“本謂禾也,引申爲凡多之偁。”

[1] 稠也。从禾,既聲。 幾利切(jì)。

穊 【譯文】穊,稠密。从禾,既聲。

【注釋】① 穊:徐鍇《繫傳》:“稠密也。”

 疏[1]也。从禾,希聲[2]。 香依切(xī)。

稀 【譯文】稀,稀疏。从禾,希聲。

【注釋】① 疏:徐灝《段注箋》:“稀之本義爲禾之稀疏,引申爲凡稀疏之偁。” ② 希聲:徐灝《段注箋》:“希即絺之古文。戴氏侗曰:希从爻,象巾之疏也。引之爲希少、希疏、幾希。”按:爻,形容巾的交紋編織希疏。

 禾也。从禾,蔑聲。 莫結切(miè)。

穫 【譯文】穫,禾名。从禾,蔑聲。

【參證】金文作。待考。

 禾也。从禾,㣎聲。 莫卜切(mù)。

穆 【譯文】穆,禾名。从禾,㣎聲。

【參證】甲文作，金文作。于省吾《甲骨文字釋林》："甲骨文字，本象有芒穎之禾穗下垂形。""由於禾穎微末，故引申爲幽微之義。""至於金文穆字皆从彡""乃後起的孳乳字"。按：从彡，故有美觀義。

①
私　禾也。从禾，厶聲。北道②名禾主人曰私主人。　息夷切(sī)。

【譯文】私，禾名。从禾，厶聲。北方叫禾主人作私主人。

【注釋】① 私：今借爲公厶(私)字。　② 北道：《段注》："北道蓋許時語。立乎南以言北之辭。"

①
穳　稻紫莖不黏[者]②也。从禾，糞聲。讀若(靡)[釁]③。扶沸切(fèi)。

【譯文】穳，紫稈不黏的稻子。从禾，糞聲。音讀象"釁"字。

【注釋】① 穳：徐鍇《繫傳》："即今紫花稻。"　② 黏：當依《段注》加"者"。　③ 靡：桂馥《義證》引王念孫説："靡當爲釁。釁(fén)，房未切。"

①
稷　齋也。五穀之長②。从禾，畟聲。③，古文稷省。　子力切(jì)。

【譯文】稷，粟米。五穀的首領。从禾，畟聲。稅，古文稷，是稷的省略。

【注釋】① 稷：邵晉涵《爾雅正義》："即北方之稷米也。北方呼稷爲穀子，其米爲小米。"　② 長：邵晉涵《爾雅正義》："《説文》所謂'五穀之長'，以先種爲長也。"　③ 稅：《段注》："兒蓋即古文畟字。"

【參證】金文作。陳邦懷《殷虛書契考釋小箋》："()此字从禾从兄。""許君説稷爲五穀之長，又説兄曰長也。然則稅从兄，蓋取禾兄會意。""稅即卜辭之稅，後世傳寫致譌兄爲兒。"李孝定《甲骨文字集釋》第七："許君謂兒爲畟省亦不誤。"丁佛言《古籀補補》引《風俗通義》："五穀衆多，不可遍祭，故立稷而祀之。"故引申爲祭名，故金文从示。又，金文右下从女，乃夊之譌。

齋　稷也。从禾，亝聲。①，齋或从次②。　即夷切(zī)。

【譯文】齋，粟米。从禾，齊聲。粢，齋的或體，从次聲。

【注釋】① 桼：《爾雅·釋草》："穄（桼），稷。"郭璞注："今江東人呼粟爲桼。"　② 从次：徐鍇《繫傳》："次聲。"

【參證】于省吾以爲，甲文作、、，又有點變雙鉤者，、。其《甲骨文字釋林·釋桼、𪗉、秝》説："𪗉即稷字的初文，今稱穀子，去皮爲（稷）。""禾旁所加的雙鉤點或實點，雖數目不一，而都是古文字的齊字。"于以爲，齊字在甲文金文中作：、、、于説："在古文字中，雙鉤與填實是相同的。"可見，上述諸形是从禾从齊，即𪗉字初文。于説："今考之甲骨文，則𪗉是原始字，而稷穊桼等則是後起的異體字。"

秫　稷之黏者。从禾；朮，象形①。，秫或省禾。　食聿切（shú）。

【譯文】秫，有黏性的粟米。从禾；朮，象形。朮，秫的或體，由秫省禾而成。

【注釋】① 象形：《段注》："下象其莖葉，上象其采（穗）。"王筠《句讀》："凡象形者必古文。"桂馥《義證》："當以朮爲正文。訓云：'稷之黏者。从禾者，象形。秫爲籀文。'知者，本書，述从朮，籀文从秫。"楊樹達《文字形義學》："製字時先有朮，後加禾旁爲秫。"

【參證】甲文作。唐蘭《殷虛文字記·釋朮秫》："（甲文是）古朮字。""秫字當从禾朮聲，朮字或叚作穀名，後人加禾作秫耳。朮字本作，从又，又者手形，其本義未詳，然要非秫之省也。"

穄　穈①也。从禾，祭聲。　子例切（jì）。

【譯文】穄，似黍而不黏的穀物。从禾，祭聲。

【注釋】① 穈（méi）：《一切經音義》引《説文》："似黍而不黏者，關西謂之穈也。"朱駿聲《説文通訓定聲》："黍之不粘者，色黄，飯用之。粘者，釀酒及爲餌餈酏粥，專名黍。"

①
稻　稌也。从禾，舀聲。　徒皓切（dào）。

【譯文】稻，稻穀的通稱。从禾，舀聲。

【注釋】① 稻：朱駿聲《通訓定聲》："今蘇俗，凡粘者、不粘者統謂之稻。古則以粘者曰稻，不粘者曰秔（jīng）。又，蘇人凡未離稃去糠曰稻；既離稃曰穀；既去糠曰米，北人謂之南米、大米。古則穀米亦皆曰稻。”

【參證】甲文作,金文作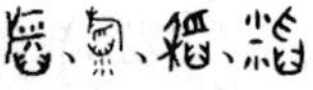。唐蘭《殷虛文字記》:“(甲文)䆃象米在𦥑中之形。”李孝定《甲骨文字集釋》:“(金文)从米从禾通作,或又从㫃爲繁文,从舀,舀亦聲。米字或在臼中,上从爪,所以取之。”林義光《文源》卷二對金文作了更詳盡的分析:“,象穫稻在臼中將舂之形。變作,作,象米禾在臼旁、手持之。形近,亦譌从。”

[①] 稌

稻也。从禾,余聲。《周禮》[②]曰:“牛宜稌。” 徒古切(dù/tú)[③]。

【譯文】稌,稻穀。从禾,余聲。《周禮》説:“(膳食,)牛肉適宜配以稻米。”

【注釋】① 稌:朱駿聲《通訓定聲》:“古專謂黏者爲稌;吾蘇所云糯米也。或以偁不黏者,亦通語耳。”譯文用通稱爲釋。 ②《周禮》:指《天官·食醫》。原文:“凡會膳食之宜,牛宜稌。”鄭玄注引鄭司農曰:“稌,稉(jīng,粘性小的稻子)也。”徐鍇《繫傳》釋爲“稻米”。 ③ 今讀依《廣韻》他胡切。

 稬

沛國[①]謂稻曰稬[②]。从禾,耎聲。 奴亂切(nuàn/nuò)[③]。

【譯文】稬,沛地叫稻作稬。从禾,耎聲。

【注釋】① 沛國:故地在今江蘇省沛縣東。 ② 謂稻曰稬:朱駿聲《通訓定聲》:“稻比于黍稷,性和耎(ruǎn,軟),故古謂之稬。今又以稻之黏者爲稬米,其不黏者爲稉米。字俗作糯。” ③ 今讀依《廣韻》乃臥切。

【參證】金文作。《金文編》:“《正字通》以穤爲稬,俗字。《集韻》作糯,从米。”

[①] 稴

稻不黏者。从禾,兼聲。讀若風廉[②]之廉。 力兼切(lián/xián)[③]。

【譯文】稴,不黏的稻。从禾,兼聲。音讀象風廉的“廉”字。

【注釋】① 稴:即秈稻。《段注》:“今俗通謂不黏者爲秈(xiān)米。”“亦作籼,作粞。”“秈即稴字音變而字異耳。” ② 讀若句:葉德輝《讀若考》:“稴廉均从兼得聲。”風廉,《漢書·武帝本紀》應劭注:“飛

廉，神禽，能致風氣者也。”按：飛廉即風廉。見嚴章福《校議議》。
③ 今讀依《廣韻》户兼切。

秔[①] 稻屬。从禾，亢聲。稉，秔或从更聲[②]。　古行切（jīng）。

【譯文】秔，稻米一類。从禾，亢聲。稉，秔的或體，从更聲。

【注釋】① 秔：《段注》：“稻有至黏者，稬（nuò）是也；有次黏者，稉是也；有不黏者，稴（xián）是也。稉比於稬，則爲不黏，比於稴則尚爲黏。”可見，秔是粘性較小的稻穀。　② 更聲：更、亢上古同屬陽部、見紐。《抬字》：“古亢、更同音。”

秏[①] 稻屬。从禾，毛聲。伊尹[②]曰：“飯之美者，玄山之禾，南海之秏。”　呼到切（hào）。

【譯文】秏，稻米一類。从禾，毛聲。伊尹説：“美好的飯食，是玄山的禾稻，南海的秏米。”

【注釋】① 秏：朱駿聲《通訓定聲》：“[叚借]爲消。”《段注》：“《水經注》曰：‘燕人謂無爲毛。’故有用毛爲無者，又有用秏者。初讀莫報切（mào），既又讀呼到切（hào），改禾旁爲耒旁。”即改秏作耗。湖湘間，今言無也作“冒”。徐灝箋：“書傳凡言秏者，多爲消減之義。”按段徐謂秏、耗之消耗義乃“毛無”義的引申義。據此“毛無”義之秏與稻屬義之秏應是同形同音字。　② 伊尹：見《吕氏春秋·本味篇》。今“秏”作“秬”。高誘注：“飯，食也。玄山，處則未聞。”“南海，南方之海。”玄山又作陽山，南海似指南方廣東一帶。

穬 芒粟[①]也。从禾，廣聲。　古猛切（kuàng）。

【譯文】穬，有芒刺的穀物。从禾，廣聲。

【注釋】① 芒粟：指稻麥。《段注》：“稻麥得評粟者，从嘉穀之名也。”朱駿聲《通訓定聲》：“稻麥之芒最大，故曰芒種。其實，五穀皆有芒也。”

秜[①] 稻今年落，來年自生，謂之秜。从禾，尼聲。　里之切（lí）。

【譯文】秜，稻穀今年落地，至來年自生，叫作秜。从禾，尼聲。

【注釋】① 秜：《段注》：“謂不種而自生者也。”

【參證】于省吾《甲骨文字釋林·釋秜》：“秜字作秜。”“陳夢家隸變作秜是對的。”“尼字是會意字，象人坐於人上。”“商人已經（把秜）从自然的野生稻進一步加以人工培植。”

稗 禾別[1]也。从禾，卑聲。琅邪有稗縣[2]。 旁卦切(bài)。

【譯文】稗，似禾而別於禾。从禾，卑聲。琅玡郡有稗縣。

【注釋】① 禾別：《段注》：“謂禾類而別於禾也。”桂馥《義證》引《六書故》：“稗葉純似稻，惟節間無毛，實似蕡，害稼者也。”《段注》引如淳說：“細米爲稗，故小說謂之稗官，小販謂之稗販。”徐灝箋：“稗官非細米之義也。野史小說異於正史，猶野生之稗別於禾，故謂之稗官矣。稗販者展轉販鬻異於正商賈，故謂之稗販。” ② 稗縣：《漢書・地理志》作“椑”。故城在今山東莒縣南。

移 禾相倚移[1]也。从禾，多聲[2]。一曰：禾名[3]。 弋支切(yí)。

【譯文】移，禾(從風)而相阿那。从禾，多聲。另一義說：是禾名。

【注釋】① 倚移：朱駿聲《通訓定聲》：“倚移，疊韻連語。猶旖旎、旖施、檹施、猗儺、阿那也。‘禾名’當爲此字本訓。” ② 多聲：多、移上古同屬歌部。多，端紐；移，喻紐。同屬舌音。 ③ 禾名：徐鍇《繫傳》此後加：“故相倚則移也。”說明移爲禾名之由。待秧苗相倚之時則當分移插蒔。故名曰移。又引申爲遷移。

穎 禾末[1]也。从禾，頃聲。《詩》[2]曰：“禾穎穟穟。” 余頃切(yǐng)。

【譯文】穎，禾穗的末端。从禾，頃聲。《詩經》說：“禾穗美好。”

【注釋】① 禾末：徐鍇《繫傳》：“謂禾穗之端也。”朱駿聲《通訓定聲》：“謂貫於穗及近於穗之芒秒。”《段注》：“析言之，則禾芒乃爲秒”，“(穎)在禾則卻於采也”。“渾言之，則穎爲禾末。”
②《詩》：指《大雅・生民》。今“穎”作“役”。毛傳：“役，列也。穟穟：苗好美也。”

稀[1] 齊謂麥稀也。从禾，來聲。 洛哀切(lái)。

【譯文】稀，齊地叫小麥作稀。从禾，來聲。

【注釋】① 稀：《字彙・禾部》：“稀，小麥。”《段注》：“因來字專借爲行來之來，故又製此字，即來之或體也。”

【參證】于省吾《甲骨文字釋林・釋黍、齋、來》：“甲骨文來字作[illegible]、[illegible]、等形”，“中間竪畫象莖，上端象穎，中部左右象葉之邪垂，下部象根，至於左右之有點者則象麥粒。”“甲骨文的來指的是小麥，而甲骨文的麥則指的是大麥。”

采 禾成秀也，人所以收。从爪、禾。穗，采或从禾，惠聲。 徐醉切(suì)。

【譯文】采，禾成熟抽穗，是人們收穫的穀物。由爪、禾會意。穗，采的或體，从禾，惠聲。

【參證】甲文作、。

杓[①] 禾危穗[②]也。从禾，勺聲。 都了切(diǎo)。

【譯文】杓，禾穗下垂，其危欲斷。从禾，勺聲。

【注釋】① 杓：《段注》：“杓同《方言》之𠄠。《方言》曰：‘𠄠，縣也。趙魏之間曰𠄠，燕趙之郊縣物於臺之上，謂之𠄠。’” ②危穗：徐灝《段注箋》：“禾孰則穎屈而下垂，其狀欲墜落，故曰危穗。引申爲懸物之偁。”

【參證】馬敘倫《六書疏證》卷十三：“今北平謂物下垂曰弔下來，杭縣謂之的下來。”今湖湘間亦謂“的”下來。

穟 禾采之皃。从禾，遂聲。《詩》[①]曰：“禾穎穟穟。”䔹，穟或从艸。 徐醉切(suì)。

【譯文】穟，禾穗(成熟)的樣子。从禾，遂聲。《詩經》說：“禾穗美好。”䔹，穟的或體，从艸。

【注釋】①《詩》：《段注》：“《大雅・生民》曰：‘禾役穟穟。’毛傳曰：‘穟穟，苗好美也。’許以經言禾穎，則穟穟指采言，成就之皃。”

穑 禾垂[①]皃。从禾，耑聲[②]。讀若端。 丁果切(duǒ/duān)[③]。

【譯文】穑，禾穗下垂的樣子。从禾，耑聲。音讀象“端”字。

【注釋】① 禾垂：《段注》：“禾采必垂，采重則秆垂。” ② 耑聲：王筠《句讀》：“耑者，穎之耑也。下垂者必其耑也。”聲中有義。③ 今讀依《廣韻》多官切。

稭 禾舉出苗也[①]。从禾，曷聲。 居謁切(jié)。

【譯文】稭，禾穗(開始)从衆苗中抽挺出來。从禾，曷聲。

【注釋】① 禾舉句：《段注》引何休說：“禾采初挺出於苗，是曰稭。”

秒　禾芒也。从禾，少聲。　亡沼切(miǎo)。

【譯文】秒，禾穀的芒刺。从禾，少聲。

穖　禾穖[1]也。从禾，幾聲。　居狶切(jī)。

【譯文】穖，禾穗籽實如成串珠璣。从禾，幾聲。

【注釋】① 禾穖：《段注》引《九穀考》："禾采成實離離，若聚珠相聯貫者謂之穖，與珠璣之璣同意。"徐灝《段注箋》："珠之不圜者謂之璣，禾粟橢然而長，故名之曰穖也。"

秠　一稃二米。从禾，丕聲。《詩》[1]曰："誕降嘉穀，惟秬惟秠。"天賜后稷之嘉穀也。　敷悲切(pī)。

【譯文】秠，一隻穀殼兩粒米(的黑黍)。从禾，丕聲。《詩經》說："降下那美好的穀物，有一般的黑黍，有一隻穀殼兩粒米的黑黍。"是蒼天賜給后稷的美好的穀物。

【注釋】①《詩》：指《大雅・生民》。今"穀"作"種"。孔穎達疏："秬，是黑黍之大名。秠，是黑黍之中有二米者，别名之爲秠。"朱駿聲《通訓定聲》："一康之内有兩米。"誕、惟，均爲語辭。

秨　禾搖皃。从禾，乍聲。讀若昨[1]。　在各切(zuó)。

【譯文】秨，禾苗搖擺的樣子。从禾，乍聲。音讀象"昨"字。

【注釋】① 讀若昨：葉德輝《讀若考》："秨昨均从乍得聲。"

穮　耕[1]禾間也。从禾，麃聲。《春秋傳》[2]曰："是穮是衮。"　甫嬌切(biāo)。

【譯文】穮，在禾苗間耘草。从禾，麃聲。《春秋左傳》說："在田間除草，培土扶苗根。"

【注釋】① 耕：指耘。張舜徽《約注》："農事以耕爲大，古人言耕，即可該耘。"　②《春秋傳》：指《左傳・昭公元年》，今本"衮"作"蔉"。杜預注："穮，耘也。壅苗爲蔉。"是，語助辭。

案　轢禾[1]也。从禾，安聲。　烏旰切(àn)。

【譯文】案，碾軋禾穗取穀。从禾，安聲。

【注釋】① 轢(lì)禾：桂馥《義證》："此言治登場之禾。吾鄉治場謂之案場。""有田器曰衮(滚)，以石作之，圓如屋柱，長四五尺，有軸轉之，故曰轢。"

秄 壅禾本。从禾，子聲。 即里切(zǐ)。
【譯文】秄，給禾麥的根部培土。从禾，子聲。

穧 穫刈①也。一曰：撮②也。从禾，齊聲③。 在詣切(jì)。
【譯文】穧，收割。另一義説，是撮聚。从禾，齊聲。
【注釋】① 穫刈(yì)：《段注》："謂穫而芟之也。刈同乂，芟艸也。" ② 撮：《段注》："兩指撮也。然則穧之别義謂少也。" ③ 从禾，齊聲：《段注》："上文既有𪗉字，以禾在上、禾在旁，别其義。"按：上文之𪗉(zī)，从禾，齊聲，應是禾在下，此爲禾在旁。故朱駿聲《通訓定聲》"𪗉"下説："與左形右聲之穧别"。

穫 刈穀也。从禾，蒦聲。 胡郭切(huò)。
【譯文】穫，收割穀物。从禾，蒦聲。
【參證】甲文作[甲文]。

穦 積禾①也。从禾，資聲。《詩》②曰："穦之秩秩。" 即夷切(zī)。
【譯文】穦，堆積(已割)的禾。从禾，資聲。《詩經》説："堆積已割的禾，是那樣的衆多。"
【注釋】① 積禾：徐鍇《繫傳》："堆積已刈之禾也。" ②《詩》：指《周頌・良耜》。毛本作"積之栗栗。"毛傳："栗栗，衆多也。"

積① 聚也。从禾，責聲。 則歷切(jī)。
【譯文】積，積聚(穀物)。从禾，責聲。
【注釋】① 積：《段注》："禾與粟皆得偁積，引申爲凡聚之偁。"

秩 積也。从禾，失聲。《詩》①曰："穦之秩秩。" 直質切(zhì)。
【譯文】秩，聚積。从禾，失聲。《詩經》説："聚積已割的禾，是那樣的衆多。"
【注釋】①《詩》：參"穦"條注②。

稛 豢①束也。从禾，囷聲。 苦本切(kǔn)。
【譯文】稛，用繩捆束。从禾。囷聲。
【注釋】① 豢(juàn)：繩子。

稞 穀之善者①。从禾，果聲。一曰：無皮穀②。 胡瓦切(huà)。

【譯文】稞，(匀淨)好穀。从禾，果聲。另一義説：沒有稃皮的穀子。

【注釋】① 穀之善者：《段注》："謂凡穀顆粒俱佳者。《廣韻》云：淨穀。"　② 無皮穀：《段注》："謂穀中有去稃者也，此義當讀如裸(luǒ)。"

①　舂粟不(漬)[潰]②也。从禾，昏聲。　户括切(huó)。

䅎　【譯文】䅎，舂搗粟米而不破碎。从禾，昏聲。

【注釋】① 䅎：秳本字。　② 漬：當依徐鍇《繫傳》作"潰"。徐灝《段注箋》："不潰謂米之堅者舂不破耳。"

①　䅎②也。从禾，气聲。　居气切(jì/hé)③。

䊵　【譯文】䊵，堅米。从禾，气聲。

【注釋】① 䊵：同紇。王筠《句讀》引玄應曰："紇，堅米，舂擣不破者也。"　② 䅎：即秳(huó)。　③ 今讀依《廣韻》下沒切。

①　稩②也。从禾，孚聲。粰，稃或从米，付聲③。　芳無切(fū)。

稃　【譯文】稃，穀殼。从禾，孚聲。粰，稃的或體，从米，付聲。

【注釋】① 稃：米殼。徐鍇《繫傳》："稃即米殼也。草木華房爲柎，麥之皮爲麩，音義皆同也。"　② 稩：王筠《句讀》："稃者，生成之時，其中有米；稩者，舂簸之後，其中無米。"　③ 付聲：聲中有義。王筠《句讀》："从米付者，稃，皮也。皮付於米也，付與附同。《小司寇》注：'附，猶著也。'故書附作付。"

穅也。从禾，會聲。　苦會切(kuài)。

稩　【譯文】稩，糠。从禾，會聲。

穀皮①也。从禾，从米，庚聲②。康③，穅或省。　苦岡切(kāng)。

穅　【譯文】穅，穀物的皮殼。由禾、由米會意，庚聲。康，穅的或體，穅省去禾。

【注釋】① 穀：《段注》："云穀者，晐黍稷稻粱麥而言。穀猶粟也。"穀皮：朱駿聲《通訓定聲》："今蘇俗：穀皮之粗大者曰礱穅，米皮之粉細者曰穅。亦作糠。"　② 庚聲：宋保《諧聲補逸》："庚讀如岡，古音在陽唐部内，故唐康皆从庚得聲。"　③ 康：徐鍇《繫傳》："《爾雅》云：'康，空也。'从禾米，米皮去其内，即空之意也。"《大雲山房雜記》:"空則無事,無事則樂、靜、安三義均附矣。"《段注》:"今字分别乃以本義从禾(即穅穀),引申義不从禾(即康樂、康寧、安康)。"

【参證】甲文作、、,金文作。本義爲和樂,象一種樂器,象樂器發出的聲音。見郭沫若《甲骨文字研究》。後借康樂之康爲穅皮之穅,因加禾以區别。

穛　禾皮[①]也。从禾,羔聲[②]。　之若切(zhuó)。

【譯文】穛,禾稈的皮。从禾,羔聲。

【注釋】① 禾皮:《段注》:"禾稿(稈)之皮也。"即禾衣。　② 羔聲:羔上古屬宵部,穛屬藥部,宵藥對轉。

稭[①]　禾稿去其皮,祭天以爲席。从禾,皆聲。　古黠切(jiá/jiē)[②]。

【譯文】稭,禾稈除去它的皮,祭天時用它作爲墊席。从禾,皆聲。

【注釋】① 稭:《段注》:"謂禾莖既刈之,上去其穗,外去其皮,存其淨莖,是曰稭。"徐鍇《繫傳》:"祭天,視天下之物,無足以稱之,尚儉而貴質也。"從前吾湘農民打草鞋、織蒲丁,退去稻草衣毛,使之成爲淨稈,再來編織。　② 今讀依《廣韻》古諧切。

稈　禾莖[①]也。从禾,旱聲。《春秋傳》[②]曰:"或投一秉稈。"秆,稈或从干[③]。　古旱切(gǎn)。

【譯文】稈,禾莖。从禾,旱聲。《春秋左傳》説:"有人扔下一把禾稈。"秆,稈的或體,从干聲。

【注釋】① 禾莖:《段注》:"謂自根之上,至貫於穗者,是也。"　②《春秋傳》:指《左傳·昭公二十七年》。今作:"或取一編菅焉,或取一秉(把)秆焉,國人投之。"　③ 从干:《段注》:"干聲。"宋保《諧聲補逸》:"猶玕字古文作琩。"

稾　稈[①]也。从禾,高聲。　古老切(gǎo)。

【譯文】稾,禾稈,从禾,高聲。

【注釋】① 稈:徐鍇《繫傳》:"比于稈,又彌麤亂。古之時,罪者席稾飲水;今人言稾草,謂書之不謹,若禾稾之亂然;又文章之未脩治也。"

秕[①]　不成粟也。从禾,比聲。　卑履切(bǐ)。

【譯文】秕,不成粟米(的癟穀)。从禾,比聲。

【注釋】① 秕：《段注》："今俗評穀之不充者曰癟，補結切，即秕之俗字也。"字亦作粃。

稍　麥莖①也。从禾，肙聲。　古玄切(juān)。

【譯文】稍，麥莖。从禾，肙聲。

【注釋】① 麥莖：《段注》："麥莖光澤娟好，故曰稍。"

梨　黍穰①也。从禾，列聲。　良薛切(liè)。

【譯文】梨，黍稈。从禾，列聲。

【注釋】① 穰(ráng)：已脱粒的黍稈。徐鍇《繫傳》："巫祝、桃茢(即梨)，謂以黍穰爲帚，汜灑桃湯，以除不祥也。"朱駿聲《通訓定聲》："黍莖，古以爲帚。"

穰　黍梨已治①者。从禾，襄聲。　汝羊切(ráng)。

【譯文】穰，已脱粒的黍稈。从禾，襄聲。

【注釋】① 已治：《段注》："已治謂已治去其箬(竹皮)皮也。謂之穰者，莖在皮中如瓜瓤在瓜皮中也。"參"梨"條。

秧　禾(若)[苗]①秧穰②也。从禾，央聲。　於良切(yāng)。

【譯文】秧，禾苗葉多的樣子。从禾，央聲。

【注釋】① 若：當依《玉篇》作"苗"。　② 秧穰：《段注》："秧穰，疊韻字。《集韻》曰：'禾下葉多也。'今俗謂稻之初生者曰秧，凡艸木之幼可移栽者皆曰秧。"

䅩　䅩程①，穀名。从禾，旁聲。　蒲庚切(péng/páng)②。

【譯文】䅩，䅩程，穀名。从禾，旁聲。

【注釋】① 䅩程：疊韻連語。指黄而不黏的黍。徐灝《段注箋》："此蓋祭祀所用穀名。""䅩程之合聲爲祊。祊，索祭也。"　② 今讀依《廣韻》步光切。

程　䅩程①也。从禾，皇聲。　户光切(huáng)。

【譯文】程，䅩程。从禾，皇聲。

【注釋】① 䅩程：參"䅩"條。

秊①　穀孰也。从禾，千聲。《春秋傳》②曰："大有秊。"　奴顛切(nián)。

【譯文】年，五穀成熟。从禾，千聲。《春秋左傳》説："五穀大熟。"

【注釋】① 秊：年本字。 ②《春秋傳》：指《春秋經·宣公十六年》。《穀梁傳》："五穀大熟爲大有年。"

【參證】甲文作[illegible]、[illegible]，金文作[illegible]、[illegible]、[illegible]、[illegible]。李孝定《甲骨文字集釋》第七："金文年字多見，大抵从禾从人。""从壬乃从千所衍變，从千則从人所衍變。"葉玉森《説契》："疑从人戴禾。""禾稼既刈，則捆爲大束，以首戴之歸。"孫海波《甲骨金文研究》引林義光曰："字當从人聲。"可見，秊是會意兼形聲之字。董作賓《卜辭中所見之殷曆》："到了周代，才把禾穀成孰一次稱爲一年，而年字始含有歲祀之意。"

穀 續①也。百穀之總名。从禾，𣪊聲②。 古禄切（gǔ）。

【譯文】穀，繼續。百穀總名。从禾，𣪊聲。

【注釋】① 續：新穀繼舊穀。《段注》："引申爲善也。" ② 𣪊聲：《段注》："𣪊者，今之殼字，穀必有稃甲。此以形聲包會意也。"

稔 穀孰也。从禾，念聲。《春秋傳》①曰："鮮不五稔②。" 而甚切（rěn）。

【譯文】稔，百穀成熟。从禾，念聲。《春秋左傳》説："少不止五年。"

【注釋】①《春秋傳》：指《左傳·昭公元年》。 ② 鮮不句：杜預注："鮮，少也。少尚當歷五年，多則不啻。"稔，年。陸德明《釋文》："穀一熟，故爲一年。"

租 田賦也。从禾，且聲①。 則吾切（zū）。

【譯文】租，按田畝收斂穀税。从禾，且聲。

【注釋】① 且聲：高翔麟《字通》引《長箋》釋"租"："且，古祖字。田賦以給宗廟，故从且。"

税 租①也。从禾，兑聲。 輸芮切（shuì）。

【譯文】税，按田畝收斂穀物。从禾，兑聲。

【注釋】① 租：徐灝《段注箋》引戴侗説："税，田賦也。引之則凡賦取者皆曰税。"

䅘① 禾也。从禾，道聲。司馬相如曰："䅘，一莖六穗。"② 徒到切（dào）。

【譯文】䅘，禾名。从禾，道聲。司馬相如説："䅘禾，一稈莖，六根穗。"

【注釋】① 䆃：《廣韻·號韻》："䆃，嘉禾。"一説，䆃爲䆃擇義。徐灝《段注箋》："《史記索隱》引鄭玄云：'䆃，擇也。'此乃䆃之本義。"　② 司馬相如句：見《史記·司馬相如列傳》。

①虛無食也。从禾，荒聲。　呼光切(huāng)。

穅　【譯文】穅，虛空而沒有吃的。从禾，荒聲。

【注釋】① 穅：今作"荒"。徐鍇《繫傳》："此饑荒字。古多借荒字。"

(把)[杷]①取禾若②也。从禾，魚聲。　素孤切(sū)。

穌　【譯文】穌，杷取禾稈之皮。从禾，魚聲。

【注釋】① 把：當依徐鍇《繫傳》作"杷"。　② 若：竹若，即竹皮。《本草》槲若，《圖經》云：若即葉也。或作箬。

【參證】金文作、。戴家祥《金文大字典》："金文穌从木，木禾均植物類，可作形符交換。"《羣經正字》："穌爲把取禾若，轉義即爲死而更生曰穌。今經典統用蘇字。"構形之義待考。

①出物有漸也②。从禾，肖聲。　所教切(shào/shāo)。

稍　【譯文】稍，穀物長出而漸進。从禾，肖聲。

【注釋】① 稍：《段注》："稍之言小也，少也。凡古稍稍者，皆漸進之謂。"　② 出物句：物，稍字从禾，此"物"當指"穀物"。有，語詞。

禾穀①孰也。从禾，𪚰省聲。，籒文不省。　七由切(qiū)。

秋　【譯文】秋，百穀成熟。从禾，𪚰(jiāo)省聲。𥤚，籒文秋字，𪚰不省。

【注釋】① 禾穀：《段注》："言禾復言穀者，晐百穀也。"

【參證】甲文作、。郭沫若《殷契粹編考釋》："字形實象昆蟲之有觸角者，即蟋蟀之類。以秋季鳴，其聲啾啾然。故古人造字，文以象其形，聲以肖其音，更藉以名其所鳴之節季曰秋。蟋蟀，古幽州人謂之'趨織'，今北平人謂之'趨趨'。蟋蟀、趨織、趨趨，均啾啾之轉變也。而其實即𪛉字。"李孝定《甲骨文字集釋》第七："籒文之𥤚，當由𪛉字所衍變，以𪛉爲秋乃叚借，後或增禾爲形符，遂爲从禾𪛉聲，𪛉龜形音並近，或有从穐聲之穐字，後復譌龜爲𪚰。(《廣韻》有此字，音焦與龜音亦近。)遂爲許書籒文之穐矣。"

 秦 伯益之後所封國[①]。地宜禾。从禾舂省[②]。一曰：秦，禾名。，籀文秦从秝。　匠鄰切(qín)。

【譯文】秦，伯益的後裔被封的國名。此地適宜禾穀的生長。由禾、舂字省去臼會意。另一義說，秦，禾名。𥢓，籀文秦字。从秝。

【注釋】① 伯益句：《段注》引《詩譜》："秦者，隴西谷名。""堯時有伯翳者，實皋陶之子，佐禹治水，水土既平，舜命作虞官，賜姓曰嬴。""周孝王使其末孫非子養馬於汧渭之閒。孝王封非子爲附庸，邑之于秦谷。"　② 从禾舂省：王鳴盛《蛾術編》："秦地本因産善禾得名，故从禾从舂省。禾善則舂之精也。"

【參證】甲文作、，金文作、。徐中舒《耒耜考》："秦象抱杵舂禾之形。"商承祚《甲骨文字研究》下篇："以其形誼求之，殆舂禾爲其初誼。"

 稱 銓[①]也。从禾，爯聲。春分[②]而禾生。日夏至，晷景[③]可度，禾有秒[④]。秋分[⑤]而秒定。律數[⑥]：十二秒而當一分，十分而寸。其以爲重[⑦]：十二粟爲一分，十二分爲一銖。故諸程品[⑧]皆从禾。　處陵切(chēng)。

【譯文】稱，測量物體的輕重。从禾，爯聲。春分之日，禾苗生長。日子到了夏至，日影可以測量，禾有芒刺。秋分之日，芒刺定了形。樂律之數(以十二爲準)，所以十二根芒刺(並排起來)當一分長，十分而成一寸。用它來衡量重量，十二顆粟爲一分重，十二分爲一銖重。所以下文各量度單位的字都用禾作形符。

【注釋】① 銓：《段注》引《聲類》："銓，所以稱物也。"　② 春分：《段注》："上文(指禾字説解)云，以二月生。"　③ 晷(guǐ)景：同義複合。晷、景，均指日影。　④ 有秒：《段注》："謂其時禾乃有芒也。"　⑤ 秋分：《段注》："上文(指禾字説解)云，以八月孰。"　⑥ 律數：《段注》此後加"十二"兩字，注："十二謂六律六吕也。"律吕，樂律的統稱。　⑦ 爲重：《段注》："以衡輕重也。"　⑧ 諸程品：《段注》："謂'稱'以下七篆也。"程品：指量度單位。

【參證】王輝《秦器銘文叢考(續)》(《考古與文物》一九八九年第五期)："稱字不見於商周甲骨、金文，而較早出現於秦銘刻中。""以稱稱物,是將物舉起來的。""稱从爯聲,《説文》:'爯,舉也。'看來,稱是一個會意兼形聲字。"

科[①] 程也。从禾,从斗。斗者,量也。　苦禾切(kē)。

【譯文】科,程品等級。由禾、由斗會意。斗,是量器。

【注釋】① 科:徐灝《段注箋》:"科謂諸率取數於禾者,从而區分,别其差等,故从禾从斗。斗以量而區分之也,因之凡諸程品皆謂之科。故有科目、科則之偁,醫家亦有内外諸科。"

程 品[①]也。十髮爲程,十程爲分,十分爲寸。从禾[②],呈聲。直貞切(chéng)。

【譯文】程,程品。十根毛髮並排起來叫一程,十程叫一分,十分叫一寸。从禾,呈聲。

【注釋】① 品:應連篆爲讀。《段注》:"品者,衆庶也。因衆庶而立之法則,斯謂之程品。"程品:爲衆多事物確立的程度等級。故王筠《句讀》引如淳曰:"程者,權衡、丈尺、斗斛之平法也。"　② 从禾:徐灝《段注箋》:"程之義爲法則,因稯、秭、秅、秙諸文多於禾取義,故亦从禾。"

稯 布之八十縷爲稯[①]。从禾,㚇聲。稅[②],籀文稯省。　子紅切(zōng)。

【譯文】稯,八十縷的(粗)布叫稯。从禾,㚇聲。稅,籀文稯字,是稯的省略。

【注釋】① 布之句:《段注》以爲"布"前"必云":"禾四十秉爲稯。从禾,㚇聲。一曰:"徐灝箋:"段説是也。稯从禾,當於禾取義。"按:"布八十縷"當是别義。朱駿聲《通訓定聲》:"此字實即總之轉注。總猶束也。禾四十秉爲一大束,故曰總。字變从禾作稯耳。許書當訂爲總之重文。"　② 稅:《段注》:"㚇亦兇聲也。"

秭 五稯[①]爲秭。从禾,𠦂聲。一曰:數億至萬曰秭[②]。　將几切(zǐ)。

【譯文】秭,二百把禾叫秭。从禾,𠦂聲。另一義説:數若以億爲單位,至萬億叫作秭。

【注釋】① 五稯:割禾滿手爲一秉,四十秉爲一稯。五稯爲二百把禾。 ② 數億句：桂馥《義證》："謂萬億曰秭也。"

【參證】金文作。

秅 二秭爲秅。从禾，乇聲。《周禮》[①]曰："二百四十(斤)[斗][②]爲秉[③]。四秉曰筥，十筥曰稯，十稯曰秅，四百秉爲一秅。" 宅加切(chá)。

【譯文】秅，兩秭叫秅。从禾，乇聲。《周禮》説："(體積)二百四十斗叫一秉。(又，)四把禾束叫筥，十筥叫稯，十稯叫秅，四百把禾束叫一秅。"

【注釋】①《周禮》：指《儀禮・聘禮記》。《段注》："《周禮》當是本作《禮記》。""許書之例：謂《周官經》曰《周禮》；謂十七篇曰《禮》；十七篇之記，謂之《禮記》。" ② 斤：《聘禮》作"斗"。 ③ 爲秉：王筠《句讀》："爲秉以上，米數也；四秉以下，禾數也。不可合爲一。"按：上爲量名之秉，即容積也；下爲禾束之秉。

祏[①] 百二十斤也。稻一祏爲粟二十(升)[斗]，禾黍一祏爲粟十六(升)[斗]大半(升)[斗][②]。从禾[③]，石聲。 常隻切(shí)。

【譯文】祏，一百二十斤。稻子重一祏，是粟米的二十斗；禾黍重一祏，是粟米的十六斗又大半斗。从禾，石聲。

【注釋】① 祏：桂馥《義證》："今省作石。《後漢書》注云：'今江淮人謂一石爲一擔(dàn)，音丁濫反。'""因儋受一石，遂呼石爲儋。"王筠《句讀》引《律曆志》："權者，銖、兩、斤、鈞、石也。本起於黄鐘之重，一龠容千二百黍，重十二銖，兩之爲兩，二十四銖，十六兩爲斤，三十斤爲鈞，四鈞爲石。" ② 稻一兩句：王筠《句讀》："(升)皆斗之譌也。言稻，以權(秤)稱之，重一祏者，以量(量器)量之，則二斛(hú，十斗)也。禾黍以權稱之，重一祏者，以量量之，一斛又六斗大半斗也。"升，皆斗之譌。《段注》："斗，宋刻皆譌'升'，毛本又誤改'斤'。" ③ 从禾：《辨字正俗》："五權皆以秬黍爲率，故字从禾。"

稘 復[①]其時也。从禾[②]，其聲。《虞書》[③]曰："稘三百有六旬。" 居之切(jī)。

【譯文】稘，時間周而復始。从禾，其聲。《虞書》説："一周年是三百又六十(又六日)。”

【注釋】① 復:《段注》:“言帀(周遍)也。十二月帀爲期年。《中庸》:一月帀爲期月。《左傳》:旦至旦亦爲期。今皆假‘期’爲之。”　② 从禾:《段注》:“取舊穀沒新穀升也。”　③《虞書》:指《堯典》。“稘”今作“期”。句末尚有“有六日”三字。

文八十七　重十三

穩　蹂穀聚①也。一曰:安②也。从禾,隱省。古通用安隱③。烏本切(wěn)。

【譯文】穩,持有聚積的穀物。另一義説,安穩。从禾,从隱省聲。古通用安隱的隱字。

【注釋】① 蹂穀聚:《鈕新附考》:“《廣韻》上聲二十一混:穩,持穀聚,亦安穩。”又,“但‘蹂穀聚’,未詳所本。”譯文照《廣韻》。② 安:持有聚積的穀物,則可過安穩的日子。安是引申義。

③ 古通用句:《鄭新附考》:“《説文》:‘㥯,所依據也。从㕚,讀與隱同。’(㥯)即安穩古字。大徐謂古用安隱。殆不識許書自有本字。《檀弓》‘其高可隱也’,《孟子》‘隱几而臥’等文,是徐所指。特假借耳。”鄭意是:㥯本義是依據的對象。有了依據憑藉之物則可安穩,可引申爲安穩之稱,故説㥯是安穩的本字。隱本義爲隱蔽。因與㥯同音,故叚借爲㥯(穩)。參“㥯”、“隱”條。

稕　束稈也。从禾,臺聲。　之閏切(zhùn)。

【譯文】稕,捆束禾稈。从禾,臺聲。

文二　新附

秝部

秝　稀疏適①也。从二禾②。凡秝之屬皆从秝。讀若歷。　郎擊切(lì)。

【譯文】秝,稀疏適宜。由兩個禾字會意。大凡秝的部屬都从秝。音讀象“歷”字。

【注釋】① 適：宜。饒炯《部首訂》："稀疏適者，謂稀疏得宜而和。其行列相當，無乍疏乍密之弊。" ② 从二禾：《段注》："禾之疏密有章也。"

【參證】甲文作、、。吴其昌《殷虚書契解詁》："象禾黍分行成列之形，是行秝之本字也，是'厤厤在目'、'厤厤可數'之原意也。"

兼 并也。从又持秝。兼持二禾，秉持一禾。 古甜切(jiān)。

【譯文】兼，同時涉及(兩件或兩件以上的事物)。由又(手)持握着秝(二禾)會意。兼是(同時)持握兩把禾。秉是持握一把禾。

【參證】金文作。唐蘭《論周昭王時代的青銅器銘刻》(《古文字研究》第一輯)："(金文)潇字从兼聲而兼作，與《說文》所說从又持二禾不同。實則从又持兩禾和从又持兩矢都是兼字。""在漁獵社會裏，弋射是生産方式之一，挾兩矢以備射是常事。"因二字聲義全同，字形相似，後世不明挾兩矢以射之情景，廢而用。

文二

黍部

黍 禾屬①而黏者也。以大暑而(穜)[孰]②，故謂之黍。从禾③，雨省聲④。孔子曰："黍可爲酒，禾入水也。"⑤凡黍之屬皆从黍。 舒吕切(shǔ)。

【譯文】黍，禾一類而性黏的穀物。因在大暑時成熟，所以叫作黍。从禾，雨省聲。孔子說："黍子可以釀酒，(所以"黍"字)由禾、入、水三字會意。"大凡黍的部屬都从黍。

【注釋】① 禾屬：張舜徽《約注》引宋育仁說："禾者，黍稻之大名。析言則禾屬之不黏者謂之稻，禾屬之黏者謂之黍。" ② 穜：王筠《句讀》："穜當作孰。""大暑乃六月中氣，即晚孰者已登場矣。"按：黍、暑上古聲韻同。 ③ 从禾：王筠《句讀》："與禾略似也。" ④ 雨省聲：篆文雨作。許氏就小篆而言，的下半部是雨省去"一"。 ⑤ 孔子句：《段注》："此說字形之異說也。凡云'孔子曰'者，通人所傳。""今之隸書則从'禾、入、水'。"

【參證】甲文作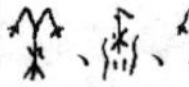,金文作。羅振玉《增訂殷虚書契考釋》:"(甲文)或省水。黍爲散穗,與稻不同,故作之狀以象之。"張哲《釋黍》(《中國文字》第八期):"偏旁加水,意取釀酒。""先民造字,多取其意象。"

䵉[①] 穄也。从黍,麻聲。 靡爲切(méi)。

【譯文】䵉,黍類而性不黏的穀物。从黍,麻聲。

【注釋】① 䵉:《段注》:"黍之不黏者。"

䵗 黍屬[①]。从黍,卑聲。 并弭切(bǐ)。

【譯文】䵗,黍子一類。从黍,卑聲。

【注釋】① 屬:《段注》:"言'别'而'屬'見,言'屬'而'别'亦見。䵗之於黍,猶稗之於禾也。"

黏[①] 相箸也。从黍,占聲。 女廉切(nián)。

【譯文】黏,糊物使相膠着。从黍,占聲。

【注釋】① 黏:《一切經音義》卷七:"糊物相箸曰黏也。"

䵚[①] 黏也。从黍,古聲。粘[②],䵚或从米。 户吴切(hú)。

【譯文】䵚,黏糊。从黍,古聲。粘,䵚的或體,从米。

【注釋】① 䵚:《段注》:"俗作糊。" ② 粘:張舜徽《約注》:"凡米皆可黏物,故䵚之或體从米作粘……䵚字今亦作粘。"

䵒 黏也。从黍,日聲。《春秋傳》[①]曰:"不義不䵒。"䵑,䵒或从刃[②]。 尼質切(nì)。

【譯文】䵒,黏緊不散。从黍,日聲。《春秋左傳》説:"不正義就不能團結。"䵑,䵒的或體,从刃聲。

【注釋】①《春秋傳》:指《左傳·隱公元年》。今"䵒"作"暱"。

② 从刃:《段注》:"刃,聲也。"古讀娘日二紐歸泥,日刃聲紐同。

𪏹[①] 履黏[②]也。从黍[③],㫚省聲。㫚,古文利。作履,黏以黍米。 郎奚切(lí)。

【譯文】黎,黏鞋子的黍米糊糊。从黍,㫚省聲。㫚,古文利字。作鞋子,用黍米糊糊黏連。

【注釋】① 𪏹:同黎。 ② 履黏:徐鍇《繫傳》:"履以䊗(糊)黏之也。" ③ 从黍:徐鍇《繫傳》:"黍,黏也。"

䵚　治黍、禾、豆下潰葉[1]。从黍，畐聲。　蒲北切(bó)。

【譯文】䵚，清除黍、禾、豆等作物下部潰爛的葉子。从黍，畐(bī)聲。

【注釋】① 治黍句：徐鍇《繫傳》："禾豆上長，則下葉漸黄爛也。治謂除埽之也。"

文八　重二

香部

香[1]　芳也。从黍，从甘[2]。《春秋傳》[3]曰："黍稷馨香。"凡香之屬皆从香。　許良切(xiāng)。

【譯文】香，芬芳。由黍、由甘會意。《春秋左傳》説："黍、稷氣味芬芳。"大凡香的部屬都从香。

【注釋】① 香：今作香。　② 从甘：徐灝《段注箋》："甘以味言，味者氣之本也。"按：此即以通感之義會意。　③《春秋傳》：指《左傳・僖公五年》。原文："黍稷非馨(香氣遠聞)。"又："明德以薦馨香。"《段注》："(許氏引文係)約舉。""説香必从黍之意也。"

【參證】甲文作、。郭沫若《卜辭通纂》："上正从黍，下亦甘省。古文从甘之字多省作如是者，故知此乃香字。"一説，"或从刻正是黍字，或省从來，其意亦同。蓋字象以器盛黍稷之屬，以見馨香之意。"見李孝定《甲骨文字集釋》第七。二説大同小異。

馨　香之遠聞者。从香，殸聲[1]。殸，籀文磬。　呼形切(xīng/xīn)。

【譯文】馨，香氣遠聞。从香，殸聲。殸，籀文磬字。

【注釋】① 殸聲：聲中有義。殸是籀文磬。《考工記》："其聲清揚而遠聞。"乃以磬聲比況造字，謂其修遠之芳香有如清揚遠聞之磬聲。徐鍇《繫傳》："香殸爲馨，亦會意也。"

文二

馥[1]　香气芬[2]馥也。从香，复聲。　房六切(fù)。

【譯文】馥，香氣分布濃烈。从香，复聲。

【注釋】① 馥：洪适《隸釋·漢冀州從事張表碑》："遂播芳譽，有馥其馨。" ② 芬：參"岁"條。

文一 新附

米部

米

粟實①也。象禾實②之形。凡米之屬皆从米。 莫禮切(mǐ)。

【譯文】米粟的籽實。象禾籽實的形狀。大凡米的部屬都从米。

【注釋】① 粟實：《段注》："粟，舉連秠者言之；米，則秠中之人，如果實之有人(仁)也。" ② 象禾實：《段注》："四點者，聚米也。十其間者，四米之分也。篆當作四圜點以象形，今作長點，誤矣。"

【參證】甲文作、。羅振玉《增訂殷虛書契考釋》："象米粒瑣碎縱橫之狀。"

①
粱

米名②也。从米，梁省聲。 吕張切(liáng)。

【譯文】粱，粟米名。从米，梁省聲。

【注釋】① 粱：即粟。 ② 米名：王筠《句讀》："吾鄉呼其米曰小黄米，殆即所謂黄粱也。"

【參證】金文作、、、。郭沫若《長安張家坡西周銅器羣·伯梁父簋》："梁字之初義當爲堰，象以耒掘沙石以障水，人可以渡。"後引申爲橋梁字、屋梁字。郭只釋"沙"，未釋粱，粱。粱、粱，形聲字。沙、刱表聲。

①
糕

早取②穀也。从米，焦聲。一曰小③。 側角切(zhuō)。

【譯文】糕，早收的穀。从米，焦聲。另一義説，小穀。

【注釋】① 糕：朱駿聲《通訓定聲》："先熟而取之，其米縮斂者，字亦作穛，作穱。" ② 取：徐鍇《繫傳》作"收"。 ③ 小：《段注》："謂穀之小者也。"

【參證】金文作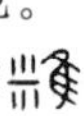、，字从米隹。待考。

粲

稻重一秅，爲①粟二十斗，爲②米十斗，曰毇③；爲米六斗太半斗，曰粲④。从米，奴聲。 倉案切(càn)。

【譯文】粲，稻子重量一擔，合粟二十斗，舂成米十斗，叫作糙米；舂成米六斗又大半斗，叫作粲米。从米，𣦼聲。

【注釋】① 爲：折合。柘言重量，斗言容量。 ② 爲：舂。 ③ 毇(huǐ)：徐灝《段注箋》："乃糲之誤。"糲(lì)米，今俗稱糙米。 ④ 粲：《段注》："粲米最白，故爲鮮好之稱。"

糲[①] 粟重一柘，爲十六斗太半斗，舂爲米一斛，曰糲。从米，萬聲。 洛帶切(lài/lì)[②]。

【譯文】糲，粟重量一擔，折合容量十六斗又大半斗，舂成米十斗，叫糲。从米，萬聲。

【注釋】① 糲：慧琳《一切經音義》卷九十三引《倉頡》："糲，麄(粗)米也。" ② 今讀依《廣韻》力制切。

精[①] 擇也。从米，青聲。 子盈切(jīng)。

【譯文】精，揀擇米粒。从米，青聲。

【注釋】① 精：司馬彪《莊子》注説："簡(揀)米曰精。"《段注》："引申爲凡最好之偁。"

粺[①] 毇也。从米，卑聲。 旁卦切(bài)。

【譯文】粺，半熟米。从米，卑聲。

【注釋】① 粺：《段注》："粺者，糲(糙)米一斛(十斗)舂爲九斗也。""粺謂禾黍米，毇(huǐ)謂稻米，而可互稱，故以毇釋粺。"張舜徽《約注》："以粺視糲則稍精矣。然以粺視夫最精者，則猶粗也。然則粺之爲物，蓋即湖湘間所謂半熟米也。"

粗 疏[①]也。从米，且聲。 徂古切(zù/cū)[②]。

【譯文】粗，糙米。从米，且聲。

【注釋】① 疏：徐鍇《繫傳》："疏即麤也。"《段注》："麤即粗。""疏者，通也。引申之猶大也。故粗米曰疏。""引申叚借之，凡物不精者皆謂之粗。"按：精粗，皆相比較而言之。 ② 今讀依《集韻》聰徂切。

粊[①] 惡米也。从米，北聲[②]。《周書》有《粊誓》[③]。 兵媚切(bì)。

【譯文】粊，惡米。从米，北聲。《周書》有《粊誓》篇。

【注釋】① 粊：承培元《引經證例》："不成粟曰秕，不成米曰粊。" ② 北聲：聲中有義。承培元《引經證例》："北，乖背也。米之乖背者也。” ③《粊誓》：今本《尚書》作《費誓》。

糱 牙米①也。从米，辥聲。 魚列切(niè)。

【譯文】糱，生芽的米。从米，辥聲。

【注釋】① 牙米：《段注》：“牙同芽。芽米者，生芽之米也。凡黍稷稻粱，米已出於穅者，不牙；麥豆亦得云米，本無穅，故能芽。芽米謂之糱，猶伐木餘謂之櫱，庶子謂之孼。按許言牙米，葢容穀言之。”桂馥《義證》引《齊民要術》：“作糱法：八月中，浸小麥，日曝之，布席上，澆以水。曰：‘一度芽生便止，即散收令乾。’”

粒 糂①也。从米，立聲。𩚚，古文粒。 力入切(lì)。

【譯文】粒，米粒。从米，立聲。𩚚，古文粒字。

【注釋】① 糂(sǎn)：《段注》：“此當作米粒也。米粒是常語。”“今俗語謂米一顆曰一粒。”按：米粒是名詞，一顆一粒之粒是量詞。

釋 (潰)[漬]米①也。从米②，睪聲。 施隻切(shì)。

【譯文】釋，淘米。从米，睪聲。

【注釋】① 潰米：當依徐鍇《繫傳》作“漬米”。《段注》：“漬米，淅米也。漬者初湛諸水，淅則淘汰之。” ② 从米：與从釆之釋異。本書：“釋，解也。”釆，取其分別物也。

糂 以米和羹①也。一曰：粒②也。从米，甚聲。糣③，籀文糂从朁。糝③，古文糂从參。 桑感切(sǎn)。

【譯文】糂，用米摻和着肉菜羹汁。另一義説：是飯粒。从米，甚聲。糣，籀文糂字，从朁聲。糝，古文糂字，从參聲。

【注釋】① 羹：指肉或菜做成的帶汁的食物。邵瑛《羣經正字》：“糝，取牛羊豕之肉，三如一，小切之，與稻米。稻米二，肉一，合以爲餌，煎之。” ② 粒：《段注》：“今南人俗語曰米糝飯，糝謂孰者也。”“糝有零星之義。” ③ 糣、糝：朱駿聲《通訓定聲》：“籀文从朁聲，古文从參聲。”宋保《諧聲補逸》：“甚、朁、參，竝同部，聲相近。”

檗① 炊②，米者謂之檗③。从米，辟聲。 博戹切(bò)。

【譯文】檗，在煮飯粥時，還有夾生米的就叫作檗。从米，辟聲。

【注釋】① 檗：朱駿聲《通訓定聲》：“炊米半生半熟也。”“蘇俗所云隔生飯也。” ② 炊：《段注》：“謂飯與鬻也。” ③ 米者句：《段注》："謂飯之米性未孰者也。"徐灝箋："米質未變，故曰米者謂之糪。"

糜[①] 糝也。从米，麻聲。　靡爲切(mí)。

【譯文】糜，稠粥。从米，麻聲。

【注釋】① 糜：《釋名・釋飲食》："糜，煮米使爛也。"《爾雅・釋言》注："粥之稠者曰糜。"

䊤 糜和[①]也。从米，覃聲。讀若鄲[②]　徒感切(dàn/tán)[③]。

【譯文】䊤，稠粥用菜摻和着。从米，覃聲。音讀象"鄲"字。

【注釋】① 糜和：《段注》："糜或以菜和之曰䊤。"朱駿聲《通訓定聲》："俗所謂菜粥是也。"　② 讀若鄲：葉德輝《讀若考》："䊤、鄲均从覃得聲。"　③ 今讀依《廣韻》徒含切。

𥺊 潰米[①]也。从米，尼聲。交阯有𥺊泠縣[②]。　武夷切(mí)。

【譯文】𥺊，潰爛的米。从米，尼聲。交阯郡有𥺊泠縣。

【注釋】① 潰米：徐灝《段注箋》："潰米蓋謂米之潰敗者。"　② 𥺊泠縣：在今越南北部。𥺊，前後《漢志》皆譌作"麊"。

𥻨 酒母[①]也。从米，䈞省聲。麴，䈞[②]或从麥，鞠省聲。　馳六切(qū)。

【譯文】𥻨，酒母。从米，䈞省聲。麴，𥻨的或體，从麥，鞠省聲。

【注釋】① 酒母：俗稱酒藥子。徐鍇《繫傳》："酒主於麴，故曰酒母。"王筠《句讀》："司馬子長《報任安書》：'謂之媒糵。'母與媒，皆譬況之詞。"　② 䈞：當作𥻨。

糟 酒滓[①]也。从米，曹聲。醩[②]，籀文从酉。　作曹切(zāo)。

【譯文】糟，帶滓的酒。从米，曹聲。醩，籀文糟，从酉。

【注釋】① 酒滓：朱駿聲《通訓定聲》："古以帶滓之酒爲糟，今謂漉酒所棄之粕爲糟。"　② 醩：朱駿聲《通訓定聲》："籀文从酉，醩省聲，字亦作醩。"

糒[①] 乾[飯][②]也。从米，葡聲。　平秘切(bèi)。

【譯文】糒，乾糧。从米，葡聲。

【注釋】① 糒：亦作糒。　② 乾：當依《段注》作"乾飯"。《釋名・釋飲食》曰："干飯，飯而暴(曝)乾之也。"俗稱乾糧。

【參證】楊樹達《積微居小學金石論叢·字義同緣於語源同例證》："糒爲名字。"用作動詞，"今語猶言㷭，字作焙。糒、㷭聲類同，知訓乾飯之糒實源於以火乾五穀之㷭、以火乾肉之㶷矣。"

糗　𤇾米麥①也。从米，臭聲②。　去九切(qiǔ)。

【譯文】糗，炒熟的米麥。从米，臭聲。

【注釋】① 𤇾米麥：徐鍇《繫傳》："煼乾米麥也。"朱駿聲《通訓定聲》："蘇俗之炒米粉、炒麥麵。"　② 臭聲：聲中有義。桂馥《義證》："米麥火乾之乃有香氣，故謂之糗。"

【參證】楊樹達《積微居小學金石論叢·字義同緣於語源同例證》："蓋米麥曾經煎熬，故爲乾食乾飯矣。""米之經炒而乾者謂之炒米，即糗也。"

臼　舂糗①也。从臼②米。　其九切(jiù)。

【譯文】臼，舂搗成粉的乾糧。由臼、米會意。

【注釋】① 舂糗：《段注》："米麥已熬，乃舂之，而簁(篩)之成勃(塵，指粉)。"　② 从臼：《段注》："臼亦聲。此舉會意包形聲也。"

精①　糧也。从米，胥聲。　私呂切(xǔ)。

【譯文】精，糧食。从米，胥聲。

【注釋】① 精：《段注》："《離騷》王注曰：'精，精米，所以享神。'其一耑耳。"

糧①　穀也。从米，量聲。　吕張切(liáng)。

【譯文】糧，穀物。从米，量聲。

【注釋】① 糧：小徐、段、王、朱其説解曰："穀食也。"古人行道曰糧，即糒，即乾糧；止居曰食，謂米也。《段注》："穀食則兼居者行者言。糧本是統名，故不爲分析也。"故譯爲"穀物"。糧又作粮。

粈①　雜飯也。从米，丑聲。　女久切(niǔ/róu)②。

【譯文】粈，雜飯。从米，丑聲。

【注釋】① 粈：《段注》："鈕、粈一字。今之粈襍(雜)字也。"今經典作糅。　② 今讀依《廣韻》人九切。

糴①　穀也。从米，翟聲。　他弔切(tiào/dí)②。

【譯文】糴，穀名。从米，翟聲。

【注釋】① 糶：徐灝《段注箋》："古傳注未見有名穀爲糶者。出部：'糶，出穀也。'入部：'糴，市穀也。'糶音他弔切(tiào)，糴音徒歷切(dí)，本一聲之轉。故弔字亦讀如的。糶糴皆售穀。自買者言之則爲糴。自賣者言之則爲糶。正如出物貨曰賣、購取曰買，皆一事而以出入爲二義，實是一字。蓋糶之本義即售穀。古音讀如覿，聲轉爲的。因聲歧爲二義，故加出爲糶，加入爲糴耳。"　② 《段注》："當依《玉篇》徒的(dí)、徒弔(diào)二切。"

糢　(麩)[1][麨]也。从米，蔑聲[2]。　莫撥切(mò)。

【譯文】糢，穀物的粉末。从米，蔑聲。

【注釋】① 麩：當依《段注》作"麨"。桂馥《義證》："今呼米屑爲麨"。《段注》："凡糜而粉之曰末。"　② 蔑聲：聲中有義。《段注》："糢者自其細蔑言之。"

粹　不雜[1]也。从米，卒聲。　雖遂切(suì/cuì)。

【譯文】粹，無雜質(的米)。从米，卒聲。

【注釋】① 不雜：《段注》："粹本是精米之偁。引申爲凡純美之稱。"

氣　饋客芻米也。从米，气聲。《春秋傳》[1]曰："齊人來氣諸侯。"⿱既米，氣或从既[2]。餼[3]，氣或从食。　許既切(xì)。

【譯文】氣，贈送客人飼料和糧食。从米，气聲。《春秋左傳》説："齊國人來贈給各諸侯國軍隊以飼料和糧食。"⿱既米，氣的或體，从既聲。餼，氣的或體，从食。

【注釋】①《春秋傳》：指《左傳・桓公十年》。今無"來"字，"氣"作"餼"。　② 从既：王筠《句讀》："氣、既一字。"後加米旁。參"既"條。　③ 餼：《段注》："从食而氣爲聲，蓋晚出俗字，在假氣爲氣(雲氣)之後。"

【參證】商承祚《〈石刻篆文編〉字説》(《古文字研究》第五輯)："氣、气二字形義有別，後以米餼之氣代雲气字，遂增食旁作餼，而以氣作气，以气爲气求字，並省去一筆爲乞。甲骨文凡气求之乞作☰，中畫特短以示與三有所區別。"

[1]
粠　陳臭[2]米。从米，工聲。　户工切(hóng)。

【譯文】粠，陳久而腐臭的米。从米，工聲。

【注釋】① 紅：徐鍇《繫傳》："漢史曰：'大倉之粟紅腐而不可食。'多借紅字爲之。米久則紅也。"粟久腐壞則色紅赤。　② 陳臭：桂馥《義證》："陳陳相因。臭當爲殠，謂腐氣也。"

粉　傅面者也①。从米，分聲②。　方吻切(fěn)。

【譯文】粉，傅布在臉上的粉末。从米，分聲。

【注釋】① 傅面者也：徐鍇《繫傳》："古傅(fū)面亦用米粉。"段將"面"引申爲外面、表面。《段注》："傅面者，凡外曰面。《周禮》：'傅於餌餈之上者。'是也。引申爲凡細末之偁。"　② 分聲：聲中有義。《釋名・釋首飾》："粉，分也，研米使分散也。"

䊎①　粉也。从米，卷聲。　去阮切(quǎn)。

【譯文】䊎，粉。从米，卷聲。

【注釋】① 䊎：錢坫《斠詮》："《繫傳》以此爲粉字之或作也。此粉䊎字。讀如摶。《玉篇》：'䊎，摶也。'"

【參證】馬敘倫《六書疏證》卷十三："尋䊎得聲於卷，而卷得聲於釆，釆、分古皆雙唇音，則或轉注字也。"粉，米粉、麵粉，和以水，成膠汁柔軟狀，可捲可摶。馬說："以麪作成卷狀之食物，南北通呼曰䊎。"粉、䊎一義相因。

䊝　𥽦①也。从米，悉聲。　私列切(xiè)。

【譯文】䊝，䊝𥽦。从米，悉聲。

【注釋】① 𥽦：應連篆爲讀。䊝𥽦，雙聲聯緜詞。散米聲。其實，獨字也成義。《段注》："言之斂曰䊝，言之侈曰𥽦。"

𥽦①　䊝𥽦，散之也。从米，殺聲。　桑割切(sà)。

【譯文】𥽦，䊝𥽦，拋撒米。从米，殺聲。

【注釋】① 𥽦：王筠《句讀》："䊝下云'𥽦也'者，明其獨字便成義也。"朱駿聲《通訓定聲》："𥽦之言散，今蘇俗尚有此語。"湖湘間説幼兒飯時無意遺失飯粒於地曰"𥽦飯"。

䊳　碎①也。从米，靡聲。　摸臥切(mò/mí)②。

【譯文】䊳，粉碎。从米，靡聲。

【注釋】① 碎：《段注》："凡言粉碎之義當作䊳。"　②《段注》："徐鼎臣蓋誤認爲礳(磨)字耳。"《廣韻・過韻》摸臥切無"䊳"字。今讀依《廣韻》靡爲切。

竊①　盜自中出曰竊。从穴，从米②，禼、廿皆聲③。廿，古文疾。禼，古文偰。　千結切(qiè)。

【譯文】竊，偷米从穴中出來叫竊。由穴、由米會意。禼、廿都表聲。廿，古文疾字。禼，古文偰字。

【注釋】① 竊：竊本字。　② 从穴，从米：《段注》："米自穴出，此盜自中出之象也。會意。"　③ 皆聲：張文虎《舒藝室隨筆》："禼、廿不同部，豈得兩諧其聲？"按：禼，月部；廿，質部。廿、竊同部。"竊"字構形待考。

文三十六　重七

粻①　食米②也。从米，長聲。　陟良切(zhāng)。

【譯文】粻，食糧。从米，長聲。

【注釋】① 粻：《爾雅・釋言》："粻，糧也。"《鈕新附考》："粻、糧古通。疑實一字而異文。"按糧，上古屬來紐、陽部；粻，屬知紐、陽部。古無舌上音，知讀歸舌頭音。糧、粻實同音，又同義。粻是糧的異體。《鄭新附考》把糧粻看作"古今字"。《詩・大雅・崧高》："以峙其粻，式遄其行。"　② 米：泛指糧。

粕　糟粕①，酒滓②也。从米，白聲。　匹各切(pò)。

【譯文】粕，(是今天説的)糟粕，(也就是古代説的)帶滓的酒。从米，白聲。

【注釋】① 糟粕：《段注》"糟"下："《莊子音義》、玄應書，皆引許君《淮南注》曰：'粕，已漉粗糟也。'然則糟謂未漉者。"按：糟、粕，析則有別，渾則不分。喻指粗劣的食物或廢料。　② 酒滓：朱駿聲《通訓定聲》"糟"下："古以帶滓之酒爲糟，今謂漉酒所棄之粕爲糟。"

粔　粔籹①，膏環②也。从米，巨聲。　其吕切(jù)。

【譯文】粔，粔籹的粔，(粔籹是像吴地人説的)膏環。从米，巨聲。

【注釋】① 粔籹：《鄭新附考》："凡兩字成文，同从一偏旁者，分舉一字即無義。"粔、籹，同屬語韻，疊韻連緜字。靠音節連綴以表義，故主音不主形，古人曰"耳治"；後以文字表達，由"耳治"而"目治"，遂於形體上類化，往往用同一偏旁部首。故鄭珍如此説。　② 膏環：《拈字》："《齊民要術》：'粔籹名環餅，象環釧形。'"《新補新附考證》："宋玉《招魂》云：'粔籹，蜜餌。'洪興祖補注：'粔籹，蜜餌也。吴謂之膏環。'"按：膏，《段注》釋爲"脂"，膏環之膏，用如動詞。膏環，塗滿油脂的環釧形食物，類似今日麻絞類。

籹[①] 粔籹也。从米，女聲。　人渚切（nǚ）。

籹 【譯文】籹，粔籹的籹。从米，女聲。

【注釋】① 籹：參上條。

糉[①] 蘆葉裹米也。从米，㚇聲。　作弄切（zòng）。

糉 【譯文】糉，用蘆葉包裹糯米（做成的一種食品）。从米，㚇聲。

【注釋】① 糉：《鄭新附考》："依《續齊諧記》所云，乃先時楚人哀屈原之死，至五月五日，以竹筒貯米，投水祭之。漢建武年間，長沙歐回始以楝葉塞上，縛以綵絲，使不爲蛟龍所竊。乃秦漢間楚俗也。至晉周處作《風土記》始言俗以菰葉裹黍米，象陰陽相包裹，未分散。一名糉，一名角黍。是五日食糉，至魏晉始盛行。本非古有其字。據《周官》'十筥曰稯'注'稯猶束也'。角黍束米爲之。原當用稯，俗改从米。"後又作"粽"。

糖[①] 飴也。从米，唐聲。　徒郎切（táng）。

糖 【譯文】糖，象飴類的甜食。从米，唐聲。

【注釋】① 糖：《詩·有瞽》箋云："簫，編小竹管，如今賣餳者所吹也。"《方言》："凡飴謂之餳。自關而東，陳楚宋衛之間通語也。"《段注》"餳"（xíng）下："餳古音如洋，語之轉如唐。故《方言》云：'餳謂之餹。'""餳、糖一字。"从米猶从食。唐聲同昜聲。昜，與章切，聲紐屬喻四，喻四上古歸定紐，音轉爲唐。

文六　新附

毇部

毇[①] 米[②]一斛舂爲（八）[九][③]斗也。从臼，从殳[④]。凡毇之屬皆从毇。　許委切（huǐ）。

毇

【譯文】毇，糙米一斛舂成九斗。由臼(jiù)、由殳會意。大凡毇的部屬都从毇。

【注釋】① 毇：徐鍇《繫傳》："糙米。" ② 米：徐鍇《繫傳》作"糲米。" ③ 八：《段注》作"九"。 ④ 从臼，从殳：徐灝《段注箋》："臼訓'舂粮'，故从臼，此但取舂意。"《段注》："从殳者，殳猶杵也。"

① 鑿

糲米一斛舂爲(九)[八]② 斗曰鑿。从毇，丵聲。 則各切(zuò)。

【譯文】鑿，糙米一斛舂成八斗叫鑿。从毇，丵聲。

【注釋】① 鑿：精米。 ② 九：當依《段注》作"八"。

文二

臼部

 臼

舂① 也。古者掘地爲臼，其後穿木石。象形。中，米也。凡臼之屬皆从臼。 其九切(jiù)。

【譯文】臼，舂米的臼。古時候在地上掘坎成臼，後來挖穿木頭或石頭(作臼)。象臼形，中間的是米。大凡臼的部屬都从臼。

【注釋】① 舂：饒炯《部首訂》："蓋以事詁物。因器爲人所共解，不必通之以名，但言用而亦識之故也。"桂馥《義證》引《嶺表録異》："廣南有臼堂，以渾木刳爲槽。一槽兩邊約十杵，男女間立，以舂穀糧。"

【參證】楊樹達《文字形義學》："字若單作形，則第爲坎陷而已，臼義不顯也。列內容之米形，則臼義顯矣。"

 舂

擣粟① 也。从廾持杵臨臼上。午②，杵省也。古者雝父③ 初作舂。 書容切(chōng)。

【譯文】舂，舂擣粟米一類穀物。由"廾"(雙手)持握着"午"在"臼"上會意。午是杵的省略。古時候雝父開始製作舂。

【注釋】① 粟：《段注》："言粟以晐他穀，亦言粟以晐米。" ② 午：徐灝《段注箋》："即古杵字。" ③ 雝父：王筠《句讀》引《郡國志》："許州雍城，即黄帝臣雍父始作杵臼處。"

【參證】甲文作、、，金文作。吴雲《兩罍軒彝器圖録》卷七："此篆（指金文伯舂盉之舂）上下，與《説文》字正合。"甲文首字同篆文，次字是杵者側身象，伸出雙手，是杵形，是臼，末字左右手譌成八。

𦥈　齊謂舂曰𦥈。从臼，屰聲。讀若膊。　匹各切（pò）。

【譯文】𦥈，齊地叫舂作𦥈。从臼，屰聲。音讀象"膊"字。

臿　舂去麥皮也。从臼，干所以臿之[①]。　楚洽切（chā）。

【譯文】臿，舂去麥皮。从臼，干是用來舂臿的杵棒。

【注釋】① 从臼句：《段注》："干猶杵也。""凡㲉皆得云臿也。引申爲凡刺入之偁，如農器刺地者曰鍫臿。"徐灝箋："許以其字从臼，故以舂麥爲本義。"

舀　抒臼[①]也。从爪臼。《詩》[②]曰："或簸或舀。"，舀或从手，从宂[③]。，舀或从臼宂。　以沼切（yǎo）。

【譯文】舀，從臼裏舀出來。由爪、臼會意。《詩經》説："時而簸去糠皮，時而把米從臼裏舀出來。"抭，舀的或體，由手、由宂會意。䑛，舀的或體，由臼、宂會意。

【注釋】① 抒臼：《段注》："抒，挹也。既舂之，乃於臼中挹出之。今人凡酌彼注此皆曰舀，其引申之語也。"朱駿聲《通訓定聲》："今蘇俗……音如要，舀水其一耑也。"　②《詩》：指《大雅·生民》。原文："或舂或揄（yóu），或簸或蹂（腳踏）。"《段注》："毛傳云：'揄，抒臼也。'然則揄者，舀之假借字也。"　③ 从宂（rǒng）：本書宀部："宂，㪔也。"

【參證】楊樹達《文字形義學》："今長沙取米言舀米，取水曰舀水。"

臽　小阱[①]也。从人在臼上[②]。　户猎切（xiàn）。

【譯文】臽，小陷阱。由"人"在"臼"上會意。

【注釋】① 阱：《段注》："阱者陷也。臽謂阱之小者。"　② 从人句：《段注》："古者掘地爲臼，从人臼會意。臼猶坑也。"徐鍇《繫傳》："舂地坎可臽人。""若今人作阬以臽虎也。"

【參證】甲文作，金文作。于省吾《雙劍誃殷契駢枝三編·釋臽》："朱駿聲謂凵，一説坎也，允矣。（甲文）臽字應爲从人凵，凵亦聲。舀凵古韻並屬覃部。凵譌爲臼。”林義光《文源》：（金文）从人，下象具足。

文六　重二

凶部

凶　惡[①]也。象地穿交陷其中也[②]。凡凶之屬皆从凶。　許容切(xiōng)。

【譯文】凶，險惡(之地)。象穿地爲坑，有物交相陷入其中。大凡凶的部屬都从凶。

【注釋】① 惡：徐鍇《繫傳》：“惡不可居，象地之塹也。惡可以陷人也。”　② 地穿句：王筠《句讀》：“地穿者，承臼部説掘地而言，交謂乂也。”

兇　擾恐[①]也。从人在凶下。《春秋傳》[②]曰：“曹人兇懼。”　許拱切(xiǒng/xiōng)[③]。

【譯文】兇，喧擾恐懼(之聲)。由“人”在“凶”下會意。《春秋左傳》説：“曹國人恐懼。”

【注釋】① 擾恐：王筠《句讀》：“擾，其狀也；恐，其意也。加聲字而兇之聲情始備。”　②《春秋傳》：指《左傳・僖公二十八年》。兇懼，同義複合。　③ 今讀依《廣韻》許容切。

文二

卷十四

朩部

朩 分枲莖皮也[①]。从屮[②]，八象枲之皮莖[③]也。凡朩之屬皆从朩。讀若髕[④]。 匹刃切(pìn)。

【譯文】朩，分剥麻稈的皮。屮象麻稈，八象剥離的麻皮。大凡朩的部屬都从朩。音讀象"髕(bìn)"字。

【注釋】① 分枲(xǐ)句：《段注》："謂分擘枲莖之皮也。"徐灝箋："治麻必剥其皮，漚之，以爲用。" ② 从屮(chè)：《段注》："謂枲莖。" ③ 枲之皮莖：徐鍇《繫傳》作"枲皮"。《段注》："兩旁者，其皮分離之象也。" ④ 讀若髕：葉德輝《讀若考》："髕爲臏刑之髕。……分枲莖皮義與臏刑相似，故讀髕。"朱駿聲《通訓定聲》："(朩)今蘇俗音轉曰劈。"

【參證】甲文作。林義光《文源》："《説文》云：'朩，艸木盛朩朩然。象形，八聲。讀若輩。'按，八古作)(，朩从八，則與音髕之朩無别。音髕(臻韻)，音輩(微韻)亦雙聲對轉，其實一字。本義爲枲皮，假借草木盛貌。"

枲[①] 麻也。从朩，台聲。𦇧，籀文枲，从林，从辝[②]。 胥里切(xǐ)。

【譯文】枲，麻。从朩，台聲。𦇧，籀文枲字，从林，从辝聲。

【注釋】① 枲：朱駿聲《通訓定聲》："牡(雄)麻無實者也。夏至開花，榮而不實，亦曰夏麻。""(引申)爲凡麻之大名。" ② 从林(pài)，从辝(cí)：王筠《句讀》："林是古麻字，故从之。"《段注》："辝，聲也。"

文二 重一

林部

林 (葩)[萉]①之總名也。林之爲言②微也，微纖爲功。象形③。凡林之屬皆从林④。　匹卦切(pài)。

【譯文】林，麻的總稱。林借表微小的意思，微小纖細是麻的功能。象麻稈密立之形。大凡林的部屬都从林。

【注釋】① 葩：《段注》作萉(fèi)。艸部萉下注："麻實名萉，因之麻亦名萉。"　② 之爲言：聲訓述語。王筠《釋例》："此用之者，義寓於音，而非本義正音。"　③ 象形：王筠《句讀》："不言从二朩者，種麻必密比，故以林象其密。"　④ 凡林句：《段注》："林麻古蓋同字。"徐灝箋："林與麻，聲轉之異也，因各有所屬字，而分爲二部，如㝈蘉，冃、冃之比也。"

檾① 枲屬②。从林，熒省③。《詩》④曰："衣錦檾衣。"　去穎切(qǐng)。

【譯文】檾，麻一類植物。从林，熒省聲。《詩經》說："在錦衣上面穿着麻紗做的單罩衣。"

【注釋】① 檾：徐鍇《繫傳》："即蕡麻也。"《段注》："其皮不及枲麻之堅韌，今俗爲麤(粗)繩索多用之。"　② 枲屬：《段注》："類枲而非枲，言屬而别見也。檾者，草名也。"　③ 熒省：當依《段注》作"熒省聲"。　④《詩》：指《衛風・碩人》。今"檾"作"褧"(jiǒng)。朱駿聲《通訓定聲》："其質曰檾，成衣曰褧(禪，單衣)。"

椒① 分離也。从攴，从林②。林③，分椒之意也。　穌旰切(sàn)。

【譯文】椒，分離。由攴、由林會意。林，分散的意思。

【注釋】① 椒：徐鍇《繫傳》："此分散字，象麻之分散也。"王筠《句讀》："經典皆借肉部㪔(雜肉)爲之，而變爲散。"　② 从攴，从林：苗夔《繫傳校勘記》："以攴治林，分散之也。"　③ 林：王筠《句讀》："此由朩有分散意，林加一朩，故亦有分散意。"

【參證】裘錫圭《甲骨文中所見的商代農業》(《全國商史學術討論會論文集》)："(甲文)"，"(甲骨文編)隸定爲'椒'。""于省吾""釋

'㪔'爲'散'字所从之'㪔'。"裘説："'㪔'跟'芟'同意，本義應該是芟除草木。"一説，㪔是𢿱的省文，"字當从支，从林，从隹會意。以手執杖，於林中敺鳥飛㪔（𢿱）也爲其本義，引申之則爲分離。篆體譌林爲𣏟。"見李孝定《甲骨文字集釋》第七。

文三

麻部

[①] 麻　與𣏟同。人所治，在屋下。从广，从𣏟[②]。凡麻之屬皆从麻。　莫遐切(má)。

【譯文】麻，與𣏟字意義相同。是人們剖治的植物，在敞屋之下。由广、由𣏟會意。大凡麻的部屬都从麻。

【注釋】① 麻：《段注》："未治謂之枲，治之謂之麻。以治之稱加諸未治，則統謂之麻。"朱駿聲《通訓定聲》："古無木棉，凡言布，皆麻爲之。"　② 从广，从𣏟：徐鍇《繫傳》："此蓋廡敞之形，於其下治麻也。"

【參證】金文作。高田忠周《古籀篇》卷八十一："此从厂，古文厂、广通用。"

 𪎊　未練[①]治纑[②]也。从麻，後聲[③]。　空谷切(kù)。

【譯文】𪎊，未經練治的麻縷。从麻，後聲。

【注釋】① 練：《段注》："練者湅也。湅者灡也。汏諸水、漂潎之也。已湅曰纑，未湅曰𪎊。"　② 纑：糸部："布縷也。"　③ 後聲：後上古屬侯部，𪎊屬屋部，侯屋對轉。

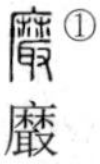[①] 𪎌　麻藍[②]也。从麻，取聲。　側鳩切(zōu)。

【譯文】𪎌，麻稈。从麻，取聲。

【注釋】① 𪎌：朱駿聲《通訓定聲》："此字當爲菆之或體。"　② 藍(jiē)：《段注》："即稭(莖)字之俗。"

[①] 䵉　檾屬。从麻，俞聲。　度侯切(tóu)。

【譯文】䵉，檾麻一類。从麻，俞聲。

【注釋】① 䵉：《正字通・麻部》："䵉，即今白麻，多生卑溼處，俗名茼(qǐng)麻。”

文四

尗部

尗[1] 豆[2]也。象尗豆生之形也[3]。凡尗之屬皆从尗。　式竹切(shú)。

【譯文】尗,豆。象菽豆生長的樣子。大凡尗的部屬都从尗。

【注釋】① 尗:徐灝《段注箋》:“尗,又作叔。从又者,采擷之意。因爲伯叔字所專,故别作菽。”　② 豆:徐灝《段注箋》:“古食肉器謂之豆,無以尗爲豆者,自戰國以後乃有此偁。”朱駿聲《通訓定聲》:“菽者,衆豆之總名。”　③ 象尗句:徐鍇《繫傳》:“豆性引蔓,故从丨;有歧枝,非从上下上也。故曰象尗生形。小象根也。”

【參證】唐蘭《唐蘭先生金文論集·陜西省岐山縣董家村新出土西周重要銅器銘辭的釋文和注釋》:“(尗)是菽的本字。”“金文叔字作,就从尗,下面三點是豆形,右邊的手形是揀豆,所以《説文》解叔爲‘拾也’。尗通淑,美好。”

枝[1] 配鹽[2]幽尗也。从尗,支聲。豉,俗枝从豆。　是義切(shì/chǐ)[3]。

【譯文】枝,用鹽調配大豆,把大豆放在幽暗潮濕的地方。从尗,支聲。豉,俗枝字,从豆。

【注釋】① 枝:張舜徽《約注》:“俗稱臘八豆,曬乾後可久藏不變,即古人所謂豉也。”　② 配鹽句:王筠《句讀》:“配尗以鹽,鬱幽之于瓮盎中,生衣乃成也。”　③ 當讀 shì,今音 chǐ。

文二　重一

耑部

耑 物初生之題[1]也。上象生形,下象其根也。凡耑之屬皆从耑。　多官切(duān)。

【譯文】耑，植物初生的頂端。上（）象生長的形狀，下（）象它的根。大凡耑的部屬都从耑。

【注釋】① 題：徐鍇《繫傳》："題猶額也，端也。古發端之耑直如此而已。一，地也。"徐灝《段注箋》："耑之言顛也。頁部：題，頟也。頟亦顛也。自其顛言之，則爲末；自其初生而言，則爲本。故耑訓爲末，亦訓爲本。""引申爲凡始之偁。"

【參證】甲文作、、。金文作、。羅振玉《增訂殷虚書契考釋》："卜辭耑字增，象水形。水，可養植物者也。从，象植物初茁漸生歧葉之狀。"

文一

韭部

韭[1] 菜名。一種而久者，故謂之韭。象形，在一之上。一，地也。此與耑同意。凡韭之屬皆从韭。　舉友切(jiǔ)。

【譯文】韭，菜名。一經種下，就長久生長，所以叫它韭。（）象韭菜之形，在一的上面。一，表示地。這與耑的中間一橫表示地同意。大凡韭的部屬都从韭。

【注釋】① 韭：饒炯《部首訂》："韭之爲菜，一種而久，非同諸菜之一歲一見者比。故名因久聲稱之。中二象葉之上出，左右象葉之旁達，正狀其滋盛丰丰形，《禮記》稱韭曰豐本是也。"

韱 䪢[1]也。从韭，隊聲。　徒對切(duì)。

【譯文】韱，切碎的菜。从韭，隊聲。

【注釋】① 䪢(jī)：朱駿聲《通訓定聲》："細切者爲䪢、爲韱。《通俗文》：'淹韭曰䪢，淹䪥(xiè，藠頭)曰韱。'"許氏以䪢訓韱，渾言之。

䪢 (墜)[韱][1]也。从韭，次、𠂤皆聲[2]。，䪢或从齊[3]。　祖雞切(jī)。

【譯文】䪢，切碎的菜。从韭，次、𠂤都表聲。䪢，䪢的或體，从齊聲。

【注釋】① 墜：當依徐鍇《繫傳》作"韱"。　② 从韭二句：朱駿聲《通訓定聲》："从韭、从次會意，細切匀之有敘也。𠂤聲。"按：依朱説，䪡即从𩐘，朿聲。𩐘由韭、由次會意，次也表聲。《世説新語》有“𩐘”字。　③ 从齊：《段注》：“齊聲。”宋保《諧聲補逸》：“𩟄从次聲，重文作粢，又作𩟄，齊聲；𪗉从齊聲，重文作粢，次聲。是其例矣。”

韰[1] 菜也。葉似韭。从韭[2]，𣪠聲。　胡戒切(xiè)。

【譯文】韰，菜名。葉子象韭菜。从韭，𣪠(gài)聲。

【注釋】① 韰：後作“薤”，即藠(jiào)頭。　② 从韭：王筠《句讀》：“葉及子皆似葱，其本如水仙花。”“以其與韭同爲辛物，故从之耳。”

韱[1] 山韭[2]也。从韭，𢦏聲。　息廉切(xiān)。

【譯文】韱，山韭。从韭，𢦏聲。

【注釋】① 韱：《本草綱目·菜部·山韭》引蘇頌説：“韱，山韭也。形性亦與家韭類，但根白，葉燈心苗耳。”　② 山韭：《段注》：“謂山中自生者。”

䪤 小蒜[1]也。从韭，番聲。　附袁切(fán)。

【譯文】䪤，小蒜。从韭，番聲。

【注釋】① 小蒜：徐鍇《繫傳》：“中國蒜也。今之大蒜，胡蒜也。”

文六　重一

瓜部

瓜 (㼌)[蓏][1]也。象形[2]。凡瓜之屬皆从瓜。　古華切(guā)。

【譯文】瓜，瓜蓏。象形。大凡瓜的部屬都从瓜。

【注釋】① 㼌(yǔ)：當依《段注》作“蓏(luǒ)”，注：“艸部曰：‘在木曰果，在地曰蓏。’”　② 象形：徐鍇《繫傳》：“，瓜實也。外(指)，蔓也。”《段注》：“瓜者，縢生布於地者也。”

【參證】金文作。楊樹達《文字形義學》：“象瓜實，爲本形。象瓜蔓，示瓜之所在之他形。”

瓝[1]　小瓜[2]也。从瓜，交聲[3]。　蒲角切(bó)。

【譯文】瓝，小瓜。从瓜，交聲。

【注釋】① 瓝：《毛傳》作"瓟"。　② 小瓜：徐鍇《繫傳》："今有馬瓝如小瓜也。"王筠《句讀》："瓝是野瓜，其徑寸許，其實甚多。"　③ 交聲：駁(bó)从交聲，故瓝从交聲可讀bó。

瓞　瓝也。从瓜，失聲。《詩》[1]曰："緜緜瓜瓞。"⿰瓜弗，瓞或从弗[2]。　徒結切(dié)。

【譯文】瓞，小瓜。从瓜，失聲。《詩經》説："緜緜不絶啊，大瓜小瓜。"⿰瓜弗，瓞的或體，从弗聲。

【注釋】①《詩》：指《大雅・緜》。　② 从弗：《段注》："弗當作弟。""弟與失雙聲。"

⿱𤇾瓜　小瓜也。从瓜，熒省聲。　户扃切(xíng)。

【譯文】⿱𤇾瓜，小瓜。从瓜，熒省聲。

⿰䍃瓜[1]　瓜也。从瓜，繇省聲。　余昭切(yáo)。

【譯文】⿰䍃瓜，瓜名。从瓜，繇省缶爲聲。

【注釋】① ⿰䍃瓜：桂馥《義證》："北人音轉，呼爲梢瓜。其形長，即拄杖瓜也。"《本草綱目・菜部・越瓜》："梢瓜，南人呼爲菜瓜。"

瓣　瓜中實[1]。从瓜，辡聲。　蒲莧切(bàn)。

【譯文】瓣，瓜中的子實。从瓜，辡聲。

【注釋】① 瓜中實：《段注》："瓜中之實曰瓣，實中之可食者當曰人，如桃杏之人。"故朱駿聲《通訓定聲》直釋爲"今曰瓜子仁"。

【參證】馬敘倫《六書疏證》卷十四："以杭縣呼瓜子殼爲瓣證之"，"子外爲瓣，瓣外爲瓤耳"。"瓣爲子外之皮，非即子也。"

㼌　本不勝末，微弱也[1]。从二瓜。讀若庾[2]。　以主切(yǔ)。

【譯文】㼌，藤蔓不能勝任瓜蓏，是因爲藤微弱。由兩個瓜字會意。音讀象"庾"字。

【注釋】① 本不句：《段注》："本者，蔓也。末者，瓜也。蔓一而瓜多，則本微弱矣。"　② 庾(yǔ)：錢坫《斠詮》："此讀若庾死獄中之庾。"

文七　重一

瓠部

[①] 瓠

匏也。从瓜，夸聲。凡瓠之屬皆从瓠。　胡誤切(hù)。

【譯文】瓠，匏(páo)瓜。从瓜，夸聲。大凡瓠的部屬都从瓠。

【注釋】① 瓠：王筠《句讀》："今人以細長者爲瓠，圓而大者爲壺盧，古無此别也。"朱駿聲《通訓定聲》："瓠即壺盧之合音。"按：湖湘間稱細長者爲護瓜，圓大者爲瓢瓜。

[①] 瓢

蠡[②]也。从瓠省，票聲。　符宵切(piáo)。

【譯文】瓢，剖瓠瓜作成的瓢。从瓠省，票聲。

【注釋】① 瓢：朱駿聲《通訓定聲》："一瓠劙爲二曰瓢。"　② 蠡(lí)：通劙(lí)，剖。

文二

宀部

 宀

交覆深屋也[①]。象形[②]。凡宀之屬皆从宀。　武延切(mián)。

【譯文】宀，交相覆蓋的深邃的屋子。象形。大凡宀的部屬都从宀。

【注釋】① 交覆句：《段注》："古者屋四注(屋檐滴水處)，東西與南北，皆交覆也。有堂有室，是爲深屋。"　② 象形：徐灝《段注箋》："古鐘鼎文多作，象形。小篆从古文變，交覆謂左右垂。"王筠《句讀》："一極、兩宇、兩墻之形也。"

【參證】甲文作、，上象屋頂之極，象屋頂的前後兩坡，兩竪象牆壁。王慎行《商代宫室建築考》(《考古與文物》一九八八年第三期)："象從山牆方向望去的平房側視圖。形，則突出平房屋脊和屋面出檐的特點。"

[①] 家

居也。从宀，豭[②]省聲。[③]，古文家。　古牙切(jiā)。

【譯文】家，居處的地方。从宀，豭省聲。㝐，古文家字。

【注釋】① 家：《段注》："此篆本義乃豕之凥(居)也，引申叚借以爲人之凥(居)。"　② 豭(jiá)：公豬。　③ 㝐：《段注》："當从古

文家作。”

【參證】甲文作、，金文作、。唐蘭《天壤閣甲骨文存考》：“（卜辭）象‘’在中。以象意聲化字之例推之，當讀豭聲，其但作豕形者，可謂爲豭省聲。豭即古豭字也。”參“豭”條。戴家祥《金文大字典》上：“我國父系氏族社會晚期開始擁有私有財産，産生一夫一妻制家庭，這是‘家’的初義。甲骨文就有家字，宀下的豕寫成逼真的豬形，可見，豬是上古家庭最先擁有的最主要的私有財産。”“其次从家庭住房結構看，也與豕的關係密切。我國個别地區的农家，至今人厠與豬圈相聯，甚至合用。西南某地，築屋於豬圈之上，頗合家的古意。”此外，豭即公豬，以喻男性，从宀从豭之家反映父系社會男主内外之基本體制。見楊樹達《增訂積微居小學金石論叢·釋嫁》。

宅　所託[①]也。从宀，乇聲。[②]，古文宅。[③]，亦古文宅。　場伯切（zé/zhái）。

【譯文】宅，寄託身軀的地方。从宀，乇（zhé）聲。宅，古文宅字。庑，也是古文宅字。

【注釋】① 託：寄。《段注》説解作“人所託尻也”。　② 宅：徐鍇《繫傳》：“宅必相其土，故从土。”　③ 庑：宋保《諧聲補逸》：“宅，古文作宅，又作庑，皆乇聲。”

【參證】甲文作、，金文作、。李孝定《甲骨文字集釋》第七：“契文宅與金文同，在卜辭用爲動詞。”馬敘倫《六書疏證》卷十四：“（古文庑）广爲宀之異文，故宅亦作庑。陽宅幣作。”

室　實[①]也。从宀，从至[②]。至，所止也。　式質切（shì）。

【譯文】室，内室。由宀、由至會意。至表示止息之地。

【注釋】① 實：《段注》：“以疊韻爲訓，古者前堂後室。”《釋名》：“室，實也。人物實滿其中也。”　② 从至：段、桂、王、朱均以爲至也表聲。

【參證】甲文作、，金文作、、。羅振玉《雪堂金石文字跋尾》：“乃矢之倒文，一象地。象矢遠來降至地之形。”至有到達之意，因而引申爲止息。李孝定《甲骨文字集釋》第七：“契文與金文小篆並同。"劉心源《古文審》卷六："銍音義與至同，即至之緐文，加宀爲窒，是室字也。"

宣　天子宣室[①]也。从宀，亘聲。　須緣切(xuān)。

【譯文】宣，天子寬大的正室。从宀，亘(xuān)聲。

【注釋】① 宣室：《段注》："蓋謂大室。"徐鍇《繫傳》引《漢書音義》："未央(殿)前正室也。"桂馥《義證》引《淮南子》："周武王殺紂於宣室。漢取舊名也。"

【參證】甲文作，金文作、。高鴻縉《中國字例》三篇："()此宣揚之宣之本字。从雲氣在天下，舒卷自如之象。雲氣之形。一，天之通象。金文作者，象雲氣之卷而舒也。作者，象雲氣之卷而自如也。其上著一者天也，上下並著一者，天與地也。……宣暢、宣揚、宣達皆亘字之意。宣字从聲，乃通光透氣之室也。《説文》'宣，天子宣室也'，此許氏就漢制言之。"

向　北出牖[①]也。从宀，从口[②]。《詩》[③]曰："塞向墐户。"　許諒切(xiàng)。

【譯文】向，朝北開出的窗子。由宀、由口會意。《詩經》説："塞住朝北的窗子，用泥巴塗住門縫。"

【注釋】① 牖(yǒu)：徐灝《段注箋》："古者前堂後室，室之前爲牖，後爲向，故曰北出牖。"　② 从口：朱駿聲《通訓定聲》："口象牖形，與倉同意。"　③《詩》：指《豳風・七月》。

【參證】甲文作，金文作。羅振玉《增訂殷虚書契考釋》："口象北出牖。或从，乃由口而譌。"高鴻縉《中國字例》二篇："此牖乃南面屋之北窗也。"

宧　養也；室之東北隅，食所居[①]。从宀，𦣝聲[②]。　與之切(yí)。

【譯文】宧，養育；又指房屋的東北角，是飲食所處的地方。从宀，𦣝(yí)聲。

【注釋】① 食所居：《爾雅・釋宮》郝懿行義疏："古人庖厨食閣皆在室之東北隅，以迎養氣(指所謂"東北陽氣")。"　② 𦣝聲：聲中有義。王筠《句讀》："《易・序卦》：'頤者，養也。'𦣝即古頤字。"

官　户樞聲也；室之東南隅[①]。从宀，皀聲。　烏皎切(yǎo)。

【譯文】官，門軸轉動聲；又指房屋的東南角。从宀，皀(yǎo)聲。

【注釋】① 東南隅：朱駿聲《通訓定聲》："户在室之東南，故以户樞開闔㝔然之聲名之。"

奥　宛①也；室之西南隅。从宀，𢍜聲②。　烏到切(ào)。

【譯文】奥，宛曲；又指房屋的西南角。从宀，𢍜(juàn)聲。

【注釋】① 宛：《段注》："宛、奥雙聲。宛者委曲也。室之西南隅，宛然深藏，室之尊處也。"　② 𢍜聲：嚴可均《校議》"𢍜奥聲之轉"。𢍜又表意。苗夔《聲訂》："𢍜讀若卷，當取卷曲深意。"

宛①　屈草自覆也。从宀，夗聲②。惌，宛或从心③。　於阮切(wǎn)。

【譯文】宛，把草彎曲用以覆蓋自身。从宀，夗聲。惌，宛的或體，从心。

【注釋】① 宛：徐灝《段注箋》："夗者，屈曲之義。宛从宀，蓋謂宫室窔然深曲，引申爲凡圓曲之偁，又爲屈折之偁。屈艸自覆，未詳其恉。"朱駿聲《通訓定聲》："此與苑之説解相承互譌，苑从艸故訓屈艸，从夗故訓自覆。"　② 夗聲：聲中有義。《段注》："夗，轉臥也。亦形聲包會意。"　③ 宛或从心：徐鍇《繫傳》作"或从怨"。怨亦有屈曲義。

宸①　屋宇也。从宀，辰聲。　植鄰切(chén)。

【譯文】宸，屋檐。从宀，辰聲。

【注釋】① 宸：朱駿聲《通訓定聲》："謂屋檐宇。亦作桭。"

宇　屋邊①也。从宀，于聲。《易》②曰："上棟下宇。"寓，籀文宇从禹③。　王榘切(yǔ)。

【譯文】宇，屋的邊檐。从宀，于聲。《易經》説："上有棟梁下有屋檐。"寓，籀文宇字，从禹聲。

【注釋】① 屋邊：《段注》："引申之，凡邊謂之宇。""又爲大。《文子》及《三倉》云：'上下四方謂之宇，往古今來謂之宙。'上下四方者，大之所際也。"　②《易》：指《繫辭下》。　③ 从禹：《段注》："禹，聲也。"宋保《諧聲補逸》："于禹同部，聲相近。"

【參證】金文作，唐蘭《略論西周微史家族窖藏銅器羣的重要意義》(《文物》一九七八年第三期)："(金文末字)圁即

寓。《説文》宇字籒文作寓。”

寷 大屋也。从宀，豐聲[①]。《易》[②]曰：“寷其屋。” 敷戎切(fēng)。

【譯文】寷，大屋。从宀，豐聲。《易經》説：“擴大他的房屋。”

【注釋】① 从宀，豐聲：《段注》：“宀，屋也。豐，大也。故寷之訓曰大屋。”“此以形聲包會意。”　②《易》：指《豐卦》上六爻辭。今本寷作豐。

【參證】金文作。

寏[①] 周垣也。从宀，奐聲。院[②]，寏或从𨸏。　胡官切(huán)。又，爰眷切(yuàn)。

【譯文】寏。圍牆。从宀，奐聲。院，寏的或體，从𨸏。

【注釋】① 寏：朱駿聲《通訓定聲》：“今所謂圍墻也。”　② 院：王筠《句讀》删“院”以下，注：“見自部，後人合寏(yuán)、院(yuàn)爲一，因而附此。”按：依王説，“又爰眷切”也當一並删去。

【參證】金文作、、。吴大澂《古籒補》卷七：“，古寏字。”

宏 屋深響[①]也。从宀，厷聲。　户萌切(hóng)。

【譯文】宏，房屋幽深而有回響。从宀，厷聲。

【注釋】① 屋深響：朱駿聲《通訓定聲》：“深大之屋，凡聲如有應響。”

【參證】金文作、、。容庚《金文編》：“宏，从、从弓，與弦爲一字。”高田忠周《古籒篇》卷二十八：“(此處金文首字)此作，即宀變。家字宜字所从宀亦有作者。”末字作者，高説：“爲函字省文。”林義光《文源》“弦”下：“()从函省，弓聲。本義當爲含宏之宏。”

弦 屋響也。从宀，弘聲[①]。　户萌切(hóng)。

【譯文】弦，房屋的回響。从宀，弘聲。

【注釋】① 弘聲：王筠《句讀》：“段氏引或説，厷、弘本一聲……宏訓屋深響，弦其重文。筠案此説最是。”參“宏”條。

寪 屋皃[①]。从宀，爲聲。　韋委切(wěi)。

【譯文】寪，屋的樣子。从宀，爲聲。

【注釋】① 屋皃：徐灝《段注箋》："此云屋皃，亦謂屋宇開張之皃耳。"

㝩 屋㝩㝗[①]也。从宀，康聲。　苦岡切(kāng)。

【譯文】㝩，屋宇空闊。从宀，康聲。

【注釋】① 㝩㝗(láng)：疊韻聯緜字。又作㡉㝗、㯩梁、漮㝗。徐鍇《繫傳》："屋虛大也。"王筠《句讀》："《方言》：'㝩，空也。'注：'漮㝗，空皃。'案此則一字兩字皆成義。"

【參證】金文作。

㝗 㝩也。从宀，良聲。　音良[①]。又，力康切(láng)。

【譯文】㝗，屋宇空闊。从宀，良聲。讀若良。

【注釋】① 音良：張文虎《舒藝室隨筆》："許書但有讀若某，無云音者。此'音良，又力康切'明是鼎臣(徐鉉)之文。"

宬[①] 屋所容受也。从宀，成聲。　氏征切(chéng)。

【譯文】宬，房屋能容納、盛受的東西。从宀，成聲。

【注釋】① 宬：《段注》："宬之言盛也。"

盜[①] 安也。从宀，心在皿上[②]。人之飲食器，所以安人。　奴丁切(níng)。

【譯文】盜，安寧。由宀(室)、由"心"在"皿"之上會意。(皿)是人們的飲食之器，是用以使人安定的東西。

【注釋】① 盜：今作寧。　② 从宀句：从宀，有住；从皿，有吃。衣食住行，人之所安。此以有吃有住，概括其餘。徐灝《段注箋》："《繫傳》曰：'風雨有時，飲食無虞，人之所以安也。'按：楚金意謂風雨，故从宀；飲食，故从皿也。"

【參證】甲文作、，金文作、。李孝定《甲骨文字集釋》第七："許君以願詞訓寧，而以安訓盜，卜辭用寧之義爲安，二者當爲一字。願詞之義乃叚借也。"參"寧"條。

定 安也。从宀，从正[①]。　徒徑切(dìng)。

【譯文】定，安定。由宀、由正會意。

【注釋】① 从宀，从正：止處室内，身心正直無偏斜，以示安定之至。正也表聲：宋保《諧聲補逸》："定正同部，聲相近。"

【參證】甲文作，金文作、、、。唐蘭《古文字學導論》："甲骨文的字，……我考爲从宀正聲，即'定'字。"

止也。从宀，是聲[①]。　常隻切(shí)。

寔　【譯文】寔，止息。从宀，是聲。

【注釋】① 是聲：聲中有義。王筠《句讀》："是从正，正从止，意本一貫。"从宀从是，止處室内，當爲歇息。

(靜)[竫][①]也。从女在宀下[②]。　烏寒切(ān)。

安　【譯文】安，安寧。由"女"在"宀"下會意。

【注釋】① 靜：當依《段注》作"竫"，注："靜者審也，非其義。""竫者亭安也，與此爲轉注。"　② 从女句：桂馥《義證》引《六書故》："室家之内，女所安也。"朱駿聲《通訓定聲》："飲食男女，人之大欲存焉。故盗从宀心皿，安从宀女。"

【參證】甲文作、，金文作、、。李孝定《金文詁林讀後記》卷七："(安)'女'下着一斜畫，無義。"又，古文字偏旁宀广厂往往通用。

[①]　安也。从宀，必聲。　美畢切(mì)。

宓　【譯文】宓，安定。从宀，必聲。

【注釋】① 宓：今作密。

靜也。从宀，契聲。　於計切(yì)。

窫　【譯文】窫，安靜。从宀，契聲。

[①]　安也。从宀，旻聲[②]。　於甸切(yàn)。

宴　【譯文】宴，安息。从宀，旻(yàn)聲。

【注釋】① 宴：《段注》："經典多叚燕爲之。"王筠《句讀》："《北山》：'或燕燕居息。'傳曰：'安息皃。'"　② 旻聲：聲中有義。《段注》："旻見女部：'安也。'"

【參證】金文作、、、、。高田忠周《古籀篇》："此爲宴饗正字。"《段注》據許説"安也"義，説："引申爲宴饗。"

[①]　無人聲[②]。从宀，尗聲。，寂或从言。　前歷切(jì)。

宋　【譯文】宋，没有人的聲音。从宀，尗聲。誌，寂的或體，从言。

【注釋】① 宋：《段注》："今字作寂。"　② 無人聲：《方言》："宋，靜也。江湘九疑之郊謂之宋。"今湖湘間猶謂"寂寂封音"。

覆①也。从宀,祭[聲]②。　初八切(chá)。

察　【譯文】察,屋檐向下覆蓋。从宀,祭聲。

【注釋】① 覆:鄭知同《商義》:"乃屋宇下覆之名。"鄭舉《大戴記·少間篇》"土察"例,説:"土察者,土覆屋,猶詩言陶復,即窟室也。此察之本義。……""覆之義引申爲自上審下,察義亦然。"　② 當依徐鍇《繫傳》作"祭聲"。鄭知同《商義》:"察本从祭聲,猶蔡从祭聲,亦可去入兩讀。"

至①也。从宀,親聲②。　初僅切(chèn/qīn)③。

寴　【譯文】寴,親密之至。从宀,親聲。

【注釋】① 至:《段注》:"至者,親密無間之意。見部曰:'親者,至也。'然則寴與親音義皆同。"　② 親聲:聲中有義。《段注》:"覆而親之也。"　③ 今讀依《廣韻》七人切。

【參證】金文作、、。高田忠周《古籀篇》卷七十一:"依許氏解,親寴殆爲同字。蓋寴爲親屬正字。親屬者,在一家内以相親近,故字从宀。親爲親愛正字,故字从見。"

全也。从宀,元聲。古文以爲寬字①。　胡官切(wán)②。

完　【譯文】完,完全。从宀,元聲。古文把它叚借爲寬字。

【注釋】① 古文句:《段注》:"此言古文叚借字。"馬敘倫《六書疏證》卷十四:"完寬聲同元類。因得通假。"　② 當讀 huán,今讀 wán。

備也。一曰:厚也。从宀,畐聲①。　方副切(fù)。

富　【譯文】富,完備。另一義説:富是多、厚。从宀,畐聲。

【注釋】① 畐聲:桂馥《義證》:"本書:'畐,象高厚之形。'"聲中有義。

【參證】金文作、。戴家祥《金文大字典》:"金文畐象器形。福、富所从同。从宀象屋下,从畐象家中財物豐滿。""許慎所謂'備也'乃引申義也。"

富也。从宀,从貫①。貫,貨貝②也。　神質切(shí)。

實　【譯文】實,富裕。由宀、由貫會意。貫,表示貨貝。

【注釋】① 从宀,从貫:會貨貝充滿屋内之意。桂馥《義證》引《六書故》："貫盈于内，實之義也。"　② 貨貝：王筠《句讀》："貫下云：'錢貝之貫。'此直以貫爲錢貝矣。"

【參證】金文作、、。會家中田産、貨貝很多的意思。郭沫若《金文叢考・釋羄》："从宀田貝，言家之有土地財貨者也。"

宗　藏[①]也。从宀，禾聲。禾，古文保。《周書》[②]曰："陳宗赤刀。"　博裦切(bǎo)。

【譯文】宗，寶藏(zàng)。从宀，禾聲。禾，古文保字。《周書》説："陳列(先世)所藏的器物，還有赤色的刀。"

【注釋】① 藏：儲放東西的地方。王筠《句讀》："藏去聲。"
②《周書》：指《顧命》。今"宗"作"寶"。陳寶，孔安國傳："陳先王所寶之器物。"

[①]
容　盛也。从宀谷[②]。，古文容从公[③]。　余封切(róng)。

【譯文】容，盛納。由宀、谷會意。宊，古文容字，从公聲。

【注釋】① 容：徐鍇《繫傳》："此但爲容受字，容皃古作頌也。"
② 从宀谷：徐鉉："屋與谷皆所以盛受也。"谷也表聲。《段注》："此依小徐本，谷音讀如欲，欲以雙聲諧聲也。"　③ 从公：从宀从公，會公房、公屋之意。凡公房公屋必盛大。公又表聲。《段注》："公聲。"谷、公一聲之轉。

【參證】金文作、。待考。

宂　㪔[①]也。从宀，人在屋下，無田事。《周書》[②]曰："宫中之宂食。"　而隴切(rǒng)。

【譯文】宂，閑散。从宀，人在屋子底下，沒有農田之事。《周書》説："(供給)宫廷中的閑散的臣吏的飲食。"

【注釋】① 㪔：徐鍇《繫傳》作"散"。　②《周書》：《段注》："'書'當作'禮'。"《周禮・地官・稾人》："掌共(供給)外、内朝(外朝、内朝)宂食者(吃閑飯的臣吏)之食。"

[①]
寡　寡寡[②]，不見也。一曰：寡寡，不見省人[③]。从宀，㝢聲。武延切(mián)。

【譯文】寡，寡寡，一無所見。另一義説，寡寡，不見有人。从宀，㝢聲。

【注釋】① 寱：《段注》："寱與㝱音義皆同。"王筠《句讀》："寱者，㝱之絫增字也。"《釋例》："此字以聲爲義，不能獨字成義。" ② 寱寱：王筠《句讀》："一無所見。"可作：宀宀、㝱㝱、寏寏、緜緜、民民。③ 不見省人：《段注》："見字衍。"省，視。不省人，徐鍇《繫傳》："室中無人也。"

 寶 珍也。从宀，从玉，从貝[①]，缶聲[②]。，古文寶省貝。 博皓切(bǎo)。

【譯文】寶，珍寶。由宀、由玉、由貝會意，缶聲。寚，古文寶字，由寶省去"貝"。

【注釋】① 从宀三句：《段注》："玉與貝在屋下。" ② 缶聲：徐灝《段注箋》："缶，古重脣音，與寶近，故用爲聲。"缶、寶上古同屬幽部。

【參證】甲文作，金文作。羅振玉《增訂殷虛書契考釋》："貝與玉在宀内，寶之誼已明。古金文及篆文增缶。"商承祚《説文中之古文考》："：金文多从貝作，與篆文同。又宰亩毁作，格伯作晉姬毁作，則與此同。甲骨文从宀从玉从貝，省缶作，……杞伯壺窓鼎从宀从缶，省玉省貝作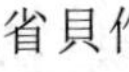，皆變體也。"戴家祥《金文大字典》："貝與玉在商代具有貨幣職能，可以作爲財富貯藏手段。"李孝定《甲骨文字集釋》第七："缶所以貯貝玉者，亦猶璞之从甾也。"可見缶也表義。

 宭 羣居也。从宀，君聲。 渠云切(qún)。

【譯文】宭，羣居。从宀，君聲。

【參證】戴家祥《金文大字典》："君也，羣也，一語之轉耳。作宭者猶言君之所居也。在六書爲會意兼諧聲字。"按：君之所居，亦羣之所居也。故許釋爲羣居。

[①] 宧 仕[②]也。从宀，从臣[③]。 胡慣切(huàn)。

【譯文】宧，學習做官的事。由宀、由臣會意。

【注釋】① 宧：《段注》："宧謂學官事。"朱駿聲《通訓定聲》："猶今試用學習之官也。" ② 仕：人部："仕，學也。" ③ 从宀，从臣：徐鍇《繫傳》："執事於中也。"

【參證】金文作。

[1]
宰

辠[2]人在屋下執事者。从宀，从辛。辛，辠也[3]。　作亥切(zǎi)。

【譯文】宰，在屋子底下做事的罪人。由宀、由辛會意。辛，表示罪人。

【注釋】① 宰：徐灝《段注箋》引戴氏侗曰："宰，家宰也。宰，制家事者也。引之，則天下之宰曰冢宰；一邑之宰曰邑宰。"　② 辠：今罪字。桂馥《義證》："本書：'卑，賤也。執事者。''婢，女之卑者也。'奴婢，皆古之辠人。"　③ 辛，辠也：王筠《釋例》："辛本不訓辠，其説解曰从辛；辛，辠也。是辛之所从有辠義也。"辛又表聲。徐灝《段注箋》引戴侗説："辛，實聲也。梓亦以辛爲聲。"

【參證】甲文作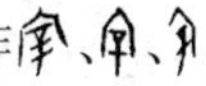，金文作。吴其昌《金文名象疏證兵器篇》："宰之義乃爲屋下有辛類兵器，惟辛爲兵刃之器，故宰之義爲宰殺，爲宰割。""蓋宰本示於屋下操辛以屠殺切割牛羊牲牷者，故引申之又爲宰夬職主烹炰也。"李孝定《金文詁林讀後記》卷七："宰字或作窐，仍是同字。"

守

守官[1]也。从宀，从寸。寺府[2]之事者。从寸；寸，法度也。　書九切(shǒu)。

【譯文】守，官吏的職守。由宀、由寸會意。(宀，)表示衙門裏的事。从寸；寸表示法度。

【注釋】① 守官：即官守。　② 寺府：王筠《句讀》："猶今語衙門。"本書寸部："寺，廷也。"广部："府，文書藏也。"以寺府釋"从宀"。

【參證】金文作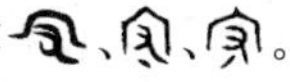。戴家祥《金文大字典》："守从寸，借用寸口在人體之要於國家治理。守，爲政事要害之所。"金文也有从又者，古文字又、寸常互作。

寵

尊居[1]也。从宀，龍聲[2]。　丑壟切(chǒng)。

【譯文】寵，崇高的位置。从宀，龍聲。

【注釋】① 尊居：張舜徽《約注》："古人言居，猶今人言坐，尊居猶云尊坐，謂其位之崇也。"《段注》："引申爲榮寵。"　② 龍聲：《席記》："古音龍與寵本同音也。"《詩》："我龍受之。"又："何天之龍。"鄭注："讀若寵。"

【参證】金文作、。

宥[①] 寬也。从宀，有聲。 于救切(yòu)。

【譯文】宥，寬仁。从宀，有聲。

【注釋】① 宥：朱駿聲《通訓定聲》："廣厦容人曰宥。"徐灝《段注箋》："引申爲凡寬宥之稱。"

【参證】金文作。

宜 所安也。从宀之下，一之上[①]，多省聲[②]。，古文宜。，亦古文宜。 魚羈切(yí)。

【譯文】宜，令人心安的地方。由"宀"之下，"一"之上表意，多省去一半爲聲。㝖，古文宜字。宐，也是古文宜字。

【注釋】① 从宀兩句：徐鍇《繫傳》："一，地也。既得其地，上蔭深屋爲宜也。" ② 多省聲：多上古與宜同屬歌部。

【参證】甲文作，金文作、、。容庚《金文編》："象置肉于且(俎)上之形，疑與俎(zǔ，放祭品的器物)爲一字。"徐中舒《甲骨文字典》卷七："且爲俎之本字，本爲以斷木所作之薦，其側面透視作、形。"

寫[①] 置物也。从宀，舄聲。 悉也切(xiě)。

【譯文】寫，移置物體。从宀，舄聲。

【注釋】① 寫：徐灝《段注箋》："古謂置物於屋下曰寫，故从宀，蓋從他處傳置於此室也。""作圖書者，依仿彼形以傳寫於此，故亦謂之寫。"

宵 夜[①]也。从宀[②]，宀下冥也；肖聲。 相邀切(xiāo)。

【譯文】宵，夜晚。从宀，表示室下窈冥；肖爲聲。

【注釋】① 夜：《段注》："《周禮・司寤》：'禁宵行夜游者。'鄭云：'宵，定昏也。'按：此因經文以宵别於夜爲言，若渾言，則宵即夜也。" ② 从宀：徐灝《段注箋》："謂夜居室中窈冥耳。"

【参證】金文作、。林義光《文源》卷六："从月在宀下，小聲。"

宿 止也。从宀，㐤聲。㐤[①]，古文夙。 息逐切(sù)。

【譯文】宿，止宿。从宀，㐤聲。㐤，古文夙字。

【注釋】① 㐤：林義光《文源》："㐤爲古文夙，不可考。"

【參證】甲文作、、、，金文作、。羅振玉《增訂殷虛書契考釋》："疑、爲古文宿字，非夙也。卜辭从人在旁或人在上，皆示止（宿）意。古之自外入者至席而止也。"按：是簟席的初文。或加宀，表示在室内。商承祚《甲骨文字研究》下篇解釋㐁［夙］的古文是說："證之甲骨文，㐁之古文乃寫誤，且爲宿之本字而借爲㐁。"參"㐁"條。

寑[1] 臥也。从宀[2]，㑴聲。，籒文寑省。　七荏切（qǐn）。

【譯文】寑，躺臥。从宀，㑴聲。𡪂，籒文寑字，是寑的省略。

【注釋】① 寑：《段注》："今人皆作寢。寢乃㝱部𡪢（病臥）之省，與寑異義。"　② 从宀：《段注》："臥必於室，故其字从宀。"

【參證】甲文作、，金文作、、。張舜徽《約注》："（小篆）寑字當从宀，从人又（手）持帚，會意。今北人居長炕，上鋪以席，就寢前必持帚掃除灰塵，蓋自古之遺俗也。"

㝉 冥合[1]也。从宀，丏聲。讀若《周書》"若藥不眄眩"[2]。莫甸切（miàn）。

【譯文】㝉，吻合。从宀，丏聲。音讀象"若藥不眄眩"的"眄（miàn）"字。

【注釋】① 冥合：《段注》："冥合者，合之泯然無迹，今俗云'吻合'者。當用此字。"　② 讀若句：見《孟子・滕文公上》。原文："《書》曰：'若藥不瞑眩（miàn xuàn，暈頭轉向），厥（那）疾不瘳（chōu，愈）。'"《書》，梅賾取以爲僞古文《説命上》篇。

【參證】甲文作，金文作、、、。容庚《金文編》引高景成說："古卩、人、兀、元四字俱通，象室下來人，賓客之義。《說文》从丏聲，非。孳乳爲賓。"

寬 屋寬大也。从宀，莧聲。　苦官切（kuān）。

【譯文】寬，房屋寬敞。从宀，莧（huán）聲。

寤 寤[1]也。从宀，吾聲。　五故切（wù）。

【譯文】寤，睡醒。从宀，吾聲。

【注釋】① 寤：《段注》："寐覺而有言曰寤，寤之音義皆同也。"

寁 居[1]之速也。从宀，疌聲。　子感切（zǎn）。

【譯文】寁，迅速。从宀，疌聲。

【注釋】① 居：《段注》："止部：'疌，疾也。'疌爲凡速之詞。从宀，則爲居之速也。"王筠《釋例》："（寁）重速不重居也。"

寡 少也。从宀，从頒。頒①，分賦也，故爲少。 古瓦切（guǎ）。

【譯文】寡，少。由宀、由頒會意。頒，表示分授（房屋），所以有"少"義。

【注釋】① 頒：《段注》："先鄭注《周禮》曰：頒讀爲班布之班，謂分賜也。按：頒之本訓大頭也。此云頒，分也。謂叚借。"楊樹達《積微居小學金石論叢·字義同緣於語源同例證》："宀謂宫室，貝分爲貧，宀分爲穷（guǎ），又爲寡，義同則字之組織同也。"

【參證】金文作、、。容庚《金文編》："寡，从頁，不从頒。"

客 寄①也。从宀，各聲。 苦格切（kè）。

【譯文】客，寄居。从宀，各聲。

【注釋】① 寄：王筠《句讀》："偶寄于是，非久居也。"

【參證】甲文作、、，金文作、、、。羅振玉《增訂殷虚書契考釋》卷中："此（甲文）从，即各，旁增人者，象客至而有迓之者。客自外來，故各从，象足跡由外而内。从口者，自名也，或省口。"

寄 託也。从宀，奇聲①。 居義切（jì）。

【譯文】寄，託付。从宀，奇聲。

【注釋】① 奇聲：徐灝《段注箋》："奇者，單獨也。"从宀从奇，會合孤獨地住在寓所裏之義。故徐説"寄者，羈孤之意"。引申爲寄託，託付。

寓 寄也。从宀，禺聲。庽，寓或从广①。 牛具切（yù）。

【譯文】寓，寄居。从宀，禺聲。庽，寓的或體，从广。

【注釋】① 从广：徐鍇《繫傳》："广者，依巖爲室。"

【參證】金文作。强運開《石鼓釋文》："寓鼎作。"

寠 無禮居①也。从宀，婁聲。 其榘切（jù）。

【譯文】寠，不合禮制的居處。从宀，婁聲。

【注釋】① 無禮居：《段注》："謂宫室不中禮。"形容宫室窄狹簡陋。

宄 貧病①也。从宀，久聲②。《詩》③曰："煢煢在宄。" 居又切（jiù）。

【譯文】宊，貧窮；疾病。从宀，久聲。《詩經》説："煢煢孤立啊又在害病。"

【注釋】① 貧病：一句數讀。王紹蘭《段注訂補》："當作'貧也，病也'。" ② 久聲：聲中有義。王育《引詩辨證》："宊，室敝也。室久則敝，故从久。貧病則不能潤屋，故取其義。" ③《詩》：指《周頌・閔予小子》。今"宊"作"疚"。

寒① 凍也。从人在宀下，以茻② 薦覆之，下有仌③。 胡安切(hán)。

【譯文】寒，冷凍。由"人"在"宀"下，用"艸"(草)墊着蓋着，下面有"仌"來會意。

【注釋】① 寒：王筠《句讀》："此凍之別義也。" ② 茻(mǎng)：衆艸。 ③ 仌(bīng)：古冰字。

【參證】林義光《文源》卷六："古作(克鼎彝)，从人，下象其足。＝象冰形。"

害① 傷也。从宀，从口。宀口，言从家起也。丯聲。 胡蓋切(hài)。

【譯文】害，傷害。由宀、由口會意。宀口，是説傷害之言，从家中發起。丯(jiè)爲聲。

【注釋】① 害：《釋名》："害，割也。如割削物也。"

【參證】金文作、、、。待考。

索① 入家挼也。从宀，索聲。 所責切(sè)。

【譯文】索，進入房子搜索。从宀，索聲。

【注釋】① 索：《段注》："今俗語云'搜索'是也。索，經典多假索爲之。"

【參證】金文作。參"索"條。

窾 窮也。从宀，簐聲①。簐與鞫同。，窾或从穴②。 居六切(jū)。

【譯文】窾，窮極。从宀，簐(jū)聲。簐字與鞫(jū)同。竆，窾的或體。从穴。

【注釋】① 从宀，簐聲：王紹蘭《段注訂補》："宀，家也，家道窮，故窾从宀；簐乃鞫之或字，鞫者窮治罪人也，簐有窮義，故窾从簐聲。"簐也表義。　② 或从穴：从穴猶从宀也。古人岩居穴處。

宄 姦[①]也。外爲盜，内爲宄。从宀，九聲[②]。讀若軌。，古文宄。，亦古文宄。　居洧切(guǐ)。

【譯文】宄，姦詐。起自外部，爲盜；起自内部，爲宄。从宀，九聲。音讀象“軌”字。𡧯，古文宄字。恣，也是古文宄字。

【注釋】① 姦：《段注》：“姦，宄者通偁，内外者析言之也。凡盜起外爲姦，中出爲宄。”　② 九聲：上古與宄同屬幽部、見紐。

【參證】甲文作，金文作、、、、、。徐中舒《甲骨文字典》卷七：“(甲文)从宀从(殳)从(九)，从殳蓋表於室内祛除禍祟之形，九當爲聲符。”于省吾《甲骨文字釋林・釋宼》：“九與鬼聲近通用。”“(㲹)象以殳擊九之即擊鬼”。“甲骨文言宼，周人言儺。名異而實同。”金文乃甲文之省變。許之古文恣从心乃金文㝚之譌，見商承祚《説文中之古文考》。

竅 塞也。从宀，𣪠聲。讀若《虞書》曰“竅[①]三苗”之“竅”。麤最切(cuì)。

【譯文】竅，閉塞。从宀，𣪠聲。音讀象《虞書》説的“竅塞三苗”的“竅”字。

【注釋】① 竅：今作“竄”。柳榮宗《引經考異》：“許書言讀若，有多用本字者。”“竅乃是其本字。其訓爲塞，謂杜塞之使不得通中國耳。”

宕 過[①]也。一曰：洞屋[②]。从宀，碭省聲。汝南項[③]有宕鄉。徒浪切(dàng)。

【譯文】宕，放蕩不拘。另一義説，石洞如屋。从宀，碭省聲。汝南郡項縣有宕鄉。

【注釋】① 過：《段注》：“宕之言放蕩也。”　② 洞屋：朱駿聲《通訓定聲》：“洞屋當爲本訓。”張文虎《舒藝室隨筆》：“从宀石會意。洞屋者，石通迵似屋者也。通迵則可徑過。”　③ 項：故城在今河南項城縣東北。

【參證】甲文作、，金文作、。林義光《文源》：“洞屋，石洞如屋者，从石宀。洞屋前後通，故引申爲過。”

宋 居[①]也。从宀，从木[②]。讀若送。　蘇統切(sòng)。

【譯文】宋，居住。由宀、由木會意。音讀象“送”字。

【注釋】① 居：《段注》："此義未見經傳。"　② 从木：徐鉉："木者所以成室以居人也。"

【參證】甲文作，金文作、。徐中舒《甲骨文字典》卷七："从宀从（木），象以木爲梁柱而成地上居宅之形。"

𡫳[①] 屋傾下也。宀，執聲[②]。　都念切（diàn）。

【譯文】𡫳，房屋傾斜下陷。从宀，執聲。

【注釋】① 𡫳：《段注》："謂屋欹傾下陷也。"　② 執聲：馬敘倫《六書疏證》卷十四："執音照紐……古讀照歸端。"

【參證】甲文作、。李孝定《甲骨文字集釋》第七："疑與圉同字。象拘罪人於屋下也。增止者當爲繁文。"

宗 尊、祖廟也[①]。从宀，从示[②]。　作冬切（zōng）。

【譯文】宗，尊崇的先人；祖廟。由宀、由示會意。

【注釋】① 尊、祖廟也：一句數讀。《段注》："當云：'尊也，祖廟也。'"　② 从宀，从示：徐鍇《繫傳》："示，古祇（qí）字也。"王筠《釋例》："天神地示（qí），壇而不屋。人鬼乃廟祭。是宀中之示也。故説曰从宀示。"示（qí）是示（shì）的同形字。

【參證】甲文作、、，金文作、。李孝定《甲骨文字集釋》："示象神主，宀象宗廟，宗即藏主之地。"

宔[①] 宗廟宔祏[②]。从宀，主聲。　之庾切（zhǔ）。

【譯文】宔，宗廟中藏神主的石函。从宀，主聲。

【注釋】① 宔：徐鍇《繫傳》："以石爲藏主之櫝（dú，匣櫃）也。"邵瑛《羣經正字》："今經典統用主。……此（主）即俗行炷之本字。"王筠《句讀》："（宗廟）主者，古文假借字也，宔則後起之分别字也。"
② 祏（shí）：藏神主的石室。

宙[①] 舟輿所極、覆也[②]。从宀，由聲[③]。　直又切（zhòu）。

【譯文】宙，（是屋宇的棟梁，）（其作用）象舟車所到的地方，無不覆蓋。从宀，由聲。

【注釋】① 宙：《淮南子》高誘注："宙，棟梁也。"按：許以譬況方式釋字，本體棟梁未出現，只出現喻體。譯文明釋本體。　② 舟輿句：一句數讀。桂馥《義證》："舟輿所極也；覆也。"徐灝《段注箋》：

“許意謂舟車所至，無不覆幬也。”　③ 从宀，由聲：由也表義。徐灝《段注箋》：“舟車所至，釋从由之意；覆釋从宀之意。”“宙字从宀，其本義自謂宫室。”《段注》：“宙之本義謂棟，一演之，爲舟輿所極復；再演之爲往古來今。”

【參證】甲文作、。饒宗頤《殷代貞卜人物通考》：“古从宀與冂無別。”“𡧍即宙字。”

文七十一　重十六

寘 置也。从宀，真聲[2]。　支義切(zhì)。

【譯文】寘，放置。从宀，真聲。

【注釋】① 寘：《拈字》：“寘字見於經傳屢矣。《魏風·伐檀》：‘寘之河之干兮。’”“此字許書迣下注中已有寘字。”　② 真聲：上古，寘、真屬照三；寘屬脂部，真屬真部，脂真對轉。

【參證】孫詒讓《名原》卷下：“金文楚曾侯鐘云：‘楚王熊章作曾侯乙宗彝，之于卣陽。’塙是‘寘’字。”“上碻从宀”，“下从者，即古文酉字。金文多借酉爲酒。”“是即从奠字也。”“考《説文》丌部‘奠，置祭也。从酋，酋，酒也。丌，其下也。’依許説奠有置義，寘字从之，於字例亦合。”(孫自注：“古音奠在庚耕清青部，真在真臻先部，置在之咍部，三部字音多相通轉。”)

寰 王者封畿内，縣也[1]。从宀，睘聲。　户關切(huán)。

【譯文】寰，王者所封京畿周圍千里之内的地方，古叫作縣。从宀，睘聲。

【注釋】① 王者句：《鄭新附考》：“縣是古寰字。夏時謂邦畿千里之地爲縣，此本義也。厥後，王畿内都邑亦名爲縣。”“春秋時，諸侯之地亦偁之。”“後世不封諸侯、并兼天下，遂統九州之地，謂之宇縣。”“漢時字乃别作寰，亦謂之宇寰。”“寰訓爲‘王者封畿内縣’，又依縣之後一義。”“王畿謂之縣者，縣，古懸字，取四垂周繞之義，與邊垂同意。”

寀 同地爲寀[1]。从宀，采聲[2]。　倉宰切(cǎi)。

【譯文】寀，同在一地爲官而采取租税，叫作寀。从宀，采聲。

【注釋】① 同地爲寀：《爾雅·釋詁》：“寀，官也。”注：“官地爲寀。”

② 采聲：聲中有義。朱駿聲《通訓定聲》“采”下：“木落實，人所采食。《法言》‘重黎西采雍梁’注：‘食税也。’《公羊·襄十五傳》注：‘所謂采者，不得有其土地、人民，采取其租税耳。’”《鄭新附考》：“諸經子史采地字止作采。”“後人涉寮（《爾雅·釋詁》：“寀，寮官也。”）加宀。”从采先、寀後而言，采、寀是古今字；从采表聲又兼表取采租税之義，从宀表“官地”而言，寀是形聲兼會意字。

文三　新附

宮部

 宮

室[①]也。从宀，躳省聲[②]。凡宮之屬皆从宮。　居戎切（gōng）。

【譯文】宮，宮室。从宀，躳省聲。大凡宮的部屬都从宮。

【注釋】① 室：《段注》：“宮言其外之圍繞，室言其内。析言則殊，統言不别也。”桂馥《義證》：“古者貴賤同稱宮，秦漢以來，惟王者所居稱宮焉。”　② 从宀，躳省聲：《段注》：“按説宮謂从宀吕會意，亦無不合。宀，繞其外，吕居其中也。吕者，脊骨也。居人身之中者也。”

【參證】甲文作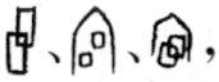，金文作。羅振玉《增訂殷虚書契考釋》：“从吕、从，象有數室之狀；从，象此室達于彼室之狀。”李孝定《甲骨文字集釋》：“象正視之形，若吕，則象俯視之形。”

 營

（市）[帀][①]居也。从宮[②]，熒省聲。　余傾切（yíng）。

【譯文】營，圍繞而居。从宮，熒省聲。

【注釋】① 市：當依徐鍇《繫傳》作“帀（zā）”。徐注：“周回爲營也。”《禮記·禮運》：“冬則居營窟。”孔穎達疏：“營累其土而爲窟。”

② 从宮：表圍繞義。熒省聲：徐灝《段注箋》：“熒宮二篆相接合，可勿區分也。營與環古音近相通。”

【參證】金文作，不从宮。

文二

吕部

 脊骨①也。象形②。昔太嶽③爲禹心吕之臣,故封吕④侯。
吕 凡吕之屬皆从吕。⑤,篆文吕从肉,从旅⑥。 力舉切(lǚ)。

【譯文】吕,脊椎骨。象形。過去太嶽官是大禹象心臟和脊骨一樣的臣子,所以封爲吕侯。大凡吕的部屬都从吕。膂,篆文吕字,由肉、由旅會意。

【注釋】① 脊骨:《段注》引沈氏彤《釋骨》説:“項大椎之下二十一椎,通曰脊骨、曰脊椎、曰膂骨。” ② 象形:《段注》:“吕象顆顆相承,中象其系聯也。” ③ 太嶽:《段注》:“官名也。” ④ 吕:故地在今河南省南陽西。 ⑤ 膂:《段注》:“吕本古文。以古文爲部首者,因躳从吕也。” ⑥ 从旅:徐鍇《繫傳》作“旅聲”。

【參證】甲文作,金文作。商承祚《説文中之古文考》:“下出篆文,則吕乃古文。脊骨顆顆相承而有聯繫,吕字正象之。膂後起,則形聲字也。膂,實膂力之專字。衆軍曰膂,凡臂用力,則筋肉齊並,故从旅肉會意而兼聲。”“此以膂爲篆文,則叚字也。”高鴻縉《中國字例》二篇:“甲金文(吕)字中無連筆,小篆始有之。”

 身也。从身,从吕①。,躳或从弓②。 居戎切(gōng)。
躳 【譯文】躳,身體。由身、由吕會意。躬,躳的或體,从弓。

【注釋】① 从吕:《段注》:“身以吕爲柱也。” ② 从弓:朱駿聲《通訓定聲》:“象形。”按:比喻人身曲鞠之皃。弓又表聲。宋保《諧聲補逸》:“古音東與蒸關通之路最近。躳字重文从弓作躬,例以芎、穹二字皆从弓聲,躬得不从弓聲乎?”

文二 重二

穴部

 土室①也。从宀,八聲②。凡穴之屬皆从穴。 胡決切(xué)。
穴 【譯文】穴,土室。从宀,八聲。大凡穴的部屬都从穴。

【注釋】① 土室:《段注》:“引申之凡空竅皆爲穴。” ② 从宀,八聲：朱駿聲《通訓定聲》："（字）象嵌空之形，非八字。"

【參證】林義光《文源》卷一："穴八不同音。古作（录伯成敦窠字偏旁）。象穴形。"

窊

北方謂地空①，因以爲土穴②，爲窊户③。从穴，皿聲。讀若猛④。　武永切（mǐng）。

【譯文】窊，北方叫作地孔，憑藉地孔用作土室，用作洞窟。从穴，皿聲。音讀象"猛"字。

【注釋】① 地空：王筠《句讀》："地空者，地中自然之孔也。"　② 因以句：《段注》："因地之孔爲土屋也。"　③ 窊户：窊，《段注》引《廣雅》："窊，窟也。"窊户，同義連用。　④ 讀若猛：皿，飯食之用器也。讀若猛。古音皿如猛。見葉德輝《讀若考》。

窨

地室①。从穴，音聲。　於禁切（yìn）。

【譯文】窨，地室。从穴，音聲。

【注釋】① 地室：《段注》："今俗語以酒水等埋藏地下曰窨。"朱駿聲《通訓定聲》："今蘇俗猶曰地窨子。"

①
窯

燒瓦竈也。从穴，羔聲。　余招切（yáo）。

【譯文】窯，燒製陶器的竈。从穴，羔聲。

【注釋】① 窯：俗作窑。

①
寝

地室也。从穴，復聲。《詩》②曰："陶寝陶穴。"　芳福切（fù）。

【譯文】寝，土室。从穴，復聲。《詩經》説："横掏出土室，直掏出地穴。"

【注釋】① 寝：朱駿聲《通訓定聲》："凡直穿曰穴，旁穿曰寝。地覆于上，故曰寝也。"　②《詩》：指《大雅・緜》。今本"寝"作"復"。毛傳："陶其土而復之，陶其壤而穴之。"《段注》："讀陶爲掏。"古人穴居。于省吾《澤螺居詩經新證》："住穴與復穴的内部都用陶冶出來的紅燒土所築成""先掘成住穴，然後在住穴内又掘成窖穴，大穴套小穴，故曰'陶復陶穴'。"

【參證】甲文作，金文作。陳永正《釋》據殷墟考古發掘，説是"寝"的本字，正中的象窖穴，兩端的爲出入口。人們常由出入，故加，成"复"；又强調行止義，又加彳成"復"；又因"復"窖穴義不十分顯豁，又加穴，成“竆”。“竆”字是由多次加義符而成，《説文》把它分成兩部分，説成“从穴，復聲”。

① 炊竈。从穴②，鼀省聲③。，竈或不省。 則到切(zào)。

竈 【譯文】竈，炊炙食物的竈。从穴，鼀省聲。竈，竈的或體，不省。

【注釋】① 竈：同竈。《釋名》：“竈，造也。創造食物也。” ② 从穴：徐鍇《繫傳》：“穿地爲竈也。” ③ 鼀省聲：聲中有義。徐鍇《繫傳》：“鼀，黽也。象竈之形。”

【參證】金文作、。吴大澂《愙齋集古録》下册：“竃疑即竈字。”“通造。”“杜子春讀爲造次之造。”

 甑空①也。从穴，圭聲。 烏瓜切(wā)。

窐 【譯文】窐，甑下小孔。从穴，圭聲。

【注釋】① 甑空：徐鍇《繫傳》：“甑下孔也。”徐灝《段注箋》：“窐爲凡窐下之偁。甑空乃其一端。字又作窪、窊。”

 深①也。一曰：竈突②。从穴，从火，从求省③。 式鍼切(shēn)。

罙 【譯文】罙，深。另一義説：竈上煙囱。由穴、由火、由求的省略會意。

【注釋】① 深：《段注》：“此以今字釋古字也。罙、滐，古今字。篆作罙、滐，隸變作罙、深。” ② 竈突：《段注》：“竈上突起以出煙火，今人謂之煙囱。”“今人高之出屋上，畏其焚棟也。”“以其顛言，謂之突；以其中深曲通火言，謂之罙。” ③ 从穴三句：《段注》：“穴中求火，罙之意也。”

【參證】金文作。待考。

 通也。从牙在穴中①。 昌緣切(chuān)。

穿 【譯文】穿，穿透。由“牙”在“穴”中會意。

【注釋】① 从牙句：意謂用牙齒齧物成洞穴，使之通透。

① 穿②也。从穴，尞聲。《論語》③有公伯寮。 洛蕭切(liáo)。

寮 【譯文】寮，窗口。从穴，尞聲。《論語》有人叫公伯寮。

【注釋】① 寮：窗牖。《段注》：“俗省作寮。”邵瑛《羣經正字》：“本義爲窻(即窗)寮之寮。” ② 穿：洞；孔。引申指窗口。 ③《論語》：指《憲問》。公伯寮，魯人，字子周。

【參證】甲文作、，金文作、。徐中舒《甲骨文字典》卷七：“从(宀)从(尞)，象於大型宫室中燃火之形，表示多人飲食起居於其中。後世之同火、同寮(僚)蓋源於此。初本謂同居一室之人也。”李孝定《甲骨文字集釋》第七：“(甲文寮)當與寮爲同字。古人有穴居者，《詩》云‘陶復陶穴’是也。然則从穴从宀其事類正同。字之本義當爲人所居屋。今臺灣猶多以寮名屋者，蓋古義之僅存者。訓穿訓空，其引申義也。”篆文从穴，甲文从宀，金文从宫，从宫與从宀、从穴同意。戴家祥《金文大字典》：“宫室爲人類穴居生活之進化發展，其詞義亦相承也。”

穾　穿也。从穴，決省聲[①]。　於決切(yuè)。

【譯文】穾，穿通。从穴，決省聲。

【注釋】① 決省聲：徐鍇《繫傳》作“夬聲”。

窔　深抉也。从穴，从抉[①]。　於決切(yuè)。

【譯文】窔，深穿。由穴、由抉會意。

【注釋】① 从穴，从抉：《段注》：“抉之深，故从穴。此以會意包形聲。”徐鍇《繫傳》作“抉聲”。朱駿聲《通訓定聲》：“疑即穾字之或體。”

竇　空[①]也。从穴，瀆省聲[②]。　徒奏切(dòu)。

【譯文】竇，孔穴。从穴，瀆省聲。

【注釋】① 空：《段注》：“空、孔，古今語。”　② 瀆省聲：徐鍇《繫傳》作“賣(yù)聲”。賣上古聲紐屬喻四，其讀歸定，故可爲竇之聲旁。

窬　空皃[①]。从穴，矞聲[②]。　呼決切(xuè)。

【譯文】窬，孔穴貌。从穴，矞聲。

【注釋】① 空皃：《段注》：“孔之皃也。”　② 矞(yù)聲：王筠《句讀》：“矞者，以錐有所穿也。兼意。”

窠　空[①]也；穴中曰窠，樹上曰巢。从穴，果聲。　苦禾切(kē)。

【譯文】窠，孔穴；(鳥類)穴中居住的地方叫窠，樹上的叫巢。从穴，果聲。

【注釋】① 空：孔。見“竇”注。

窻[①] 通孔也。从穴，悤聲。 楚江切(chuāng)。

窻 【譯文】窻，通明之孔。从穴，悤聲。

【注釋】① 窻：同窗。

【參證】楊樹達《文字形義學》："窻从悤聲，悤仍从囪得聲。""許分囪窻爲二，誤矣。"

窊 汙衺[①]，下[②]也。从穴，瓜聲。 烏瓜切(wā)。

窊 【譯文】窊，汙衺，低下之處。从宀，瓜聲。

【注釋】① 汙衺(xié)：王筠《句讀》："以汙衺説窊"，"今之切腳也"。《釋例》："汙窊雙聲(影紐)，衺窊疊韻(魚部)也。" ② 下：《段注》："凡下皆得謂之窊。"

竅 空[①]也。从穴，敫聲。 牽料切(qiào)。

竅 【譯文】竅，孔穴。从穴，敫聲。

【注釋】① 空：《段注》："空、孔，古今字。"

空 竅[①]也。从穴，工聲。 苦紅切(kōng)。

空 【譯文】空，孔穴。从穴，工聲。

【注釋】① 竅：《段注》："今俗語所謂孔也。"

窒[①] 空也。从穴[②]，巠聲。《詩》[③]曰："瓶之窒矣。" 去徑切(qìng)。

窒 【譯文】窒，罄空。从穴，巠聲。《詩經》説："瓶兒已經空了。"

【注釋】① 窒：同"罄"。邵瑛《羣經正字》："恐窒乃罄之古文也。觀磬字古文从巠作硜可見。" ② 从穴：《段注》："空虚、孔穴本無二義。但有孔穴，則是空虚也。" ③《詩》：指《小雅・蓼莪》。今"窒"作"罄"。

穵[①] 空大也。从穴，乙聲[②]。 烏黠切(yà)。

穵 【譯文】穵，空而大。从穴，乙聲。

【注釋】① 穵：《段注》："今俗謂盗賊穴牆曰穵是也。"張舜徽《約注》："今俗書作挖。"按：今讀"空大"義作(yà)，"穴牆"義作(wā)。 ② 乙(yà)聲：《段注》："當是从'乙鳥'之'乙'，非'甲乙'也。"

窳 汙窬[①]也。从穴，胍聲。朔方[②]有窳渾縣。 以主切(yǔ)。

窳 【譯文】窳，汙窬。从穴，胍(yǔ)聲。朔方郡有窳渾縣。

【注釋】① 汙窬：《段注》："汙窬蓋與污衺同。亦謂下也。"參"窊"條。 ② 朔方：郡名。見《漢書·地理志》。窳渾縣故城在今内蒙古阿爾坦山之南。

窞[1] 坎中小坎[2]也。从穴，从臽，臽亦聲。《易》[3]曰："入于坎，窞[4]。"一曰：旁入也。 徒感切(dàn)。

【譯文】窞，坎中有小坎。由穴、由臽會意，臽也表聲。《易經》説："進入到坎裏，坎中又有小坎。"另一義説，从旁而入。

【注釋】① 窞：徐灝《段注箋》："坎中深處。" ② 坎中小坎：徐鍇《繫傳》："坎中復有坎地。" ③《易》：指《坎卦》。 ④ 窞：王肅注："坎底也。"虞翻注："坎中山穴。"干寶注："坎之深者也。"此從不同角度訓釋，概言之，即坎中小而深的底穴。

窌 窖也。从穴，卯聲。 匹皃切(pào/jiào)[1]。

【譯文】窌，地窖。从穴，卯聲。

【注釋】① 今讀依《集韻》居效切。

窖 地藏也。从穴，告聲。 古孝切(jiào)。

【譯文】窖，地下儲藏物品的洞穴。从穴，告聲。

窬 穿木户[1]也。从穴，俞聲[2]。一曰：空中[3]也。 羊朱切(yú)。

【譯文】窬，大(門旁)穿透木壁作成小門。从木，俞聲。另一義，挖空中間。

【注釋】① 穿木户：《段注》："是則於門旁穿壁，以木衺直居之，令如圭形，謂之圭窬。" ② 俞聲：徐灝《段注箋》："舟部曰：'俞，空中木爲舟也。'即鑿木如槽者。"俞有挖空義。 ③ 空中：徐灝《段注箋》"穿木而洞之"，"謂之窬"。

窵 窵窅[1]，深也。从穴，鳥聲。 多嘯切(diào)。

【譯文】窵，窵窅，深邃的樣子。从穴，鳥聲。

【注釋】① 窵窅(yǎo)：疊韻聯緜字。深邃貌。

【參證】金文作。《金文詁林》卷九林潔明按："字从穴从隹，當即窵字。"

窺 小視[1]也。从穴，規聲。 去隓切(kuī)。

【譯文】窺，從小孔隙中偷看。从穴，規聲。

【注釋】① 小視：徐鍇《繫傳》："視之於隙穴也。"

窺① 正視也。从穴中正見也，正亦聲。 敕貞切(chēng)。

窺 【譯文】窺，直視。由"穴"中"正""見"會意，正也表聲。

【注釋】① 窺：錢坫《斠詮》："此偵字，借爲䞓。"

竅 穴中見①也。从穴，叕聲。 丁滑切(zhuó)。

竅 【譯文】竅，穴中短視。从穴，叕聲。

【注釋】① 穴中見：張舜徽《約注》："謂穴中冥暗見物不審也，亦即短視之意。"

窋① 物在穴中皃。从穴中出。 丁滑切(zhuó/zhú)②。

窋 【譯文】窋，物體在洞穴中(將出穴)的樣子。由"穴"中"出"會意。

【注釋】① 窋：《集韻·術韻》："窋，將出穴皃。" ② 今讀依《廣韻》竹律切。

窴① 塞也。从穴，真聲。 待年切(tián)。

窴 【譯文】窴，填塞。从穴，真聲。

【注釋】① 窴：朱駿聲《通訓定聲》："即填之或體。"

窒① 塞也。从穴，至聲。 陟栗切(zhì)。

窒 【譯文】窒，填塞。从穴，至聲。

【注釋】① 窒：《集韻·屑韻》："窒，塞穴也。"

突① 犬从穴中暫出也。从犬在穴中。一曰：滑②也。 徒骨切(tū)。

突 【譯文】突，狗在洞中突然而出。由"犬"在"穴"中會意。另一義說，挑抉。

【注釋】① 突：徐鍇《繫傳》："犬匿於穴中伺人，人不意之，突然而出也。" ② 滑：當依桂馥《義證》作"搰"。本書："搰，抉也。"

【參證】甲文作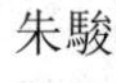。林義光《文源》："从犬在穴中。"與篆文同。

竄 (墜)[匿]①也。从鼠在穴中。 七亂切(cuàn)。

竄 【譯文】竄，逃藏。由"鼠"在"穴"中會意。

【注釋】① 墜：當依徐鍇《繫傳》作"匿"。王筠《句讀》："《字林》：'逃也。'《釋詁》：'竄，微也。'注：'微謂逃藏也。'"

窣　从穴中卒①出。从穴，卒聲。　蘇骨切(sū)。

【譯文】窣，從洞穴中突然出來。从穴，卒聲。

【注釋】① 卒：《段注》："卒、猝，古今字。"

窘　迫①也。从穴，君聲。　渠隕切(jùn/jiǒng)。

【譯文】窘，困迫。从穴，君聲。

【注釋】① 迫：徐鍇《繫傳》："入于穴，窮迫也。"因洞穴局促狹隘的緣故。

窕　深肆①極也。从穴，兆聲。讀若挑。　徒了切(tiǎo)。

【譯文】窕，深邃之極。从穴，兆聲。音讀象"挑"字。

【注釋】① 深肆：《爾雅·釋言》："窕，肆也。"王引之《述聞》："窕、肆，皆謂深之極也。"可見"深肆"是同義復合。王筠《句讀》："深肆，蓋即深邃。"

穹　窮①也。从穴，弓聲。　去弓切(qióng)。

【譯文】穹，窮盡。从穴，弓聲。

【注釋】① 窮：《段注》："極也。"

究①　窮也。从穴，九聲。　居又切(jiū)②。

【譯文】究，窮盡。从穴，九聲。

【注釋】① 究：《漢書·司馬遷傳》："當年不能究其禮。"顏師古注："究，盡也。"盡猶極也。徐灝《段注箋》："窮猶極也，故究又訓爲終。"

【參證】邵笠農《文風學報·一圓闇字説》創刊號："字形从穴从九。穴取其深，九取其屈曲究盡。故以窮括諸義。"　② 當讀 jiù，今讀 jiū。

窮①　極②也。从穴，躳聲。　渠弓切(qióng)。

【譯文】窮，終盡。从穴，躳聲。

【注釋】① 窮：今作窮。邵瑛《羣經正字》："蓋躳字，《説文》或體作躬。經典窮字，从或體躬也。"　② 極：徐鍇《繫傳》："入于穴，是極也。"極，終結之地、盡頭。

窅　冥①也。从穴，皀聲。　烏皎切(yǎo)。

【譯文】窅，幽深。从穴，皀聲。

【注釋】① 冥：《段注》："窈也。"桂馥《義證》引王廙注《易》説："冥，深也。”

窔　窅窔[1]，深也。从穴，交聲。　烏叫切(yào)。

【譯文】窔，窅窔，幽深。从穴，交聲。

【注釋】① 窅窔：雙聲疊韻聯緜字。

邃　深遠也。从穴，遂聲。　雖遂切(suì)。

【譯文】邃，深遠。从穴，遂聲。

窈　深遠也。从穴，幼聲。　烏皎切(yǎo)。

【譯文】窈，深遠。从穴，幼聲。

窱　杳窱[1]也。从穴，條聲。　徒弔切(diào/tiǎo)[2]。

【譯文】窱，窈窕。从穴，條聲。

【注釋】① 杳窱：朱駿聲《通訓定聲》：“與窈窕略同。”王筠《釋例》：“《魏都賦》注引《說文》：‘窈窕，深遠也。’”　② 今讀依《廣韻》土了切。

竁[1]　穿地也。从穴，毳聲。一曰：小鼠[聲][2]。《周禮》[3]曰：“大喪，甫竁。”　充芮切(cuì)。

【譯文】竁，挖地(爲墓穴)。从穴，毳(cuì)聲。另一義說，老鼠細小的聲音。《周禮》說：“臨近大喪，開始挖地爲墓穴。”

【注釋】① 竁：《廣韻·祭韻》：“竁，葬穿壙(kuàng，墓穴)也。”　② 小鼠：當依徐鍇《繫傳》有“聲”字。《段注》：“謂鼠聲之小者也。”　③《周禮》：王筠《句讀》：“下引《周禮》，乃證本義(指穿地)。”指《春官·冢人》。原文：“大喪，既有日(葬日)，請度甫(開始)竁。”

窆[1]　葬下棺也。从穴，乏聲。《周禮》[2]曰：“及窆執斧。”　方驗切(biàn/biǎn)[3]。

【譯文】窆，安葬時下棺(到墓穴裏)。从穴，乏聲。《周禮》說：“等到下棺的時候，握着斧頭(站在旁邊)。”

【注釋】① 窆：朱駿聲《通訓定聲》：“《周禮》用窆字，《左傳》用堋字，《禮記》以封爲之。封、窆，封、堋，皆雙聲。”　②《周禮》：指《春官·冢人》。原文：“及窆，執斧以涖(lì，臨)。”　③ 今讀依《集韻》悲檢切。

窀 葬之厚夕[1]。从穴，屯聲。《春秋傳》[2]曰："窀穸从先君於地下。" 陟倫切(zhūn)。

【譯文】窀，葬在長夜。从穴，屯聲。《春秋左傳》説："追隨先君長久地埋葬在地下。"

【注釋】① 厚夕：長夜。 ②《春秋傳》：指《左傳·襄公十三年》。原文："唯是春秋窀穸之事，所以從先君於禰廟(親廟)者。"杜預注："窀，厚也；穸，夜也。厚夜，猶長夜。春秋謂祭祀，長夜謂葬埋也。"

穸 窀穸[1]也。从穴，夕聲。 詞亦切(xī)。

【譯文】穸，窀穸。从穴，夕聲。

【注釋】① 窀穸：長夜。喻埋葬。人埋葬了，好比進入漫漫長夜，因謂窀穸爲長夜。

窜 入衇刺穴謂之窜。从穴，甲聲。 烏狎切(yā)。

【譯文】窜，進入經脈針刺穴位叫做窜。从穴，甲聲。

文五十一 重一

㝱部

㝱[1] 寐而有覺也[2]。从宀，从爿，夢聲[3]。《周禮》[4]："以日月星辰占六㝱之吉凶：一曰正㝱，二曰咢㝱，三曰思㝱，四曰悟㝱，五曰喜㝱，六曰懼㝱。"凡㝱之屬皆从㝱。 莫鳳切(mèng)。

【譯文】㝱，夢寐中如有知覺。由宀、由爿(chuáng)會意，夢聲。《周禮》説："用日月星辰的變化來預測六種夢的吉和凶。第一種是正常的夢，第二種是因驚愕而夢，第三種是因思念而夢，第四種是因醒時有所見而夢，第五種是因喜悦而夢，第六種是因恐懼而夢。"大凡㝱的部屬都从㝱。

【注釋】① 㝱：今作夢。 ② 寐而句：徐灝《段注箋》："寐而有覺者，㝱寐中如有知覺也。"而，如。見《詞詮》。 ③ 从宀三句：《段注》："宀者，覆也；爿者，倚著也；夢者，不明也。夢亦聲。"饒炯《部首訂》："寐而有覺者，爲無覺之覺，事涉渺茫，人莫由見，因借夢名之，後以人夢必寐，寐必在屋，而偃息于牀，故从夢加宀、爿爲專字。”

④《周禮》：指《春官·占夢》。今本㝱作夢，㝵作噩，悟作寤。

【參證】甲文作、、。丁山《釋》：“（象）倚著而臥……即㝱之初形矣。”

㝲[1]　病臥也。从㝱省，𡨦省聲。　七荏切（qǐn）。

【譯文】㝲，因病而臥。㝱省夕作形符，𡨦省聲。

【注釋】① 㝲：《段注》：“寑者，臥也；㝲者，病臥也。此二字之别。今字槩作寢矣。”

寐[1]　臥也。从㝱省，未聲。　蜜二切（mèi）。

【譯文】寐，睡着。㝱省夢爲形符，未聲。

【注釋】① 寐：《段注》：“俗所謂睡着也。”朱駿聲《通訓定聲》：“在牀曰寑，病寑曰寢，隱几曰臥，合目曰眠，眠而無知曰寐，坐寐曰睡，不脱冠帶而眠曰假寐。”

【參證】甲文作、、、。葉玉森《殷虚書契前編集釋》：“古人以木爲枕。”“人或女在室内就枕。”“或木亦聲。”馬敘倫《六書疏證》卷十四：“寐自得从木爲聲。且甲文十二支之未亦有作字者。”

寤　寐覺而有（信）[言][1]曰寤。从㝱省，吾聲。一曰：晝見而夜㝱也。，籀文寤。　五故切（wù）。

【譯文】寤，從睡眠中覺醒過來而又有話説，叫寤。㝱省夢爲形符，吾聲。另一義説，白晝遇見的，夜晚夢見。，籀文寤字。

【注釋】① 信：當依《段注》作“言”。

㝹　楚人謂寐。从㝱省，女聲。　依倨切（yù/rǔ）[1]。

【譯文】㝹，楚地人稱睡着叫㝹。由㝱省去夢作形符，女聲。

【注釋】① 今讀依《廣韻》人渚切。

㝥　寐而未厭[1]。从㝱省，米聲。　莫禮切（mǐ）。

【譯文】㝥，睡而未足。由㝱省去夢作形符，米聲。

【注釋】① 厭：猶足。

𥨊　孰寐也。从㝱省，水聲。讀若悸。　求癸切（guì/jì）[1]。

【譯文】𥨊，熟睡。由㝱省夢爲形符，水聲。音讀象“悸”字。

【注釋】① 今讀依《廣韻》其季切。

寎　臥驚病[1]也。从㝱省，丙聲。　皮命切(bìng)。

【譯文】寎，臥而善驚駭的病。由㝱省去夢作形符，丙聲。

【注釋】① 臥驚病：余岩《古代疾病名候疏義》卷四："寎，臥而善驚，不能酣恬，是神經病的一種。"

寱　瞑言[1]也。从㝱省，臬聲。　牛例切(yì)。

【譯文】寱，説夢話。由㝱省去夢爲形符，臬聲。

【注釋】① 瞑言：《段注》："瞑，目翕(xī，合)也。瞑言者，寐中有言也。""俗作囈。"

寣[1]　臥驚也。一曰：小兒號寣寣[2]。一曰：河内相評也[3]。从㝱省，从言。　火滑切(hū)。

【譯文】寣，睡臥而驚醒。另一義説，小兒啼號呱呱之聲。又另一義説，河内郡相召呼之聲。由"㝱"省去夢再加上"言"會意。

【注釋】① 寣：《廣韻・沒韻》："寣，睡一覺。"《段注》："今江蘇俗語曰睡一寣。"俗作忽。按：指從睡到醒略略片刻爲一寣。　② 寣寣：《段注》："寣寣者，號聲。"張舜徽《約注》："猶小兒啼聲稱呱呱也。"　③ 河内句：河内，郡治在今河南省武陟縣西南。相評，《段注》："評者，召也。今字作呼。"

文十　重一

疒部

疒[1]　倚也。人有疾病，象倚箸之形。凡疒之屬皆从疒。　女戹切(nè)。

【譯文】疒，倚靠。人有疾病，象靠着、挨着的樣子。大凡疒的部屬都从疒。

【注釋】① 疒：徐灝《段注箋》："爿即古牀字。"饒炯《部首訂》："而以一象倚箸之形……指其義爲疾病。"

【參證】甲文作、、。于省吾《甲骨文字釋林》："疒爲疒病之疒，甲骨文作，象人臥牀上。"

疾　病[①]也。从疒，矢聲[②]。，古文疾。[③]，籀文疾。　秦悉切(jí)。

【譯文】疾，疾病。从疒，矢聲。㾴，古文疾字。𤵸，籀文疾字。

【注釋】① 病：《段注》："析言之則病爲疾加(重病)，渾言之則疾亦病也。"　② 矢聲：上古屬脂部，疾屬質部。脂、質對轉。矢也表意。《段注》："矢能傷人，矢之去甚速。故从矢會意。"徐鍇《繫傳》："病來急，故从矢，矢，急疾也。"　③ 𤵸：《段注》："从廿者，古文疾也。从𠤕者，㿫省也。"

【參證】于省吾《甲骨文字釋林·釋疒、𡗟》："疒爲疒病之疒，甲骨文作，象人臥床上。"楊樹達《積微居甲文説·讀胡厚宣殷人疾病考》："篆文字右方横畫乃人字之省變。""(古文)亦是人字之譌。"李孝定《金文詁林讀後記》卷七："疾字从疒从矢，矢乃後加聲符。籀文㿫，乃智字，許君誤入疾下。""疒疾當爲古今字。"甲文金文又有𡗟字。甲文作、，金文作。李文説："象矢著人腋下，會意，謂其來之疾也；與訓病之疾，本非一字，惟矢中，即有創病之義，與疾病之義近，且之隸體作𡗟，與之隸體作疾，其形亦不甚相遠，後世遂以疒之後起字之'疾'，兼晐'疾病'、'疾速'二義而'𡗟'亡矣。非疾之本義當訓急速也。"

痛　病也。从疒，甬聲。　他貢切(tòng)。

【譯文】痛，病痛。从疒，甬聲。

病　疾加也。从疒，丙聲。　皮命切(bìng)。

【譯文】病，輕病加重。从疒，丙聲。

瘣　病也。从疒，鬼聲。《詩》[①]曰："譬彼瘣木。"一曰：腫旁出也。　胡罪切(huì)。

【譯文】瘣，病名。从疒，鬼聲。《詩經》説："好比那内傷致病的樹木。"另一義説，腫塊旁生。

【注釋】①《詩》：指《小雅·小弁》。今"瘣"作"壞"。壞木：鄭玄箋："猶内傷病之木。"

痾[①]　病也。从疒，可聲。《五行傳》[②]曰："時即有口痾[③]。"　烏何切(ē/kē)。

【譯文】疴,疾病。从疒,可聲。《五行傳》説:“當時就會發生口的疾病。”

【注釋】① 疴:徐鍇《繫傳》:“疴猶倚也。因人之釁(xìn,縫隙,指缺陷、過失)以生。” ②《五行傳》:徐鍇《繫傳》:“劉向所作,演《尚書·洪範》之意也。五行有失,則有痾(即疴)恙從之也。” ③ 時即句:《漢書·五行志》:“傳曰:‘言之不從(順),是謂不艾(yì,治)……時則(即)有口舌之痾(疴)。’”

痡 病也。从疒,甫聲。《詩》[1]曰:“我僕痡矣。” 普胡切(pū)。

【譯文】痡,病名。从疒,甫聲。《詩經》説:“我的僕人疲困得不能行走了。”

【注釋】①《詩》:指《周南·卷耳》。孔穎達疏引孫炎説:“痡,人疲不能行之病。”

瘽[1] 病也。从疒,堇聲。 巨斤切(qín)。

【譯文】瘽,病名。从疒,堇聲。

【注釋】① 瘽:勞苦之病。

瘵 病[1]也。从疒,祭聲。 側介切(zhài)。

【譯文】瘵,病名。从疒,祭聲。

【注釋】① 病:《爾雅·釋詁》郭注:“江東呼病曰瘵,東齊曰瘼。”

瘨[1] 病也。从疒,真聲。一曰:腹張[2]。 都年切(diān)。

【譯文】瘨,病名。从疒,真聲。另一義説,是腹脹病。

【注釋】① 瘨:指癲癇病。《段注》:“今之顛狂字也。” ② 張:即“脹”。《説文》無“脹”。

瘼[1] 病也。从疒,莫聲。 慕各切(mò)。

【譯文】瘼,毛病。从疒,莫聲。

【注釋】① 瘼:馬敘倫《六書疏證》卷十四:“瘼病,今俗言毛病。”《方言》:“瘼,病也。東齊海岱之間曰瘼。”

疝 腹中急[痛][1]也。从疒,丩聲[2]。 古巧切(jiǎo)。

【譯文】疝,腹中絞痛。从疒,丩聲。

【注釋】① 腹中急:當依徐鍇《繫傳》“急”後有“痛”字。徐注:“今人多言腹中絞痛也。”王筠《句讀》:“今之絞腸痧也。” ② 丩聲:聲中有義。王筠《釋例》:“丩,相糾繚也。”

瘨 病[1]也。从疒,員聲。 王問切(yùn)。

瘨 【譯文】瘨,病名。从疒,員聲。

【注釋】① 病:桂馥《義證》:“頭眩病也。”王筠《句讀》:“桂氏説,蓋於王問切得之,今語‘頭運’是也。”

癇[1] 病也。从疒,閒聲。 户閒切(xián)。

癇 【譯文】癇,病名。从疒,閒聲。

【注釋】① 癇:即羊癇風。《玉篇·疒部》:“癇,小兒瘨(癲)病。”《增補萬病回春·信集·癇證》:“癇病者,卒暈倒,身軟,咬牙,吐涎沫,遂不省人事,隨後醒者,癇病也。”

𤵸[1] 病也。从疒,出聲。 五忽切(wù)。

𤵸 【譯文】𤵸,病名。从疒,出聲。

【注釋】① 𤵸:錢坫《斠詮》:“女出病或即此字。”張舜徽《約注》:“蓋即今俗所稱子宫脱出也。”照錢張説,聲旁“出”也表義。

疵[1] 病也。从疒,此聲。 疾咨切(cí/cī)。

疵 【譯文】疵,病名。从疒,此聲。

【注釋】① 疵:《廣韻》五支:“疵,黑病。”張舜徽《約注》:“所謂黑病,乃指膚面有黑痕,即今所稱母斑也。”或謂痣。見馬敘倫《六書疏證》卷十四。

癈 固病[1]也。从疒,發聲。 方肺切(fèi)。

癈 【譯文】癈,頑固不治的病。从疒,發聲。

【注釋】① 固病:桂馥《義證》引戴侗説:“疾之牢不可去者曰固疾。”朱駿聲《通訓定聲》:“瘖聾跛躃侏儒之類。”今湖湘間説此類人爲“殘廢”。

瘏[1] 病也[2]。从疒,者聲。《詩》[3]曰:“我馬瘏矣。” 同都切(tú)。

瘏 【譯文】瘏,病名。从疒,者聲。《詩經》説:“我的馬疲乏不能前進了。”

【注釋】① 瘏:原本指:馬疲不能前進的病。 ② 病也:承培元《引經證例》:“《詩》(見下文)有人獸之分,許渾言之,故皆曰病也。”

③《詩》：指《周南・卷耳》。

瘲① 病也。从疒，從聲。 即容切(zōng/zòng)②。

【譯文】瘲，病名。从疒，從聲。

【注釋】① 瘲：朱駿聲《通訓定聲》："瘲瘛（"瘛"下作"瘛瘲"），小兒病也。瘲之言縱，瘛之言掣。蘇俗所謂驚風。" ② 今讀依《廣韻》子用切。

瘁① 寒病也。从疒，辛聲。 所臻切(shēn)。

【譯文】瘁，寒病。从疒，辛聲。

【注釋】① 瘁：徐鍇《繫傳》："寒噤（jìn，閉口不作聲）也。"

㾟 頭痛也。从疒，或聲。讀若溝洫之洫①。 吁逼切(xù)。

【譯文】㾟，頭痛。从疒，或聲。音讀象溝洫的"洫"字。

【注釋】① 讀若句：馬敘倫《六書疏證》卷十四引劉秀生説："或聲古在影紐，洫从血聲在曉紐，影曉皆喉音，故㾟从或得聲讀若洫。"

痟 酸痟，頭痛。从疒，肖聲。《周禮》①曰："春時有痟首疾。" 相邀切(xiāo)。

【譯文】痟，酸痛，頭痛。从疒，肖聲。《周禮》説："春天有酸削的頭痛（發生）。"

【注釋】①《周禮》：指《天官・疾醫》。鄭玄注："痟，酸削也。首疾，頭痛也。"張舜徽《約注》："痟之言削也，言隱隱作痛如見割削也。"

疕① 頭瘍也。从疒，匕聲。 卑履切(bǐ)。

【譯文】疕，頭瘡。从疒，匕聲。

【注釋】① 疕：《周禮・天官・醫師》賈公彦疏："疕，頭瘍，謂頭上有瘡含膿血者。"其注曰："亦謂禿也。"

【參證】金文作。

瘍 頭創①也。从疒，昜聲。 與章切(yáng)。

【譯文】瘍，頭瘡。从疒，昜聲。

【注釋】① 創：王筠《句讀》："瘡之正字。"

痒① 瘍也。从疒，羊聲。 似陽切(xiáng)。

【譯文】痒，癰瘡。从疒，羊聲。

【注釋】① 痒：王筠《句讀》："痒疥者，瘡疥也。"

瘍　目病[①]。一曰：惡气箸身也[②]。一曰：蝕創[③]。从疒，馬聲。　莫駕切(mà)。

【譯文】瘍，眼病。另一義説，因惡氣全力附箸在身而生病。另一義説，用藥物毁蝕癰瘡惡肉。从疒，馬聲。

【注釋】① 目病：桂馥《義證》："謂目病生眵(chī)也，俗謂之瘍鬻(hú，糊)。"　② 惡气句：張舜徽《約注》："所謂惡氣，蓋指不正常之氣臭接於人鼻，則驟致疾病，如有人聞漆臭，則生瘡或面腫，俗稱瘡之類是也。"箸，即注，貫注，全力附著。顔注《急就篇》："注者，注易之病，一人死，一人復得，氣相貫注也。"錢坫《斠詮》："今瘍風病字耳。"　③ 蝕創：張舜徽《約注》："蝕謂以藥物毁去惡肉也。"

㾷[①]　散聲。从疒，斯聲。　先稽切(xī)。

【譯文】㾷，破散之聲。从疒，斯聲。

【注釋】① 㾷：《方言》卷六："㾷，散也。東齊聲散曰㾷。"今俗稱"沙啞"。

瘍　口咼[①]也。从疒，爲聲。　韋委切(wěi)。

【譯文】瘍，口角歪斜。从疒，爲聲。

【注釋】① 咼：口部："咼，口戾(乖張)不正也。"按：多由中風所致。朱駿聲《通訓定聲》："此言病中風者。"

疦　瘍也。从疒，決省聲[①]。　古穴切(jué)。

【譯文】疦，口角歪斜。从疒，決省聲。

【注釋】① 決省聲：《段注》作"夬聲"。

瘖[①]　不能言也。从疒，音聲。　於今切(yīn)。

【譯文】瘖，(因失音而)不能説話。从疒，音聲。

【注釋】① 瘖：失音。俗稱"啞"。

【參證】甲文作。孫詒讓《古籀拾遺》卷下："以雁作雁列之，疑即瘖之省。"高田忠周《古籀篇》卷三十七："《史記・扁鵲傳》索隱：'瘖，失音也。'然瘖者音之疾也。从音聲，實包會意。"

癭　頸瘤[①]也。从疒，嬰聲。　於郢切(yǐng)。

【譯文】癭，頸瘤。从疒，嬰聲。

【注釋】① 頸瘤：俗稱大脖子，屬甲狀腺腫大的一類疾病。《段注》：

“頸瘤則如囊者也。”

瘻① 頸腫也。从疒，婁聲。 力豆切(lòu)。

瘻 【譯文】瘻，頸項腫潰。从疒，婁聲。

【注釋】① 瘻：錢坫《斠詮》：“此瘰癧(luǒ lì)字。”即頸部淋巴結核。

疫① 顫也。从疒，又聲。 于救切(yòu)。

疫 【譯文】疫，手顫。从疒，又聲。

【注釋】① 疫：嚴章福《校議議》：“此从又。又者，手也。則爲手顫。”

瘀 積血①。从疒，於聲。 依倨切(yù/yū)②。

瘀 【譯文】瘀，積血。从疒，於聲。

【注釋】① 積血：《段注》：“血積於中之病也。” ② 今讀依《集韻》衣虛切。

疝① 腹痛②也。从疒，山聲。 所晏切(shàn)。

疝 【譯文】疝，心腹氣痛。从疒，山聲。

【注釋】① 疝：《漢書・藝文志》有《五藏六府疝十六病》四十卷，顏師古注：“心腹氣痛。” ② 腹痛：徐灝《段注箋》：“疝，當以陰腫爲本義。小腹急痛，因而上連於心，故又謂心痛曰疝。”

疛① 小腹病。从疒，肘省聲。 陟柳切(zhǒu)。

疛 【譯文】疛，小腹病。从疒，肘省聲。

【注釋】① 疛：余岩《古代疾病名候疏義》卷四：“疛蓋即今之腹水。”

癵① 滿也。从疒，㬥聲②。 平祕切(bèi/pì)③。

癵 【譯文】癵，(氣)滿。从疒，㬥聲。

【注釋】① 癵：朱駿聲《通訓定聲》：“肝氣張(脹)滿之病。” ② 㬥聲：聲中有義。《廣韻》：“㬥，氣滿。” ③ 今讀依《廣韻》匹備切。

府 俛病①也。从疒，付聲。 方榘切(fǔ/fù)②。

府 【譯文】府，俯伏的病。从疒，付聲。

【注釋】① 俛病：余岩《古代疾病名候疏義》卷四：“(府僂)，蓋即今之脊椎後彎也，亦名龜背。” ② 今讀依《廣韻》扶雨切。

痀 曲脊也。从疒，句聲①。 其俱切(qú/jū)②。

痀 【譯文】痀，駝背。从疒，句聲。

【注釋】① 句聲：聲中有義。句部："句，曲也。" ② 今讀依《廣韻》舉朱切。

瘚[1] 屰氣也。从疒，从屰，从欠[2]。欮[3]，瘚或省疒。 居月切(jué)。

【譯文】瘚，氣逆。由疒、由屰、由欠會意。欮，瘚的或體，由瘚省疒。

【注釋】① 瘚：《釋名·釋疾病》説："厥，逆氣從下蹷起，上行入心脅也。" ② 从屰，从欠：徐鍇《繫傳》："屰，逆也。欠，氣也。"

③ 欮：宋保《諧聲補逸》："《繫傳》从疒欮聲，猶厥从欮聲矣。重文作欮，即以聲爲字。"照小徐的説解，重文欮則是省形存聲字。照大徐本的説解，屰、欠合而表欮聲。

痵[1] 氣不定也。从疒，季聲。 其季切(jì)。

【譯文】痵，氣喘不定。从疒，季聲。

【注釋】① 痵：《廣韻·至韻》："痵，病中恐也。"痵是因心中恐懼而氣喘不定。

痱 風病也。从疒，非聲。 蒲罪切(bèi/féi)[1]。

【譯文】痱，中風病。从疒，非聲。

【注釋】① 今讀依《廣韻》符非切。

瘤[1] 腫也。从疒，留聲[2]。 力求切(liú)。

【譯文】瘤，腫瘤。从疒，留聲。

【注釋】① 瘤：《釋名·釋疾病》："瘤，流也。血流聚而生瘤腫也。" ② 留聲：聲中有義。本書田部："留，止也。"

【參證】楊樹達《積微居小學金石論叢》："按謂血氣留止而成腫也。"

痤 小腫[1]也。从疒，坐聲。一曰族絫[2]。 昨禾切(cuó)。

【譯文】痤，小的腫瘤。从疒，坐聲。又叫族絫。

【注釋】① 小腫：《玉篇·疒部》："痤，癤也。" ② 族絫：王筠《句讀》："謂痤一名族絫也。""《左傳》釋文：蠡，力果切，絫之音當如之。痤、絫疊韻。短言之爲痤，長言之爲族絫。"徐灝《段注箋》："族絫者，血氣聚結如瘤。故許云'小腫'，顧（顧野王《玉篇》）云'癤也'。"

【參證】楊樹達《積微居小學金石論叢》："㘸（坐）从留省，與留同意，故痤與瘤亦同意。”參“垂”條。

疽① 癰也。从疒，且聲。　七余切(jū)。

疽 【譯文】疽，癰疽。从疒，且聲。

【注釋】① 疽：深陷的塊狀惡瘡。徐鍇《繫傳》：“久癰也。”《正字通·疒部》：“癰之深者曰疽，疽深而惡。癰淺而大。”

癘 癰也。从疒，麗聲。一曰：瘦黑。讀若隸①。　郎計切(lì)。

癘 【譯文】癘，癰疽。从疒，麗聲。另一義説，是瘦黑。音讀象“隸”字。

【注釋】① 讀若隸：馬敘倫《六書疏證》卷十四引劉秀生説：“麗聲在來紐，隸从柰聲亦在來紐，故癘从麗聲得讀若隸。”

癰① 腫也。从疒，雝聲。　於容切(yōng)。

癰 【譯文】癰，癰腫。从疒，雝聲。

【注釋】① 癰，膿瘡。《釋名·釋疾病》：“癰，壅也。氣壅否(閉塞不通)、結裹而潰也。”

瘜 寄肉也。从疒，息聲①。　相即切(xī)。

瘜 【譯文】瘜，寄生的肉疙瘩。从疒，息聲。

【注釋】① 息聲：聲中有義。徐鍇《繫傳》：“息者，身外生之也。故古謂賒貰生舉錢爲息錢，旋生土爲息壤也。”

癬① 乾瘍也。从疒，鮮聲。　息淺切(xuǎn)②。

癬 【譯文】癬，乾瘡。从疒，鮮聲。

【注釋】① 癬：桂馥《義證》：“今(癬)有乾、濕兩種。”《釋名·釋疾病》：“癬，徙也。侵淫移徙處日廣也。故青、徐謂癬爲徙也。”

② 當讀 xiǎn，今讀 xuǎn。

疥 搔①也。从疒，介聲。　古拜切(jiè)。

疥 【譯文】疥，叫人搔癢(的瘡)。从疒，介聲。

【注釋】① 搔：《禮記·內則》釋文引《説文》：“疥，瘙瘍也。”王筠《句讀》：“疥必癢，癢必搔。”

痂① 疥也。从疒，加聲。　古牙切(jiā)。

痂 【譯文】痂，疥瘡(的痂殼)。从疒，加聲。

【注釋】① 痂：顏師古注《急就篇》：“痂，瘡上甲也。”徐鍇《繫傳》：“今謂瘡生肉所蜕，乾爲痂。”

瘕① 女病也。从疒,叚聲。　乎加切(xiá/jiǎ)②。

【譯文】瘕,婦女病。从疒,叚聲。

【注釋】① 瘕:子宫腫瘤。　② 今讀依《廣韻》古疋切。

癘① 惡疾②也。从疒,蠆省聲③。　洛帶切(lài/lì)④。

【譯文】癘,惡瘡疾。从疒,蠆省聲。

【注釋】① 癘:徐鍇《繫傳》:“惡瘡疾也。”一説,癘指麻風病,見《素問·風論》。　② 惡疾:《段注》:“古義謂惡病,包内外言之。今義别製癩字,訓爲惡瘡;訓癘爲癘疫。古多借厲爲癘。”　③ 蠆(chài)省聲:徐鍇《繫傳》作“厲省聲”。　④ 今讀依《廣韻》力制切。

瘧① 熱寒休作②。从疒,从虐③,虐亦聲。　魚約切(nüè)。

【譯文】瘧,熱與寒時休時起。由疒、由虐會意,虐也表聲。

【注釋】① 瘧:瘧疾。《素問·瘧論》:“瘧之始發也,先起於毫毛,伸欠乃作,寒慄鼓頷,腰脊具痛,寒去則内外皆熱,頭痛如破,渴欲冷飲。”　② 熱寒休作:《段注》:“謂寒與熱一休一作相代也。”
③ 虐:《釋名·釋疾病》:“瘧,酷虐也。”

【參證】陳邦懷《殷虚書契考釋小箋》:“(□,此字从□,蓋□之省,从□蓋虍之省,其文當釋作㾈,乃虍(應是瘧)之初字。”

痁 有熱瘧①。从疒,占聲。《春秋傳》②曰:“齊侯疥,遂痁。”失廉切(shān)。

【譯文】痁,有熱的瘧疾。从疒,占聲。《春秋左傳》説:“齊侯也患了疥瘡,同時又患了熱瘧。”

【注釋】① 熱瘧:《段注》:“有熱無寒之瘧也。”　②《春秋傳》:指《左傳·昭公二十年》。

痎① 二日一發瘧。从疒,亥聲。　古諧切(jiē)。

【譯文】痎,隔兩天發作一次的瘧疾。从疒,亥聲。

【注釋】① 痎:《段注》:“今人謂間二日一發爲大瘧。”

痳① 疝病②。从疒,林聲。　力尋切(lín)。

【譯文】痳,小便難下的病。从疒,林聲。

【注釋】① 痳:《釋名·釋疾病》:“痳,懔也。小便難,懔懔然也。”張舜徽《約注》：“今俗稱尿道内刺痛而小便難下者爲淋病。” ② 疝病：王筠《句讀》作“小便病也”。沈濤《古本考》：“本部訓疝爲‘腹痛’。《釋名·釋疾病》：‘疝，詵也。氣詵詵然上入而痛也。’……是淋疝爲二症，古今無異，不得訓痳爲疝。今本之誤顯然。”

痔[1] 後[2]病也。从疒，寺聲。 直里切(zhì)。

痔 【譯文】痔，肛門病。从疒，寺聲。

【注釋】① 痔：痔瘡。 ② 後：張舜徽《約注》：“後謂肛門也。”

痿[1] 痹也。从疒，委聲。 儒隹切(ruí/wěi)[2]。

痿 【譯文】痿，因風濕(而不能行走)。从疒，委聲。

【注釋】① 痿：《段注》：“因痹(風濕)而痿也。”《玉篇·疒部》：“痿，不能行也。” ② 今讀依《集韻》鄔賄切。

痹 溼病[1]也。从疒，畀聲。 必至切(bì)。

痹 【譯文】痹，風濕病。从疒，畀聲。

【注釋】① 溼病：王筠《句讀》引岐伯曰：“風寒溼三氣雜至，合而爲痹也。”許以溼賅風寒。

瘅[1] 足气不至也。从疒，畢聲。 毗至切(bì)。

瘅 【譯文】瘅，腳的血氣不通達，(或麻木，或痙攣。)从疒，畢聲。

【注釋】① 瘅：《玉篇》：“足氣不至，轉筋也。”

瘃[1] 中[2]寒腫覈[3]。从疒，豖聲。 陟玉切(zhú)。

瘃 【譯文】瘃，(手足)受寒而腫，如有核。从疒，豖聲。

【注釋】① 瘃：凍瘡。 ② 中(zhòng)：遭受。 ③ 腫覈：《段注》：“腫而肉中鞕，如果中有覈。覈、核古今字。”

瘑[1] 半枯也。从疒，扁聲。 匹連切(piān)。

瘑 【譯文】瘑，偏枯。从疒，扁聲。

【注釋】① 瘑：偏枯。承培元《廣答問疏證》：“瘑即偏枯之偏。”“偏即半也。”王砅注《素問》：“偏枯，半身不隨(遂)。”

瘇 脛气[1]足腫。从疒，童聲。《詩》[2]曰：“既微且瘇。”尰[3]，籀文从尣。 時重切(zhòng/zhǒng)。

瘇 【譯文】瘇，腳氣使腳浮腫。从疒，童聲。《詩經》説：“小腿已經生了瘡，腳又患了腳氣病。”尰，籀文瘇，从尣。

【注釋】① 脛气：王筠《句讀》："脛气蓋即腳气也。"　②《詩》：指《小雅·巧言》。毛傳："骭（gàn，小腿骨）瘍爲微，腫足爲尰。"
③ 尰：《段注》："左从尣（wāng），烏光切。右从籒文童。"

瘖　跛病也。从疒，盍聲。讀若[1]脅，又讀若掩。　烏盍切（è）。

【譯文】瘖，瘸腿病。从疒，盍聲。音讀象"脅"字。又，音讀象"掩"字。

【注釋】① 讀若：葉德輝《讀若考》："《爾雅·釋詁》：'盍，合也。'本書血部：'盍，覆也。'又，大部：'奄，覆也。'盍、奄音義同。又肉部：'脅，兩膀也。'《釋名·釋形體》：'挾也，在兩旁，臂所挾也。'脅亦有覆掩之義。故三字音同。跛者，不良於行，如覆，如掩，如有所挾，此所以瘖从盍得聲，又讀掩讀脅也。"

【參證】馬敘倫《六書疏證》卷十四："劉秀生曰：盍聲在匣紐，脅聲在曉紐，曉匣皆喉音，故瘖从盍聲得讀若脅。……掩从奄聲，亦在喉音影紐，故瘖从盍聲又得讀若掩。"

疻[1]　毆傷也。从疒，只聲。　諸氏切（zhǐ）。

【譯文】疻，毆打致傷。从疒，只聲。

【注釋】① 疻：徐鍇《繫傳》引《漢書音義》："以杖毆人，青黑腫起，而無創（chāng）瘢者，律謂疻。"

痏　疻痏[1]也。从疒，有聲。　榮美切（wěi）。

【譯文】痏，疻痏。从疒，有聲。

【注釋】① 疻痏：朱駿聲《通訓定聲》："凡毆傷，皮膚青黑，無創瘢，曰疻，有創瘢，曰痏。"

瘺　創裂也。一曰：疾瘺[1]。从疒，巂聲。　以水切（wěi）。

【譯文】瘺，瘡裂。另一義説，是疾病。从疒，巂（guī）聲。

【注釋】① 瘺：此處泛指病。

痑　皮剥[1]也。从疒，冄聲。䏬，籒文从艮[2]。　赤占切（chān）。

【譯文】痑，皮膚裂（脱屑）。从疒，冄聲。痕，籒文痑，从艮。

【注釋】① 剥：裂。桂馥《義證》："皮剥也者，皮癢，搔之則蜕，俗謂皮蛀，蓋皮中有小蟲也。"　② 从艮：朱駿聲《通訓定聲》："反，聲也。反音奭。冄反雙聲。非夅艮字。"

痛也。从疒，農聲。　奴動切(nǒng/nòng)[1]。

癑　【譯文】癑，痛。从疒，農聲。

【注釋】① 今讀依《廣韻》奴涷切。

[1]傷也。从疒，夷聲。　以脂切(yí)。

痍　【譯文】痍，創傷。从疒，夷聲。

【注釋】① 痍：《釋名·釋疾病》："痍，侈也，侈開皮膚爲創也。"

[1]痍也。从疒，般聲。　薄官切(pán/bān)。

瘢　【譯文】瘢，創傷(愈後的疤痕)。从疒，般聲。

【注釋】① 瘢：徐鍇《繫傳》："痍傷處已愈，有痕曰瘢。"徐灝《段注箋》："瘢之言班，謂創處結痂，其痕班駁也。"

胝[1]瘢也。从疒，艮聲。　户恩切(hén)。

痕　【譯文】痕，瘢痕。从疒，艮聲。

【注釋】① 胝(zhī)：手腳掌上的厚皮，俗稱繭巴。徐灝《段注箋》："皮厚如繭謂之胝。"胝瘢：同義複合。

[1]彊急也。从疒，坙聲。　其頸切(jìng)。

痙　【譯文】痙，僵硬堅直。从疒，坙聲。

【注釋】① 痙：徐鍇《繫傳》："中寒體强(jiàng，僵硬)急(堅)也。"徐灝《段注箋》引戴侗説："醫書以中寒濕，發熱惡寒，頸項彊急，身反張，如中風狀。或掣縱口噤，爲痓。痓亦作痙，乃痙之譌也。"王筠《釋例》："六朝寫書用草字，因譌爲痓，後人因别爲之音。"

[1]動(病)[痛][2]也。从疒，蟲省聲。　徒冬切(tóng)。

痋　【譯文】痋，因跳動而痛。从疒，蟲省聲。

【注釋】① 痋：《段注》："即疼字。"　② 動病：當依王筠《句讀》作"動痛"，王注："謂跳動而痛也。"

[1]臞[2]也。从疒，叜聲。　所又切(shòu)。

瘦　【譯文】瘦，消瘦。从疒，叜聲。

【注釋】① 瘦：今作瘦。　② 臞：肉部："臞，少肉也。"

熱病也。从疒，从火[1]。　丑刃切(chèn)。

疢　【譯文】疢，熱病。由疒、由火會意。

【注釋】① 从火：《段注》："其字从火，故知爲熱病。"

癉　勞病①也。从疒，單聲。　丁榦、丁賀②二切(dàn/duò)。

癉　【譯文】癉，因疲勞而出現的病態。从疒，單聲。

【注釋】① 勞病：王筠《句讀》："凡《詩》、《書》言癉，未有真是疾病者也。"故譯爲"病態"。　② 賀《廣韻》作"佐"。

疸　黄病①也。从疒，旦聲。　丁榦切(dàn/dǎn)②。

疸　【譯文】疸，黄疸病。从疒，旦聲。

【注釋】① 黄病：張舜徽《約注》："今俗稱黄膽病。""凡患是疾者，目黄、面黄、溲溺黄，故總名之曰黄病。"　② 今讀依《廣韻》多旱切。

瘱　病[小]息①也。从疒，夾聲。　苦叶切(qiè)。

瘱　【譯文】瘱，病人氣息微弱。从疒，夾聲。

【注釋】① 病息：當依徐鍇《繫傳》作"病小息"。王筠《句讀》："小息即少氣之謂也。"

痞①　痛也。从疒，否聲。　符鄙切(pǐ)。

痞　【譯文】痞，(因腹内結塊而)痛。从疒，否聲。

【注釋】① 痞：朱駿聲《通訓定聲》："腹内結滯而痛。"

瘍　脈瘍①也。从疒，易聲。　羊益切(yì)。

瘍　【譯文】瘍，發狂的病。从疒，易聲。

【注釋】① 脈瘍：王念孫《廣雅疏證》："脈瘍，猶辟易也。《吴語》：'稱疾辟易。'韋昭注云：'辟易，狂疾。'"

痳　狂走也。从疒，术聲。讀若欻①。　食聿切(shù)。

痳　【譯文】痳，發狂地跑。从疒，术聲。音讀象"欻(xū)"字。

【注釋】① 讀若欻：葉德輝《讀若考》："欠部欻'有所吹起。从欠炎聲。讀若忽。'此倏忽之忽本字。……狂走則疾忽，故痳讀欻。"

疲①　勞也。疒，皮聲。　符羈切(pí)。

疲　【譯文】疲，勞累。从疒，皮聲。

【注釋】① 疲：邵瑛《羣經正字》："今經典多作罷。"

疵①　瑕也。从疒，朿聲。　側史切(zǐ)。

疵　【譯文】疵，瑕疵。从疒，朿聲。

【注釋】① 疵：《段注》："疵之言疵也。"按：瑕疵，玉之病也。參"瑕"條。

疧 病[1]也。从疒，氏聲。 渠支切(qí)。

【譯文】疧，病(不止)。从疒，氏聲。

【注釋】① 病：徐鍇《繫傳》作"病不翅"。徐灝《段注箋》："病不翅猶言病不止。"

疲[1] 病劣[2]也。从疒，及聲。 呼合切(hē/jí)[3]。

【譯文】疲，病得體弱無氣力。从疒，及聲。

【注釋】① 疲：徐鍇《繫傳》："《本草》云：'苟杞療虛疲病。'謂疲疲無氣力也。" ② 劣：力部："弱也。" ③ 今讀依《廣韻》居立切。

瘢[1] 劇[2]聲也。从疒，殹聲[3]。 於賣切(ài)。

【譯文】瘢，病重呻吟聲。从疒，殹聲。

【注釋】① 瘢：《段注》："瘢者，病甚呻吟之聲。" ② 劇：指病甚。③ 殹聲：聲中有義。本書醫下曰："殹，病聲也。"

癃[1] 罷病[2]也。从疒，隆聲。⿸疒夅[3]，籀文癃省。 力中切(lóng)。

【譯文】癃，腳不能行走的病。从疒，隆聲。⿸疒夅，籀文癃字，由癃字省略。

【注釋】① 癃：王念孫《廣雅疏證》："足不能行，故謂之癃病。"
② 罷病：《段注》作"罷癃"，曰："罷者，廢置之意。凡廢置不能事事，曰罷癃。……凡廢疾皆得謂之罷癃也。"足不能行，乃廢疾之一端也。 ③ ⿸疒夅：王筠《釋例》："隆，从生，降聲。降，从𨸏，夅聲。則⿸疒夅从夅聲自合。"

疫[1] 民皆疾也。从疒，役省聲[2]。 營隻切(yì)。

【譯文】疫，人們都傳染成疾。从疒，役省聲。

【注釋】① 疫：急性傳染病。王筠《句讀》引《字林》："病流行也。"
② 役省聲：徐鍇《繫傳》："亦鬼神在其間，若皆應役然也。"按：古人不明瘟疫之因，乃稱其"有鬼行疫"也。"役"聲有義。

瘛 小兒瘛瘲[1]病也。从疒，恝聲[2]。 尺制切(chì)。

【譯文】瘛，小兒抽風病。从疒，恝聲。

【注釋】① 瘛瘲：《段注》："今小兒驚病也。瘛之言掣也，瘲之言縱也。"桂馥《義證》引戴侗曰："小兒風驚，乍掣乍縱也。"余岩《古代疾病名候疏義》："痙攣牽引之謂……小兒最易發痙攣癇驚，遂謂小兒病也。”　② 㝨聲：徐鉉：“《説文》無㝨字。疑从疒，从心，契省聲。”

瘥　馬病①也。从疒，多聲。《詩》②曰：“瘥瘥駱馬。”　丁可切(duǒ/tān)③。

【譯文】瘥，馬疲乏之極。从疒，多聲。《詩經》説：“多麽疲乏，長着黑鬃的白馬。”

【注釋】① 馬病：桂馥《義證》：“馬病言疲極也。”　②《詩》：指《小雅・四牡》。今“瘥瘥”作“嘽嘽”。柳榮宗《引經考異》：“嘽嘽(毛)傳云：‘喘息也。’馬勞則喘息。”駱馬：毛傳：“白馬黑鬣曰駱。”　③ 今讀依《廣韻》他干切。

痥　馬脛瘍①也。从疒，兑聲。一曰：將②傷。　徒活切(duó)。

【譯文】痥，馬小腿上的瘡。从疒，兑聲。另一義説，捋傷。

【注釋】① 瘍：《段注》：“《廣韻》作傷。”　② 將：《段注》：“疑當作捋。”

瘵　治也①。从疒，樂聲。療，或从尞②。　力照切(liào/liáo)。

【譯文】瘵，醫治。从疒，樂聲。療，瘵的或體，从尞聲。

【注釋】① 治也：《方言》：“愮、療，治也。江湘交會，謂醫治之曰愮，或曰療。”　② 从尞：《段注》：“尞聲。”尞、樂，一聲之轉。

痁①　久病也。从疒，古聲。　古慕切(gù)。

【譯文】痁，久病。从疒，古聲。

【注釋】① 痁：又作痼。

瘌　楚人謂藥毒曰痛瘌①。从疒，剌聲。　盧達切(là)。

【譯文】瘌，楚地人叫用藥産生毒性反應作“痛瘌”。从疒，剌聲。

【注釋】① 楚人句：《方言》：“凡飲藥傅藥而毒，南楚之外謂之瘌，北燕朝鮮之間謂之癆，東齊海岱之間謂之瞑，或謂之眩，自關而西謂之毒。瘌，痛也。”朱駿聲《通訓定聲》：“今蘇俗言物味辛曰辣，辣即瘌之俗。……江南曰辣，中國曰辛。”瘌，辛辣。痛瘌，同義複合。

癆　朝鮮謂藥毒曰癆①。从疒，勞聲。　郎到切(lào)。

【譯文】癆，朝鮮叫用藥産生毒性反應作癆。从疒，勞聲。

【注釋】① 朝鮮句：參“瘌”注。

瘥 瘉也。从疒，差聲①。　楚懈切(chài)。又，才他切(cuó)②。

【譯文】瘥，病愈。从疒，差聲。

【注釋】① 差聲：差聲中有義。徐灝《段注箋》："差，過也，失也。病瘉曰差，猶言癘疾若失也。又言病去體也。"　② 王筠《句讀》："瘥瘉皆謂瘳，又皆謂病。"病愈義讀 chài，病義讀 cuó。

瘷 減①也。从疒，衰聲。一曰：(秏)[秏]②也。　楚追切(chuī/shuāi)③。

【譯文】瘷，疾病減輕。从疒，衰聲。另一義説，是衰老。

【注釋】① 減：《段注》："亦謂病減於常也。"　② 秏：當依王筠《釋例》作"秏"。王注："秏即耄字，是瘷又爲衰老之衰也。"

③ 今讀依《廣韻》所追切。

瘉① 病瘳也。从疒，俞聲。　以主切(yù)。

【譯文】瘉，病愈。从疒，俞聲。

【注釋】① 瘉：今作愈。

瘳 疾瘉也。从疒，翏聲。　敕鳩切(chōu)。

【譯文】瘳，病愈。从疒，翏聲。

癡① 不慧也。从疒，疑聲。　丑之切(chī)。

【譯文】癡，不聰明。从疒，疑聲。

【注釋】① 癡：《段注》："遲鈍之意。故與慧正相反。"徐鍇《繫傳》："癡者，神思不足，故亦病也。"王筠《句讀》："癡爲心疾，不可療而瘳也，故以終篇。"今作"痴"。

文一百二　重七

冖部

冖① 覆也。从一②下垂也。凡冖之屬皆从冖。　莫狄切(mì)。

【譯文】冖，覆蓋。由一向兩邊下垂。大凡冖的部屬都从冖。

【注釋】① 冖：徐鉉注："今俗作冪。"徐灝《段注箋》："《説文》無冪字，冪即幎也。巾部曰：幎，幔也；幔，幕也。帷在上曰幕，與覆義同。冖、幎、幔、幕，一聲之轉。冂象巾覆物形。"　② 一：《段注》：

"一者，所以覆之也。覆之則四面下垂。"

 冠 絭[①]也。所以絭髮[②]，弁冕[③]之總名也。从冖，从元[④]，元亦聲。冠有法制[⑤]，从寸[⑥]。 古丸切(guān)。

【譯文】冠，卷束。是用來卷束頭髮的東西，是帽子的總名。由冖、由元會意，元也表聲。戴帽子有尊卑法制，所以从寸。

【注釋】① 絭：徐鍇《繫傳》："絭音卷，卷束也。" ② 所以句：徐灝《段注箋》："古之冠者，以笄(jī，簪子)貫髮而巾覆之，故曰所以絭髮也。" ③ 弁冕：《段注》："析言之，冕、弁、冠三者異制，渾言之，則冕、弁亦冠也。" ④ 元：徐鍇《繫傳》："取其在首，故从元。" ⑤ 法制：桂馥《義證》引《尉繚子》："天子玄冠玄纓，諸侯素冠素纓，大夫以下，練(白絹)冠練纓。" ⑥ 从寸：《段注》："古凡法度之字多从寸者。"

【參證】林義光《文源》："从寸之字，古多从又，象手持冖(指帽子)加元之上；元，首也。"

[①] 冣 積也。从冖，从取[②]，取亦聲。 才句切(jù)。

【譯文】冣，積聚。由冖、由取會意，取也表聲。

【注釋】① 冣：與《説文》㐺部聚(會)字音義相同，與冃部最(犯而取)字，形體又相近，故經典往往紊亂。見《段注》。 ② 从冖，从取：承培元《廣答問疏證》："取而覆臧(藏)之，則積而漸多也。"

【參證】甲文作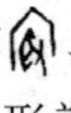、。于省吾《甲骨文字釋林·釋宷》："《説文》冣字从冖乃宀之形譌……當始于晚周。宷字从宀訓聚，宀係古文宅字。聚積物品于宅内，于義尤爲符恰。"

 託 奠爵酒[①]也。从冖[②]，託聲。《周書》曰："王三宿三祭三託。"[③] 當故切(dù)。

【譯文】託，放置一桮酒在地上。从冖，託聲。《周書》説："王前進三次，祭酒三次，奠酒三次。"

【注釋】① 奠爵酒：徐鍇《繫傳》："奠，置也。""置爵於地也。" ② 从冖：徐鍇《繫傳》："爵有冪冒之也。" ③《周書》：指《顧命》。宿：進。祭：祭酒，把酒灑在地上。"託"今作"咤"。

文四

冃部

冃 重覆也。从冂一[①]。凡冃之屬皆从冃。讀若艸苺苺[②]。莫保切(mǎo)。

【譯文】冃,重覆。由“冂”又重加“一”表示。大凡冃的部屬都从冃。音讀象草“苺”字。

【注釋】① 从冂一:王筠《句讀》:“冂又加一,故曰重也。” ② 艸苺苺:《段注》:“汲古閣作‘艸苺之苺’。”葉德輝《讀若考》:“中部:‘每,艸盛上出也。从中,母聲。’苺本字當作每。……(苺苺)艸盛,有蒙覆之義。故冃讀苺。”

同 合會也。从冃,从口[①]。 徒紅切(tóng)。

【譯文】同,會合。由冃、由口會意。

【注釋】① 从冃,从口:徐灝《段注箋》:“口者,器物也。冃覆之則會合爲一矣。”

【參證】甲文作、,金文作、。劉心源《奇觚室古金文述》卷一:“同从凡口會意。”楊樹達《積微居小學述林》:“(甲文同字)从凡,不从冃,……《説文》凡訓最括,引申有皆字之義,此與口字義會,且與咸僉皆諸文組織相似……凡口爲同,猶亼口爲合……猶二人二口亼合爲僉……猶比(鼻)爲皆也。”按:从凡从口,即衆皆一口,即異口同聲。

青 幬帳[①]之象。从冃;㞢,其飾也。 苦江切(qiāng/què)[②]。

【譯文】青,帳子的象形。从冃(表示覆蓋的帳子);㞢,是帳上裝飾物。

【注釋】① 幬(chóu)帳:同義複合。 ② 今讀依《廣韻》苦角切。

【參證】甲文作、、。林義光《文源》卷四:“今字以穹爲之。天爲穹蒼,氈帳爲穹廬。是也。穹隆疊韻,是穹音亦轉如空,青(遇韻)空(東韻)雙聲對轉。”按:甲文字形頗象蒙古包。此字解説紛紜,姑備一説。

冡[①] 覆也。从冃豕[②]。 莫紅切(méng)。

【譯文】冡,蒙覆。由冃、豕會意。

【注釋】① 冡：徐灝《段注箋》："冡冒雙聲，義亦相近。故冡謂之冒，冒亦謂之冡。"今作蒙。　② 从冃豕：張舜徽《約注》："蓋上世飼豕者，慮豚豕之善亡，偶自圂中散之田野，必以巾覆蔽其目使不遠走也。"

【參證】甲文作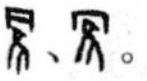。李孝定《甲骨文字集釋》第四："从隹从冃。""象以物覆隹之形。乃會意字。以象意字聲化之例推之，當解云'覆也。从冃隹，冃亦聲。'"

文四

冃部

①
冃

小兒蠻夷頭衣也。从冂；二，其飾也。凡冃之屬皆从冃。　莫報切(mào)。

【譯文】冃，小孩、蠻夷等少數民族頭上的便帽。从冂，(表示覆蓋的帽子)；二，帽子上的裝飾物。大凡冃的部屬都从冃。

【注釋】① 冃：高鴻縉《中國字例》："冂、冃、冃、冒、帽，五形一字。"

①
冕

大夫以上冠也。邃延②、垂瑬、紞纊③。从冃，免聲。古者黄帝初作冕。絻，冕或从糸。　亡辡切(miǎn)。

【譯文】冕，大夫以上官員的禮帽。覆版長長，垂下玉瑬，又懸着充塞兩耳的瑱玉。从冃，免聲。古時候黄帝最初製作冕。絻，冕的或體，从糸。

【注釋】① 冕：朱駿聲《通訓定聲》："冕尊于弁，其制以木爲幹，廣八寸，長倍之，前圓後方，前下後高，差一寸二分，有俛伏之形，故謂之冕。衣以三十升布，上元下纁，前後各十二旒，長六寸，飾以玉。"
② 邃延：王筠《句讀》："邃者，深也。延，冕之覆也，以版爲骨。""據其長謂之邃也。"　③ 紞纊(dǎn kuàng)：王筠《句讀》："紞，所以縣(懸)纊也。纊即瑱。"

冑

兜鍪①也。从冃②，由聲。䩜，《司馬法》冑从革③。　直又切(zhòu)。

【譯文】冑，頭盔。从冃，由聲。䩜，《司馬法》冑字从革。

【注釋】① 兜鍪：《段注》："兜部兜下曰：'兜鍪，首鎧也。'按：古謂之胄，漢謂之兜鍪，今謂之盔。" ② 从冃：徐鍇《繫傳》："胄胤之胄，别从肉作胄。"邵瑛《羣經正字》："今經典並混爲一字，此由隸變肉爲月之故。" ③ 从革：古代的甲胄都用犀兕之皮。

【參證】金文作、。丁佛言《古籒補補》："象鍪，如覆釜，中鋭上出，象蒙首形，今所謂兜鍪也。古兜鍪皆兼面具施之，故只露目。"商承祚《説文中之古文考》釋胄之或體"䩜"："知亦古文也。《一切經音義》十六：胄，'古文軸同。'結構不同，偏旁則同。……金文豦毁……作，小盂鼎作，㽙矦鼎作，象鍪，、即冃，下从目，示蒙首僅見目狀。篆文省目，與㽙矦鼎省冃同。冃以革爲之，故从革作也。"

[1] 冡而前[2]也。从冃，从目。[3]，古文冐。 莫報切(mào)。
冐 【譯文】冐，蒙覆着前進。由冃、由目會意。圂，古文冐字。

【注釋】① 冐：徐灝《段注箋》："古帽字。冃之形略，故从目作冐，引申爲冐之義，後爲引申義所專，又从巾作帽，皆相承增偏旁也。" ② 冡而前：徐鍇《繫傳》："以物自蒙而前也。" ③ 圂：不詳。

【參證】金文作。林義光《文源》卷六："从目有所蒙。"戴家祥《金文大字典》："上象蒙首之帽，下以目代表頭，如胄字結構。"

[1] 犯而取[2]也。从冃，从取[3]。 祖外切(zuì)。
最 【譯文】最，冐犯而取之。由冃、由取會意。

【注釋】① 最：《字通》："與冖部冣字異。""(冣)今俗通作最，無别。"參"冣"條。 ② 犯而取：王筠《句讀》："猶冡而前也。冡犯皆指冃而言，乃冐突、冐犯之謂也。《繫傳》曰：'軍功，上曰最，下曰殿。'" ③ 从取：取亦聲。王筠《句讀》："義聲互相備也。"

文五 重三

网部

 再[1]也。从冂，闕[2]。《易》[3]曰："參天网地。"凡网之屬皆
网 从网。 良獎切(liǎng)。

【譯文】㒳，兩次。从冖，（丷的構形）闕。《易經》説："用'三'一類的奇數爲天數，用'㒳'一類的偶數爲地數。"大凡㒳的部屬都从㒳。

【注釋】① 再：冓部："再，一舉而二也。"　② 从冂，闕：邵瑛《羣經正字》引周伯琦説："从冂而中分之，會意。从㸚（liǎng）聲。㸚，古㒳字。"存參。　③《易》：指《説卦》文。參，三，指奇數。㒳：㒳今作兩，指偶數。乾☰指天，用三個陽爻，即三個奇數爲天數。坤☷指地，用三個陰爻，即六畫的偶數爲地數。

【參證】金文作□、□。引于省吾《釋兩》(《古文字研究》第十輯)説："金文兩字作□字，其所从的□即由甲骨文車字上部的□形所演成，本象輈及衡。□象雙軛形。早期金文車字上部有的作□形，即兩字作□形的由來。"沈鏡浩《説"㒳"》(《中國語文》一九八四年第五期)："㒳從□（早期金文車字）字的一部分變來，本義是車；又因从雙軛，表示雙馬……是必然成雙的馬匹……於是……引申開去，把凡是天然成雙或被認爲是必然成雙的東西都用㒳指稱。徐灝《説文解字箋注》'㒳'字下注：'凡雙行者皆曰㒳，故車㒳輪，帛㒳端，履㒳枚，皆以㒳稱。'這樣㒳的使用範圍擴大了，並且和二有了分工。但是這種分工並不嚴格。"

兩　二十四銖[①]爲一兩。从一；㒳，平分，亦聲。　良獎切（liǎng）。

【譯文】兩，二十四銖重爲一兩。从一；㒳，表示從中平分，也表聲。

【注釋】① 銖：重量單位。禾部："十二粟爲一分，十二分爲一銖。"

【參證】金文作□、□。朱芳圃《殷周文字釋叢》："許説乃後世之制，非造字時之朔義也。兩，即一㒳之合文，結構與一白爲百相同。《廣雅·釋詁》：'兩，二也。'此本義也。"一説，"㒳和兩原是一字，'㒳'加上一横只是文字增繁的現象。"見張光裕《先秦泉幣文字辨疑》(《中國文字》第三十六册)。

㒼　平也。从廿[①]，五行之數，二十分爲一辰[②]。㒳，㒼平[③]也。讀若蠻。　母官切（mán）。

【譯文】㒼，平匀。从廿，五行家的規律，二十分爲時辰。㒳，表示兩兩平匀。音讀象"蠻"字。

【注釋】① 从廿：《段注》："二十并也。"　② 五行句：張文虎《舒藝室隨筆》："五行，謂五行家也。辰者，十二辰。每辰十分，兩之則二十分。"《段注》："其法未聞。"　③ 㒼平：同義複合。

【參證】金文作㒼、㒼。李孝定《金文詁林讀後記》卷七："徐灝《段注箋》以廿网爲鎰，鎰者溢也，説㒼即滿也，雖亦肊解，轉覺清新可喜。"

文三

网部

网[1]　网　庖犧所結繩，以漁。从冂，下象网交文。凡网之屬皆从网。罔，网或从亡[2]。䋄，网或从糸[3]。𠕈，古文网。𦉪，籀文网。　文紡切(wǎng)。

【譯文】网，庖犧氏結繩編織的工具，用以捕魚。从冂，(表示蒙覆；)下面的㐅，象繩網交織的花紋。大凡网的部屬都从网。罔，网的或體，从亡聲。䋄，网的或體，从糸。𠕈，古文网字。𦉪，籀文网字。

【注釋】① 网：徐灝《段注箋》："网，象形；其形略，故又作罔，从亡聲，猶曐之从生聲也；古文𠕈，即罔之省。罔有覆蔽義，故引申爲欺罔之偁；罔、亡聲相近，亡與無通，故罔亦訓無。因其引申義行，故又从糸作䋄也。"　② 从亡：《段注》："亡，聲也。"　③ 从糸：《段注》："以結繩爲之也。"

【參證】甲文作网、网、网。羅振玉《增訂殷虚書契考釋》："象張网形。"

罨[1]　罨　罕也。从网，奄聲[2]。　於業切(yè/yǎn)[3]。

【譯文】罨，從上掩覆而捕取的網。从网，奄聲。

【注釋】① 罨：徐鍇《繫傳》："網從上掩之也。"　② 奄聲：《段注》："奄，覆也。此舉形聲包會意。"　③ 今讀依《廣韻》衣檢切。

罕[1]　罕　网也。从网，干聲。　呼旱切(hǎn)。

【譯文】罕，網名。从网，干聲。

【注釋】① 罕：今作罕。《段注》："罕之制蓋似畢。小网長柄。""經傳段爲匙字。故《釋詁》云:‘希、寡、鮮,罕也。’”

【參證】甲文有字。李孝定《甲骨文字集釋》第七:“(唐蘭)釋此爲罕,而讀爲禽。……罕禽古當同讀,及後音義歧異,乃於罕(罕)上加今爲聲符耳。罕之爲禽猶含从今聲,圅之俗體作肣,亦从今聲。……罕之从干者,實由象网匡廓形之‘凵’與柄形之‘丨’所蜕變。”參“禽”條。

羂 网也。从网繯①,繯亦聲。一曰:綰②也。 古眩切(juàn)。

【譯文】羂,網名。由网、繯(huán)會意,繯也表聲。另一義説,用繩索繫取鳥獸。

【注釋】① 从网繯:《段注》:“會意。糸部‘繯,落也。’落者,今之包絡字。羂网主於圍繞,故从繯。”《周禮·翨氏》鄭注:“置其所食之物於絹中,鳥來下,則掎其腳。”絹,羂的假借字。羂今作罥。

② 綰(wǎn):《段注》:“綰之言絆也。”

䍙 网①也。从网,每聲。 莫桮切(méi)。

【譯文】䍙,網名。从网,每聲。

【注釋】① 网:《玉篇》、《廣韻》皆曰“雉网”。

䍣 网也。从网,巽聲。,《逸周書》①曰:“不卵不𨆌,以成鳥獸。”䍣者,羂獸足②也。故或从足。 思沇切(xuǎn)。

【譯文】䍣,网名。从网,巽聲。𨆌,《逸周書》説:“不打破鳥獸的卵,不用䍣網纏挂鳥獸,以使鳥獸成長。”䍣的意思,是用䍣網纏挂鳥獸的腳。所以或體𨆌从足。

【注釋】①《逸周書》:指《周書·文傳解》。今作:“不麛(mí,幼鹿)不卵,以成鳥獸之長。” ② 羂獸足:《容齋隨筆》:“鹿行草莽中,畏人見其迹,但循一徑,無問遠近也。村民結繩爲羂,置其所行處,鹿足一絓則倒懸於枝上,乃生獲之。”

罙 周行①也。从网,米聲。《詩》②曰:“罙入其阻。”③,罙或从卣。 武移切(mí)。

【譯文】罙,周密布置的羅網。从网,米聲。《詩經》説:“(軍隊)象羅網進入險阻之地。”冞,罙的或體,从卣。

【注釋】① 周行:當依徐鍇《繫傳》作“周”,徐注:“网即周布之意。”

②《詩》：指《商頌·殷武》。今“罙”作“采”。徐灝《段注箋》：“采即罙之省體。” ③ 𣦻：《段注》：“𣦼者，列骨之殘也。从𣦼，亦网罟殘害之意也。”

罩 捕魚器也①。从网，卓聲。 都教切（zhào）。

【譯文】罩，捕魚竹籠。从网，卓聲。

【注釋】① 罩：郝懿行《爾雅義疏》：“今魚罩皆以竹，形似雞罩，漁人以手抑按於水中以取魚。”

罾 魚网也①。从网，曾聲。 作騰切（zēng）。

【譯文】罾，魚網。从网，曾聲。

【注釋】① 罾：徐灝《段注箋》：“罾爲方制（方形魚網），以曲竹交四角，而中繫長繩，沉於水以取魚。”《段注》引顏師古曰：“形如仰繖（傘）蓋，四維而舉之。”

罪 捕魚竹网①。从网非②。秦以罪爲辠字③。 徂賄切（zuì）。

【譯文】罪，捕魚的竹网。由网、非會意。秦始皇用罪字代替辠字。

【注釋】① 捕魚竹网：《小雅》：“畏此罪罟。”《大雅》：“天降罪罟。”王筠《釋例》：“《詩》言‘罪罟’，猶《易》言‘網罟’。”按，罪是用其本義。② 非：當依《段注》作“非聲”。王筠《釋例》：“魚有何非而网之哉？” ③ 秦以句：《段注》引《文字音義》說：“始皇以辠字似皇，乃改爲罪。經典多出秦後，故皆作罪。罪之本義少見於竹帛。”

罽 魚网也①。从网，㓹聲。㓹，籀文鋭。 居例切（jì）。

【譯文】罽，魚網。从网，㓹聲。㓹，籀文鋭字。

【注釋】① 罽：徐鍇《繫傳》：“今謂織皮爲罽。”《通俗文》：“織毛曰罽。”

罛 魚罟也。从网，瓜聲。《詩》①曰：“施罛濊濊。” 古胡切（gū）。

【譯文】罛，魚網。从网，瓜聲。《詩經》說：“撒下魚網，張目濊濊。”

【注釋】①《詩》：指《衛風·碩人》。濊濊（huò）：《釋文》引馬融說：“濊，大魚網，目大豁豁也。”

罟 网也①。从网，古聲。 公户切（gǔ）。

【譯文】罟，網罟。从网，古聲。

【注釋】① 罟：王筠《句讀》："《釋器》云：'緵罟謂之九罭，九罭，魚罔也；鳥罟謂之羅；兔罟謂之罝；麋罟謂之罞；彘罟謂之羉；魚罟謂之罛。'足見罟其總名，而羅罛等皆其小號也。"

罶 曲梁寡婦之笱[1]。魚所留也。从网留，留亦聲。𦋺，或从婁[2]。《春秋國語》[3]曰："(溝)[講]罛𦋺。" 力九切(liǔ)。

【譯文】罶，彎曲的竹梁(空闕處安放的)連寡婦也能使用的笱。是魚留滯的地方。由网、留會意，留也表聲。𦋺，罶的或體，从婁聲。《春秋國語》説："熟悉魚網和魚笱。"

【注釋】① 曲梁句：蕭鳳儀《嫠婦之笱謂之罶解》："此以竹爲梁曲之也。""此笱實竹器，與筐籠相似，口闊頸狹，腹大而長，無底，施之則以索束其尾，喉內編細竹而倒之，謂之曲薄，入則順，出則逆，故魚入其中而不能出，謂之罶者。罶从网从留，言能留魚而不使去也。多就曲梁施之，以承其空。人不必入水，雖婦人亦能用。" ② 从婁：婁爲聲。留、婁同屬來紐。 ③《春秋國語》：指《魯語》。今本原文："水虞於是乎講罛罶。"韋昭注："講，習也。"

罜 罜麗[1]，魚罟也。从网，主聲。 之庾切(zhǔ)。

【譯文】罜，罜麗，魚網。从网，主聲。

【注釋】① 罜麗(lù)：疊韻聯緜字。小魚網。

麗 罜麗也。从网，鹿聲。 盧谷切(lù)。

【譯文】麗，罜麗。从网，鹿聲。

罧[1] 積柴水中以聚魚也。从网，林聲[2]。 所今切(sēn/shèn)[3]。

【譯文】罧，在水中堆積柴木用以使魚聚攏。从网，林聲。

【注釋】① 罧：徐鍇《繫傳》："《爾雅》：'罧謂之涔。'注：'今作罧者，積柴木于水中，魚得寒入其裏藏隱，因以薄(竹簾)圍取之。'"

② 林聲：朱駿聲《通訓定聲》："林亦兼意。"按：表柴木義。

③ 今讀依《廣韻》所禁切。

罠[1] 釣也。从网，民聲。 武巾切(mín)。

【譯文】罠，釣。从网，民聲。

【注釋】① 罠：王筠《釋例》："罧罠皆捕魚事，皆不用網，特以牽連从网。"

羅

以絲罟鳥也[1]。从网，从維[2]。古者，芒氏[3]初作羅。　魯何切(luó)。

【譯文】羅，用絲網絡縛鳥。由网、由維會意。古時候芒氏開始製作羅網。

【注釋】① 以絲句：絲指絲網。罟用作動詞。　② 維：繩子。③ 芒氏：庖犧氏的臣子。

【參證】甲文作、。羅振玉《殷虛書契考釋》卷中："卜辭（指第二個甲文）从隹在畢中，與网同，篆書增維，於誼轉晦。又古羅離爲一字，離从隹从离聲。古金文禽作，下从，知即，而移中之隹於旁，又於上加，許君遂以爲离聲。方言離謂之羅，始以羅離爲二字，後人遂以爲黄倉庚之名及别離字，而離之本誼晦矣。"

罬

捕鳥覆車[1]也。从网，叕聲[2]。[3]，罬或从車。　陟劣切(zhuó)。

【譯文】罬，捕鳥的翻車。从网，叕聲。輟，罬的或體，从車。

【注釋】① 覆車：王筠《釋例》："覆車，吾鄉謂之翻車，不用网目，以雙繩貫柔條。張之如弓，繩之中央縛兩竹，竹之末箕張，亦經繩貫之。而張之以機，機上繫蛾，鳥食蛾則機發，竹覆於弓而羅其項矣。以其弓似半輪，故得車名。""罬特以繩連綴之，故从叕也。"　② 叕聲：聲中有義。見注①。　③ 輟：車部重出。輟用作罬的或體，與車部輟形同義異。

罿

罬也。从网，童聲。　尺容切(chōng)。

【譯文】罿，捕鳥的翻車。从网，童聲。

[1]
罦

覆車也。从网，包聲。《詩》[2]曰："雉離于罦。"，罦或从孚[3]。　縛牟切(fú)。

【譯文】罦，翻車。从网，包聲。《詩經》說："野鷄遭遇了捕鳥的翻車。"罦，罦的或體，从孚聲。

【注釋】① 罦：朱駿聲《通訓定聲》："此网有四名：罬也，罿也，罬也，罦也。"　②《詩》：指《王風・兔爰》。　③ 从孚：上古與罦同屬幽部、重唇音。

【參證】甲文作。葉玉森《説契》(《學衡》第三十一期)："篆文罬作,疑即契文之譌變。契文孚作,象一人抱子上舉形,則亦象抱網上舉形,故知即初文罦字。罦之本誼,郭璞曰施罥較塙。”

罻 捕鳥网也。从网,尉聲。　於位切(wèi)。

【譯文】罻,捕鳥網。从网,尉聲。

【注釋】① 罻:《段注》引《王制》注曰:“罻,小網也。”

罟 兔罟也。从网,否聲。　縛牟切(fú)。

【譯文】罟,捕兔網。从网,否聲。

【注釋】① 罟:隸書作罘。

罝 [兔]罟[1]也。从网,互聲。　胡誤切(hù)。

【譯文】罝,(捕兔)網。从网,互聲。

【注釋】① 罟:王筠《句讀》:“據上‘罟’下‘罝’補‘兔’字。”《廣韻·暮韻》:“罟,兔網。”

罝 兔網也。从网,且聲。,罝或从(糸)[組][1]。,籀文从虘[2]。　子邪切(jiē/jū)[3]。

【譯文】罝,捕兔網。从网,且聲。⿱罒組,罝的或體,从組聲。䍦,籀文罝,从虘聲。

【注釋】① 从糸:當依《段注》“糸”作“組”。朱駿聲《通訓定聲》:“从組聲。”　② 从虘:《段注》:“虘聲。”　③ 今讀依《集韻》子余切。

䍢 牖中网[1]也。从网,舞聲。　文甫切(wǔ)。

【譯文】䍢,窗牖中的網絡。从网,舞聲。

【注釋】① 牖中网:《段注》:“此似网非真网也。”按:窗格麗廔,其形似网。

署 部署[1],有所网屬[2]。从网,者聲[3]。　常恕切(shù/shǔ)

【譯文】署,按部居處,各有系聯、分屬的地方。从网,者聲。

【注釋】① 部署:《段注》:“猶處分。”　② 网屬:《段注》:“猶系屬。若网在綱,故从网。”　③ 者聲:《段注》:“者,别事詞也。此形聲包會意。”

罷 遣[1]有辠也。从网能,言有賢能而入网,而貫遣[2]之。《周禮》[3]曰:“議能之辟。”　薄蟹切(bà)[4]。

【譯文】罷，放遣有罪的人。由网、能會意，是説有賢能人進入法網，而赦免放遣他。《周禮》説："商議關於有才能的人的刑法。"

【注釋】① 遣：王筠《句讀》："遣者，縱也，舍之也。"　② 貰（shì）遣：徐灝《段注箋》："貰（赦免）其罪而罷遣之。"　③《周禮》：指《秋官·小司寇》。辟，法。承培元《引經證例》："《周禮》謂賢能則議寬宥之也。"　④ 當讀 bài，今讀 bà。

【參證】張舜徽《約注》："凡獸爲人所制，則疲困矣。能（熊屬）在网下爲罷憊……故罷字當以疲困爲本義。"

置　赦也。从网直[1]。　陟吏切（zhì）。

【譯文】置，赦免。由网、直會意。

【注釋】① 从网直：直指正直人。网直與网能同。參"罷"條。

【參證】甲文有字。孫詒讓《契文舉例》卷上："上从即网"，"下从，即直字，與德字偏旁正合。""當即置字。"

罯　覆也。从网[1]，音聲。　烏感切（ǎn）。

【譯文】罯，覆蓋。从网，音聲。

【注釋】① 从网：徐灝《段注箋》："此謂凡有所覆蓋，故从网，非真网也。"

詈　罵也。从网，从言。网辠人[1]。　力智切（lì）。

【譯文】詈，罵。由网、由言會意，表示搜羅罪人般的語言（罵人）。

【注釋】① 网辠人：朱駿聲《通訓定聲》："言之觸辠网者也。或曰从言、羅省聲。"本書取或義。网取包羅、搜羅義。羅也表聲。一説，疑有缺誤。

罵[1]　詈也。从网，馬聲。　莫駕切（mà）。

【譯文】罵，用惡言侮辱人。从网，馬聲。

【注釋】① 罵：今作駡。徐鍇《繫傳》："謂以惡言加网之也。"

羈[1]　馬絡頭也。从网，从㬱。㬱，馬絆也。[2]，羈或从革。　居宜切（jī）。

【譯文】羈，馬絡頭。由网、由㬱會意。㬱（zhí），絆住馬的腳。䩭，羈的或體，从革。

【注釋】① 羈：《段注》："既絆其足，又网其頸。今字作羈。"

② 䮀：徐灝《段注箋》："縶絆之義，从馬而囗（wéi）其足。隸不便於書而變爲㽤；䮀則省而爲馬也。蓋既絡其頭，亦不必更囗其足矣。"

【参證】甲文作、。徐中舒《甲骨文字典》卷七："（首字）从（鳥）从、象絡形，則象以糸絡鳥之形。""會羈縻之意。乃罶（羈）之初文。"按：次字从网、从馬。與馬絡頭義合。

文三十四　重十二

[1] 魚網也。从网或[2]，或聲。　于逼切（yù）。

罭 【譯文】罭，（捕小魚的細眼）魚網。由网、或會意，或也表聲。

【注釋】① 罭：《詩·豳風》："九罭之魚，鱒魴。"毛傳："九罭，緵罟，小魚之網也。鱒魴，大魚。"　② 从网或：或是域字，此爲界或。《鄭新附考》："《爾雅》釋文引孫炎注：緎（䵻），裘之界域。罭亦是網之界域。"參"或"、"䵻"條。

 罘罳[1]，屏也。从网，思聲[2]。　息兹切（sī）。

罳 【譯文】罳，罘罳的罳，罘罳是屏風。从网，思聲。

【注釋】① 罘罳：疊韻聯緜字。綴音以表義。《釋名》："罘，復也；罳，思也。臣將入請事，於此（至屏風處——湯注）復重思之。"實乃杜撰之説。　② 思聲：《鄭新附考》説，罘罳原本只作罘思，"俗加网以配罘，罘是兔罟。"按：古時口頭上有屏風義的聯緜字 fú sī，文字上借用罘思，後由"耳治"轉"目治"，字形上類化，思則加网。

 心憂也。从网，未詳[1]。古多通用離[2]。　吕支切（lí）。

罹 【譯文】罹，心裏擔憂（遭遇不幸）。从网，未詳从心从隹之義。古多通用離。

【注釋】① 未詳：此字從篆文看，从心从网从隹，其義爲憂，則可理解爲内心憂慮會象鳥一樣遭遇羅網。故陳夢家《〈史字新釋〉補證》（《考古社刊》第五期）説："（罹）从心从罹。"陳釋"罹"字爲："依小篆整齊之例，凡所網之物皆網下，故隹亦在網下。"　② 通用離：《鄭新附考》："罹訓遭，亦訓憂。古本作羅。""亦通作離。""《楚辭》凡遭罹字十數見，皆作離。"李孝定《甲骨文字集釋》第四："蓋（離羅）二者衹是同義字，甚至構造之意亦同。""一从网，一从（离），其用雖同，其物各别。”但因是同義字，故《方言》説：“羅謂之離，離謂之羅。”羅，離、羅取象有别，其義相同，其意又同爲來紐、歌部，故音義均可相通。

文三　新附

襾部

襾[1] 覆也。从冂，上下覆之。凡襾之屬皆从襾。讀若晋[2]。呼訝切(xià/yà)[3]。

【譯文】襾，包覆。从冂，上(冂)下(凵)互相覆蓋着。大凡襾的部屬都从襾。音讀象“晋”字。

【注釋】① 襾：王筠《句讀》：“冂是正冂，自上覆乎下；凵是倒冂，自下覆乎上。”《釋例》：“上又加一，如包物者重複裹之也。重複裹之，斯反覆矣。故部中字皆取反覆之義。”　② 晋(yà)：《通志·氏族略五》：“晋氏，音亞。”　③ 今讀依《廣韻》衣嫁切。

覂 反覆[1]也。从襾，乏聲。　方勇切(fěng)[2]。

【譯文】覂，翻覆。从襾，乏聲。

【注釋】① 反覆：張舜徽《約注》：“覆者蓋也，凡在物上者謂之蓋，若易而處下，則所謂反覆也。”　② 徐灝《段注箋》：“覂古音蓋讀若泛，故二字古通。方勇切，乃聲之轉。亦如風之今音轉入東韻也。”

覈 實[1]也。考事[2]，襾笮邀遮[3]，其辤[4]得實曰覈。从襾，敫聲。覈，覈或从雨[5]。　下革切(hé)。

【譯文】覈，核實。考問訟獄之事，要反覆，要逼迫，要設法取得信任，要遏止其詭詐逃遁的心理，其訟辭若能得到落實，就叫作覈。从襾，敫聲。覈，覈的或體，从雨。

【注釋】① 實：徐鍇《繫傳》：“考之使實也。”　② 考事：徐灝《段注箋》：“考問訟獄也。”　③ 襾笮邀遮：王筠《句讀》：“覈之之術。”徐鍇《繫傳》：“襾者，反覆之也；笮，迫也；邀者，要其情也；遮者，止其詭遁也。”　④ 辤：王筠《句讀》：“訟者之辭也。”　⑤ 从雨：徐灝《段注箋》：“俗書譌體。蓋沿霸作覇而互誤耳。”

覆 覂[1]也。一曰：蓋也。从襾，復聲[2]。 敷救切(fù)。

【譯文】覆，翻覆。另一義説，是覆蓋。从襾，復聲。

【注釋】① 覂：反覆。《段注》："反覆者，倒易其上下，如襾从冂而反之爲凵也。" ② 復聲：《段注》："覆與復義相通。復者往來也。""此舉形聲包會意。"

【參證】金文作。

文四 重一

巾部

巾 佩巾[1]也。从冂[2]，丨象糸也。凡巾之屬皆从巾。 居銀切(jīn)。

【譯文】巾，佩帶的巾帛。从巾形的冂，丨象繫佩的繩索。大凡巾的部屬都从巾。

【注釋】① 佩巾：徐灝《段注箋》："巾以覆物……亦用拭物"，"因繫於帶，謂之佩巾。" ② 从冂：徐灝《段注箋》："从冂象巾。"

【參證】甲文作，金文作。林義光《文源》："象佩巾垂形。"

帉 楚謂大巾曰帉。从巾，分聲。 撫文切(fēn)。

【譯文】帉，楚地叫大巾叫帉。从巾，分聲。

帥 佩巾也。从巾𠂤［聲］[1]。，帥或从兑[2]。又音税。 所律切(shuài/shuì)[3]。

【譯文】帥，佩帶的巾帛。从巾，𠂤聲。帨，帥的或體，从兑。又音"税"。

【注釋】① 𠂤(duī)：當依徐鍇《繫傳》作"𠂤聲"，注："𠂤即堆字。"
② 从兑：《釋名・釋首飾》："兑，上小下大(形容頭巾形狀尖鋭)兑兑然也。""賤者所著曰兑。"按：兑即頭巾。帨，从巾从兑會意。
③ 今將帥義音 shuài，佩巾義音 shuì。《段注》："後世分文析字，帨訓巾，帥訓率導、訓將帥而帥之本義廢矣。率導將帥字在許書作逹、作衛，而不作帥與率。"

【參證】金文作、、。高鴻縉《中國字例》二篇："字意原爲拭用

之巾。故倚(兩手)畫丨(巾之垂)形,由物形丨生意,故爲拭巾。……周人加巾爲意符作。小篆譌變从,其意遂不可説。帥,後人通藉以代率,故有帥師、將帥等意。拭巾之意,後人又造帨字,以還其原。”

帨 禮巾也。从巾,从執。 輸芮切(shuì)。

【譯文】帨,行禮所執巾帛。由巾、由執會意。

【參證】甲文有字。徐中舒《甲骨文字典》卷七:“象雙手捧帛以爲獻神之祭或聘饗贄見之禮。象帛幅之形,爲其側視形,象雙手捧持之形。本應横書作或,因契刻行款之便,改作竪書。”按:篆文以手“執”禮“巾”表意,甲文酷象藏民之奉獻哈達之禮。

帗 一幅巾[①]也。从巾,犮聲。讀若撥。 北末切(bō)。

【譯文】帗,一幅寬的巾帛。从巾,犮聲。音讀象“撥”字。

【注釋】① 一幅巾:王筠《句讀》:“帛幅(寬)二尺四寸,儘此一幅爲之,故曰一幅巾。”

帵 枕巾也。从巾,刃聲。 而振切(rèn)。

【譯文】帵,枕巾。从巾,刃聲。

幋 覆衣大巾。从巾,般聲。或以爲首鞶[①]。 薄官切(pán)。

【譯文】幋,覆蓋在衣上的大巾帛。从巾,般聲。有人認爲幋是指頭巾。

【注釋】① 首鞶:王筠《句讀》:“幋,《字林》作飾,當是帕頭之類。”按:巾盤于首曰首幋。湖湘間舊時男女青年常用近丈之頭巾盤于首,以顯其壯美。

帤 巾帤[①]也。从巾,如聲。一曰:(幣)[敝]巾[②]。 女余切(rú)。

【譯文】帤,巾帛。从巾,如聲。另一義説,破舊的巾帛。

【注釋】① 巾帤:《方言》卷四:“大巾謂之帉。嵩岳之南,陳、潁之間謂之帤。” ② 幣:當依《段注》作敝。徐鍇《繫傳》:“道家《黄庭經》曰:‘人間紛紛臭如帤。’皆塞漏孔之故帛也,故以喻煩臭。”“故帛”即破舊的布巾之類。

幣[①] 帛也。从巾,敝聲。 毗祭切(bì)。

【譯文】幣,帛。从巾,敝聲。

【注釋】① 幣：徐灝《段注箋》："幣，本繒帛之名。因車馬玉帛同爲聘享之禮，故渾言之稱幣，引申之，貨泉亦曰幣。"

幅① 布帛廣也。从巾，畐聲。 方六切(fú)。

幅 【譯文】幅，布帛的寬度。从巾，畐聲。

【注釋】① 幅：王筠《句讀》引《漢書·食貨志》："布帛廣二尺四寸爲幅。"

㡃 設①色之工，治絲練②者。从巾，巟聲。一曰：㡃，隔③。讀若荒。 呼光切(huāng)。

【譯文】㡃，染色的工匠，治絲治帛的人。从巾，巟聲。另一義説，㡃是遮蓋。音讀象"荒"字。

【注釋】① 設：設置。這裏指染。 ② 治絲練：《段注》："此云治絲，謂湅絲；云治練，謂湅帛也。" ③ 隔：《段注》："隔之義，謂網其上而蓋之。"

【參證】馬敘倫《六書疏證》卷十四："一曰隔也者，謂如後世所謂㡃子，亦大巾也。"

帶 紳①也。男子鞶帶，婦人帶絲。象繫佩之形②。佩必有巾，从巾③。 當蓋切(dài)。

【譯文】帶，大的衣帶。男子佩皮革的衣帶，婦人以絲爲衣帶。(卌)象繫佩的樣子。佩一定有巾，所以从巾。

【注釋】① 紳：《段注》："古有大帶，有革帶；革帶以繫佩韍(絲帶)，而後加之大帶，則革帶統於大帶，故許於紳於鞶，皆曰大帶。"
② 象繫佩句：王筠《釋例》："帶帀於腰，形本難象，故即當胸之一面而作一字以象之(知一爲帶形者，帀下云象連帶之形是也)，一不可謂之帶也，故加佩形(傳曰：帶有結，似兼象結形)。佩之形，仍未顯著也，故再加重巾。非重巾也，帶之垂者也。……紳既下垂，則兩端並於一處，是以重也。" ③ 从巾：徐鍇《繫傳》作"从重巾"，指巿。

幘① 髮有巾曰幘。从巾，責聲。 側革切(zé)。

幘 【譯文】幘，髮有頭巾包裹叫幘。从巾，責聲。

【注釋】① 幘：《段注》引《獨斷》曰："古者卑賤執事不冠者之所

服也。”

【参證】馬敘倫《六書疏證》卷十四：“今江北婦人多以青布覆髮而結於後，古之遺俗矣。”

帕 領耑也。从巾，旬聲。　相倫切(xún)。

【譯文】帕，衣領上端。从巾，旬聲。

【参證】馬敘倫《六書疏證》卷十四：“領耑謂衣領之上即繞領也。今呼領頭，亦曰領子。”“帕領聲同真類，語原同領。”

帔 弘農[①]謂帬帔也。从巾，皮聲。　披義切(pèi)。

【譯文】帔，弘農郡叫上披的裙作帔。从巾，皮聲。

【注釋】① 弘農：漢代郡名。管今河南的一部分和陝西的一部分。帬：《方言》：“帬，陳魏之間謂之帔，自關而東或謂之襬。”朱駿聲《通訓定聲》：“今男子之披肩，婦人之壓領，其遺意也。”《釋名》：“帔，披也。披之肩背不及下也。”此“帬”謂“披之肩背”之“帬”。参“帬”條。

常 下帬[①]也。从巾[②]，尚聲。裳[③]，常或从衣。　市羊切(cháng)。

【譯文】常，下身的裙子。从巾，尚聲。裳，常的或體，从衣。

【注釋】① 下帬：王筠《句讀》：“漢謂裳爲帬，而冠之以下者，帬亦爲在上者之名，故言下以别之。”　② 从巾：徐鍇《繫傳》：“裳下直而垂，象巾，故从巾。”　③ 裳：《釋名》：“上曰衣，下曰裳。裳，障也，以自障蔽也。”李富孫《辨字正俗》：“今俗以常爲經常、尋常字，裳爲衣裳字。”

【参證】金文作尚，不从巾。

帬[①] 下裳也。从巾，君聲。裠，帬或从衣。　渠云切(qún)。

【譯文】帬，下裳。从巾，君聲。裠(裙)，帬的或體，从衣。

【注釋】① 帬：王筠《釋例》：“夫帬爲漢人之名，蓋兼上下。”

【参證】商承祚《戰國楚竹簡匯編·江陵望山二號楚墓竹簡遺策考釋》：“裠，今之披肩，又謂下裳，即今之裙。”

帴[①] 帬也。一曰：帔也。一曰：婦人脅衣。从巾，戔聲。讀若末殺[②]之殺。　所八切(shā/sàn)[③]。

【譯文】帴，披肩。另一義説，一幅寬的巾。又一義説，婦人遮罩胸脅的衣兜。音讀象“末殺”的“殺”字。

【注釋】① 幭：朱駿聲《通訓定聲》：“帬，如今之披肩；帗者，一幅布：脅衣，如今之兜肚。”張舜徽《約注》：“（脅衣）今稱胸罩”，“婦人用以兜其乳者。”　② 末殺：見《漢書·谷永傳》。原文作：“末殺災異。”師古曰：“末殺猶埽滅也。”　③ 今讀依《廣韻》蘇旰切。

幝　幒①也。从巾，軍聲。褌，幝或从衣。　古渾切（kūn）。

【譯文】幝，滿襠褲。从巾，軍聲。褌，幝的或體，从衣。

【注釋】① 幒：《段注》：“今之套褲，古之絝也。今之滿襠褲，古之褌也。自其渾合近身言曰幝，自其兩襱孔穴言曰幒。”

幒①　幝也。从巾，悤聲。一曰：帙②。帪，幒或从松③。　職茸切（zhōng）。

【譯文】幒，滿襠褲。从巾，悤聲。另一義說，幒是書套。帪，幒的或體，从松聲。

【注釋】① 幒：《段注》：“自其兩襱孔穴言曰幒。”　② 帙（zhì）：《段注》：“書衣也。”張舜徽《約注》：“古代書籍用帛或紙書者，卷之成軸，書衣形圓長而中空，故亦謂之幒也。”　③ 从松：宋保《諧聲補逸》：“松聲。悤、松同部，聲相近。”

幨　楚謂無緣衣也①。从巾，監聲。　魯甘切（lán）。

【譯文】幨，楚地叫沒有邊緣的短衣（作幨）。从巾，監聲。

【注釋】① 楚謂句：錢坫《斠詮》：“《方言》文。義同襤。”參“襤”條。

幎①　幔②也。从巾，冥聲。《周禮》有“幎人”③。　莫狄切（mì）。

【譯文】幎，用巾覆蓋物體。从巾，冥聲。《周禮》有“幎人”之職。

【注釋】① 幎：《段注》引《周禮注》：“以巾覆物曰幎。”　② 幔：帳幕，這裏用作動詞。　③《周禮》句：《周禮》，指《天官》。幎人，掌供巾幎。今作“冪”。

幔①　幕也。从巾，曼聲。　莫半切（màn）。

【譯文】幔，帳幕。从巾，曼聲。

【注釋】① 幔：朱駿聲《通訓定聲》：“以巾弇蔽在上曰幔，在旁曰帷。”

幬①　禪②帳也。从巾，𠷎聲。　直由切（chóu）。

【譯文】幬，單層的牀帳。从巾，𠷎聲。

【注釋】① ⿰巾𠷎：今作幬。 ② 禪：即單。

【參證】金文作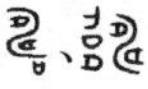。劉心源《奇觚室古金文述》卷四："𠷎，幬省。"次字从韋。由帳引申爲幔轂之革，以革韋冡覆，古文从韋。

[①] 帷也。从巾[②]，兼聲。 力鹽切(lián)。

⿰巾兼 【譯文】⿰巾兼，帷簾。从巾，兼聲。

【注釋】① ⿰巾兼：朱駿聲《通訓定聲》："施於户，蘇俗謂之門⿰巾兼。"今俗作簾。參"簾"條。 ② 从巾：《段注》："帷以布爲之。"

[①] 在旁曰帷。从巾[②]，隹聲。[③]，古文帷。 洧悲切(wéi)。

帷 【譯文】帷，圍在四旁的簾幕叫帷。从巾，隹聲。匰，古文帷字。

【注釋】① 帷：《釋名·釋牀帳》："帷，圍也，所以自障圍也。" ② 从巾：朱駿聲《通訓定聲》："以布爲之。" ③ 匰：徐鍇《繫傳》："从匚，象周帀。"宋保《諧聲補逸》："韋聲。"

[①] 張也。从巾，長聲。 知諒切(zhàng)。

帳 【譯文】帳，張(在牀上)。从巾，長聲。

【注釋】① 帳：《釋名·釋牀帳》："張也。張施於牀上也。"

 帷在上曰幕，覆食案亦曰幕。从巾，莫聲。 慕各切(mù)。

幕 【譯文】幕，帷幔遮蓋在上面叫幕，蒙覆盛食物的几案也叫幕。从巾，莫聲。

【參證】甲文作，内象酒食之類，外象蒙覆之帷幔。

 ⿰巾祭裂[①]也。从巾，匕聲。 卑履切(bǐ)。

⿰巾匕 【譯文】⿰巾匕，殘帛綻裂。从巾，匕聲。

【注釋】① ⿰巾祭裂：同義連用。⿰巾祭(xiè)，殘帛。王筠《句讀》："⿰巾匕也者，⿰巾祭也；⿰巾祭也者，裂也。一事而三名。"

 殘帛[①]也。从巾，祭聲。 先列切(xiè)。又，所例切(shì)。

⿰巾祭 【譯文】⿰巾祭，殘破的帛。从巾，祭聲。

【注釋】① 殘帛：王筠《句讀》："謂已經殘破之帛也。"

 正(耑)[褍][①]裂也。从巾，俞聲。 山樞切(shū)。

⿰巾俞 【譯文】⿰巾俞，正幅被裁裂。从巾，俞聲。

【注釋】① 耑：當依《段注》作"褍"。衣部："褍，衣正幅也。"

帖[1] 帛書署也。从巾，占聲。 他叶切(tiè)。

帖 【譯文】帖，帛上寫的題簽。从巾，占聲。

【注釋】① 帖：《段注》："木部曰：'檢，書署也。'木爲之，謂之檢；帛爲之，謂之帖。皆謂標題，今人所謂籤也。"

帙 書衣[1]也。从巾，失聲。袠，帙或从衣。 直質切(zhì)。

帙 【譯文】帙，書的封套。从巾，失聲。袠(袟)，帙的或體，从衣。

【注釋】① 書衣：《段注》："謂用裹書者，亦謂之幒，……今人曰函。"

幯 幡幟[1]也。从巾，前聲。 則前切(jiān)。

幯 【譯文】幯，旗幟。从巾，前聲。

【注釋】① 幡幟：《段注》："幡幟，旛識之俗字也。……旛識者，旗有幅可爲表識。幯之言箋也，箋謂表識。"

徽[1] 幟也，以絳徽帛，箸於背[2]。从巾，微省聲。《春秋傳》[3]曰："揚徽者公徒。" 許歸切(huī)。

徽 【譯文】徽，標誌，用深紅色作標誌的帛做成，附着在背上。从巾，微省聲。《春秋左傳》説："揮動旗徽的人，是您的部下。"

【注釋】① 徽：朱駿聲《通訓定聲》："將帥以下，衣皆有題識。平時則城門僕射及亭長所著。又凡救火人，衣用絳帛箸於背。皆徽屬也。" ② 幟也三句：《段注》作："徽幟也，以絳帛，箸於背。"
③《春秋傳》：指《左傳・昭公二十一年》。《段注》："揚則旌旗而非著背者。"所以，"徽"譯爲"旗徽"。

幖[1] 幟也。从巾，票聲。 方招切(biāo)。

幖 【譯文】幖，標記。从巾，票聲。

【注釋】① 幖：今多作標。

帑[1] 幡也。从巾，夗聲。 於袁切(yuān)。

帑 【譯文】帑，抹布。从巾，夗聲。

【注釋】① 帑：《段注》："與幡同物，拭觚(gū，用作寫字的木簡)布也。"

幡 書兒拭觚[1]布也。从巾，番聲。 甫煩切(fān)。

幡 【譯文】幡，學習寫字時兒童揩拭寫字木簡的布。从巾，番聲。

【注釋】① 觚：徐鍇《繫傳》："觚，八棱(八面)木，於其上學書已，以布拭之。"

㡂 (㓤)[拂][1]也。从巾,剌聲。 盧達切(là)。

【譯文】㡂,拂拭。从巾,剌聲。

【注釋】① 㓤:當依《段注》作拂。

㡨 拭也。从巾,韱聲。 精廉切(jiān)。

【譯文】㡨,揩拭。从巾,韱聲。

幝 車弊皃。从巾[1],單聲。《詩》[2]曰:"檀車幝幝。" 昌善切(chǎn)。

【譯文】幝,車兒破舊的樣子。从巾,單聲。《詩經》説:"那供服役用的車十分破舊。"

【注釋】① 从巾:徐鍇《繫傳》:"車弊""若敗巾然,故从巾"。 ②《詩》:指《小雅·杕杜》。檀車,檀木作的車,這裏指役車。

幏 蓋衣也。从巾,冢聲[1]。 莫紅切(méng)。

【譯文】幏,覆蓋物體的衣巾。从巾,冢聲。

【注釋】① 从巾,冢聲:朱駿聲《通訓定聲》作"从巾从冢會意,冢亦聲"。曰:"字亦作幪。按:實與冢同字。"

幭[1] 蓋幭也。从巾,蔑聲。一曰:禪被。 莫結切(miè)。

【譯文】幭,覆蓋物體的巾帛。从巾,蔑聲。另一義説,單被。

【注釋】① 幭:朱駿聲《通訓定聲》:"幭者,覆物之巾。覆車、覆衣、覆體之具皆得稱幭。"

幠 覆也。从巾,無聲。 荒烏切(hū)。

【譯文】幠,覆蓋。从巾,無聲。

飾 㕞[1]也。从巾,从人[2],食聲。讀若式[3]。一曰:襐飾[4]。 賞隻切(shì)。

【譯文】飾,刷拭。由巾、由人會意,食表聲。音讀象"式"字。另一義説,是首飾。

【注釋】① 㕞:同"刷"。《段注》:"凡物去其塵垢,即所以增其光采,故㕞者,飾之本義。而凡踵事增華皆謂之飾,則其引申之義也。" ② 从巾,从人:《段注》:"拭物者巾也,用巾者人也。" ③ 讀若式:馬敘倫《六書疏證》卷十四:"食音牀紐三等,式音審紐三等。同爲舌面前音也。”　④ 橡(xiàng)飾：王筠《句讀》引《漢書·平帝后傳》注：“橡飾，首飾，在兩耳後，刻鏤爲之。”

幃　囊也。从巾，韋聲。　許歸切(huī/wéi)[①]。

【譯文】幃，囊袋。从巾，韋聲。

【注釋】① 今讀依《廣韻》雨非切。

【參證】金文作[金文]。孫詒讓《古籀拾遺》卷下：“此當爲幃字。”“此巾上又从口者，古籀文字多增益形聲，不足異也。”

帣[①]　囊也。今鹽官三斛爲一帣[②]。从巾，𢍏聲。　居倦切(juàn)。

【譯文】帣，囊袋。當今漢朝鹽官之法，三斛爲一帣。从巾，𢍏聲。

【注釋】① 帣：《集韻·僊韻》：“囊有底曰帣。”　② 今句：《段注》：“舉漢時語證之。”“漢時鹽法中語。”

帚　糞[①]也。从又持巾埽冂内[②]。古者少康[③]初作箕、帚、秫酒。少康，杜康也，葬長垣。　支手切(zhǒu)。

【譯文】帚，掃除。由“又”(手)持握“巾”掃除“冂”界之内會意。古時候少康開始製作箢箕、掃帚和秫酒。少康，就是杜康，葬在長垣。

【注釋】① 糞：本書華部：“棄除也。”徐鍇《繫傳》：“埽除曰糞除也。”
② 从又句：《段注》：“(冂)當作郊冂字，音扃(jiǒng)，介也。凡埽除，以潔清介内。持巾者，埽之事昉於拂拭，因巾可拭物，乃用萑芀黍梨爲帚拂地矣。”徐灝箋：“戴氏侗曰‘帚象手持帚形’。其說似優。”
③ 少康：《段注》引《文選注》所引《王著與杜康絶交書》說：“康字仲寧，或云黄帝時宰人，號酒泉太守。”

【參證】甲文作[甲文]，金文作[金文]、[金文]。唐蘭《殷虚文字記》：“[古文]、[古文]者，帚之初文。”“正象王帚一類之植物，以其可爲埽彗，引申之遂以帚爲埽彗之稱。”李孝定《甲骨文字集釋》第七：“箕帚秫酒，了不相涉”，“意者古或有以秫稭爲帚者矣。因帚及秫，又因秫及酒耳。……吾湘今猶編秫稭爲帚。卜辭皆叚爲婦，無用其本義者。”

席　籍也。《禮》[①]：天子、諸侯席，有黼繡純飾。从巾[②]，庶省[聲][③]。[古文]，古文席，从石省[④]。　祥易切(xí)。

【譯文】席，鋪墊(的席子)。《周禮》說：天子、諸侯的席子，有用黑白斧形圖案綉邊的裝飾物。从巾,庶省聲。□,古文席字,石省聲。

【注釋】①《禮》: 指《周禮・春官・司几筵》。此約舉其文。黼: 斧謂之黼,其綉爲白黑文采。純: 緣。　② 从巾:《段注》:"其方幅如巾也。"　③ 庶省: 當依徐鍇《繫傳》作"庶省聲"。　④ 古文席二句: 王筠《釋例》:"當云: 古文席,象形。石省聲。禮圖之筵,正作□形。"宋保《諧聲補逸》:"石、庶、席、並同部,聲相近。"

【参證】甲文作□、□。羅振玉《殷虛書契考釋》卷中:"象席形。"商承祚《説文中之古文考》:"(□)按: □象席而有織文,厂室屋也。非从石省。"

幐[①] 囊也。从巾,朕聲。　徒登切(téng)。

【譯文】幐,囊袋。从巾,朕聲。

【注釋】① 幐: 朱駿聲《通訓定聲》:"字又作帒,作袋,幐、代一聲之轉。"

【参證】馬敘倫《六書疏證》卷十四:"殆如今行脚僧所擔者也。"

⿰巾奮 以囊盛穀,大滿而裂也。从巾,奮聲。　方吻切(fěn/fèn)[①]。

【譯文】⿰巾奮,用袋子裝穀,因太滿而坼裂。

【注釋】① 今讀依《廣韻》扶問切。

【参證】馬敘倫《六書疏證》卷十四:"今北平杭縣謂囊滿而裂曰崩。""破亦可謂崩也"按: 崩、破、⿰巾奮,上古均屬唇音。又,"今南北率以麻織爲囊以盛米穀,故此从巾。"按: 今盛穀米,多用麻袋。

⿰巾盾[①] 載米⿰甾宁[②]也。从巾,盾聲。讀若《易》屯卦之屯[③]。　陟倫切(zhūn)。

【譯文】⿰巾盾,盛米的布袋。从巾,盾聲。音讀象《易經》屯卦的"屯"字。

【注釋】① ⿰巾盾:《正字通・巾部》:"⿰巾盾,猶今盛米布袋。"　② ⿰甾宁(zhǔ): 宁部:"⿰甾宁,⿰巾盾也,所以盛米也。"徐鍇《繫傳》:"⿰甾宁音宁,亦囊也。"　③ 讀若句: 馬敘倫《六書疏證》卷十四:"劉秀生曰: 盾聲屯聲均在痕部,故⿰巾盾从盾聲得讀若屯。"

⿰巾及 蒲席⿰甾宁也。从巾[①],及聲。讀若蛤[②]。　古沓切(gé)。

【譯文】⿰巾及,用蒲席製成的盛米的器具。从巾,及聲。音讀象

"蛤"字。

【注釋】① 从巾：王筠《句讀》"帢以蒲席爲之，而从巾者，以其與幡同類也。" ② 讀若蛤：葉德輝《讀若考》："帢蛤古音同部。"

幩[1] 馬纏鑣[2]扇汗也。从巾，賁聲。《詩》[3]曰："朱幩鑣鑣。" 符分切(fén)。

【譯文】幩，用綢條纏在馬嚼子兩端上，(因風)扇去馬汗。从巾，賁聲。《詩經》説："纏在馬嚼子兩端的朱紅的綢條真是美極了。"

【注釋】① 幩：徐鍇《繫傳》："謂以帛纏馬口旁鐵，扇汗，使不汗也。"綢巾垂下，隨風飄飄，故又可作爲裝飾品。 ② 鑣(biāo)：馬嚼子露在口外的部分。 ③《詩》：指《衛風・碩人》。毛傳："鑣鑣，盛貌。"

幔 墀地[1]以巾撋[2]之。从巾，夒聲。讀若水溫羼[3]也。一曰：箸[4]也。 乃昆切(nén/néi)[5]。

【譯文】幔，已經漆過的地面，用巾擦拭它。从巾，夒(náo)聲。音讀象水溫羼的"羼"字。另一義：塗抹。

【注釋】① 墀(chí)地：已塗之地。 ② 撋(wěn)：拭。 ③ 溫羼(nàn)：同義連用。 ④ 箸：王筠《句讀》："先云巾撋，是技拭也；後云箸也，是塗塈(xì，仰塗)也。" ⑤ 今讀依《廣韻》乃回切。

帑[1] 金幣所藏也。从巾，奴聲。 乃都切(nú/tǎng)[2]。

【譯文】帑，金帛收藏的地方。从巾，奴聲。

【注釋】① 帑：《段注》："帑讀如奴。帑之言囊也。以幣帛所藏，故从巾。"朱駿聲《通訓定聲》："與从如之帤别。" ② 今讀依《廣韻》他朗切。《段注》："今音帑藏他朗切(tǎng)，以别於妻帑乃都切(nú)。"

布[1] 枲[2]織也。从巾，父聲。 博故切(bù)。

【譯文】布，麻織品。从巾，父聲。

【注釋】① 布：《釋名》："布，布也。布列衆縷爲經，以緯横成之也。"布：《段注》："古者無今之木緜布，但有麻布及葛布而已。引申之，凡散之曰布，取義於可卷舒也。" ② 枲：麻。

【參證】金文作，从巾，父聲，與篆文同。

幏[1] 南郡[2]蠻夷賨[3]布。从巾，家聲。 古訝切(jià)。

【譯文】幏，南郡蠻夷等少數民族充當賦税的布匹。从巾，家聲。

【注釋】① 幏：徐鍇《繫傳》："漢制名賦夷布(以夷布爲賦)爲幏，幏猶中國言税也。" ② 南郡：漢郡名。在今湖北武漢一帶。
③ 賨(cóng)：貝部："南蠻賦也。"

幓 布。出東萊[1]。从巾，弦聲。 胡田切(xián)。

【譯文】幓，布名。出産在東萊郡。从巾。弦聲。

【注釋】① 東萊：在今山東掖縣一帶。《段注》："《地理志》、《郡國志》，東萊郡皆有幓縣，蓋以布得名也。"

帑 髤布[1]也。一曰：車上衡衣[2]。从巾，敄聲。讀若頊。 莫卜切(mù)。

【譯文】帑，已漆過的布。另一義説，遮蓋車轅前端横木的漆布。从巾，敄聲。音讀象"頊(xū)"字。

【注釋】① 髤(xiū)布：猶今油布，可以禦雨。 ② 衡衣：桂馥《義證》："所以遮蓋曲轅䡴縛也。"

幦[1] 髤布也。从巾，辟聲。《周禮》[2]曰："駹車大幦。" 莫狄切(mì)。

【譯文】幦，漆布。从巾，辟聲。《周禮》説："雜色的車，大的漆布。"

【注釋】① 幦：髤布的專名。 ②《周禮》：指《春官・巾車》。今本作"駹車然複。"王筠《句讀》："此作'大'者，然之殘字也。"然複，鄭玄注以爲是以猓然(長尾猴)之皮爲複(幦的異體字)。

幯 領耑也。从巾，耴聲。 陟葉切(zhé)。

【譯文】幯，衣領端。从巾，耴聲。

文六十二 重八

幢[1] 旌旗之屬[2]。从巾，童聲。 宅江切(chuáng)。

【譯文】幢，旌旗之類。从巾，童聲。

【注釋】① 幢：《鄭新附考》："《獨斷》云：'鸞旗車編羽毛引繫橦旁。'……漢世字以羽爲翿曰幢，以羽飾鐘鼓栒簴亦曰幢。……後爲釋氏經幢。"鄭述三義：一、鸞旗車上，編羽毛，用彩帶牽引繫在旗桿的旁邊的彩旗；二、用羽毛裝飾鐘鼓栒架之上；三、佛教寫着經文的長筒圓形的綢繖。後二義實則爲首義之引申。　②屬：《周禮·司常》“掌九旗之名，各有屬”鄭注：“屬謂徽識也。”按，徽，《說文》作微。即標誌。

幟[①]　旌旗之屬[②]。从巾，戠聲。　昌志切(zhì)。

【譯文】幟，旌旗的標誌。从巾，戠聲。

【注釋】① 幟：《鄭新附考》：“古者天子至大夫、士所建旗，各以差等，畫物於上，而書其象以别之，皆所以表識名位，使觀者有所辨識，故旗幟即用識。”“《說文》‘識，常也。一曰知也。’許君蓋以識爲古旗識(zhì)字。”“旗識有游數，畫物象，各有識别，軍衆耳目所集，以爲記識，故謂之識，因即以爲記識字；又因以爲知識字。古旗識(zhì)爲本義，知識(shí)爲别義。”“自經典專以識爲記識、爲知識，漢人遂改旗識(zhì)字别从巾。”參“識”條。　② 屬：標誌。

帟　在上曰帟[①]。从巾，亦聲[②]。　羊益切(yì)。

【譯文】帟，在帳幕中座位之上遮承灰塵的小帳幕叫作帟。从巾，亦聲。

【注釋】①在上句：《鄭新附考》引《周禮·幕人》注：“帟，王所居之幕若幄中座上承塵。”　② 亦聲：聲中有義。《鄭新附考》：“古蓋止作亦。亦之言重也。帟是重張於幕幄之下者。”按：亦本義爲臂亦，臂亦有二，故鄭說“亦之言重也”。

幗[①]　婦人首飾。从巾，國聲。　古對切(guó)[②]。

【譯文】幗，婦人首飾。从巾，國聲。

【注釋】① 幗：《鄭新附考》：“《說文》：‘槶，匡當也。’乃其本文。”《段注》“槶”下：“匡當，今俗有此語，謂物之腔子也。槶亦作簂。”“《釋名》曰：簂，恢也。恢廓覆髮上也。”《鄭新附考》：“簂形恢廓，有匡當。所以得名。”恢廓，大的外殼。幗，或許類似于今日之斗笠，以竹或木爲框架，又蒙之以巾。側重以木，作槶；側重以竹，作簂；側重以布帛，作幗。很難說何爲本字。　② 依切語，應讀 guì，而今讀爲 guó。

幧[①]　斂髮也。从巾，喿聲。　七搖切(qiāo)。

【譯文】幧，束髮的巾。从巾，喿聲。

【注釋】① 幧：《方言》卷四："絡頭，帞頭也。""自河以北趙魏之間曰幧頭。"《玉臺新詠·日出東南隅行》："少年見羅敷，脱帽著幧頭。"

帒[1] 囊也。从巾，代聲。或从衣。　徒耐切(dài)。

【譯文】帒，囊袋。从巾，代聲。或體从衣(作袋)。

【注釋】① 帒：《新附通誼》："《玉篇》巾部：'帒，徒耐切。盛物囊。'衣部：'袋，囊屬，亦作帒。'此徐氏所本。"

帊[1] 帛三幅曰帊。从巾，巴聲。　普駕切(pà)。

【譯文】帊，布帛三個幅面的寬度叫作帊。从巾，巴聲。

【注釋】① 帊：《三國志·魏書·王粲傳》："棊者不信，以帊蓋局，使更以他局爲之。""以帊蓋局"，是用一塊三幅寬的布蓋住那盤棋。

幞 帊[1]也。从巾，菐聲。　房玉切(pú)。

【譯文】① 帊：《鄭新附考》："帊、幞，一聲之轉。"《鈕新附考》："(《廣韻》)幞頭，周武帝所制，裁幅巾，出四腳，以幞頭，乃名焉，亦曰頭巾。"徐灝《段注箋》："戴氏侗曰：今俗通用：垂覆者爲帊，包裹者爲幞。"按：帊、幞，析言有別，渾言不分。

幰[1] 車幔也。从巾，憲聲。　虚偃切(xiǎn)。

【譯文】幰，車的帷簾。从巾，憲聲。

【注釋】① 幰：《拈字》引《釋名》："幰，憲也，禦熱也。"又引《倉頡篇》："帛張車上爲幰。"所謂"禦熱"，是以"熱"賅"冷"。張掛在車上，又可禦寒熱的布帛，即是車之帷帳。

文九　新附

市部

市 韠[1]也。上古衣蔽前而已，市以象之[2]。天子朱市，諸侯赤市，大夫葱衡[3]。从巾，象[4]連帶之形。凡市之屬皆从市。韍，篆文市从韋，从犮[5]。　分勿切(fú)。

【譯文】市，蔽膝。是上古衣裳的遮前面的布韋罷了，用市來描繪它。天子，朱色的蔽膝；諸侯，赤色的蔽膝；大夫，青色的玉衡。从巾，(一)象連繫皮革帶的樣子。大凡市的部屬都从市。韍，篆文市字，从韋，从犮聲。

【注釋】① 韠：《段注》引鄭玄："韠之言蔽也。" ② 上古句：《段注》引鄭（玄）注《禮》："古者佃漁而食之，衣其皮。先知蔽前，後知蔽後。後王易之以布帛而獨存其蔽前者，不忘本也。" ③ 蔥衡：《段注》引鄭玄："衡，佩玉之衡也（同珩）。""青謂之蔥。" ④ 象：《段注》："謂一也。" ⑤ 从犮：《段注》："犮，聲也。"宋保《諧聲補逸》："市、犮，古同聲而通用。"

【參證】金文作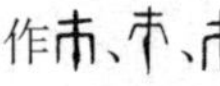。郭沫若《師克盨銘考釋》："市一般作芾，亦作紱或韍等，古之蔽膝，今之圍腰。古人以爲命服。"戴家祥《金文大字典》中："其後形聲相異，孳乳寖多，有芾、韠、韍、紱、祓、紼諸形。其實皆形聲加旁、更旁字也。""古音畢讀卑吉切，幫母至部。犮讀蒲撥切，並母祭部。弗讀分勿切，幫母脂部。幫並皆重唇聲。脂至祭韻近，三部通韻。"

帢 士無市有帢①。制如榼，缺四角②。爵弁③服，其色韎④。賤不得與裳同⑤。司農⑥曰："裳，纁色。"从市，合聲。韐，帢或从韋。 古洽切（jiá）。

【譯文】帢，士人的蔽膝沒有市而有帢。帢的製作，象酒榼，切削四角（而成八角）。（士人祭祀時）戴着雀形的帽子，穿着禮服，它們的顏色都是赤黄色。由於地位低賤，帢不能與下裳顏色相同。司農説："下裳，淺紅色。"从市，合聲。韐，帢的或體，从韋。

【注釋】① 士無句：《段注》："（士祭服）其韠（蔽膝）曰帢，不曰韍，故曰'士無韍有帢'也。" ② 制如句：《段注》："韐缺四角者，正謂如公侯殺（切削）四角使之方也。所謂殺四角使之方者，合上下成八角之形。""如榼者，古榼之制蓋八角。""韐之制則大體圓而八角。"

③ 爵弁：見《儀禮・士冠禮》。鄭玄注："爵弁者，冕之次，其色赤而微黑，如爵（假借爲雀）頭然。" ④ 韎（mèi）：赤黄色。 ⑤ 賤不句：《段注》："士賤則裳韠色不同。" ⑥ 司農句：司農，《段注》："不詳其何人。許自賈侍中而外，無舉官者。"纁，淺紅色。《段注》："三入（指染）爲纁，韎則茅蒐一入而已，不與裳同色也。"

【參證】金文作。戴家祥《金文大字典》："韐（帢）與市（韍）物相同，都指一種寬大的帶子，只是由於等級差别在顔色和形制上稍有區分而已。”

文二　重二

帛部

[①]

帛　繒也。从巾，白聲[②]。凡帛之屬皆从帛。　旁陌切(bó)。

【譯文】帛，繒帛。从巾，白聲。大凡帛的部屬都从帛。

【注釋】① 帛：饒炯《部首訂》：“帛、素皆織匹之無紋彩者。未湅(煮絲使成熟絲)曰帛，已湅曰素。因其色白稱之，而加巾爲專名。”後引申爲絲織品的總稱。　② 白聲：聲中有義，故徐鍇《繫傳》曰：“當言‘白亦聲’。”

【參證】甲文作，金文作。羅振玉《石鼓文考釋》：“箋曰：古文白帛同字。”“古彩色字多取義於染絲，如紫絳絑之類，帛亦其比矣。”

錦　襄(邑)[色][①]織文。从帛，金聲[②]。　居飲切(jǐn)。

【譯文】錦，用五彩色織出各種花紋。从帛，金聲。

【注釋】① 襄邑：當依徐鍇《繫傳》“邑”作“色”。襄，雜色。雜，五彩相會。　② 金聲：聲中有義。徐灝《段注箋》：“金有五色，正合襄色之義，故用爲聲耳。”

文二

白部

[①]

白　西方[②]色也。陰用事，物色白[③]。从入合二[④]；二，陰數。凡白之屬皆从白。，古文白[⑤]。　旁陌切(bái)。

【譯文】白，西方的顔色。在陰暗處用事，物體的顔色容易剥落爲白色。字形由“入”字包合着“二”字構成；二，表示陰數。大凡白的部屬都从白。阜，古文白字。

【注釋】① 白：朱駿聲《通訓定聲》：“日未出地平時，先露其光恒白。今蘇俗語昧爽曰東方發白，是也。字當从日，丨指事，訓太陽之明也。”　② 西方：按陰陽五行説，西方屬金，白色。　③ 陰用句：徐鍇《繫傳》：“物入陰，色剥爲白。”　④ 从入句：《段注》：“出者陽也，入者陰也。故从入。”合，王筠《句讀》：“合者，入二相連不斷。”　⑤ 古文白：王筠《句讀》：“此則入包乎二，與合義不殊。”

【參證】甲文作、，金文作。商承祚《説文中之古文考》：“从日鋭頂，象日始出地面，光閃耀如尖鋭。天色已白，故曰白也。”

皎　月之白也。从白，交聲。《詩》[1]曰：“月出皎兮。”　古了切(jiǎo)。

【譯文】皎，月光潔白。从白，交聲。《詩經》説：“月亮出來真皎潔啊。”

【注釋】①《詩》：指《陳風・月出》。

[1]
皢　日之白[2]也。从白，堯聲。　呼鳥切(xiǎo)。

【譯文】皢，陽光的潔白。从白，堯聲。

【注釋】① 皢：俞樾《兒笘録》：“曉之俗體也。”　② 日之白：徐鍇《繫傳》：“日未出，光生白也。”

皙　人色白也。从白，析聲。　先[1]擊切(xī)。

【譯文】皙，人的膚色潔白。从白，析聲。

【注釋】① 先：《廣韻》作“先”。

皤　老人白[1]也。从白，番聲。《易》[2]曰：“賁如皤如。”額，皤或从頁。　薄波切(pó)。

【譯文】皤，老人鬚髮白。从白，番聲。《易經》説：“(馬兒)有斑文，而又潔白。”額，皤的或體，从頁。

【注釋】① 老人白：本書“老”下：“从人毛匕，言須髮變白也。”
②《易》：指《賁卦》六四爻。賁如皤如，高亨《周易古經今注》：“賁如者，馬有斑賁然也。”“皤如者，馬色白皤然也。”

皠　鳥之白也。从白，隺聲。　胡沃切(hú/hé)[1]。

【譯文】皠，鳥羽的潔白。从白，隺聲。

【注釋】① 今讀依《集韻》曷各切。

皚　霜雪之白也。从白，豈聲。　五來切(ái)。

【譯文】皚，霜雪的潔白。从白，豈聲。

皅 艸華之白①也。从白，巴聲。 普巴切(pā)。

【譯文】皅，草花的潔白。从白，巴聲。

【注釋】① 艸華之白：徐鍇《繫傳》："今謂草華房爲葩也。"徐灝《段注箋》："皅葩，古今字。"

皦 玉石之白也。从白，敫聲。 古了切(jiǎo)。

【譯文】皦，玉石的潔白。从白，敫聲。

㿟① 際見②之白也。从白，上下小見。 起戟切(xì)。

【譯文】㿟，隙縫裏露現的光綫潔白。由"白"字，由"白"字上下的"小"字體現。

【注釋】① 㿟：徐灝《段注箋》："㿟、隙，古今字。際見之白，孔隙漏光也。" ② 際見：《段注》："際者，壁會也；壁會者，隙也。見讀如現。壁隙之光，一綫而已，故从二小。"

皛 顯也。从三白。讀若皎。 烏皎切(yǎo/xiào)①。

【譯文】皛：顯明。由三個"白"字會意。音讀象"皎"字。

【注釋】① 今讀依《廣韻》胡了切。

文十一 重二

㡀部

㡀 敗衣也。从巾①，象衣敗之形②。凡㡀之屬皆从㡀。 毗祭切(bì)。

【譯文】㡀，破舊的衣服。从巾，(㓁)象衣服破敗的樣子。大凡㡀的部屬都从㡀。

【注釋】① 从巾：饒炯《部首訂》："蓋㡀敗義難狀，而从巾象衣㡀以指其事。" ② 象衣句：王筠《釋例》："除巾之外，其四畫，皆破壞之狀也。"

敝 帗①也。一曰：敗衣。从攴，从㡀②，㡀亦聲。 毗祭切(bì)。

【譯文】敝，一幅巾。另一義説，破敗的衣服。由攴、由㡀會意，㡀也表聲。

【注釋】① 帔：《段注》："帔者，一幅巾也。"　② 从攴，从㡀；徐灝《段注箋》："从攴治之，故有敗意耳。因其敗而攴治之也。"竊謂㡀、敝實一字。

【參證】甲文作、、。李孝定《甲骨文字集釋》："㡀象敗巾之形，八其破敗處也。契文正从攴从㡀會意。"

文二

黹部

黹　箴縷所紩衣[①]。从㡀，丵省[②]。凡黹之屬皆从黹。　陟几切(zhǐ)。

【譯文】黹，針綫所縫的衣服。由㡀，由丵省而會意。大凡黹的部屬都从黹。

【注釋】① 箴縷句：《段注》："箴當作鍼。紩(zhì)，縫也。縷，綫也。以鍼貫縷紩衣曰黹。"　② 丵(zhuó)省：《段注》："丵者，叢生艸也。鍼縷之多象之。"

【參證】金文作、、。徐鍇《繫傳》："黹，象刺文也。"李孝定《甲骨文字集釋》："（契文、金文）正象所刺圖案之形。"

黼　合五采鮮色。从黹，虘聲。《詩》[①]曰："衣裳黼黼。"　創舉切(chǔ)。

【譯文】黼，會合五彩鮮明的顏色。从黹，虘聲。《詩經》説："衣裳楚楚鮮明。"

【注釋】①《詩》：指《曹風・蜉蝣》。今"黼"作"楚"。毛傳："楚楚，鮮明皃。"《段注》："黼其正字，楚其假借字也。"

【參證】金文作。

黼[①]　白與黑相次文。从黹，甫聲。　方榘切(fǔ)。

【譯文】黼，白色與黑色相間爲序的花紋。从黹，甫聲。

【注釋】① 黼：《爾雅・釋言》："黼黻，彰也。"孫注："文如斧形，蓋半白半黑，似刃白而身黑。"存參。

【參證】甲文作，金文作。待考。

[1] 黑與青相次文。从黹，犮聲。 分勿切(fú)。

黻 【譯文】黻，黑色與青色相間爲序的花紋。从黹，犮聲。

【注釋】① 黻：徐灝《段注箋》："黻，古文作市，即蔽前之韠。此以其刺繡而从黹也。'兩己相背'(《爾雅·釋言》郭注)蓋作形，而刺繡於其間。市有朱赤之色，則黑與青，其圻鄂之緣歟？正象韠形。"或謂兩己相背是兩弓相背之譌。存參。

【參證】甲文作。待考。

 會五采繒(色)[也][1]。从黹，綷省聲[2]。 子對切(zuì)。

粹 【譯文】粹，會集五彩的繒帛。从黹，卒聲。

【注釋】① 色：當依《段注》作"也"。 ② 綷省聲：《段注》作"卒聲"。

 衮[1]衣山、龍、華、蟲[2]。黺，畫粉[3]也。从黹，从粉省。衛宏説。 方吻切(fěn)。

黺 【譯文】黺，君王禮服上衣上的山、龍、花、野鷄等花紋。黺，又指繪畫的粉。由黹，由粉省會意。這是衛宏的説法。

【注釋】① 衮(gǔn)：帝王的禮服。 ② 華、蟲：華爲草花；蟲，雉。 ③ 畫粉：徐灝《段注箋》："許慎用衛宏説粉(黺)爲畫黺。"或説：畫粉即"分間布白"，見《段注》。

文六

說文解字今釋

增訂本

三

湯可敬 撰　周秉鈞 審訂

卷十五

人部

人[①] 天地之性[②]最貴者也。此籒文[③]。象臂脛之形。凡人之屬皆从人。　如鄰切(rén)。

【譯文】人,天地中生物的最可寶貴的東西。這是籒文。象手臂腿脛的樣子。大凡人的部屬都从人。

【注釋】① 人:朱駿聲《通訓定聲》:"果實之人在核中,如人在天地之中,故曰人。俗以仁爲之。"《段注》:"自明成化重刊《本艸》乃盡改爲'仁'字。"果人、果仁,是人的比喻义,引申义。　② 性:《段注》:"性,古文以爲生字。"　③ 籒文:《段注》:"此對'儿'爲古文奇字'人'言之。"

【參證】甲文作[illegible]、[illegible]、[illegible],金文作[illegible]、[illegible]、[illegible]。林義光《文源》:"象人側立形,有頭背臂脛也。"

僮[①] 未冠[②]也。从人,童聲。　徒紅切(tóng)。

【譯文】僮,未成年的男子。从人,童聲。

【注釋】① 僮:朱駿聲《通訓定聲》:"十九以下、八歲以上也。經傳多以童爲之。"徐鍇《繫傳》:"童則罪人之子,沒官供給使者也。"《段注》:"《説文》僮童之訓,與後人所用正相反。"　② 冠(guàn):冠禮、行冠禮,表示已經成人。《禮記·曲禮上》:"男子二十冠而字。"

保 養也。从人,从采省。采,古文孚[①]。呆,古文保。㑅,古文保不省。　博袌切(bǎo)。

【譯文】保,養育。由人,由采省會意。采,古文孚字。呆,古文保字。㑅,古文保字,采不省。

【注釋】① 古文孚:本書爪部:"孚,卵孚也。从爪,从子。采,古文孚。"呆,嬰兒在繦緥之中。孚的卵孚義之所以从呆,是以在繦緥之中的嬰兒比喻在孵化中的卵。

【參證】甲文作，金文作、、。唐蘭《殷虚文字記》："負子於背謂之保，引申之則負者爲保，更引申之則有保養之義。"金文首字酷象保母反手背負着在繈緥中的嬰兒。《説文》保存的不省的古文，把手（）留在嬰兒的頭上，同時突出了嬰兒繈緥之形，又把保母和嬰兒並列起來了。从甲文、金文看，保並不从"孵"義的古文孚。

仁　親也。从人，从二①。，古文仁从千心②。，古文仁或从尸③。　如鄰切（rén）。

【譯文】仁，親愛。由"人"、由"二"會意。忎，古文仁字，由"千""心"會意。尸，古文仁字，仁的或體，从尸。

【注釋】① 从人，从二：徐鉉："仁者兼愛（同時愛别人），故从二。"　② 从千心：徐灝《段注箋》："千心爲仁，即取博愛之意。"千也表聲。見《段注》。　③ 尸：王筠《句讀》："尸仍是人，横陳于上耳。以其字形平也。"

【參證】甲文作，金文作。馬敘倫《六書疏證》卷十五："二仁音皆日紐，是从二得聲也。今蘇州紹興讀二音如膩。日部之暱，黍部之黏和，音皆娘紐，古讀日歸泥，泥娘同爲邊音，而古今言親暱，暱訓日近，和爲相箸，仁訓親也。此語原同也。""故仁訓親也。"

企　舉踵①也。从人，止聲②。，古文企从足③。　去智切（qì/qǐ）④。

【譯文】企，踮起脚跟。从人，止聲。趸，古文企字，从足。

【注釋】① 舉踵：徐鍇《繫傳》："《山海經》有企踵國。其人足跟不著地。"　② 止聲：聲中有義。《段注》："止部曰：'止爲足。'《説文》無趾，止即趾也。从人止，取人延（引長身軀）竦（竦立）之意。渾言之，則足稱止；析言則前止後踵。止鐏（著地）於前，則踵舉於後矣。"　③ 从足：《段注》："足、止同物。"　④ 今讀依《廣韻》丘弭切。

【參證】甲文作、。林義光《文源》："人下有足迹，象舉踵形。"

仞　伸臂一尋①，八尺。从人，刃聲。　而震切（rèn）。

【譯文】仞，伸直兩臂叫一尋，長八尺。从人，刃聲。

【注釋】① 尋：本書寸部："度，人之兩臂爲尋，八尺也。"王筠《釋例》:“尋从又从寸,又寸皆手也,謂伸兩手度之也。仞从人,人長八尺,謂其如人長也。”

【參證】王暉《説“仞”》(《考古與文物》一九八九年第六期):“‘仞’就是取人的高度作單位來度高、度深的,詞義來源就是‘人’。”詹鄞鑫《近取其身遠取諸物——長度單位探源》(《華東師範大學學報》一九九四年第六期):“正常的成人舒張兩臂的寬度正好等於本人的身高,所以就長度而言,‘仞’與‘尋’相當,都合古制約八尺。但兩者的來源不同,‘尋’謂舒臂量度,‘仞’謂以身高量度。”前者便於實測,常用於實數,後者只宜目測,常用於虛數。

仕　學[①]也。从人,从士[②]。　鉏里切(shì)。

【譯文】仕,學習(仕宦的事)。由人、由士會意。

【注釋】① 學:徐灝《段注箋》:“宀部:‘宦,仕也。’此云‘仕,學也。’是仕、宦皆學習之義。學職事爲宦。”“學謂習學六藝。”　② 从士:本書“士”部:“士,事也。”

[①]
佼　交也。从人,从交[②]。　下巧切(xiào/jiāo)[③]。

【譯文】佼,交往。由人、由交會意。

【注釋】① 佼:錢坫《斠詮》:“此人相交好字。”　② 从交:宋保《諧聲補逸》:“交亦聲。”　③ 今讀依《廣韻》古肴切。

僎　具也。从人,巺聲[①]。　士勉切(zhuàn)。

【譯文】僎,具備。从人,巺聲。

【注釋】① 巺聲:聲中有義。徐鉉釋“巺”:“庶物皆具丌以薦之。”意謂,衆多的東西(指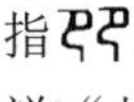)全都備有丌來墊着它們。有具備義。故朱駿聲《通訓定聲》説:“此字(指“僎”)實即巺之或體。”巺、僎,從産生先後而言,是古今字;僎從人與巺的關係而言,是形聲包會意字。

俅　冠飾皃。从人,求聲。《詩》[①]曰:“弁服[②]俅俅。”　巨鳩切(qiú)。

【譯文】俅,帽子裝飾品的樣子。从人,求聲。《詩經》説:“(戴着)祭祀的禮帽,是那樣的恭順。”

【注釋】①《詩》:指《周頌·絲衣》。　② 弁服:同義連用。柳榮宗《引經考異》:“弁得稱服也。”俅俅,毛傳:“恭順皃。”今作“載(通戴)弁俅俅”。

佩 大帶佩①也。从人,从凡,从巾②。佩必有巾,巾謂之飾③。蒲妹切(pèi)。

【譯文】佩,繫在大衣帶上的佩玉之類的裝飾品。由人、由凡、由巾會意。佩物一定有巾,巾叫做飾。

【注釋】① 大帶佩:《段注》:“謂佩必系於大帶也。古者有大帶,有革帶,佩系於革帶。革帶統於大帶也。” ② 从人句:《段注》:“从人者,人所以利用也。从凡者,所謂無所不佩也。从巾者,其一耑(端)也。”宋保《諧聲補逸》引《初學記》引《説文》云:“从人,凡聲。”宋説:“佩在志部,凡在侵部,音相近。” ③ 飾:《段注》:“飾、拭,古今字。巾以飾物,故謂之飾。”

【參證】金文作。戴家祥《金文大字典》:“《唐韻》凡讀‘符咸切’,並母侵部;佩讀‘蒲妹切’,並母脂部。凡、佩同母諧聲。”

儒① 柔也。術士②之偁。从人,需聲③。 人朱切(rú)。

【譯文】儒,性格柔和的人。又是道術之士的名稱。从人,需聲。

【注釋】① 儒:徐灝《段注箋》:“人之柔者曰儒,因以爲學人之偁。” ② 術士:張舜徽《約注》:“漢以上凡有道藝以教人者,皆得謂之儒。” ③ 需聲:聲中有義。曾釗《釋儒》:“凡人躁則急不能待,柔則從容自持。从需聲,殆以聲載義者也。”“凡从需之字,其義皆爲柔。”曾以臑、襦、繻、嬬、孺、濡爲例。

俊① 材千人也。从人,夋聲。 子峻切(jùn)。

【譯文】俊,才智超過千人。从人,夋聲。

【注釋】① 俊:《段注》引《皋陶謨》鄭注:“才德過千人爲俊。”王筠《句讀》:“諸家説俊皆同。惟《禮運》及《左傳·宣十五年》疏皆引《辨名記》云:倍人曰茂,十人曰選,倍選曰俊,千人曰英,倍英曰賢,萬人曰桀,倍桀曰聖。其説不同。”

傑① (傲)[埶]②也。从人,桀聲。 渠列切(jié)。

【譯文】傑,豪傑。从人,桀聲。

【注釋】① 傑:徐鍇《繫傳》:“才過萬人也。”王筠《句讀》:“傑亦桀之絫增字,所謂美惡不嫌同詞也。”按:桀本俊桀義,又爲夏桀名,故謂美惡不嫌同詞。徐灝《段注箋》:“桀爲夏后之名所專,又作傑,爲豪傑也。”　② 傲:當依錢坫《斠詮》作“勢”,本書力部:“勢,健也。”即豪傑之豪本字。

倱　人姓。从人,軍聲。　吾昆切(wén/hún)[①]。

【譯文】倱,人姓。从人,軍聲。

【注釋】① 今讀依《廣韻》户昆切。

【参證】馬敘倫《六書疏證》卷十五:“夫上古因生以名姓,則字專爲姓而作者不必别有本義,故倱但曰人姓。”

伋　人名[①]。从人,及聲。　居立切(jí)。

【譯文】伋,人名。从人,及聲。

【注釋】① 人名:《段注》:“古人名、字相應。孔伋字子思,仲尼弟子燕伋字子思。”“荀卿曰:空石之中有人焉,其名曰觙,其爲人也,善射以好思。”“觙與伋音義蓋相近。”

伉　人名。从人,亢聲。《論語》有陳伉[①]。　苦浪切(kàng)。

【譯文】伉,人名。从人,亢聲。《論語》中有陳伉這個人。

【注釋】① 陳伉:字子禽。見《學而篇》。今本“伉”作“亢”。《引經證例》:“伉者,高也。有鳥高飛,故以禽爲字。今以伉爲伉儷字。”

伯[①]　長也。从人,白聲[②]。　博陌切(bó)。

【譯文】伯,長。从人,白聲。

【注釋】① 伯:徐灝《段注箋》:“伯,兄弟之長也。引申爲凡長之偁。”　② 白聲:聲中有義。白,東方發白,白晝之始,故有長義。

【參證】甲文作,金文作。《甲骨文編》:“卜辭用白爲伯。”參“白”條。

仲[①]　中也。从人,从中,中亦聲。　直衆切(zhòng)。

【譯文】仲,中。由人,由中會意,中也表聲。

【注釋】① 仲:《釋名·釋親屬》:“仲,中也。位在中也。”《段注》:“伯仲叔季,爲長少之次。”

【參證】甲文作,金文作。羅振玉《增訂殷虚書契考釋》:“此伯仲之仲。古伯仲但作白中,然與中正之中(旗幟)非一字。後人加人以示别。”

伊 殷聖人阿衡[①]，尹[②]治天下者。从人，从尹。𢼅，古文伊，从古文死[③]。 於脂切(yī)。

【譯文】伊，殷朝的聖人阿衡，正確治理天下的人。由人、由尹會意。𢼅，古文伊字，从古文死聲。

【注釋】① 阿衡：桂馥《義證》引《君奭》鄭玄注："伊尹名摯，湯以爲阿衡。阿，倚；衡，平也。伊尹，湯所依倚而取平以尹(正)天下，故曰伊尹。""(阿衡)，三公之官，當時爲之號也。"《段注》："伊與阿，尹與衡，皆雙聲，然則語之轉也。" ② 尹：徐鍇《繫傳》："正也。" ③ 死：《段注》："以死爲聲。"

【參證】甲文作𠇊、𠇊、𠇊，金文作𠇊、𠇊。林義光《文源》卷十一："一人之名無專制字之理。伊尹生於伊川空桑，本以伊水爲姓。伊爲姓，故从人。尹聲，尹(臻韻)伊(徵韻)雙聲對轉。伊尹二字即伊音之反切，伊尹名摯。相承舉姓不舉名耳。"

偰[①] 高辛氏之子[②]，堯司徒[③]，殷之先。从人，契聲。 私列切(xiè)。

【譯文】偰，高辛氏的兒子，堯的司徒官，殷代的祖先。从人，契聲。

【注釋】① 偰：徐鍇《繫傳》："《詩》所謂玄王(見《商頌長發》)也。作契及卨，皆假借。" ② 高辛句：古代部落首領，相傳是黄帝的曾孫，堯的父親帝嚳，高辛氏是他的號。《殷本紀》："契母曰簡狄，有娀氏之女，爲帝嚳次妃。三人行浴，見玄鳥墮其卵，簡狄取吞之，因孕生契。" ③ 司徒：主管教化的官。

倩[①] 人字[②]。从人，青聲。東齊壻謂之倩[③]。 倉見切(qiàn)。

【譯文】倩，人的"字"。从人，青聲。東齊地方婿叫作倩。

【注釋】① 倩：士人的美稱。徐鍇《繫傳》："倩蓋美言也，若草木之葱倩。" ② 人字：桂馥《義證》："漢人猶多以倩爲字。如江充字次倩，蕭望之字長倩，東方朔字曼倩。" ③ 東齊句：見《方言》卷三。

伃 婦官[①]也。从人，予聲[②]。 以諸切(yú)。

【譯文】伃，婦人的官名。从人，予聲。

【注釋】① 婦官：倢伃。又作婕妤。《漢書・外戚傳》："婦官十四等,倢伃視上卿(按上卿對待),比列侯。”桂馥《義證》:“《史記索隱》訓婕爲承,妤爲佐。字本皆从人。大抵古人取訓,各以其義適然者,而字多从省。蓋倢,捷也。及相承敏捷之意。字从省去扌。伃爲相予,則訓佐。理亦宜然。後以爲婦職,因易人爲女耳。”　② 予聲:聲中有義。

伀　志及衆①也。从人,公聲②。　職茸切(zhōng)。

【譯文】伀,志向顧及衆人。从人,公聲。

【注釋】① 志及衆:錢坫《斠詮》:“《謚法解》‘立制及衆曰公’。……應用此字。”　② 公聲:聲中有義。

儇①　慧也。从人,睘聲②。　許緣切(xuān)。

【譯文】儇,小聰明。从人,睘聲。

【注釋】① 儇:徐鍇《繫傳》:“謂輕薄、察慧、小才也。”　② 睘聲:聲中有義。

【參證】馬敘倫《六書疏證》卷十五:“从睘得聲之字,如還訓疾走,獧訓疾跳,儇訓急。則儇之爲慧,今人所謂急智。然慧者,思索敏捷,則與急走之語原蓋同也。”

倓①　安也。从人,炎聲。讀若談。㑀,倓或从剡②。　徒甘切(tán)。

【譯文】倓,安然不疑。从人,炎聲。音讀象“談”字。㑀,倓的或體,从剡聲。

【注釋】① 倓:《荀子·仲尼》“倓然”楊倞注:“倓,安也,安然不疑也。”錢坫《斠詮》:“此恬淡字。”　② 从剡:朱駿聲《通訓定聲》:“从剡聲。”《段注》:“剡亦炎聲。”

侚　疾也。从人,旬聲。　辝閏切(xùn)。

【譯文】侚,疾速。从人,旬聲。

【參證】甲文作[甲文]。王國維《觀堂書札》(《中國歷史文獻研究集刊》第一集):“此从人从旬,即侚字。”

傛①　不安也。从人,容聲②。一曰[傛]華③。　余隴切(yǒng)。

【譯文】傛,動盪不安。从人,容聲。另一義説,傛是傛華。

【注釋】① 傛:《段注》:“與水波溶溶意義略同,皆動盪皃也。”

② 容聲：聲中有義。徐灝《段注箋》："鄭注《月令》曰：'容止謂動聲也。'容有動義。故傛从容聲而訓爲不安。"　③ 華：《段注》："'華'上當本有'傛'字。傛華亦婦官。《外戚傳》注：'婦官十四等，第三等傛華。'""此義餘封切(róng)。"

僷① 宋衛之間謂華僷僷②。从人，葉聲。　與涉切(yè)。

【譯文】僷，宋地、衛地之間叫容貌美好作僷僷。从人，葉聲。

【注釋】① 僷：王筠《句讀》引《方言》："奕、僷，容也。自關而西，凡美容謂之奕，或謂之僷，宋衛曰僷。"注："奕、僷，皆輕麗之皃。"

② 華僷僷：《段注》："華，容華也。僷僷，好皃。"

佳 善①也。从人，圭聲。　古膎切(jiā)。

【譯文】佳，美好。从人，圭聲。

【注釋】① 善：王筠《句讀》："其質本善曰佳。"引申爲大爲好。

侅 奇侅①，非常也。从人，亥聲。　古哀切(gāi)。

【譯文】侅，奇駭，不平常。从人，亥聲。

【注釋】① 奇侅：《段注》："與今云'奇駭'音義皆同。"

傀① 偉也。从人，鬼聲。《周禮》②曰："大傀異。"瓌，傀或从玉，褱聲。　公回切(guī)。

【譯文】傀，魁偉。从人，鬼聲。《周禮》説："巨大的奇怪的特異的災難。"瓌，傀的或體，从玉，褱聲。

【注釋】① 傀：桂馥《義證》："或借魁字。"　②《周禮》：指《春官・大司樂》。大傀異，今本"異"後有"烖"(災)字。鄭注："傀猶怪也。"

偉① 奇也。从人，韋聲。　于鬼切(wěi)。

【譯文】偉，奇異。从人，韋聲。

【注釋】① 偉：徐鍇《繫傳》："人材傀(魁)偉也。"

份① 文質(僣)[備]②也。从人，分聲。《論語》③曰："文質份份。"彬，古文份，从彡林④；林者，从焚省聲。　府巾切(bīn)。

【譯文】份，形式和内容兼備。从人，分聲。《論語》説："文彩和質地，那麼齊備。”彬，古字份字，由彡、林會意；林也表示由“焚”省而爲聲。

【注釋】① 份：《段注》：“俗份作斌，取文武相半意。” ② 偺：鈕樹玉《校録》：“宋本備作偺，誤。”徐鍇《繫傳》：“（文質備），文質相半也。” ③《論語》：指《雍也》。今“份”作“彬”。 ④ 从彡林：張文虎《舒藝室隨筆》：“林有衆盛之義，彡者，文飾也。”

 僚

好皃[①]。从人，尞聲。 力小切（liǎo）。

【譯文】僚，美好的樣子。从人，尞聲。

【注釋】① 好皃：《段注》：“此僚之本義也。自借爲同寮（liáo，官）字而本義廢矣。”

【參證】甲文作。羅振玉《殷虛書契考釋》：“尞古通僚。《説文》有僚無尞。”

 佖

威儀也。从人，必聲。《詩》[①]曰：“威儀佖佖。” 毗必切（bì）。

【譯文】佖，威嚴的儀容。从人，必聲。《詩經》説：“（已經喝醉了啊，）那威儀也就變得輕佻了。”

【注釋】①《詩》：指《小雅·賓之初筵》。今本原文：“曰既醉止，威儀怭怭。”毛傳：“（怭怭），媟嫚也。”王筠《句讀》：“此義與上義相反。”按：威儀，美好之皃。媟嫚，輕佻之皃。所謂美惡不嫌同詞也。

 僝

具也。从人，孨聲。讀若汝南潺水[①]。《虞書》[②]曰：“旁救僝功。” 士戀切（zhuàn）。

【譯文】僝，具備。从人，孨聲。音讀象汝南郡潺水的“潺”字。《虞書》説：“（共工）廣泛地聚斂，已具有功效。”

【注釋】① 潺水：王筠《釋例》：“許君，汝南人也。其地有小水，不著於地志，而土人相傳，呼爲僝水，許君即以僝字寄其音。故老所傳，無不呼僝水者，則見此讀若，即無不識僝字者。”“（有人）以其爲水名，而率意改从水。” ②《虞書》：指《堯典》。旁救僝功，今作“方鳩僝功”，木書辵部逑下作“旁逑孱功”，《史記·五帝本紀》作“旁聚布功”。

【參證】金文作。戴家祥《金文大字典》：“字从尸孨，古文从尸與

从人通，孱即孱字。”

儠① 長壯儠儠。从人，巤聲。《春秋傳》②曰：“長儠者相之。”良涉切(liè)。

【譯文】儠，高大、健壯，儠儠豐偉。从人，巤聲。《春秋左傳》說：“(使)魁偉的人擔任禮賓。”

【注釋】① 儠：朱駿聲《通訓定聲》：“謂人高大豐偉。”　②《春秋傳》：指《左傳・昭公七年》。今作“使長鬣者相”，借鬣爲儠。

儦 行皃。从人，麃聲。《詩》①曰：“行人儦儦。”甫嬌切(biāo)。

【譯文】儦，行走的樣子。从人，麃聲。《詩經》說：“來往的人是那麼衆多。”

【注釋】①《詩》：指《齊風・載驅》。毛傳：“儦儦，衆皃。”“衆皃”是另一義項。

儺 行(人)[有]①節也。从人，難聲。《詩》②曰：“珮玉之儺。”諾何切(nuó)。

【譯文】儺，行走有節度。从人，難聲。《詩經》說：“佩着的玉串是那麼有節奏地響着。”

【注釋】① 人：鈕樹玉《校録》：“宋本‘有’作‘人’，誤。”今正。
②《詩》：指《衛風・竹竿》。

倭 順皃。从人，委聲。《詩》①曰：“周道倭遲。”於爲切(wēi)。

【譯文】倭，順從的樣子。从人，委聲。《詩經》說：“大路總是那麼彎彎曲曲。”

【注釋】①《詩》：指《小雅・四牡》。倭遲，聯緜詞，路迂曲貌。

儇 嫺①也。从人，貴聲。一曰：長皃。　吐猥切(tuǐ)。又，魚罪切(wěi)。

【譯文】儇，嫺雅。从人，貴聲。另一義說，長的樣子。

【注釋】① 嫺：雅。

僑① 高也。从人，喬聲②。　巨嬌切(qiáo)。

【譯文】僑，高。从人，喬聲。

【注釋】① 僑：桂馥《義證》：“北方伎人，足繫高竿之上，跳舞作八僊狀，呼爲高橇，當作此僑。”王筠《句讀》：“（僑人）是寄廡木上也，而僑寓之義亦生焉。” ② 喬聲：聲中有義。王筠《句讀》：“喬本訓高。加人仍爲高。以其从人也，故僑人取名焉。”

倶 大也。从人，矣聲。《詩》[1]曰：“伾伾倶倶。” 牀史切(sì)。

【譯文】倶，大。从人，矣聲。《詩經》説：“有力而且壯大。”

【注釋】①《詩》：指《小雅·吉日》。伾伾倶倶，今作“儦儦倶倶”，《韓詩》作“駓駓騃騃”。伾伾，有力的樣子。

侗 大皃。从人，同聲。《詩》[1]曰：“神罔時侗。” 他紅切(tōng)。

【譯文】侗，大的樣子。从人，同聲。《詩經》説：“神明沒有什麽時間悲痛。”

【注釋】①《詩》：指《大雅·思齊》。侗，今作“恫”。毛傳：“恫，痛也。”《毛詩》假侗爲恫。

佶 正也。从人，吉聲。《詩》[1]曰：“既佶且閑。” 巨乙切(jí)。

【譯文】佶，正。从人，吉聲。《詩經》説：“既正確，又嫻熟。”

【注釋】①《詩》：指《小雅·六月》。今本原文：“四牡既佶，既佶且閑。”

俁 大也。从人，吳聲。《詩》[1]曰：“碩人俁俁。” 魚禹切(yǔ)。

【譯文】俁，大。从人，吳聲。《詩經》説：“那健壯的人們容貌魁偉。”

【注釋】①《詩》：指《邶風·簡兮》。俁俁，毛傳：“容貌大也。”

仜[1] 大腹也。从人，工聲。讀若紅。 户工切(hóng)。

【譯文】仜，大腹。从人，工聲。音讀象“紅”字。

【注釋】① 仜：朱駿聲《通訓定聲》：“亦作肛，作胮，作胖。《廣雅·釋詁二》：‘胮、肛，腫也。’《埤蒼》：‘胮、肛，腹脹也。’‘胖，腹滿也。’”

【參證】金文作。戴家祥《金文大字典》：“字从人从工。”郭沫若《兩周金文辭大系考釋·縣妃𣪕》：“疑是仜字。”

僤 疾[1]也。从人，單聲。《周禮》[2]曰：“句兵欲無僤。” 徒案切(dàn)。

【譯文】僤，疾速。从人，單聲。《周禮》説：“可以鉤用的兵器要不太疾直。”

【注釋】① 疾：徐鍇《繫傳》："速疾也。"　② 《周禮》：指《考工記・盧人》。句兵，指戟戈之類可以鉤用的武器。今"僤"作"彈"。承培元《引經證例》："蓋句兵利收，故取其橈之均；刺兵利發，則取勁直。"按：橈之均，即均匀的彎曲，不能太疾直。

健　伉①也。从人，建聲。　渠建切(jiàn)。

【譯文】健，强壯有力。从人，建聲。

【注釋】① 伉(gāng)：《集韻・梗韻》："伉，健力也。"參"伉"條，承培元《引經證例》訓伉爲高。高與健力二義相足。

倞　彊①也。从人，京聲。　渠竟切(jìng)。

【譯文】倞，强勁。从人，京聲。

【注釋】① 彊：本書弓部："弓有力也。"

【參證】甲文作。

傲　倨①也。从人，敖聲。　五到切(ào)。

【譯文】傲，驕慢不遜。从人，敖聲。

【注釋】① 倨：本部："不遜也。"

①

仡　勇壯也。从人，气聲。《周書》②曰："仡仡勇夫。"　魚訖切(yì)。

【譯文】仡，勇武壯健。从人，气聲。《周書》説："威武壯健的勇夫。"

【注釋】① 仡：今作仡。　② 《周書》：指《秦誓》。勇夫，武士。

倨　不遜①也。从人，居聲②。　居御切(jù)。

【譯文】倨，不恭順。从人，居聲。

【注釋】① 不遜：徐鍇《繫傳》："不順也。"《段注》："(遜)，逡循恭敬之意。"　② 居聲：聲中有義。王筠《句讀》："居乃踞之古字，踞者不敬。"

儼　昂頭也。从人，嚴聲。一曰：好皃。　魚儉切(yǎn)。

【譯文】儼，昂首。从人，嚴聲。另一義説，美好的樣子。

【參證】金文作，不从人。

①

傪　好皃。从人，參聲。　倉含切(cān)。

【譯文】傪，美好的樣子。从人，參聲。

【注釋】① 傪：錢坫《斠詮》："與《詩》'摻摻女手'字同。"按：人、手二部多通用。

俚①

聊①也。从人，里聲。　良止切(lǐ)。

【譯文】俚，聊賴。从人，里聲。

【注釋】① 聊：賴。張舜徽《約注》："今俗稱精神無所寄託爲'無聊'，即言無所倚賴也。"

伴①

大皃。从人，半聲。　薄滿切(bàn)。

【譯文】伴，大的樣子。从人，半聲。

【注釋】① 伴：借爲伴侣之伴。《段注》："《廣韻》云：'侣，依也。'今義也。夫部扶下曰：'讀若伴侣之伴。'知漢時非無伴侣之語。許於俗語不之取耳。至《聲類》乃云伴侣。"

俺

大也。从人，奄聲①。　於業切(yè/yàn)②。

【譯文】俺，大。从人，奄聲。

【注釋】① 奄聲：聲中有義。《段注》："(俺)與奄義略同。奄，大有餘也。"　② 今讀依《廣韻》於驗切。

僩

武皃。从人，閒聲。《詩》①曰："瑟兮僩兮。"　下簡切(xiàn)。

【譯文】僩，威武的樣子。从人，閒聲。《詩經》説："儀容莊重啊，體態威武啊。"

【注釋】①《詩》：指《衛風·淇奥》。毛傳："瑟，矜莊貌。"

伾

有力也。从人，丕聲①。《詩》②曰："以車伾伾。"　敷悲切(pī)。

【譯文】伾，有力。从人，丕聲。《詩經》説："用(這些馬)來駕車，多麼有力啊。"

【注釋】① 丕聲：聲中有義。本書一部："丕，大也。"徐鍇《繫傳》："魯有力人曰秦堇父，好勇，名其子曰丕，兹取此義。"有力好勇乃丕大義之一端也。後加人旁作伾，以别於丕大義。　②《詩》："指《魯頌·駉》。"《段注》："本謂人有力，引申謂馬。"

偲①

彊力也。从人，思聲。《詩》②曰："其人美且偲。"　倉才切(cāi)。

【譯文】偲，强大的材力。从人，思聲。《詩經》説："那個人美麗而又有才能。”

【注釋】① 偲：徐鍇《繫傳》：“偲之言材也，有材力也。” ②《詩》：指《齊風・盧令》。

倬 箸大[①]也。从人，卓聲[②]。《詩》[③]曰：“倬彼云漢。” 竹角切(zhuō)。

【譯文】倬，顯明而大。从人，卓聲。《詩經》説：“明亮而又廣大，那天上的銀河。”

【注釋】① 箸大：《段注》：“箸明之大也。” ②卓聲：聲中有義。本書：“卓，高也。”高猶大也。 ③《詩》：指《大雅・棫樸》。

侹 長皃。一曰：箸地[①]。一曰：代[②]也。从人，廷聲。 他鼎切(tǐng)。

【譯文】侹，長的樣子。另一義説，接觸地面。另一義説，替代。从人，廷聲。

【注釋】① 箸(zhuó)地：桂馥《義證》：“吾鄉謂倒地爲侹。”

② 代：朱駿聲《通訓定聲》：“今頂冒字以頂爲之。侹、當，一聲之轉。”

倗 輔也。从人，朋聲。讀若陪位[①]。 步崩切(péng)。

【譯文】倗，輔助。从人，朋聲。音讀象陪位的“陪”字。

【注釋】① 讀若句：《段注》：“讀若陪者，之蒸合韻最近也。”按：陪，古韻之部；倗，蒸部。之蒸可對轉。又，倗、陪聲紐同屬脣音。

【參證】甲文作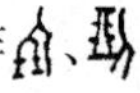，金文作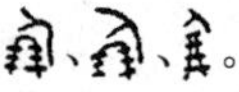。容庚《金文編》：“倗，金文以爲倗友之倗。經典通作朋貝之朋，而專字廢。”《金文詁林》卷八張日昇按：“毋貝並系爲朋，人之相交相从相連結如貝之串系，故爲倗，从人从朋，朋亦聲。”“倗篆作，有類鳳形，故許書誤以朋爲鳳之古文。”參“鳳”條。

傓 熾盛[①]也。从人，扇聲[②]。《詩》[③]曰：“豔妻傓方處。” 式戰切(shàn)。

【譯文】傓，象炙手可熱般的旺盛。从人，扇聲。《詩經》説：“美麗的妻子正是炙手可熱之時，正與君王并處於高位。”

【注釋】① 熾(chì)盛：王筠《句讀》：“熾，盛也。熾者，況詞，炙手可熱之謂也。盛乃質言之。” ② 扇聲：聲中有義。徐鍇《繫傳》：“人權力相成，若火之相扇也。當言扇亦聲。”故有熾盛義。
③《詩》：指《小雅·十月之交》。傓，今作“煽”。一作“扇”。毛傳：“艷妻，褒姒，美色曰艷。煽，熾也。”方處，并處位。王筠《句讀》：“扇者，古文借字；傓者，專字；煽者，俗字。”

儆[1] 戒也。从人，敬聲[2]。《春秋傳》[3]曰：“儆宮。” 居影切(jǐng)。

【譯文】儆，戒備。从人，敬聲。《春秋左傳》説：“在宮廷内警戒。”

【注釋】① 儆：因人戒備。 ② 敬聲：聲中有義。敬有戒謹義，見徐灝《段注箋》“敬”條。戒謹，因謹懼而戒備。故朱駿聲《通訓定聲》作“从人从敬會意，敬亦聲。” ③《春秋傳》：指《左傳·襄公九年》。

【參證】金文作、，首字不从人，次字从心。

俶 善也。从人，叔聲。《詩》[1]曰：“令終有俶。”一曰：始也。昌六切(chù)[2]。

【譯文】俶，美好。从人，叔聲。《詩經》説：“有善終必有善始。”另一義説，俶是始。

【注釋】①《詩》：指《大雅·既醉》。此引詩證俶(chù)始義，當在“始也”之後。見王筠《句讀》。 ② chù 爲始義音讀，善義今讀 shū。

【參證】金文作。金文“俶”、“叔”、“弔”同字。

傭[1] 均、直也[2]。从人，庸聲。 余封切(yōng)[3]。

【譯文】傭，平均；工錢。从人，庸聲。

【注釋】① 傭：徐灝《段注箋》：“庸、傭，古今字。” ② 均、直也：均也；直也。一句數讀。徐灝《段注箋》：“均猶平也，常也。”“直者，傭力(被雇傭的勞力)受直之義。后加人旁作傭，以别於庸常之義。” ③ “傭均”義今讀 chōng。《廣韻》：“丑凶切。”

僾 仿佛[1]也。从人，愛聲。《詩》[2]曰：“僾而不見。” 烏代切(ài)。

【譯文】僾，(所見)依稀不分明。从人，愛聲。《詩經》説：“(那可愛的人兒)隱蔽起來了,我不能見着。”

【注釋】① 仿佛:徐鍇《繫傳》:“見之不明也。” ②《詩》:指《邶風·靜女》。今“僾”作“愛”。毛傳疏:“‘愛而’者,隱蔽不見之謂。”

仿 相似[1]也。从人,方聲。,籒文仿,从丙[2]。 妃罔切(fǎng)。

【譯文】仿,相似。从人,方聲。㑂,籒文仿字,从丙聲。

【注釋】① 相似:張舜徽《約注》:“相似乃仿字之本義。引申之,則凡有所效法以求其近似者亦曰仿。” ② 从丙:丙、方上古同屬脣音陽部。

佛 見不審也。从人,弗聲[1]。 敷勿切(fú)。

【譯文】佛,看不清楚。从人,弗聲。

【注釋】① 弗聲:徐灝《讀書雜釋》:“古从弗之字多以隱蔽爲義。”

僁 聲[1]也。从人,悉聲。讀若屑[2]。 私列切(xiè)。

【譯文】僁,象聲。从人,悉聲。音讀象“屑”字。

【注釋】① 聲:《段注》:“謂聲之小者也。”《廣韻》:“動草聲。”桂馥《義證》“悉蟹義取此。” ② 讀若屑:屑今作屑。悉聲、佾聲均在心紐屑部。見馬敘倫《六書疏證》卷十五。

僟 精謹也。从人,幾聲[1]。《明堂月令》[2]:“數將僟終。” 巨衣切(qí/jī)[3]。

【譯文】僟,精詳謹嚴。从人,幾聲。《明堂月令》說:“(一年三百六十五日的)數,將接近完了。”

【注釋】① 幾聲:聲中有義。見下注。 ②《明堂月令》:徐鍇《繫傳》:“即今《禮記·月令》未删定前也。古天子居明堂布政,每月告朔,班一月之政令,故曰《明堂月令》。”僟:今作幾。徐鍇《繫傳》:“幾,近詞也,切也,故爲精詳。” ③ 今讀依《廣韻》居依切。

【參證】金文作。

[1]
佗 負何也。从人,它聲。 徒何切(tuó)。

【譯文】佗,用背負載物體。从人,它聲。

【注釋】① 佗:朱駿聲《通訓定聲》:“本訓爲人負物,故畜産載負亦曰佗,俗字作駝,作馱。”徐鍇《繫傳》:“《史記》匈奴奇畜有橐佗,今俗譌誤，謂之駱駝。”桂馥《義證》：“肩背有肉峰，隆起若橐，能佗重載。故以名之。”又，《段注》：“隸變佗爲他(tā)，用爲彼之稱。”

 儋[①]也。从人，可聲。 胡歌切(hé/hè)[②]。

何 【譯文】何，擔荷。从人，可聲。

【注釋】① 儋：徐鉉注：“儋何(hè)，即負何也。借爲誰何之何(hé)。今俗别作擔荷(hè)。” ② 誰何今讀 hé，擔何今讀 hè。

【參證】甲文作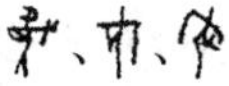，金文作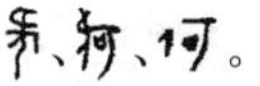。郭沫若《殷契粹編考釋》：“字乃何(荷)之古文，象人荷戈形。”裘錫圭《釋“勿”“發”》(《中國語文研究》第二期)：“‘何’字本作，象人荷物形，後來象所荷之物的形加‘口’而成‘可’，‘何’字就由表意字轉化成从‘人’‘可’聲的形聲字了。”後何又專用爲“誰何”之何，於是借用荷蕖之荷而爲負何字。

[①] 何也。从人，詹聲。 都甘切(dān)。

儋 【譯文】儋，肩荷。从人，詹聲。

【注釋】① 儋：《段注》：“儋俗作擔。”韋昭《齊語》注曰：“背曰負；肩曰儋；任，抱也；何，揭也。按：統言之，則以肩、以手、以背、以首，皆得云儋也。”

 設也。从人，共聲。一曰：供給[①]。 俱容切(gōng/gòng)[②]。

供 【譯文】供，擺設。从人，共聲。另一義説，(供)是供給。

【注釋】① 給：《段注》：“給者，相足也。”按：擺設、施陳，與供給之義相因。 ② “供給”義今讀 gōng，“陳設”義今讀 gòng。

 待[①]也。从人，从待[②]。 直里切(zhì)。

偫 【譯文】偫，(儲物)待用。由人、由待會意。

【注釋】① 待：《段注》：“以疊韻爲訓。謂儲物以待用也。偫，經典或作峙，或作庤。” ② 从人，从待：《段注》：“此舉會意包形聲也。小徐本从人，待聲。”

[①] 偫也。从人，諸聲。 直魚切(chú/chǔ)。

儲 【譯文】儲，儲蓄待用。从人，諸聲。

【注釋】① 儲：蓄物以備用。徐鍇《繫傳》：“積聚以爲副貳也。”《段注》："謂蓄積以待無也。"古者太子謂之儲君。儲者，言設以待之也。

備① 慎②也。从人，葡聲。③，古文備。　平祕切(bèi)。

【譯文】備，謹慎。从人，葡聲。㑌，古文備字。

【注釋】① 備：亦作備。　② 慎：徐灝《段注箋》："葡、備，古今字，相承增偏旁。凡備其事者皆謹慎義也。"　③ 㑌：桂馥《段注鈔案》："夂者，行之慎也；女者，人之慎也。"存參。

【參證】甲文作、，金文作、、。本係箙的象形字，本義爲盛矢器，後加人旁。商承祚《說文中之古文考》："(㑌)从，則之寫譌也。"

位 列中庭①之左右謂之位。从人立②。　于備切(wèi)。

【譯文】位，排列在朝廷中的左右位置叫作位。由人立會意。

【注釋】① 中庭：《段注》作"中廷"，曰："中廷猶言廷中。"古者朝不屋，無堂階，故謂之朝廷。　② 立：王筠《句讀》："許君蓋以位爲立之分別文也。"故王以爲"立"亦爲聲。

【參證】甲文作、，金文作、、。王筠《句讀》引鄭司農說："古音立、位同字。"位是後起字。

儐① 導②也。从人，賓聲③。，儐或从手④。　必刃切(bìn)。

【譯文】儐，導引賓客。从人，賓聲。擯，儐的或體，从手。

【注釋】① 儐：徐鍇《繫傳》："道(導)賓也。"　② 導：《段注》："導，導引也。"桂馥《義證》引《儀禮》"卿爲上擯"注："擯爲主國之君所使出接賓也。"賓客生疏故需主國所使者導引。　③ 賓聲：聲中有義。賓者，所敬重之賓客。从人从賓，則爲導引接待賓客之人。④ 从手：導引接待，用手頻繁，故从手。

【參證】甲文作，金文作。儐、賓同字。參"賓"條。

偓 佺①也。从人，屋聲。　於角切(wò)。

【譯文】偓，偓佺。从人，屋聲。

【注釋】① 佺：應連篆爲讀。徐鍇《繫傳》："偓佺，古仙人名也。劉向《列僊傳》：'偓佺，堯時人也。服松實得仙，以松實與堯，堯不服也。服之者皆千歲也。'"

佺　偓佺，仙人也。从人，全聲。　此緣切（quán）。

【譯文】佺，偓佺，仙人。从人，全聲。

儑[1]　心服也。从人，聶聲。　齒涉切（chè）。

【譯文】儑，從心裏服从。从人，聶聲。

【注釋】① 儑：與懾（shè，服）同。

仢　約[1]也。从人，勺聲。　徒歷切（dí）。

【譯文】仢，仢約。从人，勺聲。

【注釋】① 約：應連篆爲讀。仢約，流星。朱駿聲《通訓定聲》：“《爾雅》：‘奔星爲彴（通仢）約。’舊注：‘流星大而疾曰奔。’按：仢約，疊韻連語，急疾皃。”仢約，流星急疾破空而下。《爾雅》以其體爲義，朱氏以其狀爲義。

儕　等輩也。从人，齊聲[1]。《春秋傳》[2]曰：“吾儕小人。”　仕皆切（chái）。

【譯文】儕，等同之輩。从人，齊聲。《春秋左傳》説：“我們這輩小人。”

【注釋】① 齊聲：王筠《句讀》：“兼意。”《段注》：“等，齊簡也。故凡齊皆曰等。”　②《春秋傳》：指《左傳·宣公十一年》。

倫　輩[1]也。从人，侖聲。一曰：道[2]也。　（田）[力][3]屯切（lún）。

【譯文】倫，輩。从人，侖聲。另一義説，倫是道理。

【注釋】① 輩：《段注》：“軍發車百兩爲輩，引申之同類之次（等第）曰輩。”　② 道：《段注》：“粗言之曰道，精言之曰理。凡注家訓倫爲理者，皆與訓道者無二。”本書侖下：“侖，理也。”按：倫輩，道理，二義相因。同次之車爲輩，輩有次義；層次混亂，無以成道理。

③ 田：乃“力”之誤。

侔　齊等也。从人，牟聲。　莫浮切（móu）。

【譯文】侔，均齊等同。从人，牟聲。

偕　彊也。从人，皆聲。《詩》[1]曰：“偕偕士子。”一曰：俱也。　古諧切（jiē/xié）[2]。

【譯文】偕，强壯。从人，皆聲。《詩經》説：“强壯啊，那些在職的官員。"另一義説,偕是共同。

【注釋】①《詩》: 指《小雅·北山》。士子,《集疏》:"士,讀爲事,从事王朝之子也。" ② 今讀依《集韻》雄皆切。

俱 偕[①]也。从人,具聲。 舉朱切(jū/jù)。

【譯文】俱,共同。从人,具聲。

【注釋】① 偕: 王筠《句讀》:"此自承'一曰具也'來。"參"偕"條。

【參證】金文作具,不从人。

儹 (最)[冣][①]也。从人,贊聲。 作管切(zǎn)。

【譯文】儹,聚集。从人,贊聲。

【注釋】① 最: 當依《段注》作"冣","冣、聚,古通用。"《廣韻·緩韻》曰:"儹,聚也。"

併 並也。从人,并聲[①]。 卑正切(bìng)。

【譯文】併,并列。从人,并聲。

【注釋】① 并聲:《段注》:"此舉形聲包會意。"并,段釋爲二人持二竿,并合之意。參"并"條。

傅 相也。从人,尃聲。 方遇切(fù)。

【譯文】傅,輔佐。从人,尃聲。

【參證】金文傅。

侙 惕[①]也。从人,式聲。《春秋國語》[②]曰:"於其心侙然。" 恥力切(chì)。

【譯文】侙,驚恐不安。从人,式聲。《春秋國語》説:"在他的心裏總是驚恐不安的。"

【注釋】① 惕:《段注》:"敬(驚)也。" ②《春秋國語》: 指《吴語》。今本"侙"作"慼"。

俌 輔[①]也。从人,甫聲。讀若撫。 芳武切(fǔ)。

【譯文】俌,輔佐。从人,甫聲。音讀象"撫"字。

【注釋】① 輔:《段注》:"謂人之俌猶車之輔也。"

倚[①] 依也。从人,奇聲。 於綺切(yǐ)。

【譯文】倚,依靠(物體)。从人,奇聲。

【注釋】① 倚: 張舜徽《約注》:"今稱坐具之後有木可靠背者爲椅,

當以倚爲本字。”

依　倚也。从人，衣聲。　於稀切(yī)。

【譯文】依，倚靠。从人，衣聲。

【參證】甲文作　、　，人在胞衣中形。胞衣爲胎兒所依託。一説：“字象人體着衣之形。”“其本義當爲動字，即‘解衣衣人’之第二‘衣’字之義也。”見李孝定《甲骨文字集釋》第八。

仍　因①也。从人，乃聲。　如乘切(réng)。

【譯文】仍，依就。从人，乃聲。

【注釋】① 因：本書口部：“因，就也。”

佽　便利也。从人，次聲①。《詩》②曰：“決拾既佽。”一曰：遞也。　七四切(cì)。

【譯文】佽，便利。从人，次聲。《詩經》説：“右手大拇指上的扳指和左臂上皮製護袖已是十分便利。”另一義説，佽是順次。

【注釋】① 次聲：聲中有義，見下注。　② 《詩》：指《小雅・車攻》。決，戴在右手大拇指上的骨製套子，射箭時用以鉤弦，俗稱扳指。拾，射箭時套在左臂上的皮製護袖。錢坫《斠詮》：“傳：利也。箋：謂手指相次比。”然“相次比即次弟之義，故亦云遞也”。決、拾依次準備就緒射箭就會十分便利，故傳曰利也。

佴　佽①也。从人，耳聲。　仍吏切(èr)。

【譯文】佴，次第。从人，耳聲。

【注釋】① 佽：王筠《句讀》：“此承‘遞也’一義。即次第之謂。”参上“佽”條。

倢　佽①也。从人，疌聲。　子葉切(jié)。

【譯文】倢，便捷。从人，疌聲。

【注釋】① 佽：《段注》：“此解冡(蒙)‘便利’之訓。”(参“佽”條)“本亦作捷。按：倢伃，婦官也。亦作婕妤，蓋言敏捷而又安舒。”

侍①　承②也。从人，寺聲。　時吏切(shì)。

【譯文】侍，承奉。从人，寺聲。

【注釋】① 侍：《釋名》：“侍，時也。尊者不言，常於時供所當進者也。”　② 承：《段注》：“凡言侍者，皆敬恭承奉之義。”

傾 仄[1]也。从人，从頃[2]，頃亦聲。 去營切(qīng)。

【譯文】傾，偏斜。由人、由頃會意，頃也表聲。

【注釋】① 仄：當依《段注》作夨。夨下曰：“傾頭也。” ② 从頃：本書匕部：“頃，頭不正也。”

側[1] 旁也。从人，則聲。 阻力切(cè)。

【譯文】側，旁邊。从人，則聲。

【注釋】① 側：《段注》：“不正(傾斜)曰仄，不中(不在中間)曰側。二義有別，而經傳多通用。”

【參證】金文作、。丁佛言《古籀補補》卷八：“疑爲古側字。”

侒 宴[1]也。从人，安聲。 烏寒切(ān)。

【譯文】侒，安逸。从人，安聲。

【注釋】① 宴：本書宀部：“宴，安也。”

侐 靜也。从人，血聲。《詩》[1]曰：“閟宫有侐。” 況逼切(xù)。

【譯文】侐，清靜。从人，血聲。《詩經》説：“神宫多麽清靜。”

【注釋】①《詩》：指《魯頌·閟宫》。閟(bì)，神。

付 與也。从(寸)[又][1]持物對人。 方遇切(fù)。

【譯文】付，交授。由“又”(手)持握着物對着“人”會意。

【注釋】① 从寸：依桂馥《義證》：“當云：从又持物對人。又，手也。又下一畫即物也。”

【參證】金文作、，从又，象手形。楊樹達《文字形義學》：“以物與人必以手。”

俜 使[1]也。从人，甹聲[2]。 普丁切(pīng)。

【譯文】俜，放任。从人，甹聲。

【注釋】① 使：桂馥《義證》：“讀如使(縱)酒之使。” ② 甹聲：聲中有義。丂部：“甹，俠也。三輔謂輕財者爲甹。”輕財則任性也。

俠[1] 俜[2]也。从人，夾聲[3]。 胡頰切(xiá)。

【譯文】俠，輕財放任而稱雄。从人，夾聲。

【注釋】① 俠：徐灝《段注箋》：“俠，古但爲持字。戰國之世，任俠之風盛行，乃别其義謂之任俠者，挾負氣力以任事自雄也。”

② 傳：輕財者。 ③ 夾聲：聲中有義。《段注》："从二人之夾，非二入之夾也。""挾之言夾也。夾者持也。"

儃 儃何[1]也。从人，亶聲。 徒干切(tán/chán)[2]。

儃 【譯文】儃，儃回。从人，亶聲。

【注釋】① 儃何：《段注》："或當作儃回。"儃回又作儃佪，即徘徊不進。 ② 今讀依《廣韻》市連切。

侁 行皃。从人，先聲。 所臻切(shēn)。

侁 【譯文】侁，行走的樣子。从人，先聲。

仰 舉[1]也。从人，从卬[2]。 魚兩切(yǎng)。

仰 【譯文】仰，抬頭。由人，由卬會意。

【注釋】① 舉：玄應《一切經音義》卷八引作"仰，謂舉首也"。

② 从卬：本書匕部："卬，望欲有所庶及也。"《段注》："此舉會意包形聲。""(仰)與卬音同。"

侸[1] 立也。从人，豆聲。讀若樹。 常句切(shù)。

侸 【譯文】侸，樹立。从人，豆聲。音讀象"樹"字。

【注釋】① 侸：今作樹。

【參證】甲文作。羅振玉《殷虚書契考釋》卷中："(字)从人从豆。古从木之字或省从。……故亦作，知即樹也，故或省人。此爲後世僕豎之豎字。卜辭又或从女，殆與从人之同。"

儽 垂皃[1]。从人，纍聲。一曰：嬾解[2]。 落猥切(lěi)。

儽 【譯文】儽，垂頭喪氣的樣子。从人，纍聲。另一義說，儽是懶散懈怠。

【注釋】① 垂皃：王筠《句讀》："有憂者垂頭喪氣也。" ② 嬾解：徐鍇《繫傳》作"嬾懈"。錢坫《斠詮》："今俗謂人意態嬾散曰儽垂。"

侳[1] 安也。从人，坐聲。 則臥切(zuò)。

侳 【譯文】侳，安坐。从人，坐聲。

【注釋】① 侳：錢坫《斠詮》："此安坐字。"徐灝《段注箋》："坐，古文作坐，篆文作㘸，从土，从留省。其義未顯，故加人旁。今隸楷皆從古文坐，而㘸、侳廢矣。"

 揚[①]也。从人，爯聲[②]。　處陵切(chēng)。

偁 【譯文】偁，飛舉。从人，爯聲。

【注釋】① 揚：《段注》："揚者，飛舉也。""凡古偁舉、偁謂字皆如此作。""自稱行而偁廢矣。稱者，今之秤字。"　② 爯聲：聲中有義。本書"冓"部："爯，並舉也。"

【參證】甲文作、、，金文作、。李孝定《甲骨文字集釋》第八："(字)象人以手有所稱舉形。作者人形與所挈之物已析而爲二。"

 相參伍[①]也。从人，从五[②]。　疑古切(wǔ)。

伍 【譯文】伍，或三或五以相錯雜交互。由人、由五會意。

【注釋】① 參伍：徐鍇《繫傳》："三人相雜謂之參，五人相雜謂之伍。"《易・繫辭上》"參伍以變"孔穎達疏："參，三人；伍，五也。或三或伍，以相參合，以相改變。"伍的本義是最小的軍事編制單位。

② 从人，从五：《段注》引《周禮》：五人爲伍。五也表聲。

 相什保[①]也。从人十[②]。　是執切(shí)。

什 【譯文】什，以十户或十人爲單位，相互擔保。由人、十會意。

【注釋】① 什保：《段注》："《族師職》曰：'五家爲比，十家爲聯。五人爲伍，十人爲聯，使之相保相安。'鄭云：'保猶任(擔)也。'"

② 从人十：《段注》："此舉會意包形聲。"

 相什伯[①]也。从人百[②]。　博陌切(bǎi)。

佰 【譯文】佰，以百户或百人爲單位，(相互擔保。)由人、百會意。

【注釋】① 什伯：徐鍇《繫傳》作"什佰"，注："亦相保也。"什佰：連類而及"什"。《段注》："佰連什言者，猶伍連參言也。"　② 从人百：舉會意包形聲。

 會也。从人，𠯑聲。《詩》[①]曰："曷其有佸?"一曰：佸佸，力皃[②]。　古活切(kuò/kuó)[③]。

佸 【譯文】佸，相會。从人，𠯑聲。《詩經》説："什麼時候該有相會之期?"另一義説，佸佸，有力的樣子。

【注釋】①《詩》：指《王風・君子于役》。"佸"今本作"佸"。

② 力皃：《集韻・犂韻》："佸，勤力於田也。"　③ 今讀依《廣韻》

户括切。

佮　合也。从人，合聲①。　古沓切(gé)。

【譯文】佮，相合。从人，合聲。

【注釋】① 合聲：兼意。徐鍇《繫傳》："人相合也。"

散　(妙)[眇]①也。从人，从攴，豈省聲②。　無非切(wēi)。

【譯文】散，微小。由人、由攴會意，豈省聲。

【注釋】① 妙：當依《段注》作"眇"。段注："眇者，小也。引申爲凡細之偁。"　② 豈省聲：徐鉉注曰："豈字从散省，散不應从豈省。疑从耑省，耑，物初生之題，尚散也。"存參。

【參證】甲文作　、　，金文作　、　。高鴻縉《散盤集釋》："散應从攴、長會意。長爲髮字之最初文……髮既細小矣，攴之則斷，而更散也。"

傆①　黠也。从人，原聲②。　魚怨切(yuàn)。

【譯文】傆，狡滑。从人，原聲。

【注釋】① 傆：《段注》："葢謂鄉原(外表謹慎，實則與流俗合污的僞善者)。"　② 原聲：聲中有義。薛傳均《答問疏證》："原其人情而爲意以待之。""見人輒原其趣嚮。"本書："原，水泉本也。"原有推源其本之義。外表循規蹈矩，内則在推原時俗之本而暗合潮流，故徐鍇《繫傳》釋爲"姦智"者。

作①　起②也。从人，从乍③。　則洛切(zuò)。

【譯文】作，起立。由人、由乍會意。

【注釋】① 作：徐灝《段注箋》："作者，始事之辭，故或訓爲始"；"或訓爲起"；"或訓爲興"；"或訓爲生"；"或訓爲動"；"或訓爲用"；"或訓爲使"；"或訓爲治"；"或訓爲爲"；"皆一義相生"。　② 起：本書走部："能立也。"　③ 从乍：舉會意包形聲。徐鍇《繫傳》作"乍聲"。

【參證】甲文作　，金文作　、　、　。葉玉森《殷虚書契前編集釋》卷一："(甲文)孫詒讓氏釋乍"，"即作之古文"。字之形義待考。

假　非真也。从人，叚聲①。一曰：至也②。《虞書》③曰："假于上下。"　古額切(gé/jiǎ)④。

【譯文】假，不真實。从人，叚聲。另一義説：假是到。《虞書》説：

"到達天地。"

【注釋】① 叚聲：聲中有義。本書："叚，借也。"叚借之有，非真有。故義爲"非真"。　② 至也：王筠《句讀》："與彳部叚同。"　③《虞書》：指《堯典》。假，今作"格"。上下，指天地。　④"至到"義今讀 gé，"非真"義今讀 jiǎ。

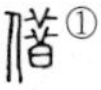① 假也。从人，昔聲。　資昔切(jī/jiè)②。

借　【譯文】借，借用(非己真有的物品)。从人，昔聲。

【注釋】① 借：姚文田、嚴可均《校議》："大徐新修十九文也。……古書皆作藉。"王玉樹《拈字》："後人因涉假並改从人旁耳。然攷漢武梁祠堂石刻已有'借'字。敘文六曰假借。是許書當有此字矣。"　② 今讀依《廣韻》子夜切。

① 漸進也。从人又持帚。若埽之進；又，手也。　七林切(qīn)。

侵　【譯文】侵，漸進。由"人""又"(手)持握着"帚"會意。(帚)好象用掃帚清埽而前進；又，表示手。

【注釋】① 侵：今隸作侵，省巾。

【參證】甲文作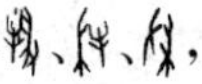，金文作。唐蘭《殷虛文字記》釋甲文："當是象以帚拭牛之意，而自象意聲化例言之，則當讀爲从犏聲(或㚟聲)。卜辭㑴㑴二字，蓋叚借爲侵。""是侵或掠人也。"林義光《文源》釋金文："人與又不共持帚，侵迫也。象埽者持帚漸進，侵迫人也。"甲文金文構形雖不同，但其以帚漸進侵迫之意未變。

① 賣②也。从人，賣聲。　余六切(yù)。

儥　【譯文】儥，出賣。从人，賣聲。

【注釋】① 儥：《段注》："貝部賣(yù)下曰：'衙也。'衙者，行且賣也。賣(yù)即《周禮》之儥字，今之鬻字。"　② 賣：王筠《句讀》："賣也者，字當作賣。儥爲絫增字。"按：小篆，賣音 yù，賣音 mài。隸變後都寫作賣。

【參證】金文作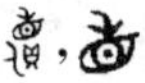即古𡒇字，睦字。从人从賣。參"賣"條。

① 伺望②也。从人，矦聲。　胡遘切(hòu)。

候　【譯文】候，觀察守望。从人，矦聲。

【注釋】① 候：俞樾《兒笘録》："矦者，射矦也。人所望而射也。故矦字即有伺望義。許君以伺望爲候字説解，不知其即爲矦字引申義也。”按：矦、候，古今字。候今作候。　② 伺望：王筠《句讀》。“《曹風・候人》傳曰：‘道路送賓客者。’按即《周禮》之候人，毛公以盛世事説之也。《左宣十二年傳》：‘豈敢辱候人。’杜云：‘謂伺候望敵者。’則以衰世之事説之。”按：無論盛衰，無論送賓伺敵，候人之職責其爲觀察守望，則一也。

 還也。从人，賞聲。　食章切(cháng)。

償 【譯文】償，歸還。从人，賞聲。

【參證】金文作，不从人。馬叙倫《六書疏證》卷十五：“償爲賞的後起字。六篇：‘賞，賜其功也。’以貝易其功，是償還之義也。”參“賞”條。

 材能[①]也。从人，堇聲。　渠吝切(jìn/jǐn)。

僅 【譯文】僅，才能够。从人，堇聲。

【注釋】① 材能：徐鍇《繫傳》作“才能”。《段注》：“今人文字皆訓僅爲但。”

[①] 更也。从人，弋聲[②]。　徒耐切(dài)。

代 【譯文】代，更替。从人，弋聲。

【注釋】① 代：朱駿聲《通訓定聲》：“凡以此易彼，以後續前皆曰代。”　② 弋聲：弋上古屬喻四，歸定紐，與代同紐。代，之部；弋，職部：之職對轉。

 度[①]也。从人，義聲[②]。　魚羈切(yí)。

儀 【譯文】儀，法度。从人，義聲。

【注釋】① 度：徐鍇《繫傳》：“法度也。”　② 義聲：聲中有義。本書：“義，己之威儀也。”徐灝《段注箋》引戴侗説：“被服、起居、進退、動作有則謂之儀。”有則，即有法度。法度、威儀，一義相因。後借爲仁義之義，則加人旁作儀，表示威儀義。儀是義的後起加旁分化字，參“義”條。

【參證】金文作，不从人。

 近[①]也。从人，旁聲[②]。　步光切(páng/bàng)[③]。

傍 【譯文】傍，靠近。从人，旁聲。

【注釋】① 近：徐鍇《繫傳》："近之也。" ② 旁聲：《段注》："此舉形聲包會意也。"本書："旁，溥也。"溥是大，是充塞滂薄。甲、乙交界，甲物大則靠近乙物。 ③ 今讀依《廣韻》蒲浪切。

①象也。从人，㠯聲②。 詳里切(sì)。

佀 【譯文】佀，相像。从人，㠯聲。

【注釋】① 佀：今作似。《段注》："相像曰相似。" ② 㠯聲：㠯隸變作以。以、似上古同屬之部。

【參證】金文作、、、。容庚《善齋彝器圖録·陳侯因資錞》："𨖐(即此處所録金文第三字)乃似之繁文，从立。"同理，第四字，亦是繁文，从心。楊樹達《積微居小學述林·釋似》以徐鍇《繫傳》"似，象肖也"、"肖即似也"爲據，説："似者，子貌似其父母也。"依楊説，凡相像之義則是似之引申義。

安也。人有不便，更之。从人更。 房連切(pián)①。

便 【譯文】便，安適。人有不安適之處，就變更它。由人、更會意。

【注釋】① 安適義讀 pián，便更、便利義今讀 biàn。

【參證】金文作。《金文編》："唐蘭釋爲便。从人从㚎。㚎爲古文鞭，象手持鞭，鞭人之背形，當是鞭的原始字。"存參。

(符)[保]①也。从人，壬聲。 如林切(rén/rèn)②。

任 【譯文】任，保舉。从人，壬聲。

【注釋】① 符：當依徐鍇《繫傳》作"保"。徐注："相保任也。"沈濤《古本考》："保任，古人恒語。"《段注》："(保)如今言保舉是也。"
② 今讀依《廣韻》汝鴆切。

【參證】甲文作、，金文作。馬敘倫《六書疏證》卷十五："任爲擔何之義"，"古之擔荷皆以肩背，故此訓保也。"按：壬、任古今字。壬爲壬癸義所借所專，則加人旁作任。

譬諭也。一曰：間見①。从人，从見②。《詩》③曰："俔天

俔 之妹。" 苦甸切(qiàn)。

【譯文】俔，譬喻。另一義説，从空隙中(乍然)看見。由人、由見會意。《詩經》説："(大國有女兒，)好象上天的妹妹。"

【注釋】① 間(jiàn)見：朱駿聲《通訓定聲》："於空隙中乍見之意。"

此疑是本義，引申爲窺伺義。《爾雅·釋言》："閒，俔也。"注："《左傳》謂之諜，今之細作也。"王筠《句讀》："引《詩》證譬諭意，此句當在其下。"王筠之意爲"一曰閒見"當在"俔天之妹"下。　② 从見：見亦聲。　③《詩》：指《大雅·大明》。原文："大邦有子，俔天之妹。"

【參證】甲文作□。

優　饒[1]也。从人，憂聲。一曰：倡[2]也。　於求切(yōu)。

【譯文】優，寬裕。从人，憂聲。另一義説，是俳優。

【注釋】① 饒：徐鍇《繫傳》："寬裕也。"　② 倡：《段注》："即所謂俳優也。"指樂舞或雜戲演員。

僖[1]　樂也。从人，喜聲[2]。　許其切(xī)。

【譯文】僖，喜樂。从人，喜聲。

【注釋】① 僖：《段注》："此字之本義少用，其隸變爲嬉(嬉戲)。"　② 喜聲：王筠《句讀》："兼意。"

偆　富[1]也。从人，春聲。　尺允切(chǔn)。

【譯文】偆，富厚。从人，春聲。

【注釋】① 富：本書宀部："富，厚也。"

倇　完也。《逸周書》[1]曰："朕實不明，以倇伯父[2]。"从人，从完[3]。　胡困切(hùn)。

【譯文】倇，完全。《逸周書》説："我確實愚昧不明，不知完全守住伯父(的訓辭)。"由人、由完會意。

【注釋】①《逸周書》：《段注》："謂《漢志》七十一篇之《周書》也。今《大戒解》有'朕實不明'句。"　② 朕實二句：朱右曾校釋："倇，完也。言伯父之訓非不明顯，朕愚不知所以完守之者。"　③ 从完：王筠《句讀》："當云完聲，乃合聲意互相備之例。"

儉[1]　約也。从人，僉聲。　巨險切(jiǎn)。

【譯文】儉，行爲約束。从人，僉聲。

【注釋】① 儉：《段注》："約者，纏束也。儉者，不敢放侈之意。"

偭[1]　鄉[2]也。从人，面聲[3]。《少儀》[4]曰："尊壺者偭其鼻。"彌箭切(miàn/miǎn)[5]。

【譯文】偭,面向。从人,面聲。《少儀》説:“酒尊和酒壺都將它們的巴鼻面向(設尊的人)。”

【注釋】① 偭:王筠《句讀》:“面之分别文。” ② 鄉:《段注》:“今人所用之‘向’字也。”“偭訓鄉,亦訓背。此窮則變、變則通之理,如廢置、存徂、苦快之例。”陳瑑《引經考證》:“偭兼鄉背二義,反相爲訓也。” ③ 面聲:聲中有義。雷浚《引經例辨》:“面,从百,象人面形。則人面其本義引申之可訓鄉。後加人旁作偭爲訓鄉之正字。”面、偭古今字。 ④《少儀》:《禮記》的一篇。 ⑤ 今讀依《廣韻》彌兖切。

① 俗

習②也。从人,谷聲。 似足切(sú)。

【譯文】俗,習慣。从人,谷聲。

【注釋】① 俗:《釋名》:“俗,欲也。俗人所欲也。”《禮記·曲禮》“入國而問俗”鄭玄注:“俗謂常所行與所惡也。” ② 習:《段注》:“習者,數飛也。引申之凡相效謂之習。”

【參證】金文作。《金文編》:“義如欲。”欲是裏,俗是表。欲、俗一義相因。戴家祥《金文大字典》:“《唐韻》俗讀‘似足切’,邪母侯部;欲讀‘余蜀切’,喻母侯部。谷讀‘古録切’,見母侯部。”“皆同部通假字。”

 俾

益也。从人,卑聲①。一曰:俾,門侍人②。 并弭切(bǐ)③。

【譯文】俾,增益。从人,卑聲。另一義説,俾是守門人。

【注釋】① 卑聲:聲中有義。參“卑”條。 ② 門侍人:張舜徽《約注》:“謂侍門之人爲俾,即古人所云應門五尺之童。”“自傳寫者誤倒爲‘門侍人’,不得其解。” ③ “守門人”今讀 bǐ,“增益”義今讀 bì。

【參證】金文作,不从人。戴家祥《金文大字典》:“許氏釋俾有兩義,一、爲‘裨’之借字,衣部‘裨,接益也’。……二曰‘俾,門侍人’。侍,讀‘侍坐’之侍。《論語·公冶長》‘顔淵季路侍’皇疏:‘卑者立尊者之側,曰侍。’”按:“門侍人”即張舜微所訓之侍門人,應爲此字之本義。

倪　俾也②。从人，兒聲③。　五雞切(ní)。

【譯文】倪，裨益。从人，兒聲。

【注釋】① 倪：徐灝《段注箋》："《孟子》之旄(老人)倪(幼兒)，即此字本義。"存參。　② 俾也：王筠《句讀》："𨸏部：'陴，城上女牆俾倪也。'案：俾倪，增益於城之上，而兩字爲名，非倪一字之義。""恐本注'俾也'是傳譌，當闕之。"　③ 兒聲：若依徐灝之訓，則聲中有義。參"兒"條。

億　安②也。从人，意聲③。　於力切(yì)。

【譯文】億，安。从人，意聲。

【注釋】① 億：朱駿聲《通訓定聲》："此字實亦啻之或體。快滿則安樂。"今作億。　② 安：《段注》："此億字之本義也。或假爲萬意字，諸經所用皆是也。"　③ 意聲：聲中有義。本書："意，滿也。一曰十萬曰意。"

【參證】金文作，不从心(不)从人，與啻字同。本書："啻，快也。从言，从中。"言中則快意，快意則心安意滿，加心則作意。數至萬則爲多，爲滿，十萬，萬萬爲更滿，加人旁作億。

使　伶①也。从人，吏聲。　疏士切(shǐ)。

【譯文】使，命令。从人，吏聲。

【注釋】① 伶：桂馥《義證》："通作令。"

【參證】甲文作、，金文作、。徐中舒《甲骨文字典》卷八："史、事、吏、使初爲一字，後世漸分化，意義各有所專。"金文末字是使的異體字。

倰　倰①，左右兩視。从人，癸聲。　其季切(jì/kuí)②。

【譯文】倰，倰倰，左右兩眼對視。从人，癸聲。

【注釋】① 倰：連篆爲讀。徐灝《段注箋》："當重讀曰'倰倰'。"張舜徽《約注》："倰之言睽也。謂兩目相違，不順從也。今俗稱爲對眼。"朱駿聲《通訓定聲》："蘇俗謂之鬥鷄眼。"　② 今讀依《廣韻》渠追切。

伶　弄①也。从人，令聲。益州有建伶②縣。　郎丁切(líng)。

【譯文】伶，戲弄。从人，令聲。益州郡有建伶縣。

【注釋】① 弄：猶戲也。徐鍇《繫傳》："伶人者，弄臣也。"古稱樂官爲伶人，猶今俗稱戲子。　② 建伶：故城在今雲南省昆明縣西北。

儷①　棽儷②也。从人，麗聲③。　吕支切(lí)。

【譯文】儷，棽儷。从人，麗聲。

【注釋】① 儷：《廣雅・釋詁四》："儷，耦(成對)也。"此義今讀 lì。② 棽(chén)儷：徐鍇《繫傳》："(樹枝)參差繁茂皃也。"此義今讀 lí。王筠《句讀》："許但取棽儷之訓，於从人之意未合。"　③ 麗聲：朱駿聲《通訓定聲》以爲儷的本義爲偶儷、爲伉儷。麗聲也表義，表兩義表偶義。參"麗"條。

傳①　遽也。从人，專聲②。　直戀切(zhuàn)。

【譯文】傳，傳車驛馬。从人，專聲。

【注釋】① 傳：《段注》："如今之驛馬。"朱駿聲《通訓定聲》："以車曰傳，以馬曰遽。"傳遽皆指驛站所備的車馬，引申爲驛站。又叫傳車、傳馬、傳舍。《段注》："凡展轉引申之偁皆曰傳，而傳注、流傳，皆是也。"　② 專聲：聲中有義。本書："專，紡專。"參專條。

【參證】甲文作，金文作、。李孝定《甲骨文字集釋》第八："傳轉亦由專得義。""專爲紡專、爲陶鈞皆運轉不息者，乘轉傳者亦類之也。"

倌　小臣①也。从人，从官②。《詩》③曰："命彼倌人。"　古患切(guàn/guān)④。

【譯文】倌，地位低下的臣僕。由人、由官會意。《詩經》說："命令那主管車馬的臣僕。"

【注釋】① 小臣：王筠《句讀》："祇是臣之小者。"　② 从官：舉會意包形聲。《繫傳》作"官聲"。　③《詩》：指《鄘風・定之方中》。倌人，毛傳："主駕者。"　④ 今讀依《廣韻》古丸切。

价　善也。从人，介聲。《詩》①曰："价人惟藩。"　古拜切(jiè)。

【譯文】价，善。从人，介聲。《詩經》說："善人就是國家的藩籬。"

【注釋】①《詩》：指《大雅・板》。

仔　克①也。从人，子聲。　子之切(zī)。

【譯文】仔，肩任。从人，子聲。

【注釋】① 克：惠棟《讀説文記》："仔訓克，克訓肩。"

㑞① 送也。从人，灷聲②。吕不韋③曰：有侁氏以伊尹㑞女。古文以爲訓字④。　以證切(yìng)。

【譯文】㑞，送。从人，灷聲。吕不韋説，有侁國用伊尹伴送其出嫁的女兒。古文用㑞爲訓字。

【注釋】① 㑞：今媵字。《段注》："送爲媵之本義。以姪(侄女)娣(妹)送女，乃其一耑耳。"　② 灷聲：《段注》："灷，許書無此字，而送、佚、朕皆用爲聲，此亦許書奪屚(漏)之一也。"灷今讀 zhuàn，見《玉篇》："灷，主傳切。火種。"或以爲"𠙶"字，讀 jìn。見《字通》。

③ 吕不韋：吕説見《吕氏春秋·本味》。今本原文："有侁氏喜，以伊尹媵女。"有侁(shēn)氏：古國名。故地在今河南開封縣舊陳留縣東。一説即今山東曹縣北。《段注》："凡許引《吕氏春秋》皆直書'吕不韋曰'"，"惡其人也。"　④ 古文句：《段注》："'訓'與'佚'音部既相距甚遠，字形又不相似。"存疑。

【參證】金文作、。馬敘倫《六書疏證》卷四"送"下："王廷鼎曰：，从，从。爲今之主字，亦爲炷之古字，變爲火，《玉篇》訓爲火種。疑上古取火於木。火種者，取火之木。从有取義。""上古火不易得，故火政最重，火滅不得孰食，故以火相送。灷爲送之初字。"或加人旁作㑞。或加辵旁作送。

徐① 緩也。从人，余聲②。　似魚切(xú)。

【譯文】徐，舒緩。从人，余聲。

【注釋】① 徐：錢坫《斠詮》："此舒緩字。"經傳寫作"徐"。　② 余聲：聲中有義。本書："余，語之舒也。"取其舒緩義。

偋① 僻寠②也。从人，屏聲。　防正切(bìng)。

【譯文】偋，隱僻而不符合禮義的地方。从人，屏聲。

【注釋】① 偋：經傳都寫作"屏"或"庰"。　② 僻寠：《段注》："寠者，無禮之居也。《廣韻》：'偋，隱僻也，無人處。'"。

伸① 屈伸。从人，申聲②。　失人切(shēn)。

【譯文】伸，彎曲和伸展的伸。从人，申聲。

【注釋】① 伸：李富孫《辨字正俗》："申爲本義；信，叚借字；伸又滋益之字。”　② 申聲：聲中有義。參“申”條。

伹① 拙②也。从人，且聲。　似魚切（xú/qū）③。

伹 【譯文】伹，笨拙。从人，且聲。

【注釋】① 伹：《段注》：“《集韻》、《類篇》皆引之云‘千余切’……即今粗笨字也。”　② 拙：《段注》：“不巧也。”　③ 今讀依《廣韻》七余切。

㒤 意膬①也。从人，然聲。　人善切（rǎn）。

㒤 【譯文】㒤，意志脆弱。从人，然聲。

【注釋】① 意膬（cuì）：《段注》：“意者，志也。膬者，耎（ruǎn，軟）易破也。意膬謂有此意而不堅。”

偄① 弱也。从人，从耎②。　奴亂切（nuàn/ruǎn）③。

偄 【譯文】偄，懦弱。由人、由耎會意。

【注釋】① 偄：經典都作懦。　② 从耎（ruǎn）：耎兼聲。
③ 今讀依《廣韻》而兖切。

倍 反①也。从人，咅聲。　薄亥切（bèi）。

倍 【譯文】倍，違反。从人，咅聲。

【注釋】① 反：《段注》：“此倍之本義。”“引申之爲‘倍文’之倍。”“不面其文而讀之也。”“又引申之爲‘加倍’之倍。”“以反者覆也。覆之則有二面，故二之曰倍。”“（俗人）乃謂此專爲‘加倍’字，而‘倍上’、‘倍文’，則皆用‘背’。”

傿 引爲賈①也。从人，焉聲。　於建切（yàn）。

傿 【譯文】傿，誇大成價。从人，焉聲。

【注釋】① 引爲賈：《段注》：“引，猶張大之。賈，今之價字。引爲賈，所謂豫價也。”王筠《句讀》：“引者，挽弓也。挽弓者必滿其量，因以爲張大靳固之名。”

僭① 假也。从人，朁聲。　子念切（jiàn）。

僭 【譯文】僭，（下級）假冒（上級的職權）。从人，朁聲。

【注釋】① 僭：張舜徽《約注》：“古者謂下行上制曰僭。”

儗 僭①也。一曰：相疑。从人，从疑②。　魚已切（nǐ）③。

儗 【譯文】儗，（下級）僭越（上級）。另一義說，相疑惑。由人、由疑會意。

【注釋】① 僭：《段注》："以下僭上，此儗之本義。"　② 从疑：言相似也。疑兼聲。　③ "僭越"義今讀 nǐ，"疑惑"義今讀 yí。

偏　頍①也。从人，扁聲。　芳連切(piān)。

【譯文】偏，偏斜。从人，扁聲。

【注釋】① 頍：《段注》："頍，頭偏也。引申爲凡偏之稱。"

倀①　狂也。从人，長聲。一曰：(什)[仆]②也。　楮羊切(chāng)。

【譯文】倀，猖狂。从人，長聲。另一義説，是仆倒。

【注釋】① 倀：常作猖。　② 什：徐鍇《繫傳》作"仆"。朱駿聲《通訓定聲》："疑借爲僵，仆也。"

儚①　惛也。从人，夢聲。　呼肱切(hōng)。

【譯文】儚，昏迷。从人，夢聲。

【注釋】① 儚：《玉篇・人部》："迷惛也。"

儔　翳①也。从人，壽聲。　直由切(chóu/dào)②。

【譯文】儔，隱蔽。从人，壽聲。

【注釋】① 翳：《段注》："華蓋(帝王用的傘蓋)也。引申爲凡覆蔽之偁。"徐鍇《繫傳》："儔與翿(dào)同義，隱翳也。今人音稠(chóu)，匹儷(匹偶)也。"　② 今讀依《廣韻》徒到切。

侜　有廱①蔽也。从人，舟聲。《詩》②曰："誰侜予美？"　張流切(zhōu)。

【譯文】侜，有壅蔽。从人，舟聲。《詩經》説："誰欺誑我的美人？"

【注釋】① 廱：今壅字。　②《詩》：指《陳風・防有鵲巢》。侜，毛傳："侜張，誑也。"

俴　淺也。从人，戔聲①。　慈衍切(jiàn)。

【譯文】俴，淺。从人，戔聲。

【注釋】① 戔聲：聲中有義。从戔聲之字多有小義。見王聖美右文説。

佃　中也。从人，田聲。《春秋傳》①曰："乘中佃。"一轅車。　堂練切(diàn)。

【譯文】佃，中等車乘（shèng）。从人，田聲。《春秋左傳》説：“駕着中等車乘。”（中等車乘）是一轅夾在兩馬之中的車。

【注釋】①《春秋傳》：指《左傳·哀公十七年》。今本原文：“渾良夫乘衷甸兩牡。”孔穎達疏：“甸，即乘也。四丘爲甸，出車一乘，故以甸爲名，是古者乘甸同也。”柳榮宗《引經考異》：“兵車一轅而二馬夾之，其外更有二驂，是爲四馬。今止乘兩牡而謂之衷乘者，衷，中也。蓋以四馬爲上乘，兩馬爲中乘也。”

【參證】金文作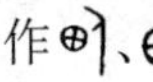。容庚《金文編》：“佃與甸爲一字。”高鴻縉《散盤集釋》：“其本意應爲農吏，从田人，會意，田亦聲。”

佌 小皃。从人，囟聲[①]。《詩》[②]曰：“佌佌彼有屋。” 斯氏切（xǐ/cǐ）[③]。

【譯文】佌，小的樣子。从人，囟（xìn）聲。《詩經》説：“多麼渺小的人，他們竟然有屋住。”

【注釋】① 囟聲：聲中有義。囟本象小兒腦不合，故有小義。參“囟”條。 ②《詩》：指《小雅·正月》。 ③ 今讀依《廣韻》雌氏切。

侊 （小）〔大〕皃[①]。从人，光聲[②]。《春秋國語》[③]曰：“侊飯不及一食。” 古横切（gōng/guāng）[④]。

【譯文】侊，盛大的樣子。从人，光聲。《春秋國語》説：“盛大的飯食不如一頓小吃能充饑。”

【注釋】① 小皃：《段注》：“小當作大，字之誤也。凡光聲之字多訓光大，無訓小者。” ② 光聲：聲中有義，見上注。 ③《春秋國語》：指《越語》。今本原文：“觥飯不及壺飧。”韋昭注：“觥，大也。大飯謂盛饌。盛饌未具，不能以虛待之，不及壺飧之救饑疾也。”壺飧，一壺之飧，形容薄少。或謂“壺飧”乃“一食”之譌。壺壹形近，壺譌爲壹，壹、一同字；飧脱去左旁夕則成食。惠棟説。 ④ 今讀依《廣韻》古黄切。

[①]
佻 愉也。从人，兆聲。《詩》[②]曰：“視民不佻。” 土彫切（tiāo）。

【譯文】佻，輕薄。从人，兆聲。《詩經》説：“向天下之民表示，不要輕佻。”

【注釋】① 佻：《段注》："《釋言》：'佻，偷也。'偷者，愉(tōu)之俗字。今人曰'偷薄'(苟且輕佻)、曰'偷盗'，皆从人作偷，他侯切(tōu)。而愉字訓爲'愉悦'，羊朱切(yú)。""古無从人之偷。" ②《詩》：指《小雅·鹿鳴》。今本"佻"作"恌"。視，古示字。鄭玄箋："可以示天下之民，使之不愉(tōu)于禮義。"

僻 避也。从人，辟聲①。《詩》②曰："宛如左僻。"一曰：从旁牽也。 普擊切(pì)。

【譯文】僻，避開。从人，辟聲。《詩經》説："宛轉地回避。"另一義説，从旁邊牽掣。

【注釋】① 辟聲：聲中有義。《段注》："辟者，法也。引申之爲辟人之辟；辟人而人避之，亦曰辟。……辟，逡遁不敢當盛……辟之言邊也，屏於一邊也。"辟有走辟、邊辟義，加辵成避，走避也；加人作僻，邊僻也。故王筠《句讀》曰："二字本同。"徐灝《段注箋》："今以僻字專爲隱僻、邪僻、僻遠、僻陋之義。" ②《詩》：指《魏風·葛屨》。今本"如"作"然"。"僻"作"辟"。余冠英《詩經選》："左避猶回避。"

伭 很①也。从人，弦省聲。 胡田切(xián)。

【譯文】伭，兇狠。从人，弦省聲。

【注釋】① 很：桂馥《義證》："謂很戾(兇殘)也。"

伎 與①也。从人，支聲。詩②曰："籍人伎忒。" 渠綺切(jì)。

【譯文】伎，黨與。从人，支聲。《詩經》説："窮究他人，傷害他人而變詐無常。"

【注釋】① 與：本書舁部："與者，黨與也。"《段注》："此伎之本義也。""俗用爲技巧之技。" ②《詩》：指《大雅·瞻卬》。王筠《句讀》："此别一義也。"今本作"鞫人忮(zhì)忒"。毛傳："忮，害也；忒，變也。"鄭箋："鞫，窮也。婦人之長舌者多謀慮，好窮屈人之語，忮害轉化，其言無常。"

侈 掩脅①也。从人，多聲②。一曰：奢③也。 尺氏切(chǐ)。

【譯文】侈，蒙蔽在上位的，脅迫控制其他人。从人，多聲。另一義説，是奢侈。

【注釋】① 掩脅：《段注》："掩者，掩蓋其上；脅者，脅制其旁。凡自多以陵人曰侈。此侈之本義也。”　② 多聲：聲中有義。見上注《段注》所説的“自多”之多。　③ 奢：徐鍇《繫傳》作“奢侈”，王筠《句讀》：“反儉爲侈。”

佁　癡皃。从人，台聲。讀若騃[①]。　夷在切(ǎi/yǐ)[②]。

【譯文】佁，癡呆的樣子。从人，台聲。音讀象“騃(ái)”字。

【注釋】① 讀若騃：王筠《句讀》：“謂可借騃爲佁也。”錢坫《斠詮》：“猶言人騃癡也。”　② 今讀依《廣韻》羊已切。

傜　傜[①]，驕[②]也。从人，蚤聲。　鮮遭切(sāo)。

【譯文】傜，傜傜，驕傲。从人，蚤聲。

【注釋】① 傜：徐灝《段注箋》：“凡从蚤聲之字，多重文。”按：徐之“重文”，即朱駿聲之“重言形況字”，今之疊音詞。故傜應連篆爲讀。② 驕：《段注》：“馬高六尺爲驕，借爲倨傲之稱。”

僞　詐也。从人，爲聲[①]。　危睡切(wèi/wěi)。

【譯文】僞，欺詐。从人，爲聲。

【注釋】① 爲聲：聲中有義。徐鍇《繫傳》：“僞者，人爲之也，非天真也。故於文人爲爲僞。”按：天，自然也；真，真實也。非天真者，即人爲、虚假之謂也。故江沅《釋例》説：“僞者自作。自作者，或至於矯揉，或至於粉飾。”

【參證】楊樹達《積微居小學金石論叢・釋僞》：“三篇下爪部云：‘爲，母猴也。其爲禽好爪。’好爪者，言其喜動作肩肩，故爲引申爲作爲之爲，又引申爲詐僞之僞，又引申爲僞言之譌，皆受義於母猴之爲。”

伿　(隋)[惰][①]也。从人，只聲。　以豉切(yì)。

【譯文】伿，怠惰。从人，只聲。

【注釋】① 隋：當依徐鍇《繫傳》作“惰”。《段注》：“惰者，不敬也。”

佝　務[①]也。从人，句聲。　苦候切(kòu)。

【譯文】佝，佝瞀。从人，句聲。

【注釋】① 務：《段注》作“瞀(mào)”。應連篆爲讀。《段注》：“佝音寇，瞀音茂。疊韻字。”“謂愚蒙(愚昧無知)也。”

僄　輕[①]也。从人，票聲。　匹妙切(piào)。

【譯文】僄，輕薄。从人，票聲。

【注釋】① 輕：《段注》："楚凡相輕薄……或謂之僄也。"

【參證】馬敘倫《六書疏證》卷十五："僄之訓輕，語原爲票。票爲火飛也。"

[1] 樂也。从人，昌聲[2]。 尺亮切(chàng/chāng)[3]。

倡 【譯文】倡，(歌舞)樂人。从人，昌聲。

【注釋】① 倡：桂馥《義證》引顏師古注《急就篇》："倡，樂人也。"經傳用爲"唱"字。 ② 昌聲：聲中有義。參"昌"條。 ③ 今讀依《廣韻》尺良切。樂人義讀 chāng，歌唱義讀 chàng。

[1] 戲也。从人，非聲。 步皆切(pái)。

俳 【譯文】俳，雜戲。从人，非聲。

【注釋】① 俳：《段注》："以其戲言之謂之俳，以其音樂言之謂之倡，亦謂之優，其實一物也。"引申指雜戲。

作姿[1]也。从人，善聲。 堂[2]演切(shàn)。

僐 【譯文】僐，故作姿態。从人，善聲。

【注釋】① 作姿：徐鍇《繫傳》作"作姿態"。 ② 堂：《廣韻》作"常"。

[1] 儳互，不齊也。从人，毚聲。 士咸切(chán)。

儳 【譯文】儳，攙和交互，雜亂不齊。从人，毚聲。

【注釋】① 儳：今作"攙"。

佚民[1]也。从人，失聲[2]。一曰：佚，忽[3]也。 夷質切(yì)。

佚 【譯文】佚，隱遁的人。从人，失聲。另一義説，佚是遺忘。

【注釋】① 佚民：《段注》："作逸民者，假借字。"《字彙·人部》："佚，隱遁也。" ② 失聲：聲中有義。失本義爲失手，引申爲失去。佚是失去常態的人，佚民是失去與人羣居之常態者，忽是失去記憶之常態者。 ③ 忽：本書心部："忽，忘也。"

行頃[1]也。从人，我聲。《詩》[2]曰："仄弁之俄。" 五何切(é)。

俄 【譯文】俄，行步而頭傾側。从人，我聲。《詩經》説："歪戴着的帽子是那樣地傾斜。"

【注釋】① 行頃：徐灝《段注箋》："頃猶傾也。行頃蓋謂行步傾側，引申爲凡傾側之偁。”　②《詩》：指《小雅·賓之初筵》。今“仄”作“側”。鄭玄箋：“側，傾也。俄，傾皃。”

傜　喜也。从人，䍃聲。自關以西，物大小不同謂之傜①。余招切(yáo)。

【譯文】傜，喜悦。从人，䍃聲。自關以西，物體大小不同叫作傜。

【注釋】① 自關句：《方言》卷六：“自山而西，凡物細大不純者謂之傜。”

①
㑾　徼㑾②，受屈也。从人，卻聲。　其虐切(jué)。

【譯文】㑾，攔截那些疲倦的野獸。獲取那些精力竭盡的野獸。从人，卻聲。

【注釋】① 㑾，徐鍇《繫傳》：“困劇也。”參“㥯”條。　② 徼㑾：王筠《句讀》：“此乃説解既挩，獨存所引《子虚賦》也。”今本司馬相如《子虚賦》作：“徼𠳵受詘。”李善注：“郭璞曰：‘𠳵，疲極也。’𠳵音劇。司馬彪曰：‘徼𠳵，遮其倦者。’善曰：受屈，取其力屈也。詘與屈同。”“屈者，即《上林賦》之驚憚讋伏。”

傞　醉舞皃。从人，差聲。《詩》①曰：“屢舞傞傞。”　素何切(suō)。

【譯文】傞，酒醉起舞的樣子。从人，差聲。《詩經》説：“多次醉舞，傞傞不止。”

【注釋】①《詩》：指《小雅·賓之初筵》。傞傞，毛傳：“舞不止也。”

㥔　醉舞皃。从人，欺聲。《詩》①曰：“屢舞㥔㥔。”　去其切(qī)。

【譯文】㥔，酒醉起舞的樣子。从人，欺聲。《詩經》説：“多次醉舞，歪歪倒倒。”

【注釋】①《詩》：指《小雅·賓之初筵》。㥔㥔，毛傳：“舞不能自正也。”

侮　(傷)[㑄]①也。从人，每聲。㑄，古文从母②。　文甫切(wǔ)。

【譯文】侮，輕慢。从人，每聲。㑄，古文侮，从母聲。

【注釋】① 傷：當依《段注》作“㑄”。段引徐鍇説：“㑄，慢易字也。”

② 从母：《段注》："母聲猶每聲也。"徐灝箋："侮，古音重脣，讀若母，與每爲雙聲。"

【參證】甲文作，金文作。《金文編》："《説文》古文从母作。（金文）義如姆。"按：姆，从女猶从人也。若今之乳母。其社會地位，也不過是爲人所侮慢的奴婢一類，故侮又可指稱姆婦。見戴家祥《金文大字典》。

㑵　妎[1]也。从人，疾聲。一曰：毒[2]也。，㑵或从女[3]。秦悉切（jí）。

【譯文】㑵，嫉妒。从人，疾聲。另一義説，是憎惡。嫉，㑵的或體，从女。

【注釋】① 妎：《段注》："妬也。《離騷》注：'害賢曰嫉，害色曰妬。'渾言則不别。"　② 毒：《廣雅·釋詁三》："毒，惡也。"　③ 或从女：舊時有關人性貶義之字多歸於女，故或从女。

傷　輕也。从人，易聲。一曰：交傷[2]。　以豉切（yì）。

【譯文】傷，輕慢。从人，易聲。另一義説，是交易。

【注釋】① 傷：《廣韻·寘韻》："相輕慢也。"　② 交傷：承培元《廣答問疏證》引《公羊》何注："交易也。交易者，以彼奐此之偁。"

俙　訟面相是[1]。从人，希聲。　喜皆切（xiē）。

【譯文】俙，訴訟時當面對質。从人，希聲。

【注釋】① 面相是：徐灝《段注箋》："猶言面相質正耳。"

僨　僵也。从人，賁聲。　匹問切（fèn）。

【譯文】僨，倒地。从人，賁聲。

【注釋】① 僨：王筠《句讀》："渾言之，無論卻偃（向後仰臥）、前覆（向前仆倒）也。"

僵　僨[1]也。从人，畺聲。　居良切（jiāng）。

【譯文】僵，倒地。从人，畺聲。

【注釋】① 僨：徐鍇《繫傳》作"偃"。朱駿聲《通訓定聲》："卻偃（向後仰臥）曰僵，前覆（向前仆地）曰仆。"

仆　頓[1]也。从人，卜聲。　芳遇切（fù/pū）[2]。

【譯文】仆，以頭叩地。从人，卜聲。

【注釋】① 頓：《段注》："頓者，下首也。以首叩地謂之頓首，引申爲前覆之辭。"　② 今讀依《集韻》普木切。

①　僵也。从人，匽聲。　於幰切（yǎn）。

偃　【譯文】偃，仰臥。从人，匽聲。

【注釋】① 偃：伏而覆叫仆，仰而倒叫偃。

①　創也。从人，𥏫省聲。　少羊切（shāng）。

傷　【譯文】傷，創傷。从人，𥏫省聲。

【注釋】① 傷：徐灝《段注箋》引鄭注《月令》："創之淺者曰傷。"張舜徽《約注》："今俗謂體膚受破損有痕迹者皆曰傷。"

（剌）［刺］①也。从人，肴聲。一曰：痛聲。　胡茅切（yáo）②。

㑲　【譯文】㑲，刺傷。从人，肴聲。另一義説，是痛苦的聲音。

【注釋】① 刺：當依王筠《句讀》作"刺"，王注："小徐本㑲在傷上，則當是擊刺之刺，刺而後傷也。下文一曰'痛聲'，亦因傷而痛也。"　② 當讀 xiáo，今音 yáo。

憊詞①。从人，夸聲。　苦瓜切（kuā）。

侉　【譯文】侉，表示疲憊的虚詞。从人，夸聲。

【注釋】① 憊詞：王筠《句讀》："憊今作憊，謂疲極之詞曰侉也。"

相（儔）［擣］①也。从人，崔聲。《詩》②曰："室人交遍催我。"　倉回切（cuī）。

催　【譯文】催，相迫促。从人，崔聲。《詩經》説："家裏的人一個接着一個都來譏刺逼迫我。"

【注釋】① 儔：當依徐鍇《繫傳》作"擣"，徐注："擣，相迫蹙也。"　②《詩》：指《邶風・北門》。今"催"作"摧"，鄭玄箋："刺譏之言。"

①　痛也。从人，甬聲。　他紅切（tōng）。又，余隴切（yǒng）②。

㑳　【譯文】㑳，痛。从人，甬聲。

【注釋】① 㑳：又指殉葬用的木製或陶製的偶人。　②《段注》："痛義之音如是。""又，余隴切，則木偶之音也。"

司①也。从人，从犬②。　房六切（fú）。

伏　【譯文】伏，伺候。由人、由犬會意。

【注釋】① 司：今伺字。　② 从人，从犬：《段注》："小徐本有'犬司人'，謂犬伺人而吠之。"徐灝箋："假爲人之伏，引申爲俯伏之偁。"如王筠《句讀》所云："此譬況之詞也。"

【參證】金文作。

促　迫也。从人，足聲。　七玉切（cù）。

【譯文】促，急迫。从人，足聲。

例①　比也②。从人，列聲。　力制切（lì）。

【譯文】例，類。从人，列聲。

【注釋】① 例：桂馥《義證》："《玉篇》：'例，類例也。'"　② 比也：王筠《句讀》引《王制》注："已行故事曰比。比，例也。"按：比，即比照之標準。故曰類例。

係　絜束①也。从人，从系②，系亦聲。　胡計切（xì）。

【譯文】係，用麻繩圍束。由人、由系會意，系也表聲。

【注釋】① 絜束：《段注》："絜者，麻一耑也。絜束者，圍而束之。"
② 从系：本書系部："系，繫也。"

【參證】甲文作、。于省吾《甲骨文字釋林》："象用繩索以縛係人的頸部。"

伐　擊①也。从人持戈②。一曰：敗也③。　房越切（fá）。

【譯文】伐，擊殺。由"人"持握"戈"會意。另一義説，是敗壞。

【注釋】① 擊：《段注》："《詩》'是伐是肆'箋云：'伐謂擊刺之。'按：此伐之本義也。引申之乃爲征伐。"　② 从人持戈：參"戍"條。
③ 敗也：王筠《句讀》："小徐本有'亦斫也'句。按：擊也足以包之。"按，敗者，因擊斫而見敗壞也。

【參證】甲文作、、，金文作。李孝定《甲骨文字集釋》："象戈刃加人頸，擊之義也。非从人持戈。"郭沫若《殷契粹編考釋》："伐象以戈伐人，戈必及人身。戍示人以戈守戍，人立在戈下。此其大較也。"

俘①　軍所獲也。从人，孚聲。《春秋傳》②曰："以爲俘聝。"　芳無切（fū）。

【譯文】俘，軍隊擒獲的敵人。从人，孚聲。《春秋左傳》説："以至成爲您的俘虜。”

【注釋】① 俘：徐灝《段注箋》引賈逵注《國語》：“伐國取人曰俘，此俘之本義。取人故其字从人，引申之取物亦曰俘。”　②《春秋傳》：指《左傳・成公三年》。聝（guó）：本書耳部：“軍戰斷耳也。”朱駿聲《通訓定聲》：“死者取左耳爲聝，生者爲俘。”俘聝：連類而及“聝”。

【參證】甲文作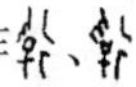，金文作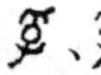。羅振玉《殷虚書契考釋》卷中：“此从行省，不从人。”李孝定《甲骨文字集釋》：“象以手逮人之形。增彳，示於道中逮人。”參“孚”條。

[①] 裼[②]也。从人，旦聲。　徒旱切（dàn/tǎn）[③]。

但　【譯文】但，（上身）肉外現，無衣。从人，旦聲。

【注釋】① 但：經典凡但裼字改爲袒裼。本書衣部：“袒，衣縫解也。”徐鍇《繫傳》：“袒爲今之綻字。”　② 裼：《段注》：“裼，肉袒也。肉袒者，肉外見無衣也。引申爲徒也。”　③ 今讀依《集韻》蕩旱切。

【參證】甲文作。

[①] 僂也。从人，區聲。　於武切（yǔ）。

傴　【譯文】傴，駝背。从人，區聲。

【注釋】① 傴：《段注》：“《問喪》注曰：‘傴，背曲也。’”王筠《句讀》：“《吕覽・盡數篇》：‘苦水所，多尫與傴人。’注：‘傴，脊疾也。’按：此謂傴爲天生之疾也。”

　尫[①]也。从人，婁聲。周公[②]韤僂，或言背僂。　力主切（lǚ）。

僂　【譯文】僂，背脊彎曲。从人，婁聲。周公韤僂，或説成“背”脊傴“僂”。

【注釋】① 尫（wāng）：《段注》：“尫是曲脛之名，引申爲曲脊之名。”② 周公：孫詒讓《籀高述林》：“《白虎通・聖人篇》云：‘周公背僂’，即所謂‘周公韤僂’也。”“韤（wà）當爲末之假字……末猶脊也。是‘末僂’即‘背僂’”按：韤、末上古同屬月部、明紐，音同。

　癡行僇僇也[①]。从人，翏聲。讀若雡。一曰：且[②]也。

僇　力救切（liù/lù）[③]。

【譯文】僇：癡病者行走，僇僇遲緩。从人，翏聲。音讀象“雡（lù）”

字。另一義説，僇是聊且。

【注釋】① 癡行句：徐鍇《繫傳》："（僇）蹷蹇也。"按：蹇，跛也；蹷，跳也。蹷蹇，因腿疾而行走跳跳，遲緩艱難之皃，故徐灝《段注箋》："行動遲緩，蓋即癡行僇僇之義。"王筠《句讀》："癡亦病也。"　② 且：《段注》："此即今所用聊字也。聊者耳鳴。僇，其正字；聊，其假借字也。"　③ 僇僇義今讀依《廣韻》力竹切（lù），僇且義今讀 liáo。

仇　讎①也。从人，九聲。　巨鳩切（qiú）。

【譯文】仇，配偶。从人，九聲。

【注釋】① 讎：《段注》："讎猶應也。仇爲怨匹，亦爲嘉偶。"朱駿聲《通訓定聲》："相當、相對謂之仇。兩同爲仇；兩異亦爲仇。後儒因之專訓讐怨。"王筠《句讀》："（仇訓）美惡皆有之，而仇篆上下，皆無美訓之字，則是謂怨家對頭也。"

儡①　相②敗也。从人，畾聲③。讀若雷。　魯回切（léi）。

【譯文】儡，容顏敗壞。从人，畾聲。音讀象"雷"字。

【注釋】① 儡：沈濤《古本考》："《文選·西征賦》注引：'儡，壞敗之皃。'"　② 相：張舜徽《約注》："相乃相貌，謂人之容顏也。"③ 畾聲：聲中有義。畾，古雷字。雷鳴電閃總相連，令人恐怖，民間説的雷公，凶神惡煞，相皃醜陋。

咎　災①也。从人，从各。各者，相違②也。　其久切（jiù）。

【譯文】咎，災禍。由人、由各會意。各，表示相違背。

【注釋】① 災：《段注》："災，當是本作烖。天火曰災。引申之，凡失意自天而至，曰災。"　② 相違：桂馥《義證》："人各相違，即成罪咎。""二人同心，其利斷金；二人相違，其禍成災。"

仳　别也。从人，比聲。《詩》①曰："有女仳離。"　芳比切（pǐ）。

【譯文】仳，離别。从人，比聲。《詩經》説："有女人（與夫家）離别。"

【注釋】①《詩》：指《王風·中谷有蓷》。仳離，同義連用。

倃①　毁②也。从人，咎聲③。　其久切（jiù）。

【譯文】倃，毁謗。从人，咎聲。

【注釋】① 倃：王筠《句讀》："倃者，咎之分别文。"《方言》卷十三："咎，謗也。"　② 毁：徐鍇《繫傳》："怨咎而毁之也。"　③ 咎聲：聲中有義。咎爲災，故《廣雅》訓咎爲惡。徐鍇《繫傳》："怨咎而毁之。"即遭人怨惡而毁之。

倠　仳倠①，醜面。从人，隹聲。　許惟切(huī)。

【譯文】倠，仳倠，容貌醜陋。从人，隹聲。

【注釋】① 仳倠：王筠《句讀》："當是古之醜人，失傳耳。"

値①　措也。从人，直聲。　直吏切(zhì/zhí)②。

【譯文】値，措置。从人，直聲。

【注釋】① 値：與"置"同。見洪頤煊《讀書叢録》。　② 今讀依《集韻》逐力切。

侂①　寄也。从人，乇聲②。乇，古文宅③。　他各切(tuō)。

【譯文】侂，寄託。从人，乇聲。乇，古文宅字。

【注釋】① 侂：與"託"同。　② 乇聲：聲中有義。从人从宅，是人寄託在屋子裏。　③ 古文宅：本書宀部："宅，所託也。乇，亦古文宅。"

僔　聚①也。从人，尊聲。《詩》②曰："僔沓背憎。"　慈損切(zùn/zǔn)③。

【譯文】僔，聚集。从人，尊聲。《詩經》説："僔僔沓沓，相聚談語，背轉身就互相憎恨。"

【注釋】① 聚：《段注》："謂聚人，非聚語。"參"噂"條。　②《詩》：指《小雅·十月之交》。今"僔"作"噂"，"僧"作"憎"。噂沓：毛傳："噂猶噂噂，沓猶沓沓。"鄭箋："噂噂沓沓，相對談語。"王筠《句讀》："相對，以釋噂噂；談語以釋沓沓。"　③ 今讀依《廣韻》兹損切。

像　象①也。从人，从象，象亦聲。讀若養。　徐兩切(xiàng)。

【譯文】像，像似。由人、由象會意，象也表聲。音讀象"養"字。

【注釋】① 象：《易·繫辭下》："象也者，像此者也。"王筠《句讀》："乃以中古分别字，釋上古假借字也。許君倒用之耳。"按：象，本大象義，用爲象似義，故爲假借字；後世爲了區分大象與象似二義，又因象似與人之想象有關加人旁表示象似義，像即分别字。所謂"倒用"，即用上古假借字"象"(用爲象似義)訓釋中古分别字"像"。《韓非子》："象南方之大獸，中國人不識，但見其畫，故言圖寫似之爲象。”象就由大象義引申爲象似、形象、圖象、想象義，因與人事有關則造从人从象象亦聲的會意字。王筠説成是假借。

倦　罷①也。从人②，卷聲。　渠眷切(juàn)。

【譯文】倦，疲勞。从人，卷聲。

【注釋】① 罷：徐灝《段注箋》：“當讀爲疲。”　② 从人：《辨字正俗》：“倦謂人之疲懈，券謂力之勞乏。”按：二字一義相因，又爲與契券字相避，故後世倦字通行。

傮①　終也。从人，曹聲。　作曹切(zāo)。

【譯文】傮，一週的終結。从人，曹聲。

【注釋】① 傮：王筠《句讀》：“傮與週遭，字同音似。所謂終者，即星一週天之義。”

偶①　桐人②也。从人，禺聲。　五口切(ǒu)。

【譯文】偶，桐木雕的人像。从人，禺聲。

【注釋】① 偶：《段注》：“偶者，寓也。寓於木之人也。”徐灝箋：“古者刻木爲人以殉葬，與死者相偶，故謂之偶人，亦謂之俑。”按：引申爲對偶之偶。　② 桐人：桂馥《義證》引《越絶書》：“(桐)但爲俑(木偶)，當與人俱葬。”

弔　問終①也。古之葬者，厚衣之以薪。从人持弓，會敺禽②。　多嘯切(diào)。

【譯文】弔，慰問死喪。古代的安葬，用柴薪厚厚地覆蓋着屍體。由“人”持握着“弓”，會合敺趕禽獸之意。

【注釋】① 問終：《段注》：“謂有死喪而問之也。”　② 古之四句：《段注》引《吴越春秋》：“古者人民樸質，死則裹以白茅，投於中野。孝子不忍見父母爲禽獸所食，故人持弓助之。此釋弔从人弓之意。”

【參證】甲文作〔〕、〔〕、〔〕，金文作〔〕、〔〕、〔〕、〔〕。羅振玉《增訂殷虚書契考釋》：“此字从〔〕，象弓形，〔〕象矢，〔〕象㞳射之繳。”其形音義之演化，均待考。

佋　廟佋穆。父爲佋，南面。子爲穆，北面。从人，召聲。　市招切(zhāo)①。

【譯文】佋，宗廟排列的佋、穆次序。(始祖廟居中，)父廟爲佋，(居左)面向南方。子廟爲穆,(居右)面向北方。从人,召聲。

【注釋】① 當讀 sháo,今音 zhāo。

【參證】金文作、。戴家祥《金文大字典》:"金文佋字从人,召聲。""子孫在廟亦有昭穆,故佋字从人,不从鬼从示。从人得兼死者之佋,从鬼示不得兼生者之佋。"聲旁召兼義。召者呼也,以言曰召。从人从召,是於廟中昭告其輩分,名其長幼親疏之序。容庚《金文編》:"佋與邵爲一字。""經典通作昭"。

 神①也。从人,身聲②。 失人切(shēn)。

㑗 【譯文】㑗,神來的(身孕)。从人,身聲。

【注釋】① 神:《段注》:"蓋許所據古義,今不可詳。""身者,古字,㑗者,今字。"身本義爲身孕。古人以爲子女皆由神定,湖湘間尚有向送子娘娘祈禱之俗。或許可作一解。 ② 身聲:聲中有義。《廣雅》:"孕、重、妊、娠、身、㛗,㑗也。"

① 長生僊去。从人,从䙴②,䙴亦聲。 相然切(xiān)。

僊 【譯文】僊,長生不老,升天離去。由人、由䙴會意,䙴也表聲。

【注釋】① 僊:字也作仙。即仚字。《段注》引《釋名》:"老而不死曰仙。仙,遷也。遷入山也。故其制字人旁作山也。""仙行而僊廢矣。" ② 从䙴:《段注》:"䙴,升高也。長生者䙴去,故从人、䙴會意。"

① 犍爲蠻夷。从人,棘聲。 蒲北切(bó)。

僰 【譯文】僰,犍爲郡少數民族之稱。从人,棘聲。

【注釋】① 僰:犍爲郡有僰道縣,在今四川宜賓縣西南。

【參證】金文作、,象人在荊棘叢中形。

① 人在山上。从人,从山。 呼堅切(xiān)。

仚 【譯文】仚,人在山上。由人、由山會意。

【注釋】① 仚:桂馥《義證》:"疑此爲僊之或體。"顧藹吉《隸辨》:"後人移人於旁,以爲神仙之仙。"《聲類》:"仙,俗僊字。"《釋名》:"老而不死曰仙。仙,遷也。遷入山也。故其制字人旁作山也。"引申爲高舉皃。故《廣韻》:"仚,輕舉皃。"

 南方有焦僥。人長三尺,短之極。从人,堯聲。 五聊切(yáo)。

僥

【譯文】僥，南方有人叫焦僥，身高三尺，矮到了極點。从人，堯聲。

(币)[市]①也。从人，對聲②。　都隊切(duì)。

儯　【譯文】儯，兑换。从人，對聲。

【注釋】① 币：當依《段注》作“市”。段注：“其字从對，則無口匝意，蓋即今之兑换字也。”　② 對聲：聲中有義。對，對等。王玉樹《拈字》：“(儯)謂財與物輕重相等而易之也。”

遠行也。从人，狂聲。　居況切(guàng)。

俇　【譯文】俇，遠行。从人，狂聲。

①　分也。从人，从牛。牛大物，故可分。　其輦切(jiàn)。

件　【譯文】件，分割開。由人、由牛會意。牛是大物體，所以可以分割開。

【注釋】① 件：姚文田、嚴可均《校議》：“大徐新修十九文也。”徐灝《段注箋》：“牛部曰：‘牛，件也。件，事理也。’是漢時有此字。”

文二百四十五　重十四

徒侶①也。从人，吕聲②。　力舉切(lǚ)。

侶　【譯文】侶，同行的伴侶。从人，吕聲。

【注釋】① 徒侶：《説文》：“徒，步行也。”徐灝箋：“徒行有相從者。”引申爲同行者。徒侶，同義連用。　② 吕聲：聲中有義。徐灝《箋》：“吕之言旅也，衆也。”王筠《釋例》：“(吕)象其兩兩相連。”

①　僮②子也。从人，辰聲。　章刃切(zhèn)。

侲　【譯文】侲，童子。从人，辰聲。

【注釋】① 侲：《鈕新附考》：“《文選·(張衡)西京賦》‘侲僮程材’注：薛綜云：侲之言善，善僮，幼子也。”　② 僮：未成年者。參“僮”條。

①　副②也。从人，卒聲。　七内切(cuì)。

倅　【譯文】倅，副。从人，卒聲。

【注釋】① 倅：《周禮·夏官·戎僕》：“戎僕掌馭戎車，掌王倅車之政。”倅車，副車。　② 副：《段注》“副”下：“周人言貳，漢人言副，古今語也。”副貳，與正與主相對，居于輔助的，居於二位的。

傔[①] 從也。从人，兼聲[②]。 苦念切(qiàn)。

傔 【譯文】傔，相從。从人，兼聲。

【注釋】① 傔：《舊唐書・職官志二》："凡諸軍鎮史副史以下，皆有傔人。"傔人是侍從，是相從服侍的人。 ② 兼聲：聲中有義。毛際盛《新附通誼》："兼，兼并也；并，相从也。""兼有二義，一爲兼攝，一爲相從。""若《廣韻》去聲之兼，乃此相從義。"《鄭新附考》："傔从之義，始見《唐書》。"按：此爲後起義。鄭氏引《吕氏春秋》"揆吾家苟可以傔劇貌辨者"高注："傔，足也。"此應爲古義。"兼"本爲兼并，同時持握兩禾，比"秉"持握一禾，爲足，引申爲兼足義；兼并又如鄭氏所説，引申爲兼攝；又引申爲兼从。後因兼足、兼从義與人事相關，則加"人"旁。

倜儻[①]，不羈也。从人，从周。未詳[②]。 他歷切(tì)。

倜 【譯文】倜，倜儻的倜。(倜儻)是卓異不羣，風流不羈的意思。由人由周會意。何以由人由周會意，未詳。

【注釋】① 倜儻：雙聲聯緜字。又作"俶黨"。《鄭新附考》："漢《司馬相如傳》'俶黨窮變'。《廣雅》：'俶黨，卓異也。'是古止作俶黨。" ② 未詳：《鄭新附考》："六朝已來，所作'叔'之平聲如'收'，故俶可改周聲。倜原讀爲俶同，後譌變爲他歷切。大徐因不敢定周爲聲矣。"按：叔，上古，屬審三，覺部；周，屬照三，幽部。二字聲紐發音部位同，其韻部爲陰入對轉，古音近似。又，倜上古屬透紐，覺部。古無舌上音，舌上歸舌頭，故周可爲倜之聲符。

儻[①] 倜儻也。从人，黨聲。 他朖切(tǎng)。

儻 【譯文】儻，倜儻。从人，黨聲。

【注釋】① 儻：參上條。

佾[①] 舞行列也。从人，㑛聲[②]。 夷質切(yì)。

佾 【譯文】佾，樂舞的行列。从人，㑛(xì)聲。

【注釋】① 佾：古樂舞八人爲一行。《論語・八佾》："孔子謂季氏：八佾舞于庭，是可忍也，孰不可忍也？"馬融注："佾，列也。"八佾是八行，八人一行，八八六十四人的方形樂舞之隊。 ② 㑛聲：《段注》"㑛"下："許無八佾字，今按作㑛……可。"王玉樹《拈字》："《説文》：'佾，振佾也。'《左傳·楚公子元〈振萬〉》詩：'方將萬舞。'是振有舞義。"《鄭新附考》："（振佾）猶言舞佾也。八人爲列，故从八肉，取行列意。是佾是古佾字。後乃加人。"《今釋》"佾"解應從此。

[1] 仆[2]也。从人，到聲[3]。　當老切（dǎo）。

倒　【譯文】倒，倒下。从人，到聲。

【注釋】① 倒：司馬相如《上林賦》："弓不虛發，應聲而倒。"倒是倒下義。　② 仆：本向前仆倒義，此處引申爲凡倒下之偁。　③ 到聲：聲中有義。《鄭新附考》："《説文》匕注'到'人，県注'到'首，尾注'到'毛，𠫓注'到'子，皆古'倒'字。"此類'到'字，由倒下之義引申爲顛倒、倒轉義，音轉爲 dào。《鈕新附考》："漢碑已有'倒'。"到、倒，就倒下義而言，从出現的先後説，爲古今字。倒字從其形聲關係而言是形聲包會意字。

[1] 合市[2]也。从人會[3]，會亦聲。　古外切（kuài）[4]。

儈　【譯文】儈，會合買賣交易的中間人。由人、會會意，會也表聲。

【注釋】① 儈：朱駿聲《通訓定聲》："《漢書·貨殖傳》'節駔儈'注：'合會二家交易者。'《史記》只作'會'。按：如今之牙行主人謂平會兩家買賣之價。即'會'字之轉注。"　② 市：《廣雅·釋詁三》："市，買也。"市引申爲買賣、交易。　③ 从人會：《説文》："合也。"儈是會的後起加旁分化字。音轉爲古外切。

[1] 下也。从人氐[2]，氐亦聲。　都兮切（dī）。

低　【譯文】低，低下（頭顱）。由人氐會意，氐也表聲。

【注釋】① 低：低下，與高相對。　② 从人氐：《鈕新附考》："昏'从日、氐省。氐者下也。'是古只作氐。"徐灝《段注箋》"氐"下："氐即根氐本字。""氐在下，故引申爲高低之稱。"用爲動詞，與"昂"相對，即"低頭"之義，因是人體的動作，故由人氐會意。《莊子·盜跖》："據軾低頭，不能出氣。"低是氐的後起加旁分化字。

債負[1]也。从人責[2]，責亦聲。　側賣切（zhài）。

債　【譯文】債，欠人（錢財）。由人責會意，責也表聲。

【注釋】① 債負：同義連用。《説文》："（負，）一曰：受貸不償。"即：受人施予卻不回報。施予之物，多爲錢財。　② 从人責：《説文》："責，求也。"桂馥《義證》"責"下："求負家償物也。"求有施受雙方，施方爲求，受方爲負，其義可互相轉化，故可引申爲應償物之負家，故曰：責可引申爲欠人錢財之意。此類字如買、受、學皆是。《段注》"責"下："《周禮·小宰》：'聽稱責以傅別。'稱責，即今之舉債。古無債字。俗作債。"債是責的後起加旁分化字，音轉爲 zhài。

　物直[①]也。从人賈[②]，賈亦聲。　古訝切(jià)。

價　【譯文】價，物品的價值。由人賈會意，賈也表聲。

【注釋】① 直：朱駿聲《通訓定聲》"直"下引《韓詩·柏舟》："實維我直。"傳："相當值也。"引申爲與物品相當的價值。　② 从人賈：《鄭新附考》："先秦經子及《史》《漢》並止作賈，本商賈(gǔ)字。久之，商賈所市之物值亦同曰賈。本無二事，後人別其字，並別其音。《白虎通·商賈篇》云：古《論語》'我待賈者也。'魯《論語》'我待價者也。'足明古作賈。漢加作價矣。"價是賈後起加旁分化字，音轉作 jià。

　止也。从人，亭聲[①]。　特丁切(tíng)。

停　【譯文】停，停止。从人，亭聲。

【注釋】① 亭聲：聲中有義。《段注》"亭"下："《風俗通》曰：'亭，留也。蓋行旅宿會之所館。'《釋名》曰：'亭，停也。人所停集。'按云'(亭)民所安定者'，謂居民於是備盜賊，行旅於是止宿也。亭、定疊韻。亭之引申爲亭止，俗乃製停字。依《釋名》則漢時已有停字。"按：亭本有樓，是人們安定的處所，引申爲"亭止"，後加人旁作"停"，以與名詞"亭館"之亭相別。停是亭止義的後起加旁分化字。

[①]　賃也。从人就[②]，就亦聲。　即就切(jiù)。

僦　【譯文】僦，租賃。由人就會意，就也表聲。

【注釋】① 僦：《鈕新附考》："《史記·平準書》：'天下均輸，不償其僦。'服虔云：'雇云僦。言所輸物，不足償雇載之費。'"言所運輸的物資，不够抵償雇請車馬運載的費用。僦，是租賃車馬之資。由租賃引申爲租賃之資。　② 从人就：《鈕新附考》："《漢·王莽傳》：'僦載煩費。'師古曰：'僦，送也。'據此義，當是就。"按：就本義爲"就高"，走向高地，引申爲送，又引申爲雇人送至(某地)。故加人旁而解釋爲“从人就”。僦是就的後起加旁分化字。

[1]
伺　候望也。从人，司聲[2]。自低以下六字从人，皆後人所加[3]。　相吏切(sì)。

【譯文】伺，偵察守望。从人，司聲。自低以下六字从人，皆後人所加。

【注釋】① 伺：《史記·伍子胥列傳》：“且嚭使人微伺之。”　② 司聲：聲中有義。《段注》司下：“《鄭風》‘邦之司直’傳曰：‘司，主也。’凡主其事，必伺察恐後。故古别無伺字。司即伺字。”《漢書·灌夫傳》：“太后亦已使人候司，具以語太后。”　③ 自低以下句：此爲徐鉉的按語。由低字下，包括低、債、停、僦、伺，六個字原本無人旁。

[1]
僧　浮屠道人[2]也。从人，曾聲。　穌曾切(sēng)。

【譯文】僧，佛教教徒。从人，曾聲。

【注釋】① 僧：楚語“僧伽(samgha)”的省稱。指出家修行的男性佛教徒。《鄭新附考》：“(梵語)爲‘僧伽邪’，俗省名僧。乃造僧字。”杜甫《和裴迪〈登新津寺〉》：“老夫貪佛日，隨意宿僧房。”　② 浮屠道人：浮屠道之人，今稱和尚。浮屠，又作浮圖，皆佛陀(梵文 Buddha)之譯名。浮屠道，即佛教。

[1]
佇　久立也。从人，从宁[2]。　直吕切(zhù)。

【譯文】佇，久立。由人由宁會意。

【注釋】① 佇：《詩·邶風·燕燕》：“佇立以泣。”　② 从人，从宁：宁表比喻義。人象宁一様長久地站在那裏。《段注》“宁，辨積物也。”下：“毛詩傳云：‘宁立，久立也。’然則凡云宁立者，正(辨)積物之義之引申。俗字作佇，作竚。”《鄭新附考》：“宁訓積物，故有久義。”其器爲橱，故有立義。

【參證】丁佛言《古籀補補》卷八：“，古鉢，邯佇。，古鉢，吴佇。，古鉢，王佇。”“亦从立。”

[1]
偵　問也。从人，貞聲[2]。　丑鄰切(zhēn)。

【譯文】偵，問。从人，貞聲。

【注釋】① 偵：《鄭新附考》：“偵有偵伺、偵問兩義。偵伺字古作覘(參“覘”條)。”“偵問字古只作貞。”按偵伺、偵問二義相因，偵伺多有問，偵問亦多有察探、了解之義。　② 貞聲：聲中有義。《鄭新附考》："《説文》：'貞，卜問也。'《周禮·天府》：'貞來歲之媺惡'注云：'問事之正曰貞。'鄭司農云：'貞，問也。'"

文十八 新附

匕部

匕 變也。从到人①。凡匕之屬皆从匕。　呼跨切(huà)。

【譯文】匕，變化。由倒着的人字表示。大凡匕的部屬都从匕。

【注釋】① 到人：《段注》："到者，今之倒字。人而倒，變匕之意也。"承培元《廣答問疏證》："(匕)變匕正字。化，教行也。从人匕，乃教化正字。今經傳有化無匕。化兼二義。"

【參證】楊樹達《積微居小學述林·釋匕》："形解銷化，化去不死，此匕字之本義也。形从到人者，人字形象臂脛，乃戴天履地之形；从到人，則示登天上昇之意也。"

䚷 未定①也。从匕②，𠤕聲。𠤕，古文矢字。　語期切(yí)。

【譯文】䚷，游移未定。从匕，𠤕聲。𠤕，古文矢字。

【注釋】① 未定：徐灝《段注箋》："䚷即古疑字。游移不決，故曰未定也。"　② 从匕：徐灝《段注箋》："匕，古化字，變更亦無定之義。"

【參證】甲文作、。羅振玉《增訂殷虛書契考釋》："象人仰首旁顧形，疑之象也。"于省吾《釋"𠕁"和"亞𠕁"》(《社會科學戰綫》一九八三年第一期)："(匕)追溯其本源，則均爲杖形的變體。至於説文䚷字左旁从𠤕，乃由古文形所譌變。"參"疑"條。

真① 僊人變形而登天也。从匕②，从目，从乚；八，所乘載③也。④，古文真。　側鄰切(zhēn)。

【譯文】真，長生不死的人變化形體而升天。由匕、由目、由乚會意；八，是乘坐的風雲之類的工具。，古文真字。

【注釋】① 真：徐灝《段注箋》："真者，猶不過爲淳一不雜之偁。""自《莊》、《列》始有真人之名，始有長生不死而登雲天之説。"　② 从匕句：徐鍇《繫傳》："匕者，化也。""乚，隱也。"按：目表示仙人。匕、目、乚(yín)、八,表示仙人變化,乘風雲升天隱去之意。 ③ 乘載:同義連用。載:乘坐。 ④ 帛:于鬯《職墨》:"當在下文化字之下,乃化字之古文。""从貝匕聲。匕聲即七聲,實今之貨字矣。巾蓋貝字。"

【參證】金文作、。唐蘭《唐蘭先生金文論集·釋真》:"从貝七聲,七非變七之七,實殄字古文之也。""可寫作七。"朱芳圃《殷周文字釋叢》卷下:"真即珍之初文。""真从貝(tiǎn)聲,與珍从玉㐱聲,音義悉同。"一説,仍爲變七之七。楊樹達《積微居小學述林·釋七》:"真字从七,解云'變形',然則七下訓'變',正謂變形,从到(倒)人,正謂其登天也。"

化 教行①也。从七,从人②,七亦聲。 呼跨切(huà)。

【譯文】化,教化實行。由七、由人會意,七也表聲。

【注釋】① 教行:《段注》:"教行於上則化成於下。"徐灝《箋》:"教化者,移風易俗之義。" ② 从七,从人:《段注》:"主謂七人者也。今以化爲變七字矣。"

【參證】甲文作、,金文作。朱芳圃《殷周文字釋從》:"化象人一正一倒之形,即今俗所謂翻跟頭。"

文四 重一

匕部

匕① 相與比敘也②。从反人。匕③,亦所以(用比)④取飯,一名柶。凡匕之屬皆从匕。 卑履切(bǐ)。

【譯文】匕,一起比較而排列次第。由反向的人字表示。匕,也是用來舀取飯食的勺匙,又叫柶。大凡匕的部屬都从匕。

【注釋】① 匕:王筠《釋例》:"匕字蓋兩形各義。""比敘之匕从反人,其篆當作。""一名柶之匕,蓋本作,象柶形。" ② 相與句:王筠《句讀》:"比敘者,比較而次敘之也。""比敘則非一人,故曰'相與'。" ③ 匕:《段注》:"今之飯匙也,少牢饋食禮注所謂飯橾也。""又有名疏、名挑之別,其形制略如飯匙,故亦名匕,鄭所云有淺斗，狀如飯橾者也。”　④ 用比：當依王筠《句讀》删此二字。

【參證】甲文作、，金文作、。李孝定《甲骨文字集釋》第八：“字當以第二解爲本義。”一九六二年，發現陜西永壽縣出土之西周中期之後銅匕。“今此物形似勺而稍淺，與勺有别，即可橾飯，又可叉肉。”“頭部”“薄而鋭”，形似箭簇。見《陜省永壽縣、武功縣出土西周銅器》(《文物》一九六四年第七期)。因形似箭簇，故箭簇曰匕，短劍曰匕首。又以音同，卜辭叚借爲祖妣字。

匙① 匕也。从匕，是聲。　是支切(chí)。

【譯文】匙，匕勺。从匕，是聲。

【注釋】① 匙：朱駿聲《通訓定聲》：“蘇俗所謂茶匙、湯匙、調羹、飯橾者也。古人做飯載牲之具。其首必鋭而薄，可挹，亦可刺，故矢鏃曰匕，劍曰匕首。”

𠤏① 相次②也。从匕，从十。鴇从此。　博抱切(bǎo)。

【譯文】𠤏，相互比較，排列次第，(互相擔保。)由匕、由十會意。鴇字从這個𠤏字。

【注釋】① 𠤏：王筠《句讀》：“此即‘保甲’。五家爲比，故从匕。二五爲十，故从十。互相保任，故曰相次。”　② 相次：《段注》：“比敘之，則必有其次矣。”

㩻 頃①也。从匕，支聲。匕，頭頃②也。《詩》③曰：“㩻彼織女。”　去智切(qì)。

【譯文】㩻，傾斜。从匕，支聲。匕，表示頭傾斜。《詩經》説：“傾斜不正啊，那三顆織女星。”

【注釋】① 頃：《段注》：“頭不正也。”　② 匕，頭頃：匕匙頭角不正，所以表示“頭頃”。　③《詩》：指《小雅·大車》。今本“㩻”作“跂”。《段注》：“織女三星成角，言不正也。”在傳説中，將其擬人化，則“言織女常傾首以望也”(徐鍇《繫傳》語)。

頃① 頭不正也。从匕，从頁②。　去營切(qīng)。

【譯文】頃，頭不正。由匕、由頁會意。

【注釋】① 頃：《段注》“引申爲凡傾仄不正之偁。”　② 从匕，从頁：《段注》：“匕，頭角而不正方。”“頁者，頭也。匕其頭是不正也。”

𡿺① 頭髓②也。从匕；匕，相匕著③也。巛象髮，囟④象𡿺形。奴皓切(nǎo)。

【譯文】𡿺，腦髓。从匕；匕，表示用附著在大腦上髮、囟來比畫。巛象鬢髮形，囟象頭骨會合的腦蓋之形。

【注釋】① 𡿺：俗作腦。　② 頭髓：《段注》："頭骨中脂也。"　③ 匕著：《段注》："猶比箸(著)。箸，直略切(zhuó)。"　④ 囟(xìn)：《段注》："囟者，頭之會、腦之蓋也。頭髓在囟中，故囟曰腦蓋。"

𠨘 望①，欲有所庶②及也。从匕③，从卪。《詩》④曰："高山𠨘止。" 伍岡切(áng/yǎng)⑤。

【譯文】𠨘，仰望，希望有可能達到這種境界。由匕、由卪會意。《詩經》說："高山，要仰望啊。"

【注釋】① 望：連篆爲讀。　② 庶：王筠《句讀》："庶幾也。庶及，猶《孟子》書云：'幾及'也。"　③ 从匕，从卪：卪同卩。徐灝《段注箋》："从匕，與比同，企及之意也。""从卪，取高義。"　④《詩》：指《小雅·車舝》。今"𠨘"作"仰"。止，語詞。　⑤ 今讀依《廣韻》魚兩切。

【參證】李孝定《甲骨文字集釋》第八："契文字，唐(蘭)氏說其形甚是。……字象一人立、下一地也；一人跽於其側正望欲有所庶及之形。當釋𠨘。"

𠦝① 高也。早匕②爲𠦝，匕卪③爲𠨘，皆同義④。帛⑤，古文𠦝。竹角切(zhuō)。

【譯文】卓，高。早、匕成卓字，匕、卪成𠨘字。从匕都同義。帛，古文卓字。

【注釋】① 𠦝：今作卓。　② 早匕：孔廣居《疑疑》："匕即比較之比。物相比則高者見也。"王筠《句讀》："早从日在甲上，本有高意。早亦兼聲。"　③ 匕卪：參"𠨘"條。　④ 同義：王筠《句讀》："从匕之意同。匕者，比也。"　⑤ 帛：王筠《釋例》："帛之形，直其曲者，即是今卓字。"

【參證】金文作、。高鴻縉《中國字例》五篇："卓，特立也。从人反身……人反身則立也，早聲。高也。是倬字意。”

很[①]也。从匕目。匕目，猶目相匕[②]，不相下也。《易》[③]曰：“皀其限。”匕目爲皀，𠤎目[④]爲真也。　古恨切(gèn)。

艮

【譯文】艮，互不聽從，停滯不前。由匕目會意。“匕目”的意思，好比兩人怒目相視，互不相讓。《易經》説：“目光停止在腰部的界限上。”匕、目會意成艮字，𠤎、目會意成真字。

【注釋】① 很：《段注》：“不聽從也。”　② 目相匕：《段注》：“即目相比，謂若怒目相視也。”　③《易》：指《艮卦》九三爻。限：指身之中，即腰。艮：止。“艮其限”的“艮”是指目光集中注視。高亨《周易古今注》：“艮其限，謂人僅注視其要(腰)也。”　④ 𠤎(huà)目：參“真”條。

【參證】甲文作，金文作。唐蘭《殷墟文字記》：“小篆見作、艮作，目形無别。”“艮爲見之變，見爲前視、艮爲回顧，見艮一聲之轉也。艮爲顧之義，艮顧亦雙聲也。《易》曰：‘艮其背，不獲其身；行其庭，不見其人。亡咎。’艮其背者，反顧其背。《彖傳》引作‘艮其止’，誤也。”人的常態是見，是前視，所以有“義無反顧”之説，反顧即皀，即不聽從。許慎把引申義當作本義。

文九　重一

从部

相聽[①]也。从二人。凡从之屬都从从。　疾容切(cóng)。

从

【譯文】从，相聽從。由兩個人字相隨會意。大凡从的部屬都从从。

【注釋】① 相聽：徐鍇《繫傳》作“相聽許也”。猶相從、相順。

【參證】甲文作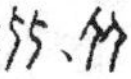，金文作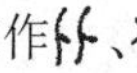。饒炯《部首訂》：“象一人在前，一人在後，則相聽之義自見矣。”孫海波《甲骨文編》：“卜辭比、从同字。”

隨行也。从辵[①]、从，从亦聲。　慈用切(cóng)。

從

【譯文】從，跟隨行走。由辵、由从會意，从也表聲。

【注釋】① 从辵(chuò)：《段注》：“以从辵，故云隨行。”

【參證】甲文作，金文作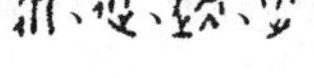。徐灝《段注箋》：“从、從古

今字。"

并 相從也。从从,幵聲。一曰:从持二爲并[①]。 府盈切(bīng/bìng)。

【譯文】并,相跟隨。从从,幵(jiān)聲。另一義説,"从"持握着"二"爲并。

【注釋】① 从持句:《段注》:"上言形聲,此言會意。""二人持二竿,是人持一竿,并合之意。"徐灝箋:"并不得用幵爲聲,从持二干會意,於義爲長。"

【參證】甲文作 、 ,金文作 。林義光《文源》:"幵非聲;二人各持一干,亦非并義。……从二人并立,=、并之之象。"

文三

比部

比 密[①]也。二人爲从,反从爲比。凡比之屬皆从比。夶[②],古文比。 毗至切(bì/bǐ)[③]。

【譯文】比,親密。兩個"人"字相隨爲"从",把"从"字反過來成了"比"。大凡比的部屬都从比。夶,古文比字。

【注釋】① 密:《段注》:"其本義謂相親密也。餘義,俌也,及也,次也,校也,例也,類也,頻也,擇善而从之也,阿黨也,皆其所引申。" ② 夶:《段注》:"蓋从二大也。二大者,二人也。" ③ 今讀依《廣韻》卑履切。

【參證】甲文作 、 、 、 、 ,金文作 、 。李孝定《甲骨文字集釋》第八:"許書'反从爲比'之説,固就篆體爲言。然求之甲骨金文从、比二字,其形體亦略同。固難確指某之必爲'从',某之必爲'比'也。"古文比,張日昇《金文詁林》卷八:"《金文編》附録上 2130 有 字,象二人攜手並肩相親密之形。此正比之古文。"

毖 慎[①]也。从比[②],必聲。《周書》[③]曰:"無毖于卹。" 兵媚切(bì)。

【譯文】毖,謹慎。从比,必聲。《周書》説:"不要被憂患嚇倒。"

【注釋】① 慎：謹慎，畏慎，恐懼。 ② 从比：徐灝《段注箋》："比有縝密義，故毖从比而訓爲慎。""凡重慎其事，必縝密也。" ③《周書》：指《大誥》。今"毖"作"恤"。

文二 重一

北部

 北 乖[①]也。从二人相背。凡北之屬皆从北。 博墨切(běi/bèi)[②]。

【譯文】北，違背。由兩個"人"字背靠背表示。大凡北的部屬都从北。

【注釋】① 乖：相違背。 ② 今讀依《集韻》補妹切。

【參證】甲文作、，金文作、。唐蘭《釋四方三名》(《考古社刊》第四期)："北字作，象兩人相背，與對文，北即嚮背也。由相背之義引申而有乖背及背面之義。由背面之義更引申之，乃有二義：一爲人體之背(bèi)，其後更从肉而爲背字；又一則爲北(běi)方。蓋古代建屋，皆南鄉，則南方爲前，北方爲後……人恒鄉南而背北，北方之名以是起矣。"又，師敗曰北，蓋因背去而走也。

 冀 北方州[①]也。从北，異聲。 几利切(jì)。

【譯文】冀，北方的州名。从北，異聲。

【注釋】① 北方州：《段注》："據許説，是北方名冀，而因以名其州也。叚借爲望也，幸也。蓋以冀同覬也。覬者，欿幸也。"張舜徽《約注》："其地爲今河北、山西二省及河南黄河以北境，居中國北方，故許云北方州也。"

【參證】金文作、。待考。

文二

丘部

 丘 土之高也，非人所爲也[①]。从北，从一。一，地也，人居在丘南，故从北[②]。中邦之居，在崐崘東南。一曰：四方高，

中央下爲丘[③]。象形。凡丘之屬皆从丘。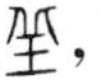,古文从土[④]。　去鳩切(qiū)。

【譯文】丘,高高的土堆,不是人力堆造的。由北、由一會意。一表示地。人們住在丘南面,所以由“北”字表意。中國的集居,在崐崘山的東南。另一説説,四方高而中央低下叫丘。象形。大凡丘的部屬都从丘。𡊤,古文丘字。从土。

【注釋】① 非人句:《段注》:“謂非人力所爲也。”意謂自然産生。　② 人居句:于鬯《職墨》:“‘人居’猶人家。‘中邦之居’則統中國言之。”　③ 一曰句:王筠《句讀》:“前説謂丘字會意,此説謂是象形。故加‘一曰’。”　④ 从土:《段注》:“从土猶从一。”

【參證】甲文作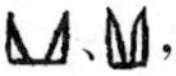,金文作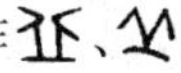。商承祚《殷契佚存》:“丘爲高阜,似山而低,故甲骨文作兩峰以象意。”

[①] 虛　大丘也。崐崘丘謂之崐崘虛。古者九夫爲井,四井爲邑,四邑爲丘[②]。丘謂之虛。从丘,虍聲。　丘如切(qū)。又,朽居切(xū)[③]。

【譯文】虛,大丘。崐崘丘叫作崐崘虛。古時候,九個成年男子成一井,四井成一邑,四邑成一丘。丘又叫作虛。从丘,虍聲。

【注釋】① 虛:《段注》:“虛本謂大丘,大則空曠,故引申之爲空虛。”“又引申之爲凡不實之稱。”　② 古者句:王筠《句讀》:“引《周官·小司徒》文,説丘之別義。”徐灝《段注箋》:“人所聚居謂之丘虛。”《段注》:“引申爲虛落。今作墟。”　③ 丘虛義今讀 xū,丘如切(qū)今不用。

 屔　反頂受水丘。从丘,泥省聲[①]。　奴低切(ní)。

【譯文】屔,象山頂反倒過來,(變成中低旁高)可以受水的山丘。从丘,泥省聲。

【注釋】① 泥省聲:泥也表義。《段注》:“説水潦所止之意也。”《釋名》:“水潦所止曰泥丘。其止污水流不去,成泥也。”

文三　重一

㐺部

㐺

眾立也。从三人。凡㐺之屬皆从㐺。讀若欽崟[1]。　魚音切(yín)。

【譯文】㐺,眾人並立。由三個"人"字並立。大凡㐺的部屬都从㐺。音讀象"欽崟"的"崟"字。

【注釋】① 欽崟(yín):《段注》:"即岑(cén)崟(山險峻貌)。"葉德輝《讀若考》:"欽崟,㐺之合聲。"

眔

多也。从㐺目[1],眔意。　之仲切(zhòng)。

【譯文】眔,多。由㐺、目會合眔多的意思。

【注釋】① 目:桂馥《義證》:"條目、綱目皆眔意。"

【參證】甲文作,金文作、。高鴻縉《中國字例》四篇:"字原从日間三人,明見其人眔也。""周人或改日爲目,亦取明見之意。後世或變作罘,更有譌作衆,其構造不可説。"

聚

會也。从㐺,取聲。邑落[1]云聚。　才句切(jù)。

【譯文】聚,會合。从㐺,取聲。鄉邑中村落叫作聚。

【注釋】① 邑落:《段注》:"謂邑中村落。"朱駿聲《通訓定聲》:"今曰邨、曰鎮,北方曰集。"《史記・五帝紀》:"一年而所居成聚。"人們"會合"一起而定居,就成了邑落。"會合"是因,"邑落"是果。

臮

眾詞;與也[1]。从㐺,自聲。《虞書》[2]曰:"臮咎繇。",古文臮。　其冀切(jì)。

【譯文】臮,表示眾多的虛詞;表示及與的虛詞。从㐺,自聲。《虞書》説:"(讓給稷、契)及皋陶。"𦣞,古文臮字。

【注釋】① 眾詞,與也:一句數讀。即:"眾詞也;與詞也。"張舜徽《約注》:"'眾詞'爲一義,所以釋'从㐺'之意。'與也'又爲一義,經傳皆借暨、洎爲之。"　②《虞書》:指《堯典》。今本原文作:"禹拜稽首,讓于稷、契暨皋陶。"

【參證】唐蘭《論周昭王時代的青銅器銘刻》(《古文字研究》第一輯):"《説文》臮字的古文作,就是的形譌,自譌囟,个與朩字下半形似而譌。""象鼻液(今作鼻涕)下流之形。"按即説文"洟"字,

今作涕。

文四　重一

𡈼部

 善也。从人士①；士，事也。一曰：象物出地，挺生也②。

𡈼 凡𡈼之屬皆从𡈼。　他鼎切（tǐng）。

【譯文】𡈼，善好。由人、士會意；士就是辦事。另一義說，象植物長出地面，挺然而生的樣子。大凡𡈼的部屬都从𡈼。

【注釋】① 从人士：《段注》："會意。""人各事其事，是善也。"

② 一曰句：《段注》："此說象形。""上象挺出形，下當是土字也。"

【參證】甲文作、。徐鉉："人在土上，𡈼（挺）然而立也。"李孝定《甲骨文字集釋》："𡈼然而立，英挺勁拔，故引申之得有'善也'之誼也。"

 召也。［从𡈼，］从微省①，𡈼爲徵②。行於微而（文）［聞］

徵 達者③，即徵之④。⑤，古文徵。　陟陵切（zhēng）。

【譯文】徵，徵召。由𡈼、由微省會意。𡈼是古徵字。行爲隱蔽而聲望顯達挺著於外的人，就徵召他。嶶，古文徵字。

【注釋】① 从微省：當依《段注》作"从𡈼从微省。"段注："會意。"

② 𡈼爲徵：錢坫《斠詮》："𡈼，古徵字。"　③ 行於句：當依《段注》"文"作"聞"。段注："行於隱微（隱蔽）而聞（wèn）達挺箸於外。"

④ 即徵之：王筠《句讀》："即爲徵聘之所及也。"　⑤ 嶶：商承祚《說文中之古文考》："从各从散省。各者，異詞也。別異諸官以備王之徵召。"

【參證】楊樹達《積微居小學述林・釋徵》："余謂徵字当以徵兆爲本義。""字从微者，徵兆爲事物初見之端，隱微未顯，故从微也。""从𡈼者"，"徵兆象物之萌芽梃生，故从𡈼也。""或曰：'徵从𡈼聲'，以雙聲爲聲，說亦通。"

 月滿與日相朢①，（以）［臣］②朝君也。从月，从臣，从𡈼。

朢 𡈼③，朝廷也。，古文朢省。　無放切（wàng）。

【譯文】朢，月滿之時，與日遙遙相朢。好比是臣子朝望君王。由月、由臣、由壬會意。壬，表示朝廷。𦣠，古文朢字，是朢的省略。

【注釋】① 月滿句：《釋名・釋天》："望，月滿之名也。月大十六日，小十五日，日在東，月在西，遙相望也。"　② 以：當依戴侗《六書故》作"臣"。徐灝《段注箋》："臣與㠯（yǐ）相似，故誤爲㠯，又書作以耳。"　③ 壬：王筠《句讀》："（廷的）省形存聲字。"

【參證】甲文作，金文作。商承祚《説文中之古文考》："（甲文）象人登高舉目遠矚。""金文从月，月遠望而可見意也。《説文》誤以目爲君臣之臣。"吴其昌《矢彝考釋》（《燕京学报》第九期）："月之可望，是十四五日也。"按：此爲朔望字。戴家祥《金文大字典》："後又將形符目（即臣）改作聲符亡，寫作望，《説文》因亡釋義，訓作'出亡在外，望其還也。从亡，朢省聲'。"作跂望字。參"望"。

𡈼　近求也。从爪壬①；壬，徼幸也。　余箴切（yín）。

【譯文】𡈼，就近求取。由爪、壬會意。壬，表示僥幸獲取的意思。

【注釋】① 爪壬：《段注》："爪壬，言挺其爪，妄有所取，徼幸之意。"

【參證】林義光《文源》："爪壬，無徼幸之義。象人挺立，爪有所求，近求之象。"

文四　重二

重部

重　厚①也。从壬②，東聲。凡重之屬皆从重。　柱用切（zhòng）。

【譯文】重，厚重。从壬，東聲。大凡重的部屬都从重。

【注釋】① 厚：《段注》："厚斯重矣。引申之爲鄭重（zhòng）、重（chóng）疊。"　② 从壬：林義光《文源》："壬者，人挺立於地，爲厚重象。"

【參證】金文作。李孝定《金文詁林讀後記》卷八："重字古作，象人負橐形，'東'者，橐之象形字也。當解云：'从人，从東，東亦聲。'""此字初爲二體，其後反重迭之作，蓋文字衍化之變例也。"

量　稱輕重[①]也。从重省，曏省聲。，古文量。　吕張切(liáng)。

【譯文】量，稱輕重。由重省亻爲形旁，曏省鄉爲聲旁。㫰，古文量字。

【注釋】① 稱輕重：《漢書・律歷志》："量者，龠合升斗斛也；權者，銖兩斤鈞石也。""度者，分寸尺丈引也。"本各自立説，何以量謂稱輕重？徐灝《段注箋》："稱輕重者，以篆體从重也。""今人又謂度長短爲量，此緣度量連文久之，遂單稱量以爲度矣。"

【參證】金文作。于省吾《甲骨文字釋林》："(量)从日从重，係會意字。""量所以量度物之多少輕重。""其从日，係露天量度之義。""量度田野、道路和穀米都是露天的工作。""甲骨文㬹字从日从東，借東爲重。其从日从東，東即重字的初文。"

文二　重一

臥部

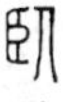
臥　休[①]也。从人臣，取其伏[②]也。凡臥之屬皆从臥。　吾貨切(wò)。

【譯文】臥，休息。由人、臣會意，取"臣"字屈伏之意。大凡臥的部屬都从臥。

【注釋】① 休：饒炯《部首訂》："臥者，或屈伏於牀，或屈伏於几，皆休息其形骸。"　② 伏：本書臣下説："象屈伏之形。"

【參證】楊樹達《積微居小學述林》："古文臣與目同形，臥當从人从目。覺時目張，臥時則目合也。"

[①]
監　臨下也。从臥，衉省聲。，古文監从言。　古銜切(jiān)。

【譯文】監，居上視下。从臥，衉省聲。譼，古文監字，从言。

【注釋】① 監：徐灝《段注箋》引戴侗説："監，盆類。""借爲監臨之監；又爲鏡監之監，亦作鑑。又因鏡監而爲監觀之監，别作瞰。"

【參證】甲文作，金文作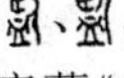。林義光《文源》："監即鑒之本字，上世未製銅時，以水爲鑒。"唐蘭《殷虚文字記》："象一人立於盆側。有

自監其容之意。”郭沫若《殷周青銅器銘文研究》:“(皿上的一,)監中之水也。”按:監盆義、監鏡義、監照義今讀 jiàn。至於警字,商承祚《説文中之古文考》:“从言者,非古也。”按:當是《書·酒誥》所引古言“人無於水監,當於民監”之意,“民監”者,民言之監也。故監字从言作警。

臨　監臨也。从臥,品聲①。　力尋切(lín)。

【譯文】臨,臨下監視。从臥,品聲。

【注釋】① 品聲:品、臨上古同屬侵部。

【參證】金文作、。林義光《文源》:“品,衆物也。象人俯視衆物形。”

①
𦦊　楚謂小兒嬾𦦊。从臥食。　尼見②切(nè)。

【譯文】𦦊,楚地叫小兒懶惰作𦦊。由“臥”着“食”會意。

【注釋】① 𦦊:徐鍇《繫傳》:“謂不樂於食也。今俗人謂嬾爲𦦊。”② 見:各本作“戹”。

文四　重一

身部

身　躳也。象人之身。从人,厂聲。凡身之屬皆从身。　失人切(shēn)。

【譯文】身,全身軀。象人的身軀。从人,厂聲。大凡身的部屬都从身。

【參證】甲文作、,金文作、、。李孝定《甲骨文字集釋》:“契文从人而隆其腹,象人有身(孕)之形。”又,《金文詁林讀後記》卷八:“下短斜畫無義,文字衍變凡垂直長畫,往往於其間着一短横畫也。”戴家祥《金文大字典》:“身字本爲象形,加旁作㑗,則爲形聲。”“身㑗娠不但聲同韻同,而且義同,娠爲㑗之形聲變换字,故孟康曰:‘身多作娠,古今字。’”

軀　體①也。从身,區聲②。　豈俱切(qū)。

【譯文】軀,身體。从身,區聲。

【注釋】① 體:《段注》:“體者,十二屬(人體十二部位:頂、面、頤;肩、脊、尻;肱、臂、手;股、脛、足)之總名也。可區而別之,故曰軀。”

② 區聲：聲中有義，見上注。

文二

㐆部

㐆[1]　歸也。从反身[2]。凡㐆之屬皆从㐆。　於機切(yī)。

【譯文】㐆，歸依。由身字反向表示。大凡㐆的部屬都从㐆。

【注釋】① 㐆：即古依字。　② 从反身：徐鉉引徐鍇："古人所謂反身修道，故曰㱕(歸)也。"

殷　作樂之盛稱殷。从㐆[1]，从殳[2]。《易》[3]曰："殷薦之上帝。"　於身切(yīn)。

【譯文】殷，製作盛大樂舞叫殷。由㐆、由殳會意。《易經》說："用這盛大的樂舞奉獻給上帝。"

【注釋】① 从㐆：徐灝《段注箋》："㐆者，反身也。樂舞迴旋其身，故从㐆。"宋保《諧聲補逸》："㐆亦聲，㐆與衣同音，衣與殷古聲近而通用。"鄭注《中庸》："齊人言殷聲如衣。"　② 从殳：《段注》："干戚之類，所以舞也。"　③《易》：指《豫卦·象傳》。殷薦句：桂馥《義證》引正義："用此殷盛之樂薦祭上帝也。"

【參證】金文作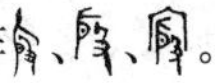。李孝定《金文詁林讀後記》卷八："當以形聲字解之，从殳，㐆聲，詩：'殷其雷'，即言雷聲之盛且大也。"一說，"殷字从身从攴，象人患腹疾用按摩器以治療之。"見于省吾《甲骨文字釋林·釋殷》。又進而或以爲手所持爲針灸之針。"字蓋象一人身腹有病，一人用手持針刺病之形。"見胡厚宣《論殷人治療疾病之方法》(《中原文物》一九八四年第四期)。李説與許近。

文二

衣部

衣　依[1]也。上曰衣，下曰裳[2]。象覆二人之形[3]。凡衣之屬皆从衣。　於稀切(yī)。

【譯文】衣，（人們）依賴（其遮蔽身體）。上身穿的叫衣，下身穿的叫裳。（字形）象（有“”）覆蓋兩個“人”字的形狀。大凡衣的部屬都叫衣。

【注釋】① 依：《段注》：“人所倚以蔽體也。”　② 裳：《段注》：“下帬（qún）也。”王筠《句讀》：“析言之，則分衣裳；渾言之，則曰衣。”③ 象覆句：王筠《釋例》：“象覆也，非人字也；象二人，非从字也。”朱駿聲《通訓定聲》：“釋字形如之，猶曰反从爲比，反後爲司，非説其義也。”

【參證】甲文作、，金文作、。徐灝《段注箋》：“上爲曲領，左右象袂（mèi，衣袖），中象交衽。”羅振玉《殷虛書契考釋》卷中：“此蓋象襟衽左右掩覆之形。”

裁　制①衣也。从衣，𢦏②聲。　昨哉切（cái）。

【譯文】裁，剪裁衣服。从衣，𢦏聲。

【注釋】① 制：本書刀部：“裁也。”　② 𢦏：後省作𢦏。

衮　天子享先王，卷龍綉於下幅，一龍蟠阿①上鄉。从衣，公聲②。　古本切（gǔn）。

【譯文】衮，天子用食物供奉先王之靈，卷曲的龍綉在龍衣的下面一幅，一條龍彎彎曲曲昂首向上。从衣，公聲。

【注釋】① 蟠阿：丁福保《詁林》：“蟠阿者，龍身曲也。上嚮（鄉）者，龍首上升也。”　② 公聲：聲中有義。朱駿聲《通訓定聲》：“上公始得服衮。从公衣會意。公衮亦雙聲。”

【參證】金文作、、。高田忠周《古籀篇》卷六十七：“天子正裝公服也。形聲兼會意。”“公服”者，因公之所服也。

襄　丹縠①衣。从衣，㠭聲。　知扇切（zhàn）。

【譯文】襄，紅色的細紗衣服。从衣，㠭（zhǎn）聲。

【注釋】① 縠（hú）：本書系部：“細縳（絹）也。”即縐紗類的絲織品。

褕　翟①，羽飾衣。从衣，俞聲。一曰：直裾謂之襜褕②。　羊朱切（yú）。

【譯文】褕，褕翟，是用野鷄尾羽圖案繪飾的衣。从衣，俞聲。另一義説，短衣叫作襜（chān）褕。

【注釋】① 翟：連篆爲讀。本書羽部："翟，山雉尾長者。"褕翟：桂馥《義證》引《三禮六服圖》："褕狄（即翟），王后從王祭先公之服也。侯伯之夫人服以從君祭宗廟。刻青翟形采畫，綴於衣。" ② 襜褕：桂馥《義證》引顔注《急就篇》："襜褕，直裾襌衣也。謂之襜褕者，取其襜襜而寬裕也。"《段注》引《史記索隱》曰："謂非正朝衣，如婦人服也。"

袗 玄服。从衣，㐱聲①。裖，袗或从辰②。 之忍切(zhěn)。

【譯文】袗，純黑色的衣和裳。从衣，㐱聲。裖，袗的或體，从辰聲。

【注釋】① 㐱聲：《段注》："㐱聲字，多爲濃重。"陳喬樅《袗、袀二字辨》："㐱訓稠髮，兼有黑義。" ② 从辰：宋保《諧聲補逸》："辰聲。"㐱辰皆在諄部，故从㐱得聲者，亦从辰得聲。

表① 上衣②也。从衣，从毛③。古者衣裘，以毛爲表。褾，古文表从麃④。 陂矯切(biǎo)。

【譯文】表，外衣。由衣、由毛會意。古時候穿裘，用毛作爲外衣的表面。褾，古文表字，从麃聲。

【注釋】① 表：經典作表。 ② 上衣：《段注》："衣之在外者也。" ③ 从衣从毛：徐鍇《繫傳》："古以皮爲裘（皮衣），毛皆在外，故衣毛爲表。"《段注》："毛亦聲也。" ④ 从麃：《段注》："麃聲。"

裏 衣内①也。从衣，里聲。 良止切(lǐ)。

【譯文】裏，衣服内層。从衣，里聲。

【注釋】① 衣内：《段注》："引申爲凡在内之稱。"

【參證】金文作[金文]、[金文]。李孝定《金文詁林讀後記》卷八："裏則爲純形聲字。"

襁 負兒衣①。从衣，强聲。 居兩切(jiǎng/qiǎng)。

【譯文】襁，背負嬰兒的衣物。从衣，强聲。

【注釋】① 負兒衣：王筠《句讀》引《衆經音義》云："《博物志》以爲：襁，織縷爲之，廣八寸，長尺二寸，以負小兒於背上。"又叫"小兒被"，又叫"小兒繃"。

襋 衣領①也。从衣，棘聲②。《詩》③曰："要之襋之。" 己力切(jí)。

【譯文】襋，衣領。从衣，棘聲。《詩經》説："縫好褲腰，縫好衣領。"

【注釋】① 領：《段注》："領者，頸項也。因以爲衣在頸之名。"　② 棘聲：聲中有義。《段注》："棘之言亟也。領爲衣之亟者，故曰襋。"　③《詩》：指《魏風・葛屨》。毛傳："要(yāo)，要(腰)也。襋，領也。"《段注》："裳之上曰要，衣之上曰領，皆以人體名之也。"要、襋，均作動詞。

襮　黼領[1]也。从衣，暴聲。《詩》[2]曰："素衣朱襮。"　蒲沃切(pú/bó)[3]。

【譯文】襮，綉有黑白相間花紋的衣領。从衣，暴聲。《詩經》説："素白的衣，織有朱紅和黑色相間花紋的領。"

【注釋】① 黼領：《段注》："白與黑相次文謂之黼。黼領，刺黼文於領也。"　②《詩》：指《唐風・揚之水》。朱襮：徐灝《段注箋》："以朱絲、黑絲爲之。"　③ 今讀依《廣韻》補各切。

衽　衣裣[1]也。从衣，壬聲。　如甚切(rěn/rèn)[2]。

【譯文】衽，衣襟。从衣，壬聲。

【注釋】① 裣(jīn)：後作襟，指衣服胸前交領部分，也指衣的兩旁掩蓋下裳與上衣交際的地方。　② 今讀依《廣韻》汝鴆切。

褸　衽[1]也。从衣，婁聲。　力主切(lǚ)。

【譯文】褸，衣襟。从衣，婁聲。

【注釋】① 衽：衣襟。

褽　衽[1]也。从衣，尉聲。　於胃切(wèi)。

【譯文】褽，臥席。从衣，尉聲。

【注釋】① 衽：《段注》："此衽當訓衽席。"桂馥《義證》引《士昏禮》："御衽于奥"注云："衽，臥席也。"

䙝　裣緣[1]也。从衣，疌聲。　七入切(qì)。

【譯文】䙝，衣襟的邊緣。从衣，疌聲。

【注釋】① 裣緣：《段注》："蓋古者，深衣右自領及衽，左自袼(gē，衣袖靠腋下的部分)亦及衽，皆緣之，故曰裣緣。"

衿[1]　交衽[2]也。从衣，金聲。　居音切(jīn)。

【譯文】衿，内外相交的衣襟。从衣，金聲。

【注釋】① 裣：經典作襟，也作衿。《段注》："《方言》：'衿謂之交。'按：裣之字一變爲衿，再變爲襟，字一耳。"　② 交衽：徐灝《段注箋》："衣前裣内外相交，故謂之交衽。"

 禕　蔽厀也。从衣，韋聲。《周禮》[①]曰："王后之服禕衣。"謂畫袍。　許歸(歸)切(huī)。

【譯文】禕，用於遮蔽膝前的佩巾。从衣，韋聲。《周禮》説："王后的祭服禕衣。"是説畫有野鷄圖案的衣服。

【注釋】①《周禮》：指《天官・内司服》。原文："掌王后之六服：禕衣……"鄭玄注："禕衣，畫翬(huī，雉，五采皆備)者。從王祭先王則服禕衣。"

 袂　襲袂[①]也。从衣，夫聲。　甫無切(fū)。

【譯文】袂，衣服的前襟。从衣，夫聲。

【注釋】① 襲袂：《段注》："蓋古語。《廣韻》曰：'袂，衣前襟。'"

 襲　左衽袍[①]。从衣，龖[②]省聲。，籒文襲不省。　似入切(xí)。

【譯文】襲，(死者穿的)衣襟在左邊的内衣。从衣，龖省聲。襲，籒文襲字。龖不省。

【注釋】① 左衽袍：朱駿聲《通訓定聲》："凡斂死者左衽不紐。"《段注》："袍，褻衣也。"　② 龖(dá)：上古與襲同屬緝部。

【參證】甲文作，金文作。夏渌《論古文字的兼併與消亡》(《武漢大學學報》一九九一年第二期)："甲骨文，从夏持戉藏於身後，表示突然襲擊。""它是'襲'的初文。""(金文)可能是繡有龍紋的民族服裝，本意是一種衣服的名稱，它作爲'襲擊'的含義，是兼併了甲骨文'从夏持戉'的本字。"

[①] 袍　襺也。从衣，包聲[②]。《論語》[③]曰："衣弊緼袍。"　薄褒切(páo)。

【譯文】袍，有夾層、中裝緜絮的長衣。从衣，包聲。《論語》説："穿着破爛的舊絲緜袍子。"

【注釋】① 袍：徐灝《段注箋》："此云：'袍，襺也。'渾言之。下文'以絮曰襺，以緼曰袍'，乃析言之也。亵(裝)緜於中，故謂之袍。"《釋名·釋衣服》:“袍,丈夫著、下至跗(fū,腳背)者。” ② 包聲:聲中有義。包,長衣覆身,有似于包裹。 ③《論語》:指《子罕》。緼(yùn),楊伯峻《論語譯註》:“舊絮。古代沒有草棉,所有‘絮’字都是指絲棉。”

襺 袍衣[①]也。从衣,繭聲。以絮曰襺,以緼曰袍[②]。《春秋傳》[③]曰:“盛夏重襺。” 古典切(jiǎn)。

【譯文】襺,絲緜長袍。从衣,繭聲。用新絮的叫襺,用舊絮的叫袍。《春秋左傳》説:“盛夏穿着兩層新絲緜長袍。”

【注釋】① 袍衣:《爾雅·釋言》:“袍,襺也。”邢昺疏:“襺是袍之别名,謂新緜著袍者也。” ② 以絮句:《段注》:“既渾言之,而又析言之也。”《禮記·玉藻》:“纊(kuáng)爲繭,緼爲袍。”陳澔集説:“纊,新緜也;緼,舊絮也。衣之有著者,用新緜則謂之繭,用舊絮則謂之袍。” ③《春秋傳》:指《左傳·襄公二十一年》。今本原文:“方暑,闕地,下(住地下室)冰(置冰)而牀(置牀)焉。重繭,衣裘。”

褋 南楚謂禪衣曰褋[①]。从衣,(枼)[葉]聲[②]。 徒叶切(dié)。

【譯文】褋,南楚地方叫單衣作褋。从衣,葉聲。

【注釋】① 南楚句:見《方言》卷四。《釋名·釋衣服》:“禪衣,言無裏也。” ② 枼聲:當依徐鍇《繫傳》作“葉聲”。聲中有義。《段注》:“枼者,薄也。”葉从枼,褋从葉,故稱單衣。

袤 衣帶以上[①]。从衣,矛聲。一曰:南北曰袤,東西曰廣。褻,籀文袤从楙[②]。 莫候切(mào)。

【譯文】袤,衣帶以上。从衣,矛聲。另一義説:南北之間的距離叫袤,東西之間叫廣。褻,籀文袤字,从楙聲。

【注釋】① 衣帶句:《段注》:“此古義也。帶者上衣下裳之介也。” ② 从楙:朱駿聲《通訓定聲》:“从楙聲。”

襘[①] 帶所結也。从衣,會聲[②]。《春秋傳》[③]曰:“衣有襘。” 古外切(guì)。

【譯文】襘,衣帶交結的地方。从衣,會聲。《春秋左傳》説:“衣有衣領交叉的地方,(有衣帶交結的地方。)”

【注釋】① 襘:張舜徽《約注》:“物有專名,有共名。杜(預)氏所云領會爲襘，帶結爲結，乃專名也，所謂析言有别也。古人亦以襘爲領會帶結之共名，所謂渾言無别也。杜析言之，許則渾言之耳。”

② 會聲：聲中有義。《段注》引《玉藻》、《曲禮》：“深褡謂交領曰袷。襘即袷。會、合同義。”即爲交會之交。　③《春秋傳》：指《左傳·昭公十一年》。原文：“衣有襘，帶有結。”襘、結對文，析言之。

褧[①]　檾[②]也。《詩》曰：“衣錦褧衣[③]。”示反古[④]。从衣，耿聲。去潁切（qǐng/jiǒng）[⑤]。

【譯文】褧，用麻紗做的單罩衣。《詩經》説：“穿着有彩色花的絲織品，再罩上用麻紗作的單衣。”表示反樸歸真的意思。从衣，耿聲。

【注釋】① 褧：《玉篇·衣部》：“褧，衣無裏也。”　② 檾（jiǒng）：《段注》：“檾者，枲屬。績枲爲衣，是爲褧也。”檾爲衣質，褧爲衣名。③ 衣錦句：《衛風·碩人》、《鄭風·丰》並有其文。陳奐《傳疏》：“女子錦衣之上復加褧衣。”　④ 示反古：《段注》：“毛傳曰：衣錦。錦，文衣也。”“《中庸》曰：衣錦尚絅。惡其文之箸也。”“古者，麻絲之作，蓋先麻而後絲，故‘衣錦尚褧’，歸真反樸之意。”　⑤ 今讀依《廣韻》口迥切。

衹　衹裯[①]，短衣。从衣，氐聲。　都兮切（dī）。

【譯文】衹，衹裯，短衣。从衣，氐聲。

【注釋】① 衹裯：《方言》卷四：“汗襦（rú，短衣），自關而西，或謂之衹裯。”

裯[①]　衣袂，衹裯。从衣，周聲。　都牢切（dāo）。

【譯文】裯，衣袖；短衣。从衣，周聲。

【注釋】① 裯：段桂王朱均以爲説解有誤。待考。

襤　裯謂之襤褸[①]。襤，無緣[②]也。从衣，監聲。　魯甘切（lán）。

【譯文】襤，衣被破敗叫作襤褸。（又，）襤，無邊飾的衣服。从衣，監聲。

【注釋】① 裯謂句：《方言》卷四：“裯謂之襤。”郭璞注：“衹裯，弊衣，亦謂襤褸。”又，卷三：“凡人貧衣被醜敝，或謂之襤褸。”　② 無緣：《方言》卷四：“無緣（沿邊而飾）之衣謂之襤。”王筠《句讀》：“巾部幨下説與此同，一字兩體也。”王筠《句讀》：“《方言》（卷四）又曰：

‘襜褕以布而無緣，敝而紩之，謂之襤褸。’案：此條，既是衣名，又是敝敗。”按：衣名應是本義，敝敗應是引申義。

褍　無袂[①]衣謂之褍。从衣，惰省聲。　徒臥切（duò）。

【譯文】褍，無袖衣叫作褍。从衣，惰省聲。

【注釋】① 無袂：桂馥《義證》引趙宧光曰：“半臂衣也。武士謂之蔽甲，方俗謂之披襖，小者曰背子。”按：類似於今日之背心。

襡[①]　衣躬縫。从衣，毒聲。讀若督[②]。　冬毒切（dú）。

【譯文】襡，衣的背縫。从衣，毒聲。音讀象“督”字。

【注釋】① 襡：《段注》：“躳从吕，自後言身也。”邵瑛《羣經正字》：“襡當爲‘衣背縫’正字。”經典作裻。　② 讀若督：馬敘倫《六書疏證》卷十五引劉秀生曰：“毒聲在定紐，沃部；督从叔聲，在端紐沃部。端定皆舌音。”又，桂馥《義證》引《六書故》：“人身督脈當身之中，貫徹上下，故衣縫當背之中達上下者亦謂之督。”

祛[①]　衣袂也。从衣，去聲。一曰：祛，褱[②]也；褱者，裛也。祛，尺二寸[③]。《春秋傳》[④]曰：“披斬其祛。”　去魚切（qū）。

【譯文】祛，衣袖。从衣，去聲。另一義説，祛，懷；懷，懷抱。袖（口直徑），長一尺二寸。《春秋左傳》説：“（宧官）披斬斷他的衣袖。”

【注釋】① 祛：朱駿聲《通訓定聲》：“析言之，則袖曰袂，袂口曰祛。”② 褱：《段注》：“此義未見其證。”爲懷。　③ 尺二寸：《段注》：“袂（衣袖）上下徑二尺二寸，至祛（袖口）上下徑尺二寸。”

④《春秋傳》：指《左傳·僖公五年》。披，寺人（宧官）名。

褎　袂也。从衣，采聲[①]。袖，俗褎从由[②]。　似又切（xiù）。

【譯文】褎，衣袖。从衣，采聲。袖，俗褎字，从由聲。

【注釋】① 采聲：采，古文穗字。朱駿聲《通訓定聲》：“采、袖雙聲。或曰：衣袂如禾之有采也。會意，存參。”　② 从由：《釋名·釋衣服》：“袖，由也。手所由出入也。”朱駿聲《通訓定聲》：“从由聲。”可見，由是聲兼義。

袂　袖也。从衣，夬聲[①]。　彌弊切（mèi）。

【譯文】袂，衣袖。从衣，夬聲。

【注釋】① 夬聲：聲中有義。《釋名》：“袂，掣也。掣，開也。開張之以受臂屈伸也。”夬有分決義，袖與衣身是既連屬又分開，由分決引申爲分開，開張義。

裹　袖也。一曰：藏也。从衣，鬼聲。　户乖切(huái)。

【譯文】裹，衣袖。另一義説，是懷藏。从衣，鬼聲。

褱[①]　俠[②]也。从衣，眔聲。一曰：橐。　户乘切(huái)。

【譯文】褱，懷挾。从衣，眔(tà)聲。另一義説，褱是口袋。

【注釋】① 褱：錢坫《斠詮》：“上(指裹)懷袖字，此懷俠字。兩異，今通用懷。”　② 俠：《段注》作夾。本書亦部：“夾，盜竊褱物也，从亦有所持。”《段注》：“俗謂蔽人俾夾是也。腋有所持，褱藏之義也。”

【參證】金文作、。待考。

褎[①]　褱也。从衣，包聲[②]。　薄保切(bào)。

【譯文】褎，懷抱。从衣，包聲。

【注釋】① 褎：今作抱。　② 包聲：《段注》：“此舉形聲包會意。”

襜[①]　衣蔽前。从衣，詹聲。　處古切(chān)。

【譯文】襜，衣服(面上)遮蔽身前(的圍裙)。从衣，詹聲。

【注釋】① 襜：蔽膝。王筠《句讀》引顔注《急就篇》：“蔽厀者，於衣裳上著之以蔽前也。”

祏[①]　衣衸。从衣，石聲。　他各切(tuō)。

【譯文】祏，裙子中間開衩的地方。从衣，石聲。

【注釋】① 祏：裓(qì)膝。《段注》：“裓膝者，衺衩在正中者也，故謂之祏，言其開拓也；亦謂之衸(xiè)，言其中分也。”

衸[①]　祏也。从衣，介聲。　胡介切(xiè)。

【譯文】衸，裙子正中開衩的地方。从衣，介聲。

【注釋】① 衸：參“祏”條。

襗　絝[①]也。从衣，睪聲。　徒各切(duó)。

【譯文】襗，套褲。从衣，睪聲。

【注釋】① 絝：《段注》：“脛(小腿，這裏指腿)衣也。”

袉　裾[①]也。从衣，它聲。《論語》[②]曰：“朝服，袉紳。”　唐左切(duò/tuó)[③]。

【譯文】袉，衣服的前襟。从衣，它聲。《論語》説：“把上朝的禮服披在身上，拖着大衣帶。”

【注釋】① 裾：衣褏。《段注》：“衣前衿（襟）謂之褏。” ②《論語》：指《鄉黨》。今本原文：“加朝服，拖紳。” ③ 今讀依《廣韻》徒河切。陳瑑《引經考證》：“它之篆文爲，與也之篆文爲形相涉，故从它之字俗俱从也。”“《釋文》云：拕本又作拖，則拕爲正文，拖爲俗字。”按：由拕而拖，由拕而袉。是由拕變袉的軌迹。

裾 衣（袍）[褏][①]也。从衣，居聲[②]。讀與居同。 九魚切（jū）。

【譯文】裾，衣服的前襟。从衣，居聲。音讀與“居”同。

【注釋】① 袍：當依《段注》作“褏”。段注：“褏，褢也。褢物謂之褏，因之衣前襟謂之褏。” ② 居聲：聲中有義。《段注》：“从居者，中可居物也。”

衧 諸衧[①]也。从衣，于聲[②]。 羽俱切（yú）。

【譯文】衧，諸衧。从衣，于聲。

【注釋】① 諸衧：婦人穿的大袖外衣。朱駿聲《通訓定聲》：“大掖衣，如婦人袿（guī，上等長袍）衣也。” ② 于聲：聲中有義。《段注》“吁”下：“于有大義。”

褰 絝也。从衣，寒省聲。《春秋傳》[①]曰：“徵褰與襦。” 去虔切（qiān）。

【譯文】褰，套褲。从衣，寒省聲。《春秋左傳》說：“徵求套褲和短衣。”

【注釋】①《春秋傳》：指《左傳・昭公二十五年》。

襱[①] 絝踦[②]也。从衣，龍聲。襩[③]，襱或从賣。 丈冢切（zhòng/lóng）[④]。

【譯文】襱，褲腳管。从衣，龍聲。襩，襱的或體，从賣。

【注釋】① 襱：朱駿聲《通訓定聲》：“蘇俗曰褲腳管。” ② 踦：本書足部：“一足也。”這裏指腿。 ③ 襩：桂馥《義證》：“此非襱之重文。謂禓之或體。”存參。 ④ 今讀依《廣韻》盧紅切。

袑[①] 絝上也。从衣，召聲。 市沼切（shào）。

【譯文】袑，褲子的上半部。从衣，召聲。

【注釋】① 袑：朱駿聲《通訓定聲》：“股所居處。蘇俗謂之褲當是也。”

襑[①] 衣博大。从衣，尋聲。　他感切(tǎn)。

【譯文】襑，衣服寬大。从衣，尋聲。

【注釋】① 襑：朱駿聲《通訓定聲》：“字亦作衫。彡聲、尋聲同。”《釋名·釋衣服》：“衫，芟也。芟末無袖端也。”即今日之短袖衫。存參。

褒 衣博裾[①]。从衣，保省聲。保，古文保。　博毛切(bāo)。

【譯文】褒，上衣寬大的襟。从衣，保省聲。保，古文保字。

【注釋】① 博裾：博，廣。裾，衣服的前襟。《段注》：“博裾，謂大其褒(懷抱)囊也。”

褅 緥[①]也。从衣，啻聲。《詩》[②]曰：“載衣之褅。”　他計切(tì)。

【譯文】褅，裹小兒的衣被。从衣，啻聲。《詩經》説：“給他裹上衣被。”

【注釋】① 緥：繈緥，今作褓。《段注》：“緥者，小兒衣也。”

② 《詩》：指《小雅·斯干》。載，語詞。今本“褅”作“裼”。

褍[①] 衣正幅。从衣，耑聲。　多官切(duān)。

【譯文】褍：衣的正而又直的幅面。从衣，耑聲。

【注釋】① 褍：《段注》：“凡衣及裳不衺(邪)殺(shāi，減)之幅曰褍。”

褘 重衣皃。从衣，圍聲。《爾雅》曰：“褘褘襀襀[①]。”　羽非切(wéi)。

【譯文】褘，重疊的衣服的樣子。从衣，圍聲。《爾雅》説：“褘褘襀襀，(昏昧無知)。”

【注釋】① 褘褘句：《爾雅》無此語。承培元《引經證例》：“褘褘爲緟衣皃，冡(蒙)而無知，故引申爲昏。潰潰，蓋無知意也。”

複[①] 重衣皃。从衣，复聲。一曰：褚[②]衣。　方六切(fù)。

【譯文】複，夾衣的樣子。从衣，复聲。另一義説，夾層裏面裝鋪絲棉的衣服。

【注釋】① 複：《釋名·釋衣服》：“有裏(衣裏子)曰複，無裏曰襌。”

② 褚(zhǔ)：《急就篇》第二章：“襜褕袷複”顔師古注：“褚之以緜曰複。”

褆[①] 衣厚褆褆。从衣，是聲[②]。　杜兮切(tí)。

【譯文】褆，衣厚褆褆的樣子。从衣，是聲。

【注釋】① 禔：《玉篇》："衣服端正皃。"《廣韻》："衣服好皃。"端正則好，一義相因。　② 是聲：聲中有義。是有正義。

襛　衣厚皃[①]。从衣，農聲[②]。《詩》[③]曰："何彼襛矣。"　汝容切(róng/nóng)[④]。

【譯文】襛，衣服厚的樣子。从衣，農聲。《詩經》説："爲什麽它那麽濃艷呢？"

【注釋】① 衣厚皃：《段注》："引申爲凡多厚之偁。"　② 農聲：《段注》："凡農聲之字皆訓厚。"　③《詩》：指《召南·何彼襛矣》。原文："何彼襛矣？唐棣之華。"　④ 今讀依《廣韻》女容切。

裻　新衣聲。一曰：背縫[①]。从衣，叔聲。　冬毒切(dú)。

【譯文】裻，穿新衣的聲音。另一義説，是衣背縫。从衣，叔聲。

【注釋】① 背縫：《段注》："此則冬毒切，與上'祷'義同。"馬叙倫《六書疏證》卷十五："此實祷之轉注字。古借此以形容新衣之聲耳。"參"祷"條。

袳　衣張也。从衣，多聲[①]。《春秋傳》[②]曰："公會齊侯于袳。"　尺氏切(chǐ)。

【譯文】袳，衣服(因寬大而)張開。从衣，多聲。《春秋左傳》説："魯桓公在袳地與齊侯會盟。"

【注釋】① 多聲：聲中有義。多有長義，有大義。　②《春秋傳》：指《左傳·桓公十五年》經文。今本原文："公會宋公、衛侯、陳侯于袲。"袳，春秋時宋國地名。在今安徽省宿縣西。

裔　衣裾[①]也。从衣，㕯聲。兖[②]，古文裔。　余制切(yì)。

【譯文】裔，衣邊。从衣，㕯(nè)聲。兖，古文裔字。

【注釋】① 裾：徐鍇《繫傳》："衣邊也。"《釋名》："裾，倨也。倨倨然直，言在後常見踞也。"常見踞即常見其衣邊之踞。邊有邊垂義，由血緣直系垂下之子孫，則稱苗裔；邊有邊末義，邊遠義，故《方言》曰："裔，末也。"又邊遠之地爲裔。　② 兖：王筠《釋例》："上既从衣，即以八記衣之下耳。八既非字，又不象形，故爲指事。"

【參證】金文作。高田忠周《古籀篇》卷六十七："裔从㕯聲，㕯从内聲。而鐘鼎古文内亦作，故此所以㕯形作。"

衯　長衣皃。从衣，分聲。　撫文切(fēn)。

【譯文】衯，長衣的樣子。从衣，分聲。

袁　長衣皃。从衣，叀省聲[①]。　羽元切(yuán)。

【譯文】袁，長衣的樣子。从衣，(古文)㠯省聲。

【注釋】① 叀(zhuān)省聲："《段注》：'从古文叀而省。'"本書古文叀作㠯。㠯省成屮，將口嵌在衣中，將屮接在亠上，成了袁。

裯　短衣也。从衣，鳥聲。《春秋傳》曰："有空裯[①]。"　都僚切(diāo)。

【譯文】裯，短衣。从衣，鳥聲。《春秋左傳》説："有空裯。"

【注釋】① 有空裯：今《春秋傳》無此言。

褺[①]　重衣也。从衣，執聲。巴郡有褺(虹)[江][②]縣。　徒叶切(dié)。

【譯文】褺，重疊的衣。从衣，執聲。巴郡有褺江縣。

【注釋】① 褺：《段注》："讀如重疊之疊。"　② 褺虹：當依徐鍇《繫傳》作"褺江"。《漢書·地理志》作墊江，今四川巴縣。《段注》："入大江，水如衣之重複然，故以褺江名縣。"

【參證】金文作褺。待考。

裴[①]　長衣皃[②]。从衣，非聲。　薄回切(péi)。

【譯文】裴，長衣的樣子。从衣。非聲。

【注釋】① 裴：同裵。　② 長衣皃：徐鉉："《漢書》裵回用此，今俗作徘徊。"著長衣而行，有縈繞淹留之皃，故可引申爲徘徊。

襡　短[①]衣也。从衣，蜀聲。讀若蜀。　市玉切(shǔ)。

【譯文】襡，僮僕穿的長於一般短衣的連腰衣。从衣，蜀聲。音讀象"蜀"字。

【注釋】① 短：桂馥《義證》作裋。本部："裋，豎使布長襦。"按：長襦：長於襦。襦，一般短衣。《晉書·夏統傳》："服袿襡。"音義説："襡，連要(腰)衣也。"譯文從桂。

襮　衣至地也。从衣，斵聲。　竹角切(zhuó)。

【譯文】襮，衣長到地。从衣，斵(zhuó)聲。

襦 短衣①也。从衣,需聲。一曰𩏂衣②。人朱切(rú)。

【譯文】襦,短襖。从衣,需聲。又叫𩏂衣。

【注釋】① 短衣:朱駿聲《通訓定聲》:"其長及厀,若今之短襖。" ② 一曰句:《段注》:"與'一名'同。""𩏂衣猶溫衣也。"《釋名》曰:"襦,耎也。言溫耎(軟)也。"

褊 衣小也。从衣,扁聲。方沔切(biǎn)。

【譯文】褊,衣服狹小。从衣,扁聲。

祫① 衣無絮②。从衣,合聲③。古洽切(jiā)。

【譯文】祫,衣中不裝鋪緜絮。从衣,合聲。

【注釋】① 祫:徐鍇《繫傳》:"夾衣也。" ② 無絮:朱駿聲《通訓定聲》:"衣有表裏而不著絮者。" ③ 合聲:聲中有義。合爲兩口相合。夾衣必衣裏和衣表兩相吻合。

禪① 衣不重。从衣,單聲②。都寒切(dān)。

【譯文】禪,衣(單層)不重複。从衣,單聲。

【注釋】① 禪:《釋名·釋衣服》:"無裏曰禪。"今作單。 ② 單聲:聲中有義。《段注》"單"下:"引申爲雙之反對。"單有獨義,有單一義。

襄 漢令:解衣耕謂之襄。从衣,𤕦聲①。②,古文襄。息良切(xiāng)。

【譯文】襄,漢朝的律令説:解脱衣服耕種田地叫作襄。从衣,𤕦聲。[illegible],古文襄字。

【注釋】① 从衣,𤕦(níng)聲:張祥齡《釋襄上》:"蕭廣濟《孝子傳》:'原平墓下有數十畝田,每農月耕者恒裸。'裸从衣,但(今作袒)襄亦从衣,解也。其義相近。𤕦訓亂,亂訓治,治訓除。"故曰解衣而耕謂之襄。 ② [illegible]:待考。

【參證】金文作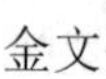。于省吾《甲骨文字釋林·釋冗》:"𤕦字的初文,甲骨文作。"其演變脈絡爲: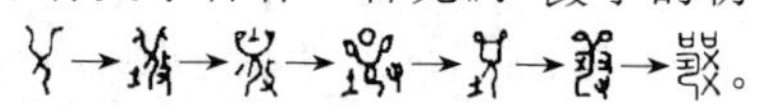。于説:"它和从衣的𧟌字古通用,隸變作襄。"其義待考。

被 寢衣,長一身有半。从衣,皮聲。平義切(bì/bèi)①。

【譯文】被,被子,長度爲身體的一又二分之一。从衣,皮聲。

【注釋】① 今讀依《廣韻》皮彼切。

衾　大被。从衣，今聲。　去音切(qīn)。

【譯文】衾，大被。从衣，今聲。

襐　飾①也。从衣，象聲。　徐兩切(xiàng)。

【譯文】襐，襐飾。从衣，象聲。

【注釋】① 飾：襐飾。應連篆爲讀。《急就篇》"襐飾"顔師古注："盛服飾也。"即盛大的服飾。刻畫、裁製奇巧，無可匹配等雙。乃尊者之所飾。王筠《句讀》："襐飾者，漢之恒言也。"

衵①　日日所常衣。从衣，从日，日亦聲。　人質切(rì)。

【譯文】衵，天天常穿的衣服。由衣、由日會意，日也表聲。

【注釋】① 衵：《玉篇·衣部》："衵，近身衣也，日日所著衣。"《左傳·宣九年》："陳靈公與孔寧、儀行父通於夏姬，皆衷其衵服以戲於朝。"此指夏姬之近身内衣也。

褻　私服①。从衣，埶聲。《詩》②曰："是褻袢也。"　私列切(xiè)。

【譯文】褻，私居在家的衣服。从衣，埶聲。《詩經》説："這貼身的内衣無色澤了。"

【注釋】① 私服：私居之服。顔注《漢書·敘傳》曰："褻，謂親身之衣也。"此非公會之服，乃私居時，常著之親身衣。　②《詩》：指《鄘風·君子偕老》。今"褻"作"紲"。柳榮宗《引經考異》："褻謂裏衣也，袢謂衣無色。"

衷　裏褻衣①。从衣，中聲。《春秋傳》②曰："皆衷其衵服。"　陟弓切(zhōng)。

【譯文】衷，裏面貼肉穿的私居之衣。从衣，中聲。《春秋左傳》説："(陳靈公與孔寧、儀行父)都貼肉穿着夏姬天天常穿的汗衣。"

【注釋】① 裏褻衣：王筠《句讀》："衷則私服之在中者，故言裏以别之。"　②《春秋傳》：指《左傳·宣公九年》。原文："陳靈公與孔寧、儀行父通於夏姬，皆衷其衵服。"楊伯峻注："(衷)作動詞用。""'其衵服'，夏姬之汗衣也。"

袾 好佳①也。从衣，朱聲。《詩》②曰：“靜女其袾。” 昌朱切(zhū)。

【譯文】袾，美好；佳善。从衣，朱聲。《詩經》説：“文靜的姑娘多麽美善。”

【注釋】① 好佳：一句數讀。《段注》：“好者，美也；佳者，善也。” ②《詩》：指《邶風·靜女》。今作“姝”。殳下又引作“殳”。袾、姝、殳，一字也。見王筠《釋例》姝下。按：義同好佳，音同昌朱切，或以衣飾爲特徵，或以美色爲特徵，則有从衣从女之别；或从朱音，或从殳音。

袓 事好①也。从衣，且聲。 才與切(jù)。

【譯文】袓，學那美好姿色。从衣，且聲。

【注釋】① 事好：《段注》：“猶言學好也。”本書女部：“好，美也。”言姿色之美。

裨 接、益也①。从衣，卑聲。 府移切(bēi/bì)。

【譯文】裨，接續；補益。从衣，卑聲。

【注釋】① 接、益也：一句數讀。《段注》：“接也；益也。”王筠《句讀》：“以接説裨者，字从衣，謂作衣者遇短材，别以布帛接之也。再以益申之者，既接之則有益于初也。”王氏説明了兩個義項之間的聯繫。

【參證】金文作。

袢 無色也。从衣，半聲。(一曰)①《詩》②曰：“是紲袢也。”讀若普③。 博幔切(bàn/fán)④。

【譯文】袢，(衣)無色澤。从衣，半聲。《詩經》説：“這貼身衣已無色澤了。”音讀象“普”字。

【注釋】① 一曰：《段注》：“此二字衍文。” ②《詩》：參“褻”條。③ 普：上古與袢雙聲。王筠《釋例》：“普，日無色也。此則讀若兼意也。” ④ 今讀依《廣韻》附袁切。

雜① 五彩相會②。从衣，集聲。 徂合切(zá)。

【譯文】雜，各種彩色，相互配合(來製作衣服)。从衣，集聲。

【注釋】① 雜：《段注》：“此篆蓋本从衣集，故篆者以‘木’移左‘衣’

下，作'䨥'，久之，改'雥'爲'隹'而仍，作'雜'也。"今作"雜"，左上之亽是篆文亽的隸定。　②五彩句：《段注》："所謂五采彰施於五色，作服也。引申爲凡參錯之偁。"

裕　衣物饒①也。从衣，谷聲②。《易》③曰："(有)[罔]孚，裕無咎。"　羊孺切(yù)。

【譯文】裕，衣物富餘。从衣，谷聲。《易經》説："沒有見信于人，暫且寬裕待時，就沒有禍害。"

【注釋】①饒：餘。　②谷聲：聲中有義。見【參證】。

③《易》：指《晉卦》初六爻辭。"有"今各本作"罔"。孚，信誠。

【參證】金文作裕。楊樹達《積微居小學述林·釋裕》："字从谷而訓爲饒者，谷之爲物，空曠能容，容字从谷，即其義也。谷大能容，故古人稱物多者或以谷爲量。"

襞①　韏②衣也。从衣，辟聲。　必益切(bì)。

【譯文】襞，摺疊衣裳。从衣，辟聲。

【注釋】①襞：徐鍇《繫傳》："摺疊衣也。"　②韏(quàn)：猶卷。

衦　摩展①衣。从衣，干聲。　古案切(gàn/gǎn)②。

【譯文】衦，摩壓衣縐并使衣服平展。从衣，干聲。

【注釋】①摩展：《段注》："摩其襵縐而展之也。"《段注》："衦之用，與尉略同而異。"朱駿聲《通訓定聲》："尉以火，衦以手。"　②今讀依《廣韻》古旱切。

裂①　繒餘也。从衣，列聲②。　良薛切(liè)。

【譯文】裂，繒帛的殘餘。从衣，列聲。

【注釋】①裂：徐鍇《繫傳》："裁剪之餘也。"王筠《句讀》："裂是動靜相兼之字。"繒帛之餘，是靜；乃因裁裂也。裁裂，是動。　②列聲：朱駿聲《通訓定聲》作"从衣列會意，列亦聲。"

袈　弊①衣。从衣，奴聲。　女加切(ná)。

【譯文】袈，破舊的衣服。从衣，奴聲。

【注釋】①弊：段桂王朱皆以爲當作敝。本書："敝，敗衣。"

袒①　衣縫裂開。从衣，旦聲。　丈莧切(zhàn)。

【譯文】袒，衣縫裂開。从衣，旦聲。

【注釋】① 袒：今作綻。許書“但(tǎn)裼”字作但不作袒。

補[1]　完衣也。从衣，甫聲。　博古切(bǔ)。

【譯文】補，(修補)使衣完好。从衣，甫聲。

【注釋】① 補：桂馥《義證》引顔注《急就篇》：“脩破謂之補。”

褋　紩①衣也。从衣黹②，黹亦聲。　豬几切(zhǐ)。

【譯文】褋，縫織衣服。由衣、黹會意，黹也表聲。

【注釋】① 紩(zhì)：《段注》：“糸部曰：‘紩者，縫也。’縫者，以鍼(針)紩衣也。”　② 黹(zhǐ)：王筠《句讀》：“褋乃黹之絫增字。”本書：“黹，箴縷所紩衣。”

褫　奪衣也。从衣，虒聲。讀若池。　直离切(chí/chǐ)①。

【譯文】褫，剥奪衣服。从衣，虒聲。音讀象“池”字。

【注釋】① 今讀依《廣韻》敕里切。

嬴　(袒)[但]①也。从衣，𦝠聲。裸②，嬴或从果③。　郎果切(luǒ)。

【譯文】嬴，赤身露體。从衣，𦝠(luó)聲。裸，嬴的或體，从果聲。

【注釋】① 袒：當依《段注》作“但”。　② 裸：《段注》：“《左傳》：‘欲觀其裸。’正義曰：‘裸謂赤體無衣也。’”　③ 从果：《段注》：“果，聲也。”宋保《諧聲補逸》：“𦝠、果，古同部而通用。”

裎　(袒)[但]①也。从衣，呈聲。　丑郢切(chéng)。

【譯文】裎，裸體。从衣，呈聲。

【注釋】① 袒：當依《段注》作“但”。

裼[1]　(袒)[但]②也。从衣，易聲。　先擊切(xī)。

【譯文】裼，脱去外衣，露出身體。从衣，易聲。

【注釋】① 裼：朱駿聲《通訓定聲》：“凡澤衣之上，冬則加裘，裘上必有衣，謂之裼衣，裼衣之外，又有正服，皆同色。非盛禮，則以見美爲敬，開其正服之前衿，見裼衣，謂之裼。當盛禮，則又以充美爲敬，不露裼衣，謂之襲。”故《段注》説：“凡單言裼者，謂免上衣也；凡單言袒(但)者，謂免衣内袒也。”段之“免上衣”猶朱之“開其正服之前衿”。裼，袒(但)，析言有別，渾言不分。故《玉篇・衣部》：“裼，脱衣見體也。”　② 袒：當依《段注》作“但”。

衺 (褢)[䙤][1]也。从衣，牙聲。 似嗟切(xié)。

【譯文】衺，回邪乖僻。从衣，牙聲。

【注釋】① 褢：當依《段注》作䙤。本書交部曰："䙤者，衺也。"䙤，今作回；衺，今作邪。

襭[1] 以衣衽扱[2]物謂之襭。从衣，頡聲。擷，或从手。 胡結切(xié)。

【譯文】襭，把衣襟(插在腰帶上)收盛東西叫作襭。从衣，頡聲。擷，襭的或體，从手。

【注釋】① 襭：朱駿聲《通訓定聲》："今蘇俗謂之衣兜。按：兜而扱(chā，插)於帶間曰襭。" ② 扱：收取。

袺 執衽謂之袺。从衣，吉聲。 格八切(jiá/jié)[1]。

【譯文】袺，用手提着衣襟叫作袺。从衣，吉聲。

【注釋】① 今讀依《廣韻》古屑切。

褿 帴[1]也。从衣，曹聲。 昨牢切(cáo)。又，七刀切(cāo)。

【譯文】褿，帴。从衣，曹聲。

【注釋】① 帴(sàn)：朱駿聲《通訓定聲》："《說文》：'帴，帔也。'今之披肩。'一曰：帗也。'謂一幅布。'一曰：婦人脅衣。'今之兜肚。褿訓帴，未審何屬。"

裝[1] 裹也。从衣，壯聲。 側羊切(zhuāng)。

【譯文】裝，包裹裝束。从衣，壯聲。

【注釋】① 裝：《段注》："束其外曰裝。"王筠《句讀》引《衆經音義》："今中國人謂撩理行具。"

裹 纏[1]也。从衣，果聲。 古火切(guǒ)。

【譯文】裹，纏束。从衣，果聲。

【注釋】① 纏：桂馥《義證》："束縛纏繞而裹之。"

裛 書囊也。从衣，邑聲。 於業切(yè)。

【譯文】裛，書套。从衣，邑聲。

齎[1] 緶[2]也。从衣，齊聲[3]。 即夷切(zī)。

【譯文】齎，下衣的鎖邊。从衣，齊聲。

【注釋】① 齎：《字彙·齊部》："裳下縫也。"今經文多借齊字。　② 緶(pián)：本書糸部："緶，緁衣也。"朱駿聲《通訓定聲》："縫緝其邊曰緶。"　③ 齊聲：聲中有義。桂馥《義證》引《太平御覽》引《禮記外傳》："齊之言齊也。"注："加鍼縷其裳縫，緶之，俠齊平也。"

豎使布長襦①。从衣，豆聲。　常句切(shù)。

裋　【譯文】裋，童僕(穿的)比一般短衣長的麻布衣服。从衣，豆聲。

【注釋】① 豎使句：《段注》："豎使謂僮豎也。《淮南》高注曰：'豎，小使也。'"豎使，同義複合。此句意爲："豎使(之)布(衣)，長(于)襦。"布乃布衣之借代。

編枲衣①。从衣，區聲。一曰：頭褔②。一曰：次裹衣③。

褔　於武切(yǔ)。又，於侯切(ōu)。

【譯文】褔，編織未績的麻而成的衣服。从衣，區聲。另一義説，蒙覆頭部的衣。另一義説，(小兒)接受口涎裹在脖子上的衣。

【注釋】① 編枲(xǐ)衣：《段注》："謂取未績之麻編之爲衣，與草雨衣相類。"　② 頭褔：《段注》："即頭衣，僅冒其頭耳。"　③ 次(xián)裹衣：朱駿聲《通訓定聲》："蘇俗謂之圍瀺，著小兒頸間以受次者，其制圓。"

編枲韤①。一曰：粗衣②。从衣，曷聲。　胡葛切(hè)。

褐　【譯文】褐，編織粗麻而成的襪子。另一義説，用獸毛或粗麻織成的衣服。从衣，曷聲。

【注釋】① 編枲韤：《段注》："取未績之麻，編之爲足衣，如今艸鞵(草鞋)之類。"朱駿聲《通訓定聲》："今蘇俗有襪名'無大小'者，編枲及毳爲之，其用可長可短，可窄可寬，豈其類歟?"　② 粗衣：《段注》引趙注《孟子》説："褐，以毳(cuì，獸毛)織之，若今馬衣(馬褐)者也。或曰：枲衣也。一曰：粗布衣。"

褔①領也。从衣，匽聲。　於幰切(yǎn)。

褗　【譯文】褗，衣領。从衣，匽聲。

【注釋】① 褔：粗麻衣。這裏泛指衣。

褗①謂之裺。从衣，奄聲②。　依檢切(yǎn)。

裺　【譯文】裺，衣領叫作裺。从衣，奄聲。

【注釋】① 褔：参上條。　② 奄聲：聲中有義。奄有奄覆之義。朱駿聲《通訓定聲》説是“小兒次衣掩頸下者”。其實，衣領在衣之上，本有奄覆之義。

衰[1]　草雨衣。秦謂之萆。从衣，象形[2]。[3]，古文衰。　穌禾切(suō)。

【譯文】衰，草作的避雨衣。秦地叫作萆。从衣，()象雨衣之形。𧛧，古文衰字。

【注釋】① 衰：徐灝《段注箋》：“衰本象艸雨衣之形，假借爲衰(cuī)絰字。而艸雨衣加艸作蓑。其後衰絰字又加糸作縗。”按：衰又借爲盛衰(shuāi)字。　② 象形：王筠《句讀》：“與冉之篆文同。此象艸形，被象毛形，不相涉也。”《釋例》：“此以意定形字。”

③ 𧛧：朱駿聲《通訓定聲》：“上象笠，中象人面，下象衰形。”

【參證】林義光《文源》：“古作(衰鼎)，象蓑形。”

卒　隸人給事者衣[1]爲卒。卒，衣有題識[2]者。　臧没切(zú)。

【譯文】卒，隸役供給差事的人的衣服叫卒。卒，指衣上有標記的符號。

【注釋】① 衣：王筠《句讀》：“其衣曰卒；衣此衣者即謂之卒。”

② 題識：題寫標誌。王玉樹《拈字》：“(卒)从衣而以丿象其題識也。”朱駿聲《通訓定聲》：“古以染衣題識，若救火衣及亭長箸絳衣之類。亦謂之褚。今兵役民壯以絳緣衣，當胸與背有題字，其遺制也。”

【參證】甲文作、，金文作。王襄《簠室殷契徵文考釋》：“(甲文卒的)爻乂均象其衣之題識。”李孝定《甲骨文字集釋》第八：“(外卒鐸)，此蓋晚期文字，已與篆文全同矣。”

褚　卒[1]也。从衣，者聲。一曰：(製)[裝][2]衣。　丑吕切(chǔ/zhě/zhǔ)[3]。

【譯文】褚，士卒。从衣，者聲。另一義説，(用絲緜)裝鋪衣服。

【注釋】① 卒：徐灝《段注箋》：“卒謂之褚者，因其著赭衣而名之也。”

② 製：當依《段注》作“裝”。王筠《句讀》引顔師古注：“以緜裝衣曰褚。”　③ 士卒義今讀 zhě，裝鋪義依《廣韻》丁吕切，今讀 zhǔ。

製　裁也。从衣，从制[1]。　征例切(zhì)。

【譯文】製，剪裁。由衣、由制會意。

【注釋】① 从制：本書刀部："制，裁也。"又，制亦聲。見朱駿聲《通訓定聲》。

袚 蠻夷衣。从衣，犮聲。一曰：蔽厀①。 北末切(bō)。

【譯文】袚，少數民族衣服。从衣，犮聲。另一義説，遮蔽在膝前的大巾。

【注釋】① 蔽厀：《方言》卷四："江淮之間謂之褘，或謂之袚，魏、宋、南楚之間謂之大巾，自關東西謂之蔽厀。"

襚 衣死人也。从衣，遂聲。《春秋傳》①曰："楚使公親襚。" 徐醉切(suì)。

【譯文】襚，給死人穿衣服。从衣，遂聲。《春秋左傳》説："楚國人使魯襄公親自給死者楚王穿衣服。"

【注釋】①《春秋傳》：指《左傳·襄公二十九年》。今本原文"楚"下有"有"字。

衻 棺中縑裏①。从衣弔②。讀若雕。 都僚切(diāo)。

【譯文】衻，棺材中用絹帛作棺的裏子。由衣、弔會意。音讀象"雕"字。

【注釋】① 縑裏：朱駿聲《通訓定聲》："以縑裏棺也。其色：君，朱緑；大夫，玄緑；士，玄。" ② 弔：《段注》作"弔聲"。

祱 贈終者衣被曰祱。从衣，兑聲。 輸芮切(shuì)。

【譯文】祱，贈送給死者的衣被叫祱。从衣，兑聲。

褮 鬼衣①。从衣，熒省聲。讀若《詩》②曰："葛藟縈之。"一曰：若"靜女③其袾"之(袾)[靜]④。 於營切(yīng)。

【譯文】褮，給死者臉上覆蓋的布巾。从衣，熒省聲。音讀象《詩經》説的"葛藟縈繞着它"的"縈"字。另一説音讀象"文靜的姑娘那麽美好"的"靜"字。

【注釋】① 鬼衣：錢大昕《潛研堂集》："褮即幎也。幎者，覆面之衣，小斂所用，故有鬼衣之稱。" ②《詩》：指《周南·樛木》。 ③ 靜女：見《詩經·邶風·靜女》。 ④ 袾：當依葉德輝《讀若考》作"靜"。葉説："褮、靜，古音同部。"

裖① 車温也。从衣，延聲。 式連切(shān)。

【譯文】裖，保温的車蔽。从衣，延聲。

【注釋】① 裈：朱駿聲《通訓定聲》："謂車蔽。"張舜徽《約注》："裈之爲物，蓋張之車内以蔽風取溫者，故許君以車溫釋之。後世所稱車衣、轎衣者，是也。"

褭 以組[①]帶[②]馬也。从衣，从馬[③]。　奴鳥切(niǎo)。

【譯文】褭，用絲帶繫馬。由衣、由馬會意。

【注釋】① 組：絲帶。　② 帶：佩帶，這裏爲動詞繫。　③ 从衣，从馬：《段注》："以組帶馬之意也。"

文一百一十六　重十一

袨[①] 盛服[②]也。从衣，玄聲[③]。　黄絢切(xuàn)。

【譯文】袨，華貴的服裝。从衣，玄聲。

【注釋】① 袨：《鄭新附考》："袨本訓'玄服'。《漢·鄒陽傳》：'武力鼎士袨服叢臺之下。'伏虔注：'大盛玄黄服也。'《淮南·齊俗訓》'尸祝袀袨'高注：'袀，純服；袨，黑齋衣也。'是其義。字从玄，其初蓋止作玄。漢時乃加衣旁。"玄指"黑而有赤色者"(見"玄"條)袨則爲黑色衣服。　② 盛服：古人尚黑，故有天玄地黄之說；又，上引伏虔注"玄黄服"冠以"大盛"字眼，亦爲例證。故黑色衣服又可引申爲盛服。《文選·左思〈蜀都賦〉》："都人士女，袨服靚粧。"　③ 玄聲：從形聲字角度而言，玄也表義。

衫[①] 衣也。从衣，彡聲。　所銜切(shān)。

【譯文】衫，(無袖)上衣。从衣，彡聲。

【注釋】① 衫：《釋名》："衫，芟也。芟末、無袖端也。"陳子良《新成安樂宫》："衫薄偏憎日，裙輕更畏風。"參"衭"條。

襖[①] 裘屬。从衣，奥聲。　烏皓切(ǎo)。

【譯文】襖，皮衣之類。从衣，奥聲。

【注釋】① 襖：《鈕新附考》："高氏《事物紀原·襖子》引《舊唐書·輿服志》曰：'讌服，古褻服也。亦謂之常服。'"因是古褻服，常貼身，故多有襯裏，便於拆下換洗。後引申爲凡夾層之上衣之稱。

文三　新附

裘部

裘 皮衣也。从衣，求聲。一曰：象形，與衰同意。凡裘之屬皆从裘。①，古文省衣。 巨鳩切(qiú)。

【譯文】裘，皮衣。从衣，求聲。另一説，(求)象衣之形，與“衰”字的象草雨衣之形，是同一構形原則。大凡裘的部屬都从裘。求，古文裘字，裘省衣旁。

【注釋】① 求：饒炯《部首訂》：“古人著皮衣，毛向外以爲觀美。重文求，上象領，下象皮衣毛露之形。因篆借爲祈求而又加衣以别之。”

【參證】甲文作，金文作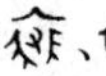、、。羅振玉《增訂殷虚書契考釋》：“(甲文)象裘形，當爲裘之初字。”“卜辭中又有作者。”“蓋爲已製爲裘時之形，則尚爲獸皮而未製時之形。字形略屈曲，象其柔委之狀。”“既爲獸皮而未製衣，是含求得之誼。故引申爲求匄之求。卜辭中又有作，亦求字。”李孝定《甲骨文字集釋》：“則象獸皮一喙兩耳四足一尾之形。”金文作，或加衣。或衣中加聲符又。裘錫圭《釋“求”》(《古文字研究》第十五輯)：“《説文》以‘求’爲‘裘’的古文，但是它們其實從來是兩個不同的字。”“‘求’()大概是‘蛷’的初文。求索是它的假借義。”

鬷 裘裏①也。从裘，鬲聲。讀若擊。 楷革切(kè)。

【譯文】鬷，皮衣毛裏的革。从裘，鬲聲。音讀象“擊”字。

【注釋】① 裘裏：承培元《廣答問疏證》：“裘以毛爲表，以膚爲裏，義正同革去毛皮也。”

文二 重一

老部

老 考也。七十曰老。从人毛匕①，言須髮變白也。凡老之屬皆从老。 盧皓切(lǎo)。

【譯文】老，老年人。七十歲叫老。由人、毛、匕會意。是説鬍鬚毛髮變白。大凡老的部屬都从老。

【注釋】① 从人毛匕：毛指篆文中的，人指，匕指。

【參證】甲文作、、，金文作、。商承祚《殷虛文字類篇》："（甲文）象老者倚仗之形。"按：考老本一字。手杖變匕者爲老，變丂(kǎo)並且表聲則爲考。

耋① 年八十曰耋。从老省，从至②。 徒結切(dié)。

【譯文】耋，年歲八十叫耋。由老省、由至會意。

【注釋】① 耋：《釋名》："八十曰耋。耋，鐵也。皮膚變黑色如鐵也。" ② 从至：徐鍇《繫傳》作"至聲"。按至是意兼聲。

【參證】甲文作。商承祚《殷虛文字類篇》："从老从至，不省。"

薹① 年九十曰薹。从老，从蒿省②。 莫報切(mào)。

【譯文】薹，年歲九十叫薹。由老、由蒿省會意。

【注釋】① 薹：也作耄。《段注》："今作耄，从老省，毛聲。秏，今音讀蒿，去聲，蓋蒿聲毛聲古可通用也。" ② 从蒿省：《段注》："取蒿目之意。"徐鍇《繫傳》作"蒿省聲"。

耆① 老也。从老省，旨聲。 渠脂切(qí)。

【譯文】耆，老年。由老省匕，旨聲。

【注釋】① 耆：《釋名・釋長幼》："六十曰耆。耆，指也，不從力役，指事使人也。"

【參證】金文作。戴家祥《金文大字典》："字从从，爲之譌。即耆字。"

耇 老人面凍（黎）［梨］① 若垢。从老省，句聲②。 古厚切(gǒu)。

【譯文】耇，老人的面色，象冰凍的梨子，象有污垢似的。从老省，句聲。

【注釋】① 凍黎：桂馥《義證》："黎當爲梨。"《釋名・釋長幼》："耇，垢也。或曰凍梨，皮有班點，如凍梨色也。"王筠《句讀》引孫叔然説："耇，面如凍梨，色如浮垢，老人壽徵也。" ② 句聲：聲中有義。朱駿聲《通訓定聲》："老人背傴僂也。从老省，从句會意，句亦聲。"本書句部："句，曲也。"

【參證】金文作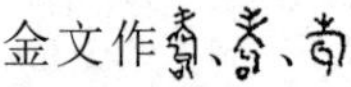。高田忠周《古籀篇》卷三十三："句者，曲也，不申也。老人背曲佝僂也。"

 老人面如點也①。从老省，占聲。讀若耿介之耿②。　丁念切(diàn/diǎn)③。

⿱耂占

【譯文】⿱耂占，老人面上斑如黑點。从老省，占聲。音讀象耿介的"耿"字。

【注釋】① 老人句：《段注》："謂老人面有黑瘢之處也。點者，小黑也。"　② 耿：錢坫《斠詮》："讀同耿，難解。"　③ 今讀依《廣韻》多忝切。

 老人行才相逮①。从老省，易②省，行象③。讀若樹。　常句切(shù)。

⿱耂勿

【譯文】⿱耂勿，老年人行走，兩隻腳只能相及。由老省、由易省會意，形容走路的樣子。音讀象"樹"字。

【注釋】① 老人句：《段注》："才，僅也。今字作纔。纔相逮者，兩足僅能相及，言其行遲步小也。"　② 易：朱駿聲《通訓定聲》補遺："老人行遲，且依墻傍物，步小，兩足才相及，故以蜥易之緣壁譬之。"　③ 行象：徐灝《段注箋》："行步之象也。"

 久也。从老省，𠷎聲。　殖酉切(shòu)。

壽

【譯文】壽，長久。从老省，𠷎聲。

【參證】金文作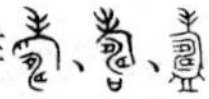。戴家祥《金文大字典》："字从从。《説文》十二篇'，疇或省'，訓作'耕治之田也，象耕田屈曲之形'。耕田屈曲有深遠之義，故引申爲長久，用來形容人生，故再加代表老義的旁作。後加口、加皿者，均爲繁文之例。"

 老也。从老省，丂聲。　苦浩切(kǎo)。

考

【譯文】考，老年人。从老省，丂聲。

【參證】甲文作，金文作。《金文詁林》卷八張日昇按："人所持杖後變作，考字遂由象形而爲形聲矣。"按：考、老本是一字，後分化爲二。參"老"條。

① 善事父母者。从老省，从子；子承老也。　呼教切(xiào)。

孝

【譯文】孝，善於奉侍父母的人。由老省、由子會意，表示子女承奉父老。

【注釋】① 孝：《釋名》："孝，好也。愛好父母，如所悦好也。"

【參證】金文作、、。孝字上部象戴髮傴僂老人，下部表示由子攙扶之意。《金文詁林》卷八按張日昇："疑象老人扶子形。"

文十

毛部

毛　眉髮之屬及獸毛也[1]。象形。凡毛之屬皆从毛。　莫袍切(máo)。

【譯文】毛，眉毛鬚髮之類以及禽獸的毛。象毛之形。大凡毛的部屬都从毛。

【注釋】① 眉髮句：徐灝《段注箋》："人獸曰毛，鳥曰羽。渾言之通曰毛。引申之，草木亦謂之毛。"

【參證】金文作、、。高田忠周《古籀篇》卷九十六："彼須字、㐱字所从作彡，而字作，冄字作，並象人物毛髮也。而字、字，皆依鳥以作此形也，轉爲獸毛，爲人毛髮。此爲叚借也。"

毴　毛盛也。从毛，隼聲。《虞書》[1]曰："鳥獸毴髦。"　而尹切(rǔn)。又，人勇切(rǒng)。

【譯文】毴，毛茂盛。从毛，隼聲。《虞書》説："鳥獸長出了茂密的毛。"

【注釋】①《虞書》：指《堯典》。今本"毴髦"作"氄毛"。傳云："鳥獸皆生耎毳細毛以自溫焉。"是毛盛之證。

毸[1]　獸豪[2]也。从毛，倝聲。　侯幹切(hàn)。

【譯文】毸，獸的鬃毛。从毛，倝聲。

【注釋】① 毸：古書多作翰。　② 豪：《段注》："豪者，豕鬣(liè，頸上的長毛)如筆管者也。引申爲毛之長者之偁。"

毨　仲秋[1]，鳥獸毛盛，可選取以爲器用。从毛，先聲。讀若選。　穌典切(xiǎn)。

【譯文】毨，中秋時，鳥和獸的毛茂盛，可選取製作器具用品。从毛，先聲。音讀象“選”字。

【注釋】① 仲秋：秋季的第二月。仲，在中間的。

璊　以毳爲繝[①]，色如虋，故謂之璊。虋，禾之赤苗也。从毛，㒼聲。《詩》[②]曰：“毳衣如璊。”　莫奔切(mén)。

【譯文】璊，用獸的細毛編織西胡的毳布，顏色象虋禾，所以叫作璊。虋(mén)，是有赤色稈子的禾。从毛，㒼聲。《詩經》説：“用獸的細毛編織的衣象璊玉一樣紅。”

【注釋】① 繝(jì)：西胡毳布。　② 《詩》：指《王風·大車》。今本“璊”作“璊”。參“璊”條。

氈　撚[①]毛也。从毛，亶聲。　諸延切(zhān)。

【譯文】氈，踐踏蹂壓毛(而製成氈席)。从毛，亶聲。

【注釋】① 撚：《段注》：“蹂也。撚毛者，蹂毛成氈也。”

文六

毦[①]　羽毛飾也。从毛，耳聲。　仍吏切(ěr)。

【譯文】毦，用鳥羽獸毛做的裝飾品。从毛，耳聲。

【注釋】① 毦：《後漢書·單超傳》：“金銀罽毦，施于犬馬。”李賢注：“毦，以羽毛爲飾。”

氍　氍毹、毾㲪[①]，皆氈緂[②]之屬。蓋方言也。从毛，瞿聲。其俱切(qú)。

【譯文】氍，氍毹、毾㲪之氍，氍毹、毾㲪都是氈席之類。是方言俗語。从毛，瞿聲。

【注釋】① 氍毹、毾㲪：氍毹，疊韻聯緜字，毛織地毯名，粗毛所織。細者叫毾㲪。西域方言。　② 氈緂：同義連用。氈爲蹂毛之席；緂本白鮮衣皃，引申爲織物之名。參“氈”、“緂”條。

毹[①]　氍毹也。从毛，俞聲。　羊朱切(yú)。

【譯文】毹，氍毹的毹。从毛，俞聲。

【注釋】① 毹：參“氍”條。

毾　毾㲪[①]也。从毛，㬛聲。　土盍切(tà)。

【譯文】毾，毾㲪之毾。从毛，㬛聲。

【注釋】① 毾毲：雙聲聯緜字。細毛所織地毯名。參“氍”條。《新附通誼》：“《後漢書》‘天竺國又有細布好毾毲’注：《埤蒼》曰：‘毛席也。’”《鈕新附考》引《釋名》作“榻登”云：“施大牀之前、小榻之上，所以登牀也。”此毾毲地毯用途之一端也。劉氏望文生義。

毲[1] 毾毲也。从毛，登聲。　都滕切(dēng)。

毲　【譯文】毲，毾毲之毲。从毛，登聲。

【注釋】① 毲：參“毾”條。

毬[1] 鞠丸[2]也。从毛，求聲。　巨鳩切(qiú)。

毬　【譯文】毬，毬丸。从毛，求聲。

【注釋】① 毬：《廣韻尤韻》：“毬，毛毬，打者。”今多借“球”字。白居易《洛橋寒日作》：“蹴毬塵不起，潑火雨新晴。”蹴毬，踢毬。

② 鞠丸：同義連用。鞠，徐鍇《繫傳》“鞠”下：“以革爲圜束，實以毛。”鞠爲圜束，“丸”亦“圜”者。《拈字》引《初學記》：“鞠即毬字。”徐灝《箋》：“鞠、毬，一聲之轉。”

氅[1] 析鳥羽爲旗、衣之屬[2]。从毛，敞聲。　昌兩切(chǎng)。

氅　【譯文】氅，剖析鳥羽製作旌旗、衣服之類。从毛，敞聲。

【注釋】① 氅：《玉篇》：“氅，鶖毛。”《廣韻》同。　② 旗、衣之屬：《新補新附考證》作“旗纛之屬”，《拈字》、《鄭新附考》同。《鈕新附考》：“此字見《世説新語・企羡篇》：‘王恭乘輿被鶴氅裘。’”徐灝《段注箋》：“以鶖毛爲衣，謂之鶴氅者，美其名耳。”按：氅，其本義應爲鶖毛。或用於飾旗，或用於飾衣。徐鉉所釋，應爲引申義。

文七 新附

毳部

毳 獸細毛也。从三毛[1]。凡毳之屬皆从毳。　此芮切(cuì)。

毳　【譯文】毳，鳥獸的細毛。由三個毛字會意。大凡毳的部屬都从毳。

【注釋】① 从三毛：《段注》：“毛細則叢密，故从三毛，衆意也。”饒炯《部首訂》：“古人用字，義有反借，吾謂造字之用意亦然。”“攷疊三爲文之字”，“从衆多取義”，“何以毳从三毛，獨訓細毛？事不取合，而取分，从反義爲意乎？”

【參證】金文作、，與篆文合。

⿱非毳　毛紛紛[①]也。从毳，非聲。　甫微切(fēi)。

【譯文】⿱非毳，(細)毛紛紛(密多)。从毳，非聲。

【注釋】① 紛紛：《段注》：“紛紛者多也。非、分雙聲。⿱非毳⿱非毳猶紛紛也。《廣韻》曰：‘細毛’。”

文二

尸部

尸[①]　陳也。象臥之形。凡尸之屬皆从尸。　式脂切(shī)。

【譯文】尸，陳列。象人臥的樣子。大凡尸的部屬都从尸。

【注釋】① 尸：徐灝《段注箋》：“尸本人臥之偁，因人死而長臥不起，亦謂之尸。久之引申義行而本義廢。”

【參證】甲文作、，金文作、。古時臥有坐臥(即憑几而臥)和躺臥之分。張日昇《金文詁林》卷八：“古者臥與寢異，憑几曰臥，故象臥之形。”後由坐臥引申爲躺臥(即寢)，而死人如永躺不起，也叫尸。祭祀之尸，以人作神主，憑几而坐，故亦以尸名之。

⿸尸奠　偫[①]也。从尸[②]，奠聲。　堂練切(diàn)。

【譯文】⿸尸奠，儲備。从尸，奠聲。

【注釋】① 偫(zhì)：《段注》：“儲偫也。”　② 从尸：徐灝《段注箋》：“此與屋、屏等字皆以尸象屋宇之形。”

居[①]　蹲[②]也。从尸古者，居从古[③]。踞，俗居从足。　九魚切(jū)。

【譯文】居，蹲踞。由尸、古會意的緣故，是説蹲踞是從古而來的習俗。踞，俗居字，从足。

【注釋】① 居：今作踞。　② 蹲：《段注》：“蹲則足底著地而下其脾(臀)、聳其厀曰蹲。”　③ 从尸古二句：王筠《句讀》：“上从字指字形言，下从字指人事言。”又《釋例》：“蹲非禮也。然且不爲大過者，以其從古人也。古者荒陋，不以蹲踞爲非。”

【參證】金文作、。與篆文同。

屆 臥息[①]也。从尸自[②]。　許介切(xiè)。

【譯文】屆,睡着的鼾聲。由尸、自會意。

【注釋】① 臥息:《段注》:"鼻部所謂鼾也。"　② 自:古以爲鼻字。

屑[①] 動作切切也。从尸[②],佾聲。　私列切(xiè)。

【譯文】屑,動作切切不安。从尸,佾聲。

【注釋】① 屑:今經典作屑。《方言》卷十:"屑屑,不安也。"
② 从尸:猶从人也,故有切切動作義。

屦[①] 轉也。从尸[②],襄省聲。　知衍切(zhǎn)。

【譯文】展,展轉。从尸,襄(zhàn)省聲。

【注釋】① 屦:隸變作展。朱駿聲《通訓定聲》:"單言之曰展,絫言之曰展轉。""展轉者,忽屈忽伸,不適之意態也。"徐灝《段注箋》:"《廣雅》曰:'展,舒也。'此乃展之本義。其訓爲轉者,由《周南》'展轉'之文爲說耳。"　② 从尸:《段注》:"展布四體之意。"

屆[①] 行不便也。一曰:極也。从尸,凷聲[②]。　古拜切(jiè)。

【譯文】屆,行動不便。另一義說,是極限。从尸,凷(kuài)聲。

【注釋】① 屆:今經典多作屆。　② 凷聲:徐鍇《繫傳》:"塊字也。"凷字聲中有義。《一切經音義》卷七引作"(凷)堅土也"。王筠《句讀》更據此改作"堅地"。从尸从凷,其意爲:人遇着堅土爲礙,故不便行走。章大炎《文始》:"(凷)所形成的)封垤閡人行步,故孳乳爲'屆,行不便也'。"行不便則以此爲界,爲邊界。界者極也。極是引申義。

尻[①] 脾也。从尸,九聲。　苦刀切(kāo)。

【譯文】尻,臀部。从尸,九聲。

【注釋】① 尻:《段注》:"尻,今俗云溝子是也;脾(tún),今俗云屁股是也。析言是二,統言是一。"王筠《釋例》:"(尻)今所謂尾蛆骨也。"

屍 髀[①]也。从尸下丌居几[②]。脾,屍或从肉隼[③]。臀,屍或从骨,殿聲。　徒魂切(tún)。

【譯文】屍,屁股。由"尸"(人)下"丌"(下基,即屁股)居坐於"几"牀之上會意。脾，屍的或體，从肉，隼(聲)。臀，屍的或體，从骨，殿聲。

【注釋】① 髀(bì)：《段注》："髀者，股外也。此云髀者，專言股後。"王筠《句讀》："今俗連言之曰髀股(屁股)。" ② 从尸句：《段注》"居"作"凥"，注："丌，下基也。屍者，人之下基。凥几者，猶言坐於牀。木部曰：'牀，安身之几坐也。'"林義光《文源》："人體著牀几之處即屍也。" ③ 隼(sǔn)：《段注》："隼，聲也。"

【參證】李孝定《甲骨文字集釋》第八："契文作，"，"猶厷之作，身之作，肘之作也。""譌爲几，復增之丌，遂爲篆文之屍矣。"

⿸尸旨 凥也。从尸，旨聲。 詰利切(qì)。

【譯文】⿸尸旨，臀部。从尸，旨聲。

尼[1] 從後近之[2]。从尸，匕聲。 女夷切(ní)。

【譯文】尼，從後面接近他。从尸，匕聲。

【注釋】① 尼：徐鍇《繫傳》："尼猶昵也。"《段注》："古以爲亲暱字。" ② 從後句：王筠《句讀》："從後者，於字形得之。尸是臥人，匕是反人。匕者，比也。人與人比，是相近也。人在人下，是從後也。"

【參證】甲文自生稻"秜"的偏旁作。林義光《文源》："匕、尼不同音。匕，人之反文；尸，亦人字。象二人相昵(親昵)形，實昵之本字。"依林義，尼是从人从匕會意。

⿸尸臿[1] [⿸尸臿屖，]從後相(臿)[蹋]也。从尸，从臿[2]。 楚洽切(chā/qì)[3]。

【譯文】⿸尸臿，⿸尸臿屖，從後面相隨疊積。由尸、由臿會意。

【注釋】① ⿸尸臿：説解當依《段注》作"⿸尸臿屖，從後相蹋也"。段氏注："以後次前(依次覆蓋前面的一部分)積疊之，謂之⿸尸臿屖。"王筠《釋例》："吴伯和先生曰：⿸尸臿屖者，如屋瓦之鱗鱗相次比者是也。"蹋：踩，這裏指覆蓋。 ② 从臿：《段注》作"臿聲"。 ③ 今讀依《廣韻》初戢切。

屖 ⿸尸臿屖也。从尸，辛聲。 直立切(zhé)[1]。

【譯文】屖，⿸尸臿屖。从尸，辛聲。

【注釋】① 當讀 zhí，今音 zhé。

㞋 柔皮也。从[叉]申尸之後[1]。尸或从又[2]。 人善切(rǎn/niǎn)[3]。

【譯文】艮，使皮革柔軟。由"又"伸在"尸"的後面會意。"尸"下有時从"又"。

【注釋】① 从申句：當依王筠《句讀》"从"後加"又"。王注："尸，乃皮省也。甍之古文，蓋从皮省，从人。此亦當然。申者，展之使平也。"按：此字會合的意思是：皮匠用手伸展皮革使之平軟。
② 又：王筠《句讀》："又、又皆手，乃柔皮之工之手也。"　③ 今讀依《廣韻》尼展切。

 伏皃。从尸[1]，辰聲。一曰：屋宇。　珍忍切（zhěn）。

屒 【譯文】屒，伏着的樣子。从尸，辰聲。另一義說，是屋檐。

【注釋】① 从尸：《段注》："尸象屋形。""與宀部宸音義同。"

【參證】金文作。待考。

 屖遲[1]也。从尸[2]，辛聲。　先稽切（xī）。

屖 【譯文】屖，棲遲。从尸，辛聲。

【注釋】① 屖遲：《段注》："即《陳風》之'棲遲'也。毛傳曰：'棲遲，游息也。'"即滯留不進。　② 从尸：本書"尸"下："陳也，象臥之形。"臥則爲滯留不進之象。

【參證】甲文作，金文作、，與篆文同。

[1] 履也。从尸，非聲。　扶沸切（fèi）。

屝 【譯文】屝，鞋履。从尸，非聲。

【注釋】① 屝：用草、麻、皮作的鞋。《方言》卷四："屝，粗履也。徐、兗之郊謂之屝。"《釋名・釋衣服》："齊人謂草履曰屝。"

 終主[1]。从尸，从死[2]。　式脂切（shī）。

屍 【譯文】屍，剛死以屍體爲神主。由尸、由死會意。

【注釋】① 終主：《段注》："方死無所主（神主牌位），以是爲主也。"
② 从尸，从死：《段注》："死者，終也。尸者，主也。故曰終主。"

【參證】林義光《文源》："尸即人字，人死爲屍。"馬敘倫《六書疏證》卷十五："（屍）尸之後起字。"

[1] 刳[2]也。从尸，者聲。　同都切（tú）。

屠 【譯文】屠，刳剥。从尸，者聲。

【注釋】① 屠：《六書故・疑》："屠，刳剥畜牲也。"　② 刳

(kū)：判。

【參證】戴家祥《金文大字典》："屠字亦有肢解尸體之義，字故从尸；屠、者古音同部。"

屟[1] 履中薦也。从尸，枼聲。　穌叶切(xiè)。

【譯文】屟，木製鞋履挖空中間而用以墊腳的底板。从尸，枼聲。

【注釋】① 屟：王筠《句讀》："《衆經音義》云：'屟，鑿腹令空薦足者也。'然則屟以木爲之而空其中也。"張舜徽《約注》："其形制蓋與後世所用木屐相似。"

【參證】馬敘倫《六書疏證》卷十五："此蓋今廣東俗箸之木履，古蓋鑿空木中爲之。"

屋 居[1]也。从尸[2]，尸，所主也。一曰[3]：尸，象屋形。从至，至，所至止。室、屋皆从至。，籀文屋从厂[4]。[5]，古文屋。　烏谷切(wū)。

【譯文】屋，人們居處的地方。从尸；尸，表示人爲屋主。另一説，尸象屋子(上有覆蓋，旁有牆壁)的樣子。从至；至，表示到了應該休止的地方。室字、屋字都从至。屋，籀文屋字从厂。臺，古文屋字。

【注釋】① 居：《段注》作"凥"。　② 从尸：《段注》："凡尸皆得訓主，屋从尸者，人爲屋主也。"　③ 一曰：《段注》："此从尸之又一説也。上象覆，旁象壁。"　④ 从厂(hàn)：《段注》："呼旱切。"
⑤ 臺：王筠《釋例》："下半从室，上半乃屋之華飾，如後世鴟吻之類。"存參。

屏 屏蔽[1]也。从尸[2]，并聲。　必郢切(bǐng)。

【譯文】屏，隱蔽的(屋室)。从尸，并聲。

【注釋】① 屏蔽：同義複合。　② 从尸：象屋形。故譯文爲"隱蔽的(屋室)"，此指被蔽者；其蔽者亦爲屏。朱駿聲《通訓定聲》："《爾雅·釋宫》：'屏謂之樹。'注：'小牆當門中。'按：亦謂之塞門，亦謂之蕭牆，如今之照牆也。"

層 重屋[1]也。从尸[2]，曾聲。　昨棱切(céng)。

【譯文】層，重疊的樓屋。从尸，曾聲。

【注釋】① 重屋：《段注》："曾之言重也。曾祖、曾孫皆是也。故从曾之層爲重屋。木部曰：'樓，重屋也。'"　② 从尸：尸象屋形。

文二十三　重五

屢　數[①]也。案：今之婁字，本是屢空字。此字後人所加。从尸[②]未詳。　立羽切(lǚ)。

【譯文】屢，多次。徐鉉以爲：今之婁字，本是屢空字，此字後人所加。从尸不詳其意。

【注釋】① 數：《段注》"婁"下："凡中空曰婁，今俗語尚如是。凡一實一虛，層見迭出曰婁。""故婁之義又爲數(shuò)也。此正如窗牖麗廔之多孔也。而轉其音爲力住切，俗乃加尸旁爲屢字。"

② 从尸：《鄭新附考》："今審屢字正仿'麗廔'，變广爲尸。古尻處字，或从广，或从尸。"

文一　新附

卷十六

尺部

尺　十寸也。人手卻十分動脈爲寸口[①]。十寸爲尺。尺，所以指尺[②]規榘事也。从尸，从乙[③]。乙，所識也。周制，寸、尺、咫、尋、常、仞諸度量[④]，皆以人之體爲法[⑤]。凡尺之屬皆从尺。　昌石切(chǐ)。

【譯文】尺，十寸。人手後退十分，得動脈之處，就是寸口。十寸是一尺。尺(一類的長度)，是用來標明方圓一類事物的標準。由尸、由乙會意。乙，是標誌的符號。周朝的制度，寸、尺、咫、尋、常、仞各長度單位，都用人的身體作標準。大凡尺的部屬都从尺。

【注釋】① 寸口：王筠《句讀》："自掔(腕)之横紋而卻之，適得一寸，爲寸脈。"　② 指尺：王筠《句讀》："指斥也。""斥，指也。"《段注》："指斥猶標目也。用規榘之事，非尺不足以爲程度。尺居中，下可晐寸分，上可包丈引也。"　③ 从尸，从乙(jué)：王筠《句讀》："尸，人也。""自肘之曲池穴上横紋而前之，至於掔(腕)之横紋，適得一尺。"桂馥《義證》："乙即亅部之，鉤識也。音居月切。"　④ 度量：度，連類而及"量"。王筠《句讀》："寸、尺諸字袛是度，連言量者，漢語也。"　⑤ 爲法：《段注》："寸，法人寸口；尺，起於寸；咫，法中婦人手；尋，八尺，法人兩臂之長；常，倍尋，或曰：常當作丈。周制：八寸爲尺，十尺爲丈。人長八尺，故曰丈夫。人部：'仞，伸臂一尋也。'是仞、尋無二。"

【參證】金文作。徐中舒、伍仕謙《中山三器釋文及宮圖説明》(《中國史研究》一九七九年第四期)："篆文尺从尸，尸乃由人形(指金文的——湯注)轉化而來。古人以尺爲量度人身高矮之用，尸旁箸點，示尺所量度之處。篆从，乃由點形延伸而成。金文中凡箸點

形之字,如、、,皆延伸爲一,作生、土、朱,此延伸爲,示有所示詑也。”

咫 中①婦人手長八寸,謂之咫。周尺②也。从尺,只聲。 諸氏切(zhǐ)。

【譯文】咫,長短適中的婦人手長八寸,叫作咫。這是周朝的尺度。从尺,只聲。

【注釋】① 中:王筠《句讀》:“中者,長短適中也。” ② 周尺:本書“夫”下:“周制以八寸爲尺。”

文二

尾部

尾 微①也。从到毛②在尸後。古人或飾系尾,西南夷亦然③。凡尾之屬皆从尾。 無斐切(wěi)。

【譯文】尾,微細的(尾巴)。由倒着的“毛”字在“尸”字之後會意。古人有的裝飾着尾巴,西南少數民族也是這樣。大凡尾的部屬都从尾。

【注釋】① 微:細。 ② 到毛:到,今倒字。桂馥《義證》:“爲正毛,爲到毛。”徐灝《段注箋》:“象尾形,亦橫人相配。”

③ 古人二句:《後漢書・西南夷列傳》:“槃瓠之後,好五色衣服,製裁皆有尾形。”

【參證】甲文作,與篆文同。林義光《文源》:“从尸猶从人,象體後繫尾形。”

屬 連①也。从尾,蜀聲。 之欲切(zhǔ)。

【譯文】屬,連續。从尾,蜀聲。

【注釋】① 連:徐鍇《繫傳》:“相連續,若尾之在體。”

屈① 無尾②也。从尾,出聲。 九勿切(jué/qū)③。

【譯文】屈,(短得好像)沒有尾巴。从尾,出聲。

【注釋】① 屈:《段注》引《淮南》“屈奇之服”許(慎)注:“屈,短也;奇,長也。凡短尾曰屈。” ② 無尾:張舜徽《約注》:“屈本短尾之名，許以無尾釋之者，對長尾言也。”　③ 今讀依《廣韻》區勿切。

【參證】金文作、，與篆文同。

①人小便也。从尾②，从水。　奴弔切(niào)。

尿　【譯文】尿，人的小便。由尾、由水會意。

【注釋】① 尿：古書多借溺字。　② 从尾：指尿所從出的部位。

【參證】甲文作、。李孝定《甲骨文字集釋》：“从人(尸同)，从水點，象人遺溺形。”徐中舒《甲骨文字典》卷八：“()所从之後也漸譌爲，加水點遂作。《説文》篆文承其譌，復並二而爲，更緟益水而爲溺。故尿、溺初本一字。”徐説存參。

文四

履部

①足所依也。从尸②，从彳，从夂，舟象履形。一曰：尸聲。

履　凡履之屬皆从履。，古文履③从頁从足。　良止切(lǐ/lǚ)。

【譯文】履，腳所依託的用具。由尸、由彳、由夂(suī)會意，舟象鞋履的樣子。另一説：尸表聲。大凡履的部屬都从履。䪖，古文履字，由頁、由足會意。

【注釋】① 履：《段注》：“古曰屨，今曰履；古曰履，今曰鞵(鞋)，名之隨時不同者也。引申之訓踐。”　② 从尸：徐灝《段注箋》：“从彳，从夂，皆於行步取義；象履形，與舟字相似；从，亦横人相配，兼取其聲。”　③ 古文履：从頁从足从舟。从頁猶从尸也，从足猶从彳、从夂也。

①履也。从履省，婁聲。一曰：鞮②也。　九遇切(jù)。

屨　【譯文】屨，鞋履。由履省作形符，婁聲。另一義説：屨是皮鞋。

【注釋】① 屨：朱駿聲《通訓定聲》：“漢以前複底曰舃，禪底曰屨；以後曰履，今曰鞵(鞋)。”　② 鞮：本書革部：“鞮，革履也。”

履下①也。从履省，歷聲②。　郎擊切(lì)。

𡳾　【譯文】𡳾，鞋底。由履省作形符，歷聲。

【注釋】① 下：王筠《句讀》："下，今謂之底。" ② 歷聲：聲中有義。《段注》："(𩌏)行地經歷者。""今人言履歷當用此字。"

 𡳐 履屬。从履省，予聲。 徐吕切(xù)。

【譯文】𡳐，鞋履一類。由履省作形符，予聲。

[1] 屩 屐[2]也。从履省，喬聲。 居勺切(juē)。

【譯文】屩，草鞋。由履省作形符，喬聲。

【注釋】① 屩：《釋名》："屩，蹻也。出行著之，蹻蹻輕便也。" ② 屐(jī)：本指木屐。《急就篇》卷二"屐屩"顔師古注："屐者，以木爲之，而施兩齒，所以踐泥。"屩、屐，析言有别，渾言無分。

【參證】馬敘倫《六書疏證》卷十六："桂馥據《宋書·劉敬宣傳》，謂履有耳有鼻。《史記·平準書》：'布衣屩而牧羊。'韋昭曰：'屩，草履也。'今之草鞋正有耳有鼻。"

 屐 屩也。从履省，支聲。 奇逆切(jī)。

【譯文】屐，木屐。由履省作形符，支聲。

文六 重一

舟部

[1] 舟 船也。古者，共鼓、貨狄[2]，刳木爲舟，剡木爲楫，以濟不通。象形[3]。凡舟之屬皆从舟。 職流切(zhōu)。

【譯文】舟，船。古時候，共鼓、貨狄兩人，把木挖空作船，把木削作槳，來渡過不能通過的水流。象船的形狀。大凡舟的部屬都从舟。

【注釋】① 舟：朱駿聲《通訓定聲》："古以自空大木爲之曰俞，後因集板爲之曰舟，又以其沿水行曰船也。" ② 共鼓、貨狄：黄帝、堯舜時人。 ③ 象形：朱駿聲《通訓定聲》："與目、壬、車、馬等字同，横形直作。"

【參證】甲文作，金文作。商承祚《甲骨文字研究》下篇："刳木爲舟，中有隔倉，最得舟象。"

 俞 空中木爲舟也[1]。从亼[2]，从舟，从巜[3]。巜，水也。 羊朱切(yú)。

【譯文】俞，用中間空了的樹木作船。由亼、由舟、由巜會意。巜，表示水。

【注釋】① 空中句：程鴻詔《復李炳奎先輩論〈説文〉俞字書》：“空中木爲舟，即中空木爲舟也。”《段注》：“其始見本空之木用爲舟，其後因刳(kū)木以爲舟。” ② 从亼(jí)：王筠《句讀》：“集衆材以爲之，故从亼，亼者，集也。” ③ 从巜：徐鍇《繫傳》：“巜音澮(kuài)。”王筠《句讀》：“猶云巜即川也。嫌巜是小水，不足行舟，故重明之。”

【參證】金文作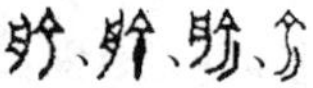。林義光《文源》：“从舟，余省聲。”

① 舟也。从舟，鉛省聲②。 食川切(chuán)。

船 【譯文】船，舟的今名。从舟，鉛省聲。

【注釋】① 船：《段注》：“古言舟，今言船。舟之言，周旋也；船之言，泝沿也。”《釋名》：“船，循也。循水而行也。” ② 鉛省聲：《段注》作“㕣聲”。嚴章福《校議議》：“口部有㕣字。沿鉛皆以爲聲。船从㕣者，取沿流而下也。”

【參證】金文作，與篆文同。

① 船行也。从舟，彡聲②。 丑林切(chēn)。

彤 【譯文】彤，船行進。从舟，彡聲。

【注釋】① 彤：朱駿聲《通訓定聲》：“與从肉之彤(róng)、从丹之彤(tóng)迥别。” ② 彡(shān)聲：彡、彤上古同屬侵部。彡也表義。引申有連緜不絶之義。从舟从彡，表示船行水中，水面浩瀚無邊，前程延長不絶。

 艫①也。从舟，由聲。漢律名船方(長)[丈]②爲舳艫。一

舳 曰③：舟尾④。 直六切(zhú)。

【譯文】舳，舳艫。从舟，由聲。漢朝的律令叫船隻的計量單位每一方丈作舳艫。另一義説：舳是船尾。

【注釋】① 艫：舳艫，應連篆爲讀。徐灝《段注箋》：“船尾曰舳，船頭曰艫。此爲本義。總頭尾言之，謂之舳艫。” ② 長：當依《段注》作“丈”。段注：“蓋漢時計船以丈，每方丈爲一舳艫也。” ③ 一曰：指單用“舳”字義。《段注》：“船之有舳，如車之有軸，主乎運

轉。”　④ 舟尾：《釋名》：“船其尾曰柁。”

艫 舳艫也。一曰①：船頭。从舟，盧聲。　洛乎切(lú)。

【譯文】艫，舳艫。另一義説：艫是船頭。从舟，盧聲。

【注釋】① 一曰：《段注》：“此單謂艫字也。”朱駿聲《通訓定聲》：“船頭有屋如廬舍者。”王筠《句讀》：“今江東呼船頭屋，謂之飛閭，是也。艫、閭古音同。”

𦨶① 船行不安也。从舟，从刖省[聲]②。讀若兀③。　五忽切(wù)。

【譯文】𦨶，船行進簸動不安。从舟，由刖省表聲。音讀象“兀”字。

【注釋】① 𦨶：朱駿聲《通訓定聲》：“今俗有舠字，小舟也，从舟，刀聲。亦作裯。《詩》‘曾不容刀’，衹作刀。與此迥别。”　② 刖省：當依《段注》補“聲”字。刖、𦨶，上古同屬月部、疑紐。　③ 讀若兀：𦨶亦作舭。

【參證】林義光《文源》：“刀爲刖省不顯。兀或作(見古冠字所从——湯注)，與刀形近，蓋从舟兀聲。字譌从刀。”

艐① 船著[沙]②不行也。从舟，㚇聲。讀若莘③。　子紅切(zōng)。

【譯文】艐，船擱淺在沙上不能行進。从舟，㚇(zōng)聲。音讀象“莘(zǐ)”字。

【注釋】① 艐：《段注》：“郭注《方言》云：‘艐，古屆字。’按：《釋詁》、《方言》皆曰：‘艐，至也。’‘不行’之義之引申也。”徐灝箋：“亦猶亂之訓治、徂之訓存也。”　② 著：當依《段注》作“著沙”。猶屆之義，人遇堅土之封埾而行不便也。　③ 讀若莘：《段注》：“此音與‘子紅’爲雙聲，與屆亦雙聲。漢時語如是。”

朕① 我②也。闕。　直禁切(zhèn)。

【譯文】朕，我。闕其構形。

【注釋】① 朕：《段注》：“其解當曰：‘舟縫也。从舟，灷(zhuàn)聲。’”“引申爲凡縫之偁。凡言朕兆者，謂其幾甚微，如舟之縫，如龜之坼也。”“《釋詁》曰：‘朕，我也。’此如卬、吾、台、余之爲我，皆取其音，不取其義。”　② 我：《爾雅・釋詁下》：“朕，我也。”郭璞注：

"古者，貴賤皆自稱朕。"自秦始皇專用"朕"爲皇帝的自稱。

【參證】甲文作、，金文作、。商承祚《甲骨文字研究》下篇："舟必有縫，故从手持丨。丨密縫之具也。金文變从，再變而从火，遂不得其解。""朕訓我乃借義，如予（杼）之叚爲我。"

舫[①] 船師[②]也。《明堂月令》[③]曰"舫人"。習水者。从舟，方聲[④]。　甫妄切（fàng/fǎng）。

【譯文】舫，船師。《明堂月令》叫"舫人"。（舫人）是熟悉水性的捕魚的人。从舟，方聲。

【注釋】① 舫：本指相並連的兩隻船。《爾雅・釋言》："舫，舟也。"郭璞注："並兩船。"徐灝《段注箋》："方之本義謂竝船，因爲方圓借義所專，故别作舫。"　② 船師：張舜徽《約注》："舫本船之異稱，因之船師亦謂之舫。"　③《明堂月令》：指《禮記・月令》。原文："命漁師伐蛟。"鄭玄注："今《月令》漁師爲榜人。"《段注》："按：榜人即舫人。舫，正字；榜，假借字。"　④ 方聲：聲中有義，見注①。朱駿聲《通訓定聲》作"从舟从方會意，方亦聲"。

般 辟[①]也。象舟之旋，从舟；从殳，殳[②]，所以旋也。，古文般从（支）[攴][③]。　北潘切（bān/pán）[④]。

【譯文】般，盤旋。象船的旋轉，所以从舟；从殳，殳是使之旋轉的篙類工具。𦨈，古文般字，从支。

【注釋】① 辟：王筠《句讀》引《投壺》曰："賓再拜受，主人般旋曰辟。"《段注》："般辟，漢人語。謂退縮旋轉之皃也。"　② 殳：《段注》："殳謂所以刺船者也。"　③ 从支：當依《段注》作"从攴"，注："从攴猶从殳也。"　④ 今讀依《廣韻》薄官切。

【參證】甲文作、、，金文作、、。郭沫若《卜辭通纂》："（甲文所从的）乃凡字，槃（盤）之初文也，象形。"徐中舒《甲骨文字典》卷八："（字）从（凡）从（攴）。象高圈足槃，上象其槃，下象其圈足。製槃時須旋轉陶坯成形，故般有槃旋之意。"李孝定《甲骨文字集釋》："後世从凡、从舟之字每多相混，更進而凡亦或作舟矣。"

服 用也。一曰：車右騑[①]，所以舟[②]旋。从舟，𠬝聲。[③]，古文服从人。　房六切（fú）。

【譯文】服，使用。另一義説：服是車右邊的驂馬，是用來（向右邊）周旋的馬。从舟，𠬝（fú）聲。䑩，古文服字，从人。

【注釋】① 右騑：《段注》："馬部曰：'騑，驂也，旁馬也。'古者夾轅曰服馬，其旁曰驂馬。此析言之。許意謂渾言皆得名服馬也。獨言右騑者，謂將右旋則必策最右之馬先向右。左旋亦同，舉右以晐左也。" ② 舟：《段注》説："馬之周旋，如舟之旋，故其字从舟。" ③ 䑩：朱駿聲《通訓定聲》："䑩，行舟者。"《段注》："凡事，如舟之於人，最切用也。凡事皆當如人之操舟也。"

【参證】甲文作，金文作、。待考。

文十二 重二

舸① 舟也。从舟，可聲②。 古我切（gě）。

舸 【譯文】舸，船。从舟，可聲。

【注釋】① 舸：《鈕新附考》引《方言》："南楚江湘，凡船大者謂之舸。" ② 可聲：可有大義。《鄭新附考》："王氏念孫云：舸者大也。門大開謂之閜，大盃亦謂之閜。段氏説荷字亦云是大義，言其葉何其大也。"

艇① 小舟也。从舟，廷聲。 徒鼎切（tǐng）。

艇 【譯文】艇，小船。从舟，廷聲。

【注釋】① 艇：《鈕新附考》引《淮南・俶真訓》："越舲蜀艇，不能無水而浮。"高注："蜀艇，一板之舟。"

艅 艅艎，舟名。从舟，余聲。經典通用餘皇①。 以諸切（yú）。

艅 【譯文】艅，艅艎的艅，艅艎是船名。从舟，余聲。經典通用餘皇。

【注釋】① 經典通用餘皇：《鈕新附考》："《左昭十七年傳》作'餘皇'。《後漢書・馬融傳》'方餘皇'。章懷太子云：'方猶竝（並）也。餘皇，吴船之名。'"《鄭新附考》："俗加舟。始見《江賦》。《廣雅》艎作䑟。"

艎① 艅艎也。从舟，皇聲。 胡光切（huáng）。

艎 【譯文】艎，艅艎的艎。从舟，皇聲。

【注釋】① 艎：除"艅艎"常連用外，艎也單字成義，指船。謝朓《出藩曲》："飛艎溯極浦，旌節去關河。"參上條。

文四　新附

方部

方　併船[①]也。象兩舟省、總頭形[②]。凡方之屬皆从方。，方或从水。　府良切(fāng)。

【譯文】方，相併的兩隻船。(下)象兩個舟字省併爲一個的形狀，(上)象兩個船頭用繩索總纜在一起的形狀。大凡方的部屬都从方。汸，方的或體，从水。

【注釋】① 併船：並兩船爲一。　② 象兩舟句：是"象兩舟省形，象總頭形"的緊縮。《段注》："下象兩舟併爲一，上象兩船頭總於一處也。"

【參證】甲文作、、，金文作、。徐中舒《耒耜考》(《歷史語言研究所集刊》第二本第一分)："(方)象耒的形製。""上短横象柄首横木，下長横即足所蹈履處，旁兩短畫或即飾文。古者秉耒而耕，起土曰方。""古者耦耕，故方有並意。"李孝定《金文詁林讀後記》卷八："方圓義乃假借。其本字古當作'□'，後以與訓圍之'囗'、天干之'丁'等字形相混，遂以假借字專行矣。"

[①]
斻　方舟也。从方，亢聲。禮[②]：天子造舟，諸侯維舟，大夫方舟，士特舟[③]。　胡郎切(háng)。

【譯文】斻，兩船相併。从方，亢聲。禮制規定：天子(渡水)，船連着船一直到對岸；諸侯用繩索連着四隻船；大夫併連兩隻船；士人用一隻船。

【注釋】① 斻：邵瑛《羣經正字》："俗作航。""今經典作杭。"按：據《説文》，杭乃抗之或體。　② 禮：禮制。　③ 天子四句：見《爾雅・釋水》。徐鍇《繫傳》："方舟，今之舫，並兩船也。造，至也，連舟至他岸。維舟，維連四船。特舟，單舟。"

文二　重一

儿部

①
儿 仁人也。古文奇字②人也。象形。孔子曰:“在人下③,故詰屈④。”凡儿之屬皆从儿。 如鄰切(rén)。

【譯文】儿,仁愛的人。是古文“人”字的異體。象形。孔子説:“儿在字的下部,所以形體彎曲。”大凡儿的部屬都从儿。

【注釋】① 儿:《六書故・人一》:“人、儿非二字,特因所合而稍變其勢。合於左者,若‘伯’、若‘仲’,則不變其本,文而爲人;合於下者,若‘貌’、若‘見’,則微變其本,文而爲儿。” ② 奇字:本書《敘》:“二曰奇字,即古文而異者也。” ③ 在人下:王筠《句讀》:“凡从儿之字,皆以儿爲下體。故設言上體爲人而儿在其下也。” ④ 詰屈:《段注》作“詰詘”,注:“猶今云屈曲也。”又,“籀文(),兼象臂脛。古文奇字(),則惟象股腳詰詘。”

【參證】李孝定《甲骨文字集釋》第八:“契文人形之字,其下从若者,並即《説文》之儿。”

兀 高①而上平也。从一②在人上。讀若敻。茂陵③有兀桑里。 五忽切(wù)。

【譯文】兀,高而上面平坦。由“一”在“儿”上會意。音讀象“敻(xiòng)”字。茂陵縣有兀桑里。

【注釋】① 高:本書長部:“兀者,高遠意也。” ② 从一:王筠《句讀》:“一在上,故曰上平。”或曰:一爲二(古文上)字。徐灝《段注箋》:“兀與元同。古文从上之字,或作二,或省而爲一。故元亦作兀。” ③ 茂陵:《漢書・地理志》:“右扶風有茂陵縣。”在今陝西省興平縣東北。

【參證】甲文作、,金文作。林義光《文源》:“兀蓋與元同字,首也。从人,一,記其首處。與天同意。兀讀若敻(寒韻),敻古與元同音。(奐从敻得聲,奐聲之寏與元聲之院同字。)”

兒 孺子①也。从儿,象小兒頭囟未合②。 汝移切(ér)。

【譯文】兒,嬰兒。从儿,(臼)象小孩腦蓋頂門沒有合攏起來。

【注釋】① 孺子:《段注》:“子部曰:‘孺,乳子也。’乳子,乳下子也。

《(禮記·)襍記》謂之嬰兒。”　② 象小兒句:《段注》:“謂篆體臼也。囟者,頭會𠒎蓋(俗稱“頂門”)也。小兒初生,𠒎蓋未合,故象其形。”

【參證】甲文作、、,金文作、、。李孝定《甲骨文字集釋》:“契、金文兒字皆象總角(少年頭髮扎成兩個抓髻,形似角)之形。”

允 信也。从儿,㠯聲[①]。　樂準切(yǔn)。

【譯文】允,誠信。从儿,㠯聲。

【注釋】① 㠯(yǐ)聲:㠯、允上古都屬喻母。徐灝《段注箋》:“㠯、允,一聲之轉。”《段注》以爲“㠯”只是義符。“㠯,用也。任賢勿貳是曰允。”故段作“从㠯儿”,即用仁賢而不貳者。

【參證】甲文作、、,金文作、、。待考。

兑[①] 説[②]也。从儿,㕣聲[③]。　大外切(duì)。

【譯文】兑,喜悦。从儿,㕣(yǎn)聲。

【注釋】① 兑:今作“悦”。　② 説:《段注》:“説者,今之悦字。”　③ 㕣聲:朱駿聲《通訓定聲》:“當从人口會意,八象氣之舒散。兄當與祝同意。从八,與曾同意。今字作悦,又加心旁。”

【參證】甲文作,金文作。林義光《文源》:“兑即悦之本字。”“从人口八。八,分也。人笑則口分開。”

充 長也;高也。从儿,育省聲[①]。　昌終切(chōng)。

【譯文】充,長;高。从儿,育省聲。

【注釋】① 育省聲:朱駿聲《通訓定聲》:“充、育一聲之轉。”又,聲中有義,育省則爲云。徐灝《段注箋》:“戴氏侗曰:从人从云。云,生之始也。由始生至於成人,充之義也。”

文六

兄部

兄 長[①]也。从儿,从口[②]。凡兄之屬皆从兄。　許榮切(xiōng)。

【譯文】兄,滋長。由儿、由口會意。大凡兄的部屬都从兄。

【注釋】① 長：《段注》："兄之本義訓益，許所謂長也。許不云'兹'者，許意言長則可晐長幼之義也。"　② 从儿，从口：《段注》："口之言無盡也，故以儿口爲滋長之意。"

【參證】甲文作、、，金文作、、、。楊樹達《積微居小學述林》："余疑兄當爲祝之初文。""以口交於神明"，故"兄字从儿从口"。金文有作𧠟者，唐桂馨《説文識小録》(《古學叢刊》第五期)："(生)即小篆生字也，艸木妄生也。""(𧠟)人伏於旁而祝告農田禾黍之茂盛。即古人造兄字之原也。"生又表聲。楊樹達上文還説，"兄本尸祝之祝，其變爲兄弟之兄"者，"疑尸祝本相連之事，古人祭祀以孫爲王父尸，則祝贊之職，宜亦不當外求。兄長於弟，差習語言，使之主司祝告，固其宜也"。

[1]
兢　競也。从二兄；二兄，競意。从丯聲[2]。讀若矜。一曰：兢，敬也。　居陵切(jīng)。

【譯文】競，强勁。由兩個兄字會意，兩個兄字，表示競相滋長的意思。丯表聲。音讀象"矜"字。另一義説：兢，小心謹慎。

【注釋】① 兢：俗作兢。　② 丯(jiè)聲：俞樾《兒笘録》："(兢)實从二丯、二兄會意。丯部曰：'丯，艸蔡也。象艸生之散亂也。'二艸並長，故有競意。"

【參證】甲文作，金文作。待考。

文二

先部

先　首笄[1]也。从人，匕[2]象簪形。凡先之屬皆从先。簪，俗先从竹，从朁[3]。　側岑切(zēn/zān)[4]。

【譯文】先，頭上的簪子。从人，匕象簪子的形狀。大凡先的部屬都从先。簪，俗先字，由竹、由朁會意。

【注釋】① 笄(jī)：《段注》："此謂今之先古之笄也。"先、笄，古人用來别住挽起的頭髮，或固定冠冕在頭髮上的用品。　② 匕：《段注》："篆右象其叉，左象其所抵以固弁者。"　③ 从朁：《段注》：

"朁聲。"　④ 今讀依《廣韻》作含切。

【参證】楊樹達《文字形義學》："簪从朁聲，朁从兓聲，兓亦先之孳乳字，與谷𠹅、厶𠫓例同。"

兓　(朁朁)［兓兓］①，鋭意也。从二先②。　子林切(jīn)。

【譯文】兓，兓兓，尖鋭的意思。由兩個先字會意。

【注釋】① 朁朁：當依《段注》作"兓兓"。　② 从二先：徐鍇《繫傳》："先(zēn)，鋭利也。故二先爲鋭意。"王筠《句讀》："簪末鋭。"《段注》："先主入。""凡俗用鑯尖字，既兓字之俗。"

【参證】金文作。高鴻縉《中國字例》二篇："先字原倚人畫其首髮戴簪形，由物形ㄝ生意，故即簪之初文。""先作兓者應即籀文。秦漢以後作簪，从竹(以其爲竹製)，朁聲。"

文二　重一

皃部

皃　頌①儀也。从人，白②象人面形。凡皃之屬皆从皃。，皃或从頁，豹省聲。，籀文皃从豹省③。　莫教切(mào)。

【譯文】皃，容貌。从人，白象人的面部的形狀。大凡皃的部屬都从皃。額，皃的或體，从頁，豹省聲。貌，籀文皃字，豹省聲。

【注釋】① 頌(róng)：今容字。朱駿聲《通訓定聲》："面之神氣曰頌，面之形狀曰皃。"饒炯《部首訂》："析言爲二，合言爲一。"

② 白：不是黑白字，是人面的象形。　③ 从豹省：王筠《句讀》："此挩聲字耳。"

覍　冕也。周曰覍，殷曰吁，夏曰收①。从皃，象形②。，籀文覍，从収③，上象形④。⑤，或覍字。　皮變切(biàn)。

【譯文】覍，帽子。周代叫覍，殷人叫吁，夏代叫收。从皃，(八)象弁帽(用以結飾彩玉的縫隙)之形。𡚁，籀文覍字，从収，上面的㐫象弁帽的形狀。弁，或體覍字。

【注釋】① 周曰三句：王筠《句讀》引《士冠禮》注："弁，名出於槃。槃，大也，言所以自光大也。冔(即吁)，名出於幠。幠，覆也，言所以自覆飾也。收，言所以收斂髮也。”　② 象形：《段注》：“謂篆體小也。蓋象皮弁之會(縫)。”　③ 从収(gǒng)：王筠《釋例》：“収則兩手執之以加於頂也。”　④ 象形：王筠《釋例》：“之象形也，弁以皮爲之，蓋爻飾，會弁如星(弁帽縫中用玉裝飾，其狀如星)之意。上出者，弁有邸也。”　⑤ 兪：《段注》：“象上覆之形。”“从収者，敬以承之也。”孔廣居《疑疑》：“漢隸作㝐，上一，即之變；下六，即之變也。今楷作卞，即㝐之變也。或作弁，厶亦囟()之省，廾亦収之變。弁與卞實一字也。”

【參證】甲文作，金文作，象雙手扶冠形。徐中舒《四川彭縣濛陽鎮出土的殷代二觶》(《文物》一九六二年第六期)：“籀文弁作，从則並象其鍼縷縫綻之迹。”

文二　重四

兜部

兜　廱①蔽也。从儿，象左右皆蔽形。凡兜之屬皆从兜。讀若瞽。　公户切(gǔ)。

【譯文】兜，壅塞蒙蔽。从人，(ㄷㄱ)象左右兩隻眼睛都被遮蔽的形狀。大凡兜的部屬都从兜。音讀象“瞽”字。

【注釋】① 廱：《段注》：“當作邕，俗作壅。”

【參證】楊樹達《積微居小學述林》：“兜者，瞽之初字也。字从儿，象左右二目有所蔽而不見形。”

兜　兜鍪①，首鎧②也。从兜③，从皃省。皃象人頭也④。　當侯切(dōu)。

【譯文】兜，兜鍪，頭盔。由兜、由皃省會意。皃象人的頭部。

【注釋】① 兜鍪：朱駿聲《通訓定聲》：“古謂之冑。按冑所以冡冒其首，故謂之兜。亦曰兜鍪者。”按：兜鍪，疊韻聯緜詞。　② 鎧：甲。　③ 从兜：徐灝《段注箋》：“兜鍪蔽首，故从兜也。”④ 皃象句：《段注》：“皃之上體象人面。”

文二

先部

先 前進也。从儿，从之①。凡先之屬皆从先。 穌前切(xiān)。

【譯文】先，前進。由儿、由之會意。大凡先的部屬都从先。

【注釋】① 从儿，从之：王筠《句讀》："之，出也。出人頭地，是先也。"饒炯《部首訂》："㞢儿猶言出乎人，出乎人者，即過乎人之前，而其義爲先也。"

【參證】甲文作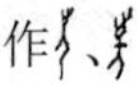，金文作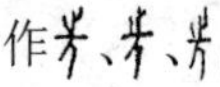。楊樹達《積微居小學述林》："古'之'與'止'爲一文。龜甲文先字多从止。止爲人足。"按：人舉足則前進。

兟 進也。从二先①。贊从此。闕②。 所臻切(shēn)。

【譯文】兟，進。由兩個先字會意。贊字从這個兟字。闕其音讀。

【注釋】① 从二先：《段注》："蓋並先爲衆進之意。" ② 闕：《段注》："其讀若闕，謂闕也。"

文二

秃部

①
秃 無髮也。从人，上象禾(粟)[秀]②之形，取其聲。凡秃之屬皆从秃。王育③說：蒼頡出見秃人伏禾中，因以制字。未知其審。 他谷切(tū)。

【譯文】秃，沒有頭髮。从人，上面的禾，象穀物開花吐穗的樣子，又取秀表聲。大凡秃的部屬都从秃。王育說：(造字的聖人)倉頡外出看見秃頂的人伏在禾中，於是就用(人、禾會意)製秃字。不知其詳細情況如何。

【注釋】① 秃：《段注》："秀與秃古無二字，殆小篆始分之。今人秃頂亦曰秀頂，是古遺語。凡物老而椎鈍皆曰秀，如鐵生衣曰銹。"徐灝箋："秀讀曰透，聲轉爲秃，實本一字。"存參。 ② 粟：《段注》："當作秀，以避諱改之也。"指避漢光武帝劉秀之諱。"象禾秀之形者，謂禾秀之穎屈曲下琗，莖屈處圓轉光潤，如折釵股，禿者全無髮，首光潤似之。”　③ 王育：漢章帝時人，作《大篆解説》。段注以爲“王育説”爲结上文之辭，古本無倉頡以下十七字。譯文照今本。

穨[1]　秃皃。从秃，貴聲。　杜回切(tuí)。

【譯文】穨，沒有頭髮的樣子。从秃，貴聲。

【注釋】① 穨：今作“頹”。徐灝《段注箋》：“秃者髮落，引申之義爲穨落。”

文二

見部

見　視[1]也。从儿，从目[2]。凡見之屬皆从見。　古甸切(jiàn)。

【譯文】見，看見，由儿、由目會意。大凡見的部屬都从見。

【注釋】① 視：《段注》：“析言之，有視而不見者。”“渾言之，則視與見一也。”徐灝箋：“目所覩爲見，因有見在之稱。俗别作現。”

② 从儿，从目：《段注》：“用目之人也。”王筠《句讀》：“目儿(rén)謂看人也。目是動字。”按：上古名動合一，段、王所説無别。

【參證】甲文作，金文作、。裘錫圭《甲骨文中的見與視》一文根據《郭店楚墓竹簡》的發現指出：甲金文作跪坐形者爲見，下作立人形者爲視。書寫時並不如此嚴格。金文次字即如此。參“視”、“眡”條。

視　瞻[1]也。从見，示[聲][2]，，古文視。，亦古文視。　神至切(shì)。

【譯文】視，看。从見，示聲。眎，古文視字。眡，也是古文視字。

【注釋】① 瞻：《段注》：“目部曰：‘瞻，臨視也。’視不必皆臨，則瞻與視小别矣。渾言不别也。”　② 示：當依徐鍇《繫傳》作“示聲”。

【參證】甲文作、。陳邦懷《殷虚書契考釋小箋》：“即視之古文。从示在目上。”金文作、。甲文首字、金文首字均从目从人，會視察之意。《郭店・老子丙》簡5：“視之不足見，聖(聽)之不足聞。”見、視均从目从人。見之人作跪坐形；視之人作立人形。二字字形難以區別，視則加氏或不作聲旁，與見區分。

䚕 求[視][①]也。从見，麗聲。讀若池[②]。 郎計切(lì)。

【譯文】䚕，因求索而得到察看。从見，麗聲。音讀象“池”字。

【注釋】① 求：當依《段注》作“求視”，注：“求索之視也。” ② 讀若池：葉德輝《讀若考》：“䚕池古音同部。”按：同在歌部。

覣 好視[①]也。从見，委聲[②]。 於爲切(wēi)。

【譯文】覣，和好誘人地看着。从見，委聲。

【注釋】① 好視：《段注》：“和好之視也。”錢坫《斠詮》：“今俗誘引人曰覣。” ② 委聲：《段注》：“取委順之意。”

觀[①] 旁視也。从見，兒聲[②]。 五計切(nì)。

【譯文】觀，斜視。从見，兒聲。

【注釋】① 觀：《段注》：“目部曰：‘睨，衺視也。’二字音義皆同。” ② 兒聲：聲中有義。兒表比況。小兒見生人不敢正視。

覼[①] 好視也。从見，𤔔聲[②]。 洛戈切(luó)。

【譯文】覼，和順地看。从見，𤔔聲。

【注釋】① 覼：《段注》：“女部曰：‘嬴，順也。’覼與嬴義近。” ② 𤔔(luàn)聲：上古屬元部來紐，覼屬歌部來紐，歌元對轉。

䚄 笑視[①]也。从見，录聲。 力玉切(lù)。

【譯文】䚄，笑嬉嬉地看着。从見，录聲。

【注釋】① 笑視：《段注》：“嬉笑之視也。”

䚯 大視也。从見，爰聲。 況晚切(xuǎn)。

【譯文】䚯，大視。从見，爰聲。

覝 察視[①]也。从見，𡿪聲。讀若鎌。 力鹽切(lián)。

【譯文】覝，察看。从見，𡿪(chán)聲。音讀象“鎌”字。

【注釋】① 察視：《段注》：“密察之視也。”

䚋 外博衆多視也[①]。从見，員聲。讀若運。 王問切(yùn)。

【譯文】䚋，外物廣博衆多，使人看上去眼花繚亂。从見，員聲。音讀象“運”字。

【注釋】① 外博句：承培元《廣答問疏證》：“力所不逮，而博覽衆多，則光旬(xuàn,眴)皾也。"

【參證】馬敘倫《六書疏證》卷十六引劉秀生曰:"員聲、軍聲古皆在影紐痕部,故䙴从員聲得讀若運。"

觀 諦視①也。从見,雚聲。，古文觀从囧②。　古玩切(guàn/guān)③。

【譯文】觀,仔細看。从見,雚聲。䲰,古文觀字,从囧。

【注釋】① 諦視:《段注》:"宷(審)諦之視也。"　② 从囧(jiǒng):張舜徽《約注》:"取闓明視物審諦意。"　③ 今讀依《廣韻》古丸切。

【參證】甲文作,金文作、。郭沫若《西周金文辭大系考釋·效卣》:"雚殆觀省。"商承祚《説文中之古文考》:"囧乃(古文目)形之譌。古文从見省與視之作眎義同也。"

㝵 取也。从見,从寸①。寸,度②之,亦手③也。　多則切(dé)。

【譯文】㝵,取得。由見、由寸會意。寸,揣度的意思,也表示手。

【注釋】① 从見,从寸:徐灝《段注箋》:"《六書故》作从又持貝,云貝在手,得之義。""(㝵)从寸與从又同,見則貝之譌耳。"　② 度:王筠《釋例》:"寸乃五度之一,度所以度物。此謂揣度其當得與否也。"　③ 手:桂馥《義證》:"《韻會》引徐鍇本下有'見而手取之'五字。"

【參證】甲文作。林義光《文源》:"从手持貝。""(得)與㝵同字,从行省。"參"得"條。

覽 觀也。从見監①,監亦聲。　盧敢切(lǎn)。

【譯文】覽,觀察。由見、監會意,監也表聲。

【注釋】① 監:徐鍇《繫傳》:"臨也。"按:見、監二字會合臨近看見之意。

覝 内視①也。从見,來聲。　洛代切(lài)。

【譯文】覝,(凝神)内顧。从見,來聲。

【注釋】① 内視:朱駿聲《通訓定聲》:"猶内顧也。"張舜徽《約注》:"謂目不轉睛,不視外物,凝神若内顧也。"

題① 顯也。从見②,是聲。　杜兮切(tí)。

【譯文】題,顯現。从見,是聲。

【注釋】① 題:《廣韻·齊韻》:"題,現也。"　② 从見:《段注》:"題之爲言,亦察及微杪也。"

覭① 目有察省②見也。从見，票聲。　方小切(piǎo)。

覭　【譯文】覭，雙目有仔細觀察而又有所見的神情。从見，票聲。

【注釋】① 覭：朱駿聲《通訓定聲》："即瞟之或體。"《段注》"瞟"下："今江蘇俗謂以目伺察曰瞟。"　② 察省：同義連用。

覷　覷覰①，闚②觀也。从見，朿聲。　七四切(cì/cī)③。

覷　【譯文】覷，覷覰，偷看。从見，朿聲。

【注釋】① 覷覰(qù)：雙聲聯緜詞。　② 闚：《段注》："闚者，閃也。閃者，闚頭於門中也。"《方言》："凡相竊視，南楚謂之闚……自江而北謂之覗。"桂馥《義證》："覗即覷之或體。"　③ 今讀依《廣韻》取私切。

覰① 拘覰②，未致密③也。从見，虘聲。　七句切(qù)。

覰　【譯文】覰，拘覰，不細緻周密的意思。从見，虘聲。

【注釋】① 覰：《通俗文》："伏伺曰覰。"《史記·留侯世家》："狙擊秦皇帝。"《段注》："覰、狙，古今字。"　② 拘覰：《段注》："此亦漢時語。"　③ 未致密：王筠《句讀》："言粗疏也。致即今緻字。覷、覰二字，分合同義，業於覷下見之，故此但出別義。"

覭　小見也。从見，冥聲。《爾雅》①曰："覭髳，弗離。"　莫經切(míng)。

覭　【譯文】覭，依稀看見。从見，冥聲。《爾雅》說："覭髳，迷離仿佛的意思。"

【注釋】①《爾雅》：指《釋詁》。王筠《句讀》："《爾雅》以'弗離'釋'覭髳'，而皆是連語。""小見者，'覭髳'猶'溟濛'，'弗離'猶'迷離'，皆依稀仿佛之詞，見之不瞭，故曰小也。"

覞① 内視也。从見，甚聲。　丁含切(dān)。

覞　【譯文】覞，(凝神)内顧(，意有所圖)。从見，甚聲。

【注釋】① 覞：與"眈"音義皆同。張舜徽《約注》："本書目部：'眈，視近而志遠。'謂其凝神内顧，而意念有所圖也。"漢《張壽碑》："覞覞虎視，不折其節。"

覯　遇見也。从見①，冓聲②。　古后切(gòu)。

覯　【譯文】覯，遇見。从見，冓聲。

【注釋】① 从見：《段注》："覯从見，則爲逢遇之見。"　② 冓聲：聲中有義。冓，交積材也。有遘遇義。

䙸[①] 注目視也。从見，歸聲。　渠追切(kuí/kuī)[②]。

【譯文】䙸，目光專注地看。从見，歸聲。

【注釋】① 䙸：《段注》："專注之視也。"　② 今讀依《廣韻》丘韋切。

覘 闚[①]也。从見，占聲。《春秋傳》[②]曰："公使覘之，信。"(救)[敕][③] 豔切(chàn/chān)[④]。

【譯文】覘，窺看。从見，占聲。《春秋左傳》説："晉厲公派人去窺看，果然是真的。"

【注釋】① 闚：竊視。《方言》："凡相竊視，南楚謂之闚，或謂之貼……自江而北或謂之覗。"貼是覘的或體。从目猶从見。②《春秋傳》：指《左傳·成公十七年》。　③ 救：當依《段注》作"敕"。　④ 今讀依《廣韻》丑廉切。

覹 司[①]也。从見，微聲[②]。　無非切(wēi)。

【譯文】覹，窺看。从見，微聲。

【注釋】① 司：《段注》："今之伺字。""司下當有視字。"　② 微聲：《段注》："從微取意。"本書彳部："微，隱行也。"

覢 暫見[①]也。从見，炎聲。《春秋公羊傳》[②]曰："覢然公子陽生。"　失冉切(shǎn)。

【譯文】覢，突然出現。从見，炎聲。《春秋公羊傳》説："突然出現了公子陽生。"

【注釋】① 暫見：《段注》："猝乍之見也。"桂馥《義證》："(《一切經音義》)卷六：'電，關中名覢電。'馥謂電暫見者也。"　②《春秋公羊傳》：《段注》："言《公羊》者，以別於左氏謂之《春秋傳》也。此《哀公六年·公羊傳》文。何(休)本'覢'作'闖'，注云：'闖，出頭皃。'"朱駿聲《通訓定聲》："疑闖爲閃之誤字。"

䚕 暫見也。从見，賓聲。　必刃切(bìn)。

【譯文】䚕，突然遇見。从見，賓聲。

覾 覰覾[①]也。从見，樊聲。讀若幡[②]。　附袁切(fán)。

【譯文】覾，覰覾。从見，樊聲。音讀象"幡"字。

【注釋】① 竆蘩：徐灝《段注箋》："猶'頻煩'。漢人語。"按：今又作"頻繁"，屢次的意思。　② 讀若幡：葉德輝《讀若考》："樊、番古音同。"

病人視也。从見，氏聲。讀若迷。　莫兮切(mí)。

⿰氏見　【譯文】⿰氏見，病人視物迷惘。从見，氏聲。音讀象"迷"字。

下視深也[①]。从見，卤聲。讀若攸。　以周切(yóu)。

⿰𠧪見　【譯文】⿰𠧪見，向下看幽深之處。从見，卤(yóu)聲。音讀象"攸"字。

【注釋】① 下視句：《段注》："謂下視深窈之處。"

私出[①]頭視也。从見，㣈聲。讀若郴。　丑林切(chēn)。

⿰𦨈見　【譯文】⿰𦨈見，悄悄探出頭看。从見，㣈(chēn)聲。音讀象"郴"字。

【注釋】① 私出：王筠《句讀》："字義與閃相似，吾鄉之恆言也。"

突前也。从見冃[①]。　莫紅、亡茯二切(méng/mù/mào)[②]。

⿱冃見　【譯文】⿱冃見，抵觸而前進。由見、冃會意。

【注釋】① 从見冃(mǎo)：徐鉉："犯冃而見，是突前也。"　② 今讀依《集韻》莫報切。

【參證】林義光《文源》："象人目有所蒙覆形。"本書冃部："重覆也。"楊樹達《文字形義學》："當云从冃从人从目，字與冒字同意。"于省吾《甲骨文字釋林・釋⿱冃見》説甲文作。

[①] 钦幸[②]也。从見，豈聲[③]。　几利切(jì)。

覬　【譯文】覬，希望。从見，豈聲。

【注釋】① 覬：經傳多作"冀"。　② 钦幸：同義連用。本書欠部："钦，幸也。"幸，希望。　③ 豈聲：《段注》："於'从豈'取意。豈下曰：'欲也。'"

[①] 欲也。从見，俞聲。　羊朱切(yú)。

覦　【譯文】覦，希望得到。从見，俞聲。

【注釋】① 覦：桂馥《義證》引《華嚴經音義》："覦，謂有所冀望也。"

視不明也。一曰：直視。从見，舂聲。　丑尨切(chuāng)。

⿰舂見　【譯文】⿰舂見，看不分明。另一義説：直瞪瞪地看。从見，舂聲。

視誤[①]也。从見，龠聲。　弋笑切(yào)。

⿰龠見　【譯文】⿰龠見，視物昏誤。从見，龠聲。

【注釋】① 視誤：指眼花、目眩。

[1] 寤[2]也。从見，學省聲。一曰：發[3]也。　古岳切(jué)。

覺 【譯文】覺，睡醒。从見，學省聲。另一義説：發覺。

【注釋】① 覺：徐灝《段注箋》："覺之本義謂寐而有覺。"　② 寤：玄應《一切經音義》卷九："謂眠後覺也。"　③ 發：《段注》："即警覺人之意。"

 目赤也。从見，𧢼省聲。　才的切(jì)。

覻 【譯文】覻，眼睛紅赤。从見，𧢼省聲。

 召也。从見，青聲。　疾正切(jìng)。

靚 【譯文】靚，召見。从見，青聲。

[1] 至[2]也。从見[3]，亲聲。　七人切(qīn)。

親 【譯文】親，密切之至。从見，亲聲。

【注釋】① 親：《段注》："李斯刻石文作親，左省一畫。"　② 至：徐鍇《繫傳》："密至也。"《段注》："情意懇到曰至。"　③ 从見：徐灝《段注箋》："(親)其義起於相見。蓋見而相親愛也。親愛者莫如父子兄弟夫婦，故謂之六親。"

【參證】金文作、，从見，辛聲。

 諸侯秋朝曰覲，勞王事[1]。从見，堇聲。　渠吝切(jìn)。

覲 【譯文】覲，諸侯秋天朝見天子叫覲，意思是爲天子之事而勤勞。从見，堇聲。

【注釋】① 勞王事：《段注》作"勤勞王事也"，注："鄭(玄)曰：'覲之言勤也，欲其勤王之事。'"

【參證】金文作，不从見。

 諸侯三年大相聘曰(頫)[覜][1]。(頫)[覜]，視也。从見，兆聲。　他弔切(tiào)。

覜 【譯文】覜，諸侯每三年相互拜見訪問叫覜。覜的本義是看。从見，兆聲。

【注釋】① 頫：當是"覜"之譌。邵瑛《羣經正字》："(覜)今經典多作頫。""據《説文》，頫衹是頫(俯)仰字。"

覒 擇也。从見,毛聲。讀若苗。 莫袍切(máo/mào)[1]。

【譯文】覒,選擇。从見,毛聲。音讀象"苗"字。

【注釋】① 今讀依《廣韻》莫報切。

【參證】楊樹達《積微居小學金石論叢・説覒》:"毛聲之字,多含選擇之義。"馬敘倫《六書疏證》卷十六引劉秀生曰:"毛聲、苗聲同在明紐豪部,故覒从毛聲得讀若苗。"

覕 蔽不相見也。从見,必聲。 莫結切(miè)。

【譯文】覕,因隱蔽而看不見。从見,必聲。

䚦[1] 司[2]人也。从見,它聲。讀若馳。 式支切(shī)。

【譯文】䚦,等候人。从見,它聲。音讀象"馳"字。

【注釋】① 䚦:徐鍇《繫傳》:"伺候也。" ② 司:《段注》:"今之伺字。"

【參證】馬敘倫《六書疏證》卷十六引劉秀生曰:"它聲古在透紐歌部,馳从也聲,古在定紐歌部。透定皆舌音,故䚦从它聲得讀若馳。"

覴[1] 目蔽垢也。从見,豈聲。讀若(兜)[兜][2]。 當侯切(dōu)。

【譯文】覴,遮蔽眼睛的污垢。从見,豈聲。音讀象"兜"字。

【注釋】① 覴:眼屎。徐鍇《繫傳》:"覴眵,目汁凝也。" ② 兜:當依徐鍇《繫傳》作"兜"。

文四十五 重三

覿[1] 見也。从見,賣聲[2]。 徒歷切(dí)。

【譯文】覿,見面。从見,賣(yù)聲。

【注釋】① 覿:《論語・鄉黨》:"私覿,愉愉如也。" ② 賣聲:余六切。聲紐爲喻四,上古歸定紐。故覿爲徒歷切。賣从貝畜聲,不是賣(mài)字。後賣、賣,楷書均作"賣"。

【參證】《金文編》作。

文一 新附

覞部

覞　竝視[1]也。从二見。凡覞之屬皆从覞。　弋笑切(yào)。

【譯文】覞,兩人相對而視。由兩個見字會意。大凡覞的部屬都从覞。

【注釋】① 竝視：饒炯《部首訂》:“非二人同視一物,謂二人相對爲視也。”

䚇　很視[1]也。从覞,肩聲。齊景公之勇臣有成䚇[2]者。　苦閑切(qiān)。

【譯文】䚇,兇狠地注視。从覞,肩聲。齊景公的勇敢的臣子有叫成䚇的人。

【注釋】① 很視：徐鍇《繫傳》:“很戾而視也。”《段注》:“很者,不聽從也。”　② 成䚇:《孟子・滕文公》作“成覵”。

𩅦　見雨而比息[1]。从覞,从雨[2]。讀若歙[3]。　虛器切(xì)。

【譯文】𩅦,遇雨(急行)而呼吸急促。由覞、由雨會意。音讀象“歙”字。

【注釋】① 見雨句:《段注》:“比下曰:‘密也。’密息者,謂鼻息數速也。道途遇雨,急行則息必頻喘矣。”　② 从覞,从雨:《段注》:“莫衆多於雨也。”　③ 讀若歙：葉德輝《讀若考》:“比息狀遇雨行急之聲,故𩅦讀歙歙之歙。”

【參證】林義光《文源》:“象二人疾趨雨中形,疾趨則比息。”

文三

欠部

欠[1]　張口气悟[2]也。象气从人上出之形[3]。凡欠之屬皆从欠。　去劒切(qiàn)。

【譯文】欠,張開口,(壅塞、阻滯的)氣伸散而出。象“气”从“人”上部出去的樣子。大凡欠的部屬都从欠。

【注釋】① 欠:《段注》:“今俗曰呵欠。又,欠者,气不足也。故引申爲欠少字。”　② 悟：解。　③ 象气句：王筠《釋例》:“即反字,下半明是人字。”“人之欠伸,大抵相連卬(昂)首張口而气解

焉。气不循其常，故反之以見意也。”

【參證】甲文作（甲文字形）。張秉權《殷虛文字丙編考釋》：“（甲文字形），是欠字，也是旡字。”“卜辭中則正書和反書，並沒有什麼分別。”

欽[①] 欠皃。从欠，金聲。 去音切(qīn)。

欽 【譯文】欽，打呵欠的樣子。从欠，金聲。

【注釋】① 欽：《段注》：“倦而張口之皃也。”

【參證】金文作（金文字形）。戴家祥《金文大字典》：“欽原義不明，有待再考。魚鼎匕‘曰欽哉出斿’，欽作嘆詞。……或欽初義人對某事、某物、某人的一種讚嘆聲，以後又由這種讚嘆聲轉而有肅然起敬的含義。”

䜌 欠皃[①]。从欠，䜌聲。 洛官切(luán)。

䜌 【譯文】䜌，打呵欠的樣子。从欠，䜌聲。

【注釋】① 欠皃：《廣韻》：“迷惑，不解理。”《段注》：“此今義也。”

欯[①] 喜也。从欠，吉聲。 許吉切(xì)。

欯 【譯文】欯，喜笑。从欠，吉聲。

【注釋】① 欯：錢坫《斠詮》：“今吳人語云：笑欯欯。”

【參證】馬敘倫《六書疏證》卷十六：“今杭縣有笑格格之語。格、吉雙聲。”

吹[①] 出气也。从欠，从口。 昌垂切(chuī)。

吹 【譯文】吹，(撮起嘴唇急促地)吐出氣流。由欠、由口會意。

【注釋】① 吹：《段注》：“已見口部，宜删此。”

欨[①] 吹也。一曰：笑意。从欠，句聲。 況于切(xū)。

欨 【譯文】欨，呵氣(使物溫暖)。另一義説，是笑意。从欠，句聲。

【注釋】① 欨：徐灝《段注箋》引戴侗説：“欨，溫吹也。以氣暝(暖)物爲欨。”

歑 溫吹[①]也。从欠，虖聲。 虎烏切(hū)。

歑 【譯文】歑，(緩緩)呵氣使溫暖。从欠，虖聲。

【注釋】① 溫吹：丁福保《詁林》：“雲青按：今本(指《玉篇》)野王謂：‘溫吹，言緩氣張口吹也。’案：即如呵凍是也。”

䵐 吹气也。从欠，或聲。 於六切(yù)。

䵐 【譯文】䵐，吹氣。从欠，或聲。

安气①也。从欠，與聲。　以諸切(yú)。

歟　【譯文】歟，表示安舒語氣。从欠，與聲。

【注釋】① 安气：《段注》："今用爲語末之辭，亦取安舒之意。通作與。"徐鍇《繫傳》："孔子曰：'歸歟。'今試言之，則气緩而安也。"

翕①气也。从欠，脅聲。　虚業切(xié)。

歙　【譯文】歙，屏合氣息。从欠，脅聲。

【注釋】① 翕(xī)：《段注》："合也。"

歕①　吹气也。从欠，賁聲。　普魂切(pēn)。

歕　【譯文】歕，噴吐氣、物。从欠，賁聲。

【注釋】① 歕：鈕樹玉《校録》："爲噴之重文。"《玉篇·欠部》："歕，歕氣也。口含物歕散也。"

歇①　息②也。一曰：气越③泄。从欠，曷聲。　許謁切(xiē)。

歇　【譯文】歇，休息。另一義説：氣散發、泄漏。从欠，曷聲。

【注釋】① 歇：《廣韻·月韻》："歇，休息也。"　② 息：《段注》："息者，鼻息也。息之義引申爲休息，故歇之義引申爲止歇。"
③ 越：《段注》引高注《吕氏春秋》曰："散也。"

喜樂也。从欠①，雚聲。　呼官切(huān)。

歡　【譯文】歡，喜悦歡樂。从欠，雚聲。

【注釋】① 从欠：徐鍇《繫傳》："喜動聲氣，故从欠。"

笑喜也。从欠，斤聲。　許斤切(xīn)。

欣　【譯文】欣，欣笑喜悦。从欠，斤聲。

弞①　笑不壞顔②曰弞。从欠，引省聲。　式忍切(shěn)。

弞　【譯文】弞，微笑而不改變面容的常態叫弞。从欠，引省爲聲。

【注釋】① 弞：字作"哂"，也借"矧"。小笑。　② 壞顔：王筠《句讀》："猶曰解頤，謂改其面之常度也。"

款①　意有所欲也②。从欠，窾省③。款，款或从柰④。　苦管切(kuǎn)。

款　【譯文】款，(内中空空，)思想上有(向外羡慕、追求的)欲望。由欠、由窾省會意。款，款的或體，从柰聲。

【注釋】① 欵：隸作款。邵瑛《羣經正字》："凡篆文偏旁'出'字，隸法當作'士'。"　② 意有句：《段注》："古款與窾通用，窾者空也。款亦訓空，空中則有所欲也。"　③ 从欠，竅省：《段注》："臣鉉等曰：'竅，塞也。'意有所欲，而猶未塞，款款然也。"按：欠竅，即欠塞，欠有少義，有缺義，即有所欲求，則未填塞或未塞滿，依然有空虛不足之意，更顯其欲求之純誠。　④ 从柰：朱駿聲《通訓定聲》："从柰聲。"按：柰上古屬月部，款屬元部，月元對轉。

①
⿰气欠　奊②也。从欠，气聲。一曰：口不便言③。　居气切(jì)。

【譯文】⿰气欠，希望。从欠，气聲。另一義説：口吃(jī)不便於説話。

【注釋】① ⿰气欠：同⿰乞欠。《段注》："與覬音義皆同。今字作冀。"　② 奊：幸本字。本書夭部："奊，吉而免凶也。"吉而免凶是人們希望得到的事，故以幸釋⿰气欠。　③ 口不句：《段注》："此謂與吃(吃)同也。口部曰：'吃，言蹇難也。'"

欲　貪欲也。从欠，谷聲①。　余蜀切(yù)。

【譯文】欲，貪圖得到。从欠，谷聲。

【注釋】① 从欠，谷聲：《段注》："从欠者，取其慕液(羨慕得流口水)之意；从谷者，取虛受之意。"可見聲中有義。

①
歌　詠也②。从欠，哥聲。，(謌)[歌]③，或从言④。　古俄切(gē)。

【譯文】歌，(依旋律)詠唱。从欠，哥聲。謌，歌的或體，从言。

【注釋】① 歌：徐鍇《繫傳》："長引其聲以誦之也。"　② 詠也：王筠《句讀》引《藝文類聚》引作"詠詩曰歌"，又引《詩·園有桃》傳："曲合樂曰歌。"故譯文加"依旋律"。　③ 謌：當依丁福保《詁林》作歌。　④ 从言：《段注》："歌永言，故从言。"

【參證】甲文作，金文作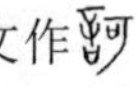。葉玉森《殷虛書契前編集釋》卷六："从象人跽形；从象鼓嚨胡形，内一小直點表示歌聲在中；从，口外之表示出口之歌聲。"馬敘倫《六書疏證》卷十六："歌者，聲有宛轉抑揚所謂一唱而三歎者也。"

歂　口气引①也。从欠，耑聲。讀若車輇②。　市緣切(chuán/chuǎn)③。

【譯文】歂,張口出氣連續不絕。从欠,耑聲。音讀象車輇的"輇"(quán)字。

【注釋】① 口气引:張舜徽《約注》:"謂張口出氣連續不絕也。"王筠《句讀》:"歂之引則勞苦極而疾息(急促呼吸)也。(歂)與喘同字。" ② 讀若車輇:葉德輝《讀若考》:"古耑、全音同通用。" ③ 今讀依《集韻》尺兖切。

歍 心有所惡,若吐也①。从欠,烏聲。一曰:口相就②。 哀都切(wū)。

【譯文】歍,心裏有厭惡之感,象要嘔吐。从欠,烏聲。另一義說:口與口互相接觸。

【注釋】① 心有句:《段注》:"心有所惡,若欲吐而實非吐也。" ② 口相就:《段注》:"謂口與口相就也。"張舜徽《約注》:"謂以己咀嚼之物,納之彼口。""今鄉僻餵嬰兒者,往往如此。"

歡① 歍歡②也。从欠,䶊聲。噈,俗歡从口从就③。 才六切(zú)④。

【譯文】歡,歍歡。从欠,䶊聲。噈,俗歡字,由口、由就會意。

【注釋】① 歡:張舜徽《約注》:"單文爲歡,連語則爲歍歡。" ② 歍歡:徐鍇《繫傳》:"口相就也。"參"歍"條。 ③ 从口从就:朱駿聲《通訓定聲》:"口與口相就爲歡。"就也表聲。宋保《諧聲補逸》:"䶊聲、就聲,古音皆在尤幽部内入聲。" ④ 拼音依《廣韻》子六切。

欶 愁然①也。从欠,尗聲。《孟子》②曰:"曾西欶然。" 才六切(zú)。

【譯文】欶,心口不安的樣子。从欠,尗聲。《孟子》說:"曾西顯出不安的樣子。"

【注釋】① 愁然:《段注》:"心部曰:'愁,憂也。'欶然,心口不安之皃也。" ②《孟子》:指《公孫丑》。"欶"今作"蹵"。

欲 含笑也。从欠,今聲。 丘嚴切(qiān)。

【譯文】欲,含笑。从欠,今聲。

歋 人相笑相歋瘉①。从欠②,虒聲。 以支切(yí)。

【譯文】歋,人們嘲笑别人常舉手揶揄别人。从欠,虒聲。

【注釋】① 歋瘉：雙聲聯緜詞。今作“揶揄”。 ② 从欠：《段注》：“此謂人相笑，故字从欠。”

歊① 歊歊，气出皃。从欠高，高亦聲。 許嬌切(xiāo)。

歊 【譯文】歊，歊歊，氣冒出的様子。由欠、高會意，高也表聲。

【注釋】① 歊：錢坫《斠詮》：“《文選》注引作‘气上出皃’。”

欻① 有所吹起。从欠，炎聲②。讀若忽。 許物切(xū)。

欻 【譯文】欻，因有風、氣吹而乍然興起。从欠，炎聲。音讀象“忽”字。

【注釋】① 欻：王筠《句讀》：“《蒼頡篇》：‘欻，猝起也。’” ② 炎聲：朱駿聲《通訓定聲》：“或曰：从炎者，火光忽忽無定。會意，非聲。”

【參證】林義光《文源》：“炎非聲。从欠，从二火，象人張口吹火形。”存參。

㰻① 㰻㰻，戲笑皃。从欠，之聲。 許其切(xī)。

㰻 【譯文】㰻，㰻㰻，嘻戲譏笑的様子。从欠，之聲。

【注釋】① 㰻：《段注》：“此今之嗤笑字也。”

歋 歋歋，气出皃。从欠，䍃聲。 余招切(yáo)。

歋 【譯文】歋，歋歋，氣冒出的様子。从欠，䍃聲。

歗① (吟)[吹]②也。从欠，肅聲。《詩》③曰：“其歗也謌。” 穌弔切(xiào)。

歗 【譯文】歗，蹙口吹出聲來。从欠，肅聲。《詩經》說：“他吹着口哨啊唱成曲調。”

【注釋】① 歗：徐鉉：“口部有此籀文嘯字，此重出。” ② 吟：當依《段注》作“吹”。徐鍇《繫傳》：“歗者，吹气出聲也。” ③《詩》：指《召南·江有汜》。歗，今本作“嘯”。

歎 吟也①。从欠，鷬省聲。歎，籀文歎不省。 他案切(tàn)。

歎 【譯文】歎，吟誦。从欠，鷬省聲。歎，籀文歎字(鷬)不省。

【注釋】① 吟也：《段注》“吟也”下加“謂情有所悅，吟歎而歌咏”一句，說：“古歎與嘆義別。歎與喜樂爲類，嘆與怒哀爲類。”

【參證】馬敘倫《六書疏證》卷十六：“此非大息之嘆。則爲《禮記·樂記》一唱而三歎之歎。”“乃今歌者之所謂板眼，古所謂餘音繞梁者也。”按：曼聲吟詠，需丹田運氣，故从欠。

歖① 卒②喜也。从欠，从喜。 許其切(xī)。

【譯文】歖，突然而來的喜悦。由欠、由喜會意。

【注釋】① 歖：與“歖”音義並同。 ② 卒：《段注》：“疑當作猝。”張舜徽《約注》：“謂猝乍之喜也。”

【參證】甲文作、。唐蘭《殷虚文字記》隸定作“𠨘”，説：“𠨘即歖字者，故字於人形之偏旁，恆變如欠。”與喜之歖爲異部重文。參“喜”條。

欸 訾①也。从欠，矣聲。 凶戒切(xiè)，又，烏開切(āi)。

【譯文】欸，呵斥。从欠，矣聲。

【注釋】① 訾：《段注》：“訾者，呰字之誤。訾者，思稱意也。呰者，訶也。”“《項羽本紀》：‘亞父受玉斗，拔劍撞而破之，曰：唉，孺子不足與謀！’此正怒聲字，當作欸。”按：《索隱》：“唉，嘆恨發聲之詞。”皆是訶斥之義。

欪 歐①也。从欠，此聲。 前智切(zì)。

【譯文】欪，嘔吐。从欠，此聲。

【注釋】① 歐：今“嘔”字。

歐① 吐也。从欠，區聲。 烏后切(ǒu)。

【譯文】歐，嘔吐。从欠，區聲。

【注釋】① 歐：又作“嘔”。《釋名》：“嘔，傴也。將有所吐，脊曲傴也。”

歔 欷①也。从欠，虛聲。一曰：出气②也。 朽居切(xū)。

【譯文】歔，抽泣。从欠，虛聲。另一義説：歔是出氣。

【注釋】① 欷：王筠《句讀》：“二字亦或單用。”徐鍇《繫傳》：“歔欷者，悲泣气咽而抽息也。”連篆爲讀而成爲雙聲聯緜字。 ② 出气：與口部“嘘”略同。本書口部：“嘘，吹也。”

欷① 歔也。从欠，稀省聲。 香衣切(xī)。

【譯文】欷，抽泣。从欠，稀省聲。

【注釋】① 欷：朱駿聲《通訓定聲》引《蒼頡篇》：“欷歔，泣餘聲也。”連篆而讀而成爲雙聲連緜字。參“歔”條。

歜 盛气怒[①]也。从欠，蜀聲。 尺玉切(chù)。

【譯文】歜，盛氣；怒氣。从欠，蜀聲。

【注釋】① 盛气怒：一句數讀。一、盛氣，《段注》："歜，引申爲凡氣盛之稱。"二、怒氣，《玉篇·欠部》："歜，怒氣也。"

【參證】馬敘倫《六書疏證》卷十六："盛气怒也，蓋本作'盛气也，怒也'"。按："怒"後承前省"气"字。

歔[①] 言意[②]也。从欠，从卤[③]，卤亦聲。讀若酉。 與久切(yǒu)。

【譯文】歔，將有話要說的意思。由欠、由卤(yōu)會意，卤也表聲。音讀象"酉"字。

【注釋】① 歔：古通作"猷"，爲發聲的語辭。 ② 言意：《段注》："有所言之意也。意内言外之意。"朱駿聲《通訓定聲》："謂將有所言而气卤然欲出也。" ③ 从卤：《段注》："卤，氣行皃。"

【參證】馬敘倫《六書疏證》卷十六引劉秀生曰："卤聲、酉聲，古竝在影紐蕭部。"

㵣 欲(歠)[歓]歠[①]。从欠，渴聲[②]。 苦葛切(kě)。

【譯文】㵣，(口乾)想喝水。从欠，渴聲。

【注釋】① 歠歠：當依《段注》作"歓(yǐn)歠(chuò)。"同義連用。 ② 渴聲：《段注》："此舉形聲包會意。渴者，水盡也。音同竭。水竭則欲水，人㵣則欲飲，其意一也。今則用竭爲水渴字，用渴爲飢㵣字。"

敫 所[①]，謌也。从欠，噭省聲[②]。讀若叫呼之叫。 古弔切(jiào)。

【譯文】敫，敫所，是(激烈酸楚的)歌曲。从欠，噭省聲。音讀象叫呼的"叫"字。

【注釋】① 敫所：王紹蘭《段注訂補》："敫所二字當連讀。此解'敫所'爲'謌'也。所、楚，古音同。是'敫所'即'激楚'，謂激烈酸楚之音。" ② 噭省聲：聲中有義。王筠《釋例》："不云敫省聲者，以噭下云吼也，呼也，與敫說所謌之義有合也。"

歖 悲意[①]。从欠，嗇聲。 火力切(xì)。

【譯文】歖，悲傷的意味。从欠，嗇聲。

【注釋】① 悲意：《段注》："合諸書考之，歖下當云：'小怖也。'"存參。

①盡酒也。从欠，樵聲②。 子肖切(jiào)。

皭 【譯文】皭，把酒喝盡。从欠，樵聲。

【注釋】① 皭：《段注》："此與酉部醮音義皆同。"朱駿聲《通訓定聲》："蘇俗語謂杯酒盡曰迹焦乾。"今沅湘間亦然。 ② 樵聲：桂馥《義證》："樵，疑作潐。本書：'潐，盡也。'氵、木易譌。"依桂説，潐，聲中有義。

(監)[堅]①持意。口閉也。从欠，緘聲②。 古咸切(jiān)。

歛 【譯文】歛，堅持的意思。(又，)閉口不言的意思。从欠，緘聲。

【注釋】① 監：當依《段注》作"堅"。 ② 緘聲：聲中有義。《段注》："从緘者，三緘其口之意。""口閉，説从欠緘之意。"本書糸部："緘，束篋也。"

指而笑也。从欠，辰聲。讀若蜃。 時忍切(shèn)。

㰻 【譯文】㰻，用手指劃而笑。从欠，辰聲。音讀象"蜃"字。

昆干①，不可知也。从欠，鰥聲。 古渾切(kūn)。

歘 【譯文】歘，歘干，不可知的意思。从欠，鰥聲。

【注釋】① 昆干：《段注》作"歘干"。歘干，雙聲聯緜詞。一説，昆干當作"昆于"。嚴章福《校議議》："昆于猶昆吾。《説文》：'壺，昆吾，圜器也。'因知昆吾、昆侖，古皆以爲圓渾之通稱。""昆吾是圓椎之象。吾之聲通爲于。""《説文》訓歘蓋言爲圓椎混侖之狀，不可知耳。"

歠①也。从欠，臿聲。《春秋傳》②曰："歃而忘。" 山洽切(shà)。

歃 【譯文】歃，飲(血)。从欠，臿聲。《春秋左傳》説："臨近喝血時卻忘記了盟誓之辭。"

【注釋】① 歠(chuò)：《段注》："㱃(飲)也。凡盟者歃血。" ②《春秋傳》：指《左傳·隱公七年》。"而"今本作"如"。服虔注："如，而也。臨歃而忘其盟誓之辭。"

①吮也。从欠，束聲。 所角切(shuò)。

欶 【譯文】欶，吮吸。从欠，束聲。

【注釋】① 欶：《段注》引《通俗文》："含吸曰欶。"

①食不滿也。从欠②，甚聲。讀若坎③。 苦感切(kǎn)。

歁 【譯文】歁，吃不飽。从欠，甚聲。音讀象"坎"字。

【注釋】① 欿：錢坫《斠詮》："今吴語謂凡物不滿爲欿。"湖湘間説"一欿籮穀"，欿籮，是説以概平籮，比平頂稍淺，不是滿滿一籮。② 从欠：欠有少義、缺義，不足義。　③ 讀若坎：葉德輝《讀若考》："土部：'坎，陷也。从土，欠聲。'陷有不滿之義。"

欲得也。从欠，臽聲。讀若貪。　他含切（tān/kǎn）[②]。

欿　【譯文】欿，（貪食）想要得到。从欠，臽聲。音讀象"貪"字。

【注釋】① 欿：錢坫《斠詮》："此貪食字。"　② 今讀依《集韻》苦感切。

歠也。从欠，合聲。　呼合切（hē）。

欱　【譯文】欱，飲。从欠，合聲。

【參證】馬敘倫《六書疏證》卷十六："此今言喝酒、喝粥之喝本字。"

歉食不滿。从欠，兼聲。　苦簟切（qiàn）。

歉　【譯文】歉，食物少吃不飽。从欠，兼聲。

【注釋】① 歉：丁福保《詁林》："唐寫本《玉篇》'歉'注引《説文》：'食不飽也。'"

咽中息不利也。从欠，骨聲[②]。　烏八切（wā）。

㰶　【譯文】㰶，咽喉中氣息不順暢。从欠，骨聲。

【注釋】① 㰶：徐灝《段注箋》："咽中气䏮（gěng，卡在喉頭），有聲㰶然。"　② 骨聲：聲中有義。骨是比況之義。王筠《句讀》："吾鄉有飯窒爲噎，與《説文》同。謂骨梗咽中爲㰶，則與《説文》異，而與字从骨合。"氣䏮、飯窒，猶骨梗咽中，無不合也。

【參證】甲文作。李孝定《甲骨文字集釋》第八："契文从欠从。""爲冎。""冎即骨之古文。𣢕即許書㰶字也。"

嚘[①]也。从欠，因聲。　乙冀切（yì）。

欭　【譯文】欭，氣因向上逆進而不順暢。从欠，因聲。

【注釋】① 嚘：徐灝《段注箋》："欭訓爲嚘，亦謂气未定，蓋气屰而不能息也。"

屰气[②]也。从欠，亥聲。　苦蓋切（kài）。

欬　【譯文】欬，逆上（而咳嗽）。从欠，亥聲。

【注釋】① 欬：咳嗽。《釋名》："欬，刻也。氣奔至，出入不平，調若刻物也。” ② 屰气：《段注》：“(欶)含吸之欲其下，而气乃逆上，是曰欬。”

【参證】甲文作□。羅振玉《殷虚書契考釋》卷中：“嫛即謦欬之初字矣。”

歖

且[①]唾聲。一曰：小笑。从欠，殸聲。 許壁切(xì)。

【譯文】歖，將唾之聲。另一義説：小笑。从欠，殸聲。

【注釋】① 且：將。

歙[①]

縮鼻也。从欠，翕聲[②]。丹陽[③]有歙縣。 許及切(xī)。

【譯文】歙，縮着鼻子(吸氣)。从欠，翕聲。丹陽郡有歙縣。

【注釋】① 歙：王筠《句讀》：“吸氣自口入，歙氣自鼻入。”“鼻微有形，故曰縮鼻。” ② 翕聲：聲中有義。本書翕義爲鳥起飛。《段注》：“鳥將起必斂翼也。”翕有收斂義，引申爲收縮。 ③ 丹陽：陽一作楊。丹陽郡治所在今安徽宣城。歙縣在今安徽省東南部。

欲

蹴鼻[①]也。从欠，咎聲。讀若《爾雅》[②]曰“麔豭短脰”。 於糾切(yǒu)。

【譯文】欲，(悲泣時)縮着鼻子(吸氣)。从欠，咎聲。音讀象《爾雅》説的“麔豭短脰”的“麔”字。

【注釋】① 蹴(cù)鼻：《段注》：“即縮鼻也。”余岩《古代疾病名候疏義》卷五：“(欲)在號泣之時，而其以鼻引氣入内。” ②《爾雅》：指《釋獸》。今本“豭(jiā)”作“麚”。麔(jiù)、麚，皆雄鹿。脰(dòu)，頸脖。

㕱[①]

愁皃。从欠，幼聲。 於虯切(yōu/yǒu)[②]。

【譯文】㕱，憂愁的樣子。从欠，幼聲。

【注釋】① 㕱：徐鉉：“口部呦字或作㕱，此重出。”㕱爲一字多音多義。伊虬切音 yōu，義爲鹿鳴聲；於虯切爲 yǒu，義爲愁皃。
② 今讀依《廣韻》於虯切。

欪

咄欪[①]，無慙。一曰：無腸[②]意。从欠，出聲。讀若卉[③]。 丑律切(chù)。

【譯文】欪，咄欪，不慚愧。另一義説：沒有心意。从欠，出聲。音讀象“卉”字。

【注釋】① 咄欪：疊韻聯緜詞。 ② 無腸：《段注》：“猶無心也。”

③ 讀若卉：卉上古屬微部，欥屬物部，微物對轉。

[1] 詮詞[2]也。从欠，从曰[3]，曰亦聲。《詩》[4]曰："欥求厥寧。"
欥　余律切(yù)。

【譯文】欥，(用於句首)表示詮釋的虚詞。由欠、由曰會意，曰也表聲。《詩經》説："求得它的安寧。"

【注釋】① 欥：今經典作"聿"。　② 詮詞：徐灝《段注箋》："承上文所發端詮而釋之也。"　③ 从欠，从曰：《段注》："會意。氣悟而出，詞也。"　④《詩》：指《大雅・文王有聲》。今本"欥"作"遹"。

【參證】楊樹達《文字形義學》："曰加欠旁爲欥，本與曰爲一字。"

 不前[1]，不精[2]也。从欠[3]，二聲。[4]，古文次。　七四切(cì)。
次　【譯文】次，不在前列的，未經精選的。从欠，二聲。荋，古文次字。

【注釋】① 不前：徐鍇《繫傳》："是次於上也。"　② 不精：王筠《句讀》："精者，擇也。不擇，則粗，是次也。"　③ 从欠：《段注》"欠"下："欠者，氣不足也。故引申爲欠少字。"　④ 荋：朱駿聲《通訓定聲》："疑本爲茨之古文，象茅蓋屋次第之形。此字从欠，本訓當爲敘詞也。"存參。

【參證】甲文作，金文作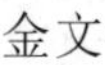。楊樹達《積微居小學述林・釋次》："以其爲詞，故字从欠。""从二，故義爲亞次，爲副貳。""《説文》貳从弍聲，弍者古文二，次與貳音近，故義得互相訓釋也。"照楊説，次是从欠，从二，二亦聲。李孝定《金文詁林讀後記》卷八："(楊説)'以其爲詞，故从欠'則未安"，"上、次、下之意亦非語詞"。湯按：二是上，欠是不足之意。从欠、从二，從上下前後而言，是不够前列，是不够上等，則位於次也；就精粗而言，是未選精粹。

 飢虚[1]也。从欠，康聲[2]。　苦岡切(kāng)。
𣢭　【譯文】𣢭，(腹中)飢餓空虚。从欠，康聲。

【注釋】① 飢虚：《段注》："飢者，餓也。""𣢭者，餓腹之虚。"

② 康聲：聲中有義。王筠《句讀》："康者穀皮，中空無米，故从康之字，皆空虚之義。"

 詐欺也。从欠[1]，其聲。　去其切(qī)。
欺　【譯文】欺，欺詐。从欠，其聲。

【注釋】① 从欠：《段注》："猶从言之意。"

歆　神食气[1]也。从欠[2]，音聲。　許今切(xīn)。

【譯文】歆，鬼神享食祭品的香氣。从欠，音聲。

【注釋】① 神食气：徐灝《段注箋》："鬼神饗氣臭而不饗味。"

② 从欠：《段注》："神食气故其字从欠也。"

文六十五　重五

歈　歌[1]也。从欠，俞聲。《切韻》云："巴歈[2]，歌也。"案：《史記》[3]：渝水之人善歌舞，漢高祖采其聲。後人因加此字[4]。　羊朱切(yú)。

【譯文】歈，歌謠。从欠，俞聲。《切韻》説："巴歈，巴人的歌謠。"徐鉉按：《史記》載，渝水地方的人能歌善舞，漢高祖采習其曲調。後人因加此字。

【注釋】① 歌：《鄭新附考》："屈子《招魂》言吴歈、蔡謳，知名歌爲歈。"　② 巴歈：《鄭新附考》："巴歈者，巴人之歌也。"　③《史記》：《鄭新附考》："《史記・相如傳》作俞。文云'巴俞、宋蔡、淮南、干遮四者，皆樂歌名。'《集解》引郭璞云：'巴西閬中有俞水，獠人居其上，皆剛勇好舞，漢高募此以平三秦。後使樂府習之，因名巴俞舞。'"按：此以舞賅歌。又按：閬中之俞水，因是水名，故又加水作渝，即徐鉉所引《史記》之"渝"，即《切韻》"巴歈"之"歈"。於是，閬中之渝水，遂與水部在遼西郡的"渝"水同名。　④ 此字：此字从欠，俞聲。俞本俞水名，因其地有特色歌舞，遂借地名爲歌舞之名。又因義之類化，於是加"欠"，欠猶歌喉也。歈遂爲歌名。

文一　新附

㱃部

㱃[1]　歠也。从欠，酓聲[2]。凡㱃之屬皆从㱃。㱃，古文㱃，从今水[3]。㱃，古文㱃，从今食[4]。　於錦切(yǐn)。

【譯文】㱃，喝。从欠，酓聲。大凡㱃的部屬都从㱃。汵，古文㱃字，从水，今(聲)。飮，古文歓字，从食，今(聲)。

【注釋】① 歓：《段注》："水流入口爲飲，引申之可飲之物謂之飲。" ② 从欠，酓(yǎn)聲：朱駿聲《通訓定聲》："从酉，从欠，今聲。酉者，酒也。"存參。　③ 从今水：《段注》："从水，今聲也。"　④ 从今食：《段注》："从食，今聲也。"

【參證】甲文作，金文作。董彦堂《殷曆譜》："(甲文)象人俯首吐舌捧尊就飲之形。"李孝定《甲骨文字集釋》："以(飲)音近於今，而倒舌形又與今字形似，故篆文遂形譌从今耳。"商承祚《甲骨文字研究》下篇："篆文从今乃由之譌，欠則人之譌也。"饒炯《部首訂》："篆所从之酓，即歓之古文，从酉今聲，與重文从水今聲，或从食今聲同例。以其爲酒，从酉；以其爲水，从水；以其爲歠，从食。"按：酓非歓之古文，而歓乃酓之古文。今乃舌之譌，本當表示流納入口之義，酉、水、食乃流納之對象，故酓、衾、飮乃歓之分別文。

歠　歓也。从歓省，叕聲①。，歠或从口从夬[聲]②。　昌説切(chuò)。

【譯文】歠，喝。由歓省今作形符，叕聲。吷，歠的或體，从口，从夬聲。

【注釋】① 叕(zhuì)聲：叕，上古與歠同屬月部。　② 从夬(jué)：當依朱駿聲《通訓定聲》作"夬聲"。按：夬、歠上古同部。

文二　重三

次部

次　慕欲口液也①。从欠，从水。凡次之屬皆从次。，次或从侃②。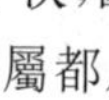，籀文次。　敘連切(xián)。

【譯文】次，因羡慕、因想要得到而流口水。由欠、由水會意。大凡次的部屬都从次。㳄，次的或體，从侃聲。㴎，籀文次字。

【注釋】① 慕欲句：《段注》："有所慕欲而口生液也。故其字从欠水。"　② 侃：《段注》："侃，聲也。"按：侃、次上古同屬元部。

【參證】林義光《文源》："欠象人張口形。从人、口出水。"今字作"涎"。于省吾《甲骨文字釋林·釋次、盜》："次與涎乃古今字。"其文載甲文次爲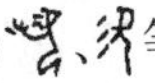等，于説："甲骨文次字，有的象以手拂液形，有的象口液外流形。"

羨　貪欲也。从次，从羑省①。羑呼②之羑，文王所拘羑里。　似面切(xiàn)。

【譯文】羨，貪婪，想要得到。由次、由羑省會意。(羑，)是羑呼的羑字；或是文王被關押的羑里城的羑字。

【注釋】① 从次，从羑(yǒu)省：孔廣居《疑疑》："从次、从羊，會垂次羊肉之意。"　② 羑呼：姚文田、嚴可均《校議》："言羑省之羑字，當作羑呼之羑。厶部：'羑，相訹(誘)呼也。'若作羑字，則羊部所云文王拘羑里者也。"

【參證】林義光《文源》："从次羊，謂見羊美而涎欲下也。"

㳄　歠也。从次，厂聲①。讀若移。　以支切(yí)。

【譯文】㳄，飲。从次，厂聲。音讀象"移"字。

【注釋】① 厂聲：徐鍇《繫傳》："厂音移。"徐灝《段注箋》："自是从抴引之厂。《唐韻》：厂，余制切。平去之異耳。"

盜　私利物①也。从次，次欲皿②者。　徒到切(dào)。

【譯文】盜，把對他人有利的物體竊爲己有。从次，表示對別人的器皿羨慕得流着口水，想要得到。

【注釋】① 私利物：王筠《句讀》："私有所利於它人之物也。"
② 次欲皿：徐灝《段注箋》："説从次之意。垂次其皿，欲私其物也。"

【參證】于省吾《甲骨文字釋林・釋次、盜》："甲骨文盜字作"，"與次同用"。"口液爲次之本義，引申之則爲水流泛濫無方，水流泛濫無方又與後世盜竊之義相同。"徐中舒《甲骨文字典》卷八："从舟以顯泛濫之意。"篆文舟譌爲皿。

文四　重二

旡部

旡①　㱃食气屰不得息②曰旡。从反欠③。凡旡之屬皆从旡。，古文旡。　居未切(jì)。

【譯文】旡，吃喝時氣向上逆進、不能順利通過咽喉叫旡。由欠字反過來表示。大凡旡的部屬都从旡。旡，古文旡字。

【注釋】① 旡：今作旡。張舜徽《約注》："湖湘間稱爲打格（嗝），格即旡之雙聲語轉。"　② 不得息：《段注》："咽中息不利。"　③ 从反欠：徐灝《段注箋》："气申爲欠，气屰爲旡。故从反欠。"

【參證】甲文作。徐中舒《甲骨文字典》卷八："象人跽而口向後張之形。"

旤　屰惡驚詞也①。从旡，咼聲。讀若楚人名多夥。　乎果切（huò）。

【譯文】旤，遇到可惡的或令人驚詫的事物所發出的呼聲。从旡，咼聲。音讀象楚地人叫多爲夥的"夥"字。

【注釋】① 屰惡句：王筠《句讀》"屰"作"逆"，注："逆，迎也，即遇也。""逆惡驚詞"是"逆惡之詞"和"逆驚之詞"的緊縮。詞，虚詞，故譯爲呼聲。

𣄨　事有不善言𣄨也①。《爾雅》②："𣄨，薄也。"从旡，京聲。力讓切（liàng）。

【譯文】𣄨，對不好的事情（表示鄙薄意思）的詞叫𣄨。《爾雅》説："𣄨，薄。"从旡，京聲。

【注釋】① 事有句：王筠《釋例》："言即詞也。謂見作事有不善者，則其鄙之之詞曰𣄨也。"　②《爾雅》：《段注》："《爾雅》無此文。""《桑柔》毛傳、杜注《左傳》、《小爾雅》皆云：'涼，薄也。'涼即𣄨字。"

【參證】金文作、。

文三　重一

卷十七

頁部

頁　頭也。从百[①],从儿[②]。古文䭫首[③]如此。凡頁之屬皆从頁。百者,䭫首字也。　胡結切(xié)。

【譯文】頁,頭。由百、由儿會意。古文䭫首的首字象這個樣子。大凡頁的部屬都从頁。百,也是䭫首的首字。

【注釋】① 百(shǒu):本書百部:"頭也,象形。"　② 儿(rén):"人"的古文奇字。　③ 䭫(qǐ)首:即稽首。拜頭至地。

【參證】甲文作,金文作。李孝定《甲骨文字集釋》:"古文頁、百、首當爲一字。頁象頭及身,百但象頭,首象頭及其上髮,小異耳。此(指甲文)並髮、頭、身三者皆象之。"

頭　首[①]也。从頁,豆聲。　度侯切(tóu)。

【譯文】頭,頭腦的總稱。从頁,豆聲。

【注釋】① 首:《急就篇》卷三"頭額"顏師古注:"頭者,首之總名也。"

【參證】金文作,與篆文同。

顏　眉(目)[①]之間也。从頁,彥聲。[②],籀文。　五姦切(yán)。

【譯文】顏,兩眉之間。从頁,彥聲。顏,籀文顏字。

【注釋】① 目:當依《段注》删"目"字。段説:"顏爲眉間,醫經之所謂闕,道書所謂上丹田,相書所謂中正印堂也。"又引申爲"由兩眉間以直上,皆得謂之顏,醫經'額曰顏曰庭'是也。"　② 顏:王國維《史籀篇疏證》:"古金文从頁之字多从䭫作,䭫即頁字。"

【參證】金文作。

頌　皃[①]也。从頁,公聲。[②],籀文。　余封切(róng)[③]。又,似用切(sòng)[④]。

【譯文】頌,容貌。从頁,公聲。額,籀文頌字。

【注釋】① 皃:容皃。應連篆爲讀。《段注》:"古作'頌皃',今作'容皃',古今字之異也。"　② 額:王筠《句讀》:"以容代頌者,乃額之省形存聲字也。"　③ 余封切當讀 yōng,今音 róng。　④ 似用切今讀 sòng,即歌頌之頌,是容(余封切)皃的引申義。徐鍇《繫傳》:"歌頌者,美盛德之形容也。"

【參證】金文作□,與篆文同。馬敘倫《六書疏證》卷十七:"古文容从公作容,六篇'松'或从容作窠。知(此處籀文左旁之)容不从山谷之谷,乃从公之異文作公者也。"

頊 顱也[①]。从頁,乇聲。　徒谷切(dú/duó)[②]。

【譯文】頊,頊顱。从頁,乇聲。

【注釋】① 顱也:徐灝《段注箋》:"頊顱也,三字連篆讀之。"朱駿聲《通訓定聲》:"(頊顱)猶髑髏也。短言之,即頭。"按,頊顱本義指頭骨。　② 今讀依《廣韻》徒落切。

顱[①] 頊顱,首骨也。从頁,盧聲。　洛乎切(lú)。

【譯文】顱,頊顱,頭骨。从頁,盧聲。

【注釋】① 顱:王筠《句讀》"頊"下:"羣書單用顱字者甚多。""古書無單用頊字者。"參"頊"條。

顚 顛頂[①]也。从頁,㬜聲。　魚怨切(yuàn)。

【譯文】顚,頭頂。从頁,㬜聲。

【注釋】① 顛頂:同義連用。

顛 頂也。从頁,真聲。　都年切(diān)。

【譯文】顛,頭頂。从頁,真聲。

頂 顛也。从頁,丁聲。□,或从眢作。□,籀文从鼎[①]。　都挺切(dǐng)。

【譯文】頂,頭頂。从頁,丁聲。𩑔,頂的或體,从眢而作。鼑,籀文頂字,从鼎聲。

【注釋】① 从鼎:《段注》:"鼎,聲也。"

【參證】金文作□,與籀文同。强運開《古籀三補》第九引羅振玉曰:"此當是顛頂之頂字。"

顙 頟①也。从頁，桑聲。 蘇朗切(sǎng)。

【譯文】顙，額頭。从頁，桑聲。

【注釋】① 頟(é)：今作"額"。《段注》："《方言》：'中夏謂之頟，東齊謂之顙。'……凡言稽顙者，皆謂頓首。……顙者，猶今叩頭。"

題 頟①也。从頁，是聲。 杜兮切(tí)。

【譯文】題，額頭。从頁，是聲。

【注釋】① 頟：今作"額"。《段注》："引申爲凡居前之偁。"

頟① 顙。从頁，各聲。 五陌切(é)。

【譯文】頟，額頭。从頁，各聲。

【注釋】① 頟：徐鉉注："今俗作額。"《方言》卷十："中夏謂之頟，東齊謂之顙。"

頞 鼻莖也。从頁，安聲。齃，或从鼻曷①。 烏割切(è)。

【譯文】頞，鼻梁。从頁，安聲。齃，頞的或體，从鼻，曷聲。

【注釋】① 曷：《段注》："曷，聲也。"按：安屬元部，曷屬月部，元月對轉。

頯 權①也。从頁，𠀇②聲。 渠追切(kuí)。

【譯文】頯，顴骨。从頁，𠀇聲。

【注釋】① 權：《段注》："今之顴字。"徐灝《段注箋》："頯謂之權者，蓋頯骨夾面，如權之在衡也。" ② 𠀇：音 kuí。

【參證】楊樹達《積微居小學述林・釋頯肫頔》說："頯，易作頄。""許書不載，然字从九聲，九聲字多含高義。"頯是面之兩頰高起突出的部分。

頰 面旁①也。从頁，夾聲②。䪼③，籀文頰。 古叶切(jiá)。

【譯文】頰，面部的左右兩側。从頁，夾聲。䪼，籀文頰字。

【注釋】① 面旁：指臉的兩側從眼到下頜(hàn)的部分。 ② 夾聲：《釋名》："頰，夾也。兩旁稱也，亦取挾斂食物也。"聲中有義。③ 䪼：𩠐即頁。參"顏"條。

䫀① 頰後也。从頁，艮聲。 古恨切(gèn/gěn)②。

【譯文】䫀，面頰的後部。从頁，艮聲。

【注釋】① 䫀：指下巴骨的末端。《段注》："頰後謂近耳及耳下。"王筠《句讀》:"俗言耳根。"　② 今讀依《廣韻》古很切。

① 顄也。从頁,合聲。　胡感切(hàn/hé)②。

頜　【譯文】頜,下巴。从頁,合聲。

【注釋】① 頜:朱駿聲《通訓定聲》:"耳下曲骨,所謂輔車也。"《方言》:"頜、頤,頜也。南楚謂之頜,秦晉謂之頜,頤其通也。"《段注》:"依《方言》,則緩言曰頜,急言曰頜,頜當讀如合也。"　② 今讀依《集韻》曷閤切。

① 頤也。从頁,函聲。　胡男切(hán/hàn)②。

顄　【譯文】顄,下巴。从頁,函聲。

【注釋】① 顄:朱駿聲《通訓定聲》:"从口內言之曰顄、曰頜,从口外言之曰頤。"　② 今讀依《廣韻》胡感切。

頭莖也。从頁,巠聲。　居郢切(jǐng)。

頸　【譯文】頸,挨近頭部象莖的頸項。从頁,巠聲。

(項)[頸]① 也。从頁,令聲。　良郢切(lǐng)。

領　【譯文】領,頸。从頁,令聲。

【注釋】① 項:當依《段注》作"頸"。《段注》:"領字从全頸言之,不當釋以'頭後'(項)。"

(頭)[頸]① 後也。从頁,工聲。　胡講切(xiàng)。

項　【譯文】項,脖子的後部。从頁,工聲。

【注釋】① 頭:桂馥《義證》:"頭當爲頸。《玉篇》:'項,頸後也。'"

項枕① 也。从頁,冘聲。　章衽切(zhěn)。

煩　【譯文】煩,頸項上的枕骨。从頁,冘聲。

【注釋】① 項枕:王筠《句讀》:"此骨受枕,故以枕名。迨有專字作煩,仍以枕説之,而連言項以定之。醫經謂之玉枕。"

① 出額也。从頁,隹聲。　直追切(chuí)。

頧　【譯文】頧,突出的額頭。从頁,隹聲。

【注釋】① 頧:《段注》:"謂額朕(dié,骨肉突出)出向前也。"

【參證】金文作。戴家祥《金文大字典》:"从烏从頁。""从烏與从隹同義。"

頏① 曲頤②也。从頁，不聲。　薄回切(péi)。

【譯文】頏，彎曲而微微向前的下巴。从頁，不聲。

【注釋】① 頏：張舜徽《約注》："湖湘間稱爲下巴，巴即頏之聲轉。"　② 曲頤：《段注》："頤曲而微向前也。"

顩① 齸②皃。从頁，僉聲。　魚檢切(yǎn)。

【譯文】顩，牙齒暴露不齊的樣子。从頁，僉聲。

【注釋】① 顩：俗稱暴牙齒。朱駿聲《通訓定聲》："齒參差見於脣也。"　② 齸(yàn)：本書齒部："齸，齒差(參差)也。"

頵① 面目不正皃。从頁，尹聲。　余準切(yǔn)。

【譯文】頵，面目不平正的樣子。从頁，尹聲。

【注釋】① 頵：余岩《古代疾病名候疏義》卷五："頵，顔面歪邪，如面神經癱瘓、面神經痙攣等是。"

頵① 頭頵頵大也。从頁，君聲。　於倫切(yūn)。

【譯文】頵，頭頵頵而大的樣子。从頁，君聲。

【注釋】① 頵：《集韻・諄韻》："頵，頭大皃。"

【參證】金文作、，與篆文同。

䪻 面色顛䪻①皃。从頁，員聲。讀若隕②。　于閔切(yǔn/hùn)③。

【譯文】䪻，面色頹唐落魄的樣子。从頁，員聲。音讀象"隕"字。

【注釋】① 顛䪻：張舜徽《約注》："猶云顛隕，謂面色頹落也。"　② 隕：䪻、隕同屬文部、匣紐。　③ 今讀依《廣韻》胡本切。

顲 頭頰長也①。从頁，兼聲。　五咸切(yán)。

【譯文】顲，頭狹臉長的樣子。从頁，兼聲。

【注釋】① 頭頰句：《段注》："當作頭狹面長皃。"

碩 頭大也。从頁，石聲。　常隻切(shí/shuò)①。

【譯文】碩，頭大。从頁，石聲。

【注釋】① 當讀 shí，今音 shuò。

【參證】金文作、，與篆文同。

頒 大頭也。从頁，分聲。一曰：鬢也。《詩》①曰："有頒其首。"　布還切(bān)。

【譯文】頒,大頭。从頁,分聲。另一義説:鬢髮。《詩經》説:"多麽大啊那腦袋。"

【注釋】①《詩》:指《小雅·魚藻》。《段注》:"(此)證前一義。"有,語詞。

顒 大頭也。从頁,禺聲。《詩》[①]曰:"其大有顒。" 魚容切(yóng)。

【譯文】顒,大頭。从頁,禺聲。《詩經》説:"它們的大腦袋多麽大。"

【注釋】①《詩》:指《小雅·六月》。孔穎達疏:"'其大有顒',猶云'有顒其大'也。"有,語詞。顒,毛傳:"大皃。"

顤 大頭也。从頁,羔聲。 口幺切(qiāo)。

【譯文】顤,大頭。从頁,羔聲。

顝[①] 大頭也。从頁,骨聲。讀若魁。 苦骨切(kū/kuī)[②]。

【譯文】顝,大頭。从頁,骨聲。音讀象"魁"字。

【注釋】① 顝:朱駿聲《通訓定聲》:"今俗凡言大曰魁首,當作此顝字。"本書斗部:"魁,羹斗也。" ② 今讀依《廣韻》苦回切。

願[①] 大頭也。从頁,原聲。 魚怨切(yuàn)。

【譯文】願,大頭。从頁,原聲。

【注釋】① 願:徐灝《段注箋》:"古書傳未有訓願爲大頭者。""竊謂願者有所欲得而求之於人也,故从頁。頁者,䭫首字也。凡願詞訓思訓念皆此義之引申。"

顤 高長頭。从頁,堯聲[①]。 五弔切(yào/yáo)[②]。

【譯文】顤,高長的頭。从頁,堯聲。

【注釋】① 堯聲:聲中有義。本書"堯"下:"高也。" ② 今讀依《廣韻》五聊切。

贅[①] 贅顤,高[②]也。从頁,敖聲。 五到切(ào)。

【譯文】贅,贅顤,頭高昂的樣子。从頁,敖聲。

【注釋】① 贅:張舜徽《約注》:"湖湘間稱昂頭爲贅。" ② 高:《段注》:"當云'頭高也'。"

頟[①] 面前岳岳也。从頁,岳聲[②]。 五角切(yuè)。

【譯文】頟,臉上顯出趾高氣揚的樣子。从頁,岳聲。

【注釋】① 頟：朱駿聲《通訓定聲》："吾蘇俗諺，言人趾高氣揚之皃曰頭高頟頟。"或曰："狀其面皃偉岸。"見張文虎《舒藝室隨筆》。
② 岳聲：聲中有義。岳，嶽之古文，山高皃，王者所巡。或喻偉岸，或喻高傲。

【參證】馬敘倫《六書疏證》卷十七："頟蓋爲面前諸部隆起，王筠謂即相人求所謂五嶽朝拱也。"與張文虎説如出一轍。

顯 (昧)[沬]① 前也。从頁，㬎聲。讀若昧。　莫佩切(mèi)。

【譯文】顯，洗臉。从頁，㬎聲。音讀象"昧"字。

【注釋】① 昧：當作"沬"。鈕樹玉《校録》："昧恐是沬。沬訓洗面。"張文虎《舒藝室隨筆》："(湏)，古文沬，疑此篆亦當从，誤作耳。"

【參證】甲文作，金文作、、。吴大澂《古籀補》卷十一："疑亦沬之古文。"參"沬"條。金文是它的變體。字可見小篆譌變的痕迹。

䨩① 面瘦淺䨩䨩也。从頁，霝聲。　郎丁切(líng)。

【譯文】䨩，臉面瘦骨䨩䨩的樣子。从頁，霝聲。

【注釋】① 䨩：《玉篇・頁部》："面瘦淺皃。"

顡 頭(蔽)[蔽]顡① 也。从頁，豙聲。　五怪切(wài)。

【譯文】顡，頭癡呆。从頁，豙聲。

【注釋】① 蔽顡：當依《段注》"蔽"作蔽(kuǎi)，注："蔽顡，疊韻字，葢古語也。《集韻》曰：謂頭癡。"

頑 棞① 頭也。从頁，元聲。　五還切(wán)。

【譯文】頑，難劈的囫圇木頭。从頁，元聲。

【注釋】① 棞(hún)：本書木部："棞，梡，木未析也。"王筠《句讀》："梡、棞之音，與'渾沌'近，故以'未析'通釋之。"朱駿聲《通訓定聲》："棞，今蘇俗常語謂之或侖(囫圇)。或侖者，棞之合音。"《段注》："析則鋭，棞則鈍。故以爲愚魯之偁。"

【參證】馬敘倫《六書疏證》卷十七："今杭縣謂人不能分析事理，曰棞頭棞腦，北平罵人曰渾蛋，即棞頭之聲轉也。頑者謂頭無圭角全部平圓者也。於聲可以得義。"

[⿰枝頁] 小頭[⿰枝頁][⿰枝頁]①也。从頁，枝聲。讀若規。 又，己恚切（guì/guī）②。

【譯文】[⿰枝頁]，頭小而圓的樣子。从頁，枝聲。音讀象“規”字。

【注釋】① [⿰枝頁][⿰枝頁]：桂馥《義證》：“謂小而圜也。” ② 今讀依《廣韻》居隋切。

顆 小頭①也。从頁，果聲。 苦惰切（kě）②。

【譯文】顆，小頭。从頁，果聲。

【注釋】① 小頭：《段注》：“引申爲凡小物一枚之稱。” ②《廣韻》苦果切。

頢① 短面也。从頁，𠯑聲。 五②活切（kuò）。又，下括切（huó）。

【譯文】頢，短臉型。从頁，𠯑聲。

【注釋】① 頢：今作頢。 ② 五：《廣韻》作“古”。

頲 狹頭頲①也。从頁，廷聲。 他挺切（tǐng）。

【譯文】頲，削狹的頭頲頲而長。从頁，廷聲。

【注釋】① 頲：《段注》：“疑當作頲頲也。”

頠 頭閑習①也。从頁，危聲。 語委切（wěi）。

【譯文】頠，頭俯仰自如。从頁，危聲。

【注釋】① 閑習：徐鍇《繫傳》：“謂低仰便也。”

頷 面黄①也。从頁，含聲。 胡感切（hàn）。

【譯文】頷，面色黄。从頁，含聲。

【注釋】① 面黄：王筠《句讀》：“此云面黄，蓋是生質（天生的體質）；顑之面黄，乃由餓病。”

【參證】金文作（金文字形）。《金文編》：“从今，郭沫若謂頷之異文。”

[⿰爰頁] 面不正也。从頁，爰聲。 于反切（yuǎn）。

【譯文】[⿰爰頁]，面目歪斜不正。从頁，爰聲。

頍 舉頭也。从頁，支聲。《詩》①曰：“有頍者弁。” 丘弭切（kuǐ）。

【譯文】頍，抬頭。从頁，支聲。《詩經》説：“那舉戴在頭上的是皮帽子。”

【注釋】①《詩》：指《小雅·頍弁》。有，語詞。

[1] 内[2]頭水中也。从頁叟[3]，叟亦聲。 烏沒切(mò)。

頥 【譯文】頥，把頭潛入水中。由頁、叟會意，叟也表聲。

【注釋】① 頥：今作"頞"。錢坫《斠詮》："今呼爲搵也。"按：湖湘方言謂把頭潛入水中亦曰搵。 ② 内：納，入。 ③ 叟(mò)：與"沒"義同。

[1] 還視也。从頁，雇聲。 古慕切(gù)。

顧 【譯文】顧，回頭而視。从頁，雇聲。

【注釋】① 顧：《段注》引《檜風》箋云："迴首曰顧。"

【參證】金文作。

[1] 理也。从頁，从巛[2]。 食閏切(shùn)。

順 【譯文】順，梳理頭髮。由頁、由巛會意。

【注釋】① 順：張舜徽《約注》："(巛)乃鬈髮之巛耳。本書'首'篆下云：'巛象髮，謂之鬈，鬈即巛也。'然則順字从頁，从巛，乃謂首上之髮。""髮必常疏理之而後不亂，故許君訓順爲理耳。" ② 从巛：巛亦聲。宋保《諧聲補逸》："凡巡、訓、馴、紃、紃等字皆从川聲……川與順聲相近。"

【參證】金文作、。

 顏色顫顱[1]，慎事也。从頁，㐱聲。 之忍切(zhěn)。

顫 【譯文】顫，顏色藏而不露，以求謹慎處事。从頁，㐱聲。

【注釋】① 顫顱(lǐn)：徐鍇《繫傳》："顫顱猶隱淪，難分皃，不見於色，故曰慎事。"按：顫顱，聯緜詞。

 顫顱[1]也。从頁，粦聲。一曰：頭少髮[2]。 良忍切(lǐn)。

顱 【譯文】顱，顫顱。从頁，粦聲。另一義説：頭少髮的樣子。

【注釋】① 顫顱：參"顫"條。 ② 頭少髮：《玉篇·頁部》："顱，顫顱，頭少髮貌。"

 頭顓顓謹皃。从頁，耑聲[1]。 職緣切(zhuān)。

顓 【譯文】顓，頭顓顓而拘謹的樣子。从頁，耑聲。

【注釋】① 耑聲：聲中有義。池伯煒《頭顓顓頭頊頊謹皃釋》："本書：耑，物初生之題。凡物初生，其末必鋭而直，故端字訓直。顓之从耑，猶端義也。""顓(頊)本有敬直之義，重言之，所以極其形容也。"

頊　頭頊頊謹皃。从頁,玉聲①。　許玉切(xū)。

【譯文】頊,頭頊頊而拘謹的樣子。从頁,玉聲。

【注釋】① 玉聲:聲中有義。池伯煒《頭顓顓頊頊謹皃釋》:“玉有五德,其一曰不撓。不撓者直之謂也。頊从玉,當亦取此義。”按:从頁从玉,比喻玉般端直。

【參證】金文作。林義光《文源》:“象奉玉謹慤見於顔面之形。”

頷　低頭①也。从頁,金聲。《春秋傳》②曰:“迎于門,頷之而已。”　五感切(ǎn)。

【譯文】頷,點頭。从頁,金聲。《春秋左傳》説:“對在門口迎接衛侯的大夫,衛侯只是點點頭罷了。”

【注釋】① 低頭:徐鍇《繫傳》:“點頭以應也。”　②《春秋傳》:指《左傳・襄公二十六年》。今本作“逆於門者,頷之而已”。

頓　(下)[頓]首①也。从頁,屯聲。　都困切(dùn)。

【譯文】頓,以頭叩地。从頁,屯聲。

【注釋】① 下首:當依《段注》作“頓首”。段氏説:“頓首,拜頭叩地也。”

頫①　低頭也。从頁,逃省②。太史卜書,頫仰字如此。楊雄曰:人面頫③。,頫或从人,免[聲]④。　方矩切(fǔ)。

【譯文】頫,低頭。由頁、由逃省會意。史官卜筮的字,頫仰字象這個樣子。楊雄説:人的面部頫伏。俛,頫的或體,从人,免聲。

【注釋】① 頫:今作“俯”。　② 逃省:徐鉉:“頫首者,逃亡之皃,故从逃省。”　③ 人面頫:《段注》:“此蓋摘取楊所自作《訓纂篇》中三字,以證从頁之意。”　④ 免:王筠《句讀》:“當云免聲。《白虎通》:‘陽氣冕仰,黄泉之下。萬物被施,前冕而後仰,故謂之冕。’案:借冕爲俯,知其聲同矣。”

頣　舉目視人皃。从頁,臣聲。　式忍切(shěn)。

【譯文】頣,抬起眼睛看人的樣子。从頁,臣聲。

顩　倨①視人也。从頁,善聲。　旨善切(zhǎn)。

【譯文】顩,傲視别人。从頁,善聲。

【注釋】① 倨:《段注》:“倨者,不悉(謙遜)也。”

頡　直項也。从頁，吉聲。　胡結切(xié)。

【譯文】頡，僵直的頸項。从頁，吉聲。

【參證】金文作，与篆文同。

頫　頭頡頫①也。从頁，出聲。讀又②若骨。　之出切(zhú/zhuō)③。

【譯文】頫，頭低頸曲的樣子。从頁，出聲。音讀又象“骨”字。

【注釋】① 頡頫：朱駿聲《通訓定聲》：“頡頫，疊韻連語。猶詰詘也。低曲之貌。與頡頏之爲高直相反。”　② 讀又：王筠《句讀》：“此讀别是一樣。《集韻》：‘頫，古忽切，音骨。面顴也。’”　③ 今讀依《廣韻》職悦切。

顥　白［首］皃①。从頁，从景②。《楚詞》③曰：“天白顥顥。”南山四顥④，白首人也。　胡老切(hào)。

【譯文】顥，白頭的樣子。由頁、由景會意。《楚辭》説：“天空顥顥而白。”所謂南山的四顥，全是白頭人。

【注釋】① 白皃：當依《段注》作“白首皃”。　② 从景：《段注》：“景者，日光也。日光白。从景、頁，言白首也。”　③《楚詞》：《段注》：“詞當作辭。許書皆作《楚詞》。”按：這裏指《大招》篇。《段注》以爲“此當廁‘白首人也’之下。”　④ 四顥：《段注》引《高士傳》曰：“四皓皆河内軹人，或在汲。一曰東園公，二曰角里先生，三曰綺里季，四曰夏黄公。秦始皇時退入藍田山作歌，乃共入商雒，隱地肺山。漢高徵之不至，深自匿終南山，不能屈己。”

【參證】楊樹達《文字形義學》：“白貌當云頭白貌。此謂人頭之白與日月之光白者相似也。頁爲本名，景爲喻名。”

𩕊　大醜①皃。从頁，樊聲。　附袁切(fán)。

【譯文】𩕊，十分可惡的樣子。从頁，樊聲。

【注釋】① 醜：《段注》：“可惡也。”

䪵　好皃。从頁，爭聲。《詩》①所謂“䪵首”。　疾正切(jìng)。

【譯文】䪵，美好的樣子。从頁，爭聲。是《詩經》所説的“䪵首”的“䪵”。

【注釋】①《詩》：指《衛風・碩人》。今本作“螓(qín)首”，毛傳曰：

"額廣而方。"柳榮宗《引經考異》:"許引作'顡',蓋三家《詩》。"

頨 頭妍也。从頁,翩省聲。讀若翩[1]。 王矩切(yǔ)。

【譯文】頨,頭形美好。从頁,翩省聲。音讀象"翩"字。

【注釋】① 讀若翩:張舜徽《約注》:"《玉篇》'頨'下云:'娉緣、有矩二切。'是頨字本有二讀:有矩切爲羽音,娉緣切爲翩音也。"按許氏用"讀若翩"定其讀音。

顗 謹莊皃。从頁,豈聲。 魚豈切(yǐ)。

【譯文】顗,恭謹莊重的樣子。从頁,豈聲。

顅[1] 頭鬢少髮也。从頁,肩聲。《周禮》[2]:"數目顅脰。" 苦閒切(qiān)。

【譯文】顅,頭上和兩鬢禿而少髮。从頁,肩聲。《周禮》説:"細小的眼睛,長長的頸項。"

【注釋】① 顅:《段注》:"髟部曰:'鬝者,鬢禿也。'此音義皆同,蓋實一字矣。而以顅从頁,故云頭鬢,謂頭上及鬢夾也。鬝从髟,故單言鬢。" ②《周禮》:指《考工記·梓人》。王筠《句讀》:"此引經説別義也。"顅脰(dòu),鄭玄注:"顅,長脰貌。"賈公彦疏:"脰,項也。"

顐 無髮也。一曰:耳門[1]也。从頁,困聲[2]。 苦昆切(kūn)。

【譯文】顐,沒有頭髮。另一義説:耳門。从頁,困聲。

【注釋】① 耳門:朱駿聲《通訓定聲》:"當以耳門爲本訓。" ② 困聲:聲中有義。王筠《句讀》説,《樊氏相法》"顐"省作"困"。王説:"又諺呼耳門爲倉門,當是古語。"困取比況之義。耳門無毛,故顐之別義爲無髮。

頎[1] 禿也。从頁,气聲。 苦骨切(kū)。

【譯文】頎,禿頭。从頁,气聲。

【注釋】① 頎:同𩒐。

頛 頭不正也。从頁,从耒。耒,頭傾[1]也。讀又若《春秋》陳夏齧[2]之齧。 盧對切(lèi)。

【譯文】頛,頭歪斜不正。由頁、由耒會意。耒,(因曲而)頭傾斜。音讀又象《春秋》中陳國的臣子夏齧的"齧"字。

【注釋】① 頭傾:桂馥《義證》:"耒曲,故頭傾。" ② 夏齧(niè):

見《春秋經·昭公廿三年》。

【參證】楊樹達《文字形義學》:"此以耒頭之傾喻人頭之不正。頁爲本名,耒爲喻名。"

頼 傾首也。从頁,卑聲。 匹米切(pǐ)。

【譯文】頼,傾斜着頭。从頁,卑聲。

頫 司①人也。一曰:恐也。从頁,契聲。讀若褉。 胡計切(xì/qì)②。

【譯文】頫,偵察人。另一義説:恐懼。从頁,契聲。音讀象"褉"(xì)字。

【注釋】① 司:今"伺"字。 ② 今讀依《廣韻》苦計切。

頮 頭不正也。从頁,鬼聲。 口猥切(kuǐ)。

【譯文】頮,頭不正。从頁,鬼聲。

頗 頭偏①也。从頁,皮聲。 滂禾切(pō)。

【譯文】頗,頭偏。从頁,皮聲。

【注釋】① 頭偏:《段注》:"引申爲凡偏之偁。""俗語曰頗多、頗久、頗有,猶言偏多、偏久、偏有也。"

頄 顫①也。从頁,尤聲。疣,頄或从疒。 于救切(yòu)。

【譯文】頄,(頭部)顫動。从頁,尤聲。疣,頄的或體,从疒。

【注釋】① 顫:嚴章福《校議議》:"此謂頭顫。"

顫① 頭不(正)[定]②也。从頁,亶聲。 之繕切(zhàn/chàn)③。

【譯文】顫,頭搖動不定。从頁,亶聲。

【注釋】① 顫:朱駿聲《通訓定聲》:"頭搖動不定也。" ② 正:當依《段注》作"定"。 ③ 今讀"振動"義爲 chàn,"抖動"義爲 zhàn。

顄 飯不飽,面黄起行也。从頁,咸聲。讀若戇①。 下感、下坎二切(hàn/kǎn)②。

【譯文】顄,吃飯不飽,面黄(肌瘦)開始發生。从頁,咸聲。音讀象"戇"字。

【注釋】① 讀若戇(zhuàng):葉德輝《讀若考》:"本書心部戇从贛得聲。戇、顄一聲之轉。" ② 今讀依《廣韻》苦感切。

【參證】馬敘倫《六書疏證》卷十七:"劉秀生曰:咸聲之字如鹹、誠、械、感、減皆在見紐，贛从贛得聲，亦在見紐。”“倫按：咸、贛亦聲同侵類也。”故顑可讀若贛。

顲① 面顑顲②皃。从頁，㐭聲。　盧感切(lǎn)。

【譯文】顲，面黄肌瘦的様子。从頁，㐭(lǐn)聲。

【注釋】① 顲：《廣韻・勘韻》：“面色黄皃。”王筠《句讀》：“亦單字成義也。”　② 顑顲：徐鍇《繫傳》作“顧顲”，疊韻聯緜詞。

煩 熱頭痛①也。从頁，从火。一曰：焚省聲②。　附袁切(fán)。

【譯文】煩，(身)熱頭痛。由頁、由火會意。另一説：焚省林爲聲。

【注釋】① 熱頭痛：《段注》引陸機詩：“身熱頭且痛。”　② 焚省聲：張舜徽《約注》：“以雙聲字爲聲，兼取其義也。”

【參證】林義光《文源》：“頁火象面爲火灼之形。”按：火灼應是比況之義。

顡 癡①，不聰明也。从頁，豙聲②。　五怪切(wài)。

【譯文】顡，顡癡，不聰明。从頁，豙(yì)聲。

【注釋】① 癡：徐灝《段注箋》：“顡癡二字連讀爲句。”《玉篇・頁部》：“䫉(顡)，癡顡，不聰明也。”顡癡，聯緜詞。　② 豙聲：聲中有義。本書豕部：“豙，豕怒毛豎也。”引申爲凡豕之偁。俗云“蠢如豬”，豙是比況之義。王筠《釋例》：“从豙聲之字，即有不聰明之義。”

頪 難曉①也。从頁米②。一曰：鮮③白皃。从粉④省。　盧對切(lèi)。

【譯文】頪，難分曉。由頁、米會意。另一義説：新鮮而又白的様子。偏旁米是粉字的省略。

【注釋】① 難曉：《段注》：“謂相似難分别也。頪、類，古今字。類本專謂犬，後乃類行而頪廢矣。”　② 从頁米：《段注》：“頁猶種也。言種繁多如米也，米多而不可别。會意。”　③ 鮮：《段注》：“鮮猶新也。”　④ 粉：《段注》：“粉者，白之甚者也。”王筠《句讀》：“謂傅粉而面白也。”

【參證】林義光《文源》：“頁米者，視米之象，繁碎難審視，故訓爲難曉。類从頪得聲，類似之義，亦从難曉引申；纇爲絲節，絲節難解，並與難曉意近。”

顦[①] 顦顇[②]也。从頁，焦聲。　昨焦切(qiáo)。

【譯文】顦，顦顇。从頁，焦聲。

【注釋】① 顦：姚文田、嚴可均《校議》：“大徐新修十九文也。”朱駿聲《通訓定聲》：“即醮字之或體。”　② 顦顇：雙聲聯緜詞。唐慧琳《一切經音義》卷三引《韻英》：“顦顇，瘦惡貌。或从心作憔悴。”徐鍇《繫傳》：“《楚詞》曰：‘形容顦顇。’勞苦見於面。”

顇 顦顇也。从頁，卒聲。　秦醉切(cuì)。

【譯文】顇，顦顇。从頁，卒聲。

【注釋】參“顦”條。

顝 繫頭殟[①]也。从頁，昏聲[②]。　莫奔切(mén)。

【譯文】顝，頭痛如繩索捆繫的瘟疫。从頁，昏聲。

【注釋】① 繫頭殟：王筠《句讀》：“(殟)即瘟疫之瘟。”張舜徽《約注》：“謂瘟疫之中，有頭痛甚厲，如有繩索束繫之，不可解耳。今醫所稱腦膜炎之類……得此疾者，昏迷不曉人事。”　② 昏聲：聲中有義。見上注。

頦 醜也。从頁，亥聲。　户來切(hái)。

【譯文】頦，醜。从頁，亥聲。

顛 醜[①]也。从頁[②]，其聲。今逐疫有顛頭[③]。　去其切(qī)。

【譯文】顛，醜。从頁，其聲。當今驅逐鬼疫有“顛頭”。

【注釋】① 醜：《段注》：“此顛之本義。”　② 从頁：《段注》：“頭大，故从頁。”　③ 顛頭：《段注》：“此舉漢事以爲證也。《周禮·方相氏》注云：‘冒熊皮者，以驚敺疫癘之鬼，如今魌(顛)頭也。’”顛頭，扮神的人戴的假面具。王筠《句讀》：“四目爲方相，兩目爲倛(顛)。方相氏索室驅疫。”

【參證】甲文作[甲骨文字形]，象人頭上戴着假面具，兩目圓睜。

顧 呼也。从頁，龠聲。讀與籥同。《商書》[①]曰：“率顧衆戚。”　羊戍切(yù)。

【譯文】顧，呼喊。从頁，龠(yuè)聲。音讀與“籥”同。《商書》說：“相率呼顧衆多的貴戚大臣。”

【注釋】①《商書》：指《盤庚上》。今本“戚”作“慼”。戚，貴戚大臣。見周秉鈞《尚書易解》。

頭明飾[①]也。从頁，㬎聲[②]。 呼典切(xiǎn)。

顯 【譯文】顯，頭上光明的首飾。从頁，㬎聲。

【注釋】① 頭明飾：指冕、弁、充耳之類。 ② 㬎聲：聲中有義。本書日部：“㬎，古文以爲顯字。”《段注》：“此舉形聲包會意。”

【參證】金文作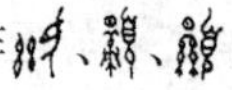。林義光《文源》：“象人面在日下視絲之形，絲本難視，持向日下視之，乃明也。”

[①] 選具[②]也。从二頁[③]。 士戀切(zhuàn)。

頣 【譯文】頣，選擇而供置。由兩個頁字會意。

【注釋】① 頣：錢坫《斠詮》：“此選舉字。” ② 選具：《段注》：“選擇而共置之也。” ③ 从二頁：王筠《句讀》：“凡物必有副貳，乃可選擇，頣从二頁。”

文九十三 重八

安也。經典通用豫[①]。从頁[②]，未詳。 羊洳切(yù)。

預 【譯文】預，安逸。經典通用豫字。从頁，不詳其意。

【注釋】① 通用豫：《鄭新附考》：“豫乃預之本字。《説文》：‘豫，象之大者。’賈侍中説：‘不害于物。’許蓋偁師説以明‘豫安’之義。”“(象雖大而)不害於物則相安無事。此豫安、逸豫之偁，所由出也。”《段注》“豫，象之大者”下：“此豫之本義，故其字从象也。引申之，凡大皆偁豫。”“大必寬裕，故先事而備謂之豫”。豫備、豫先必觸及諸多事物，又引申爲干與、參與義。 ② 从頁：頁，頭也。頭爲人之首，有大義。

文一 新附

百部

頭也。象形[①]。凡百之屬皆从百。 書九切(shǒu)。

百 【譯文】百，頭。象形。大凡百的部屬都从百。

【注釋】① 象形：徐灝《段注箋》以爲是象頭的正面之形。又説："𦣻(首)乃最初之古文,百其省體耳。"

【參證】甲文作,象頭形。

① 面和也。从百,从肉②。讀若柔。　耳由切(róu)。

脜 【譯文】脜,面色溫和。由百、由肉會意。音讀象"柔"字。

【注釋】① 脜：葉德輝《讀若考》："柔和之柔本字當作脜。""經典通用爲柔和字,柔行而脜廢矣。"　② 从肉：徐鍇《繫傳》："肉,物之柔者。"《段注》："肉亦聲。"

【參證】楊樹達《文字形義學》："百與首同,頭也,事屬於面,故从百爲本名。从肉者,骨堅而肉則柔,喻名也。"

文二

面部

 顔前①也。从百,象人面形②。凡面之屬皆从面。　彌箭切(miàn)。

面

【譯文】面,顔額前的部分。从百,()象人的面孔與後腦分界之形。大凡面的部屬都从面。

【注釋】① 顔前：《段注》："顔者,兩眉之中間也。顔前者,謂自此而前,則爲目、爲鼻、爲目下、爲頰之間,乃正鄉人者。"　② 象人面形：王筠《句讀》："百統全頭而言,以包百外,所以區別其前半以爲面也。"

【參證】甲文作。李孝定《甲骨文字集釋》："契文作目,外象面部匡廓之形。"

 面見也。从面見,見亦聲。《詩》①曰："有靦面目。",或从旦②。　他典切(tiǎn)。

靦

【譯文】靦,面目可見的樣子。由面、見會意,見也表聲。《詩經》説："是那樣(清晰)可見啊,你那面目。"䩄,靦的或體,从旦聲。

【注釋】①《詩》：指《小雅·何人斯》。有,語詞。　② 从旦：《段注》："旦,聲也。"宋保《諧聲補逸》："旦、見同部,聲相近。"

酺① 頰也。从面，甫聲。　符遇切(fù/fǔ)。

【譯文】酺，面頰。从面，甫聲。

【注釋】① 酺：《段注》："自外言，曰酺、曰頰、曰靨酺；自裏言，則上下持牙之骨謂之酺車，亦謂牙車，亦謂頷車，亦謂頰車，亦謂䶗車，亦謂之酺，亦謂之頰。"後作輔。參"輔"條。

醮 面焦枯小①也。从面焦②。　即消切(jiāo)。

【譯文】醮，面皮焦黑乾瘦。由面、焦會意。

【注釋】① 枯小：王筠《句讀》："枯者，血不華色也；小者，氣不充體也。"　② 从面焦：《段注》："此舉會意包形聲。"

文四　重一

靨① 姿也。从面，猒聲。　於叶切(yè)。

【譯文】靨，(婦女嫵媚的)面姿。从面，猒聲。

【注釋】① 靨：《淮南・脩務訓》："奇牙出，靨輔搖。"高注："靨輔，頰邊文，婦人之媚也。"靨輔是面頰上的小酒窩。輔義爲面頰。靨也單用，與靨輔義同。班婕妤《擣素賦》："兩靨如點，雙眉如張。"

文一　新附

丏部

丏 不見也。象壅蔽之形。凡丏之屬皆从丏。　彌兖切(miǎn)。

【譯文】丏，不能看見。象阻隔蒙蔽的樣子。大凡丏的部屬都从丏。

文一

𦣻① 百同②。古文百③也。巛象髮④，謂之鬊，鬊即巛⑤也。凡𦣻之屬皆从𦣻。　書九切(shǒu)。

【譯文】𦣻，與百字同。是百的古文。巛象頭髮，髮又叫作鬊，鬊就是巛字。大凡𦣻的部屬都从𦣻。

【注釋】① 𦣻：古文首字。　② 百同：王筠《句讀》作“與百同”。③ 古文百：《段注》：“不見𦣻於百篆之次者，以有从𦣻之篆，不得不出之爲部首也。今字則古文行而小篆廢矣。”　④ 巛（chuān）象髮：《段注》：“說百上有巛之意，象髮形也。”　⑤ 鬊（shùn）即巛：《段注》：“此謂巛即山川字，古音同春。故可假爲鬊字會意。”

【參證】甲文作，金文作。參“頁”條。馬敘倫《六書疏證》卷十七：“本具髮及眉目耳鼻口之側視形，各有省變。至甲文則具體而微矣。”林義光《文源》：“巛取形，非川字。髮謂之鬊，音偶同川。”

①
䭫

下首也。从𦣻，旨聲。　康禮切（qǐ）。

【譯文】䭫，拜頭至地。从𦣻，旨聲。

【注釋】① 䭫：《段注》：“䭫首者，拱手至地，頭亦至於地，面顡（額）不必觸地，與頓首之必以顡叩地異矣。”

【參證】金文作。本書“頁”下：“古文䭫首如此。”金文首字確是䭫字，不从旨。金文次字，䭫从頁。金文第三字，與篆文同。

䰞

戩也。从𦣻，从斷[①]。剸，或从刀，專聲。　大丸、旨沇二切（tuán/zhuǎn）。

【譯文】䰞，截斷。由𦣻、由斷會意。剸，䰞的或體，从刀，專聲。

【注釋】① 从斷：斷也表聲。王筠《句讀》：“䰞蓋斷之分別文。”

文三　重一

𥄉部

①
𥄉

到[②]首也。賈侍中[③]說，此斷首到縣𥄉字。凡𥄉之屬皆从𥄉。　古堯切（jiāo）。

【譯文】𥄉，倒懸首級。賈侍中說，這是斷首倒懸的𥄉字。大凡𥄉的部屬都从𥄉。

【注釋】① 𥄉：《玉篇·𥄉部》：“𥄉，野王謂縣（懸）首於木上竿頭，以肆（陳尸示衆）大辠（罪），秦刑也。”《段注》：“今《漢書·刑法志》作梟。”　② 到：今“倒”字。　③ 侍中：《段注》：“偁官不偁名者，尊其師也。”賈侍中指賈逵，許慎的老師。

縣① 繫也。从系持県②。　胡涓切(xuán)。

【譯文】縣，懸掛。由“系”持掛着“県”會意。

【注釋】① 縣：徐鉉：“此本是縣挂之縣，借爲州縣(xiàn)之縣。今俗加心別作懸。”縣之作懸，《段注》以爲是詞義的引申，段說：“(縣系義)引申之則爲所系之偁。”或系於國，或系於郡。其後“別其音，縣去(xiàn)、懸平(xuán)。古無二形二音”。　② 从系持県：張舜徽《約注》：“猶云从系持倒人耳。”

【參證】金文作□、□。林義光《文源》：“从木，从系，持首。”會懸首於木上之意。

文二

須部

須① 面毛②也。从頁，从彡③。凡須之屬皆从須。　相俞切(xū)。

【譯文】須，臉上的須毛。由頁、由彡會意。大凡須的部屬都从須。

【注釋】① 須：朱駿聲《通訓定聲》：“須謂頤下之毛，象形。按：頤下曰須，口上曰頾，頰旁曰𩓾。俗字作鬚。”　② 面毛：徐灝《段注箋》：“許云面毛，統言之也。”　③ 从頁，从彡：徐鉉：“頁，首也；彡，毛飾也。”

【參證】金文作□、□、□。林義光《文源》：“象面有鬚形。”

頾① 口上須也。从須，此聲。　即移切(zī)。

【譯文】頾，口的上面的髯鬚。从須，此聲。

【注釋】① 頾：徐鉉：“今俗別作髭。”參“須”條。

𩓾① 頰須也。从須，从冄②，冄亦聲。　汝鹽切(rán)。

【譯文】𩓾，面頰上的髯鬚。由須、由冄會意，冄也表聲。

【注釋】① 𩓾：今作“髯”。參“須”條。　② 从冄：本書：“冄，毛冄冄也。”

顊 須髮①半白也。从須,卑聲。 府移切(bēi)。

【譯文】顊,須髮半白。从須,卑聲。

【注釋】① 須髮:《段注》:"兼言髮者,類(連類而及)也。此《孟子》'頒白'之正字也。"

䫌 短須髮皃。从須,否聲。 敷悲切(pī)。

【譯文】䫌,短短的須髮的樣子。从須,否聲。

文五

彡部

彡 毛飾畫文也①。象形②。凡彡之屬皆从彡。 所銜切(shān)。

【譯文】彡,毛髮、彩飾、筆畫、花紋。象形。大凡彡的部屬都从彡。

【注釋】① 毛飾句:清人有三解。《段注》爲"毛(筆)所飾(㕞)畫之文",徐灝《箋》爲"毛及飾畫之文",王筠《句讀》爲"毛飾(毛髮)"、"畫文(藻飾)"。張舜徽《約注》:"毛飾畫文,當讀爲四事,非止二義也。謂凡从彡之字,有屬毛者,有屬飾者,有屬畫者,有屬文者。"毛、飾、畫、紋,常聯緜銜接,故引申有相續不絶之義。譯文照張解。 ② 象形:朱駿聲《通訓定聲》:"數至三而衆,故以彡象之。"

【參證】甲文作彡、彡、彡。卜辭借用爲形。

形 象形①也。从彡②,幵聲③。 户經切(xíng)。

【譯文】形,描畫成物體的形狀。从彡,幵聲。

【注釋】① 象形:徐灝《段注箋》:"象形者,畫成其物也。" ② 从彡:徐灝《段注箋》:"彡者,飾畫文也。" ③ 幵聲:桂馥《義證》:"當爲井聲。"存參。

㐱 ① 稠髮也。从彡,从人②。《詩》③曰:"㐱髮如雲。"鬒,㐱或从髟,真聲④。 之忍切(zhěn)。

【譯文】㐱,稠密的頭髮。由彡、由人會意。《詩經》説:"稠密的頭髮象雲彩一樣。"鬒,㐱的或體,从髟,真聲。

【注釋】① 㐱：徐鍇《繫傳》："从人物之人。……又一𠘧，鳥羽也。从九(音殊)。音同而體小異也。"　② 从人：徐鍇《繫傳》作"人聲"，可見人也表聲。　③《詩》：指《鄘風・君子偕老》。今作鬒。④ 真聲：宋保《諧聲補逸》："真聲、人聲同部相近。"

【參證】甲文作，金文作。林義光《文源》："當象人有稠髮形(與彪尨同意)。"存參。

修① 飾也。从彡②，攸聲。　息流切(xiū)。

修 【譯文】修，文飾。从彡，攸聲。

【注釋】①《段注》："修者治也，引申爲凡治之偁。"　② 从彡：朱駿聲《通訓定聲》："修从彡，是文飾爲本義。"

彰 文彰①也。从彡，从章②，章亦聲。　諸良切(zhāng)。

彰 【譯文】彰，彩色花紋。由彡、由章會意，章也表聲。

【注釋】① 文彰：《周禮・考工記・畫繢》："青與赤謂之文，赤與白謂之章，白與黑謂之黼，黑與青謂之黻。"　② 从彡，从章：《段注》："會意。謂文成章。"

彫 琢文①也。从彡②，周聲。　都僚切(diāo)。

彫 【譯文】彫，彫琢成文。从彡，周聲。

【注釋】① 琢文：丁福保《詁林》："慧琳《音義》卷卅二引作'彫琢以成文章也'。"《段注》："琢，治玉也。"　② 从彡：《段注》："凡琱琢之成文曰彫，故字从彡。"

彭 清飾①也。从彡，青聲②。　疾郢切(jìng)。

彭 【譯文】彭，清素的裝飾。从彡，青聲。

【注釋】① 清飾：《段注》："謂清素之飾也。"　② 青聲：《段注》："疑此當云：'彭，青飾也。从彡青，青亦聲。'蓋謂以青色飾畫之文也。"

㣎 細文①也。从彡，㡀省聲②。　莫卜切(mù)。

㣎 【譯文】㣎，精細的花紋。从彡，㡀省聲。

【注釋】① 細文：《段注》："文之細者。"　② 从彡句：《段注》作"从彡，㡀省"，注："从彡㡀，彡者，文也；㡀者，際見之白。際者，壁隙也，璺(wèn，裂紋)之細者也。引申爲凡精美之偁。"存參。

弱　橈[①]也。上象橈曲[②]，彡象毛氂[③]橈弱也。弱物并[④]，故从二弓。　而勺切(ruò)。

【譯文】弱，柔曲。上面的弓形，象彎曲的樣子；彡，象毛氂柔弱。柔弱的東西並存(而不獨立)，所以弱字由兩個"弓(juàn)"構成。

【注釋】① 橈(náo)：《段注》："橈者，曲木也。引申爲凡曲之偁。" ② 上象句：《段注》："謂[illegible]也。""曲似弓，故以弓象之。"按此意爲取象於弓形，並非弓矢之字。　③ 氂(máo)：氂牛尾。　④ 并：《段注》："不能獨立。"

文九　重一

彩[①]　文章[②]也。从彡，采聲[③]。　倉宰切(cǎi)。

【譯文】彩，色彩。从彡，采聲。

【注釋】① 彩：《鄭新附考》："經史皆作采，後加作綵，又仿彣字加彡，更晚出。"　② 文章：《段注》"彣"字下："凡言文章，皆當作彣彰。作文章者，省也。""以毛飾畫而成彣彰。"張舜徽《約注》："其本義謂彩繪也。"故譯成"色彩"。　③ 采聲：聲中有義。徐灝《箋》："木成華實，人所采取。故从木从爪。""華實衆色咸備，因有采色之偁。"

【參證】黄錫全《汗簡注釋》卷四："[illegible](彩見碧落文)。"按：左旁爲采，右旁爲彣。

文一　新附

彣部

彣[①]　䰛[②]也。从彡，从文。凡彣之屬皆从彣。　無分切(wén)。

【譯文】彣，彩色的花紋。由彡、由文會意。大凡彣的部屬都从彣。

【注釋】① 彣：張舜徽《約注》："彣、彰二字並从彡，其本義謂彩繪也。"　② 䰛(yù)：王筠《句讀》："有部'䰛，有文章也。'文章亦彣彰之省。"

彦　美士有文[①]，人所言[②]也。从彣，厂聲。　魚變切(yàn)。

【譯文】彦，賢能的士人有文彩，是人們歌頌的對象。从彣，厂(hàn)聲。

【注釋】① 文：桂馥《義證》："當爲彣。"　② 言：言、彦，疊韻爲訓。桂馥《義證》引舍人云："國有美士，爲人所言道。"

【參證】金文作，从文，从弓，从厂，厂亦聲。文言其才美，弓言其武略，厂有高義，言其偉岸，故曰美士。

文二

文部

文　錯畫[①]也。象交文[②]。凡文之屬皆从文。　無分切(wén)。

【譯文】文，交錯刻畫(以成花紋)。象交錯的花紋的樣子。大凡文的部屬都从文。

【注釋】① 錯畫：王筠《句讀》："交錯而畫之，乃成文也。"　② 交文：《段注》："象兩紋交互也。紋者，文之俗字。"

【參證】甲文作、、。金文作、、。朱芳圃《殷周文字釋叢》："文即文身之文，象人正立形，胸前之即刻畫之文飾也。《禮記·王制》：'東方曰夷，被髮文身，有不火食者矣。'孔疏：'文身者，謂以丹青文飾其身。'"

斐　分別文[①]也。从文，非聲[②]。《易》[③]曰："君子豹變，其文斐也。"　敷尾切(fěi)。

【譯文】斐，用以分別的文彩。从文，非聲。《易經》説："君子象豹一樣變化，他的文彩分明。"

【注釋】① 分別文：《段注》："謂分別之文曰斐。"王筠《句讀》："文必分別而後成章。"　② 非聲：聲中有義。《段注》："非，違也。凡从非之屬：剆，別也；靠，相違也。"按：段意，非有違、別之意，故从文从非，則爲分別之文也。　③《易》：指《革卦》上六象傳。今本"斐"作"蔚"。

辬[1] 駁文[2]也。从文，辡聲[3]。　布還切（bān）。
辬 【譯文】辬，駁雜的花紋。从文，辡（biàn）聲。

【注釋】① 辬：同“斑”。　② 駁文：《段注》：“謂駁雜之文曰辬也。馬色不純曰駁，引申爲凡不純之稱。”　③ 辡聲：《段注》：“許知爲不純之文，以从辡知之。”“此舉形聲包會意。”

【參證】馬叙倫《六書疏證》卷十七：“文，其義也；凡从辡得聲之字有交襍義者。”

嫠 微畫[1]也。从文，𠩺聲[2]。　里之切（lí）。
嫠 【譯文】嫠，筆畫細微的花紋。从文，𠩺聲。

【注釋】① 微畫：《段注》：“此謂微畫之文曰嫠。”　② 𠩺聲：聲中有義。《段注》：“𠩺者，坼也。微之意也。”

文四

髟部

髟 長髮猋猋[1]。从長，从彡[2]。凡髟之屬皆从髟。　必凋切（biāo）。又，所銜切（shān）。
髟 【譯文】髟，長髮猋猋下垂的樣子。由長、由彡會意。大凡髟的部屬都从髟。

【注釋】① 猋猋（biāo）：饒炯《部首訂》：“猋猋者，形容長髮之詞，謂髮長而垂，其形猋猋然也。”“以猋説髟，蓋以假借訓本字。”
② 从彡：《段注》：“彡猶毛也。”

髮 根[1]也。从髟，犮聲。𩠐，髮或从首。𩑶，古文。　方伐切（fà）。
髮 【譯文】髮，（象草木的）根。从髟，犮聲。𩠐，髮的或體，从首。𩑶，髮的古文。

【注釋】① 根：張舜徽《約注》：“人之頭上有髮，亦猶艸木之本下有根。”“人以首爲本，以髮爲根。”“倒立之，其形自見。”

【參證】金文作、、。高田忠周《古籀篇》卷四十六：“此篆从犬，犮之省文也。艸部曰：‘茇，艸根也。从艸，犮聲。與髮同意也。

蓋有根而上出者，即拔出之義也。'又可引拔之義也。《釋名》：'髮，拔也，拔擢而出也。'又，犮字解曰：犬走皃。从犬而丿之，曳其足則剌犮也。自與引拔之義近矣。髮从犮聲，自有會意也。"髟，長髮猋猋；髮，頭上毛。故髮的或體可由髟換成首，成頁。其左旁之㐅，乃犬之譌。或謂狀其頭髮交午之形。本書："㐅，交也。"

鬢[①] 頰髮[②]也。从髟，賓聲。 必刃切(bìn)。

【譯文】鬢，臉旁(靠近耳朵)的頭髮。从髟，賓聲。

【注釋】① 鬢：《釋名·釋形體》："在頰耳旁曰髯。……其上連髮曰鬢。鬢，濱也。濱，厓也。爲面額之崖岸也。" ② 頰髮：《段注》："謂髮之在面旁者也。"

鬗 髮長也。从髟，㒼聲。讀若蔓[①]。 母官切(mán)。

【譯文】鬗，頭髮長。从髟，㒼聲。音讀象"蔓"字。

【注釋】① 讀若蔓：葉德輝《讀若考》："㒼、曼古音同。"《段注》："鬗猶今言道里曼曼也。"

鬑 髮長也。从髟，監聲。讀若《春秋》[①]"黑肱以濫來奔"。魯甘切(lán)。

【譯文】鬑，頭髮長。从髟，監聲。音讀象《春秋經》上説的"黑肱率領濫城居民來投奔(楚國)"的"濫"字。

【注釋】①《春秋》：指《春秋經·昭公三十一年》。黑肱：邾大夫。濫：楊伯峻注："據杜注，在晉之東海昌盧縣，則在今山東滕縣東南。"

鬈 髮好也。从髟，差[聲][①]。 千可切(cuǒ)。

【譯文】鬈，頭髮美好。从髟，差聲。

【注釋】① 差：徐鍇《繫傳》以下各本全作"差聲"。

鬈 髮好也。从髟，卷聲[①]。《詩》[②]曰："其人美且鬈。" 衢員切(quán)。

【譯文】鬈，頭髮美好。从髟，卷聲。《詩經》説："那個人體態優美而且鬢髮美好。"

【注釋】① 卷聲：聲中有義。本書："卷，厀曲也。"引申爲凡捲曲之稱。頭髮捲曲，乃美好之皃。 ②《詩》：指《齊風·盧令》。

髦[1] 髮也。从髟，从毛。 莫袍切(máo)。

【譯文】髦，頭髮。由髟、由毛會意。

【注釋】① 髦：徐灝《段注箋》："毛、髦相承增偏旁。人之毛髮與眉毛、頰毛有異，故从毛加髟，專爲髦髮字。髮爲毛中之最長者。"

⿱髟㝠 髮皃。从髟，㝠聲。讀若宀[1]。 莫賢切(mián)。

【譯文】⿱髟㝠，頭髮的樣子。从髟，㝠(mián)聲。音讀象"宀"(mián)字。

【注釋】① 讀若宀：王筠《句讀》："《説文》每借宀爲㝠。"參"㝠"、"瞑"條。

⿱髟周 髮多也。从髟，周聲。 直由切(chóu/tiáo)[1]。

【譯文】⿱髟周，頭髮很多。从髟，周聲。

【注釋】① 今讀依《廣韻》徒聊切。

⿱髟爾 髮皃。从髟，爾聲[1]。讀若江南謂酢母爲⿱髟爾[2]。 奴禮切(nǐ)。

【譯文】⿱髟爾，頭髮的樣子。从髟，爾聲。音讀象南昌、長沙一帶稱酵母作⿱髟爾的"⿱髟爾"字。

【注釋】① 爾聲：《段注》："亦取爾會意"，"取麗爾之意也"。

② 讀若句：《段注》："此江南之方言也。漢之江南謂豫章(南昌)、長沙二郡。'⿱髟爾'無異字，方言固無正字，知此俗語，則'髮皃'之字之音可得矣。"酢母，葉德輝《讀若考》："今俗謂醋娘。"

⿱髟咅[1] 髮皃。从髟，咅聲。 步矛切(páo/póu)[2]。

【譯文】⿱髟咅，頭髮的樣子。从髟，咅聲。

【注釋】① ⿱髟咅：《玉篇》："⿱髟咅，髮好也。" ② 今讀依《廣韻》薄侯切。

⿱髟敄[1] 髮至眉也。从髟，敄聲。《詩》[2]曰："紞彼兩⿱髟敄。"髳，⿱髟敄或省。漢令有髳長[3]。 亡牢切(máo)。

【譯文】⿱髟敄，頭髮下垂齊眉毛的樣式。从髟，敄聲。《詩經》説："那麼下垂着啊，那額前的兩縷短髮。"髳，⿱髟敄的或體，⿱髟敄的省略。漢朝的律令有髳地之長。

【注釋】① ⿱髟敄：古代兒童前額頭髮分向兩邊披着，長齊眉毛；額後則扎成兩綹，左右各一，稱爲兩⿱髟敄。朱駿聲《通訓定聲》："如今蘇俗處女額上飾髮兩綹曰胡蝶須。”　②《詩》：指《鄘風·柏舟》。紞(dàn)：髮下垂貌。今本“紞”作“髧”，“鬏”作“髦”。　③ 髳長：徐鍇《繫傳》：“髳，羌地名。髳地之長也。”

鬋① 女鬢垂皃。从髟，寿聲。　作踐切(jiǎn)。

【譯文】鬋，婦女鬢髮下垂的樣子。从髟，寿聲。

【注釋】① 鬋：今作鬋。

鬑 鬋①也。一曰：長皃②。从髟，兼聲。讀若慊。　力鹽切(lián)。

【譯文】鬑，鬢髮下垂的樣子。另一義説：須髮長的樣子。从髟，兼聲。音讀象“慊”(xián)字。

【注釋】① 鬋：參“鬋”條。桂馥《義證》引徐鍇《韻譜》：“鬑，鬢垂皃。”　② 長皃：《段注》：“此别一義，謂須髮之長。”

鬣 束髮少也。从髟，截聲。　子結切(jié)。

【譯文】鬣，撮束頭髮少。从髟，截聲。

鬄① 髲也。从髟，易聲。髢，鬄或从也聲②。　先彳切(xī)。又，大計切(dì)。

【譯文】鬄，假髮。从髟，易聲。髢，鬄的或體，从也聲。

【注釋】① 鬄：《儀禮·少牢饋食禮》“主婦被錫”鄭玄注：“被錫讀爲髲(bì)鬄，古者或剔賤者刑者之髮，以被(覆蓋)婦人之紒(束髮)爲飾，因名髲鬄焉。”　② 也聲：也上古聲紐屬喻四，歸定紐，與鬄同紐。

髲① 鬄也。从髟，皮聲。　平義切(bì)。

【譯文】髲，假髮。从髟，皮聲。

【注釋】① 髲：《釋名·釋首飾》：“髲，被也。髮少者得以被助其髮也。髲，鬄也。剔刑人之髮爲之也。”《左傳·哀公十七年》：“公見己氏之妻髮美，使髡之，以爲吕姜髢。”林注：“髢，髲也。”

髮 用梳比①也。从髟，次聲②。　七四切(cì)。

【譯文】髮，用梳和篦子(把假髮依次編紮起來)。从髟，次聲。

【注釋】① 梳比：王筠《句讀》：“比，今作篦。用梳比次第之以成髢，因謂之髮也。”　② 次聲：聲中有義。次第之意。朱駿聲《通訓定聲》作"从髟从次會意,次亦聲"。

[1]（潔）[絜]髮[2]也。从髟,昏聲。　古活切(kuò)。

髺 【譯文】髺,束髮。从髟,昏聲。

【注釋】① 髺：今作髻。　② 潔髮：當依《段注》"潔"作"絜"。段説："絜,麻一耑也。引申爲圍束之偁。絜髮,指束髮也。"

臥結[1]也。从髟,般聲。讀若槃。　薄官切(pán)。

鬆 【譯文】鬆,盤起的髮結。从髟,般聲。音讀象"槃"字。

【注釋】① 臥結：王筠《句讀》："臥者,比象之詞。"徐灝《段注箋》："但盤結而不爲高髻。"徐鍇《繫傳》："《古今注》所謂槃桓髻。"張舜徽《約注》："凡物象之紆曲而低平者,皆曰盤,謂形與盤近耳。"

[1]結[2]也。从髟,付聲。　方遇切(fù)。

髣 【譯文】髣,假髻。从髟,付聲。

【注釋】① 髣：桂馥《義證》引《廣雅》："假結謂之鬠(即髣)。"
② 結：徐鍇《繫傳》作"髻"。

帶結[1]飾也。从髟,莫聲。　莫駕切(mà)。

鬕 【譯文】鬕,用帶繞在髻上的裝飾品。从髟,莫聲。

【注釋】① 帶結：王筠《句讀》："謂以帶繞髻也。"

[1]屈[2]髮也。从髟,貴聲。　丘媿切(kuì)。

鬢 【譯文】鬢,盤髮爲髻。从髟,貴聲。

【注釋】① 鬢：朱駿聲《通訓定聲》："盤其髮曰鬢。"　② 屈：徐灝《段注箋》："盤屈之義。"

簪結[1]也。从髟,介聲[2]。　古拜切(jiè)。

鬠 【譯文】鬠,已經上簪的髮結。从髟,介聲。

【注釋】① 簪結：《段注》："既簪之髻也。"　② 介聲：聲中有義。《段注》："簪之如介畫然,故从介。"

[1]髮鬣鬣[2]也。从髟,巤聲[3]。,鬣或从毛[4]。,或从豕[5]。　良涉切(liè)。

鬣 【譯文】鬣,頭髮鬣鬣上指的樣子。从髟,巤聲。⿰毛巤,鬣的或體,从毛。⿰豕巤,鬣的或體,从豕。

【注釋】① 鬣：朱駿聲《通訓定聲》："鬣即巤字。既从巛，象形；又从髟，此俗體也。从毛，从豕，亦皆後出字。" ② 鬣鬣：《段注》："動而直上皃。所謂頭髮上指，髮上衝冠也。" ③ 巤聲：《段注》："此舉形聲包會意。"囟部"巤"下："毛巤也。象髮在囟（xìn，腦門頂）上及毛髮巤巤之形。" ④ 从毛：猶从髟也。 ⑤ 从豕：王筠《句讀》引《通俗文》："豬毛曰巤。"

鬛 鬣[①]也。从髟，盧聲。 洛乎切（lú）。

【譯文】鬛，頭髮鬣鬣上指的樣子。从髟，盧聲。

【注釋】① 鬣：《段注》："亦謂髮鬣鬣也。"

髴 髴[①]，若似[②]也。从髟，弗聲。 敷勿切（fú）。

【譯文】髴，髴髴。好像、似乎的意思。从髟，弗聲。

【注釋】① 髴：徐灝《段注箋》："此亦以髴髴二字連篆讀之爲句。" ② 若似：《段注》："似者，像也；若似者，纍言之（即同義連用）。髴與人部'仿佛'之'佛'義同，許無髣字，後人因髴製髣。"

髶 亂髮也。从髟，茸省聲[①]。 而容切（róng）。

【譯文】髶，亂髮。从髟，茸省聲。

【注釋】① 茸省聲：茸也表義。王筠《釋例》："茸省聲，以髮亂必蒙茸。"

鬌 髮隋[①]也。从髟，隋省[②]。 直追切（chuí）。

【譯文】鬌，毛髮脱落。从髟，隋省聲。

【注釋】① 隋（duò）：徐鍇《繫傳》作"墮"。《玉篇·阜部》："隋，落也。墮同隋。"《段注》："本髮落之名，因以爲存髮不翦者之名。"段所云"髮落"實是"翦落之髮"。 ② 隋省：當依《段注》作"隋省聲"。段説："此舉形聲包會意也。"

鬊 （鬢）[鬌][①]髮也。从髟，春聲。 舒閏切（shùn）。

【譯文】鬊，脱落的頭髮。从髟，春聲。

【注釋】① 鬢：當依徐鍇《繫傳》作"鬌"。王筠《句讀》："鬊乃自落之髮，與鬌爲翦落者不同。而云鬌髮者，其爲墮落同也。"

鬜[①] 鬢禿也。从髟，閒聲。 苦閑切（qiān）。

【譯文】鬜，鬢髮脱落的樣子。从髟，閒聲。

【注釋】① 鬄：與鬄爲一字。參"鬄"條。

鬄

鬀①髮也。从髟，从刀②，易聲。　他歷切(tì)。

【譯文】鬄，剃髮。由髟、由刀會意，易聲。

【注釋】① 鬀(tì)：剃。　② 从髟，从刀：《段注》："以刀除髮，會意也。"

髡

鬄髮也。从髟，兀聲。髨，或从元①。　苦昆切(kūn)。

【譯文】髡，剃髮。从髟，兀聲。髨，髡的或體，从元聲。

【注釋】① 从元：《段注》："元亦兀聲也。故亦从元聲。"

【參證】林義光《文源》："兀蓋與元同字。"

鬀①

鬄髮也。从髟，弟聲②。大人曰髡，小(人)[兒]曰鬀，盡及身毛曰鬄③。　他計切(tì)。

【譯文】鬀，剃髮。从髟，弟聲。剃大人的頭髮叫髡，剃小兒的頭髮叫鬀，連全身的毛髮剃盡叫鬄。

【注釋】① 鬀：今作"剃"。　② 弟聲：《段注》："必次弟除之，故从弟。此亦形聲包會意也。"　③ 大人三句：《段注》："此又析言三字之不同也，上文則渾言之。"小人，當依徐鍇《繫傳》作"小兒"。

髽①

鬽也。从髟，竝聲。　蒲浪切(bàng)。

【譯文】髽，忽然相遇。从髟，竝聲。

【注釋】① 髽：《段注》："今俗謂卒然相遇曰㨾，如滂，去聲。字當作髽也。"王筠《釋例》："髟部髽、鬽二字，皆鬼魅事也。畫鬼者蓬其頭，故入髟部。(彪从彡，即此意。)"

鬽

髽也。忽見也。从髟，(录)[彔]聲①。(录)[彔]，籀文魅，亦忽見意。　芳未切(fèi)。

【譯文】鬽，髽。突然相見。从髟，彔聲。彔，籀文魅字。也是突然相見的意思。

【注釋】① 录聲：录當依桂馥《義證》作彔。《段注》："此舉形聲包會意也。"从髟从彔，彔即鬼彪字，本作，髟顯長髮猋猋意，合二而表示鬼魅長髮猋猋，陰森可怖而乍然相見。

鬊

喪結①。《禮》②：女子鬊衰③，弔則不鬊。魯臧武仲④與齊戰于狐鮐，魯人迎喪者，始鬊。从髟，坐聲。　莊華切

(zhuā)。

【譯文】髽,(婦人)弔喪時的髮髻。《禮經》規定:女子在服斬衰、齊(zī)衰喪服期間,扎喪髻;弔喪就不扎喪髻。魯國臧武仲與齊國在狐鮐(tái)地方打仗,(臧武仲失敗,)魯國人迎接陣亡的將士,從此開始了扎着喪髻弔喪的儀式。从髟,坐聲。

【注釋】① 喪結:用麻或布束髮,不用髮簪和髮韜。 ②《禮》:指《儀禮·喪服經》。 ③ 衰(cuī):《段注》:"謂斬衰之服也。齊衰亦髽。"斬衰,用粗麻布製成的喪服,左右和下邊不縫。女子對父母、公婆、丈夫服用。齊衰,用粗麻布製成,緝邊縫齊。次於斬衰。④ 魯臧武仲:見《左傳·襄公四年》。原文:"冬十月,邾人、莒人伐鄫,臧紇(即臧孫紇武仲)救鄫,侵邾,敗於狐鮐(山東滕縣東南二十里的狐駘山)。國人逆(迎)喪者皆髽。魯於是乎始髽。"《段注》引《檀弓》説:"魯婦人之髽而弔也,自敗於壺鮐始也。"

文三十八 重六

鬐 馬鬣①也。从髟,耆聲。 渠脂切(qí)。

【譯文】鬐,馬(頸上)的長毛。从髟,耆聲。

【注釋】① 馬鬣:鬣:髮鬣鬣,言其長也;馬之長"髮"多生頸部。鬐又引申指凡動物頸上之長毛。李公佐《古嶽瀆經》:"鏁之末見一獸,狀有如猿,白首長鬐,雪牙金爪。"

髫① 小兒垂結也。从髟,召聲。 徒聊切(tiáo)。

【譯文】髫,小兒垂下的髮結。从髟,召聲。

【注釋】① 髫:《拈字》引《後漢書·伏湛傳》"髫髮厲志"注:"《埤蒼》曰:髫,髦也。髫髮謂童子垂髮也。"陶潛《桃花源記》:"黄髮垂髫,並怡然自樂。"垂髫,借指兒童。

髻 總髮①也。从髟,吉聲。古通用結②。 古詣切(jì)。

【譯文】髻,匯總結束(在頭頂或腦後的)髮髻。从髟,吉聲。古通用結字。

【注釋】① 總髮:《段注》"髮"下:"縰者,所以韜髮;韜之而後髻之;髻之而後簪之。既簪之髻曰髮。"已簪的髮髻必在頭上或腦後,故譯文加上“頭頂腦後”。又,《段注》引曹憲注《廣雅》曰:“按《説文》髺即籀文髻字也。”《新補新附考證》:“《説文》原有髻字,而髺即髻之重文。”按:“髻,總髮”是從“聚束”髮而成鬠而言,“髺,簪結”是從成“髻”而“簪”言,其實都是作髻的一個過程,其義相同。　② 通用結:結、髻,古音同屬見紐,質部;又同一聲符。其音同。結其義如徐灝《段注箋》所説:“凡以繩屈之爲椎,謂之結。”即用繩絲之類打個結巴,打個疙瘩。髻,就是用絲繩巾之類把頭髮挽成一個疙瘩,一個椎結。其義極相似。髻故可通用結。

鬟[1] 總髮也。从髟,睘聲。案:古婦人首飾,琢玉爲兩環。此二字[2]皆後人所加。　户關切(huán)。

【譯文】鬟,(婦女)聚束頭髮(而盤成環形髮髻)。从髟,睘聲。徐鉉按:(鬟是)古代婦女的首飾,琢玉成爲兩環。(髻、鬟)這兩個字都是後人所加。

【注釋】① 鬟:《鄭新附考》:“《華嚴音義》列正文髻環,字皆作環。釋之云:‘髻環,謂槃髻如環。’名義如此,非琢玉爲環也。”譯文照此説。　② 此二字:《鈕新附考》:“合上‘髻’。”《鄭新附考》:“此(指鬟)係齊梁間俗字。”“髻則《説文》原有。”

文四　新附

后部

后 繼體君[1]也。象人之形[2]。施令以告四方[3],故厂之[4]。从一口,發號者,君后也。凡后之屬皆从后。　胡口切(hòu)。

【譯文】后,繼承王位的君主。(𠂆)象人字的形狀。(君王)發布命令來告白四方,所以用厂字來表示發施命令牽引四方的意思。由一、口會意,表示發布號令的人,只是君后一人。大凡后的部屬都从后。

【注釋】① 繼體君:《段注》:“后之言後也。開刱(創)之君在先,繼體之君在後也。析言之如是,渾言之則不别矣。”　② 象人句:《段注》:“謂上體𠂆也。𠂆蓋人字横寫。不曰‘从人’,而曰‘象人形’

者，以非立人(站立的“人”)也。”　　③ 施令句：見《周易·姤卦·象》。　　④ 厂(yì)之：孔廣居《疑疑》：“后字蓋从人、从口，以會人君發號施令之意也。乃下文又云：‘故厂之，从一口’，將一横人字拆開，此許氏騎牆之見也。”

【參證】甲文作、、，金文作、、、。羅振玉《增訂殷虛書契考釋》引王國維説：“从女从，或从母从，象産子之形，其从、者，則象産子時之有水液也。从人與从母从女之意同。”“后字本象人形，厂當即人之譌變，㔾則倒子形之譌變也。后字之誼本從毓誼引申，其後産子之字專用毓、育二形，繼體君之字專用形，遂成二字，又譌爲后。”陳獨秀《小學識字教本》上篇進而解釋説：“(毓、育)産子以爲后嗣，繼體之君后及先后字，亦由此義引申；産子乃婦人之事，故君之妻亦曰后，以后專爲君后字，育、毓爲養育字，先后字遂别作後。(后、後讀匣母，育、毓讀喻母，惟古音喻母字多讀匣母；今吴音讀后、後亦在喻母，如育之去聲。)后爲産子，故婚姤字从后；産子不潔，故污垢亦从后；㖃字从后者，産婦嗟怒之聲也。”

[1] 厚怒聲。从口后[2]，后亦聲。　呼后切(hōu)。

㖃　【譯文】㖃，盛怒的聲音。由口、后會意，后也表聲。

【注釋】① 㖃：諸書用“呴”字。今作“吼”。　　② 从口后：《段注》：“后之言厚也。聲出於口，故从口會意。”

【參證】㖃，産婦嗟怒之聲。見后字【參證】。

文二

司部

　臣司事於外[1]者。从反后。凡司之屬皆从司。　息兹切(sī)。

司

【譯文】司，在外辦事的官吏。由“后”字反過來表示。大凡司的部屬都从司。

【注釋】① 外：《段注》：“外對君而言，君在内也。臣宣力四方，在外。故从反后。”饒炯《部首訂》：“引用其義，無論内臣外臣，有職守而理其事者，皆曰司。”

【参證】甲文作⿰、⿰，金文作⿰、⿰。高鴻縉《頌器考釋》：“商時有司字，从口从又省，會掌管意。周人加意符𤔔，故作嗣。”

詞

意內而言外也。从司[①]，从言。　似茲切(cí)。

【譯文】詞，意義寄託在語詞之內而通過聲音表達在外。由司、由言會意。

【注釋】① 从司：《段注》：“司者，主也。意主於內而言發於外。故从司、言。”“意者，文字之義也；言者，文字之聲也。”“此謂摹繪物狀及發聲助語之文字也。”又，司也表聲。

文二

卮部

卮[①]

圜器也。一名觛[②]。所以節飲食[③]。象人[④]，卩[⑤]在其下也。《易》[⑥]曰：“君子節飲食。”凡卮之屬皆从卮。　章移切(zhī)。

【譯文】卮，圓形酒器。又叫觛(dàn)。(同時)也是用來節制飲食的東西。(⺁)象人字，卩字在它的下面。《易經》說：“君子節制飲食。”大凡卮的部屬都从卮。

【注釋】① 卮：王筠《句讀》：“應劭注《漢書・高祖紀》云：‘卮，鄉飲酒禮器也。古以角作，受四升。’”卮、巵一字。　② 觛：本書角部：“觛者，小卮也。”《段注》：“此渾言析言之異也。”　③ 所以句：《段注》：“飲食在是，節飲食亦在是也。故从卩。”　④ 象人：《段注》：“謂上體似人字橫寫也。”　⑤ 卩(jié)：王筠《句讀》：“言人飲酒當有節也。”　⑥《易》：指《頤卦・象傳》。原文：“君子以慎言語，節飲食。”

膞

小卮有耳蓋[①]者。从卮，專聲[②]。　市沇切(shuàn)。

【譯文】膞，有耳有蓋的小而圓的酒器。从卮，專聲。

【注釋】① 有耳蓋：《段注》：“謂有耳有蓋也。”　② 專聲：徐灝《段注箋》：“專、耑古字通，膞與觶音義同，疑本一字。”

䑌 小卮也。从卮，耑聲。讀若捶擊之捶①。 旨沇切(zhuǎn)。

【譯文】䑌，小而圓的酒器。从卮，耑(zhuān)聲。音讀象捶擊的“捶”字。

【注釋】① 捶：上古屬歌部；䑌，元部。歌元對轉。

【參證】金文作，不从卮。見王國維《觀堂集林·釋觶觛卮𦨭䑌》。

文三

卩部

卩 瑞信①也。守國者用玉卩，守都鄙者用角卩，使山邦者用虎卩，土邦者用人卩，澤邦者用龍卩，門關者用符卩，貨賄用璽卩，道路用旌卩②。象相合之形③。凡卩之屬皆从卩。 子結切(jié)。

【譯文】卩，信驗憑證。把守邦國的諸侯(在境内)用玉做的節，把守都城和邊界的大夫(在境内)用犀牛角做的節，出使山陵之國用刻有虎形的銅節，出使平土之國用刻有人形的銅節，出使湖澤之國用刻有龍形的銅節，管門守關的用竹做的節，管理貨貝和財物交換的用刻有印章的節，管理道路交通的用裝飾有五色羽毛的節。()象(中分)而能相互吻合的形狀。大凡卩的部屬都从卩。

【注釋】① 瑞信：同義連用。《段注》：“瑞者，以玉爲信也。”

② 守國諸句：《段注》：“鄭云：謂諸侯於其國中，公卿大夫、王子弟於其采邑，有所使，亦自有節也。”以下八句實節録《周禮·地官·掌節》文。虎卩、人卩、龍卩：《段注》：“是三卩者，皆以金爲之，鑄虎、人、龍象焉。”門關：《段注》：“鄭云：門關，司門、司關也。”符卩，桂馥《義證》：“蓋以全竹爲之，剖之爲兩，名執其一，合之以爲驗也。”貨賄，《段注》：“主通貨賄之官，謂司市也。”璽卩，《段注》：“今之印章也。”道路，徐灝《段注箋》：“主治五涂之官，謂鄉遂大夫也。” ③ 象相句：徐灝《段注箋》：“蓋以卩爲符之半體。楚金云：象半分之形。析之爲半分，對全體言則曰相合耳。”按：許慎以爲卩是中分右半的結果。一説，卩象膝形。于鬯《職墨》：“卩字，丨象脛形，即象脛頭之形。”“瑞信之訓，自是節字之義。”“(節)或作卩，則實借字也。”

【參證】甲文作、。羅振玉《增訂殷虛書契考釋》:“象跽(跪坐)形。”屈翼鵬《殷虛文字甲編考釋》:“乃跽之初文。當作卩。《說文》以爲瑞信者,蓋後起之義也。”

令 發號也。从亼卪[1]。 力正切(lìng)。

【譯文】令,發出命令。由亼、卪會意。

【注釋】① 从亼(jí)卪:徐灝《段注箋》:“令者,持節以號召於人也。故从卪,从亼。亼者,集也。”

【參證】甲文作,金文作、。林義光《文源》:“卪即人字。从口在人上,象口發號、人跽伏以聽也。”

𠨘 輔信[1]也。从卪,比聲[2]。《虞書》[3]曰:“𠨘成五服。” 毗必切(bì)。

【譯文】𠨘,相輔佐的符節。从卪,比聲。《虞書》說:“輔助完成五服之内的教化。”

【注釋】① 輔信:《段注》:“相輔之信也。信者,卪也。” ② 比聲:《段注》:“當云‘从比卪,比亦聲’。”“从比,故以輔釋之。” ③《虞書》:指《皋陶謨》。今本“𠨘”作“弼”。弼成五服,桂馥《義證》:“廣輔五服之教而成之。”五服,王畿外圍,每五百里爲一區劃,按距離的遠近分爲五等地帶,叫五服。其名稱爲侯服、甸服、綏服、要服、荒服。

卶 有大度[1]也。从卪,多聲[2]。讀若侈。 充豉切(chǐ)。

【譯文】卶,有寬大的度量。从卪,多聲。音讀象“侈”字。

【注釋】① 有大度:承培元《廣答問疏證》:“謂度量寬大也。” ② 多聲:聲中有義。《段注》:“凡从多之字訓大。”

𠨗 宰之[1]也。从卪,必聲[2]。 兵媚切(bì)。

【譯文】𠨗,主宰。从卪,必聲。

【注釋】① 宰之:《段注》:“蓋謂主宰之也。主宰之,則制其必然,故从必。” ② 必聲:聲中有義。見注①。

【參證】徐中舒《甲骨文字典》卷九:“从卪从,象(戈)去掉戈頭一横之戈柲部分。”

卲 高也。从卪,召聲。 寔照切(shào)。

【譯文】卲,高尚。从卪,召聲。

【參證】金文作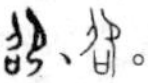。待考。

 厄　科厄[①]，木節也。从卩[②]，厂聲[③]。賈侍中説以爲：厄，裹也。一曰：厄，蓋也。　五果切(ě)。

【譯文】厄，科厄，是樹木的結巴。从卩，厂(hǎn)聲。賈侍中的説法認爲：厄是裹。另一義説：厄是蓋。

【注釋】① 科厄：《段注》："疊韻字。"徐灝箋："木上有節，節中空，謂之科厄。"結巴中空，象有皮裹着，有蓋蓋着。其賈逵所説，乃結巴之引申義。　② 从卩：依羅振玉説，卩本義爲跽；屈膝跪坐爲跽，引申爲膝蓋骨之名；樹木的結巴，就象膝蓋骨，故字从卩。取以比況。③ 厂聲：厂上古屬元部，厄屬歌部，歌元對轉。聲中有義。朱駿聲《通訓定聲》："厂象木皮裹蓋之形。"

【參證】高鴻縉《中國字例》二篇"㔠"下："(金文)字原爲叉馬頸之具。上一横爲衡，中孔爲轙，所以載轡，……兩邊下曲如叉狀者名曰軥，取所以叉馬頸者。厄字小篆形尚近古。隸楷竟譌變如从户从乙。"《説文》篆文有㔠字。容庚以爲㔠是誤象形爲形聲。从容、高二説看，也許由而變爲，其實爲一字。其義也相因。叉馬頸之具，勢必緊隘，樹木脈絡狹隘處，營養不能暢供，必生結巴；結巴中空，如裹如蓋。㔠、厄上古均屬影組、錫部。讀音相同。

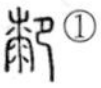[①] 㯻　脛頭[②]卩也。从卩，桼聲。　息七切(xī)。

【譯文】㯻，小腿上頭的骨節。从卩，桼聲。

【注釋】① 㯻：今作膝。　② 脛頭：《段注》："在脛之首。"

【參證】楊樹達《積微居小學述林》："卩篆作，古象脛頭節之形，今所謂膝蓋也。㯻从桼聲，卩與桼古音同在屑部，聲亦相近，㯻實卩之後起加聲旁字也。"

 卷　㯻曲[①]也。从卩，𢍏聲[②]。　居轉切(juǎn)。

【譯文】卷，膝曲。从卩，𢍏(juàn)聲。

【注釋】① 㯻曲：名詞，大小腿相連關節的後部。即與膝蓋相對應的部分。王筠《句讀》："㯻與卷蓋内外相對。"　② 𢍏聲：聲中有義。見【參證】。

【參證】楊樹達《積微居小學述林》："凡𠔉聲字義皆爲曲，卷字从卩从𢍏，而其義爲𠞌曲，此造字時卩即𠞌字之明證也。”

卻[①] 節(欲)[卻][②]也。从卩，𧮫聲。　去約切(què)。

【譯文】卻，節制它並使它退卻。从卩，𧮫(jué)聲。

【注釋】① 卻：朱駿聲《通訓定聲》：“與从邑之郤(xì，地名)别，俗字作却。”　② 節欲：欲，當依《段注》作“卻”。段説：“卩卻者，節制而卻退之也。”

【參證】楊樹達《積微居小學述林》卷五：“卻即腳之初文也。卩在脛頭，故脛義之卻从卩，从卩之外又从肉作腳，於形爲複贅。”“腳爲後起之加形旁字，乃據有足脛之義，而初文之卻只爲卻退等義矣。”

卸 舍車[①]解馬也。从卩止[②]，午[聲][③]。讀若汝南人寫書之寫[④]。　司夜切(xiè)。

【譯文】卸，停車後解去套在馬身上的東西。由卩、止會意，午聲。音讀象汝南地方人們説“寫書”的“寫”字。

【注釋】① 舍車：《段注》：“舍，止也。馬以駕車。止車則解馬矣。”② 从卩止：《段注》：“行止有節。”　③ 午：段、桂、王、朱都從徐鍇作“午聲”。午、卸，上古都屬魚部。　④ 讀若句：葉德輝《讀若考》：“卸、寫古音同部。”

𠨍 二卩[①]也。巽从此。闕[②]。　士戀切(zhuàn)。

【譯文】𠨍，由兩個卩字相並(表示“全”、“都”的意思)。“巽”字从𠨍。(讀音)缺。

【注釋】① 二卩：《段注》：“義取於形。”《廣韻・線韻》：“𠨍，具(全都)也。”　② 闕：《段注》：“謂其讀若未聞也。”

【參證】甲文作。羅振玉《增訂殷虚書契考釋》：“从二人跽而相从之狀。疑即古文巽(恭順)字。”

𠨐[①] 卩也。闕。　則候切(zòu)。

【譯文】𠨐，符節。缺其音讀。

【注釋】① 𠨐：朱駿聲《通訓定聲》：“从反卩，指事。合卩之半也。”“今音讀如奏，或用以爲節奏字。”𠨐的本義，即能相副合的兩半符節中的左邊一半。

文十三

印部

印 執政所持信也①。从爪，从卩②。凡印之屬皆从印。 於刃切(yìn)。

【譯文】印，執政的人所持的印章。由爪、由卩會意。大凡印的部屬都从印。

【注釋】① 執政句：《段注》："凡有官守者，皆曰執政，其所持之卩信曰印，古上下通曰璽。" ② 从爪，从卩：饒炯《部首訂》："从卩，以見其爲信；从爪，以見其所持。"

【參證】甲文作，金文作、。羅振玉《增訂殷虚書契考釋》："(卜辭)从爪，从人跽形，象以手抑人而使之跽。其誼如許書之抑(yì)，其字形則如許書之印。"李孝定《甲骨文字集釋》："璽稱印者，蓋用璽時必按抑之，其文始顯，遂則以動詞之印(yì)爲名詞矣。"

归 按也。从反印①。抑，俗从手②。 於棘切(yì)。

【譯文】归，按壓。由"印"字反過來表示。抑，归的俗字，从手。

【注釋】① 从反印：王筠《釋例》："印以文爲面，當其敷泥於紙，以印按之，則面向下矣，故从反印。" ② 从手：徐灝《段注箋》："印之反體不便於隸書，故从印加手作抑，又省爲抑。"

【參證】甲文作、。羅振玉《增訂殷虚書契考釋》："許書印、抑二字古爲一字。""反印爲抑，殆出晚季，所以别於印信字也。"戴家祥《金文大字典》"印"下："古音印讀'於刃切'，影母文部，抑讀'於力切'，影母之部，之、文陰陽對轉，是印、抑兩字不但同母，而且同部。羅(振玉)說至確。"

文二 重一

色部

色 顔气①也。从人，从卩②。凡色之屬皆从色。③，古文。 所力切(sè)。

【譯文】色，臉上的顔色、气色。由人、由卩會意。大凡色的部屬都从色。𩇯，古文色字。

【注釋】① 顏气：饒炯《部首訂》："猶今言顏色、气色是也。"

② 从人，从卪：《段注》："顏气與心若合符卪，故其字从人卪。"

③ 𩇯：蕭道管《重文管見》："从百从彡、从疑省。疑則動色；彡，飾也。"張舜徽《約注》："从百猶从面耳。"

【參證】林義光《文源》卷六："卪亦人字。象二人，與比字尼字同意。美色所比所尼之物也。"

 艴 色艴如也。从色，弗聲。《論語》①曰："色艴如也。" 蒲沒切(bó)。

【譯文】艴，臉色甚爲矜莊的樣子。从色，弗聲。《論語》說："臉色矜莊的樣子。"

【注釋】①《論語》：指《鄉黨篇》：今本"艴"作"勃"。

 艵 縹①色也。从色②，并聲。　普丁切(pīng)。

【譯文】艵，絲織物的青白色。从色，并聲。

【注釋】① 縹：《段注》："帛青白色也。"　② 从色：朱駿聲《通訓定聲》："面色發青也。"按：從色之本義"顏氣"而言，朱説是。艵義當爲面色如縹帛一様發青。《段注》："人或色青不必怒也。"

文三　重一

卯部

 卯 事之制①也。从卪卩。凡卯之屬皆从卯。闕②。　去京切(qīng)。

【譯文】卯，辦事的制度。由卪(jié)、卩(zòu)會意。大凡卯的部屬都从卯。缺其音讀。

【注釋】① 事之制：徐灝《段注箋》："許以卪卩爲符節之合形。凡官守以符節爲信，故曰事之制也。篆文當作。今小變其體。"

② 闕：《段注》："謂闕其音也。"

【參證】甲文作。羅振玉《增訂殷虛書契考釋》："(卜辭)从二人相向。""此爲鄉背之鄉字。"

卿　章①也。六卿②：天官冢宰、地官司徒、春官宗伯、夏官司馬、秋官司寇、冬官司空。从卯，皀聲③。　去京切(qīng)。

【譯文】卿，表彰真善、明辨事理(的人)。(《周禮》的)六卿有：天官冢宰、地官司徒、春官宗伯、夏官司馬、秋官司寇、冬官司空。从卯，皀聲。

【注釋】① 章：《段注》："章善明理也。"　② 六卿：《段注》："《周禮》曰：治官之屬，大宰卿一人；教官之屬，大司徒卿一人；禮官之屬，大宗伯卿一人；政官之屬，大司馬卿一人；刑官之屬，大司寇卿一人；其一則事官之屬，大司空卿一人也。"承培元《引經證例》引鄭《目録》："天以統萬理。冢，大；宰，官也。地以載萬物。司，主也；徒，衆也。春以發生萬物。宗，尊；伯，長也。夏以長育萬物。馬，武也。秋以徹斂萬物。寇，害也，除害安良也。冬以閉藏萬物。空，農民空虚之時，正所以造作器用也。"　③ 皀聲：徐鍇《繫傳》："又音香。"

【參證】甲文作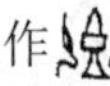、，金文作、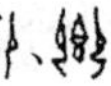、。羅振玉《增訂殷虚書契考釋》："象饗食時賓主相嚮之狀，即饗字也。古公卿之卿、鄉黨之鄉、饗食之饗，皆爲一字。"徐中舒《甲骨文字典》卷九："蓋宴饗之時須相嚮食器而坐，故得引申爲鄉(嚮，xiàng)。"戴家祥《金文大字典》："原始社會，一個氏族部落就是一個共同勞動一起飲食的集體。他們聚族而居，形成村落鄉邑。因此，表示共食一簋之義的卿(指甲金文)又引申爲鄉邑之鄉。一鄉之中有鄉老，後來發展爲六卿之官。因此，鄉字古又通作卿。""《唐韻》卿讀'去京切'溪母陽部，鄉讀'許良切'曉母陽部，在諧聲字中，牙音見溪兩紐每與喉音曉匣混諧，故卿、鄉兩字不但形同，而且聲同。"

文二

辟部

辟　法也①。从卩，从辛②，節制其辠③也；从口，用法者也。凡辟之屬皆从辟。　必益切(bì)。

【譯文】辟，法度。由卩、由辛會意，表示節制人們犯罪的意思；由口表示執法的人。大凡辟的部屬都从辟。

【注釋】① 法也：饒炯《部首訂》："辟本用刑之名，因之稱用法者爲辟，……稱受法者亦曰辟，……用法受法，皆爲人所鑒戒以取效，故辟又有法則義。"此許訓"法"之由來。《段注》："引申之爲罪也；又引申之爲辟除；又引申之爲盤辟；又引申爲一邊之義。或借爲僻，或借爲避，或借爲譬，或借爲闢，或借爲壁，或借爲襞。" ② 从辛：《段注》："辛从䇂。䇂，辠(罪)也。故辛亦訓辠。" ③ 辠：今作"罪"。

【參證】甲文作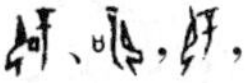，金文作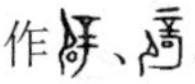。李孝定《甲骨文集釋》第九："栔文正从卩从辛，亦或增口。(古文有口無口每無别。)"又，《金文詁林讀後記》卷九："郭沫若氏謂辛爲剞劂，所以施墨刑，又从卩，與人意同，故字得訓法也。""字或从⊙，乃'○'之增繁。"

𨐨 治也。从辟，从井[①]。《周書》[②]曰："我之不𨐨。" 必益切(bì)。

【譯文】𨐨，治理。由辟、由井會意。《周書》説："倘若我不(攝政)治理(，我無法告祭我的先王)。"

【注釋】① 从井：王筠《句讀》："荆(刑)下引《易》曰：'井，法也。'治之必以法。" ②《周書》：指《金縢》。今本原文："我之弗辟，我無以告我先王。"

⿱辟乂[①] 治也。从辟[②]，乂聲[③]。《虞書》[④]曰："有能俾⿱辟乂。" 魚廢切(yì)。

【譯文】⿱辟乂，治理。从辟，乂聲。《虞書》説："有能使(洪水)得到治理的嗎？"

【注釋】① ⿱辟乂：《段注》："丿(piě)部曰：'乂，芟艸也。'今則乂訓治而⿱辟乂廢矣。" ② 从辟：馬宗霍《説文解字引書考》："辟，法也。治之必以法。" ③ 乂聲：聲中有義。乂之芟艸義可引申爲治理。或曰似剪刀形，表比況之義。 ④《虞書》：指《堯典》。今本"⿱辟乂"作"乂"。

文三

勹部

勹[①] 裹也。象人曲形，有所包裹[②]。凡勹之屬皆从勹。 布交切(bāo)。

【譯文】勹，包裹。象人字彎曲的樣子，（字中空，）象有所包裹的樣子。大凡勹的部屬都从勹。

【注釋】① 勹：《段注》："今字包行而勹廢矣。"　② 象人句：王筠《句讀》："謂人字曲之而成勹。有所包裹者，字空中，故云然。直以包字代勹，此以今字説古字之法。"徐灝《段注箋》："引申爲屈曲之義，故匑、匊等字从之；又爲環帀之義，故旬、匌等字从之。"

[1]　曲脊也。从勹，籒省聲。　巨六切(jū)。

匑　【譯文】匑，彎曲着脊背。从勹，籒省聲。

【注釋】① 匑：《段注》："(此)鞠躬之正字也。""鞠躬行而匑廢矣。"

　手行也。从勹，甫聲。　簿乎切(pú)。

匍　【譯文】匍，用手爬行。从勹，甫聲。

【參證】金文作、。于省吾《甲骨文字釋林・釋勹、㔾、匍》："（勹之甲文偏旁）與象人側面俯伏之形，即伏字的初文。""後世借伏爲俯伏之伏，遂不知其本作勹。"馬敘倫《六書疏證》卷十七："（从，）亦即俗謂手行曰跁之跁、本字作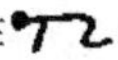者之義。"于氏上文又説："匍、匐二字係由象形的勹字附加甫和畐以爲音符，遂發展爲雙聲謰語。典籍匍匐也作蒲服、扶服或俯伏。古人把俯其身以爬行叫作匍匐。"

[1]　伏地也。从勹，畐聲。　蒲北切(bó/fú)[2]。

匐　【譯文】匐，趴伏在地上。从勹，畐聲。

【注釋】① 匐：《段注》："（匍匐）二篆可合用，可析言。"《段注》引《釋名》曰："匍匐，小兒時也。匍猶捕也，藉索可執取之言也；匐，伏也，伏地行也。人雖長大，及其求事盡力之勤，猶亦稱之。"　② 今讀依《廣韻》房六切。

　在手曰匊。从勹米[1]。　居六切(jū)。

匊　【譯文】匊，（滿滿捧握）在手叫作匊。由勹、米會意。

【注釋】① 从勹米：《段注》："米至散，兩手兜之而聚。俗作掬。"

【參證】金文作。高田忠周《古籒篇》卷三十六："勹古包字，在手亦所以包有也。"

　少也。从勹二[1]。　羊倫切(yún)。

勻　【譯文】勻，（物因兩分而）少。由勹、二會意。

【注釋】① 从勹二：朱駿聲《通訓定聲》："凡物分則少。二，猶分也。"从勹者，環帀、周遍之義。

【參證】金文作。林義光《文源》："旬省聲。"

[1] 聚也。从勹，九聲[2]。讀若鳩。 居求切(jiū)。

勼 【譯文】勼，聚集。从勹，九聲。音讀象"鳩"字。

【注釋】① 勼：邵瑛《羣經正字》："今經典統借用鳩字。" ② 九聲：聲中有義。《段注》："此當作从勹九，九亦聲。"九，表示衆多；勹，周匝包裹。合而爲聚集之義。

徧[1]也。十日爲旬。从勹日[2]。[3]，古文。 詳遵切(xún)。

旬 【譯文】旬，周遍。十天是一旬。由勹、日會意。㫬，旬的古文。

【注釋】① 徧：《段注》："日之數，十。自甲至癸而一徧。"按：古以天干紀日，甲乙丙丁戊己庚辛壬癸，十日一周遍。 ② 从勹日：《段注》："猶勹十也。" ③ 㫬：《段注》："从日、从匀會意。"

【參證】甲文作、、，金文作、。王國維《觀堂集林·釋旬》："殷人蓋以自甲至癸爲一旬，而於此旬之末卜下旬之吉凶。""《說文》訓裹之勹實即此字。""勹乃旬之初字。"商承祚《甲骨文字研究》下篇："十日爲一旬，故从十。其意由十至十也，其初體疑當作，後乃變而爲、、，誼乃晦矣。"

[1] 覆[2]也。从勹[3]覆人。 薄皓切(bào)。

勹 【譯文】勹，庇覆。由"勹"字覆蓋"人"字會意。

【注釋】① 勹：《段注》："此當爲抱子抱孫之正字。今俗作抱。" ② 覆：承培元《廣答問疏證》："謂覆庇也。" ③ 从勹：朱駿聲《通訓定聲》："勹亦聲。"

【參證】甲文作。徐中舒《甲骨文字典》卷九："象人之胞胎形，當爲包之初文。"

[1] (聲)[膺][2]也。从勹，凶聲。，匈或从肉。 許容切(xiōng)。

匈 【譯文】匈，胸膛。从勹，凶聲。胷，匈的或體，从肉。

【注釋】① 匈：《段注》："今胸行而匈廢矣。" ② 聲：當依徐鍇

《繫傳》作"𤓮"。

帀徧也。从勹,舟聲。　職流切(zhōu)。[①]

𠣘 【譯文】𠣘,周遍。从勹,舟聲。

【注釋】① 𠣘:《段注》:"𠣘與周義别。口部曰:'周者,密也。'周自其中之密言之,𠣘自其外之極復(到終點而回復)言之。""今字周行而𠣘廢,概用周字,或又作週。"

帀[①]也。从勹,从合,合亦聲。　侯閤切(hé/gé)[②]。

匌 【譯文】匌,周匝。由勹、由合會意,合也表聲。

【注釋】① 帀:徐灝《段注箋》:"帀者,圜帀而相合也。"　② 今讀依《廣韻》古沓切。

飽也。从勹[①],𣪘聲。民祭,祝曰:"厭𠤅[②]。"　己又切(jiù)。又,乙庶切(yù)。

𠤅 【譯文】𠤅,吃飽。从勹,𣪘聲。臣民祭祀,祝願説:"(願鬼神)吃飽。"

【注釋】① 从勹:《段注》:"象腹。"　② 厭𠤅:《段注》:"(厭)當作'猒',飽也。求鬼神之猒飫(yù,飽)也。"王筠《句讀》:"猒𠤅是複語。"

【參證】金文作、。郭沫若《兩周金文辭大系考釋·令𣪘》:"乃从月𣪘聲,此从月省,當即𠤅之古文。""从勹與此从月若月省同意。"

重也。从勹[②],復聲。,或省彳。　扶富切(fù)。[①]

𠣬 【譯文】𠣬,重複。从勹,復聲。𠣜,𠣬的或體,省彳。

【注釋】① 𠣬:《段注》:"今則複行而𠣬廢矣。"　② 从勹:張舜徽《約注》:"𠣬之言覆也。謂遮覆之不令外知也。"

【參證】金文作。于省吾《甲骨文字釋林》:"甲骨文有𠣜無𠣬,可見𠣜爲初文,𠣬爲後起字。"

高墳[②]也。从勹,豖聲[③]。　知隴切(zhǒng)。[①]

冢 【譯文】冢,高大的墳墓。从勹,豖(chù)聲。

【注釋】① 冢:《釋名》:"冢,腫也。象山頂之高腫起也。"　② 墳:《段注》:"土部曰:'墳者,墓也。'墓之高者曰冢。"　③ 豖聲:豖上古屬屋部透紐,冢屬東部知紐,東屋對轉,知透同屬舌音。

【參證】金文作。待考。

文十五　重三

包部

包　象人裹妊，巳在中，象子未成形也[1]。元气[2]起於子。子，人所生也。男左行[3]三十，女右行二十，俱立於巳，爲夫婦。裹妊於巳，巳爲子[4]，十月而生。男起巳[5]至寅，女起巳至申。故男年始寅[6]，女年始申也。凡包之屬皆从包。布交切(bāo)。

【譯文】包，象人懷着孕。“巳”字在“勹”的中間，象胎兒尚未成形的樣子。陽氣從地支以“子”爲代表的夏曆十一月滋生。子，是人們生育的嬰兒。男子(從“子”位起)，從右往左數三十位，女子從左往右數二十位，都在“巳”位上迄止，(所以，男子三十而娶，女子二十而嫁，)成爲夫婦。女人在巳位上懷孕，所以“巳”表示沒有成形的胎兒，懷孕十月才能生下。男從巳位起，(從右往左數十位，)到寅位止；女從巳位起，(從左往右數十位，)到申位止。所以算命時，男的小運從寅開始，女的小運從申開始。大凡包的部屬都从包。

【注釋】① 象人三句：《段注》：“勹(bāo)象裹其中，巳字象未成之子也。勹亦聲。”王筠《釋例》“胞”下：“《説文》之包，今之胞也。”

② 元气：《段注》：“‘子’下曰：‘十一月，陽气動，萬物滋，人以爲偁。’”朱駿聲《通訓定聲》：“(“元气”以下，)以十二辰説字體，蓋傅會古緯書之談，極爲淺陋無理。”　③ 左行：嚴章福《校議議》：“此依六壬(六十甲子中的壬申、壬午、壬辰、壬寅、壬子、壬戌)地盤(術數家稱地上十二辰方位)式定十二支方位(其順序由東向西，即由左向右)。左行者，從子位起，次丑，次寅，順數卅位止，在巳位上。右行者，從子位起，次亥，次戌，逆數廿位而止，亦在巳位上，所謂俱立於巳。男子三十而娶，故卅位；女子二十而嫁，故廿位。”　④ 巳爲子：王筠《句讀》：“未生爲巳，巳生爲子，故曰巳爲子。”　⑤ 起巳：嚴章福《校議議》：“男從巳位起，順數十位而止，爲寅位。婦從巳位

起，逆數十位而止，爲申位。” ⑥ 始寅：《段注》：“今日者卜命，男命起寅，女命起申，此古法也。”

【參證】楊樹達《文字形義學》：“包即胞之初文，胞爲後起加旁字。勹象裹，爲外形。巳象子未成，在勹之内，爲内形。”

[1] 胞 兒生裹也。从肉，从包[2]。 匹交切(pāo/bāo)[3]。

【譯文】胞，胎兒生活時包裹的胎衣。由肉、由包會意。

【注釋】① 胞：桂馥《義證》：“今猶謂之衣胞。”湖湘間曰胞衣。徐灝《段注箋》：“胞即包字。从包加肉旁，故不曰包聲。” ② 从肉，从包：《段注》：“包子之肉也。不入肉部者重包也。包亦聲。”
③《廣韻》此切與布交切均有“胞”字，義同《説文》，今依布交切。

[1] 匏 瓠也。从包，从夸聲[2]。包，取其可包藏物也。 薄交切(páo)。

【譯文】匏，葫蘆。由包、由瓠省會意。之所以从包，是取它可用來包藏物體的意思。

【注釋】① 匏：一種葫蘆。果實比葫蘆大。曬乾後可作涉水的工具，可作容器，對剖可作水瓢。 ② 从夸聲：夸、匏聲韻相距太遠。當依《段注》改作“从瓠省”，《段注》：“从包瓠者，能包盛物之瓠也”，“包亦聲”。

文三

茍部

[1] 茍 自急敕[2]也。从羊省，从包(省)、(从)口。[包]口猶慎言也[3]。从羊[4]，羊與義、善、美同意。凡茍之屬皆从茍。，古文羊不省。 己力切(jì)。

【譯文】茍，自己趕緊警誡自己。由羊省、由包口會意。包口好比説(包封其口)，謹慎説話。从羊，羊與義字、善字、美字所从的羊表示吉祥之意相同。大凡茍的部屬都从茍。𦎧，古文茍字，羊字不省。

【注釋】① 茍：王紹蘭《段注訂補》：“與从艸、从句之苟(古厚切)形聲皆别，誼更迥殊。”按：苟(gǒu)，草名，見艸部。 ② 敕：《段注》:“誡也。”　③ 从包省三句:《段注》改爲“从勹口,勹口猶慎言也。”王筠《句讀》:“謂勹口猶緘(jiān,封)口也。”　④ 从羊:《段注》:“説从羊之意。羊者,祥也。”

【參證】甲文作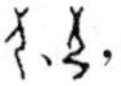,金文作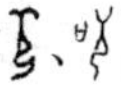。徐中舒《甲骨文字典》:“象狗兩耳上聳、蹲踞警惕之形,爲儆(警)之初文。”此説始於郭沫若《兩周金文辭大系考釋》。郭説:“其从口作者乃以口爲聲。”“茍苟字《説文》兩收,苟訓爲艸,茍訓爲‘自急敕’而未言其音,後人因‘急敕’之訓而傅會以‘己力’切。”

　肅也。从攴茍[①]。　居慶切(jìng)。
敬　【譯文】敬,嚴肅。由攴、茍會意。

【注釋】① 从攴茍:徐灝《段注箋》:“敬有戒謹義,茍訓急敕。敕者,戒也。其義相近,聲亦相轉。疑茍即古敬字。从茍,加攴。攴,治也。治事肅恭之意。”

【參證】金文作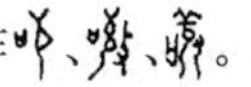。郭沫若《兩周金文辭大系考釋》:“茍乃狗之象形文。”“其用爲敬者,敬即警之初文,自來用狗以警衛。”因其警惕,故其神情嚴肅;加攴,强調辦事。警惕是本義,嚴肅是引申義。敬爲引申義專用,又加“言”作警,表示警惕義。參“警”條。

文二　重一

鬼部

　人所歸[①]爲鬼。从人,象鬼頭。鬼陰气賊害[②]。从厶[③]。
鬼　凡鬼之屬皆从鬼。,古文从示[④]。　居偉切(guǐ)。

【譯文】鬼,人歸向天地,變成了鬼。从人,(由)象鬼的腦袋。鬼的陰滯之气傷害人們,所以又从厶。大凡鬼的部屬都从鬼。䰟,古文鬼字。从示。

【注釋】① 歸:《段注》:“以疊韻爲訓。《禮運》曰:‘魂氣歸於天,形魄歸於地。’”　② 陰气賊害:徐鍇《繫傳》:“純陰底滯之气著人,爲害賊者,有所傷也。”　③ 从厶:徐鍇《繫傳》:“厶音私。”徐灝《段注箋》:“厶當爲聲。”　④ 从示:王筠《釋例》:“示,神也。”“神之者，尊之也。”

【参證】甲文作，金文作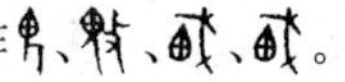。王筠《釋例》：“鬼字當是全體象形。其物爲人所不見之物。”林義光《文源》：“象其頭大，不从厶。”“篆从厶者，以厶爲聲。厶古與囗（wéi）同字，音圍。鬼諧聲爲巍，則音亦與圍近。”商承祚《説文中之古文考》：“作䰠者，神䰠也。生有功於民，死而享之，與神同例，故从示。鬼爲死者之通稱；魃戜則厲鬼，而人持支戈以驅擊之也。”

 神①也。从鬼，申聲②。　食鄰切（shén）。

魁 【譯文】魁，（鬼中的）神。从鬼，申聲。

【注釋】① 神：《段注》：“當作‘神鬼也’。神鬼者，鬼之神者也。故字从鬼申。”　② 申聲：聲中有義。本書：“申，神也。”

【参證】商承祚説，鬼有一般之鬼，有鬼中之神，有厲鬼。魁即鬼中之神。参見“鬼”條。

① 陽气也。从鬼②，云聲。　户昆切（hún）。

魂 【譯文】魂，陽气。从鬼，云聲。

【注釋】① 魂：《左傳·昭公七年》：“陽曰魂。”孔穎達疏：“附形之靈爲魄，附气之神爲魂。附形之靈者，謂初生之時，耳目心識手足運動啼呼爲聲，此則魄之靈也；附气之神者，謂精神性識漸有所知，此則附气之神也。”按：依孔説，魄指形體的運動功能，魂指形體的精神。後來魂魄組成合成詞，指人的精神靈氣。　② 从鬼：参“魄”條。

① 陰神也。从鬼②，白聲。　普百切（pò）。

魄 【譯文】魄，陰神。从鬼，白聲。

【注釋】① 魄：参“魂”條。　② 从鬼：《段注》：“魂魄之離形質，而非形質也。形質亡而魂魄存，是人所歸也，故从鬼。”

① 厲鬼②也。从鬼，失聲。　丑利切（chì）。

魅 【譯文】魅，暴虐猛烈的鬼。从鬼，失聲。

【注釋】① 魅：錢坫《斠詮》引《山海經》：“剛山是多神魅。”注：“魑魅之類。”即此字。　② 厲鬼：《段注》：“厲之言烈也。厲鬼謂虐厲之鬼。”

魖　耗神也。从鬼，虚聲①。　朽居切(xū)。

【譯文】魖，損耗財物的鬼神。从鬼，虚聲。

【注釋】① 虚聲：虚有耗義。聲中有義。《段注》："形聲包會意。"

魃　旱鬼①也。从鬼，犮聲。《周禮》②有赤魃氏，除牆屋之物③也。《詩》④曰："旱魃爲虐。"　蒲撥切(bá)。

【譯文】魃，造成乾旱的鬼。从鬼，犮聲。《周禮》有赤魃氏，(主管)清除牆中、屋内的精怪鬼物。《詩經》説："旱鬼肆行暴虐。"

【注釋】① 旱鬼：《山海經·大荒北經》："有係昆之山者，有人衣青衣，名曰黄帝女魃。蚩尤作兵伐黄帝，黄帝乃令應龍攻之冀州之野。應龍畜水。蚩尤請風伯雨師縱大風雨。黄帝乃下天女曰魃，雨止。遂殺蚩尤。魃不得上，所居不雨。"　②《周禮》：指《秋官·赤犮氏》。王筠《句讀》："(犮)省形存聲字也。""許君以此爲字之别義，故解説之。下文引《詩》，乃證本義。"赤魃氏：承培元《引經證例》："此赤魃不與旱魃同義。"徐鍇《繫傳》："謂(掌)除自埋之物，若黿及蝎之屬。"　③ 物：《段注》："物讀精物鬼物之物，故毆之之官曰赤魃氏。"　④《詩》：指《大雅·雲漢》。

鬽　老精物①也。从鬼彡；彡，鬼毛。，或从未聲。，古文②。，籀文③从彖首，从尾省聲。　密祕切(mèi)。

【譯文】鬽，物老而變成的精怪。由鬼、彡會意；彡，表示鬼毛。魅，鬽的或體，从未聲。，籀文鬽字。()从彖字的頭部彑，()从尾省而作聲符。，古文鬽字。

【注釋】① 老精物：《段注》作"老物精"，注："《論衡》曰：'鬼者，老物之精也。'"　② 古文：桂馥《義證》："古文者，當云：'籀文从彖首从尾省聲。'"本文㲋、𧰼下皆曰："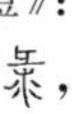，籀文鬽。"譯文依桂説。《段注》："尾聲猶未聲也。"　③ 籀文：桂馥《義證》："當爲'古文'。"

【參證】甲文作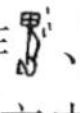、。商承祚《甲骨文字研究》下篇："此象鬼頭上有毛。"又，其《説文中之古文考》："非之或作，則爲寫誤。"

魌　鬼服也。一曰：小兒鬼①。从鬼，支聲。《韓詩傳》②曰："鄭交甫逢二女，魌服。"　奇寄切(jì)。

【譯文】魌，鬼的衣服。另一義説：嬰兒小鬼。从鬼，支聲。《韓詩内傳》説:"鄭交甫遇着兩個女子,都穿着鬼的服裝。"

【注釋】① 小兒鬼:桂馥《義證》引《易林》:"旦生夕死,名曰嬰鬼。"　②《韓詩傳》:《段注》:"蓋《韓詩内傳》語也。"桂馥《義證》引《初學記》所引《韓詩》:"鄭交甫過漢皋,遇二女,妖服,佩兩珠。交甫與之言曰:願請子之佩。二女解佩與交甫而褱之。去十步,探之則亡矣。回顧二女,亦不見。"

虩　鬼皃。从鬼,虎聲。　虎烏切(hū)。

【譯文】虩,鬼的樣子。从鬼,虎聲。

【參證】金文作、,與篆文同。

鬾　鬼俗[①]也。从鬼,幾聲。《淮南傳》[②]曰:"吴人鬼,越人鬾。"　居衣切(jī/qí)[③]。

【譯文】鬾,信奉鬼的習俗。从鬼,幾聲。《淮南傳》説:"吴人信奉鬼神,越地人信奉鬾祥。"

【注釋】① 鬼俗:《段注》:"謂好事鬼成俗也。"　②《淮南傳》:指《淮南鴻烈·人間訓》。今本作"荊人鬼,越人禨。"王筠《句讀》:"謂楚信鬼神,越信禨祥。"《段注》:"《史記正義》引顧野王云:'禨祥,吉凶之先見也。'"即徵兆。　③ 今讀依《廣韻》渠希切。

魗　鬼彪聲,魗魗不止也。从鬼,需聲。　奴豆切(nòu/rú)[①]。

【譯文】魗,鬼魅的叫聲,魗魗不止。从鬼,需聲。

【注釋】① 今讀依《廣韻》人朱切。

𩲸　鬼變[①]也。从鬼,化聲[②]。　呼駕切(huà)。

【譯文】𩲸,鬼的變化。从鬼,化聲。

【注釋】① 鬼變:《段注》:"鬼之變匕(化)也。"　② 化聲:聲中有義。

魌[①]　見鬼驚詞[②]。从鬼,難省聲。讀若《詩》[③]"受福不儺。"　諾何切(nuó)。

【譯文】魌,碰見鬼而發出的驚駭的聲音。从鬼,難省聲。音讀象《詩經》"受福不儺"的"儺"字。

【注釋】① 魌:朱駿聲《通訓定聲》:"此驅逐疫鬼正字。擊鼓大呼,似見鬼而逐之,故曰魌。""《禮緯》云:'顓頊有三子,生而亡去,爲疫鬼，一爲瘧鬼，一爲魆鬼，一居宫室區隅，善驚人小兒。於是令方相氏索室驅之。'"湖湘間舊時俗曰"沖魌"即此事。　② 見鬼句：《段注》："見鬼而驚駭，其詞曰魌也。魌爲'奈何'之合聲。"王筠《句讀》："'詞'一作'聲'，同意。"　③《詩》：指《小雅・桑扈》。今本"儺"(nuó)作"那"。承培元《引經證例》："儺，正義：'行有節也。'此云'不儺'，猶云'不節'。'不節'則多之義也。"按："受福不儺"，意思是享受的幸福很多。

䰱 鬼皃。从鬼，賓聲。　符真切(pín)。

【譯文】䰱，鬼的樣子。从鬼，賓聲。

醜 可惡也。从鬼①，酉聲。　昌九切(chǒu)。

【譯文】醜，(醜陋)可惡。从鬼，酉聲。

【注釋】① 从鬼：《段注》："非真鬼也。以可惡，故从鬼。"鬼乃比況之詞。

【參證】甲文作。王襄《簠室殷契類纂正編》："此从鬼从。象尊内有酒滴滴之形，與从酉誼同。"按：从鬼从酉，其意爲嗜酒成性，其狀如鬼，令人可惡。

魋① 神獸也。从鬼，隹聲。　杜回切(tuí)。

【譯文】魋，神獸。从鬼，隹聲。

【注釋】① 魋：朱駿聲《通訓定聲》："大徐補入《説文》，爲十九文之一。"

文十七　重四

魑① 鬼屬。从鬼，从离②。离亦聲。　丑知切(chī)。

【譯文】魑，(山中)鬼神之類。由鬼由离會意，离也表聲。

【注釋】① 魑：《段注》"离"下："(离)山神之字，本不从虫。从虫者，乃許所謂'若龍而黄'者也。今《左傳》作螭魅，乃俗寫之譌；《東京賦》作魑，亦是俗字。"《漢書・王莽傳》："投諸四裔，以禦魑魅。"② 从离：《段注》"离"下："本是山神而其形如獸，故其字从厹。"按鬼神之類本無定形，或爲獸，故爲离；或爲虫(huǐ)，故若龍而从虫；或爲大頭鬼，故从鬼。初文爲离。故离、螭、魑爲一字。

[1] 鬼也。从鬼，麻聲。 莫波切(mó)。

魔 【譯文】魔，鬼類。从鬼，麻聲。

【注釋】① 魔：《鄭新附考》："魔之名，起于梵語。《正字通》引《譯經論》：魔，古从石作磨，礳省也。梁武帝改从鬼。"魔是梵語魔羅(māra)的簡稱。其義爲佛教神話中的惡魔，即奪人生命，阻礙善事之惡鬼神。其始因對譯借音爲磨，後因其可怕可惡故更从鬼。

[1] 寢驚也。从鬼，厭聲[2]。 於琰切(yǎn)。

魘 【譯文】魘，夢中驚駭。从鬼，厭聲。

【注釋】① 魘：本作"厭"。《西山經》："翼望之山鳥名鵸鵌，服之使人不厭。"郭注："不厭夢也。"《段注》"厭"下："此厭(夢)字之最古者也。" ② 厭聲：《段注》："厭，一曰合也"下："《蒼頡篇》云：'伏合人心曰厭。'《字苑》云：'厭，眠内不祥也。'此合義之一耑。'寐'下云：'寐而厭也。'是也。俗字作魘。"按：伏言隱暗，隱暗合己心者，多爲不正；日有所思，夜有所夢；不正入夢則不祥；不祥則大爲驚駭。驚駭爲見惡鬼，故又从鬼从厭，厭亦聲。

文三 新附

甶部

[1] 鬼頭也。象形。凡甶之屬皆从甶。 敷勿切(fú)。

甶 【譯文】甶，鬼頭。象形。大凡甶的部屬都从甶。

【注釋】① 甶：徐灝《段注箋》："此字不見經傳，惟釋氏書有之。"

【參證】甲文作，金文作。陳獨秀《小學識字教本》："畫怪變於假面爲甶。"楊樹達《文字形義學》："古怪獸與人鬼不甚分別，故魑魅蝄蜽鬼神禽獸通言矣。"

 惡[1]也。从甶，虎省[2]。鬼頭而虎爪，可畏也。[3]，古文省。 於胃切(wèi)。

畏 【譯文】畏，因厭惡而可怕。由甶、由虎省而會意。鬼的頭，虎的爪子，真可怕。㽇，古文畏字，是畏的省略。

【注釋】① 惡：王筠《句讀》："畏與惡尚小異。畏者忌憚之意，惡者嫉忌之意。”　② 虎省：《段注》：“虎上體省，而儿不省；儿者似人足，而有爪也。”依段説，下半之是儿，是之下半之，即虎足；是虎爪，可能是古文之之謌變。　③ 由：徐灝《段注箋》：“古文(由)从由，从爪。小篆蓋由古文變耳。”

【參證】甲文作、，金文作、、。羅振玉《增訂殷虚書契考釋》：“(甲文)則从鬼，手持卜(棍棒、手杖之類)。鬼而持攴，可畏孰甚。”

禺 母猴②屬。頭似鬼。从由，从内③。　牛具切(yù)。

【譯文】禺，獮猴一類。腦袋象鬼頭。由由、由内會意。

【注釋】① 禺：《段注》引《山海經傳》：“禺似獮猴而大，赤目長尾。”　② 母猴：張舜徽《約注》：“猶稱沐猴、獮猴，語之轉也。”　③ 从内(róu)：徐鍇《繫傳》：“内，禽獸迹也。”

【參證】金文作。高鴻縉《中國字例》：“謂頭似人非人，而有足有尾之獸也。全象其形，長尾之猴也。”

文三　重一

厶部

厶 姦衺也。韓非②曰：“蒼頡作字，自營爲厶。”凡厶之屬皆从厶。　息夷切(sī)。

【譯文】厶，姦邪。韓非説：“蒼頡造字，自己圍繞自己，是厶。”大凡厶的部屬都从厶。

【注釋】① 厶：《段注》：“公私字本如此。今字私行而厶廢矣。私者，禾名也。”又，厶在隸書楷書中，作虛指代詞，《玉篇》作亡後切，即mǒu，今“某”字。　② 韓非：見《韓非・五蠹》。今本原文：“古者蒼頡之作書也，自環者謂之厶，背厶謂之公。”徐灝《段注箋》：“自環猶自營，謂自相周旋也。”孔廣居《疑疑》：“曲而縈繞”，“人心無形之象也”。

篡 屰而奪取曰篡①。从厶②，算聲。　初官③切(cuàn)。

【譯文】篡，違背常理而强力奪取叫篡。从厶，算聲。

【注釋】① 屰而句：張舜徽《約注》："謂於理不應得而强取之也。" ② 从厶：《段注》："姦謀也。" ③ 官：《廣韻》作"患"。

𢼸[①] 相詸呼[②]也。从厶，从羑[③]。誘，或从言秀[④]。𧩉[⑤]，或如此。𦍒[⑥]，古文。 與久切(yǒu/yòu)。

【譯文】𢼸，誘導、招呼別人。由厶、由羑會意。誘，𢼸的或體，从言，秀聲。𧩉，𢼸的或體，象這個樣子。羑，𢼸古文。

【注釋】① 𢼸：《段注》："今則誘行而𢼸廢矣。" ② 詸(xù)呼：言部："詸，誘也。"《段注》："今人以手相招而口言𢼸，正當作此字。" ③ 从羑(yǒu)："羊部曰：'羑者，進善也。'詸之若進善然，故从羑。" ④ 秀：《段注》："聲也。" ⑤ 𧩉：《段注》："盾下曰：'所以扞身蔽目。'蓋取自隱藏以招人之意。" ⑥ 羑：《段注》："此云𢼸之古文，説古文以羑爲𢼸也。"

文三 重三

嵬部

嵬[①] 高不平也。从山，鬼聲。凡嵬之屬皆从嵬。 五灰切(wéi)。

【譯文】嵬，高而不平。从山，鬼聲。大凡嵬的部屬都从嵬。

【注釋】① 嵬：《段注》："此篆可入山部，而必立爲部首者，巍从此也。"

巍[①] 高[②]也。从嵬，委聲。 牛威切(wéi/wēi)。

【譯文】巍，高大。从嵬，委聲。

【注釋】① 巍：《段注》："後人省山作魏。分别其義與音。"徐鉉注："魏國之魏，語韋切。"今音 wèi。 ② 高：《段注》："高者必大。故《論語》注曰：'巍巍，高大之稱也。'"

文二

卷十八

山部

山　宣①也。宣气②散，生萬物，有石③而高。象形④。凡山之屬皆从山。　所間切(shān)。

【譯文】山，宣暢。使地氣宣通，散布各方，產生萬物，有石構成而又高峻。象形。大凡山的部屬都从山。

【注釋】① 宣：饒炯《部首訂》："許書於常見事物字義，每以雙聲疊韻訓之。"按：宣、山，上古同屬元部。　② 宣气：徐鍇《繫傳》："山出雲雨，所以宣地气。"　③ 有石：王筠《句讀》："無石曰丘，有石曰山。"　④ 象形：徐鍇《繫傳》："象山峯並起之形。"

【參證】甲文作，金文作、。孫海波《甲骨金文研究》："甲骨金文山火一字，一象峰巒伏起之形，一象火光上炎之形。二形取象則一。"李孝定《甲骨文字集釋》："當於文義別之。"

①
嶽　東，岱②；南，靃③；西，華；北，恆；中，泰室④。王者之所以⑤巡狩所至。从山，獄聲。⑥，古文，象高形。　五角切(yuè)。

【譯文】嶽，東嶽岱山，南嶽衡山，西嶽華山，北嶽恆山，中嶽嵩山。是王者巡視所到的地方。从山，獄聲。岳，嶽的古文，象山高的樣子。

【注釋】① 嶽：《爾雅·釋山》："泰山爲東嶽，華山爲西嶽，霍山爲南嶽，恒山爲北嶽，嵩高爲中嶽。"　② 岱：岱宗，即泰山。參"岱"條。　③ 靃：《段注》引《風俗通》："衡山一名霍山。"又引《封禪書》："漢武帝元封四年巡南郡，至江陵，而東登禮灊之天柱山，號曰南嶽。"段曰："蓋自是天柱始有霍山之名，而衡山不曰霍山矣。許言霍者从其朔偁也。"　④ 泰室：即嵩山。　⑤ 之所以：王筠《句讀》:“《韻會》引無‘之所以’三字。”存參。　⑥ 王筠《釋例》:“本仿佛丘篆也。凹其上者,嶽爲大山,大則丘壑必多。”《段注》:“今字作岳,古文之變。”徐灝《段注箋》承其説:“上體即丘字,山上加丘,極高峻之意。”

【參證】孫詒讓《名原》:“甲文岳字婁見:作,又作,作。下即从古文山,而上則象其高峻鑯陗,與丘形相邇,蓋於山上更爲丘山,再成重累之形,正以形容其高。許書古文亦即此字。”

岱 太山①也。从山,代聲②。　徒耐切(dài)。

【譯文】岱,泰山。从山,代聲。

【注釋】① 太山:鈕樹玉《校録》:“漢石刻作泰。”　② 从山,代聲:高翔麟《字通》:“太、代音同,故借代加山。”代聲,聲中有義。桂馥《義證》:“東嶽所以謂之岱者,代謝之義。陽春用事,除故生新,萬物更相生代。”按:古人以爲,山者宣生萬物,泰山爲五嶽之長,更是代謝之宗。

㠀① 海中往往有山可依止,曰㠀。从山,鳥聲②。讀若《詩》③曰“蔦與女蘿”。　都皓切(dǎo)。

【譯文】島,海中往往有山可以依託止息,叫作島。从山,鳥聲。音讀象《詩經》説的“蔦草和女蘿草”的“蔦”字。

【注釋】① 㠀:今作“島”。　② 鳥聲:聲中有義。《釋名》:“海中可居者曰島。島,到也,人所奔到也。亦言鳥也,(人)物所赴(趣)如鳥之下也。”可見鳥表比況之義,人所奔到,如鳥之下也。

③《詩》:指《小雅·頍弁》。蔦(niǎo)、女蘿,均爲寄生草,攀援植物。

嶩① 山,在齊地。从山,狃聲。《詩》②:“遭我于嶩之間兮。”奴刀切(náo)。

【譯文】嶩,山名,在齊地。从山,狃聲。《詩經》説:“在嶩山之間遇見我啊。”

【注釋】① 嶩:嶩山,在今山東省臨淄縣一帶。　②《詩》:指《齊風·還》。

嶧 葛嶧山①,在東海下邳②。从山,睪聲。《夏書》③曰:“嶧陽孤桐。”　羊益切(yì)。

【譯文】嶧，葛嶧山，在東海郡下邳縣。从山，睪聲。《夏書》説："嶧山南面特産的桐木。"

【注釋】① 葛嶧山：在今江蘇省邳縣西南。 ② 東海句：王筠《句讀》引《地理志》："東海郡下邳縣，葛嶧山在西。" ③《夏書》：指《禹貢》。孤，特。《周禮·春官宗伯·大司樂》："孤竹之管。"鄭玄注："孤竹，竹特生者。"

嵎[1] 封嵎之[2]山，在吴（楚）［越］[3]之間，汪芒[4]之國。从山，禺聲。 噳俱切（yú）。

【譯文】嵎，封嵎山，在吴國、越國之間，是汪芒氏的封地。从山，禺聲。

【注釋】① 嵎：山名，在今浙江省德清縣西北。 ② 之：嵌在山名之中的助詞。 ③ 楚：當依朱駿聲《通訓定聲》作"越"。 ④ 汪芒：王筠《句讀》引《史記》："汪罔（芒）氏之君，守封禺（嵎）之山。"

嶷 九嶷山[1]，舜所葬，在零陵營道[2]。从山，疑聲[3]。 語其切（yí）。

【譯文】嶷，九嶷山，舜埋葬的地方，在零陵郡營道縣。从山，疑聲。

【注釋】① 九嶷山：又名蒼梧山，在今湖南省寧遠縣南。九嶷：徐鍇《繫傳》："言山九峯相似可疑也。" ② 營道：王筠《句讀》引《地理志》："零陵郡營道縣，九嶷山在南。" ③ 疑聲：聲中有義。

崏[1] 山，在蜀湔氐西徼外[2]。从山，敃聲。 武巾切（mín）。

【譯文】崏，山名，在蜀郡湔氐縣西方邊境之外。从山，敃聲。

【注釋】① 崏：今作"岷"。岷山，在今四川省松潘縣北，綿延於四川、甘肅兩省邊境，爲長江、黄河分水嶺。 ② 在蜀句：《段注》引《地理志》："蜀郡湔氐道。"邵瑛《羣經正字》："縣有蠻夷曰道。"徼（jiào），《字彙·彳部》："境也，塞也，邊也。"

嶇[1] 山也。或曰：弱水[2]之所出。从山，几聲。 居履切（jǐ）。

【譯文】嶇，山名。另一説説：嶇是溺水發源的地方。从山，几聲。

【注釋】① 嶇：桂馥《義證》："此嶇山即《楚辭》之窮石。"張舜徽《約注》："窮石山在甘肅山丹縣西南。" ② 弱水：桂馥《義證》："弱當作溺。本書溺水，‘自張掖删丹，西至酒泉合黎，餘波入于流沙’。”

巀 巀嶭山①，在馮翊②池陽③。从山，截聲。　才葛切(zá/jié)④。

【譯文】巀，巀嶭山，在左馮翊郡池陽縣。从山，截聲。

【注釋】① 巀嶭山：又名嵯峨山。《段注》：“巀嶭、嵯峨，語音之轉，本謂山㕙(峻)皃，因以爲山名也。”朱駿聲《通訓定聲》“嶭”字下：“巀嶭，雙聲連語。嵯峨，疊韻連語。”其山在今陝西涇陽、三原、淳化三縣界。　② 馮翊：《段注》作“左馮翊”。漢郡名，是拱衛首都長安的三輔之一。馮翊是輔佐之意。　③ 池陽：縣名，在今陝西涇陽縣西北。　④ 今讀依《廣韻》昨結切。

嶭 巀嶭山也。从山，辥聲。　五葛切(è/niè)①。

【譯文】嶭，巀嶭山。从山，辥聲。

【注釋】① 今讀依《廣韻》五結切。參“巀”條。

崋① 山，在弘農華陰。从山，華省聲②。　胡化切(huà)。

【譯文】崋，山名，在弘農郡華陰縣。从山，華省聲。

【注釋】① 崋：邵瑛《羣經正字》：“今經典多作華。”華山，又叫太華山，古稱西嶽，在陝西省華陰縣。　② 華省聲：《段注》作“雩聲”。王筠《釋例》：“(雩、華)二字音義並同。”“崋山之得名，以其形如蓮華也。故《尚書》直作華，知崋爲漢以後分別文。”可見無論是“華省聲”還是“雩聲”，都聲中有義。

嶂① 山，在鴈門。从山，章聲②。　古博切(guō)。

【譯文】嶂，山名，在雁門郡。从山，章聲。

【注釋】① 嶂：張舜徽《約注》：“嶂山在山西省嶂縣(今原平縣)西南三十里。”《段注》：“《地理志》：‘鴈門郡領縣十四，有嶂縣。’蓋以山名縣也。”　② 章聲：聲中有義。承培元《廣答問疏證》：“字从章；章，外城勹内城者也。其形大山宮小山，亦嵺。”章爲比況之義。

崵 崵山①，在遼西。从山，昜聲。一曰：嵎鐵②，崵谷也。與章切(yáng)。

【譯文】崵，首陽山，在遼西。从山，昜聲。另一義説：(崵指)嵎鐵，(又叫)崵谷。

【注釋】① 崵山：《段注》作“首陽山”。指今河北省盧龍縣東南十五里的陽山。《段注》：“許意，首陽山即伯夷、叔齊餓於首陽之下也。”② 嵎鐵句：《段注》：“此即《堯典》之嵎夷暘谷也。”“此云‘嵎銕(鐵)崵谷’，則今文《尚書》也。”

岵　山有草木也。从山，古聲。《詩》①曰：“陟彼岵兮。”　侯古切(hù)。

【譯文】岵，山上有草木。从山，古聲。《詩經》說：“登上那長滿草木的山頭啊。”

【注釋】①《詩》：指《魏風・陟岵》。

屺　山無草木也。从山，己聲。《詩》①曰：“陟彼屺兮。”　墟里切(qǐ)。

【譯文】屺，山上沒有草木。从山，己聲。《詩經》說：“登上那不長草木的山啊。”

【注釋】①《詩》：指《魏風・陟岵》。

嶨　山多大石也。从山，學省聲。　胡角切(xué)。

【譯文】嶨，山多大石。从山，學省聲。

嶅　山多小石也。从山，敖聲。　五交切(yáo/áo)①。

【譯文】嶅，山多小石。从山，敖聲。

【注釋】① 今讀依《廣韻》五勞切。

岨　石戴土①也。从山，且聲。《詩》②曰：“陟彼岨矣。”　七余切(qū)。

【譯文】岨，石山上增益着土。从山，且聲。《詩經》說：“登上那堆戴泥土的石山啊。”

【注釋】① 石戴土：朱駿聲《通訓定聲》：“土戴於石上也。”《段注》：“戴者，增益也。”　②《詩》：指《周南・卷耳》。今本岨作砠。

岡①　山(骨)[脊]②也。从山，网聲。　古郎切(gāng)。

【譯文】岡，山的脊梁。从山，网聲。

【注釋】① 岡：《釋名・釋山》：“山脊曰岡。岡，亢也，在上之言也。”② 骨：當依段注作“脊”。

【參證】金文作。劉釗《璽印文字釋叢(一)》(《考古與文物》一九九

○年第二期)："网字金文作'　'、'　'。"可見　，上从网，下从山，與篆文構形同。

岑　山小而高。从山，今聲。　鉏箴切(cén)。

【譯文】岑，山小而又高。从山，今聲。

崟　山之岑崟[①]也。从山，金聲。　魚音切(yín)。

【譯文】崟，山勢岑崟。从山，金聲。

【注釋】① 岑崟：桂馥《義證》引《一切經音義》卷十三："嶔崟(即岑崟)，謂山阜之勢高倚傾也。"按：岑崟，疊韻聯緜詞，形容山石高峻奇特的樣子。

崒　崒危[①]，高也。从山，卒聲。　醉綏切(zuī/zú)[②]。

【譯文】崒，崒危，高峻的意思。从山，卒聲。

【注釋】① 崒危：疊韻聯緜詞，即崔嵬。　② 今讀依《廣韻》慈卹切。

巒　山小而鋭。从山，䜌聲。　洛官切(luán)。

【譯文】巒，山小而又鋭峭。从山，䜌聲。

密[①]　山如堂者。从山，宓聲。　美畢切(mì)。

【譯文】密，形狀象堂室的山。从山，宓聲。

【注釋】① 密：《爾雅·釋山》："山如堂者，密。"郭璞注："形如堂室者。"《段注》："密主謂山，假爲精密字而本義廢矣。"

【參證】金文作　。待考。

岫　山穴也。从山，由聲。　，籀文从穴[①]。　似又切(xiù)。

【譯文】岫，山的洞穴。从山，由聲。窗，籀文岫，从穴。

【注釋】① 从穴：以其在山，故从山；以其爲穴，故从穴。形符取類不同，其義一也。

陖　高也。从山，陖聲[①]。　，陖或省。　私閏切(xùn/jùn)[②]。

【譯文】陖，高。从山，陖聲。峻，陖的或體，陖的省略。

【注釋】① 陖聲：聲中有義。陖者，峭高也。《段注》："此舉形聲包會意。"王筠説陖是陖的絫增字，朱駿聲説是陖的或體。王、朱是從二字之間的關係而言，段是从陖字内部的結構而言。　② 今讀依《集韻》祖峻切。

【參證】金文作。高田忠周《古籀篇》卷十三:“《説文》酸,籀文作䤢,代夋聲以畯聲也。即知此䠞亦峻籀文也。”

嶞

山之(墮墮)[嶞嶞][①]者。从山,从憜省聲。讀若相推落之(憜)[墮][②]。　徒果切(duò)。

【譯文】嶞,形狀狹長的山。从山,憜省聲。音讀象推落物體的“墮”字。

【注釋】① 墮墮:當依《段注》作“嶞嶞”,注:“狹長之皃。”　② 憜:葉德輝《讀若考》:“蓋墮之誤。”

嶘[①]

尤[②]高也。从山,棧聲。　士限切(zhàn)。

【譯文】嶘,山特别高。从山,棧聲。

【注釋】① 嶘:今作“巉”。　② 尤:《段注》:“乙部曰:‘尤者,異也。’京部曰:‘尤者,異於凡也。’”

崛

山短高也。从山,屈聲[①]。　衢勿切(jué)。

【譯文】崛,山短而又高。从山,屈聲。

【注釋】① 屈聲:聲中有義。《段注》:“屈者,無尾也。無尾之物則短。”

巁

巍高[①]也。从山,蠆聲。讀若厲。　力制切(lì)。

【譯文】巁,山高大。从山,蠆聲。音讀象“厲”字。

【注釋】① 巍高:同義連用。參“巍”條。

峯[①]

山耑也。从山,夆聲[②]。　敷容切(fēng)。

【譯文】峯,山的頂端。从山,夆聲。

【注釋】① 峯:王玉樹《拈字》:“此徐氏所羼十九文之一也。此亦魏晉以下所造之新字也。”　② 夆聲:《段注》“巖”下:“(峯)古衹用夆。夆,啎也。”朱駿聲《通訓先聲》:“凡聳而鋭上者曰夆。”按:夆从夂从丰。夂(zhǐ),突出也。丰,艸盛丰丰也。草尖削鋭,向空突出,對天迎啎。山峯之象也。因是山之峯,故加山成峯。故《校議議》説:“峯即夆之俗。”

巖

岸也。从山,嚴聲。　五緘切(yán)。

【譯文】巖,崖岸。从山,嚴聲。

山嵒也。从山品①。讀若吟。　五咸切(yán)。

嵒　【譯文】嵒,山的崖岸。由山、品會意。音讀象“吟”字。

【注釋】① 从山品:徐鍇:“从品,山象巖厓連屬之形。”

【參證】與品部“嵒”楷書形近。其實二字構形來源以及音義各不同。

㠑①也。从山,絫聲。　落猥切(lěi)。

㟪　【譯文】㟪,㟪㠑。从山,絫聲。

【注釋】① 㠑(zuì):徐灝《段注箋》:“連篆讀之。”王筠《句讀》:“《廣韻》:‘㟪嶵(㠑),山狀。’是連語,(㟪)不能單字成義也。”

①山皃。从山,辠聲。　徂賄切(zuì)。

㠑　【譯文】㠑,山的樣子。从山,辠聲。

【注釋】① 㠑:參上條。

山皃。一曰:山名。从山,告聲。　古到切(gào)。

嶨　【譯文】嶨,山的樣子。另一義說:是山名。从山,告聲。

①山皃。从山,陊聲。　徒果切(duò)。

嶞　【譯文】嶞,山的樣子。从山,陊聲。

【注釋】① 嶞:《段注》:“嶞、隓蓋一字,不當爲二。”參“隓”條。

山皃。从山,差聲。　昨何切(cuó)。

嵯　【譯文】嵯,山的樣子。从山,差聲。

嵯峨①也。从山,我聲。　五何切(é)。

峨　【譯文】峨,嵯峨。从山,我聲。

【注釋】① 嵯峨:疊韻聯緜字。山勢高峻的樣子。

①嶸②也。从山,青聲。　七耕切(qīng/zhēng)③。

崝　【譯文】崝,崝嶸。从山,青聲。

【注釋】① 崝:今作“崢”。　② 嶸:連篆爲讀。崝嶸,《方言》卷六:“崝,高也。”郭璞注:“崝嶸,高峻之皃也。”　③ 七:當作“士”。見周祖謨《廣韻校本》。

崝嶸①也。从山,榮聲。　户萌切(hóng/róng)②。

嶸　【譯文】嶸,崝嶸。从山,榮聲。

【注釋】① 峭嶸：即崢嶸，疊韻聯緜字。參上條。 ②《廣韻》此切與永兵切均有"嶸"字，義同《説文》，今讀依永兵切。

①
谷也。从山，巠聲。 户經切(xíng/kēng)②。

硜 【譯文】硜，谷名。从山，巠聲。

【注釋】① 硜：《廣韻・耕韻》："硜，谷名。"徐鍇《繫傳》："驪山下谷，秦阬儒處。"《段注》："秦冬月種瓜谷中溫處，瓜實。因使諸生往視説之。發機阬諸生。" ② 今讀依《廣韻》口莖切。

①
山壞也。从山，朋聲。𨸏，古文从自②。 北滕切(bēng)。

崩 【譯文】崩，山土敗壞塌裂。从山，朋聲。陥，古文崩，从阜。

【注釋】① 崩：今作"崩"。 ② 从自：本書自部："自，山之無石者也。"从自猶从山也。

山脅道①也。从山，弗聲。 敷勿切(fú)。

岪 【譯文】岪，山腰之路。从山，弗聲。

【注釋】① 山脅道：張舜徽《約注》："半山之上，有道可行，如在人體之腰脅間也。"

山名。从山，敄聲。 亡遇切(wù)。

嵍 【譯文】嵍，山名。从山，敄聲。

焦嶢①，山高皃。从山，堯聲②。 古僚切(jiāo/yáo)③。

嶢 【譯文】嶢，焦嶢，山高的樣子。从山，堯聲。

【注釋】① 焦嶢：朱駿聲《通訓定聲》："焦堯字皆疊韻連語。人之庳曰僬僥，山之高曰嶕嶢，鳥之極大與極小者皆曰焦鷯，均之依聲託事也。" ② 堯聲：當"嶢"單字成義時，其聲中有義。本書垚部："堯，高也。" ③ 今讀依《廣韻》五聊切。

山陵也。从山，戕聲。 慈良切(qiáng)。

嶈 【譯文】嶈，山高峻。从山，戕聲。

①
九嵏山，在馮翊谷口②。从山，㚇聲。 子紅切(zōng)。

嵏 【譯文】嵏，九嵏山，在左馮翊郡谷口縣。从山，㚇聲。

【注釋】① 嵏：山的高聳攢聚，是其本義。《漢書・司馬相如傳上》："夷嵏築堂。"顔師古注："山之高聚者曰嵏。" ② 谷口：張舜徽《約注》："漢之谷口縣故城，在今陝西省醴泉縣東北七十里。"《段注》:“九嵏山今在縣東北五十里,有九峯俱峻。”

岊　陬隅①,高山之節②。从山,从卩③。　子結切(jié)。

【譯文】岊,山的轉彎處,是高山的節巴。由山、由卩會意。

【注釋】① 陬隅:同義連用,這裏指山角。　② 節:《段注》作“卩”,注:“(岊)猶竹卩曰節,木卩曰科厄也。”　③ 从山,从卩:《段注》:“山之卩曰岊。”

崇①　嵬高②也。从山,宗聲。　鉏弓切(chóng)。

【譯文】崇,山高。从山,宗聲。

【注釋】① 崇:《段注》:“嵩、崈二形皆即崇之異體。”徐灝箋:“後世小學不明,遂以崇爲汎偁,嵩爲中嶽。”　② 嵬高:同義連用。王筠《句讀》:“嵬,高而不平也。崇則無不平意耳。”

崔　大高也。从山,隹聲。　胙回切(cuí/cuī)①。

【譯文】崔,山高大。从山,隹聲。

【注釋】① 今讀依《廣韻》倉回切。

文五十三　重四

嶙　嶙峋①。深崖皃。从山,粦聲。　力珍切(lín)。

【譯文】嶙,嶙峋的嶙。(嶙峋是)高深無涯、層級分明的崖岸皃。从山,粦聲。

【注釋】① 嶙峋:《鄭新附考》:“李注《甘泉賦》引《埤蒼》‘嶙峋,深無涯之皃’,而注《魏都賦》則引《埤蒼》作‘嶙峋,山崖之皃’。蓋其義爲‘水邊崖岸高深無涯’。言山崖、言無涯,各舉其半耳。”又,《漢書·揚雄傳》“嶺巆嶙峋”師古曰:“嶙峋節級皃。”按:山水總相依,山崖多爲水岸,高深者多杳不見底,故曰無涯;險惡高深之崖岸多壁立裸露,其崖層歷歷可見。故譯文依此義。嶙峋,疊韻聯緜字,《文選·西京賦》“坻崿鱗眴”又作“鱗眴”。

峋①　嶙峋也。从山,旬聲。　相倫切(xún)。

【譯文】峋,嶙峋的峋。从山,旬聲。

【注釋】① 峋:見上條。

岌① 山高皃。从山，及聲。　魚汲切(jí)。

岌　【譯文】岌，山高的樣子。从山，及聲。

【注釋】① 岌：《爾雅·釋山》："小山岌大山，峘。"郭注："岌謂高過。"邢疏："言小山與大山相竝，而小山高過於大山者名峘。"故岌訓山高皃。又，《説文》"馺"引"讀若小山馺大山，峘"，岌借"馺"字。

嶠① 山鋭而高也。从山，喬聲。古通用喬②。　渠廟切(jiào)。

嶠　【譯文】嶠，山又尖鋭又高。从山，喬聲。古通用喬。

【注釋】① 嶠：《爾雅·釋山》："(山)鋭而高，嶠。"《釋名》："形似橋也。"　② 通用喬：《説文》："喬，高而曲也。"喬爲嶠的聲符，喬、嶠音同。喬，高而(上)曲，其義與"鋭而高"近。嶠，古又通橋，通蹻。

嵌① 山深皃。从山，歁省聲。　口銜切(qiān)。

嵌　【譯文】嵌，山深深(張開)的樣子。从山，歁省匹爲聲。

【注釋】① 嵌：《廣韻·敢韻》："嵌，開張，山皃。"譯文涵括此義。《玉篇》："嵌，坎傍孔也。"坎，陷也，由高陷下，與開張義同。其旁之孔亦爲嵌，是山深皃的引申義。又由開張義、孔穴義引申爲嵌空、填嵌義。《鄭新附考》："厥後，詞章家所用嵌空，猶是張口本意。"

嶼① 島②也。从山，與聲③。　徐吕切(yǔ)。

嶼　【譯文】嶼，海中洲。从山，與聲。

【注釋】① 嶼：《鄭新附考》："劉逵注《吴都賦》'島嶼緜邈'謂嶼爲'海中洲上有山石'。"　② 島：《説文》："海中往往有山可依止曰島。"是從"依止"角度命名，故《釋名》曰："島，到也，人所奔到也。"亦言"鳥也，人物所趣如鳥之下也。"　③ 與聲：聲中有義。徐灝《箋》"與"下："舁(舉)而與之""是賜予之義"。嶼从山从與，是天地自然賜予之山。可見嶼、島同義，而命名角度不同。

嶺① 山道②也。从山，領聲③。　良郢切(lǐng)。

嶺　【譯文】嶺，山間坡道。从山，領聲。

【注釋】① 嶺：《鄭新附考》："作嶺，在晉已後。"　② 山道：《玉篇》："嶺，坂也。"坂即坡。山有坡度好登，易爲道，故徐鉉注曰"山道"。　③ 領聲：聲中有義。領本義爲頸，引申爲"衣之曲袷(《段注》"領"下)"，即衣領。山之坡道，往往盤旋而上，如衣領然，故山道本作領。後加山以别之。又引申爲山峰。如王羲之《蘭亭敘》:“崇山峻領。”

嵐[①] 山名。从山,葻省聲[②]。 盧含切(lán)。

【譯文】嵐,山名。从山,葻省艸爲聲。

【注釋】① 嵐:《鄭新附考》:“應璩詩:‘嵐山寒折骨。’作此字。”“又爲岢嵐山名,在後魏所置嵐州。” ② 葻省聲:《鄭新附考》:“孫星衍説,葻上艸省作中,譌爲山,是也。《説文》葻本訓艸得風皃,義别爲山風。”葻,从艸从風,艸得風;引申爲山風霧氣,而字形譌成嵐,於是可理解爲从山从風,坐實山風霧氣之義。如杜牧《陸州雨霽》:“水聲侵笑語,嵐翠撲衣裳。”

嵩[①] 中岳嵩高山也。从山,从高,亦从松,韋昭《國語注》云:古通用崇字。 息弓切(sōng)。

【譯文】嵩,(五嶽的)中嶽嵩高山的嵩字。由山由高會意,也由山由松會意。韋昭《國語注》説:古通用崇字。

【注釋】① 嵩:《段注》“崇”下:“崧、嵩二形皆即崇之異體。”“崇字,《地里志》作密,體之小異耳。”崇,从山,宗聲,宗也表義。崇義爲“嵬高”,《段注》作“山大而高”。高大之山爲羣山之尊,故从山从宗。《説文》《新附》均無“崧”字。崧亦可解析爲从山从松,松亦聲。山上松柏蔥蘢,有如陝西之黄帝陵,這也是“山高而大”之特徵。嵩,从山从高,其義炯然。崇、嵩、崧,音同義同,本爲一字。徐灝《箋》:“後世遂以崇爲汎稱,嵩爲中嶽。漢靈帝時中郎將堂谿典請改崇高山爲嵩高山,則已分崇、嵩爲二字。”《鄭新附考》:“厥後,崇義之專言山高者,字别作崧。《詩》‘崧高維嶽’毛傳與《爾雅·釋山》並云‘山大而高,崧’是也。”可見,後世别其義爲:崇,凡高之偁;嵩,中嶽之專名;崧,高大之山。

崑 崑崙[①],山名。从山,昆聲。《漢書·揚雄》文通用昆侖[②]。古渾切(kūn)。

【譯文】崑,崑崙的崑字,(崑崙是)山名。从山,昆聲。《漢書·揚雄(傳)》行文通用昆侖。

【注釋】① 崑崙:疊韻連緜字。 ② 通用昆侖:《鄭新附考》:

“《漢書》古本皆作‘昆侖’，不从山。不特《雄傳》。今《説文》丘、虚兩字注崑崙本作昆侖，後人所改，唯‘河’注‘水出敦煌塞外昆侖山’猶是原本。”

崙[①] 崙

崑崙也。从山，侖聲。　盧昆切（lún）。

【譯文】崙，崑崙的崙字。从山，侖聲。

【注釋】① 崙：參上條。

嵇 嵇

山名。从山，稽省聲。奚氏避難特造此字[①]，非古。　胡雞切（xí/jī）[②]。

【譯文】嵇，山名。从山，稽省旨爲聲。奚家避難特造此字，不是自古就有。

【注釋】① 奚氏句：《鄭新附考》：“《魏志》卷廿一裴松之注引虞預《晉書》云：嵇康本姓奚，會稽人。先人自會稽遷于譙之銍縣，改爲嵇氏，取稽字之上以爲姓，蓋志本也。《水經・淮水注》説亦同。又引嵇氏譜云：譙有嵇山，家于其側，遂以爲氏。”綜其二説，或因嵇氏家于山側，遂名嵇山；或因家于嵇山之側，遂爲嵇氏。於是嵇有山名，又爲姓氏。　② 因嵇即“稽之上”，今讀仍如 jī。

文十二　新附

屾部

屾 屾

二山[①]也。凡屾之屬皆从屾。　所臻切（shēn）。

【譯文】屾，兩座山。大凡屾的部屬都从屾。

【注釋】① 二山：《段注》：“此説義而形在是。”

【參證】饒炯《部首訂》：“據部屬嵞爲山名从屾觀之，本取山義而無涉於二山，足證屾亦山之繁文。”

嵞 嵞

會稽山[①]。一曰：九江當嵞[②]也。民以辛壬癸甲之日嫁娶[③]。从屾，余聲。《虞書》[④]曰：“予娶嵞山。”　同都切（tú）。

【譯文】嵞，會稽山。另一義説：（嵞山）在九江郡當嵞縣。百姓在辛、壬、癸、甲這四天内出嫁或婚娶。从屾，余聲。《虞書》説：“我在嵞山娶了個女人。”

【注釋】① 會稽山：在今浙江省中部紹興嵊縣、諸暨、東陽一帶。《段注》："《吴越春秋》曰：'禹登茅山以朝羣臣，乃大會計，更名茅山爲會稽。'"按：茅山即嵞山。王筠《句讀》："以嵞山爲茅山。"《段注》又説："蓋大禹以前名嵞山，大禹以後則名會稽山，故許以今名釋古名也。"　② 當嵞：即當塗，在今安徽省懷遠縣東南。　③ 嫁娶：《段注》："《水經注》引《吕氏春秋》：禹娶塗山氏女，不以私害公，自辛至甲四日復往治水，故江淮之俗以辛、壬、癸、甲爲嫁娶日也。"④《虞書》：指《臯陶謨》。原文："予創（傷）若時（是，這），娶于塗山，辛、壬、癸、甲。"按：嵞、塗，古今字。

文二

屵部

屵[1] 屵　岸高也。从山厂，厂亦聲[2]。凡屵之屬皆从屵。　五葛切（è）。

【譯文】屵，岸邊高。由山、厂會意，厂也表聲。大凡屵的部屬都从屵。

【注釋】① 屵：徐灝《段注箋》："屵蓋即岸字，岸本作厂，籀文从厂增干聲作厈，此則从厂加山。"　② 厂（hǎn）亦聲：厂上古屬元部，屵屬月部，月元對轉。

岸[1] 岸　水厓而高者。从屵，干聲。　五旰切（àn）。

【譯文】岸，水邊而高出的地方。从屵，干聲。

【注釋】① 岸：饒炯《部首訂》："屵、岸、厂、厈，皆一字重文。厂下説山石之厓巖，而从厂轉注山爲屵，从重文厈轉注山爲岸。夫厓巖爲人所居者，因形勢必高，因名邊高亦曰厂，然邊高不獨厓巖有之，水厓亦然。二者又分屵、岸二篆爲水厓之高。"

崖[1] 崖　高邊也。从屵，圭聲[2]。　五佳切（yá）。

【譯文】崖，高陗的山邊。从屵，圭聲。

【注釋】① 崖：饒炯《部首訂》："（崖）與厂部厓从厂圭聲，亦一字。"② 圭聲：聲中有義。圭是上爲三角形下爲方形之玉，此用其比況之義。狀山邊有稜有角，更顯其高陗。如徐鍇《繫傳》所說“水（山）邊地有垠堮也”。

崔　高也。从屵，隹聲。　都回切（duī）。

崔　【譯文】崔，高。从屵，隹聲。

𡸇　崩也。从屵，肥聲。　符鄙切（pǐ）。

𡸇　【譯文】𡸇，崩塌。从屵，肥聲。

𡽍[1]　崩聲。从屵，配聲。讀若費。　蒲沒切（bó/pèi）[2]。

𡽍　【譯文】𡽍，崩塌的聲音。从屵，配聲。音讀象“費”字。

【注釋】① 𡽍：《段注》：“即𡸇之或體。”　② 今讀依《廣韻》滂佩切。

文六

广部

广　因（广）[厂]爲屋[1]，象對剌[2]高屋之形。凡广之屬皆从广。讀若儼然之儼。　魚儉切（yǎn）。

【譯文】广，依傍巖岸架屋，象高聳的房屋的樣子。大凡广的部屬都从广。音讀象儼然的“儼”字。

【注釋】① 因广句：桂馥《義證》：“趙宧光曰：當是因厂爲屋。”王筠《釋例》：“厂爲崖巖，山厓之下陗直，而上横出者是也。”故徐灝《段注箋》：“因厂爲屋，猶言傍巖架屋。”　② 對剌（là）：王筠《句讀》：“對剌似是聯緜字，即形容高屋之詞。”桂馥《義證》：“剌，盧達切。”屋始於因厂爲屋，成屋之後，如王筠《釋例》所說，“广乃堂皇之形”，“一面有牆”，“以一牆見其三面”，“而中高者爲棟極”，即“對剌高屋之形”。

府　文書藏[1]也。从广，付聲[2]。　方矩切（fǔ）。

府　【譯文】府，文書儲藏的地方。从广，付聲。

【注釋】① 文書藏：徐灝《段注箋》：“引申之百官所居亦曰府，人身亦有出納藏聚，故謂之五府六藏。俗别作腑臟。”　② 付聲：聲中有義。徐灝《段注箋》：“府主出納，故从付聲。因聲載義。”

【參證】金文作、、。殷滌非《安徽壽縣新發現的銅牛》(《文物》一九五九年第四期)："府即府字繁文。"按：金文後二字是首字的省變。

廱　天子饗飲[①]辟廱[②]。从广，雝聲。　於容切(yōng)。

【譯文】廱，天子鄉飲酒禮的地方叫辟廱。从广，雝聲。

【注釋】① 饗飲：《段注》："謂鄉飲酒也。食部曰：'饗者，鄉人飲酒也。'"鄉飲酒禮：本指鄉大夫爲向國君推薦的鄉學中的優秀者設宴送行的儀式。　② 辟廱：《段注》："天子之學也。"徐鍇《繫傳》引《白虎通》："四面如璧，以水雝之。"

庠[①]　禮官養老[②]。夏曰校，殷曰庠，周曰序[③]。从广，羊聲。似陽切(xiáng)。

【譯文】庠，掌管禮儀的官敬養老人的地方。夏代叫校，殷代叫庠，周代叫序。从广，羊聲。

【注釋】① 庠：殷代的學校名稱。張舜徽《約注》"廱"下引孫星衍説："辟雍者，四方有水，中有宫焉。即明堂、太學、靈臺之所在，天子所以宗祀、朝諸侯、校士、養老、觀雲物之處也。"故"庠"下注爲"禮官養老"。　② 禮官句：王筠《句讀》："句末當有'處也'二字。"

③ 夏曰三句：承培元《引經證例》："教學之地，庠序學校並偁，不分何地何代，故亦無主名也。""庠以饗以養老，序以射以繹志，校以學以尚賢，皆可於聲韻求之也。"

廬[①]　寄[②]也。秋冬去，春夏居。从广，盧聲。　力居切(lú)。

【譯文】廬，(田野中)可寄居的棚舍。秋季冬季離開，春季夏季居住。从广，盧聲。

【注釋】① 廬：《詩經・小雅・信南山》："中田有廬。"鄭玄箋："中田，田中也。農人作廬焉，以便其田事。"　② 寄：即寄居之處。體用同訓。

【參證】金文作、。戴家祥《金文大字典》："盧即廬之本字。""廬爲王之講武習射之所。"

庭　宫中[①]也。从广，廷聲。　特丁切(tíng)。

【譯文】庭，房室之中。从广，廷聲。

【注釋】① 宫中:《段注》:“宫者,室也。室之中曰庭。”朱駿聲《通訓定聲》:“堂、寢、正室皆曰庭。”

【參證】金文作。于省吾《殷契駢枝三集・釋耶宦》説:“栔文耶字作、、,亦作、、;宦字作、、,亦作、。”“宦爲廷、庭之初文,亦省作耶。”“耶,古聽字。聽从壬聲,乃後世所加之聲符。”金文有廷無庭。金文廷作、、,借作宦。李孝定《甲骨文字集釋》第九:“从宀从广一也。”“宀广象交覆深屋之形,是則庭廷之别在有屋無屋之分。今北平遜清故宫諸大殿,其前皆有廣場,蓋沿古制。廣場蓋即廷也。庭則殿上耳。”“从广聽聲,正今之廳字耳。”參“廷”條。

廇 中庭①也。从广,留聲。　力救切(liù)。

【譯文】廇,庭室的中央。从广,留聲。

【注釋】① 中庭:《段注》:“中庭者,庭之中也。”《釋名・釋宫室》:“(室)中央曰中霤(廇)。”

庉 樓牆也。从广,屯聲①。　徒損切(dùn)。

【譯文】庉,樓上的矮牆。从广,屯聲。

【注釋】① 屯聲:聲中有義。王筠《釋例》:“《玉篇》又有‘屯聚之處’四字。”“‘墱’下云:‘北地高樓無居者。’庉蓋同此制。於其上爲埤垷(城上有孔的矮牆),遇兵燹則聚人守之,故曰屯聚也。”

房 廡①也。从广,牙聲②。《周禮》③曰:“夏房馬④。”　五下切(yǎ)。

【譯文】房:堂下周圍的屋。从广,牙聲。《周禮》説:“夏天用馬棚庇護馬。”

【注釋】① 廡:參下條。　② 牙聲:王筠《句讀》:“牙,古音吾,恐房、廡古本一字。”“自牙字變爲五加切,始成兩字。”　③《周禮》:指《夏官・圉師》。　④ 夏房馬:“房”用作動詞。

廡 堂下周屋。从广,無聲。廡,籀文从舞①。　文甫切(wǔ)。

【譯文】廡,堂下周圍的屋。从广,無聲。廡,籀文廡,从舞聲。

【注釋】① 从舞:《段注》:“舞聲。”

廬 廡也。从广,虜聲。讀若鹵①。　郎古切(lǔ)。

【譯文】廬,堂下周圍的屋。从广,虜聲。音讀象“鹵”字。

【注釋】① 讀若鹵：葉德輝《讀若考》："虜、鹵古通用。"古音並在來紐模部。

庖 廚也。从广，包聲。　薄交切(páo)。

【譯文】庖，廚房。从广，包聲。

廚 庖屋也。从广，尌聲。　直株切(chú)。

【譯文】廚，廚屋。从广，尌聲。

庫[①] 兵車藏[②]也。从車[③]在广下。　苦故切(kù)。

【譯文】庫，兵甲車馬收藏的處所。由"車"字在"广"下會意。

【注釋】① 庫：《禮記・曲禮下》："在庫言庫。"鄭玄注："庫謂車馬兵甲之處也。"　② 兵車藏(zàng)：《段注》："此庫之本義也。引申之，凡貯物舍皆曰庫。"王筠《句讀》："藏，去聲。"　③ 从車：《段注》："車亦聲。"

【參證】金文作、，與篆文同。

廄 馬舍也。从广，𣪘聲。《周禮》[①]曰："馬有二百十(四)[六]匹爲廄，廄有僕夫。"[②]，古文从九。　居又切(jiù)。

【譯文】廄，馬舍。从广，𣪘(jiù)聲。《周禮》説："馬有二百一十六匹成爲一廄，每廄有僕役一人。"⿱宀⿰𠧪九，古文廄字，从九聲。

【注釋】①《周禮》：指《夏官・校人》。原文："乘馬(每乘四馬)一師(圉師)，四圉(圉人)；三乘爲皁，皁一趣馬(趣馬的人)；三皁爲繫，繫一馭夫；六繫爲廄，廄一僕夫。"鄭注："自乘至廄，其數二百一十六匹。"承培元《引經證例》："(《説文》)四字當爲六。篆文、相混之誤也。"　② ⿱宀⿰𠧪九：王筠《句讀》："此字从𠧪，九聲。𠧪，古文叀(如叀馬之鼻)也。……馬繫於廄中也。"

【參證】甲文作，金文作。金祥恆《釋廄》(《中國文字》第三卷第九册)："(甲文)从宀馬"，"象馬在檻中"。"《説文》从九"，"九乃宀之譌，篆文書宀，與九字形相近"，"()乃馬之譌"。金文與篆文同。

序[①] 東西牆也。从广，予聲。　徐吕切(xù)。

【譯文】序，(堂屋的)東西牆。从广，予聲。

【注釋】① 序：朱駿聲《通訓定聲》："謂堂之東西牆。"

廦①　牆也。从广，辟聲。　比激切(bì)。

【譯文】廦，牆壁。从广，辟聲。

【注釋】① 廦：《段注》："與土部之壁音義同。"一説，廦爲旁室。朱駿聲《通訓定聲》："當訓旁室也，幽隱之處。"

廣　殿①之大屋②也。从广，黄聲。　古晃切(guǎng)。

【譯文】廣，四周無壁的大屋。从广，黄聲。

【注釋】① 殿：《段注》："殿謂堂無壁。"　② 屋：王筠《句讀》："覆乎上者曰屋。無四壁而上有大覆蓋，是曰廣。"

【參證】金文作、，从宀猶从广也。

廥　芻藁之藏。从广，會聲①。　古外切(kuài)。

【譯文】廥，柴草儲藏的處所。从广，會聲。

【注釋】① 會聲：張舜徽《約注》："聲中有義，謂會合多物而藏之也。"

庾　水槽倉①也。从广，臾聲。一曰：倉無屋者②。　以主切(yǔ)。

【譯文】庾，儲存水路轉運糧食的倉庫。从广，臾聲。另一義説：上面沒有覆蓋物的糧倉。

【注釋】① 水槽倉：《段注》："謂水轉穀至而倉之也。"槽，當作"漕"，通過水道運送糧食。　② 倉無屋者：指露天的穀堆。無屋，《段注》："無上覆者也。"

庰　蔽①也。从广②，并聲。　必郢切(bǐng/bìng)③。

【譯文】庰，隱蔽的處所。从广，并聲。

【注釋】① 蔽：朱駿聲《通訓定聲》："謂隱蔽無人之所也。"　② 从广：猶从尸也。徐灝《段注箋》："與屏同耳。不必分而爲二也。"　③ 今讀依《廣韻》防正切。

廁①　清也。从广，則聲。　初吏切(cì/cè)。

【譯文】廁，清除不潔的處所。从广，則聲。

【注釋】① 廁：徐鍇《繫傳》："此溷廁(廁所)也。古多謂之清者，以其不潔，常當清除之也。"

廛①　(一)[二]②畝半，一家之居。从广里八土③。　直連切(chán)。

【譯文】廛，兩畝半土地，一家居住的房地。由广、里、八、土會意。

【注釋】① 廛：指城市平民一家所居的房地。《段注》："古者在野曰廬，在邑（城邑）曰里。各二畝半。" ② 一：當依《段注》作"二"。③ 从广句：《段注》："里者凥（居）也。'八土'猶分土也。"广里八土會"分土建房居住"之意。

庋 屋牝瓦[1]下。一曰：維綱[2]也。从广，閔省聲[3]。讀若環。户關切（huán）。

【譯文】庋，屋上仰蓋的槽瓦在（覆蓋的牡瓦之）下。另一義説：是綱繩。从广，閔省聲。音讀象"環"字。

【注釋】① 牝瓦：朱駿聲《通訓定聲》："凡瓦，下載者曰牝，上覆者曰牡。" ② 維綱：同義連用。維，繫物大繩。綱，魚網上的總綱。③ 閔省聲：桂馥《義證》："當从戈聲。"戈，上古屬歌部，庋屬元部，歌元對轉。

廮 屋階中會也[1]。从广，悤聲。倉紅切（cōng）。

【譯文】廮，屋的東西兩階的中央交會的地方。从广，悤聲。

【注釋】① 屋階句：《段注》："謂兩階之中湊也。"徐鍇《繫傳》："階，東西階也。"

庢 廣也。从广，侈聲。《春秋國語》[1]曰："俠溝而庢我。" 尺氏切（chǐ）。

【譯文】庢，屋廣大。从广，侈聲。《春秋國語》説："（齊、宋、徐、夷）將互相勾結而四面攻擊我。"

【注釋】①《春秋國語》：指《吴語》。原文："齊、宋、徐、夷曰：'吴既敗矣！'將夾溝而庢我。"韋昭注："旁擊曰庢。"承培元《引經證例》："俠溝之溝當作冓。夾冓猶云交冓。庢我，言交冓而四面擊我也。韋云'旁擊'即四面意，猶云'廣擊也'。"《段注》："開拓自廣之意也。"

廉[1] 仄[2]也。从广，兼聲。力兼切（lián）。

【譯文】廉，（堂屋的）側邊。从广，兼聲。

【注釋】① 廉：朱駿聲《通訓定聲》："堂之側邊曰廉。"徐灝《段注箋》："堂廉之石平正修潔而又稜角峭利，故人有高行謂之廉。其引申之義爲廉直，爲廉利，爲廉能，爲廉靜，爲廉潔，爲廉平。"

② 仄：徐灝《段注箋》："謂側邊也。"

【參證】馬敘倫《六書疏證》卷十八："㢘是屋階之間。今杭縣稱爲階沿，階沿即階㢘也。"

庩 開張屋①也。从广，秅聲。濟陰有庩縣②。　宅加切(chá)。

【譯文】庩，敞開的屋。从广，秅聲。濟陰郡有庩縣。

【注釋】① 開張屋：《段注》："謂屋之開張者也。"　② 濟陰句：《漢書・地理志》載濟陰郡有秺(庩)縣。在今山東省鄆城縣附近。

龐 高屋①也。从广，龍聲。　薄江切(páng)。

【譯文】龐，高大的屋。从广，龍聲。

【注釋】① 高屋：《段注》："謂屋之高者也。"

【參證】甲文作。李孝定《甲骨文字集釋》第九："契文从广龍聲，或从龏聲，龏亦从龍聲也。"

底 (山)[止]①居也。一曰：下②也。从广，氐聲。　都禮切(dǐ)。

【譯文】底，止息、居住的地方。另一義說：是下面。从广，氐聲。

【注釋】① 山：《段注》："山當作止字之誤也。字从广，故曰止。"

② 下：《段注》："下爲底，上爲蓋，今俗語如是。"

㡘 礙止也。从广，至聲①。　陟栗切(zhì)。

【譯文】㡘，阻礙遏止。从广，至聲。

【注釋】① 至聲：聲中有義。至，止也。見"室"條。至止引申有礙止之義。

廮 安止也。从广，嬰聲。鉅鹿①有廮陶縣②。　於郢切(yǐng)。

【譯文】廮，安定止息。从广，嬰聲。鉅鹿郡有廮陶縣。

【注釋】① 鉅鹿：漢郡名。　② 廮陶縣：在今河北省滏陽河上游。

废 舍也。从广，犮聲。《詩》①曰："召伯所废。"　蒲撥切(bá)。

【譯文】废，屋舍。从广，犮聲。《詩經》說："是召伯建房居住的地方。"

【注釋】①《詩》：指《召南・甘棠》。"废"今作"茇"。

庳 中伏舍①。从广，卑聲②。一曰：屋庳③。或讀若逋。　便俾切(bì)。

【譯文】庳，（兩旁高）中間低伏的房屋。从广，卑聲。另一義説：是房屋低小。有時音讀象“逋”字。

【注釋】① 中伏舍：《段注》：“謂高其兩旁而中低伏之舍也。”王筠《句讀》：“瓦屋皆中伏，檐高取明，且爲觀美也。” ② 卑聲：聲中有義。卑，賤也。有低下之義。 ③ 屋庳：徐鍇《繫傳》：“低小屋也。”

蔭①也。从广，比聲。 必至切（bì）。

庇 【譯文】庇，遮蔽。从广，比聲。

【注釋】① 蔭：《段注》：“蔭，艸侌也。引申之爲凡覆庇之稱。”

屋下衆①也。从广芡②；芡，古文光字。 商署切（shù）。

庶 【譯文】庶，屋下光彩衆多。由广、芡會意，芡是古文光字。

【注釋】① 屋下衆：朱駿聲《通訓定聲》：“屋下光多也。”按：引申爲泛指衆多。 ② 芡：《段注》：“光取衆盛之意。”

【參證】甲文作、，金文作、。于省吾《甲骨文字釋林》：“甲骨文庶字是‘从火石、石亦聲’的會意兼形聲字，也即煮之本字。庶之本義乃以火燃石而煮。但因古籍中每借庶爲衆庶之庶，又別製煮字以代庶，庶之本義遂湮沒無聞。”于省吾、陳世輝《釋庶》：“人類在原始生活中，把獵獲的動物截斷頸尾和四肢，有時也割切爲塊，以烙烤於燃石之上或投燃石於盛水之器以煮之，是熟食的一種習慣作法。”後來的形與火連成一體，就成了許書所言的古文光字：、。金文正如于文所説。甲文還有字，隸定爲㷋，从众，炗聲，是“衆庶之庶的原始字”，後省形存聲，成爲衆庶之庶。

儲置屋下也。从广①，寺聲。 直里切（zhì）。

庤 【譯文】庤，儲藏放置在屋下。从广，寺聲。

【注釋】① 从广：王筠《句讀》：“云置屋下者，字从广，且儲以待用，不可露積也。”

行屋①也。从广，異聲②。 與職切（yì）。

廙 【譯文】廙，可以移動的住房。从广，異聲。

【注釋】① 行屋：《段注》：“行屋，所謂幄也。如今之蒙古包之類。” ② 異聲：聲中有義。異本分離義，引申有別異義。从广从異，表示房屋可以移動到別的地方去，故曰“行屋”。

【参證】金文作,與篆文同。

廔　屋麗廔[1]也。从广,婁聲[2]。一曰:穜[3]也。　洛侯切(lóu)。

【譯文】廔,房屋窗牖通明的樣子。从广,婁聲。另一義説:廔是播種的工具。

【注釋】① 麗廔:猶玲瓏,雙聲聯緜詞。窗牖通明之貌。　② 婁聲:聲中有義。婁本義爲中空,中空則通明。参“婁”條。　③ 穜:《段注》作“所以種也”,注:“以廔貯穀種於地也。”廔今作“耬”。

雇[1]　屋从上傾下也。从广,隹聲。　都回切(duī/tuí)[2]。

【譯文】雇,房屋從頂上墜落傾壓下來。从广,隹聲。

【注釋】① 雇:王筠《句讀》:“雇謂棟折榱崩,覆壓於四壁中也。”　② 今讀依《廣韻》杜回切。

廢　屋頓[1]也。从广,發聲。　方肺切(fèi)。

【譯文】廢,房屋倒塌。从广,發聲。

【注釋】① 頓:倒下。王筠《釋例》:“廢謂之頓者,向下委頓者也,俗謂之坐化。雇由於梁棟之不堅,廢由於基址之不固。”参“雇”條。

廇　久屋朽木。从广,酉聲。《周禮》[1]曰:“牛夜鳴則廇。”臭如朽木。　與久切(yǒu)。

【譯文】廇,舊屋的朽木。从广,酉聲。《周禮》説:“牛在夜裏叫的,(其氣味)就象舊屋的朽木。”意思是,那牛肉的氣味,就象朽木一樣惡臭。

【注釋】①《周禮》:指《天官·内饔》。

廑[1]　少劣[2]之居。从广,堇聲。　巨巾切(qín/jǐn)[3]。

【譯文】廑,小屋。从广,堇聲。

【注釋】① 廑:《廣韻·震韻》:“廑,小屋。”　② 少劣:同義複合。劣,弱小。　③ 當讀 jīn,今音 jǐn。

廟[1]　尊先祖皃[2]也。从广,朝聲。庿,古文[3]。　眉召切(miào)。

【譯文】廟,尊貴的先祖的牌位(存放的地方)。从广,朝聲。庿,古文廟字。

【注釋】① 廟:《釋名·釋宫室》:“廟,貌也。先祖形貌所在也。”《段注》:“宗廟者,先祖之尊皃也。古者廟以祀先祖,凡神不爲廟也。爲神立廟者，始三代以後。” 　② 皃：形貌，指牌位。 　③ 古文：《段注》：“古文从苗爲形聲。小篆从广朝，謂居之與朝廷同尊者，爲會意。”朝，聲中有義。

【参證】金文作、、、。商承祚《説文中之古文考》：“金文大都作、，與篆文近。無从苗作者。殆晚周間别字也。”戴家祥《金文大字典》：“廟篆書作，下半部分从舟，而金文皆从水，此屬表示事物類屬與場所的偏旁更换例。”

凥 人相依凥[①]也。从广，且聲。 　子余切(jū)。

【譯文】凥，人相依存。从广，且聲。

【注釋】① 凥：苗夔《繫傳校勘記》：“凥字疑衍。”

廅 屋迫[①]也。从广，曷聲。 　於歇切(yè)。

【譯文】廅，房屋迫促(狹窄)。从广，曷聲。

【注釋】① 屋迫：王筠《句讀》：“屋中迫促，少所容也。”

㡿[①] (郤)[卻]屋[②]也。从广，屰聲。 　昌石切(chì)。

【譯文】㡿，把房屋推拓開來(使之寬廣)。从广，屰聲。

【注釋】① 㡿：今作“斥”。 　② 郤屋：當依《段注》作“卻屋”。段注：“謂開拓其屋使廣也。”

廞 陳輿服於庭也。从广，欽聲。讀若歆[①]。 　許今切(xīn)。

【譯文】廞，陳設車馬服飾在房室中。从广，欽聲。音讀象“歆”字。

【注釋】① 讀若歆：《唐韻》歆、廞俱爲許今切。

廖[①] 空虚也。从广，膠聲。 　洛蕭切(liáo)。

【譯文】廖，空虚。从广，膠聲。

【注釋】① 廖：邵瑛《羣經正字》：“此爲寥廓正字。”

文四十九 　重三

廈[①] 屋也。从广，夏聲[②]。 　胡雅切(xià)。

【譯文】廈，(大)屋。从广，夏聲。

【注釋】① 廈：《玉篇》：“廈，今之門廡也。”《説文》：“廡，堂周屋也。”《段注》：“堂之四周爲屋也。”四周爲屋，更有高堂居中，屋之大者也。故譯作大屋。《淮南子・本經》：“大廈曾加。”高誘注：“大廈，大屋也。”　② 夏聲：廈本作夏。《説文》：“夏，中國之人也。”其義爲中原地區之人，其形爲手舞足蹈之狀，鄙視四遠，自大之態，維妙維肖。故引申有大義，指稱屋殿，則有大屋義。《楚辭・屈原〈九章・哀郢〉》：“曾不知夏之爲丘兮。”王逸注：“夏，大殿也。”《鄭新附考》：“蓋夏有大義，故大屋謂之夏屋，俗加广以別華夏字。”

廊① 廊　東西序②也。从广，郎聲。《漢書》通用郎③。　魯當切(láng)。

【譯文】廊，東西靠墻的低於堂屋的有頂的過道。从广，郎聲。《漢書》通用郎。

【注釋】① 廊：《鄭新附考》：“《漢書》晉灼注云：‘郎，堂邊廡。’小顔云：‘堂下周屋是也。’”　② 東西序：《説文》：“序，東西墻也。”此廊則連靠東西墻；顔師古謂“堂下”，則低於堂；又謂“屋”，則有頂。始則指靠東西墻者，後可引申爲四周，故顔又謂“周屋”；後泛指一切有頂的過道。　③《漢書》通用郎：郎通借爲廊。《曹全碑》已有廊字。

廂① 廂　廊②也。从广③，相聲。　息良切(xiāng)。

【譯文】廂，正房靠東西墻類似廊廡的屋子。从广，相聲。

【注釋】① 廂：《鈕新附考》：“廂通作箱。”《漢書・周昌傳》：“吕后側耳於東箱聽。”師古曰：“正寢之東西室皆曰箱，言似箱篋之形。則義當从竹。”按：从竹之箱用于廂，只是比喻義。　② 廊：參上條。廂多小于正房，廊多小于堂；廊靠東西墻，廂亦靠東西墻，故廂以廊釋。後引申爲正房兩側的房子。　③ 从广：後箱之廂房義改从竹爲从广，因與房屋有關。

庪① 庪　祭山曰庪縣②。从广，技聲。　過委切(guǐ)。

【譯文】庪，祭祀山岳，(擱置、懸掛祭品)或叫庪，或叫懸。从广，技聲。

【注釋】① 庪：《拈字》：“《爾雅・釋天》：‘祭山曰展縣。’郭注：‘或庪或縣，置之於山。’《釋文》：‘庪或作庋。’《玉篇》：‘庋，閣也。重文作庪。’《禮・内則》：‘大夫七十而有閣。’注：‘閣以板，爲庋食物也。’”② 庪縣：《公羊》疏引李巡云：“祭山以黄玉以璧，以庪置几上，遥遥而視之，若懸。”按：李釋庪縣爲連動，郭注爲並列，以郭注爲是。祭品有的擱置在几上，有的懸掛在杆上。有如今日清明之掛山。

庱[①] 地名。从广，未詳。　丑抍切(chēng)。

【譯文】庱，地名。从广，未詳。

【注釋】① 庱：《鄭新附考》：“《吴志·孫權傳》：‘(權)親乘馬射虎於庱亭。’《元和郡縣志》：‘庱亭，在丹陽城東四十七里。’亭名起於漢世，其字殆亦自漢有之。”

廖[①] 人姓[②]。从广，未詳。當是省廫字爾。　力救切(liào)。

【譯文】廖，人姓。从广，未詳。應當是廫字省“月(肉)”旁。

【注釋】① 廖：《鄭新附考》：“《説文》：‘廫，空虚也。’”後省作廖，又改作寥。因有以廖爲姓者。　② 人姓：《鄭新附考》：“錢氏大昕云：《左傳·昭廿九年》有飂叔安，《漢書·古今人表》飂作廖，知廖即飂。如其説，則古爲飂氏，在漢時轉用廫之省體耳。”飂，高風也；廫，空虚也。二義相因。廖爲廫之省。三形一字。姓氏多爲叚借。廖氏先作飂，後作廖。

文六　新附

厂部

厂 山石之厓巖，人可居[①]。象形[②]。凡厂之屬皆从厂。厈，籀文从干[③]。　呼旱切(hǎn)。

【譯文】厂，山上石頭形成的邊岸，(它們下面的洞穴是)人們可以居住的地方。象形。大凡厂的部屬都从厂。厈，籀文厂，从干聲。

【注釋】① 山石兩句：《段注》：“厓，山邊也。巖者，厓也。人可居者，謂其下可居也。”　② 象形：王筠《句讀》：“左之斗絶者山也，上之横覆者厓也。土山不能横出，故曰山石之厓巖。”　③ 从干：《段注》：“从干聲。”宋保《諧聲補逸》：“厂、干同部，聲相近。”

【參證】甲文作𠀀、𠀀，金文作𠀀、𠀀、厂。高鴻縉《中國字例》：“厂本象石岸之形。周秦或加干爲聲符作厈，後又或於厈上加山爲意符作岸，故厂、厈與岸實爲一字。”

厓[①] 山邊也。从厂，圭聲。　五佳切(yá)。

【譯文】厓，山邊。从厂，圭聲。

【注釋】① 厓：參“崖”條。

㕒 㕒厃[①]，山顛也。从厂，垂聲。　姊宜切(zuī)。

【譯文】㕒，㕒厃，山頂。从厂，垂聲。

【注釋】① 㕒厃(wēi)：王筠《句讀》：“即山部嵯峨之異體。㚄、𡚠(差)皆从𠂹(chuí)聲。”張舜徽《約注》：“厃从義聲，義又从我聲，故厃、峨古讀本同，實一字耳。”

厃[①] 㕒厃也。从厂，義聲。　魚爲切(wēi)。

【譯文】厃，㕒厃。从厂，義聲。

【注釋】① 厃：參“㕒”條。

厰 崟[①]也。一曰：地名[②]。从厂，敢聲。　魚音切(yín)。

【譯文】厰，厰崟。另一義説：是地名。从厂，敢聲。

【注釋】① 崟(yín)：連篆爲讀。厰崟：疊韻聯緜詞。形容山崖險峻貌。　② 地名：桂馥《義證》：“《僖三十三年・穀梁傳》：‘巖唫之下。’馥謂即厰崟。”王筠《句讀》：“(巖唫)形容殽地之險，因目之爲地名耳。”

【參證】金文作、。戴家祥《金文大字典》：“疑厰即巖之本字。巖字从㞛，乃嵒之省，《説文》九篇‘嵒，山巖也’。巖爲厰的形符重複字。”

厬[①] 仄出[②]泉也。从厂，晷聲。讀若軌。　居洧切(guǐ)。

【譯文】厬，自旁穴流出的泉水。从厂，晷聲。音讀象“軌”字。

【注釋】① 厬：今作“氿”。　② 仄出：徐灝《段注箋》：“自旁穴流出耳。”

【參證】馬敘倫《六書疏證》卷十八引劉秀生曰：“晷从咎聲，軌从九聲，並在見紐蕭部，故晷从咎聲得讀若軌。”

厎 柔石[①]也。从厂[②]，氐聲。，厎或从石。　職雉切(zhǐ/dǐ)[③]。

【譯文】厎，質地細軟的(磨刀)石。从厂，氐聲。砥，厎的或體，从石。

【注釋】① 柔石：《段注》："柔石，石之精細者。鄭注《禹貢》：'厲，摩刀刃石也。精者曰砥。'"　② 从厂：以上五個字頭訓釋側重於山石之厓巖，"厎"及以下則側重於山石，故徐灝説"厎从厂，即石之省。"　③ 當讀 zhǐ，今讀 dǐ。

　發石[①]也。从厂，欮聲。　俱月切(jué)。

厥　【譯文】厥，發射石塊。从厂，欮聲。

【注釋】① 發石：吴善述《廣義校訂》："'發石'非啟石土中之謂，乃以石爲礮，即'旝'下云'建大木，置石其上，發以機，以槌敵也'。"

[①]　旱石[②]也。从厂，蠆省聲。，或不省。　力制切(lì)。

厲　【譯文】厲，質地粗硬的(磨刀)石。从厂，蠆省聲。蠇，厲的或體，不省虫。

【注釋】① 厲：《段注》："俗以義異異其形。凡砥厲字作礪，凡勸勉字作勵，惟嚴厲字作厲。"　② 旱石：徐鍇《繫傳》："麤(粗)悍石也。"徐鼒《讀書雜釋》："悍之从旱，亦以剛爲義，與上'厎，柔石也'文正相承。"

【參證】金文作。郭沫若《兩周金文辭大系考釋·魯大司徒匜》："䃾(是金文末字的隸定)即厲之繁文，从石與从厂同意，从邁省聲與萬聲同。"

　厱諸[①]，治玉石也。从厂，僉聲。讀若藍。　魯甘切(lán)。

厱　【譯文】厱，厱諸，磨治玉的石頭。从厂，僉聲。音讀象"藍"字。

【注釋】① 厱諸：《淮南·説山訓》："玉待礛諸而成器。"厱作礛。錢坫《斠詮》："今之寶砂也。"

【參證】馬敘倫《六書疏證》卷十八引劉秀生曰："僉聲之字""皆在來紐添部，藍从監聲，亦在來紐添部。故厱从僉聲得讀若藍。"

　治[①]也。从厂，秝聲[②]。　郎擊切(lì)。

厤　【譯文】厤，磨治。从厂，秝聲。

【注釋】① 治：王筠《句讀》："此治玉、治金之治，謂磨厲之也。"
② 秝聲：聲中有義。秝，稀疏適秝也。徐灝《段注箋》："厤者整齊之義。""刀刃磨礪需整齊均適。"

【參證】金文作。戴家祥《金文大字典》："从石(即厂)从秝，疑即石磑碾米去殼的本字。”

厲 石利[①]也。从厂,異聲。讀若枲。 胥里切(xǐ)。

【譯文】厲,石頭鋭利。从厂,異聲。音讀象“枲”字。

【注釋】① 石利:《段注》:“謂石鋭也。”

硞 美石也。从厂,古聲。 侯古切(hù)。

【譯文】硞,美石。从厂,古聲。

厗 唐厗[①],石也。从厂,犀省聲。 杜兮切(tí)。

【譯文】厗,唐厗,石名。从厂,犀省聲。

【注釋】① 唐厗:雙聲聯緜詞。又叫火齊,即玫瑰珠石。

厇 石聲[①]也。从厂,立聲。 盧荅切(lā)。

【譯文】厇,石頭(崩裂的)聲音。从厂,立聲。

【注釋】① 石聲:《段注》:“謂石崩之聲。”

【參證】金文作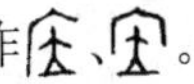。李孝定《金文詁林讀後記》卷九:“居室字作厇,从广(宀同)从立(位)會意。”始見高田忠周《古籀篇》卷七十三。

厓 石地惡[①]也。从厂,兒聲。 五歷切(yì)。

【譯文】厓,多石的土地貧瘠。从厂,兒聲。

【注釋】① 惡:質地壞。

厔 石地也。从厂,金聲。讀若紟。 巨今切(qín)。

【譯文】厔,石質土地。从厂,金聲。音讀象“紟”字。

厜 石閒見[①]。从厂,甫聲。讀若敷。 芳無切(fū)。

【譯文】厜,石頭在空隙處突然出現。从厂,甫聲。音讀象“敷”字。

【注釋】① 石閒見:朱駿聲《通訓定聲》:“謂空隙處乍見也。”閒,空隙。見,現。《段注》:“閒,讀去聲。閒見,謂突兀忽見。”

厝[①] 厲石也。从厂,昔聲。《詩》[②]曰:“他山之石,可以爲厝。” 倉各切(cuò)。又,七互切(cù)。

【譯文】厝,磨刀石。从厂,昔聲。《詩經》説:“别的山上的石頭,可以用來作磨刀石。”

【注釋】① 厝:徐灝《段注箋》:“凡摩鑢(磋磨)金石謂之厝。古通作錯。” ②《詩》:指《小雅·鶴鳴》。

厖① 石大也。从厂，龙聲。 莫江切(máng)。

【譯文】厖，石頭大。从厂，龙聲。

【注釋】① 厖：《方言》卷一："厖，深之大也。""自關而西，秦晉之間，凡大皃或謂之厖。"

厃 岸上見①也。从厂，从之省②。讀若躍。 以灼切(yuè)。

【譯文】厃，高岸上部顯現出來。由厂、由㞢省去一會意。音讀象"躍"字。

【注釋】① 岸上見：《段注》："岸者厓陖而高也。""上見者，望之而見於上也。"見，現。 ② 从之省：《段注》："(㞢)謂艸初生，故凡上出者可以㞢(之)象之。"

厞① 廦②也。从厂，夾聲。 胡甲切(xiá)。

【譯文】厞，狹窄。从厂，夾聲。

【注釋】① 厞：《段注》："厞與陜(xiá)音同義近。"本書𨸏部："陜，隘也。"《字彙·厂部》："厞，俗作狹。" ② 廦：狹窄。

仄 側傾也。从人在厂下①。厌，籀文从夨②，夨亦聲。 阻力切(zè)。

【譯文】仄，傾斜。由"人"在"厂"下會意。厌，籀文仄从夨，夨也表聲。

【注釋】① 从人句：徐鍇《繫傳》："人在厓石之下，不得安處也。" ② 夨：本書夨部："傾頭也。"

廦① 仄也。从厂，辟聲。 普擊切(pì)。

【譯文】廦，狹窄。从厂，辟聲。

【注釋】① 廦：《段注》："今人言偪(逼，迫)仄，乃當作廦仄。"張舜徽《約注》："湖湘間猶稱室之褊小者曰廦仄。"

厞 隱也。从厂，非聲。 扶沸切(fèi)。

【譯文】厞，隱蔽。从厂，非聲。

厭① 笮②也。从厂，猒聲。一曰：合也。 於輒切(yè/yā)。又，一琰切(yǎn/yàn)。

【譯文】厭，覆壓。从厂，猒聲。另一義說：是符合。

【注釋】① 厭：今作"壓"。 ② 笮(zé)：王筠《句讀》："竹部：

‘笮，迫也。在瓦之下，棼(橑)之上。’本注之笮，但取‘在瓦之下’之義，謂鎮壓也。”

【參證】金文作、。徐灝《段注箋》：“猒者，猒(yā)飫本字，引申爲猒足、猒惡之義。俗以厭(yā)爲厭(yàn)惡，别製饜爲饜(yàn)飫、饜足，又从厭加土爲覆壓字。”

厃　仰也。从人在厂上①。一曰：屋梠也，秦謂之桷，齊謂之厃②。　魚毁切(wěi)。

【譯文】厃，仰望。由“人”在“厂”上會意。另一義説：是屋脊，秦地叫作桷，齊地叫作厃。

【注釋】① 从人句：毛際盛《述誼》：“言所處高，可瞻仰。高，本誼(義)；仰，轉誼(義)也。”　② 屋梠句：毛際盛《述誼》：“即俗所云屋脊是已。屋有厃，猶背有吕，故曰屋梠。屋梠鴟吻如角雙植，故亦曰桷。厃以高言，梠與桷皆以形言。”

【參證】于省吾《甲骨文字釋林》上卷：“甲骨文厃字作”，“象攲器，故皆作傾斜形”。按攲器，傾攲易覆之器。引申有傾危之義，卻無高厃、梠厃之義。存參。

文二十七　重四

丸部

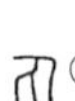①
丸　圜，傾側而轉者。从反仄②。凡丸之屬皆从丸。　胡官切(wán)③。

【譯文】丸，圓體，傾側而圓轉無礙的東西。由仄字反過來表示。大凡丸的部屬都从丸。

【注釋】① 丸：饒炯《部首訂》：“以圜説丸，通其名也；又以傾側而轉説圜，申其義也。”《段注》：“今丸藥，其一耑也。”　② 从反仄：王筠《句讀》：“仄下云‘側傾也’。傾側則不轉，以其有平面也；傾側而又轉者，以其無平面也。故‘从反仄’。”徐灝《段注箋》解釋與王不同：“丸从人中有點，象挾彈形。”存參。　③ 當讀 huán，今音 wán。

㚟　鷙鳥食已，吐其皮毛如丸[①]。从丸，咼聲。讀若骫[②]。　於跪切（wěi）。

【譯文】㚟，凶猛的鳥吃罷（獵取的食物），吐出它們的皮毛，象丸的形狀。从丸，咼聲。音讀象“骫”字。

【注釋】① 鷙鳥二句：徐鍇《繫傳》：“言鷹隼之屬既食鳥雀，必吐其皮毛。”　② 骫（wěi）：上古與㚟同屬歌部影紐。

【參證】馬敘倫《六書疏證》卷十八：“林義光曰：骫、㚟音同形近，本義當爲委曲。骫从骨即咼之譌，與㚟同字。倫按：此讀若骫。骫从丸得聲，則㚟亦从丸得聲。㚟即骫之偏旁異位而骨又譌爲咼耳。”

䒜[①]　丸之孰[②]也。从丸，而聲。　奴禾切（nuó）。

【譯文】䒜，（雙手搓物，）圓轉得那麽純熟。从丸，而聲。

【注釋】① 䒜：徐灝《段注箋》：“今粤俗以手搓物，使圜轉，曰䒜。俗作挼。”　② 丸之孰：動補結構。“丸”用如動詞。

㚑　闕[①]。　芳萬切（fàn）。

【譯文】㚑，闕其形音義。

【注釋】① 闕：《段注》：“謂其義、其形、其音，説皆闕也。”

文四

危部

危　在高而懼也。从厃，自卪止之[①]。凡危之屬皆从危。　魚爲切（wēi）。

【譯文】危，人在高處，心情恐懼。由厃（、由卪）表示自己節制、抑止這種臨危而懼的心情。大凡危的部屬都从危。

【注釋】① 从厃句：王筠《句讀》：“厃、危蓋一字。”饒炯《部首訂》：“从人在厂上爲厃，玆从卪轉注之，而危殆之義愈顯。”

【參證】林義光《文源》：“（卪）亦人字。厂上、厂下皆危地，象人在厂上、在厂下形。”存參。

䞍　䞍隔[①]。从危，支聲。　去其切（qī）。

【譯文】䞍，崎嶇不正。从危，支聲。

【注釋】① 攲𡼖：又作崎嶇，雙聲聯緜詞，傾側不安的意思。單字也成義。徐灝《段注箋》：“析言之，則攲爲不正，𡼖爲不安。”

文二

石部

石　山石也。在厂之下；口，象形。凡石之屬皆从石。　常隻切(shí)。

【譯文】石，山上的石頭。在“厂”之下；口(wéi)象方、圓的石頭的形狀。大凡石的部屬都从石。

【參證】甲文作、，金文作。孫海波《甲骨金文研究》：“(甲金文)與篆文同，皆象石方圓不等之形。”

磺[①]　銅鐵樸石[②]也。从石，黄聲。讀若穬。卝，古文磺。《周禮》[③]有卝人。　古猛切(gǒng/kuàng)。

【譯文】磺，銅鐵之類的金屬礦石。从石，黄聲。音讀象“穬”字。卝，古文磺字。《周禮》有“卝人”的職務。

【注釋】① 磺：或作“礦”。　② 銅鐵樸石：《段注》：“樸，木素也。因以爲凡素之偁。銅鐵樸者，在石與銅鐵之間，可爲銅鐵而未成者也。不言金玉者舉觕(粗)以該精也。”　③《周禮》：指《地官》。原文：“卝人，掌金玉錫石之地。”

【參證】葛英會《古陶文研習劄記》(《考古學研究(一)》)：“古文礦字兩豎筆旁出的枝畫是斜向上方的，極可能是古時礦井坑道支架的象形。”

碭　文石也。从石，昜聲。　徒浪切(dàng)。

【譯文】碭，有花紋的石頭。从石，昜聲。

碝[①]　石次玉者。从石，耎聲。　而沇切(ruǎn)。

【譯文】碝，比玉次一等的石頭。从石，耎聲。

【注釋】① 碝：《文選・司馬相如〈子虛賦〉》：“碝石、碔砆。”李善注引張揖説：“碝石，白者如冰，半有赤色。”

砮　石，可以爲矢鏃[①]。从石，奴聲。《夏書》[②]曰："梁州貢砮丹。"《春秋國語》[③]曰："肅慎氏貢楛矢石砮。"　乃都切(nú)。

【譯文】砮，石名，可用來作箭鋒。从石，奴聲。《夏書》説："梁州地方貢獻造箭鏃的砮石和丹砂。"《春秋國語》説："肅慎國貢獻楛木箭和造箭鏃的砮石。"

【注釋】① 鏃：許書作"族"。本書㫃部："族，矢鏠(鋒)也。"　②《夏書》：指《禹貢》。《段注》："《禹貢》：荊州貢厲砥砮丹，梁州貢砮磬。此乃許君筆誤。"　③《春秋國語》：指《魯語》。肅慎氏：周朝少數民族名，分布在今黑龍江、松花江流域。

礜[①]　毒石也。出漢中[②]。从石，與聲。　羊茹切(yù)。

【譯文】礜，有毒的石頭。出産在漢中郡。从石，與聲。

【注釋】① 礜：《山海經·西山經》："(臯塗之山)有白石焉，其名曰礜，可以毒鼠。"　② 漢中：漢中郡，故治在今陝西南鄭縣。

碣　特[①]立之石。東海有碣石山[②]。从石，曷聲。古文。　渠列切(jié)。

【譯文】碣，高聳獨立的石頭。東海郡有碣石山。从石，曷聲。，古文碣字。

【注釋】① 特：《方言》卷六："物無耦曰特。"《增韻·德韻》："挺立曰特。"故譯爲孤獨、高聳。　② 碣石山：在今河北省昌黎縣西北。

【參證】商承祚《説文中之古文攷》："(古文)从乃(石)之寫失。"

磏　厲石也。一曰[①]：赤色。从石，兼聲。讀若鎌。　力鹽切(lián)。

【譯文】磏，磨刀石。另一義説：紅色。从石，兼聲。音讀象"鎌"字。

【注釋】① 一曰：徐鍇《繫傳》無。王筠《釋例》："《玉篇》、《廣韻》皆曰'赤厲石'。"據此，磏是紅色的磨刀石。

碬　厲石也。从石，叚聲。《春秋傳》[①]曰："鄭公孫碬字子石。"　乎加切(xiá)。

【譯文】碬，磨刀石。从石，叚聲。《春秋左傳》説："鄭國公孫碬的字叫子石。"

【注釋】①《春秋傳》：指《左傳·襄公二十七年》。原文："公孫段賦《桑扈》。"邵瑛《羣經正字》："(碬)今本省石作叚。""其作段者，筆迹相近而舛(譌)。"

礫 小石也。从石，樂聲。　郎擊切(lì)。

【譯文】礫，細小的石頭。从石，樂聲。

砮 水邊石。从石，巩聲。《春秋傳》[①]曰："闕砮之甲。"　居竦切(gǒng)。

【譯文】砮，水邊的石頭。从石，巩聲。《春秋左傳》説："闕砮國出産的鎧甲。"

【注釋】①《春秋傳》：指《左傳·昭公十五年》。今本原文："闕鞏之甲，武所以克商也。"借鞏爲砮。闕砮，古國名。故地在今河南鞏義市西南。

磧 水陼[①]有石者。从石，責聲。　七迹切(qì)。

【譯文】磧，水邊灘頭中有石頭的地方。从石，責聲。

【注釋】① 陼：本書𨸏部："如渚(zhǔ，水中小洲)者。陼丘，水中高者也。"

碑[①] 豎石也。从石，卑聲。　府眉切(bēi)。

【譯文】碑，豎立的石頭。从石，卑聲。

【注釋】① 碑：王筠《句讀》："古碑有三用：宫中之碑，識(標記，測)日景(影)也；廟中之碑，以麗(猶繫)牲也；墓所之碑(引棺木入墓穴的木柱，後用石)，以下棺也。秦之紀功德也，曰立石，曰刻石。其言碑者，漢以後之語也。"

碌[①] (陖)[陊][②]也。从石，彖聲。　徒對切(duì/zhuì)[③]。

【譯文】碌，落下。从石，彖聲。

【注釋】① 碌：今作"墜"。　② 陖：田吳炤《二徐箋異》："小徐作墒也。炤按：陖當是誤字。一本作陊也。陊義與墒同。"　③ 今讀依《集韻》直類切。

磒 落也。从石，員聲。《春秋傳》[①]曰："磒石于宋，五。"　于敏切(yǔn)。

【譯文】磒，墜落。从石，員聲。《春秋傳》説："从天上墜落隕石到宋國，共五顆。”

【注釋】①《春秋傳》：指《春秋經・僖公十六年》。今本“磒”作“隕”。

硪 碎石隕聲。从石，炙聲①。　所責切(sè)。

硪 【譯文】硪，碎石墜落的聲音。从石，炙聲。

【注釋】① 炙聲：炙，上古與硪同屬鐸部、審紐。

硞 石聲①。从石，告聲。　苦角切(què)。

硞 【譯文】硞，石聲。从石，告聲。

【注釋】① 石聲：張舜徽《約注》：“其本義自爲擊石之聲。”存參。

硠 石聲①。从石，良聲。　魯當切(láng)。

硠 【譯文】硠，石聲。从石，良聲。

【注釋】① 石聲：張舜徽《約注》：“乃石旋轉相擊之聲。”

礐 石聲①。从石，學省聲。　胡角切(xué/què)②。

礐 【譯文】礐，石聲。从石，學省聲。

【注釋】① 石聲：《段注》：“(礐)當云水激石聲也。”存參。　② 今讀依《廣韻》苦角切。

硈 石堅也。从石，吉聲。一曰：突也。　格八切(qià)。

硈 【譯文】硈，石頭堅固。从石，吉聲。另一義說：奔突。

磕 石聲①。从石，盍聲。　口太切(kài)。又，苦盍切(kē)。

磕 【譯文】磕，石聲。从石，盍聲。

【注釋】① 石聲：《正字通・石部》：“磕，兩石相擊聲。”桂馥《義證》：“今江南凡言打物破爲磕破。”

硻 餘堅者①。从石②，堅省。　口莖切(kēng)。

硻 【譯文】硻，(除石頭之外的)其餘堅固的物體。由石、由堅省會意。

【注釋】① 餘堅者：張舜徽《約注》：“謂石堅爲硈，餘物之堅則爲硻也。”　② 从石：石表喻體。从石、堅省，會合象石頭一樣堅硬的物體的意思。

磿 石聲①也。从石，厤聲。　郎擊切(lì)。

磿 【譯文】磿，石聲。从石，厤聲。

【注釋】① 石聲：《段注》引《玉篇》："石小聲也。"

磛 礹①，石(也)[皃]。从石，斬聲。 鉏② 銜切(chán)。

【譯文】磛，磛礹，是石頭的樣子。从石，斬聲。

【注釋】① 礹：徐灝《段注箋》："磛、礹二字連篆讀之爲句。'石也'當作'石皃'。"按：磛礹：疊韻聯緜詞。 ② 鉏：當是"鉏"之譌字。

礹 石山也。从石①，嚴聲。 五銜切(yán)。

【譯文】礹，石山。从石，嚴聲。

【注釋】① 从石：《段注》："巖主謂山，故从山；礹主謂石，故从石。"二者取類有別，其義可通。

礊 堅也。从石，毄聲。 楷革切(kè)。

【譯文】礊，堅硬。从石，毄聲。

确① 礊石也。从石，角聲。[illegible]，确或从㱿②。 胡角切(xué/què)③。

【譯文】确，堅硬的石頭。从石，角聲。[illegible]，确的或體，从㱿聲。

【注釋】① 确：徐鍇《繫傳》："所謂磽确之地。"張舜徽《約注》："戴侗曰：'磽确多石，地剛瘠也。'"徐鉉："(确)今俗作確。" ② 从㱿：《段注》："㱿聲。" ③ 今讀依《集韻》克角切。

磽① 礊石也。从石，堯聲。 口交切(qiāo)。

【譯文】磽，堅硬的石頭。从石，堯聲。

【注釋】① 磽：《漢書・賈山傳》："地之磽者。"顔師古注："磽，埆，瘠薄也。"地多堅硬的石頭，所以叫"瘠薄"。參"确"條。

硪 石巖①也。从石，我聲。 五何切(é)。

【譯文】硪，石頭形成的山的邊岸。从石，我聲。

【注釋】① 石巖：《段注》："巖，厓也。石巖，石厓也。"

【參證】甲文作[illegible]、[illegible]，左上爲石，左下亦爲石，我聲。董作賓《殷曆譜》卷九釋作"硪"。

碞 磛(嵒)[碞]①也。从石品②。《周書》③曰："畏于民碞。"讀與巖同④。 五銜切(yán)。

【譯文】碞，磛碞。由石、品會意。《周書》説："對於民心的險惡十分畏懼。”音讀與“巖”字同。

【注釋】① 磛嵒：當依《段注》作“磛碞”，注：“猶上文之磛礹，積石高峻皃也。”　② 从石品：《段注》：“品象石之磛礹（山石高峻皃）。品亦聲也。”　③《周書》：指《召誥》。民碞：民心之險。由山石高險引申而來。　④ 讀與巖同：宋保《諧聲補逸》：“碞（上古屬侵部）讀與巖（覃部）同。品（侵部）聲。古音侵、覃兩部分用劃然，其關通之路最近。”

磬　樂石也。从石殸。象縣虡[1]之形。殳，擊之也。古者毋句氏[2]作磬。殸，籒文省[3]。硜，古文从巠[4]。　苦定切（qìng）。

【譯文】磬，可奏打擊樂的石器。由石、殸會意。（声）象懸掛石磬的架子的樣子。殳，表示用器具敲擊石磬。古時候毋句氏製作石磬。殸，籒文磬。硜，古文磬，从巠聲。

【注釋】① 象縣虡（jù）：王筠《句讀》：“謂声也。”《段注》：“此从中，謂虡之上出可見者，崇牙樹羽是也；一，象栒之横；丨，象虡之植；ㄇ，象編磬係焉也。”徐灝《段注箋》：“古磬作，如人俯首鞠躬之形，故謂之磬折。篆文作，象之。今整齊爲，左筆曳出以與右殳相配耳。”　② 毋句氏：桂馥《義證》引《廣雅》“毋句氏磬十六枚”注：“毋句，堯臣也。”　③ 省：桂馥《義證》：“後人加‘省’字。”

④ 从巠：宋保《諧聲補逸》：“巠聲。”《段注》：“硜本古文磬字，後以爲堅确之意。”

【參證】甲文作。羅振玉《增訂殷虚書契考釋》：“象虡飾，象磬，（手）持，所以擊之，形意已具。其从石者，乃後人所加。”

礙　止也。从石，疑聲。　五溉切（ài）。

【譯文】礙，阻止。从石，疑聲。

硩　上摘巖空青[1]、珊瑚墮之。从石，折聲。《周禮》[2]有硩蔟氏。　丑列切（chè）。

【譯文】硩，上山摘採山巖上的空青石、珊瑚石，讓它墜落下來。从石，折聲。《周禮》有硩蔟氏。

【注釋】① 空青：《段注》：“許意，空青、珊瑚，皆石也。”　②《周禮》：指《秋官》。原文："哲蔟氏，掌覆夭鳥之巢。"《段注》引鄭司農説："蔟讀爲爵（雀）蔟之蔟，謂巢也。"

硟① 以石扞繒也②。从石，延聲。　尺戰切（chàn）。

【譯文】硟，用石器碾壓繒帛（使平展）。从石，延聲。

【注釋】① 硟：錢坫《斠詮》："今俗碾字應如此作。"　② 以石句：朱駿聲《通訓定聲》："用石摩展縐痕使平，今俗謂之砑。"扞，同"擀"，輾軋。

碎 䃺①也。从石②，卒聲。　蘇對切（suì）。

【譯文】碎，破碎。从石，卒聲。

【注釋】① 䃺：今"磨"字。由磨碾碎引申爲碎。　② 从石：《段注》："石可碎物，物亦可碎石，兼此二義。"

破 石碎也。从石，皮聲。　普過切（pò）。

【譯文】破，石頭碎裂。从石，皮聲。

礱 䃺①也。从石，龍聲。天子之桷，椓而礱之②。　盧紅切（lóng）。

【譯文】礱，磨礪。从石，龍聲。天子房屋的椽皮，要砍削好，打磨好。

【注釋】① 䃺：磨。　② 天子二句：《穀梁傳·莊公二十四年》："天子之桷（jué，方形椽皮），斲（砍斫）之礱之。"范甯注："（礱，）以細石磨之。"

研① 䃺也。从石，幵聲。　五堅切（yán）。

【譯文】研，磨。从石，幵聲。

【注釋】① 研：《段注》："亦謂以石䃺（磨）物曰研也。手部曰：'摩者，揅也；揅者，摩也。'揅摩以手故从手，研䃺以石故从石。"

䃺① 石磑②也。从石，靡聲。　模臥切（mò）。

【譯文】䃺，石磨。从石，靡聲。

【注釋】① 䃺：《段注》："今字省作磨。引申之義爲研磨。俗乃分别其音。石磑則去聲，模臥切（mò）；研磨則平聲，莫婆切（mó）。"
② 磑（wèi）：參下條。

磑① 䃺也。从石，豈聲。古者公輸班作磑。　五對切（wèi）。

【譯文】磑，磨子。从石，豈聲。古時候公輸班製作石磨。

【注釋】① 磑：《六書故・地理二》："合兩石，琢其中爲齒，相切以磨物，曰磑。"《一切經音義》卷十五："磑，北土名也。江南呼磨也。"

碓①　舂②也。从石，隹聲。　都隊切(duì)。

碓　【譯文】碓，用腳舂米的器具。从石，隹聲。

【注釋】① 碓：王筠《句讀》："杵臼任手，碓則任足。又有水碓，不勞人力。"　② 舂：體用同訓。

碴①　舂已，復擣之，曰碴。从石②，沓聲③。　徒合切(tà)。

碴　【譯文】碴，(初次)舂完，又再舂搗它，叫碴。从石，沓聲。

【注釋】① 碴：《玉篇・石部》："再(第二次)舂也。"　② 从石：《段注》："以石舂。"　③ 沓聲：聲中有義。《段注》："碴之言沓也。取重沓之意。"

磻　以石箸惟繁也①。从石，番聲。　博禾切(bō)。

磻　【譯文】磻，把石頭系在用以射飛鳥的生絲縷上(用作箭鏃)。从石，番聲。

【注釋】① 以石句：《段注》："惟者，繁(zhuó)射飛鳥也；繁者，生絲縷系矰矢而以惟䠶也。以石箸(zhuó，附着，系)於繁，謂之磻。"徐鍇《韻譜》曰："磻，石可爲鏃。"《纂文》："磻，射石也。"

【參證】宋兆麟《戰國弋射圖及弋射溯源》(《文物》一九八一年第六期)："繳的下端墜有圓球狀物體，應是繞繳之磻。""即拴繳的石質工具，取其重量，以作墜石，射中的飛禽不致將矢繳帶走。"宋説與小徐説異，存參。

䃋　斫①也。从石②，箸聲。　張略切(zhuó)。

䃋　【譯文】䃋，斫地的石鋤。从石，箸聲。

【注釋】① 斫(zhuó)：《段注》："斫者，其器所以斫地，因謂之斫也。"　② 从石：字或从木作櫡，或从金作鐯。以石斫，从石；以木斫，从木；以金斫，从金。

【參證】馬敘倫《六書疏證》卷十八："古以石爲耕器，亦以石斫物。"

硯　石滑①也。从石，見聲。　五甸切(yàn)。

硯　【譯文】硯，石性光滑。从石，見聲。

【注釋】① 石滑：《段注》："謂石性滑利也。""石滑不澀，今人研墨者曰硯,其引申之義也。”

[篆]① 以石刺病也。从石,乏聲。 方彤切(biān)。又,方驗切(biàn)。

砭

【譯文】砭,用石針刺破皮肉治病。从石,乏聲。

【注釋】① 砭:徐鍇《繫傳》:“《南史》所謂石鍼(針)。”《段注》:“以石刺病曰砭,因之名其石曰砭。”

【參證】馬敘倫《六書疏證》卷十八:“鍼、砭聲同侵類,是語原同也。古者石器時代,刀斧皆以石爲,則鍼亦以石爲,及銅器時代乃以金爲,故砭字从石,鍼字从金。”

[篆] 石(也)[地]惡①也。从石,鬲聲。 下革切(hé)。

碣 【譯文】碣,石質土地十分貧瘠。从石,鬲聲。

【注釋】① 石也惡:當依徐鍇《繫傳》作“石地惡”。

[篆] 磊砢①也。从石,可聲。 來可切(luǒ)。

砢 【譯文】砢,磊砢。从石,可聲。

【注釋】① 磊砢:雙聲聯緜詞。《玉篇·石部》:“磊砢,小石皃。”

[篆]① 衆石也。从三石。 落猥切(lěi)。

磊 【譯文】磊,衆多的石頭(累積在一起。)由三個石字會意。

【注釋】① 磊:《段注》:“石三爲磊,猶人三爲衆。磊之言絫也。”

文四十九 重五

[篆]① 䃺②也。从石,厲聲。經典通用厲③。 力制切(lì)。

礪 【譯文】礪,磨刀石。从石,厲聲。經典通用厲字。

【注釋】① 礪:《鄭新附考》:“《説文》厎訓柔石,厲訓旱石(旱猶悍也):並磨石也。《詩》‘取厲取碫’,是磨石。因而磨之即曰厎厲。”“虛實義本無二字。俗乃加石。”按:此處之虛實,今謂動詞、名詞。古以名詞表實體義,爲實;動詞相較名詞而言,爲虛。古漢語多名動合一,故謂虛實義無二字。 ② 䃺:今省作“磨”。參“䃺”條。③ 厲:質地粗硬的磨刀石。參“厲”條。厲从厂,厂本有石義。因厲演變爲多義字。《段注》説:“俗以義異,異其形。凡砥厲字作礪,凡勸勉字作勵,惟嚴厲字作厲。”

碏　《左氏傳》：衛大夫石碏①。《唐韻》云："敬也。"从石②，未詳；昔聲。　七削切(què)。

【譯文】碏，是《左傳》"衛大夫石碏"的碏字。《唐韻》説："(碏是)敬的意思。"从石，未詳，昔聲。

【注釋】① 石碏：見《左傳·隱公三年》。《公羊》殘碑作"石踖"，"踖"是"碏"的借字。　② 从石：猶从厂，即"厝"字。參"厂"條。朱駿聲《通訓定聲》"厝"字下："字亦作碏。"《説文》："厝，厲石也。他山之石，可以爲厝。"厲厝之石，可"砥厲廉隅"，其品質令人肅然起敬。故《唐韻》云"敬也"。

磯①　大石激水也。从石，幾聲。　居衣切(jī)。

【譯文】磯，突出水中激起水流的大石。从石，幾聲。

【注釋】① 磯：湖湘稱堤邊阻擋、分流洪水的、壘起的大石堆叫磯頭。

碌①　石皃②。从石，录聲。　盧谷切(lù)。

【譯文】碌，石頭的樣子。从石，录聲。

【注釋】① 碌：《鄭新附考》："此後世語。古籍無之。亦用作庸碌字。"疊音詞"碌碌"，形容平庸之皃。如碌碌無爲。　② 石皃：山石草木，尋常見之，故引申爲"庸碌"。

砧①　石柎②也。从石，占聲。　知林切(zhēn)。

【譯文】砧，(擣衣的)石礅。从石，占聲。

【注釋】① 砧：《鄭新附考》："《爾雅·釋宫》：'椹(zhēn)謂榩(qián)。'郭注：'斲木質也。'《釋文》：'椹，本或作砧。'《文選》謝惠連《擣衣詩》亦引《爾雅》作砧，則椹即砧字。"質，即櫍，本義爲器物之足。其足爲墊物的基礎。故引申爲墊物而又極其堅韌者。斲木質，是墊在地上用以砍斲木頭的礅。因用木，故从木作椹；因用石，故从石作砧。或以擣衣，或以斲木。其用、其材雖殊，其功能一也。其音相近。故椹即砧字。　② 石柎：《段注》"柎"下："凡器之足皆曰柎。"石柎即石足，引申爲石礅。見上注。

砌　階甃①也。从石，切聲②。　千計切(qì)。

【譯文】砌，臺階的堆砌。从石，切聲。

【注釋】① 階甃(zhòu)：甃本義爲用磚砌成井壁，引申爲凡堆砌之稱。　② 切聲：切本義爲切斷。砌離不開用刀斲削切斷磚瓦，故可引申爲砌。故《文選・西京賦》："設切厓隒。"李注："切與砌古字通。"後因建築時常用泥灰黏合重磚迭瓦壘石，故又加石。

礩　柱下石也。从石，質聲①。　之日切(zhì)。

【譯文】礩，屋柱下面墊柱的石頭。从石，質聲。

【注釋】① 質聲：《鈕新附考》："古通作質。从石、从木竝後人加。"按：質可引申爲礩、櫍，參"櫍"條。

礎　礩①也。从石，楚聲。　創舉切(chǔ)。

【譯文】礎，屋柱底下墊着的基石。从石，楚聲。

【注釋】① 礩：參上條。

硾　擣①也。从石，垂聲②。　直類切(zhuì)。

【譯文】硾，用石頭椎擊築砸。从石，垂聲。

【注釋】① 擣：參"擣"條。擣築多用力下垂，引申爲鎮、爲縋，即系重使下沉。《吕氏春秋・勸學》："是拯溺而硾之以石也。"　② 垂聲：聲中有義。《段注》"𠂹，艸木華葉𠂹"下："引申爲凡下𠂹之偁。今字垂行而𠂹廢矣。"

文九　新附

長部

長①　久、遠也②。从兀，从匕。兀者，高遠意也。久則變化。亡聲。𠂆者，倒亡也。凡長之屬皆从長。𠑷，古文長。𠤟，亦古文長。　直良切(cháng)。

【譯文】長，長久；長遠。由兀、由匕(huà)會意。兀是高而又遠的意思。(匕)表示長久就變化。亡聲。長字上部的𠂆，是倒寫着的亡字。大凡長的部屬都从長。𠑷，古文長字。𠤟，也是古文長字。

【注釋】① 長：朱駿聲《通訓定聲》："字當訓髮，人毛之最長者也。𠂆象長髮緜延之形，一以束之。从匕，久而色變也。"按：長字下部的𠆢，朱以爲是人字。依朱説，髮長是長的本義。長髮引申爲凡長之義，如長久、長短、冗長，音 cháng。髮長乃長養之故，引申爲生長、消長，音 zhǎng。長髮者乃年長之人，引申爲年長、長幼、宗長、官長，音 zhǎng。冗長則多餘，音轉爲 zhàng。《世説》："王恭曰：'恭爲人無長物。'"　② 久、遠也：一句數讀。即久也，遠也。王筠《句讀》："久者，縱言之。""長猶久也。遠者，横言之。"指時間則是久，指空間則是遠。

【參證】甲文作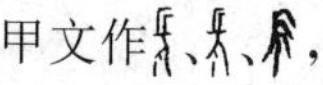，金文作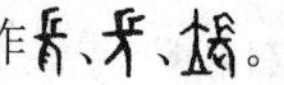。余永梁《殷虚文字續考》："實象人髮長皃。引申爲長久之義。"金文末字是長之繁文。

 肆　極、陳也[1]。从長，隶聲。，或从髟[2]。　息利切(sì)。

【譯文】肆，窮極，陳列。从長，隶聲。⿱髟隶，肆的或體，从髟。

【注釋】① 極、陳也：錢坫《斠詮》："當是'極也，陳也'。"　② 从髟：徐灝《段注箋》："(肆)其本義爲髮長，故从髟。""因之爲凡長之偁。""引申之義爲極。極者，引而長之至於無窮也。"按：長髮髟髟，即有陳列、敷陳義。

【參證】金文作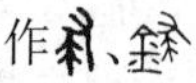。吴大澂《古籀補》卷九："，古肆字。陳也，列也。凡懸鐘磬，半爲堵，全爲肆。《左氏傳》：'歌鐘二肆。'注：'懸鐘十六爲一肆。'銉，或从金。"

 镾[1]　久長也。从長，爾聲。　武夷切(mí)。

【譯文】镾，久長。从長，爾聲。

【注釋】① 镾：《段注》："今作彌。蓋用弓部之彏代镾而又省王也。"

 镻　蛇惡毒長也[1]。从長，失聲。　徒結切(dié)。

【譯文】镻，蝁蛇，蛇毒深長。从長，失聲。

【注釋】① 蛇惡句：朱駿聲《通訓定聲》："當作'蝁(è)，蛇毒長也。'"譯文依朱説。《爾雅·釋魚》："镻，蝁。"郭璞注："蝮屬。大眼，最有毒。今淮南人呼蝁子。"

文四　重三

勿部

 勿　州里[1]所建旗。象其柄，有三游[2]。雜帛[3]，幅半異[4]。所以趣[5]民，故遽，稱勿勿[6]。凡勿之屬皆从勿。，勿或从

㫃。 文弗切(wù)。

【譯文】勿,大夫、士所樹立的旗幟。()象旗的竿子,(彡)表示有三條綴在旗幟邊緣上飄懸的游。游帛上顔色雜駁不純,正幅上半赤半白而不同。是用以催促百姓集合的信號,所以有表示急遽的意思,(急遽)又稱作勿勿。大凡勿的部屬都从勿。㫙,勿的或體,从㫃。

【注釋】① 州里:《周禮·春官·司常》:"大夫、士建物。"《段注》:"'州里'當作'大夫、士'。"譯文依段説。 ② 游:旗幟邊緣上懸垂的裝飾品。 ③ 雜帛:《釋名·釋兵》:"雜帛爲物,以雜色綴其邊爲燕尾。"按:帛,此指用作游的絲織品。 ④ 幅半異:《段注》:"謂正幅(附於旗杆的直幅)半赤半白。" ⑤ 趣:促。《段注》:"色純則緩,色駁則急,故雜帛所以促民。" ⑥ 勿勿:徐灝《段注箋》:"勿勿,蓋古語也。今誤作匆匆。"勿勿猶勉勉也。

【參證】甲文作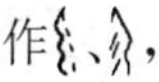,金文作。高鴻縉《中國字例》二篇:"只象旗之三游從風之形。""後世勿字借爲禁止之助動詞。"

[1] 昜 開[2]也。从日一勿[3]。一曰:飛揚[4]。一曰:長[5]也。一曰:彊者衆皃。 與章切(yáng)。

【譯文】昜,光明。由日、一、勿會意。另一義説:飛舉。又另一義説:生長。又另一義説:有很多强大的東西的樣子。

【注釋】① 昜:《段注》:"此陰陽正字也。陰陽行而侌昜廢矣。"
② 開:桂馥《義證》:"開謂明也。" ③ 从日一勿:朱駿聲《通訓定聲》:"此即古暘,爲侌昜字。侌者,見雲不見日也;昜者,雲開而見日也。从日;一者,雲也,蔽翳之象;勿者,旗也,展開之象。"按:朱謂勿爲喻體,蔽日之雲如旗之展開,故曰雲開見日。王筠《釋例》或謂勿無比況之義:"勿者,旗也。將謂一旗展於日中邪?" ④ 揚:桂馥《義證》:"揚,飛舉也。" ⑤ 長:桂馥《義證》:"(陽)以生育養長爲事。"

【參證】甲文作,金文作。李孝定《甲骨文字集釋》:"契文从日在(李注:此疑可之異體;可,古柯字)上,象日初昇之形。"徐中舒《甲骨文字典》卷九:"金文更增彡","彡殆象初日之光綫"。

文二 重一

冄部

① 毛冄冄②也。象形。凡冄之屬皆从冄。 而琰切(rǎn)。

冄 【譯文】冉,毛冉冉下垂的樣子。象形。大凡冉的部屬都从冉。

【注釋】① 冄:今作“冉”。 ② 冄冄:《釋名》:“在頰耳旁曰髯,隨口動搖,冄冄然也。”《段注》:“(毛)柔弱下垂之皃。”

【參證】甲文作、、,金文作、、。楊樹達《積微居小學述林》卷五:“字象須在人左右兩頰之形,即髯之初文也。髯字乃於冄字加義旁(即形旁)耳。今則髯字專據有頰須之義,而冄字許君訓爲毛冄冄。”

文一

而部

① 頰毛也。象毛之形。《周禮》②曰:“作其鱗之而。”凡而之

而 屬皆从而。 如之切(ér)。

【譯文】而,臉兩旁的毛。象毛的樣子。《周禮》說:“振作起它的鱗和面頰的毛。”大凡而的部屬都从而。

【注釋】① 而:《段注》:“首畫(一)象鼻耑,次(丨)象人中,次(冂)象口上之頾,次(∩)象承漿及頤下者。蓋而爲口上、口下之總名。分之則口上爲頾,口下爲須。” ②《周禮》:指《考工記·梓人》。之:王引之《經傳釋詞》卷九:“之猶與也。”另一説,之非連詞。《段注》:“戴(震)先生云:鱗屬,頰側上出者曰之,下垂者曰而。”譯文照王説。

【參證】甲文作,金文作。高鴻縉《中國字例》三篇:“(而)爲兩頰下垂之毛。其可上理之長髮則稱爲鬚也。‘而’短不能上理,故只下垂作形,今以一爲界,指其處之下,言此下之毛,即‘而’也,若在此上而非‘而’,而爲鬚矣。”“後世加彡(音衫,毛飾也)爲意符作耏,亦加髟(髮之初文)爲意符作髵。今‘而’爲語詞,久而不返,而頰毛之意專屬於耏與髵矣。”

耏

罪不至髡也①。从而,从彡②。,或从寸。諸法度字从寸③。　奴代切(nài)。

【譯文】耏,判刑(只剃除頰鬚,)而不到剃除頭髮的地步。由而、由彡會意。耐,耏的或體,从寸。那些表示罪名、法度的字都从寸。

【注釋】① 罪不句:《段注》:“耐之罪輕於髡。髡者鬀髮也。不鬀其髮,僅去須鬢,是曰耐。”　② 从而,从彡:而,頰毛。徐鍇《繫傳》:“彡猶芟(shān,割)也。”而也表聲。　③ 諸法句:《段注》:“此爲罪名法度之類,故或从寸也。”

【參證】而,耏,古今字。用爲動詞,剃除須毛之意。後用爲刑罰,音轉爲 nài。《禮記·禮運》正義:“古者犯罪以髡其須,謂之耐罪。”王筠《句讀》:“疑而、耏直是一字,耏从而加彡,髵从而加髟,皆尚繁縟也。殆經典皆用‘而’爲語詞,漢以‘耏’爲罪名,於是分爲兩字。”

文二　重一

豕部

豕

彘①也。竭其尾,故謂之豕②。象(毛)[頭四]足而後有尾③。讀與豨同。按④:今世字,誤以豕爲(彘)[豕],以(彘)[彖]爲豕。何以明之?爲(啄)[啄](琢)[琢]从(豕)[豕],蠡从(彘)[豕]。皆取其聲,以是明之⑤。凡豕之屬皆从豕。,古文。　式視切(shǐ)。

【譯文】豕,豬。(豬發怒時)直豎着它的尾巴,所以叫作豕。象頭、四隻腳,而身後有尾巴的樣子。音讀與“豨”字同。按:當今的字,錯誤地把豕當作豕,把彖當作豕。怎麼知道的呢?因爲啄、琢本从豕(而常寫作啄、琢),蠡本从豕(而常寫作蠡)。(本來)都(分别)取用豕、豕作聲,所以明白這個錯誤。大凡豕的部屬都从豕。𢁭,古文豕字。

【注釋】① 彘:《方言》卷八:“豬,關東西或謂之彘,或謂之豕。”
② 竭其尾句:《段注》:“立部曰:‘竭者,負舉也。’豕怒而豎其尾,則謂之豕。”　③ 象毛句:當依《段注》“毛”作“頭四”二字。《段注》:“豕首畫象其頭,次象其四足,末象其尾。”　④ 按:徐鉉注:“此語

(指:"按"以下三十三字的按語)未詳,或後人所加。" ⑤ 以豕諸句:徐灝《段注箋》:"當作'以豕爲豖(chù),以彖(tuàn)爲豕。何以明之?爲啄琢从豖,蠡从彖,皆取其聲,以是明之。'蓋言啄琢宜从豖,而誤从豕;蠡宜从彖,而誤从彖耳。"譯文依徐説。

【參證】甲文作、,金文作。李孝定《甲骨文字集釋》:"契文象豕頭腹竭尾之形。"

豬 豕而三毛叢居①者。从豕,者聲。 陟魚切(zhū)。

【譯文】豬,又叫豕,是三根毛叢生在同一毛孔的動物。从豕,者聲。

【注釋】① 三毛叢居:《段注》:"謂一孔生三毛。"

豰 小豚也。从豕,㱿聲。 步角切(bó)。

【譯文】豰,小豬。从豕,㱿聲。

【參證】甲文作,卜辭用青爲豰,重見"青"下。

豯 生三月豚,腹豯豯①皃也。从豕,奚聲②。 胡雞切(xī)。

【譯文】豯,出生三個月的豬,肚子豯豯而大的樣子。从豕,奚聲。

【注釋】① 豯豯:王筠《句讀》:"即以其狀爲之名也。" ② 奚聲:聲中有義。王筠《句讀》:"奚,大腹也。豯則專屬之豚耳。"

豵 生六月豚。从豕,從聲。一曰:一歲豵,尚叢聚①也。 子紅切(zōng)。

【譯文】豵,出生六個月的小豬。从豕,從聲。另一義説:一歲的豬,喜愛成羣地聚居。

【注釋】① 叢聚:王筠《句讀》:"豵、叢疊韻。小豚皆從其母,故叢聚。"

豝 牝豕也。从豕,巴聲。一曰:一歲,能相把拏①也。《詩》②曰:"一發五豝。" 伯加切(bā)。

【譯文】豝,母豬。从豕,巴聲。另一義説:一歲的豬,能持握、牽引。《詩經》説:"一支箭發射出去,射中了五隻母豬。"

【注釋】① 把拏:承培元《引經證例》:"把,握;拏,牽引也。" ②《詩》:指《召南·騶虞》。今本"一"作"壹"。

豣 三歲豕,肩相及①者。从豕,开聲。《詩》②曰:"並驅从兩豣兮。" 古賢切(jiān)。

【譯文】豣,三歲的豬,肥肩趕得上它的母親。从豕,开聲。《詩經》

說："我和您並駕齊驅追趕兩隻大野豬啊。"

【注釋】① 肩相及：王筠《句讀》："謂及其母也。"按：形容豬已長大。 ②《詩》：指《齊風·還》。"豜"今作"肩"。按：此"豜"泛指野獸。

 羠豕①也。从豕，賁聲。 符分聲(fén)。

豶 【譯文】豶，閹了的豬。从豕，賁聲。

【注釋】① 羠豕：《段注》："羠(yí)，騬(chéng)羊也。騬，犗(jié)馬也。犗，騬牛也。皆去勢(雄性生殖器)之謂也。"

【參證】徐中舒《甲骨文字典》卷九引聞一多云："當釋爲去勢之豕，故所从之丨旁列，以示去勢之誼。"徐說："殷人已知豕去勢可以催肥。""豶當爲之後起形聲字。"

 牡豕也。从豕，叚聲。 古牙切(jiā)。

豭 【譯文】豭，公豬。从豕，叚聲。

【參證】甲文作，金文作。唐蘭《天壤閣甲骨文存考釋》："(甲文)象牡豕之形，故並繪其勢，當爲豭之本字。"徐中舒《甲骨文字典》卷九豭作，後腿旁有勢；豶作，其勢列腹左旁，示去勢。

 上谷名豬(豭)[豛]①。从豕，役省聲。 營隻切(yì)。

豛 【譯文】豛，上谷郡叫豬作豛。从豕，役省聲。

【注釋】① 上谷句：《段注》："謂上谷評豬曰豛也。"當依徐鍇《繫傳》"豭"作"豛"。上谷，漢郡名，在今河北省。

 豶也。从豕，隋聲。 以水切(wěi/wéi)①。

貐 【譯文】貐，閹了的豬。从豕，隋聲。

【注釋】① 今讀依《廣韻》悦吹切。

① 齧也。从豕，艮聲。 康很切(kěn)。

豤 【譯文】豤，豬啃物。从豕，艮聲。

【注釋】① 豤：《段注》："豕之齧曰豤。"

 豕息①也。从豕，壹聲②。《春秋傳》③曰："生敖及豷。"

豷 許利切(xì/yì)④。

【譯文】豷，豬喘息。从豕，壹聲。《春秋左傳》說："(寒浞就占有帝羿的妻妾，)生下了澆和豷兩個兒子。"

【注釋】① 息：徐鍇《繫傳》："喘息也。" ② 壹聲：聲中有義。壹有抑鬱不暢之義，呼吸不暢則喘。 ③《春秋傳》：指《左傳·襄公四年》。今本原文："浞因羿室，生澆(ào)及豷。" ④ 今讀依《廣韻》於計切。

犕 豕息也。从豕，甫聲。 芳無切(fū)。

【譯文】犕，豬喘息。从豕，甫聲。

【參證】金文作，與篆文同。

豢 以穀圈養[①]豕也。从豕，季聲。 胡慣切(huàn)。

【譯文】豢，用穀在圍欄中餵養豬。从豕，季聲。

【注釋】① 圈養：《段注》："圈者，養獸之閑。圈養者，圈而養之。圈、豢疊韻。"

【參證】甲文作、。羅振玉《增訂殷虛書契考釋》："此从从。以穀飼豕，故从収豕。腹有子，象孕豕也。"

豠 豕屬[①]。从豕，且聲。 疾余切(xú/chú)[②]。

【譯文】豠，豬一類。从豕，且聲。

【注釋】① 屬：《段注》："凡言屬者，類而別也，別而類也。" ② 今讀依《廣韻》士魚切。

豲 (逸)[豕屬][①]也。从豕，原聲。《周書》[②]曰："豲有爪而不敢以撅。"讀若桓。 胡官切(huán)。

【譯文】豲，豬一類。从豕，原聲。《周書》説："豲有爪子卻不敢用來爬掘。"音讀象"桓"字。

【注釋】① 逸：當依《段注》作"豕屬"。段注："二徐本皆云'逸也'，乃以下文《逸周書》割一字爲之。" ②《周書》：指《逸周書·周祝解》。今本"豲"作"獂"，"爪"作"蚤"。撅，《段注》："有所杷也。"

豨 豕走豨豨[①]。从豕，希聲。古有封豨脩虵[②]之害。 虚豈切(xǐ/xī)[③]。

【譯文】豨，豬邊跑邊嘻戲的樣子。从豕，希聲。(又一義爲豬。)上古有大野豬長毒蛇的危害。

【注釋】① 豨：徐鍇《繫傳》："走且戲皃。" ② 封豨脩虵：《淮南·本經訓》："逮至堯之時，封豨脩蛇皆爲民害。"《段注》："《淮南書》説‘封豨脩蛇’，即封豕長蛇也。”豨即豕名。王筠《句讀》：“《方言》：‘南楚謂之豨。’蓋以其走皃爲之名。故許君列此義於後也。”

③ 今讀依《廣韻》香衣切。

豖

豕絆足行豖豖[①]。从豕繫二足。　丑六切(chù)。

【譯文】豖，豬被繩子絆着腳而行走艱難的樣子。由“豕”字綑係着兩隻腳表示。

【注釋】① 豖豖：《段注》：“艱行之皃。”

豦

鬥相丮[①]不解也。从豕虍[②]。豕、虍之鬥，不解也。讀若蘮蒘[③]草之蘮。司馬相如説：“豦，封豕之屬。”一曰：虎兩足舉。　强魚切(qú/jù)[④]。

【譯文】豦，象野豬老虎互相搏鬥，持久不能分解。由豕、虍會意。野豬、老虎的搏鬥，是不能分解的。音讀象蘮蒘草的“蘮”字。(又一義如)司馬相如説：“豦，是大豬之類。”又一義説：(豦是)虎的兩隻腳高舉起來。

【注釋】① 丮：《段注》：“丮，持也。不言持、言丮者，以疊韻爲訓也。”　② 从豕虍：《段注》：“虍者虎文也，故即以爲虎字。”王筠《句讀》：“此譬況之詞，言猛如豕虎也。”　③ 蘮蒘(jì rú)：《爾雅·釋草》：“蘮蒘，竊衣。”郭璞注：“似芹，可食。子大如麥，兩兩相合，有毛，著人衣。”　④ 今讀依《廣韻》居御切。

【參證】金文作、。待考。

豙

豕怒毛豎。一曰：殘艾[①]也。从豕辛[②]。　魚既切(yì)。

【譯文】豙，豬發怒而毛豎起。另一義説，是删夷。由豕、辛會意。

【注釋】① 殘艾：《段注》：“艾當作乂(yì)。乂或作刈，芟艸也。殘乂者删夷之也。”　② 从豕辛：《段注》：“以毛豎如食辛辣也。”

【參證】金文作、，从辛从，，豕之省文。見高田忠周《古籀篇》卷八十九。

豩

二豕也。豳从此。闕[①]。　伯貧切(bīn)。又，呼關切(huān)。

【譯文】豩，兩個“豕”字。豳字从豩。闕其音義。

【注釋】① 闕：《段注》：“謂其義其音皆闕也。”

【參證】甲文作、。象豬放恣追逐的樣子。丁山《説文闕義箋》卷

四:"《尚書》故既借以爲肆,其義亦必爲肆通。""肆猶放恣也。""聚數豕於一圈,豖門恒不解,出之則豨豨而走,豕豕而突,薦食無饜,肆其踐毀。放恣也者,殆即豕之本義。"

文二十二　重一

㣇部

㣇　脩豪①獸。一曰:河内名豕也②。从彑,下象毛足③。凡㣇之屬皆从㣇。讀若弟。,籀文。,古文。　羊至切(yì)。

【譯文】㣇,長毛野獸。另一義説:河内郡叫豬(作㣇)。从彑,下面的㣇象毛和脚。大凡㣇的部屬都从㣇。音讀象"弟"字。𧰨,籀文㣇字。𢑱,古文㣇字。

【注釋】① 脩豪:長毛。《段注》:"豪,豕鬣如筆管者,因之凡髦鬣皆曰豪。"　② 河内句:《段注》:"謂河内評豕爲㣇。"河内,漢郡名。今河南省黄河以北,京漢鐵路以西。　③ 从彑句:王筠《句讀》:"當云'下象足尾',毛蓋即尾之譌。"《釋例》:"此字全體象形。""必如籀文𧰨乃合耳。象其頭;象其毛,即所謂脩豪者也;象其足,且兼有尾。如篆文則無豪矣。"

【參證】甲文作、、。李孝定《金文詁林讀後記》卷一:"字當釋㣇,假爲蔡。""卜辭亦有此字,假之祟。"

𣫭　豕屬。从㣇,㫚聲①。　呼骨切(hū)。

【譯文】𣫭,豬一類。从㣇,㫚聲。

【注釋】① 㫚聲:徐鍇《繫傳》:"㫚音忽。"

豪①　豕,鬣如筆管者。出南郡②。从㣇,高聲。③,籀文从豕。　乎刀切(háo)。

【譯文】豪,豬名,頸上的長毛粗得象筆管一樣。出産在南郡。从㣇,高聲。豪,籀文豪字,从豕。

【注釋】① 豪:桂馥《義證》引戴侗説:"此所謂豪豬也。今人謂之箭豬。"《西山經》:"竹山有獸焉,其狀如豚而白,毛大如笄而黑端。"郭

注:“貆豬也。能以脊上豪射物。” ② 南郡:漢郡名,在今湖北、四川邊界。 ③ 豪:今作“豪”。《段注》:“俗乃别豪俊字从豕,豪毛字从毛。”

【參證】楊樹達《增訂積微居小學金石論叢》卷一:“鬣如筆管,謂其剛也。豕稱剛鬣,蓋以此。引申爲豪傑之豪。”

[1] 㣇 蟲似豪豬者。从希,胃省聲。,或从虫。 于貴切(wèi)。

【譯文】㣇,象豪豬的動物。从希,胃省聲。蝟,㣇的或體,从虫。

【注釋】① 㣇:後寫作“彙”。即刺蝟。《爾雅·釋獸》:“彙,毛刺。”郭璞注:“彙,今蝟,狀似鼠。”邢昺疏:“其毛如針。”

 𢑱 希屬。从二希[1]。,古文𢑱。《虞書》[2]曰:“𢑱類于上帝。” 息利切(sì)。

【譯文】𢑱,長毛獸一類。由兩個希字會意。𢑱,古文𢑱字。《虞書》説:“于是就向上帝舉行類祭。”

【注釋】① 从二希:徐灝《段注箋》:“希與彖同。从二彖,陳牲之義也。古通作肆。” ②《虞書》:指《堯典》。今本“𢑱”作“肆”。《史記·五帝本紀》作“遂”。類:周秉鈞《尚書易解》:“類,祭名,《五經異義》云:‘非時祭天謂之類。’”

【參證】甲文作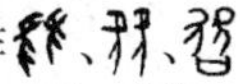,金文作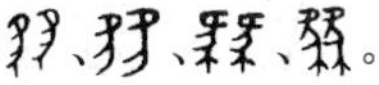。饒宗頤《貞卜人物通考》卷八:“與殆爲一字。,字形與古文𢑱略同,乃肆字也。肆、遂古通。”

文五 重五

彑部

[1] 彑 豕之頭。象其鋭[2],而上見也。凡彑之屬皆从彑。讀若罽。 居例切(jì)。

【譯文】彑,豬的頭。象豬嘴長鋭,而彑字的上畫ㄥ能體現這一特點。大凡彑的部屬都从彑。音讀象“罽”字。

【注釋】① 彑:徐灝《段注箋》:“彑即彖(tuàn)字之頭。因彘、彖等字从彑,遂立爲部首,而自爲一字。”饒炯《部首訂》:“與甶从鬼省、丫从羊省同意。”　② 象其鋭：張舜徽《約注》：“謂豕之長喙也。”

彘　豕也。後蹏(發)[廢][①]謂之彘。从彑，矢聲；从二匕，彘足與鹿足同。　直例切(zhì)。

【譯文】彘，豬。後腳廢退叫作彘。从彑，矢聲；又从二匕，彘的腳和鹿的腳都同用二匕表示。

【注釋】① 發：當依徐鍇《繫傳》作“廢”。《段注》：“廢，鈍置(因不中用而棄置不用)也。彘之言滯也。豕前足僅屈伸，後足行步蹇劣，故謂之廢。”

【參證】甲文作、，金文作、。羅振玉《增訂殷虚書契考釋》：“(甲文)从豕，身着矢，乃彘字也。彘殆野豕，非射不可得。”後世演化爲射豕之禮，乃祭名。見張亞初《甲骨金文零拾》。彘亦泛指豬。

[①]
彖　豕也。从彑，从豕。讀若弛。　式視切(shǐ/chǐ)[②]。

【譯文】彖，豬。由彑、由豕會意。音讀象“弛”字。

【注釋】① 彖：原作，據徐鍇《繫傳》改。王筠《釋例》：“彖字，疑即豕字重文，音義皆同。”按：彖，上古支部昌紐；豕，支部書紐。與本部末字“彖”形音義俱別。“喙(huì)”、“像(xiè)”、“蠡(lǐ)”皆以爲聲。② 今讀依《廣韻》尺氏切。

[①]
𢑚　豕也。从彑，下象其足。讀若瑕。　乎加切(xiá)。

【譯文】𢑚，豬。(上)从彑，下面的象豬的腳。音讀象“瑕”字。

【注釋】① 𢑚：朱駿聲《通訓定聲》：“當爲豭之古文。”《方言》：“豬，北燕、朝鮮之間謂之豭，吴揚之間謂之豬。”

【參證】唐蘭《天壤閣甲骨文存考釋》：“當象牡豕之形，故並繪其勢。”“蓋之變爲，即得轉爲。”“而《説文》僅云豕也，下象其足，已失其義。豭則後起形聲字，遂獨專牡豕之義矣。”參“豭”條。

[①]
彖　豕走也。从彑，从豕省。　通貫切(tuàn)。

【譯文】彖，豬奔跑。由彑、由豕省會意。

【注釋】① 彖：原作，據徐鍇《繫傳》改。中華版楷書字和小篆字依據宋本全同彑(yì)部部首字。

文五

豚部

豚 小豕①也。从彖省，象形。从又持肉，以給祠祀②。凡豚之屬皆从豚。，篆文从肉豕。　徒魂切(tún)。

【譯文】豚，小豬。从彖省，彖象豬形。又由“又”(手)持握着“肉”，表示供給祭祀之用。大凡豚的部屬都从豚。豚，篆文由肉、豕會意。

【注釋】① 小豕：《方言》：“豬，其子，或謂之豚，或謂之豯。”王筠《釋例》：“古人之豕，非大不食，小豕惟以致祭也。”“豕生三月而牝牡交，既交則牝暴長。豚者，未交之豕。古人惟以祭祀，亦貴誠之意。人食則八珍中偶用之。”人食者，乃今之乳豬也。　② 祠祀：同義連用。

【參證】甲文作，金文作。按字頭與金文同，篆文與甲文同。羅振玉《增訂殷虚書契考釋》卷中：“此(指甲文)从豕肉，會意字也。許書又載篆文从豕肉，與此正合。古金文有从又者，許書作豚，亦有所本矣。”

䝗 豚屬。从豚，衛聲。讀若罽。　于歲切(wèi)。

【譯文】䝗，小豬一類。从豚，衛聲。音讀象“罽”(jì)字。

文二　重一

豸部

豸 獸①長脊，行豸豸然，欲有所司②殺形。凡豸之屬皆从豸。池爾切(zhì)。

【譯文】豸，有着長長脊骨的猛獸，行走時突然豸豸地伸直脊背，象有所窺伺而加以格殺的形狀。大凡豸的部屬都从豸。

【注釋】① 獸：《段注》：“許言獸者，謂凡殺物之獸也。”　② 司：徐鉉：“司殺讀若伺候之伺。”宋育仁《部首箋正》：“猛獸欲殺獸，以旁窺伺，先曲身擬度之，然後身伸脊向前直搏，其形豸豸，脊若加長者然。”

【參證】甲文作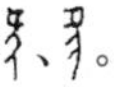。徐灝《段注箋》：“象側視之形。”李孝定《甲骨文字集釋》：“(篆文)上象獸頭，張口見牙，四足(側視作二足)長尾之形。契文與小篆略同。”

豹[1]　似虎，圜文。从豸，勺聲。　北教切(bào)。

【譯文】豹，象老虎，有圓形花紋。从豸，勺聲。

【注釋】① 豹：丁福保《詁林》："《慧琳音義》十六卷二頁豹注引《説文》：'獸也。似虎，團文，黑花而小於虎。'文義爲完善。"

【參證】甲文作、。王襄《簠室殷契類纂》卷九："古豹字。許説'似虎，圜文'。"

貙　貙貗，似貍者[1]。从豸，區聲。　敕俱切(chū)。

【譯文】貙，貙和貗，象貍貓。从豸，區聲。

【注釋】① 貙貗句：見《爾雅・釋獸》。貍，張舜徽《約注》："即今俗所稱野貓。猫與虎形相似，貙既似貍，故得又稱貙虎也。以身大如狗，故貗字入犬部。"參"貗"條。

【參證】金文作。待考。

貚　貙屬也。从豸，單聲。　徒干切(tán)。

【譯文】貚，貙虎一類。从豸，單聲。

貔[1]　豹屬，出貉國[2]。从豸，㿝聲。《詩》[3]曰："獻其貔皮。"《周書》[4]曰："如虎如貔。"貔，猛獸。豼，或从比[5]。　房脂切(pí)。

【譯文】貔，豹一類，出産在北方的貉國。从豸，㿝聲。《詩經》説："貢獻那貔獸的皮。"《周書》説："象虎象貔。"貔是兇猛的野獸。豼，貔的或體，从比聲。

【注釋】① 貔：似虎，毛灰白色。又叫白羆、白狐、執夷。　② 貉國：《段注》："北方國也。"　③《詩》：指《大雅・韓奕》。　④《周書》：指《牧誓》。　⑤ 从比：《段注》："比聲。"

豺　狼屬，狗聲[1]。从豸，才聲。　士皆切(chái)。

【譯文】豺，狼一類，有象狗一樣的叫聲。从豸，才聲。

【注釋】① 狗聲：《段注》："其聲如犬。俗評豺狗。"

貐　猰貐，似貙，虎爪，食人，迅走。从豸，俞聲。　以主切(yǔ)。

【譯文】貐，猰(yà)貐，象貙獸，有虎一樣的爪子，吃人，能飛快奔跑。从豸，俞聲。

貘[1]　似熊而黄黑色，出蜀中[2]。从豸，莫聲。　莫白切(mò)。

【譯文】貘，象熊，黄黑色，出産在蜀地。从豸，莫聲。

【注釋】① 貘：《段注》："即諸書所謂食鐵之獸也。"　② 出蜀中：《段注》："今四川川東有此獸。"

【參證】金文作。丁山《邲其卣三器銘文考釋》(《歷史語言所集刊》第三分册)："从犬，从日在茻中，當是獏字，即貘之或體。"

貗① 猛獸也。从豸，庸聲。　余封切(yōng)。

貗 【譯文】貗，凶猛的野獸。从豸，庸聲。

【注釋】① 貗：犎(fēng)牛，古名犦(bó)牛。《爾雅·釋獸》："犦牛。"郭璞注："領上肉犦胅起，高二尺許，狀如橐駝，肉鞍一邊，健行者日三百餘里。"

貜 (㺉貜)［𤜳貜］①也。从豸，矍聲。　王縛切②(yuè/jué)。

貜 【譯文】貜，𤜳獸和貜獸的貜。从豸，矍聲。

【注釋】① 㺉貜：當依徐鍇《繫傳》作"𤜳(hù)貜。"王筠《句讀》："羣書皆二字各爲一名。"𤜳，犬部："犬屬。腰已上黄，腰已下黑，食母猴。"貜，《爾雅·釋獸》："貜父善顧。"郭璞注："貑貜也。似獼猴而大，色蒼黑，能貜(攫)持人，好顧盼。"按：即大猿，俗名馬猴。𤜳、貜連用，是連類而及。　② 張文虎《舒藝室隨筆》："貜，《玉篇》：九縛切。凡从矍聲者不當音王縛切。"今讀依《廣韻》居縛切。

貀① 獸，無前足。从豸，出聲。《漢律》："能捕豺貀，購②百錢。"　女滑切(nà)。

貀 【譯文】貀，獸名，沒有前腳。从豸，出聲。《漢律》規定："能捕捉到豺和貀，用百錢收購。"

【注釋】① 貀：《爾雅·釋獸》："貀無前足。"郭璞注："似狗，豹文，有角，兩腳。或説貀似虎而黑，無前兩足。"　② 購：《段注》："以財有所求也。"用重金收買。

貈① 似狐，善睡獸。从豸，舟聲②。《論語》③曰："狐貈之厚以居。"　下各切(hé)。

貈 【譯文】貈，象狐狸，喜歡睡覺的野獸。从豸，舟聲。《論語》説："用狐貉皮的厚毛作坐墊。"

【注釋】① 貈：《段注》："凡狐貉連文者，皆當作此貈字，今字乃皆假貉爲貈，造貊爲貉矣。"　② 舟聲：徐鉉："舟非聲，未詳。"

③《論語》：指《鄉黨》。今本"貊"作"貉"。居，指坐。

【參證】于省吾《牆盤銘文十二解》(《古文字研究》第五輯)："甲骨文的凡、般、舟、皿等字，有時互作無别，例如'般(盤)庚'二字合文的'般'字，省作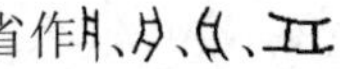者习見，乃是'凡'或'凡'字的變形。""典籍中的貉字多作貊。""貊字本从凡(般)聲，它和莫白切之貉與貊聲、韻並相通。"按：又與下各切相通。各、白，同韻；古明母、匣母相諧，如每、悔，亡、荒，黑、墨，昏、顒，等等。見朱芳圃《殷周文字釋叢》卷上。

豻 胡地[1]野狗。从豸，干聲。犴，豻或从犬。《詩》[2]曰："宜犴宜獄。"　五旰切(àn)。

【譯文】豻，北方少數民族地區的野狗。从豸，干聲。犴，豻的或體，从犬。《詩經》説："(可悲啊，我們這些窮苦少錢的人，)大概將要陷入地方的牢獄，或將陷入朝廷的牢獄。"

【注釋】① 胡地：北方少數民族地區。　② 《詩》：指《小雅·小宛》。今本原文："哀我填(瘨，病苦)寡，宜岸宜獄。"陸德明《釋文》："《韓詩》作'犴'，云：鄉亭之繫曰犴，朝廷曰獄。"《荀子·宥坐》："獄犴不治，不可刑也。"注："獄从二犬，象所以守者。犴亦善守，故謂之犴也。"此犴由犬引申爲鄉獄之故。

貂 鼠屬。大而黄黑，出胡丁零國[1]。从豸，召聲。　都僚切(diāo)。

【譯文】貂，鼠一類。軀體大，色黄黑，出産在北方少數民族地區的丁零國。从豸，召聲。

【注釋】① 胡：王筠《句讀》："胡，其總名。丁零，其一國之名也。"張舜徽《約注》："古丁零國，在今西北利亞葉尼塞河上游，至貝加爾湖以南諸地。"

【參證】金文作，从鼠，刀聲。戴家祥《金文大字典》發揮郭沫若之説："鼦乃鼦之别體，刀古音端母，召齒音照系字，召正从刀得聲，古音相通。""鼦即貂字無疑。"按：古人分類欠精密，"豸"、"鼠"二形旁常混用。

貉[1] 北方豸種[2]。从豸，各聲。孔子曰[3]："貉之爲言惡也。"　莫白切(mò)。

【譯文】貉，北方與豸獸共處的種族。从豸，各聲。孔子説："貉作爲言辭，是醜惡的意思。"

【注釋】① 貉：《段注》："此可與西方羌从羊，北方狄从犬，南方蠻从虫，東方夷从大，參合觀之。"按：又借指"貊"獸。　② 北方豸種：張舜徽《約注》："北方多事遊獵，胡狄字从犬，貉字从豸，謂其人常與豸相處也。"　③ 孔子曰：張舜徽《約注》："所引孔語，不見經傳。"

【參證】金文作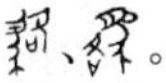。本書："貈，鼠，出胡地，皮可作裘。""从鼠，各聲。"《論語》之"衣狐貉"之"狐貉"即"裘之貴者"（邢疏）。朱芳圃《殷周文字釋叢》卷上："貈與貉實一字。""先民於動物分類，原不精嚴，故作字時从豸从鼠，任意爲之。""貉與貈皆从各聲，貉讀莫白切，貈讀下各切，韻同聲異。考古音明匣二組原互相諧。"可見，貈、貉二字，形音義全相吻合，實爲一字。參"貈"條。

貆　貉之類。从豸，亘聲。　胡官切（huán）。

【譯文】貆，貉獸一類。从豸，亘聲。

貍　伏獸[①]，似貙。从豸，里聲。　里之切（lí）。

【譯文】貍，善於藏伏的野獸，様子象貙。从豸，里聲。

【注釋】① 伏獸：《段注》："伏獸謂善伏之獸。""即俗所謂野貓。"

貒[①]　獸也。从豸，耑聲。讀若湍。　他耑切（tuān）。

【譯文】貒，貒獸。从豸，耑聲。音讀象"湍"字。

【注釋】① 貒：《爾雅·釋獸》："貒子、貗。"郭璞注："貒，豚也。一名貛。"錢坫《斠詮》："今以貒曰狗貛，貛曰豬貛。"

貛[①]　野豕[②]也。从豸，雚聲。　呼官切（huān）。

【譯文】貛，野生小獸様子象豬。从豸，雚聲。

【注釋】① 貛：朱駿聲《通訓定聲》："貛、貒同物，形如豬，穴地而處，善攻隄岸。按：有豬貛，亦有狗貛。"　② 野豕：張舜徽《約注》："許以野豕訓貛，謂野生小獸其形似豕者，即俗所稱豬貛也。"

貁[①]　鼠屬。善旋。从豸，穴聲。　余救切（yòu）。

【譯文】貁，鼬鼠一類。善於旋轉。从豸，穴聲。

【注釋】① 貁：朱駿聲《通訓定聲》："（貁）似與鼬同，黄鼠狼也。"本書鼠部："鼬，如鼠，赤黄而大，食鼠者。"

文二十　重二

貓 貍屬[①]。从豸，苗聲[②]。　莫交切(māo)。

【譯文】貓，野貓類(的善捕鼠的家畜)。从豸，苗聲。

【注釋】① 貍屬：《段注》"貍"下："即俗所謂野貓。"貍爲"伏獸"，即善伏之獸。伏則爲捕鼠，故譯文如此說。　② 苗聲：《鈕新附考》："《説文》'虦'注：'虎竊毛謂之虦苗。'則古本《爾雅》本作苗。"《段注》"虦"下："毛苗古同音，苗亦曰毛，如不毛之地是。"朱駿聲《通訓定聲》"虦"下："虦苗即淺毛也。"因謂淺毛虎爲"虦貓"。此字分化過程是：因"苗"假借爲"毛"，又因"淺毛"借代爲"貓"，後世類化加"豸"成"貓"。今又作猫。

文一　新附

舄部

[①]
舄 如野牛[②]而青。象形[③]。與禽、离頭同[④]。凡舄之屬皆从舄。，古文从(几)[儿][⑤]。　徐姊切(sì)。

【譯文】舄，樣子象水牛而毛色青。象形。(舄字的頭部凹)與禽字、离字的頭部有相同的地方。大凡舄的部屬都从舄。兕，古文从儿。

【注釋】① 舄：犀牛一類。《爾雅·釋獸》："兕，似牛。"郭璞注："一角，青色，重千斤。"　② 野牛：《段注》："即今水牛。"　③ 象形：《段注》："上象其頭，下象其足尾也。"　④ 與禽句：饒炯《部首訂》："𤉡與禽、离之篆頭同。非謂兕、禽、离三物之頭相似。"按：禽、离篆文本作、，所以王筠《句讀》説，舄、兕篆文當作、。⑤ 从几："几"當是"儿"之誤。饒炯《部首訂》："兕象側面踞形，左爲前足，右其身尾，故僅見一足。"

【參證】甲文作、、。唐蘭《獲白兕考》："一角之獸而其角又特大者，當爲兕之形。"

文一　重一

易部

易　蜥易[①],蝘蜓,守宮也。象形[②]。《祕書》[③]説:日月爲易,象陰陽也。一曰:从勿[④]。凡易之屬皆从易。　羊益切(yì)。

【譯文】易,蜥易,又叫蝘蜓、守宮。象形。《祕書》説:日、月二字會合成易字,象徵着陰陽的變易。另一義説:(易)从旗勿的勿。大凡易的部屬都从易。

【注釋】① 蜥易:《爾雅·釋魚》:"蠑螈,蜥蜴;蜥蜴,蝘蜓;蝘蜓,守宮也。"郭璞注:"轉相解,博異語,别四名也。"朱駿聲《通訓定聲》:"在壁爲蝘蜓、守宮也,蘇俗謂之壁虎;在草爲蜥易、榮蚖也,蘇俗謂之四脚蛇。"徐灝《段注箋》:"蜥蜴連名。單呼之,或謂之蜥,或謂之蜴。""易之本義謂蜥易,因引申爲變易之義,難易之偁。""《嶺南異物志》言其首隨十二時變色,蓋物之善變者莫若是,故《易》之爲書有取焉。""易善變,因爲凡物變易之偁。"　② 象形:孔廣居《疑疑》:"易之象形當作。"　③《祕書》:朱駿聲《通訓定聲》:"見魏伯陽《參同契》云:'日月爲易,剛柔相當。'叔重與伯陽同時,亦通人之一,其書未行於世,故曰祕也。"《段注》:"陸氏德明引虞翻注《參同契》云:'字从日下月。'"徐灝箋:"蓋因篆體形似,臆爲之説。世人喜其新異而傳述之耳。"　④ 从勿:《段注》:"从旗勿之勿。"參"勿"條。王筠《句讀》:"此説尤不可解。"

【參證】甲文作、,金文作、、。徐中舒《甲骨文字典》:"象兩酒器相傾注承受之形,故會賜與之義,引申之而有更易之義。"一説,"易乃暘省。"甲文象太陽被雲彩覆蓋着,迅速出沒,故有變易之義。見郭沫若《殷契粹編》。

文一

象部

象　長鼻牙[①],南越[②]大獸,三年[③]一乳,象耳牙四足之形。凡象之屬皆从象。　徐兩切(xiàng)。

【譯文】象，長鼻長牙，南越一帶的大野獸，每三年産子一次，象耳朵、牙齒、四隻腳的樣子。大凡象的部屬都从象。

【注釋】① 長鼻牙：《段注》："有長鼻長牙。"　② 南越：今廣東廣西一帶。　③ 三年：王筠《句讀》："《太平廣記》引古訓云：'象孕五歲始産。'"

【參證】甲文作、，金文作、。羅振玉《增訂殷虛書契考釋》："卜辭亦但象長鼻。蓋象之尤異於他畜者其鼻矣。"高田忠周《古籀篇》卷九十三："韓非曰：'人希見生象，而按其圖以想其生，故諸人之所以意想者，皆謂之象。'似古有象無像，然像之未製以前，想像之義已起。""愚謂象、像于周時爲古今字。"按王筠"像"注，象用爲想象、意象義，是上古假借字，即高田氏所說"古字"；後世想象因與人事有關，加人旁作像，是中古分別字，即高田氏所說的"今字"。參"像"條。

豫　象之大者。賈侍中①說："不害於物。"从象，予聲。，古文。　羊茹切(yù)。

【譯文】豫，大象。賈侍中說："(豫象雖大但)對別的物體沒有害處。"从象，予聲。𧰼，古文豫字。

【注釋】① 賈侍中：《段注》："賈侍中名逵，許所從受古學者也。侍中說：豫雖大，而不害於物。故寬大舒緩之義取此字。"

【參證】徐中舒《殷人服象及象之南遷》(《史語所集刊》二本一分)："《禹貢》豫州之豫，爲象邑二字之合文。《說文》豫从象予聲，从予乃从邑之譌，予爲晚出之字，不見於甲骨、銅器及較古之書籍。""豫當以産象得名。""此又爲古代河南産象之一證。"

文二　重一

卷十九

馬部

馬　怒[①]也;武也。象馬頭髦[②]尾四足之形。凡馬之屬皆从馬。[③],古文。[④],籀文馬與影同[⑤],有髦。　莫下切(mǎ)。

【譯文】馬,是昂首怒目的動物;是勇武的動物。象馬的頭部、鬃毛、尾巴、四隻腳的樣子。大凡馬的部屬都从馬。影,古文馬字。影,籀文馬字與影字同,有鬃毛。

【注釋】① 怒:饒炯《部首訂》:"象其昂頭怒目揚尾奮髦展行之形。""云怒也者,釋馬之情狀;云武也者,釋馬之用能。"　② 頭髦:王筠《句讀》:"小篆之髦連于頭。"按:指𠂤。目即馬頭,三即馬髦。③ 影:桂馥《義證》:"寫者誤加彡,與籀文無别。"　④ 影:桂馥《義證》:"籀文有髦,謂加彡;是古文無彡矣。"　⑤ 影同:桂馥《義證》以爲"影"應是"影"字。按:二字"同"只是指其主體部分"影"同。

【參證】甲文作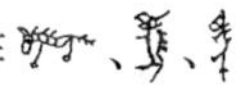,金文作。李孝定《甲骨文字集釋》:"契文象頭、髦、二足及尾之形。作二足者,側視之也。"

騭　牡馬也。从馬,陟聲[①]。讀若郅。　之日切(zhì)。

【譯文】騭,公馬。从馬,陟聲。音讀象"郅"(zhì)字。

【注釋】① 陟聲:聲中有義。《段注》:"陟,升也。牡能乘牝。"

【參證】馬敘倫《六書疏證》卷十九引劉秀生曰:"陟聲、至聲古同端紐,故騭从陟得聲得讀若郅。"

馵　馬一歲也。从馬;一,絆[①]其足。讀若弦[②];一曰:若環。户關切(huán)。

【譯文】馵,馬一歲。从馬;一,表示用繩子繫絆馬腳。音讀象"弦"

字;一説,音讀象"環"字。

【注釋】① 絆:王筠《釋例》:"一歲之馬,即當攻治調習,故絆之。" ② 讀若弦:《字林》作駭。王筠《句讀》:"(駭)當从弦省聲,是指事字變爲形聲字也。"

駒 馬二歲[①]曰駒,三歲曰駣[②]。从馬,句聲[③]。 舉朱切(jū)。

【譯文】駒,馬兩歲叫作駒,三歲叫作駣。从馬,句聲。

【注釋】① 二歲:徐灝《段注箋》:"駒雖爲二歲馬,渾言之則爲兒馬方壯之偁。" ② 駣(táo):王筠《句讀》:"蓋駣字篆佚(小篆字形脱佚)而説存(説解字義猶存),寫者附之駒下也。" ③ 句聲:聲中有義。見【參證】。

【參證】金文作、。从馬,句聲。楊樹達《增訂積微居小學金石論叢》卷一:"句聲字皆有小義。""犬之小者爲狗,熊虎之小者亦爲狗,馬之小者爲駒,其義一也。"或曰:句聲之義,"言馬子句曲未長成也"。見孫海波《甲骨金文研究》(中國大學講義内刊)。

馴 馬八歲也。从馬,从八[①]。 博拔切(bā)。

【譯文】馴,馬八歲。由馬、由八會意。

【注釋】① 从八:徐鍇《繫傳》作"八聲"。實則舉會意包形聲。

驕 馬一目白曰驕[①],二目白曰魚[②]。从馬,閒聲[③]。 户閒切(xián)。

【譯文】驕,馬一隻眼睛(病得)發白叫作驕,兩隻眼睛(病得)發白叫做魚目。从馬,閒聲。

【注釋】① 驕:今本作"瞯"。《爾雅》釋文引《蒼頡篇》:"瞯,目病也。" ② 魚:《爾雅·釋畜》:"二目白,魚。"郭璞注:"似魚目也。"承培元《引經證例》:"以義揣之,魚目皆白。" ③ 閒聲:聲中有義。承培元《引經證例》:"驕从閒,白黑相閒,則一目白也。""目部瞯:'戴目也。'戴目猶云望羊(目上視則多白)。人一目失明,用一目則側而上視,瞯爲一目白之義益顯矣。"參"瞯"條。

騏 馬青驪[①],文如博棊[②]也。从馬,其聲。 渠之切(qí)。

【譯文】騏,馬青黑色,花紋(交錯)象棋盤一樣。从馬,其聲。

【注釋】① 驪:本部:"馬深黑色。" ② 博棊:同義連用。博,與棋相仿的賭輸贏的遊戲。朱駿聲《通訓定聲》:"这遣如棊局文。"

驪 馬深黑色。从馬,麗聲。　吕支切(lí)。

【譯文】驪,馬深黑色。从馬,麗聲。

【參證】甲文作[illegible]、[illegible]。羅振玉《增訂殷虚書契考釋》卷中:"从馬利聲。殆是許書之驪字。《廣韻》騺同鸝。""古利麗同音,故利馬字後亦从麗作驪。"

駽 青驪①馬。从馬,肙聲。《詩》②曰:"駜彼乘駽。"　火玄切(xuān)。

【譯文】駽,青黑色的馬。从馬,肙聲。《詩經》説:"多麼肥壯而又力量强大啊,那一車駕的四匹青黑色的馬。"

【注釋】① 青驪:《段注》:"謂深黑色而戴青色也。"錢坫《斠詮》:"今曰鐵青馬也。"　②《詩》:指《魯頌·有駜》。毛傳:"駜,馬肥强貌。"乘(shèng),指一車四馬。

騩 馬淺黑色。从馬,鬼聲。　俱位切(guì/guī)①。

【譯文】騩,馬淺黑色。从馬,鬼聲。

【注釋】① 今讀依《廣韻》居追切。

騮 赤馬黑(毛)[髦]①尾也。从馬,留聲。　力求切(liú)。

【譯文】騮,紅色的馬身,黑色的鬃毛和尾巴。从馬,留聲。

【注釋】① 毛:當依《段注》作"髦",注:"髦者,髦髮也。髮之長者偁髦,因之馬鬣(liè,獸頸上的毛)曰髦。"

騢 馬赤白雜毛①。从馬,叚聲②。謂色似鰕魚③也。　乎加切(xiá)。

【譯文】騢,馬(有着)紅色、白色雜亂相間的毛。从馬,叚聲。是説馬的毛色象蝦魚。

【注釋】① 雜毛:《段注》:"謂異色之毛雜亂相廁也。"　② 叚聲:聲中有義。《段注》:"凡叚聲多有紅義。"　③ 鰕(xiá)魚:《段注》:"謂今之蝦,亦魚屬也。"王筠《句讀》:"鰕色青白,瀹(yuè,煮)之以湯,乃赤白相間。"

騅 馬蒼黑雜毛。从馬,隹聲。　職追切(zhuī)。

【譯文】騅,馬(有着)青蒼色與黑色雜亂相間的毛。从馬,隹聲。

駱 馬白色，黑鬣尾也。从馬，各聲。 盧各切(luò)。

【譯文】駱，馬白色的身子，黑色的鬃毛和尾巴。从馬，各聲。

【参證】張標《漢簡帛筆記三則》(《考古與文物》一九八七年第五期)："駱單獨出現於古文獻指馬。""駱駝不省作駱。""駱駝，古文書多以聯緜詞出現。"

駰 馬陰①白雜毛，黑[喙]②。从馬，因聲。《詩》③曰："有駰有騢。" 於真切(yīn)。

【譯文】駰，馬(有着)淺黑色和白色相間的毛，黑嘴。从馬，因聲。《詩經》說："有毛色黑白相間的駰馬，有毛色紅白相間的騢馬。"

【注釋】① 陰：指淺黑。見《爾雅》郭璞注。 ② 黑：當依王筠《句讀》加"喙"字作"黑喙"。姚文田、嚴可均《校議》："《詩疏》引孫炎云：'陰，淺黑也。'恐許亦有此語，轉寫脱落，僅存一'黑'字耳。" ③《詩》：指《魯頌・駉》。

驄① 馬青白雜毛也。从馬，悤聲②。 倉紅切(cōng)。

【譯文】驄，馬(有着)青色、白色雜亂相間的毛。从馬，悤聲。

【注釋】① 驄：王筠《句讀》："蓋今之菊花青也。" ② 悤聲：聲中有義。桂馥《義證》："此驄當从蔥省聲。"《爾雅》："青謂之蔥。"

驈 驪馬白胯①也。从馬，矞聲。《詩》②曰："有驈有騜。" 食聿切(shù/yù)③。

【譯文】驈，深黑色的馬，大腿之間是白色。从馬，矞聲。《詩經》說："有黑身白胯的驈馬，有黄白色的騜馬。"

【注釋】① 胯：兩股之間。 ②《詩》：指《魯頌・駉》。今本"騜"作"皇"。《爾雅・釋畜》："黄白，騜。" ③ 今讀依《廣韻》餘聿切。

駹① 馬面顙皆白也。从馬，尨聲。 莫江切(máng)。

【譯文】駹，馬(只有)面部、額部都是白色。从馬，尨聲。

【注釋】① 駹：王筠《句讀》："此駹蓋青色馬也。"

騧 黄馬，黑喙。从馬，咼聲。䯄①，籀文騧。 古華切(guā)。

【譯文】騧，黄色的馬，黑色的嘴。从馬，咼聲。䯄，籀文騧字。

【注釋】① 䯄：宋保《諧聲補逸》："𩰫聲。𩰫讀若過。𩰫、咼同聲通用。"

驃 黄馬發白色①。一曰：白髦尾②也。从馬，票聲③。　毗召切(biào/biāo)。

【譯文】驃，黄色的馬，起着白色點狀花紋。另一義説，(黄色的馬有)白色的鬃毛和尾巴。从馬，票聲。

【注釋】① 發白色：《段注》："起白點斑駁也。"　② 白髦尾：《段注》："謂黄馬而白鬣(liè，鬃毛)尾也。"　③ 票聲：楊樹達《積微居小學述林》卷三："票聲字多含白義。"

駓 黄馬白毛也①。从馬，丕聲。　敷悲切(pī)。

【譯文】駓，馬有着黄色、白色雜亂相間的毛。从馬，丕聲。

【注釋】① 黄馬句：桂馥《義證》："當云：'馬黄白雜毛。'"譯文據桂説。

驖① 馬赤黑色②。从馬，𢦏聲③。《詩》④曰："四驖孔阜。"　他結切(tiě)。

【譯文】驖，馬(有着)黑中帶紅的顔色。从馬，𢦏聲。《詩經》説："四匹黑中帶紅的馬非常肥大。"

【注釋】① 驖：《玉篇·馬部》："驖，馬如鐵，赤黑色。"　② 赤黑色：《段注》："謂黑色而帶赤色也。"　③ 𢦏聲：聲中有義。鐵之省形存聲字。　④《詩》：指《秦風·駟驖》。今本"四"作"駟"。

駻 馬頭有發赤色者①。从馬，岸聲。　五旰切(àn)。

【譯文】駻，馬有起着紅色斑紋的頭。从馬，岸聲。

【注釋】① 馬頭句："有……者"，"頭"的後置定語。

馰 馬白額也。从馬，的省聲①。一曰：駿也。《易》②曰："爲的顙。"　都歷切(dí)。

【譯文】馰，馬(有着)白色的額頭。从馬，的省聲。另一義説，馰是駿馬。《易經》説："(震卦對於馬來説，)是白色額頭(的象徵)。"

【注釋】① 的省聲：聲中有義。其義爲白。　②《易》：指《説卦傳》。的顙，王筠《句讀》："引此者以證的省聲，兼以見'的'爲'馰'之古文也。"王意謂：的本義爲白之明也，可引申爲凡白義。《釋例》説："有白在頟，的然而明。"馰是"後來分別字"。《説卦傳》原文："震爲雷……其于馬也……爲的顙。"王《釋例》又説："《易》不言爲'白顙’者，的以見其圓，今之所謂玉頂也。若白而不圓，則駹下云‘馬白頟’是也。”

駁　馬色不純。从馬，爻聲①。　北角切(bó)。

【譯文】駁，馬的毛色不純。从馬，爻聲。

【注釋】① 爻聲：上古爻屬宵部，駁屬藥部，宵藥對轉。爻也表意。徐鉉曰：“(爻)疑象駁文。”《段注》：“馬異色成片段者。”

【參證】甲文作、。羅振玉《增訂殷虛書契考釋》卷中：“从馬，爻聲。此殆即許書之駁。”

馵　馬後左足白也。从馬，二其足①。讀若注。　之成切(zhù)。

【譯文】馵，馬後面的左腳是白色。从馬；二，指示馬的後左腳。音讀象“注”字。

【注釋】① 二其足：《段注》：“謂於足以二爲記識(zhì)。如馽於足以一爲記識也。非一、二字。變篆爲隸，馽既作馽，則馵作馵。”馽下：“一絆其足。”一，表示以繩絆馬足，非一字也。

【參證】楊樹達《文字形義學》：“馬爲基字，二指左足白，爲確定而有形之物。”

驔　驪馬黄脊。从馬，覃聲。讀若簟①。　徒玷切(diàn)。

【譯文】驔，深黑色的馬，黄色的脊梁。从馬，覃聲。音讀象“簟”字。

【注釋】①讀若簟：葉德輝《讀若考》：“驔簟均从覃得聲。”

驠　馬白州①也。从馬，燕聲。　於甸切(yàn)。

【譯文】驠，馬(有着)白色的臀部。从馬，燕聲。

【注釋】① 白州：《爾雅・釋畜》：“白州，驠。”郭璞注：“州，竅。”邢昺疏：“謂馬之白尻者，名驠。”按：州本指肛門，這裏擴大爲臀部。

騽　馬豪骭①也。从馬，習聲。　似入切(xí)。

【譯文】騽，馬的膝頭和小腿之間有長毛。从馬，習聲。

【注釋】① 豪骭(gàn)：《段注》：“高誘注《淮南》曰：‘骭，自膝以下、脛以上也。’豪骭謂骭上有倄豪也。”

【參證】甲文作，从馬習聲，與篆文同。見唐蘭《殷虛文字記》。

①
䮧　馬毛長也。从馬，倝聲。　侯旰切(hàn)。

【譯文】䮧，馬毛長。从馬，倝聲。

【注釋】① 韓：桂馥《義證》："蕃馬毛長，故名韓。"《段注》："多借翰字爲之，翰行而韓廢矣。"參"翰"條。

騑[1] 馬逸足[2]也。从馬，从飛[3]。《司馬法》[4]曰："飛衛斯輿。" 甫微切(fēi)。

【譯文】騑，馬跑得飛快。由馬、由飛會意。《司馬法》說："飛衛斯輿。"

【注釋】① 騑：即騑兔。《玉篇》："古之駿馬也。"《吕氏春秋》高注作"飛兔"："日行萬里，馳若兔之飛，因以爲名。" ② 逸足：張舜徽《約注》："猶云'疾足'，謂馬行疾速也。" ③ 从馬，从飛：《段注》："會意。飛亦聲。" ④《司馬法》：《段注》："今佚。此偁《司馬法》，説从飛之意也。"吴玉搢《引經考》："《司馬法》曰：'騑衛斯輿。'無攷。"

驐 駿馬。以壬申[1]日死，乘馬忌之。从馬，敖聲。 五到切(ào)。

【譯文】驐，駿馬名。在壬申那天死去，乘馬的人把這一天當作忌諱的日子。从馬，敖聲。

【注釋】① 壬申：《段注》："謂壬申日勿乘馬也。"徐鍇《繫傳》："避不祥也。"

驥 千里馬也，孫陽[1]所相者。从馬，冀聲[2]。天水有驥縣[3]。几利切(jì)。

【譯文】驥，千里馬，是孫陽看中的馬。从馬，冀聲。天水郡有驥縣。

【注釋】① 孫陽：《段注》："孫陽字伯樂，秦穆公時人。"徐鍇《繫傳》："舊多云：驥長鳴於蒲坂，伯樂見而識之也。" ② 冀聲：聲中有義。見注③。 ③ 驥縣：《漢書・地理志》作"冀"。在今甘肅省甘谷縣南。《段注》："《左傳》：'冀之北土，馬之所生。'許蓋授此説字形从冀馬會意。許本作冀縣，謂此即《左傳》生馬之地。淺人改之。"

駿[1] 馬之良材者。从馬，夋聲[2]。 子峻切(jùn)。

【譯文】駿，馬中間有良好素質的馬。从馬，夋聲。

【注釋】① 駿：徐灝《段注箋》："馬之偁駿，實由後而易其偏旁。" ② 夋聲：聲中有義。見【參證】。

【参證】楊樹達《積微居小學述林》卷三："从夋聲之字皆含絶特之義。"如俊、畯、陖、峻等。

驍 驍 良馬也。从馬，堯聲[1]。　古堯切(xiāo)[2]。

【譯文】驍，良馬。从馬，堯聲。

【注釋】① 堯聲：聲中有義，見【參證】。　② 當讀 jiāo，今讀 xiāo。

【参證】馬敘倫《六書疏證》卷十九："驍爲良馬者，馬之高大者也。字从堯得聲。堯爲高頭也，其語原爲垚。"

騅 騅 馬小皃。从馬，垂聲。讀若箠。䮔，籀文从𠂹[1]。　之壘切(zhuǐ/zuī)[2]。

【譯文】騅，馬小的樣子。从馬，垂聲。音讀象"箠"字。䮔，籀文騅字，从𠂹聲。

【注釋】① 从𠂹：朱駿聲《通訓定聲》："𠂹聲。"　② 今讀依《廣韻》子垂切。

驕 驕 馬高六尺爲驕。从馬，喬聲[1]。《詩》[2]曰："我馬唯驕。"一曰：野馬[3]。　舉喬切(jiāo)。

【譯文】驕，馬高六尺叫做驕。从馬，喬聲。《詩經》說："我的馬兒是驕馬。"另一義說，驕是野馬。

【注釋】① 喬聲：聲中有義。本書："喬，高而曲也。"引申爲高義。②《詩》：指《小雅・皇皇者華》。今本"驕"作"駒"。　③ 野馬：桂馥《義證》："野馬者，不受控制，故爲驕縱。"

【參證】王宇信《商代的馬和養馬業》(《中國史研究》一九八〇年第一期)："或因此馬軀體健壯雄偉，故名之曰驕。"喬者，高也，猶偉，猶大，猶壯也。

騋 騋 馬七尺爲騋，八尺爲龍。从馬，來聲。《詩》[1][《爾雅》]曰："騋牝驪，牡[玄]。"　洛哀切(lái)。

【譯文】騋，馬高七尺叫作騋，八尺叫作龍。从馬，來聲。《爾雅》說："七尺高的騋馬，母的是深黑色，公的是(黑中帶紅)。"

【注釋】①《詩》：當依姚文田、嚴可均《校議》作《爾雅》。《爾雅・釋畜》："騋牝驪牡玄，駒褭(niǎo)驂。"許棫《讀〈說文〉雜識》："本言騋之牝者，色驪；牡者，色元（玄）。其駒則爲褭驂。”

驩 馬名。从馬，雚聲。 呼官切（huān）。

【譯文】驩，馬名。从馬，雚聲。

驗[1] 馬名。从馬，僉聲。 魚窆切（yàn）。

【譯文】驗，馬名。从馬，僉聲。

【注釋】① 驗：《段注》：“今用爲譣字，證也，徵也，效也。不知其何自始，驗行而譣廢矣。”

𩦭 馬名。从馬，此聲。 雌氏切（cǐ）。

【譯文】𩦭，馬名。从馬，此聲。

髹 馬名。从馬，休聲。 許尤切（xiū）。

【譯文】髹，馬名。从馬，休聲。

駮 馬赤鬣縞身，目若黄金，名曰媽。吉皇之乘[1]，周（文）[成]王時，犬戎獻之[2]。从馬，从文，文亦聲。《春秋傳》[3]曰：“媽馬百駟。”畫馬[4]也。西伯獻紂[5]，以全其身。 無分切（wén）。

【譯文】駮，馬紅色的鬃毛、白色的身子，眼睛象閃光的黄金，名字叫作媽。這種吉利、堂皇的馬，是周成王的時候，犬戎族貢獻給成王的。由馬、由文會意，文也表聲。《春秋左傳》説：“媽馬四百匹。”（媽馬），是飾畫馬身（使它有文采）。西伯姬昌把它獻給紂王，因而保全了自己的生命。

【注釋】① 乘（shèng）：這裏指馬。 ② 犬戎獻之：見《逸周書·王會篇》。“文王”當作“成王”。承培元《引經證例》：“上言媽馬”，“犬夷是一種也。” ③《春秋傳》：指《左傳·宣公二年》。今本“媽”作“文”。 ④ 畫馬：杜預注“文馬”：“畫馬爲文。”孔穎達正義：“謂文飾彫畫之、朱其尾鬣之類也。”王筠《句讀》：“言此者，所以别于‘吉皇’也。” ⑤ 西伯句：見《尚書大傳》。西伯，西方諸侯之長，即姬昌。

馶[1] 馬彊也。从馬，支聲。 章移切（zhī）。

【譯文】馶，馬强健。从馬，支聲。

【注釋】① 馶：《通俗文》：“彊健曰馶。”

【參證】金文作▢，與篆文同。

駜 馬飽[1]也。从馬，必聲。《詩》[2]云："有駜有駜。"　毗必切(bì)。

【譯文】駜，馬飽滿肥壯。从馬，必聲。《詩經》説："多麼飽滿肥壯啊，多麼飽滿肥壯。"

【注釋】① 馬飽：徐灝《段注箋》："馬飽即肥彊也。"　②《詩》：指《魯頌·有駜》。原文："有駜有駜，駜彼乘黄(四匹黄馬)。"有，形容詞詞頭。

駫 馬盛肥也。从馬，光聲[1]。《詩》曰："四牡駫駫[2]。"　古熒切(jiōng)。

【譯文】駫，馬十分肥壯。从馬，光聲。《詩經》説："四匹公馬多麼肥壯。"

【注釋】① 光聲：《段注》："从馬光會意，光亦聲。"光猶大也，故有"盛肥"意。　② 四牡句：今存《詩》無此文。

騯 馬盛也。从馬，旁聲[1]。《詩》："四牡騯騯[2]。"　薄庚切(péng)。

【譯文】騯，馬高大。从馬，旁聲。《詩經》説："四匹公馬那麼高大。"

【注釋】① 旁聲：聲中有義。《段注》："旁，溥也。此舉形聲包會意。"　② 四牡句：柳榮宗《引經考異》："今《詩》無此文。蓋即《小雅·北山》'四牡彭彭'、《大雅·烝民》'四牡彭彭'也。彭、旁古同聲通用，故'彭彭'亦作'騯騯'。"存參。

駒 駒駒，馬怒皃。从馬，卬聲[1]。　吾浪切(àng)。

【譯文】駒，駒駒，馬發怒的樣子。从馬，卬聲。

【注釋】① 卬聲：聲中有義。錢坫《斠詮》引《解嘲》"激卬萬乘之主"如淳注："卬，怒也。"卬本義爲仰望，引申爲昂首，怒則舉首搖頭。因狀馬怒，故从馬卬。

【參證】馬敘倫《六書疏證》卷十九："倫謂馬怒則舉首不服銜勒，或舉足相踶。此从卬得聲，以聲檢義，則舉首爲近。"

驤 馬之低仰[1]也。从馬，襄聲。　息良切(xiāng)。

【譯文】驤，馬頭時低時昂。从馬，襄聲。

【注釋】① 低仰：《段注》："馬之或俛或仰謂之驤。"徐灝箋："《爾雅》云：'馬後右足白，驤。'别一義。"

驀　上馬[1]也。从馬，莫聲。　莫白切(mò)。

【譯文】驀，上馬。从馬，莫聲。

【注釋】① 上馬：《段注》："上馬必捷，故引申爲猝乍(突然)之偁。"

騎[1]　跨馬[2]也。从馬，奇聲。　渠羈切(qí)。

【譯文】騎，(兩腿分張)跨在馬上。从馬，奇聲。

【注釋】① 騎：徐灝《段注箋》引顧炎武曰："古公亶父，來朝走馬。走者，單騎之偁。古公之國，鄰於戎翟，其習尚有相同者。"古時，馬以駕車，人乘車上，故曰乘車。進而人騎馬上。"單騎"者，只是一人一騎也。徐灝又説："古有單騎，而不用之行策。至趙武靈王，始以騎射習戰耳。"　② 跨馬：《釋名》："騎，支也。兩腳枝別也。"《段注》："兩髀跨馬謂之騎，因之人在馬上謂之騎。"

駕　馬在軛[1]中。从馬，加聲[2]。⿰牛各[3]，籀文駕。　古訝切(jià)。

【譯文】駕，馬套在車軛之中。从馬，加聲。⿰牛各，籀文駕字。

【注釋】① 軛：駕車時套在牲口脖子上的曲木。《段注》："毛傳云：'軛，烏噣也。'烏噣，即《釋名》之烏啄。輈有衡；衡，横也，横在馬頸上。其扼馬頸者曰烏啄，下向。叉馬頸似烏開口向下啄物時也。"② 加聲：聲中有義。《段注》："駕之言以車加於馬也。"　③ ⿰牛各：《段注》："从牛。《釋名》曰：'軛，所以扼牛頸也。'各聲。"

【參證】馬敘倫《六書疏證》卷十九："加、各音同見紐，故⿰牛各从各得聲。从牛者，牛亦駕車也。"

騑　驂，旁馬。从馬，非聲[1]。　甫微切(fēi)。

【譯文】騑，又叫驂馬，駕在車轅兩旁的馬。从馬，非聲。

【注釋】① 非聲：聲中有義。非取象于飛下翅，即鳥的左右兩個翅膀。徐灝《段注箋》："兩驂在服馬外，如左右翼，故謂之騑。"

駢　駕二馬也。从馬，并聲[1]。　部田切(pián)。

【譯文】駢，(一輛車並排)駕兩匹馬。从馬，并聲。

【注釋】① 并聲：聲中有義。《段注》："謂並二馬。"

驂[1]　駕三馬也。从馬，參聲[2]。　倉含切(cān)。

【譯文】驂，(獨輈車)駕的第三匹馬。从馬，參聲。

【注釋】① 驂：《段注》："王肅云：古者，一輈之車駕三馬，則五轡

(pèi,繮繩)。其大夫皆一轅車。夏后氏駕兩,謂之麗;殷益以一騑,謂之驂;周人又益以一騑,謂之駟。”“蓋古者駕四,兩服馬夾輈,在中;左右各一騑馬。左右皆可以三數之,故謂之驂。以其整齊如翼言之則謂之騑。驂本非謂駕三也。”按:驂馬在兩服馬之旁即騑馬,連兩服馬在内,不論从左、从右數過來,驂馬是第三匹馬。

② 參聲:聲中有義。參本星名,此以同音假借爲三。

【參證】李孝定《甲骨文字集釋》第三釋惨説“此以參代三。”此“三”,義爲序數。

駟 一乘①也。从馬,四聲②。 息利切(sì)。

【譯文】駟,一輛車所駕的四匹馬。从馬,四聲。

【注釋】① 一乘:《段注》:“乘者,覆也。車軛駕乎馬上曰乘。馬必四,故四馬爲一乘。不必已駕者也。引申之凡物四曰乘。”王筠《句讀》驂下:“總舉一乘,則謂之駟。” ② 四聲:聲中有義。朱駿聲《通訓定聲》:“从馬从四會意,四亦聲。”

【參證】金文作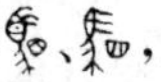,从馬从四,與篆文同。戴家祥《金文大字典》:“四聲兼意。”

駙 副馬①也。从馬,付聲。一曰:近②也。一曰:疾③也。符遇切(fù)。

【譯文】駙,駕副車的馬。从馬,付聲。另一義説,是附近。另一義説,是迅速(奔赴)。

【注釋】① 副馬:桂馥《義證》引《後漢書・魯恭傳》:“駙,副也,非正所乘,皆爲副。” ② 近:《段注》:“附近字。今人作附。”

③ 疾:《段注》:“(駙)與赴音義皆相近。”

騝① 馬和也。从馬,皆聲。 户皆切(xié)。

【譯文】騝,馬性和善。从馬,皆聲。

【注釋】① 騝:《廣韻・皆韻》:“馬性和也。”

䭿 馬搖頭也。从馬,我聲。 五可切(ě)。

【譯文】䭿,馬搖頭。从馬,我聲。

駊 駊䭿①也。从馬,皮聲。 普火切(pǒ)。

【譯文】駊,駊䭿。从馬,皮聲。

【注釋】① 駊騀：疊韻聯緜詞。馬搖頭的樣子。

騊[1] 馬行皃。从馬，匋聲。　土刀切(tāo)。

【譯文】騊，馬(徐徐)行走的樣子。从馬，匋聲。

【注釋】① 騊：《段注》："此當曰：'騊騊，馬行皃。'牛徐行曰犨犨，馬徐行曰騊騊。今人俗語如是矣。"

篤 馬行頓遲[1]。从馬，竹聲。　冬毒切(dǔ)。

【譯文】篤，馬行走，頭低下如觸地，較爲遲緩。从馬，竹聲。

【注釋】① 頓遲：《段注》："頓，如頓首，以頭觸地也。"張舜徽《約注》："凡馬疾行，皆昂其首；若下其首，則行遲緩。"

騤 馬行威儀也。从馬，癸聲。《詩》[1]曰："四牡騤騤。"　渠追切(kuí)。

【譯文】騤，馬行走時威武强壯的容貌。从馬，癸聲。《詩經》説："四匹公馬多麼威武强壯。"

【注釋】①《詩》：指《小雅・采薇》。毛傳："騤騤，强也。"

鷽[1] 馬行徐而疾[2]也。从馬，學省聲。　於角切(wò)。

【譯文】鷽，馬行走，開始徐緩，漸漸迅疾。从馬，學省聲。

【注釋】① 鷽：《段注》本説解爲："驈，驈驈，馬行徐而疾也。从馬，與聲。"注道："今本《説文》篆用鷽，解用驈。蓋本有鷽篆，解'馬腹下聲'，當與騫篆爲伍耳。"桂馥《義證》："本書有驈、鷽二字，傳寫捝驈字。今以驈之注闌入鷽下，而闕鷽字注也。"驈音弋魚、弋庶二切。② 徐而疾：張舜徽《約注》："謂始徐而漸疾也。"

駸[1] 馬行疾也。从馬，侵省聲。《詩》[2]曰："載驟駸駸。"　子林切(jīn/qīn)[3]。

【譯文】駸，馬行走迅疾。从馬，侵省聲。《詩經》説："(駕駛着那四匹駱馬，)奔馳得十分迅疾。"

【注釋】① 駸：今作駸。　②《詩》：指《小雅・四牡》。今本原文："駕彼四駱，載驟駸駸。"載，語首助詞。驟，馬疾步，即奔跑。③ 今讀依《廣韻》七林切。

馺 馬行相及也。从馬，从及[1]。讀若《爾雅》[2]"小山馺大山，峘"。　穌荅切(sà)。

【譯文】馺，馬馳騁而進，一匹追及一匹。由馬、由及會意。音讀象《爾雅》“小山馺大山叫作峘”的“馺”字。

【注釋】① 从及：徐鍇《繫傳》及段桂王朱均以爲及也表聲。
②《爾雅》：指《釋山》。今本“馺”作“岌”。徐灝《段注箋》：“馺之言及也。岌亦及也。《釋文》：峘，胡官反（huán），與桓同義。言小山般旋而及於大山，謂之峘也。”葉德輝《讀若考》：“以‘馬行相及’之馺讀《爾雅》‘小山馺’之馺，是以本字讀本字。”

馬行疾[1]也。从馬，仌聲。 房戎切（féng/píng）[2]。

馮 【譯文】馮，馬行走迅疾。从馬，仌（bīng）聲。

【注釋】① 馬行疾：《段注》：“馬行疾，馮馮然，此馮之本義也。”“馮者，馬蹄箸地堅實之皃。因之引申其義爲盛也，大也，滿也，懣也。”“或叚爲凭字。”“俗作憑。”王筠《句讀》：“今之馮姓，鄦之省也。”
② 今讀依《廣韻》扶冰切。

馬步[1]疾也。从馬，耴聲。 尼輒切（niè）。

馲 【譯文】馲，馬跑得快。从馬，耴聲。

【注釋】① 步：行走。

馬行仡仡[1]也。从馬，矣聲。 五駭切[2]（ái/sì）[3]。

騃 【譯文】騃，馬行走英武壯健。从馬，矣聲。

【注釋】① 仡（yì）：本書人部：“仡，勇壯也。” ② 五駭切：《段注》：“騃騃與俟俟音義同。俟，大也。皆鉏里切。《方言》云：‘癡，騃也。’乃讀五駭切（ái）。俗語借用之字耳。” ③ 今讀依《廣韻》牀史切。

[1] 馬疾步也。从馬，聚聲[2]。 鉏又切（zhòu）。

驟 【譯文】驟，馬飛速奔馳。从馬，聚聲。

【注釋】① 驟：王筠《句讀》：“《廣雅》：‘驟，犇也。’案：引申之爲凡暴疾之偁。暴疾者必頻數，故又爲頻數之偁。” ② 聚聲：聲中有義。徐灝《段注箋》：“驟之言聚也。馬聚足急行也。”

馬疾走也。从馬，勾聲。 古達切（gě）。

駒 【譯文】駒，馬快跑。从馬，勾聲。

[1] 馬疾步也。从馬，風聲[2]。 符嚴切（fān）。

颿 【譯文】颿，馬奔馳。从馬，風聲。

【注釋】① 颿：徐鉉："舟船之颿本用此字，今别作帆。"按：颿用作舟颿，是假借。　② 風聲：聲中有義。《段注》："馬之行疾於風。"

驅　馬馳①也。从馬，區聲。敺，古文驅从攴②。　豈俱切（qū）。

【譯文】驅，（用箠策鞭馬）使馬奔馳。从馬，區聲。敺，古文驅字，从攴。

【注釋】① 馬馳：王筠《句讀》："當作馳馬。""言人御之使速也。革部：'鞭，驅也。'"　② 从攴：《段注》："攴者，小擊也，今之扑字。鞭箠策，所以施於馬而驅之也。"邵瑛《羣經正字》："今經典大概馳驅作驅，敺逐作毆。"

【參證】甲文作、、、，金文作、。李孝定《甲骨文字集釋》第十："契文从馬从攴。""前三文从馬省，第四文則象策馬之狀如繪字，讀區聲。其从馬省者，又與區字形近，遂有增之音符作敺（指金文首字）者矣。字爲从攴馬、區聲乃會意、兼聲之字，省馬則爲毆（指金文次字），爲許書古文所本。"

馳　大驅①也。从馬，也聲。　直離切（chí）。

【譯文】馳，使馬長驅。从馬，也聲。

【注釋】① 大驅：《段注》："馳亦驅也。較大而疾耳。"

騖　亂馳也。从馬，敄聲。　亡遇切（wù）。

【譯文】騖，馬亂奔馳。从馬，敄聲。

駕　次弟①馳也。从馬，列聲②。　力制切（lì/liè）③。

【譯文】駕，馬按行列、次序奔馳。从馬，列聲。

【注釋】① 次弟：《段注》："次弟，成行列之馳也。故从列。"② 列聲：聲中有義。見注①。　③ 今讀依《廣韻》良薛切。

騁　直馳也。从馬，甹聲。　丑郢切（chěng）。

【譯文】騁，徑直奔馳。从馬，甹聲。

駾　馬行疾來①皃。从馬，兑聲。《詩》②曰："昆夷駾矣。"　他外切（tuì）。

【譯文】駾，馬行走迅疾的樣子。从馬，兑聲。《詩經》説："昆夷族奔突逃竄了。"

【注釋】① 來：沈濤《古本考》："今本誤衍。"　②《詩》：指《大雅·緜》。今本“昆”作“混”。昆夷，古代西部少數民族名。毛傳：“駾，突也。”鄭玄箋：“混夷，夷狄國也，見文王之將士衆，過己國，則惶怖驚走，奔突入此柞棫之中而逃。”按：奔突是疾行的引申義。

駃　馬有疾足。从馬，失聲。　大結切(dié/yì)[①]。

駃　【譯文】駃，馬有迅跑的腳。从馬，失聲。

【注釋】① 今讀依《廣韻》夷質切。

騂[①]　馬突也。从馬，旱聲。　侯旰切(hàn)。

騂　【譯文】騂，馬兇悍奔突。从馬，旱聲。

【注釋】① 騂：《段注》：“騂之言悍也。”

駧　馳馬洞[①]去也。从馬，同聲。　徒弄切(dòng)。

駧　【譯文】駧，使馬奔馳，迅疾離開。从馬，同聲。

【注釋】① 洞：《段注》：“洞者，疾流也。”

驚　馬駭也。从馬，敬聲。　舉卿切(jīng)。

驚　【譯文】驚，馬(受突然刺激而)驚駭(以致行走失常)。从馬，敬聲。

駭　驚也。从馬，亥聲。　侯楷切(hài)。

駭　【譯文】駭，馬受驚。从馬，亥聲。

駫　馬奔也。从馬，巟聲。　呼光切(huāng)。

駫　【譯文】駫，馬奔跑。从馬，巟聲。

【參證】馬敘倫《六書疏證》卷十九：“今俗言驚慌。則駫義當爲馬駭而奔也。”

騫　馬腹(縶)[熱][①]也。从馬，寒省聲。　去虔切(qiān)。

騫　【譯文】騫，馬腹部因熱病而虧損低陷。从馬，寒省聲。

【注釋】① 縶：當依徐鍇《繫傳》作“熱”，注：“腹病騫損。”朱士端《騫字宜从小徐説》：“馬腹熱，熱即病也。”

駐[①]　馬立也。从馬，主聲。　中句切(zhù)。

駐　【譯文】駐，馬立定止住。从馬，主聲。

【注釋】① 駐：《玉篇·馬部》：“駐，馬立止也。”《釋名》：“駐，株也，如株木不動也。”

馴　馬順也。从馬，川聲[①]。　詳遵切(xún)。

馴　【譯文】馴，馬順服。从馬，川聲。

【注釋】① 川聲：《段注》："此舉形聲包會意。"川，使水貫穿通流，順流而下，川有順義。

駗 [駗驙,]馬① 載重難[行]② 也。从馬，㐱聲。 張人切(zhēn/zhěn)③ 。

【譯文】駗，駗驙，馬負重難行。从馬，㐱聲。

【注釋】① 馬：嚴章福《校議議》："'馬'上當有'駗驙'二字。" ② 難：當依桂馥《義證》作"難行"。 ③ 今讀依《廣韻》章忍切。

驙 駗驙① 也。从馬，亶聲。《易》② 曰："乘馬驙如。" 張連切(zhān)。

【譯文】驙，駗驙。从馬，亶聲。《易經》説："乘着馬，馬顯出負重難行的樣子。"

【注釋】① 駗驙：朱駿聲《通訓定聲》："趁邅、駗驙，雙聲連語。即《易》之屯邅也(見注②)。疑駗驙字後出，因《易》文而製者。" ②《易》：指《屯卦》。原文："屯如(聚列地)、邅如(難行不進之皃)，乘馬班如(回旋地)。"

騺① 馬重皃。从馬，執聲② 。 陟利切(zhì)。

【譯文】騺，馬負重難行的樣子。从馬，執聲。

【注釋】① 騺：《史記·晉世家》："惠公馬騺不行。"司馬貞《索隱》："騺，謂馬重而陷之於泥。" ② 執聲：徐灝《段注箋》："騺與縶同。因絆馬之義而别从馬。縶讀如輒，而騺讀如摯者，聲之轉耳。"照徐説，執乃縶省聲，縶則有比況之義。从馬从縶省，意謂馬負重有如繫着絆馬索一樣地艱難行走。

驧 馬曲脊也。从馬，鞠聲① 。 巨六切(jú)。

【譯文】驧，馬彎曲着脊背。从馬，鞠聲。

【注釋】① 鞠聲：徐灝《段注箋》"鞠"下："戴氏侗曰：鞠之義有爲曲者。""曲躳爲鞠躳。"《段注》"匔"下："(此)鞠躬之正字也。"匔，曲脊也。可見，鞠聲，聲中有義。

騬① 犗馬也。从馬，乘聲。 食陵切(chéng)。

【譯文】騬，閹割馬。从馬，乘聲。

【注釋】① 騬：朱駿聲《通訓定聲》："牛曰犍，曰犗(jiè)，馬曰騬，羊曰羯，豕曰豮，犬曰猗，皆去勢(雄性生殖器)之謂。”

[1] 系馬尾也。从馬，介聲。 古拜切(jiè)。

騍 【譯文】騍，捆綁馬尾(成髮髻形)。从馬，介聲。

【注釋】① 騍：承培元《廣答問疏證》：“騍，馬尾結也。謂編馬尾爲紒(髮髻)，防疐礙也。”

 擾也。一曰：摩馬[1]。从馬，蚤聲。 穌遭切(sāo)。

騷 【譯文】騷，騷擾。另一義説，是刷馬。从馬，蚤聲。

【注釋】① 摩馬：《段注》：“如今人之刷馬。”

 絆馬也。从馬，口[1]其足。《春秋傳》[2]曰：“韓厥執馽前。”

馽 讀若輒。，馽或从糸，執聲[3]。 陟立切(zhí)。

【譯文】馽，絆住馬腳。从馬，口表示用繩索圍繞馬腳。《春秋左傳》説：“韓厥拿着絆馬索走到齊頃公的前面。”音讀象輒字。縶，馽的或體，从糸，執聲。

【注釋】① 口：段、王、朱均作“○”。王筠《句讀》：“○即音圍之口。”《段注》：“○象絆之形。” ②《春秋傳》：指《左傳・成公二年》。今本“馽”作“縶”。“前”作“馬前”。徐灝《段注箋》：“韓厥執縶，亦執其韁轡，非絆足之謂也。”韓厥，晉大夫。 ③ 執聲：朱駿聲《通訓定聲》：“从糸執會意，執亦聲。”執，本書：“捕罪人也。”捕有圍絆之意。

【參證】甲文作。王襄《簠室殷契類纂》卷十：“古縶字，象拘攣罪人之形，爲縶之本誼。絆馬，其借義也。”

 馬銜脱[1]也。从馬，台聲。 徒哀切(tái)。

駘 【譯文】駘，馬嚼子脱落。从馬，台聲。

【注釋】① 馬銜脱：《段注》：“銜者，馬勒口中者也。”“馬銜不在馬口中，則無以控制其馬。”無以靈便控制，則馬顯遲鈍，故《廣雅》曰：“駑，駘也。”無以中矩中則控制，則馬顯奔逸散漫，故辭賦家言春色駘盪，狀疏散也。其引申爲遲鈍、奔逸，二而一也。

 (牡)[壯][1]馬也。从馬，且聲。一曰：馬蹲駔[2]也。 子朗

駔 切(zǎng)。

【譯文】駔，壯馬。从馬，且聲。另一義説，駿馬驕恣而不行走。

【注釋】① 牡：當依《段注》作“壯”。　② 馬蹭馹：王筠《句讀》：“似是駿馬驕不行之意。”蹭，蹭踞不行。馹通怚。本書心部：“怚，驕也。”

① 騶

廄御也。从馬，芻聲②。　側鳩切（zōu）。

【譯文】騶，馬厩的馭使馬的人。从馬，芻聲。

【注釋】① 騶：《漢書·惠帝紀》“武士騶比外郎”注：“騶，本廄之馭者。”　② 芻聲：聲中有義。徐灝《段注箋》：“芻（chú，草料）以養馬，故牧馬者謂之騶。因以爲乘騎之名。”

 驛

置①騎也。从馬，睪聲。　羊益切（yì）。

【譯文】驛，驛站的馬騎。从馬，睪聲。

【注釋】① 置：驛站。驛馬是驛站專供傳遞公文或官員來往而使用的馬。

① 馹

驛傳也。从馬，日聲②。　入質切（rì）。

【譯文】馹，驛站的傳用車。从馬，日聲。

【注釋】① 馹：《段注》：“馹爲尊者之傳（zhuàn）用車，則遽爲卑者之傳用騎。”　② 日聲：聲中有義。《段注》：“从日者，如日之健行。”

 騰

傳①也。从馬，朕聲。一曰：騰，犗馬②也。　徒登切（téng）。

【譯文】騰，傳遞文書的車。从馬，朕聲。另一義説，是閹馬。

【注釋】① 傳（zhuàn）：朱駿聲《通訓定聲》：“車曰馹，曰傳。馬曰驛，曰遽。”《段注》：“引申爲馳也，爲躍也。”《月令》之“累牛騰馬”之騰則爲父馬“躍上”。騰爲乘匹即合耦之詞。　② 犗（jiè）馬：《段注》：“上文犗馬謂之騬，則是騰爲騬之假借字也。”

 騅

苑名①。一曰：馬白頟。从馬，隺聲②。　下各切（hé）。

【譯文】騅，（漢朝）苑囿的名稱。另一義説，馬有白額。从馬，隺聲。

【注釋】① 苑名：《段注》：“騅苑，蓋漢苑三十六所之一也。”

② 隺聲：王筠《釋例》：“从隺之字，多有白義。知馬白頟爲騅之本義也。”“騅之白頟，蓋與馰之正圓，異。”

 駉

牧馬苑①也。从馬，冋聲②。《詩》③曰：“在駉之野。”　古熒切（jiōng）。

【譯文】駉，牧馬的苑囿。从馬，冋聲。《詩經》説："（高大肥壯的公馬，）在可供牧馬的野外。"

【注釋】① 苑：《段注》："所以養禽獸也。"　② 冋聲：聲中有義。《段注》："牧馬在冋，故偁爲从馬冋。""馬在冋爲駉，猶艸木麗於地爲蘢也。"按：冂，古文作冋，或作坰。　③《詩》：指《魯頌·駉》。今本原文："駉駉牡馬，在坰之野。"毛傳："坰，遠野也。邑外曰郊，郊外曰野，野外曰林，林外曰坰。"《箋》："必牧于坰野者，避民居與良田也。"

駪[1]　馬衆多皃。从馬，先聲[2]。　所臻切（shēn）。

【譯文】駪，馬衆多的樣子。从馬，先聲。

【注釋】① 駪：《正字通·馬部》："駪，馬羣行欲先也，借人疾行貌。"　② 先聲：依上注《正字通》説，聲中有義。

駮　獸，如馬，（倨）[鋸][1]牙，食虎豹。从馬，交聲[2]。　北角切（bó）。

【譯文】駮，獸名，樣子象馬，鋸齒，吃虎豹。从馬，交聲。

【注釋】① 倨：當依徐鍇《繫傳》作"鋸"。　② 交聲：上古交屬宵部，駮屬藥部，宵藥對轉。

駃　駃騠[1]，馬父贏子也[2]。从馬，夬聲。　古穴切（jué）。

【譯文】駃，駃騠，以馬爲父，（以驢爲母，雜交所生的）騾崽。从馬，夬聲。

【注釋】① 駃騠：王筠《句讀》引《通典》："駃騠，駿馬也。生十日而超其母。"　② 馬父句：《段注》："當作'馬父驢母贏也'。""今人謂馬父驢母者爲馬騾，謂驢父馬母者爲驢騾。"

騠　駃騠也。从馬，是聲。　杜兮切（tí）。

【譯文】騠，駃騠。从馬，是聲。

驘[1]　驢父馬母。从馬，𣎆聲。𩦺，或从羸[2]。　洛戈切（luó）。

【譯文】驘，以驢爲父，以馬爲母，（雜交所生的騾崽。）从馬，𣎆聲。𩦺，驘的或體，从羸聲。

【注釋】① 驘：今作"騾"。　② 从羸：朱駿聲《通訓定聲》："或从羸聲。"《段注》："羸亦𣎆聲也。"

驢 似馬，長耳。从馬，盧聲。 力居切(lǘ)。

驢 【譯文】驢，象馬，長長的耳朵。从馬，盧聲。

䝏 驢子①也。从馬，冡聲。 莫紅切(méng)。

䝏 【譯文】䝏，驢崽。从馬，冡聲。

【注釋】① 驢子：毛際盛《述誼》："此謂父母皆驢者也。"

驒 驒騱①，野馬②也。从馬，單聲。一曰：青驪白鱗③，文如鼉魚④。 代何切(tuó)。

驒 【譯文】驒，驒騱，野馬。从馬，單聲。另一義説：青黑色的馬起着白色的鱗片，花紋象鼉魚。

【注釋】① 驒騱：聯緜詞。 ② 野馬：《段注》："如馬而小。" ③ 青驪句：《段注》："青黑色之馬，起白片如鱗然。" ④ 鼉(tuó)魚：《段注》："謂如鼉魚青黑而白斑也。"

騱 驒騱馬也。从馬，奚聲。 胡雞切(xí)。

騱 【譯文】騱，驒騱馬。从馬，奚聲。

騊 騊駼①，北野之良馬②。从馬，匋聲。 徒刀切(táo)。

騊 【譯文】騊，騊駼，北方荒野之地出產的良馬。从馬，匋聲。

【注釋】① 騊駼：雙聲聯緜詞。 ② 北野句：《史記·匈奴傳》："匈奴奇畜騊駼。"

駼 騊駼也。从馬，余聲。 同都切(tú)。

駼 【譯文】駼，騊駼。从馬，余聲。

驫① 衆馬也。从三馬。 甫虬②切(biāo)。

驫 【譯文】驫，衆多的馬。由三個馬字會意。

【注釋】① 驫：《廣韻·宵韻》："衆馬走皃。"存參。 ② 虬：《廣韻》作"烋"。

【參證】金文作、。首字與篆文同，从三馬。次字，容庚《灋羌鐘善齋彝器圖録》説："疑即驫之繁文。"

文一百一十五 重八

駛① 疾也。从馬，吏聲。 疏吏切(shǐ)。

駛 【譯文】駛，疾速。从馬，吏聲。

【注釋】① 駛：《抱朴子・内篇・仙藥》："（天門冬）服之百日，皆丁壯，倍駛於朮及黄精也。""倍駛"，即"（其效）成倍地快於"。

【參證】饒宗頤《殷代貞卜人物通考》卷十七："騜字从馬从史，即駛字，亦作駛。"

駥 馬高八尺。从馬，戎聲[①]。　如融切(róng)。

【譯文】駥，馬高八尺。从馬，戎聲。

【注釋】① 戎聲：聲中有義。《鄭新附考》："戎，大也。馬至八尺已極高大，故得戎名。"

騣[①] 馬鬣[②]也。从馬，嵏聲。　子紅切(zōng)。

【譯文】騣，馬頭上長毛鬣鬣上指的樣子。从馬，嵏聲。

【注釋】① 騣：《鄭新附考》："古止言髦、耆、鬣，漢已前無偁騣者。是後世俗語，因馬而作騣，因毛而作鬉。或以爲古借用嵏。"

② 鬣：《段注》"鬣"下："（鬣鬣）動而直上皃。所謂頭髮上指，髮上衝冠也。"人髮不長，難見上指皃；馬頭馬頸之毛較長，故譯文加"長毛"二字。

馱[①] 負物也。从馬，大聲。此俗語[②]也。　唐佐切(duò)。

【譯文】馱，用牲口背負物貨。从馬，大聲。這是俗語。

【注釋】① 馱：《鄭新附考》："《説文》：'佗，負何也。'即馱古字。《前漢・趙充國傳》：'以一馬自佗負。'《方言》：'凡以驢馬、馲駝負物者，謂之負佗（今本作"他"，俗改）。'皆是。俗因馬佗造此。本讀平聲，唐人詩所用韻尚然。別讀去聲。"參"佗"條。　② 俗語：見上注所引《方言》。

騂 馬赤色也。从馬，(鮮)[觲][①]省聲。　息營切(xīng)。

【譯文】騂，馬的赤色。从馬，觲(xīng)省角爲聲。

【注釋】① 觲：除大徐外，其他均作"觲"。

【參證】甲文作□、□、□。吴其昌《殷墟書契解詁》引羅振玉説："《説文》無'垟'字。角部：'觲，用角低昂便也。从牛、羊、角。'《詩》曰：'觲觲角弓。'土部：'垟，赤剛土也。从土，觲省聲。'按'觲觲角弓'，今毛詩作'騂騂'。赤剛土之'垟'，《周禮・草人》亦作'騂'。知'垟'者，即'騂'之本字矣。注經家謂周尚赤，故用騂剛。然卜辭中用垟者，不止一二見。知周亦因殷禮耳。”高鴻縉《中國字例》四篇：“字原爲牛羊之赤色者（白色赤末），故从羊从牛會意。並列。名詞。”“以稱馬作騂（應从馬、𦍋聲），亦作騂（應从馬辛聲）。”

文五　新附

廌部

廌　解廌[①]獸也，似山牛[②]，一角。古者決訟，令觸不直[③]。象形[④]，从豸省。凡廌之屬皆从廌。　宅買切(zhì)。

【譯文】廌，獬豸獸，象野牛，一隻角。古時候判決官司，叫廌去抵觸那不正直的一方。()象其頭和角的形狀，()是豸的省略。大凡廌的部屬都从廌。

【注釋】① 解廌：又作獬豸。　② 山牛：饒炯《部首訂》：“即舄下所稱之野牛。”　③ 古者句：《段注》：“《神異經》曰：‘東北荒中有獸，見人鬥則觸不直，聞人論則咋不正，名曰獬豸。’《論衡》曰：‘獬豸者，一角之羊，性識有罪。皋陶治獄，有罪者令羊觸之。’”　④ 象形：《段注》：“謂象其頭角也。”

【參證】甲文作。徐中舒《甲骨文字典》：“象頭部有二彎角之牛形。”楊樹達《增訂積微居小學金石論叢》卷二《説廌》：“當兩曹爭執之會，物徵人徵之制不立，無已而假無知之物以爲斷，使顓愚之民有所慴服而無辭，因古代人事之所宜有也。从文字證之，灋字从廌去，非以決訟觸不直之説釋之，斯義無所取。”

𧣾[①]　解廌屬。从廌，孝聲。闕[②]。　古孝切(jiào/xiào)[③]。

【譯文】𧣾，獬豸一類。从廌，孝聲。

【注釋】① 𧣾：《段注》：“蓋亦神獸。”“按，《廣韻》作𪊑，《玉篇》作𪊑，皆从孝。”　② 闕：徐鍇《繫傳》無。　③ 今讀依《廣韻》呼教切。

【參證】金文作。《金文詁林》卷十林潔明按：“从廌爻聲。孝从爻聲。郭（沫若）釋𧣾，可從。”

薦　獸之所食艸。从廌，从艸。古者神人以廌遺黄帝[①]。帝曰：“何食？何處？”曰：“食薦；夏處水澤，冬處松柏。”　作

甸切(jiàn)。

【譯文】薦,獸畜吃的草。由廌、由艸會意。古時候神仙把廌獸送給黄帝。黄帝説:“它吃什麽?住在什麽地方?”回答説:“吃薦草;夏天住在水澤之中,冬天住在松柏之下。”

【注釋】① 古者句:《段注》:“此説从廌艸之意。初造字時因廌食艸成字,後乃用爲凡獸所食艸之偁。不入艸者,重廌也。”廌,《段注》:“絫評曰解廌,單評曰廌。”獸所食之艸必爲艸茂稠之處,故徐灝《箋》:“艸稠曰薦。引申爲藉席之名,又爲薦進、薦至之義。艸部:‘荐,艸席也。’疑本一字。”參“荐”條。

【參證】金文作、,从廌,从茻。戴家祥《金文大字典》:“古人从艸與从茻通。”

灋　刑也。平之如水,从水;廌,所以觸不直者,去之,从[廌]去①。,今文省②。③,古文。　方乏切(fǎ)。

【譯文】灋,刑法。(法律)象水一樣地平正,所以从水;廌,是用來抵觸不正直的一方的神獸,使不正直者離開它,所以从廌去。法,今文灋字,是灋的省略。金,是古文灋字。

【注釋】① 从去:當依《段注》作“从廌去”,注:“此説从廌去之意。法之正人如廌之去惡也。”　② 今文省:《段注》:“許書無言今文省。此蓋隸省之字。許書本無,或增之也。”　③ 金:王筠《句讀》:“从亼正會意。亼者,集也。”

【參證】金文作、,與篆文同。商承祚《説文中之古文考》以爲、,都是古文。“法下‘今文省’之‘今’當爲‘古’字寫誤。”“(金)从正,《易》曰‘利用刑人以正法’之意與。”

文四　重一

鹿部

鹿　獸也。象頭角四足之形①。鳥鹿足相似②,从匕。凡鹿之屬皆从鹿。　盧谷切(lù)。

【譯文】鹿,獸名。象頭、角和四隻腳的樣子。鳥、鹿的腳相像,所以

都从匕。大凡鹿的部屬都从鹿。

【注釋】① 象頭句：饒炯《部首訂》："上（）象枝角，次（）象頭及身尾，下（）象四足。" ② 相似：徐灝《段注箋》："鹿足作，與鳥足作同。"王筠《釋例》："鳥二足而篆似一，鹿四足而篆似二，非省之也。善飛善走者足必屈，屈則相並時多，見其仿佛而已。"

【參證】甲文作、、，金文作、。李孝定《甲骨文字集釋》第十："契文鹿字象其兩角多歧。"徐中舒《甲骨文字典》："甲骨文鹿字爲側視形，僅見其二足，二足或作，象懸蹏形，《說文》篆文譌而爲。"

麚 牡鹿。从鹿，叚聲。以夏至左右脱落鹿角[①]。 古牙切（jiā）。

【譯文】麚，雄鹿。从鹿，叚聲。在夏至左右脱落鹿角。

【注釋】① 以夏至句原作"以夏至解角"。《禮記·月令》："仲夏之月，……日長至（猶極）……鹿角解（脱）。"據改。見陳澔《禮記集説》。

麐 大牝鹿也。从鹿，粦聲。 力珍切（lín）。

【譯文】麐，大母鹿。从鹿，粦聲。

【參證】甲文作。商承祚《甲骨文字研究》下篇："其形似鹿而不冠角不同，頸甚長。""疑即近世之長頸鹿，且此形亦極肖之。"

麇 鹿麛[①]也。从鹿，耎聲。讀若偄[②]弱之偄。 奴亂切（nuàn）。

【譯文】麇，幼小的鹿。从鹿，耎（ruǎn）聲。音讀象偄弱的"偄"字。

【注釋】① 麛（mí）：鹿子。 ② 偄（ruǎn）：懦弱。

麋 鹿迹也。从鹿，速聲[①]。 桑谷切（sù）。

【譯文】麋，鹿的足迹。从鹿，速聲。

【注釋】① 速聲：《字通》："徐鍇曰：'今《爾雅》作速。'按：《爾雅·釋獸》：'鹿其迹，速。'疏：'其迹名速也。'"

麛 鹿子也。从鹿，弭聲。 莫兮切（mí）。

【譯文】麛，鹿子。从鹿，弭聲。

【參證】甲文作。商承祚《甲骨文字研究》下篇："甲骨文以有角者爲鹿母，無角者爲鹿子，麛爲後起字。"楊樹達《積微居小學述林》卷一《釋麛》："麛从弭聲，訓爲鹿子者，弭字从耳聲，耳與兒同聲，从弭猶从兒也。"參"麑"條。

麉　鹿之絶有力者。从鹿，幵聲。　古賢切(jiān)。

【譯文】麉，最有力氣的鹿。从鹿，幵聲。

麒　仁獸[①]也。(麇)[麐][②]身，牛尾，一角。从鹿，其聲。　渠之切(qí)。

【譯文】麒，仁愛的野獸。獐子一樣的身軀，牛一樣的尾巴，一隻角。从鹿，其聲。

【注釋】① 仁獸：《段注》："此云仁獸，用公羊説，以其角端戴肉，不履生蟲，不折生艸也。"　② 麇：當依徐鍇《繫傳》作"麐"。

麐[①]　牝麒也。从鹿，吝聲。　力珍切(lín)。

【譯文】麐，雌的麒獸。从鹿，吝聲。

【注釋】① 麐：張舜徽《約注》："許以麐爲麒麐本字，經傳作麟，則同音假借耳。"《段注》引張揖注《上林賦》："雄曰麒，雌曰麟，其狀麇(jūn)身、牛尾、狼題(額)。"

【參證】甲文作。羅振玉《增訂殷虚書契考釋》卷中："似鹿而角異(無歧)，从吝省聲。"或以爲"从文聲"，見高田忠周《古籀篇》卷九十三。

麋[①]　鹿屬。从鹿，米聲。麋冬至解其角[②]。　武悲切(mí)。

【譯文】麋，鹿一類。从鹿，米聲。麋，冬至左右脱落它的角。

【注釋】① 麋：王筠《句讀》："顔注《急就篇》：'麋似鹿而大，目上有眉，因以爲名也。'"　② 冬至句：《段注》引《月令》："仲冬，日短至(極)，麋角解。"

【參證】甲文作。李孝定《甲骨文字集釋》："蓋它獸無眉而麋獨有，故作字象之耳。"按：其頭部作或和人的眉目之眉同形。

麎　牝麋也。从鹿，辰聲。　植鄰切(chén)。

【譯文】麎，雌性麋鹿。从鹿，辰聲。

麔　大(麋)[麇][①]也。狗足。从鹿，旨聲。，或从几[②]。　居履切(jǐ)。

【譯文】麎，大麇鹿。象狗一樣的腳。从鹿，旨聲。麂，麎的或體，从几聲。

【注釋】① 麇：當依《段注》作“麇”。《爾雅・釋獸》：“麎，大麢（麇），旄毛（猥長的毛），狗足。”　② 从几：宋保《諧聲補逸》：“旨几同部，聲相近。”

麇　麞也。从鹿，囷省聲。，籀文不省。　居筠切（jūn）。

【譯文】麇，獐子。从鹿，囷省聲。麢，籀文麇字，囷不省。

【參證】甲文作、，金文作。羅振玉《增訂殷虛書契考釋》：“卜辭从，不从鹿，然則麇殆似鹿而無角者歟？”唐蘭《獲白兕考》（《史學年報》第四期）：“麞即獐，而今之獐固無角也。”

麞　（麋）[麇][①]屬。从鹿，章聲。　諸良切（zhāng）。

【譯文】麞，麇一類。从鹿，章聲。

【注釋】① 麋：王筠《句讀》：“麋當作麇。”“《考工記》‘山以章’注：‘章讀爲獐。齊人謂麢爲獐。’”按：麞，同“獐”。

麔　麋（牝）[牡][①]者。从鹿，咎聲。　其久切（jiù）。

【譯文】麔，雄性麋鹿。从鹿，咎聲。

【注釋】① 牝：桂馥《義證》：“牝當爲牡。《釋獸》：‘麋，牡麔。’《急就篇》：‘麋其牡者曰麔。’”

麠[①]　大（鹿）[麃][②]也。牛尾，一角。从鹿，畺聲。，或从京[③]。　舉卿切（jīng）。

【譯文】麠，大獐子。象牛一樣的尾巴，一隻角。从鹿，畺聲。麖，麠的或體，从京聲。

【注釋】① 麠：今又叫水鹿、馬鹿、黑鹿。　② 鹿：當依《段注》作“麃（páo）”。《爾雅・釋獸》：“麠，大麃。牛尾，一角。”郭璞注：“麃即麞。”　③ 或从京：朱駿聲《通訓定聲》：“或从京聲。”京、畺上古同屬陽部。

麃　麠屬。从鹿，𤐫省聲。　薄交切（páo）。

【譯文】麃，獐子一類。从鹿，𤐫（piāo）省聲。

【參證】金文作，从鹿从火，與篆文同。

麈[①]　麋屬。从鹿，主聲。　之庾切（zhǔ）。

【譯文】麈，麋鹿一類。从鹿，主聲。

【注釋】① 麠：徐珂《清稗類鈔·動物類》："麠，亦稱駝鹿。其頭類鹿，腳類牛，尾類驢，頸背類駱駝，而觀其全體，皆不完全相似，故俗稱四不像。"

麑① 狻麑，獸也。从鹿，兒聲。 五雞切(ní)。

【譯文】麑，狻麑，野獸。从鹿，兒聲。

【注釋】① 麑：《爾雅·釋獸》："麑，狻(suān)麑。如虦(zhàn，淺毛虎)貓，食虎豹。"郭璞注："即獅子也。"麑另一義同"麛"，指幼鹿。王筠《釋例》："《論語》釋文云：'(麑)鹿子'。《爾雅》釋文出麛字，云：'音迷，本或作麑，音同。'是麑即麛之重文矣。"

【參證】甲文作、、。羅振玉《增訂殷虛書契考釋》卷中："麑之爲字明明从鹿，會合鹿兒誼正是鹿子矣。卜辭以有角、無角别鹿母、子，故卜辭中之字，似鹿無角。緣是亦得知爲麑字矣。"

麙 山羊而大者①，細角。从鹿，咸聲。 胡毚切(xián)。

【譯文】麙，大山羊，細小的角。从鹿，咸聲。

【注釋】① 而大者："而……者"，定語後置格式。《爾雅·釋畜》："羊六尺爲羬(即麙)。"

麢① 大羊而細角。从鹿，霝聲。 郎丁切(líng)。

【譯文】麢，大羊，細角。从鹿，霝聲。

【注釋】① 麢：《爾雅·釋獸》："麢，大羊。"郭璞注："麢羊似羊而大，角員鋭，好在山崖間。"按：麢同羚。

麠 鹿屬。从鹿，圭聲。 古攜切(guī)。

【譯文】麠，鹿一類。从鹿，圭聲。

麝① 如小(麋)[麇]②，臍有香③。从鹿，䠶聲。 神夜切(shè)。

【譯文】麝，象小獐子，肚臍上有香腺。从鹿，䠶聲。

【注釋】① 麝：同"麝"。張舜徽《約注》："麝之言射也。謂其香烈，射入人鼻也。" ② 麋：桂馥《義證》："麋當爲麇。" ③ 臍有香：桂馥《義證》引《談苑》："商汝山中多麝，絶愛其臍。每人所逐，勢且急，即自投高巖。舉爪裂出其香，就縶而死，猶拱四足以保其臍。"

麞 似鹿而大也。从鹿，與聲。 羊茹切(yù)。

【譯文】麞，象鹿，但比鹿大。从鹿，與聲。

麗　旅[1]行也。鹿之性，見食急則必旅行。从鹿，丽聲[2]。禮[3]：麗皮納聘。蓋鹿皮[4]也。[5]，古文。，篆文麗字。　郎計切(lì)。

【譯文】麗，結伴而行。鹿的特性是，發現食物雖情勢緊急卻也一定結伴而行。从鹿，丽聲。禮制規定，把兩張鹿皮交納訂婚。(麗)大概是鹿皮。丽，古文麗。丽，篆文麗字。

【注釋】① 旅：王筠《句讀》："俗作侶。"　② 丽聲：聲中有義。見注④。　③ 禮：《儀禮・士昏禮》："納徵(納幣以成婚禮)，玄纁、束帛、儷皮。"鄭玄注："儷，兩也；皮，鹿皮。"按："麗皮納聘"，隱括其辭。　④ 鹿皮：《段注》："鄭意麗爲兩，許意麗爲鹿，其意實相通。"　⑤ 丽：王筠《句讀》："本象兩鹿皮之形，後來以爲不明了，始加鹿耳。"《釋例》："以麗皮納聘爲本義，旅行爲引申之義。"徐灝《段注箋》："皮必兩以行，故引申爲麗偶之義；又爲附麗之偁；旅行即偶俱也；離析與附麗義相成，見其合爲附麗，言其分則爲離析耳；(又)毛傳：'麗，數也。'蓋麗之爲數，亦猶衡之偁兩，帛之偁匹矣；麗皮有文飾，因之爲美麗之偁。"

【參證】甲文作，金文作、。李孝定《甲骨文字集釋》："'丽聲'之丽，諸家以爲即此字之古文是也。麗既以古文爲聲，則从鹿必屬後起。竊謂麗之本義訓兩、訓耦，麗字从鹿，當爲鹿之旅行之專字。"

麀　牝鹿也。从鹿，从牝省。[1]，或从幽聲。　於虯切(yōu)。

【譯文】麀，母鹿。由鹿、由牝省會意。𪊨，麀的或體，从幽聲。

【注釋】① 𪊨：《段注》："牝本从匕聲，讀扶死反，麀音蓋本同。後人以鹿聲呦呦改其音，並改其字作𪊨耳。"

【參證】匕，卜辭叚借爲祖妣字，因爲人和動物雌性之代表。馬敘倫《六書疏證》卷十九："因物類之異，而各从其類以安偏傍爲之別。"羅振玉《石鼓文考釋》："或从牛作牝，或从羊作牝，或从犬作犯，或从豕作豝，或从馬作馳。""此麀字从鹿，蓋與从牛从羊等同例。其字从匕鹿，匕亦聲。"

文二十六　重六

麤部

[①] 行超遠也。从三鹿[②]。凡麤之屬皆从麤。　倉胡切(cū)。

麤　【譯文】麤,鹿行走時跳躍很遠。由三個鹿字會意。大凡麤的部屬都从麤。

【注釋】① 麤:《段注》:"俗作麁。今人概用粗,粗行而麤廢矣。"② 从三鹿:《段注》:"鹿善驚躍,故从三鹿。""三鹿齊跳,行超遠之意。"遠猶大也,故有麤大、麤疏義。

【參證】甲文作 。商承祚《殷虚文字類編》第十:"从二鹿與三鹿同。"

[①] 鹿行揚土[②]也。从麤,从土[③]。 [④],籀文。　直珍切(chén)。

麤　【譯文】麤,羣鹿疾行使塵土飛揚。由麤、由土會意。𪋻,籀文麤。

【注釋】① 麤:今作塵。　② 揚土:《段注》:"羣行則揚土甚。"③ 从麤,从土:徐灝《段注箋》:"鹿行剽疾,故从三鹿揚土。""物久則生塵,因之塵訓爲久;古通作陳。"　④ 𪋻:王筠《釋例》:"三鹿無足,塵坌不見足也。土在上者,爲鹿所揚也。"

文二　重一

㲋部

獸也。似兔,青色而大。象形[①]。頭與兔同,足與鹿同。

㲋　凡㲋之屬皆从㲋。 ,篆文。　丑略切(chuò)。

【譯文】㲋,獸名。象兔子,全身青色,卻比兔子大。象形。表示頭的⺈與兔字的頭部相同,表示足的比與鹿字的足部相同。大凡㲋的部屬都从㲋。 ,篆文㲋。

【注釋】① 象形:饒炯《部首訂》:"許言某與某同者,皆謂字形,而非論物象。其實㲋自象形,意不从兔頭與鹿足。緣篆象頭耳及四足。畫其前視,則不見尾;畫其行形,則能見四足。若重文 ,又象㲋伏處,有頭無足。其篆疊二爲文者,亦'宜'古文作'𡧪'之例也。"

毚　狡兔也,兔之駿者[①]。从㲋兔[②]。　士咸切(chán)。

【譯文】毚,少壯的兔子,兔中的良才。由㲋、兔會意。

【注釋】① 狡兔句:《段注》:“狡者,少壯之意;駿者,良才者也。” ② 从㲋兔:㲋比兔大,見上條。从㲋从兔,意即象㲋一樣的大兔。《段注》:“兔之大者則為㲋之類。”

⿱㲋吾　獸名。从㲋,吾聲。讀若寫[①]。　司夜切(xiè/xiě)[②]。

【譯文】⿱㲋吾,獸名。从㲋,吾聲。音讀象“寫”字。

【注釋】① 寫:上古與⿱㲋吾、吾同屬魚部。　② 今讀依《廣韻》悉姐切。

【參證】金文作[金文]。吴大澂《古籀補》附録:“从㲋从五从酉。疑即⿱㲋吾字古文。”“小篆从吾,省文也。”

⿱㲋夬　獸也。似(牲牲)[狌狌][①]。从㲋,夬聲。　古穴切(jué)。

【譯文】⿱㲋夬,獸名。象猩猩。从㲋,夬聲。

【注釋】① 牲牲:當依《段注》作“狌狌(xīng)”,注:“其字亦作猩猩。”王筠《句讀》:“狌狌若黄狗,人面,能言。”

【參證】金文作[金文]、[金文]、[金文]。方濬益《綴遺齋彝器款識考釋》卷十二《井季⿱㲋史卣》:“《玉篇》無⿱㲋夬有⿱㲋史。云,生冀切,音試,獸似狸。”“《説文》之⿱㲋夬爲⿱㲋史之譌字。”

文四　重一

兔部

兔　獸名。象踞,後其尾形[①]。兔頭與㲋頭同。凡兔之屬皆从兔。　湯故切(tù)。

【譯文】兔,獸名。象蹲坐的樣子,後面的是它的尾巴的形狀。兔字的頭部⺈與㲋字的頭部相同。大凡兔的部屬都从兔。

【注釋】① 象踞句:《段注》:“其字象兔之蹲,後露其尾之形也。”

【參證】甲文作[甲文],金文作[金文]。羅振玉《增訂殷虚書契考釋》:“長耳而厥尾,象兔形。”

失①也。从辵兔②。兔謾訑善逃也③。 夷質切(yì)。

逸 【譯文】逸,逃跑。由辵、兔會意。兔性欺詐、善于逃逸。

【注釋】① 失(yì):王筠《句讀》:"失即佚(yì)字。" ② 从辵(chuò)兔:《段注》:"兔善逃,故从兔辵。"按辵,疾走之意。 ③ 謾(mán)訑(tuó)句:《段注》:"謾、訑皆欺也。"王筠《句讀》:"兔陽(假裝)不動,乘間(隙)而逃,善售其欺也。"

【參證】金文作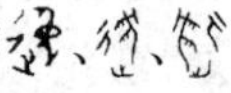。首字从辵、从兔,與篆文同。二、三字訓釋,見戴家祥《金文大字典》:"(字)从辵从犬。""善逃能走之獸,不限于兔。""逸字以兔表義,未始不可以更旁从犬。"

屈①也。从兔,从冖②。兔在冖下,不得走,益③屈折也。於袁切(yuān)。

冤 【譯文】冤,屈縮不伸。由兔、由冖會意。兔字在冖字下,表示兔在覆罩之下不能跑,多屈折不伸。

【注釋】① 屈:《段注》:"屈,不伸也。" ② 从冖(mì):《段注》:"冖音莫狄切,覆也。" ③ 益:桂馥《義證》:"《九經字樣》作'善'。"善猶多也。

【參證】甲文作。陳邦懷《殷虛書契考釋小箋》:"(《説文》)网下出古文罔,从冂亡聲。以此例之,則从网之字亦可省作冂。然則《説文》冤字从冂,猶从网也。卜辭䍐字从网(不省作冂)从兔,蓋爲冤之古文。"

①
兔子也。娩,疾也。从女兔②。 芳萬切(fàn)。

娩 【譯文】娩,兔崽。娩,迅疾。由女、兔會意。

【注釋】① 娩:王筠《釋例》:"再出娩字而後以疾説之。謂娩通㲋也。故《爾雅》釋文有兩音,匹萬反(fàn),則'兔子'一義之音;又,匹附反(fù),則'疾也'一義之音。" ② 从女兔:女可比况卑小幼弱。《釋名》:"(城上垣)亦曰'女牆',言其卑小,比之于城,若女子之于丈夫也。"卑小可引申爲幼弱,兔之幼弱者即兔崽。

①
疾也。从三兔②。闕③。 芳遇切(fù)。

㲋 【譯文】㲋,迅疾。由三個兔字會意。闕其音讀。

【注釋】① 㲋:《段注》:"赴、趦皆即㲋字。今字㲋、趦皆廢矣。"

② 从三兔：《段注》："與三馬、三鹿、三犬、三羊、三魚取意同。兔善走，三之則更疾矣。"　③ 闕：《段注》："謂闕其讀若也。"

文五

㕙① 狡兔也。从兔，夋聲。　七旬切(qūn)。

【譯文】㕙，狡兔名。从兔，夋聲。

【注釋】① 㕙：劉向《新序・雜事》："昔者齊有良兔曰東郭㕙，蓋一旦而走五百里。"《戰國策・齊策》曰："東郭逡者，海内之狡兔也。"逡即㕙之借字。

文一　新附

萈部

萈 山羊細角者。从兔足，苜聲①。凡萈之屬皆从萈②。讀若丸。寬字从此。　胡官切(huán)。

【譯文】萈，細角的山羊。从兔足，苜聲。大凡萈的部屬都从萈。音讀象"丸"字。寬字从萈。

【注釋】① 苜聲：徐鉉："苜，徒結切(dié)，非聲，疑象形。"王筠《句讀》："丫，其角也；目，其首也；儿則足與尾也。似通體象形。"存參。② 萈：與莧(xiàn)菜字迥别。莧从艸，見聲。

文一

犬部

犬 狗之有縣蹏者也①。象形②。孔子曰："視犬之字如畫狗也。"③凡犬之屬皆从犬。　苦泫切(quǎn)。

【譯文】犬，狗中有懸空而不着地的蹄趾的一種。象形。孔子説："看犬字象畫狗的樣子。"大凡犬的部屬都从犬。

【注釋】① 狗之句：徐灝《段注箋》："犬爲凡犬、獵犬之通名，小者謂之狗。渾言則狗亦爲通名矣。懸蹏，蓋指獵犬言，惟獵犬足上有一趾不履地。”　② 象形：徐灝《段注箋》：“按：，象形，横看之絶肖。”　③ 孔子句：是漢儒僞託孔子之言。

【參證】甲文作，金文作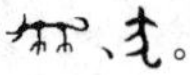。金文末字，吴大澂《說文古籀補》第十：“古犬字。”

[①]
狗 孔子曰：“狗，叩也。叩气吠以守[②]。”从犬，句聲。　古厚切(gǒu)。

【譯文】狗，孔子説：“狗，扣擊。狗聲硜硜如扣擊，出氣而吠叫，用以守禦。”从犬，句聲。

【注釋】① 狗：參“犬”條。　② 叩气句：王筠《釋例》：“謂叩气而吠以守禦，犬聲硜硜，如敂(kòu，扣)擊也。”徐鍇《繫傳》：“叩者，聲有節，若叩物。”《段注》：“古本有叩字，而許逸之。叩，觸也。从卩，口聲。”卩者，叩觸物體，皆有節奏也。與“邛”異。

【參證】郭沫若《殷契粹編考釋》：“苟(金文作)乃狗之象形文，象貼耳人立之形。”徐中舒《怎樣考釋古文字》(《古文字學論集初編》)：“狗爲人守夜，又隨獵人追捕猛獸，經常要作儆戒或警惕的準備，有時還要發生警恐，敬就是从這些意義引申出來的。原始的狗字用筆太簡，師釐簋增‘口’‘支’兩個偏旁，口象狗頸上所繫鈴形，象持杖牧畜之形。从口、从支就説明狗是家畜。在文字行用中，犬作爲狗的專名，敬就可以分化爲恭敬之敬，……作爲狗的原始象形字，其形音義在文字中就保存在狗的形聲字中。”參“苟”、“敬”條。

[①]
獀 南(趙)[越][②]名犬獿獀[③]。从犬，叜聲。　所鳩切(sōu)。

【譯文】獀，南越地方叫犬作獿獀。从犬，叜聲。

【注釋】① 獀：今作狻。　② 南趙：當依《段注》“趙”作“越”。南越，今廣東廣西一帶。　③ 獿(nǎo)獀：疊韻聯緜詞。

尨 犬之多毛者。从犬，从彡[①]。《詩》[②]曰：“無使尨也吠。”莫江切(máng)。

【譯文】尨，多毛的狗。由犬、由彡會意。《詩經》説：“不要讓那獅毛狗啊叫起來。”

【注釋】① 从彡：《段注》：“彡以言其多毛也。”　②《詩》：指《召南·野有死麕》。

【參證】甲文作、。羅振玉《增訂殷虚書契考釋》:“象犬腹下脩毛垂狀,當爲尨字。”李孝定《甲骨文字集釋》第十:“契文與小篆形近。惟一在腹下,一在背上,略異。篆文蓋求結體匀稱耳。”按:“略異”者,指表示脩毛的“彡”所在之位置。

狡　少狗也。从犬,交聲。匈奴地有狡犬①,巨口而黑身。古巧切(jiǎo)。

【譯文】狡,少壯的狗。从犬,交聲。(又,)匈奴地方有一種大狗,巨大的嘴巴,黑色的身子。

【注釋】① 狡犬:《段注》引顔注《急就篇》:“狡犬,匈奴中大犬也,鉅口而赤身。”

獪①　狡獪也。从犬,會聲②。　古外切(kuài)。

【譯文】獪,狡詐。从犬,會聲。

【注釋】① 獪:朱駿聲《通訓定聲》:“本訓當謂犬黠,移以言人。”　② 會聲:聲中有義。徐鍇《繫傳》:“獪,多所會合也。”張舜徽《約注》:“犬善伺人意,多方迎合。”

獶　犬惡①毛也。从犬,農聲②。　奴刀切(náo/nóng)③。

【譯文】獶,犬有濃厚而零亂的毛。从犬,農聲。

【注釋】① 惡:徐鍇《繫傳》:“濃而亂也。”　② 農聲:聲中有義。《段注》“襛”下:“凡農聲之字皆訓厚。”　③ 今讀依《廣韻》奴冬切。

猲　短喙犬也。从犬,曷聲。《詩》①曰:“載獫猲獢。”《爾雅》②曰:“短喙犬謂之猲獢。”　許謁切(xiē)。

【譯文】猲,短嘴巴狗。从犬,曷聲。《詩經》説:“裝載着長嘴(獵)犬和短嘴(獵)犬。”《爾雅》説:“短嘴巴狗叫作猲獢。”

【注釋】①《詩》:指《秦風·駟驖》。原文:“輶(yóu)車(輕便的車)鸞(鈴)鑣(將鈴掛在馬嚼兩端),載獫(xiǎn)、歇驕。”毛傳:“田(獵)犬也。長喙曰獫,短喙曰歇驕。”歇驕即猲獢。　②《爾雅》:指《釋畜》。原文:“長喙,獫;短喙,猲獢。”按:猲獢,雙聲聯緜字。單用義同。

獢　猲獢也。从犬,喬聲。　許喬切(xiāo)。

【譯文】獢,猲獢。从犬,喬聲。

獫 長喙犬。一曰：黑犬，黄頭。从犬，僉聲。 虚檢切(xiǎn)。

【譯文】獫，長嘴巴狗。另一義説，是黑色的狗，黄色的頭。从犬，僉聲。

狂 黄犬，黑頭。从犬，主聲。讀若注。 之戍切(zhù)。

【譯文】狂，黄色的狗，黑色的頭。从犬，主聲。音讀象“注”字。

猈[①] 短脛狗。从犬，卑聲[②]。 薄蟹切(bài)。

【譯文】猈，短腳狗。从犬，卑聲。

【注釋】① 猈：王筠《句讀》：“即今之(哈)巴狗也。” ② 卑聲：聲中有義。卑，賤也；猶低矮也。

【參證】馬敘倫《六書疏證》卷十九：“本書：‘竨(bà)，短人立竨竨皃。’字亦從卑得聲，語原然也。”

猗[①] 犗犬也。从犬，奇聲。 於离切(yī)。

【譯文】猗，閹狗。从犬，奇聲。

【注釋】① 猗：《段注》：“犬曰猗，如馬曰騬，牛曰犗(jiè)，羊曰羠，言之不妨通互耳。”桂馥《義證》引趙宧光曰：“猗、犗，並割勢異名。”

狊 犬視皃。从犬目。 古闃切(jú)。

【譯文】狊，狗凝視的樣子。由犬目會意。

猎[①] 竇中犬聲[②]。从犬，从音，音亦聲。 乙咸切(yān)。

【譯文】猎，洞中狗叫的聲音。由犬、由音會意，音也表聲。

【注釋】① 猎：《段注》：“犬鳴竇中，聲猎猎然也。” ② 竇中句：徐鍇《繫傳》：“犬吠穴中鼠。”

默 犬(暫)[潛]逐[①]人也。从犬，黑聲[②]。讀若墨。 莫北切(mò)。

【譯文】默，狗偷偷地追逐人。从犬，黑聲。音讀象“墨”字。

【注釋】① 暫逐：沈濤《古本考》：“《六書故》引《説文》曰：‘犬潛逐人也。’是今本‘暫’字乃‘潛’字之誤。”徐鍇《繫傳》：“犬默無聲逐人。” ② 黑聲：上古與默同屬職部。

猝 犬从艸暴出逐人也。从犬，卒聲。 麤沒切(cù)。

【譯文】猝，狗从草叢中突然竄出追逐人。从犬，卒聲。

猩 猩猩①，犬吠聲。从犬，星聲。 桑經切(xīng)。

【譯文】猩，猩猩然，是狗叫的聲音。从犬，星聲。

【注釋】① 猩猩：《段注》："遠聞犬吠聲，猩猩然也。"猩猩又指猿類動物。

獫 犬吠不止也。从犬，兼聲。讀若檻①。一曰：兩犬爭也。 胡黯切(xiàn)。

【譯文】獫，狗叫不止。从犬，兼聲。音讀象"檻"字。另一義説，是兩狗相爭。

【注釋】① 讀若檻：葉德輝《讀若考》："兼、監古音同部。"按聲又同爲見紐。

獺 小犬吠。从犬，敢聲。南陽新(亭)[野]①有獺鄉②。 荒檻切(hǎn)。

【譯文】獺，小狗叫。从犬，敢聲。南陽郡新野縣有獺鄉。

【注釋】① 新亭：當依《段注》作"新野"，注："南陽郡新野縣見《地理志》、《郡國志》。" ② 獺鄉：在今河南省新野縣境。

猥 犬吠聲。从犬，畏聲。 烏賄切(wěi)。

【譯文】猥，狗叫聲。从犬，畏聲。

獿 獿狣也①。从犬夒②。 女交切(náo/nǎo)③。

【譯文】獿，獿狣。由犬、夒會意。

【注釋】① 獿狣(xiāo)也：王筠《句讀》："當云：'獿狣，犬駭吠也。'"按：獿狣，疊韻聯緜字。 ②从犬夒：徐鍇《繫傳》作"从犬，夒聲"。 ③ 今讀依《廣韻》奴巧切。

狣 犬獿(獿)[狣]①(咳)[駭]②吠也。从犬，翏聲。 火包切(xiāo)。

【譯文】狣，狗獿狣地驚叫。从犬，翏聲。

【注釋】① 獿獿：王筠《句讀》："當云：'獿狣也。'" ② 咳：桂馥《義證》："咳當爲駭。"《五音集韻・肴韻》："狣，獿狣，駭犬吠聲。"

獡 犬容頭進也①。从犬，參聲。一曰：賊(疾)②也。 山檻切(shǎn)。

【譯文】獡，(狹窄處)容狗頭伸進(而鑽過身)。从犬，參聲。另一義說,是殘害。

【注釋】① 犬容句:徐鍇《繫傳》:"言犬進狹處。"《段注》引《漢書》:"容頭過身。" ② 疾:王筠《句讀》:"疾係衍文。"

獎 嗾犬厲之也①。从犬,將省聲②。 即兩切(jiǎng)。

【譯文】獎,使嗾狗而勉勵它。从犬,將省聲。

【注釋】① 嗾犬句:《段注》:"口部曰:'嗾,使犬聲也。'厲之猶勉之也。" ② 將省聲:邵瑛《羣經正字》:"今經典不省,作奬。"

㹽① 齧也。从犬,戔聲。 初版切(chǎn)。

【譯文】㹽,(狗)咬。从犬,戔聲。

【注釋】① 㹽:錢坫《斠詮》:"今俗謂犬齧人爲㹽,聲如殘。"

姍 惡健犬也。从犬,删省聲。 所晏切(shàn)。

【譯文】姍,兇狠健壯的狗。从犬,删省聲。

狠① 吠鬥聲。从犬,艮聲②。 五還切(wán/yán)③。

【譯文】狠,狗邊叫邊鬥的聲音。从犬,艮聲。

【注釋】① 狠:《段注》:"今俗用狠爲很(兇狠、狠戾)。"兇狠義音hěn。 ② 艮聲:聲中有義。艮,不聽從。參"艮"條。犬性獨而不羣,遇則相鬥,互不聽從。 ③ 今讀依《廣韻》五閑切。

獖 犬鬥聲。从犬,番聲。 附袁切(fán)。

【譯文】獖,狗爭鬥的聲音。从犬,番聲。

狋 犬怒皃。从犬,示聲。一曰:犬難得①。代郡有狋氏②縣。讀又若銀③。 語其切(yí)。

【譯文】狋,狗發怒的樣子。从犬,示聲。另一義説,狗難於控制驅使。代郡有狋氏縣。音讀又象"銀"字。

【注釋】① 難得:毛際盛《述誼》:"難得謂犬之難於制御者耳。" ② 狋氏(quán jīng):《段注》:"孟康曰:'狋音權,氏音精'。"故地在今山西省渾源縣東。 ③ 銀:《段注》:"上文云示聲,則在脂微(部),而又讀入文魂部。或曰:當作'讀若銀',在下文'从犬,斤聲'之下。"

狾① 犬吠聲。从犬,斤聲。 語斤切(yín)。

【譯文】狾,狗叫聲。从犬,斤聲。

【注釋】① 犷：朱駿聲《通訓定聲》："亦作㹞。"

【參證】甲文作［甲骨文］。李孝定《甲骨文字集釋》補遺："字从犬斤聲。當即許書犷字。"

猲① 犬猲猲不附人也。从犬，舄聲。南楚謂相驚曰猲。讀若愬。　式略切（shuò）。

【譯文】猲，狗猲猲驚懼，不讓人挨近。从犬，舄聲。南楚地方叫相驚懼作猲。音讀象"愬"字。

【注釋】① 猲：《方言》卷二："猲、透，驚也。宋、衛、南楚凡相驚曰猲，或曰透。"郭璞注："皆驚皃也。"

獷 犬獷獷①不可附也。从犬，廣聲。漁陽有獷平縣②。　古猛切（gǒng/guǎng）③。

【譯文】獷，狗獷獷兇悍，不可親近。从犬，廣聲。漁陽郡有獷平縣。

【注釋】① 獷獷：張舜徽《約注》："獷之言剛也，謂其性强悍難馴也。"　② 獷（gǒng）平縣：在今河北密雲縣東北。王筠《句讀》："見《漢志》。（獷，）孟康音鞏。"　③ 今讀依《廣韻》居往切。

狀 犬形①也。从犬，爿聲。　盈亮切（yàng/zhuàng）②。

【譯文】狀，狗的形狀。从犬，爿聲。

【注釋】① 犬形：桂馥《義證》："視犬之字如畫狗。""言似狗形也。"《段注》："引申爲形狀。"　② 今讀依《廣韻》鋤亮切。

奘① 妄彊犬也。从犬，从壯，壯亦聲。　徂朗切（zàng）。

【譯文】奘，狂妄强猛的狗。由犬、由壯會意，壯也表聲。

【注釋】① 奘：桂馥《義證》："《國策》：'韓盧者，天下之壯犬也。'即此奘。"

獒 犬如人心①可使者。从犬，敖聲。《春秋傳》②曰："公嗾夫獒。"　五牢切（áo）。

【譯文】獒，狗中能如人意可以使喚的一種。从犬，敖聲。《春秋左傳》説："晉靈公唆使那猛狗。"

【注釋】① 如人心：王筠《句讀》："所謂如意，即此如人心也。"
②《春秋傳》：指《左傳・宣公二年》。原文："（晉靈）公嗾（sōu）夫獒焉，（提彌）明搏而殺之。"杜預注："獒，猛犬也。"

獳 怒犬皃。从犬，需聲。讀若槈。 奴豆切(nòu)。又，乃侯切(nóu)。

【譯文】獳，發怒的狗的樣子。从犬，需聲。音讀象“槈(nòu)”字。

狧 犬食也。从犬，从舌[1]。讀若比目魚鰈[2]之鰈。 他合切(tà)。

【譯文】狧，狗吃食。由犬、由舌會意。音讀象比目魚又名叫鰈的鰈字。

【注釋】① 从舌：徐鍇《繫傳》：“以舌吞物。”《段注》：“犬食主舌，他物主喉也。” ② 比目魚鰈(tà)：《爾雅·釋地》：“東方有比目魚焉，不比不行，其名謂之鰈。”

【參證】楊樹達《文字形義學》：“犬吠以口，視以目(指“狊”字——湯注)，臭以鼻，食以舌，故諸字从口从目从自从舌，皆官名，犬爲主名。”

狎[1] 犬可習也。从犬，甲聲。 胡甲切(xiá)。

【譯文】狎，狗可訓練。从犬，甲聲。

【注釋】① 狎：徐鍇《繫傳》：“獸之可習者，唯犬甚也。”

狃 犬性驕[1]也。从犬，丑聲。 女久切(niǔ)。

【譯文】狃，狗性驕橫。从犬，丑聲。

【注釋】① 驕：《段注》作“忕”(yì)。徐鍇《繫傳》：“忕，慣習也。”存參。

犯 侵也。从犬[1]，㔾聲。 防險切(fàn)。

【譯文】犯，侵犯。从犬，㔾聲。

【注釋】① 从犬：《段注》：“本謂犬，叚借之謂人。”

猜[1] 恨賊[2]也。从犬，青聲。 倉才切(cāi)。

【譯文】猜，嫉恨以至殘害别人。从犬，青聲。

【注釋】① 猜：徐鍇《繫傳》：“犬性多猜。” ② 恨賊：王筠《句讀》：“許君爲恨不足盡猜之情，故申之以賊，爲其必有所賊害也。”

猛 健犬也。从犬，孟聲[1]。 莫杏切(měng)。

【譯文】猛，健壯的狗。从犬，孟聲。

【注釋】① 孟聲：聲中有義。本書：孟，長也。有最長最先義。从犬从孟,會合狗之一流者義。

犺

健犬也。从犬,亢聲①。　苦浪切(kàng)。

【譯文】犺,健壯的狗。从犬,亢聲。

【注釋】① 亢聲：聲中有義。本書：亢,人頸也。引申有高義,高猶大也。高大者多健壯。

狧

多畏也。从犬,去聲。𢛁,杜林說,狧从心。　去劫切(qiè)。

【譯文】狧,多畏懼。从犬,去聲。怯,杜林說,狧字从心。

獜

健也。从犬,粦聲。《詩》①曰:"盧獜獜。"　力珍切(lín)。

【譯文】獜,(狗)健壯。从犬,粦聲。《詩經》說:"黑色的獵狗多麼健壯。"

【注釋】①《詩》：指《齊風·盧令》。今本作:"盧令令。"毛傳:"盧,田犬。令令,纓環(狗頸下的套環)聲。"存參。

獧

疾跳也。一曰：急也。从犬,瞏聲。　古縣切(juàn)。

【譯文】獧,急速地跳躍。另一義說,(性情)急躁。从犬,瞏聲。

倏

走也。从犬,攸聲。讀若叔。　式竹切(shū)。

【譯文】倏,(狗)奔跑。从犬,攸聲。音讀象"叔"字。

狟

犬行也。从犬,亘聲。《周禮》①曰:"尚狟狟。"　胡官切(huán)。

【譯文】狟,狗行走。从犬,亘聲。《周禮》說:"一定要威威武武。"

【注釋】①《周禮》：指《牧誓》。今本作"桓桓"。承培元《引經證例》:"蓋形頌(形容)字本無一定也。"鄭玄注:"桓桓,威武也。"

犻①

過弗取②也。从犬,朮聲。讀若孛。　蒲沒切(bó)。

【譯文】犻,(狗飛快)經過,不擷取旁物。从犬,朮聲。音讀象"孛"字。

【注釋】① 犻：張舜徽《約注》:"蓋犻之言暴也,謂疾有所趣,不暇旁顧有所取也。"　② 過弗取：譯文依張說。又苗夔《繫傳校勘記》:"當作'犬過拂戾也'五字。過,甚也。"承培元《引經證例》:"弗戾,屰(逆)而不順也。"依苗說,當譯成:"(狗)特別違逆不順。"存參。

猲

犬張耳皃。从犬,易聲。　陟革切(zhé)。

【譯文】猲,狗張開耳朵的樣子。从犬,易聲。

猌　犬張齗怒也。从犬，來聲。讀又①若銀。　魚僅切(yìn)。

【譯文】猌，狗張着牙齒發怒。从犬，來聲。音讀又象“銀”字。

【注釋】① 又：《段注》：“又字衍。”

犮　走犬①皃。从犬而丿之。曳其足，則剌犮②也。　蒲撥切(bá)。

【譯文】犮，使狗跑的樣子。由“犬”字再加上“丿(yì)”字表示。用繩索牽引着狗的腳，(狗行走)就兩腳分張。

【注釋】① 走犬：于鬯《職墨》：“走犬即《戰國·齊策》鬥鷄、走犬之走犬。今走犬之戲不傳。”　② 剌(là)犮：聯緜字。《段注》：“剌犮，行皃。”“犮與𣥂音義同。𣥂，兩腳分張。

戾　曲也。从犬出户下①。戾者，身曲戾也。　郎計切(lì)。

【譯文】戾，彎曲。由“犬”出于門“户”之下會意。戾，身體彎曲的意思。

【注釋】① 出户下：徐鍇《繫傳》：“犬善出卑户也。”張舜徽《約注》：“卑户，謂僅容犬身以通出入之小竇(洞)也。湖湘舊俗，凡造室，必於大門之旁穿壁爲竇，以備門閉而犬得由是而出入焉。形似户而實非户也。犬出入其間，必曲其身，因謂之戾。”

獨　犬相得①而鬥也。从犬，蜀聲。羊爲羣，犬爲獨也②。一曰：北嚻山有獨狢③獸，如虎，白身，豕鬣，尾如馬。　徒谷切(dú)。

【譯文】獨，狗相遇就爭鬥。从犬，蜀聲。羊喜羣居，狗愛獨處。另一義說，北嚻山上有名叫獨狢的野獸，樣子象老虎，白色的身子，象豬一樣的鬃毛，尾巴象馬一樣。

【注釋】① 相得：指相遇。　② 羊爲二句：《段注》：“犬好鬥，好鬥則獨而不羣。”王筠《句讀》：“以上二句，以‘羣’之从‘羊’，明‘獨’之从‘犬’。”　③ 獨狢(yù)：朱駿聲《通訓定聲》：“疊韻連語。”見《山海經·北山經》。

狢　獨狢獸也。从犬，谷聲。　余蜀切(yù)。

【譯文】狢，名叫獨狢的野獸。从犬，谷聲。

獮①　秋田也。从犬②，璽聲。𤢨，獮或从豕。宗廟之田也，故从豕示③。　息淺切(xiǎn)。

【譯文】獮，秋天打獵。从犬，璽聲。祢，獮的或體，从豕。是爲了宗廟祭祀之事的田獵，所以又由豕、示二字會意。

【注釋】① 獮：今作獮。　② 从犬：徐灝《段注箋》："獵必用犬，故獮狩竝从犬耳。"　③ 宗廟句：王筠《句讀》引《穀梁傳》："四時之田，皆爲宗廟之事也。"按：言"宗廟"者，必"祭祀"也。豕者，祭祀之物；示者，祭祀之象。故或从豕示。

獵　(放)[畋]獵[1]逐禽也。从犬，巤聲。　良涉切(liè)。

【譯文】獵，打獵追逐禽獸。从犬，巤聲。

【注釋】① 放獵：當依徐鍇《繫傳》作"畋獵"。畋，打獵。畋獵，同義複合。

獠[1]　獵也。从犬，尞聲。　力昭切(liáo)。

【譯文】獠，打獵。从犬，尞聲。

【注釋】① 獠：張舜徽《約注》："獠之言燎也，謂舉火燎以夜獵也。"按：獠、獵渾言無別。

狩　犬田[1]也。从犬，守聲。《易》[2]曰："明夷于南狩。"　書究切(shòu)。

【譯文】狩，用狗田獵。从犬，守聲。《易經》説："叫着的鵜鶘鳥在(人們)南去打獵的時候(受傷)。"

【注釋】① 犬田：《段注》作"火田"，注："《釋天》曰：'冬獵爲狩。'又《釋天》曰：'火田爲狩。'許不偁冬獵而稱火田者，火田必于冬。"孫炎注"火田"："放火燒草，守其下風。"按：野獸避火，往下風逃逸，獵者以犬守之。存參。　②《易》：指《明夷》九三爻辭。周振甫《周易譯注》："漢帛書《周易》作'明夷夷(傷)于南守(狩)'。""《周易通義》：'明夷，借爲鳴鶇。'即叫着的鵜鶘。……是一種水鳥……俗名淘河。"

【參證】甲文作、，金文作。朱芳圃《殷周文字釋叢》："獸即狩之初文，从單从犬，會意。""犬田，謂用犬田獵……單爲獵具，所以捕禽獸；犬知禽獸之跡，故守必以犬，兩者爲田獵必具之條件。"按：甲文首字所从，即干，爲狩獵工具，徐中舒《甲骨文字典》卷十："單乃之繁體。""田獵爲，田獵所獲亦爲，後世遂分爲狩、獸二字。""从犬守聲之狩字乃後起形聲字。”参“獸”條。

臭

禽走①,臭而知其迹者,犬也②。从犬,从自③。 尺救切(chòu/xiù)④。

【譯文】臭,禽獸跑了,嗅其氣味而知道其逃跑的踪迹的,是狗。由犬、由自會意。

【注釋】① 禽走:王筠《釋例》:“禽走者,謂田獵所逐之禽已逃走也。” ② 臭而句:王筠《釋例》:“臭而知其迹者,謂犬臭地而知禽所往之蹤迹也。” ③ 从自:徐鉉:“自,古鼻字。”臭,後人加口爲嗅。徐灝《段注箋》:“此當从嗅氣爲本義,因之爲芳臭。其後別作齅爲齅氣,別作殠爲臭腐,皆相承增偏旁耳。” ④ 今讀依《廣韻》許救切作“齅”。

【參證】甲文作,从自从犬,與篆文同。

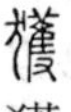
獲

獵所獲也。从犬,蒦聲。 胡伯切(huò)。

【譯文】獲,打獵時捕獲的禽獸。从犬,蒦聲。

【參證】甲文作,金文作、。羅振玉《增訂殷虛書契考釋》:“(甲文)从隹,从又,象捕鳥在手之形。與許書訓‘鳥一枚’之隻字同形。”李孝定《甲骨文集釋》:“鳥一枚者,隻之別義也。”林潔明《金文詁林》卷十:“獲爲隻之後起形聲字也。”

獘

頓仆①也。从犬,敝聲。《春秋傳》②曰:“與犬,犬獘。”③,獘或从死。 毗祭切(bì)。

【譯文】獘,象磕頭一般向前倒仆。从犬,敝聲。《春秋左傳》說:“給狗吃,狗倒地而死。”斃,獘的或體,从死。

【注釋】① 頓仆:《段注》:“人部曰:‘仆者,頓也。’謂前覆也。人前仆若頓首然,故曰頓仆。” ②《春秋傳》:指《左傳·僖公四年》。獘:今本作斃。 ③ 斃:王筠《句讀》:“經典斃字,有死(義)、有不死(義)。如鞌之戰:‘射其右,斃于車中。’又曰:‘韓厥俛定其右。’若其已死,何定之云?”

【參證】甲文作。待考。

獻

宗廟犬名羹獻①。犬肥者以獻之。从犬,鬳聲。 許建切(xiàn)。

【譯文】獻，宗廟祭祀所用的狗叫作“羹獻”。狗肥大的用以作爲敬獻的禮品。从犬，鬳聲。

【注釋】① 羹獻：《段注》：“《曲禮》曰：‘凡祭宗廟之禮犬曰羹獻。’按：羹之言良也。獻本祭祀奉犬牲之偁。引申之爲凡薦進之偁。”

【參證】甲文作、、，金文作、。徐中舒《甲骨文字典》：“（甲文）从犬从（鬲）……或从（虎）从（鬲），皆爲獻之初字。所从之虎或有移至鬲上而作者，金文復於其旁增从犬而作……是爲《説文》篆文所本。……从犬虎、从鼎鬲，皆會意爲鼎實。”

犴 獟[①]犬也。从犬，幵聲。一曰：逐虎犬也。 五甸切（yàn）。

【譯文】犴，驍勇的狗。从犬，幵聲。另一義説，追逐老虎的狗。

【注釋】① 獟：徐鍇《繫傳》：“獟猶驍也。”

獟 犴犬也。从犬，堯聲[①]。 五弔切（yào）。

【譯文】獟，驍勇的狗。从犬，堯聲。

【注釋】① 堯聲：聲中有義。堯，高也。高大之狗多驍勇。

狾 狂犬也。从犬，折聲。《春秋傳》[①]曰：“狾犬入華臣氏之門。” 征例切（zhì）。

【譯文】狾，瘋狗。从犬，折聲。《春秋左傳》説：“瘋狗進入華臣家的門。”

【注釋】①《春秋傳》：指《左傳・襄公十七年》。今本原文：“國人逐瘈狗，瘈狗入於華臣氏，國人从之。”華臣氏：宋國的臣子。王筠《釋例》：“古人之呼某氏，即今人之呼某家。”

狂 狾犬也。从犬，㞷聲。，古文从心。 巨王切（kuáng）。

【譯文】狂，瘋狗。从犬，㞷聲。怔，古文狂，从心。

【參證】甲文作，从犬，㞷（往）聲，與篆文同。但卜辭爲往來之往。

類[①] 種類相似，唯犬爲甚。从犬，頪聲[②]。 力遂切（lèi）。

【譯文】類，同一種屬、類别的事物相像，只有狗體現得最分明。从犬，頪聲。

【注釋】① 類：《段注》：“類本謂犬相似，引伸假借凡相似之稱。”

② 頪聲：《段注》：“此當云‘頪亦聲’。頪，難曉也。”从犬从頪，其意爲，犬最相似，難以分别。

狄 赤狄[①]，本犬種[②]。狄之爲言淫辟[③]也。从犬，亦省聲[④]。徒歷切(dí)。

【譯文】狄，赤狄族，本與犬戎族同種。狄作爲詞語是表示邪惡乖辟的意思。从犬，亦省聲。

【注釋】① 赤狄：北方民族名。　② 犬種：沈濤《古本考》："犬種皆犬戎種之誤。"犬戎：殷周時居于我國西部的民族。　③ 淫辟：《段注》："(辟與狄)疊韻爲訓。《風俗通》云：'狄，父子、嫂叔同穴無別。'狄者，辟也。其行邪辟。"　④ 亦省聲：張文虎《舒藝室隨筆》："火赤色，从犬从火會意。非从亦省聲。"

【參證】金文作、、。戴家祥《金文大字典》："(金文)字均从火。""古人狄易通用，易聲同亦，故狄或體(指此處金文第三字)作狄。"戴以爲：重火爲炎，炎上古屬喻四，聲歸定紐，故狄从炎省聲。戴説："狄之本意當爲犬種，古人蔑視少數民族，古借來稱之爲狄。""因少數民族的方國皆在邊遠，故狄字又引申爲遠……後人爲了在字形上加以區別，添辵旁作逖。"

狻 狻麑[①]，如虦貓[②]，食虎豹者。从犬，夋聲。見《爾雅》[③]。素官切(suān)。

【譯文】狻，狻麑，象淺毛虎，是吃虎豹的野獸。从犬，夋聲。

【注釋】① 狻麑(ní)：也作"狻猊"。獅子。　② 虦(zhàn)貓：本書虎部："虎竊(淺)毛謂之虦苗(猫)。"　③ 見《爾雅》：桂馥《義證》："後人加之，本書無此文例。"故不譯。

玃 母猴[①]也。从犬，矍聲[②]。《爾雅》[③]云："玃父善顧。"攫持人也。　俱縛切(jué)。

【譯文】玃，大獮猴。从犬，矍聲。《爾雅》説："大獮猴善于左右顧盼。"又喜歡用爪抓取、把持人。

【注釋】① 母猴：承培元《引經證例》："即獮(mí)猴，聲之轉也。"　② 矍聲：聲中有義。王筠《句讀》："瞿，鷹隼之視也。與顧盼合。矍，隹欲逸走，从又，持之矍矍也。與攫持合。"　③《爾雅》：指《釋獸》。郭璞注："貑(豭 jiā)玃(玃)也。似獮猴而大，色蒼黑，能貜(攫)持人，好顧盼。"

猶　玃屬。从犬①，酋聲。一曰：隴西②謂犬子爲猷③。　以周切（yóu）。

【譯文】猶，獮猴一類。从犬，酋聲。另一義説，隴西郡叫狗崽子作猷。

【注釋】① 从犬：《爾雅・釋獸》："猶如麂，善登木。"郝懿行《義疏》："猶之爲獸，既是猴屬，又類麂形。麂形似麕而足如狗，故猶从犬矣。"　② 隴西：郡名，見《漢書・地理志》。在今甘肅東南一帶。③ 猷：《段注》："今字分猷謀字，犬在右；語助字，犬在左。經典絶無此例。"段謂經典猶、猷一字。

【參證】甲文作、、，金文作、、。羅振玉《增訂殷虚書契考釋》卷中："从犬从。象酒盈尊，殆即許書之酋字。"構形之義待考。或以爲从鼠由聲之"鼬"，甲文異體作。鼬，"今人稱爲黄鼠狼"，"善登木"，"亦狗足旄毛"，"其行動最審慎而多疑。"古人謂之"猶豫而狐疑"。見郭沫若《甲骨文字研究・釋繇》。

①
狙　玃屬。从犬，且聲。一曰：狙，犬也，暫齧人②者。一曰：犬不齧人也。　親去切（qù/jū）③。

【譯文】狙，獮猴一類。从犬，且聲。另一義説，狙，是狗，是伺機突然出來咬人的狗。另一義説，狗不咬人叫狙。

【注釋】① 狙：獮猴。《莊子・齊物論》："狙公賦芧，曰：'朝三而暮四。'衆狙皆怒。曰：'然則朝四而暮三。'衆狙皆悦。"　② 暫齧人：王筠《句讀》："謂伺間而猝出也。"　③ 今讀依《廣韻》七余切。

①
猴　夒也。从犬，侯聲。　乎溝切（hóu）。

【譯文】猴，一種長臂猿。从犬，侯聲。

【注釋】① 猴：朱駿聲《通訓定聲》："一名爲，一名母猴，聲轉曰沐猴，曰獮猴。其大者曰玃，其愚者曰禺，其靜者曰蝯，亦作猨，作猿。"

【參證】甲文作、。商承祚《甲骨文字研究》下篇："此獸巨顙鋭口而長臂，乃猴也。"

㺃　犬屬。䏶已上黄，䏶已下黑，食母猴①。从犬，㱿聲。讀若構②。或曰：㺃似牂③羊，出蜀北嚻山④中，犬首而馬

尾。　火屋切(hù)。

【譯文】㺃,狗一類。腰以上黄色,腰以下黑色,吃獮猴。从犬,㱿聲。音讀象"構"字。有人説,㺃象公羊,出産在蜀地北囂山之中,象狗一樣的腦袋,象馬一樣的尾巴。

【注釋】① 母猴:猶言獮猴。　② 讀若構:葉德輝《讀若考》:"㱿、構古音同部。"　③ 羘:本書羊部:"羘,牡羊也。"　④ 北囂山:王筠《句讀》:"北囂之山有獸焉,其狀如虎而白身、犬首、馬尾、彘鬛,名曰獨𤞟。"

狼　似犬,鋭頭,白頰,高前,廣後。从犬,良聲。　魯當切(láng)。

【譯文】狼,象狗,尖鋭的頭,白色的臉頰,身子前部高,後部寬。从犬,良聲。

【參證】甲文作。羅振玉《增訂殷虛書契考釋》卷中:"从犬从良即狼字。"

狛　如狼,善驅羊。从犬,白聲。讀若蘗①。甯嚴②讀之若淺泊。　匹各切(bó)。

【譯文】狛,象狼,善于驅趕羊羣。从犬,白聲。音讀象黄蘗的蘗字。甯嚴讀它,象淺泊的泊字。

【注釋】① 蘗(bó):《段注》:"今人黄蘗字作黄柏。"　② 甯嚴:《段注》:"蓋博訪通人之一也。"

獌　狼屬。从犬,曼聲。《爾雅》①曰:"貙、獌②,似貍。"　舞販切(wàn/màn)③。

【譯文】獌,狼一類。从犬,曼聲。《爾雅》説:"貙和獌,都象野猫。"

【注釋】①《爾雅》:指《釋獸》。　② 貙、獌:承培元《引經證例》:"貙、獌雖二物,而其類則一,貙小而獌大也。"貍,即今俗稱野猫。　③ 今讀依《廣韻》莫半切。

狐　䄏獸也。鬼所乘①之。有三德:其色中和,小前大後②,死則丘首③。从犬,瓜聲。　户吴切(hú)。

【譯文】狐,妖異的野獸。是鬼所憑借的東西。(它)有三種德行:它的毛色是中和的黄色;前面(的鼻尖)小,後面(的尾巴)大;臨死的時候對着出生的山丘擺正自己的腦袋。从犬，瓜聲。

【注釋】① 乘：桂馥《義證》："乘猶馮也。"馮：憑。　② 中和二句：桂馥《義證》："其色黃，故曰'中和'；鼻尖尾大，故曰'小前大後'。"　③ 丘首：承培元《引經證例》："狐將死則正其首，以向所窟宅之丘，不忘本也。"

【參證】甲文作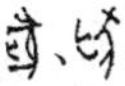。徐中舒《甲骨文字典》承葉玉森《殷虛書契前編集釋》卷三之説："从犬从（亡），亡音古讀無，無字與瓜字古音同在魚部，……蓋亡音漸入陽部，故後世以瓜代亡爲聲符。"或以爲狼字。羅振玉《增訂殷虛書契考釋》卷中："或有从亾者，殆之媘。許君謂良从亡聲，故知亦狼字。"陳夢家《殷墟卜辭綜述》："犾或釋狼或釋狐，由於出土骨骼沒有狼，故暫定爲狐。"

[①] 如小狗也。水居食魚。从犬，賴聲。　他達切(tǎ)。

獺 【譯文】獺，象小狗。在水裏生活，吃魚。从犬，賴聲。

【注釋】① 獺：《本草衍義》："獺，四足俱短，頭與身尾皆褊毛，色若故紫帛，大者身與尾長三尺餘，食魚，居水中。出水亦不死，亦能休於大木上。世謂之水獺。嘗縻置大水甕中，於其間旋轉如風，水爲之成旋壠起，四面高，中心凹下，觀者駭目。其皮西戎將以飾毳服領袖，問之，云：塵垢不著。"

[①] 獺屬。从犬，扁聲。，或从賓[②]。　布(兹)[玄][③]切(biān)。

猵 【譯文】猵，獺一類。从犬，扁聲。獱，猵的或體，从賓聲。

【注釋】① 猵：徐鍇《繫傳》引《博物志》："頭如馬頭，腰已下似蝙蝠，毛嫩，大可五斤。"　② 从賓：宋保《諧聲補逸》："猵賓同部，聲相近。"按：上古同屬真部。　③ 兹：各本作"玄"。

 犬走皃。从三犬[①]。　甫遙切(biāo)。

猋 【譯文】猋，狗跑的樣子。由三個"犬"字會意。

【注釋】① 从三犬：張舜徽《約注》："犬走本疾，三犬相從，則競奔如飛，故引申有疾速義。"

【參證】金文作。葉玉森《殷虛書契前編集釋》卷一："此字二象形文，竝脩尾削腹。象犬。疑古猋字。"

文八十三　重五

狘 獸走皃。从犬，戉聲。 許月切(xuè)。

【譯文】狘，獸驚跑的樣子。从犬，戉聲。

【注釋】① 狘：《禮記·禮運》："鳳以爲畜，故鳥不獝(xù)；麟以爲畜，故獸不狘。"注："獝、狘，飛走之皃。"正義："獝，驚飛也。狘，驚走也。"

獋 獸名。从犬，軍聲。 許韋切(huī)。

【譯文】獋，獸名。从犬，軍聲。

【注釋】① 獋：《山海經·北山經》："獄法之山有獸焉，其狀如犬而人面，善投，見人則笑。其名山獋，其行如風。見則天下大風。"

狷 褊、急也[2]。从犬，肙聲。 古縣切(juàn)。

【譯文】狷，心胸狹小，急躁。从犬，肙聲。

【注釋】① 狷：《段注》："(獧)一曰：急也"下："獧、狷，古今字。今《論語》作狷，《孟子》作獧，是也。《論語》曰：'狂者進取，狷者有所不爲也。'" ② 褊(biǎn)、急也：一句數讀：褊也，急也。《段注》"褊，衣小也"下："引申爲凡小之偁。"譯爲心胸狹小。心胸狹小者多爲人急躁。

猰 猰貐[1]，獸名。从犬，契聲。 烏黠切(yà)。

【譯文】猰，猰貐的猰，(猰貐是)怪獸名。从犬，契聲。

【注釋】① 猰貐：又作貏貐、窫窳。《淮南子·本經》："猰貐、鑿齒、九嬰、大風、封豨、脩蛇，皆爲民害。"《鈕新附考》引《釋獸》："貏貐，類貙，虎爪，食人，迅走。"

文四 新附

㹜部

㹜 兩犬相齧[1]也。从二犬。凡㹜之屬皆从㹜。 語斤切(yín)。

【譯文】㹜，兩隻狗相互咬。由兩個犬字會意。大凡㹜的部屬都从㹜。

【注釋】① 兩犬相齧：徐灝《段注》："犬性不喜羣，兩犬相遇，往往相齧,故从二犬。獨字从犬,亦此意也。”

【參證】甲文作。王襄《簠室殷契類纂正編》卷十:“古㹜字。”

 獄

司空①也。从㹜②,𦣞聲③。復④說,獄司空。　息兹切(sī)。

【譯文】獄,司空官。从㹜,𦣞聲。有個名字叫復的學者說,又專指獄司空官。

【注釋】① 司空:《段注》:“徐廣曰:‘司空,掌刑徒之官也。’漢時有都司空,有獄司空,皆主罪人,皆有治獄之責。”　② 从㹜:《段注》:“蓋謂兩犬吠守伺察之意。”　③ 𦣞(yí)聲:《段注》:“司事者,必𦣞(頰腮)動有言,形聲有會意。”　④ 復:《段注》:“此句上有奪字。某復者,姓名也。”一說,復即劉復,見王紹蘭《段注訂補》。

【參證】甲文作,金文作。王襄《簠室殷契類纂正編》卷十:“古獄字。”

 獄

確①也。从㹜,从言。二犬,所以守也。　魚欲切(yù)。

【譯文】獄,(監獄)堅牢。由㹜、由言會意。兩個犬字,表示用以守備的警犬。

【注釋】① 確(què):《段注》:“堅剛相持之意。”張舜徽《約注》:“此謂囹圄周固,罪人不得越出也。”

【參證】金文作。林義光《文源》:“从二犬守言。言實辛之譌變。辛,罪人也。”按:言从辛(qiān),辛訓罪。獄表示兩隻狗守住罪人。或曰:獄者,訟也。楊樹達《增訂積微居小學金石論叢》卷第一:“蓋以二犬相齧喻獄訟者兩造之相爭,相爭以言,故文从言。”“許君二犬守之之訓,乃以漢制推說古文。”

文三

鼠部

 鼠

穴蟲之總名也①。象形②。凡鼠之屬皆从鼠。　書吕切(shǔ)。

【譯文】鼠,住在洞穴裏的動物的總名。象形。大凡鼠的部屬都从鼠。

【注釋】① 穴蟲句：王筠《句讀》："此謂凡穴居者皆通名鼠。猶今俗言貂鼠、貛鼠也，不但指本部而言。"　② 象形：徐鍇《繫傳》："上象齒，下象腹、爪、尾。鼠好齧傷物，故象齒。"朱駿聲《通訓定聲》："象拱立形。"

【參證】甲文作。葉玉森《殷虛書契前編集釋》卷一："竝象米粒，鼠善疑，將食米，仍卻顧疑怯。"

鼶 鼠也。从鼠，番聲。讀若樊②。或曰③：鼠婦。　附袁切(fán)。

【譯文】鼶，鼠名。从鼠，番聲。音讀象"樊"字。另一義説，是瓮底蟲。

【注釋】① 鼶：《段注》："《廣雅》謂之白鼶。王氏念孫曰：'鼶之言皤也。'"《玉篇》："鼶，白鼠。"　② 讀若樊：葉德輝《讀若考》："樊、番，古音同。"　③ 或曰：《段注》："此别一義。《釋蟲》：'蟠，鼠負。'蟠即鼶字，負即婦字，今之瓮底蟲也。"王筠《句讀》："蟠本是蟲，以其穴居，故借鼶也。"

䶅① 鼠，出胡②地，皮可作裘。从鼠，各聲。　下各切(hé)。

【譯文】䶅，鼠名，出産在胡人地域，皮可以作裘衣。从鼠，各聲。

【注釋】① 䶅：樣子象土撥鼠，但頭大，叢生刷狀毛。　② 胡：古代西北部民族的統稱。秦漢時多指匈奴。

鼢① 地[中]行鼠，伯勞所(作)[化]也②。一曰③偃鼠。从鼠，分聲。蚡，或从虫分。　芳吻切(fěn/fén)④。

【譯文】鼢，在地中穿行的老鼠，是伯勞鳥化成的。一名偃鼠。从鼠，分聲。蚡，鼢的或體，从虫，分聲。

【注釋】① 鼢：俗稱地老鼠。張舜徽《約注》引戴侗説："隱鼠也。黧黑色。小於鼠，穴土而行，不入室家。以其常偃伏，故又謂偃鼠。"
② 地行兩句：當依《段注》"地"作"地中"，"所作"作"所化"。《爾雅·釋獸》釋文："《説文》云：'地中行鼠，伯勞所化也。'"伯勞：鳥名。夏至始鳴，至冬至止。　③ 一曰：《段注》："猶'一名'也。"
④ 今讀依《廣韻》符分切。

䶄 䶄令①鼠。从鼠，平聲。　薄經切(píng)。

【譯文】䶄，䶄令鼠。从鼠，平聲。

【注釋】① 鼭令:《段注》:"令,平聲。鼭令,疊韻字。"《正字通·鼠部》:"鴒(令),鼭鴒,斑鼠。"

鼶① 鼠也。从鼠,虒聲。 息移切(sī)。

【譯文】鼶,鼠名。从鼠,虒聲。

【注釋】① 鼶:田鼠。

鼦① 竹鼠也。如犬。从鼠,留省聲。 力求切(liú)。

【譯文】鼦,啃嚙竹子的老鼠。象狗。从鼠,留省聲。

【注釋】① 鼦:徐鍇《繫傳》:"鼠齧竹者。"《本草綱目·獸部·竹鼦》:"時珍曰:竹鼦,食竹根之鼠也,出南方,居土穴中。大如兔,人多食之,味如鴨肉。"

鼫① 五技鼠也。能飛,不能過屋;能緣,不能窮木;能游,不能渡谷;能穴,不能掩身;能走,不能先人。从鼠,石聲。 常隻切(shí)。

【譯文】鼫,有五種技能的老鼠。能飛,不能飛過屋頂;能攀,不能爬到樹梢;能游,不能游過山谷;能打洞,不能掩蓋自己的身軀;能跑,不能跑在人們的前面。从鼠,石聲。

【注釋】① 鼫:朱駿聲《通訓定聲》:"[轉注]《古今注》:'螻蛄,一名鼫鼠。'今目验螻蛄,實似此五枝。即以鼫鼠之名名之。"

鼨 豹文鼠①也。从鼠,冬聲。⿰鼠夂②,籀文省。 職戎切(zhōng)。

【譯文】鼨,有着象豹子一樣花紋的老鼠。从鼠,冬聲。⿰鼠夂,籀文鼨字,是鼨的省略。

【注釋】① 豹文鼠:《爾雅·釋獸》郭璞注:"鼠文彩如豹者。"

② ⿰鼠夂:《段注》:"夂(夂),古文'終'。"

鼬 鼠屬。从鼠,益聲。貖,或从豸。 於革切(è)。

【譯文】鼬,老鼠一類。从鼠,益聲。貖,鼬的或體,从豸。

鼷① 小鼠也。从鼠,奚聲。 胡雞切(xī)。

【譯文】鼷,小老鼠。从鼠,奚聲。

【注釋】① 鼷:《玉篇·鼠部》:"鼷,小鼠也。螫毒,食人及鳥獸皆不痛,今之甘口鼠也。"王筠《句讀》:"謂其口甘,爲其所食者不知覺也。"

鼩① 精鼩鼠也。从鼠，句聲。 其俱切(qú)。

鼩 【譯文】鼩，精鼩鼠。从鼠，句聲。

【注釋】① 鼩：王筠《句讀》："《釋文》曰：《字林》云鼱鼩。然則古單名鼩，後漢則名精鼩。"

鼸① 鼢也。从鼠，兼聲。 丘檢切(qiǎn/xiàn)② 。

鼸 【譯文】鼸，鼢(hán)鼠。从鼠，兼聲。

【注釋】① 鼸：朱駿聲《通訓定聲》："鼢、鼸聲義俱同。今謂之香鼠，以頰裹食，如母猴；灰色、短尾而香；可畜。" ② 今讀依《廣韻》胡忝切。

鼢 鼠屬。从鼠，今聲。讀若含①。 胡男切(hán)。

鼢 【譯文】鼢，老鼠一類。从鼠，今聲。音讀象"含"字。

【注釋】① 讀若含：葉德輝《讀若考》："鼢、含均从今得聲。"王筠《句讀》："口部：'含，嗛也。'仍是頰裹藏食之義。《廣雅》作鼦鼠。"參"鼸"條。

鼬① 如鼠，赤黄而大，食鼠者。从鼠，由聲。 余救切(yòu)。

鼬 【譯文】鼬，象老鼠，紅黄色，比老鼠大，是吃老鼠的野獸。从鼠，由聲。

【注釋】① 鼬：《爾雅·釋獸》："鼬鼠。"郝懿行《義疏》："今俗通呼爲黄鼠狼。善撲鼠，夜中竊食人雞，人掩取之，以其尾爲筆，所謂狼豪者也。"

鼩① 胡②地風鼠③。从鼠，勺聲。 之若切(zhuó)。

鼩 【譯文】鼩，胡地出産的、能乘風而飛的老鼠。从鼠，勺聲。

【注釋】① 鼩：《廣韻·效韻》："鼩，鼠屬。能飛，食虎豹。出胡地。" ② 胡：古代西北部民族的統稱。秦漢多指匈奴。 ③ 風鼠：張舜徽《約注》："蓋以其能乘風而飛耳。"

鼨 鼠屬。从鼠，宂聲。 而隴切(rǒng)。

鼨 【譯文】鼨，老鼠一類。从鼠，宂聲。

鼭① 鼠，似雞，鼠尾。从鼠，此聲。 即移切(zī)。

鼭 【譯文】鼭，鼠名，象雞，老鼠尾巴。从鼠，此聲。

【注釋】① 鼭：桂馥《段注鈔案》："鼭鼠，《東山經》作'鮆鼠'，云：'狀如鷄，而鼠毛，見則其邑大旱。”

鼲　鼠[1]。出丁零胡[2]，皮可作裘。从鼠，軍聲。　乎昆切(hún)。

【譯文】鼲，灰鼠。出産在胡地的丁零國，皮可以作裘衣。从鼠，軍聲。

【注釋】① 鼠：連篆爲句。《段注》：“今俗通曰灰鼠，聲之轉也。如揮、翬皆本軍聲。”　② 丁零胡：定語後置，即“胡丁零”。丁零：漢時爲匈奴屬國，遊牧於我國北部和西部。胡，古代西北部民族的統稱。秦漢多指匈奴。

䶇　斬䶇鼠。黑身，白腰若帶；手有長白毛，似握版[1]之狀；類蝯蜼[2]之屬。从鼠，胡聲。　户吴切(hú)。

【譯文】䶇，名叫斬䶇的老鼠。黑色的身子，白色的腰部，象繫着腰帶；手上有長長的白毛，象持握着上朝的手板的樣子；象猿猴一類的動物。从鼠，胡聲。

【注釋】① 版：徐鍇《繫傳》：“手版也。”古代大臣上朝拿着的手板，用以記言。　② 蝯蜼(yuán wèi)：本書虫部：“蝯，善援，禺屬。”“蜼，如母猴，卬鼻長尾。”

文二十　重三

能部

能[1]　熊屬。足似鹿[2]。从肉，㠯聲[3]。能獸堅中[4]，故稱賢能；而彊壯，稱能傑也。凡能之屬皆从能。　奴登切(néng)。

【譯文】能，熊一類。能字表示足的𠤎象鹿字表示足的比。从肉，㠯聲。能獸裏面的骨節堅實，所以引申作賢能；能獸强壯，所以引申作能傑。大凡能的部屬都从能。

【注釋】① 能：徐灝《段注箋》：“能，古熊字。假借爲賢能之能，後爲借義所專，遂以火光之熊爲獸名之能。”　② 足似鹿：徐灝《段注箋》：“蓋以其从𠤎與鹿篆同也。”　③ 㠯聲：聲兼象形。兼象其頭。王筠《釋例》：“獸類象形者多，不能一一畢肖，故有所兼以成之也。”　④ 堅中：徐鍇《繫傳》：“骨節實也。”

【參證】金文作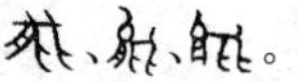。按：金文是熊獸的整體象形，小篆是金文的譌變。饒炯《部首訂》："此篆象形。……㠯象能頭，肉象能身，𠤎象能四足。"按：㠯又表音。于省吾《釋"能"和"𧈡"以及"从𧈡"的字》(《古文字研究》第八輯)："獨體象形字而具有部分表音"，如甲文羌、麋、秫()，皆爲例證。能古音台，以屬喻四，歸定，定透相爲清濁；能與以爲疊韻。故从㠯聲讀爲能(台)。

文一

熊部

[1] 熊　獸。似豕，山居，冬蟄。从能，炎省聲[2]。凡熊之屬皆从熊。　羽弓切(xióng)。

【譯文】熊，獸名。象豬，在山中生活，冬天不吃不動。从能，炎省聲。大凡熊的部屬都从熊。

【注釋】① 熊：《本草綱目・獸部・熊》："俗呼熊爲豬熊，羆爲人熊、馬熊，各因形似以爲別也。"　② 炎省聲：朱駿聲《通訓定聲》："炎、熊一聲之轉。"按：二字上古同屬匣紐。

 羆　如熊，黄白文[1]。从熊，罷省聲。，古文从皮[2]。　彼爲切(pí)。

【譯文】羆，象熊，黄白色的花紋。从熊，罷省聲。䎱，古文羆，从皮聲。

【注釋】① 如熊二句：係《爾雅・釋獸》文。郭璞注："似熊而長頭高腳，猛憨多力，能拔樹木。"俗稱人熊或馬熊。　② 从皮：宋保《諧聲補逸》："皮聲。"皮、羆上古同屬歌部。

文二　重一

火部

 火　燬[1]也。南方之行[2]，炎而上[3]。象形[4]。凡火之屬皆从火。　呼果切(huǒ)。

【譯文】火，(齊人叫)燬。表示南方的一種物質，火光旺盛而向上。象形。大凡火的部屬都从火。

【注釋】① 燬(huǐ)：《詩·周南·汝墳》釋文："燬，音毁，齊人謂火爲燬。"　② 行：金、木、水、火、土五行，即五種物質。殷周時期用"五行"來解釋世界的構成及其相互關係。南方之行：桂馥《義證》引《子華子》："南方陽極而生熱，熱生火。"　③ 炎而上：王筠《句讀》："炎者，火光盛也。上者，其性上行，不能下也。"　④ 象形：徐灝《段注》："古火字作，象火之華焰。"

【參證】甲文作、、。林義光《文源》："象光焰迸射之形。"李孝定《甲骨文字集釋》："古文火、山二字形近易淆，當於文義求之。"楊樹達《文字形義學》："火毁尾三字古音同在微部，燬焜與火音同，又皆訓火，故知其爲火加旁字。"

[1] 炟

上諱[2]。　當割切(dá)。

【譯文】炟，已故孝章皇帝之名。

【注釋】① 炟：徐鉉："漢章帝名也。《唐韻》曰：'火起也。'从火，旦聲。"《段注》："許書本不書其篆，但曰'上諱'，後人補書之。次於此者，尊上也。"　② 上諱：上，皇上。諱，封建社會稱死去了的帝王或尊長的名。

【參證】馬敘倫《六書疏證》卷十九："从旦得聲，其義同旦。語源然也。""火起"者，火之始燃，有如旭日之東升也。

 焜

火[1]也。从火，尾聲[2]。《詩》[3]曰："王室如焜。"　許偉切(huǐ)。

【譯文】焜，火。从火，尾聲。《詩經》說："王室(的暴虐)象火一樣(凶猛)。"

【注釋】① 火：唐陸德明《經典釋文·毛詩音義上》："楚人名火曰燥，齊人曰燬，吴人曰焜。此方俗譌語也。"　② 尾聲：聲中有義。表比況。承培元《引經證例》"燬"下："从尾之義，以火至上則散也。"　③《詩》：指《周南·汝墳》。今本"焜"作"燬"。參"燬"條。

[1] 燬

火也。从火，毁聲[2]。《春秋傳》[3]曰："衛侯燬。"　許偉切(huǐ)。

【譯文】燬，火。从火，毀聲。《春秋左傳》説："衛君名叫燬。"

【注釋】① 燬：參"焜"條。　② 毀聲：聲中有義。承培元《引經證例》："从尾之義，以火至上則散也；从毀之義，目火能毀物也。"③《春秋傳》：指《春秋經・僖公二十五年》。衛侯，指衛文公。

燹[1]　火也。从火，豩聲[2]。　穌典切(xiǎn)。

燹　【譯文】燹，火。从火，豩聲。

【注釋】① 燹：王筠《句讀》："《字林》：'燹，逆燒。'《字統》：'燹，野火也。'"按：野火，逆燒，二義相因。　② 豩(huān)聲：聲中有義。表比況。見【參證】。

【參證】金文作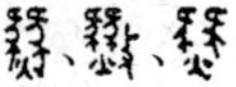。林義光《文源》："(古文)从火，豩(sì)聲。豩、燹，雙聲對轉。"丁山《説文闕義箋》卷四："燹之爲言燧也。積薪塞上燔之以告寇警也。""放恣也者，殆即豩之本義。引而申之則爲縱，爲伸，爲直。烽燧之煙直上霄漢。燹諧豩聲，蓋有取乎直上之意矣。"參"豩"矣。

焌　然火[1]也。从火，夋聲。《周禮》[2]曰："遂籥其焌。"焌火在前，以焞焯龜[3]。　子寸切(zùn/jùn)[4]。又，倉聿切(qū)。

【譯文】焌，把火燒燃。从火，夋聲。《周禮》説："于是我吹旺那已經燒燃的火。"燒燃的火在前面，用它灼灸龜甲。

【注釋】① 然火：《段注》："以火燒物曰燃。"　②《周禮》：指《春官・華氏》。今本原文："遂歂其焌契以授卜師。"王筠《句讀》："鄭君讀'遂歂其焌契'爲句，許君蓋讀'契以授卜師'爲句。""(遂歂其焌契)謂以契(契龜之鑿)柱(插)燋火(焌)而吹之也。"籥：今吹字。③ 焌火兩句：王筠《句讀》："此許君説《禮》之詞也。'在前'未詳。'以焞焯龜'，即'以焌灼龜'也。"　④ 今讀依《廣韻》子峻切。

尞　柴[1]祭天也。从火，从昚。昚，古文慎字。祭天所以慎也。　力照切(liào)。

【譯文】尞，燒柴祭天。由火、由昚會意。昚，古文慎字。祭祀蒼天，是應當謹慎的事。

【注釋】① 柴：《段注》："燒柴而祭，謂之祡，亦謂之尞。"徐灝箋："祡本作柴，因祭事而易从示。"桂馥《義證》引《呂氏春秋》注："燎者，積聚柴薪，置璧與牲於上，而燎之，升其煙氣。”

【參證】甲文作、、，金文作、。羅振玉《增訂殷虚書契考釋》：“（甲文）从木在火上，木旁諸點象火燄上騰之狀。”羅文還例舉了毛公鼎寮字作。羅釋“均从从火”。其中之吕，王輝《殷人火祭説》（《四川大學學報叢刊·古文字研究論文集》）引徐中舒説，是“火塘”。後由寮之偏旁，小篆譌作“尞”，又相承增火旁作“燎”。

然[①] 燒也。从火，肰聲。𦴕[②]，或从艸難[③]。　如延切（rán）。

【譯文】然，燃燒。从火，肰聲。𦴕，然的或體，从艸，難聲。

【注釋】① 然：今作燃。　② 𦴕：徐鉉：“艸部有𦴕字。注云：‘艸也。’此重出。”《段注》：“篆當作䕼，或古本作䕼。”　③ 从艸難：宋保《諧聲補逸》：“難聲。”按：然、難上古同屬元部。難音泥紐，然音日紐，古讀歸泥。

【參證】金文作、。第二字从火，難聲，其上半應隸定爲“𪈵”，郭沫若《殷周青銅器銘文研究》卷二《者𣿚鐘韻讀》：“𪈵，古難字也。”戴家祥《金文大字典》：“初義或爲燃火炙燒犬肉，又引申爲一般物質的燃燒。”“然後借爲語詞，又復加火旁，以還其初義。‘然’另有或體爲‘𦴕’，从艸从難，難亦聲，草爲燃燒的主要物質，或从艸。”按：戴把此𦴕字看作是𦴕艸的𦴕的同形字。

爇 燒也。从火，蓺[①]聲。《春秋傳》[②]曰：“爇僖負羈。”　如劣切（ruó）。

【譯文】爇，焚燒。从火，蓺聲。《春秋左傳》説：“放火燒了僖負羈（的家）。”

【注釋】① 蓺：《段注》：“徐鉉等曰：‘《説文》無蓺字，當从火、从艸、埶省聲。’按：執即聲，不必云埶省。”　②《春秋傳》：指《左傳·僖公二十八年》。今本原文：“爇僖負羈氏。”僖負羈，曹國的臣子。

燔 爇也。从火，番聲。　附袁切（fán）。

【譯文】燔，焚燒。从火，番聲。

燒 爇也。从火，堯聲。　式昭切（shāo）。

【譯文】燒，焚燒。从火，堯聲。

火猛也。从火，列聲①。　良辥切(liè)。

烈　【譯文】烈，火勢猛烈。从火，列聲。

【注釋】① 列聲：聲中有義。《段注》引《大雅》"載燔載烈"傳曰："貫之加于火曰烈。"貫之加于火，則皮開肉綻，故有分列、分解、裂開義。此言火之猛烈也。

【參證】金文作、、。

火光也。从火，出聲。《商書》①曰："予亦炪謀。"讀若巧

炪　拙之拙。　職悦切(zhuō)。

【譯文】炪，火光。从火，出聲。《商書》説："我也有光明的謀略。"音讀象巧拙的拙字。

【注釋】①《商書》：指《盤庚上》。今本"炪"作"拙"。雷浚《引經例辨》："上云：'予若觀火。'言予若觀火之明也。'炪謀'承'觀火'來，炪當爲光明之義，火光之引申義也。"

熚㷉①，火皃。从火，畢聲。　卑吉切(bì)。

熚　【譯文】熚，熚㷉(fú)，火的樣子。从火，畢聲。

【注釋】① 熚㷉：《集韻》："火不時出而滅。一曰：鬼火。一曰：火盛皃。"竹木入火、每遇其節，則噼啪炸裂，火星迸出，閃而滅。此之謂也。

【參證】馬敘倫《六書疏證》卷十九："火于煙鬱之中忽出，其聲正如熚㷉。"

①　熚㷉②也。从火，㪿聲。㪿，籒文悖字。　敷勿切(fú)。

㷉　【譯文】㷉，熚㷉。从火，㪿聲。㪿，籒文悖字。

【注釋】① 㷉：《正字通・火部》："㷉，本字从正倒二'或'字，不便楷，今作㷉。"　② 熚㷉：參"熚"條。

火气上行①也。从火，丞聲。　煑仍切(zhēng)。

烝　【譯文】烝，火气向上升。从火，丞聲。

【注釋】① 火气上行：徐灝《段注箋》："烝訓爲進、爲久、爲衆、爲厚者，皆气盛之引申也。"

【參證】甲文作，金文作、、。羅振玉《增訂殷虚書契考釋》卷中："今卜辭从禾从米在豆中，𠬞以進之。……《春秋繁露・四祭》：

‘冬曰烝。’‘烝者，以十月進初稻也。’與卜辭从禾之旨正符。此爲烝之初誼，引申之而爲進。”

烰　烝也。从火，孚聲。《詩》[1]曰：“烝之烰烰。”　縛牟切(fú)。

【譯文】烰，火氣向上升。从火，孚聲。《詩經》説：“蒸米飯(蒸得)熱氣騰騰的樣子。”

【注釋】①《詩》：指《大雅・生民》。今本“烰烰”作“浮浮”。

煦[1]　烝也。一曰：赤皃[2]。一曰：溫潤也。从火，昫聲。　香句切(xù)。

【譯文】煦，(日出)地氣向上升。另一義説，是(日出時)紅色的樣子。又另一義説，是溫暖濕潤。从火，昫聲。

【注釋】① 煦：張舜徽《約注》：“日出則地氣上行，物感溫暖，非但色赤而已。是許所舉三義，昫皆兼之。”　② 赤皃：《段注》：“日部：‘昫，日出溫也。’古昫、煦通用。煦，蓋日出之赤色。”照段説，煦是昫的加旁字，從字形結構而言，煦从火，昫聲。聲中有義。

熯　乾皃。从火，漢省聲。《詩》[1]曰：“我孔熯矣。”　人善切(rǎn/hàn)[2]。

【譯文】熯，乾燥的樣子。从火，漢省聲。《詩經》説：“我是非常恭敬的了。”

【注釋】①《詩》：指《小雅・楚茨》。我孔句：孔穎達疏：“言我孝子甚能恭敬矣。”王筠《句讀》：“引此以明借熯爲戁(rǎn)也。”　② 人善切是表示恭敬義的“戁”的音讀。“乾皃”義，《廣韻》作呼旰切，即 hàn。

【參證】甲文作、。唐蘭《殷虚文字記》：“(𡙇)即熯字。”“从火，莫聲。”“古从莫之字，小篆悉變从堇，故𡙇變爲熯。”“《説文》从堇得聲之字(亦即古文从𡙇得聲之字)，或入真類，如謹、瑾、堇、饉、僅、勤之屬，隸變堇；或入元類，如嘆、歎、難、鷬、熯、漢之屬，隸變作莫；乃以聲轉而分，其實一也。真元相近，故音得相轉。”

炥[1]　火皃。从火，弗聲。　普活切(pō/fú)[2]。

【譯文】炥，火的樣子。从火，弗聲。

【注釋】① 炥：《段注》：“當是𤇺的或體。”　② 今讀依《廣韻》符弗切。

熮 火皃。从火，翏聲。《逸周書》①曰："味辛而不熮。" 洛蕭切(liáo)。

【譯文】熮，火的樣子。从火，翏聲。《逸周書》説："味道辛苦而不辣。"

【注釋】①《逸周書》：雷浚《引經例辨》："《逸周書》無此文。味其語意，則熮當爲辣。古無辣字，故假熮爲之。熮、辣，聲之轉。此引亦説假借。"

閔 火皃①。从火，兩省聲。讀若粦②。 良刃切(lìn)。

【譯文】閔，火的樣子。从火，兩(zhèn)省聲。音讀象"粦"字。

【注釋】① 火皃：《集韻》："燭息火存謂之閔。" ② 讀若粦：葉德輝《讀若考》："(兩)讀若軍陳之陳。粦陳古音同部。"

【參證】甲文作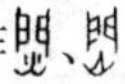。商承祚《殷虛文字考》："今卜辭亦有此字，不知與許書同誼否。"

㷳 火色①也。从火，雁聲。讀若鴈。 五晏切(yàn)。

【譯文】㷳，火本身的顏色。从火，雁聲。音讀象"鴈"字。

【注釋】① 火色：王筠《句讀》："火色者，火自具之色；非火所燒之色也。"

熲 火光也。从火，頃聲。 古迥切(jiǒng)。

【譯文】熲，火光。从火，頃聲。

爚 火(飛)[光]①也。从火，龠聲。一曰：爇也。 以灼切(yuè)。

【譯文】爚，火光。从火，龠聲。另一義説，爚是焚燒。

【注釋】① 飛：當依《段注》作"光"。

熛① 火飛也。从火，票聲。讀若摽。 甫遙切(biāo)。

【譯文】熛，火星迸飛。从火，票聲。音讀象"摽"字。

【注釋】① 熛：徐灝《段注箋》："此因票字隸變从示，故相承增火旁作熛耳。"按：熛爲票的加旁字。从火形、票聲角度而言，票聲有義。

熇 火熱也。从火，高聲①。《詩》②曰："多將熇熇。" 火屋切(hù/hè)③。

【譯文】熇，火熱。从火，高聲。《詩經》説："多幹壞事，象火勢熇熇熾熱。"

【注釋】① 高聲：聲中有義。高猶大也。故桂馥《義證》説："火熱也者當作'大熱'。" ②《詩》：指《大雅·板》。將，實行。熇熇，毛傳："熇熇然熾盛也。"比喻壞事。雷浚《引經例辨》："此熇之引申義，許引之説引申。" ③ 今讀依《廣韻》呵各切。

烄 交木然[①]也。从火，交聲[②]。 古巧切(jiǎo)。

【譯文】烄，架起木頭燃燒。从火，交聲。

【注釋】① 交木然：徐鍇《繫傳》："架而燒之也。"《玉篇》："以燎祡天也。" ② 交聲：朱駿聲《通訓定聲》："交亦意。"

【參證】甲文作、、。葉玉森《研契枝譚》："(甲文)象投交脛人于火上，象火燄。"按：上古有焚人牲求雨之俗。

尖[①] 小(熱)[爇]也。从火，(干)[羊]聲[②]。《詩》[③]曰："憂心(尖)[如](尖)[羑]。" 直廉切(chán)。

【譯文】羑，小火焚燒。从火，羊聲。《詩經》説："憂慮的心緒就象火燒着一般。"

【注釋】① 尖：當作羑，此條校正依《段注》。 ② 干聲：《段注》"干"作"羊"，讀若飪(rèn)，上古屬侵部；羑屬談部。侵、談旁轉。③《詩》：指《小雅·節南山》。陸德明《釋文》以爲應作"憂心如羑"。今本作"如惔"。

燋 所以然持火[①]也。从火，焦聲。《周禮》[②]曰："以明火爇燋也。" 即消切(jiāo)。

【譯文】燋，用來引燃手中持握的火炬的火種。从火，焦聲。《周禮》説："利用借日光熱度所取的火來燃引火柴。"

【注釋】① 持火：《段注》："人所持之火也。" ②《周禮》：指《春官·菙氏》。明火：利用日光熱度所取之火。

炭 燒木餘[①]也。从火，岸省聲。 他案切(tàn)。

【譯文】炭，燒木不盡之餘。从火，岸省聲。

【注釋】① 燒木餘：朱駿聲《通訓定聲》："《釋名》：'火所燒餘木曰炭。'炭亦粛也。"

①束炭也。从火，差省聲②。讀若齹。　楚宜切(cī/zhǎ)③。

羮　【譯文】羮，捆束着的炭木。从火，差省聲。音讀象齹字。

【注釋】① 羮：張舜徽《約注》："羮之言差也，謂束炭之形參差不齊也，猶齒參差謂之齹(cī)矣。"　② 差省聲：聲中有義。見注①。③ 今讀依《集韻》側下切。

【參證】金文作，與篆文同。

①交灼木②也。从火，教省聲③。讀若狡。　古巧切(jiǎo)。

敫　【譯文】敫，架着木頭燃燒。从火，教省聲。音讀象"狡"字。

【注釋】① 敫：朱駿聲《通訓定聲》："當爲烄之古文。"　② 交灼木：兩個動詞共一個賓語，即交木和灼木的凝縮。　③ 教省聲：姚文田、嚴可均《校議》："效，古教字。……此得从效聲。"

①火氣也。从火，犮聲。　蒲撥切(bá)。

炦　【譯文】炦，火的(餘熱之)氣。从火，犮聲。

【注釋】① 炦：張舜徽《約注》："炦之言撥也。謂薪柴已盡，火將熄滅，以手撥治，惟稍存火氣耳。"

死火餘㶳也。从火，从又①；又，手也。火既滅，可以執

灰　持。　呼恢切(huī)。

【譯文】灰，已熄滅的火剩下的灰燼。由火、由又會意。又，就是手。火已經熄滅，可以拿着，握着。

【注釋】① 从又：宋保《諧聲補逸》："灰、恢皆之部字，又證以《説文》'盔讀若灰。一曰：若賄。'盔賄从有聲，有从又聲，則灰从火又聲無疑也。"

灰，炱煤①也。从火②，台聲。　徒哀切(tái)。

炱　【譯文】炱，灰；煙塵。从火，台聲。

【注釋】① 炱煤：《段注》引《玉篇》："炱煤，煙塵也。"朱駿聲《通訓定聲》："今蘇俗謂之烟塵。"　② 从火：徐鍇《繫傳》："火煙所生也。"

①盆中火。从火，畏聲。　烏灰切(wēi)。

煨　【譯文】煨，盆中的火。从火，畏聲。

【注釋】① 煨：《正字通・火部》："煨，㶳，火餘也。"意爲灰燼。又引申爲把生的食物放在火灰裏燒熟。《六書故・天文下》："煨，灰火中

孰(熟)物也。"此湖湘曰:"煨蛋"之"煨"。

熄 畜火[1]也。从火,息聲[2]。亦曰滅火[3]。 相即切(xī)。

熄 【譯文】熄,畜留的火種。从火,息聲。也指滅火。

【注釋】① 畜火:桂馥《義證》:"謂火種也。" ② 息聲:王筠《句讀》:"息亦兼生息、滅息二義。" ③ 滅火:畜火義的反訓。

烓[1] 行竈也。从火,圭聲。讀若冋[2]。 口迥切(qiǒng/wēi)[3]。

烓 【譯文】烓,可以移行的竈。从火,圭聲。音讀象"冋"字。

【注釋】① 烓:《爾雅·釋言》:"煁(chén),烓也。"郭璞注:"今之三隅竈。"郝懿行《義疏》:"三隅竈者,蓋如今之風爐,形如筆筩缺其上,口爲三角以受風,謂之風竈。形制大小隨人所爲,舟車皆可携帶。" ② 讀若冋(jiǒng):烓上古屬支部,冋屬耕部,支耕對轉。 ③ 今讀依《廣韻》烏攜切。

煁[1] 烓也。从火,甚聲。 氏任切(chén)。

煁 【譯文】煁,烓竈。从火,甚聲。

【注釋】① 煁:參"烓"條。

燀 炊也。从火,單聲。《春秋傳》[1]曰:"燀之以薪。" 充善切(chǎn)。

燀 【譯文】燀,燒火煮熟食物。从火,單聲。《春秋左傳》説:"用柴薪燒火煮熟它。"

【注釋】①《春秋傳》:指《左傳·昭公二十年》。原文:"和(和諧)如羹焉,水火醯(xī,醋)醢(hǎi,肉醬)鹽梅,以烹魚肉,燀之以薪。"

炊 爨也。从火,吹省聲[1]。 昌垂切(chuī)。

炊 【譯文】炊,燒火煮熟食物。从火,吹省聲。

【注釋】① 吹省聲:聲中有義。舊時生火烹煮,常以口吹氣以助燃。

烘 尞也。从火,共聲。《詩》[1]曰:"卬烘于煁。" 呼東切(hōng)。

烘 【譯文】烘,燒。从火,共聲。《詩經》説:"我在可以移動的小火爐上烘烤東西。"

【注釋】①《詩》:指《小雅·白華》。烘,烘烤。張舜徽《約注》:"今俗稱以火乾物爲烘,用引申義也。"

爢 炊餔疾也[1]。从火,齊聲。 在詣切(jì)。

【譯文】爢,燒火煮晚飯,非常迅速。从火,齊聲。

【注釋】① 炊餔句:《段注》:"餔,日加申時食也。晚飯恐遲,炊之疾速。故字从火。引申爲凡疾之用。"

熹 炙也。从火,喜聲。 許其切(xī)。

【譯文】熹,用火烤(肉)。从火,喜聲。

【參證】甲文作、。商承祚《殷虛文字類編》:"此从喜省聲,象火上然。"李孝定《甲骨文字集釋》第十:"卜辭熹爲祭時品物之名。""即讀如字意謂以炙肉爲祭。"

煎[1] 熬也。从火,前聲。 子仙切(jiān)。

【譯文】煎,(有汁而)熬乾。从火,前聲。

【注釋】① 煎:桂馥《義證》引《方言》:"煎,火乾也。凡有汁而乾謂之煎。"按:許君以熬訓煎,渾言之;析言有別。

熬[1] 乾煎也。从火,敖聲。䵅,熬或从麥。 五牢切(áo)。

【譯文】熬,用火煎炒致乾。从火,敖聲。䵅,熬的或體,从麥。

【注釋】① 熬:本書䰜部:"鬻(炒),熬也。"《方言》卷七:"熬,火乾也。凡以火而乾五穀之類,自山而東,齊、楚以往,謂之熬。"

炮 毛炙肉[1]也。从火,包聲[2]。 薄交切(páo)。

【譯文】炮,連毛在一起燒烤肉。从火,包聲。

【注釋】① 毛炙肉:《段注》:"炙肉者,貫之加於火。毛炙肉,謂肉不去毛炙之也。"張舜徽《約注》:"今猶有以黄泥塗雞豚之外,置火中煨之者。迨泥乾坼裂,以手破之,則毛與泥俱脱落而肉熟矣。今人稱爲燒烤,即古炮炙遺法也。" ② 包聲:徐灝《段注箋》:"炮本連毛裹燒之名,故用包爲聲。"

㶾[1] 炮肉,以微火溫肉也。从火,衣聲[2]。 烏痕切(ēn)。

【譯文】㶾,(古話㶾,今天叫)炮肉,即連毛在一起用微火煨烤肉。从火,衣聲。

【注釋】① 㶾:王筠《句讀》:"㶾者,古語;炮炙(肉)者,今語;以微火溫肉,乃其事實也。"又,《五音集韻》:"㶾,埋物灰中,令其熟也。'……今語用火煨之'是也。" ② 衣聲:聲中有義。衣表比況之義。

【參證】甲文作，與篆文同。

熷　置魚筩中炙也①。从火，曾聲。　作滕切(zēng)。

【譯文】熷，放魚在竹筒裏烘烤。从火，曾聲。

【注釋】① 置魚句：《段注》："筩，斷竹也。置魚筩中而乾炙之，事與烝相類。"

煏①　以火乾肉。从火，稫聲②。，籀文不省。　符逼切(bì)。

【譯文】煏，用火把肉烘乾。从火，稫聲。[illegible]，籀文煏字，不省。

【注釋】① 煏：朱駿聲《通訓定聲》："字亦作煸、作㷶，俗作焙。《方言》七：'㷶，火乾也。凡以火而乾五穀之類，關西、隴、冀以往，謂之㷶。'"　② 稫聲：徐鉉："《説文》無稫字，當从䨱省(聲)。"

【參證】甲文作、。余永梁："此煏字，从火葡聲。""葡、備、稫古音同。"(《清華學校研究院國學論叢》一卷四號)馬敘倫《六書疏證》卷十九："此即今所謂焙也。今杭縣謂以脂肪物入釜而以㷶出其脂肪成汁謂之熬，以有汁之物入釜而以火㷶之，使汁出而爲釜吸收以盡，物乾爲焙。二者稍異而實同。故齊楚謂之熬，隴冀以往謂之㷶。"

爆　灼①也。从火，暴聲。　蒲木切(pù/bào)②。

【譯文】爆，火焰飛揚，有所炙灼。从火，暴聲。

【注釋】① 灼：《段注》："謂火飛所炙也。"徐鉉："今俗音豹，火裂也。"按：此另一義。　② 今讀依《廣韻》北教切。

【參證】馬敘倫《六書疏證》卷十九："今用爲爆裂義。""今杭縣有毗裂罷剌(噼哩啪啦)之語，義亦謂裂散，但狀其聲耳。蓋爆亦狀火灼之聲而爲名。"按：炙灼、灼裂，裂爆有聲，一義相因。

煬　炙燥①也。从火，昜聲②。　余亮切(yàng)。

【譯文】煬，烘烤並使乾燥。从火，昜聲。

【注釋】① 炙燥：王筠《句讀》："言炙之令燥也。"　② 昜聲：聲中有義。王筠《句讀》："郭注《方言》曰：'今江東謂火熾猛爲煬。'則又一義。"徐灝《段注箋》："(煬)火气楊之也。"昜有"飛楊"義。煬之本義應爲火焰飛揚，引申爲火熾猛，又引申為炙燥。

熩　灼也。从火，隺聲。　胡沃切(hú)。

【譯文】熩，燒灼。从火，隺聲。

爤　孰[①]也。从火，蘭聲。燗，或从閒。　郎旰切(làn)。

【譯文】爤，食物爛熟。从火，蘭聲。燗，爤的或體，从閒聲。

【注釋】① 孰：《方言》卷七："自河以北，趙魏之閒火熟曰爛。"《段注》："孰者，食飪也。飪者，大孰也。孰則火候到矣。"

爢[①]　爤也。从火，靡聲。　靡爲切(mí)。

【譯文】爢，(用火烤煮使)爢爛。从火，靡聲。

【注釋】① 爢：桂馥《義證》："《釋名》：'糜，煮米使糜爛也。'馥謂糜爛當作爢。或借糜字。"

尉[①]　从上案[②]下也。从𡰥[③]；又持火，以尉申繒也。　於胃切(wèi)。

【譯文】尉，從上面按壓下面。从𡰥，(表示安平的意思。)"又"(手)持握着"火"，表示用火來按壓、伸展繒帛。

【注釋】① 尉：今作熨。徐灝《段注箋》："置火於銅斗，从上按下，以申繒，謂之尉，所以使其平也。"　② 案：《段注》："抑也。"　③ 𡰥(yí)：徐鍇《繫傳》："𡰥音夷，安平也。"

焳　灼龜不兆也[①]。从火，从龜。《春秋傳》[②]曰："龜焳不兆。"讀若焦。　即消切(jiāo)。

【譯文】焳，燒灼龜甲，不成兆紋。由火、由龜會意。《春秋左傳》説："龜甲被燒灼，不成兆紋。"音讀象"焦"字。

【注釋】① 灼龜句：王筠《句讀》："(灼龜)謂揚火灼之以出兆；不兆者，兆不成也。"　②《春秋傳》：指《左傳·定公九年》、《哀公二年》。今本原文無"不兆"二字。"焳"作"焦"。《段注》："焦者，火所傷也。"

【參證】甲文作。唐蘭《殷虚文字記》："从火从䵷，象以火熟䵷。""䵷乃聲。"䵷即虬，無角龍。唐又説："卜辭以䵷䕷同叚爲秋。""(因)誤認䵷爲龜焦之專字，遂改从龜耳。"

灸　灼[①]也。从火，久聲[②]。　舉友切(jiǔ)。

【譯文】灸，燒灼(龜甲)。从火，久聲。

【注釋】① 灼：王筠《句讀》："承上文'灼龜'言之。引申之，以火艾灼病曰灸。"所謂火艾灼病，是指用艾絨製成的艾炷或艾條，燒灼或熏熨人體穴位表面。　② 久聲：聲中有義。《段注》："凡附箸相拒曰久，用火則曰灸。"

灼① (炙)[灸]②也。从火，勺聲。　之若切(zhuó)。

【譯文】灼，(點燃荊條，)灸燒(龜甲)。从火，勺聲。

【注釋】① 灼：《段注》："灼謂凡物以火附箸之。如以楚(荊)焞(光明)柱龜曰灼龜，其一耑也。"　② 炙：當依《段注》作"灸"。

煉　鑠治①金也。从火，柬聲。　郎電切(liàn)。

【譯文】煉，銷熔並純淨金屬。从火，柬聲。

【注釋】① 鑠(shuò)治：《段注》："鑠而治之，愈消則愈精。"

燭　庭燎，(火)[大]燭也①。从火，蜀聲。　之欲切(zhú)。

【譯文】燭，指插在門內庭院中的火炬，也指插在門外的火炬。从火，蜀聲。

【注釋】① 庭燎二句：當依《段注》"火"作"大"。鈕樹玉《校録》："鄭注《周禮・司烜氏》云：'樹於門外曰大燭，於門內曰庭燎。'"按：庭燎、大燭析言有別，統言不分，都指火炬。

熜　然麻蒸①也。从火，悤聲。　作孔切(zǒng)。

【譯文】熜，點燃麻稈捆扎而成的火炬。从火，悤聲。

【注釋】① 麻蒸：《段注》："麻蒸，析麻中榦也。蒸即謂麻幹。""古者燭多用葦，亦用麻。"

灺　燭㶳①也。从火，也聲。　徐野切(xiè)。

【譯文】灺，燈燭燒過後的灰燼。从火，也聲。

【注釋】① 燭㶳(jìn)：《段注》："《弟子職》所謂'燭堲'，堲者，謂燒過之燼。"

㶳　火①餘也。从火，聿聲②。一曰：薪也。　徐刃切(jìn)。

【譯文】㶳，(物體)燃燒後的剩餘部分。从火，聿聲。另一義説：㶳是柴薪。

【注釋】① 火：用作動詞。　② 聿聲：徐鉉："聿非聲。疑从𦘒(jīn)省。"按：𦘒省是𦘒省聲。

【參證】甲文作。羅振玉《增訂殷虛書契考釋》:"此从又(手)持丨(撥火棍)以撥餘火。"李孝定《甲骨文字集釋》第十:"箸(撥火棍)之下端與火焰形相交作'',與聿形混。篆體遂譌从聿。"今字作燼。馬敘倫《六書疏證》卷十九:"𤈦者,燒木已失木而火猶未威。蓋在炭與灰之間者也。"

焠[①] 堅刀刃也。从火,卒聲。 七内切(cuì)。

【譯文】焠,(從火中取出後又浸入水中),使刀刃堅硬。从火,卒聲。

【注釋】① 焠:王筠《句讀》:"《漢書·王褒傳》:'清水焠其鋒。'顔注:'焠,謂燒而内水中以堅之也。'"徐灝《段注箋》:"此義水火兼用,故或从火(焠),或从水(淬),實一字耳。"參"淬"條。

煣 屈申木[①]也。从火、柔,柔亦聲。 人久切(rǒu/róu)。

【譯文】煣,(用火烘烤)使木條彎曲或伸直。由火、柔會意,柔也表聲。

【注釋】① 屈申木:屈木、申木的緊縮。屈、申并列,帶木作賓語,用如使動。王筠《句讀》:"謂屈直木使之曲,申曲木使之直也。"

樊[①] 燒田[②]也。从火棥,棥亦聲[③]。 附袁切(fán/fén)[④]。

【譯文】樊,用火燒(山林宿草)而田獵。由火、棥會意,棥也表聲。

【注釋】① 樊:《段注》作"焚",注:"玄應書引《説文》:'焚,燒田也。字从火燒林意也。'"存參。 ② 燒田:王筠《句讀》:"謂燒宿艸以田獵也。" ③ 从火棥,棥亦聲:《段注》作"从火林"。 ④ 今讀依《廣韻》符分切。

【參證】甲文作、、。羅振玉《增訂殷虛書契考釋》:"今證之卜辭,亦从林,不从棥,可爲段説左證。或又从草。"

熑 火煣[①]車網絶也。从火,兼聲。《周禮》[②]曰:"煣牙,外不熑。" 力鹽切(lián)。

【譯文】熑,用火曲煣即將作爲車輪外周的木條,(因火太燥烈,而木紋)斷裂。从火,兼聲。《周禮》説:"用火把即將作爲車輪外周的木條烘烤,并使它彎曲,木的外側紋理不斷絶。"

【注釋】① 火煣:王筠《句讀》:"……賈疏謂古者車輞屈一木爲之,則必以火煣之,使直爲圓,而火太燥烈,則木理絶矣。絶是熑之正解。車輞者,原其意也,將以之爲車輞耳,非謂既成之車輞忽絶也。”綱同輞。《周禮·考工記·輪人》“牙也者以爲固抱也”,孫詒讓《正義》:“輞則輪外匡之總名。阮元云:‘輞非一木,其木須揉,其合抱處必有牡齒以相交固,爲其象牙,故謂之牙。’總舉其大圜則曰輞,輞與牙微異,漢時俗語通稱牙爲輞。” ②《周禮》:指《考工記·輪人》。今本原文:“凡揉牙,外不廉而内不挫(挫損)旁不腫(暴裂而壅腫),謂之用火之善。”

燎[①] 放火也。从火,尞聲[②]。 力小切(liǎo)。

燎

【譯文】燎,放火(燒)。从火,尞聲。

【注釋】① 燎:徐灝《段注箋》:“尞、燎實一字,相承增火旁。”“燎之本義爲燒艸木。故火田爲燎,圜丘祭天,必先除艸薉,故有柴燎之名。”參“尞”條。 ② 尞聲:聲中有義。尞、燎,古今字;从火,尞聲,形聲包會意。

熛[①] 火飛[②]也。从火[③],𡨄與䙴[④]同意。 方昭切(biāo)。

熛

【譯文】熛,火星迸飛。从火,𡨄與䙴字表示的“升高”意義相同。

【注釋】① 熛:邵瑛《羣經正字》:“熛,隸作票。而‘火飛’之熛,俗又加火旁作熛。” ② 火飛:《段注》:“引申爲凡輕鋭之偁。”“今俗間信券曰票,亦尚存古義。凡从票爲聲者,多取會意。” ③ 从火:熛下的灭是古火字。見林義光《文源》。 ④ 䙴(qiān):升。

熮 焦[①]也。从火,曹聲。 作曹切(zāo)。

熮

【譯文】熮,燒焦。从火,曹聲。

【注釋】① 焦:《段注》:“今俗語謂燒壞曰熮。”朱駿聲《通訓定聲》:“今北人凡言事物壞曰熮。”

爑 火所傷也。从火,雥聲[①]。焦,或省。 即消切(jiāo)。

爑

【譯文】爑,被火燒傷。从火,雥聲。焦,爑的或體,爑的省略。

【注釋】① 雥(zá)聲:張舜徽《約注》:“爑音即消切,聲在精紐;雥音徂合切,聲在從紐,並屬齒音,旁紐相轉也。”

【參證】金文作焦,與篆文同。

烖 天火曰烖。从火,𢦏聲。灾,或从宀火[①]。𤆎,古文从才[②]。災,籀文从巛[③]。 祖才切(zāi)。

烖

【譯文】烖，天地自然發生的火災叫烖。从火，𢦏聲。灾，烖的或體，由宀、火會意。扻，古文烖，从才聲。災，籀文烖，由巛會意兼表聲。

【注釋】① 从宀(mián)火：徐鍇《繫傳》："宀，室屋也。"《段注》："火起於下，焚其上也。"　② 从才：《段注》："(扻)形聲。"才表聲。本書："𢦏，傷也。从戈，才聲。"故烖、扻同字。　③ 从巛(zāi)：《段注》："亦會意，亦形聲。"巛，本書川部："害也。从一雝(塞)川。"

【參證】甲文作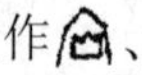。商承祚《福氏所藏甲骨文字釋文》："甲骨文有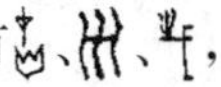，从水，从戈，从火，以其義言之，水災曰巛，兵災曰𢦏，火災曰灾。後孳乳爲烖、灾、災……"

煙　火[①]气也。从火，垔聲。，或从因[②]。，古文。，籀文从宀。　烏前切(yān)。

【譯文】煙，燃燒時産生的氣狀物。从火，垔聲。烟，煙的或體，从因聲。㢚，古文煙字。𡨴，籀文煙字，从宀。

【注釋】① 火：用如動詞。　② 从因：因、煙上古同屬真部影紐。

焆　焆焆，煙皃。从火，肙聲。　因悦切(yuè/yè)[①]。

【譯文】焆，焆焆，煙的様子。从火，肙聲。

【注釋】① 今讀依《廣韻》於列切。

熅　鬱[①]煙也。从火，𥁕聲。　於云切(yūn)。

【譯文】熅，將火鬱積而産生的烟。从火，𥁕聲。

【注釋】① 鬱：王筠《句讀》："鬱與韭鬱之意相似。彼謂不使出氣，此謂不使生光焰也。火壯則煙微，鬱之則煙盛，盛則烟熅交密矣。"

焞　望火皃[①]。从火，㿝聲[②]。讀若馰顙之馰。　都歷切(dí)。

【譯文】焞，望見火的様子。从火，㿝聲。音讀象馰顙的"馰(dí)"字。

【注釋】① 望火皃：《廣韻·錫韻》："焞，望見火皃。"　② 㿝(lì)聲：徐鍇《繫傳》："㿝音粒。"張舜徽《約注》："由來紐入端紐，同爲舌聲相轉也。"按：焞屬端紐。

燂　火熱[①]也。从火，覃聲。　火甘切(hān)。又，徐鹽切(xián/xún)[②]。

【譯文】燂，用火燒熱。从火，覃聲。

【注釋】① 火熱：王筠《釋例》："謂以火熱之也。"　② 今讀依《集韻》徐心切。

焞 明也。从火，𦎫聲。《春秋傳》[1]曰："焞燿天地。" 他昆切(tūn)。

【譯文】焞，光明。从火，𦎫聲。《春秋外傳》說："照耀天地。"

【注釋】①《春秋傳》：張舜徽《約注》："今三傳無此文，乃檃括《國語・鄭語》之文，昔人稱《國語》爲《春秋外傳》也。"今本原文爲："淳耀敦大，天明地德。"《段注》："漢碑(淳)作焞。"

炳 明也。从火，丙聲。 兵永切(bǐng)。

【譯文】炳，光明。从火，丙聲。

焯 明也。从火，卓聲[1]。《周書》[2]曰："焯見三有俊心。" 之若切(zhuó)。

【譯文】焯，光明。从火，卓聲。《周書》說："明顯地看到宅事、宅牧、宅準的下屬賢明的思想。"

【注釋】① 卓聲：聲中有義。卓，高也。从火从卓，火光高照，必然分明。 ②《周書》：指《立政》。今本"焯"作"灼"。有，詞頭。三有俊，孫星衍《尚書今古文注疏》："當即三宅(謂宅事，治事官；宅牧，治民官；宅準，執法官)之屬官，蓋三宅各有正長，有屬吏，三宅之屬吏皆用賢俊，故謂之三有俊。"

照 明也。从火，昭聲[1]。 之少切(zhào)。

【譯文】照，光明照耀。从火，昭聲。

【注釋】① 昭聲：聲中有義。本書："昭，日明也。"

【參證】金文作。于豪亮《于豪亮學術文存・牆盤銘文考釋》："䪼字左偏旁象手執火矩之形，右偏旁召聲，當係照之異體字。"戴家祥《金文大字典》："炤(《中庸》釋文"本亦作炤")、昭、照三字不但聲同，韻同，而且義同，其爲一字明矣。炤之爲昭，表義更旁字也。加旁作照者，形義重複字也。"

煒 盛赤也。从火，韋聲。《詩》[1]曰："彤管有煒。" 于鬼切(wěi)。

【譯文】煒，盛大的紅色。从火，韋聲。《詩經》說："紅色的管子紅得發亮。"

【注釋】①《詩》：指《邶風・靜女》。有煒：有，形容詞詞頭。

炵　盛火也。从火，从多[1]。　昌氏切(chǐ)。

炵　【譯文】炵，盛大的火。由火、由多會意。

【注釋】① 从多：《段注》："凡言盛之字从多。"

熠　盛光也。从火，習聲。《詩》[1]曰："熠熠宵行。"　羊入切(yì)。

熠　【譯文】熠，盛大的光亮。从火，習聲。《詩經》説："熠熠發光啊，那螢火蟲。"

【注釋】①《詩》：指《豳風・東山》。今本"熠熠"作"熠燿"。《毛詩正義》："熠燿者，螢火之蟲飛而有光之貌。"宵行：李時珍《本草綱目》："螢火有一種長如蠶，尾後有光，無翼，……亦名宵行。"

煜[1]　熠也。从火，昱聲[2]。　余六切(yù)。

煜　【譯文】煜，熾盛的光亮。从火，昱聲。

【注釋】① 煜：王筠《句讀》引《埤蒼》："光耀熾盛皃。"　② 昱聲：聲中有義。本書：昱，明日也。既从日，可引申爲明，爲亮。

燿[1]　照也。从火，翟聲。　弋笑切(yào)。

燿　【譯文】燿，照耀。从火，翟聲。

【注釋】① 燿：又作耀、曜。

煇[1]　光[2]也。从火，軍聲。　況韋切(huī)。

煇　【譯文】煇，光輝。从火，軍聲。

【注釋】① 煇：今作輝。　② 光：《段注》："析言之則煇、光有别。朝旦爲煇，日中爲光。"

煌　煌[1]，煇也。从火，皇聲。　胡光切(huáng)。

煌　【譯文】煌，煌煌，光輝。从火，皇聲。

【注釋】① 煌：連篆爲讀。

焜　煌也。从火，昆聲。　孤本切(gǔn/hùn)[1]。

焜　【譯文】焜，輝煌。从火，昆聲。

【注釋】① 今讀依《廣韻》胡本切。

炯　光也。从火，冋聲。　古迥切(jiǒng)。

炯　【譯文】炯，光明。从火，冋聲。

爗[①] 盛也。从火，𣅝聲[②]。《詩》[③]曰："爗爗震電。"　筠輒切(yè)。

【譯文】爗，光明熾盛。从火，𣅝聲。《詩經》説："光閃閃啊那雷電。"

【注釋】① 爗：《段注》："凡光之盛曰爗。"　② 𣅝聲：聲中有義。𣅝本義為日光。此表比况。火光如日光般熾盛。　③《詩》：指《小雅·十月之交》。震，《毛詩》："雷也。"

爓[①] 火(門)[爓][②]也。从火，閻聲。　余廉切(yán/yàn)[③]。

【譯文】爓，火焰。从火，閻聲。

【注釋】① 爓：今作"焰"。《段注》："焰即爓之省。"　② 門：《段注》："門乃爓之壞字耳。"　③ 今讀依《廣韻》以贍切。

炫 (燿)[爓]燿[①]也。从火，玄聲。　胡畎切(xuàn)。

【譯文】炫，光耀。从火，玄聲。

【注釋】① 燿燿：當依徐鍇《繫傳》作"爓燿"。《段注》："爓燿，謂光爓燿明也。"

光 明也。从火在人上，光明意也。𤎫，古文。炗[①]，古文。　古皇切(guāng)。

【譯文】光，光明。由"火"字在"人"字之上，會合光明的意義。𤎫，古文光字。炗，古文光字。

【注釋】① 炗：王筠《釋例》："炗从廿火。廿，古疾字，速也。火速則光盛也。又加炎則緐複晦滯矣，恐是籀文。"

【參證】甲文作、，金文作、。林義光《文源》卷六："古者執燭以人。从人持火。"楊樹達《積微居金文説·辛𠀠段跋》釋金文次字："上从火，下从女。""古文从人从女之字多通作。"

熱 溫也。从火[①]，埶聲。　如列切(rè)。

【譯文】熱，溫暖。从火，埶聲。

【注釋】① 从火：《釋名》："熱，爇也。如火所燒爇也。"

熾 盛也。从火；戠聲。𢦻[①]，古文熾。　昌志切(chì)。

【譯文】熾，火旺盛。从火，戠聲。𢦻，古文熾字。

【注釋】① 𢦻：蕭道管《重文管見》："上象日、火光芒，从戠省聲。"

燠　熱在中也。从火，奧聲[①]。　烏到切（ào/yù）[②]。

【譯文】燠，蘊熱在裏面。从火，奧聲。

【注釋】① 奧聲：《段注》："奧者，宛也。熱在中，故以奧會意。此舉聲以見意也。"　② 今讀依《廣韻》於六切。

【參證】馬敘倫《六書疏證》卷十九："今杭縣謂熱而不透氣曰燠悶。"益陽謂天氣溼熱而無一絲風散熱曰燠熱，讀作 ngào。

煖　溫也。从火，爰聲。　況袁切（xuān/nuǎn）[①]。

【譯文】煖，溫暖。从火，爰聲。

【注釋】①《廣韻》況袁切"煖"同"暄"，邵瑛《羣經正字》："俗寒暄字當作此。"又，乃管切"煖"同"㬉"。

㬉[①]　溫也。从火，耎聲。　乃管切（nuǎn）。

【譯文】㬉，溫暖。从火，耎聲。

【注釋】① 㬉：張舜徽《約注》："經傳多以煖爲㬉。今俗又別作暖。"

炅[①]　見也。从火日。　古迥切（jiǒng）。

【譯文】炅，光芒外現。由火、日會意。

【注釋】① 炅：張舜徽《約注》："炅之言炯也，謂炯然有光見於外也。物之有光見於外者，無如日與火，故其字从日火。"

【參證】錢坫《斠詮》："《素問》'寒炅'即'寒熱'。"陳槃《漢晉遺簡偶述》（《歷史語言研究所集刊》第十六本）："病熱曰'炅'，蓋漢人恒辭矣。"按：日、火炯然有光，則必發熱，移以言疾病寒熱之徵曰"寒炅"。王輝《秦器銘文叢考》（《考古與文物》一九八九年第五期）："山東莒縣凌陽河大汶口陶尊上有五個刻畫符號，其中三個作，兩個作，唐蘭先生釋爲炅。""从日下有火會意，日亦聲。"故炅可讀熱。

炕　乾[①]也。从火，亢聲[②]。　苦浪切（kàng）。

【譯文】炕，用火烘烤乾。从火，亢聲。

【注釋】① 乾：《段注》："謂以火乾之也。"　② 亢聲：聲中有義。亢，人頸也。人頸在身軀之高位，可引申爲高。火焰高，自然所烤之物，必乾必涸矣。

燥　乾也。从火，喿聲。　穌到切(sào/zào)。

【譯文】燥，用火烘烤乾。从火，喿聲。

威　滅也。从火戌①。火死於戌，陽氣至戌而盡②。《詩》③曰："赫赫宗周，褒似威之。"　許劣切(xuè)。

【譯文】威，火熄滅。由火、戌會意。五行中的火死在夏曆的戌月，即九月，因爲陽氣到了戌月就窮盡了。《詩經》説："十分顯赫啊，被天下奉爲主心骨的鎬京，褒國姓似的女人將滅亡它。"

【注釋】① 从火戌：宋保《諧聲補逸》："戌亦聲。戌亦威也。蔑从戌聲是其例。"　② 火死兩句：《淮南・天文訓》："火生于寅(正月)，壯于午(五月)，死于戌(九月)。"此處的火，指"五行"的火。五行，指金木水火土五種物質。　③《詩》：指《小雅・正月》。宗周，宗，主。周的都城鎬京爲天下所宗，故稱宗周。褒似，褒國女子，姒姓，周幽王寵妃。今本"似"作"姒"。

【參證】甲文作[甲骨文]、[甲骨文]。于省吾《雙劍誃殷契駢枝續編》："(卜辭)从火戉聲，戉威並脂部字。""當即《説文》威之初文。"按：戉爲兵器之稱，兵器意謂着殺戮，與火會意，即爲熄滅之義。戉也應表義。

焅①　旱气也。从火，告聲。　苦沃切(kù)。

【譯文】焅，乾旱的氣。从火，告聲。

【注釋】① 焅：錢坫《斠詮》："即酷熱字。"

燽　溥覆照①也。从火，壽聲。　徒到切(dào)。

【譯文】燽，日月所照，覆蓋普天之下。从火，壽聲。

【注釋】① 溥覆照：王筠《句讀》："燾祇是覆而云照者，字从火也。天之所覆，即日月所照矣。云溥者，溥天之下也。"按：譯文據此意譯。

爟　取火於日官名①，舉火曰爟。《周禮》②曰："司爟，掌行火之政令。"从火，雚聲。烜，或从亘③。　古玩切(guàn)。

【譯文】爟，向日光取火的官名，點火叫作爟。《周禮》説："司爟這個職務，掌管用火的政令。"从火，雚聲。烜，爟的或體，从亘聲。

【注釋】① 取火句：《淮南子・氾論訓》高誘注："爟火，取火於日之官也。"　②《周禮》：指《夏官・司爟》。　③ 从亘：宋保《諧聲補逸》："雚、亘同部，聲相近。"

㷭 𤇍[1]，候[2]表也。邊有警則舉火。从火，逢聲。 敷容切(fēng)。

【譯文】烽，象𤇍火一樣的信號，是瞭望敵情(用以報警)的標誌。邊境有警就點火。从火，逢聲。

【注釋】① 𤇍：《史記·司馬相如列傳》："聞烽舉𤇍燔。"司馬貞《索隱》引韋昭說："㷭(烽)，束草置之長木之端，如挈皋(桔槔)，見敵則燒舉之。𤇍者，積薪，有難則焚之，㷭主晝，𤇍主夜。"許氏以𤇍釋烽，渾言之。 ② 候：桂馥《義證》："《廣雅》：'㷭、虞、候，望也。'"

爝 苣火，祓也[1]。从火，爵聲。吕不韋曰："湯得伊尹，爝以爟火，釁以犧豭。"[2] 子肖切(jiào)。

【譯文】爝，捆束葦草燒起火來，用以祓除不祥。从火，爵聲。吕不韋說："湯王得到了伊尹，用從日光那裏取來的火焚燒葦草祓除不祥，用供祭祀用的豬的血來塗抹器物。"

【注釋】① 苣火，祓也：《段注》："苣，束葦燒之也。祓，除惡之祭也。" ② 吕不韋句：見《吕氏春秋·本味篇》。湯，殷商開國之君。伊尹，湯王的宰相。釁，《段注》："高誘曰：'以牲血塗之曰釁。'"豭，公豬。這裏泛指豬。

熭 暴乾(火)[1]也。从火[2]，彗聲。 于歲切(wèi)。

【譯文】熭，曝曬并使乾燥。从火，彗聲。

【注釋】① 暴乾火：《段注》："大徐衍火字。乾音干。"王筠《句讀》："謂曬之使燥也。" ② 从火：《段注》："从火猶从日也。火即日也。"

熙 燥[1]也。从火，巸聲。 許其切(xī)。

【譯文】熙，曝曬并使乾燥。从火，巸聲。

【注釋】① 燥：王筠《句讀》："言曬之使燥。"

【參證】金文作。

文一百一十二 重十五

爞[1]　旱气也。从火，蟲聲。　直弓切(chóng)。

爞　【譯文】爞，(即爞爞之爞，爞爞是)天乾熱氣蒸人。从火，蟲聲。

【注釋】① 爞：《鈕新附考》："《詩・雲漢》'蘊隆蟲蟲'《毛傳》：'蟲蟲而熱。'《釋文》：'蟲，直忠反；徐：徒冬反。'《爾雅》作'爞'(據葉鈔本)，云：'熏也。'郭：徒冬反。《韓詩》作烔(當作烔)，音徒冬反。"按：古無舌上音，直忠切古作徒冬切。chóng上古讀tóng。故爞又以同爲聲符作烔。蟲蟲，迭音詞，熱氣蒸騰之皃。从火既明其類屬，又狀其熏蒸之氣如火如燎。今本《爾雅・釋訓》"爞爞""熏也"郭璞注："旱熱熏炙人也。"譯文照郭說。

煽[1]　熾盛[2]也。从火，扇聲[3]。　式戰切(shàn)。

煽　【譯文】煽，(扇風)促火旺盛。从火、扇聲。

【注釋】① 煽：《鈕新附考》："《詩・十月之交》：'豔妻煽方處。'毛傳：'煽，熾也。'《釋文》云：'煽，《説文》作傓。'""又按：顔師古注《漢書・谷永傳》引《魯詩》作'閻妻扇方處'。"可見，煽、傓、扇爲一字。扇从户从翄省，本指門扉、門扇。如朱駿聲《通訓定聲》"扇"下："門兩傍如羽翼也。"羽翼可搖動鼓風。故《方言》卷五："箑(shà)自關而西謂之扇。"即今扇子。扇，可鼓風促火熾旺；人持扇，故从人；扇爲了鼓火，故从火。　② 熾盛：參傓條。本指扇火使旺，後引申爲凡熾旺之稱。　③ 扇聲：聲中有義。

烙　灼[1]也。从火，各聲。　盧各切(luò)。

烙　【譯文】烙，燒灼。从火，各聲。

【注釋】① 灼：本義爲"灸"，此處引申爲燒。

爍　灼爍[1]，光也。从火，樂聲。　書藥切(shuò)。

爍　【譯文】爍，灼爍的爍，灼爍是發光的樣子。从火，樂聲。

【注釋】① 灼爍：徐灝《段注箋》："玉部曰：玓瓅，明珠色；此云：灼爍，光也。蓋蒙玓瓅而爲火光之皃。"朱駿聲《通訓定聲》"玓"下："疊韻連語。或以的皪爲之，亦同。"灼爍、玓瓅、的皪，上古同屬藥部。灼屬照三，爍屬審三；玓、的屬端紐；瓅、皪屬來紐。古無舌上音，讀歸舌頭音。故灼爍、玓瓅、的皪，上古同音。聯緜詞重音不重形，故三形爲一。後世因意義之類化，故或以爲狀火光則从火，或以爲狀玉光則从玉，或以爲狀日白之光則从白。

 燦爤[①]，明瀞[②]皃。从火，粲聲[③]。　倉案切(càn)。

燦 【譯文】燦，燦爤的燦，(燦爤是)明亮而無污垢、濁穢的樣子。从火，粲聲。

【注釋】① 燦爤：疊韻聯緜字。　② 瀞：即今淨字。參"瀞"條。③ 粲聲：聲中有義。《段注》"粲"下："稻米至于粲，皆精之至矣。""粲米最白，故爲鮮好之皃。"按：明淨乃鮮好之一端也。《鄭新附考》："(燦)古止作粲。《詩》'粲粲衣服'，傳云：'粲粲，鮮盛皃。'又：'角枕粲兮，錦衾爛兮。'《文選・風賦》：'眴煥粲爛。'皆是。俗涉爤加火。"燦是粲的後起加旁分化字。

 火光也。从火，奐聲[①]。　呼貫切(huàn)。

煥 【譯文】煥，火光。从火，奐聲。

【注釋】① 奐聲：《拈字》："《論語》'煥乎其(有)文章'高誘注《淮南》則引作'奐'。《説文》奐注云：取奐也。無火光義。蓋同聲借字耳。"按：換取的奐假借爲火光的奐，因火光色彩鮮明，故引申爲文章即文彩義。於是有"奐乎其有文章"之説。後世加"火"添顯其火光義。這是因叚借而分化之例，粲是因引申而分化之例。《鈕新附考》："漢碑已有煥。"

文六　新附

炎部

 火光上[①]也。从重火。凡炎之屬皆从炎。　于廉切(yán)。

炎 【譯文】炎，火光向上升騰。由重疊的兩個火字構成。大凡炎的部屬都从炎。

【注釋】① 火光上：饒炯《部首訂》："火光上者，謂火飛揚之光上出。"

【參證】甲文作、，金文作、。羅振玉《增訂殷虛書契考釋》："卜辭中从火之字作，古金文亦然。然亦有从火者，故知即炎矣。"戴家祥《金文大字典》："據漢字結構特點，凡獨體字重

複,均有加重本義的作用。""炎當是火之烈也。"

燄 火行微燄燄也①。从炎,臽聲。 以冉切(yàn)。

【譯文】燄,火(剛)點燃、火苗微弱卻愈燃愈旺的樣子。从火,臽聲。

【注釋】① 火行句:徐灝《段注箋》:"蓋火之初著,其力尚微,漸長而漸盛。"

㷔① 火光也。从炎,舌聲②。 以冉切(yǎn)。

【譯文】㷔,火光。从炎,舌聲。

【注釋】① 㷔:錢坫《斠詮》:"此後人光㷔萬丈字。" ② 舌聲:徐鉉:"舌非聲,當从甛(tián)省。"

燅 㐬①火也。从炎,㐭聲。讀若桑葚之葚②。 力荏切(lǐn)。

【譯文】燅,漸漸依次燒着的火。从炎,㐭聲。音讀象桑葚的"葚"字。

【注釋】① 㐬:張舜徽《約注》:"侵(即㐬)者,漸進也,火之然燒,由近及遠,以次漸進,斯謂之燅也。" ② 葚:上古與燅同屬侵部。

𤋳① 火行也。从炎,占聲。 舒贍切(shàn/shǎn)。

【譯文】𤋳,火燃燒閃爍的樣子。从炎,占聲。

【注釋】① 𤋳:徐灝《段注箋》:"此即今之閃字。"

燅① 於湯中爚肉。从炎②,从熱省。𤍾,或从炙③。 徐鹽切(xián)。

【譯文】燅,在熱水中把肉溫熱。由炎、由熱省會意,𤍾,燅的或體,从炙。

【注釋】① 燅:《儀禮·有司徹》:"乃燅尸俎。"鄭玄注:"古文燅皆作尋,《記》或作燖。" ② 从炎:朱駿聲《通訓定聲》:"炎亦聲。" ③ 从炙:朱駿聲《通訓定聲》:"或从炙、从熱省會意。"

燮① 大熟也。从又持炎辛;辛者,物熟味也。 蘇俠切(xiè)。

【譯文】燮,十分成熟。由"又"(手)持握着"炎"、"辛"會意;"辛"這個構件,表示食物成熟的味道。

【注釋】① 燮:徐灝《段注箋》:"戴氏侗曰:'燮、燮、燮,實一字。羊之譌爲辛,辛之譌爲言是也。'"

【參證】甲文作,金文作、、。高鴻縉《中國字例》二篇:"字

例又畫其持棍入火中疏之使燃之形。”“秦時棍變爲言聲(唐蘭《古文字學導論》所謂象意聲化)。”參“燮”條。

粦[1] 兵死[2]及牛馬之血爲粦。粦,鬼火也。从炎舛[3]。　良刃切(lìn/lín)。

【譯文】粦,因刀兵而死的人血以及牛馬的血演化成粦。粦,就是鬼火。由炎、舛會意。

【注釋】① 粦:徐鍇《繫傳》:“《博物志》:戰鬥死亡之處,其人馬血積年化爲粦。粦箸地及草木,皆如霜露不可見。有觸者,著人體便有光,拂拭便散無數;又有吒聲如熠豆。”邵瑛《羣經正字》:“今經典作燐。後人以炎變作米,故又加火也。”　② 兵死:王筠《句讀》:“兵死者,死于刀兵也。”　③舛:徐鍇《繫傳》:“舛者,人足也。言光行著人也。”

【參證】金文作……。林義光《文源》:“舛象二足迹形。鬼火宵行逐人,故从夂　ヰ。”杜忠誥《古文字形體研究五則》(《國文學報》第二十期):“燐血隨風飄動,猶人之有足,能行動也。”按:从……是从……的省變。

文八　重一

黑部

黑 火所熏之色也。从炎上出㘣[1];㘣,古窻字。凡黑之屬皆从黑。　呼北切(hēi)。

【譯文】黑,被火熏成的顔色。由“炎”向上从“㘣”中冒出會意;㘣,是古窗字。大凡黑的部屬都从黑。

【注釋】① 㘣:徐灝《段注箋》:“今俗竈突謂之煙㘣(窗),猶古義也。”

【參證】金文作……。林義光《文源》卷四:“象火自窗上出形。○象窗(煙窗也)。或省作……(多父盤嫼字偏旁)。一説,象顔面被墨刑之人的正面形。”見杜忠誥《古文字形體研究五則》(《國文學報》第二十期)。

黸 齊謂黑爲黸。从黑，盧聲[①]。 洛乎切(lú)。

【譯文】黸，齊地叫黑作黸。从黑，盧聲。

【注釋】① 盧聲：聲中有義。徐灝《段注箋》"盧"下："盧即古鑪字。""盧爲火所熏，色黑，因謂黑爲盧。"如瀘，黑水；櫨，黑橘；獹，黑犬；盧雉，即鸕鷀，黑禽。黸爲後起加旁字，借旅爲之，俗又从玄，旅省聲，作玈。參"玈"條。

黵 沃[①]黑色。从黑，會聲[②]。 惡外切(wèi)。

【譯文】黵，肥潤的黑色。从黑，會聲。

【注釋】① 沃：《段注》作"泆"，注："泆，引申之義爲肥美；沃黑者，光潤之黑也。" ② 會聲：聲中有義。本書："會，合也。"引申有聚合之意。書畫之"濃墨"，即用墨集中聚合，能盡顯肥潤之色。

黯 深黑色。从黑，音聲。 乙減切(ǎn/àn)。

【譯文】黯，深黑色。从黑，音聲。

黶 (申)[面中]黑[子][①]也。从黑，厭聲。 於琰切(yǎn)。

【譯文】黶，臉上的黑痣。从黑，厭聲。

【注釋】① 申黑：當依王筠《句讀》作"面中黑子"。《史記・高祖本紀》："左股有七十二黑子。"張守節《正義》："許北人呼爲黶子，吴楚謂之誌。誌，記也。"

黳[①] 小黑子。从黑，殹聲。 烏雞切(yī)。

【譯文】黳，小黑痣。从黑，殹聲。

【注釋】① 黳：朱駿聲《通訓定聲》："古謂之黳子，今謂之痣。"王筠《句讀》："然則黶其大者也。"

黵 白而有黑也[①]。从黑，旦聲。五原[②]有莫黵縣[③]。 當割切(dá)。

【譯文】黵，白色而有黑點。从黑，旦聲。五原郡有莫黵縣。

【注釋】① 白而句：徐灝《段注箋》："白之敝而黑也。"張舜徽《約注》："凡物色白者，歷久則漸呈黑小點矣。" ② 五原：郡名。見《漢書・地理志》。 ③ 莫黵縣：當在内蒙古烏喇特境。

黴 雖皙而黑也[①]。从黑，箴聲。古人名黴字皙[②]。 古咸切(jiān)。

【譯文】黷,人臉面雖白晳,卻有黑氣。从黑,箴聲。古人名如叫黷,字就作晳。

【注釋】① 雖晳句:《段注》:"晳者,人色白也。則黷專謂人面。"張舜徽《約注》:"謂面白而有黑氣也。" ② 名黷字晳:《段注》:"《仲尼弟子列傳》:曾蒧,字晳;奚容箴,字子晳。蒧、箴皆黷之省。"

黣 赤黑也。从黑,昜聲①。讀若煬。 餘亮切(yàng)。

【譯文】黣,紅黑色。从黑,昜聲。音讀象"煬"字。

【注釋】① 昜聲:聲中有義。昜本爲日初升呈現光明之義,初升則爲紅日,故有赤義。

黲① 淺青黑也。从黑,參聲。 七感切(cǎn)。

【譯文】黲,淺青黑色。从黑,參聲。

【注釋】① 黲:《玉篇》:"今謂物將敗時顏色黲黲也。"

黤 青黑①也。从黑,奄聲。 於檻切(yǎn)。

【譯文】黤,青黑色。从黑,奄聲。

【注釋】① 青黑:徐灝《段注箋》:"凡青之敝而深者,色黑;敝而淺者,色黄。黲爲淺青,其敝也近黄,故不爲青之敝而黑也。"

黝 微青黑色①。从黑,幼聲。《爾雅》②曰:"地謂之黝。" 於糾切(yǒu)。

【譯文】黝,微青黑色。从黑,幼聲。《爾雅》説:"(用黑色塗飾)地面叫作黝。"

【注釋】① 微青句:《段注》:"謂微青之黑也,微輕於淺矣。" ②《爾雅》:指《釋言》。邢昺疏:"以黑飾地謂之黝。"

黗 黄濁黑①。从黑,屯聲。 他衮切(tǔn/tūn)②。

【譯文】黗,發黄而又混濁的黑色。从黑,屯聲。

【注釋】① 黄濁黑:《段注》:"謂黄濁之黑也。" ② 今讀依《廣韻》他昆切。

點 小黑①也。从黑,占聲。 多忝切(diǎn)。

【譯文】點,細小的黑點。从黑,占聲。

【注釋】① 小黑:《爾雅·釋器》:"滅謂之點。"注:"以筆滅字爲點。"《廣雅·釋詁三》:"點,汙也。"

黚　淺黄黑[1]也。从黑，甘聲。讀若染繒中束緅黚[2]。　巨淹切(qián)。

【譯文】黚，淺黄黑色。从黑，甘聲。音讀象“染繒中束緅黚”的“黚”字。

【注釋】① 淺黄黑：《段注》：“淺黄之黑與黄濁之黑相對成文。”參“黗”條。　② 讀若句：《段注》：“此句有譌字。未聞。”朱駿聲《通訓定聲》黚作“紺”，曰：“中束二字疑帛字之誤。”依朱説，則爲“讀若染繒帛緅紺”。

黔　黄黑也。从黑，金聲[1]。　古咸切(jiān)。

【譯文】黔，黄黑色。从黑，金聲。

【注釋】① 金聲：聲中有義。《玉篇》：“黄黑如金也。”

黦　黑有文[1]也。从黑，冤聲。讀若飴𧯷[2]字。　於月切(yuè)。

【譯文】黦，黑色而有斑紋。从黑，冤聲。音讀象飴𧯷的“𧯷”字。

【注釋】① 黑有文：徐鍇《繫傳》：“色經溽暑而變斑色。”　② 飴𧯷(wān)：《段注》：“豆部曰：‘𧯷，豆飴也。’食部曰：‘飴，米糱煎也。’”

黟　黄黑而白[1]也。从黑，算聲。一曰：短黑。讀若以芥爲齏，名曰芥荃[2]也。　初刮切(chuā)[3]。

【譯文】黟，黄黑色而發白。从黑，算聲。另一義説，是短而又黑。音讀象以芥作齏，名叫芥荃的“荃”字。

【注釋】① 黄黑而白：《段注》：“謂黄黑而發白色也。”　② 荃：上古屬文部、清紐；黟屬月部、初紐。文、月可旁對轉，清、初同屬齒音。荃、黟二字音相近。　③ 短黑義别讀 zhuó。

䵷　黑皴[1]也。从黑，幵聲。　古典切(jiǎn)。

【譯文】䵷，色黑而皮膚皺裂。从黑，幵聲。

【注釋】① 黑皴(cūn)：張舜徽《約注》：“自謂色黑而有皴文者。人至衰老，則面色黑而多皴，䵷之本義，蓋即指此。”存參。

黠　堅黑[1]也。从黑，吉聲[2]。　胡八切(xiá)。

【譯文】黠，堅牢的黑色。从黑，吉聲。

【注釋】① 堅黑：《段注》：“黑之堅者也。”　② 吉聲：王筠《句讀》：“从吉聲之字有堅義也。字在黑部，故謂之黑。實則古籍用黠字，衹有堅義也。”“《方言》曰：‘慧，自關而東，趙魏之間，謂之黠，或謂之鬼。’案：人之鬼脈者，其意必堅，仍是一義引申也。”

黔 黎[1]也。从黑，今聲。秦謂民爲黔首[2]，謂黑色也。周謂之黎民。《易》[3]曰：“爲黔喙。” 巨淹切(qián)。

【譯文】黔，黎黑。从黑，今聲。秦朝叫民衆作“黔首”，是説黑色的肌膚。周朝叫民衆作“黎民”。《易經》説：“(艮)代表黑色的鳥嘴(一類的猛禽)。”

【注釋】① 黎：《段注》：“黎，履黏也。與驪、黧字同音，故借爲黑義。” ② 黔首：《段注》：“《秦始皇本紀》：‘二十六年，更名民曰黔首。’”張舜徽《約注》：“自古元元之民，勤勞耕作於野，晝暴夜露，膚色黎黑，周謂之黎民，秦謂之黔首，皆取義于此。” ③《易》：指《説卦》。原文：“(艮)爲黔喙之屬。”

黕 滓垢[1]也。从黑[2]，冘聲。 都感切(dǎn)。

【譯文】黕，渣滓和污垢。从黑，冘聲。

【注釋】① 滓垢：《段注》：“滓者，澱也；垢者，濁也。” ② 从黑：徐灝《段注箋》：“因滓垢下沈而易从黑耳。”

黨[1] 不鮮也。从黑，尚聲[2]。 多朗切(dǎng)。

【譯文】黨，不鮮明。从黑，尚聲。

【注釋】① 黨：徐灝《段注箋》：“鄉黨之黨，本作鄭，經典皆通作黨。”黨與之黨本用攩。王筠《句讀》：“黨、曭，古今字，是也。緣借黨爲鄭既久，故加日以別之。” ② 尚聲：聲中有義。本書“尚”下引徐灝《段注箋》：“尚之言上也。”从黑从尚，以黑爲上，故“不鮮明”也。

黷 握持垢[1]也。从黑，賣聲。《易》[2]曰：“再三黷。” 徒谷切(dú)。

【譯文】黷，持握着貪贓污垢之物。从黑，賣聲。《易經》説：“兩次三次(占筮)污辱(神明)。”

【注釋】① 握持垢：柳榮宗《引經攷異》：“黷本貪黷字，‘握持垢’者謂黷貨者握持贓污之物耳。溝瀆藏垢納污義得與黷通。”垢乃垢物，定語代替定名結構。 ②《易》：指《蒙卦》。原文：“初筮(初次占筮)告(告訴吉凶)，(卻不相信，)再三瀆，瀆則不告(神明不再告吉凶)。”按：黷，本字；瀆(溝瀆)，借字。

[1] 大污也。从黑，詹聲[2]。　當敢切(dǎn)。

黵　【譯文】黵，十分污黑。从黑，詹聲。

【注釋】① 黵：《通典》：“梁制，劫身皆斬，遇赦降死者，黵面爲劫字。”按：黵面即黥面。黵用爲動詞。　② 詹聲：聲中有義。本書：“詹，多言也。”引申爲凡多之偁，从黑从詹，黑多故大污也。

[1] 中久雨青黑[2]。从黑，微省聲[3]。　武悲切(méi)。

黴　【譯文】黴，爲久雨所傷而生青黑(的斑點)。从黑，微省聲。

【注釋】① 黴：朱駿聲《通訓定聲》：“《廣雅・釋詁三》：‘黴，穤(měi)敗也。’《埤蒼》：‘穤，禾傷雨而生黑斑點也。’俗字作霉。”　② 中(zhòng)久雨句：張舜徽《約注》：“中猶傷也。凡物傷久雨而生黑斑點也。”　③ 微省聲：聲中有義。微本隱行義，但微散通，則有微細義。言霉點細小。

[1] 貶下也。从黑，出聲[2]。　丑律切(chù)。

黜　【譯文】黜，貶擯下等(的色彩)。从黑，出聲。

【注釋】① 黜：徐灝《段注箋》：“戴氏侗曰：擯斥污闇也。”朱駿聲《通訓定聲》：“字从黑，本訓當爲下色也，黑暗之色。”　② 出聲：聲中有義。即“出去”，把黑下之色擯斥出去。

盤姍[1]，下(哂)[色][2]。从黑，般聲。　薄官切(pán)。

盤　【譯文】盤，盤姍，下等色彩。从黑，般聲。

【注釋】① 盤姍：《段注》：“疊韻字。”田吴炤《二徐箋異》：“盤姍二字當是方言。”　② 下哂：當依《段注》作“下色”。苗夔《繫傳校勘記》：“下色猶言惡色。”

[1] 畫眉[墨][2]也。从黑，朕聲[3]。　徒耐切(dài)。

黱　【譯文】黱，畫眉毛的彩墨。从黑，朕聲。

【注釋】① 黱：徐鍇《繫傳》：“今俗作黛字。”《釋名・釋首飾》：“黛，代也。滅眉毛去之，以此畫代其處也。”　② 眉：當依徐鍇《繫傳》“眉”後有“墨”字。　③ 朕聲：朕、黱上古同屬定紐。

青黑繒(縫)[發][1]白色也。从黑，攸聲。　式竹切(shū)。

儵　【譯文】儵，青黑色的繒帛依然發白。从黑，攸聲。

【注釋】① 縫：徐鍇《繫傳》作“發”。張舜徽《約注》：“(“青黑”句)謂染工不良，繒未成青黑色也。”

黬 羔裘之縫①。从黑②，或聲③。 于逼切(yù)。

【譯文】黬，羊羔皮作成的衣的接縫。从黑，或聲。

【注釋】① 羔裘句：桂馥《義證》：“縫合羔羊皮爲裘，縫即皮之界緎。” ② 从黑：徐鍇《繫傳》：“《詩》曰‘羔羊之黬，以黑爲縫’也。” ③ 或聲：聲中有義。王筠《句讀》：“或者，域之正字也。”

黗① 黗謂之垽②。垽，滓也。从黑，殿省聲③。 堂練切(diàn)。

【譯文】黗，黗叫作垽。垽，就是沉渣。从黑，殿省聲。

【注釋】① 黗：《段注》：“澱、黗二篆異部而實一字也。” ② 黗謂之垽(yìn)：《爾雅·釋器》“黗”作“澱”。郭璞注：“滓澱也。今江東呼垽。” ③ 殿省聲：《段注》：“當作屍(㞟)聲。”

黮 桑葚之黑也。从黑，甚聲。 他感切(tǎn)。

【譯文】黮，桑樹果實的黑色。从黑，甚聲。

黯① 果實黯黯黑②也。从黑，弇聲。 烏感切(ǎn/yǎn)③。

【譯文】黯，果實腐壞而呈黯黑色。从黑，弇聲。

【注釋】① 黯：《集韻·琰韻》：“黯，果實黑壞。” ② 黯黑：同義連用。 ③ 今讀依《集韻》衣檢切。

黥① 墨刑在面也。从黑，京聲。剠，黥或从刀②。 渠京切(qíng)。

【譯文】黥，用墨填實用刑時在臉面上刻的記號。从黑，京聲。剠，黥的或體，从刀。

【注釋】① 黥：《段注》：“此刑亦謂之墨。《周禮·司刑》注曰：‘墨，黥也。先刻其面，以墨窒之。’” ② 从刀：《段注》：“刀之而墨之也。會意也。”

黭① 黭者忘而息②也。从黑，敢聲。 於檻切(yǎn)。

【譯文】黭，黭人健忘而又喜臥息。从黑，敢聲。

【注釋】① 黭：《段注》：“今人所用憨(hān，痴呆)字，即此字之變也。” ② 息：朱駿聲《通訓定聲》：“或曰臥息之義。”

黟

黑木[1]也。从黑，多聲[2]。丹陽[3]有黟縣[4]。　烏雞切（yī）。

【譯文】黟，烏木。从黑，多聲。丹陽郡有黟縣。

【注釋】① 黑木：張舜徽《約注》："黑木，即今俗所稱烏木。色黑有光，其堅若鐵。"　② 多聲：聲中有義。多言其數量大，程度深，故有注①"黑木"之説。　③ 丹陽：郡名。《漢書・地理志》陽作揚。④ 黟縣：張舜徽《約注》："舊説黟縣以産黑木得名，在今安徽省南部。"

文三十七　重一

卷二十

囱部

[1] 在牆曰牖，在屋[2]曰囱。象形[3]。凡囱之屬皆从囱。，或从穴[4]。，古文。　楚江切(chuāng)。

囱

【譯文】囱，在牆壁上的叫牖，在屋頂上的叫囱。象形。大凡囱的部屬都从囱。窗，囱的或體，从穴。罒，古文囱字。

【注釋】① 囱：潘鴻《窗牖考》："（囱、牖）對文則別，散文亦或通用也。"　② 屋：《段注》："屋在上者也。"　③ 象形：吴承志《窗牖考》："外从口者，象木匡當之形也；中从小(（古文罒）、或从夕（小篆囱）者，象木交疏之形也。"　④ 或从穴：饒炯《部首訂》："加穴注之，則囱之爲空，音義亦顯。"

【參證】楊樹達《文字形義學》："，古文。在屋，謂在屋頂，今云天窗是也。"

 多遽悤悤也。从心囱[1]，囱亦聲。　倉紅切(cōng)。

悤

【譯文】悤，繁多急速，怱怱忙忙。由心、囱會意，囱亦表聲。

【注釋】① 从心囱：《段注》："謂孔隙既多而心亂也。"囱是喻體。參"囱"條。

【參證】金文作、。容庚《金文編》："从丨在心上，示心之多遽悤悤也。《説文》云'从心囱'，囱當是丨的變形。"裘錫奎《説文小記》(《北京師範學院學報》一九八八年第二期)："古'悤'字在'心'形的上口加點或短竪，比照'本''末''亦'等一般所謂指事字的構造方法來看，其本義似應與心之孔竅有關。'囱''悤''聰'同音，蓋由一語分化。'囱'指房屋與外界相通之孔，'悤'和'聰'本來大概指心和耳的孔竅，引而指心和耳通徹；也有可能一開始就指心和耳的通徹的，但由于通徹的意思比較虚，'悤'字初文的字形只能强調心有孔竅來表

意。後來，聰吞併了悤義，悤就只用來表示悤遽義。”

文二　重二

焱部

焱　火華①也。从三火②。凡焱之屬皆从焱。　以冄切(yǎn/yàn)③。

【譯文】焱，火花。由三個火字會意。大凡焱的部屬都从焱。

【注釋】① 火華：饒炯《部首訂》：“猶言火光盛也。”　② 从三火：《段注》：“凡物盛則三之。”　③ 今讀依《廣韻》以贍切。

【參證】甲文作。朱歧祥《殷虛甲骨文字通釋稿》：“从三火，示焚燒。”

熒　屋下鐙燭之光。从焱冂①。　户扃切(yíng)。

【譯文】熒，屋子底下燈燭的光亮。由焱、冂會意。

【注釋】① 从焱冂：徐鍇《繫傳》：“冂猶室也。”饒炯《部首訂》“焱”下：“下火在宀(冂)内，爲屋下鐙燭，上二火在宀(冂)外爲光。”徐灝《段注箋》：“此借冂之字形爲屋形，而兼取其聲耳。”

【參證】李孝定《金文詁林讀後記》卷六：“()於此文最近。”按：上爲燈火，下爲燈架。

燊　盛皃。从焱在木上。讀若《詩》①“莘莘征夫”。一曰：役也。　所臻切(shēn)。

【譯文】燊，旺盛的樣子。由“焱”在“木”上會意。音讀象“莘莘衆多啊使者隨从”的“莘”字。另一義説，燊是服役的意思。

【注釋】①《詩》：指《小雅・皇皇者華》。今本“莘莘”作“駪駪”。征夫，毛傳：“行人也。”指臨時派遣出的使者。

文三

炙部

炙　炮①肉也。从肉在火上。凡炙之屬皆从炙。②，籀文。　之石切(zhì)。

【譯文】炙,(把肉串在火上)燒烤。由"肉"在"火"上會意。大凡炙的部屬都从炙。𩋣,籀文炙。

【注釋】① 炮:王筠《句讀》:"(《詩》)正義曰:'炮是合毛而炮之……("炕火曰炙"的)炕,舉也,謂以物貫之,而舉於火上以炙之。'"徐灝《段注箋》:"炮與炙對文則異,散文則通。"按:以炮釋炙,渾言之。② 𩋣:王筠《句讀》:"東,木垂華實也。蓋以肉貫串似之。"

鐇[1] 宗廟火孰肉。从炙[2],番聲。《春秋傳》[3]曰:"天子有事鐇焉,以饋同姓諸侯。" 附袁切(fán)。

【譯文】鐇,宗廟(祭祀時)用火烤熟的肉。从炙,番聲。《春秋左傳》説:"天子有祭祀的大事,就用火把肉烤熟(用以祭祀)了,(祭祀後)用來贈送給同姓的諸侯。"

【注釋】① 鐇:王筠《句讀》:"經典作燔者,省肉也;作膰者,省火也。與火部燔(焚燒)字異義。" ② 从炙:《段注》:"毛公曰:'傅火曰燔(鐇)。'又曰:'加火曰燔(鐇)。'其事與炙相類也。" ③《春秋傳》:指《左傳·僖公二十四年》。原文:"宋,先代之後也,於周爲客。天子有事,膰焉(把祭祀的熟肉送給宋君)。"又,"以饋同姓諸侯",見《周禮·春官大宗伯》鄭玄注:"脤(以蜃裝着的生肉)膰,社稷宗廟之肉,以賜同姓之國,同福禄也。"徐灝《段注箋》:"《説文》引《左傳》而云'以饋同姓諸侯',此許君偶爾誤記,亦著書家所必不免者。"按:"天子"二句譯文照許氏"誤記"而譯。

𤎫[1] 炙也。从炙,尞聲[2]。讀若䵴燎[3]。 力照切(liào/liǎo)[4]。

【譯文】𤎫,把肉串在火上燒烤。从炙,尞聲。音讀象"䵴燎"的"燎"字。

【注釋】① 𤎫:《段注》:"其義同炙,其音同燎。" ② 尞聲:聲中有義。本書:"尞,柴祭天也。"有火燒義。 ③ 䵴(jiāo)燎:王筠《句讀》:"漢時恆言也。" ④ 今讀依《廣韻》力小切。

文三 重一

赤部

赤[1] 南方色也。从大,从火。凡赤之屬皆从赤。烾,古文从炎土。 昌石切(chì)。

【譯文】赤，南方的顏色。由大、由火會意。大凡赤的部屬都从赤。烾，古文赤，由炎、土會意。

【注釋】① 赤：饒炯《部首訂》：“南方，陽盛之區，其象昭著，火爲之行（代表南方的物質），色赤。赤者，光明顯耀也。凡火皆有明著之象，然微則熒熒，大則赫赫，故赤从大火會意。……凡物過熱則色赤，古文从炎土會意，亦以土迫於熱，則色赤故也。”《段注》：“赤色至明，引申之，凡洞然昭著皆曰赤，如：赤體，謂不衣也；赤地，謂不毛也。”

【參證】甲文作、，金文作、、。羅振玉《增訂殷虛書契考釋》：“从大火，與許書同。”

赨 赤色也。从赤，蟲省聲[①]。 徒冬切（tóng）。

【譯文】赨，赤色。从赤，蟲省聲。

【注釋】① 蟲省聲：《段注》：“金部鉵、疒部痋、鬲部融，與此皆蟲省聲，知以虫爲蟲，自古有之也。”按：从赤猶从火，不省則爲爞，更換同聲類聲旁則爲烔，形旁或作赤則爲䞒，又變爲會意字，則爲彤，王筠《句讀》：“以赤彡之曰彤，故从彡。”丹猶赤也。

𧹞 日出之赤。从赤，㱿省聲[①]。 火沃切（hù）。

【譯文】𧹞，太陽出來的紅色。从赤，㱿省聲。

【注釋】① 㱿省聲：《段注》作“㱿聲”。王筠《句讀》：“從㱿聲者凡十餘字，𧹞亦在其中。”

赧 面慙赤[①]也。从赤，𠬝聲。周失天下於赧王[②]。 女版切（nǎn）。

【譯文】赧，臉因羞慚而發紅。从赤，𠬝（niǎn）聲。周朝在周赧王時代失去天下。

【注釋】① 面慙赤：《孟子》趙注：“赧赧：面赤，心不正之皃也。”

② 周失句：桂馥《義證》：“自魯哀公十四年至周赧王五十九年，凡二百二十有四年，秦昭襄王滅周。”《帝王世紀》：“謚法無赧，正以微弱、竊鈌、逃責，赧然慙媿，故號曰赧耳。”

䞓 赤色也。从赤，巠聲。《詩》[①]曰：“魴魚䞓尾。”赬，䞓或从貞[②]。𧹛，或从丁[③]。浾[④]，䞓，棠棗之汁，或从水[⑤]。泟，浾或从正[⑥]。 敕貞切(chēng)。

【譯文】䞓,紅色。从赤,巠聲。《詩經》説:"鯿魚紅色的尾巴。"赬,䞓的或體,从貞聲。䞑,䞓的或體,从丁聲。浾,也是䞓字,專指棠棗汁的特定的紅色,是䞓的或體,从水。泟,浾的或體,从正聲。

【注釋】①《詩》:指《周南·汝墳》。魴(fáng),一種火燒鯿。見馬瑞辰《通釋》所引《本草綱目》。 ② 从貞:《段注》:"貞聲。" ③ 从丁:《段注》:"丁聲。" ④ 浾:《段注》删"浾"後的"䞓"字,又删"或从水"的"或"字,注:"浾與䞓音雖同而義異,别爲一字,非即䞓字也。棠棗汁皆赤,故从赤水會意。"存參。 ⑤ 棠棗二句:王筠《句讀》:"䞓或从水者,言其同訓赤色也。棠棗之汁者,言其專施于此赤色,異于䞓、赬、䞑之爲通詞也。故'文八、重五'(指本部末尾許氏對字頭和重文的統計)。"譯文據此。 ⑥ 或从正:王筠《句讀》:"既以赬、䞑、浾、泟皆爲䞓之重文,而泟下云:'浾或从正。'但以泟爲浾之重文,所以别同中之異也。"

赭 赤土也。从赤,者聲。 之也切(zhě)。

【譯文】赭,紅土。从赤,者聲。

𧹞 赤色也。从赤,倝聲。讀若浣。 胡玩切(huàn/gàn)[①]。

【譯文】𧹞,紅色。从赤,倝(gàn)聲。音讀象"浣(huàn)"字。

【注釋】① 今讀依《廣韻》古案切。

赫 火赤皃。从二赤。 呼格切(hè)。

【譯文】赫,火紅的様子。由兩個赤字會意。

【參證】甲文作。羅振玉《增訂殷虚書契考釋》卷中:"赫从二赤,此从大从炏(即二火字)者省二大爲一。""此字即召公名之奭。""从皕者乃从炏之譌。"參"奭"條。

文八 重五

赩[①] 大赤也。从赤色,色亦聲。 許力切(xì)。

【譯文】赩,大紅色。由赤色會意,色也表聲。

【注釋】① 赩:《楚辭·大招》:"北有寒山,逴龍赩只。"王逸注:"赩,赤色,無草木皃也。"

赮① 赤色也。从赤，叚聲②。　乎加切(xiá)。

【譯文】赮，赤色的雲氣。从赤，叚聲。

【注釋】① 赮：《玉篇》："(赮)東方赤色也，亦霞。"《文選》郭景純《江賦》："絶岸萬丈，壁立赮駮。"李注："赮，古霞字。"參"霞"條。② 叚聲：古時字少，口頭上表示赤雲氣義之 xiá，借音近之"叚"字。後"叚"字字形上看不出"赤"義，故又加"赤"旁作"赮"。後又因其雲雨有關，則將"赤"换"雨"。

文二　新附

大部

大 天大，地大，人亦大。故大象人形①。古文大②(他達切)③也。凡大之屬皆从大。　徒蓋切(dà)④。

【譯文】大，天大，地大，人也大。所以大字象人的形狀。大是古文大字。大凡大的部屬都从大。

【注釋】① 大象人形：王筠《句讀》："此謂天地之大，無由象之以作字，故象人之形以作大字。"饒炯《部首訂》："凡物象，斂則小，侈則大；少則小，多則大。相反爲義。造字者，故(大)象人正面形，而揚其兩手，張其兩足。"　② 古文大：《段注》"大"作"亣"，注："大下云：'古文亣。'亣下云：'籀文大。'此以古文、籀文互釋，明祇一字而體稍異。後來小篆偏旁或从古，或从籀，故不得不殊爲二部，亦猶从亣、从大必分系二部也。"　③ 他達切：讀 tà。　④ 徒蓋切：音 dài，但"大"字習慣上讀 dà。

【參證】甲文作大，金文作大。林義光《文源》卷一："象正立。""亦象軀體碩大形。""古今相承以爲大小之大，惟爲偏旁，或與人同義。"

奎 兩髀之間。从大①，圭聲。　苦圭切(kuí)。

【譯文】奎，兩條大腿之間。从大，圭聲。

【注釋】① 从大：《段注》："兩體之間，人身寬闊處，故从大。"

【參證】金文作奎，與篆文同。

夾 持也。从大俠二人①。　古狎切(jiā)。

【譯文】夾，(左右)相扶持。由"大"字被左右兩個"人"字挾持着會意。

【注釋】① 从大句：王筠《釋例》："許君特據字形，兩'人'字在'大'字掖下，故謂'大'俠之。"王以爲："持之意當屬二'人'，不當屬'大'。"又，《句讀》："大，受持者也；二人，持之者也。"俠：挾。

【參證】甲文作，金文作。林義光《文源》："象二人相向夾一人之形。"

奄　覆也。大有餘也①。又，欠②也。从大，从申；申，展③也。依檢切(yǎn)。

【譯文】奄，覆蓋。(又，)大有餘盈。又，哈欠。由大、由申會意；申是舒展的意思。

【注釋】① 覆也。大有餘也：《段注》："二義實相因也。覆乎上者往往大乎下，故字从大。"　② 欠：桂馥《義證》："謂欠伸也。《曲禮》'君子欠伸'正義：'志疲則欠，體疲則伸。'"　③ 展：本書："尉，所以尉申繒也。"申有展義。展則大，大則可覆蓋；伸懶腰，打呵欠人體大爲舒展。上述三義皆由此而生。

【參證】金文作、，从申在大上。

夸　奢①也。从大，于聲。　苦瓜切(kuā)。

【譯文】夸，張開兩大腿。从大，于聲。

【注釋】① 奢：《段注》："奢者，張也。"張舜徽《約注》："謂開張其兩體也。"

【參證】甲文作，金文作。待考。

查　奢查①也。从大，亘聲。　胡官切(huán)。

【譯文】查，夸大。从大，亘聲。

【注釋】① 奢查：王筠《句讀》："當是連語。奢，張也。夸，奢也。查又从大，當是夸張之意。"

瓠　瓠①，大也。从大，瓜聲。　烏瓜切(wā/gū)②。

【譯文】瓠，瓠瓠，大。从大，瓜聲。

【注釋】① 瓠：應連篆爲讀，瓠瓠，猶今呱呱也。言其大。　② 今讀依《廣韻》古胡切。

奯　空大①也。从大，歲聲。讀若《詩》②"施罟濊濊"。　呼括切(huò)。

【譯文】奯,孔竅大。从大,歲聲。音讀象《詩經》"撒開魚網濊濊地響"的"濊"字。

【注釋】① 空大:王筠《句讀》:"空音孔。謂孔竅大也。" ②《詩》:指《衛風·碩人》。今本"濊(sà)濊"作"濊(huò)濊"。施,設。這裏指撒開。濊,上古與"奯"同屬月部、曉紐。

戴　大也。从大,戥聲。讀若《詩》[1]"(戴戴)[秩秩]大猷"。直質切(zhì)。

【譯文】戴,大。从大,戥聲。音讀象《詩經》"秩秩大猷"的"秩"字。

【注釋】①《詩》:指《小雅·巧言》。今本"戴戴"作"秩秩"。王筠《句讀》:"同字不得言讀若,當依今《詩》作'秩秩'。"秩秩,遠大明智的樣子。猷,謀略。

奅　大[1]也。从大,卯聲。　匹貌切(pào)。

【譯文】奅,大。从大,卯聲。

【注釋】① 大:《段注》:"此謂虛張之大。"

会　大[1]也。从大,云聲。　魚吻切(yǔn)。

【譯文】会,大。从大,云聲。

【注釋】① 大:《段注》:"此謂梱(hún,完整)物之大。"

奃　大[1]也。从大,氐聲[2]。讀若氐。　都兮切(dī)。

【譯文】奃,大。从大,氐聲。音讀象"氐"字。

【注釋】① 大:《段注》:"此謂根柢之大。"　② 氐聲:聲中有義。徐灝《段注箋》:"氐"下:"氐即根氐本字。"

夰　大[1]也。从大,介聲[2]。讀若蓋。　古拜切(jiè)。

【譯文】夰,大。从大,介聲。音讀象"蓋"字。

【注釋】① 大:《段注》:"此謂分畫之大。"　② 介聲:聲中有義。本書八部:"介,畫也。从八,从人。人各有介。"

奊　瞋[1]大也。从大,此聲[2]。　火戒切(xiè)。

【譯文】奊,瞪大眼睛。从大,此聲。

【注釋】① 瞋:本書目部:"瞋,張目也。"　② 此聲:楊樹達《積微居小學述林》:"蓋从大从此,非从此聲也。字从此者,假此爲皆。”

奞 大[①]也。从大，弗聲[②]。讀若“予違，汝弼[③]”。 房密切(bì)。

【譯文】奞，大。从大，弗聲。音讀象“我若違背了常理，你們輔弼我”的“弼”字。

【注釋】① 大：《段注》：“此謂矯(正)拂(bì，弼，輔助)之大。” ② 弗聲：聲中有義。本書：“弗，橋也。”矯正。从大从弗，其意爲大矯正，引申爲几大之偁。 ③ 予違句：見《尚書・皋陶謨》。

奄 大[①]也。从大，屯聲。讀若鶉。 常倫切(chún)。

【譯文】奄，大。从大，屯聲。音讀象“鶉”字。

【注釋】① 大：《段注》：“此謂敦厚之大。”

契 大約[①]也。从大，从㓞[②]。《易》[③]曰：“後(代)[世]聖人易之以書契。” 苦計切(qì)。

【譯文】契，邦國之間的契約。由大、由㓞會意。《易經》説：“後代的聖人用契券來更替它。”

【注釋】① 大約：徐鍇《繫傳》引《周禮》鄭玄注：“大約，邦國約也。”《段注》：“約，取纏束之義。”按：契的本義指券證、文卷。朱駿聲《通訓定聲》：“凡質劑之書券，今言合同；簿書之冣目，今言總帳；獄訟之要辭，今言案卷。言結皆曰契。”王筠《句讀》：“許言大約者，字从大，故舉大以該小也。” ② 从㓞(qià)：徐灝《段注箋》“丯”(jiè)下引戴侗説：“古未有書，先有契，契刻竹木以爲識。”以爲約束，以爲契約。㓞，本義爲刻，引申爲書契。參“㓞”條。徐鍇《繫傳》作“㓞聲”。③《易》：指《繫辭》。代：應依《段注》作“世”。各本作“代”，是爲了避唐太宗李世民之諱。之：指代上文的“上古結繩而治”。書契：《周禮・地官・質人》：“掌稽市之書契。”鄭玄注：“書契，取予市物之券也。其券之象，書兩札，刻其側。”

夷 平也。从大，从弓[①]。東方之人[②]也。 以脂切(yí)。

【譯文】夷，平。由大、由弓會意。夷又指東方各族的人。

【注釋】① 从大从弓：桂馥《義證》：“大，人也。”朱駿聲《通訓定聲》：“弓，所持也。”按：人持弓，是平定異族的樣子。 ② 東方之人：

徐灝《段注箋》："'夷，平也'之訓正其本義，假借爲夷狄字耳。"

【參證】甲文作，金文作、。吴其昌《金文名象疏證》："蠻夷之夷字，與尸字爲一字。"按：象人形。又："夷字與弟字爲一字。"按：象韋束矢形。

文十八

亦部

亦　人之臂亦①也。从大，象兩亦之形②。凡亦之屬皆从亦。羊益切(yì)。

【譯文】亦，人的腋窩。从大，八象兩個腋窩位於臂下的形狀。大凡亦的部屬都从亦。

【注釋】① 臂亦：由"亦"連類而及"臂"。饒炯《部首訂》："此以類爲釋。"　② 从大二句：饒炯《部首訂》："大象人手足張形。手張則亦(腋)見。故亦即从大，而指其處以示之。"《段注》："(象兩亦之形)謂左右兩直，所以象無形之形。"

【參證】甲文作、，金文作、、。李孝定《甲骨文字集釋》："大象人正立之形。八者示兩亦之所在也。其用爲重累之辭者，假借也。"

夾　盜竊褱物也。从亦，有所持①。俗謂蔽人俾夾是也②。弘農陝③字从此。　失冄切(shǎn)。

【譯文】夾，偷竊東西藏在懷裏。从亦，(表示腋窩下面；)(^^，)表示有持握懷抱的東西。漢俗語説"蔽人俾夾"的"夾"就是這個意思。弘農郡陝縣的陝字从夾字。

【注釋】① 有所持：《段注》："兩亦(腋)下有物盜竊而褱之意。"
② 俗謂句：《段注》："蓋漢時有此語。蔽人者，人所不見。"王筠《句讀》："俾夾，即所謂褱物也。"按：俾，使，讓。"蔽人俾夾"，大意是：對人行蹤隱蔽，好讓自己偷竊東西藏在懷裏。　③ 弘農陝：弘農，漢弘農郡治所在今河南省靈寶北。陝，在今河南陝縣。

文二

夨部

夨　傾頭也。从大，象形[①]。凡夨之屬皆从夨。　阻力切(zè)。

【譯文】夨，傾側着頭。从大，(ㄣ)象頭部傾側的樣子。大凡夨的部屬都从夨。

【注釋】① 象形：徐灝《段注箋》："从大而屈其首。"王筠《句讀》："夨是左右傾側，非謂頭傾于左。"

【參證】甲文作、，金文作、。容庚《金文編》："夨象頭之動作，夭象手之動作。"李孝定《甲骨文字集釋》："頭之左右傾不拘。"

㚅　頭傾也。从夨，吉聲。讀若孑。　古屑切(jié)。

【譯文】㚅，頭傾斜。从夨，吉聲。音讀象"孑(jié)"字。

奊　頭衺、骫奊態也[①]。从夨，圭聲。　胡結切(xié)。

【譯文】奊，頭部傾斜、頭部彎曲不正的樣子。从夨，圭聲。

【注釋】① 頭衺句：《段注》："頭衺者，頭不正；骫(wěi)奊者，頭不正之皃也。"本書骨部："骫，骨耑骫奊也。"《段注》："骫奊者，謂屈曲之狀。"

吳　姓[①]也。亦郡[②]也。一曰：吳，大言[③]也。从夨口[④]。[⑤]，古文如此。　五乎切(wú)。

【譯文】吳，姓，也是郡名。另一義説，吳是大聲喧嘩。由夨、口會意。𡗿，古文吳字，象這個樣子。

【注釋】① 姓：《姓解・口部》："周太伯始封於吳，因以命氏姓。"　② 郡：東漢時江蘇省爲吳郡地。　③ 大言：《段注》："大言即謂譁也。""大言者，吳字之本義也。"　④ 从夨口：《段注》："大言非正理也。故从夨口。"　⑤ 𡗿：《段注》："从口大。"

【參證】甲文作，金文作、。林義光《文源》："夨象人傾頭形，哆(chǐ)口矯首，讙呼之象。""讙譁之譁，歡娛之娛，並與吳同音，實皆以吳爲古文。"《詩・周頌・絲衣》："不吳不敖，胡考之休。"吳是大聲喧譁的意思。又，古文从大口。李孝定《甲骨文字集釋》第十："大夨同象人形，故偏旁得通也。"即楊樹達所説"形近而通用者也"(《積微

居小學述林》卷三《釋吳》)。

文四　重一

夭部

 屈[①]也。从大,象形[②]。凡夭之屬皆从夭。　於兆切(yǎo/
夭 yāo)[③]。

【譯文】夭,彎曲。从大,()象頭彎曲的樣子。大凡夭的部屬都从夭。

【注釋】① 屈:宋育仁《部首箋正》:"屈,猶曲也。"　② 象形:饒炯《部首訂》:"象頭屈形。"　③ 今讀依《廣韻》於喬切。

【參證】甲文作、,金文作。李孝定《甲骨文字集釋》:"契文夭象走時兩臂擺動之形。"商承祚《甲骨文字研究》下篇:"夭之别于矢者,在手不在頭也。"

[①] 高而曲也。从夭[②],从高省[③]。《詩》[④]曰:"南有喬木。"
喬 巨嬌切(qiáo)。

【譯文】喬,高而(上部)彎曲。由夭、由高省會意。《詩經》説:"南方有高而上部彎曲的樹木。"

【注釋】① 喬:徐鍇《繫傳》:"《爾雅》:'木上句曰喬。'上曲也。"徐灝《段注箋》:"从喬之字,如僑驕蹻橋之類皆取高意;橋矯繑蟜之類,皆取曲意。"　② 从夭:《段注》:"以其曲,故从夭。"　③ 从高省:朱駿聲《通訓定聲》:"高亦聲。"　④《詩》:指《周南·漢廣》。

[①] 吉而免凶也。从屰,从夭[②]。夭,死之事[③]。故死謂之不
㚔 㚔。　胡耿切(xìng)。

【譯文】㚔,吉祥而免去災禍。由屰、由夭會意。夭,表示夭折死亡的事。所以死又作不幸。

【注釋】① 㚔:今作幸。徐灝《段注箋》引戴侗説:"福不當得而得,禍不當免而免曰幸。"邵瑛《羣經正字》:"《説文》有㚔字,以隸法書之,作幸,庶幾近之,然其字音聶。"參"㚔"條。　② 从屰,从夭:徐鍇《繫傳》:"屰,反也。反夭,不夭也,故曰㚔。屰音逆。"

③ 死之事：徐灝《段注箋》夭下："若(夭)屈而折之，即不能成長，有夭折之謂。"

奔① 走②也。从夭，賁省聲③。與走同意，俱从夭④。　博昆切(bēn)。

【譯文】奔，快跑。从夭，賁省聲。與走(䟫)構形原則相同，都从夭字。

【注釋】① 奔：今作奔。　② 走：《爾雅・釋宫》："中庭謂之走，大路謂之奔。"按：以走釋奔，渾言之。　③ 賁省聲：徐鍇《繫傳》作"卉聲"。　④ 俱从夭：《段注》："此説从夭之意。䟫(走)者，屈其足，故从夭止。奔之从夭意同也，凡行疾則屈腳疾。"

【參證】金文作、、。林義光《文源》："(首字)从，與走同意。象足跡，疾走故跡多。"次字係首字的譌變，末字是繁文。

文四

交部

交 交脛①也。从大②，象交形。凡交之屬皆从交。　古爻切(jiāo)。

【譯文】交，交互着小腿。从大，(乂)象兩腿相交的樣子。大凡交的部屬都从交。

【注釋】① 交脛：徐灝《段注箋》："引申之，凡相併、相合、相錯、相接，皆曰交。这遣：皆後造之字。"　② 从大：王筠《句讀》："夨、夭變大字之首，交、尣變大字之足。"

䇫① 衺也。从交②，韋聲。　羽非切(wéi)。

【譯文】䇫，違邪不正。从交，韋聲。

【注釋】① 䇫：邵瑛《羣經正字》："此爲䇫衺字。今經典作違邪，又作回邪。"　② 从交：王筠《句讀》："䇫之從交也，可以行路況之。直行則愈行愈遠，必不交矣。迤邐而行，則能返其故處。是此交如旅酬交錯之交，即走部之这也。"

絞 縊①也。从交，从糸②。　古巧切(jiǎo)。

【譯文】絞，勒頸而死。由交、由糸會意。

【注釋】① 縊：《段注》："古曰絞、曰縊者，謂兩繩相交，非獨謂經死（吊死）。"　② 从交，从糸：《段注》："交糸者，兩絲相切也。"交亦聲。丁福保《詁林》："此即許書从部首字得聲之例，例如筆从聿得聲，稟从㐭得聲是也。"

文三

尢部

尢　尲[1]，曲脛也。从大，象偏曲之形[2]。凡尢之屬皆从尢。尪，古文从㞷[3]。　烏光切（wāng）。

【譯文】尢，就是跛，就是一腿屈曲的意思。从大，右筆象一腿偏跛屈曲的樣子。大凡尢的部屬都从尢。尪，古文尢字，从㞷聲。

【注釋】① 尲：王筠《句讀》："以'尲'釋'尢'，廣二名也。'曲脛'則其訓義也。"引申之，"句背偏曲，或俯或仰，皆謂之尢。"王筠《釋例》說："《九經字様》曰：'曲其右足'者，特據字形言也。"　② 象偏句：《段注》："象一脛偏曲之形也。"　③ 从㞷：《段注》："本从㞷聲。省作尪。"

【参證】金文作尢。楊樹達《文字形義學》："尢㞷古音同在唐部。尢爲象形，尪於純形外加聲旁㞷耳。"

尳　厀病也。从尢，从骨，骨亦聲。　户骨切（hú）。

【譯文】尳，膝頭的病。由尢、由骨會意，骨也表聲。

尲[1]　蹇也。从尢，皮聲。　布火切（bǒ）。

【譯文】尲，跛腳。从尢，皮聲。

【注釋】① 尲：今作跛。足部有"跛"字。

尥　尥尥，行不正。从尢，左聲[1]。　則箇切（zuò/zuǒ）[2]。

【譯文】尥，尥尥，行走不正常。从尢，左聲。

【注釋】① 左聲：聲中有義。承培元《廣答問疏證》："左道，不正之道也。"張舜徽《約注》："兩手操作，以右爲便。故凡不便者稱左，引申之則不正亦曰左。"　② 今讀依《廣韻》臧可切。

𡯂 行不正也。从尢，皀聲[①]。讀若燿[②]。　弋笑切(yào)。

【譯文】𡯂，行走不正常。从尢，皀聲。音讀象“燿”字。

【注釋】① 皀：除陳昌治刻本外，各本均作皀聲，各本小篆“皀”旁作𡯂。徐鍇《繫傳》：“皀音香。”　② 讀若燿：葉德輝《讀若考》：“行不正，與躍同，故讀燿。”張舜徽《約注》：“𡯂之言躍也，跛者之行，有似跳躍也。”

尲 不正[①]也。从尢，兼聲。　古咸切(gān)。

【譯文】尲，(行走)不正常。从尢，兼聲。

【注釋】① 不正：《段注》作“尲尬，行不正也”，注：“今蘇州俗語謂事乖剌(別扭，不合情理)者曰尲尬。”

尬[①] 尲尬也。从尢，介聲。　公八切(gà)。又，古拜切(jiè)。

【譯文】尬，尲尬。从尢，介聲。

【注釋】① 尬：參“尲”條。張舜徽《約注》：“湖湘間亦稱事不應機，進退維谷者曰尷尬。”

尥 行脛相交也[①]。从尢，勺聲。牛行腳相交爲尥[②]。　力弔切(liào)。

【譯文】尥，行走時兩腿相交。从尢，勺聲。牛行走時兩腿相交也叫尥。

【注釋】① 行脛句：《段注》：“行而脛相交，則行不便利。”王筠《句讀》：“此字本謂人，下一義則謂牛。”　② 牛行句：張舜徽《約注》：“今驗牛行，其後腳舉起時稍外出，下地則内入，似兩腳相交然。”

尳 尳不能行，爲人所引，曰尳𡰪[①]。从尢，从爪[②]，是聲。　都兮切(dī)。

【譯文】尳，腳跛不能行走，被人牽引，叫做尳𡰪。由尢、由爪會意，是聲。

【注釋】① 尳𡰪：《段注》：“疊韻字也。與提攜義相近。”　② 从爪：王筠《句讀》：“提攜必覆其手。”

𡰪[①] 尳𡰪也。从尢，从爪，巂聲。　户圭切(xié)。

【譯文】𡰪，尳𡰪。由尢、由爪會意，巂聲。

【注釋】① 尰：參“尰”條。

尪 股尪[1]也。从尢，于聲。　乙于切(yū)。

【譯文】尪，大腿彎曲。从尢，于聲。

【注釋】① 股尪：徐鍇《繫傳》：“股曲也。”《段注》：“尪之言紆也。紆者，詘也。”

尰 厀中病[1]也。从尢，从羸。　郎果切(luǒ/léi)[2]。

【譯文】尰，膝蓋骨中間的病。由尢、由羸(léi)會意。

【注釋】① 厀中病：張舜徽《約注》：“謂其病在中，即今醫所稱膝關節結核也。患此者關節腫大，而上下股脛瘦劣，故其字又从羸。腫厀發炎，則不能行，故从尢。”　② 今讀依《廣韻》力爲切。

文十二　重一

壺部

壺 昆吾[1]，圜器也。象形[2]。从大，象其蓋也。凡壺之屬皆从壺。　户吴切(hú)。

【譯文】壺，又叫昆吾，一種圓形器皿。象壺的形狀。上部从大，象壺的蓋。大凡壺的部屬都从壺。

【注釋】① 昆(hún)吾：王筠《句讀》：“昆吾者，壺之别名也。昆讀如渾，與壺雙聲；吾與壺疊韻。”張舜徽《約注》：“蓋急言曰壺，緩言則曰昆吾耳。”　② 象形：饒炯《部首訂》：“全體象形。上蓋似大。”

【參證】甲文作，金文作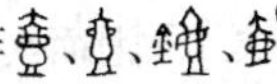。李孝定《甲骨文字集釋》：“契文諸壺字上象蓋，旁有兩耳，从者，蓋象腹上環紋，下象其圈足。”金文或从金，或从殳。則其形變也。

壹 壹壺也[1]。从凶，从壺[2]。不得泄，凶[3]也。《易》[4]曰：“天地壹壺。”　於云切(yūn)。

【譯文】壹，絪緼。由凶、由壺會意。(氣在壺中，)不能泄露出去；凶表吉凶未分的樣子。《易經》説：“天地的元氣絪緼凝聚。”

【注釋】① 壹(yīn)壺：朱駿聲《通訓定聲》：“壹壺者，雙聲連語。亦作絪緼,作氤氲,作煙熅,氣凝聚充塞之狀。”　② 从凶,从壺:《段注》:“元氣渾然,吉凶未分,故其字从吉凶在壺中會意。”　③ 凶:以凶賅吉。表“吉凶”義。《段注》:“元氣渾然,吉凶未分。”　④《易》:指《繫辭傳》。今本“壹壺”作“絪緼”。

文二

壹部

①
壹　專壹②也。从壺③,吉聲④。凡壹之屬皆从壹。　於悉切(yī)。

【譯文】壹,專一。从壺,吉聲。大凡壹的部屬都从壹。

【注釋】① 壹:徐灝《段注箋》:“壹之本義爲壹壺(yīn yūn),聲轉爲抑鬱,閉塞之義也。”　② 專壹:張舜徽《約注》:“閉塞則不分散,故引申爲專壹之稱。”　③ 从壺:徐鍇《繫傳》:“从壺,取其不泄也。”　④ 吉聲:聲中有義,《段注》作“从壺吉,吉亦聲”。吉,以吉賅凶,表示吉凶未分之元氣,參“壺”條。

【參證】商承祚《石刻篆文編·字説》:“壹壺乃晚周道家字,與氣之作炁同,而爲吉凶字之别構。《説文》所據《周易》及經典之壹皆是借字,壺閉則氣蘊結,故壹鬱字用之(《漢書·賈誼傳》注)。道家貴養氣,説吉凶,故壹壺字从吉凶在壺中,譬元氣渾然而吉凶未分也。秦并天下,防奸易,故以壹爲一,後世相承。”

①
懿　專久而美也②。从壹,从恣省聲③。　乙冀切(yì)。

【譯文】懿,專一而長久,因而美好。从壹,由恣省表聲。

【注釋】① 懿:除宋本外,其他諸本小篆均作懿。　② 專久句:《段注》:“專壹而後可久,可久而後美。”　③ 从恣省聲:懿、恣上古同屬脂部。

【參證】金文作、。于省吾《雙劍誃古文雜識·釋懿》:“从壺从欠。”“古文欠字但象人之張口形,壺以貯酒,是歙字本義。象人張口就飲於壺側,而歙美之義自見。”

文二

㚔部

[1]
㚔 所以驚人也。从大,从𢆉[2]。一曰:大聲也。凡㚔之屬皆从㚔。一曰:讀若瓠[3]。一曰:俗語以盜不止爲㚔。㚔讀若籋。 尼輒切(niè)。

【譯文】㚔,用以使人驚駭的刑具。由大、由𢆉會意。另一義説,㚔是大聲。大凡㚔的部屬都从㚔。另一説,音讀象“瓠”字。另一義説,俗話把偷盜不停説成㚔,㚔音讀象“籋(niè)”字。

【注釋】① 㚔:今亦作“幸”。 ② 从大,从𢆉(rěn):本書干部:“𢆉,撖也。”按:撖是刺的意思。𢆉,這裏指犯罪。饒炯《部首訂》:“篆从大𢆉會意者,譬言大辠(罪)之人,意在㚔以警之而已。” ③ 一曰句:《段注》:“五字未詳。”承培元《引經證例》作:“一曰:大聲也。讀若瓠(hú)。”存參。

【參證】甲文作、,金文作。董作賓《殷曆譜》下編卷九:“象手械。”“蓋加于俘虜之刑具也。”于省吾《甲骨文字釋林》:“㚔字本象施于手腕的械(手銬)形。形中剖爲兩半作形,將人的兩腕納入械中,然後用繩縛其兩端。”“㚔即籋的本字。”“㚔爲腕械,兩半相合,用以夾持人的兩腕,正合乎籋箝之義。”“㚔的引申義爲箝制、脅迫、夾擊或夾取。”

睪 目[1]視也。从横目,从㚔[2]。令吏將目捕罪人也[3]。 羊益切(yì)。

【譯文】睪,伺察。由横着的目字、由幸會意。叫吏人帶領眼目去拘捕罪人。

【注釋】① 目:徐鍇《繫傳》作“司”。王筠《句讀》:“(司視,)伺察罪人也。” ② 从㚔:《段注》:“㚔者,罪也。” ③ 令吏句:桂馥《義證》:“凡吏出捕,輒將兩人:一通信息,謂之線;一能識認,謂之眼。”《段注》:“此以漢制明之。”

【參證】楊樹達《文字形義學》:“目今言眼線,仍不失目字之義,即偵探也;㚔謂罪人。字之構造,謂眼線搜索罪人,故訓爲司視。司即今伺字也。”

執 捕罪人也。从丮[1],从𡴘[2],𡴘亦聲。 之入切(zhí)。

【譯文】執,拘捕罪人。由丮、由幸會意,幸也表聲。

【注釋】① 从丮:徐鍇《繫傳》:"丮音掬,持也。" ② 从𡴘:手銬一類的刑具。照徐鍇説推測,幸指罪人。

【參證】甲文作、,金文作、、。李孝定《甲骨文字集釋》:"(甲文)象一人兩手加梏之形。"

圉 囹圄[1],所以拘罪人。从𡴘,从囗[2]。一曰:圉,垂[3]也。一曰:圉人[4],掌馬者。 魚舉切(yǔ)。

【譯文】圉,又叫囹圄,是用來拘禁罪人的牢獄。由幸、由囗會意。另一義説,圉是邊境。另一義説,(圉)指圉人,是主管養馬的人。

【注釋】① 囹圄:王筠《句讀》:"許謂圉一名囹圄。"承培元《引經證例》:"獄名囹圄,始于秦也。周曰圜土,殷曰羑里,夏曰鈞臺,漢曰若盧,魏曰司空。" ② 从𡴘,从囗:《段注》:"𡴘爲罪人,囗爲拘之。" ③ 垂:徐灝《段注箋》:"圉有圍守義,故引申爲邊垂之偁。" ④ 圉人:王筠《句讀》:"《夏官·圉人》:'掌養馬芻牧之事。'"

【參證】甲文作、、,金文作、。王襄《簠室殷契類纂》:"(甲文)从執从囗。執,許説'捕罪人也'。囗,古圍字。捕罪人而拘于圍中。"

盩 引擊[1]也。从𡴘攴,見血[2]也。扶風有盩厔縣[3]。 張流切(zhōu)。

【譯文】盩,牽引而又撲打。由幸、攴會意,還能看見血。右扶風郡有盩厔縣。

【注釋】① 引擊:《段注》:"引而擊之也。" ② 从𡴘攴,見血:林義光《文源》:"从攴治幸,……从血自幸出。"按:幸,罪人;攴,徐鍇《繫傳》:"攴音撲,擊也。" ③ 扶風句:見《漢書·地理志》。盩厔,今作"周至",屬陝西省。

【參證】金文作,从皿,不从血。待考。

報 當[1]罪人也。从𡴘,从𠬝[2]。𠬝,服罪也。 博号切(bào)。

【譯文】報,判決罪人。由幸、由𠬝會意。𠬝,適合其罪來定刑。

【注釋】① 當:判處罪犯。《段注》:"當者漢人語,報亦漢人語。"

② 从㚔，从𠬝(fú)：吴善述《廣義校訂》："从㚔，辠(罪，下同)人也。从𠬝，古服字。服其辠曰報。服其辠者，當(適合)其辠以定刑也。"

【參證】金文作、。幸象手銬一類的刑具，𠬝象人跪跽而有手按抑：表示治罪使人服從。陳夢家《古文字中之商周祭祀》(《燕京學報》一九三六年第十九期)疑"𠬝"即"報"字之始："𠬝象以又按跽人(即俘獲之人)，謂用俘虜爲祭也。""𠬝報諧聲，疑此即報字。"

簐　窮[①]理罪人也。从㚔，从人，从言[②]，竹聲。𥫶，或省言。居六切(jū)。

【譯文】簐，尋根究柢審理罪人。由幸、由人、由言會意，竹聲。𥫶，簐的或體，由簐省去"言"字。

【注釋】① 窮：究。　② 从㚔，从人，从言：《段注》作"从㚔人言"，注："會意。㚔人言者，犯罪人之言也。"存參。

文七　重一

奢部

奢　張[①]也。从大，者聲。凡奢之屬皆从奢。奓[②]，籒文。　式車切(shē)。

【譯文】奢，張大。从大，者聲。大凡奢的部屬都从奢。奓，籒文奢字。

【注釋】① 張：饒炯《部首訂》："亦猶張大也。"張舜徽《約注》："奢字从大，大象人形。許以張訓奢，當以手足開張爲本義。"引申爲奢侈，指侈靡放縱。　② 奓：宋保《諧聲補逸》："(奓)多聲。者在魚部，多在歌部，古音魚虞模與歌戈麻關通最近。"

【參證】金文作。商承祚《石刻篆文編字説》(《古文字研究》一九八〇年第五輯)："(奓)大者人也，亦即侈字。奢訓張，侈訓大，同義。故經傳亦多以侈爲奢。""《集韻》侈或作奓，是奓爲古文侈，而奢通侈也。"

奲　富奲奲[①]皃。从奢，單聲[②]。　丁可切(duǒ)。

【譯文】奲，因富有而形體寬大的樣子。从奢，單聲。

【注釋】① 富䙰䙰：錢坫《斠詮》："今吴有此語。"　② 單聲：聲中有義。張舜徽《約注》："本書吅部'單，大也。'䙰在奢部，自當以人之形體爲主，謂其寬大也。"

文二　重一

亢部

亢　人頸①也。从大省，象頸脈形②。凡亢之屬皆从亢。，亢或从頁。　古郎切(gāng)。

【譯文】亢，人的頸項。()由大省去人，()象頸動脈的樣子。大凡亢的部屬都从亢。頏，亢的或體，从頁。

【注釋】① 人頸：徐灝《段注箋》："頸爲頭頸之大名。其前曰亢，亢之内爲喉。渾言則頸亦謂之亢。"　② 从大省句：王筠《釋例》以爲篆當作，注曰："頸上承首，首大於頸；以象之，之外則頸形中加一者，象頸中間之高骨也，今謂之結喉。"

【參證】甲文作，金文作、、。楊樹達《文字形義學》："象頸脈理本形。象人首，示所在之他形。"楊説可釋篆文之形，而甲、金文分明是人形，楊説難安。郭沫若《金文叢考·金文餘釋之餘·釋亢黄》："唯就其字形觀之，乃象人立於高處之形，則亢似當以高爲其本義。"姑存楊郭二説以啓后人。

㰠　直項①莽㰠②皃。从亢，从夋③。夋，倨也。亢亦聲。　岡朗切(gǎng)。又，胡朗切(hàng)。

【譯文】㰠，倔强不屈、自大傲慢的樣子。由亢、由夋會意。夋，傲慢的意思。亢也表聲。

【注釋】① 直項：强項。倔强，不肯低頭。項，頸後部。　② 莽㰠：朱駿聲《通訓定聲》："疊韻連語，猶莽沆之狀水也。"本書"沆"下："莽沆，大水也。"　③ 从亢，从夋(qūn)：从亢，取高義；从夋，取傲義。

文二　重一

夲部

夲 進趣[①]也。从大,从十。大、十,猶兼十人[②]也。凡夲之屬皆从夲。讀若滔。 土刀切(tāo)。

【譯文】夲,前進得很快。由大、由十會意。大、十表示如一個人兼有十個人的能力。大凡夲的部屬都从夲。音讀象"滔"字。

【注釋】① 趣:《段注》:"趣者,疾也。" ② 猶兼十人:《段注》:"言其進之疾,如兼十人之能也。"

桒 疾也。从夲,卉聲。(拜)[㨃][①]从此。 呼骨切(hū)。

【譯文】桒,迅疾。从夲,卉聲。㨃字从桒。

【注釋】① 拜:當依徐鍇《繫傳》作"㨃"。參"拜"條。

【參證】甲文作、,金文作、。林義光《文源》:"(桒)即賁之古文,象華飾之形。"存參。

暴[①] 疾有所趣[②]也。从日出夲収之[③]。 薄報切(bào)。

【譯文】暴,迅疾而走。由日、出、夲、収四字會意。

【注釋】① 暴:《段注》:"此與㬥二篆形義皆殊,而今隸不別。此篆主謂疾,故爲夲之屬;㬥主謂日晞,故爲日之屬。" ② 趣:《段注》:"當作趨。" ③ 从日句:桂馥《義證》:"从日出者,《釋天》:'日出而風(晴天驟起大風)爲暴。''夲収之'者,趣而承(快跑而接受)之也。暴本是及時、急事之義。"

䡉 進也。从夲,从中[①],允聲。《易》[②]曰:"䡉升大吉。" 余準切(yǔn)。

【譯文】䡉,前進。由夲、由中會意,允聲。《易經》説:"向前行走而又升登高處,是大吉利的象徵。"

【注釋】① 中(chè):《段注》:"中者,進之意也。" ②《易》:指《升卦》。今本"䡉"作"允"。高亨《周易古經今注》:"允升者,前行而登高也。自是大吉之象。"

【參證】金文作、、,首二字从桒,末字从玨从女。待考。

奏 奏進也。从夲,从収,从中[①]。中[②],上進之義。[③],古文。,亦古文。 則候切(zòu)。

【譯文】奏,進奉。由夲、由収、由屮會意。屮,向上進升的意義。屜,古文奏字。䊵,也是古文奏字。

【注釋】① 从夲句:桂馥《義證》:"江君聲曰:夲、屮,皆進也。収則奉而進之。" ② 屮:本書:"屮,艸木初生也。丨象出形。"
③ 屜:蕭道管《重文管見》:"(厂)从屋省,奏事於屋下;从丄(上);从(収);^^,所奏之件。"

【參證】李孝定《甲骨文字集釋》第十:"契文作,與篆文近。篆从屮,者乃之譌。契文求字,象兩手奉求奏進之義也。契文奏舞每連文,字又作从,與舞字作所从之同。疑象舞時所用道具、兩手奉之以獻神,故有進義也。二説未知孰是。"

皋 气皋[①]白之進也。从夲,从白。《禮》[②]:祝曰皋,登謌曰奏。故皋奏皆从夲。《周禮》[③]曰:"詔來鼓皋舞。"皋,告之也。 古勞切(gāo)。

【譯文】皋,霧氣皞白,上進升騰。由夲、由白會意。《儀禮》説,主持祝告的人(長聲招魂)叫皋,在堂上獻歌叫奏。(祝、獻都有進義),所以皋、奏都从夲。《周禮》説:"告訴人們,使擊鼓的進來;又告訴人們,使跳舞的進來。"皋,是告訴的意思。

【注釋】① 气皋句:臯、皋一字。王筠《句讀》:"此以字形説字義也。白解上半,進解下半之夲。……而連言皋白者,皋即有白義。"按:皋通皞。皋白,同義連用。之:用同連詞"而",見裴學海《古書虚字集釋》。 ②《禮》:王筠《句讀》:"《禮》者,《儀禮》也。祝曰皋者,《士喪禮》始死復(招)魂之詞云:'皋(發語詞)某復(某某回來)。'鄭云:'皋,長聲也。'"《段注》:"謌,或歌字也。登歌,堂上歌也。"
③《周禮》:指《春官·樂師》。今本"鼓"作"瞽"。詔來句:王筠《句讀》:"先鄭云:皋當爲告。呼擊鼓者,又告當舞者,持鼓與舞俱來也。"按:"詔來鼓皋舞",當是"詔來鼓,皋來舞"的省略。詔、皋都是呼告的意思。

文六 重二

夰部

夰 放也。从大而八分也[①]。凡夰之屬皆从夰。 古老切(gǎo)。

【譯文】夰,放散。从大,而八表示分散。大凡夰的部屬都从夰。

【注釋】① 从大句:徐鍇《繫傳》:"大,人也。分,施散也。"饒炯《部首訂》:"从大,已有張意;又从八,則張而又張。故義得爲放也。"

界[①] 舉目驚界然也。从夰,从䀠[②],䀠亦聲。 九遇切(jù)。

【譯文】界,抬眼而驚恐的樣子。由夰、由䀠會意,䀠也表聲。

【注釋】① 界:邵瑛《羣經正字》:"今經典祇用瞿字。" ② 从夰,从䀠:夰,放。指放眼而視。从䀠,本書"䀠"下:"左右視也。"驚恐貌。

【參證】李孝定《甲骨文字集釋》第十:"从䀠之字皆有左右顧之義。瞿字从隹,故謂鷹隼之視耳,界則人之驚顧,䀠則人之左右視,䀠界二字音同義亦故近,當本一字。契文作𥅽(),省卩則爲䀠,易卩爲大則爲臭,篆又譌大爲夰耳。"朱芳圃《殷周文字釋叢》卷下也説:"䀠、奭、界蓋纍增字,目驚界然,即左右視引申之義。"

奡 嫚[①]也。从百[②],从夰,夰亦聲。《虞書》[③]曰:"若丹朱奡。"讀若傲。《論語》[④]:"奡湯舟。" 五到切(ào)。

【譯文】奡,傲慢。由百、由夰會意,夰也表聲。《虞書》説:"不要象丹朱一樣傲慢。"音讀象"傲"字。《論語》:"奡這個人能够陸地行船。"

【注釋】① 嫚:《段注》:"嫚者侮傷也,傲者倨也。奡與傲音義皆同。" ② 从百(shǒu):《段注》:"傲者昂頭,故从首。" ③《虞書》:指《益稷》。今本原文:"無若丹朱傲。"丹朱,堯的兒子。④《論語》:指《憲問篇》。今本"湯"作"盪"。奡,夏代寒浞的兒子,字又作"澆"。盪舟,朱熹《論語集注》:"力能陸地行舟。"

昦[①] 春爲昦天[②],元氣昦昦[③]。从日夰,夰亦聲。 胡老切(hào)。

【譯文】昊,春叫昊天,(天地間)元氣浩浩廣大。由日、夰會意,夰也表聲。

【注釋】① 昦：今作昊。 ② 春爲句：承培元《引經證例》："鄭康成曰：春氣博施，故言廣大。" ③ 元氣句：王筠《句讀》："《詩·黍離》傳云：'元氣廣大，則稱昊天。'《雨無正》云：'浩浩昊天。'"

臩 驚走也。一曰：往來也。从亣、臦[聲][1]。《周書》[2]曰："伯臩。"古文臦，古文冏字。 具往切(guǎng)。

【譯文】臩，驚跑。另一義説，是往來。从亣，臦聲。《周書》説："伯臩。"(臩)是古文臦字，也是古文冏字。

【注釋】① 臦：當依《段注》作"臦聲"。臦音 guàng。下文的臦音 jiǒng。用作人名。 ②《周書》：指《古文尚書·冏命》。伯臩，《段注》："書序曰：'穆王命伯臩爲太僕正(掌管帝王車馬之長)，作《臩命》。'"今本"臩"作"冏"。《史記·周本紀》作"臩"。鈕樹玉《校録》："(《周書》以下)當是：'《周書》曰："伯臩。"臩，古文冏字。'"存參。

【參證】朱芳圃《殷周文字釋叢》卷下："臦與䀠同，是臩、界實爲一字，許君訓驚走，一訓往來，二義相因。蓋人遇意外，左右顧盼，倉皇逃避也。"

文五

亣部

亣 籀文大，改古文[1]。亦象人形。凡亣之屬皆从亣。 他達切(tà/dà)[2]。

【譯文】亣，籀文大字，是古文大字的改寫。也象人的形狀。大凡亣的部屬都从亣。

【注釋】① 改古文：《段注》："謂古文作大，籀文乃改作亣也。本是一字。而凡字偏旁或从古，或从籀，不一，許爲字書乃不得不析爲二部。" ② 今讀依《廣韻》徒蓋切。

奕 大也。从亣，亦聲。《詩》[1]曰："奕奕梁山。" 羊益切(yì)。

【譯文】奕，大。从亣，亦聲。《詩經》説："多麼高大啊梁山。"

【注釋】①《詩》：指《大雅·韓奕》。梁山，在今河北省固安縣附近。

奘　駔①大也。从亣，从壯②，壯亦聲。　徂朗切(zàng)。

【譯文】奘，粗大。由亣、由壯會意，壯也表聲。

【注釋】① 駔(zàng)：猶粗。　② 从壯：本書士部："壯，大也。"从壯大會意。錢坫《斠詮》："此人壯大字。今言人肥大曰壯大。"

臭　大白、澤也①。从亣，从白。古文以爲澤字②。　古老切(gǎo)。

【譯文】臭，大白色；光澤。由亣、由白會意。古文把它假借爲澤字。

【注釋】① 大白、澤也：王筠《句讀》："大白者，以形解義，此句言其色；澤也者，光潤也，此句言其光芒也。"　② 古文句：《段注》："此說古文假借也。假借多取諸同音，亦有不必同音者，如用臭爲澤，用丂(kǎo)爲亏(yú)，用屮(chè)爲艸之類。"按：臭用爲光澤義，今讀 zé。

奚　大腹也。从亣，𦓖①省聲。𦓖，籀文系字。　胡雞切(xī)。

【譯文】奚，大肚子。从亣，𦓖省聲。𦓖，籀文系字。

【注釋】① 𦓖：本書系部："(𦓖)从爪絲。"王筠《句讀》："系絲本無異，糸即糸也。不必以省爪爲疑。"

【參證】甲文作□、□，金文作□、□。羅振玉《增訂殷虛書契考釋》："予意罪隸爲奚之本義，故从手持索以拘罪人。其从女者與从大同。"

耎　稍前大①也。从亣，而聲。讀若畏偄。　而沇切(ruǎn)。

【譯文】耎，漸漸地、前面大於後面。从亣，而聲。音讀象畏懦偄(ruǎn)弱的"偄"字。

【注釋】① 稍前大：《段注》："稍者，出物有漸也。稍前大者，前較大於後也。"一說，"稍"當作"梢"。朱駿聲《通訓定聲》："當作：'梢前大也。从大，从耑省，會意。耑亦聲。'所謂本不勝末也，所謂末大必折也。""俗作軟。"

奰　大皃。从亣，𡈼聲。或曰：拳①勇字。一曰：讀若傿。乙獻切(yàn)。

【譯文】奰，大的樣子。从亣，𡈼聲。另一說，(奰)是拳勇的拳字。另一說，音讀象"傿(yàn)"字。

【注釋】① 拳：徐灝《段注箋》："䀠部𥄕(juàn)讀若書卷之卷，故𥄕亦通作拳也。"《詩・小雅・巧言》："無拳無勇。"注："拳，力也。"所謂拳勇，即武勇義。

奰 壯大也。从三亣三目[1]。二目爲(𥄕)[𡘜][2]，三目爲奰，益大也。一曰：迫[3]也。讀若《易》[4]虙羲氏。《詩》[5]曰："不醉而怒謂之奰。" 平祕切(bì)。

【譯文】奰，壯大。由三個亣字、三個目字會意。有兩個目字的，是𡘜字；有三個目字的，是奰字，是更大的意思。另一義説，奰是逼迫。音讀象《易經》提到的虙羲氏的虙字。《詩經》説："沒喝醉而發怒叫作奰。"

【注釋】① 三亣三目：張舜徽《約注》："三之者，喻其盛耳。"
② 𥄕：孔廣居《疑疑》："𥄕當作𡘜。蓋𥄕訓目圍，與奰義無涉。𡘜訓大皃，方與奰義相近也。" ③ 迫：徐灝《段注箋》："奰之言迫也。隸省作奰。" ④《易》：指《繫辭》。今本作"包犧氏"。《段注》："虙古音讀如密，奰古音同。" ⑤《詩》：《大雅・蕩》云："内奰于中國。"毛傳："不醉而怒謂之奰。"

文八

夫部

夫 丈夫[1]也。从大，一以象簪也[2]。周制以八寸爲尺，十尺爲丈。人長八尺[3]，故曰丈夫。凡夫之屬皆从夫。 甫無切(fū)。

【譯文】夫，成年男子。从大，一用以象(成年男子頭髮上的)簪子。周朝的制度用八寸作一尺，十尺作一丈。(今成)人身長八尺，(合周制爲一丈)，所以叫丈夫。大凡夫的部屬都从夫。

【注釋】① 丈夫：徐灝《段注箋》："男子已冠之偁也。" ② 从大句：桂馥《義證》："《御覽》引云：从一，大象人形也，一象簪形。冠而既簪。人二十而冠，成人也。故成人曰丈夫。" ③ 人長八尺：張文虎《舒藝室隨筆》："周制：一尺止(漢制)八寸，則一丈止(漢朝)八尺。人長(漢制)八尺,仍以周制言,故曰丈夫。”

【參證】甲文作,金文作、。高鴻縉《中國字例》:“夫,成人也。童子披髮,成人束髮,故成人戴簪,字倚大(即人)畫其首髮戴簪形。”周谷城《古史零證·農夫田民兩級考》:“夫衹是長人,衹是大個子,或如上海話所謂大塊頭。”

規　有法度[①]也。从夫,从見[②]。　居隨切(guī)。

【譯文】規,有法度。由夫、由見會意。

【注釋】① 有法度:王筠《句讀》:“規爲正圓之器。”“从夫从見,不能得正圓之器之義,故以規度之義爲主。”　② 从夫,从見:張舜徽《約注》:“謂諦視人體,取以爲法也。”

扶　竝行也。从二夫。輦字从此。讀若伴侶之伴[①]。　薄旱切(bàn)。

【譯文】扶,肩並肩地行走。由兩個夫字會意。輦字从扶。音讀象伴侶的“伴”字。

【注釋】① 讀若句:葉德輝《讀若考》:“二夫竝行,即有伴侶之義,故音讀同也。”

【參證】甲文作、、。馬敘倫《六書疏證》卷二十:“扶即伴侶正字。伴訓大也。”

文三

立部

立　住[①]也。从大立一之上[②]。凡立之屬皆从立。　力入切(lì)。

【譯文】立,站住。由“大”字站立在“一”的上面會意。大凡立的部屬都从立。

【注釋】① 住:張舜徽《約注》:“宋育仁曰:‘住猶止也。立與行對,故説立爲住。’”王筠《釋例》:“人不行謂之立,因而所立之處亦謂之立。以動字爲靜字也。後乃讀于備切以別其音,遂加人旁以別其形身。”　② 从大句:徐鉉:“大,人也;一,地也。”

【参證】甲文作，金文作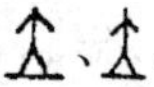。林義光《文源》："象人正立地上形。"

竦 臨[①]也。从立，从隶[②]。 力至切(lì)。

【譯文】竦，莅臨(看視)。由立、由隶會意。

【注釋】① 臨：王筠《句讀》："謂臨視之也。經典借涖，或作莅。" ② 从隶：本書："隶，及也。"表示來到這裏的意思。同時也表聲。徐鍇《繫傳》及段、桂、王、朱均作"隶聲"。

竧 磊竧[①]，重聚也。从立，辜聲[②]。 丁罪切(duì)。

【譯文】竧，磊竧，重疊堆聚。从立，辜聲。

【注釋】① 磊竧：《段注》："疊韻字。"朱駿聲《通訓定聲》："今蘇俗尚有此語，其音如磊堆。" ② 辜(chún)聲：上古屬文部、禪紐，竧屬微部、端紐。微文對轉，禪、端均屬舌音。

端 直也。从立，耑聲[①]。 多官切(duān)。

【譯文】端，直。从立，耑聲。

【注釋】① 耑聲：張舜徽《約注》："端之言耑也，謂人立于地，如艸木初生之直也。"本書耑部："耑，物初生之題也。"

竱[①] 等[②]也。从立，專聲。《春秋國語》[③]曰："竱本肇末。" 旨兖切(zhuǎn)。

【譯文】竱，等齊。从立，專聲。《春秋國語》説："使其根本等齊，使其末梢平正。"

【注釋】① 竱：張舜徽《約注》引戴侗説："立之齊(站立等齊)也。" ② 等：《段注》："等者，齊簡(使竹簡等齊)。故凡齊皆曰等。" ③《春秋國語》：指《國語・齊語》。韋昭注："竱，等也。肇，正也。謂先等其本，以正其末。"

竦 敬[①]也。从立，从束[②]。束，自申束[③]也。 息拱切(sǒng)。

【譯文】竦，肅敬。由立、由束會意。束，自我約束。

【注釋】① 敬：《段注》："敬者，肅也。" ② 从束：朱駿聲《通訓定聲》："或曰：敬立也。从立，束聲。束竦，一聲之轉。" ③ 申束：《段注》："申(伸)之使舒，束之使促，常相因互用也。"按：申束，偏義複詞，取束義。

竫[①] 亭安[②]也。从立,爭聲。　疾郢切(jìng)。

【譯文】竫,安靜。从立,爭聲。

【注釋】① 竫:《段注》:"凡安靜字宜作竫。"本書青部:"靜,審也。" ② 亭安:《段注》:"亭者,民所安定也。故安定曰亭安。"

靖 立竫[①]也。从立,青聲。一曰:細皃[②]。　疾郢切(jìng)。

【譯文】靖,佇立時儀容安靜。从立,青聲。另一義説,是細小的樣子。

【注釋】① 立竫:《段注》:"謂立容安竫也。"　② 細皃:《山海經・大荒東經》:"東海之外大荒之中有小人國名靖。"

竢[①] 待也。从立[②],矣聲。妃,或从巳[③]。　牀史切(sì)。

【譯文】竢,等待。从立,矣聲。䇃,竢的或體,从巳聲。

【注釋】① 竢:《段注》:"經傳多假俟爲之。俟行而竢廢矣。俟,大也。"　② 从立:徐鍇《繫傳》:"立而待之也。"　③ 从巳:朱駿聲《通訓定聲》:"或从巳聲。"

竘 健也。一曰[①]:匠也。从立,句聲。讀若齲。《逸周書》[②]有竘匠。　丘羽切(qǔ)。

【譯文】竘,健壯。另一義説,是匠人。从立,句聲。音讀象"齲(qǔ)"字。《逸周書》有"竘匠"。

【注釋】① 一曰:王筠《句讀》:"本句當在'讀若'句下,與《逸周書》相屬(連)。"　②《逸周書》:《段注》:"蓋謂《周書》七十一篇也。'竘匠'之文俟考。"姚文田、嚴可均《校議》:"《文酌篇》'九柯十匠'。柯即竘之誤。"存參。

【參證】馬叙倫《六書疏證》卷二十引劉秀生曰:"句聲見紐,齲从禹聲在溪紐,見溪皆牙音,故竘从句聲得讀若齲。"

竵[①] 不正也。从立,咼聲[②]。　火鼃切(huā/wāi)[③]。

【譯文】竵,不正。从立,咼聲。

【注釋】① 竵:《段注》:"俗字作歪。"王筠《句讀》:"與口部咼音義同,但彼專謂口,此則通語也。"　② 咼:徐鍇《繫傳》:"咼音過。" ③ 今讀依《正字通》烏乖切。

負舉[1]也。从立[2]，曷聲。　渠列切(jié)。

竭　【譯文】竭，揹舉(在肩背上)。从立，曷聲。

【注釋】① 負舉：《段注》："凡手不能舉者，負而舉之。"　② 从立：徐鍇《繫傳》："負而立也。"王筠《句讀》："豕部曰：'竭其尾。'豕尾小，負于背上，而翹然以舉，故从立。"

[1]待也。从立[2]，須聲。⿰立芻，或从芻聲[3]。　相俞切(xū)。

⿰立須　【譯文】⿰立須，等待。从立，須聲。⿰立芻，⿰立須的或體，从芻聲。

【注釋】① ⿰立須：桂馥《義證》引《五經文字》："須，今借爲須待字。本作⿰立須。"　② 从立：徐鍇《繫傳》："立而待也。"　③ 芻聲：宋保《諧聲補逸》："須、芻同部，聲相近。"

痿[1]也。从立[2]，𣎆聲。　力臥切(luò)。

⿰立𣎆　【譯文】⿰立𣎆，萎縮麻痺。从立，𣎆(luò)聲。

【注釋】① 痿：《段注》："痿者，痺也。"　② 从立：痿，因風濕而不能行走，不能站立，故从立。

偓竣[1]也。从立，夋聲。《國語》[2]曰："有司已事而竣。"

竣　七倫切(jùn)。

【譯文】竣，蹲伏。从立，夋聲。《國語》說："有關的官員完成了工作就退伏。"

【注釋】① 偓竣：《段注》："居譌倨，倨譌偓。竣乃複舉字。""尸部曰：'居，蹲也。'"　②《國語》：指《齊語》。今本"已事"作"已於事"。韋昭注："竣，退伏也。"按：退伏是蹲伏的引申。

[1]見鬼鬽皃。从立，从彔。彔[2]，籀文鬽字。讀若虙羲氏之

⿰立彔　虙[3]。　房六切(fú)。

【譯文】⿰立彔，看見鬼魅的樣子。由立、由彔會意。彔，籀文鬽字。音讀象虙羲氏的"虙"字。

【注釋】① ⿰立彔：王筠《句讀》："本篆(彔)多誤從录。"　② 彔：本書鬼部鬽下："彔，古文。𩲡，籀文。"王筠《句讀》："鬼部彔、𩲡注互易，皆賴此正之。"　③ 虙：上古與⿰立彔同屬職部、奉紐。

驚皃。从立，昔聲。　七雀切(què)。

⿰立昔　【譯文】⿰立昔，吃驚的樣子。从立，昔聲。

竱　短人立竱竱①皃。从立,卑聲②。　傍下切(bà)。

【譯文】竱,矮人站立着竱竱矮樣。从立,卑聲。

【注釋】① 竱竱:《段注》:"短皃。"　② 卑聲:聲中有義。卑,賤也;猶低矮也。

竲　北地①高樓無屋者②。从立③,曾聲④。　七耕切(zhēng/céng)⑤。

【譯文】竲,北方高高的樓臺中沒有遮覆的頂蓋的一種。从立,曾聲。

【注釋】① 北地:王筠《句讀》:"北地,郡名也。然此似謂北方。"② 高樓無屋者:《段注》:"高樓上不爲覆曰竲。"《段注》:"《禮運》曰:'夏則居曾巢。'鄭曰:'暑則聚薪柴居其上也。'此竲之始也。"桂馥《義證》引趙宧光曰:"北地多以磚石壘壁作庫樓以避火盜,外不見屋,望之如臺。"　③ 从立:徐鍇《繫傳》:"立爲高也。"④ 曾聲:聲中有義。高樓多層壘而上,曾之言重也。　⑤ 周祖謨《廣韻校本》改"七"作"士"。此切無"竲"字。今讀依《廣韻》疾陵切。

文十九　重二

竝部

竝①　併②也。从二立。凡竝之屬皆從竝。　蒲迥切(bìng)。

【譯文】並,並肩而立。由兩個立字會意。大凡並的部屬都从並。

【注釋】① 竝:今作並。　② 併:饒炯《部首訂》:"以併釋竝,謂並即併之重文。""併爲形聲,而竝从二立,象兩相附之狀。"

【參證】甲文作　、　,金文作　、　。林義光《文源》:"象二人並立形。"

暜①　廢②,一偏下③也。从竝,白聲④。暜,或从曰⑤。朁,或从兟⑥,从曰。　他計切(tì)。

【譯文】暜,廢棄,(兩人並立,)其中一個廢退而下。从竝,白聲。暜,替的或體,从曰。朁,替的或體,由兟、由曰會意。

【注釋】① 朁：今作替。日部："朁(普)，日無色也。从日从竝。"與替音義迥然有别。 ② 廢：《段注》："廢者，卻屋也。卻屋，言空屋，人所不居。" ③ 一偏下：徐灝《段注箋》："今俗語更替之義。兩人並立而替去其一，故曰一偏下也。" ④ 徐鍇《繫傳》："白音自。" ⑤ 曰：徐鍇《繫傳》："曰音越。" ⑥ 从兟：《段注》："猶从竝也。"

【參證】金文作、。《金文編》釋首字："今俗作替。"釋次字："此作一上一下更替之形。"

文二 重二

囟部

囟 頭會，𡿺蓋也[①]。象形[②]。凡囟之屬皆从囟。膟[③]，或从肉宰。出，古文囟字。 息進切(xìn)。

【譯文】囟，頭骨會合的地方，大腦的蓋。象形。大凡囟的部屬都从囟。膟，囟的或體，从肉，宰聲。出，古文囟字。

【注釋】① 頭會句：王筠《句讀》："頭之會，𡿺之蓋也。會者，合也。" ② 象形：此即小兒腦蓋之俯視圖。《段注》："《内則正義》引此云：'囟其字，象小兒腦不合也。'"饒炯《部首訂》："小兒腦不合者，謂腦中之陷處也，自有乂象之。"《方書》："頂中央旋毛中爲百會，百會前一寸半爲前頂，百會前三寸即囟門。"張舜徽《約注》："今驗小兒三歲以前，頭頂前中處，常跳動不已，此即頭骨未合之徵。" ③ 膟：徐灝《段注箋》："膟从宰聲者，宰本以辛爲聲，與囟相近也。"按：辛、囟上古同屬真部、心紐。

巤 毛巤[①]也。象髮在囟上及毛髮巤巤[②]之形。此與籀文子字同[③]。 良涉切(liè)。

【譯文】巤，毛髮。象頭髮長在腦門頂上以及毛髮顫動的形狀。這個字的囟與籀文字的構形相同。

【注釋】① 毛巤：王筠《句讀》："毛巤與髮同意。" ② 巤巤：沈濤《古本考》："巤巤乃毛髮顫動之皃。" ③ 此與句：王筠《釋例》：

"籀文子作，上亦作，與巤之上半同。彼説云'囟有髮'，與此説云'象髮在囟上'，詞亦同也。"

【參證】金文作。高鴻縉《中國字例》五篇："巤乃牛羊豕馬等獸頭頸上毛，俗名曰鬃。从，象獸頭頸上毛形。非文字。聲。"即羽字。唐蘭《璞堂雜識》(《中國文字》第四十九册)引陳夢家説："羽古一讀如立"，"立巤音同，是知巤本以羽爲聲也。"

[①] 人臍也。从囟[②]，囟，取氣通也；从比聲。　房脂切(pí)。

䪼　【譯文】䪼，人的肚臍。从囟，囟，(是説肚臍象囟門一樣，)取其通氣之功；从比聲。

【注釋】① 䪼：今作毗。　② 从囟：張舜徽《約注》："此乃比擬物象，謂其功用同也。""囟象頭骨未合，有通氣之功；䪼雖在下，亦能通氣，故从囟耳。子在母胎，諸竅尚閉，惟臍與母體相聯以通其氣。既出母胎，則口鼻俱開，以吐内氣，於是斷臍，而其用始廢。"此説源于魏校《六書精蘊》。

文三　重二

思部

容[①]也。从心[②]，囟聲[③]。凡思之屬皆从思。　息兹切(sī)。

思　【譯文】思，(思想)包容(萬物)。从心，囟聲。大凡思的部屬都从思。

【注釋】① 容：桂馥《義證》："容者，言無不容。"　② 从心：古以心爲思惟器官，故从心。《孟子・告子上》："心之官則思。"　③ 囟(xìn)聲：徐灝《段注箋》："人之精髓在腦，腦主記識。故思从囟，兼用爲聲。囟、思一聲之轉也。"

【參證】楊樹達《文字形義學》："古人謂心主思慮"，"故字从心"。"今人謂腦主思慮，造字者亦早知之，故字又从囟。"

[①] 謀思也。从思，虍聲[②]。　良據切(lǜ)。

慮　【譯文】慮，圖謀周密的思考。从思，虍(hū)聲。

【注釋】① 慮：徐鍇《繫傳》："思有所圖曰慮。慮猶縷也，如絲之有縷以成文也。故於文思虍(虎紋)爲慮。"《段注》:"計畫之纖悉必周，有不周者非慮也。"　② 虍聲：聲中有義。見注①。

文二

心部

 人心，土藏①，在身之中。象形②。博士③説，以爲火藏。

心 凡心之屬皆从心。　息林切(xīn)。

【譯文】心，人的心臟。屬土的臟器，在身軀的中部。象形。依博士的學説，把心當作屬火的臟器。大凡心的部屬都从心。

【注釋】① 土藏：徐灝《段注箋》引《五經異義》:"古(文)《尚書》説：脾，木也；肺，火也；心，土也；肝，金也；腎，水也。"饒炯《部首訂》:"古《尚書》説爲土藏者，五行土位於中，舉五藏之部位言也。"　② 象形：王筠《釋例》:"其字蓋本作，中象心形，猶恐不足顯著之也。故外兼象心包絡。今篆曳長一筆，趁姿媚耳。"　③ 博士：王筠《句讀》:"《晉中興書》：博士之職，博習舊聞，訓教學徒。"張舜徽《約注》引宋育仁説："漢惟今文《尚書》立學官，置博士。"徐灝《段注箋》引《五經異義》:"今《尚書》歐陽説：肝，木也；心，火也；脾，土也；肺，金也；腎，水也。"饒炯《部首訂》:"今文家説火藏者，五行火空則明，舉五藏之運用言也。"

【參證】金文作。高鴻縉《中國字例》二篇："字本心肺之心，而其用恒爲心思之心。"于省吾《甲骨文字釋林》卷下《釋心》:"甲骨文心字作，正象人心臟的輪廓形。""甲骨文貝字作，心貝二字截然不同。"

 喘①也。从心，从自②，自亦聲。　相即切(xī)。

息 【譯文】息，氣息。由心、由自會意，自也表聲。

【注釋】① 喘：《段注》:"人之氣急曰喘，舒曰息。""此云息者喘也，渾言之。"　② 从心，从自：《段注》:"自者，鼻也。心氣必从鼻出，故从心自。"

【參證】金文作。楊樹達《文字形義學》:"人主喘息之官爲肺，造字者息字从心，實謂肺也。呼息出氣，自肺達於鼻，吸息入氣，自鼻而達於肺，故息字从心从自。”

①人之陰气有欲者②。从心，青聲。　疾盈切(qíng)。

情

【譯文】情，人們有所慾求的從屬於陰的心氣。从心，青聲。

【注釋】① 情：感情。《段注》引《禮記》：“何謂人情？喜、怒、哀、懼、愛、惡、欲七者，不學而能。”　② 陰气有欲者：桂馥《義證》：“《鉤命決》曰：陽氣者仁，陰氣者貪。故情有利欲，性有仁也。”

①人之陽气性善者也。从心，生聲②。　息正切(xìng)。

性

【譯文】性，人的本性善良的從屬於陽的心氣。从心生聲。

【注釋】① 性：人的本性。《莊子·庚桑楚》：“性者，生之質(天生的本質)也。”參“情”條。　② 生聲：聲中有義。徐鍇《繫傳·通論》：“性者生也。”“於文心生爲性。”《論語》孔注：“性者人之所受以生也。”

【參證】金文作。馬敘倫《六書疏證》卷二十：“性音心紐，情音從紐。皆舌尖前音，情从青得聲，青亦从生得聲也。然則情實性之異文。性本今所謂生命也。吾人生命有動靜二方面：靜之方面，心雖對境而時空遷流，不與之諧，此境雖玄，忘情自得；動之方面，則感物相逐愛憎不舍，理智情緒，悉爲支配。後人乃强以性爲靜之方面之名、情爲動之方面之名耳。”

①意也。从心，之聲②。　職吏切(zhì)。

志

【譯文】志，意念。从心，之聲。

【注釋】① 志：姚文田、嚴可均《校議》：“大徐新修十九文也。”

② 之聲：聲中有義。徐鍇《繫傳·通論》：“心(思想)有所之(去的地方)爲志。”

【參證】金文作，从心从止，止猶之也。參“之”條。

①志也。(从)[以]心察言而知意也②。从心，从音。　於記切(yì)。

意

【譯文】意，意向。用心去考察別人的言語就知道他的意向。由心、由音會意。

【注釋】① 意：《增韻·志韻》：“意，心所嚮也。”　② 从心句：王筠《句讀》:"'从'者,'以'之譌。'以心'者,説字之從心也。'察言'者,説字之從音也。'知意'者,又出全字也。純是以形解義。"

【參證】楊樹達《文字形義學》:"意根於心而發於言,故从心从音,心先而音後也。"

恉[1]　意也。从心,旨聲。　職雉切(zhǐ)。

【譯文】恉,意旨。从心,旨聲。

【注釋】① 恉:《段注》:"今字,或作旨,或作指。"

悳　外得於人,内得於己也[1]。从直[2],从心。悳,古文。　多則切(dé)。

【譯文】悳,身外對人使有所得,身内對己也同樣有所得。由直、由心會意。悳,悳的古文。

【注釋】① 外得二句:《段注》:"外得於人,謂惠澤使人得之也。""内得於己,謂身心所自得也。""俗字假德爲之。德者,升也。"

② 从直:《段注》:"《洪範》三德,一曰正直。直亦聲。"古無舌上音,直(澄母),上古讀同"特"(定母),與"得"(端母)聲相近。故許以"得"釋"悳",用的是聲訓。"直""心"爲"悳",如王鳴盛《蛾術編》所説:"直心而行,則外得人,内得己矣。"參"直"條。

【參證】金文作、、。按:古文悳是金文之譌。

應　當[1]也。从心,䧹聲。　於陵切(yīng)。

【譯文】應,應當。从心,䧹(雁)聲。

【注釋】① 當:《段注》:"當,田相值也。引申爲凡相對之偁,凡言語應對之當即用此。"

【參證】金文作,不从心。

慎　謹也。从心,真聲[1]。昚[2],古文。　時刃切(shèn)。

【譯文】慎,謹慎。从心,真聲。昚,古文慎字。

【注釋】① 真聲:聲中有義。《段注》:"未有不誠而能謹者,故其字从真。"　② 昚:徐鍇《繫傳·通論》:"古文中、火、日爲慎。中,艸也;日暵(hàn,乾枯)之下有火,故當慎之也。"

【參證】金文作昚。林義光《文源》:"从日,从火。日,近也。(暱字暬字皆从日。)日用火,有慎之象。"

敬也①。从心，中聲。　陟弓切(zhōng)。

忠　【譯文】忠，肅敬(而盡心盡意)。从心，中聲。

【注釋】① 敬也：《段注》此後補"盡心曰忠"，注："敬者，肅也。未有盡心而不敬者。"

【參證】金文作，與篆文同。

①　謹也。从心，㱿聲。　苦角切(què)。

愨　【譯文】愨，誠謹。从心，㱿聲。

【注釋】① 愨：潘任《粹言疏證》："愨爲誠愨、誠實也。乃心之誠實不敢有所虛僞也。"

美①也。从心，頟聲。　莫角切(miǎo)。

懇　【譯文】懇，心意美。从心，頟聲。

【注釋】① 美：張舜徽《約注》："懇字从心，當以心意之美爲本義，因引申爲凡美之稱。"

喜也①。从心，夬聲。　苦夬切(kuài)。

快　【譯文】快，喜悦。从心，夬聲。

【注釋】① 喜也：《段注》："引申之義爲疾速。俗字作駃。"

①　樂也。从心，豈聲。　苦亥切(kǎi)。

愷　【譯文】愷，安樂。从心，豈聲。

【注釋】① 愷：豈部已有，此重出。

①　快心。从心，匧聲。　苦叶切(qiè)。

㥦　【譯文】㥦，快意。从心，匧聲。

【注釋】① 㥦：又作愜。

①　常思②也。从心，今聲。　奴店切(niàn)。

念　【譯文】念，長久思念。从心，今聲。

【注釋】① 念：《釋名·釋言語》："念，黏也。意相親愛，心黏著，不能忘也。"　② 常思：朱駿聲《通訓定聲》："謂長久思之。"

【參證】金文作、、，首字从亼，次字从今，末字从含。戴家祥《金文大字典》："含字在鼎銘中用作今"，"凡三見"，"由此可知龕即念字也"。

忲 思也。从心，付聲。 甫無切(fū)。

【譯文】忲，思。从心，付聲。

憲 敏①也。从心，从目②，害省聲③。 許建切(xiàn)。

【譯文】憲，敏捷。由心、由目會意，害省聲。

【注釋】① 敏：《段注》："敏者，疾也。謚法：博聞多能爲憲。" ② 从心，从目：《段注》："心目竝用，敏之意也。" ③ 害省聲：上古屬月部匣紐，憲屬元部曉紐。月元對轉。

【參證】金文作、。楊樹達《積微居小學金石論叢》卷一："亟以手口並用訓爲敏疾，疌以手足並用訓爲疾，憲以心目竝用訓爲敏，意義同則組織相類也。"

憕① 平也。从心，登聲。 直陵切(chéng)。

【譯文】憕，心平。从心，登聲。

【注釋】① 憕：《玉篇·心部》："憕，心平也。"

戁 敬①也。从心，難聲。 女版切(nǎn)。

【譯文】戁，肅敬。从心，難聲。

【注釋】① 敬：肅。

忻 闓①也。从心，斤聲。《司馬法》②曰："善者，忻民之善，閉民之惡。" 許斤切(xīn)。

【譯文】忻，開啟。从心，斤聲。《司馬法》説："最好的事，是開啟百姓的善心，杜絶百姓的惡心。"

【注釋】① 闓(kǎi)：《段注》："闓者，開也。忻謂心之開發。" ②《司馬法》：《段注》："今《司馬法》佚此語。謂開其善心，閉其惡心，是爲最善也。"

憅① 遲也。从心，重聲②。 直隴切(zhòng)。

【譯文】憅，遲重。从心，重聲。

【注釋】① 憅：《段注》："遲重之字當作此。" ② 重聲：聲中有義。从心，从重，乃心情遲重之義，引申爲凡遲重之偁。

惲① 重厚也。从心，軍聲。 於粉切(yǔn/yùn)。

【譯文】惲，穩重渾厚。从心，軍聲。

【注釋】① 惲：《段注》："惲厚字當如此。今皆作渾厚。"張舜徽《約注》："今語所云穩重，許書作惲憧。"

惇① 厚也。从心，𦎧聲②。　都昆切(dūn)。

【譯文】惇，敦厚。从心，𦎧(chún)聲。

【注釋】① 惇：《段注》："凡惇厚字當作此，今多作敦厚。"　② 𦎧：聲中有義。亯羊爲純熟，𦎧猶純厚也。

忼① 慨②也。从心，亢聲③。一曰：《易》④："忼龍有悔。"　苦浪切(kàng)。　又，口朗切(kǎng)。

【譯文】忼，慷慨憤懣。从心，亢聲。另一義説，如《易經》説的"處於高亢位置的龍(危險)有悔恨"的高亢。

【注釋】① 忼：王筠《句讀》："慷者，忼之俗字。"　② 慨：參"慨"條。　③ 亢聲：聲中有義。慷慨同義。徐鍇《繫傳》曰："慨：'内自高亢憤激也。'亢爲人頸，引申有高義。"　④《易》：指《乾卦》。《段注》："假忼爲亢(kàng)。亢之引申之義爲高。"忼(kàng)龍，朱熹《周易本義》："亢者，過于上而不能下之意也。陽極于上，動必有悔。"

慨① 忼慨②，壯士不得志也。从心，既聲。　古溉切(gài/kǎi)。

【譯文】慨，慷慨憤激，壯士不得志。从心，既聲。

【注釋】① 慨：徐鍇《繫傳》："内自高亢憤激也。"　② 忼慨：玄應《一切經音義》卷四引《説文》："忼慨，壯士不得志於心，情憤恚也。"王筠《句讀》："不得志者，事境也；於心者，心境也；憤恚者，忼慨之未發者也。"

悃 愊①也。从心，困聲。　苦本切(kǔn)。

【譯文】悃，誠心。从心，困聲。

【注釋】① 愊：參"愊"條。

愊 誠志也。从心，畐聲。　芳逼切(bì)。

【譯文】愊，誠心。从心，畐聲。

愿 謹也。从心，原聲。　魚怨切(yuàn)。

【譯文】愿：恭謹。从心，原聲。

𢡩 儇[①]也。从心，彗聲。 胡桂切(huì)。

慧 【譯文】慧，聰明。从心，彗聲。

【注釋】① 儇(xuān)：徐鍇《繫傳》："儇，敏也。"

𢡟 慧也。从心，尞聲[①]。 力小切(liǎo)。

憭 【譯文】憭，聰明。从心，尞聲。

【注釋】① 尞聲：聲中有義。尞本爲火燒火燎義，引申有明義；火燒應空聽，空聽則明旺，故有聰明義。轉指人，故从心，則爲心之聰明。

𢗺 憭也。从心，交聲。 下交切(xiáo)。又，古了切(jiǎo)。

恔 【譯文】恔，聰明。从心，交聲。

𢡡 靜也。从心，瘱聲[①]。 於計切(yì)。

㦤 【譯文】㦤，安靜。从心，瘱聲。

【注釋】① 瘱(qiè)聲：徐鉉："瘱非聲。未詳。"

𢘪[①] 敬也。从心，折聲。 陟列切(zhé)。

悊 【譯文】悊，敬重。从心，折聲。

【注釋】① 悊：桂馥《義證》："口部有悊字，此當作悊字之誤也。《玉篇》：'悊，先歷切。憖也。'"

【參證】馬敘倫《六書疏證》卷二十："王引之以伯虔字子析，證知訓敬之字當从析作悊。""悊得聲於析，析得聲於斤，斤敬音同見紐。"參"哲"條。

𢝏 樂[①]也。从心，宗聲。 藏宗切(cóng)。

悰 【譯文】悰，快樂。从心，宗聲。

【注釋】① 樂：《段注》："此哀樂(lè)字也。"

𢗿[①] 安也。从心，甛省聲[②]。 徒兼切(tián)。

恬 【譯文】恬，安靜。从心，甛(甜)省甘爲聲。

【注釋】① 恬：《方言》卷十三："恬，靜也。"郭璞注："恬淡，安靜。"

② 甛省聲：聲中有義。甜者美也。安靜爲甜美之一端也。

𢗰 大[①]也。从心，灰聲。 苦回切(huī)。

恢 【譯文】恢，(心志)弘大。从心，灰聲。

【注釋】① 大：王筠《句讀》："《類篇》引此而申之曰：'謂志也。'《出師表》:‘恢志士之氣。’”

恭　肅①也。从心,共聲。　俱容切(gōng)。

【譯文】恭,肅敬。从心,共聲。

【注釋】① 肅:《段注》:“肅者,持事振(奮)敬也。”“《論語》每恭、敬析言,如‘居處恭,執事敬。’‘貌思恭,事思敬。’皆是。”故曰:“恭在皃,敬在心。”析言有别,渾言不分。見“憼”、“敬”條。

憼①　敬也。从心,从敬,敬亦聲。　居影切(jǐng)。

【譯文】憼,尊敬。由心、由敬會意,敬也表聲。

【注釋】① 憼:錢坫《斠詮》:“此恭敬字。”《段注》:“敬之在心者也。”

恕　仁①也。从心,如聲②。③,古文省。　商署切(shù)。

【譯文】恕,推己及人。从心,如聲。⿱女心,古文恕,是恕的省略。

【注釋】① 仁:《段注》:“爲仁不外於恕,析言之則有别,渾言之則不别也。”徐灝箋引戴侗説:“推己及物謂之恕。”　② 如聲:聲中有義。潘任《粹言疏證》:“恕爲如己之心,如人之心。恕當兼人我爲説矣。”　③ ⿱女心:《段注》:“从女聲。”

【參證】金文作,與古文同。

怡①　和也。从心,台聲。　與之切(yí)。

【譯文】怡,和悦。从心,台(yí)聲。

【注釋】① 怡:《段注》:“《玉篇》:‘怡,悦也,樂也。’古多假台字。”

慈　愛①也。从心,兹聲②。　疾之切(cí)。

【譯文】慈,(上對下的)慈愛。从心,兹聲。

【注釋】① 愛:《左傳・文公十八年》:“宣慈惠和。”服虔注:“上愛下曰慈。”　② 兹聲:王筠《句讀》:“蓋艸部之茲也。”徐鍇《繫傳・通論》:“兹者,滋廣也。故於文心兹爲慈。慈之言字養之也。兹亦慈聲也。”徐謂慈是生育兒女,使之培養成人,這是上輩對下輩發自内心的愛。依徐説,慈是形聲包會意。

【參證】楊樹達《積微居小學金石論叢》卷一《釋慈》:“慈从兹聲,假兹爲子,亦有文从子聲而假子爲兹者。”按楊説則从心从子,俗話説,心裏裝着子女,當然是指父母對子女之愛。因假兹爲子,故許以之屬形聲。

忯 愛也。从心，氏聲。 巨支切(qí)。

【譯文】忯，愛。从心，氏聲。

憁 忯憁，不憂事也。从心，虒聲。讀若移。 移尔切(yǐ)。

【譯文】憁，忯憁，不爲事情而憂愁。从心，虒聲。音讀象“移”字。

恮 謹也。从心，全聲[①]。 此緣切(quān)。

【譯文】恮，謹慎。从心，全聲。

【注釋】① 全聲：聲中有義。謹慎，言其小心，須全身心投入，故从心从全。

恩 惠也。从心，因聲[①]。 烏痕切(ēn)。

【譯文】恩，恩惠。从心，因聲。

【注釋】① 因聲：聲中有義。因者憑也。徐鍇《繫傳》：“有所因也，故於文心因爲恩。”人給己有所因憑，己給人有所因憑，皆發自内心，即爲恩惠。

懘 高也。一曰：極也。一曰：困劣[①]也。从心，帶聲。 特計切(dì)。

【譯文】懘，高。另一義説，是極。又另一義説，是困弱。从心，帶聲。

【注釋】① 困劣：此上三義，實一義相因。高猶深也，高深之最則爲極。言精神體力之疲沓之深，則爲困劣。

憖 問也。謹敬也。从心，猌聲。一曰：説[①]也。一曰：甘也。《春秋傳》曰：“昊天不憖[②]。”又曰：“兩君之士皆未憖[③]。” 魚覲切(yìn)。

【譯文】憖，問。謹慎肅敬。从心，猌(yín)聲。另一義説，是喜悦。又另一義説，是甘願。《春秋左傳》説：“廣大的天不願意。”又説：“兩個國君的將士都不願。”

【注釋】① 説：説、悦古今字。 ② 昊天句：見《左傳・哀公十六年》。今本原文：“夏四月己丑，孔丘卒。公誄之(致悼辭)曰：‘旻(仁憫)天不弔(善)，不憖遺一老(指孔丘)。’” ③ 兩君句：見《左傳・文公十三年》。今本原文：“兩君之士皆未憖也，明日請相見也。"楊伯峻《注》："憖，肯也，願也。此言日中雙方退軍，兩國之士皆未快意，故請明日相戰。"

懬[1]　闊[2]也。一曰：廣也，大也。一曰：寬也。从心，从廣，廣亦聲。　苦謗切(kuàng)。

【譯文】懬，(心懷)廣闊。另一義説，是寬廣，廣大。又另一義説，是寬闊。由心、由廣會意，廣也表聲。

【注釋】① 懬：王筠《釋例》："(此條諸義項)似皆無甚分别。或亦校異文也。"邵瑛《羣經正字》："今經典作曠。"　② 闊：毛際盛《述誼》："懬，心思之寬廣。"

悈[1]　飾[2]也。从心，戒聲[3]。《司馬法》[4]曰："有虞氏悈於中國。"　古拜切(jiè)。

【譯文】悈，戒飭。从心，戒聲。《司馬法》説："有虞氏在邦國之中警戒。"

【注釋】① 悈：《段注》："悈與戒義同，警也。"　② 飾：《段注》作"飭"(chì)。力部："飭，致堅也。"意思是：通過整治使之堅固。
③ 戒聲：聲中有義。本書："戒，警也。"从心从戒，其意爲从内心深處警戒致堅。　④《司馬法》：指《天子之義》篇。今本原文："有虞氏戒於國中。"有虞氏，古部落名。其首領舜受堯禪讓。

㥯　謹[1]也。从心，㲌聲。　於靳切(yìn/yǐn)[2]。

【譯文】㥯，謹慎。从心，㲌聲。

【注釋】① 謹：桂馥《義證》："當爲慬，本書無慬字。"《廣韻》："慬，憂哀也。"存參。　② 今讀依《廣韻》於謹切。

慶　行賀人也。从心，从夊[1]。吉禮以鹿皮爲贄，故从鹿省。　丘竟切(qìng)。

【譯文】慶，去祝賀别人。由心、由夊會意。吉祥的典禮，用鹿皮作爲禮物，所以又由鹿字省去比會意。

【注釋】① 从夊(suī)：徐鍇《繫傳》："夊，行也。"从心从夊，《段注》："謂心所喜而行也。"

【參證】金文作[金文]、[金文]、[金文]、[金文]。首字，不从心。次二字，李孝定《金文詁林讀後記》卷十："从心、从鹿不省。""篆文从夊，爲金文鹿尾之

‘个’所譌變。”末字，李文説“假慶爲慶”。

愃　寬嫺心腹皃①。从心，宣聲。《詩》②曰：“赫兮愃兮。”　況晚切(xuǎn)。

【譯文】愃，寬綽空閒的心腹的樣子。从心，宣聲。《詩經》説：“道德盛大啊，心情寬閒啊。”

【注釋】① 寬嫺句：《段注》“嫺”作“閒”。王筠《句讀》：“寬閑心腹，猶云心廣體胖。”　②《詩》：指《衛風·淇奥》。赫，《毛傳》：“有明德赫赫然。”

愻①　順也。从心，孫聲②。《唐書》③曰：“五品不愻。”　蘇困切(xùn)。

【譯文】愻，謙順。从心，孫聲。《唐書》説：“(父母兄弟子)五類都不和順。”

【注釋】① 愻：《段注》：“凡愻順字从心，凡遜遁字从辵。今人遜專行而愻廢矣。”　② 孫聲：聲中有義。《段注》“孫”下：“子卑於父，孫更卑焉。”卑而又卑，卑則當順，故段説：“引申之義爲孫順。”側重其思想的孫順，故从心。　③《唐書》：指《堯典》。今本“愻”作“遜”。五品，五種人，鄭玄：“父母兄弟子也。”

【參證】金文作[金文]，與篆文同。

惷①　實也。从心，塞省聲②。《虞書》③曰：“剛而惷。”　先則切(sè)。

【譯文】惷，充實。从心，塞省聲。《虞書》説：“剛毅而又充實。”

【注釋】① 惷：朱駿聲《通訓定聲》：“經傳皆以塞爲之。”　② 塞省聲：聲中有義。塞本義爲邊塞障隔，就隔内而言，隔則爲滿。全心塞滿則爲充實。　③《虞書》：指《皋陶謨》。今本“惷”作“塞”。

恂　信心也。从心，旬聲。　相倫切(xún)。

【譯文】恂，誠信的心。从心，旬聲。

忱　誠也。从心，冘聲。《詩》①曰：“天命匪忱。”　氏任切(chén)。

【譯文】忱，誠信。从心，冘聲。《詩經》説：“上天(降下衆多的人們，可是君王的)政令卻不守信用。”

【注釋】①《詩》：指《大雅・蕩》。今本原文："天生烝(衆)民(人)，其命匪諶。"鈕樹玉《校録》："諶、忱音義同。亦略舉其辭。"

惟　凡①思也。从心，隹聲。　以追切(wéi)。

【譯文】惟，思考的總稱。从心，隹聲。

【注釋】① 凡：王筠《句讀》："凡者，最括而言也。惟則思之統詞，不拘一端，故曰凡。"

【參證】金文作，不从心，通唯。又，，徐中舒《陳侯四器考釋》(《歷史語言研究所集刊》第三本四分)："𢡅即惟字。从心，唯聲。不省口。"

懷　念思①也。从心，褱聲②。　户乖切(huái)。

【譯文】懷，(不能忘懷的)思念。从心，褱聲。

【注釋】① 念思：《段注》："念思者，不忘之思也。"　② 褱聲：聲中有義。本書："褱，俠(夾)也。"徐鍇《繫傳》："褱音懷，艷也。"

【參證】金文作，不从心。

惀　欲知之皃。从心，侖聲。　盧昆切(lún)。

【譯文】惀，想要知曉某件事情的樣子。从心，侖聲。

想　冀思①也。从心，相聲。　息兩切(xiǎng)。

【譯文】想，因希望得到而思念。从心，相聲。

【注釋】① 冀思：徐鍇《繫傳》："希冀所(而)思之。"

憏　深①也。从心②，彖聲。　徐醉切(suì)。

【譯文】憏，(心思)深邃。从心，彖聲。

【注釋】① 深：朱駿聲《通訓定聲》："心思深邃也。"　② 从心：《段注》："从心者，爲意思之深。"

慉　起①也。从心，畜聲。《詩》②曰："能不我慉。"　許六切(xù)。

【譯文】慉，扶持。从心，畜聲。《詩經》說："竟然不扶持我。"

【注釋】① 起：《國語・晉語》："世相起也。"韋昭注："起，扶持也。"　②《詩》：指《邶風・谷風》。能，乃。王念孫《廣雅疏證》："能字古讀若'耐'，聲與'乃'相近，故義亦同。"今本《詩經》"能不我慉"作"不我能惰”。

意 滿也。从心，啻聲①。一曰：十萬曰意②。意③，籀文省。於力切(yì)。

【譯文】意，滿。从心，啻(yì)聲。另一義説：十萬叫作意。意，籀文意字，是意字的省略。

【注釋】① 啻：聲中有義。本書：“啻，快也。从言中。”言必有中，則歡快喜樂，快悦則志得意滿。所以朱駿聲《通訓定聲》把意看成是啻的或體，説：“从中猶从心也，快猶滿也。” ② 十萬句：桂馥《義證》：“古十萬曰億；今之算術，乃萬萬爲億也。”《段注》：“經傳皆作億，無作意者，叚借字也。” ③ 意：由啻省中而成言。本書言部：“啻，快也。从言，从中。”

悹① 憂也。从心，官聲。古玩切(guàn)。

【譯文】悹，憂慮。从心，官聲。

【注釋】① 悹：朱駿聲《通訓定聲》：“疑即患之異文。”

憀 憀然①也。从心，翏聲。洛蕭切(liáo)。

【譯文】憀，明白地。从心，翏聲。

【注釋】① 憀然：《段注》：“猶了然也。”朱駿聲《通訓定聲》：“疑與憭同字。”

愙 敬也。从心，客聲①。《春秋傳》②曰：“以陳備三愙。” 苦各切(kè)。

【譯文】愙，恭敬。从心，客聲。《春秋左傳》説：“用陳國(來與宋國、杞國)湊足三個值得尊敬的諸侯國。”

【注釋】① 客聲：聲中有義。王筠《句讀》“禮之如賓客也。”
②《春秋傳》：指《左傳・襄公二十五年》。今本原文：“庸(乃)以元女(周武王的長女)大姬配胡公(虞舜子孫閼父的兒子)，而封諸陳，以備三恪。”三愙，徐灝《段注箋》：“杜注：周得天下，封夏、殷二王後(後代)，又封舜後，謂之恪。按：以客禮待之，故曰愙。省文爲恪。”承培元《引經證例》：“三愙，三王之後，敬其先聖而封其後人也。陳、杞、宋是也。”備：王紹蘭《段注訂補》：“備者，其數未足，以此備具之詞。”

愯[①] 懼也。从心，雙省聲。《春秋傳》[②]曰："駟氏愯。" 息拱切(sǒng)。

【譯文】愯，恐懼。从心，雙省聲。《春秋左傳》説："姓駟的恐懼。"

【注釋】① 愯：《漢書·刑法志》作"雙"。朱駿聲《通訓定聲》："又作悚。" ②《春秋傳》：指《左傳·昭公十九年》。今本"愯"作"聳"，杜預注："聳，懼也。"

【參證】金文作。方濬益《綴遺齋彝器考釋》卷二十二《愯父乙爵》："悚即愯之俗字。《集韻》：'悚愯雙同。'今人但用悚，罕用愯。"

懼 恐也。从心，瞿聲[①]。愳[②]，古文。 其遇切(jù)。

【譯文】懼，恐懼。从心，瞿聲。愳，古文懼字。

【注釋】① 瞿聲：聲中有義。本書："瞿，鷹隼之視也。"徐鍇《繫傳》："驚視也。"引申爲凡驚恐之偁。 ② 愳：《段注》："䀠者，左右視也。形聲兼會意。"張舜徽《約注》："凡人驚恐，則兩目左右視。"

【參證】金文作。商承祚《説文中之古文考》釋"愳"："人恐懼則心目交異而左右視。"

怙 恃也。从心，古聲。 侯古切(hù)。

【譯文】怙，憑恃。从心，古聲。

恃[①] 賴也。从心，寺聲。 時止切(shì)。

【譯文】恃，依賴。从心，寺聲。

【注釋】① 恃：王筠《句讀》："《衆經音義》引《韓詩》：'無父何怙。'怙，賴也。'無母何恃。'恃，負也。"

【參證】金文作，不从心。

慒[①] 慮也。从心，曹聲。 藏宗切(cóng)。

【譯文】慒，謀慮。从心，曹聲。

【注釋】① 慒：錢坫《斠詮》："此籌畫字。"

【參證】馬敘倫《六書疏證》卷二十："錢坫以爲此籌畫之籌本字。""正如曹之借爲儔矣。"

悟[①] 覺也。从心，吾聲。忢，古文悟。 五故切(wù)。

【譯文】悟，覺悟。从心，吾聲。忢，古文悟字。

【注釋】① 悟：《聲類》："心解也。"

【參證】商承祚《説文中之古文考》:"古文从吾省,為五之古文。"五表聲。

憮[①] 愛也。韓鄭曰憮[②]。一曰:不動[③]。从心,無聲。　文甫切(wǔ)。

【譯文】憮,愛撫。韓地、鄭地叫愛撫作憮。另一義説,悵然失意的様子。从心,無聲。

【注釋】① 憮:《爾雅·釋言》:"憮,撫也。"郭璞注:"憮,愛撫也。"　② 韓鄭句:見《方言》卷一。韓,周代諸侯國名,今河南省中部和山西省東南部。鄭,周代諸侯國名,今河南新鄭一帶。《方言》:"陳楚江淮之間曰憐,宋衛邠陶之間曰憮。"　③ 不動:《段注》:"《三蒼》曰:'憮然,失意貌也。'趙岐曰:'憮然,猶悵然也。'"按:憮,悵然失意貌。于鬯《職墨》:"'不'字疑'心'字之誤。"存參。

㤅[①] 惠也。从心,旡聲[②]。,古文。　烏代切(ài)。

【譯文】㤅,仁惠。从心,旡聲。𢟪,古文㤅字。

【注釋】① 㤅:邵瑛《羣經正字》:"今作憂(愛)。《説文》夊部:'愛,行皃。从夊,㤅聲。'義異。"　② 旡(jì)聲:徐鍇《繫傳》:"旡音既。"按:旡上古屬物部,㤅屬微部,微物對轉。王筠《釋例》:"所從者非小篆,乃古文(旡 jì)。㤅篆從,直與簪之正文旡同形,傳寫譌也。"

【參證】金文作、。林義光《文源》卷十一:"(㤅)从心,旡聲。憂,行皃。从夊(suī),㤅聲。按:'愛爲行皃,無考。'(之)即心之省變。""憂與㤅同字。夊,人足形。蓋古从人之字或變从。"商承祚《説文中之古文考》釋"𢟪":"與篆文慨字無別異,僅將心下移耳。疑古文假慨爲愛。"

慉[①] 知也。从心,胥聲。　私吕切(xǔ)。

【譯文】慉,才智。从心,胥聲。

【注釋】① 慉:徐鍇《繫傳》:"有才智也。"

慰 安也。从心,尉聲[①]。一曰:恚怒也。　於胃切(wèi)。

【譯文】慰,安慰。从心,尉聲。另一義説,是憤怒。

【注釋】① 尉聲:聲中有義。本書:"尉,从上案下也。"本義爲用尉斗之類从上面按壓下面，使下面的繒帛衣物平匀伸展。引申爲凡平之稱。平則安也。王鳴盛《蛾術編》引顏師古説："故尉安之安正如此，其後俗乃加心耳。"强調心情的安慰，故从心。

惴 謹也。从心，叕聲。讀若毳。 此芮切(cuì)。

【譯文】惴，謹慎。从心，叕(zhuì)聲。音讀象"毳(cuì)"字。

【參證】馬敘倫《六書疏證》卷二十引劉秀生曰："叕讀若贅，古在端紐；毳聲古在透紐：端透皆舌音。"

憧 憧箸[①]也。从心[②]，箸聲。 直由切(chóu)。

【譯文】憧，躊躇。从心，箸聲。

【注釋】① 憧箸：朱駿聲《通訓定聲》："憧箸，雙聲連語字，亦作躊躇，與踟蹰、跢跦、踶蹰皆同，又轉而爲蹢躅，爲躑躅。" ② 从心：《段注》："裹回不決之皃。故从心。"

怞 朗[①]也。从心，由聲。《詩》[②]曰："憂心且怞。" 直又切(zhòu/chóu)[③]。

【譯文】怞，憂傷。从心，由聲。《説經》説："憂慮的心將更加憂傷了。"

【注釋】① 朗：桂馥《義證》："朗義未詳。《玉篇》：'怞，憂恐也。'"姚文田、嚴可均《校議》："朗當作動。"存參。 ②《詩》：指《小雅·鼓鐘》。今本"怞"作"妯"。毛傳："妯，動也。"鄭箋："妯，悼也。" ③ 今讀依《廣韻》直由切。

㥄[①] (㥄)[②]撫也。从心，某聲。讀若侮。 亡甫切(wǔ)。

【譯文】㥄，撫愛。从心，某聲。音讀象"侮"字。

【注釋】① 㥄：徐鍇《繫傳》："撫愛之也。" ② 㥄：《段注》："㥄乃複字未删者。"據此删去。

【參證】馬敘倫《六書疏證》卷二十引劉秀生曰："某聲在明紐，侮從每得聲，古文從母聲作㑄，古音亦在明紐。"又如：謀，古文从口母聲作呣，或从言母聲作譕。梅或从某作楳。

忞 彊[①]也。从心，文聲。《周書》[②]曰："在受德忞。"讀若旻。武巾切(mín)。

【譯文】忞，自强。从心，文聲。《周書》説："在紂王即位時，他强行……”音讀象“旻”字。

【注釋】① 彊：徐鍇《繫傳》：“自强也。”　②《周書》：指《立政》。原文：“嗚呼！其在受德，暋惟羞刑暴德之人，同（聚）于厥（其）邦（國）。”受，與紂音同，商紂王。德，升，指登帝位。暋同忞，應屬下讀。

慔　勉也。从心，莫聲[1]。　莫故切（mù）。

【譯文】慔，勉力。从心，莫聲。

【注釋】① 从心，莫聲：此爲左右結構，與慕迥别。朱駿聲《通訓定聲》：“與下形上聲字别。”

愐　勉也。从心，面聲。　彌殄切（miǎn）。

【譯文】愐，勤勉。从心，面聲。

㦤　習也。从心，曳聲。　余制切（yì）。

【譯文】㦤，習慣。从心，曳聲。

懋　勉也。从心，楙聲。《虞書》[1]曰：“時惟懋哉。”，或省。莫候切（mào）。

【譯文】懋，勤勉。从心，楙聲。《虞書》説：“這（百揆官）職務應該勤勉努力啊。”⿱矛心，懋的或體，懋的省略。

【注釋】①《虞書》：指《堯典》。“時惟”今本作“惟時”。承培元《引經證例》：“‘時惟’猶‘兹惟’也。而《周書》亦多言‘惟時’，義皆可通。”

【參證】金文作、、。首字不从心；次字从心从楙，楙亦聲，結構與篆文同，楙義爲茂盛，从心从楙，意謂心力、精力充沛，自可勤勉爲之；末字楙譌爲。

慕[1]　習也。从心，莫聲。　莫故切（mù）。

【譯文】慕，習玩（而模仿）。从心，莫聲。

【注釋】① 慕：今作慕。徐鍇《繫傳》：“慕亦㤅（愛）也。㤅在内而慕在外。慕猶模也，習也，愛而習翫（玩）模範之也。”

【參證】金文作、，與篆文同。

悛　止[1]也。从心，夋聲。　此緣切（quān）。

【譯文】悛，停止。从心，夋聲。

【注釋】① 止：《方言》："悛，改也。自山而東或曰悛，或曰懌。"止，改，義相因。唯止而然後改。

悇 肆①也。从心，隶聲。　他骨切（tū/tuì）②。

【譯文】悇，放縱（欲望）。从心，隶聲。

【注釋】① 肆：桂馥《義證》："《方言》：肆欲爲悇。"　② 今讀依《廣韻》他内切。

懙 趣步懙懙也①。从心，與聲。　余吕切（yǔ）。

【譯文】懙，疾走而又安舒。从心，與聲。

【注釋】① 趣步句：《段注》："趣，疾走也。趣步懙懙，謂疾而舒也。"

慆 説①也。从心，舀聲。　土刀切（tāo）。

【譯文】慆，喜悦。从心，舀聲。

【注釋】① 説：今悦字。

懕 安也。从心，厭聲。《詩》①曰："懕懕夜飲。"　於鹽切（yān）。

【譯文】懕，安樂。从心，厭聲。《詩經》説："安樂地在夜晚喝酒。"

【注釋】①《詩》：指《小雅・湛露》。今本"懕懕"作"厭厭"。《段注》："《釋文》及《魏都賦》注引《韓詩》'愔愔'，和悦之皃。……蓋愔即懕之或體，厭乃懕之假借。"

憺① 安也。从心，詹聲。　徒敢切（dàn）。

【譯文】憺，安静。从心，詹聲。

【注釋】① 憺：李富孫《辨字正俗》："今俗憺怕（bó）字多作澹（本義"水搖皃"），或作淡（本義"薄味"）。"

怕① 無爲也。从心，白聲。　匹白切（bó）。又，葩亞切（pà）。

【譯文】怕，（恬淡）不作。从心，白聲。

【注釋】① 怕：李富孫《辨字正俗》："（洦，本義"淺水"）今俗作澹泊（本義"淺水"）字，而以怕爲怕（pà）懼矣。"

恤 憂也；收①也。从心，血聲②。　辛聿切（xù）。

【譯文】恤，憂慮；救濟。从心，血聲。

【注釋】① 收：《廣雅》："收，振也。"按：振，救，賑。玄應《一切經音義》卷九："恤，振恤也，謂以財物與人也。"　② 血聲：聲中有義。

徐鍇《繫傳·通論》:"心戍然而慘惻之也,心哀痛而收之若己身之有患焉:故於文心血爲恤。""血,亦心之至也。"

 忓 極①也。从心,干聲。 古寒切(gān)。

【譯文】忓,疲憊。从心,干聲。

【注釋】① 極:桂馥《義證》:"極,疲也。"

【參證】金文作。商承祚《十二家吉金圖録·楚王酓忎鼎》:"即忎。""篆以𢆉即干,周文作,小篆作,晚周文字繁簡任意,故作矣。""干、旱同聲通假","是忎(忓)即悍悬也"。

 懽 喜歀①也。从心,雚聲。《爾雅》②曰:"懽懽愮愮,憂無告也。" 古玩切(guàn)③。

【譯文】懽(huān),歡喜。从心,雚聲。《爾雅》説:"懽懽,愮愮,憂懼而沒有地方訴説。"

【注釋】① 喜歀(kuǎn):《段注》:"歀者,意有所欲也。欠部曰:'歡者,喜樂也。'懽與歡音義皆略同。" ②《爾雅》:指《釋訓》。王筠《句讀》:"此以引經代一曰也。"憂無告:郭璞注:"賢者憂懼,無所訴也。"雷浚《引經例辨》:"相反相生則爲憂。"即所謂"反訓"。

③ 歡喜義音 huān,憂無告義音 guàn。

① 惆 懽也。琅邪朱虚有惆亭②。从心,禺聲。 噳俱切(yú)。

【譯文】惆,歡喜。琅邪郡朱虚縣有惆亭。从心,禺聲。

【注釋】① 惆:錢坫《斠詮》:"此懽悞(歡娱)字。"朱駿聲《通訓定聲》,"與下形上聲之愚别。" ② 琅邪句:漢琅邪郡有朱虚縣,在今山東省臨朐縣東。

 惄 飢餓也。一曰:憂①也。从心,叔聲。《詩》②曰:"惄如朝飢。" 奴歷切(nì)。

【譯文】惄,飢餓。另一義説:是憂思。从心,叔聲。《詩經》説:"憂思難受象沒吃早餐時飢餓一樣。"

【注釋】① 憂:承培元《引經證例》:"鄭箋:惄,思也,憂思之義也。" ②《詩》:指《周南·汝墳》。今本原文:"未見君子,惄如調飢。"毛傳:"調,朝也。"鄭箋:"惄,思也。未見君子之時,如朝飢之思食。"

【參證】金文作、,上叔下心,與篆文同。

㣁 𢝊也。从心，卻聲。　其虐切(jué/jǐ)[②]。

【譯文】㣁，疲𢝊。从心，卻聲。

【注釋】① 㣁：《玉篇・心部》："㣁，疲力也。"朱駿聲《通訓定聲》："當爲㑼之或體。"按：从心猶从人也。　② 今讀依《廣韻》奇逆切。

憸 憸詖[②]也。憸利於上，佞[③]人也。从心，僉聲。　息廉切(xiān)。

【譯文】憸，奸險不正。用奸險不正之術向上級謀取私利，是僞善之徒。从心，僉聲。

【注釋】① 憸：錢坫《斠詮》："此奸險字。"按：憸言心求險惡，險言山勢險惡。　② 憸詖：《段注》："憸蓋險之字誤。詖同頗。"

③ 佞：玄應《一切經音義》卷二十四："佞，僞善曰佞。"

愒 息[②]也。从心，曷聲。　去例切(qì)。

【譯文】愒，休息。从心，曷聲。

【注釋】① 愒：徐鉉："今别作憩。"　② 息：《段注》："此休息之息。"

憃 精戇[①]也。从心，毳聲。　千短切(cuǎn/hū)[②]。

【譯文】憃，精明而愚直。从心，毳聲。

【注釋】① 精戇：鈕樹玉《校録》："精戇合訓，豈晉語所謂'甚精必愚'歟？"　② 錢坫《斠詮》："鉉音千短切，無攷。"今讀依徐鍇《繫傳》"呼骨反"，《廣韻》也作"呼骨切"。

悘 疾利口[①]也。从心，从册[②]。《詩》[③]曰："相時悘民。"　息廉切(xiān)。

【譯文】悘，巧捷便利的口才。由心、由册會意。《詩經》説："看看這些巧舌如簧的人。"

【注釋】① 疾利口：王筠《句讀》："乃捷疾便利之口也。"　② 从册：徐鍇《繫傳》："册所言衆也。"言爲心聲，故从心；其口才敵衆，故从册。
③《詩》：爲《尚書・盤庚上》文，乃傳寫之誤。今本"悘"作"憸"。

急 褊[①]也。从心，及聲。　居立切(jí)。

【譯文】急，狹窄(的心)。从心，及聲。

【注釋】① 褊：《段注》："褊者，衣小也。故凡窄陋謂之褊。"張舜徽《約注》："大抵心懷窄陋者，性多躁暴，故引申有急迫義。"

辡 憂也。从心，辡聲。一曰：急也。　方沔切(biǎn)。

【譯文】辡，憂愁。从心，辡聲。另一義説，是急迫。

㥔① 疾也。从心，亟聲②。一曰：謹重③皃。　己力切(jí)。

【譯文】㥔，急。从心，亟聲。另一義説，恭謹慎重的樣子。

【注釋】① 㥔：《段注》："㥔與急雙聲同義。"錢坫《斠詮》："此急疾之急。"　② 亟聲：聲中有義。本書：亟，敏疾也。言其疾速也。故《段注》："舉形聲，關會意也。"　③ 謹重：《段注》："此義之相反而相成者也。急則易遲。"

懁 急①也。从心，瞏聲。讀若絹。　古縣切(juàn/xuān)②。

【譯文】懁，急性。从心，瞏聲。音讀象"絹"字。

【注釋】① 急：桂馥《義證》引《廣韻》："懁，急性也。"　② 今讀依《集韻》隳緣切。

悻 恨①也。从心，坙聲。　胡頂切(xìng)。

【譯文】悻，怨恨。从心，坙聲。

【注釋】① 恨：承培元《廣答問疏證》："恨，怨也。"

慈 急①也。从心，从弦②，弦亦聲。河南③密縣有慈亭。　胡田切(xián)。

【譯文】慈，心急。由心、由弦會意，弦也表聲。河南郡密縣有慈亭。

【注釋】① 急：《段注》："人性急也。"　② 从弦：張舜徽《約注》："弓弦必緊而後能發矢，故弦自有急義。"《段注》："性緩者佩弦以自急。"　③ 河南：漢郡名。見《漢書·地理志》。故城在今河南省密縣東南。

慓① 疾也。从心，票聲。　敷沼切(piǎo/piào)。

【譯文】慓，心性迅疾。从心，票聲。

【注釋】① 慓：《廣韻·笑韻》："慓，性急。"

懦 駑弱者也。从心，需聲。　人朱切(rú/nuò)①。

【譯文】懦，象劣等馬一樣軟弱的性情。从心，需聲。

【注釋】① 今讀依《廣韻》乃臥切。

恁　下齎①也。从心，任聲。　如甚切(rèn)。

【譯文】恁，志氣低下。从心，任聲。

【注釋】① 下齎(jī)：徐鍇《繫傳》："心所齎卑下也。"張舜徽《約注》："《廣雅・釋詁》三：'齎，持也。'心所持者卑下，謂氣餒心弱，中無所守也。"

【參證】金文作、，與篆文同。

忒①　失常也。从心，代聲②。　他得切(tè)。

【譯文】忒，失去常態。从心，代聲。

【注釋】① 忒：李富孫《辨字正俗》："凡人有過失改常謂之忒(忒)。"朱駿聲《通訓定聲》："忒之或體。"參"忒"條。　② 代聲：聲中有義。本書："代，更也。"从心从代，其意爲在心理上用非常態更替常態。

怚　驕①也。从心，且聲。　子去切(jù)。

【譯文】怚，驕肆。从心，且聲。

【注釋】① 驕：張舜徽《約注》："怚字从心，謂内心驕肆。"

悒①　不安也。从心，邑聲②。　於汲切(yì)。

【譯文】悒，憂鬱不安。从心，邑聲。

【注釋】① 悒：徐鍇《繫傳》："憂悒也。"　② 邑聲：聲中有義。《段注》："邑者，人所聚也。故凡鬱積之義从之。"

悆　忘①也；嘾②也。从心，余聲。《周書》③曰："有疾不悆。"悆，喜也。　羊茹切(yù)。

【譯文】悆，忘；貪欲。从心，余聲。《周書》說："(武王)有病，不悆。"悆，喜悦的意思。

【注釋】① 忘：《段注》："此義未聞。"　② 嘾(dàn)：《段注》："嘾者，含深也。含深者，欲之甚也。"　③《周書》：指《金縢》。今本"不悆"作"弗豫"。

【參證】金文作、、。于省吾《甲骨文字釋林・釋心》："甲骨文字兩見"，"从心，余聲，即悆字。"按：金文同甲文。

忒 更也。从心，弋聲。　他得切(tè)。

【譯文】忒，變更。从心，弋聲。

【注釋】① 忒：邵瑛《羣經正字》："(忒、貸)二字音固同而義亦不異，變更則失常，無二義也。今經典只用忒，無作貸者。"

㥌 愉[①]也。从心，閒聲[②]。　户閒切(xián)。

【譯文】㥌，愉悦。从心，閒聲。

【注釋】① 愉：徐鍇《繫傳》："愉，樂。"《段注》："謂憺(淡)怕(bó，泊)之樂也。"　② 閒聲：聲中有義。《段注》"閒"下："語之小止曰言之閒。閒者，稍暇也。故曰閒暇。"憺怕之樂當在安定無爲之際，此必閒暇之日也。

愉 薄[①]也。从心，俞聲。《論語》[②]曰："私覿，愉愉如也。"　羊朱切(yú)。

【譯文】愉，淺薄。从心，俞聲。《論語》説："私下會見，他顔色和悦似的。"

【注釋】① 薄：《段注》："假爲淺泊字。"《周禮・大司徒》："以俗教安，則民不愉。"鄭注："愉音偷，謂朝不慮夕也。"疏云："愉，苟且也。"思慮淺薄，苟且偷生，一義相因。許書無偷子。　②《論語》：指《鄉黨》。王筠《句讀》："此引經代'一曰'也。鄭注：'愉愉，容色和也。'引申之爲樂也。"

【參證】金文作[金文]、[金文]。首字不从心；次字之構件同篆文，但篆文爲上下結構。高田忠周《古籀篇》卷四十三："俞者空也。亦兼會意。"按：从心从俞，會合爲思想浮泛，則爲淺薄之義。高文説："愚謂心輕恌浮薄者，好貪快樂，故愉義轉爲娱樂爲喜悦也。"

懱[①] 輕易[②]也。从心，蔑聲[③]。《商書》[④]曰："以相陵懱。"　莫結切(miè)。

【譯文】懱，輕蔑。从心，蔑聲。《商書》説："用以相欺陵輕慢。"

【注釋】① 懱：《段注》："懱者，輕易人蔑視之也。"　② 輕易，同義連用。易，輕視。　③ 蔑聲：聲中有義。蔑表蔑視義。从心从蔑，表示從心底裏看不起人。　④《商書》：《段注》："今《商書》無此文。陵讀如'在上位不陵下'之陵。"

戇也。从心，从禺①。禺，猴屬，獸之愚者。　麌俱切(yú)。

愚　【譯文】愚，愚笨。由心、由禺會意。禺，猴一類，是野獸中愚蠢的東西。

【注釋】① 从心，从禺：徐鍇《繫傳・通論》："(禺)猨猴之類是也。愚者之心似之，故於文，禺心爲愚。"此與左形右聲之惆別。

【參證】金文作，與篆文同。

愚也。从心，贛聲。　陟絳切(zhuàng)。

戇　【譯文】戇，愚直。从心，贛聲。

姦①也。从心，采聲。　倉宰切(cǎi)。

倸　【譯文】倸，姦邪。从心，采聲。

【注釋】① 姦：姚文田、嚴可均《校議》："姦未詳。"

愚也。从心，舂聲①。　丑江切(chuāng/chōng)②。

惷　【譯文】惷，愚蠢。从心，舂聲。

【注釋】① 舂聲：聲中有義。徐鍇《繫傳・通論》"愚"下："惷猶舂，若惷(舂)物直舂之，無回慮，故於文，心舂爲惷，舂亦聲。"　② 今讀依《廣韻》書容切。

【參證】金文作，上从舂省，下从心。

騃①也。从心，从疑，疑亦聲。一曰：惶也。　五溉切(ài)。

懝　【譯文】懝，癡呆。由心、由疑會意，疑也表聲。另一義説，是惶恐。

【注釋】① 騃(ái)：玄應《一切經音義》卷六引《蒼頡篇》："騃，無知之皃也。"《廣雅・釋詁三》："騃，癡也。"

【參證】馬敘倫《六書疏證》卷二十："此今俗作呆之本字也。"

很①也。从心，支聲。　之義切(zhì)。

忮　【譯文】忮，不聽從。从心，支聲。

【注釋】① 很：《段注》："很者，不聽从也。"

勇也。从心，旱聲。　侯旰切(hàn)。

悍　【譯文】悍，勇敢。从心，旱聲。

意①也。从心，从能②。，或从人③。　他代切(tài)。

態　【譯文】態，意態。由心、由能會意。僠，態的或體，从人。

【注釋】① 意：《段注》作“意態”，注：“意態者，有是意，因有是狀，故曰意態。” ② 从心，从能：徐鍇《繫傳》：“心能於其事，然後有態度也。”一説，能聲。桂馥《義證》：“能讀如耐。”存參。 ③ 从人：猶从心也。

怪 異[1]也。从心，圣聲。 古壞切（guài）。

【譯文】怪，奇異。从心，圣（kū）聲。

【注釋】① 異：桂馥《義證》：“凡奇異非常皆曰怪。”

像[1] 放也。从心，象聲。 徒朗切（dàng）。

【譯文】像，放蕩。从心，象聲。

【注釋】① 像，錢坫《㪿詮》：“此放蕩字。”

慢 惰也。从心，曼聲。一曰：慢[1]，不畏也。 謀晏切（màn）。

【譯文】慢，怠惰。从心，曼聲。另一義説，慢，（驕而）不懼。

【注釋】① 慢：朱駿聲《通訓定聲》：“［叚借］爲嫚。……《廣雅·釋詁三》：‘慢，傷（輕侮）也。’”

怠 慢也。从心，台聲。 徒亥切（dài）。

【譯文】怠，怠慢。从心，台聲。

【參證】金文作。

懈[1] 怠也。从心，解聲[2]。 古隘切（xiè）[3]。

【譯文】懈，懈怠。从心，解聲。

【注釋】① 懈：《段注》：“古多叚解爲之。” ② 解聲：聲中有義。本書：“解，判也。”徐灝《段注箋》：“引申爲凡解散之稱。懈惰，又解散之引申。古皆作解。”段側重聲音，故曰叚借；徐側重意義，故曰引申。就懈怠義而言，解懈是古今字；就懈之内部構形而言，是形聲包會意。 ③ 當讀 jiè，今音 xiè。

【參證】金文作，不从心。

憜 不敬也。从心，𡐦省。《春秋傳》[1]曰：“執玉憜。”，憜或省自。[2]，古文。 徒果切（duò）。

【譯文】憜，（輕侮）不敬。由心，由𡐦省會意。《春秋左傳》説：“拿着玉顯出怠慢不敬的神色。”惰，憜的或體，由憜省去自。媠，憜的古文。

【注釋】①《春秋傳》：指《左傳·僖公十一年》。今本原文："天王使召武公、内史過賜晉侯命，受玉惰。"《國語·周語上》作"執玉卑，拜不稽首。"就是"受玉惰"的意思。許氏將《左傳》的"受"誤記成《國語》的"執"。 ② 婧：朱駿聲《通訓定聲》："古文當爲嫷之或體。"

【參證】商承祚《説文中之古文考》："婧爲女部嫷省，而非古文。""嫷爲美好。"

慫[1] 驚也。从心，從聲。讀若悚[2]。 息拱切(sǒng)。

【譯文】慫，驚懼。从心，從聲。音讀象"悚"字。

【注釋】① 慫：徐灝《段注箋》："從者，順義，與驚相遠。《廣雅》曰：'慫，勸也。'《方言》十曰：'慫慂，勸也。南楚凡己不欲喜而旁人説之、不欲怒而旁人怒之，或謂之慫慂。'"按：徐謂從聲兼意。慫是奬勉慫慂的本字。己不欲喜而旁人使之喜，己不欲怒而旁人使之怒，甘心順從旁人也，故於文从心从從會意。姑備此異説。 ② 讀若悚：葉德輝《讀若考》："本部無悚字。悚，隸俗字，本當作愯。本部：愯，懼也。"驚懼，一義相因。此"讀若"也兼釋義。葉説與許一致。

怫 鬱[1]也。从心，弗聲。 符弗切(fú)。

【譯文】怫，抑鬱。从心，弗聲。

【注釋】① 鬱：《段注》作"鬱"，注："鬱者，芳艸築以煮之，引申爲凡抑鬱之偁。"張舜徽《約注》："謂鬱結於内不得宣洩也。"

忦 忽[1]也。从心，介聲。《孟子》[2]曰："孝子之心不若是忦。" 呼介切(xiè)。

【譯文】忦，忽略。从心，介聲。《孟子》説："孝子的心，不會象這樣的忽略。"

【注釋】① 忽：徐鍇《繫傳》："忽略不省也。" ②《孟子》：指《萬章》。今本"忦"作"恝"。

忽[1] 忘也。从心，勿聲。 呼骨切(hū)。

【譯文】忽，恍忽而不記。从心，勿聲。

【注釋】① 忽：錢坫《斠詮》："此忽怳字。忽怳者，忽忘也。"

【參證】金文作[金文字形],與篆文同。

忘 不識①也。从心,从亡②,亡亦聲。 武方切(wáng/wàng)③。

【譯文】忘,不記得。由心、由亡會意,亡也表聲。

【注釋】① 識(zhì):張舜徽《約注》:"識即記也,亦讀同志。" ② 从亡:張舜徽《約注》:"忘之言亡也,謂遺亡不記也。" ③ 今讀依《廣韻》巫放切。

【參證】金文作[金文字形]、[金文字形]、[金文字形],與篆文同。

懣 忘也;懣兜①也。从心,㒼聲。 (毋)[母]②官切(mán)。

【譯文】懣,忘記;糊塗不曉事理。从心,㒼聲。

【注釋】① 懣兜:《段注》:"懣兜蓋古語,忘之皃也。猶今人曰糊塗不省事。" ② 毋:據《段注》校改。

恣① 縱也。从心,次聲。 資四切(zì)。

【譯文】恣,放縱。从心,次聲。

【注釋】① 恣:朱駿聲《通訓定聲》:"《淮南書》'所以禁民使不得自恣也'。注:放也。"

愓① 放也。从心,昜聲。一曰:平也。 徒朗切(dàng)。

【譯文】愓,放蕩。从心,昜聲。另一義説,是蕩平。

【注釋】① 愓:錢坫《斠詮》:"此淫蕩字。又,蕩平字。"

憧 意不定也。从心,童聲。 尺容切(chōng)。

【譯文】憧,心意不定。从心,童聲。

悝 啁①也。从心,里聲。《春秋傳》②有孔悝。一曰:病③也。 苦回切(kuī)。

【譯文】悝,詼諧嘲笑。从心,里聲。《春秋左傳》有個叫孔悝的。另一義説,是疾病。

【注釋】① 啁(tiáo):《段注》:"啁即今之嘲字,悝即今之詼字。謂詼諧啁調也。今則詼嘲行而悝啁廢矣。" ②《春秋傳》:指《左傳·哀公十五年》。孔悝,衛國孔圉的兒子。 ③ 病:《玉篇·心部》:"悝,疾也。"

憰① 權詐也。从心,矞聲。 古穴切(jué)。

【譯文】憰,權變欺詐。从心,矞聲。

【注釋】① 憰：朱駿聲《通訓定聲》："言詐曰譎，心詐曰憰。"按言爲心聲，故《段注》曰："此與言部譎音義皆同。"

㤮[①] 誤也。从心，狂聲。　居況切(guàng)。

㤮 【譯文】㤮，(使)謬誤。从心，狂聲。

【注釋】① 㤮：徐灝《段注箋》："(㤮)即誤人之義。"王筠《句讀》："與言部'誑'同。"㤮，重在心計；誑，重在巧言。言爲心聲，从心猶从言也。

怳[①] 狂之皃。从心，況省聲[②]。　許往切(huǎng)。

怳 【譯文】怳，狂放的樣子。从心，況省聲。

【注釋】① 怳：邵瑛《羣經正字》："此即怳忽之怳。""今經典作恍惚。"狂放與模糊恍惚，義實相因。　② 況省聲：《段注》作"兄聲"。兄、怳上古同屬陽部、曉紐。

恑[①] 變也。从心，危聲。　過委切(guǐ)。

恑 【譯文】恑，變詐。从心，危聲。

【注釋】① 恑：朱駿聲《通訓定聲》："《一切經音義》三引《説文》'變詐也'。史書皆以詭爲之。"

懏[①] 有二心也。从心，巂聲。　户圭切(xié)。

懏 【譯文】懏，有二心。从心，巂聲。

【注釋】① 懏：《廣韻·齊韻》："懏，離心也。"《段注》："古多叚借攜爲之。"

悸[①] 心動也。从心，季聲。　其季切(jì)。

悸 【譯文】悸，心慌而動。从心，季聲。

【注釋】① 悸：王筠《句讀》："疒部：痵，气不定也。……《説文》悸本與痵同義。"

【參證】馬敘倫《六書疏證》卷二十："'心動'與'气不定'，義似無殊。蓋異文也。抑心動謂心有所恐思。"按恐懼則驚慌，故譯文作"心慌而動"。

憿 幸[①]也。从心，敫聲。　古堯切(jiāo)。

憿 【譯文】憿，憿幸。从心，敫聲。

【注釋】① 幸：連篆爲讀。王筠《句讀》："憿幸是連語，兩字同義。"《段注》："幸者，吉而免凶也。"朱駿聲《通訓定聲》："經傳皆以徼爲之,俗作僥倖、儌倖。”

懖 善自用[①]之意也。从心,銛聲。《商書》[②]曰:“今汝懖懖。”𦗢,古文从耳[③]。　古活切(kuò)。

【譯文】懖,喜好剛愎自用的意思。从心,銛聲。《商書》説:“今天你們剛愎自用。”𦗢,古文懖字,从耳。

【注釋】① 善自用:張舜徽《約注》:“善自用,猶言好自用耳。”　②《商書》:指《盤庚上》。今本“懖懖”作“聒聒”。　③ 从耳:朱駿聲《通訓定聲》:“从耳之字當爲聒之古文。《書·盤庚》:‘今汝懖懖。’今作聒。”承培元《引經證例》:“不聽人意。”故从耳。剛愎自用,固執己見,故从心;剛愎自用,若側重不聽人意,則从耳,省而爲聒。喧嘩之語,常人不聽,剛愎者尤爲不聽,从耳聽角度,从擾亂耳孔角度,聒可引申爲“讙語”。參“聒”條。

忨[①] 貪[②]也。从心,元聲。《春秋傳》[③]曰:“忨歲而潵日。”　五換切(wàn/wán)[④]。

【譯文】忨,(苟安)貪欲。从心,元聲。《春秋左傳》説:“苟安於歲月的流逝,而又着急時日的短暫。”

【注釋】① 忨:《國語·晉語八》:“今忨日而潵歲。”韋昭注:“忨,偷(苟且)也。”　② 貪:《段注》:“貪者,欲物也。”　③《春秋傳》:指《左傳·昭公元年》。潵,承培元《引經證例》:“欠部‘潵,欲歠(飲)也。’有急義。”今本《左傳》“忨”作“翫”,“潵”作“愒”。楊伯峻《春秋左傳注》:“此言趙孟之習厭于日月之流逝又急于己之難長久。”

④ 今讀依《廣韻》五丸切。

【參證】金文作。與篆文同。

惏[①] 河内[②]之北謂貪曰惏。从心,林聲。　盧含切(lán)。

【譯文】惏,河内郡的北部叫貪作惏。从心,林聲。

【注釋】① 惏:《段注》:“惏與女部婪音義同。”李富孫《辨字正俗》:“今俗多作貪婪。”　② 河内:漢郡名,見《漢書·地理志上》。相當于今河南省黄河南北兩岸的地方。

懜 不明也。从心,夢聲[①]。　武亘切(mèng)。

【譯文】懜,不明。从心,夢聲。

【注釋】① 夢聲：《段注》："夕部：'夢，不明也。'此舉形聲包會意。"

愆　過①也。从心，衍聲。㥶，或从寒省②。諐③，籀文。　去虔切(qiān)。

【譯文】愆，超越(正常)。从心，衍聲。寋，愆的或體，从寒省夊(爲聲)。諐，籀文愆。

【注釋】① 過：徐灝《段注箋》："過者，越也。故引申爲過差。"《一切經音義》、《玉篇》均引作"過也，失也"。徐灝的"過差"，就是過失。用今天的話説，超過真理一步就是謬誤，即走過標準限度則"失"。② 从寒省：《段注》："寒聲"。邵瑛《羣經正字》："《説文》有从䆛(寒)省之寋，又有从𡫳省之寒，以隸法書之相同無别。"　③ 諐：《段注》："从言，侃聲。過在多言，故从言。"侃也表義。蕭道管《重文管見》："侃侃而言，有口過也。"按：與从言、㦤(yì 惰)聲之㗊(xì)迥别。

【参證】金文作愆。陳夢家《壽縣蔡侯墓銅器》(《考古學報》一九五六年第二期)："愆即愆字。"戴家祥《金文大字典》："諐與愆形近，从言與从心可通。"

慊①　疑②也。从心，兼聲。　户兼切(xián)。

【譯文】慊，疑惑。从心，兼聲。

【注釋】① 慊：今多作嫌。　② 疑：《段注》："疑者惑也。"

惑　亂①也。从心，或聲。　胡國切(huò)。

【譯文】惑，迷亂。从心，或聲。

【注釋】① 亂：徐灝《段注箋》："當爲瞀(mào，眼昏花)亂之義。"

【参證】金文作惑，與篆文同。

怋　怓①也。从心，民聲。　呼昆切(hūn/mín)②。

【譯文】怋，亂。从心，民聲。

【注釋】① 怓：本部："怓，亂也。"　② 今讀依《廣韻》彌鄰切。

怓　亂也。从心，奴聲①。《詩》②曰："以謹惛怓。"　女交切(náo)。

【譯文】怓，亂。从心，奴聲。《詩經》説："用以謹慎地對待(天下)大亂。"

【注釋】① 从心，奴聲：朱駿聲《通訓定聲》："與下形上聲字(怒)

别。”　②《詩》：指《大雅·民勞》。惛怓，毛傳：“大亂也。”《段注》：“惛當作怋。”“怋怓爲聯緜字。”

惷　亂也。从心，春聲。《春秋傳》①曰：“王室日惷惷焉。”一曰：厚也。　尺允切(chǔn)。

【譯文】惷，擾亂。从心，春聲。《春秋左傳》説：“王室一天天被擾亂不安寧。”另一義説，是厚。

【注釋】①《春秋傳》：指《左傳·昭公二十四年》。今本作“王室實蠢蠢焉”，杜預注：“動擾皃。”

惛　不憭①也。从心，(昏)[昬]聲②。　呼昆切(hūn)。

【譯文】惛，不聰明。从心，昬聲。

【注釋】① 憭：《段注》：“憭，慧也。”　② 昬聲：小徐、段、桂、王、朱、錢皆作昬聲。昬是从日从氐的會意字；昏是从日民聲的形聲字，是昬字篆體隸走之譌。見《段注》。至唐代，昏又多改爲昬字。張舜徽《約注》：“唐人避諱，多易民爲氏，故从昏聲之字，多改爲昬耳。”依段説，昏為昬之譌，聲兼義。昬爲暝，引申爲昬暗，不明。就人心智而言，即不聰明。

愾　癡①皃。从心，气聲。　許既切(xì)。

【譯文】愾，癡呆的樣子。从心，气聲。

【注釋】① 癡：《段注》：“癡，不慧也。”

懲①　㝱言不慧也。从心，衛聲。　于歲切(wèi)。

【譯文】懲，夢裏説話，(語意)不明白。从心，衛聲。

【注釋】① 懲：《左傳·哀公二十四年》：“是躗言也。”《釋文》：“《字林》作懲，云：‘夢言，意不慧也。’”張舜徽《約注》：“意不慧者，語意不明憭也。”

憒　亂也。从心，貴聲。　胡對切(kuì)①。

【譯文】憒，心亂。从心，貴聲。

【注釋】① 當讀 huì，今讀 kuì。

忌①　憎惡也。从心，己聲。　渠記切(jì)。

【譯文】忌，憎恨怨惡。从心，己聲。

【注釋】① 忌：徐灝《段注箋》："常語爲畏憚，爲妬忌，爲忌諱，又爲怨。"

【參證】金文作、、。前二字與篆文同，末字何故从，也許是之譌。待考。

①悁也。从心，分聲。 敷粉切(fèn)。

忿 【譯文】忿，忿怒。从心，分聲。

【注釋】① 忿：《玉篇・心部》："忿，恨也，怒也。"《段注》："忿與憤義不同。憤以气盈爲義，忿以狷急爲義。"忿怒者情急而怒。

①忿也。从心，肙聲。一曰：憂也。②，籀文。 於緣切(yuān)。

悁 【譯文】悁，忿怒。从心，肙聲。另一義説，是憂愁。㥶，籀文悁字。

【注釋】① 悁：《段注》："悁之言獧也。獧，急也。"王筠《句讀》："李善引《字林》：'悁，含怒也。'""忿悁二字，古人每連言之，足徵其同義矣。" ② 㥶：《段注》："肙(yuān)聲。"

恨也。从心，黎聲。一曰：怠也。 郎尸切(lí)。

黎 【譯文】黎，恨。从心，黎(lí)聲。另一義説，是懈怠。

①恨也。从心，圭聲。 於避切(wèi/huì)。

恚 【譯文】恚，忿恨。从心，圭聲。

【注釋】① 恚：徐鍇《繫傳》："忿之深切也。"

恚也。从心，夗聲。①，古文。 於願切(yuàn)。

怨 【譯文】怨，怨恨。从心，夗聲。㤪，古文怨字。

【注釋】① 㤪：朱駿聲《通訓定聲》："古文从心，从令，未詳。"

①恚也。从心，奴聲②。 乃故切(nù)。

怒 【譯文】怒，憤怒。从心，奴聲。

【注釋】① 怒：《字彙・心部》："怒，恚也，憤也。" ② 奴聲：聲中有義。王玉樹《拈字》曰："(怒)从心从弩省。怒若强弩之發，人怒則面張起。凡怒當以心節之。故从心奴爲怒。"按：顔師古《匡謬正俗》曰："怒有二音。"一爲去聲，一爲上聲。从弩省聲，則怒爲上聲。

怨也。从心，敦聲。《周書》①曰："凡民罔不憝。" 徒對切(duì)。

憝 【譯文】憝，怨恨。从心，敦聲。《周書》説："大凡是百姓，沒有什麼人不怨恨的。”

【注釋】①《周書》：指《康誥》。今本原文：“凡民自(由此)得罪：寇、攘(指偷)、奸、宄(在外作亂)，殺越(遠)人于(取)貨，暋(mǐn，强横)不畏死，罔弗憝。”《孟子·萬章下》引作：“殺越人于貨，閔不畏死，凡民罔不言譈。”

慍[①] 怒也。从心，𥁕聲。　於問切(yùn)。

慍 【譯文】慍，藴怒。从心，𥁕聲。

【注釋】① 慍：張舜徽《約注》：“慍之言藴也，藴積在心未得洩也。凡心有不平，藴於内則爲怨，發於外則爲怒。怨與怒實相因，故經傳慍字，或釋爲怒，或釋爲怨耳。”

惡 過[①]也。从心，亞聲[②]。　烏各切(è)。

惡 【譯文】惡，罪過。从心，亞聲。

【注釋】① 過：《段注》：“人有過曰惡，有過而人憎之亦曰惡。”今過惡讀 è，憎惡讀 wù。　② 亞聲：聲中有義。徐鍇《繫傳·通論》：“亞者，醜也。”

憎 惡也。从心，曾聲。　作滕切(zēng)。

憎 【譯文】憎，恨惡(wù)。从心，曾聲。

怫 恨怒也。从心，朩聲。《詩》[①]曰：“視我怫怫。”　蒲昧切(bèi/pèi)[②]。

怫 【譯文】怫，恨怒(不悦)。从心，朩聲。《詩經》説：“對我恨怒不悦。”

【注釋】①《詩》：指《小雅·白華》。今本“怫怫”作“邁邁”。毛傳：“邁邁，不悦也。”　② 今讀依《廣韻》普蓋切。

忍 怒也。从心，刀聲[①]。讀若顡。　魚既切(yì)。

忍 【譯文】忍，怒。从心，刀聲。音讀象“顡(yì)”字。

【注釋】① 从心，刀聲：《段注》作“从心刀”，注：“謂心中含怒如懷刃也。”

憏 怨恨也。从心，(彖)[彖][①]聲。讀若膎。　户佳切(xié)。

憏 【譯文】憏，怨恨。从心，彖聲。音讀象“膎(xié)”字。

【注釋】① 彖：桂馥《義證》：“彖當爲彖(chǐ)。本書：‘彖，讀若弛。’”

恨 怨也。从心，皀聲①。 胡皀切(hèn)。

【譯文】恨，怨恨。从心，皀聲。

【注釋】① 皀聲：聲中有義。皀，不聽從。心中的怨恨多由互不聽從、彼此矛盾的事物産生。

懟 怨也。从心，對聲。 丈淚切(zhuì/duì)①。

【譯文】懟，怨恨。从心，對聲。

【注釋】① 今讀依《集韻》徒對切。

悔 悔恨①也。从心，每聲。 荒内切(huì/huǐ)②。

【譯文】悔，悔恨。从心，每聲。

【注釋】① 悔恨：王筠《句讀》："恨者，怨人之詞；悔者，自怨之詞。故必連言之。" ② 今讀依《廣韻》呼罪切。

愷 小怒也。从心，壴聲①。 充世切(chì)。

【譯文】愷，小怒。从心，壴聲。

【注釋】① 壴聲：桂馥《義證》："本書'壴'，中句切(zhù)，聲不相近。"存疑。

怏 不服懟①也。从心，央聲。 於亮切(yàng)。

【譯文】怏，因心不服而怨恨。从心，央聲。

【注釋】① 不服懟：徐承慶《段注匡謬》："不服而懟。"張舜徽《約注》："謂内心不服以致怨懟也。"

懣 煩①也。从心，从滿②。 莫困切(mèn)。

【譯文】懣，煩悶。由心、由滿會意。

【注釋】① 煩：《段注》："煩者，熱頭痛也。引申之，凡心悶皆爲煩。" ② 从滿：徐鍇《繫傳》作"滿聲"。按：懣應是會意兼形聲字。滿，言心中積滿鬱悶之氣。

憤① 懣也。从心，賁聲。 房吻切(fèn)。

【譯文】憤，憤怒之氣充滿。从心，賁聲。

【注釋】① 憤：桂馥《義證》："(《一切經音義》)云：'憤怒氣盈盛也。'"

悶① 懣也。从心，門聲。 莫困切(mèn)。

【譯文】悶，煩悶。从心，門聲。

【注釋】① 悶：張舜徽《約注》："憂結於心謂之悶。"

惆　失意①也。从心，周聲。　敕鳩切(chōu/chóu)。

【譯文】惆，失意。从心，周聲。

【注釋】① 失意：《莊子》："怊乎若嬰兒之失其母。"注云："怊，悵也。"怊是惆的或體。

悵　望恨①也。从心，長聲。　丑亮切(chàng)。

【譯文】悵，望其歸還卻不到，引以爲遺憾。从心，長聲。

【注釋】① 望恨：《段注》："望其還而不至爲恨也。"

愾　大①息也。从心，从氣②，氣亦聲。《詩》③曰："愾我寤歎。"　許既切(xì)。

【譯文】愾，嘆息。由心、由氣會意，氣也表聲。《詩經》說："唉，我醒過來就嘆氣啊。"

【注釋】① 大：徐承慶《段注匡謬》："古太字多作大。"　② 从氣：王筠《繫傳校録》"此由借氣爲气既久，讀《説文》者以今義爲古義，率意改之而忘其乖牾耳。"按：許之本意應是：从心从气，气亦聲。气本義爲雲气，引申爲凡气息之偁。从心从气，其意爲从心底發出的气息，即嘆息。氣的本義是"饋客芻米"。氣是气之叚借，爲王氏所謂氣之今義。　③《詩》：指《曹風・下泉》。愾，《鄭箋》："愾，嘆息之意。"

懆　愁不安也。从心，喿聲。《詩》①曰："念子懆懆。"　七早切(cǎo)。

【譯文】懆，憂愁不安。从心，喿聲。《詩經》説："思念您思念得憂愁不安。"

【注釋】①《詩》：指《小雅・白華》。

愴①　傷也。从心，倉聲。　初亮切(chuàng)。

【譯文】愴，悲傷。从心，倉聲。

【注釋】① 愴：《玉篇・心部》："愴，悲也，傷也。"

怛　憯①也。从心，旦聲。⿱旦心，或从心在旦下。《詩》②曰："信誓⿱旦心⿱旦心。"　得案切(dàn)。又，當割切(dá)。

【譯文】怛，痛苦。从心，旦聲。㥁，怛的或體，由“心”在“旦”下會意。《詩經》説：“誠信的誓言多麽誠懇。”

【注釋】① 憯：本部：“憯，痛也。”　② 《詩》：指《衛風・氓》。今本“㥁㥁”作“旦旦”。承培元《引經證例》：“此引《詩》證異義也。《詩》之㥁㥁則爲披誠瀝血之意，不與憯義相同也。”

①痛也。从心，朁聲。　七感切（cǎn）。

憯　【譯文】憯，痛苦。从心，朁聲。

【注釋】① 憯：徐灝《段注箋》：“憯與慘音義竝同。”慘義爲毒害，憯義爲痛苦。遭毒害必然痛苦。一義相因。

毒①也。从心，參聲。　七感切（cǎn）。

慘　【譯文】慘，毒害。从心，參聲。

【注釋】① 毒：《段注》：“毒，害也。”

①痛也。从心，妻聲。　七稽切（qī）。

悽　【譯文】悽，悲痛。从心，妻聲。

【注釋】① 悽：《爾雅・釋訓》：“悽悽，悲也。”

痛也。一曰：呻吟也①。从心，同聲。　他紅切（tōng）。

恫　【譯文】恫，痛苦。另一義説，是呻吟。从心，同聲。

【注釋】① 一曰：呻吟也：凡痛苦必多呻吟，故《段注》曰：“前説可包後説。”

①痛也。从心，非聲②。　府眉切（bēi）。

悲　【譯文】悲，悲痛。从心，非聲。

【注釋】① 悲：《段注》：“憯者，痛之深者也；恫者，痛之專者也；悲者，痛之上騰者也。各从其聲而得之。”　② 非聲：聲中有義。桂馥《義證》：“子華子，古之制字者，非其心也，則失類而悲。”“非其心”即徐鍇《繫傳》所謂“心之所非”。

①痛也。从心，則聲。　初力切（cè）。

惻　【譯文】惻，心痛。从心，則聲。

【注釋】① 惻：桂馥《義證》：“謂惻然心中痛也。”

①痛也。从心，昔聲。　思積切（xī）。

惜　【譯文】惜，哀痛。从心，昔聲。

【注釋】① 惜：徐灝《段注箋》："《楚辭·惜誓序》曰：'惜者，哀也。'"

慜① 痛也。从心，敃聲。 眉殞切(mǐn)。

【譯文】慜，悲痛。从心，敃聲。

【注釋】① 慜：《玉篇·心部》："慜，悲也。"

慇① 痛也。从心，殷聲。 於巾切(yīn)。

【譯文】慇，憂痛。从心，殷聲。

【注釋】① 慇：《段注》："《釋訓》：'慇慇，憂也。'謂憂之切者也。"

悠① 痛聲也。从心，依聲。《孝經》②曰："哭不悠。" 於豈切(yǐ/yī)③。

【譯文】悠，哀痛之聲。从心，依聲。《孝經》説："哭聲竭盡。"

【注釋】① 悠：朱駿聲《通訓定聲》："委曲不直，遂非痛之至者也。" ②《孝經》：指《喪親章》。今本"悠"作"偯"。不悠：王筠《句讀》："注云：'氣竭而息，聲不委曲。'"又引《雜記》云："中道，嬰兒失其母焉，何常聲之有？"注云："哭不偯。" ③ 今讀依《廣韻》於希切。

簡 簡①，存②也。从心，簡省聲。讀若簡。 古限切(jiǎn)。

【譯文】簡，簡簡，明察。从心，簡省聲。音讀象"簡"字。

【注釋】① 簡：連篆爲讀。《段注》："《釋訓》曰：'存存、簡簡，在也。'" ② 存：王筠《句讀》："《釋詁》：'在、存，察也。'"

慅① 動也。从心，蚤聲。一曰：起也。 穌遭切(sāo)。

【譯文】慅，憂動。从心，蚤聲。另一義説，慅是起的意思。

【注釋】① 慅：桂馥《義證》："經典用騷字。"王筠《句讀》引顔注《賈誼傳》曰："憂動曰騷。"又引《月出》釋文："慅，憂也。"

感① 動人心也。从心，咸聲。 古禫切(gǎn)。

【譯文】感，使人心動。从心，咸聲。

【注釋】① 感：錢坫《斠詮》："(許)訓爲動人心，則感動、感(hàn)恨兩義皆備，今於感恨之感更加立心。"按：感恨字今作憾。《段注》："憾淺于怨怒，才有動於心而已。"

忧 (不)[心]①動也。从心，尤聲。讀若祐②。 于救切(yòu)。

【譯文】忧，心動。从心，尤聲。音讀象"祐"字。

【注釋】① 不：當依《段注》作“心”。 ② 讀若祐：葉德輝《讀若考》：“尤右古音同部。”

慦 怨仇[1]也。从心，咎聲[2]。 其久切(jiù/qiú)。

【譯文】慦，怨恨。从心，咎聲。

【注釋】① 仇：《廣雅·釋詁三》：“仇，惡也。” ② 咎聲：聲中有義。《段注》：“此部人部咎皆謂歸咎於彼。舉形聲包會意也。”

愪 憂皃。从心，員聲。 王分切(yún)。

【譯文】愪，憂愁的樣子。从心，員聲。

怮 憂皃。从心，幼聲。 於虯切(yōu)。

【譯文】怮，憂愁的樣子。从心，幼聲。

忦[1] 憂也。从心，介聲。 五介切(ài/jiá)[2]。

【譯文】忦，憂懼。从心，介聲。

【注釋】① 忦：《廣雅·釋詁三》：“忦，懼也。”與忿義別。 ②《廣韻》此切無“忦”字，今讀依《廣韻》古黠切。

恙[1] 憂也。从心，羊聲。 余亮切(yàng)。

【譯文】恙，憂愁。从心，羊聲。

【注釋】① 恙：《段注》：“古相問曰‘不恙’、曰‘無恙’：皆謂‘無憂’也。”

惴 憂懼也。从心，耑聲。《詩》[1]曰：“惴惴其慄。” 之瑞切(zhuì)。

【譯文】惴，憂懼。从心，耑聲。《詩經》說：“惴惴恐懼而戰慄。”

【注釋】①《詩》：指《秦風·黄鳥》。

惸 憂也。从心，鈞聲。 常倫切(chún/qióng)[1]。

【譯文】惸，憂愁。从心，鈞聲。

【注釋】① 今讀依《廣韻》渠營切。

怲 憂也。从心，丙聲。《詩》[1]曰：“憂心怲怲。” 兵永切(bǐng)。

【譯文】怲，憂愁。从心，丙聲。《詩經》說：“憂愁的心十分深重。”

【注釋】①《詩》：指《小雅·頍弁》。毛傳：“怲怲，憂盛滿也。”

惔 憂也。从心，炎聲[①]。《詩》[②]曰："憂心如惔。" 徒甘切(tán)。

【譯文】惔，憂愁。从心，炎聲。《詩經》說："憂愁的心象被火焚燎。"

【注釋】① 炎聲：聲中有義。《段注》："此以形聲賅會意。"

②《詩》：指《小雅·節南山》。雷浚《引經例辨》："引《詩》說假借也。"高翔麟《字通》："(惔)通炎。"毛傳："惔，燔。"鄭箋："憂心如火灼爛之矣。"

惙 憂也。从心，叕聲[①]。《詩》[②]曰："憂心惙惙。"一曰：意不定也。 陟劣切(chuò)

【譯文】惙，憂愁。从心，叕聲。《詩經》說："憂愁的心惙惙不斷。"另一義說，惙是心意不定的意思。

【注釋】① 叕聲：聲中有義。本書："叕，綴聯也。"引申爲聯緜不斷。从心从叕，其義爲憂愁之心緒牽絲不絕。 ②《詩》：指《召南·草蟲》。俞樾《羣經平議》卷九："憂心惙惙，猶曰憂心綴綴，言憂心聯屬不絕也。"

惕[①] 憂也。从心，殤省聲[②]。 式亮切(shàng/shāng)[③]。

【譯文】惕，憂傷。从心，殤省聲。

【注釋】① 惕：王筠《句讀》："經典皆借惕爲殤。" ② 殤省聲：聲中有義。本書："殤，不成人(死)也。"未成年夭折，令人心傷。

③ 今讀依《廣韻》式羊切。

愁[①] 憂也。从心，秋聲[②]。 士尤切(chóu)。

【譯文】愁，憂愁。从心，秋聲。

【注釋】① 愁：朱駿聲《通訓定聲》。"字亦作愀，左形右聲。"

② 秋聲：聲中有義。《禮記·鄉飲酒義》："秋之爲言愁也。"《尚書大傳》："秋者，愁也。萬物愁而入也。"秋時爲《段注》所說："其時萬物皆老"，生命已到盡頭。故見秋而心愁也。

㥄 憂皃。从心，弱聲。讀與惄同。 奴歷切(nì)。

【譯文】㥄，憂愁的樣子。从心，弱聲。音讀與"惄(nì)"同。

㤌 憂困也。从心，臽聲。 苦感切(kǎn)。

【譯文】㤌，憂困。从心，臽聲。

悠 憂也。从心，攸聲①。 以周切(yōu)。

【譯文】悠，憂思。从心，攸聲。

【注釋】① 攸聲：張舜徽《約注》："悠从攸聲，聲實兼義，謂憂思之長也。"

悴 憂也。从心，卒聲。讀與《易》萃卦同。 秦醉切(cuì)。

【譯文】悴，憂愁。从心，卒聲。音讀與《易經》的萃卦的"萃"字相同。

慁 憂也。从心，圂聲。一曰：擾也。 胡困切(hùn)。

【譯文】慁，憂慮。从心，圂聲。另一義説，是擾亂。

憖 楚潁之閒謂憂曰憖。从心，𠩺聲。 力至切(lì/lí)①。

【譯文】憖，楚地和潁地之閒叫憂傷作憖。从心，𠩺聲。

【注釋】① 今讀依《廣韻》里之切。

忓 憂也。从心，于聲①。讀若吁。 況于切(xū)。

【譯文】忓，憂傷。从心，于聲。音讀象"吁"字。

【注釋】① 于聲：聲中有義。王筠《句讀》："于即古吁字。"于部吁下云：驚詞也。口裏發出驚懼之聲，爲憂思難釋的某種表現。

【參證】金文作[金文]，从心，吁聲。

忡 憂也。从心，中聲。《詩》①曰："憂心忡忡。" 敕中切(chōng)。

【譯文】忡，憂愁。从心，中聲。《詩經》説："憂愁之心忡忡不寧。"

【注釋】①《詩》：指《召南・草蟲》、《小雅・出車》。徐鍇《繫傳》："(忡忡，)憂而心動也。"張舜徽《約注》："今俗猶稱因憂患而心不寧定曰心忡，蓋古語也。"

悄 憂也。从心，肖聲。《詩》①曰："憂心悄悄。" 親小切(qiǎo)。

【譯文】悄，憂愁。从心，肖聲。《詩經》説："憂愁之心悄悄深沉。"

【注釋】①《詩》：指《邶風・柏舟》。徐鍇《繫傳》："(悄悄，)憂思低下也。"張舜徽《約注》："小徐所云低下，亦即深沉意。"承培元《引經證例》："忡忡爲憂之擾動，悄悄爲憂之内藴也。"

慽 憂①也。从心，戚聲。 倉歷切(qī)。

【譯文】慽，憂愁。从心，戚聲。

【注釋】① 憂：徐鍇《繫傳》："《春秋左傳》：'晉人戚憂以重我。'憂，近心之切也。今作戚。"戚即慼，慼憂，同義連用。戚乃近切心底之憂也。

𢝊 愁也。从心，从頁②。 於求切(yōu)。

【譯文】𢝊，憂愁。由心、由頁會意。

【注釋】① 𢝊：朱駿聲《通訓定聲》："經傳皆以憂爲之，而𢝊字廢矣。" ② 从頁：徐鍇《繫傳》："𢝊心形於顔面，故從頁。"桂馥《義證》："頁即首字。"宋保《諧聲補逸》："故𢝊字从其聲，音相近故也。"按：頁既表義，又兼聲。

【參證】金文作[illegible]、[illegible]，上从頁，下从心，與篆文同。楊樹達《文字形義學》："𢝊愁生於心而見於面，故爲二名相承。"所謂二名，即心與頁。

患 憂也。从心上貫吅，吅亦聲①。[illegible]，古文从關省②。[illegible]，亦古文患。 胡丱切(huàn)。

【譯文】患，憂慮。由"心"字向上貫穿"吅(xuān)"字，吅也表聲。[illegible]，古文患字，由關字省去丝爲聲。[illegible]，也是古文患字。

【注釋】① 从心句：《段注》："當作'从心、毌聲'四字。毌、貫古今字。古形横直無一定。……患字上从毌，或横之作申，而又析爲二中之形，蓋恐類於申(shēn)也。" ② 从關省：《段注》："以關省爲聲也。關从𢇇聲，𢇇从丱(guān)聲。"

恇 怯也。从心，匡(匡亦①)聲。 去王切(kuāng)。

【譯文】恇，膽怯。从心，匡聲。

【注釋】① 匡亦：《段注》："匡亦二字衍。"譯文照《段注》。

㥦 思皃①。从心，夾聲。 苦叶切(qiè)。

【譯文】㥦，思念的樣子。从心，夾聲。

【注釋】① 思皃：王筠《句讀》："《衆經音義》引作'恐息也'。案：蓋謂恐懼而喘息也。與上下文諸字義相類。"存參。

懾 失气也。从心，聶聲。一曰：服①也。 之涉切(zhé/shè)②。

【譯文】懾，喪氣。从心，聶聲。另一義説，懾是(心)服的意思。

【注釋】① 服：《段注》作"心服"。 ② 今讀依《集韻》失涉切。

憚 忌難①也。从心，單聲。一曰：難②也。 徒案切(dàn)。

【譯文】憚，因忌惡(wù)而認爲艱難。从心，單聲。另一義説，憚是使之畏懼的意思。

【注釋】① 忌難:《段注》:"憎惡而難之也。"即段氏説的"畏難"。 ② 難:《段注》:"當作'難之也'。難讀去聲。"按,難(nàn)指畏懼。難之即使之畏懼,即段氏説的"以難相恐嚇"。

【參證】金文作,爲下形上聲結構。

悼[1] 懼也。陳楚謂懼曰悼。从心,卓聲。 徒到切(dào)。

【譯文】悼,恐懼。陳地和楚地叫恐懼作悼。从心,卓聲。

【注釋】① 悼:《方言》:"(哀)陳楚之間曰悼。""秦晉之閒,或曰矜,或曰憚。"又,"悼,傷也,秦謂之悼"。《段注》:"皆不訓懼。""許易哀爲懼。未詳。"

恐 懼也。从心,巩聲。,古文。 丘隴切(kǒng)。

【譯文】恐,畏懼。从心,巩聲。𢖶,古文恐字。

【參證】金文作。戴家祥《金文大字典》:"(𢀜)爲恐之省聲字。"

慴 懼也。从心,習聲。讀若疊[1]。 之涉切(zhé/shè)[2]。

【譯文】慴,恐懼。从心,習聲。音讀象"疊"字。

【注釋】① 讀若疊:慴、疊上古同屬葉部、舌音。 ② 今讀依《集韻》實攝切。

怵 恐也。从心,术聲。 丑律切(chù)。

【譯文】怵,恐懼。从心,术聲。

惕 敬[1]也。从心,易聲。,或从狄[2]。 他歷切(tì)。

【譯文】惕,恭敬。从心,易聲。悐,惕的或體,从狄聲。

【注釋】① 敬:沈濤《古本考》:"古無訓惕爲敬者,敬乃驚字之壞。""懼與驚義相近。"存參。 ② 从狄:《段注》:"狄,聲也。"宋保《諧聲補逸》:"逖从狄聲,古文作逷、从易聲矣。"

【參證】金文作、。戴家祥《金文大字典》:"蔡侯尊銘文'不惕'與《漢書·王商傳》'無惕悐憂'同,即怵惕憂懼之義。"

慹[1] 戰慄也。从心,共聲。 户工切(hóng)。又,工恐切(gǒng)。

【譯文】慹,戰慄。从心,共聲。

【注釋】① 慹:與上共下心之恭字義别。

恔[1] 苦也。从心，亥聲。 胡槩切(hài)。

【譯文】恔，愁苦。从心，亥聲。

【注釋】① 恔：錢坫《斠詮》引《通俗文》："患愁曰恔。"

惶 恐也。从心，皇聲。 胡光切(huáng)。

【譯文】惶，恐懼。从心，皇聲。

悑 惶也。从心，甫聲。怖，或从布聲。 普故切(bù)。

【譯文】悑，惶恐。从心，甫聲。怖，悑的或體，从布聲。

慹 悑也。从心，執聲。 之入切(zhí)。

【譯文】慹，恐怖。从心，執聲。

㦤[1] (悑)[㥔][2]也。从心，毄聲。 苦計切(qì)。

【譯文】㦤，疲憊。从心，毄聲。

【注釋】① 㦤：錢坫《斠詮》："今北方人謂極(疲憊)爲㦤。"
② 悑：陳刻本誤，據衆本改。

㥔[1] 㦤也。从心，葡聲。㾦，或从疒。 蒲拜切(bèi)。

【譯文】㥔，疲乏不堪。从心，葡聲。㾦，㥔的或體。从疒。

【注釋】① 㥔：桂馥《義證》引《廣韻》："㥔，疲劣。"

惎 毒也。从心，其聲。《周書》[1]曰："來就(惎)[余]惎。" 渠記切(jì)。

【譯文】惎，毒害。从心，其聲。《周書》説："來到我這裏接受教導。"

【注釋】①《周書》：指《秦誓》。今本作"未就予忌"。承培元《引經證例》作"來就余惎"，注："此引《書》證字之異義也。引《書》下當有'惎教也'三字，以别于'毒'義。'來就余惎'者，謂古之謀人曰：'爾來就我受教。'再引《書》以證教之一説。""惎訓毒，毒亦訓甹，故有教義。"

恥 辱也。从心，耳聲。 敕里切(chǐ)。

【譯文】恥，羞辱。从心，耳聲。

【參證】陳獨秀《小學識字課本》："侮辱之言入於耳而慚於心也。"

㥏 青徐[1]謂慙曰㥏。从心，典聲。 他典切(tiǎn)。

【譯文】㥏，青州、徐州地方叫慚愧作㥏。从心，典聲。

【注釋】① 青、徐：《尚書·禹貢》："海（渤海）岱（泰山）惟（是）青州。""海（黄海）、岱及淮（淮河）惟徐州。"按：青州即今山東半島，徐州即今江蘇、安徽北部、山東南部。

①辱也。从心，天聲。　他點切（tiǎn）。

忝 【譯文】忝，恥辱。从心，天聲。

【注釋】① 忝：《段注》："蓋或悿之或體耳。"

【參證】馬敘倫《六書疏證》卷二十："忝悿音同透紐、聲同真類。"楷書後作忝。心旁在下者或作㣺，如恭。

媿也。从心，斬聲。　昨甘切（cán）。

慙 【譯文】慙，羞愧。从心，斬聲。

①慙也。从心，而聲。　女六切（nǜ）。

恧 【譯文】恧，慚愧。从心，而聲。

【注釋】① 恧：《方言》："山之東西，自媿曰恧。"

慙也。从心，作省聲①。　在各切（zuò）。

怍 【譯文】怍，慚愧。从心，作省聲。

【注釋】① 作省聲：《荀子·儒效篇》："無所儗怎。"注云："謂無疑滯慙怎也。"此"怎"不省。又，徐鍇《繫傳》："心作動也。"以爲作也表意。

①哀也。从心，粦聲。　落賢切（lián）。

憐 【譯文】憐，哀憐。从心，粦聲。

【注釋】① 憐：《廣韻·先韻》："憐，哀矜也。"

①泣②下也。从心，連聲③。《易》④曰："泣涕漣如。"　力延切（lián）。

漣 【譯文】漣，眼淚（連連）而下。从心，連聲。《易經》説："眼淚漣漣不斷地（流）。"

【注釋】① 漣：徐鍇《繫傳》："心悲而泣下也。"　② 泣：《段注》："無聲出涕曰泣。"　③ 从心，連聲：《段注》："从心者，哀出於心也；从連者，不可止也。連亦聲。"連，聲中有義。　④《易》：指《屯》上六爻辭。今本作"泣血漣如"。如，詞尾。《古義》："或古从立心（忄），篆書水心相近，故誤爲漣。"

忍 ①能也。从心，刃聲。　而軫切（rěn）。

【譯文】忍，忍耐。从心，刃聲。

【注釋】① 忍：王筠《句讀》："能讀爲耐。皇侃《論語》疏：'忍猶容耐也。'"

【參證】金文作，與篆文同。

㥦 厲①也。一曰：止②也。从心，弭聲。讀若沔③。　弥兖切（miǎn/mǐ）④。

【譯文】㥦，磨礪。另一義説，是停止。从心，弭聲。音讀象"沔"字。

【注釋】① 厲：《段注》："蓋淬（cuì，加熱金屬，浸水冷卻，使之硬化。這裏喻磨煉）厲之意。"　② 止：王筠《句讀》："經典省作弭。"　③ 讀若沔（mián）：㥦、沔上古同屬明紐。王筠《釋例》："㥦从弭聲而讀若沔，轉音也。"　④ 今讀依《廣韻》緜婢切。

𢘊 ①懲也。从心，乂②聲。　魚肺切（yì）。

【譯文】𢘊，懲治。从心，乂聲。

【注釋】① 𢘊：徐鍇《繫傳》："今經傳皆借乂及艾字。"　② 乂（yì）：聲中有義。本書丿部："乂，芟艸也。"乂有治理義。

懲 ①𢘊也。从心，徵聲。　直陵切（chéng）。

【譯文】懲，改正（以前的過失）。从心，徵聲。

【注釋】① 懲：徐鍇《繫傳》"𢘊"下："懲，改也。"桂馥《義證》："改革前失曰懲也。"

憬 覺寤也。从心，景聲。《詩》①曰："憬彼淮夷。"　俱永切（jǐng）②。

【譯文】憬，覺悟。从心，景聲。《詩經》説："已經覺悟了，那淮河一帶的夷族。"

【注釋】①《詩》：指《魯頌·泮水》。　② 當讀 jiǒng，今讀 jǐng。

文二百六十三　重二十二

慵 嬾也。从心，庸聲①。　蜀容切（yōng）②。

【譯文】慵，懶。从心，庸聲。

【注釋】① 庸聲：《爾雅·釋詁》："庸，勞也。"按《説文》訓"用"，即施行。勞作即施行之一端。《鄭新附考》:"庸即古慵字。勞苦者恒疲惰。本無二義。""俗加心以别功庸字。當出六朝。" ② 今讀如庸。

悱① 口悱悱也。从心,非聲②。 敷尾切(fěi)。

【譯文】悱,(心有所見)口欲言,而悱悱不能言之狀。从心,非聲。

【注釋】① 悱:《鄭新附考》:"《論語》'不悱不發'鄭君注:'以口悱悱。悱悱是心有所見而口不能言之狀。乃心口相非違也。'"用直白的話説,想説而不能恰當説出來的樣子,叫口悱悱。 ② 非聲:照"心口相非違"説,聲中有義。

怩 衄怩①,慙②也。从心,尼聲。 女夷切(ní)。

【譯文】怩,忸怩的怩字,忸怩是慚愧的樣子。从心,尼聲。

【注釋】① 衄怩:《鄭新附考》:"衄即忸字。古止借鼻血之衄作之。"《説文》作"恧"(nǜ)。忸怩,雙聲聯緜字。 ② 慙:《方言》:"忸怩,慙歰也。楚郢江湘之間謂之忸怩。"

【參證】《汗簡》作。黄錫全《汗簡注釋》卷四:"怩字作㞾,與惕字作(蔡侯䵼盤),也作(趙孟壺)類同。"

沾 沾懘①,煩②聲也。从心,沾聲。 尺詹切(chān)。

【譯文】沾,沾懘的沾,(沾懘是)令人煩躁的聲音。

【注釋】① 沾懘:雙聲聯緜字。《史記·樂書》:"宫爲君,商爲臣,角爲民,徵爲事,羽爲物。五者不亂,則無沾懘之音矣。"裴駰《集解》:"沾懘,弊敗不和之皃。"聲音不和諧,故曰"煩聲"。 ② 煩:本義爲身熱頭痛,引申爲煩躁、煩惱。

懘① 沾懘也。从心,滯聲。 尺制切(chì)。

【譯文】懘,沾懘的懘。从心,滯聲。

【注釋】① 懘:參"沾"條。

貇① 悃②也。从心,豤聲。 康恨切(kěn)。

【譯文】貇,誠貇。从心,豤聲。

【注釋】① 貇:《鄭新附考》:"古無專字,止借作豤。"如:《漢書·司馬遷傳》"勤勤豤豤"。鄭又説:"俗豤作貇,後(豤)加心。俗亦作懇。" ② 悃:本義爲"誠心"。參"悃"條。

忖 度[①]也。从心，寸聲[②]。　倉本切(cǔn)。

【譯文】忖，揣度。从心，寸聲。

【注釋】① 度：本義爲法制即法度。下从又，即手，布指知尺；上从庶，即萬事萬物。會合其意爲，用手指代表的尺寸去量度事物，叫度；作名詞，則爲尺度；用於管人的司法，則爲法制、法度；用於心理、思惟，則爲揣度，思量。　② 寸聲：聲中有義。《鄭新附考》："《詩·巧言》'予忖度之'，《釋文》：'忖本又作寸。'作寸，古本也。寸，度(如字)也。以此寸寸度(入聲)之，遂謂量度曰寸。""《漢·律曆志》云：'寸者忖也。'知漢時有忖。"寸本義寸口，尺寸，用如動詞，引申爲量度。用於思量、揣度，即用尺寸去測量心思，使抽象的意思，高度形象化。於是又加忄(心)旁以區别於尺寸之寸。故王玉樹《拈字》引《説文長箋》："从寸心會意，即諧寸聲。"

怊[①] 悲[②]也。从心，召聲。　敕宵切(chāo)。

【譯文】怊，因失意而湧上悲情。从心，召聲。

【注釋】① 怊：《莊子·天地》："怊乎若嬰兒之失其母也。"《釋文》引《字林》："怊，悵也。"《段注》"悵"下："望其還而不至爲恨也。"故釋爲失意。故又與悵連綴爲"怊悵"，雙聲聯緜字。狀失意之皃。又作"惆悵"。　② 悲：《段注》"悲"下："悲者，痛之上騰者也。"

慟[①] 大哭也。从心，動聲[②]。　徒弄切(tòng)。

【譯文】慟，因悲極而動容大哭。从心，動聲。

【注釋】① 慟：《論語·先進》："顔淵死，子哭之慟。"《鈕新附考》："《論語》釋文'慟'，引馬云：'哀過也。'鄭云：'變動容貌。'"因過分哀傷而變動容貌，大哭起來。　② 動聲：聲中有義。《鄭新附考》："哀動(tòng)爲動引申之一義。""古《論語》是動字，故(鄭)以動容解之。魯《論語》作'慟'，漢世字也。"

惹[①] 亂也。从心[②]，若聲。　人者切(rě)。

【譯文】惹，心亂而致語言牽引紛繁。从心，若聲。

【注釋】① 惹：《方言》："謰哰、謰謱，拏(ná)也。拏，揚州、會稽之語也。或謂之惹。"參"謰"條。《鄭新附考》："拏者，語言牽引紛拏之謂。""唯其是語言牽引，故唐人詩用惹爲牽惹。《玉篇》訓惹爲亂，亦謂辭說紛繁也。”因紛亂牽引，又引申爲招引、沾染。　② 从心：因从心，故曰心亂。思維紊亂，語言必然支離牽引。

恰① 用心也。从心，合聲②。　苦狹切(qià)。

恰 【譯文】恰，合用心力適當。从心，合聲。

【注釋】① 恰：《鄭新附考》：“六朝已前，書無此字。唐人詩乃常用之義爲適當。齊梁已來俗語也。”　② 合聲：聲中有義。合用心力，恰如其分，其義爲適當。杜甫《南鄰》：“秋水纔深四五尺，野航恰受兩三人。”

悌 善兄，弟也。从心，弟聲。經典通用弟①。　特計切(tì)。

悌 【譯文】悌，善敬兄長，是爲弟之道。从心，弟聲。經典通用“弟”字。

【注釋】① 弟：本義爲“韋束之次弟”。《段注》“弟”下：“束之不一則有次弟也。引申之爲凡次弟之弟，爲兄弟之弟。”兄弟之弟，名詞，又引申爲“弟道”；用如動詞，爲善敬兄長。善敬兄長，需發自内心，又从心作悌，以别於兄弟之弟。

懌 說①也。从心，睪聲。經典通用釋②。　羊益切(yì)。

懌 【譯文】懌，喜悦。从心，睪聲。經典通用釋字。

【注釋】① 說：本義爲“說(yuè)釋(yì)”。《段注》“說”下：“說釋即悦懌。說悦、釋懌皆古今字。說釋者，開解之意，故爲喜悦。”　② 通用釋：《鄭新附考》：“《說文》：‘釋，解也。’人心有不解釋者斯不說，解則說矣，故說懌字作釋，爲釋引申之義。猶孝弟爲弟引申之義。經典非通用也。《書・顧命》‘王不懌’《釋文》：‘懌，馬作釋。’《說文》說訓‘說釋也’。並古字。”鄭以爲懌作釋猶悌作弟，是詞義的引申，不是通假。

文十三　新附

惢部

惢 心疑也。从三心①。凡惢之屬皆从惢。讀若《易》②“旅瑣瑣”。　又③，才規(cuī)、才累(zuì)二切。(suǒ)

惢 【譯文】惢，心疑。由三個心字會意。大凡惢的部屬都从惢。音讀象《易經》"旅瑣瑣"的"瑣"字。

【注釋】① 从三心：《段注》"今俗謂疑爲多心。"按：三，言其多。 ②《易》：指《旅卦》初六爻辭。旅瑣瑣，旅人多疑。 ③ 又：王筠《句讀》："又者，承'讀若瑣'而言。《玉篇》：'桑果切。又，才累、才規二切。'"今依桑果切標音。

繠 垂也。从惢[1]，糸聲[2]。 如壘切(ruǐ)。

【譯文】繠，下垂。从惢，糸聲。

【注釋】① 从惢：徐灝《段注箋》"惢"下："惢與蕊同。蓋惢本訓心疑，借爲花蘂字，别作蕊，因譌爲蕋也。"按：心乃花之比況。

② 糸聲：《段注》删聲字："糸者，所以系而垂之也。"按段氏會意之説，从惢从糸，則是許多花朵系而垂之之象，故朱駿聲《通訓定聲》："花惢垂下皃"。譯文照許説。

文二

卷二十一

水部

水　準①也。北方之行②。象衆水並流，中③有微陽之气也。凡水之屬皆从水。　式軌切(shuǐ)。

【譯文】水，平。代表北方的一種物質。(𣱱)象許多水一同流去；中間的𠃊，表示有深隱在内的陽氣。大凡水的部屬都从水。

【注釋】① 準：《段注》："《釋名》曰：'水，準也。準，平也。'天下莫平於水。"　② 北方句：桂馥《義證》引《子華子》："北方陰極而生寒，寒生水。"參"火"條。　③ 中：《段注》："中畫象其陽。云微陽者，陽在内也。微猶隱也。"跳出附會陰陽五行之許説，饒炯《部首訂》釋篆文"水"可備一説："水篆，象衆水並流，中象深處波濤平易、渾然流行之形，兩旁象淺處波濤洶湧、時斷時連之形，故中連旁斷。今視川流適如其象。"

【參證】甲文作、、，金文作、。林義光《文源》："象水瀦(zhū，水停聚之地)，象水流。"

汃　西極之水也。从水，八聲。《爾雅》①曰："西至汃國，謂四極。"　府巾切(bīn)。

【譯文】汃，西方極遠的地方的水流。从水，八聲。《爾雅》説："西邊到汃國，叫作(西東南北)四方極遠的地方(之一)。"

【注釋】①《爾雅》：指《釋地》。今本原文："東至於泰遠，西至於邠(bīn)國(今陜西省彬縣)，南至於濮鉛，北至於祝栗，謂之四極。"郭璞注："(四極)皆四方極遠之國。"《段注》："(汃國)，此假借别爲一義。"承培元《引經證例》："許蓋謂汃國以水得名也。"

河①　水②。出(焞)[敦]煌③塞外昆侖山④，發原注海。从水，可聲。　乎哥切(hé)。

【譯文】河，水名。出自敦煌、邊塞之外的昆侖山，從水源出發，注入渤海。从水，可聲。

【注釋】① 河：黄河。源頭卡日曲出青海省巴顔克拉山脈各姿各雅山麓，向東流經四川、甘肅、寧夏、内蒙古、陜西、山西、河南等省，在山東省北部入渤海。張舜徽《約注》："徒以上游穿行黄土高原，挾泥沙以至平原，故水性重濁，終年渾黄，因又名曰黄河。河本此水專名，因引申爲凡水之通稱。"　② 水：王筠《句讀》："水也者，謂水名。"　③ 焞煌：王筠《繫傳校録》："大徐'敦'譌'焞'。"敦煌，漢郡名，故治在今甘肅省敦煌縣。見《漢書・地理志》。　④ 昆侖山：《爾雅・釋水》："河出崐崘虚，色白。"

【参證】甲文作、、，金文作。于省吾《殷契駢枝三編》："契文字右从，即丂字。一變而爲；……再變而爲，右从，象人荷戈形；三變爲、。"李孝定《甲骨文字集釋》："爲柯之初字，象枝柯之形，增口作可，乃求字體整齊。"金文㵒从水、𣢟聲。于省吾《殷契駢枝三編》："从旡、从人，一也。"按：甲文从，金文从何，从𣢟，均爲聲。陳夢家《古文字中之商周祭祀》(《燕京學報》第十九期)："河字實从丂聲。上古音系凡舌根破裂聲之見溪，至中古(《切韻》時代)分化爲二：一系仍讀見溪，如考、可、巧等字；一系變其發聲方法爲摩擦聲(地位不變)，如乎、兮、号、河、呵等字，讀爲曉匣母。河屬後系，然在上古與丂本一音也。"

泑　澤[①]。在昆侖下。从水，幼聲。讀與𣢳同。　於糾切(yǒu/yōu)[②]。

【譯文】泑，澤名。在昆侖山下。从水，幼聲。音讀與"𣢳"相同。

【注釋】① 澤：徐鍇《繫傳》："水所鍾曰澤。"泑澤，即今新疆東部的羅布泊。　② 今讀依《廣韻》於蚪切。

涷[①]　水。出發鳩山，入於河[②]。从水，東聲。　德紅切(dōng)。

【譯文】涷，水名。從發鳩山流出，注入黄河。从水，東聲。

【注釋】① 涷：即"濁漳水"。從山西省長子縣西邊的發鳩山發源，向東北流到河北省臨漳縣西部，與清漳水匯合。　② 入於河：按涷水不流入黄河。桂馥《義證》："本書今作'入於河'，後人亂之。"

涪① 水。出廣漢剛(邑)[氐]道徼外②,南入漢③。从水,音聲。縛牟切(fú)。

【譯文】涪,水名。從廣漢郡剛氐道邊塞之外流出,向南注入漢水。从水,音聲。

【注釋】① 涪:涪水,在四川省中部,從松潘縣發源,向東南流經平武、緜陽、三臺、遂寧、潼南,到合川縣進入嘉陵江。　② 廣漢句:《漢書・地理志》:"廣漢郡剛氐道。"邑當作氐。《段注》:"《百官公卿表》曰:'列侯所食縣曰國,有蠻夷曰道。'然則《志》偁剛氐道,以其有氐(少數民族名)而道之(偁它作道)。"廣漢郡:西漢治所在乘鄉,即今四川省金堂縣東;東漢移至雒縣,即今四川省廣漢縣北。徼(jiào):桂馥《義證》引《漢書音義》:"徼,塞也。以木柵水爲蠻夷界。"　③ 漢:《段注》:"(涪水)至重慶府之合州城南,嘉陵江合渠江自東北來會,合流至重慶府府城北入大江……嘉陵江即西漢水也。"

潼① 水。出廣漢②梓潼③北界,南入墊江④。从水,童聲。　徒紅切(tóng)。

【譯文】潼,水名。從廣漢郡梓潼北面邊界流出,向南注入墊江。从水,童聲。

【注釋】① 潼:潼水,在四川省梓潼縣境内,南流注入墊江。② 廣漢:參"涪"條。　③ 梓潼:漢置縣,在今四川省北部、涪江支流梓潼河流域。　④ 墊江:古西漢水(嘉陵江)下游經墊江縣(今合川縣)入長江一段,稱爲墊江。

江① 水。出蜀湔氐②徼外崏山,入海。从水,工聲。　古雙切(jiāng)。

【譯文】江,水名。從蜀郡湔氐道邊塞之外的岷山流出,注入大海。从水,工聲。

【注釋】① 江:長江。張舜徽《約注》:"江源出青海省西南境巴顏喀喇山,流經西藏、雲南、四川、湖北、湖南、江西、安徽、江蘇、上海,出吴淞口入海。江本此水專名,因引申爲凡水之通稱。"　② 蜀湔氐:《漢書・地理志》:"蜀郡湔氐道。"今四川境内。徼:參"涪"條。

嶓山：《段注》："即《禹貢》'岷山'。"在今四川省北部。

【參證】金文作、。高田忠周《古籀篇》卷二："江字从工聲，工疑亦有大義。琟爲鳥肥大琟琟也，仜爲大腹，可證矣。"

沱①　江别流也。出嶓山，東，别爲沱②。从水，它聲。　徒何切(tuó)。

【譯文】沱，長江的支流。從岷山流出，向東流去，另外成爲沱水。从水，它聲。

【注釋】① 沱：沱江。指四川省郫縣的古湔水，約爲今天的柏條河。徐鉉注："沱沼之沱通用此字，今别作池。"　② 出嶓山句：王筠《句讀》："言江出嶓山而東，即派别爲沱也。"

【參證】金文作、、、。陳夢家《禺邗王壺考釋》："金文沱、池一字。"劉心源《古文審》卷七："古音支歌不分，故沱即池。又篆書、形近，隸變多掍。"

浙①　江。水東至會稽山陰爲浙江②。从水，折聲。　旨熱切(zhè)。

【譯文】浙，江名。水向東流到會稽郡山陰縣叫浙江。从水，折聲。

【注釋】① 浙：即今錢塘江。　② 會稽句：《漢書·地理志》會稽郡有山陰縣。治所在今浙江省紹興。

涐①　水。出蜀汶江②徼③外，東南入江。从水，我聲。　五何切(é)。

【譯文】涐，水名。從蜀郡汶江縣邊塞之外流出，向東南注入長江(支流岷江)。从水，我聲。

【注釋】① 涐：即今大渡河。　② 蜀汶江：《漢書·地理志》蜀郡有汶江縣。治所在今茂汶羌族自治縣北。　③ 徼(jiào)：參"涪"條。

湔①　水。出蜀郡緜虒②玉壘山，東南入江。从水，前聲。一曰：手澣③之。　子仙切(jiān)。

【譯文】湔，水名。從蜀郡緜虒縣玉壘山流出，向東南注入長江。从水，前聲。另一義説，是用手洗物。

【注釋】① 湔：漢代所説的湔水，發源于四川省汶川縣玉壘山，南流至灌縣西折而東流，至金堂縣折而南流，至瀘州市注入長江。後世自玉壘山發源南流至灌縣西注入岷江的一段，又在灌縣與岷江分流而東，至金堂縣注入洛水的一段，仍名湔水。而金堂以下的一段，實際上是洛水的下游。　② 緜虒（sī）：《漢書·地理志》蜀郡有緜虒縣。今四川省汶川縣西南有緜虒鎮。　③ 瀚（huàn）：同“浣”。

【參證】甲文作[oracle bone forms]。葉玉森《説契》（《學衡》第三十一期）：“羅雪堂釋洗。按其字形固象洒足於槃。”“契文或从⺀象水點，乃湔所由來。或省水，象置足於槃，湔意仍顯。”

沫① 沫 水。出蜀②西徼③外，東南入江。从水，末聲。　莫割切（mò）。

【譯文】沫，水名。從蜀郡西部邊塞之外流出，向東南注入長江。从水，末聲。

【注釋】① 沫：即今四川省大渡河。是涐水的異名。朱駿聲《通訓定聲》：“與从未之沬即頮迥别。”　② 蜀：《段注》：“蜀謂蜀郡也。不言何縣者，未審也。”　③ 徼（jiào）：參“涪”條。

溫① 溫 水。出犍爲②（涪）［符］③，南入黔水④。从水，𥁕聲。　烏魂切（wēn）。

【譯文】溫，水名。從犍爲郡符縣流出，向南注入黔水。从水，𥁕聲。

【注釋】① 溫：即今貴州省遵義市東邊的洪江。《段注》：“今以爲溫煗字。許意當用𥁕爲溫煗。”　② 犍（qián）爲：漢郡名。轄境相當於今天四川東南、雲南東北、貴州西北。　③ 涪：當依《段注》作“符”。　④ 黔水：即今烏江。《漢書·地理志》：“犍爲郡符縣。‘溫水南至鷩（bié）入黚（qián）水，黚水亦南至鷩入江。’”王先謙補注引洪亮吉説：“鷩水爲今湘江（烏江支流），溫水、黚水爲今合湘江之洪江、仁江。”按：黚水即黔水。

【參證】李孝定《甲骨文字集釋》第十一：“溫𥁕初當本是一字，其形衹作[oracle bone form]，作𥁕者譌⺀爲口，作溫者又增之水耳。字象人浴于般中之形。”“浴則身煖，故引申得有溫煗之意。”

灊① 灊 水。出巴郡宕渠②，西南入江。从水，鬵聲。　昨鹽切（qián）。

【譯文】灊，水名。從巴郡宕渠縣流出，向西南注入長江（支流嘉陵江）。从水，鬵聲。

【注釋】① 灊：張舜徽《約注》："此水即今四川省境内之渠江，古曰宕渠水，又稱潛水，爲巴水與渠河合流而成。巴水源出陕西省鎮巴縣西北大巴山，西南流入四川省渠縣境，會渠河，乃名渠江。自此西南流經廣安縣至合川縣，合嘉陵江。"　② 宕渠：漢縣名，治所在今四川省渠縣東北。

[1] 水。出漢中房陵，東入江。从水，且聲。　子余切(jū)。

沮 【譯文】沮，水名。從漢中郡房陵縣流出，向東注入長江。从水，且聲。

【注釋】① 沮：張舜徽《約注》："漢時漢中郡之房陵，即今湖北省之房縣。此水源出保康縣西南景山，東南流至當陽縣境，與漳水匯合，爲沮漳河。南流至江陵縣西入長江。"

【參證】甲文作、。李孝定《甲骨文字集釋》第十一："殷時已有沮字。"

[1] 益州池名。从水，真聲。　都年切(diān)。

滇 【譯文】滇，益州郡池澤之名。从水，真聲。

【注釋】① 滇：《華陽國志・南中志》："滇池縣，故滇國也。有澤，水周迴二百里，所出深廣，下流淺狹，如倒流，故曰滇（通顛）池。"滇池：即昆明湖，在雲南省昆明市西南。

[1] 水。出益州牧靡[2]南山，西北入（澠）[繩][3]。从水，余聲。同都切(tú)。

涂 【譯文】涂，水名。從益州郡牧靡縣南山流出，向西北注入金沙江。从水，余聲。

【注釋】① 涂：張舜徽《約注》："此水蓋即今之牛欄河也，源出雲南省嵩明縣東南嘉利澤。東北流經尋甸縣東……又東北經宣威、會澤二縣，至巧家縣北入金沙江。"又，《段注》："古道塗、塗墍字，皆作涂。"　② 牧靡：漢縣名。見《漢書・地理志》。即今雲南省尋甸縣地。　③ 澠：姚文田、嚴可均《校議》："當作繩。"繩水：即今金沙江。

【參證】甲文作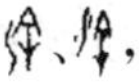,金文作。甲文與篆文同,金文即涂之異文,但余表聲未變。

[①]
沅　水。出牂牁[②]故且蘭,東北入江。从水,元聲。　愚袁切(yuán)。

【譯文】沅,水名。從牂牁郡故且蘭縣流出,向東北(經洞庭湖)注入長江。从水,元聲。

【注釋】① 沅:張舜徽《約注》:"此水有南北二源,……皆出貴州省境。東北流入湖南省境,匯合於黔陽縣西,始名沅水。東北……經常德縣南入洞庭湖,由湖通江。"　② 牂牁:《漢書·地理志》顏注:"牂柯係船杙也。"莫與儔《牂柯考》:"牂有壯大之意,柯猶大木枝之謂。"牂柯即係船的大木樁。《華陽國志》:"楚頃襄王時,遣莊蹻伐夜郎,軍至且蘭,椓船於岸而步戰。既滅夜郎,以且蘭有椓船牂柯處,乃改其名爲牂柯。""牁"作"柯"。《華陽國志》的且蘭即許氏説的故且蘭。故且蘭縣在今貴州省平越縣境。

[①]
淹　水。出越巂[②]徼[③]外,東入若水。从水,奄聲。　英廉切(yān)。

【譯文】淹,水名。從越巂郡邊塞之外流出,向東注入若水。从水,奄聲。

【注釋】① 淹:即今金沙江自發源地至四川省攀枝花市的一段。在攀枝花市東與雅礱江(古稱若水)匯合。　② 越巂:漢郡名。見《漢書·地理志》。在今四川西昌縣東南。　③ 徼:邊塞。

[①]
溺　水。自張掖删丹西,至酒泉合黎[②],餘波入于流沙[③]。从水,弱聲。桑欽[④]所説。　而灼切(ruò)。

【譯文】溺,水名。從張掖郡删丹縣西,至酒泉的合黎山,下游流到居延澤一帶的沙漠。从水,弱聲。這是桑欽的説法。

【注釋】① 溺:上源指今甘肅山丹河,下游即山丹河與甘州河合流後的黑河(匯北大河後,稱額齊納河)。又,《段注》:"今人用爲休沒字,溺行而休廢矣。又用爲人小便之屎字,而水名則皆爲弱。"參"尿"條。　② 張掖句:張舜徽《約注》:"漢張掖郡、酒泉郡,並在今甘肅境内。删丹即今山丹縣,合黎乃山名也。"　③ 餘波句:餘波，周秉鈞《白話尚書》謂爲“下游”。流沙，《漢書·地理志》“張掖郡”“居延”下：“居延澤在東北，古文以爲流沙。”周秉鈞《白話尚書》：“流沙指居延澤一帶的沙漠。” ④ 桑欽：王筠《句讀》：“《漢書·儒林傳》：‘欽字君長。’孔安國《古文尚書》五傳而及欽。”

[1] 洮 水。出隴西臨洮[2]，東北入河。从水，兆聲。 土刀切(tāo/táo)。

【譯文】洮，水名。從隴西郡臨洮縣流出，向東北注入黄河。从水，兆聲。

【注釋】① 洮：張舜徽《約注》：“此水在甘肅省西南部，爲黄河上游支流。源出甘肅、青海兩省邊境西傾山東麓，東流至岷縣，折向北，經臨洮縣入黄河。”又，《段注》：“又爲洮頮，又爲洮汰，洮米，皆用此字。” ② 隴西句：隴西，漢郡名。臨洮，縣名。見《漢書·地理志》。張舜徽《約注》：“漢隴西郡治狄道，在今臨洮縣東北。”

[1] 涇 水。出安定[2]涇陽[3]幵頭山[4]，東南入渭。雝州[5]之川也。从水，巠聲。 古靈切(jīng)。

【譯文】涇，水名。從安定郡涇陽縣幵頭山流出，向東南注入渭河。是雍州的河流。从水，巠聲。

【注釋】① 涇：渭水支流。有南、北二源：北源出寧夏回族自治區南部固原縣；南源出甘肅省華亭縣，至平凉縣境合流後，又東南流入陝西省，經長武、彬、涇陽等縣，至高陵縣入渭河。張舜徽《約注》：“徒以上中游流經黄土高原，挾泥沙以俱下，故水色渾黄，涇濁渭清，即俗所謂涇渭分明者也。” ② 安定：漢郡名。張舜徽《約注》：“今甘肅省東部平凉縣迤東之地。” ③ 涇陽：縣名。見《漢書·地理志》。故城在今甘肅省平凉縣西。 ④ 幵(jiān)頭山：王筠《句讀》：“即空桐山也，俗作崆峒。” ⑤ 雝州：《周禮·夏官·職方》：“雍州，其川涇、汭(出甘肅省華亭縣西南隴山，東入涇)。”雍州，古九州之一。《尚書·禹貢》：“黑水(不詳)西河(山西、陝西間的黄河)惟(是)雍州。”約指今陝西、甘肅及青海額齊納等地。

【參證】金文作、。見强運開《古籀三補》卷十一。

渭[①] 水。出隴西[②]首陽渭首亭南谷，東入河。从水，胃聲。杜林説[③]。《夏書》[④]以爲出鳥鼠山。雝州[⑤]浸[⑥]也。　云貴切(wèi)。

【譯文】渭，水名。從隴西郡首陽縣渭首亭的南谷流出，向東注入黄河。从水，胃聲。這是杜林的説法。《夏書》認爲從鳥鼠山流出。是雝州地方的河澤。

【注釋】① 渭：張舜徽《約注》："此水源出甘肅省渭源縣鳥鼠山。東流横貫陝西省平原地帶，至潼關縣入黄河，爲黄河最大支流之一。"　② 隴西：漢郡名。首陽：縣名。見《漢書・地理志》。隴西治所在狄道，今甘肅省臨洮之南。漢首陽縣故城在今甘肅渭源縣東北。　③ 杜林説：王筠《句讀》："謂上文之説出於杜林也。鳥鼠山亦在隴西郡首陽縣，而其西五里，乃爲南谷山，故區别之爲兩説也。"杜林：漢文字學家。　④《夏書》：指《禹貢》。　⑤ 雝州：即雍州。參"涇"條。　⑥ 浸(jìn)：《周禮・夏官・職方》："正西曰雍州，……其浸渭洛。"鄭玄注："浸，可以爲陂灌漑者。"此指河澤。

漾[①] 水。出隴西(相)[氐]道[②]，東至武都[③]爲漢。从水，羕聲。瀁，古文从養[④]。　余亮切(yàng)。

【譯文】漾，水名。從隴西郡氐道縣流出，向東到武都郡就是漢水。从水，羕聲。瀁，古文漾字，从養聲。

【注釋】① 漾：即今嘉陵江上源的西漢水。源出甘肅省天水市西南。起初南流至陝西省略陽縣即折而東流爲漢水，後略陽縣東水道中斷(或以爲六朝時地震所致)，水流直南爲嘉陵江，至四川省重慶市注入長江。　② 隴西相道：當依王筠《句讀》"相"作"氐"。漢隴西郡有氐道縣。見《漢書・地理志》。氐道，治所在今甘肅省武山縣東南。　③ 武都：漢郡名。見《漢書・地理志》。在今甘肅省東南部。　④ 从養：徐鍇《繫傳》作"養聲"。

漢[①] 漾[②]也。東爲滄浪水。从水，難省聲[③]。㵄[④]，古文。　呼旰切(hàn)。

【譯文】漢，漾水。向東(流到湖北省均縣以下)叫滄浪水。从水，難省聲。㵄，古文漢字。

【注釋】① 漢：漢水。長江最長的支流。源出陝西西南部寧强縣，流經陝西、湖北，在武漢市入長江。　② 漾：朱駿聲《通訓定聲》："出今陝西漢中府寧羌州（即今寧强縣）北嶓冢山爲漾，至南鄭縣西爲漢，今名東漢水，東流至湖北襄陽府均州（即今均縣）名滄浪之水，又東南流至漢陽府漢陽縣漢口合江。"按：這裏的漾水與上條的漾同名異實。　③ 難省聲：徐鉉："當作堇聲，而前作相承去土、从大，疑兼从古文省。"　④ 㳄：朱駿聲《通訓定聲》："从水、从或、从大會意。域中大水也。"《段注》："或者，今之國字也。"

【參證】金文作。難不省。商承祚《説文中之古文考》釋古文"㳄"："㳄，疾流也。漢水大而流疾，故从㳄大會意。"

浪[1] 滄浪[2]水也。南入江。从水，良聲。　來宕切（làng/láng）[3]。

【譯文】浪，滄浪水。向南注入長江。从水，良聲。

【注釋】① 浪：章太炎《小學答問》："今言波浪本字云何？黄侃答曰：以雙聲耤爲瀾。《説文》：'大波爲瀾。'"　② 滄浪：朱駿聲《通訓定聲》："滄浪，亦疊韻連語。水即漢之下流，在今湖北襄陽府均州（今均縣）北，至漢陽府合江（匯入長江）。"　③ 今讀依《廣韻》魯當切。

沔[1] 水。出武都沮縣[2]東狼谷，東南入江。或曰：入夏水[3]。从水，丏聲。　彌兖切（miǎn）。

【譯文】沔，水名。從武都郡沮縣的東狼谷流出，向東南注入長江。另一説，注入夏水。从水，丏聲。

【注釋】① 沔：漢水上源。在陝西省西南部。北源出陝西留壩西，西源出陝西寧强縣北。東流同褒水、滑水匯合後稱漢水。

② 武都沮縣：《漢書・地理志》武都郡有沮縣。沮縣故城在今陝西省略陽縣東。　③ 入夏水：桂馥《義證》："夏入沔，非沔入夏。"夏水故道從湖北沙市市東南分江水東出，流經今監利縣北，折東北至沔陽縣治附近入漢水。按：古通稱漢水爲沔水。故説"夏入沔"。

湟[1] 水。出金城臨羌[2]塞外，東入河。从水，皇聲。　乎光切（huáng）。

【譯文】湟，水名。從金城郡臨羌縣邊塞之外流出，向東注入黄河。

从水，皇聲。

【注釋】① 湟：張舜徽《約注》："此水在青海省東部。源出海晏縣包呼圖山，東南流經西寧至甘肅省蘭州西達家川入黄河。" ② 金城臨羌：金城，郡名。臨羌，縣名。見《漢書·地理志》。張舜徽《約注》："漢臨羌縣，在今西寧縣西。"

𣲆① 出扶風汧縣②西北，入渭。从水，幵聲。 苦堅切(qiān)。

汧 【譯文】汧，水名。從右扶風郡汧縣的西北方流出，注入渭河。从水，幵(jiān)聲。

【注釋】① 汧：即今陝西省千河。源出甘肅省六盤山南麓，東南流經隴縣、千陽縣，至寶鷄市入渭河。 ② 扶風汧縣：扶風，指漢右扶風郡。見《漢書·地理志》。汧縣，漢縣名。故城在今陝西省隴縣南。

𤃩① 水。出扶風鄠②，北入渭。从水，勞聲。 魯刀切(láo)。

涝 【譯文】涝，水名。從右扶風郡鄠縣流出，向北注入渭河。从水，勞聲。

【注釋】① 涝：又名潦水。在今陝西省户縣、周至兩縣界上，源出秦嶺，北流入渭。 ② 扶風鄠(hù)：《漢書·地理志》右扶風郡有鄠縣。鄠縣故城在今陝西省户縣北。

𣿟① 水。出右扶風②杜(陵)[陽]③岐山④，東入渭。一曰：入洛⑤。从水，桼聲。 親吉切(qī)。

漆 【譯文】漆，水名。從右扶風郡杜陽縣岐山流出，向東注入渭水。另一説，注入洛水。从水，桼聲。

【注釋】① 漆：渭水支流，今名漆水河。發源于陝西麟游縣西，東南流至武功縣西，注入渭水。 ② 右扶風：郡名，見《漢書·地理志》。 ③ 杜陵：姚文田、嚴可均《校議》："當作杜陽。"按：杜陽即今麟游縣。 ④ 岐山：山名，位于岐山縣東北，麟游縣西南。 ⑤ 入洛：不詳。待考。

𣽽① 水。出京兆藍田谷②，入霸③。从水，産聲。 所簡切(chǎn)。

滻 【譯文】滻，水名。從京兆尹郡藍田縣山谷流出，注入灞水。从水，産聲。

【注釋】① 滻：張舜徽《約注》："滻水源出陝西藍田縣西南秦嶺山中，北流會庫峪、石門峪、荊峪諸水，北流至西安市，東入灞水。" ② 京兆句：《漢書・地理志》京兆尹郡有藍田縣。故城在今陝西省藍田縣西。谷，指藍田縣西南的秦嶺的山谷。 ③ 霸：即灞水。渭河支流。《段注》："霸、灞，古今正俗字。"

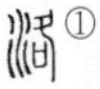①洛 水。出左馮翊(歸)[褱]德北夷界中②，東南入渭。从水，各聲。 盧各切(luò)。

【譯文】洛，水名。從左馮翊郡懷德縣北面少數民族邊界之中流出，向東南注入渭河。从水，各聲。

【注釋】① 洛：北洛河。發源于陝西省定邊縣，東南流經志丹、洛川、蒲城等縣，至大荔縣南三河口入渭河。 ② 左馮翊句：《漢書・地理志》左馮翊郡有褱(huái)德縣。按：今甘肅省慶陽縣西當時有懷德城。徐鍇《繫傳》："《漢書》歸德爲褱德。"

【參證】甲文作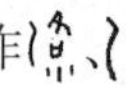，金文作，與篆文同。

①淯 水。出弘農盧氏山②，東南入(海)[沔]③。从水，育聲。或曰：出酈山西④。 余六切(yù)。

【譯文】淯，水名。從弘農郡盧氏縣攻離山流出，向東南流入漢水。从水，育聲。另一說，從酈縣山地西部流出。

【注釋】① 淯：即河南省白河。源出河南省嵩縣西南攻離山，東南流經南召、南陽諸縣，入湖北省襄陽縣會唐河入漢水。 ② 出弘農句：《段注》引《水經》："淯水出弘農盧氏縣攻離山。"《漢書・地理志》"弘農郡"有"盧氏"縣。張舜徽《約注》："漢弘農郡，約有今河南省洛陽、嵩、内鄉等縣以西及陝西省商縣以東之地。" ③ 海：徐鍇《繫傳》作"沔"，指漢水。張舜徽《約注》："古人亦通稱漢水爲沔。" ④ 酈山西：張舜徽《約注》："酈縣山之西也。""漢之酈縣在今内鄉縣東北。"

①汝 水。出弘農②盧氏還歸山，東入淮。从水，女聲。 人渚切(rǔ)。

【譯文】汝，水名。從弘農郡盧氏縣還歸山流出，向東流入淮河。从水，女聲。

【注釋】① 汝：汝水。淮河支流。源出河南省魯山縣大盂山，流經寶豐、襄城、郾城、上蔡、汝南，而注入淮河。又，席世昌《讀説文記》："爾汝之汝本作女，後人別借作汝，但取相別，殊無義訓。"　② 弘農：參"湞"條。

【參證】甲文作，與篆文同。

①
潩

水。出河南密縣大隗山②，南入潁。从水，異聲。　與職切(yì)。

【譯文】潩，水名。從河南郡密縣大隗山流出，向南注入潁水。从水，異聲。

【注釋】① 潩：一名清流水，今稱清潩河，發源于河南省密縣東南大隗山，東南流逕新鄭縣，經長葛縣，南入潁河。　② 河南句：《漢書・地理志》河南郡有密縣，密縣故城在今河南省密縣東南。

①
汾

水。出太原晉陽山②，西南入河。从水，分聲。或曰：出汾陽③北山，冀州④浸⑤。　符分切(fén)。

【譯文】汾，水名。從太原郡晉陽縣山地流出，向西南注入黄河。从水，分聲。另一説，從汾陽縣北山流出，是冀州地方的川澤。

【注釋】① 汾：即汾河。源出山西省亭武縣管涔山，南流至曲沃縣境折向西，在萬榮縣西入黄河。　② 太原句：《漢書・地理志》太原郡有晉陽縣。晉陽縣故城在今山西省太原縣境。晉陽山，王筠《句讀》："汾出晉陽山，無考。"　③ 汾陽：《漢書・地理志・太原郡》："汾陽，北山，汾水所出，西南至汾陰入河。"　④ 冀州：周代九州之一。今河北、山西二省及河南黄河以北、遼寧遼河以西之地。⑤ 浸：指川澤。

①
澮

水。出靃②山，西南入汾。从水，會聲③。　古外切(guì)。

【譯文】澮，水名。從霍山流出，向西南注入汾河。从水，會聲。

【注釋】① 澮：澮河，古稱澮水，源出山西省翼城縣東北澮山下，西經縣南，又西經絳縣、曲沃縣南，入新絳縣南注入汾河。　② 靃：通"霍"。張舜徽《約注》："霍山在山西省霍縣東南。"按：今澮水不源於此。　③ 會聲：聲中有義。朱駿聲《通訓定聲》："澮，會也。

小溝之所聚會也。”《周禮》“稻人以澮寫水”注：“田尾去水大溝。”可見“去水大溝”應是澮的本義。

沁① 水。出上黨②羊頭山③，東南入河。从水，心聲。 七鴆切(qìn)。

【譯文】沁，水名。從上黨郡羊頭山流出，向東南注入黄河。从水，心聲。

【注釋】① 沁：沁水。源出山西省沁源縣東北緜山東谷，南流至河南省武陟縣南入黄河。 ② 上黨：《漢書・地理志》有上黨郡。其地有今山西省的東南部，漢治在今山西省長子縣西。 ③ 羊頭山：朱駿聲《通訓定聲》：“(緜山)其大名曰羊頭山。”

沾① 水。出壺關②，東入淇。一曰：沾，益也③。从水，占聲。他兼切(tiān)④。

【譯文】沾(zhān)，水名。從壺關縣流出，向東注入淇水。另一義説，沾(tiān)是增添的意思。

【注釋】① 沾：淇水支流。源出山西省壺關縣南趙掌尖老山南麓，東流入河南省，至鶴壁市西注入淇水。 ② 壺關：《漢書・地理志》上黨郡有壺關縣。壺關縣故城在今山西省長治縣東南。

③ 沾，益也：《段注》：“沾、添古今字。俗製添爲沾益字，而沾之本義廢矣。” ④ 水名讀 zhān，沾益義讀 tiān。

潞① 冀州浸②也。上黨有潞縣③。从水，路聲。 洛故切(lù)。

【譯文】潞，冀州地方的川澤。上黨郡有潞縣。从水，路聲。

【注釋】① 潞：水名。張舜徽《約注》：“此水即今山西濁漳河也，在山西省東南部。南源出長子縣黑虎嶺，西源出沁縣漳源鎮，北源出榆社縣磨盤嶺，三源匯合後，東南流至河北省合漳鎮，同清漳河合爲漳河。” ② 冀州浸：見“汾”條。 ③ 上黨句：《漢書・地理志》上黨郡有潞縣。縣治在今山西省潞城縣東北。

漳① 濁漳②，出上黨長子③鹿谷山，東入清漳；清漳④，出沾⑤山大要谷，北入河。南漳⑥，出南郡臨沮⑦。从水，章聲。諸良切(zhāng)。

【譯文】漳，(漳河有兩個源頭：)濁漳水，從上黨郡長子縣鹿谷山流出，向東注入清漳水；清漳水，從（上黨郡）沾縣山地大要谷流出，向北注入黄河。漳又指南漳水，從南郡臨沮縣流出。从水，章聲。

【注釋】① 漳：即發源于山西省的漳河。 ② 濁漳：參“潞”條。 ③ 長子：《漢書·地理志·上黨郡》：“長子，鹿谷山，濁漳水所出。”長子縣故城在今山西省長子縣西。 ④ 清漳：發源於山西省昔陽縣南，南流入河南省林縣北界，與濁漳水合。合流後，古仍稱清漳水，東北流入河北省，在東光縣境注入黄河。黄河改道之後，漳河下游變遷很大。 ⑤ 沾：《漢書·地理志·上黨郡》：“沾，大黽谷，清漳水所出。”沾縣故城在今山西省昔陽縣西南。 ⑥ 南漳：源出湖北省南漳縣西南，東南流經當陽縣合沮水爲沮漳河，經江陵縣入長江。 ⑦ 臨沮：《漢書·地理志·南郡》：“臨沮，漳水所出，東至江陵入陽水，陽水入沔。”漢臨沮縣故城在今湖北省當陽縣西北。

①
淇 水。出河內共② 北山，東入河。或曰：出隆慮③ 西山④。从水，其聲。 渠之切（qí）。

【譯文】淇，水名。從河內郡共縣北山流出，向東注入黄河。另一義説，從隆慮縣西山流出。从水，其聲。

【注釋】① 淇：淇河。自其發源地河南省林縣東南曲折流至今汲縣東北淇門鎮南入黄河。東漢建安九年，曹操于水口作堰，使淇水向東北流入白溝（今衛河）。 ② 共（gōng）：今河南省輝縣。《漢書·地理志·河內郡》：“共，北山，淇水所出。”《段注》：“北山，今輝縣西北蘇門山。” ③ 隆慮：《漢書·地理志》河內郡有隆慮縣，即今林縣。 ④ 西山：《段注》：“今林縣西北二十五里隆慮山是也。”

①
蕩 水。出河內蕩陰②，東入黄③ 澤。从水，蓎聲。 徒朗切（dàng/tāng）④。

【譯文】蕩，水名。從河內郡蕩陰縣流出，向東注入內黄地方的川澤。从水，蓎聲。

【注釋】① 蕩：張舜徽《約注》：“此水源出河南省湯陰縣北，東流至內黄縣西南入衛河。” ② 蕩陰：《漢書·地理志·河內郡》：“蕩陰，蕩水東至内黄澤。”蕩陰：今作湯陰。 ③ 黄：指今内黄縣。④ 徒朗切：《段注》：“蕩音湯，古音也。後人省艸。”《集韻》作他郎切。今从之。

沇[①] 水。出河東（東）垣[②]王屋山，東爲泲。从水，允聲。[③]，古文沇。 以轉切（yǎn）。

【譯文】沇，水名。從河東郡垣縣王屋山流出，向東流去叫泲（jǐ）水。从水，允聲。沿，古文沇字。

【注釋】① 沇：又名“濟”。發源於河南省濟源縣王屋山南，至溫縣入黄河。又自滎澤復出黄河南，東流至山東省琅槐（今山東省廣饒縣）入渤海。後自滎澤以東河道爲黄河所奪，惟黄河以北發源處尚存，相沿稱爲濟水。 ② 河東東垣：錢坫《斠詮》：“第二東字衍。”《漢書·地理志·河東郡》：“垣，《禹貢》王屋山在東北，沇水所出。”垣縣故城在今山西省垣曲縣西。 ③ 沿：《段注》：“古文作㕣，小篆作沇，隸變作兖。”

【參證】金文作，與篆文同。

泲[①] 沇也。東入于海。从水，㐅聲。 子禮切（jǐ）。

【譯文】泲，沇水。向東流入大海。从水，㐅聲。

【注釋】① 泲：古水名，也作“濟”。參“沇”條。

洈[①] 水。出南郡高城[②]洈山，東入繇[③]。从水，危聲。 過委切（guǐ）。

【譯文】洈，水名。從南郡高城縣洈山流出，向東注入繇水。从水，危聲。

【注釋】① 洈：出湖北省松滋縣西南，至公安縣流入界溪河。② 高城：《漢書·地理志》南郡有高成縣。高成縣故城在今河北省鹽山縣東南。 ③ 繇（yóu）：即油水。參“油”條。

溠[①] 水。在漢（南）[東][②]。从水，差聲。荊州浸也。《春秋傳》[③]曰：“脩涂梁溠。” 側駕切（zhà/zhā）[④]。

【譯文】溠，水名。在漢水的東部。从水，差聲。是荊州地方的川澤。《春秋左傳》説：“修好路途，在溠水上築橋梁。”

【注釋】① 溠：源出湖北省隨州市西北，古代東南流會溳水，又南流入涓水；後河道變遷，與濂水分别入涓水。　② 漢南：毛際盛《述誼》："當作漢東。"　③《春秋傳》：指《左傳・莊公四年》。今本原文："除道梁溠。"楊伯峻注："除道猶開路。"　④ 今讀依《廣韻》側加切。

𣸩[①] 洭　水。出桂陽縣[②]盧聚[③]，(山)[南出][④]洭浦關[⑤]爲桂水。从水，匡聲。　去王切(kuāng)。

【譯文】洭，水名。從桂陽縣盧聚山流出，向南過了洭浦關叫桂水。从水，匡聲。

【注釋】① 洭：即今廣東省北部的湟江、連江兩水，源出粤湘交界山地，東南流經連縣、陽山縣，至英德縣連江口注入北江。　② 桂陽：《漢書・地理志》桂陽郡有桂陽縣。桂陽縣即今廣東省連縣。③ 盧聚：山名。　④ 山：當依《段注》作"南出"。姚文田、嚴可均《校議》："南出猶言南逾。"　⑤ 洭浦關：在英德縣西南。

𣹟[①] 潓　水。出盧江[②]，入淮。从水，惠聲。　胡計切(xì/huì)[③]。

【譯文】潓，水名。從盧江郡流出，注入淮河。从水，惠聲。

【注釋】① 潓：《段注》："未詳。"　② 盧江：漢置郡，郡治在今安徽省盧江縣西一百二十里。　③ 今讀依《廣韻》胡桂切。

灌[①] 灌　水。出廬江雩婁[②]，北入淮。从水，雚聲。　古玩切(guàn)。

【譯文】灌，水名。從廬江郡雩婁縣流出，向北注入淮河。从水，雚聲。

【注釋】① 灌：源出河南省商城縣南，東北經固始縣西南曰曲河，北合史河流入淮水。又，《段注》："今字以爲灌注、灌溉之字。"② 雩婁：《漢書・地理志》廬江郡有雩婁縣，雩婁縣故城在今河南商城縣東北。

漸[①] 漸　水。出丹陽黟[②]南蠻中，東入海。从水，斬聲。　慈冉切(jiàn)。

【譯文】漸，水名。從丹陽郡黟縣南方少數民族地域中流出，向東注入大海。从水，斬聲。

【注釋】① 漸：漸江水，即今浙江。發源於安徽省黄山南麓，上段今稱新安江，東流至浙江杭州市東入海。又，因漸爲水名，水流總是依次而流，故徐灝《段注箋》"趣"下説："漸有浸洟之義，故凡由淺入深，由近及遠，皆謂之漸。" ② 黟（yī）：《漢書·地理志》丹陽郡有黝縣。顔師古注："字本作黟。"故城在今安徽黟縣東。

泠[1] 水。出丹陽宛陵[2]，西北入江。从水，令聲。 郎丁切（líng）。

【譯文】泠，水名。從丹陽郡宛陵縣流出，向西北注入長江。从水，令聲。

【注釋】① 泠：即今安徽省東南部的青弋江。匯黄山北谷諸水，北流至蕪湖市注入長江。 ② 宛陵：《漢書·地理志》丹陽郡有宛陵縣，即今安徽宣城縣地。

濞[1] 水。在丹陽[2]。从水，箄聲。 匹卦切（pài）。

【譯文】濞，水名。在丹陽郡。从水，箄聲。

【注釋】① 濞：《段注》："未聞。" ② 丹陽：參"漸"條。

【參證】金文作，从水，卑聲。

溧[1] 水。出丹陽溧陽縣[2]。从水，栗聲。 力質切（lì）。

【譯文】溧，水名。從丹陽郡溧陽縣流出。从水，栗聲。

【注釋】① 溧：在今江蘇省溧陽縣。源出安徽省蕪湖市，經高淳縣入境。 ② 溧陽：《漢書·地理志》丹陽郡有溧陽縣。故城在今江蘇溧陽縣西北。

湘[1] 水。出零陵陽海山[2]，北入江。从水，相聲。 息良切（xiāng）。

【譯文】湘，水名。從零陵縣陽海山流出，向北（經洞庭湖）注入長江。从水，相聲。

【注釋】① 湘：源出廣西壯族自治區興安縣海陽山西麓，東北流貫湖南省東部，經衡陽、湘潭、長沙等市，至湘陰縣豪河口入洞庭湖。② 陽海山：《漢書·地理志》零陵郡零陵縣有陽海山，又叫海陽山。零陵縣故治在今廣西全縣北。

【參證】金文作，下形上聲。

汨[1] 長沙[2]汨羅淵，屈原所沈之水。从水，冥省聲[3]。 莫狄切（mì）。

【譯文】汨，長沙國汨羅江，是屈原自沉的江水。从水，冥省聲。

【注釋】① 汨：源出湘贛交界處。爲汨羅江的上游。經古羅縣又稱羅水，下稱汨羅江。汨與汩迥異。汨从日(rì)，汩从曰(yuè)參"汩"條。 ② 長沙：《漢書・地理志》有長沙國。汨羅淵：張舜徽《約注》："戰國時，楚屈原憂憤國事，投此江以死。其沈水處曰屈潭，在湘陰縣北羅江中，即汨羅淵也。" ③ 冥省聲：《段注》"淔"下："許既有溟字，云：'冥聲。'豈得'冥省聲'，又爲一字乎？"徐灝《段注箋》："此當从水日聲。汨即淔字。"徐箋"淔"下："漢金日磾日讀密。"參"淔"條。

① 溱

水。出桂陽臨武②，入匯③。从水，秦聲。 側詵切(zhēn)。

【譯文】溱，水名。從桂陽郡臨武縣流出，注入匯水。从水，秦聲。

【注釋】① 溱：源出湖南省臨武縣南，北流會瑞溪水，遂通稱武水，下流合洭水(連江)爲北江，又合桂水(西江)爲珠江。南入海。

② 臨武：《漢書・地理志》桂陽郡有臨武縣，今屬湖南省衡陽市。

③ 匯：桂馥《義證》："桂爲洭之下流，即匯水。"參"洭"條。

① 深

水。出桂陽南平②，西入營道③。从水，罙聲④。 式針切(shēn)。

【譯文】深，水名。從桂陽郡南平縣流出，向西進入營道縣境。从水，罙聲。

【注釋】① 深：即今湘水支流之一的瀟水。今瀟水上源至江華瑤族自治縣一段仍稱深水。 ② 南平：《漢書・地理志》桂陽郡有南平縣，在今湖南藍山縣東。 ③ 營道：《漢書・地理志》營道縣屬零陵郡，即今湖南寧遠縣地。 ④ 罙聲：《段注》"罙"下："水部湥下但云水名，不言'淺之反'，是知古深淺字作罙，深行而罙廢矣。有穴而後有深淺，故字从穴。"言水之深淺則从水。

【參證】金文作，待考。

① 潭

水。出武陵鐔成②玉山，東入鬱(林)③。从水，覃聲④。 徒含切(tán)。

【譯文】潭，水名。從武陵郡鐔成縣玉山流出，向東注入鬱水。从水，覃聲。

【注釋】① 潭：即今柳江。張舜徽《約注》："源出貴州省榕江縣，曰榕江；東南流入廣西省三江縣福禄村，曰福禄江；南流經融縣，曰融江；至柳城以下，始名柳江。再南至象縣，名象江；折西南入紅水河後，稱黔江。"　② 鐔成：《漢書・地理志》武陵郡有鐔成縣，在今湖南靖縣西南。　③ 鬱林：桂馥《義證》："林字衍，謂入鬱水也。"鬱水：即今鬱江。　④ 覃聲：《段注》："今義訓爲深，取从覃之意也。"𣅀部："覃，長味也。"覃有深長義。《廣雅・釋水》："潭，淵也。"沅湘今曰深水處曰潭。

【參證】甲文作，从㳄从𣅀。《説文》所無，疑古潭字。

油[1] 水。出武陵孱陵[2]西，東(南)[北][3]入江。从水，由聲。以周切(yóu)。

【譯文】油，水名。從武陵郡孱陵縣西界流出，向東北注入長江。从水，由聲。

【注釋】① 油：水名，也作"繇"。發源于湖北五峰縣界，東流經松滋縣界，至公安縣西南油口注入長江。今其上游匯入松滋河，南流注入澧水；下游爲荊江分洪區，故址已不復存。又，章太炎《小學答問》："今以油爲膏本字，云何？黄侃答曰：以雙聲耤爲腴。《説文》：'腴，腹下肥也。'古謂膏爲肥。《説文》：'膏，肥也。'肥可偁膏，故亦可稱腴。"　② 孱陵：《漢書・地理志》武陵郡有孱陵縣，故城在今湖北公安縣南。　③ 南：當依《段注》作"北"。

【參證】甲文作、。待考。

潰[1] 水。出豫章艾縣[2]，西入湘。从水，買聲。　莫蟹切(mǎi/mì)[3]。

【譯文】潰，水名。從豫章郡艾縣流出，向西注入湘水。从水，買聲。

【注釋】① 潰："潰"、"汨"爲古今字。參"汨"條。　② 艾縣：《漢書・地理志》豫章郡有艾縣。故城在今江西省修水縣西。　③ 今讀依《廣韻》莫狄切。

湞[1] 水。出南海龍川[2]，西入溱[3]。从水，貞聲。　陟盈切(zhēn)。

【譯文】湞，水名。從南海郡龍川縣流出，向西注入溱水。从水，貞聲。

【注釋】① 湞：在廣東省境内。源出南雄縣東北大庾嶺，西南流經始興縣，至曲江縣與武水匯合。　② 龍川：《漢書·地理志》南海郡有龍川縣。故城在今廣東省龍川縣西北。　③ 溱：即武水。參"溱"條。

溜[①] 水。出鬱林郡[②]。从水，留聲。　力救切(liù)。

溜 【譯文】溜，水名。從鬱林郡流出。从水，留聲。

【注釋】① 溜，又名"潭水"。參"潭"條。《段注》："柳江即古溜水，後世譌其字耳。"　② 鬱林郡：漢郡名。有今廣西省西北部及貴州省榕江縣之地。

瀷[①] 水。出河南密縣，東入潁。从水，翼聲。　與職切(yì)。

瀷 【譯文】瀷，水名。從河南郡密縣流出，向東注入潁水。从水，翼聲。

【注釋】① 瀷：《段注》："此潩字之異體。"參"潩"條。

潕[①] 水。出南陽舞(陽)[陰][②]，東入潁[③]。从水，無聲。　文甫切(wǔ)。

潕 【譯文】潕，水名。從南陽郡舞陰縣流出，向東注入潁水。从水，無聲。

【注釋】① 潕：張舜徽《約注》："古潕水亦名舞水，源出河南省泌陽縣西北境，東北流經葉縣、舞陽縣，至西平縣注入汝水。元至正間，西平以上，汝水斷流，潕水遂爲南汝正源。明嘉靖末，潕水又改道東出澺水。以西平境内潕水本有洪河之稱，此後遂統稱潕、澺全流爲洪河矣。"　② 舞陽：徐鍇《繫傳》作舞陰。《漢書·地理志》南陽郡有舞陰縣，在今河南省泌陽縣北。　③ 潁：徐鍇《繫傳》作"汝"。

滶[①] 水。出南陽魯陽[②]，入城父[③]。从水，敖聲。　五勞切(áo)。

滶 【譯文】滶，水名。從南陽郡魯陽縣流出，進入父城縣境。从水，敖聲。

【注釋】① 滶：源出今河南省魯山縣西山穀積山，東流至寶豐縣西北入汝水。　② 魯陽：《漢書·地理志》南陽郡有魯陽縣，即今河南魯山縣地。　③ 城父：徐鍇《繫傳》作父城，在今河南寶豐縣東。

瀙① 水。出南陽舞(陽)[陰]②中陽山,入(潁)[汝]③。从水,親聲。　七吝切(qìn)。

【譯文】瀙,水名。從南陽郡舞陰縣中陽山流出,注入汝水。从水,親聲。

【注釋】① 瀙:張舜徽《約注》:"即今河南省泌陽、遂平境内之沙河。本爲汝水支流之一,明嘉靖末,西平、遂平間汝水斷流,此後南汝遂以此爲正源。"　② 陽:當作"陰",見《漢書·地理志》。參"潕"條。　③ 潁:當作"汝",見《漢書·地理志》。

淮① 水。出南陽平氏②桐柏大復山,東南入海。从水,隹聲。户乖切(huái)。

【譯文】淮,水名。從南陽郡平氏縣桐柏大復山流出,向東南注入大海。从水,隹聲。

【注釋】① 淮:張舜徽《約注》:"源出河南省之桐柏山。受汝、潁、肥、渦諸水,經安徽、江蘇兩省之北部,舊時東入於海。自宋以來,黄河南竄,淮水入海之道,爲其所奪。清咸豐初年,黄河北徙,淮水故道闢爲阡陌,於是水流乃注入洪澤湖,由湖以通長江。"　② 平氏:《漢書·地理志》南陽郡有平氏縣,在今河南省桐柏縣西。

【參證】甲文作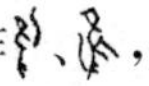,金文作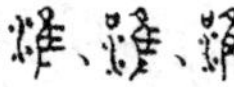。朱芳圃《甲骨學文字編》引羅振玉説:"从即水省。"李孝定《甲骨文字集釋》:"(𨾚)从水,唯聲。唯亦从隹聲。"

滍① 水。出南陽魯陽②堯山,東北入汝。从水,蚩聲。　直几切(zhì)。

【譯文】滍,水名。從南陽郡魯陽縣堯山流出,向東北注入汝水。从水,蚩聲。

【注釋】① 滍:即今河南省魯山、葉縣境内的沙河。　② 魯陽:《漢書·地理志》南陽郡有魯陽縣,即今河南魯山縣治。

澧① 水。出南陽雉②衡山③,東入汝。从水,豊聲。　盧啟切(lǐ)。

【譯文】澧,水名。從南陽郡雉縣衡山流出,向東注入汝水。从水,豊聲。

【注釋】① 澧：發源於河南省方城縣北伏牛山，流經葉縣、舞陽之間，至漯河市北與沙河合，再向東北然後折向東南流至周口鎮與潁河匯合。又叚借爲醴。朱駿聲《通訓定聲》："《書・禹貢》又東至于澧，出湖南澧州永定縣内歷山，至安鄉縣會赤沙河，入洞庭湖。《史記》正作醴。"　② 雉：《漢書・地理志》南陽郡有雉縣，在今河南南召縣南。　③ 衡山：今名鄺鳴山，接方城縣界。

溳[①] 溳　水。出南陽蔡陽[②]，東入夏水[③]。从水，員聲。　王分切(yún)。

【譯文】溳，水名。從南陽郡蔡陽縣流出，向東注入夏水。从水，員聲。

【注釋】① 溳：源出湖北省隨州的大洪山，北流繞經隨州折向南，經安陸到漢陽新溝入漢水。　② 蔡陽：《漢書・地理志》南陽郡有蔡陽縣，故城在今湖北棗陽縣西南。　③ 夏水：張舜徽《約注》："(溳水)至漢陽縣新溝入漢，即古之入夏水也。今漢夏不分。"

湡[①] 湡　水。出汝南弋陽[②]垂山，東入淮。从水，畀聲。　匹備切(pèi)。又，匹制切(pì)。

【譯文】湡，水名。從汝南郡弋陽縣垂山流出，向東注入淮河。从水，畀聲。

【注釋】① 湡：在河南省潢川縣東，又名"白露河"或"白鷺河"，北流注入淮河。　② 弋陽：《漢書・地理志》汝南郡有弋陽縣，在今河南省潢川縣西。

澺[①] 澺　水。出汝南上蔡[②]黑閭澗，入汝。从水，意聲。　於力切(yì)。

【譯文】澺，水名。從汝南郡上蔡縣黑閭澗流出，注入汝水。从水，意聲。

【注釋】① 澺：即今河南省上蔡縣以下的洪河。上游本與西平洪河不相通流；自明嘉靖末潕水改道東出澺水，以潕水在西平境内本有洪河之稱，此後遂統稱潕、澺全流爲洪河。　② 上蔡：《漢書・地理志》汝南郡有上蔡縣，故城在今河南上蔡縣西。

洍[①] 洍　水。出汝南新郪[②]，入潁。从水，囟聲[③]。　穌計切(xì)。

【譯文】洍，水名。從汝南郡新郪縣流出，注入潁水。从水，囟聲。

【注釋】① 洶：即細水。張舜徽《約注》："洶、細同从囟聲，故相通假。古細水即今之茨河，亦名刺河。源出河南省鹿邑縣南，會黑河。東南入安徽，經太和至阜陽縣東北入於潁。"　② 新郪：《漢書·地理志》汝南郡有新郪縣，在今安徽省太和縣北。　③ 囟聲：徐鍇《繫傳》："囟音信。"

灈[1] 水。出汝南吴房[2]，入瀙。从水，瞿聲。　其俱切(qú)。

【譯文】灈，水名。從汝南郡吴房縣流出，注入瀙水。从水，瞿聲。

【注釋】① 灈：張舜徽《約注》："即今河南省遂平縣石羊河。源出縣西北，東南流至縣東注入瀙水。瀙水，今沙河也。"　② 吴房：《漢書·地理志》汝南郡有吴房縣，即今遂平縣地。

潁[1] 水。出潁川陽城[2]乾山，東入淮。从水，頃聲。豫州[3]浸。余頃切(yǐng)。

【譯文】潁，水名。從潁川郡陽城縣乾山流出，向東注入淮河。从水，頃聲。是豫州地方的川澤。

【注釋】① 潁：發源于河南省登封縣嵩山西南，東南流至安徽省壽縣西北正陽關入淮。　② 陽城：《漢書·地理志》潁川郡有陽城縣，在今登封縣東南。　③ 豫州：古九州之一，即今河南省。

洧[1] 水。出潁川陽城山[2]，東南入潁。从水，有聲。　榮美切(wěi)。

【譯文】洧，水名。從潁川郡陽城山流出，向東南注入潁水。从水，有聲。

【注釋】① 洧：源出河南省登封縣陽城山，東南流至新鄭縣與溱水合，至西華縣入潁水。北宋時爲豐富蔡河水量以資漕運，自長葛縣東南引洧水經鄢陵、扶溝兩縣北，東匯蔡河。元時蔡河爲黄河所奪，洧水改入賈魯河。至明改名雙洎(jì)河。　② 陽城山：《漢書·地理志》潁川郡有陽城縣，陽城縣有陽城山，在今河南登封縣東北。

【参證】甲文作[甲文]。孫海波《卜辭文字小記》(《考古學社社刊》第四期)："卜辭又、有、手偏旁不分。""疑字當釋洧，地名。""卜辭之洧，殆即地志之洧水與?"按：[甲文]即水，[甲文]即有，故爲洧字。

濦[1] 水。出潁川陽城[2]少室山[3]，東入潁。从水，㥯聲。　於謹切(yǐn/yīn)[4]。

【譯文】㶏，水名。從潁川郡陽城縣少室山流出，向東注入潁水。从水，𤔔聲。

【注釋】① 㶏：張舜徽《約注》：“此水之源，即今河南登封縣潁水三源中之中源。”　② 陽城：參“洧”條。　③ 少室山：在河南登封縣北。　④ 今讀依《廣韻》於斤切。

過[1] 水。受[2]淮陽扶溝[3]浪湯渠，東入淮。从水，過聲。　古禾切（guō）。

【譯文】過，水名。上游上承淮陽國扶溝縣浪陽渠流出，向東注入淮河。从水，過聲。

【注釋】① 過：張舜徽《約注》：“過，《漢書》省作渦。今亦通用省體，俗稱渦河。”“源出河南省通許縣，東南流至安徽省亳縣，納惠濟河，在懷遠縣入淮河。”　② 受：桂馥《義證》引《左傳正義》：“凡水，首從水出謂之受，流歸他水謂之入。”　③ 扶溝：《漢書·地理志》淮陽國有扶溝縣。在今扶溝縣東北。

泄[1] 水。受九江博安洵波，北入（氐）[比][2]。从水，世聲。余制切（yì）。

【譯文】泄，水名。上游從九江郡博鄉縣芍陂流出，向北注入淠水。从水，世聲。

【注釋】① 泄：即今安徽省六安地區的汲河。又，王玉樹《拈字》：“借爲舒散之意，今俗别作洩。”今音 xiè。　② 受九江句：受：見“過”條。《段注》：“‘洵波’當作‘芍陂’，‘氐’當作‘比’（沘）。《水經》曰：‘泄水出博安縣，北過芍陂西，與沘水（淠水）合，西北入於淮。’注云：‘博安縣，《地理志》之博鄉縣也。泄水自縣上承沘水，逕安豐縣北流注於淠。’按：淠即沘字。”張舜徽《約注》：“惟今汲河河源，已與淠河隔絶，下游經城東湖改入淮，不入淠耳。”漢博鄉縣，在今安徽霍丘縣南。

汳[1] 水。受[2]陳留浚儀[3]陰溝[4]，至蒙[5]爲雝水，東入于泗[6]。从水，反聲。　皮變切（biàn）。

【譯文】汳，水名。上游上承陳留郡浚儀縣陰溝流出，到蒙縣叫雝水，向東注入泗水。从水，反聲。

【注釋】① 汳：張舜徽《約注》："汳水故道，自今河南開封東北分蒗蕩渠水，東流至今商丘北，下接獲水。其後汳名既廢，通稱汴水。"《段注》："卞者，弁之隸變也。變汳爲汴，未知起於何代。"桂馥《義證》："俗寫飯字，亦作飰。皆惡反字也。"　② 受：參"過"條。　③ 浚儀：《漢書・地理志》陳留郡有浚儀縣。即今開封。　④ 陰溝：《水經》酈道元注："陰溝，即蒗蕩渠也。"　⑤ 蒙：蒙縣，在今河南商丘縣東北。　⑥ 泗：參"泗"條。

潧[①] 水。出鄭國[②]。从水，曾聲。《詩》[③]曰："潧與洧，方涣涣兮。" 側詵切(zhēn)。

潧

【譯文】潧，水名。從鄭縣流出。从水，曾聲。《詩經》説："潧水和洧水，正是盛大的時候啊。"

【注釋】① 潧：經傳作"溱"。此水源出河南省密縣東北聖水峪，東南流，會洧水爲雙洎河，東流入賈魯河。　② 鄭國：桂馥《義證》："後人加國字，本謂山陽郡之鄭縣也。"《段注》："即漢之新鄭也。"即今新鄭縣。　③《詩》：指《鄭風・溱洧》。今毛《詩》"潧"作"溱"。承培元《引經證例》："溱(在湖南)潧(在河南)本截然二水，後以聲相近，而密縣之潧，誤與臨武之溱同名矣。在漢以前，則潧溱不同字也。"

淩[①] 水。在臨淮[②]。从水，夌聲。　力膺切(líng)。

淩

【譯文】淩，水名。在臨淮郡。从水，夌聲。

【注釋】① 淩：後湮。源出今江蘇省泗陽縣西北，東南流至今漣水縣南入淮水。經流部分與今中運河相當。　② 臨淮：《漢書・地理志》有臨淮郡。在今安徽省境。王筠《句讀》："説解似有譌誤。淩水所出之淩縣，於前漢屬泗水國。"淩縣故城在今江蘇宿遷縣東南。

濮[①] 水。出東郡濮陽[②]，南入鉅野[③]。从水，僕聲。　博木切(pú)。

濮

【譯文】濮，水名。從東郡濮陽縣流出，向南注入鉅野澤。从水，僕聲。

【注釋】① 濮：張舜徽《約注》："古濮水流經春秋衛地，即所謂桑間濮上之濮，亦稱濮渠水。上下游各有二支：上游一支首受濟水于今河南封丘縣西，東北流；一支首受黄河水于今原陽縣北，東流經延津縣南；二支合流于長垣縣西，東流經縣北至滑縣東南。此下又分爲二：一支經山東東明縣北，東北至鄄城縣南，注入瓠子河；一支經東明縣南，又東經菏澤北，注入鉅野澤。歷代上下游各支，或此流彼塞，或此湮彼通。……後因濟水涸竭，黄河改道而濮流亦湮。明清之際，餘流猶殘存于長垣、東明一帶，俗稱普河。”　② 濮陽：《漢書·地理志》東郡有濮陽縣。在今河南濮陽縣西南。　③ 鉅野：鉅野澤，在今山東鉅野縣北。

①
濼　齊魯間水也。从水，樂聲。《春秋傳》②曰：“公會齊侯于濼。”　盧谷切(lù/luò)③。

【譯文】濼，齊地、魯地之間的水流。从水，樂聲。《春秋左傳》説：“魯桓公與齊侯(襄公)相會于濼水。”

【注釋】① 濼：古濼水源出今山東濟南市西南，北流至濼口，入古濟水。　②《春秋傳》：指《左傳·桓公十八年》文。　③ 今讀依《廣韻》盧各切。

【參證】甲文作，金文作、。羅振玉《增訂殷虚書契考釋》卷中：“此即許書从水樂聲之濼。”“(金文)借用爲喜樂字。”

①
漷　水。在魯。从水，郭聲。　苦郭切(kuò)。

【譯文】漷，水名。在魯地。从水，郭聲。

【注釋】① 漷：張舜徽《約注》：“古漷水，即今山東滕縣郭河，俗稱南沙河。源出縣東北，西流經縣南，下游本注泗水，元明以來時有變遷，今合南梁河入運河。”

淨　魯北城門池①也。从水，爭聲。　士耕切(chéng)又，才性切②(jìng)。

【譯文】淨(chéng)，魯國(都城)北城門的護城河。从水，爭聲。

【注釋】① 池：徐鍇《繫傳》：“古獨謂城溝爲池。”《段注》：“《公羊傳·閔二年》：‘桓公使高子將南陽之甲，立僖公，而城魯。或曰：自鹿門至於爭門者，是也。或曰：自爭門至於吏門者，是也。’……其門曰爭門，則其池曰淨，从爭旁水也。《廣韻》曰：‘埩，七耕切。魯城北門池也。’《説文》作淨，蓋古書有作埩門者矣。‘城’‘北’誤倒。”爭門、埩門、淨門，一也。音爲士耕切，讀 chéng。　② 才性切：《段注》："今俗用爲瀞字，釋爲無垢薉，切以才性。"桂馥《義證》："後人以瀞字省作淨，音才性切，而梵書用之。自南北史以下，俱爲才性之淨。"讀 jìng。潔淨明徹之淨與魯淨池之淨，依段、桂之説，來源不同，音讀不同，意義不同，只是同形字。今用淨爲淨潔義。

漯[1] 水。出東郡東武陽[2]，入海。从水，㬎聲[3]。桑欽云："出平原高唐[4]。" 他合切(tà)。

【譯文】漯，水名。從東郡東武陽縣流出，注入大海。从水，㬎聲。桑欽説："從平原郡高唐縣流出。"

【注釋】① 漯：俗作漯。鈕樹玉《校録》："蓋漢人隸書'㬎'字多省去一'糸'，又變'曰'爲'田'耳。"張舜徽《約注》："此水爲古黄河下游支流之一。故道自今河南浚縣西南别黄河，東北流經濮陽、山東范縣、莘縣、聊城、臨邑、濱縣等縣境入海。今山東徒駭河，俗名土河，土、漯雙聲，實一語也。蓋即古漯水之殘餘而稍有遷改耳。"郭慶藩《經字正誼》："《説文》無漯字。""今相承以漯爲漯，乃以漯爲燥溼之溼，音義失之遠矣。"　② 東武陽：《漢書・地理志》東郡有東武陽縣。在今山東朝城縣西。　③ 㬎聲：㬎俗譌爲累；累，俗絫字。《段注》："(㬎、絫)於音殊遠隔也。"　④ 出平原句：見桑欽《地理志》。高唐，《漢書・地理志》平原郡有高唐縣。在今山東省禹城縣西南。

泡[1] 水。出山陽平樂[2]，東北入泗[3]。从水，包聲。　匹交切(pāo)。

【譯文】泡，水名。從山陽郡平樂縣流出，向東北注入泗水。从水，包聲。

【注釋】① 泡：張舜徽《約注》："此水自山東單縣流入江蘇境，經豐縣北，又東至沛縣界，循城東南，至泗亭驛合於泗。"又，《段注》："或曰浮漚也。"朱駿聲《通訓定聲》："浮漚似靁即雹字之引申。"浮漚即水面上鼓起的象雹似的泡兒。可分析爲：从水，从包，包亦聲。
② 平樂：《漢書・地理志》山陽郡有平樂縣。在今單縣境。
③ 泗：參"泗"條。

① 菏澤、水②。在山陽胡陵③。《禹貢》④："浮于淮泗，達于菏。"从水，苛聲。　古俄切(gē/hé)⑤。

菏

【譯文】菏，菏澤、菏水。(水)在山陽郡胡陵縣。《禹貢》説："(進貢的船隻)從淮水、泗水浮進，到達菏水。"从水，苛聲。

【注釋】① 菏：古澤名、水名。張舜徽《約注》："(菏)分東西兩段：東段自今山東定陶縣北分古濟水東出，瀦成菏澤；又東流爲菏水，經今成武、全鄉兩縣北，東注古泗水。西段自今定陶縣西濟水南岸分出，東北流至縣北，還入濟水。"按：許氏此指東段。　② 菏澤、水：澤、水共以菏爲定語。　③ 在山陽胡陵：上承"菏水"。《漢書・地理志》山陽郡有胡陵縣。胡陵縣在今山東魚臺縣東南。　④《禹貢》：《尚書・虞夏書》的一篇。　⑤ 今讀依《廣韻》胡歌切。

① 受②泲(濟)水，東入淮。从水，四聲。　息利切(sì)。

泗

【譯文】泗，上承濟水，向東注入淮河。从水，四聲。

【注釋】① 泗：水名。張舜徽《約注》："源出山東泗水縣東蒙山南麓，四源并發，故名。"(泗水)西流經泗水、曲阜、兖州，折南至濟寧市東南魯橋鎮入運河。古泗水自魯橋以下又南流至江蘇徐州市東北，循淤黄河東南流至淮陰市北，注入淮河，爲淮河下游一大支流。後淤廢。又，《段注》："《毛詩傳》曰：'自目曰涕，自鼻曰泗。'"
② 受：參"過"條。

【參證】劉桓《卜辭雜釋五則》(《殷都學刊》一九九六年第一期)引楊樹達説："从四猶从自也。""泗爲鼻涕字，从水、四，亦假四爲自，謂液之从鼻出者也。"劉文進而説："卜辭蓋正象人鼻有兩孔形，故四有鼻義，與'自'之象全鼻之形，二者象形角度不同。"

① 水。在(齊魯)[晉衛]②間。从水，亘聲。　羽元切(yuán/huán)③。

洹

【譯文】洹，洹水。在晉地、衛地之間。从水，亘聲。

【注釋】① 洹：今名安陽河。源出林縣，東流經安陽市到内黄縣入衛河。　② 齊魯：當依姚文田、嚴可均《校議》改作"晉衛"。
③ 今讀依《廣韻》胡官切。

【參證】甲文作、、，金文作、。羅振玉《增訂殷虚書契考釋》:"殷代水名存於卜辭今可確知其地者,僅此而已。"

灉[①] 河灉水。在宋[②]。从水,雝聲。 於容切(yōng)。

【譯文】灉,河灉水。在宋地。从水,雝聲。

【注釋】① 灉:即古汳(汴)水流經河南省商丘虞城的一段。又作"雝水"。後堙。參"汳"條。 ② 宋:周國名,微子所封。在今河南商丘縣南。

澶[①] 澶淵水。在宋[②]。从水,亶聲。 市連切(chán)。

【譯文】澶,澶淵水。在衞地。从水,亶聲。

【注釋】① 澶:古湖泊名。張舜徽《約注》:"亦曰繁淵、繁汙,又名澶州陂。故址在今河南濮陽縣西,春秋衞地。" ② 宋:當作"衞"。

洙[①] 水。出泰山蓋[②]臨樂山,北入泗[③]。从水,朱聲。 市朱切(zhū)。

【譯文】洙,水名。從泰山郡蓋縣臨樂山流出,向北注入泗水。从水,朱聲。

【注釋】① 洙:源出今山東省新泰縣東北,折西南與泗水合流。後來上源在泰安縣東南改道西流合入汶水,今爲小汶河上游,已與泗水隔絶。 ② 蓋:《漢書・地理志》泰山郡有蓋縣。在今沂水縣西北。 ③ 泗:參"泗"條。

沭[①] 水。出[②]青州[③]浸。从水,术聲。 食聿切(shù)。

【譯文】沭,水名。從琅邪郡東莞縣流出,向南注入泗水。是青州地方的河澤。从水,术聲。

【注釋】① 沭:發源於山東省沂水縣沂山南麓,同沂河平行南流,入江蘇省境内。 ② 出:《段注》:"(後)當補'琅邪東莞,南入泗'七字。"東莞,《漢書・地理志》琅邪郡有東莞縣。在今沂水縣東北。 ③ 青州:古九州之一,今山東半島。

沂[①] 水。出東海費[②]東,西入泗。从水,斤聲。一曰:沂水,出泰山蓋[③]。青州浸[④]。 魚衣切(yí)。

【譯文】沂,水名。從東海郡費縣之東流出,向西注入泗水。从水,斤聲。另一説,沂水從泰山郡蓋縣流出。是青州地方的河澤。

【注釋】① 沂:源出山東省的沂山,南流經沂水縣、臨沂縣、郯城縣境入江蘇省。古沂水本至邳州(今江蘇省邳縣)入泗,後泗水下游淤塞,沂河注入江蘇省邳縣南駱馬湖。　② 費:《漢書·地理志》東海郡有費縣。　③ 蓋:參“洙”條。　④ 青州浸:參“沭”條。

[①] 洋　水。出齊臨朐[②]高山,東北入鉅定[③]。从水,羊聲。　似羊切(xiáng)。

【譯文】洋,水名。從齊郡臨朐縣高山流出,向東北注入鉅定湖。从水,羊聲。

【注釋】① 洋:桂馥《義證》:“洋當作洋,音瀰。”王筠《釋例》:“此水今名瀰河。”張舜徽《約注》:“此水源出山東臨朐縣南沂山西麓,北流逕臨朐縣東,又北歷益都縣,又東北流逕壽光縣界,由瀰河口入海。”王筠《釋例》:“洋之與瀰,聲韻遠隔;洋之與洋,形體易譌。恐《漢志》《水經》亦本作巨洋水,从亡婢切之芈,非从羊也。又恐説文本有洋洋二文,而以疑似捝其一也。”　② 臨朐:《漢書·地理志》齊郡有臨朐縣。即今臨朐縣。　③ 鉅定:張舜徽《約注》:“亦作巨淀,即今山東廣饒東北清水泊也。漢時爲一大湖。”

【參證】甲文作。商承祚《殷虚文字考》(《國學叢刊》二卷四期):“此字以形定疑即洋字。而其誼不可知。水之作形者,濩澡洗諸字从之。”《甲骨文編》:“此象沈羊於水之形。應與沈爲一字。”待考。

[①] 濁　水。出齊郡(厲)[廣](嬀)[爲][②]山,東北入鉅定[③]。从水,蜀聲。　直角切(zhuó)。

【譯文】濁,水名。從齊郡廣縣爲山流出,向東北注入鉅定湖。从水,蜀聲。

【注釋】① 濁:張舜徽《約注》:“古濁水一名北陽水,今名北洋河。源出山東省益都縣西,東北流至壽光縣北,入清水泊。”又,《段注》:“濁者,清之反也。”　② 厲嬀:當依《段注》“厲”作“廣”,“嬀”作“爲”。廣縣故城在今山東益都縣西南。　③ 鉅定:參“洋”條。

[①] 漑　水。出(東)[北]海桑瀆覆甑山[②],東北入海。一曰:灌[③],注也。从水,既聲。　古代切(gài)。

【譯文】漑,水名。從北海郡桑瀆縣覆甑山流出,向東北注入大海。

另一義説，溉就是灌，就是注入的意思。从水，既聲。

【注釋】① 溉：張舜徽《約注》："此水源出山東濰縣東南溉源山，水流至昌邑縣境入海。"　② 東海句：《段注》"東"作"北"，"瀆"作"犢"。《漢書・地理志》北海郡有桑犢縣。即今濰縣。《段注》："溉源山即覆甑山也。"　③ 灌：《廣韻》："溉，灌也。"

【參證】金文作[金文字形]。與篆文同。

濰① 濰　水。出琅邪箕②屋山，東入海。(徐)［兗］州③浸。《夏書》④曰："濰、淄其道。"从水，維聲。　以追切(wéi)。

【譯文】濰，水名。從琅邪郡箕縣屋山流出，向東注入大海。是兖州地方的河澤。《夏書》説："濰水和淄水已經疏通。"从水，維聲。

【注釋】① 濰：今稱濰河。源出五蓮縣西南箕屋山，北流經諸城、高密等縣，至昌邑縣入萊州灣。　② 箕：《漢書・地理志》琅邪郡有箕縣。在今山東莒縣之北。屋山：王筠《句讀》："是志(指《漢書・地理志》)本云屋山……《水經》謂之濰山，《淮南》謂之覆舟山。"按：今又名箕屋山。　③ 徐州：當依《段注》作"兖州"。兖州，古九州之一，今河北、山東境地。　④《夏書》：指《禹貢》。道：疏導。

浯① 浯　水。出琅邪靈門②壺山，東北入濰③。从水，吾聲。　五乎切(wú)。

【譯文】浯，水名。從琅邪郡靈門縣壺山流出，向東北注入濰河。从水，吾聲。

【注釋】① 浯：張舜徽《約注》："源出沂山東麓，東北流經安丘、諸城二縣入濰。"　② 靈門：《漢書・地理志》琅邪郡有靈門縣。在今山東莒縣北。　③ 濰：參"濰"條。

汶① 汶　水。出琅邪朱虚②東泰山，東入濰。从水，文聲。桑欽説："汶水出泰山萊蕪③，西南入泲。"　亡運切(wèn)。

【譯文】汶，水名。從琅邪郡朱虚縣東泰山流出，向東注入濰河。从水，文聲。桑欽説："汶水從泰山郡萊蕪縣流出，向西南注入濟水。"

【注釋】① 汶：許説有二：一、入濰之汶，今東汶河。源出山東省臨朐縣南，東北流，至安丘東北入濰河。二、入泲(jì，濟)之汶，今大汶水，又稱大汶河。發源于山東省萊蕪縣北，古代本經東平縣至梁山東南，流入濟水。今主流又西注東平湖，北入黄河。　② 朱虚：《漢書·地理志》琅邪郡有朱虚縣。在今臨朐縣東。　③ 萊蕪：《漢書·地理志》泰山郡有萊蕪縣。在今淄川縣東南。

① 治

水。出東萊曲(城)[成][②]陽丘山，南入海。从水，台聲。直之切(chí)。

【譯文】治，水名。從東萊郡曲成縣陽丘山流出，向南注入大海。从水，台聲。

【注釋】① 治：即今山東省大沽河與支流小沽河。張舜徽《約注》：“源出山東省掖縣馬鞍山，即陽丘山也。水南流經萊陽縣西南，與大沽河合，至平度縣稱沽河，合膠萊河入海。”又，《段注》：“今字訓理，蓋由借治爲理。”　② 曲城：當依《段注》“城”作“成”。《漢書·地理志》東萊郡有曲成縣。在今掖縣東北。

① 濅

水。出魏郡武安[②]，東北入呼沱[③]水。从水，㝱聲。㝱，籒文寑字。　子鴆切(jìn)。

【譯文】濅，水名。從魏郡武安縣流出，向東北注入呼沱水。从水，㝱聲。㝱，籒文寑字。

【注釋】① 濅：今作寖。張舜徽《約注》：“隸省作浸。此水即今之洺河，源出武安縣西山，東流臨洺關北。自此以下，歷代頻經遷改，今東流經永年縣北，折北匯入滏陽河。”　② 武安：《漢書·地理志》魏郡有武安縣。　③ 呼沱：徐鍇《繫傳》“呼”作“滹”。徐灝《段注箋》：“今武安縣有南洺、北洺，二水合流，至冀州會呼沱河，東入海。”

【參證】甲文作。即宀，即㑴，即水。

① 渪

水。出趙國[②]襄國[③]之西山，東北入寖[③]。从水，禺聲。噳俱切(yú)。

【譯文】渪，水名。從趙國的襄國縣西山流出，向東北注入寖水。从水，禺聲。

【注釋】① 渪：又稱沙河，源出太行山，東流經南和縣、任縣，注入寧晉泊。　② 趙國：今河北省邯鄲、邢臺等地。趙國的國，相當於郡一級的地方組織。　③ 襄國：《漢書·地理志》趙國有襄國縣。在今邢臺西南。　④ 寖：同濅。參上“濅”條。

【參證】金文作,即禺,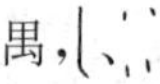均爲水。

① 𣶒　水。出趙國襄國②,東入湡。从水,虒聲。　息移切(sī)。

【譯文】𣶒,水名。從趙國的襄國縣流出,向東注入湡水。从水,虒聲。

【注釋】① 𣶒:或以爲𣶒水即今之百泉河,屬滏陽河水系,源出河北省邢臺市附近。　② 趙國襄國:參"湡"條。

① 渚　水。在②常山中丘③逢山,東入湡④。从水,者聲。《爾雅》⑤曰:"小洲曰渚。"　章与切(zhǔ)。

【譯文】渚,水名。從常山郡中丘縣逢山流出,向東注入湡水。从水,者聲。《爾雅》説:"小洲叫作渚。"

【注釋】① 渚:古水名。後湮。　② 在:徐灝《段注箋》:"疑'出'之譌。"　③ 中丘:《漢書·地理志》常山郡有中丘縣。在今内丘縣西。　④ 湡:參"湡"條。　⑤《爾雅》:指《釋水》。今本"渚"作"陼"。

① 洨　水。出常山石邑②井陘,東南入于泜③。从水,交聲。郝國④有洨縣。　下交反(xiáo)。

【譯文】洨,水名。從常山郡石邑縣井陘山流出,向東南注入泜水。从水,交聲。(另一義是縣名,)郝國有洨縣。

【注釋】① 洨:此水源出河北省獲鹿縣西南井陘山。東南流至癭陶(今寧晉縣西南)合於泜水。今名洨河,在寧晉縣南與沙河合,東南流注滏陽河。　② 石邑:《漢書·地理志》常山郡有石邑縣,班氏自注:"井陘山在西,洨水所出,東南至癭陶入泜。"漢石邑縣,在今獲鹿縣南。　③ 泜:參"泜"條。　④ 郝國:《段注》:"'沛國洨',見後《志》(指《後漢書·郡國志》)。前《志》(指《漢書·地理志》)作'沛郡洨'。凡言'有'者皆别於上文之義。"

① 濟　水。出常山房子②贊皇山,東入泜③。从水,齊聲。　子禮切(jǐ)。

【譯文】濟,水名。從常山郡房子縣贊皇山流出,向東注入泜水。从水,齊聲。

【注釋】① 濟:徐鍇《繫傳》:"此非四瀆之濟。四瀆之濟,古皆作泲字，今人多亂之。”參“泲”條。濟：今名午河。源出河北省贊皇山，北流經贊皇縣南，又東折經高邑縣南，經柏鄉縣入寧晉泊。

② 房子：《漢書・地理志》常山郡有房縣，班氏自注：“贊皇山，濟水所出。”漢房子縣，即今贊皇縣地。　③ 泜：參“泜”條。

【參證】金文作𣳨。左爲水，右爲齊。

泜① 水。在②常山。从水，氐聲。　直尼切(chí)。

泜

【譯文】泜，水名。在常山郡。从水，氐聲。

【注釋】① 泜：此水即今槐河。源出河北省贊皇縣西南，東流經元氏南至寧晉南，折南入滏陽河。　② 在：徐灝《段注箋》：“亦‘出’之譌。常山下有奪文。”存參。

濡① 水。出涿郡故安②，東入(漆涑)[淶]③。从水，需聲。　人朱切(rú)。

濡

【譯文】濡，濡水。從涿郡故安縣流出，向東注入淶水。从水，需聲。

【注釋】① 濡：北濡水，淶水(今拒馬河)支流。發源于河北省易縣西北，中經易縣城至定興縣西南與易水會合。後湮。又，《段注》：“今字以濡爲霑濡。經典皆然。”霑濡，就是濡溼、溼潤、浸潤之義。

② 故安：《漢書・地理志》涿郡有故安縣。在今易縣東南。

③ 漆涑：《段注》引戴震説：“淶譌漆涑二字。”參“淶”條。

灅① 水。出右北平浚靡②，東南入庚③。从水，壘聲。　力軌切(lěi)。

灅

【譯文】灅，水名。從右北平郡浚靡縣流出，向東南注入庚水。从水，壘聲。

【注釋】① 灅：今名沙河，發源于河北省遵化縣北長城外，西南流入千橋水庫，爲州河上游之一。　② 浚靡：《漢書・地理志》右北平郡有浚靡縣。在今遵化縣西北。　③ 庚：《段注》：“浭與庚一字也。”浭水，俗稱沽河。即今薊運河。

沽① 水。出漁陽②塞外，東入海。从水，古聲。　古胡切(gū)。

沽

【譯文】沽，水名。從漁陽郡漁陽縣邊塞之外流出，向東注入大海。从水，古聲。

【注釋】① 沽：即今河北省白河。流注密雲水庫，自水庫出爲潮白河，至天津市北塘入海。又，《段注》："今字以爲沽買字。"朱駿聲《通訓定聲》："又爲賈。《論語》：'求善賈而沽諸乎？'馬注：'賣也。''沽酒市脯。'釋文：'買也。'按：買賣皆曰賈。買者所出，賣者所入亦曰賈。" ② 漁陽：《漢書·地理志》漁陽郡有漁陽縣。在今密雲縣西南。塞外：《段注》："凡云出某縣塞外、某縣徼外、某縣某方蠻夷中者，皆言其來之遠，不可得其地名，故系之某縣也。"

【參證】金文作 、 。强運開《古籀三補》卷十一："《説文》本有沽字，當从本讀爲是。"

沛① 水。出遼東番汗②塞外，西南入海。从水，巿聲③。 普蓋切(pèi)。

【譯文】沛，水名。從遼東郡番汗縣邊塞之外流出，向西南注入大海。从水，巿聲。

【注釋】① 沛：古水名。今不詳。 ② 番汗(pán hán)：《漢書·地理志》遼東郡有番汗縣。在今朝鮮國城西北。《段注》："番音盤，汗音寒。" ③ 巿聲：聲中有義。本書："巿，艸木盛，巿巿然，象形。"沛从水从巿，則爲水流浩淼之皃。故《釋名》曰："水从河出曰雍沛，言在河岸限内，時見雍，出則沛然也。"按：雍音擁，擁擠。言河水決出，爲堤岸所限，回旋往復，擁出決口則沛然也。

浿① 水。出樂浪鏤方②，東入海。从水，貝聲。一曰：出浿水縣③。 普拜切(pài/pèi)④。

【譯文】浿，水名。從樂浪郡鏤方縣流出，向東注入大海。从水，貝聲。另一説是，從浿水縣流出。

【注釋】① 浿：許氏解説有二：一、出鏤方之浿。約當今朝鮮之大同江。二、出浿水縣之浿。即今朝鮮的清川江。 ② 鏤方：《漢書·地理志》樂浪郡有鏤方縣。在今遼寧省遼陽縣東。 ③ 浿水縣：《漢書·地理志》樂浪郡有浿水縣。在今鴨緑江南岸的新義州。 ④ 今讀依《廣韻》普蓋切。

【參證】甲文作 ，左爲貝，右爲水。

瀤 北方水也。从水，褱聲。 户乖切(huái)。

【譯文】瀤，北方水流名。从水，褱聲。

漯[1] 水。出鴈門陰館[2]累頭山，東入海。或曰治水也。从水，纍聲[3]。 力追切（léi/lěi）[4]。

【譯文】漯，水名。從鴈門郡陰館縣累頭山流出，向東注入大海。有時又叫作治水。从水，纍聲。

【注釋】① 漯：又名治水。即今上游爲桑乾河、中段爲永定河、下游爲海河之河流。發源于山西省神池縣東，向東流經河北省至天津入海。 ② 陰館：《漢書·地理志》鴈門郡有陰館縣，班氏自注："累頭山，治水所出。"漢陰館縣，在今山西省代縣西北。 ③ 纍聲：《段注》："疑當是从水，絫聲。其山曰絫頭山，故其水曰湶水。"按：累即絫的隸變。 ④ 今讀依《廣韻》力軌切。

瀘[1] 水。出北地直路[2]西，東入洛。从水，虘聲。 側加切（zhā/jū）[3]。

【譯文】瀘，水名。從北地郡直路縣西流出，向東注入洛水。从水，虘（jū）聲。

【注釋】① 瀘：此水一名東沮水，源出今陝西省黄陵縣西子午嶺，故上游亦名子午水。東經縣南，注入北洛水。 ② 直路：《漢書·地理志》北地郡有直路縣。在今黄陵縣西。 ③ 今讀依《廣韻》七余切，當讀 qū，今讀 jū。

【參證】徐中舒《甲骨文字典》卷十一："瀘從水從虘（虘），與《說文》瀘字篆文形同。"

泒[1] 水。起鴈門葰人[2]戍夫山[3]，東北入海。从水，瓜聲。 古胡切（gū）。

【譯文】泒，水名。從鴈門郡葰人縣戍夫山起源，向東北注入大海。从水，瓜聲。

【注釋】① 泒：今作滹沱。嚴可均《校義》："泒即呼沱合聲。"源出山西省繁峙縣泰戲山，西南流，經代縣、崞縣，折而東南流入河北省境，至獻縣納滏陽河，過大城縣，爲子牙河，至天津會北運河後入海。 ② 葰（suǒ）人：《漢書·地理志》太原郡有葰人縣。在今山西繁峙縣南。《段注》："葰人縣，前《志》屬太原郡。此屬鴈門者，二郡境相接，容有改屬也。" ③ 戍夫山：朱駿聲《通訓定聲》："……泰戲山，即武夫山，古亦作成夫山。”

滱① 水。起北地②靈丘③，東入河④。从水，寇聲。滱水即漚夷水，并州⑤川也。　苦候切(kòu)。

【譯文】滱，水名。從代郡靈丘縣起源，向東注入黄河。从水，寇聲。滱水就是漚夷水，并州地方的河流。

【注釋】① 滱：張舜徽《約注》：“古滱水，源出山西省渾源縣，東南流入河北省，經唐縣境，乃稱唐河。再東南入定縣界，曰新唐河。折東北流，先後與府河及曹河合稱依城河。至安新縣匯於西淀。唐宋以來，滱水之名漸廢，而下游亦時有遷改。”　② 北地：《段注》作“代郡”。　③ 靈丘：《漢書・地理志》代郡有靈丘縣。即今山西靈丘縣境。　④ 河：《段注》：“前《志》(指《漢書・地理志》)云‘入大河’，有誤。”　⑤ 并州：今内蒙古、山西大部及河北一部分。

淶① 水。起北地②廣昌③，東入河④。从水，來聲。并州⑤浸。洛哀切(lái)。

【譯文】淶，水名。從代郡廣昌縣起源，向東注入黄河。从水，來聲。是并州地方的川澤。

【注釋】① 淶：張舜徽《約注》：“今名拒馬河。源出河北省淶源縣淶山，東流經易縣，屈曲而南，經淶水、定興、容城諸縣，至白溝河鎮，亦曰白溝河。經雄縣入大清河。”　② 北地：《段注》作“代郡”。③ 廣昌：《漢書・地理志》代郡有廣昌縣。在今淶源縣北。④ 入河：徐灝《段注箋》：“班、許云‘入河’，蓋指古昔而言，自河徙而入於海矣。”　⑤ 并州：參“滱”條。

泥① 水。出北地郁郅②北蠻中。从水，尼聲③。　奴低切(ní)。

【譯文】泥，水名。從北地郡郁郅縣北方少數民族地區中流出。从水，尼聲。

【注釋】① 泥：涇水支流，即今甘肅省慶陽地區的東河及其下流馬連河。　② 郁郅：《漢書・地理志》北地郡有郁郅縣。即今慶陽縣地。　③ 尼聲：《段注》：“今字皆用爲塗泥字。”本書：“尼，从後近之。”即近昵。近昵則相黏近，黏近則止。故《釋名》：“泥，邇也。邇，近也。以水沃土，使相黏近也。”“泥丘，其止汙水留不去成泥也。”就泥塗、泥巴義而言，泥的構形，是从水从尼，尼亦聲。

湳① 西河美稷②保③東北水。从水，南聲。　乃感切(nǎn)。

【譯文】湳，西河郡美稷縣城一小城堡東北方的水流。从水，南聲。

【注釋】① 湳：黄河支流。源出今内蒙古自治區伊克昭盟准格爾旗北面。一説即黄甫川。　② 美稷：《漢書・地理志》西河郡有美稷縣。在今内蒙古東勝東南。　③ 保：《段注》：“《檀弓》注曰：‘保，縣邑小城堡。’保、堡，古今字。”

溤① 水。出西河中陽②北沙，南入河③。从水，焉聲。　乙乾切(yān)。

【譯文】溤，水名。從西河郡中陽縣北沙地方流出，向南注入黄河。从水，焉聲。

【注釋】① 溤：在今山西省西部。　② 中陽：《漢書・地理志》西河郡有中陽縣。在今山西中陽縣西。　③ 入河：朱駿聲《通訓定聲》：“溤當在今山西汾州府寧鄉縣(即今山西中陽縣治)境入河。今不可考。”

涶① 河津也。在西河西②。从水，垂聲③。　土禾切(tuō)。

【譯文】涶，黄河渡口名。在西河郡的西面。从水，垂聲。

【注釋】① 涶：《段注》：“河津名涶。”　② 西河西：《段注》：“謂在西河郡之西，今未詳其地。”西河郡，今山西西北部、内蒙古南部、陝西東北部。　③ 垂聲：聲中有義。本書：“垂，遠邊也。”引申爲邊。渡口必在水邊。

瀩① 水也。从水，旟聲。　以諸切(yú)。

【譯文】瀩，水名。从水，旟聲。

【注釋】① 瀩：未詳其地。

洵① 過水中②也。从水，旬聲。　相倫切(xún)。

【譯文】洵，過水的支流。从水，旬聲。

【注釋】① 洵：在今山西省太原市境。　② 過水中：當依姚文田、嚴可均《校議》作“過水别也”。

涻① 水。出北囂山，入邙②澤。从水，舍聲。　始夜切(shè)。

【譯文】涻，水名。從北囂山流出，注入印澤。从水，舍聲。

【注釋】① 浛：《段注》："《北山經》曰：'鉤吾之山又北三百里曰北囂之山，涔水出焉，而東流注於卬澤。'許所據'涔'作'浛'。其地未詳。" ② 卭：《段注》作"卬"。

[1] 水也。从水，刃聲。 乃見切(niàn)。

汈 【譯文】汈，水名。从水，刃聲。

【注釋】① 汈：約在今山西省西南部。

水也。从水，直聲。 恥力切(chì/zhí)[1]。

滍 【譯文】滍，水名。从水，直聲。

【注釋】① 今讀依《集韻》丞職切。

水也。从水，妾聲。 七接切(qiè)。

渫 【譯文】渫，水名。从水，妾聲。

水也。从水，居聲。 九魚切(jū)。

淭 【譯文】淭，水名。从水，居聲。

水也。从水，臮聲。 其冀切(jì)。

潶 【譯文】潶，水名。从水，臮聲。

[1] 水也。从水，尤聲。 羽求切(yóu)。

汏 【譯文】汏，水名。从水，尤聲。

【注釋】① 汏：在今山東省高密縣。《段注》："即《左傳》尤水，上文之治水也。"

水也。从水，因聲。 於真切(yīn)。

洇 【譯文】洇，水名。从水，因聲。

水也。从水，果聲。 古火切(guǒ)。

淉 【譯文】淉，水名。从水，果聲。

[1] 水也。从水，貟聲。讀若瑣。 穌果切(suǒ)。

溑 【譯文】溑，水名。从水，貟聲。音讀象"瑣"字。

【注釋】① 溑：錢坫《斠詮》："《左傳》瑣澤。"

[1] 水也。从水，尨聲。 莫江切(máng)。

滝 【譯文】滝，水名。从水，尨聲。

【注釋】① 滝：桂馥《義證》："滝或作瀧水，在梁鄒縣。《水經注》謂即古之袁水。”按：瀧从龍，疑爲龙字之譌。

水也。从水，乳聲。　乃后切(nǒu)。

浫　【譯文】浫，水名。从水，乳聲。

①　水也。从水，夂聲。夂，古文終②。　職戎切(zhōng)。

汷　【譯文】汷，水名。从水，夂聲。夂，古文終字。

【注釋】① 汷：在今湖北省襄陽縣。　② 古文終：參仌部“冬”條。

【參證】金文作〔金文〕。與篆文同。

①　淺水(也)[皃]②。从水，百聲。　匹白切(pò)。

洦　【譯文】洦，淺水的樣子。从水，百聲。

【注釋】① 洦：《段注》：“隸作‘泊’，亦古今字也。”　② 也：當依姚文田、嚴可均《校議》作“皃”。徐鍇《繫傳》引顔之推《家訓》：“趙州柏人城北有小水，土人不知名。後讀城西門徐碑云：‘洦流東會。’之推以爲，此水漢來無名，直以淺皃目之也。”

水也。从水，千聲。　倉先切(qiān)。

汘　【譯文】汘，水名。从水，千聲。

水也。从水，𦣞聲。《詩》①曰：“江有洍。”　詳里切(sì)。

洍　【譯文】洍，水名。从水，𦣞(yí)聲。《詩經》説：“長江有一條从主流分出又匯進主流的支流。”

【注釋】①《詩》：指《召南·江有汜》。今本“洍”作“汜”。本部“汜”下：“水别(分出)復入水也。”徐鍇《繫傳》“詩”字前有“一曰”二字。王筠《句讀》解釋説：“爲洍廣一義而云‘一曰’也。”

郣澥①，海之别②也。从水，解聲。一説，澥即澥谷③也。

澥　胡買切(xiè)。

【譯文】澥，郣澥，大海的分支。从水，解聲。另一義説，澥就是昆侖北邊的山谷。

【注釋】① 郣澥：即今勃海灣。　② 别：《段注》：“(别謂)勃澥屬於海而非大海，此於大海爲别枝。”　③ 澥谷：《段注》：“昆侖之北谷名也。”

漠 北方流沙①也。一曰：清②也。从水，莫聲③。　慕各切(mò)。

【譯文】漠，北方風起揚沙之地。另一義説，漠是清靜的意思。从水，莫聲。

【注釋】① 流沙：徐灝《段注箋》："流沙者，塵埃冥蒙之地，故謂之沙漠。漠者，蒙也。"　② 清：徐灝《段注箋》："此義相反而相成也。"　③ 莫聲：聲中有義。本書："莫，日且冥也。"太陽即將沒落，可引申爲沒，爲無。無水則爲沙漠的根本特徵。

海 天池也。以納百川者。从水，每聲。　呼改切(hǎi)。

【譯文】海，天然的大池澤。用以接納百川的水流。从水，每聲。

【參證】金文作[金文]、[金文]。與篆文同。

溥 大①也。从水，尃聲。　滂古切(pǔ)。

【譯文】溥，廣大。从水，尃聲。

【注釋】① 大：朱駿聲《通訓定聲》："本義爲水之大，轉注爲凡大之稱。"

濶① 水大至也。从水，闇聲。　乙感切(ǎn)。

【譯文】濶，水洶涌而來。从水，闇聲。

【注釋】① 濶：錢坫《斠詮》："此水淹至之淹。"

洪 洚①水也。从水，共聲。　户工切(hóng)。

【譯文】洪，大水。从水，共聲。

【注釋】① 洚(jiàng)：參下"洚"條。

洚① 水不遵道。一曰：下②也。从水，夅聲③。　户工切(hóng)。又，下江切(xiáng/jiàng)④。

【譯文】洚，水不遵循水路。另一義説，洚是水往下流的意思。从水，夅聲。

【注釋】① 洚：《段注》："《孟子・告子》篇：'水逆行謂之洚水。洚水者，洪水也。'水不遵道，正謂逆行；惟其逆行，是以絶大。洚、洪二字，義實相因。"　② 下：《段注》："洚與夅、降音義同。"水不遵道，滔滔而來，有如從天降下，故曰下。　③ 夅聲：聲中有義。徐灝《段注箋》："夅、降，古今字。引申爲昇降。"夅爲夂㐄相承之象，固然有“不敢並”之意，同時也能顯示下降之意。　④ 今讀依《廣韻》古巷切。

【參證】甲文作，左爲水，右爲夅，與篆文同。

①

衍　水朝宗②于海也。从水，从行③。　以淺切(yǎn)。

【譯文】衍，水流(循着河道)象諸侯朝見天子一樣奔向大海。由水、由行會意。

【注釋】① 衍：王筠《句讀》：“禹治水之後，其流順軌朝於海。”　② 朝宗：同義連用。諸侯朝見天子，春天叫朝，夏天叫宗。這裏比喻水流匯向海。　③ 从水，从行：王筠《句讀》：“字形‘水’在‘行’中，當是即形爲義，乃《孟子》‘水由地中行’之説。”

【參證】甲文作、，金文作。羅振玉《增訂殷虛書契考釋》：“此(指甲文“衎”字)从川，示百川之歸海。”

淖　水朝宗于海①。从水，朝省②。　直遙切(cháo)。

【譯文】淖，水流象諸侯朝見天子一樣奔向大海。由水，由倝省去舟會意。

【注釋】① 水朝句：桂馥《義證》：“言水赴海亦如諸侯之見天子也。”參“衍”條。　② 朝省：王筠《釋例》：“朝(𠦝)从倝从舟，倝从㫃从旦……淖(潮)省舟可也，並割倝之右半(即㫃)而省之不可也。”王説是就篆文而言，若就楷書而言，只能如譯文所説。又，朝也表聲。徐鍇《繫傳》：“今俗作潮。”

【參證】金文作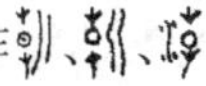。楊樹達《積微居小學述林·金文編書後》：“《説文》朝訓旦。……金文以淖爲朝者，淖字从朝省聲，同聲通假耳。”

濥　水脈①行地中②濥濥也。从水，夤聲。　弋刃切(yìn/yǐn)③。

【譯文】濥，水系在地中穿行伏流不見的樣子。从水，夤聲。

【注釋】① 脈：比喻象血管一樣連貫而成系統的水流。　② 行地中：王筠《句讀》：“謂潛而未見之水也。”　③ 今讀依《廣韻》余忍切。

滔　水漫漫大皃。从水，舀聲。　土刀切(tāo)。

【譯文】滔，水瀰漫盛大的樣子。从水，舀聲。

【參證】金文作。强運開釋金文稻粱之稻或作旞,此字當从水,旞聲。

涓 小流也。从水,肙聲[2]。《爾雅》[3]曰:"汝爲涓。" 古玄切(juān)。

【譯文】涓,細小的流水。从水,肙聲。《爾雅》説:"汝水叫涓。"

【注釋】① 涓:《段注》:"凡言涓涓者,皆謂細小之流。" ② 肙聲:聲中有義。本書:"肙,小蟲也。"表比況。水流之細小,象蜎蜎蠕動的小蟲。 ③《爾雅》:指《釋水》。郭璞本"涓"作"濆",郭注:"大水溢出别爲小水之名。"王筠《釋例》:"(引《爾雅》)别爲一義。"

混 豐流[1]也。从水,昆聲。 胡本切(hùn)。

【譯文】混,盛大的水流。从水,昆聲。

【注釋】① 豐流:《段注》:"盛滿之流也。《孟子》曰:'源泉混混。'古音讀如衮,俗字作滚。"

潒 水潒瀁[1]也。从水,象聲。讀若蕩。 徒朗切(dàng)。

【譯文】潒,水流摇動的樣子。从水,象聲。音讀象"蕩"字。

【注釋】① 潒瀁:《段注》:"潒瀁,疊韻字,摇動之流也。今字作蕩漾。"王筠《句讀》:"漾即瀁之篆文。"

湀[1] 順流也。一曰:水名[2]。从水,𣢟聲[3]。 俟甾切(chí)。

【譯文】湀,順下滲流。另一義説,湀是水流名。从水,𣢟(xī)聲。

【注釋】① 湀:《段注》:"順下之流也。《釋言》曰:'湀,盝也。'盝同漉酒之漉(滲)。" ② 水名:《段注》:"未詳。" ③ 𣢟聲:聲中有義。本書:"𣢟,坼也。"水底有坼,故順下滲流。

汭 水相入[1]也。从水,从内[2],内亦聲。 而銳切(ruì)。

【譯文】汭,(不同的)水流同相進入一處。由水、由内會意,内也表聲。

【注釋】① 水相入:桂馥《義證》:"異源同歸,即水相入也。" ② 从内:本書"内"下:"入也。"

潚 深清[1]也。从水,肅聲[2]。 子叔切(zú/sù)[3]。

【譯文】潚,深而又清。从水,肅聲。

【注釋】① 深清:《段注》:"謂深而清也。" ② 肅聲:聲中有義。

本書："肅，持事振敬也。"徐鍇《繫傳通論》："肅之言束也。自申束也。"解釋古文𦘔說："(心 卩)節其心也。"節心自束，則必然奮敬清廉，引申有清義。《段注》："《湘中記》云：'湘川清照五六丈，下見底石如摴蒲矢，五色鮮明，是納潚湘之名矣。'據善長説，則潚湘者猶云清湘。其字讀如肅(尤矦部)，亦讀如蕭(蕭豪部)。自景純注《中山經》云：'潚水今所在，未詳。'始别潚湘爲二水，俗又改潚爲瀟。"《通正》："潚，正字。瀟，新字也。"《字通》："《新附》另出瀟字，似贅。"因瀟水既深又清，故得深水之名。參"深"條。　③ 今讀依《廣韻》息逐切。

 長流[①]也。一曰：水名。从水，寅聲。　以淺切(yǎn)。

演 【譯文】演，長遠的水流。另一義説，演是水名。从水，寅聲。

【注釋】① 長流：《段注》："演之言引也，故爲長遠之流。"

【參證】甲文作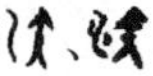。商承祚《殷虚文字類編》卷十一："以寅字之作推之，故知此爲演字。"

 流散[①]也。从水，奐聲。　呼貫切(huàn)。

渙 【譯文】渙，水流分散。从水，奐聲。

【注釋】① 流散：張舜徽《約注》："謂水流分散四去也。"

 俠流[①]也。从水，必聲。　兵媚切(bì)。

泌 【譯文】泌，象俠士般輕快地流去。从水，必聲。

【注釋】① 俠流：《段注》："俠流者，輕快之流，如俠士然。"一説，《玉篇》作"狹流"，即从狹隘處急流而去。存參。

[①] 水流聲。从水，𠯑聲。，湉或从聒。　古活切(kuò/huó)[②]。

湉 【譯文】湉，水流動的聲音。从水，𠯑聲。濄，湉的或體，从聒聲。

【注釋】① 湉：錢坫《斠詮》："今俗作'活'。"按：流水不腐，户樞不蠹。由水流聲引申爲水流，由水流引申爲"不死"之生、之活，勢所必然也。　② 今讀依《廣韻》户括切，其義爲"不死也；又水流聲"。

[①] 水流湝湝也。从水，皆聲。一曰：湝湝，寒也。《詩》[②]曰："風雨湝湝。"　古諧切(jiē，又 xié)[③]。

湝 【譯文】湝(jiē)，水流衆多的樣子。从水，皆聲。另一義説，湝湝(xié)，寒冷。《詩經》説："風雨凄凄寒冷。"

【注釋】① 湝：徐鍇《繫傳》："衆流之皃。"　② 《詩》：《段注》："今《鄭風》衹有'風雨凄凄'。《邶風》傳曰：'凄，寒風也。'許引詩證寒義，所據與今本異，或是兼采三家。"　③ jiē，衆流義的音讀。寒冷義依《廣韻》户皆切，讀 xié。

泫　湝流[①]也。从水，玄聲。上黨有泫氏縣[②]。　胡畎切(xuàn)。

【譯文】泫，清寒的水流。从水，玄聲。上黨郡有泫氏縣。

【注釋】① 湝(xié)流：張舜徽《約注》："許以湝流訓泫，乃用湝之別義，謂流水之清寒也。"參"湝"條。　② 上黨句：見《漢書・地理志》。泫(juān)氏縣，即今山西省高平縣地。

滮　水流皃。从水，彪省聲。《詩》[①]曰："滮沱北流。"　皮彪切(biāo)。

【譯文】滮，水流的樣子。从水，彪省聲。《詩經》説："滮池的水向北流去。"

【注釋】①《詩》：指《小雅・白華》。今本"滮"作"滮"，"沱"作"池"。滮池：水名。在今陝西省西安市西北。這裏引《詩》證滮的別義。一説，"滮沱即滹沱也。"承培元《引經證例》："許書無滹，滹當即滮之俗體。"

【參證】金文作[金文]，與篆文同。

淢　疾流[①]也。从水[②]，或聲。　于逼切(yù)。

【譯文】淢，疾速的水流。从水，或聲。

【注釋】① 疾流：《段注》："急疾之流也。"　② 从水：徐灝《段注箋》："疑即惑之變體。"按：从水猶从川也。

【參證】金文作[金文]、[金文]，與篆文同。

瀏　流清皃。从水，劉聲。《詩》[①]曰："瀏其清矣。"　力久切(liǔ/liú)[②]。

【譯文】瀏，水流清澈的樣子。从水，劉聲。《詩經》説："瀏瀏地水多清澈啊。"

【注釋】①《詩》：指《鄭風・溱洧》。瀏其清，王筠《句讀》："許意謂'瀏其清'者，瀏然清也。"　② 今讀依《廣韻》力求切。

 瀤

礙流①也。从水，薉聲。《詩》②云："施罟瀤瀤。" 呼括切(huò)。

【譯文】瀤，有礙於水的流暢。从水，薉聲。《詩經》説："撒開魚網，水聲瀤瀤。"

【注釋】① 礙流：《段注》："有礙之流。" ②《詩》：指《衛風·碩人》。今本作"施罛(gū)濊(huò)濊"。《段注》："施罟而水仍流，故曰礙流。礙流者，言礙而不礙也。"王筠《釋例》："施罟水中，其聲濊濊然也。"

① 滂

沛也。从水，旁聲②。 普郎切(pāng)。

【譯文】滂，水廣大奔流的樣子。从水，旁聲。

【注釋】① 滂：徐鍇《繫傳》："水廣及皃。" ② 旁聲：聲中有義。本書："旁，溥也。"溥者，大也。从水从旁，水廣大皃。

 汪

深廣①也。从水，㞷聲。一曰：汪，池②也。 烏光切(wāng)。

【譯文】汪，深而又廣。从水，㞷聲。另一義説，汪是污濁的水池。

【注釋】① 深廣：《段注》："謂深而又廣也。" ② 池：桂馥《義證》："池之泥濁者也。"

【參證】金文作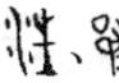，首字與篆文同，次字从邑猶从水也。

 漻

清深①也。从水，翏聲。 洛蕭切(liáo)。

【譯文】漻，清而又深。从水，翏聲。

【注釋】① 清深：《段注》："謂清而深也。"

 泚

清也。从水，此聲。 千禮切(cǐ)。

【譯文】泚，清澈。从水，此聲。

① 況

寒水也。从水，兄聲②。 許訪切(kuàng)。

【譯文】況，寒冷的水。从水，兄聲。

【注釋】① 況：《段注》："未得其證。《毛詩·常棣》《桑柔》《召旻》皆曰：'兄，滋也。'矢部矤下曰：兄，詞也。古矧兄、比兄皆用兄字，後乃用況字，後又改(作)況作况。"參"兄"條。 ② 兄聲：兄、況上古同屬陽部、曉紐。

【參證】甲文作。與篆文同。

沖[1] 涌搖[2]也。从水中[3]。讀若動[4]。 直弓切(chōng)。

【譯文】沖,動搖。从水,中聲。音讀象"動"字。

【注釋】① 沖:邵瑛《羣經正字》:"今經典沖沖、沖人往往作冲,《説文》無冲字,此俗筆省減之誤。" ② 涌搖:葉德輝《讀若考》:"即動搖。"《段注》:"涌,上涌也;搖,旁搖也。" ③ 从水中:宋本作"从水中",其他各本均作"从水,中聲"。按:"中"義兼聲。段説,"上涌""旁搖",與"旁"相對,則言其中也。 ④ 讀若動:沖、動上古都屬定紐。

【參證】甲文作、,金文作。王襄《簠室殷契類纂正編》卷十一:"古沖字,从㳄。"按:㳄即水。孫海波《卜辭文字小記》(《考古學社社刊》第四期):"卜辭从中在水中央,涌搖之義。引申之爲衝。"

汎 浮皃。从水,凡聲。 孚梵切(fàn)。

【譯文】汎,浮游的樣子。从水,凡聲。

沄 轉流也。从水,云聲[1]。讀若混[2]。 王分切(yún)。

【譯文】沄,水旋轉而流。从水,云聲。音讀象"混"字。

【注釋】① 云聲:聲中有義。本書"雲"下:"云象雲回轉形。"从水从云,水轉流也。 ② 讀若混:葉德輝《讀若考》:"云(員軍)昆音同。"

浩 澆[1]也。从水,告聲。《虞書》[2]曰:"洪水浩浩。" 胡老切(hào)。

【譯文】浩,大水。从水,告聲。《唐書》説:"洪水浩大。"

【注釋】① 澆:《段注》作"沆"。參下"沆"條。 ②《虞書》:當依《段注》作"唐"。《唐書》指《堯典》。原文:"湯湯洪水方割,蕩蕩懷山襄陵,浩浩滔天。"《段注》:"(許氏引文)'洪水'與'浩浩'不相屬爲句,檃栝舉之耳。"

沆 莽沆[1],大水也。从水,亢聲[2]。一曰:大澤皃[3]。 胡朗切(hàng)。

【譯文】沆,莽沆,廣大的水域。从水,亢聲。另一義説,廣大的湖澤的樣子。

【注釋】① 莽沆：同義連用。《風俗通·山澤篇》："沆者，莽也。言其平望莽莽無涯際也。"　② 亢聲：聲中有義，本書："亢，人頸也。"頸位於身軀之高處，引申爲高。高猶大也。　③ 大澤皃：王筠《句讀》引《續述征記》："齊人謂湖爲沆。"

泬　水从孔穴疾出也。从水，从穴，穴亦聲。　呼穴切（xuè/jué）①。

【譯文】泬，水從孔穴中疾速流出。由水、由穴會意，穴也表聲。

【注釋】① 今讀依《集韻》古穴切。

濞　水暴至聲。从水，鼻聲。　匹備切（pì）。

【譯文】濞，水迅猛而至的聲音。从水，鼻聲。

【參證】阜陽漢簡整理組："濞，應是鼻涕之'洟'的會意字，从水从鼻。"（《文物》一九八八年第四期）存參。

灂　水小聲。从水，爵聲。　士角切（zhuó）。

【譯文】灂，水流細小的響聲。从水，爵聲。

【參證】甲文作，左爲水，右爲爵，與篆文同。

潝　水疾聲。从水，翕聲。　許及切（xī）。

【譯文】潝，水流迅疾的聲音。从水，翕聲。

滕　水超①涌也。从水，朕聲。　徒登切（téng）。

【譯文】滕，水象跳躍一樣向上湧。从水，朕聲。

【注釋】① 超：本書走部"超"下："跳也。"

【參證】金文作、，从火。孫詒讓《古籀餘論》卷二："蓋滕之異文。"

潏　涌出①也。一曰：水中坻，人所爲②，爲潏。一曰：潏，水名③，在京兆杜陵④。从水，矞聲⑤。　古穴切（jué）⑥。

【譯文】潏（jué），水向上湧出。另一義説，水中的小洲或高地，是人力所形成的，叫作潏（shù）。另一義説，潏（jué），水流名。在京兆尹杜陵縣。从水，矞聲。

【注釋】① 涌出：桂馥《義證》引李巡注《爾雅》："水泉从下上出曰涌泉。"　② 人所爲：《釋名·釋水》："人所爲之曰潏。潏，術也，偃水使鬱術也，魚梁、水碓之謂也。"　③ 水名：潏水源出陝西省終南山，北流經西安市注入渭水。 ④ 杜陵：《漢書·地理志》京兆尹有杜陵縣。在今西安市東南。 ⑤ 矞聲：聲中有義。承培元《引經證例》："矞，以錐有所穿也。物穿則在物内涌出。是義兼聲也。"王筠《句讀》也説："矞，滿有所出也。"與承説同。 ⑥ "涌出"義、"水名"義讀 jué，"水中坻(dǐ)"義讀 shù。

洸 水涌光[①]也。从水，从光，光亦聲。《詩》[②]曰："有洸有潰。" 古黄切(guāng)。

【譯文】洸，水波湧動而閃光。由水、由光會意，光也表聲。《詩經》説："你是那麽粗暴啊那麽憤怒。"

【注釋】① 水涌光：王筠《句讀》："此即字形爲義也。水涌生光，即《岳陽樓記》'浮光躍金'也。" ②《詩》：指《邶風·谷風》。王筠《句讀》："此引經代'一曰'也。"有洸有潰，即洸洸潰潰。有，形容詞詞頭。《集疏》："洸者，水激涌而有光；潰者，有水潰決而四出，皆以水勢舉似怒貌也。"

波 水涌流[①]也。从水，皮聲。 博禾切(bō)。

【譯文】波，水面洶湧而又流動。从水，皮聲。

【注釋】① 涌流：王筠《句讀》："流而且涌，涌而仍流，是之謂波。"

澐[①] 江水大波謂之澐。从水，雲聲。 王分切(yún)。

【譯文】澐，長江之水的大波叫作澐。从水，雲聲。

【注釋】① 澐：朱駿聲《通訓定聲》："實與沄同字。"

【參證】楊樹達《增訂積微居小學金石論叢·字義同緣於語源同例證》："云雲同字，云爲雲之古文。""云文象回轉，故云聲之字皆有轉義。"如：沄，囩、芸。"芸艸可以死復生。"死而復生，回轉也。按：許訓澐爲"大波"者，必旋轉而流也。參"沄"條。

瀾 大波爲瀾。从水，闌聲。，瀾或从連[①]。 洛干切(lán)。

【譯文】瀾，大波叫作瀾。从水，闌聲。漣，瀾的或體，从連聲。

【注釋】① 从連：聲義兼備。《釋名·釋水》："瀾，連也。波體轉流相及連也。"《段注》："古闌、連同音，故瀾、漣同字。後人乃别爲異字異義異音。"按：闌、連上古同屬元部、來紐，故漣爲瀾的或體。後漣音力延切，讀 lián。泛指風吹水面所形成的波紋。

淪　小波爲淪。从水，侖聲①。《詩》②曰："河水清且淪漪。"一曰：沒③也。　力迍切(lún)。

【譯文】淪，小波紋叫淪。从水，侖聲。《詩經》説："河水又清又泛起小波紋啊。"另一義説，淪是沉沒的意思。

【注釋】① 侖聲：聲中有義。本書："侖，思也。"即思理，思維縝密，有次第文理。淪，从水从侖，水之次第紋理也。故《釋名》曰："淪，倫也，水文相次有倫理也。"與毛傳所釋，二而一也。毛从波淪轉動的角度，劉从波紋相次的角度。　②《詩》：指《魏風・伐檀》。淪：毛傳："小風，水起文，轉如輪也。"漪：王筠《句讀》："漪當作猗，語詞也。"　③ 沒：桂馥《義證》引《水經注》："碣石淪沒於洪波。"按：淪、沒，同義連用。

【參證】金文作淪，與篆文同。

漂　浮①也。从水，票聲②。　匹消切(piāo)。又，匹妙切(piào)。

【譯文】漂，浮游。从水，票聲。

【注釋】① 浮：《段注》："謂浮於水也。"　② 票聲：聲中有義。《段注》票下"引申爲凡輕鋭之偁。""凡从票爲聲者，多取會意。"浮游之義，難以取象，只得取象於水中輕飄之物。

浮　氾也。从水，孚聲。　縛牟切(fú)。

【譯文】浮，漂在水面。从水，孚聲。

【參證】金文作浮，與篆文同。

濫　氾①也。从水，監聲。一曰：濡②上及下也。《詩》③曰："觱沸濫泉。"一曰：清也④。　盧瞰切(làn)。

【譯文】濫，大水延漫。从水，監聲。另一義説，沾濕上面一直濕到下面。《詩經》説："那噴湧而上出、从上濕到下的泉水翻騰着。"另一義説，濫是清的意思。

【注釋】① 氾：《段注》："謂廣延也。"王筠《句讀》引《增韻》："濫，水延漫也。"　② 濡：王筠《句讀》："謂沾濡也。"　③《詩》：指《小雅・采菽》、《大雅・瞻卬》。今本"濫"作"檻"。王筠《釋例》："引《詩》以證'濡上及下'之義。《詩》作檻泉，不第借聲，亦兼借義，如有闌檻偪束之，故滕涌而上出也。既上出則濡上而後順流而下，故'濡上及下’爲形容之詞。”觱(bì)沸,毛傳:“泉出皃。”今本“觱”作“觱”。④ 清也:《段注》:“與濫蓋相反而相成也者。”《龔氏段注札記》:“濫氾則水濁,與訓清正相反。”

氾　濫[①]也。从水,㔾聲[②]。　孚梵切(fàn)。

【譯文】氾,(洪水)氾濫。从水,㔾聲。

【注釋】① 濫:王筠《句讀》:“《孟子》曰:‘洪水横流,氾濫于天下。’此許君所主也。”　② 㔾聲:與巳聲異。《字通》:“(氾)與汜字異。汜一音祀,水在成皋。一音夷,楚人呼土橋爲汜。”

泓　下深[①]皃。从水,弘聲[②]。　烏宏切(hóng)。

【譯文】泓,下面很深的樣子。从水,弘聲。

【注釋】① 下深:《段注》:“謂其上似淺陋,其下深廣也。”　② 弘聲:聲中有義。《段注》“弘”下:“經傳多假此篆爲宏大字。宏者,屋深。”

湋[①]　回也。从水,韋聲[②]。　羽非切(wéi)。

【譯文】湋,(水流)回旋。从水,韋聲。　② 韋聲:聲中有義。本書“韋”下:“(皮韋)可以來枉戾相韋背”,有圍繞之意;徐灝《段注箋》釋韋字古文:“中从⊙者,圍繞之意。”李孝定釋韋字甲文:“韋實即古圍字也。”韋由圍繞義引申爲回帀、回旋。

【注釋】① 湋:張舜徽《約注》:“湋之言囗(wéi)也。囗象回帀之形,謂水流回轉如圜也。”

【參證】金文作湋,與篆文同。

測　深所至[①]也。从水,則聲。　初側切(cè)。

【譯文】測,測量深度所到的地方。从水,則聲。

【注釋】① 深所至:王筠《句讀》:“深,動字,謂測之也。”“度深曰測。且度高曰高,度長曰長,度深曰深,正一例。深所至者,謂深其深之幾何也。”

【參證】金文作測。楊樹達《增訂積微居小學金石論叢·説測》:“《淮南子·説林篇》云:‘以篙測江,篙終而以水爲測,惑矣。’測江之測,動字也。以水爲測,謂以篙上之水爲水深之則度,然則測爲名字,謂水深所至之度。”“測从則聲,則有準則法則之義。”从水从則,爲水之則度，水之深度。楊文又説：“古人名動相因，動静亦相因，語本同源，初無二義，特其爲用異耳。”

𣸁 疾瀨[①]也。从水，耑聲。　他耑切(tuān)。

湍 【譯文】湍，迅疾的水流。从水，耑聲。

【注釋】① 疾瀨(lài)：《段注》：“瀨，水流沙上也。疾瀨，瀨之急者也。”

𣸁 水聲也。从水，宗聲。　藏宗切(cóng)。

淙 【譯文】淙，水聲。从水，宗聲。

𣸁[①] 水礙衺疾波也。从水，敫聲。一曰：半遮也。　古歷切(jī)。

激 【譯文】激，水受阻礙而斜行，(揚起)迅疾的波濤。从水，敫聲。另一義説，激是半遮攔的意思。

【注釋】① 激：朱駿聲《通訓定聲》：“謂水礙而邪行，其波疾急。半遮即所謂礙也。”

𣸁 疾流也。从水，同聲。　徒弄切(dòng)。

洞 【譯文】洞，迅疾的水流。从水，同聲。

𣸁 大波也。从水，旛聲。　孚袁切(fān)。

潘 【譯文】潘，大波。从水，旛聲。

𣸁[①] 涌也。从水，匈聲。　許拱切(xiǒng/xiōng)[②]。

洶 【譯文】洶，(水)向上湧。从水，匈聲。

【注釋】① 洶：《史記·司馬相如傳》：“洶湧滂潰。”索隱：“洶涌，跳起皃。”　② 今讀依《廣韻》許容切。

𣸁 滕[①]也。从水，甬聲。一曰：涌水[②]，在楚國。　余隴切(yǒng)。

涌 【譯文】涌(湧)，水向上騰躍。从水，甬聲。另一義説，涌是涌水，在楚國。

【注釋】① 滕：本部滕下：“水超涌也。”　② 涌水：古水名。夏水支流，通長江。約在今湖北省監利縣境。已湮。

𣸁 湁湒，鬻[①]也。从水，拾聲。　丑入切(chì)。

湁 【譯文】湁，水的微紋轉爲細涌的樣子，象開水一般。从水，拾聲。

【注釋】① 湁湒(jí),灒(fèi):《史記·司馬相如傳》:“湁潗鼎沸。”索隱引郭璞云:“皆水微轉細涌貌。”周成《雜字》:“湁潗,水沸之貌也。潗與湒同。”《段注》:“灒、沸,古今字。鼎沸者,言水之流如鬵鼎沸也。”

涳 直流也。从水,空聲。 苦江切(qiāng)。又,哭工切(kōng)。

【譯文】涳,徑直而流。从水,空聲。

汋 激①水聲也。从水,勺聲。井一有水一無水,謂之瀱汋②。市若切(shuó/zhuó)③。

【譯文】汋,水勢因受阻而發出的聲響。从水,勺聲。井時而有水時而無水,叫作瀱汋。

【注釋】① 激:參“激”條。 ② 井一句:《爾雅·釋水》:“井一有水一無水爲瀱(jì)汋。”邢昺疏:“言井或一時有水一時無水者,名瀱汋也。”《釋名》:“罽,竭也。汋,有水聲汋汋也。”《段注》:“然則瀱謂一無水,汋謂一有水。”按:徐鍇《繫傳》“井”上有“一曰”二字,説明“井”下有别一義。 ③ 今讀依《廣韻》士角切。

瀱 井一有水一無水,謂之瀱汋①。从水,罽聲。 居例切(jì)。

【譯文】瀱,井時而有水時而無水,叫作瀱汋。从水,罽聲。

【注釋】① 井一句:見《爾雅·釋水》。郭璞注:“《山海經》曰:‘天井,夏有水,冬無水。’即此類也。”《段注》:“《釋名》(瀱)作罽,不从水。”“罽訓竭,于音得之。”參“汋”條。

渾 混流聲①也。从水,軍聲。一曰:洿②下皃。 户昆切(hún)。

【譯文】渾,盛大水流的聲音。从水,軍聲。另一義説,渾是污濁低下的樣子。

【注釋】① 混流聲:王筠《釋例》:“‘混’下云:‘豐流也。’水流既豐,必作大聲。” ② 洿(wū):本部洿下:“濁水不流也。”

洌 水清也。从水,列聲。《易》①曰:“井洌,寒泉,食。” 良辥切(liè)。

【譯文】洌,水清澈。从水,列聲。《易經》説:“井水清澈,泉水芳凉,可喝。”

【注釋】①《易》：指《井卦·九五爻》。寒泉，即泉寒。

淑 清湛①也。从水，叔聲。　殊六切(shū)。

【譯文】淑，又清又深。从水，叔聲。

【注釋】① 湛：徐鍇《繫傳》："湛，澄(清)深也。"《段注》："湛，沒也。湛，沈，古今字。今俗云深沈是也。"湛可引申爲深，王筠《句讀》："湛連清言，則湛亦清耳。"水深處多清。

【參證】金文作，不从水。待考。

溶 水盛也。从水，容聲。　余隴切(yōng)。又音容(róng)。

【譯文】溶，水盛大。从水，容聲。

澂① 清也。从水，徵省聲。　直陵切(chéng)。

【譯文】澂，清澈。从水，徵省聲。

【注釋】① 澂：今作澄。

清 朖①也。澂水之皃。从水，青聲②。　七情切(qīng)。

【譯文】清，水透明。是使水清澈後的樣子。从水，青聲。

【注釋】① 朖(lǎng)：《段注》："朖者明也。澂而後明，故云澂水之皃。"王筠《句讀》："澂仍是動字，而清則靜字也。故必申之，言澂之之後，水皃朖然清也。"　② 青聲：聲中有義。《釋名》："清，青也。去濁遠穢，色如青也。"青，其本義，或以爲木色，或以爲赤色，純淨之色。無濁則清明也。

湜 水清底見也。从水，是聲。《詩》①曰："湜湜其止。"　常職切(shí)。

【譯文】湜，水清澈，水底現。从水，是聲。《詩經》説："水清見底啊那水靜止的時候。"

【注釋】①《詩》：指《邶風·谷風》。

潣 水流浼浼①皃。从水，閔聲。　眉殞切(mǐn)。

【譯文】潣，水流平緩的樣子。从水，閔聲。

【注釋】① 浼浼：《段注》："一説潣、浼古今字。故以浼浼釋潣潣。"《廣韻·賄韻》："浼，水流平皃。"

滲 下漉①也。从水，參聲。　所禁切(shèn)。

【譯文】滲，向下泄漏出去。从水，參聲。

【注釋】① 漉：王筠《句讀》："下文：'漉，浚也。''浚，抒也。'是自上挹其水也。滲則自下泄其水，如葛巾漉酒是也。"《段注》："今俗云滲扇(漏)。"

瀾 不流濁[1]也。从水，圍聲[2]。 羽非切(wéi)。

【譯文】瀾，不流動的混濁水。从水，圍聲。

【注釋】① 不流濁：《段注》："謂薉濁不流去也。" ② 圍聲：聲中有義。《段注》："此於聲見義。"朱駿聲《通訓定聲》："(瀾)止水圍守，少所宣泄之謂。"

溷 亂也。一曰：水濁[1]皃。从水，圂聲[2]。 胡困切(hùn)。

【譯文】溷，混亂。另一義説，水污濁的樣子。从水，圂聲。

【注釋】① 水濁：《段注》："此别一義，今人不分。" ② 圂聲：聲中有義。圂本爲豬圈，農家污濁之處。从水从圂，豬圈之水污濁。此應爲本義，引申爲亂。

淈 濁[1]也。从水，屈聲。一曰：滒泥[2]。一曰：水出皃。 古忽切(gǔ)。

【譯文】淈，使混濁。从水，屈聲。另一義説，是稀泥。另一義説，水流自出的樣子。

【注釋】① 濁：《法言·吾子篇》："惡淫辭之淈法度也。"注："淈，濁也。"即使法度濁亂。淈用如使動，故譯作"使混濁"。 ② 滒(gē)泥：《段注》："多汁成泥。"滒："多汁也。"見本部。

淀[1] 回泉也。从水，旋省聲[2]。 似沿切(xuán)。

【譯文】淀，回旋的泉流。从水，旋省聲。

【注釋】① 淀：後作"漩"。 ② 旋省聲：聲中有義。从水，从旋，指旋轉之水。《段注》："杜詩：撇漩捎濆無險阻。漩，夔州土人讀去聲，謂峽中回流大者，其深不測，舟遇之，則旋轉而入。"

漼 深也。从水，崔聲[1]。《詩》[2]曰："有漼者淵。" 七罪切(cuǐ)。

【譯文】漼，水深。从水，崔聲。《詩經》説："深深的淵水。"

【注釋】① 崔聲：聲中有義。崔，山高大。取其高義，高猶深也。②《詩》：指《小雅·小弁》。有漼，漼漼。有，形容詞詞頭。毛傳：

“濯，深皃。”

淵　回水①也。从水，象形②。左右，岸也。中象水皃。𣶒，淵或省水。囦，古文从口水③。　烏玄切(yuān)。

【譯文】淵，回旋的水。从水，(𣶒)象形。左右的丨，表示水岸。中間的卝，象水的樣子。𣶒，淵的或體，由淵省去左邊的水旁。囦，古文淵字，由口、水會意。

【注釋】① 回水：徐灝《段注箋》：“回淀之水。”桂馥《義證》：“本書𠬪，从又在囘下。囘，古文回。囘，淵水也。”　② 象形：王筠《句讀》作“𣶒象形”。　③ 从口水：《段注》釋囦：“口其外，而水其中。”王筠《釋例》：“乃陂塘之形。”又，《句讀》：“𣶒者，囦之變形也。”“淵者，𣶒之絫增字也。”

【參證】甲文作，金文作。商承祚《殷虛文字類編》卷十一：“此(甲文)與許書之古文相同。”

瀰[1]　滿也。从水，爾聲。　奴礼切(nǐ/mǐ)[2]。

【譯文】瀰，水滿。从水，爾聲。

【注釋】① 瀰：今作瀰。　② 今讀依《廣韻》緜婢切。

澹　水搖也。从水，詹聲。　徒濫切(dàn)。

【譯文】澹，水波搖蕩。从水，詹聲。

【參證】金文作，从水从膽。

潯　旁深①也。从水，尋聲。　徐林切(xún)。

【譯文】潯，水旁深。从水，尋聲。

【注釋】① 旁深：《段注》：“今人用此字，取義於‘旁’而已。”按：只取“水邊”義。桂馥《義證》引《文選・江賦》注引許慎《淮南》注云：“潯，水涯也。”

泙　谷也。从水，平聲。　符兵切(píng)。

【譯文】泙，谷。从水，平聲。

泏　水皃①。从水，出聲②。讀若窋。　竹律切(zhú)。又，口兀切(kù)。

【譯文】泏，水(流出)的樣子。从水，出聲。音讀象“窋(zhú)”字。

【注釋】① 水皃：《玉篇・水部》：“泏，水出皃。”　② 出聲：聲中有義。

瀳 水至也。从水，薦聲。讀若尊。 又①，在甸切(zūn，又 jiàn)。

瀳 【譯文】瀳，水來到。从水，薦聲。音讀象“尊”字。

【注釋】① 又：王筠《句讀》：“言又者，蓋《唐韻》亦有‘尊’音，大徐省之也。”

濧 土得水沮①也。从水，㱃聲。讀若麩。 竹隻切(zhí)。

濧 【譯文】濧，土得水、水土相和而成泥。从水，㱃聲。音讀象“麩(zhí)”字。

【注釋】① 沮：王筠《句讀》：“似即沮洳之謂，謂水土相和而成泥也。”

滿 盈溢①也。从水，㒼聲。 莫旱切(mǎn)。

滿 【譯文】滿，水充盈。从水，㒼聲。

【注釋】① 盈溢：同義連用。本書：“盈，滿器也。”“溢，器滿也。”

滑 利①也。从水，骨聲。 户八切(huá)。

滑 【譯文】滑，(往來)流利。从水，骨聲。

【注釋】① 利：《素問・五藏生成篇》：“夫脈之大小滑澀浮沉，可以指別。”王冰注：“滑者，往來流利。”按：水往來流利，通行無阻，可引申爲不澀滯、光滑、滑溜諸義。

濇① 不滑也。从水，嗇聲。 色立切(sè)。

濇 【譯文】濇，(往來)不流利。从水，嗇聲。

【注釋】① 濇：朱駿聲《通訓定聲》引《素問》注：“往來不利，是謂濇也。”

澤 光潤①也。从水，睪聲。 丈伯切(zé)。

澤 【譯文】澤，光亮潤澤。从水，睪聲。

【注釋】① 光潤：徐灝《段注箋》：“潤物莫如水，故雨謂之雨澤；又，水所聚曰澤；又，潤下皆曰澤。”

淫 侵淫隨理也①。从水，㸒聲。一曰：久雨爲淫。 余箴切(yín)。

淫 【譯文】淫，隨其脈理漸漸浸漬。从水，㸒聲。另一義説，久雨叫淫。

【注釋】① 侵淫句：徐鍇《繫傳》“侵”作“浸”，注：“隨其脈理而浸漬也。”《段注》:“浸淫者,以漸而入也。”

瀸[①] 漬也。从水,鐵聲。《爾雅》[②]曰:“泉一見一否爲瀸。” 子廉切(jiān)。

【譯文】瀸,浸漬。从水,鐵聲。《爾雅》説,“泉水時現時不現,叫作瀸。”

【注釋】① 瀸:徐灝《段注箋》:“蓋以物置水中而漚之謂之瀸,瀸謂之漬。” ②《爾雅》:指《釋水》。《段注》:“此與上文别一義。”

泆 水所蕩泆[①]也。从水,失聲[②]。 夷質切(yì)。

【譯文】泆,水動盪奔突而出。从水,失聲。

【注釋】① 蕩泆:《段注》:“蕩泆者,動盪奔突而出。”所:語助詞。見王引之《經傳釋詞》。 ② 失聲:聲中有義。失,縱也,逸也。水逸出水道,必有動盪奔突之皃。

潰 漏[①]也。从水,貴聲[②]。 胡對切(kuì)[③]。

【譯文】潰,漏水。从水,貴聲。

【注釋】① 漏:《段注》:“漏當作屚,屋穿水下也。” ② 貴聲:此下徐鍇《繫傳》作“亦決也”。王筠《句讀》又增:“一曰,散也。”王説:“決散二義,漏之引申義也。”存參。 ③ 當讀 huì,今讀 kuì。

沴 水不利也。从水,㐱聲[①]。《五行傳》[②]曰:“若(其)[六]沴作。” 郎計切(lì)。

【譯文】沴,水(往來)不流利。从水,㐱聲。《五行傳》説:“好象六種互相違害的現象出現。”

【注釋】① 㐱(zhěn)聲:上古屬真部、章紐。沴屬脂部、來紐。脂、真對轉,章、來同爲舌音。 ②《五行傳》:指伏生《洪範五行傳》。王筠《句讀》:“其當作六。一譌爲亓,再譌爲其也。”六沴:桂馥《義證》引王觀國説:“沴者,相違之義也。五行之性相違而不相爲用,則災禍由之以生。古之論五行者有六沴:謂金沴木也,木沴金也,水沴火也,火沴水也,金木水火沴土也,金木水火土沴天也。”

淺 不深[①]也。从水,戔聲。 七衍切(qiǎn)。

【譯文】淺,水不深。从水,戔聲。

【注釋】① 不深:朱駿聲《通訓定聲》:“謂水少。”

【參證】金文作[金文]、[金文]。戴家祥《金文大字典》："(次)字从水从戈(戔)，[符]乃增飾符號。"

洔[1] 水暫益，且止，未減也[2]。从水，寺聲。 直里切(zhì/zhǐ)[3]。

【譯文】洔，水不增益，水停滯，不減少。从水，寺聲。

【注釋】① 洔：錢坫《斠詮》："今'滯'字當用此。" ② 水暫句：王筠《句讀》："猶云'不增不減'耳。暫益者，不多益也。且止者，即止也。" ③ 今讀依《廣韻》諸市切。

渻[1] 少減也。一曰：水門；又，水出丘前謂之渻丘[2]。从水，省聲。 息(并)[井]切(xǐng/shěng)[3]。

【譯文】渻，少少減損。另一義説，渻是水門的意思；又一義説，水从山丘之前流出，叫作渻丘。从水，省聲。

【注釋】① 渻：《段注》："今減省字當作渻，古今字也。" ② 水門二句：承培元《引經證例》："水門，即水出丘前之義，以丘爲水門也。"存參。水出丘前，見《爾雅·釋丘》。 ③ "并"乃"井"字之譌。"渻"字今讀依《廣韻》所景切。

淖 泥也。从水，卓聲。 奴教切(nào)。

【譯文】淖，泥。从水，卓聲。

濢 小溼[1]也。从水，翠聲。 遵誄切(zuǐ)。

【譯文】濢，小小浸溼。从水，翠聲。

【注釋】① 小溼：《集韻·至韻》："物之小霑溼。"

溽 溼暑[1]也。从水，辱聲。 而蜀切(rù)。

【譯文】溽，潮溼而暑熱。从水，辱聲。

【注釋】① 溼暑：徐灝《段注箋》："春雨多，土得水而潤，至夏溼氣上烝而爲暑熱。"

涅[1] 黑土在水中[者][2]也。从水，从土，日聲。 奴結切(niè)。

【譯文】涅，在水中的黑土。由水、由土會意，日聲。

【注釋】① 涅：王筠《釋例》："涅即池中黑泥，不由造作而成，以之染布，所謂泥青者也。" ② 者：依《段注》補。

滋[1] 益也。从水，茲[2]聲。一曰：滋水[3]，出牛飲山白陘谷，東入呼沱。 子之切(zī)。

【譯文】滋，增益。从水，兹聲。另一義説，滋水，从牛飲山白陘谷流出，向東注入呼沱河。

【注釋】① 滋：《段注》："艸部茲下曰：'艸木多益也。'此字从水、兹，爲水益也。"　② 兹：當依《段注》作"兹"，注："各本篆文作，解作兹聲，誤也。"按：从金文看，兹，兹當是一字。參"兹"、"兹"條。③ 滋水：今名磁河。源出河北省阜平縣西部南坨山東，古代流入滹沱河，後因河道變化，今爲潴龍河支流。

【參證】甲文作。李孝定《甲骨文字集釋》："从水，丝（注：絲之省）聲。卜辭叚丝爲兹。"

淴　青黑色。从水，曶聲。　呼骨切（hū）。

【譯文】淴，青黑色。从水，曶聲。

浥　溼也。从水，邑聲。　於及切（yì）。

【譯文】浥，溼潤。从水，邑聲。

沙[①]　水散[②]石也。从水，从少。水少沙見[③]。楚東有沙水[④]。，譚長説，沙或从尐[⑤]。　（徐鉉注：尐，子結切。）所加切（shā）。

【譯文】沙，水中散碎的石粒。由水、由少會意。水少，沙就顯現出來了。楚地之東有沙水。沚，譚長説，沙的或體，从尐。

【注釋】① 沙：《段注》："石散碎謂之沙。"　② 散：同散。③ 水少句：《段注》："釋其會意之旨。"　④ 沙水：古潁水支流。又名濮水。古潁水在流經今河南省周口市境時分流爲沙水，經淮陽縣南向東南流至今安徽省懷遠縣南注入淮河。今大部已堙。⑤ 尐（jié）：本書"小"部："尐，少也。"尐、少同義。

【參證】金文作、、。林義光《文源》："象散沙及水形。"

瀨　水流沙上也。从水，賴聲。　洛帶切（lài）。

【譯文】瀨，水流過沙石之上。从水，賴聲。

濆　水厓也。从水，賁聲。《詩》[①]曰："敦彼淮濆。"　符分切（fén）。

【譯文】濆，水邊。从水，賁聲。《詩經》説："在那淮水之邊整頓。"

【注釋】①《詩》：指《大雅・常武》。敦，假借爲"頓"，整頓。見胡承珙《毛詩後箋》。今本《詩經》"敦彼"作"鋪敦"。

涘 水厓也。从水，矣聲。《周書》①曰："王出涘。" 牀史切(sì)。

【譯文】涘，水邊。从水，矣聲。《周書》説："王(從船上)出來(登上)水岸。"

【注釋】①《周書》：指《詩·周頌·思文》正義所引《尚書·太誓》。原文："太子發升舟。中流，白魚入于王舟。王跪取。出涘以燎之。"鄭注："涘，涯也。王出於岸上燔魚以祭。"

汻① 水厓也。从水，午聲。 呼古切(hǔ)。

【譯文】汻，水邊。从水，午聲。

【注釋】① 汻：今作"滸"。

氿 水厓枯土也。从水，九聲①。《爾雅》②曰："水醮曰氿。" 居洧切(guǐ)。

【譯文】氿，水邊枯土。从水，九聲。《爾雅》説："水的盡頭叫作氿。"

【注釋】① 九聲：聲中有義。徐灝《段注箋》："九有究盡義。"九是基數個位數之終，故有盡義。 ②《爾雅》：指《釋水》。醮(jiào)，盡。水的盡處，即水的厓岸所在。今本《爾雅》"氿"作"厬"。

漘 水厓也。从水，脣聲①。《詩》②曰："寘河之漘。" 常倫切(chún)。

【譯文】漘，水邊。从水，脣聲。《詩經》説："(把它)放在河水的邊上。"

【注釋】① 脣聲：聲中有義。脣表比況。《爾雅》曰："厓，夷上、洒下，漘。"《段注》："夷上謂上平也，洒下謂側水邊者斗峭。"水邊上平側峭如脣者叫漘。 ②《詩》：指《魏風·伐檀》。今本作"寘之河之漘兮。"

浦 瀕①也。从水，甫聲。 滂古切(pǔ)。

【譯文】浦，水濱。从水，甫聲。

【注釋】① 瀕：本書"瀕"部："水厓，人所賓附也。"徐鍇《繫傳》"瀕"作"水濱"。桂馥《義證》："《述異記》：上虞縣有魚馳步，吴中有瓜步,江中有魚步,湘中有靈妃步。按:吴楚謂浦爲步。”

沚 小渚①曰沚。从水,止聲②。《詩》③曰:“于沼于沚。” 諸市切(zhǐ)。

【譯文】沚,小小水洲叫沚。从水,止聲。《詩經》説:“在那水池邊,在那小小水洲上。”

【注釋】① 小渚句:《爾雅·釋水》:“水中可居者曰洲,小洲曰陼,小陼曰沚。” ② 止聲:聲中有義。《釋名·釋水》:“沚,止也。小可以止息其上也。” ③《詩》:指《召南·采蘩》。

【參證】甲文作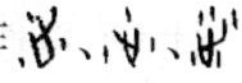。王襄《簠室殷契類纂》卷十一:“从水从止,疑古沚字。”

沸 澤沸①,濫泉。从水,弗聲。 分勿切(fú)。又,方未切(fèi)。

【譯文】沸,向上噴出、從上沾濕到下的泉水,翻涌而出。从水,弗聲。

【注釋】① 澤(bì)沸:聯緜詞。《段注》:“《詩·小雅》《大雅》皆有‘觱沸檻泉’之語。”參“濫”條。王筠《句讀》:“且單言‘沸’,豈遂無義乎?《詩》:‘百川沸騰。’傳云:‘沸,出。’然則《説文》爛捝説解,後人自加‘澤沸檻泉’以爲之注。”存參。

①

潨 小水入大水曰潨。从水,从衆②。《詩》③曰:“鳧鷖在潨。” 徂紅切(cóng)。

【譯文】潨,小水流注入大河(的地方)叫潨。由水、由衆會意。《詩經》説:“野鴨、水鷗在衆水合流的地方。”

【注釋】① 潨:《段注》:“《大雅》傳曰:‘潨,水會也。’”王筠《句讀》:“謂衆水相入、交會之處也。” ② 从衆:朱駿聲《通訓定聲》作“衆亦聲。”《段注》作“衆聲”、“形聲包會意。” ③《詩》:指《大雅·鳧(fú)鷖(yī)》。

①

派 别水也。从水,从𠂢,𠂢亦聲。 匹賣切(pài)。

【譯文】派,分支的水流。由水、由𠂢會意,𠂢也表聲。

【注釋】① 派:《古今韻會舉要·卦韻》:“派,本作𠂢,从反永。徐曰:永,長流,反則分派也。今文又增水作派。”按:小篆永作,𠂢作。是反向的永字,所以説“从反永”。

汜　水别復入水也。一曰：汜，窮瀆[1]也。从水，巳聲[2]。《詩》[3]曰："江有汜。"　詳里切(sì)。

【譯文】汜，主流分支流出後又流回主流。另一義説，汜，不通的水溝。从水，巳聲。《詩經》説："長江有一條從主流分出支流後又流回主流的支流。"

【注釋】① 窮瀆：王筠《句讀》："瀆者，隫之借字。隫之古文作嬻。《釋丘》曰：'窮嬻，汜。'郭注：'水無所通者。'"　② 巳聲：《釋名·釋水》："汜，已也。如出有所爲，畢已而復入也。"　③《詩》：指《召南·江有汜》。王筠《句讀》："許引此者，以證'水别復入'之義。"

【参證】甲文作汜。與篆文同。

湀　湀辟[1]，深水處也。从水，癸聲。　求癸切(guì/guǐ)[2]。

【譯文】湀，湀辟，深水的地方。从水，癸聲。

【注釋】① 湀辟：聯緜詞。一作"湀闢"。張舜徽《約注》："湀闢，自是深水處之殊號。"　② 今讀依《廣韻》居誄切。

【参證】甲文作湀。高田忠周《古籀篇》卷四："癸，籀文癸"。甲文右旁與籀文相類。

濘　濙濘[1]也。从水，寧聲。　乃定切(nìng/níng)[2]。

【譯文】濘，濙濘。从水，寧聲。

【注釋】① 濙濘：朱駿聲《通訓定聲》："濙濘，疊韻連語，小水之皃。"
② 今讀依《集韻》囊丁切。

【参證】甲文作濘、濘、濘。陳邦懷《殷虚書契考釋小箋》："卜辭寧字皆省心作寍，此从水，从寍，知是濘字。"

濙　絶小水[1]也。从水，熒省聲[2]。　户扃切(xíng)。

【譯文】濙，極小的水。从水，熒省聲。

【注釋】① 絶小水：《段注》："中斷曰絶。絶者，窮也。引申爲極至之用。絶小水者，極小水也。"　② 熒省聲：聲中有義。極小之水"顯伏不測"，"如火之熒熒不定也"。見《段注》。

洼[1]　深池也。从水，圭聲。　一佳切(yā)。又，於瓜切(wā)。

【譯文】洼，深的池沼。从水，圭聲。

【注釋】① 洼：《方言》："洼，洿也。自關而東，或曰洼。"

[1] 清水也。一曰：窊也。从水，窒聲。　一穎切(yǐng)。又，屋瓜切(wā)。

窪

【譯文】窪，清水。另一義説，是低凹。从水，窒聲。

【注釋】① 窪：徐灝《段注箋》："洼與窪相承增穴。一穎切之音蓋由烓而誤耳。"徐箋"窒"下："字又作窪、窊。"可見徐以爲洼、窪、窒、窊爲一字。窒爲窒下之偁，从穴即爲凹穴之狀。甑下孔、牛蹄迹、洼池，皆爲凹穴狀之一端。王筠《句讀》："地之窊下者，水趨之必盈。"風平浪静既久，則必清，故有"清水"之義。

[1] 積水也。从水，黄聲。　乎光切(huáng)。

潢

【譯文】潢，積水的池坑。从水，黄聲。

【注釋】① 潢：《左傳・隱公三年》："潢汙行潦之水。"服虔曰："畜小水謂之潢；水不流謂之汙；行潦，道路之水。"

【參證】甲文作、。羅振玉《增訂殷虚書契考釋》卷中："从即水省。卜辭从水之字多省作。"

池水[1]。从水，召聲。　之少切(zhǎo)。

沼

【譯文】沼，小池。从水，召聲。

【注釋】① 池水：朱駿聲《通訓定聲》："《一切經音義》引《説文》：'小池也。'凡三見。"沈濤《古本考》："蓋古本如是。今本'小池'二字誤倒，淺人又改'小'爲'水'，并奪'也'字耳。"《風俗通》："圓曰池，曲曰沼。"按：池、沼，渾言無分，析言有别。

大陂[1]也。从水，胡聲。揚州[2]浸，有五湖[3]。浸[4]，川澤所仰以灌溉也。　户吴切(hú)。

湖

【譯文】湖，大池澤。从水，胡聲。揚州地方的"浸"，有個名叫太湖的五湖。浸，河川湖澤賴以灌溉的水域。

【注釋】① 大陂(pō)：《段注》："自部曰：'陂，一曰池也。'然則大陂謂大池也。池以鍾水，湖特鍾水之大者耳。"　② 揚州：古九州之一，今江蘇、安徽、江西、浙江、福建等地，周、漢皆置揚州。

③ 五湖：王筠《句讀》："今太湖自包山以西水極淵深，即古之五湖。"徐鍇《繫傳》："其派有五，故曰五湖。"　④ 浸：王筠《句讀》："鄭注《職方》曰：'浸，可以爲陂(池澤)灌溉者。'"

【參證】金文作。楊樹達《語源學論文十篇》(《師大月刊》第十四期):"古有大義。故古聲孳乳之字亦多含大義。""《周書·謚法解》《廣雅·釋詁》並云:胡,大也。《左傳·僖二十二年》云:'雖及胡耇。'杜注:'胡耇,元老之偁。',按元老即《孟子》所謂大老也。"

汥 水都①也。从水,支聲。 章移切(zhī)。

【譯文】汥,水積聚。从水,支聲。

【注釋】① 都:桂馥《義證》引《風俗通》:"水澤所聚謂之都,亦曰瀦,或作豬。"

洫 十里爲成①。成閒廣八尺、深八尺謂之洫。从水,血聲。《論語》②曰:"盡力于溝洫。" 況逼切(xù)。

【譯文】洫,(縱橫)十里是一成。成與成之間,寬八尺、深八尺叫作洫。从水,血聲。《論語》說:"用盡力量在開溝疏洫的水利事業上。"

【注釋】① 十里句:見《周禮·考工記·匠人》,"十"上有"方"字。② 《論語》:指《泰伯》。溝洫,《段注》:"溝洫,對文則異,散文則通。"

溝① 水瀆②。廣四尺、深四尺。从水,冓聲③。 古侯切(gōu)。

【譯文】溝,水道。寬四尺、深四尺。从水,冓聲。

【注釋】① 溝:《釋名·釋水》:"溝,搆也。縱横相交搆也。" ② 瀆:參下條。 ③ 冓聲:聲中有義。本書:"冓,交積材也,象對交之形。"喻水溝交錯之形。

瀆① 溝②也。从水,賣聲。一曰:邑中溝③。 徒谷切(dú)。

【譯文】瀆,溝渠。从水,賣聲。另一義説,邑落中的水溝。

【注釋】① 瀆:王筠《句讀》:"字與隫同。" ② 溝:邵瑛《羣經正字》:"瀆訓溝……與隫字'通溝以防水(據小徐本)',義實相成。" ③ 邑中溝:王筠《句讀》:"此謂村落中水竇也。"

渠① 水所居。从水,榘省聲。 彊魚切(qú)。

【譯文】渠,水居留的地方。从水,榘省聲。

【注釋】① 渠:王筠《句讀》:"《史記》有《河渠書》。河者,天生之。渠者,人鑿之。"

瀶 谷①也。从水,臨聲②。讀若林。一曰:寒③也。 力尋切(lín)。

【譯文】瀶，山谷。从水，臨聲。音讀象“林”字。另一義説，瀶是寒冷的意思。

【注釋】① 谷：《段注》：“泉出通川爲谷。谷，亦稱瀶也。” ② 臨聲：聲中有義，饒炯《部首訂》“谷”下：“（谷）即兩山間通流之地。”兩山之厓岸臨水，則爲谷，亦稱瀶。 ③ 寒：《段注》：“（瀶）與‘澟’音義略同。”

湄 水艸交爲湄①。从水，眉聲②。 武悲切(méi)。

【譯文】湄，水與草交會的岸邊叫湄。从水，眉聲。

【注釋】① 湄：徐灝《段注箋》：“近岸，故曰水艸交。湄與漘皆假人體爲偁。” ② 眉聲：聲中有義。《釋名・釋水》：“湄，眉也。臨水如眉臨目也。”

【參證】甲文作、。朱歧祥《甲骨學論集》：“从水，眉聲，隸作湄。”

洐 溝水行①也。从水，从行②。 户庚切(xíng)。

【譯文】洐，溝水流行。由水、由行會意。

【注釋】① 溝水行：錢坫《斠詮》：“《繫傳》作‘溝行水也。’此水流行之行。” ② 从水，从行：《段注》：“此以會意包形聲。”王筠《釋例》區别洐、衍二字説：“衍从水从行。水字在行字中間，純是會意，不兼聲。”

澗 山夾水也。从水，閒聲①。一曰：澗水②，出弘農新安③，東南入洛。 古莧切(jiàn)。

【譯文】澗，兩山夾着水流。从水，閒聲。另一義説，澗水，從弘農郡新安縣流出，向東南注入洛水。

【注釋】① 閒聲：聲中有義。《釋名・釋水》：“澗，閒也。言在兩山之閒也。” ② 澗水：張舜徽《約注》：“古澗水源出河南省澠池縣東北白石山，南流合穀水，東流經新安縣，至洛陽縣西南入洛水。” ③ 新安：《漢書・地理志》弘農郡有新安縣。在今河南澠池縣東。

澳 隈，厓①也。其内②曰澳，其外曰隈。从水，奥聲③。 於六切(yù)。

【譯文】澳，澳隈，都是水邊。水邊之内的岸地叫澳，水邊之外的崖畔叫隈。从水,奥聲。

【注釋】① 隈,厓:標點依王筠《句讀》。隈,連篆爲讀。 ② 内:徐灝《段注箋》:"其曰内者,指厓之曲中而言;所謂外者,即曲之兩畔也。" ③ 奥聲:聲中有義。本書:"奥,宛也。"如《段注》所説是屋子的宛然深藏之處。"厓之曲中"即厓之宛然深藏之處。

泶 夏有水,冬無水,曰泶[①]。从水,學省聲。讀若學。澩,泶或不省。 胡角切(xué)。

【譯文】泶,夏天有水、冬天沒有水(的山溪山澤),叫泶。从水,學省聲。音讀象"學"字。澩,泶的或體,學不省略。

【注釋】① 夏有句:《段注》:"謂山上夏有停潦,冬則乾也。"

𤅩[①] 水濡而乾也[②]。从水,𪂹聲。《詩》[③]曰:"𤅩其乾矣。"灘,俗𤅩从隹。 呼旰切(hàn)。又,他干切(tān)。

【譯文】𤅩,被水浸泡而枯萎。从水,𪂹聲。《詩經》説:"𤅩𤅩地枯萎了。"灘,俗𤅩字,从隹。

【注釋】① 𤅩:《段注》:"後人用爲沙灘(tān)。"王筠《句讀》:"在《爾雅》則爲潬之通借字。"《釋水》曰:"潬,沙出。"《衆經音義》引郭注:"今江東呼水内沙堆爲潬。" ② 水濡句:王筠《句讀》:"言爲水所濡以致乾枯也。""艸部:'蔫,菸也。''菸,鬱也。一曰:殘也。'蓋艸傷于水,鬱幽之而氣不揚,雖未遽萎,而已失其性,漸即於乾也。" ③《詩》:指《王風·中谷有蓷》。其,助詞。

汕 魚游水皃[①]。从水,山聲。《詩》[②]曰:"蒸然汕汕。" 所晏切(shàn)。

【譯文】汕,魚在水中游(得舒散)的樣子。从水,山聲。《詩經》説:"(魚兒)衆多游得十分舒散。"

【注釋】① 魚游水皃:徐鍇《繫傳》謂"舒散皃。" ②《詩》:指《小雅·南有嘉魚》。今本"蒸"作"烝"。《釋文》引王肅説:"烝,衆也。"汕汕,張舜徽《約注》:"魚游舒散謂之汕汕。"

決[①] 行流[②]也。从水,从夬[③]。廬江[④]有決水[⑤],出於大别山。 古穴切(jué)。

【譯文】決,使水流通行。由水、由夬會意。廬江郡有條決水,从大别山流出。

【注釋】① 決：朱駿聲《通訓定聲》：“人導之而行曰決，水不循道而自行亦曰決。”　② 行流：王筠《句讀》：“行其流也。”行，用如使動。　③ 从夬：本書：“夬，分決也。”朱駿聲《通訓定聲》：“水性趨下，決之爲言突也。掘地注之爲決。《漢書・溝洫志》：‘治水有決河深川。’注：‘分泄也。’”掘地分泄即分決也。夬亦聲。　④ 廬江：漢郡名。郡治在今安徽廬江縣西。　⑤ 決水，古名決水，今名史河，淮河支流，發源於大别山，經河南省固始縣北入淮河。

灓　漏流也。从水，䜌聲。　洛官切(luán)。

【譯文】灓，滲漏的水流。从水，䜌聲。

滴　水注也。从水，啻聲。　都歷切(dī)。

【譯文】滴，水(往下)滴注。从水，啻(dī)聲。

注　灌[①]也。从水，主聲。　之戍切(zhù)。

【譯文】注，灌入。从水，主聲。

【注釋】① 灌：《段注》：“注之云者，引之有所適也。故釋經以明其義曰注，交互之而其義相輸曰轉注。”

湀[①]　溉灌也。从水，芺聲。　烏鵠切(wò)。

【譯文】湀，澆灌。从水，芺聲。

【注釋】① 湀：今作沃。《段注》：“自上澆下曰沃。故下文云：‘澆者沃也。’”

浩　所以攡[①]水也。从水，昔聲。《漢律》曰：“及其門首洒浩[②]。”　所責切(sè)。

【譯文】浩，用來堵塞水的土壩。从水，昔聲。《漢律》説：“(法律不允許)，拆除在人家門前用以擋水的土壩。”

【注釋】① 攡：《段注》：“攡當作𨻰，塞也。《廣雅》曰：‘浩，隁也。’”② 及其句：張舜徽《約注》：“許所引《漢律》之洒，當訓滌除。言苟有毀及人家門首之浩者，爲律所不許也。”

澨　埤增[①]水邊土，人所止者。从水，筮聲。《夏書》[②]曰：“過三澨。”　時制切(shì)。

【譯文】澨，在水邊增益土(作爲堤防)，成爲人們居止的地方。从水，筵聲。《夏書》説："經過三澨這個地方。"

【注釋】① 埤增：同義連用。《段注》："土部曰：'埤，增也。''增，益也。'"徐灝箋："水邊增築土以爲防。"　②《夏書》：指《尚書・禹貢》。三澨，徐灝《段注箋》："或謂之水，或以爲地耳。"

津　水渡①也。从水，𦘔聲。𦨈，古文津，从舟，从淮②。　將鄰切(jīn)。

【譯文】津，河流的渡口。从水，𦘔聲。𦨈，古文津字，由舟、由淮會意。

【注釋】① 水渡：王筠《句讀》："渡本動字，此借爲靜字，故加水以明之。"　② 从舟，从淮：《段注》："當是'从舟，从水，進省聲。'"存參。

【參證】金文作𣹟，與古文同。

淜①　無舟渡河也。从水，朋聲。　皮冰切(píng)。

【譯文】淜，沒有船，(徒步)過河。从水，朋聲。

【注釋】① 淜：《段注》："《小雅》傳曰：'徒涉曰馮河。'……淜，正字；馮，假借字。"

潢　小津①也。从水，横聲②。一曰：以船渡也。　户孟切(hèng/héng)③。

【譯文】潢，小小渡口。从水，横聲。另一義説，潢是用船渡河的意思。

【注釋】① 小津：《段注》："謂渡之小者也。非地大人衆之所。"② 横聲：聲中有義。本書："横，闌木也。"攔門的木，多横而貫之，故引申爲縱横之横。"以船渡"者，以船横貫江河。此本義也。以船横渡江河之處則爲渡口，故曰津。　③ 今讀依《廣韻》户盲切。

泭①　編木以渡也。从水，付聲。　芳無切(fū)。

【譯文】泭，把木頭編扎起來，用以渡河。从水，付聲。

【注釋】① 泭：《段注》："《論語》'乘桴浮于海'。假桴爲泭也。凡竹木蘆葦皆可編爲之。"《方言》："泭謂之䈟，䈟謂之筏。筏，秦晉之通語也。"

渡　濟也。从水，度聲。　徒故切(dù)。

【譯文】渡，過河。从水，度聲。

沿 緣水而下也。从水，㕣聲。《春秋傳》[①]曰："王沿夏。"　与専切(yán)。

【譯文】沿，順着水流而下。从水，㕣聲。《春秋左傳》説："王順着夏水而下。"

【注釋】①《春秋傳》：指《左傳・昭公十三年》。王沿夏，杜預注："夏，漢(水)别名。順流爲沿。"

㴑[①] 逆流而上曰㴑洄[②]。㴑，向[③]也。水欲下違之[④]而上也。从水，㡿[⑤]聲。遡，㴑或从朔[⑥]。　桑故切(sù)。

【譯文】㴑，逆水而向上行叫作㴑洄。㴑，流向。(洄，)水想向下流而又違背它的方向向上行。从水，㡿聲。遡，㴑的或體，从朔聲。

【注釋】① 㴑：邵瑛《羣經正字》："今經典作泝。"按：今通用"溯"。　② 㴑洄：張舜徽《約注》："泝洄連言，因可訓爲逆流而上；泝字單言，亦同此義。"　③ 向：《段注》："漢人書向背字，皆作鄉，不作向。"　④ 違之：《段注》："此釋洄字之義。迴、違疊韻。"　⑤ 㡿：斥本字。　⑥ 从朔：朔，本"月一日始蘇"義，引申凡初始之義。遡，从辵从朔，欲下而違之復上，可復到其初始之處也。《段注》："朔亦聲也。"

洄 㴑洄[①]也。从水，从回[②]。　户灰切(huí)。

【譯文】洄，逆水而向上行。由水、由回會意。

【注釋】① 㴑洄：參上"㴑"條。　② 从水，从回：會意包形聲。本書"回"下："轉也。"

泳[①] 潛[②]行水中也。从水，永聲。　爲命切(yǒng)[③]。

【譯文】泳，潛沒在水中而前行。从水，永聲。

【注釋】① 泳：《爾雅・釋水》："潛行爲泳。"郭璞注："水底行也。"　② 潛："涉水也。""涉，徒行厲水也。"均見本部。按：潛本義爲涉水，又有藏義，藏在水中，則指潛沒。　③ 當讀 yòng，今讀 yǒng。

【參證】甲文作[甲骨文字形]、[甲骨文字形]、[甲骨文字形]。待考。

潛[①] 涉水也。一曰：藏也。一曰：漢水爲潛[②]。从水，朁聲。昨鹽切(qián)。

【譯文】潛，趟水。另一義説，潛是隱藏的意思。又另一義説，漢水

(的一條支流)叫潛水。从水,朁聲。

【注釋】① 潛:《段注》:"《邶風》傳云:'由厀以上爲涉。'然則言潛者,自其厀以下沒於水言之。" ② 漢水句:徐鍇《繫傳》無"水"字。張舜徽《約注》:"《爾雅·釋水》云'漢爲潛',乃承'水自河出爲灉'而言,謂漢水溢流爲潛也。"按:潛,水名,指漢水支流,即今湖北省潛江縣東南部的蘆洑河。

淦 水入船中也[1]。一曰:泥[2]也。从水,金聲。汵,淦或从今[3]。 古暗切(gàn)。

【譯文】淦,水滲入船中。另一義説,淦是泥巴的意思。从水,金聲。汵,淦的或體,从今聲。

【注釋】① 水入句:《段注》:"水入船中必由朕(船縫)而入。淦者,浸淫隨理之意。"參"淫"條。 ② 泥:《段注》:"謂塗泥。"
③ 从今:《段注》:"今聲。"

泛[1] 浮也。从水,乏聲。 孚梵切(fàn)。

【譯文】泛,浮。从水,乏聲。

【注釋】① 泛:《廣韻》:"汎泛同。"參"汎"條。王筠《句讀》:"經無泛字,至漢始見。""竊疑泛是漢字。"

汓 浮行水上也。从水,从子[1]。古或以汓爲沒[2]。泅,汓或从囚聲。 似由切(qiú)。

【譯文】汓,在水面上浮游而行。由水、由子會意。古人有時候用"汓"表示"沉沒"的意思。泅,汓的或體,从囚聲。

【注釋】① 从子:王筠《句讀》:"子者,人也。" ② 古或句:王筠《句讀》:"吾鄉有三種:下者伏于水,次者仰于水上,上者立于水中,一足棹,而一足步,能露其臍者,即爲難矣。"伏即蛙泳,仰即仰泳,立即踩水。朱駿聲《通訓定聲》:"今蘇俗猶謂浮水曰游水。"游水即今游泳。可浮行,可潛行,潛行俗云"扎猛子"。故汓可表沉沒之意。

【參證】甲文作[字形]、[字形],[字形]爲水,[字形]爲子。

砅 履石渡水也[1]。从水,从石。《詩》[2]曰:"深則砅。"濿,砅或从厲[3]。 力制切(lì)。

【譯文】砅,踏着石磴渡水。由水、由石會意。《詩經》説:"水稍深就踩着石磴渡水。”濿，砅的或體，从厲。

【注釋】① 履石句：《段注》：“謂若今有水汪，𧂍（《廣韻》去㮇：“𧂍，徒念切，支也。”）甎石而過，水之至小至淺者也。” ②《詩》：指《邶風・匏有苦葉》。徐灝《段注箋》：“《詩》意蓋謂水淺可揭衣而過，深則厲水而行。此深字但對淺言，爲稍深，非謂其深至數尺也。水稍深則必履石乃可過，故謂之砅。”今本《詩經》“砅”作“厲”。

③ 从厲：《段注》：“厲者，石也。从水厲，猶从水石也。”按：厲也表聲。

【參證】甲文作、、。羅振玉《增訂殷虚書契考釋》卷中：“从水，从萬。”“殆即許書之砅字，砅或作濿。”《段注》“勱”下：“厲亦萬聲，漢時如此讀。”于省吾《甲骨文字釋林・釋砅石》：“甲骨文有字，中从水，兩側从石，……隸定應作砅石，即砅字的初文。”“砅石字中間从水，兩側从石，則履石渡水之形尤爲鮮明。”砅是砅石之省。甲文澫、篆文或體濿，是砅的形聲異體。

 水上人所會①也。从水，奏聲。 倉奏切（còu）。

湊 【譯文】湊，水面上人們會合的地方。从水，奏聲。

【注釋】① 人所會：《段注》：“引申爲凡聚集之偁。”

 沒①也。从水，甚聲。一曰湛水②，豫章③［州］浸。，古

湛 文。 宅減切（zhàn）④。

【譯文】湛（chén），沉沒。从水，甚聲。另一義説，湛（zhàn）是湛水，豫州地方的川澤。㴸，古文湛字。

【注釋】① 沒：《段注》：“古書浮沈字多作湛。湛、沈，古今字，沉又沈之俗也。” ② 湛水：源出河南省寶豐縣東南，東經葉縣至襄城縣入北汝河。 ③ 豫章：當依徐鍇《繫傳》“章”作“州”。豫州，古九州之一，即今河南省。 ④《廣韻》徒減切，是湛水今音。沈沒義今音 chén，依《廣韻》直深切。

【參證】金文作、，與篆文同。又，商承祚《説文中之古文考》以爲，㴸或之誤。

 沒也。从水，垔聲。 於真切（yīn）。

湮 【譯文】湮，沉沒。从水，垔聲。

休[1] 沒也。从水，从人。　奴歷切（nì）。

【譯文】休，沉沒。由水、由人會意。

【注釋】① 休：《段注》："此沈溺之本字也。今人多用溺水水名字爲之。古今異字耳。"

溲[1] 沈也。从水，从叟[2]。　莫勃切（mò）。

【譯文】沒，沉沒。由水、由叟會意。

【注釋】① 溲：邵瑛《羣經正字》："經典作沒，俗又作沒。"《段注》："沒者，全入於水。"　② 从叟：王筠《句讀》："叟，入水有所取也。沒，即其分別文。"按：叟還兼表聲。

【參證】金文作〔金文字形〕，从水从叟省。

渨 沒也[1]。从水，畏聲。　烏恢切（wēi）。

【譯文】渨，沉沒。从水，畏聲。

【注釋】① 沒也。朱駿聲《通訓定聲》："此字當訓水曲澳也。山曲曰隈，水曲曰渨。沒義他書無所見。"

滃 雲气起也。从水[1]，翁聲。　烏孔切（wěng）。

【譯文】滃，雲氣涌起。从水，翁聲。

【注釋】① 从水：徐鍇《繫傳》："雲起於水。"

泱[1] 滃也。从水，央聲。　於良切（yāng）。

【譯文】泱，雲氣涌起。从水，央聲。

【注釋】① 泱：《集韻·陽韻》："謂雲氣起皃。"

淒 雲雨[1]起也。从水，妻聲。《詩》[2]曰："有渰淒淒。"　七稽切（qī）。

【譯文】淒，將要下雨的雲彩正在興起。从水，妻聲。《詩經》説："（將要下雨的雲彩）渰渰淒淒地興起。"

【注釋】① 雲雨：《段注》作"雨雲"，注："雨雲，謂欲雨之雲。""許以字从水，但謂之雨雲。"　②《詩》：指《小雅·大田》。有渰（yǎn），即渰渰。有，詞頭。《毛傳》："渰，雲興貌。"淒淒：今本作"萋萋"。《毛傳》："萋萋，雲行貌。"按：雲行貌是雨雲起的引申義。毛傳此處是隨文釋義。段玉裁《毛詩故訓傳定本》附《小箋》："凡大雨之來，黑雲起而風生，風生而雲行，所謂'有渰淒淒'也。"

渰　雲雨①皃。从水②，弇聲③。　衣檢切（yǎn）。

【譯文】渰，將要下雨的雲彩（興起的樣子）。从水，弇聲。

【注釋】① 雲雨：《段注》作"雨雲"，引《毛傳》説："渰，雲興皃。"　② 从水：《段注》"淒"字下："許以字从水，但謂之雨雲。"　③ 弇聲：聲中有義。本書："弇，蓋也。"此表比況，雨雲興起，其狀如蓋。

溟①　小雨溟溟也。从水，冥聲。　莫經切（míng）。

【譯文】溟，小雨濛濛。从水，冥聲。

【注釋】① 溟：《玉篇・水部》："溟，溟濛小雨。"

涑　小雨零皃。从水，束聲。　所責切（sè）。

【譯文】涑，小雨落下的樣子。从水，束聲。

瀑　疾雨也。一曰：沫①也。一曰：瀑，（資）［賨］②也。从水，暴聲③。《詩》④曰："終風且瀑。"　平到切（bào）。

【譯文】瀑，急雨。另一義説，瀑是水沫飛濺的意思。另一義説，瀑是雷。从水，暴聲。《詩經》説："既已刮起了風，又下起了暴雨。"

【注釋】① 沫：《文選・郭璞〈江賦〉》："拊拂瀑沫。"李周翰注："瀑，水飛也。"　② 資：當依徐鍇《繫傳》作"賨"。惠棟《讀〈説文〉記》："齊人謂雷爲賨。瀑者，雷也。"　③ 暴聲。王筠《句讀》："既以疾説之，則篆當从曓，説當作曓聲。"《釋例》："不當从暴曬字。"《段注》："曓，疾有所趣也。故从水从曓爲疾雨。"曓聲，聲中有義。　④《詩》：指《邶風・終風》。終……且……，猶"既……又……"。王引之《經義述聞》："終猶既也。"按：此引《詩》證"疾雨"義。

澍　時雨①，澍②生萬物。从水，尌聲。　常句切（shù）。

【譯文】澍，時雨，是用以灌注滋生萬物的東西。从水，尌聲。

【注釋】① 時雨：桂馥《義證》引《尸子》："神農氏治天下，欲雨則雨，五日爲行雨，旬爲穀雨，旬五日爲時雨。"姚文田、嚴可均《校議》："'時雨'下脱'所以'二字。"　② 澍：王筠《句讀》："澍者注也，灌注之也。《淮南・泰族訓》曰：'若春雨之灌萬物也，無地而不澍，無物而不生。'是其義也。"

湒　雨下也。从水，咠聲。一曰：沸涌皃。　姊入切（jí）。

【譯文】湒，雨落下。从水，咠聲。另一義説，湒是水沸騰洶涌的樣子。

濱 久雨涔資[①]也。一曰：水名[②]。从水，資聲。 才私切(cí)。又，即夷切(zī)。

【譯文】濱，久雨的積水。另一義説，濱是水名。从水，資聲。

【注釋】① 涔資：許槤《讀説文記》："涔濱，雙聲，漢人語。"王紹蘭《段注訂補》："涔濱爲久雨水潦之稱。" ② 水名：即資水。在湖南省中部。南源夫夷水，出廣西壯族自治區資源縣南；西源赦水，出城步縣北，在邵陽縣匯合，北流經新化、安化等縣折向東，經益陽市到湘陰縣臨資口入洞庭湖。

【參證】金文作，从水从胔。

潦 雨水大皃[①]。从水，尞聲。 盧皓切(lǎo)。

【譯文】潦，雨水大的樣子。从水，尞聲。

【注釋】① 雨水大皃：王筠《句讀》此下補："謂聚雨水爲洿潦也。"按：此王筠釋"潦"之別義。

【參證】甲文作，左爲水，右爲尞，其右上爲柴薪，右下爲火，小點爲迸裂的火星。"

濩 雨流霤下[皃][①]。从水，蒦聲。 胡郭切(huò)。

【譯文】濩，雨水从屋檐底下滴落的樣子。从水，蒦聲。

【注釋】① 霤下：徐鍇以下各本"下"後均有"皃"字，當从。《段注》："今俗語評簷水溜下曰滴。濩乃古語也。"

【參證】甲文作。羅振玉《增訂殷虚書契考釋》卷中："卜辭中爲樂名，即大濩也。或从水，从隻(獲之本字)聲。或省又，隻省聲。"

涿 流下滴[①]也。从水，豖聲。上谷有涿縣[②]。𣅀，奇字[③]涿，从日乙[④]。 竹角切(zhuō)。

【譯文】涿，流下的水滴。从水，豖聲。上谷郡有涿鹿縣。𣅀，六國古文中的異體字"涿"，由日、乙會意。

【注釋】① 滴：《段注》："今俗謂一滴曰一涿，音如篤，即此字也。" ② 涿縣：涿縣在涿郡，不在上谷。《漢書・地理志》上谷郡有涿鹿縣。即今河北省涿鹿縣。 ③ 奇字：本書《敘》："二曰奇字，即古文(戰國時通行于六國的文字)而異者也。" ④ 从日乙：《段注》："从日者，謂於日光中見之。乙蓋象滴下之形，非甲乙字。"存參。

【參證】甲文作、、、。徐中舒《甲骨文字典》卷十一："从水从（豕）。或作（豭）、，並同。當爲涿字。""豕之初文爲，象豕之去勢者，亦即豶字。"

瀧　雨瀧瀧[1]皃。从水，龍聲。　力公切（lóng）。

【譯文】瀧，（細）雨濛瀧的樣子。从水，龍聲。

【注釋】① 瀧瀧：徐鍇《繫傳》："猶言濛瀧也。"王筠《釋例》："吾鄉謂細雨之皃曰瀧瀧。"

【參證】甲文作、。葉玉森《殷虚書契前編集釋》："（）龍之最簡象形文。"按：或省作。陳邦懷《戰國楚帛書文字考證》（《古文字研究》第五輯）："'瀧'、'汨'，皆楚國之水名。""瀧在南楚之南，汨在南楚之北，二水遙相對應。"

涿　[涿]沛（之）[1]也。从水，柰聲。　奴帶切（nài）。

【譯文】涿，涿沛。从水，柰聲。

【注釋】① 沛之：當依徐鍇《繫傳》作"涿沛"。《玉篇・水部》："涿，涿沛，水波皃。"

滈　久雨也。从水，高聲。　乎老切（hào）。

【譯文】滈，久雨。从水，高聲。

漊　雨漊漊[1]也。从水，婁聲。一曰：汝南謂飲酒習之不醉爲漊[2]。　力主切（lǚ）。

【譯文】漊，雨漊漊不絕。从水，婁聲。另一義説，汝南地方叫喝酒漸漸習慣而不醉作漊。

【注釋】① 雨漊漊：王筠《句讀》："謂密雨縷縷不絕也。"　② 汝南句：《段注》："謂不善飲者，每日飲少許，久久習之，漸能不醉，其方言曰漊。"

溦[1]　小雨也。从水，微省聲[2]　無非切（wēi）。

【譯文】溦，小雨。从水，微省聲。

【注釋】① 溦：錢坫《斠詮》："此微雨字。"　② 微省聲：孔廣居《疑疑》："微本敚（wēi）聲，溦亦敚聲，可也。何必微省？"敚本有微小義。承培元《引經證例》"微"下："微細、微賤當作敚。""今通用微而敚不復見矣。"敚、微均有微細義。

濛[1]　微雨也。从水，蒙聲。　莫紅切(méng)。

【譯文】濛，細雨。从水，蒙聲。

【注釋】① 濛：《段注》："溦、溟、濛，三字一聲之轉。"

【參證】屈萬里《殷虛文字甲編考釋》："从雨从夢，疑是濛字之古文。"李孝定《甲骨文字集釋》第十一："許書溦溟濛均訓細雨，蓋以聲近而然。夢與此三字亦一聲之轉，而與濛聲尤近。屈説至塙。"

沈　陵上滈水也[1]。从水，冘聲。一曰：濁黕[2]也。　直深切(chén)。又，尸甚切(shěn)。

【譯文】沈，山嶺上凹處久雨的積水。从水，冘聲。另一義説，沈是穢濁的渣滓污垢。

【注釋】① 陵上句：《段注》："謂陵上雨積停潦(lǎo)也。"王筠《句讀》："謂陵上凹處停潦也。"　② 黕(chén)：《段注》："黑部曰：'黕，滓垢也。'黕、沈同音通用。"

【參證】甲文作、、，金文作、。羅振玉《增訂殷虛書契考釋》："此(指甲文一、二字形)象沈牛於水中，殆即貍沈之沈字。"按：甲文第三形象沈羊于水之形。今俗作"沉"。

溡[1]　雷震溡溡也。从水[2]，再聲。　作代切(zài)。

【譯文】溡，雷聲震動。从水，再聲。

【注釋】① 溡：張舜徽《約注》："今語稱雷聲之激烈者曰炸雷。炸，溡之語轉。"　② 从水：《段注》："靁震雨中，故从水。"

湆[1]　泥水湆湆也。一曰：繅絲湯[2]也。从水，臽聲。　胡感切(hàn)。

【譯文】湆，泥水相和的樣子。另一義説，湆是繅絲用的開水。从水，臽聲。

【注釋】① 湆：《廣韻・感韻》："湆，水和泥。"　② 繅絲湯：《段注》："繅絲必用鬻(沸)湯，名曰湆。"

【參證】金文作。方濬益《綴遺齋彝器款識考釋》卷二十六："湆从臽聲，臼部，小阱也。从人在臼上。"

涵　水澤多也。从水，圅聲。《詩》[1]曰："僭始既涵。"　胡男切(hán)。

【譯文】涵，水澤很多。从水，圅聲。《詩經》説："讒言剛開始進入，(君王)就已經容納(而不察)。"

【注釋】①《詩》：指《小雅・巧言》。原文此前有"亂之初生"。僭(jiàn)：譖的假借字。朱熹《詩集傳》："言亂之所以生者，由讒人以不信之言始入而王涵容不察其真僞也。"按：涵容義是"水澤多"義的引申。

【參證】甲文作、。李孝定《甲骨文字集釋》："栔文从，古圅字，象圅矢之形。从水，圅聲。"《玉篇・水部》："涵，或作涵。"

滦

漸溼①也。从水，挐聲。　人庶切(rù)。

【譯文】滦，潮溼。从水，挐聲。

【注釋】① 漸(jiān)溼：同義連用。《廣雅・釋詁一》："漸，溼也。"

瀀

澤多也。从水，憂聲。《詩》①曰："既瀀既渥。"　於求切(yōu)。

【譯文】瀀，(雨水)潤澤有多。从水，憂聲。《詩經》説："已經雨水充沛，已經土地濕潤。"

【注釋】①《詩》：指《小雅・信南山》。今本"瀀"作"優"。鄭玄箋："成王之時，陰陽和，風雨時，冬有積雪，春而益之以小雨，澤潤則饒洽。"

①
涔

(潰)[漬]②也。一曰：涔陽③渚，在郢中。从水，岑聲。鉏箴切(cén)。

【譯文】涔，浸漬。另一義説，涔陽洲，在郢地之中。从水，岑聲。

【注釋】① 涔：王筠《句讀》："涔主言雨之漸漬。"　② 漬：當依徐鍇《繫傳》作"漬"。　③ 涔陽：張舜徽《約注》："湖北省公安縣南有涔陽鎮，或謂郢中有涔陽渚，即此。"郢：春秋戰國的楚地，即今湖北一帶。

漬

漚①也。从水，責聲。　前智切(zì)。

【譯文】漬，浸泡。从水，責聲。

【注釋】① 漚：《段注》："謂浸漬也。"王筠《句讀》於"漚也"下補"謂水浸潤物也"。張舜徽《約注》："湖湘間謂以手持物入水中使浸溼，旋即取出，曰漬。蓋漬者，暫漚之名也。許訓爲漚，渾言不别耳。"

漚　久漬①也。从水，區聲。　烏候切(òu)。

【譯文】漚，久久地浸泡。从水，區聲。

【注釋】① 久漬：《段注》："言'久漬'者略別於'漬'也。上統言，此析言，互相足也。"

浞　濡①也。从水，足聲。　士角切(zhuó)。

【譯文】浞，沾濕。从水，足聲。

【注釋】① 濡：《段注》："濡者，霑也。"

渥　霑①也。从水，屋聲。　於角切(wò)。

【譯文】渥，沾濕。从水，屋聲。

【注釋】① 霑：雨部："霑，雨䨟也。""䨟，濡也。"《段注》："渥之言厚也，濡之深厚也。"

潅①　灌也。从水，隺聲。　口角切(què)。又，公沃切(gù)。

【譯文】潅，澆灌。从水，隺(què)聲。

【注釋】① 潅：《段注》："潅與沃義同。"

洽　霑①也。从水，合聲。　侯夾切(qià)。

【譯文】洽，沾浸。从水，合聲。

【注釋】① 霑：參"渥"條。

濃　露多也。从水，農聲①。《詩》②曰："零露濃濃。"　女容切(nóng)。

【譯文】濃，露水多。从水，農聲。《詩經》說："落下的露水真多啊。"

【注釋】① 農聲：聲中有義。《段注》："凡農聲字皆訓厚。"

②《詩》：指《小雅・蓼蕭》。毛傳："濃濃，厚皃。"零，《豳風・東山》："零雨其濛。"朱熹《集傳》："零，落也。"

瀌　雨雪瀌瀌①。从水，麃聲。　甫嬌切(biāo)。

【譯文】瀌，下雪下得十分盛大。从水，麃聲。

【注釋】① 雨(yù)雪句：見《詩經・小雅・角弓》。朱熹《集傳》："瀌瀌，盛貌。"

濂　薄水①也。一曰：中絶小水②。从水，兼聲。　力鹽切(lián)。

【譯文】溓，味道淡薄的水。另一義説，是大水流到半路而斷絶，小水从此而流出。从水，兼聲。

【注釋】① 薄水：朱駿聲《通訓定聲》："水性有輕重，味亦有厚薄。" ② 中絶句：《段注》："《玉篇》、《廣韻》作'大水中絶小水出也'。"王筠《句讀》："蓋爲大水中道而絶流，有小水由之而出也。"譯文據此。

【參證】金文作。强運開《古籒三補》卷十一釋金文二、三字："止，足也。从横水居中，正象中絶形。中絶小水，故足可涉。"金文首字或省止形。

泐　水石之理也①。从水，从阞②。《周禮》③曰："石有時而泐。"　盧則切(lè)。

【譯文】泐，水成岩的紋理。由水、由阞會意。《周禮》説："石頭有時按其本身的紋理而斷裂。"

【注釋】① 水石句：張舜徽《約注》："許書所謂水石，即今所稱水成巖，亦名層狀巖，其層次分明可見。"　② 从阞(lè)：𨸏部："阞，地理(地的紋理)也。"阞也表聲。《段注》作"阞聲"："形聲包會意也。" ③《周禮》：指《考工記・總序》。今本"而"作"以"。鄭玄注引鄭司農説："泐，謂石解散也。"王筠《句讀》："石之脈理曰泐，因其脈理而裂亦因謂之泐。"

滯　凝①也。从水②，帶聲。　直例切(zhì)。

【譯文】滯，凝聚。从水，帶聲。

【注釋】① 凝：仌部："凝，俗冰从疑。"王筠《句讀》："(此不作"冰"，)許君説解用隸書之徵也。"按：小篆"凝"，俗寫的冰字；隸書"凝"，是"凝(níng)聚"字。許慎用"凝"釋"滯"，是用隸書釋小篆"滯"。

② 从水：徐鍇《繫傳》："本謂水之凝聚不流通，因引申爲凡不流通之稱。"

汦　著止①也。从水，氏聲②。　直尼切(chí/zhǐ)③。

【譯文】汦，有所附著而停止。从水，氏聲。

【注釋】① 著(zhuó)止：《段注》："箸(段"著"作"箸")，直略切。箸止，有所箸而止也。"　② 氏聲：朱駿聲《通訓定聲》："與从氏之汦水字迥别。"《段注》："唐宋以來，氏氏溷淆多矣。"　③ 今讀依《廣韻》諸氏切。

㶁　水裂去①也。从水，虢聲。　古伯切(guó)。

【譯文】㶁，水(受阻)分裂而流去。从水，虢(guó)聲。

【注釋】① 水裂去：《段注》："謂水分裂而去也。"王筠《句讀》："甘肅水性剛。其激水灌田者，但累石以截其流，則水逆行入高田中；其不爲石礙者依舊順流也。是裂去之義。"

澌　水索①也。从水，斯聲。　息移切(sī)。

【譯文】澌，水盡。从水，斯聲。

【注釋】① 索：徐鍇《繫傳》："索，盡也。"《段注》："索訓盡者，索乃㝩之假借字。入室搜㝩，有盡意也。"

汽①　水涸也。或曰：泣下②。从水，气聲。《詩》③曰："汽可小康。"　許訖切(qì)。

【譯文】汽，水乾涸。另一義説，汔是眼淚流下的意思。从水，气聲。《詩經》説："差不多可以過上小康生活了。"

【注釋】① 汽：同汔。　② 泣下：《段注》："别一義。"承培元《引經證例》："泣下義未聞。"　③《詩》：指《大雅・民勞》。毛傳："汔，危也。"鄭箋："汔，幾也。"《段注》："水涸爲將盡之時，故引申之義曰'危'曰'幾'(庶幾)也。"

涸　渴①也。从水，固聲。讀若狐貈②之貈。⿰氵⿰鹵舟，涸亦从水鹵舟③。　下各切(hé)。

【譯文】涸，水枯竭。从水，固聲。音讀象狐貈的"貈"字。⿰氵⿰鹵舟，涸也由水、鹵、舟構成會意字。

【注釋】① 渴：《段注》："盡也。"　② 貈(hé)：《段注》："今人以'貉'爲之。"　③ 从水鹵舟：《段注》："未聞其意。"

【參證】林義光《文源》卷八："从水鹵者，水涸則鹽見也。舟，舟聲。"

消①　盡②也。从水，肖聲。　相幺切(xiāo)。

【譯文】消，使之消滅。从水，肖聲。

【注釋】① 消：《廣雅・釋詁四》："消，滅也。"《釋名》："消，削也。言減削也。"　② 盡：《段注》："未盡而將盡也。"

潐[1] 盡也。从水，焦聲[2]。　子肖切(jiào)。

【譯文】潐，水盡。从水，焦聲。

【注釋】① 潐：邵瑛《羣經正字》："此水盡之潐。今經典作醮。"張舜徽《約注》："今俗猶稱水盡曰潐乾。"　② 焦聲：聲中有義。《段注》："焦者，火所傷。義近盡。故訓盡，則以焦會意。"

渴[1] 盡也。从水，曷聲。　苦葛切[2](kě)。

【譯文】渴，水乾涸。从水，曷聲。

【注釋】① 渴：後作"竭"。《段注》："渴、竭，古今字。古水竭(jié)字多用渴，今則用渴爲𣻭(kě，口乾想喝)矣。"　② 苦葛切：是"口渴"義的讀音。"竭盡"義，《廣韻》音渠列切，讀 jié。

【參證】金文作。

漮 水虛[1]也。从水，康聲[2]。　苦岡切(kāng)。

【譯文】漮，水(的中心有)空處。从水，康聲。

【注釋】① 水虛：《段注》："《爾雅音義》引作水之空也。水之空，謂水之中心有空處。"　② 康聲：聲中有義。《段注》："康者，穀皮中空之謂，故从康之字皆訓爲虛。"

溼 幽溼也。从水；一，所以覆也，覆而有土，故溼也[1]。㬎省聲。　失入切(shī)。

【譯文】溼，因鬱幽而潮溼。从水；一，表示用來覆蓋的物體，覆蓋着而(下面)有土(不見風日)，所以潮溼。㬎省聲。

【注釋】① 从水句：王筠《句讀》："凡鬱幽物者，必有以覆之。覆土而有水，則不見風日，宜其溼矣。"

【參證】甲文作、，金文作。葉玉森《殷虛書契前編集釋》卷二釋此所録金文："从水从，即𢇍(絶)，表水絶流處，从止，足所止也。足止水絶流處，溼隰之誼並顯。"或从土，葉說："其誼爲水絶流處之土，亦溼隰墕詁。"字又或省土省足。今經典作濕，本爲水名，音tà。參本部"濕"條。

湆 幽溼也。从水，音聲[1]。　去急切(qì)。

【譯文】湆，因鬱幽而潮溼。从水，音聲。

【注釋】① 音聲：音上古屬侵部，湆屬緝部，緝、侵對轉。

洿 濁水不流也①。一曰：窳②下也。从水，夸聲。 哀都切(wū)。

【譯文】洿，污濁的水不流動。另一義説，凹陷低下。从水，夸聲。

【注釋】① 濁水句：此下王筠《句讀》加"池也"二字。按：濁水不流，其地必凹下爲池。洿即爲池。王説："洿、池同物，但分清濁耳。" ② 窳(yǔ)：當依桂馥《義證》作"窊"(wā)。窊，低凹，低下。

浼① 汙也。从水，免聲。《詩》②曰："河水浼浼。"《孟子》③曰："汝安能浼我？" 武辠切(měi)。

【譯文】浼，污染。从水，免聲。《詩經》説："黄河的水平平緩緩。"《孟子》説："你們怎麽能污染我呢？"

【注釋】① 浼：張舜徽《約注》："此篆説解，引《孟子》，所以證本義，引《詩》，所以證借義。引《孟子》語，當在'污也'下。" ②《詩》：指《邶風·新臺》。朱熹《集傳》："浼浼，平也。" ③《孟子》：指《公孫丑上》。今本原文："爾焉能浼我哉？"趙岐注："惡人何能污我也？"

汙 薉①也。一曰：小池爲汙。一曰：涂②也。从水，于聲。烏故切(wù/wū)③。

【譯文】汙，汙穢。另一義説，小池叫汙。又另一義説，是塗抹。从水，于聲。

【注釋】① 薉：《段注》："艸部曰：'薉者，蕪也。'地云蕪薉，水云汙薉，皆謂其不潔清也。" ② 涂：《段注》："與杇義略同。木部曰：'杇，所以涂也。'" ③ 今讀依《廣韻》哀都切。

湫 隘①。下②也。一曰③：有湫水，在周地。《春秋傳》④曰："晏子之宅秋隘。"安定朝那⑤有湫泉⑥。从水，秋聲。 子了切(jiǎo)。又，即由切(jiū)。

【譯文】湫，湫隘的湫。(湫，)低下。另一義説，有一條名叫湫的水流，在周地。《春秋左傳》説："晏子的房子又低下又窄小。"安定郡朝那縣有名叫湫的淵澤。从水，秋聲。

【注釋】① 隘：連篆爲讀。《段注》："此舉《左傳》'湫隘'字而釋'湫'。" ② 下：主詞承字頭而省。 ③ 一曰：《段注》："未聞。”王筠《句讀》將“一曰有湫水在周地”移到“晏子之宅湫隘”之下。存參。　④《春秋傳》：指《左傳·昭公三年》。今本原文：“景公欲更晏子之宅，曰：‘子之宅近市，湫隘囂塵，不可以居。”杜預注：“湫，下；隘，小；囂，聲；塵，土。”　⑤ 朝那：《漢書·地理志》安定郡有朝那縣。在今甘肅省平凉縣西北。　⑥ 湫泉：《段注》作“湫淵”，注：“淵，各本作泉，唐人避諱改也。今正。”謂避唐高祖李淵之諱。秋淵，湖名。在今寧夏回族自治區固原縣。

潤　水曰潤下[①]。从水，閏聲。　如順切(rùn)。

【譯文】潤，水的特點是滋潤萬物和往下處流。从水，閏聲。

【注釋】① 水曰句：見《尚書·洪範》。曰，句中語助詞。王筠《句讀》：“潤、下是兩義。《易傳》曰：‘雨以潤之。’又曰：‘潤萬物者莫潤乎水。’是潤義也。《孟子》曰：‘水無有不下。’此下義。”

[①]
準　平[②]也。从水，隼聲。　之允切(zhǔn)。

【譯文】準，(水)平。从水，隼聲。

【注釋】① 準：桂馥《義證》：“宋順帝名準，沈約《宋書》省作准。”　② 平：《段注》：“謂水之平也。天下莫平於水。水平謂之準，因之製平物之器亦謂之準。”

汀　平[①]也。从水，丁聲。[②]，汀或从平。　他丁切(tīng)。

【譯文】汀，(水)平。从水，丁聲。泙，汀的或體，从平。

【注釋】① 平：《段注》：“謂水之平也。平謂之汀，因之洲渚之平謂之汀。”　② 泙：宋保《諧聲補逸》：“汀重文作泙，皆丁聲。”水之特性爲平，从平猶从水也。

沑　水(吏)[文][①]也。又，(溫)[濕][②]也。从水，丑聲。　人九切(rǒu/nǜ)[③]。

【譯文】沑，水紋。又，濕潤。从水，丑聲。

【注釋】① 水吏：錢大昕《潛研堂集·答問八》：“(水吏)當是‘水文’之譌。”　② 溫：桂馥《義證》：“溫當爲溼，俗作濕，與溫形誤。”　③ 水紋義依《廣韻》女六切，今讀 nǜ。濕潤義依《集韻》女九切，今讀 niǔ。

【參證】甲文作。待考。

瀵① 水浸②也。从水，糞聲。《爾雅》③曰：“瀵，大出尾下。” 方問切（fèn）。

【譯文】瀵，湖澤。从水，糞聲。《爾雅》説：“瀵，是指（水）从地底下大肆涌出。”

【注釋】① 瀵：桂馥《義證》引郭注《爾雅》云：“今河東汾陰縣有水，口如車輪許，濆沸涌出，其深無限，名之爲瀵。” ② 浸：湖澤。③《爾雅》：指《釋水》。邢昺疏：“尾，猶底也。言源深大出於底下者名瀵。”

滜 新①也。从水，皋聲。 七辠切（cuǐ）。

【譯文】滜，（水色）新。从水，皋聲。

【注釋】① 新：《段注》：“謂水色新也。”

瀞① 無垢薉也。从水，靜聲。 疾正切（jìng）。

【譯文】瀞，沒有污垢、濁穢。从水，靜聲。

【注釋】① 瀞：《段注》：“此今之淨字也。古瀞、今淨，是之謂古今字。”桂馥《義證》“淨”字下：“瀞字省作淨。”澄淨（jìng）與古魯城淨（chéng）池爲同形字。

【參證】金文作[金文]。《金文編》：“經典皆以清爲之。”吴式芬《攈古録金文》卷三之一：“清以青爲聲，瀞由爭得聲，爭青同部，瀞清義又相若，得通用。”李孝定《金文詁林讀後記》卷十一：“清主謂水之澄澈，瀞主謂無垢穢。瀞字今作淨。”淨本義爲魯北城門池。

瀎① 拭滅②皃。从水，蔑聲。 莫達切（mò）。

【譯文】瀎，拂拭而滅去（痕迹）的樣子。从水，蔑聲。

【注釋】① 瀎：同“抹”，塗抹。《方言》：“淨巾謂之瀎布。”今俗作抹布。 ② 拭滅：《段注》：“飾（刷）、拭古今字。拭滅者，拂拭滅去其痕也。”

泧 瀎泧①也。从水，戉聲。讀若椒樧之樧。 又②火活切（shā，又 huó/sà）③。

【譯文】泧，抹殺。从水，戉聲。音讀象椒樧的“樧”字。

【注釋】① 瀎泧：桂馥《義證》：“瀎泧，即《字林》所謂抹樧也。《釋名》：‘摩娑猶末殺也。’”《段注》“瀎”下：“手上下之言也。”即手上下拭抹。　②又：王筠《句讀》："言'又'者，承讀若椴。大徐之苟簡也。"　③《廣韻》作呼括切。此切"泧"爲"濊泧"。今讀依《集韻》桑葛切。

 灌釜①也。从水，自聲。　其冀切(jì)。

洎【譯文】洎，往鍋裏添灌水。从水，自聲。

【注釋】①灌釜：桂馥《義證》引徐廣説："灌水於釜中曰洎。"《段注》："洎者，添釜之名。添釜以爲肉汁，遂名肉汁爲洎。"

【參證】甲文作、、。徐中舒《甲骨文字典》卷十一："从水从(自)，與《説文》洎字篆文形同。"

 熱水也。从水，昜聲。　土郎切(tāng)。

湯【譯文】湯，熱水。从水，昜聲。

【參證】金文作、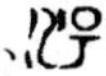、，末字不省，與篆文同。

① 湯也。从水，耎聲。　乃管切(nuǎn)。

渜【譯文】渜，熱水。从水，耎聲。

【注釋】①渜：《士喪禮》"渜濯棄于坎"疏："潘水既經溫煮，名之爲渜；已將沐浴，謂之爲濯。"故渜釋爲湯。徐鍇《繫傳》"潘"下："潘可以沐也。"淘米汁可滌除污垢，故可沐浴。《士喪禮》句意是用淘米汁沐浴後，把它倒在土坎裏。

 渜水①也。从水，安聲。　烏旰切(àn)。

洝【譯文】洝，洝渜的洝，溫水。从水，安聲。

【注釋】①渜水：應連篆讀爲"洝渜水"。《段注》："日部曰：'安曏，溫也。'然則洝渜猶安曏，皆疊韻字。"

 洝①也。一曰：煮孰也。从水，而聲。　如之切(ér)。

洏【譯文】洏，溫水。另一義説，是煮熟。从水，而聲。

【注釋】①洝：參"洝"條。

 財溫①水也。从水，兑聲。《周禮》②曰："以涚漚其絲。"

涚 輸芮切(shuì)。

【譯文】涚，才溫的水。从水，兑聲。《周禮》説："用微溫的水久久浸泡那蠶絲。"

【注釋】①財溫：王筠《句讀》："財者，才之借字。""財溫者，不大熱也。” ②《周禮》：指《考工記・㡛氏》。今本原文“涚”下有“水”字。

涫 灊①也。从水，官聲。酒泉有樂涫縣②。 古丸切（guān/guàn）③。

【譯文】涫，沸滚。从水，官聲。酒泉郡有樂涫縣。

【注釋】① 灊（fèi）：《段注》：“今江蘇俗語灊水曰滚水。滚水即涫，語之轉也。” ② 樂涫縣：《漢書・地理志》酒泉郡有樂涫縣。在今甘肅省高臺縣西北。 ③ 今讀依《廣韻》古玩切。

涾① 涫②溢也。今河朔③方言謂沸溢爲涾。从水，沓聲④。 徒合切（tà）。

【譯文】涾，（水）沸騰漫溢出來。眼下黄河以北方言叫沸騰漫溢作涾。从水，沓聲。

【注釋】① 涾：錢坫《斠詮》：“《埤倉》：‘沓，釜沸出也。’即此字。” ② 涫（guàn）：參“涫”條。 ③ 河朔：《段注》：“河北也。”黄河之北。 ④ 沓聲：聲中有義。本書：“沓，語多沓沓也。”引申爲凡多之偁。从水从沓，水沸澎脹而多，多則溢。

汏 淅瀾①也。从水，大聲。 代何切（tuó）。又，徒蓋切（dài/tài）。

【譯文】汏，淘洗。从水，大聲。

【注釋】① 汏淅（xī）瀾（jiǎn）：王筠《句讀》：“謂一事而三名也。”《段注》：“凡沙汏、淘汏，用淅米之義引申之。或寫作汰，多點者，誤也。”淅瀾，同義連用。參“淅”、“瀾”條。

【參證】甲文作。孫海波《卜辭文字小記》（《考古學社社刊》第四期）：“从水从大，即汏字。”

瀾 淅①也。从水，簡聲②。 古限切（jiǎn）。

【譯文】瀾，淘米。从水，簡聲。

【注釋】① 淅：《段注》：“从簡者，柬擇之意。从析者，分别之意。故二字轉注。”張舜徽《約注》：“凡淅米時，以手擾之，使糠稗沙泥隨水流去，是柬擇、分析，實一事耳。” ② 簡聲：聲中有義。見注①。

淅① 汏米也。从水，析聲②。 先擊切（xī）。

【譯文】淅，淘米。从水，析聲。

【注釋】① 淅：王筠《句讀》引《通俗文》：“淅米謂之洮汏。”《段注》：“凡釋米、淅米、漬米、汏米、灡米、淘米、洮米、漉米，異稱而同事。”參“汏”、“灡”條。　② 析聲：聲中有義。見“灡”條注①。

①
滰

浚②乾漬米也。从水，竟聲。《孟子》③曰：“夫子去齊，滰淅而行。”　其兩切(jiàng)。

【譯文】滰，把浸泡的米漉取出來并使它乾燥。从水，竟聲。《孟子》説：“孔夫子離開齊國，漉乾已泡濕的米就走。”

【注釋】① 滰：《段注》：“自其方漚未淘言之曰漬；米不及淘，抒而起之曰滰。”桂馥《義證》：“滰者，漉米使乾。”　② 浚：參“浚”條。《廣韻・釋詁二》：“浚，盪也。”王念孫疏證：“謂漉取之也。”
③《孟子》：指《萬章下》。夫子句，王筠《句讀》：“謂洮米未炊，漉之而去，言其疾也。”今本“滰”作“接”。戚學標《補考》：“篆形滰與淒近而譌，後人改作接。”

【參證】金文作、。戴家祥《金文大字典》：“啓卣‘滰川上’，滰作臨近、沿水的意思。”

①
浚

浸渓②也。从水，叜聲。　疏有切(sǒu)。

【譯文】溲，把米浸泡(而又漉取出來)，再行澆濕。从水，叟聲。

【注釋】① 浚：同溲。《儀禮・士虞禮》：“明齊溲酒。”鄭玄注：“言以新水溲釀此酒也。”　② 浸渓(wù)：徐灝《段注箋》：“浸沃者，既浸抒而出之，乃復沃之。”

浚

(杅)[抒]①也。从水，夋聲。　私閏切(jùn)。

【譯文】浚，舀取。从水，夋聲。

【注釋】① 杅：徐鍇《繫傳》作“抒”。《段注》：“抒者，挹(舀)也，取諸水中也。”按：“舀”字从爪，即从手，用手舀，就有漉濾義。

瀝

浚①也。从水，歷聲。一曰：水下滴瀝②。　郎擊切(lì)。

【譯文】瀝，漉濾。从水，歷聲。另一義説，水往下落，一滴一滴的聲音。

【注釋】① 浚：《段注》作“漉”，注：“瀝漉，皆訓自下而上之；滴瀝，則爲自上而下之。”　② 滴瀝：朱駿聲《通訓定聲》：“疊韻連語。水聲。”徐鍇《繫傳》：“凡言滴瀝者，皆謂漉出而餘滴也。”

【參證】馬敘倫《六書疏證》卷二十一："今杭縣謂洮米、汏其磨秕後使水下盡曰瀝。"今湖湘亦有此語。

漉 浚[①]也。从水，鹿聲。，漉或从录[②]。 盧谷切(lù)。

【譯文】漉，濾取。从水，鹿聲。渌，漉的或體，从录聲。

【注釋】① 浚：參"浚"條。 ② 从录：《段注》："录，聲也。"宋保《諧聲補逸》："猶簏字金文作箓，录聲；麓字金文作禁，录聲矣。"

【參證】徐中舒《甲骨文字典》卷十一："从麋从水。甲文麋鹿字形各别，然作偏旁時每有混用，故从麋亦即从鹿，故甲骨文此字可釋漉。"

潘[①] 淅米汁也。一曰：水名[②]，在河南滎陽。从水，番聲。 普官切(pān)。

【譯文】潘，淘米水。另一義説，潘是水名，在河南郡滎陽縣。从水，番聲。

【注釋】① 潘：徐鍇《繫傳》："潘，可以沐也。" ② 水名：當即《禹貢》的"滎波"。見王玉樹《拈字》。張舜徽《約注》："乃古澤名。故址在今河南省鄭州西北舊滎澤縣南，與古代黄河中游及濟水相通。漢平帝以後，漸淤塞爲平地。漢滎陽縣，在舊滎澤縣西南。"

【參證】金文作，不从水。

灡[①] 潘[②]也。从水，蘭聲。 洛干切(lán)。

【譯文】灡，淘米水。从水，蘭聲。

【注釋】① 灡：《段注》："此字以从'蘭'與大波之瀾别，而古書通用。" ② 潘：參"潘"條。

泔[①] 周謂潘[②]曰泔。从水，甘聲。 古三切(gān)。

【譯文】泔，周地叫淘米水作泔。从水，甘聲。

【注釋】① 泔：《定命録》："賈直言妻髽髻絶膏沐，迨十五載始一沐，髻墮於泔盆。"泔盆，盛淘米汁以供沐髮之盆。 ② 潘：參"潘"條。《衆經音義》："江北名泔，江南名潘。"

滫 久泔[①]也。从水，脩聲。 息流切(xiū)。又，思酒切(xiǔ)。

【譯文】滫，久留的淘米水。从水，脩聲。

【注釋】① 久泔：王筠《句讀》："泔久則酸臭也。"泔，淘米水。

澱 滓(滋)[埊]①也。从水，殿聲。 堂練切(diàn)。

【譯文】澱，渣滓。从水，殿聲。

【注釋】① 滓滋：徐鍇及其他各本"滋"均作"埊(yìn)"。澱、滓、埊：王筠《句讀》："一物而三名也。""因之多泥之湖亦曰澱。""字又作淀。"

淤 澱滓①；濁；泥。从水，於聲。 依據切(yù/yū)②。

【譯文】淤，渣滓；污濁；泥巴。从水，於聲。

【注釋】① 澱滓：同義連用。 ② 今讀依《廣韻》央居切。

滓 澱①也。从水，宰聲。 阻史切(zǐ)。

【譯文】滓：渣子。从水，宰聲。

【注釋】① 澱：《廣雅・釋器》："澱謂之滓。"王念孫疏證："澱之言定也。其滓定在下也。"鬱積物在上，渣滓在下，多爲深色，亦或黑色。《釋名》曰："泥之黑者曰滓。"沉積在下之黑泥曰滓，不過是滓之一端也。

淰 濁也。从水，念聲。 乃忝切(niǎn)。

【譯文】淰，淤濁。从水，念聲。

瀹 漬①也。从水，龠聲。 以灼切(yuè)。

【譯文】瀹，浸泡。从水，龠聲。

【注釋】① 漬：《段注》："此蓋謂納於污濁也。"

灑 釃酒①也。一曰：浚也。从网②，从水，焦聲。讀若《夏書》③"天用勦絶"。 子小切(jiǎo)。

【譯文】灑，濾酒。另一義説，灑是舀取的意思。由网、由水會意，焦聲。音讀象《夏書》説的"上天因此剿絶(他的國運)"的"剿"字。

【注釋】① 釃(shī)酒：《段注》："即今之漉酒也。以筐曰釃。"
② 从网：徐鉉："以縑帛漉酒，故从网。" ③《夏書》：指《甘誓》。今本"勦"作"剿"。"絶"後有"其命"二字。剿絶：同義連用。參刀部"剿"條。

漀 側出泉①也。从水，殸聲②，殸，籀文磬字。 去挺切(qǐng)。

【譯文】漀，从旁側流出的泉水，从水，殸聲。殸，籀文磬字。

【注釋】① 側出泉：《段注》："側出者，旁出如醡（zhà，壓糟取酒）出然，故其字與'𦋺'、'湑'爲類。"　② 殸聲：聲中有義。王筠《句讀》："𣪠之爲言罄也。側出之，所以罄之也。《釋名》：'𣪠猶傾也。側器傾水漿也。'"

[①] 湑 莤酒[②]也。一曰：浚[③]也。一曰：露皃[④]。从水，胥聲。《詩》[⑤]曰："有酒湑我。"又曰[⑥]："零露湑兮。"私吕切（xǔ）。

【譯文】湑，濾酒去渣。另一義說，湑是舀取的意思。又另一義說，湑是露珠（清明）的樣子。从水，胥聲。《詩經》說："有酒，就濾酒去渣給我。"又說："落下的露珠兒啊，象濾過的酒（那樣清瑩）。"

【注釋】① 湑：嚴章福《校議議》："言湑字本訓爲莤酒，故引《詩》'有酒'句證本義；引申爲露皃，故又引'零露'句證別義。"　② 莤（sù）：徐鍇《繫傳》："莤音縮。束茅以酹（lěi，把酒灑在地上以示祭奠）。"王筠《句讀》："（《小雅・伐木》）上章傳曰：'以藪曰湑。'正義曰：'藪，草也，用茅。'"按：用茅草濾酒去渣叫湑。　③ 浚：《段注》："此亦同漉瀝義。"按：舀取、漉瀝，二義相因。　④ 露皃：張舜徽《約注》："已漉之酒，其色恒清，故湑字引申有清義。其訓露皃，亦取其清明如珠也。"　⑤《詩》：指《小雅・伐木》。　⑥ 又曰：指《小雅・蓼蕭》。

 湎 沈於酒[①]也。从水，面聲[②]。《周書》[③]曰："罔敢湎于酒。"彌兖切（miǎn）。

【譯文】湎，沉迷在酒中。从水，面聲。《周書》說："不敢沉迷在酒中。"

【注釋】① 沈於酒：《韓詩》："夫飲之禮，不脱屨而即序者，謂之禮；跣而上坐者謂之宴；能飲者飲之，不能飲者已，謂之醧；齊顔色、均衆寡，謂之沈；閉門不出客，謂之湎。"　② 面聲：張舜徽《約注》："蓋湎之言面也，謂面鄉酒不已也。湎从面聲，聲固兼義也。"
③《周書》：指《酒誥》。

【參證】李孝定《金文詁林讀後記》卷十一："毛公鼎'無敢于酒'，與《酒誥》'無敢湎于酒'文合，舊釋遂定爲湎字，其意雖是，而字形無徵……其音讀實未易言也。"

漿 酢漿[②]也。从水，將省聲。[③]，古文漿省。　即良切(jiāng)。

【譯文】漿，帶酸味的飲料。从水，將省聲。𣱱，古文漿，是漿字省去夕。

【注釋】① 漿：今作"漿"。　② 酢(cù)漿：王筠《句讀》："謂酸漿也。"張舜徽《約注》："蓋漿亦以米爲之，似酒而非酒者。其味必酢，所以止㵾也。"　③ 𣱱：《段注》："从爿聲也。"爿是牀的初文。存參。

涼 薄[②]也。从水，京聲。　吕張切(liáng)。

【譯文】涼，淡薄(的酒)。从水，京聲。

【注釋】① 涼：邵瑛《羣經正字》："今經典往往作凉。"　② 薄：《段注》："蓋薄下奪一'酒'字。以水和酒，故爲薄酒。引申之爲凡薄之稱。"

淡 薄味[①]也。从水，炎聲。　徒敢切(dàn)。

【譯文】淡，不濃的味道。从水，炎聲。

【注釋】① 薄味：《段注》："醲之反也。酉部曰：'醲，厚酒也。'"

【參證】甲文作。

涒 食已[①]而復吐之。从水，君聲。《爾雅》[②]曰："太歲在申曰涒灘。"　他昆切(tūn)。

【譯文】涒，吃完了而又再吐出來。从水，君聲。《爾雅》説："太歲星(在黄道運行)到申的部分叫涒灘。"

【注釋】① 食已句：承培元《引經證例》："今吴人謂食過飽而欲吐曰涒。"　②《爾雅》：指《釋天》。太歲，古天文學假設的星名。承培元説："申者自申束也。申(夏曆七月)承未(夏曆六月)後，自夏徂秋，盛極而漸損也。……(涒灘)二字皆爲盛極返損之義，即所謂：申束也。"按：灘本謂水濡而乾，承以爲盛極反損之象。

澆 沃也。从水，堯聲。　古堯切(jiāo)。

【譯文】澆，(用湯汁)泡飯。从水，堯聲。

【注釋】① 澆：王筠《句讀》："食部饡下云：'以羹澆飯也。'乃澆之本義。"張舜徽《約注》："今語稱以水灌沃園蔬果樹曰澆水。"按：這是澆的引申義。

盡①也。从水，夜聲。 羊益切(yè)②。

液 【譯文】液，口液。从水，夜聲。

【注釋】① 盡：王筠《句讀》："血部盡下云'气液也'者，气之所煦(xù，指過暖)成液也。"《素問・調經論》："人有精氣津液。"注："精之滲于空竅、留而不行者爲液也。"張舜徽《約注》："其本義自謂口液。" ② 當讀 yì，今讀 yè。

液①也。从水，十聲。 之入切(zhī)。

汁 【譯文】汁，(與別的物體和煮而形成的)液體。从水，十聲。

【注釋】① 液：張舜徽《約注》："謂水與他物和煮之，其液謂之汁也。"

多汁①也。从水，哥聲。讀若哥②。 古俄切(gē)。

渮 【譯文】渮，多汁液。从水，哥聲。音讀象"哥"字。

【注釋】① 多汁：《段注》："今江蘇俗語謂之稠也。" ② 哥：《段注》："讀歌謳之歌。"

豆汁也。从水，顥聲。 乎老切(hào)。

灝 【譯文】灝，豆漿。从水，顥聲。

①器滿也。从水，益聲②。 夷質切(yì)。

溢 【譯文】溢，器皿中水滿(而流出來)。从水，益聲。

【注釋】① 溢：朱駿聲《通訓定聲》："从二水無誼，當爲益之或體。" ② 益聲：《段注》："以形聲包會意也。"

①滌也。从水，西聲。古文爲②灑埽字。 先禮切(xǐ)。

洒 【譯文】洒，洗滌。从水，西聲。古文借用它作灑(sā)掃的"灑"字。

【注釋】① 洒：《段注》："今人假洗爲洒。"參"洗"條。徐灝《段注箋》："古音先西皆讀如辛。" ② 爲：《段注》作"以爲"。段注："凡言某字古文以爲某字者，皆謂古文假借字也。洒、灑本殊義而雙聲，故相假借。"

【參證】甲文作。李孝定《甲骨文字集釋》第十一："契文从水从甾，卜辭叚甾爲西。羅(振玉)氏釋洒可从。"

滌[1] 洒也。从水，條聲。 徒歷切(dí)。

滌 【譯文】滌，洗盪。从水，條聲。

【注釋】① 滌：《段注》："皿部曰：'盪，滌器也。'引申爲凡清滌之詞。"

澉[1] 和[2]也。从水，戢聲。 阻立切(jí)。

澉 【譯文】澉，和睦。从水，戢聲。

【注釋】① 澉：朱駿聲《通訓定聲》："經典多以輯爲之。" ② 和：《段注》："《小雅》：'爾羊來思，其角澉澉。'傳曰：'聚其角而息，澉澉然也。'按：毛意言角之多，蓋言聚而和也。"

瀋 汁也。从水，審聲。《春秋傳》[1]曰："猶拾瀋。" 昌枕切(shěn)。

瀋 【譯文】瀋，羹汁。从水，審聲。《春秋左傳》說："好比去拾取(傾覆在地的)羹汁。"

【注釋】①《春秋傳》：指《左傳・哀公三年》。今本原文："無備(指滅火之備)而官辦(百官盡力辦事)者，猶拾瀋也。"

渳 飲[1]也。从水，弭聲。 緜婢切(mǐ)。

渳 【譯文】渳，(小)飲。从水，弭聲。

【注釋】① 飲：楊樹達《積微居小學金石論叢・長沙方言續考・渳》："今長沙謂以口飲酒少許爲渳，音正如泯。"

潠[1] 飲歃[2]也。一曰：吮也。从水，算聲。 衫洽切(shà)。又，先活切(suō)。

潠 【譯文】潠，飲。另一義說，是吮吸。从水，算聲。

【注釋】① 潠：王筠《句讀》："(潠、飲、歃)一事而三名也。飲、歃二篆下皆曰'歠也'，歠下曰'飲也'。"張舜徽《約注》："今俗稱以口作吸氣勢而直飲之曰潠，讀先活切(suō)，蓋古遺語也。" ② 飲歃(shà)：同義連用。

漱 盪口[1]也。从水，欶聲[2]。 所右切(shòu/shù)。

漱 【譯文】漱，盪洗口腔。从水，欶聲。

【注釋】① 盪口：《段注》："吮刷其口中也。" ② 欶聲：聲中有義。本書欶，吮也。《通俗文》："含吸曰欶。"漱需大口含吸水，滿口滌盪。故《段注》曰："漱者，軟之大者也。"

　滄[①]也。从水，同聲。　户褧切(jiǒng)。

洞　【譯文】洞，寒滄。从水，同聲。

【注釋】① 滄：參"滄"條。

　寒也。从水[①]，倉聲。　七岡切(cāng)。

滄　【譯文】滄，寒冷。从水，倉聲。

【注釋】① 从水：徐灝《段注箋》："洞滄等字改从仌(冰)者，皆俗書耳。"

　冷寒[①]也。从水，靚聲。　七定切(qìng)。

瀞　【譯文】瀞，(侵人的)寒冷。从水，靚聲。

【注釋】① 冷寒：徐灝《段注箋》："冷與寒義微别。冷寒，謂侵人之寒。"張舜徽《約注》："湖湘間稱寒水沁人股骨曰瀞人，夏令北風驟寒曰涼瀞，正讀七定切，蓋古語也。"

　滅火器[①]也。从水，卒聲。　七内切(cuì)。

淬　【譯文】淬，(貯水)用來(暫時)滅掉(刀劍的)火的器具。从水，卒聲。

【注釋】① 滅火器：徐灝《段注箋》："蓋治刀劍者，火煉而水淬之，使其消鑠而愈精，每淬則火必暫滅，故曰滅火器，非熄之也。淬與焠音義並同，以水淬之謂之淬，自其用火而言，則改从火耳。"

　濯髮也。从水，木聲。　莫卜切(mù)。

沐　【譯文】沐，洗頭髮。从水，木聲。

【參證】甲文作、。饒宗頤《殷代貞卜人物通考》卷九："沐字"，"契文""从水从木"。

[①]　洒面也。从水，未聲。[②]，古文沬从頁。　荒内切(huì)。

沬　【譯文】沬，洗臉。从水，未聲。湏，古文沬字，从頁。

【注釋】① 沬：今作靧。又作頮。《段注》："(頮)从兩手匊水而洒其面，會意也。(靧)从面，貴聲。"　② 湏：《段注》："漢人多用靧字。沬頮本皆古文，小篆用沬，而頮專爲古文，或奪其廾，因作湏矣。"

【參證】甲文作、，金文作、、。吴大澂《古籀補》卷十一釋金文首字:"古沬字,从頁,从㒵,从皿,注水。""又頁部顋","疑亦沬之古文。"羅振玉《增訂殷虛書契考釋》甲文首字:"象人散髮就皿洒面之狀。"吴氏對"㒵"未明確訓釋,馬敘倫以爲是県字,説:"从県者,明沐髮而倒其首也。"見其《六書疏證》卷十七。或曰"从自下毛冉冉之形,謂是須之異文"。見李孝定《金文詁林讀後記》卷十。,或隸定作㒵,或作㒵。

 洒身①也。从水,谷聲。　余蜀切(yù)。

浴　【譯文】浴,洗澡。从水,谷聲。

【注釋】① 洒身:《論衡·譏日篇》:"沐去首垢,洗去足垢,盥去手垢,浴去身垢。"

【參證】甲文作。羅振玉《增訂殷虛書契考釋》:"注水於般(盤)而人在其中,浴之象也。""(浴)變象形爲形聲矣。"

 洒手也。从水,喿聲。　子皓切(zǎo)。

澡　【譯文】澡,洗手。从水,喿聲。

【參證】羅振玉《增訂殷虛書契考釋》卷中:""此从象水,从又象手,又在水中,是澡也。""卜辭或增从"。

① 洒足也。从水,先聲。　穌典切(xiǎn)。

洗　【譯文】洗,洗腳。从水,先聲。

【注釋】① 洗:《段注》:"洗讀如跣足之跣(xiǎn),自後人以洗代洒滌字,讀先禮切(xǐ)。"

【參證】甲文作。羅振玉《增訂殷虛書契考釋》卷中:"此从即足形,从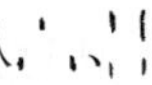即水形,置足於水中,是洗也。或增象盤形,是洒足之盤也。"

 引水於井也。从水,从及,及亦聲。　居立切(jí)。

汲　【譯文】汲,从井裏提引水。由水、由及會意,及也表聲。

 渌①也。从水,𦎧聲。　常倫切(chún)。

淳　【譯文】淳,滲漉。从水,𦎧聲。

【注釋】① 渌:桂馥《義證》:"淯(即淳)謂漏地。"張舜徽《約注》:"渌爲漉之或體。許以渌訓淳,謂其地滲漉不能含藏水溼,即今語所稱旱地也。"

淋　以水沃[①]也。从水，林聲。一曰：淋淋，山下水皃[②]。　力尋切(lín)。

【譯文】淋，用水澆淋。从水，林聲。另一義説，淋淋，山水奔下的樣子。

【注釋】① 以水沃：張舜徽《約注》："今俗稱以水沃物曰淋水，遇雨溼身曰淋雨。"　② 山下水皃：《段注》："謂山下其水也。"下，動詞。徐鍇《繫傳》作"山水下也"。

【參證】朱歧祥《殷墟甲骨文字通釋》："从水林聲，隸作淋；或即林地之水名。"照後義，則是會意字。

渫[①]　除去[②]也。从水，枼聲。　私列切(xiè)。

【譯文】渫，治(井)去掉(泥濁)。从水，枼聲。

【注釋】① 渫：《廣韻·薛韻》："渫，治井。"　② 除去：桂馥《義證》："向秀《易》義：渫者，浚治去泥濁也。"按：治、除義通。《段注》："凡言泄漏者即此義之引申，變其字爲泄耳。"

瀚　濯衣垢也。从水，榦聲。浣，瀚或从完[①]。　胡玩切(huàn)。

【譯文】瀚，洗濯衣服的污垢。从水，榦聲。浣，瀚的或體，从完聲。

【注釋】① 从完：朱駿聲《通訓定聲》："或从完聲。"

濯　瀚[①]也。从水，翟聲。　直角切(zhuó)。

【譯文】濯，洗滌。从水，翟聲。

【注釋】① 瀚(huàn)：參上"瀚"條。

【參證】金文作，與篆文同。

涑　瀚[①]也。从水，束聲。河東[②]有涑水[③]。　速侯切(sōu)[④]。

【譯文】涑，洗滌。从水，束聲。河東郡有涑水。

【注釋】① 瀚(huàn)：參"瀚"條。　② 河東：漢郡名，在今山西境内黄河以東地方。　③ 涑(sù)水：在山西省西南部，源出絳縣太陰山，流經聞喜、臨猗，至永濟縣西南入黄河。　④ sōu是洗滌義今讀。涑水義依《廣韻》桑谷切，讀sù。

潎[①]　於水中擊絮也。从水，敝聲。　匹蔽切(pì)。

【譯文】潎，在水中漂擊絲絮。从水，敝聲。

【注釋】① 潎：朱駿聲《通訓定聲》："今蘇俗語謂之漂。"

瀧

[1] 涂也。从水，从土[2]，龙聲。讀若隴。　又[3]，亡江切(máng/lǒng)[4]。

【譯文】瀧，(用泥)塗抹。由水、由土會意，龙聲。音讀象"隴"字。

【注釋】① 瀧：王筠《句讀》："土部已收，此重出。"　② 从水，从土：《段注》土部"瀧"下："泥塗必兼水土爲之，故字兼从水土。淺人又入之水部，非也。"　③ 又：承"讀若隴"。此徐鉉註音簡省之通例。參"減"條。　④ 亡江切：王筠《句讀》土部"瀧"下："本木貢切。孫(愐)力嵷切。"今讀據力嵷切。

灑

[1] 汛[2]也。从水，麗聲。　山豉切(xì/sǎ)[3]。

【譯文】灑，(掃地)散水，水迅飛。从水，麗聲。

【注釋】① 灑：《段注》："凡埽者先灑。"桂馥《義證》："《通俗文》：'以水掩塵曰灑。'謂以水灑散之也。"　② 汛：參下"汛"條。

③ 今讀依《廣韻》砂下切。

汛

灑也。从水，卂聲[1]。　息晉切(xùn)。

【譯文】汛，(掃地)洒水，水散如飛。从水，卂聲。

【注釋】① 卂聲：聲中有義。《段注》："卂，疾飛也。水之散如飛。此以形聲包會意也。"

染

以繒[1]染爲色。从水，杂聲[2]。　而琰切(rǎn)。

【譯文】染，把布帛浸染着色。从水，杂聲。

【注釋】① 繒：帛。　② 杂聲：徐鉉引徐鍇説："《説文》無杂字。裴先遠云：'从木；木者，所以染，梔、茜之屬也。从九；九者，染之數也。'"《段注》："禮：一入爲縓，再入爲赬，三入爲纁，朱則四入，五入爲緅，玄則六入，七入爲緇。字从九者，數之所究。言移易本質，必深入之也。"徐灝《段注箋》："抑'杂'自爲一字，而今佚之與？"

【參證】林義光《文源》："从九，繒布置染中，皆揉曲之。九，揉曲也。"

泰

滑也。从廾，从水[1]，大聲。夳[2]，古文泰。　他蓋切(tài)。

【譯文】泰，滑溜。由廾、由水會意，大聲。夳，古文泰字。

【注釋】① 从廾，从水：《段注》："水在手中下溜，甚利也。"按：廾表雙手。　② 夳：徐灝《段注箋》："宋尤叔晦曰：'古文有因而重之以見意者，从大而二之爲夳是也。’隸省作太。”《段注》：“後世凡言大而以爲形容未盡則作太，如大宰俗作太宰，大子俗作太子，周大王俗作太王，是也。”

【參證】劉心源《奇觚室吉金文述》卷二：“古文凡重出字連書者，下一字往往省作二，謂二即上一字也。古文泰蓋本是絫二大字爲之，大而又大故曰太，今寫太字大下加一點，即夳省也。”

瀶 海岱之間謂相汙[1]曰瀶。从水，閻聲。　余廉切(yán)。

【譯文】瀶，渤海、泰山之間叫相污穢作瀶。从水，閻聲。

【注釋】① 汙：《方言》：“氾浼瀶洼洿也。自關而東，或曰洼，或曰氾，東齊海岱之間或曰浼，或曰瀶。”《段注》：“洿、污古通用，子雲義取污薉。”

濽[1] 汙灑[2]也。一曰：水中人[3]。从水，贊聲。　則旰切(zàn)。

【譯文】濽，用污水揮灑。另一義説，濽是水濺到人們身上。从水，贊聲。

【注釋】① 濽：又作濺、唛二形。　② 汙灑：《段注》：“謂用污水揮灑也。”　③ 水中(zhòng)人：《段注》：“中讀去聲。此與上文無二義，而別之者，此兼指不污者言也；上但云灑，則不中人。”

⿰氵愁[1] 腹中有水气也。从水，从愁，愁亦聲。　士尤切(chóu)。

【譯文】⿰氵愁，腹中有水氣。由水、由愁會意，愁也表聲。

【注釋】① ⿰氵愁：錢坫《斠詮》：“今人腹脹急有此語。”

湩[1] 乳汁也。从水，重聲。　多貢切(dòng)。

【譯文】湩，乳汁。从水，重聲。

【注釋】① 湩：《玉篇・水部》：“江南人呼乳爲湩。”

洟[1] 鼻液也。从水，夷聲。　他計切(tì)。

【譯文】洟，鼻涕。从水，夷聲。

【注釋】① 洟：錢坫《斠詮》引鄭康成説：“自目曰涕，自鼻曰洟。”《段注》：“古書弟、夷二字多相亂，於是謂自鼻出者曰涕，而自目出者別製淚字。皆許不取也。”

潸 涕[1]流皃。从水，散省聲[2]。《詩》[3]曰：“潸焉出涕。”　所姦切(shān)。

【譯文】潸,眼淚下流的樣子。从水,散省聲。《詩經》説:“飒飒地流淚。”

【注釋】① 涕:眼淚。參“涕”條。　② 散省聲:邵瑛《羣經正字》:“(散)其字从林(音派),从肉。”林不是林木之林。　③《詩》:指《小雅·大東》。

人液①也。从水,干聲。 矦旰切(hàn)。

汗 【譯文】汗,人身上(排泄出來)的汗液。从水,干聲。

【注釋】① 人液:《段注》作“身液”。桂馥《義證》:“洟爲鼻液,唾爲口液,則汗爲身液也。”

無聲出涕曰泣。从水,立聲。 去急切(qì)。

泣 【譯文】泣,沒有哭聲而流眼淚叫泣。从水,立聲。

【注釋】① 泣:徐鍇《繫傳》:“哭無聲曰泣。泣,哭之細也。”“哭主於哀,宣於外也;泣主于悲,滯於内也。”

泣也①。从水,弟聲。 他禮切(tǐ/tì)②。

涕 【譯文】涕,眼淚。从水,弟聲。

【注釋】① 泣也:《段注》:“當作‘目液也’。毛傳皆云:‘自目出曰涕。’”　② 今讀依《廣韻》他計切。

【參證】金文作[金文],从雨、从米、从弟。

灡①也。从水,柬聲。 郎甸切(liàn)。

湅 【譯文】湅,象淘米一樣練絲。从水,柬聲。

【注釋】① 灡:《段注》:“湅之以去其瑕,如灡米之去康粊,其用一也。故許以灡釋湅。”“灡謂米,湅謂絲帛也。金部治金曰鍊,猶治絲帛曰湅。”參“灡”條。

議辠也。从水獻②。與法③同意。 魚列切(niè)。

瀛 【譯文】瀛,評議罪過。由水、獻會意。與法字从水的構形原則相同。

【注釋】① 瀛:後作“讞”。《字彙·水部》:“此字有从言者,从水者。从言,以言議罪也;从水,議罪如水之平也。”　② 从水獻:《段注》:“其議如水之平,而獻於上也。”　③ 與法句:王筠《句讀》:“當作‘灋’,指从水而言。”

渝　變汙①也。从水，俞聲。一曰：渝水②，在遼西臨俞③，東出塞。　羊朱切(yú)。

【譯文】渝，變污濁。从水，俞聲。另一義説，渝是渝水，在遼西郡臨俞縣，向東流出邊塞之外。

【注釋】① 變汙：《段注》："許謂澼(無垢薉)而變污。"　② 渝水：即今遼寧大凌河。　③ 臨俞：《漢書·地理志》遼西郡有臨俞縣。在今遼寧省朝陽縣境。

減　損也。从水，咸聲。　古斬切(jiǎn)。

【譯文】減，減少。从水，咸聲。

【參證】金文作[金文]，與篆文同。戴家祥《金文大字典》又作[金文]，説："乃減之繁飾，因用于器銘刻辭故加皿旁。"

滅　盡也。从水，威聲①。　亡列切(miè)。

【譯文】滅，盡。从水，威聲。

【注釋】① 从水，威(miè)聲：《段注》："此舉形聲包會意也。"参火部威條。

漕　水轉(轂)[穀]①也。一曰：人之所乘②及船也。从水，曹聲。　在到切(zào/cáo)③。

【譯文】漕，水道轉運糧穀。另一義説，漕是人們乘坐的船。从水，曹聲。

【注釋】① 轂：當依《段注》作"穀"。　② 乘：《段注》"'乘'下疑奪'車'字。蓋車亦得稱漕。或云'及'蓋誤字。"依《平準書》索隱"車運曰轉，水運曰漕"之説，譯文采"及"蓋誤衍之釋。　③ 今讀依《廣韻》昨勞切。

泮　諸侯鄉射①之宫，西南爲水，東北爲牆。从水，从半②，半亦聲。　普半切(pàn)。

【譯文】泮，諸侯舉行鄉飲酒禮、鄉射禮的學宫，西南邊是水，東北邊是牆。由水、由半會意，半也表聲。

【注釋】① 鄉射：徐承慶《段注匡謬》："鄉謂鄉飲酒，射謂鄉射。"鄉飲酒禮：鄉大夫爲鄉學之業成者設宴送行的儀式。鄉射：以射選士之禮。　② 从水，从半：《段注》："泮之言半也。蓋東西門以南通水；北，無也。”《詩·泮水》釋文：“泮，半也。半有水，半無水也。”

漏[1] 以銅受水，刻節[2]，晝夜百刻。从水，屚聲[3]。　盧后切(lòu)。

漏 【譯文】漏，用銅器接受水，（並在器中立箭之上）刻成度數，晝夜之間共一百度。从水，屚聲。

【注釋】① 漏：張舜徽《約注》：“漏刻爲古計時之器。以銅壺盛水，底穿一孔，壺中立箭，上刻度數。壺中水以漏漸減；箭上所刻，亦以次出露，即可知時。”　② 刻節：王筠《句讀》：“刻以爲節，即許所謂刻節。”　③ 屚聲：聲中有義。徐鍇《繫傳》：“屚音漏，屋屚也。”參“屚”條。

澒 丹沙所化，爲水銀也[1]。从水，項聲[2]。　呼孔切(hǒng，又gǒng/hòng)[3]。

澒 【譯文】澒，是朱砂燒煅變化的東西，叫水銀。从水，項聲。

【注釋】① 丹沙句：《段注》：“後代燒煅麄次朱砂爲之。”　② 从水，項聲：王筠《句讀》：“俗作‘汞’者，蓋省‘頁’則同‘江’，因迻‘工’於‘水’上也。”　③《廣韻》呼孔切無“澒”字。今讀依胡孔切，hòng 表“濛澒”（混沌的元氣）義，gǒng 表“水銀”義。

萍 苹也[1]。水艸[2]也。从水苹，苹亦聲。　薄經切(píng)。

萍 【譯文】萍，浮萍。（浮生）水面的草。由水、苹會意，苹也表聲。

【注釋】① 苹也：本書：“苹，蓱也。無根，浮水而生者。”　② 水艸：《段注》：“‘水艸也’三字釋从水之意。”

濊 水多皃。从水，歲聲。　呼會切(huì)。

濊 【譯文】濊，水多的樣子。从水，歲聲。

汩[1] 治水也。从水，曰聲。　于筆切(yù/gǔ)[2]。

汩 【譯文】汩，治理水。从水，曰聲。

【注釋】① 汩：徐灝《段注箋》“昆”下：“从川之字或互从水，故昆亦作汩。汩之本義謂急流，治水者因勢利導，使之疾行，因謂之汩。”徐意，汩昆本一字，由急流義而引申而有治急流義，後二義義域分開，字形遂分爲昆、汩。汩(yù)治義，从俗讀 gǔ。參“昆”條。　② 于筆切今讀 yù。《段注》：“俗音古忽切。”今讀從俗，音 gǔ。

文四百六十八　重二十二

瀼① 露濃皃。从水，襄聲②。 汝羊切(ráng)。

瀼 【譯文】瀼，露水濃厚的樣子。从水，襄聲。

【注釋】① 瀼：常疊音爲義。《詩・野有蔓草》："零露瀼瀼。"傳云："瀼瀼，盛皃。"又，《蓼蕭》："零露瀼瀼。"傳云："瀼瀼，露蕃皃。"蕃言其盛，即濃厚義。 ② 襄聲：聲中有義。《鄭新附考》："古凡从襄聲之字，皆有盛多意。"

漙① 露皃。从水，專聲②。 度官切(tuán)。

漙 【譯文】漙，露水(濃郁)的樣子。从水，專聲。

【注釋】① 漙：《鄭新附考》："《詩》'零露漙兮'毛傳：'漙漙然盛多也。'《釋文》：'漙本亦作團。'毛以盛多解團，實該團圓之義。" ② 專聲：聲中有義。《匡謬正俗》："《詩》古本有作水旁專者，亦有單作專者。"按：專本有"紡專"義，紡專其狀團圓，露珠其狀亦團圓，故專可喻露珠。

汍① 泣淚②也。从水，丸聲③。 胡官切(wán)。

汍 【譯文】汍，流淚。从水，丸聲。

【注釋】① 汍：照大徐說，單字成義。文獻多以"汍瀾"、"汍蘭"成義。汍瀾、汍蘭：疊韻連緜字。 ② 泣淚：《段注》"洟"下引《曹娥碑》："泣淚掩涕，驚動國都。"泣淚與掩涕爲對文，泣用如動詞。泣，《說文》："無聲出涕曰泣。"故譯爲"流"。 ③ 丸聲：聲中有義。表比況，丸本義爲圓體之物，淚珠如丸。

泯① 滅也。从水，民聲。 武盡切(mǐn)。

泯 【譯文】泯，滅盡。从水，民聲。

【注釋】① 泯：《爾雅・釋詁》："泯，盡也。"《詩・大雅・桑柔》："亂生不夷，靡國不泯。"

瀣 沆(瀣)瀣①，气也。从水，䪥省聲。 胡介切(xiè)。

瀣 【譯文】瀣，沆瀣(hàng xiè)的瀣。(沆瀣)是(北方夜半之)氣。从水，䪥(xiè)省貝爲聲。

【注釋】① 瀣：據《說文解字詁林》當改作"瀣"。沆瀣，雙聲聯緜字。《楚辭・屈原〈遠遊〉》："餐六氣而飲沆瀣兮，漱正陽而含朝霞。"王逸注："《陵陽子明經》曰：'沆瀣者，北方夜半氣也。'"《鈕新附考》："《博雅》因釋沆瀣爲常氣。”此徐鉉釋“氣也”之由。

① 水名。从水，盧聲②。　洛乎切(lú)。

瀘　【譯文】瀘，水名。从水，盧聲。

【注釋】① 瀘：古水名。今四川、云南境内。諸葛亮《出師表》：“五月渡瀘，深入不毛。”　② 盧聲：聲中有義。凡从盧聲之字多與黑色有關。《鄭新附考》：“水黑名盧，於瀘水有之。瀘水，宋已來名大渡河。今猶舊稱。知同嘗道出清溪越嶲，親渡此水，非盛夏流潦泛漲，水色恒深碧黰黑，此所以名盧歟！”

【参證】金文作。

① 水名②。从水，蕭聲。　相邀切(xiāo)。

瀟　【譯文】瀟，水名。从水，蕭聲。

【注釋】① 瀟：《鈕新附考》：“瀟即潚之別體。”“《水經注·湘水》下云：‘大舜之陟方也，二妃从征，溺于湘江。神遊洞庭之淵，出入瀟湘之浦。瀟者，水清深也。’據《説文》‘潚’訓‘深清’，正與此合。知瀟即潚，而非水名也。”《段注》“潚”下：“《湘中記》云：‘湘川清照五六丈，下見底石，如摴蒲矣，五色鮮明，是納潚湘之名矣。’據善長説，則潚湘者猶云清湘。其字讀如肅，亦讀如蕭。自景純注《中山經》云：潚水，今所在未詳。始別潚湘爲二水，俗又改潚爲瀟。”　② 水名：此爲晚起義。湘江支流。古稱營水，唐人始稱瀟水。

① 水名。从水，嬴聲。　以成切(yíng)。

瀛　【譯文】瀛，海名。从水，嬴聲。

【注釋】① 瀛：《鈕新附考》引《史記·孟荀列傳》：“鄒衍云：中國曰赤縣神州，中國外如赤縣神州者九，乃有大瀛海，環其外，天地之際也。”古人以爲：天地之間，陸地四圍全是大海。瀛爲海名。

① 水名。从水，除聲。　直魚切(chú)。

滁　【譯文】滁，水名。从水，除聲。

【注釋】① 滁：滁水在今安徽省境内。

① 水名。从水，名聲。　武并切(míng)。

洺　【譯文】洺，水名。从水，名聲。

【注釋】① 洺：一名漳水，流經山西、河北兩省。

[1] ［潺湲］[2]，水聲。从水，孱聲。 昨閑切(chán)。

潺 【譯文】潺，(潺湲的潺)，(潺湲是)水聲。从水，孱聲。

【注釋】① 潺：《鄭新附考》："(潺湲)二字兩見《楚辭·九歌》，宜爲先秦古字，而許君不録。注解依《説文》通例當於上字云：'潺湲，水聲。'下字云：'潺湲也。'始合。"按：照此，正文補"潺湲"二字。又，"《楚辭》中形容疊字，許書闕如，不特此潺湲也。""許意蓋目爲南楚晚出方言，無關要義，不妨略之。然非俗字，例可作古。" ② 潺湲：疊韻聯緜字，狀水流之聲。《楚辭·湘夫人》："荒忽兮遠望，觀流水兮潺湲。"又引申爲淚流皃。《楚辭·九歌》："横流涕兮潺湲。"王逸注："潺湲，流貌也。"

[1] 潺湲，水聲。从水，爰聲。 王權切(yuán)。

湲 【譯文】湲，潺湲的湲，(潺湲是)水聲。从水，爰聲。

【注釋】① 湲：參上條。

 大波[1]也。从水，壽聲。 徒刀切(tāo)。

濤 【譯文】濤，大波濤。从水，壽聲。

【注釋】① 大波：《鈕新附考》引高誘注《淮南·説林訓》云："波者涌起，還者爲濤。"濤峰爲波，波谷爲濤；峰湧爲波，旋渦爲濤。析言有别，渾言不分。《文選·張衡〈西京賦〉》："長風激於别隯，起洪濤而揚波。"

【參證】甲文作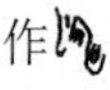。商承祚《殷虚文字類編》卷十一："此从水聲。今字从壽者，猶暍今字作疇也。"

[1] 水浦[2]也。从水，敘聲[3]。 徐吕切(xù)。

漵 【譯文】漵，水邊。从水，敘聲。

【注釋】① 漵：王融《渌水曲》："日霽沙漵明，風動泉花燭。"沙漵，即水岸沙濱，即水邊的沙灘。 ② 浦：水濱。 ③ 敘聲：《楚辭·涉江》："入敘浦予儃佪兮。"王逸注："敘浦，水名。"敘水爲沅水支流，在湖南境内。敘浦應爲敘水之濱。今此地有漵浦縣。《鄭新附考》："後加水作漵，通作水浦之偁。"照鄭氏説，敘本義爲次序，借爲水名，因而爲地名，又引申爲水邊之通偁。加水作漵以與次第之敘相區别。

𣸣 水派[①]也。从水，巷聲。 古項切(gǎng)。
港 【譯文】港，水的支流。从水，巷聲。

【注釋】① 派：别流爲派。引申爲别流之分岔處；此處風浪較小，便於停靠舟楫，又便於集散主流、支流之物，故形成江海口岸，如今日之港灣。

瀦[①] 水所亭[②]也。从水，豬聲[③]。 陟魚切(zhū)。
瀦 【譯文】瀦，水停積的地方。从水，豬聲。

【注釋】① 瀦：《周禮・地官・稻人》："以瀦畜水。"鄭玄注："瀦者，畜流水之陂也。" ② 亭：即停。《段注》"亭"下："《風俗通》曰：'亭，留也。蓋行旅宿會之所館。'《釋名》：'亭，停也。人所停集。'""亭之引申爲亭止，俗乃製停渟字。" ③ 豬聲：《鄭新附考》："(瀦)《尚書・禹貢》作豬，《史記・夏本紀》作都。'《索隱》……引鄭注：南方謂都爲豬。《釋文》引馬融注：水所亭止，深者曰豬。'蓋今文作都，正字，是水聚會之義。古文作豬，同音叚借。《周官》、《左傳》亦作豬。字俗因加水。"按：古無舌上音，豬讀都。都，徐灝《箋》"都"下："凡聚會之地皆曰都。"引申爲水停積即聚會之地，也作都；由於語音的變化，聲紐舌頭音變爲舌上音，故又叚借作豬，後加水作瀦，以别於豬。

瀰[①] 大水也。从水，镾聲。 武移切(mí)。
瀰 【譯文】瀰，大水瀰漫。从水，镾聲。

【注釋】① 瀰：《鄭新附考》："《説文》：'濔，水滿也。'即瀰本字。"又作瀰。

淼[①] 大水也。从三水。或作渺[②]。 亡沼切(miào)。
淼 【譯文】淼，大水渺茫。由三個水字會意。或體作渺。

【注釋】① 淼：《楚辭・屈原〈九章・哀郢〉》："當陵陽之焉至兮，淼南渡之焉如。"淼是大水淼茫，無邊無際。 ② 渺：从水，眇聲。

潔 瀞[①]也。从水，絜聲[②]。 古屑切(jiè)。
潔 【譯文】潔，水清而無垢穢。从水，絜聲。

【注釋】① 瀞：即淨。 ② 絜聲：《段注》"絜，麻一耑"下："一耑猶一束也。""束之則不椒曼，故又引申爲潔淨。俗作潔，經典作絜。"按：絜由"麻一耑"引申爲潔淨，後加水作潔，以别於束絜之絜。絜、潔，從産生先後而言，爲古今字；從潔字内部結構而言，絜既表音，又表義。形聲包會意。

洽[①]也。徹[②]也。从水，夾聲。　子協切(jiā)。

浹　【譯文】浹，周遍，通徹。从水，夾聲。

【注釋】① 洽：《段注》“洽，霑也”下：“《大雅》：‘民之洽矣。’傳曰：‘洽，合也。’此謂毛詩假洽爲合也。”就面而言，合則彌遍；就圍而言，合則周匝。《荀子・解蔽》：“其所以貫理焉雖億萬，已不足以浹萬物之變，與愚者若一。”楊倞注：“浹，周也。”　② 徹(從汲古閣本)：本義爲通。《淮南子・原道》：“不浸于肌膚，不浹于骨髓，不留于心志，不滯于五藏。”高誘注：“浹，通也。”洽義、徹義二義相因，與一維的綫、二維的面相吻合則爲周遍，與三維的體相吻合則爲通徹。

奄忽也[①]。从水，盍聲[②]。　口荅切(kè)。

溘　【譯文】溘，掩蓋，忽然。从水，盍聲。

【注釋】① 奄忽也：奄也，忽也。一句數讀。奄本義爲覆蓋，溘首義爲覆蓋。《楚辭・屈原〈離騷〉》：“駟玉虬以乘鷖兮，溘埃風余上征。”王逸注：“溘猶掩也。”“溘埃風”，掩蓋夾着塵埃的風。掩蓋可譯作頂住，冒着。奄本義爲以蓋覆物。覆物以蓋，戛然不見，故引申有疾速、突然義。《楚辭・屈原〈離騷〉》：“寧溘死以流亡兮，余不忍爲此態也。”② 盍聲：聲中有義。《説文》：“盍(本作盇)，覆也。”參“盇”條。

[①]含水噴也。从水，巽聲。　穌困切(sùn)。

潠　【譯文】潠，口含水向外噴出。从水，巽聲。

【注釋】① 潠：《後漢書・郭憲傳》：“建武七年，从駕南郊。憲在坐，忽向東北含酒三潠。”李賢注引《埤蒼》：“潠，噴也。”

水邊[①]也。从水，从厓[②]，厓亦聲。　魚羈切(yá)。

涯　【譯文】涯，水邊。由水由厓會意，厓也表聲。

【注釋】① 水邊：《書・微子》：“若涉大水，其無津涯。”引申爲凡邊、際之偁。《莊子・養生主》：“吾生也有涯，而知也無涯。”　② 从厓：《説文》：“厓，山邊也。”山水總相依，山邊亦多爲水邊。加水作涯，以別於山邊之厓。

文二十三　新附

卷二十二

沝部

[1] 二水也。闕[2]。凡沝之屬皆从沝。　之壘切(zhuǐ)。

沝　【譯文】沝,二水。闕其音讀。大凡沝的部屬都从沝。

【注釋】① 沝：王玉樹《拈字》:“鄺氏《易》‘坎爲水’,水作沝。郭忠恕《佩觿集》:‘音義一而體别,水爲沝,火爲㶡。’是水與沝音義並同,與《説文》小異。”　② 闕:《段注》:“此謂闕其聲也。其‘讀若’不傳,今‘之壘切’者以意爲之。”

【參證】甲文作。馬敍倫《六書疏證》卷二十二:“水、沝一字,此以有从之者故爲部首。”“本書屾下㸚下皆同也。”

水行[1]也。从沝㐬;㐬,突忽[2]也。,篆文[3]从水。　力求切(liú)。

𣴎　【譯文】𣴎,水的運行。由沝、㐬(tū)會意;㐬表示迅疾的意思。流,篆文流,从水。

【注釋】① 水行：王筠《句讀》:“謂水之自行也。”　② 突忽:《段注》:“㐬之本義謂不順忽出也,引申爲突忽。”徐鍇《繫傳》:“突忽猶疾也。”　③ 篆文:《段注》:“流爲小篆,則𣴎爲古文籀文可知,此亦‘二’‘上’之例也。”

【參證】金文作,與篆文流相似。

徒行厲[1]水也。从沝,从步。,篆文从水。　時攝切(shè)。

𣵀　【譯文】𣵀,徒步行走而過水。由沝、由步會意。涉,篆文涉,从水。

【注釋】① 厲：王筠《句讀》:“濿之省文也。”《段注》:“濿,或砅字也。砅本履石渡水之偁,引申爲凡渡水之偁。”“許云徒行者,以别於以車及方之舟之也。”

【參證】甲文作，金文作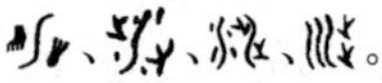。王襄《簠室殷契類纂》："（甲文）象兩足跡在水旁。"

文三　重二

瀕部

[①] 瀕　水厓。人所賓附[②]，頻蹙[③]不前而止。从頁，从涉[④]。凡頻之屬皆从頻。　符真切（pín/bīn）[⑤]。

【譯文】瀕，水邊。人們走近這個地方，皺着額頭，不進而止。由頁，由涉會意。大凡頻的部屬都从頻。

【注釋】① 瀕：徐鉉："今俗别作水濱。"按：濱，从水从賓，賓亦聲。賓本義爲賓客，引申爲賓至、賓來，有近迫義。从水从賓，近水之地，即爲水邊。　② 賓附：賓，通"濱"，迫近。賓附，同義連用。王筠《句讀》："頻有頻厓，頻蹙二義。""人所賓附，伸水厓之義；欲涉必至其瀕也，頻蹙不前，又伸賓附之義；或深涉，或寒涉，故既已賓附而又頻蹙也。"　③ 頻蹙：即顰蹙。參"顰"條。　④ 从頁，从涉：《段注》："此以顰戚（即頻蹙）釋'从頁'之意也。將涉者或因水深顰眉蹙額而止，故字从涉頁。"　⑤ 今讀依《集韻》卑民切。

【參證】金文作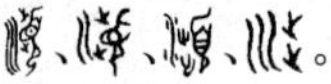。林義光《文源》卷八："頻本義當爲頻蹙，象當涉、見水頻蹙之形。（象欲涉時二足在水中。）因音轉如卑，始復製顰字耳。"戴家祥《金文大字典》："古文从水，从川、从巛，偏旁往往混淆。"金文末字省頁。

 顰　涉水顰蹙[①]。从頻，卑聲[②]。　符真切（pín）。

【譯文】顰，臨到過水，皺着眉頭皺着額頭。从頻，卑聲。

【注釋】① 顰蹙：《段注》："謂顰眉蹙額也。許必言涉水者，爲其字之从瀕也。"《玉篇・頻部》："顰，顰蹙，憂愁不樂之狀也。"王筠《句讀》："許君説顥以水厓爲本義，以顥蹙爲引申之義。其説顰也，則以顰蹙爲義，可知顰即爲頻之所孳育，但分其顰蹙之義，不能當水厓一義矣。"按：當頻厓、頻蹙二義義域明確分開之時，顰則以卑爲聲，應運而生。即王所謂"分别文"也。　② 卑聲：王筠《句讀》："以雙聲之卑爲聲。”

文二

〈部

〈[1]
〈 水小流也。《周禮》[2]:“匠人爲溝洫,相廣五寸,二相爲耦;一耦之伐[3],廣尺、深尺,謂之〈。”倍〈謂之遂;倍遂曰溝;倍溝曰洫;倍洫曰巜[4]。凡〈之屬皆从〈。甽,古文〈[5],从田,从川[6]。畎,篆文〈[7],从田,犬聲。六畎爲一畞。 姑泫切(quǎn)。

【譯文】〈,(田間)小水流。《周禮》説:“作工的人修築田間溝洫(xù),象鍬似的相(sì)寬五寸,兩相的寬度是一耦。一耦的挖土,寬一尺,深一尺,叫作〈。”比〈增一倍,叫作遂;比遂增一倍,叫溝;比溝增一倍,叫洫;比洫增一倍,叫巜。大凡〈的部屬都从〈。甽,古文〈字,由田、由川會意。畎,篆文〈字,从田,犬聲。六畎是一畞。

【注釋】① 〈:徐鍇《繫傳》:“起於田間溝也,象形。” ②《周禮》:指《考工記·匠人》。 ③ 伐:鄭玄注:“伐之言發也。”發,發土,挖土。 ④ 以上約舉《考工記》文。今本原文:“田首倍之,廣二尺,深二尺,謂之遂。九夫爲井,井間廣四尺,深四尺,謂之溝。方十里爲成,成間廣八尺,深八尺,謂之洫。方百里爲同,同間廣二尋,深二仞,謂之澮。”按:巜即澮。 ⑤ 古文〈:《段注》:“古文疑當作籀文。蓋〈、巜皆古文也。” ⑥ 从田,从川:《段注》此下有“田之川也”四字,存參。朱駿聲《通訓定聲》:“从田,川聲。”按:依段、朱,川則義兼聲。 ⑦ 篆文〈:《段注》:“畎爲小篆,則〈甽爲古籀可知。此亦先‘二’後‘上’之例。”朱駿聲《通訓定聲》:“(畎)从田犬聲。”

【參證】商承祚《殷虚文字考》(《國學叢刊》二卷四期):“甽乃〈之初字,而畎益後起字矣。”楊樹達《文字形義學》:“甽,謂川在田間者也。今長沙讀此字如郡字之音。”

文一 重二

巜部

巜[1]　水流澮澮也。方百里爲[2]巜，廣二尋，深二仞[3]。凡巜之屬皆从巜。　古外切(kuài)。

【譯文】巜，水流之聲澮澮而響。縱横百里之地有巜，寬一丈六尺，深一丈六尺。大凡巜的部屬都从巜。

【注釋】① 巜：徐鍇《繫傳》引《釋名》："水注溝曰巜。巜，會也。小水所聚會也。"按：巜本義指田間水溝。今本《釋名》作"澮"。饒炯《部首訂》："巜、川之形，本亦如ㄑ，但有廣深之不同，故皆疊ㄑ爲意，二之爲巜，三之爲川。巜之爲言田水所會，其流聲澮澮也。"澮又借爲澮河之專名。　② 爲：意義十分廣泛的動詞。這裏指"有"。王筠《句讀》作"有"。　③ 仞：《段注》："尋、仞依許寸部、人部説，皆八尺。"參"ㄑ"條。

粼　水生厓[1]石間粼粼[2]也。从巜，粦聲。　力珍切(lín)。

【譯文】粼，水在山邊石間滲流出來的清澈的樣子。从巜，粦聲。

【注釋】① 厓：《段注》："山邊也。"　② 粼粼：《詩・唐風・揚之水》："揚之水，白石粼粼。"毛傳："粼粼，清澈也。"徐鍇《繫傳》："水流石間不駛也。"粼粼，水流石間，流而不疾駛，故清澈見底。

文二

川部

川　貫穿通流水也[1]。《虞書》[2]曰："濬ㄑ巜距川。"言深ㄑ巜之水會爲川也。凡川之屬皆从川。　昌緣切(chuān)。

【譯文】川，使水貫穿通流。《虞書》説："濬(jùn)ㄑ(quǎn)巜(kuài)距川。"意思是説：深深疏通甽澮之類的田間水溝，使它們會合成爲大川。大凡川的部屬都从川。

【注釋】① 貫穿句：張行孚《釋巛》："川訓貫穿通流水，謂水至川則貫穿通流而無所礙。"貫、穿、通：同義連用。貫穿通流，即通流，通暢流動。　②《虞書》：指《臯陶謨》。今本作"浚甽澮距(到)川"。

【參證】甲文作、、，金文作、。羅振玉《增訂殷虛書契考釋》："象有畔岸，而水在中。"

巠 水脈也。从川在一下；一，地也。壬省聲。一曰：水冥巠[①]也。，古文巠不省。 古靈切(jīng)。

【譯文】巠，象血脈一樣分布的水流。由"川"在"一"下會意："一"表示地。壬省聲。另一義説，巠是水盛大的樣子。坙，古文巠字，壬字不省略。

【注釋】① 冥巠：《段注》："水大皃。今字作溟涬。"

【參證】金文作、。吴大澂《古籀補》："古文以爲經字。"林義光《文源》："(金文)皆从壬(自注：亦壬字)，壬古作，亦無由省爲。巠即經之古文。織縱絲也。象縷，壬持之。壬即滕字，機中持經者也。上从二，亦滕之略形。"

巟 水廣[①]也。从川，亡聲。《易》[②]曰："包巟用馮河。" 呼光切(huāng)。

【譯文】巟，水廣大。从川，亡聲。《易經》説："葫蘆廣大，用它作爲腰舟去渡河。"

【注釋】① 水廣：《段注》："引申爲凡廣大之偁。" ②《易》：指《泰卦》。包，高亨《周易古經今注》卷一："包疑借爲匏。《説文》：'匏，瓠也。'"即葫蘆。巟：廣大。用引申義。馮河：《吕氏春秋・安死篇》："不敢馮河。"高誘注："無舟渡河曰馮。"其本字爲"淜"。馬部："馮，馬行疾也。"按：古人渡河，常以葫蘆爲腰舟。見《莊子・逍遙遊》。

【參證】金文作，與篆文同。

𡿧 水流(也)[皃][①]。从川，或聲。 于逼切(yù/huò)[②]。

【譯文】𡿧，水流動的樣子。从川，或聲。

【注釋】① 也：當依《段注》作"皃"。 ② 今讀依《廣韻》作胡國切。

[①]
𡿯 水流也。从川，曰聲。 于筆切(yù)。

【譯文】𡿯，水的流動。从川，曰聲。

【注釋】① 𡿯：徐鍇《繫傳》："汩即此字。曰音越。"參"汩"條。

[1] 水流㲋㲋[2]也。从川,(列)[歺]省聲[3]。　良辥切(liè)。

㲋　【譯文】㲋,水流分裂的樣子。从川,歺省聲。

【注釋】① 㲋:邵瑛《羣經正字》:"(㲋、歺)今經典偏旁俱作歹。據《説文》,凡殆、殘、殄、殫、殃、殊、歿、殚、殙、殂、殛、殯、殤、殪、殰、殣、殲、殬、殖、殠、殜、死之類从歺,凡列、烈、洌、茢、栵、裂、迾、蛚、颲之類从㲋。""歺之變歹,始於石經。""㲋之變歹,亦始漢碑。"　② 㲋㲋:桂馥《義證》:"分流也。本書:'㶖,水裂去也。'裂當爲㲋。"

③ 列省聲:徐鉉:"當从歺省。"與徐鍇《繫傳》合。歺,列骨之殘也。有分裂之義。

【參證】甲文作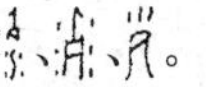。陳邦懷《殷虛書契考釋小箋》:"此即《説文解字》㲋之古文。"李孝定《甲骨文字集釋》:"契文从水","从歺爲聲"。

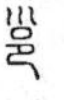　四方有水,自(邕)[攤](城)[成]池者[1]。从川,从邑[2]。

邕　[3],籀文邕。　於容切(yōng)。

【譯文】邕,四面有水來,自相擁抱,旋繞而成護城河。由川、由邑會意。邕,籀文邕字。

【注釋】① 四方句:當依《段注》"邕"作"攤","城"作"成"。段注:"攤者,抱也。邑之四旁,有水來,自擁抱,旋繞成池者,是爲邕。引申之,凡四面有水皆曰邕。"　② 从川,从邑:《段注》:"川圍邑,會意。"　③ 邕:朱駿聲《通訓定聲》:"从川;吕,象形。今字作壅。"

【參證】甲文作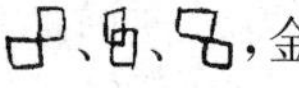,金文作。陳邦懷《殷虛書契考釋小箋》:"籀文""从宫省"(羅參事釋宫字),"巛象宫外有水,从宫省聲,故讀若雝,乃辟邕之本字。"劉心源《古文審》卷八釋甲文字:"吕字以文義求之,當是邕省。"金文从邑从川高田忠周《古籀篇》卷五:"亦(與邕)同意也。"

　害[1]也。从一雝川[2]。《春秋傳》[3]曰:"川雝爲澤,凶。"

巛　祖才切(zāi)。

【譯文】巛,(水)害。由"一"雝塞在"巛"字正中會意。《春秋左傳》説:"川流壅塞爲水澤,是不吉祥的預兆。"

【注釋】① 害:王筠《句讀》:"火部烖下云:'天火曰烖。'則此巛謂水害也。"　② 从一句:邵瑛《羣經正字》:"从巛,有物梗之爲巛。"

“又借爲天火之巛。別作灾、烖、災，皆後人所製隸字。”　③《春秋傳》：指《左傳・宣公十二年》。“川雝”句爲約舉之辭。

【參證】甲文作、、。羅振玉《增訂殷虛書契考釋》：“象水壅之形。川壅則爲巛也。其作、等狀省，象橫流氾濫也。”李孝定《甲骨文字集釋》：“从乃之變，从水，才聲。”

侃　剛直也。从㐰[①]，㐰，古文信；从川[②]，取其不舍晝夜。《論語》[③]曰：“子路侃侃如也。”　空旱切(kǎn)。

【譯文】侃，剛强正直。从㐰，㐰，是古文信字(表示真實之意)；从川，比況(口若懸河)滔滔不絶的意思。《論語》説：“子路是剛直不阿的樣子。”

【注釋】① 从㐰：《釋名》：“信，申也。言以相申來，使不相違也。”徐灝《段注箋》：“信，古伸字。剛直不阿者，自伸其説，而不爲依阿取容。”故《段注》：“信則可恒。”　② 从川：徐灝《段注箋》：“从川者，滔滔不絶之意。後世所謂‘口如懸河’即其意也。”　③《論語》：指《先進篇》。今本原文：“子路，行行(hàng hang，剛强貌)如也；冉有、子貢，侃侃如也”。孔安國注：“侃侃，和樂之皃。”存參。

【參證】金文作、、。林義光《文源》：“侃者，衎之古文，和樂也。和樂之言有文飾，故从人、口、彡。”存參。

州　水中可居曰州，周遶其旁，从重川[①]。昔堯遭洪水，民居水中高土，或曰九州[②]。《詩》[③]曰：“在河之州。”一曰：州，疇[④]也。各疇其土而生之[⑤]。[⑥]，古文州。　職流切(zhōu)。

【譯文】州，水中可以居住的地方叫州，四周的水圍繞在它的旁邊，由兩個川字疊起來會意。過去堯那個時代遇上洪水，百姓居住在水中高土上，有人叫這些高土作九州。《詩經》説：“在河中的州子上。”另一義説，州是耕治的田疇，各自耕治各自的土地而生活。川，古文州字。

【注釋】① 从重川：于鬯《職墨》：“从重川，則未見水中可居之義。故上下體特作環抱形，中間三虛處即象水中可居之地。此從虛處象形，象形之又一法也。”　② 九州：《段注》：“州，本州渚字。引申之乃爲九州，俗乃別製洲。”　③《詩》：指《周南・關雎》。今本

“州”作“洲”。《段注》:“證州之本義也。”　④ 疇:《段注》:“以疊韻爲訓。疇,耕治之田也。”　⑤ 各疇句:《段注》:“人各耕治以爲生。此説州之别一義。”按:疇,用作動詞。　⑥ 㓁:《段注》:“此象前後左右皆水。”徐灝箋:“古文、中象高土形。”

【參證】甲文作，金文作、。羅振玉《殷虚書契考釋》卷中:“此字旁象川流,中央象土地。”楊樹達《文字形義學》:“如但作形,則州義不顯,故必以四周水形旁襯出之。”金文次字見越王州句矛,左下角爲州字,右上爲鳥,飾文,所謂鳥蟲書是也。

文十　重三

泉部

泉　水原也。象水流出成川形①。凡泉之屬皆从泉。　疾緣切(quán)。

【譯文】泉,水的源頭。象水流出成爲川流的樣子。大凡泉的部屬都从泉。

【注釋】① 象水句:徐灝《段注箋》:“象泉穴,下象水流出形。”王筠《句讀》:“上半象泉,下半似川字。要是全體象形,非从川也。”徐灝《段注箋》:“借爲貨泉之名,取其流布也。”

【參證】甲文作、、、。羅振玉《增訂殷虚書契考釋》卷中:“此从象从石罅涓涓流出之狀。”

灥　泉水①也。从泉,𢽳聲。讀若飯。　符萬切(fàn)。

【譯文】灥,泉源涌出的水。从泉,𢽳聲。音讀象“飯”字。

【注釋】① 泉水:《段注》:“泉出之水也。”“泉水暴溢曰灥也。”

【參證】金文作,左下爲泉,右上爲𢽳,與篆文同。

文二

𠁦部

𠁦　三泉①也。闕②。凡𠁦之屬皆从𠁦。　詳遵切(xún)。

【譯文】𠁦,衆多的泉流。闕其音讀。大凡𠁦的部屬都从𠁦。

【注釋】① 三泉：《段注》："凡積三爲一者，皆謂其多也。不言从三泉者，不待言也。"饒炯《部首訂》："夫就部屬厵从灥，重文原从泉觀之，則灥亦泉之重文。例如共籀文从三共，乃籀文从三了之比。"

② 闕：《段注》："此謂讀若未詳，闕其音也。"

厵　水泉本也。从灥出厂下①。原②，篆文从泉。　愚袁切(yuán)。

【譯文】厵，水泉的本源。由"灥"出"厂"下而會意。原，篆文厵字，从泉。

【注釋】① 从灥(xún)句：徐灝《段注箋》："源泉所出，往往數處合流，多者至百源，故从三泉。"厂，《段注》："山石之厓巖。"　② 原：《段注》："此亦先二(shàng)後上之例。以小篆作原，知厵乃古文、籀文也。後人以原代高平曰邍(yuán)之邍，而别製源字爲本原之原。"

【參證】金文作、。高鴻縉《中國字例》："象水从石穴出、向下墜流之形。"

文二　重一

永部

永　長①也。象水巠理②之長。《詩》③曰："江之永矣。"凡永之屬皆从永。　于憬切(yǒng)。

【譯文】永，(水流)長。象水的直流和波紋的漫長。《詩經》説："長江那麽長啊。"大凡永的部屬都从永。

【注釋】① 長：《段注》作"水長"。　② 巠理：《段注》："巠者，水脈；理者，水文。"　③《詩》：指《周南·漢廣》。

【參證】甲文作、，金文作、、、。高鴻縉《中國字例》："此永字，即潛行水中之'泳'字初文。原从人在水中行，由文'人'、'彳'生意，故託以寄游泳之意。動詞。金文或加止以足行意。後人借用爲長永，久而爲借意所專，乃加水旁作'泳'以還其原。借爲長永字者後周人或加羊爲聲符作。是非二。"徐中舒《甲骨文字典》卷十一卻以爲永𠂢爲一字："又自永之原字字形觀之，其中有偏旁及水點，古文以象水流之别出支派，如道路之歧出也。後世爲與永字區别，遂反永而爲𠂢。甲骨文正反每無别，故永、𠂢初爲一字。”

羕　水長也。从永，羊聲。《詩》[①]曰：“江之羕矣。”　余亮切(yàng)。

【譯文】羕，水流長。从永，羊聲。《詩經》説：“長江那麽長啊。”

【注釋】①《詩》：指《周南・漢廣》。羕，今本作“永”。《段注》：“《毛詩》作永，《韓詩》作羕，古音同也。”按：永、羕上古同屬陽部，永屬匣紐，羕屬喻紐。

【參證】金文作，从永，羊聲。戴家祥《金文大字典》：“羕爲永的注音加旁字也。加旁从水，聲義不變，《説文》：漾，漾水。永本象形，羕、漾爲形聲孳乳字，許君分兩爲三。”按，漾，本義爲水長，借爲水之專名。參“漾”條。

文二

𠂢部

[①]
𠂢　水之衺流，别也[②]。从反永[③]。凡𠂢之屬皆从𠂢。讀若稗縣[④]。　匹卦切(pài)。

【譯文】𠂢，水的斜出的支流，是(從大河出來而)分流。由永字反過來表示。大凡𠂢的部屬都从𠂢。音讀象稗縣的“稗”字。

【注釋】① 𠂢：《段注》：“𠂢與水部派音義皆同。”徐灝《段注箋》釋篆文：“象水分流之形，右畔其别派也。”　② 水之句：標點據王筠《句讀》。别：王筠《句讀》：“出於大水而别流也。”衺流：王説：“如河之正流爲正，灉之自河出者，視河爲衺，非謂河流必正東正西，灉流必傾衺也。”按：所謂正衺，是相對而言。　③ 从反永：饒炯《部首訂》：“𠂢爲正流之别，即水之分流。與永反對爲義，故从反永。”　④ 稗縣：王筠《句讀》：“縣屬琅玡郡。”《漢書・地理志》“稗”作“椑”。在今山東莒縣南。

【參證】金文作。與永爲一字。高鴻縉《中國字例》四篇：“商周文字反正不拘，則所謂反永爲𠂢殆始於秦也。且永爲泳字初文，所謂

長流，乃借用其意。借意亦可用爲偏旁，故反永爲𠂢與通例合。”李孝定《金文詁林讀後記》卷十一：“（永）水長與（𠂢）枝流多，二者實爲一事，金文仍用爲永字；分爲二字，蓋自小篆始。”

衇　血理分衺行體者[①]。从𠂢[②]，从血。，衇或从肉[③]。[④]，籀文。　莫獲切(mài)。

【譯文】衇，在軀體中分流的血的紋理。由𠂢、由血會意。脈，衇的或體，从肉。𦜴，籀文衇字。

【注釋】① 血理分句：《段注》：“理分猶分理。”按：分理即文理、紋理。見《説文・敘》。衺行：徐灝《段注箋》：“衺猶分也。衺行體中，謂血衇流轉於體中也。”按：“衺行體”是“分理”的後置定語。“者”是定語後置的標誌。　② 从𠂢：𠂢爲比況之義。桂馥《義證》：“脈字从𠂢，取脈行之象。”　③ 从肉：从肉猶从血也。今脈作脉。邵瑛《羣經正字》：“《説文》𠂢从反永，脈字从此，今則不反，此俗字也。蓋起於漢《周憬功勳銘》等碑，今俗因之。”　④ 𦜴：《聲訂》：“衇與𦜴不過分𠂢在左右異耳。”

【參證】楊樹達《文字形義學》：“人之血脈分衺行於身體之中，有如水之分流。故衇字从血从𠂢。血爲本名，𠂢爲喻名。”

覛　衺視[①]也。从𠂢，从見。[②]，籀文。　莫狄切(mì)。

【譯文】覛，斜着眼睛看。从𠂢、由見會意。䁀，籀文覛字。

【注釋】① 衺視：王筠《句讀》：“《廣雅》：‘覛，視也。’許君獨加衺者，以其从𠂢也。覛之義蓋如‘睨而視之’之睨，義取於審睇，故曰衺視。”參“𠂢”條。　② 䁀：徐鍇《繫傳》作“覓”。徐灝《段注箋》：“覓蓋本作覔。今譌爲爪。《廣雅》曰：‘覔，視也。’尋覔者，相視之引申義也。”

文三　重三

谷部

谷　泉出通川爲谷[①]。从水半見，出於口[②]。凡谷之屬皆从谷。　古禄切(gǔ)。

【譯文】谷，源泉的出口一直通達川流的地方，叫作谷，由水（）字顯現一半而出現在“口”字上面。大凡是谷的部屬都从谷。

【注釋】① 泉出句：饒炯《部首訂》：“泉即原字，謂本原流出之水，至通於川處，皆名爲谷，即兩山間通流之地。” ② 从水句：徐灝《段注箋》：“从水半見，謂；从口，水所从出也。”

【參證】甲文作，金文作、。林義光《文源》卷一：“象窪處，象川所通形。或作（伯俗義鼎俗字偏旁），變从口。”

谿[①] 山瀆[②]無所通者。从谷，奚聲。 苦兮切（xī）。

【譯文】谿，山中沒有通達川流的小溝渠。从谷，奚聲。

【注釋】① 谿：徐灝《段注箋》：“今字作溪。” ② 瀆（dú）：小溝渠。

䜥[①] 通谷也。从谷，害聲。 呼括切（huò）。

【譯文】䜥，通敞的山谷。从谷，害聲。

【注釋】① 䜥：同豁。戴侗《六書故·地理三》：“豁，谷敞也。”

𧮫 空谷也。从谷，翏聲。 洛蕭切（liáo）。

【譯文】𧮫，空曠的山谷。从谷，翏聲。

豅 大長谷也。从谷，龍聲。讀若聾。 盧紅切（lóng）。

【譯文】豅，又大又長的山谷。从谷，龍聲。音讀象“聾”字。

谹[①] 谷中響也。从谷，厷聲。 户萌切（hóng）。

【譯文】谹，山谷中的回聲。从谷，厷聲。

【注釋】① 谹：張舜徽《約注》：“凡屋及谷之深者，人入其中，有響斯應。其音谹谹然，即今所謂回聲也。”

睿 深通[①]川也。从谷，从𣦵。𣦵，殘（地）[也][②]；[谷，]阬坎[③]意也。《虞書》[④]曰：“睿畎澮距川。”濬，睿或从水。𣽎[⑤]，古文睿。 私閏切（jùn）。

【譯文】睿，深疏川流並使通暢。由谷、由𣦵會意。𣦵表示穿通的意思；谷，表示坑穴（而深）的意思。《虞書》説：“深深疏通甽澮之類的田間水溝，使它們會合成大的川流。”濬，睿的或體，从水。濬，古文睿字。

【注釋】① 深通：《段注》：“深之使通也。” ② 殘地：當依《段注》“地”作“也”。段注：“殘猶穿也。”　③ 阬坎：當依《段注》上有“谷”字。段注：“𣦼謂穿之。谷取阬坎之意。阬坎，深意也。”按：阬即坑。坑、坎，同義連用。　④《虞書》：指《皋陶謨》。參“川”、“𡿨”、“巜”條。《段注》：“川部既偁《咎繇謨》‘濬𡿨巜、距川’矣，此又偁而字異，何也？蓋前爲《古文尚書》，此爲今文也。”　⑤ 濬：《段注》：“从水，从睿。睿，古文叡也。叡，深明也；通也。”

【參證】商承祚《説文中之古文考》：“篆文與口部𧮫之古文同爲一字。此睿亦古文。或作睿、濬、濬。古文之異也，口部用为𧮫，則古文之借也。”

谸　望山谷谸谸①青也。从谷，千聲。　倉絢切(qiàn/qiān)②。

【譯文】谸，望山谷之中(草木)谸谸而青葱。从谷，千聲。

【注釋】① 谸谸：王筠《句讀》：“《高唐賦》：‘仰視山顛，肅何千千。’千者，谸之省形存聲字。”張舜徽《約注》：“(谸谸)猶云青青也。”
② 今讀依《廣韻》蒼先切。

文八　重二

仌部

仌　凍①也。象水②凝之形。凡仌之屬皆从仌。　筆陵切(bīng)。

【譯文】仌，(初)凍。象水凝結成冰的樣子。大凡仌的部屬都从仌。

【注釋】① 邵瑛《羣經正字》：“冰凍作仌，堅凝本字作冰。俗以冰代仌，凝代冰字，而仌字遂廢不用。”　② 象水句：徐鍇《繫傳》：“冰初凝，文理如此也。”

【參證】甲文作仌，金文作仌，與篆文同。

冰①　水堅也。从仌，从水。凝，俗冰从疑②。　魚陵切(níng)③。

【譯文】冰，水凝結成堅冰。由仌、由水會意。凝，俗冰字，从疑聲。

【注釋】① 冰：桂馥《義證》：“顧炎武曰：仌(bīng)於隸、楷不能獨成文，故後人加水焉。”《段注》：“以冰代仌，乃別製凝字。經典凡凝字皆冰之變也。”　②从疑：《段注》：“以雙聲爲聲。”聲中有義。朱駿聲《通訓定聲》：“疑者，止不動也。”　③魚陵切：徐鉉：“今作筆陵切(bīng)，以爲冰凍之冰。”

【參證】金文作，與篆文同。

凜　寒也。从仌，㐭聲。　力稔切(lǐn)。

【譯文】凜，寒冷。从仌，㐭聲。

【注釋】①凜：或作凛，又作懍。

清　寒也。从仌，青聲。　七正切(qìng)。

【譯文】清，寒涼。从仌，青聲。

【注釋】①清：徐鍇《繫傳》：“冬溫而夏清也。”張舜徽《約注》：“今俗稱夏令夜涼曰涼清，正讀七正切，蓋古語也。”

涷　仌也。从仌，東聲。　多貢切(dòng)。

【譯文】涷，冰涷。从仌，東聲。

【注釋】①涷：《段注》：“初凝曰仌，仌壯曰涷。又，於水曰冰，於他物曰涷。”按：以仌釋涷，渾言不別。

𣶋　仌出①也。从仌，朕聲。《詩》②曰：“納于𣶋陰。”凌，𣶋或从夌③。　力膺切(líng)。

【譯文】𣶋，冰的凌角。从仌，朕聲。《詩經》説：“收藏在裝冰的地窖裏。”凌，𣶋的或體，从夌聲。

【注釋】①仌出：承培元《引經證例》：“仌出，如雪花六出之出，謂仌之凌角也。”　②《詩》：指《豳風·七月》。今本“𣶋”作“凌”。陰：承培元《引經證例》：“陰爲窨之借字，謂地室也。”　③从夌：《段注》：“夌，聲也。”

凘　流仌①也。从仌，斯聲②。　息移切(sī)。

【譯文】凘，(解凍後)隨流而行的冰塊。从仌，斯聲。

【注釋】①流仌：徐鍇《繫傳》：“仌解而流也。”《段注》：“已釋時隨流而行也。”　②斯聲：徐灝《段注箋》：“凘之言斯也，斯猶析也，謂冰銷而流散。”聲中有義。

凋　半傷①也。从仌②，周聲。　都僚切(diāo)。

【譯文】凋，(草木)部分逐漸衰敗。从仌，周聲。

【注釋】① 半傷：《段注》："傷，創也。半傷，未全傷也。"王筠《句讀》："艸木零落有漸，故曰半傷。"　② 从仌：《段注》："仌霜者，傷物之具，故从仌。"

 冬　四時盡也。从仌，从夂[①]。夂，古文終字。，古文冬从日[②]。　都宗切(dōng)。

【譯文】冬，(春夏秋冬)四個時令的盡頭。由仌、由夂會意。夂，古文終字。𣆎，古文冬字，从日。

【注釋】① 从仌，从夂：王筠《釋例》："四時之終，恒有仌也。"按：夂也表聲。徐灝《段注箋》："此當以廾爲聲，因聲載義也。"　② 从日：徐鍇《繫傳》："冬者，月之終也。日窮于紀也。"

【參證】甲文作，金文作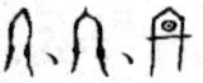。郭沫若《金文叢考》："(金文)冬字多見，但均用爲終。"李孝定《甲骨文字集釋》："殷時尚無四時之觀念。"戴家祥《金文大字典》："爲終之本字，象束絲終端有結。冬季爲四時之盡，故加日旁以區別本義，冬天寒冷，冰天雪地，故後人又加仌形。"可見許氏古文、篆文，都是後起字，是四時觀念產生之後的產物。

 冶　銷[①]也。从仌，台聲。　羊者切(yě)。

【譯文】冶，(冰)消融。从仌，台(yí)聲。

【注釋】① 銷：《段注》："銷者，鑠(shuò，熔化金屬)金也。仌之融，如鑠金然，故鑪鑄亦曰冶。"

 滄　寒也。从仌[①]，倉聲。　初亮切(chuàng/cāng)[②]。

【譯文】滄，寒涼。从仌，倉聲。

【注釋】① 从仌：《段注》："仌者，寒之象也。故訓寒之字皆从仌。"　② 今讀依《廣韻》七岡切。

[①] 冷　寒也。从仌，令聲。　魯打切(lěng)。

【譯文】冷，寒氣(凛然)。从仌，令聲。

【注釋】① 冷：徐灝《段注箋》："冷之言瘭也。寒氣瘭瘭然也。"按：析言之，冷比寒程度更深。

 涵　寒也。从仌，函聲。　胡男切(hán)。

【譯文】涵，寒。从仌，函聲。

滭 風寒也。从仌,畢聲。[1]　卑吉切(bì)。

【譯文】滭,風寒。从仌,畢聲。

【注釋】① 滭:《段注》:"《豳風・七月》:'一之日觱發。'傳曰:'觱發,風寒也。'按:觱發皆假借字,滭泼乃本字。"參"泼"條。

泼 一之日滭泼[1]。从仌,犮聲。　分勿切(fú)。

【譯文】泼,(周曆)正月風寒冷。从仌,犮聲。

【注釋】① 一之日句:見《詩・豳風・七月》。今本"滭泼"作"觱發"。一之日,周曆正月。周建子,夏建寅,所以周曆正月即夏曆十一月。參"滭"條。

溧 寒也。从仌,栗聲。[1]　力質切(lì)。

【譯文】溧,寒氣(凜溧)。从仌,栗聲。

【注釋】① 溧:徐鍇《繫傳》:"寒使人戰栗也。"

瀨 寒也。从仌,賴聲。　洛帶切(lài)。

【譯文】瀨,寒冷。从仌,賴聲。

文十七　重三

雨部

雨 水从雲下也。一象天,冂象雲,水[1]霝[2]其間也。凡雨之屬皆从雨。,古文[3]。　王矩切(yǔ)。

【譯文】雨,水从雲中降下。一象天,冂象雲,(⺘)象水从天空雲彩間滴落下來。大凡雨的部屬都从雨。,古文雨字。

【注釋】① 水:《段注》:"⺘者,水字也。"　② 霝:本書:"霝,雨零也。"參"霝"條。　③ 古文:饒炯《部首訂》:"古文但象雲、及雨从上而降也。"

【參證】甲骨文作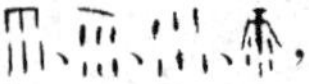,金文作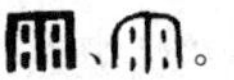。商承祚《說文中之古文考》:"。初體祇是畫雨點與雨綫,多寡任意。後加整齊,再由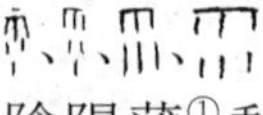(甲骨文)進而成今體矣。"

靁 陰陽薄[1]動靁雨,生物者[2]也。从雨,畾象回轉形。,古文靁。,古文靁。,籒文。靁間有回[3];回,靁聲也。

魯回切(léi)。

【譯文】靁,陰氣陽氣迫擊運動而産生靁雨,靁雨是使萬物滋生的東西。从雨,畾象雷的回旋轉動的形狀。靁,古文靁字。䨻,古文靁字。靐,籀文靁字。靁中間有回字;回,象靁的聲波。

【注釋】① 薄:《段注》:"薄音博,迫也。陰陽迫動,即謂靁也。"
② 生物者:《易・解卦》:"天地解而雷雨作,雷雨作而百果草木皆甲坼。" ③ 靁間有回:徐灝《段注箋》:"(回)蓋取靁聲盤旋回轉之意。"

【參證】甲文作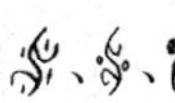,金文作。于省吾《殷契駢枝》三編:"乃靁之初文。""从實點與从虛廓一也。""从O與从田一也。""田形中間之横竪畫乃文飾,無意義之可言。""中从ㄘ、ㄹ、X,即§形之譌變。"(隸定爲申)。"(申)即電之初文。""電者靁之形,其从點者,象雨滴形。靁之聲無可象,加點所以别于申。本爲會意字。其从O者與从點義同,其从ㅂ者乃變體,其从畾者金文孳乳爲䨻,因而譌爲从申䨻聲之形聲字。"按:小篆增雨爲形符,而又省䨻爲畾,遂作靁,後世又省畾作田,即今之雷。

 霣 雨[①]也。齊人謂靁爲霣。从雨,員聲。一曰:雲轉起也。䨶,古[②]文霣。 于敏切(yǔn)。

【譯文】霣,下雨。齊人叫靁作霣。从雨,員聲。另一義説,雲旋轉而起。䨶,古文霣字。

【注釋】① 雨:于鬯《職墨》:"是雨者,自上而下之謂也。""此訓雨者,動字也。" ② 古:《段注》:"古當作籀。員下云:'籀文作鼏。'鼎下云:'籀文以鼎爲貝。'"

 霆 雷餘聲也鈴鈴[①]。所以挺出萬物。从雨,廷聲。 特丁切(tíng)。

【譯文】霆,雷的餘聲鈴鈴地響。是用以使萬物挺生而出的東西。从雨,廷聲。

【注釋】① 鈴鈴:王筠《句讀》:"鈴鈴,所以狀其聲也。"又,"《釋天》:'疾雷爲霆(霓)。'郭注:'雷之急擊者,謂霹靂。'郭注霹靂之説,許君以之説震。"《段注》"電"下:"震、雷一也,電、霆一也。""許意則統言之謂之雷。自其振物言之謂之震,自其餘聲言之謂之霆,自其光耀言之謂之電。”故雷震、雷霆、雷電,分而言之,一而三也;合而言之,三而一也。

霅

霅霅①,震電皃。一曰:衆言也。从雨,讋②省聲。　丈甲切(zhá)。

【譯文】霅,霅霅。疾雷閃電(交作)的樣子。另一義説,霅是衆多的言語。从雨,讋省聲。

【注釋】① 霅霅:《段注》:“聲光襍沓之皃。”　② 讋(tà):疾言也。見言部。《段注》:“霅以爲聲,或訓霅爲‘衆言’,則是从言从雨會意矣。”存參。

電

陰陽激燿也①。从雨,从申②。,古文電。　堂練切(diàn)。

【譯文】電,陰氣和陽氣彼此衝擊而飛濺出來的光耀。由雨、由申會意。𩂣,古文電字。

【注釋】① 陰陽句:王筠《句讀》:“謂陰陽相激而有燿也。”　② 从申:徐灝《段注箋》:“虫部虹籀文作,云:‘从申;申,電也。’蓋象電光激射之形,變體作,小篆又變爲。”王筠《句讀》:“知申是古電字,電則後起之分別文。”宋保《諧聲補逸》:“申亦聲。”

【參證】金文作。田倩君《中國文字叢釋·釋電雷神》:“古電字祇作申(王筠説),至周朝始加雨旁。”商承祚《甲骨文字研究》下編:“電生于無形,且可殺人,故神字从之。”參“神”條。

①
震

劈歷②,振物者。从雨,辰聲③。《春秋傳》④曰:“震夷伯之廟。”⑤,籀文震。　章刃切(zhèn)。

【譯文】震,霹靂,使萬物振動的疾雷。从雨,辰聲。《春秋左傳》説:“疾雷擊中(魯國臣子)夷伯的廟宇。”𩆸,籀文震字。

【注釋】① 震:《釋名·釋天》:“震,戰也。所擊輒破,若攻戰也。又曰辟歷。辟,析也;所歷皆破析也。”存參。　② 劈歷:《段注》:“疾雷之名。”“古謂之霆,許謂之震。”《釋天》郭注:“雷之急擊者謂霹靂。”　③ 辰聲:聲中有義。參“辰”條。　④《春秋傳》:指《左傳·僖公十五年》。　⑤ 𩆸:朱駿聲《通訓定聲》:“从雨、从云、从二爻、从鬲、从二火會意。”王筠《釋例》：“从火者，雷出地時有火光，如鳥槍然。从鬲者，陽烝陰迫如鼎沸也。从爻者，劈歷所震物被其虐，離披散亂之狀也。火爻皆二，取其整齊緐縟耳。”

䨮　凝雨①，說物者②。从雨，彗聲③。　相絶切(xuě)。

【譯文】䨮，用雨凝結成的顆粒，使萬物喜悦的東西。从雨，彗聲。

【注釋】① 凝雨：凝之以雨。《釋名·釋天》：“雪，綏也。水下遇寒氣而凝，綏綏然也。”　② 說(yuè)物者：《段注》：“說，今之悦字。物無不喜雪者。”徐鍇《繫傳》：“雪之著物，積久而不流，其浸潤深，以解說物也。”　③ 彗聲：聲中有義。朱駿聲《通訓定聲》：“雨而可彗埽者，雪也。”

【參證】甲文作□、□。唐蘭《殷虚文字記》：“(□)即小篆彗字。”“䨮者，彗之孳乳字也。”林義光《文源》卷八：“按：从雨从彗。彗者可以掃也。”按：彗是比況之詞。大雪象掃帚掃除污濁一樣使大地乾淨。按：今經傳作“雪”。

霄　雨①霓②爲霄。从雨，肖聲。齊語③也。　相邀切(xiāo)。

【譯文】霄，下雪珠兒叫作霄。从雨，肖聲。是齊地方言。

【注釋】① 雨(yù)：《段注》：“猶零(luò，下雨)也。”　② 霓(xiàn)：王筠《句讀》：“霄霓一物二名。”《釋名·釋天》：“霰(霓)，星也。水雪相摶如星而散也。”參“霰”條。　③ 齊語：傅雲龍《古語考補正》：“閩俗謂之米雪。”

霰　稷雪①也。从雨，散聲②。霓，霰或从見③。　穌甸切(xiàn)。

【譯文】霰，象小米顆粒一般的雪。从雨，散聲。霓，霰的或體，从見聲。

【注釋】① 稷雪：《段注》：“謂雪之如稷者。俗謂米雪，或謂粒雪，皆是也。”　② 散聲：散同散，聲中有義。張舜徽《約注》：“蓋霰之言散也，謂其形小自上分散也。”　③ 从見：《段注》：“見聲。”宋保《諧聲補逸》：“散、見同部，聲相近。”

雹　雨冰①也。从雨，包聲。□②，古文雹。　蒲角切(báo)。

【譯文】雹，(從天空)降下的冰團。从雨，包聲。□，古文雹字。

【注釋】① 雨(yù)冰：《段注》：“雨仌(冰)謂自上而下之仌(冰)也。”

② 靁：朱駿聲《通訓定聲》："从雨，晶象形。"王筠《句讀》："象星形，亦象雹形者，外圓則同，星之·以象其精光；雹之·以象其内有空也。"《段注》："象其磊磊之形。"

【參證】胡厚宣《殷代的冰雹》(《史學月刊》一九八〇年第三期)："古文靁"，"自然爲雹之本字。後來靁字發展爲形聲，才别作一从雨包聲的雹字。"

霝　雨零[①]也。从雨，吅象雺形[②]。《詩》[③]曰："霝雨其濛。"　郎丁切(líng)。

【譯文】霝，雨降下。从雨，吅象(雨點)降落的樣子。《詩經》説："下雨下得那麽迷迷濛濛。"

【注釋】① 零：《段注》作"雺(luò)"。存參。　② 吅象句：王筠《句讀》："吅非字而出之者，爲其嫌於品字也。""象"後補有"雨"字。③《詩》：指《豳風·東山》。今本"霝"作"零"。

【參證】甲文作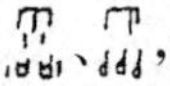，金文作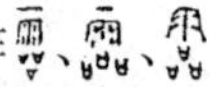。李孝定《甲骨文字集釋》："从者，正象雺形(象雨滴形)。"

雺[①]　雨零也。从雨，各聲。　盧各切(luò)。

【譯文】雺，雨降落。从雨，各聲。

【注釋】① 雺：《段注》："此下雨本字，今則落行而雺廢矣。"

【參證】甲文作。李孝定《甲骨文字集釋》第十一："从雨，各聲。與小篆同。"

零　餘雨[①]也。从雨，令聲。　郎丁切(líng)。

【譯文】零，徐徐而下的雨。从雨，令聲。

【注釋】① 餘雨：當依《段注》"餘"作"徐"。段注："(徐雨)謂徐徐而下之雨。"一説，餘雨是零零星星的雨。王筠《句讀》："竊以今語謂餘曰零，或沿古語，故不改。"存參。

霹　小雨財雺[①]也。从雨，鮮聲。讀若斯[②]。　息移切(sī)。

【譯文】霹，小雨才落。从雨，鮮聲。音讀象"斯"字。

【注釋】① 財雺：《段注》："財當作才，取初始之義。今字作纔。"參"雺"條。　② 讀若斯：馬敘倫《六書疏證》卷二十二引劉秀生曰："鮮斯聲同心紐。"

霢

霢霂[①]，小雨也。从雨，脈聲。　莫獲切(mài)。

【譯文】霢，霢霂，小雨。从雨，脈聲。

【注釋】① 霢霂：朱駿聲《通訓定聲》："霢霂，雙聲連語。聲之舒緩即曰溟濛也。"

霂

霢霂[①]也。从雨，沐聲。　莫卜切(mù)。

【譯文】霂，霢霂。从雨，沐聲。

【注釋】① 霢霂：參"霢"條。

霰

小雨也。从雨，酸聲。　素官切(suān)。

【譯文】霰，小雨。从雨，酸聲。

霙

微雨也。从雨，𢦔聲。又讀若芟[①]。　子廉切(jiān)。

【譯文】霙，細雨。从雨，𢦔聲。又，音讀象"芟"字。

【注釋】① 又讀若芟：《段注》："謂讀若𢦔(jiān)矣，又讀若芟(shān)也。"馬敘倫《六書疏證》卷二十二引劉秀生曰："戈部：'𢦔，讀若咸。一曰：讀若《詩》攕攕女手。'在精紐。芟从殳得聲，古在心紐。精心同齒音。"

霊

小雨也。从雨，眾聲。《明堂月令》[①]曰："霊雨。"　職戎切(zhōng)。

【譯文】霊，小雨。从雨，眾聲。《明堂月令》說："久雨(早降)。"

【注釋】①《明堂月令》：指《禮記·月令》。今本"霊"作"淫"。鄭玄注："(淫雨)，霖雨(久雨)。"張舜徽《約注》："凡大雨皆不能久，即《老子》所謂'驟雨不終日'也。惟小雨斯能持久，久雨即淫雨、霖雨之謂矣。許以雨訓霊，與《月令》所云淫雨，義實相成。"

霃

久陰也。从雨，沈聲。　直深切(chén)。

【譯文】霃，久陰。从雨，沈聲。

霝[①]

久雨也。从雨，兼聲。　力鹽切(lián)。

【譯文】霝，久雨。从雨，兼聲。

【注釋】① 霝：《段注》："霝之言連也。"指接連不斷的雨。

霒

久雨也。从雨，函聲。　胡男切(hán)。

【譯文】霒，久雨。从雨，函聲。

霖 雨三日已往①。从雨，林聲。　力尋切（lín）。

【譯文】霖，下雨三天以上。从雨，林聲。

【注釋】① 雨三句：《段注》：“‘已’當作‘以’。自三日以往，謂雨三日又不止，不定其日數也。”

【參證】甲文作。戴家祥《金文大字典》：“（妾子蚉壺霖流霶）許慎所釋可从。”按：甲文與篆文同，金文略有變異。

霥① 霖雨也。南陽②謂霖霥。从雨，㐺聲③。　銀箴切（yín）。

【譯文】霥，久雨。南陽地方叫霖（雨）作霥。从雨，㐺聲。

【注釋】① 霥：王筠《句讀》：“經典皆借淫字爲之。”《爾雅·釋天》：“久雨謂之淫，淫謂之霖。”　② 南陽：《漢書·地理志》有南陽郡。故治在今河南南陽市。　③ 㐺聲：聲中有義。《段注》：“㐺者，衆立也。故雨多取之。”

霣 雨聲。从雨，真聲。讀若資①。　即夷切（zī）。

【譯文】霣，雨聲。从雨，真聲。音讀象“資”字。

【注釋】① 讀若資：馬叙倫《六書疏證》卷二十二引劉秀生曰：“真聲在精紐；資从次聲，亦在精紐。”“霣聲真類，資聲脂類，脂真對轉。”

霸 雨皃。方語①也。从雨，禹聲。讀若禹②。　王矩切（yǔ）。

【譯文】霸，雨的樣子。是北方話。从雨，禹聲。音讀象“禹”字。

【注釋】① 方語：《段注》：“‘方’上蓋奪‘北’字。”《集韻·姥韻》：“北方謂雨曰霸。吕静説。”　② 禹：徐鍇《繫傳》“禹”作“瑀”。

【參證】楊樹達《文字形義學》：“雨與禹古音同在模部，二字音同。霸與雨音義並同，實一字也。霸加聲旁禹耳。”

霰① 小雨也。从雨，僉聲。　子廉切（jiān）。

【譯文】霰，小雨。从雨，僉聲。

【注釋】① 霰：王筠《句讀》：“與上文霙音義皆同。”

霑 雨霱也。从雨，沾聲。　張廉切（zhān）。

【譯文】霑，雨水浸潤。从雨，沾聲。

霱① 濡也。从雨，染聲②。　而琰切（rǎn）。

【譯文】霱，沾濕。从雨，染聲。

【注釋】① 霱：《段注》：“今人多用霑染、濡染，染行而霱廢矣。染者以繒染爲色。”　② 染聲：聲中有義。表比況。象以繒染色一樣漸次浸漬叫霡。

霤① 屋水流也。从雨，留聲。　力救切(liù)。

霤 【譯文】霤，屋檐水下流(的地方)。从雨，留聲。

【注釋】① 霤：《釋名・釋宮室》：“霤，流也。水从屋上流下也。”徐鍇《繫傳》：“(霤)屋檐滴處。”

扇① 屋穿水下也。从雨在尸下。尸[2]者，屋也。　盧后切(lòu)。

扇 【譯文】扇，屋穿孔雨水由孔而下。由“雨”在“尸”下會意。尸，表示屋。

【注釋】① 扇：《段注》：“今字作漏，漏行而扇廢矣。漏者，以銅受水刻節也。”參“漏”條。　② 尸：本書尸部屋下：“(尸)象屋形。”

霏① 雨濡革也。从雨，从革。讀若膊。　匹各切(pó/gé)[2]。

霏 【譯文】霏，雨沾濕皮革(而隆起)。由雨、由革會意。音讀象“膊”字。

【注釋】① 霏：《段注》：“雨濡革則虛起。”　② 今讀依《廣韻》古核切。

【參證】金文作，義如霸。

霽 雨止[1]也。从雨，齊聲。　子計切(jì)。

霽 【譯文】霽，雨停止。从雨，齊聲。

【注釋】① 雨止：《爾雅注》：“今南陽人呼雨止爲霽也。”

【參證】甲文作、。周慶雲《夢波室獲古叢編・周伯霽敦器》：“鄒適廬曰：从雨从。，古齊字。”按：甲文與此同。于省吾《甲骨文字釋林・釋霋》：“甲骨文早期霽字作。”

霋① 霽謂之霋。从雨，妻聲。　七稽切(qī)。

霋 【譯文】霋，雨停止叫作霋。从雨，妻聲。

【注釋】① 霋：朱駿聲《通訓定聲》：“當爲霽之或體。”

【參證】甲文作。于省吾《甲骨文字釋林・釋霋》認同朱駿聲說。

霩① 雨止雲罷皃。从雨，郭聲。　苦郭切(kuò)。

霩 【譯文】霩，雨停止雲散去的樣子。从雨，郭聲。

【注釋】① 霩：徐鉉注：“今別作廓。”

露 潤澤[1]也。从雨，路聲。　洛故切(lù)。

露 【譯文】露，(用來)滋潤(萬物的東西)。从雨，路聲。

【注釋】① 潤澤：王筠《句讀》："當云'所以潤澤萬物者也'。"潤澤，同義連用。

霜 喪①也。成物②者。从雨，相聲。 所莊切(shuāng)。

霜 【譯文】霜，(使萬物)喪失的東西。也是成就萬物的東西。从雨，相聲。

【注釋】① 喪：《段注》："以疊韻爲訓。""霜降而收縮萬物。"《釋名·釋天》："霜，喪也。其氣慘毒，物皆喪也。" ② 成物：王筠《句讀》引《京房氣候》："霜成就萬物。"張舜徽《約注》："夫春生夏長，至秋而收。古人論及歲功，至秋而止，要皆以農事爲準。""喪與成，似相反而實相成。"

霚① 地气發，天不應。从雨②，敄聲。雺③，籒文省。 亡遇切(wù)。

霚 【譯文】霚，地氣蒸發，天不應和。从雨，敄聲。雺，籒文霚字，是霚的省略。

【注釋】① 霚：今霧字。 ② 从雨：《段注》："亦雨之類也，故从雨。地氣發而天應之則雨矣。" ③ 雺：張舜徽《約注》："霚从敄聲，敄从矛聲，故籒文直省作雺。"

霾 風雨土①也。从雨，貍聲。《詩》②曰："終風且霾。" 莫皆切(mái)。

霾 【譯文】霾，刮着風而又象下雨一樣落下塵土。从雨，貍聲。《詩經》說："既刮着風又落下塵土。"

【注釋】① 風雨土：《爾雅·釋天》："風而雨土爲霾。"邢昺疏引孫炎說："大風揚塵土從上下也。" ②《詩》：指《邶風·終風》。

霿① 天气下，地不應，曰霿。霿，晦②也。从雨，瞀聲。 莫弄切(mèng/méng)③。

霿 【譯文】霿，天氣下降，地不應和，叫霿。霿，就是日月看不見的意思。从雨，瞀聲。

【注釋】① 霿：《段注》："《釋名》作蒙。……《釋名》曰：'蒙，日光不明蒙蒙然也。'《開元占經》郗萌曰：'在天爲濛，在人爲霧；日月不見爲濛，前後人不相見爲霧。'……許以霿系天气，以霚系地气，亦分別井然。大氏霰下霧上，霰濕霧乾。”　② 晦：《段注》：“晦本訓月盡，引申爲日月不見之偁。”　③ 今讀依《廣韻》莫紅切。

霓[1] 屈虹[2]，青赤，或白色，陰气[3]也。从雨[4]，兒聲。　五雞切(ní)。

【譯文】霓，彎曲的虹，青赤色，有的是白色。是陰氣形成的。从雨，兒聲。

【注釋】① 霓：朱駿聲《通訓定聲》：“雨與日相薄而成光。有雌雄：鮮者爲雄虹，闇者爲雌霓。”按：析言有分，渾言不别。　② 屈虹：《段注》：“許意詘曲之虹，多青赤，或有白者，皆謂之霓。”　③ 陰气：桂馥《義證》：“《春秋元命包》：‘虹霓者，陰陽之精。’”　④ 从雨：《段注》：“將雨之兆，故从雨。”

霸 寒也。从雨，執聲。或曰：早霜。讀若《春秋傳》[1]“墊阨”。　都念切(diàn)。

【譯文】霸，寒冷。从雨，執聲。另一義説，是早降的霜。音讀象《春秋左傳》“墊阨”的“墊”。

【注釋】①《春秋傳》：《段注》：“成六年、襄九年、廿五年皆云‘墊隘’。阨者，陒之隸變，陒、隘古通用。”楊伯峻注：“《左傳》凡三用‘墊隘’一詞，均可解爲羸弱。”

雩[1] 夏祭，樂于赤帝[2]，以祈甘雨也。从雨，于聲[3]。⿱羽于，或从羽。雩，羽舞[4]也。　羽俱切(yú)。

【譯文】雩，夏天的祭祀，對着赤帝跳舞，用來祈求甜美的雨。从雨，于聲。⿱羽于，雩的或體，从羽。雩，舉着羽毛跳舞。

【注釋】① 雩：朱駿聲《通訓定聲》：“《公羊桓五傳》：‘大雩者何？旱祭也。’注：‘使童男女各八人舞而呼雨，故謂之雩。’”　② 樂于赤帝：樂，王筠《句讀》：“樂謂舞也。舛部：‘舞，樂也。’”赤帝，桂馥《義證》引《五經通義》：“天神之大者曰昊天上帝，其佐曰五帝。南方赤帝，赤熛怒。”　③ 从雨，于聲：《段注》：“以祈甘雨，故字从雨。以于嗟(吁嗟)而求，故从于。”　④ 羽舞：《段注》：“説从羽之意。”

【參證】甲文作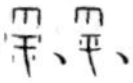，金文作。李孝定《甲骨文字集釋》第十一：“(契文)从雨从于與小篆同。當爲雩字無疑。”

需　頻[1]也。遇雨不進，止頻也。从雨，而聲[2]。《易》[3]曰："雲上於天，需。"　相俞切(xū)。

【譯文】需，等待。遇着雨，不前進，停在那裏等待。从雨，而聲。《易經》説："雲上升到天頂，是需卦卦象的含義。"

【注釋】① 頻(xū)：《段注》："頻者，待也。以疊韻爲訓。"　② 而聲：張舜徽《約注》："由日紐轉入心紐之例。"存參。　③《易》：指《需卦・象傳》。《段注》："雲上于天者，雨之兆也。宋衷曰：雲上于天，需時而降雨。"

【參證】金文作。按：其首字下似爲天字。待考。

䨙　水音[1]也。从雨，羽聲。　王矩切(yǔ/yù)[2]。

【譯文】䨙，流水的聲音。从雨，羽聲。

【注釋】① 水音：《段注》："此當謂流水之音耳。"　② 今讀依《廣韻》王遇切。

【參證】甲文作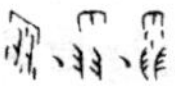。唐蘭《殷虚文字記》："右䨙字，即小篆霻字。於卜辭當爲从雨羽聲。"

文四十七　重十一

霞[1]　赤雲气[2]也。从雨，叚聲[3]。　胡加切(xiá)。

【譯文】霞，太陽旁邊赤紅之類的雲氣。从雨，叚聲。

【注釋】① 霞：《鄭新附考》："前漢《揚雄傳》'吸清雲之流瑕'小顔注：'瑕謂日旁赤氣也。'《文選・甘泉賦》李注：'霞與瑕古字通。'知古作瑕。《説文》：'瑕，赤小玉也。'日旁赤氣，其引申之義。俗别作赮。"　② 赤雲气：照上注顔師古注譯。此日旁赤雲氣多在日出、日落前後出現，故又引申指此刻之彩雲。　③ 叚聲：《段注》"騢"下："凡叚聲多有紅義。"後世叚之義之字形不顯豁，又加赤作赮；赤雲作霞；赤小玉作瑕；赤白雜毛之馬作騢；因蝦略有紅色，或以象蟲而作蝦，或以爲魚類而作鰕。參"赮"條。

霏[1]　雨雪皃。从雨，非聲。　芳非切(fēi)。

【譯文】霏，雨雪的樣子。从雨，非聲。

【注釋】① 霏：單字成義，雨雪皃。《詩・邶風・北風》："北風其喈，雨雪其霏。”又,多用疊音,霏霏,雨雪盛大皃。《詩・小雅・采薇》:“今我來思,雨雪霏霏。”《鄭新附考》:“亦可以皃雲。”“亦可以狀他事。”

霎[①] 小雨[②]也。从雨,妾聲。　山洽切(shà)。

【譯文】霎,小雨。从雨,妾聲。

【注釋】① 霎:《段注》:“霎即霅(zhá)之俗字。”“馬融《廣成頌》:‘霅爾雹落。’霅音素洽反。今俗語云霎時間。”按:霅(zhá)本義爲雷電交作皃。雷電交作,往往來勢迅猛,片刻發生,故引申爲霅時,音轉爲霎(shā)。　② 小雨:單字用義,暫不見書證。唯疊音霎霎,可狀雨聲。韓偓《夏夜》:“猛風飄電黑雲生,霎霎高林簇雨聲。”

霸 黮霸[①],雲黑皃。从雨,對聲。　徒對切(duì)。

【譯文】霸,黮(dǎn)霸的霸,(黮霸是)雲黑的樣子。从雨,對聲。

【注釋】① 黮霸:雙聲連緜字。《文選・何晏〈景福殿賦〉》:“緜蠻黮霸,隨雲融池。”李善注:“(黮霸)黑皃。”黑是狀下句的雲,故徐鉉説“雲黑皃”。

靄[①] 雲皃。从雨,藹省聲[②]。　於蓋切(ǎi)。

【譯文】靄,雲霓繁盛的樣子。从雨,藹省艸爲聲。

【注釋】① 靄:《段注》“藹,蓋也”下:“今人靄字當用此。”徐灝《箋》“藹”下:“《廣雅》:‘藹藹,盛也。’又按艸部有藹字,从艸,渴聲。與此同體。”朱駿聲《通訓定聲》“藹”下:“薈也。从艸,謁聲。”藹、藹言艸木茂盛,其狀如蓋,移以言雲,故曰雲皃。後以雲雨連類,故換艸頭爲雨頭,遂有靄字。　② 藹省聲:按上述徐、朱之説,應是从艸,謁聲。藹不只省艸爲聲,而且也會意,表比況,雲雨象草藹如蓋皃。《説文》:“藹,臣盡力之美。从言,葛聲。”或是另有从言、葛聲之字,與从艸謁聲之字同形。

文五　新附

雲部

雲 山川气也。从雨,云象雲回轉形。凡雲之屬皆从雲。云[①],古文省雨。[②],亦古文雲。　王分切(yún)。

【譯文】雲，山河升騰之氣。从雨，云象雲彩回旋轉動的形狀。大凡雲的部屬都从雲。云，古文雲字，由"雲"省去"雨"。，也是古文雲字。

【注釋】① ：《段注》："古文上無雨，非省也。，蓋上字，()象自下回轉而上也。"　② ：王筠《釋例》："所謂畫成其物，隨體詰屈者，其本生於地，其象著於天，故下鋭而上廣也。此乃足象回轉形。漸而作字者講結構整齊，遂倒轉字，又斷其兩曲以爲'二'字(即段所云"二")。……借爲'云曰'，乃加'雨'别之。"

【參證】甲文作、、、。楊樹達《增訂積微居小學金石論叢·説云》："爲最初古文，純象回轉形。，段君云'从古文上，象自下回轉而上'，是也。雲則加義旁之後起字矣。"

[1] 霒 雲覆日[2]也。从雲，今聲。，古文或省[3]。，亦古文霒。於今切(yīn)。

【譯文】霒，雲遮蓋着太陽。从雲，今聲。侌，古文霒，是霒的或體，霒省去雨。，也是古文霒字。

【注釋】① 霒：今作陰。　② 雲覆日：徐灝《段注箋》："雲翳日而侌也。引申之，凡日光所不到者皆爲侌。"　③ 省：《段注》："古文雲本無雨耳，非省也。"

【參證】于省吾《甲骨文字釋林》中卷《釋雂》："第一期甲骨文雂字習見，作或。""雂字从，即今字的省體。""甲骨文以雂爲天氣陰晴之陰，不作雉鳥字用。""霒爲後起字。所以从隹(與鳥同用)，是由於某種鳥鳴預示天氣將變的緣故。"

文二　重四

魚部

魚 水蟲[1]也。象形。魚尾與燕尾相似[2]。凡魚之屬从魚。語居切(yú)。

【譯文】魚，水中的動物。象魚的形狀。篆文魚字的尾形與燕字的尾形相像。大凡魚的部屬都从魚。

【注釋】① 蟲：本書蟲部："有足謂之蟲。"這裏泛指動物。 ② 魚尾句：篆文魚尾作。王筠《句讀》："恐人疑爲从火()也。角下云：'角與刀魚相似。'則恐人疑从刀也。"

【參證】甲文作、、，金文作、，金文末字近於篆文。

鰖 魚子已生者①。从魚，憜省聲②。，籒文③。 徒果切(duò)。

【譯文】鰖，已經孵化出來的魚苗。从魚，憜省聲。䲊，籒文鰖字。

【注釋】① 魚子句："已生者"是後置定語。魚子，即魚苗。《段注》："謂魚卵生於水艸間初孚有魚形者。" ② 憜省聲：段桂王朱均作"隋聲"。段説："肉部有隋字。" ③ 䲊，籒文：从魚，陸省聲。《段注》："从籒文陸字而省一左也。"

鮞 魚子①也。一曰：魚之美者，東海之鮞②。从魚，而聲。讀若而。 如之切(ér)。

【譯文】鮞，細魚。另一義説，魚中美味的可口的，是東海出産的鮞。从魚，而聲。音讀象"而"字。

【注釋】① 魚子：《段注》："謂成細魚者。凡細者偁子。" ② 魚之句：《段注》："見《吕覽·本味篇》伊尹語。高注曰：'鮞，魚名也。'"

鮭① 魚也。从魚，去聲。 去魚切(qū)。

【譯文】鮭，魚名。从魚，去聲。

【注釋】① 鮭：《廣韻·魚韻》："鮭，比目魚。"

魶① 魚。似鼈，無甲，有尾，無足，口在腹下。从魚，納聲。 奴荅切(nà)。

【譯文】魶，魚名。象水魚，沒有鱗甲，有尾巴，沒有腳，口在腹部下面。从魚，納聲。

【注釋】① 魶：《古今圖書集成·博物彙編·禽蟲典》卷一百四十八引《直省志書》："魟(hóng)魚一名魶魚。"

鰨 虛鰨①也。从魚，㬰聲。 土盍切(tǎ)。

【譯文】鰨，虛鰨。从魚，㬰聲。

【注釋】① 虛鰨：朱駿聲《通訓定聲》："比目魚也。一名鮭。鮭即《史記》鱸也。"

鱒 赤目魚。从魚，尊聲。 慈損切（zùn/zūn）。

【譯文】鱒，紅眼魚。从魚，尊聲。

鰲 魚也。从魚，粦聲。 力珍切（lín）。

【譯文】鰲，魚名。从魚，粦聲。

鰫[①] 魚也。从魚，容聲。 余封切（yōng）。

【譯文】鰫，魚名。从魚，容聲。

【注釋】① 鰫：後作鱅。鰫魚即黑鰱魚。《集韻・鍾韻》："鰫，似鰱而黑。"

鰭[①] 魚也。从魚，胥聲。 相居切（xū）。

【譯文】鰭，魚名。从魚，胥聲。

【注釋】① 鰭：桂馥《義證》："《北山經》：'滑水，其中多滑魚，其狀如鱓（shàn，鱔），赤背，其音如梧。'注作鰭。"存參。

鮪[①] 鮥[②]也。《周禮》[③]："春獻王鮪。"从魚，有聲。 榮美切（wěi）。

【譯文】鮪，鱘魚。《周禮》説："春天貢獻大鱘魚。"从魚，有聲。

【注釋】① 鮪：《段注》："即今之鱘魚也。" ② 鮥（luò）：承培元《引經證例》："大曰鮪，小曰鮥也。"按：以鮥訓鮪，渾言不别。
③《周禮》：指《天官・𩟊人》。王鮪，張舜徽《約注》："鄭注云：'王鮪，鮪之大者。'凡物之大者，皆可被以王名。"

鮔 鯍[①]也。《周禮》謂之鮔[②]。从魚，恆聲。 古恆切（gēng/gèng）[③]。

【譯文】鮔，鮔鯍。《周禮》叫它作鮔。从魚，恆聲。

【注釋】① 鯍（méng）：連篆爲讀。鮔鯍，又作鮔鱛，聯緜詞。《本草綱目・鱗部・鱘魚》："鱘魚，鱏魚，鮪魚，王鮪。時珍曰：李奇《漢書》注云：'周洛曰鮪，蜀曰鮔鱛。'"參"鮪"條。 ②《周禮》句：張舜徽《約注》："鈕樹玉曰：'《周禮》並無鮔字。'疑本作'《周禮》謂之鮪'。" ③ 今讀依《廣韻》古鄧切。

鯍[①] 鮔鯍也。从魚，巟聲。 武登切（méng）。

【譯文】鯍，鮔鯍。从魚，巟聲。

【注釋】① 鯍：參"鮔"條。《段注》："（當）讀如茫（上古屬陽部）。音轉入蒸登部,而字形亦改爲鱛矣。”存參。

叔鮪①也。从魚,各聲。　盧各切(luò)。

鮥　【譯文】鮥,小鱘魚。从魚,各聲。

【注釋】① 叔鮪:《段注》:“鮪之小者也。”張舜徽《約注》:“叔者,少之借字,少即小也,故物之小者亦稱叔。”參“鮪”條。

①　魚也。从魚,系聲②。　古本切(gǔn)。

鯀　【譯文】鯀,魚名。从魚,系聲。

【注釋】① 鯀:《段注》:“此未詳爲何魚。”徐鍇《繫傳》:“即禹父名也。”　② 系聲:徐鉉注:“系非聲,疑从孫省。”

【參證】金文作[illegible]、[illegible]。唐蘭《略論西周微史家族窖藏銅器羣的重要意義》(《文物》一九七八年第三期):“鯀字象用繩索繫大魚,此从又,象用手牽。《説文》从魚系聲,古當讀如鷄,轉聲如滚。”

①　魚也。从魚,眔聲②。　古頑切(guān)。

鰥　【譯文】鰥,魚名。从魚,眔聲。

【注釋】① 鰥:即鰔魚。《本草綱目·鱗部·鰔魚》:“鰔(gǎn),敢也。其性獨行,故曰鰥。”因謂獨處無匹者爲鰥,古時妻稱寡,鰥專謂夫矣。　② 眔聲:徐鉉引李陽冰説:“當从罤(kūn)省。”按:鰥、罤上古同屬文部。

【參證】金文作[illegible]、[illegible]。戴家祥《金文大字典》:“从眔从魚,即鰥的偏旁移位字。”臧克和《釋鰥》(《文學人類學論叢》第二輯):“‘鰥寡’很早就是古成語,都是表示‘獨’的語義,北方方言稱上了年紀而仍未娶妻者爲‘光棍’(方言記音者以此爲“古本字”)其實該詞形本字就應記作‘鰥’,或者説,‘光棍’不過是鰥音節的緩讀。”

鱣①也。从魚,里聲。　良止切(lǐ)。

鯉　【譯文】鯉,鯉魚。从魚,里聲。

【注釋】① 鱣:《段注》:“凡鯉曰鯉,大鯉曰鱣。”按:以鱣釋鯉,渾言不別。

①　鯉也。从魚,亶聲。[illegible]②,籒文鱣。　張連切(zhān)。

鱣　【譯文】鱣,(大)鯉魚。从魚,亶聲。[illegible],籒文鱣字。

【注釋】① 鱣:參“鯉”條。一説,鱣是鱘魚的古稱。　② [illegible]:朱駿聲《通訓定聲》："籀文从魚、蟺聲。"

鱄① 魚也。从魚，專聲。　旨兗切(zhuǎn/zhuān)②。

鱄 【譯文】鱄，魚名。从魚，專聲。

【注釋】① 鱄：《段注》："《吕覽》曰：'魚之美者，洞庭之鱄。'《山海經》曰：'鱄魚其狀如鮒(鯽)而彘尾。'"　② 今讀依《廣韻》職緣切。

鮦① 魚名。从魚，同聲。一曰② 鱶也。讀若絝襱③。　直隴切(zhòng/tóng)④。

鮦 【譯文】鮦，魚名。从魚，同聲。另一名叫作鱶(lǐ)。音讀象絝襱的"襱"字。

【注釋】① 鮦：朱駿聲《通訓定聲》："蘇俗謂之黑魚。"張舜徽《約注》："湖湘間又稱柴魚，謂其形圓而長似木枝也。"　② 一曰：《段注》"此一曰猶今言一名也。許書一字異義言一曰，一物異名亦言一曰，不嫌同辭也。"　③ 絝(kù)襱(lóng)：褌腳管。　④ 今讀依《廣韻》徒紅切。

鱶① 鮦②也。从魚，蠡聲。　盧啟切(lǐ)。

鱶 【譯文】鱶，黑魚。从魚，蠡聲。

【注釋】① 鱶：桂馥《義證》引戴侗說："鱶，魚之摯者，鱗黑駁首，左右各有竅如七星。雌雄相隨，將子啖食衆魚。"俗又稱七星魚。
② 鮦：參"鮦"條。

鱋① 魚名。一名鯉，一名鰜。从魚，婁聲。　洛侯切(lóu)。

鱋 【譯文】鱋，魚名。又叫鯉，又叫鰜。从魚，婁聲。

【注釋】① 鱋：桂馥《義證》引《玉篇》："鱋，大青魚。"

鰜① 魚名。从魚，兼聲。　古甛切(jiān/qiàn)②。

鰜 【譯文】鰜，魚名。从魚，兼聲。

【注釋】① 鰜：大青魚。徐鍇《繫傳》說解作"鱋也"。《段注》引《類篇》說："鰜魚，大而青。"參"鱋"條。　② 今讀依《集韻》詰念切。

鯈① 魚名。从魚，攸聲。　直由切(chóu/tiáo)②。

鯈 【譯文】鯈，魚名。从魚，攸聲。

【注釋】① 鯈：朱駿聲《通訓定聲》："今之白餐條也。"張舜徽《約注》:"此魚長僅數寸,狀如柳葉,好浮游水上。湖湘間謂之游魚,又稱條子魚。" ②《段注》:"其音舊直由切。今音迢。"今讀依《集韻》田聊切。

鮏 魚名。从魚,豆聲。 天口切(tōu)。

【譯文】鮏,魚名。从魚,豆聲。

鯾[①] 魚名。从魚,便聲。鯿,鯾又从扁[②]。 房連切(pián/biān)[③]。

【譯文】鯾,魚名。从魚,便聲。鯿,鯾又从扁聲。

【注釋】① 鯾:《山海經·海內北經》:"大鯾居海中。"郭璞注:"鯾,即魴魚也。"張舜徽《約注》:"此魚小頭縮項,穹脊闊腹,扁身細鱗,其色青白。" ② 从扁:朱駿聲《通訓定聲》:"或从扁聲。"《段注》:"便扁聲同。"扁又表義,狀其身形之扁。 ③ 今讀依《廣韻》卑連切。

魴[①] 赤尾魚[②]。从魚,方聲。鰟,魴或从旁。 符方切(fáng)。

【譯文】魴,紅尾巴魚。从魚,方聲。鰟,魴的或體,从旁聲。

【注釋】① 魴:《段注》:"魴即鯿魚也。"參"鯾"條。 ② 赤尾魚:馬瑞辰《詩經通釋》:"今江南有鯿魚,其腹下及尾皆赤,俗稱火燒鯿,殆即古之魴魚。"張舜徽《約注》:"魴即鯿之小者,湖湘間稱爲鰟鯿魚,音正如旁。古無輕脣,故魴或从旁作鰟也。"

鱮[①] 魚名。从魚,與聲。 徐吕切(xù)。

【譯文】鱮,魚名。从魚,與聲。

【注釋】① 鱮:鰱魚。《詩·齊·敝笱》:"其魚魴鱮。"陸璣疏:"鱮似魴,厚而頭大。其頭尤大而肥者,徐州人謂之鰱。"

鰱[①] 魚名。从魚,連聲。 力延切(lián)。

【譯文】鰱,魚名。从魚,連聲。

【注釋】① 鰱:《古今圖書集成·博物彙編·禽蟲典》卷一百四十一引《魚品》:"江東,魚國也,有鰱,頭巨而身微,類鱉,鱗細,肉頗膩,江南人家池塘中多種之,歲可長尺許。"

【參證】楊樹達《增訂積微居小學金石論叢·字義同緣於語源同例證》:"今人通呼鰱子魚。""連、與義近,故鱮鰱同義矣。"參"鱮"條。

鮍① 魚名。从魚，皮聲。 敷羈切(pī)。

鮍 【譯文】鮍，魚名。从魚，皮聲。

【注釋】① 鮍：張文虎《舒藝室隨筆》："鮍，蓋魚之細者。今吴人猶有鰟鮍之偁。其魚形似魴而細，故曰鰟鮍。《爾雅翼》作旁皮。"

䱂① 魚名。从魚，幼聲。讀若幽。 於糾切(yǒu)。

䱂 【譯文】䱂，魚名。从魚，幼聲。音讀象"幽"字。

【注釋】① 䱂：泥鰍。《段注》："鰌(qiū)之類也。"張舜徽《約注》："即今俗所稱泥鰌也。"

鮒① 魚名。从魚，付聲。 符遇切(fù)。

鮒 【譯文】鮒，魚名。从魚，付聲。

【注釋】① 鮒：桂馥《義證》引顔師古注《急就篇》："鮒，今之鰿魚也。亦呼爲鯽。"

鮏① 魚名。从魚，巠聲。 仇成切(qíng)。

鮏 【譯文】鮏，魚名。从魚，巠聲。

【注釋】① 鮏：《尚書大傳》卷二："大都鮏魚。"鄭玄注："鮏魚，今江南以爲鮑。"

鰿① 魚名。从魚，脊聲。 資昔切(jì)。

鰿 【譯文】鰿，魚名。从魚，脊聲。

【注釋】① 鰿：同"鯽"。桂馥《義證》："唐《本草》：'鯽魚，一名鮒魚。'蜀本注云：'形亦似鯉，色黑而體促，肚大而脊隆。'"

鱺① 魚名。从魚，麗聲。 郎兮切(lí)。

鱺 【譯文】鱺，魚名。从魚，麗聲。

【注釋】① 鱺：《段注》："此即今人謂鰻爲鰻鱺之字也。"《玉篇·魚部》："鱺，魚似蛇，無鱗甲，其氣辟蠹虫也。"張舜徽《約注》："此即今俗所稱白鱔也。"參"鰻"條。

鰻① 魚名。从魚，曼聲。 母官切(mán)。

鰻 【譯文】鰻，魚名。从魚，曼聲。

【注釋】① 鰻：朱駿聲《通訓定聲》："鰻，今俗曰鰻鱺是也。"參"鱺"條。

鱯[1]　魚名。从魚，蒦聲。　胡化切(huà/hù)[2]。

鱯　【譯文】鱯，魚名。从魚，蒦聲。

【注釋】① 鱯：鮠魚。徐鍇《繫傳》："《爾雅》注：'似鮎而大，色白。'"朱駿聲《通訓定聲》："今揚州人呼爲鮠(wéi)魚。"　② 今讀依《廣韻》胡誤切。

魾[1]　大鱯也。其小者名鮡。从魚，丕聲[2]。　敷悲切(pī)。

魾　【譯文】魾，大鮠魚。那小的叫鮡(zhào)。从魚，丕聲。

【注釋】① 魾：朱駿聲《通訓定聲》："今鮠魚之大者。"　② 丕聲：《段注》："丕訓大。此會意兼形聲也。"

鱧[1]　鱯也。从魚，豊聲。　盧啟切(lǐ)。

鱧　【譯文】鱧，黑魚。从魚，豊聲。

【注釋】① 鱧：朱駿聲《通訓定聲》："此字當訓鮦也。今蘇俗謂之黑魚者是也。"參"鮦"條。

鱳[1]　鱧也。从魚，果聲。　胡瓦切(huà)。

鱳　【譯文】鱳，鮠魚。从魚，果聲。

【注釋】① 鱳：朱駿聲《通訓定聲》："鱳，一名鱯，今謂之回魚。"《廣韻·馬韻》："鱳，魚似鮎(nián)也。"《本草綱目·鱗部·鮠魚》："北人呼鱯，南人呼鮠，並與鮰音相近。鱳又鱯音之轉也。"參"鱯"條。

鱨[1]　揚[2]也。从魚，嘗聲。　市羊切(cháng)。

鱨　【譯文】鱨，善于飛揚(的魚)。从魚，嘗聲。

【注釋】① 鱨：黄頰魚。王筠《句讀》引陸璣《詩》疏："(鱨)似燕頭，魚身，形厚而長大，頰骨上黄。魚之大而有力解飛者，徐州人謂之揚。今江東呼黄鱨魚，亦名黄揚魚。"　② 揚：林朝儀《蟲異賦》注："鱨，性浮而善飛躍，故一名揚。"

鱏[1]　魚名。从魚，覃聲。傳[2]曰："伯牙鼓琴，鱏魚出聽。"　余箴切(yín/xún)[3]。

鱏　【譯文】鱏，魚名。从魚，覃聲。傳記上説："伯牙彈琴，鱏魚出來聆聽。"

【注釋】① 鱏：鱘魚。王筠《句讀》："《字林》：'鱏，長鼻魚也。重千斤。'字或作鱘。"　② 傳：《段注》："傳曰者，諸書多有之，不定爲何書也。”　③ 今讀依《廣韻》徐林切。

鯢① 刺魚②也。从魚，兒聲③。　五雞切(ní)。

鯢 【譯文】鯢，違背魚性的魚。从魚，兒聲。

【注釋】① 鯢：俗稱娃娃魚。《爾雅・釋魚》：“鯢大者謂之鰕。”郭璞注：“今鯢魚似鮎，四腳，前似獮猴，後似狗，聲如小兒啼，大者長八九尺。”　② 刺魚：《段注》：“乖刺之魚。謂其如小兒能緣木。”　③ 兒聲：《段注》：“形與聲皆如小兒，故从兒。舉形聲關會意也。”

鰼① 鰌也。从魚，習聲。　似入切(xí)。

鰼 【譯文】鰼，泥鰍。从魚，習聲。

【注釋】① 鰼：《爾雅・釋魚》：“鰼，鰌(qiū)。”郭璞注：“今泥鰌。”

鰌① 鰼也。从魚，酋聲。　七由切(qiū)。

鰌 【譯文】鰌，泥鰍。从魚，酋聲。

【注釋】① 鰌：張舜徽《約注》：“今俗用鰍字，始見《集韻》。”桂馥《義證》：“今泥鰌也。似鱓(shàn，鱔)而短，無鱗，以涎自染，難握。”參“鰼”條。

鯇① 魚名。从魚，完聲。　户版切(huàn)。

鯇 【譯文】鯇，魚名。从魚，完聲。

【注釋】① 鯇：《本草綱目・鱗部・鯇魚》：“俗名草魚，因其食草也。”

魠① 哆②口魚也。从魚，乇聲。　他各切(tuō)。

魠 【譯文】魠，張開大口的魚。从魚，乇聲。

【注釋】① 魠：《段注》：“以魠爲名，取開袥之意。”　② 哆(chě)：《段注》：“哆者，張口也。”

鮆 飲而不食，刀魚①也。九江②有之。从魚，此聲。　徂礼切(jì)。

【譯文】鮆，只喝水而不吃食物，形狀象刀一樣的魚。洞庭湖一帶出產。从魚，此聲。

【注釋】① 刀魚：《段注》：“刀魚，今人語尚如此，以其形像刀也。俗字作魛。”　② 九江：《尚書・禹貢》：“九江孔殷。”蔡沈注：“九江，即今之洞庭也。”

鮀　鮎[①]也。从魚，它聲。　徒何切(tuó)。

【譯文】鮀，鮎魚。从魚，它聲。

【注釋】① 鮎(nián)：張舜徽《約注》："湖湘間稱鮎爲鮀魚，蓋古語矣。"

鮎[①]　鰋也。从魚，占聲。　奴兼切(nián)。

【譯文】鮎，鰋魚。从魚，占聲。

【注釋】① 鮎：《本草綱目・鱗部・鮧魚》："鮎乃無鱗之魚，大首偃額，大口大腹，鮠身鱧尾，有齒有胃有鬚。"

鰋[①]　鮀[②]也。从魚，妟聲。鰋，鰋或从匽[③]。　於幰切(yǎn)。

【譯文】鰋，鮀魚。从魚，妟聲。鰋，鰋的或體，从匽聲。

【注釋】① 鰋：《本草綱目・鱗部・鮧魚》："魚額平夷低偃，其涎黏滑。鰋，偃也；鮎，黏也；古曰鰋，今曰鮎；北人曰鰋，南人曰鮎。"《段注》："謂之鰋者，以其偃額也。偃者，仰也。"此偃爲仰倒之意。

② 鮀：鮎魚。參"鮀"條。　③ 从匽：宋保《諧聲補逸》："妟、匽同部，聲相近。"

鮷[①]　大鮎也。从魚，弟聲。　杜兮切(tí)。

【譯文】鮷，大鮎魚。从魚，弟聲。

【注釋】① 鮷：又作鮧，作鯷，作鮬。參"鮎"條。

鱳[①]　魚名。从魚，賴聲。　洛帶切(lài)。

【譯文】鱳，魚名。从魚，賴聲。

【注釋】① 鱳：鮠魚。《本草綱目・鱗部・鮠魚》："鮠魚，(一名)鱳魚。秦人謂其發癩，呼爲鱳魚。"

鰫[①]　魚名。从魚，朁聲。　鉏箴切(cén)。

【譯文】鰫，魚名。从魚，朁聲。

【注釋】① 鰫：桂馥《義證》："《南越志》：'鱣，鰫屬也。'"可見鰫是鱣一類。參"鱣"條。

鰵[①]　魚名。从魚，翁聲。　烏紅切(wēng)。

【譯文】鰵，魚名。从魚，翁聲。

【注釋】① 鰵：桂馥《義證》："《本草》漳州海中有海鰵魚，取其糞乾之，盛器可辟蠅。"漳州，初治今福建雲霄縣治，後治今福建龍溪縣治。

鮨[1]　魚名。从魚，臽聲。　户賺切(xiàn)。

鮨　【譯文】鮨，魚名。从魚，臽聲。

【注釋】① 鮨：舊稱鮨父魚。張舜徽《約注》："此魚今亦罕見，不能詳其形色大小。"

鱖[1]　魚名。从魚，厥聲。　居衛切(guì)。

鱖　【譯文】鱖，魚名。从魚，厥聲。

【注釋】① 鱖：王筠《句讀》："南人謂之桂魚，北人謂之季花魚。"《段注》："《篇》、《韻》皆曰：'大口，細鱗，有斑文。'即今人所食之鱖魚也。"徐灝《段注箋》："此即張志和詞所云'桃花流水鱖魚肥'者也。"

鯫　白魚[1]也。从魚，取聲。　士垢切(zòu/zōu)[2]。

鯫　【譯文】鯫，白魚。从魚，取聲。

【注釋】① 白魚：即鮊(bó)。《廣雅·釋魚》："鮊，鱎(jiǎo)也。"《本草綱目·鱗部·白魚》："白者，色也。鱎者，頭尾向上也。"王念孫《廣雅疏證》："今白魚生江湖中，一名鯫。"《段注》："鯫是小魚之名，故小人謂之鯫生。"　② 今讀依《集韻》將侯切。

鱓[1]　魚名。皮可爲鼓[2]。从魚，單聲。　常演切(shàn)。

鱓　【譯文】鱓，魚名。皮可以蒙鼓。从魚，單聲。

【注釋】① 鱓：《段注》："今人所食之黄鱔也。黄質，黑文，似蛇。"
② 皮可句：《段注》："由古以鼉(tuó)皮冒鼓，鼉、鱓皆从單聲。淺人(牏)[特]讀古書，率爾妄增。"

鮸[1]　魚名。出薉邪頭國[2]。从魚，免聲。　亡辨切(miǎn)。

鮸　【譯文】鮸，魚名。出産在薉貊地方的邪頭國。从魚，免聲。

【注釋】① 鮸：王士雄《隨息居飲食譜》第七："鮸形似石首魚而大，其頭較鋭，其鱗較細。……鮸音免，今人讀如米。"　② 薉邪頭國：王筠《句讀》："薉蓋其大名，邪頭蓋薉之一種也。《鱵宇記》：'濊國，亦朝鮮之地。'"張舜徽《約注》："此地亦稱穢貊，兩漢時爲東夷。即今遼寧省鳳城縣東及朝鮮之江原道一帶地。"

魵[1]　魚名。出薉邪頭國。从魚，分聲。　符分切(fén)。

魵　【譯文】魵，魚名。出産在薉貊地方的邪頭國。从魚，分聲。

【注釋】① 魵：《段注》："《釋魚》曰：'魵，鰕。'謂魵魚一名鰕魚也。"郝懿行《爾雅義疏》："《魏略》云：濊國出斑魚皮，漢時恒獻之。然則斑魚即魵魚，魵、斑聲近。"

䲐　魚名。出樂浪潘國[1]。从魚，虜聲。　郎古切(lǔ)。

【譯文】䲐，魚名。出産在樂浪郡潘國。从魚，虜聲。

【注釋】① 樂浪潘國：《漢書・地理志》樂浪郡無潘國。樂浪郡故治在今朝鮮平壤。

鰸　魚名。狀似蝦，無足，長寸，大如叉[1]股。出遼東[2]。从魚，區聲。　豈俱切(qū)。

【譯文】鰸，魚名。樣子象蝦，沒有脚，身長一寸，大的象頭釵的一股。出産在遼東郡。从魚，區聲。

【注釋】① 叉：今釵字。　② 遼東：《漢書・地理志》有遼東郡，在今遼寧省東南境，遼河之東。

鯜　魚名。出樂浪潘國。从魚，妾聲[1]。　七接切(qiè)。

【譯文】鯜，魚名。出産在樂浪郡潘國。从魚，妾聲。

【注釋】① 妾聲：聲中有義。妾爲比況。徐灝《段注箋》"鱖"字下："羅願《爾雅翼》曰：'鱖鯞，似鯽而小，黑色而揚赤。今人謂之旁皮鯽，又謂之婢妾魚。其行以三爲率，一頭在前，兩頭从之，若媵妾之狀，故以爲名。'"桂王注同。錢坫《斠詮》以爲，鯜非妾魚。待考。

䱐[1]　魚名。出樂浪潘國。从魚，朩聲。　博蓋切(bèi)。

【譯文】䱐，魚名。出産在樂浪郡潘國。从魚，朩聲。

【注釋】① 䱐：河豚。《本草綱目・鱗部・河豚》："《北山經》名䱐魚。狀如蝌蚪，大者尺餘，背色青白，有黄縷文，無鱗無腮無膽，腹下白而不光。吴人言其血有毒，脂令舌麻，子令腹脹，眼令目花。"

鮙[1]　魚名。出樂浪潘國。从魚，匊聲。一曰[2]：鮙魚，出江東[3]，有兩乳。　居六切(jú)。

【譯文】鮙，魚名。出産在樂浪郡潘國。从魚，匊聲。另一説是，鮙魚出産在長江以東，有兩隻乳房。

【注釋】① 鮙：《段注》："鮙即今之江豬，亦曰江豚。"　② 一曰：《段注》："'一曰'者，載異説，殊其地也。"　③ 江東：《段注》作"九江”，王筠《句讀》删“東”字。待考。

[①]　魚名。出樂浪潘國。从魚，沙省聲。　所加切（shā）。

魦　【譯文】魦，魚名。出産在樂浪郡潘國。从魚，沙省聲。

【注釋】① 魦：同“鯊”。徐鍇《繫傳》：“今沙魚。皮有珠文，可飾刀劍靶，皮亦可食。”戴侗《六書故》：“魦，海中所産，以其皮如沙而得名。哆口，無鱗，胎生，其類尤多。大者伐之盈舟。”

[①]　魚名。出樂浪潘國。从魚，樂聲。　盧谷切（lù/lì）[②]。

鱳　【譯文】鱳，魚名。出産在樂浪郡潘國。从魚，樂聲。

【注釋】① 鱳：錢坫《斠詮》：“《集韻》亦作鰯。《廣雅》：‘鰯，鰅也。’”　② 今讀依《集韻》狼狄切。

[①]　魚名。出貉國[②]。从魚，羴省聲。　相然切（xiān）。

鮮　【譯文】鮮，魚名。出産在貉國。从魚，羴省聲。

【注釋】① 鮮：《段注》：“經傳乃叚爲新鱻（xiān）字。又叚爲尟（xiǎn）少字，而本義廢矣。”徐灝箋：“魚與羊皆味之最鮮美者，貉國之魚蓋亦以味得名。”徐以爲，鮮之本義爲最鮮美之滋味，引申爲凡鮮（xiān）美之偁；最鮮美者少，故引申爲罕尟（xiǎn）；貉國之魚鮮美，又以爲魚名。　② 貉（mò）國：《字彙・豸部》：貊，本作貉，北方國也。

【參證】金文作，末字與篆文同，前三字偏旁位移，爲上下結構。

[①]　魚名。皮有文，出樂浪東暆[②]。神爵四年[③]，初捕收輸考

鰅　工[④]。周成王時，揚州獻鰅[⑤]。从魚，禺聲。　魚容切（yóng/yú）[⑥]。

【譯文】鰅，魚名。皮上有花紋，出産在樂浪郡東暆縣。（漢宣帝）神爵四年，開始索取并得到它，把它交給（主持製作兵器的）官員。早在周成王時，揚州地方曾貢獻過鰅魚。从魚，禺聲。

【注釋】① 鰅：《廣雅・釋魚》：“鰯，鰅也。”王念孫疏證：“又謂之班魚。”　② 東暆（yí）：《漢書・地理志》樂浪郡有東暆縣。在今朝鮮京畿道西南。　③ 神爵：漢宣帝年號。神爵四年爲公元前58年。此句句讀依王筠《句讀》：“初”屬下句。　④ 初捕收句：《段

注》:"捕當作摶。摶,索取也。今人用捕字,漢人多用摶字。"輸考工:王筠《句讀》:"《廣雅疏證》曰:'《續漢書·百官志》考工令一人,主作兵器、弓弩、刀鎧之屬。'然則鰅魚之輸考工,蓋用其皮飾兵器也。" ⑤ 揚州句:王筠《句讀》:"《周書·王會》:'揚州禺禺。'(禺禺,)省形存聲字也。"揚州:古九州之一。今江蘇、安徽、江西、浙江、福建之地。 ⑥ 今讀依《廣韻》遇俱切。

鱅[1] 魚名。从魚,庸聲。 蜀容切(chóng/yōng)[2]。

鱅 【譯文】鱅,魚名。从魚,庸聲。

【注釋】① 鱅:頭大,似鰱而黑,又叫大頭魚、胖頭魚。又《廣韻·鍾韻》:"鱅,魚名。似牛,音如豕。"此乃海獸,即魚牛。 ② 今讀依《廣韻》餘封切。

鰂 烏鰂[1],魚名。从魚,則聲。鯽,鰂或从即[2]。 昨則切(zéi)。

鰂 【譯文】鰂,烏鰂,魚名。从魚,則聲。鯽,鰂的或體,从即聲。

【注釋】① 烏鰂:即烏賊。王筠《句讀》:"《玉篇》:鰂,又作魚賊,羣書作賊。"又叫墨魚。《段注》:"腹中有墨,能吸波潠墨,令水溷墨自衛。" ② 从即:王筠《釋例》:"印林曰:則、即古音義俱同。"張舜徽《約注》:"今則用鯽爲鰿(jì)魚字。"

鮐[1] 海魚名。从魚,台聲。 徒哀切(tái)。

鮐 【譯文】鮐,海魚的名稱。从魚,台聲。

【注釋】① 鮐:朱駿聲《通訓定聲》:"狀如科斗。疑即今河豚、班魚之屬。"參"鮪"、"鰅"條。

鮊[1] 海魚名。从魚,白聲。 旁陌切(bó/bà)[2]。

鮊 【譯文】鮊,海魚的名稱。从魚,白聲。

【注釋】① 鮊:馬鮫魚。桂馥《義證》:"此魚無鱗,燕尾,大者長七八尺,肉不美,其子可鹽藏,登萊人重之。" ② 今讀依《集韻》步化切。

鰒[1] 海魚名。从魚,复聲。 蒲角切(bó/fù)[2]。

鰒 【譯文】鰒,海魚的名稱。从魚,复聲。

【注釋】① 鰒:徐鍇《繫傳》:"即石決明也。"徐珂《清稗類鈔·動物類》:"鰒,亦稱鮑魚,殼爲橢圓狀,長二寸許,有吸水孔八九個,附著海底岩石間。"　② 今讀依《廣韻》房六切。

鮫① 海魚,皮可飾刀。从魚,交聲。　古肴切(jiāo)。

【譯文】鮫,海裏的魚,皮可以裝飾刀劍。从魚,交聲。

【注釋】① 鮫:《段注》:"今所謂沙魚,所謂沙魚皮也。"《淮南子·説山訓》:"一淵不兩鮫。"高誘注:"鮫,魚之長,其皮有珠,今世以爲刀劍之口是也。"

鱷① 海大魚也。从魚,畺聲。《春秋傳》② 曰:"取其鱷鯢。"鯨,鱷或从京③。　渠京切(qíng/jīng)。

【譯文】鱷,海裏的大魚。从魚,畺聲。《春秋左傳》説:"殺取那象雄鱷雌鯢一樣的首惡。"鯨,鱷的或體,从京聲。

【注釋】① 鱷:《段注》:"此海中魚最大者。"　②《春秋傳》:指《左傳·宣公十二年》。《段注》:"(裴淵《廣州記》:)雄曰鯨,雌曰鯢。"《左傳》用鯨鯢比喻首惡。　③ 从京:京、畺上古同屬陽部見紐。京還兼義,《段注》:"京,大也。"

鯁 魚骨① 也。从魚,更聲。　古杏切(gěng)。

【譯文】鯁,魚的骨頭。从魚,更聲。

【注釋】① 魚骨:《段注》:"《爾雅》曰:'魚枕謂之丁,魚腸謂之乙,魚尾謂之丙。'今益之曰:魚骨謂之鯁,魚甲謂之鱗,魚臭謂之鮏。"

鱗 魚甲① 也。从魚,粦聲。　力珍切(lín)。

【譯文】鱗,魚身上象鎧甲的表層薄片。从魚,粦聲。

【注釋】① 甲:《段注》:"甲者,鎧也。魚鱗似鎧。"

鮏① 魚臭也。从魚,生聲。　桑經切(xīng)。

【譯文】鮏,魚的氣味。从魚,生聲。

【注釋】① 鮏:《段注》:"魚气也。俗作鯹。"按:又作腥。

鱢① 鮏臭② 也。从魚,喿聲。《周禮》③ 曰:"膳膏鱢。"　穌遭切(sāo)。

【譯文】鱢,魚的腥氣味。从魚,喿聲。《周禮》説:"(夏天用乾野鷄和乾魚,)用氣味很濃的魚油來烹調。"

【注釋】① 鱢:徐灝《段注箋》:"胜臊與鮏鱢音義竝同,但以从肉、从魚爲别。” ② 鮏臭：同義連用。 ③《周禮》：指《天官·庖人》。今本原文：“夏行腒（乾雉）鱐（乾魚）膳（煎和）膏臊。”許氏“臊”作“鱢”。膳膏鱢，膳之以鱢膏。

鮨 魚脂①醬也。出蜀②中。从魚，旨聲。一曰：鮪魚名③。旨夷切（zhī/qí）④。

【譯文】鮨，魚肉醬。出産在蜀郡中。从魚，旨聲。另一義説，鮨是鮪魚的别名。

【注釋】① 脂：徐鍇《繫傳》：“肉也。” ② 蜀：《漢書·地理志》有蜀郡。在今四川省成都一帶。 ③ 鮪（wěi）魚名：王筠《句讀》：“蓋謂鮪一名鮨也。”參“鮪”條。 ④ 今讀依《廣韻》渠脂切。

鮺① 藏魚也。南方謂之魿，北方謂之鮺。从魚，差省聲。 側下切（zhǎ）。

【譯文】鮺，（腌）藏的魚。南方叫作魿（qín），北方叫作鮺。从魚，差省聲。

【注釋】① 鮺：今作鲊。張舜徽《約注》：“今俗鮺魚法，先以鹽醃魚數日，然後磨米爲粉以傅之，納諸甕中，半月後，即可取出烝食，味略酸甚美，即古人以鹽米釀魚之法也。”

魿 鮺①也。一曰：大魚爲鮺，小魚爲魿。从魚，今聲。 徂慘切（zàn/qín）②。

【譯文】魿，腌魚。另一説是，大魚叫鮺，小魚叫魿。从魚，今聲。

【注釋】① 鮺：《段注》：“渾言不别，析言則别之。” ② 今讀依《廣韻》昨淫切。

鮑① 饐魚②也。从魚，包聲。 薄巧切（bào）。

【譯文】鮑，鹽漬魚。从魚，包聲。

【注釋】① 鮑：《史記·秦始皇本紀》：“棺載轀涼車中，會暑，上轀車臭。乃載一石鮑魚，以亂其臭。”鮑魚，即鹽饐魚。 ② 饐魚：《段注》：“饐，飯傷溼也。故鹽魚溼者爲饐魚。”湖湘間謂以鹽漬魚肉爲饐。

魿① 蟲連行紆行②者。从魚，令聲。 郎丁切（líng）。

【譯文】魿，接連不斷地游行、彎彎曲曲地游行的水蟲。从魚，令聲。

【注釋】① 魿：孫詒讓《籀高述林》："竊疑許意以魿爲水蟲之通名。" ② 連行紆行：徐鍇《繫傳》："謂連屬不絶也。"《段注》："《考工記·梓人》注曰：'連行，魚屬；紆行，蛇屬。'按：紆者，詘也，縈也。蛇行必縈曲。"

鰕① 魵②也。从魚，叚聲。 乎加切(xiá/xiā)。

【譯文】鰕，魵魚。从魚，叚聲。

【注釋】① 鰕：《段注》："鰕者，今之蝦字。""物有同名異實者。如《爾雅》鰕三見：鰝，大鰕，則今之蝦也；魵，鰕，則穢邪頭之魚也；鯢，大者謂之鰕，則今有四腳之魚也。""鰕篆者，長鬚水蟲之正字。"按：後世專用第一義，即魚蝦義。參"鰝"、"魵"、"鯢"條。 ② 魵(fén)：魵魚。又名斑文魚、斑魚。參"魵"條。

【參證】甲文作。葉玉森《殷虛書契前編集釋》卷六："此字从魚身而前有二長足，疑即鰕字。"

鰝 大鰕①也。从魚，高聲。 胡到切(hào)。

【譯文】鰝，大海蝦。从魚，高聲。

【注釋】① 大鰕：《爾雅·釋魚》："鰝，大鰕。"郭璞注："鰕大者，出海中，長二三丈，鬚長數尺。今青州呼鰕魚爲鰝。"

鮥① 當互也。从魚，咎聲。 其久切(jiù)。

【譯文】鮥，當魱魚。从魚，咎聲。

【注釋】① 鮥：《爾雅·釋魚》："鮥，當魱。"郭璞注："海魚也。似鯿而大鱗，肥美多鯁，今江東呼其最大長三尺者爲當魱。"朱駿聲《通訓定聲》："此即今之鰣魚。"

魧 大貝①也。一曰：魚膏②。从魚③，亢聲。讀若岡。 古郎切(gāng/háng)④。

【譯文】魧，大的海貝。另一義説，魚的脂膏。从魚，亢聲。音讀象"岡"字。

【注釋】① 貝：《段注》："海介蟲也。"參"貝"條。徐鍇《繫傳》："《爾雅》注：今紫貝也。大者如車渠。"車渠即輞。 ② 魚膏：《淮南·萬畢術》："取蚢脂爲鐙，置水中，即見諸物。" ③ 从魚：《段注》："故《爾雅》介蟲皆入《釋魚》。" ④ 今讀依《廣韻》胡郎切。

鲕 蚌①也。从魚，丙聲。 兵永切(bǐng)。

【譯文】鲕，蚌蛤。从魚，丙聲。

【注釋】① 蚌(bàng)：《段注》："蚌者，蜃屬。"參"蚌"條。

鮚① 蚌也。从魚，吉聲。漢律：會稽郡獻鮚醬②。 巨乙切(jí/jié)。

【譯文】鮚，蚌蛤。从魚，吉聲。漢朝的律令規定，會稽郡貢獻鮚蚌作成的醬。

【注釋】① 鮚：《段注》引顏師古説："鮚，蚌也。長一寸，廣二分，有小蟹在其腹中。" ② 會稽句：徐鍇《繫傳》"醬"後有"三斗"二字。會稽郡，漢置。在今江蘇東部、浙江西部一帶。

鮅① 魚名。从魚，必聲。 毗必切(bì)。

【譯文】鮅，魚名。从魚，必聲。

【注釋】① 鮅：《爾雅·釋魚》："鮅，鱒。"郭璞注："似鯶(huàn)子，赤眼。"參"鱒"條。

鱹 魚名。从魚，瞿聲。 九遇切(jù/qú)①。

【譯文】鱹，魚名。从魚，瞿聲。

【注釋】① 今讀依《集韻》權俱切。

鯸① 魚名。从魚，侯聲。 乎鉤切(hóu)。

【譯文】鯸，魚名。从魚，侯聲。

【注釋】① 鯸：朱駿聲《通訓定聲》："今俗謂之河豚。《吴都賦》：'王鮪鯸鮐。'注：'狀如科斗，大者尺餘，性有毒在肝。'按：鯸當作'侯'，與'王'對文，皆言其大耳。"

鯛 [魚。]骨耑脆也①。从魚，周聲。 都僚切(diāo)。

【譯文】鯛，(魚名。)骨的末端脆弱。从魚，周聲。

【注釋】① 骨耑句：徐鍇《繫傳》"骨"上有"魚"字。桂馥《義證》："謂魚名鯛，其骨耑(端)胞(脆)。本書脱'魚'字。"

鯙 烝然鯙鯙①。从魚，卓聲。 都教切(zhào/zhuó)②。

【譯文】鯙，(魚兒)一羣羣地游着水。从魚，卓聲。

【注釋】① 烝然句：見《詩·小雅·南有嘉魚》。今本原文作："南有嘉魚，烝然罩罩。"馬瑞辰《詩經通釋》："《説文》引《詩》'烝然鯙鯙'，不言其義。據《說文》：'汕，魚游水貌。'引《詩》'烝然汕汕'。則罩罩亦當同義。《釋文》引王肅云：'烝，衆也。'罩罩、汕汕皆衆魚游水之貌。"承培元《引經證例》："此作䲦，蓋三字《詩》異文也。" ② 今讀依《集韻》竹角切。

鮁 鱣鮪鮁鮁[①]。从魚，友聲。 北末切(bō)。

【譯文】鮁，鯉魚(尾巴擺得)鮁鮁地響。从魚，犮聲。

【注釋】① 鱣鮪句：見《詩·衛風·碩人》。鱣、鮪，本指鱘魚，這裏指鯉魚。鮁鮁，朱駿聲《通訓定聲》："尾掉(搖動)皃。《韓詩·碩人》'鱣鮪鮁鮁'，毛本作'發發'，《吕覽·季春》注作'潑潑'。按：皆重言形況字，不必有正字也。字亦作'鱍'。"

鈇 鮨魚[①]。出東萊[②]。从魚，夫聲。 甫無切(fū)。

【譯文】鈇，鈇鮨魚。出産在東萊郡。从魚，夫聲。

【注釋】① 鮨魚：應連篆爲讀。王筠《釋例》："蓋夫其連文，爲青齊口語。"按："夫其"爲聯緜詞。 ② 東萊：漢置郡。在今山東省。桂馥《義證》："今萊州三四月間，此魚極多，大頭，豐脊，色微紅。萊人謂之夾鮨。"

鮨 魚名[①]。从魚，其聲。 渠之切(qí)。

【譯文】鮨，魚名。从魚，其聲。

【注釋】① 魚名：《段注》："按其訓當云'鈇鮨也'。"參"鈇"條。

鮡[①] 魚名。从魚，兆聲。 治小切(zhào)。

【譯文】鮡，魚名。从魚，兆聲。

【注釋】① 鮡：朱駿聲《通訓定聲》："鱯之小者，今謂之回魚。"參"鱯"、"魾"條。

鮀 魚名。从魚，匕聲。 呼跨切(huà)。

【譯文】鮀，魚名。从魚，匕(huà)聲。

鱻[①] 新魚精[②]也。从三魚。不變魚[③]。 相然切(xiān)。

【譯文】鱻，用活鮮魚煎燒的雜燴。由三個魚字會意，表示不改變魚(的活生生的新色)。

【注釋】① 鱻：《段注》："凡鮮明、鮮新字皆當作'鱻'，自漢人始以鮮代鱻。""今則鮮行而鱻廢矣。" ② 精：《段注》："云精者，即今之鯖(zhēng)字。謂以新魚爲肴也。"《正字通·魚部》:"鯖,煎和之名。"　③不變魚:《段注》:"謂不變其生新也。""鱻則謂其死者(指已煎燒),死而生新自若。"

【參證】金文作。林義光《文源》:"魚者,鮮物。鱻象魚多色鮮。"

文一百三　重七

①　比目魚也。从魚,枼聲。　土盍切(tà)。

鰈　【譯文】鰈,比目魚。从魚,枼聲。

【注釋】①鰈:參"鮙"條。

①　文魮,魚名。从魚,比聲。　房脂切(pí)。

魮　【譯文】魮,又叫文魮,(傳説中的)魚名。从魚,比聲。

【注釋】①魮:《段注》"玭"下:"《西山經》:'絮魮之魚,其狀如覆銚,鳥首而翼,魚尾,音如磬之聲。是生珠玉。'《江賦》所謂'文魮磬鳴'。"又引《郭傳》云:"蚌類。"从"生珠玉"之蚌類而言,其義爲珠母貝;从其狀怪異而似魚尾而言,又指傳説中之魚。《新附通誼》:"魮,俗字;玭,正字。"因其似魚,故从魚;因其生珠玉,故从玉。難以正俗區分。

①　文鰩,魚名。从魚,䍃聲。　余招切(yáo)。

鰩　【譯文】鰩,文鰩,魚名。从魚,䍃聲。

【注釋】①鰩:《山海經·西山經》:"泰器之山,觀水出焉,西流注于流沙,是多文鰩魚,狀如鯉魚,魚身而鳥翼,蒼文而白首,赤喙。"文鰩之文,也許因"蒼文"而起。

文三　新附

鱻部

　二魚①也。凡鱻之屬皆从鱻②。　語居切(yú)。

鱻　【譯文】鱻,兩條魚。大凡鱻的部屬都从鱻。

【注釋】①二魚:《段注》:"此即形爲義,故不言从二魚。二魚重而不竝,《易》所謂貫魚也。魚行必相隨也。"饒炯《部首訂》:"《説文》疊體字，其音與所疊之字同者，蓋後世用字尚别，而分其重文以專一義是也。如説鱻爲二魚，而讀又與魚同，其爲一字固無疑。以李氏摭古遺文所録魚作鱻及部中瀏重文作漁證之，則鱻爲魚之重文亦有據矣。”　② 凡鱻句：《段注》：“所以不併入魚部必立此部者，以有瀏字从鱻也。”

 瀏　捕魚也。从鱻[①]，从水。，篆文[②]瀏从魚[③]。　語居切(yú)。

【譯文】瀏，捕魚。由鱻、由水會意。漁，篆文瀏字，从魚。

【注釋】① 从鱻：王筠《句讀》：“鱻亦聲。”　② 篆文：《段注》：“後篆文者亦先‘二(shàng)’後‘上’之例也。”參“上”條。　③ 从魚：朱駿聲《通訓定聲》：“魚亦聲。”

【參證】甲文作，金文作。甲文首字从魚从水，次字从四魚从水，第三字象人手持魚桿釣魚，末字象以手持網網魚。金文首例从水从魚从奴，表示手在水中取魚的意思。

文二　重一

燕部

 燕　玄鳥[①]也。籋口[②]，布翄[③]，枝尾[④]。象形[⑤]。凡燕之屬皆从燕。　於甸切(yàn)。

【譯文】燕，赤黑色的鳥。長着小鉗子似的嘴，布帛一樣的翅膀，枝丫一樣的尾巴。象形。大凡燕的部屬都从燕。

【注釋】① 玄鳥：桂馥《義證》：“玄乃赤黑色鷙羽是也。”　② 籋(niè)口：徐鍇《繫傳》：“籋音聶，小鉗也。”《段注》：“故以廿像之。”③ 布翄(翅)：《段注》：“故以北像之。”　④ 枝尾：《段注》：“與魚尾同，故以火像之。”　⑤ 象形：王筠《釋例》：“背面形也。”

【參證】甲文作。葉玉森《殷墟書契前編集釋》卷六：“象飛燕逼肖。”

文一

龍部

龍　鱗蟲之長。能幽，能明，能細，能巨，能短，能長；春分而登天，秋分而潛淵。从肉[①]，飛之形[②]；童省聲[③]。凡龍之屬皆从龍。　力鍾切(lóng)。

【譯文】龍，有鱗甲的動物的首領。能使天地幽暗，也能使天地光明；能變細，也能變大；能變短，也能變長。春分登上天空，秋分潛入深淵。( )表示肉，( )象飛的形狀；( )是童省去里爲聲。大凡龍的部屬都从龍。

【注釋】① 从肉：《段注》："與能(熊)从肉同。"參"能"條。　② 飛之形：王筠《句讀》："謂 也。"桂馥《義證》引王念孫説："古龍字當作 ，上象其角，下象其飛騰之形。"　③ 童省聲：《段注》："謂 也。"

【參證】甲文作 、 ，金文作 、 、 。羅振玉《增訂殷虚書契考釋》："卜辭或从 ，即許君所謂童省。从 ，象龍形； ，其首，即許君誤以爲从肉者； ，其身矣。"

龗　龍也。从龍，霝聲。　郎丁切(líng)。

【譯文】龗，龍。从龍，霝聲。

龕[①]　龍皃。从龍，合聲[②]。　口含切(kān)。

【譯文】龕，龍的樣子。从龍，合聲。

【注釋】① 龕：《段注》："叚借爲戡亂字。今人用戡、堪字。古人多叚龕。"　② 合聲：上古屬緝部、匣紐；龕屬侵部、溪紐。上古喉(匣)牙(溪)不分，緝、侵可對轉。《段注》依《九經字樣》作"今聲"。

【參證】金文作 、 。于省吾《雙劍誃古文雜釋·釋龕》："此鐘(眉壽鐘)既从龍今聲，尤可證今本《説文》从龍合聲之誤。"

龓[①]　龍耆脊[②]上龓龓。从龍，幵聲。　古賢切(jiān)。

【譯文】龓，龍的鬐鬣在背脊上很剛硬。从龍，幵(jiān)聲。

【注釋】① 龓：張舜徽《約注》："蓋龓之言堅也，謂龍背上鬣甚剛堅也。"　② 耆脊：《段注》："耆者，老也。老則脊隆，故凡脊曰耆。或作鬐，因馬鬣(liè，馬頸上的長毛)爲此字也。龍魚之脊上出者如馬鬣然。渾言之，耆即脊；析言，耆在脊上。”譯文依析言。

【參證】甲文作、。唐蘭《殷虛文字記·釋龘》：“从龍，幵聲。即幵也。”“古文字之重筆，每易增一横畫。則即幵之初文，固無可疑也。”

龖　飛龍也。从二龍。讀若沓。　徒合切(tà)。

【譯文】龖，飛騰的龍。由兩個龍字會意。音讀象“沓”字。

文五

飛部

飛　鳥翥[①]也。象形[②]。凡飛之屬皆从飛。　甫微切(fēi)。

【譯文】飛，鳥飛舉。象鳥飛之形。大凡飛的部屬都从飛。

【注釋】① 翥：本書羽部：“翥，飛舉也。”　② 象形：王筠《釋例》：“上(指)爲鳥頭，三岐者(指)翁(頸上長毛)，左右分布者(指)羽，中一直爲身。不作足者，此背面形，直刺上飛之形，不見足也。”

⿱飛異　翄也。从飛[①]，異聲。，篆文[②]⿱飛異从羽。　與職切(yì)。

【譯文】⿱飛異，翅膀。从飛，異聲。翼，篆文⿱飛異字，从羽。

【注釋】① 从飛：徐灝《段注箋》：“⿱飛異可以飛也，故从飛。”　② 篆文：《段注》：“先籀文後篆者，亦先二(shàng)後上之例也。”參“上”條。

【參證】金文作、、。唐蘭《殷虛卜辭考釋》：“羽古讀與異近，羽及異皆喻母字，聲得相轉，……故羽之孳乳爲翼，从羽从異聲矣。”丁山《説冀》(《歷史語言研究所集刊》一本二分)：“金文字从象兩手端舉高與首齊形，當即翼敬、翼戴之本字。”“以音近，借敬爲羽翼字。”“秦漢以還，借敬爲異同字，復从羽於異上以爲鳥翅之專名。”唐説羽孳乳爲翼，丁説異孳乳爲翼。二説均認爲：翼，羽、異組成；羽異音近。

文二　重一

非部

非　違也。从飛下翄，取其相背[①]。凡非之屬皆从非。　甫微切(fēi)。

【譯文】非，違背。由飛字下部表示翅的部分構成，取兩翅相背的意義。大凡非的部屬都从非。

【注釋】① 其相背：徐灝《段注箋》："从飛下翅，謂取飛字下體而爲此篆耳。""鐘鼎文作，正合'从飛下翄'之語。小篆變作。凡鳥飛，翄必相背，故因之爲違背之偁。"

【參證】甲文作，金文作、、。林義光《文源》卷四："(字)象張兩翅。"

辈　別[①]也。从非，己聲[②]。　非尾切(fěi)。

【譯文】辈，分解。从非，己聲。

【注釋】① 別：《段注》："別者，分解也。"　② 从非，己聲：《段注》删"聲"字，注："己猶身。非己，猶言不爲我用。會意。非亦聲。"存參。

靡　披靡[①]也。从非，麻聲。　文彼切(mǐ)。

【譯文】靡，分散傾倒。从非，麻聲。

【注釋】① 披靡：徐灝《段注箋》："披謂分散，靡謂傾倚也。"徐氏釋二字獨立成義。若視"披靡"爲雙聲疊韻聯緜字，則如《段注》云："分散下垂之皃。"若論靡字本義，應如朱駿聲《通訓定聲》說："字从非，本訓當爲無。"

靠　相違[①]也。从非，告聲。　苦到切(kào)。

【譯文】靠，相違背。从非，告聲。

【注釋】① 相違：《段注》："相背也，故从非。今俗謂相依曰靠，古人謂相背曰靠。其義一也。猶分之合之皆曰離。"

陛　牢也。所以拘非[①]也。从非，陛省聲。　邊兮切(bī)。

【譯文】陛，牢獄。是用來拘捕爲非作歹者的地方。从非，陛省聲。

【注釋】① 拘非：徐灝《段注箋》："'拘非'，《廣韻》引《說文》作'拘罪'，《玉篇》亦曰'拘罪人'。今本'非'字疑涉非聲而誤。"存參。

文五

卂部

卂 疾飛也。从飛而羽不見[1]。凡卂之屬皆从卂。 息晉切(xùn)。

【譯文】卂,疾速地飛。由小篆飛字省去表示羽毛的筆畫構成。大凡卂的部屬都从卂。

【注釋】① 从飛句:饒炯《部首訂》:"蓋迅疾之事,凡物皆有,情亦難狀,惟飛較疾,而飛不見羽則尤疾。故迅疾字,古文从飛省其毛羽以指事。"

【參證】金文作。高鴻縉《中國字例》四篇:"飛而羽不見,其卂可知也。故後世加意符辵作迅。副詞。"

煢 回疾[1]也。从卂,營省聲[2]。 渠營切(qióng)。

【譯文】煢,(鳥)回旋疾飛。从卂,營省聲。

【注釋】① 回疾:《段注》:"回轉之疾飛也。" ② 營省聲:王筠《句讀》:"義兼聲也。""回之義,於从營得之。"《釋例》:"環、營皆旋繞之意。"

文二

說文解字今釋

增訂本

四

湯可敬　撰　周秉鈞　審訂

卷二十三

乙部

乙　玄鳥也。齊魯謂之乙。取其鳴自呼[①]。象形[②]。凡乙之屬皆从乙。[③]，乙或从鳥。　烏轄切(yà)[④]。

【譯文】乙，黑紅的燕鳥。齊地魯地叫它乙。根據它的叫聲是自己呼叫自己的名字來命名。象形。大凡乙的部屬都从乙。鳦，乙的或體，从鳥。

【注釋】① 自呼：王筠《釋例》："如言鴨能自呼其名也。本象其聲而命之名耳。"　② 象形：饒炯《部首訂》："象鳥翩飛上下，遠視之形。"王筠《句讀》："此字之形簡，燕字之形詳。"參"燕"條。
③ 鳦：《段注》："本與甲乙字異，俗人恐與甲乙亂，加鳥旁爲鳦。"
④《廣韻》"烏"作"乙"，此切無"乙"(鳦)字。徐鍇《繫傳》："此音軋(yà)。"

孔　通[①]也。从乙，从子。乙，請子之候鳥也[②]。乙至而得子，嘉美之也。古人名嘉字子孔[③]。　康董切(kǒng)。

【譯文】孔，通達。由乙、由子會意。乙，是祈請子女的、隨季節轉換而遷徙的鳥。乙鳥來到，就會得到子女，使人們生活嘉美。所以古人名嘉，字就叫子孔。

【注釋】① 通：達。　② 請子句：《禮記・月令》："仲春，玄鳥至，至之日，以大牢祠于高禖，天子親往。"注："高辛氏之世，玄鳥遺卵，娀簡吞之而生契。後王以爲媒官。"　③ 字子孔：《段注》："此又以古人名字相應，説孔訓嘉美之證。見於《左傳》者，楚成嘉、字子孔，鄭公子嘉、字子孔。"

【參證】金文作。林義光《文源》："本義當爲乳穴，引申爲凡穴之稱。象乳形。就之，以明乳有孔也。"

乳　人及鳥生子曰乳，獸曰產。从孚，从乙[①]。乙者，玄鳥也。《明堂月令》[②]："玄鳥至之日，祠于高禖，以請子[③]。"故乳从乙。請子必以乙至之日者，乙，春分來，秋分去，開生[④]之候鳥，帝少昊司分之官[⑤]也。　而主切(rǔ)。

【譯文】乳，人生育子女以及鳥孵化雛鳥叫作乳，獸生幼獸叫作產。由孚、由乙會意。乙，表示黑色的燕子。《明堂月令》說："黑色的燕子來到的日子，向高貴的禖神祭祀，來請求獲得子女。"所以乳字从乙。祈求子女一定要在燕子來到的日子的原因是，燕子，春分時節飛來，秋分時節飛去，是發育生育的、隨季節而遷徙的鳥，是先帝少昊氏主管春分秋分的官員。

【注釋】① 从孚，从乙：《段注》："孚者，卵即孚也。乙者，請子之候鳥也。"參"乙"條。　② 《明堂月令》：指《禮記・月令》。《大戴禮記・明堂》："明堂月令。"盧辯注："於明堂(明政教之堂)之中，於十二月之令。"　③ 玄鳥句：今本原文："仲春之月。是月也，玄鳥至。至之日，以太牢祠于高禖。"陳澔注："玄鳥，燕也。燕以施生時，巢人堂宇而生乳，故以其至爲祠禖祈嗣之候。高禖，先媒之神也。高者，尊之之稱。變媒言禖，神之也。"　④ 開生：王筠《句讀》："開生即發生也。"　⑤ 司分之官：《左傳・昭公十七年》："玄鳥氏，司分者也。"

【參證】甲文作。李孝定《甲骨文字集釋》："象懷子哺乳之形。从子與篆文同，从母，篆譌爲从爪从乙耳。"

文三　重一

不部

不　鳥飛上翔不下來也。从一，一猶天也。象形[①]。凡不之屬皆从不。　方久切(fǒu/bù)[②]。

【譯文】不，鳥飛向上翱翔卻不落下來。从一，一好比是天。()象鳥飛的形狀。大凡不的部屬都从不。

【注釋】① 象形：《段注》："謂也。象鳥飛去而見其翅尾形。"
② fǒu 爲"鳥飛上翔"義今讀。後借爲否定副詞，依《廣韻》分弗切

讀 bù。

【參證】甲文作、、，金文作、、。羅振玉《增訂殷虚書契考釋》："象花不（fū，柎）形。花不爲不之本誼。"郭沫若《甲骨文字研究》："其若，象子房，象萼，象花蕊之雄雌。"高鴻縉《中國字例》："不，原意爲鄂足，象形字，名詞。後借用爲否定副詞，日久而爲借意所專，乃另造柎字以還其原。"

否[1]　不也。从口，从不[2]，不亦聲。　方久切（fǒu）。

【譯文】否，不。由口、由不會意，不也表聲。

【注釋】① 否：嚴章福《校議議》："與口部重出，當刪彼存此。"存參。　② 从口，从不：徐鉉注："不可之意見（現）於言，故从口。"

文二

至部

至　鳥飛从高下至地也。从一，一猶地也。象形[1]。不，上去；而至，下來也[2]。凡至之屬皆从至。[3]，古文至。　脂利切（zhì）。

【譯文】至，鳥飛從高處下落到地面上。从一，一好比是地面。（）象鳥下飛的形狀。"不"字是鳥飛上去，而"至"字是鳥飛下來。大凡至的部屬都从至。𡊻，古文至字。

【注釋】① 象形：《段注》："謂也。不象上升之鳥，首鄉上；至象下集之鳥，首鄉下。"　② 不上去二句：王筠《釋例》："不上去者，不字象鳥向上而去；至下來者，謂至字象鳥向下而來。"　③ 𡊻：王筠《句讀》："从土猶从一也。"

【參證】甲文作、，金文作、。羅振玉《雪堂金石文字跋尾》："乃矢之倒文，一象地，象矢遠來降至地之形。"

到[1]　至也。从至，刀聲。　都悼切（dào）。

【譯文】到，到達。从至，刀聲。

【注釋】① 到：徐灝《段注箋》："戴氏侗曰：'至之義，鳥自上而下，故顛到之義取焉。'"顛到字後作"倒"。

【參證】金文作、、、。林義光《文源》:“从人至。”容庚《金文編》:“到从人,《説文》从刀,殆傳寫之譌。”

臻　至也。从至,秦聲。　側詵切(zhēn)。

【譯文】臻,至。从至,秦聲。

臸　忿戾也。从至,至而復(遜)[孫][1]。(遜)[孫],遁也。《周書》[2]曰:“有夏氏之民叨[3]臸。”臸,讀若摯。　丑利切(chì)。

【譯文】臸,忿怒而乖戾。从至,“至”上又加“孫”字會意。孫,表示徘徊藏避的意思。《周書》説:“夏國的民衆貪婪、忿戾。”臸,音讀象“摯”字。

【注釋】① 遜:徐鍇《繫傳》作“孫”,下“遜”字同。《段注》:“孫,遁也。此子孫字引申之義。孫之於王父,自覺其微小,故逡巡(有顧慮而徘徊或退卻)遁避之詞取諸此。至而復逡巡者,忿戾之意也。”　②《周書》:指《多方》。　③ 叨:本書食部“饕”的重文。

臺　觀[1]。四方而高者。从至,从之[2],从高省[3]。與室屋同意[4]。　徒哀切(tái)。

【譯文】臺,臺觀。四方形而高聳出地面的土築物。由至、由之、由高省會意。(从至)與“室”、“屋”从至而表示止息義的構形原則相同。

【注釋】① 觀:應連篆爲讀。朱駿聲《通訓定聲》:“積土四方高丈曰臺;不方者曰觀,曰闕;臺上有屋曰榭。”　② 从之:朱駿聲《通訓定聲》:“之象上出、遠而可見,與壴同意。”　③ 从高省:《段注》:“無屋者謂之臺,築高而已。”　④ 與室屋句:《段注》:“室屋篆下皆云:‘从至者,所止也。’是其意也。”

𦤶　到也。从二至。　人質切(rì)。

【譯文】𦤶,到達。由兩個“至”字會意。

文六　重一

西部

西　鳥在巢上。象形[1]。日在西方而鳥棲,故因以爲[2]東西之西。凡西之屬皆从西。,西或从木妻[3]。,古文西。

，籀文西。　先稽切(xī)。

【譯文】西，鳥兒(歇宿)在巢上。象形。日頭移在西方，鳥兒就棲息，所以就把棲息的西用作東方西方的西。大凡西的部屬都从西。棲，西的或體，从木，妻(聲)。卤，古文西字。卤，籀文西字。

【注釋】① 象形：《段注》："下()象巢，上()象鳥，會意。上下皆非字也，故不曰會意，而曰象形。"　② 以爲：《段注》："此説六書假借之例。假借者，本無其字，依聲託事。古本無東西之西，寄託於鳥在巢上之西字爲之。凡許君'以爲'者類此。"　③ 从木妻：《段注》："蓋从木、妻聲也。"

【參證】甲文作，金文作。王國維《觀堂集林》："(卜辭)正象鳥巢。"羅振玉《增訂殷虚書契考釋》："巢字篆文作，从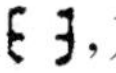，乃傳寫之譌，亦正是巢形也。日既西落，鳥已入巢，故不復如篆文於巢上更作鳥形矣。"

䙉

姓也。从西，圭聲。　户圭切(xié)。

【譯文】䙉，姓。从西，圭聲。

文二　重三

鹵部

鹵

西方鹹地也。从西省[1]，象鹽形[2]。安定有鹵縣[3]。東方謂之㡿[4]，西方謂之鹵。凡鹵之屬皆从鹵。　郎古切(lǔ)。

【譯文】鹵，西方的鹽鹹地。由籀文卤(xī)省去✕，()象鹽形。安定郡有鹵縣。東方叫鹽鹹地作斥，西方叫作鹵。大凡鹵的部屬都从鹵。

【注釋】① 从西省：張舜徽《約注》："古文西作卤，籀文西作卤，鹵則省其形而爲占，故云从西省。"　② 象鹽形：張舜徽《約注》："象鹽形，與米同意。"　③ 安定句：《漢書・地理志》安定郡有鹵縣，鹵縣在今甘肅省境内。　④ 東方句：王筠《句讀》："東方亦有鹹地，但名㡿(斥)，不名鹵也。"承培元《引經證例》："㡿(斥)之爲言墌

(坼)也。鹵地多墽裂,故曰㡿。鹵之爲言露也,不生艸木,無覆庇也。"

鹾　鹹也。从鹵,差省聲。河内[1]謂之鹾,沛[2]人言若虘。　昨河切(cuó)。

【譯文】鹾,鹹味。从鹵,差省聲。河内郡一帶叫作鹾,沛地人説鹾好象"虘"。

【注釋】① 河内:漢郡名。今河南省黄河以北大部分地方。

② 沛:漢郡名。在今安徽省内。王筠《句讀》:"謂沛人亦謂之鹾,特其言之也,則音如虘(cuó)耳。"

鹹　銜[1]也。北方味[2]也。从鹵,咸聲。　胡毚切(xián)。

【譯文】鹹,可銜在口裏品味。是代表北方的口味。从鹵,咸聲。

【注釋】① 銜:王筠《句讀》:"以疊韻説之。鹹味長,故銜而咀味之。"　② 北方味:《素問》王砅注:"凡物之味鹹者,皆水氣之所生也。"按五行説,水位於北方,所以説"(鹹)北方味也"。

文三

鹽部

鹽　鹹[1]也。从鹵[2],監聲。古者,宿沙[3]初作煮海鹽。凡鹽之屬皆从鹽。　余廉切(yán)。

【譯文】鹽,具有鹹味的(調料)。从鹵,監聲。古時候,名叫宿沙的最初製作煮湅海水的鹽。大凡鹽的部屬都从鹽。

【注釋】① 鹹:王筠《句讀》:"以疊韻説之者。鹹乃鹽之味。與'門,聞也''户、護也'同爲説解之變例。"　② 从鹵:《段注》:"玄應書三引《説文》'天生曰鹵,人生曰鹽'。"所以鹽从鹵。徐灝《段注箋》:"'天生'謂不湅治者,如今鹽田所曬生鹽;'人生'謂湅治者,如今揚竈所煎熟鹽。"　③ 宿沙:黄帝的臣子。

盬　河東[1]鹽池。袤[2]五十一里,廣七里,周百十六里。从鹽省,古聲。　公户切(gǔ)。

【譯文】盬,河東郡的鹽池。長五十一里,寬七里,周圍一百一十六里。由鹽省鹵作形旁,古聲。

【注釋】① 河東:漢郡名。張舜徽《約注》:"河東鹽池,即後世所稱解池也。在今山西省西南部中條山北麓,介於解縣、安邑之間,世稱解鹽,又稱潞鹽,或河東鹽,爲池鹽中之最著名者。"　② 袤(mào):長度。

鹼　鹵[1]也。从鹽省[2],僉聲。　魚欠切(yàn/jiàn)[3]。

【譯文】鹼,鹽滷。由鹽省去監作形旁,僉聲。

【注釋】① 鹵:桂馥《義證》:"鹵也者,鹹地之人於日未出,看地上有白若霜者,掃而煎之,便成鹼矣。"　② 从鹽省:《段注》:"此篆明明从鹵,不知何以云从鹽省。"　③ 今讀依《廣韻》古斬切。朱駿聲《通訓定聲》:"疑本有正篆鹽字。寫者奪之。"按:若不省,則爲"𪉦"字。鹽省去聲符監,留下義符鹵,以僉爲聲,則成鹼字。

文三

户部

户　護[1]也。半門曰户。象形。凡户之屬皆从户。床,古文户从木[2]。　侯古切(hù)。

【譯文】户,保護(室内的門户)。門一半叫户。象形。大凡户的部屬都从户。床,古文户字,从木(户象其形)。

【注釋】① 護:《段注》:"以疊韻爲訓。"《釋名·釋宫室》:"户,護也。所以謹護閉塞也。"　② 从木:《段注》:"从木,而象其形。"

【參證】甲文作□、□,象一扇門的形狀。楊樹達《文字形義學》:"於形爲肖。"黄錫全《汗簡注釋》卷五:"陳胎戈'户'作□,《説文》古文作床,此形同。"

扉　户扇也。从户,非聲[1]。　甫微切(fēi)。

【譯文】扉,門扇。从户,非聲。

【注釋】① 非聲:聲中有義。徐灝《段注箋》"扇"下:"扇从羽,與扉从非同意,皆兩翼之象也。"參"非"條。

扇 扉也。从户,从翍(聲)[省]①。 式戰切(shàn)。

【譯文】扇,門扇。由户、由翍省支會意。

【注釋】① 从翍聲:當依徐鍇《繫傳》作“翍省”,徐注:“象鳥之翅。會意。”

房 室在旁①也。从户②,方聲③。 符方切(fáng)。

【譯文】房,房室在(正室的)兩旁。从户,方聲。

【注釋】① 室在旁:桂馥《義證》:“古者宫室之制,前堂後室;前堂之兩頭有夾室,後室之兩旁有東西房。” ② 从户:《段注》:“焦氏循曰:房必有户以達於堂,又必有户以達於東夾西夾,又必有户以達於北堂。” ③ 方聲:聲中有義。王筠《釋例》:“鄙意以方爲旁字。”

戾① 輜車旁推户也②。从户,大聲。讀與釱同。 徒蓋切(dài/tì)③。

【譯文】戾,有帷蓋的車子兩旁可以推開的門。从户,大聲。音讀與“釱(tì)”相同。

【注釋】① 戾:朱駿聲《通訓定聲》:“與从户从犬字迥别。”本書犬部:“戾,曲也。” ② 輜車句輜車,《段注》:“衣車也。”旁推户,徐鍇《繫傳》:“謂車中狹,不容轉扉,傍壁爲扇,推而開閉也。” ③ 今讀依《廣韻》他計切。

戹 隘也。从户①,乙聲②。 於革切(è)。

【譯文】戹,狹隘(處)。从户,乙聲。

【注釋】① 从户:徐鍇《繫傳》:“户,小門也。” ② 乙聲:聲中有義。《段注》:“此从甲乙之乙,取乙乙難出之意也。”

【參證】金文作、。容庚《金文編》:“戹象車戹(軛)形。孳乳爲軶。”“《詩·韓奕》之‘鞗革金戹’傳:‘戹,烏噣也。’《釋名》:‘槅,枙也,所以扼牛頸也。馬曰:烏啄下向,叉馬頸,似烏開口向下啄物時也。’此字正象其形。”

肁 始開也。从户,从聿①。 治矯切(zhào)。

【譯文】肁,剛開門。由户、由聿會意。

【注釋】① 从聿:《段注》:“聿於語詞有始義,故从聿。”

【參證】金文作。林義光《文源》:“从又持在户側。象門歫,手持歫,啟門之象。”

① 户牖之間謂之扆。从户,衣聲。　於豈切(yǐ)。

扆 【譯文】扆,門和窗之間叫作扆。从户,衣聲。

【注釋】① 扆:徐鍇《繫傳》:“《禮》注云:若今屏風也。”按:此屏風因其所在之處,而名之曰扆。

 閉也。从户,劫省聲①。　口盍切(kè/qù)②。

戹 【譯文】戹,關閉門户。从户,劫省聲。

【注釋】① 劫省聲:《段注》:“疑當作去聲。”　② 今讀依《廣韻》丘倨切。

① 外閉之關②也。从户,冋聲。　古熒切(jiōng)。

扃 【譯文】扃,從外面關閉門户的門栓門環。从户,冋聲。

【注釋】① 扃:王筠《句讀》:“扃與木部楗,蓋内外相對,皆關閉之器。在門内者謂之楗,在門外者謂之扃也。”　② 外閉句:外閉,王筠《釋例》:“向外閉之也。”關,《段注》:“關者,以木横持門户也。”張舜徽《約注》:“猶今人外出必鎖門也。”

【參證】楊樹達《積微居小學述林·扃》:“(見本書卷十部)乃扃字之初文。”“左右二竪畫象户旁植柱,中一横畫象關。”

文十　重一

門部

 聞①也。从二户②。象形。凡門之屬皆从門。　莫奔切(mén)。

門

【譯文】門,内外相互聞聽得到。由相對的兩個户字會意。象形。大凡門的部屬都从門。

【注釋】① 聞:《段注》:“以疊韻爲訓。聞者,謂外可聞於内,内可聞於外也。”　② 从二户:《段注》:“此如鬥从二丮,不必有反丮字也。”參“鬥”條。

【參證】甲文作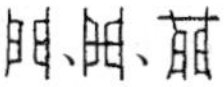,金文作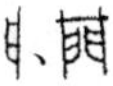。羅振玉《增訂殷虚書契考

釋》："（甲文）象兩扉形。""次象加鍵，三則上有楣也。"

閶[①] 天門也。从門，昌聲。楚人名門曰閶闔[②]。 尺量切(chāng)。

【譯文】閶，（閶闔，傳説中的）天門。从門，昌聲。楚地人叫門作閶闔。

【注釋】① 閶：《段注》此下有"閶闔"二字。張舜徽《約注》："凡訓天門者，皆閶闔二字連稱，無單言閶者。" ② 楚人句：朱駿聲《通訓定聲》："此字本訓門，自《淮南·原道》'排閶闔，鑰天門'用以爲喻後，遂以爲天門也。"

闈[①] 宫中之門也。从門，韋聲。 羽非切(wéi)。

【譯文】闈，宫中的（小）門。从門，韋聲。

【注釋】① 闈：朱駿聲《通訓定聲》："《爾雅·釋宫》孫注：'闈者，宫中相通小門也。'"

閻 閻[①]謂之樀。樀，廟門[②]也。从門，詹聲。 余廉切(yán)。

【譯文】閻，（廟門的）檐叫作樀(dí)。樀，又指廟門。从門，詹聲。

【注釋】① 閻：李富孫《辨字正俗》："閻爲廟門之檐。"徐鍇《繫傳》："今俗作檐。"徐鉉"檐"下："今俗作簷。"按：造字時側重廟門頂上伸出之邊沿，則從門；側垂其材質，或从木，或从竹。 ② 廟門：王筠《句讀》："以廟門爲兼義。"

闳 衖[①]門也。从門，厷聲。 户萌切(hóng)。

【譯文】闳，巷門。从門，厷聲。

【注釋】① 衖：《段注》："衖者，里中道也。"即巷字。

閨 特立[①]之户，上圜下方，有似圭。从門，圭聲[②]。 古攜切(guī)。

【譯文】閨，獨立的（無屋覆蓋的）門，上圓下方，象玉圭。从門，圭聲。

【注釋】① 特立：王筠《句讀》："此則洞房連閣，有牆以區其院落，有門以通其往來，上無屋覆，故特立也。" ② 圭聲：王筠《句讀》："圭乃比象之詞。且意與聲互相備。"

閤 門旁户[①]也。从門，合聲。 古沓切(gé)。

【譯文】閤，正門旁邊的小門。从門，合聲。

【注釋】① 門旁户：《段注》："漢人所謂閤者，皆門旁户也。皆於正門之外爲之。"朱駿聲《通訓定聲》："今蘇俗所謂腳門是也。"

闒[1]　樓上户也。从門，䍐聲。　徒盍切（tà）。

【譯文】闒，樓上小門。从門，䍐聲。

【注釋】① 闒：即今"闔"字。

閈　（門）[閭][1]也。从門，干聲。汝南平輿[2]里門曰閈。　侯旰切（hàn）。

【譯文】閈，里巷的門。从門，干聲。汝南郡平輿縣里巷的門叫閈。

【注釋】① 門：當依《段注》作"閭"。參"閭"條。　② 平輿：《漢書·地理志》汝南郡有平輿縣，故城在今河南省汝南縣東南。

【參證】金文作、。吴寶煒《毛公鼎文正》："門所以限内外，閈猶限義。"

閭　里門也。从門，吕聲。《周禮》[1]："五家爲比，五比爲閭。"閭，侣也，二十五家相羣侣也。　力居切（lǘ）。

【譯文】閭，里巷的門。从門，吕聲。《周禮》説："五家成爲一比，五比成爲一閭。"閭，伴侣，二十五家相互羣居成爲伴侣。

【注釋】①《周禮》：指《地官·大司徒》。今本原文："地官令五家爲比，使之相保；五比爲閭，使之相受。"

【參證】金文作，从門，膚（臚）聲。李孝定《金文詁林》卷十三："王國維釋閭。"

閻　里中門[1]也。从門，臽聲。壛，閻或从土。　余廉切（yán）。

【譯文】閻，里巷中的門。从門，臽聲。壛，閻的或體，从土。

【注釋】① 里中門：朱駿聲《通訓定聲》："里外門曰閭，亦曰閈，里中門曰閻。"參"閭"、"閈"條。王筠《句讀》："今巷口栅欄，即閻之遺製。"

闠　市外門也。从門，貴聲。　胡對切（huì）。

【譯文】闠，市區的外門。从門，貴聲。

闉　城（内）[曲]重門也[1]。从門，垔聲。《詩》[2]曰："出其闉闍。"　於真切（yīn）。

【譯文】闉，保護城門的月城的門。从門，垔聲。《詩經》説："走出那月城的門。”

【注釋】① 城内句内，當依《段注》作“曲”。段注：“城曲、曲城意同。”曲城重門，徐鍇《繫傳》：“若今門外壅城門也。”壅城，即保護城門的月城。重，謂與城門相重。　②《詩》：指《鄭風・出其東門》。闉闍，偏義複詞，取“闉”義。

闍 闉闍①也。从門，者聲。　當孤切(dū)。

【譯文】闍，城門上的臺。从門，者聲。

【注釋】① 闉闍：王筠《句讀》改作“城門臺”。

闕 門觀①也。从門，欮聲。　去月切(què)。

【譯文】闕，宫門外兩邊的樓臺。从門，欮聲。

【注釋】① 門觀：徐鍇《繫傳》：“蓋爲二臺於門外，人君作樓觀於上，上員下方。以其闕然爲道，謂之闕；以其上可遠觀，謂之觀。”

閞 門欂櫨①也。从門，弁聲。　皮變切(biàn)。

【譯文】閞，門柱上的斗拱。从門，弁聲。

【注釋】① 欂櫨：《段注》：“欂櫨，柱上枅(jī)也。閞則門柱上枅之名。”張舜徽《約注》：“欂櫨，即斗拱。方木似斗形，在短柱上，拱承屋棟，亦名爲枅。其在門柱上者，則謂之閞。”

閉 門扇也。从門，介聲。　胡介切(xiè)。

【譯文】閉，門扇。从門，介聲。

闔 門扇也。一曰：閉也。从門，盍聲。　胡臘切(hé)。

【譯文】闔，門扇。另一義説，闔是關閉的意思。从門，盍聲。

闑 門梱①也。从門，臬聲②。　魚列切(niè)。

【譯文】闑，門中豎立的短木。从門，臬聲。

【注釋】① 門梱：“本書木部曰：梱，門橜也。”張舜徽《約注》：“古人於門中央豎短木，以限止門，謂之闑。”　② 臬聲：聲中有義。《爾雅・釋宫》：“樴謂之杙，在地者謂之臬。”郭注：“即門橜也。”所以，朱駿聲《通訓定聲》作：“从門臬會意，臬亦聲。”

閾① 門榍②也。从門，或聲。《論語》③曰：“行不履閾。”𨷹，古文閾从洫④。　于逼切(yù)。

【譯文】閾，門檻。从門，或聲。《論語》説："走，不踩門檻。"闆，古文閾字，从洫聲。

【注釋】① 閾：徐鍇《繫傳》："門限也。"　② 梱(xiè)：本書木部："梱，限也。"　③《論語》：指《鄉黨篇》。　④ 从洫：《段注》："从洫聲。"洫，从血聲。柳榮宗《引經考異》："古或、血通用。"

閬 門高也。从門，良聲。巴郡有閬中縣[①]。　來宕切(làng)。

【譯文】閬，門高。从門，良聲。巴郡有閬中縣。

【注釋】① 閬中縣：見《漢書・地理志》。即今四川省閬中縣。

闢[①] 開也。从門，辟聲。閥，《虞書》[②]曰："闢四門。"从門，从𠬜[③]。　房益切(pì)。

【譯文】闢，開啟。从門，辟聲。《虞書》説："開啟四門。"閥，古文闢字。由門、由𠬜會意。

【注釋】① 闢：此條譯文依《段注》校訂。　②《虞書》：指《堯典》。《段注》："此六字(虞書曰闢四門)當在'从門，辟聲'之下。"
③ 从門，从𠬜(pān)：《段注》："此上當補'古文闢'三字。𠬜者，今之攀字，引也。今俗語以手開門曰攀開。"王筠《句讀》："《釋言》：'開，闢也。'案二字小異。開，舉事本，故古文作開，兩手執扃以開之也；闢，舉事末，故古文作閥，兩手向外，推其扇以附於牆，且無扃形也。"

【參證】金文作閥、閥。从門，从𠬜。林義光《文源》："象手闢門形。"戴家祥《金文大字典》引楊樹達曰："……開闢義同，古文開从収，闢或作閥，从𠬜。形相反者，蓋門有關，兩手去其關則爲開；門無關，第以二手推左右扉而啟之，則謂之闢也。"(《小學述林》八三頁《釋開闢閉》)按：楊説實承王筠説。

闖 闢門也。从門，爲聲。《國語》[①]曰："闖門而與之言。"　韋委切(wěi)。

【譯文】闖，開門。从門，爲聲。《國語》説："開門而同她説話。"

【注釋】①《國語》：指《魯語下》。原文爲："公父文伯之母，季康子之從祖叔母也。康子往焉，闖門與之言，皆不踰閾。"今本"闖門"下無"而"字。承培元《引經證例》："男女各不踰閾，故但闢門以通言語。"

闡 開也。从門，單聲。《易》[1]曰："闡幽。" 昌善切(chǎn)。

闡 【譯文】闡，打開。从門，單聲。《易經》説，"開啟幽隱的東西。"

【注釋】①《易》：指《繫辭》下。

開 張[1]也。从門，从幵[2]。𨳡[3]，古文。 苦哀切(kāi)。

開 【譯文】開，開門。由門、由幵會意。𨳡，古文開字。

【注釋】① 張：《段注》："張者，施弓弦也。門之開如弓之張，門之閉如弓之弛。" ② 从幵：朱駿聲《通訓定聲》："从収一，一者，關也。"注："小篆與古文不異，筆畫整齊之耳。非从幵也。" ③ 𨳡：王筠《釋例》："𨳡之𠂇仍是左手，又仍是右手，故以一象扃，兩手奉扃以開之。"

【參證】林義光《文源》卷六："𨳡，象兩手啟關形。""(開)非幵聲。"

闓[1] 開[2]也。从門，豈聲。 苦亥切(kǎi)。

闓 【譯文】闓，開門。从門，豈聲。

【注釋】① 闓：《段注》："本義爲開門，引申爲凡启導之偁。" ② 開：《方言》卷六："開户，楚謂之闓。"

【參證】楊樹達《積微居小學述林·釋開闢閉》："此開之形聲字也。"

閜 大開也。从門，可聲。大杯亦爲閜[1]。 火下切(xiǎ)。

閜 【譯文】閜，大開。从門，可聲。大的杯子也叫作閜。

【注釋】① 大杯句：《方言》卷五："閜，桮也，其大者謂之閜。"

閘[1] 開閉門也。从門，甲聲。 烏甲切(yā/zhá)[2]。

閘 【譯文】閘，開門、閉門的總稱。从門，甲聲。

【注釋】① 閘：《段注》："謂樞轉軋軋有聲。"朱駿聲《通訓定聲》："今河中疊石，左右設版瀦水，可以啟閉，曰閘門，曰閘版，曰閘河，曰閘官，以利漕艘往來。即此字之轉注。" ② 今讀依《篇海類編》直甲切。

閟 閉門也。从門，必聲。《春秋傳》曰："閟門而與之言[1]。" 兵媚切(bì)。

閟 【譯文】閟，閉門。从門，必聲。《春秋左傳》説："閉上門而同她説話。"

【注釋】① 閟門句：《段注》："六字當是'閟而以夫人言'之誤。見

《左傳·莊公卅二年》。”今本原文：“初，公築臺，臨黨氏，見孟任（黨家女），從（跟着）之。閟（指孟任閉門以拒之）。而以夫人言（莊公許孟任以夫人），許之，割臂盟公。”

【參證】楊樹達《積微居小學述林·釋開闢閉》：“此閉之形聲字也。”

閣 閣 所以止扉也①。从門，各聲。 古洛切（gé）。

【譯文】閣，用來固定門扇的東西。从門，各聲。

【注釋】① 所以句：《爾雅·釋宮》：“所以止扉謂之閣。”郭璞注：“門辟旁長橛（木樁）也。”王引之《述聞》：“辟與闢同，開也。謂門之既開，其旁有長橛以止之，使不動搖。”王筠《句讀》：“兩旁地下有孔，以橜通其中，以止其扉，使之不動。今都城各門皆然。”王筠《釋例》又進而證明閣止引申爲閣置：“凡門扇太大者，既開之後，無所附麗恐其重墜既久，不復正方，不利闔閉，且恐大風驟闔其門，以擊撞而敝敗也，於是以或木或石，鑿爲幞頭形，一半卑處，承門之下，一半高處，倚門之面，是門庋閣其上也。故謂之閣。”

【參證】王筠所說的閣止巨門的幞頭狀的或木或石之物曰閣，於是“在古代，存放東西的木板架子叫做閣。”“大規模的編木而成的棚棧也叫閣。”“引申爲指儲存東西的建築的閣，是極其自然的。”見裘錫圭《漢簡拾零》（《文史》第十二輯）。

閒① 閒 隟②也。从門，从月③。𨳝④，古文閒。 古閑切（jiān/jiàn）⑤。

【譯文】閒，空隙。由門、由月會意。𨳝，古文閒字。

【注釋】① 閒：《段注》：“閒者，稍暇也，故曰閒暇。今人分別其音爲户閑切（xián），或以閑代之。閒者，隙之可尋者也。故曰閒隔、曰閒諜，今人分別其音爲古莧切（jiàn）。”按：後一義，後世造“間”字。

② 隟：桂馥《義證》：“隟也者，乃隙之誤。”《段注》：“隙者，壁際也。引申之凡有兩邊、有中者皆謂之隙。隙謂之閒。閒者，門開則中爲際。凡罅縫皆曰閒，其爲有兩、有中，一也。” ③ 从門，从月：徐鍇《繫傳》：“夫門當夜閉，閉而見月光，是有閒隙也。” ④ 閒：《段注》改爲𨳝：“今考正，與古文恆同。中从古文月也。”王筠《句讀》：“外即月也。左半象月形，右半則月光之發舒者，非从外也。恆之

古文亙亦然。”參“恆”條。　⑤ 今讀依《廣韻》古莧切。

【參證】金文作〓、〓、〓。阮元《積古齋鐘鼎彝器款識》卷三：“〓（宗周鐘）。閒字月在門上。徐鍇所謂門夜閉而見月光，是有閒隙，非謂月在門内也。”金文第二字改从〓，即古文〓（月）之譌。〓，从門从夕，从夕猶从月也。

閜　門傾也。从門，阿聲。　烏可切（ě）。

【譯文】閜，門傾斜。从門，阿聲。

閼　遮㩹①也。从門②，於聲。　烏割切（è）。

【譯文】閼，阻塞。从門，於聲。

【注釋】① 遮㩹：《段注》：“遮者，遏也。㩹者，褒也。古書壅遏字多作㩹閼。”　② 从門：王筠《句讀》：“閼與遏同義。彼从辵，故曰微止。此从門，故曰遮㩹。㩹者，邕之借字。小徐作壅，則俗字也。”

𨷲①　開閉門利②也。从門，繇聲③。一曰：縷十（紘）[總]④也。旨沇切（zhuǎn）。

【譯文】𨷲，用來開關門户自由自便的。从門，繇聲。另一義説，𨷲是絲縷十總的意思。

【注釋】① 𨷲：《段注》：“今俗語云‘自由自便’，當作此字。”錢坫《斠詮》：“今俗開閉門之鍵（鎖簧）曰𨷲。”　② 利：便利。　③ 繇聲：《段注》：“此篆當音由，《唐韻》乃旨沇切。未詳。”　④ 紘：《段注》：“紘者冠卷，非其義。疑當作總。總者謂布縷之數，八十縷爲一總。”

𨶚　門聲①也。从門，曷聲。　乙鎋切（yà）。

【譯文】𨶚，門聲。从門，曷聲。

【注釋】① 門聲：張舜徽《約注》：“謂門扇搖樞作聲也。”

𨷻　門響①也。从門，鄉聲②。　許亮切（xiàng）。

【譯文】𨷻，門向着的地方。从門，鄉聲。

【注釋】① 門響：《段注》：“響疑當作鄉。鄉者今之向字。門鄉者謂門所向。《釋言》：‘兩階間謂之鄉。’”　② 鄉聲：聲中有義。見注①。

　門遮①也。从門，柬聲。　洛干切(lán)。

闌　【譯文】闌，門的栅欄。从門，柬聲。

【注釋】① 門遮：《段注》："謂門之遮蔽也。俗謂櫳檻爲闌。"

【參證】金文作、。徐中舒《甲骨金文字典》卷十二："金文从門，柬聲。爲《説文》闌字篆文所本。或增从月，同。"

①　闌也。从門中有木②。　户閒切(xián)。

閑　【譯文】閑，木欄。由"門"中有"木"會意。

【注釋】① 閑：《段注》："引申爲防閑。古多借爲清閒字，又借爲嫻習字。"　② 从門句：張舜徽《約注》："今俗猶多以木爲櫳檻，形制甚小，施於門限上，所以隔别内外，防小兒、家畜之任意出入，蓋即闌之遺意。閑从門中有木而訓爲闌，謂此也。"

【參證】金文作，與篆文同。

　闔門也。从門；才①，所以歫門也。　博計切(bì)。

閉　【譯文】閉，關門。从門；才，是用來支撑門的木棒之類。

【注釋】① 才：《段注》："从門而又象撑歫門之形，非才字也。才不成字，云'所以歫門'，依許全書之例，當云：'才，象所以歫門之形。'"桂馥《義證》："《月令》'修鍵閉'正義引何氏曰：鍵是門扇之後，樹兩木，穿上端爲孔。閉者，謂將扃關門以内孔中。"

【參證】金文作、。張舜徽《約注》："象鍵閉之形，即今俗所稱木鎖也。"馬敘倫《六書疏證》卷二十三："今北平大門率有横扃，而杭縣大門則直扃。用直扃者，於門扇之上下，如(各)置一木，横之，而居中爲孔。門闔，則以所謂門栓者直當門縫，兩耑各内於孔中。此篆門中之，正如上下各一木而中一木貫之也。"

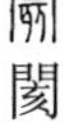　外閉①也。从門，亥聲。　五溉切(ài)。

閡　【譯文】閡，从門外關門。从門，亥聲。

【注釋】① 外閉：胡文英《吴下方言考・卦韻》："閡，出門後曳門使閉也。吴中出門而略帶上其門曰閡。"

①　閉門也。从門，音聲。　烏紺切(àn)。

闇　【譯文】闇，閉門。从門，音聲。

【注釋】① 闇：《段注》："借以爲幽暗字。"張舜徽《約注》："門閉則室暗，義實相成也。”

關① 以木横持門户也。从門，𢇇聲。　古還切（guān）。

關 【譯文】關，用木横着支撑門扇。从門，𢇇（guān）聲。

【注釋】① 關：即門閂。朱駿聲《通訓定聲》：“竪木爲閑，横木爲關。”

【參證】金文作，象關門上閂。又作，戴家祥《金文大字典》：“（象）用門杠直插關閉。”

闟 關下牡①也。从門，龠聲。　以灼切（yuè）。

闟 【譯文】闟，横閂之下並從中穿過下插地上的直閂。从門，龠聲。

【注釋】① 關下牡：王筠《句讀》：“關，横設之；闟，直設之，而承關之下。關有孔以受闟，故曰關下牡也。以木爲之。凡鎖器，入者謂之牡，受者謂之牝。”按：以牡牝、雄雌比喻入者受者。

闐 盛皃。从門，真聲。　待年切（tián）。

闐 【譯文】闐，盛大的樣子。从門，真聲。

闛 闛闛，盛皃。从門，堂聲。　徒郎切（táng）。

闛 【譯文】闛，闛闛，盛大的樣子。从門，堂聲。

閹 竪①也。宫中奄②，閽③閉門者。从門，奄聲④。　英廉切（yān）。

閹

【譯文】閹，童僕。是宫中被閹割的人，是黄昏時關閉宫門的人。从門，奄聲。

【注釋】① 竪：《段注》：“竪猶孺也。《周禮》注曰：‘竪，未冠者之官名。’”　② 奄：《段注》：“《周禮》注曰：‘奄，精氣閉藏者。’今謂之宦人。”按：奄有覆蓋義，覆蓋則閉藏。施動者謂覆蓋，受動者謂閉藏。　③ 閽：當依《段注》作“昏”。　④ 奄聲：聲中有義。見注②。朱駿聲《通訓定聲》作“从門从奄，會意，奄亦聲。”

閽① 常以昏閉門隸②也。从門，从昏，昏亦聲。　呼昆切（hūn）。

閽 【譯文】閽，是常常在黄昏時節關閉門户的差役。由門、由昏會意，昏也表聲。

【注釋】① 閽：《周禮·天官·閽人》：“掌守王宫之中門之禁。”鄭玄注：“閽人司昏晨以啟閉門者。”　② 隸：《段注》引《周禮》注曰：

“隸，給勞辱之役者。”

闚[1] 閃也。从門，規聲。 去隓切(kuī)。

【譯文】闚，从門中偷看。从門，規聲。

【注釋】① 闚：桂馥《義證》：“《字林》：‘闚，傾頭門内視也。’《方言》：‘闚，視也。凡相竊視，南楚謂之闚。’”王鳴盛《蛾術編》：“鶴壽案：《史記・晏子傳》：‘其御之妻从門閒而闚其夫。’宛然畫出一闚字。”

闌 妄入宫掖[1]也。从門，䜌聲。讀若闌。 洛干切(lán)。

【譯文】闌，妄自出入宫廷門户。从門，䜌聲。音讀象“闌”字。

【注釋】① 妄入宫掖：《漢書・成帝紀》：“闌入尚方掖門。”應劭説：“無符籍妄入宫曰闌。掖門者，正門之傍小門也。”顔師古説：“掖門在兩傍，言如人臂掖也。”

𨳿 登也。从門二[1]。二，古文下字。讀若軍敶之敶。 直刃切(zhèn)。

【譯文】𨳿，登升。由“門”在“二”下會意。二，古文下字。音讀象軍陳的“陳”字。

【注釋】① 从門二：徐鉉曰：“下(二)言自下而登上也，故从下。《商書》曰：‘若升高，必自下。’”

【參證】林義光《文源》：“下門者，其下爲門，登高之象。”

閃 闚頭門中[1]也。从人在門中。 失冉切(shǎn)。

【譯文】閃，把頭伸在門中偷看。由“人”在“門”中會意。

【注釋】① 闚頭門中：《禮運》正義：“閃是忽有忽無，故字从門中人也。”闚頭門中偷看，勢必躲躲閃閃，故爲忽有忽無之皃。

閱 具數[1]於門中[2]也。从門，説省聲[3]。 弋雪切(yuè)。

【譯文】閱，在門中逐一清點計算。从門，説省聲。

【注釋】① 具數：徐鍇《繫傳》：“一一數之也。” ② 於門中：《段注》：“以其字从門也。” ③ 説省聲：徐鍇《繫傳》作“兑聲”。

闋 事已，閉門[1]也。从門，癸聲。 傾雪切(què)。

【譯文】闋，事情終止了，已經關門了。从門，癸聲。

【注釋】① 閉門：王筠《句讀》：“閉門二字，後人以字从門增之也。”

 望①也。从門，敢聲。 苦濫切(kàn)。

闞 【譯文】闞，盼望。从門，敢聲。

【注釋】① 望：《段注》："望者，出亡在外，望其還也。望有倚門、倚閭者，故从門。"

① 疏②也。从門③，活④聲。 苦括切(kuò)。

闊 【譯文】闊，疏遠。从門，活聲。

【注釋】① 闊：今作闊。 ② 疏：本書㐬部："疏，通也。"通則遠，故譯爲疏遠。徐灝《段注箋》："今義謂廣，即疏闊之引申。" ③ 从門：《段注》："猶䣕之从酉。" ④ 活：同活。

【參證】金文作。

① 弔者在門也。从門，文聲。②，古文閔。 眉殞切(mǐn)。

閔 【譯文】閔，弔唁的人在門口。从門，文聲。𢝊，古文閔字。

【注釋】① 閔：《段注》："引申爲凡痛惜之辭。俗作憫。" ② 𢝊：徐鍇《繫傳》："古文閔从思民。"

【參證】金文作。

 馬出門皃①。从馬在門中。讀若郴。 丑禁切(chèn)。

闖 【譯文】闖，馬出門的樣子。由"馬"在"門"中會意。音讀象"郴"字。

【注釋】① 馬出門皃：《段注》："引申爲突兀驚人之辭。《公羊傳》曰：'開之，則闖然公子陽生也。'何云：'闖，出頭皃。'"又，"俗語轉若㧊。"即初亮切。今音(chuǎng)。如：闖蕩。

文五十七 重六

① 市垣也。从門，睘聲。 户關切(huán)。

闤 【譯文】闤，集市的垣墻。从門，睘聲。

【注釋】① 闤：《文選·張衡〈西京賦〉》："爾乃廓開九市，通闤帶闠。"闠，市門。

① 門也。从門，達聲。 他達切(tà)。

闥 【譯文】闥，門(内)。从門，達聲。

【注釋】① 闥：《鈕新附考》："《詩·東方之日》'在我闥兮'毛傳：'闥，門内也。'《釋文》引《韓詩》云'門屏之間曰闥。'"門屏之間亦在門内。由門内義引申爲凡門之偁。王安石《書湖陰先生壁》:“一水護田將緑繞,兩山排闥送青來。”

閌[①] 閌閬,高門也。从門,亢聲[②]。 苦浪切(kàng)。

【譯文】閌,是閌和閬的閌,閌和閬都是高大的門。从門,亢聲。

【注釋】① 閌:《鈕新附考》:“《玉篇》:‘閌,恪浪切。閌閬,高門皃。’引《詩》云‘高門有閌’。本亦作伉。”《鄭新附考》:“今《詩》作伉,段借字。《釋文》:‘伉本又作亢。’亢字原有高義,作亢,是古本。古原無門高稱亢專字,漢人乃别造閌以配閬。” ② 亢聲:聲中有義。《段注》“亢,人頸也”下:“亢之引申爲高也。”

閥 閥閱[①],自序也。从門,伐聲[②]。義當通用伐。 房越切(fá)。

【譯文】閥,是閥和閲的閥,閥、閲是門前寫上自己列敘自我功勞、經歷文字的左右兩根柱子。从門,伐聲。其義應通用伐字。

【注釋】① 閥閲:《漢書·田千秋傳》:“無伐閲功勞。”師古注:“古曰伐,積功也;閲,經歷也。”徐灝《箋》:“今字閥从門者,蓋因閲而增之。唐宋以後,遂于門外作二柱,謂之烏頭閥閲。”《玉篇》:“在左曰閥,在右曰閲。” ② 伐聲:聲中有義。伐本義爲擊殺,引申爲征伐,爲功勞。《左傳·莊公二十八年》:“且旌君伐。”楊伯峻注:“伐,功也。”閥,从門从伐,特指門前寫上功績的柱子,閥是伐的加旁分化字。故徐鉉説:“(古)義當通伐。”

闃 静也。从門,狊聲[①]。臣鉉等案:《易》[②]:“窺其户,闃其無人。”窺,小視也。狊,大張目也。言始小視之,雖大張目,亦不見人也。義當只用狊字[③]。 苦狊切(qù)。

【譯文】闃,寂静。从門,狊(jú)聲。臣徐鉉等按:《易》:“窺其户,闃其無人。”窺,是從門穴中眯眼小視。狊,是睜大眼睛看。《易》所説,是開始小視,然後即使瞪眼大張其目,那門户之處,也寂静地不見有人。其義當只用狊字。

【注釋】① 狊聲:聲中有義。見下注。 ②《易》:見《易·豐》。③ 狊字:《爾雅》:“須屬鳥曰狊。”徐灝箋:“須屬之義,須者須臾也。須臾者,休息也。”“郝氏《爾雅疏》曰:‘鳥之休息,恒張兩翅,瞪目直視，所謂鳥伸鴟視是也。'"鳥伸鴟視，如犬之大張其目。故《說文》釋狊爲"犬視皃。从犬目。"大張其目，直視無人，無人則寂靜，故狊可引申爲寂靜。徐鉉因此說："義當用狊字。"加門，則張顯寂靜之處。

文五　新附

耳部

耳　主聽也。象形①。凡耳之屬皆从耳。　而止切(ěr)。

【譯文】耳，主管聽覺(的器官)。象形。大凡耳的部屬都从耳。

【注釋】① 象形：徐灝《段注箋》："象耳輪郭及竅之形，借爲語詞。"

【參證】甲文作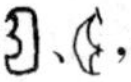，金文作。林義光《文源》卷一："象耳及耳竇之形。"

耴　耳垂也。从耳下垂①。象形。《春秋傳》曰"秦公子(輒)[耴]②"者，其耳下垂，故以爲名。　陟葉切(zhé)。

【譯文】耴，耳朵下垂。由耳字延長一筆而向下垂表示。象形。《春秋左傳》所說的"秦國公子耴"這個人，他的耳朵下垂，所以用耴作爲名字。

【注釋】① 从耳下垂：王筠《句讀》："从耳而引長之，以象其垂也。"② 公子輒：段桂王朱"輒"均作"耴"。《段注》："《左氏傳》秦無公子耴。"按：《襄公八年》有鄭公孫輒，字子耳。

聑　小垂耳①也。从耳，占聲。　丁兼切(diān)。

【譯文】聑，小的耳垂。从耳，占聲。

【注釋】① 小垂耳：桂馥《義證》："《玉篇》引作'小耳垂'。"

耽　耳大垂①也。从耳，冘聲。《詩》②曰："士之耽兮。"　丁含切(dān)。

【譯文】耽，耳朵大而下垂(至肩)。从耳，冘聲。《詩經》說："男人們多快樂啊。"

【注釋】① 耳大垂：《淮南子・墬形訓》："夸父耽耳，在其北方。"高誘注："耽耳，耳垂在肩上。"　②《詩》：指《衛風・氓》。《段注》：

"此引《詩》説假借也。毛傳曰:'耽,樂也。'耽本不訓樂,而可假爲媅字。女部曰:'媅者,樂也。'"

聃

耳曼[1]也。从耳,冄聲。,聃或从甘[2]。 他甘切(tān/dān)。

【譯文】聃,耳朵長大。从耳,冄聲。⿰耳甘,聃的或體,从甘聲。

【注釋】① 耳曼:《段注》:"曼者,引也。耳曼者,耳如引之而大也。" ② 从甘:《段注》:"甘聲。"

[1]
聸

垂耳也。从耳,詹聲。南方聸耳之國[2]。 都甘切(dān)。

【譯文】聸,垂下耳朵。从耳,詹聲。南方有耳朵下垂在肩上的人的地域。

【注釋】① 聸:《段注》:"古衹作耽。一變爲聸耳,再變則爲儋耳矣。" ② 聸耳之國:桂馥《義證》:"《大荒北經》:'有儋耳之國,任姓。'注云:'其人耳大下儋,垂在肩上。'"

耿

耳箸頰[1]也。从耳,烓省聲[2]。杜林説:耿,光也。从光[3],聖省[聲][4]。凡字皆左形右聲[4]。杜林非也。 古杏切(gěng)。

【譯文】耿,耳朵貼在臉頰上。从耳,烓省聲。杜林説:耿,光明。(从火好比)从光,聖省呈爲聲。大凡形聲字全都左邊是形,右邊是聲。杜林的解説不對。

【注釋】① 耳箸頰:《段注》:"頰者,面旁也。耳箸於頰曰耿。耿之言黏也,黏於頰也。" ② 从耳句:此爲耿黏義的形聲結構。

③ 从光:本書火部:"光,明也。从火在人上,光明意也。"耿从火,猶从炛(光本字)。 ④ 聖省:聖既會意,又表聲。故徐鍇《繫傳》作"聖省聲"。聖,通也。既目見光明,又耳聽火聲。从光,聖省聲,是分析耿光義的結構。 ⑤ 凡字句:汪憲《繫傳考異》:"下文徐鉉正以右形(指从火)左聲(指聖省之耳)辨杜説之非。"徐鉉又引徐鍇説:"凡字多右形左聲。"按:形聲字以形、聲爲準,不論其左右上下,大小徐各執一偏也。

【參證】金文作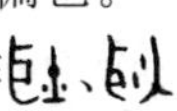。林義光《文源》卷六:"《詩》:'耿耿不寐。'(《柏舟》)傳云:'猶儆儆也。'耿儆古同音,當即儆之古文。从耳从

火，耳聞火聲，儆儆然也。”按：金文次字右旁即之變。

聯 連[①]也。从耳，耳連於頰也；从絲，絲連不絶也[②]。 力延切（lián）。

【譯文】聯，接連不斷。从耳，表示耳朵連接在臉頰上；从絲，表示絲縷接連不絶。

【注釋】① 連：《段注》：“連者，負車也。負車者，以人輓車，人與車相屬，因以爲凡相連屬之偁。周人用聯字，漢人用連字，古今字也。” ② 从耳句：王筠《句讀》：“會意字也，而意不可會，故兩分説之（指从耳、从絲兩部分分别解説）。”

【參證】林義光《文源》：“凡器物，如鼎爵盤壺之屬多有耳，欲聯綴之則以繩貫其耳。从絲从耳。”又，張舜徽《約注》：“蓋謂俘馘之耳，以繩繫貫之也。”二説存參。

聊 耳鳴也。从耳，卯聲。 洛蕭切（liáo）。

【譯文】聊，耳鳴。从耳，卯聲。

聖 通[①]也。从耳[②]，呈聲。 式正切（shèng）。

【譯文】聖，雙耳通順。从耳，呈聲。

【注釋】① 通：朱駿聲《通訓定聲》：“耳順之謂聖。”又引申爲無所不通，又引申爲精通一事。 ② 从耳：《段注》：“聖从耳者，謂其耳順。”

【參證】甲文作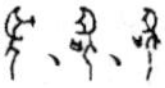，金文作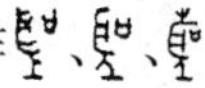。李孝定《甲骨文字集釋》：“契文从，象人上着大耳；从口會意。聖之初誼爲聽覺官能之敏鋭；故引申訓通；賢聖之義，又其引申也。聽、聲、聖三字同源，其始當本一字。”

[①]聰 察也。从耳，悤聲。 倉紅切（cōng）。

【譯文】聰，（耳順而）能審察。从耳，悤聲。

【注釋】① 聰：《管子·宙合》：“聞審謂之聰。”尹知章注：“耳之所聞，既順且審，故謂之聰。”

【參證】聰爲囪的加旁分化字，見“悤”下【參證】裘錫圭説。

[①]聽 聆也。从耳㥁[②]，壬聲。 他定切（tìng/tīng）[③]。

【譯文】聽，聲音通順於耳。由耳、㥁會意，壬（tǐng）聲。

【注釋】① 聽：張文虎《舒藝室隨筆》："聲發於彼而入我耳，謂之聽。"　② 从耳悳：《段注》："會意。耳悳者，耳有所得也。"本書："悳，外得於人，内得於己也。从直，从心。"　③ 今讀依《廣韻》他丁切。

【參證】甲文作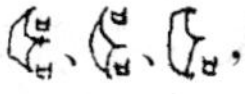，金文作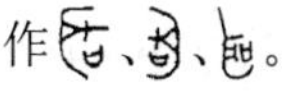。李孝定《甲骨文字集釋》："乃會意字。"按：甲文、金文均从口从耳。口發聲，耳受聲。

 聽也。从耳，令聲。　郎丁切（líng）。

聆 【譯文】聆，聽。从耳，令聲。

[①] 記微[②]也。从耳[③]，戠聲。　之弋切（zhí）。

職 【譯文】職，記住微妙的事物。从耳，戠聲。

【注釋】① 職：桂馥《義證》："經典通用从言之識，以此職爲官職。"② 記微：王筠《句讀》："言記職其微眇也。"　③ 从耳：朱駿聲《通訓定聲》："五官，耳與心最貫，聲入心通，故聞讀者能記。"

【參證】金文作。容庚《金文編》："職，从首，猶聝（guō）之或（或體）从首作馘也。"參"聝"條。

[①] 讙[②]語也。从耳[③]，𠯑聲。　古活切（guō）。

聒 【譯文】聒，話語喧嘩。从耳，舌聲。

【注釋】① 聒：今作聒。　② 讙：譁。　③ 从耳：桂馥《議證》引《蒼頡篇》："（聒）擾亂耳孔也。"

 張耳有所聞也。从耳，禹聲。　王矩切（yǔ/jǔ）[①]。

聥 【譯文】聥，張開耳朵有所聽聞。从耳，禹聲。

【注釋】①《廣韻》此切與俱雨切"聥"義均同《説文》，今讀依俱雨切。

 音[①]也。从耳，殸聲[②]。殸，籀文磬。　書盈切（shēng）。

聲 【譯文】聲，樂音。从耳，殸聲。殸，籀文磬字。

【注釋】① 音：《段注》："此渾言之也。析言之，則曰：生於心有節於外謂之音。宫、商、角、徵、羽，聲也；絲、竹、金、石、匏、土、革、木，音也。"朱駿聲《通訓定聲》："《禮記・樂記》：'感於物而動，故形於聲。'又，'聲成文謂之音。'按：單出曰聲，宫商角徵羽五聲是也。襍比爲音，金石絲竹匏土革木八音是也。"聲即單出的 1 2 3 5 6 之類的音階。音是聲的"襍比"，即有序的組合，即"成文"，即曲調，由各類樂器演奏的曲調。　②从耳，殸聲：徐鍇《繫傳》："八音之中，惟石之聲爲精詣，入於耳也深。"按：石指磬，可見殸聲還兼表義。

【參證】甲文作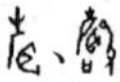。李孝定《甲骨文字集釋》："从耴，从殸，殸亦聲。篆文特省'口'耳。从耳，从耴，耴（聽），其意一也。"徐中舒《甲骨文字典》卷十二："（甲文次字）从殸从耴，會叩擊懸磬之意，擊磬則空氣振動，傳之於耳而感之者爲聲。"

 聞　知（聞）[聲]①也。从耳，門聲。，古文从昏②。　無分切（wén）。

【譯文】聞，知曉其聲。从耳，門聲。䎽，古文聞字，从昏聲。

【注釋】①聞：當依徐鍇《繫傳》作"聲"。　②从昏：《段注》："昏聲。"

【參證】甲文作，金文作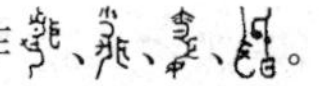。于省吾《殷契駢枝續編》："（甲骨文）本象人之跪坐、以手掩面、傾耳以聽外警。"李孝定《金文詁林讀後記》卷十二："金文聞字，象人形着大'耳'會意，非形聲字，與字着大'目'以會'望'意者同；金文或假爲'昏庸'、'婚媾'，以其音近也，於是遂有《説文》古文之䎽，轉爲从耳、昏聲之形聲字，篆文又改爲从耳、門聲。"金文末字與古文同。

 聘　訪也。从耳①，甹聲。　匹正切（pìn）。

【譯文】聘，訪問。从耳，甹聲。

【注釋】①从耳：徐鍇《繫傳》："聘，訪問之以耳也。"

① 聾　無聞也。从耳，龍聲②。　盧紅切（lóng）。

【譯文】聾，沒有聽覺。从耳，龍聲。

【注釋】①聾：《釋名・釋疾病》："聾，籠也。如在蒙籠之内，聽不察也。"　②龍聲：表龍龍之聲，聲中有義，見【參證】。

【參證】甲文作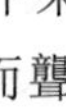，金文作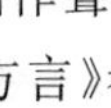。柯昌濟《韡華閣集古録跋尾・聾鼎》："（金文）當是从耳从龍省，即聾。"馬敘倫《六書疏證》卷二十三："聾之从龍得聲，蓋以聾是耳病。耳將聾者，其膜側而發聲龍龍然也。"

 聳　生而聾曰聳①。从耳，從省聲②。　息拱切（sǒng）。

【譯文】聳，生下來就聾叫作聳。从耳，從省聲。

【注釋】①生而聾句：《方言》卷六："生而聾，陳楚江淮謂之聳。荆揚之間及山之東西雙聾者謂之聳。”郭璞注：“言無所聞，常聳耳也。”　② 從省聲：王筠《句讀》：“隸書不省也。”

聹[1]　益梁之州[2]謂[半]聾[3]爲聹，秦晉[4]聽而不(聞)[聰][5]、聞而不達謂之聹。从耳，宰聲。　作亥切(zǎi)。

【譯文】聹，益州、梁州叫半聾作聹，秦地、晉地(稱)能聽卻不能審察、能知曉其聲卻不能暢達，叫作聹。从耳，宰聲。

【注釋】① 聹：《方言》卷六：“半聾，梁益之間謂之聹，秦晉之間聽而不聰、聞而不達謂之聹。”　② 益梁之州：益州，今四川省地。梁州，今陝西漢中及四川省部分。　③ 聾：張文虎《舒藝室隨筆》：“(“聾”上)當有‘半’字。”　④ 秦晉：指今陝西、山西一帶。　⑤ 聞：徐鍇及段、桂、朱、錢均作“聰”。

聵　[生]聾[1]也。从耳，貴聲。，聵或从𣪠[2]。　五怪切(wài/kuì)。

【譯文】聵，生下來就耳聾。从耳，貴聲。𦗍，聵的或體，从𣪠聲。

【注釋】① 聾：當依徐鍇《繫傳》作“生聾”。徐注：“謂從生即聾也。”　② 从𣪠(kuì)：《段注》：“許書𣪠聲之字三。”另有艸部“蕢”、邑部“鄶”从𣪠省聲。《説文》來收𣪠字。參“蕢”條。

聉[1]　無知意[2]也。从耳，出聲。讀若孽。　五滑切(wà)。

【譯文】聉，沒有知覺的意味。从耳，出聲。音讀象“孽”字。

【注釋】① 聉：《方言》卷六：“聾之甚，秦晉之間謂之聙(疑作聉)。”郭璞注：“言聉，無所聞知也。”　② 意：《段注》：“此意内言外之意。無知者，其意；聉者，其詞也。”

聙[1]　吴楚[2]之外，凡無耳者謂之聙。言若斷耳爲盟[3]。从耳，闋聲。　五滑切(wà)。

【譯文】聙，吴地楚地的外郊，大凡沒有耳翼的叫作聙。説聙的意思，就象(秦地、晉地説)掉了耳翼作刖一樣。从耳，闋聲。

【注釋】① 聙：《方言》卷六：“聙，吴楚之外郊，凡無有耳者亦謂之聙。其言聙者，若秦晉中土謂墮耳者刖也。”　② 吴楚：今江蘇、湖南、湖北一帶。　③ 斷耳爲盟：《段注》：“斷耳即墮耳。盟當作刖(wà)字之誤也。”參“刖”條。

聅　軍法：以矢貫耳也。从耳，从矢。《司馬法》[①]曰："小罪聅，中罪刖，大罪剄。"　恥列切(chè)。

【譯文】聅，依照軍法：用箭貫穿耳朵。由耳、由矢會意。《司馬法》說：小罪，用箭穿耳；中罪，砍掉腳；大罪，砍斷脖子。"

【注釋】①《司馬法》：《漢書・藝文志》載：《司馬法》共一百五十篇，今本僅存五篇。係中國古代兵書。

聝　軍戰斷耳也[①]。《春秋傳》[②]曰："以爲俘聝。"从耳，或聲。馘，聝或从首[③]。　古獲切(guó)。

【譯文】聝，軍隊作戰時割取(敵人的)耳朵。《春秋左傳》說："(臣)以至於成爲俘虜。"从耳，或聲。馘，聝的或體，从首。

【注釋】① 軍戰句：王筠《句讀》："刀部：'耵，斷耳。'是常刑。故此加'軍戰'以別之。"又，"(聝)字有生死兩說。《詩・皇矣》：'攸馘安安。'傳曰：'馘，獲也。不服者殺而獻其左耳曰馘。'《禮記・王制》：'以訊馘告。'注云：'訊馘，所以生獲斷耳者。'"　②《春秋傳》：指《左傳・成公三年》。俘聝，偏義複詞，俘虜，由"俘"連類而及"聝"。　③ 从首：桂馥《義證》："《詩》釋文引《字林》：'截耳則作耳旁，獻首則作首旁。'"

【參證】金文作。戴家祥《金文大字典》："(前四字之爪)爲首省文倒書，象頭髮形狀，以代表首。戈爲或之省。""(末字)戜，疑爲聝之省體。"按：末字録自于省吾《甲骨文字釋林・釋或》。

聉　墮耳[①]也。从耳，月聲。　魚厥切(yuè/wà)[②]。

【譯文】聉，掉落耳朵。从耳，月聲。

【注釋】① 墮耳：王筠《句讀》："蓋謂因病而墮也。"　② 今讀依《廣韻》五刮切。

𪎭　乘輿金(馬)耳也[①]。从耳，麻聲。讀若渳[②]水；一曰：若《月令》靡草[③]之靡。　亡彼切(mǐ)。

【譯文】𪎭，天子所乘車上的金飾車耳。从耳，麻聲。音讀象渳水的"渳"字；另一說，音讀象《禮記・月令》說的"靡草"的"靡"字。

【注釋】① 乘輿句："金馬耳"當依《段注》作"金耳"，注："乘輿者，天子之車也；金耳者，金飾車耳也。"姚文田、嚴可均《校議》："耳者，車較也。"按：車較是車箱兩旁木板上作扶手用的曲木或曲銅鈎。

② 溮(mǐ)：本書水部："溮，飲也。"　③ 靡草：《禮記·月令》："是月也，聚畜百藥，靡草死。"靡草：枝葉靡細的草。

聆 《國語》[①]曰："回禄信於聆遂。"闕[②]。　巨今切(qín)。

【譯文】聆，《國語》説："(火神)回禄在聆遂這個地方，連續睡了兩夜。"闕聆字的形、音、義。

【注釋】①《國語》：王筠《句讀》："許君必偁《春秋國語》，而此不云'春秋'，是其上顯有闕文矣。"《國語·周語上》："昔夏之興也，融降於崇山；其亡也，回禄信於聆遂。"韋昭注："回禄，火神；再宿爲信；聆遂，地名。"　② 闕：《段注》："闕者，謂其義、其音、其形皆闕也。"

耶[①] 安也。从二耳[②]。　丁帖切(dié/tiē)。

【譯文】耶，安妥。由兩個"耳"字會意。

【注釋】① 耶：《段注》："凡帖妥當作此字。帖，其假借字也。"

② 从二耳：《段注》："二耳之在人首，帖妥之至者也。"

【參證】甲文作，。林義光《文源》卷六："二耳審聽，安靜無聲之意。妥帖之帖，本字如此。"李孝定《甲骨文字集釋》第十二："當即此字之繁變。"

聶 附耳私小語也。从三耳[①]。　尼輒切(niè)。

【譯文】聶，附在耳旁竊竊私語。由三個"耳"會意。

【注釋】① 从三耳：徐鍇《繫傳》："一耳就二耳也。"張舜徽《約注》："聽者惟用一耳，言者則兩耳與之近矣，故从三耳會意。"《史記·魏其武安傳》："乃效女兒呫囁耳語。"韋注："呫囁，附耳小語聲。"

文三十二　重四

聱 不聽[①]也。从耳，敖聲[②]。　五交切(áo)。

【譯文】聱，不聽(别人的意見)。从耳，敖聲。

【注釋】① 不聽：《新唐書·元結傳》："樊左右皆漁者，少長相戲，更曰聱叟。彼誚以聱者，爲其不相從聽，不相鉤(勾結)加(參與)。"

② 敖聲：聲中有義。本書："敖，出游也。从出，从放。"由"出放"會意。《段注》："从放，取放浪之意。"遨遊放浪，自有"不聽"之意。

文一　新附

𦣝部

𦣝[1] 顄也。象形[2]。凡𦣝之屬皆从𦣝。,篆文[3]𦣝。,籀文从首。 與之切(yí)。

【譯文】𦣝,指腮頰、下巴。象形。大凡𦣝的部屬都从𦣝。頤,篆文𦣝字。𩠐,籀文𦣝字,从首。

【注釋】① 𦣝:《段注》:“口下爲車,口上爲輔,合口、車、輔三者爲頤。” ② 象形:《段注》:“此文當横視之。横視之則口上、口下、口中之形俱見矣。”王筠《釋例》以爲𦣝乃顄的側面象形。王説:“𦣝當作,左之圓者,頣也;右之突者,頰旁之高起者也;中一筆則𦣝上之紋,狀如新月,俗呼爲酒窩。” ③ 篆文:《段注》:“此爲篆文,則知𦣝爲古文也。先古文、後篆文者,此亦先二(古上字)後上之例。不如是,則𦣞篆無所附也。”

【參證】金文作、、。郭沫若《兩周金文辭大系考釋·鑄子簠》:“𦣝,即頤初文,象形,象有重頷而上有須也。”高鴻縉《中國字例》三篇:“𦣝即俗所稱下巴。下巴動而向上,則嚼物以養人,故謂之頤養。下巴掀起可示意使人,故曰頤指。”

𦣞 廣𦣝[1]也。从𦣝,巳聲。,古文𦣞从户。 與之切(yí)。

【譯文】𦣞,寬闊的下巴。从𦣝,巳聲。戺,古文𦣞字,从户。

【注釋】① 廣𦣝:《段注》:“引申爲凡廣之偁。”

【參證】金文作、、。商承祚《説文中之古文考》:“此(指古文“戺”)从户,即寫譌。”

文二 重三

手部

手 拳[1]。象形[2]。凡手之屬皆从手。[3],古文手。 書九切(shǒu)。

【譯文】手,握拳的部分。象形。大凡手的部屬都从手。𠂿,古文手字。

【注釋】① 拳：《段注》："今人舒之爲手，卷之爲拳，其實一也。故以手與拳二篆互訓。" ② 象形：徐灝《段注箋》："象指、掌之形。小篆中畫微曲，書勢取茂美也。" ③ 𠂿：朱駿聲《通訓定聲》："疑象手文。"

【參證】金文作𠂿、𠂿、𠂿。林義光《文源》卷一："象掌及五指之形。"

掌 手中①也。从手，尚聲。 諸兩切(zhǎng)。

【譯文】掌，手心。从手，尚聲。

【注釋】① 手中：王筠《句讀》："《增韻》：'掌，手心也。'謂指本(手指的根本)也。"

【參證】黄錫全《汗簡注釋》卷六引鄭珍云："爪係掌之最初字。""依形言之，覆手曰爪，反之爲掌。"參"爪"條。

拇 將指①也。从手，母聲。 莫厚切(mǔ)。

【譯文】拇，大指。从手，母聲。

【注釋】① 將指：徐鍇《繫傳》："所謂將指者，爲諸指之率(統率)也。"王筠《句讀》："足大指亦沿此稱也。"

指 手指①也。从手，旨聲。 職雉切(zhǐ)。

【譯文】指，手指。从手，旨聲。

【注釋】① 手指：王筠《句讀》："大指爲拇指，二爲食指，三爲中指，四爲無名指，五爲小指。言手者，以手統足也。"

拳 手①也。从手，𢍏聲。 巨員切(quán)。

【譯文】拳，(屈指卷握的)手。从手，𢍏聲。

【注釋】① 手：《玉篇・手部》："拳，屈手也。"朱駿聲《通訓定聲》："張之爲掌，卷之爲拳。"

掔① 手掔②也。楊雄曰："掔，握也③。"从手，臤聲。 烏貫切(wàn)。

【譯文】掔，手腕。楊雄説："掔，握持。"从手，臤聲。

【注釋】① 掔：今或作捥或作腕。 ② 手掔：《段注》："掔者，手上臂下也。""近手處曰掔。" ③ 掔，握也：《段注》："此葢楊雄《倉頡訓纂》一篇中語。握者，搤持也。楊説别一義。"

攕 好手皃。《詩》①曰："攕攕女手。"从手，韱聲。 所咸切(shān/xiān)②。

【譯文】攕,美好的手的樣子。《詩經》説:"多麽纖細美好啊這女人的手。"从手,韱聲。

【注釋】①《詩》:指《魏風·葛屨》。今本"攕攕"作"摻摻"。《段注》:"《〈毛〉傳》曰:'摻摻猶纖纖也。'漢人言手之好曰纖纖,如古詩云'纖纖擢素手'。傳以今喻古,故曰猶。其字本作'攕',俗改爲'摻'。" ② 今讀依《集韻》思廉切。

掣 人臂皃[①]。从手,削聲。《周禮》[②]曰:"輻欲其掣。" 所角切(shuò/xiào)[③]。

【譯文】掣,人的手臂的樣子。从手,削聲。《周禮》説:"對車輻而言,希望它象人的手臂一樣(而漸漸地小起來)。"

【注釋】① 人臂皃:徐鍇《繫傳》:"人臂捎(qiào,俏)長纖(xiān,細)好也。" ②《周禮》:指《考工記·輪人》。今本原文作:"望其輻,欲其掣爾而纖也。"鄭玄注:"掣、纖,殺(逐漸減小)小皃也。"

③ 今讀依《廣韻》相邀切。

摳[①] 繑也。一曰:摳衣[②]升堂。从手,區聲。 口侯切(kōu)。

【譯文】摳,扣結褲紐。另一義説,提起衣裳登上堂屋。从手,區聲。

【注釋】① 摳:朱駿聲《通訓定聲》:"謂扣結所紐也。今俗鈕扣字,以扣爲之。"本書糸部:"繑,絝(褲)紐也。"用如動詞。 ② 摳衣:徐鍇《繫傳》:"謂以手於衣下舉裙,便不躓步也。"摳即是舉。

攓 摳衣[①]也。从手,褰聲[②]。 去虔切(qiān)。

【譯文】攓,用手提起衣裳。从手,褰聲。

【注釋】① 摳衣:參"摳"條。 ② 从手,褰聲:《段注》:"當云:'从手衣,寒省聲。'會意兼形聲。"存參。

撎[①] 舉手下手[②]也。从手,壹聲。 於計切(yì)。

【譯文】撎,(先)舉起手,(再)把手向下拜,同時俯首。从手,壹聲。

【注釋】① 撎:沈濤《古本考》:"撎,即今之揖,古之揖乃今之拱手。"嚴章福《校議議》:"撎即今拜手,亦謂之長揖。先舉手,後下手,首亦隨而下,惟不用跪耳。揖則左右其手,但舉手而不下手,舉拱同。"

② 舉手下手:徐灝《段注箋》:"言舉其手,俯而下之耳。"

揖 攘[1]也。从手，咠聲。一曰：手箸胷[2]曰揖。 伊入切(yī)。

【譯文】揖，(拱手)推(至胸前)。从手，咠聲。另一義説，拱手引附胸前叫揖。

【注釋】① 攘：推。《段注》："凡拱手使前曰揖。""推手曰揖。""推者，推之遠胸。" ② 手箸胷：《段注》："箸，直略切。""引之箸胸。"

攘[1] 推[2]也。从手，襄聲。 汝羊切(ráng/ràng)[3]。

【譯文】攘，推讓。从手，襄聲。

【注釋】① 攘：邵瑛《羣經正字》："此即推讓之本字。揖讓之讓亦作此。" ② 推：《段注》："推手使前也。"朱駿聲《通訓定聲》："拱揖之容。"潘奕雋《通正》："古以讓訓責，攘訓遜。" ③ 今讀依《廣韻》人樣切。

拱 斂手[1]也。从手，共聲。 居竦切(gǒng)。

【譯文】拱，收斂其手(而抱拳)。从手，共聲。

【注釋】① 斂手：王筠《句讀》："攴部：'斂，收也。'收斂其手，即《論語》疏所謂沓手也。"《段注》："凡沓手，右手在内，左手在外，是謂尚左手；男拜如是，男之吉拜如是。喪拜反是。左手在内，右手在外，是謂尚右手；女拜如是，女之吉拜如是。喪拜反是。"由斂手抱拳可引申爲兩手合圍。徐鍇《繫傳》："兩手大指頭相拄也。"《左傳·僖公卅二年》："中壽，爾墓之木拱矣。"杜預注："合手曰拱。"

撿[1] 拱手也。从手，僉聲。 良冉切(liǎn)。

【譯文】撿，斂手抱拳。从手，僉聲。

【注釋】① 撿：《段注》："凡斂手宜作此字。"徐鍇《繫傳》："今人以此爲檢字。檢押(封書題簽，古以木爲之)從木作也。"

𢪙[1] (首)[手][2]至地也。从手皋[3]。皋音忽。𢪙，楊雄説[4]，拜从兩手下。𢷎[5]，古文拜。 博怪切(bài)。

【譯文】𢪙，兩手至地。由手、皋會意。皋字音忽。拜，楊雄説，拜字由兩個"手"字和一個"下"字會意。𢷎，古文拜字。

【注釋】① 𢪙：張舜徽《約注》："古人席地而坐，自膝以下向後屈，而以尻坐於足跟，身向後倚。若必起敬，則直伸其腰與股，惟兩膝隱地，是之謂跪。既跪而俯其首，下與腰平。頭與腰平，則身若磬折，故頭不至於地而兩手自至地矣。此乃古拜式也。”　② 首：桂馥《義證》：“‘首’當爲‘手’。若‘首至地’，是韻首矣。”　③ 桒：《段注》：“桒見夲部：‘疾也。’徐鍇曰：从桒者，言進趨之疾。”　④ 楊雄說：《段注》：“楊所作《訓纂篇》中字如此。”按：𢪔爲二手；丅爲古文下字。　⑤ 𢪝：《段注》：“蓋从二手而比聲。”按：比亦兼義。王筠《句讀》：“比二手者，竝二手也。”

【參證】金文作𢪙、𢪙、𢪙、𢪙、𢪙。郭沫若《金文餘釋之餘·釋𢪙》：“拜實拔之初字。”“（前三字）凡此均示以手連根拔起草卉之意，解爲拔之初字正適。拜手至地有類拔草卉然，故引申爲拜。引申之義行而本義廢，故造拔字以尸之。拜手字有作𢪙者（友𣪘），其本字也。”按：郭以爲前三字之左右結構，一半表示手，一半表示草卉。第四字左旁是手，右旁是跪拜的人形，手示至地之形。第五字左旁也許是手的譌變。

捾[①]　搯捾[②]也。从手，官聲。一曰：援[③]也。　烏括切（wò）。

捾　【譯文】捾，掏取。从手，官聲。另一義說，是援引。

【注釋】① 捾：錢坫《斠詮》：“今謂取出物曰捾。”　② 搯（tāo）捾：王筠《句讀》：“搯捾蓋漢時恒言，乃複語也。”參“搯”條。
③ 援：引。

搯　捾[①]也。从手，舀聲。《周禮》曰：“師乃搯[②]。”搯者[③]，拔兵刃以習擊刺。《詩》[④]曰：“左旋右搯[⑤]。”　土刀切（tāo）。

搯　【譯文】搯，掏挖。从手，舀聲。《周書·泰誓》說：“軍隊於是就抽搯。”搯的意思，是抽拔兵器來練習擊殺。《詩經》說：“向左轉身，右手抽拔兵器（練習擊殺）。”

【注釋】① 捾：《段注》：“《通俗文》：‘捾出曰掏。’掏即搯也。”
② 師乃搯：《段注》：“《尚書·大誓》文。許所偁作‘師乃搯’，此古文《大誓》也。”　③ 搯者：王筠《句讀》：“引而説之者，此別一義。”
④《詩》：指《鄭風·清人》。　⑤ 左旋右搯：聞一多《風詩類鈔》：“身左旋，以右手抽拔兵刃，以習刺擊。”王筠《句讀》：“引此（指“左旋”句）者，再爲擂（抽）兵刃以習擊刺作證也。”

巩[①]　擁也。从手，巩聲。　居竦切（gǒng）。

巩　【譯文】巩，擁抱。从手，巩聲。

【注釋】① 𢪀：《段注》："此篆已見丮部，爲巩之或字，此不當重出。"

推 排也。从手，隹聲。　他回切(tuī)。

【譯文】推，用手排物(使移動)。从手，隹聲。

【參證】于省吾《甲骨文字釋林·釋隹攴》："甲骨文隹攴字作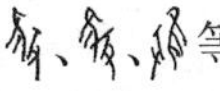等形。""即古推字，也即古摧字。古文字从攴的字後世多變爲从手。……至於推摧相通，是由於摧从崔聲，崔从隹聲，和推从隹聲音符相同。""甲骨文除有時用作人名外，都指摧毁的災害言之。"

捘① 推也。从手，夋聲。《春秋傳》②曰："捘衛侯之手。"　子寸切(zùn)。

【譯文】捘，推開。从手，夋聲。《春秋左傳》説："推開衛國國君的手。"

【注釋】① 捘：徐鍇《繫傳》："排擠之也。"　②《春秋傳》：指《左傳·定公八年》。今本原文："將歃(盟會時殺牲飲血)，涉佗(晉臣)捘(推開)衛侯之手，及捥(衛侯已醮的血順流到腕)。"《段注》以爲"及捥"應理解爲："由指掌逆推及於掔也。"

排① 擠也。从手，非聲。　步皆切(pái)。

【譯文】排，用手推擠物體(使離開)。从手，非聲。

【注釋】① 排：《莊子·大宗師》："獻笑不及排。"郭象注："排者，推移之謂也。"

擠① 排也。从手，齊聲。　子計切(jì/jǐ)。

【譯文】擠，推排(使墜落)。从手，齊聲。

【注釋】① 擠：《段注》："《左傳》：'知擠于溝壑矣。'杜(預)云：'隊也。'隊，今之墜字，謂排而墜之也。"

抵① 擠也。从手，氐聲。　丁禮切(dǐ)。

【譯文】抵，排擠(而相抗拒)。从手，氐聲。

【注釋】① 抵：《段注》："排而相歫也。"

摧 擠①也。从手，崔聲。一曰：挏②也。一曰：折③也。　昨回切(cuī)。

【譯文】摧，推擠。从手，崔聲。另一義説，摧是推動的意思。又另一義説，摧是折斷的意思。

【注釋】① 擠：參“推”條。　② 挏(dòng)：徐鍇《繫傳》：“推動也。”　③ 折：《段注》：“折者斷也。今此義行而上二義廢矣。”

摧[1]也。从手，立聲。　盧合切(lā)。

拉　【譯文】拉，摧折。从手，立聲。

【注釋】① 摧：《段注》：“此上文‘摧，一曰折也’之義。”參“摧”條。

摧[1]也。从手，坐聲。　則臥切(cuò)。

挫　【譯文】挫，摧折。从手，坐聲。

【注釋】① 摧：《段注》：“此亦上文‘摧，一曰折也’之義。”參“摧”條。

左[1]也。从手，夫聲。，古文扶。　防無切(fú)。

扶　【譯文】扶，佐助。从手，夫聲。㚘，古文扶字。

【注釋】① 左：《段注》：“‘左’下曰：‘手相助也。’”

【參證】金文作、，从夫从又，夫猶人也，又猶手也，乃以手扶助人之象。李孝定《甲骨文字集釋》第十二：“契文象二人相扶掱之形。”“篆文又省一人形而存其手。”商承祚《説文中之古文考》釋古文說：“象手持半個竹，老人扶笻(qióng，手杖)意也。”

[1]　扶也。从手，爿聲。　七良切(qiāng/jiāng)[2]。

掱　【譯文】掱，扶助。从手，爿聲。

【注釋】① 掱：《段注》：“古詩：‘好事相扶將。’當作‘扶掱’。字之假借也。”參“將”條。　② 今讀依《廣韻》即良切。

[1]　握也。从手，寺聲。　直之切(chí)。

持　【譯文】持，握住。从手，寺聲。

【注釋】① 持：王筠《句讀》：“下文十九字，皆持之細目，故以持領之。其實，握者，搤(è，捉)持也。是持之一種，不似持之爲統詞也。”

【參證】金文作、、。容庚《金文編》卷十二：“(金文)持不从手。”高田忠周《古籀篇》卷五十四：“从又㞢(之)聲，不从寸。寸與又通用耳。凡手部字，古文多从又，又者，手也。”“寺即持本字。”“執而不釋謂之持。”參“寺”條。金文後二字乃寺之繁文。

縣持[1]也。从手，㓞聲。　苦結切(qiè)。

挈　【譯文】挈，物似倒懸而手提握。从手，㓞聲。

【注釋】① 縣(xuán)持：《段注》：“縣者，系也。(挈)謂縣而持之也。”王筠《句讀》：“説以縣者，提是物則物向下，有似倒縣，故曰縣。”

拑　脅持①也。从手，甘聲。　巨淹切(qián)。

【譯文】拑，用肘拑制於脅下而夾持。从手，甘聲。

【注釋】① 脅持：《段注》：“謂脅制而持之也。”王筠《句讀》：“謂以肘拑制於脅下也。”

揲　閱持①也。从手，枼聲。　食折切(shé)。

【譯文】揲，按定數等分而輪番握取。从手，枼聲。

【注釋】① 閱持：《段注》：“閱者，具數(一一點數)也。更疊數之也。‘匹’下曰：‘四丈也，从八匸，八揲一匹。’按八揲一匹，則五五數之也。五五者，由一五、二五數之至於八五，則四丈矣。閱持者，既得其數而持之，故其字从手。”揲，即按定數更疊數物，分成等份。

摯　握持也。从手，从執。　脂利切(zhì)。

【譯文】摯，握持。由手、由執會意。

【參證】甲文作𢦏、𤕌。孫海波《甲骨文編》：“象罪人被執(桎梏捕捉)以手抑之之形。”按：握持乃引申義。參“執”條。

操　把①持也。从手，喿聲。　七刀切(cāo)。

【譯文】操，握持。从手，喿聲。

【注釋】① 把：握。

擢　爪持①也。从手，瞿聲。　居玉切(jú)。

【譯文】擢，用爪抓取。从手，瞿聲。

【注釋】① 爪持：《段注》：“覆手曰爪，謂覆手持之也。”

捦①　急持②［也。一曰：持］衣裣也。从手，金聲。㩊，捦或从禁③。　巨今切(qín)。

【譯文】捦，急忙捉住。另一義説，提持衣襟。从手，金聲。㩊，捦的或體，从禁聲。

【注釋】① 捦：錢坫《斠詮》：“《三倉》：‘手捉物也。’今‘擒’字如此。”　② 急持：《段注》：“此解五字當作‘急持也。一曰：持衣裣也。’”段説當從。　③ 从禁：《段注》：“禁聲。”

搏　索持①也。一曰：至②也。从手，尃聲。　補各切(bó)。

【譯文】搏，用搜索的方式捕捉。另一義説，搏是至的意思。从手，尃聲。

【注釋】① 索持：《段注》"索"作"索"，注："入室搜曰索。索持謂摸索而持之。"　② 至：《段注》："此别一義。蓋搏亦爲今之附近字。"

【參證】金文作、。容庚《金文編》："'搏'从'干'"，"或从'戈'。"黄盛璋《戰國祈室銅位銘文破譯與相關問題新探》(《第二届國際中國文字學研討會論文集》)："縛執、捕獲，或用器械、武器，或用手，必皆和對象較量，對抗，从戈、干與手其義皆一，'搏'爲'戟'、'搏'之後起字，至秦統一文字，則皆統一於'搏'。"

杖持①也。从手，豦聲。　居御切(jù)。

據 【譯文】據，用手杖扶持。从手，豦聲。

【注釋】① 杖持：《段注》："謂倚杖而持之也。杖者，人所據，則凡所據皆曰杖。"

引持①也。从手，聶聲。　書涉切(shè)。

攝 【譯文】攝，提引而持。从手，聶聲。

【注釋】① 引持：《段注》："謂引進而持之也。"

并持①也。从手，冄聲。　他含切(tān/nán)②。

抩 【譯文】抩，兼兩物而持。从手，冄聲。

【注釋】① 并持：《段注》："謂兼二物而持之也。秝部曰：'秉持一禾，兼持二禾。'兼者會意字，抩者形聲字。抩與兼音略同。"

② 今讀依《廣韻》那含切。

捫持①也。从手，布聲。　普胡切(pū/bù)②。

捬 【譯文】捬，撫按而持。从手，布聲。

【注釋】① 捫持：《段注》："謂捫按而持之也。"　② 今讀依《廣韻》博故切。

①　俾持②也。从手，夾聲③。　胡頰切(xié)。

挾 【譯文】挾，守門者扶持人。从手，夾聲。

【注釋】① 挾：《釋名・釋姿容》："挾，夾也。在旁也。"《國語・吴語》："挾經秉枹。"韋昭注："在掖曰挾。"按：挾即夾持、夾在腋下。

② 俾持：本書人部："俾，益也。一曰門侍人。"張舜徽《約注》："挾訓

俾持，亦謂有人扶持之意。凡扶持人者，多承伏於其掖下，故凡物之在左右掖者，皆謂之挾。” ③ 夾聲：聲中有義。本書大部：“夾，持也。从大俠二人。”

捫 撫持①也。从手，門聲。《詩》②曰：“莫捫朕舌。” 莫奔切(mén)。

【譯文】捫，撫按而持。从手，門聲。《詩經》説：“沒有人按住我的舌頭。”

【注釋】① 撫持：《段注》：“撫，安也。一曰：揗(xún)也。(撫持)謂安揗而持之也。” ②《詩》：指《大雅・抑》。

擥① 撮持②也。从手，監聲。 盧敢切(lǎn)。

【譯文】擥，總撮而持。从手，監聲。

【注釋】① 擥：《釋名・釋姿容》：“攬，斂也。斂置手中也。” ② 撮持：王筠《句讀》：“‘撮，一曰兩指撮也。’此其引申之義，謂總撮之也。”

擸 理持①也。从手，巤聲。 良涉切(liè)。

【譯文】擸，分理而握持。从手，巤聲。

【注釋】① 理持：《段注》：“謂分理而持之也。”章炳麟《新方言・釋言》：“今謂理鬚髮爲擸。”

握 搤持也。从手，屋聲。①，古文握。 於角切(wò)。

【譯文】握，捉扼而持。从手，屋聲。，古文握字。

【注釋】① ：徐灝《段注箋》：“古文上體即手字，下亦屋字。”

撣 提持①也。从手，單聲。讀若行遲驒驒②。 徒旱切(dàn)。

【譯文】撣，提舉而持。从手，單聲。音讀象“行走遲緩驒驒”的“驒”字。

【注釋】① 提持：《段注》：“謂縣(xuán)持也。” ② 驒驒(tuó)：王筠《句讀》：“此蓋俗語狀行。”《段注》：“驒驒，未見所出。蓋即《詩》之嘽嘽駱馬。傳曰：嘽嘽，喘息之皃。馬勞則喘息。”按：馬勞喘息則行走遲緩。

【參證】甲文作、，从又从單，从又猶从手。

把① 握②也。从手，巴聲。 搏下切(bǎ)。

【譯文】把，握持。从手，巴聲。

【注釋】① 把：《段注》："《孟子》注曰：'拱，合兩手也。把，以一手把之也。'"　② 握：本訓："搤持也。"

[1] 把也。从手，鬲聲。，搹或从戹[2]。　於革切(è)。

搹　【譯文】搹，把握。从手，鬲聲。扼，搹的或體，从戹聲。

【注釋】① 搹：今作扼。《儀禮·喪服》："苴絰大搹。"鄭玄注："盈手曰搹。搹，扼也，中人之扼圍九寸。"《段注》："此言中人滿手把之，其圍九寸，則其徑約計三寸也。"　② 从戹：宋保《諧聲補逸》："戹聲。"戹也表義。戹象烏噣。張手把握，亦象烏噣開口啄物。參戹條［參證］。

[1] 牽引也。从手，奴聲。　女加切(ná)。

拏　【譯文】拏，牽連延引。从手，奴聲。

【注釋】① 拏：徐灝《段注箋》："疑挐、拏同字，因聲之輕重而別之，實一義相生耳。"

[1] 提[2]也。从手，巂聲[3]。　户圭切(xié)。

攜　【譯文】攜，牽引扶行。从手，巂聲。

【注釋】① 攜：王筠《句讀》："《曲禮》：'長者與之提攜。'注云：'提攜，謂牽引將行。'案：將亦將(jiāng，扶)之借字。"　② 提：參下條。　③ 巂聲：本書本作"户圭切"，與"攜"字同音。

　挈[1]也。从手，是聲。　杜兮切(tí)。

提　【譯文】提，物似倒懸而手持握。从手，是聲。

【注釋】① 挈：《段注》："挈者，縣(xuán)持也。攜則相竝(並)，提則存高下。而互相訓者，渾言之也。"《釋名》釋義很形象："提，地也。臂垂，所持近地也。"

[1] 拈也。从手，耴聲。　丁愜切(dié/zhé)[2]。

𢪸　【譯文】𢪸，拈取。从手，耴聲。

【注釋】① 𢪸：朱駿聲《通訓定聲》："謂以指取物。"　② 今讀依《廣韻》陟葉切。

[1] 𢪸也。从手，占聲。　奴兼切(niān)。

拈　【譯文】拈，用手指取。从手，占聲。

【注釋】① 拈：《釋名·釋姿容》："拈，黏也，兩指翕之，黏著不放也。”《廣韻·添韻》:“拈,指取物也。”

①舒也。从手,离聲。 丑知切(chī)。

摛 【譯文】摛,把手舒展開。从手,离聲。

【注釋】① 摛:徐鍇《繫傳》:“以手舒之也。”

①釋②也。从手,舍聲。 書冶切(shě)。

捨 【譯文】捨,放下。从手,舍聲。

【注釋】① 捨:《段注》:“經傳多假舍爲之。” ② 釋:《段注》:“解也。”

一指①按也。从手,厭聲②。 於協切(yè)。

擪 【譯文】擪,用手指按壓。从手,厭聲。

【注釋】① 一指:朱駿聲《通訓定聲》:“‘一指’當作‘以指’。” ② 厭聲:聲中有義。本書:“厭,笮也。”“笮,迫也。”厭有覆壓義。

下①也。从手,安聲。 烏旰切(àn)。

按 【譯文】按,用手壓、使向下。从手,安聲。

【注釋】① 下:《段注》:“以手抑之使下也。印部曰:‘抑者,按也。’”

引①也。从手,空聲。《詩》②曰:“控于大邦③。”匈奴名引弓控弦。 苦貢切(kòng)。

控 【譯文】控,拉開(弓弦)。从手,空聲。《詩經》説:“象拉開弓弦一樣向大國伸明心曲。”匈奴人叫拉開弓弦作控弦。

【注釋】① 引:開弓。 ②《詩》:指《鄘風·載馳》。 ③ 控于大邦:承培元《引經證例》:“伸明心曲于大邦也。”“引者,開弓也。故凡伸明其事皆得曰引,如弓以引而伸其曲詘也。”

①摩也。从手,盾聲。 食尹切(shǔn/xún)②。

揗 【譯文】揗,用手順摩。从手,盾聲。

【注釋】① 揗:《段注》:“《廣雅》曰:‘揗,順也。’《廣韻》曰:‘手相安慰也。’今人撫循字,古蓋作揗。循者,行順也。” ② 今讀依《廣韻》詳遵切。

①緣②也。从手,彖聲。 以絹切(yuàn)。

掾 【譯文】掾,佐助。从手,彖聲。

【注釋】① 掾：朱駿聲《通訓定聲》："本訓當爲佐助之誼。"
② 緣：張舜徽《約注》："緣有循義順義，凡以手爲助者，順循其勢則易成也。"《段注》："緣者，衣純也。《既夕禮》注：飾衣領、袂口曰純。"即沿着衣領、袂口的邊緣而針黹。故張舜徽説"緣有循義順義"。

拍[①] 拊[②]也。从手，百聲。 普百切（pāi）。

拍 【譯文】拍，撫拍。从手，百聲。

【注釋】① 拍：今作拍。《釋名・釋姿容》："拍，搏也，以手搏其上也。" ② 拊：參下條。

【參證】戴家祥《金文大字典》："𢪃（拍尊）。拍字从手从白……當是拍之異文。""聲符更旁，字亦同搏。"

拊 揗[①]也。从手，付聲。 芳武切（fǔ）。

拊 【譯文】拊，撫摩。从手，付聲。

【注釋】① 揗：《段注》："揗者，摩也。古作拊揗，今作撫循，古今字也。"

掊 把[①]也。今鹽官入水取鹽爲掊[②]。从手，音聲。 父溝切（póu）。

【譯文】掊，把。如今以産鹽爲職業的人入水取鹽叫掊。从手，音聲。

【注釋】① 把（pá）：王筠《句讀》："讀如杷，非把握字也。"《段注》："掊者，五指杷之，如杷之杷物也。《史》《漢》皆言'掊視得鼎'，師古曰：'掊，手杷土也。'杷音蒲巴反，其字从木，按今俗用之刨字也。"
② 鹽官句：王筠《句讀》："《後漢書・百官志》注引胡廣曰：'鹽官掊坑而得鹽。'"按：掊即刨土深挖。

捋[①] 取易[②]也。从手，寽聲[③]。 郎括切（luō）。

捋 【譯文】捋，用手指取物輕而易舉。从手，寽聲。

【注釋】① 捋：徐灝《段注箋》："寽、捋本一字，相承增偏旁。許以寽从受而捋从手，故分屬二部耳。"寽部："寽，五指捋也。" ② 易：王筠《句讀》："容易之義。亦有輕易之義。" ③ 寽聲：朱駿聲《通訓定聲》："寽亦意。"

① 理也。从手，尞聲。　洛蕭切(liáo)。

撩 【譯文】撩，料理。从手，尞聲。

【注釋】① 撩：錢坫《斠詮》："此料理字。《通俗文》：'理亂謂之撩。'"戚學標《補考》："《衆經音義》謂撩捋，整理也。今多作料量之料字也。"參"料"條。

① 置②也。从手，昔聲。　倉故切(cuò)。

措 【譯文】措，放置。从手，昔聲。

【注釋】① 措：《段注》："經傳多假'錯'爲之。"　② 置：《段注》："置者，赦也。立之爲置，捨之亦爲置。措之義亦如是。"

刺(肉)[内]①也。从手，从臿②。　楚洽切(chā)。

插 【譯文】插，刺入。从手，臿聲。

【注釋】① 刺肉：當依《段注》"肉"作"内"。段注："内者，入也。刺内者，刺入也。"王筠《句讀》："内者，納。刺内者，謂直刺而納於其中也。"《急就篇》："捃穫秉把插捌杷。"顔注："插者擔也。兩頭鐵鋭，所以插刺禾束而擔之也。"　② 从手，从臿：《段注》作"从手，臿聲"。許氏原文是舉會意包形聲。

擇也。从手，侖聲。　盧昆切(lún)。

掄 【譯文】掄，選擇。从手，侖聲。

柬①選也。从手，睪聲。　丈伯切(zé)。

擇 【譯文】擇，挑選。从手，睪聲。

【注釋】① 柬：《段注》："柬者，分别簡(徐鉉作"簡")之也。簡者，存也。"按：此"柬"今作"揀"。分别存之，即有挑選義。

【參證】金文作、。吴大澂《古籀補》："古擇字从収，不从手。"

① 搤②也。从手，足聲。一曰：握也。　側角切(zhuō)。

捉 【譯文】捉，迫促處而扼取。从手，足聲。另一義説，是握持。

【注釋】① 捉：《釋名・釋姿容》："捉，促也。使相促及也。"張舜徽《約注》："今俗稱追逐一物至逼促處而取之，曰捉。"　② 搤：承培元《廣答問疏證》"搤"下："搤即瞋目扼掔(腕)之扼。"

① 捉也。从手，益聲。　於革切(è)。

搤 【譯文】搤，捉握。从手，益聲。

【注釋】① 搤：《漢書・揚雄傳》："搤熊羆。"顔師古注："搤，捉持之也。"

[1] 長也。从手，从延，延亦聲。　式連切(shān)。

挻　【譯文】挻，用手使長。由手、由延會意，延也表聲。

【注釋】① 挻：朱駿聲《通訓定聲》："《字林》：'挻，柔也。'按：今字作揉，猶煣也。凡柔和之物，引之使長(cháng)，搏之使短，可析可合，可方可圓，謂之挻。陶人爲坯，其一耑也。"

[1] 搣[2]也。从手，前聲[3]。　即淺切(jiǎn)。

揃　【譯文】揃，剪理鬢髮。从手，前聲。

【注釋】① 揃：徐灝《段注箋》："(揃搣)即翦理鬢髮之義。"　② 搣：見下條。　③ 前聲：聲中有義。本書刀部："前，齊斷也。"

[1] 批[2]也。从手，威聲。　亡列切(miè)。

搣　【譯文】搣，用手揪拔頭髮。从手，威聲。

【注釋】① 搣：《急就篇》第三章："沐浴揃搣。"顔師古注："揃搣，謂鬄拔眉髮也。蓋去其不齊整者。"《廣韻・薛韻》："搣，手拔。"
② 批：見下條。

(捽)[撠][1]也。从手，此聲。　側氏切(zǐ)。

批　【譯文】批，以手持戟撮取。从手，此聲。

【注釋】① 捽：沈濤《古本考》："《一切經音義》卷三、卷十八兩引'批，撠也'。蓋古本如是，今本涉下'揤'訓而誤耳。"《段注》："撠，居逆反(jǐ)。謂撠撮取也。"《史記・孫子吴起列傳》："救鬥者不搏撠。"司馬貞索隱："撠，以手(持)撠刺人。"

[1] 捽[2]也。从手，即聲。魏郡有揤裴，侯國[3]。　子力切(jí)。

揤　【譯文】揤，抓按。从手，即聲。魏郡有揤裴縣，是侯國。

【注釋】① 揤：張舜徽《約注》："湖湘間稱以手按物使入水曰揤，與許訓揤爲捽意合，此本義也。"　② 捽：參下條。　③ 魏郡句：《漢書・地理志》魏郡有即裴縣。魏郡在今河南臨漳縣一帶。即裴縣在今河北省肥鄉縣西。

持頭髮[1]也。从手，卒聲。　昨沒切(zuó)。

捽　【譯文】捽，抓住頭髮。从手，卒聲。

【注釋】① 持頭髮：徐灝《段注箋》："捽持當爲通義，持髮特具一端。"

撮①

撮　四圭也。一曰：兩指②撮也。从手，最聲。　倉括切(cuō)。

【譯文】撮，四圭。另一義説，用三個指頭聚攏抓取。从手，最聲。

【注釋】① 撮：朱駿聲《通訓定聲》："《漢書·律曆志》：'不失圭撮。'注：'四圭曰撮，三指撮之也。'按：六粟爲圭，四圭爲撮。"　② 兩指：桂馥《義證》："兩指當爲三指。兩指爲拈，三指爲撮。"

𢬵①

𢬵　撮②也。从手，竊省聲。　居六切(jū)。

【譯文】𢬵，用三個指頭聚攏抓取。从手，竊省聲。

【注釋】① 𢬵：即掬字。《段注》："字之同音者有三：此謂三指撮也。臼謂叉手也，匊謂在手也。"　② 撮：《段注》："此蒙三指撮而言，不蒙四圭也。"參上條。

摕　撮取①也。从手，帶聲。讀若《詩》曰"蝃蝀在東"②。𢺋，摕或从折，从示③。兩手急持人也④。　都計切(dì)。

【譯文】摕，用指爪抓取。从手，帶聲。音讀象《詩經》説的"蝃蝀在東方"的"蝃"。𢺋，摕的或體，由折、由示會意。(另一義説，)兩手急忙把握人。

【注釋】① 撮取：《段注》："謂撮而取之。亦蒙'三指撮'言也。"參"撮"條。　② 讀若句：《段注》："謂讀若'蝃'也。"《詩》，指《鄘風·蝃蝀(dì dòng)》。蝃蝀，聯緜詞，美人虹。　③ 从折，从示：王筠《句讀》："折當作斫。"《段注》："蓋从斫而示聲。"本書："斫，斷也。"篆文折从手。以手揮斤而斷之。爲以手撮取義之引申。
④ 兩手句：王筠《句讀》"兩"上加"又"字，注："所以區其爲别一義也。"

捊　引取①也。从手，孚聲。抱②，捊或从包③。　步侯切(póu)。

【譯文】捊，引物相聚。从手，孚聲。抱，捊的或體，从包聲。

【注釋】① 引取：《段注》"取"作"堅"，注："堅義同聚。引堅者，引使聚也。築牆者捊聚壤土，盛之以虆，而投諸版中。此引聚之正義。"
② 抱：《段注》："後人用抱爲褱裛(懷抱)字。蓋古今字之不同如此。"　③ 从包：朱駿聲《通訓定聲》作"或从包聲"。宋保《諧聲補

逸》:“孚包古同部通用。猶罦字重文作罦矣。”

揜　自關以東謂取曰揜。一曰：覆也。从手，弇聲①。　衣檢切(yǎn)。

【譯文】揜，自關以東叫取作揜。另一義説，揜是覆蓋的意思。从手，弇聲。

【注釋】① 弇聲：聲中有義。《段注》:“弇，蓋也。故从弇之揜爲覆。”

授　予①也。从手，从受②，受亦聲。　殖酉切(shòu)。

【譯文】授，給予。由手、由受會意，受也表聲。

【注釋】① 予：《段注》:“予者，推予也。象相予之形。”　② 从手，从受：《段注》:“手付之令其受也，故从手受。”

承　奉①也，受②也。从手，从卩，从収③。　署陵切(chéng)。

【譯文】承，是捧授的意思；又是收受的意思。由手、由卩、由収會意。

【注釋】① 奉：王筠《句讀》:“謂授之人也。”　② 受：王筠《句讀》:“謂受諸人也。”王説：“惟此貢之於上、受之於上，皆曰承，於字形求之皆合，故不分主从。惟是奉下云承也，故先之耳。”王謂凡表示施受同體之字形，其字義不分主從。　③ 从手句：《段注》:“合三字會意。”徐鉉：“謹節其事，承奉之義。故从卩。”

【參證】甲文作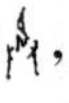，金文作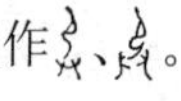。李孝定《甲骨文字集釋》:“契文象兩手捧一人之形，奉之義也。篆文又增之‘手’形，於形已複矣。”

抍①　給②也。从手，臣聲。一曰：約③也。　章刃切(zhèn)。

【譯文】抍，舉救使飽足。从手，臣聲。另一義説，抍是纏束的意思。

【注釋】① 抍：王筠《繫傳校録》:“‘給也’云者，抍之本義也。《漢書》用振，今人用賑，而抍其正字。”　② 給(jǐ)：《段注》:“相足也。”　③ 約：《段注》:“約者，纏束也。此抍之别一義也。”

撞　拭①也。从手，堇聲。　居焮切(jìn)。

【譯文】撞，拂拭。从手，堇聲。

【注釋】① 拭：徐灝《段注箋》:“拭謂拂拭。”

攩[①] 朋羣[②]也。从手[③],黨聲。　多朗切(dǎng)。

【譯文】攩,朋黨。从手,黨聲。

【注釋】① 攩:今用“黨”字。《段注》:“此鄉黨、黨與本字。俗用黨者,叚借字也。”　② 朋羣:王筠《句讀》:“《六韜》:‘友之友謂之朋,朋之朋謂之黨,黨之黨謂之羣。’”　③ 从手:邵瑛《羣經正字》:“朋羣者,每手足相助,故字从手。”

接[①] 交也。从手,妾聲。　子葉切(jiē)。

【譯文】接,用手相交引。从手,妾聲。

【注釋】① 接:徐灝《段注箋》:“接者,相引以手之義。引申爲交接之偁。”

抪[①] 撻也。从手,尗聲。　普活切(pō)。

【譯文】抪,拂拭。从手,尗聲。

【注釋】① 抪:《段注》:“今人用拂拭字當作此。”

挏 攡引[①]也。漢有挏馬官[②],作馬酒[③]。从手,同聲[④]。　徒總切(dòng)。

【譯文】挏,兩手抱着往來推引。漢朝有挏馬官,製作馬酒。从手,同聲。

【注釋】① 攡引:王筠《句讀》:“蓋撞挏之器重,須兩手抱之,故曰攡;須往來推引之,故曰引也。”　② 挏馬官:見《漢書·百官公卿表》。應劭注:“主乳馬,取其乳汁挏治之,味酢可飲,因以名官。”鄧廷楨《雙硏齋筆記·論説文》:“其(作馬酒)法,以革囊盛馬乳,一人抱持之,乘馬絶馳,令乳在囊中自相撞動,所謂挏也。往復數十次,即可成酒。”　③ 馬酒:桂馥《義證》:“馬酪味如酒,而飲之亦可醉,故呼馬酒也。”　④ 同聲:聲中有義。本書:“同,合會也。”从手从同,會兩手合抱之意。

招 手呼也。从手召[①]。　止搖切(zhāo)。

【譯文】招,用手呼叫人。由手、召會意。

【注釋】① 从手召:桂馥《義證》:“以手曰招,以言曰召。”召也表聲。徐鍇、段、桂、王、朱、錢均作“召聲”。

【參證】金文作[金文字形]。李孝定《金文詁林讀後記》卷十二:“爲召之本字。""省爲从口，刀聲。""招爲召之偏旁累增字，从手義複。"參"召"條。

撫① 安也。从手，無聲。一曰：(循)[揗]②也。𢓜，古文从辵亡。　芳武切(fǔ)。

【譯文】撫，安撫。从手，無聲。另一義説，撫是撫摩的意思。辿，古文撫字，从辵、亡會意。

【注釋】① 撫：本書攴部："攺：撫也。从攴，亡聲。讀與撫同。"从攴猶从手，从亡猶从無。撫不過是攺的改換偏旁的異文。所以徐鍇説：攺是"《尚書》古文撫"。參"攺"條。　② 循：當依《段注》改爲"揗"。本部："揗，摩也。"

【參證】商承祚《説文中之古文考》："辿爲逃亾之專字，而亦可借爲撫。""亾、無古一字。"按：辿應爲从辵从亡，亡亦聲。辵、亡均與行走逃匿義有關，而與安撫義遠隔。

捪 撫①也。从手，昏聲。一曰：摹②也。　武巾切(mín)。

【譯文】捪，撫摩。从手，昏聲。另一義説，捪是摹仿的意思。

【注釋】① 撫：《段注》："此冡上訓揗之撫而言。"　② 摹：桂馥《義證》："謂規摹也。書畫家摹仿是也。"

揣 量①也。从手，耑聲②。度高曰揣③。一曰：捶④之。　初委切(chuǎi)。

【譯文】揣，量輕重。从手，耑聲。量度高(低)叫揣。另一義説，揣是捶擊的意思。

【注釋】① 量：《段注》："稱輕重也。""今人語言用敁(diān)敪(duó)字。"　② 从手，耑聲：朱駿聲《通訓定聲》："从手从耑會意。耑者，高也。"　③ 度高句：《左傳・昭公三十二年》："計丈數，揣高卑。"杜預注："度高曰揣，度深曰仞。"　④ 捶：《段注》："以杖擊也。"

【參證】林義光《文源》："耑非聲。象以手量物之端。"耑本象"物初生之題"，有本有末，可度量高低。故朱駿聲曰："耑，高也。"參"耑"(duān)條。

抧 開也。从手，只聲。讀若(抵)[抵]掌①之(抵)[抵]。　諸氏切(zhǐ)。

【譯文】抧,開。从手,只聲。音讀象抵擊手掌的"抵"字。

【注釋】① 抵掌:當依《段注》"抵"作"抵"。葉德輝《讀若考》:"只、氏古音同部。"《段注》:"抧,側手擊也。抵掌者,側此手擊彼手掌也。"

摜① 習也。从手,貫聲。《春秋傳》②曰:"摜瀆鬼神。"　古患切(guàn)。

【譯文】摜,習慣。从手,貫聲。《春秋傳》説:"習慣于侮慢鬼神。"

【注釋】① 摜:今經典多借用貫。俗作慣。王筠《句讀》:"樌與辵部遦,皆貫之分别文。古有習貫之語,而無專字,借貫爲之。後乃作遦、摜以爲專字。""今經本从豎心者,俗通用也。"按:遦、摜、慣,造字者各側重一面,或从辵,或从手,或从心,其爲習貫則一也。

②《春秋傳》:指《左傳・昭公二十六年》。今本"摜"作"貫"。貫瀆:承培元《引經證例》:"貫,錢貝之貫也。瀆,溝也。叚借字。摜嬻,正字也。"

投　擿①也。从手,从殳②。　度侯切(tóu)。

【譯文】投,投擲。由手、由殳會意。

【注釋】① 擿:參下條。　② 从殳:本書:"殳"爲殳竿。从手从殳,手持殳竿投擲。類似於今日之投擲校標。又,小徐及段、桂、王、朱皆作"殳聲"。宋保《諧聲補逸》:"投、殳竝同部,聲相近。"可見,殳既表義,又表聲。

擿① 搔也。从手,適聲。一曰:投②也。　直隻切(zhì)。

【譯文】擿,搔。从手,適聲。另一義説,擿是投擲的意思。

【注釋】① 擿:《段注》:"以象骨搔首,因以爲飾,即後人玉導、玉搔頭之類也。"　② 投:《段注》:"(擿)今字作擲。凡古書用投擲字,皆作擿。許書無擲。"

搔① 括②也。从手,蚤聲。　穌遭切(sāo)。

【譯文】搔,抓杷。从手,蚤聲。

【注釋】① 搔:《漢書・枚乘傳》:"足可搔而絶。"顔注:"搔謂抓也。"

② 括:《段注》作"刮",注:"刏(刮)者,掊杷也。"

扴① 刮也。从手,介聲。　古黠切(jiá)。

【譯文】扴,揩刮。从手,介聲。

【注釋】① 抍：朱駿聲《通訓定聲》："撜即抍之或體。"

𢯱[①] 摽 擊也。从手，票聲。一曰：挈（門壯）［闠牡］[②]也。 符少切（biào/piāo）[③]。

【譯文】摽，拍擊。从手，票聲。另一義說，提啟門閂。

【注釋】① 摽：《邶風·柏舟》毛傳云："摽，拊心皃。" ② 挈門壯：當依《段注》"門壯"作"闠牡"。段注："闠牡，一物也。見門部。挈者，提而啟之也。" ③ piāo 爲拍擊義今讀，提啟門閂義今音 biào。

𢱮 挑 撓[①]也。从手，兆聲。一曰：摷[②]也。《國語》[③]曰："卻至挑天。" 土凋切（tiāo/tiǎo）。

【譯文】挑，挑撥。从手，兆聲。另一義說，挑是拘留而打擊的意思。《國語》說："卻至偷天之功（來作爲自己的力量）。"

【注釋】① 撓：《段注》："下文云'撓'者'擾也'，'擾'者'煩也'。挑者，謂撥動之。" ② 摷（jiǎo）：《段注》："拘止而擊之也。"
③《國語》：指《周語》單襄公的話。今本原文："卻至佻天以爲己力。"韋昭注："佻，偷也。偷天功以爲己力。"卻至，晉國大臣。按：此引《國語》説明挑的第三個義項：偷。

𢫬[①] 抉 挑也。从手，夬聲[②]。 於說切（yuē/jué）[③]。

【譯文】抉，挑出。从手，夬聲。

【注釋】① 抉：《段注》："抉者，有所入以出之也。" ② 夬聲：聲中有義。夬，分決。抉必以手分披然後"入而出之"。 ③ 今讀依《廣韻》古穴切。

𢹂 撓 擾也。从手，堯聲。一曰捄[①]也。 奴巧切（náo）。

【譯文】撓，擾亂。从手，堯聲。又叫"捄"。

【注釋】① 捄（jū）：《段注》："捄篆下曰：'一曰擾也。'是撓、擾、捄三字義同。"王筠《句讀》："廣二名也。"

𢺕[①] 擾 煩[②]也。从手，夒聲[②]。 而沼切（rǎo）。

【譯文】擾，煩勞致亂。从手，夒聲。

【注釋】① 擾：邵瑛《羣經正字》："今經典竝从憂作擾。此隸轉寫之譌。" ② 煩：本書頁部："煩，熱頭痛也。"《段注》："引申爲煩亂之係。"王筠《句讀》:"《檜風·匪風》毛傳:'烹魚煩則碎,治民煩則亂。'是許説煩之所本。" ③ 夒聲:聲中有義。夒有猴義。猴喜頻煩用爪,故从手从夒,其義爲煩亂。

挶 戟持[①]也。从手,局聲。 居玉切(jū)。

【譯文】挶,手象戟一樣彎曲持握着。从手,局聲。

【注釋】① 戟持:《段注》:"戟持者,手如戟而持之也。""是謂有所操作、曲其肘如戟而持之也。"

据 戟挶[①]也。从手,居聲。 九魚切(jū)。

【譯文】据,拮据。从手,居聲。

【注釋】① 戟挶:《段注》:"《鴟鴞》:'予手拮据。'傳曰:'拮据,戟挶也。'《公羊注》叚据爲據。"按:拮据是操作勞苦的意思。參"拮"條。

擖 刮[①]也。从手,葛聲。一曰:撻[②]也。 口八切(qiā)。

【譯文】擖,揩刮。从手,葛聲。另一義説,擖是鞭撻的意思。

【注釋】① 刮:《段注》:"此與扴音義略同。" ② 撻:參"撻"條。

摘[①] 拓果樹實[②]也。从手,啻聲。一曰:指近[③]之也。 他歷切(tì)。又,竹戹切(zhāi)。

【譯文】摘,采摘果樹的果實。从手,啇聲。另一義説,摘是指摘的意思。

【注釋】① 摘:王筠《句讀》:"《蒼頡篇》:'摘,以指摘取也。'"
② 拓果樹實:《段注》:"拓者,拾。拾者,掇也。掇者,拾取也。果樹實者,有果之樹之實也。"按:拓指摘取。 ③ 指近:王筠《句讀》:"'近'疑當作'斥'。指斥即指摘也。"

搳 擖[①]也。从手,害聲。 胡秸切(xiá)。

【譯文】搳,揩刮。从手,害聲。

【注釋】① 擖:參"擖"條。

撃 (暫)[斬取][①]也。从手,斬聲[②]。 昨甘切(cán)。

【譯文】撃,斬斷而取。从手,斬聲。

【注釋】① 暫:當依《段注》作"斬取"。《段注》:"斬者,截也。謂斷物也。" ② 斬聲:聲中有義。見注①。

搚 摺[②]也。从手，劦聲。一曰拉[③]也。　虚業切(xié)。

【譯文】搚，摧折。从手，劦聲。又叫拉。

【注釋】① 搚：今作擸。　② 摺：《集韻·合韻》："拉，《説文》：'摧也。'或作摺。"　③ 拉：參"拉"條。

摺 敗[①]也。从手，習聲。　之涉切(zhé)。

【譯文】摺，毀壞。从手，習聲。

【注釋】① 敗：《段注》："敗者，毀也。(摺)今義爲摺疊。"

揫 束[①]也。从手，秋聲[②]。《詩》[③]曰："百禄是揫。"　即由切(jiū)。

【譯文】揫，束縛。从手，秋聲。《詩經》説："各種福禄都聚集在他身上。"

【注釋】① 束：縛。　② 秋聲：聲中有義。承培元《引經證例》："秋爲收斂之時，揫从烁，聲兼義(烁隸作秋)。"　③《詩》：指《商頌·長發》。今本"揫"作"遒"。毛傳："遒，聚也。"雷浚《引經例辨》："揫之本義爲束，而引申之則訓聚之字亦作揫。許引《詩》説引申。"

【參證】馬敘倫《六書疏證》卷二十三："揫从手者，今杭縣謂人以手拘人耳曰扭耳，或作揪耳。"湖湘間亦謂"揪耳"。

摟 曳、聚也[①]。从手，婁聲。　洛侯切(lōu)。

【譯文】摟，拖引；聚集。从手，婁聲。

【注釋】① 曳、聚也：一句數讀。徐鍇《繫傳》作"曳也；聚也"。

抎 有所失[①]也。《春秋傳》[②]曰："抎子，辱矣。"从手，云聲。于敏切(yǔn)。

【譯文】抎，有所墜落。《春秋左傳》説："(如果)失去了您，將是國家的耻辱啊。"从手，云聲。

【注釋】① 有所失：張舜徽《約注》："抎从手而訓有所失，謂手中持物下墜失之耳。"　②《春秋傳》：指《左傳·成公二年》。今本"抎"作"隕"。引文是衛國臣子石稷對孫良夫説的話。"隕"指被俘或被殺而言。

披[①] 从旁持曰披。从手，皮聲。　敷羈切(pī)。

【譯文】披，靈柩兩旁持握(的帛)叫作披。从手，皮聲。

【注釋】① 披：《釋名·釋喪制》："兩旁引之曰披。披，擺也。各於一旁引擺之，備傾倚也。"

瘳①

引縱曰瘳②。从手，瘛省聲。 尺制切(chì)。

【譯文】瘳，牽引而又放縱叫作瘳。从手，瘛省聲。

【注釋】① 瘳：徐鍇《繫傳》："今作掣。"王筠《釋例》："从制以會牽制之意，未嘗於六書不合。" ② 引縱句：王筠《釋例》："《爾雅》釋文作'引而縱之曰瘳。'引而縱之也者，猶言縱而引之也。引不離縱，縱不離引，乃是瘳意。放紙鳶者，是瘳象也。"

挚①

積也。《詩》②曰："助我舉挚。"[一曰：]搣頰旁③也。从手，此聲。 前智切(zì)。

【譯文】挚，聚積。《詩經》説："幫助我們獲取積聚的死禽獸。"另一義説，揪拔臉頰旁邊(的鬚毛)。从手，此聲。

【注釋】① 挚：朱駿聲《通訓定聲》："與左形右聲之批別。" ②《詩》：指《小雅·車攻》。今本"挚"作"柴"。挚本是用手積聚，此處引申爲積聚的死禽獸。 ③ 搣頰旁：當依《段注》此上加"一曰"。承培元《引經證例》："搣頰旁，當以揃鬍鬢毛、整理面頤爲正義。"

掉

搖①也。从手，卓聲。《春秋傳》②曰："尾大不掉。" 徒弔切(diào)。

【譯文】掉，搖動。从手，卓聲。《春秋左傳》説："尾巴太大不能擺動。"

【注釋】① 搖：《段注》："掉者，搖之過也。搖者，掉之不及也。許渾言之。"《楚語》："夫邊境者，國之尾也。譬之於牛馬，處暑之既至，虻蚊之既多，而不能掉其尾。"賈注："掉，搖也。" ②《春秋傳》：指《左傳·昭公十一年》。今本原文："末(樹梢)大必折，尾大不掉。"

搖

動也。从手，䍃聲。 余招切(yáo)。

【譯文】搖，擺動。从手，䍃聲。

搈

動搈①也。从手，容聲。 余隴切(yǒng/róng)②。

【譯文】搈，動搖。从手，容聲。

【注釋】① 動搈：《段注》："漢時語。"朱駿聲《通訓定聲》："猶言動搖。" ② 今讀依《廣韻》餘封切。

擿 當[①]也。从手，貳聲。 直異切(zhì)。

【譯文】擿，相當。从手，貳聲。

【注釋】① 當：王筠《句讀》："田部：'當，田相值也。'人部：'值，一曰逢遇。'引申之，即得相當之義。"

揂[①] 聚也。从手，酉聲。 即由切(jiū)。

【譯文】揂，聚。从手，酉聲。

【注釋】① 揂：錢坫《斠詮》："《爾疋》：'揫，聚也。'揫猶(揂之誤)同字。"揫之本義爲束，結束有聚攏義，可引申爲聚。參"揫"條。

掔[①] 固也。从手，臤聲。讀若《詩》[②]"赤舄掔掔"。 苦閑切(qiān)。

【譯文】掔，堅固。从手，臤聲。音讀象"赤舄掔掔"的"掔"字。

【注釋】① 掔：《段注》："掔之言堅也，緊也，謂手持之固也。"
②《詩》：指《豳風·狼跋》。赤舄(xì)：(以金爲飾的)紅鞋。掔掔：今本作"几几"。王先謙《集疏》："蓋取金鉤著屨，堅固之皃。"《段注》："掔掔當依《豳風》作'几几'。"

【參證】甲文作、、。葉玉森《殷虛書契前編集釋》卷二："卜辭从臣。臣，俘虜也。从二又，象兩手引臣，即牽之本誼。掔、牽爲古今文。"

捀 奉[①]也。从手，夆聲。 敷容切(fēng/féng)[②]。

【譯文】捀，捧。从手，夆聲。

【注釋】① 奉：王筠《句讀》："此蓋以重文爲説解也。奉亦从手丰聲。與捀字大同。又，奉者，承也。其俗字作捧。" ② 今讀依《廣韻》符容切。

擧[①] 對舉也。从手，輿聲。 以諸切(yú)。

【譯文】擧，兩人相對共舉。从手，輿聲。

【注釋】① 擧：朱駿聲《通訓定聲》："謂兩人舉之。"陳衍《辨證》："擧、舉二字，一屬兩人對舉，一屬兩手對舉。擧必兩人對舉一輿；舉但兩手對舉一物。"鈕樹玉《校録》："疑擧之别體。"

揚 飛、舉也[①]。从手，昜聲[②]。𢿄，古文。 與章切(yáng)。

【譯文】揚，飛起；舉起。从手，昜聲。𢿄，古文"揚"字。

【注釋】① 飛、舉也：一句數讀。朱駿聲《通訓定聲》："舉者本義。"按：飛者，引申義，高舉如飛揚。《魚麗》傳："鱨，揚也。"陸璣疏："魚之大而有力解飛者，徐州人謂之揚。"此證揚有飛義。　② 昜聲：聲中有義。勿部昜下："一曰飛揚。"

【參證】甲文作，金文作、、、、、、、。朱芳圃《殷周文字釋叢》卷上："金文揚字可分五類：一、象人坐而兩手舉鐙（如金文第四字）。二、象人坐而兩手舉；，鐙缸也（如金文第二字）。三、象人坐而兩手舉；即省形（如金文第五字）。四、象人坐而手舉，若。鐙已庋於丂上，毋煩人舉（金文第三字、第六字）。……五、（金文末字）即之異形，象手持。與《説文》所載古文略同。"

舉　對舉①也。从手，與聲。　居許切（jǔ）。

【譯文】舉，兩手相對而舉。从手，與聲。

【注釋】① 對舉：《段注》："謂以兩手舉之。故其字从手與，ナ（左）手與右手也。"　② 與聲：依《段注》，與也表義。

【參證】金文作，从犬。

掀　舉出①也。从手，欣聲。《春秋傳》②曰："掀公出於淖。"　虚言切（xiān）。

【譯文】掀，舉着出去。从手，欣聲。《春秋左傳》説："用手高舉起晉厲公的戰車从泥沼裏出來。"

【注釋】① 舉出：王筠《句讀》："蓋即據左氏而言。不然，掀乃今之恒言。《廣韻》：'掀，以手高舉。'是也。正不必有所出也。"
②《春秋傳》：指《左傳・成公十六年》。今本原文："乃掀公以出於淖。"

揭　高舉①也。从手，曷聲。　去例切（qì）。又，基竭切（jiē）。

【譯文】揭，高舉。从手，曷聲。

【注釋】① 高舉：賈誼《過秦論》："揭竿爲旗。"正是高舉義。

抍[①]　上舉也。从手，升聲。《易》②曰："抍馬，壯，吉。"撜，抍或从登③。　蒸上聲（zhěng）。

【譯文】抍，上舉。从手，升聲。《易經》説："（馬傷了左邊的大腿，）

因此拯救馬，馬健壯了，可獲得吉祥。”撜，抍的或體，从登聲。

【注釋】① 抍：今作拯。　② 《易》：指《明夷》六二爻辭。今本原文：“夷于左股，用拯馬，壯，吉。”陸德明《經典釋文》：“拯，拯救之拯。”　③ 从登：宋保《諧聲補逸》：“登聲。升、登同部。”按：抍是形聲字，撜是會意字，登有上進之意。

【參證】徐中舒《甲骨文字典》卷十二：“，甲骨文丞字即抍字之初文。”

振[1]　舉救也。从手，辰聲。一曰：奮[2]也。　章刃切(zhèn)。

【譯文】振，舉而救助。从手，辰聲。另一義説，是奮起。

【注釋】① 振：邵瑛《羣經正字》：“此即俗賑濟之本字。諸史籍所云‘振給’、‘振貸’，其義皆同，盡當爲振字。今人之作文書者，以其事涉貨財，輒改振爲賑。”按：本書貝部：“賑，富也。”　② 奮：王筠《句讀》：“此義與上義反，謂自能振訊(迅疾)，不恃人舉救者也。”

扛　横關對舉也[1]。从手，工聲。　古雙切(gāng)。

【譯文】扛，用雙手把横着的門閂一樣的重木杠對舉起來。从手，工聲。

【注釋】① 横關句：《段注》：“以木横持門户曰關。凡大物而兩手對舉之曰扛。項羽力能扛鼎，謂鼎有鼏(mì)、以木横貫鼎耳而舉其兩耑也。即無横木而兩手舉之亦曰扛。即兩人以横木對舉一物亦曰扛。”

扮　握也。从手，分聲。讀若粉。　房吻切(fèn)[1]。

【譯文】扮，握持。从手，分聲。音讀象“粉”字。

【注釋】① 王玉樹《拈字》：“今俗作晡幻切(bàn)。以爲裝扮之扮。”

撟　舉手[1]也。从手，喬聲。一曰：撟，擅[2]也。　居少切(jiǎo)。

【譯文】撟，舉手。从手，喬聲。另一義説，撟是專擅的意思。

【注釋】① 舉手：朱駿聲《通訓定聲》：“《爾雅・釋獸》：‘人曰撟。’謂人體倦眠、輒欠伸舉手以自適。”　② 擅：《段注》：“擅，專也。凡矯詔當用此字。”

捎　自關以西，凡取物之上者爲撟捎[1]。从手，肖聲。　所交切(shāo)。

【譯文】捎，从關往西，大凡選取物體的上等，叫作撟捎。从手，肖聲。

【注釋】① 撟捎：徐灝《段注箋》："《方言》'撟捎'訓爲'選'，自是取其上等之意。梢爲木末，故取其上者謂之捎耳。"

攤① 抱也。从手，雝聲。 於隴切（yǒng/yōng）②。

【譯文】攤，擁抱。从手，雝聲。

【注釋】① 攤：今作擁。《漢書·夏侯嬰傳》："面雍樹馳。"注云："南方謂抱小兒爲雍。雍讀曰擁。" ② 今讀依《集韻》於容切。

擩 染①也。从手，需聲。《周禮》②："六曰擩祭③。" 而主切（rǔ）。

【譯文】擩，染漬。从手，需聲。《周禮》説："第六叫作染漬的祭祀。"

【注釋】① 染：《段注》："如染繒爲色也。" ②《周禮》：指《春官·大祝》。 ③ 擩祭：鄭玄注："以肝肺菹擩鹽醢中以祭也。"用肝肺和酸菜在鹽製的肉醬中染漬，（取出放在俎、豆之間）來祭祀，叫擩祭。擩，王筠《句讀》："字或作揳。見《特牲饋食禮》及《少牢饋食禮》。"徐灝《段注箋》："隸書需字或作耎，故《禮經》擩揳錯出。"

揄 引也。从手，俞聲。 羊朱切（yú）。

【譯文】揄，導引。从手，俞聲。

擎① 擎擭②，不正也。从手，般聲。 薄官切（pán）。

【譯文】擎，擎擭，手不正。从手，般聲。

【注釋】① 擎：《玉篇·手部》："擎，手不正也。"擎也可單獨立訓。 ② 擎擭（wò）：聯緜詞。

擭 擎擭①也。一曰：布擭②也。一曰：握③也。从手，蒦聲。一虢切（wò）。

【譯文】擭，擎擭。另一義説，擭是分布的意思。另一義説，擭是握取的意思。从手，蒦聲。

【注釋】① 擎擭：參上"擎"條。 ② 布擭：《段注》："劉逵注《吴都賦》曰：'布擭，遍滿貌。'"《廣韻·暮韻》："擭，布擭，猶分解也。"布擭義音 hù。 ③ 握：桂馥《義證》："《西京賦》：'擭猭胡。'薛綜曰：（擭）謂握取之也。"

[1] 拊手[2]也。从手，弁聲。 皮變切(biàn)。

拚 【譯文】拚，拍手。从手，弁聲。

【注釋】① 拚：《段注》："俗作抃。" ② 拊手：《段注》："謂兩手相拍也。"

 專[1]也。从手，亶聲。 時戰切(shàn)。

擅 【譯文】擅，獨攬。从手，亶聲。

【注釋】① 專：《段注》："專當作嫥。嫥者，壹也。"

 葵[1]也。从手，癸聲[2]。 求癸切(kuí)。

揆 【譯文】揆，度量。从手，癸聲。

【注釋】① 葵：王筠《釋例》："揆字見於經者多，其義易知。且葵从艸，尤爲易見，人斷不至疑揆爲菜名也，故即發明假借。"其《句讀》又曰："揆字熟，故以本字之借字(指葵字)説之，且爲葵字廣一義。"《爾雅·釋言》："葵，揆也。揆，度也。" ② 癸聲：聲中有義。王筠《釋例》："从癸者多有度意，即从之者(指揆)之訓度，而所从者(指癸)之訓度，可推知矣。"癸，籀文作。古揆度之法，或以步(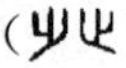)爲度，或以矢爲度。參"癸"條。

【參證】陳邦福《殷契辨疑》："當釋揆。據揆敦有字可證。"按：許書手部諸文古籀从攴者多見。

 度[1]也。从手，疑聲[2]。 魚已切(nǐ)。

擬 【譯文】擬，揣度。从手，疑聲。 ② 疑聲：聲中有義。揣度多因疑起。

【注釋】① 度：《段注》："今所謂揣度也。"

 減也。从手，員聲。 穌本切(sǔn)。

損 【譯文】損，減少。从手，員聲。

[1] 縱也。从手，乙聲。 式質切(shī)。

失 【譯文】失，放(手而掉落)。从手，乙聲。

【注釋】① 失：《段注》"在手而逸去爲失。"徐灝《箋》："失佚古今字。"參"佚"條。

【參證】甲文作，金文作。丁山《商周史料考證》："失字初文，象人失足而血溢於趾形。"甲金文和篆文的構形，或取象於失足，

或取象於失手，其義均爲掉落、失落。二者互爲異體，篆文字形似乎不與甲金文一脈相承。

[①] 解挩也。从手，兑聲。　他括切(tuō)。

挩 【譯文】挩，解脱。从手，兑聲。

【注釋】① 挩：今人多用脱。邵瑛《羣經正字》："近日字書，似以脱爲正字，説稅則皆叚借，而挩則爲拭挩之挩，讀輸芮切，無作解挩用者。據《説文》，挩乃解挩，稅爲租稅，説爲説釋，而脱則爲消肉臞。"

 治[①]也。从手，發聲。　北末切(bō)。

撥 【譯文】撥，治理。从手，發聲。

【注釋】① 治：《春秋公羊傳·哀公十四年》："撥亂世，反諸正。"撥即治理。

【參證】戴家祥《金文大字典》："（金文）當是撥的古文。"參"發"條。

[①] 抒也。从手，邑聲。　於汲切(yì)。

挹 【譯文】挹，舀水。从手，邑聲。

【注釋】① 挹：朱駿聲《通訓定聲》引《珠叢》："凡以器斟酌于水謂之挹。"

 挹[①]也。从手，予聲。　神與切(shù/shū)。

抒 【譯文】抒，舀。从手，予聲。

【注釋】① 挹：《段注》："凡挹彼注兹曰抒。"

[①] 挹也。从手，且聲。讀若樝[②]梨之樝。　側加切(zhā)。

担 【譯文】担，叉取。从手，且聲。音讀象楂梨的"楂"字。

【注釋】① 担：《方言》卷十："担，取也。南楚之間，凡取物溝泥中謂之担。"《正字通·手部》："担，別作摣、叡，義通。"《釋名·釋姿容》："摣，叉也。五指俱往叉取也。"　② 樝(zhā)：即山楂。本書木部："樝，果似梨而酢。"

【參證】戴家祥《金文大字典》："（史牆盤"牆弗敢取"），从又从手同義。"即担字。

[①] 扟[②]也。从手，矍聲。　居縛切(jué)。

攫 【譯文】攫，用爪從上面象舀一樣抓取。从手，矍聲。

【注釋】① 攫:《禮記·儒行》:"鷙蟲攫搏。"孔穎達疏:"以腳取之謂攫,以翼擊之謂搏。" ② 扟(shēn):參下條。

扟 从上挹也。从手,卂聲。讀若莘。 所臻切(shēn)。

【譯文】扟,从上面舀取。从手,卂聲。音讀象"莘(shēn)"字。

拓① 拾也。陳、宋語②。从手,石聲。摭,拓或从庶③。 之石切(zhí)。

【譯文】拓,拾取。是陳地、宋地的詞語。从手,石聲。摭,拓的或體,从庶聲。

【注釋】① 拓:邵瑛《羣經正字》:"今經典从或體作摭。拓(拾取)字經典不見。子史多以拓爲開拓(tuò)之拓;又'拓落'亦作此:蓋截分爲二字矣。" ② 陳、宋語:陳、宋,古國名,所轄爲今河南、安徽、江蘇一帶。《方言》卷一:"摭,取也。陳宋之間曰摭。" ③ 从庶:《段注》:"石聲、庶聲皆古音五部。"按:石上古屬鐸部,庶屬魚部。魚鐸對轉。

攈① 拾也。从手,麇聲。 居運切(jùn)。

【譯文】攈,拾取。从手,麇聲。

【注釋】① 攈:邵瑛《羣經正字》:"今經典作'攟'。《國語》舊本又作'捃'。"

拾① 掇也。从手,合聲。 是執切(shí)。

【譯文】拾,撿取。从手,合聲。

【注釋】① 拾:徐灝《段注箋》:"掇拾皆次弟取之之義。故引申爲更迭之偁。如《射禮》之拾發、《喪禮》之拾踊,及《曲禮》之拾級聚足,皆是也。"

掇① 拾取也。从手,叕聲②。 都括切(duō)。

【譯文】掇,拾取。从手,叕聲。

【注釋】① 掇:參"拾"條。 ② 叕聲:聲中有義。徐灝《段注箋》:"掇之言綴也。聯綴以拾之也。"叕,相互連綴。

擐 貫①也。从手,睘聲。《春秋傳》②曰:"擐甲執兵。" 胡慣切(huàn)。

【譯文】擐,貫穿。从手,睘聲。《春秋左傳》說:"貫穿衣甲,拿着武器。”

【注釋】① 貫：《段注》：“今人廢毌而專用貫矣。”本書毌部：“毌，穿物持之也。”“貫，錢貝之貫。”參“毌”、“貫”條。 ②《春秋傳》：指《左傳・成公二年》。

揯 引、急也[①]。从手，恆聲。 古恒切(gēng)。

揯 【譯文】揯，引拉；緊急。从手，恆聲。

【注釋】① 引、急也：一句數讀。桂馥《義證》：“《廣雅》：‘揯，引也，急也。’”急，緊。

摍[①] 蹴引[②]也。从手，宿聲。 所六切(suō)。

摍 【譯文】摍，抽引。从手，宿聲。

【注釋】① 摍：《詩・小雅・巷伯》：“成是南箕。”傳：“放乎旦，而蒸盡，縮屋而繼之。”釋文：“縮又作摍，同。”徐灝《段注箋》：“古以麻蒸爲屋笮，故蒸盡，取諸屋上而繼之。”黄綺《説文解字三索》：“‘摍屋而繼之’，是抽引屋草以繼薪燃燒的意思。” ② 蹴引：《段注》：“蹴猶迫也。蹴引者，蹴迫而引取之。”

摙[①] 相援也。从手，虔聲。 巨言切(qián)。

摙 【譯文】摙，相援。从手，虔聲。

【注釋】① 摙：張舜徽《約注》：“湖湘間稱人與物將傾陷，疾以身肩持之曰摙，謂相救援也。”

援[①] 引也。从手，爰聲[②]。 雨元切(yuán)。

援 【譯文】援，引拉。从手，爰聲。

【注釋】① 援：徐灝《段注箋》：“援之本義謂以手相引，因之爲凡援引之偁。” ② 爰聲：爰義本爲援引，因假爲語詞，復加手作援。就援引義而言，朱駿聲《通訓定聲》説：“此爰之或體。”就援字内部結構而言，援引動作與手有關，而爰側重表聲，同時也兼表引拉之義，故爲形聲兼會意。

摺 引也。从手，留聲。抽，摺或从由[①]。捸，摺或从秀[②]。

摺 敕鳩切(chōu)。

【譯文】摺，拉引。从手，留聲。抽，摺的或體，从由聲。捸，摺的或體，从秀聲。

【注釋】① 从由：《段注》："由聲也。" ② 从秀：宋保《諧聲補逸》："秀聲。""留由秀同部，聲相近。"

擢① 引也。从手，翟聲。 直角切（zhuó）。

【譯文】擢，拔引。从手，翟聲。

【注釋】① 擢：徐鍇《繫傳》："謂拔擢也。"徐灝《段注箋》："此當以拔擢爲本義，叚借爲櫂舟（划船）字。"

拔 擢①也。从手，犮聲。 蒲八切（bá）。

【譯文】拔，抽引。从手，犮聲。

【注釋】① 擢：《方言》卷三："擢，拔也。自關而西或曰拔，或曰擢。"

【參證】甲文作、，象兩手拔木之形，見"祓"條。字形隸定作杲。从臼，从木，因字音不顯，遂爲形聲字，从手之義類不變，借用刺犮（là bá）的犮音作聲旁。參"犮"條。

揠 拔①也。从手，匽聲。 烏黠切（yà）。

【譯文】揠，拔引。从手，匽聲。

【注釋】① 拔：《方言》卷三："揠，拔也。東齊、海岱之間曰揠。"郭璞注："今呼拔草心爲揠。"

擣① 手（推）[椎]②也。一曰：築③也。从手，𠷎聲。 都皓切（dǎo）。

【譯文】擣，用手椎擊。另一義説，擣是持杵築搗土牆的意思。从手，𠷎聲。

【注釋】① 擣：今經典擣作擣。又作搗。 ② 推：當依徐鍇《繫傳》作"椎。"王筠《句讀》："木部：'椎，擊也。'齊謂之終葵（長言之則爲"終葵"，急言之則爲"椎"）。此椎則動字，謂以手椎之也。"
③ 築：《段注》："築者，必用築，非徒手也。故爲別。"

攣① 係②也。从手，䜌聲③。 吕員切（luán）。

【譯文】攣，係繩索牽引。从手，䜌聲。

【注釋】① 攣：張舜徽《約注》："今俗於物之不易以手動者，係之以繩索，然後資衆手持繩索以引取之，是其事已。" ② 係：《段注》："係者，絜（指繩索之類）束也。" ③ 䜌聲：聲中有義，䜌有牽連不絶義。參"䜌"條。

挺[1] 拔也。从手，廷聲。 徒鼎切(tǐng)。

【譯文】挺，引拔出來。从手，廷聲。

【注釋】① 挺：《漢書·儒林傳》："先敺旄頭，劍挺墮墜。"顔師古注："挺，引也。劍自然引拔出也。"

攓[1] 拔取也。南楚語[2]。从手，寒聲。《楚詞》[3]曰："朝攓批之木蘭。" 九輦切(jiǎn/qiān)[4]。

【譯文】攓，拔取。是南楚地方的語詞。从手，寒聲。《楚詞》説："早晨拔取阰山上的木蘭花。"

【注釋】① 攓：或作搴，或作攐。 ② 南楚語：《方言》卷一："攐，取也。南楚曰攐。" ③《楚詞》：指《離騷》。今本"批"作"阰"。王逸注："阰，山名。" ④ 今讀依《集韻》丘虔切。

探[1] 遠取[2]之也。从手，罙聲[3]。 他含切(tān/tàn)[4]。

【譯文】探，深入摸取。从手，罙聲。

【注釋】① 探：《爾雅·釋詁》："探，取也。"郭璞注："摸取也。" ② 遠取：朱駿聲《通訓定聲》："遠取猶深取也。"張舜徽《約注》："今俗稱以手深入而摸索之曰探。" ③ 罙聲：聲中有義。罙者，深也。參"罙"條。 ④《廣韻》此切"探"爲"取"；他紺切作"撢"，義爲"深取"，今讀从之。

撢[1] 探也。从手，覃聲[2]。 他紺切(tàn)。

【譯文】撢，探求。从手，覃聲。

【注釋】① 撢：朱駿聲《通訓定聲》："疑與探同字。" ② 覃聲：聲中有義。本書："覃，長味也。"引申爲凡長之偁。長猶深也，猶遠也。故从手从覃，其義爲遠取，深取。

捼[1] 推[2]也。从手，委聲。一曰：兩手相切摩也。 奴禾切(nuó/ruó)。

【譯文】捼，推委。从手，委聲。另一義説，捼是兩隻手相互切搓、摩莎的意思。

【注釋】① 捼：今作挼。 ② 推：錢坫《斠詮》："此(指捼)推委字。"

擎[1] 别[2]也。一曰：擊也。从手，敝聲。 芳滅切(piē)。

【譯文】擎，用手分離開。另一義説，擎是擊的意思。从手，敝聲。

【注釋】① 擘：也寫作撇。　② 别：鈕樹玉《段注訂》："别，分解也。"張舜徽《約注》："今俗稱以手離物使開亦曰擘開。"

撼① 搖也。从手，咸聲。　胡感切(hàn)。

【譯文】撼，動搖。从手，咸聲。

【注釋】① 撼：今作撼。

搦 按①也。从手，弱聲。　尼革切(nuò)②。

【譯文】搦，按壓。从手，弱聲。

【注釋】① 按：《段注》："按者，抑也。"　② 今讀依《廣韻》女角切。

掎① 偏引也。从手，奇聲②。　居綺切(jǐ)。

【譯文】掎，偏向一方牽引。从手，奇聲。

【注釋】① 掎：《詩・小雅・小弁》："伐木掎矣。"毛傳："伐木者掎其顛。"王筠《釋例》："今之伐木者，必相其木之曲直，地之平陂，恐其踣時爲石所墊，爲溝洭所閃挫，於是以繩繫之，以人引之，而後其踣也，得其地而無所傷。"　② 奇聲：聲中有義。奇有"不耦"義，不成雙數，則有偏其一方義。

揮① 奮②也。从手，軍聲。　許歸切(huī)。

【譯文】揮，振灑。从手，軍聲。

【注釋】① 揮：《爾雅・釋詁下》："揮，竭也。"郭璞注："揮，振去水。"張舜徽《約注》："揮字从手，其本義自謂振其手而揚散之也。"
② 奮：玄應《一切經音義》卷四："謂奮振去之也。"參"振"條。

摩① 研②也。从手，麻聲。　莫婆切(mó)。

【譯文】摩，摩擦。从手，麻聲。

【注釋】① 摩：邵瑛《羣經正字》："今經典作磨。""《説文》無磨字。""變摩爲磨，亦由漢隸《楊君石門頌》'利磨确胳'如此作，俗遂因之。"
② 研：研摩。

攙① 反手擊也。从手，毘聲。　匹齊切(pī)。

【譯文】攙，反過手來打擊。从手，毘聲。

【注釋】① 攙：今作批。薛傳均《答問疏證》："批即攙之省文。"

攪 亂也。从手，覺聲。《詩》①曰："祇攪我心。"　古巧切(jiǎo)。

【譯文】攪，擾亂。从手，覺聲。《詩經》説："恰好擾亂我的心。"

【注釋】①《詩》：指《小雅・何人斯》。毛傳："祇，適也。"

搑 推擣①也。从手，茸聲。　而隴切（rǒng）。

【譯文】搑，推開而又捶搗。从手，茸聲。

【注釋】① 推擣：《玉篇》："推而擣也。"

撞 卂①擣也。从手，童聲。　宅江切（chuáng/zhuàng）②。

【譯文】撞，迅疾而搗。从手，童聲。

【注釋】① 卂：《段注》："疾也。"　② 今讀依《廣韻》直絳切。

捆① 就也。从手，因聲②。　於真切（yīn）。

【譯文】捆，依憑。从手，因聲。

【注釋】① 捆：即因的後起增偏旁體。王筠《句讀》叫"絫增字"。此就捆與因的關係而言。　② 因聲：聲中有義。兼表就義。手表義類，朱駿聲《通訓定聲》説："以手就也。"就捆的内部結構而言，可謂形聲兼會意。

扔① 因也。从手，乃聲。　如乘切（rēng）。

【譯文】扔，依舊。从手，乃聲。

【注釋】① 扔：《段注》："扔與仍音義同。"張舜徽《約注》："因仍者，襲舊不變之謂也。"

揺① 絜②也。从手，昏聲。　古活切（kuò）。

【譯文】揺，捆扎。从手，昏聲。

【注釋】① 揺：今作括。　② 絜：《段注》："絜者，麻一耑也。引申爲絜束之絜。凡物圍度之曰絜。束之亦曰絜。揺爲凡物總會之偁。"

抲 抲撝①也。从手，可聲。《周書》②曰："盡執抲。"　虎何切（hē）。

【譯文】抲，指揮。从手，可聲。《周書》説："全部抓起來，指揮他們（回歸周地）。"

【注釋】① 撝：參"撝"條。　②《周書》：指《酒誥》。今本"抲"作"拘"。盡執抲：《段注》："當'盡執'爲逗。下云：'抲以歸於周。'謂指撝以歸於周也。"

① 撝② 也。从手，辟聲。 博戹切(bò)。

擘 【譯文】擘，分裂。从手，辟聲。

【注釋】① 擘：《段注》："今俗語謂裂之曰擘開。""《孟子》以仲子爲巨擘。巨擘謂手大指也。凡大指主開，餘四指主合。故謂之巨擘。" ② 撝：参下條。

裂也。从手，爲聲。一曰：手指① 也。 許歸切(huī)。

撝 【譯文】撝，分裂。从手，爲聲。另一義説，撝是用手指揮的意思。

【注釋】① 手指：田吴炤《二徐箋異》："手指即指撝連用之誼也。"《段注》："凡指撝當作此字。"後作"揮"。

裂也。从手，赤聲。 呼麥切(huò)。

捇 【譯文】捇，裂開。从手，赤聲。

① 《易》筮，再扐而後卦②。从手，力聲。 盧則切(lè)。

扐 【譯文】扐，《易經》中用蓍草占卜的方法，將蓍草兩次夾在手指之間然後布一卦爻。从手，力聲。

【注釋】① 扐：王筠《句讀》："此挩佚説義之詞，独存引經也。《易》釋文：㔹，馬云：'指間也。'字既从手，則此爲正義。" ② 再扐句：見《易・繫辭上傳》。今本"卦"作"掛"。王筠《句讀》："再扐之後，則虞翻所云成一變，則布卦之一爻者也。"可見"卦"用如動詞。

① 巧也。从手，支聲。 渠綺切(jì)。

技 【譯文】技，技巧。从手，支聲。

【注釋】① 技：張舜徽《約注》："今語稱技爲手藝，即技字从手之恉。"桂馥《義證》引《思玄賦》舊注："手技曰技。"

規① 也。从手，莫聲。 莫胡切(mó)。

摹 【譯文】摹，有法度。从手，莫聲。

【注釋】① 規：《段注》："有法度也。"

不巧① 也。从手，出聲。 職説切(zhuō)。

拙 【譯文】拙，不能作技巧的事。从手，出聲。

【注釋】① 不巧：《段注》："不能爲技巧也。"

縫指揩① 也。一曰韜② 也。从手，沓聲。讀若眔。 徒合

揩 切(tà)。

【譯文】揞，縫衣的指套。又叫韜。从手，沓聲。音讀象“眔”字。

【注釋】① 縫指揞：王筠《句讀》：“即衣工指套之名。”《段注》：“縫指揞者，謂以鍼紩衣之人，恐鍼之椠其指，用韋爲籠，韜於指以藉之也。” ② 韜：王筠《句讀》：“此謂指揞之别名曰韜也。要皆套物之物，故通其名曰揞，今謂之套，韜則其平聲，揞則其入聲也。”

摶 圜[①]也。从手，專聲[②]。 度官切(tuán)。

【譯文】摶，用手搓捏成團。从手，專聲。

【注釋】① 圜(yuán)：《段注》作“以手圜之也”，注：“以手圜之者，此篆之本義。因而凡物之圜者曰摶。俗字作團。” ② 專聲：聲中有義。專有團形紡專義。从手从專，表示用手搓捏成象紡專形的團狀物。

捆 手推之也。从手，圂聲。 户骨切(hú)。

【譯文】捆，用手推。从手，圂聲。

捄 盛土於梩[①]中也。一曰：擾也[②]。《詩》[③]曰：“捄之陾陾。”从手，求聲。 舉朱切(jū)。

【譯文】捄，把土裝在土筐中。另一義説，捄是擾的意思。《詩經》説：“把土裝進土筐中，裝土的聲音陾陾地響。”

【注釋】① 梩(sì)：《段注》：“木部曰：‘梠者，徙土輂(jú)也。或作梩。’”輂，運土的器具。 ② 擾也：王筠《句讀》：“本句當在引詩下。引詩以證前義。” ③《詩》：指《大雅·緜》。毛傳：“捄，虆(土筐)也。”鄭箋：“築牆者捊聚壤土，盛之以虆，而投諸版中。”陾陾(réng)，裝土聲。參“陾”條。

拮 手口共有所作也。从手，吉聲。《詩》[①]曰：“予手拮据。”古屑切(jié)。

【譯文】拮，手和口同時有所勞作。从手，吉聲。《詩經》説：“我們的手，操作十分勞苦。”

【注釋】①《詩》：指《豳風·鴟鴞》。引詩以證拮的引申義。

搰 掘也。从手，骨聲。 户骨切(hú)。

【譯文】搰，發掘。从手，骨聲。

掘　搰也。从手，屈聲。　衢勿切(jué)。

【譯文】掘，挖。从手，屈聲。

掩[1]　斂也。小上曰掩[2]。从手，奄聲[3]。　衣檢切(yǎn)。

【譯文】掩，收手(覆蓋)。稍稍舉手放在被覆蓋的物體上面叫掩。从手，奄聲。

【注釋】① 掩：徐灝《段注箋》：“掩則謂以手覆蔽之也。”　② 小上句：張舜徽《約注》：“如掩鼻、掩耳、掩目、掩面，皆但小上其手而不必高舉之，故許申其義云：‘小上曰掩’也。”　③ 奄聲：聲中有義。奄本有覆蓋義。朱駿聲《通訓定聲》：“从手从奄會意，奄亦聲。按：自上而下者爲奄，自下而上者爲掩。”

概　滌也。从手，既聲。《詩》[1]曰：“概之釜鬵。”　古代切(gài)。

【譯文】概，洗滌。从手，既聲。《詩經》説：“洗滌那小鍋大鍋。”

【注釋】①《詩》：指《檜風・匪風》。今本“概”作“溉”。徐灝《段注箋》：“以水濯之故从水，指人事言則从手耳。”本書鬲部：“鬵(xún)，大鬴(釜)也。”即今俗所稱大鍋。

揟　取水沮[1]也。从手，胥聲。武威有揟次縣[2]。　相居切(xū)。

【譯文】揟，濾取水中的渣滓。从手，胥聲。武威郡有揟次縣。

【注釋】① 取水沮：《段注》：“沮，今之渣字。取水渣者，必湑之、漉之，如釃酒然。今所謂濾水也。”　② 揟次縣：《漢書・地理志》武威郡有揟次縣，在今甘肅省古浪縣北。

播　種也。一曰：布[1]也。从手，番聲。𢾭，古文播。　補過切(bò/bō)。

【譯文】播，下種。另一義説，播是傳布的意思。从手，番聲。𢾭，古文播字。

【注釋】① 布：王筠《句讀》：“此前義之引申耳。”

【參證】金文作、。郭沫若《兩周金文辭大系考釋》：“(金文首字)敊即播之異文。《説文》‘播’古文作‘𢾭’。此省从釆。釆、番古本一字。”對金文次字，高鴻縉《散盤集釋》説：“釆與番同字，番與幡同音,希應即幡字。(敽)从攴希聲,與从手番聲,實不異也。"

挃 穫禾聲也。从手,至聲。《詩》[1]曰:"穫之挃挃。" 陟栗切(zhì)。

【譯文】挃,割禾聲。从手,至聲。《詩經》説:"割禾割得挃挃地響。"

【注釋】①《詩》:指《周頌·良耜》。

撴 刺[1]也。从手,致聲。一曰:刺之財至也[2]。 陟利切(zhì)。

【譯文】撴,刺。从手,致聲。另一義説,撴是刺物剛到(即止)的意思。

【注釋】① 刺:《段注》:"刺者,直傷也。" ② 刺之句:張舜徽《約注》:"財,即今纔(才)字,猶云淺入即止耳。"桂馥《義證》:"《廣雅》:'撴,至也。'《方言》:'撴,到也。'"

扤[1] 動也。从手,兀聲。 五忽切(wù)。

【譯文】扤,搖動。从手,兀聲。

【注釋】① 扤:《考工記·輪人》:"輻廣而鑿淺,則是以大扤,雖有良工,莫之能固。"注云:"扤,搖動皃。"

抈[1] 折也。从手,月聲。 魚厥切(yuè)。

【譯文】抈,折斷。从手,月聲。

【注釋】① 抈:王筠《釋例》:"吾鄉謂兩手執艸木拗而折之曰抈。恒言也。"湖湘間亦曰抈,讀上聲。

摎 縛殺[1]也。从手,翏聲。 居求切(jiū)。

【譯文】摎,絞殺。从手,翏聲。

【注釋】① 縛殺:《段注》:"縛殺者,以束縛殺之也。凡以繩帛等物殺人者曰縛殺,亦曰摎,亦曰絞。引申之,凡繩帛等物二股互交皆得曰摎、曰絞,亦曰糾。"

撻 鄉飲酒[1],罰不敬,撻[2]其背。从手,達聲。𨘢[3],古文撻。《周書》[4]曰:"遽以記之。" 他達切(tà)。

【譯文】撻,鄉人按時聚會飲酒行禮時,處罰不敬的人,鞭撻他們的背。从手,達聲。遽,古文撻字。《周書》説:"用鞭打來使他們記住。"

【注釋】① 鄉飲酒:陳澔《禮記集説》:"鄉人以時會聚飲酒之禮也。"

② 撻：王筠《句讀》："《鄉飲酒禮》不言撻。《鄉射禮記》：'射者有過則撻之。'案：《射義》曰：'卿大夫、士之射也，必先行鄉飲酒之禮。'故許君連言之也。"　③ 遽：《段注》："从虍者，言有威也。"

④《周書》：《段注》："'周'當作'虞'，此《皋陶謨》文。"今本"遽"作"撻"。

掕[①] 止馬也。从手，夌聲。　里甑切(lìng/líng)[②]。

【譯文】掕，勒馬使停止。从手，夌聲。

【注釋】① 掕：《段注》："掕馬猶勒馬也。"　② 今讀依《廣韻》力膺切。

抨 (撣)[彈][①]也。从手，平聲。　普耕切(pēng)。

【譯文】抨，開弓射丸。从手，平聲。

【注釋】① 撣：當依徐鍇《繫傳》作"彈"。彈，開弓。

捲 气勢[①]也。从手，卷聲。《國語》[②]曰："有捲勇。"一曰：捲[③]，收也。　巨員切(quán)。

【譯文】捲，氣壯有聲勢。从手，卷聲。《國語》說："有有氣勢而又勇敢(的人)。"另一義說，捲是收卷的意思。

【注釋】① 气勢：王筠《句讀》："气壯則有勢。"　②《國語》：指《齊語》。今本原文："於子之鄉，有拳勇股肱之力秀出於衆者？""捲(quán)"作"拳"。　③ 捲(juǎn)：《段注》："此另一義。即今人所用舒卷字也。"

扱 收也。从手，及聲。　楚洽切(chā/xī)[①]。

【譯文】扱，收斂。从手，及聲。

【注釋】① 今讀依《集韻》迄及切。王筠《句讀》引《曲禮注》："扱讀曰吸。"按：此"扱"指收斂義。《段注》："《儀禮注》云：'扱柶。'此插之段借字也。""扱"表插義，讀楚洽切，音 chā。

摷 拘擊[①]也。从手，巢聲。　子小切(jiǎo)。

【譯文】摷，拘留打擊。从手，巢聲。

【注釋】① 拘擊：《段注》："拘止而擊之也。"

挨[①] 擊背也。从手，矣聲。　於駭切(ǎi/āi)。

【譯文】挨，朝背部推擊。从手，矣聲。

【注釋】① 挨：《列子・黄帝》："攩拯挨扰，亡所不爲。"張湛注："挨，推也。"錢坫《斠詮》："今吴之東地撻人曰挨。"

撲[①] 挨也。从手，菐聲。 蒲角切(bó/pū)[②]。

【譯文】撲，用鞭撲打。从手，菐聲。

【注釋】① 撲：邵瑛《羣經正字》："此撲，即鞭撲之撲，今經典俱作扑。" ② 今讀依《廣韻》普木切。

擎 旁擊也。从手，敫聲。 苦弔切(qiào)。

【譯文】擎，从旁擊打。从手，敫聲。

扚 疾擊[①]也。从手，勺聲。 都了切(diǎo)。

【譯文】扚，快速擊打。从手，勺聲。

【注釋】① 疾擊：《段注》："疾速擊之也。"

抶 笞[①]擊也。从手，失聲。 勑栗切(chì)。

【譯文】抶，用竹板荊條擊打。从手，失聲。

【注釋】① 笞：《段注》："笞，所以擊也。"

抵[①] 側擊也。从手，氐聲。 諸氏切(zhǐ)。

【譯文】抵，側着手擊打。从手，氐聲。

【注釋】① 抵：錢坫《斠詮》："此抵掌而談字。《廣韻》引作'側手擊也'。"張舜徽《約注》："今之劇談者，常揚手側擊以作气勢，即抵掌也。"

抰 以車鞅[①]擊也。从手，央聲。 於兩切(yǎng)。

【譯文】抰，用車上套馬脖的皮子擊打。从手，央聲。

【注釋】① 鞅：馬頸靼(柔軟的皮革)。

捊 衣上擊[①]也。从手，保聲。 方苟切(bǔ)。

【譯文】捊，在衣上拍擊，(振去灰塵。)从手，保聲。

【注釋】① 衣上擊：王筠《句讀》："謂振去衣上塵也。"錢坫《斠詮》："今俗擊衣被謂之捊。讀如拍。"

捭 兩手擊[①]也。从手，卑聲。 北買切(bǎi)。

【譯文】捭，(左右)兩手(横開從旁)擊打。从手，卑聲。

【注釋】① 兩手擊：《段注》："謂左右兩手横開旁擊也。"王筠《句讀》:“《吴都賦》:‘拉捭摧藏。’注云:‘兩手擊絶也。’案:拳法有雙耳擊者可以殺人,殆即擊絶之謂也。”

捶 以杖擊①也。从手,垂聲。 之壘切(zhuǐ/chuí)。

【譯文】捶,用棍棒擊打。从手,垂聲。

【注釋】① 以杖擊:《段注》:“《内則》注曰:‘捶,擣之也。’引申之,杖得名捶。猶小擊之曰扑,因而擊之之物得曰扑也。”

搉 敲擊①也。从手,隺聲。 苦角切(què)。

【譯文】搉,敲擊。从手,隺聲。

【注釋】① 敲擊:《漢書·五行志》:“搉其眼以爲人彘。”注云:“搉謂敲擊去其精也。”

摬 中擊①也。从手,竟聲。 一敬切(yìng/yǐng)②。

【譯文】摬,擊中。从手,竟聲。

【注釋】① 中(zhòng)擊:《段注》:“擊之而中也。”桂馥《義證》:“讀爲射中之中。”王筠《句讀》:“中,去聲。” ② 今讀依《廣韻》於丙切。

拂 過擊①也。从手,弗聲。 敷物切(fú)。

【譯文】拂,飛掠而擊。从手,弗聲。

【注釋】① 過擊:徐鍇《繫傳》:“擊而過之也。”

摼 擣頭①也。从手,堅聲。讀若“鏗尔舍瑟而作②”。 口莖切(kēng)。

【譯文】摼,搗擊頭部。从手,堅聲。音讀象(《論語》説的)“鏗鏘一聲,放下瑟站起來”的“鏗”字。

【注釋】① 擣頭:張舜徽《約注》:“蓋摼之言臤也,謂擊堅物鏗然有聲也。人身百體,惟擊頭有聲,以髑髏質堅而肉薄故也。”譯文依張説。 ② 鏗尔句:見《論語·先進篇》。

抌 深擊①也。从手,冘聲。讀若告言不正曰抌②。 竹甚切(zhěn/dǎn)③。

【譯文】抌,深深擊打。从手,冘聲。音讀象告發的言語不正當叫作抌的“抌”字。

【注釋】① 深擊:《段注》:“《刺客列傳》:‘左手把其袖,右手揕匈。’揕即抌字。” ② 告言句:王筠《句讀》:“不見經典,則是俗語也。

以俗語定讀。"朱駿聲《通訓定聲》："讀若譖（zèn，誣告）。"參"譖"條。③ 今讀依《廣韻》都感切。

擊 傷擊①也。从手毀，毀亦聲。 許委切（huǐ）。

【譯文】擊，擊傷。由手、毀會意，毀也表聲。

【注釋】① 傷擊：《段注》："擊之而傷也。故其字从手毀。"

擊 攴①也。从手，毄聲。 古歷切（jī）。

【譯文】擊，打。从手，毄聲。

【注釋】① 攴：《段注》："攴下曰：'小擊也。'攴訓小擊，擊則兼大小言之。而但云攴也者，於攴下見析言之理，於擊下見渾言之理，互相足也。攴之隸變爲扑。手即又也。又下曰手也。因之鞭箠等物皆謂之扑。此經典扑字之義也。"

扞 忮①也。从手，干聲②。 侯旰切（hàn）。

【譯文】扞，枝格捍蔽。从手，干聲。

【注釋】① 忮：《段注》："'忮'當作'枝'。枝持字，古書用枝。"王筠《句讀》："（枝）即枝格之謂也。"《廣韻・翰韻》："扞，以手扞，又衛也。"《段注》引許盾下云"所以扞身蔽目"，故譯文从段。 ② 干聲：聲中有義。干本爲攻防之竹竿木棒。參"干"條。

抗① 扞也。从手，亢聲。杭②，抗或从木。 苦浪切（kàng）。

【譯文】抗，捍禦。从手，亢聲。杭，抗的或體，从木。

【注釋】① 抗：《既夕禮》注："抗，禦也。" ② 亢聲：聲中有義。本書："亢，人頸也。"有高義。《廣雅》："亢，高也。"高則首當其衝，故又曰："亢，當也。"抵當則有抗禦之義。故徐灝《段注箋》説："亢，抗，古今字，相承增手旁。" ② 杭：王鳴盛《蛾術編》："鉉曰：今俗作胡郎切（háng），抗、杭遂分爲二。"《段注》以爲抗、杭非一字："（杭）乃斻（即航）之譌變。地名餘杭者乃秦政舟渡處也。"

捕① 取也。从手，甫聲。 薄故切（bù/bǔ）。

【譯文】捕，捉取。从手，甫聲。

【注釋】① 捕：《廣韻・暮韻》："捕，捉也。"

簎 刺也。从手，籍省聲。《周禮》①曰："簎魚鼈。" 士革切（zé/cè）②。

【譯文】簎，(用叉)刺取(水中魚鱉)。从手，籍省聲。《周禮》説："用叉刺取魚和鱉。"

【注釋】①《周禮》：指《天官・鼈人》。今本原文："(鼈人掌)以時簎魚鼈龜蜃。"鄭玄注引鄭衆説："簎，謂以杈刺泥中搏取之。"　② 今讀依《廣韻》測戟切。

執[1]也。从手，然聲。一曰：蹂[2]也。　乃殄切(niǎn)。

撚　【譯文】撚，執持。从手，然聲。另一義説，撚是踐踏的意思。

【注釋】① 執：《段注》："執者，捕罪人也。引申爲凡持取之偁。"《廣韻》曰："以手撚物也。"白居易《琵琶行》："輕攏漫撚撥復挑。"即爲例。　② 蹂：《段注》："蹂者，獸足蹂地也。"

[1]

畫也。从手，圭聲。　古賣切(guà)。

挂　【譯文】挂，畫分。从手，圭聲。

【注釋】① 挂：《段注》："有分别畫出之意。"張舜徽《約注》："(挂)謂界畫也。"

[1]

曳也。从手，它聲。　託何切(tuō)。

拕　【譯文】拕，曳引。从手，它聲。

【注釋】① 拕：《廣雅・釋詁一》："拕，引也。"朱駿聲《通訓定聲》："今作拖。"

【參證】甲文作。屈萬里《殷虛文字甲編考釋》："象拖蛇之狀。隸定之則作㲉，當是拕字。……即後世之拖字。"

臥引[1]也。从手，余聲。　同都切(tú)。

捈　【譯文】捈，横引。从手，余聲。

【注釋】① 臥引：《段注》："謂横而引之也。"

[1]

捈也。从手，世聲。　余制切(yì/yè)[2]。

抴　【譯文】抴，拉引。从手，世聲。

【注釋】① 抴：王筠《句讀》："謂牽引也。"《段注》："抴與曳音義皆同。""俗作拽。"　② 今讀依《廣韻》羊列切。

【參證】楊樹達《文字形義學》："指事之字多變爲形聲字。"《説文》："厂，抴也，明也。象抴引之形。(余制切)""抴，捈也。从手，世聲。(余制切)"楊按："二文一字。"

揙 撫也。从手,扁聲。 婢沔切(biàn)。

【譯文】揙,撫。从手,扁聲。

撅 (从)[以]①手有所把也。从手,厥聲。 居月切(juē)。

【譯文】撅,用手有所把持。从手,厥聲。

【注釋】① 从:當依徐鍇《繫傳》作“以”。

攄① 挐持也。从手,盧聲。 洛乎切(lú)。

【譯文】攄,拿持。从手,盧聲。

【注釋】① 攄:《釋名》:“攄,叉也。五指俱往也。”此描述攄拿之狀。

挐① 持也。从手,如聲。 女加切(ná)。

【譯文】挐,拿持。从手,如聲。

【注釋】① 挐:桂馥《義證》:“拘捕有罪曰挐,今俗作拿。”按:今拿持、捉拿全用“拿”。照徐灝挐拏一字説,持爲本義,捉拿乃持拿之一端也,“牽引”又持拿、捉拿之狀也,故曰“一義相生”。參“拏”條。

揾 沒①也。从手,𥁕聲。 烏困切(wèn)。

【譯文】揾,浸沒。从手,𥁕聲。

【注釋】① 沒:《段注》:“沒者,湛也。謂湛浸于中也。”張舜徽《約注》:“湖湘間稱溺死於水者曰揾死,用本義也。”

搒① 掩也。从手,旁聲。 北孟切(bèng/péng)②。

【譯文】搒,掩藏。从手,旁聲。

【注釋】① 搒:朱駿聲《通訓定聲》:“斂藏之意。”搒的另一義是笞打。《廣雅·釋詁三》:“搒,擊也。”《段注》:“《廣韻》曰:‘笞打。’”王筠《釋例》:“此爲捶擊罪人之字。” ② 今讀依《廣韻》薄庚切。

挌① 擊也。从手,各聲。 古覈切(gé)。

【譯文】挌,擊打。从手,各聲。

【注釋】① 挌:《段注》:“凡今用格鬥字當作此。”朱駿聲《通訓定聲》:“凡格殺、格鬥字,史書多以格爲之。”

拲① 兩手同械②也。从手,从共,共亦聲。《周禮》③:“上辠,梏拲而桎。”𣐒④,拲或从木。 居竦切(gǒng)。

【譯文】拲，兩手一起銬在手銬裏。由手、由共會意，共也表聲。《周禮》説："重罪，兩手同銬在木銬裏，腳上加戴木桎。"桊，拲的或體，从木。

【注釋】① 拲：朱駿聲《通訓定聲》："與左形右聲之拱别。"拱是斂手抱拳之意　② 械：指木製手銬。　③《周禮》：指《秋官・掌囚》。梏，手銬類，手各一木。拲，鄭玄注引鄭司農説："拲者，兩手共一木也。"梏拲，偏義複詞，義在拲。桎，腳鐐類，一足各一木。④ 桊：與左形右聲之栱别。朱駿聲《通訓定聲》："(栱)即柱上門栱，所以捧持梁棟者。"

【參證】甲文作　、　。羅振玉《殷虚文字》："象兩手絜木形，當是許書之桊字。《孟子》'拱把之桐梓''拱'字當如此作。訓兩手同械者，殆引申之義與？"

掫　夜戒守，有所擊①。从手，取聲。《春秋傳》②曰："賓將掫。"　子侯切(zōu)。

【譯文】掫，夜裏警戒巡守，有所敲擊。从手，取聲。《春秋左傳》説："客人將要巡夜。"

【注釋】① 有所擊：《段注》："謂鼓類也。""許不云擊鼓而云有所擊者，凡有聲可警覺者皆是。若櫜，亦行夜所擊者也。"　②《春秋傳》：指《左傳・昭公二十年》杜預注："掫，行夜。"引傳以證掫的引申義。

【參證】甲文作　。李孝定《甲骨文字集釋》第十二："于(省吾)氏釋掫讀爲騶，極是。……卜辭諸掫字均假爲騶。其初義疑與取同。故从又从𠬪每無别。掫、取古蓋衹是一字也。"

捐①　棄也。从手，肙聲。　與專切(yuán/juān)。

【譯文】捐，捨棄。从手，肙聲。

【注釋】① 捐：朱駿聲《通訓定聲》："糞(掃除)除薉污謂之捐。"

掤①　所以覆矢也。从手，朋聲。《詩》②曰："抑釋掤忌。"　筆陵切(bīng)。

【譯文】掤，用來遮覆箭筒的蓋。从手，朋聲。《詩經》説："打開箭筒蓋啊。"

【注釋】① 掤：徐鍇《繫傳》："箭箙蓋也。"　②《詩》：指《鄭風·大叔于田》。抑：發語詞。忌：語末助詞。

【參證】甲文作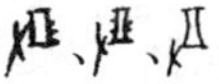。待考。

① 指麾也。从手，于聲。　億俱切(yū)。

扜　【譯文】扜，指揮。从手，于聲。

【注釋】① 扜：《方言》卷十二："扜，揚也。"張舜徽《約注》："(指麾)謂手持其物而飛揚之也。"

【參證】甲文作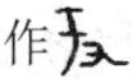。待考。

① 旌旗，所以指麾②也。从手，靡聲。　許爲切(huī)。

摩　【譯文】摩，旌旗，用以指揮的工具。从手，靡聲。

【注釋】① 摩：《段注》："凡旌旗皆得曰'摩'，故許以旌旗釋摩。段借之字作'戲'。""俗作'麾'。"　② 所以指麾：《段注》："説从手之意。凡旗之所指曰指摩。師之耳目在乎旗鼓也。"

 獵①也；軍獲得也。从手，疌聲。《春秋傳》②曰："齊人來獻戎捷。"　疾葉切(jié)。

捷　【譯文】捷，象追逐禽獸一樣而捕得；在軍事行動中獲得。从手，疌聲。《春秋左傳》説："齊國人來貢獻攻打山戎的戰利品。"

【注釋】① 獵：《段注》："謂如逐禽而得之也。"　②《春秋傳》：指《左傳·莊公三十一年》。

【參證】金文作。郭沫若《兩周金文辭大系圖録考釋·疐鼎》："戠當是古捷字。魏三字石經《春秋》殘石鄭伯捷捷字古文作𢧐，从木，此从艸，與彼同意。"字形結構待考。

 牽馬也。从手，口聲①。　丘后切(kòu)。

扣　【譯文】扣，牽馬。从手，口聲。

【注釋】① 口聲：聲中有義。牽馬者，既以手引之，又以聲令之。故徐鍇《繫傳》作"从手口，口亦聲"。

① 同也。从手，昆聲②。　古本切(gǔn/hùn)③。

掍　【譯文】掍，混同。从手，昆聲。

【注釋】① 掍：桂馥《義證》："通作'混'。"　② 昆聲：聲中有義。本書目部："昆，同也。"　③ 今讀依《廣韻》胡本切。

摉① 衆意②也。一曰：求③也。从手，叜聲④。《詩》⑤曰："束矢其摉。" 所鳩切(sōu)。

【譯文】摉，表示衆多的意味。另一義説，摉是求索的意思。从手，叜聲。《詩經》説："一捆箭何其多。"

【注釋】① 摉：吴玉搢《引經考》："《魯頌・泮水》隸變作'搜'。"徐灝《段注箋》："摉之本義爲摉求，引申之義爲聚。《毛傳》訓摉爲衆意，衆亦聚之引申也。" ② 衆意：《段注》："其意爲衆，其言爲摉也。" ③ 求：《方言》："摉，求也。秦晉之間曰摉。"《段注》："索下曰：'入家摉也。'" ④ 叜聲：朱駿聲《通訓定聲》："疑即叜之或體。求爲本訓。"依朱説，摉是叜的絫增字，就摉的内部結構而言，叜既爲聲，又表義。 ⑤《詩》：指《魯頌・泮水》。《毛傳》："五十矢爲束。搜，衆意也。"

換 易①也。从手，奐聲。 胡玩切(huàn)。

【譯文】換，更易。从手，奐聲。

【注釋】① 易：王筠《句讀》："易者，傷之省形存聲字。""謂更易也。"

掖 以手持人臂投地①也。从手，夜聲。一曰：臂下②也。羊益切(yè)。

【譯文】掖，用手挾持人的臂膀。从手，夜聲。另一義説，掖是臂下腋窩的意思。

【注釋】① 投地：段桂王朱均主删此二字。 ② 臂下：王筠《句讀》："《左傳正義》云：'掖本持臂之名，遂謂臂下脅下爲掖。是因名轉而相生也。'……(掖窩之掖)俗作腋。"

文二百六十五　重十九

摦① 横大②也。从手，瓠聲③。 胡化切(huà)。

【譯文】摦，寬而大。从手，瓠聲。

【注釋】① 摦：《鈕新附考》："摦即瓠之俗字。" ② 横大：《玉篇》："摦，寬也。"長、寬與竪、横相對，寬指横的距離。故譯成寬而大。《左傳・昭公二十一年》："小者不窕，大者不摦。"杜預注："摦，橫大不入也。" ③ 瓠聲：聲中有義。《鄭新附考》："（㧓）古亦可作瓠。蓋夸字訓大。凡从夸聲之字，率有大義。"瓠即壺盧之合音。壺盧之狀，腹則橫大。後加手，以別壺盧瓜之義。

攙[①] 刺也。从手，毚聲。 楚銜切（chān）。

攙

【譯文】攙，刺。从手，毚聲。

【注釋】① 攙：《鈕新附考》："攙即鑱之俗字。"按：攙即鑱之後起更旁區別字。《説文》："鑱，鋭也。"鑱訓尖鋭，形容詞。也可轉化爲名詞，指金屬作的尖鋭的鋒刃。鋭刃之功用必可刺。故作動詞可引申爲刺。刺必用手，更换金旁作手，以區别於鑱鋭之義。而專司攙刺義。《文選·張衡〈西京賦〉》："叉蔟之所攙捔（zhuó，刺取），徒搏之所撞柲。"

揩 插也。从手，晉聲[①]。揩紳[②]，前史皆作"薦紳[③]"。 即刃切（jìn）。

揩

【譯文】揩，插。从手，晉聲。揩紳，前漢《史記》皆作"薦紳"。

【注釋】① 晉聲：聲中有義。晉本義爲進，插則進，一義相因。《周禮·典瑞》"王晉大圭"鄭司農云："晉讀爲揩紳之揩。"插進紳帶必用手，故又从手，以别於晉進之晉。 ② 揩紳：紳，束腰大帶之垂者也。揩紳：將笏（記事備忘者）插在紳帶上。士大夫之雅偁。《史記·封禪書》："其語不經見，揩紳者不道。" ③ 薦紳：《鄭新附考》："《史記·封禪書》'揩紳者不道'索隱：鄭衆注《周禮》云：'揩讀曰薦，謂垂之於紳帶之間。'鄭意以揩爲薦。則薦亦是進。進而置之於紳帶之間。故《史記》亦多作'薦'字也。""薦"本義爲"獸之所食艸"。《段注》"薦"下："凡注家云：薦，進也者，皆荐之叚借字。荐者，藉也。故引申之義爲進也，陳也。"荐本義爲草席。

掠 奪取[①]也。从手，京聲。本音亮[②]，《唐韻》或作㩡[③]。 離灼切（lüè）

掠

【譯文】掠，奪取。从手，京聲。本音亮，《唐韻》或體作㩡。

【注釋】① 奪取：《左傳·襄公十一年》："納斥候，禁侵掠。"字又作略。《方言》卷二："略，求也。秦晉之間曰搜，就室曰搜，於道曰略。略，强取也。"錢繹箋疏："《漢書·高帝紀》注：'凡言略地者，皆謂行而取之。’是於道曰略也。”在掠奪、强取義上掠、略同源。　② 本音亮：亮音力讓切，上古來紐，陽部；掠，上古來紐，鐸部。聲紐同，韻部爲鐸陽對轉。上古音近。故《玉篇》有力尚、力酌二切。

③ 或作櫟：《鈕新附考》：“掠之見于經者，《禮記・月令・仲春》‘毋肆掠。’鄭注云：‘掠謂捶治人。’故徐氏舉《唐韻》或作櫟。”按：掠本義爲掠奪、强奪，奪而捶治人，捶治人而奪，且奪且捶治人，皆掠奪之一端也。櫟爲“不材之木”（朱駿聲《通訓定聲》語），正好作鞭笞之料。《唐韻》掠的或體作櫟，櫟則由名詞引申爲動詞。參“櫟”條。

　爪刺[1]也。从手，臽聲[2]。　苦洽切(qiā)。

掐　【譯文】掐，用指甲刺入。从手，臽聲。

【注釋】① 爪刺：以爪刺入。爪：《段注》：“叉、爪古今字。古作叉，今用爪。”“漢人固以爪爲手足甲之字矣。”爪刺引申爲抓。《世説新語・雅量》：“以爪掐掌，血流沾褥。”又引申爲用指甲切斷。② 臽聲：聲中有義。臽爲小陷阱，用如動詞，則爲陷入，刺入。

　指捻[1]也。从手，念聲。　奴協切(niē)。

捻　【譯文】捻，用手指搓轉(zhuàn)。从手，念聲。

【注釋】① 指捻：《鈕新附考》：“謂以手指捻、持。”“捻、持”即搓轉、拈持。

[1]　手拉[2]也。从手，幼聲。　於絞切(ǎo)。

抝　【譯文】抝，用手折斷。从手，幼聲。

【注釋】① 抝：《尉繚子・制談》：“抝矢折矛抱戟。”抝矢，折斷矢。② 拉：《段注》“拉”下：“此上文‘摧，一曰折也’之義。”參“拉”條。

[1]　捎[2]也。从手，戚聲。　沙劃切(shè)。

摵　【譯文】摵，樹梢枝葉殞落的樣子。从手，戚聲。

【注釋】① 摵：槭的後起字。徐鍇《繫傳》“槭”下：“字書又木殞落皃。臣按：（《文選》）潘岳《秋興賦》曰：‘庭樹槭以灑落’是也。”《鈕新附考》：“摵即槭之俗字。”　② 捎：《段注》“捎”下：“捎之言梢也。”樹梢引申爲樹梢枝葉。

　《方言》[1]云：“無齒杷[2]。”从手，别聲。　百轄切(bā)。

捌　【譯文】捌，《方言》説是無齒的杷。从手，别聲。

【注釋】①《方言》:《鈕新附考》:"《方言》並無捌字,而杷下但有郭注:'無齒爲朳。'此誤以郭注當《方言》,而《新附》承之。"又,朳即捌字。鈕氏曰:"别與仌通,仌从重八,故俗又作朳。"就"朳"之材質而言,从木作朳;就朳之使用需手操縱而言,从扌作捌。朳、捌一字。② 無齒杷:《新附通誼》:"《急就章》'插捌杷'師古云:'無齒爲捌,有齒爲杷。'皆所以推引聚禾穀也。"湖湘間曬穀場上至今猶用此推引聚穀,曰扳杷。又用爲八的大寫。《拈字》:"秦法凡數目字文單者,取茂密字易之,故秦漢諸碑惟一二三改易,四以下仍用本文。自徐氏收附捌字,今則一至十皆改。"其實唐代早已用捌爲八。白居易《論行營狀請勒魏博等四道兵馬卻守本界事》:"況其軍一月之資,計實錢貳拾柒捌萬貫。"

[①] 開也。从手,難聲。 他干切(tān)。

攤 【譯文】攤,鋪開。从手,難聲。

【注釋】① 攤:《鄭新附考》:"《世説新語》'王戎攤書滿牀',始見此字。是漢後俗語。"

 棄[①]也。从手,从尤,从力[②]。或从手,尥聲。案:《左氏傳》[③]通用摽,《詩》:"摽有梅[④]。"摽,落也。義亦同。 匹交切(pāo)。

拋 【譯文】拋,(擲擊而)棄(落)。由手由尤由力會意。或以爲从手,尥聲。徐鉉案:《左氏傳》通用摽;《詩經》有"摽有梅"句。摽是落的意思,與"拋"義同。

【注釋】① 棄:《鈕新附考》:"《博雅》作'拋,擊也'。《玉篇》:'拋,普交切。擲也。'"按:擊擲是棄的方式,落是棄的結果。如徐灝《箋》"摽"下説"擊與落義相因",棄與落義亦相因。故此處譯爲"(擲擊而)棄落"。引申爲凡丢棄之偁,凡投擲之偁,凡拍擊之偁,凡殞落之偁。 ② 从手句:表示以手用力向特異目標擲擊而棄落。尤本義爲"異"。擲擊而棄落,必有目標,在擲擊者心目中,此目標必異於常,故从尤。 ③《左氏傳》:王筠《句讀》"摽"下:"《左哀十二年傳》:'長木之斃,無不摽也。'杜注:'長木斃踣於地,不擇物而後摽擊。'字或作拋。" ④ 摽有梅:《詩·召南·摽有梅》:"摽有梅,其實七兮。求我庶士，迨其吉兮。”

摴[①] 舒也。又，摴蒱[②]，戲也。从手，雩聲。　丑居切(chū)。

摴　【譯文】摴，舒展。又，摴蒱的摴，(摴蒱)是博彩遊戲之名。从手，雩聲。

【注釋】① 摴：《鈕新附考》："樗之俗字。"徐鍇《繫傳》"樗"下："即今人書樺字。今人以其皮卷之，然以爲燭。"其皮可卷，故有舒展之義。後舒展常用手，另義摴蒱，必用手擲骰決勝負，故又更旁作手。② 摴蒱：疊韻聯緜字。《鈕新附考》："(《廣韻》)引《博物志》曰：'老子入胡作摴蒱。'"

打[①] 擊也。从手，丁聲[②]。　都挺切(dǎ)。

打　【譯文】打，擊。从手，丁聲。

【注釋】① 打：《段注》"朾(chéng)撞也"下："《通俗文》曰：'撞出曰朾。'""謂以此物撞彼物使出也。《三蒼》作敞，《周禮·職金》注作揨，他書作敞，作敹，實一字也。朾之字俗作打，音德冷、都挺二切。近代讀德下切。而無語不用此字矣。"打除由擊義引申爲攻打、毆打義外，近代起還常作某些動作的代稱，如"打字"、"打印"。即段氏所説，"無語不用此字矣"。　② 丁聲：聲中有義。徐灝《段注箋》"丁"下："疑丁即今之釘字……●象其鋪首(釘頭)，↑則下垂之形也。"用如動詞，即爲擊釘。《鄭新附考》："玄應解其義云：'今人以木若鐵撞出孔中物，更補之，謂之敞。'是也。"其撞擊之丁爲木，則作朾；以手擊之，則作打。

文十三　新附

𠦬部

𠦬　背呂[①]也。象脅肋[②]也。凡𠦬之屬皆从𠦬。　古懷切(guāi)。

𠦬　【譯文】𠦬，背脊。象胸脅肋骨的樣子。大凡𠦬的部屬都从𠦬。

【注釋】① 背呂：《段注》："呂下曰：'脊骨也。'脊兼骨肉言之，呂則其骨。析言之如是，渾言之則統曰背呂。猶俗云背脊也。"

② 象脅肋：《段注》："脅者，兩膀(從腋下至肋骨盡處)也。肋者，脅骨也。象背脊居中而直。一象人要(腰)，則象背左右脅肋之形也。"

[1] 背吕也。从𠦬，从肉[2]。　資昔切(jǐ)。

脊　【譯文】脊，背脊。由𠦬、由肉會意。

【注釋】① 脊：張舜徽《約注》："(𠦬脊)二篆雖同訓，而實非一也。𠦬謂脅肋，脊謂居中脊骨也。"　② 从𠦬，从肉：《段注》："兼骨肉而成字。"

文二

卷二十四

女部

女　婦人[①]也。象形[②]。王育説。凡女之屬皆从女。　尼吕切(nǚ)。

【譯文】女,女人。象形。是王育的説法。大凡女的部屬都从女。

【注釋】① 婦人:《段注》:"渾言之,女亦婦人。"朱駿聲《通訓定聲》:"對文則處子曰女,適人曰婦。"　② 象形:徐灝《段注箋》:"象交手斂衽之狀,以别於男子也。"

【參證】甲文作,金文作、。李孝定《甲骨文字集釋》:"象跽而兩手有所操作之形。女紅之事,多在室内也。"

姓[①]　人所生也。古之神聖母,感天而生子,故稱天子。从女,从生,生亦聲。《春秋傳》[②]曰:"天子因生以賜姓。"　息正切(xìng)。

【譯文】姓,人出生的那個家族的姓氏。古代的神聖的母親,由于上天的感動而生育子女,所以叫作"天子"。由女、由生會意,生也表聲。《春秋左傳》説:"天子憑藉出生的由來而賜給諸侯姓氏。"

【注釋】① 姓:徐灝《段注箋》:"姓之本義謂生,故古通作生。其後因生以賜姓,遂爲姓氏字。"　②《春秋傳》:指《左傳·隱公八年》。杜預注:"因其所由生以賜姓也。"王筠《句讀》:"謂天子賜諸侯以姓也。"參"姜"、"姬"、"姚"諸條。

【參證】甲文作,金文作、。戴家祥《金文大字典》:"从女表義者,亦或更旁从人。""姓之作性,其例亦猶是也。""姓之語根爲生,从女从人皆生之加旁字。"

姜　神農居姜水[①],以爲姓。从女,羊聲。　居良切(jiāng)。

【譯文】姜,神農氏居住在姜水邊,用姜作爲姓氏。从女,羊聲。

【注釋】① 神農句：王筠《句讀》：“炎帝即神農氏。炎帝，身號；神農，代號也。”《漢書·律曆志》：“《易》曰：炮犧氏沒，神農氏作。以火承木，故爲炎帝。教民耕農，故天下號曰神農氏。”姜水，即岐水。在今陝西岐山縣西。

【參證】甲文作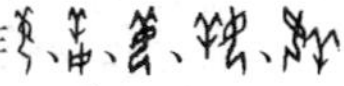，金文作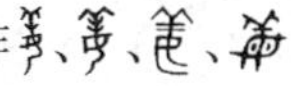。徐中舒《甲骨文字典》卷十二：“。从从女，爲（羊）之省。與《説文》姜字篆文略同。”馬敘倫《六書疏證》卷二十四：“生于牧羊之族或以羊爲圖騰者，因以爲姓。”“姜羌一字。”

 姬　黄帝居姬水①，以爲姓。从女，𦣞聲。　居之切（jī）。

【譯文】姬，黄帝族居住在姬水邊，用姬作爲姓氏。从女，𦣞聲。

【注釋】① 黄帝句：王筠《句讀》：“《帝王世紀》：黄帝，有熊氏，少典之子，姬姓也。生壽丘，長於姬水。”桂馥《義證》：“黄帝，軒轅氏，姬姓之祖也。”

【參證】甲文作，金文作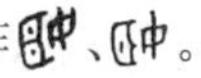。从女，或从每，𦣞聲。于省吾《殷契駢枝三篇》：“（左邊的）𦣞，本象梳比之形。《説文》：‘笸，取蟣比（篦）也。从竹，𦣞聲。’”李孝定《甲骨文字集釋》：“从與从女同。”

 姞　黄帝之後①百鯈姓，后稷妃②家也。从女，吉聲。　巨乙切（jí）。

【譯文】姞，黄帝族的後裔百鯈的姓氏，后稷正妻的家。从女，吉聲。

【注釋】① 黄帝之後：《段注》：“《國語》晉胥臣臼季曰：黄帝之子，得姓者十四人，爲十二姓。姞，其一也。”　② 后稷妃：《左傳·宣公三年》：“姞，吉人也。后稷之元妃（正妻）也。”

【參證】金文作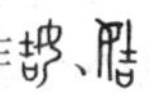，與篆文同。

 嬴　少昊氏①之姓。从女，羸省聲。　以成切（yíng）。

【譯文】嬴，少昊族的姓。从女，羸省聲。

【注釋】① 少昊氏：桂馥《義證》：“《帝王世紀》：少昊帝名摯，字青陽。《昭十七年·左傳》：少皞，金天氏，黄帝之子，己姓之祖也。”

【參證】金文作。待考。

 姚　虞舜①居姚虚②，因以爲姓。从女，兆聲。或爲：姚③，嬈也。《史篇》④以爲：姚，易⑤也。　余招切（yáo）。

【譯文】姚，虞舜居住在姚山，于是用姚作姓。从女，兆聲。另一義説，姚是美好的意思。《史篇》認爲，姚是輕易的意思。

【注釋】① 虞舜：舜屬有虞氏，故稱虞舜。　② 虘：大丘。《帝王世紀》："瞽瞍妻曰握登，生舜于姚虘，故姓姚氏。"　③ 姚：《荀子・非相》："莫不美麗姚冶。"楊倞注："姚，美好皃。"　④《史篇》：《段注》引孟康説："史籀所作十五篇也。"　⑤ 易：桂馥《義證》："易當爲偒。本書：'偒，輕也。'"

嬀　虞舜[①]居嬀汭[②]，因以爲氏[③]。从女，爲聲。　居爲切(guī)。

【譯文】嬀，虞舜居住在嬀水、汭水相交會的地方。于是用嬀作氏。从女，爲聲。

【注釋】① 虞舜：見"姚"條。　② 嬀汭：桂馥《義證》："《寰宇記》：薄州河東縣嬀汭水，源出縣南三十里雷首山。此二泉，南流者曰嬀，北流者曰汭，異源同歸，渾流西注而入於河，即釐降二女之所，今有舜祠存焉。"按：嬀水、汭水，在今山西省永濟縣南。一説，水曲叫汭。嬀汭，嬀水水灣處。　③ 氏：《史記・陳杞世家》："舜爲庶人時，堯妻之二女，居於嬀汭。其後因爲氏姓，姓嬀氏。"張舜徽《約注》："古者男子稱氏，婦人稱姓，論其興起，則姓先而氏後。姓百世而不變，氏數傳而可易。姓既肇於母權方盛之世，氏殆起於父權大立之後矣。《太平御覽》引《風俗通義》，言氏之類有九：或氏於號，或氏於謚，或氏於爵，或氏於國，或氏於官，或氏於字，或氏於居，或氏於事，或氏於職。"《段注》："舜既姚姓，則嬀爲舜後之氏可知。"

【參證】金文作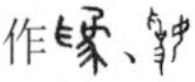。林潔明《金文詁林》卷十二："金文字或不从女。""或"者，即此處所引金文首字。後二字與篆文同。

妘　祝融之後姓也[①]。从女，云聲。[②]，籀文妘从員。　王分切(yún)。

【譯文】妘，祝融的後裔的姓。从女，云聲。䵣，籀文妘字，从員聲。

【注釋】① 祝融句：《段注》："祝融者，顓頊之子黎也。《國語》：'其後八姓：己、董、彭、秃、妘、曹、斟、芈也。'"　② 䵣：《段注》："員，籀文作鼎，古音同'云'。"

【參證】金文作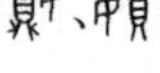，與籀文同。高田忠周《古籀篇》卷三十七："鼎

字最古作，後省作，其後更加析古文作，作或省作。而貝蟲字作，與迥别。至小篆以爲，形遂隱矣。貝鼎通用，其原如此。而盛周早已以鼎爲貝。”

姺　殷諸侯爲亂，疑姓[①]也。从女，先聲。《春秋傳》[②]曰：“商有姺邳。”　所臻切（shēn）。

【譯文】姺，殷代諸侯作亂，（姺）大概是作亂者的一個姓吧。从女，先聲。《春秋左傳》説：“商朝有諸侯姺國和邳國。”

【注釋】① 疑姓：《段注》：“嫌姺是國名，故曰‘疑’。疑者，不定之詞也。姺从女，葢以姓爲國名。”　②《春秋傳》：指《左傳·昭公元年》。《段注》：“（姺、邳）皆謂當時作亂之諸侯也。”按：姺國，相傳即今山東曹縣北之莘塚集。邳國，即今江蘇之邳縣舊治邳城縣。

嬈　人姓[①]也。从女，然聲。　奴見切（niàn）。

【譯文】嬈，常人的姓。从女，然聲。

【注釋】① 人姓：王筠《句讀》：“以下三字，皆云人姓，謂常人之姓，不能確指其所由也。”

㚻　人姓[①]也。从女，丑聲。《商書》[②]曰：“無有作㚻。”　呼到切（hào）。

【譯文】㚻，常人的姓。从女，丑聲。《商書》説：“不要作私人愛好的事。”

【注釋】① 人姓：參“嬈”條。桂馥《義證》：“高麗有㚻姓。”　②《商書》：指《洪範》。今本“㚻”作“好”。馬融注：“好，私好也。”王鳴盛《蛾術篇》：“經言不得私有所愛好，當循先王之道。”《段注》：“此引經説假借也。㚻本訓人姓，好惡自有真字，而壁中古文假㚻爲好，此以見古之假借不必本無其字，是爲同聲通用之肇耑矣。”

娸　人姓[①]也。从女，其聲。杜林説：娸，醜[②]也。　去其切（qī）。

【譯文】娸，常人的姓。从女，其聲。杜林説：娸是醜惡的意思。

【注釋】① 人姓：參“嬈”條。　② 醜：《段注》：“醜者，可惡也。按頁部曰：‘䫏，醜也。’杜説葢以‘娸’爲‘䫏頭’字也。”

奼[1] 少女[2]也。从女，乇聲。　坼下切(chà)。

【譯文】奼，少女。从女，乇聲。

【注釋】① 奼：也作姹。　② 少女：《廣韻·禡韻》："奼，美女。"

媒 謀也，謀合二姓[1]。从女，某聲。　莫桮切(méi)。

【譯文】媒，謀劃，謀劃使兩個不同姓氏的男女結合。从女，某聲。

【注釋】① 謀合句：《段注》："慮難曰謀。《周禮·媒氏》注曰：'媒之言謀也。謀合異類使和成者。'"

妁 酌也，斟酌二姓也[1]。从女，勺聲。　市勺切(shuò)。

【譯文】妁，斟酌，斟酌兩個不同姓氏的男女(可否結合)。从女，勺聲。

【注釋】① 斟酌句：《段注》："斟者，酌也。酌者，盛酒行觴也。斟酌二姓者，如挹彼注兹，欲其調適也。"桂馥《義證》："丁公著云：謂媒氏酌二姓之可否，故謂之媒妁也。"

嫁[1] 女適人也。从女，家聲[2]。　古訝切(jià)。

【譯文】嫁，女子(從自家出來)到男人家裏(爲妻)。从女，家聲。

【注釋】① 嫁：《段注》："自家而出謂之嫁。《喪服經》謂嫁於大夫曰嫁，適士、庶人曰適。此析言之也。渾言之，皆可曰適，皆可曰嫁。" ② 家聲：兼義。家猶夫也，見【參證】。

【參證】楊樹達《增訂積微居小學金石論叢·釋嫁》："夫稱家與妻稱室對文，則嫁字所从之家正指夫言。嫁从夫从家，正謂女子往適其夫耳。""家从豭省聲者，乃以家者之牡擬人之男也。""故夫之所以得稱家。"參"家"條。

娶 取婦[1]也。从女，从取，取亦聲。　七句切(qù/qǔ)[2]。

【譯文】娶，選取(女人作)妻子。由女、由取會意，取也表聲。

【注釋】① 取婦：《段注》："取彼之女，爲我之婦。"　② 今讀依《集韻》此主切。

【參證】甲文作。徐中舒《甲骨文字典》卷十二："从女从(取)，與《說文》娶字篆文略同。"

婚 婦家也。禮[1]：娶婦以昏時，婦人陰[2]也，故曰婚。从女，从昏，昏亦聲。，籀文婚。　呼昆切(hūn)。

【譯文】婚，娶婦成家。禮規定：娶妻子應在黄昏的時候，因爲女人屬陰，所以叫作婚。由女、由昏會意，昏也表聲。㛰，籀文婚字。

【注釋】① 禮：《段注》："謂禮經也。"　② 婦人陰：王筠《句讀》："此解娶婦以昏時之故也。《士昏禮》鄭目録云：'士娶妻之禮，以昏爲期，因而名焉。必以昏者，陽往而陰來。'"

【參證】金文作。金文㛰爲聞之本字，借爲婚媾義。婚爲後起形聲字。張舜徽《約注》："古娶婦必以昏時者，當緣上世有劫掠婦女之風，必乘夜昏人定時取之，以避寇犯也。"按：後世娶妻以昏時，蓋上古之遺風。

姻　壻家也。女之所因[①]，故曰姻。从女，从因，因亦聲。，籀文姻从淵[②]。　於真切(yīn)。

【譯文】姻，女壻的家。是女人依就的對象，所以叫作姻。由女、由因會意，因也表聲。婣，籀文姻字，从淵聲。

【注釋】① 因：就。　② 从淵：《段注》："淵，聲也。"宋保《諧聲補逸》："淵因同部，聲相近。"

妻　婦[①]，與夫齊者也。从女，从屮[②]，从又。又，持事，妻職也。，古文妻，从肖女[③]，肖，古文貴字。　七稽切(qī)。

【譯文】妻，又叫婦人，與丈夫一致的人。由女、由屮、由又會意。又，表示操持事務的意思，是妻子的職責。㛴，古文妻字，由肖女會意。肖是古文貴字。

【注釋】① 婦：王筠《句讀》："以婦釋妻，謂一人兩名也。"　② 从屮：徐鉉："屮者，進也，齊之義也。"意謂：象草木生長，積極上進，力爭與丈夫一致。　③ 从肖女：徐鍇《繫傳》："言所貴者，貴其正也。"

【參證】甲文作，金文作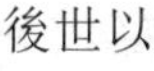。徐中舒《甲骨文字典》釋甲文三字："从(又)从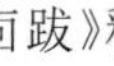象婦女長髮形，或作(奴)，同。象(擄掠)婦女之形。上古有擄掠婦女以爲配偶之俗，是爲掠奪婚姻，甲骨文妻字即此掠奪婚姻之反映。後世以爲女性配偶之稱。"楊樹達《積微居金文説・農卣跋》釋金文二字："()从母與从女同意。""此字蓋从母西聲，亦古文妻字。""西字甲文作，與此字所从形相合。《説文》西字爲棲之古文，西與妻，古文無異，故妻字以西爲聲也。"按：

小篆的中，古文肖，都是婦女長髮傳寫之誤。

 服①也。从女持帚，灑掃也。 房九切(fù)。

婦 【譯文】婦，服侍(家事)的人。由“女”持握着掃“帚”，表示灑掃庭除的意思。

【注釋】① 服：《釋名・釋親屬》：“婦，服也，服家事也。”《段注》：“亦以疊韻爲訓。婦，主服事人者也。”徐鍇《繫傳・通論》：“對姑曰婦。”

【參證】甲文作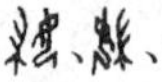，金文作。戴家祥《金文大字典》：“甲骨文多借帚爲之，金文比𣪘也作，足見婦與帚關係之緊密。”其他合體字與篆文同。李學勤《論殷代親族制度》(《文史哲》一九五七年第十一期)：“殷代的‘婦’指男性子的配偶。”可見徐鍇“對姑曰婦”之説正確。

 匹①也。从女，己聲②。 芳非切(fēi)。

妃 【譯文】妃，匹偶。从女，己聲。

【注釋】① 匹：《段注》：“匹者，四丈也。四丈而兩之，各得二丈。夫婦之片合，如帛之判合矣。故帛四丈曰兩，曰匹。人之配耦，亦曰匹。妃本上下通偁，後人以爲貴耳。” ② 己聲：當依《段注》删“聲”字，注：“以女儷己(爲己之配偶)也。”

【參證】甲文作，金文作。徐中舒《甲骨文字典》卷十二：“所从之乃祀之本字，非戊己之己。”“从女从己，皆女姓而非妃匹字。”參“改”條。

① 妃②也。从女，毘聲。 匹計切(pì)。

媲 【譯文】媲，配偶。从女，毘聲。

【注釋】① 媲：錢坫《斠詮》：“今通用‘配’。” ② 妃：《爾雅・釋詁》：“妃，媲也。”郭璞注：“相偶媲也。”

 孕①也。从女，从壬②，壬亦聲。 如甚切(rěn/rèn)③。

妊 【譯文】妊，懷孕。由女、由壬會意，壬也表聲。

【注釋】① 孕：《段注》：“褱(huái)子也。” ② 从壬：本書壬部：“象人褱妊之形。”參“壬”條。 ③ 今讀依《廣韻》。

【參證】甲文作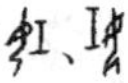，金文作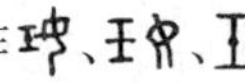。阮元《積古齋鐘鼎彝器款識》卷四：“《晉語》云：黄帝之子得姓者十四人爲十二姓，任其一

也。其後爲薛國。""任字古从(女)與姬字同。此从女从壬是也。後世借爲懷妊之妊,故以任字别之。"

娠　女妊身動也[①]。从女,辰聲[②]。《春秋傳》[③]曰:"后緡方娠。"一曰:宫婢女隸謂之娠[④]。　失人切(shēn)。

【譯文】娠,女人懷孕後身孕在動。从女,辰聲。《春秋左傳》説:"后緡正懷了孕。"另一義説,宫中的奴婢、女差役叫作娠。

【注釋】① 女妊句:《段注》:"妊而身動曰娠,别詞也。渾言之,則妊、娠不别。"　② 辰聲:聲中有義。《段注》:"凡从辰之字皆有動意。"　③《春秋左傳》:指《左傳·哀公元年》。今本原文:"后緡方娠,逃出自竇,歸于有仍,生少康焉。"后緡:夏后相的妻子,有仍氏的女。　④ 宫婢句:《方言》卷三:"官婢女廝謂之娠。"郭璞注:"女廝,婦人給使者。"

嫋　婦人妊身也。从女,芻聲。《周書》[①]曰:"至于嫋婦。"　側鳩切(zōu/chú)[②]。

【譯文】嫋,婦女懷孕。从女,芻聲。《周書》説:"至于孕婦。"

【注釋】①《周書》:指《梓材》。《段注》:"(嫋婦)今作'屬婦',許所據則壁中文也。"桂馥《義證》:"嫋、屬聲相近。"　② 今讀依《廣韻》仕于切。

㝃　生子齊均也[①]。从女,从生,免聲[②]。　芳萬切(fàn)。

【譯文】㝃,生育子女(多)而素質齊整均匀。由女、由生會意,免聲。

【注釋】① 生子句:《段注》:"謂生子多而如一也。"　② 免聲:聲中有義。免,解免。謂生下子女,母體得到解免。故《段注》作"从女免生"。參"挽"條。

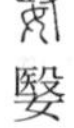
嫛　婗[①]也。从女,殹聲。　烏雞切(yī)。

【譯文】嫛,嫛婗。从女,殹聲。

【注釋】① 婗:連篆爲讀。嫛婗,聯緜詞。《段注》:"嫛婗合二字爲名,不容分裂。"《釋名·釋長幼》:"人始生曰嬰兒。或曰嫛婗。"朱駿聲《通訓定聲》:"嫛婗,皆小兒學語聲。"

【參證】金文作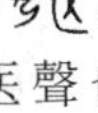。高田忠周《古籀篇》卷三十七:"㛿必嫛字省文。""殹亦从医聲也。蓋許形,下形上聲,此即左形右聲,爲小

異耳。”

婗 嫛婗[1]也。从女，兒聲。一曰[2]：婦人惡皃。 五雞切(ní)。

【譯文】婗，嫛婗。从女，兒聲。另一義説，(婗是)婦女醜惡的樣子。

【注釋】① 嫛婗：參“嫛”條。朱駿聲《通訓定聲》：“嫛婗，雙聲連語，即嬰兒之音轉。” ② 一曰：《段注》：“此則專謂婗字。”

母 牧[1]也。从女，象褱子形[2]。一曰：象乳子[3]也。 莫后切(mǔ)。

【譯文】母，象養牛一樣哺育子女。从女，象懷抱子女的樣子。另一説説，母象給子女餵奶的樣子。

【注釋】① 牧：《段注》：“以疊韻爲訓。牧者，養牛人也。以譬人之乳子。引申之，凡能生之以啟後者，皆曰母。” ② 褱子形：《段注》：“褱，袌(抱)也。象兩手袌子形。”一説，象肚裏懷着雙胞胎的樣子。王筠《句讀》：“篆當作[篆文]，今出者(小篆的[篆文]的八)，以爲姿媚也。且是孿生之象，故兩之。” ③ 象乳子：徐鍇《繫傳》無“子”字。《段注》：“《廣韻》引《倉頡篇》云：‘其中有兩點者，象人乳形。’”

【參證】甲文作[甲文]、[甲文]，金文作[金文]、[金文]。郭沫若《甲骨文字研究》：“(甲文)象人乳形之意明白如畫。”

嫗[1] 母也。从女，區聲。 衣遇切(yù)。

【譯文】嫗，母親。从女，區聲。

【注釋】① 嫗：王筠《句讀》：“《樂記》：‘煦嫗，覆育萬物。’注：‘以氣曰煦，以體曰嫗。’是嫗有母意。然直稱母曰嫗，始見《漢書・嚴延年傳》。”此意謂稱嫗爲母之由，乃因母以體覆育子女。

媪 女老偁[1]也。从女，𥁕聲。讀若奥。 烏皓切(ǎo)。

【譯文】媪，婦女年老的尊稱。从女，𥁕聲。音讀象“奥”字。

【注釋】① 女老偁：王筠《句讀》引韋昭説：“媪，婦人長老之稱。”又引孟康説：“媪，長老尊稱也。”

㚅[1] 嫗[2]也。从女，句聲。 況羽切(xǔ)。

【譯文】㚅，母親。从女，句聲。

【注釋】① 㚅：徐灝《段注箋》：“㚅蓋即嫗之異文。”按：句、區上古同屬侯部，一見紐，一溪紐。讀音極相近。 ② 嫗：《段注》：“然則姁亦母偁也。”

【參證】金文作。戴家祥《金文大字典》:“金文用作人名。《前漢書·吕后紀》:‘后名雉,字娥姁。’”

姐　蜀謂母曰姐[1],淮南謂之社[2]。从女,且聲。　兹也切(jiě)。

【譯文】姐,蜀地叫母親作姐,淮南地方叫作社。从女,且聲。

【注釋】① 蜀謂句:張舜徽《約注》:“湖湘間稱祖母爲娭姐,蓋亦謂母爲姐之意。”　② 淮南句:張舜徽《約注》:“《淮南·説山篇》:‘社何愛速死?’高注云:‘江淮謂母曰社。’許書因姐及社,連類記之耳。”

姑[1]　夫母也。从女,古聲[2]。　古胡切(gū)。

【譯文】姑,丈夫的母親。从女,古聲。

【注釋】① 姑:《白虎通》:“舅者,舊也;姑者,故也。舊故之者,老人之偁也。”　② 古聲:王筠《句讀》:“微兼意,古部云:故也。”

【參證】金文作、、。楊樹達《積微居小學述林·釋姑》:“蓋人之初能言者,無問男女,稱其母之兄弟爲舅,稱其父之姊妹爲姑。及女子適人,則移其所以稱母之兄弟者、稱其夫之父而曰舅,移其所以稱父之姊妹者、稱其夫之母而曰姑。”金文還有一字,戴家祥《金文大字典》説:“左半从夫,右半从古”,“字當釋姑”。攷姑之義訓有二:《爾雅·釋親》“父之姊妹爲姑”。姑姊妹、祖父之女也,故表義从女。……“姑,夫母也”。舅姑之姑,名由夫來,必更旁从夫。

威　姑[1]也。从女,从戌[2]。漢律曰[3]:“婦告威姑。”　於非切(wēi)。

【譯文】威,丈夫的母親。从女、由戌會意。漢朝的律令説:“婦人告發丈夫的母親。”

【注釋】① 姑:《段注》:“(威姑義)引申爲有威可畏。”　② 从戌:當依徐鍇《繫傳》作“戌聲”。　③ 漢律:漢朝法典的總稱。威姑,同義複合。

【參證】金文作、、。林義光《文源》:“象戈戮人,女見之,女畏懾之象。”

妣　殁母[1]也。从女,比聲。,籀文妣省。　卑履切(bǐ)。

【譯文】妣,死去的母親。从女,比聲。处,籀文妣字,是妣的省略。

【注釋】① 殁母：《段注》："殁正作殁，終也。《典禮》曰：'生曰父，曰母，曰妻；死曰考，曰妣，曰嬪。'析言之也。《釋親》曰：'父曰考，母曰妣。'渾言之也。"徐灝《段注箋》："古人父母生存，亦通稱考妣。""漢以後乃分别之。"

【參證】甲文作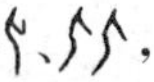，金文作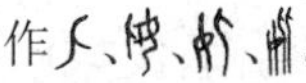。李孝定《金文詁林讀後記卷十二》："妣字古假'匕'爲之，後乃增'女'，猶牝之增'牛'也。妣之本義爲母，不别生死，《虞書》'百姓如喪考妣'，正言生父生母，……後乃專爲死母之稱，故字又增示作'祉'耳。"一説，"匕乃匕柶字之引申。"郭沫若《中國古代史研究・釋祖妣》："蓋以牝器似匕，故以匕爲妣若牝也。"

 女兄①也。从女，𠂔聲。　將几切(zǐ)。

姊 【譯文】姊，女人中(同父母)而又比自己大的。从女，𠂔聲。

【注釋】① 女兄：《爾雅・釋親》："男子先生爲兄，後生爲弟。男子謂女子先生爲姊，後生爲妹。"按：謂之兄者，類比之稱。

【參證】金文作。楊樹達《積微居小學述林》卷一《釋姊》："古次聲字多含次比之義。""𠂔與次古音同，故𠂔聲字亦含次比之義者。""《釋名・釋親屬》云：'弟，弟也，相次弟而生也。'《説文》女部又云：'娣，女弟也，从女，从弟，弟亦聲。'按五篇下弟部云：'弟，韋束之次弟也。'姊爲女兄，弟爲兄弟，娣爲女弟，姊受聲義於次，猶兄弟之弟、女弟之娣受聲義於次弟之弟也。姊娣爲對文，猶次弟爲連文矣。"

 女弟①也。从女，未聲②。　莫佩切(mèi)。

妹 【譯文】妹，女人中(同父母)而又比自己小的。从女未聲。

【注釋】① 女弟：參"姊"條。　② 未聲：《段注》："《白虎通》曰：'妹者末也'又似从末。"

【參證】甲文作，金文作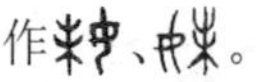。葉玉森《説契》(《學衡》第三十一期)："从象木上有小枝，乃木末形，似爲末之初文。古末未音同，當爲一字。後人以未專紀時或作語詞，乃别制末字，訓女弟之妹。應从女从末，蓋末有小誼，(《吕覽精媮篇注》)妹固女之小者。"

 女弟①也。从女，从弟，弟亦聲。　徒禮切(dì)。

娣 【譯文】娣，(同嫁一夫的)女子年幼者。由女、由弟會意，弟也表聲。

【注釋】① 女弟：《爾雅·釋親》："女子同出，謂先生爲姒（sì），後生爲娣。"郭璞注："同出謂俱嫁事一夫。"王筠《句讀》："妹下之女弟，據男子謂女子之後生者言，此據女子謂其媵（yìng，隨嫁的女子）言。"

[1] 媦 楚人謂女弟曰媦。从女，胃聲。《公羊傳》[2]曰："楚王之妻媦。" 云貴切（wèi）。

【譯文】媦，楚地人叫妹妹作媦。从女，胃聲。《公羊傳》説："楚王的妻子的妹妹。"

【注釋】① 媦：《玉篇·女部》："媦，楚人呼妹。" ②《公羊傳》：指《桓公二年》。今本原文："若楚王之妻媦，無時焉可也。"何休注："媦，妹也。"

[1] 婈 兄妻也。从女，叜聲[2]。 穌老切（sǎo）。

【譯文】婈，哥哥的妻子。从女，叜聲。

【注釋】① 婈：經典多作嫂。邵瑛《羣經正字》："叜聲之叜，與叟迥異。"參"叜（sōu）"、"叟（biǎn）"條。 ② 叜聲：聲中有義。鄭注《喪服》："婈者尊嚴之。婈猶叟也。叟，老人之偁也。"

[1] 姪 兄之女也。从女，至聲[2]。 徒結切（dié/zhí）[3]。

【譯文】姪，（女人稱呼）哥哥的子女。从女，至聲。

【注釋】① 姪：《爾雅·釋親》："女子謂晜（kūn，兄弟）之子爲姪。"朱駿聲《通訓定聲》："受姪稱者，男女皆可通，而稱人姪者，必婦人也。"《段注》："今世俗，男子謂兄弟之子爲姪。" ② 至聲：聲中有義。《段注》："謂雖適人而於母家情摯也。" ③ 今讀依《廣韻》直一切。

【參證】甲文作、，金文作、。徐中舒《甲骨文字典》："（甲文）从女从（至），與《説文》姪字篆文形同。"于省吾《雙劍誃古文雅釋·釋孎二》："《釋名·釋親屬》：'姑謂兄弟之女爲姪。姪，迭也。共行事夫，更迭進御也。'按秩迭并从失聲，姪可音訓爲迭，亦可讀爲秩矣。孎从疊聲，迭疊並定母四等字，姪秩並澄母三等字，古讀澄歸定，故孎姪秩通也。"

[1] 姨 妻之女弟同出爲姨。从女，妻聲。 以脂切（yí）。

【譯文】姨，妻子的姊妹都已出嫁的叫姨。从女，夷聲。

【注釋】① 姨：《爾雅·釋親》："妻之姊妹同出爲姨。"郭璞注："'同出'爲俱已嫁。"《段注》："此獨言女弟者，以弟、姨疊韻也。"

妿 女師①也。从女，加聲。杜林説②，加教於女也。讀若阿③。　烏何切(ē)。

【譯文】妿，(用婦女的道德教育婦女的)女教師。从女，加聲。杜林説，(妿是)對"女"人"加"以教育。音讀象"阿"字。

【注釋】① 女師：《段注》："《詩》：'言告師氏。'毛傳：'師，女師也。古者，女師教以婦德、婦言、婦容、婦功。'"　② 杜林説：王筠《句讀》："(杜説)以爲會意字，異於上説之形聲也。"　③ 讀若阿：王筠《句讀》："言此以關假借。《史記·范雎傳》：'不離阿保之手。'借阿爲妿。"

【參證】馬敘倫《六書疏證》卷二十四：引劉秀生曰："加聲、可聲竝在歌部，故妿从加聲得讀若阿。"馬氏"娒"下説："班彪女昭爲曹世叔妻，世叔亡後，教於宮中，謂之曹大家。大家即大妿。"徐中舒《甲骨文字典》卷十二："(甲文)从女从(力)。即妿之初文。""蓋古文繁變，往往增口無義。(唐蘭説)"

娒 女師①也。从女，每聲。讀若母。　莫后切(mǔ)。

【譯文】娒，(能以婦道教人的)女教師。从女，每聲。音讀象"母"字。

【注釋】① 女師：《段注》："《士昏禮》注曰：娒，婦人年五十，無子，出而不復嫁，能以婦道教人者。"王筠《句讀》："若今時乳母也。"

【參證】金文作。按：猶女也，即母，猶每也。

媾 重婚①也。从女，冓聲②。《易》③曰："匪寇，婚媾。"　古候切(gòu)。

【譯文】媾：重疊互結爲婚親、姻親。从女，冓聲。《易經》説："不是來搶劫，而是來結成婚親和姻親。"

【注釋】① 重婚：婚同婚。《段注》："重疊交互爲婚姻也。"張舜徽《約注》："謂二姓互爲婚姻，即今俗所稱連反親也。"　② 冓聲：《段注》："形聲中有會意。""字从冓者，謂若交積材也。"
③《易》：指《屯卦》六二爻辭。婚媾，同義連用。

【參證】金文作、、、。戴家祥《金文大字典》:"凡从冓字均含有兩方以上的事物交互結合的意思。""媾,謂男女兩方結爲夫婦關係,故字當形聲兼會意。"李孝定《金文詁林讀後記》卷十二:"媾或从頁作'顜','頁'爲人體,與'女'事類相近,故得通作。"

姼　美女也。从女,多聲。,姼或从氏[①]。　尺氏切(chǐ/shí)[②]。

【譯文】姼,美女。从女,多聲。㚩,姼的或體,从氏聲。

【注釋】① 从氏:朱駿聲《通訓定聲》:"从氏聲。"　② 今讀依《廣韻》是支切。

【參證】甲文作。陳伟湛《甲骨文異字同形例》(《古文字研究》第六輯):"姼既是一個獨立的字,又是'多母'二字的合文形式。"

妭　婦人美也。从女,犮聲。　蒲撥切(bá)。

【譯文】妭,女人美麗。从女,犮聲。

嫨　女隸[①]也。从女,奚聲。　胡雞切(xī)。

【譯文】嫨,女奴。从女,奚聲。

【注釋】① 女隸:《周禮・天官・酒人》:"奚三百人。"鄭玄注:"古者從坐男女,沒入縣官爲奴,其少才智(者)以爲奚。"

【參證】甲文作。馬敘倫《六書疏證》卷二十四:"奚者不定爲女,故或从大,或从女。"參"奚"條。

婢[①]　女之卑者也。从女,从卑,卑亦聲。　便俾切(bì)。

【譯文】婢,女人中地位低下的人。由女、由卑會意,卑也表聲。

【注釋】① 婢:張舜徽《約注》:"古之婢,即後世仕宦豪强家所用丫頭、丫鬟、養女、侍女之類。"

【參證】甲文作。徐中舒《甲骨文字典》卷十二:"(字)从从,與《説文》婢字篆文略同。偏旁中从女从妾可通。"

奴　奴婢,皆古之辠人也。《周禮》[①]曰:"其奴,男子入于辠隸,女子入于舂藁。"从女[②],从又[③]。,古文奴从人。乃都切(nú)。

【譯文】奴,奴和婢,都是古代的罪人。《周禮》説:"那些(因犯有盗賊罪而沒收其家屬和財産而)成爲奴隸的人,男人交給掌管爲官府提供差役的官員，女人交給掌管供應米糧的官員和主管閑散人員飲食的官員。”由“女”、由“又”會意。伖，古文奴字，从人。

【注釋】①《周禮》：指《秋官・司厲》。其奴句：《段注》：“鄭司農云：‘謂坐爲盗賊而爲奴者，輸於罪隸、舂人、槀人之官也。’” ② 从女：徐灝《段注箋》：“奴之字蓋起於女隸，而因以爲男子入於辠隸之通稱。” ③ 从又：徐鉉：“又，手也，持事者也。”

【參證】甲文作，金文作、、。林義光《文源》卷六：“从又持女，與奚孚(俘)同意。”

 妣 婦官也。从女，弋聲。 與職切(yì)。

【譯文】妣，(宫廷)女官。从女，弋聲。

【參證】金文作、。王襄《簠室殷契類纂正編》卷十二：“古妣字。”“从女，弋聲。”

 媊 甘氏①《星經》曰：“太白上公②，妻曰女媊。女媊居南斗③，食厲④，天下祭之。曰明星⑤。”从女，前聲。 昨先切(qián)。

【譯文】媊，姓甘的所著《星經》説：“(大臣)太白，(他的號叫)上公，他的妻子叫女媊。女媊居住在南斗星宿，能吃掉惡鬼，普天下都祭祀她。(人們)叫太白作啟明星。”从女，前聲。

【注釋】① 甘氏：《漢書・藝文志》：“六國時楚有甘公。”又云：“甘德《長柳占夢》二十卷。”存參。《星經》：記星象之書。 ② 太白句：《史記・天官書》：“大白，大臣也。其號上公。” ③ 南斗：星名。 ④ 厲：指厲鬼。桂馥《義證》引戴侗説：“惡鬼爲厲鬼。” ⑤ 明星：《段注》引《詩毛傳》説：“日且出謂明星爲啟明，日既入謂明星爲長庚。”

① 媧 古之神聖女，化萬物者也。从女，咼聲。，籀文媧从㒳②。 古蛙切(wā)③。

【譯文】媧，古代神聖的女人，化育萬物的人。从女，咼聲。嫷，籀文媧字，从㒳聲。

【注釋】① 媧：桂馥《義證》引《風俗通》説：“天地初開，未有人。女媧摶黄土爲人。” ② 㒳聲：《段注》：“㒳聲。亦同。”按：咼、㒳古同歌部。　③ 當讀 guā，今讀 wā。

娀　帝高辛[①]之妃，偰[②]母號也。从女，戎聲。《詩》[③]曰："有娀方將。"　息弓切(sōng)。

【譯文】娀，帝嚳高辛氏的妃子，偰的母親的名號。从女，戎聲。《詩經》説："有娀氏的國家正當地域廣大之際。"

【注釋】① 高辛：上古帝嚳之號。黄帝的曾孫，堯的父親。

② 偰：《段注》："偰見人部。高辛氏之子，堯司徒，殷之先也。"

③《詩》：指《商頌·長發》。有娀，《段注》："諸家説，爲國名。""偰母號者，以其國名爲之號。"有娀國，有今山西省運城蒲州鎮。有娀方將，鄭玄箋："有娀氏之國，亦始廣大。"將，長、大。

【參證】甲文作。朱歧祥《殷虚甲骨文字通釋稿》："从女从戎，隸作娀。"

娥　帝堯之女，舜妻娥皇字也[①]。秦晉謂好曰娙娥[②]。从女，我聲。　五何切(é)。

【譯文】娥，帝堯的女兒，舜的妻子娥皇的表字。秦地晉地一帶叫美好作娙娥。从女，我聲。

【注釋】① 帝堯句：王筠《句讀》引《帝王世紀》："舜年二十，始以孝聞。堯以二女娥皇、女英妻之。"　② 秦晉句：《方言》卷一："秦晉之間凡好而輕者謂之娥。"娙(xíng)，本部："長好也。"娙娥，同義連用。

【參證】甲文作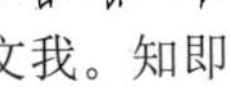。羅振玉《增訂殷虚書契考釋》："从女从。，古文我。知即娥字。"

嫄　台國[①]之女，周棄[②]母字也。从女，原聲。　愚袁切(yuán)。

【譯文】嫄，邰國的女兒，周國祖先后稷之母的表字。从女，原聲。

【注釋】① 台國：當依《段注》"台"作"邰"。本書邑部："邰者，炎帝之後，姜姓所封，周棄外家國也。"在今陝西省武功縣西南。

② 棄：指周的祖先后稷。相傳其母曾欲棄之不養，故名棄。曾爲舜農官，故號后稷。

嬿　女字[①]也。从女，燕聲。　於甸切(yàn)。

【譯文】嬿，女人(名稱)的表字。从女，燕聲。

【注釋】① 字：古人有名有字，男女一樣。《顏氏家訓·風操篇》："古者，名以正體，字以表德。"以下十數條，"女字"義準此。

妸 女字也。从女，可聲。讀若阿。 烏何切(ē)。

【譯文】妸，女人(名稱)的表字。从女，可聲。音讀象"阿"字。

【參證】甲文作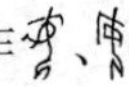。唐蘭《天壤閣甲骨文存考釋》："疑當釋㚬，即妸字。"于省吾《甲骨文字典》："丂(kǎo)爲聲符，丂、可音同，从丂與从可同。"

㛂[①] 女字也。《楚詞》[②]曰："女㛂之嬋媛。"賈侍中[③]說："楚人謂姊爲㛂。"从女，須聲。 相俞切(xū)。

【譯文】㛂，女人(名稱)的表字。《楚辭》說："女㛂牽持不捨啊。"賈侍中說："楚地人叫姊姊作㛂。"从女，須聲。

【注釋】① 㛂：《段注》："《周易》：'歸妹以須。'鄭(玄)云：'須，有才智之稱。'""鄭意須與諝胥同音通用。諝者，有才智也。""須即㛂字也。" ②《楚詞》：即《楚辭》。指屈原《離騷》。女㛂，王逸注："屈原姊也。"嬋媛，王逸注："猶牽引也。"按：引《楚辭》以證明"㛂姊"義。 ③ 賈侍中：東漢經學家，曾任侍中官。許慎的老師。

婕[①] 女字也。从女，疌聲。 子葉切(jié)。

【譯文】婕，女人(名稱)的表字。从女，疌聲。

【注釋】① 婕：《段注》引師古《漢書》注："倢伃字或从女，其音同耳。"《史記·外戚世家》"尹婕妤"索隱："美好也。"

㜧[①] 女字也。从女，與聲。讀若余。 以諸切(yú)。

【譯文】㜧，女人(名稱)的表字。从女，與聲。音讀象"余"字。

【注釋】① 㜧：《段注》："倢伃之伃蓋亦可用此。人部曰：'伃，婦官也。'"徐鍇《繫傳》："古婕好字也。"

䨩[①] 女字也。从女，霝聲。 郎丁切(líng)。

【譯文】䨩，女人(名稱)的表字。从女，霝聲。

【注釋】① 䨩：《段注》："漢婦官十四等中，有娱靈。靈蓋可作䨩。"

嫽[①] 女字也。从女，尞聲。 洛蕭切(liáo)。

【譯文】嫽，女人(名稱)的表字。从女，尞聲。

【注釋】① 嫽：《方言》卷二："嫽，好也。青、徐、海、岱之間或謂之嫽。"因嫽是美好義,所以女人用作表字。

[1] 女字也。从女,衣聲。讀若衣。　於稀切(yī)。

㛄　【譯文】㛄,女人(名稱)的表字。从女,衣聲。音讀象"衣"字。

【注釋】① 㛄:朱駿聲《通訓定聲》:"漢婦官十四等有充依,只作依。此後製字。"

【參證】甲文作。王襄《簠室殷契類纂正編》卷十二:"古㛄字。"

[1] 女字也。从女,周聲。　職流切(zhōu)。

婤　【譯文】婤,女人(名稱)的表字。从女,周聲。

【注釋】① 婤:參"㚰"條。

【參證】金文作,與篆文同。

 女字也。从女,合聲。《春秋傳》[1]曰:"嬖人婤㚰。"一曰:無聲。　烏合切(è)。

㚰　【譯文】㚰,女人(名稱)的表字。从女,合聲。《春秋左傳》説:"(衛襄公)寵愛的女人婤㚰。"另一義説,㚰是沒有聲音。

【注釋】①《春秋傳》:指《左傳・昭公七年》。今本原文:"衛襄公夫人姜氏無子,嬖人婤㚰生孟縶。"婤,參"婤"條。

[1] 女字也。从女,己聲。　居擬切(jǐ)。

妀　【譯文】妀,女人(名稱)的表字。从女,己聲。

【注釋】① 妀:《史記・殷本紀》:"嬖於婦人,愛妲己。"《玉篇》以爲妲妀字。

【參證】金文作、、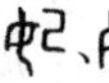、。首字與篆文同,後三字偏旁位置尚不固定。

 女字也。从女,主聲。　天口切(tǒu)。

妵　【譯文】妵,女人(名稱)的表字。从女,主聲。

 女字也。从女,久聲。　舉友切(jiǔ)。

𡛙　【譯文】𡛙,女人(名稱)的表字。从女,久聲。

 女號[1]也。从女,耳聲。　仍吏切(èr)。

㚷　【譯文】㚷,女人(名稱)的表字。从女,耳聲。

【注釋】① 號:《段注》改爲"字"。

女之初①也。从女，台聲。 詩止切(shǐ)。

始 【譯文】始，女子的初生。从女，台聲。

【注釋】① 女之初：桂馥《義證》："言初生也。《釋名》：'始，息也。'言滋息(生)也。"

【參證】甲文作、，金文作、、、、、。劉心源《奇觚室吉金文述》卷二："古刻㠯(yǐ)作，小篆作。台从㠯聲，古刻作，小篆作。……㠯台通用也。㠯台同則㚷始自同。……(後)則合司字爲之，古文之繁也。"楊樹達《增訂積微居小學金石論叢・釋始》："女子則當十三四時，於不識不知之中忽如潮涌，往往令人不可思議。事象奇異，故制文者亦爲之特立一文。精言之，女之初當云婦之初。……古人婦、女往往通言。"按楊說，始則爲婦女之初潮也。

説①也。从女，眉聲。 美祕切(mèi)。

媚 【譯文】媚，愛悦。从女，眉聲。

【注釋】① 説：《段注》："説，今悦字也。《大雅》毛傳曰：'媚，愛也。'"

【參證】甲文作，金文作。李孝定《甲骨文字集釋》："女之美莫如目，故契文特於女首著一大目，又並其目而象之。"

媚也。从女，無聲。 文甫切(wǔ)。

嫵 【譯文】嫵，嬌媚。从女，無聲。

①色好②也。从女，从美，美亦聲。 無鄙切(měi)。

媄 【譯文】媄，(女人)顔色美好。由女、由美會意，美也表聲。

【注釋】① 媄：錢坫《斠詮》："媄色字如此。今通用'美'者，甘美字也。" ② 色好：桂馥《義證》："《顔氏字樣》：'媄，顔色姝好也。'"

①媚也。从女，畜聲。 丑六切(chù/xù)②。

嫗 【譯文】嫗，媚悦。从女，畜聲。

【注釋】① 嫗：《段注》："嫗有媚悦之義。" ② 今讀依《廣韻》許竹切。

①南楚之外謂好曰嫷②。从女，隋聲。 徒果切(duò)。

嫷 【譯文】嫷，南楚以外的地方叫美好作嫷。从女，隋聲。

【注釋】① 嫷：今作婧。 ② 南楚句：朱駿聲《通訓定聲》："《方言》二：'嫷，美也。南楚之外曰嫷。'《通俗文》：'形美曰嫷。'"

姝 好①也。从女，朱聲。　昌朱切(shū)。

【譯文】姝，(女色)美好。从女，朱聲。

【注釋】① 好：王筠《句讀》："慧苑引作'色美也'。"又，《釋例》："女部姝㚾下皆曰'好也'，引《詩》'靜女其㚾'，衣部袾下云：'好佳也'，又引作'靜女其袾'，知姝、㚾、袾一字也。"參"㚾"、"袾"條。

好① 美也。从女子。　呼皓切(hǎo)。

【譯文】好，(女色)美。由女、子會意。

【注釋】① 好：《方言》卷二："凡美色或謂之好。"《段注》："本謂女子，引申爲凡美之偁。"

【參證】甲文作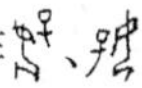，金文作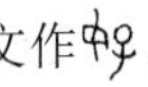。唐蘭《天壤閣甲骨文存考釋》："好爲女姓，即商人子姓之本字。"戴家祥《金文大字典》上："好字由女子會意。《孟子·告子》'而摟其處子'，注：'處子，處女也。'好即由處子會意。處子，女子之妙齡美好時期，乃有'美'的意義。金文好字用作人名，如婦好甗等。"

嬹 説①也。从女，興聲。　許應切(xìng)。

【譯文】嬹，喜悦。从女，興聲。

【注釋】① 説：今悦字。

嬮 好①也。从女，猒聲。　於鹽切(yān)。

【譯文】嬮，(安詳)美好。从女，猒聲。

【注釋】① 好：《段注》："謂嬮嬮也。"《爾雅·釋訓》："嬮嬮，媞媞，安也。"郭璞注："皆好人安詳之容。"張舜徽《約注》："女子以安詳爲美，故許訓嬮爲好耳。"

㚾① 好也。从女，殳聲。《詩》②曰："靜女其㚾。"　昌朱切(shū)。

【譯文】㚾，女色美好。从女，殳聲。《詩經》説："文靜的姑娘容貌多麼美好。"

【注釋】① 㚾：朱駿聲《通訓定聲》："當爲姝之或體。"　②《詩》：指《邶風·靜女》。今本"㚾"作"姝"。毛傳："姝，美色也。"參"姝"、"袾"條。

姣① 好也。从女，交聲②。　胡茅切(xiáo/jiāo)③。

【譯文】姣，(容貌)美好。从女，交聲。

【注釋】① 姣：徐灝《段注箋》："凡从交聲之字其義多爲長。"張舜徽《約注》："女子以身長爲美，此即姣字本義。"　② 交聲：聲中有義。見注①。　③ 今讀依《廣韻》古巧切。

篆[1] 好[2]也。从女，睘[3]聲。讀若蜀郡布[4]名。　委員切(yuān)。

嬽 【譯文】嬽，美好。从女，睘聲。音讀象蜀郡出産的布的名字。

【注釋】① 嬽：《段注》："今人所用娟字當即此。"　② 好：此謂耎弱長艷之好。《上林賦》："柔嬈嬽嬽。"郭璞曰："皆骨體耎弱長艷皃。"　③ 睘：瞏本字。　④ 蜀郡布：《段注》："糸部：'繐，蜀白細布也。'其字彗聲，以合韻得音。"按：嬽，上古屬元部，影紐；彗，月部，匣紐。月元可對轉，影匣均屬喉音。

篆[1] 好也。从女，兑聲。　杜外切(duì/tuì)[2]。

娧 【譯文】娧，美好。从女，兑聲。

【注釋】① 娧：《段注》："《召南》：'舒而脱脱兮。'傳曰：'脱脱，舒皃。'按：脱，蓋即娧之假借。此謂舒徐之好也。"　② 今讀依《廣韻》他外切。

篆 目裏好也。从女，苗聲。　莫交切(miáo)。

媌 【譯文】媌，眼眶裏面(眼珠)美好。从女，苗聲。

【注釋】① 目裏好：《段注》："謂好在匡之裏也。此謂纖細之好也。"

篆 靜好也。从女，畫聲。　呼麥切(huà)。

嫿 【譯文】嫿，嫻靜美好。从女，畫聲。

篆 體德好也。从女，官聲。讀若楚郤宛[1]。　一完切(wān)。

婠 【譯文】婠，身體和道德都美好。从女，官聲。音讀象楚國臣子郤宛的"宛"字。

【注釋】① 郤宛：見《左傳・昭公廿七年》。

篆 長好[1]也。从女，巠聲[2]。　五莖切(yíng/xíng)[3]。

娙 【譯文】娙，(女子身體)修長之美。从女，巠聲。

【注釋】① 長好：《段注》："體長之好也。故其字从巠。"　② 巠聲：聲中有義。本書："巠，水脈也。"水脈有修長義。此爲比況。③ 今讀依《廣韻》户經切。

嬻　白好①也。从女，贊聲。　則旰切(zàn)。

【譯文】嬻，(女人膚色)白皙之美。从女，贊聲。

【注釋】① 白好：《段注》："色白之好也。"

孌　順也。从女，𤔔聲。《詩》①曰："婉兮孌兮。"𡢁②，籒文孌。力沇切(luǎn)。

【譯文】孌，順從。从女，𤔔聲。《詩經》説："美好啊順從啊。"孌，籒文孌字。

【注釋】①《詩》：指《齊風・甫田》或《曹風・侯人》。　② 孌：《段注》："小篆之孌，爲今之戀字，訓慕；籒文之孌，爲小篆之孌，訓順。形同義異。"參下文"孌"條。

嬽①　婉也。从女，夗聲。　於阮切(wǎn)。

【譯文】嬽，即婉(溫順)。从女，夗聲。

【注釋】① 嬽：朱駿聲《通訓定聲》："即婉之或體。"王筠《句讀》："此乃以隸解篆之法。謂篆書嬽字，於隸則作婉也。"

婉①　順也。从女，宛聲。《春秋傳》②曰："太子痤婉。"　於阮切(wǎn)。

【譯文】婉，順從。从女，宛聲。《春秋左傳》説："太子痤很溫順。"

【注釋】① 婉：此嬽之隸體。參上條。　②《春秋傳》：指《左傳・襄公二十六年》。今本原文："(棄)生佐，惡而婉。太子痤，美而很。"杜預注："佐貌惡而心順，痤貌美而心狠戾。"

㛦　直項皃。从女，同聲。　他孔切(tǒng/dòng)①。

【譯文】㛦，直立頸項的樣子。从女，同聲。

【注釋】① 今讀依《廣韻》徒揔切。

嫣　長皃。从女，焉聲。　於建切(yàn/yān)①。

【譯文】嫣，(女人)修長的樣子。从女，焉聲。

【注釋】① 今讀依《廣韻》於乾切。

姌　弱長皃。从女，冄聲。　而琰切(rǎn)。

【譯文】姌，(女子身體)柔弱修長的樣子。从女，冉聲。

【參證】甲文作[甲骨文字形]。王襄《簠室殷契徵文考釋・人名》："从女从冄。古姌字。"商承祚《殷虛文字類編》卷十二："[甲骨文字形]即冄之省。”

 姌也。从女，从弱①。 奴鳥切(niǎo)。

嬲 【譯文】嬲，(女子身體)柔弱修長的様子。由女、由弱會意。

【注釋】① 从弱：朱駿聲《通訓定聲》：“弱亦聲。”參上條。

① 鋭細②也。从女，韱聲。 息廉切(xiān)。

孅 【譯文】孅，尖鋭；細微。从女，韱聲。

【注釋】① 孅：《段注》：“孅與纖音義皆同，古通用。” ② 鋭細：一句數讀。《廣韻・鹽部》：“孅，鋭也，細也。”

 嬰嫇①也。从女，冥聲。一曰：嫇嫇，小人皃。 莫經切(míng)。

嫇 【譯文】嫇，嬰嫇。从女，冥聲。另一義説，嫇即嫇嫇，小人的様子。

【注釋】① 嬰嫇：《段注》以爲當作“嫈嫇”。王筠《句讀》：“嫈冥，疊韻，當是形容之詞。‘嫈’下當云：‘嫈嫇，小心態也。’”即小心翼翼的様子。

【參證】唐蘭《天壤閣甲骨文存考釋》：“卜辭當釋嫇。冥或嫇之用爲動詞者，並叚爲娩，生子免身也。”

① 曲肩行皃②。从女，䍃聲。 余招切(yáo)。

媱 【譯文】媱，一邊使兩肩曲折晃動一邊行走的様子。从女，䍃聲。

【注釋】① 媱：《方言》：“江沅之間，謂戲爲媱。” ② 曲肩行皃：張舜徽《約注》：“謂且行且動其肩也。舞者步履如此。”維吾爾族、蒙古族舞蹈均有此類舞步。

 材緊①也。从女，睘聲。《春秋傳》②曰：“嬛嬛在疚。” 許緣切(xuān)③。

嬛 【譯文】嬛，材質堅緻。从女，睘聲。《春秋左傳》説：“十分孤獨地(我一個人)在憂病中。”

【注釋】① 材緊：《段注》：“謂材質堅緻也。緊者，纏絲急也。”承培元《引經證例》：“材緊，謂材密緻也。是慧巧之偁。” ②《春秋傳》：指《左傳・哀公十六年》。今本作“煢煢(qióng)余在疚。”柳榮宗《引經考異》：“卂部煢下曰：‘回疾也。从卂，營省聲。’引申爲煢獨，謂其裵回無所依也。則煢煢爲正字。”又，“睘聲、營聲字”“互通”,故“嬛、煢故通用。” ③ xuān 爲材緊義音讀,嬛嬛孤獨義音讀爲 qióng。

[①]
姽 閑體,行姽姽也。从女,危聲。　過委切(guǐ)。

【譯文】姽,嫻雅的體態,行步安閑。从女,危聲。

委 委隨[①]也。从女[②],从禾[③]。　於詭切(wěi)。

【譯文】委,逶迤(wēi yí,委曲自得的樣子)。由女、由禾會意。

【注釋】① 委隨:王筠《句讀》:“委隨,疊韻,即《詩・羔羊》之委蛇也。”鄭箋:“委蛇,委曲自得之貌。” ② 从女:徐灝《段注箋》:“委蓋婦女委婉遜順之義,故从女。” ③ 从禾:徐鉉注:“取其禾穀垂穗委曲之皃。”禾也表聲。宋保《諧聲補逸》:“禾聲。”委古音於戈反,在歌部。

【參證】甲文作、。陳邦懷《一得集・釋委》:“(甲文)从女,聲。與甲骨文禾作形有別,其上端卷曲,象木杪萎而下垂形。”“乃萎之初文。篆文委从禾,蓋由形近而譌也。”

婐 婉[①]也。一曰:女侍曰婐。讀若騧,或若委。从女,果聲。孟軻曰:“舜爲天子,二女婐。”[②]　烏果切(wǒ)。

【譯文】婐,婐婉。另一義説,女性侍候别人的人叫婐。音讀象“騧(guā)”字,一説象“委”字。从女,果聲。孟軻説:“舜作天子,有兩個女人侍候。”

【注釋】① 婉(nuǒ):連篆爲讀。《段注》:“婐婉,與旖施音義皆同,俗作婀娜。”按:婐婉爲身體柔弱美好的樣子。《廣韻・果韻》:“婐,婐婉,身弱好皃。” ② 孟軻句:見《孟子・盡心》。今本“婐”作“果”。王筠《句讀》:“今作果者,省形存聲字也。趙注:‘果,侍也。以堯二女(指娥皇、女英)自侍。’”

婉 婐婉[①]也。一曰:弱也。从女,厄聲。　五果切(ě/nuǒ)[②]。

【譯文】婉,婀娜。另一義説,婉是柔弱的樣子。从女,厄聲。

【注釋】① 婐婉:參“婐”條。 ② 今讀依《廣韻》奴果切。

姑 小弱也。一曰:女輕薄[①]善走也。一曰:多技藝也。从女,占聲。或讀若占[②]。　齒懾切(chè/chān)[③]。

【譯文】姑,(女子身體)小弱。另一義説,姑是女子輕捷,善于走跳的意思。另一義説，姑是多有技藝的意思。从女，占聲。有人説，音讀象“占”字。

【注釋】① 輕薄句：葉德輝《讀若考》：“蓋古之繩妓也。”　② 讀若占：葉德輝《讀若考》：“此讀本字所从得之聲。”　③ 今讀依《廣韻》處占切。

婆　妗①也。从女，沾聲。　丑廉切(chān)。

【譯文】婆，婆妗。从女，沾聲。

【注釋】① 妗(xiān)：連篆爲讀。桂馥《義證》：“《集韻》：‘婆妗，女輕薄貌。’通作沾。《史記・竇嬰傳》：‘魏其者，沾沾自喜。’注云：‘沾沾，輕薄也。’”參“妗”條。

妗　婆妗①也。一曰：善笑皃。从女，今聲。　火占切(xiān)。

【譯文】妗，女子輕薄的樣子。另一義説，婆妗是善於笑的樣子。从女，今聲。

【注釋】① 婆(chān)妗：參“婆”條。按：婆妗、妗婆，疊韻聯緜詞，無倒、正之別。

嬥　竦身①也。从女，簋聲。讀若《詩》②“糾糾葛屨”。　居夭切(jiǎo)。

【譯文】嬥，使自身肅敬。从女，簋(guǐ)聲。音讀象《詩經》的“糾糾纏繞啊那葛藤編織的鞋子”的“糾”字。

【注釋】① 竦身：《段注》：“竦者，敬也。从立束，自申(告誡)束也。竦身，取自申之意。”　②《詩》：指《魏風・葛屨》。毛傳：“糾糾，猶繚繚也。”嚴粲《詩緝》：“繚，繞纏也。糾，三合繩，亦繞纏之意。”

婧　竦①立也。从女，青聲。一曰：有才也。讀若韭菁②。　七正切(qìng/jìng)③。

【譯文】婧，肅敬而立。从女，青聲。另一義説，婧是女子有才的意思。音讀象(俗名韭菜的)韭菁的“菁(jīng)”字。

【注釋】① 竦：肅敬。　② 韭菁：《段注》：“韭華也。”　③ 今讀依《廣韻》疾政切。

妌　靜①也。从女，井聲。　疾正切(jìng)。

【譯文】妌，女子貞潔。从女，井聲。

【注釋】① 靜：桂馥《義證》："靜當爲瀞。"水部："瀞，無垢薉也。"《廣韻・靜韻》："姘，女人貞絜也。"

【參證】甲文作、、。孫詒讓《契文舉例》卷下："(《説文》姘)即此字。"

[①] 婦人皃。从女，乏聲。　房法切(fá)。

姂 【譯文】姂，婦人的樣子。从女，乏聲。

【注釋】① 姂：《廣韻》："姂，好也。"

【參證】甲文有。王襄《簠室殷契類纂存疑》卷十二："古姃(即姂)字，从女从正。""正訓乏，取左氏反正爲乏之説。"按：甲文常常正反無别。

好也。从女，旋聲[①]。　似沿切(xuán)。

嫙 【譯文】嫙，美好。从女，旋聲。

【注釋】① 旋聲：聲中有義。旋義爲周旋，有回圜轉動之義。《韓詩》"子之嫙兮"傳："好皃。"毛本作"還"，注："便捷之貌。"

[①] 材也。从女，齊聲[②]。　祖雞切(jī/qí)[③]。

嬟 【譯文】嬟，人材整齊。从女，齊聲。

【注釋】① 嬟：《段注》："取人材整齊之意。"　② 齊聲：聲中有義。見注①。　③ 今讀依《廣韻》祖奚切。

面醜[①]也。从女，昏聲。　古活切(kuò/huó)[②]。

婚 【譯文】婚，面貌醜陋。从女，昏聲。

【注釋】① 面醜：《段注》作"面靦"，云："醜者，可惡也。與愧恥義隔。""面部'靦'下曰：'靦人也。''靦人'如今人言'無面目相見'，其義彼此相成。此許例也。""今人亦尚有羞婚婚之語。"段以爲婚應是面目羞愧之義。　② 今讀依《廣韻》下刮切。

直好[①]皃。一曰：嬈[②]也。从女，翟聲。　徒了切(tiǎo)。

嬥 【譯文】嬥，女子身材直而美好的樣子。另一義説，嬥是妖嬈的意思。从女，翟聲。

【注釋】① 直好：《段注》："直而好也。"　② 嬈：朱駿聲《通訓定聲》："則姚冶、妖嬈字。"

媞[①]也。从女，規聲。讀若癸。秦晉謂細爲嫢[②]。　居隨切(guī)。

嫢

【譯文】䙴，審諦。从女，規聲。音讀象“癸”字。秦地晉地叫細小容美作䙴。

【注釋】① 媞(shì)：《段注》：“媞者，諦也。諦者，審也。”張文虎《舒藝室隨筆》：“諦、細義近。” ② 秦晉句：《方言》卷二：“自關而西，秦晉之間，凡細而有容謂之䙴。”

媞 諦[①]也。一曰：妍黠[②]也。一曰：江淮之間謂母曰媞。从女，是聲。 承旨切(shì)。

【譯文】媞，審諦。另一義說，媞是妍巧聰慧的意思。另一義說，長江淮河之間叫母親作媞。从女，是聲。

【注釋】① 諦：《段注》：“諦者，審也。審者，悉也。” ② 妍黠：《段注》：“妍者，技也。黠者，桀黠也。黠之引申之義也。”

婺 不(繇)[鯀][①]也。从女，敄聲。 亡遇切(wù)。

【譯文】婺，不順從。从女，敄聲。

【注釋】① 不繇：當依《段注》“繇”作“鯀”，注：“鯀者，隨從也。不鯀者，不隨從也。今此字無用者矣。惟婺女，星名；婺州，地名。”

嫺 雅[①]也。从女，閒聲[②]。 户閒切(xián)。

【譯文】嫺，嫺雅。从女，閒聲。

【注釋】① 雅：連篆爲讀。《段注》：“嫺雅，今所謂嫺習也。”按：嫺習即嫺熟。 ② 閒聲：聲中有義。《段注》：“習則能暇，故其字从閒。”

嬰[①] 説[②]樂也。从女，配聲。 許其切(xī/yí)[③]。

【譯文】嬰，喜悦快樂。从女，配聲。

【注釋】① 嬰：《段注》：“《老子》、《史記》‘天下熙熙’，字皆當爲嬰嬰，今熙行而嬰廢矣。熙者，燥也。謂暴燥也。其義别。” ② 説(yuè)：今悦字。 ③ 今讀依《廣韻》與之切。

嫛 美也。从女，臤聲。 苦閑切(qiān)。

【譯文】嫛，美。从女，臤聲。

娛 樂也。从女，吴聲。 噳俱切(yú)。

【譯文】娛，歡樂。从女，吴聲。

① 戲②也。从女，矣聲。一曰：卑賤名③也。　遏在切(ǎi/xī)④。

娭　【譯文】娭，嬉戲。从女，矣聲。另一義説，娭是(婦人的)卑賤的名稱。

【注釋】① 娭：今嬉字。　② 戲：《段注》："戲者，三軍之偏也。一曰：兵也。嬉戲則其餘義也。"王筠《句讀》："謂嬉戲也。戈部戲下，不見此義，於此補之。"朱駿聲《通訓定聲》引《方言》卷十："江沅之間，戲或謂之娭。"　③ 卑賤名：《集韻・之韻》："娭，婦人賤稱。"引申爲"醜稱曰娭"，見《通俗文》。故"人無行""讀若娭"。王筠《句讀》："此義當遏在切。"音 ǎi。　④ 遏在切(ǎi)為"卑賤名"之音。嬉戲義，《段注》依《廣韻》作"許其切"(xī)。

① 樂也。从女，甚聲②。　丁含切(dān)。

媅　【譯文】媅，樂。从女，甚聲。

【注釋】① 媅：徐灝《段注箋》："甘部：'甚，尤安樂也。'乃媅之本字。因爲過甚之義所專，故又增女旁作媅耳。"後作"妉"。　② 甚聲：聲中有義。王筠《句讀》引《韓詩》云："樂之甚也。"王説："據《韓詩》，則兼意。"

【參證】金文作。高田忠周《古籀篇》卷三十八："此字甘即匹。""媅者，樂之深甚者，字兼會意。"參"甚"條。

　順①也。从女，尾聲。讀若媚。　無匪切(wěi)。

娓　【譯文】娓，順從。从女，尾聲。音讀象"媚"字。

【注釋】① 順：《段注》："順者，理也。尾主於順，故其字从尾。"② 讀若媚：娓、媚，上古同屬脣音；娓，微部，媚，脂部，韻部相近。二音近似。

① 孎②也。从女，啻聲。　都歷切(dí)。

嫡　【譯文】嫡，謹慎。从女，啻聲。

【注釋】① 嫡：《段注》："俗以此爲嫡(正妻)庶字，而許書不爾。蓋嫡庶字古衹作適。適者，之也。所之，必有定也。"　② 孎(zhú)：朱駿聲《通訓定聲》："謹飭之意。"參下"孎"條。

　謹①也。从女，屬聲。讀若人不孫爲孎②。　之欲切(zhú)。

孎　【譯文】孎，謹慎。从女，屬聲。音讀象(俗話説的)人不謙虛謹慎叫

作孎的"孎"字。

【注釋】① 謹：《段注》："慎也。" ② 讀若句：王筠《釋例》："孎，謹也。乃古義也。不孫(不謹慎)爲孎，則俗語也。兩不相蒙，此讀第以證音，非以證義。"按：俗語義是古義的反向引申。這是美惡不嫌同詞的現象。朱駿聲《通訓定聲》補遺："此當時諺語，正與本訓相反，口中有音，筆下無字。"

[1] 宴婉[2]也。从女，冤聲。 於願切(yuàn/wǎn)[3]。

婉 【譯文】婉，安順美好的樣子。从女，冤聲。

【注釋】① 婉：《段注》："古宛、冤通用。婉、婉音義皆同。" ② 宴婉：薛傳均《答問疏證》："宴婉猶嬿婉，皆雙聲疊韻。"《段注》以爲單字也成義："《邶風·燕婉之求》傳曰：'宴，安；婉，順也。'《西京賦》曰：'嬿婉，美好之皃。'" ③ 今讀依《廣韻》"婉"的切語"於阮切"。

[1] 女有心㛪㛪也。从女，弇聲。 衣檢切(yǎn)。

㛪 【譯文】㛪，女子有心思，而(不用言語表達，卻)用眉目傳情的樣子。从女，弇聲。

【注釋】① 㛪：朱駿聲《通訓定聲》："眉語目成之意。"

諟[1]也。从女，染聲。 而琰切(rǎn)。

媣 【譯文】媣，整理。从女，染聲。

【注釋】① 諟：《段注》："諟者，理也。"一説，諟當作媞。朱駿聲《通訓定聲》："媞也，妍黠之意；又，安詳之皃。"譯文照段説。

[1] 壹也。从女，專聲。一曰：嫥嫥[2]。 職緣切(zhuān)。

嫥 【譯文】嫥，專壹。从女，專聲。另一義説，嫥，嫥嫥(可愛的樣子)。

【注釋】① 嫥：《段注》："凡專壹字，古如此作。今則專行而嫥廢矣。專者，六寸薄也；紡專也。" ② 嫥嫥：《段注》："《(玉)篇》、《(廣)韻》皆云：'可愛之皃。'"王筠《句讀》："嫥嫥是重言，乃是名目，尚無訓釋。'一曰嫥嫥'之下，不釋以'可愛之皃'，無由明也。"

从隨[1]也。从女，从口[2]。 人諸切(rú)。

如 【譯文】如，依從。由女、由口會意。

【注釋】① 从隨：《段注》："即隨从也。" ② 从女，从口：《段注》：

“隨从必以口。从女者，女子，从人者也。”

【參證】甲文作、。林義光《文源》：“口出令，女从之。”或曰象訊問之形。李孝定《甲骨文字集釋》第十二：“字象一人面縛而臨之，以口乃訊之。”

嫧 齊①也。从女，責聲。 側革切(zé)。

【譯文】嫧，整齊。从女，責聲。

【注釋】① 齊：《段注》：“謂整齊也。”

娕 謹①也。从女，束聲。讀若謹敕②數數③。 測角切(chuò)。

【譯文】娕，謹慎。从女，束聲。音讀象謹慎肅敬數數整齊的“數”字。

【注釋】① 謹：《段注》：“慎也。” ② 謹敕(chì)：同義連用。葉德輝《讀若考》：“《漢書・禮樂志》：‘敕身齊戒。’注引應劭曰：‘敕，謹敬之貌。’” ③ 數(cù)數：錢大昕《養新録》：“古書數有促音。‘數數’即《史記》所云‘娖娖’也。”“小顏云：‘(娖娖)持整之皃。’”

【參證】甲文作、、。孫海波《卜辭文字小記》(《考古學社社刊》第三期)：“今審當是娕字。”“从女从，即束字。”

嬐 敏疾也。一曰：莊敬皃。从女，僉聲。 息廉切(xiān)。

【譯文】嬐，敏捷快速。另一義説，嬐是莊重肅敬的樣子。从女，僉聲。

嬪① 服②也。从女，賓聲③。 符真切(pín)。

【譯文】嬪，服侍(男人的婦人)。从女，賓聲。

【注釋】① 嬪：《爾雅・釋親》：“嬪，婦也。”《段注》：“按：婦者，服也。故釋嬪亦曰服也。” ② 服：朱駿聲《通訓定聲》：“謂服事人者。” ③ 賓聲：聲中有義。本書：“賓，所敬也。”

【參證】甲文作、、、。羅振玉《增訂殷虚書契考釋》卷中釋爲嬪。李孝定《甲骨文字集釋》第十二：“或从卩(即)，偏旁得通也。羅説可从。”

婺 至也。从女，執聲。《(周)[商]書》①曰：“大命不婺。”讀若摯，同。一曰：《虞書》②雉婺。 脂利切(zhì)。

【譯文】婺，到。从女，執聲。《商書》説：“天命不來到。”音讀象“摯”

字，義同。另一義説，摯是如《虞書》所説的用野鷄作見面禮的“見面禮”的意思。

【注釋】①《周書》：指《商書・西伯戡黎》。《段注》：“‘周’當爲‘商’字之誤也。”今本“摯”作“摯”。　②《虞書》：指《堯典》。今本作“一死贄。”柳榮宗《引經考異》：“《虞書》‘雉摯’即从《堯典》‘一死贄’也。”《段注》：“此別一義。謂摯即今贄字。”

 俛伏[1]也。从女，沓聲。一曰：伏意[2]。　他合切(tà)。

嫸 【譯文】嫸，俯伏。从女，沓聲。另一義説，嫸是心悦誠服的意思。

【注釋】① 俛伏：《段注》：“俛者，低頭也。伏者，伺也。”　② 伏意：《段注》“伏”作“服”，注：“正悦服之意也。”

 安也。从女日[1]。《詩》[2]曰：“以晏父母。”　烏諫切(yàn)。

晏 【譯文】晏，安。由女、日會意。《詩經》説：“用以安定父母的心。”

【注釋】① 从女日：王筠《句讀》：“此字本不可解。”按：周師秉鈞先生1991年10月在河南漯河許慎及《説文》學國際學術研討會上解釋“晏”字説：上古，月黑風高之夜劫持婦女之事時有發生，唯光天化日之下婦女方有安全感，故“晏”从“女日”。可備一説。

②《詩》：《段注》：“今毛《詩》無此，蓋《周南》‘歸寧父母’之異文。”柳榮宗《引經考異》：“謂可用以安父母之心耳。”存參。

【參證】甲文作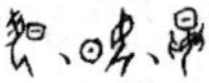。待考。

 緩也。从女，亶聲。一曰：傳[1]也。　時戰切(shàn)。

嬗 【譯文】嬗，寬緩。从女，亶聲。另一義説，嬗是相傳授的意思。

【注釋】① 傳：邵瑛《羣經正字》：“謂相傳與也。是嬗即禪授之禪之本字。”

 保任[1]也。从女，辜聲。　古胡切(gū)。

嫴 【譯文】嫴，擔保。从女，辜聲。

【注釋】① 保任：張舜徽《約注》：“(保任)猶今語稱擔保耳。”

[1] 奢[2]也。从女，般聲[3]。　薄波切(pó)。

媻 【譯文】媻，張大。从女，般聲。

【注釋】① 媻：邵瑛《羣經正字》：“此即俗婆娑之婆。今經典作婆。”桂馥《義證》：“樂府楊婆兒謌爲楊叛兒；西戎有朱俱波國，亦名諸居槃國：此般波相通之證。"朱駿聲《通訓定聲》："娑"下："般、波，一聲之轉。"　② 奢：《段注》："張也。"　③ 般聲：《段注》："趙注《孟子》、《廣雅·釋詁》皆云：'般，大也。'媻之从般，亦取大意。"

娑　舞[1]也。从女，沙聲。《詩》[2]曰："市也媻娑。"　素何切(suō)。

【譯文】娑，(婆娑，)舞蹈。从女，沙聲。《詩經》説："到街市上啊，婆娑起舞。"

【注釋】① 舞：王筠《句讀》"舞"前補"媻娑"二字，注："媻一字即成義，娑必連媻乃成義。"　②《詩》：指《陳風·東門之枌》。今本"媻"字作"婆"。

婄　耦[1]也。从女，有聲。讀若祐。侑，婄或从人。　于救切(yòu)。

【譯文】婄，相助。从女，有聲。音讀象"祐"字。侑，婄的或體，从人。

【注釋】① 耦：《段注》："耕有耦者，取相助也。故引申之凡相助曰耦。婄之義取乎此。"

姰　鈞適[1]也。男女併[2]。从女，旬聲。　居勻切(jūn)。

【譯文】姰，均等，男女地位並齊。从女，旬聲。

【注釋】① 鈞適：王筠《句讀》："即均敵(匹敵)也。"　② 併：《段注》："併者竝(並)也。"王筠《句讀》："女不下于男而與之併也。"

婜　婦人小物也[1]。从女，此聲。《詩》曰："屢舞婜婜。"　即移切(zī)。

【譯文】婜，婦人用的瑣屑之物。从女，此聲。《詩經》説："多次起舞，婜婜盤旋不止。"

【注釋】① 婦人句：《段注》："小物，謂用物之瑣屑者。今人用'些'字，取微細之意，即婜之俗體也。"　②《詩》：指《小雅·賓之初筵》。今本"婜婜"作"傞傞"。毛傳説："傞傞，不止也。"此别一義。

妓　婦人小物也[1]。从女，支聲。讀若跂行[2]。　渠綺切(jì)。

【譯文】妓，婦人用的瑣屑之物。从女，支聲。音讀象跂行的"跂"字。

【注釋】① 婦人句：參“跂”條。陳詩庭《讀〈説文〉證疑》：“妓爲婦人履下複著之物。”又，朱駿聲《通訓定聲》：“[別義]《埤蒼》：‘妓，美女也。’《切韻》：‘妓，女樂也。’”葉德輝《讀若考》：“後世妓女字本此。”　② 跂行：《漢書·禮樂志》：“跂行畢逮。”顔師古注：“有足而行者稱跂行。”

嬰　頸飾也。从女賏[①]。賏，(其)[貝]連[②]也。　於盈切(yīng)。

【譯文】嬰，(婦人)頸脖上的裝飾品。由女、賏會意。賏，表示用貝相連。

【注釋】① 从女賏：王筠《句讀》：“當云：‘賏亦聲。’”　② 其連：桂馥《義證》：“趙宧光曰：‘其連當是貝連。’古人連貝爲嬰。”嬰，類似今天的項鏈。

【參證】甲文作，金文作。林義光《文源》：“象女繫貝連形。《荀子》：‘是猶使處女嬰寶珠。’(《富國》)”王國維《觀堂集林·王子嬰次盧跋》卷十八：“男子頸無飾，賏蓋專施於女子。故字亦从女作嬰。”

妴　三女爲妴[①]。妴，美也。从女，奻省聲。　倉案切(càn)。

【譯文】妴，三個女人是妴。妴是美物。从女，奻(cán)省聲。

【注釋】① 三女句：《國語·周語》：“密康公遊於涇，有三女奔之。其母曰：‘必致之王。夫獸三爲羣，人三爲衆，女三爲粲(即妴)。夫粲，美物也。’”

媛　美女也。人所援也。从女，从爰[①]。爰，引也。《詩》[②]曰：“邦之媛兮。”　玉[③]眷切(yuàn)。

【譯文】媛，美女。是人們攀援的對象。由女、由爰會意。爰，表示牽引的意思。《詩經》説：“是國家的美女啊。”

【注釋】① 从爰：爰也表聲。徐鍇《繫傳》作“爰聲”。　②《詩》：指《鄘風·君子偕老》。今本“兮”作“也”。　③ 玉：當爲“王”之譌字。

娉[①]　問[②]也。从女，甹聲。　匹正切(pìng/pìn)。

【譯文】娉，(媒人)問(女方名字)。从女，甹聲。

【注釋】① 娉：《段注》：“凡娉女及聘問之禮，古皆用此字。娉者，專詞也。聘者，汎詞也。……經傳概以聘代之，聘行而娉廢矣。”

【注釋】① 媄：後省作妖。　② 《詩》：指《周南·桃夭》。《段注》："木部已偁'桃之枖枖'矣。此作'媄媄'，蓋三家詩也。"今本作"夭夭"。按：引《詩》以明"媄"的第三義項。

佞　巧讇高材也①。从女，信省②。　乃定切(nìng)。

【譯文】佞，巧慧諂諛而又有高强的口才。由女、由信字的省略而會意。

【注釋】① 巧讇(chǎn)句：《段注》："巧者，技也。讇者，諛也。"徐灝箋："佞者，巧慧之偁。巧慧者多口辯。巧讇高材兼巧慧、辯給二義。"　② 信省：小徐及段桂王朱錢皆以爲應作"仁聲"。宋保《諧聲補逸》："仁佞同部，聲相近。今本作从信省者，係後人羼改，徐鉉因爲説曰：'女子之信近於佞也。'真曲説矣。"

嫈　小心態也。从女，熒省聲。　烏莖切(yīng)。

【譯文】嫈，小心的樣子。从女，熒省聲。

嫪①　婟也②。从女，翏聲。　郎到切(lào)。

【譯文】嫪，戀惜。从女，翏聲。

【注釋】① 嫪：朱駿聲《通訓定聲》引《聲類》："嫪，惜也。謂戀不能去也。""今諺謂女所私人爲婟嫪，俗作孤老。"　② 婟也：參下條。

婟①　嫪也。从女，固聲。　胡誤切(hù)。

【譯文】婟，戀惜。从女，固聲。

【注釋】① 婟：王筠《句讀》："(婟、嫪)兩字一義，故可單可雙。"《爾雅》："鸄，澤虞。"郭注："今婟澤鳥，常在澤中，見人輒鳴喚不去。"俗呼謂護田鳥。

姿①　態也。从女，次聲。　即夷切(zī)。

【譯文】姿，姿態。从女，次聲。

【注釋】① 姿：張舜徽《約注》："謂身材也。"《釋名》："姿，資也。資，取也。形貌之稟，取爲資本也。"依此説，姿是天賦的形皃。

嫭　(嬌)[驕]①也。从女，虘聲。　將預切(jù)。

【譯文】嫭，驕矜。从女，虘聲。

【注釋】① 嬌：當依《段注》作"驕"。段注："古無嬌字。凡云嬌即驕也。"

害①也。从女，方聲。 敷方切(fāng/fáng)。

妨 【譯文】妨，損害。从女，方聲。

【注釋】① 害：《段注》："傷也。"

①亂也。从女，亡聲。 巫放切(wàng)。

妄 【譯文】妄，荒亂。从女，亡聲。

【注釋】① 妄：張舜徽《約注》："凡言荒亂、荒誕，皆爲妄之語轉。"

【參證】金文作。容庚《金文編》："毛公鼎'女(汝)母(毋)敢妄寧。'孫詒讓曰：'妄寧當讀作荒寧。'"戴家祥《金文大字典》上："《唐韻》荒讀呼光切，曉母，陽部。妄讀巫放切，明母陽部。上古音喉音曉母，每與唇音明母混諧。"

①巧黠②也。从女，俞聲。 託侯切(tōu)。

婾 【譯文】婾，巧慧。从女，俞聲。

【注釋】① 婾：《段注》："偷盜字當作此婾。" ② 黠：桂馥《義證》引《通鑑》注："黠，慧也。"

①婟嫭②，貪③也。从女，污聲④。 胡古切(hù)。

婟 【譯文】婟，婟嫭，貪污。从女，污聲。

【注釋】① 婟：錢坫《斠詮》："此貪污字。"朱駿聲《通訓定聲》："經傳皆以污爲之。" ② 婟嫭：朱駿聲《通訓定聲》："疊韻連語。"
③ 貪：《段注》："貪者，欲物也。" ④ 污聲：聲中有義。本書："污薉也。"《段注》："謂其不潔清也。"賈誼《新書・道術篇》："放理潔靜謂之行，反行爲污。"污由不潔清，引申爲爲官不明法理、不潔靜而貪欲。从女者，凡貶詞多从女。

①小小侵②也。从女，肖聲。 息約切(xuē/shào)③。

娋 【譯文】娋，稍稍侵削蠶食。从女，肖聲。

【注釋】① 娋：王筠《句讀》："此音蓋以娋爲侵削之專字。推其音，則謂稍稍蠶食之也。" ② 侵：《段注》："漸進也。" ③ 今讀依《廣韻》所教切。

①量也。从女，朵聲。 丁果切(duǒ/duò)②。

媣 【譯文】媣，揣量。从女，朵聲。

【注釋】① 媣：朱駿聲《通訓定聲》："與揣略同。" ② 今讀依《廣韻》都唾切。

[①] 動也。从女，由聲。 徒歷切（dí/chōu）[②]。

妯 【譯文】妯，擾動。从女，由聲。

【注釋】① 妯：《方言》卷六：“妯，擾也。人不靜曰妯。”郭璞注：“謂躁擾也。”妯娌之妯乃儔之假借。《漢書・郊祀志》注：“古謂之娣姒，今關中俗呼爲先後，吴楚俗呼之爲妯娌。”朱駿聲《通訓定聲》：“按：妯之言儔，娌之言似，即今儔侶字。” ② 今讀依《廣韻》丑鳩切。

[①] 不平於心也。一曰：疑也。从女，兼聲。 户兼切（xián）。

嫌 【譯文】嫌，（怨恨）在心裏不平靜。另一義説，嫌是疑惑的意思。从女，兼聲。

【注釋】① 不平句：桂馥《義證》：“嫌與慊通。《廣韻》：‘慊，恨也。’《玉篇》：‘慊，切齒恨也。’”

 減[①]也。从女，省聲。 所景切（shěng）。

媘 【譯文】媘，減少。从女，省聲。

【注釋】① 減：《段注》：“減者，損也。水部又曰：‘渻，少減也。’然則媘、渻音義皆同。作省者，假借字也。省行而媘、渻廢矣。”

 不順也。从女，若聲[①]。《春秋傳》[②]曰：“叔孫婼。” 丑略切（chuò）。

婼 【譯文】婼，不順從。从女，若聲。《春秋左傳》説：“叔孫婼（到齊國涖臨盟誓）。”

【注釋】① 若聲：聲中有義。《段注》：“《毛詩》傳曰：‘若，順也。’此字从若，則當訓順，而云‘不順也’。此猶祀从巳而訓‘示無巳’也。” ②《春秋傳》：指《左傳・昭公七年》經文。今本原文：“叔孫婼如齊涖盟。”承培元《引經證例》：“此引傳證字之又爲人名也。本訓‘不順’，對義爲順。故魯叔孫以爲名。”

【參證】金文作。高田忠周《古籀篇》卷三十八：“即訓擇菜若字。此明婼字也。”按：爲草菜，爲手，猶右也。故訓若。

 很[①]也。从女，幸聲。《楚詞》[②]曰：“鮌婞直。” 胡頂切（xìng）。

婞 【譯文】婞，剛直。从女，幸聲。《楚詞》説：“鮌因剛强正直（而死去啊）。”

【注釋】① 很：《段注》："很者，不聽從也。" ②《楚詞》：指屈原《離騷》。今本原文："鯀婞直以亡身兮。"鯀，禹的父親。

嫳[①] 易使怒也。从女，敝聲。讀若擊擎[②]。 匹滅切(piè)。

【譯文】嫳，(性急)容易使發怒。从女，敝聲。音讀象擊"擎"的"擎"字。

【注釋】① 嫳：桂馥《義證》："字或作憋。《方言》：'嫳，急性也。'" ② 擊擎：同義連用。見手部。

嫸 好枝格人語也[①]。一曰：靳[②]也。从女，善聲。 旨善切(zhǎn)。

【譯文】嫸，喜歡打斷岔開別人的話語。另一義説，嫸是嘲弄的意思。从女，善聲。

【注釋】① 枝格句：《段注》："謂不欲人語而言他，以枝格(突出的枝條，這裏指插斷)之也。" ② 靳：《段注》引《左傳》注曰："戲而相媿曰靳。"

嫚 疾悍[①]也。从女，叕聲。讀若唾[②]。 丁滑切(zhuó)。

【譯文】嫚，敏疾而英勇。从女，叕聲。音讀象"唾"字。

【注釋】① 疾悍：《段注》："敏疾而勇也。" ② 讀若唾：葉德輝《讀若考》："叕垂一聲之轉。"

媕 含怒也。一曰：難知也。从女，酓聲。《詩》[①]曰："碩大且媕。" 五感切(ǎn)。

【譯文】媕，含着憤怒。另一義説，媕是難以知曉的意思。从女，酓聲。《詩經》説："身材高大而又長着夾下巴。"

【注釋】①《詩》：指《陳風・澤陂》。毛本"媕"作"儼"。毛傳："矜莊皃。"王筠《句讀》："《太平御覽》引《韓詩》作'媕'。媕，重頤(夾下巴)也。許君引《詩》乃別一義也。"

婀 媕婀[①]也。从女，阿聲。 烏何切(ē)。

【譯文】婀，媕婀不決。从女，阿聲。

【注釋】① 媕(ān)婀：《段注》："媕婀，雙聲字。《廣韻》曰：'媕婀，不決。'媕音庵。"按：媕婀，猶豫不決，毫無主見的樣子。

妍 技[①]也。一曰：不省録[②]事。一曰：難侵也。一曰：惠[③]也。一曰：安也。从女，幵聲。讀若研。 五堅切(yán)。

【譯文】姸，技巧。另一義説，姸，不懂得檢點、收録事理。另一義説，姸是難以侵犯。另一義説，姸是巧慧。另一義説，姸是安。从女，幵聲。音讀象“研”字。

【注釋】① 技：《段注》：“巧也。”《釋名》：“姸，研也。研精於事宜則無蚩繆也。蚩，癡也。” ② 省録：《段注》：“謂檢點、收録也。” ③ 惠：徐鍇《繫傳》作“慧”。王筠《句讀》引《增韻》：“慧，姸黠也。”

娃 圜深目皃。或曰：吳楚之間謂好曰娃[①]。从女，圭聲。 於佳切(wā)。

【譯文】娃，眼睛圓而又深的樣子。另一義説，吳地、楚地之間叫美好作娃。从女，圭聲。

【注釋】① 吳楚句：《方言》卷二：“娃，美也。吳、楚、衡、淮之間曰娃。”

㜗 不媚，前卻㜗㜗[①]也。从女，陝聲。 失冉切(shǎn)。

【譯文】㜗，不嫵媚，走路忽進忽退，身姿㜗㜗不美。从女，陝聲。

【注釋】① 前卻㜗㜗：徐鍇《繫傳》：“乍進乍退，無姿質也。”

妜 鼻目間皃[①]。讀若煙火炔炔。从女，決省聲[②]。 於説切(yuè)。

【譯文】妜，鼻目之間(輕薄而不莊重)的樣子。音讀象煙火炔(guì)炔而出的“炔”字。从女，決省聲。

【注釋】① 鼻目句：《廣韻·薛韻》：“妜，鼻間輕薄曰妜也。”《段注》：“謂若眉語目成然也。”即用眉目傳情的樣子，所以《廣韻》説“輕薄”。② 決省聲：徐鍇《繫傳》作“夬聲”。

孈 愚戇[①]多態也。从女，巂聲。讀若隓[②]。 式吹切(shuī/huì)[③]。

【譯文】孈，愚蠢而又多作姿態。从女，巂聲。音讀象“隓(huī)”字。

【注釋】① 愚戇(zhuàng)：《段注》：“戇者，愚也。”愚戇，同義連用。② 讀若隓：葉德輝《讀若考》：“巂音如規，隓俗作墮，古音同部。” ③ 今讀依《廣韻》呼恚切。

嫢 不説[①]也。从女，恚聲[②]。 於避切(huì)。

【譯文】嫢，不高興。从女，恚聲。

【注釋】① 説：今悦字。　② 恚聲：《段注》："心部：'恚，恨也。'娡从恚聲，形聲中有會意。"

嫼　怒皃。从女，黑聲①。　呼北切(hēi/mò)②。

【譯文】嫼，憤怒的樣子。从女，黑聲。

【注釋】① 黑聲：《段注》："嫉怒（因嫉妒而憤怒）也，則黑非聲矣。"張舜徽《約注》："盛怒之下，面色發青也。"所以从黑。可備一説。② 今讀依《集韻》密北切。

【參證】金文作[illegible]、[illegible]。高田忠周《古籀篇》卷三十八："音墨，故俗亦作嫼。"戴家祥《金文大字典》亦以爲黑可表聲："古音明匣兩紐每多互諧。"

娍①　輕也。从女，戉聲。　王伐切(yuè)。

【譯文】娍，輕輕越過。从女，戉聲。

【注釋】① 娍：錢坫《斠詮》："此輕越字。"

嫖①　輕也。从女，票聲②。　匹招切(piāo/piào)③。

【譯文】嫖，輕捷。从女，票聲。

【注釋】① 嫖：《廣韻·宵韻》："嫖，身輕便皃。"　② 票聲：聲中有義。本書："㶾，火飛也。"引申有輕飄之意。參"㶾"條。③ 今讀依《廣韻》匹妙切。

媣　訬疾①也。从女，坐聲。　昨禾切(cuó/qiē)②。

【譯文】媣，吵擾疾速而輕薄。从女，坐聲。

【注釋】① 訬疾：《段注》："訬者，訬擾也。《漢書》述曰：'江都輕訬，謂輕薄爲訬也。'"張舜徽《約注》："凡行動疾速者，易流于輕躁也。"② 今讀依《廣韻》醋加切。

姎　女人自偁①，我也。从女，央聲。　烏浪切(àng/yāng)②。

【譯文】姎，女人的自偁，(姎)就是我的意思。从女，央聲。

【注釋】① 女人句：章炳麟《新方言·釋言》："姎，今直隸、山東農婦皆自稱老姎們。"　② 今讀依《廣韻》烏郎切。

媁　不説①皃。从女，韋聲。　羽非切(wéi)。

【譯文】媁，不高興的樣子。从女，韋聲。

【注釋】① 説：今悦字。

婎 姿婎①，姿②也。从女，隹聲。一曰：醜③也。 許惟切(huī)。

【譯文】婎，恣睢，自我放縱的樣子。从女，隹聲。另一義説，婎，面目醜陋。

【注釋】① 姿婎：朱駿聲《通訓定聲》："疊韻連語。即暴戾恣睢字。" ② 姿：《段注》作"恣"。本書心部："恣者，縱也。"《集韻・旨韻》："婎，姿婎，自縱皃。" ③ 醜：《段注》："(婎)與人部'仳催，醜面'之'催'通用。"

【參證】高田忠周《古籀篇》卷三十八："(唯女鉦)銘一字。……字形从女从唯顯然。唯隹古文互通。此必婎之異文。"

嫌 有守①也。从女，弦聲。 胡田切(xián)。

【譯文】嫌，(寡婦)有守節之志。从女，弦聲。

【注釋】① 有守：朱駿聲《通訓定聲》："謂婦嫠(lí，寡婦)守志。"

【參證】金文作。高田忠周《古籀篇》卷三十八："此从女明皙。""此亦即弦省。""故謂此篆爲嫌字省文。"

媥① 輕皃。从女，扁聲。 芳連切(piān)。

【譯文】媥，(身體)輕便的樣子。从女，扁聲。

【注釋】① 媥：《廣韻・仙韻》："媥，身輕便皃。"

嫚① 侮易②也。从女，曼聲。 謀患切(màn)。

【譯文】嫚，侮慢。从女，曼聲。

【注釋】① 嫚：《賈子・道術》："接遇肅正謂之敬，反敬爲慢。"慢借爲嫚。 ② 侮易：同義連用。《段注》"易"作"傷"。本書人部："傷者，輕也。"

婚① 疾言失次也。从女，臿聲。讀若懾。 丑聶切(chè/chā)②。

【譯文】婚，疾速插話，失去應有的次序。从女，臿聲。音讀象"懾(shè)"字。

【注釋】① 婚：《段注》："所謂儳(chàn)言(隨便插嘴)。" ② 今讀依《廣韻》楚洽切。

嬬① 弱也。一曰：下妻②也。从女，需聲。 相俞切(xū/rú)③。

【譯文】嬬，柔弱。另一義説，嬬是地位下賤的小妻。从女，需聲。

【注釋】① 嫣：《段注》："嫣之言濡也。濡，柔也。" ② 下妻：王筠《句讀》："《易》：'歸妹以嫣。'陸績云：'嫣，妾也。'《左襄二十三年傳》：'下妾不得與郊弔。'杜注：'下猶賤也。'"《段注》："下妻猶小妻。" ③ 今讀依《廣韻》人朱切。

娝 不肖[2]也。从女，否聲。讀若竹皮箁[3]。 匹才切(pēi/pōu)[4]。

【譯文】娝，(形神)不象(先輩)。从女，否聲。音讀象稱竹皮爲箁的"箁"字。

【注釋】① 娝：《廣雅・釋詁》二："㛪(即娝)，醜也。" ② 肖：似。不肖：既指形象醜陋，又指品德不賢。 ③ 竹皮箁：葉德輝《讀若考》："本書竹部：'箁，竹箬也。'楚謂竹皮曰箬。"按：娝，否聲；箁，音聲。上古否、音同屬之部，否屬幫紐，音屬滂紐。發音極近似。 ④ 今讀依《廣韻》普溝切。

嬯 遲鈍也。从女，臺聲。闒嬯[2]亦如之。 徒哀切(tái)。

【譯文】嬯，遲鈍。从女，臺聲。表示"連手唱歌"義的闒嬯的嬯字就象這個樣子。

【注釋】① 嬯：《段注》："今人謂癡如是。"即痴呆的呆的本字。 ② 闒嬯：朱駿聲《通訓定聲》："雙聲連語。《廣韻》：闒嬯，連手唱歌也。"

【參證】金文作。容庚《金文編》："陳夢家釋，或作臺。《左傳・昭七年》記十等人中有僕臣臺。"字形結構待考。

嬗 下志[1]貪頑[2]也。从女，覃聲。讀若深[3]。 乃忝切(niǎn)。

【譯文】嬗，志趣低下，十分貪婪。从女，覃聲。音讀象"深"字。

【注釋】① 下志：《廣韻・寑韻》："嬗，志下。" ② 貪頑：同義連用。朱駿聲《通訓定聲》"頑"下："頑，假借爲忨。"本書心部："忨，貪也。" ③ 讀若深：深、嬗上古同屬侵部。

嫪 婪也。从女，參聲。 七感切(cǎn)。

【譯文】嫪，貪婪。从女，參聲。

婪 貪[1]也。从女，林聲。杜林説：卜者黨相詐驗爲婪[2]。讀若潭[3]。 盧含切(lán)。

【譯文】婪，貪婪。从女，林聲。杜林説，占卦的人用騙人的徵兆使人知曉，叫作婪。音讀象“潭”字。

【注釋】① 貪：《楚辭・離騷》：“衆者競進以貪婪兮。”王逸注：“愛財曰貪，愛食曰婪。”　② 卜者句：《集韻・感韻》：“婪，卜人詐告吉凶。”黨，《方言》卷一：“黨，知也。”驗，徵兆。　③ 讀若潭：葉德輝《讀若考》：“婪、潭古音同部。”同屬侵部。

【參證】甲文作。李孝定《甲骨文字集釋》第十二：“从女从林，與小篆同。”

嬾　懈也；怠也[①]。一曰（臥）[嫛][②]也。从女，賴聲。　洛旱切（lǎn）。

【譯文】嬾，懈怠。又叫嫛。从女，賴聲。

【注釋】① 懈也怠也：徐鍇《繫傳》作“懈怠也”。桂馥《義證》：“懈怠義同。當云‘懈怠也’。”　② 臥：當衣《段注》作“嫛（nè）”。本書“臥”部：“楚謂小兒嬾嫛。”楚地叫小兒嬾作嫛。王筠《句讀》：“彼析言之，此渾言之，四字一句（指“一曰嫛也”），謂嬾一名嫛也。”

婁　空[①]也。从毌中女[②]，空之意也。一曰：婁務[③]也。[④]古文。　洛侯切（lóu）。

【譯文】婁，（物體）中空。由毌中女會意，表示中空的意思。另一義説，婁即婁務，是愚笨的意思。嵏，古文婁字。

【注釋】① 空：《段注》：“凡中空曰婁。今俗語尚如是。”　② 从毌中女：王筠《句讀》：“文不成義，不敢强解。”《段注》：“从毌猶从無也；無者，空也。从中女謂離卦，離中虛也。”俞樾《兒笘録》：“（段）説甚爲迂曲。”“今按婁即縷之古文。其字蓋从毌、从中、从女。毌者，穿物持之也。”“（縷）綫之爲物，所以毌穿，故从毌。从中，謂以綫毌穿其中也。从女者，女工所用也。”　③ 婁務：《段注》此後有“愚也”二字，注：“務讀如瞀。婁務即子部之嶅瞀，故云‘愚也’。”
④ 嵏：《段注》：“上體當是从囧，即窗牖麗廔闓明之意也。”參“囧”條。俞樾《兒笘録》説：“古文作嵏。其上之囱，象用綫毌穿布帛之形。蓋古文象形，而小篆會意也。”

娎　娎姺[①]也。从女，折聲。　許列切（xiè）。

【譯文】娎，娎姺。从女，折聲。

【注釋】① 婜婡(qiè)：王筠《句讀》："雙聲連語也。婜婡仍是得志之皃。"參"婡"條。

婡　得志婡婡①。一曰：婡，息②也。一曰：少气③也。从女，夾聲。　呼帖切(xiè/qiè)④。

【譯文】婡，得了志就婡婡而喜。另一義説，婡是呼吸急促的意思。另一義説，婡是氣息奄奄。从女，夾聲。

【注釋】① 婡婡：桂馥《義證》："得志婡婡者，婜婡，喜意也。"　② 息：《集韻·貼韻》："欶(即婡)，喘息。"　③ 少气：《集韻·帖韻》："婡，气劣皃。"　④ 今讀依《廣韻》苦協切。

嬈　苛①也。一曰：擾、戲弄也②。一曰：嬥③也。从女，堯聲。　奴鳥切(niǎo)。

【譯文】嬈，瑣碎。另一義説，嬈是煩擾；戲弄。另一義説，嬈是不仁。从女，堯聲。

【注釋】① 苛：《段注》："苛者，小艸也。引申爲瑣碎之偁。"　② 擾、戲弄也：一句數讀。即："擾也；戲弄也。"王筠《句讀》："(擾)謂煩擾。"《段注》："玄應引《三倉》：'嬲，乃了切。弄也，惱也。'按：嬲乃嬈之俗字。"　③ 嬥(tiǎo)：王筠《句讀》引《集韻》："嬈，不仁也。"參"嬥"條。

嫛①　惡②也。一曰：人皃③。从女，毁聲④。　許委切(huǐ)。

【譯文】嫛，謗誹。另一義説，嫛是人(醜惡)的樣子。从女，毁聲。

【注釋】① 嫛：《段注》："謂毁物爲毁，謗人爲嫛。"朱駿聲《通訓定聲》："凡毁謗字，經傳皆以毁爲之。"　② 惡：王筠《句讀》："言部：'諲，相毁也。'彼省嫛爲毁，此借惡爲諲。"　③ 人皃：朱駿聲《通訓定聲》："謂皃醜惡。"　④ 毁聲：聲中有義。依《段注》，嫛則是象毁物一樣地毁人。

姗①　誹也。一曰：翼便②也。从女，删省聲。　所晏切(shàn/shān)③。

【譯文】姗，誹謗。另一義説，姗是狐臭。从女，删省聲。

【注釋】① 姗：徐鍇《繫傳》："《漢書》多用爲訕字。"　② 翼便：《段注》："未聞。"張舜徽《約注》："翼讀如亦，謂人之臂亦也。兩臂如鳥之兩翼，便讀如溺便之便，臂亦之下，有水流出，其色恒黄，其臭如臊，是曰翼便。湖湘間稱爲狐狸臭。”故徐鍇《繫傳》有“一曰女臭也”。翼便與女臭,義相類。張説可从。　③ 今讀依《廣韻》蘇干切。

姕

醜[①]也。一曰:老嫗[②]也。从女,酋聲。讀若蹴。　七宿切(cù)。

【譯文】姕,醜惡。另一義説,姕是老婦人。从女,酋聲。音讀象“蹴(cù)”字。

【注釋】① 醜:《段注》:“可惡也。”　② 嫗:《段注》:“婦人之老者曰嫗。”

嫫

嫫母[①],都醜[②]也。从女,莫聲。　莫胡切(mó)。

【譯文】嫫(嫫),嫫母,極醜(的女人)。从女,莫聲。

【注釋】① 嫫母:《段注》:“嫫母爲雙聲。”即雙聲聯緜詞。《楚辭·東方朔〈七諫〉》:“嫫母勃屑而日侍。”王逸注:“嫫母,醜女也。”

② 都醜:桂馥《義證》:“即《新序》所謂極醜無雙。都者,大也。”

婓

往來婓婓也[①]。一曰:醜皃。从女,非聲。　芳非切(fēi)。

【譯文】婓,婓婓,往來不停的樣子。另一義説,婓是醜的樣子。从女,非聲。

【注釋】① 往來句:《段注》:“當依《廣韻》作‘婓婓,往來皃。’《小雅》毛傳曰:‘騑騑,行不止之皃。’與婓音義皆同。”譯文从《段注》。朱駿聲《通訓定聲》:“《詩》‘四牡騑騑’,《禮記》‘匪匪翼翼’作騑作匪皆同。”婓婓、騑騑、匪匪,如朱説是“重言形況字”,即疊音形容詞,重音不重形。並非“婓”單音字之義。

[①]
孃

煩擾[②]也。一曰:肥大[③]也。从女,襄聲。　女良切(niáng/ráng)[④]。

【譯文】孃,煩擾。另一義説,孃是肥大。从女,襄聲。

【注釋】① 孃:《段注》:“今人用擾攘字。今攘行而孃廢矣。”

② 煩擾:《段注》:“煩,熱,頭痛也。擾,煩也。”　③ 肥大:王筠《句讀》:“此義與肉部膿通。”本書:“膿,益州鄙,言人盛,諱其肥,謂之膿。”　④ 今讀依《廣韻》汝陽切。

【參證】徐中舒《甲骨文字典》卷十二:“(合一二六)从女从(良),《説文》所無。見於《唐韻》:‘娘,同孃,少女之號。’”

嬒　女黑色也。从女，會聲。《詩》①曰："嬒兮蔚兮。"　古外切(guì/huì)②。

【譯文】嬒，女人肌膚黑色。从女，會聲。《詩經》説："(雲興起來了，)時而是黑色啊，時而是紫色啊。"

【注釋】①《詩》：指《曹風・候人》。今本"嬒"作"薈"。王先謙《集疏》："雲興欲雨，黑紫不定，任舉一色以狀之，故或爲嬒，或爲蔚也。"　② 今讀依《廣韻》烏外切。

媆　好皃①。从女，耎聲②。　而沇切(ruǎn)。

【譯文】媆，美好的樣子。从女，耎聲。

【注釋】① 好皃：《段注》："此謂柔耎(ruǎn)之好也。"　② 从女，耎聲：《段注》："形聲中有會意。"耎，軟弱。

媕　誣拏①也。从女，奄聲。　依劒切(yàn)。

【譯文】媕，誣謗。从女，奄聲。

【注釋】① 誣拏(ná)：同義連用。《方言》卷十："拏，揚州、會稽之語也。或謂之惹，或謂之淹。"郭璞注："誣，淹也。"按：媕、淹同字。

嬾　過差①也。从女，監聲。《論語》②曰："小人窮斯嬾矣。"　盧瞰切(làn)。

【譯文】嬾，過度而不相當。从女，監聲。《論語》説："小人貧窮無奈就會言行過分了。"

【注釋】① 過差：《段注》："差忒者，不相值也。凡不得其當曰過差。亦曰嬾。今字多以濫爲之。"　②《論語》：指《衛靈公》。今本"嬾"作"濫"。

嫯①　侮易②也。从女，敖聲③。　五到切(ào)。

【譯文】嫯，侮慢。从女，敖聲。

【注釋】① 嫯：《段注》："今則傲行而嫯廢矣。"从人猶从女也。
② 侮易：《段注》"易"作"傷"。上文："嫚，侮傷也。"　③ 敖聲：聲中有義。本書："敖，出遊也。从出，从放。"《段注》："(放)取放浪之意。"出外遨遊，放浪不羈，自有倨傲侮慢之意。

婬①　私逸②也。从女，㸒聲。　余箴切(yín)。

【譯文】婬，淫亂放縱。从女，㸒聲。

【注釋】① 婬：《段注》："今多以淫代之。淫行而婬廢矣。" ② 私逸：《段注》："（私），姦衺（邪）也。逸者，失也；失者，縱逸也。"按：此處"私"指不正當的男女關係。

姘[1] 除也。漢律："齊人予妻婢姦曰姘[2]。"从女，并聲。 普耕切（pēng/pīn）[3]。

【譯文】姘，除掉。漢朝的律令說："齊地人與正妻的奴婢通姦叫作姘。"从女，并聲。

【注釋】① 姘：《段注》："經傳皆用屏，屏行而姘廢矣。" ② 齊人句：《段注》："此别一義也。""禮，士有妾，庶人不得有妾，故平等之民與妻婢私合，名之曰姘。"予，徐鍇《繫傳》作"與"。朱駿聲《通訓定聲》："此義實當爲本訓，謂苟合也。" ③ 今讀依《廣韻》普丁切。

奸[1] 犯婬也。从女，从干[2]，干亦聲。 古寒切（gān）。

【譯文】奸，犯姦婬（的罪惡）。由女、由干會意，干也表聲。

【注釋】① 奸：《段注》："此字謂犯姦婬之罪。引申爲凡有所犯之偁。" ② 从干：《段注》："干，犯也。"邵瑛《羣經正字》："从干女爲意。"

姅 婦人污[1]也。从女，半聲。漢律曰："見姅變，不得侍祠[2]。" 博幔切（bàn）。

【譯文】姅，婦人的血污。从女，半聲。漢朝的律令說："婦人發現血污的出現，不能奉侍祭祀。"

【注釋】① 婦人污：《段注》："謂月事（月經）及免身（分娩）及傷孕（流産）皆是也。" ② 見姅句：張舜徽《約注》："湖湘舊俗，婦人方産或月事已至，皆不令奉祭祀，蓋即'漢律見姅變不得侍祠'遺意。"

娗 女出病[1]也。从女，廷聲。 徒鼎切（tǐng）。

【譯文】娗，女人（子宫）脱出的疾病。从女，廷聲。

【注釋】① 女出病：王筠《釋例》："蓋謂女子下部病也。俗名下痲（fān），亦謂之陰挺茄。娗之爲言，挺也，挺然而出也。"

婥 女病[1]也。从女，卓聲。 奴教切（nào）。

【譯文】婥，女人的疾病。从女，卓聲。

【注釋】① 女病：張舜徽《約注》："蓋婥之言淖也，謂婦人陰道漏出膿液，濁如淖泥也。即今語所偁白帶。"姑備一説。

[1] 諉也。从女，垂聲。 作恚切(zhuì)。

娷 【譯文】娷，推諉。从女，垂聲。

【注釋】① 娷：《段注》："言部曰：'諈諉，絫也。'又曰：'諉，絫也。'按：絫者，若今言以此累人也。娷與諈音義皆同。"

[1] 有所恨[2]也。从女，𡿺聲[3]。今汝南人有所恨曰嫍。 奴皓切(nǎo)。

嫍 【譯文】嫍，有所怨恨。从女，𡿺省爲聲。今天汝南人稱有所怨恨叫嫍。

【注釋】① 嫍：今作惱。 ② 恨：怨。 ③ 𡿺聲：徐鉉："𡿺，古囟字，非聲。當从𡿺省。"譯文從徐説。《段注》："形聲中有會意也。嫍之从𡿺者與思之从囟同意。"

 慙[1]也。从女，鬼聲[2]。，媿或从耻省[3]。 俱位切(kuì)。

媿 【譯文】媿，慚愧。从女，鬼聲。愧，媿的或體，由耻省耳(爲形旁)。

【注釋】① 慙：愧。 ② 鬼聲：《段注》："此亦形聲中有會意。"鬼爲比況之義，自以爲象鬼一樣的醜陋可怕。即"自慚形穢"之慚愧義。 ③ 从耻省：《段注》："即謂从心可也。"

【參證】甲文作、，金文作、。吴大澂《古籀補》："媿，姓也。後世借爲慙媿字，而媿之本義廢。"

 訟[1]也。从二女[2]。 女還切(nuán)。

奻 【譯文】奻，爭吵。由兩個女字會意。

【注釋】① 訟：爭。 ② 从二女：《易·睽》傳："二女同居，其志不同行。"按此類字反映對女性的歧視。

【參證】甲文作、，金文作、，與篆文同。

 私[1]也。从三女。，古文姦。从心，旱聲。 古顔切(jiān)。

姦 【譯文】姦，私通。由三個女字會意。㤵，古文姦。从心，旱聲。

【注釋】① 私：江沅《釋例》："私(私通)淫(淫亂)曰姦。故引申爲一切姦宄字。俗乃用奸爲姦，而姦專爲姦宄字矣。"王筠《句讀》："姦有二義，皆可以私統之。《左莊二年傳》：'夫人姜氏會齊侯於禚。'書姦也。此私逸之謂也。《成十七年傳》：'亂在外爲姦，在內爲軌。'此自營爲厶之謂也。"此爲江沅説的最好例證。

【參證】金文作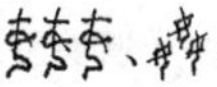。李孝定《金文詁林讀後記》卷十二："奸姦元當同字。高田忠周氏之説是也；奸爲姦之後起形聲字。""姦之古文作悬，乃用假借字。"

文二百三十八　重十三

嬙[1]　婦官也。从女，牆省聲。　才良切(qiáng)。

【譯文】嬙，婦人官名。从女，牆省爿爲聲。

【注釋】① 嬙：《鈕新附考》："《左昭三年傳》：'以備嬪嬙。'杜注：'嬪、嬙，婦官。'"又，《廣韻》入聲二十四職："嬙，女字。所力切。"《莊子·齊物論》："毛嬙，麗姬，人之所美也。"嬙是毛氏的名字，讀 sè。

妲[1]　女字[2]，妲己，紂妃。从女，旦聲。　當割切(dá)。

【譯文】妲，女人的名稱的表字，妲己的妲，是紂王的妃子。从女，旦聲。

【注釋】① 妲：《鈕新附考》："《晉語》：'殷辛伐有蘇。有蘇氏以妲己女焉。'韋注：'蘇，己姓之國。妲己，其女也。'《史記索隱·外戚世家》注云：'有蘇，國也；己，姓也；妲，字也。'"　② 女字：古人有名有字，男女一樣。《顏氏家訓·風操篇》："古者，名以正體，字以表德。"

嬌　姿[1]也。从女，喬聲[2]。　舉喬切(jiāo)。

【譯文】嬌，身材高挑而意態婉曲。从女，喬聲。

【注釋】① 姿：《説文》："態也。"張舜徽《約注》："謂身材也。"故譯文既指身材，又言意態。引申爲嬌寵。　② 喬聲：聲中有義。徐灝《段注箋》"喬"下："从喬之字，如僑、驕、蹻，撟之類，皆取高意；橋、矯、繑、蟜之類，皆取曲意。"嬌之喬則取"高而曲"義。

嬋　嬋娟[1]。態也。从女，單聲。　市連切(chán)。

【譯文】嬋，嬋娟的嬋，(嬋娟是)形態美好的樣子。从女，單聲。

【注釋】① 嬋娟：疊韻聯緜字。《鄭新附考》："嬋娟""爲婦女色美者"。引申爲凡美好皃之稱。孟郊《嬋娟篇》："花嬋娟，泛春泉。竹嬋娟，籠曉煙。妓嬋娟，不長妍。月嬋娟，真可憐。"又可用如名詞。

蘇軾《水調歌頭》:"但願人長久,千里共嬋娟。"嬋娟指形態美好的月亮。

①嬋娟也。从女,肙聲。　於緣切(juān)。

娟　【譯文】娟,嬋娟的娟。从女,肙聲。

【注釋】① 娟:參上條。

①無夫也。从女,𠩺聲②。　里之切(lí)。

嫠　【譯文】嫠,沒有丈夫之婦。从女,𠩺聲。

【注釋】① 嫠:《玉篇》:"寡婦也。"《左傳·昭公十九年》:"莒有婦人,莒子殺其夫,己爲𠩺婦。"　② 𠩺(xī)聲:聲中有義。𠩺義爲裂圻。夫婦裂圻則爲𠩺。《新附通誼》:"凡經典離别、離合字,皆當作此。""𠩺婦、乖(鰥)夫,其誼一也。故𠩺婦曰寡,乖夫亦曰寡。""寡誼亦爲分𠩺。《説文》寡从宀从頒。頒,分賦也。"

①(偶)[遇]②也。从女,后聲。　古候切(gòu)。

姤　【譯文】姤,表示遘遇的卦名。从女,后聲。

【注釋】① 姤:《易》卦名。六十四卦之一。巽下乾上。《易·姤》:"象曰:姤,遇也。"古本作"遘"。　② 偶:《鄭新附考》:"偶,當作遇。"

文七　新附

毋部

止之也。从女,有奸之者①。凡毋之屬皆从毋。　武扶切(wú)。

毋

【譯文】毋,使之停止。从女,(一)表示有與女人姦淫的人。大凡毋的部屬都从毋。

【注釋】① 有奸之者:錢坫《斠詮》:"内有一畫,象有姦之形。禁止之,勿令姦。"

【參證】甲文作[甲文字形],金文作[金文字形]、[金文字形]。吴大澂《古籀補》:"古毋字與母同。"黄生《字詁》:"古本無毋字,但借母字轉聲,鐘鼎文凡禁止之毋,并从二注作[字形],或止作[字形],可見古無其字,但从假借也。自小篆誤連中畫作毋，許氏遂爲之説云。”

毐　人無行[1]也。从士，从毋。賈侍中[2]説：秦始皇[3]母與嫪毐淫，坐誅，故世罵淫曰嫪毐。讀若娭[4]。　遏在切(ǎi)。

【譯文】毐，人沒有好的品行。由士、由毋會意。賈侍中説，秦始皇的母親同嫪毐淫亂，(嫪毐)因而被誅殺，所以世人罵淫亂叫嫪毐。音讀象“娭”字。

【注釋】① 人無行：《段注》作“士之無行者”，注：“毐之本義如此，非爲嫪毐造此字也。”王筠《句讀》：“言士者，以字从士也；言無者，以字从毋也。《史記》每借毋爲有無字。”　② 賈侍中：許慎的老師。曾任侍中。　③ 秦始皇句：《段注》：“此舉無行之極者爲證。”詳《史記・呂不韋傳》。　④ 讀若娭：葉德輝《讀若考》：“義與嫪毐相近。”參“娭”條。

文二

民部

民　衆萌[1]也。从古文之象[2]。凡民之屬皆从民。[3]，古文民。　彌鄰切(mín)。

【譯文】民，衆人懵懵無知的樣子。由下面古文的形體稍稍整齊而成。大凡民的部屬都从民。𣱱，古文民字。

【注釋】① 萌：《段注》：“猶懵懵無知皃。”　② 从古文句：《段注》：“仿佛古文之體少整齊之也。”　③ 𣱱：徐灝《段注箋》：“疑象艸木萌芽之形。”

【參證】金文作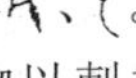。郭沫若《甲骨文字研究》：“(周代彝器)作一左目形，而有刃物以刺之。”“周人初以敵囚爲民時，乃盲其左目以爲奴徵。”

氓　民也。从民，亡聲[1]。讀若盲[2]。　武庚切(méng)。

【譯文】氓，百姓。从民，亡聲。音讀象“盲”字。

【注釋】① 亡聲：聲中有義。《段注》：“蓋自他歸往之民，則謂之氓。故字从民亡。”　② 讀若盲：桂馥《義證》：“賈誼書《大政篇》：‘夫民之爲言萌也，萌之爲言盲也。'”

文二 重一

丿部

丿[①] 右戾[②]也。象左引之形。凡丿之屬皆从丿。 房密切(bì/piě)[③]。

【譯文】丿，從右着筆，向左彎曲。象向左拉長的樣子。大凡丿的部屬都从丿。

【注釋】① 丿：《段注》：“丿音義略同擎。書家八法謂之掠。”

② 右戾：《段注》：“戾者，曲也。右戾者，自右而曲於左也。故其字象自左方引之。” ③ 今讀依《廣韻》普蔑切。

【參證】馬敘倫《六書疏證》卷二十四引馮心曰：“乂爲象形字，弗爲合體象形字，俱不从丿乀。則丿不特不當立爲部首，且也絶無標識之意也。”按：丿、乀之類只是構字筆畫。馬又引吴穎芳曰：“但有文形，無義訓，無音讀。”故不能成字。所謂“左戾”“右戾”，只是描寫筆畫形态。參“乂”“弗”“乀”條。

乂 芟艸也。从丿、从乀相交[①]。刈，乂或从刀[②]。 魚廢切(yì)。

【譯文】乂，割草。由丿、由乀(fú)互相交叉。刈，乂的或體，从刀。

【注釋】① 从丿句：《段注》：“象左右去之(向左、向右除草)。會意也。”按：乂非會意。徐鍇《繫傳》：“象刈艸之刀形。” ② 从刀：《段注》：“乂者，必用釗鎌之屬也。”

【參證】甲文作乂、。馬敘倫《六書疏證》卷二十四：“《管子·小匡》：'挾其槍刈耨鎛。'是乂爲田器之證。”“甲文有乂，羅振玉釋。”

弗 撟[①]也。从丿、从乀、从韋省[②]。 分勿切(fú)。

【譯文】弗，矯正。由丿、由乀、由韋字的省略會意。

【注釋】① 撟：《段注》作“矯”，注：“矯者，揉箭箝也。引申爲矯拂之用。” ② 从丿句：《段注》：“韋者，相背也。故取以會意。謂或左或右，皆背而矯之也。”徐灝《段注箋》：“凡弛弓則以兩弓相背而縛之，以正枉戾，所謂矯也。”

【參證】甲文作、、，金文作、、。李孝定《甲骨文字集釋》：“象矯箭使直之形。”“實象以繩約（纏束）箭榦使直之形，實箭榦之形。”

[1]
乀　左戾[2]也。从反丿[3]。讀與弗同。　分勿切（fú）。

【譯文】乀，從左落筆，向右彎曲。由丿字反過來表示。音讀與“弗”字同。

【注釋】① 乀：《段注》：“音義略同拂，書家八法謂之磔。”按：俗稱“捺”。　② 左戾：《段注》：“自左而曲於右，故其字象自右方引之。”　③ 丿：參“丿”條。

文四　重一

厂部

厂　抴[1]也；明[2]也。象抴引之形。凡厂之屬皆从厂。虒[3]字从此。　余制切（yì）。

【譯文】厂，横着牽引；明。象横着牽引的樣子。大凡厂的部屬都从厂。虒（sī）字用厂（爲聲）。

【注釋】① 抴（yè）：王筠《句讀》：“厂蓋抴之古文。故以抴説之。抴，捈也；捈，臥引也。”《段注》：“臥引者，横引之。”　② 明：《段注》：“此義未聞。”　③ 虒：見“虎”部。

[1]
弋　橜也。象折木衺鋭著形。从厂，象物挂之也。　與職切（yì）。

【譯文】弋，木樁。（）象折斷樹木中歪斜而尖鋭的枝幹並把它附著在物體上的樣子。从厂，象有物體挂在木樁上。

【注釋】① 弋：孔廣居《疑疑》：“俗所謂樁也。象弋之榦；象弋首小枝。”

【參證】甲文作，金文作、、。朱芳圃《殷周文字釋叢》：“字象橛形。今呼木樁。上象槎枒，丿所以固之。椓於地上，或以繫牲，或以縣物，用途甚廣。”

文二

乁部

乁　流[①]也。从反厂。讀若移。凡乁之屬皆从乁。　弋支切(yí)。

【譯文】乁,移動,由厂字反過來表示。音讀象“移”字。大凡乁的部屬都从乁。

【注釋】① 流:葉德輝《讀若考》:“乁流即移動。音義相同。”

也[①]　女陰也。象形。,秦刻石[②]也字。　羊者切(yě)。

【譯文】也,女人的陰部。象形。,是秦朝刻的石碑上的也字。

【注釋】① 也:徐灝《段注箋》:“戴氏侗曰:,沃盥器也。有流以注水,象形,亦作。借爲詞助。詞助之用多,故正義爲所奪,而加匚爲匜(yí)。”　② 秦刻石:指《繹山碑》。

【參證】金文作、、。郭沫若《西周金文辭大系圖録考釋·沈子段》:“字乃古文匜,象匜之平視形。”一説,許釋“女陰”無誤。李孝定《金文詁林讀後記》卷十二:“卜辭‘育’字或作‘’,下半所从即‘也’字,實爲象形。”“古‘匜’字或假‘也’爲之,或从‘也’聲。”

文二　重一

氏部

氏　巴蜀山名[①]岸脅之旁箸欲落墮者曰氏,氏崩,聞數百里。象形[②],乀聲。凡氏之屬皆从氏。楊雄賦[③]:響若氏隤。　承旨切(shì)。

【譯文】巴地、蜀地叫山崖側邊的附著而將要墮落的山岩作氏。氏崩塌,方圓幾百里都能聽到。()象形,乀表聲。大凡氏的部屬都从氏。楊雄賦説:“聲響象氏的墜落。”

【注釋】① 山名:當依《段注》作“名山”,注:“此謂巴蜀方語也。”　② 象形:《段注》:“謂象傍於山脅也。”　③ 楊雄賦:見《漢書·揚雄傳》(《漢書》今本作“揚雄”)。今本“氏”作“阺”。

【參證】甲文作,金文作、、。郭沫若《金文餘釋之餘·釋氒氏》："古氏字形與匕近似，以聲而言則氏匙相同，是氏乃匙之初文矣。""首端之乃匙上之提，所以挂於鼎者；即直柄圓首之匙身。"李孝定《甲骨文字集釋》："中所以圓點，乃彣飾。"一説，其本義當爲根柢。林義光《文源》卷一："氏（蟹韻）柢（微韻）雙聲旁轉。象根，・其種也，姓氏之氏，亦由根柢之義引申。"

氒　木本[①]。从氏[②]。大於末。讀若厥。　居月切（jué）。

【譯文】氒，樹木的根本。由氏、下會意。根本大於樹木的末梢。音讀象"厥"字。

【注釋】① 木本：《段注》："木部曰：'木下曰本。'本亦曰氒。氒者，言其𠩺然大也。古多用𠩺弋字爲之。"　② 从氏：《段注》作"从氏丅（下）"，注："从氏下者，氏猶是，謂此木之下。下者，木本也。木榦大於上體，故製其字，从氏下。"

【參證】甲文作、、，金文作、、。郭沫若《金文餘釋之餘・釋氒氏》："氒乃矢栝（栝）之初文也。栝从𠯑聲，𠯑又从氒省聲。故栝、氒同音。矢栝檃弦處之栝，此氒字也。"

文二

氐部

氐　至[①]也。从氏下箸一。一，地也。凡氐之屬皆从氐。　丁禮切（dǐ）。

【譯文】氐，抵達。由"氏"下附著"一"會意，一表示地。大凡氐的部屬都从氐。

【注釋】① 至：王筠《句讀》作："本也，至也。""（至也）此義即本也引申之義。"徐灝《段注箋》："氐即根氐本字，相承增木爲柢。氐在下，故引申爲高低之偁。"《段注》："氐之言抵也。"按：根柢本抵地的部位，故氐又有"至"義。

【參證】甲文作、，金文作。李孝定《甲骨文字集釋》第十二："（甲文）象人側立，手有所提挈之形。其初義當爲提。以形近於氏之古文，至篆文遂謁爲'氏下箸一'之耳。（氒本象矢括形，以與氏形相近，故篆文之𠂆亦譌爲“从氏下”，其古文與此略同。)”

甈[1]　臥也。从氏，垔聲。　於進切(yìn)。

【譯文】甈，臥。从氏，垔聲。

【注釋】① 甈：徐灝《段注箋》：“甈昳蓋連文爲義，謂有所觸而仆也。”

昳　觸也。从氏，失聲。　徒結切(dié)。

【譯文】昳，觸。从氏，失聲。

𦥯　闕[1]。

【譯文】𦥯，形、音、義都缺。

【注釋】① 闕：徐鉉：“今《篇》、《韻》音皓，又音效，注云：‘誤也。’”按：今讀𦥯表“誤”義，音 xiào；表地名義，音 hào。《段注》分析構形說：“其字从氏，學省聲。”

文四

戈部

戈[1]　平頭戟[2]也。从弋，一横之[3]。象形。凡戈之屬皆从戈。古禾切(gē)。

【譯文】戈，沒有向上尖刃的戟類兵器。由弋字、由一横貫在弋上會意。象戈的形狀。大凡戈的部屬都从戈。

【注釋】① 戈：徐灝《段注箋》：“古戈之制：鋒刃衡出曰援，援者，引而前也；其一端向後爲方柱曰内，内者，枘也，入於柲者也；自援衺下爲曲刃如偃月曰胡，胡者，如人之喉也；以木爲柄謂之柲，柲之上爲鑿，而以方柱入之，旁有三孔以貫索而纏於柲也。内出刃曰刺，有刺則爲戟。故戈曰平頭戟，戟曰有枝兵矣。”　② 戟：參“戟”條。③ 从弋句：王筠《句讀》：“此後人所增也。从弋，从一，則會意矣。下文又云象形，則騎牆矣。”

【參證】甲文作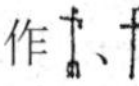，金文作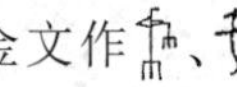。羅振玉《增訂殷虛書契考釋》：“戈全爲象形。”李孝定《甲骨文字集釋》：“中竪象柲(柄)。中長横畫，一端象刃，他端象内(插入柄的部分)。直畫下端或作，象其

鐏(柄下形鋭的銅套,可以插入地内)。横畫一端或从,象垂纓。”

①**肇** 上諱②。　直小切(zhào)。

【譯文】肇,已故孝和皇帝之名。

【注釋】① 肇:徐鉉:“後漢和帝名也。案:李舟《切韻》云:‘擊也。从戈,肁聲。’”《段注》:“古有肇無肈。从戈之肇,漢碑或从殳,俗乃从攵作肈。”　② 上諱:參“祜”條。

【參證】甲文作、,金文作、、。丁山《甲骨文所見氏族及其制度》:“()象以戈破户之形。使户爲國門之象徵,則戌之本義應爲攻城以戰之朕兆。”

戎 兵也。从戈,从甲①。　如融切(róng)。

【譯文】戎,兵器。由戈、由甲會意。

【注釋】① 从戈,从甲:《段注》:“金部曰:‘鎧者,甲也。’甲亦兵之類。故从戈、甲會意。”

【參證】甲文作、,金文作、、。羅振玉《增訂殷虚書契考釋》:“从戈从十,十,古文甲字。”一説,十非甲,乃是盾形譌變。徐中舒《甲骨文字典》卷十:“(乙八一四四)象左持盾而右執戈之形。”“此字與金文(且丁尊)形同,當會威武之義,疑即戎之初文。”“即此形省文。後金文作(盂鼎),仍不失盾形。”

①**戣** 周禮②:侍臣執戣,立于東垂③。兵也。从戈,癸聲。　渠追切(kuí)。

【譯文】戣,《周書》説:“侍衛的臣子拿着三鋒矛,站立在東堂的側邊。”(戣,)兵器。从戈,癸聲。

【注釋】① 戣:朱駿聲《通訓定聲》:“即癸之後製字。”徐灝《段注箋》:“戴氏侗曰:癸,鼎文作,似三歧矛。”　② 周禮:王玉樹《拈字》:“乃《周書》之誤也。”譯文从王説。　③ 侍臣句:見《周書·顧命》。今本原文“執戣”前作“一人冕”。垂,堂的側邊。

【參證】甲文作、。馬敘倫《讀金器刻詞》卷上:“爲戣之初文。”“此正象三鋒而下有鐏”。

①**戵** 盾也。从戈,旱聲。　侯旰切(hàn/gān)②。

【譯文】戵,盾牌。从戈,旱聲。

【注釋】① 戰：朱駿聲《通訓定聲》："經傳皆以'干'爲之。小者曰戰。中者曰瞂，大者曰櫓，總名曰盾。戰者，所以自衛。"郭慶藩《經家正誼》："(干)爲戰之叚借。"　② 今讀依《廣韻》古寒切。

① 戟　有枝兵②也。从戈𠦝③。《周禮》④："戟長丈六尺。"讀若棘⑤。　紀逆切(jǐ)。

【譯文】戟，横刃象枝條斜出的兵器。由"戈"與省木的"榦"字會意。《周禮》説："戟長一丈六尺。"音讀象"棘"字。

【注釋】① 戟：邵瑛《羣經正字》："漢碑戟省作戟。"　② 有枝兵：《段注》："兵者，械也。枝者，木別生條也。戟爲有枝之兵，則非若戈之平頭，而亦非直刃，似木枝之衺出也。"　③ 𠦝：當依《段注》作"榦省"。徐鉉："義當从榦省。榦，枝也。"　④《周禮》：指《考工記》。今本作："車戟常。"注："八尺曰尋，倍尋曰常。"　⑤ 讀若棘：徐灝《段注箋》："戟棘古字通。戟之言棘也。謂棘刺也。"

【參證】金文作、、。劉心源《古文審》卷三："(金文首字)蓋篆形本戛字，用爲戟。"按：次字是首字的譌變，末字同篆文。

 戛　戟①也。从戈，从百②。讀若棘。　古黠切(jiá)。

【譯文】戛，戟。由戈、由百會意。音讀象"棘"字。

【注釋】① 戟：參"戟"條。　② 从戈，从百(shǒu，首)：徐灝《段注箋》："其物必與戈相類，而用以轢敌。"轢敌，搏擊也。

【參證】林義光《文源》："从戈从首者，所以擲(擊刺)人首。古作(無叀鼎)，亦百之變。或作(師奎父鼎)从肉。戛與戟古同音，即戟之或體。"

 賊　敗①也。从戈，則聲②。　昨則切(zéi)。

【譯文】賊，傷害。从戈，則聲。

【注釋】① 敗：徐鍇《繫傳》："敗猶害也。"　② 則聲：則也表義。《段注》："以周公《誓命》言則'用戈毁則'，正合會意。"其義爲用戈毁壞法則、規則。

【參證】金文作。王國維《散氏盤考釋》(《王國維遺書》第六册)："(賊)實則从戈从則之字，第則字反書耳。"

① 戍　守邊也。从人持戈②。　傷遇切(shù)。

【譯文】戍，防守邊疆。由"人"持握着"戈"會意。

【注釋】① 戍：朱駿聲《通訓定聲》："與从戌从一之戌（xū）迥别。" ② 从人持戈：王筠《句讀》："持乃傳寫之誤。《廣韻》云：'从人荷戈也。'"王宗涑《述誼》："篆戍字人短戈長，象戈在人肩之形。伐字人與戈竝，象人持戈之形。蓋戍主守望，用戈緩，緩則利於何戈。伐主擊刺，用戈急，急則利於持。"

【參證】甲文作，金文作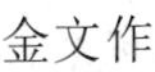。郭沫若《殷契粹編考釋》："伐象以戈伐人，戈必及人身；戍示人以戈守戍，人立在戍下。"參"伐"條。

戰

鬬[①]也。从戈，單聲。 之扇切（zhàn）。

【譯文】戰，戰鬬。从戈，單聲。

【注釋】① 鬬：王筠《句讀》："不作鬥者，説解用隸書也。"《段注》："鬥者，兩士相對，兵杖在後也。"

【參證】金文作，前二字待考，後一字从嘼从戈，商承祚《十二家吉金圖録》："古者以田狩習戰陳。戰从嘼者，示戰爭如獵獸也。"

戲

三軍之偏[①]也。一曰：兵[②]也。从戈，䖒聲。 香義切（xì）。

【譯文】戲，三軍的偏師。另一義説，是兵器。从戈，䖒聲。

【注釋】① 偏：指偏師，非主力部隊。王筠《句讀》："凡非元帥則曰偏。"桂馥《義證》："軍師屬己，分之别行謂之偏。" ② 兵：《段注》："謂兵械之名也。"王筠《句讀》："未聞。"朱駿聲《通訓定聲》："與我、戠同意，其器失傳。無考。"朱以此爲本義。《段注》："引申之，爲戲豫，爲戲謔。以兵杖可玩弄也，可相鬥也。"

【參證】金文作。馬敘倫《六書疏證》卷二十四："朱駿聲以爲戲是兵器，三軍之偏者，借爲麾。""朱説長。""偏自是軍法之名，而戲字从戈，不得偏義。"

戥

利也。一曰：剔[①]也。从戈，呈聲。 徒結切（dié）。

【譯文】戥，鋒利。另一義説，是鬎髮。从戈，呈聲。

【注釋】① 剔：《段注》："剔當作鬎。詳髟部。"

[①]
或

邦[②]也。从囗，从戈，以守一。一，地也。，或又从土。 于逼切（yù）。

【譯文】或，邦國。由囗、由用"戈"來把守"一"會意。一，表示地域。

域，或字又从土。

【注釋】① 或：徐灝《段注箋》："邦謂之國，封疆之界謂之域。古但以或字爲之。其後加囗(wéi)爲國，加土爲域，而别爲二字二義。"　② 邦：《段注》："邑部曰：'邦者國也。'蓋或、國在周時爲古今字。"

【參證】甲文作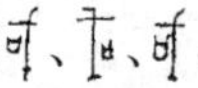，金文作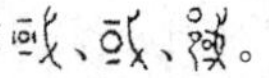。孫海波《卜辭文字小記》："囗象城形，从戈以守之，國之義也。古國皆訓城。"

[1]
截
斷也。从戈，雀聲[2]。　昨結切(jié)。

【譯文】截，斷。从戈，雀聲。

【注釋】① 截：今作截。　② 雀聲：徐灝《段注箋》："此字古音蓋讀如雀，聲轉乃昨結切身。"

戡
殺[1]也。从戈，今聲。《商書》曰："西伯既戡黎[2]。"　口含切(kān)。

【譯文】戡，殺戮。从戈，今聲。《商書》説："西伯已經平定了黎國。"

【注釋】① 殺：戮。　② 西伯句：今本《尚書》"戡"作"戡"。西伯：周文王。周師秉鈞《白話尚書》："文王居岐山，封爲雍州伯，雍州在西，因稱西伯。"黎，《白話尚書》："殷的諸侯國，在今山西黎城縣，一説在長治縣西南。"

戕
槍[1]也。他國臣來弑君曰戕[2]。从戈，爿聲。　士[3]良切(qiāng)。

【譯文】戕，殘害。别國的臣子來殺害(本國的)國君叫做戕。从戈，爿聲。

【注釋】① 槍：《段注》："槍者，歫也。歫謂相抵爲害。《小雅》曰：'子不戕。'傳曰：'戕，殘也。'此戕之正義。"　② 他國句：《段注》："爲别一義。"　③ 士：當是"七"字之譌。

【參證】甲文作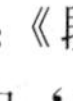。孫海波《卜辭文字小記續》(《考古學社社刊》第五期)："字从从戈，即《説文》之戕字。"

戮
殺也[1]。从戈，翏聲。　力六切(lù)。

【譯文】戮，殺辱。从戈，翏聲。

【注釋】① 殺也：徐灝《段注箋》："戮不專謂殺也。"鄭注《秋官・掌戮》："戮猶辱也。既斬之，又辱之。"韋注晉語曰："陳尸爲戮。"

【參證】金文作。戴家祥《金文大字典》:“《國語·晉語》‘殺其生者而戮其死者’,注‘陳尸爲戮’。故戮改戈旁爲歺旁,與殺尸等義相關,殍實戮之俗體。”

戡[1] 刺[2]也。从戈,甚聲。　竹甚、口含二切(zhěn,又 kān)[3]。

【譯文】戡,刺。从戈,甚聲。

【注釋】① 戡:徐鍇《繫傳》:“今以此爲戕也。”王筠《釋例》:“戕戡要當是古今字。”　② 刺:《段注》:“刺者,直傷也。平直皆得云刺。”　③ 今讀依口含切。

戭 長槍[1]也。从戈,寅聲。《春秋傳》[2]有擣戭。　弋刃、以淺二切(yìn,又 yǎn)[3]。

【譯文】戭,用長器物相抵拒。从戈,寅聲。《春秋左傳》有個叫擣(táo)戭的人。

【注釋】① 長槍:朱駿聲《通訓定聲》:“謂以長器相撐距。”《段注》:“槍者,歫也。”　②《春秋傳》:指《左傳·文公十八年》。原文:“昔高陽氏有才子八人,蒼舒、隤敳、檮戭……”　③ 今讀依以淺切。

𢦏 傷[1]也。从戈,才聲。　祖才切(zāi)。

【譯文】𢦏,傷害。从戈,才聲。

【注釋】① 傷:《段注》:“傷者,刅(chuāng,創)也。謂受刅也。”

【參證】甲文作、、、、,金文作、、。董作賓《新獲卜辭寫本後記》:“戈,乃兵刃,足以傷人。又加(古文“在”字)聲爲之。”按:甲文後三字不从“在”(即才),即草木初生之中,乃中之倒書。孫海波《卜辭文字小記》(《考古學社社刊》第三期):“中古音在祭部,才在之部聲近可通。中本義與才同。才者,草木之初也,與草木之生無別。”

戩 滅也。从戈,晉聲。《詩》[1]曰:“實始戩商。”　即淺切(jiǎn)。

【譯文】戩,剪滅。从戈,晉聲。《詩經》説:“這個時候開始剪滅商朝。”

【注釋】①《詩》:指《魯頌·閟宫》。今本“戩”作“翦”。王筠《釋例》:"武王滅商,而太王實始之。"承培元《引經證例》:"繹詩意,(實)當作寔。寔,正也,是也。謂太王是始戩商也。"

𢦔　絶[①]也。一曰:田器。从从持戈[②]。古文[③]讀若咸。讀若《詩》[④]云"攕攕女手"。　子廉切(jiān)。

【譯文】𢦔,斷絶。另一義説,耕種田地的器具。由"从"持握着"戈"會意。音讀象咸字。又,音讀象《詩經》説的"攕攕女人的手"的"攕"字。

【注釋】① 絶:《段注》:"絶者,刀斷絲也。引申爲凡斷之稱。(𢦔)與殲義相近。"　② 从从持戈:《段注》:"二人持戈。會意。"　③ 古文:王筠《句讀》:"似是衍字。"　④《詩》:指《衛風·葛屨》。今本"攕(xiān)攕"作"摻(shān)摻",纖細美好貌。

【參證】甲文作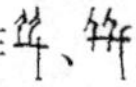。林義光《文源》:"从戈戮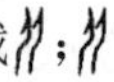,人多之象。"有滅絶衆人之意,當爲"殲"古字。

武　楚莊王曰:"夫武,定功戢兵。故止戈爲武。"[①]　文甫切(wǔ)。

【譯文】武,楚莊王説:"武力,奠定功業,止息戰爭。所以'止''戈'二字會合成'武'字。"

【注釋】① 楚莊王句:見《左傳·宣公十二年》。《段注》:"此隱栝楚莊王語以解武義。"夫,發語助詞。

【參證】甲文作,金文作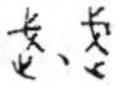。于省吾《釋武》:"武从戈、从止,本義爲征伐示威。征伐者必有行。'止'即示行也。征伐者必以武器,'戈'即武器也。"

戢　藏兵也。从戈,咠聲。《詩》[①]曰:"載戢干戈。"　阻立切(jí)。

【譯文】戢,收藏兵器。从戈,咠聲。《詩經》説:"收藏那盾牌和戈矛。"

【注釋】①《詩》:指《周頌·時邁》。載,語助詞。

戠　闕[①]。从戈,从音。　之弋切(zhī)。

【譯文】戠,音和義都缺。由戈、由音會意。

【注釋】① 闕:《段注》:"其義其音皆蓋闕矣。"

【參證】甲文作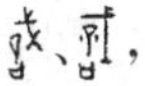，金文作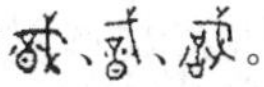。林義光《文源》："从戈从言，即題識本字。言在戈上者，戈有識（zhì，誌）也。亦作'戠'。"

①
戔 賊也。从二戈②。《周書》③曰："戔戔巧言。"　昨千④切（cán）。

【譯文】戔，殘害。由兩個"戈"字會意。《周書》説："戔戔淺薄而又乖巧的話。"

【注釋】① 戔：《段注》："此與殘音義皆同。故殘用以會意。今則殘行而戔廢矣。"　② 从二戈：徐鍇《繫傳》："兵多則殘也。"　③《周書》：指《秦誓》。今本"戔戔巧言"作"惟截截（淺薄皃）善諞（巧言）言。"《段注》："此稱戔戔，戩戩（截截）之異文。""戔戔與上'賊'義少别。"按："戔戔"的"戔"，今讀 jiān。　④ 千："干"字之譌。

【參證】甲文作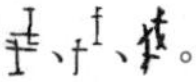。羅振玉《增訂殷虚書契考釋》卷下："卜辭从二戈相向，當爲戰爭之戰，乃戰之初字。兵刃相見，戰之意昭然可見。訓賊者乃由戰誼引申之，黷武無厭斯爲戔矣。"

文二十六　重一

戉部

①
戉 斧也。从戈，乚聲②。《司馬法》③曰："夏執玄戉，殷執白戚，周左杖黄戉，右秉白髦。"凡戉之屬皆从戉。　王伐切（yuè）。

【譯文】戉，斧頭。从戈，乚聲。《司馬法》説："夏朝拿着黑紅色的斧頭，殷朝拿着白色的斧頭，周朝左手拿着黄色的斧頭，右手握着白色的氂牛尾。"大凡戉的部屬都从戉。

【注釋】① 戉：徐鍇《繫傳》："今作鉞。"　② 乚聲：徐鍇《繫傳》："乚音厥。"參"乚"條。　③《司馬法》：《漢書·藝文志》禮家有軍禮《司馬灋》，百五十五篇。今無完書。王紹蘭《段注訂補》："夏尚元（玄），故執元（玄）戉；殷尚白，故執白戚；周尚赤，不杖赤戉，而杖黄戉，黄者中央正色。"

【参證】甲文作、，金文作、、。羅振玉《增訂殷虚書契考釋》："戉字象形，非形聲。"金文後二字與戊同形。林義光《文源》卷二："古作作，與戊同形。即戉字聲轉爲戊也。戊與戉亦雙聲，……是戉紐音可如戊也。"

戚[1] 戉也。从戉，尗聲。 倉歷切(qī)。

【譯文】戚，鉞一類的斧頭。从戉，尗聲。

【注釋】① 戚：王紹蘭《段注訂補》："戚刃蹙縮，異於戉刃開張，故戉大而戚小。"

【参證】甲文作，金文作。馬敘倫《六書疏證》卷二十四："(甲文)葉玉森謂象戚形，即二小穿之識。"金文與篆文同。从戈猶从戉也。

文二

我部

我 施身自謂也[1]。或説：我，頃頓[2]也。从戈，从𠂇[3]。𠂇，或説古垂字[4]。一曰：古殺字[5]。凡我之屬皆从我。𢦐[6]古文我。 五可切(wǒ)。

【譯文】我，用在自己身上，自己稱自己。另一義説，我，傾斜。由戈、由𠂇會意。𠂇，有人説是古垂字。又另一義説，我是古殺字。大凡我的部屬都从我。𢦐，古文我字。

【注釋】① 施身句：王筠《句讀》："言施之己身而自偁也。" ② 頃頓：《段注》："謂傾側也。頃，頭不正也；頓，下首也。故引申爲頃側之意。古文以我爲俄也。古文假借如此。" ③ 从戈，从𠂇：嚴章福《校議議》："以垂戈者，以戈自衛也。"𠂇也表聲。宋保《諧聲補逸》："𠂹，古音在歌戈韻内，故我字从其聲。" ④ 古垂字：林義光《文源》："𠂇爲古文垂，無考。" ⑤ 古殺字：王筠《句讀》："一曰下當有我字。非謂𠂇是古殺字。"《段注》："殺篆下載古文三，有一略相似者。"殺古文作、、，唯末字與古文我稍似。 ⑥ 𢦐：𠂹下古文作。俞樾《兒笘録》："我字古文作𢦐，即从古文𠂹而省。"朱駿聲《通訓定聲》："(我)兵也。其器失傳。"

【參證】甲文作、、，金文作、、。李孝定《甲骨文字集釋》："契文我象兵器之形，以其柲似戈，故與戈同，非从戈也。器身作，左象其内，右象三銛鋒形。"

義 己之威儀①也。从我羊②。羛，墨翟書③義从弗。魏郡有羛陽鄉④，讀若錡。今屬鄴，本内黄北二十里。 宜寄切(yì/yí)⑤。

【譯文】義，自己的莊嚴的儀容舉止。由"我""羊"會意。羛，墨子書中的義字从弗。魏郡有個羛陽鄉，(羛)音讀象錡(qí)字。如今屬鄴縣，本在内黄縣北面二十里的地方。

【注釋】① 己之威儀：《段注》："言己者，以字之从我也。《毛詩》：'威義棣棣，不可選也。'傳曰：'君子望之，儼然可畏，禮容俯仰，各有宜耳。'"按：毛説是對"威儀"的訓釋。 ② 从我羊：《段注》："威儀出於己，故从我。"羊：徐鍇《繫傳》："羊者，美物也。羊，祥也。"我也表聲。孔廣居《疑疑》："義字古音魚賀反，故諧我聲。" ③ 墨翟書：《段注》："《藝文志》所謂《墨子》七十一篇也。今存者五十三篇。義無作羛者，蓋歲久無存焉爾。从弗者，蓋取矯弗合宜之意。"徐灝《段注箋》："王氏引之曰：周晉姜鼎銘，我字作，與弗相似，故譌从弗也。"存參。 ④ 魏郡句：漢置魏郡，故治在鄴縣，在今河南臨漳縣西南四十里。内黄：即今河南内黄縣。 ⑤《廣韻》宜寄切爲"仁義"義，今讀 yì；《説文》"威儀"義依《集韻》魚羈切，今讀 yí，後世造"儀"以區分。

【參證】甲文作、，金文作、、。甲文首字即羊，下部即我。金文末字與篆文同。其他則稍變形。劉心源《奇觚室吉金文述》卷八《失人盤》："攷晉姜鼎我字作，形似弗，墨翟書蓋从古文我寫者。整齊書之，故成弗。"此是羛字之來源。

文二 重二

亅部

亅 鉤逆者①謂之亅。象形②。凡亅之屬皆从亅。讀若橜。衢月切(jué)。

【譯文】亅,倒鬚鉤叫作亅。象(曲鉤从下面倒着向上的)形狀。凡亅的部屬都从亅。音讀象"橜"字。

【注釋】① 鉤逆者：王筠《句讀》:"鉤則鉤耳,謂之逆者,蓋倒鬚鉤也。釣魚用之。"　② 象形:《段注》:"象鉤自下逆上之形。"

乚　鉤識①也。从反亅。讀若捕鳥罬。　居月切(jué)。

【譯文】乚,用鉤狀符號來標誌。由亅字反過來表示。音讀象捕鳥的網罬的"罬"字。

【注釋】① 鉤識:《段注》:"用鉤表識其處也。今人讀書有所鉤勒,即此。"徐灝《段注箋》:"鉤識者,乚而識之。與丶而識之同意。"參"丶"條。

文二

珡部

珡　禁②也。神農所作③。洞越④。練朱⑤五弦,周加二弦⑥。象形⑦。凡珡之屬皆从珡。,古文珡,从金⑧。　巨今切(qín)。

【譯文】珡,用來禁止(淫邪、端正人心)。是神農製作的樂器。(底板)有通達的出音孔。朱紅色的熟絹絲作成五根弦,周朝又增加兩根弦。象形。大凡珡的部屬都从珡。鋻,古文珡字,从金聲。

【注釋】① 珡:琴本字。　② 禁:《段注》:"《白虎通》曰:'琴,禁也。以禁止淫邪正人心也。'"　③ 神農句:王筠《句讀》引《帝王世紀》:"炎帝神農氏,作五弦之琴。"　④ 洞越:《段注》:"洞當作迵。迵者,通達也。越謂琴瑟底之孔。迵孔者,琴腹中空而爲二孔通達也。"　⑤ 練朱:《段注》:"練者其質,朱者其色。"　⑥ 周加句:王筠《句讀》:"《廣韻》:'神農氏琴,長三尺六寸六分,上有五弦,曰:宮商角徵羽。'《新論》則曰:'文王、武王,各加一弦,以爲少宮、少商。'"　⑦ 象形:饒炯《部首訂》:"外(指)象琴體,中(指上的丨)象琴柱,上四横象弦軸,下二横象弦軫,左右直下象弦。"⑧ 从金:《段注》:"(鋻)形聲字也。"邵瑛《羣經正字》:"今經典作琴,變篆文之人與古文之金爲今。漢碑有之，今俗因之。”

瑟① 庖犧所作弦樂②也。从珡，必聲。，古文瑟。　所櫛切(sè)。

【譯文】瑟，庖犧氏製作的有弦的樂器。从珡，必聲。爽，古文瑟字。

【注釋】① 瑟：徐灝《段注箋》：“庖犧造瑟，在神農造琴之先，故古文琴从古文瑟。今瑟之小篆从琴者，後製之字耳。”　② 弦樂：《段注》：“凡弦樂以絲爲之，象弓弦，故曰弦。”王筠《句讀》：“樂器之弦，莫多於瑟也。”徐鍇《繫傳》：“《史記》黄帝使素女鼓五十弦瑟。”

文二　重二

琵 琵琶①，樂器。从珡，比聲。　房脂切(pí)。

【譯文】琵，琵琶之琵，琵琶是一種樂器。从珡，比聲。其義當用枇杷。

【注釋】① 琵琶：《鄭新附考》：“《初學記》卷十六引《風俗通》曰：‘琵琶，近世樂家所作，不知誰起。’引傅玄《琵琶賦序》曰：‘《世本》不載作者，故老云：漢送烏孫公主，念其行道思慕，使知音者於馬上作之。’是琵琶出於漢世。其字，《風俗通》本作枇杷。徐堅依俗用引《釋名》作枇杷，云：推手前曰枇，引手卻曰杷，象其鼓時，因以爲名。大徐注本此。”按：《釋名》將枇杷分開解釋，其實樂器義枇杷不過是琵琶的借音。琵琶，雙聲連緜字。象琵琶彈奏之聲。連緜字重音不重形，故又作批把、枇杷、鞞婆、鼙婆。

琶① 琵琶也。从珡，巴聲。義當用枇杷②。　蒲巴切(pá)。

【譯文】琶，琵琶的琶。从珡，巴聲。

【注釋】① 琶：參上條。　② 當用枇杷：《鄭新附考》：“枇杷，木名。無推引義，亦屬假借。”

文二　新附

乚部

乚 匿①也。象迟曲隱蔽形②。凡乚之屬皆从乚。讀若隱。於謹切(yǐn)。

【譯文】乚，隱藏。象曲折逃亡隱蔽的踪迹。大凡乚的部屬都从乚。音讀象“隱”字。

【注釋】① 匿：饒炯《部首訂》：“匿爲逃藏之名。”　② 象迟曲句：饒炯《部首訂》：“乚正畫其行蹤曲蔽之迹，當爲隱之古文。”饒意，象曲折逃亡隱蔽的路綫圖。迟曲，同義連用。參“迟”條。

直　正見也。从乚，从十，从目①。②，古文直。　除力切(zhí)。

【譯文】直，正視。由乚、由十、由目會意。㯰，古文直字。

【注釋】① 从乚(yǐn)句：《段注》：“謂以十目視乚，乚者無所逃也。”王筠《句讀》：“十目所視，無微不見，爰得我直矣。”　② 㯰：《段注》：“囧猶目也。”朱駿聲《通訓定聲》：“十目視木，與相同意。”按：“目”視“木”，以審度木的曲直。

【參證】甲文作，金文作。徐中舒《甲骨文字典》：“從目上一竪，會以目視懸（懸錘），測得直立之意。”

文二　重一

亡部

亡①　逃①也。从入，从乚②。凡亡之屬皆从亡。　武方切(wáng)。

【譯文】亡，逃跑。由入、由乚會意。大凡亡的部屬都从亡。

【注釋】① 逃：《段注》：“亡之本義爲逃。引申之則謂失爲亡，亦謂死爲亡。”　② 从入，从乚(yǐn)：《段注》：“會意。謂入於迟(曲行)曲隱蔽之處也。”

【參證】甲文作、，金文作、、、。金文末字从辵从亡。亡字構形待考。

乍　止也。一曰：亡也。从亡，从一①。　鉏駕切(zhà)。

【譯文】乍，制止。另一義説，是逃亡。由亡、由一會意。

【注釋】① 从亡，从一：徐鍇《繫傳》此後有“一，有所礙也”。《段注》：“有人逃亡而‘一’止之，其言曰乍。亡與止亡者皆必在倉猝，故引申爲倉猝之稱。”

【參證】甲文作、，金文作、、、。林義光《文源》：“即作之古文，象輿構之形。”姑備一説。

[①] 出亡在外，望其還[②]也。从亡，朢[③]省聲。 巫放切(wàng)。

望 【譯文】望，出門流亡在外，家裏盼望他回來。从亡，朢省聲。

【注釋】① 望：邵瑛《羣經正字》：“《説文》瞻望之望作望，朔望之朢作朢，今經典統作望。” ② 還：復。 ③ 朢：徐灝《段注箋》：“《玉篇》有𦣠字，从壬，亡聲。壬者，跂而望之之義。望从月，𦣠聲。蓋即朔望本字。後以望爲跂望，又别作朢爲朔朢耳。”

【參證】金文作、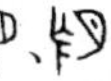。戴家祥、李孝定均以爲字是由而而朢而望，望是後起字。从甲文編、金文編所録字例來看，“望”確是如此。參“朢”條。

[①] 亡[②]也。从亡，𣞤聲。，奇字[③]无，通於元者[④]。王育[⑤]説，天屈西北爲无[⑥]。 武扶切(wú)。

𣞤 【譯文】𣞤，沒有。从亡，𣞤聲。无，奇字无，是小篆元字丿畫向上貫通的結果。王育説，天向西北方傾斜叫作无。

【注釋】① 𣞤：《段注》：“此有無字之正體，而俗作無。無乃𣞤之隸變，𣞤之訓豐也。與無義正相反。” ② 亡：《段注》：“凡所失者、所未有者，皆如逃亡然也。” ③ 奇字：《説文敘》：“二曰奇字，即古文而異者也。” ④ 通於元者：王筠《句讀》：“此説字形也。元之在二之下，无之丿通於二之上，故云然。”《段注》：“蓋其義謂上通元始(虚無寂寞之道)，故其字形亦用元篆上毌於一。” ⑤ 王育：王鳴盛《蛾術篇》：“王育，章帝時人，嘗注《史篇》。” ⑥ 天屈句：《段注》：“无之别一義也。屈猶傾也。天傾西北，地不滿東南，謂天體不能正圜也。”

【參證】甲文作，金文作。李孝定《金文詁林讀後記》卷十二：“𣞤蓋漢世爲有無之‘無’所製專字，商世假‘亡’爲有無字，周金則假舞之本字‘無’爲有無字，𣞤則合二假借字而爲有無之無之本字，蓋予所謂聲聲字也。”

 气[①]也。逯安説，亡人爲匄[②]。 古代切(gài)。

匄 【譯文】匄，乞求。逯安説，“亡”“人”組合成“匄”字。

【注釋】① 气：《段注》：“气者，雲气也。用其聲假借爲气(乞)求、气

(乞)與字。”　② 逯安句:《段注》:“此稱逯安説以説字形會意。逯安亦通人之一也。从亡人者,人有所無,必求諸人,故字从亡从人。”錢坫《斠詮》:“人無財物,則行求乞也。”王筠《句讀》:“以勹爲人者,勹部曰:‘象人曲形也。’”

【參證】甲文作、,金文作、。羅振玉《增訂殷虛書契考釋》卷中:“(甲文、金文)與逯安説亦合。”

文五　重一

匸部

匸　衺徯①,有所俠藏也②。从乚,上有一覆之③。凡匸之屬皆从匸。讀與傒④同。　胡禮切(xì)。

【譯文】匸,斜向站着,(因爲)脅下有挾藏的東西。由“乚”上面有“一”覆蓋掩蔽表示。大凡匸的部屬都从匸。音讀與“徯”字同。

【注釋】① 衺徯(xī):斜止。徐灝《段注箋》:“徯有待義,亦有止義。” ② 有所句:王筠《句讀》:“俠,《玉篇》作‘挾’。《釋言》:‘挾,藏也。’夫挾之脅下而藏匿之,則所挾之物,必斜向矣,故名之曰衺徯。” ③ 从乚(yǐn)句:王筠《句讀》:“乚者,隱蔽之所也。再以一覆之,則藏矣。一蓋肱象也。挾之脅下而以肱掩之也。”　④ 傒:當依《段注》作“徯。”

【參證】林義光《文源》卷一:“象藏物之器。古作(盂鼎匿字偏旁),與篆字無别。”參“匚”(fāng)條。

區　踦區①,藏匿也。从品在匸中;品,衆也。　豈俱切(qū)。

【譯文】區,踦區,收藏隱匿。由“品”在“匸(xì)”之中會意;品表示衆多物件的意思。

【注釋】① 踦區:《段注》:“疊韻(聯緜詞)。”“此言委曲包蔽也。區之義内臧多品,故引申爲區域,爲區别。”

【參證】甲文作、,金文作。朱芳圃《殷周文字釋叢》:“區,當爲甌之初文。品象其形,匸所以藏之。”

匿　亡也。从匸,若聲。讀若羊騶箠①。　女力切(nì)。

【譯文】匿,逃亡。从匸,若聲。音讀象羊車馬鞭頂端針埶的

“墊”字。

【注釋】① 羊騶箠：《段注》：“當云‘讀若羊箠墊之墊(zhì)’。金部曰：‘墊者，羊箠耑(端)鐵也。’”

【參證】金文作、。林義光《文源》卷六：“桑之省，象采桑藏筐中形。匿藏也。”

匧　側逃①也。从匸，丙聲②。一曰：箕屬③。　盧候切(lòu)。

【譯文】匧，从旁側逃隱。由“匸”由“内”會意。另一義説，箕一類的器具。

【注釋】① 側逃：張舜徽《約注》：“謂从旁逃走，不令人知也。”
② 丙聲：徐鉉：“丙非聲，義當从内會意。”从匸内，會隱藏在内之意。
③ 箕屬：《段注》：“其器未詳。”

匽　匿也。从匸，妟聲。　於蹇切(yǎn)。

【譯文】匽，隱匿。从匸，妟聲。

【參證】金文作、、，末字與篆文同。

医　盛弓弩①矢器也。从匸，从矢②。《國語》③曰：“兵不解医。”　於計切(yì)。

【譯文】医，裝弓、弩、箭的器具。由匸、由矢會意。《國語》説：“武器(讓它收藏着)，不用解開裝弓、弩、矢的医器。”

【注釋】① 弩：弩弓，一種利用機械力量發射箭的弓。　② 从矢：徐鍇《繫傳》作“矢亦聲。”医矢同部，聲相近。　③《國語》：指《齊語》。今本“医”作“翳”。翳，華蓋，是医之假借字。

【參證】甲文作、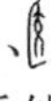。羅振玉《增訂殷虚書契考釋》卷下：“医乃蔽矢之器，猶禦兵之盾然，象其形。”

匹　四丈①也。从八匸②。八揲③一匹，八亦聲。　普吉切(pī)。

【譯文】匹，(布帛)四丈。由“八”、“匸”會意。八摺成一匹，八也表聲。

【注釋】① 四丈：《段注》：“‘四丈’之上，當有‘布帛’二字。”
② 从八匸：朱駿聲《通訓定聲》：“从匸者，卷而可藏也。”　③ 八揲：王筠《句讀》：“《廣韻》：‘揲，摺揲。’筠案：古之布帛，自兩頭卷之，一匹兩卷，故謂之兩，漢謂之匹也。許君則謂自兩頭摺之，每摺

五尺，一頭四摺，蓋爲从八而云然也。”《段注》：“凡言匹敵、匹耦者，皆於二端成兩取意。凡言匹夫、匹婦者，於一兩成匹取意。”

【參證】金文作、。待考。

文七

匚部

[①] 受物之器。象形。凡匚之屬皆从匚。讀若方。，籀文[②]

匚　匚。　府良切(fāng)。

【譯文】匚，(方形)盛物的器具。象形。大凡匚的部屬都从匚。音讀象“方”字。𠤬，籀文匚字。

【注釋】① 匚：錢坫《斠詮》：“象方形也。”　② 籀文：饒炯《部首訂》：“象竹編之形。”

【參證】甲文作、、，金文作。張舜徽《約注》：“本當作凵，象正方之器，可以受物之形。爲恐與去魚切之凵(qū)、口犯切之凵(kǎn)相混，因側立其文以相避，亦兼以便於爲他文偏旁耳。自借方爲匚，而匚廢矣。”

木工[①]也。从匚，从斤[②]。斤，所以作器也。　疾亮切

匠　(jiàng)。

【譯文】匠，木工。由匚、由斤會意。斤，是用來製作器物的工具。

【注釋】① 木工：《段注》：“工者，巧飭也。百工皆稱工稱匠，獨舉木工者，其字从斤也。”　② 从匚，从斤：王筠《釋例》：“乃以箱篋盛器械者，必係工人，爰以匚中有斤，會成匠意。”

【參證】林義光《文源》卷六：“象斤在藏中。”

[械、]藏也[①]。从匚，夾聲。，匧或从竹。　苦叶切(qiè)。

匧　【譯文】匧，狹長的箱子；收藏。从匚，夾聲。篋，匧的或體，从竹。

【注釋】① 藏：徐鍇《繫傳》作“械藏也”。械藏也：一句數讀，即械也；藏也。張舜徽《約注》：“匧之言狹也，謂器之狹長者也。湖湘間偁小棺爲械，亦謂之匧，以其形制狹長耳。”

(飲)[飯]器[①]，筥[②]也。从匚，𡉚聲[③]。，匡或从竹[④]。

匡　去王切(kuāng)。

【譯文】匡,盛飯的器具,象喂牛的筐一類的東西。从匚,㞷聲。筐,匡的或體,从竹。

【注釋】① 飲器:當依徐鍇《繫傳》"飲"作"飯"。 ② 筥:王筠《句讀》:"謂器方圓雖異而名亦通呼。筥者,籧之借字。竹部'籧,飤(飼)牛筐也'。方曰筐,圓曰籧。方言即借筥爲之。"《釋例》:"形之方者必正,故借以爲匡正耳。" ③ 㞷聲:邵瑛《羣經正字》:"㞷與王迥别。㞷,艸木妄生也。从㞢在土上。讀若皇,見之部。"
④ 从竹:李富孫《辨字正俗》:"今俗匡筐字竝从竹,以匡爲匡正字,晝然分爲二義。"

【參證】金文作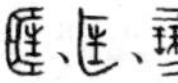,前二字與篆文同,末字待考。

匜 似羹魁①,柄中有道,可以注水②。从匚,也聲③。 移尔切(yǐ/yí)④。

【譯文】匜,象湯勺,柄中有道漕,可用來灌注水。从匚,也聲。

【注釋】① 羹魁:《段注》:"斗部曰:'魁,羹枓也。'枓,勺也。匜之狀,似羹勺,亦所挹取也。" ② 柄中句:《段注》:"道者,路也。其器有勺,可以盛水盛酒;其柄空中,可使勺中水酒自柄中流出,注於盥盤及飲器也。"按:《段注》載許慎説解"注水"作"注水酒",故《段注》由水及酒。 ③ 也聲:王筠《句讀》:"彝器皆作也,語助奪之,小篆加匚爲别耳。"聲中有義。 ④ 今讀依《廣韻》弋支切。

【參證】金文作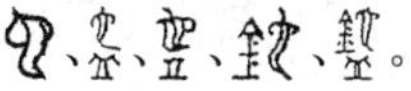。商承祚《戰國楚竹簡彙編・長沙五里牌四〇六號楚墓竹簡遺策考釋》:"也,即匜,器名。……春秋戰國時代金文之匜又可寫作盤、鉈、盄,馬王堆一號漢墓竹簡,匜則寫作杝。"按:"也"是匜的初文,因其爲器皿,後加皿;或因其爲金屬製品,加金;或皿、金全加;或因爲木制,則加木。小篆匜更爲後出。

匴 淥米①籔②也。从匚,算聲。 穌管切(suǎn)。

【譯文】匴,淘米的溲箕。从匚,算聲。

【注釋】① 淥米:漉米。《段注》:"謂淅米訖,則移於此器内,浚乾之,而待炊。"② 籔(sǒu):《段注》"籔"下:"即今之溲箕也。"

①
匯 小桮也。从匚,贛聲。②,匯或从木。 古送切(gòng)。

【譯文】匯,小杯。从匚,贛聲。檳,匯的或體,从木。

【注釋】① 籭：《段注》："木部曰：'栖，籭也。'……栖下見渾言之義，此見析言之義。兩處互相足而後義全。" ② 櫝：朱駿聲《通訓定聲》分析爲"从木，贛省聲。"

匪① 器。似竹筐。从匚，非聲。《逸周書》②曰："實玄黄于匪③。" 非尾切(fěi)。

【譯文】匪，器名。象竹筐。从匚，非聲。《逸周書》説："把黑色的、黄色的(束帛)裝滿在竹匪裏。"

【注釋】① 匪：朱駿聲《通訓定聲》："古者盛幣帛以匪，其器隋(tuǒ)方。經傳多以篚爲之。"《段注》："竹部曰：'篚，車笭也。'非匪之異體。"王筠《句讀》："蓋匪似車笭，故篚字从匪，經典即借篚爲匪。迨借匪爲非既久，而車笭之義無用，遂迷失本來耳。" ②《逸周書》：指僞《古文尚書·武成》。今本原文："惟其士女，篚厥玄黄。" ③ 實玄黄句：見《孟子·滕文公》。是孟子對"篚厥玄黄"的闡發。

匼 古器也。从匚，倉聲。 七岡切(cāng)。

【譯文】匼，古器名。从匚，倉聲。

㔋① 田器也。从匚，攸聲。 徒聊切(tiáo)。

【譯文】㔋，種田用的器具。从匚，攸聲。

【注釋】① 㔋：《廣雅·釋器》："㔋，畚也。"

𠥴 田器也。从匚，異聲。 與職切(yì)。

【譯文】𠥴，種田用的器具。从匚，異聲。

匫 古器也。从匚，曶聲。 呼骨切(hū)。

【譯文】匫，古器。从匚，曶聲。

匬 甌①，器也。从匚，俞聲。 度侯切(tóu/yǔ)②。

【譯文】匬，甌匬，容器。从匚，俞聲。

【注釋】① 甌：《段注》作"甌匬"，注："甌匬二字爲名，則非甌也。"《玉篇·匚部》："匬，器，受十六斗。" ② 今讀依《集韻》勇主切。

【參證】甲文作、、即俞字。

匱① 匣②也。从匚，貴聲。 求位切(guì)。

【譯文】匱，櫃子。从匚，貴聲。

【注釋】① 匱：《段注》："俗作櫃。" ② 匣：徐灝《段注箋》引戴侗説：“今通以藏器之大者爲匵，次曰匣，小爲匵。”徐又説：“匵有空虚之義，故又爲匵乏。”

匵[1]　匵也。从匚，賣聲。　徒谷切(dú)。

匵　【譯文】匵，櫝匣。从匚，賣聲。

【注釋】① 匵：王筠《句讀》：“字與木部櫝同。”

匣[1]　匵[2]也。从匚，甲聲。　胡甲切(xiá)。

匣　【譯文】匣，箱匣。从匚，甲聲。

【注釋】① 匣：《廣韻·狎韻》：“匣，箱匣也。”　② 匵：參“匵”條。

匯　器也。从匚，淮聲。　胡罪切(huì)。

匯　【譯文】匯，器名。从匚，淮聲。

柩[1]　棺[2]也。从匚，从木，久聲[3]。匶[4]，籀文柩。　巨救切(jiù)。

柩　【譯文】柩，(裝着尸體的)棺材。由匚、由木會意，久聲。匶，籀文柩字。

【注釋】① 柩：《段注》作“医”，説解作：“棺也。从匚，久聲。”“土棺始於黄帝，堯舜仍之。”“造字之初，斷不从木。”“(柩)蓋殷人用木，以後乃有此字。”存參。　② 棺：《段注》：“《曲禮》曰：‘在牀曰尸，在棺曰柩。’”《小爾雅·廣名》：“有尸謂之柩。”　③ 从匚句：朱駿聲《通訓定聲》：“《玉篇》古文医字，从匚久，後世又加木旁耳。”久聲：聲中有義。《段注》：“《白虎通》云：柩，久也。久不復變也。”不論是如《段注》作“从匚久聲”再加木作柩，還是如許氏原文，久都有久不復變之義。　④ 匶：《段注》：“从舊猶从久也。舊之言久也。”

匰　宗廟盛主器也。《周禮》[1]曰：“祭祀共匰主。”从匚，單聲。

匰　都寒切(dān)。

【譯文】匰，宗廟盛放神主的器具。《周禮》説：“祭祀時就供給裝神主牌位的匰筐。”从匚，單聲。

【注釋】①《周禮》：指《春官·司巫》。匰主，鄭玄注引杜子春説：“匰，器名。主，謂木主也。”

文十九　重五

曲部

曲 象器曲受物之形[①]。或説，曲，蠶薄[②]也。凡曲之屬皆从曲。，古文曲。 丘玉切(qū)。

【譯文】曲，象器物中間圓曲能够盛受物體的樣子。又一義説，曲是(象篩子一樣的)蠶薄。大凡曲的部屬都从曲。，古文曲字。

【注釋】① 象器曲句：《段注》："曲象圜其中受物之形。正視之。引申之爲凡委曲之稱。" ② 蠶薄：養蠶的器具。參"薄"條。

【參證】甲文作、，金文作、。于省吾《甲骨文字釋林·釋曲》："商器曲父丁鼎作，其框内文飾之劃，有繁有簡。漢無極山碑的'窈窕限'，以爲曲，而框内已省去文飾。""按乃後起字，(古文)乃形之之爲。"

𠚕 骫曲[①]也。从曲，玉聲。 丘玉切(qū)。

【譯文】𠚕，委曲。从曲，玉聲。

【注釋】① 骫(wěi)曲：《段注》："骫者，骨端骫奊(xié，不正)也。""今人用委曲字。"按：委曲指周遍，非指委屈。

圔[①] 古器也。从曲，舀聲。 土刀切(tāo)。

【譯文】圔，古器。从曲，舀聲。

【注釋】① 圔：桂馥《義證》："或作箵。《纂文》：'趙代以笆爲箵。'《玉篇》：'箵，牛筐也。'"

文三 重一

甾部

甾 東楚名缶曰甾[①]。象形[②]。凡甾之屬皆从甾。，古文。側詞切(zī)。

【譯文】甾，東楚地方叫盛酒漿的陶器缶作甾。象形。大凡甾的部屬都从甾。甶，古文甾。

【注釋】① 名缶曰甾：《段注》："缶下曰：'瓦器，所以盛酒漿，秦人鼓之以節歌。象形。'然則缶既象形矣，甾復象形，實一物而語言不同，且實一字而書法少異耳。" ② 象形：《段注》："口大而頸少殺(減少)。"

【參證】甲文作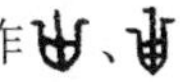，金文作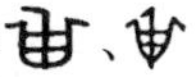。于省吾《雙劍誃殷契駢枝續編·釋甾》："(甲文)爲甾之初文。"

疀 斛①也，古田器也。从甾，疌聲。 楚洽切(chā)。

【譯文】疀，鍬，古代種田的器具。从甾，疌聲。

【注釋】① 斛(tiāo)：《爾雅·釋器》："斛謂之疀。"郭璞注："皆古鍬插字。"

畚 ⿰甾并①屬，蒲器也，所以盛穜。从甾，弁聲。 布忖切(běn)。

【譯文】畚，⿰甾并一類的器具，用蒲草(或竹篾)編織的器具，是用來盛放種子的東西。从甾，弁聲。

【注釋】① ⿰甾并(píng)：參下"⿰甾并"條。

⿰甾并 㡊①也。从甾，并聲。杜林以爲竹筥②，楊雄以爲蒲器。讀若軿。 薄經切(píng)。

【譯文】⿰甾并，盛放米的器皿。从甾，并聲。杜林認爲(⿰甾并)是竹製的圓形筐，楊雄認爲(⿰甾并)是蒲席作成的器皿。音讀象"軿(píng)"字。

【注釋】① 㡊：《段注》："㡊者，蒲席⿰甾亍(zhǔ，貯米器)也。所以盛米。" ② 筥：竹製的圓形飯器。見竹部。

⿸虍甾① 㼜②也。从甾，虍聲。讀若盧，同。，篆文⿸虍甾。，籀文⿸虍甾。 洛乎切(lú)。

【譯文】⿸虍甾，小口的盛食物的陶器。从甾，虍聲。音讀象"盧"字，義同。䲹，篆文⿸虍甾字。𦈢，籀文⿸虍甾字。

【注釋】① ⿸虍甾：徐灝《段注箋》："皿部：'盧，飯器也。'⿸虍甾、盧蓋古今字。盧、𦈢亦古今字。以竹爲之，故从甾。盧既从甾，復以甾爲偏旁(指"䲹"字)，重復無義。" ② 㼜：《段注》："㼜者，小口罌也。"見"缶"部。

【參證】金文作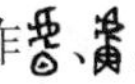。

文五 重三

瓦部

瓦　土器已燒之總名[①]。象形[②]。凡瓦之屬皆瓦。　五寡切(wǎ)。

【譯文】瓦,用泥土作成的、已通過燒製的器皿的總稱。象形。大凡瓦的部屬都从瓦。

【注釋】① 土器句:《段注》:"凡土器,未燒之素皆謂之坏(坯),已燒皆謂之瓦。"　② 象形:徐灝《段注箋》:"象疊瓦形。"王筠《句讀》:"既是總名,形何由象?而以屋瓦牝牡相銜(正反相疊)説之。"

【參證】林義光《文源》卷一:"象鱗次之形。本義當爲屋瓦。"

瓬　周(家)[禮]摶埴之工也[①]。从瓦,方聲。讀若抙破[②]之抙。　分兩切(fǎng)。

【譯文】瓬,《周禮》上説的拍打着黏土(製作簋、豆類瓦器的)匠工。从瓦,方聲。音讀象"瓬破"的"瓬"字。

【注釋】① 周家句:嚴可均、姚文田《校議》:"許引《考工記》廿條,皆稱《周禮》,此作周家,亦轉寫誤。"《段注》:"《考工記》曰:'摶埴之工陶瓬。'鄭曰:'摶之言拍也。埴,黏土也。'"　② 抙破:徐灝《段注箋》:"抙,疑即瓬之譌體。"錢大昕《潛研堂集》:"'瓬破'當是漢人方言。""古人言讀若者,往往即用本字而以方俗語曉之。"

甄　匋[①]也。从瓦,垔聲。　居延切(jiān/zhēn)[②]。

【譯文】甄,製作陶器。从瓦,垔聲。

【注釋】① 匋:《段注》:"匋者,作瓦器也。"《漢書・董仲舒傳》:"猶泥之在鈞,唯甄者之所爲。"徐灝《段注箋》:"今官書甄別之義,即本董子之説也。"　② 今讀依《廣韻》職鄰切。

甍　屋棟[①]也。从瓦[②],夢省聲。　莫耕切(méng)。

【譯文】甍,屋脊檁。从瓦,夢省聲。

【注釋】① 屋棟:王筠《句讀》:"此是屋上之長材,椽所憑依者也,今俗謂之屋脊。"　② 从瓦:《段注》:"棟自屋中言之,故从木;甍自屋表言之,故从瓦。"徐鍇《繫傳》:"(屋脊)所以承瓦,故从瓦。"

[①] 甗[②]也。从瓦，曾聲。，籀文甑从𩰫。　子孕切(zèng)。

甑 【譯文】甑，象甗一類的蒸飯食的器皿。从瓦，曾聲。𩱧，籀文甑，从𩰫(lì)。

【注釋】① 甑：《段注》："甑，所以炊烝米爲飯者，其底七穿，故必以箅蔽甑底，而加米於上，而饙(fēn)之而餾之。"錢坫《斠詮》："與𩰬同。"　② 甗(yǎn)：王筠《句讀》："《方言》：'甑，自關而東謂之甗。'"參"甗"條。

 甑[①]也。一曰[②]穿也。从瓦，鬳聲。讀若言。　魚蹇切(yǎn)。

甗 【譯文】甗，甑類蒸飯食的器皿。(底有)一大孔。从瓦，鬳聲。音讀象"言"字。

【注釋】① 甑：《段注》："鄭司農曰：'甗，無底甑。'無底，即所謂一穿。蓋甑七穿而小，甗一穿而大。一穿而大，則無底矣。甑下曰：'甗也。'渾言之。此曰：'甑也，一穿。'析言之。"參"甑"條。

② 一曰：桂馥《義證》："'一曰穿也'者，當云'一穿也'。衍'曰'字。"

【參證】甲文作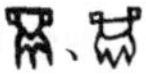，金文作。羅振玉《增訂殷虛書契考釋》卷下："(甲文)上形如鼎，下形如鬲，是甗也。古金文加犬於旁，已失其形。許君从瓦，益爲後出。"容庚《殷周禮樂器考略》(《燕京學報》第一期)："其狀，上體似甑無底，下體款足如鬲，分之則爲二器，亦有不可分者。有箄在上下格之間，所以蔽甑底，可以開闔。有方而四足者，有上爲方甑，下爲方鼎，其箄即甑底，不可開闔者。"

 甌瓿謂之瓵[①]。从瓦，台聲。　與之切(yí)。

瓵 【譯文】瓵，盆盂、瓮缽叫作瓵。从瓦，台(yí)聲。

【注釋】① 甌(ōu)瓿(bù)句：王筠《句讀》："甌瓿謂之瓵者，謂甌也，瓿也，通謂之瓵也。"甌：盆盂一類。瓿：小瓮。參"甌"、"瓿"條。

[①] 大盆也。从瓦，尚聲。　丁浪切(dàng)。

甞 【譯文】甞，大盆。从瓦，尚聲。

【注釋】① 甞：桂馥《義證》："或作党。"

 小盆也。从瓦，區聲。　烏侯切(ōu)。

甌 【譯文】甌，小盆。从瓦，區聲。

瓮 罌①也。从瓦，公聲。 烏貢切(wèng)。

【譯文】瓮，罌類陶器。从瓦，公聲。

【注釋】① 罌：《段注》："罌者，缶垂(chuì)也。缶垂者，小口罌也。然則瓮者，罌之大口者也。"

瓨 似罌，長頸。受十升。讀若洪。从瓦，工聲。 古雙切(gāng/xiáng)①。

【譯文】瓨，象罌瓶，長頸脖。能盛受十升。音讀象"洪"字。从瓦，工聲。

【注釋】① 今讀依《集韻》胡江切。

㼝① 小盂②也。从瓦，夗聲。 烏管切(wǎn)。

【譯文】㼝，小的飲食器皿。从瓦，夗聲。

【注釋】① 㼝：又作盌，後作椀，作碗。 ② 盂：《段注》："盂，飲器也。"

瓴① 瓮，似瓶也。从瓦，令聲。 郎丁切(líng)。

【譯文】瓴，大腹瓮一類，樣子象瓶。从瓦，令聲。

【注釋】① 瓴：《段注》："《高祖本紀》曰：'譬猶居高屋建瓴水。'如淳曰：'瓴，盛水瓶也。'"

【參證】馬敘倫《六書疏證》卷二十四："今北平宮殿及宗教寺宇其屋上建有似今所謂胡盧式之瓶者，蓋即瓴也。"

甈 罌①謂之甈。从瓦，卑聲。 部迷切(pí)。

【譯文】甈，罌瓶叫作甈。从瓦，卑聲。

【注釋】① 罌(yīng)：瓶一類的容器，比缶大，腹大口小。見"缶"部。

甂 似①小瓿②。大口而卑。用食。从瓦，扁聲。 芳連切(piān/biān)③。

【譯文】甂，小盆盂。大口而形體低下。可盛用食物。从瓦，扁聲。

【注釋】① 似：王筠《句讀》："衍文。" ② 瓿(bù)：盆瓮類。③ 今讀依《廣韻》布玄切。

瓿① 甂②也。从瓦，音聲。 蒲口切(bù)。

【譯文】瓿，甂類陶器。从瓦，音聲。

【注釋】① 瓿：小瓮，圓口，深腹，圈足，用以盛物。 ② 甂：盆瓮類。

瓵 器也。从瓦，容聲。 與封切(róng)。

【譯文】瓵，陶器名。从瓦，容聲。

甓 瓴甓[1]也。从瓦，辟聲。《詩》[2]曰："中唐有甓。" 扶歷切(pì)。

【譯文】甓，磚。从瓦，辟聲。《詩經》説："庭中的路上有磚。"

【注釋】① 瓴甓：桂馥《義證》："《九章算術》：'今有出錢一百六十買瓴甓十八枚。'李淳風注云：'瓴甓，塼也。'"王筠《釋例》："《釋宮》：'令適(líng dí)謂之甓。'則知甓也，令適也，皆古名也。《禮運》'合土'注：'瓦令甓及甒大。'則知令甓者，漢名也。許説甓曰令甓，乃以漢語説古物。土部墼下云：'瓴適也'者，則以古名説漢名。皆欲人知今之某物即古之某物。"王説的"令甓"，即"瓴甓"。參"墼"條。

②《詩》：指《陳風·防有鵲巢》。唐，朝堂前或宗廟内的甬道。中唐，唐中，即庭中的路。

甃 井壁[1]也。从瓦，秋聲。 側救切(zhòu)。

【譯文】甃，用磚砌成井壁。从瓦，秋聲。

【注釋】① 井壁：王筠《釋例》："説似不完。""甃爲以甓(磚)作井壁之名。非井壁謂之甃也。吾鄉至今言甃井矣。"

甈 康瓠，破罌[1]。从瓦，臬聲。㽾，甈或从埶[2]。 魚例切(yì/qì)[3]。

【譯文】甈，空壺，即破裂的罌瓶。从瓦，臬聲。㽾，甈的或體，从埶聲。

【注釋】① 康瓠，破罌：《段注》："康之言空也。瓠之言壺也。空壺謂破罌也。罌已破矣，無所用之，空之而已。" ② 从埶：《段注》："埶聲。" ③ 今讀依《廣韻》去例切。

甐 瑳垢瓦石[1]。从瓦，爽聲。 初兩切(chuǎng)。

【譯文】甐，用瓦石磋磨掉污垢。从瓦，爽聲。

【注釋】① 瑳垢瓦石：即"磋垢以瓦石"。徐鍇《繫傳》"瑳"作"磋"，注："以碎瓦石甐去瓶内垢。"

甄 蹈瓦聲[1]。从瓦，耎聲。 零帖切(liè)。

【譯文】甄，踩在瓦上的聲音。从瓦，耎聲。

【注釋】① 蹈瓦聲：《段注》："元(玄)應作'蹈瓦聲躙躙也'。今按躙躙當作甎甎。《通俗文》：'瓦破聲曰甎。'"

瓴　(治)[冶]橐榦①也。从瓦②，今聲。　胡男切(hán)。

【譯文】瓴，風箱(用以鼓風)的柄。从瓦，今聲。

【注釋】① 治橐榦：當依《段注》"治"作"冶"。段注："冶橐謂排囊。榦猶柄也。"徐灝箋："排囊，今俗謂之風箱。"張舜徽《約注》："排囊之柄，即冶者手引之以鼓風者。"一説，瓴是鼓風器與爐相接的通風管。② 从瓦：《段注》："排囊之柄，古用瓦爲之，故字从瓦。後乃以木爲之，故《集韻》作棯从木。"

𤬪①　破也。从瓦，卒聲。　穌對切(suì)。

【譯文】𤬪，破碎。从瓦，卒聲。

【注釋】① 𤬪：徐灝《段注箋》："𤬪者，碎之異文。"

瓪　敗①也。从瓦，反聲。　布綰切(bǎn)。

【譯文】瓪，破敗(的瓦片)。从瓦，反聲。

【注釋】① 敗：《段注》作"敗瓦"。朱駿聲《通訓定聲》："謂破瓦。"

文二十五　重二

瓷①　瓦器也。从瓦，次聲②。　疾資切(cí)。

【譯文】瓷，(用瓷土)燒製的陶類器皿。从瓦，次聲。

【注釋】① 瓷：《玉篇》："瓷，瓷器也。亦作瓷。"又作甆。从缶猶从瓦。兹聲同次聲。　② 次聲：聲中有義。徐灝《箋》"次"下："不前者，後於物，故凡差退者謂之次。""次弟之義因之。"朱駿聲《通訓定聲》："(次)古文象茅蓋屋次弟之形。"《段注》"垐"下："以艸次于屋上曰茨，以土次于道上曰垐。"以瓷土次于器坯上曰瓷。次謂依次即一層一層地涂抹在器坯之上(燒製而成)。

𤭛①　酒器②。从瓦③，稀省聲。　丑脂切(chī)。

【譯文】𤭛，盛酒器。从瓦，稀省禾爲聲。

【注釋】① 𤭛：邵博《邵氏聞見後録》卷二七："俗語借與人書爲一痴，還書與人爲一痴。予每疑此語近薄，借書還書，理也，何痴云？後見王樂道《與錢穆四書出師頌書》，函中最妙絶，古語：'借書一𤭛，還書一瓻。'欲以酒二尊往，知卻例外物不敢。因檢《説文》，瓻，酒器。古以借書，蓋俗誤以爲'痴'也。" ② 酒器：《鄭新附考》："《漢(書)·陳遵傳》載揚雄《酒箴》'不如鴟夷'顏注：'鴟夷，韋囊，以盛酒。'《聞見録》偁'古語：借書一鴟，還書一鴟，謂一鴟酒也。'蓋古名革囊爲鴟夷，因以爲酒器。既截一字名鴟，久乃别製瓻字。《集韻》云：'瓻，盛酒器，古以借書。'然字从瓦，則瓶罌之類。名雖出于鴟夷，而體製迥異韋囊矣。"朱駿聲《通訓定聲》"鴟"下："(《史記》)《鄒陽傳》'子胥鴟夷'索隱：'以皮作鴟鳥形皮榼也。'《漢書》注：'即今之盛酒鴟夷幐。'" ③ 从瓦：古盛酒器爲皮製之袋囊，所謂幐、榼。其狀爲鴟鳥形。今之酒壺亦有爲此形者，故名爲鴟。其後，陶製、瓷製之瓶罌起，故又从"瓦"。

文二 新附

弓部

弓 以近窮遠[①]。象形[②]。古者揮[③]作弓。《周禮》[④]六弓：王弓、弧弓以射甲革甚質；夾弓、庾弓以射干侯鳥獸；唐弓、大弓以授學射者。凡弓之屬皆从弓。 居戎切(gōng)。

【譯文】弓，從近射及遠方(的武器)。象形。古時候，名叫揮的人製作了弓。《周禮》上説的六弓是：王弓、弧弓用來射擊鎧甲或砍削用的墊板作成的靶子；夾弓、庾弓用來射擊胡地野狗皮或其它鳥獸皮作的靶子；唐弓、大弓用來授與學習射箭的人。大凡弓的部屬都从弓。

【注釋】① 以近窮遠：窮，窮盡。這裏指及。《太白陰經·發弩圖篇》："自近及遠。" ② 象形：孔廣居《疑疑》："弓，本作，象弛弓之形。，弓體也。，未張之弦也。弓藏則弛，兵爲凶器，藏之時多，故取其象也。" ③ 揮：《段注》："揮，黄帝臣。" ④《周禮》：指《夏官·司弓矢》。今本原文："王弓、弧弓以授射甲革椹(zhēn)質者；夾弓、庾弓以授射豻(ǎn)侯鳥獸者；唐弓、大弓以授學

射者、使者、勞者。”王、弧爲强弓，夾、庾爲弱弓，唐、大爲中弓。甲革，指鎧甲。椹，斫木砧。質，承培元《引經證例》：“正也。”即靶子。豻侯鳥獸，即豻侯鳥獸侯，後“侯”字承前省略。豻，胡地野犬。侯，靶子。

【參證】甲文作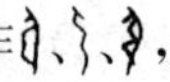，金文作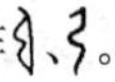。商承祚《甲骨文字研究》下編：“象張弓。”“象弛弓。”

弴　畫弓①也。从弓，𦎧聲。　都昆切(dūn)。

【譯文】弴，刻畫(有花紋)的弓。从弓，𦎧聲。

【注釋】① 畫弓：《段注》：“天子之弓，但刻畫爲文也。”

弭　弓無緣①。可以解轡紛者。从弓，耳聲。，弭或从兒②。緜婢切(mǐ)。

【譯文】弭，弓的末端不纏絲綫而用骨角鑲嵌。是可用來解開馬繮繩紛亂的結巴的東西。从弓，耳聲。𢐅，弭的或體，从兒聲。

【注釋】① 弓無緣：《段注》：“《釋器》曰：‘弓有緣者，謂之弓；無緣者，謂之弭。’孫云：‘緣謂繳束(用絲綫纏繞)而漆之，弭謂不以繳束，骨飾兩頭者也。’”　② 从兒：《段注》：“兒聲也。”

【參證】金文作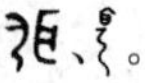。李孝定《金文詁林讀後記》卷十二：“弭字从耳，殆亦會意兼聲之例，弓末斜出，正如人之有耳也。”

弲　角弓①也。洛陽名弩曰弲②。从弓，肙聲。　烏玄切(yuān/xuān)③。

【譯文】弲，鑲角的弓。又，洛陽叫弩作弲。从弓，肙聲。

【注釋】① 角弓：《段注》：“謂弓之傅角者也。”　② 洛陽句：《段注》：“此弲之別一義。”弩：傅云龍《古語考補正》：“顔注《急就篇》：‘弓之施臂而機發者曰弩。’”　③ 今讀依《廣韻》許緣切。

弧　木弓①也。从弓，瓜聲。一曰：往體寡，來體多曰弧②。户吳切(hú)。

【譯文】弧，木弓。从弓，瓜聲。另一義説，(木性堅直，)往屈之形較少，(用弦强攀，)希望來彎之度較多，叫作弧。

【注釋】① 木弓：《段注》：“謂弓之不傅以角者也。弓有專用木不傅角者。”　② 一曰句：桂馥《義證》：“往體寡而來體多，强弓也。趙宦光曰：……木性堅直，往屈不多，故曰往體寡；絃以强攣，庶幾稍進，故曰來體多也。”

弨　弓反[①]也。从弓，召聲。《詩》[②]曰：“彤弓弨兮。”　尺招切(chāo)。

【譯文】弨，(松弛弓弦則)弓反直。从弓，召聲。《詩經》説：“紅色的弓松弛着啊。”

【注釋】① 弓反：王筠《句讀》：“謂弛之而反也。”《段注》：“弛者，弓解也。”　②《詩》：指《小雅·彤弓》。承培元《引經證例》：“彤，丹飾也。”

彋[①]　弓曲也。从弓，雚聲。　九院切(juàn/quán)[②]。

【譯文】彋，弓拳曲。从弓，雚聲。

【注釋】① 彋：《段注》：“與拳曲音義略同。”　② 今讀依《廣韻》巨員切。

彄[①]　弓弩耑[②]弦所居也。从弓，區聲。　恪侯切(kōu)。

【譯文】彄，弓弩兩端弦所繫拉的地方。从弓，區聲。

【注釋】① 彄：《段注》：“兩頭隱弦處曰彄。”　② 耑：端。

䌛[①]　弓便利也。从弓，繇聲。讀若燒。　火招切(yáo)。

【譯文】䌛，弓弛張便利。从弓，繇聲。音讀象“燒”字。

【注釋】① 䌛：《段注》：“䌛之言由也，所謂自由自便也。”

張[①]　施弓弦[②]也。从弓，長聲[③]。　陟良切(zhāng)。

【譯文】張，把弦綳在弓上。从弓，長聲。

【注釋】① 張：《段注》：“張、弛本謂弓施弦、解弦。”徐灝《箋》：“(張)引申之義又爲大爲開。”　② 施弓弦：即施弓以弦。　③ 長聲：聲中有義。箭搭弓弦，射手盡力引長弓弦。

【參證】金文作⿰。黄錫全《汗簡注釋》卷四：“中山王壺‘佳宜可絼’之絼作⿰，諸家均讀爲張，義爲‘張大’。”按：張弓必有兩個基本物件：弓和弦。金文⿰的⿰猶弦。張取象於弓，絼取象於糸。

彏　弓急張也。从弓，矍聲。　許縛切(xuè/jué)[①]。

【譯文】彏，弓緊急張開。从弓，矍聲。

【注釋】① 今讀依《廣韻》居縛切。

弸　弓彊皃。从弓，朋聲。　父耕切(péng)。

【譯文】弸，弓力强大的樣子。从弓，朋聲。

彊①　弓有力也。从弓，畺聲。　巨良切(qiáng)。

【譯文】彊，弓有力。从弓，畺聲。

【注釋】① 彊：邵瑛《羣經正字》："不知何自而又以強爲彊，而又變从厶爲口作强。蓋亦隸變之故。漢，《桐柏廟碑》'弱而能强'，正文如此作，後遂因之。"

【參證】甲文作[甲文]，金文作[金文]。金文與篆文同。甲文右作畕，疑为畺的古文。參"畕"條。李孝定《金文詁林讀後記》卷十二："彊爲弓有力專字，金銘以爲'疆'字，今則假'强'爲弓有力字。"

彎①　持弓關②矢也。从弓，䜌聲。　烏關切(wān)。

【譯文】彎，(左手)拿着弓，(右手)把箭括扣在弦上，箭鏑伸在弓背外。从弓，䜌聲。

【注釋】① 彎：王筠《句讀》："彎者，關也。關如字讀。左手持弓，右手以栝關之弦上也。此射之始事。故受之以引，開弓也。謂初開也。此射之中事。再受之以弙，滿弓有所鄉也。謂引滿也。此射之終事。"參"引""弙"條。　② 關：《段注》："凡兩相交曰關。矢括檃於弦而鏑出弓背外，是兩耑相交也。"

引①　開弓也。从弓丨②。　余忍切(yǐn)。

【譯文】引，拉開弓。由弓和丨會意。

【注釋】① 引：朱駿聲《通訓定聲》："矢栝檃弦，開之由漸而滿曰引。"參"彎"條。　② 从弓丨(gǔn)：《段注》："此引而上行之丨也，爲會意；丨也象矢形。"參"丨"條。丨也表聲。徐鍇《繫傳》作"丨聲"。

弙①　滿弓②有所鄉也。从弓，于聲。　哀都切(wū)。

【譯文】弙，拉滿弓而有目標方向。从弓，于聲。

【注釋】① 弙：參"彎"條。　② 滿弓：王筠《句讀》："引滿其弓也。"鄉：《段注》："今向字。"

弘　弓聲也。从弓，厶聲。厶，古文肱字。　胡肱切(hóng)。

【譯文】弘，弓聲。从弓，厶聲。厶，古文"肱(gōng)"字。

【注釋】① 弘：《段注》："經傳多假此篆爲宏大字。宏者，屋深。"

【參證】甲文作，金文作、、。于省吾《甲骨文字釋林》："甲骨文在弓背隆起處加一邪劃以爲標誌，弓背隆起處是弓之强有力的部分，故弘之本義爲高爲大。高與大義相因。"一説，（）指示由弓上所發出的聲响。見戴家祥《金文大字典》。

彌 弛弓也。从弓，璽聲。 斯氏切（xǐ/mí）[①]。

【譯文】彌，放鬆弓弦。从弦，璽聲。

【注釋】① 今讀依《廣韻》武移切。

【參證】金文作、、。吴大澂《古籀補》卷十二："，古彌字，龙姞敦。小篆作彌。"

弛 弓解也。从弓，从也[①]。瓈，弛或从虒[②]。 施氏切（chí）[③]。

【譯文】弛，弓弦鬆懈。由弓、由也會意。瓈，弛的或體，从虒聲。

【注釋】① 从也：徐鍇《繫傳》作"也聲"。 ② 从虒：《段注》："虒聲。" ③ 當讀 shǐ，今讀 chí。

弢 弓衣也。从弓，从叏[①]；叏[②]，垂飾，與鼓同意。 土刀切（tāo）。

【譯文】弢，盛弓的袋子。由弓、由又會意；屮，下垂的裝飾品。與"鼓"字从"屮"同一造字法則。

【注釋】① 从叏：當依《段注》"叏"作"又"。 ② 叏：當依《段注》"叏"作"屮"。《段注》："弢、鼓从屮者，皆象其飾。鼓从又，則謂手擊之；弢从又，則謂手執之也。"徐灝《箋》："此當以叏爲聲。"

弩[①] 弓有臂者。《周禮》[②]四弩：夾弩、庾弩、唐弩、大弩。从弓，奴聲。 奴古切（nǔ）。

【譯文】弩，引上有象人的手臂一樣的柄。《周禮》四弩：是夾弩、庾弩、唐弩、大弩。从弓，奴聲。

【注釋】① 弩：《釋名・釋兵》："其柄曰臂，似人臂也。鉤弦者曰牙，似齒牙；牙外曰郭，爲牙之規郭也；下曰懸刀，其形然也。合名之曰機，言如機之巧也，亦言如門户之樞機開合有節也。" ②《周禮》：指《夏官・司弓矢》。今本原文："司弓矢，掌六弓、四弩、八矢之法。凡弩，夾、庾利攻守，唐、大利車戰、野戰。"

彀 張弩[①]也。从弓，㱿聲。　古候切(gòu)。

【譯文】彀，張滿弓弩。从弓，㱿聲。

【注釋】① 弩：《段注》："蓋本謂弩，引申移之弓耳。"

彉[①] 弩滿[②]也。从弓，黄聲。讀若郭[③]。　苦郭切(kuò/guō)[④]。

【譯文】彉，弓弩張滿。从弓，黄聲。音讀象"郭"字。

【注釋】① 彉：字或作"彍"。　② 滿：《段注》："張而滿之。"　③ 讀若郭：彉，上在屬溪紐，鐸部；郭屬見紐，鐸部。音近。彉的聲旁黄，上古屬匣紐，陽部。聲紐同屬喉牙音，韻部陽鐸可對轉。音亦相近。　④ 今讀依《廣韻》古博切。

彃 䠶[①]也。从弓，畢聲。《楚詞》[②]曰："芎焉彃日。"　卑吉切(bì)。

【譯文】彃，射。从弓，畢聲。《楚詞》説："羿怎麽射太陽呢？"

【注釋】① 䠶：射。《段注》："䠶者，弓弩發於身而中於遠也。亦謂之彃。"　②《楚詞》：指《天問》。今本"芎"作"羿"。王逸注："《淮南》言堯時十日竝出，草木焦枯。堯命羿仰射十日，中其九日。日中九烏皆死，墮其羽翼，故留其一日也。"

彈 行丸也。从弓，單聲。，彈或从弓持丸。　徒案切(dàn，又 tán)[①]。

【譯文】彈，(彈弓)使丸疾行。从弓，單聲。弙，彈的或體，由"弓"持"丸"會意。

【注釋】①《廣韻》徒案切音 dàn，表名詞義。徒丹切音 tán，表動詞義。

【參證】甲文作、。張舜徽《約注》："《汗簡》作，云出《説文》，蓋、之形變也。"按：彈、弙是後起的形聲字和會意字。

發 䠶發也。从弓，癹聲[①]。　方伐切(fā)。

【譯文】發，發射。从弓，癹聲。

【參證】金文作，與篆文同。戴家祥《金文大字典》："金文象手腳並用撥弓發箭之形，當是撥的古文。""發引申爲出發的意思後，才加'手'(扌)符以存古意。"

芎[①] 帝嚳䠶官，夏少康滅之。从弓，幵聲。《論語》[②]曰："芎善䠶。"　五計切(yì)。

【譯文】芎(羿),帝嚳時代主管射箭的官員,(後代把芎當作姓氏,建立有窮國,)夏朝少康消滅了它。从弓,幵聲。《論語》説:“芎善于射箭。”

【注釋】① 芎:《段注》:“帝嚳射官,爲諸侯,自鉏遷於窮石,所謂有窮后羿也。滅夏后相而篡其位,寒浞殺而代之。浞生奡及豷,少康及后杼滅之,有窮由是遂亡。芎與羿古蓋同字。” ②《論語》:指《憲問篇》。今本“芎”作“羿”。《段注》:“(羿),羿之譌也。”參羽部“羿”條。

文二十七　重三

弜部

弜[①] 彊也。从二弓[②]。凡弜之屬皆从弜。　其兩切(jiàng)。

【譯文】弜,强。由兩個“弓”字會意。大凡弜的部屬都从弜。

【注釋】① 弜:邵瑛《羣經正字》:“此即倔强本字。”“今經典多用强字。”“又作彊。”　② 从二弓:王筠《句讀》:“此是虚象,非實事。弓本彊有力,二弓則尤彊矣。”

【參證】甲文作、,金文作。王國維《觀堂集林・釋弻》:“弜爲柲之本字。《既夕禮》‘有柲’注:‘柲,弓檠。’弛則縛之於弓裏,備損傷。柲,所以輔弓,形略如弓,故从二弓。其音當讀如弼,或作柲,作枈,作閉。皆同音假借也。弜之本義爲弓檠(qíng,校正弓弩的器具),引申爲輔、爲重,又引申之則爲彊。”從甲金文看,弜是大弓套着小弓的側面形。小弓是校弓器,上引王國維説“弛則縛之於弓裏”,弛指弓,縛弓裏者校弓器也。類似於鞋店裏的鞋模,新鞋套在外面。一説,“弜應是訓作‘重也’的弼的本字。兩弓相重爲弜,兩弓相反爲弗(弗)。”見唐蘭《弓形器(銅弓柲)用途考》(《考古》一九七三年第三期)。

弼[①] 輔[②]也,重[③]也。从弜,西聲[④]。[⑤],弼或如此。[⑥]、[⑦],並古文弼。　房密切(bì)。

【譯文】弼,輔正;重複。从弜,西聲。弻,弼的或體象這個樣子。㢸、弻都是古文弼字。

【注釋】① 弼：王筠《句讀》引《荀子》注："弼，所以輔正弓弩者也。"朱駿聲《通訓定聲》："弼，當訓弓輔也。凡弛弓則縛于裏，以備損傷，用竹若木爲之，亦曰檠，曰榜，曰閉，曰柲。"　② 輔：王筠《句讀》："借車之輔以爲弓之輔。"　③ 重：王筠《句讀》："竹閉（即弜，校正弓弩的器具）與弓相重複，故曰重。"　④ 西聲：《段注》："西下曰：'一讀若誓。'誓與弼同十五部（即"月"部）也。"聲中有義，見下注所引《段注》。　⑤ 弻：《段注》："西，舌皃也。弛弓之檠，如口中之舌。二弓則二舌矣。重西以見二弓也。"　⑥ 敿：《段注》："攴，小擊也。榜之則不無扑擊。"　⑦ 㢸：《段注》："弗者，矯也。从弗，弗亦聲。"

【參證】金文作。王國維《觀堂集林》卷六《釋弻》："囟者古文席字。""由囟而譌爲㐁，又省爲西。"從上面王對"弜"字的分析，可見弜是弓檠，取大弓套小弓之象，再加因、囟，即用竹席將二者捆緊，使之密合無間，爲弻所取象。

文二　重三

弦部

弦　弓弦①也。从弓，象絲軫之形②。凡弦之屬皆从弦。　胡田切(xián)。

【譯文】弦，弓弦。从弓，()象絲束綁縛在繫弦的地方的樣子。大凡弦的部屬都从弦。

【注釋】① 弓弦：《段注》："弓弦以絲爲之，張於弓。因之張於琴瑟者亦曰弦，俗别作絃。"　② 象絲軫句：《段注》："謂也。象古文絲而系於軫。軫者，系弦之處。"

①
盭　弻戾②也。从弦省③，从盩④。讀若戾。　郎計切(lì)。

【譯文】盭，乖反違背。由弦省弓、由盩會意。音讀象"戾(lì)"字。

【注釋】① 盭：《段注》："此乖戾正字。今則戾行而盭廢矣。戾謂犬出户下而身曲戾，其意略近。"　② 弻(bì)戾：徐灝《段注箋》："弓縛柲而拗戾也。"　③ 从弦省：王筠《釋例》"弦"下："弦以直絲爲骨,而横絲繞纏竟體,是内外相戾也。”　④ 从盭(zhōu):《段注》:“許意山曲曰盭。盭有詘曲之意。”

【參證】金文作。徐中舒《西周牆盤銘文箋釋》(《考古學報》一九七八年第二期):“《説文》盭盩二字皆譌从血,蓋後人展轉傳抄相沿之誤。”

 㢳 急戾也。从弦省①,少聲。　於霄切(yāo)。

【譯文】㢳,(弦)緊而乖戾。由弦省弓作形旁,少聲。

【注釋】① 从弦省:參“盭”條。

 㢴 不成①,遂急戾也。从弦省②,曷聲。讀若瘞③葬。　於罽切(yì)。

【譯文】㢴,辦事不成,於是就急躁而乖戾。由弦省去弓作形旁,曷聲。音讀象“瘞葬”的“瘞”字。

【注釋】① 不成:王筠《句讀》:“許謂人性躁急者所作不成,遂致急戾也。”　② 从弦省:參“盭”條。　③ 瘞(yì):埋葬。

文四

系部

① 系 繫②也。从糸,丿聲③。凡系之屬皆从系。,系或从毄處④。,籀文系,从爪絲⑤。　胡計切(xì)。

【譯文】系,相聯繫。从糸,丿聲。大凡系的部屬都从系。𣪠,系的或體,从毄聲,从處。𦃇,籀文系字,由爪絲會意。

【注釋】① 系:朱駿聲《通訓定聲》:“垂統於上而連屬于下,謂之系,猶聯綴也。經傳多以繫爲之。”　② 繫:饒炯《部首訂》:“蓋以借字訓本篆。”　③ 丿(yè)聲:徐鍇《繫傳》:“丿音曳。”《段注》:“抴也。”“形聲中有會意也。”　④ 从毄處:《段注》:“从處而毄聲也。”蕭道管《重文管見》:“从處,止於其所也。”　⑤ 从爪絲:《段注》:“覆手曰爪,絲懸於掌中而下垂,是系之意也。”

【參證】甲文作,金文作。羅振玉《增訂殷虚書契考釋》:“卜辭作手持絲形,與許書籀文合。”李孝定《金文詁林讀後記》

卷十二："系字从爪、从絲，象手持絲形；𤔔則象一手持絲，而一手治之，當釋𤔔，故𤔔字訓亂亦訓治也。"

子之子曰孫①。从子，从系。系，續也②。　思魂切(sūn)。

孫　【譯文】孫，兒子的兒子叫孫子。由子、由系會意。系，是連續的意思。

【注釋】① 子之子句：《釋名》："孫，遜也。遜遁在後生也。"

② 續也：《爾雅·釋訓》："子子孫孫，引無極也。"

【參證】甲文作、，金文作、。徐中舒《甲骨文字典》："古代於先祖之祭壇上，必高懸若干繩結以紀其世系，甲骨文'孫'字从，象繩形，蓋父子相繼爲世，子之世系於父下，孫之世系於子下，此乃古代結繩遺俗之反映。"

聯微①也。从系，从帛②。　武延切(mián)。

緜　【譯文】緜，將微小的絲連續起來，(緜緜不絶。)由系、由帛會意。

【注釋】① 聯微：《段注》："聯者，連也。散者，眇也。其相連者甚微眇，是曰緜。引申爲凡聯屬之稱。"　② 从系，从帛：《段注》："謂帛之所系也。系取細絲，而積細絲可以成帛。"

隨從也。从系①，䍃聲。　余招切(yáo)。

繇　【譯文】繇，隨從。从系，䍃聲。

【注釋】① 从系：《段注》："有所系而隨從之也。"

【參證】金文作、、、。聞一多《釋圝》(《聞一多全集》二)："(金文)隸定當作䌛，䌛省系則爲䛗(謡)，省象則爲繇。論其本根，繇謡仍係一字。故䌛變作繇，《説文》圝字从之。而讀若謡也。《正字通》有圝字，云同囮，从繇與金文合，當即圝之正體。""安南出象處曰象山，歲一捕之，縛欄道旁，中爲大穽，以雌象行前爲媒，遺甘蔗於地，傅藥蔗上，雄象來食蔗，漸引入欄，閉其中，就穽中教習馴擾之。""囗象欄形，䌛則手牽象而以言語教諭之。……然則圝之本義爲'象圝'明矣。"姑備一説。

文四　重二

卷二十五

糸部

糸　細絲也。象束絲之形[①]。凡糸之屬皆从糸。讀若硯。𢆯，古文糸。　莫狄切(mì)。

【譯文】糸，細絲。象一束絲的樣子。大凡糸的部屬都从糸。音讀象“硯(mì)”字。𢆯，古文糸字。

【注釋】① 象束絲句：徐灝《段注箋》：“古文𢆯象其糾結，篆文左右垂象束絲之餘。”

【參證】甲文作𢆯、𢆯、𢆯，金文作𢆯、𢆯。羅振玉《增訂殷虛書契考釋》：“𠄌象束餘之緒，或在上端，或在下端，無定形。”

繭　蠶衣[①]也。从糸，从虫[②]，黹省[③]。絸，古文繭，从糸見[④]。　古典切(jiǎn)。

【譯文】繭，蠶所依託的絲殼。由糸、由虫、由芇會意。絸，古文繭字，从糸、見聲。

【注釋】① 蠶衣：《段注》：“衣者，依也。蠶所依曰蠶衣。”　② 从糸，从虫：繭是蠶變蛹前吐絲作成的殼，所以从糸从虫。糸表示絲，虫表示蠶。　③ 黹省：《段注》作“从芇”，説：“許書丫部有‘芇’字，‘相當也，讀若宀(mián)。’芇者僅足蔽其身也。”芇表示蠶作的繭才够遮蔽它的身軀。譯文从段説。又，芇也表聲。桂、王、朱、錢都以芇表聲，音眠。　④ 見：《段注》：“見，聲也。”

【參證】商承祚《説文中之古文考》：“絸从見者，繭之爲物，雖未見絲，而糸形已見，會意兼聲字也。”

繅　繹繭爲絲也[①]。从糸，巢聲。　穌遭切(sāo)。

【譯文】繅，抽繭出絲。从糸，巢聲。

【注釋】① 繹繭句：王筠《句讀》：“《祭義》釋文引作‘抽繭出絲’也。

《淮南·泰族訓》:'繭之性爲絲,然非得工女煮以熱湯,而抽其統紀(絲的頭緒),則不能成絲。'"

繹　抽絲也。从糸,睪聲。　羊益切(yì)。

【譯文】繹,抽絲。从糸,睪聲。

緒　絲耑①也。从糸,者聲。　徐吕切(xù)。

【譯文】緒,絲頭。从糸,者聲。

【注釋】① 耑(duān):《段注》:"耑者,艸木初生之題也。因爲凡首之稱。抽絲者得緒而可引。"

緬　微絲也。从糸,面聲。　弭沇切(miǎn)。

【譯文】緬,細絲。从糸,面聲。

純　絲①也。从糸,屯聲。《論語》②曰:"今也純,儉。"　常倫切(chún)。

【譯文】純,蠶絲。从糸,屯聲。《論語》説:"如今呀用絲料(作禮帽),是省儉的。"

【注釋】① 絲:徐灝《段注箋》:"純,絲之美者也。""引申之,凡物不雜曰純。"　②《論語》:指《子罕》。今本原文:"麻冕,禮也;今也純,儉,吾从衆。"何晏集解引孔安國説:"純,絲也。絲易成,故从儉。"

【參證】金文作。首字不从糸;次字與篆文同;末字,張政烺《中山王嚳壺及鼎銘考釋》(《古文字研究》第一期):"束屯,从束屯聲。从束與从糸同義。"

綃　生絲①也。从糸,肖聲。　相幺切(xiāo)。

【譯文】綃,生絲。从糸,肖聲。

【注釋】① 生絲:《段注》:"未湅(liàn,煮絲使熟)之絲也。"

緒　大絲也。从糸,皆聲。　口皆切(kāi)。

【譯文】緒,大絲。从糸,皆聲。

絖　絲曼延①也。从糸,㠩聲。　呼光切(huāng)。

【譯文】絖,絲曼延。从糸,㠩聲。

【注釋】① 曼延:《段注》:"疊韻字。曼,引也。延,行也。"

紇①

紇 絲下②也。从糸，气聲。《春秋傳》③有臧孫紇。 下沒切(hé)。

【譯文】紇，下等的絲。从糸，气聲。《春秋左傳》有個叫臧孫紇的臣子。

【注釋】① 紇：經書作紇。气、乞本是一字。 ② 絲下：《段注》："謂絲之下者也。" ③《春秋傳》：指《左傳·襄公二十三年》。臧孫紇，魯國臣子。

紙①

紙 絲滓②也。从糸，氏聲。 都兮切(dī)。

【譯文】紙，絲的渣滓。从糸，氏聲。

【注釋】① 紙：紙與紙(zhǐ)別。 ② 滓：《段注》："滓者，澱也。因以爲凡物渣滓之稱。"

絓 繭滓絓頭也①。一曰：以囊絮練也②。从糸，圭聲。 胡卦切(huà/guà)③。

【譯文】絓，蠶繭的渣滓形成的有所挂礙的結頭。另一義説，用袋子裝着絲縣漂洗。从糸，圭聲。

【注釋】① 繭滓句：《段注》："謂繅時繭絲成結，有所絓礙，工女蠶功畢後，別理之爲用也。引申爲挂礙之稱。" ② 以囊句：《段注》："別一義。謂以囊盛絲縣其中，於水湅(liàn，漂絮)之也。" ③ 今讀依《集韻》古賣切。通"掛"、"挂"。

繅 絲色①也。从糸，樂聲。 以灼切(yào)。

【譯文】繅，絲的色彩(鮮明)。从糸，樂聲。

【注釋】① 絲色：《段注》："謂絲之色，光采灼然也。""今人謂之漂亮。"

繀 著絲於筟車也①。从糸，崔聲。 穌對切(suì)。

【譯文】繀，把絲收在紡車的收絲器上。从糸，崔聲。

【注釋】① 著絲句：《段注》："竹部曰：'筟，筳也。''筳，繀絲筦(管)也。'箸(指收)絲於筳謂之繀。"戴侗《六書故·工事六》："筟車，紡車也。著絲於筳，著筳於車，踏而轉之，所謂紡也。"

經 織①也。从糸，巠聲。 九丁切(jīng)。

【譯文】經，編織品的縱綫。从糸，巠聲。

【注釋】① 織：當依《段注》作“織從絲”。段說：“織之從絲謂之經。”王筠《句讀》：“從同縱。”

【參證】金文作。首字不从糸，林義光以爲象織機的滕連着縱綫的樣子，參“巠”條；次字同篆文；末字右旁稍有譌變。

織 作布帛之總名也①。从糸，戠聲。，樂浪挈令織②。从糸，从式。　之弋切(zhī)。

【譯文】織，製作麻織品和絲織品的總的名稱。从糸，戠聲。絨，是樂浪郡刻在木板上的法令中的織字。由糸、由式會意。

【注釋】① 作布帛句：《段注》：“布者，麻縷所成；帛者，絲所成。作之皆謂之織。經與緯相成曰織。”　② 樂浪句：《段注》：“挈當作契。契，刻也。樂浪郡契於板之令也，其織字如此。”樂浪郡在今朝鮮咸鏡、平安二道境。

【參證】金文作，不从糸。

紝 機縷①也。从糸，壬聲。，紝或从任②。　如甚切(rěn/rèn)③。

【譯文】紝，織布機上(布帛開頭)的紗縷。从糸，壬聲。絍，紝的或體，从任聲。

【注釋】① 機縷：《段注》：“今之機頭。”　② 从任：徐灝《段注箋》：“紝之言任也，任重之義也。”任也表聲。朱駿聲《通訓定聲》：“从任聲。”　③ 今讀依《廣韻》汝鴆切。

綜 機縷①也。从糸，宗聲②。　子宋切(zòng)。

【譯文】綜，織布機上(持帶着)經綫(并使之交錯開合而穿梭的部件)。从糸，宗聲。

【注釋】① 機縷：《段注》：“玄應書引《說文》：機縷也，謂機縷持絲交者也。”紝下《段注》：“機縷，今之機頭(布帛開頭的繞綫)。”

② 宗聲：徐灝《段注箋》：“綜者，宗也。機縷之宗主也。經有綜綫，持之乃能交錯開合以貫杼(梭子)。《列女傳·母儀篇》曰：‘推而往，引而來者，綜也。’”

綹① 緯十縷②爲綹。从糸，咎聲。讀若柳。　力久切(liǔ)。

【譯文】綹，緯綫由十根絲麻組成叫一綹。从糸，咎聲。音讀象

"柳"字。

【注釋】① 絡：朱駿聲《通訓定聲》："今蘇俗謂髮一條曰絡。" ② 縷：《段注》："言縷可以包絲。"按：蠶吐的叫絲，麻析的叫縷。

織横絲也。从糸，韋聲。 云貴切(wěi)。

緯 【譯文】緯，編織品的横綫。从糸，韋聲。

緯①也。从糸，軍聲。 王問切(yùn)。

緷 【譯文】緷，緯綫。从糸，軍聲。

【注釋】① 緯：《段注》："緯亦稱緷者，語之轉也。"王筠《句讀》："雙聲語轉也。"

織餘①也。从糸，貴聲。 胡對切(huì)。

繢 【譯文】繢，紡織品的頭尾遺餘。从糸，貴聲。

【注釋】① 織餘：王筠《句讀》："織之所餘。"《段注》："上文機縷爲機頭，此織餘爲機尾。繢之言遺也，故訓爲織餘。織餘今亦呼爲機頭，可用系物及飾物。"

① 紀也。从糸，充聲。 他綜切(tòng/tǒng)。

統 【譯文】統，絲的頭緒。从糸，充聲。

【注釋】① 統：《淮南子·泰族訓》："繭之性爲絲，然非得女工煮以熱湯而抽其統紀，則不能成絲。"按：統、紀，同義連用，指絲的頭緒。

① 絲別②也。从糸，己聲。 居擬切(jì)。

紀 【譯文】紀，絲的另一頭緒。从糸，己聲。

【注釋】① 紀：王筠《句讀》："絲别也，與'𠂢，水之衺流别也'同意。""紀者，端緒之謂也。故《方言》曰：'紀，緒也。'" ② 絲别：桂馥《段注鈔案》："統即絲之耑，紀即别出其耑。"

【參證】金文作，不从糸。吴大澂《古籀補》卷十三："古紀字。"

觕纇①也。从糸，强聲。 居兩切(jiǎng/qiǎng)。

繈 【譯文】繈，粗長的絲節。从糸，强聲。

【注釋】① 觕(cū)纇：《正字通·角部》："觕乃粗義。"引申爲粗長。纇：絲節。《段注》："絲節粗長謂之繈。"程鴻詔《繈緥字義》："纇之最觕者織之爲縷，或絡或索(或繒布)以負小兒，欲其堅也。"又引申指負小兒衣。其用與衣同，故又作"襁"。參"襁"條。

纇 絲節[①]也。从絲，頪聲。 盧對切(lèi)。

【譯文】纇，絲上面的節巴。从糸，頪聲。

【注釋】① 絲節：《段注》："節者，竹約也。引申爲凡約結之稱。絲之約結不解者曰纇。"

紿 絲勞即紿[①]。从糸，台聲。 徒亥切(dài)。

【譯文】紿，絲勞損破敗就是紿。从糸，台聲。

【注釋】① 絲勞即紿：《段注》："'即'當爲'則'。絲勞敝則紿。紿之言怠也，如人之券怠然。"

納 絲濕納納[①]也。从糸，内聲[②]。 奴荅切(nà)。

【譯文】納，絲濕潤潤的樣子。从糸，内聲。

【注釋】① 納納：《段注》："濕意。" ② 内聲：王玉樹《拈字》："古人出内只用内字，今俗借用納。"

【參證】金文作，不从糸。吴大澂《古籀補》卷十三："古納字。"

紡 網絲[①]也。从糸，方聲。 妃兩切(fǎng)。

【譯文】紡，結絲麻(爲紗綫)。从糸，方聲。

【注釋】① 網絲：沈濤《古本考》："網絲猶言結絲。紡緝絲麻皆縱横相結而成，猶網之結繩耳。"王筠《句讀》："網似結，爲動字。"

絕 斷絲[①]也。从糸，从刀，从卩[②]。䋲[③]，古文絕。象不連體，絕二絲。 情雪切(jué)。

【譯文】絕，(用刀)斷絲(爲二)。由糸、由刀、由卩會意。䋲，古文絕字。(㡭)象不連續的形體，(𠃊)表示斷絕兩束絲爲兩體。

【注釋】① 斷絲：《段注》："斷之則爲二，是曰絕。" ② 从糸句：《段注》："斷絲以刀也，會意。"所以从糸，从刀。孔廣居《疑疑》："絕从卩，會骨至卩而斷意，卩亦聲。" ③ 䋲：孔廣居《疑疑》："右畫(指𠃊)宜連，蓋亦从刀也。"

【參證】甲文作、，葉玉森《鐵云藏龜拾遺考釋》："余釋䋲。"金文作，與《説文》古文同。

繼 續也。从糸㡭[①]。一曰：反䋲爲繼[②]。 古詣切(jì)。

【譯文】繼，繼續。由糸、㡭會意。另一義説，把斷絕字"䋲"反過來，就是繼。

【注釋】① 从糸𢇍：徐灝《段注箋》："𢇍即繼之古文，而相承增糸旁。" ② 一曰句：王筠《句讀》："此篆挩而説存也。當出古文𢇍，而注之曰'古文反𢇍爲𢇍'。"存參。

【參證】金文作𢇍，不从糸。吴大澂《古籀補》卷十三："古繼字。"金文字右下方"="爲重文符號。

續 連也。从糸，𧶠聲。賡①，古文續，从庚貝②。 似足切(xù)。

【譯文】續，連接。从糸，𧶠(yù)聲。賡，古文續字，由庚、貝會意。

【注釋】① 賡：徐鉉注："今俗作古行切(gēng)。"《詁林》："賡義同續。與續非一字。" ② 从庚貝：《段注》："庚貝者，貝更迭相聯屬也。庚有續義。"

【參證】甲文作賡，金文作賡。羅振玉《增訂殷虚書契考釋》："庚訓更，亦訓續，猶亂亦訓治矣。庚、賡同義，賡與續殆非一字也。"

纘 繼也。从糸，贊聲。 作管切(zuǎn)。

【譯文】纘，繼承。从糸，贊聲。

紹 繼也。从糸，召聲。一曰：紹，緊糾①也。綤②，古文紹从邵。 市沼切(shào)。

【譯文】紹，繼承。从糸，召聲。另一義説，紹是緊緊地纏繞的意思。綤，古文紹字，从邵聲。

【注釋】① 緊糾：《段注》："緊者，纏絲急也。糾者，三合繩也。"
② 綤：《段注》作綤。朱駿聲《通訓定聲》："从糸，卲聲。"

【參證】甲文作𢆶、𢆶，金文作紹。李孝定《甲骨文字集釋》："（契文）象以刀斷絲之形。與絶古當爲一字。初誼爲絶而許訓繼者，亦猶治之訓亂也。契文作紉而篆文作紹者，古文衍變往往增口，許書古文遂又以爲从邵聲矣。""（甲文）从糸从刀，刀亦聲。其一義訓絶者。後增卩爲聲符，而紉亦增口作紹，於是紹絶遂截然衍爲二字，然許書猶以綤爲紹之古文。"按綤應从卩(jié)不从阝（邑 yì)。

[糹羨] 偏緩①也。从糸，羨聲②。 昌善切(chǎn)。

【譯文】[糹羨]，一部分鬆緩。从糸，羨聲。

【注釋】① 偏緩：王筠《句讀》："偏者，一偏也。《考工記》所謂一方緩、一方急也。”　②羡聲：聲中有義。羡本爲垂涎羊肉，貪慾有餘，故有餘義。桂馥《義證》：“偏則有餘矣。”

緈 緩也。从糸，盈聲①。讀與聽同。綎，緈或从呈②。　他丁切(tīng)。

【譯文】緈，緩。从糸，盈聲。音讀與“聽”字相同。綎，緈的或體，从呈聲。

【注釋】① 盈聲：聲中有義。本書：“盈，滿器也。”引申爲凡滿之稱。滿則有餘，餘則寬緩。　② 从呈：朱駿聲《通訓定聲》：“从呈聲。”葉德輝《讀若考》：“(聽)从聽，壬聲；綎，呈聲，呈，壬聲。皆一聲也。聽、緈、壬，同部。”

【參證】金文作[金文字形]。郭沫若《金文叢考·沈子簋銘考釋》：“从糸从夃，當是緈之省文。”

縱 緩也。一曰：舍①也。从糸，從聲。　足用切(zòng)。

【譯文】縱，鬆緩。另一義説，是捨棄。从糸，從聲。

【注釋】① 舍：朱駿聲《通訓定聲》：“凡絲，持則緊，舍則緩；緊則理，緩則亂：一意之引申也。”

紓 緩也。从糸，予聲。　傷魚切(shū)。

【譯文】紓，寬緩。从糸，予聲。

繎 絲勞①也。从糸，然聲。　如延切(rán)。

【譯文】繎，絲縈結難理。从糸，然聲。

【注釋】① 絲勞：桂馥《義證》引《集韻》：“絲難理曰絲勞。”

紆 詘①也。从糸，于聲。一曰：縈②也。　億俱切(yū)。

【譯文】紆，曲折。从糸，于聲。另一義説，是縈繞。

【注釋】① 詘：《段注》：“詘者，詰詘也。今人用屈曲字。”　② 縈：《段注》：“縈者，環之相積；紆則曲之而已。”

緈 直①也。从糸，幸聲。讀若陘。　胡頂切(xìng)。

【譯文】緈，絲直。从糸，幸聲。音讀象“陘(xíng)”字。

【注釋】① 直：朱駿聲《通訓定聲》：“絲之直也。”

纖 細①也。从糸，韱聲。　息廉切(xiān)。

【譯文】纖，細小。从糸，韱聲。

【注釋】① 細：《方言》卷二：“繒帛之細者謂之纖。”

細① 微也。从糸，囟聲。 穌計切（xì）。

【譯文】細，絲微小。从糸，囟聲。

【注釋】① 細：楷書“囟（xìn）”譌變爲“田”。朱駿聲《通訓定聲》：“細者，絲之微也。”

緢 旄絲①也。从糸，苗聲②。《周書》③曰：“惟緢有稽。” 武儦切（miáo）。

【譯文】緢，旄牛尾的細毛。从糸，苗聲。《周書》說：“惟纖細之事，必有人審察。”

【注釋】① 旄絲：王筠《句讀》：“《周禮》有旄人，是知氂（犛牛尾）其本物也。用爲旌幢，則謂之旄；言其旄絲之細，則謂之緢。同是一物，故字音大同。” ② 苗聲：聲中有義。本書：“苗，艸生於田者。”《段注》：“因以爲凡艸木初生之名。”艸木初生言其細弱。 ③《周書》：指《吕刑》。今本“緢”作“貌”。柳榮宗《引經考異》：“許所據作緢，訓爲旄絲之至細者，引申爲細密之義，則‘惟緢有稽’謂纖細之必察耳。”就《吕刑》文意而言，如王筠《句讀》所說：“謂察獄析及秋豪也。”

縒 參縒①也。从糸，差聲②。 楚宜切（cī）。

【譯文】縒，參差不齊。从糸，差聲。

【注釋】① 參縒：朱駿聲《通訓定聲》：“當言絲之不齊。參差，雙聲連語。”按：因説絲之不齊，故於“差”加“糸”作“縒”。薛傳均《答問疏證》：“亦猶山之參差爲嵯，齒之參差爲齹。”看來，縒單字也成義。 ② 差聲：聲中有義。差爲差忒失當，高下不齊義。

緐 （冕）[冤]①也。从糸，番聲。 附袁切（fán）。

【譯文】緐，緐冤。从糸，番聲。

【注釋】① 冕：當依王筠《句讀》作“冤”。應連篆爲讀。朱駿聲《通訓定聲》：“緐冤，疊韻連語。雜亂之意。”徐灝《段注箋》：“緐冤者，紛紜之轉語。”“是與巾部幡帣義略同。又水之汾沄，艸之葐蒀，車之轒輼，祥氣之氛氲，香氣之馩馧，皆語之轉也。”

縮 亂①也。从糸，宿聲。一曰：蹴②也。 所六切（suō）。

【譯文】縮，雜亂（不申）。从糸，宿聲。另一義説，是踩踏。

【注釋】① 亂：《段注》："《通俗文》云：'物不申曰縮。'不申則亂，故曰亂也。"　② 蹴：《段注》："蹴者，躡也。躡者，蹈也。蹈者，踶也。凡足掌迫地不遽起曰踶。"

紊[①]　亂也。从糸，文聲。《商書》[②]曰："有條而不紊。"　亡運切(wèn/wěn)。

【譯文】紊，絲亂。从糸，文聲。《商書》説："有條理而不紊亂。"

【注釋】① 紊：承培元《引經證例》："亦以爲这遣之文，今俗别紋紊爲二。"　②《商書》：指《盤庚》。孔穎達《正義》："紊是絲亂。"

級[①]　絲次弟也。从糸，及聲。　居立切(jí)。

【譯文】級，絲的等第。从糸，及聲。

【注釋】① 級：《段注》："本謂絲之次弟，故其字从糸，引申爲凡次弟之偁。"

【參證】于省吾《甲骨文字釋林・釋阪》："(甲文)阪字兩見，均作。《甲骨文編》謂'从自从及，説文所無。'按阪乃級的本字。""甲骨文阜字作，象山阜之有層次形，臺階之有等次與之相仿，故古人造字阪與階均从自。由於古代典籍皆假級爲阪，久假不歸，於是級行而阪廢。"

總　聚束[①]也。从糸，悤聲[②]。　作孔切(zǒng)。

【譯文】總，聚集而束縛起來。从糸，悤聲。

【注釋】① 聚束：《段注》："謂聚而縛之。"　② 从糸，悤聲：《段注》："悤有散意，糸以束之。"聲中有義。

纍[①]　約也。从糸，具聲。　居玉切(jú)。

【譯文】纍，約束。从糸，具聲。

【注釋】① 纍：朱駿聲《通訓定聲》："纍之言拘也。"

約　纏束[①]也。从糸，勺聲。　於略切(yuē)。

【譯文】約，纏繞捆縛。从糸，勺聲。

【注釋】① 纏束：《段注》："束者，縛也。引申爲儉約。"

繚　纏[①]也。从糸，尞聲。　盧鳥切(liǎo/liáo)[②]。

【譯文】繚，纏繞。从糸，尞聲。

【注釋】① 纏：纏繞。王筠《句讀》："纏繞只是糾纏，不作結束，故約下特申之‘束’，所以别同中之異也。” ② 今讀依《廣韻》落蕭切。

繞也。从糸，廛聲。 直連切(chán)。

纏 【譯文】纏，繚繞。从糸，廛聲。

纏也。从糸，堯聲。 而沼切(rǎo/rào)①。

繞 【譯文】繞，纏繞。从糸，堯聲。

【注釋】① 今讀依《廣韻》人要切。

①轉也。从糸，㐱聲。 之忍切(zhēn)。

紾 【譯文】紾，轉曲。从糸，㐱聲。

【注釋】① 紾：徐灝《段注箋》：“凡絲之轉戾(曲)謂之紾。”

落①也。从糸，睘聲②。 胡畎切(xuàn/huán)③。

繯 【譯文】繯，纏絡。从糸，睘聲。

【注釋】① 落：《段注》：“落者，今之絡字。謂包絡也。” ② 睘聲：徐灝《段注箋》：“网部罥(juàn)與此音義近。彼謂以繩絡之爲网也。此以目部之睘(qióng)爲聲，於義無當。从罒者，网之譌也。”參“罥”條。按：徐説“音義近”者，繯上古匣紐文部，罥屬見紐真部。發聲同屬喉牙音，韻部文真相近，二音近似。罥爲網名，繯爲動詞。上古名動合一，是爲一字。 ③ 今讀依《廣韻》户關切。

交①也。从糸，辡聲②。 頻犬切(biàn)。

辮 【譯文】辮，交織。从糸，辡聲。

【注釋】① 交：《段注》：“玄應引作‘交織之也’。” ② 辡(biàn)聲：《段注》：“分而合也。故从辡。形聲中有會意也。”

①締②也。从糸，吉聲。 古屑切(jié)。

結 【譯文】結，絲結巴。从糸，吉聲。

【注釋】① 結：徐灝《段注箋》：“凡以繩屈之爲椎，謂之結。”俗稱打結巴。 ② 締：締結不可解。見“締”條。

①結也。从糸，骨聲②。 古忽切(gǔ)。

縎 【譯文】縎，絲結巴。从糸，骨聲。

【注釋】① 縎：《玉篇・糸部》：“縎，結不解也。” ② 骨聲：聲中有義。表比況，絲結如骨，不可解也。

締　結不解也。从糸，帝聲。　特計切(dì)。

【譯文】締，絲糾結得不可分解。从糸，帝聲。

縛　束也。从糸，尃聲。　符钁切(fù)。

【譯文】縛，用繩索捆綁。从糸，尃聲。

繃[1]　束也。从糸，崩聲。《墨子》[2]曰："禹葬會稽，桐棺三寸，葛以繃之。"　補盲切(bēng)。

【譯文】繃，纏束緊。从糸，崩聲。《墨子》説："禹被埋葬在會稽山，桐木作的棺材有三寸厚，用葛藤把它捆緊。"

【注釋】① 繃：錢坫《斠詮》："今人束物令緊曰繃。"　②《墨子》：指《節葬篇》。《漢書・藝文志》：《墨子》七十一篇。墨子名翟，爲宋大夫，在孔子後。禹葬句：今本原文："禹東教乎九夷，道死。葬會稽之山。衣衾三領；桐棺三寸，葛以緘(棺束)之。"會稽，在今浙江紹興縣東南十三里。

絿[1]　急也。从糸，求聲。《詩》[2]曰："不競不絿。"　巨鳩切(qiú)。

【譯文】絿，糾纏得急。从糸，求聲。《詩》説："不競爭，不急躁。"

【注釋】① 絿：徐灝《段注箋》："絿蓋絲之糾結，故引申之義爲急。"　②《詩》：指《商頌・長發》。不競不絿，孔穎達疏："不競爭，不急躁。"

絅　急引也。从糸，冋聲。　古熒切(jiōng)。

【譯文】絅，急引。从糸，冋聲。

【參證】金文作、。强運開《古籀三補》卷十三："(首字)不从糸。""(次字)从絲……容庚釋爲絅。今从之。"

𥿍　散絲也。从糸，𠂢聲[1]。　匹卦切(pài)。

【譯文】𥿍，分散的絲。从糸，𠂢聲。

【注釋】① 𠂢聲：聲中有義。《段注》："水之衺流別曰𠂢。別水曰派，血理之分曰衇，散絲曰𥿍。《廣韻》曰'未緝麻也。'"未緝麻者，分散的麻也。

纝　不均也。从糸，羸聲。　力臥切(luò)。

【譯文】纝，不均匀。从糸，羸聲。

給 相足[1]也。从糸，合聲[2]。 居立切(jǐ)。

給 【譯文】給，(引絲)相繼續。从糸，合聲。

【注釋】① 相足：朱駿聲《通訓定聲》："當訓'相續也'，故从糸。"徐灝《段注箋》："煮繭者引其絲著於筝車，旋轉以纅之，斷則續之。其續甚易而捷，此給之本義也。" ② 合聲：聲中有義。朱駿聲《通訓定聲》："合者，接也。"从糸，从合，表示連接斷絲的意思。

綝[1] 止也。从糸，林聲。讀若郴。 丑林切(chēn)。

綝 【譯文】綝，訖止。从糸，林聲。音讀象"郴"字。

【注釋】① 綝：王筠《句讀》："蓋謂鍼(針)線之訖止也。"

縪 止也。从糸，畢聲。 卑吉切(bì)。

縪 【譯文】縪，止。从糸，畢聲。

紈[1] 素也。从糸，丸聲[2]。 胡官切(wán)。

紈 【譯文】紈，白色細絹。从糸，丸聲。

【注釋】① 紈：朱駿聲《通訓定聲》："素者，粗細絹之大名，紈則其細者。"《釋名》："紈，渙也。細澤有光，渙渙然也。" ② 丸聲：聲中有義。《段注》："从丸，言其滑易也。"丸，表比況。

終 絿絲[1]也。从糸，冬聲。𠔚[2]，古文終。 職戎切(zhōng)。

終 【譯文】終，纏緊絲。从糸，冬聲。夂，古文終字。

【注釋】① 絿絲：章炳麟《文始》："絿訓急，則終爲纏絲急也。古文借爲終，而冬从𠔚聲，其後反於冬增系旁爲終。" ② 𠔚：徐灝《段注箋》："絿絲之器本作𠔚，象形。"

【參證】甲文作𠔚、𠔚，金文作𠔚、𠔚、𠔚。林義光《文源》："(甲文)兩端有結形。"高田忠周《古籀篇》卷六十八："蓋束絲絿歛謂之終也。"

絹 合[1]也。从糸，从集。讀若捷。 姊入切(jí/jié)[2]。

絹 【譯文】絹，聚合。由糸、由集會意。音讀象"捷"字。

【注釋】① 合：《段注》："合者亼(jí)口也。因爲凡兩合之偁。衆絲之合曰絹，如衣部五采相合曰襍也。" ② 今讀依《廣韻》疾葉切。

繒 帛[1]也。从糸，曾聲。䋷，籀文繒从宰省[2]。楊雄以爲漢

繒 律祠宗廟丹書告[3]。 疾陵切(céng/zēng)[4]。

【譯文】繒，帛這類絲織品的總稱。从糸，曾聲。綷，籀文繒字，由宰省宀爲聲。楊雄認爲“綷”是漢朝律令上説的宗廟祭祀時用丹砂書寫告神内容的帛。

【注釋】① 帛：王筠《句讀》：“《字林》：‘繒，帛總名也。’”　② 从宰省：《段注》：“宰省聲也。不曰辛聲、定爲宰省聲者，辛與曾有真、蒸之别；宰省與曾爲之、蒸之相合通轉最近者也。”　③ 楊雄句：《段注》：“綷爲祠宗廟丹書告神之帛，見於漢律者字如此作，楊雄言之。楊雄《甘泉賦》曰：‘上天之綷。’蓋即謂郊祀丹書告神者。此則从宰不省者也。”漢律：見“祉”條。　④ 今讀依《集韻》咨騰切。

【參證】湯餘惠《戰國文字考釋》(《古文字研究》第十輯)：“‘綷’字應是从辛得聲。辛，息鄰切，古屬心紐、真部；曾，昨移切，古屬從紐、蒸部。心、從二紐同屬齒音，而真、蒸二部又均屬陽聲韻旁轉可通。《詩·鄭風·溱洧》，《説文》及《水經注》引文‘溱’俱作‘潧’，可證从曾得聲的字可與真部字通轉。”

緭　繒也。从糸，胃聲。　云貴切(wèi)。

【譯文】緭，繒帛類絲織品。从糸，胃聲。

絩[①]　綺絲之數也。《漢律》[②]曰：“綺絲數謂之絩，布謂之總[③]，綬組謂之首[④]。”从糸，兆聲。　治小切(zhào/tiào)[⑤]。

【譯文】絩，有花紋的絲織品的數量。《漢律》説：“有花紋的絲織品達到一定的數量叫作絩，麻布達到一定的數量叫作總，寬而薄的絲帶達到一定的數量叫作首。”从糸，兆聲。

【注釋】① 絩：王筠《句讀》：“絲數繁多，故謂之絩，非必果是十億也。”　②《漢律》：見“祉”條。　③ 總：王引之《經義述聞》：“五絲爲紽，四紽爲緎，四緎爲總。”　④ 首：《段注》：“凡先合單紡爲一系，四系爲一扶，五扶爲一首。”　⑤ 今讀依《廣韻》他弔切。

綺　文繒[①]也。从糸，奇聲[②]。　祛彼切(qǐ)。

【譯文】綺，有花紋的絲織品。从糸，奇聲。

【注釋】① 文繒：《段注》：“謂繒之有文者也。”　② 奇聲：聲中有義。本書：“奇，異也。”異者，異於常也。繒之常者無文也。《釋名》：“綺，攲也。其文攲邪，不順經緯之縱橫也。有杯文，形似杯也；有長命，其綵色相間，皆横終幅，此之謂也；……有綦文，方文如綦也。”

細縳[1]也。从糸，㱿聲。 胡谷切(hú)。

縠 【譯文】縠，縐紗類的絲織品。从糸，㱿聲。

【注釋】① 細縳：《段注》：“縳之細者也。今之縐紗，古文縠也。”

[1] 白鮮(色)[支][2]也。从糸，專聲。 持沇切(zhuàn/juàn)[3]。

縳 【譯文】縳，白色細絹。从糸，專聲。

【注釋】① 縳：錢坫《斠詮》：“今之絹，古之縳也。” ② 鮮色：桂馥《義證》：“當爲‘鮮支’。《急就篇》注：‘絹，一名鮮支。’” ③ 今讀依《集韻》古倦切。

[1] 并絲繒[2]也。从糸，兼聲[3]。 古甜切(jiān)。

縑 【譯文】縑，雙絲織成的絹。从糸，兼聲。

【注釋】① 縑：王筠《句讀》：“顔師古曰：‘縑即今之絹也。’” ② 并絲繒：《段注》：“謂駢絲爲之，雙絲繒也。” ③ 兼聲：聲中有義。《釋名・釋采帛》：“縑，兼也，其絲細緻，數兼於絹，染兼五色，細緻不漏水也。”《急就篇》：“綈絡縑練素帛蟬。”顔注：“縑之言兼也。并絲而織，甚緻密也。”

厚繒也。从糸，弟聲。 杜兮切(tí)。

綈 【譯文】綈，厚的絲織品。从糸，弟聲。

[1] 湅繒[2]也。从糸，柬聲。 郎甸切(liàn)。

練 【譯文】練，把絲織品漚煮(得柔軟潔白)。从糸，柬聲。

【注釋】① 練：朱駿聲《通訓定聲》：“煮絲令熟曰練。” ② 湅繒：桂馥《義證》：“(湅)蓋用淅米汁漚煮也。”《段注》：“湅繒，汏諸水中如汏米然。”

鮮(色)[卮][1]也。从糸，高聲。 古老切(gǎo)。

縞 【譯文】縞，白色細絹。从糸，高聲。

【注釋】① 鮮色：當依《段注》作“鮮卮”。段注：“蓋‘支’亦作‘卮’，因譌色也。”錢坫《斠詮》：“白鮮支，絹也。一名縞。”參“縳”條。

粗緒[1]也。从糸，䍜聲。 式支切(shī)。

纚 【譯文】纚，粗疏的絲織品。从糸，䍜聲。

【注釋】① 粗緒：《段注》："粗者，疏也。粗緒蓋亦繒名。"

紬[1] 大絲[2]繒也。从糸，由聲。　直由切(chóu)。

紬 【譯文】紬，比常絲粗的絲織品。从糸，由聲。

【注釋】① 紬：《急就篇》第二章"絳緹絓紬"顏師古注："紬，抽引麤繭緒，紡而織之，曰紬。"　② 大絲：《段注》："大絲，較常絲爲大也。"

綮 (㨖)[致][1]繒也。一曰：微幟，信[2]也，有齒[3]。从糸，𢼄聲。　康禮切(qǐ)。

【譯文】綮，細密的絲織品。另一義説，(是戟的衣套，)是一種標誌，是出入的憑證，戟上面刻有齒。从糸，𢼄聲。

【注釋】① 㨖：當依《段注》作"致"。段注："凡細膩曰致，今之緻字也。"　② 微幟，信也：《段注》："微幟信蓋謂棨戟。棨、綮通用也。師古曰：棨戟，有衣之戟也，以赤黑繒爲之。王公以下通用之以前驅。其用同微幟。"　③ 有齒：王筠《句讀》："刻之故有齒。《漢書·文帝紀》注：'棨者，刻木爲合符也。'"

【參證】李學勤《談張掖都尉棨信》(《文物》一九七八年第一期)："棨信，《説文》稱爲綮。""'綮'、'棨'通用字，因棨信用帛製，所以也寫做从'糸'的'綮'。""作爲徽幟信的棨信，也就是幡信，或者叫信幡。《古今注》：'信幡，古之徽號也。'所以題表官號，以爲符信，故謂爲信幡也。""幡，是一種特定形制的旗類，它的特點是旗幅的下垂。""徽幟應以絳帛製成。""肩水金關遺址所出棨信"，"就是信幡或幡信。"

綾 東齊謂布帛之細曰綾[1]。从糸，夌聲。　力膺切(líng)。

綾 【譯文】綾，東齊地方叫細薄的布帛作綾。从糸，夌聲。

【注釋】① 東齊句：見《方言》卷二。《釋名·釋采帛》："綾，淩也。其文望之如冰淩之理也。"

縵 繒無文也。从糸，曼聲。《漢律》[1]曰："賜衣者縵表白裏。"　莫半切(màn)。

【譯文】縵，絲織品沒有花紋。从糸，曼聲。《漢律》説："賜給的衣服，是沒有花紋的面子、白色的裏子。"

【注釋】①《漢律》：見"祉"條。

繡[1] 五采備也。从糸，肅聲。　息救切(xiù)。

【譯文】繡，設色五彩俱備。从糸，肅聲。

【注釋】① 繡：徐灝《段注箋》："凡設色備五采者，皆謂之繡，無論畫繪與刺繡也。後人乃專以鍼縷所紩(zhì，縫)者爲繡。"

絢[1] 《詩》云[2]："素以爲絢兮[3]。"从糸，旬聲。　許掾切(xuàn)。

【譯文】絢，《詩》説："在潔白的底子上畫着文采啊。"从糸，旬聲。

【注釋】① 絢：承培元《引經證例》："鄭康成曰：采成文曰絢。"

② 《詩》云：承培元《引經證例》："此引逸《詩》説字不立訓者。"

③ 素以句：見《論語・八佾篇》。意即以(在)素爲(畫)絢。承培元《引經證例》："此言有素地然後可皷文采。"

繪 會五采繡也[1]。《虞書》[2]曰："山龍華蟲作繪。"《論語》[3]曰："繪事後素。"从糸，會聲[4]。　黄外切(huì)。

【譯文】繪，會合五彩的刺繡。《虞書》説："用山、龍、五色的蟲類描畫。"《論語》説："繪畫的事在白色底子之後。"从糸，會聲。

【注釋】① 會五采句：徐灝《段注箋》："蓋設色之工備五采者，渾而言之，皆曰繡；析言則畫繪爲繪，鍼縷所紩者爲繡也。"按："繪，會五采繡"，是渾言之。　② 《虞書》：指《皋陶謨》。今本"繪"作"會"。③ 《論語》：指《八佾篇》。繪事後素，《段注》"絢"下注："朱子則云後素，後於素也。謂先以粉地爲質，而後施五采。"　④ 會聲：聲中有義。本書："會，合也。"朱駿聲《通訓定聲》："从會，亦意。"

綅 (白)[帛][1]文皃。《詩》[2]曰："綅兮斐兮，成是貝錦。"从糸，妻聲。　七稽切(qī)。

【譯文】綅，絲織品有紋彩的樣子。《詩經》説："花紋錯雜啊色彩相間，織成這有着貝殼花紋的絲織品。"从糸，妻聲。

【注釋】① 白：當依《段注》作"帛"。　② 《詩》：指《小雅・巷伯》。今本"綅"作"萋"。陳奐《傳疏》："文章爲斐，文章相雜爲萋(綅)。"貝錦，承培元《引經證例》："錦之織爲貝文者。"

絲 繡文如聚細米也。从糸，从米，米亦聲。　莫禮切(mǐ)。

【譯文】絲，繡畫的紋彩象聚集的細米。由糸、由米會意，米也表聲。

絹　繒如麥稍[①]。从系，肙聲。　吉掾切(juàn)。

【譯文】絹，絲織品象麥莖的青色。从系，肙聲。

【注釋】① 麥稍：《段注》："稍者，麥莖也。繒色如麥莖青色也。"

緑　帛青黄色[①]也。从糸，录聲。　力玉切(lù)。

【譯文】緑，綫織品呈青黄色。从糸，录聲。

【注釋】① 青黄色：藍顏料和黄顏料配合時即呈緑色，古時謂之青黄色。《段注》："緑色青黄也。"馬叙倫《六書疏證》卷二十五："以下諸文言色者，字皆宜从丹或青，今皆从糸者，以糸染爲色故也。"

【參證】甲文作。楊樹達《卜辭瑣記・》："此字左从糸，右从录，乃緑字也。"

縹[①]　帛青白色也。从糸，票聲。　敷沼切(piǎo)。

【譯文】縹，絲織品呈青白色。从糸，票聲。

【注釋】① 縹：《文選序》："名溢於縹。"李善注："縹，緑色而微白也。"

綪　帛青經縹緯[①]。一曰：育陽[②]染也。从糸，育聲[③]。　余六切(yù)。

【譯文】綪，絲織品由青色的經綫和青白色的緯綫(編織而成)。另一義説，是育陽地方染織的絲織品。从糸，育聲。

【注釋】① 青經縹緯：《段注》："經者從(zòng，縱)絲，緯者衡(横)絲。"　② 育陽：《段注》："漢南郡屬縣，縣在育水北，故曰育陽。"故城在今河南南陽縣六十里。　③ 育聲：如第二説，則聲中有義。

絑　純赤[①]也。《虞書》"丹朱"[②]如此。从糸，朱聲[③]。　章俱切(zhū)。

【譯文】絑，朱紅色。《虞書》"丹朱"的"朱"字應該象這個字。从糸，朱聲。

【注釋】① 純赤：《段注》"絳"下："純赤者，今俗所謂朱紅也。"參"絳"條。　② 丹朱：堯的兒子。《段注》："'丹朱'見《咎繇謨》，許所據壁中古文作'丹絑'。"　③ 朱聲：聲中有義。王筠《句讀》："木部朱下云'赤心木'，此云'純赤也'，是其義不異。然絑既从糸，則是染采之赤，非天生之赤矣。"

【參證】金文作。强運開《古籀三補》卷十三："不从糸。"

纁[1] 淺絳[2]也。从糸，熏聲。 許云切(xūn)。

【譯文】纁，淺赤色。从糸，熏聲。

【注釋】① 纁：桂馥《義證》："纁是赤色之淺者。"《爾雅》："一染謂之縓，再染謂之赬，三染謂之纁。"朱駿聲《通訓定聲》："惟較四染之絑稍淺。" ② 絳：桂馥《義證》引顔注《急就篇》："絳，赤色也。"

【參證】金文作。吴大澂《古籀補》卷十三："淺絳也。小篆从糸作纁。"

絀[1] 絳[2]也。从糸，出聲。 丑律切(chù)。

【譯文】絀，深紅色。从糸，出聲。

【注釋】① 絀：《段注》："此絀之本義，而廢不行矣。古多假絀爲黜。" ② 參"絳"條。

絳 大赤[1]也。从糸，夅聲。 古巷切(jiàng)。

【譯文】絳，大紅色。从糸，夅聲。

【注釋】① 大赤：《段注》："大赤者，今俗所謂大紅也。""朱紅淡，大紅濃。大紅如日出之色，朱紅如日中之色。"參"絑"條。

綰 惡(也)[色]絳也[1]。从糸，官聲。一曰：綃也。讀若雞卵[2]。 烏版切(wǎn)。

【譯文】綰，粗淺的一種絳色。从糸，官聲。另一義説，是綃。音讀象"雞卵"的"卵"字。

【注釋】① 惡也絳也：田吴炤《二徐箋異》："《玉篇》引作'惡色絳也'。今本作'惡也，絳也'。首'也'字譌。"《段注》作"惡絳也"，注："謂絳色之惡者也。" ② 讀若鷄卵：《禮記・内則》："濡魚卵醬。"鄭注："卵讀爲鯤。"葉德輝《讀若考》："鯤音同貫。玉部'琨'……瑻，琨或从貫。貫、綰音亦同。故綰讀卵。"

【參證】金文作、、。吴大澂《古籀補》卷十三："古綰字。从官从緩省。古文綰緩爲一字。"

縉 帛赤[白]色[1]也。《春秋傳》[2]"縉雲氏"，《禮》[3]有"縉緣"。从糸，晉聲。 即刃切(jìn)。

【譯文】縉，絲織品呈粉紅色。《春秋左傳》有古帝王“縉雲氏”，《禮經》有“縉緣”的説法。从糸，晉聲。

【注釋】① 赤色：姚文田、嚴可均《校議》：“《後漢·蔡邕傳》注引作‘赤白色’。此脱‘白’字。”徐灝《段注箋》：“蓋若今之粉紅。” ②《春秋傳》：指《左傳·文公十八年》。縉雲氏，服虔注：“黄帝以雲名官。蓋春官爲青雲氏，夏官爲縉雲氏，秋官爲白雲氏，冬官爲黑雲氏，中官爲黄雲氏。”本書：“赤，南方之色也。”承培元《引經證例》：“夏，火令，赤色，故曰縉雲。” ③《禮》：《段注》：“凡許云禮者謂《禮經》也，今之所謂《儀禮》也。十七篇無‘縉緣’。”縉緣，粉紅色的衣邊。緣，衣邊飾。

綪 赤繒也。以茜染，故謂之綪①。从糸，青聲。　倉絢切(qiàn)。

【譯文】綪，赤色絲織品。用茜草染成，所以叫它綪。从糸，青聲。

【注釋】① 以茜(qiàn)句：桂馥《義證》：“本書：‘茜，茅蒐也。’茅蒐、茹藘，可以染絳。”《段注》：“必數入而後謂之綪。今不得其詳矣。茜與綪合韻而同音，故茜染謂之綪也。”按：綪、茜上古同屬耕部、清紐。

緹 帛丹黄①色。从糸，是聲。衹，緹或从氏②。　他禮切(tǐ/tí)③。

【譯文】緹，絲織品呈橘紅色。从糸，是聲。衹，緹的或體，从氏聲。

【注釋】① 丹黄：《段注》：“謂丹而黄也。” ② 从氏：《段注》：“古氏與是同用，故是聲亦从氏聲。” ③ 今讀依《廣韻》杜奚切。

縓 帛赤黄①色。一染謂之縓，再染謂之䞓，三染謂之纁②。从糸，原聲。　七絹切(quàn)。

【譯文】縓，絲織品赤黄色。染一次，叫作縓；染兩次，叫作䞓；染三次，叫做纁。从糸，原聲。

【注釋】① 赤黄：《段注》：“赤而黄也。” ② 一染句：見《爾雅·釋器》。染法見《周禮·考工記·鍾氏》。《段注》：“赬(䞓)者，赤色也。纁者，淺絳也。”

紫① 帛青赤②色。从糸，此聲。　將此切(zǐ)。

【譯文】紫，絲織品呈青赤色。从糸，此聲。

【注釋】① 紫：紅、黑合成的顔色。　② 青赤：《段注》："以赤入於黑。"張舜徽《約注》："青即黑也。今語稱布帛之色黑者，但曰青布青綢，不言黑也。"

【參證】金文作，篆文爲上下結構，此爲左右結構。

紅　帛赤白①色。从糸，工聲。　户公切(hóng)。

【譯文】紅，絲織品呈淺赤色。从糸，工聲。

【注釋】① 赤白：《段注》引《春秋釋例》："以白入於赤。"徐灝《段注箋》："赤中有白，蓋若今人所謂桃紅；白中有赤，乃粉紅耳。今人稱純朱曰紅。"

繱　帛青①色。从糸，蔥聲②。　倉紅切(cōng)。

【譯文】繱，絲織品呈(淺)青色。从糸，蔥聲。

【注釋】① 青：《段注》："《爾雅》青謂之蔥。蔥即繱也，謂其色蔥蔥淺青也。深青則爲藍矣。"　② 蔥聲：照段注，此聲有義。

【參證】金文作，不从糸，不从艸。强運開《古籀三補》卷十三以爲是繱字。

紺　帛深青揚赤色①。从糸，甘聲。　古暗切(gàn)。

【譯文】紺，絲織品呈深青色而又發射着赤光。从糸，甘聲。

【注釋】① 揚赤色：桂馥《義證》引趙宧光説："色深青發赤光，故曰揚赤色。"王筠《句讀》："揚者，發揚也。"

綥　帛蒼艾色①。从糸，畀聲②。《詩》③："縞衣綥巾。"未嫁女所服。一曰：不借綥④。綦⑤，綥或从其⑥。　渠之切(qí)。

【譯文】綥，絲織品呈蒼緑的象艾蒿一樣的色彩。从糸，畀聲。《詩經》説："白色的衣，草緑色的佩巾。"是沒有出嫁的姑娘的服裝。另一義説，是草鞋襻。綦，綥的或體，从其聲。

【注釋】① 蒼艾色：《段注》："蒼者，艸色也。艾者，冰臺也。蒼艾色，謂蒼然如艾色。"　② 畀聲：《段注》作"畁聲"："此用𠬞部之畁爲聲。非用丌部之畀爲聲也。𠬞部之畁从甾缶之甾爲聲。"參"畁(qí)"條。　③《詩》：指《衛風・出其東門》。今本"綥"作"綦"。④ 不借綥：《釋名》："不借，言賤易有宜，各自蓄之，不假借於人也。"《段注》："不借綦若今云艸鞵襻也。許不云一曰屨系而舉不借綦者，以俗語易曉也。如今小兒䙝帶。” ⑤ 綦：姚文田、嚴可均《校議》：“綦，大徐新修十九文也。” ⑥ 从其：宋保《諧聲補逸》：“其聲。”

繰 帛如紺色①。或曰：深（繒）[紺]②。从糸，喿聲。讀若喿。 親小切（qiǎo/zǎo）③。

【譯文】繰，絲織品呈現象紺一樣的帶紅的黑色。另一義，是比紺色更深的青黑色。从糸，喿聲。音讀象“喿”字。

【注釋】① 如紺色：《段注》：“如紺而別於紺也。” ② 深繒：朱駿聲《通訓定聲》：“當作深紺。”《段注》：“蓋比紺色之青更深矣。” ③ 今讀依《廣韻》子晧切。

緇 帛黑色也。从糸，甾聲。 側持切（zī）。

【譯文】緇，絲織品呈黑色。从糸，甾聲。

纔 帛雀頭色①。一曰：微黑色，如紺②；纔，淺③也。讀若讒。从糸，毚聲。 七咸切（chán/shān）④。

【譯文】纔，絲織品呈現象雀鳥頭上的（黑多赤少的）顏色。另一義說，赤而微黑色，如紺一樣，而纔又比紺淺。音讀象“讒”字。从糸，毚聲。

【注釋】① 雀頭色：《段注》：“言如爵（雀）頭色也。《（周禮）・巾車》‘雀飾’注曰：‘雀，黑多赤少之色。’” ② 微黑句：《段注》：“前一說謂黑多，後一說謂微黑。”紺，參“紺”條。 ③ 淺：桂馥《義證》：“言淺於紺也。”《段注》：“纔、淺亦於雙聲求之，猶竊之訓淺也。江沅曰：今用爲‘才’字，乃淺義引申。” ④ 切上字當爲“士”之譌。今讀依《廣韻》所銜切。

緂 帛騅①色也。从糸，剡聲。《詩》②曰：“毳衣如緂。” 土敢切（tǎn）。

【譯文】緂，絲織品呈現菊花青馬似的蒼白色。从糸，剡聲。《詩經》說：“獸毛編織的綉着五彩花紋的衣裳，象初生的蘆荻呈現青白色。”

【注釋】① 騅：《段注》：“蒼白色也。”王筠《釋例》：“《爾雅》曰：‘蒼白雜毛騅。’……是今所謂菊花青者也。” ②《詩》：指《王風・大車》。今本“緂”作“菼”。毛傳：“菼，騅也。蘆之初生者也。”鄭箋：

"毳衣之屬,衣繢而裳繡,皆有五色焉。"毳,獸細毛。參"毳"條。

綟 綟 帛戾艸染色①。从糸,戾聲②。 郎計切(lì)。

【譯文】綟,絲織品呈現莀草染成的(黎黑而黄的)顔色。从糸,戾聲。

【注釋】① 戾艸句:當依《段注》"戾"作"莀"。段注:"艸部:'莀艸可以染留黄。'染成是爲綟。其色黎黑而黄也。" ② 戾聲:《段注》:"戾聲,當作戾省。會意包形聲也。"

紑 紑 白鮮衣皃。从糸,不聲。《詩》①曰:"素衣其紑。" 匹丘切(fóu)。

【譯文】紑,潔白鮮明的衣服的樣子。从糸,不聲。《詩經》説:"(祭祀的)絲綢衣服潔白鮮明。"

【注釋】①《詩》:指《周頌·絲衣》。今本"素"作"絲"。絲衣,祭服名,裝神受祭的尸所穿的白色綢衣。其紑,即紑紑。

繎 繎 白鮮衣皃。从糸,炎聲①。謂衣采色鮮也。 充三切(chān/tān)②。

【譯文】繎,潔白鮮明的衣服的樣子。从糸,炎聲。是説衣服彩色鮮明。

【注釋】① 炎聲:聲中有義。表比況。本書:"炎,火光上也。"自有鮮明義。 ② 今讀依《廣韻》他酣切。

繻 繻 繒采色。从糸,需聲。讀若《易》"繻有衣"①。 相俞切(xū)。

【譯文】繻,絲織品呈五彩色。从糸,需聲。音讀如《易經》説的"繻有衣"的"繻"字。

【注釋】① 讀若句:葉德輝《讀若考》:"此以本字讀本字。今《易·既濟》六四'衣'下有'袽'字,此脱。"繻,指華美的衣服;有,猶或,見《經傳釋詞》,此處有"將要"的意思;袽(rú),敗絮。句意是:美服有可能變成敗絮。

縟 縟 繁采色①也。从糸,辱聲。 而蜀切(rù)。

【譯文】縟,繁密的五彩的文飾。从糸,辱聲。

【注釋】① 繁采色:《段注》作"緐采飾",曰:"緐本訓馬髦飾,引申之爲緐多;飾本訓馭也,引申之爲文飾。”

冠織①也。从糸,麗聲。 所綺切(xǐ)。

纚 【譯文】纚,爲用冠巾束髮而織成的不須剪裁的布帛。从糸,麗聲。

【注釋】① 冠織:《段注》:“冠織者,爲冠而設之織成也。凡繒布,不須翦裁而成者,謂之織成。此纚蓋織成緇帛,廣二尺二寸,長衹六尺,不待翦裁,故曰冠織。”

①冠卷也。从糸,厷聲。紭,紘或从弘。 户萌切(hóng)。

紘 【譯文】紘,帽上的系帶。从糸,厷聲。紭,紘的或體,从弘聲。

【注釋】① 紘:《儀禮·士冠禮》:“緇組紘纁邊。”鄭玄注:“有笄者屈組爲紘,垂爲飾。”賈公彦疏:“謂以一條組於左笄上繫定,遶頤下,又相向上仰屬于笄屈繫之,有餘因垂爲飾也。”

冕冠塞耳者①。从糸,冘聲。 都感切(dǎn)。

紞 【譯文】紞,帽子兩側用以懸掛塞耳瑱的帶子。从糸,冘聲。

【注釋】① 冕冠句:《段注》:“當作冕冠所以縣塞耳者。”“紞,所以縣瑱,瑱所以塞耳。紞非塞耳者也。”

冠系①也。从糸,嬰聲。 於盈切(yīng)。

纓 【譯文】纓,系帽子的帶子。从糸,嬰聲。

【注釋】① 冠系:《段注》:“冠系,可以系冠者也。系者,係也。以二組系於冠卷,結頤下,是謂纓。與紘之自下而上系於笄者不同。”參“紘”條。

纓卷①也。从糸,央聲。 於兩切(yǎng)。

紻 【譯文】紻,系帽子的帶子彎曲而環繞。从糸,央聲。

【注釋】① 纓卷:《段注》:“卷本訓𠨘曲,引申爲凡曲之偁。纓卷,謂纓之曲繞也。”

系冠纓①也。从糸,委聲。 儒隹切(ruí)。

緌 【譯文】緌,繼續系帽帶結子的下垂部分。从糸,委聲。

【注釋】① 系冠纓:王筠《句讀》:“《玉篇》:‘系,繼也。’此言冠纓既結,繼乎結之下者謂之緌也。”

織帶也。从糸,昆聲。 古本切(gǔn)。

緄 【譯文】緄,編織的帶子。从糸,昆聲。

紳　大帶①也。从糸，申聲。　失人切(shēn)。

【譯文】紳，(束腰)大帶(的下垂部分)。从糸，申聲。

【注釋】① 大帶：《段注》："紳則大帶之垂者也。許但云大帶，亦是渾言不析言。"

繟　帶緩也。从糸，單聲。　昌善切(chǎn)。

【譯文】繟，絲帶寬緩。从糸，單聲。

綬　韍維①也。从糸，受聲②。　植酉切(shòu)。

【譯文】綬，拴繫蔽膝的絲帶。从糸，受聲。

【注釋】① 韍(fú)維：《段注》："韍，古文作市，韠也。韍維謂所以維韍者。謂之綬者，韍佩與革帶之間有聯而受之者。"按：韍、市、韠，同物異名，都指蔽膝，遮住大腿至膝部的服飾，與後代的圍裙相似。朱駿聲《通訓定聲》："許君所云'紱(韍)維'者，謂蔽膝之系，所以繫于革帶者。"按：《段注》："是綬本維繫物之總名。"所以漢代的綬也用以指拴系玉飾和印章的絲質帶子。　② 受聲：聲中有義。即《段注》"聯而受之"之受義。

【參證】金文作[金文]。徐中舒《西周牆盤銘文箋釋》(《考古學報》一九七八年第二期)："䋃从索，受聲，从索與从系同意，當讀爲綬。綬，組也。組是絲製的繩子，有各種不同的顔色，用以繫佩玉，作爲官吏級別的標記。"

組①　綬屬。其小者以爲冕纓。从糸，且聲。　則古切(zǔ)。

【譯文】組，綬帶一類。那窄小的用來作帽帶子。从糸，且聲。

【注釋】① 組：朱駿聲《通訓定聲》："織絲有文，以爲綬纓之用者也。闊者曰組，爲帶綬；陿者曰絛，爲冠纓；圓者曰紃(xùn)，施韠與屨之縫中。"

【參證】金文作[金文]、[金文]。首字與篆文同；次字吴大澂《古籀補》卷十三："古組字。虢季氏子組敦。陳介祺説，組之从又，猶維之从攴也。"參"綬"條。

緺　綬紫青也。从糸，咼聲。　古蛙切(guā)。

【譯文】緺，綬帶呈紫青色。从糸，咼聲。

縌①　綬②維也。从糸，逆聲③。　宜戟切(nì)。

【譯文】縌，佩玉的絲帶。从糸，逆聲。

【注釋】① 縌：王筠《句讀》："顔注《急就篇》：'縌者，綬之系也。'"
② 綬：《段注》："此綬謂漢之綬也。"即繫印璽的帶子。 ③ 逆聲：聲中有義。《段注》："與綬相迎受故曰縌。逆之言逆也。"本書："逆，迎也。"

纂 似組而赤[①]。从糸，算聲。 作管切（zuǎn）。

纂 【譯文】纂，象組一樣的寬而薄的絲帶，呈赤色。从糸，算聲。

【注釋】① 似組句：《段注》："組之色不同，似組而赤者，則謂之纂。"參"組"、"綬"條。

紐 系[①]也。一曰：結而可解[②]。从糸，丑聲[③]。 女久切（niǔ）。

紐 【譯文】紐，綁束。另一義説，打結而可以解散。从糸，丑聲。

【注釋】① 系：《段注》："今本系下曰'係也'。係者，結束也。"
② 結而句：《段注》："結者，締也。締者，結不解也。其可解者曰紐。"按：即活結。 ③ 丑聲：聲中有義。本書："丑，紐也。"象手之形。手可繫紐束，亦可解結。

綸[①] 青絲綬也。从糸，侖聲。 古還切（guān/lún）[②]。

綸 【譯文】綸，青絲綬帶。从糸，侖聲。

【注釋】① 綸：徐灝《段注箋》："綸本絲繩之名。""用青絲爲綸以佩印，乃其一端耳。又，舊讀古還切（guān），亦非其本音。《釋名》曰：'綸，倫也。作之有倫理也。'是本讀與倫同。""蓋綸繫於胥，以貫佩印；綸巾以繩貫巾：其義皆與綈相近，故讀爲綈音。注家相承，遂併絲繩之綸概讀古還切。" ② 今讀依《廣韻》力迍切。

綎 系綬[①]也。从糸，廷聲。 他丁切（tīng）。

綎 【譯文】綎，用以拴系佩玉的綬帶。从糸，廷聲。

【注釋】① 系綬：朱駿聲《通訓定聲》："古佩玉有綬，以上系于衡；衡上復有綬，以系于革帶。謂之綎。"

絙 緩也。从糸，亘聲。 胡官切（huán）。

絙 【譯文】絙，寬緩。从糸，亘聲。

繐 細疏布也。从糸，惠聲[①]。 私鋭切（suì）。

繐 【譯文】繐，細而疏的麻布。从糸，惠聲。

【注釋】① 惠聲：聲中有義。《釋名》："繐，惠也。齊人謂涼爲惠，言服之輕細涼惠也。”

纀 頸連①也。从糸，暴省聲。 補各切(bó)。

【譯文】纀，把衣領連在衣上。从糸，暴省聲。

【注釋】① 頸連：《段注》：“頸當作領。(領連)謂聯領於衣也。”

紟 衣系①也。从糸，今聲。䋥，籀文从金②。 居音切(jīn)。

【譯文】紟，系結衣服的帶子。从糸，今聲。䋥，籀文紟字，从金聲。

【注釋】① 衣系：邵瑛《羣經正字》：“衣系猶衣帶。”《段注》：“聯合衣襟之帶也。今人用銅紐，非古也。凡結帶皆曰紟。” ② 从金：朱駿聲《通訓定聲》：“从金聲。”

【參證】甲文作。余永梁《殷墟文字考》：“此紟字。”

緣 衣純①也。从糸，彖聲。 以絹切(yuàn)。

【譯文】緣，裝飾衣邊。从糸，彖聲。

【注釋】① 衣純：《段注》：“此以古釋今也。古者曰衣純，見經典；今曰衣緣。緣，其本字；純，其假借字也。緣者，沿其邊而飾之也。”

纀 裳削幅謂之纀①。从糸，僕聲。 博木切(bú)。

【譯文】纀，休閑衣裳(或向上或向下)漸漸削減布的寬度，叫做纀。从糸，僕聲。

【注釋】① 裳削幅句：《爾雅・釋器》：“裳削幅謂之纀。”郭璞注：“削殺其幅(布的寬度)，深衣之裳。”按：深衣，士階層以上的居家所穿的衣，連衣、裳爲一，下面垂到踝部。朱駿聲《通訓定聲》：“當旁之衽，或削而上，或削而下。”

絝 脛衣①也。从糸，夸聲。 苦故切(kù)。

【譯文】絝，套在小腿(直到大腿)的衣。从糸，夸聲。

【注釋】① 脛衣：《段注》：“今所謂套袴也。左右各一，分衣兩脛。”張舜徽《約注》：“即今俗所稱無當袴也。惟其套在兩脛以上達于股，故俗名套袴。俗又作褲。”

繑 絝紐①也。从糸，喬聲。 牽搖切(qiāo)。

【譯文】繑，套褲上的帶子。从糸，喬聲。

【注釋】① 絝紐：《段注》：“紐者，系也。脛衣上有系，系於褌(kūn，褲)帶曰繑。”

緥① 小兒衣②也。从糸，保聲。　博抱切(bǎo)。

緥 【譯文】緥，小兒抱被。从糸，保聲。

【注釋】① 緥：今作褓。　② 小兒衣：《段注》："古多云'小兒被'也。"張舜徽《約注》："湖湘間稱爲抱裙。抱小兒者，必以此包裹之也。"桂馥《義證》："襁緥異制異用。襁制長，負兒於背，用之晝者也；緥制方，縛兒薦，用之夜者也。"參"襁"、"繈"條。

縛① 薉貉②中，女子無絝③，以帛爲脛空，用絮補核，名曰縛衣，狀如襜褕④。从糸，尊聲。　子昆切(zūn)。

縛 【譯文】縛，(東北的少數民族)薉貉族中，女子沒有(左右各套在小腿至大腿上的褲管的)褲。用布帛作腿管的空腔，用粗絲綿裝進去鋪補作膽核，名叫縛衣。形狀象圍裙。从糸，尊聲。

【注釋】① 縛：古代婦女所穿的小衣。　② 薉貉：張舜徽《約注》："薉貉，古種族名，爲北貉之一部，兩漢時爲東夷。即今遼寧省鳳城縣東及朝鮮江原道一帶地。"　③ 無絝句：《段注》："無絝者，無左右各一之絝也。空、腔，古今字。帛爲脛腔，褚(zhǔ，用絲綿裝衣服)以絮而裹之。"　④ 襜(chān)褕(yù)：《段注》："不當有褕字。"本書衣部："襜，衣蔽前也。"即蔽膝，類似今天的圍裙。

紴 絛屬。从糸，皮聲。讀若被，或讀若水波之波。　博禾切(bō)。

紴 【譯文】紴，絛(tāo)一類的絲帶子。从糸，皮聲。音讀象"被"字，或音讀象水波的"波"字。

絛① 扁緒②也。从糸，攸聲。　土刀切(tāo)。

絛 【譯文】絛，編織而成的匯合衆采的絲帶。从糸，攸聲。

【注釋】① 絛：《段注》："'……今之絛繩，必用雜采線織之。'按：紴絨蓋其潤者，絛其陿者，紃其圜者。"　② 扁緒：《段注》："上字作'編'，下字作'諸'爲是。諸者，謂合衆采也。"譯文从段說。

【參證】馬敘倫《六書疏證》卷二十五："今杭縣所謂辮帶，以緣衣履者也。"

絨 采彰①也。一曰：車馬飾②。从糸，戉聲。　王伐切(yuè)。

絨 【譯文】絨，有五彩花紋(的絲織品)。另一義説，編織有車馬圖象的裝飾品。从糸，戉聲。

【注釋】① 采彰：《段注》："彰者，彣彰，可以緣飾之物也。"　② 車馬飾：王筠《句讀》引顏師古説："古謂之車馬裙，其上爲乘車及騎從之象。"王案："車馬飾蓋一名車馬裙。"

縱[①] 絨屬。从糸，从從省聲。　足容切（zōng）。

【譯文】縱，絨一類（的有彩紋的裝飾品）。从糸，由從省彳爲聲。

【注釋】① 縱：朱駿聲《通訓定聲》："縱如今織邊，可裝飾衣物者，緂、絛、紃之類。"

紃 圜采[①]也。从糸，川聲。　詳遵切（xún）。

【譯文】紃，圓形的用彩綫編織的絲帶。从糸，川聲。

【注釋】① 圜采：《段注》："以采綫辮之，其體圜也。"張舜徽《約注》："此即今俗所稱滚條也。用以緣飾衣履。"

緟[①] 增益也。从糸，重聲[②]。　直容切（chóng）。

【譯文】緟，增加。从糸，重聲。

【注釋】① 緟：朱駿聲《通訓定聲》："凡重疊、重複字，經傳皆以重爲之。"　② 重聲：聲中有義。王紹蘭《段注訂補》："重下云'厚也'。厚即有重紊加增之誼。"

【參證】金文作、。劉心源《奇觚室吉金文述》卷二《克鼎》："（次字）从糸从東（重省），明是緟字。"金文首字左旁从索，右旁从巢，即从畫，即从重。

纕[①] 援臂[②]也。从糸，襄聲[③]。　汝羊切（ráng/rǎng）[④]。

【譯文】纕，捋袖露出手臂。从系，襄聲。

【注釋】① 纕：《段注》："今則攘臂行而纕臂廢矣。攘乃揖讓字。"　② 援臂：《段注》："揎（xuān，揎，挽起或捋起衣袖）衣出其臂也。援，引也。引袌（袖）而上之也。"　③ 襄聲：聲中有義。《段注》："襄訓解衣，故其字从襄、糸。"　④ 今讀依《集韻》汝兩切。

纗 維綱[①]，中繩[②]。从糸，巂聲。讀若畫，或讀若維。　户圭切（xié/zuī）[③]。

【譯文】纗，綱的大繩，居中的繩。从糸，巂聲。音讀象"畫"字，或音讀象"維"字。

【注釋】① 維綱：同義連用。　② 中繩：《段注》："綱者，网之紘(hóng，大繩)也，又用繩維之，左右皆有繩而中繩居要，是曰纗。"　③ 今讀依《廣韻》姊規切。

綱 維紘①繩也。从糸，岡聲。㭃，古文②綱。　古郎切(gāng)。

【譯文】綱，(網的)大繩。从糸，岡聲。㭃，古文"綱"字。

【注釋】① 維紘：同義連用，都指大繩。此處取"大"義。《段注》："紘者，冠維也。引申之爲凡維系之偁。孔穎達云：紘者，網之大繩。"　② 古文：朱駿聲《通訓定聲》："古文从木从糸。按：綱有二：提綱挈領爲上綱，綱舉目張爲下綱。下綱，底之總會處，用兩繩周於下口，以鑽鐵若木爲柙，故从木。糸象繩糾，與弦同意。"

【參證】商承祚《説文中之古文考》："㭃，綱之下綱，或用木押，故从木也。"

縜 持綱紐①也。从糸，員聲。《周禮》②曰："縜寸。"　爲贇切(yún)。

【譯文】縜，持握着上、下綱的環紐。从糸，員聲。《周禮》説："持握着綱繩的環紐長一寸。"

【注釋】① 持綱紐：承培元《引經證例》："結而可解曰紐。綱所以系侯(箭靶)于植(箭靶兩旁所樹的長木，用以張靶)者也。"　②《周禮》：指《考工記・梓人》。縜：以綱系侯，以紐連結。紐就是縜，猶今窗簾上的環紐。

綅 (絳)[縫]綫①也。从糸，侵省聲。《詩》②曰："貝胄朱綅。"　子林切(jīn/qīn)③。

【譯文】綅，縫衣的綫。从糸，侵省聲。《詩經》説："用朱紅綫把貝殼縫綴在頭盔上。"

【注釋】① 絳綫：當依桂馥《義證》"絳"作"縫"。王筠《句讀》："可以縫衣之綫也。"　②《詩》：指《魯頌・閟宫》。貝胄句，《段注》："謂以朱綫綴貝於胄耳。"承培元《引經證例》："胄从冃(俗作帽)，由聲，與胄子字下从肉者異。"　③ 今讀依《廣韻》七林切。

縷① 綫也。从糸，婁聲。　力主切(lǚ)。

【譯文】縷，綫。从糸，婁聲。

【注釋】① 縷:《段注》:"此本謂布縷,引申之絲亦名縷。"

綫[1] 縷也。从糸,戔聲。線,古文綫[2]。 私箭切(xiàn)。

綫 【譯文】綫,絲麻製成的細長物。从糸,戔聲。線,古文綫字。

【注釋】① 綫:張舜徽《約注》:"蓋綫之言纖也,謂其形質微細也。"《段注》:"此本謂布綫,引申之絲亦偁綫。" ② 古文綫:宋保《諧聲補逸》:"古文作線,泉聲,猶錢字古通作泉矣。戔、泉同部相近。"參"錢""貝"條。

絘 縷一枚[1]也。从糸,穴聲。 乎決切(xué)。

絘 【譯文】絘,綫縷一根。从糸,穴聲。

【注釋】① 一枚:《段注》:"一枚猶一箇也。"張舜徽《約注》:"今語稱縷一枚爲一根,蓋即箇之語轉。"

縫 以鍼紩[1]衣也。从糸,逢聲。 符容切(féng)。

縫 【譯文】縫,用針把布帛連綴成衣。从糸,逢聲。

【注釋】① 鍼紩:《段注》:"鍼下曰:'所以縫也。'"今作"針"。紩(zhì),縫。

緁[1] 緶衣也。从糸,疌聲。䌖,緁或从習[2]。 七接切(qiè)。

緁 【譯文】緁,用針縫合衣邊。从糸,疌聲。䌖,緁的或體,从習聲。

【注釋】① 緁:《段注》:"緶(pián,用針縫合)其邊也。" ② 从習:《段注》:"習聲與疌聲相近也。"按:上古緁在葉部,習在緝部。

紩 縫也。从糸,失聲。 直質切(zhì)。

紩 【譯文】紩,縫。从糸,失聲。

緛 衣戚[1]也。从糸,耎聲。 而沇切(ruǎn)。

緛 【譯文】緛,衣服褶縐。从糸,耎聲。

【注釋】① 戚:《段注》:"今之蹙字也。"張舜徽《約注》:"蹙之言縮也,謂不伸舒也。"

組[1] 補[2]縫也。从糸,旦聲。 丈莧切(zhàn)。

組 【譯文】組,補縫(衣服)。从糸,旦聲。

【注釋】① 組:《段注》:"以鍼(針)補之曰組。"古《豔歌行》:"故衣誰當補,新衣誰當綻,賴得賢主人,覽取爲我組。"徐灝《段注箋》:"綻與組義近而有別。蓋綻爲縫紉,組爲補完。二字皆兼破裂與縫補二義也。"《段注》:"(組)引申之不必故衣,亦曰縫組。"　② 補:《段注》:"補者,完衣也。"

繕[1] 補也。从糸,善聲[2]。　時戰切(shàn)。

【譯文】繕,補衣。从糸,善聲。

【注釋】① 繕:《段注》:"許言補,其本義也。"王筠《句讀》引《珠叢》:"凡治故造新,皆謂之繕也。"是繕的引申義。　② 善聲:聲中有義。本書:"善,吉也。"引申爲完善。从糸从善,其義爲用綫補充使之完好。

紲[1] 《論語》[2]曰:"紲衣長,短右袂。"从糸,舌聲。　私列切(xiè)。

【譯文】紲,《論語》説:"居家的衣要長一點,使右邊的袖子短一點。"从糸,舌聲。

【注釋】① 紲:朱駿聲《通訓定聲》:"謂絲韌(堅韌)也。"《段注》"紲"下補"衣堅也"三字。徐灝《段注箋》:"鈕云:《説文》有引經而不釋其義者。"如"犕"、"盼"。此亦其例也。高翔麟《經典異字釋》:"(私家褻裘)燕居之服,取其不易敝也。"故《段注》以"衣堅也"説其義。②《論語》:指《鄉黨篇》。今本原文"紲衣"作"褻裘"。《段注》:"衣部曰:'褻,私服也。'然則《論語》自訓私服而作紲者,同音假借也。許偁之者,説六書之假借也。"

纍 綴得理[1]也。一曰:大索[2]也。从糸,畾聲[3]。　力追切(léi)。

【譯文】纍,相連綴而得其條理。另一義説,大的繩索。从糸,畾聲。

【注釋】① 綴得理:《段注》:"綴者,合箸也。合箸得其理,則有條不紊也。是曰纍。"　② 大索:是"綴"的引申義。幾股繩索糾合在一起,就成了大的繩索。　③ 畾聲:畾是古雷字,象雷的回旋轉動的形狀;其異體@@,象聲波或電光連綴。畾取連綴義。參"雷"條。

縭 以絲介履[1]也。从糸,离聲。　力知切(lí)。

【譯文】縭,用絲在鞋面上盤畫(作裝飾)。从糸,离聲。

【注釋】① 以絲介履:《段注》:"介者,畫也。謂以絲介畫履閒爲飾也。”

（篆）緱 刀劒緱[①]也。从糸，侯聲。 古侯切(gōu)。

【譯文】緱，纏在刀劍柄上繩子。从糸，侯聲。

【注釋】① 刀劒緱：戴侗《六書故》：“刀劒柄當把處，以索纏之，爲其血染漬而滑也。”

（篆）緊 韔衣[①]也。从糸，殹聲。一曰：赤黑色繒。 烏雞切(yī)。

【譯文】緊，裝韔的布帛套子。从糸，殹聲。另一義説，赤黑色的絲織品。

【注釋】① 韔衣：《段注》：“所以韜韔者，猶盛弓弩矢器曰医也。”

（篆）[①] 縿 旌旗之斿[②]也。从糸，參聲。 所銜切(shān)。

【譯文】縿，旌旗下垂的旒(的正幅)。从糸，參聲。

【注釋】① 縿：徐灝《段注箋》：“縿爲旗幅而非游。”張舜徽《約注》：“縿爲旌旗正幅，游屬於縿，乃其下垂者也。” ② 斿：本書㫃部：“游，旌旗之流也。”

（篆）徽 衺幅[①]也。一曰：三糾繩[②]也。从糸，微省聲。 許歸切(huī)。

【譯文】徽，斜纏在腿上的綁腿布。另一義説，由三股匯合纏繞而成的繩。从糸，微省聲。

【注釋】① 衺幅：《詩·小雅·采菽》正義：“邪纏于足，謂之邪幅。”幅：綁腿布。 ② 三糾繩：《段注》：“謂三合而糾之也。”

（篆）絜 (扁)[編]緒[①]也。一曰：弩罥鉤帶。从糸，折聲。 並列切(biē)。

【譯文】絜，編繩。另一義説，弓弩腰上的鉤帶。从糸，折聲。

【注釋】① 扁緒：當依朱駿聲《通訓定聲》作“編緒”。參“絛”條。“扁”應作“編”。

（篆）紉 繟繩[①]也。从糸，刃聲。 女鄰切(nín/rèn)。

【譯文】紉，單股而成的繩。从糸，刃聲。

【注釋】① 繟繩：《段注》“繟”作“單”。段注：“單對合言之。凡言編言糾皆合三股二股爲之，紉則單股爲之。蓋單股必以他股連接而成。”《太平御覽》引《通俗文》曰：“合繩曰糾，單展曰紉，織繩曰辮，大繩曰組。”

繩 索①也。从糸，蠅省聲。　食陵切(shéng)。

【譯文】繩，繩索。从糸，蠅省聲。

【注釋】① 索：王筠《句讀》：“《小爾雅》：‘大者謂之索，小者謂之繩。’顔注《急就篇》：‘麻絲曰繩，草謂之索。’”許以索釋繩，渾言之。

縡 紆未縈繩①。一曰：急弦之聲②。从糸，爭聲。讀若旌。側莖切(zhēng)。

【譯文】縡，盤曲繩索，而沒縈繞重疊如環。另一義説，緊急的弦音。从糸，爭聲。音讀象“旌”字。

【注釋】① 紆未縈繩：《段注》：“未縈繩，謂未重疊繞之如環者。紆者，詘也。少少詘曲而已。”　② 急弦之聲：《段注》：“聲縡縡然也。”

縈 收韏①也。从糸，熒省聲。　於營切(yīng/yíng)。

【譯文】縈，收捲(長繩重疊如環)。从糸，熒省聲。

【注釋】① 收韏：《段注》作“收卷”，注：“收卷長繩，重疊如環，是爲縈。”即今語纏繞、縈繞。

【參證】金文作、、。楊樹達《積微居金文説・縈白段跋》：“此字从糸从。”

絇 纑繩絇①也。从糸，句聲②。讀若鳩。　其俱切(qú)。

【譯文】絇，布縷或繩索經過搓合而成。从糸，句聲。音讀象“鳩”字。

【注釋】① 纑繩絇：《段注》：“纑者，布縷也。繩者，索也。絇，糾合之謂，以讀若鳩知之。謂若纑若繩之合少爲多皆是也。”　② 句聲：聲中有義。本書：“句，曲也。”糾合必曲。朱駿聲《通訓定聲》：“从糸，句會意，句亦聲。”　③ 讀若鳩：葉德輝《讀若攷》：“句九古音同。”

縋 以繩有所縣也①。《春秋傳》②曰：“夜縋納師。”从糸，追聲。　持僞切(zhuì)。

【譯文】縋，用繩懸掛着東西。《春秋左傳》説：“趁夜晚用繩懸着垂下城而使齊軍進城。”从糸，追聲。

【注釋】① 以繩句：《段注》：“縣者，系也。以繩系物垂之，是爲縋。”　②《春秋傳》：指《左傳・襄公十九年》。今本原文：“殖綽、工僂會夜縋納師。”殖綽、工僂會，都是齊國的臣子。

絭 攘臂繩[①]也。从糸，舜聲。　居願切(juàn)。

【譯文】絭，用以束臂袖的繩子。从糸，舜聲。

【注釋】① 攘臂繩：《段注》“攘”作“纕”，注：“纕者，援臂也。臂袖易流，以繩約之，是繩謂之絭。”

緘[①] 束篋[②]也。从糸，咸聲。　古咸切(jiān)。

【譯文】緘，捆扎箱篋(的繩索)。从糸，咸聲。

【注釋】① 緘：《漢書・外戚傳下・孝成趙皇后》：“使客子解篋緘。”顏師古注：“緘，束篋之繩也。”　② 束篋：《段注》：“篋者，笥也；束者，縛也。束之者曰緘。”

【參證】金文作。李孝定《金文詁林讀後記》卷十三：“釋‘緘’，於字形爲近。”

縢[①] 緘也。从糸，朕聲。　徒登切(téng)。

【譯文】縢，用以纏束的繩索。从糸，朕聲。

【注釋】① 縢：《段注》：“亦所以束者也。凡艸之藟、木之虆曰縢，俗作藤。”

【參證】金文作。高田忠周《古籀篇》卷六十九：“从糸，朕聲。朕者，縫也。兼會意。”“艸名曰縢，所以引曼縢束之意也。後世字亦變作藤，猶見有意，又譌作藤，作藤从滕聲，从滕聲俗字耳。”

編 次簡[①]也。从糸，扁聲。　布玄切(biān)。

【譯文】編，依次排列竹簡。从糸，扁聲。

【注釋】① 次簡：《段注》：“以絲次弟竹簡而排列之曰編。”“冊(篆作)字下曰：象其札，一長一短，中有二編之形。然則駢比其簡，上下用絲編二。”編，名動合一。

【參證】甲文作，李孝定《甲骨文字集釋》卷十三：“編之本義爲次簡，是與冊義同。契文从冊从糸會意，冊則爲象形，綳(編)當爲冊之後起字，至从系扁聲之編則又爲綳之後起字也。”

維[①] 車蓋維也。从糸，隹聲。　以追切(wéi)。

【譯文】維，繫車蓋的繩索。从糸，隹聲。

【注釋】① 維：桂馥《義證》：“維謂繫蓋之繩也。”

【參證】金文作、、、。首字不从糸，二、三字與篆文同，末字加“攴”。李孝定《金文詁林讀後記》第十三卷：“維訓維繫，維繫之必以手，故增‘攴’爲義符。”

絥　車絥[1]也。从糸，伏聲[2]。，絥或从艸。[3]，絥或从革，葡聲。　平祕切(bèi)。

【譯文】絥，車絥。从糸，伏聲。茯，絥的或體，从艸。鞴，絥的或體，从革，葡聲。

【注釋】① 車絥：覆蓋在車軾上供人所憑伏的柔軟的囊袋。桂馥《義證》：“(絥)字或作鞦。”《急就篇》“靭鞦軲韉”顔師古注：“鞦，韋囊，在車中，人所憑伏也。今謂之隱囊。”　② 伏聲。聲中有義。本書：“伏，司也。从人从犬。”徐灝《段注箋》：“犬之守也恒蹲伏，見人則起而吠之，假爲人之伏。引伸爲俯伏之稱。”王筠《句讀》把犬伏直接説成“譬况之詞”。絥从糸从伏，其意爲供人俯伏、憑伏的布帛類物。　③ 鞴：張舜徽《約注》：“古者男子立乘，故必有隱囊覆軾上以資憑伏。其物以布帛爲之，故从糸，蓋亦有以艸或革爲之者，皆取其柔軟耳，故其字又或从艸、从革。”

⿰糸正　乘輿馬飾也[1]。从糸，正聲。　諸盈切(zhēng)。

【譯文】⿰糸正，⿰糸正綊。天子車和馬的裝飾物。从糸，正聲。

【注釋】① 乘輿句：《段注》此前補“⿰糸正綊”二字。段注：“⿰糸正綊字，今無所攷。”乘輿，《段注》：“乘輿，天子車。飾，亦妝飾之飾。”譯文據此。

綊[1]　⿰糸正綊[2]也。从糸，夾聲。　胡頰切(xié)。

【譯文】綊，⿰糸正綊。从糸，夾聲。

【注釋】① 綊：參“⿰糸正”條。　② ⿰糸正綊：《段注》：“凡緜連字不可分釋者，其例如此。”

緐　馬髦飾[1]也。从糸，每聲[2]。《春秋傳》[3]曰：“可以稱旌緐乎？”，緐或从𢍏[4]。𢍏，籀文弁。　附袁切(fán)。

【譯文】緐，馬頸鬣毛上的裝飾物。从糸，每聲。《春秋左傳》説：“大概可以同馬鬣上下垂的絲帶子相稱吧？”⿰糸𢍏，緐的或體，从𢍏聲。𢍏，籀文弁字。

【注釋】① 馬髦飾：《段注》："馬髦，謂馬鬣也。飾，亦妝飾之飾。蓋集絲絛(絲帶)下垂爲飾曰緐。引申爲緐多，又俗改其字作繁。"
② 每聲：朱駿聲《通訓定聲》："每非聲。當从糸从每會意。每者，草盛上出，鬣飾如之。"存參。　③《春秋傳》：指《左傳·哀公二十三年》。今本"可以"句作"其可以稱(副)旌繁乎"。"旌"義不詳。
④ 从𢍏：《段注》："以弁形聲。"

【參證】金文作，左旁即每字，或爲每字的變體，右旁即糸。

繮　馬紲①也。从糸，畺聲②。　居良切(jiāng)。

【譯文】繮，拴系馬的繩子。从糸，畺聲。

【注釋】① 紲(xiè)：本部："系也。"朱駿聲《通訓定聲》："牛曰紖，犬曰紲，馬曰繮。"　② 畺聲：聲中有義。《釋名·釋車》："繮，疆也。繫之使不得出疆限也。"本書："畺，界也。"

紛　馬尾韜①也。从糸，分聲。　撫文切(fēn)。

【譯文】紛，包藏馬尾的套子。从糸，分聲。

【注釋】① 馬尾韜：《段注》："韜，劍衣也。引申爲凡衣之偁。"張舜徽《約注》："馬尾毛長而多，古人馳馬，恐其尾散亂飄蕩，過山谷時結繫荊棘，不利於行，故必爲韜以包藏之。亦有編其尾成辮者，皆所以收聚之也。"

紂①　馬緧也。从糸，肘省聲。　除柳切(zhòu)。

【譯文】紂，套車時拴在駕轅的馬後橫木上的皮帶。从糸，肘省聲。

【注釋】① 紂：《方言》卷九："車紂，自關而東，周、洛、韓、鄭、汝、潁而東，謂之緻，或謂之曲綯，或謂之曲綸，自關而西，謂之紂。"按：緻，又作緧。

【參證】甲文作，从又，又猶寸。馬敘倫《六書疏證》卷二十五："寸肘一字也。"

緧①　馬紂也。从糸，酋聲。　七由切(qiū)。

【譯文】緧，套車時拴在馬後橫木上的皮帶。从糸，酋聲。

【注釋】① 緧：參"紂"條。

絆　馬縶①也。从糸，半聲。　博幔切(bàn)。

【譯文】絆，御馬的繩索。从糸，半聲。

【注釋】① 縶：《段注》："縶謂繩，用此繩亦謂之縶。"

顉 絆前兩足也。从糸，須聲。漢令：蠻夷卒有顉①。　相主切(xǔ)。

【譯文】顉，用繩子把獸前兩足絆住。从糸，須聲。漢朝的律令規定：蠻夷地方的士卒(有罪，當)用顉刑。

【注釋】① 蠻夷句：《段注》："殊下云：'蠻夷長有罪當殊之。'此應云：'蠻夷卒有罪當顉之。'"譯文照《段注》。

紖 牛系①也。从糸，引聲②。讀若矤③。　直引切(zhèn)。

【譯文】紖，拴系牛鼻的繩子。从糸，引聲。音讀象"矤(shěn)"字。

【注釋】① 牛系：《段注》："牛系，所以系牛者也。"　② 引聲：聲中有義。本書："引，形也。"《段注》："(引申)凡延長之偁，開導偁。"牛絢既可延長，又可爲牛開導。　③ 讀若矤：葉德輝《讀若考》："紖、矤均从引得聲。矢部：'矤，況也，詞也。从矢，引省聲。'"

縼① 以長繩繫牛也。从糸，旋聲。　辭戀切(xuàn)。

【譯文】縼，用長繩牽牛(放牧)。从糸，旋聲。

【注釋】① 縼：《段注》引《玉篇》："以長繩系牛馬放之也。"

縻 牛轡①也。从糸，麻聲。𦃃，縻或从多②。　靡爲切(mí)。

【譯文】縻，牛繮繩。从糸，麻聲。𦃃，縻的或體，从多聲。

【注釋】① 牛轡：《段注》："緣(轡)，本馬緣(轡)也。大車駕牛者則曰牛緣(轡)，是爲縻。"王筠《句讀》引《蒼頡篇》："縻，牛韁也。"王筠《釋例》："牧牛馬者，恐其風逸，椓弋地中，長繩繫之，牛馬可久得食，人亦得作它事。而羈縻勿絶之語，即由此起也。"　② 从多：桂馥《義證》："多，聲也。"宋保《諧聲補逸》："麻聲、多聲，同部相近。"

紲① 系也。从糸，世聲。《春秋傳》②曰："臣負羈紲。"緤，紲或从枼③。　私列切(xiè)。

【譯文】紲，繩索。从糸，世聲。《春秋左傳》説："臣(象隨行的馬)背負着馬籠頭、馬繮繩，(跟着您在天下巡行。)"緤，紲的或體，从枼聲。

【注釋】① 紲：《廣雅·釋器》："紲，繩索也。"《段注》："緤本犬系，引申之馬亦曰紲。"參"繮"條。　②《春秋傳》：指《左傳·僖公二十四年》。今本原文："臣負羈紲，從君巡於天下。"　③ 从枼：《段注》："枼亦世聲也。"

纆① 索也。从糸，黑聲②。 莫北切(mò)。

纆 【譯文】纆，繩索。从糸，黑聲。

【注釋】① 纆：桂馥《義證》："或作縲。" ② 黑聲：聲中有義。《段注》："从黑者，所謂黑索拘攣罪人也。"

緪 大索也。一曰：急①也。从糸，恆聲。 古恒切(gēng)。

緪 【譯文】緪，大繩索。另一義說，綳緊(琴弦)。从糸，恆聲。

【注釋】① 急：《段注》引王逸注《九歌》："絙(緪)，急張弦也。"

繘① 綆也。从糸，矞聲。⿲糸矞糸，古文从絲。⿲糸⿱𦥑矞糸②，籀文繘。 余聿切(yù)。

繘 【譯文】繘，汲水用的繩索。从糸，矞聲。⿲糸矞糸，古文繘字，从絲。⿲糸⿱𦥑矞糸，籀文繘字。

【注釋】① 繘：《方言》卷五："繘，自關而東，周、洛、韓、魏之間謂之綆，或謂之絡，關西謂之繘。"郭璞注："汲水索也。" ② ⿲糸⿱𦥑矞糸：張舜徽《約注》："用汲索以取水，必以兩手提持之，故繘字籀文从臼也。其从絲者，與从糸同，分置左右，取字形茂美耳。"

綆① 汲井綆也。从糸，更聲。 古杏切(gěng)。

綆 【譯文】綆，從井裏汲水的繩索。从糸，更聲。

【注釋】① 綆：參"繘"條。

絠 彈彄①也。从糸，有聲。 弋宰切(ǎi)。又，古亥切(gǎi)。

絠 【譯文】絠，開弓發箭後，(弦與)弓弩兩端(相擊撞)。从糸，有聲。

【注釋】① 彈彄(kōu)：《段注》："彈者，開弓也。彄者，弓弩耑(端)弦所凥(居)也。"朱駿聲《通訓定聲》："發矢時，弦與耑(端)離。故矢既發，則弦與其耑(端)相擊，是之謂絠。"

繛① 生絲縷②也。从糸，敫聲。 之若切(zhuó)。

繛 【譯文】繛，生絲綫。从糸，敫聲。

【注釋】① 繛：今作繳。 ② 生絲縷：《段注》："生絲爲縷(繩)也。凡蠶者爲絲，麻者爲縷，絲細縷麤(粗)，故糾合之絲得偁縷。"《段注》："生絲縷也"後補"謂縷系矰矢而目惟躲也。"存參。

繴 繴謂之罿，罿謂之罬，罬謂之罦①。捕鳥覆車②也。从糸，辟聲。 博戹切(bó/bì)③。

【譯文】繴，繴叫作罿，罿叫作罬，罬叫做罦。是捕鳥的覆車網。从糸，辟聲。

【注釋】① 繴謂句：見《爾雅·釋器》。其注曰："展轉相解，廣異語。"罿(chōng)、罬(zhuó)、罦(fú)均見本書网部。 ② 覆車：承培元《引經證例》："覆車爲兩轅，如車，以張网，以機系之，鳥入則牽機覆之。"參"罿"、"罬"、"罦"諸條。 ③ 今讀依《廣韻》北激切。

【參證】金文作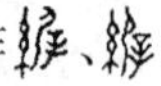。左从糸，右从辟。

緍① 釣魚繁也。从糸，昏聲。吴人解衣相被，謂之緍②。 武巾切(mín)。

【譯文】緍，釣魚的絲繩。从糸，昏聲。吴地人解衣覆蓋它物，叫作緍。

【注釋】① 緍：邵瑛《羣經正字》："今經典作緡。""《説文》日部：'昏，日冥也。从日，氐省。氐者，下也。一曰：民聲。'是从氐省者會意，從民者諧聲。然从民究係或作字，偏旁終當以昏爲正。"按：依《段注》，昬乃昏字隸變之譌。 ② 吴人句：王筠《句讀》："《方言》：'緍緜，施也。秦曰緍，趙曰緜，吴越之間脱衣相被，謂之緍緜。'案：許君但曰謂之緍者，蓋緍緜在古爲疊韻，在今爲雙聲，故可單、可雙也。"又，《漢書·武帝紀》："初算緡錢。"注："絲也。以貫錢也。"釣魚之絲引申爲絲繩，以絲繩串錢，則爲穿錢之貫。又，《食貨志》："賈人之緡錢。"即賈人之家財。參"鍲"條。

絮 敝緜①也。从糸，如聲。 息據切(xù)。

【譯文】絮，破舊的絲緜。从糸，如聲。

【注釋】① 敝緜：王筠《句讀》："敝敗之緜，不可織者，乃用以褚(用絲緜裝衣)衣耳。"《段注》："凡絮必絲爲之，古無今之木緜也。"

絡 絮也。一曰：麻未漚①也。从糸，各聲。 盧各切(luò)。

【譯文】絡，破舊的絲緜。另一義説，麻未經浸泡。从糸，各聲。

【注釋】① 麻未漚：張舜徽《約注》："蓋謂生麻也。生麻未漚，其性不柔，不中緝績之用，然猶可用之束物，因名曰絡。"

纊 絮也。从糸，廣聲。《春秋傳》[1]曰："皆如挾纊。"絖，纊或从光[2]。 苦謗切(kuàng)。

【譯文】纊，破舊的絲緜。从糸，廣聲。《春秋左傳》説："(三軍的將士)都象懷藏着絲緜。"絖，纊的或體，从光聲。

【注釋】①《春秋傳》：指《左傳·宣公十二年》。今本原文："申公巫臣曰：'師人多寒。'王巡三軍，拊而勉之，三軍之士皆如挾纊。"纊：泛指絲緜。 ② 从光：朱駿聲《通訓定聲》："或从光聲。"宋保《諧聲補逸》："猶黂从黄聲，重文作䊨，光聲也。"

紙[1] 絮一苫[2]也。从糸，氏聲[3]。 諸氏切(zhǐ)。

【譯文】紙，(漂洗後)附著在一方形竹簾上的絲緜渣。从糸，氏聲。

【注釋】① 紙：朱駿聲《通訓定聲》："造紙昉于漂絮，以箔薦而成之。後漢蔡倫造意，用樹膚、麻頭及敝巾魚網爲之。今亦用竹質木皮，其細者有緻密竹廉薦焉。" ② 絮一笘：《段注》"笘"作"箈(qián)"。本書竹部："箈，潎絮簀也。"造紙漂洗絲緜的竹簾。 ③ 氏聲：朱駿聲《通訓定聲》："字與从氏之絲滓字小别。"

紨 治敝絮[1]也。从糸，音聲。 芳武切(fǔ)。

【譯文】紨，整治破舊的絲緜。从糸，音聲。

【注釋】① 敝絮：《段注》："猶故絮也。"

絮 絜縕[1]也。一曰：敝絮[2]。从糸，奴聲。《易》[3]曰："需有衣絮。" 女余切(rú)。

【譯文】絮，捆束亂麻。另一義説，破舊的絲緜。从糸，奴聲。《易經》説："應有保溫禦寒的衣服，可是卻有人穿着破舊的絲緜。"

【注釋】① 絜縕(yùn)：《段注》："謂束縕也。"本部："絜，麻一耑也。"金錫齡《釋絮》："蓋絮必束麻爲之。" ② 敝絮：《段注》："前説謂麻，此謂絲。" ③《易》：指《既濟》六四爻辭。今本"需"作"繻"，通"襦"。王引之《述聞》："《説文》：'襦，㬻衣也。''㬻，溫也。'㬻衣所以禦寒也。"

繫 繫褫[1]也。一曰[2]：惡絮。从糸，毄聲。 古詣切(jì)。

【譯文】繫，繫褫，是粗劣的絲緜。从糸，毄聲。

【注釋】① 繫褫(lí)：朱駿聲《通訓定聲》"褫"下："繫褫，疊韻連語。

惡絮。” ② 一曰：《段注》：“猶一名也。”王筠《句讀》：“原本蓋云：‘繫縭，惡絮。’”譯文依王説。

縭[①] 繫縭也。一曰：(維)[絓][②]也。从糸，虒聲。 郎兮切(lí)。

【譯文】縭，繫縭。又叫絓。从糸，虒聲。

【注釋】① 縭：參上“繫”條。 ② 一曰：維也：鈕樹玉《段注訂》：“維乃絓之譌。”王筠《釋例》：“‘一曰’猶云‘一名’。”按：絓是蠶繭的渣滓形成的有所挂礙的結頭，是粗劣的絲縣。見“絓”條。

緝 績[①]也。从糸，咠聲。 七入切(qī/jī)。

【譯文】緝，績麻。从糸，咠聲。

【注釋】① 績：《段注》：“凡麻枲，先分其莖與皮曰朩(pìn)，因而漚之，取所漚之麻而林(pài)之。林之爲言微也，微纖爲功。析其皮如絲，而撚之，而剶(yè，接)之，而續之，而後爲縷，是曰績，亦曰緝，亦絫言緝績。”

絘 績所緝[①]也。从糸，次聲[②]。 七四切(cì)。

【譯文】絘，績續麻撚爲線。从糸，次聲。

【注釋】① 積所緝：王筠《句讀》：“蓋謂先緝之者，今又績之也。先緝爲單線，今謂之麻撚，再績爲合線，今謂之麻線。故曰績所緝也。”《釋例》：“如紡線者，初紡爲單線，再紡爲合線也。” ② 次聲：聲中有義。徐灝《段注箋》：“絘正謂次弟相接耳。”

績[①] 緝[②]也。从糸，責聲。 則歷切(jì)。

【譯文】績，把麻撚續成繩線。从糸，責聲。

【注釋】① 績：《段注》：“績之言積也，積短爲長，積少爲多。”
② 緝：參“緝”條。

【參證】金文作，不从糸。

纑 布縷[①]也。从糸，盧聲。 洛乎切(lú)。

【譯文】纑，麻綫。从糸，盧聲。

【注釋】① 布縷：《段注》：“言布縷者，以别乎絲縷也。績之而成縷，可以爲布，是曰纑。”按：布是麻布。

紨 布[①]也。一曰：粗紬[②]。从糸，付聲。 防無切(fú/fū)[③]。

【譯文】紨，布名。另一義説，是粗綢。从糸，付聲。

【注釋】① 布：《段注》："謂布名。" ② 粗紬(chóu)：《段注》："謂大絲繒之粗者。" ③ 今讀依《廣韻》芳無切。

繐 蜀細布[①]也。从糸，彗聲。 祥歲切(suì)。

【譯文】繐，四川出產的細麻布。从糸，彗聲。

【注釋】① 蜀細布：桂馥《義證》："《一切經音義》卷八引作'蜀白細布也。'"存參。

絺 細葛[①]也。从糸，希聲。 丑脂切(chī)。

【譯文】絺，細葛布。从糸，希聲。

【注釋】① 細葛：《段注》："葛者，絺綌艸也。其緝績之，一如麻枲，其所成之布，細者曰絺，粗者曰綌。"

【參證】楊樹達《積微居小學述林·希絺》："今本《説文》無希字。""(希)當是絺之初文也。""義爲細葛，故字从巾。""从爻，象葛縷交織稀疏之形。""希字已从巾，復加从糸，於文爲複贅，此可知絺爲希之加旁字，而希爲絺之初文益得其證矣。今細葛之義爲絺所據，初形之希只有後起希少之義矣。"

綌 粗葛[①]也。从糸，谷聲。𢄼，綌或从巾。 綺戟切(xì)。

【譯文】綌，粗葛布。从糸，谷(jué)聲。𢄼，綌的或體，从巾。

【注釋】① 粗葛：王筠《句讀》："不謂之'布'者，以麻爲之者謂之布，以葛爲之者仍謂之葛。"參上"絺"條。

縐 絺之細[①]也。《詩》[②]曰："蒙彼縐絺。"一曰：蹴[③]也。从糸，芻聲。 側救切(zhòu)。

【譯文】縐，細葛布的更細者。《詩經》説："蒙罩在那特細的細葛布衣上。"另一義説，是皺縮。从糸，芻聲。

【注釋】① 絺之細：桂馥《義證》："《詩》正義：'絺者，以葛爲之，其精尤細靡者，縐也。'" ②《詩》：指《鄘風·君子偕老》。毛傳："蒙，覆也。絺之靡者爲縐。"《段注》："靡謂紋細皃，如水紋之靡靡也。謂其極細。" ③ 蹴：《段注》作"戚"。《子虛賦》："襞積褰縐。"張揖注："縐，戚也。"段注："蓋本作'戚'，俗成'蹙'，又改爲'蹴'耳。"

絟 細布也。从糸，全聲。 此緣切(quán)。

【譯文】絟，細麻布。从糸，全聲。

紵 枲屬[①]。細者爲絟,粗者爲紵。从糸,宁聲。䊷,紵或从緒省[②]。 直吕切(zhù)。

【譯文】紵,用麻類植物(織成的布)。細麻布叫絟,粗麻布叫紵。从糸,宁聲。䊷,紵的或體,由緒省去日作形旁。

【注釋】① 枲(qǐng)屬:桂馥《義證》引程瑶田説:"紵實麻類,今乃以爲布名。" ② 从緒省:朱駿聲《通訓定聲》:"或从緒省,宁聲。"

緦 十五升布[①]也。一曰:兩麻一絲布也。从糸,思聲。𢇍,古文緦从糸省[②]。 息兹切(sī)。

【譯文】緦,六百縱綫織成的(二尺二寸寬的)麻布。另一義説,兩根麻綫夾一根絲綫織成的布。从糸,思聲。𢇍,古文緦字,由糸省作形旁。

【注釋】① 十五升布:《段注》作"十五升抽其半布",注:"凡布幅廣二尺二寸。《禮經》布八十縷爲升,即許之布八十縷爲稯也。"桂馥《義證》:"去其半則六百縷而疏也。"按:緦是製作喪服的細麻布。凡疏遠的親屬、親戚都服緦麻。 ② 从糸省:王筠《句讀》:"當云:'从囟(xìn)聲。'"存參。

緆 細布也。从糸,易聲[①]。𪎭,緆或从麻[②]。 先擊切(xī)。

【譯文】緆,細麻布。从糸,易聲。𪎭,緆的或體,从麻。

【注釋】① 易聲:聲中有義。《釋名》:"錫(緆)縗。錫,易也。治其麻使滑易也。" ② 或从麻:因是細麻布。

緰 緰貲[①],布也。从糸,俞聲。 度侯切(tóu)。

【譯文】緰,緰貲,(上等細)麻布。从糸,俞聲。

【注釋】① 緰貲:《急就篇》第九章:"服瑣緰帍與繒連。"顔師古注:"緰帍,緆布之尤精者也。"

縗 [喪]服衣[①]。長六寸[②],博四寸,直[③]心。从糸,衰聲。 倉回切(cuī)。

【譯文】縗,喪服的上衣。(下巴下揩淚的佩巾)長六寸,寬四寸,正當胸上。从糸,衰聲。

【注釋】① 服衣:當依《段注》作"喪服衣",段注:"凡服,上曰衣,下曰裳。" ② 長六寸:桂馥《義證》:"皇侃《禮記義疏》:'以三升

(緵,八十縷)半布爲衰,長六寸,廣四寸,綴於衣前,當胸上。’趙宧光曰:‘蓋獨指當頤下拭淚佩巾也。’”　③ 直:承培元《引經證例》:“直,當也。”

絰　喪首戴[1]也。从糸,至聲。　徒結切(dié)。

【譯文】絰,服喪期間頭上戴的葛麻布帶。从糸,至聲。

【注釋】① 首戴:徐灝《段注箋》:“許但云首戴,舉其大者而言。要(腰)亦有絰。”

緶　交枲[1]也。一曰:緁衣[2]也。从糸,便聲。　房連切(pián,又biǎn)[3]。

【譯文】緶,把麻交織成辮子。另一義説,縫合衣裳。从糸,便聲。

【注釋】① 交枲(xǐ):《段注》:“謂以枲(麻)二股交辮之也。交絲爲辮,交枲爲緶。”　② 緁衣:王筠《句讀》:“《玉篇》:‘緶,交縫衣也。’交兩幅之邊對合縫之。”朱駿聲《通訓定聲》:“縫緝其邊曰緶。”③“交枲”義依《廣韻》方典切,今讀 biǎn。“縫衣”義依《廣韻》房連切,今讀 pián。

㡧　履[1]也。一曰:青絲頭履也[2]。讀若阡陌之陌。从糸,户聲。　亡百切(mò/huà)[3]。

【譯文】㡧,麻鞋。另一義説,用青絲製作鞋頭的鞋子。音讀象阡陌的“陌”字。从糸,户聲。

【注釋】① 履:徐灝《段注箋》:“㡧爲麻履之本名。”　② 青絲句:《段注》:“上義謂麻作之。此義謂青絲爲頭。”　③ 今讀依《廣韻》胡瓦切。

紺　枲[1]履也。从糸,封聲。　博蠓切(běng)。

【譯文】紺,麻鞋。从糸,封聲。

【注釋】① 枲(xǐ):本書朩部:“枲,麻也。”

緉　履兩枚[1]也。一曰:絞[2]也。从糸,从兩,兩亦聲。　力讓切(liàng/liǎng)[3]。

【譯文】緉,鞋子(一雙)兩隻。另一義説,兩股繩交合。由糸、由兩會意,兩也表聲。

【注釋】① 履兩枚:《段注》:“履必兩而後成用也。”　② 絞:徐灝

《段注箋》:“二繩相糾之義。”　③ 今讀依《廣韻》良獎切。

絜　麻一耑①也。从糸,㓞聲。　古屑切(jié)。

【譯文】絜,麻一束。从糸,㓞聲。

【注釋】① 麻一耑:《段注》:“耑猶一束也。耑,頭也。束之必齊其首,故曰耑。束之必圍之,故引申之圍度曰絜;束之則不散曼,故又引申爲潔淨。俗作潔,經典作絜。”

繆　枲之十絜①也。一曰:綢繆②。从糸,翏聲。　武彪切(móu)。

【譯文】繆,麻的十束。另一義説,纏緜束縛。从糸,翏聲。

【注釋】① 枲之十絜:《段注》:“枲即麻也。十絜猶十束也。”　② 綢繆:《詩・唐風・綢繆》:“綢繆束薪。”毛傳:“綢繆,猶纏緜也。”《段注》:“謂束縛重疊。”

綢　繆①也。从糸,周聲。　直由切(chóu)。

【譯文】綢,就是繆。从糸,周聲。

【注釋】① 繆:《段注》:“謂‘枲之十絜。一曰綢繆’。二義皆與繆同也。今人綢繆二字不分用。”參“繆”條。

緼　紼①也。从糸,𥁕聲。　於云切(yūn/yùn)②。

【譯文】緼,亂麻。从糸,𥁕聲。

【注釋】① 紼:王筠《句讀》:“玄應引云:‘緼、紼,亂麻也。’”　② 今讀依《廣韻》於問切。

紼　亂系①也。从糸,弗聲。　分勿切(fú)。

【譯文】紼,亂麻。从糸,弗聲。

【注釋】① 亂系:《段注》作“亂枲”。段注:“亂枲者,亂麻也。可以裝衣,可以然火,可以緝之爲索。”

絣　氐人①殊縷布②也。从糸,并聲③。　北萌切(bēng)。

【譯文】絣,氐族人用不同色彩的綫縷織成的布。从糸,并聲。

【注釋】① 氐人:張舜徽《約注》:“古之氐族,自殷周至漢,分佈在今陝西、甘肅、四川、雲南、貴州等省境内。”　② 殊縷布:《段注》:“蓋殊其縷色而相間織之。絣之言駢也。”　③ 并聲:聲中有義。有并合排比義。將不同顏色相間并比在一起。

紕① 氐人罽②也。讀若《禹貢》玭珠③。从糸③，比聲④。　卑履切(bǐ)。

【譯文】紕，氐族人織的毛布。音讀象《禹貢》説的“玭珠”的“玭”字。从糸，比聲。

【注釋】① 紕：張舜徽《約注》：“今俗稱毛織品爲嗶嘰，當以紕罽爲本字。”　② 氐人罽：《段注》：“氐人所織毛巾也。”　③ 玭珠：參“玭”條。　③ 糸：《段注》：“毛似糸，故从糸。”　④ 比聲：聲中有義。比者排比而成。

罽 西胡毳布①也。从糸，罽聲。　居例切(jì)。

【譯文】罽，西域各少數民族用獸細毛織成的布。从糸，罽聲。

【注釋】① 毳布：《段注》：“毳者，獸細毛也。用織爲布，是曰罽。”即今毡類毛織品。

縊① 經②也。从糸，益聲。《春秋傳》③曰：“夷姜縊。”　於賜切(yì)。

【譯文】縊，(自己)吊死。从糸，益聲。《春秋左傳》説：“夷姜自己吊死。”

【注釋】① 縊：《釋名》：“懸繩曰縊。縊，阨也。阨其頸也。”
② 經：鈕樹玉《校録》：“《玉篇》：‘自經也。’《廣韻》：‘自經死也。’則《説文》當有自字。”《段注》：“縊死必兩股爲之，以其直縣也，故亦謂之經。”　③《春秋傳》：指《左傳・桓公十六年》。夷姜，初爲衛宣公庶母，後爲宣公夫人。

【參證】楊樹達《增訂積微居小學金石論叢・字義同緣於語源同例證》：“口部云：‘嗌，咽也。从口，益聲。，籀文嗌，上象口，下象頸脈理也。’按縊字所从之益，即假爲嗌，縊所以从糸益者，謂以糸繫其咽也。”

綏 車中把①也。从糸，从妥②。　息遺切(suī/suí)。

【譯文】綏，車中用手把持用以登車的繩索。由糸、由妥會意。

【注釋】① 車中把：徐灝《段注箋》：“言車中所執也。”　② 从糸，从妥：徐鍇《繫傳》：“禮：升車必正立執綏，所以安也。”執綏，故从糸。孔廣居《疑疑》引《六書故》曰：“妥，安也。从覆手撫女，安之意也。”

【參證】甲文作，金文作、。羅振玉《增訂殷虛書契考釋》："古綏字作妥。古金文與卜辭並同。"吴其昌《殷虛書契解詁》："字乃象手爪捕一女子之狀，當亦爲俘虜之屬矣。""俘虜必以索，而引申爲升車之索矣。""車上執綏，則身可以自安，故綏字之義，又得引申爲安。"

彝　宗廟常器[1]也。从糸；糸，綦[2]也。収持米[3]，器中寶[4]也。彑聲[5]。此與爵相似[6]。《周禮》[7]："六彝：雞彝、鳥彝、黄彝、虎彝、蟲彝、斝彝。以待祼將之禮。"、，皆古文彝。以脂切（yí）。

【譯文】彝，宗廟祭器的通名。从糸；糸，表示用以覆蓋的絲織品。由表示雙手的収捧持着"米"，（米）是祭器中的寶物。彑表聲。這個字與爵字構形相似。《周禮》説："有六種彝器：畫有雞形的彝器、畫有鳥形的彝器、用黄銅刻鏤爲眼目的彝器、畫有虎形的彝器、畫有蟲形的彝器、畫有禾稼的彝器。用來等待用酒灌地以祭奠祖先的禮儀。"𢑱、𢑼，都是古文"彝"字。

【注釋】① 常器：王筠《句讀補正》："宗廟之器，彝居其一，而曰常器，似凡器之通名，乃下引《周禮》則又爲一器之專名。"　② 綦：《段注》："當作幂。彝尊必以布覆之，故从糸也。"　③ 米：《段注》："酒者，米之所成。故从米。"　④ 寶：鈕樹玉《校録》："宋本實作寶，譌。"存參。　⑤ 彑聲：聲中有義。《段注》："彑者，豕之頭鋭而上見也。爵从鬯又而象雀之形，彝从糸米廾而象畫鳥獸之形，其意一也。"　⑥ 相似：《段注》："猶同意也。"即構形原則相似。王筠《句讀》："彝爵皆酒器。爵從鬯，鬯之㐅即米也；從又與廾皆手也。"

⑦《周禮》：引文是約舉《春官·小宗伯》及《司尊彝》的文字。《小宗伯》："辨六彝之名物，以待果（祼）將。"《司尊彝》："春祠夏禴，祼用雞彝、鳥彝，秋嘗冬烝，祼用斝彝、黄彝。凡四時之間祀，追享朝享，祼用虎彝、蜼彝。"王筠《句讀補正》："鄭注：雞彝、鳥彝，謂刻而畫之，爲雞、鳳皇之形；斝讀爲稼，稼彝，畫禾稼也；黄彝，黄目尊也；蜼，禺屬，卬鼻而長尾。"祼將：助王酌酒以祭奠祖先或飲諸侯。參"祼"條。將，送。

【參證】甲文作、，金文作、、。李孝定《甲骨文字集釋》："均象兩手捧雞或鳥之形。古者宗廟祭祀以雞、鳥爲犧，乃習見之事實，於是於製爲彝器時遂有於雞、鳥取象者矣。蓋金文彝字之从[illegible]或[illegible]形者，實象雞、鳥之縛其兩翼以防奪逸者，即篆體从糸之所本。金文彝字多於雞、鳥形喙端之下着二三小點者，乃象鬱鬯之形。雞、鳥之喙即爲器物之流，故於其下着二三小點以象之也。篆譌爲米。篆文从彑，乃雞、鳥之首及喙之形譌。”馬薇廎《從彝銘所見彝器之名稱》(《中國文字》第四十二册)：“(彝器)一爲廣義：除兵器外，凡祭祀所用之禮器，均可稱之爲彝。”“(如)樂器、烹器、食器、酒器、盥洗器、盛器。”“彝爲祭器之通稱。”“另一爲狹義：凡飲酒、溫酒、盛酒之器。”

緻① 密也。从糸，致聲。　直利切(zhì)。

緻　【譯文】緻，細密。从糸，緻聲。

【注釋】① 緻：姚文田、嚴可均《校議》：“大徐新修十九文也。經典皆作‘致’。”

文二百四十八　重三十一

緗① 帛淺黄色也。从糸，相聲。　息良切(xiāng)。

緗　【譯文】緗，絲織品呈現淺黄色。从系，相聲。

【注釋】① 緗：《鄭新附考》：“《釋名》：‘緗，桑也。如桑葉初生之色也。’是緗之名出于桑。蓋古者因桑色黄即以桑爲黄色之偁，猶丹本赤石，朱本赤心木即通爲赤色之例。久乃專作緗字。”

緋① 帛赤色也。从糸，非聲②。　甫微切(fēi)。

緋　【譯文】緋，絲織品呈現緋紅色。从糸，非聲。

【注釋】① 緋：《鄭新附考》：“《説文》：‘翡，赤羽雀也。’赤色謂之緋，其名蓋出於翡。因爲帛色，故别製字从糸。”　② 非聲：聲中有義。《龔氏段注扎記》“翡”下：“凡从非之字，古皆有赤義。若緋之爲赤帛、琲之爲赤珠。”

緅① 帛青赤色。从系，取聲。　子侯切(zōu)。

緅　【譯文】緅，絲織品呈現赤青色。从糸，取聲。

【注釋】① 緅：《論語·鄉黨》：“君子不以紺緅飾，紅紫不以爲褻服。”不以紺緅飾，即不用深青或赤青的帛飾衣邊。

繖① 蓋②也。从糸，散聲③。　蘇旱切(sǎn)。

繖　【譯文】繖，有蓋(有柄遮陽擋雨的)器具。从糸，散聲。

【注釋】① 繖：《鄭新附考》："古止言蓋、言簦、言笠。皇甫謐解《史記·五帝紀》'兩笠'爲'兩繖'，始見此偁。蓋漢已來俗字。"繖，後又作傘。《王力古漢語字典》："出土的湖北云夢睡虎地《秦墓竹簡》中已有傘字。"　② 蓋：《段注》"簦"下："笠而有柄如蓋也，即今之雨繖。"　③ 散聲：聲中有義。《説文》："散，雜肉也。从肉，㪔聲。"《段注》："从㪔者，會意也。㪔，分離也。引申凡㪔皆作散。"分離則有分散義。故《鄭新附考》説："今審繖之言散也，謂其可張散，因以爲名。"繖，或以布帛，或以紙，故从糸；可散開，可摺迭，故从散。後或象繖蓋之形而作傘。

練① 布②屬。从糸，束聲。　所菹切(shū)。

練　【譯文】練，粗的麻織品一類。从糸，束聲。

【注釋】① 練：《鄭新附考》："《後漢書》'禰衡著練巾'。傳文本作疎巾。疎巾者，以疎布作巾也。疎已是疏俗字。改正作糸。"湯餘惠《戰國文字考釋》(《古文字研究》第十輯)："《詩·大雅·召旻》'彼疏斯粺'，鄭箋：'粗也，謂糲米也。'《釋名·釋采帛》：'紡粗絲織之曰疏。'可見，'疏'字可訓爲'粗'，疏布也就是用較粗的絲縷織成的布。"《鄭新附考》："練當出六朝已降。"《晉書·王導傳》："時帑藏空竭，庫中惟有練數千端。"　② 布：麻織品。參"布"條。

縡 事①也。从糸，宰聲。　子代切(zài)。

縡　【譯文】縡，事。从糸，宰聲。

【注釋】① 事：《漢書·揚雄傳》上："上天之縡，杳旭卉兮。"顔師古注："縡，事也。"

繾 繾綣①，不相離也。从糸，遣聲。　去演切(qiǎn)。

繾　【譯文】繾，繾綣的繾，(繾綣是)不相離散的意思。从糸，遣聲。

【注釋】① 繾綣：雙聲疊韻聯緜字。又作遣卷、緊豢、糰糉。有卷來卷屈結爲一體不相離散之意。《詩·大雅·民勞》："無縱詭隨，以謹繾綣。"又引申爲情深意厚，不舍離散。

綣[①] 繾綣也。从糸，卷聲。 去阮切(quàn)。

【譯文】綣，繾綣的綣。从糸，卷聲。

【注釋】① 綣：參上條。

文(九)［八］ 新附

素部

素[①] 白緻繒[②]也。从糸𠂹，取其澤也[③]。凡素之屬皆从素。 桑故切(sù)。

【譯文】素，白色而又細密的(未加工的)絲織品。由糸、𠂹會意，(𠂹)取其毛光潤下垂的意思。大凡素的部屬都从素。

【注釋】① 素：《釋名・釋采帛》："素，朴素也。已織則供用，不復加功飾也。" ② 白緻繒：《段注》："繒之白而細者也。" ③ 从糸𠂹句：《段注》："澤者，光潤也。毛潤則易下𠂹，故从糸𠂹會意。"

𦃃 素屬。从素，収聲[①]。 居玉切(jú)。

【譯文】𦃃，素一類的絲織品。从素，収聲。

【注釋】① 収聲：徐灝《段注箋》以爲聲中有義："从収，蓋執素而約(纏束)之也。"存參。

【參證】金文作、。戴家祥《金文大字典》："(次字)从當爲素之異體，又从収，即𦃃字。"首字與篆文同。

䊹 白(約)［䊹］[①]，縞也。从素，勺聲。 以灼切(yuè)。

【譯文】䊹，白色的光彩䊹䊹的絹，就是縞。从素，勺聲。

【注釋】① 白約：除宋本作"約"外，其他各本均作"䊹"，當以"䊹"爲是。《急就篇》第二章："鬱金半見緗白䊹。"顔師古注："白䊹，謂白䊹之精者，其光䊹䊹然也。"

䋶[①] 素屬[②]。从素，率聲。 所律切(shuài/lǜ)[③]。

【譯文】䋶，素一類的絲織品。从素，率聲。

【注釋】① 䋶：《段注》："字或作䋶，或作繂。"徐灝《箋》："从素之字，其義多與索相近，素、索，一聲之轉也。"《段注》："从素之字，古亦从系。" ② 素屬：徐灝《段注箋》："《爾雅》釋文：䋶本或作繂。孫炎曰：綷，大索也。” ③ 今讀依《集韻》力戌切。

繛 緩①也。从素，卓聲②。綽，繛或省。 昌約切(chuò)。

【譯文】繛，寬緩。从素，卓聲。綽，繛的或體，繛的省略。

【注釋】① 緩(huǎn)：緩。 ② 卓聲：聲中有義。本書：“卓，高也。”音猶大也。大則寬緩。

【參證】金文作、、。吴大澂《古籀補》卷十三：“(首字)古綽字。”戴家祥《金文大字典》：“、爲素之謁體。”

緩 繛①也。从素，爰聲。緩，緩或省。 胡玩切(huàn/huǎn)②。

【譯文】緩，寬緩。从素，爰聲。緩，緩的或體，緩的省略。

【注釋】① 繛：徐灝《段注箋》：“綽與緩皆取義於纏約之寬裕，引申爲凡寬緩之偁。” ② 今讀依《廣韻》胡管切。

文六 重二

絲部

絲 蠶所吐也。从二糸。凡絲之屬皆从絲。 息兹切(sī)。

【譯文】絲，蠶吐的絲。由兩個糸字會意。大凡絲的部屬都从絲。

【參證】甲文作、，金文作。羅振玉《增訂殷虚書契考釋》：“象束絲形，兩端則束餘之緒也。”

轡 馬轡也。从絲，从軎①。與連同意②。《詩》③曰：“六轡如絲。” 兵媚切(pèi)。

【譯文】轡，駕馬的繮繩。由絲、由車會意。與連構形原則相同。《詩經》説：“六條馬繮繩象絲一樣牽引着。”

【注釋】① 馬轡二句：《段注》“轡”作“轡”，“从絲从軎”作“从絲車”。可從。 ② 與連句：《段注》：“以絲運車猶以扶(bàn)輓車(《段注》“連”下曰：“連即古文輦也。”)。故曰轡與連同意。”按：“轡”會以繩引車之意，“連”會以人輓車之意。構形原則相同。 ③《詩》：指《小雅・皇皇者華》。

【參證】甲文作，金文作。戴家祥《金文大字典》：“金文……不从口。”“《段注》解作人(疑“从”之誤)絲車，與金文合。”

丱　織絹从[1]糸貫杼也。从絲省，丱[2]聲。　古還切(guān)。

【譯文】丱，織絹時用絲貫穿梭子。由絲省去糸作形旁，丱聲。

【注釋】① 从：當依《段注》作“以”。段注：“杼者，機之持緯者。以絲貫於杼中而後織之，是之謂丱。杼之往來，如關機合開也。”

② 丱(kuàng)：徐鉉：“古磺(礦)字。”

文三

率部

率　捕鳥畢[1]也。象絲罔，上下其竿柄也[2]。凡率之屬皆从率。　所律切(shuài)。

【譯文】率，捕鳥的網。( )象絲織的網，上部的 下部的 ，是網的竿和把。大凡率的部屬都从率。

【注釋】① 畢：《段注》：“畢者，田網也。所以捕鳥，亦名率。”

② 象絲罔句：于鬯《職墨》：“此字宜横看。蓋率之制，當是兩頭有竿柄，中結絲罔，若依形象之，當作 。”

【參證】甲文作 、 ，金文作 、 、 。周伯琦《六書正譌》：“率，大索也。象形。上下兩端象絞索之具，中象索，旁象麻枲之餘。”周以小篆爲訓釋對象。存參。

文一

虫部

虫　一名蝮[1]，博三寸，首大如擘指。象其臥形[2]。物之微細[3]，或行，或毛，或嬴，或介，或鱗，以虫爲象[4]。凡虫之屬皆从虫。　許偉切(huǐ)。

【譯文】虫，又叫蝮虺，身寬三寸，頭大象大拇指。篆文象它臥着的形狀。活物中的微小的東西，有的行走，有的長毛，有的裸露，有的長着甲殼，有的長着鱗，(造字時)都以虫字作爲象徵。大凡虫的部屬都从虫。

【注釋】① 蝮：《爾雅·釋魚》"蝮虺"郭璞注："身廣三寸，頭大如人擘指（大拇指），此自一種蛇，名爲蝮虺。" ② 象其句：《段注》："虫篆象臥而曲尾形。" ③ 微細：王筠《句讀》："以下別自一義，謂虫即蟲字也。""謂五方之物。"按：上四句專釋蝮虫之義。下七句如王筠《釋例》所言"指凡蟲而言，所以領部。" ④ 以虫爲象：《段注》："言以爲象形也。从虫之字，多左形右聲，左皆用虫爲象形也。"

【參證】甲文作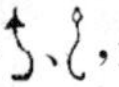，金文作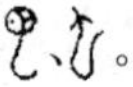。羅振玉《增訂殷虛書契考釋》："卜辭諸字皆象博首而宛身之狀。"

① 虫②也。从虫，复聲。 芳目切（fù）。

蝮 【譯文】蝮，土虺。从虫，复聲。

【注釋】① 蝮：張舜徽《約注》："此乃極毒之蛇，與土色相亂，長三四尺，人被咬傷，重可致死。湖湘間稱爲土逼子。" ② 虫：參"虫"條。

① 神蛇也。从虫，朕聲。 徒登切（téng）。

螣 【譯文】螣，神蛇。从虫，朕聲。

【注釋】① 螣：《爾雅·釋魚》："螣，螣蛇。"郭璞注："龍類也，能興雲霧而游其中。"

① 大蛇。可食。从虫，冄聲。 人占切（rán）。

蚺 【譯文】蚺，大蛇。肉可以吃。从虫，冄聲。

【注釋】① 蚺：蟒蛇。長可達六米，背黃褐色，有斑紋，生活在森林中。無毒，但能咬死、吞食二三十斤的哺乳動物。肉可食，皮可製革。

① 螾②也。从虫，堇聲。 弃忍切（qǐn）。

螼 【譯文】螼，蚯蚓。从虫，堇聲。

【注釋】① 螼：朱駿聲《通訓定聲》："螼即蚯蚓之合音。" ② 螾：《段注》："蚓，許作螾。"

 側行者①。从虫，寅聲。，螾或从引②。 余忍切（yǐn）。

螾 【譯文】螾，能够側身爬行的動物。从虫，寅聲。蚓，螾的或體，从引聲。

【注釋】① 側行者：王筠《句讀》："蚓形圓，又無足，無論上下左右，隨其所值，皆能蝡動，是謂側行。” ② 从引：蚯蚓其身可屈伸，故从引。引又表聲。朱駿聲《通訓定聲》：“或作引聲。”

蓊[1] 蟲，在牛馬皮者。从虫，翁聲。 烏紅切(wēng)。

【譯文】蓊，蟲名，寄生在牛馬的皮膚上的蟲子。从虫，翁聲。

【注釋】① 蓊：又叫蓊蠑。王筠《句讀》引《廣韻》：“蓊蠑，小蟲，生牛馬皮中也。”朱駿聲《通訓定聲》：“蘇俗謂之牛蝱。”

【參證】馬敘倫《六書疏證》卷二十五：“蝱蓋蓊蠑之合音。”

蠑 蓊蠑[1]也。从虫，從聲。 子紅切(zōng)。

【譯文】蠑，蓊蠑。从虫，從聲。

【注釋】① 蓊蠑：朱駿聲《通訓定聲》：“單評曰蓊，絫呼曰蓊蠑，疊韻連語。”參上“蓊”條。

蠁 知聲蟲[1]也。从虫，鄉聲[2]。𧌒，司馬相如[3]蠁从向[4]。許兩切(xiǎng)。

【譯文】蠁，聞知其聲(令人不迷路)的蟲子。从虫，鄉聲。𧌒，司馬相如謂“蠁”字又从向聲。

【注釋】① 知聲蟲：即土蛹。《段注》引《廣雅》：“土蛹，蠁蟲。”王筠《句讀》引《埤雅》：“蠁，善令人不迷。” ② 鄉聲：聲中有義。本書：“鄉”“民所封鄉也”。封、鄉是聚集、歸向義。 ③ 相如：《段注》作“相如説”。 ④ 从向：桂馥《義證》：“令人不迷，故从向。”向有方向、導向義、向又表聲。朱駿聲《通訓定聲》：“从向聲。”

蛁[1] 蟲也。从虫，召聲。 都僚切(diāo)。

【譯文】蛁，蟲名。从虫，召聲。

【注釋】① 蛁：《段注》：“謂蟲名也。(蛁蟟)不得以釋蛁也。”桂、王、朱、錢均以爲是蛁蟟(蟬名)，存參。

䘃 蟲也。从虫，㲋聲。 祖外切(zuì/cuì)[1]。

【譯文】䘃，蟲名。从虫，㲋聲。

【注釋】① 今讀依《廣韻》此芮切。

蛹[1] 繭蟲[2]也。从虫，甬聲。 余隴切(yǒng)。

【譯文】蛹，蠶繭中的蛹蟲。从虫，甬聲。

【注釋】① 蛹：王筠《句讀》引《埤雅》：“蛹者，蠶之所化；蛾者，蛹之所化。”　② 繭蟲：《段注》：“當曰‘繭中蠶也’。”

[1]　蛹也。从虫，鬼聲。讀若潰。　胡罪切(huì/guī)[2]。

蜲　【譯文】蜲，蛹。从虫，鬼聲。音讀象“潰”字。

【注釋】① 蜲：朱駿聲《通訓定聲》：“蠶在繭中之未變者。”參“蛹”條。　② 今讀依《廣韻》居追切。

[1]　腹中長蟲也。从虫，有聲。　户恢切(huí)。

蛕　【譯文】蛕，肚中的長蟲。从虫，有聲。

【注釋】① 蛕：或作“蛔”。一種腸道寄生蟲。

【參證】金文作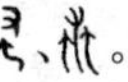。首字下从蚰，上从友，表聲。戴家祥《金文大字典》：“(首字)蝨與蛕爲形聲符號更换字。”“虫蚰同義，有友同聲。”次字中爲又，下兩旁則爲蚰字，合二爲一，則爲从蚰，又聲，又猶有聲也。

[1]　腹中短蟲也。从虫，堯聲。　如招切(ráo/náo)。

蟯　【譯文】蟯，肚中的短小的蟲子。从虫，堯聲。

【注釋】① 蟯：腸道寄生蟲。

[1]　似蜥蜴而大。从虫，唯聲。　息遺切(suī)。

雖　【譯文】雖，樣子象蜥蜴，而身體比蜥蜴大。从虫，唯聲。

【注釋】① 雖：錢坫《斠詮》：“後世以爲語助字，而本義晦矣。”

【參證】金文作。戴家祥《金文大字典》：“古文雖猶唯也，訓見《詞詮》。”

　虺以注[1]鳴。《詩》[2]曰：“胡爲虺蜥。”从虫，兀聲。　許偉切(huǐ)。

虺　【譯文】虺，虺用口鳴叫。《詩經》説：“爲什麼成爲虺蜥呢？”从虫，兀聲。

【注釋】① 注：《段注》：“咮字之假借。”本書：“咮，鳥口也。”參“咮”條。　②《詩》：指《小雅·正月》。今本原文：“哀今之人，胡爲虺蜴？”孔穎達疏引陸璣説：“虺蜴，一名蠑螈，水蜴也，或謂之蛇醫，如蜥蜴，青緑色，大如指。”

　蜥易[1]也。从虫，析聲。　先擊切(xī)。

蜥　【譯文】蜥，蜥易。从虫，析聲。

【注釋】① 蜥易：朱駿聲《通訓定聲》："在草曰蜥易，蘇俗謂之四腳蛇，是也。在壁曰守宮，蘇俗謂之壁虎，即蠍虎是也。"

蝘　在壁曰蝘蜓①，在艸曰蜥易。从虫，匽聲。⿱匽䖵，蝘或从䖵。於殄切(yǎn)。

【譯文】蝘，在屋壁活動的叫蝘蜓，在草中活動的叫蜥易。从虫，匽聲。⿱匽䖵，蝘的或體，从䖵。

【注釋】① 蝘蜓：《爾雅·釋魚》："蠑螈，蜥蜴；蜥蜴，蝘蜓；蝘蜓，守宮也。"邢昺疏："在草澤中者名蠑螈、蜥蜴，在壁者名蝘蜓、守宮也。"

蜓①　蝘蜓也。从虫，廷聲。一曰②螾蜓。　徒典切(diàn)。

【譯文】蜓，蝘蜓也。从虫，廷聲。又叫螾蜓。

【注釋】① 蜓：參上"蝘"條。　② 一曰：《段注》："謂一名也。"

蚖①　榮蚖②，蛇醫③，以注④鳴者。从虫，元聲。　愚袁切(yuán)。

【譯文】蚖，榮蚖，又叫蛇醫，用口鳴叫的動物。从虫，元聲。

【注釋】① 蚖：今經典作螈。　② 榮蚖：《段注》："榮蚖或單評蚖。"參"蝘"條。　③ 蛇醫：《段注》："榮蚖之異名也。"一説，榮蚖是另類。王筠《釋例》："蜥易者，吾今所謂蛇蟲也。榮蚖者，吾今所謂馬蛇也。大於蛇蟲，因謂之馬。猶言馬薊牛藻矣。故老云，斷蛇爲兩，馬蛇能合之，此蛇醫所由名矣。"　④ 注："咮"的假借字。咮，鳥口。見口部。

蠸　蟲①也。一曰：大螫②也。讀若蜀都布名③。从虫，雚聲。巨員切(quán)。

【譯文】蠸，(守瓜)蟲。另一義説，大口(咬刺)而布毒。音讀象蜀地細縳布的"縳"字。从虫，雚聲。

【注釋】① 蟲：《爾雅·釋蟲》："蠸，輿父，守瓜。"郭璞注："今瓜中黄甲小蟲，喜食瓜葉，故名守瓜。"王筠《釋例》："蠸與權同音，權輿爲恆言，故蠸一名輿父，若守瓜則言其性也。"　② 大螫(shì)：《段注》："螫者，蟲行毒也。大螫者，大行毒也。"　③ 蜀都布名：本書糸部曰："縳，蜀細布也。"蠸，上古屬元部；縳，月部。月、元可對轉。

螟　蟲，食穀葉①者。吏冥冥犯法即生螟②。从虫，从冥③，冥亦聲。　莫經切(míng)。

【譯文】螟，蟲名。吃禾穀之心的害蟲。官吏昏瞶無知而犯法就産生螟蟲。由虫、由冥會意，冥也表聲。

【注釋】① 食穀葉：《段注》“葉”作“心”。螟蟲生活在稻莖中，吃稻莖的髓部。 ② 吏冥冥句：張舜徽《約注》：“《淮南》、許書皆言政惡吏貪而後生螟，乃傅會之説。” ③ 从虫，从冥：《爾雅·釋蟲》：“食苗心，螟。”郝懿行義疏：“今食苗心小青蟲，長僅半寸，與禾同色，尋之不見，故言冥冥難知。”所以螟从虫从冥會意。

蟘 蟲，食苗葉者。吏乞貸①則生蟘。从虫，从貸②，貸亦聲。《詩》③曰：“去其螟蟘。” 徒得切(tè)。

【譯文】蟘，蟲名，吃苗葉的害蟲。官吏謀取賄賂，自然界就會産生蟘蟲。由虫、由貸會意，貸也表聲。《詩經》説：“除掉那些螟蟲、蟘蟲。”

【注釋】① 乞貸：《段注》作“气貣”，注：“气貣皆求也。貝部曰：‘貣，從人求物也。’”按：“吏乞貸”云云純係傅會之辭。 ② 从虫，从貸：徐灝《段注箋》：“李巡注《爾雅》曰：食禾葉者，言其假貸(乞求)無厭，故曰蟘也。”貸，表比况。又，徐説：“郝氏懿行曰：蟘似槐樹上小青蟲，長一寸許。既食苗葉，又吐絲，纏裹餘葉，令穗不得展。今登萊人呼爲縢蟲。” ③《詩》：指《小雅·大田》。今本“蟘”作“螣”。

蟣 蝨子①也。一曰：齊謂蛭曰蟣②。从虫，幾聲。 居狶切(jǐ)。

【譯文】蟣，蝨子的卵。另一義説，齊地叫馬蟥作蟣。从虫，幾聲。

【注釋】① 蝨子：《段注》：“蝨，齧人蟲也。子，其卵也。” ② 齊謂句：《爾雅·釋魚》：“蛭，蟣。”郭璞注：“今江東呼水中蛭蟲入人肉者爲蟣。”朱駿聲《通訓定聲》：“蘇俗謂之馬黄。”按：即馬蟥。《六書故》：“水中蟲，蠕動如血片，攻食馬牛血，藏其肉中，斷之，寸寸皆能蠕動。”

①
蛭 蟣②也。从虫，至聲。 之日切(zhì)。

【譯文】蛭，馬蟥。从虫，至聲。

【注釋】① 蛭：《段注》：“水蛭者，今之馬黄(蟥)。” ② 蟣：参

"蟣"條。

[1]蜫蝚[1],至掌[2]也。从虫,柔聲[3]。 耳由切(róu)。

蝚 【譯文】蝚,馬蟥,又叫至掌。从虫,柔聲。

【注釋】① 蛭蝚:同義連用。 ② 至掌:《段注》引《本艸經》:"水蛭,味鹹。一名至掌。"王筠《釋例》:"今以意揣之,(至掌)似當作'抵掌'。人入水則(馬蟥)黏著人身以嚼人血,以手撕之則彌堅牢,不可解挩,惟以掌急擊之,則應拳曲而墮落矣。所謂至掌,大抵如是。"存參。 ③ 柔聲:聲中有義。本書:"柔,木曲直也。"樹木可曲可直,引申爲凡柔軟之稱。柔軟蠕動乃馬蟥之特性。參"蟣"條所引《六書故》。

[1]蛣蚍[2],蝎也。从虫,吉聲。 去吉切(qì/jié)。

蛣 【譯文】蛣,蛣蚍,又叫蝎。从虫,吉聲。

【注釋】① 蛣:木中蛀蟲。 ② 蛣蚍:《爾雅·釋蟲》:"蝎,蛣蚍。"郭璞注:"木中蠹蟲。"朱駿聲《通訓定聲》:"蝎即蛣蚍之合音。"

[1]蛣蚍也。从虫,出聲。 區勿切(qū)。

蚍 【譯文】蚍,蛣蚍。从虫,出聲。

【注釋】① 蚍:參上"蛣"條。

[1]白魚[2]也。从虫,覃聲。 余箴切(yín)。

蟫 【譯文】蟫,白魚。从虫,覃聲。

【注釋】① 蟫:即蠹魚,又叫衣魚。《段注》:"今衣、書中白蟲,有粉如銀者,是也。" ② 白魚:桂馥《義證》引《本草衍義》:"其形稍似魚,其尾又分爲二岐。"

丁蛵[1],負勞也。从虫,巠聲。 户經切(xíng/xīng)[2]。

蛵 【譯文】蛵,蜻蜓,又叫負勞。从虫,巠聲。

【注釋】① 丁蛵:《爾雅·釋蟲》:"虰蛵,負勞。"邢昺疏:"即蜻蛉,六足四翼蟲也。"朱駿聲《通訓定聲》:"青者曰青亭,紅者曰胡梨。"馬敘倫《六書疏證》卷二十五:"負勞則其俗名也。" ② 今讀依《廣韻》呼刑切。

毛蠹[1]也。从虫,臽聲[2]。 乎感切(hàn)。

蜭 【譯文】蜭,毛蟲。从虫,臽聲。

【注釋】① 毛蠹：《段注》："蠹者，木中蟲也。蛤居木中，其形外有毛，能食木，故曰毛蠹。是爲蛤。蛤之言陷也。"　② 臽聲：聲中有義。本書："臽，小阱也。"用如動詞，則有陷義。用作比況。蛤居木中，猶如陷也。

① 蟲②也。从虫，喬聲。　居夭切(jiǎo)。

蟜　【譯文】蟜，蟲名。从虫，喬聲。

【注釋】① 蟜：蛤蛓(cì)之類的毒蟲。　② 蟲：《段注》："謂蟲名。按：上'蛤'下'蛓'，同類也。則蟜當亦蛤、蛓之類耳。"

① 毛蟲也。从虫，𢦏聲。　千志切(cì)。

蛓　【譯文】蛓，毛蟲。从虫，𢦏聲。

【注釋】① 蛓：《段注》："今俗云刺毛者是也。食木葉，體有棱角，有毛，有采色。毛能螫人，老而成蛹，則外有殼如雀卵。"

① 蠆②也。从虫，圭聲。　烏蝸切(wā，又 kuí)③。

蛙　【譯文】蛙，蠍子一類毒蟲。从虫，圭聲。

【注釋】① 蛙：《史記·律書》："北至於蛙(星名)。蛙者，主毒螫殺萬物也。"　② 蠆(chài)：《廣雅·釋蟲》："蠆，蠍也。"參"蠆"條。③ 烏蝸切，音 wā，爲"蝦蟆"義，即"蛙"字的音讀。"蠍子"義，依《廣韻》苦圭切，當爲 kuí。

　蛙①也。从虫，氏聲。　巨支切(qí)。

蚔　【譯文】蚔，蠍子一類的毒蟲。从虫，氏聲。

【注釋】① 蛙(kuí)：參上"蛙"條。

① 毒蟲也。象形②。，蠆或从䖵。　丑芥切(chài)。

萬　【譯文】萬，毒蟲。象形。蠤，蠆的或體，从䖵(kūn)。

【注釋】① 萬：今經典作"蠆"。王筠《句讀》引《通俗文》："長尾爲蠆，短尾爲蠍。蠍毒傷人曰蛆。"　② 象形：《段注》："虫篆有尾，象其(萬)尾也。蠍之毒在尾。以苗象其身首之形。"

【參證】金文作。張舜徽《約注》："蠍有二螯，拱戴如鉞，實象之。中象其身，下象其尾，逼視之甚肖。"

　蝤蠐①也。从虫，酋聲。　字秋切(qiú)。

蝤　【譯文】蝤，蝤蠐。从虫，酋聲。

【注釋】① 蝤蠀：雙聲聯緜詞。桂馥《義證》："陳啟源曰：蝤蠀一名蝎（hé），身長足短，生腐木中，穿木如錐，至春雨後化爲天牛。"

蠀

蠀螬[1]也。从虫，齊聲。　徂兮切（qí）。

【譯文】蠀，蠀螬。从虫，齊聲。

【注釋】① 蠀螬（cáo）：雙聲聯緜詞。王筠《句讀》："（蠀螬）實則形似蝎（hé，木中蛀蟲），而迥非一物。"朱駿聲《通訓定聲》："此在糞土中者，身短足長，青黄色，背有毛筋，有足而以背行。"

蝎[1]

蝤蠀也。从虫，曷聲。　胡葛切（hé）。

【譯文】蝎，蝤蠀。从虫，曷聲。

【注釋】① 蝎：《段注》："桑中蠹也。"參"蛣"、"蝤"條。

强[1]

蚚也。从虫，弘聲[2]。⿱彊䖵，籀文强，从䖵，从彊[3]。　巨良切（qiáng）。

【譯文】强，蚚類蠅。从虫，弘聲。⿱彊䖵，籀文强字。从䖵，从彊聲。

【注釋】① 强：《爾雅・釋蟲》："强，蚚。"郭璞注："即强醜（類）捋。"邢昺疏："强，蟲名也。一名蚚（qí），好自摩捋者，蓋蠅類。"桂馥《義證》引《通志》："强，牛蝨，蠅類，噉牛馬血。"一説爲米中蛀蟲，王筠《釋例》引《玉篇》："米中蠹小蟲。"二者疑莫能定。　② 弘聲：徐鍇《繫傳》："弘與强聲不相近。"孔廣居《疑疑》："从虫、口會意，弜省聲。"存參。　③ 从䖵，从彊：朱駿聲《通訓定聲》："从䖵，彊聲。"

蚚[1]

强也。从虫，斤聲。　巨衣切（qí）。

【譯文】蚚，强類蠅。从虫，斤聲。

【注釋】① 蚚：桂馥《義證》："蓋蠅類。"參"强"條。

蜀

葵中蠶[1]也。从虫，上目象蜀頭形，中象其身蜎蜎。《詩》[2]曰："蜎蜎者蜀。"　市玉切（shǔ）。

【譯文】蜀，桑木中形狀象蠶一樣的害蟲。虫作形旁，上面的"目"象徵着蜀蟲的頭的樣子，中間的勹象它的體形蜎蜎屈曲的樣子。《詩經》説："身軀蜎蜎屈曲的是蜀蟲。"

【注釋】① 葵中蠶：《段注》："（葵）似作桑爲長。許言蠶者，蜀似蠶也。"譯文從段説。　② 《詩》：指《豳風・東山》。

【參證】甲文作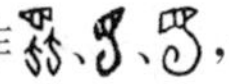，金文作。李孝定《甲骨文字集釋》："字爲

全體象形。上目象蜀頭，古文多以目代首者。象身之蜎蜎。”商承祚《甲骨文字研究》下編：“其从二虫者，當是繁體。”戴家祥《金文大字典》：“金文添加虫旁作蜀，乃形符重複字。”

蠲　馬蠲[①]也。从虫目，益聲[②]。了[③]，象形。《明堂月令》[④]曰：“腐艸爲蠲。”　古玄切（juān）。

【譯文】蠲，馬蠲蟲。由虫、目會意，益表聲，了象蠲之形。《明堂月令》說：“腐朽的草中産生蠲。”

【注釋】① 馬蠲：《段注》：“（馬蠲）多足蟲也。今巫山夔州人謂之艸鞵（鞋）絆，亦曰百足蟲。”　② 从虫目，益聲：王筠《句讀》：“當云‘从蜀，益聲’。因不立蜀部，故其詞如此，勿深泥也。”　③ 了：大徐本如此。當依桂馥《義证》作，即篆文右旁的除、的部分。楷書作勹。需横看，象蟲蜎蜎之形。　④《明堂月令》：指《禮記·月令》。腐艸爲蠲：《段注》：“茅茨陳朽則多生之（指百足蟲）。”“許所據者古文古說。”今本“蠲”作“螢”。

螕[①]　齧牛蟲也。从虫，毘聲。　邊兮切（bī）。

【譯文】螕，齧食牛血的害蟲。从虫，毘聲。

【注釋】① 螕：桂馥《義證》引戴侗曰：“扁蟲，著牛馬，食其血者也。”即牛蝨。湘人謂之牛山螕。

蠖　尺蠖[①]，屈申蟲。从虫，蒦聲[②]。　烏郭切（wò/huò）。

【譯文】蠖，尺蠖，（行進時）身子一屈一伸的蟲子。从虫，蒦聲。

【注釋】① 尺蠖：危害果木、桑樹、棉花的害蟲。行進時身體一屈一伸，象用大拇指和中指量尺寸一樣移動。桂馥《義證》引《爾雅翼》：“尺蠖狀如蠶而絶小，行則促其腰，使首尾相就，乃能進步，屈中有伸，故曰屈申。如人以手度物、移後指就前指之狀，古所謂布指知尺者，故謂之尺蠖。”　② 蒦聲：聲中有義。《漢書·律曆志》：“尺者，蒦也。則蒦亦自有尺之義矣。”按：蒦表比況。此蟲象布指量尺一樣屈申蠕動。

蝝　復陶[①]也。劉歆說：蝝，蚍蜉[②]子。董仲舒說：蝗子也。从虫，彖聲。　與專切（yuán）。

【譯文】蝝，蝗的沒有翅膀的幼蟲。劉歆説，蝝，是大螞蟻的卵。董仲舒説，是蝗蟲的卵。从虫，彖聲。

【注釋】① 復陶：《爾雅·釋蟲》："蝝，蝮蜪。"郭璞注："蝗子未有翅者。"按：蝮蜪即復陶。　② 蚍蜉：承培元《引經證例》："蚍蜉，螘之大者，有翼，食穀爲災。"

螻　螻蛄①也。从虫，婁聲。一曰(螜)[螜]、天螻②。　洛侯切(lóu)。

【譯文】螻，螻蛄。从虫，婁聲。又叫螜(hú)，又叫作天螻。

【注釋】① 螻蛄：朱駿聲《通訓定聲》："今謂之土狗。黄色，四足，頭如狗，喜夜鳴，聲如蚯蚓，喜就燈光。"　② 一曰句：當依《段注》"螜"作"螜"，段注："'一曰'猶'一名'耳。"桂馥《義證》引《古今注》："螻蛄，一名天螻，一名螜。"

蛄①　螻蛄也。从虫，古聲。　古乎切(gū)。

【譯文】蛄，螻蛄。从虫，古聲。

【注釋】① 蛄：參上"螻"條。

蠪①　丁螘也。从虫，龍聲。　盧紅切(lóng)。

【譯文】蠪，赤色斑駁的(大)螞蟻。从虫，龍聲。

【注釋】① 蠪：《爾雅·釋蟲》："蠪，朾螘(yī)。"邢昺疏："(蚍蜉)其大而赤色斑駁者名蠪，一名朾螘。"郝懿行義疏："朾之爲言赬(chēng，赤色)也。"

蛾①　羅②也。从虫，我聲③。　五何切(é/yǐ)④。

【譯文】蛾，又叫羅。从虫，我聲。

【注釋】① 蛾：《段注》："螘(yǐ)一名蛾。蛾是正字，蟻是或體。"王煦《五翼》："(蛾)俗作蟻。""自後世俗體流行，蚍蜉之蛾皆作蟻，因以蠶蝵之蝵皆作蛾。"　② 羅：孔廣居《疑疑》："蛾羅云者，如蜻蛉、蛺蜨、蜾蠃、蟰蛸之類，古人命名，大約雙聲疊韻居多也。"　③ 从虫，我聲：孔廣居《疑疑》："蠶化之蝵，虫在我下；而此蛾字，虫在我旁，與蝵有别。"　④《廣韻》五何切是"蠶蛾"，不是螞蟻。螞蟻義，孔廣居《疑疑》："當音魚綺切。"見《廣韻·紙韻》。參"蝵"條。

螘①　蚍蜉②也。从虫，豈聲。　魚綺切(yǐ)。

【譯文】螘，蚍蜉。从虫，豈聲。

【注釋】① 螘：今經典多作蟻。或作蛾。　② 蚍蜉：《爾雅·釋蟲》："蚍蜉，大螘。小者螘。"蚍蜉是大螞蟻。

蚳　螘子也。从虫，氏聲。《周禮》①有蚳醢。讀若祁。⿱氏䖵，籀文蚳从蚰。⿸辰⿰虫土，古文蚳从辰土②。　直尼切(chí)。

【譯文】蚳，蟻卵。从虫，氏聲。《周禮》記載有用螞蟻的卵製成的可供食用的醬。音讀象"祁"字。⿱氏䖵，籀文蚳字，从蚰。⿸辰⿰虫土，古文蚳字，(从虫)，从土，辰聲。

【注釋】①《周禮》：指《天官·醢人》。蚳醢：陸游《老學庵筆記》卷六："《北户録》云：廣人於山間掘取大蟻卵爲醬，名蟻子醬。按此即《禮》所謂蚳醢也。"　② 从辰土：朱駿聲《通訓定聲》："古文从虫，从土，辰聲。"《段注》："从土者，出之土中也。从辰者，辰聲也。"

蠜　自蠜①也。从虫，樊聲。　附袁切(fán)。

【譯文】蠜，蚱蜢。从虫，樊聲。

【注釋】① 自蠜：桂馥《義證》："疑'自蠜'爲'自螽'之譌。""李巡曰：'蠜，蝗子也。'陸疏：'小大長短如蝗也，奇音，青色，好在茅草中。'"參"蝗"條。

蟀　悉蟀①也。从虫，帥聲。　所律切(shuài)。

【譯文】蟀，蟋蟀。从虫，帥聲。

【注釋】① 悉蟀：《詩》、《爾雅》作蟋蟀。桂馥《義證》引《古今注》："秋初生，得寒則鳴噪。""又云促織，謂鳴聲如急織也。"《詩·唐風》"蟋蟀在堂"陸疏："蟋蟀，似蝗而小，正黑，有光澤如漆，有角翅。"

蝒①　馬蜩也。从虫，面聲。　武延切(mián)。

【譯文】蝒，大蟬。从虫，面聲。

【注釋】① 蝒：《爾雅·釋蟲》："蝒，馬蜩。"郭璞注："蜩中最大者爲馬蟬。"《段注》："凡言馬者，謂大。"

螳　螳蠰①，不過②也。从虫，當聲。　都郎切(dāng)。

【譯文】螳，螳螂，又叫不過。从虫，當聲。

【注釋】① 螳蠰：《禮記·月令》作"螳螂"。　② 不過：《段注》："螗螂别名。"郭璞《贊螳螂》"揮斧奮臂，當轍不迴，句踐是避"，是使"迴車而避之"，"不過"之别名，也許來自於此。

蠰[①]
蠰 蜰蠰也。从虫，襄聲。 汝羊切(ráng/náng)[②]。

【譯文】蠰，螳螂。从虫，襄聲。

【注釋】① 蠰：參上“蜰”條。按：單用是指一種天牛。朱駿聲《通訓定聲》：“此字當以《爾雅》‘蠰(shàng)，齧桑’爲本訓。”郭璞《爾雅》注：“(蠰)似天牛，角長，體有白點，喜齧桑樹，作孔，入其中，江東呼爲齧髮。” ② 今讀依《廣韻》奴當切。

蜋 堂蜋[①]也。从虫，良聲。一名蚚父[②]。 魯當切(láng)。

【譯文】蜋，螳螂。从虫，良聲。又叫蚚父。

【注釋】① 堂蜋：《爾雅·釋蟲》：“莫貈(hè)，螳蜋，蛑(máo)。”邢昺疏：“莫貈，一名螳蜋，一名蛑。捕蟬而食，有臂若斧，奮之當軼(zhé，通轍)不避。” ② 蚚(qí)父：《段注》“蚚”作“斫”，注：“堂蜋臂有斧，能斫，故曰斫父。”

蛸 蟲蛸[①]，堂蜋子[②]。从虫，肖聲。 相邀切(xiāo)。

【譯文】蛸，蟲蛸，螳蜋的卵塊。从虫，肖聲。

【注釋】① 蟲(pí)蛸：王筠《句讀》：“鄭注《月令》作螵蛸。” ② 堂蜋子：《本草綱目·蟲部·螳蜋》：“(螳螂)深秋乳子作房，粘着枝上即螵蛸也。房長寸許，大如拇指，其内重重有隔房，每房有子如蛆卵。”

蛢[①] 蟠蟥，以翼鳴者。从虫，并聲。 薄經切(píng)。

【譯文】蛢，蟠蟥，用翅膀鳴叫的蟲子。从虫，并聲。

【注釋】① 蛢：即金龜子。《爾雅·釋蟲》：“蛂蟥，蛢。”郭璞注：“甲蟲也，大如虎豆，綠色，今江東呼黄蛢。音瓶。”《段注》：“蛂蟥，即蟠蟥也。”

蟠 蟠蟥[①]也。从虫，矞聲。 余律切(yù)。

【譯文】蟠，蟠蟥。从虫，矞聲。

【注釋】① 蟠蟥：金龜子。朱駿聲《通訓定聲》：“此蟲長寸許，金碧熒然。吾蘇婦女用爲首飾，俗謂之金烏蟲。”參“蛢”條。

蟥[①] 蟠蟥也。从虫，黄聲。 乎光切(huáng)。

【譯文】蟥，蟠蟥。从虫，黄聲。

【注釋】① 蟥：參上“蟠”條。

䗐 蛅䗐[①]，强羊也。从虫，施聲。 式支切(shī)。

【譯文】䗐，蛅䗐，又叫强羊。从虫，施聲。

【注釋】① 蛅䗐：俗稱鐵牯牛。《爾雅·釋蟲》："蛅䗐，强蛘。"郭璞注："今米穀中蠹，小黑蟲是也。建平人呼爲蛘子。"張舜徽《約注》："此蟲單名爲强"，"複名爲强羊"。

【參證】馬敘倫《六書疏證》卷二十五："此必作强羊者，可於蛅䗐之音明之。蛅聲魚類，强聲陽類，魚陽對轉也。䗐音審紐，而从施得聲，施从也得聲，也音喻紐四等，羊音亦喻四也。是知以魚陽對轉，故由蛅而變爲强；以音同喻四，故由䗐而變爲羊。"

蛅[①] 蛅斯[②]，墨也。从虫，占聲。 職廉切(zhān)。

【譯文】蛅，蛅斯，又叫墨蟲。从虫，占聲。

【注釋】① 蛅：桂馥《義證》引陳藏器云："蚝蟲，好在果樹上，大小如蠶，身面背上有五色斑文，毛有毒，能螫人。欲老者，口吐白汁，凝聚如雀卵，其蟲以甕爲繭，在中成蛹。夏月羽化，而蛾生於葉間，如蠶子。" ② 蛅斯：《爾雅·釋蟲》："螺，蛅蟴。"郭璞注："蛓屬也。"《段注》："許'蛓'下云：'毛蟲也。'此乃食木葉之蟲，非木中之蠹。"朱駿聲《通訓定聲》："斯者，助語之詞，猶螽斯、鷽斯也。"參"蛓"條。

蜆[①] 縊女也。从虫，見聲。 胡典切(xiàn)。

【譯文】蜆，縊女蟲。从虫，見聲。

【注釋】① 蜆：朱駿聲《通訓定聲》："今蘇俗所謂蓑衣蟲也。吐絲自裹，有時而懸，非真死。"按：因吐絲自懸，故又名縊女。

蟦[①] 盧蟦也。从虫，肥聲。 符非切(féi)。

【譯文】蟦，盧蟦。从虫，肥聲。

【注釋】① 蟦：蟑螂。《爾雅·釋蟲》："蜚，蠦蟦。"郭璞注："蟦即負盤，臭蟲。"《段注》引《唐本草》説："蜚蠊味辛辣而臭。"

蝌 渠蝌[①]。一曰[②]天社。从虫，卻聲[③]。 其虐切(jué)。

【譯文】蝌，渠蝌，又叫天社。从虫，卻聲。

【注釋】① 渠蝌：俗名屎羌郎、糞矢甲。《段注》："渠蝌即蛣蜣雙聲之轉。《釋蟲》曰：'蛣蜣，蜣蜋。'陶隱居云：'憙入人糞中，取屎丸而卻推之，俗名爲推丸。'"朱駿聲《通訓定聲》："今蘇俗謂之屎羌郎。"

張舜徽《約注》:“湖湘間呼糞矢甲。”　② 一曰:《段注》:“‘一曰’猶‘一名’也。”　③ 卻聲:聲中有義。《段注》:“此物前卻推丸,故曰渠蜹。”

蟎

蟎蠃[①],蒲盧,細要土蠭也。天地之性,細要,純雄[②],無子。《詩》[③]曰:“螟蠕有子,蟎蠃負之。”从虫,㒼聲。,蟎或从果[④]。　古火切(guǒ)。

【譯文】蟎,蜾蠃,又叫蒲盧,是細腰狀的土蜂子。天地之間的本性是,凡細腰的動物,是純雄無雌的,是没有後代的。《詩經》説:“(桑蟲)螟蠕有子女,蜾蠃持抱着它們(作爲自己的子女)。”从虫,㒼聲。蜾,蟎的或體,从果聲。

【注釋】① 蟎蠃:《爾雅·釋蟲》:“果蠃,蒲盧。”郭璞注:“即細腰蠭也。俗呼爲蠮螉。”按:果蠃、蒲盧,均是疊韻聯緜詞。徐灝《段注箋》:“《本艸》曰:‘蠮螉,一名土蜂。’陶弘景注云:‘土蜂一種,黑色,腰甚細,銜泥于人壁及器物邊作房,生子如粟米大,乃捕取艸上青蜘蛛十餘置其中,仍塞口,以俟其子大爲糧也。其一種入蘆竹管中者,亦取艸上青蟲。’”　② 純雄:《段注》引《列子》:“純雌,其名大腰;純雄,其名稺蜂。”王筠《釋例》:“蟎下云:‘細腰,純雄,無子。’爲引詩張本,第指蜾蠃言耳。”　③《詩》:指《小雅·小宛》。今本“蠕”作“蛉”,“蟎”作“蜾”。螟蠕,桑蟲。見《爾雅》。鄭玄箋:“蒲盧取桑蟲之子負持而去,煦嫗養之以成其子。”徐灝《段注箋》:“(此)乃舊説,誤會詩恉。”　④ 从果:《段注》:“果,聲也。”

蠃

蜾蠃[①]也。从虫,𣎆聲。一曰:虒蝓[②]。　郎果切(luǒ)。

【譯文】蠃,蜾蠃。从虫,𣎆聲。另一義説,蠃是虒蝓。

【注釋】① 蜾蠃:細腰蜂。參上“蟎”條。　② 虒(sī)蝓:《段注》:“此謂單言蠃,則謂虒蝓也。”王筠《釋例》:“(蠃)乃蝸之别名。”朱駿聲《通訓定聲》:“後人别水生可食者爲螺,陸生不可食者爲蝸牛。”王筠《釋例》:“委虒者,有角之虎也。蝸有角,故名虒蝓,猶云蝸牛矣。”

蠕

螟蠕,桑蟲[①]也。从虫,霝聲。　郎丁切(líng)。

【譯文】蠕,螟蠕,桑蟲。从虫,霝聲。

【注釋】① 桑蟲:《段注》:“此桑蟲似步屈(尺蠖),其色青細,或在艸葉上，土蜂取之，置木空中或書卷間、筆筒中，七日而成其子。”

蛺蜨[1]也。从虫，夾聲。 兼叶切(jiá)。

蛺 【譯文】蛺，蝴蝶。从虫，夾聲。

【注釋】① 蛺蜨：《段注》：“今俗云胡蝶。”

蜨[1] 蛺蜨也。从虫，疌聲。 徒叶切(dié)。

蜨 【譯文】蜨，蝴蝶。从虫，疌聲。

【注釋】① 蜨：徐鉉：“今俗作蝶。”

蟲[1]也。从虫，之聲。 赤之切(chī)。

蚩 【譯文】蚩，蟲名。从虫，之聲。

【注釋】① 蟲：《段注》：“謂有蟲名蚩也。”

【參證】甲文作、。徐中舒《甲骨文字典》：“從(止)從虫，象蛇嚙足趾之形，引申之故有災禍之義。”

盤蝥[1]，毒蟲也。从虫，般聲。 布還切(bān)。

盤 【譯文】盤，斑蝥，毒蟲。从虫，般聲。

【注釋】① 盤蝥：雙聲聯緜詞。又作斑蝥。《本草綱目・虫部・斑蝥》：“盤蝥蟲。時珍曰：斑言其色，蝥刺言其毒，如矛刺也。”朱駿聲《通訓定聲》“蝥”下：“狀如大馬蟻，有翼。二三月在芫花上，名芫青；四五月在王不留行上，名王不留行蟲；六七月在葛花上，名葛上亭長；八月在豆花上，甲黄黑斑色，如巴豆大，名盤蝥，俗作斑貓。”

蝥[1] 盤蝥也。从虫，敄聲。 莫交切(máo)。

蝥 【譯文】蝥，斑蝥。从虫，敄聲。

【注釋】① 蝥：參上“盤”條。

鼠婦[1]也。从虫，番聲。 附袁切(fán)。

蟠 【譯文】蟠，鼠婦蟲。从虫，番聲。

【注釋】① 鼠婦：《爾雅・釋蟲》：“蟠，鼠負。”郭璞注：“瓮器底蟲。”朱駿聲《通訓定聲》：“今蘇俗謂之草鞋蟲，大者長半寸許，背有横文，腹下多足，井中亦有之，大抵濕生也。”

蛜威[1]，委黍；委黍，鼠婦也。从虫，伊省聲。 於脂切(yī)。

蛜 【譯文】蛜，蛜威，又叫作委黍；委黍就是鼠婦蟲。从虫，伊省聲。

【注釋】① 蛜威：《詩·東山》："伊威在室。"毛傳云："伊威，委黍也。"陸璣疏："伊威，一名委黍，一名鼠婦，在壁根下、瓮底土中生，似白魚者，是也。"參上"蟠"條。

蜙 蜙蝑[1]，以股鳴[2]者。从虫，松聲。[3]，蜙或省。 息恭切(sōng)。

【譯文】蜙，蜙蝑，用大腿相切摩而發聲的蟲子。从虫，松聲。蚣，蜙的或體，蜙的省略。

【注釋】① 蜙蝑：斯螽。見《豳風·七月》毛傳。王筠《句讀》引陸疏、楊雄説："舂黍也，幽州人謂之舂箕。五月中，以兩股相切作聲，聞數十步。"朱駿聲《通訓定聲》："疑蘇俗所謂紡績娘也。" ② 股鳴：其實是以翅膀摩擦發音。 ③ 蚣：徐鉉："今俗作古紅切(gōng)，以爲蜈蚣蟲名。"

蝑[1] 蜙蝑[2]也。从虫，胥聲。 相居切(xū)。

【譯文】蝑，蜙蝑。从虫，胥聲。

【注釋】① 蝑：參上"蜙"條。 ② 蜙蝑：朱駿聲《通訓定聲》："蜙蝑之轉音爲舂黍。""按其聲戛戛，今蘇俗謂之札兒，與草螽俗名叫哥哥者微别。"

蟅[1] 蟲也。从虫，庶聲。 之夜切(zhè)。

【譯文】蟅，蟲名。从虫，庶聲。

【注釋】① 蟅：蚱蜢。《方言》卷十一："蟒，南楚之外謂之蟅蟒。"郭璞注："即蝗也。"張舜徽《約注》："今語則稱蚱蜢，即蟅蟒之語轉。"

蝗[1] 螽[2]也。从虫，皇聲。 乎光切(huáng)。

【譯文】蝗，螽蟲。从虫，皇聲。

【注釋】① 蝗：桂馥《義證》引蔡邕《月令章句》："蝗，螽類。乳於土中，深埋其卵，江東謂之蚱蜢，善害田稺。" ② 螽：張舜徽《約注》："蓋小者曰螽，大者曰蝗。"此處渾言不分。

蜩 蟬也。从虫，周聲。《詩》[1]曰："五月鳴蜩。"，蜩或从舟[2]。 徒聊切(tiáo)。

【譯文】蜩，蟬。从虫，周聲。《詩經》説："五月份蟬兒鳴叫。"蜩，蜩的或體，从舟聲。

【注釋】①《詩》：指《豳風·七月》。　② 从舟：朱駿聲《通訓定聲》："或从舟聲。"《段注》："古周舟通用。"

【參證】甲文作□。金祥恆《續甲骨文編》卷十三："釋蜩。"

蟬[①] 以（旁）［膀］[②]鳴者。从虫，單聲。　市連切（chán）。

蟬 【譯文】蟬，用翅膀摩擦而發聲的蟲子。从虫，單聲。

【注釋】① 蟬：《方言》："蜩，楚謂之蜩，宋衛之間謂之螗蜩，陳鄭之間謂之蜋蜩，秦晉之間謂之蟬。"朱駿聲《通訓定聲》："今蘇俗謂之知了。"　② 旁：沈濤《古本考》："古本作'膀'不作'旁'也。蟬鳴在翅，今俗猶言翅膀。"

蜺[①] 寒蜩也。从虫，兒聲。　五雞切（ní）。

蜺 【譯文】蜺，寒蟬。从虫，兒聲。

【注釋】① 蜺：《爾雅·釋蟲》："蜺，寒蜩。"郭璞注："寒螿（jiāng）也。似蟬而小，青赤。"張舜徽《約注》："此蟲至七月始鳴，時已暑退涼生，故稱寒蜩，亦曰寒蟬。"

螇[①] 螇鹿[②]，蛁蟟也。从虫，奚聲。　胡雞切（xī）。

螇 【譯文】螇，螇鹿，又叫蛁蟟。从虫，奚聲。

【注釋】① 螇：張舜徽《約注》："此蟲亦單名螇。《鹽鐵論·散不足篇》云：'諸生獨不見季夏之螇乎？音聲入耳，秋風至而聲無。'"

② 螇鹿：《方言》卷十一："蛥蚗，齊謂之螇螰，楚謂之蟪蛄，自關而東謂之虭蟟，或謂之蝭蟧。"《段注》："蛥蚗，即許之蚻蚗。"朱駿聲《通訓定聲》："今蘇俗曰知了，即蝭蟧之音轉也。"

蚗 蚻蚗[①]，蛁蟟也。从虫，夬聲。　於悅切（yuē/jué）[②]。

蚗 【譯文】蚗，蚻蚗，又叫蛁蟟。从虫，夬聲。

【注釋】① 蚻蚗：王筠《句讀》："蚻蚗，即《方言》蛥蚗也。蛥當音移。"參上"螇"條。　② 今讀依《廣韻》古穴切。

蚵[①] 蚻蚗[②]，蟬屬。讀若周天子赧[③]。从虫，丏聲。　武延切（mián）。

蚵 【譯文】蚵，蚻蚗，蟬一類。音讀象周朝天子赧王的"赧"字。从虫、丏（miǎn）聲。

【注釋】① 蚵：蚱蟬。《本草綱目·蟲部·蚱蟬》："時珍曰：夏月始鳴，大而色黑者，蚱蟬也。又曰蝒，曰馬蜩。”參“蝒”條。　② 蚗蚗：參上“蟝”、“蚗”條。　③ 赧：《段注》：“謂赧王。”

蜻蛚①也。从虫，列聲。　良薛切（liè）。

蛚　【譯文】蛚，蜻蛚。从虫，列聲。

【注釋】① 蜻蛚：《方言》卷十一：“蜻蛚，楚謂之蟋蟀。”

①蜻蛚也。从虫，青聲。　子盈切（jīng）。

蜻　【譯文】蜻，蜻蛚。从虫，青聲。

【注釋】① 蜻：參上“蛚”條。

蜻蛉①也。从虫，令聲。一名桑根②。　郎丁切（líng）。

蛉　【譯文】蛉，蜻蜓。从虫，令聲。又叫桑根。

【注釋】① 蜻蛉：《段注》：“今人作蜻蜓、蜻蜓。”　② 桑根：王筠《句讀》：“蜻蛉語轉爲桑根，皆疊韻字。”

蠛蠓①也。从虫，蒙聲。　莫孔切（měng）。

蠓　【譯文】蠓，蠛蠓。从虫，蒙聲。

【注釋】① 蠛蠓：朱駿聲《通訓定聲》：“蠛蠓，雙聲連語。《爾雅》：‘蠓，蠛蠓。’注：‘小蟲似蜹（蚊），喜亂飛。’單評曰蒙，絫評曰蠛蠓耳。”《段注》引郭璞圖讚曰：“小蟲似蜹，風春雨磑。謂其飛上下如舂，則天風；回旋如礱，則天雨。”

蝚蟓①也。一曰②蜉游③。朝生莫死者。虫，𠧙聲。　离灼切（lüè）。

蟓　【譯文】蟓，渠略。又叫蜉游。是朝生暮死的蟲子。从虫，𠧙聲。

【注釋】① 蝚（qú）蟓：朱駿聲《通訓定聲》：“疊韻連語。亦作渠略，同。”　② 一曰：《段注》：“猶‘一名’也。”　③ 蜉游：《爾雅·釋蟲》：“蜉蝣，渠略。”郭璞注：“似蛣蜣（屎殼蜋），身狹而長，有角，黄黑色，叢生糞土中，朝生暮死，豬好啖之。”

秦晉謂之蜹，楚謂之蚊。从虫，芮聲。　而鋭切（ruì）。

蜹　【譯文】蜹，秦晉地方叫作蜹，楚地叫作蚊。从虫，芮聲。

蟰蛸①，長股者。从虫，肅聲。　穌彫切（xiāo）。

蟰　【譯文】蟰，蟰蛸，長腳的小蜘蛛。从虫，肅聲。

【注釋】① 蟰蛸：《爾雅·釋蟲》：“蟰蛸，長踦。”郭璞注：“小鼅鼄（蜘蛛），長腳者，俗呼爲喜子。”《詩·豳風·東山》：“蠨蛸在户。”陸璣疏：“蠨蛸，一名長腳，荊州河内人謂之喜母。此蟲來著人衣，當有親客至有喜也。”

蟲①也。从虫，省聲。　息正切（xìng/shěng）②。

蛸　【譯文】蛸，蟲名。从虫，省聲。

【注釋】① 蟲：《段注》：“有蟲名蛸也。”《類篇》云：“似蟬。”　② 今讀依《集韻》所景切。

商何①也。从虫，寽聲。　力輟切（liè）。

蛶　【譯文】蛶，商何蟲。从虫，寽聲。

【注釋】① 商何：見《爾雅·釋蟲》。郭璞注：“未詳。”

①　蠅胆也。《周禮》②蜡氏掌除骴。从虫，昔聲③。　鉏駕切（zhà/qù）④。

蜡

【譯文】蜡，蠅的幼蟲。《周禮》上的蜡氏這一職官主管除去腐殘的骨肉。从虫，昔聲。

【注釋】① 蜡：《段注》：“蠅生子爲蛆。蛆者，俗字；胆者，正字；蜡者，古字。”　②《周禮》：指《秋官·蜡氏》。承培元《引經證例》：“是《禮》命官之意，取除兇惡之義也。骨部：‘鳥獸殘骨曰骴。骴，可惡也。’”　③ 昔聲：聲中有義。毛際盛《述誼》：“胆與俎乃一字。《説文》俎从半肉，在且上；則胆者，肉全體在且上也。肉在且上，蠅來乳子。古遂借胆爲蠅胆字。蜡从虫、昔。昔，乾肉也，即宿肉也。肉宿則敗而生蟲。”　④ 今讀依《廣韻》七慮切。

①　動②也。从虫，耎聲③。　而沇切（ruǎn）。

蠕　【譯文】蠕，蠕動。从虫，耎聲。

【注釋】① 蠕：也作蠕。桂馥《義證》引杜佑説：“（蠕，）柔然。”
② 動：《段注》：“動者，作也。蟲之動曰蠕。”　③ 耎聲：聲中有義。本書：“耎，稍前大也。”本是本不勝末，頗顯軟弱之義。柔軟之蟲，其動必蠕。參“耎”條。

行也①。从虫，支聲。　巨支切（qí）。

蚑　【譯文】蚑，蟲類行走。从虫，支聲。

【注釋】① 行也：《段注》此後補“凡生之類，行皆曰蚑”八字，注：“凡生之類者，或行，或飛，或毛，或蠃，或介，或鱗，皆是也。”存參。

蠉① 蟲行也。从虫，睘聲②。　香沇切（xuǎn/xuān）③。

【譯文】蠉，蟲（盤旋）行走。从虫，睘聲。

【注釋】① 蠉：徐灝《段注箋》：“蓋蟲行旋轉之義。”　② 睘聲：聲中有義。本書：“睘，目驚視也。”驚視則徬徨四顧，引申爲旋轉之義。③ 今讀依《廣韻》許緣切。

蚩 蟲曳行①也。从虫，屮聲。讀若騁②。　丑善切（chǎn）。

【譯文】蚩，蟲一屈一伸地向前爬行。从虫，屮聲。音讀象“騁”字。

【注釋】① 曳行：《段注》作“申行”。段注：“許本無‘伸’字，衹作‘申’，故譌爲‘曳’也。”王筠《句讀》：“（申行）如尺蠖然。”參“蠖”條。② 讀若騁：《段注》：“屮，讀若徹。屮聲而讀騁者，以雙聲爲用也。”

【參證】林義光《文源》卷七：“屮非聲。前進之象。（與先从㞢同意。）”

螸 螽醜①螸，垂腴②也。从虫，欲聲。　余足切（yù/yú）③。

【譯文】螸，形容蝗蟲之類的所謂“螸”，就是下垂着肥腴的腹部的意思。从虫，欲聲。

【注釋】① 醜：類。　② 垂腴：《段注》：“腴者，腹下肥也。螽之類皆垂其腴矣。”　③ 今讀依《廣韻》羊朱切。

蝙 蠅醜①蝙，搖翼也。从虫，扇聲②。　式戰切（shàn）。

【譯文】蝙，形容蠅類的所謂的“蝙”，就是搖動翅膀的意思。从虫，扇聲。

【注釋】① 醜：類。　② 扇聲：聲中有義。扇本由户由翅省會意。

蜕 蛇蟬所解皮也。从虫，捝省①。　輸芮切（shuì/tuì）②。

【譯文】蜕，蛇和蟬一類動物解脱的那張皮。由虫、由捝字省去手會意。

【注釋】① 捝：本書：“捝，解捝也。”參“捝”條。　② 今讀依《廣韻》他外切。

蠚 螫①也。从虫，若省聲。　呼各切（hē）。

【譯文】蠚，毒蟲咬刺施毒。从虫，若省聲。

【注釋】① 螫：參“螫”條。

蟲行毒也。从虫，赦聲。 施隻切(shì)。

螫 【譯文】螫，(毒)蟲咬刺施毒。从虫，赦聲。

[1] 蛈[2]也。从虫，亞聲。 烏各切(è)。

蝁 【譯文】蝁，蝮一類的毒蛇。从虫，亞聲。

【注釋】① 蝁：《爾雅・釋蟲》：“蛈，蝁。”郭璞注：“蝮屬，大眼，最有毒，今淮南人呼蝁子。音惡。” ② 蛈(dié)：蛇惡毒長。見“長”部。

[1] 搔蛘也。从虫[2]，羊聲。 余兩切(yǎng)。

蛘 【譯文】蛘，(皮膚)搔癢。从虫，羊聲。

【注釋】① 蛘：《段注》：“俗多用痒、癢、養字。”《釋名・釋疾病》：“癢，揚也。其氣在皮中，欲得發揚，使人搔發之而揚出也。”

② 从虫：《段注》：“蛘从虫者，往往有蟲慴於膜。”

敗創[1]也。从虫人食，食亦聲[2]。 乘力切(shí)。

蝕 【譯文】蝕，皮肉敗壞而成瘡。由虫、人、食會意，食也表聲。

【注釋】① 敗創：王筠《句讀》：“言皮肉敗壞而成瘡痏也。創，古瘡字。因而以藥食其惡肉，亦謂之蝕。” ② 从虫人食句：朱駿聲《通訓定聲》：“从虫，飤聲。字亦作蝕。”

龍之屬[1]也。池魚滿三千六百，蛟來爲之長，能率魚飛。

蛟 置笱[2]水中，即蛟去。从虫，交聲。 古肴切(jiāo)。

【譯文】蛟，龍一類的動物。池中魚超過三千六百尾，蛟龍來到，作它們的首領，能率領魚羣飛去。把曲竹捕魚器具放在池水中，蛟龍就離開那裏。从虫，交聲。

【注釋】① 龍之屬：《段注》：“龍者，鱗蟲之長；蛟，其屬，無角，則屬而别也。郭氏《山海經》傳曰：‘似蛇，四腳，細頸，頸有白嬰(癭)，大者數圍，卵生，子如一二斛瓮，能吞人。’”按：這只是古人傳説。

② 笱：曲竹捕魚器。參“句”部。

[1] 若龍而黄，北方謂之地螻。从虫，离聲。或云：無角曰

螭 螭。 丑知切(chī)。

【譯文】螭，象龍而呈黄色，北方叫作地螻。从虫，离聲。另一説，沒

有角的龍叫螭。

【注釋】① 螭：傳說中的一種龍。

虯[①] 龍子有角者。从虫，丩聲。　渠幽切(qiú)。

【譯文】虯，有角的幼龍。从虫，丩聲。

【注釋】① 虯：桂馥《義證》："此即今之虬字。隸體丩變爲乚。"

蜦[①] 蛇屬，黑色，潛于神淵，能興風雨。从虫，侖聲。讀若戾[②]艸。蜧，蜦或从戾[③]。　力屯切(lún)。

【譯文】蜦，蛇一類，黑色。潛藏在神奇的淵水之中，能興風作雨。从虫，侖聲。音讀象莀草的"莀"字。蜧，蜦的或體，从戾聲。

【注釋】① 蜦：傳說中的神蛇。　② 戾：《段注》作"莀"。參"莀"條。　③ 从戾：朱駿聲《通訓定聲》："从戾聲。"

蠊[①] 海蟲也。長寸而白，可食。从虫，兼聲。讀若嗛。　力鹽切(lián)。

【譯文】蠊，海中的介蟲。(殼)長一寸而呈白色，肉可吃。从虫，兼聲。音讀象"嗛"字。

【注釋】① 蠊：蚌類。《段注》："介蟲也。其外有殼，蠊其小者也。長寸而白，謂其殼；可食，謂其中肉也。似蛤而長扁。"

蜃[①] 雉入海，化爲蜃[②]。从虫，辰聲。　時忍切(shèn)。

【譯文】蜃，野雞沉入海，化作了蜃。从虫，辰聲。

【注釋】① 蜃：蚌類。大蛤。朱駿聲《通訓定聲》："《晉語》注：'小曰蛤，大曰蜃。皆介物蚌類也。'"　② 雉入句：古人以爲蛤蜃爲鳥雀所變。

蛤[①] 蜃屬。有三，皆生於海。千歲化爲蛤，秦謂之牡厲[②]。又云百歲燕所化。魁蛤[③]，一名復累，老服翼[④]所化。从虫，合聲。　古沓切(gé)。

【譯文】蛤，蜃蚌一類。有三種，都産生在海中。(厲蛤)是千年的老雀變成的，秦地人叫牡厲。又說(海蛤)是百年的燕子變成的。魁蛤，又叫復累，是老蝙蝠變成的。从虫。合聲。

【注釋】① 蛤：同蛤。此條許氏說解依《段注》校譯。蛤蜃，古人以爲由燕雀沉入海中變化而成，不可據。　② 牡厲：《段注》引《本艸經·蟲魚》："上品有牡蠣。"肉味鮮美，殼燒成灰，可入藥。　③ 魁盒：《爾雅·釋魚》："魁陸。"郭璞注引《本草》説："魁狀如海蛤，員而厚，外有理縱横，即今之蚶也。"　④ 服翼：《段注》："蝙蝠也。"

蠯① (階)[陛]②也。脩爲蠯，圜爲蠇。从虫，庳[聲]③。　蒲猛切(bèng/pí)④。

【譯文】蠯，蜌蚌。長的是蠯，圓的是蠇。从虫，庳聲。

【注釋】① 蠯：《爾雅·釋魚》："蜌，蠯。"郭璞注："今江東呼蚌長而狹者爲蠯。"　② 階：當依徐鍇《繫傳》作"陛"。《段注》："陛，各本作蜌。即蚌語之轉也。"　③ 庳：徐鍇及段、桂、王、朱均作"庳聲"。　④ 今讀依《廣韻》符支切。

蝸① 蝸蠃②也。从虫，咼聲③。　古華切(guā/wō)。

【譯文】蝸，蝸牛。从虫，咼聲。

【注釋】① 蝸：桂馥《義證》引《爾雅翼》："蝸牛似小蠃，白色，生池澤草木間，頭有兩角，行則出，驚則縮，首尾俱能藏入殼中，以其有兩角，故以牛名。"　② 蝸蠃：王筠《句讀》："此又以蝸蠃爲名者，二字疊韻，可單可雙。"當單用時，蝸、蠃義各有别。《段注》："蠃者，今人所用螺字。今人謂水中可食者爲螺，陸生不可食者曰蝸牛。"　③ 咼聲：聲中有義。表比况。本書："咼"，象"頭隆骨"。蝸牛之殼象人頭蓋骨。

蚌 蜃①屬。从虫，丰聲②。　步項切(bàng)。

【譯文】蚌，蜃盒一類。从虫，丰聲。

【注釋】① 蜃：參"蜃"條。　② 丰聲：今音 fēng。參"玤"條。

蠇① 蚌屬。似螊②，微大，出海中，今民食之。从虫，萬聲。讀若賴③。　力制切(lì)。

【譯文】蠇，蚌一類。象螊，比螊略大，出産在海中，如今人們食用它。从虫，萬聲。音讀象"賴"字。

【注釋】① 蠇：王筠《句讀》："蠇有兩種：《本草》之牡蠣，吾鄉謂之蠣槎，其爲物族處而定居也；此云'蚌屬'者，吾鄉謂之所謂走蠣，大如田蠃，負殼而行。其可食則一也。"　② 螊：參"螊"條。

③ 賴：葉德輝《讀若考》："賴、厲音同。"按賴、厲上古同屬月部、來

紐。苗夔《聲訂》:“據‘龠’下説解,當作‘厲聲’。”

蝓　虒蝓[1]也。从虫,俞聲。　羊朱切(yú)。

【譯文】蝓,蝸牛。从虫,俞聲。

【注釋】① 虒(sī)蝓:《爾雅·釋魚》:“蚹蠃,螔蝓。”郭璞注:“即蝸牛也。”《段注》:“虒蝓讀移、臾二音。今生牆壁間濕處,無殼,有兩角,無足,延行地上,俗評延游,即虒蝓古語也。”朱駿聲《通訓定聲》:“今蘇俗謂之延游,語之轉也。其有殼者如螺,古亦謂之蠃,即蝸牛也。蘇俗謂之背包延游。”可見,蝓乃蝸牛之無殼者。

蜎　蜎[1]也。从虫,肙聲[2]。　狂沇切(juàn/yuān)[3]。

【譯文】蜎,蜎蜎。从虫,肙聲。

【注釋】① 蜎:連篆爲讀。蜎蜎:疊音詞。蟲類蠕動爬行的樣子。《詩·豳風·東山》:“蜎蜎者蠋。”朱熹注:“蜎蜎,動貌。”就單字義而言,則是“肙”的加旁今字。王筠《句讀》:“肙字从肉,蟲無骨也;从口者肙掉尾向首,其曲如環也。蜎再加虫,是肙所孳育也。”參“肙”條。② 肙聲:《段注》:“肙蜎,蓋古今字。”“形聲中有會意。”　③ 今讀依《廣韻》烏玄切。

蟺　蚴蟺[1]也。从虫,亶聲。　常演切(shàn)。

【譯文】蟺,蟲類曲折宛轉的樣子。从虫,亶聲。

【注釋】① 蚴蟺:《段注》:“蚴,轉臥也。引申爲凡宛曲之稱。蚴蟺,疊韻,蓋謂凡蟲之冤曲之狀。”

【參證】甲文作𡆧,金文作𡆧、𡆧。劉釗《釋甲骨文耤、羲、蟺、敊諸字》(《吉林大學社會科學學報》一九九〇年第二期):“甲骨文虫字作‘𠃌’,亶作‘𡆧’是將‘亩’的部分筆畫公用,即虫字借亩字的部分筆畫而成。”“金文亶字作‘𡆧’(亶姜鼎),郭沫若謂乃‘蟺’字古文。”“蟺字結構最早就應該爲从虫从亩,後來又增加一個‘旦’聲”。

蚴　蚴蟉[1]也。从虫,幽聲。　於虯切(yōu)。

【譯文】蚴,蟲類曲折宛轉的樣子。从虫,幽聲。

【注釋】① 蚴蟉:《段注》:“疊韻也。謂宛轉之皃也。”

蟉[1]　蚴蟉也。从虫,翏聲。　力幽切(liú)。

【譯文】蟉,蟲類宛轉曲折的樣子。从虫,翏聲。

【注釋】① 蟉：參上"蚴"條。

蟄 藏②也。从虫，執聲。　直立切(zhé)。

【譯文】蟄，蟲類(遇冬)藏隱不出。从虫，執聲。

【注釋】① 蟄：《段注》："凡蟲之伏爲蟄。"　② 藏：桂馥《義證》引《一切經音義》卷十三："《説文》：'蟄，藏也。蟲至冬即蟄隱不出也；獸有淺毛亦蟄，熊羆等是也。'"存參。

蚨 青蚨①，水蟲，可還錢。从虫，夫聲。　房無切(fú)。

【譯文】蚨，青蚨，水蟲。(傳説用它的血塗在錢上，)可使錢還歸。从虫，夫聲。

【注釋】① 青蚨：王筠《句讀》："青蚨，一名鱼伯，以其子母各等，置瓮中，埋東行陰垣下，三日復開之，即相從。以其母血塗八十一錢，亦以子血塗八十一錢，以其錢更互市，置子用母，置母用子，錢皆自還也。"

蝌 蝌鼀，詹諸①，以脰鳴②者。从虫，匊聲。　居六切(jú)。

【譯文】蝌，蝌鼀，又叫蟾蜍，用頸脖鳴叫的蟲子。从虫，匊聲。

【注釋】① 詹諸：即蟾蜍。《爾雅・釋魚》："鼀䵹，蟾諸。"郭璞注："似蝦蟆，居陸地。"俗稱"癩蛤蟆"。　② 以脰鳴：張舜徽《約注》："《釋文》云：'脰，頸也。'此謂鼃黽之屬以頸鼓動作聲也。"

蝦 蝦蟆①也。从虫，叚聲。　乎加切(há)。

【譯文】蝦，蝦蟆。从虫，叚聲。

【注釋】① 蝦蟆：疊韻聯緜詞。是青蛙和癩蛤蟆的通稱。《段注》："(蝦蟆)背有黑點，身小能跳接百蟲，解作呷呷聲，舉動極急。蟾蜍(癩蛤蟆)身大，背黑無點，多痱磊，不能跳，不解作聲，行動遲緩。絶然二物。"按：《段注》以爲蝦蟆指青蛙，蟾蜍指癩蛤蟆。張舜徽《約注》："二物析言有別，渾言固無分也。"

蟆① 蝦蟆也。从虫，莫聲。　莫遐切(má)。

【譯文】蟆，蝦蟆。从虫，莫聲。

【注釋】① 蟆：參上"蝦"條。

蠵① 大龜②也。以胃鳴者。从虫，巂聲。蠵，司馬相如説，蠵从夐③。　户圭切(xī)。

【譯文】蠵，最大的龜。用胃部鳴叫的蟲子。从虫，巂聲。蝮，司馬相如説，蠵从夐聲。

【注釋】① 蠵：朱駿聲《通訓定聲》："即《爾雅》十龜之靈龜。"《爾雅·釋魚》："二曰靈龜。"郭璞注："涪陵郡出大龜，甲可以卜，俗呼爲靈龜，能鳴。" ② 大龜：《段注》："龜之最大者。" ③ 从夐：《段注》："夐聲也。"宋保《諧聲補逸》："猶瓊字重文作瓗，巂聲也。"

蜥 蜥離[①]也。从虫，漸省聲。 慈染切(jiàn)。

【譯文】蜥，蜥離。从虫，漸省聲。

【注釋】① 蜥離：魚名。其形狀未聞。

蠏[①] 有二敖[②]八足，旁行[③]，非蛇鮮[④]之穴，無所庇[⑤]。从虫，解聲。蟹，蠏或从魚。 胡買切(xiè)。

【譯文】蠏，有兩隻鉗形大腳，八隻腳，向旁側横行，不是蛇和鱔魚的巢穴，就沒有庇護的地方。从虫，解聲。蟹，蠏的或體，从魚。

【注釋】① 蠏：今多作蟹。 ② 敖：《段注》："敖，出游也。故其大腳曰敖。" ③ 旁行：《段注》："仄行即旁行也。" ④ 鮮：《段注》："今之鱓字。玄應曰：'鱓又作鱔、鮮二形。'" ⑤ 庇：《段注》："庇者，蔭也。"

蛫[①] 蟹也。从虫，危聲[②]。 過委切(guǐ)。

【譯文】蛫，蟹類。从虫，危聲。

【注釋】① 蛫：《本草綱目·介部·蟹》："蘇頌曰：（蟹）六足者名蛫，四足者名蚩，皆有大毒，不可食。" ② 危聲：聲中有義。本書："危，在高而懼也。"引申爲凡可懼之稱。蛫蟹有大毒，叫人懼怕。

蜮 短狐[①]也。似鼈，三足，以气躲害人[②]。从虫，或聲。蟈[③]，蜮又从國[④]。 于逼切(yù)。

【譯文】蜮，又叫短狐的水蟲。樣子象甲魚，三隻腳，用氣射擊危害人們。从虫，或聲。蟈，蜮字又从國聲。

【注釋】① 短狐：桂馥《義證》引《玉篇》："域，似鼈，含沙射人，爲害如狐也。" ② 以气句：《段注》："陸氏佃、羅氏願皆曰：口中有横物如角弩，聞人聲，以气爲矢，用水勢以射人，隨所箸發創，中影亦病也。" ③ 蟈：《段注》："國聲亦或聲也。"徐鉉："今俗作古獲切

(guō)，以爲蝦蟆之别名。”　④ 又从國：王元稺《蟈氏蟈讀蜮辨》：“或、國，古今字；國者，或之分别文。”

[①] 蝉　似蜥易，長一丈，水潛，吞人即浮，出日南[②]。从虫，屰聲。吾各切(è)。

【譯文】蝉，樣子象蜥易，長一丈，潛在水中，吞食人獸後就浮出水面，出産在日南郡。从虫，屰聲。

【注釋】① 蝉：也作蝷、鰐、鱷。劉注《吴都賦》：“《異物志》云：鰐魚長二丈餘，有四足，似鼉，喙長三尺，甚利齒，虎及大鹿渡水，鰐擊之皆中斷。生子則出在沙上乳卵，卵如鴨子，亦有黄白，可食。其頭琢去齒，旬日間更生。廣州有之。”　② 日南：漢郡名。在今越南境内。

蛧　蛧蜽[①]，山川之精物[②]也。淮南王[③]説，蛧蜽，狀如三歲小兒，赤黑色，赤目，長耳，美髮。从虫，网聲。《國語》[④]曰：“木石之怪夔蛧蜽。”　文兩切(wǎng)。

【譯文】蛧，蛧蜽，山川的精氣結成的怪物。淮南王説，蛧蜽，樣子象三歲小孩子，赤黑的膚色，赤色的眼睛，長耳朵，美麗的頭髮。从虫，网聲。《國語》説：“木石的精氣形成的怪物是夔和蛧蜽。”

【注釋】① 蛧蜽：疊韻聯緜詞。張舜徽《約注》：“《周禮》方相氏作‘方良’，即蛧蜽之語轉。俗以鬼神視之，故其字又作魍魎。”　② 精物：《段注》：“謂精氣結成之物。”　③ 淮南王：《段注》：“謂劉安。”　④《國語》：指《魯語》。夔：《段注》：“如龍，一足。”《段注》引韋昭注《國語》：“蛧蜽，山精，好學人聲而迷惑人也。”

[①] 蜽　蛧蜽也。从虫，兩聲。　良獎切(liǎng)。

【譯文】蜽，蛧蜽。从虫，兩聲。

【注釋】① 蜽：参上“蛧”條。

[①] 蝯　善援[②]，禺屬[③]。从虫，爰聲[④]。　雨元切(yuán)。

【譯文】蝯，善于攀援，猴一類。从虫，爰聲。

【注釋】① 蝯：今經典多作猨，亦作猿。　② 善援：《段注》：“許意以蝯善攀援，故偁蝯。”　③ 禺屬：《段注》：“甶部曰：‘禺，母猴(獼猴)屬。’蝯即其屬。屬而别也。郭氏《山海經》傳曰：‘蝯似獼猴而大，臂腳長，便捷，色有黑有黄，其鳴聲哀。'"　④ 爰聲：聲中有義。本書："爰，引也。"引申爲援引、攀援。

蠗① 禺屬②。从虫，翟聲。　直角切(zhuó)。

【譯文】蠗，猴一類。从虫，翟聲。

【注釋】① 蠗：張舜徽《段注》："蠗或作貜。《玉篇》：'貜似獼猴而黄。'"　② 禺屬：《段注》："亦與母猴(獼猴)屬而别也。"

蜼 如母猴①，卬鼻，長尾。从虫，隹聲。　余季切(wèi)②。

【譯文】蜼，如獼猴，向上高昂着鼻子，長尾巴。从虫，隹聲。

【注釋】① 如母猴：《段注》："母猴、獼猴、沐猴，一聲之轉。"《爾雅·釋獸》："蜼，卬鼻而長尾。"郭璞注："蜼似獼猴而大，黄黑色，尾長數尺，似獺尾，末有岐，鼻露向上，雨即自縣於樹，以尾塞鼻，或以兩指。"　②《廣韻》作以醉切。

蚼① 北方有蚼犬，食人。从虫，句聲。　古厚切(gǒu)。

【譯文】蚼，北方有蚼犬，吃人。从虫，句聲。

【注釋】① 蚼：《山海經·海内北經》："蜪犬，如犬，青色，食人，從首始。"郭璞注："(蜪)音陶。或作蚼。蚼音鉤。"

蛩 蛩蛩①，獸也。一曰：秦謂蟬蜕②曰蛩。从虫，巩聲。　渠容切(qióng)。

【譯文】蛩，蛩蛩，野獸。另一義説，秦地叫蟬蜕下的皮作蛩。从虫，巩聲。

【注釋】① 蛩蛩：《段注》引張揖説："蛩蛩，青獸，狀如馬。"　② 蟬蜕：傅雲龍《古語考補正》："蟬脱今俗謂之蟬衣。"《段注》："方俗殊語也，蛩之言空也。"蟬衣即蟬之空殼。

蟨 鼠也。一曰：西方有獸，前足短，與蛩蛩、巨虚比，其名謂之蟨①。从虫，厥聲。　居月切(jué)。

【譯文】蟨，鼠名。又一説，西方有一種獸，前腳短，(後腳長，)與前腳長、後腳短的獸，名叫蛩蛩，又名巨虚的相親近，它的名字叫作蟨。从虫，厥聲。

【注釋】① 西方句：《淮南·道應訓》："北方有獸，其名曰蟨，鼠前而兔後，趨則頓，走則顛，常爲蛩蛩、駏驉取甘草以與之。蟨有患害，蛩蛩、駏驉必負而走。此以其所能託其所不能。”高注:“鼠前足短,兔後足長,故謂之蟨。蛩蛩、駏驉前足長,後足短,故能乘虛而走,不能止也。”《段注》:“郭璞云:距虛即邛邛變文。”“邛、距雙聲。”按:邛邛即蛩蛩,駏驉、距虛即巨虛。

蝙 蝙蝠[1]也。从虫,扁聲。 布玄切(biān)。

【譯文】蝙,蝙蝠。从虫,扁聲。

【注釋】① 蝙蝠:《方言》:“蝙蝠,自關而東謂之服翼,或謂之飛鼠,或謂之老鼠,或謂之僊鼠;自關而西,秦隴之間謂之蝙蝠,北燕謂之蟙蠌,音職墨。”張舜徽《約注》:“蝙蝠,似鼠,黑色,肉翅與足相連,棲於屋簷,孳乳其中,黄昏出飛掠蚊蚋食之。湖湘間稱爲檐老鼠。”參下“蝠”條。

蝠[1] 蝙蝠,服翼[2]也。从虫,畐聲。 方六切(fú)。

【譯文】蝠,蝙蝠,又叫服翼。从虫,畐聲。

【注釋】① 蝠:參上“蝙”條。 ② 服翼:見《爾雅·釋鳥》。《廣韻》引作“伏翼”。唐本草注:“伏翼,以其晝伏有翼爾。”

蠻 南蠻,蛇種。从虫[1],䜌聲。 莫還切(mán)。

【譯文】蠻,南方的蠻族,與蛇蟲習居的種族。从虫,䜌聲。

【注釋】① 从虫:徐灝《段注箋》:“南方多虫蛇,故蠻閩从虫。皆名其地而移以言人耳。”

【參證】金文作。吴大澂《古籀補》:“古蠻字不从虫。”

閩[1] 東南越[2],蛇種[3]。从虫,門聲。 武巾切(mǐn)[4]。

【譯文】閩,東南方的越族,與蛇蟲習居的種族。从虫,門聲。

【注釋】① 閩:《段注》引後鄭説:“閩,蠻之别也。” ② 越:《段注》引《釋名》:“越,夷蠻之國也。”居住在今天福建和浙江南部。 ③ 蛇種:參“蠻”條。 ④ 當讀mín,今讀mǐn。

虹 螮蝀[1]也。狀似蟲。从虫[2],工聲。《明堂月令》[3]曰:“虹始見。”蚒,籀文虹从申[4],申,電也。 户工切(hóng)。

【譯文】虹,螮蝀。樣子彎曲象蟲。从虫,工聲。《明堂月令》説:“虹才出現。”蚒,籀文虹字,从申,申是電光(閃爍屈曲)的樣子。

【注釋】① 螮蝀:《爾雅·釋天》:“螮蝀謂之雩。螮蝀,虹也。”郭璞

注："俗名爲美人虹。"王筠《句讀》引蔡氏章句："雄曰虹，雌曰蜺。" ② 从虫：徐灝《段注箋》："此以其屈曲似蟲，故从虫耳。虫即蟲也。" ③《明堂月令》：指《禮記・月令》。　④ 从申：王筠《句讀》："象電光閃爍屈曲之狀，虹與電相似，故從之。"

【參證】甲文作。于省吾《殷契駢枝》："係虹之形，爲虹之初文。""虹之形，與杠梁，與玉璜，與虺絶相類。"于説，自安陽出土之商代晚期彝器有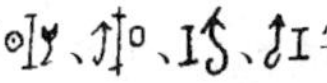字，前二字隸定爲虹，後二字隸定爲虹。後者或不从日。于説："人皆知虹之虫形工聲爲形聲字。或未注意虫形之含音、工聲之有形義也。《説文》：'虫一名蝮，許偉切。'《段注》：'《爾雅・釋魚》：蝮虫，今本虫作虺。'按：虺、虹，雙聲。工字横列，有似古文虹形，工字又含高空之義。""借工以標聲。""商代晚期則以形聲字之虹或虹代之，後此則虹行而虹廢。"

螮

螮蝀[①]，虹也。从虫，帶聲[②]。　都計切（dì）。

【譯文】螮，螮蝀，又叫虹。从虫，帶聲。

【注釋】① 螮蝀：雙聲聯緜詞。參上"虹"條。　② 帶聲：聲中有義。郭沫若《卜辭通纂》："名螮蝀者，亦謂如帶之虹也。"

[①]
蝀

螮蝀也。从虫，東聲[②]。　多貢切（dòng）。

【譯文】蝀，螮蝀。从虫，東聲。

【注釋】① 蝀：朱駿聲《通訓定聲》："短言之曰蝀，長言之曰螮蝀。"參上"虹"、"螮"條。　② 東聲：聲中有義。楊樹達《積微居小學述林》卷一《釋蝀》："古義虹爲通稱。細分之，則見於東方者謂之螮蝀，見於西方者謂之隮也。""蝀即以見於東方爲義。"

[①]
蠥

衣服、歌謠、艸木之怪[②]，謂之祥。禽獸、蟲蝗之怪，謂之蠥。从虫[③]，辥聲。　魚列切（niè）。

【譯文】蠥，衣服、歌謠、草木的怪異現象，叫作妖。禽獸、蟲蝗的怪異現象，叫作蠥。从虫，辥聲。

【注釋】① 蠥：今經典多作孽。　② 怪：異。　③ 从虫：《段注》："禽獸、蟲蝗之字皆得从虫，故蠥从虫。"

文一百五十三　重十五

篆① 南方夷②也。从虫③，延聲。 徒旱切(dàn)。

蜑 【譯文】蜑，南方的少數民族。从虫，延聲。

【注釋】① 蜑：《鄭新附考》："《隋書・地理志》'長沙郡雜有夷蜒'，直作蜒。又云：'蜀郡有獽狿。'則俗改从犬配獽。蛋又蜑省體。據《晉書音義》：'蛋見《文字集略》，至梁阮孝緒始收之。'"又，《鄭新附考》："(蜑)止是古蜿蜒字易置偏旁耳。"蜒是蜿蜒的蜒字，讀 yán。聲紐屬喻四，上古，喻四歸定，故古讀 dàn，即蜒族的蜒，或作蜑。左右結構變爲上下結構，即鄭氏所謂"易置偏旁"，定型爲"蜑"，與蜿蜒相區别。蜿蜒，疊韻聯緜字。指龍蛇爬行皃，又引申爲凡蜿蜒曲折之通稱。 ② 夷：《説文》："東方之人也。"引申指少數民族。③ 从虫：徐灝《箋》"蠻"下："南方多蟲蛇，故蠻閩从虫。皆名其地而移以言人耳。"蜑本南方族裔，故从虫。

篆 蟪蛄①，蟬也。从虫，惠聲。 曰械切(huì)。

蟪 【譯文】蟪，蟪蛄的蟪，蟪蛄是蟬。从虫，惠聲。

【注釋】① 蟪蛄：《鈕新附考》："《莊子・逍遙遊》：'惠蛄不知春秋。'釋文：惠本亦作蟪。引司馬云：惠蛄，寒蟬也。一名蝭蟧，春生夏死，夏生秋死。"《鄭新附考》："(惠)加虫蓋晚出。"蟪也單字成義。鈕琇《觚賸・秋燈詩》："女墻弔月啼寒蟪，露井臨風墜緑槐。"

篆 蠛蠓①，細蟲也。从虫，蔑聲②。 亡結切(miè)。

蠛 【譯文】蠛，蠛蠓的蠛字。(蠛蠓是)細小的飛蟲。从虫，蔑聲。

【注釋】① 蠛蠓：《段注》"蠓"下："《釋蟲》曰：蠓，蠛蠓。孫炎曰：此蟲小於蚊。郭圖讚曰：小蟲似蜹，風春雨磑，謂其飛上下如舂，則天風；回旋如磨，則天雨。"蠛蠓，雙聲聯緜字，小於蚊蜹的飛蟲。《文選・揚雄〈甘泉賦〉》："浮蠛蠓而撇天。"蠛也單字成義。 ② 蔑聲：聲中有義。《段注》"蠓"下："蔑之言末也，微也。《爾雅》作蠛。"《鄭新附考》："蔑蒙兩字皆有微小義。故以之狀蟲之小者名蔑蒙亦取乎此。久乃增虫以爲蟲名專字。"

篆 虴蜢①，艸上蟲也。从虫，乇聲。 陟格切(zhé)。

虴 【譯文】虴，虴蜢的虴，(虴蜢是)生活在草上的蝗蟲。从虫，乇聲。

【注釋】① 虴蜢：《段注》"蟅"下："《方言》曰：'蟒宋魏之間謂之蚮，

南楚之外謂之蟅蟒，或謂之䗅。’郭注：即蝗也。蟅音近詐，蟒音莫梗反，亦呼虴蜢。按即今北人所謂蚂蚱，江南人謂之蝗蟲。蟅蟒、虴蜢，一語之轉。”《鄭新附考》：“郭氏以蟅音近詐，即虴之去聲，而俗别作蚱；郭音蟒爲莫鯁切，與《玉篇》蜢字音同，虴蚂亦即虴蜢，蚂是蜢之入聲也。”

①　虴蜢也。从虫，孟聲。　莫杏切（měng）。

蜢　【譯文】蜢，虴蜢的蜢。从虫，孟聲。

【注釋】① 蜢：參上條。

①　蟋蟀②也。从虫，悉聲。　息七切（xī）。

蟋　【譯文】蟋，蟋蟀的蟋。从虫，悉聲。

【注釋】① 蟋：《鈕新附考》：“《説文》蟀訓悉蟀，知悉古無虫旁。然《隸釋》載石經《魯詩》殘碑已作蟋蟀。”　② 蟋蟀：徐鉉“蟀”下注：“今俗作‘蟀’。”蟋蟀，聯緜字。桂馥《義證》“蟀”下：“《古今注》：蟋蟀，一名吟蛩，秋初生，得寒則鳴噪，濟南謂爲嬾婦，又云促織，謂鳴聲如急織也。”《詩·唐風·蟋蟀》：“蟋蟀在堂，歲聿其莫。”

①　螳蜋②也。从虫，堂聲。　徒郎切（táng）。

螳　【譯文】螳，螳蜋的螳。从虫，堂聲。

【注釋】① 螳：《鈕新附考》：“《説文》蜋、蛸字注皆作堂蜋。古本不从虫，後人所加。”　② 螳蜋：疊韻聯緜字。《莊子·人間世》：“汝不知夫螳蜋乎，怒其臂以擋車轍，不知其不勝任也。”參“蜋”條。

文七　新附

卷二十六

蚰部

蚰[1] 蟲之總名也。从二虫[2]。凡蚰之屬皆从蚰。讀若昆。 古魂切(kūn)。

【譯文】蚰,蟲類的總稱。由兩個虫字會意。大凡蚰的部屬都从蚰。音讀象"昆"字。

【注釋】① 蚰:《段注》:"凡經傳言昆蟲即蚰蟲也。"徐灝《段注箋》:"古言昆蟲者,謂衆蟲耳。"桂馥《義證》:"凡从蚰者,皆小蟲。"

② 从二虫:饒炯《部首訂》:"虫、蚰、蟲,一字重文"。"與屮、艸、芔、茻分爲數字相同。"

【參證】甲文作、,金文作。高鴻縉《中國字例》二篇:"(虫、蚰、蟲)三字實一字。殆其(指)複體,或其籀文。""字音亦當爲一音之分化。"

蠶 任[1]絲也。从蚰,朁聲。 昨含切(cán)。

【譯文】蠶,孕着絲(的蟲子)。从蚰,朁聲。

【注釋】① 任:徐灝《段注箋》:"任猶妊也。"妊,本書女部:"孕也。"

【參證】甲文作、、、。商承祚《甲骨文字研究》下編:"此正象蠶形,當爲蠶之初字。"

蟸[1] 蠶化飛蟲。从蚰,我聲。,或从虫。 五何切(é)。

【譯文】蟸,蠶變成飛蛾。从蚰,我聲。蛾,蟸的或體,从虫。

【注釋】① 蟸:《段注》:"蠶吐絲則成蛹於繭中,蛹復化而爲蟸,與虫部之蛾(yǐ)羅主謂螘(蟻)者截然不同。"參"蛾"條。

蝨[1] 齧人跳蟲[2]。从蚰,叉聲。叉,古爪字[3]。,蝨或从虫。 子皓切(zǎo)。

【譯文】蝨,咬噬人的善跳躍的蟲子。从蚰,叉聲。叉,古爪字。蚤,蝨的或體，从虫。

【注釋】① 蝨：跳蚤。　② 齧人句：《段注》："齧，噬也。跳，躍也。蝨但齧人，蝨則加之善躍。"　③ 叉，古爪字：《段注》："按此四字妄人所沾。"

蝨[①] 齧人蟲。从䖵，卂聲。　所櫛切（shī）。

【譯文】蝨，咬噬人的蟲子。从䖵，卂聲。

【注釋】① 蝨：桂馥《義證》："或作虱。"

螽[①] 蝗也。从䖵，夂聲。夂，古文終字。蟓，螽或从虫，衆聲[②]。　職戎切（zhōng）。

【譯文】螽，蝗蟲。从䖵，夂聲。夂，古文終字。蟓，螽的或體，从虫，衆聲。

【注釋】① 螽：席世昌《讀説文記》："春秋爲螽，今（漢）謂之蝗。"　② 衆聲：聲中有義。王筠《句讀》："螽之爲言衆，暴衆也。"張舜徽《約注》："言其羣聚衆多也。蝗常羣飛亘數里或數十里不絶。"

蟨 蟲也。从䖵，展省聲。　知衍切（zhǎn）。

【譯文】蟨，蟲名。从䖵，展省聲。

蠽 小蟬蜩[①]也。从䖵，截聲。　子列切（jié）。

【譯文】蠽，小蟬。从䖵，截聲。

【注釋】① 小蟬蜩：蟬蜩，同義連用。《段注》："謂蟬之小者也。"

蠿 蠿蟊[①]，作罔蛛蟊[②]也。从䖵，㡭聲。㡭，古絶字。　側八切（zhá/zhuó）[③]。

【譯文】蠿，蝃蝥，就是能作網的蜘蛛。从䖵，㡭聲。㡭，古"絶"字。

【注釋】① 蠿蟊：邵瑛《羣經正字》："《爾雅·釋蟲》：'次蠹（qiū），鼅鼄（蜘蛛）；鼅鼄，鼄蝥。'郭注：'今江東呼蝃蝥。'蝃蝥即蠿蟊。"　② 作罔蛛蟊：《段注》："謂即今能作罔之蛛蝥也。"　③ 今讀依《廣韻》陟劣切。

蟊[①] 蠿蟊也。从䖵，矛聲。　莫交切（máo）。

【譯文】蟊，蠿蟊。从䖵，矛聲。

【注釋】① 蟊：即蜘蛛。參"蠿（zhuó）"條。

[1] 蟲也。从䖵，寍聲。 奴丁切(níng)。

蠅

【譯文】蠅，蟲名。从䖵，寍聲。

【注釋】① 蠅：《廣韻》："螻蛄。"

[1] 齎螬也。从䖵，曹聲。 財牢切(cáo)。

蠆

【譯文】蠆，齎螬。从䖵，曹聲。

【注釋】① 蠆：參"齎(qí)"條。

[1] 螻蛄也。从䖵，𦏧聲。 胡葛切(hé/xiá)[2]。

蠿

【譯文】蠿，螻蛄。从䖵，𦏧聲。

【注釋】① 蠿：參"螻"條。 ② 今讀依《廣韻》胡瞎切。

蟲蛸[1]也。从䖵，卑聲。，螶或从虫。 匹標切(piāo/pí)[2]。

螶

【譯文】螶，螶蛸。从䖵，卑聲。蜱，螶的或體，从虫。

【注釋】① 螶蛸：螳螂的卵。本書虫部："蛸，螶蛸，堂蜋子。" ② 今讀依《廣韻》符支切。

[1] 飛蟲螫人者[2]。从䖵，逢聲。，古文省。 敷容切(fēng)。

蠭

【譯文】蠭，飛蟲中螫刺人的蟲子。从䖵，逢聲。螽，古文蠭字，是蠭的省略。

【注釋】① 蠭：今作蜂。 ② 飛蟲句：《段注》："其飛蟲螫人者，則謂大黄蠭。""《本草經》露蜂房，亦謂木上大黄蠭窠也。其房大者如甕，小者如桶。""其子可食。"

【參證】商承祚《説文中之古文考》(《金陵大學學報》一九四〇年一、二期)："(古文)，甲骨文、金文䖵作。"

[1] 蠭甘飴[2]也。一曰：螟子[3]。从䖵，鼏聲[4]。，蠠或从宓[5]。 彌必切(mì)。

蠠

【譯文】蠠，蜜蜂釀造的甜美的糖漿。另一義説，螟蟲的卵。从䖵，鼏聲。蜜，蠠的或體，从宓聲。

【注釋】① 蠠：今通行或體"蜜"字。 ② 蠭甘飴：《段注》："飴者，米糱煎也。蠭作食，甘如之。凡蠭皆有蠠。" ③ 螟子：《段注》："螟見虫部，食穀心者，其子曰蠠。"一曰，即今所謂蜜虫。見王筠《釋例》。 ④ 鼏聲：《段注》："鼏，鼎蓋也，冥入聲。非横關鼎耳之鼏音扃也。” ⑤ 从宓：《段注》：“宓聲。”

[①] ⿱巨䖵蟝也。从䖵，巨聲。 强魚切(qú)。

⿱巨䖵 【譯文】⿱巨䖵，⿱巨䖵蟝。从䖵，巨聲。

【注釋】① ⿱巨䖵：參“蟝”條。

 齧人飛蟲[①]。从䖵，民聲。，蟁或从昬[②]，以昬時出也[③]。

蟁 [④]，俗蟁从虫从文[⑤]。 無分切(wén)。

【譯文】蟁，咬噬人的善飛的蟲子。从䖵，民聲。⿱昏䖵，蟁的或體，从昬，因爲蟁蟲在黄昏時出來。蚊，俗蟁字，从虫、文聲。

【注釋】① 齧人飛蟲：《段注》：“齧人而又善飛者。” ② 或从昬：小徐、《段注》皆作“昏”。《段注》：“昏从氐省，氐者下也。俗沾一曰‘民聲’，而⿱昏䖵篆上亦沾蟁篆矣。”參“昏”條。 ③ 以昬時：《段注》“昬”作“昏”：“説會意之旨，而形聲在其中。” ④ 蚊：《段注》：“虫部曰：‘秦晉謂之蜹，楚謂之蚊。’” ⑤ 从虫从文：朱駿聲《通訓定聲》作“从虫，文聲”。蟁，民聲；⿱昏䖵，蟁（昏）聲；蚊，文聲。宋保《諧聲補逸》：“民、昬（昏）、文，並同部聲相近。”

【參證】金文作，與俗蟁字同。

[①] 齧人[②]飛蟲。从䖵，亡聲。 武庚切(méng)。

蝱 【譯文】蝱，咬噬人的善飛的蟲子。从䖵，亡聲。

【注釋】① 蝱：也作虻、蝱。 ② 齧人：《段注》：“人當作牛。”“今人尚謂齧牛者爲牛蝱。”

[①] 木中蟲。从䖵，橐聲。，蠹或从木[②]，象蟲在木中形。譚

蠹 長説。 當故切(dù)。

【譯文】蠹，寄生木中（吃木）的蟲子。从䖵，橐聲。螙，蠹的或體，从木，象蟲在木中的形狀。這是譚長的説法。

【注釋】① 蠹：蛀蟲。《段注》：“在木中食木者也。今俗謂之蛀，音注。” ② 从木：《段注》：“上形聲，此會意。”

[①] 蟲齧木中也。从䖵，彖聲[②]。[③]，古文。 盧啟切(lǐ)。

蠡 【譯文】蠡，蟲在木中咬木頭。从䖵，彖聲。⿱彖林，古文蠡字。

【注釋】① ：《段注》作“”，注：“此非蟲名，乃謂螙之食木曰蠡也。” ② 彖聲：《段注》作“彖聲”，注：“彖見彑部，讀若弛，非通貫

切之象也。"　③ 𧒒：王筠《句讀》："《汗簡》引作，明是从讀若弟之𢒼矣。"

【参證】商承祚《説文中之古文考》："蚰作，則甲骨形之寫析。"

蝨 多足蟲也。从蚰，求聲。，蝨或从虫。　巨鳩切(qiú)。

【譯文】蝨，多腳的蟲子。从蚰，求聲。蛷，蝨的或體，从虫。

【注釋】① 蝨：《段注》："本或作蛷，多足之蟲，今俗所謂簑衣蟲也。"

【参證】甲文作。裘錫圭《釋求》(《古文字研究》第十五輯)："'求'大概是'蛷'的初文。""非常象多足虫。"

蠹 蚍蠹①也。从蚰，橐聲。，蠹②或从虫，从孚③。　縛牟切(fú)。

【譯文】蠹，蚍蜉。从蚰，橐聲。蜉，蠹的或體，从虫，孚聲。

【注釋】① 蚍蠹：大螞蟻。《段注》："蟲部：'蠹蠪，大螘(yǐ)也。'俗呼爲馬蚍蜉。按：馬之言大也。"　② 蠹：同蠹。　③ 从孚：《段注》："孚聲。古音，孚讀如浮。"宋保《諧聲補逸》："橐、孚同部，聲相近。"

蟁 蟲食也。从蚰，雋聲。　子兖切(juǎn)。

【譯文】蟁，昆蟲吮食。从蚰，雋聲。

【注釋】① 蟁：《段注》："蟁之言吮也。"

蠢 蟲動也。从蚰，春聲②。，古文蠢从𢦏③。《周書》④曰："我有䵞于西。"　尺尹切(chǔn)。

【譯文】蠢，蟲蠕動。从蚰，春聲。𢧵，古文蠢字，从𢦏。《周書》説："我對西土怵怵而心動。"

【注釋】① 蠢：《段注》："此與蝡(ruǎn，蠕動)義同。引申爲凡動之偁。"　② 春聲：聲中有義。春有動義。春暖花開，萬物滋長。所以《釋名》説："春，蠢也，萬物蠢然而生。"　③ 从𢦏：《段注》："𢦏之言才也，始也。"　④《周書》：指《大誥》。"我有"句今本原文："有大艱于西土，西土人亦不靜，越(在)茲(這時)蠢。"《段注》："其辭不同者，蓋許檃栝其辭如此也。"承培元《引經證例》："'有𢧵于西'，猶云'我有怵怵心動于西'。"

文二十五　重十三

蟲部

①蟲 有足謂之蟲,無足謂之豸②。从三虫③。凡蟲之屬皆从蟲。 直弓切(chóng)。

【譯文】蟲,有腳叫作蟲,無腳叫作豸。由三個虫字會意。大凡蟲的部屬都从蟲。

【注釋】① 蟲:動物的通稱。《集韻·東韻》:“蟲,李陽冰曰:裸、毛、羽、鱗、介之總稱。” ② 有足句:此《爾雅·釋蟲》文。《段注》:“有舉渾言以包析言者,有舉析言以包渾言者。此蟲、豸析言以包渾言也。蟲者,蠉動之總名。豸者,獸長脊行豸豸然,欲有所伺殺形也。本謂有足之蟲,因凡蟲無足者,其行但見長脊豸豸然,故得假借豸名。” ③ 从三虫:王筠《釋例》:“虫、蚰、蟲同物即同字。小蟲多類聚,故三之以象其多;兩之者,省之也;一之者,以象其首尾之形。至於字分三形,而又各有从之者,即分三音三義,又孳育之一法也。”

【參證】徐灝《段注箋》:“凡从豸之字類皆有足之物,而無足者乃从虫、从蚰、从蟲;字形,亦豸有足,而蟲無足。疑《爾雅》互易之譌也。”馬敘倫《六書疏證》卷二十六:“此捝本訓,但存校語。”疑莫能定。

①𧖅 蟲,食艸根者。从蟲,象其形②。吏抵冒③取民財則生。,蟊④或从敄。,古文蟊从虫,从牟⑤。 莫浮切(máo)。

【譯文】𧖅,蟲名,吃草根的蟲子。从蟲,(弔)象𧖅蟲繚繞在苗幹上的形狀。官吏觸犯、掠奪百姓錢財,𧖅蟲就會産生。蝥,𧖅的或體,从敄聲。蛑,古文𧖅,从虫,从牟聲。

【注釋】① 𧖅:今經典三體並行。自譌變爲蟊後,則與𧕅蟊字形體合一。參蚰部“蟊”條。 ② 象其形:《段注》:“謂上體象此蟲繚繞於苗幹之形,與蚰部𧕅蟊字从蚰、矛聲不同也。”王筠《釋例》:“中直象禾根,盤曲者蛑也。” ③ 抵冒:《段注》:“抵當作牴,觸也。冒者,冢而前也。吏不卹其民,彊禦而取民財,則生此。”按:蟲災與政惡吏貪不相干涉。 ④ 蟊:《段注》:“敄,聲也。此則與虫部蝥、蝥同字。” ⑤ 从牟:《段注》:“牟聲。”

蠶 蚍蜉，大螘[1]也。从䖵，妣聲。蚍[2]，蠶或从虫，比聲。房脂切(pí)。

【譯文】蠶，蚍蜉，大螞蟻。从䖵，妣聲。蚍，蠶的或體，从虫，比聲。

【注釋】① 螘：參"螻"條。 ② 蚍：今經典从或體。

蟁[1] 齧也。从䖵，䒞[2]聲。武巾切(mín/lìn)[3]。

【譯文】蟁，蚊蟲。从䖵，䒞聲。

【注釋】① 蟁：《段注》："此蚊之一名耳。不當仍讀蚊。當依《篇》、《韻》良刃切。" ② 䒞(zhèn)：見門部。 ③ 今讀依《廣韻》良刃切。

蠹[1] 臭蟲，負蠜也。从䖵，非聲。蜚，蠹或从虫。房未切(fěi)。

【譯文】蠹，臭蟲，又叫負蠜。从䖵，非聲。蜚，蠹的或體，从虫。

【注釋】① 蠹：今經典从或體。《爾雅·釋蟲》："蜚，蠦蜰。"郭璞注："蜰即負盤，臭蟲。"徐灝《段注箋》："蓋蜰即蜚耳。"按：即蟑螂。

蠱 腹中蟲[1]也。《春秋傳》[2]曰："皿蟲爲蠱。""晦淫之所生也。"梟桀[3]死之鬼亦爲蠱。从蟲，从皿。皿，物之用也。公户切(gǔ)。

【譯文】蠱，腹内中了蟲蝕的毒。《春秋左傳》說："'皿'上有'蟲'是蠱字。""這種蠱毒是在夜晚淫亂的時候産生的。"斬首倒懸而死的鬼、分裂肢體而死的鬼，也變成蠱。由蟲、由皿會意。皿，是使用的器物。

【注釋】① 腹中(zhòng)蟲(chòng)：《段注》："中、蟲皆讀去聲。《廣韻》、《集韻》皆曰：'蟲，直衆切。蟲食物也。亦作蚛。'腹中蟲者，謂腹内中蟲食之毒也。自外而入故曰中，自内而蝕故曰蟲。此與虫部'腹中(zhōng)長蟲(chóng)'、'腹中短蟲'讀異。" ②《春秋傳》：指《左傳·昭公元年》。今本原文："女，陽物(男陽所用之陰物)而晦時，則生内熱惑蠱之疾。(蠱)淫溺惑亂之所生也。於文，皿蟲爲蠱。"皿蟲爲蠱：杜預注："器受蟲害者爲蠱。"王筠《句讀》："許引皿蟲爲蠱，乃蠱字正義，而又引晦淫所生者，廣一義也。" ③ 梟桀：當依《段注》作"梟磔"。段注："梟當作県，斷首倒縣；磔，辜也，殺人而申張之也。强死之鬼，其魂魄能馮依人，以爲淫厲，是亦以人爲皿而害之也。此亦引申之義。"

【參證】甲文作、。王國維《觀堂書札·中國歷史文獻研究集刊第一集》:"(甲文)从'皿蚰',與'皿蠱'同意,即蠱字。"按:从虫、从蚰、从蟲,一也。"从蟲,从皿,皿,物之用也。"釋其本義,皿爲蟲傷。如楊樹達《文字形義學》所説:"初義當謂蟲食皿。""腹蠱"、"淫蠱"、"鬼蠱"皆如王筠所説爲"廣義"。乃"皿蠱"通過比喻所引申的意義。一、"腹中蟲",皿喻人腹,蟲喻毒害;二、"晦淫之所生",皿喻淫亂者,蟲喻淫亂;三、厲鬼附人,皿喻人,蟲喻鬼害。

文六　重四

風部

風　八風[①]也。東方曰明庶風,東南曰清明風,南方曰景風,西南曰涼風,西方曰閶闔風,西北曰不周風,北方曰廣莫風,東北曰融風[②]。風動蟲生。故蟲八日[③]而化。从虫[④],凡聲。凡風之屬皆从風。[⑤],古文風。　方戎切(fēng)。

【譯文】風,八方的風。東方來的,叫明庶風;東南來的,叫清明風;南方來的,叫景風;西南來的,叫涼風;西方來的,叫閶闔風;西北來的,叫不周風;北方來的,叫廣莫風;東北來的,叫融風。風吹動,蟲産生,蟲八天就變化成形。从虫,凡聲。大凡風的部屬都从風。凬,古文風字。

【注釋】① 八風:《左傳·昭公二十年》:"七音八風。"杜預注:"八方之風。"　② 東方句:《淮南·天文訓》:"何謂八風?距日冬至四十五日條風至;條風至四十五日,明庶風至;明庶風至四十五日,清明風至;清明風至四十五日,景風至;景風至四十五日,涼風至;涼風至四十五日,閶闔風至;閶闔風至四十五日,不周風至;不周風至四十五日,廣莫風至。"《段注》:"《易通卦驗》曰:'立春,調風至;春分,明庶風至;立夏,清明風至;夏至,景風至;立秋,涼風至;秋分,閶闔風至;立冬,不周風至;冬至,廣莫風至。'《白虎通》調風作條風。條者,生也。明庶者,迎衆也;清明者,芒也;景者,大也,言陽氣長養也;涼,寒也,陰氣行也;閶闔者,咸收藏也;不周者,不交也,言陰陽未化矣;廣莫者,大莫也,開陽氣也。按:調風、條風、融風,一也。"

③ 八日：《段注》："謂風之大數（自然分限，常例）盡於八，故蟲八日而化。"　④ 从虫：徐灝《段注箋》："風無形可象，因其所生之物以製字，故从虫。"　⑤ 凬：不詳。

【参證】甲文作、。卜辭可借凡爲風。甲文次字，葉玉森《説契》（《學衡》第三十一期）解釋説："象鳥有長尾"，"如孔雀然"，"或古代鳳尾"，"鳥尾長則奮翼一飛，風象自見。"即凡，爲聲符。至於古文風字的由來，曾宪通《楚文字釋叢》（《中山大學學報》一九九六年第三期）説："當由、等形的省變。""（鳳）尾飾之，猶孔雀尾端之錢斑，是鳳鳥别於其它鳥類的主要特徵，故以之代表鳳之整體。""（）即在聲符'凡'之下，《説文》古文取鳳尾紋飾之上部''而成字。"

䬁[①]　北風謂之䬁。从風，涼省聲[②]。　吕張切（liáng）。

【譯文】䬁，北風叫作䬁。从風，涼省聲。

【注釋】① 䬁：今經典作涼。王筠《句讀》："涼者，古文通用字也；䬁者，小篆專字也。"　② 涼省聲：《段注》作"京聲"。存參。

䬍　小風也。从風，术聲。　翾聿切（xù/xuè）[①]。

【譯文】䬍，小風。从風，术聲。

【注釋】① 今讀依《廣韻》許劣切。

飆[①]　扶搖風也。从風，猋聲[②]。，飆或从包[③]。　甫遙切（biāo）。

【譯文】飆，暴風。从風，猋聲。颮，飆的或體，从包聲。

【注釋】① 飆：徐灝《段注箋》："飈者，扶搖之合聲也。"朱駿聲《通訓定聲》："回風暴起，从下而上。"　② 猋聲：聲中有義。本書："猋，犬走皃。"三犬相從，疾奔似箭。　③ 从包：朱駿聲《通訓定聲》："或从包聲。"宋保《諧聲補逸》："猋聲、包聲同部相近。"

飄　回風[①]也。从風，票聲。　撫招切（piāo）。

【譯文】飄，回旋的風。从風，票聲。

【注釋】① 回風：《段注》："回者，般旋而起之風。"《莊子・逍遥游》："摶扶搖羊角而上者九萬里。"司馬彪云："風上行，謂之扶搖；風曲上行，若羊角然，謂之羊角。然則一類而小别也。"　② 㶚：㶚省，今作票。

颯　翔風[①]也。从風，立聲。　穌合切（sà）。

【譯文】颯，回旋的風。从風，立聲。

【注釋】① 翔風：張舜徽《約注》："疊言颯颯，多訓風聲。若單言颯，則翔風乃其本義。風翔則自有聲，二義又實相成也。"王筠《句讀》："翔亦回也。與'飄，回風也'不殊。"

飂① 高風也。从風，翏聲。 力求切（liú/liù）②。

【譯文】飂，高風。从風，翏聲。

【注釋】① 飂：西風。《吕氏春秋・有始覽》："西方曰飂風。"
② 今讀依《廣韻》力救切。

颮 疾風也。从風，从忽①，忽亦聲。 呼骨切（hū）。

【譯文】颮，疾風。由風、由忽會意，忽也表聲。

【注釋】① 从風，从忽：會風疾起的意思。忽：迅疾。

颹 大風也。从風，胃聲。 王勿切（yù/wèi）①。

【譯文】颹，大風。从風，胃聲。

【注釋】① 今讀依《廣韻》于貴切。

颵 大風也。从風，日聲。 于筆切（yù）。

【譯文】颵，大風。从風，日聲。

颺 風所飛揚也。从風，昜聲①。 與章切（yáng）。

【譯文】颺，風吹物飛揚。从風，昜聲。

【注釋】① 昜聲：聲中有義。本書，"昜"有"飛揚"義。

颲 風雨暴疾也。从風，利聲。讀若栗①。 力質切（lì）。

【譯文】颲，風暴雨疾。从風，利聲。音讀象"栗"字。

【注釋】① 讀若栗：《通正》："《詩》：'二之日栗烈。'《釋文》：'《説文》作颲颲。'是颲颲，正字；栗烈，借字。"柳榮宗《引經考異》："傳云：'栗烈，寒氣也。'許訓颲颲，説其本義。"

颲 烈風①也。从風，列聲。讀若列②。 良薛切（liè）。

【譯文】颲，猛烈的風。从風，列聲。音讀象"列"字。

【注釋】① 烈風：王筠《句讀》："猛疾之風。" ② 列：《段注》作"烈"。参上条。

文十三 重二

颸　涼風[1]也。从風,思聲[2]。　息兹切(sī)。

【譯文】颸,涼風。从風,思聲。

【注釋】① 涼風:《鄭新附考》:“颸是風疾,故馬融《廣成頌》:‘靡颸風,陵迅流。’以颸對迅。《廣雅》颸亦訓疾。本非風名,解爲疾風、涼風,後世義也。”鄭氏以爲:風疾是本義,疾風、涼風是引申義。

② 思聲:聲中有義。《鄭新附考》:“思从囟聲,囟與卂、迅、䟃、駿等字音相近,或古思有疾義。”按:世間萬物,惟思爲速。

颾[1]　颾飂[2]也。从風,叜聲[3]。　所鳩切(sōu)。

【譯文】颾是颾飂的颾。从風,叜聲。

【注釋】① 颾:同颼。《鄭新附考》:“《初學記》卷一、《御覽》卷九引《風俗通》‘小風曰颼’(鄭自注:“疑是《通俗文》之誤”),是後世字。”

② 飂:《説文》:“高風也。”參飂條。　③ 叜聲:《鄭新附考》:“古叜有小義。見《釋名》。”

颭　風吹浪動[1]也。从風,占聲。　隻冉切(zhǎn)。

【譯文】颭,風吹使波起浪動。从風,占聲。

【注釋】① 風吹浪動:《鄭新附考》:“(引申爲)凡風動物與物受風搖曳,皆謂之颭。”

文三　新附

它部

它[1]　虫[2]也。从虫而長,象冤曲垂尾[3]形。上古艸居患它,故相問無它[4]乎。凡它之屬皆从它。,它或从虫。　託何切(tuō/tā)[5]。

【譯文】它,蛇虺。由虫字延長它的尾巴構成,象冤曲身體垂下尾巴的樣子。上古,人們居住在草野之中,憂慮蛇虺,所以互相詢問:沒遇着蛇虺吧。大凡它的部屬都从它。蛇,它的或體,从虫。

【注釋】① 它:徐灝《段注箋》:“它、蛇,古今字。”“古無他字,假它爲之。後增人旁作佗(與“負何”之佗同形——湯注),而隸變爲他。”

② 虫:許以虫爲蛇虺字。　③ 冤曲垂尾:《段注》:“冤曲者,其

體；垂尾者，其末。象其上冤曲而下垂尾，故長。”王筠《釋例》：“大蛇盤曲昂頭居中以向物，而尾垂於下。它字象之。”按：下象垂尾，上象眼鏡蛇頭部正面形。夸張其最具特色的部分。　④ 無它：傅雲龍《古語考補正》：“‘無它乎’碻（確）是古語之用本義者。古云‘無它’，今云‘無恙’，‘無恙’亦古語。上古之時，草尻（居）露宿。恙，噬人蟲也，食人心。凡相勞問者曰：無恙乎？”　⑤ 託何切舊讀 tuō。“它”今讀 tā。徐鉉：“今俗作食遮切（shé）。”

【參證】甲文作、、、、，金文作、、。甲文前三字，《甲骨文字詁林》第二册姚孝遂按：“象蛇體之冤曲，且蛇首橢圓。”甲文後二字，羅振玉《增訂殷虛書契考釋》卷中：“从止（即足也）下它，或增从彳。”葉玉森《殷墟書契前編集釋》卷一：“疑古人足觸它首則驚呼有它，故繫止於它首以示戒，且因它之形不僅象它，故着此特徵也。”李孝定《甲骨文字集釋》第十三：“（甲文）或增彳，象道路形。”“（金文）亦象蛇形。（今所見眼鏡蛇遇敵即上竪鼓喉如眼鏡。正作此狀。）”

文一　重一

龜部

龜　舊①也。外骨内肉者也。从它，龜頭與它頭同②。天地之性，廣肩無雄；龜鼈之類，以它爲雄。象足甲尾之形③。凡龜之屬皆从龜。④，古文龜。　居追切（guī）。

【譯文】龜，年歲長久。外面是骨頭、裏面是肉的動物。从它，龜字的頭與蛇字的頭相同。天地的本性是，寬肩大腰的動物，沒有雄性；烏龜和甲魚之類的動物，用蛇作爲雄性。（）象腳、背甲、尾巴的形狀。大凡龜的部屬都从龜。，古文龜字。

【注釋】① 舊：《段注》：“此以疊韻爲訓。龜，古音姬，亦音鳩；舊，古音臼，亦音忌。舊本鴟舊字，假借爲故舊，即久字也。”張舜徽《約注》：“古人以久舊釋龜，謂其年壽長也。”　② 龜頭句：王筠《句讀》：“以其頭同形也。”　③ 象足句：《段注》：“从它者，象它頭而已。左象足，右象背甲，曳者象尾。”　④ ：象正視形。象側視形。

【參證】甲文作、，金文作。羅振玉《增訂殷虛書契考釋》："卜辭諸龜字皆象昂首、被甲、短尾之形。"

𪚦[①] 龜名。从龜，夂聲。夂，古文終字。 徒冬切(tóng)。

【譯文】𪚦，龜名。从龜，夂聲。夂，古文終字。

【注釋】① 𪚦：桂馥《義證》引趙宧光說："龜無聲。𪚦有聲，山龜也。𪚦入水即溺，其鳴自噱，亦似悲角，可以遠聞。鳴則多旱。其腹甲中折，與背相闔闢。力能掩蛇，稱夾蛇龜。"存參。

𪚴 龜甲[①]邊也。从龜，冄聲。天子巨𪚴[②]，尺有二寸，諸侯尺[③]，大夫八寸，士六寸。 汝閻切(rán)。

【譯文】𪚴，龜的背甲外骨的邊緣。从龜，冄聲。天子用的龜，兩邊相距有一尺二寸寬；諸侯，一尺；大夫，八寸；士，六寸。

【注釋】① 甲：介蟲外骨謂之甲。 ② 巨𪚴：《段注》："'巨'作'岠'。岠，至也。度背兩邊緣尺二寸也。謂其廣，不謂其修也。" ③ 諸侯尺：《段注》："皆謂兩邊相岠。"

文三 重一

黽部

黽 鼃黽[①]也。从它[②]，象形[③]。黽頭與它頭同。凡黽之屬皆从黽。[④]，籀文黽。 莫杏切(měng)。

【譯文】黽，名叫耿黽的蛙。从它，()象大肚子的樣子。蛙黽的頭部與蛇的頭部相同。大凡黽的部屬都从黽。𪓰，籀文黽字。

【注釋】① 鼃黽：《段注》："許之鼃黽，即鄭(玄)之耿黽。鼃，古音圭，與耿雙聲，故得爲一字。絫評曰鼃黽、耿黽，單評曰黽。"郭璞注《爾雅·釋魚》："耿黽也，似青蛙，大腹。一名土鴨。" ② 从它：《段注》："謂从它，象其頭。" ③ 象形：《段注》："下象其大腹也。" ④ 𪓰：《段注》："古文衹象其頭腹，籀文象其長足善跳。"

【參證】甲文作、、，金文作。李孝定《甲骨文字集釋》第十三："契文象蛙之大腹四足形，與籀文近。"按金文尤象籀文。

鼈① 甲蟲②也。从黽，敝聲。　并列切(biē)。

【譯文】鼈，甲魚。从黽，敝聲。

【注釋】① 鼈：今經典往往作鱉。　② 甲蟲：張舜徽《約注》："今俗則稱甲魚，湖湘間又稱腳魚。"

黿① 大鼈也。从黽，元聲②。　愚袁切(yuán)。

【譯文】黿，大的甲魚。从黽，元聲。

【注釋】① 黿：《段注》："今目驗黿與鼈同形，而但分大小之別。"徐珂《清稗類鈔·動物類》："黿，似鼈而甚大，頭有磊塊，故俗稱癩頭黿。背青黃色，居於江湖。"　② 元聲：聲中有義。元者始也，引申有大義。

鼃① 蝦蟇①也。从黽，圭聲。　烏媧切(wā)。

【譯文】鼃，蝦蟆一類。从黽，圭聲。

【注釋】① 鼃：今作"蛙"。《段注》："鼃者，《周禮》所謂蟈。今南人所謂水雞，亦謂田雞。鼃、蛤皆其鳴聲也。"桂馥《義證》："此一種，小者身長寸許，後股極長，善緣木，天將雨，則鳴聲如雄鴨，色青，土人呼青蛙。"　② 蝦蟇：《段注》："蝦蟆與詹諸小別，鼃則與蝦蟆大別而其形相似。"故《段注》將"蝦蟇也"改成"蝦蟇屬"，所謂"言屬而別見"。

鼀 圥鼀①，詹諸也。其鳴詹諸②，其皮鼀鼀③，其行圥圥④。从黽，从圥，圥亦聲。䵹，鼀或从酋⑤。　七宿切(cù)。

【譯文】鼀，圥鼀，又叫詹諸。它的叫聲吃吃巴巴，它的皮皺摺多瘤，它的行走徐緩而不能騰跳。由黽、由圥會意，圥也表聲。䵹，鼀的或體，从酋聲。

【注釋】① 圥(lù)鼀：《段注》："一物四名：曰蝌鼀，曰圥鼀，曰詹諸，曰䵹鼀(shí)。許主名詹諸而詳釋之。"今俗稱"癩蝦蟆"。　② 詹諸：《段注》："蟾蜍不能作聲，詹諸象其謇吃之音。此言所以名詹諸也。其字俗作蟾蠩，又作蟾蜍。"　③ 鼀鼀：《段注》："鼀鼀，猶蹙蹙也。其身大，背黑，多痱磊。此言所以名蝌鼀(爲)圥鼀也。蝌之義，蓋取於拳局。"　④ 圥圥：《段注》："圥圥，舉足不能前之皃。蟾蜍不能跳。菌圥圜上椎鈍，非鋭物也。故以狀其行。此言所以名圥鼀也。"　⑤ 从酋：朱駿聲《通訓定聲》："或从酋聲。"

𪓿　䵹𪓿,詹諸也。《詩》①曰:“得此䵹𪓿。”言其行𪓿𪓿②。从黽,爾聲。　式支切(shī)。

【譯文】𪓿,䵹(cù)𪓿,又叫詹諸。《詩經》説:“得了這個癩蝦蟆。”(䵹𪓿)是形容它行走遲緩難以前進的樣子。从黽,爾聲。

【注釋】①《詩》:指《邶風·新臺》。今本原文:“燕婉之求,得此戚施。”薛君《韓詩章句》:“戚施,蟾蜍,喻醜惡也。”按:蟾蜍,俗稱癩蝦蟆。　② 𪓿𪓿:《段注》:“𪓿𪓿猶施施也。《王風》毛傳曰:‘施施,難進之意。’此言所以名鼀𪓿也。”

鼉①　水蟲。似蜥易,長大。从黽,單聲。　徒何切(tuó)。

【譯文】鼉,水中的動物。樣子象蜥易,又長又大。从黽,單聲。

【注釋】① 鼉:即揚子鱷,也稱鼉龍、豬婆龍。桂馥《義證》引陸璣《疏》:“鼉形似蜥蜴,四足,長丈餘,生卵大如鵝卵,甲如鎧甲,其皮堅厚,可以冒鼓。”

【參證】甲文作　,金文作　。徐中舒《甲骨文字典》卷十三:“(甲文)从　(單)从黽,　爲聲符,與《説文》鼉字篆文構形略同。”“(金文)　當是黽頸　所譌。”

鼷①　水蟲也。薉貉②之民食之。从黽,奚聲。　胡雞切(xí)。

【譯文】鼷,田鷄。薉貉族的人們食用它。从黽,奚聲。

【注釋】① 鼷:俗稱水鷄、田鷄。　② 薉貉:東夷族名。

鼩　鼷屬①,頭有兩角,出遼東。从黽,句聲。　其俱切(qú)。

【譯文】鼩,田鷄一類,頭上有兩隻角,出産在遼東。从黽,句聲。

【注釋】① 鼷屬:《段注》:“以頭有二角别於鼷也。蓋亦可食。”

蠅　營營青蠅①。蟲之大腹者。从黽,从虫②。　余陵切(yíng)。

【譯文】蠅,來回飛得營營響的蒼蠅。是大肚子的蟲子。由黽、由虫會意。

【注釋】① 營營句:見《小雅·青蠅》。毛傳:“營營,往來皃。”
② 从黽,从虫:《段注》:“虫猶蟲也。此蟲大腹,故其字从黽虫會意。謂腹大如黽之蟲也。”

鼅　鼅鼄①,[鼄]蟊②也。从黽③,𣜩省聲。蜘,或从虫。　陟离切(zhī)。

【譯文】鼅，蜘蛛，又叫鼄蝥。从黽，𣪠省聲。蜘，鼅的或體，从虫。

【注釋】① 鼅鼄：今作蜘蛛。　② 蝥：《段注》"蝥"前補"鼄"，注："蚰部曰：'䵹蝥，作网鼄蝥也。'此曰：'鼅鼄，鼄蝥也。'以見一物三名。"　③ 从黽：《段注》："亦蟲之大腹者也，故从黽。"

鼄　鼅鼄也。从黽，朱聲。蛛，鼄或从虫。　陟輸切(zhū)。

【譯文】鼄，蜘蛛。从黽，朱聲。蛛，鼄的或體，从虫。

【參證】金文作[金文]。李孝定《金文詁林讀後記》卷十二："鼄字从黽，朱聲。甲骨文作[甲骨文]，象形，中'＝'畫，象蛛網之緯絲也。邾討鼎鼄字作[金文]，仍爲整體象形，與甲骨文同，漸變則爲'朱'聲矣。"

鼂　匽鼂[1]也。讀若朝。楊雄說：匽鼂，蟲名。杜林以爲朝旦，非是[2]。从黽，从旦[3]。[篆文]，(篆)[古]文从(皀)[皀][4]。直遙切(cháo)。

【譯文】鼂，匽鼂。音讀象"朝(cháo)"字。楊雄說：匽鼂，蟲名。杜林以爲借用爲朝(zhāo)旦的"朝"字，不是這樣。由黽、由旦會意。鼂，篆文鼂字，从皀聲。

【注釋】① 匽鼂：王筠《句讀》："《臨海水土異物志》：'鼂似鼅鼊(gōu bì，龜屬)，一名匽鼂，一枚有三斛膏。'"　② 杜林句：《段注》："此'以爲'乃說假借之例。古假'鼂'爲'朝'，本無不合。許云'非是'，未審。"　③ 从黽，从旦：《段注》："蓋亦蟲之大腹者，故从黽。其从旦之意，不能詳考。"字俗作"晁"。　④ 篆文从皀：當依《段注》作"古文从皀(yǎo)"。段注："皀見日部，讀若窈。古文从黽，皀聲。"

文十三　重五

鼇　海大鼈[1]也。从黽，敖聲[2]。　五牢切(áo)。

【譯文】鼇，海中大甲魚。从黽，敖聲。

【注釋】① 海大鼈：《拈字》："《玉篇》引《列仙傳》：'有神靈之鼇，背負蓬萊之山，在海中。'則鼇字當出於此。"　② 敖聲：聲中有義。《鄭新附考》："古凡物大者謂之敖。如犬大者曰獒，蟹大足曰螯，人大額曰贅，皆是。警亦有大義。"按：《說文》："敖，出游也。从出放。"《段注》:"經傳叚借爲倨傲字。""放,取放浪之意。"倨傲者,自大也。有大義。放浪者不知收斂也,也有侈大之義。

文一 新附

卵部

卵 凡物[①]無乳者卵生。象形[②]。凡卵之屬皆从卵。 盧管切(luǎn)。

【譯文】卵,大凡動物沒有乳汁的,就是卵生。象卵之形。大凡卵的部屬都从卵。

【注釋】① 凡物句:《段注》:"此乳,謂乳汁也。惟人及四足之獸有之,故其子胎生。羽蟲、鱗蟲、介蟲及一切昆蟲皆無乳汁,其子卵生,故曰:凡物無乳者卵生。" ② 象形:王筠《釋例》:"卵即謂魚卵。魚本卵生,顧既生之卵如米,其自腹剖出者,則有膜裹之如袋,而兩袋相比(挨),故作卵以象之。外象膜,内象子之圓也。"徐灝《段注箋》:"今篆中畫逗出者,取字形茂美耳。"按:卵本象魚卵形,引申泛指一切卵生的卵。

毈[①] 卵不孚[②]也。从卵,段聲。 徒玩切(duàn)。

【譯文】毈,卵不育子。从卵,段聲。

【注釋】① 毈:王筠《句讀》:"《淮南·原道訓》:'鳥卵不毈。'注:'卵不成鳥曰毈。'"朱駿聲《通訓定聲》:"謂中敗散不成也。"按:毈本義爲卵不成鳥,引申泛指卵。張文虎《舒藝室隨筆》:"今俗以蛋字當之。呼如彈丸。"② 孚:張文虎《舒藝室隨筆》:"孚者,育子。"

文二

二部

二 地之數[①]也。从偶一[②]。凡二之屬皆从二。弍[③],古文。 而至切(èr)。

【譯文】二,表示地的數字。由成對的兩個一字構成。大凡二的部屬都从二。弍,古文二字。

【注釋】① 地之數:《段注》:"《易》曰:天一、地二。惟初大始,道立於一。有一而後有二。元气初分,輕清昜爲天,重濁侌爲地。"參"一"條。　② 从偶一:《段注》"偶"作"耦",注:"耦一者,兩其一也。兩畫當均長。"　③ 弍:毛際盛《述誼》:"弋,橜也。蓋即記數之籌。弍,古以爲記數字,而漢時記數用二,故《説文》以弍爲古文。然弍實二之孳乳字。"朱駿聲《通訓定聲》:"後世官書數目以貳爲之,爲防奸易。"

【參證】甲文作、,金文作、。李孝定《甲骨文字集釋》:"紀數名之字,一二三亖爲指事,皆以積畫爲數。許云地數,乃漢時陰陽五行家言,非確詁也。"黄錫全《汗簡注釋》卷六:"(古文弍)繁安君鉼二作,中山王壺作。古文字中弋戈偏旁有時互作,而且每每由弋譌从戈。"故商承祚曰:"从戈,與从弋同。"見《説文中之古文考》(《金陵大學學報》一九四〇年卷十第一、二期)。

亟　敏疾[①]也。从人,从口,从又,从二[②]。二,天地也。　紀力切(jí)。又,去吏切(qì)。[③]

【譯文】亟,敏捷。由人、由口、由又、由二會意。二表示天地。

【注釋】① 敏疾:即敏捷。　② 从人句:朱駿聲《通訓定聲》:"人生天地間,手口並作,敏疾成事也。"按:又即手。　③ 紀力切:《段注》:"今人亟分入聲(紀力切,jí)、去聲(去吏切,qì)。入之訓急也;去之訓數(屢次)也。古無是分別也。"

【參證】甲文作、,金文作、、、。于省吾《殷契駢枝三編》:"亟,古極字。又爲亟之初文,中从人而上下有二横畫,上極於頂,下極於踵,而極之本義昭然可睹矣。"徐中舒《甲骨文字典》:"亟訓敏疾乃假借義,亟字既爲敏疾義所專,後世乃以極字表頂極之義。"

恆　常[①]也。从心,从舟,在二之間上下[②]。心以舟施,恆也[③]。,古文恆从月[④]。《詩》[⑤]曰:"如月之恆。"　胡登切(héng)。

【譯文】恆,長久。由心、由舟在天地之間上下往返會意。思念之心靠舟運轉,(經久不衰,)是恆的意思。死,古文恆字,从月。《詩經》説:"象月亮到了上弦的日子(經久放光)。"

【注釋】① 常：《段注》："常當作長，古長久字衹作長。"　② 上下：《段注》："猶往復也。"　③ 心以句：桂馥《義證》："'施'當爲'旋'。"《段注》："謂往復遙遠，而心以舟運旋，歷久不變，恆之意也。"　④ 从月：《段注》："蓋古文月字，略似外字。"　⑤《詩》：指《小雅・天保》。毛傳："恆，弦也。"《段注》："本亦作緪，謂張弦也。"按：引申爲月上弦之貌。《段注》："月上弦而就盈，於是有恆久之義，故古文从月。"

【參證】甲文作、，金文作、。王國維《觀堂集林》卷九："即恆字。古文乃作，蓋傳寫之譌。字當作。古从月之字後或變而从舟。""本當作，曶鼎有字，从心从，與篆文之慪从亙者同。即慪之初字。可知、一字。卜辭字从从（卜辭月字或作或作）其爲亙、亙二字或恆字之省無疑。其作者，《詩・小雅》：'如月之恆。'毛傳：'恆，弦也。'弦本弓上物，故字又从弓。"

亘　求亘[①]也。从二，从囘。囘，古文回，象亘回[②]形。上下，所求物也[③]。　須緣切(xuān)。

【譯文】亘，因有所求而回旋。由二、由囘會意。囘，古文回字，象回轉的形狀。上下的二，表示搜求的物體。

【注釋】① 求亘：王筠《句讀》："謂有求而亘回也。人求一物而忘其所在，則必上下盤旋以搜索之。"　② 亘回：《段注》："亘回雙聲，猶回轉也。"　③ 上下句：《段注》："上下謂二，所求在上則轉而上，所求在下則轉而下。"王筠《句讀》："上下謂二也。即謂之前後左右，均無不可，特據字之部位，謂之上下耳。"

【參證】甲文作、，金文作。楊樹達《積微居小學述林》："亘者，淀之初文也。今字皆作漩。亘从囘，爲古文回，字象回水，是形義與淀爲回泉者合也。二字之音皆在寒部心母，又相近也。其从二，許君説爲所求物者，余謂猶𣶒之左右象岸者也。特彼位於左右，此位於上下，不同耳。𣶒訓回水，亘訓回泉，𣶒以兩岸夾水，亘以兩岸夾回水，二字不惟義近，其形亦相似也。"參"𣶒"條。李孝定《甲骨文字集釋》第十三："金文从亘之字多作，乃由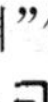形所繁變，取其茂美。非由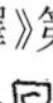省作，又省作也。"

 厚也。从二[①]，竹聲。　冬毒切(dǔ)。

竺　【譯文】竺，厚。从二，竹聲。

【注釋】① 从二：《段注》："加厚之意。"

【參證】林義光《文源》："二象厚形。"

[①] 最括[②]也。从二，二，偶[③]也。从乁[④]，乁，古文及。　浮芠切(fán)。

凡　【譯文】凡，積聚而總括。从二，二表示多的意思。从乁，乁是古文及字。

【注釋】① 凡：《段注》引江沅説："右旁作，乃古文及之省也。乃二之形，而以上筆引長配右也。"　② 最括：《段注》"最"作"冣"，注："冣者，積也。(凡)皆聚括之謂，凡之言氾也。包舉氾濫一切之稱也。"　③ 偶：王筠《句讀》："耦祇是多耳，十百千萬皆耦也。"　④ 从乁：《段注》："从及者，取括束之意。"

【參證】甲文作、，金文作、、。郭沫若《卜辭通纂》："凡字，槃之初文也。象形。"徐中舒《甲骨文字典》："象高圈足槃形，上象其槃，下象其圈足。(般)字從之，因其字形與舟相似，故般所從之凡漸譌從舟，爲槃之初文，後世别作槃字，而以凡爲最括之詞。"

文六　重二

土部

　地之吐[①]生物者也。二象地之下、地之中，物出形[②]也。

土　凡土之屬皆从土。　它魯切(tǔ)。

【譯文】土，吐生萬物的土地。二象地的下面，象地的中間，(丨)象萬物從土地裏長出的形狀。大凡土的部屬都从土。

【注釋】① 吐：饒炯《部首訂》："地之生物，从中而出，如人口之吐，由内而外也。"　② 物出形：《段注》此前加"丨"字，注："此所謂引而上行讀若囟也。"饒炯《部首訂》："(丨)象物從地噴出，如人之所吐從口出。"

【參證】甲文作、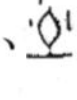、，金文作、。高鴻縉《中國字例》："甲文

殆象土塊形，一則地之通象也。土本地之初文，土塊作者，羅振玉曰：契刻不能作粗筆，故爲匡郭也。隸變又由粗筆變横直矣。”“土地古今字也。秦漢以後始分爲二，土爲泥土，地爲土地。”

地　元气初分，輕清陽爲天，重濁陰爲地[①]。萬物所陳列也。从土，也聲。墬，籒文地从隊[②]。　徒四切(dì)。

【譯文】地，渾沌之氣剛剛分離，輕的、清的、陽的氣上升成爲天，重的、濁的、陰的氣下降爲地。地是萬物陳列的地方。从土，也聲。墬，籒文地字，从隊聲。

【注釋】① 元气句：王筠《句讀》引《論衡・談天篇》：“元氣未分，渾沌爲一。其分離，清者爲天，濁者爲地。”　② 从隊：《段注》作“从自土，彖聲”，注：“从自，言其高者也；从土，言其平者也。”朱駿聲《通訓定聲》：“彖，《說文》讀若弛。彖、也一聲之轉。”存參。

【參證】金文作。構形待考。

坤　地也；《易》之卦[①]也。从土，从申；土位在申[②]。　苦昆切(kūn)。

【譯文】坤，土地；又指《易》的卦象。由土、由申會意，因爲坤的位置在西南方的申位上。

【注釋】①《易》之卦：王筠《句讀》：“坤自是卦名。”坤是八卦之一，卦形爲☷。又爲六十四卦之一，卦形爲䷁，坤上坤下。　② 土位在申：坤卦爲西南方的卦象。《二十四方位圖》：未申夾坤，申在西南方。朱駿聲《通訓定聲》：“申非意。从土，申聲。字亦作巛。即卦畫竪作，或以川爲之也。”

垓　兼垓八極地也[①]。《國語》[②]曰：“天子居九垓之田。”从土，亥聲。　古哀切(gāi)。

【譯文】垓，兼備八方所到之地。《國語》說：“天子居於九州八極的田地之上。”从土，亥聲。

【注釋】① 兼垓句：《段注》“垓”作“晐”，注：“兼備八極之地謂之垓。”八極：《段注》：“凡四方所至謂之四極，八到所至謂之八極。”　②《國語》：指《鄭語》。今本作：“王者居九畡之田。”韋昭注：“九畡：九州之極數也。”

墺　四方土可居也①。从土,奥聲②。□③,古文墺。　於六切(yù/ào)④。

【譯文】墺,四方土地中可以定居的地方。从土,奥聲。埰,古文墺字。

【注釋】① 四方句:《段注》作"四方之土可定凥(居)者也。"譯文從段説。　② 奥聲:聲中有義。本書:"奥,宛也,室之西南隅。"引申爲室,室則可居。　③ □:姚文田、嚴可均《校議》:"此从古文釆。"朱駿聲《通訓定聲》:"古文从釆,即奥省聲。"　④ 今讀依《廣韻》烏到切。

堣　堣夷①,在冀州②陽谷③。立春日,日值④之而出。从土,禺聲。《尚書》⑤曰:"宅堣夷。"　噳俱切(yú)。

【譯文】堣,堣夷,在冀州陽谷。立春那天,太陽正當堣夷而升起。从土,禺聲。《尚書》説:"居住在堣夷。"

【注釋】① 堣夷:《書·堯典》孔安國傳:"東表之地稱嵎夷。"所以周師秉鈞《白話尚書》説:"嵎夷,地名,在東海之濱。"　② 冀州:古九州之一。今河北、山西二省,及河南黄河以北、遼寧遼河以西之地。　③ 陽谷:今本《尚書》作"暘谷",傳説中日出的地方。
④ 日值句:《段注》:"日正當堣夷而出。"　⑤《尚書》:指《堯典》。

【參證】金文作□。郭沫若《兩周金文辭大系圖録考釋·史頌𣪘》:"𩏑即堣字,猶城之作𩏡、垣之作𩏢、坏之作𩏤。"

坶　朝歌①南七十里地。《周書》②:"武王與紂戰于坶。"从土,母聲。　莫六切(mù)。

【譯文】坶,朝歌以南七十里的地方。《周書》説:"武王與紂王在坶地作戰。"从土,母聲。

【注釋】① 朝歌:商代都城,今河南淇縣東北。　②《周書》:指《牧誓序》。今本原文作:"武王戎車三百兩,虎賁三百人,與受戰於牧野。""紂"作"受","坶"作"牧"。坶,在今河南省淇縣西南。

坡①　阪也。从土,皮聲。　滂禾切(pō)。

【譯文】坡,斜坡。从土,皮聲。

【注釋】① 坡:《段注》:"坡謂其陂陀。"張舜徽《約注》:"今語稱山土高處向下傾衺到地者曰坡。”朱駿聲《通訓定聲》：“即陂之或體。”

【參證】金文作，左爲皮，與《説文》皮之古文形極相近。此字左形右聲、右形左聲，一也。

　地平也。从土，从平，平亦聲。　皮命切(bìng/píng)[1]。

坪　【譯文】坪，平坦的地方。由土、由平會意，平也表聲。

【注釋】① 今讀依《廣韻》符兵切。

【參證】金文作、、。戴家祥《金文大字典》：“許慎所釋至確。‘坪’多見於地名，泛指山區和丘陵區局部的平地或平原。”今湖湘間猶稱農家門前的平坦禾場作地坪。

　平、徧[1]也。从土，从匀[2]，匀亦聲。　居匀切(jūn)。

均　【譯文】均，平均；普遍。由土、由匀會意，匀也表聲。

【注釋】① 平、徧也：一句數讀。即：“平也；徧也。”王筠《句讀》：“平乃均之本義。”　② 从匀：《段注》：“匀者，帀也。故以會意。”帀，周帀，普遍。平均、周帀，義相足。

【參證】金文作。戴家祥《金文大字典》：“字从土匀聲。”

[1]　柔土也。从土，襄聲。　如兩切(rǎng)。

壤　【譯文】壤，柔軟的土。从土，襄聲。

【注釋】① 壤：《周禮・地官・大司徒》：“辨十有二壤之物。”鄭玄注：“壤亦土也。以萬物自生言則言土，土猶吐也；以人所耕而樹蓺言則言壤。壤，和緩之皃。”

[1]　堅不可拔[2]也。从土，高聲。　苦角切(què)。

塙　【譯文】塙，剛硬的土不可拔起。从土，高聲。

【注釋】① 塙：今作確。　② 堅不可拔：《段注》：“堅者，剛土也。拔者，擢也。不可拔者，不可擢而起之也。”

[1]　磽也。从土，敫聲。　口交切(qiāo)。

墽　【譯文】墽，土壤堅硬貧瘠。从土，敫聲。

【注釋】① 墽：邵瑛《羣經正字》：“墽訓磽，磽訓礊石，謂土之堅礊而瘠薄者也。今經典作磽。”《段注》：“其字亦作墝。”

　剛土[1]也。从土，盧聲[2]。　洛乎切(lú)。

壚　【譯文】壚，(黑色的)剛硬的土。从土，盧聲。

【注釋】① 剛土：《段注》作"黑剛土"，注："《釋名》曰：'土黑曰壚。'"《漢書・地理志上》："下土墳壚。"顔師古注："壚，謂土之剛黑者也。"存參。　② 盧聲：聲中有義。桂馥《義證》引《夢溪筆談》："夷人謂黑爲盧。"徐灝《段注箋》"盧"下："盧即古鑪字。""盧爲火所熏，色黑，因謂黑爲盧。"

垟 赤剛土也。从土，觲省聲。　息營切(xīng)。

【譯文】垟，紅色的剛硬的土。从土，觲省聲。

埴① 黏土也。从土，直聲。　常職切(zhí)。

【譯文】埴，黄色而如脂膏細膩的土。从土，直聲。

【注釋】① 埴：《釋名・釋地》："土黄而細密曰埴。埴，膱(zhì，乾肉條)也，黏胒(nì)如脂之膱也。"

坴 土塊坴坴①也。从土，圥聲。讀若逐。一曰：坴梁②。力竹切(lù)。

【譯文】坴，土塊大的樣子。从土，圥(lù)聲。音讀象"逐"字。另一義説，指地名陸梁。

【注釋】① 坴坴：大塊的樣子。　② 坴梁：《史記・始皇本紀》作陸梁。即今天的廣東、廣西。

𡎸 土①也。洛陽有大𡎸里。从土，軍聲。　户昆切(hún)。

【譯文】𡎸，土塊。洛陽地方有個大𡎸里。从土，軍聲。

【注釋】① 土：《段注》："土蓋凷(塊)之誤。"可從。

墣 塊也。从土，菐聲。圤，墣或从卜①。　匹角切(pò/pú)②。

【譯文】墣，土塊。从土，菐聲。圤，墣的或體，从卜聲。

【注釋】① 从卜：《段注》："卜聲。"　② 今讀依《廣韻》普木切。

凷 墣也。从土，一屈象形①。塊，凷或从鬼②。　苦對切(kuài)。

【譯文】凷，土塊。从土，由一彎曲成凵，象盛土器的形狀。塊，凷的或體，从鬼聲。

【注釋】① 一屈句：田吴炤《二徐箋異》："謂一屈作凵而象形也。"張舜徽《約注》："凵象盛土之器而土在其中也。"　② 从鬼：朱駿聲《通訓定聲》："鬼聲。"

塂① 凷也。从土，畐聲。　芳逼切(pì/bì)。

塂

【譯文】塂，土塊。从土，畐聲。

【注釋】① 塂：《段注》："塂即墣之異文。"

墣① 種也。一曰：内其中②也。从土，㚇聲。　子紅切(zōng)。

墣

【譯文】墣，栽種。另一義説，使這個物體進入那個物體之中。从土，㚇聲。

【注釋】① 墣：《段注》："以禾種入土也。"　② 内其中：王筠《句讀》："内音納。"《段注》："引申之義。謂以此入彼中皆得曰墣。"

塍 稻中畦①也。从土，朕聲②。　食陵切(chéng)。

塍

【譯文】塍，稻田中作界劃的土埂。从土，朕聲。

【注釋】① 稻中畦：《段注》："畦，五十畝之介也。稻田中作介劃以蓄水。"　② 朕聲：聲中有義。朕本義爲"舟縫"，引申爲凡縫隙之稱。從空俯視，田之界劃，如地之縫隙。參"朕"條。

【參證】金文作、。高田忠周《古籀篇》卷十："此明塍字。""江浙曰田緪。"馬敘倫《六書疏證》卷二十六："今謂田城矣。"

坺 治①也。一曰：臿土謂之坺②。《詩》③曰："武王載坺。"一曰：塵皃④。从土，犮聲。　蒲撥切(bá)。

坺

【譯文】坺，耕治田地。另一義説，一鍬土叫作一坺。《詩經》説："武王湯開始發兵討伐夏桀。"另一義説，塵土的樣子。从土，犮聲。

【注釋】① 治：王筠《句讀》："謂治田也。"　② 臿土句：王筠《句讀》："一臿土謂之坺，此別一義也。"朱駿聲《通訓定聲》："今蘇俗有所謂草皮泥者，築墳用以起冢，以臿取之，一臿謂一凷，形如土墼，惟不剛堅耳。"王筠《句讀》也説"以臿裁其泥爲正方，發而乾之，可以壘墻。其廣之度，如臿之廣，故曰一臿土。"　③《詩》：指《商頌・長發》。今本"坺"作"旆"。毛傳："武王，湯也。"王引之《經義述聞》："《韓詩外傳》引《詩》並作'武王載發'，《説文》則作'武王載坺'。發，正字也。旆、坺，皆借字也。發，謂起師伐桀也。"《段注》："許之引此詩，則稱經説假借之例。"　④ 塵皃：塵土飛揚貌。《段注》："犮之言蓬勃也。"

坄 陶竈窻①也。从土，役省聲。　營隻切(yì)。

坄

【譯文】坄，燒磚瓦的窰的煙窗。从土，役省聲。

【注釋】① 陶竈窻：《段注》"陶"作"匋"，注："匋者，瓦器竈也。穴部曰：'窗者，通空也。'燒瓦器之竈，上必通孔。謂之垼者，其火熒然而出也。"

基① 牆始②也。从土，其聲。　居之切(jī)。

【譯文】基，牆的起始部分。从土，其聲。

【注釋】① 基：王筠《句讀》："今之壘牆者，必埋石地中以爲基。"張舜徽《約注》："湖湘間稱爲牆腳。"　② 牆始：王筠《句讀》："謂牆之始也。"

【參證】甲文作□，金文作□、□。郭沫若《卜辭通纂》："(甲文)當是基之異，从土，其聲。"徐中舒《甲骨文字典》卷十三："(甲文)从土在□(其)上"，"疑會以箕盛土之意"。金文首字與篆文同，次字是基之省略。

垣① 牆②也。从土，亘聲③。□，籀文垣从𩏑④。　雨元切(yuán)。

【譯文】垣，牆。从土，亘(xuān)聲。𩏑，籀文垣字，从𩏑。

【注釋】① 垣：徐鍇《繫傳》："垣猶院，周繞之意。"　② 牆：《段注》："垣自其大言之，牆自其高言之。"按：渾言無别，析言有分。　③ 亘聲：聲中有義。亘有回旋義，引申爲圍遶。　④ 从𩏑：王筠《句讀》："從墉之古文𩏑。"參"墉"條。

【參證】金文作□，右上之□即亘字，參"亘"條。

圪① 牆高也。《詩》②曰："崇墉圪圪。"从土，气聲。　魚迄切(yì)。

【譯文】圪，牆高大。《詩經》説："崇國的城牆那麽高大。"从土，气聲。

【注釋】① 圪：圪的本字。　②《詩》：指《大雅・皇矣》。崇，古國名。墉，本部："城垣也。"

堵 垣①也。五版爲一堵②。从土，者聲。□，籀文从𩏑③。　當古切(dǔ)。

【譯文】堵，牆垣。又，五層版的高度合成一堵。从土，者聲。䳸，籀文堵字，从𩏑。

【注釋】① 垣：《段注》："《儒行》曰：'儒有一畝之宫，環堵之室。'注云：'宫謂墻垣也。堵，面一堵也。'面一堵者，謂面各一堵也。依鄭説，堵與垣别。大氐散文則通，對文則别也。"王筠《句讀》："面一堵也，則是一室四堵也。然堵亦遂爲垣之别名。"　② 一堵：王筠《句讀》："垣曰堵，猶竹曰箇，木曰枚。"堵，古代牆壁的面積單位。古用板築法築土牆，五板爲一堵，板的長度就是堵的長度，五層板的高度就是堵的高度。　③ 𩫖：墉的古文。

【參證】金文作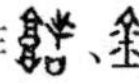。潘祖蔭《攀古樓彝器款識》一册《邵鐘》釋此金文首字："張孝達説……堵从𩫖者，版築之屬多从城郭得義，故籀文堵垣城闕皆从𩫖。"李孝定《金文詁林讀後記》卷十三："蓋鐘若磬各若干枚各在一虡懸之，如牆之一堵，故以堵稱之。""至字又从金者，以鐘爲金器，故製字从之。"

　垣也。从土，辟聲[①]。　比激切(bì)。

壁　【譯文】壁，牆壁。从土，辟聲。

【注釋】① 辟聲：聲中有義。《釋名·釋宫室》："壁，辟也。所以辟禦風寒也。"

　周垣[①]也。从土，尞聲。　力沼切(liǎo/liáo)[②]。

壕　【譯文】壕，圍繞四周的牆。从土，尞聲。

【注釋】① 周垣：朱駿聲《通訓定聲》："今謂之圍牆。"《段注》作"匌垣"，注："匌，帀也。匌垣，謂垣之圍帀者也。"　② 今讀依《廣韻》落蕭切。

　壁間隙[①]也。从土，曷聲。讀若謁[②]。　魚列切(niè)。

堨　【譯文】堨，牆壁的縫隙。从土，曷聲。音讀象"謁"字。

【注釋】① 壁間隙：《段注》："此古義也。今義堰也，讀同壅遏。"　② 讀若謁：葉德輝《讀若考》："堨、謁均从曷得聲。"

　卑垣也。从土，寽聲。　力輟切(liè)。

埒　【譯文】埒，矮牆。从土，寽聲。

　地突[①]也。从土，甚聲。　口含切(kān)。

堪　【譯文】堪，地面突起的地方。从土，甚聲。

【注釋】① 地突：《段注》："突者，犬从穴中暫出也，因以爲坳突之偁，俗乃製凹凸字。地之突出者曰堪。”“堪言地高處無不勝任也”，“引申之，凡勝任皆曰堪。”

堀[1] 突[2]也。《詩》[3]曰：“蜉蝣堀閲。”从土，屈省聲。　苦骨切(kū)。

【譯文】堀，洞穴。《詩經》説：“蜉蝣穿穴(而出地面)。”从土，屈聲。

【注釋】① 堀：《段注》作“堀”，注：“别有堀篆綴于部末。解云：‘兔堀也。从土，屈聲。’此化一字爲二字。兔堀非有異義也。篆从屈，隸省作屈。”　② 突：《段注》：“突爲犬从穴中暂出，因謂穴中可居曰突，亦曰堀，俗字作窟。”　③《詩》：指《曹風·蜉蝣》。蜉蝣，小昆蟲名。形似天牛而小，翅薄而透明，在空中飛舞，朝生暮死，生命極短促。堀閲，今本“堀”作“掘”。馬瑞辰《毛詩傳箋通釋》：“《廣雅·釋詁》：‘掘，穿也。’閲讀爲穴。‘掘閲’亦當訓穿穴矣。”

堂[1] 殿[2]也。从土，尚聲。[3]，古文堂。[4]，籀文堂，从高省[5]。　徒郎切(táng)。

【譯文】堂，有屋基的正室。从土，尚聲。坣，古文堂字。臺，籀文堂字，由高字省去同(與土會意，尚聲)。

【注釋】① 堂：桂馥《義證》：“《急就篇》：‘室宅廬舍樓殿堂。’顔注：‘凡正室之有基者則謂之堂。’”　② 殿：《段注》：“殿者，擊聲也。假借爲宫殿字者。許以殿釋堂者，以今釋古也。古曰堂，漢以後曰殿。”　③ 坣：《段注》：“蓋从尚省。”　④ 臺：朱駿聲《通訓定聲》：“从高省，从土，尚聲。”　⑤ 从高省：《釋名》：“堂，猶堂堂，高顯皃也。”因有屋基，又爲正室，故高而顯，字从高省。

【參證】金文作、、，首字與古文同，末二字，唐蘭《唐蘭先生金文論集·伯㦰三器銘文的譯文和考釋》：“上半从亩，下半从㞷，即堂字。《説文》堂字籀文作臺，堂堂通。”

垛 堂塾[1]也。从土，朵聲。　丁果切(duǒ)。

【譯文】垛，門堂兩側的房間。从土，朵聲。

【注釋】① 塾：《爾雅·釋宫》：“門側之堂謂之塾。”郭璞注：“夾門堂也。”

坫 屏①也。从土，占聲。 都念切(diàn)。

坫 【譯文】坫，(堂中用以擱置器物)可爲屏障的土臺。从土，占聲。

【注釋】① 屏：《段注》："以土爲之，高可屏蔽。故許云'屏也'。"方以智《通雅·宫室》："凡壘土甓成臺可閣物者皆謂之坫。"

壟① 涂②也。从土，瀧聲。 力歱切(lǒng)。

壟 【譯文】壟，泥巴。从土，瀧聲。

【注釋】① 壟，王筠《釋例》："壟見水、土二部，當依《玉篇》删水部者。" ② 涂：王筠《句讀》："此涂泥之涂也。"涂、塗，古今字。

垷 涂①也。从土，見聲。 胡典切(xiàn)。

垷 【譯文】垷，塗拭。从土，見聲。

【注釋】① 涂：《段注》："涂泥可以附物者也，故引申之，用以附物亦曰涂。《廣雅》：'垷，拭也。'"

墐① 涂也。从土，堇聲②。 渠吝切(jìn)。

墐 【譯文】墐，用和合着草莖的泥巴塗拭。从土，堇聲。

【注釋】① 墐：《段注》："合和黍穰而塗之謂之墐塗，取乾則易擘也。" ② 堇聲：聲中有義。本書："堇，黏土也。"可用於動詞義。見王筠《句讀》"墐"下。

塈 仰涂①也。从土，既聲。 其冀切(jì/xì)②。

塈 【譯文】塈，昂起頭向上塗抹屋頂。从土，既聲。

【注釋】① 仰涂：《段注》："卬(仰)涂，舉首而涂之。"王筠《句讀》："今人於檩之上，以葦爲笮，笮上塗以泥，泥乾乃茨以草。屋成之後，笮之下始塗以泥，故仰涂也。" ② 今讀依《廣韻》許既切。

堊① 白涂②也。从土，亞聲。 烏各切(è)。

堊 【譯文】堊，用白色塗料把牆壁塗白。从土，亞聲。

【注釋】① 堊：《爾雅·釋宫》："牆謂之堊。"郭璞注："白飾牆也。" ② 白涂：《段注》："以白物涂白之也。"

墀 涂地①也。从土，犀聲。禮②："天子赤墀。" 直泥切(chí)。

墀 【譯文】墀，塗飾地面。从土，犀聲。禮制規定："天子(行走的宫殿是)用紅漆漆過的地面。"

【注釋】① 涂地：《段注》："凡涂地爲墀，今因謂地爲墀矣。" ② 禮：張舜徽《約注》："許所稱禮，意謂古之禮制規定，惟天子以丹涂地，即所謂丹墀。"

墼　瓴適[①]也。一曰：未燒[②]也。从土，毄聲。　古歷切(jī)。

【譯文】墼，磚。另一義説，没有燒過的磚坯。从土，毄聲。

【注釋】① 瓴適：張舜徽《約注》："古稱瓴適，今謂之塼。" ② 未燒：《段注》："燒，謂入於匋。匋，瓦器竈也。上文一義謂已燒之專(磚)曰墼。此一義謂和水土、入模笵中而成者曰墼，别於凷(塊)而未經匋竈也。"

坋　埽除也。从土，弁聲。讀若糞[①]。　方問切(fèn)。

【譯文】坋，掃除。从土，弁(biàn)聲。音讀象"糞"字。

【注釋】① 讀若糞：王筠《釋例》："(坋)與華部糞同。云讀若糞，即以明其同也。"

埽[①]　棄也。从土，从帚[②]。　穌老切(sǎo)。

【譯文】埽，(用掃帚)棄除塵穢。由土、由帚會意。

【注釋】① 埽：邵瑛《羣經正字》："亦有作掃者。帚，本从又持巾埽冂内，又即手也，復變土爲手。" ② 从帚：小徐及段、桂、王、朱皆以爲帚也表聲。

在　存[①]也。从土，才聲。　昨代切(zài)。

【譯文】在，存在。从土，才聲。

【注釋】① 存：《段注》："在之義，古訓爲存問，今義但訓爲存亡之存。"訓釋依今義。

【參證】甲文作，金文作、、。李孝定《甲骨文字集釋》："(甲文)假才爲之，與金文同。"高田忠周《古籀篇》卷十："卜辭金文多皆以才爲在。""已从一爲地，又从土，此爲重複。""夫艸木初生焉，形始可見，可見則存在者也。所謂見在義也。""蓋从土'在'字，盛周時專行。籀文增繁之類耳。"參"才"條。

坐　止也。从土，从畱省。土，所止也。此與畱同意[①]。[②]，古文坐。　徂臥切(zuò)。

【譯文】坐，(坐而)止息。由土、由畱省去田會意。土，是止息的地方。這與畱字从田表示止息是同一個意思。坐，是古垔字。

【注釋】① 同意：《段注》："釋从土之意。从土不必土，猶畱从田不必田，皆謂所止也。故曰同意。"　② 坐：徐灝《段注箋》："古文从二人對坐，取字體相配。"

坁① 箸也②。从土，氏聲。　諸氏切(zhǐ)。

坁 【譯文】坁，有所附箸而止。从土，氏聲。

【注釋】① 坁：王筠《釋例》："坁與水部泜(直尼切)義同，但有平上之分。朱駿聲《通訓定聲》："(坁)與从氏之坻沚字迥别。"《段注》："凡字切丁禮者，皆氐聲也。"原本當如段説，但徐灝《箋》以爲："(因)氏氐二字形近，故籍往往相亂。"　② 箸也：王筠《句讀》作"箸止"："謂有所附箸而止。"

塡 塞也。从土，真聲。　陟鄰切(zhēn)。今，待年切(tián)。

塡 【譯文】塡，充塞。从土，真聲。

坦 安①也。从土，旦聲。　他但切(tǎn)。

坦 【譯文】坦，(土地平坦而)行步安舒。从土，旦聲。

【注釋】① 安：張舜徽《約注》："坦之本義謂地之平也。地平則行之安，故許訓坦爲安耳。"

坒 地相次比也。衛大夫貞子①名坒。从土，比聲②。　毗至切(bì)。

【譯文】坒，土地依次相連接。衛國的大夫貞子名叫坒。从土，比聲。

【注釋】① 貞子：姚文田、嚴可均《校議》："北宫貞子名喜，褚師聲子名比，疑此貞子當作聲子也。"存參。　② 比聲：聲中有義。比者，二人相親密，引申有比次之義。參"比"條。

【參證】金文作、。高田忠周《古籀篇》："从𩫖从比"，"當坒字古文"。"土𩫖通用"。"夫城墉者垣也，垣者牆也。""(版築)一板竣則層絫而上，五版爲堵，是爲坒次之義。"故从𩫖作䩴。金文次字右从友。从友猶从比也。

堤① 滯也。从土，是聲。　丁禮切(dǐ)。

堤 【譯文】堤，阻滯。从土，是聲。

【注釋】① 堤：朱駿聲《通訓定聲》："當爲坻之或體。與从𨸏之隄唐字迥別。"《段注》："俗用堤爲隄（dī，隄防）。"因障池、塘之外爲隄，而堤爲阻滯，亦可引申爲所以阻滯水者，故俗用堤爲隄。

[1] 壎　樂器也。以土爲之，六孔。从土，熏聲。　況袁切（xuān/xūn）。

【譯文】壎，樂器。用土燒製而成，六個孔。从土，熏聲。

【注釋】① 壎：今經典通用塤字。《爾雅·釋樂》："大塤謂之嘂。"郭璞注："塤，燒土爲之，大如鵝子，鋭上平底，形如稱錘，六孔。小者如雞子。"

 封　爵諸侯之土也[1]。从之，从土，从寸，守其制度也[2]。公侯，百里；伯，七十里；子男，五十里。𡉚，古文[3]封省。𡊄，籀文从丰[4]。　府容切（fēng）。

【譯文】封，把這塊土地按爵位的等級分封給諸侯。由之、由土、由寸會意，（寸）表示遵守分封的制度。公侯，方圓百里；伯，方圓七十里；子男，方圓五十里。𡉚，古文封字，是封字省去寸。𡊄，籀文封字，从丰聲。

【注釋】① 爵諸侯句：《段注》："謂爵命諸侯以是土也。'之土'言'是土'也。"　② 从之句：《段注》："其義'之土'，故其字'从之土'。"守其制度，《段注》："此説'从寸'之意。凡法度曰寸。"

③ 古文：《段注》："从'㞢土'則與㞢部'讀若皇'者同字。""'艸木妄生'字'之在土'上之'之'，本義也；'爵諸侯之土'字'从之土'之'之'，引申叚借義也。"段意爲：㞷（huáng）、𡉚（fēng）均由"之土"構成，雖同形，但義音均不同。是由於前者之"之"用艸木長出的本義，後者之"之"用作指示詞。　④ 从丰：《段注》："丰，聲也。"

【參證】甲文作，金文作。郭沫若《甲骨文字研究》："即以林木爲界之象形。迺（乃）形聲字，从土，丰聲。从土，即起土界之意矣。"戴家祥《金文大字典》："金文封（）从不从寸，封字象人手在界土上植樹形。玤（），右旁改从丮，象人伸出雙手持物形，與（又）（寸）只有整體跟局部的區別，本質上無別。，古文从土从田通，𡊅从田，乃封之異體。"按：是將斷

裂，將上下結構變爲左右結構。从収，猶从又。

壐 王者印也①。所以主土②。从土，爾聲。璽，籀文从玉③。斯氏切(xǐ)。

【譯文】壐，(秦漢以來)王者的印信。是用來主管國土的憑證。从土，爾聲。璽，籀文壐字，从玉。

【注釋】① 王者句：《段注》："印者，執政所持信也。王者所執則曰壐。蓋古者尊卑通偁，至秦漢而後爲至尊之偁。此語舉漢制也。"　② 主土：《段注》："此説从土之意也。"　③ 籀文句：《段注》："蓋周人已刻玉爲之。曰籀(文)从玉，則知从土者古文也。"

墨① 書墨也。从土，从黑，黑亦聲②。　莫北切(mò)。

【譯文】墨，用以書寫的墨。由土、由黑會意，黑也表聲。

【注釋】① 墨：桂馥《義證》："古者，漆書之後，皆用石墨以書，漢以後，松煙、桐煤既盛，故石墨遂湮廢。"　② 从土句：桂馥《義證》："墨者，黑土也。字从黑土。"黑亦聲，張舜徽《約注》："黑與墨實一語，蓋在喉爲黑，在脣則爲墨矣。古聲喉脣，恆相轉也。"存參。

垸 以桼和灰而髤也①。从土，完聲②。一曰：補(垸)[垣]③。胡玩切(huàn/huán)④。

【譯文】垸，用漆摻和着骨灰塗漆器物。从土，完聲。另一義説，修補垣牆。

【注釋】① 以桼句：《段注》："桼者，木汁可以髤(xiū)物也。灰者，燒骨爲灰也。蓋以桼合和燒骨之灰以髤擦物。"　② 完聲：聲中有義。本書："完，全也。"有完美、完整義。漆物使完美，補垣使完整；即令如小徐作"以桼和灰丸而髤"之丸，也是完整的環形顆粒。　③ 補垸：當依徐鍇《繫傳》作"補垣"。　④ 今讀依《廣韻》胡官切。

型① 鑄器之法也。从土，荆聲②。　户經切(xíng)。

【譯文】型，鑄造器物的模制。从土，荆聲。

【注釋】① 型：《段注》："以木爲之曰模，以竹曰笵，以土曰型。引申爲典型。"　② 荆聲：聲中有義。本書："荆，罰辠也。"罰辠必有法則，故《爾雅・釋詁》："刑，常也，法也。"凡器物之型模，必有型制之常法。

【參證】金文作，首字與篆文同，次字，徐中舒、伍仕謙《中山三器釋文及宫室圖説明》(《中國史研究》一九七九年第四期)："埅同型。"

[①] 埻　射臬[②]也。从土，辜聲。讀若準。　之允切(zhǔn)。

【譯文】埻，射箭的靶子。从土，辜聲。音讀象"準"字。

【注釋】① 埻：《潛研堂集》："《説文》無墊字。""《後漢書》'王莽令天下鄉亭皆畫伯昇象於墊，旦起射之。'《東觀記》《續漢書》竝作埻。則埻即墊也。《説文》埻从土辜聲，辜讀如純。純、墊聲相近，故孰亦从辜得聲。埻者，射臬之名。古之男子無不習射，故常設埻於門側，而堂以是得名。後儒不通古音，誤分埻、墊爲兩文，而音讀亦異。"參"墊"條。　② 臬：本書木部："射準的也。"

【參證】馬敘倫《六書疏證》卷二十六："以木爲則从木爲臬，以土爲則从土爲埻。"

[①] 塒　雞棲垣爲塒。从土，時聲。　市之切(shí)。

【譯文】塒，雞棲息在矮牆邊叫作塒。从土，時聲。

【注釋】① 塒：《爾雅·釋宫》："雞棲於弋爲榤，鑿垣而棲爲塒。"《段注》："許意與古異，連雞棲於庳垣，不必鑿穴也。"

 城　以盛民[①]也。从土，从成，成亦聲。，籀文城从𩫖[②]。氏征切(chéng)。

【譯文】城，用來盛受容納臣民。由土、由成會意，成也表聲。𩫨，籀文城字，从𩫖。

【注釋】① 以盛民：徐鍇《繫傳》引《古今注》："城，盛也，所以盛受人物。"《段注》："言盛者，如黍稷之在器中也。"按：本指都邑四周用作防守的牆垣，内稱城，外稱郭。許説實指都邑，是城本義的引申。

② 𩫖：古文"墉"字。參下條。

【參證】金文作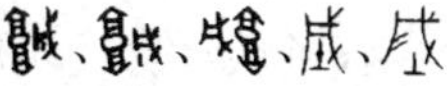。李孝定《金文詁林讀後記》卷十三："𩫖字象城郭之重，兩亭相對，爲城之最早象形字，其初讀墉，後始有郭之一讀，𩫖一名城者，蓋語言衍變之結果，'城'字从土成聲，爲純形聲字，例必後起。"

墉[①] 城垣也。从土,庸聲。𩫖[②],古文墉。 余封切(yōng)。

墉 【譯文】墉,城牆。从土,庸聲。𩫖,古文墉字。

【注釋】① 墉:《段注》:“城者,言其中之盛受;墉者,言其外之牆垣具也。許析言之也。”按:渾言無別。 ② 𩫖:《段注》:“蓋古讀如庸,秦以後讀如郭。”參“𩫖(guō)”條。

堞[①] 城上女[②]垣也。从土,葉聲[③]。 徒叶切(dié)。

堞 【譯文】堞,城牆上的(齒狀)矮牆。从土,葉聲。

【注釋】① 堞:《段注》:“古之城以土,不若今人以專(磚)也。土之上,間加以專牆,爲之射孔,以伺非常。曰俾倪,曰陴,亦曰堞。今字作堞。” ② 女:朱駿聲《通訓定聲》:“凡言王、言馬皆大意,言女皆小意。(女垣)猶言小牆也。” ③ 葉聲:《段注》:“如葉之薄於城也。亦有會意焉。今字作堞。”

坎 陷[①]也。从土,欠聲[②]。 苦感切(kǎn)。

坎 【譯文】坎,低陷(的地方)。从土,欠聲。

【注釋】① 陷:《段注》:“陷者,高下也。高下者,高而入於下也。因謂阱謂坎。” ② 欠聲:聲中有義。《段注》“欠”下:“欠者氣不足也,故引申爲欠少字。”相較平地而言,此地少土,故爲坎陷。

墊 下[①]也。《春秋傳》[②]曰:“墊隘。”从土,執聲。 都念切(diàn)。

墊 【譯文】墊,下陷。《春秋左傳》説:“下陷而窄小。”从土,執聲。

【注釋】① 下:王筠《句讀》:“陷而下也。” ②《春秋傳》:指《左傳》。墊隘,楊伯峻《春秋左傳注・成公六年》:“《左傳》凡三用‘墊隘’一詞,均可解爲羸弱。其他爲《襄九年》‘辛苦墊隘’與《二十五年》‘久將墊隘’。”墊隘釋爲羸弱,是其引申之義。

坻[①] 小渚[②]也。《詩》[③]曰:“宛在水中坻。”从土,氐聲。汷,坻或从水,从夂[④]。渚,坻或从水,从者[⑤]。 直尼切(chí)。

坻 【譯文】坻,小水洲。《詩經》説:“仿佛在水中的小沙洲上。”从土,氐聲。汷,坻的或體,由水、由夂(suī)會意。渚,坻的或體,从水,从者聲。

【注釋】① 坻:《段注》:“水中可居之最小者也。”“與坻(zhǐ)迥別。”

② 渚：《爾雅·釋水》："小洲曰渚，小渚曰沚曰坻。"　③《詩》：指《秦風·蒹葭》。　④ 从水，从夂：表示水流遲滯的意思。本書夂部："夂，行遲曳夂夂。"　⑤ 从耆：《段注》："耆聲。"

墿 下入[①]也。从土，㬎聲。　敕立切(chì/zhí)[②]。

【譯文】墿，下陷。从土，㬎聲。

【注釋】① 下入：張舜徽《約注》："下入猶云下陷，地下陷則溼矣。"《段注》："此與下溼曰隰義略同。"　② 今讀依《廣韻》直立切。

垎 水乾[①]也。一曰：堅[②]也。从土，各聲。　胡格切(hè)。

【譯文】垎，(土中的)水乾燥。另一義説，土堅硬。从土，各聲。

【注釋】① 水乾：《段注》："謂土中之水乾而無潤也。"　② 堅：《段注》："乾與堅義相成，水乾則土必堅。"

垐[①] 以土增[②]大道上。从土，次聲[③]。堲，古文垐，从土即[④]。《虞書》[⑤]曰："龍，朕堲讒説殄行。"堲，疾惡[⑥]也。　疾資切(cí)。

【譯文】垐，用土依次增墊在大路上。从土，次聲。堲，古文垐字，从土，即聲。《虞書》説："龍，我憎惡讒毁的言語和貪殘的行爲。"堲，憎惡的意思。

【注釋】① 垐：《段注》："以土次於道上曰垐。"　② 增：益。③ 次聲：聲中有義。次有次第義。　④ 即：朱駿聲《通訓定聲》："从即聲。"　⑤《虞書》：指《堯典》。　⑥ 疾惡：《段注》："此釋經以説假借，謂堲即疾之假借。"

增[①] 益也。从土，曾聲[②]。　作滕切(zēng)。

【譯文】增，添益。从土，曾聲。

【注釋】① 增：王筠《句讀》："增即曾之分别文。"按：本書"會"下："曾，益也。"　② 曾聲：聲中有義。《段注》"埤"下注："凡从曾之字，皆取加高之義。"

【參證】甲文作，金文作、。柯昌濟《韡華閣集古録跋尾·增鼎》："增字从𠤳，从曾聲，即今增字。""金文所見从𠤳之字""大概""含有多誼"，"故知此爲增字也。"劉心源《奇觚室吉金文述》卷一《贈鼎》以爲左旁不是𠤳，而是𨸏，而𠂤是土堆的堆字，故説："从衾𠂤者，

增高之象，與土同意，當是古文增字。”甲文與劉説近。

埤　增也。从土，卑聲①。　符支切(pí)。

【譯文】埤，增加。从土，卑聲。

【注釋】① 卑聲：聲中有義。《段注》：“凡从卑之字，皆取自卑加高之意。”

坿①　益也。从土，付聲。　符遇切(fù)。

【譯文】坿，增益。从土，付聲。

【注釋】① 坿：今作附。

塞①　隔也。从土，从𡨄②。　先代切(sài)。

【譯文】塞，(邊塞)障隔。由土、由𡨄會意。

【注釋】① 塞：江沅《釋例》：“塞訓隔也，爲邊塞。”　② 从𡨄：江沅《釋例》：“𡫳(即𡨄)，此許填塞(sè)字。”徐灝《段注箋》：“𡫳隸變作𡨄。𡨄塞古今字。𡨄訓室，與隔義相因也。邊塞亦隔絶蔽塞之義。”“隔塞讀先則切(sè)，邊塞讀先代切(sài)。一聲之轉耳。”

圣①　汝潁②之間謂致力於地曰圣。从土，从又③。讀若兔窟。苦骨切(kū)。

【譯文】圣，汝河、潁水之間説用手在土地上盡力叫圣。由土、由又會意。音讀象兔窟的“窟”字。

【注釋】① 圣：王筠《句讀》：“許君偁其鄉語者。”　② 汝潁：許慎家鄉河南的兩條水流。　③ 从土，从又：《段注》：“致力必以手，故其字从又土會意。”

【參證】甲文作……。郭沫若《殷契粹編考釋》：“从収从土，當即圣字。”

垍　堅土也。从土，自聲。讀若臮。　其冀切(jì)。

【譯文】垍，堅硬的土。从土，自聲。音讀象“臮(jì)”字。

埱　气出土也。一曰：始也。从土，叔聲。　昌六切(chù)。

【譯文】埱，地氣升出土面。另一義説，是開始。从土，叔聲。

埵　堅土也。从土，垂聲。讀若朵。　丁果切(duǒ)。

【譯文】埵，堅硬的土。从土，垂聲。音讀象“朵”字。

埐① 地也。从土，㑴聲。　子林切(jīn)。

【譯文】埐，地。从土，㑴聲。

【注釋】① 埐：埐本字。

堅 土積也。从土，从聚省①。　才句切(jù)。

【譯文】堅，泥土的聚積。由土、由聚省去㐺會意。

【注釋】① 从聚省：錢坫《斠詮》："《繫傳》作'聚省聲'。此(指堅)積聚字。"

壔① 保②也；高土③也。从土，𠷎聲。讀若毒④。　都皓切(dǎo)。

【譯文】壔，土堡；又指高出地面的土堆。从土，𠷎聲。音讀象"毒"字。

【注釋】① 壔：亦作"壽"。　② 保：《段注》："《集韻》、《類篇》作堡。"堡：都邑小城。　③ 高土：《段注》："此別一義。"　④ 讀若毒：毒，上古覺部定紐；壽，幽部端紐。幽、覺對轉，定、端發音部位相同。

培 培敦①。土田山川②也。从土，咅聲。　薄回切(péi)。

【譯文】培，加厚。是指土地、田園、山川等等而言。从土，咅聲。

【注釋】① 培敦：培，增；敦，厚。　② 土田山川：這是總括《詩經》、《左傳》兩説而成。《魯頌・閟宮》："賜之山川、土田、附庸(附屬諸侯統治的小國)。"又，《左傳・定公四年》："分之土田、陪敦。"楊伯峻注："土田培敦即土田附庸。"按：培敦的附庸義是加厚、裨益義的引申。

埩① 治也。从土，爭聲。　疾郢切(jìng/zhēng)②。

【譯文】埩，治土。从土，爭聲。

【注釋】① 埩：朱駿聲《通訓定聲》："謂治土。"　② 今讀依《廣韻》側莖切。

墇① (擁)[壅]②也。从土，章聲。　之亮切(zhàng)。

【譯文】墇，障隔。从土，章聲。

【注釋】① 墇：經傳多作"鄣"，作"障"。　② 擁：當作"壅"。桂馥《義證》："《廣韻》：'墇，壅也。'"《廣雅・釋詁一》："壅，隔也。"

塞① 遏遮也。从土，則聲。　初力切(cè)。

【譯文】塞，用土阻遏遮攔。从土，則聲。

【注釋】① 塓：錢大昭《新補新附攷證》："(塓)以土壅而成之。"

垠　地垠①也。一曰：岸②也。从土，艮聲。圻，垠或从斤③。語斤切(yín)。

【譯文】垠，地的邊界。另一義説，垠是岸。从土，艮聲。圻，垠的或體，从斤聲。

【注釋】① 地垠：《段注》："古者邊界謂之垠咢。有單言垠、單言咢者。"　② 岸：《段注》："岸者，水厓陖而高者也。"　③ 从斤：《段注》："斤，聲也。"

墠①　野土②也。从土，單聲。　常衍切(shàn)。

【譯文】墠，(經過整治而又掃除草薉的)郊外土地。从土，單聲。

【注釋】① 墠：朱駿聲《通訓定聲》："掃除草薉曰墠。"　② 野土：《段注》："野者，郊外也。野土者，於野治地除草。"

垑　恃①也。从土，多聲②。　尺氏切(chǐ)。

【譯文】垑，依賴(土地之多)。从土，多聲。

【注釋】① 恃：《段注》："《廣韻》曰：'垑，恃土地也。'疑所見是完本。恃土地者，自多其土地，故字从多土。"　② 多聲：聲中有義。見注①。

壘　軍壁①也。从土，畾聲②。　力委切(lěi)。

【譯文】壘，軍營中的壁壘。从土，畾聲。

【注釋】① 軍壁：《段注》："萬二千五百人爲軍，行軍所駐爲垣曰軍壁。"　② 畾聲：聲中有義。畾是古雷字。又作[illegible]，[illegible]象雷的回旋轉動，@@象聲波或光波的回旋，其旋紋疊加，因有累積義。壁壘皆由疊加累積而成。李富孫《辨字正俗》："軍壁曰壘，厽與垒又有絫土、絫墼之異，今多通用壘字矣。"原因是：除了三字字音相同外，字義都有疊加累積之義。

垝　毀垣也。从土，危聲。《詩》①曰："乘彼垝垣。"陒，垝或从自。　過委切(guǐ)。

【譯文】垝，毀壞的牆垣。从土，危聲。《詩經》說："登上那毀缺了的牆垣。"陒，垝的或體，从自。

【注釋】①《詩》：指《衛風・氓》。

圮 毁也。《虞書》[①]曰:“方命圮族。”从土,己聲。,圮或从手,从非,配省聲。 符鄙切(pǐ)。

【譯文】圮,毁壞。《虞書》説:“違背命令,毁害族人。”从土,己聲。䪹,圮的或體,由手,由非會意,配省去己表聲。

【注釋】①《虞書》:指《堯典》。方命圮族,王筠《句讀》:“《史記》作‘負命毁族’。”

垔[①] 塞也。《尚書》[②]曰:“鯀垔洪水。”从土,西聲。[③],古文垔。 於真切(yīn)。

【譯文】垔,堵塞。《尚書》説:“鯀堵塞洪水。”从土,西聲。㙯,古文垔字。

【注釋】① 垔:古書多作堙、作陻。 ②《尚書》:指《周書·洪範》。今本“垔”作“陻”。鯀,夏禹的父親。 ③ 㙯:《段注》:“上从古文覀。”

【參證】甲文作、,金文作。金祥恒《釋》(《中國文字》一九六七年第二十四期):“之本誼,唐蘭所謂‘象熟食之香氣’;象豆形,象香氣上騰。”“篆籀之或者氣也。”“加火爲‘火氣也’;加示爲‘絜祀也’;加自爲陻,‘即《書》鯀陻字’,或作堙。”丁佛言《説文古籀補附録》:戈文。疑是垔字,《説文》古作,从土之字古文恆从。”

塹 阬也。一曰:大也。从土,斬聲。 七豔切(qiàn)。

【譯文】塹,是坑。另一義説,是大。从土,斬聲。

埂 秦謂阬爲埂[①]。从土,更聲。讀若井汲綆。 古杏切(gěng)。

【譯文】埂,秦叫坑作埂。从土,更聲。音讀象井中汲水的綆繩的“綆”字。

【注釋】① 秦謂句:《段注》:“若《廣韻》曰‘吴人謂堤封爲埂’,今江東語謂畦埒(田埂)爲埂,此又别一義,非許所謂。”

壙 塹穴[①]也。一曰:大也。从土,廣聲[②]。 苦謗切(kuàng)。

【譯文】壙,把地挖成坑作爲墓穴。另一義説,是大。从土,廣聲。

【注釋】① 塹穴:《段注》:“謂塹地爲穴也,墓穴也。” ② 廣聲:

聲中有義。張舜徽《約注》:“殿之大屋爲廣,故凡从廣聲之字,多有大義。”

塏 高燥也。从土,豈聲。 苦亥切(kǎi)。

塏 【譯文】塏,地勢高而乾燥。从土,豈聲。

毁 缺[1]也。从土,毇省聲。⿰⿱臼壬殳,古文毁从壬[2]。 許委切(huǐ)。

毁 【譯文】毁,瓦器破缺。从土,毇省聲。⿰⿱臼壬殳,古文毁字,从壬。

【注釋】① 缺:《段注》:“缺者,器破也。因爲凡破之偁。” ② 从壬:从土之字,古文常从壬。參“垔”條丁佛言注。

【參證】金文作⿰⿱臼壬殳。也从壬。

壓[1] 壞[2]也。一曰:塞補。从土,厭聲。 烏狎切(yā)。

壓 【譯文】壓,自然崩壞。另一義説,堵塞填補。从土,厭聲。

【注釋】① 壓:張舜徽《約注》:“壓字从土,其本義自謂土之崩墜自裂敗也。故許訓壓爲壞。後世借壓爲厭抑(鎮壓)字,而壓之本義廢;復借厭爲猒棄(厭惡)字,而猒字亦廢矣。” ② 壞:王鳴盛《蛾術篇》:“屬自壞。”

壞[1] 敗也。从土,褱聲。⿰木土,古文壞省。⿰褱攴[2],籀文壞。 下怪切(huài)。

壞 【譯文】壞,破敗。从土,褱聲。⿰木土,古文壞字,是壞字的省略。⿰褱攴,籀文壞字。

【注釋】① 壞:《段注》:“毁壞字皆謂自毁自壞。” ② ⿰褱攴:徐鍇《繫傳》:“从攴,褱聲。人毁之也。”

坷 坎坷[1]也。梁國寧陵[2]有坷亭。从土,可聲。 康我切(kě)。

坷 【譯文】坷,坎坷不平。梁國寧陵縣有坷亭。从土,可聲。

【注釋】① 坎坷:雙聲,謂不平。 ② 寧陵:漢縣,《地理志》屬陳留郡,《郡國志》屬梁國,在今河南省東部。

⿰土虖[1] 坼也。从土,虖聲。䧍,⿰土虖或从𠂤。 呼訝切(xià)。

⿰土虖 【譯文】⿰土虖,坼裂。从土,虖聲。䧍,⿰土虖的或體,从𠂤。

【注釋】① ⿰土虖:王筠《句讀》:“與罅同。或彼主言瓦器之破,此則地之坼裂、牆之隙壞乎?”

【參證】戴家祥《金文大字典》:“金文从𠂤、从土無别。䧍(昊生鐘)、墉当同字。《玉篇》云:‘墉,裂也。’”

埲[①] 裂[②]也。《詩》[③]曰:“不埲不疈。”从土,㡿[④]聲。 丑格切(chè)。

【譯文】埲,裂開。《詩經》説:“不裂開不剖開。”从土,㡿聲。

【注釋】① 埲:今作坼。 ② 裂:《段注》:“裂者,繒餘也。因以爲凡隙之偁。” ③《詩》:指《大雅·生民》。今本“埲”作“坼”,“疈”作“副”。《説文》副下曰:“判也。”詩意是説后稷出生的順利。桂馥《義證》:“原詩人之旨,明古之婦人常有埲剖而産者矣。” ④ 㡿:今作斥。

坱 塺埃[①]也。从土,央聲。 於亮切(yàng/yǎng)[②]。

【譯文】坱,塺埃(廣大的樣子)。从土,央聲。

【注釋】① 塺埃:《段注》:“塺者,鹿行土也。引申爲土飛揚之偁。坱者,塺埃廣大之皃也。” ② 今讀依《廣韻》烏朗切。

塺[①] 塵也。从土,麻聲。 亡果切(mǒ/méi)[②]。

【譯文】塺,灰塵(如蒙霧的樣子)。从土,麻聲。

【注釋】① 塺:《段注》:“《楚辭》:‘愈氛霧其如塺。’王逸曰:‘塺,塵也。’按:塺之言蒙也。” ② 今讀依《廣韻》莫杯切。

塿[①] 塺土也。从土,婁聲。 洛侯切(lóu/lǒu)[②]。

【譯文】塿,塵土。从土,婁聲。

【注釋】① 塿:錢坫《斠詮》:“楚人謂之堁(kè,塵),即塿字。” ② 今讀依《廣韻》郎斗切。

坋[①] 塵也。从土,分聲。一曰:大防也。 房吻切(fèn)。

【譯文】坋,灰塵(披覆的樣子)。从土,分聲。另一義説,大堤。

【注釋】① 坋:《段注》:“凡爲細末糝物,若被物者,皆曰坋。”“坋之言被也。”

堛[①] 塵也。从土,非聲。 房未切(fèi)。

【譯文】堛,灰塵(鼎沸的樣子)。从土,非聲。

【注釋】① 堛:《段注》:“堛之言沸也。”

埃[①] 塵也。从土,矣聲。 烏開切(āi)。

【譯文】埃,灰塵。从土,矣聲。

【注釋】① 埃：《通俗文》："灰塵曰埃。"

堅①　塵埃也。从土，殹聲。　烏雞切(yī)。

【譯文】堅，塵埃(翳蔽的樣子)。从土，殹聲。

【注釋】① 堅：《段注》："堅之言翳也。"

垽①　澱也。从土，沂聲②。　魚僅切(yìn)。

【譯文】垽，沉澱的渣滓。从土，沂聲。

【注釋】① 垽：徐灝《段注箋》："今俗謂器中水有滓痕漬於其邊者曰垽。"　②从土，沂聲：朱駿聲《通訓定聲》："按：从水土會意，斤聲。"

垢①　濁②也。从土，后聲。　古厚切(gǒu/gòu)。

【譯文】垢，濁薉物。从土，后聲。

【注釋】① 垢：朱駿聲《通訓定聲》："與厚之古文厚別。"　② 濁：《段注》："濁，《水部》曰：'水名也。'而濁穢字用之。"王筠《句讀》："濁者，不潔之謂。"

壇　天陰塵①也。《詩》②曰："壇壇其陰。"从土，壹聲。　於計切(yì)。

【譯文】壇，天色陰暗，揚起灰塵。《詩經》說："天色壇壇地昏暗下來了。"从土，壹聲。

【注釋】① 天陰塵：王筠《句讀》："謂天陰而雨塵也。"　②《詩》：指《邶風·終風》。今本"壇"作"曀"。毛傳："如常陰曀曀然。"曀曀，天陰暗的樣子。

坏　丘再①成者也。一曰：瓦未燒②。从土，不聲。　芳桮切(pī)。

【譯文】坏，一重的山丘。另一義說，土器沒有經過燒製。从土，不聲。

【注釋】① 再：《段注》作"一"。　② 瓦未燒：《段注》："今俗謂土坏，古語也。瓦者，土器已燒之總名。然則坏者，凡土器未燒之總名也。"

【參證】金文作[金文]、[金文]、[金文]。郭沫若《兩周金文辭大系圖録考釋·競卣》："䵼即坏字。"按：古文章、土作偏旁，常互作。郭沫若《兩周金文辭大系圖録考釋·噩侯鼎》：“，王國維謂與競卣之𩢾爲一字。”按：也許是土字之譌。王輝《秦銅器銘文編年集釋》：“（）从不从产，不亦聲。产下爲厂，厂即山厓，不與丕通，義爲大，故矿本義實即大山。”

垤　螘封[①]也。《詩》[②]曰：“鸛鳴于垤。”从土，至聲。　徒結切（dié）。

【譯文】垤，螞蟻堆在洞口的小土堆。《詩經》說：“鸛鳥在螞蟻洞口土堆上鳴叫。”从土，至聲。

【注釋】① 螘封：蟻冢，蟻堆。《段注》：“其土似封畍之高，故謂之封。”　② 《詩》：指《豳風·東山》。鸛鳴句，《文選》注引《韓詩》：“鸛，水鳥也。巢處知風，穴處知雨，天將雨而蟻出壅土，鸛鳥見之，長鳴而喜。”

【參證】馬敘倫《六書疏證》卷二十六：“孟森謂吉林黑龍江有曠無人煙之處，每見丘冢纍纍成列，一望無際，頗訝其地求生人而不得，焉有如許死人。問之土人，乃知螞蟻墩，即所謂蟻封者也。倫謂由孟說知螘封非竟謂蟻所居之封穴也，乃形似之詞，螘者，小之也。”

坥　益州部[①]謂螾場[②]曰坥。从土，且聲。　七余切（qū）。

【譯文】坥，益州刺史部一帶叫蚯蚓的糞便作坥。从土，且聲。

【注釋】① 益州部：《漢書·郡國志》有益州刺史部，在今四川省境內。　② 螾場（shāng）：《方言》卷六：“坥，場也。”郭璞注：“螾，蛐蟮（蚯蚓）也，其糞名坥。”

[①]
埍　徒隸[②]所居也。一曰：女牢。一曰：亭部[③]。从土，肙聲。古泫切（juǎn）。

【譯文】埍，服勞役者、奴隸或罪犯居住的土房。另一義說，女人的牢房。另一義說，鄉亭基層政權的牢獄。从土，肙聲。

【注釋】① 埍：朱駿聲《通訓定聲》：“土房曰埍。”　② 徒隸：《段注》：“賤者偁。”　③ 亭部：《段注》：“蓋謂鄉亭之繫也。”亭，秦漢的基層行政單位。部，行政機關。

[①]
壂　囚突出[②]也。从土，㱿聲。　胡八切（xiá/kū）[③]。

【譯文】壂，囚徒奔突出獄。从土，㱿（gài）聲。

【注釋】① 𩑶：錢坫《斠詮》："今吴人有此語。讀同突。此盗賊奔突字。"　② 因突出：張舜徽《約注》："今語倆因突出爲越獄。"　③ 今讀依《廣韻》苦骨切。

瘞　幽、薶也①。从土，㾜聲。　於罽切(yì)。

【譯文】瘞，隱幽；埋藏。从土，㾜(qiè)聲。

【注釋】① 幽、薶也：一句數讀，即："幽也，薶也。"《廣韻・祭韻》："瘞，埋也。"又，《集韻・霽韻》："瘞，幽隱也。"

堋　喪葬下土也①。从土，朋聲。《春秋傳》②曰："朝而堋。"《禮》③謂之封，《周官》④謂之窆。《虞書》⑤曰："堋淫于家。"　方鄧切(bèng)。

【譯文】堋，喪葬時把棺材下到墓穴裏。从土，朋聲。《春秋左傳》説："早晨就下棺到墓穴。"《禮記》叫堋作封，《周禮》叫堋作窆(biǎn)。《虞書》説："成羣地在家裏淫亂。"

【注釋】① 喪葬句：《段注》："謂葬時下棺於壙中也。"　②《春秋傳》：指《左傳・昭公十二年》。今本"堋"作"塴"。　③《禮》指《禮記》。　④《周官》：《段注》："《周官》者，《漢志》所謂《周官經》，漢人謂之《周禮》也。"《段注》："(堋、窆、封)聲相似。""蒸、侵、東三韻相爲通轉。"　⑤《虞書》：指《臯陶謨》。今本"堋"作"朋"。堋淫句，《段注》："此稱《臯陶謨》説假借也。謂假堋爲朋，其義本不同，而形亦如是作也。"

【参證】金文作□。

垗　畔①也。爲四時界，祭其中②。《周禮》③曰："垗五帝於四郊。"从土，兆聲④。　治小切(zhào)。

【譯文】垗，(祭壇的)邊界。四面作祭壇，用它們作爲邊界，在這中間祭祀。《周禮》説："在四郊作好祭壇祭祀五帝。"从土，兆聲。

【注釋】① 畔：田界。見"畔"條。這裏指祭壇的邊界。　② 爲四時(zhì)句：王筠《句讀》："四面作時以爲之界也。"時，秦漢時祭五帝的祭壇。　③《周禮》：指《春官・小宗伯》。今本"垗"作"兆"。鄭玄注："兆，爲壇之營域。五帝，蒼曰靈威仰，太昊食焉；赤曰赤熛怒，炎帝食焉；黄曰含樞紐，黄帝食焉；白曰白招拒，少昊食焉；黑曰汁光紀，顓頊食焉。”按：垗本爲祭壇邊界，這裏指在祭壇上祭祀。④ 兆聲：聲中有義。王筠《句讀》：“有垠鄂者皆謂之兆也。”《段注》：“兆者分也，形聲中有會意也。”

塋 墓也①。从土，熒省聲。　余傾切(yíng)。

【譯文】塋，墓地。从土，熒省聲。

【注釋】① 也：《段注》作“地”。

墓① 丘②也。从土，莫聲。　莫故切(mù)。

【譯文】墓，墳墓。从土，莫聲。

【注釋】① 墓：《方言》卷十三：“凡葬而無墳謂之墓。”　② 丘：《段注》：“丘自其高言，墓自其平言。”按：渾言則不别。

墳① 墓②也。从土，賁聲。　符分切(fén)。

【譯文】墳，墳墓。从土，賁聲。

【注釋】① 墳：朱駿聲《通訓定聲》：“此字本訓大防也。《爾雅・釋邱》：‘墳，大防。’……《方言》一：‘墳，地大也。青幽之間，凡土而高且大者謂三墳。’注：‘大防也。’”徐灝《段注箋》：“葬者封土爲丘壟，隆然而高，因謂之墳耳。”許以墓釋墳，是把墳墓視爲一對同義詞。② 墓：《段注》：“此渾言之也。析言之，則墓爲平處，墳爲高處。鄭注《禮記》曰：‘墓謂兆域，今之封塋也。土之高者曰墳。此其别也。’”

壟 丘壠①也。从土，龍聲。　力嵷切(lǒng)。

【譯文】壠，墳墓。从土，龍聲。

【注釋】① 丘壠：《方言》卷十三：“冢，秦晉之間謂之墳，或謂之壠，自關而東謂之丘。”王筠《句讀》：“丘、壠同義，故亦用爲連語。”《段注》：“高者曰丘壠。”

壇 祭場①也。从土，亶聲。　徒干切(tán)。

【譯文】壇，在掃除草穢的地上築起的用於祭祀的土臺。从土，亶聲。

【注釋】① 場：朱駿聲《通訓定聲》：“除地曰場，曰墠；于墠築土曰壇。”參“墠”條。

場① 祭神道②也。一曰：田不耕③。一曰：治穀田④也。从土，昜聲。　直良切(cháng)。

【譯文】場,祭神的平地。另一義説,田地不耕種。另一義説,整治穀粟的地方。从土,昜聲。

【注釋】① 場:《漢書·郊祀志》:"犧牲壇場。"注:"平地爲場。" ② 道:《爾雅·釋宫》:"場,道也。" ③ 田不耕:《段注》:"田部云:'暘(chàng),不生也。'場與暘義相近。《方言》曰:'坻(chí),場也。'李善曰:'浮壤之名也。音傷。'按:不耕則浮壤起矣。是即蚍蜉、犂鼠、螾場之字也。"參"坥"條。 ④ 田:泛指地方。《詩·七月》:"九月築場圃。"傳:"春夏爲圃,秋冬爲場。"箋:"場圃同地。自物生之時,耕治之,以種菜茹,至物盡成熟,築堅以爲場。"正義:"種樹菜果則謂之圃,蹂踐禾稼則謂之場。"收割季節,湖湘農家門口,清除並築堅一平地,以待禾稼之整治,猶稱禾場。

圭 圭 瑞[①]玉也。上圜下方[②]。公執桓圭[③],九寸;侯執信圭,伯執躬圭,皆七寸[④];子執穀璧,男執蒲璧,皆五寸[⑤]:以封諸侯。从重土[⑥]。楚爵有執圭[⑦]。珪[⑧],古文圭从玉。古畦切(guī)。

【譯文】圭,用作憑證的玉。上面是圓的,下面是方的。公爵拿着有兩根柱子形浮雕的圭,長九寸;侯爵拿着直身之形浮雕的圭,伯爵拿着躬身之形浮雕的圭,都長七寸;子爵拿着有穀形浮雕的璧,男爵拿着有蒲形浮雕的璧,直徑都長五寸。天子把這些玉封給諸侯。由兩個土字重疊會意。楚國的爵位有執圭這個等級。珪,古文圭字,从玉。

【注釋】① 瑞:《段注》:"瑞者,以玉爲信也。" ② 上圜句:《段注》:"圭之制上不正圜,以對下方言之,故曰上圜。"按:圭,長條形,上作三角形,下作正方形。 ③ 桓圭:《段注》:"鄭(玄)曰:雙植(直立的柱子)謂之桓。桓圭以宫室之象爲瑑(zhuàn,玉器上雕飾的凸紋)飾。" ④ 信圭句:《段注》:"鄭(玄)曰:信當爲身。身圭、躳圭皆象以人形爲瑑飾。九寸、七寸謂其長也。"毛際盛《述誼》:"直身象信,曲身象躳。" ⑤ 穀璧句:王筠《句讀》:"雖是璧非圭,然其爲瑞則一也,故連及之。鄭(玄)注:穀,所以養人;蒲,所以安人。二玉蓋或以穀爲瑑飾,或以蒲爲瑑飾。"《段注》:"五寸,謂其徑也。”　⑥ 从重土：《段注》：“天子以封諸侯，諸侯守之，以主其土田山川，故字从重土。”“重土者，土其土（以其土爲己土）也。”

⑦ 執圭：楚國位名。《段注》：“高注《淮南》曰：楚爵功臣，賜以圭，謂之執圭，比附庸之君。”　⑧ 珪：俞樾《兒笘録》：“圭者，卦之古文也。圭之爲卦，猶兆之爲𠧞也。”“其从卜者，爲後人所加耳。”“圭亦象形字。古人之筮必畫地以識爻。”“古字作圭者，其下之一象地也，其上之十，一縱一横，象畫之形。土上又作土者，象畫内卦，又畫外卦也。”“經傳多假圭爲珪，圭之本義爲假義所敚，乃从卜作卦以别之。”

【參證】金文作圭。高鴻縉《中國字例》四篇：“士即筮，士原象竹籌縱横之形。”“士（筮）曰圭，圭从重士（筮）。後始加卜旁作卦。”“筮原用竹籌，故筮字从竹巫會意。後世始用蓍艸爲之。”“卦不用龜卜”，“其从卜者，後人所加耳。”

圯[1]　東楚謂橋爲圯。从土，巳聲。　與之切（yí）。

【譯文】圯，東楚地方叫橋作圯。从土，巳聲。

【注釋】① 圯：朱駿聲《通訓定聲》：“與己聲之圮（pǐ）毁字别。”

垂　遠邊也。从土，𠂹聲[1]。　是爲切（chuí）。

【譯文】垂，遥遠的邊界。从土，𠂹聲。

【注釋】① 𠂹：聲中有義。本書“𠂹，艸木華葉𠂹。”華葉𠂹之下限，即華葉所在空間之邊緣。比喻疆土之邊界。

堀[1]　兔堀也。从土，屈聲。　苦骨切（kū）。

【譯文】堀，兔子的洞穴。从土，屈聲。

【注釋】① 堀：鈕樹玉《校録》：“前訓‘突’之‘堀’，本當作‘堀’，此訓兔堀者，疑後人增。”參上文“堀”字。

文一百三十一　重二十六

塗[1]　泥也。从土，涂聲[2]。　同都切（tú）。

【譯文】塗，泥。从土，涂聲。

【注釋】① 塗：《鄭新附考》：“古塗、途字並止作涂。”“至高朕修《周公禮殿記》始見塗字。”“（涂）蓋實言之曰泥途。”“實言之”就實體説來。泥塗同義連用,“泥巴”。鄭又説:“以泥涂傅於他物,亦曰涂。”泥和以水,則有粘性,用以涂傅於他物,也叫涂。語言學叫作名詞用如動詞,引申之義較“實”體言之爲虚。鄭氏又説:“因之凡以物傅物,皆得曰涂。”擴大引申爲凡涂傅之稱。又,涂本義爲泥巴,從天、地相對而言,泥則爲地,地上本没有路,走的人多了,也就成了路。故又引申爲路塗。《釋名》説:“涂,度也。人所由得通度也。”後世爲了區别,因泥、土一類,泥巴、泥傅義加土作塗,道涂義加辵作途。② 涂聲:涂本爲水名,借爲泥涂、道涂,後分别作塗、途。

塓①　塗也。从土,冥聲②。　莫狄切(mì)。

塓　【譯文】塓,塗刷。从土,冥聲。

【注釋】① 塓:《鄭新附考》:“塓字見《左氏傳》。據《魏都賦》‘葺牆冪屋’劉注引《左傳》‘圬人以時冪館宫室’,冪,墁也。知古本是冪。冪即《禮經》及《説文》幎字。段氏云:《周禮》注以巾覆物曰幎,塗墍曰冪者,亦謂冡其上是也。欲與巾幎字别,俗因改从土。”　② 冥聲:聲中有義。《説文》:“冥,幽(段改爲窈)也。……从冖。”《段注》:“冖者,覆也。覆其上則窈冥。”冥有覆蓋義。

埏①　八方②之地也。从土,延聲③。　以然切(yán)。

埏　【譯文】埏,八方邊際的土地。从土,延聲。

【注釋】① 埏:《史記・司馬相如列傳》:“上暢九垓,下泝八埏。”裴駰集解:“埏,若八埏,地之際也。”　② 方:《段注》“方”下:“引申之爲方圜。”方圜既可指方圜之内,又可指方圜之綫,即邊際。此取後義。　③ 延聲:聲中有義。《段注》“延”下:“本義訓長行,引申則專訓長。”長者,遠也。八埏,八極,在邊遠之地。

埸①　疆②也。从土,易聲③。　羊益切(yì)。

埸　【譯文】埸,疆界。从土,易聲。

【注釋】① 埸:《詩・小雅・信南山》:“疆埸翼翼,黍稷彧彧。”特指田界。《晉書・載記序》:“邊埸既伏,境内以安。”特指邊界。② 疆:疆是畺的或體。《段注》“畺”下:“畺、界義同。”　③ 易聲:《鈕新附考》:“《漢書・食貨志》:‘瓜瓠果蓏殖于疆易。’注:張晏曰:至此易主故曰易。”張意爲到疆界之處,土地的主人已變易,故曰疆界爲易。按張説,似乎聲中有義。其實易用作疆易應是叚借。《段注》“易”下:“易本蜥易,語言假借而難易之義出焉。鄭氏贊易曰:易之爲名也,一言而函三義:簡易一也,變易二也,不易三也。按易、象二字皆古以語言假借立名。”疆易義,《鈕新附考》:“漢魏間俗加土旁。”以别於蜥易、難易、交易、變易義。此爲因假借而分化之例。

境[1] 疆[2]也。从土,竟聲[3]。經典通用竟[4]。 居領切(jìng)。

境 【譯文】境,疆界。从土,竟聲。經典通用竟。

【注釋】① 境:《商君書·墾令》:“五民者,不生於境内,則草必墾矣。”境内,疆界之内。 ② 疆:見上條。 ③ 竟聲:聲中有義。見下注。 ④ 通用竟:《左傳·宣公二年》:“亡不越竟,反不討賊。”《段注》“竟,樂曲盡爲竟”下:“曲之所止也。引申之,凡事之所止、土地之所止,皆曰竟。毛傳曰:疆,竟也。俗别製境字。”

塾[1] 門側堂[2]也。从土,孰聲[3]。 殊六切(shú)。

塾 【譯文】塾,門堂兩側的房間。从土,孰聲。

【注釋】① 塾:《爾雅·釋宫》:“門側之堂謂之塾。”郭璞注:“夾門堂也。”古時堂居屋中,堂前有天井,天井前有門堂,門堂兩房有室,即塾。此處既可爲客見主時稍息之處,又可爲孩童學習之用,故又引申爲家學、私塾之偁。 ② 堂:本義爲殿堂,此處引申爲室。 ③ 孰聲:《段注》:“《白虎通》云:所以必有塾何?欲以飾門,因取其名。明臣下當見於君,必孰思其事。是知其字古作孰而已。後乃加之土也。”段氏引君臣之義釋塾,未必爲塾之始義。引此姑備一説。

墾[1] 耕地。从土,豤聲。 康很切(kěn)。

墾 【譯文】墾,用力耕治。从土,豤聲。

【注釋】① 墾:《廣答問疏證》“豈(ái)”下:“墾,《方言》曰:力也。《廣雅》曰:治也。韋注曰:發也;又曰:發田爲墾。皆用力之義也。”王筠《句讀》“豈”下:“今言開墾,當作豈墾也。豈墾雙聲,故讀如之。”又作“墾”。

塘 隄[1]也。从土,唐聲[2]。 徒郎切(táng)。

塘 【譯文】塘,堤。从土,唐聲。

【注釋】① 隄：《段注》“隄，唐也”下：“唐、塘正俗字。唐者，大言也。假借爲陂唐，乃又益之土旁作塘矣。隄與唐得互爲訓者，猶陂與池得互爲訓也。其實窊者爲池、爲唐，障其外者爲陂爲隄。”段意：隄塘一也，其表爲隄，其裏爲塘。　② 唐聲：《段注》“唐，大言也”下：“引申爲大也。”“又爲空也。”“凡陂塘字古皆作唐，取虛而多受之意。”段意，塘之作唐，即叚其音，又承其義。

坳[1]　地不平也。从土，幼聲。　於交切(āo)。

坳　【譯文】坳，地(低凹)不平。从土，幼聲。

【注釋】① 坳：《鄭新附考》：“《莊子》‘覆杯水于坳堂之上’，始見此字。”《拈字》：“支遁云：(坳堂)謂有坳垤形也。知唐宋人多作凹凸者，即坳垤也。然《説文》正有垤字而無坳字。”《段注》“垤”下：“垤之言突也。”後起的凹即坳，低凹；凸即垤，高凸。

壒[1]　塵也。从土，蓋聲。　於蓋切(ài)。

壒　【譯文】壒，塵埃。从土，蓋聲。

【注釋】① 壒：《後漢書・班彪傳》附班固《西都賦》：“軼埃壒之混濁，鮮顥氣之清英。”埃、壒，同義連用。

墜[1]　陊[2]也。从土，隊聲[3]。古通用碒[4]。　直類切(zhuì)。

墜　【譯文】墜，从高處落下來。从土，隊聲。古通用碒。

【注釋】① 墜：《拈字》：“《禮記・樂記》‘上如抗，下如隊’，作隊。《漢天文志》‘星碒至地則石’，又作碒。……《論語》‘未墜於地’，《韓詩外傳》‘星墜木鳴’，則作墜。”　② 陊：本義爲落。　③ 隊聲：《説文》：“隊，从高隊也。”《段注》：“隊、墜，正俗字。古書多作隊。”今隊多作隊列、隊伍義，段説：“《左傳》曰：‘以成一隊。’杜注：‘百人爲隊。’蓋古語一隊，猶言一堆。物墮於地則聚，因之名隊爲行列之偁，後人以墜入至韻，以隊入隊韻，而莫測其原委矣。”④ 通用碒：《段注》：“碒與隊音義同。”按：隊、碒、墜本一字一義。側重从山巖高處墜落下來，从自；側重石頭从高而落，从石。後因隊多用于隊列義，故又加土而作墜。墜是由兩個層次構成的。

【參證】金文作。戴家祥《金文大字典》：“金文墜字皆用本義。”

塔[1]　西域浮屠也。从土，荅聲。　土盍切(tǎ)。

塔　【譯文】塔，西域佛教其譯名爲浮屠的建築物。从土，荅聲。

【注釋】① 塔：《鄭新附考》："釋氏之初，本懸其舍利於竿頭，厥後，亦埋於土，仍於上立竿爲表，或以柱代之。久之，變爲積累甎石之制，因有層級至高之塔。……西域人謂之窣覩波，釋典以音翻爲浮屠、塔婆諸名，以義翻則如中夏有墳有廟，省稱乃爲刹、爲塔。……齊梁間乃有塔字，葛洪始收之。刹與塔一也。音有輕重耳。……刹塔兩字，本兼墳上表柱與廟寺言之。大徐附刹，亦附塔，判爲兩文。"見"刹"條。

坊① 邑里之名。从土，方聲。古通用堕②。　府良切(fāng)。

坊　【譯文】坊，城市里巷之名。从土，方聲。古通用堕。

【注釋】① 坊：《説文》："防，隄也。"《段注》："《周禮・稻人》曰：'以防止水。'注云：'偃豬者，畜流水之陂也。防者，豬旁隄也。'引申爲凡備禦之偁。《禮記》《鄭目録》云：'名曰坊記者，以其記六藝之義，所以坊人之失者也。'"防爲堤防，爲防禦，爲防失，同理，可引申爲街坊義。爲别於堤防義，形旁换阜爲土。防音爲符方切，讀 fáng。② 通用堕：《説文》堕爲防的或體。

文十三　新附

垚部

垚　土高也。从三土①。凡垚之屬皆从垚。　吾聊切(yáo)。

垚　【譯文】垚，土高。由三個土字會意。大凡垚的部屬都从垚。

【注釋】① 从三土：徐鍇《繫傳》："累土，故高也。"

堯　高也。从垚在兀上，高遠也①。㚁，古文堯。　吾聊切(yáo)。

堯　【譯文】堯，高遠。由"垚"在"兀"上會意，(兀)是表示高遠的意思。㚁，古文堯字。

【注釋】① 从垚句：《段注》："兀者，高而上平也；高而上平之上，又增益之以垚，是高且遠可知也。"

【參證】甲文作。商承祚《説文中之古文考》："(甲文)从二土一人，與三土一人(指篆文堯)、二土二人(指古文㚁)意同。"

文二　重一

堇部

堇　黏土也。从土，从黄省[①]。凡堇之屬皆从堇。[②]、[③]，皆古文堇。　巨斤切（qín）。

【譯文】堇，黏土。由土、由黄字的省略會意。𡎸，𡏞都是古文堇字。

【注釋】① 从黄省：《段注》："从黄者，黄土多黏也。"　② 𡎸：《段注》："古文从黄，不省。"　③ 𡏞：商承祚《説文中之古文考》："段氏'依難字古所用形聲更正'作𡏞是也。"

【參證】甲文作、、，金文作、、、。徐中舒《甲骨文字典》："象兩臂交縛的人形，爲獻祭之人牲，象焚以祭之形。皆爲熯（hàn，乾燥）之原字。""本从，可隸定爲㚖，後漸譌爲土。""㚖堇初为一字，而古从㚖之字，《説文》篆文悉變从堇。又从㚖得聲之字或入真韻，且㚖隸作堇，如謹、瑾、堇、饉、僅、勤等字；或入元韻，㚖隸作莫，如嘆、嘆、歎、難、漢等字。真元相近，故音得相轉。"按：金文形近黄，實的譌寫。

艱　土難治也。从堇，艮聲。，籀文艱从喜[①]。　古閑切（jiān）。

【譯文】艱，土難耕治。从堇，艮聲。囏，籀文艱字，从喜。

【注釋】① 从喜：宋保《諧聲補逸》："喜聲。"艮音見紐，喜音曉紐，同爲舌根音。

【參證】甲文作、、，金文作、。王國維《史籀篇疏證》（《王國維遺書》第六册）："殷墟卜辭""與籀文略同。"《金文編》："（金文）从喜，與籀文同。"

文二　重三

里部

里　居也。从田，从土[①]。凡里之屬皆从里。　良止切（lǐ）。

【譯文】里，居住的地方。由田、由土會意。大凡里的部屬都从里。

【注釋】① 从田，从土：《段注》："有田有土而可居矣。"

【參證】金文作。戴家祥《金文大字典》:"我國先民自農業發達、田地耕植,始方棄游牧狩獵生活定居(以來),故从田从土會意。"

釐　家福[①]也。从里,𠩺聲。　里之切(lí,又 xī)[②]。

【譯文】釐,生活在家裏獲得福祐。从里,𠩺聲。

【注釋】① 家福:《段注》:"家福者,家居獲祐也。"朱駿聲《通訓定聲》:"許以字从里,故曰家福。愚按:福者,禧字之訓。古多借釐爲禧。本義當爲治邑。理邑爲釐,猶治玉爲理也。"　② 里之切是治理義的反切,音 lí。幸福義依《集韻》虛其切,作 xī。

【參證】金文作。𠩺,依李孝定説,象攴麥脱粒之形。此形爲麥秋治禾的典型形象,引申爲凡治理之稱。農業社會必以治理田土爲對象,故又从里,作釐。治理有序,則豐衣足食,故引申爲福。參"𠩺"、"嫠"條。

野　郊外也。从里,予聲。,古文野从里省,从林[①]。　羊者切(yě)。

【譯文】野,郊外。从里,予聲。埜,古文野字,由里省田、由林會意(予聲)。

【注釋】① 从林:此後承前省略"予聲"二字。朱駿聲《通訓定聲》作"从林,从土、予聲"。

【參證】甲文作,金文作。羅振玉《增訂殷虛書契考釋》:"許於古文下並不言予聲也。今增予者殆後人傳寫之失。"戴家祥《金文大字典》:"《唐韻》予讀'余吕切'、喻母魚部,土讀'他魯切'、透母魚部,在諧聲字中,舌音透母每與喉音喻母混諧(如:易、剔;夷、洟;俞、偷)。""埜字應爲从林从土,土亦聲。……聲符變換可以作楙,从林,予聲,土予聲同,加旁从土,則寫作𡐨,聲符重複字也。野也作壄,與埜同例。"

文三　重一

田部

田　陳[①]也。樹穀[②]曰田。象四口;十,阡陌之制也[③]。凡田之屬皆从田。　待年切(tián)。

【譯文】田，陳列（得整整齊齊）。種植稻穀的地方叫田。（囗）象田四周的界限；十，表示東西南北縱橫溝塗。大凡田的部屬都从田。

【注釋】① 陳：《段注》："取其敶（陳）列之整齊，謂之田。"　② 樹穀：王筠《句讀》："玄應引作'樹稻穀曰田'也。"　③ 象四囗句：徐灝《段注箋》："此當以象四囗（wéi）爲句，謂田之四畔也。十，象其中阡陌之道。"桂馥《義證》引《風俗通》："南北曰阡，東西曰陌。"

【參證】甲文作、，金文作、。李孝定《甲骨文字集釋》："卜辭田多爲田狩字，亦有用爲田地之義者。"蔣禮鴻《讀字臆記》："田即网也，田所以取鳥獸，因之凡取鳥獸皆曰田矣。"郭沫若《奴隸制時代》："（卜辭）田字就是一個方塊田的圖畫。"按：田狩的田、田地的田，卜辭同形。一説，二者同字。裘錫圭《甲骨文中所見的商代農業》（《全國商史學術討論會論文集》）引用《中國農史（初稿）》説："用火驅逐野獸，是古代狩獵活動中常常采用的方法。""（其）結果必然會把長滿了野草雜樹的獵場燒成空地。這種空地，在適當的條件下就會被人們利用來墾爲耕田。耕田的'田'和田獵的'田'完全同字，……正反映着田獵爲農耕作了準備工作。"因此有人把田地的田和田獵的田看成一個字。説前者是本義，後者是引申義。見彭明瀚《田字本義新釋》（《考古與文物》一九九五年第一期）。

町　田踐處[①]曰町。从田，丁聲。　他頂切（tíng/tīng）[②]。

【譯文】町，田中供人踐踏行走的地方叫町。从田，丁聲。

【注釋】① 田踐處：王筠《句讀》："田畔（界）必有畦埒（liè，田塍），爲人所踐，特以其不方正，不能名曰徑術，故別名之曰町。"　② 今讀依《廣韻》他丁切。

㽭　城下田[①]也。一曰：㽭，郤（也）［地］[②]。从田，耎聲。　而緣切（ruán）。

【譯文】㽭，城旁的田地。另一義説，㽭，餘坪隙地。从田，耎聲。

【注釋】① 城下田：《段注》："所謂附郭之田也。張晏云：城旁地也。"　② 郤也：當依《段注》作"郤地"。段注："郤當作隙。古隙、郤字相假借。"王筠《句讀》："言此者，謂不但城下之郤地謂之㽭，凡爲郤地者概謂之㽭也。"後義乃前義之引申義。

𤰟[①]

𤰟 耕治之田也[②]。从田，象耕屈之形[③]。𠷎，𤰟或省。　直由切(chóu)。

【譯文】𤰟，已犁耕整治的田地。从田，(𠷎)象犁耕的田溝彎彎曲曲的形狀。𠷎，𤰟的或體，是𤰟的省略。

【注釋】① 𤰟：今作疇。　② 耕治句：《段注》："耕者，犂也。犂其田而治之，其田曰𤰟。"　③ 象耕屈句：徐鍇《繫傳》作"𠷎象耕田溝詰屈也。"。王筠《釋例》："溝非溝洫之謂，凡既耕既耙之後，田之文理詰屈，正如己字。"

【參證】甲文作。羅振玉《增訂殷虛書契考釋》："此與許書或體同。"

𤳈 燒種[①]也。《漢律》[②]曰："𤳈田茠[③]艸。"从田，翏聲。　力求切(liú)。

【譯文】𤳈，焚燒地中草木而下種。《漢律》說："焚燒田地草木而下種，并且拔除一切野草。"从田，翏聲。

【注釋】① 燒種：《段注》："謂焚其艸木而下種，蓋治山田之法爲然。"　②《漢律》：漢代法典的總稱。　③ 茠(hāo)：《段注》："茠，或薅字。見蓐部。"

畬 三歲[①]治田也。《易》[②]曰："不菑畬，(田)[凶]。"从田，余聲。　以諸切(yú)。

【譯文】畬，連續三年耕治過的田地。《易》說："不開墾荒地，想種熟田(，是不吉利的)。"从田，余聲。

【注釋】① 三歲：《段注》作"二歲"："菑，艸部云：'反耕田也。'反耕田者，初耕反艸，一歲爲然，二歲則用力漸舒矣，畬之言舒也。三歲則爲新田(謂已成田而尚新)。"　②《易》：指《無妄》。不菑(zī)畬，孔穎達疏："不敢菑(首)發新田，唯治其菑熟之地。"菑，開荒。徐灝《段注箋》引孫炎云："菑，始災殺其草木也。"田，《段注》："蓋凶字之誤。"

𤳉 和田也。从田，柔聲[①]。　耳由切(róu)。

【譯文】𤳉，(因耕治而)土性柔和的田。从田，柔聲。

【注釋】① 从田，柔聲：聲中有義。王筠《句讀》："此謂耕熟之田爲柔田也。”

① 殘田②也。从田，奇聲③。　居宜切(jī)。

畸 【譯文】畸，不可作井田的零星而不整齊的田。从田，奇聲。

【注釋】① 畸：《正字通・田部》：“畸，井田爲正，零田不可井者爲畸。地勢多邪曲。井田取正方，則田必有畸零。”　② 殘田：《段注》“殘”作“殘”，注：“殘者，禽獸所食餘也。殘田者，餘田不整齊者也。”　③ 奇聲：徐灝《段注箋》：“即取奇零之義而用爲聲。”

 殘田①也。《詩》②曰：“天方薦嗟。”从田，差聲③。　昨何切(cuó)。

嗟 【譯文】嗟，零星(而又荒蕪)的田地。《詩經》説：“上天正在重複降下災荒。”从田，差聲。

【注釋】① 殘田：《段注》作“殘薉田”，注：“殘而且蕪之田也。”譯文从段説。　②《詩》：指《小雅・節南山》。今本嗟作“瘥”，毛傳：“薦，重；瘥，病。”　③差聲：聲中有義。本書：“差，貳也，不相值也。”有差貳，差等，不相當義。與正方之井田不相當，與舒柔之熟田不相當，則爲《段注》所説“殘”、“薉”之田。

① 六尺爲步，步百爲畮②。从田，每聲。，畮或从田十久③。　莫厚切(mǔ)。

畮 【譯文】畮，六尺是一步，(横一步)，直百步是一畮。从田，每聲。畝，畮的或體，由田十會意，久聲。

【注釋】① 畮：王筠《句讀》：“《司馬法》：‘六尺爲步，步百爲畝。’是古之制也。秦孝公時，開通阡陌，以五尺爲步，二百四十步爲畝。”按：今規定市制六十平方丈爲一畝。　② 步百句：《禮記・儒行》：“儒有一畝之宫。”孔穎達疏：“徑一步，長百步爲畝。”　③ 从田十久：《段注》：“十者，阡陌之制。久，聲也。”按：久、每上古同屬之部。此字即今之“畝”字。

【參證】金文作。林義光《文源》卷十一：“古每或作(諸婦器借每爲母。)上類十而下類久。此隸書以形近省變也。不當制篆。”

 天子五百里地①。从田，包省②。　堂練切(diàn)。

甸 【譯文】甸，天子所屬的離王城五百里内的田地。由田、由包省會意。

【注釋】① 五百里地：徐鍇《繫傳》作“五百里内田”。　② 从田，包省：朱駿聲《通訓定聲》作“从勹田會意，田亦聲。”《段注》：“勹(bāo)，裹也。甸之外，九服(爲王服役的區劃)重重勹之。”

【參證】金文作[bronze glyph]、[bronze glyph]。林義光《文源》：“《説文》从勹之字，古作从人。甸當與佃同字。从人、田，田亦聲。”參“佃”條。

畿　天子千里地①。以遠近②言之，則言畿也。从田，幾省聲。巨衣切(qí/jī)。

【譯文】畿，天子所屬的千里地面。凭着距王城很近的角度命名，就叫畿。从田，幾省聲。

【注釋】① 天子千里地：《段注》：“即天子五百里内田也。五百里自其一面言，千里自其四面言。”　② 遠近：偏義複詞，取近義。近上古屬文部、羣紐，畿屬微部、羣紐。微、文可對轉。一説：“遠”乃“逮”之譌。參《段注》。

畦　田五十畝曰畦。从田，圭聲。　户圭切(xié/qí)。

【譯文】畦，田有五十畝叫作畦。从田，圭聲。

畹　田三十畝也。从田，宛聲。　於阮切(wǎn)。

【譯文】畹，田三十畝。从田，宛聲。

畔　田界也。从田，半聲①。　薄半切(pàn)。

【譯文】畔，田地的界限。从田，半聲。

【注釋】① 半聲：聲中有義。本書：“半，物中分也。”有分開、分界之義。故顔注《急就篇》畔：“分半田之際也。”即把田各分一半，之間的界限。

畍①　境②也。从田，介聲③。　古拜切(jiè)。

【譯文】畍，田的邊界。从田，介聲。

【注釋】① 畍：今經典作界。桂馥《義證》：“顔注《急就篇》：‘田邊謂之界。’”　② 境：《段注》作“竟”，注：“樂曲盡爲竟，引申爲凡邊竟之偁。”　③ 介聲：聲中有義。本書：“介，畫也。”有界畫義。故朱駿聲《通訓定聲》作：“从田介會意，介亦聲。”

畇　境也。一曰：陌也。趙魏謂陌爲畇。从田，亢聲。　古郎切(gāng/gǎng)。

【譯文】畂，田的邊界。另一義説，田間小埂。趙地、魏地叫田間小道作畂。从田，亢聲。

【參證】馬敘倫《六書疏證》卷二十六："畂亦疆之音同見紐、聲同陽類轉注字，亦界之音同見紐轉注字。"又，"陌聲魚類，畂聲陽類，魚陽對轉也。今杭縣謂陌亦曰田埂，埂爲坑之轉注字。蓋字當作哽矣。"

畷　兩陌間道也，廣六尺。从田，叕聲[①]。　陟劣切(zhuó/zhuì)[②]。

【譯文】畷，連接兩條田間小道之間的道路，寬六尺。从田，叕聲。

【注釋】① 叕聲：聲中有義。本書："叕，綴聯也。"有連接義。

② 今讀依《廣韻》陟衛切。

畛　井田間陌也。从田，㐱聲。　之忍切(zhěn)。

【譯文】畛，井田之間的小道。从田，㐱聲。

【注釋】① 畛：王筠《句讀》："《釋言》：'障，畛也。'《釋文》：'畛，田間道。'"

畤[①]　天地五帝所基址[②]，祭地[③]。从田，寺聲。右扶風有五畤[④]。好畤、鄜畤，皆黄帝時祭[⑤]。或曰：秦文公立也。周市切(zhǐ/zhì)。

【譯文】畤，爲祭祀天地和五帝所建築的祭壇，是祭祀的場所。从田，寺聲。右扶風郡有五個祭壇。名叫好的祭壇、名叫鄜的祭壇，都是黄帝時代建築的。有人説，是秦文公建立的。

【注釋】① 畤：朱駿聲《通訓定聲》："此字秦所製。秦之祭畤，即古之郊祭也。"王筠《句讀》："(此條)語頗詰屈，似經删併。"　② 基址：王筠《句讀》："畤者，止也。其制，壇而不屋，但有基止。""《漢書·郊祀志》顔注曰：'如種韭畦之形，於畦中各爲一土封，是也。'"　③ 祭地：徐鍇《繫傳》："所祭之地也。"《段注》："所基止、祭地，謂：祭天地五帝者，立基止於此，而祭之之地也。"　④ 右扶風句：《漢書·地理志》有右扶風郡。在今陝西境内。五畤，桂馥《義證》："至秦德公卜居雍，而後宣公作密畤，祠青帝；靈公作上畤，祠黄帝；下畤，祠炎帝；獻公作畦畤，祠白帝：是爲四。并高祖增黑帝而五也。"　⑤ 好畤句：王筠《句讀》："此説未詳所本。"祭，《段注》作"築"。

略 經略[①]土地也。从田，各聲[②]。 离約切（lüè）。

【譯文】略，劃定土地的疆界。从田，各聲。

【注釋】① 經略：同義連用。桂馥《義證》：“經略猶言經界也。”徐灝《段注箋》引戴侗説：“略，啟土而經畫疆理之也。” ② 各聲：聲中有義。本書：“各，異辭也。”是表示不同個體的詞。疆界劃定之後，界内外之田所屬各異。

當 田相值[①]也。从田，尚聲。 都郎切（dāng）。

【譯文】當，田與田相對峙。从田，尚聲。

【注釋】① 田相值：《段注》：“值者，持（對立）也。田與田相持也。引申之，凡相持、相抵，皆曰當。報下曰：當辠人也。是其一耑也。”當辠謂刑與辠相抵、相當。參“報”條。

【參證】金文作、，首字从立，次字从戈。

畯[①] 農夫[②]也。从田，夋聲。 子峻切（jùn）。

【譯文】畯，掌管農事的官。从田，夋聲。

【注釋】① 畯：朱駿聲《通訓定聲》：“田畯，農官也。畯之爲言俊也，逹衆農者也。” ② 夫：王引之《經義述聞》：“率人曰夫。”

【參證】甲文作、，金文作、、。李孝定《甲骨文字集釋》：“契文、金文均从田，从允。允、夋之異在足之有無，實一字也。”戴家祥《金文大字典》：“允，夋古音同部。”“舉凡形象特出者，均名之曰俊，馬之名駿，山之名峻，水之名浚，人才之特出者曰俊或儁。皆一語繁衍字也，形雖多變，音義一也。”按：其義均來自於夋，夋者行步安舒，此形象特出之一耑也。

甿 田民[①]也。从田，亡聲。 武庚切（méng）。

【譯文】甿，田野的老百姓。从田，亡聲。

【注釋】① 田民：《段注》：“甿爲田民，農爲耕人，其義一也。民部：‘氓，民也。’此从田，故曰田民也。”

疄[①] 轢[②]田也。从田，粦聲。 良刃切（lìn）。

【譯文】疄，車輪輾壓田地。从田，粦聲。

【注釋】① 疄：惠棟《讀説文記》：“今作躪。” ② 轢（lì）：《段注》：“轢，車所踐也。”

畱[①] 止也。从田[②]，丣聲[③]。　力求切(liú)。

【譯文】畱，畱止。从田，丣聲。

【注釋】① 畱：今多作留。　② 从田：《段注》："田，所止也。猶坐从土也。"　③ 丣聲：邵瑛《羣經正字》："丣即酉字，諧聲。"按：畱酉，上古同屬幽部，畱歸來紐，酉歸喻紐，發音部位相同。

【參證】金文作、。

畜[①] 田畜[②]也。《淮南子》曰："玄田爲畜[③]。"蓄[④]，《魯郊禮》畜[⑤]，从田，从茲；茲，益也。　丑六切(chù，又 xù)[⑥]。

【譯文】畜，盡力種田所得的積蓄。《淮南子》説："由'玄'、'田'組成畜字。"蓄，《魯郊禮》的畜字，由田、由茲會意，茲是增益的意思。

【注釋】① 畜：《段注》："畜與蓄義略同。畜从田，其源也；蓄从艸，其委(積)也。俗用畜爲六嘼字。"　② 田畜：《段注》："謂力田之畜積也。"　③ 玄田爲畜：未詳。玄，《段注》："小篆(畜的玄)乃省其(指茲)半。淮南王乃認爲玄字矣，此小篆省改之失也。"

④ 蓄：當依《段注》作蓄。　⑤《魯郊禮》畜：《段注》："此許據《魯郊禮》文證古文从茲乃合於田畜之解也。艸部曰：茲，艸木多益也。从艸，絲省聲。古文本从茲。"　⑥《廣韻》此切無"畜"字。積蓄義依《廣韻》許竹切，讀 xù；六畜義依《廣韻》丑救切，讀 chù。

【參證】甲文作，金文作。陳初生《金文常用字典》引周谷城説："一串一串懸在田中的東西就是畜。"

疃 禽獸所踐處也。《詩》[①]曰："町疃鹿場。"从田，童聲。　土短切(tuǎn)。

【譯文】疃，禽獸踐踏的地方。《詩經》説："鹿踐踏的痕迹佈滿着養鹿的場地。"从田，童聲。

【注釋】①《詩》：指《豳風·東山》。毛傳："町疃，鹿迹也。"按：町疃，雙聲聯緜詞。

畼 不生[①]也。从田[②]，昜聲。　丑亮切(chàng)。

【譯文】畼，(草木暢盛而)五穀不生。从田，昜聲。

【注釋】① 不生：吴曾祺《説文"畼不生也"説》："因草木之畼……而五穀不生。"此字今作暢。　② 从田：《段注》："今之暢蓋即此字之隸變。”由从田而隸變作从申，字義極爲顯豁。徐灝《段注箋》：“申者，絛暢之義也。”

文二十九　重三

畕部

畕[①] 比田[②]也。从二田[③]。凡畕之屬皆从畕。　居良切(jiāng)。

【譯文】畕，緊密相連的田地。由兩個田字會意。大凡畕的部屬都从畕。

【注釋】① 畕：王筠《句讀》：“疑畕是古文，畺、疆皆其絫增字。” ② 比田：《段注》：“比，密也。比田者，兩田密近也。” ③ 从二田：徐灝《段注箋》：“田相比則畺界生焉，故从二田。”

【參證】甲文作，金文作、。羅振玉《殷虛書契考釋》卷中：“此从畕，象二田相比，界畫之義已明，知畕與畺爲一字矣。”

畺 界也。从畕，三，其界畫[①]也。疆，畺或从彊土[②]。　居良切(jiāng)。

【譯文】畺，疆界。从畕，三是田與田之間的界限。疆，畺的或體，从土，彊聲。

【注釋】① 界畫：同義複合。王筠《釋例》：“田與田比，中必有界，以一象之。而上下各有一者，田無窮而界亦無窮，以兩田見其毗連之意，而三界以見田外之田且無數也。” ② 从彊土：徐鍇《繫傳》作“从土，彊聲”。譯文從小徐説。

【參證】甲文作，金文作、、、、。羅振玉《增訂殷虛書契考釋》卷中：“此从弓从畕。吴中丞曰：《儀禮·鄉射禮》‘侯道五十弓’疏云：‘六尺爲步，弓之古制。’六尺與步相應。此古者以弓紀步之證。古金文亦均从弓。”可見从弓从畕，是用弓丈量田土，以確定其疆界疆域。徐中舒《甲骨文字典》卷十三：“从弓者，即以田獵所用之弓度之。”因田獵之弓是力量的象徵，於是又可借用爲“弓有力”之“彊(qiáng)”字。金文末二字又加土加自，無非是爲了强調疆土之意。

文二　重一

黄部

黄　地之色也。从田①，从炗②，炗亦聲。炗，古文光。凡黄之屬皆从黄。𡕛③，古文黄。　乎光切(huáng)。

【譯文】黄，土地的顔色。由田、由炗會意，炗也表聲。炗，古文光字。大凡黄的部屬都从黄。𡕛，古文黄字。

【注釋】① 从田：《段注》："土色黄，故从田。"　② 从炗：《釋名·釋采帛》："黄，晃也。猶晃晃象日光色也。"　③ 𡕛：古文从炗(光)从夊。朱駿聲《通訓定聲》："从夊未詳。"

【參證】甲文作、，金文作、、。郭沫若《金文叢攷》："黄即佩玉。後假爲黄白字，卒至假借義行而本義廢，乃造珩若璜以代之，或更假用衡字。"一説，"本義是黄病之黄。""黄"字是由正面人形和鼓脹的肚子兩部分組成的；"引申爲黄色。""假借爲璜。"見梁東漢《説"章""黄""單""獸"》(《汕頭大學學報》一九九〇年第三期)。

䕅　赤黄①也。一曰：輕易人䕅姁也②。从黄，夾聲。　許兼切(xiān)。

【譯文】䕅，赤黄色。另一義説，指輕視侮慢人的人顯得很輕薄。从黄，夾聲。

【注釋】① 赤黄：《段注》作"赤黄色"，注："赤色敝而黄也。"譯文從段説。　② 輕易句：《段注》"易"作"傷"，注："侮者，傷也。傷者，輕也。"桂馥《義證》："䕅姁，即佔佢。字書：佔佢，輕薄也。佔，丁兼切；佢，丁候切。"

黇　黄黑①色也。从黄，耑聲。　他耑切(tuān)。

【譯文】黇，黑黄色。从黄，耑聲。

【注釋】① 黄黑：《段注》作"黑黄"，注："黑色之敝而黄也。"譯文從段説。

䵋　青黄①色也。从黄，有聲。　呼辠切(huǐ/wěi)②。

【譯文】䵋，青黄色。从黄，有聲。

【注釋】① 青黄：《段注》："青色敝而黄也。"　② 今讀依《廣韻》榮美切。

黇　白黄[1]色也。从黄，占聲。　他兼切(tiān)。

【譯文】黇，白黄色。从黄，占聲。

【注釋】① 白黄：《段注》："白色之敝而黄也。"朱駿聲《通訓定聲》："淺黄色。"

黊　鮮明黄也。从黄，圭聲。　户圭切(xié)。

【譯文】黊，鮮明的黄色。从黄，圭聲。

文六　重一

男部

男[1]　丈夫[2]也。从田，从力。言男用力於田也[3]。凡男之屬皆从男。　那含切(nán)。

【譯文】男，成年男子。由田、由力會意，是説男子在田地裏盡力。大凡男的部屬都从男。

【注釋】① 男：饒炯《部首訂》："男爲成人之稱。古者三十而娶，受田。"　② 丈夫：本書"夫"下："丈夫也。周制以八寸爲尺，十尺爲丈，人長八尺，故曰丈夫。"丈夫，即成年男子。　③ 男用力句：桂馥《義證》："男主耕，古者無一夫不耕。"

【參證】甲文作、，金文作、、。徐中舒《甲骨文字典》："象原始耒形，从田从力會以耒於田中从事農耕之意，農耕乃男子之事，故以爲男子之稱。"

舅[1]　母之兄弟爲舅[2]，妻之父爲外舅[3]。从男，臼聲。　其久切(jiù)。

【譯文】舅，母親的哥哥或弟弟叫作舅，妻子父親叫作外舅。从男，臼聲。

【注釋】① 舅：今作舅。　② 舅：《段注》："凡同姓可偁父，凡異姓不可偁父，故舅之也。"　③ 外舅：王筠《句讀》："《釋親》又曰：'婦稱夫之父曰舅。'外字對此立言也。"

甥　謂我舅者，吾謂之甥也。从男，生聲。　所更切(shēng)。

【譯文】甥，叫我舅舅的人，我叫他作外甥。从男，生聲。

【參證】馬敘倫《六書疏證》卷二十六："其始，凡父以外之同於父而異姓者，謂之舅，舅猶舊也。凡子以外之同於子而異姓者，謂之甥，甥猶新也。凡幼而卑者，謂之後生。今俗猶然。"《段注》："舅者，耆舊之偁；甥者，後生之偁。亦此之謂也。"

文三

力部

力　筋①也。象人筋之形②。治功曰力，能圉③大災。凡力之屬皆从力。　林直切(lì)。

【譯文】力，筋肉張縮的功用。象人的筋肉縱横鼓起的形狀。又，能使天下大治的功勞叫力，力能抵禦大的災難。大凡力的部屬都从力。

【注釋】① 筋：《段注》："筋者其體，力者其用也。"　② 象人筋之形：饒炯《部首訂》："作力，則筋之縱横屈伸皆鼓起。"　③ 圉：徐鍇《繫傳》作"禦"。

【參證】甲文作，金文作、。徐中舒《甲骨文字典》："象原始農具之耒形。殆以耒耕作須有力，故引申爲氣力之力。"

勳　能成王功①也。从力，熏聲。，古文勳从員②。　許云切(xūn)。

【譯文】勳，能成就輔佐天子的大功勞。从力，熏聲。勛，古文勳字，从員聲。

【注釋】① 王功：《周禮・夏官・司勳》："王功曰勳。"鄭玄注："輔成王業，若周公。"　② 从員：《段注》："員，聲也。"宋保《谐声補逸》："员、熏同部，声相近。"

功①　以勞定國也。从力，从工②，工亦聲。　古紅切(gōng)。

【譯文】功，用盡力量建立和穩定國家。由力、由工會意，工也表聲。

【注釋】① 功：《周禮・夏官・司勳》："國功曰功。"鄭玄注："保全國家，若伊尹。"又："事功曰勞。"注："以勞定國，若禹。"　② 从工：工，《説文》訓爲巧飾，引申爲事業，建功立業，强調須盡力而爲，故加

"力"爲功。王筠《句讀》:"功乃工之分别文。"

【參證】金文作[glyph]。

助　左①也。从力,且聲。　牀倨切(zhù)。

【譯文】助,輔佐。从力,且聲。

【注釋】① 左:《段注》:"左,今之佐字。左下曰:'手相左助也。'"

勴①　助也。从力,从非②,慮聲。　良倨切(lǜ)。

【譯文】勴,贊勉。由力、由非會意,慮聲。

【注釋】① 勴:桂馥《義證》:"或作勵。"《爾雅·釋詁》:"助,勴也。"郭璞注:"謂贊勉。"　② 从力,从非:《段注》:"力去其非也。"

勑①　勞也。从力,來聲②。　洛代切(lài)。

【譯文】勑,慰勉來投奔者。从力,來聲。

【注釋】① 勑:或作來。《孟子·滕文公上》:"勞之來之。"孫奭疏:"因其民之來歸者,有以償其來,故曰來之。"　② 來聲:聲中有義。見注①。

劼　慎也。从力,吉聲。《周書》①曰:"汝劼毖殷獻臣。"　巨乙切(jí/jié)。

【譯文】劼,謹慎。从力,吉聲。《周書》説:"你應該使殷國的賢臣慎而又慎。"

【注釋】①《周書》:指《酒誥》。劼毖,承培元《引經證例》:"比部:'毖,慎也。'劼毖連文,猶謹慎連言,謂慎而加慎也。"獻臣,賢臣。

務　趣①也。从力,敄聲②。　亡遇切(wù)。

【譯文】務,爲某事而奔走。从力,敄聲。

【注釋】① 趣:《段注》:"趣者,疾走也。務者,言其促疾於事也。"② 敄聲:聲中有義。本書:"敄,彊也。"桂馥《義證》此下引《復古編》:"北燕之外,相勉努力謂之敄。"

【參證】金文作[glyph]。

勥①　迫②也。从力,强聲。[glyph],古文从彊③。　巨良切(qiáng/qiǎng)④。

【譯文】勥,强迫。从力,强聲。[glyph],古文勥字,从彊聲。

【注釋】① 勥:《段注》:"勥與彊義别:彊者,有力;勥者,以力相迫也。凡云勉勥者，當用此字。今則用强、彊，而勥、勥廢矣。”

② 迫：本書辵部：“近也。”這裏指用强力接近。　③ 从彊：朱駿聲《通訓定聲》：“从彊聲。”聲中有義。本書：“彊，弓有力也。”

④ 今讀依《廣韻》其兩切。

勱　勉力也。《周書》[①]曰：“勱相我邦家。”讀若萬[②]。从力，萬聲。　莫話切(mài)。

【譯文】勱，努力。《周書》説：“用以努力治理我們的國家。”音讀象“萬”字。从力，萬聲。

【注釋】①《周書》：指《立政》。今本“邦”作“國”。　② 萬：徐灝《段注箋》：“萬，古音讀如曼，與邁爲雙聲。”勱屬月部，萬屬元部。月、元對轉。

勥　勥[①]也。从力，厥聲。　瞿月切(jué)。

【譯文】勥，倔强。从力，厥聲。

【注釋】① 勥：徐灝《段注箋》：“上文：‘勥，迫也。’蓋爲人所迫曰勉勥，反其義則爲勥勥耳。”王筠《句讀》：“勥勥，蓋即屈强。《通鑑注》：‘屈强，梗戾、不順從皃。’又作倔强。”

勍　彊[①]也。《春秋傳》[②]曰：“勍敵之人。”从力，京聲。　渠京切(qíng)。

【譯文】勍，强勁。《春秋左傳》説：“强勁的敵人。”从力，京聲。

【注釋】① 彊：《段注》：“彊者，弓有力也。引申爲凡有力之偁。”

②《春秋傳》：指《左傳・僖公二十二年》。

勁[①]　彊[②]也。从力，巠聲。　吉正切(jìng)。

【譯文】勁，强健有力。从力，巠聲。

【注釋】① 勁：《廣韻・勁韻》：“勁，健也。”　② 彊：本書弓部：“弓有力也。”

勉[①]　彊也。从力，免聲。　亡辨切(miǎn)。

【譯文】勉，自强而盡力。从力，免聲。

【注釋】① 勉：徐灝《段注箋》：“自彊也。”

劭[①]　勉也。从力，召聲。讀若舜樂《韶》。　寔照切(shào)。

【譯文】劭，自强而努力。从力，召聲。音讀象舜作的樂曲《韶樂》的

"韶"字。

【注釋】① 劭：《廣韻·笑韻》："劭，自强也。"

勖 勉也。《周書》①曰："勖哉，夫子！"从力，冒聲②。 許玉切(xù)。

【譯文】勖，勉勵。《周書》説："勉勵吧，將士們！"从力，冒聲。

【注釋】①《周書》：指《牧誓》。勖，徐鍇《繫傳》："勉其事冒犯而爲之也。"承培元《引經證例》解釋説："見其事有利國家者，當冒犯而爲之也。" ② 冒聲：上古冒屬幽部，勖屬覺部。幽、覺可對轉。冒有冒犯義。見注①。

勸① 勉也。从力，雚聲。 去願切(quàn)。

【譯文】勸，勉勵。从力，雚聲。

【注釋】① 勸：《廣韻·願韻》："勸，獎勸也。勉也。"《段注》："勉之而悦從亦曰勸。"

勝① 任②也。从力，朕聲。 識蒸切(shēng，又 shèng)。

【譯文】勝，能够擔當。从力，朕聲。

【注釋】① 勝：《段注》："凡能舉之、能克之皆曰勝。今俗强分平去。"按："能舉之"義，即勝任義，念 shēng；"能克之"義，即戰勝義，念 shèng。 ② 任：負荷。

勶 發①也。从力，从徹②，徹亦聲。 丑列切(chè)。

【譯文】勶，發力而除去。由力、由徹會意，徹也表聲。

【注釋】① 發：《段注》："發者，躲發也。引申爲凡發去之偁。""勶謂除去。" ② 从力，从徹：《段注》："謂以力通之也。"徹，表通義。《段注》："或作撤，乃勶之俗也。"按：从才(手)猶从力也。

勠 并力①也。从力，翏聲。 力竹切(lù)。

【譯文】勠，合力。从力，翏聲。

【注釋】① 并力：《段注》："并者，相從也。併者，竝也。并、併古通用矣。《左傳》、《國語》或云'勠力同心'，或云'勠力一心'，皆謂數人共致力。"

勨 繇緩①也。从力，象聲。 余兩切(yǎng)。

【譯文】勨，徭役寬緩。从力，象聲。

【注釋】① 繇緩：《段注》作"𦃃緩"，注："𦃃蓋今之傜字。言傜役緩也。"

作①也。从力，重聲。𨔝，古文動从辵②。　徒總切(dòng)。

動　【譯文】動，起身行動。从力，重聲。𨔝，古文動字，从辵。

【注釋】① 作：《段注》："作者，起也。"　② 从辵：張舜徽《約注》："凡人起身必行走，故動之古文从辵；行動必用力，故動又从力。"

【參證】金文作，動不从力，即童字。李孝定《金文詁林讀後記》卷十三："動字與童字同，蓋假借字。"

勖①　推也。从力，畾聲②。　盧對切(lèi)。

勖　【譯文】勖，(作戰)推礧石(自高而下打擊敵人)。从力，畾聲。

【注釋】① 勖：徐鍇《繫傳》："書史謂於城上推木石下摧敵謂之勖。"《段注》："勖者，以物磊磊自高推下也。"　② 畾聲：聲中有義。本書："靁"下："畾，象回轉形。"

弱也。从力少(聲)①。　力輟切(liè)。

劣　【譯文】劣，弱。由力、少會意。

【注釋】① 从力少聲：聲當刪。陳昌治本有聲字，其他各本均無聲字。張舜徽《約注》："劣从力少而訓弱，蓋謂人之因而乏气力者。"存參。

勞①　劇也。从力，熒省。熒，火燒冂②，用力者勞。，古文勞从悉。　魯刀切(láo)。

勞　【譯文】勞，十分勤苦。由力、由熒省去下面的火會意。熒，表示火災燒屋；用力救火的人十分辛苦。，古文勞字，从悉。

【注釋】① 勞：王筠《釋例》："勞字本不可解，許君勉强説之。"徐灝《段注箋》："从力从熒省，蓋於屋下夜中，篝鐙力作，勤勞之意也。古文从力从熒不省。"孔廣居《疑疑》："趙古則曰：勞从力从營省，用力經營，故勞。愚謂从悉，亦从營省，悉心經營。"徐、孔二説存參。② 燒冂：《段注》："謂燒屋也。斯時用力者最勞矣。"

【參證】金文作、。《金文編》釋首字："从炏，从衣。"次字，从炏，从心。是否比喻勤勞辛苦之際，即使解衣亦如火燎，或是心如火燎？待考。

勮① 務②也。从力③，豦聲④。　其據切(jù)。

【譯文】勮，特别盡力。从力，豦聲。

【注釋】① 勮：《段注》："用力尤甚者。"　② 務：見本部上文。　③ 从力：《段注》："字譌从刀作劇。"　④ 豦聲：聲中有義。本書："豦，鬥相丮不解也。"野猪老虎互相搏鬥，難分難解。比況其程度之猛烈。故《段注》説，从力，从豦，爲用力之"尤甚者"。

勀 尤極①也。从力②，克聲③。　苦得切(kè)。

【譯文】勀，極其盡力辛勞。从力，克聲。

【注釋】① 尤極：王筠《句讀》："極者，勮之借字。"《段注》："(尤勮，)勮之尤者也。剋者以力制勝之謂。"張舜徽《約注》："謂用力多而勞尤甚也。"　② 从力：《段注》："譌而从刀作剋。"　③ 克聲：聲中有義。本書："克，肩也。"有肩任、勝任之義。故《段注》説"以力制勝"。

勩 勞也。《詩》①曰："莫知我勩。"从力，貰聲。　余制切(yì)。

【譯文】勩，辛勞。《詩經》説："沒有什麽人知道我的辛勞。"从力，貰聲。

【注釋】①《詩》：指《小雅・雨無正》。

勦 勞也。《春秋傳》①曰："安用勦民?"从力，巢聲。　子小切(jiǎo)。又，楚交切(chāo)。

【譯文】勦，勞累。《春秋左傳》説："怎麽用得着勞累民衆?"从力，巢聲。

【注釋】①《春秋傳》：指《左傳・昭公九年》和《左傳・宣公十二年》。前者作："焉用速成，其以勦民也?"後者作："無及於鄭而勦民，焉用之?"安用勦民：《段注》："許檃栝其辭。"

券① 勞也。从力，卷省聲。　渠卷切(juàn)。

【譯文】券，疲勞。从力，卷省聲。

【注釋】① 券：《段注》："今皆作倦。蓋由與契券从刀相似而避之也。"參"倦"條。

勤 勞也。从力，堇聲。　巨巾切(qín)。

【譯文】勤，辛勞。从力，堇聲。

【參證】金文作、、,首字不从力,末二字與篆文同。

加　語相(增)[譖]加①也。从力,从口②。　古牙切(jiā)。

【譯文】加,用言語欺誣人。由力、由口會意。

【注釋】① 增加:當依《段注》作"譖加"。段注:"誣人曰譖,亦曰加。"　② 从力从口:《段注》:"謂有力之口也。"

【參證】金文作、。此爲上下結構,篆文爲左右結構。

勢①　健②也。从力,敖聲。讀若豪③　五牢切(áo/háo)④。

【譯文】勢,豪傑。从力,敖聲。音讀象"豪"字。

【注釋】① 勢:《段注》:"此豪傑真字。"《孟子·盡心》:"若夫豪傑之士。"趙注:"豪傑之才智千萬於凡人者。"　② 健:本書:"健,伉也。"伉者高也,引申爲有才能。　③ 讀若豪:王筠《句讀》:"經典作豪傑,借字也,故言此以關之。"參"豪"條。　④ 今讀依《廣韻》胡刀切。

勇　气①也。从力,甬聲。,勇或从戈用②。,古文勇从心③。　余隴切(yǒng)。

【譯文】勇,氣上涌而有膽量。从力,甬聲。戜,勇的或體,从戈,用聲。恿,古文勇字,从心,甬聲。

【注釋】① 气:《段注》:"气,雲气也。引申爲人充體之气之偁。力者,筋也;勇者,气也。气之所至,力亦至焉;心之所至,气乃至焉。故古文勇从心。"　② 从戈用:謂由用戈會意,用戈爲勇氣之一端。用也表聲。朱駿聲《通訓定聲》:"从戈,用聲。"　③ 从心:朱駿聲《通訓定聲》:"从心,甬聲。"徐鍇《繫傳》:"見義而爲也。心主於義,士不尚力也。"

【參證】金文作、、。商承祚《説文中之古文考》:"殆好義爲恿,故从心;恃氣爲勇,故从力;至勇而無禮,亂之階也,於是乎用干戈而爲戜矣。"按:金文首二字不从力,假甬爲勇。

勃　排①也。从力,孛聲②。　薄沒切(bó)。

【譯文】勃,推排。从力,孛聲。

【注釋】① 排:《段注》:"排者,擠也。今俗語謂以力旋轉曰勃。"章炳麟《新方言·釋言》:"今江南運河而東至于浙江,謂推排重物曰勃。”　② 孛聲：聲中有義。孛有草木盛美、人氣壯盛之義。盛則力排他物。參“孛”(bèi)條。

勡① 劫也。从力，票聲。　匹眇切(piǎo/piào)②。

【譯文】勡，搶劫。从力，票聲。

【注釋】① 勡：《段注》：“从力脅止人而取其物也。此篆諸書多从刀，而許刀部‘剽’下曰：一曰剽劫人也。是在許時固从力、从刀竝行二形，不必有是非矣。”按勡爲本字，剽爲或體。見徐灝《段注箋》。② 今讀依《廣韻》匹妙切。

劫 人欲去，以力脅①止曰劫。或曰②：以力止去曰劫。　居怯切(jié)。

【譯文】劫，人想離開，用力量脅迫其留止叫作劫。另一義說，用力量止住人、物的離失叫作劫。

【注釋】① 脅：《段注》：“猶迫也。”　② 或曰：王筠《句讀》：“或曰者，校者之詞，故與前義不異。”《釋例》：“説解已見去義，但未明著其聲。”宋保《諧聲補逸》：“去亦聲。”《段注》：“俗作刦，从刀。蓋刀與力相淆之處固多矣。”

飭 致堅①也。从人，从力，食聲。讀若敕。　恥力切(chì)。

【譯文】飭，(用人力整治)使之堅牢。由人、由力會意，食聲。音讀象“敕”字。

【注釋】① 致堅：《段注》：“致者，送詣也。致之於堅，是之謂飭。”

劾 法①有辠也。从力，亥聲。　胡槩切(hé)。

【譯文】劾，依照法律把罪名施加給有罪的人。从力，亥聲。

【注釋】① 法：《段注》：“法者，謂以法施之。”

募 廣求也。从力，莫聲。　莫故切(mù)。

【譯文】募，廣泛徵求。从力，莫聲。

文四十　重六

劬① 勞也。从力②，句聲③。　其俱切(qú)。

【譯文】劬，辛勞。从力，句聲。

【注釋】① 劬：《詩・小雅・鴻雁》：“之子於征，劬勞於野。”劬、勞,同義連用。毛傳:"劬勞,病苦也。"　② 从力:《鈕新附考》:"涉勞并加力旁。"　③ 句聲:聲中有義。《鄭新附考》:"古从句聲諸字,皆有屈曲之義。""凡人力作時恆傴僂其背而不伸",故有劬勞義。

盛力權也①。从力,埶聲②。經典通用埶③。　舒制切(shì)。

勢　【譯文】勢,情勢盛大;强力的權勢。从力,埶聲。經典通用埶字。

【注釋】① 盛力權也:一句數讀,盛也;力權也。前句連篆爲讀,勢盛也。《孟子·公孫丑上》:"雖有智慧,不如乘勢。"勢是情勢。《書·君陳》:"無依勢依威。"勢是權勢。　② 埶(yì)聲:聲中有義,見下注。　③ 通用埶:《段注》"埶,種也"下:"周時六藝字蓋亦作埶,儒者之於禮樂射御書數,猶農者之樹埶也。又《説文》無勢字,蓋古用埶爲之,如《禮運》'在埶者去'是也。"情勢義,權勢義,亦如六藝義,取其比喻,情勢如種植物之生長其勢不可阻擋。權勢亦如此。

①　校②也。从力,甚聲。　苦紺切(kān)。

勘　【譯文】勘,校定。从力,甚聲。

【注釋】① 勘:《玉篇》:"覆定也。"白居易《題詩屏風絶句》:"自書自勘不辭勞。"　② 校:本義爲"木囚"。引申爲校獵。徐灝箋:"《後漢明帝紀》注:校獵謂以木相貫穿爲闌校以遮禽獸也。此即木校之引申。馬廄謂之校,亦其義,因之有比較之偁。""《周禮·校人》鄭注:謂差擇養乘之數。則校人所以名官者,即取比校之義。"又引申爲文字的比較而確定,稱爲校對、校定、校勘。

①　致力也。从力②,辡聲③。　蒲莧切(bàn)。

辦　【譯文】辦,用盡力量(處理事物)。从力,辡聲。

【注釋】① 辦:《管子·中匡》:"民辦軍事矣,則可乎?"　② 从力:《炳燭編》:"辨辦本一字耳。隸變刂或作刀,或作丷,而刀又譌爲力,遂以辨爲辨論之辨,以辦爲辦具之辦。"後辨論又从言。　③ 辡聲:聲中有義。辡有辨別義,辦事必辨分主次、輕重、緩急,故可引申爲辦理。《段注》"辦"下:"辨从刀,俗作辦,爲辨別字,符蹇切;别作从力之辦,爲幹辦字,蒲莧切。古辨别、幹辦無二義,亦無二形二音也。”

文四　新附

劦部

劦　同力①也。从三力②。《山海經》③曰：“惟號之山，其風若劦。”凡劦之屬皆从劦。　胡頰切(xié)。

【譯文】劦，會同衆多的力量成爲一個力量。由三個力字會意。《山海經》説：“雞號山上，那風象會合衆多的力量吹來似的。”大凡劦的部屬都从劦。

【注釋】① 同力：饒炯《部首訂》：“同力，謂合衆力以爲力。”　② 从三力：饒炯《部首訂》：“猶云合衆力也。”　③《山海經》：指《北山經》。今本作：“北望雞號之山，其風如飈。”《段注》：“許意蓋謂其風如并力而起也。”

【參證】甲文作、，金文作。李孝定《甲骨文字集釋》：“象三耒并耕，或並置(笅)中，引申得有同力同和之義。”

恊　同心①之和。从劦②，从心。　胡頰切(xié)。

【譯文】恊，同心的和諧。由劦、由心會意。

【注釋】① 同心：《段注》：“同心一如同力。”　② 从劦：桂馥《義證》：“當云‘劦亦聲。’”

勰　同思①之和。从劦②，从思。　胡頰切(xié)。

【譯文】勰，同思慮的和諧。由劦、由思會意。

【注釋】① 同思：《段注》：“同思一如同力。”　② 从劦：桂馥《義證》：“當云‘劦亦聲。’”

協　衆之同和也。从劦①，从十②。叶，古文協从曰十③。叶，或从口④。　胡頰切(xié)。

【譯文】協，衆人的協同和諧。由劦、由十會意。叶，古文協字，由曰十會意。叶，古文叶的或體，由十口會意。

【注釋】① 从劦：桂馥《義證》：“當云‘劦亦聲’。”　② 十：表示衆。　③ 从曰(yuè)十：朱駿聲《通訓定聲》：“从曰與口同意。蓋同言之和也。”　④ 或从口：《段注》：“十口所同。”

【參證】徐中舒《甲骨文字典》卷十三：“（續三・二七・一）、（佚一五），从丨从（口），丨即甲骨文十字，故字形結構與《説文》協字或體同。卜辭中習見‘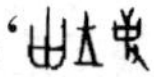’之語，當釋爲‘協王事。’”

文（一）［四］　重（五）［二］①

【注釋】① 文一重五：姚文田、嚴可均《校議》：“當作‘文四　重二’。”原作“文一重五”，是以爲“恊、𧷏、協、叶、旪皆劦之重文矣”，見《繫傳攷異》。

卷二十七

金部

金 五色金[1]也。黄爲之長[2]。久薶不生衣[3]，百鍊不輕[4]，从革不違[5]。西方之行[6]。生於土，从土；左右注，象金在土中形；今聲。凡金之屬皆从金。𨤾，古文金。　居音切(jīn)。

【譯文】金，白、青、赤、黑、黄五色金屬的總稱。黄金作它們的代表。久埋在地下，不産生朽敗的外層，千錘百鍊，不損耗變輕，順從人意，變更成器，不違背其本性。是代表西方的一種物質。産生在土裏面，所以从土；土字左右兩筆，象金屬塊狀物在土中的樣子；今表聲。大凡金的部屬都从金。𨤾，古文金字。

【注釋】① 五色金：《段注》："下文白金、青金、赤金、黑金，合黄金爲五色。"　② 爲之長：作它們的首領。長：首領，這裏指代表。　③ 不生衣：桂馥《義證》："《參同契》：'金性不敗朽。'金不變色，故不生衣。"衣，喻指朽敗的外層。　④ 百鍊不輕：桂馥《義證》："言百鍊之不耗。"　⑤ 从革不違：《段注》："謂順人之意，以變更成器，雖屢改易而無傷也。"　⑥ 西方之行：桂馥《義證》引《白虎通》："五行，金在西方。西方者，陰始起，萬物禁止，金之爲言禁也。"按：古人用金、木、水、火、土五種物質來解釋世界萬物的構成及其相互關係，也用它們表示方位。

【參證】金文作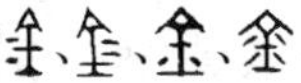。林義光《文源》卷二："象金在地中形。今省声。"

銀[1] 白金也。从金，艮聲。　語巾切(yín)。

【譯文】銀，白色的金屬。从金，艮聲。

【注釋】① 銀：《段注》："黄金既專金名，其外四者(指白金、青金、赤金、黑金)皆各有名。”

鐐① 白金也。从金，尞聲。　洛蕭切(liáo)。

【譯文】鐐，白色的金屬。从金，尞聲。

【注釋】① 鐐：《爾雅・釋器》：“白金謂之銀，其美者謂之鐐。”

鋈① 白金也。从金，䒞省聲。　烏酷切(wù)。

【譯文】鋈，白色的金屬。从金，䒞省聲。

【注釋】① 鋈：《詩・秦風・小戎》：“陰靷鋈續。”《毛詩正義》：“此(指鋈)説兵車之飾，或是白銅、白鐵，未必皆白銀也。”

鉛 青金也。从金，㕣聲。　與專切(yán/qiān)。

【譯文】鉛，青色的金屬。从金，㕣聲。

錫 銀鉛之間①也。从金，易聲。　先擊切(xī)。

【譯文】錫，介乎銀和鉛之間的金屬。从金，易聲。

【注釋】① 銀鉛之間：徐鍇《繫傳》：“銀色而鉛質也。”

【參證】甲文作，金文作。李孝定《甲骨文字集釋》：“卜辭假易爲之，不从金。”又，《金文詁林讀後記》卷十四：“鍚字从金睗聲，睗即今之賜字，所从‘目’，實‘貝’之譌；古以‘易’爲賞錫之‘錫’，後始有从‘貝’之‘賜’，至金名之錫，遂以‘賜’爲聲以示别耳。”

釿 錫也。从金，引聲。　羊晉切(yìn/yǐn)①。

【譯文】釿，又叫錫。从金，引聲。

【注釋】① 今讀依《廣韻》余忍切。

銅 赤金也。从金，同聲。　徒紅切(tóng)。

【譯文】銅，赤色的金屬。从金，同聲。

【參證】金文作，與篆文同。

鏈 銅屬。从金，連聲。　力延切(lián)。

【譯文】鏈，銅一類。从金，連聲。

鐵 黑金也。从金，戴聲。鐵，鐵或省。銕，古文鐵从夷①。天結切(tiě)。

【譯文】鐵，黑色的金屬。从金，戴聲。鐵，鐵的或體，鐵的省略。銕，古文鐵字，从弟聲。

【注釋】① 从夷：朱駿聲《通訓定聲》：“从弟聲也。弟、夷篆體相類，故二字往往互譌。弟、鐵雙聲。”譯文從朱說。

鍇 九江①謂鐵曰鍇。从金，皆聲。　苦駭切(kǎi)。

【譯文】鍇，九江郡叫鐵叫鍇。从金，皆聲。

【注釋】① 九江：漢郡名。今江西省與江蘇、安徽一部分。桂馥《義證》：“九江，楚地，故徐鍇字楚金。”

鋚 鐵也。一曰：轡首銅①。从金，攸聲。　以周切(yóu/tiáo)②。

【譯文】鋚，又叫鐵。另一義説，馬籠頭上的銅飾品。从金，攸聲。

【注釋】① 轡首銅：《段注》：“轡首銅者，以銅飾轡首也。革部勒下云：‘馬頭絡銜也。’即轡首也。”按：勒，即帶嚼子的馬籠頭。又，“鋚以飾勒”，“鋚勒謂以銅飾轡之近馬頭處，垂之沖沖然也。”　② 今讀依《廣韻》徒聊切。

【參證】金文作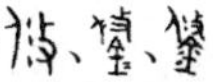。朱芳圃《殷周文字釋叢》卷下：“凡从攸受聲之字，多含黑色之義”，“鐵訓黑金”，“又古音鋚與鐵讀定紐雙聲，例相通轉。”“是鋚之爲鐵信有徵矣。”

鏤 剛鐵，可以刻鏤①。从金，婁聲。《夏書》②曰：“梁州貢鏤。”一曰，鏤，釜也。　盧候切(lòu)。

【譯文】鏤，剛硬的鐵，可用來雕刻。从金，婁聲。《夏書》説：“梁州地方進貢鏤鐵。”另一義説，鏤，是烹飪用的鍋。

【注釋】① 可以句：《段注》：“鏤本剛鐵之名。剛鐵可受鐫刻，故鐫刻亦曰鏤。”　②《夏書》：指《禹貢》。今本作：“華陽(華山之南)黑水(怒江)惟梁州，厥貢璆(球)、鐵、銀、鏤、砮……”

鐼 鐵屬。从金，賁聲。讀若熏①。　火運切(xùn/fén)②。

【譯文】鐼，鐵一類。从金，賁聲。音讀象“熏”字。

【注釋】① 讀若熏：熏、鐼上古同屬文部。張舜徽《約注》：“(鐼)通其義於熏，謂其黑如煙熏之色也。”　② 今讀依《廣韻》符分切。

銑 金之澤①者。一曰，小鑿②。一曰：鐘兩角③謂之銑，从金，先聲。　穌典切(xiǎn)。

【譯文】銑，金屬中最有光澤的金屬。另一義説，小的鑿子。另一義説，鐘口的兩角叫作銑。从金，先聲。

【注釋】① 金之澤：《段注》："澤者，光潤也。謂金之精者耳。" ② 鑿：《段注》："鑿，所以穿木也。" ③ 鐘兩角：《段注》："古鐘羨(剩餘)而不圜(圓)，故有兩角。"

[①] 剛也。从金，臤聲[②]。 古甸切(jiàn)。

鋻 【譯文】鋻，剛硬。从金，臤聲。

【注釋】① 鋻：徐鍇《繫傳》："淬刀劍刃，使堅也。"故許訓爲"剛也。" ② 从金，臤聲：《段注》："此形聲中有會意也。鋻者，金之臤(堅)。"

 金屬。一曰：剥[①]也。从金，黎聲。 郎兮切(lí)。

鑗 【譯文】鑗，金屬。另一義説，是剥裂。从金，黎聲。

【注釋】① 剥：王筠《句讀》："刀部：'剺，剥也。'則此一義與之同字。"

[①] 金色也。从金，录聲。 力玉切(lù)。

録 【譯文】録，金屬的青黄之間的色澤。从金，录聲。

【注釋】① 録：《段注》："録與緑同音。金色在青黄之間也。"或謂"金色"非字之本義。俞樾《録》："録者，录之或體也。录部：'录，刻木录录也。'刻木必用刀，故或从金。"

[①] 銷金也。从金，壽聲。 之戍切(zhù)。

鑄 【譯文】鑄，銷熔金屬。从金，壽聲。

【注釋】① 鑄：桂馥《義證》："《玉篇》：'鑄，鎔鑄也。'顔注《急就篇》：'凡金鐵銷冶而成者謂之鑄。'"

【參證】甲文作，金文作。李孝定《甲骨文字集釋》："上从兩手持到(倒)皿，(或)从鬲，乃形譌。到皿者，中貯銷金之液，兩手持而傾之笵中也。下从皿，則笵也。中从火，象所銷之金。"又，《金文詁林讀後記》卷十四："及後增'金'，又其後增'壽'爲聲。"按：此爲金文鑄字中最完整的字形，其他則爲其省變，其形甚夥，不煩列舉。又有字。徐中舒、伍仕謙《中山三器釋文及宮室圖説明》(《中國史研究》一九七九年第四期)："此字从金，从又持十，十當爲汁之省。爲金汁，以手持金汁，即鑄之異文。"或以爲其字右旁爲寸，古音在幽部，與从壽得聲的字相通，故爲鑄之異體。見朱德熙、裘錫圭《平山中山王墓銅器銘文的初步研究》(《文物》一九七九年第一期)。

銷　鑠金也。从金,肖聲。　相邀切(xiāo)。

銷　【譯文】銷,熔化金屬。从金,肖聲。

鑠　銷金也。从金,樂聲。　書藥切(shuò)。

鑠　【譯文】鑠,銷熔金屬。从金,樂聲。

鍊[①]　冶金[②]也。从金,柬聲[③]。　郎甸切(liàn)。

鍊　【譯文】鍊,銷熔金屬使精粹。从金,柬聲。

【注釋】① 鍊:朱駿聲《通訓定聲》:"當爲煉之重文。"　② 冶金:《段注》:"冶者,銷也。引申之凡治之使精曰鍊。"　③ 柬聲:聲中有義。本書:"柬,分别簡之也。"表比況。冶金如柬選其精華。

釘[①]　鍊鉼[②]黄金。从金,丁聲。　當經切(dīng)。

釘　【譯文】釘,冶鍊而成的餅塊黄金。从金,丁聲。

【注釋】① 釘:《段注》:"今人同此字,則鐕(zān)字之義也。"鐕義,即今"釘"義。朱駿聲《通訓定聲》:"[叚借]爲丁。今俗用爲銖釘字。"　② 鍊鉼:《段注》:"鉼當是餅之譌。凡物匾之曰餅。鍊餅,鍊而成之。"

錮　鑄塞[①]也。从金,固聲[②]。　古慕切(gù)。

錮　【譯文】錮,熔化金屬填塞空隙。从金,固聲。

【注釋】① 鑄塞:徐鍇《繫傳》:"鑄銅鐵以塞隙也。"　② 从金,固聲:《急就篇》"釭鐧鍵鈷冶錮鐈"顔注:"錮者,鑄而補塞之,令其堅固也。"《段注》:"此亦形聲包會意。"

鑲[①]　作型中腸[②]也。从金,襄聲。　汝羊切(ráng)。

鑲　【譯文】鑲,作鑄器模型裏頭的坯胎。从金,襄聲。

【注釋】① 鑲:徐鍇《繫傳》:"鑄鐘鏞屬,使内空者,於型範中,更作土模,所以後郤流銅也。又若果實之穰。"　② 腸:同腸。鈕樹玉《校録》作腸。《正字通·金部》:"凡作型,先以繩爲坯胎,型固,則從竅搯繩緒耑,繩窮而型存,有類於腸也。"

鎔[①]　冶器法也。从金,容聲[②]。　余封切(róng)。

鎔　【譯文】鎔,冶鍊器物的模型。从金,容聲。

【注釋】① 鎔:朱駿聲《通訓定聲》:"木曰模,水曰瀍(法),土曰型,竹曰範,金曰鎔。《漢書·董仲舒傳》:'猶金之在鎔,惟冶者之所爲。'注：'(鎔)謂鑄器之模範也。'"　② 容聲：聲中有義。本書："容，盛也。"盛納，容納。鎔，可以容納鑄器之金。

鋏① 鋏 可以持冶器鑄鎔者。从金，夾聲②。讀若漁人(莢)[夾]魚之(莢)[夾]③。一曰：若挾持④。　古叶切(jiá)。

【譯文】鋏，可用來夾持正在冶鍊的器物和正在銷熔金屬的模子的工具。从金，夾聲。音讀象漁人夾魚的"夾"字。一説，音讀象挾持的"挾"字。

【注釋】① 鋏：張舜徽《約注》："鋏之言夾也，謂可以此夾持物也。即今語所稱火鉗也。以鐵爲之。其形與剪相似，故俗又名夾剪。"　② 夾聲：聲中有義。本書："夾，持也。"　③ 莢：當依《段注》作"夾"。　④ 若挾持：《段注》："一謂讀若挾持之挾。"

鍛 鍛 小冶①也。从金，段聲②。　丁貫切(duàn)。

【譯文】鍛，打鐵。从金，段聲。

【注釋】① 小冶：朱駿聲《通訓定聲》："鎔鑄金爲冶。以金入火，焠而椎之爲小冶。"　② 从金，段聲：《段注》："殳部曰：'段，椎物也。'鍛从段金會意，兼形聲。"

鋌① 鋌 銅鐵樸②也。从金，廷聲。　徒鼎切(dìng)。

【譯文】鋌，銅鐵礦石。从金，廷聲。

【注釋】① 鋌：《段注》："石部曰：'磺(kuàng)，銅鐵樸。'鋌與磺義同音別。"　② 樸：《段注》："樸，木素也。因以爲凡素之偁。"

鐃 鐃 鐵文①也。从金，曉聲。　呼鳥切(xiǎo)。

【譯文】鐃，鐵的紋理。从金，曉聲。

【注釋】① 鐵文：《段注》："謂鐵之文理也。"

鏡① 鏡 景②也。从金，竟聲。　居慶切(jìng)。

【譯文】鏡，(可照見)形影。从金，竟聲。

【注釋】① 鏡：《段注》："金有光可照物，謂之鏡。"戴侗《六書故・地理一》："鏡，鍊冶銅錫，鑄而摩之，其明足以見形也。"《漢書・東方朔傳》："玉之瑩，石之精，表如日光，裏如衆星，兩人相睹見，不相知情，此名爲鏡。"可見，可作鏡者，不唯金也。　② 景：張舜徽《約注》："當讀爲影，謂形影也。"

鉹 曲鉹[1]也。从金，多聲。一曰鬵[2]，鼎[也][3]。讀若擠。一曰：《詩》[4]云“侈兮哆兮”。 尺氏切(chǐ)。

【譯文】鉹，曲鉹。从金，多聲。又叫鬵，是象鼎一樣上面大下面小(的甑)。音讀象“擠”字。另一説音讀象《詩經》所説的“侈大啊，口哆大啊”的“侈”字。

【注釋】① 曲鉹：王筠《句讀》：“曲鉹當是名目。蓋謂其名曰曲鉹，一名曰鬵，而又釋之以鼎也者。鬲部：‘鬵，鼎大上小下若甑曰鬵。’是也。曲鉹雖無徵，或是許君時方言也。” ② 鬵(qín)：《方言》卷五：“甑，自關而東謂之甗，或謂之鬵。” ③ 鼎：當依徐鍇《繫傳》作“鼎也”。 ④《詩》句：徐鍇《繫傳》作“若《詩》曰‘侈兮’之侈”。《詩》：指《小雅・巷伯》。今本作：“哆(chǐ)兮侈(chī)兮，成是南箕。”

鈃 似鍾[1]而頸長。从金，幵聲。 户經切(xíng)。

【譯文】鈃，象酒鍾而頸脖長。从金，幵聲。

【注釋】① 似鍾：《段注》：“鍾者，酒器。古酒鍾有腹有頸，蓋大其下、小其上也。”

鍾[1] 酒器也。从金，重聲。 職容切(zhōng)。

【譯文】鍾，盛酒的器皿。从金，重聲。

【注釋】① 鍾：《段注》：“古者此器蓋用以宁酒，故大其下、小其頸。”徐灝《段注箋》：“鍾與鐘實本一字，因後世用之各有所專，遂歧而二之耳。”

【參證】金文作，與鐘爲一字。參“鐘”條。

鑑[1] 大盆也。一曰：(監諸)[鑑，諸也][2]，可以取明水於月[3]。从金，監聲。 革懺切(jiàn)。

【譯文】鑑，(盛水的)大盆。另一義説，鑑，今天又叫諸，可用來從月亮底下取得明亮的露水。从金，監聲。

【注釋】① 鑑：徐灝《段注箋》：“鑑古衹作監，从皿，以盛水也，因其可以照形而監察之義出焉。其後範銅爲之，而用以照形者，亦謂之鑑，聲轉爲鏡。” ② 監諸：當依徐鍇《繫傳》作“鑑諸也”。王筠《句讀》：“諸是漢名，鑑乃古名。” ③ 可以句：見《周禮・秋官・

司烜氏》。

【參證】金文作□、□、□。李孝定《金文詁林讀後記》卷十四："鑑字許訓大盆不誤，鑑爲浴器。""从金，言其質。""以鑑取水，俯而視之，其影自見。""鑑字从'臥'，臥者，俯視之形也。後世顧影之器曰鏡，與鑑異名，而聲猶相近。"

鐈 似鼎而長足。从金，喬聲①。　巨嬌切(qiáo)。

【譯文】鐈，樣子象鼎而有長腳。从金，喬聲。

【注釋】① 喬聲：聲中有義。喬者，高也。長足者，高足也。

【參證】金文作□、□、□。首字不从金，上从□，次字右旁上从□，似又字，作喬的聲符，見朱德熙《朱德熙古文字論集・關於侯馬盟書的幾點補釋》。末字右旁上从□，表示高曲之意，見高田忠周《古籀篇》三十九。

鐩① 陽鐩②也。从金，㒸聲。　徐醉切(suì)。

【譯文】鐩，太陽底下取火的銅杯或銅鏡。从金，㒸聲。

【注釋】① 鐩：朱駿聲《通訓定聲》："經傳皆以遂、以燧爲之。"
② 陽鐩：王筠《句讀》："《淮南・天文訓》：'陽燧見日，然而爲火。'許君注云：'陽燧，金也。取金杯無緣者，熟摩令熱，日中時以當日下，以艾承之，則然得火也。'"徐灝《段注箋》："今之玻璃眼鏡，取以嚮日，其中光影聚處，有火一點在地，可以紙煤然之。"

鋞 温器①也。圜直上。从金，巠聲。　户經切(xíng)。

【譯文】鋞，可用以暖物的器皿。圓形而直上。从金，巠聲。

【注釋】① 温器：《段注》："謂可用煗(暖)物之器也。"

鑴 甇①也。从金，巂聲。　户圭切(xié/xī)。

【譯文】鑴，大盆。从金，巂聲。

【注釋】① 甇(dàng)：參瓦部。

鑊① 鑴②也。从金，蒦聲。　胡郭切(huò)。

【譯文】鑊，沒有腳的鼎。从金，蒦聲。

【注釋】① 鑊：《段注》："鑊，所以煮也。"王筠《句讀》："《淮南・説山訓》注：'有足曰鼎，無足曰鑊。'"　② 鑴：除上文指大盆義外，又有鼎義。《廣韻・釋器》："鑴，鼎也。"

【參證】甲文作、、，金文作。羅振玉《增訂殷虛書契考釋》："(甲文)从鬲，隻(獲)聲。殆即許書之鑊。或加，象水形，所以煮也。或省隻作隹。"金文與篆文同。

鍑 釜①大口者。从金，复聲。 方副切(fù)。

【譯文】鍑，大口的鍋。从金，复聲。

【注釋】① 釜：《方言》卷五："釜，自關而西或謂之釜，或謂之鍑。"徐灝《段注箋》："釜與鍑，實一聲之轉耳。"

鍪① 鍑屬。从金，敄聲。 莫浮切(móu)。

【譯文】鍪，鍋鍑一類。从金，敄聲。

【注釋】① 鍪：羅振玉《古器物識小録・鍪》："其形制圓底，碩腹而細頸，反脣。一旁有環，一旁有方銎，可安木柄。"

錪 朝鮮謂釜曰錪①。从金，典聲。 他典切(tiǎn)。

【譯文】錪，朝鮮叫釜鍋作錪。从金，典聲。

【注釋】① 朝鮮句：見《方言》卷五："鍑，北燕、朝鮮、洌水之間或謂之錪。"

銼① 鍑②也。从金，坐聲。 昨禾切(cuó/cuò)③。

【譯文】銼，小鍋。从金，坐聲。

【注釋】① 銼：徐灝《段注箋》："王氏《疏證》曰：'物形之小而圓者謂之銼鏕，單言之則曰銼。'" ② 鍑：釜鍋的通稱。這裏指小鍋。③ 今讀依《廣韻》粗臥切。

鏕 銼鏕①也。从金，羸聲。 魯戈切(luó)。

【譯文】鏕，銼鏕。从金，羸聲。

【注釋】① 銼鏕：疊韻聯緜詞，上古同屬歌部。王筠《句讀》："《聲類》：'銼鏕，小釜也，亦土釜也。'"參"銼"條。

鉶① 器也。从金，荆聲。 户經切(xíng)。

【譯文】鉶，(盛肉汁菜汁的)禮器。从金，荆聲。

【注釋】① 鉶：同鉶。《段注》："此禮器也。"王筠《句讀》："《聘禮》注：'鉶，羹器也。'《舊三禮圖》：'鉶鼎受一升，兩耳三足，高三寸，有蓋。士以鐵爲之，大夫以上銅爲之，諸侯飾以白金，天子飾以黄金。'"毛奇齡《辨定祭禮通俗譜》卷三："鉶則鼎之小者。便盛羹。"

鎬 温器也。从金，高聲。武王所都，在長安西上林苑中，字亦如此[①]。 乎老切(hào)。

【譯文】鎬，暖物的器皿。从金，高聲。又指周武王建都的地方，在長安城西邊的上林苑之中，那個字也寫成這個樣子。

【注釋】① 武王句：《段注》："此於例不當載而特詳之者，説假借之例也。武王都鎬，本無正字，偶用鎬字爲之耳。"鎬京故址在今陜西省西安市西南。

【參證】金文作、，與篆文同。

鑢[①] 温器也。一曰：金器[②]。从金，麀聲。 於刀切(āo)。

【譯文】鑢，暖物的器皿。另一義説，是金器。从金，麀聲。

【注釋】① 鑢：《段注》："今江東尚有鑢孰之語，與火部以微火温肉之衮(ēn)義同。" ② 金器：《段注》："則非炊物器。"徐灝《箋》："《廣雅》曰：'鑢，釜也。'又曰：'爊，熘也。'王氏疏證曰：'今俗謂煑肉爲爊肉，熘謂之爊，故温器亦謂之鑢矣。'"

銚 温器[①]也。一曰：田器[②]。从金，兆聲。 以招切(yáo)。

【譯文】銚，暖物的器皿。另一義説，種田的器具。从金，兆聲。

【注釋】① 温器：《正字通・金部》："今釜之小而有柄有流者亦曰銚。" ② 田器：《管子・海王》："耕田必有一耒、一耜、一銚。"尹知章注："大鋤謂之銚。"

鋀[①] 酒器也。从金，豋象器形[②]。豋，鋀或省金。 大口切(dòu)。

【譯文】鋀，盛酒的器皿。从金，豋象器皿的樣子。豋，鋀的或體，由鋀省去金旁。

【注釋】① 鋀：錢坫《斠詮》："此亦豆(形似高腳盤的食器)字，爲酒器耳。" ② 豋象器形：徐灝《段注箋》："此字先有豋，象形，然後加金旁。"王筠《釋例》："其形似之下半，壺有蓋有頸有腹，豋則無蓋也。"

【參證】于省吾《雙劍誃殷契駢枝續編・釋豋》："卜辭字習見。""亦作等形，……似𣪘之从，似豆之作，……則上端有頸有口，似壺之作，……則上端無蓋。""即《説文》鐙之或體作豋之初文。象罍壺一類無蓋之器。漢代謂之鍾鈁。”

鐎　鐎斗①也。从金，焦聲。　即消切(jiāo)。

鐎　【譯文】鐎，刁斗。从金，焦聲。

【注釋】① 鐎斗：王筠《句讀》：“言此器一名鐎，一名鐎斗也。且又轉音而名刁斗。”徐鍇《繫傳》：“以銅作鐎器，受二升，晝炊飯，夜擊持行也。”《廣韻·宵韻》：“鐎，刁斗也。溫器，三足而有柄。”徐灝《段注箋》：“蓋緣譙聲近雕，而鐎通作刀，遂讀刀如雕，俗書因改刀字左筆斜上，以別之耳。”

鋗　小盆也。从金，肙聲。　火玄切(xuān)。

鋗　【譯文】鋗，小盆。从金，肙聲。

鏏①　鼎也。从金，彗聲。讀若彗。　于歲切(wèi)。

鏏　【譯文】鏏，鼎。从金，彗聲。音讀象“彗”字。

【注釋】① 鏏：《淮南·説林》：“水火相憎，鏏在其間，五味以和。”高注：“鏏，小鼎；鼎無耳。”

鍵　鉉①也。一曰：車轄②。从金③，建聲。　渠偃切(jiàn)。

鍵　【譯文】鍵，貫通鼎耳的横杠。另一義説，安在車軸末端以固定車輪的鐵棍。从金，建聲。

【注釋】① 鉉：《段注》：“謂鼎扃也。以木横關鼎耳而舉之；非是，則既炊之鼎不可舉也。故謂之關鍵。”　② 車轄：《段注》作“車舝”，注：“舛部曰：‘舝，車軸耑鍵也。’謂鐵貫於軸耑，如鼎鉉之貫於鼎耳。”　③ 从金：《段注》：“此(指貫鼎之木杠)以木爲，而字从金者，系於鼎而言之也。”

鉉　舉鼎①也。《易》謂之鉉，《禮》②謂之鼏。从金，玄聲。　胡犬切(xuàn)。

鉉　【譯文】鉉，舉鼎(的木杠)。《易經》叫它作鉉，《儀禮》叫它作鼏。从金，玄聲。

【注釋】① 舉鼎：《段注》：“手部曰：‘扛，横關對舉也。’謂横關於兩耳露其耑，以兩手對舉之；非是，則難扛也。”　②《禮》：《段注》：“凡單言《禮》者，皆謂《禮經》，今之《儀禮》也。”鼏，見“鼎”字。

鋊 可以句鼎耳及鑪炭①。从金，谷聲。一曰：銅屑②。讀若浴。 余足切(yù)。

【譯文】鋊，可用來鉤舉鼎耳以及鉤出爐炭(的器具)。从金，谷聲。另一義説，是銅屑。音讀象“浴”字。

【注釋】① 可以句：《段注》：“句讀如鉤。鉤鼎耳舉之、鉤鑪炭出之之器也。” ② 銅屑：桂馥《義證》引臣瓚説：“摩錢漫面以取其屑，更以鑄錢。”

鎣① 器②也。从金，熒省聲③。讀若銑④。 烏定切(yìng/yīng)⑤。

【譯文】鎣，(把物體磨得閃光的)器具。从金，熒省聲。音讀象“銑(xiǎn)”字。

【注釋】① 鎣：今作瑩。錢坫《斠詮》：“省金爲玉也。” ② 器：《段注》：“謂摩鋥(zèng，經磨擦而閃光)之器也，以金爲之。”
③ 熒省聲：聲中有義。本書：“熒，屋下鐙燭之光。”引申爲閃光。
④ 讀若銑：叶德輝《讀若考》：“古音先庚二部通，故鎣讀銑。”銑也兼釋義。銑，金之澤者。 ⑤ 今讀依《集韻》於莖切。

【參證】金文作，首字象木花之形，次字从金，末字是次字之譌變。參“榮”條。

鑯① 鐵器②也。一曰：(鑴)[鐫]③也。从金，韱聲。 子廉切(jiān)。

【譯文】鑯，(鋭利的)鐵器。另一義説，穿木琢石。从金，韱聲。

【注釋】① 鑯：徐鉉：今俗作尖。 ② 鐵器：《段注》：“蓋鋭利之器。” ③ 鑴：當依《段注》作“鐫(juān)”，注：“鐫者，穿木琢石也。”

錠① 鐙②也。从金，定聲。 丁定切(dìng)。

【譯文】錠，有足的蒸器。从金，定聲。

【注釋】① 錠：《正字通・金部》：“錠，薦熟物器，上環以通氣之管，中置以烝飪之具，下致以水火之齊，用類甗。” ② 鐙：《廣韻・徑韻》：“豆有足曰錠，無足曰鐙。”按：以鐙釋錠，渾言無别。

鐙① 錠也。从金，登聲。 都滕切(dēng/dèng)②。

【譯文】鐙，無足的蒸器。从金，登聲。

【注釋】① 鐙：參“錠”條。後指燈盞的燈。葉昌熾《釋鐙》：“然膏之所以名爲鐙者，以其形似禮器之豆。” ② 今讀依《廣韻》都鄧切。

鏶[①] 鍱也。从金，集聲。鍓，鏶或从咠。 奏[②]入切(jí)。

鏶 【譯文】鏶，金屬薄片。从金，集聲。鍓，鏶的或體，从咠聲。

【注釋】① 鏶：朱駿聲《通訓定聲》：“凡金、銀、銅、鐵、錫，椎薄成葉者，謂之鏶。” ② 奏：秦的譌字。

鍱 鏶[①]也。从金，枼聲[②]。齊謂之鍱。 與涉切(yè)。

鍱 【譯文】鍱，金屬薄片。从金，枼聲。齊地叫作鍱。

【注釋】① 鏶：《段注》：“此謂金、銅、鐵椎薄成葉者。” ② 从金，枼聲：馬宗霍《説文引方言考》：“鍱从枼聲，兼取枼義。《木部》云：‘枼，薄也。’本指木片之薄者。引申之，凡薄皆謂之枼。然則鍱从金，蓋謂金片之薄者矣。”

鏟 鏶[①]也。一曰：平鐵[②]。从金，産聲。 初限切(chān)。

鏟 【譯文】鏟，金屬薄片。另一義説，削平物體的鐵器。从金，産聲。

【注釋】① 鏶：參“鏶”條。 ② 平鐵：徐灝《段注箋》：“平木器之鐵也。”戴侗《六書故・地理一》：“鏟，狀如斧而Q其刃，所以鏟平木石者也。”

鑪[①] 方鑪也。从金，盧聲[②]。 洛胡切(lú)。

鑪 【譯文】鑪，方形的火爐。从金，盧聲。

【注釋】① 鑪：今作爐。 ② 盧聲：聲中有義。徐灝《段注箋》：“鑪，古衹作盧，相承增金旁。”鑪所从之金，言其材質，盧言其形狀和功能。

【參證】甲文作，金文作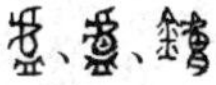。郭沫若《殷契粹編考釋》：“(甲文)下象鑪形，上从虍聲也。”

鏇 圜鑪也。从金，旋聲[①]。 辭戀切(xuàn)。

鏇 【譯文】鏇，圓形的火爐。从金，旋聲。

【注釋】① 旋聲：聲中有義。本書：“旋，周旋。”有四圜轉動之義，則有圓義。

鏣 器[①]也。从金，虒聲。 杜兮切(tí)。

鏣 【譯文】鏣，鍋類器具。从金，虒聲。

【注釋】① 器：徐灝《段注箋》引《類篇》："一曰釜屬。"

鏀 煎膠器①也。从金，虜聲。 郎古切(lǔ)。

【譯文】鏀，煎熬膠的鍋一類的器具。从金，虜聲。

【注釋】① 煎膠器：《段注》："煎，熬也。膠，作之以皮，故熬之而後成。"徐灝《段注箋》引《玉篇》："釜屬。"

釦 金飾器口①。从金，从口，口亦聲。 苦厚切(kǒu/kòu)②。

【譯文】釦，用金塗飾器皿的邊。由金、由口會意，口也表聲。

【注釋】① 金飾句：《段注》："謂以金涂器口。"張舜徽《約注》："許所云器口，猶今語偁器之邊也。" ② 今讀依《廣韻》丘堠切。

錯 金涂①也。从金，昔聲。 倉各切(cuò)。

【譯文】錯，用金塗飾。从金，昔聲。

【注釋】① 金涂：《段注》："涂，俗作塗，又或作搽，謂以金措其上也。"朱駿聲《通訓定聲》："今者謂鍍金。"

鋙 鉏鋙①也。从金，御聲。䥾，鋙或从吾②。 魚舉切(yǔ)。

【譯文】鋙，鋸。从金，御聲。鋙，鋙的或體，从吾聲。

【注釋】① 鉏鋙：王筠《句讀》："上下文皆器名。鉏鋙雖疊韻，似不當是形容之詞。疑鉏鋙者，鋸之別名也。丵部業下言鋸齒，又言鉏鋙矣。"《段注》："齒部：'齟齬，齒不相值也。'鉏鋙，蓋亦器之能相抵拒錯摩者。" ② 从吾：朱駿聲《通訓定聲》："从吾聲。"

錡① 鉏鋙②也。从金，奇聲③。江淮之間謂釜爲錡④。 魚綺切(yǐ)。

【譯文】錡，鋸。从金，奇聲。江淮之間叫釜鍋作錡。

【注釋】① 錡：王筠《釋例》："終疑錡爲鋸之古名也。" ② 鉏鋙：徐灝《段注箋》："鉏鋙與齟齬同意，其轉語爲槎牙，皆參差不齊之貌。錡蓋鋸齒之類。"參"鋙"條。 ③ 奇聲：聲中有義。本書："奇，異也。"鋸的形狀和功能，與其他工具比起來，較爲奇特。又，"奇，不耦也。"不耦則單。《詩》釋文曰："錡，三足釜也。" ④ 江淮句：《方言》卷五："（鍑），江、淮、陳、楚之間謂之錡。"郭璞注："或曰三腳釜也。"

鍤 郭衣鍼①也。从金，臿聲②。 楚洽切(chā)。

【譯文】鍤，連綴衣服周圍（並使衣服平直張開）所用的長針。从金，舌聲。

【注釋】① 郭衣鍼：王筠《句讀》："郭者，匡圍也。製衣者平鋪其衣，以長鍼週帀連綴之，然後可施功也。"朱駿聲《通訓定聲》："蘇俗謂之弼針。"湖湘間亦如是説。　② 舌聲：聲中有義。《段注》"舌"下曰："引申爲凡刺入之偁。"

鉥　綦鍼①也。从金，术聲。　食聿切(shù)。

【譯文】鉥，納鞋底的長針。从金，术聲。

【注釋】① 綦鍼：徐鍇《繫傳》："刺綦之鍼也。綦，履底也。"

鍼①　所以縫也。从金，咸聲。　職深切(zhēn)。

【譯文】鍼，用來縫衣服的針。从金，咸聲。

【注釋】① 鍼：今作針。參"箴"條。

鈹　大鍼①也。一曰：劒如刀裝者②。从金，皮聲。　敷羈切(pī)。

【譯文】鈹，(中醫破癰的)大針。另一義説，劍象刀形的兵器。从金，皮聲。

【注釋】① 大鍼：王筠《句讀》："玄應曰：'醫家用以破癰也。'《靈樞經》：'針者，末如劍鋒。'"　② 劒如刀裝者：劒同劍。徐灝《段注箋》："兩刃如劍而形制如刀，故曰劍如刀裝。"按：裝指形制。

鎩　鈹有(鐸)[鐔]①也。从金，殺聲②。　所拜切(shài/shā)③。

【譯文】鎩，鈹劍有半圓形的劍鼻。从金，殺聲。

【注釋】① 鈹有鐸：當依徐鍇《繫傳》"鐸"作"鐔"。《段注》："鐔，劍鼻也。"徐灝箋："蓋兩刃小刀於其首爲鐔。鎩之言殺也，首爲半圓形，自莖以下漸殺(斂小)也。"　② 殺聲：聲中有義。本書："殺，戮也。"引申有逐漸減省義。　③ 今讀依《廣韻》所八切。

鈕　印鼻也。从金，丑聲①。⿰王丑②，古文鈕从玉。　女久切(niǔ)。

【譯文】鈕，印上用以繫綬帶的巴鼻。从金，丑聲。⿰王丑，古文鈕字，从玉。

【注釋】① 丑聲：聲中有義。本書："丑，紐也。""象手之形。"徐灝《段注箋》："象人手有所執持之形。"　② ⿰王丑：《段注》："古文印鈕字从玉，蓋初作印時，惟以玉爲之也。"

銎 斤釜穿①也。从金，巩聲。 曲恭切(qiōng)。

【譯文】銎，斧頭上裝柄的孔。从金，巩聲。

【注釋】① 斤釜穿：《段注》："穿者，通也。謂斤斧之孔所以受柄者。"

鈭 鈭錍①，(釜)[斧]②也。从金，此聲。 即移切(zī)。

【譯文】鈭，鈭錍，短斧。从金，此聲。

【注釋】① 鈭錍：《段注》："疊韻字。"桂馥《義證》："鈭錍，短斧也。" ② 釜：當依徐鍇《繫傳》作"斧"。

錍① 鈭錍也。从金，卑聲。 府移切(bēi)。

【譯文】錍，鈭錍。从金，卑聲。

【注釋】① 錍：參"鈭"條。又，錍也單字成義。錢坫《斠詮》："《攷工記》注：'齊人謂斧柯柄爲椑。'即此字。"

【參證】金文作，與篆文同。

鏨① 小鑿也。从金，从斬，斬亦聲。 藏濫切(zàn)。

【譯文】鏨，小鑿子。由金、由斬會意，斬也表聲。

【注釋】① 鏨：張舜徽《約注》："湖湘間稱此器爲鏨子，凡鑿石及瓷器曰鏨。其器如錐而大，頭刃不曲也。"

鐫 穿木鐫①也。从金，雋聲。一曰：琢石②也。讀若瀸③。子全切(juān)。

【譯文】鐫，穿破木頭的金屬器具。从金，雋聲。另一義説，鑿琢石頭。音讀象"瀸(jiān)"字。

【注釋】① 穿木鐫：《段注》"穿"作"破"，注："謂破木之器曰鐫也，因而破木謂之鐫矣。" ② 琢石：《段注》："此破木引申之義耳。" ③ 讀若瀸：王筠《句讀》："句當繼雋聲，瀸當作鐵。鐵下云：'一曰鐫也。'鐫鐵雙聲，依許説，則一字也。"

鑿 穿木①也。从金，糳省聲。 在各切(záo)。

【譯文】鑿，穿透木材(的鑿子)。从金，糳(zuó)省聲。

【注釋】① 穿木：《段注》作"所以穿木"，注："穿木之器曰鑿，因之既穿之孔亦曰鑿矣。"

銛 鍤屬①。从金，舌聲②。讀若棪。桑欽讀若鐮。 息廉切(xiān)。

【譯文】銛，鋤鍬一類。从金，舌聲。音讀象“棪（yǎn）”字。桑欽説，音讀象“鐮”字。

【注釋】① 鍤屬：《段注》作“臿屬”，注：“臿者，舂去麥皮也。假借爲鍫臿，即上文田器之銚也。”參“銚”條。 ② 舌聲：聲中有義。舌表比況。《段注》：“舌者，口舌字，非聲。當作西，舌皃，他念切。”存參。

【參證】銀雀山漢墓竹簡整理小組《銀雀山漢墓竹簡[壹]》：“後第三篇八三七號簡所記鐵銛，有長至十六尺大半尺者，當非鍤屬工具。《説文》謂‘銛’讀若‘棪’（yǎn），簡文‘銛’字似當讀爲‘錟’（tán）。《説文》：‘錟，長矛也。’”

鈂 臿[1]屬。从金，冘聲。 直深切（chén）。

【譯文】鈂，鍬一類。从金，冘聲。

【注釋】① 臿：《漢書·溝洫志》：“舉臿爲雲。”顔師古注：“臿，鍫也。”

鍵 臿[1]屬。从金，危聲。一曰：瑩鐵[2]也。讀若跛[3]行。 過委切（guǐ）。

【譯文】鍵，鍬一類。从金，危聲。另一義説，有光澤的鐵。音讀象跛行的“跛”字。

【注釋】① 臿：參“鈂”條。 ② 瑩鐵：王筠《句讀》：“鐵之光澤者也。” ③ 跛：上古與鍵同屬歌部。

鐅[1] 河内謂臿[2]頭金也。从金，敝聲。 芳滅切（piě）。

【譯文】鐅，河内一帶叫鍬類農具尖端安裝的刃口作鐅。从金，敝聲。

【注釋】① 鐅：《段注》：“郭注《方言》曰：‘江東謂鍫刃爲鐅。”
② 臿：鍬。見“鈂”條。

錢[1] 銚[2]也。古田器[3]。从金，戔聲。《詩》[4]曰：“庤乃錢鎛。”即淺切（jiǎn）。又，昨先切（qián）[5]。

【譯文】錢，鍬。古代種田的農具。从金，戔聲。《詩經》説：“準備好你們的鍬和鋤。”

【注釋】① 錢：張舜徽《約注》：“乃剗削之器，即今語所謂鍬也。”

② 銚：大鋤。以銚釋錢，渾言不別。　③ 古田器：《段注》："古謂之錢，今則但謂之銚，謂之臿，不謂之錢，而錢以爲貨泉（貨幣）之名。"　④《詩》：指《周頌・臣工》。庤：具。鎛：鋤頭。

⑤ 即淺切，田器名音讀。昨先切，貨幣名音讀。

【參證】李曄《周代農業生産工具名物考》（《學術研究》一九六三年第二期）："出土銅鑄錢幣，今尚保存不少，有一種叫作空首布的，作形，宛然今天常見鏟的縮小，可直稱之爲鏟幣。錢幣、鏟幣，實爲一物。《金石索》説：'鏟幣，其下單層，其上夾層，有口向上，可以正柄。'……可以斷定錢幣是把古代田器錢的形狀如實地模仿了的。""錢、鏟音近，又别名銚，實即一物。""柄直"，"可用以插地起土"。

钁①　大鉏②也。从金，矍聲。　居縛切（jué）。

钁　【譯文】钁，大鋤頭。从金，矍聲。

【注釋】① 钁：王士禎《農書》卷十三："蓋钁，斸器也。農家開闢地土，用以斸荒。凡田園山野之間用之者，又有闊狹大小之分，然總名曰钁。"　② 大鉏：《段注》："鉏之大者曰钁。"

鈐　鈐鏅①，大犂也。一曰：類枱②。从金，今聲。　巨淹切（qián）。

鈐　【譯文】鈐，鈐鏅，大犂。另一義説，類似耒耜的農具。从金，今聲。

【注釋】① 鈐鏅：聯緜詞。　② 枱：《段注》作"梠"，注："梠，耒耑也。耒者，手耕曲木也。"

鏅①　鈐鏅也。从金，隋聲。　徒果切（duò）。

鏅　【譯文】鏅，鈐鏅。从金，隋聲。

【注釋】① 鏅：參"鈐"條。

鏺①　兩刃，木柄，可以刈艸。从金，發聲。讀若撥。　普活切（pō）。

鏺　【譯文】鏺，兩邊有刃，（裝有長）木把，可用來割草。从金，發聲。音讀象"撥"字。

【注釋】① 鏺：王士禎《農書》卷十四："（鏺）其刃長餘二尺，闊可三寸，横插長木柄内，牢以逆楔。農人兩手持之，遇草萊或麥禾等稼，折腰展臂，匝地芟之。"

①相屬。从金，蟲省聲。讀若同。　徒冬切(tóng)。

鉵　【譯文】鉵，犂耒一類。从金，蟲省聲。音讀象"同"字。

【注釋】① 鉵：朱駿聲《通訓定聲》："字亦作鑑，不省。《廣雅・釋器》：'鋡鏅(即鈐鏅)謂之鑑。'按：犁也。"參"鈐"條。

①立薅所用也②。从金，且聲。　士魚切(chú)。

鉏　【譯文】鉏，站着除草所用的(鋤頭)。从金，且聲。

【注釋】① 鉏：今經典往往作鋤。　② 立薅(hāo)句：《段注》："薅者，披去田艸也。云立薅者，古薅艸坐爲之，其器曰槈，其柄短；若立爲之，則其器曰鉏，其柄長。"

①相屬。从金，罷聲。讀若嬀②。　彼爲切(bēi)。

鑼　【譯文】鑼，犂耒一類。从金，罷聲。音讀象"嬀"字。

【注釋】① 鑼：戴侗《六書故・植物一》："糴，臥兩耓，著齒其下，人立其上，而牛輓之以摩田也。别作鑼。"張舜徽《約注》："此即今俗所稱耙也。"　② 讀若嬀(guī)：嬀與鑼上古同屬歌部。

①鍥也。从金，兼聲。　力鹽切(lián)。

鎌　【譯文】鎌，鐮刀。从金，兼聲。

【注釋】① 鎌：《方言》卷五："刈鉤，江淮陳楚之間謂之鉊；自關而西，或謂之鉤，或謂之鎌，或謂之鍥。"按：刈鉤，即用于割草的形曲如鉤的工具。《段注》："俗作鐮。"

①鎌也。从金，契聲②。　苦結切(qiè)。

鍥　【譯文】鍥，鐮刀。从金，契聲。

【注釋】① 鍥：參"鎌"條。　② 契聲：徐灝《段注箋》："鍥者，契(本義爲契約)也。《爾雅》曰：'契，絶也。'郭注：江東呼刻斷物爲契斷。"按：此契是栔之借。栔，刻也。从㓞，从木。王筠《句讀》"栔"，"經典皆用契而不用栔。"

①大(鐵)[鎌]②也。从金，召聲。鎌謂之鉊③，張徹説。　止搖切(zhāo)。

鉊　【譯文】鉊，大鎌刀的專名。从金，召聲。鎌又叫作鉊，是張徹的説法。

【注釋】① 鉊：參"鎌"條。　② 大鐵：當依徐鍇《繫傳》作"大鎌”。 ③ 鎌謂之鉊：張舜徽《約注》：“此篆首訓大鎌，乃謂鉊爲大鎌之專名；復云鎌謂之鉊，乃謂鉊亦鎌之通號。”譯文姑从張説。

銍[1] 穫禾短鎌也。从金，至聲。 陟栗切(zhì)。

銍 【譯文】銍，收穫禾穗的短鎌。从金，至聲。

【注釋】① 銍：徐灝《段注箋》引《釋名》：“銍，穫禾鐵也。銍銍，斷禾穗聲也。”

鎮 博壓[1]也。从金[2]，真聲。 陟刃切(zhèn)。

鎮 【譯文】鎮，廣泛地鎮壓。从金，真聲。

【注釋】① 博壓：王筠《釋例》：“謂其鎮壓者廣博也。如《周禮・職方氏》言‘山鎮’(山之特大者以爲州之鎮)是已。” ② 从金：王筠《釋例》：“金體重，故从之。”

鉆 鐵銸[1]也。从金，占聲。一曰：膏車鐵鉆[2]。 敕淹切(chān)。

鉆 【譯文】鉆，鐵作的鑷子。从金，占聲。另一義説，在車轂上加油的鐵作的器具。

【注釋】① 銸：徐灝《段注箋》：“鉆訓爲銸，即今所用鑷子。”

② 膏車鐵鉆：《段注》：“謂脂其車轂者，以器納輠，濡膏而染轂中也。其器曰鉆，鐵爲之。”

銸[1] 鉆也。从金，耴聲。 陟葉切(zhé)。

銸 【譯文】銸，鑷子。从金，耴(zhé)聲。

【注釋】① 銸：徐灝《段注箋》：“字又作鑷。《釋名》云：‘鑷，攝也。攝取髮也。’”按：鑷子用兩股夾取物體，鐵鉗、火夾也用兩股夾物，所以銸又指鐵鉗、火夾之類。朱駿聲《通訓定聲》説：“凡鐵鉗、火夾之類皆是。”音轉爲 zhé。

鉗 以鐵[1]有所劫束[2]也。从金，甘聲。 巨淹切(qián)。

鉗 【譯文】鉗，用鐵(圈束頸脖)，對其强力脅迫捆綁的對象。从金，甘聲。

【注釋】① 以鐵：《漢書・高帝紀》：“鉗爲王家奴。”顔師古注：“鉗，以鐵束頸也。” ② 劫束：《段注》：“劫者，以力脅止也。束者，縛也。”

鈦① 鐵鉗②也。从金，大聲。　特計切(dì)。

鈦 【譯文】鈦，鐵作的圈束着脚的刑具。从金，大聲。

【注釋】① 鈦：《段注》："鈦，踏腳鉗也。狀如跟衣，箸足下，重六斤，以代刖。"　② 鐵鉗：桂馥《義證》引顔注《急就篇》："以鐵鍣(tà，裹套)頭曰鉗，鍣足曰鈦。"以鉗釋鈦，渾言不别。

【參證】金文作□，與篆文同。

鋸① 槍唐②也。从金，居聲。　居御切(jù)。

鋸 【譯文】鋸，(分解木石)響聲槍唐(的金屬工具)。从金，居聲。

【注釋】① 鋸：戴侗《六書故·地理一》："鋸，解器也，以鐵枼爲齟齬，其齒一左一右，以片解木石。"　② 槍唐：疊韻聯緜詞。《段注》："蓋漢人語。"徐灝箋："蓋狀鋸聲。"

【參證】金文作□，與篆偏旁方位有異。

鐕① 可以綴著物者。从金，朁聲。　則參切(zān)。

鐕 【譯文】鐕，可用來連綴附著物體的釘子。从金，朁聲。

【注釋】① 鐕：《段注》："今謂釘者皆是。"

錐① 鋭也。从金，隹聲。　職追切(zhuī)。

錐 【譯文】錐，鋭利。从金，隹聲。

【注釋】① 錐：如用作名詞，指錐子，鋭利的工具。

鑱 鋭也①。从金，毚聲。　士銜切(chán)。

鑱 【譯文】鑱，尖鋭。从金，毚聲。

【注釋】① 鋭也：古漢語體、用、狀常爲一體。運用時常移此。以鋭釋鑱，言其狀；轉言其用，如王筠《句讀》新引，"玄應引此而曰：'今江南猶言：鑱，刺也。"又轉而言體，徐灝《段注箋》："《廣雅》曰：鑱謂之鈹。本篇云：鈹，大鍼也。"

鋭 芒①也。从金，兑聲。□，籀文鋭，从厂剡②。　以芮切(ruì)。

鋭 【譯文】鋭，草尖。从金，兑聲。㓹，籀文鋭字，从剡，厂聲。

【注釋】① 芒：《段注》："艸耑(端)也。"　② 从厂(hǎn)剡(yǎn)：《段注》："从剡，厂聲。"本書刀部："剡，鋭利也。"按：厂上古屬元部，鋭屬月部，元月可對轉。

鏝① 鐵杇也。从金，曼聲。槾，鏝或从木。　母官切（mán/màn）②。

【譯文】鏝，鐵作的泥工塗牆的工具。从金，曼聲。槾，鏝的或體，从木。

【注釋】① 鏝：王筠《釋例》："鏝之器，以金作之，以木爲柄，其杇之時，則用木片盛泥，而以鏝塗之於壁，故槾鏝同字。"　② 今讀依《廣韻》莫半切。

鑽 所以穿也。从金，贊聲。　借官切（zuān，又 zuàn）①。

【譯文】鑽，用來穿透物體的金屬工具。从金，贊聲。

【注釋】①《廣韻》此切爲"刺"，動詞；又子筭切爲"錐鑽"，名詞。

【參證】甲文作□、□。

鑢 錯①銅鐵也。从金，慮聲。　良據切（lǜ）。

【譯文】鑢，磋磨銅鐵。从金，慮聲。

【注釋】① 錯：王筠《句讀》："錯有磨義。"

銓① 衡也。从金②，全聲。　此緣切（quán）。

【譯文】銓，衡量輕重的工具。从金，全聲。

【注釋】① 銓：徐灝《段注箋》："銓衡者，稱量之通名。"王筠《句讀》引《聲類》："銓，所以稱物也。"　② 从金：《段注》："稱錘以金爲之，故从金。"

銖① 權十分②黍之重也。从金，朱聲。　市朱切（zhū）。

【譯文】銖，稱一百粒黍的重量。从金，朱聲。

【注釋】① 銖：重量單位。《孫子算經》卷上："稱之所起，起于黍，十黍爲一絫，十絫爲一銖，二十四銖爲一兩，十六兩爲一斤。"　② 十分：《段注》作"十絫"。存參。

鋝① 十[一]銖二十五分[銖]之十三也②。从金，寽聲。《周禮》③曰："重三鋝。"北方以二十兩爲[三]鋝④。　力輟⑤切（lüè）。

【譯文】鋝，十一又二十五分之十三銖。从金，寽聲。《周禮》說："重三鋝。"北方用二十兩作三鋝。

【注釋】① 鋝：此條說解依《段注》校正。鋝是重量單位。　② 十一銖句：銖：一百黍重。參“銖”條。《段注》：“十一銖計黍千一百，百黍以四除之，凡二十五而除盡，命爲二十五分；二十五分之十三得五十二黍，命爲二十五分銖之十三。合十一銖，共爲黍千一百五十二。”　③《周禮》：指《考工記・冶氏》。　④ 北方句：《段注》：“鄭康成云：‘鍰重六兩大半兩，鋝即鍰。二十兩爲三鋝，正謂六兩大半兩爲一鋝也。”　⑤ 鋄：疑爲“鍜”之譌。

【參證】金文作、。郭沫若《兩周金文辭大系圖録考釋・禽毁》：“(寽)金文均作一手盛一物，別以一手抓之，説爲‘五指捋’甚是。金文均用爲金量之單位，即是後起之鋝字。”

[1] 鍰　鋝也。从金，爰聲。《罰書》[2] 曰：“列百鍰。”　户關切(huán)。

【譯文】鍰，就是一鋝的重量。从金，爰聲。《罰書》説：“罰款一百鍰。”

【注釋】① 鍰：重量單位。參“鋝”條。　②《罰書》：指《周書・吕刑》。今本“列”作“罰”。

【參證】甲文作。羅振玉《增訂殷虚書契考釋》卷中：“卜辭有賬字，殆即从金之鍰。鍰爲重量之名誼，亦爲罰金。古者貨貝而寶龜，至周而有錢，至秦廢貝行泉。故从貝从金一也。又，篆文从之字古文皆作，知鍰鋝本一字，後世誤析爲二矣。”

錙　六銖[1] 也。从金，甾聲。　側持切(zī)。

【譯文】錙，六銖。从金，甾聲。

【注釋】① 銖：參“銖”條。

[1] 錘　八銖[2] 也。从金，垂聲[3]。　直垂切(chuí)。

【譯文】錘，八銖。从金，垂聲。

【注釋】① 錘：《段注》：“後人謂稱之權爲錘。”徐灝《箋》：“俗作砣。古音垂，讀若陀。”陀古音歌部，權元部。歌、元對轉。　② 銖：參“銖”條。　③ 垂聲：《段注》：“謂有物垂之使平也。”錘由重量單位發展爲秤砣之義而言垂則兼表字義。

【參證】趙紀彬《釋權》(《中國哲學》第九輯)：“‘稱錘’(權)是人手的延長。……‘曲手’爲拳，是‘權’形作，正象人拳。”

鈞① 三十斤也。从金,匀聲。銞,古文鈞从旬②。　居匀切(jūn)。

鈞

【譯文】鈞,三十斤。从金,匀聲。銞,古文鈞字,从旬聲。

【注釋】① 鈞:《孫子算經》:"稱之所起,起於黍,十黍爲一絫,十絫爲一銖,二十四銖爲一兩,十六兩爲一斤,三十斤爲一鈞,四鈞爲一石。"　② 从旬:朱駿聲《通訓定聲》:"从旬聲。"

【參證】金文作、、、。商承祚《説文中之古文考》:"(金文)从,即旬字,見甲骨文。"

鈀 兵車也。一曰:鐵也①。《司馬法》②:"晨夜内鈀車③。"从金,巴聲。　伯加切(bā)。

鈀

【譯文】鈀,兵車。另一義説,是鐵製的五齒耙之類。《司馬法》説:"晨夜内鈀車。"

【注釋】① 鐵也:《正字通》:"鉏屬,五齒,平土除穢用之。俗作耙。"　②《司馬法》:中國古代兵書。《漢書・藝文志》載:《司馬法》共一百五十篇,今存五篇。　③ 晨夜句:王筠《句讀》:"引此以證兵車也。今無此文。"故不譯。若从字面上看,其意爲:早晚讓兵車進來。内,納也。

鐲① 鉦也。从金,蜀聲。軍法②:司馬執鐲。　直角切(zhuó)。

鐲 【譯文】鐲,鍾狀的鈴。从金,蜀聲。軍法規定,公司馬執掌着鍾狀的鈴。

【注釋】① 鐲:徐鍇《繫傳》引《周禮》注:"形如小鍾,軍行鳴之,以爲鼓節。"　② 軍法:錢坫《斠詮》:"此云軍法,皆《周禮》文也。"見《周禮・夏官・大司馬》。今本作"公司馬執鐲"。杜子春注:"公司馬,謂五人爲伍,伍之司馬也。"按:即伍長。

鈴① 令丁②也。从金,从令,令亦聲。　郎丁切(líng)。

鈴 【譯文】鈴,又叫令丁。由金、由令會意,令也表聲。

【注釋】① 鈴:朱駿聲《通訓定聲》:"有柄有舌,似鍾而小。"
② 令丁:《段注》:"令,平聲。令丁,疊韻字。鐲鈴一物也。古謂之丁寧,漢謂之令丁。"徐灝箋:"丁寧、令丁皆狀其聲。急言之爲鈴。"

【參證】金文作、、、。劉心源《古文審》卷五:"此字(即金文次字)从，即金省。”又，《奇觚室吉金文述》卷二《毛公鼎》：“鈴字(指金文末字)从命，古文令命通也。”容庚《頌齋吉金圖録·王成周鈴》：“鈴之類别有二：一綴于旂上者，……一爲樂器。”

①鉦 鐃②也。似鈴，柄中③，上下通。从金，正聲。　諸盈切(zhēng)。

【譯文】鉦，鳴則令人止息的樂器。象鈴；把柄一半在上，一半在鈴中；上下相通。从金，正聲。

【注釋】① 鉦：桂馥《義證》：“《漢雜事》：鼓以動衆，鉦以止衆。夜漏盡，鼓鳴則起；晝漏盡，鉦鳴則息。”　② 鐃：參下條。　③ 柄中：朱駿聲《通訓定聲》：“其柄半在上，半在中，稍寬其孔，爲之抵拒，執柄搖之，使與體相擊而爲聲。”

【參證】金文作，與篆文同。羅振玉《古器物識小録·鐃》：“鉦與鐃不僅大小異，形制亦異；鉦大而狹長，鐃小而短闊。鉦柄實，故長，可手執；鐃柄短，故中空，須續以木柄，乃便執持。蓋鐃與鉦皆柄在下而口向上。”

鐃 小鉦①也。軍法②：卒長執鐃。从金，堯聲。　女交切(náo)。

【譯文】鐃，小鉦。軍法規定，卒長執掌着鐃。从金，堯聲。

【注釋】① 鉦：《段注》：“鉦鐃一物，而鐃較小，渾言不别，析言則有辨也。”參“鉦”條。　② 軍法：見《周禮·夏官·大司馬》。卒，《段注》：“五人爲伍，五伍爲兩，五兩爲卒。”

鐸 大鈴①也。軍法②：五人爲伍，五伍爲兩，兩司馬執鐸。从金，睪聲。　徒洛切(duó)。

【譯文】鐸，大鈴。軍法規定：五個人組成一伍，五個伍組成一兩，兩的司馬官執掌鐸。从金，睪聲。

【注釋】① 大鈴：《段注》：“謂鈴之大者。説者謂軍法所用金鈴、金舌，謂之金鐸；施令時所用金鈴、木舌，則謂之木鐸。”　② 軍法：見《周禮·夏官·大司馬》。

【參證】金文作、、，首字與篆文同，次字繁化爲雙手持鐸，末字爲單手持鐸。

鑮 大鐘①，淳于②之屬，所以應鐘磬也。堵以二③，金④樂則鼓鑮應之。从金，薄聲。 匹各切(pò/bó)⑤。

【譯文】鑮，象大鐘，淳于之類，是用來與鐘磬應和的樂器。(左右懸掛兩堵樂器，)每堵樂器用一個鑮領頭，撞響鐘，鼓和鑮就與它相應和。从金，薄聲。

【注釋】① 大鐘：《段注》："鄭注《周禮》《禮經》皆云：'鎛(即鑮)，似鐘而大。'" ② 淳(chún)于：王筠《句讀》："(鼓人)：'以金錞和鼓。'注：'錞，錞于也。圜如錐頭，大上小下，樂作鳴之，與鼓相和。'疏云：'(淳于)皆有蓋，蓋上蹲一虎。'" ③ 堵以二：當依王筠《句讀》"二"作"一"，王注："左右兩堵，各以一鑮領之也。(《大射儀》)其文曰：'樂人宿縣于阼階東，笙磬西面，其南笙鐘，其南鑮，皆南陳。'案：此東一堵也。又云：'西階之西，頌磬東面，其南頌鐘，其南鑮，皆南陳。'此西一堵也。每堵鐘磬，皆十六枚于一虡，而各有一鑮，故曰：堵以一也。故上文'所以應鐘磬'者，謂東階之鑮，與笙磬、笙鐘應；西階之鑮，與頌磬、頌鐘應也。" ④ 金：王筠《句讀》："許以金單指鐘，而鼓與鑮皆應鐘之器。" ⑤ 今讀依《廣韻》傍各切。

【參證】金文作。參"鎛"條。

鏞 大鐘謂之鏞。从金，庸聲。 余封切(yōng)。

【譯文】鏞，大鐘叫作鏞。从金，庸聲。

鐘 樂鐘也。秋分之音①，物穜②成。从金，童聲。古者垂③作鐘。銿，鐘或从甬④。 職茸切(zhōng)。

【譯文】鐘，樂器鐘。代表秋分時節的音律，至秋而物穜成熟。从金，童聲。古時候一個叫垂的製作鐘。銿，鐘的或體，从甬聲。

【注釋】① 秋分句：王筠《句讀》："《五經通義》：'鐘者，秋分之氣，萬物至秋而成，至冬而藏，堅成不滅絶，莫如金，故金爲鐘，相繼不絶也。'" ② 穜：《段注》："鐘與穜疊韻。"按：以"物穜"釋"鐘"，是疊韻爲訓。 ③ 垂：《宋書・樂志》："鐘者，《世本》云：黄帝工人垂所造。" ④ 从甬：《段注》："鐘柄曰甬，故取以成字。甬亦聲。"

【參證】金文作、、。楊樹達《積微居金文説》："金文鐘鍾通作，即从童，也从重。《説文》分爲二字。""甬者，鐘之象形初文也。"

“此字第一步發展为鏞”,“第二步發展爲鐘。”參“甬”、“鍾”條。

鈁 方(鐘)[鍾][1]也。从金,方聲[2]。 府良切(fāng)。

【譯文】鈁,方形酒壺。从金,方聲。

【注釋】① 方鐘:朱駿聲《通訓定聲》:“鐘當爲鍾,酒器之方者。” ② 从金,方聲:《段注》:“形聲包會意。”

鎛 鎛鱗[1]也。鐘上横木上金華也[2]。一曰:田器[3]。从金,尃聲。《詩》[4]曰:“庤乃錢鎛。” 補各切(bó)。

【譯文】鎛,附着的龍蛇之類。是懸鐘的横木上用金塗飾的花紋。另一義説,種田的(鋤頭一類的)器具。从金,尃聲。《詩經》説:“準備好你們的鍬和鋤。”

【注釋】① 鎛鱗:《段注》:“鎛之言薄也,迫也,以金傅著之也。”徐灝箋:“鱗,龍蛇之屬。” ② 鐘上句:徐鍇《繫傳》:“鐘筍(懸鐘的横木)上飾。”《段注》:“横木刻爲龍而以黄金涂之,光華爛然。” ③ 田器:《廣雅·釋器》:“鎛,鉏(鋤)也。” ④《詩》:指《周頌·臣工》。參“錢”條。

【參證】金文作。李曄《周代農業生産工具名物考》(《學術研究》一九六三年第二期):“今日的鍬當即古代鎛。”“即以‘鎛’(古樂器,形似卷筒)爲名而形成爲形狀瓦仰的田器鎛了。”“錢(鏟)板平而特别有利於鏟土除草,鎛(鍬)瓦仰而特别有利於插地起土。”

鍠 鐘聲也。从金,皇聲[1]。《詩》[2]曰:“鐘鼓鍠鍠。” 乎光切(huáng)。

【譯文】鍠,鐘聲。从金,皇聲。《詩經》説:“鐘聲、鼓聲鍠鍠地應和。”

【注釋】① 皇聲:聲中有義。《段注》:“皇,大也。故聲之大字多从皇。” ②《詩》:指《周頌·執競》。今本“鍠”作“喤”。承培元《引經證例》:“鍠本鐘聲,而《詩》兼鼓言之,肖聲無正字,可通用也。”毛傳:“喤喤,和也。”陳奂《傳疏》:“云‘和’者,謂鐘與鼓聲相應和。”

鎗 鐘聲[1]也。从金,倉聲。 楚庚切(chēng)。

【譯文】鎗,鐘聲。从金,倉聲。

【注釋】① 鐘聲：《段注》："引申爲他聲。"

【參證】金文作□。吴大澂《古籀補》："古鎗字，不从金。"

鍯 鎗鍯①也。一曰：大鑿，平木②者。从金，悤聲。　倉紅切(cōng)。

【譯文】鍯，鐘聲鎗鍯。另一義説，大鑿子，鑿平木頭節巴的工具。从金，悤聲。

【注釋】① 鎗鍯：《段注》："鎗鍯，善狀鐘聲。今尟(鮮少)用此。"　② 平木：徐灝《段注箋》："木科厄有節，則以大鑿平之耳。"

【參證】金文作□。參"悤"條。此借爲象聲詞。

錚 金聲①也。从金，爭聲。　側莖切(zhēng)。

【譯文】錚，金屬撞擊聲。从金，爭聲。

【注釋】① 金聲：《段注》："《後漢書》曰：'鐵中錚錚。'鐵堅則聲異也。"

鏜 鐘鼓之聲①。从金，堂聲。《詩》②："擊鼓其鏜。"　土郎切(tāng)。

【譯文】鏜，敲鐘擊鼓的聲音。从金，堂聲。《詩經》説："敲鼓敲得那麽鏜鏜地響。"

【注釋】① 鐘鼓句：《段注》："許以其从金，故先之以鐘，曰鐘鼓之聲。"　②《詩》：指《邶風·擊鼓》。本書"鼓"部"鼞"下引《詩》作"擊鼓其鼞"。朱駿聲《通訓定聲》："鼞篆下引三家(齊、魯、韓)《詩》，此引毛《詩》也。"參"鼞"條。

鏨 金聲也。从金，輕聲。讀若《春秋傳》①曰"䟫而乘它車"。苦定切(qìng)。

【譯文】鏨，金屬撞擊聲。从金，輕聲。音讀象《春秋左傳》説的"䟫而乘别的車"的"䟫"字。

【注釋】①《春秋傳》：指《左傳·昭公二十六年》。今本原文："苑子剃林雍，斷其足，鏨而乘於他車以歸。""䟫"作"鏨"，"它"作"他"。桂馥《義證》："《傳》本作'䟫'，故杜(預)訓'一足行'。"邵瑛《羣經正字》："鏨乃䟫之譌，或聲同假借。正字當作䟫。《説文》篆無䟫字，……則足部偶失收。此經實當作䟫也。《玉篇》：'䟫，一足行皃。'《廣韻》:'躄,一足跳行。'皆此經確詁。"《左傳》原文大意爲:苑子砍斫林雍,斷了他一條腿。林雍用另一條腿跳行,乘別的車回去。

[篆]① 劍鼻②也。从金,覃聲③。 徐林切(xín)。

鐔 【譯文】鐔,劍柄與劍身連接處兩旁突出的部分。从金,覃聲。

【注釋】① 鐔:徐鍇《繫傳》:"人握處之下也。"《漢書·匈奴傳下》"玉具劍"顔師古注:"鐔,劍口旁横出者也。" ② 劍鼻:《段注》:"印鼻、劍鼻、瓜鼻,皆謂鼻者,鼻猶初也。始生子爲鼻子。"

③ 覃聲:聲中有義。徐灝《段注箋》:"覃,延也。言其横出劍外也。"即横出劍外有所延伸。

[篆] 鏌釾①也。从金,莫聲。 慕各切(mò)。

鏌 【譯文】鏌,鏌釾。从金,莫聲。

【注釋】① 鏌釾:徐鍇《繫傳》作"鏌釾,大戟也。"參"釾"條。

[篆] 鏌釾①也。从金,牙聲。 以遮切(yé)。

釾 【譯文】釾,鏌釾。从金,牙聲。

【注釋】① 鏌釾:徐灝《段注箋》:"王氏《廣雅疏證》曰:'干將、莫邪皆連語,以狀其鋒刃之利,故爲劍戟之通偁。……自西漢以前未有以干將、莫邪爲人名者,自《吴越春秋》始以干將爲吴人,莫邪爲干將之妻。'"按:鏌釾:疊韻聯緜詞。上古鏌屬鐸部,釾屬魚部,魚鐸可對轉。參"鏌"條。

[篆]① 刀削末銅也。从金,票聲。 撫招切(piāo/biāo)。

鏢 【譯文】鏢,刀鞘末端的銅飾物。从金,票聲。

【注釋】① 鏢:《段注》:"削者,刀鞞也。俗作鞘。刀室之末,以銅飾之,曰鏢。"

[篆]① 鋋②也。从金,及聲。 穌合切(sà)。

鈒 【譯文】鈒,短小的矛。从金,及聲。

【注釋】① 鈒:桂馥《義證》引顔師古注《急就篇》:"鈒,短矛也。"

② 鋋:小矛。參下條。

[篆]① 小矛也。从金,延聲。 市連切(chán)。

鋋 【譯文】鋋,短小的矛。从金,延聲。

【注釋】① 鋋:《段注》引顔師古注《漢書》曰:"鋋,鐵把短矛也。"參

"鉈"條。

鈗① 侍臣所執兵也。从金，允聲。《周書》②曰："一人冕，執鈗。"讀若允。 余準切（yǔn）。

【譯文】鈗，侍衛的臣子持執的那（矛類）兵器。从金，允聲。《周書》說："一個人戴着禮帽，手裏持握着矛。"音讀象"允"字。

【注釋】① 鈗：陳瑑《引經考證》："《説文》鈗之上爲鋋，訓小矛；鈗之下爲鉈，訓短矛；鉈下爲鏦，訓矛也；鏦下爲錟，訓長矛。以類相次，則鈗亦矛屬可知矣。" ②《周書》：指《顧命》。今本"鈗"作"鋭"。

鉈① 短矛也。从金，它聲。 食遮切（shé/shī）②。

【譯文】鉈，短矛。从金，它聲。

【注釋】① 鉈：《段注》："《方言》曰：'矛，吴揚江淮南楚五湖之間，謂之鍦，或謂之鋋，或謂之（縱）[鏦]。'按：鍦即鉈字。"徐灝箋："它與也篆體相似，故鉈誤爲鉇。""一誤而爲鉇，再誤而爲鉈，因又作鍦矣。" ② 今讀依《廣韻》式支切。

【參證】戴家祥《金文大字典》："鉈（史頌匜史頌作鉈）字从金从也，六國時書也作也，與它形近，故小篆也、它多混。""金文鉇器形同匜，當是匜字異體。"

鏦 矛也。从金，從聲。錄①，鏦或从彖。 七恭切（cōng）。

【譯文】鏦，矛。从金，從聲。錄，鏦的或體，从彖（tuàn）。

【注釋】① 錄：王筠《句讀》："從、彖二聲，不能通轉。"《段注》："（彖）非聲也。未詳。"

錟 長矛也。从金，炎聲。讀若老聃①。 徒甘切（tán）。

【譯文】錟，長矛。从金，炎聲。音讀象老聃的"聃"字。

【注釋】① 讀若老聃：葉德輝《讀若考》："錟聃，古音同部。凡炎、冄聲字均可通。"

鏠① 兵耑②也。从金，逢聲。 敷容切（fēng）。

【譯文】鏠，兵器的尖端。从金，逢聲。

【注釋】① 鏠：今作鋒。《釋名・釋兵》："刀，其末曰鋒。" ② 兵耑：《段注》："兵，械也；耑，物初生之題，引申爲凡物之顛與末。凡金器之尖曰鏠。"

錞 矛戟柲下銅[1]，鐏[2]也。从金，臺聲。《詩》[3]曰："厹矛沃錞。" 徒對切(duì)[4]。

【譯文】錞，矛戟的把柄下端銅製的平底套，又叫鐏。从金，臺聲。《詩經》説："三棱鋒刃的酋矛，用白銅製作柄把末端的平底套。"

【注釋】① 矛戟句：桂馥《義證》引顔注《急就篇》："柲者，總言矛戟之把也。"《段注》："柲，欑也。欑，積竹杖也。矛戟之矜，以積竹杖爲之，其首非銅裹而固之，恐易散。" ② 鐏：王筠《句讀》："通其名也。"參"鐏"條。 ③《詩》：指《秦風・小戎》。今本"厹(qiú)"作"厹"(róu)，"沃"作"鋈"。厹矛，承培元《引經證例》："厹，高气也。引申義爲高。内，獸迹也，引申義爲枝出。厹矛即酋矛之三隅者。"鋈，參"鋈"條。 ④《字通》："一音純，通淳。《晉語》：'戰以錞于、丁寧。'注：'錞于，形如碓頭，與鼓相和。'錞于或作淳于。"見"鐏"條。

【參證】金文作、、。《金文編》："(首字)不从金。器名。經典作敦。"按：末字之右旁亯即章之異體。亯有烹義，亯羊即烹羊，烹羊有純熟義。用皿烹飪，則爲亯。錞用章或亯爲聲符。

鐏 柲下銅[1]也。从金，尊聲。 徂寸切(zùn/zūn)[2]。

【譯文】鐏，(戈的)把柄末端銅製錐形套。从金，尊聲。

【注釋】① 柲下銅：桂馥《義證》："'柲下銅也'者，當爲'戈柲下銅也'。矛戟下曰錞，戈下曰鐏。對文則分，散文則通。"朱駿聲《通訓定聲》："鋭可插地者曰鐏，平者曰錞。" ② 今讀依《集韻》租昆切。

鏐 弩眉[1]也。一曰：黄金之美者[2]。从金，翏聲。 力幽切(liú)。

【譯文】鏐，弩眉。另一義説，精美的黄金。从金，翏聲。

【注釋】① 弩眉：徐灝《段注箋》："未詳。" ② 黄金句：《爾雅・釋器》："黄金謂之璗，其美者謂之鏐。"郭注："鏐即紫磨金。"

【參證】金文作、、，首字與篆文同，後二字是首字的變異。

鍭 矢。金鍭[1]翦[2]羽謂之鍭。从金，侯聲。 乎鉤切(hóu)。

【譯文】鍭，就是箭。金屬製的箭頭、整齊的箭羽，叫作鍭。从金，侯聲。

【注釋】① 鍭：箭頭。 ② 翦：本書羽部："翦，羽生也。"《段注》："羽初生如前(jiǎn，剪)齊也。"參"翦"條。

鏑① 矢鏠也。从金，啻聲。 都歷切(dí)。

鏑 【譯文】鏑，箭的鋒利的頭部。从金，啇聲。

【注釋】① 鏑：本書矢部："矢，象鏑、栝、羽之形。"鏑指箭頭。《段注》："謂矢族之入物者。"

【參證】楊樹達《積微居小學述林》卷一《釋鏑》："鏑从啻聲，啻从帝聲，而帝則从朿得聲，鏑即受義於朿也。""矢鋒鋭利，足以傷害人，與木芒同，故取以爲義。""(朿、啻)古音不異。鏑之从啻，猶之从朿矣。"參"朿"、"芒"條。又，甲文有字，楊《積微居甲文説》卷上《釋嫢》："疑爲鏑字。""商字从帝聲，甲文从帝，與篆文从商同。字義爲矢鏠，故甲文从矢。"

鎧 甲①也。从金，豈聲。 苦亥切(kǎi)。

鎧 【譯文】鎧，用金屬薄片連綴而成的、作戰時用於護身的衣服。从金，豈聲。

【注釋】① 甲：徐灝《段注箋》："《周禮》'司甲'鄭注：'甲，今時鎧也。'疏曰：'古用皮謂之甲，今用金謂之鎧。'从金爲字也。"

釬① 臂鎧也。从金，干聲。 侯旰切(hàn)。

釬 【譯文】釬，戰時套在臂上的用金屬薄片連綴而成的袖套。从金，干聲。

【注釋】① 釬：《段注》："戰陣所用臂鎧謂之釬。兩臂皆箸之。"

錏 錏鍜①，頸鎧②也。从金，亞聲。 烏牙切(yā)。

錏 【譯文】錏，錏鍜，戰時套在頸項上的鎧甲。从金，亞聲。

【注釋】① 錏鍜：朱駿聲《通訓定聲》："疊韻連語。" ② 頸鎧：王筠《句讀》："《漢書・刑法志》：'三屬之甲。'蘇林曰：'三屬者，兜鍪也，盆領也，髀褌也。'案：盆領，蓋即頸鎧。"

鍜① 錏鍜也。从金，叚聲。 乎加切(xiá)。

鍜 【譯文】鍜，錏鍜。从金，叚聲。

【注釋】① 鍜：參"錏"條。

鐗[1] 車軸鐵也。从金,閒聲[2]。　古莧切(jiàn)。

鐗　【譯文】鐗,嵌在車軸、車轂間的鐵。从金,閒聲。

【注釋】① 鐗:《釋名·釋車》:"鐗,閒也。閒釭(gāng)軸之閒,使不相摩也。"畢沅疏證:"蓋軸貫轂中,轂轉則與軸相摩,而轂中有釭,恐桀其軸,故以鐗裹軸,使不受釭摩也。"參"釭"條。　② 閒聲:聲中有義。見注①。

釭[1] 車轂(中)[口][2]鐵也。从金,工聲。　古雙切(gāng)。

釭　【譯文】釭,車轂口鑲嵌的鐵圈。从金,工聲。

【注釋】① 釭:《方言》卷九"車釭"錢繹箋疏:"釭之言空也。轂口之内,以金嵌之曰釭。"　② 車轂中:當依王筠《句讀》"中"作"口",王注:"口者,銜軸之處,每轂内外兩口,皆有釭。"參"鐗"條。

銴　車樘結[1]也。一曰:銅生五色[2]也。从金,折聲。讀若誓。　時制切(shì)。

【譯文】銴,張弛松緊車幔之類的樞紐。另一義説,銅生五色銹。从金,折聲。音讀象"誓"字。

【注釋】① 車樘(chēng)結:王筠《句讀》:"車樘者,車上之樘(門、窗的框子)也。字又作棠。在車兩旁,蹝幰,使不得進卻也。幰,車幔也。結者,樞紐之謂,所以張弛其樘也。"　② 五色:王筠《句讀》:"此所謂衣也。"

鈘[1] 乘輿馬頭上防鈘[2]。插以翟尾、鐵翮[3],象角。所以防網羅鈘去之[4]。从金,气聲。　許訖切(xì)。

鈘　【譯文】鈘,指爲天子駕車的馬,那頭上名叫防鈘的金屬裝飾物。用野鷄的長尾、象鐵一樣的羽毛硬管插進去,象馬頭上長着角。是用來防止網羅攔阻、割斷并除去網羅的器具。从金,气聲。

【注釋】① 鈘:同釳。　② 乘輿句:《段注》:"乘輿,天子之車。'防'古多作'方'。方鈘者,其名;下言其制。"蔡邕《獨斷》曰:"方釳,鐵也,廣數寸,在馬騣後,有三孔,插翟尾其中。"　③ 鐵翮:王筠《句讀》:"今謂春生之鵠,其翮爲夏日所暴,其力强猛,俗謂之銕翅。意蓋猶此云'象角'者。"　④ 鈘去之:王筠《句讀》補正:"鈘去之,即是斷去之也。"《句讀》:"桂氏曰:'鈘去,當爲刉去。'鈘、刉聲相近。

本書：刉，斷也。”

鑾 鑾 人君乘車，四馬鑣，八鑾鈴[①]，象鸞鳥聲，和[②]則敬也。从金，从鸞省[③]。 洛官切(luán)。

【譯文】鑾，人君乘坐的車，有駕車的四匹馬，口裏銜着鐵，（鈴鐺繫在馬銜的兩邊，）一共八個鈴，行進時象鸞鳥的聲音，加上和鈴應和着，就更顯得莊嚴肅穆。由金、由鸞字省去鳥會意。

【注釋】① 四馬鑣句：桂馥《義證》：“在鑣曰鸞，謂鸞鈴置於馬之鑣。郭璞曰：鑣，馬勒旁鐵也。言置鈴於馬口之兩旁。” ② 和：《詩・小雅・蓼蕭》：“和鸞雝雝。”孔穎達正義：“在軾曰和。和亦鈴也，以其與鸞相應和。” ③ 从金，从鸞省：《段注》：“此舉會意包形聲。”

【參證】金文作、。首字即䜌，不从金；次字从二金，應是鑾之異體。黄然偉《殷周青銅器賞賜銘文研究》：“䜌，經傳从金作鑾，鑾即鈴。”

鉞[①] 鉞 車鑾[②]聲也。从金，戉聲。《詩》[③]曰：“鑾聲鉞鉞。” 呼會切(huì)。

【譯文】鉞，車鈴的鳴聲。从金，戉聲。《詩經》說：“鈴聲鉞鉞地響。”

【注釋】① 鉞：徐鉉：“今俗作‘鐬’，以‘鉞’作斧戉之‘戉’。”按：表鈴聲的“鐬”讀呼會切(huì)；表斧戉的“鉞”讀 yuè。 ② 鑾：鈴。見“鑾”條。 ③《詩》：邵瑛《羣經正字》：“《詩》凡三見。《采菽》作‘嘒’，《庭燎》、《泮水》作‘噦’。”桂馥《義證》：“鉞、噦聲相近。”按：鉞、噦、嘒，上古同屬月部。

鐊[①] 鍚 馬頭飾也。从金，陽聲。《詩》[②]曰：“鉤膺鏤鐊。”一曰，鍱[③]，車輪鐵。 與章切(yáng)。

【譯文】鐊，馬額頭上的金屬裝飾物。从金，陽聲。《詩經》說：“馬頸上和胸前的帶狀裝飾物，和刻有花紋的馬額上的金屬裝飾物。”另一義說，鐊是鐵葉，是包車輪的鐵片。

【注釋】① 鐊：今作鍚。徐鍇《繫傳》：“刻金華(花)當馬額也。”
②《詩》：指《大雅・韓奕》。鉤膺：又叫繁纓。繁通“鞶”，馬腹帶；纓，馬頸革。鏤鍚：鄭玄箋：“眉上曰鍚，刻金飾之，今當盧(顱)也。”

鏤：雕刻。　③ 鍱：王筠《句讀》："言鍱亦有謂之鍚者。則傅輪之銕之專名。"柳榮宗《引經考異》："鍱音葉，即鐵葉也。"

【参證】金文作□。《金文編》還收有□字。

銜　馬勒① 口中。从金，从行。銜，行馬者② 也。　户監切(xián)。

【譯文】銜，馬嚼子含在口中。由金、由行會意。銜，控制馬的行止的器具。

【注釋】① 勒：《段注》："革部曰：'勒，馬頭絡銜也。'絡，謂絡其頭；銜，謂關其口：統謂之勒也。其在口中者謂之銜。銜以鐵爲之，故其字从金。引申爲凡口含之用。"　② 行馬者：《段注》："凡馬，提控其銜，以制其行止。此釋从行之意。"

鑣　馬銜① 也。从金，麃聲。䴏，鑣或从角②。　補嬌切(biāo)。

【譯文】鑣，馬嚼子兩旁的鐵具。从金，麃聲。䴏，鑣的或體，从角。

【注釋】① 馬銜：王筠《句讀》作"馬勒旁鐵也"。又，《釋例》："革部：'勒，馬頭絡銜也。'然則勒以革爲之，所以繫鑣；鑣與銜皆以金爲之，鑣在口旁，銜在口中。三物一體，故通其名。"　② 从角：《段注》："蓋古或以角之至堅者爲之。"

鉣　組帶鐵① 也。从金，劫省聲。讀若劫②。　居怯切(jié)。

【譯文】鉣，馬的肚帶上繫的鐵環。从金，劫省聲。音讀象"劫"字。

【注釋】① 組帶鐵：《段注》："'組'上疑當有'馬'字。"王筠《句讀》："衣部：'褢，以組帶馬也。'蓋即今之肚帶。鉣則肚帶有舌之環也。"組，絲帶；帶，佩帶。用如動詞，繫。　② 讀若劫：嚴可均《校議》："既云劫省聲，何煩讀若劫。舊當从金去聲。"

鈇　莝斫① 刀也。从金，夫聲。　甫無切(fū)。

【譯文】鈇，砍鍘柴草的刀。从金，夫聲。

【注釋】① 莝斫：《段注》："莝者，斬芻也。斬芻之刀，今之剚刀。"斫，砍削。莝斫，同義連用。即今之鍘刀。

釣①　鉤魚也。从金，勺聲。　多嘯切(diào)。

【譯文】釣，用釣鉤釣魚。从金，勺聲。

【注釋】① 釣：《段注》："鉤者，曲金(彎鈎)也。以曲金取魚謂之鈞。”

鏊 羊箠①耑有鐵。从金，埶聲。讀若至。 脂利切(zhì)。

【譯文】鏊，羊鞭的末端有金屬針狀物。从金，埶聲。音讀象“至”字。

【注釋】① 羊箠：《段注》：“箠者，所以擊馬也。因之擊羊者謂之羊箠。其耑(端)有鐵，故字从金。”按：鐵指金屬針狀物。

鋃 鋃鐺，瑣①也。从金，良聲。 魯當切(láng)。

【譯文】鋃，鋃鐺，(囚禁人的)鎖鏈。从金，良聲。

【注釋】① 瑣：《段注》：“瑣爲玉聲之小者，引申之，彫玉爲連環不絕，謂之瑣。漢以後罪人不用纍紲，以鐵爲連環不絕係之，謂之鋃鐺，遂製鎖字。”

鐺① 鋃鐺②也。从金，當聲。 都郎切(dāng)。

【譯文】鐺，鋃鐺。从金，當聲。

【注釋】① 鐺：《段注》：“今俗用爲酒鎗字。”《六書故》：“(鎗)三足鬴也。俗作鐺。”按：鎗爲三足釜鍋類器皿，用以盛酒，即爲《段注》所說“酒鎗”。 ② 鋃鐺：朱駿聲《通訓定聲》：“疊韻連語。”參“鋃”條。

鋂 大瑣①也。一環貫二者。从金，每聲。《詩》②曰：“盧重鋂。” 莫桮切(méi)。

【譯文】鋂，大連環。一大環連貫着幾個小環。从金，每聲。《詩經》說：“黑色的獵狗脖子上套着大環貫穿着許多小環的鋂環。”

【注釋】① 瑣：當依《段注》作“環”。 ②《詩》：指《齊風・盧令》。盧，黑色的獵狗。毛傳：“盧，田犬。”張華《博物志》卷四：“韓國有黑犬，名盧。”重(chóng)鋂，《毛詩正義》：“謂一大環貫兩小環也。”

鍡 鍡鑸①，不平也。从金，畏聲。 烏賄切(wěi)。

【譯文】鍡，鍡鑸，坎坷不平的樣子。从金，畏聲。

【注釋】① 鍡鑸：疊韻聯緜詞。

鑸 鍡鑸①也。从金，壘聲。 洛猥切(lěi)。

【譯文】鑸，鍡鑸。从金，壘聲。

【注釋】① 鍡鑸：參“鍡”條。

鎎　怒戰也。从金，氣聲[1]。《春秋傳》[2]曰："諸侯敵王所鎎。"許既切(xì/kài)[3]。

【譯文】鎎，憤怒地戰鬥。从金，氣聲。《春秋左傳》説："諸侯把周王恨怒的對象當作自己的仇敵。"

【注釋】① 从金，氣聲：舉形聲以包會意。《段注》："怒則有氣，戰則用兵，故其字从金氣。氣者，气之叚借字也。"　②《春秋傳》：指《左傳·文公四年》。今本"鎎"作"愾"。杜預注："敵猶當也。愾，恨怒也。"按：敵用作意動。愾是借字，鎎是正字。承培元《引經證例》："此引傳證用字引申義也。鎎訓'怒戰'而傳文止用'怒'義。"　③ 今讀依《集韻》口溉切。

鋪　箸門鋪首[1]也。从金，甫聲。　普胡切(pū)。

【譯文】鋪，附箸在門扇上銜着門環的金屬螺形獸面。从金，甫聲。

【注釋】① 鋪首：朱駿聲《通訓定聲》："古者箸門爲螺形，謂之椒圖，是曰鋪首。以金爲之，則曰金鋪。"王筠《句讀》："《三輔黄圖》：'金鋪玉户。'注：'金鋪，扇上有金華，中作獸及龍蛇，鋪首以銜環也。'"

【參證】金文作□、□。戴家祥《金文大字典》："从金，甫聲。(金文)當是鬴釜的異體字。"

鐉[1]　所以鉤門户樞也。一曰：治門户器也。从金，巽聲。　此緣切(quān)。

【譯文】鐉，用來鉤住門户轉軸的鐵環。另一義説，管治門户的器具。从金，巽聲。

【注釋】① 鐉：王筠《句讀》："其形如鉤而長爪，爪箸于門匡，樞納其中，以利開闔。"

鈔　叉取[1]也。从金，少聲。　楚交切(chāo)。

【譯文】鈔，用手指突入取物。从金，少聲。

【注釋】① 叉取：《段注》："叉者，手指相錯也。手指突入其間而取之，是之謂鈔。从金者，容以金鐵諸器刺取之矣。今謂竊取人文字曰鈔，俗作抄。"

鍣[1]　以金有所冒也。从金，沓聲[2]。　他荅切(tà)。

【譯文】鍣，用金屬製品冒覆别的物體。从金，沓聲。

【注釋】① 錔：王筠《句讀》："古所謂錔，即今所謂套也。" ② 从金，沓聲：《段注》："形聲包會意。""錔取重沓之意，故多借沓爲之。"

銽① 斷也。从金，𠯑聲。 古活切(guā)。

銽 【譯文】銽，斷。从金，𠯑聲。

【注釋】① 銽：桂馥《義證》："《廣雅》同。劊銛音義並同。言部話或作譮，是其比。"

鉻 鬄①也。从金，各聲。 盧各切(luò)。

鉻 【譯文】鉻，剃髮。从金，各聲。

【注釋】① 鬄：《段注》："鬄者，鬀髮也。亦謂之鉻。"徐灝《箋》："今釋氏猶有鉻髮之語。"朱駿聲《通訓定聲》："俗僧家披鬀謂之鉻髮。"

𨮓 伐擊也。从金，亶聲。 旨善切(zhǎn)。

𨮓 【譯文】𨮓，伐擊。从金，亶聲。

鏃① 利②也。从金，族聲②。 作木切(zú)。

鏃 【譯文】鏃，鋭利。从金，族聲。

【注釋】① 鏃：《段注》："今用爲矢鏠(鋒)之族。" ② 利：王筠《句讀》："言利者，矢鋒取其銛利也。" ② 族聲：聲中有義。本書："族，矢鋒也。"

鈌 刺也。从金，夬聲。 於決切(yuè/jué)①。

鈌 【譯文】鈌，刺。从金，夬聲。

【注釋】① 今讀依《廣韻》古穴切。

鏉 利也。从金，欶聲。 所右切(shòu)。

鏉 【譯文】鏉，鋒利。从金，欶聲。

鎦① 殺也。 力求切(liú)。

鎦 【譯文】鎦，殺。

【注釋】① 鎦：徐鉉引徐鍇説："《説文》無劉字，偏旁有之；此字又史傳所不見。疑此即劉字也。从金，从丣(yǒu)，刀字屈曲，傳寫誤作田爾。"鈕樹玉《校録》："刀字必無誤作田之理。"段玉裁《説文劉字攷》："以許訂許，金部當正篆作劉，補解曰：'从金刀，丣聲。'""从金，義未著；必从金刀而後著。"《讀書雜釋》：《鎦即劉字》：顏師古曰：

莽以劉字上有卯，下有金旁，又有刀，故禁剛卯，及金刀也。是劉字作刀無疑。”徐灝《段注箋》：“許書偶奪劉篆，當依竹部藰、水部瀏之偏旁爲正而存鎦爲或體。”综上諸説，依許例，金條説解擬爲：（）殺也。从金刀，丣聲。，劉或从金，留聲。許氏奪劉篆以鎦代劉之故，《蛾術篇》推測説：“以漢天子之姓而訓爲殺，許氏避嫌，故改爲鎦。”

【參證】邵瑛《羣經正字》：“劉从丣不从卯。丣，古文酉字，今經典俱从卯，由隸變而譌。”按：此以許訂許之説。從甲金文而言，丣、卯本是一字。陸懋德《書經顧命篇侍臣所執兵器考》（《燕京學報》三十八期）：“（卯）是劉字之初文。”“（甲金文作，）象圜形斧對立之形。”“故可訓爲殺也。”參“卯”條。

① 業②也。賈人占錉③。从金，昏聲。　武巾切（mín）。

錉 【譯文】錉，本錢。商人估計自己的本錢。从金，昏聲。

【注釋】① 錉：朱駿聲《通訓定聲》：“即緡之俗字，字亦作䝱。”桂馥《義證》：“《廣雅》：‘䝱，本也。’”本即本錢。朱所説之緡即緍。參“緍”條。　② 業：張舜徽《約注》：“業猶財也。今猶俗稱家財爲家業也。”　③ 占錉：徐鍇《繫傳》：“謂使自隱度其家之所有也。”按：隱度指估算。

 大剛①也。从金，巨聲。　其吕切（jù）。

鉅 【譯文】鉅，巨大而剛硬。从金，巨聲。

【注釋】① 大剛：吴善述《廣義校訂》：“大剛即今所謂鋼，煉鐵爲之，以堅鋒刃者。古無鋼字，即剛是。其質至剛，故曰大剛，亦曰剛鐵。”

 鏞銻①，火齊②。从金，唐聲。　徒郎切（táng）。

鏞 【譯文】鏞，鏞銻，火齊珠。从金，唐聲。

【注釋】① 鏞銻：雙聲聯綿詞。　② 火齊（jì）：《段注》：“玉部曰：‘玫瑰，火齊也。’然則鏞銻即玫瑰也。《廣韻》：‘火齊似雲母，重沓而開，色黄赤似金。’”

① 鏞銻也。从金，弟聲。　杜兮切（tí）。

銻 【譯文】銻，鏞銻。从金，弟聲。

【注釋】① 銻：參上“鏞”條。

鈋 吪圜①也。从金，化聲②。　五禾切(é)。

【譯文】鈋，轉動着使不圓的器物變圓。从金，化聲。

【注釋】① 吪(é)圜：《段注》："吪，動也。謂本不圜變化而圜也。"徐灝箋："今工匠治器，凡稜角，刓(wán，剜削)而圜之，謂之摩圜，即鈋圜之語轉。"　② 化聲：聲中有義。化有變化義。上引《段注》"變化而圜"之變化即來自於此。

鐓 下垂也。一曰：千斤椎①。从金，敦聲。　都回切(duī)。

【譯文】鐓，下垂。另一義説，千斤的錘子。从金，敦聲。

【注釋】① 千斤椎：《段注》："椎，所以擊也。千斤椎，若今衆舉以築地者是也。"

鍒 鐵之耎①也。从金，从柔，柔亦聲。　耳由切(róu)。

【譯文】鍒，軟鐵。由金、由柔會意，柔也表聲。

【注釋】① 鐵之耎(ruǎn)：王筠《句讀》："謂鐵中之柔耎者也。"《正字通・金部》："鍒，熟鐵也。"

錭 鈍①也。从金，周聲。　徒刀切(táo)。

【譯文】錭，(刀劍)不鋒利。从金，周聲。

【注釋】① 鈍：《正字通・金部》："刀劍不利也。"

鈍 錭①也。从金，屯聲。　徒困切(dùn)。

【譯文】鈍，(刀劍)不鋒利。从金，屯聲。

【注釋】① 錭：參上條。

銻① 利也。从金，弟聲。讀若齊。　徂奚切(qí)。

【譯文】銻，鋒利。从金，弟聲。音讀象"齊"字。

【注釋】① 銻：張舜徽《約注》："今湖湘間倆刀刃平利無缺者曰刀口齊。當以銻爲本字。"

錗 側意①。从金，委聲。　女恚切(nèi)。

【譯文】錗，表示歪側的意味。从金，委聲。

【注釋】① 側意：《段注》："司部曰：'詞者，意内而言外也。'側意猶側詞。錗即今之歪字。唐人曰'夭邪'。"

文一百九十七　重十三

鑺① 兵器也。从金,瞿聲②。 其俱切(qú)。

鑺 【譯文】鑺,兵器。从金,瞿聲。

【注釋】① 鑺:《鈕新附考》:"《書·顧命》:'一人冕,執戣,立于東垂。一人冕,執瞿,立于西垂。'孔傳:'戣、瞿皆戟屬。'正義引鄭注云:'蓋今三鋒矛。'據此知瞿即鑺矣。"徐灝《箋》"戣"下:"戴氏侗曰:癸鼎文作[illegible],似三歧矛。" ② 瞿聲:《鄭新附考》:"古止作瞿,加金後出。又作戵。"按:瞿矛材質爲金屬,故从金;而其形狀功能與戈相類,故又从戈。

銘① 記也。从金,名聲②。 莫經切(míng)。

銘 【譯文】銘,(在鐘鼎上)刻記自己的名字。从金,名聲。

【注釋】① 銘:王玉樹《拈字》:"《禮記·祭統》:'夫鼎有銘,銘者自名也。自名以偁揚其先祖之美,而明箸之後世者也。'" ② 名聲:名本義爲自命。《段注》"名"下:"其作器刻銘","祇云名已足"。《鈕新附考》:"其加金旁者,蓋涉題勒鐘鼎也。"

鎖 鐵鎖①、門鍵②也。从金,貨聲。 穌果切(suǒ)。

鎖 【譯文】鎖,鐵鎖鍊;扣住門箱、使無鑰匙不能打開的鍵。从金,貨聲。

【注釋】① 鐵鎖:《鈕新附考》:"《漢書·王莽傳》云:'民犯鑄錢,伍人相坐,沒入爲官奴婢,其男子檻車,兒女子步,以鐵瑣琅當其頸,傳詣鍾官'云云,知古通作瑣。"《段注》"鋃"下:"瑣爲玉聲之小者,引申之,彫玉爲連環不絶,謂之瑣。漢以後,罪人不用纍紲,以鐵爲連環不絶係之,謂之鋃鐺,遂製鎖字。" ② 門鍵:鎖門箱的關鍵。鎖物之門鍵猶鎖人的鐵鍊,二義相因。

鈿① 金華②也。从金,田聲。 徒年切(tián)。

鈿 【譯文】鈿,貴重如金玉、形狀如花似朵(的首飾)。从金,田聲。

【注釋】① 鈿:《鄭新附考》:"漢已前書無鈿。《釋名》止言華勝。" ② 金華:如金似華者。杜甫《秋日夔州詠懷寄鄭監李賓客一百韻》:"囊虛把釵釧,未盡拆花鈿。"釵釧、花鈿相對,鈿是首飾。又引申爲如金似華鑲嵌器物。《廣韻》又音甸。"去聲三十二霰,鈿,寶鈿,以寶飾器。"

釧 臂環[①]也。从金，川聲[②]。　尺絹切(chuàn)。

釧 【譯文】釧，手臂手腕上的環。从金，川聲。

【注釋】① 臂環：臂本義爲"手上"。桂馥《義證》"臂"下引《增韻》："臂，肱腕。"又引《釋名》："臂，裨也，在旁曰裨也。"臂包括臂、腕。杜甫《喜聞官軍已臨賊境二十韻》："家家賣釵釧，只待獻春醪。"　② 川聲：聲中有義。川本義爲使水貫穿通流，引申貫通。環可使手臂手腕貫穿而通過。

釵[①] 笄屬。从金，叉聲[②]。本只作叉[③]。此字後人所加。　楚佳切(chāi)。

釵 【譯文】釵，簪笄類的首飾。从金，叉聲。本只作叉。此字後人所加。

【注釋】① 釵：《古文苑·司馬相如〈美人賦〉》："玉釵掛臣冠，羅袖拂臣衣。"　② 叉聲：聲中有義。見下注。　③ 本只作叉：《段注》"叉"下："謂手指與物相錯也。凡布指錯物間而取之曰叉，因之凡岐頭皆曰叉。是以首笄曰叉。今字作釵。魚部鱺下云：'大如叉股。'"《釋名·釋首飾》："釵，叉也。象叉之形。因名之也。"《鄭新附考》："加金當出漢後。"加金者，言其金玉所製。

釽[①] 裂也。从金爪[②]。　普擊切(pī)。

釽 【譯文】釽，裁裂木料。由金爪會意。

【注釋】① 釽：《鄭新附考》："字體多譌作鎃。《方言》：'釽、摫，裁也。梁益之間，裁木爲器曰鎃。(裂帛爲衣曰槻。)'"按：釽、摫、裁，如郭璞注："皆析破之名也。"　② 从金爪：《鄭新附考》："釽乃漢人别製。後因《方言》裁木之義，又别从片作爴，亦譌作𣂔。""字應从爪會意，不从𠂢聲。"其實，所謂"譌"字鎃可視爲釽的異體。从金，从𠂢，𠂢亦聲。𠂢有分别、分析、分裂義。見"𠂢"條。

文七　新附

幵部

幵 平也。象二干對構，上平也[①]。凡幵之屬皆从幵。　古賢切(jiān)。

幵

【譯文】开，平。象兩個干相對舉起，上面是平的。大凡开的部屬都从开。

【注釋】① 象二干句：王筠《句讀》："此則謂干戈之干，故不言从而言象也。(《廣韻・先韻》)又引'構'作'舉'，蓋是兩干平列，未嘗交構。"

文一

勺部

勺　挹取[1]也。象形，中有實，與包同意[2]。凡勺之屬皆从勺。之若切(zhuó)。

【譯文】勺，舀取。()象勺(sháo)形，中間的一表示盛着的酒漿，與包字的"子在胞中"的構字原則相同。大凡勺的部屬都从勺。

【注釋】① 挹取：《段注》："挹者，抒也。勺是器名；挹取者，其用也。"　② 象形句：《段注》："外象其哆口有柄之形；中一，象有所盛也；與包同意，謂包象人裹(huái)子，勺象器盛酒漿，其意一也。"

【參證】甲文作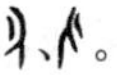。金祥恆《長沙漢簡零釋(三)》(《中國文字》五十一册)："蓋酒盛於尊，必以勺挹取，而後注于爵中。""勺爲酌酒之器。"

与　賜予也。一勺爲与[1]。此与與同[2]。　余吕切(yǔ)。

【譯文】与，賜給。由一、勺構成与字。這個字的用法與"與"字相同。

【注釋】① 一勺句：徐鍇《繫傳・祛妄》："謂挹取而與之一，而與之無或二三也。"　② 此与句：姚文田、嚴可均《校議》："當作'此與與同'。"張舜徽《約注》："謂用字之際，与、與二字相同耳。"孔廣居《疑疑》："賜予義与與可通。黨與當專用與。此通中之别也。"

文二

几部

几[1]　踞几[2]也。象形[3]。《周禮》[4]五几：玉几、雕几、彤几、鬃几、素几。凡几之屬皆从几。　居履切(jǐ/jī)[5]。

【譯文】几,蹲踞在地的几。象几的正面和兩側的形狀。《周禮》有五几:嵌玉的几,雕花的几,丹飾的几,漆飾的几,不雕飾的几。大凡几的部屬都从几。

【注釋】① 几:承培元《引經證例》:"几長五尺,高尺有二寸,博二尺。人所憑。"　② 踞几:王筠《釋例》:"似謂几之體卑,如人之蹲踞者然。"　③ 象形:《段注》:"象其高而上平可倚,下有足。"饒炯《部首訂》:"象几正面兩側之形。"　④《周禮》:指《春官·司几筵》。五几:承培元《引經證例》:"玉几最尊,又有華玉、彫玉之分,天子祭饗用之;彫几,鏤刻者也,諸侯祭饗用之;彤几,彤飾者也,筵賓用之;髹几,以桼飾者也,田役用之。素几,無彫飾者也,喪事用之。"　⑤ 几具義今音 jī。

凭　依几也。从几,从任①。《周書》②:"凭玉几。"讀若馮③。皮冰切(píng)。

【譯文】凭,依靠在几上。由几、由任會意。《周書》說:"依靠在玉几上。"音讀象"馮"字。

【注釋】① 从任:徐鉉:"人之依馮,几所勝載,故从任。"　②《周書》:指《顧命》。今本作"馮"。　③ 讀若馮:《段注》:"馮从馬,仌(bīng)聲。故其讀同也。"

尻①　處②也。从尸得几而止。《孝經》③曰:"仲尼尻。"尻,謂閒居④如此。　九魚切(jū)。

【譯文】尻,(靠在几上而)止息。由表示人的"尸"得靠"几"上而會止息之意。《孝經》說:"孔仲尼尻處。"尻,是說如此獨自悠閑地凭几止息。

【注釋】① 尻:《段注》:"凡尸得几謂之尻,尸即人也。引申之爲凡尻処之字。既又以蹲居(坐)之字代尻,別製踞爲蹲居字,乃致居行而尻廢矣。"　② 處:江沅《釋例》:"處者,止也。"　③《孝經》:《段注》:"《孝經》首章首句也。(尻)今作'居'。"　④ 閒居:《段注》:"退燕避人曰閒居。閒處之時,實憑几而坐,故直曰仲尼尻也。"

処　止也。得几而止。从几,从夂①。處,処或从虍聲。　昌與切(chǔ)。

【譯文】処，止息。人得到几（就憑几）而止息。由几、由夂會意。處，処的或體。从虍（hū）聲。

【注釋】① 从几，从夂（zhǐ）：《段注》：“夂，讀若黹，從後致也。人兩脛後有致之者，至乎几而止。”

【參證】甲文作、，金文作、。羅振玉《增訂殷虛書契考釋》卷中釋此甲文：“此从止在几前，與許正合。”林義光《文源》卷六釋此處金文：“象足跡在几下。”按：足跡即金文首字左下方的，几則是右下方。林又説，此字“从或體”。即《説文》或體，在処之上加虍作聲符。金文次字，繁化爲从女从几，虍聲。从女猶从止也。

文四　重二

且部

[1] 薦也。从几，足有二横，一其下地也[2]。凡且之屬皆从且。　子余切（jū）。又，千也切（qiě）。

且

【譯文】且，墊放物體的器具。从几；几足間有兩横，（表示連足的桄；）一，表示器具下的地。凡且的部屬都从且。

【注釋】① 且：《段注》：“古音俎，所以承藉進物者。”王筠《釋例》：“且，蓋古俎字，借爲語詞既久，始从半肉定之，許説亦不合爲一，而其説解則俎形也。”　② 从几句：王筠《釋例》：“上平者其面也；兩直，其足也；兩横，其桄也。”

【參證】甲文作、、，金文作、、。林義光《文源》：“即俎之古文。（）从二肉在俎上，肉不當在足間，則二横者俎上之横，非足間之横也。”唐蘭《殷虛文字二論・釋且𠦝沮戲𦵏戱𠝣》：“俎即切肉之薦，今尚斷木爲之矣。（以版爲之者爲椹版。）”“爲平面之象。”按：甲金文用爲祖先的祖。徐中舒《甲骨文字典》：“古置肉於俎上以祭祀先祖，故稱先祖爲且，後起字爲祖。”

禮俎[1]也。从半肉[2]在且[3]上。　側吕切（zǔ）。

俎

【譯文】俎，行禮時盛放牲體的器具。由半個肉字（仌）放在“且”之上會意。

【注釋】① 禮俎：王筠《句讀》："言不爲常器之通名也。"　② 半肉：《段注》："仌爲半肉字。如酉、谷有半水字。(俎)會意字也。"　③ 且：朱駿聲《通訓定聲》："且亦聲。實即且之後製字。"

【參證】甲文作,金文作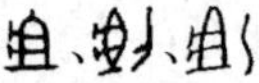。羅振玉《增訂殷虛書契考釋》："(甲文)正象置肉于且上之形。"是俎的初文。戴家祥《金文大字典》："()左旁突出兩筆爲'且'架的支腳。""俎字直接脱胎於形。""俎旁加刀","表明俎之用途。""且、圂、俎、㓨諸字爲繁簡例重文,音義均同。"

　且往[①]也。从且[②],㡯聲[③]。　昨誤切(zù)。

䣜　【譯文】䣜,姑且匆匆而往。从且,㡯聲。

【注釋】① 且往：《段注》："且往,言姑且往也。匆遽之意。"　② 从且：《段注》："此不用且之本義。"王筠《釋例》："此字之義則部首且字'千也'一切(qiě)之義。"朱駿聲《通訓定聲》："凡語詞有正文者甚少,此後出字也。"　③ 㡯聲：聲中有義。本書："㡯,鬥相丮不解也。"有急遽義。

文三

斤部

[①]　斫木[斧][②]也。象形[③]。凡斤之屬皆从斤。　舉欣切(jīn)。

斤　【譯文】斤,砍削木頭的横刃小斧。象形,大凡斤的部屬都从斤。

【注釋】① 斤：饒炯《部首訂》："斧刃縱向,伐木者用之,其形與刀同;斤刃横向,斫木者用之,其形與鋤同。"　② 斫木：當依徐鍇《繫傳》作"斫木斧"。　③ 象形：《段注》："横者象斧頭,直者象柄,其下象所斫木。"

【參證】甲文作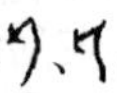,金文作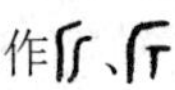。唐蘭《古文字學導論》："甲文象曲柄斧形。"

[①]　斫也。从斤,父聲。　方矩切(fǔ)。

斧　【譯文】斧,砍東西用的縱刃大斧。从斤,父聲。

【注釋】① 斧：參"斤"條。

【參證】甲文作，金文作、。戴家祥《金文大字典》："郭沫若認爲：父金文作，乃斧之初字。石器時代男子持石斧（即石斧之象形）以事操作，故孳乳爲父母之父。""斧字，加斤旁，表示石斧之類屬，以區别父親之父。"參"父"條。

斨　方銎[1]斧也。从斤，爿聲。《詩》[2]曰："又缺我斨。"　七羊切（qiāng）。

【譯文】斨，方形孔的斧頭。从斤，爿聲。《詩經》説："又使我那方孔的斧頭戰缺了口。"

【注釋】① 方銎：《段注》："銎者，斤斧空（安把的孔）也。《毛詩傳》曰：'隋銎曰斧，方銎曰斨。'隋讀如妥，謂不正方而長也。"

②《詩》：指《豳風·破斧》。

【參證】金文作，與篆文同。

斫[1]　擊[2]也。从斤，石聲[3]。　之若切（zhuó）。

【譯文】斫，砍擊。从斤，石聲。

【注釋】① 斫：王筠《句讀》："（斫）爲動字，而又爲斤斧之通名。"

② 擊：《段注》："擊者，攴也。凡斫木、斫地、斫人，皆曰斫矣。"

③ 石聲：石、斫上古同屬鐸部。徐灝《段注箋》："石，古音讀若爍，故斫用爲聲。"

【參證】甲文作、。唐蘭《古文字學導論》："，古石字。"李孝定《甲骨文字集釋》："契文象以斤擊石火花迸射之狀。"

斪[1]　斫也。从斤，句聲。　其俱切（qú）。

【譯文】斪，斫（地的鋤頭一類）。从斤，句聲。

【注釋】① 斪：朱駿聲《通訓定聲》："所以斫地。"王筠《釋例》："《玉篇》、《廣韻》皆以斪爲鋤（钃）。"

斸[1]　斫也。从斤，屬聲。　陟玉切（zhú）。

【譯文】斸，斫（地的钁頭一類）。从斤，屬聲。

【注釋】① 斸：《段注》："木部有欘字，'所以斫也，齊謂之茲其。'蓋實一字。"按：茲其，齊地方言，指鋤類。朱駿聲《通訓定聲》："（斸）似斤，其首如鉏。"王筠《釋例》："《玉篇》、《廣韻》皆以斸爲钁。"又《釋例》"斪"下："吾鄉鋤方而钁長，皆所以發土。鉏入地淺，薅艸用之；

鑁入地深,种菜用之。"

斲[①] 斫也。从斤𧯠[②],𣃔,斲或从畫,从丮[③]。　竹角切(zhuó)。

【譯文】斲,砍削(木頭使符合繩墨規矩)。由斤、𧯠會意。𣃔,斲的或體,由畫、由丮會意。

【注釋】① 斲:徐灝《段注箋》引戴侗説:"斫木使應規巨繩墨之謂斲。"　② 从斤𧯠(dǒu):王筠《釋例》:"𧯠,酒器也。在此則非本義,蓋匠之墨斗也。"按:斤表示用斧砍斫。《段注》作"𧯠聲"。③ 从畫,从丮:王筠《釋例》:"亦謂以𧯠中之墨畫之,先以繩墨定其體,而後斲也。"按:丮表示雙手勞作。

【参證】金文作𣃔,與《説文》或體同。

釿[①] 劑[②]斷也。从斤金[③]。　宜引切(yǐn)。

【譯文】釿,整齊地截斷。由斤、由金會意。

【注釋】① 釿:《段注》:"其義謂以斤斧之屬制斷金鐵物也。"② 劑:《段注》:"齊也。"　③ 从斤金:朱駿聲《通訓定聲》:"从斤金會意,斤亦聲。謂以斤斷金也。"

所 伐木聲[①]也。从斤,户聲。《詩》[②]曰:"伐木所所。"　疏舉切(suǒ)。

【譯文】所,砍伐樹木的聲音。从斤,户聲。《詩經》説:"砍伐樹木啊所所地響。"

【注釋】① 伐木聲:《段注》:"伐木聲乃此字本義,用爲處所者,假借爲処字也。"　②《詩》:指《小雅·伐木》。毛本"所所"作"許許"。《段注》:"所所,則鋸聲也。"

【参證】金文作所、所、所。戴家祥《金文大字典》:"户字象單門之形,引申爲居處。户字的讀音與伐木聲同,故被借來狀聲,並加斫木工具斤作爲偏旁,寫作'所'。但後人'所'字仍用作户的意義,表示居處……或用作虚詞。"

斯 析[①]也。从斤,其聲[②]。《詩》[③]曰:"斧以斯之。"　息移切(sī)。

【譯文】斯,劈開。从斤,其聲。《詩經》説:"用斧頭把它劈開。"

【注釋】① 析:本書木部:"析,破木也。"　② 其聲:朱駿聲《通訓定聲》:“从其會意。其,所以盛木柿(fèi,木皮竹屑)。”　③《詩》:指《陳風·墓門》。

【參證】金文作、。林義光《文源》卷六:“其,箕也。析竹爲之,从斤治箕。”

斮[1] 斬[2]也。从斤,昔聲。　側略切(zhuó)。

【譯文】斮,斬斷。从斤,昔聲。

【注釋】① 斮:朱駿聲《通訓定聲》:“衺(斜)斬曰斫,正斬曰斮。”　② 斬:《段注》:“斬者,截也;截者,斷也。”

斷[1] 截[2]也。从斤,从㡭[3];㡭,古文絕。[4],古文斷从皀;皀,古文叀字。《周書》[5]曰:“㓥㓥猗無他技。”,亦古文。　徒玩切(duàn)。

【譯文】斷,截斷。由斤、由㡭會意;㡭,是古文絕字。㓥,古文斷字从皀,皀是古叀字。《周書》説:“爲人誠實專一啊卻沒有別的技能。”剬,也是古文斷字。

【注釋】① 斷:今經典作斷。《釋名·釋言語》:“斷,段也。分爲異段也。”　② 截:本書戈部:“㦸,斷也。”㦸爲截本字。　③ 从斤,从㡭:《段注》:“會意。”按:表示用斧斤之類斷絕。參糸部“絶”條。　④ 㓥:朱駿聲《通訓定聲》:“从召,皀聲。按从召即从刀也。”　⑤《周書》:指《秦誓》。今本“㓥㓥”作“斷斷”。王筠《句讀》引鄭玄注《大學》:“斷斷,誠一之貌。”按“誠一”當是截斷的引申義。

【參證】甲文作、、、、,金文作。葉玉森《説契》(《學衡》第三十一期)釋甲文:“予疑……竝象絲緊糾形……从即刀,取截斷意。絲既緊糾,非斷不克。當即古文斷字。”郭沫若《金文餘釋·釋㓥》:“實斷字。”商承祚《説文中之古文考》釋《説文》古文:“此即剸之本字而借爲斷。由首部𩠐或作剸知之。”

斻 柯[1]擊也。从斤,良聲。　來可切(luǒ)。

【譯文】斻,相砍擊。从斤,良聲。

【注釋】① 柯擊:《廣韻·哿韻》:“斻,相擊也,亦斫也。”徐灝《段注箋》:“‘柯’疑‘相’之誤。”譯文從徐説。

 取木[1]也。从斤，亲聲[2]。　息鄰切(xīn)。

新　【譯文】新，砍取樹木。从斤，亲聲。

【注釋】① 取木：《段注》："取木者，新之本義。引申之爲凡始基之偁。"徐灝箋："斫木見白新也。"　② 从斤，亲聲：《段注》："當作从斤木，辛聲。"存參。

【參證】甲文作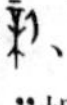、、，金文作、。戴家祥《金文大字典》："从木从斤即析字。"析，破木也。戴説："木被破後謂之新(薪的本字)，新是析的引申義，爲了與析有所區别，特加聲符辛，析辛爲陰陽對轉。"按：甲文末字，斤旁有手，是新字的繁化；金文末字，左旁把"木"移位到"辛"上，是變異。

[1] 二斤也。从二斤。　語斤切(yín)。

所　【譯文】所，兩把斧頭。由兩個斤字相並表示。

【注釋】① 所：徐灝《段注箋》："所蓋斧鑕本字。从貝爲交質；又加金旁爲斧鑕也。"朱駿聲《通訓定聲》："此字當讀如質，即椹櫍之櫍。質从之得聲。"

文十五　重三

斗部

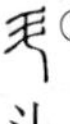[1] 十升也。象形，有柄[2]。凡斗之屬皆从斗。　當口切(dǒu)。

斗　【譯文】斗，(它的容積是)十升。象形，有把柄。大凡斗的部屬都从斗。

【注釋】① 斗：饒炯《部首訂》："斗當爲料之古文，本酌酒器而容十升者。而斛量之斗，形亦相似，因借爲名，後遂轉注木以别之。"

② 象形句：《段注》："上象斗形，下象其柄也。"孔廣居《疑疑》："斗(斗)，古器銘作，从升省。斗大於升，虚其中，以象多容之意。"

【參證】甲文作、，金文作。李孝定《甲骨文字集釋》："古升斗均如此，於文無以爲别，但以點之有無别之，無點者爲斗字，有點者爲升字。"按：从《甲骨文編》、《續甲骨文編》蒐集的升斗字形看，甲文二字無别。《金文編》則有别。參"升"條。

斛[1] 十斗也。从斗，角聲。　胡谷切(hú)。

【譯文】斛，(它的容積爲)十斗。从斗，角聲。

【注釋】① 斛：張舜徽《約注》："蓋斛乃量器大者之通名。"因而爲容量單位。

【參證】金文作，左爲角，右爲升，从升猶从斗。

斝 玉爵也。夏曰琖，殷曰斝，周曰爵。从吅，从斗，冂象形[1]。與爵同意[2]。或説斝受六斗。　古雅切(jiǎ)。

【譯文】斝，玉製的酒爵。夏代叫作琖，殷代叫作斝，周代叫作爵。由吅、由斗會意，冂象形。與爵構形原則相同。有人説，斝可收受的容積爲六斗。

【注釋】① 从吅，从斗，冂象形：《段注》作："从斗，㗊象形。"

② 與爵同意：《段注》："爵从鬯，从又，而㗊象形；斝从斗而㗊象形：故云同意也。"王筠《句讀》引黄長睿曰："斝比爵，但無咮尾。"

【參證】甲文作、，金文作。羅振玉《增訂殷虛書契考釋》："(卜辭)上象柱，下象足，似爵而腹加碩，甚得斝狀。知許書从㗊作者，乃由而譌。卜辭从，象手持之。(金文)亦象二柱三足一耳而無流與尾。"李孝定《甲骨文字集釋》："(小篆)从斗，蓋累增之偏旁。斝爲酒器，斗爲量器，物類相近，故又增斗以爲偏旁。""斗古作，與形雖略近，實不易相混也。"按：謂手持之，象上引甲文首字的左旁。

料 量[1]也。从斗，米在其中[2]。讀若遼。　洛蕭切(liáo/liào)[3]。

【譯文】料，稱量(其多少)。从斗，由"米"在"斗"中會意。音讀象"遼"字。

【注釋】① 量：《段注》："量者，稱輕重也。稱其輕重曰量，稱其多少曰料，其義一也。知其多少，斯知其輕重矣。引申之凡所量度豫備之物曰料。"　② 米在句：《段注》："米在斗中，非盈斗也。視其淺深而可料其多少。"　③ 今讀依《廣韻》力弔切。

【參證】金文作。楊樹達《文字形義學》："謂以斗量米也。"

斞[1] 量也。从斗，臾聲。《周禮》[2]曰："桼三斞。"　以主切(yǔ)。

【譯文】斞，稱量(的容器)。从斗，臾聲。《周禮》説："用漆三斞。"

【注釋】① 斞：桂馥《義證》引《五經文字》："斞，量名。" ②《周禮》：指《考工記・弓人》。鄭玄注："斞，輕重未聞。"

斡 蠡柄[1]也。从斗[2]，倝聲。楊雄、杜林[3]説，皆以爲軺車輪斡[4]。 烏括切(wò)。

【譯文】斡，瓢把。从斗，倝聲。楊雄、杜林的學説，都認爲小車車輪叫作斡。

【注釋】① 蠡柄：《段注》："此蠡非蟲齧木中，乃本無其字依聲假借之字。《方言》則从瓜作㼖矣，楊雄曰：瓢也。郭云：瓠勺也。判瓠爲瓢以爲勺，必執其柄而後可以挹物，執其柄則運旋在我，故謂之斡。引申之，凡執柄樞轉運皆謂之斡。" ② 从斗：瓢勺形狀與功能類似於斗，故从斗。 ③ 楊雄、杜林：漢代文字學家。 ④ 軺車輪斡：《段注》："軺車者，小車輛也。小車之輪曰斡，亦取善轉運之意，亦本義之引申也。"

魁 羹斗[1]也。从斗，鬼聲。 苦回切(kuí)。

【譯文】魁，舀羹汁的勺子。从斗，鬼聲。

【注釋】① 羹斗：《段注》："古斗料通用。……料，勺也。抒羹之勺也。""魁，頭大而柄長。"

【參證】王振鐸《論漢代飲食器中的卮和魁》(《文物》一九六四年第十期)："(魁)很象現在做湯用的有把沙鍋"，"是接近容器的大型器物，而不是挹注用的斗勺。"許所釋爲漢魁，也許由古魁發展而來。

斠[1] 平斗斛也。从斗，冓聲。 古岳切(jué/jiào)[2]。

【譯文】斠，使穀物與斗斛平齊的器具。从斗，冓聲。

【注釋】① 斠：王筠《句讀》："斠蓋槩之别名。"梁同書《直語補正》："今人持方木尺平量斗斛曰斗斠。" ② 今讀依《集韻》居效切。

斟 勺[1]也。从斗，甚聲。 職深切(zhēn)。

【譯文】斟，用勺子舀取。从斗，甚聲。

【注釋】① 勺：王筠《句讀》："此用勺部'挹取'之義。"

斜[1] (杼)[抒][2]也。从斗，余聲。讀若荼。 似嗟切(xié)。

【譯文】斜，舀出。从斗，余聲。音讀象"荼"字。

【注釋】① 斜：《段注》："凡以斗挹出之，謂之斜，故字从斗。音轉義移，乃用爲衺。俗人乃以人之衺正作邪，物之衺正作斜。”

② 杼：當依《段注》作“抒”，注：“抒者，挹也。”

斞 挹[1]也。从斗，㬰聲。 舉朱切(jū)。

【譯文】斞，舀取。从斗，㬰聲。

【注釋】① 挹：《段注》：“挹亦抒也。”

料 量物分半也[1]。从斗，从半，半亦聲。 博幔切(bàn)。

【譯文】料，量物而分其容量的一半。由斗、由半會意，半也表聲。

【注釋】① 量物句：《段注》：“量之而分其半，故字从斗半。”

【參證】金文作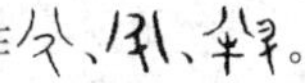。前二字从斗从八，八，分也，八猶半也；末字从升从半。朱德熙、裘錫圭《戰國時代的“料”和秦漢時代的“半”》(《文史》第八輯)：“斗字當釋爲料。”“子禾子釜又有从升从半的𦨔字。”“𦨔和料是一個字的兩種寫法。”“斗和升都是量器，所以‘量物分半’的料字既可以用斗作意符，也可以用升作意符。(“斗”、“升”二字在古文字偏旁裏實際上本來就是混而難分的。)”參“半”條。

斛 量溢[1]也。从斗，旁聲[2]。 普郎切(pāng)。

【譯文】斛，量(穀物而滿)溢出來。从斗，旁聲。

【注釋】① 量溢：朱駿聲《通訓定聲》：“量米旁溢。” ② 从斗，旁聲：《段注》：“(旁者，)溥也。”“形聲包會意。”

𣂑 杼滿[1]也。从斗，䜌聲。 俱願切(juàn)。

【譯文】𣂑，(用器物)舀入漏斗(而灌注)。从斗，䜌聲。

【注釋】① 杼滿：當依《段注》作“抒扁”，注：“謂抒而扁之，有所注也。汪元亮曰：今賣酒家汲酒於甕中之器，名曰酒端，傾入於扁筦，而注于酒缾，是其物也。”按：今叫酒舀子。

斣[1] 相易物，俱等爲斣。从斗，蜀聲。 (易)[昌]六切(chù/dòu)[2]。

【譯文】斣，彼此交換物品，全都相等叫作斣。从斗，蜀聲。

【注釋】① 斣：錢坫《斠詮》：“今人易物等平云對者，即此字也。”

② 段玉裁用汲古閣本“易”作“昌”。今讀依《廣韻》都豆切。

斛[1] 斛旁有(斛)[庣][2]。从斗，(厎)[庣]聲[3]。一曰：突[4]也。一曰：利也。《爾疋》[5]曰：“(斛)[斛]謂之疀。”古田器也。

土雕切(tiāo)。

【譯文】斛，斛内挨近斛邊的超過方尺的九厘五毫部分。从斗，庣聲。另一義説，是穿突。另一義説，是鋒利。《爾雅》説："斛叫作𣂔。"是古時種田的工具鍬鍤。

【注釋】① 斛：當依《段注》字頭作"斛"。　② 有斛：當依《段注》作"有庣"，注："斛旁有庣，謂斛中有寬於方尺之處。庣旁者，謂方一尺而又寬九氂(釐)五豪也；不寬九氂五豪，則不容十斗。故製字从斗庣會意。"　③ 庣聲：當依《段注》作"庣聲。"聲中有義。見注②。　④ 突：《廣雅・釋詁三》："斛，穿也。"王念孫《疏證》："突與穿同義。"　⑤《爾疋》：指《爾雅・釋器》。郭璞注："(斛𣂔)皆古鍬鍤字。"《方言》卷五："臿，燕之東北、朝鮮、洌水之間謂之斛。"

升　[二]十龠①也。从斗。亦象形。　識蒸切(shēng)。

【譯文】升，二十龠。从斗。也是象形字。

【注釋】① 十龠：桂馥《義證》："當爲'二十龠'。《廣雅》：'龠二曰合，合十曰升。'《説苑》：'度量權衡，以黍生之，千二百黍爲一龠。'"

【參證】甲文作，金文作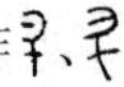。林義光《文源》："升、斗所象形同，因加一畫爲别耳。"張舜徽《約注》："挹水之器，有大有小。小者爲升，大者爲斗，古皆讀登，即今語所稱水登子也。太古以此挹水，亦以此量物，挹水量物，皆自下而上，故引申之上登爲升。至于十合爲升，十升爲斗，乃後起之制。"存參。

文十七

矛部

①
矛　酋矛也。建於兵車，長二丈。象形。凡矛之屬皆从矛。，古文矛从戈。　莫浮切(máo)。

【譯文】矛，長矛。樹立在兵車之上，長兩丈。象形。大凡矛的部屬都从矛。𢦰，古文矛字，从戈。

【注釋】① 矛：徐鍇《繫傳》："酋矛，長矛也。，矛也。，其上所注旄屬。建者，邪迆立之也。"

【參證】金文作。于省吾《駢續》:"(金文)上象其鋒,中象其身,下端有銎,所以納柲,一側有耳,耳有孔,蓋恐納柲於銎之不固,以繩穿耳以縛之,亦有兩側有耳者。""《説文》矛,其古文𢦵,乃形之譌變。"

稂　矛屬。从矛,良聲。　魯當切(láng)。

【譯文】稂,矛一類。从矛,良聲。

𥍥　矛屬。从矛,害聲。　苦蓋切(kài)。

【譯文】𥍥,矛一類。从矛,害聲。

䂬[①]　矛屬。从矛,昔聲。讀若笮。　士革切(zé)。

【譯文】䂬,矛一類。从矛,昔聲。音讀象"笮(zé)"字。

【注釋】① 䂬:徐灝《段注箋》:"䂬與矟同。今字作槊。《釋名》云:'矛長丈八尺曰矟。馬上所持,言其稍稍便殺也。'昔古音讀若朔……笮蓋亦讀如作。"

矜　矛柄也。从矛,今聲。　居陵切(jīn)。又,巨巾切(qín)。

【譯文】矜,矛的把。从矛,今聲。

矠[①]　(刺)[刺][②]也。从矛,丑聲。　女久切(niǔ)。

【譯文】矠,刺。从矛,丑聲。

【注釋】① 矠:徐灝《段注箋》:"今粤語謂執仗刺人曰矠。"

② 刺:當依鈕玉樹《校録》作"刺"。

文六　重一

車部

車　輿輪[①]之總名。夏后時奚仲[②]所造。象形[③]。凡車之屬皆从車。[④],籀文車。　尺遮切(chē)[⑤]。

【譯文】車,車箱、車輪等等部件匯成一個整體,其總稱叫車。是夏后時代名叫奚仲的人製造的。象形。大凡車的部屬都从車。𨏥,籀文車字。

【注釋】① 輿輪:《段注》:"車之事多矣,獨言輿輪者,以轂、輻、牙皆統於輪,軾、較、軫、軹、轛皆統於輿,輈與軸則所以行此輿輪者也。"

② 奚仲:王筠《句讀》:"鄭氏《六藝論》:'黄帝佐官有七人,奚仲造

車。然則黄帝時自有奚仲,夏后氏之車正,與之同名耳。'"　③ 象形:將車横看,成車形。王筠《句讀》:"篆之中央,其輿也;兩一,其輪也;一則屬于輪之軸也。"　④ 𨏥:《段注》:"从戈者:車所建之兵,莫先於戈也。从重車者,象兵車聯綴也,重車則重戈矣。"　⑤ 尺遮切(chē):《釋名》:"古者曰車聲如居,言行所以居人也;今曰車,車,舍也,行者所處,若屋舍也。"今中國象棋"車馬"的車依然讀居(jū),是古音的保留。

【參證】甲文作,金文作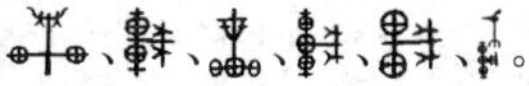。孫詒讓《籀文車字説》釋金文次字:"左兩象兩輪,旁兩畫,象轂耑之鍵,而軸貫之,其中畫特長、夾於兩輪與軸午交者,輈也。輈曲爲梁形,前出而連於衡。故右爲形。長畫與輈午交者,衡也。兩旁短畫下歧如半月者,軏與軶也。""又有於兩間爲一,略帶方形,以象輈持軫形者,如盂鼎作是也。"此處金文第四字即如此。金文末字,王國維説:"古者戈建於車上,故畫車形,乃並畫所建之戈。《説文》車之籀文作𨏥,即从此字形出。"戈建於車上,是兵車也。"古有乘車與兵車"之分。見商承祚《戰國楚竹簡彙編・江陵望山二號楚墓竹簡遺策考釋》。

[①] 軒　曲輈藩車[②]。从車,干聲。　虚言切(xuān)。

【譯文】軒,有穹隆曲上的輈轅、而箱後有圍蔽的車。从車,干聲。

【注釋】① 軒:徐鍇《繫傳》:"大夫以上車也。"　② 曲輈句:《段注》:"謂曲輈而有藩蔽之車也。戴先生曰:小車謂之輈,大車謂之轅。"曲輈,朱駿聲《通訓定聲》:"其輈穹隆而上。"藩車,徐灝《段注箋》:"藩,蔽也。"蓋車之左右有窗、後有藩蔽而虚其前面。

 輜　軿車前,衣車後也[①]。从車,甾聲。　側持切(zī)。

【譯文】輜,前面(有帷幕遮蔽),象軿車;後面又象衣車(開有門窗)。从車,甾聲。

【注釋】① 軿車句:孫詒讓《籀高述林》:"輜車,前有衣蔽,有似軿車;而後有門户,又似衣車。""漢時有輜車、軿車、衣車三者。""輜車後面開户";"軿車則四面有衣蔽","是前後皆不開户矣";"若衣車則後有衣蔽而前開户可以啓閉,與輜車正相反。"

輧[①] 輜車[②]也。从車，并聲。　薄丁切(píng)。

輧 【譯文】輧，輜車(一類)。从車，并聲。

【注釋】① 輧：孫詒讓《籀高述林》“輜”下：“輧車則四面有衣(指帷幕)蔽，故《釋名》云：‘輧車：輧，屏也，四面屏蔽，婦人所乘牛車也。’”　② 輜車：王筠《釋例》“輜”下：“惟其皆有衣蔽，故輧下云：‘輜車也。’不復區別。”

轀[①] 臥車也。从車，𥁕聲。　烏魂切(wēn)。

轀 【譯文】轀，供人臥息的車。从車，𥁕聲。

【注釋】① 轀：《段注》引孟康説：“如衣車，有窗牖，閉之則溫，開之則涼。”按：密閉的車叫轀車。

輬[①] 臥車也。从車，京聲。　吕張切(liáng)。

輬 【譯文】輬，供人臥息的車。从車，京聲。

【注釋】① 輬：《漢書·霍光傳》“載光屍柩以轀輬車”。顔師古注：“轀、輬，本安車也，可以臥息，後因載喪，飾以柳翣，故遂爲喪車耳。轀者密閉，輬者旁開窗牖，各别一乘，隨事爲名。後人既專以載喪，又去其一，總爲藩飾，而合二名呼之耳。”可見輬字單字成義，則爲“旁開窗牖”通風涼爽的臥車。朱駿聲《通訓定聲》：“轀輬車亦溫涼車之轉注。因車名，又加車旁耳。”

軺[①] 小車也。从車，召聲。　以招切(yáo)。

軺 【譯文】軺，小車。从車，召聲。

【注釋】① 軺：《釋名·釋車》：“軺，遙也，遙遠也。四向遠望之車也。”按：即單馬獨輈、有蓋而四面空敞可遠望的輕便小車。

輕 輕車[①]也。从車，巠聲。　去盈切(qīng)。

輕 【譯文】輕，輕車。从車，巠聲。

【注釋】① 輕車：桂馥《義證》：“輕車也者，其用有二。”“言坐乘輕小之車”，“馳敵攻師之車”。《段注》：“輕本車名，故字从車，引申爲凡輕重之輕。”

輶 輕車也。从車，酋聲。《詩》[①]曰：“輶車鑾鑣。”　以周切(yóu)。

輶 【譯文】輶，輕車。从車，酋聲。《詩經》説：“輕便的車，鑾鈴挂在馬嚼的兩旁。”

【注釋】①《詩》：指《秦風·駟鐵》。今本“鑾”作“鸞”。鑣(biāo)，馬口銜的勒具，即今馬嚼子。

輣 兵車[1]也。从車，朋聲。　薄庚切(péng)。

【譯文】輣，兵車。从車，朋聲。

【注釋】① 兵車：《段注》作“樓車”，存參。

軘[1] 兵車也。从車，屯聲[2]。　徒魂切(tún)。

【譯文】軘，兵車。从車，屯聲。

【注釋】① 軘：《段注》引服虔説：“屯守之車。”存參。　② 屯聲：依《段注》則聲中有義。馬敘倫《六書疏證》卷二十七：“蓋樓車用於軍陣，故或以兵車釋之。”

輴[1] 陷敶[2]車也。从車，童聲。　尺容切(chōng)。

【譯文】輴，衝鋒陷陣的戰車。从車，童聲。

【注釋】① 輴：也作衝。《淮南·覽冥訓》“大衝車”，高誘注：“衝車，大鐵著其轅端，馬被甲，車被兵，所以衝于敵城也。”　② 敶：《段注》：“敶者，列也。見攴部。於此可見古戰陣字用此矣。用陳者，假借字也。作陣者，俗字。”

轈[1] 兵[2]高車加[3]巢以望敵也。从車，巢聲[4]。《春秋傳》[5]曰：“楚子登轈車。”　鉏交切(cháo)。

【譯文】轈，作戰的高大的車上著一個象鳥巢的板屋來瞭望敵情。从車，巢聲。《春秋左傳》説：“楚共王登上轈車。”

【注釋】① 轈：桂馥《義證》引《衛公兵法》：“以八輪車，上樹高竿，竿上安轆轤，以繩挽版屋上竿首，以窺城中。版屋，方四尺，高五尺，有十二孔，四面列布，車可進退，圜城而行，於營中遠視。亦謂之巢車，如鳥之巢，即今之版屋也。”　② 兵：用兵，作戰，用如動詞，作“高車”的定語。　③ 加：王筠《句讀》：“加當讀如架。”　④ 巢聲：聲中有義。《段注》：“此形聲包會意。”　⑤《春秋傳》：指《左傳·成公十六年》。楚子，即楚共王。

輿[1] 車輿也。从車，舁聲[2]。　以諸切(yú)。

【譯文】輿，車箱。从車，舁(yú)聲。

【注釋】① 輿：朱駿聲《通訓定聲》："車中受物之處。""大車謂之箱。"　② 舁聲：聲中有義。顔注《急就篇》："無輪曰輿。"王筠《句讀》："無輪則人舁之矣，故从舁。"

【參證】甲文作、。李孝定《甲骨文字集釋》："蓋即象車輿之形。輿者，人之所居。契文象衆手舉輿之形，其初疑當與興舁同意，篆文从車者形之譌變也。"

輯　車和輯[①]也。从車，咠聲。　秦入切(jí)。

【譯文】輯，車必匯合(衆多材料)集中(衆多工匠方可造成)。从車，咠聲。

【注釋】① 和輯：席世昌《讀〈説文〉記》引顔師古説："輯與集同；和，合也。"《段注》將"車和輯"改爲"車輿"，可備一説。

輓　衣車蓋[①]也。从車，曼聲。　莫半切(màn)。

【譯文】輓，四圍有帷幕的車的布製頂蓋。从車，曼聲。

【注釋】① 衣車蓋：《段注》："衣車，上文之輜軿是也。四圍爲衣，上爲蓋，皆以蔽輿也。"朱駿聲《通訓定聲》："衣四圍者曰帷，衣其上者曰輓，實即幔也。"

軓[①]　車軾前[②]也。从車，凡聲。《周禮》[③]曰："立當前軓。"　音範[④](fàn)。

【譯文】軓，車前横木下掩蔽車箱的木板。从車，凡聲。《周禮》説："站着面對前面車軾下掩蔽車箱的木板。"

【注釋】① 軓：《段注》："《攷工》注取範圍之意，謂軾前及兩輢所樹皆爲軋。析言之，則曰'軾前'。"　② 車軾前：《段注》："戴先生曰：'車旁曰輢，式前曰軓，皆揜輿版也。'"　③《周禮》：指《秋官・大行人》。今本原文："賓主之間七十步，立當前疾。"姚文田、嚴可均《校議》："賈疏作'立當前侯'，所見本異也。今沿唐石經作'前疾'，蓋'侯'之誤。"徐灝《段注箋》："前侯即前軓也。輈自輿底出而上又曲而嚮前，以至前衡，其曲處如人之喉，故曰前侯。"承培元《引經證例》："古者，車自後登立，近登車處爲尊。王當軫，軫爲車後横木，正登車之所也。上公當軹，軹爲軎頭，在輿之半。侯伯當前軓，則在軾前。諸子當衡，則在轅前矣。前軓爲正字。"　④ 音範：陳瑑《引經考證》：“九千三百文中止此一音，疑非許君原本。”

【參證】楊英傑《先秦戰車形制考述》(《遼寧師範大學學報》一九八四年第二期)：“軾前左、前、右三面成‘∩’形的車箱沿木稱爲軓。”“(位於)車箱前三分之一”。“軓或作軋，古本書原作範。範者圍也，是由範圍輿前而名。”

軾[1]　車前[2]也。从車，式聲。　賞職切(shì)。

軾　【譯文】軾，車箱前面(供立乘者凭扶的横木)。从車，式聲。

【注釋】① 軾：徐鍇《繫傳》：“人所凭也。”朱駿聲《通訓定聲》：“車闌上之木周于輿外者，在前曰軾。”　② 車前：《段注》：“車即輿也。輿之在前曰軾。”

輅[1]　車軨[2]前横木也。从車，各聲。　洛故切(lù/hé)[3]。

輅　【譯文】輅，綁在車欄前(車轅上供人牽挽的)横木。从車，各聲。

【注釋】① 輅：《段注》：“輓輅之車用人，不用牛馬。”　② 車軨：軨，車欄。《段注》引蘇林説：“一木横遮車前，二人挽之，三人推之。”又引《儀禮·既夕禮》疏：“謂以木縛車轅上，以屬引於上而挽之。”③ 洛故切讀 lù，古車名，多指帝王用的大車。“車軨前横木”義，依《集韻》轄格切，讀 hé。

【參證】金文作，與篆文同。

較　車(騎)[輢][1]上曲銅也。从車，爻聲。　古岳切(jué)。

較　【譯文】較，車箱兩旁輢板上彎曲的銅鉤。从車，爻聲。

【注釋】① 車騎：當依徐鍇《繫傳》作“車輢”。徐灝《段注箋》：“(輿)左右兩廂謂之輢，輢上謂之較。較反出轛外，狀如兩耳。”

【參證】金文作、、、。首字不从車；中二字从車、爻聲，聲符一在上，一在下；末字繁化爲从車从攴，爻聲。

軓　車耳反出[1]也。从車，从反，反亦聲。　府遠切(fǎn)。

軓　【譯文】軓，車箱兩旁象耳的部分向外反出。由車、由反會意，反也表聲。

【注釋】① 車耳反出：《段注》：“車耳即較也。其反出者謂之軓。反出，謂圜角有邪倚向外者也。”

轛　車横軨[1]也。从車，對聲[2]。《周禮》[3]曰：“參分軹圍，去一以爲轛圍。”　追萃切(zhuì)。

轛

【譯文】轛，車軾下面横直交錯的欄木。从車，對聲。《周禮》説："把車箱兩側軹板的圍長分成三分，去掉其中一分而成爲轛板的圍長。"

【注釋】① 車横軨：《段注》："謂車闌也。木部横下曰：'闌木也。'横訓闌，則直者、衡者皆在内矣。"承培元《引經證例》："軨，車轖間横木。軨之在前軾者曰轛。轛，人所對也。"　② 對聲：聲中有義。見注①。　③《周禮》：指《考工記・輿人》。軹，車箱兩側由方格組成的擋板。

輢① 輢　車旁②也。从車，奇聲。　於綺切（yǐ）。

【譯文】輢，車箱兩旁（人可凭倚的木板）。从車，奇聲。

【注釋】① 輢：朱駿聲《通訓定聲》："車之兩傍人可倚之處也。"

② 車旁：《段注》："謂車兩旁，式之後、較之下也。"

輒① 輒　車兩輢②也。从車，耴聲③。　陟葉切（zhé）。

【譯文】輒，車箱左右可以憑倚的木板。从車，耴聲。

【注釋】① 輒：朱駿聲《通訓定聲》："謂車兩旁可倚處。"　② 兩輢：《段注》："車必有兩輢，如人必有兩耳，故从耴。耴，耳垂也。"

③ 耴聲：聲中有義，表比況。見注①。

軕 軕　車約軕①也。从車，川聲。《周禮》②曰："孤乘夏軕。"一曰：下棺車③曰軕。　敕倫切（chūn）。

【譯文】軕，車上用以綑綁格欄的帶子叫作軕。从車，川聲。《周禮》説："孤卿乘坐用紅色帶子綑綁着車轂的車。"另一義説：把棺材下放墓穴時所用的車子叫軕。

【注釋】① 車約軕：王筠《句讀》："猶曰車約謂之軕耳。"《段注》："蓋謂轛、輢、軨等皆有物纏束之。"　②《周禮》：指《春官・巾車》。夏軕：今本作"夏篆"。《段注》引鄭衆説："夏，赤也。篆讀爲圭瑑之瑑。夏瑑，轂有約也。"　③ 下棺車：承培元《引經證例》："下棺車今《禮經》多作輴，輴即軕之俗體耳。軕車，喪車，四周有帷，天子諸侯所用。"

轖 轖　車籍交錯也①。从車，嗇聲。　所力切（sè）。

【譯文】轖，（車箱四周）用交錯的皮革纏繫的車席。从車，嗇聲。

【注釋】① 車籍句：桂馥《義證》："'籍'當作'藉'，'錯'當作'革'。

顔注：革鞼(轖)，車藉之交革也。"按：車藉交革即交革之車藉。毛際盛《述誼》："藉與席通。即《詩》'簟笰朱鞹'之笰，其實車輿兩旁亦皆有轖。"

軨[①]　車轖間橫木[②]。从車，令聲。𨏳，軨或从霝，司馬相如說。郎丁切(líng)。

【譯文】軨，車箱(前面和左右縱橫交錯而成大方格形)的木圍欄。从車，令聲。𨏳，軨的或體，从霝聲，是司馬相如的説法。

【注釋】① 軨：《段注》引戴震説："軨者，軾、較下縱橫木總名。"　② 車轖間句：《段注》："車轖間，猶言車輿間也。木部曰：'橫，闌木也。'車轖間橫木，謂車輢之直者、衡者也。軾與車輢皆以木一橫一直爲方格成之，如今大方格然。"

輑　軺車前橫木也[①]。从車，君聲。讀若帬，又讀若褌[②]。　牛尹切(yǐn)。

【譯文】輑，小車前面縱橫交錯的木欄。从車，君聲。音讀象"帬(qún)"字。又，音讀象"褌(kūn)"字。

【注釋】① 軺車句：《段注》："軺車，小車也。木部曰：'橫，闌木也。'軺車前橫木，謂小車軾、輢之直者、衡者也。"　② 讀若句：葉德輝《讀若考》："輑、帬均从君得聲。君、軍古音同。"

軫[①]　車後橫[②]木也。从車，㐱聲。　之忍切(zhěn)。

【譯文】軫，車後部的欄木。从車，㐱聲。

【注釋】① 軫：朱駿聲《通訓定聲》："聲訓釋名：軫，枕也，軫橫在後，如臥牀之有枕也。"引申爲指車箱底部四面的横木。　② 橫：本書木部："橫，闌木也。"

【參證】金文作𨋀，从車，㐱聲，與篆文同。

轐　車伏兔[①]也。从車，菐聲。《周禮》[②]曰："加軫與轐焉。"博木切(bú)。

【譯文】轐，車(箱底部四方橫木下銜着車軸)而形狀象伏着的兔子一樣的裝置。从車，菐聲。《周禮》説："(軹高三尺三寸，)在它上面，再加上車箱底部四周的橫木和車伏兔的高度，(一共是四尺。)"

【注釋】① 車伏兔：徐灝《段注箋》："轐即伏兔之合聲。""蓋轐在輿底軫下，爲半規形，與軸相銜，似伏兔。又與屐齒相類，故因名（車屐）焉，亦謂之鉤心。”　②《周禮》：指《考工記・總序》。原文：“軹（zhǐ，車軸端）崇三尺有三寸也，加軫與轐焉，四尺也。”

轗[1] 車伏兔[2]下革也。从車，𤕦聲，𤕦，古昏字。讀若閔[3]。
轗 眉殞切（mǐn）。

【譯文】轗，綑綁在車伏兔下面的皮革。从車，𤕦聲。𤕦，古昏字。音讀象“閔”字。

【注釋】① 轗：《段注》：“謂以輅固之於軸上也。輅者，生革可以爲縷束也。”　② 車伏兔：參“轐”條。　③ 讀若閔：上古，昏，曉紐；閔，明紐。二字同屬文部，曉明二紐常互通。

【參證】金文作、。首字不从車，借婚爲轗；次字从車，𤕦聲。

軸 持輪[1]也。从車，由聲。　直六切（zhóu）。
軸 【譯文】軸，貫持着車輪（的柱形長杆）。从車，由聲。

【注釋】① 持輪：《段注》：“軸，所以持輪，引申爲凡機樞之偁，若織機之持經者，亦謂之軸。”《釋名》：“軸，抽也。入轂中，可抽出也。”

輹 車軸縛[1]也。从車，复聲。《易》[2]曰：“輿脱輹。”　芳六切
輹 （fù）。

【譯文】輹，捆綁（車伏兔）與車軸的繩索。从車，复聲。《易經》說：“車箱底下脱落了捆綁車伏兔與車軸的繩索。”

【注釋】① 車軸縛：《段注》：“謂以革若絲之類纏束於軸以固軸也。縛者，束也。”車伏兔：參“轐”條。　②《易》：指《大畜》九二。今本“脱”作“説”。

軔[1] 礙車也。从車，刃聲。　而振切（rèn）。
軔 【譯文】軔，阻礙車輪（轉動的木頭）。从車，刃聲。

【注釋】① 軔：徐鍇《繫傳》：“止輪之轉，其物名軔。”

輮 車（軔）[輞][1]也。从車，柔聲。　人九切（rǒu/róu）[2]。
輮 【譯文】輮，車輪的如網的外框。从車，柔聲。

【注釋】① 車軔：當依徐鍇《繫傳》“軔”作“輞”，注：“車輪外罔木。”《段注》：“車网者，輪邊圍繞如网然。”　② 今讀依《集韻》而由切。

輋
車輮規[①]也。一曰：一輪車[②]。从車，熒省聲。讀若嬛[③]。張[④]營切(qióng)。

【譯文】輋，製作車輪外框的模子。另一義説，獨輪車。从車，熒省聲。音讀象"嬛(qióng)"字。

【注釋】① 車輮規：《段注》："此謂作輮之笵。"徐灝《段注箋》："蓋車輮者，合衆曲而爲之，故作此器以爲之準，乃能合成大圜而無過不及之患。輋之言營也，營猶環也。" ② 一輪車：徐灝《段注箋》："亦言煢，獨也，故一輪車名之。" ③ 讀若煢：葉德輝《讀若考》："卂部煢亦从營省乙聲，本同聲字。" ④ 張：渠的譌字。

轂[①]
輻所湊[②]也。从車，𣪊聲。　古禄切(gǔ)。

【譯文】轂，車輻會集的部位。从車，𣪊聲。

【注釋】① 轂：戴侗《六書故・工事三》："輪之中爲轂，空其中，軸所貫也，輻湊其外。"徐灝《段注箋》："輪心爲轂，其外周謂之牙圍，所以置輻者也。" ② 湊：《段注》："湊者，水上人所會也。引申爲凡會之偁。"

輥
轂齊等[①]皃。从車，昆聲[②]。《周禮》[③]曰："望其轂，欲其輥。"　古本切(gǔn)。

【譯文】輥，車轂正圓匀整的樣子。从車，昆聲。《周禮》説："望着那車轂，希望它正圓匀整。"

【注釋】① 齊等：同義連用。《段注》："輥者，轂匀整之皃也。戴先生曰：齊等者，不橈減也，幹木圜甚。" ② 昆聲：聲中有義。《段注》："昆者，同也。此舉形聲包會意也。" ③《周禮》：指《考工記・輪人》。今本"輥"作"眼"。

軝
長轂之軝也，以朱約之[①]。从車，氏聲。《詩》[②]曰："約軝錯衡。"𩊚，軝或从革。　渠支切(qí)。

【譯文】軝，長的車轂上的裝飾物，用朱漆塗飾的皮革纏束。从車，氏聲。《詩經》説："在兵車的長轂上，用朱漆塗飾的皮革纏束；在轅端的横木上，塗上金色的花紋。"𩊚，軝的或體，从革。

【注釋】① 以朱約之：桂馥《義證》："蓋以皮纏之而上加以朱漆也。" ②《詩》：指《小雅・采芑》。

【參證】金文作，右下方是氏，左旁與右上方連成一體，是車字。參“車”條。孫機《始皇陵二號銅車馬對車制研究的新啓示》(《文物》一九八三年第七期)：“此字或从革作軝，即《輪人》中提到的幬革，用它束於轂周，……其實轂本用木材製作，纏革塗漆是加固之需，並非單純爲了裝飾。”

軹[1] 車輪小穿也。从車，只聲。　諸氏切(zhǐ)。

軹 【譯文】軹，車(轂末端貫穿車軸的)小孔。从車，只聲。

【注釋】① 軹：桂馥《義證》：“《詩詁》：車軸之耑，毌轂者名爲轊；轂末之小穿，容轊者名爲軹。”

軎 車軸耑[1]也。从車，象形[2]。杜林説。轊，軎或从彗[3]。于濊切(wèi)。

軎 【譯文】軎，車軸(露出于車轂外)的末端。从車，(口)象車轂末端小孔的樣子。這是杜林的説法。轊，軎字的或體，从彗聲。

【注釋】① 車軸耑：《段注》：“車軸之末見(現)於轂外者曰軎。”

② 象形：《段注》：“謂以口象轂耑之孔，而以車之中直象軸之出於外。”　③ 从彗：《段注》：“从車，彗聲。”

【參證】甲文作，金文作。林義光《文源》卷二釋甲文：“象車軸及端形。”楊樹達《文字形義學》：“字當横看。”“作形，乃得之。”“車軸兩端皆當有軎，此省去一端也。”强運開《古籀三補》卷十四釋金文：“此篆正象雙輪貫軸之形。”

輻[1] 輪轑[2]也。从車，畐聲。　方六切(fú)。

輻 【譯文】輻，車輪中連接車轂和車輞的直木條。从車，畐聲。

【注釋】① 輻：《詩・小雅・正月》：“員于爾輻。”鄭箋：“輻，謂輪中木之直指者，下有菑(zì。菑謂輻入轂中者也)以指輞，上有爪以湊轂。”　② 轑：即輻。參下“轑”條。

轑 蓋弓[1]也。一曰：輻[2]也。从車，尞聲。　盧皓切(lǎo)。

轑 【譯文】轑，車蓋上(象椽皮似)的爪形骨架。另一義説，是車輻。从車，尞聲。

【注釋】① 蓋弓：《段注》：“蓋弓二十有八，以象恒星也。蓋弓曰轑，亦曰橑；橑者，椽也，形略相似也。《釋名》曰：‘轑，蓋叉也。’叉者，今爪字。” ② 輻：《段注》：“輻三十湊轂，亦如椽然，故亦得轑名。”

軑① 車輨②也。从車，大聲。 特計切(dì/dài)③。

軑 【譯文】軑，車轂末端圓管狀的冒蓋。从車，大聲。

【注釋】① 軑：《方言》卷九：“關之東西曰輨，南楚曰軑。” ② 輨：參下條。 ③ 今讀依《廣韻》徒蓋切。

輨① 轂端沓②也。从車，官聲。 古滿切(guǎn)。

輨 【譯文】輨，車轂末端圓管狀的冒蓋。从車，官聲。

【注釋】① 輨：《方言》卷九：“關之東西曰輨，南楚曰軑。”錢繹箋疏：“輨之言管也，以鐵爲管，約轂外兩端，以金冒之曰輨。” ② 沓：徐鍇《繫傳》作錔。《段注》：“錔者，以金有所冒也。”

轅① 輈②也。从車，袁聲。 雨元切(yuán)。

轅 【譯文】轅，大車上成對的直轅。从車，袁聲。

【注釋】① 轅：《段注》：“轅之言，如攀援而上也。” ② 輈：朱駿聲《通訓定聲》：“大車、柏車、羊車左右兩木，曰轅，其形直，一牛在轅間；田車、兵車、乘車皆居中一木，穹隆而上，曰輈，其形曲，兩馬在輈旁。轅與輈對文則別，散文則通。”參下“輈”條。

輈① 轅②也。从車，舟聲。𨏥③，籀文輈。 張流切(zhōu)。

輈 【譯文】輈，小車彎曲而上的獨轅。从車，舟聲。𨏥，籀文輈字。

【注釋】① 輈：《釋名・釋車》：“輈，句也。轅上句也。”徐灝《段注箋》：“蓋以其句曲而名之。” ② 轅：朱駿聲《通訓定聲》：“大車左右兩木直而平者謂之轅；小車居中一木曲而上者謂之輈。”參“轅”條。 ③ 𨏥：《段注》：“从籀文車也。”按：即从𨏈，舟聲。

【參證】楊英傑《先秦戰車形制考述》(《遼寧師範大學學報》一九八四年第二期)：“輈分三部分：輿下部分，因其居輿底正中，貫前後以承重，故曰‘任正’；輈尾交於後軫部分曰‘踵’；輿前伸出駕馬部分曰‘頸’。”

韏① 直轅車轒②也。从車，具聲。 居玉切(jú)。

韏 【譯文】韏，大車上纏繞直轅的皮革。从車，具聲。

【注釋】① 韏：朱駿聲《通訓定聲》：“小車曲轅之縛曰韏，大車直轅之縛曰韏。” ② 直轅車轒：王筠《句讀》：“此云直轅車之轒。”轒即轒，泛指纏繞轅軥的皮帶。

軏 車轅耑持衡者[①]。从車，元聲。 魚厥切(yuè)。

【譯文】軏，車轅的前端持接車衡的關鍵。从車，元聲。

【注釋】① 車轅句：《段注》："衡者，横木，長六尺六寸，以施軛駕馬頸者也。持衡者曰軏，則衡與轅耑相接之關鍵也。"朱駿聲《通訓定聲》："衡與軥本不連屬，别有關鍵，以鉤持之，所謂軏（同"軏"）也。"

軛[①] 轅前[②]也。从車，戹聲。 於革切(è)。

【譯文】軛，車轅前端（扼壓在牛馬脖子上的横木）。从車，戹聲。

【注釋】① 軛：朱駿聲《通訓定聲》："軥耑之衡，轅耑之槅，皆名軛，以其下缺處爲軥，所以扼制牛馬領而稱也。" ② 轅前：《段注》："曰轅前者，謂衡也。自其横言之，謂之衡；自其扼制馬言之，謂之軛。"

【參證】金文作。郭沫若《兩周金文辭大系圖録考釋・录伯𢦚毁》："即軛。"高田忠周《古籀篇》卷七十五："車字作，其一（指上半形的一）即衡，其人（指形的左右之人）即也。"馬敘倫《六書疏證》卷二十七："軛之初文作。象形。一爲横，丨爲軏，口爲轙，八爲軥。並衡軏轙軥而名軏。"後因與車有關，明其類屬，从車作軛。參"戹"條。

輝 軛軥[①]也。从車，軍聲。 乎昆切(hún)。

【譯文】輝，車軛向下伸展的、圍套在牲畜頸上的曲木。从車，軍聲。

【注釋】① 軛軥：《段注》："軶（同"軛"）軥之異名曰輝也。輝之言圍也，下圍馬頸也。"軥，參下條。

軥[①] 軛下曲者。从車，句聲[②]。 古候切(gòu/qú)[③]。

【譯文】軥，車軛向下伸展的、套在牲畜頸上的曲木。从車，句聲。

【注釋】① 軥：《段注》："軛木上平而下爲兩坳，加於兩服馬之頸，是曰軥。"徐灝箋："軥者，軛下之曲句也。" ② 句聲：凡从句聲者，都有曲義。 ③ 今讀依《廣韻》其俱切。

轙 車衡載轡[①]者。从車，義聲。钀，轙或从金[②]，从獻[③]。 魚綺切(yǐ)。

【譯文】轙，車衡上貫穿繮繩的大環。从車，義聲。钀，轙的或體，从金，从獻聲。

【注釋】① 載轡：《爾雅・釋器》："載轡謂之轙。"郭璞注："車軛上環，轡所貫也。" ② 从金：《段注》："環以金爲之。" ③ 从獻：朱駿聲《通訓定聲》作"獻聲"："義、獻，一聲之轉。"按，上古義屬歌部，獻屬元部，歌、元可對轉。

軜 驂馬内轡繫軾前者[①]。从車，内聲[②]。《詩》[③]曰："茯以觼軜。" 奴荅切(nà)。

【譯文】軜，在四馬拉的車子兩旁的馬的内側、繫在車箱前軾木上的韁繩。从車，内聲。《詩經》説："用白銅裝飾在貫穿驂馬内轡的環上。"

【注釋】① 驂馬句：即驂馬繫軾前之内轡。張舜徽《約注》："古者一乘四馬，兩服爲主，兩驂在旁。一馬二轡，四馬八轡。服馬四轡，與驂馬之外轡，皆御者執之，驂馬兩内轡，則繫軾前觼(jué)中，因謂之軜。蓋軜之言納也，謂納轡於此也。" ② 内聲：聲中有義。見注①。 ③《詩》：指《秦風・小戎》。今本"茯"作"鋈"，白銅。觼：本書角部："環之有舌者。"《段注》："《詩》言觼軜，言施觼於軜也。"

【參證】孫機《始皇陵二號銅車馬對車制研究的新啓示》(《文物》一九八三年第七期)："復原的初步結果表明，不是驂馬的内轡而是服馬的内轡繫在前輿之揜軓的觼爪上。因爲驂馬在轉彎時是帶頭的。它的内轡應由御者直接掌握，而不應繫結在車上某處；而服馬在轉彎時只要跟着驂馬迴旋即可。"

衝[①] 車搖也。从車，从行。一曰：衍省聲。 古絢切(juàn)。

【譯文】衝，車搖。由車、由行會意。或説是"衍"省去中間的水爲聲。

【注釋】① 衝：《段注》："未詳。"張舜徽《約注》："衝之言轉也，車行則輪動，故从車从行。許訓車搖，搖者，動也，此即轉動本字。"存參。

輂 軺車後登也[①]。从車，丞聲。讀若《易》[②]"抍馬"之抍。 署陵切(chéng)。

【譯文】輂，小車從車後登上。从車，丞聲。音讀象《易經》"抍(zhěng)馬"的"抍"字。

【注釋】① 軺車句：朱駿聲《通訓定聲》："古登車皆由後。軺車者，小車也。" ②《易》：指《明夷》六二爻。拚馬，一作"拯馬"。

 **載** 乘[①]也。从車，𢦔[②]聲。 作代切(zài)。

【譯文】載，乘坐。从車，𢦔聲。

【注釋】① 乘：《段注》："乘者，覆也。上覆之則下載之，故其義相成。引申之謂所載之物曰載。" ② 𢦔：今省作𢦏。

【參證】甲文作，金文作、、。郭沫若《金文叢考·金文餘釋之餘·釋》："从車才聲之字，與載之从車𢦏聲同意。(𢦏从戈才聲。)"按：郭謂即𨊥，从車才聲。即才，如在作，存作。

 **軍** 圜圍[①]也。四千人爲軍[②]。从車，从包省[③]。(軍)[車][④]，兵車也。 舉云切(jūn)。

【譯文】軍，包圍。四千人成爲一軍。由車、由包省會意。車，就是兵車。

【注釋】① 圜圍：《段注》："於字形得圜義，於字音得圍義。" ② 四千句：《段注》："當作萬有二千五百人爲軍。" ③ 从包省：《段注》："包省當作勹，勹，裹也。勹車，會意也。" ④ 軍：當依《段注》作"車"，注："此釋从車之意。惟車是兵車，故勹車爲軍也。"王筠《釋例》："軍之所以从勹車者，古者車戰，故从車；以《左傳》以藩爲軍推之，知軍者即今之所謂營盤，必有營壘匌乎其外，故从勹。說解曰'圜圍也'，即此意。"

【參證】金文作、、。朱芳圃《殷周文字釋叢》："字从車、从勹，會意。古者車戰，止則以車自圍。"按：金文首字，如朱說，是會意字；二、三字是形聲字：二字从車从匀省聲，三字从車匀聲。

 **軷** 出，將有事於道，必先告其神，立壇四通，樹茅以依神，爲軷。既祭軷，轢[①]於牲而行，爲範軷[②]。《詩》[③]曰："取羝以軷。"从車，犮聲。 蒲撥切(bá)。

【譯文】軷，出車在外，將軍在路上有事，一定先祭告那路神，在四通八達的交叉路口，堆土建壇，周圍插上茅草來依蔽神靈，(這神)叫作軷。已經祭過軷神，車子从祭神之物犬羊犧牲身上輾過去，走了，叫

作“範軷”。《詩經》説：“取來公羊用以祭路神。”从車，犮聲。

【注釋】① 轢：車所踐。見“轢”條。　② 範軷：徐灝《段注箋》：“蓋古語。”見“範”條。《周禮・夏官・大馭》作“犯軷”。鄭玄注：“行山曰軷，犯之者，封土爲山象，以菩芻棘柏爲神主，既祭之，以車轢之而去，喻無險難也。”按：《段注》：“山行之神主曰軷，因之山行曰軷。”　③《詩》：指《大雅・生民》。

範　範軷也。从車，笵省聲。讀與犯同[①]。　音犯(fàn)。

【譯文】範，觸犯山行的神主軷。从車，笵省聲。音義與“犯”相同。

【注釋】① 讀與句：《段注》：“不曰‘讀若犯’而曰‘與同’者，其音義皆取‘犯’。讀若則但言其音而已。”參“軷”條。

轍　載高皃。从車，巘省聲。　五葛切(è/niè)[①]。

【譯文】轍，車子裝載得高高的樣子。从車，巘省聲。

【注釋】① 今讀依《廣韻》魚列切。

轄[①]　車聲[②]也。从車，害聲。一曰：轄，鍵[③]也。　胡八切(xiá)。

【譯文】轄，車聲。从車，害聲。另一義説，轄是橫穿車軸末端控制車轂的插栓。

【注釋】① 轄：朱駿聲《通訓定聲》：“當爲舝之或體。”參“舝”條。② 車聲：《段注》：“轂與軸相切聲也。”　③ 轄鍵：徐灝《段注箋》：“車轄，貫軸耑孔以關轂。”

轉[①]　運也。从車，專聲[②]。　知戀切(zhuàn，又 zhuǎn)[③]。

【譯文】轉，用車運輸。从車，專聲。

【注釋】① 轉：《史記・平準書》：“轉漕甚遼遠。”司馬貞索隱：“車運曰轉，水運曰漕也。”　② 專聲：聲中有義。本書：專有紡專義。表比況。車運轉，其輪動如紡專。　③ 知戀切(zhuàn)表旋轉義。轉運、傳送義應依《廣韻》陟兗切，讀 zhuǎn。

【參證】金文作𨍭，與篆文同。

輸　委輸[①]也。从車，俞聲。　式朱切(shū)。

【譯文】輸，用車轉運。从車，俞聲。

【注釋】① 委輸：王筠《句讀》：“《後漢・張純傳》注：‘委輸，轉運也。’”《段注》：“委者，委隨也。委輸者，委隨輸寫(運送交卸)也。”

輖　重也。从車，周聲。　職流切(zhōu)。

輖　【譯文】輖，車重。从車，周聲。

輩　若軍發車百兩爲一輩①。从車，非聲②。　補妹切(bèi)。

輩　【譯文】輩，軍隊發車一百輛叫作一輩。从車，非聲。

【注釋】① 若軍句：《段注》："以'若'發聲。"嚴章福《校議議》："百兩者，百車也。一車三人，百車三百人，所謂輩也。車有兩輪，故一車爲兩。蓋用《司馬法》。"　② 非聲：聲中有義。《段注》："非者，兩㢮。形聲中有會意。"

軋①　報②也。从車，乙聲。　烏轄切(yà)。

軋　【譯文】軋，車輾壓。从車，乙聲。

【注釋】① 軋：《段注》："本謂車之報於路，引申之，爲勢相傾。"　② 報：參下條。

報①　轢②也。从車，𡰪聲。　尼展切(niǎn)。

報　【譯文】報，用車輪輾軋。从車，𡰪(niǎn)聲。

【注釋】① 報：徐灝《段注箋》："車轢謂之報。引申爲凡報轢之偁。俗作輾，又作碾。"　② 轢：參下條。

轢　車所踐也。从車，樂聲。　郎擊切(lì)。

轢　【譯文】轢，車輪踐壓的地方。从車，樂聲。

軌　車徹①也。从車，九聲②。　居洧切(guǐ)。

軌　【譯文】軌，車迹。从車，九聲。

【注釋】① 徹：徹、轍，古今字。　② 九聲：聲中有義。徐灝《段注箋》："車輪之迹往來交錯。""九者，屈曲究盡之義也。"

蹤①　車迹②也。从車，從省聲③。　即容切(zōng)。

蹤　【譯文】蹤，車迹。从車，從省聲。

【注釋】① 蹤：《段注》："俗變爲蹤，再變爲踪。"朱駿聲《通訓定聲》："與軌微別。涂之有定者曰軌，行之無定者曰蹤。"　② 車迹：《段注》："兩輪之迹也。"　③ 從省聲：聲中有義。《段注》："蹤之言從也，有所從來也。"

軼　車相出①也。从車，失聲。　夷質切(yì)。

軼　【譯文】軼，後車超出前車。从車，失聲。

【注釋】① 車相出：相，指代性副詞，在意念上指代前車。《段注》："車之後者突出於前也。"

轃　車轃鈏[①]也。从車，真聲。讀若《論語》"鏗尔，舍瑟而作"。又讀若掔[②]。　苦閑切(qiān/kēng)[③]。

【譯文】轃，車聲轃鈏。从車，真聲。音讀象《論語》的"鏗的一聲，放下琴站起來"的"鏗"字。又，音讀象"掔(qiān)"字。

【注釋】① 轃鈏：朱駿聲《通訓定聲》："疊韻連語。車聲也。"　② 讀若掔：葉德輝《讀若考》："鏗、掔與真，古音同部。"　③ 今讀依《廣韻》口莖切。

輂　抵[①]也。从車，埶聲[②]。　陟利切(zhì)。

【譯文】輂，車前因重而低。从車，埶聲。

【注釋】① 抵：王筠《句讀》："小徐《韻譜》：'輂，車低也。'《廣韻》：'輂與輊同，車前重也。'""《説文》無低。"　② 埶聲：徐鍇《繫傳》作"執聲"。

軭[①]　車戾[②]也。从車，匡聲。　巨王切(kuáng)。

【譯文】軭，車輪扭曲。从車，匡聲。

【注釋】① 軭：徐灝《段注箋》："《考工記》：'輪雖敝不匡。'即此字義。鄭司農云：'匡，枉也。'謂牙圍(指車輪)之枉戾也。古衹用匡字，从車者後所加也。"　② 戾：曲。

輟[①]　車小缺復合者[②]。从車，叕聲[③]。　陟劣切(chuò)。

【譯文】輟，車(隊行進)，稍稍間斷而又連續起來。从車，叕聲。

【注釋】① 輟：本書"网"部重見："罬，捕鳥覆車也……輟，罬或从車。"張舜徽《約注》："與此篆(指車部輟)自是二義。"　② 小缺句：徐灝《段注箋》："言行斷而復續也。引申爲暫止之偁。"　③ 叕聲：聲中有義。徐灝《段注箋》："叕本連屬之義。"

轸　礙[①]也。从車，多聲。　康禮切(qǐ)。

【譯文】轸，車相妨礙。从車，多聲。

【注釋】① 礙：朱駿聲《通訓定聲》："此謂車相礙也。"

轚　車轄[①]相擊也。从車，从殸[②]，殸亦聲。《周禮》[③]曰："舟輿擊互者。"　古歷切(jí)。

【譯文】轚，車轄互相擊撞。由車、由毄會意，毄也表聲。《周禮》説："船和車相互撞擊交錯的地方。"

【注釋】① 車轄句：《段注》："轄者，鍵也。鍵在軎頭，謂車軎相擊也。諸書亦言車轂相擊。"　② 从毄：《段注》："殳部曰：'毄者，相擊中也。'"　③《周禮》：指《秋官·野廬氏》。舟輿句，今本"輿"作"車"。鄭玄注："謂於迫隘處也。"

簨[①] 治車軸也。从車，算聲。　所眷切(shuàn)。

【譯文】簨，用旋轉的辦法來製造車軸。从車，算聲。

【注釋】① 簨：王筠《句讀》："亦謂之鏇。《玉篇》：'鏇，圓轆轤也。車工使軸轉于刃上，不規自圓也。'"

軻 接軸車[①]也。从車，可聲。　康我切(kě/kē)[②]。

【譯文】軻，接軸車。从車，可聲。

【注釋】① 接軸車：徐灝《段注箋》："未詳其義。"一説，當讀作"接軸也，車也"。接軸，《段注》作"椄軸"，注："椄者，續木也。軸所以持輪，而兩木相接則危矣。故引申之多迍曰轗軻。"朱駿聲《通訓定聲》："雙聲連語。轗軻猶坎坷也。""或曰：孟子居貧多迍，故名軻，字子居。"軻又指車，孟子名軻字子輿。見張舜徽《約注》。

② 今讀依《廣韻》苦何切。

䡎 車堅也。从車，殸聲[①]。　口莖切(kēng)。

【譯文】䡎，車堅牢。从車，殸聲。

【注釋】① 殸聲：聲中有義。《段注》："殸，籀文磬。"車象被敲擊的磬一樣堅牢。

輔 反推車，令有所付也[①]。从車，从付。讀若胥[②]。　而隴切(rǒng)。

【譯文】輔，反向推車，使車有可附着的地方。由車、由付會意。音讀象"胥"字。

【注釋】① 反推句：王筠《句讀》："付讀爲附麗之附，車已卸而未入庫，姑推其轅以付於宇下，不使當道礙人。"又，《釋例》："平時車右推車，必推其軫(車後的欄木)，此則推其轅，故曰反推也。"　② 胥：《段注》作"茸"。王筠《釋例》："以使船傍岸謂之攏岸，推之必有呼如茸者矣。"

輪① 有輻曰輪,無輻曰輇②。从車,侖聲③。 力屯切(lún)。

輪 【譯文】輪,有車輻的叫輪,沒有車輻的叫輇。从車,侖聲。

【注釋】① 輪:《段注》:"輪之言倫也。从侖;侖,理也。三十輻兩兩相當而不迆,故曰輪。" ② 輇:張舜徽《約注》:"輇之言全也,謂直斫木爲之,其形完滿,不見空虛也。"參"輇"條。 ③ 侖聲:聲中有義。見注①。

輇 蕃車下庳輪也①。一曰:無輻②也。从車,全聲③。讀若饌。 市緣切(chuán/quán)④。

輇 【譯文】輇,藩車下面的低矮的車輪。另一義説,車輪沒有車輻。从車,全聲。音讀象"饌"字。

【注釋】① 蕃車句:《段注》:"'蕃'當作'藩'。'藩車'見軒字下。庳者,屋卑也,因以爲凡卑之偁。藩車而下爲卑輪,蓋所謂安車。輪卑(低矮)則車安矣。" ② 無輻:張舜徽《約注》:"其無輻者,以實木爲之,體質厚重,形似圜盤。鄉僻所用獨輪車,大氐然矣。"參"輪"條。按:無輻應爲本義。有輻之輪應始於無輻之輇。徐灝《段注箋》:"(軒)車差小,故輪庳而無輻。" ③ 全聲:聲中有義。參"輪"條。 ④ 今讀依《集韻》逡緣切。

輗① 大車轅耑持衡②者。从車,兒聲。䡣,輗或从宜③。棿,輗或从木。 五雞切(ní)。

輗 【譯文】輗,大車車轅前端用以貫持車衡木的活插銷。从車,兒聲。䡣,輗的或體,从宜聲。棿,輗的或體,从木。

【注釋】① 輗:《段注》:"轅與衡相接之關鍵也。" ② 衡:桂馥《義證》引戴侗説:"轅端横木即衡也。" ③ 从宜:朱駿聲《通訓定聲》:"或从宜聲。"宋保《諧聲補逸》:"兒、宜聲相近。"

軧① 大車後②也。从車,氐聲。 丁禮切(dǐ)。

軧 【譯文】軧,大車後部的蔽欄。从車,氐聲。

【注釋】① 軧:《段注》:"軧之言底也。" ② 大車後:王筠《句讀》:"以别于小車之軫也。"

轃 大車簀①也。从車,秦聲。讀若臻。 側詵切(zhēn)。

轃 【譯文】轃,大車象牀簀似的竹墊。从車,秦聲。音讀象"臻"字。

【注釋】① 大車簣:《段注》:"簣者牀棧也,大車之藉似之。竹木爲之。"

轒　淮陽①名車穹隆②轒。从車,賁聲。　符分切(fén)。

【譯文】轒,淮陽地方叫車篷骨架作轒。从車,賁聲。

【注釋】① 淮陽:漢國名。有今河南省淮陽、鹿邑、太康、柘城、扶溝等縣地。　② 車穹隆:《段注》:"即車蓋弓也。"穹隆,中間高四周低。車頂篷呈此狀。其骨架形曲如弓。

輐①　大車後壓②也。从車,宛聲。　於云切(yūn/yuān)③。

【譯文】輐,大車後部用以壓車的東西。从車,宛聲。

【注釋】① 輐:《段注》:"所以鎮大車後者。"　② 壓:壓榨,鎮壓。③ 今讀依《廣韻》於袁切。

輂　大車駕馬[者]①也。从車,共聲。　居玉切(jú)。

【譯文】輂,駕馬的大車。从車,共聲。

【注釋】① 大車駕馬:當依《段注》"馬"後加"者",注:"'者',此别於駕牛也。古大車多駕牛,其駕馬者則謂之輂。"郭慶藩《經字正誼》:"輂之制,四方如車輿,其駕馬者曰輂;用之徙土則曰土轝、曰欙;用之舁人則曰橋,曰轎:其爲物則一也。"

蓥　連車①也。一曰:郤車抵堂②爲蓥。从車,差省聲③。讀若遲。　士皆切(chái)。

【譯文】蓥,羣車牽聯(而行進時有等次差别)。另一義説,使車退到堂下叫蓥。从車,差省聲。音讀象"遲"字。

【注釋】① 連車:《段注》:"謂車牽聯而行有等差也。"　② 郤車抵堂:《文選·張衡〈東京賦〉》:"皇輿宿駕,蓥於東階。"薛解曰:"蓥之言郤也,謂郤於東階下,天子未乘之時也。"　③ 差省聲:聲中有義。見注①。

輦　輓車①也。从車,从扶在車前引之②。　力展切(niǎn)。

【譯文】輦,人挽的車。从車,由表示兩人的"扶"在"車"前牽引會意。

【注釋】① 輓車:《段注》:"謂人輓以行之車也。"　② 从扶(bàn)句:《段注》:"輦設輅於車前,用索輓之,故从車扶會意。扶在前,車在後。”王筠《句讀》：“扶下云：‘竝行也。’是扶乃古伴字，本文不取本義，衹是兩人耳。”

【參證】金文作。吴大澂《古籀補》：“象二人輓車形。”

輓① 引之也。从車，免聲。　無遠切(wǎn)。

【譯文】輓，(在前面)牽車輛。从車，免聲。

【注釋】① 輓：《左傳・襄公十四年》：“或輓之，或推之。”杜注：“前牽曰輓。”

軖 紡車①也。一曰：一輪車②。从車，㞷聲。讀若狂③。　巨王切(kuáng)。

【譯文】軖，紡絲的車。另一義説，獨輪車。从車，㞷聲。音讀象“狂”字。

【注釋】① 紡車：《段注》：“紡者，紡絲也。”桂馥《段注鈔案》：“以紡棉綫説之。其車兩旁施柱，中爲輪軸，其旁別施曲柄。將紡者必先彈治其棉。手柄運輪，旋轉抽棉作綫。……通名紡車。……其車亦有無柄，不用手運，而用足蹋轉者。未知許説似此以不?”按：其主體結構有軸有輪，故名車。　② 一輪車：《正字通・車部》：“即今役夫小車運載者。”即獨輪車。　③ 讀若狂：葉德輝《讀若考》：“軖、狴均从㞷得聲。”

轘 車裂人也。从車，睘聲。《春秋傳》①曰：“轘諸栗門。”　胡慣切(huàn)。

【譯文】轘，用車撕裂人體。从車，睘聲。《春秋左傳》説：“在(陳國都城)栗門車裂夏徵舒。”

【注釋】①《春秋傳》：指《左傳・宣公十一年》。今本原文：“遂入陳，殺夏徵舒，轘諸栗門。”

斬① 截②也。从車，从斤。斬法車裂也③。　側減切(zhǎn)。

【譯文】斬，斬殺。由車、由斤會意。斬殺效法車裂。

【注釋】① 斬：《段注》：“《周禮・掌戮》注曰：‘斬以鈇鉞，若今腰斬也；殺以刀刃，若今棄市也。’本謂斬人，引申爲凡絶之偁。”

② 截：斷。　③ 斬法句：《段注》：“此説从車之意。蓋古用車裂，後人乃法車裂之意，而用鈇鉞。故字亦从車。斤者，鈇鉞之類也。”

輀[①] 喪車也。从車，而聲。 如之切(ér)。

輀 【譯文】輀，運載靈柩的車。从車，而聲。

【注釋】① 輀：《釋名・釋喪制》："輿棺之車曰輀。"

輔[①] 人頰車[②]也。从車，甫聲。 扶雨切(fǔ)。

輔 【譯文】輔，牙牀上的面頰。从車，甫聲。

【注釋】① 輔：本條説解，《段注》依徐鍇《繫傳》作："《春秋傳》曰：'輔車相依。'从車，甫聲。人頰車也。"朱駿聲《通訓定聲》："輔蓋箸車兩傍以防、助者，可系可解之木。"王筠《釋例》："吾鄉以小車載大石者，兩輻之間加一木，拄其轂與牙，繩縛於輻以爲固，輻得其助，則輪强而不敗。"按：車旁輔佐之木應是輔的本義，面頰之輔是其引申義。姚文田、嚴可均《校議》："輔在兩旁，故《春秋傳》、《國語》皆言夾輔，其俌相之俌、酺頰之酺皆取此象。故經典皆借輔爲之，而輔亦得訓人頰車矣。" ② 頰車：《左傳・僖公五年》："諺所謂'輔車相依……'"杜預注："輔，頰輔；車，牙車。"孔穎達正義："牙車，牙下骨之名也；頰之與輔，口旁肌之名也。"

【參證】金文作、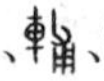、，與篆文同。

轟 羣車聲也。从三車。 呼宏切(hōng)。

轟 【譯文】轟，成羣的車輛行進的聲音。由三個"車"字會成羣之意。

文九十九 重八

轏[①] 車名[②]。从車，孱聲。 士限切(zhàn)。

轏 【譯文】轏，棧車之異名。从車，孱聲。

【注釋】① 轏：《鄭新附考》："當是漢後别出字。""《左氏成二年傳》：'逢丑父寢于轏中。'正義云：'《周禮・巾車》：士乘棧車。《考工記》：棧車欲弇。轏與棧音義同。是也。'" ② 車名：即棧車之名。《段注》"棧，棚也。竹木之車曰棧"下："謂以竹若木散材編之爲箱，如柵然，是曰棧車。"又"棚"下："今人謂架上以蔽下者，皆曰棚。"可見，棧車的形制是用竹條或者木條編成柵欄，而後組合成車箱，上有篷蓋。

轔[1] 車聲。从車，粦聲。　力珍切(lín)。

【譯文】轔，象車運行的聲音。从車，粦聲。

【注釋】① 轔：車聲多以疊音形式出現。《楚辭·屈原〈九歌·大司命〉》："乘龍兮轔轔，高駝兮衝天。"杜甫《兵車行》："車轔轔，馬蕭蕭，行人弓箭各在腰。"《鄭新附考》："《説文》有'蹸，轢也(車輪碾軋)。'車聲與蹸轢爲一義之小别。"轔或轔轔狀其轢軋之聲，轢狀其車軋之形。故又引申爲"轢"。《文選·司馬相如〈子虛賦〉》："掩兔轔鹿。"司馬彪注："轔，轢也。"音轉爲良刃切，音 lìn。

轍[1] 車迹也。从車，徹省聲[2]。本通用徹，後人所加。　直列切(ché)。

【譯文】轍，車輪壓出的痕迹。从車，由徹省彳爲聲。本通用徹，後人所加。

【注釋】① 轍：《左傳·莊公十年》："下視其轍，登軾而望之。"
② 徹省聲：聲中有義。《段注》"徹"下："通字可以隱括(其義)。古有徹無轍。"《鄭新附考》："徹訓通達，車轍四達皆通，故謂之徹。"

文三　新附

𠂤部

𠂤[1] 小𠂤[2]也。象形[3]。凡𠂤之屬皆从𠂤。　都回切(duī)。

【譯文】𠂤，小土山。象形。大凡𠂤的部屬都从𠂤。

【注釋】① 𠂤：今作堆。　② 小𠂤：饒炯《部首訂》："𠂤爲土山之小者，阜(𠂤)爲土山之大者。"　③ 象形：徐灝《段注箋》："本之側體，小篆變而方之。其上爲曲筆，皆取字形茂美耳。"

【參證】甲文作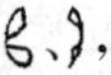，金文作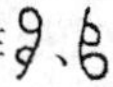。李孝定《甲骨文字集釋》："𠂤、𠂤字並當横看作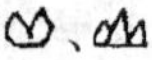，即丘山之竪書者。𠂤爲小𠂤，丘爲小山，以峰之多少别其大小也。"孫海波《甲骨文録》："𠂤之本意爲小阜，古者都邑必賓附丘陵，都邑爲王者之居，軍旅所守，故𠂤有師意。更引申而有衆意。"

𡴎 危高也。从𠂤，屮聲[1]。讀若臬。　魚列切(niè)。

【譯文】𡴎，險而高。从𠂤，屮聲。音讀象"臬"字。

【注釋】① 屮聲：林義光《文源》："（屮）象高出之貌。"按林説，應从𠂤、屮會意。姑備一説。

官

吏①，事君也。从宀，从𠂤②。𠂤猶衆③也，此與師同意④。古丸切(guān)。

【譯文】官，官吏，奉事國君的人。由宀、由𠂤會意。𠂤好比説衆人的意思，這與"師"字从𠂤是同一造字原則。

【注釋】① 吏：王筠《句讀》："句。謂官、吏同意也。" ② 从宀，从𠂤：俞樾《兒笘録·官》："官者，館之古文也。以宀覆𠂤，正合館舍之義。""原館之始，正爲庶人在官者而設，彼皆从田間來，若無以舍之，何以从事於公乎？因而吏事君者即謂之官。"官(guǎn)爲引申義官(guān)所專，則更製"館"字。考"館"條。 ③ 𠂤猶衆：《段注》："以宀覆之，則治衆之意也。" ④ 此與句：《段注》："（師）人衆而帀口之，與（官）事衆而宀覆之，其意同也。"參"師"條。

【參證】甲文作、，金文作、。楊樹達《增訂積微居小學金石論叢》卷第一《釋官》引何子貞説："官字从宀，凡从宀之字皆以屋室爲義，官字下从𠂤，蓋象周廬列舍之形，謂臣吏所居，後乃引申爲官職之稱。"

卷二十八

𨸏部

𨸏[①] 大陸[②]，山無石者。象形[③]。凡𨸏之屬皆从𨸏。𨸐[④]，古文。 房九切(fù)。

【譯文】𨸏，大面積的又高又平的土地，是沒有石頭的土山。象形。大凡𨸏的部屬都从𨸏。𨸐，古文𨸏字。

【注釋】① 𨸏：《段注》："陸，土地獨高大名曰阜。引申之爲凡厚、凡大、凡多之稱。" ② 大陸：《爾雅·釋地》："高平曰陸。"

③ 象形：《段注》："象土山高大而上平，可層絫而上。首象其高，下象其三成(層)。" ④ 𨸐：《段注》："上象絫高，下象可拾級而上。"

【參證】甲文作、、。葉玉森《文字編》："(甲文)从丨，象土山高陗；从、，竝象阪(bǎn，山坡)級。"李孝定《甲骨文字集釋》："字之初誼，𠂤𨸏殆並爲山之象形，字與山丘誼同。及後孳乳爲數字，乃以丘山象山之數峰並峙，𠂤𨸏象山之阪級峻峭崚嶒。"

陵 大𨸏也。从𨸏，夌聲。 力膺切(líng)。

【譯文】陵，大土山。从𨸏，夌聲。

【參證】甲文作、、，金文作、。羅振玉《增訂殷虛書契考釋》："(甲文)此字象人梯(登梯)而升高，一足在地，一足已陼而升。"

䮰 大𨸏也。从𨸏，鯀聲。 胡本切(hùn)。

【譯文】䮰，大土山。从𨸏，鯀聲。

阞 地理[①]也。从𨸏，力聲[②]。 盧則切(lè)。

【譯文】阞，地的脈理。从𨸏，力聲。

【注釋】① 地理：徐鍇《繫傳》："地之脈理也。"張舜徽《約注》："謂土與石之文理也。" ② 力聲：聲中有義。《段注》："力者筋也。筋有脈絡可尋。故凡有理之字皆从力：阞者，地理也；朸者，木理也；

泐者，水理也；手部有扐，亦同意。”

陰　闇[①]也；水之南[②]、山之北也。从𨸏[③]，侌聲[④]。　於今切(yīn)。

【譯文】陰，幽暗；是水的南面、山的北面。从𨸏，侌聲。

【注釋】① 闇：《段注》：“闇者，閉門也。閉門則爲幽暗。”　② 水之南句：徐鍇《繫傳》：“山北水南，日所不及。”按：此因華夏居於北半球。　③ 从𨸏：《段注》：“山北爲陰，故陰字从𨸏。”　④ 侌聲：聲中有義。朱駿聲《通訓定聲》作从𨸏从侌會意。“本書霠即侌：雲覆日也。”

【參證】金文作、、、。戴家祥《金文大字典》下釋首二字：“(陰)金文作阾，从𨸏今聲，侌亦由今得聲。”唐蘭《唐蘭先生金文論集・屭羌鐘考釋》釋第三字：“陰字从金，與貨币(文)同。”金文末字从水从侌。

陽[①]　高、明也[②]。从𨸏，昜聲[③]。　與章切(yáng)。

【譯文】陽，山丘高聳；明亮。从𨸏，昜聲。

【注釋】① 陽：《段注》：“闇之反也。不言山南曰昜者，陰之解可錯見也。”　② 高、明也：即高也；明也。一句數讀。《釋名・釋山》：“丘高曰陽，丘體高近陽也。”　③ 昜聲：聲中有義。朱駿聲《通訓定聲》作“从𨸏从昜，昜亦聲”。本書：“昜，升也。”光明之意。

【參證】甲文作，金文作、，末字與篆文同，前二字參“昜”條。

陸　高平也。从𨸏，从坴[①]，坴亦聲。𨻶[②]，籀文陸。　力竹切(lù)。

【譯文】陸，又高又平的土地。由𨸏、由坴會意，坴也表聲。𨻶，籀文陸字。

【注釋】① 从坴：《段注》：“土部‘坴’下曰：‘土塊坴坴也。’然則陸从坴(lù)者，謂其有土無石也。”　② 𨻶：《段注》：“从古文𨸏省，从籀文兲(lù)不从土者，从𨸏而土見矣。”从𡕣，既表聲，又表義。兲爲菌類植物，引申泛指地草。

【參證】甲文作，金文作、、。金文首字从𨺅猶从𨸏也。其他三字，戴家祥《金文大字典》：“𨸏旁从二兲乃籀文陸字之省。”高田忠周《古籀篇》卷十:“从自又从土”,“此例極多。”

 大陵也。一曰:曲自①也。从自,可聲。 烏何切(ē)。

阿 【譯文】阿,大土山。另一義説,山丘彎曲的地方。从自,可聲。

【注釋】① 曲自:王筠《句讀》:“阿謂山曲隈處。”《段注》:“引申之,凡曲處皆得偁阿。”

【參證】金文作,與篆文同。

① 阪也。一曰:沱②也。从自,皮聲。 彼爲切(bēi)。

陂 【譯文】陂,山坡。另一義説,是池塘。从自,皮聲。

【注釋】① 陂:《段注》:“陂與坡音義皆同。凡陂必邪立,引申之義爲傾邪。” ② 沱:沱與池同。徐灝《段注箋》:“(它)隸變从也。”《段注》:“陂得訓池者,陂言其外之障,池言其中所蓄之水。”

 坡者曰阪。一曰:澤障。一曰:山脅①也。从自,反聲。

阪 府遠切(fǎn/bǎn)②。

【譯文】阪,山坡叫阪。另一義説,水澤的隄障。另一義説,山腰小道。从自,反聲。

【注釋】① 山脅:桂馥《義證》:“本書:‘嵬,山脅道也。’”張舜徽《約注》:“(嵬)亦脣聲字,與阪聲近,故阪又訓山脅。” ② 今讀依《廣韻》扶板切。

 阪隅①也。从自,取聲。 子侯切(zōu)。

陬 【譯文】陬,山坡的一角。从自,取聲。

【注釋】① 阪隅:《段注》:“謂阪之角也。”

① 陬也。从自,禺聲。 噳俱切(yú)。

隅 【譯文】隅,山角。从自,禺聲。

【注釋】① 隅:《段注》:“今人謂邊爲廉,角爲隅。”

【參證】徐同柏《從古堂款識學》卷二《周史頌敨》:“,䮠,古隅字。从𩫖,城隅之象。”

 阻①,難也。从自,僉聲。 虛檢切(xiǎn)。

險 【譯文】險,險峻和阻隔,都是艱難的意思。从自,僉聲。

【注釋】① 阻:應連篆爲讀。王筠《句讀》:“險、阻,一事而兩名,難則其義也。險言其體之峻絶,阻言其用之隔閡。”

 阻也。一曰：門榍①。从𠂤，艮聲。 乎簡切(xiàn)。

限 【譯文】限，阻隔。另一義説，是門檻。从𠂤，艮聲。

【注釋】① 門榍：《段注》："此别一義，而前義可包之。木部曰：'榍，門限也。'"

【參證】金文作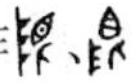。柯昌濟《韡華閣集古録跋尾·曶鼎》："限从𠂤从㫐，㫐即艮字。亦即古眼字也。"按：目光停留在山阜上，言其阻限。

 險也。从𠂤，且聲。 側吕切(zǔ)。

阻 【譯文】阻，險峻。从𠂤，且聲。

【參證】甲文作。《甲骨文編》："从𠂤从廾。""疑爲阻之異文。"

 隹隗①，高也。从𠂤，隹聲。 都辠切(duǐ/duì)②。

隹 【譯文】隹，崔巍，高峻不平。从𠂤，隹聲。

【注釋】① 隹隗：《段注》："猶崔巍。疊韻字也。"《玉篇·阜部》："隹，隹隗，不平也。" ② 今讀依《廣韻》徒猥切。

【參證】甲文作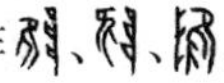。王襄《簠室殷契類纂正編》第十四："古隹字。"

① 隹隗也。从𠂤，鬼聲。 五辠切(wěi)。

隗 【譯文】隗，崔巍。从𠂤，鬼聲。

【注釋】① 隗：參"隹"條。

① 高也。一曰：石也。从𠂤，允聲。 余準切(yǔn)。

阭 【譯文】阭，高峻。另一義説，是石頭。从𠂤，允聲。

【注釋】① 阭：俞樾《阭》："此即陖之古文也。""夋字本从允聲，則夋聲即允聲矣。字又作峻、作𡾊。"

 磊①也。从𠂤，厽聲。 洛猥切(lěi)。

陎 【譯文】陎，疊磊而高。从𠂤，厽聲。

【注釋】① 磊：張舜徽《約注》："磊乃積石之象，訓'衆石皃'，則陎亦高義也。"

【參證】金文作，與篆文同。

① 陖也。从𠂤，肖聲。 七笑切(qiào)。

陗 【譯文】陗，高峻陡直。从𠂤，肖聲。

【注釋】① 陗：《段注》："凡斗直者曰陗。'斗'俗作'陡'，古書皆作'斗'。"

陖① 陗高②也。从自，夋聲。　私閏切(jùn)。

陖　【譯文】陖，陡陗高峻。从自，夋聲。

【注釋】① 陖：朱駿聲《通訓定聲》："㕙峻皆此字之或體。"　② 陗高：《段注》："謂斗(陡)直而高也。"

隥① 仰②也。从自，登聲③。　都鄧切(dèng)。

隥　【譯文】隥，(供)仰望(而登高的石梯)。从自，登聲。

【注釋】① 隥：《段注》："登陟之道曰隥。"桂馥《義證》："《一切經音義》四、《廣雅》：隥，履下依之而上者也。"　② 仰：桂馥《義證》："當爲'卬'，本書：'卬，望欲有所庶及也。'"　③ 登聲：聲中有義。張舜徽《約注》："登者，上車也。即有陟高義。"

陋① 阸陜②也。从自，㔷聲。　盧候切(lòu)。

陋　【譯文】陋，狹隘。从自，㔷聲。

【注釋】① 陋：陋本字。　② 阸陜：王筠《句讀》："阸當作戹。户部：'戹，隘也。'下文：'陜，隘也。'二字同義。"按：陋當指山路的狹隘。

陜① 隘也。从自，夾聲。　侯夾切(xiá)。

陜　【譯文】陜，狹隘。从自，夾聲。

【注釋】① 陜：高翔麟《字通》："與陝字異。陝从二入，此从二人。《說文》陝訓'古虢國也。'失冉切。"《段注》："(陜)俗作陿、峽、狹。"

陟① 登也。从自，从步②。③，古文陟。　竹力切(zhì)。

陟　【譯文】陟，登升。由自、由步會意。⿰亻⿱⿱止日少，古文陟字。

【注釋】① 陟：《段注》："《釋詁》曰：'陟，陞也。'毛傳曰：'陟，升也。'陞者，升之俗字；升者，登之假借。"　② 从自，从步：《段注》："謂緣自而步也。自有層次可尋，是謂會意。"　③ ⿰亻⿱⿱止日少：朱駿聲《通訓定聲》："从步，从人日。未詳。"

【參證】甲文作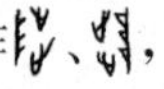，金文作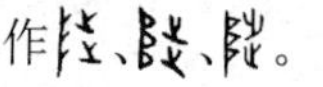。羅振玉《增訂殷虛書契考釋》："自，示山陵形；从𣥠，象二足由下而上。"

陷 高下①也。一曰：陊②也。从自，从臽，臽亦聲。　户猎切

陷 (xiàn)。

【譯文】陷，從高處陷入低下。另一義説，是墮落。由𨸏、由臽會意，臽也表聲。

【注釋】① 高下：王筠《句讀》："謂高者忽陷而下也。今猶有地陷之事。" ② 陊(duò)：王筠《句讀》："玄應引作'墮'。"

隰 阪下溼[①]也。从𨸏，㬎聲。 似入切(xí)。

【譯文】隰，山坡下低溼的地方。从𨸏，㬎聲。

【注釋】① 阪下溼：王筠《句讀》："阪既偏陂，則承其下流者，自爲水潦所歸矣。"

隔 敧[①]也。从𨸏，區聲。 豈俱切(qū)。

【譯文】隔，崎嶇。从𨸏，區聲。

【注釋】① 敧：王筠《句讀》："《韻會》引作'敧隔'，然固有單用者。"朱駿聲《通訓定聲》："今字作崎嶇，傾側不平之皃。"

隤 下隊[①]也。从𨸏，貴聲。 杜回切(tuí)。

【譯文】𨸏，向下墜落。从𨸏，貴聲。

【注釋】① 隊(zhuì)：隊，墜，古今字。

隊[①] 從高隊也。从𨸏，㒸聲。 徒對切(duì/zhuì)[②]。

【譯文】隊，從高處墜落下去。从𨸏，㒸聲。

【注釋】① 隊：邵瑛《羣經正字》："此字經典有隕隊(zhuì)義、有行隊(duì)義。俗多以隊爲行隊，而隕隊作墜。" ②《廣韻》此切爲"羣隊"，隕隊義依《集韻》直類切。

【參證】甲文作、、、，金文作、。郭沫若《殷契粹編考釋》釋甲文首二字："从倒子自崖頭下墜，當是隕陊之意，或竟釋爲隊(墜)。"按：甲文末二字，从倒人从阜下墜。孫海波《甲骨金文研究(中國大學講義内刊)》："金文从豕。"从豕猶从㒸。豬中了箭，於是有倒地墜落之義。參"㒸"條。上古，㒸屬邪紐沒部，㒸(墜)屬澄紐微部，二字音近。隊是後起加旁分化字，"㒸"，既表義，又兼聲。

降 下[①]也。从𨸏，夅聲[②]。 古巷切(jiàng)。

【譯文】降，下降。从𨸏，夅聲。

【注釋】① 下：《段注》："此下爲自上而下。" ② 从𨸏，夅聲：《段注》："此亦形聲包會意。"

【參證】甲文作、，金文作、、。羅振玉《增訂殷虚書契考釋》："从自，示山陵形；象兩足由上而下。"

隕　從高下也。从自，員聲。《易》[①]曰："有隕自天。"　于敏切(yǔn)。

【譯文】隕，從高處落下。从自，員聲。《易經》説："從天而隕落。"

【注釋】①《易》：指《姤卦·九五爻》。有，語詞。

【參證】金文作，與篆文同。

陧　危[①]也。从自，从毁省。徐巡[②]以爲：陧，凶也。賈侍中[③]説：陧，法度[④]也。班固説：不安也。《周書》[⑤]曰："邦之阢陧。"讀若虹蜺[⑥]之蜺。　五結切(niè)。

【譯文】陧，高危。由自、由毁省㕛會意。徐巡認爲，陧是凶的意思。賈侍中説，陧是法度的意思。班固説，陧是不安的意思。《周書》説："國家的危險不安，(由於一個人。)"音讀象虹蜺的"蜺"字。

【注釋】① 危：《段注》："在高而懼也。"　② 徐巡：漢文字學家。③ 賈侍中：賈逵，許慎的老師，故稱其職務。　④ 法度：《段注》："陧與臬雙聲。臬者，射埻的也，有法度之意。賈謂'陧'爲'臬'之假借。"　⑤《周書》：指《秦誓》。今本原文："邦之杌陧，曰(語氣詞)由一人。"杌陧，不安。邵瑛《羣經正字》："《説文》無杌字，作阢爲正，阢陧从自有危義。張有《復古編》特收阢陧二字入聯緜類。"
⑥ 虹蜺：《段注》"蜺"下："或叚爲虹霓字。"

阤　小崩[①]也。从自，也聲。　丈尔切(zhì)。

【譯文】阤，小的崩缺。从自，也聲。

【注釋】① 小崩：《段注》："大曰崩，小曰阤。"

【參證】金文作。《金文編》"它"下："，它，與也爲一字。"

隓[①]　敗城自[②]曰隓。从自，差聲。墮[③]，篆文。　許規切(huī)[④]。

【譯文】隓，敗壞城牆叫隓。从自，差聲。墮，篆文隓字。

【注釋】① 隓：《段注》："墮爲篆文，則隓爲古籀可知也。先古籀、後小篆者，是亦先'二'後'上'之例也。"　② 城自：王筠《釋例》："毁壞其城，此敗城之説也。許説連言𨸏者，以字从𨸏耳。"按：由"城"連類而及"𨸏"。　③ 墮：《段注》："小篆'隓'作'墮'，隸變作‘墮’，俗作‘隳’。用‘墮’爲崩落之義，用‘隳’爲傾壞之義。習非成是，積習難反也。”　④ 邵瑛《羣經正字》：“今人讀此字，以毀壞解者，爲許規切；以墜落解者，爲徒果切。”按：今墮讀 duò，隳讀 huī。

陬 仄①也。从𨸏，从頃，頃亦聲。　去營切(qīng)。

【譯文】陬，山傾斜。由𨸏、由頃會意，頃也表聲。

【注釋】① 仄：《段注》：“仄下曰：側傾也。頃者，頭不正也，故从頁；傾者，人之仄也，故从人；陬，山阜之仄也。”

陊① 落②也。从𨸏，多聲。　徒果切(duò)。

【譯文】陊，墜落。从𨸏，多聲。

【注釋】① 陊：徐鉉：“今俗作墮。”朱駿聲《通訓定聲》：“當爲墮之或體。”　② 落：《段注》：“艸部曰：‘艸曰苓，木曰落。’引申之，凡自上而下皆曰落。”

阬① (門)[閬]②也。从𨸏，亢聲③。　客庚切(kēng)。

【譯文】阬，洞穴深大。从𨸏，亢聲。

【注釋】① 阬：今作坑。　② 門：當依《段注》作“閬”，注：“閬者，門高大之皃也。引申之凡孔穴深大皆曰閬。”　③ 亢聲：聲中有義。亢是人頸，引申有高義，又引申有深。因是洞穴，故从阜；因是深大，故从亢。

隫 通溝①也。从𨸏，賣聲。讀若瀆。𨻫，古文隫从谷②。　徒谷切(dú)。

【譯文】隫，疾流的溝洫。从𨸏，賣(yù)聲。音讀象“瀆”字。𨻫，古文隫字，从谷。

【注釋】① 通溝：《段注》：“通洞之溝，水去迅速無滯，不爲災。通之言洞也。洞者，疾流也。”　② 从谷：本書：“谷，泉出通川爲谷。”朱駿聲《通訓定聲》：“隫者，山間泉成溝也。”

防 隄也。从𨸏，方聲。𨸒，防或从土①。　符方切(fáng)。

【譯文】防，堤壩。从𨸏，方聲。堕，防的或體，从土。

【注釋】① 防或从土：《段注》：“俗字所由作坊也。俗又以坊爲邑里之名。”

隄 唐[1]也。从𨸏，是聲。 都兮切(dī)。

【譯文】隄，堤。从𨸏，是聲。

【注釋】① 唐：《段注》："唐、塘，正俗字。唐者，大言也。假借爲陂唐，乃又益之土旁作塘矣。隄與唐得互爲訓者，猶陂與池得互爲訓也。其實，窊者爲池、爲唐，障其外者爲陂、爲隄。"

阯[1] 基也。从𨸏，止聲[2]。址，阯或从土。 諸市切(zhǐ)。

【譯文】阯，城牆和山的基腳。从𨸏，止聲。址，阯的或體，从土。

【注釋】① 阯：《段注》："城𨸏之基也。" ② 止聲：《段注》："止者，艸木之基也。"止爲比況之義。

陘[1] 山絶坎[2]也。从𨸏，巠聲。 户經切(xíng)。

【譯文】陘，山脈中間斷絶成爲坑陷。从𨸏，巠聲。

【注釋】① 陘：朱駿聲《通訓定聲》："山凡中斷皆曰陘。" ② 絶坎：《段注》："絶，猶如絶流而渡之，絶其莖理，亙於陷中也。"

附[1] 附婁[2]，小土山也。从𨸏，付聲。《春秋傳》[3]曰："附婁無松柏。" 符又切(fù/bù)[4]。

【譯文】附，附婁，小土山。从𨸏，付聲。《春秋左傳》説："小土山上沒有松柏這樣的大樹。"

【注釋】① 附：《段注》："土部：'坿，益也。'增益之義宜用之，相近之義亦宜用之。今則盡用附，而附之本義廢矣。" ② 附婁：《段注》："疊韻字。" ③《春秋傳》：指《左傳・襄公二十四年》。附婁：今本作"部婁"。楊伯峻《春秋左傳注》："小土山不生大樹仍言小國不可與大國平行。" ④ 今讀依《集韻》薄口切。

阺 秦謂陵阪[1]曰阺。从𨸏，氐聲。 丁禮切(dǐ)。

【譯文】阺，秦地叫大土山和山坡作阺。从𨸏，氐聲。

【注釋】① 陵阪：《段注》："大𨸏曰陵，坡曰阪，秦人方言皆曰阺也。阺主謂土，陵、阪皆土𨸏也。"

阢[1] 石山戴土也。从𨸏，从兀，兀亦聲。 五忽切(wù)。

【譯文】阢，石山上頂戴着泥土。由𨸏、由兀會意，兀也表聲。

【注釋】① 阢：張舜徽《約注》："阢之言兀也，謂其高而上平也。石山嶙峋不平，有土覆之，則漸平矣。"存參。

隒① 崖②也。从𨸏，兼聲③。讀若儼。　魚檢切（yǎn）。

隒　【譯文】隒，高聳、層疊的山邊。从𨸏，兼聲。音讀象“儼”字。

【注釋】① 隒：徐灝《段注箋》：“凡厓岸層疊者謂之隒，故其字从兼。”　② 崖：《段注》：“高邊也。”　③ 兼聲：聲中有義。本書：“兼，并也。”引申有累積義。《後漢書・吕强傳》：“重金兼紫。”注：“重、兼，言累積也。”

阸　塞①也。从𨸏，戹聲②。　於革切（è）。

阸　【譯文】阸，阻隔。从𨸏，戹聲。

【注釋】① 塞：《段注》：“塞者，隔也。阸之言扼也。”　② 戹聲：聲中有義。本書：“戹，隘也。”从𨸏从戹，其意爲山𨸏象小門般狹隘，叫人難出入，故曰阻塞。

隔　障也。从𨸏，鬲聲。　古核切（gé）。

隔　【譯文】隔，障隔。从𨸏，鬲聲。

障① 隔也。从𨸏，章聲。　之亮切（zhàng）。

障　【譯文】障，阻隔。从𨸏，章聲。

【注釋】① 障：張舜徽《約注》：“障字从𨸏，亦謂爲山𨸏所阻隔而成天然障蔽耳。”存參。

隱① 蔽也。从𨸏，㥯聲。　於謹切（yǐn）。

隱　【譯文】隱，隱蔽。从𨸏，㥯聲。

【注釋】① 隱：徐灝《段注箋》：“隱之本義蓋謂隔𨸏不相見。引申爲凡隱蔽之偁。”

隩① 水隈，崖也。从𨸏，奥聲②。　烏到切（ào）。

隩　【譯文】隩，水邊彎曲的地方，又叫崖。从𨸏，奥聲。

【注釋】① 隩：王筠《句讀》：“（隩、水隈、崖）博三名也。”《爾雅・釋丘》：“隩、隈，厓；内爲隩，外爲隈。”郭璞注：“别厓表裏之名。”參“隈”條。　② 奥聲：聲中有義。奥指房屋的深奥處，故水邊彎曲的内中曰隩。

隈　水曲①，隩②也。从𨸏，畏聲。　烏恢切（wēi）。

隈　【譯文】隈，水邊彎曲的地方，又叫隩。从𨸏，畏聲。

【注釋】① 水曲：王筠《句讀》：“釋其義也。”　② 隩：徐灝《段注箋》:"匡内爲隩,指匡之曲中而言;外爲隈,謂曲之兩畔也。"析言有别,渾言無分,故王筠《釋例》説,隈又叫隩,"乃廣其名也。"參"隩"條。

[1]
𠳋

𠳋商[2],小塊也。从自,从臾[3]。 去衍切(qiǎn)。

【譯文】𠳋,𠳋商,小土塊。由自、由臾會意。

【注釋】① 𠳋:徐鍇《繫傳》:"'遣'字從此。" ② 𠳋商:《段注》:"此蓋古語。" ③ 从自,从臾(kuì):徐鉉:"臾,古文蕢(草竹編的筐)字。"《段注》:"(从自从臾)謂一蕢之土而已。"

【參證】甲文作,金文作、。孫詒讓《名原》卷下:"'𠳋'爲小塊,則於義當从𠂤,不當从自。疑金文从𠂤者,爲古文本字。因或从口,傳寫誤并𠂤口兩形,連屬書之,因誤成自,而小篆襲之耳。"李孝定《金文詁林讀後記》卷十四:"(金文)字蓋象兩手捧小塊委棄之,引申爲遣送。"參"遣"條。

隦

水衡官、谷也[1]。从自,解聲。一曰:小谿[2]。 胡買切(xiè)。

【譯文】隦,水衡官;隦谷。从自,解聲。另一義説,是小溪谷。

【注釋】① 水衡官、谷也:一句數讀,即:"水衡官也;谷也。""谷"指谷名,故譯成"隦谷"。水衡官:見《漢書·百官公卿表》。隦谷:徐鍇《繫傳》:"古文言隦谷也。"《漢書·天文志》有解谷,即隦谷。即昆崙的北谷。 ② 小谿:《段注》:"兩自間小谿曰隦。谿者,山匵之無所通者也。"

隴

天水大阪[1]也。从自,龍聲[2]。 力(鍾)[踵]切[3](lǒng)。

【譯文】隴,天水郡大山坡。从自,龍聲。

【注釋】① 天水大阪:指隴山。張舜徽《約注》:"六盤山南段别偁隴山,在隴縣西北,古偁隴阪,亦名隴坻。山高而長,延伸於陝甘邊境。山勢陡峻,其阪(山坡)九迴。"天水,漢郡名,郡治在今甘肅省通渭縣西南。 ② 龍聲:聲中有義。言"其道盤桓旋曲而上",其勢如龍。見王筠《句讀》。 ③ 切下字當依汲古閣本、《五音韻譜》作"踵"。

陈

酒泉天依阪也[1]。从自,衣聲。 於希切(yī)。

【譯文】陈,酒泉郡天依坡。从自,衣聲。

【注釋】① 酒泉句：《漢書·地理志》酒泉郡有天㐌縣。在今甘肅省玉門市東。顔師古注："此地有天㐌阪，故以名。"徐鍇《繫傳》"天依"作"天㐌"。

陝　弘農陝①也。古虢國，王季之子所封也②。从𨸏，夾聲③。失冉切（shǎn）。

【譯文】陝，弘農郡陝縣。是古代的虢國，是周王季的兒子虢叔分封的地方。从𨸏，夾聲。

【注釋】① 弘農陝：《漢書·地理志》弘農郡有陝縣。在今河南省陝縣。　② 王季句：王筠《句讀》："顔注《急就篇》：'虢叔，周王季之子也，受封於虢。'"周王季：周祖古公亶父之子，文王之父。
③ 夾聲：邵瑛《羣經正字》："(夾)从二入，與陝隘字不同，陝从夾，夾从二人。"

①　隲　弘農陝東陬②也。从𨸏，無聲。　武扶切（wú）。

【譯文】隲，弘農郡陝縣東邊的一角。从𨸏，無聲。

【注釋】① 隲：地名。　② 陬：《段注》："陬者，隅也。"參"陝"條。張舜徽《約注》："《唐寫本玉篇殘卷》隲字下引《説文》：'弘農陝東聚也。'是今本説解'陬'字乃'聚'字之譌。邑曰聚，猶後世所偁邨(村)、鎮耳。"存參。

①　隁　河東安邑②陬③也。从𨸏，卷聲。　居遠切（juān）。

【譯文】隁，河東郡安邑縣的一角。从𨸏，卷聲。

【注釋】① 隁：地名。　② 安邑：《漢書·地理志》河東郡有安邑縣，故地在今山西省安邑縣境。　③ 陬：《廣韻》、《集韻》作"聚名"。參"隲"條。

陭　上黨陭氏阪①也。从𨸏，奇聲。　於离切（yī/yì）②。

【譯文】陭，上黨郡陭氏坡。从𨸏，奇聲。

【注釋】① 陭氏阪：在今山西省安澤縣。《漢書·地理志》上黨郡有陭氏縣，蓋因有陭氏阪而有名。　② 今讀依《廣韻》於義切。

【參證】金文作陭，與篆文同。

隃　北陵西隃，鴈門是也①。从𨸏，俞聲。　傷遇切（shù）。

【譯文】隃，北面的大土山，名叫西隃；人們通常叫的鴈門山就是這西隃山。从𨸏，俞聲。

【注釋】① 北陵句：見《爾雅·釋地》。郭璞注："即鴈門山也。"在今山西省代縣西北。

𨸏 阮 代郡五阮關[①]也。从𨸏，元聲。 虞遠切(ruǎn/yuán)[②]。

【譯文】阮，代郡五阮關。从𨸏，元聲。

【注釋】① 五阮關：《漢書·地理志》代郡有五原關，在今河北省宣化縣西南。阮，正字；原，假借字。 ② 今讀依《廣韻》愚袁切。

陪 大𨸏也。一曰：右扶風郿[①]有陪𨸏。从𨸏，告聲。 苦洪切(kù/kū)[②]。

【譯文】陪，大土山。另一義説，右扶風郡郿縣有陪山。从𨸏，告聲。

【注釋】① 右扶風郿：《漢書·地理志》右扶風郡有郿縣。即今陝西省眉縣。 ② 今讀依《廣韻》空谷切。

陚 丘名[①]。从𨸏，武聲。 方遇切(fù)。

【譯文】陚，小丘名。从𨸏，武聲。

【注釋】① 丘名：《玉篇》注："丘名。又，小阜。"與"陪"之"大"相對而言，則釋爲"小丘名"。下文隕、阞亦如是。

隕 丘名。从𨸏，貞聲。 陟盈切(zhēng)。

【譯文】隕，小丘名。从𨸏，貞聲。

阞 丘名。从𨸏，丁聲。讀若丁。 當經切(dīng)。

【譯文】阞，小丘名。从𨸏，丁聲。音讀象"丁"字。

隝 鄭地阪[①]。从𨸏，爲聲。《春秋傳》[②]曰："將會鄭伯于隝。" 許爲切(huī)。

【譯文】隝，鄭國地名。因爲那兒有個山坡名叫隝。从𨸏，爲聲。《春秋左傳》説："將在隝坡那兒和鄭伯會盟。"

【注釋】① 鄭地，阪：句讀依王筠。王筠《句讀》："言隝者，鄭國地名也。地名而不从邑者，以其本是阪名，因爲地名也。"按：隝在今河南省魯山縣境。 ②《春秋傳》：指《左傳·襄公七年》經。今本原文："十有二月，公會晉侯、宋公、陳侯、衛侯、曹伯、莒子、邾子于鄬。"《段注》："本無'鄭伯'字，許以此敘鄭事，故增此二字。"

隋[1] 如渚者隋丘[2]。水中高者也。从𨸏,者聲。　當古切(dǔ/zhǔ)[3]。

【譯文】隋,象水中小洲的地方,叫作隋丘。這是水中高平的地方。从𨸏,者聲。

【注釋】① 隋:《釋名·釋丘》:"如隋者曰隋丘,形似水中之高地,隆高而廣也。"　② 如渚句:《爾雅·釋水》曰:"水中可居者曰州,小州曰隋(渚)。"　③ 今讀依《廣韻》章与切。

陳[1] 宛丘[2],舜後嬀滿之所封[3]。从𨸏,从木,申聲。⿰阝申[4],古文陳。　直珍切(chén)。

【譯文】陳,是四方高中央低的山丘,是舜的後裔嬀滿分封的地方。由𨸏、由木會意,申聲。⿰阝申,古文陳字。

【注釋】① 陳:古國名,在今河南省東部和安徽省北部一帶。徐灝《段注箋》:"陳之本義爲陳列,故从𨸏从木申聲,蓋於平陸中布列之義。""因爲國名所專而後人昧其義耳。"存參。　② 宛丘:《段注》:"《毛傳》曰:'四方高中央下曰宛丘。'"　③ 舜後句:《段注》:"《毛傳譜(譜)》曰:'陳者,大皞虙戲氏之墟,帝舜之胄。有虞閼父者,爲周武王陶正。武王賴其利器用,與其神明之後,封其子嬀滿於陳,都於宛丘之側,是曰陳胡公。'"　④ ⿰阝申:《段注》:"古文从申不从木。"

【參證】金文作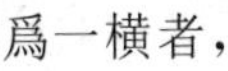。李孝定《金文詁林讀後記》卷十四:"金文从𨸏之字多增土,則墜即陳字;又古文增'攴'、'又',未必於以見義。"王貴元《漢墓帛書字形辨析三則》(《中國語文》一九九六年第四期)引《漢書·刑法志》"善師者不陳"顔師古注:"戰陳(zhèn)之義因陳列爲名而音變耳,字則作'陳',更無別體。"王説:"帛書字形(指東字)下部","原爲一横者,可寫作左右兩撇。原爲左右兩撇者,亦可寫爲一横。""陣字所从之'車'乃'東'之書寫變體,與'車'字同形完全是偶合。""'陳'、'陣'本爲一字之異寫形體,後來義有專屬而分化。"按:顔溯其源,王析其流。

陶[1] 再成丘[2]也,在濟陰[3]。从𨸏,匋聲。《夏書》[4]曰:"東至于陶丘。"陶丘有堯城,堯嘗所居,故堯號陶唐氏[5]。　徒刀切

(táo)。

【譯文】陶,(形狀象疊着兩隻盂的)兩層的山丘,在濟陰郡。从𨸏,匋聲。《夏書》説:"東邊到達陶丘。"陶丘那兒有堯城,是堯曾經居住的地方,所以堯又號稱陶唐氏。

【注釋】① 陶:本爲山丘名,後專指山東省定陶縣。 ② 再成丘:《爾雅·釋丘》:"(丘)再成爲陶丘。"郭璞注:"成猶重也。"孫炎注:"形如累兩盂。" ③ 濟陰:漢濟陰郡。張舜徽《約注》:"治定陶,今山東菏澤附近南至定陶、北至濮城之地。地之以陶稱者,亦以其地有陶丘而得名耳。" ④《夏書》:指《禹貢》。今本原文:"導沇水(濟水上游)東出于陶丘北。" ⑤ 陶唐氏:《段注》:"謂堯始居於陶丘,後爲唐侯,故曰陶唐氏也。"

【參證】金文作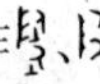。《金文編》釋首字:"䧟或作𨹝,故知陶、陸爲一字。"此字内部結構待考。

 隉 耕以臿浚出下壚土也①。一曰:耕休田也。从𨸏,从土,召聲。 之少切(zhào)。

【譯文】隉,耕田的人用鍬翻出地下的黑色堅硬的土。另一義説,用於耕種的輪休的田。由𨸏、由土會意,召聲。

【注釋】① 耕以句:《段注》:"耕謂耕者也。浚者,抒也。抒者,挹也。壚者,黑剛土也。耕者用鍫抒取地下黑剛土,謂之隉。"

 阽 壁危①也。从𨸏②,占聲。 余廉切(yán/diàn)③。

【譯文】阽,牆壁之傾危(如厓邊欲墮之勢)。从𨸏,占聲。

【注釋】① 壁危:王筠《句讀》:"見於羣書者,皆但言危。此云壁者,或以其从𨸏也。"《漢書·文帝紀》:"或阽於死亡。"如淳曰:"阽,近邊欲墮之意。" ② 从𨸏:𨸏是喻體,指山邊厓。 ③ 今讀依《廣韻》都念切。

 除 殿陛①也。从𨸏②,余聲。 直魚切(chú)。

【譯文】除,宫殿的臺階。从𨸏,余聲。

【注釋】① 陛:依次升高的階梯。《段注》:"凡去舊更新,皆曰除。取拾級更易之義。" ② 从𨸏:朱駿聲《通訓定聲》:"階級如山石之高下,故从𨸏。"

階　陛[①]也。从𨸏，皆聲。　古諧切(jiē)。

【譯文】階，臺階。从𨸏，皆聲。

【注釋】① 陛：依次升高的階梯。《段注》："因之凡以漸而升皆曰階。"

阼　主階[①]也。从𨸏[②]，乍聲。　昨誤切(zuò)。

【譯文】阼，(堂前東面)主人(迎接賓客)的臺階。从𨸏，乍聲。

【注釋】① 主階：《段注》："階之在東者。"桂馥《義證》引鄭玄《冠禮》注云："阼猶酢也。東階所以答酢賓客。"　② 从𨸏：朱駿聲《通訓定聲》："與階除同意。"

陛　升高階[①]也。从𨸏，坒聲[②]。　旁禮切(bì)。

【譯文】陛，(依次)升高的階梯，从𨸏，坒聲。

【注釋】① 升高階：《段注》："升、登，古今字。古叚升爲登也。自卑而可以登高者謂之陛。""《獨斷》曰：'羣臣與至尊言，不敢指斥，故呼在陛下者而告之。'"此乃稱至尊爲"陛下"之由來。　② 坒聲：聲中有義。本書："坒，地相次比也。"徐灝《段注箋》："陛从坒聲，即取階級相比次之意。"

陔[①]　階次也。从𨸏，亥聲。　古哀切(gāi)。

【譯文】陔，殿階的次序。从𨸏，亥聲。

【注釋】① 陔：《廣韻・咍韻》："陔，殿階次序。"

際　壁會[①]也。从𨸏，祭聲。　子例切(jì)。

【譯文】際，兩版牆壁相會合的縫。从𨸏，祭聲。

【注釋】① 壁會：《段注》："兩牆相合之縫也。"

隙　壁際孔[①]也。从𨸏，从㡀[②]，㡀亦聲。　綺戟切(xì)。

【譯文】隙，牆壁交會之處的孔穴。由𨸏、由㡀會意，㡀也表聲。

【注釋】① 壁際孔：王筠《句讀》："蓋際爲壁會，只是交會之處，不必有孔也，其有孔者謂之隙。"　② 从㡀：本書"白"部："㡀，際見之白也。从白，上下小見。"

陪　重土[①]也。一曰：滿也。从𨸏，咅聲。　薄回切(péi)。

【譯文】陪，重疊的土堆。另一義説，是滿。从𨸏，咅聲。

【注釋】① 重土：徐灝《段注箋》："重土爲陪，引申爲凡相重之偁。"

徐鍇《繫傳》:"諸侯之臣於天子曰陪臣。"按:諸侯於天子,叫臣;諸侯的臣子於天子,是臣子的臣子,所以叫陪臣。

隊 道邊庳垣也。从𨸏,彖聲。 徒玩切(duàn/zhuàn)[①]。

【譯文】隊,路旁矮牆。从𨸏,彖(tuàn)聲。

【注釋】① 今讀依《廣韻》持兗切。

陾 築牆聲也。从𨸏,耎聲。《詩》[①]云:"捄之陾陾。" 如乘切(réng)。

【譯文】陾,築牆的聲音。从𨸏,耎聲。《詩經》說:"鏟土入籠,鏟得陾陾的響。"

【注釋】①《詩》:指《大雅·緜》。捄,虆,即盛土的籠子,這裏用作動詞。陾陾,由築牆聲引申爲鏟土聲或盛土聲。

陴 城上女牆[①]俾倪[②]也。从𨸏,卑聲[③]。,籀文陴从𩫖。符支切(pí)。

【譯文】陴,城牆上矮小的牆叫作俾倪。从𨸏,卑聲。鞞,籀文陴字,从𩫖。

【注釋】① 女牆:《段注》:"凡小者謂之女。女牆即女垣也。"參"垣"條。 ② 俾倪:《段注》:"俾倪,疊韻字,或作睥睨,或作埤堄。城上爲小牆,作孔穴,可以窺外,謂之俾倪。" ③ 卑聲:聲中有義。本書:卑,賤也。引申爲低賤,矮微。

【參證】甲文作。葉玉森《説契》:"从,象城𩫖之重,兩亭相對;从,象手持一物,蓋古兵器,持之以守𩫖者。"李孝定《甲骨文字集釋》:"甲與契文毌干諸文形近,疑象執盾之形。沿譌爲卑,遂以爲聲耳。"

隍 城池[①]也。有水曰池,無水曰隍。从𨸏,皇聲。《易》[②]曰:"城復于隍。" 乎光切(huáng)。

【譯文】隍,護城的壕溝。有水的叫作池,沒有水的叫作隍。从𨸏,皇聲。《易經》說:"城牆倒塌在乾城壕裏。"

【注釋】① 城池:《段注》:"池之在城外者也。" ②《易》:指《泰卦》上六。

阹 依山谷爲牛馬圈也。从𨸏,去聲。 去魚切(qū)。

【譯文】阹,依傍山谷作成喂養牛馬的欄圈。从𨸏,去聲。

[1] 危也。从𨸏，垂聲[2]。　是爲切(chuí)。

陲　【譯文】陲，山勢垂危。从𨸏，垂聲。

【注釋】① 陲：張舜徽《約注》："陲之言𠂹也，謂山巖下𠂹，其勢甚危也。故其字从𨸏。今則用爲邊陲字，乃借陲爲垂也。"

小障也。一曰：庳城[1]也。从𨸏，烏聲。　安古切(wǔ/wù)[2]。

隖　【譯文】隖，小阻隔。另一義説，矮小的城牆。从𨸏，烏聲。

【注釋】① 庳城：《段注》："庳猶卑也。"庳城由矮小的城牆義引申指小城堡。徐鍇《繫傳》："董卓爲郿隖。隖，堡障也。"《後漢書・董卓傳》："又築塢於郿，高厚七丈，號曰萬歲隖。"　② 今讀依《集韻》烏故切。

[1] 堅也。从𨸏，完聲[2]。　王眷切(yuàn)。

院　【譯文】院，堅固。从𨸏，完聲。

【注釋】① 院：王筠《釋例》："院，見宀、𨸏二部，當删宀部者。"參"寏"條。　② 完聲：聲中有義。桂馥《義證》：完有"堅固意"。並説："本書'完'下云：古文以爲寬字，完既爲寬，則院爲堅完之本字矣。"

[1] 山𨸏陷也。从𨸏，侖聲。　盧昆切(lún)。

陯　【譯文】陯，山阜塌陷。从𨸏，侖聲。

【注釋】① 陯：《段注》："今則淪行而陯廢矣。"

【參證】金文作。方濬益《綴遺齋彝器款識考釋》卷十二《陯伯卣》："自部有隫字，古文从谷作𧯴，以此相例，應是陯字之古文。""陯既解爲山𨸏陷，是大陸陷爲川谷。""當爲淪陷之正字。"

[1] 水𨸏也。从𨸏，辰聲。　食倫切(chún)。

陙　【譯文】陙，水岸。从𨸏，辰聲。

【注釋】① 陙：徐鍇《繫傳》："若漘岸也。"

(水)[小]𨸏[1]也。从𨸏，戔聲[2]。　慈衍切(jiàn)。

陵　【譯文】陵，小土山。从𨸏，戔聲。

【注釋】① 水𨸏：苗夔《繫傳校勘記》："水𨸏當作小𨸏。戔，小意也。"　② 戔聲：聲中有義。凡以戔爲聲者，多有小義。

文九十二　重九

阠 陵名。从自，卂聲。 所臻切(shēn)。

阠 【譯文】阠，山陵名。从自，卂聲。

阡① 路，東西爲陌，南北爲阡。从自，千聲。 倉先切(qiān)。

阡 【譯文】阡，田間的界路，東西方向的叫陌，南北方向的叫阡。从自，千聲。

【注釋】① 阡：阡陌，古只作千百，亦作仟佰。《段注》"田"下："《周禮·遂人》曰：凡治野，夫間有遂，遂上有徑；十夫有溝，溝上有畛；百夫有洫，洫上有涂；千夫有澮，澮上有道；萬夫有川，川上有路：以達于畿。百夫之涂，謂之爲百；千夫之道，謂之爲千。言千百以包徑畛路也。""阡陌則俗字也。"

【參證】楊寬《釋青川秦牘的田畝制度》(《文物》一九六二年第七期)："律文又説：'百畝爲頃，一阡道，道廣三步。'這是説，每一百畝田連結爲一頃，有一條'阡道'，成爲一頃田邊緣的道路。如果一頃田和另一頃田連結的話，'阡道'就成爲間隔頃與頃之間的道路。""這種田間之道，因爲河流有東向和南向，田間行列有'東畝'和'南畝'，也就有兩種不同的方向。"

文二 新附

𨸏部

𨸏① 兩自之間也。从二自。凡𨸏之屬皆从𨸏。 房九切(fù)②。

𨸏 【譯文】𨸏，兩山阜之間。由正反兩個自字相合而會意。大凡𨸏的部屬都从𨸏。

【注釋】① 𨸏：饒炯《部首訂》："篆即隧之本字。蓋二阜之間，非谷即道。據部中屬文，則𨸏固以隧道爲本義矣。" ②《段注》："似醉切。按：此字不得其音。大徐依㒶讀也。《廣韻》、《玉篇》扶救切，又依自音讀也。"若依《段注》，又可讀 suì。

𨽿① 自突②也。从𨸏，決省聲③。 於決切(yuè/jué)④。

𨽿 【譯文】𨽿，山陵被鑿穿(而成通道)。从𨸏，決省聲。

【注釋】① 𨽿：徐灝《段注箋》："𨽿之言抉也，蓋鑿山通道之義。"

② 突:《段注》:“突者,穿也。”自突:即山被抉穿。　③ 決省聲:聲中有義。決,行流也,使水流分夬而行。參“決”條。　④ 今讀依《集韻》古穴切。

𨽌　陋[1]也。从𨺅,𦐈聲[2]。𦐈,籀文嗌字。隘,(籀)[篆][3]文𨽌从𨸏益。　烏懈切(ài)。

【譯文】𨽌,狹隘。从𨺅,𦐈聲。𦐈,籀文嗌字。隘,篆文𨽌字,从𨸏,益聲。

【注釋】① 陋:《段注》:“𨸏部曰:陋者,阸陝也。阸者,塞也;陝者,隘也。然則四字相爲轉注。”　② 从𨺅,𦐈聲:《段注》:“此舉形聲包會意,如人之咽喉也。”按:嗌(yì),咽喉。見口部。　③ 籀:當依《段注》作“篆”,注:“𨽌,籀文也;隘,小篆也。先籀而後篆者,爲其字之从兩𨸏也。”

𨽍[1]　塞上亭守㷭火者[2]。从𨺅[3],从火,遂聲。𤏳,篆文[4]省。徐醉切(suì)。

【譯文】𨽍,邊塞之上守烽火的亭子。由𨺅、由火會意,遂聲。𤏳,篆文𨽍字,是𨽍字的省略。

【注釋】① 𨽍:徐灝《段注箋》:“《後漢・光武紀》注引前書音義曰:‘邊方備警急,作高土臺,臺上作桔皋,桔皋頭有兜零(煙火籠),以薪艸置其中,常低之,有寇即燃火,舉之以相告,曰烽。又多積薪,寇至即燔之,望其煙,曰燧。晝則燔燧,夜迺舉烽。’”　② 塞上句:《段注》:“謂邊塞之上守望㷭火之亭。”　③ 从𨺅:《段注》:“其字从𨺅,在阸隘之閒也。”徐灝《段注箋》:“𤏳,築土爲堆,闕其中以舉火,故从𨺅。”　④ 篆文:《段注》:“此(指𤏳)爲小篆,則知上爲籀文矣。”

文四　重二

厽部

厽　絫坺土爲牆壁[1]。象形[2]。凡厽之屬皆从厽。　力軌切(lěi)。

【譯文】厽,累疊土塊成爲牆壁。象土塊積疊的樣子。大凡厽的部屬都从厽。

【注釋】① 厽坺句：《段注》："厽者，今之累字。土部曰：'一臿土謂之坺。'臿者，今之鍫（鍬）。以鍫取田間土塊令方整不散，今里俗云'坺頭'是也。"　② 象形：《段注》："象坺土積疊之形。"

① 絫 增②也。从厽，从糸③。絫，十黍之重④也。　力軌切（lěi）。

【譯文】絫，積累。由厽、由糸會意。絫，又是十粒黍的重量。

【注釋】① 絫：王筠《句讀》："借纍爲之，又省之也。"隸變作累，累行而絫廢。　② 增：《段注》："增者，益也。凡增益謂之積絫。"　③ 从厽，从糸：《段注》："糸，細絲也。積細絲成繒，積坺土成牆，其理一也。"　④ 十黍之重：《段注》："十黍爲絫，而五權（指銖、兩、斤、鈞、石五種重量單位）從此起。"

 垒 絫墼①也。从厽，从土。　力軌切（lěi）。

【譯文】垒，累疊土磚。由厽、由土會意。

【注釋】① 絫墼：《段注》："墼者，令適未燒者也。已燒者爲令適，今俗謂之塼，古作專。未燒者謂之墼，今俗謂之土墼。坺土則又未成墼者。積坺土爲牆曰厽，積墼爲牆曰垒。此音同義異之字也。"

文三

四部

 四 陰數①也。象四分②之形。凡四之屬皆从四。𠘡，古文四。亖③，籀文四。　息利切（sì）。

【譯文】四，表示陰的數字。象分爲四角的形狀。大凡四的部屬都从四。咒，古文四字。亖，籀文四字。

【注釋】① 陰數：《易·乾鑿度》："孔子曰：陽三陰四，位之正也。"　② 四分：《段注》："謂口象四方，八象分也。"饒炯《部首訂》："中象四角分形。"　③ 亖：徐灝《段注箋》："亖與一二三皆古指事文，𠘡乃籀文。此'古''籀'字互譌。"

【參證】甲文作亖，金文作亖、、、。丁山《數名古誼》："積畫爲三者，數名之本字。四从口象口形，或作、者，兼口舌气象之也；

其中之八蓋猶下从八象气下引,上从入象气越于;部鐘八下之一,蓋猶、之从一以象舌形。”“蓋自周秦之際借气息之四爲數名之三,别增口四旁以爲气息字。”按:丁山對四字構形的分析不好理解。應象鼻孔全形,象中間的鼻膈,“”下的,表示鼻息。是鼻子正面形,鼻梁、鼻翼以及誇大的氣息,都很清楚。參“呬”條。

文一 重二

宁部

[①] 宁 辨積物[②]也。象形[③]。凡宁之屬皆从宁。 直吕切(zhù)。

【譯文】宁,分别積聚物體的器具。象形。大凡宁的部屬都从宁。

【注釋】① 宁:宁、貯,古今字。 ② 辨積物:徐鍇《繫傳》:“辨,分别也。”《段注》:“積者,聚也。” ③ 象形:王筠《釋例》:“()當平看之,即如禾麻菽麥,同貯一屋,各有笓篅,其相距之地,皆不作正方正圓形,故字作六角形也。”

【參證】甲文作、,金文作、。橱的象形。李孝定《甲骨文字集釋》:“以貯字契文作證之,象宁中貯貝之形。許説實不誤。”

⿰甾宁 㡒[①]也。所以載盛米。从宁[②],从甾。甾[③],缶也。 陟吕切(zhǔ)。

【譯文】⿰甾宁,象盛米布袋似的器物。是用來裝載穀米的用具。由米、由甾會意。甾,表示其用好像盛物的瓦器。

【注釋】① 㡒(zhūn):本書巾部:“載米⿰甾宁也。” ② 从宁:徐鍇《繫傳》此下有“宁亦聲”。 ③ 甾:《段注》:“東楚名缶曰甾。此必著爲缶者,嫌其與艸部从巛田之甾相似也。㡒之宁物猶甾之宁物,故从宁甾會意。”

文二

叕部

叕 綴聯[①]也。象形[②]。凡叕之屬皆从叕。 陟劣切(zhuó)。

【譯文】叕,相互連綴。象形。大凡叕的部屬都从叕。

【注釋】① 綴聯：綴：參下條。聯：《段注》："連也。" ② 象形：徐鍇《繫傳》："交絡互綴之象。"

[1] 合箸[2]也。从叕，从糸[3]。 陟衛切(zhuì)。

綴 【譯文】綴，(用絲綫)連合使相互附著在一起。由叕、由糸會意。

【注釋】① 綴：朱駿聲《通訓定聲》："疑實叕之或體。" ② 合箸：王筠《句讀》："謂連合使之相著也。" ③ 从叕，从糸：《段注》："聯之以絲。"

文二

亞部

 醜[1]也。象人局背[2]之形。賈侍中說，以爲次弟[3]也。凡亞之屬皆从亞。 衣駕切(yà)。

亞 【譯文】亞，醜惡。象人龜背雞胸的樣子。賈侍中說，用它來表示次一等的意義。大凡亞的部屬都从亞。

【注釋】① 醜：《段注》："此亞之本義。亞與惡音義皆同。" ② 局背：王筠《釋例》："非惟駝背，抑且雞匈。" ③ 次弟：饒炯《部首訂》："惟其醜惡，故義又爲'次'。""次"又引申爲"次弟"。

【參證】甲文作、，金文作、。于省吾《甲骨文字釋林》："亞字象隅角之形。"

[1] 闕[2]。 衣駕切(yà)。

𦉼 【譯文】𦉼，形、音、義都缺。

【注釋】① 𦉼：王筠《句讀》："其爲亞之分別文。"存參。 ② 闕：《段注》："謂形音義之說皆闕也。"

文二

五部

 五行[1]也。从二[2]，陰陽在天地間交午也[3]。凡五之屬皆从五。，古文五省。 疑古切(wǔ)。

五

【譯文】五，表示水、火、木、金、土五種物質。从二（表示天和地），（×，）表示陰、陽二氣在天地之間交錯。大凡五的部屬都从五。×，古文五字，是五的省略。

【注釋】① 五行：《段注》："古之聖人知有水、火、木、金、土五者，而後造此字也。" ② 从二：《段注》："像天地。" ③ 陰陽句：《段注》："此謂×也。即釋古文之意。水、火、木、金、土相剋相生、陰陽交午也。"

【參證】甲文作、，金文作。林義光《文源》："五，本義交午（交錯），假借爲數名。象横平，象相交，以之平見之交也。"又，《文源》卷八："（五）古作（小臣俞尊彝），即五之本字。"或曰："之本義當爲'收繩器'，引申之則曰'交午'。"見丁山《數名古誼》（《歷史語言研究所集刊》一本一分）。

文一 重一

六部

六 《易》之數，陰變於六，正於八[①]。从入[②]，从八。凡六之屬皆从六。 力竹切（liù）。

【譯文】六，《周易》的數字，用六爲陰的變數，用八爲陰的正數。由入、由八會意，（表示六是由八退減而成。）大凡六的部屬都从六。

【注釋】①《易》句：桂馥《義證》："《易·乾卦》正義云：張氏以爲，陽數有七有九，陰數有八有六。但七爲少陽，八爲少陰，質而不變，爲爻之本體；九爲老陽，六爲老陰，文而從變，故爲爻之别名。"
② 从入：王筠《句讀》："入即退之義。"

【參證】甲文作、、，金文作、。徐中舒《甲骨文字典》："象兩壁架有一極兩宇之棚舍正視形，此爲田野中臨時寄居之處……即古之所謂廬。……廬、六古音近，故得借爲數詞六。"或曰："借入爲六。"見丁山《數名古誼》（《歷史語言研究所集刊》一本一分）。

文一

七部

 陽之正①也。从一②,微陰从中衺出也③。凡七之屬皆从七。 親吉切(qī)。

七

【譯文】七,陽的正數。从一,(表示陽;)()表示微弱的陰氣从表示陽氣的"一"中斜屈地冒出來。大凡七的部屬都从七。

【注釋】① 陽之正:參"六"條。 ② 从一:王筠《句讀》:"一者,陽也。陽中有陰,故爲少陽。"按:少陽即正陽。 ③ 微陰句:《段注》:"謂。"徐灝《段注箋》:"張氏惠言曰:七象氣出於一,初動屈而直出。"

【參證】甲文作,金文作、。丁山《數名古誼》:"本象當中切斷形,自借爲七數專名,不得不加刀于七,以爲切斷專字。"或曰:"'七'古作'',起源於以利器在器物上作''形刻畫。"見劉宗漢《釋七、甲》(《古文字研究》第四輯)。李孝定《甲骨文字集釋》:"小篆作者,以別於小篆之十(shí),兼取其字形茂美耳。"

文一

九部

 陽之變①也。象其屈曲究盡②之形。凡九之屬皆从九。舉有切(jiǔ)。

九

【譯文】九,陽的變數。象那個彎彎曲曲直到終盡的樣子。大凡九的部屬都从九。

【注釋】① 陽之變:饒炯《部首訂》:"夫九爲老陽,乃數之終,凡數窮則變。"參"六"條。 ② 究盡:徐灝《段注箋》:"九者,氣變之究也。""物有始,有壯,有究,故曰究盡。"朱駿聲《通訓定聲》:"究盡者,聲訓之法。古人造字以紀數,起于一,極于九。"

【參證】甲文作、、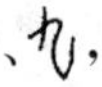,金文作、、。丁山《數名古誼》:"九本肘字,象臂節形。臂節可屈可伸,故有糾屈意。"李孝定《甲骨文字集釋》:"既假肘之象形字以爲數名之九,遂不得不別製形聲之肘以

代之。”

馗　九達道也。似龜背[1]，故謂之馗。馗，高也。从九，从首[2]。，馗或从辵，从坴[3]。　渠追切(kuí)。

【譯文】馗，向多方通達的道路。好比烏龜的背中間高起，可以向四下通達，所以叫作馗。馗，表示高起。由九、由首會意。逵，馗的或體，由辵、由坴會意。

【注釋】① 似龜背：《段注》：“龜背中高而四下，馗之四面無不可通，似之。(龜、馗)以疊韻爲訓也。”　② 从首：《段注》：“首猶向也。”按：九首即九向，意謂可向多方通達。　③ 从坴：徐鍇《繫傳》：“坴，高土也。”

文二　重一

厹部

厹　獸足蹂[1]地也。象形[2]，九聲。《尔疋》[3]曰：“狐貍貛貈醜，其足蹞，其迹厹。”凡厹之屬皆从厹。，篆文从足，柔聲。人九切(rǒu/róu)。

【譯文】内，獸的腳踐踏地面。( )象那趾頭的痕迹，九表聲。《爾雅》説：“狐、貍、貛、貈之類，它們的腳掌叫蹞，它們的足迹叫厹。”大凡厹的部屬都从厹。蹂，篆文内字，从足，柔聲。

【注釋】① 蹂：《段注》：“足著地謂之厹。以蹂釋厹，以小篆釋古文也。”　② 象形：徐鍇《繫傳》：“厶，其指也。”　③《尔疋》：指《爾雅·釋獸》。今本作：“貍、狐、貒、貈醜，其足蹯，其跡内。”王筠《釋例》：“蹞之古文作，象獸掌也。”《段注》：“郭注：‘厹，指頭處也。’蓋渾言之，凡迹皆曰厹。”

禽　走獸總名[1]。从厹，象形[2]，今聲。禽、离、兕頭相似[3]。巨今切(qín)。

【譯文】禽，走獸的總名稱。从内，( )象頭部之形，今聲。禽、离、兕三個字的頭部相似。

【注釋】① 走獸句：《段注》：“《釋鳥》曰：‘二足而羽謂之禽，四足而毛謂之獸。’許不同者，其字从厹。厹爲獸迹，鳥迹不云厹也。然則倉頡造字之本意謂四足而走者明矣。以名毛屬者名羽屬，此乃偁謂之轉移假借。及其久也，遂爲羽屬之定名矣。”“凡經典禽字，有謂毛屬者，有謂羽屬者，有兼舉者，故《白虎通》曰：‘禽者何？鳥獸之總名。’” ② 从厹句：《段注》：“厹以象其足迹，凶以象其首。”王筠《句讀》：“(凶)當作。” ③ 相似：本書“兕”部：“兕，如野牛而青。象形。與禽、离頭同。”按：意謂禽、离、兕的頭小篆都作。

【參證】甲文作、，金文作、。徐灝《段注箋》：“(禽)爲人所禽制也。”禽，實“擒”之初文。李孝定《甲骨文字集釋》：“契文作，不从今聲，罕字重文。禽本動詞，遂名所獲爲禽(李注：名詞)，反於禽字增之手旁作擒，以當本誼。”“即字，增又象手持之而義主於。古文繁簡隨意，其次要偏旁每从省略也。字从又，篆作，變之則爲，正小篆作从所自昉也。”參“罕”條。唐蘭《天壤閣甲骨文存考釋》：“蓋後世音讀差異，遂加今聲耳。”

离 山神，獸也[①]。从禽頭[②]，从厹[③]，从屮[④]。歐陽喬[⑤]說，离，猛獸也。 吕支切(lí/chī)[⑥]。

【譯文】离，山林的神，象獸的樣子。由禽頭凶、由厹、由屮會意。歐陽喬說，离是猛獸。

【注釋】① 山神，獸也：《段注》：“本是山神而形如獸，故其字从厹。” ② 从禽頭：《段注》：“謂‘凶’也。” ③ 从厹：《段注》：“獸形則頭足皆獸矣。” ④ 从屮：《段注》：“若巂字之首，像其冠耳。”

⑤ 歐陽喬：《漢書·儒林傳》作歐陽高。研究《尚書》的專家。

⑥《廣韻》此切“离”爲“明”，爲“卦名”，不合《説文》。今讀依《廣韻》丑知切。

萬 蟲[①]也。从厹，象形。 無販切(wàn)。

【譯文】萬，蟲名。从厹，()象頭部之形。

【注釋】① 蟲：《段注》：“謂蟲名也。”徐灝箋：“萬即蠆字。譌从厹。因爲數名所專，又加虫作蠆，遂歧而爲二。”參“蠆”條。

【參證】甲文作、，金文作、、、、。羅振玉《增訂殷虛書契考釋》：“卜辭及古金文均象蝎。”王讚原《周金文釋例·鼄公牼

鐘》:"萬字从土作𡐦。""也有从止作𣦼,从彳作𢕟,从辵作邁等形體。土、止、彳、辵皆爲多出的繁文。"《金文編》單䣛觚戈有"三万"字樣。《段注》曾説"唐人十千作万",但字形無考。商承祚《甲骨文字研究》下編:"假蝎爲千萬字者,意上古穴居多蝎,觸目皆是,故用爲極大數目字。"聊備一説。

禹　蟲[1]也。从禸,象形。,古文禹。　王矩切(yǔ)。

【譯文】禹,蟲名。从禸,()象頭部之形。,古文禹字。

【注釋】① 蟲:徐鍇《繫傳》:"牙齒蟲病謂之齲齒。"

【參證】金文作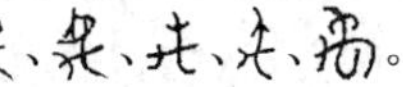。林義光《文源》:"皆象頭足尾之形。"

𥝢　周成王時,州靡國[1]獻𥝢。人身,反踵[2],自笑,笑即上唇掩其目。食人。北方謂之土螻。《尔疋》[3]云:"𥝢𥝢,如人,被髮。"一名梟陽。从禸,象形[4]。　符未切(fèi)。

【譯文】𥝢𥝢(狒狒),周成王的時候,西南的少數民族州靡國貢獻𥝢𥝢。身軀象人,反長着腳跟,常獨自兒笑,笑時就上嘴唇翻過來掩蓋它的眼睛。吃人。北方叫它作土螻。《爾雅》説:"𥝢𥝢,象人,披着頭髮。"又叫梟陽。从禸,()象形。

【注釋】① 州靡國:張舜徽《約注》:"蓋即《史記》所載之西南夷。許所稱獻𥝢事及其形狀,見《周書・王會篇》。"　② 反踵:徐鍇《繫傳》:"腳跟在前也。"　③《尔疋》:指《釋獸》。今本原文:"狒狒,如人,被髮,迅走,食人。"　④ 象形:《段注》:"囟象其首,𦥑象其手執人。"

禼　蟲也。从禸,象形[1]。讀與偰同[2]。,古文禼。　私列切(xiè)。

【譯文】禼,蟲名。从禸,()象形。音讀與"偰"字相同。,古文禼字。

【注釋】① 象形:王筠《句讀》:"(禼)一物之全形,禸則物一節之形也。"林義光《文源》:"(禼)象頭、足、尾之形。"　② 讀與句:嚴章福《校議議》:"偰,高辛氏之子,堯司徒,殷之先,是爲稷契正字。上古未有偰字,借禼爲之。"

文七　重三

嘼部

[①] 犍也。象耳、頭、足厹地之形[②]。古文嘼，下从厹[③]。凡嘼之屬皆从嘼。　許救切(xiù/chù)[④]。

嘼

【譯文】嘼，畜牲。象耳朵、頭、腳踐踏地的樣子。古文嘼字，下面从厹字。大凡嘼的部屬都从嘼。

【注釋】① 嘼：《段注》："牛部'犍'字下亦曰'嘼牲也'。今俗語多云畜(chù)牲。"王筠《句讀》："吾鄉今呼爲牲畜。"邵瑛《羣經正字》："今經典作畜。《爾雅・釋畜》釋文云：'畜，許又反。本又作嘼。'"

② 象耳句：《段注》："象耳謂，象頭謂，象足厹地謂也。"

③ 下从厹：《段注》："謂古文作也。言此者，謂古文本从厹，象足蹂地。小篆雖易其形，特取整齊易書耳，故以古文之形釋小篆。"

④ 今讀依《集韻》丑救切。

【參證】金文作、、。戴家祥《金文大字典》："嘼、獸、狩古本一字。嘼从單从口，單爲擊獸之器，口爲聚衆圍獵所留缺口，獸受追逐由此缺口遁逃，獵者持單守此，伺機擊殺捕獲之，這正是狩的意思。""嘼當爲狩之本字。捕獵必用犬，故从犬爲獸。獸後借作野獸之獸，失其本義，故又産生狩字，以還其原。"李孝定《甲骨文字集釋》第十四："獸之初誼謂田獵，本爲動詞，繼謂獸所獲爲獸，其生獲者或加畜養，此許書嘼訓'犍也'一義之所自來也。"參"畜"條。

[①] 守備者[②]。从嘼，从犬。　舒救切(shòu)。

獸

【譯文】獸，能守能備的野獸。由嘼、由犬會意。

【注釋】① 獸：徐灝《段注箋》："獸之言狩也，田獵所獲，故其字从犬，謂獵犬也。"參"狩"條。　② 守備者：《段注》："以疊韻爲訓。能守能備如虎豹在山是也。"徐灝箋："蓋獸防人害，善伺守，故曰守備者。"按：獸的本義是打獵，引申爲打獵所獲的野獸。許以"守備者"解說，指其引申義。

【參證】甲文作、、，金文作。朱芳圃《殷周文字釋叢》卷上："羅(振玉)說是也，獸即狩之初文。从單(、皆其省形)从犬，會

意。""單爲獵具,所以捕禽獸,犬知禽獸之迹,故狩必从犬。"參"罾"、"狩"條。

文二

甲部

甲 [位]東方之孟[①],陽气萌動[②]。从木戴孚甲之象[③]。一曰:人頭宜爲甲[④],甲象人頭。凡甲之屬皆从甲。甲,古文甲,始於十、見於千、成於木之象[⑤]。 古狎切(jiǎ)。

【譯文】甲,定位在東方,東方是五方之始,(屬木,木代表春天。)春天,陽氣萌生而運動,象草木頂戴種子的甲殼的樣子。另一義説,人頭的腔顱叫甲,甲象人頭。大凡甲的部屬都从甲。⿱亽甲,古文甲字。"始於十,見於千,成於木"的樣子。

【注釋】① 東方句:當依徐鍇《繫傳》"東"前有"位"字。王筠《句讀》:"言位者,十榦(甲乙丙丁等十天干)有定位。"高亨《文字形義學概論》:"孟,始也。東爲五方之始也。"按:五行説用"金木水火土"配五方、四時。東屬木,木代表春。 ② 陽气句:高亨《文字形義學概論》:"謂春時陽气萌生而動也。" ③ 从木句:王筠《句讀》:"猶云'象木戴孚甲之形'耳。而云'从'者,不可真謂甲从木也。"孚甲:《段注》:"孚者,卵孚也。孚甲,猶今言㲉(què,指卵殼)。凡艸木初生,或戴種于顛,或先見其葉。故其字像之。下象木之有莖,上象孚甲下覆也。"高亨《文字形義學概論》:"言甲乙爲春時之木,故甲字象木生芽戴殼甲也。" ④ 人頭句:《段注》"宜"作"空",注:"空、腔,古今字。人頭空謂髑髏也。"王筠《句讀》:"許以十榦象人體,猶緯書以八卦配人體也。" ⑤ 始於句:王筠《句讀》作"始於一,見於十"。注:"未詳其義。"

【參證】甲文作十、⊞,金文作十、⊕。高亨《文字形義學概論》:"甲當爲盔甲之甲,上古之甲,以革爲之,以護前胸與後背爲主,其形似十,前胸一塊,後背一塊,胸甲之上部護乳以上;中部護乳與胸腹,曲其兩端,在腋下與背甲相聯,下部護腹以下。故其形如此。古甲字作,正象甲形。又作田者,象藏甲于箱中,實即古匣字也。篆文之甲由田變出。”

文一　重一

乙部

乙　象春艸木冤曲而出,陰气尚彊,其出乙乙也[①]。與丨同意[②]。乙承甲[③],象人頸。凡乙之屬皆从乙。　於筆切(yǐ)。

【譯文】乙,象春天草木彎彎曲曲而長出地面,這時陰氣還强大,草木的長出十分困難。用乙表示草木的長出,與牽引向上而行的丨用意相同。乙繼承着甲,象人的頸脖。大凡乙的部屬都从乙。

【注釋】① 冤曲句:《段注》:“冤之言鬱,曲之言詘也。乙乙,難出之皃。”　② 與丨句:《段注》:“謂與自下通上之丨同意也。”

③ 乙承甲:徐灝《段注箋》:“乙承甲,象人頭,至癸承壬,象人足,皆《大一經》之謬説也。”

【參證】甲文作、,金文作、。字的構形待考。

乾　上出[①]也。从乙,乙,物之達[②]也,倝聲[③]。,籀文乾。渠焉切(qián)。又,古寒切(gān)。

【譯文】乾,向上冒出。从乙,乙表示植物由地底向地面通達,倝聲。乹,籀文乾字。

【注釋】① 上出:徐灝《段注箋》:“乾之本義謂艸木出土乾乾然强健也,故从乙。”徐鍇《繫傳》:“乙,冒難而出也。”　② 物之達:《段注》:“釋从乙之恉,物達則上出矣。”“上出爲乾,下注則爲溼,故乾與溼相對。”　③ 倝聲:《段注》:“倝者,日始出光倝倝也。……形聲中有會意焉。”

亂　治也;从乙,乙,治之[①]也;从𤔔[②]。　郎段切(luàn)。

【譯文】亂,治理。从乙,乙表示把曲亂的治理爲通達的,从𤔔。

【注釋】① 乙,治之也:《段注》:“乙以治之,謂詘者達之也。”王筠《句讀》:“去本意遠矣,故復解之。”　② 从𤔔:王筠《句讀》:“當云𤔔聲。亂者𤔔之絫增字也。故彼云𤔔治之,此云乙治之。”參“𤔔”部

"𤔔"條。

【參證】金文作,不从乙。

異也。从乙,又聲[①]。　羽求切(yóu)。

尤　【譯文】尤,特異。从乙,又聲。

【注釋】① 从乙,又聲:孔廣居《疑疑》:"尤,古肬字。从又,乙象贅肬,又亦聲。"

【參證】甲文作、、,金文作。朱芳圃《殷虚文字釋叢》:"从又、一。又,手也;一,指贅肬。字之結構,與寸相同。""二字皆从又一,惟一指贅肬,一識寸口,位置不同而已。"贅肬異于常,故引申爲異,後爲異義所專,則加肉爲肬。參"肬"條。

文四　重一

丙部

位南方,萬物成,炳然[①]。陰气初起,陽气將虧。从一入冂[②]。一者,陽也。丙承乙[③],象人肩。凡丙之屬皆从丙。

丙　兵永切(bǐng)。

【譯文】丙,定位在南方,(南方是夏天的方位,)這時萬物都長成,都光明强盛。陰氣開始出現,陽氣將要虧損。由一、入、冂會意,一表示陽氣。丙繼承着乙,象人的肩。大凡丙的部屬都从丙。

【注釋】① 位南方句:高亨《文字形義學概論》:"古代五行説:以丙丁名南方,南方爲火爲夏。許氏據此,以爲丙居南方之位,屬夏之時,其時萬物皆長成,炳然而盛,陽气初入于地下,故丙字从一入冂。此皆曲説也。"　② 从一入冂:《段注》:"合三字會意,陽入冂伏臧,將虧之象也。"冂,徐鍇《繫傳》:"冂猶門也。"　③ 丙承乙:見《大一經》。參"乙"條。

【參證】甲文作、,金文作、、。于省吾《殷契駢枝》:"今俗稱物之底座。之形,上象平面可置物,下象左右足。"存參。

文一

丁部

个 丁　夏時萬物皆丁實①。象形。丁承丙②,象人心。凡丁之屬皆从丁。　當經切(dīng)。

【譯文】丁,夏天萬物都壯實。象草木莖上有果實的樣子。丁繼承丙,象人的心。大凡丁的部屬都从丁。

【注釋】① 夏時句:高亨《文字形義學概論》"古代五行説:丙丁爲夏。丁實,猶成實也。許氏又云'象形'者,謂象草木幹上有果實下垂也。此皆曲説。"　② 丁承丙:見《大一經》。參"乙"條。

【參證】甲文作、、,金文作、、。朱駿聲《通訓定聲》:"丁,鐕(zān)也。象形。今俗以'釘'爲之。其質用金或竹若木。"徐灝《段注箋》:"疑丁即今之釘字。象其鋪首(釘頭),个則下垂之形也。"吴其昌《金文名象疏證(續)》(《武大文史季刊》一九三六年六卷一期):"'丁'字實爲古代'釘'與'針'(即鐕)之共稱,形實爲古代'釘'與'針'之共象;究極而言之,古初實無'釘'與'針'之別異,但僅有狀之物而已矣。"

文一

戊部

戊　中宫也。象六甲五龍相拘絞也①。戊承丁②,象人脅③。凡戊之屬皆从戊。　莫候切(wù)。

【譯文】戊,定位在中央。(戊字的五畫)象六甲中的(黄、白、黑、青、赤)五龍相互鉤結在一起。戊繼承丁,象人的胸脅。大凡戊的部屬都从戊。

【注釋】① 中宫二句:中宫:皇后住處。這裏指中央。高亨《文字形義學概論》:"古代五行説,戊己爲中央。六甲五龍者,謂六甲之中有五辰,辰爲龍也。古代以甲乙丙丁戊己庚辛壬癸十干與子丑寅卯辰巳午未申酉戌亥十二支相配合以紀日,六十日一循環。一個循環中,有六個甲日,即甲子、甲戌、甲申、甲午、甲辰、甲寅,所謂六甲者,此也。六甲之中有五個辰日，即戊辰、庚辰、壬辰、甲辰、丙辰。古人又以十二支代表十二種動物，即子鼠、丑牛、寅虎、卯兔、辰龍、巳蛇、午馬、未羊、申猴、酉鷄、戌狗、亥豬也。五辰代表五方之龍，戊辰爲中央之黄龍，庚辰爲西方之白龍，壬辰爲北方之黑龍，甲辰爲東方之青龍，丙辰爲南方之赤龍。所謂五龍者，此也。五龍皆屬于中央之帝。許氏據此釋戊字五畫相連，象五龍相鉤絞之形，此謬説也。”拘：王筠《句讀》：“拘音鉤。”　② 戊承丁：見《大一經》。參“乙”條。③ 象人脅：王筠《釋例》：“戊寅父丁鼎，戊作，字形似斧，蓋古兵有名戊者，立戟父戊彝作，則與小篆形近。”

【參證】甲文作、，金文作、。郭沫若《甲骨文字研究》：“戊象斧鉞之形，蓋即戚之古文。”

成　就也[①]。从戊，丁聲[②]。，古文成从午[③]。　氏征切(chéng)。

【譯文】成，成熟。从戊，丁聲。戚，古文成字，从午。

【注釋】① 就也：《爾雅・釋詁》：“就，成也。”　② 从戊，丁聲：徐灝《段注箋》：“戊古讀曰茂，茂盛者，物之成也；丁壯亦成也。”丁聲：聲中有義。　③ 从午：徐鍇《繫傳》：“午，南方，亦物成之義。”

【參證】甲文作、、，金文作、、。李孝定《甲骨文字集釋》：“(甲文)从戊从丁，金文亦从戊从丨(丨疑金文丁作●之譌變)。篆从戊者，蓋形譌也。沇兒鐘作，从戊从丁，而於丁字下垂長畫中着一點，狀似从午，爲許書古文所本。”林義光《文源》卷十一：“从戊丁聲，即朾之古文。”“撞也。”“打擊也。”

文二　重一

己部

己　中宫[①]也。象萬物辟藏詘形也。己承戊[②]，象人腹。凡己之屬皆从己。，古文己。　居擬切(jǐ)。

【譯文】己，定位在中央。象萬物因迴避而收藏在土中的彎彎曲曲的形狀。己繼承戊，象人的腹部。大凡己的部屬都从己。᠌，古文己字。

【注釋】① 中宫：皇后住處。這裏指中央。高亨《文字形義學概論》:“古代五行説：戊己爲中央,爲土。許氏據此,釋己爲中宫,又以爲己字象萬物曲體而避藏于土中,此皆曲説也。”　② 己承戊：見《大一經》。參“乙”條。

【參證】甲文作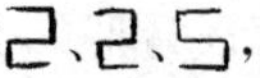,金文作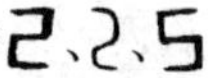。朱駿聲《通訓定聲》:“己即紀之本字,古文象别絲之形,三横二縱,絲相别也。”高鴻縉《中國字例二篇》:“後借爲天干第六名,又借爲自己之己。”“乃加糸旁爲意符作紀。”

 巹　謹身有所承也[①]。从己丞[②]。讀若《詩》[③]云“赤舄己己”。居隱切(jǐn)。

【譯文】巹,使自己小心恭謹而去承奉别人。由己、丞會意。音讀象《詩經》説的“紅色的綉金鞋兒己己翹着”的“己”字。

【注釋】① 謹身句：徐灝《段注箋》:“巹之言謹也。屈己以承人,故曰謹身有所承。”《段注》:“承者,奉也,受也。”　② 从己丞：徐灝《段注箋》:“丞猶承也。”　③《詩》：指《豳風·狼跋》。己己,今本作“几几”。己上古屬之部、見紐,巹屬蒸部、見紐。之、蒸可對轉。

 曩　長踞[①]也。从己,其聲[②]。讀若杞。　暨己切(jì)。

【譯文】曩,盤起腳坐着。从己,其聲。音讀象“杞”字。

【注釋】① 長踞：《段注》:“謂箕其股而坐。許云曩居(踞),即他書之箕踞。”徐灝《段注箋》:“箕踞即今人之盤足而坐耳。蓋盤屈兩足,前闊後狹,與箕相似。”　② 从己,其聲：徐灝《段注箋》:“从己者,盤屈之義;其即古箕字。”其,聲中有義。

【參證】甲文作,金文作。葉玉森《殷虚書契前編集釋》卷二:“(甲文)从己从其。”金文前二字與甲文同。末字復加,與篆文同。

文三　重一

巴部

 巴　蟲[①]也。或曰：食象蛇[②]。象形[③]。凡巴之屬皆从巴。伯加切(bā)。

【譯文】巴，蟲名。有人説，就是食象的蛇。象形。大凡巴的部屬都从巴。

【注釋】① 蟲：饒炯《部首訂》："巴説'蟲也'，蓋以大名爲訓。又云'食象蛇'，即申釋'蟲也'之義。"　② 食象蛇：《博物志》："巴蛇吞象，三歲出其骨。君子食之，無腹心之疾。"《潯陽記》："羿屠巴蛇於洞庭，其骨爲陵，世稱巴陵。"此乃傳説。　③ 象形：饒炯《部首訂》："象其侈口突目形。"

【參證】甲文作。張秉權《殷虛文字丙編考釋》："(甲文)是巴字。""(許)把一個象人形的字誤認爲蛇的象形字。"

[1] 䎬　搥擊[2]也。从巴帚[3]。闕[4]。　博下切(bǎ)。

【譯文】䎬，反手擊物。由巴、帚會意。闕其會意之理。

【注釋】① 䎬：錢坫《斠詮》："今人擊嘴曰䎬掌，此字也。"　② 搥擊：同義連用。《段注》："搥者，反手擊也。"　③ 从巴帚：張舜徽《約注》："掌形平圓，因謂之巴；又从帚者，喻其擊也。"桂馥《義證》："當有'巴亦聲'三字。"　④ 闕：許不明白"䎬"从巴帚會意的道理。

文二

庚部

 庚　位西方[1]，象秋時萬物庚庚[2]有實也。庚承己[3]，象人齊。凡庚之屬皆从庚。　古行切(gēng)。

【譯文】庚，定位在西方，(西方是秋天的方位，)象秋天萬物堅硬有果實的樣子。庚繼承己，象人的肚臍。大凡庚的部屬都从庚。

【注釋】① 位西方：高亨《文字形義學概論》："古代五行説，庚辛爲西方、又爲秋。許氏據此似謂象草木幹上有實，以取之也。此皆曲説。"　② 庚庚：《段注》："成實皃。"《釋名》："庚猶更也。庚，堅强皃也。"　③ 庚承己：見《大一經》。參"乙"條。

【參證】甲文作，金文作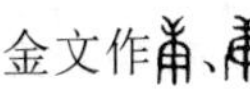。郭沫若《甲骨文字研究》："(甲文)觀其形製，當是有耳可搖之樂器。"李孝定《甲骨文字集釋》：

"其形製當後世之貨郎鼓，執其柄旋轉搖之以作聲者。上从，乃其飾，篆變作干；器身及兩耳，篆變作収。"

文一

辛部

辛 秋時萬物成而孰；金剛；味辛，辛痛即泣出[①]。从一从䇂，䇂，辠也。辛承庚，象人股[②]。凡辛之屬皆从辛。 息鄰切(xīn)。

【譯文】辛，(代表秋天，)秋天萬物成熟了；(又代表金，)金質剛硬；(又代表辛味，)味道辛辣，辛辣就感到痛苦，就會流出眼淚。由一、由䇂(qiān)會意，䇂是罪惡的意思。辛繼承庚，象人的大腿。大凡辛的部屬都从辛。

【注釋】① 秋時句：高亨《文字形義學概論》："古代五行説：庚辛爲西方，爲秋，爲金，爲辛味。許氏以爲辛是代表秋時，此時萬物已成熟矣；辛又代表金，金則剛堅者也；辛又代表辛味，嘗辛味而痛，則泣出也。人有罪受金屬刑具之傷害，亦辛痛而泣出，故辛字从一从䇂。此謬説也。"② 象人股：徐灝《段注箋》："考(金文辛)，蓋亦象器物之形。借爲庚辛字，又借爲苦辛字也。䇂部曰：'䇂，辠也。从干二。二，古文上字，讀若愆。'辛與䇂形聲相近，義亦相通，疑本一字。"

【參證】甲文作，金文作。郭沫若《甲骨文字研究》："當係古之剞劂(jī jué，曲刀)。"高亨《文字形義學概論》："古代一種刑具。兩邊有刃可以割，尖端鋒鋭可以刺，有柄。割人之鼻耳，刺人之面額皆用之。"

辠 犯法也。从辛，从自[①]，言辠人蹙鼻苦辛之憂。秦以辠似皇字，改爲罪[②]。 徂賄切(zuì)。

【譯文】辠，觸犯法律。由辛、由自會意，是説罪人蹙着鼻子、有痛苦辛酸的憂傷。秦始皇因爲"辠"字像"皇"字，改作"罪"字。

【注釋】① 从辛，从自：《段注》："辛自即酸鼻也。"按：自即古鼻字。徐灝箋："竊謂辠从辛者，辛即䇂(罪)也。自當爲聲。"存參。

② 秦以句：徐灝《段注箋》："辠、罪古字通。見於經傳者不可枚舉，亦非秦人始改用之。"

【參證】金文作。楊樹達《文字形義學》："許，云'辠人蹙鼻'，鼻釋自字，辠人即釋辛字也。"

辜[1]　辜

辠也。从辛，古聲。，古文辜从死[2]。　古乎切(gū)。

【譯文】辜，罪。从辛，古聲。㱾，古文辜字，从死。

【注釋】① 辜：《段注》："本非常重罪，引申之凡有罪皆曰辜。"

② 从死：商承祚《説文中之古文考》："从死者，有辠易罹于死也。"宋保《諧聲補逸》："古聲。"

【參證】金文作，與古文偏旁位置不同，即古文㱾字。

辥　辥

辠也。从辛，𡸁聲。　私列切(xuē)[1]。

【譯文】辥，罪。从辛，𡸁聲。

【注釋】① 徐灝《段注箋》："此辥字當讀如孽。魚列切(niè)也。"存參。

【參證】甲文作、，金文作、、。徐灝《段注箋》："此蓋即辠孼本字。"徐中舒《甲骨文字典》卷十四："辛䇂初爲一字，爲施黥之刑具，引申之自可表辠義。故《説文》'从辛，𡸁聲'之説未爲無據。"

辤[1]　辤

不受也。从辛，从受。受辛宜辤之[2]。，籒文辤从台[3]。　似兹切(cí)。

【譯文】辤，不接受。由辛、由受會意。受罪應該辭避。辝，籒文辤字，从台聲。

【注釋】① 辤：徐灝《段注箋》："即辭之省。省爲，又變爲耳。"存參。　② 受辛句：嚴章福《校議議》："辛，辠也。許言受辠宜辤之，非謂不受辛辣味也。"　③ 从台：朱駿聲《通訓定聲》："台聲。"

【參證】金文作，與古文同。

辭　辭

訟也。从𤔔[辛][1]。𤔔[辛]猶[2]理辜也。𤔔，理也。，籒文辭从司[3]。　似兹切(cí)。

【譯文】辭，打官司的文辭。由𤔔、辛會意。𤔔辛好比説治理罪過。𤔔，治理的意思。嗣，籒文辭字，由𤔔、由司會意(司也表聲)。

【注釋】① 从𤔔：當依徐鍇《繫傳》作"从𤔔辛"。　② 𤔔猶：當依

《段注》作"𤔔辛猶"。　③ 从司：朱駿聲《通訓定聲》作："从𤔔从司會意，司亦聲。"按：司是主管的意思，這裏指治理。

【參證】金文作、。李孝定《金文詁林讀後記》卷十四："金文'辭'字作'嗣'，'辤'字作'辝'，分別甚明；至小篆則二字均从'辛'，惟左旁則一从'受'，一从'𤔔'，疑'受'爲'𤔔'之譌，'𤔔'字中从''，一譌爲''，再譌爲''耳，'受辛宜辤'(見"辤"條)之解，似涉附會。'辭'、'辤'疑本爲一字；誤衍爲二，而以前者當'言嗣'字，後者當'辝讓'字。"从金文看，辭辤一字，即嗣、辝一字。𤔔可訓治理，司也可訓治理；辝从辛，台聲，辛是罪過，當然需要治理，二字義同，音同。故可識爲一字。

文六　重三

辡部

辡 辡　辠人相與訟也。从二辛①。凡辡之屬皆从辡。　方免切(biǎn)。

【譯文】辡，罪人相互打官司。由兩個辛字會意。大凡辡的部屬都从辡。

【注釋】① 从二辛：徐灝《段注箋》："訟必有兩造(打官司的雙方，即原告和被告)，故从二辛，猶二辛(罪)也。兩造則必有一是非，因之爲辡論之義，别作辯；又爲辡别之義，别作辨。"

辯 辯　治①也。从言在辡之間②。　符蹇切(biàn)。

【譯文】辯，治理。由"言"在"辡"的中間會意。

【注釋】① 治：理。　② 从言句：《段注》："謂治獄也。"徐鍇《繫傳》："察言以治之也。"朱駿聲《通訓定聲》加"辡亦聲"。

文二

壬部

壬① 壬　位北方也。陰極陽生，故《易》②曰："龍戰于野。"戰者，接也。象人裹妊之形。承亥壬以子③，生之敘④也。與巫同意⑤。壬承辛⑥，象人脛。脛，任體也。凡壬之屬皆从壬。如林切(rén)。

【譯文】壬，定位在北方。（壬又代表冬天，）這時陰氣極盛而陽氣已生，所以《易經》説："龍戰于野。"戰是交接的意思。（龍戰于野，是屬陽的龍與屬陰的野相互交接而産生陽氣。人們陰陽交接就懷孕。）壬字象人懷孕的樣子。用子承接着定位在北方的地支的亥和天干的壬，這是符合孳生的順序的。（壬在"工"字中加"一"，表示懷孕的樣子，）與巫字"工"中加"从"以象舞袖的構形原則相同。壬繼承辛，象人的小腿。小腿，是負載整個身軀的肢體。大凡壬的部屬都从壬。

【注釋】① 壬：高亨《文字形義學概論》："古代五行説：壬癸爲北方之名，又爲冬。故許云：'壬位北方。'許又云：'陰極陽生'，指冬時陰气極盛而陽气已生也。許氏以爲陰極陽生則陰陽交接，人之陰（女）陽（男）交接，則婦女懷妊，而壬字乃象婦女懷妊之形，中畫特長即象其腹大也。又引《易·坤卦》爻辭'龍戰于野'，釋戰爲交接之義，以説明陰陽交接。此皆謬説。" ②《易》：指《坤卦》上六爻辭。龍戰于野，吴肇嘉《申〈説文〉龍戰于野義》："《易》以龍況陽，取龍屬陽之義，不取龍字形也。野从土，土象地之下，坤有地道。"按：地、坤屬陰。 ③ 承亥壬句：王筠《句讀》："此以方位言也。支（地支）之亥與榦（天榦）之壬，同居北方，亥之下即是子，亥者褢子咳咳也；壬即妊，謂身震動欲生也，生則爲子矣。故曰：生之敘也。"

④ 敘：桂馥《義證》："敘，次敘也。" ⑤ 與巫同意：王筠《句讀》："巫下云：'與工同意。'工者，象人有規巨也，則工衹是人形，巫加兩褎（袖）舞形。壬於工中加一，以象孕子之形，與巫於工中加从，以象褎形同意。" ⑥ 壬承辛：見《大一經》。參"乙"條。

【參證】朱駿聲《通訓定聲》釋篆文"壬"："愚按：壬，儋何也。上下，物也，中象人儋之。"按：篆文乃儋何之象的俯視形。丨，扁擔之類；二，左右兩端所儋何之物；中間的一，則象儋何者。甲文作，金文作、。林義光《文源》："即滕之古文，機持經者也，象形。（巠）古作，正象滕持絲形，从壬。"存參。

文一

癸部

① 冬時，水土平，可揆度也。象水从四方流入地中之形②。
癸 癸承壬③，象人足。凡癸之屬皆从癸。，籀文从癶，从矢④。 居誄切（guǐ）。

【譯文】癸，代表冬時，這時水土平整，可以度量。（癸）象水从四方流入地中的樣子。癸繼承壬，象人的腳。大凡癸的部屬都从癸。癸，籀文癸字，由癶、由矢會意。

【注釋】① 癸：朱駿聲《通訓定聲》："即戣字，三鋒矛也。因爲借義所專，故加戈旁。" ② 冬時句：高亨《文字形義學概論》："古代五行説：壬癸爲冬，故許以冬時解癸，以爲冬時水枯，癸象水从四方流入地中。亦非也。" ③ 癸承壬：見《大一經》。參"乙"條。④ 从癶，从矢：饒炯《部首訂》："夫揆度之法，有以步起度者，故从癶；有以矢起度者，故又从矢。"

【參證】甲文作、，金文作。李孝定《甲骨文字集釋》第十四引羅振玉説："乃之變形。字上形三鋒，下象著物之柄。""乃戣之本字，後人加戈耳。"吴其昌《金文名象疏證》（《武大文哲季刊》六卷一期）："最始先民量度土地疆域之法，惟弓矢耳。"弓矢可丈量，以戣亦可丈量。

文一 重一

子部

① 十一月，陽气動，萬物滋②，人以爲偁③。象形④。凡子之
子 屬皆从子。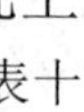，古文子，从巛，象髮也。，籀文子，囟有髮，臂脛在几上也⑤。 即里切（zǐ）。

【譯文】子，代表十一月，這時陽氣發動，萬物滋生，人假借"子"作爲偁呼。象嬰兒的樣子。大凡子的部屬都从子。⿱巛子，古文子字，从巛，（巛）象頭髮。𡦂，籀文子字，腦門頂上有頭髮，手臂和腿都在"几"案上。

【注釋】① 子：高亨《文字形義學概論》："古代以十二支紀月，以夏曆言之，十一月爲子月，十二月爲丑月，正月爲寅月。夏曆以寅月爲歲首（正月），故稱'建寅'，殷曆以丑月爲歲首，故稱'建丑'，周曆以子月爲歲首，故稱'建子'，即所謂《三統曆》也。許氏以爲子是子月之子，十一月是陽气初動、萬物始萌之月，因而人之嬰兒亦稱爲子，子字象嬰兒之形，此説不盡是。按子之本義爲嬰兒，象形。"

② 滋：徐灝《段注箋》："自'子滋'至'亥荄'，皆同聲相訓也。"

③ 人以爲偁：《段注》："凡言以爲者，皆許君發明六書假借之法。"王筠《句讀》："許君以干支類聚，故以子月爲正義男子爲借義。"《釋例》："(此)倒置矣。" ④ 象形：徐鉉引李陽冰説："子在襁緥中，併也。" ⑤ 囟有髮句：《段注》："(髮，)川也；(臂，)也；(脛，)也。"在几上，于鬯《職墨》："謂子幼不能行步、未著地也，故在几上。"

【參證】甲文作、、，金文作、、。郭沫若《甲骨文字研究》："卜辭第六位之巳作'子'()，此第一位之子則作若。"羅振玉《增訂殷虛書契考釋》："與許書所載籀文𢀿字頗近，蓋字之省略急就者。"李孝定《甲骨文字集釋》第十四："象幼兒頭上有髮及兩脛之形。""、、則象幼兒在襁褓之中。兩手舞動，上象其頭之形。""實一字之異體耳。""卜辭以𢀿爲子丑字，而以子爲辰巳之'巳'"。"各據一形而不相亂者"，"以子巳之音本近，而𢀿子之形各殊故也。"參"巳"條。

孕

裹子也。从子，从几[①]。 以證切(yùn)[②]。

【譯文】孕，懷胎。由子、几會意。

【注釋】① 几(shū)：徐鍇《繫傳》："几音殊。艸木之實垂，亦取象於几，朵字是也。人裹妊似之也。"一説"从几"應作"乃聲"，《段注》："(艿、仍)皆乃聲。《管子》孕作䗌。"徐灝《箋》："䗌字从黽，蓋取大腹之象而用爲聲。"段徐意謂：孕是从子乃聲；其異體䗌是从肉(月)从黽，黽亦聲。 ② 當讀 yìng，今讀 yùn。

【參證】甲文作。商承祚《殷契佚存》："唐氏(指唐蘭)謂當孕之本字，即字，象人大腹之形，故古者称孕曰有身。象子在腹中也。"李孝定《甲骨文字集釋》第十四："篆文从''乃之形譌。"又，李先登《孟廣慧舊藏甲骨選介》(《古文字研究》第八輯)："，𡜱，古孕字。《太玄經》:‘𡡾其膏。’又,‘好𡡾惡粥。’范望注:‘𡡾與孕、𦟝同。’”照上引徐灝説,𡡾是从女从黽,黽亦聲。其意謂:女人懷孕,其腹如黽之大。

[1] 生子免身[2]也。从子,从免[3]。 芳萬切[4](fàn/miǎn)。

㝃 【譯文】㝃,生下嬰兒,使母體解免。由子、由免會意。

【注釋】① 㝃:《廣韻・阮韻》:“㝃,子母相解。”字亦作“娩”。 ② 免身:張舜徽《約注》:“謂褢子時身有重負,子既生而後腹空,若有所脱免也。” ③ 从免:朱駿聲《通訓定聲》此後加“免亦聲”。 ④ 徐鉉:“今俗作亡辯切。”

乳[1]也。从子在宀下[2],子亦聲。 疾置切(zì)。

字 【譯文】字,生育。由“子”在“宀”下會意,子也表聲。

【注釋】① 乳:《段注》:“人及鳥生子曰乳。” ② 从子句:徐灝《段注箋》:“婦人乳(生)子居室中也。”

【參證】金文作[金文]、[金文]、[金文]。高田忠周《古籀篇》卷四十:“从宀,覆育之意也。”

乳[1]也。从子,㱿聲。一曰:穀瞀[2]也。 古候切(gòu)。

穀 【譯文】穀,哺乳。从子,㱿聲。另一義説,是愚昧。

【注釋】① 乳:《段注》:“上文之乳(指“字”下説解“乳”)謂生子也,此乳者謂既生而乳哺之也。” ② 穀瞀:《段注》:“愚蒙也。”

【參證】金文作[金文]、[金文]、[金文],與篆文同。

[1] 一乳[2]兩子也。从子,䜌聲[3]。 生患切(luán)[4]。

孿 【譯文】孿,一次連生兩個嬰兒。从子,䜌聲。

【注釋】① 孿:徐鍇《繫傳》:“孿猶連也。” ② 乳:生育。參“字”條。 ③ 䜌聲:聲中有義。本書䜌有“不絶”義。 ③ 當讀 shuàn,今讀 luán。

乳子[1]也。一曰:輸[孺][2]也。輸[孺]尚小也。从子,需聲。 而遇切(rù/rú)。

孺 【譯文】孺,年幼的小孩。另一義説,是愚昧,愚昧是因爲年紀還小。从子,需聲。

【注釋】① 乳子:張舜徽《約注》:“猶今語所云乳臭之子也。”

② 輸：當依《段注》作"輸孺"，注："輸孺，疊韻字。《方言》十二曰：'儒輸，愚也。'輸孺即儒輸也。"

季

少偁[①]也。从子，从稚省[②]，稚亦聲。 居悸切（jì）。

【譯文】季，年少者的稱呼。由子、由稚省併會意，稚也表聲。

【注釋】① 少偁：《段注》："叔季皆謂少者，而季又少於叔。"按：季稱少者，是相對老者而言。 ② 从稚省：王筠《句讀》："《説文》有穉無稚。"穉，幼禾也。孔廣居《疑疑》："愚謂季从禾會意。禾，嘉穀也。幼子當培植如嘉穀也。"

【參證】甲文作，金文作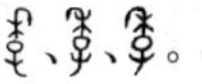。林義光《文源》："禾爲稚省不顯。季與稚同音，當爲穉之古文，幼禾也。从子禾，古作季，引申爲叔季之季。"

孟

長[①]也。从子，皿聲。[②]，古文孟。 莫更切（mèng）。

【譯文】孟，（同輩中）年事大的。从子，皿聲。𤓰，古文孟字。

【注釋】① 長：張舜徽《約注》："謂年事較大者。"桂馥《義證》引《容齋三筆》："孟字只是最長最先之稱。" ② 𤓰：苗夔《繫傳校勘記》："此篆已見人部，爲保篆重文，此不當更爲孟之重文。攷古鼎銘孟作，是孟或从古文保也，此蓋脱皿耳。"如苗意，古文當从𤓰，皿聲。按：𤓰乃保之古文（乃繦緥）之意。仍有子義，故从𤓰皿聲，猶从子，皿聲。王筠或以爲"偶加丨丨，以爲彣飾"。

【參證】金文作。李孝定《金文詁林讀後記》："金文間有从'𤓰'、从'血'者，子下皿上增二三小點，古文增繁，往往有之，無義。"一説，"其子旁兩注，皆象初生小兒沾汙之狀。""始舉而浴之於皿，謂之孟。"見馬敘倫《六書疏證》卷二十八。

[①]
孼

庶子[②]也。从子，辥聲。 魚列切（niè）。

【譯文】孼，非正妻所生的兒子。从子，辥聲。

【注釋】① 孼：《段注》："凡木萌旁出皆曰櫱，人之支（家庭的旁支，與"嫡"相對）子曰孼，其義略同。"今經典作孽。 ② 庶子：妾所生的兒子。

[①]
孳

汲汲生[②]也。从子，兹聲[③]。，籀文孳从絲[④]。 子之切（zī）。

【譯文】𡥧,日益繁衍的生育。从子,兹聲。𡥧,籀文𡥧字,从絲聲。

【注釋】① 𡥧:《段注》:"蕃生之義當用𡥧。" ② 汲汲生:張舜徽《約注》:"謂生生不已之日益蕃多。" ③ 兹聲:《段注》:"此篆从艸木多益之兹。形聲中有會意。" ④ 从絲:《段注》:"謂絲聲也。兹,从艸,絲省聲。故小篆兹聲、籀文絲聲一也。"絲中間的當是籀文"子"。

【參證】金文作、。孫詒讓《古籀拾遺·宗周鐘》:"此實籀文𡥧字。"

 無父[①]也。从子,瓜聲。 古乎切(gū)。

孤 【譯文】孤,(年幼而)沒有父親。从子,瓜聲。

【注釋】① 無父:《段注》:"《孟子》曰:'幼而無父曰孤。'引申之,凡單獨皆曰孤。"

 恤問[①]也。从子,才聲。 徂尊切(cún)。

存 【譯文】存,慰問。从子,才聲。

【注釋】① 恤問:張舜徽《約注》:"古云恤問,猶今言慰問耳。"

 放[①]也。从子,爻聲。 古肴切(jiāo/jiào)[②]。

斈 【譯文】斈,仿效。从子,爻聲。

【注釋】① 放:《段注》:"放、仿古通用。許曰:放,逐也;仿,相似也。斈訓放者,謂隨之、依之也。今人則專用仿矣。教字學字皆以斈會意。教者與人以可放也,學者放而像之也。" ② 今讀依《廣韻》古孝切。

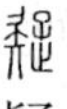 惑也。从子止匕[①],矢聲。 語其切(yí)。

疑 【譯文】疑,迷惑。由子、止、匕會意,矢聲。

【注釋】① 从子止匕:徐鍇《繫傳》:"幼子多惑也;止,不通也;彐,反比之也。"王筠《句讀》:"《繫傳》曰:'幼子多惑也。'此句解字从子也。又曰:'止,不通也。'此句解字从止也。又曰:'彐,反比之也。'比當依鉉引作匕,謂彐非人字,乃反匕字也。此句解字从匕也。"按:从子、止、匕會意,是說小孩子站在不通的路上在反復比較去向。

【參證】甲文作、,金文作、、。郭沫若《卜辭通纂》:"(甲文)象人持杖出行而仰望天色。(金文)从辵,與此从彳同意,牛聲

也。”按：後“牛”譌變爲小篆的“子”。參“犱”條。

文十五　重四

了部

了　尦[1]也。从子無臂[2]。象形。凡了之屬皆从了。　盧鳥切(liǎo)。

【譯文】了，行走時腿腳相交。由子字省去表示手臂的兩曲筆表示。象子字之形。大凡了的部屬都从了。

【注釋】① 尦(liào)：《段注》：“尦，行脛相交也。牛行腳相交爲尦。凡物二股或一股結糾紾縛不直伸者曰了戾。”　② 从子無臂：徐灝《段注箋》：“謂無左右曲筆。此釋字形，非謂人有是形也。”

【參證】陳獨秀《小學識字教本》：“《玉篇》：‘了，力鳥切，掛也；𠄏，丁了切，懸物皃。’按：了𠄏倒順一字，本象男阴，引申爲懸者。”“了𠄏象男阴下垂時懸狀，故孳乳爲吊，後世又作从尸从吊之屌。”馬敘倫《六書疏證》卷二十：“本作，實爲男生殖器之象形文。懸之爲。”

孑　無右臂[1]也。从了，乚象形[2]。　居桀切(jié)。

【譯文】孑，沒有右手臂。从了，乚象子字有左臂而無右臂的樣子。

【注釋】① 無右臂：《段注》：“引申之，凡特立爲孑。”參“孓”條。② 从了句：王筠《釋例》：“了、孑、孓皆从子省之以見意。”又，“夫孑字有左臂以見其無右臂，孓字有右臂以見其無左臂。”

孓　無左臂[1]也。从了，亅象形。　居月切(jué)。

【譯文】孓，沒有左手臂。从了，亅象子字有右臂而無左臂的樣子。

【注釋】① 無左臂：徐灝《段注箋》：“戴氏侗曰：孑不過取一臂單孑之義，不當復分左右。”參“孑”條。

【參證】陳獨秀《小學識字教本》：“《淮南・說林訓》云：‘孑孓爲蟁(即蚊)。’高誘注云：‘孑孓、結蟨，水上倒跂蟲。’此蟲頭大尾小，尾末有歧，孑孓即象其歧尾，行則搖掉其尾，翻轉至頭，止則頭在下，尾浮水上，故謂之倒歧蟲，今名跟頭蟲或翻跟頭蟲。”

文三

孨部

孨　謹[①]也。从三子。凡孨之屬皆从孨。讀若翦。　旨兖切(zhuǎn)。

【譯文】孨,謹慎。由三個“子”字會意。大凡孨的部屬都从孨。音讀象“翦”字。

【注釋】① 謹:饒炯《部首訂》:“今人謂小心曰子細,即子之謹義遺言也,然則孨从三子者,猶言小心又小心也。”一説,當以弱小爲本義。徐灝《段注箋》:“三者皆孺子,是弱小矣。”因其弱小,則處處當須小心謹慎,此勢之必然也。

孱　迮[①]也。一曰:呻吟也。从孨在尸下[②]。　七[③]連切(chán)。

【譯文】孱,狹窄。另一義説,是呻吟。由“孨”在“尸”下會意。

【注釋】① 迮:《段注》:“此迮當爲笮,今之窄字也。”　② 从孨句:朱駿聲《通訓定聲》:“(孱)偪仄之意。从尸猶从屋也。”按:人多屋就顯得窄小。　③ 七:“士”的譌字。

【參證】金文作。徐灝《段注箋》:“从尸者,横人字也。”字从尸从孨,尸代表人體,以産子衆多會意,當訓“弱”,引申爲迮(窄)、謹諸意。

孴　盛皃。从孨,从曰[①]。讀若薿薿[②]。一曰:若存。,籀文孴从二子。一曰:㚶即奇字𣇉[③]。　魚紀切(nǐ)。

【譯文】孴,茂盛的樣子。由孨、由曰會意。音讀象薿薿茂盛的“薿”字。另一義説,音讀象“存”字。㚶,籀文孴字,由兩個“子”字(與“曰”)會意。一説,㚶就是古文異體字晉。

【注釋】① 从孨,从曰:徐鍇《繫傳》:“曰音越。曰,詞也。”張舜徽《約注》:“蓋謂幼子相聚,言多語雜,喧擾不止,乃形其盛也。”　② 薿薿(nǐ):王筠《句讀》:“似讀若《詩》(指《大雅·甫田》)曰‘黍稷薿薿’之殘文。艸部‘薿,茂也。’則音亦兼義。”　③ 㚶即句:王筠《句讀》:“設爲之譌,則不應爲奇字𣇉矣,當闕疑。”𣇉:小篆“晉”字的楷化。晉从日从臸,參“日”部。

【參證】金文作。王筠《句讀》："口、曰同意。"王國維《史籀篇疏證》："从口不从曰，疑與此（指籀文）一字。"

文三　重一

𠫓部

𠫓　不順忽出也①。从到②子。《易》③曰："突如其來如。"不孝子突出，不容於内也。凡𠫓之屬皆从𠫓。，或从到古文子④，即《易》突字⑤。　他骨切(tū)。

【譯文】𠫓，反常、背理而突然出現。由倒着的子字表示。《易經》說："突然地來到了。"不孝之子突然生出，不被母體之内所容納。大凡𠫓的部屬都从𠫓。㐬，𠫓的或體，由倒着的古文子字表示，就是《易經》的"突如"的"突"字。

【注釋】① 不順句：《段注》："謂凡物之反其常，凡事之屰(逆)其理，突出至前者，皆是也。"朱駿聲《通訓定聲》："子生，首先出，惟到(倒)乃順。"按：許以順爲倒，所以引《易》而生發出一段不孝子的申說來。　② 到：今倒字。　③《易》：指《雜卦・九四爻辭》。今本原文："突如，其來如，焚如，死如，棄如。"《漢書・匈奴傳》："王莽作焚如之刑。"如淳說："焚如、死如、棄如者，謂不孝子也。不畜於父母，不容於朋友，故燒殺棄之，莽依此作刑名也。"　④ 到古文子：《段注》："孚，古文子也。故㐬爲倒古文子。"　⑤《易》突字：《段注》："謂《周易》之突即倉頡之𠫓也。此爻辭之用假借也。突之本義謂犬从穴中暫出，𠫓之本義謂不順，故曰用假借也。"

【參證】商承祚《説文中之古文考》："甲骨文毓之偏旁作，王國維謂象産子到出及血液。如將點整齊則如髮。作髮形者，非其初也。"

育　養子使作善也。从𠫓①，肉聲。《虞書》②曰："教育子③。"，育或从每④。　余六切(yù)。

【譯文】育，培養孩子使之作好人好事。从𠫓，肉聲。《虞書》說："教育孩子并使之成長。"毓，育的或體，由每(與㐬)會意。

【注釋】① 从𠫓：《段注》："不从子而从倒子者，正謂不善者可使作善也。”徐灝《箋》:“育之本義但爲長養。”“(段説)謬矣。”按:从[illegible],仍描繪生育之實情。許、段以順爲倒。 ②《虞書》:指《堯典》。③ 教育子:今本作“教胄子”。《段注》:“今文作育,古文作胄。”《爾雅·釋詁》:“育,長也。”按:“教育子”是“教子”、“育子”的緊縮。④ 从每:《段注》:“每,艸盛也。養之則盛矣。”

【參證】甲文作[illegible]、[illegible]、[illegible],金文作[illegible]、[illegible]、[illegible]。羅振玉《增訂殷虚書契考釋》引王國維説:“(甲文)从女从[illegible](倒子形)或从母从[illegible],象産子之形。其从[illegible]、[illegible]者,則象産子時之有水液也。从人與从母从女之意同。以字形言,此字即《説文》育字之或體毓字。毓字从每(即母字)从㐬(即倒子),與此正同。”

疏 通也。从㐬,从疋[1],疋亦聲。 所葅切(shū)。

疏

【譯文】疏,因疏導而通暢。由㐬、由疋會意,疋也表聲。

【注釋】① 从㐬,从疋(shū):朱駿聲《通訓定聲》:“㐬者,子生也;疋者,破包足動也。孕則塞,生則通。”按:“破包足動”,包衣破了,足已動了。疋,本義爲足。此處引申爲足動,因足動破包而氣通,所以傾刻之間,嬰兒突出母體了。张舜徽《約注》:“疏之本義爲生子气通,因引申爲凡疏通、疏解之偁。”

文三 重二

丑部

丑 紐[1]也。十二月[2],萬物動,用事[3]。象手之形[4]。時加丑[5],亦舉手時也。凡丑之屬皆从丑。 敕九切(chǒu)。

丑

【譯文】丑,陰氣的堅固的紐結已漸漸緩解。(丑)代表十二月,(這時陽氣上通,)萬物發動,將用農事。(丑)象手的形狀。一天臨上丑時,也是人們舉手有爲的時辰。大凡丑的部屬都从丑。

【注釋】① 紐:《段注》:“糸部曰:‘紐,系也。一曰:結而可解。’十二月陰氣之固結已漸解,故曰紐也。” ② 十二月:夏曆十二月爲丑月。參“子”條。《後漢書·陳寵傳》:“十二月陽氣上通。” ③ 用事:王筠《句讀》:“《月令·季冬》:‘命農計耦耕事。’注:‘明大寒氣過，農事將起也。'"　④ 象手句：徐灝《段注箋》："象人手有所執持之形。"　⑤ 時加丑：王筠《句讀》："又以一日言之。云時加丑者，漢人語也。"高亨《文字形義學概論》："古代以子、丑、寅、卯……紀每日之十二時，鷄鳴爲丑時（晨一時至三時），人在丑時起而工作。"徐鍇《繫傳》："昧爽爲丑，人皆起有爲也。"

【參證】甲文作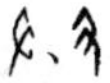，金文作。葉玉森《殷虛書契前編集釋》："（甲文）實象手形，其指或屈或伸，似即手之古文。"

䏀　食肉也。从丑，从肉①。　女久切（niǔ）。

【譯文】䏀，吃肉。由丑、由肉會意。

【注釋】① 从丑，从肉：《段注》："食肉必用手，故从丑肉。"桂、王、朱、宋均以"丑"爲"聲"。

羞　進獻也。从羊①，羊，所進也；从丑②，丑亦聲。　息流切（xiū）。

【譯文】羞，進獻（食品）。从羊，羊是進獻的食品；从丑，丑也表聲。

【注釋】① 从羊：徐灝《段注箋》："从羊，味之美者也。"　② 从丑：《段注》："謂手持以進也。"

【參證】甲文作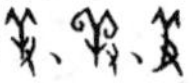，金文作。羅振玉《增訂殷虛書契考釋》："从又持羊是進獻之象。"李孝定《甲骨文字集釋》："許君云从丑，正以手誼説丑。从丑、从又，意同也。"

文三

寅部

寅　髕①也。正月②，陽气動，去黄泉，欲上出，陰尚彊，象宀不達，髕寅③於下也。凡寅之屬皆从寅。，古文寅。　弋真切（yín）。

【譯文】寅，擯棄排斥。（寅）代表正月，這時陽氣發動，離開地底的黄泉，想要向地上冒出，而陰氣還很强大，象交相覆蓋的深邃的屋子一樣覆蓋着，不讓陽氣通達，并且把它擯棄排斥在地下。大凡寅的部屬都从寅。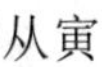，古文寅字。

【注釋】① 髕：徐鍇《繫傳》："擯斥之意。"　② 正月：高亨《文字形義學概論》："古（指夏曆）稱正月爲寅月。許氏以爲寅即寅月之寅，正月時，陽气去黄泉而欲上出，但爲陰凍所擯閉，不得達于地上，寅字之宀象陰气，人象陽氣，臼則取其擯拒之意也。" ③ 髕寅：同義連用。

【參證】甲文作、、，金文作、、、。朱芳圃《殷周文字釋叢》："甲文早期作，晚期作，口爲附加之形符，所以别兵器之矢於干支之寅也。間有作兩手奉矢形者。入周以後，字形頓異，要皆兩手奉矢形之演變也。从音言之，矢與寅，古讀透紐雙聲，脂真對轉。"

文一 重一

卯部

卯 冒[①]也。二月[②]，萬物冒地而出。象開門之形[③]。故二月爲天門[④]。凡卯之屬皆从卯。，古文卯[⑤]。 莫飽切(mǎo)。

【譯文】卯，陽氣从地中冒出。（卯）代表二月，這時萬物頂破土地而生長出來。（卯）象兩門相背而開的樣子。所以二月又叫作天門。大凡卯的部屬都从卯。，古文卯字。

【注釋】① 冒：《段注》："《釋名》：'卯，冒也。戴冒土而出也。'蓋陽氣至是始出地。" ② 二月：高亨《文字形義學概論》："古（指夏曆）稱二月爲卯月。許氏以爲卯爲卯月之卯。" ③ 開門句：朱駿聲《通訓定聲》："謂兩扉開也，象開闢之形。門从二户相向，从二户相背。" ④ 天門：高亨《文字形義學概論》："是自然之門。" ⑤ 古文卯：朱駿聲《通訓定聲》："象柴門桑户形。"

【參證】甲文作、，金文作、。吴其昌《殷虚書契解詁》（《武大文哲季刊》五卷一期）："（卯）爲雙刀對植（直立）之形，故由名詞而引申爲動詞，其義得又轉爲殺也。""从卯之字有'劉'。""劉即卯也。"

文一 重一

辰部

 辰

震也。三月[①],陽气動,靁電振,民農時也。物皆生,从乙匕[②],象芒達[③];厂聲[④]也。辰,房星[⑤],天時也。从二[⑥],二,古文上字。凡辰之屬皆从辰。[⑦],古文辰。　植鄰切(chén)。

【譯文】辰,震動。(辰)代表三月,這時陽氣發動,雷電震動,是人們耕種的時令。萬物都生長,由乙、匕(huà,化)會意,表示草木由彎彎曲曲艱難地生長變化爲草芒徑直通達。厂表示讀音。辰(又代表辰星,)指二十八宿之一的房星,(房星的出現,)標誌着種田的天時的來到。所以从二,二是古文上字。大凡辰的部屬都从辰。辰,古文辰字。

【注釋】① 三月:高亨《文字形義學概論》:"古(指夏曆)稱三月爲辰月。許氏以爲辰即辰月之辰,三月物皆生。"　② 从乙匕:《段注》:"匕,呼跨切。變也。此合二字會意。乙象春艸木冤曲而出,陰氣尚强,其出乙乙;至是月,陽氣大盛,乙乙難出者,始變化矣。"
③ 芒達:《段注》:"芒者,盡達也。"　④ 厂(yì)聲:王筠《釋例》:"此余制切之厂。"徐鉉:"厂非聲,疑亦象物之出。"存參。　⑤ 房星:又稱商星、大火、大辰,即心宿。高亨《文字形義學概論》:"又指出辰星即房星,爲從事農田之時星。"　⑥ 从二:《段注》:"房星高高在上,故从上(即二)。"　⑦ 辰:王筠《句讀》:"上部云:'古文从一,篆文从二(上)。'"意謂古文"辰"中的"一"就是篆文"辰"中的"二",即上字。

【參證】甲文作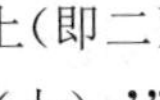,金文作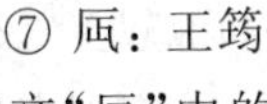。吴紹瑄《釋辰》:"顧鐵僧教授曰:辰即蜃本字。蓋象蜃殼,蓋象蜃肉伸出蜃殼外作運動之狀。"剜去蜃肉則成貝殼,故郭沫若《甲骨文字研究》:"辰實古之耕器,其作貝殼形者,蓋蜃器也。其更加以手形若足形者,則示操作之意。"徐中舒《甲骨文字典》卷十四:"商代以蜃(蛤蚌屬)殼爲鐮即蚌鐮。""象蚌鐮,本應爲圓弧形,作方折形者乃刀筆契刻之故。""又古籍中之大辰星(即天蝎座星,湯按:即《説文》的房星)與前後相鄰二星所

聯成之弧綫與農具辰之圓弧形刃部相似,故以辰名之。"郭沫若上文說:"星之名辰者,蓋星象於農事大有攸關,古人多以耕器表彰之。"

[①] 辱　耻也。从寸[②]在辰下。失耕時,於封畺上戮[③]之也。辰者,農之時也。故房星爲辰,田候也。　而蜀切(rǔ)。

【譯文】辱,恥辱。由"寸"在"辰"下會意(表示得失務農的時機則按法度賞罰)。失去耕種的時機,就在封土上羞辱他。辰月,是農耕的時令。所以房星叫作辰星,(它的出現,)是耕田的徵兆。

【注釋】① 辱:徐灝《段注箋》:"此字義不可曉。从辰,从寸,蓋無失時之意也。"　② 从寸:《段注》:"寸者,法度也。"　③ 戮:《廣雅·釋詁》:"辱也。"

【參證】楊樹達《積微居小學述林》:"辱字从辰从寸,寸謂手,蓋上古之世,尚無金鐵,故手持摩鋭之蜃以芸除穢草,所謂槈也。"參"辰"條。

文二　重一

巳部

[①] 巳　已[②]也。四月,陽气已出,陰气已藏,萬物見,成文章,故巳爲蛇[③],象形。凡巳之屬皆从巳。　詳里切(sì)。

【譯文】巳,已經。(巳)代表四月,這時陽氣已經出來,陰气已經藏匿,萬物出現,形成華美的色彩和花紋,(蛇已出洞,)所以巳字表示蛇,象蛇形。大凡巳的部屬都从巳。

【注釋】① 巳:高亨《文字形義學概論》:"古(指夏曆)稱四月爲巳月。許氏以爲巳即巳月之巳,巳有已經之意,四月陽气已經出,陰气已經藏,萬物已經出現,蛇已經活動,故巳字象蛇形。"　② 已:《段注》:"以已然之已釋之。"　③ 巳爲蛇:《段注》:"巳不可像也,故以蛇象之。蛇長而冤曲垂尾,其字像蛇。"

【參證】金文作□、□、□、□。李孝定《甲骨文字集釋》:"契文十二支第六位之'巳'作□、□、□諸形,即篆文'子'字,十二支第一位之'子'則作□、□諸形,即篆文'子'之籀文'㜽'字,二者實爲一字。'巳'乃'子'之重文。□、□並子之異構。㜽、子、巳實一字也。惟□若□象子之未成形爲少異耳。”參“子”條。朱駿聲《通訓定聲》:“巳,似也。象子在包中形,包字从之。孺子爲兒,襁褓爲子,方生順出爲㐬,未生在腹爲巳。”按“巳”即胎兒。參“包”條。

[1]
㠯 用也。从反巳[2]。賈侍中說:“巳,意已實[3]也。象形。”羊止切(yǐ)。

【譯文】㠯,用。由巳字反過來表示。贾侍中說:“㠯,薏苡的果實。象果實的形狀。”

【注釋】① 㠯:古文“以”字。　② 从反巳:王筠《句讀》:“巳,己也。已,止也。用則不止也。字義與巳反,故字形亦與巳反。”　③ 意已實:徐灝《段注箋》:“㠯之本義謂薏苢實,因爲語詞所專,又加艸爲薏苢字。”

【參證】甲文作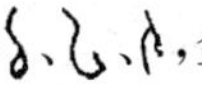,金文作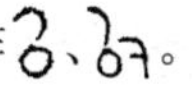。徐中舒《耒耜考》:“(金文)當爲耜之象形字。”“㠯(的楷化)爲用具,故古文借爲以字。以,用也。”徐中舒《甲骨文字典》:“甲骨文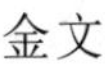象人用耜形,金文譌爲、,篆文(以)即從此出。”

文二

午部

[1]
午 啎[2]也。五月[3],陰气午逆陽,冒地而出。此(予)[與]矢同意[4]。凡午之屬皆从午。　疑古切(wǔ)。

【譯文】午,逆反。(午)代表五月,這時陰氣逆犯陽氣,頂觸地面而出。這個字與矢字表示貫穿義的構字原則相同。大凡午的部屬都从午。

【注釋】① 午:徐鍇《繫傳》:“𠆢爲陽,一爲地,丨爲陰气貫地,午逆陽也。”　② 啎:《段注》:“屰(逆)也。”　③ 五月:高亨《文字形義學概論》:“古(指夏曆)稱五月爲午月。許氏以爲午即午月之午,午有啎意,五月陰气逆觸陽气而出,故謂之午月。”　④ 此予句:當依徐鍇《繫傳》“予”作“與”。《段注》:“矢之首與午相似,皆象貫之而出也。”

【參證】甲文作、，金文作、、。朱駿聲《通訓定聲》："象杵形，故亦以爲杵字。"林義光《文源》："舂篆作，象兩手持杵形，正杵字。"饒炯《部首訂》："杵以爲舂，亦與物相犯。"故可引申爲啎逆。

啎　逆①也。从午，吾聲。　五故切(wù/wǔ)。

【譯文】啎，觸逆。从午，吾聲。

【注釋】① 逆：《段注》作"屰"，注："屰，不順也。"

【參證】楊樹達《文字形義學》："午吾古音同在模部，午啎二字聲義並同，實一字也。"

文二

未部

未　味①也。六月②，滋味也。五行，木老於未。象木重枝葉③也。凡未之屬皆从未。　無沸切(wèi)。

【譯文】未，滋味。(未)代表六月，這時(萬物長成)有滋味。(金、木、水、火、土)五種物質，木在未月老成。未象樹木重疊枝葉的樣子。大凡未的部屬都从未。

【注釋】① 味：口部："味者，滋味也。"　② 六月：高亨《文字形義學概論》："古(指夏曆)稱六月爲未月。許氏以爲未即未月之未，未得音于味，因六月草木之果實有滋味，故謂之未月。此聲訓也。又以爲五行之木至六月而老，故未字从木再加一層枝葉。"　③ 重枝葉：王筠《釋例》："木字上曲者象枝葉，此加一曲也。"

【參證】甲文作、、，金文作、。李孝定《甲骨文字集釋》："契文亦象木重枝葉之形。"

文一

申部

申　神也。七月①，陰气成，體自申束。从臼，自持也。吏臣餔時聽事，申旦政也。凡申之屬皆从申。②，古文申。

，籀文申。　失人切(shēn)。

【譯文】申，神明。(申)代表七月，這時陰氣形成，它的體態，或自伸展，或自卷束。从臼，表示自我持控的意思。官吏在申時吃晚飯的時候，聽理公事，是爲了申明早晨所布置的政務的完成情況。大凡申的部屬都从申。𢁩，古文申字。𦥔，籀文申字。

【注釋】① 七月：高亨《文字形義學概論》："古(指夏曆)稱七月爲申月。許氏以爲申即申月之申，申者，伸展也，七月陰气已成，自伸展，自束卷，故申字从臼持丨，丨象陰气，从臼取其自持之意。又以爲申亦申時之申，申時即餔時，即用晚餐之時，官吏以此時聽理公務，乃在于申明晨時所頒行之政，亦以伸展爲義也。"　② 𢁩：《段注》作""，"虹、陳篆下如此。"饒炯《部首訂》："古文誤作𠂤，而與玄之古文同形。"

【參證】甲文作、，金文作、、。葉玉森《殷虛書契前編集釋》："(甲文)象電燿屈折。《説文》'虹'下許君曰：'申，電也。'"張舜徽《約注》："初民睹此(電光)，不解所以，相與驚怪跪禱，此即天神之見所由興。"

𤰶 擊小鼓，引樂聲也。从申，柬聲。　羊晉切(yìn/yǐn)。

【譯文】𤰶，敲擊小鼓，引起羣樂聲。从申，柬聲。

【注釋】① 𤰶：《周禮・春官・大師》："播樂器，令奏鼓朄。"鄭玄注："鄭司農云：'朄，小鼓也。先擊小鼓，乃擊大鼓，小鼓爲大鼓先引，故曰朄。朄讀爲導引之引。'"邵瑛《羣經正字》："𤰶，今經典作朄。"

臾 束縛捽抴爲臾①。从申，从乙②。　羊朱切(yú)。

【譯文】臾，捆綁時抓住頭髮拖拉叫臾。由申、由乙會意。

【注釋】① 束縛句：王筠《句讀》："束縛其人，捽持其髮而拖之也。"② 从申，从乙：《段注》："乙象艸木冤曲。从申从乙者，引之又冤曲之也。"

【參證】金文作、。林義光《文源》："臾从人，臼象兩手捽抴一人之形。"

曳 臾曳①也。从申，丿聲②。　余制切(yì/yè)。

【譯文】曳，拖拉。从申，丿聲。

【注釋】① 臾曳：《段注》："臾曳，雙聲，猶牽引也。"　② 丿（yì）聲：《段注》："抴（拖）也，象抴引之形。此（指曳）形聲包會意也。"

文四　重二

酉部

酉　就[①]也。八月[②]，黍成，可爲酎酒。象古文酉之形。凡酉之屬皆从酉。丣，古文酉[③]。从卯，卯爲春門，萬物已出。酉爲秋門，萬物已入，一，閉門象也。　與久切（yǒu）。

【譯文】酉，成熟。（酉）代表八月，這時黍成熟，可以釀製醇酒。象古文酉的樣子。大凡酉的部屬都从酉。丣，古文酉字。从卯，卯表示春季開着的門，萬物已從門内出來。酉表示秋季閉着的門，萬物已進入門内，酉上的"一"是閉門的象徵。

【注釋】① 就：徐鍇《繫傳》："就，成熟也。"　② 八月：高亨《文字形義學概論》："古（指夏曆）稱八月爲酉月。許氏以爲酉即酉月之酉，酉得音于就，就成也，八月而黍成，可以醞酎酒，此聲訓也。許氏又以爲酉字由古文丣變出，丣从丣（卯），連其上畫，象秋門之閉也。按：酉與丣，形不相似，且金文甲骨文只有丣字無丣字，許説實誤。"　③ 古文酉：朱駿聲《通訓定聲》："酉、丣各字。"王宗涑《述誼》："古文酉（指丣）與寅卯之丣本一字。"

【參證】甲文作，金文作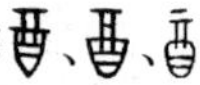。郭沫若《甲骨文字研究》："（甲文）乃壺尊之象也。丣字實古卯字耳。"李孝定《甲骨文字集釋》："（甲文）上象其頸及口緣，下象其腹有花紋之形。"

酒　就[①]也，所以就人性之善惡[②]。从水，从酉[③]，酉亦聲。一曰：造[④]也，吉凶所造也。古者儀狄作酒醪[⑤]，禹嘗之而美，遂疏儀狄。杜康作秫酒。　子酉切（jiǔ）。

【譯文】酒，遷就，是用來遷就（助長）人性的善良和醜惡的飲料。由水、由酉會意，酉也表聲。另一義説，酒是成就的意思，是吉利的事、不祥的事成就的原因。古時候儀狄造酒，大禹嚐酒而以爲酒味醇美，（恐怕沉湎其中誤事，）于是就疏遠了儀狄。又，杜康製作了高梁酒。

【注釋】① 就：《玉篇·京部》："就，從也。"　② 所以句：《段注》："賓主百拜者，酒也；淫酗者，亦酒也。"按：前句是善，後句指惡。　③ 从水，从酉：《段注》："以水泉於酉月（八月）爲之。"　④ 造：《段注》："造，古讀如就。"造，就，指産生、形成。　⑤ 酒醪（lǎo）：同義連用。

【參證】甲文作，金文作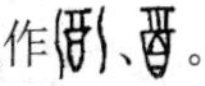。朱駿聲《通訓定聲》："（酒）即酉字之小篆，因酉爲十二枝（地支）借義所專，又加水旁以别之。"或曰："（酒）从酉从彡。象酒由尊中挹出之狀。"見羅振玉《增訂殷虚書契考釋》卷中。

[①] 䵄[②]生衣也。从酉[③]，冢聲[④]。　莫紅切（méng）。

醿 【譯文】醿，酒藥子上産生的一層霉衣。从酉，冢聲。

【注釋】① 醿：錢坫《斠詮》："今云黴，即醿也，聲相近。"　② 䵄：張舜徽《約注》："䵄者，酒母也。即今語所偁酒藥。字亦作麴。"　③ 从酉：《段注》："麴所以爲酒也，故字从酉。"　④ 冢聲：《段注》："包會意。"張舜徽《約注》："醿之言冢也，謂有物冢覆其上也。"

 孰[①]䵄也。从酉，甚聲。　余箴切（yín）。

醰 【譯文】醰，成熟的酒藥子。从酉，甚聲。

【注釋】① 孰：王筠《句讀》："生衣即熟矣。"按："生衣"指酒藥子上産生一層霉。

 醞也。作酒曰釀。从酉，襄聲。　女亮聲（niàng）。

釀 【譯文】釀，醞釀。造酒叫釀。从酉，襄聲。

 釀[①]也。从酉，昷聲。　於問切（yùn）。

醞 【譯文】醞，釀酒。从酉，昷聲。

【注釋】① 釀：參上條。

[①] 酒疾孰也。从酒，弁聲。　芳萬切（fàn）。

畚 【譯文】畚，釀的酒迅疾成熟。从酒，弁聲。

【注釋】① 畚：《段注》："《廣韻》云：'一宿酒。'謂一宿而孰也。"

 酒母[①]也。从酉，余聲。讀若廬。　同都切（tú）。

酴 【譯文】酴，酒娘子。从酉，余聲。音讀象"廬"字。

【注釋】① 酒母：張舜徽《約注》："酒母一名而有二義：䤑訓酒母，乃今語所偁酒藥，作酒時用以和黍，使之發酵者也；䤈訓酒母，乃今語所偁酒娘，即酒汁之未和水者也。"

釃　下酒①也。一曰：醇②也。从酉，麗聲。　所綺切（xǐ/shī）③。

【譯文】釃，濾下清酒。另一義説，醇厚的酒。从酉，麗聲。

【注釋】① 下酒：桂馥《義證》引趙宧光説："下酒者，去糟取清也。陶潜葛巾釃酒是也。"　② 醇：純酒。　③ 今讀依《廣韻》所宜切。

䤚①　䤙②酒也。从酉，肙聲。　古玄切（juān）。

【譯文】䤚，濾酒。从酉，肙聲。

【注釋】① 䤚：《段注》："《玉篇》云：'以孔下酒也。'按：謂涓涓而下也。"　② 䤙（lì）：參下條。

䤙①　䤚②也。从酉，鬲聲。　郎擊切（lì）。

【譯文】䤙，濾酒。从酉，鬲聲。

【注釋】① 䤙：《段注》："《廣韻》曰：'下酒也。'按：謂滴瀝而下也。在水部作瀝，在酒部作䤙。"　② 䤚：參上條。

醴①　酒一宿孰②也。从酉，豊聲。　盧啟切（lǐ）。

【譯文】醴，酒釀一夜就成熟了。从酉，豊聲。

【注釋】① 醴：《周禮·酒正》鄭注："醴猶體也，成而汁滓（糟）相將（混和），如今恬（甜）酒矣。"　② 一宿孰：張舜徽《約注》："今家釀甜酒，必得氣溫暖而後易成，故夏令一宿即熟，冬令數宿始熟，惟視氣候寒暖爲斷耳。"

【參證】甲文作，金文作、、、，前二字不从酉，末字加皿。

醪①　汁滓酒也。从酉，翏聲。　魯刀切（láo）。

【譯文】醪，汁和渣相混合的酒。从酉，翏聲。

【注釋】① 醪：徐灝《段注箋》："醪與醴，皆汁滓相將（混和）。醴，一宿孰，味至薄。醪則醇酒，味甜。"

醇　不澆酒①也。从酉，䇾聲②。　常倫切（chún）。

【譯文】醇，不澆水的純酒。从酉，䇾聲。

【注釋】① 不澆酒：《段注》："澆，渎也。凡酒沃之以水則薄，不襍以水則曰醇。" ② 䇸聲：聲中有義。䇸有純熟義。

醹 厚酒也。从西，需聲。《詩》[1]曰："酒醴惟醹。" 而主切(rǔ/rú)[2]。

【譯文】醹，醇厚的酒。从西，需聲。《詩經》説："酒味是那麼醇厚。"

【注釋】①《詩》：指《大雅·行葦》。酒醴：同義連用，泛指酒。 ② 今讀依《廣韻》人朱切。

酎 三重醇酒也[1]。从西，从時省[2]。《明堂月令》[3]曰："孟秋，天子飲酎。" 除柳切(zhòu)。

【譯文】酎，多次反復釀成的醇厚的酒。从西，由肘省去肉旁爲聲。《明堂月令》説："初夏，天子飲酎酒。"

【注釋】① 三重句：《段注》："《廣韻》作'三重釀酒'，當从之。謂用酒爲水釀之，是再重之酒也；次又用再重之酒爲水釀之，是三重之酒也。醇者其義，釀者其事實。" ② 从時省：《段注》作"肘省聲"。 ③《明堂月令》：指《禮記·月令》。今本"秋"作"夏"。

醠 濁酒也。从西，盎聲。 烏浪切(àng)。

【譯文】醠，濁酒。从西，盎聲。

醲 厚酒也。从西，農聲[1]。 女容切(nóng)。

【譯文】醲，濃烈的酒。从西，農聲。

【注釋】① 農聲：聲中有義。徐灝《段注箋》："農本訓厚，故从農聲之字，如醲、濃、襛，皆有厚義。"

醋 酒也。从西，茸聲。 而容切(róng)。

【譯文】醋，酒。从西，茸聲。

酤 一宿酒[1]也。一曰：買酒[2]也。从西，古聲。 古乎切(gū)。

【譯文】酤，一夜釀成的酒。另一義説，是買酒。从西，古聲。

【注釋】① 一宿酒：徐鍇《繫傳》："謂造之一夜而熟，若今雞鳴酒也。" ② 買酒：《段注》："《論語·鄉黨》作沽。"

醬 酒也。从西，魹省[聲][1]。 陟离切(zhī)。

【譯文】醬，酒。从西，魹省聲。

【注釋】① 魹省：當依徐鍇《繫傳》作"魹省聲"。参"魹"條。

醓 泛齊[①]，行酒[②]也。从酉，監聲。　盧瞰切(làn)。

【譯文】醓，浮泛着酒糟的濁酒；不醇厚的酒。从酉，監聲。

【注釋】① 泛齊(jì)：《周禮・天官・酒正》："辨五齊之名：一曰泛齊。"鄭玄注："泛者，成而滓泛泛然，如今宜成醪矣。"按：齊指濁酒。② 行酒：徐灝《段注箋》："《九章算術》：'醇酒一斗，直錢五十；行酒一斗，直錢一十。'行酒，謂酒不醇者也。《唐律疏義》：'諸造器用之物及絹布之屬，有行濫短狹而賣者，杖六十。'注：'不牢謂之行，不真謂之濫。'醓即行濫之義。今人猶謂貨物不精好者爲行貨。"

醬 酒味淫[①]也。从酉，竷省聲。讀若《春秋傳》[②]曰"美而豔"。　古禫切(gǎn)。

【譯文】醬，酒味深長。从酉，竷省聲。音讀象《春秋左傳》説的"美好而又豔麗"的"豔"字。

【注釋】① 淫：徐鍇《繫傳》："淫，長也。"　②《春秋傳》：指《左傳・桓公元年》或《文公十六年》。豔、醬，上古同屬談部。

酷 酒厚味[①]也。从酉，告聲。　苦浃切(kù)。

【譯文】酷，酒的濃厚的味道。从酉，告聲。

【注釋】① 酒厚味：桂馥《義證》引《書正義》云："《説文》云：'酷，酒厚味也。'酒味之厚必嚴烈，人之暴烈與酒嚴烈同，故謂之酷。"

醰 酒味苦[①]也。从酉，覃聲[②]。　徒紺切(dàn/tán)[③]。

【譯文】醰，酒味苦。从酉，覃聲。

【注釋】① 酒味苦：《段注》作"酒味長"。存參。　② 覃聲：依《段注》，覃聲有義。本書𣆪部："覃，長味也。"　③ 今讀依《集韻》徒南切。

醙 酒色[①]也。从酉，朩聲。　普活切(pò)。

【譯文】醙，酒的顏色。从酉，朩聲。

【注釋】① 酒色：《段注》："謂酒之顏色也。"

配 酒色[①]也。从酉，己聲[②]。　滂佩切(pèi)。

【譯文】配，酒的顏色。从酉，己聲。

【注釋】① 酒色：江藩《配酎二字解》："當時酒有青色者，有黑色者，合二酒之色則謂之配。"　② 己聲：《段注》："當本是妃省聲。"

存參。

【參證】甲文作，金文作、。李孝定《金文詁林讀後記》卷十四："从卩从酉，象人在酒尊之側，爲會意，當與酣、酖、醓、釂諸字義近。"

 酟 **酒色[1]也。从酉，弋聲[2]。** 與職切(yì)。

【譯文】酟，酒的顏色。从酉，弋聲。

【注釋】① 酒色：朱駿聲《通訓定聲》："酒黑色也。"　② 弋聲：聲中有義。江藩《配酟二字解》："《漢書·文帝紀贊》：身衣弋綈。師古曰：弋，黑色也。"

 醆[1] **爵也。一曰：酒濁而微清也。从酉，戔聲。** 阻限切(zhǎn)。

【譯文】醆，酒杯。另一義説，酒色濁而微清。从酉，戔聲。

【注釋】① 醆：朱駿聲《通訓定聲》："此字大徐補入《説文》，爲十九文之一。今附于此。"

【參證】丁佛言《古籀補補》卷十四："王子申盞。盞亦作琖，本作醆。"

 酌 **盛酒行觴[1]也。从酉，勺聲[2]。** 之若切(zhuó)。

【譯文】酌，盛酒在觶中勸人喝酒。从酉，勺聲。

【注釋】① 行觴(shāng)：《段注》："盛酒在觶(酒器)中以飲人(使人飲)曰行觴。"　② 从酉，勺聲：《段注》："形聲包會意。"

【參證】甲文作，金文作。甲文左爲酉，右似斗，从斗猶从勺也。金文與篆文同。

 醮 **冠娶禮；祭[1]。从酉，焦聲。，醮或从示[2]。** 子肖切(jiào)。

【譯文】醮，行冠禮、婚禮的一種禮節；祭祀。从酉，焦聲。樵，醮的或體，从示。

【注釋】① 冠娶禮；祭：一句數讀。《段注》："蓋古本作：'冠娶妻禮也。一曰：祭也。'"冠禮：男子二十歲舉行冠禮，表示已經成人。② 从示：《段注》："依此，則有祭義。"

 醑 **歃酒[1]也。从酉，晉聲。** 子朕切(jǐn)。

【譯文】醑，用嘴唇稍稍沾呷點兒酒。从酉，晉聲。

【注釋】① 歃(shà)酒：徐鍇《繫傳》："以脣少呷之也。"《段注》："歃謂小歓之。"

酌① 少少歓②也。从酉，匀聲③。 余刃切(yìn)。

酌 【譯文】酌，稍稍飲點兒酒。从酉，匀聲。

【注釋】① 酌：邵瑛《羣經正字》："即今之酳字。" ② 少少歓：歓今作飲。《漢書·賈山傳》："執爵而酳。"師古注："酳，少少飲酒，謂食已而蕩口也。" ③ 匀聲：聲兼義。王筠《句讀》："匀，少也。"

醻① 主人進客也。从酉，𠷎聲。酬，醻或从州。 市流切(chóu)。

醻 【譯文】醻，主人向客人勸酒。从酉，𠷎聲。酬，醻的或體，从州聲。

【注釋】① 醻：今作醻。《段注》："謂主人必自飲，如今俗之勸酒也。"王筠《句讀》："皇侃《論語義疏》：'初，主人酌酒與客曰獻；賓飲獻畢，而酌與主人，曰醋；主人飲醋畢，又酌與賓曰酬。'"

醋① 客酌主人也。从酉，昔聲。 在各切(zuó)②。

醋 【譯文】醋，客用酒回敬主人。从酉，昔聲。

【注釋】① 醋：邵瑛《羣經正字》："今經典作酢。今俗以醋爲醬醋(cù)字，而《説文》醬醋字作酢。"參"醻"條。 ②《廣韻》倉故切"醋"爲"醬醋"，今讀 cù。

醯 歓酒俱盡也。从酉，盜聲。 迷必切(mì)。

醯 【譯文】醯，喝酒，大家都喝盡了。从酉，盜聲。

釂① 歓酒盡②也。从酉，嚼省聲③。 子肖切(jiào)。

釂 【譯文】釂，把杯裏的酒喝盡了。从酉，嚼省聲。

【注釋】① 釂：《段注》："欠部'歜，酒盡也。'與此音義同。" ② 歓酒盡：楊樹達《積微居小學述林》卷五："釂从爵爲飲酒盡，即今之乾杯矣。" ③ 嚼省聲：徐鍇《繫傳》作"爵聲"。依小徐，則爵聲有義。《曲禮注》曰："盡爵曰釂。"如楊樹達説，爵者，杯也。故《段注》説："此形聲包會意字也。"

酣① 酒樂也。从酉，从甘②，甘亦聲。 胡甘切(hān)。

酣 【譯文】酣，因喝酒而快樂盡興。由酉、由甘會意，甘也表聲。

【注釋】① 酣：張舜徽《約注》："蓋酣之言甘也，謂飲之而甘，不醒不醉也。"參"酖"條。　② 从酉,从甘:甘者甜也。喝酒,由苦轉甜之際,則是不醒不醉之時也。

酖[1]　樂酒[2]也。从酉,冘聲。　丁含切(dān)。

酖　【譯文】酖,把喝酒當作快樂。从酉,冘聲。

【注釋】① 酖:朱駿聲《通訓定聲》:"嗜酒爲酖。"　② 樂酒:《段注》:"酒樂者,因酒而樂;樂酒者,所樂在酒。"

醧　私宴歙[1]也。从酉,區聲。　依倨切(yù)。

醧　【譯文】醧,因盡私恩而請喝酒。从酉,區聲。

【注釋】① 私宴歙:因私而宴歙。宴歙:同義連用。即喝酒。"私宴歙"即"燕私"。《詩·小雅·楚茨》:"諸父兄弟,備言燕私。"《毛傳》:"燕而盡其私恩。"《集傳》:"祭畢既歸賓客之俎,同姓則留與之燕,以盡私恩,所以尊賓客、親骨肉也。"

醵　會歙酒[1]也。从酉,豦聲。酟,醵或从巨[2]。　其虐切(jué/jù)[3]。

醵　【譯文】醵,聚合湊錢飲酒。从酉,豦聲。酟,醵的或體,从巨聲。

【注釋】① 會歙酒:《段注》:"《禮器》注曰:'合錢飲酒曰醵。'"　② 从巨:《段注》:"巨,聲也。"　③ 今讀依《廣韻》其據切。

酺[1]　王德布,大歙酒也。从酉,甫聲。　薄乎切(pú)。

酺　【譯文】酺,天子恩德廣布天下,天下大飲酒。从酉,甫聲。

【注釋】① 酺:《漢書·文帝紀》:"酺五日。"顏師古注:"酺之言布也,王德布於天下而合聚飲食爲酺。"文穎曰:"漢律:三人以上無故飲酒,罰金四兩。今詔橫賜,得令會聚五日也。"

醅　醉飽也。从酉,咅聲。　匹回切(pēi)。

醅　【譯文】醅,又醉又飽。从酉,咅聲。

醉[1]　卒[2]也。卒其度量,不至於亂也。一曰:潰也。从酉,从卒[3]。　將遂切(zuì)。

醉　【譯文】醉,盡量。使其酒量滿盡,而不到達昏亂的地步。另一義説,是潰亂。由酉、由卒會意。

【注釋】① 醉:朱駿聲《通訓定聲》:"滿其量謂之醉,溢其量謂之酗,酗者潰。"　② 卒:終盡。盡量而不過量則不至於迷亂。

③ 从酉,从卒:《段注》:"此以會意包形聲。卒亦聲也。"

【參證】馬敘倫《六書疏證》卷二十八:"酒潰若癰疽之潰,謂酒滿而嘔者也。"

醺[①] 醉也。从酉,熏聲[②]。《詩》[③]曰:"公尸來燕醺醺。" 許云切(xūn)。

【譯文】醺,喝酒盡量(而酒氣熏熏)。从酉,熏聲。《詩經》說:"扮演周王祖先而受祭的人來喝酒,喝得酒氣醺醺。"

【注釋】① 醺:徐鍇《繫傳》:"飲有酒气熏熏。" ② 熏聲:聲中有義。表比況。本書:"熏,火煙上出也。" ③《詩》:指《大雅·鳧鷖》。今本作"公尸來止熏熏"。

醟[①] 酗[②]也。从酉,熒省聲。 爲命切(yòng)。

【譯文】醟,酗酒(至亂)。从酉,熒省聲。

【注釋】① 醟:徐鍇《繫傳》:"酒失(因酒而犯過失)也。" ② 酗(xù):《段注》:"《無逸》曰:'酗于酒德。'"按:"酗"今作"酗"。

酗[①] 醉醟也。从酉,句聲。 香遇切(xù)。

【譯文】酗,沉醉在酗酒上。从酉,句聲。

【注釋】① 酗:今經典作酗。王筠《句讀》:"《無逸》傳云:'以酒爲凶謂之酗。'"

酲 病酒[①]也。一曰:醉而覺[②]也。从酉,呈聲。 直貞切(chéng)。

【譯文】酲,因酒醉而引起的病態。另一義說,酒醉中有所覺醒。从酉,呈聲。

【注釋】① 病酒:病之以酒。 ② 醉而覺:《段注》:"醉中有所覺悟即是酲。"按:段以爲酲即兼醒義。

醫 治病工也。殹,惡姿[①]也;醫之性然。得酒而使[②],从酉。王育説。一曰:殹,病聲[③]。酒[④]所以治病也。《周禮》[⑤]有醫酒。古者巫彭[⑥]初作醫。 於其切(yī)。

【譯文】醫,治病的人。殹,是違背常人的姿態的意思;醫生的性情就是這樣。用酒作藥物的輔助劑,所以从酉。這是王育的説法。另一義説,殹,表示病人的聲音;酒,是用來治病的飲料。《周禮》有名叫醫的酒類飲料。古時候，巫彭開始行醫。

【注釋】① 惡姿：古者巫、醫集于一身，醫術本原於巫覡以神道治病，如王筠《句讀》所説："凡精于小道者，其性多乖戾。"以神道治病，其姿多惡。　② 使：沈濤《古本考》説，《一切經音義》卷二十四引此"使"下有"藥非酒不散"字樣。故徐灝《段注箋》説："治病以藥爲主，而以酒爲使。"故王筠《句讀》："使如君臣佐使之使。"　③ 殹，病聲：王筠《句讀》："殹爲瘱之省。疒部：'瘱，劇聲也。'"　④ 酒：桂馥《義證》："酒所以治病者。《漢書・食貨志》：'酒，百藥之長。'"　⑤《周禮》：指《天官・酒正》。今本原文："(酒正，)辨四飲之物：一曰清，二曰醫，三曰漿，四曰酏。"《段注》："醫非酒也，而謂之酒者，醫亦酒類也。"醫酒：王筠《句讀》："此又一説也。"此爲醫字的第三種解釋。　⑥ 巫彭：《段注》："此出《世本》。"張舜徽《約注》："古者巫與醫，皆所以除疾，故醫字亦或从巫作毉。"

莤　禮祭，束茅[①]，加于裸圭，而灌鬯酒，是爲莤[②]。象神歆[③]之也。一曰：莤，榼上塞[④]也。从酉，从艸[⑤]。《春秋傳》[⑥]曰："尔貢包茅不入，王祭不供，無以莤酒。"　所六切(sù)。

【譯文】莤，按禮的規定祭祀，捆束着茅，(樹立在祭場的前面，)用施行灌祭的祭器圭瓚加在茅上，而向茅灌鬱鬯酒，這就叫莤。(酒從茅葉上滲透下去，)象神喝了酒。另一義説，莤是酒器上的塞子。由酉、由艸會意。《春秋左傳》説："你們應該納貢的是包綑着的菁茅，卻不獻進；天子的祭祀，你們不供給：天子沒有辦法舉行'莤酒'的禮儀了。"

【注釋】① 束茅：《周禮・天官・甸師》："祭祀，共蕭茅。"鄭玄注引鄭大夫説："蕭，字或爲莤。莤，讀爲縮，束茅立之祭前，沃酒其上，酒滲下去，若神飲之，故謂之縮。"　② 加于句：于：用。見《詞詮》。裸圭，酒器。《考工記・玉人》："裸圭尺有二寸，有瓚。"注："瓚如盤，其柄用圭，有流(容器的吐水口)前注。"鬯酒，祭祀用的香酒。

③ 歆：王筠《句讀》："神食气也。"　④ 榼上塞：《段注》："榼，酒器也。以艸窒其上孔曰莤。"　⑤ 从酉，从艸：《段注》："以酒灌艸，會意也。"　⑥《春秋傳》：指《左傳・僖公四年》。今本"莤"作"縮"。

【參證】甲文作[glyph]。商承祚《殷虚文字類編》卷十四:“此象手捧束于酉(即酒)旁,殆莤之初字矣。”

醨 薄酒也。从酉,离聲。讀若離。　呂支切(lí)。

【譯文】醨,薄酒。从酉,离聲。音讀象“離”字。

䤘 酢也。从酉,韱聲。　初減切(chǎn)。

【譯文】䤘,醋。从酉,韱聲。

酸 酢[1]也。从酉,夋聲。關東謂酢曰酸。[glyph],籒文酸从畯[2]。　素官切(suān)。

【譯文】酸,醋。从酉,夋聲。關東地方叫酢作酸。⿰酉畯,籒文酸字,从畯聲。

【注釋】① 酢:王筠《句讀》:“許君以酸爲醋(即酢)之别名。”傅雲龍《古語考補正》:“酢者,酸之質也。”按:酸味是酸醋的引申義。

② 从畯:《段注》:“畯,聲也。”

酨 酢漿[1]也。从酉,𢦒[2]聲。　徒奈切(dài/zài)[3]。

【譯文】酨,醋。从酉,𢦒聲。

【注釋】① 酢漿:徐灝《段注箋》:“醯爲酢漿之本名,酨亦爲酢漿。今則二名竝廢,而以其味爲其名,又易酢爲醋矣。”　② 𢦒:今省作𢦏。　③ 今讀依《廣韻》昨代切。

醶[1] 酢漿也。从酉,僉聲。　魚窆切(yàn)。

【譯文】醶,醋。从酉,僉聲。

【注釋】① 醶:《段注》:“漿、酨、醶三者同物。”

酢[1] 醶也。从酉,乍聲。　倉故切(cù)。

【譯文】酢,醋。从酉,乍聲。

【注釋】① 酢:桂馥《義證》:“《齊民要術》有作酢法,云:‘酢者,今醋也。’”徐鍇《繫傳》:“今人以此爲酬醋(zuó)字,反以醋爲酒酢(cù)。時俗相承之變也。”

【參證】金文作[glyph]、[glyph],與篆文同。

酏 黍酒也。从酉,也聲。一曰:甜也。賈侍中説,酏爲鬻清[1]。　移尔切(yǐ/yí)[2]。

【譯文】酏,用黍米釀成的酒。从酉,也聲。另一義説,是甜。賈侍中説，酏是清稀的粥。

【注釋】① 鬻清：《段注》："（鬻）俗作粥耳。鄭云：'酏飲，粥稀者之清也。'本此。"　② 今讀依《廣韻》弋支切。

[1] 醬

（盬）[醢][2]也。从肉，从酉[3]，酒以和醬也；爿聲。[4]，古文。[5]，籀文。　即亮切（jiàng）。

【譯文】醬，肉醬。由肉、由酉會意，表示用酒來拌和肉醬；爿表聲。𨟻，古文醬字。𨡼，籀文醬字。

【注釋】① 醬：今經典作醬。　② 盬：當依徐鍇《繫傳》作"醢"。③ 从肉，从酉：《段注》："醢"下引《周禮·醢人》鄭注："作醢及臡者，必先膊乾其肉，乃復莝之，雜以粱麴及鹽，漬以美酒，塗置甄中，百日則成矣。此醬从肉从酉之恉也。"　④ 𨟻：朱駿聲《通訓定聲》："从酉，爿聲。"　⑤ 𨡼：朱駿聲《通訓定聲》："从酉，从皿，爿聲。"《段注》："作之陳之，皆必以器，故从皿。"

【參證】金文作、，与古文醬同。

[1] 醢

肉醬也。从酉㿻[2]。[3]，籀文。　呼改切（hǎi）。

【譯文】醢，肉醬。从酉，㿻聲。𧅏，籀文醢字。

【注釋】① 醢：《段注》"醬"下："醢無不用肉也。"　② 从酉㿻：楊樹達《文字形義學》："酉即酒，爲醢以酒也。"徐鉉："㿻，甌器也。所以盛醢。"徐鍇《繫傳》及《段注》各本均作"从酉，㿻聲"。依段説，則是舉形聲包會意。　③ 𧅏：《段注》："从艸，謂芥醬、榆醬之屬也。从鹵，謂鹽也。从㿻，猶从㿻聲也。"

 𨣧

𨣧䤋[1]，榆醬[2]也。从酉，敄聲。　莫候切（mào/mú）[3]。

【譯文】𨣧，𨣧䤋，榆子仁作的醬。从酉，敄聲。

【注釋】① 𨣧䤋：疊韻聯緜詞。《四民月令》："榆莢色變白將落可作𨣧榆。"《齊民要術》有作榆子醬法："治榆子仁一升，擣末篩之，清酒一升，醬五升，合和一月，可食之。"參下"䤋"條。　② 榆醬：《段注》："榆醬用榆人爲之。榆人者，榆子中人也。"張舜徽《約注》："榆人，猶今語偁杏仁、桃仁之類也。"　③ 今讀依《廣韻》莫胡切。

[1] 䤋

𨣧䤋[2]也。从酉，俞聲。　田候切（dòu/tú）[3]。

【譯文】䤋，𨣧䤋。从酉，俞聲。

【注釋】① 醶：參上"醬"條。 ② 醬醶：《段注》："或音茂逗，或音牟頭，或音模途，皆疊韻也。"按：醬、醶，上古同屬侯部。 ③ 今讀依《廣韻》同都切。

酹 餟祭[1]也。从酉，寽聲。 郎外切(lèi)。

酹 【譯文】酹，把酒揮灑在地上祭奠。从酉，寽聲。

【注釋】① 餟(zhuì)祭：《段注》："食部'餟'下曰：'酹祭也。'《廣韻》曰：'以酒沃地。'"朱駿聲《通訓定聲》："以食曰餟，以酒曰酹。"按：渾言無别，所以酹、餟互訓。

醳[1] 擣榆醬[2]也。从酉，畢聲。 蒲計切(bì)。

醳 【譯文】醳，搗碎榆子仁而作成的醬。从酉，畢聲。

【注釋】① 醳：桂馥《義證》："字或作醢。《玉篇》：'醢，醬醶也。或作醳。'"參"醬"、"醶"條。 ② 擣榆醬：《段注》："擣，築也。擣而爲之謂之醳。"

醻 醬也。从酉，矞聲。 居律切(jú)。

醻 【譯文】醻，醬。从酉，矞聲。

醶[1] 雜味[2]也。从酉，京聲。 力讓切(liàng/liáng)[3]。

醶 【譯文】醶，用乾糧雜和着水而味薄的飲料。从酉，京聲。

【注釋】① 醶：《段注》："即《周官》、《内則》之涼字也。" ② 雜味：《段注》："即以諸(衆雜之詞)和水説也。"朱駿聲《通訓定聲》："涼者以糗(qiǔ，乾糧)飯雜水。"按：指古代六飲之一。 ③ 今讀依《廣韻》吕張切。

醸[1] 闕。 慈冉切(jiàn)。

醸 【譯文】醸，形音義都闕。

【注釋】① 醸：參下條。

醹[1] 闕。 而琰切(rǎn)。

醹 【譯文】醹，形音義都闕。

【注釋】① 醹：《段注》："依《玉篇》、《廣韻》上字(指醸)下當云：'醸醹，味薄也。从酉，漸聲。'下字(指醹)下當云：'醸醹也。从酉，任聲。'二字疊韻。"存參。

文六十七 重八

酪① 乳漿也。从酉，各聲。 盧各切(lào)。

【譯文】酪，用(馬牛羊的)乳汁做成的稠粘食物。从酉，各聲。

【注釋】① 酪：《鄭新附考》："大徐訓'乳漿'，不以古義解之。""酪，古之酸味。""漢世《食貨志》云：'分遣大夫謁者教民煑木爲酪。'如淳注爲：'作杏酪之屬。'與古制不遠。至北方以馬乳爲酪而有酪酥、湩酪諸名，則所謂乳漿，非古酪也。"

餬 醍餬①，酪之精者②也。从酉，胡聲。 户吴切(hú)。

【譯文】餬，醍餬的餬，醍餬是奶酪中提取的精粹的奶油。从酉，胡聲。

【注釋】① 醍餬：西域借詞，又作餦餬。 ② 酪之精者：从酥酪中提煉的奶油。《涅槃經·聖行品》："譬如從牛出乳，從乳出酪，從酪出生酥，從生酥出熟酥，熟酥出醍餬，醍餬最上。"元稹《酬樂天江樓夜吟稹詩因成三十韻》："甘蔗銷殘醉，醍餬醒早眠。"又佛教還用醍餬喻佛性、智慧。《拈字》："惟梵書以醍餬喻佛性。"爲後起義。《敦煌變文集·維摩詰經講經文》："聞名之如露入心，共語似醍餬灌頂。"

酩 酩酊①，醉也。从酉，名聲。 莫迥切(mǐng)。

【譯文】酩，酩酊的酩，(酩酊是迷糊大)醉皃。从酉，名聲。

【注釋】① 酩酊：疊韻聯緜字。又作"茗芋"。《晉書·山簡傳》："日夕倒載歸，酩酊無所知。""倒載"而歸，竟無所知，足見其迷胡大醉之皃。

酊① 酩酊也。从酉，丁聲。 都挺切(dǐng)。

【譯文】酊，酩酊的酊。从酉，丁聲。

【注釋】① 酊：見上條。

醒 醉解也。从酉，星聲。按：酲字注云：一曰醉而覺①也。則古酲亦音醒②也。 桑經切(xǐng)。

【譯文】醒，醉而解酒覺悟。从酉，星聲。徐鉉按：酲(chéng)字許慎注說：另一義説，酒醉中有所覺醒。那末，古時酲字也音醒。

【注釋】① 醉而覺：《段注》"酲"下："許無醒字，醉中有所覺悟即是醒也。故酲足以兼之。"段説酲兼"病酒"和"醉而覺"兩義。段又説：

"義之歧出，字之日增，多類此。"醒兼"病酒"、"醒酒"義，猶"亂"之訓"治"、"歉"之訓"足"、"徂"之訓"存"。　② 音醒：醒、醒同屬耕部。

醍[1]　清酒也。从酉，是聲。　它禮切(tǐ)。

【譯文】醍，淺紅色的清酒。从酉，是聲。

【注釋】① 醍：《禮記・禮運》："粢醍在堂，澄酒在下。"《段注》"緹"下以爲醍爲緹之俗。《鄭新附考》："《酒正》'緹齊'注曰：緹者，成而紅赤。疏曰：'其(指酒)色紅赤，故以緹名之。'是緹本紅赤色酒，因其色得名，後乃改从酉。"《段注》"緹"下："紅赤者，赤而白。"故譯作淺紅色。醍又與醐組成醍醐一詞，爲西域譯詞，醍只表示譯詞的一個音節，與清酒義無關。見"醐"條。

文六　新附

酋部

酋　繹酒[1]也。从酉，水半見於上[2]。《禮》[3]有"大酋"，掌酒官也。凡酋之屬皆从酋。　字秋切(qiú)。

【譯文】酋，久釀的酒。从酉，由水字的一半出現在"酉"上表示。《禮》上有"大酋"這樣的職務，是掌管釀酒的官。大凡酋的部屬都从酋。

【注釋】① 繹酒：《段注》："繹之言昔也。昔，久也。繹酒謂日久之酒。"　② 水半句：《段注》："謂八也。繹酒，糟滓下湛，水半見於上，故像之。"　③《禮》：《段注》："謂《明堂月令》：'仲冬，乃命大酋'注曰：'酒孰曰酋。大酋者，酒官之長也。'"

【參證】林義光《文源》卷二："當與酉同字。八象酒上溢之形。"

尊[1]　酒器也。从酋，廾以奉之[2]。《周禮》[3]六尊：犧尊、象尊、著尊、壺尊、太尊、山尊，以待祭祀賓客之禮。尊，尊或从寸[4]。　祖昆切(zūn)。

【譯文】尊，盛酒的器皿。从酋，兩手高高捧舉着它。《周禮》有六尊：犧牛形的酒罇、象形的酒罇、沒有腳而底著地的酒罇、壺形酒鐏、太古的陶製酒鐏、刻畫着山和雲雷之形的酒鐏、用來準備祭祀和晏請賓客的禮儀。尊，䔿的或體，从寸。

【注釋】① 䔿：同尊。《段注》："自專用爲尊卑字而别製罇、樽爲酒尊字矣。"　② 収以奉之：《段注》："収者，竦手也。奉者，承也。設尊者必竦手以承之。"徐灝《段注箋》："因奉承之義而爲尊敬之偁。"　③《周禮》：指《春官・司尊彝》："犧尊"今本作"獻尊"。王肅《禮器注》謂爲犧牛及象之形，鑿其背以爲尊。象尊：林尹《周禮今注今譯》："當爲象之形。"著尊等：王筠《句讀》："著尊，著地無足；壺者，以壺爲尊；大尊，大古之瓦尊；山尊，山罍也。"　④ 从寸：張舜徽《約注》："䔿本从収，兩手奉器也；或體从寸，與从又同，謂一手舉器也。"

【參證】甲文作，金文作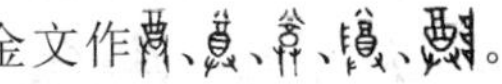。羅振玉《增訂殷虛書契考釋》："卜辭象兩手奉尊形。或从自，與古金文同。又古金文或从酉，或从酋。从酋者是許君所本矣。"

文二　重一

戌部

戌　滅也。九月，陽气微，萬物畢成，陽下入地也①。五行，土生於戊，盛於戌②。从戊含一③。凡戌之屬皆从戌。　辛聿切（xū）。

【譯文】戌，消滅。（戌）代表九月，這時陽氣微弱，萬物都已成熟，陽氣向下進入地中。金木水火土五種物質，土產生在位於中央的戊方位，在戌月即九月氣勢最旺盛。由"戊"含着"一"表示。大凡戌的部屬都从戌。

【注釋】① 九月句：高亨《文字形義學概論》："古（指夏曆）稱九月爲戌月。許氏以爲戌即戌月之戌，戌得音于滅，九月陽气將消滅于地上而入于地下。此聲訓也。"《段注》："火死於戌，陽氣至戌而盡，故威从火戌。"　② 五行句：高亨《文字形義學概論》："古代五行説，戊己爲中央、爲土位。故許云：'土生于戊。'而戌月是土气旺盛之最後一月，之後，則土凍而不生草木，故許云：‘土盛于戌。’”　③ 从戊含一：高亨《文字形義學概論》：“戊，土也；一，陽气也，戊含一即陽气下入地之意也。”

【參證】甲文作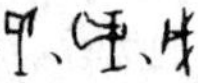，金文作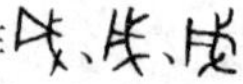。徐灝《段注箋》：“考鐘鼎文戌多作，疑即斧戉之戉。”羅振玉《增訂殷虛書契考釋》：“象戉(yuè)形，與戉殆是一字。”

文一

亥部

亥　荄①也。十月，微陽起，接盛陰②。从二，二，古文上字。一人男，一人女也。从乙，象裹子咳咳之形。《春秋傳》③曰：“亥有二首六身。”凡亥之屬皆从亥。，古文亥，爲豕，與豕同④。亥而生子⑤，復從一起。　胡改切(hài)。

【譯文】亥，草根。(亥)代表十月，這時微弱的陽氣産生，續接着旺盛的陰氣。从二，二是古文上字。()表示一人是男，一人是女。从乙，象懷着胎兒腹部拳曲的樣子。《春秋左傳》説：“亥字上有二畫爲首，下有六畫爲身。”大凡亥的部屬都从亥。布，古文亥字，代表豕，與豕字構形相同。至“亥”(而地支已盡)，而又産生“子”，(萬事萬物)又從一開始。

【注釋】① 荄：《段注》：“根也。”　② 十月句：高亨《文字形義學概論》：“古(指夏曆)稱十月爲亥月。許氏以爲亥即亥月之亥，亥得音于荄，十月草木根荄育于地下也。許氏又以爲十月微陽與盛陰相接，正如人之陰(女)陽(男)相交，人之陰陽相交則生子，故亥字从二象陰陽也。又从二人，後者爲男，前者爲女，加一曲畫，象女懷中抱子咳咳之形，咳咳，小兒貌也。”王筠《句讀》：“乙在二人之左，裹之之狀也。咳咳，重言之，似指胞中拳曲之狀。”譯文照王説。

③《春秋傳》：指《左傳・襄公十年》。高亨《文字形義學概論》：“(許氏)説明亥之又一寫法，孔穎達疏：‘亥，二畫爲首，六畫爲身。’篆文亥身只有五畫。蓋春秋時之寫法與篆文稍有不同。又許云‘亥爲

豕'者，古説以亥代表豬也。"桂馥《義證》："古者術數家以三十六禽配十二辰，其配亥者則豚也。"　④ 與豕同：王筠《句讀》："小徐《祛妄篇》引李陽冰説，古文亥本象豕減一畫爾，是字形尚微不同。"⑤ 亥而生子：徐鍇《繫傳》："天道終則復始，故亥生子，子生丑，復始於一也。"

【參證】甲文作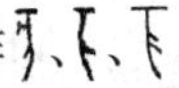，金文作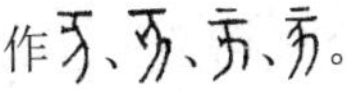。吴其昌《金文名象疏證》："亥字原始之初誼爲豕之象形。"存參。

文一　重一

卷二十九

[敘曰:]①古者庖犧氏②之王天下也,仰則觀象於天,俯則觀法③於地,視鳥獸之文與地之宜④,近取諸⑤身,遠取諸物,於是始作易八卦,以垂憲象⑥。及神農氏⑦結繩爲治而統⑧其事,庶業其⑨繁,飾僞萌⑩生。黄帝之史倉頡⑪,見鳥獸蹏迒⑫之迹,知分理⑬之可相别異也,初造書契⑭。"百工⑮以乂,萬品以察,蓋取諸夬。""夬,揚于王庭⑯。"言文者宣教明化於王者朝廷,君子所以施禄及下,居德(則)[明]忌⑰也。

【譯文】自序説:古代,庖犧氏統治天下的時候,抬頭從天上觀察天象,低頭從地上觀察地貌,看到了鳥獸的花紋和地理的形狀,近呢,從自身取象,遠呢,從外物取象,這才創造了《易》的八卦,用來表示法定的圖象。到神農氏時代,用結繩來管理,來記載那些事物,而衆多的事物極其繁雜,巧飾僞詐不斷産生。黄帝的記事官倉頡,看見鳥獸的足迹,懂得它們的紋理是可以互相區别開來的,這才創造了文字。"各行各業因此治理,萬事萬物因此辨明。這大概取决于事物的可以分别。""分别了,就在王庭上宣揚。"這些話是説,文字是在帝王的朝廷上用來宣傳政教、説明道德風化的工具,是在位的用來給臣民施加恩惠的工具,是有德者用來增修德行、明白禁忌的工具。

【注釋】① 敘曰:《段注》:"二字舊在下文'此十四篇'之上,今審定移置於此。《史記》、《漢書》、《法言》、《太玄》敘皆殿於末,古箸書之例如此。" ② 庖犧氏:又作伏羲、宓羲、伏戲、包犧。中國神話中人類的始祖,相傳他教民結網,從事漁獵畜牧。這傳説反映中國原始社會開始漁獵畜牧的情況。 ③ 法:法象,現象。《周易·繫辭上》:"是故法象莫大乎天地。" ④ 宜:猶儀。儀式,形式,形狀。 ⑤ 諸:之于。兼詞。 ⑥ 垂:示;憲:法;憲象:法定的圖象。 ⑦ 神農氏:相傳他用木製作耒、耜,教民耕種。反映中國原始社會由采集漁獵發展到農業社會的情況。

⑧ 統：絲的頭緒。這裏指紀，即記。 ⑨ 其：同"綦"，即極。 ⑩ 萌：草木發芽。這裏比喻飾僞不斷發生。 ⑪ 倉頡：相傳爲漢字的創造者。其實不過是漢字的早期的整理者而已。 ⑫ 蹏迒：同義複合。蹏：古蹄字。迒：《唐韻》：胡郎切，háng，獸迹。 ⑬ 分理：猶文理，即紋理。 ⑭ 書契：文字。書，寫；契，刻。近義複合。 ⑮ 百工三句：《考工記》以百工爲衆工匠。乂（yì）：治。品：類。《魏書・江式傳》作"百官以理，萬人以察"。《周易・繫辭》作"百官以治，萬民以察"。夬（guài）：本書又部："決也。" ⑯ 此句見《周易・夬卦》卦辭。王筠《句讀》："即斷章以取揚于王庭之義也。" ⑰ 則忌：當依桂馥《義證》作"明忌"。王筠《句讀》："文字可以居德者，多識前言往行以畜其德也；可以明忌者，令行禁止之意。"

倉頡之初作書，蓋依類象形[①]，故謂之文[②]；其後形聲相益[③]，即謂之字[④]。[文者[⑤]，物象之本；]字者[⑥]，言孳乳而浸多也。著於竹帛[⑦]謂之書，書者，如[⑧]也。以迄[⑨]五帝三王之世，改易殊體，封于泰山者[⑩]，七十有二代[⑪]，靡[⑫]有同焉。

【譯文】倉頡在開始創造文字的時候，大抵依據事物的類别，描繪它們的形狀，所以叫做文；後來形旁聲旁相互補充，就叫作字。文，是事物形象的本來面目；字，是説（由文與文相結合而）滋生出來的、漸漸多起來的現象。刻寫在竹簡或帛卷上，叫做書，書就是如同的意思。到五帝三王的時代，改變成不同的字體。在泰山上堆土祭天地的，多達七十二代，留下的文字没有相同的呢。

【注釋】① 依類象形：《段注》："謂指事、象形二者也。指事亦所以象形也。" ② 文：《段注》："文者，逪畫也。这逪其畫而物像在是也。" ③ 形聲相益：《段注》："謂形聲、會意二者也。有形則必有聲，聲與形相軵爲形聲，形與形相軵爲會意。" ④ 字：桂馥《義證》："顧炎武曰：春秋以上言文不言字，以文爲字，乃始於《史記》秦始皇琅邪臺石刻曰'同書文字'。字之名自秦而立自漢而顯也歟？" ⑤ 文者句：《段注》："各本無此六字，依《左傳・宣十五年》正義補。" ⑥ 字者句：桂馥《義證》："字者，孳也。言文之所生也。"《段注》："析言之，獨體曰文，合體曰字；統言之,則文字可互稱。”孳乳:孳生。同義複合。孳,汲汲生;乳,人及鳥生子。浸:漸。 ⑦ 著於竹帛:《段注》:“附著而著明之於竹帛也。” ⑧ 如:《段注》:“謂如其事物之狀也。” ⑨ 以迄句:《段注》:“迄當爲訖。訖,止也。”五帝:黄帝、帝顓頊(zhuān xū)高陽、帝嚳(kù)高辛、帝堯、帝舜。三王:夏禹、商湯、周文武。 ⑩ 封:帝王築壇祭天。泰山:東嶽泰山,在今山東泰安縣北五里。 ⑪ 七十有二代:虚數,言其多。有(yòu):又。 ⑫ 靡:無。焉:語末助詞。

周禮①:八歲入小學,保氏教國子②,先以六書③。一曰指事④。指事者,視而可識,察而(可)見[意]⑤,上下⑥是也。二曰象形⑦。象形者,畫成其物,隨體詰詘⑧,日月是也。三曰形聲⑨。形聲者,以事爲名⑩,取譬⑪相成,江河是也。四曰會意⑫。會意者,比類合誼,以見指撝⑬,武信⑭是也。五曰轉注⑮。轉注者,建類一首,同意相受,考老⑯是也。六曰假借⑰。假借者,本無其字,依聲託事⑱,令長⑲是也。

【譯文】周朝的制度,人們八歲進小學,保氏教育公卿大夫的子弟,開頭就用六書。一叫指事。指事的意思是,看見了就可以認識,仔細觀察就能發現意義。丄丅(上下)兩個字就是這樣。二叫象形。象形的意思是,畫成那個事物的形象,隨着它的形體而曲折描摹。日月兩個字就是這樣。三叫形聲。形聲的意思是,根據事類確定一個字,再選擇一個與被造字讀音近似的字配合而成。江河兩個字就是這樣。四叫會意。會意的意思是,排比字類,合成新義,來體現造字的旨意。武信兩個字就是道樣。五叫轉注。轉注的意思是,造字統一部首,部首字把同一個意思灌注給新造字。考老兩個字就是這樣。六叫假借。假借的意思是,本來沒有那個字,依照音同原則而把意義寄託給它。令長兩個字就是這樣。

【注釋】① 禮:制度。 ② 保氏:官員。《周禮·地官·保氏》:“掌諫王惡(過失)并養國子以道。”國子:公卿大夫的子弟。 ③ 六書:《段注》:“六書者,文字、聲音、義理之總匯也。”即下文的指事、象形、形聲、會意、轉注、假借。班固《漢書·藝文志》叫作象形、象事、象意、象聲、轉注、假借。鄭衆《周禮·保氏》注叫作象形、會意、轉注、處事、假借、諧聲。

當代説六書者，名稱取之許慎，次第取之班固。 ④ 指事：《段注》："指事之别於象形者，形謂一物，事晐衆物。指事不可以會意殽，合兩文爲會意，獨體爲指事。" ⑤ 可見：當依《段注》作"見意"。識、意，上古同屬職部。《段注》："以下每書二句皆韻語也。" ⑥ 上下：《段注》作"二二"。段注："此謂古文也。有在一之上者，有在一之下者，視之而可識爲上下，察之而見上下之意。" ⑦ 象形：《段注》："有獨體之象形，有合體之象形。獨體如日月水火是也；合體者从某而又象其形，如眉从目而以〓象其形，箕从竹而以𠀠象形，衰从衣而以〓象其形，𤰔从田而以〓象耕田溝詰屈之形是也。獨體之象形則成字可讀，𨋍於从某者不成字不可讀。" ⑧ 詰詘：猶屈曲。 ⑨ 形聲：《段注》："其别於指事、象形者，指事、象形，獨體；形聲，合體。其别於會意者，會意合體主義，形聲合體主聲。" ⑩ 以事爲名：事兼指指事的事，象形的物，因爲物也是事。名，古叫名，今叫字。爲：意義十分廣泛的動詞。 ⑪ 譬：譬近，譬喻，比方，這裏指同被造字音同或音近的"文"或"字"。《段注》："以事爲名，謂半義也；取譬相成，謂半聲也。江河之字，以水爲名；譬其聲如工可，因取工可成其名。" ⑫ 會意：《段注》："會者，合也。一體不足以見其義，故必合二體之意以成字。" ⑬ 比類句：比，排比，組合。類，字類，字羣。誼，今用義，古用誼，義是誼的假借字。指撝（huī）：指揮，意義指向的地方。 ⑭ 武信：用止戈組合，會制止戰爭爲武之意；用人言組合，會人們實踐諾言爲信之意。 ⑮ 轉注：輾轉灌注。 ⑯ 考老：不同地方對老者稱呼不同，或曰 lǎo，或曰 kǎo，或曰 qí。人們需要造"年老"義的字羣，約定統一以老爲部首字，分别加到聲符丂（kǎo）、旨（qí）之上，就成了"老"、"考"、"耆"一羣字。"老"義灌注在考、耆之上。老、考、耆意義完全相同。 ⑰ 假借：同義複合。 ⑱ 本無句：《段注》："託者，寄也。謂依傍同聲而寄於此，則凡事物之無字者，皆得有所寄而有字。許書有言以爲者，有言古文以爲者。" ⑲ 令長：《段注》："漢人謂縣令曰令長。縣萬户以上爲令，減萬户爲長。令之本義發號也，長之本義久遠也。縣令縣長本無字，而由發號、久遠之義引申展轉而爲之。是謂假借。"

及宣王[①]太史籀，箸大篆十五篇，與古文或異。至孔子書

《六經》[②]，左丘明[③]述《春秋傳》，皆以古文[④]，厥[⑤]意可得而説。其後[⑥]，諸侯力政[⑦]，不統於王[⑧]，惡禮樂之害已，而皆去其典籍，分爲七國[⑨]，田疇異晦[⑩]，車涂異軌[⑪]，律令異法，衣冠異制，言語異聲，文字異形。

【譯文】到周宣王時代，太史令叫籀的寫了大篆十五篇，與古文稍有不同。到孔子寫《六經》，左丘明寫《春秋傳》，都用古文，造字時的意義還能够説明。此後，諸侯用武力征伐，不爲周天子統領，厭惡禮樂危害自己，都抛棄那些典章文獻，分成七個大國，田地有不同的畝積，車路有不同的軌迹，法令有不同的制度，衣帽有不同的式樣，言語有不同的聲音，文字有不同的形體。

【注釋】① 宣王句：宣王，姓姬，名靖。太史，官名。籀(zhòu)，人名。大篆：《段注》："大篆之名，上别乎古文，下别乎小篆而爲言。曰《史篇》者，以官名之；曰《籀篇》、籀文者，以人名之。"字體與倉頡的古文不盡相同，而好重疊。如敗作𣪉，碧作䂞，囿作𡈉，副作𠠫；本作山旁者，重之而爲屾旁；本作水旁者，重之而爲沝旁。春秋戰國期間，大篆通行于秦國。或：不盡然。 ② 六經：《易》、《書》、《詩》、《禮》、《樂》、《春秋》。 ③ 左丘明：春秋時史學家。魯國人。雙目失明，曾任魯太史。 ④ 以：用。古文：含義有二，廣義的指甲骨文、金文、籀文和戰國通行于六國的文字；狹義的專指戰國時通行六國的文字。這裏指廣義的古文。 ⑤ 厥：其，它的。 ⑥ 其後：指孔子、左丘明之後，即東周後期的戰國時代。⑦ 政：征的假借字。 ⑧ 王：指周天子。 ⑨ 七國：秦、燕、趙、魏、韓、齊、楚。 ⑩ 田疇：田地。同義複合。疇：田中的溝。晦：同"畝"。⑪ 涂：同"途"。軌：車兩輪間的距離。

秦始皇帝，初兼[①]天下，丞相李斯乃奏同之[②]，罷其不與秦文合者。斯作《倉頡篇》，中車府令[③]趙高作《爰歷篇》，太史令[④]胡母敬作《博學篇》，皆取史籀大篆，或[⑤]頗省改[⑥]，所謂小篆者也。是時，秦燒滅經書，滌除舊典，大發隸卒，興役戍，官獄職務繁，初有隸書[⑦]，以趣[⑧]約易，而古文[⑨]由此絶矣。

【譯文】秦始皇剛統一天下，丞相李斯就奏請統一文字，廢除那些不與秦國文字系統吻合的形體。李斯寫了《倉頡篇》，中車府令趙高寫了《爰歷篇》，太史令胡母敬寫了《博學篇》，都取自史籀大篆，有的稍微作了減省和修改，這就是人們説的小篆。這個時候，秦朝焚燒滅絶了經書，掃除舊時的典籍，大力徵發隸卒，大興勞役和戍邊，朝廷上、監獄裏，公務繁雜，這才有了隸書，以適應簡約、便易的需要，而古文就從此不通用了。

【注釋】① 兼：兼并，統一。　② 同之：統一文字。《段注》："以秦文同天下之文，即下文小篆也。《(始皇)本紀》曰：'二十六年，書同文字。'"　③ 中車府令：掌管帝王乘車的官。　④ 太史令句：掌管天時星曆的官。胡母，姓；敬，名。《倉頡篇》、《爰歷篇》、《博學篇》，用每篇開頭兩字作篇名，以四字爲句，采用歌訣體，類似後世的千字文。漢代合三篇爲一篇，總稱《倉頡篇》，以六十字爲一章，共五十五章。　⑤ 或：表示不盡然的意思。《段注》："或之云者，不盡省改也。不改者多，則許所列小篆固皆古文大篆，其不云'古文作某''籀文作某'者，古籀同小篆也。其既出小篆，又云'古文作某''籀文作某'者，則所謂'或頗省改'者也。"　⑥ 省改：《段注》："省者，減其繁重；改者，改其怪奇。如民、弟、革、酉，皆象古文之形，所謂改也。"　⑦ 隸書：也叫隸字、佐書。晉代衛恒《四體書勢》："秦既用篆，奏事繁多，篆字難成，即令隸人(指胥吏，即在官府裏辦理文書的小吏)佐(輔佐)書，曰隸字。"　⑧ 趣：趨向。這裏指適應。　⑨ 古文句：《段注》："小篆既省改古文大篆，隸書又爲小篆之省，秦時二書兼行而古文、大篆遂不行。故曰古文由此絶。"按：絶是指不通行，而不是指絶迹。

自爾，秦書有八體。一曰大篆①，二曰小篆，三曰刻符②，四曰蟲書③，五曰摹印④，六曰署書⑤，七曰殳書⑥，八曰隸書。

【譯文】從此，秦朝的文字有八種體式：一叫大篆，二叫小篆，三叫刻符，四叫鳥蟲書，五叫摹印，六叫署書，七叫殳書，八叫隸書。

【注釋】① 大篆：《段注》："不言古文者，古文在大篆中也。上云'古文由此絶'，何也？古文、大篆雖不行，而其體固在，刻符、蟲書等未嘗不用之也。"　② 刻符：《段注》："符者，周制六節之一，漢制以竹長六寸，分而相合。"刻符是刻在符節上的文字。字體屬篆書，因爲是用刀刻的，不能宛轉如意，所以筆畫較平直。　③ 蟲書：篆書的變體，因象蟲鳥之形，所以又叫鳥蟲書，大都書寫在幡信（旗幟之類）上。　④ 摹印：用于璽印的文字。字體就小篆稍加變化。　⑤ 署書：題署之體。凡一切封檢、門榜題字都叫署。　⑥ 殳書：《段注》："古者，文既記笏，武亦書殳。按：言殳以包凡兵器題識，不必專謂殳。漢之剛卯之殳書之類。"前述大篆、小篆、隸書，是三種字體。刻符、蟲書、摹印、署書、殳書，是由用途而區別的。

漢興，有草書①。尉律②：學僮③十七已上，始試，諷籀書④九千字，乃得爲吏⑤，又以八體⑥試之。郡移⑦太史并課，最者以爲尚書史⑧。書或不正，輒舉劾⑨之。今雖有尉律，不課；小學⑩，不修。莫達其説久矣。

【譯文】漢朝建立了，有了草書。廷尉的法律規定：經過學習的少年，十七歲以上，才參加考試，能背誦、理解和書寫九千字，才能充當記事官，又用秦書八體考試他們。（合格者）郡縣移交給朝廷的太史令一并考試，成績最好的，用他擔任尚書史。（吏民上書，）書寫有不正確的，就檢舉彈劾他。今天雖有廷尉的法律，卻不考試；雖有文字學，卻不研究。人們不通曉文字的學問很久了。

【注釋】① 草書：爲書寫便捷而産生的一種字體，始于秦末漢初。當時通行的是草隸，即草率的隸書。《段注》："草書之稱起於艸稿。其各字不連緜者曰章艸，晉以下相連緜者曰今艸。"　② 尉律：桂馥《義證》引王應麟説："尉律者，廷尉治獄之律也。"　③ 僮：今童字。已：以。④ 諷：背誦；籀：抽繹，理解；書：書寫。《段注》："諷謂能背誦尉律之文，籀書謂能取尉律之義推演發揮而繕寫至九千字之多。"　⑤ 吏：《段注》作"史"。段注："得爲史，得爲郡縣史也。"即郡縣記事的官。　⑥ 八體：即上文"自爾秦書有八體"的"八體"。　⑦ 郡移句：《段注》："大史者，大史令也。并課者，合而試之也。上文試以諷籀書九千字，謂試其記誦文理；試以八體，謂試其字迹。縣移之郡，郡移之大史，大史合試此二者。"　⑧ 尚書史：《段注》："尚書令史十八人，二百石，主書。字或不正，輒舉劾之，乃尚書所職。"　⑨ 舉劾（hé）：檢舉罪過。石建擔任郎中令向朝廷呈奏,寫錯了"馬"字,馬的下部四條腿加尾巴共五筆,少寫一筆,誠惶誠恐,害怕譴罰而死。 ⑩ 小學:文字學。據《周禮》:文字是"八歲入小學"所教,所以叫文字學爲小學。

孝宣①時,召通《倉頡》讀者②,張敞③從受之。凉州刺史杜業④,沛人爰禮,講學大夫⑤秦近,亦能言之。孝平⑥時,徵禮等百餘人,令説文字未央廷中,以禮爲小學元士。黄門侍郎楊雄⑦采以作《訓纂篇》,凡《倉頡》⑧已下十四篇,凡五千三百四十字,羣書所載,略存之矣。

【譯文】漢宣帝時,皇帝下令請來精通李斯《倉頡》説解的人,叫張敞跟隨他向他學習。後來,凉州刺史杜業,沛地人爰禮,講學大夫秦近,也能解説文字。漢平帝的時候,皇帝請來爰禮等一百多人,叫他們在未央宫中解説文字,封爰禮作文字學的首席專家。黄門侍郎楊雄,采集會議材料,用來編著了《訓纂篇》。大凡《倉頡篇》以下(直至《訓纂篇》),共十四篇,共五千三百四十字。古今書籍上記載的字,大抵保存在這些字書裏了。

【注釋】① 孝宣:漢宣帝劉詢。公元前 73 年至前 49 年在位。 ② 通《倉頡》讀者:《段注》:"此通《倉頡》讀者,齊人,失其姓名。"《漢書·藝文志》:"《倉頡》多古字,俗師失其讀。"《段注》:"失其讀者,失其音義也;正讀者,正其音義。" ③ 張敞:字子高,漢河東郡平陽縣人。平陽縣故城在今山西省臨汾縣南。 ④ 杜業:字子夏,漢魏郡繁陽縣人。繁陽縣故城在今河南省内黄縣東北。 ⑤ 講學大夫:王莽所設官名。《段注》:"杜業在哀帝時,爰禮、秦近皆在平帝及亡新時。" ⑥ 孝平:漢平帝劉衎(kǎn)。公元元年至 5 年在位,被王莽殺害。 ⑦ 楊雄:一作揚雄。字子雲,漢蜀郡成都(今屬四川省)人。《段注》:"元始中,徵天下通小學者以百數,各令記字於庭中,楊雄取其有用者以作《訓纂篇》。順續《倉頡》,又易《倉頡》中重複之字,凡八十九章。"按:每章六十字,共五千三百四十字。 ⑧ 凡《倉頡》句:《段注》:"謂自《倉頡》至於《訓纂》共十有四篇,篇之都(總)數也;五千三百四十字,字之都(總)數也。本祇有《倉頡》(李斯作)、《爰歷》(趙高作)、《博學》(胡母敬作)、《凡將》(司馬相如作)、《急就》(史游作)、《元尚》(李長作)、《訓纂》(楊雄作)七目,又析之爲十四;

其詳不可聞矣。”後來，人們把《倉頡》、《爰歷》、《博學》合爲一篇作爲上卷，《訓纂》作中卷，漢和帝永元中郎中賈魴《滂喜篇》作下卷，總名曰《三蒼》。每章 60 字，15 句，每句四言。比如：本敘下文所引：“幼子承詔。”郭璞注《爾雅》所引：“孝妣延年。”《凡將篇》每句七言。比如：《蜀都賦》注所引：“黄潤纖美宜製禪。”《藝文類聚》所引：“鐘磬竽笙築坎侯。”《急就篇》今天還保留着。前多三言句，後多七言句。《元尚篇》今無考。

及亡新①居攝，使大司空②甄豐等校文書之部，自以爲應制③作，頗④改定古文。時有六書⑤：一曰古文，孔子壁中書⑥也；二曰奇字⑦，即古文而異者也；三曰篆書，即小篆，秦始皇⑧帝使下杜人程邈所作也；四曰佐書⑨，即秦隸書；五曰繆篆⑩，所以摹印⑪；六曰鳥蟲書⑫，所以書幡信也。

【譯文】到了王莽代漢自立新朝，讓大司空甄豐等人校正文字的部類，甄豐自認爲應皇上的命令而作，間或更改約定了一些古文。當時有六種字體：一叫古文，是孔子住宅牆壁中保存下來的文字；二叫奇字，是古文中形體歧異的字；三叫篆書，就是小篆；四叫佐書，就是秦代隸書，是秦始皇使下杜人程邈整理的字體；五叫繆篆，是用來摹刻印章的篆書；六叫鳥蟲書，是用來書寫旗幟、符信的字體。

【注釋】① 亡新：公元 8 年，漢朝大臣王莽廢西漢劉氏王朝，而建立王氏王朝，國號叫“新”。居攝：因皇帝年幼不能親自理政，由大臣代居其位，叫居攝。這裏指王莽代漢自立。　② 大司空：官名。甄豐：人名。③ 制：皇帝的命令。《史記・秦始皇本紀》：“命爲制，令爲詔。”④ 頗：稍微，間或。《段注》：“頗者，間見之詞。於古文間有改定，如疊字下，亡新以爲疊从三日大盛，改爲三田，是其一也。”　⑤ 六書：《段注》：“莽之六書，即秦八體而損其二也。”　⑥ 壁中書：見下段。　⑦ 奇字：古文的異體。比如：本書儿（rén）下：“古文奇字人也。”橆下：“奇字无。”《段注》：“不言大篆者，大篆即包於古文、奇字二者中矣。”　⑧ 秦始皇句：《段注》：“按此十三字當在下文‘左書即秦隸書’之下，上文明言李斯、趙高、胡母敬皆取史籀大篆省改，所謂小篆，則作小篆之人既顯白矣，何容贅此、自相矛盾耶？下杜人程邈爲衙獄吏，得罪，幽繫雲陽，增減大篆體，去其繁複，始皇善之，出爲御史，名書曰隸書。” ⑨ 佐書：《段注》：“謂其法便捷，可以佐（輔）助篆所不逮。” ⑩ 繆（móu）篆：繆是綢繆，因其形屈曲纏繞，故名。 ⑪ 摹印：《段注》：“摹，規也。規度印之大小、字之多少而刻之。” ⑫ 鳥蟲書：就是上文説的蟲書。字體有的像鳥，有的像蟲，鳥又叫羽蟲。《段注》：“秦文八體，尚有刻符、署書、殳書，此不及之者，三書之體，不離乎摹印、書旛（幡）之體，故舉二以包三。古文則析爲二，以包大篆。”

壁中書者，魯恭王[①]壞孔子宅，而得《禮記》、《尚書》、《春秋》、《論語》、《孝經》；又，北平侯張倉[②]獻《春秋左氏傳》；郡國[③]亦往往於山川得鼎彝，其銘即前代之古文：皆自相似[④]。雖叵[⑤]復見遠流，其詳可得略説也。

【譯文】所謂壁中書，是指魯恭王拆毁孔子住宅牆壁時得到的《禮記》、《尚書》、《春秋》、《論語》、《孝經》；此外，北平侯張蒼獻出了《春秋左氏傳》；全國各地也往往從山丘河澤中得到一些鐘鼎彝器，那上面銘刻的文字就是前代的古文：這些書籍、器物上的文字都各自相像。雖然不可再見到古文字的遠古流變，但古文造字的明晰用意，還能够大致説出來。

【注釋】① 魯恭王句：劉歆《移書讓大常博士》：“魯恭王壞孔子宅，欲以爲宫，得古文於壞壁中。”魯恭王：漢景帝劉启第五子劉餘。 ② 張倉：《漢書》作張蒼，秦朝柱下御史。秦禁挾書，張蒼藏《春秋左傳》。漢惠帝三年，解除挾書之律，張蒼獻書。 ③ 郡國句：《漢書·郊祀志》：“上有故銅器，問李少君。少君曰：‘此器齊桓公十年陳於柏寢。’已而案其刻，果齊桓公器。”又，“美陽得鼎，獻之有司，多以爲宜薦見宗廟，張敞好古文字，按鼎銘勒而上議曰：‘此鼎殆周之所以褒賜大臣，大臣子孫刻銘其先功，臧之於宫廟者也。不宜薦見宗廟。’制曰：‘京兆尹議是。’” ④ 皆自相似：《段注》：“謂其字皆古文，彼此多相類。” ⑤ 叵：兼詞，不可。

而世人大共非訾[①]。以爲好奇者也，故詭更[②]正文[③]，鄉壁[④]虚造不可知[⑤]之書，變亂常行，以燿於世。諸生競説字解經，誼[⑥]稱秦之隸書，爲倉頡時書，云：父子相傳，何得改易！

乃猥⑦曰：馬頭人⑧爲長，人持十爲斗⑨，虫者屈中⑩也。廷尉説律，至以字斷法，苛人受錢⑪，苛之字止句也。若此者甚衆，皆不合孔氏古文，謬於史籒。

【譯文】而當時的一些人一同大力非議、毀謗。認爲是好奇的人，故意胡亂地改變正規的文字，向壁憑空捏造不可理解的符號，變易攪亂通行的隸書，用以向當世炫耀。太學生們爭着解説文字，注釋經傳，虚妄地宣稱秦朝的隸書，是倉頡時代的文字。説：父子口耳相傳，怎麽會改變！於是胡説："馬頭""人"是"長"字，"人"拿着"十"是"斗"字，"虫"字是使"中"字竪筆彎曲着。掌管刑獄的官員解説法律，以至根據字形判決，比如："苛人受錢"，説什麽"苛"這個字是"止句(鉤)"的會意。像這種解釋太多了，全不合于孔壁古文，也有背於史籒大篆。

【注釋】① 非：非議。訾(zǐ)：毁謗。　② 詭(guǐ)：妄。更(gēng)：改。　③ 正文：《段注》："正文、常行，世人謂秦隸書也。"④ 鄉壁：向壁。《段注》："向孔氏之壁。"王筠《句讀》："猶面牆也。"譯文依王説。　⑤ 不可知：王筠《句讀》："謂不能即其形以説其義也。"⑥ 誼：《段注》作"誼"，連上文讀，"誼"、"義"，古今字。王筠《句讀》訂作諠，音義同"諼"(xuān)，詐妄的意思。譯文依王説。　⑦ 猥：歪曲。⑧ 馬頭人：長(cháng)：甲文作，象人頭上有長髮。漢隸作，上部象馬頭，下部象人字。所以説"馬頭人爲長"。本啟功説。　⑨ 斗：甲文作、，金文作，象斗形。漢隸作，象"人"持"十"。　⑩ 屈中：甲文虫作、，金文作、，象虫形，并不是从中而屈。　⑪ 苛人受錢：《段注》："《漢令乙(法令編次的第二篇)》：有所苛人受錢。謂有治人之責者而受人錢，故與監臨受財、假借不廉、使者得賂爲一類。苛，從艸，可聲。假爲訶字，並非从止句也。而隸書之尤俗者乃譌爲岢。説律者曰：此字从止句，句讀同鉤，謂止之而鉤取其錢。"這是説，掌管刑獄的官員，根據隸書的譌體、俗體，曲解法律掠奪民財。

俗儒啚①夫翫②其所習，蔽所希③聞，不見通學，未嘗覩字例之條④，怪舊埶⑤而善野言，以其所知爲祕妙，究洞聖人之微恉⑥。又見《倉頡篇》中"幼子承詔⑦"，因號⑧"古帝之所作也，其辭有神僊之術焉。”其迷誤不諭[9]，豈不悖[10]哉！

【譯文】庸俗的讀書人，知識淺陋的衙吏，玩弄他們熟悉的字體，不懂得很少聽到的古文，沒見過通達的學者，不曾看到過造字的原則，把舊時的典籍當作怪異，把鄙俗的說法當作經典，把他們知道的東西當作奧妙，以爲窮盡地領會了聖人的深意。又看見《倉頡篇》中“幼子承詔”一句，於是就説：“這是古代黄帝的作品，它的字裏行間有神仙的法術呢。”如此迷惑荒謬，如此不明白，難道不是糊塗嗎？

【注釋】① 啚：今作鄙。　② 翫（wàn）：玩弄。　③ 蔽：蒙蔽，不明白。希：今作稀。　④ 字例之條：《段注》：“謂指事、象形、形聲、會意、轉注、假借六書也。”　⑤ 埶：今藝字。指典籍。　⑥ 究：窮盡。洞：通達。微：深刻、精妙。恉：意。　⑦ 幼子承詔：孩童接受老師的教育。這是李斯所作《倉頡篇》中的一句話。幼子指學童。承，受。詔，告，教育。　⑧ 因號：徐鍇《繫傳》作“因曰”。《段注》：“俗儒啚夫既謂隸書即倉頡時書，因謂李斯等所作《倉頡篇》爲黄帝之所作，以黄帝、倉頡君臣同時也。其云‘幼子承詔’者，謂黄帝乘龍上天而少子嗣位爲帝也。”　⑨ 迷：迷惑。誤：荒謬。諭：通曉，明白。　⑩ 悖：惑亂，糊塗。

《書》[1]曰：“予欲觀古人之象[2]。”言必遵修舊文而不穿鑿。孔子曰：“吾猶及[3]史之闕文，今亡也夫。”蓋非其[4]不知而不問，人用己私，是非無正，巧説衺辭，使天下學者疑。

【譯文】《尚書》説：“我想看看古人的字象。”這就是説，一定遵循、研究舊時的文字，而不穿鑿。孔子説：“我還看到史書上的空缺，現在卻沒有了啊！”這大概是批評那些不知道卻不好問的現象，是批評用一己之私見，使是非沒有標準的現象，是批評用奇談怪論使天下讀書人疑惑的現象。

【注釋】①《書》：指《皋陶謨》。　② 古人之象：《段注》：“即倉頡古文是也。像形、像事、像意、像聲，無非像也。”象即字象。　③ 吾猶及句：引自《論語・衛靈公》。及：到，接觸到。闕文：空闕之文。缺而不書或脱漏的文句。闕（quē），通“缺”，空缺。亡，同“無”。　④ 非：非議,批評。“非其”二字一直貫到句末。全句分解當是:“非其不知而不問;非其人用己私,是非無正;非其巧説衺辭,使天下學者疑。”

蓋①文字者,經藝②之本,王政之始。前人所以垂後,後人所以識古。故曰:“本立③而道生”,“知天下④之至嘖而不可亂也”。

【譯文】文字,是經傳子史的根本,是治理國家的基礎。是前人用來流傳給後人的載體,是後人用來認識前人的工具。所以説:“基本確立了,‘道’就産生了”,“懂得天下最深奥的道理,就不可錯亂”。

【注釋】① 蓋:承上啟下的虛詞。 ② 藝:《段注》:“古當祇作埶。埶,穜也。《六經》爲人所治,如穜植於其中,故曰‘六藝’。” ③ 本立句:見《論語·學而》。何晏説:“基立而後可大成。”邢昺疏:“基本既立而後道德生焉。” ④ 知天下句:此句約舉《易·繫辭》的兩句話:“言天下至嘖而不可惡(wù)也,言天下至動而不可亂也。”嘖(zé),深遠。至嘖,至嘖之理,最深奥的道理。

今敘①篆文,合以古籀,博采通人②。至于小大,信而有證。稽譔③其説,將以理羣類④,解謬誤,曉⑤學者,達神恉。分别部⑥居,不相雜厠⑦。萬物⑧咸覩,靡不兼載。厥誼⑨不昭,爰明以諭。其偁⑩《易》,孟氏⑪;《書》,孔氏⑫;《詩》,毛氏⑬;《禮》⑭;《周官》⑮;《春秋》,左氏⑯;《論語》;《孝經》⑰:皆古文⑱也。其於⑲所不知,蓋闕如也。

【譯文】現在列舉小篆,把古文、籀文結合起來,廣博地采訪學識淵博的專家。至于大大小小的知識,都真實可靠,而有證據。考查解釋文字的解説,將用來整理所有的字類,解析荒謬錯誤的東西,使學習的人明白并通達造字的深刻意旨。全書分門别類,按部首排列,不彼此雜糅在一起。萬物都可看到,沒有不完備地記載的。那意義不明白的,就説明它讓它明白。所徵引的書:《易》,是孟喜本;《書》,是孔安國本;《詩》,是毛亨本;《禮》;《周禮》;《春秋》,左丘明本;《論語》;《孝經》:都是古文經。對於那不知道的東西,就只好讓它闕着。

【注釋】① 今敘句：《段注》："篆文謂小篆也。古籀謂古文、籀文也。許重復古，而其體例不先古文、籀文者，欲人由近古以攷古也。小篆因古籀而不變者多，故先篆文，正所以說古籀也。隸書則去古籀遠，難以推尋，故必先小篆也。其有小篆已改古籀、古籀異於小篆者，則以古籀駙小篆之後，曰：古文作某，籀文作某。此全書之通例也。其變例，則先古籀，後小篆。如一篇二(shàng)下云：'古文丄。'丅(xià)下云：'篆文二。'先古文而後篆文者，以旁、帝字从二，必立二部，使其屬有所从。凡全書，有先古籀、後小篆者，皆由部首之故也。" ② 通人：有孔子之說。此外，王筠《句讀》說："其楚莊王、韓非、司馬相如、淮南王、董仲舒、京房、劉歆、楊雄、爰禮、尹彤、逯安、王育、張林、莊都、歐陽喬、黄顥、譚長、周成、官溥、張徹、甯嚴、桑欽、杜林、衛宏、徐巡、班固、傅毅，凡二十七人之說。惟賈逵，師也，偁侍中而不名。" ③ 稽：考查。譔(zhuàn)：詮釋。 ④ 類：字類。⑤ 曉：諭，明白。用如使動。 ⑥ 部：部類。 ⑦ 厠：《段注》："厠猶置也。分别部居，不相雜厠，謂分别爲五百四十部也。每部各建一首，而同首者則曰：'凡某之屬皆从某。'於是形立而義易明。凡字必有所屬之首，五百四十字，可以統攝天下古今之字。此前古未有之書，許君之所獨刱。史游《急就篇》亦曰：'分别部居不雜厠。'而其所謂分别者，如姓名爲一部，衣服爲一部，飲食爲一部，器用爲一部，莫若據形類聚。" ⑧ 萬物句：《段注》："史游之書，以物類爲經，而字緯之；許君之書，以字部首爲經，而物類緯之也。" ⑨ 厥誼句：《段注》："誼兼字義、字形、字音而言；昭，明也；諭，告也。許君之書，主就形而爲之說解。其篆文則形也。其說解則先釋其義，次釋其形，次說其音。必先說義者，有義而後有形也；音後於形者，審形乃可知音，即形即音也。合三者以完一篆。說其義而轉注、假借明矣，說其形而指事、象形、形聲、會意明矣，說其音而形聲、假借愈明矣。" ⑩ 偁：舉，猶今言徵引。 ⑪ 孟氏：即孟喜，漢東海郡蘭陵縣人，作《易章句》。 ⑫ 孔氏：即孔安國，孔子後裔，作《古文尚書傳》。⑬ 毛氏：即毛亨，作《詩詁訓傳》。王筠《句讀》："毛公爲子夏四傳弟子。大毛公亨，河間人，授趙人小毛公萇。萇爲河間獻王博士。" ⑭《禮》：《段注》："古謂之《禮》，唐以後謂之《儀禮》，不言《記》者，言《禮》以該(包括)《記》也。" ⑮《周官》：《周官經》，即今《周禮》。 ⑯《春秋》左氏：王筠《句讀》："許引左氏，直謂之《春秋傳》，至于《春秋》公羊、《春秋國語》，皆有區别矣。故所引《春秋》，亦謂之《春秋傳》，蓋謂不用公(羊)、穀(梁)經文也。”　⑰《孝經》：桂馥《義證》：“孝昭帝時，魯國三老所獻；建武時，給事議郎衛宏所校。”　⑱ 古文：《段注》：“言古文以該(包括)大篆也。古書之言古文者有二：一謂壁中經籍，一謂倉頡所製文字。‘皆古文’者，謂其中所説字形、字音、字義，皆合倉頡史籀，非謂皆用壁中古本明矣。所説字形、字音、字義皆合倉頡史籀，則《周禮》保氏所教六書指事、象形、形聲、會意、轉注、假借字例之條大明於天下。”　⑲ 其於句：見《論語·子路篇》。《段注》：“許全書中多箸闕字，有形音義全闕者，有三者中闕其二、闕其一者。”

(許慎敘此處爲五百四十部首，今删，可參見本書“目録”——編者)

卷三十

（敘曰：）[①] 此十四篇[②]，五百四十部，九千[③]三百五十三文，重一千一百六十三，解説[④]凡十三萬三千四百四十一字。其建首[⑤]也，立一爲耑[⑥]。方以[⑦]類聚，物以羣分。同牽[⑧]條屬，共理相貫。雜[⑨]而不越，據形系聯。引而申之[⑩]，以究萬原。畢終[⑪]于亥，知化[⑫]窮冥。

【譯文】這十四篇，五百四十個部首，九千三百五十三個字頭，重文一千一百六十三，解説的文字共十三萬三千四百四十一。它建立部首制，用一作爲開端。事情因爲同類而相聚，物品因爲異羣而相分。同一枝條的孽葉牽連在一起，共一義理的文字連貫在一起。部次、字次相互配合而不超越界限，是因爲根據字形來系聯排序。由一形引申而至五百四十形，可用來追溯所有文字的本原。全書結束在亥部，讓人知道文字的變化，窮盡構形的精深。

【注釋】① 敘曰：當依《段注》移到卷二十九全序的開頭。　② 十四篇：《段注》："許不云十五卷也。慎子沖乃合十四篇及《敘》，偁十五卷以獻。"　③ 九千句：《段注》："今依大徐本所載字數覈之，正文九千四百卅一，增多者七十八文。重文千二百七十九，增多者百一十六文。此由列代有沾註者，今難盡爲識别。"　④ 解説句：《段注》："今依大徐所載，説解字數，凡十二萬二千六百九十九，較少萬七百四十二字。許云解説十三萬三千四百四十一字者，實兼敘言之。"　⑤ 建首：王筠《句讀》："建，立也。謂立五百四十字爲首也。"　⑥ 耑：開端。王筠《句讀》："與下文'畢終於亥'相呼應。謂建首始一終亥也。"　⑦ 方以句：見《易・繫辭》。方：事情。《段注》："類聚，謂同部也；羣分，謂異部也。"　⑧ 同牽句：當依徐鍇《繫傳》作"同條牽屬"。王筠《句讀》："字既同義，則如因本生枝，由枝生葉，自然條理相連貫矣。"　⑨ 雜：本指各種顏色相互配合，這裏指部次、字次。　⑩ 引而申之：《段注》："謂由一形引之，至五百四十形也。” ⑪ 畢終：同義連用。《段注》：“畢猶竟也。”徐鍇《繫傳》：“亥生子，終則復始。故託始於一，寄終於亥。亥則物之該盡，故曰窮冥也。” ⑫ 知化句：見《易・繫辭》。本作“窮神知化”。桂馥《義證》：“冥與耑、分、貫、申、原爲韻。”

于①時大漢，聖德熙明②，承天③稽唐，敷崇④殷中。遐邇被澤，渥衍⑤沛滂⑥。廣業⑦甄微，學士知方。探嘖⑧索隱，厥誼⑨可傳。

【譯文】當今偉大的漢朝，皇上的德行光明，承奉上天的昌運，稽考唐堯的故事，布施崇高的道德，確定季節時令。遠近都覆蓋着他的恩澤，就像浩大的水潮，就像壯闊的川流。擴大經藝的偉業，培養懂得經藝微言大義的人才，讀書人明確了前進的方向。這正是探尋奥妙求索精微的好時機，那文字的意義就可以傳布開來了。

【注釋】① 于：語氣詞。 ② 熙明：同義複合。熙：光明。 ③ 承天句：王筠《句讀》：“承天者，奉天承運也。稽唐，即稽古同天之義，謂漢以堯爲祖也。” ④ 敷崇句：王筠《句讀》：“敷，布也。崇，高也。殷中，即以殷（正，定）仲（每季中間的那一個月）春，以殷仲秋，舉春秋以該冬夏也。堯以若（順）天授時爲首政。敷崇、殷中，既稽唐之實也。此言漢和帝敬天勤民。” ⑤ 渥衍：浩大的水潮。渥，厚。《段注》：“衍，如水潮之盛溢也。” ⑥ 沛滂：壯闊的川流。沛：《段注》：“水之大至如艸木之盛。”滂：大水涌流。 ⑦ 廣業：王筠《句讀》：“光武帝立五經十四博士，初建三雍，是謂廣業；肅宗大會諸儒於白虎殿，考詳同異，是謂甄微，唱（倡）之自上，故人知所向方也。”廣：擴大。甄：培養，造就。 ⑧ 探嘖句：嘖（zé），同賾，深奥，玄妙。隱：精微深奥。 ⑨ 厥誼：王筠《句讀》：“誼，古義字。謂文字之義，當及此時傳之也。”厥，其。

粵①在永元②，困頓③之年。孟陬④之月，朔日甲申⑤。

【譯文】（我的寫作始於）漢和帝永元年間，庚子之年，正月初一。

【注釋】① 粵：句首語氣詞。 ② 永元：漢和帝年號。 ③ 困頓：年份在六十甲子的子上，叫困頓。永元十二年，年份在庚子。

④ 孟陬：同義複合。孟：四季中月份在開頭的。陬：正月爲陬。
⑤ 朔：陰曆的每月初一。甲申：六十甲子之一，這裏用以紀日。《段注》："《後漢書》：賈逵於和帝永元十三年卒，時年七十二。然則許之譔《説文解字》，先逵卒一年，用功伊始，葢恐失隊（墜）所聞也。自永元庚子至建光辛酉，凡歷二十二年，而其子沖獻之。"

曾曾①小子，祖自炎神②。縉雲③相黄，共承高辛④。太岳⑤佐夏，吕叔⑥作藩。俾侯于許⑦，世祚⑧遺靈。自彼⑨徂召，宅此⑩汝瀕。

【譯文】像我這最小最小的晚輩，祖先起自炎帝神農氏。（神農的後裔）縉雲氏輔佐黄帝，共工氏承奉帝高辛（作他的諸侯）。（共工的從孫）太岳幫助夏禹，（太岳的後裔）吕叔作周武王的藩屏，周武王使吕叔在許地偁侯。我的祖先就這樣世世代代奉禄不廢，并把美好的品德遺留給後代。後來，我的祖先又從許地遷往汝南郡召陵縣，從此就居住在這汝水的邊上。

【注釋】① 曾曾：王筠《句讀》："曾，益也。孫系于子，曾益於孫。《詩》凡對祖而言者，無論遠近，概曰曾孫。曾曾者，許君之創詞也。"可見，曾是曾孫；曾曾是曾孫之曾孫。譯爲"最小最小"。　② 炎神：炎帝神農氏。《段注》："居姜水，因以爲姓。"　③ 縉雲：《段注》引賈逵《左傳解詁》："縉雲氏，姜姓也，炎帝之苗裔，當黄帝時任縉雲之官也。"　④ 共承高辛：《段注》："共音恭，謂共工也。共工，炎帝之後，姜姓也。顓頊氏衰，共工氏侵陵諸侯，與高辛氏爭王也。承者，奉也，受也。"桂馥《義證》："帝嚳代顓頊氏，其號高辛。"王筠《句讀》："許君云承者，諱其爭王之言，言當高辛時爲諸侯也。"　⑤ 太岳：《段注》："共之從孫四嶽佐伯禹。《左傳》言大岳，亦曰四岳，皆謂一人，非謂四人。"王筠《句讀》："太岳，神農之後。"　⑥ 吕叔句：《段注》："大嶽，姜姓，爲禹心吕之臣，故封吕侯，取其地名與心吕義合也。吕侯歷夏殷之季而國微，故周武王封文叔於許，以爲周藩屏。吕叔謂文叔也。文叔者出於吕，故謂之吕叔。"藩：藩屏，屏障。⑦ 俾（bǐ）：使。許：周國名。今河南省許昌縣。　⑧ 世祚句：《段注》："黄帝時有縉雲氏，高辛時有共工，夏禹時有大岳，周時有吕叔。此之謂世禄。”靈：《段注》：“靈之言令也。令，善也。”　⑨ 自彼句：《段注》：“謂自許往遷汝南召陵縣也。漢時召陵有萬歲里，許氏所居也。”召陵縣故城在今河南省郾城縣東三十五里。《左傳·成公十五年》：“許靈公畏偪于鄭，遷于楚。”即指遷往召陵。徂(cú)：往。　⑩ 宅此句：《段注》：“瀕，厓也。宅，居也。居此汝水之厓。蓋自文叔以下廿四世，當戰國初、楚滅之後有遷召陵者，爲許君之先。”

竊卬景行[①]，敢涉聖門[②]。其弘如何，節彼南山[③]。欲罷不能，既竭[④]愚才。惜道之味，聞疑[⑤]載疑。演贊[⑥]其志，次列微辭[⑦]。知此者稀，儻昭所尤[⑧]。庶有達者[⑨]，理而董[⑩]之。

【譯文】我私下裏像仰望高山、行走大路一樣，斗膽涉足經藝的神聖的門庭。門庭宏大何如？像那南山一樣高峻。想中止而不能，只得用盡自己愚蠢的才能。深愛文字之道的無窮意味，聽到疑難就在書上記載疑點。先推演説明已有的知識，後依次陳敘我的微不足道的意見。懂得文字學的人很少，拙著或許會顯示出一些錯誤。希望有通達的學者，治理它，糾正它。

【注釋】① 竊：謙敬副詞。卬景行：《詩·小雅·車舝》：“高山仰止，景行行止。”卬景行是隱隱概括上兩句而引用。景行：大道。止：語末助詞。　② 聖門：《段注》：“謂凡造六藝之五帝、三王、周公、孔子、左氏及倉頡、史籀之門庭也。”　③ 節彼南山：見《詩·小雅·節南山》。節：高峻貌。南山：終南山。　④ 既竭：同義複合。既：完，盡。　⑤ 聞疑句：《段注》：“聞疑而載之于書，以俟後世賢人君子。”　⑥ 演贊句：《段注》：“演，長流也。故凡推廣之曰演。志者，識也。古志、識同字。”贊：告。指説明。　⑦ 次列微辭：桂馥《義證》：“謂先徵舊訓，後綴己説。”微辭，謙稱己説。　⑧ 儻(tǎng)：或許。尤：過錯。《段注》：“言此道既尟知者，則稽譔此書，雖以自信，容或明昭過誤之處，莫爲諟正乎？”　⑨ 庶：希望。達者：通人，精通文字學的專家。　⑩ 理：治。董：正。

召陵萬歲里[①]公乘[②]、艸莽臣沖稽首再[③]拜，上書皇帝陛下。臣伏[④]見陛下，神明盛德，承尊聖業。上考[⑤]度於天，下流化於民。先天而天不違，後天而奉天時。萬國咸寧，神人以和。猶復深惟五經[⑥]之妙，皆爲漢制[⑦]。博采幽遠，窮理盡性，以至于命。先帝詔侍中騎都尉贾逵[⑧]，修理舊文，殊藝異術，王教一耑[⑨]，苟有可以加於國者，靡不悉集。《易》[⑩]曰："窮神知化，德之盛也。"

【譯文】召陵縣萬歲里八等爵公乘、身居草野的臣子許沖，叩頭至地、拜了又拜，呈上奏折給皇帝陛下。臣看見陛下高超的英明的偉大的德行，繼承着遵循着神聖的事業，向上從皇天那兒學習完成法制，向下流布教化給臣民。在皇天之前行動，皇天不與相違背；在皇天之後行動，能够順承皇天的時令。各地全都安寧，神、人因而和諧。而陛下又還深深地思考着五經的奥妙，（把學習五經）立爲漢朝的制度。廣博地采集深遠的説法，窮盡地揭示道理，全部地發掘人性，以至於天命。先帝命令侍中官兼騎都尉官賈逵，研修治理舊時的文獻。特殊的經藝，不同的學術，都是王者教化的一種，只要對國家有可以補益的，沒有什麼學説不一一蒐集的。《易經》説："窮盡地研究事物的神妙，懂得它們的變化，這是盛大的品德。"

【注釋】① 萬歲里：里名。《段注》引《郡國志》："一里百家，里魁掌之。"　② 公乘：漢爵名。徐鍇《繫傳》："漢因秦制，二十等爵，公乘第八也。"《段注》："公乘者，言其得乘公家之車也。"　③ 艸莽臣：《段注》："宅者，在邦則曰市井之臣，在野則曰艸茅之臣。宅者謂致仕者去官而居宅。茅，孟子作莽。"許沖爵位是公乘，卻不去朝廷作官，所以自謙稱爲草莽臣。稽首：叩首，叩頭至地。再：兩。　④ 伏：謙敬副詞。⑤ 考：完成。　⑥ 惟：思念。五經：《段注》："孔子書六經。此云五經者，合樂於禮，則爲五經也。云六經者，古古相傳之説也。云五經者，漢人所習也。"　⑦ 漢制：《段注》："謂光武好經術，立五經十四博士。"⑧ 先帝：《段注》："謂孝和帝。"侍中：漢官名。丞相屬官，常侍從皇帝，出入宫廷，應對顧問。騎都尉：漢官名。李陵曾任騎都尉。賈逵：東漢學者。扶風郡平陵縣人，今陝西咸陽西北人。　⑨ 耑：端。這裏指一種。⑩《易》：指《繫辭傳》。

《書》[①]曰："人之有能有爲使羞[②]其行，而國其昌。"臣父，故太尉南閣祭酒[3]慎，本從逵受古學[4]，蓋聖人不空作，皆有依據。今五經之道，昭炳[5]光明，而文字者其本所由生。自《周禮》、《漢律》[6]，皆當學六書，貫通其意。恐巧學衺辭使學者疑，慎博問通人，考之於逵，作《説文解字》。六藝羣書之詁[7]，皆訓其意，而天地、鬼神、山川、屮木、鳥獸、䖵[8]蟲、雜物、奇怪、王制、禮儀[9]，世間人事，莫不畢載。凡十五卷[10]十三萬[11]三千四百四十一字。

【譯文】《尚書》説："人們中有才能、有作爲的，使他們貢獻出來，國家必然昌盛。"臣下的父親，前任太尉府的南閣祭酒許慎，本來跟隨賈逵學習古文學説，大抵因爲聖人不憑空製作，全都要有依據。當今五經的道理，閃爍光明，而文字，是五經的根本賴以産生的工具。從《周禮》到《漢律》，都應當學習六書，用以貫通它們的意思。害怕巧學邪言使學習的人疑惑，許慎廣博地請教通達的學者，又在賈逵那兒研考，寫作了《説文解字》。《詩》、《書》、《易》、《禮》、《樂》、《春秋》等六藝以及所有書籍的言辭，都訓釋了它們的意義，而天地鬼神、山川草木、鳥獸昆蟲、雜物奇怪、王朝制度、禮樂儀式、世間人事，沒有什麽不全部記載下來的。共十五卷，十三萬三千四百四十一個字。

【注釋】①《書》：指《洪範》。　②羞：進，指貢獻。　③故：《段注》："猶今言前任也。"太尉：東漢官名。掌軍事，其尊與丞相相等。南閣祭酒：在太尉府官屬中挑選聲望輩分較高的人充任。《段注》："謂太尉府掾曹出入南閣者之首領也。"　④古學：《段注》："古文《尚書》、《詩》毛氏、《春秋左氏傳》及倉頡古文、史籀大篆之學也。"　⑤昭：太陽放出光明。炳：火光明亮。昭炳連用，指閃耀。　⑥自《周禮》句：王筠《句讀》："上文言五經，此但舉《周禮》，又以《漢律》並訓者，以其爲經世之書也。"　⑦詁：故言。《段注》："凡前古所傳曰故言。"　⑧䖵：古昆字。　⑨儀：儀式，形式。禮儀：禮樂的形式。　⑩十五卷：許慎分十四卷。許沖連《説文敘》在内共十五卷。　⑪十三萬句：《段注》："敘凡五千三十字。以今各篇所載説解字數十二萬二千六百九十九，併此爲十二萬七千七百二十九，於二許所謂十三萬三千四百四十一字尚不足五千七百十二字。"

慎前以詔書校東觀①,教小黄門②孟生、李喜等,以文字未定③,未奏上。今慎已病,遣臣齎詣闕④。慎又學《孝經》孔氏古文説。文古⑤《孝經》者,孝昭帝時魯國三老所獻⑥,建武時給事中議郎衛宏所校⑦,皆口傳⑧,官無其説,謹撰具⑨一篇并上。臣沖誠惶誠恐,頓首頓首,死辠⑩死辠,稽首再拜,以聞皇帝陛下。建光元年⑪九月己亥朔,二十日戊午上。

【譯文】許慎以前遵循皇上的命令,在東觀這座皇家圖書館校正圖書,曾經教過年輕的黄門官孟生、李喜等人。因《説文解字》文字沒有定稿,沒有奏給皇上。現在,許慎已經病了,派遣臣下懷抱拙著送給朝廷。許慎又學習過有關《孝經》的孔壁古文學説。古文《孝經》,是孝昭帝時代魯國鄉紳獻上的,建武年間給事中議郎衛宏校訂,都是口口相傳,朝廷沒有《孝經》的解説,許慎編輯、整理成爲一卷,一并呈上。臣下許沖確實惶恐不安,叩頭又叩頭,死罪又死罪,叩頭至地,拜了又拜,把上述情況報告給皇帝陛下。建光元年九月二十日奉上。

【注釋】① 詔書:皇帝的命令和文告。東觀:在漢朝的洛陽南宫。東漢明帝時,命班固等在此修撰《漢記》。章帝、和帝以後爲收藏圖書的地方。 ② 黄門:漢官署名。漢時設有黄門官,給事在黄門之内。③ 文字未定:《段注》:"古人著書,不自謂是。時有增删改竄,故未死以前,不自謂成。" ④ 齎(jī):携帶。詣:送。闕(què):皇宫前面兩邊的樓臺。這裏指朝庭。 ⑤ 文古:鈕樹玉《校録》:"宋本'古文'作'文古',蓋誤。" ⑥ 三老所獻:王筠《句讀》引王應麟説:"《漢志》云:'《孝經》,孔氏壁中古文。'則與《尚書》同出也。蓋始出於武帝時,至昭帝時乃獻之。"三老:漢置鄉三老、縣三老、郡三老,幫助行政首腦推行政令。⑦ 建武:漢光武帝年號。給事中:漢官名。爲列侯、將軍、謁者等的加官,常在皇帝左右,備顧問應對。議郎:漢官名。徵賢良、方正、敦朴、有道之士任之,掌顧問應對。衛宏:東漢東海郡(即今山東郯城西南)人。⑧ 口傳:《段注》:"衛宏校而爲之説,未著書,僅口傳,故外間有其説,官徒有三老所獻而無其説也。許學其説於宏,沖傳其説於父,乃撰而上之。"⑨ 謹:謙敬副詞。撰具:猶言編輯整理。 ⑩ 辠:古罪字。 ⑪ 建光元年:即漢安帝即位的第十五年,即辛酉年,公曆 121 年。自漢和帝永元十二年,即庚子年,公曆 100 年,至此共二十二年。

召上書[①]者汝南許沖,詣左掖門[②]會。令并齎所上書[③]。十月十九日,中黄門[④]饒喜,以詔書賜召陵公乘沖布四十匹,即日受詔朱雀掖門。敕勿謝[⑤]。

【譯文】皇帝命令上奏的人汝南郡許沖,到北宫正門東面側門會聚,命令一并帶上需呈上的著作。十月十九日,中黄門官叫饒喜的,根據皇帝的命令賜給召陵縣公乘官許沖布四十匹,並於當天到北宫南面側門外接受皇上的命令和賞賜。皇上命令説,不要謝恩。

【注釋】① 召上書句:許沖《上書表》至上文"二十日戊午上"一句止。"召上書"以下一節,是附記許沖九月二十日上書朝廷審閲後,皇上下令於十月十九日賞賜許沖等事。記者爲誰,不得而詳。　② 左掖門:《段注》:"掖門者,謂正門之旁門。云左掖門者,謂北宫東面掖門,對下朱雀掖門爲南面掖門言也。"　③ 所上書:指《説文解字》十五卷及《孝經》孔氏古説一篇。　④ 中黄門:在宫廷中服役的太監。　⑤ 勿謝:許慎的書至此而止。以下是徐鉉的《敘録》和《表文》。一則徐《敘》對表章許學大有好處;二則爲保留徐鉉本的完整,今依宋刻本舊樣,仍分録於下。

銀青光禄大夫守右散騎常侍上柱國東海縣開國子食邑五百户臣徐鉉,奉直郎守祕書省著作郎直史館臣句中正,翰林書學臣葛湍,臣王惟恭等,奉詔校定許慎《説文》十四篇,并《序目》一篇,凡萬六百餘字。聖人之旨,蓋云備矣。稽夫八卦既畫,萬象既分,則文字爲之大輅,載籍爲之六轡。先王教化,所以行於百代。及物之功,與造化均。不可忽也。雖復五帝之後,改易殊體;六國之世,文字異形;然猶存篆籀之迹,不失形類之本。及暴秦苛政,散隸聿興,便於末俗,人競師法。古文既絶,譌僞日滋。至漢宣帝時,始命諸儒修倉頡之法,亦不能復故。光武時,馬援上疏論文字之譌謬,其言詳矣。及和帝時,申命賈逵修理舊文,於是許慎采史籀、李斯、楊雄之書,博訪通人,考之於逵,作《説文解字》。至安帝十五年,始奉上之。而隸書行之已久,習之益工,加以行草八分,紛然間出,返以篆籀爲奇怪之迹,不復經心。至於六籍舊文,相承傳寫,多求便俗,漸失本原。《爾雅》所載艸木魚鳥之名,肆意增益,不可觀矣。諸儒傳釋,亦非精究小學之徒,莫能矯正。唐大曆中,李陽冰篆迹殊絶,獨冠古今。自云:"斯翁之後,直至小生。"此言爲不妄矣。於是刊定《説文》,修正筆法。學者師慕,篆籀中興。然頗排斥許氏,自爲臆説。夫以師心之見,破先儒之祖述,豈聖人之意乎? 今之爲字學者,亦多從陽冰之新義,所謂貴耳賤目也。自唐末喪亂,經籍道息。皇宋膺運,二聖繼明。人文國典,粲然光被。興崇學校,登進羣才。以爲文字者,六藝之本,固當率由古法。乃詔取許慎《説文解字》,精加詳校,垂憲百代。臣等愚陋,敢竭所聞。蓋篆書堙替,爲日已久。凡傳寫《説文》者,皆非其人。故錯亂遺脱,不可盡究。今以集書正副本及羣臣家藏者,備加詳考。有許慎注義序例中所載而諸部不見者,審知漏落,悉從補録。復有經典相承傳寫,及時俗要用而《説文》不載者,承詔皆附益之,以廣篆籀之路。亦皆形聲相從,不違六書之義者。其間《説文》具有正體,而時俗譌變者,則具於注中;其有義理乖舛、違戾六書者,並序列於後。俾夫學者,無或致疑。大抵此書務援古以正今,不徇今而違古。若乃高文大册,則宜以篆籀著之金石;至於常行簡牘,則艸隸足矣。又許慎注解,詞簡義奥,不可周知。陽冰之後,諸儒箋述有可取者,亦從附益;猶有未盡,則臣等粗爲訓釋,以成一家之書。《説文》之時,未有反切。後人附益,互有異同。孫愐《唐韻》,行之已久。今並以孫愐音切爲定,庶夫學者有所適從。食時而成,既異《淮南》之敏;縣金於市,曾非吕氏之精。塵瀆聖明,若臨冰谷。謹上。

新修字義

左文一十九,《説文》闕載,注義及序例偏旁有之,今並録於諸部:

詔　志　件　借　魋　綦　剔　觷　醆　趄　顚　璵　

𤺺　樧　緻　笑　迓　睆　峯

左文二十八,俗書譌謬,不合六書之體:

𡙇　字書所無,不知所從,無以下筆。《易》云:“定天下之𡙇𡙇。”當作娓。

个　亦不見義,無以下筆。明堂左右个者,明堂旁室也。當作介。

暮　本作莫。日在茻中也。

熟　本作孰。享芽,以手進之。

捧　本作奉。从廾,从手,丰聲。經典皆如此。

遨　本作敖。从出,从放。

徘徊　本作裴回。寬衣也。取其裴回之狀。

迴　本作回。象回轉之形。

腰　本只作要。《説文》象形。借爲玄要之要。後人加肉。

嗚　本只作烏,烏,盱呼也。以其名自呼。故曰烏呼。後人加口。

慾　《説文》欲字注云:“貪欲也。”此後人加心。

揀　本只作柬。《説文》从柬八,八,柬之也。後人加手。

俸　本只作奉。古爲之奉禄,後人加人。

自暮已下一十二字,後人妄加偏旁,失六書之義。

鞦韆　按詞人高無際作《鞦韆賦序》云:“漢武帝後庭之戲也。”本云千秋,祝壽之詞也。語譌轉爲秋千。後人不本其意，乃造此字。非皮革所爲，非車馬之用，不合从革。

影　按影者，光景之類也。合通用景。非毛髮藻飾之事，不當從彡。

斌　本作彬或份，文質備也。从文配武，過爲鄙淺。復有从斌从貝者，音頵。亦於義無取。

悦　經典只作説。

藝　本只作埶。後人加艸、云，義無所取。

著　本作箸。《説文》陟慮切，注云："飯攲也。"借爲住箸之箸。後人从艸。

墅　經典只用野。野亦音常句切。

蓑　蓑字本作蘇禾切。从衣，象形。借爲衰朽之衰。

賾　《周易疏義》云："深也。"按此亦假借之字，當通用嘖。

黌　學堂也。从學省，黄聲。《説文》無學部。

黈　充耳也。从纊省，主聲。《説文》無纊部。

矗　直貌。經史所無。説文無直部。

此三字皆無部可附。

麌　《説文》噳字。注云："麌鹿羣口相聚也。"《詩》"麀鹿麌麌"，當用噳字。

池　池沼之池。當用沱。沱，江之別流也。

篆文筆迹相承小異：

本作乛。本从二，从古文及，左旁不當引筆下垂。蓋前作筆勢如此，後代因而不改。

　《説文》不从人，直作。

　左旁亲从辛从木，《説文》不省。此二字李斯刻石

文如此，後人因之。

 从辛，从口。中畫不當上曲，亦李斯刻石如此，上曲則字形茂美，人皆效之。

 《説文》作，象二屬之形。李斯筆迹小變，不言爲異。

 《説文》作，亦李斯小變其勢。李陽冰乃云："从開口形。"亦爲臆説。

 《説文》从中而垂下，㫃相出入也。从入。此字从中下垂，當只作，蓋相承多一畫。

 如六切。《説文》本作肉，後人相承作，與月字相類。

 《説文》作。止史籒筆迹小異，非别體。

 此本蕃廡之廡，李斯借爲有無之無。後人尚其簡便，故皆从之。有無字本从亡，李陽冰乃云不當加亡。且蕃廡字从大，从卌，數之積也。从林，亦蕃多之義。若不加亡，何以得爲有無之無？

 或作，亦止於筆迹小異。

 《説文》作，李斯筆迹小異。

銀青光禄大夫守右散騎常侍上柱國東海縣開國子食邑五百户臣徐鉉等，伏奉聖旨校定許慎《説文解字》一部。伏以振發人文，興崇古道。考遺編於魯壁，緝蠹簡於羽陵。載穆皇風，允符昌運。伏惟應運統天，睿文英武，大聖至明廣孝皇帝陛下，凝神繫表，降鑒機先。聖靡不通，思無不及。以爲經籍既正，憲章具明。非文字無以見聖人之心，非篆籒無以究文字之義。眷兹譌俗，深惻皇慈。爰命討論，以垂程式。將懲宿弊，宜屬通儒。臣等實媿謏聞，猥承乏使，徒窮懵學，豈副宸

謨？塵瀆冕旒，冰炭交集。其書十五卷，以編袟繁重，每卷各分上下，共三十卷。謹詣東上閤門進上，謹進。雍熙三年十一月　日翰林書學臣王惟恭、臣葛湍等狀進，奉直郎守祕書省著作郎直史館臣句中正，銀青光禄大夫守右散騎常侍上柱國東海縣開國子食邑五百户臣徐鉉。

中書門下牒徐鉉等新校定《説文解字》。牒奉敕：許慎《説文》，起於東漢。歷代傳寫，譌謬實多。六書之蹤，無所取法。若不重加刊正，漸恐失其原流。爰命儒學之臣，共詳篆籀之迹。右散騎常侍徐鉉等，深明舊史，多識前言。果能商榷是非，補正闕漏。書成上奏，克副朕心。宜遣雕鎸，用廣流布。自我朝之垂範，俾永世以作程。其書宜付史館，仍令國子監雕爲印版，依九經書例，許人納紙墨價錢收贖。兼委徐鉉等點檢書寫雕造，無令差錯，致誤後人。牒至準敕，故牒。雍熙三年十一月　日牒。給事中參知政事辛仲甫、給事中參知政事吕蒙正、中書侍郎兼工部尚書平章事李昉。

主要參考書目

【關於通釋】

徐　鍇　《説文解字繫傳》

徐　鉉　《説文解字校定本》

段玉裁　《説文解字注》

桂　馥　《説文解字義證》

王　筠　《説文解字句讀》

王　筠　《説文解字釋例》

朱駿聲　《説文通訓定聲》

【關於校勘】

段玉裁　《汲古閣説文訂》

鈕樹玉　《汲古閣説文校録》

姚文田　嚴可均　《汲古閣説文校議》

顧廣圻　《汲古閣説文校議辨疑》

嚴章福　《汲古閣説文校議議》

沈　濤　《説文古本考》

朱士端　《説文校定本》

莫友芝　《説文木部箋異》

許溎祥　《説文徐氏未詳説》

汪憲之　《繫傳考異》

王　筠　《繫傳校録》

苗　夔　《繫傳校勘記》

戚學標　《説文補考》

田吴炤　《説文二徐箋異》

【關於音義】

惠　棟　《讀説文記》
王鳴盛　《蛾術篇・説字》
錢　坫　《説文斠詮》
席世昌　《讀説文記》
王念孫　《讀説文記》
毛際盛　《説文述誼》
俞　樾　《兒笘録》
陳　愆　《説文解字辨證》
章炳麟　《小學答問》
王　煦　《説文五翼》
許　槤　《讀説文記》

【關於通假】

潘亦雋　《説文解字通正》
錢　坫　《十經文字通正書》
嚴章福　《經典通用考》
朱　琦　《説文假借義證》
雷　浚　《説文外編》

【關於引文】

吴玉搢　《説文引經考》
邵　瑛　《説文解字羣經正字》
吴雲蒸　《説文引經異字》
高翔麟　《説文經典異字釋》
李富孫　《説文辨字正俗》
陳　瑑　《説文引經互異説》
陳　瑑　《説文引經考證》
柳榮宗　《説文引經考異》

雷　浚　　《說文引經例辨》
承培元　　《說文引經證例》
郭慶藩　　《說文經字正誼》
程際盛　　《說文古語考》
傅雲龍　　《說文古語考補正》
鄭文焯　　《說文引羣說故》

【關於古籀】

莊述祖　　《說文古籀疏證》
嚴可均　　《說文翼》
吴大澂　　《說文古籀補》
王國維　　《史籀篇疏證》

【關於新附字、逸字】

鈕樹玉　　《說文新附考》、《續考》
毛際盛　　《說文新附通誼》
錢大昭　　《說文新補新附考證》
鄭　珍　　《新附考》
鄭　珍　　《說文逸字》

【關於"字原"】

蔣　和　　《說文字原集注》
蔣　和　　《說文字原表》
蔣　和　　《說文字原表說》
吴　照　　《說文字原考略》
胡　重　　《說文字原韻表》
苗　夔　　《說文建首字讀》
張行孚　　《說文揭原》
饒　炯　　《說文解字部首訂》
陳健侯　　《說文提要》

【關於古音】

江　沅	《說文釋例》
姚文田	《說文聲繫》
張惠言　張成孫	《說文諧聲譜》
嚴可均	《說文聲類》
江有誥	《廿一部諧聲表》
苗　夔	《說文聲讀表》
陳　立	《說文諧聲孳生述》
龍啟瑞	《古韻通說》
章炳麟	《文始》

【關於六書】

鄭樵	《通志·六書略》
戴侗	《六書故》
楊桓	《六書統》
周伯琦	《六書正譌》
趙撝謙	《六書本義》
魏　校	《六書精蘊》
王應電	《同文備考》
楊　慎	《六書索隱》
吴元滿	《六書正義》
吴元滿	《六書總要》
戴　震	《六書論》
江　聲	《六書說》
王鳴盛	《六書大意》
曹仁虎	《轉注古義考》
孔廣居	《論六書次第》
張行孚	《說文發疑》
黄以周	《六書通故》

【關於《段注》】

鈕樹玉　《段氏説文注訂》
王紹蘭　《説文段注訂補》
桂　馥　錢桂森　《段注鈔案》
龔自珍　徐　松　《説文段注札記》
徐承慶　《説文段注匡謬》
馮桂芬　《説文段注考正》
徐　灝　《説文段注箋》

【今人著作】

唐　蘭　《中國文字學》(上海古籍出版社 1979 年)
蔣善國　《漢語形體學》(文字改革出版社 1959 年)
梁東漢　《漢字的結構及其流變》(上海教育出版社 1959 年)
高　亨　《文字形義學概論》(齊魯書社 1981 年)
啓　功　《古代字體論稿》(文物出版社 1964 年)
楊五銘　《文字學》(湖南人民出版社 1986 年)
裘錫圭　《文字學概要》(商務印書館 1988 年)
經本植　《古漢語文字學知識》(四川教育出版社 1984 年)
胡樸安　《中國文字學史》(中國書店 1983 年)
孫鈞錫　《中國漢字學史》(學苑出版社 1991 年)
劉葉秋　《中國字典史略》(中華書局 1983 年)
胡奇光　《中國小學史》(上海人民出版社 1987 年)
羅君惕　《漢文字學要籍概述》(中華書局 1984 年)
陸宗達　《説文解字通論》(北京出版社 1981 年)
姚孝遂　《許慎與〈説文解字〉》(中華書局 1983 年)
任學良　《説文解字引論》(福建人民出版社 1985 年)
唐　蘭　《古文字學導論》(齊魯書社增訂本 1981 年)
馬敘倫　《六書疏證》(科學出版社 1957 年)
張舜徽　《説文解字約注》(中州書畫社 1983 年)
黄　綺　《説文解字三索》(河北教育出版社 1994 年)

丁福保　《説文解字詁林》(中華書局 1988 年)
商承祚　《説文中之古文考》(上海古籍出版社 1983 年)
孫海波　《甲骨文編》(中華書局 1965 年)
徐中舒　《甲骨文字典》(四川辭書出版社 1989 年)
李孝定　《甲骨文字集釋》(中研院史語所 1970 年)
于省吾　《甲骨文字釋林》(中華書局 1979 年)
陳夢家　《殷虛卜辭綜述》(科學出版社 1956 年)
高　明　《古文字類編》(中華書局 1980 年)
徐文鏡　《古籀彙編》(武漢市古籍書店 1981 年)
楊樹達　《積微居小學述林》(中華書局 1983 年)
楊樹達　《積微居小學金石論叢》(中華書局 1983 年)
容　庚　《金文編》(中華書局 1985 年)
陳初生　《金文常用字典》(陝西人民出版社 1989 年)
徐中舒　《漢語大字典》(四川、湖北辭書出版社 1986 年)
李　圃　《古文字詁林》(上海教育出版社 1992 年)

筆畫檢字表

五畫

七畫

〔一〕

九畫

〔一〕

十一畫

〔一〕

十二畫

〔一〕

十三畫

〔一〕

十五畫

〔一〕

十六畫

〔一〕

十七畫

〔一〕

十八畫

〔一〕

二十一畫

二十二畫

〔一〕

〔丨〕

〔丿〕

〔丶〕

〔乛〕

二十三畫

〔一〕

二十四畫

二十五畫

二十六畫

二十七畫

音序檢字表

瘀 1069
慉 1509
嫆 1808
需 1680
颭 1976
漵 1652
緒 1884
蕢 127
鷀 527
續 1889
鱮 1687

xuān

亘 1986
吅 192
宣 1037
軒 2098
弲 1874
瑄 51
觛 626
煖 1450
暖 462
儇 1123
鋗 2053
諼 327
懁 1518
嬛 1812
駽 1377
壎 1999
藼 65
蠉 1955
翾 493
趧 202
譞 322
鶱 619

xuán

玄 553
圓 881
淀 1602
旋 966
嫙 1815
縣 1276
檈 829
璿 30
檿 794

xuǎn

晅 158
夐 460
愃 1508
暖 462
選 229
覠 1234
巽 1088
蠉 1955
癬 1073

xuàn

旬 470
泫 1592
炫 1449
眩 461
袨 1205
絢 1899
楥 833
衒 258
鉉 2053
閔 403
敻 459
鞙 388
縼 1920
鏇 2055

繯 1893
縣 461
譞 349
贙 693

xuē

削 601
娋 1826
辥 2159
鞾 391
薛 71

xué

穴 1054
紈 1913
确 1349
嶨 1317
鷽 495
泶 1614
嶨 1348
鷽 622
斅 452
鷽 526

xuě

雪 1673

xuè

血 701
狘 1424
泬 1595
茲 126
旻 459
烕 1451
㱿 184
颭 1976
謔 338
窬 1057
矍 1875

xūn

熏 58
勳 2032
壎 1999
薰 67
纁 1901
醺 2186

xún

旬 1301
巡 220
郇 918
荀 132
峋 1322
恂 1099
洵 1585
恂 1508
紃 1911
珣 29
揗 1747
循 248
馴 1390
詢 354
樳 790
鄩 914
尋(尋) 429
潯 1603
樳 782
燂 1446
趣 199
鱘 1689
蠢 1662

xùn

卂 1706
汛 1645
迅 225

徇 253
侚 1123
訓 307
訊 312
梭 787
峻 1318
巽 660
遜 229
愻 1508
蕈 96
鐼 2045
顨 660

yā

枒 854
洼 1610
窅 1063
雅 497
鬧 1720
厭 1342
鴨 544
錏 2074
壓 2008

yá

牙 267
芽 98
枒 792
厓 1339
崖 1326
涯 1654
堐 499
睚 482
衙 258

yǎ

庌 1329
雅 497